VOX
GW01607315

Rosana Escobar.
Profesora de Filosofía

DECIMOSÉPTIMA EDICIÓN
(REIMPRESIÓN)

Ejemplar № 2298

DICCIONARIO MANUAL
GRIEGO-ESPAÑOL

DICCIONARIO MANUAL GRIEGO - ESPAÑOL

POR JOSÉ M. PABÓN S. DE URBINA

EXCATEDRÁTICO DE LENGUA Y LITERATURA GRIEGAS EN LA FACULTAD DE FILOSOFÍA Y LETRAS DE LA UNIVERSIDAD DE MADRID

CON UN APÉNDICE GRAMATICAL

DECIMOSÉPTIMA EDICIÓN
(Reimpresión)
SEPTIEMBRE 1991

Calabria, 108
08015 BARCELONA

Impreso en España - Printed in Spain

ISBN: 84-7153-192-5
Depósito Legal: B. 28.412 - 1991

Impreso por EMEGE Industrias Gráficas, S.A.
Londres, 98
08036 BARCELONA

PRÓLOGO DE LA PRIMERA EDICIÓN

El *Diccionario Griego-Español* que hace veinticinco años compuse en colaboración con mi inolvidable amigo D. Eustaquio Echauri tuvo amplia difusión en los centros de Enseñanza Media, así oficiales como privados, y prueba de ello dan las frecuentes reimpresiones que ha habido que hacer de las tres ediciones alcanzadas. Encargado yo de su corrección y mejora hube de realizar mi labor dentro del marco previamente establecido, y como se indicó en los sucesivos prólogos, consistió ella ya en la busca de una mayor precisión y exactitud de las correspondencias en nuestra lengua, ya en la ampliación del caudal léxico griego, impuesto por la admisión de nuevos autores en los planes de estudio, ya finalmente en la cuidadosa enmienda de errores y erratas, inevitables en toda labor humana y más que en otras muchas en la tan varia y extensa de la composición de un diccionario.

Correspondíase con ello al favor otorgado al libro por docentes y discentes, pero por otra parte no dejaba yo de darme cuenta de que aquél adolecía de ciertas deficiencias de estructura sólo subsanables en una nueva composición conforme a un plan distinto. Notábase, en efecto, ante todo una cierta diferencia de criterios en la amplitud y carácter de los artículos correspondientes a las voces de mayor riqueza de significados y matices, pues mientras en unas partes del Diccionario sólo se daba para explicarlas una sumaria y uniforme relación de vocablos castellanos, en otras se espaciaban los apartados y se señalaba la diversidad de regímenes y construcciones gramaticales. Defecto propio de obras de colaboración, y más cuando concurre la pluralidad de manos que quedó señalada en el prólogo de la primera edición.

Por otro lado, desde la misma aparición del Diccionario se nos empezaron a transmitir por sus consultantes reparos y quejas sobre la insuficiente ayuda prestada en aquél para el reconocimiento de las formas más o menos aberrantes de la declinación y la conjugación. Habíase atendido ya en alguna medida a ello con la inserción en el cuerpo de la obra de un cierto número de formas verbales dialectales, y con el temor de que ello no fuera suficiente se añadió al final una lista de las formas áticas que a nuestro juicio podían presentar a los principiantes cierta dificultad; y como a pesar de todo seguían los requerimientos y observaciones en el sentido indicado, esa lista fue ampliada en la tercera edición hasta casi cuadruplicar su tamaño. De todos modos resultaba evidente que la misma existencia de esa lista con carácter de apéndice entrañaba una incongruencia y le producía al consultante en muchos casos una injustificada pérdida de tiempo. No pudiendo aquél, en efecto, saber de antemano dónde hallaría la forma buscada, si en la lista o en el diccionario mismo, exponíase a acudir primero adonde no había de encontrarla y tener que volver después de la lista al diccionario o del diccionario a la lista con el consiguiente paso de hojas y determinación del lugar alfabético del vocablo. El remedio era claro: supresión de la lista e inclusión de las formas en ella contenidas en el cuerpo del diccionario. No obstante, la operación no ha sido tan fácil y sencilla como parece por su enunciado: por una parte había que aguardar a que la Editorial se hallase en condiciones de realizar una nueva composición, y por otra, entendí necesario someter a revisión la mencionada lista de acuerdo con el plan general de la nueva obra. Como resultado de ese examen fue desechado un cierto número de formas que no parecieron necesarias y en cambio hubo que incluir algunas otras no recogidas anteriormente.

Por lo demás, ha sido opinión avalorada por indicaciones de personas de la mayor solvencia en el asunto y por el ejemplo de muy acreditados diccionarios extranjeros que las formas referidas no debían figurar sólo como independientes en su respectivo lugar alfabético, sino también en serie ordenada al pie del artículo fundamental del verbo a que pertenecen. Igual criterio había que seguir con respecto a las nominales y pronominales. La razón es que en muchos casos el que maneja el Diccionario presume ya a qué verbo o sustantivo corresponde la forma propuesta, y yendo derecho a él confirmará su conjetura, mientras que otro menos conocedor de la flexión tendrá que buscar primero la forma misma para saber por la referencia que la acompaña a qué artículo ha de acudir para conocer su significado: de esta manera el primero no habrá tenido que realizar sino una consulta; el segundo, dos, con la consiguiente demora en la solución. Esto nos lleva a hacer algunas breves reflexiones en réplica anticipada a los que puedan opinar que en el Diccionario se da excesiva ayuda a los que han de utilizarlo en exámenes o ejercicios de clase o incluso alegar que ello se hace invadiendo el campo de la Gramática. Si el ejemplo y precedente de tantos diccionarios extranjeros escolares y no escolares no abonaran el criterio expuesto, mi experiencia de más de cuarenta años de enseñanza repartidos entre la media y la superior me aseguraría de su rectitud. Que el Diccionario no deba sustituir a la Gramática es cosa indudable. Ni de hecho la sustituye: pónganse en manos de quien no tiene noción gramatical alguna todos los diccionarios que se quiera, ofrézcasele la frase griega más sencilla, y no podrá traducirla. Si por el contrario queremos con toda razón que el Diccionario pueda ser utilizado ya por el principiante que tenga asimilado sólo un esquema fundamental de la declinación y la conjugación, un cuadro sintético de las formas flexivas, es claro que hay que facilitarle el conocimiento de todo aquello que quede fuera de su campo de mero iniciado y pueda parecerle dudoso o extraño. Acaso alguien objete que este auxilio prestado a los principiantes resulta improcedente cuando se trata de alumnos a los que se deba exigir más amplio conocimiento gramatical, y que estos últimos pueden hallar en el Diccionario un instrumento con que cubrir su injustificada ignorancia. No creo, sin embargo, que ningún profesor con verdadera práctica de docencia, ejercicios y exámenes, pueda incidir en semejante objeción;

porque es claro que en cualquier trabajo de interpretación con diccionario juegan tres factores que son la preparación del que lo realiza, la extensión y dificultad del texto que se le propone y el diccionario mismo como instrumento auxiliar. Al principiante, como hemos dicho, se le puede someter una frase sencilla que le permita en el tiempo dado consultar el sentido de todas las palabras y relacionarlas entre sí mediante un elemental conocimiento de la Gramática; pero si al que lleva ya años cursando la lengua se le ha de ofrecer un texto de diez, quince o treinta líneas de alguna complicación sintáctica y estilística es claro que tiene que aventajar mucho en su preparación al principiante para hacer algo de provecho. La necesidad de verificar en un texto de esa índole el sentido de la mitad o más de las palabras, algunas tal vez de múltiples significaciones, con el problema de enlazarlas luego en sucesión razonable lleva a un fracaso indefectible: es la composición de un rompecabezas en que los grabados de la mayoría de las piezas estuviesen tan borrosos de dibujo y desvaídos de color que se hiciese imposible su colocación adecuada. Claro resulta, pues, que la combinación de los otros dos factores basta para que los ejercicios o exámenes constituyan buen fundamento de juicio y que el Diccionario ayudará a todos, pero como es de desear a cada uno según su preparación sin enmascarar ni disimular en ningún caso la ignorancia de lo que debe saberse [1].

Otro aspecto en que la nueva obra mejora a la antigua es en el de la inclusión de nombres propios: el número de éstos ha sido considerablemente aumentado con criterio de que no quede fuera ninguno que deba ser conocido como condición indispensable de cualquier lectura, sea continua o por trozos, de los autores y obras seleccionados. En cuanto al ámbito y extensión de estos autores y obras no se ha creído posible de momento una ampliación de los admitidos en las últimas ediciones del Diccionario anterior [2].

1 A decir verdad, la misma consulta de la Gramática, si puede resolver alguna duda de momento, se vuelve como la del Diccionario, y aún más que la de éste, contra el alumno que pretenda remediar con ella su radical insuficiencia.

2 Son éstos: Homero *(Ilíada* y *Odisea)*, Herodoto, Tucídides, Jenofonte *(Anábasis, Ciropedia, Memorias de Sócrates, Helénicas)*, Platón *(Apología, Critón, Fedón, Protágoras, Gorgias)*, Sófocles (las siete tragedias), Anacreonte, Esopo, Demóstenes *(Olínticas, Filípicas, De la Corona)*, Luciano *(Sueño, Diálogos de los muertos* y números 1, 2, 3, 7, 8, 13, 16, 18, 19, 21, 24, 25, 26 de los *Diálogos de los dioses)*; *Nuevo Testamento* (íntegro).

Cúmpleme antes de terminar estas líneas dar las gracias a la señora Carmen Picart, de Barcelona, que ha realizado la primera corrección de pruebas de este libro, así como a la joven helenista señorita Emilia Fresneda que ha revisado partes considerables de la segunda mitad del mismo con notable asiduidad y pericia. Ya se comprenderá, sin embargo, que como se dijo al principio, en una obra de esta índole no era posible evitar un cierto número de erratas, y al final de esta primera edición se han señalado las que más entorpecimiento podrían causar al consultante. Ello no es óbice al propósito, compartido por la Editorial, de hacerlas desaparecer todas del texto lo más pronto posible.

Esperemos que en los años venideros se mantenga por lo menos la situación del griego en los estudios medios, y así, con la ayuda de Dios y la buena voluntad de los editores podríamos mejorar la obra suprimiendo lo que tal vez aparezca ocioso y ampliando lo útil para que rinda cada vez mejor fruto a la juventud estudiosa.

Madrid, agosto de 1967.

JOSÉ M. PABÓN.

Observaciones para el uso del Diccionario

1.ª Conviene que el alumno no sólo tenga segura práctica de la declinación y conjugación griegas sino que conozca el vario mecanismo del aumento y de la reduplicación para saber despojar de estos aditamentos iniciales las formas que los llevan y así obtener la voz fundamental que debe hallar en su correspondiente lugar alfabético. Cuanto más ducho esté en ello más breve y eficaz será su consulta al Diccionario. No obstante, debe buscar directamente en éste todo vocablo que a pesar de estos conocimientos previos no vea fácil de relacionar con un determinado verbo, nombre, etc.

2.ª Las formas de los verbos compuestos se hallarán de ordinario consultando las de los simples respectivos; no obstante, en muchos casos se han consignado también aquéllas bajo su propio artículo, ya por su uso tan frecuente o más que las del simple (caso por ejemplo de ἀπόλλυμι), ya porque la preposición se presenta con muy diverso aspecto ante los varios temas del verbo componente (caso por ej. de ἀφίστημι).

3.ª La indicación de «épica» *(ép.)* que acompaña a una forma indica que ésta se encuentra en la Ilíada o en la Odisea, pero no que sea la única usada en dichos poemas, pues muchas veces coexistirá con otras, incluidas las comunes del ático. Una consideración parecida debe hacerse respecto de las formas jónicas *(jón.)* en relación con la obra de Herodoto y las señaladas como propias del Nuevo Testamento *(N. T.)*

LISTA DE ABREVIATURAS

abs.	absolutamente (sin complemento)
ac.	acusativo
act.	activo *o* activa
adj.	adjetivo
adv.	adverbio
ant.	antiguo
aor.	aoristo
aram.	arameo *o* aramea
art.	artículo
át.	ático *o* ática
aum.	aumento
card.	cardinal
comp.	comparativo *o* comparativa
conj.	conjunción
constr.	construcción
contr.	contracto, contracta *o* contracción
dat.	dativo
dem.	demostrativo
Dem.	Demóstenes
díc.	dícese
dim.	diminutivo
dór.	dórico *o* dórica
e. e.	esto es
ép.	épico *o* épica
epít.	epíteto
esp.	especie, especialmente
F.	Formas
f.	femenino
f. l.	falsa lectio (lectura errónea)
fig.	figurado, figuradamente
frec.	frecuente, frecuentemente
gen.	genitivo
gén.	género
gral.	general
Hdt.	Herodoto
hebr.	hebreo *o* hebrea
Hom.	Homero
imp.	imperativo
impf.	imperfecto
ind.	indicativo
indecl.	indeclinable
indir.	indirecto *o* indirecta
interr.	interrogativo, interrogativa *o* interrogación
intj.	interjección
intr.	intransitivo *o* intransitiva
irón.	irónico, irónicamente
iter.	iterativo, iterativa
Jen.	Jenofonte
jón.	jónico *o* jónica
Luc.	Luciano
m.	masculino
med.	media
mil.	milicia
n.	neutro
num.	numeral
núm.	número
N. T.	Nuevo Testamento
opt.	optativo
part.	participio
partíc.	partícula
pas.	pasivo *o* pasiva
perf.	perfecto
pl.	plural
Plat.	Platón
plpf.	pluscuamperfecto
poét.	poético *o* poética
post.	posterior *o* posteriormente
pres.	presente

pron.	pronombre	tamb.	también
prp.	preposición	td.	tardío, de época postclásica
rar.	raramente, rara vez	tpo.	tiempo
redupl.	reduplicado *o* reduplicación	tr.	transitivo
rel.	relativo *o* relativa	us.	usado
sign.	significado *o* significación	ús.	úsase
simpl.	simplemente	v.	véase
sing.	singular	vb.	verbo
s. o.	según otros	vbal.	verbal
Sóf.	Sófocles	v. l.	varia lectio (variante, lección dudosa)
subj.	subjuntivo	v. s. v.	vide sub voce (véase en esta palabra)
suj.	sujeto	voc.	vocativo
superl.	superlativo		
sust.	sustantivo		

Los títulos de las obras de autores griegos se señalan por sus primeras letras en versión castellana: así, Il. = Ilíada, Od. = Odisea. En las tragedias de Sófocles: Ant. = Antígona, Ay = Alante, Ed. Rey = Edipo Rey, Ed. Col. = Edipo en Colono, El. = Electra, Fil. = Filoctetes, Traq. = Traquinias. Véanse también para Platón, Jenofonte y Demóstenes las obras reseñadas en nota a la pág. VIII del Prólogo. Las indicaciones sobre hagiógrafos y títulos del Nuevo Testamento serán fáciles de interpretar por los conocedores del sagrado texto.

A

Α α alfa [primera letra del alfabeto griego] || *Como signo numérico* α' uno *o* primero; ͵α mil.

ἀ ART. *dór.* = **ἡ**.

ἅ REL. *dór.* = **ἥ**.

ἆ *y* **ἀά** INTJ. *de asombro, dolor, indignación o desprecio* ¡ah! ¡ay! ¡oh!

ἀ-άατος ον inviolable; inconmovible, firme.

ἀ-αγής ές irrompible; fuerte; sólido.

ἄ-απτος ον intangible, invencible.

ἄασα ἀασάμην *aor. 1.º act. y med. resp. de* ἀάω.

ἀάσθην *aor. pas. de* ἀάω.

ἀ-άσχετος ον = **ἄσχετος**.

ἄ-ατος ον insaciable.

ἀάω [*y med.*] perturbar, trastornar, alocar || AOR. MED. ἀασάμην obrar temeraria, locamente, estar infatuado. F. *3.ª sing pres. med.* ἀᾶται; *aor.* ἄασα, ἆσα; *med.* ἀασ(σ)άμην, ἀσάμην; *aor. pas.* ἀάσθην.

Ἄβαι ῶν αἱ Abas [ciudad de Fócida].

ἀβακέω -ῶ no decir nada; no hacer caso.

ἀ-βαρής ές sin peso, ligero; sin pesadumbre, no gravoso, sin molestia.

ἀ-βασάνιστος ον no sometido a tormento; no torturado; no examinado, no comprobado || ADV. **ἀβασανίστως** sin examen, sin comprobación.

ἀ-βασίλευτος ον sin rey, que no tiene rey.

ἄ-βατος ον [*o* **-ος η ον**] inaccesible, impracticable; intransitable, invadeable, impenetrable, inviolable, sagrado.

ἀββᾶ INDECL. [*voz aramoa*] padre.

Ἄβδηρα ων τά Abdera [ciudad de Tracia].

ἀ-βέβαιος ον incierto, inseguro.

ἀβελτερία ας ἡ tontería, necedad, rudeza.

ἀ-βέλτερος α ον tonto, necio.

ἄ-βιος ον indigente, sin sustento.

ἀ-βίωτος ον que no puede ser vivido, insoportable.

ἀβλαβής ές ileso, incólume, sano y salvo; innocuo, inofensivo; guardador o preservador de daño.

ἀ-βλής ῆτος no lanzado, no disparado; no usado, nuevo.

ἄ-βλητος ον no alcanzado, no tocado [por el dardo, etc.].

ἀ-βληχρός ά όν débil, sin fuerza; suave.

ἀβουλέω -ῶ no querer.

ἀβουλία ας ἡ irreflexión, insensatez; irresolución.

ἄ-βουλος ον irreflexivo, insensato, desaconsejado; indiferente, despreocupado, sin corazón.

ἀβρο-δίαιτος ον que vive regaladamente, de vida muelle || **τὸ ἀβροδίαιτον** molicie, afeminación.

ἄ-βρομος ον vocinglero, clamoroso.

ἀβρός όν [*o* **ός ά όν**] lindo, gracioso; blando, tierno, delicado; muelle, afeminado.

ἀβροτάζω perderse, extraviarse, alejarse perdiéndose (ἀλλήλοιιν el uno del otro).
F. *1.ª pl. subj. aor. 1.º ép.* ἀβροτάξομεν.

ἀβρότης ητος ἡ lujo, esplendor, melindre.

ἄ-βροτος ον [*o* **ος η ον**] inmortal, divino [*cf.* ἄμβροτος]; sin hombres, desierto.

ἀβρο-χαίτης ου *m.* de finos *o* suaves cabellos.

ἁβρύνω mimar, melindrear, tratar con melindre || MED. PAS. vivir regaladamente; vanagloriarse, jactarse.

Ἄβυδος ου ἡ Abidos [ciudad de Asia, en el Helesponto].

1 **ἄ-βυσσος ον** insondable, sin fondo.

2 **ἄ-βυσσος ου ἡ** el profundo, el mar; el abismo, cavidad sin fondo.

* **ἀγ-** *apóc. de* ἀνά *ante gutural.*

ἀγάασθαι *y*

ἀγάασθε *formas éps. de* ἄγαμαι.

ἀγαγεῖν *inf. aor. 2.º de* ἄγω.

ἄγαγον *aor. ép. de* ἄγω.

ἀγάγωμι *subj. aor. ép. de* ἄγω.

ἀγαγών οῦσα όν *part. aor. 2.º de* ἄγω.

ἀγάζομαι venerar, adorar.

ἀγαθ-ο-ειδής ές bueno de apariencia.

ἀγαθοεργέω -ῶ hacer bien [a uno, *ac.*].

ἀγαθοεργία ας ἡ acción buena, beneficio.

ἀγαθο-εργός όν bueno, benéfico.

ἀγαθοποιέω -ῶ hacer bien [a uno, *ac.*]; obrar bien.

ἀγαθοποιΐα ας ἡ conducta *u* obra buena.

ἀγαθοποιός όν benéfico.

ἀγαθός ή όν bueno *en sus varios sentidos:* noble, de pro, de cuenta; valeroso, bueno, recto, probo; ὦ 'γαθέ !oh amigo mío! *en sentido de amable reconvención;* bueno, útil || **τὸ ἀγαθόν** el bien; **τὰ ἀγαθά** los bienes de fortuna o las buenas cualidades.

ἀγαθουργέω *contr. de* ἀγαθοεργέω.

ἀγαθουργία *contr. de* ἀγαθοεργία.

ἀγαθουργός *contr. de* ἀγαθοεργός.

ἀγαθωσύνη ης ἡ bondad, probidad.

ἀγαίομαι indignarse, irritarse [por algo, *ac.; con alguno, dat.*].

ἀγα-κλεής ές ínclito, glorioso, ilustre; espléndido, magnífico.

ἀγα-κλειτός ή όν *y*

ἀγα-κλυτός όν = ἀγακλεής.

ἀγαλλίασις εως ἡ júbilo, gozo.

ἀγαλλιάω -ῶ [*y med.*] regocijarse, estar jubiloso.

F. *aor.* ἠγαλλίασα; *med.* ἠγαλλιασάμην *y* ἠγαλλιάσθην *(N. T.).*

ἀγάλλω glorificar, exaltar, magnificar; adornar, ornar || MED. enorgullecerse, vanagloriarse, regocijarse [de algo, *dat. o constr. de part.*].

ἄγαλμα ατος τό honor, gloria, delicia; ornato, joya; ofrenda; estatua; imagen [pictórica o literaria].

ἀγαλμάτιον ου τό [*dim. de* ἄγαλμα] estatuilla.

ἀγαλματο-γλύφος ου ὁ modelador de estatuas, escultor.

ἀγαλματο-ποιός οῦ ὁ estatuario, escultor.

ἀγαλματοπώλης ου ὁ vendedor de estatuas o figuras.

ἄγαμαι INTR. admirarse, maravillarse || TR. admirar [a alguien, *ac.; por algo, gen. de causa, etc.;* algo de alguien o en alguien, *ac. y gen.*]; complacerse [en algo *o* en alguien, *dat. solo o con* ἐπί]; envidiar [a alguien, *dat.*]; irritarse [contra algo, *ac.*].

F. *2.ª pl. pres. ép.* ἀγάασθε *y* ἀγᾶσθε; *inf. ép.* ἀγάασθαι; *impf.* ἠγάμην, *2ª. pl. ép.* ἠγάασθε; *fut. ép.* ἀγάσσομαι; *aor.* ἠγασάμην (*3.ª sing. ép.* ἠγάσσατο *o* ἀγάσσατο), *después* ἠγάσθην.

Ἀγαμέμνων ονος ὁ Agamenón [rey de Micenas, jefe supremo de los griegos que sitiaban a Troya].

ἀγαμένως ADV. con admiración, agrado *o* deferencia.

ἄ-γαμος ον no casado, sin mujer *o* sin marido (γάμος ἄγαμος, matrimonio que no es matrimonio, matrimonio funesto).

ἄγαν ADV. mucho; demasiado.

ἀγανακτέω -ῶ. fermentar, irritarse [físicamente]; indignarse, irritarse, enojarse [por algo. *dat., ac. o constr. con prp.;* con alguno, *dat. o constr. con prp.*].

ἀγανάκτησις εως ἡ irritación; molestia, enfado, enojo.

ἀγανακτητικός ή όν irritable.

ἀγανακτητός ή όν indignante, irritante; intolerable.

ἀγάν-νιφος ον nevado, cubierto de nieve.

ἀγανός ή όν amable, dulce, suave.

ἀγανοφροσύνη ης ἡ amabilidad, dulzura.

ἀγανό-φρων ον [*gen.* ονος] amable.

ἀγαπάζω [*y med.*] acoger con cariño || MED. dar muestras de cariño, acariciar.

ἀγαπάω -ῶ amar, querer; acoger *o* tratar con cariño; desear; complacerse, contentarse [con algo, *dat., constr. inf. o part., constr. con* ὅτι, εἰ, ἐάν *etc.*].

ἀγάπη ης ἡ amor, cariño, caridad || PL.

ágapes, comidas fraternales de los primeros cristianos.

ἀγαπ-ήνωρ ορος estimador de la virilidad, valeroso, viril.

ἀγαπητός ή όν amado; amable, digno de amor, estimación *o* aprecio; aceptable, suficiente (ἀγαπητόν [ἐστι]... εἰ *o* ἐάν... hay que contentarse con que...).

ἀγαπητῶς ADV. de buena gana, con satisfacción; sólo aceptablemente, escasamente, apenas; con resignación.

ἀγά-ρροος ον [-ους ουν] de fuerte corriente, impetuoso.

ἀγασσάμενος *part. aor. 1.º ép. de* ἄγαμαι.

ἀγάσσεσθαι *inf. fut. ép. de* ἄγαμαι.

ἀγά-στονος ον gemidor.

ἀγαστός ή όν digno de admiración, envidiable; de viso, de importancia.

ἀ-γαυός ή όν noble, ilustre.

ἀ-γαυρός ά όν soberbio, altivo, arrogante.

ἀγάω [*y med.*] admirar; mirar con malos ojos, envidiar.

ἀγγαρεύω forzar [a uno a algo, *dos acs.*].

ἀγγαρήιον ου τό servicio de correo montado [en Persia].

ἀγγαρήιος ου ὁ *y*

ἄγγαρος ου ὁ correo montado [en Persia].

ἀγγεῖον ου τό vaso *o* recipiente de cualquier forma o materia [*cf.* ἄγγος]; receptáculo, depósito; vaso *o* cavidad del cuerpo humano.

ἀγγελία ας ἡ mensaje, noticia; misión, legación, embajada; pregón, proclama, orden.

ἀγγελια-φόρος ον mensajero.

ἀγγελίη ης ἡ *jón* = **ἀγγελία.**

ἀγγελίης ου ὁ = **ἄγγελος.**

ἀγγελιη-φόρος ον *jón.* mensajero || **ὁ ἀγγελιηφόρος** chambelán o introductor de la corte persa.

ἀγγέλλω traer [un mensaje], anunciar, notificar, referir [algo o acerca de alguien, *ac.*] || MED. anunciarse, declarar de sí mismo.

F. *fut.* ἀγγελῶ, *ép. y jón.* ἀγγελέω; *aor.* ἤγγειλα -άμην; *perf. pas.* ἤγγελμαι (*3. sing. plpf. jón.* ἄγγελτο); *aor. pas.* ἠγγέλθην, *td.* ἠγγέλην.

ἄγγελμα ατος τό noticia, mensaje.

ἄγγελος ου ὁ mensajero; enviado, nuncio; ángel; mensaje, noticia.

ἀγγήιον ου τό = **ἀγγεῖον.**

ἄγγος εος [ους] τό vaso *o* recipiente de cualquier forma o materia; jarro, cubo, cántaro; arca, cofre, caja; urna; cavidad.

ἄγε ἄγετε *imp. de* ἄγω *con valor de intj.* ¡anda! ¡vamos! ¡ea, pues!

ἀγείρω reunir, juntar [personas o cosas]; reunir juntar dinero para los dioses y sus templos; ir mendigando [*tamb. med.*]

F. *fut.* ἀγερῶ; *aor.* ἤγειρα, -άμην, *ép.* ἄγειρα; *aor. 2.º med. ép.* ἀγερόμην y ἠγρόμην; *inf.* ἀγέρεσθαι; *part.* ἀγρόμενος; *3.ª pl. plpf. med. ép.* ἀγηγέρατο; *3.ª pl. aor. pas. ép.* ἤγερθεν *y* ἄγερθεν.

ἀγελαιοκομική ῆς ἡ arte pecuaria.

ἀγελαῖος α ον rebañego, gregario; que va en rebaño o cardumen; [hombre] común, sin autoridad, del montón.

ἀγελαιοτροφία ας ἡ cría del ganado.

ἀγελείη ης ADJ. *f. ép.* apresadora, rapaz [*epít. de* Palas].

ἀγέλη ης [*dat. ép.* ἀγέληφι] **ἡ** rebaño, piara; banda, muchedumbre; sección, grupo.

ἀγεληδόν ADV. en rebaño; en multitud; en tropel.

ἀγέμεν. *inf. ép. de* ἄγω.

ἄγεν *3.ª pl. aor. pas. ép. de* ἄγνυμι.

ἀ-γενεαλόγητος ον sin genealogía.

ἀ-γένειος ον imberbe.

ἀ-γενής ές no nacido; increado; bajo *o* vil de nacimiento o de índole.

ἀ-γένητος ον no nacido, increado; no hecho, no realizado.

ἀ-γεννής ές bajo *o* vil de nacimiento *o* de índole.

ἀ-γέννητος ον = **ἀγένητος** *y* **ἀγενής.**

ἀγέομαι *jón.* = **ἀγάομαι,** *v.* ἀγάω.

ἀ-γέραστος ον no recompensado, sin premio, sin recompensa, despreciado.

ἀγέρεσθαι *inf. aor. 2.º med. de* ἀγείρω.

ἀγέρθην *aor. pas. ép. de* ἀγείρω (*3.ª pl.* ἄγερθεν).

ἀγέροντο *3.ª pl. aor. 2.º med. ép. de* ἀγείρω.

ἄγερσις εως ἡ reunión; revista (στρατιᾶς, del ejército).

ἀγερωχία ας ἡ arrogancia.

ἀγέρωχος ον altivo, arrogante; orgulloso, insolente.
ἄγεσκον *impf. iterat. de* ἄγω.
ἄ-γευστος ον que no ha probado, gustado o experimentado [algo, *gen.*]; ayuno, en ayunas; sin gusto; no probado o gustado.
ἄγη = **ἐάγη** [de ἄγνυμι].
ἄγη ης ἡ maravilla; estupor; horror; envidia, malignidad; celos.
ἀγή ῆς ἡ fragmento, pedazo; ruptura, rompimiento [*cf.* ἄγνυμι].
ἀγηγέραθ' *3.ª pers. pl. plpf. pas. de* ἀγείρω.
ἀγηλατέω -ῶ expulsar como impuro o sacrílego; purificar.
ἄγημα ατος τό cuerpo de tropas lacedemonio; guardia macedónica.
ἀγηνορίη ης ἡ *ép.* virilidad, valor; arrogancia.
ἀγ-ήνωρ ορος ADJ. *m. y f.* varonil, valeroso; heroico; magnífico, espléndido; arrogante, orgulloso, altanero.
ἀγήοχα *perf. de* ἄγω.
ἀ-γήραος ον *y.*
ἀ-γήρατος ον *y.*
ἀ-γήρως ων [*contr. de* ἀγήραος] que no envejece; que no pasa; nunca viejo; eterno.
1 **ἀγησίλαος ον ὁ** jefe, caudillo.
2 **'Αγησίλαος ου ὁ** Agesilao [rey de Esparta].
ἀγητός ή όν admirable, maravilloso.
ἁγιάζω consagrar.
ἁγιασμός οῦ ὁ consagración, santificación.
ἁγίζω consagrar, ofrendar.
ἀγινέμεναι *inf. pres. ép. de* ἀγινέω.
ἀγίνεσκον *impf. iterat. ép. de*
ἀγινέω llevar, conducir || MED. hacer llevar.
F. *inf. ép.* ἀγινέμεναι; *impf. ép.* ἀγίνεσκον.
ἅγιος α ον santo, sagrado; sacrosanto; piadoso, puro; maldito, execrable [*cf. lat.* sacer].
ἁγιότης ητος ἡ santidad.
῏Αγις ιδος [*o* **ιος**] Agis [rey de Esparta].
ἁγιστεία ας ἡ rito, ceremonia religiosa.
ἁγιωσύνη ης ἡ santidad.
* **ἀγκ-** *sinc. por* ἀνακ- *en principio de palabra.*
ἀγκάζομαι levantar en brazos.

ἀγκαλέω = **ἀνακαλέω.**
ἀγκάλη ης ἡ el brazo doblado || *fig.* brazo [de mar, etc.].
ἀγκαλίζομαι abrazar || PAS. ser estrechado en los brazos.
ἀγκαλίς ίδος ἡ brazo [*sólo en pl.*]; brazada.
ἀγκάς ADV. en brazos.
ἄγκειμαι = **ἀνάκειμαι.**
ἀγκιστρευτικός ή όν relativo a la pesca con anzuelo.
ἄγκιστρον ου τό anzuelo; gancho.
ἀγ-κλίνω = **ἀνακλίνω.**
ἀγκοίνη ης ἡ *poét* = **ἀγκάλη** brazo.
ἄγκος εος [ους] τό cañada, valle.
ἀγκρεμάννυμι = **ἀνακρεμάννυμι.**
ἀγκύλη ης ἡ pliegue [del brazo *o* de la muñeca]; nudo corredizo; correa *o* cuerda [de arco, etc.]; dardo.
ἀγκυλο-μήτης ου de mente astuta y tortuosa, sutil, mañero.
ἀγκύλος η ον corvo, ganchudo, retorcido, encorvado; tortuoso, intrincado.
ἀγκυλό-τοξος ον armado de arco combo.
ἀγκυλο-χείλης ες de pico corvo.
ἄγκυρα ας ἡ áncora, ancla.
ἀγκών ῶνος ὁ codo; brazo; corva; ángulo, esquina; extremo, región extrema *o* apartada; curva, vuelta [*v. gr.* de un río].
ἀγλαΐα ας ἡ = **ἀγλαΐη.**
ἀγλαϊεῖσθαι *inf. fut. med. de* ἀγλαΐζω.
ἀγλαΐη ης ἡ *jón.* brillo, esplendor, hermosura; júbilo, regocijo; fiesta, triunfo, gloria; fantasía, humos [*Hom. Od. 17, 244*].
ἀγλαΐζω ornar, abrillantar, honrar, glorificar || MED. *y* PAS. resplandecer, brillar, gloriarse, ufanarse; complacerse [en algo, ἐν *y dat*]
F. *fut.* ἀγλαϊῶ; *inf. fut. med.* ἀγλαϊεῖσθαι.
ἀγλάϊσμα ατος τό esplendor, brillo, ornamento, honor.
ἀγλαό-καρπος ον [productor] de hermosos frutos.
ἀγλαός ή όν [*o* **-ός όν**] brillante; espléndido; hermoso; ilustre, famoso.
ἀγλαώψ ῶπος refulgente, brillador.
ἄ-γλωσσος ον *y át.*
ἄ-γλωττος ον sin lengua, sin palabra; sin elocuencia; bárbaro, extranjero.
ἄ-γναφος ον no abatanado, no lavado.

ἁγνεία ας ἡ pureza, castidad; religiosidad || PL. purificaciones.

ἁγνεύω estimar como deber de pureza *o* religiosidad [tal *o* cual cosa]; ser puro; salir puro *o* sin culpa [de algo, *gen.*].

ἁγνίζω purificar; cumplir los ritos [por laguien, *ac.*].

ἁγνισμός οῦ ὁ purificación; expiación.

ἀγνοέω -ῶ ignorar; no conocer; equivocarse, errar.
F. *3.ª sing. aor. 1.º ép. iter.* ἀγνώσασκε

ἀγνόημα ατος τό *y*

ἄγνοια ας ἡ ignorancia, desconocimiento; error.

ἀγνοιέω *ép.* = **ἀγνοέω.**
F. *3.ª sing. subj. pres. ép.* ἀγνοιῇσι.

ἁγνός ή όν sagrado, santo; puro, casto; inocente.

ἄγνος ου ἡ agnocasto o sauzgatillo [arbusto cuyas ramas se usaban en ciertos ritos].

ἁγνότης ητος ἡ pureza, inocencia.

ἄγνυμι romper, quebrar.
F. *fut.* ἄξω; *aor.* ἔαξα *y* ἦξα, *imp.* ἆξον, *inf.* ἆξαι, *part.* ἄξας; *perf.* ἔαγα *con sign. pas.; jón.* ἔηγα; *aor. pas.* ἐάγην, *ép. 3.ª sing.* ἄγη, *3.ª pl.* ἄγεν.

ἀγνωμονέω -ῶ obrar desconsiderada *o* injustamente [con alguno, πρός, εἰς, περί *y ac.*] || PAS. ser tratado injustamente.

ἀγνωμοσύνη ης ἡ ignorancia, error; insensatez, obstinación, terquedad; desconsideración, injusticia, crueldad

ἀ-γνώμων ον [*gen.* ονος] insensato; duro, terco, desconsiderado, ingrato; insensible, ignorante.

ἀ-γνώς ῶτος ADJ. *m. y f.* desconocido, ignorado, oscuro; confuso, ininteligible; desconocedor, ignorante; olvidado.

ἀγνώσασκε *3.ª sing. aor. ép. de* ἀγνοέω

ἀγνωσία ας ἡ desconocimiento, ignorancia; obscuridad.

ἄ-γνωστος ον *y*

ἄ-γνωτος ον desconocido; ininteligible; incognoscible; desconocedor, ignorante.

ἀγ-ξηραίνω = **ἀναξηραίνω.**

ἄ-γονος ον no nacido; estéril, infecundo; sin hijos, sin descendencia.

ἀγορά ᾶς ἡ ágora, asamblea del pueblo; discurso, arenga; plaza pública, mercado (ἀγορᾶς πληθούσης, cuando la plaza está llena, a media mañana; οἱ ἐκ τῆς ἀγορᾶς, los mercaderes); cosas vendidas en el mercado, mercancías.

ἀγοράασθε *2.ª pl. pres. ind. ép. de* ἀγοράομαι.

ἀγοράζω estar en la plaza o mercado; frecuentarlo; comprar || MED. comprarse [algo, *ac.*]; rescatar, redimir.

ἀγοραῖος ον del ágora, plaza *o* mercado, [*epít. de* sus divinidades protectoras]; propio de la plaza *o* mercado; placero, frecuentador de la plaza; placero, vago, haragán; común, vulgar, ruín; forense (ἀγοραῖοι, días de foro *o* mercado).

ἀγοραίως ADV. en estilo forense; baja, vulgarmente.

ἀγορανομικός ή όν relativo al tráfico del mercado.

ἀγορα-νόμος ου ὁ agoránomo [funcionario encargado de la regulación del mercado]; edil.

ἀγοράομαι reunirse en asamblea, entrar en debate; hablar a la asamblea, arengar; hablar, decir de sí mismo [*v. gr.* jactancias]; conversar [con alguien, *dat.*].
F. *2.ª pl. pres. ép.* ἀγοράασθε; *2.ª sing. impf.* ἠγορῶ; *2.ª y 3.ª pl. impf. ép.* ἠγοράασθε, ἠγορόωντο; *3.ª sing. aor. 1.º ép.* ἀγορήσατο.

ἀγοραστής οῦ ὁ esclavo encargado de la compra, comprador.

ἀγοραστικός ή όν del mercado *o* del comercio, referente al mercado *o* al comercio.

ἀγορεύω hablar en la asamblea; hablar, decir, referir [algo, *ac.; a* alguien, *dat. o ac.*] || ACT. *y* MED. declarar, proclamar.
F. *Apenas se usa más que en el pres. Las otras formas se sustituyen por* ἐρῶ, εἶπον, εἴρηκα, ἐρρήθην, ῥηθήσομαι.

ἀγορή ῆς ἡ *ép. y jón.* = **ἀγορά.**

ἀγορῆ-θεν ADV. del ágora.

ἀγορήν-δε ADV. al ágora.

ἀγορητής οῦ ὁ orador, arengador.

ἀγορητύς ύος ἡ elocuencia; facundia.

ἄγος εος [ους] τό impureza, mancha de sacrilegio; persona *o* cosa contaminada de sacrilegio, *de donde* impío, homicida; expiación.

ἀγός οῦ ὁ conductor, jefe, caudillo.

ἀγοστός οῦ ὁ palma *o* hueco de la mano.

ἄγρα ας ἡ caza, cacería; pesca; caza, presa, animales cazados; pesca [pescado]; botín.

ἀ-γράμματος ον analfabeto, iletrado; no escrito.

ἄγραπτος ον no escrito.

ἀγραυλέω -ῶ estar a campo raso; vivir en el campo.

ἄγρ-αυλος ον del campo; que vive en el campo.

ἄ-γραφος ον no escrito (ἀ. νόμος, ley natural); no incluído en una escritura o pacto.

ἄγρευμα ατος τό caza, presa, botín.

ἀγρεύς έως *y*

ἀγρευτήρ ῆρος *y*

ἀγρευτής οῦ ὁ cazador; pescador; protector de la caza *o* de la pesca.

ἀγρεύω *y*

ἀγρέω -ῶ cazar *o* pescar; buscar, anhelar [*tamb. med.*] || *imp. como intj.* ἄγρει ἀγρεῖτε ¡ea! ¡vamos! ¡a ello!

ἄγρη ης ἡ *jón.* = **ἄγρα.**

ἀγριαίνω INTR. irritarse, encolerizarse. || TR. irritar, encolerizar.

ἀγρι-ελαία ας *y.*

1 **ἀγρι-έλαιος ου ἡ** acebuche, olivo silvestre.

2 **ἀγρι-έλαιος ον** de acebuche.

ἄγριος α ον agreste, silvestre; salvaje, fiero, cruel, violento.

ἀγριότης ητος ἡ selvatiquez; calidad de selvático o silvestre; ferocidad, crueldad.

ἀγριό-φωνος ον con voz ruda *o* bronca.

ἀγριόω -ῶ hacer salvaje; enfurecer, irritar. || MED. hacerse salvaje, irritarse, enfurecerse, ponerse furioso.

ἀγρο-βότας ου *dór. y.*

ἀγρο-βότης ου *át.* que apacienta en el campo, rústico.

ἀγρό-θεν ADV. del campo.

ἀγρό-θι ADV. en el campo.

ἀγρ-οικία ας ἡ rusticidad, aspereza; casa o morada de campo.

ἀγρ-οικίζομαι ser *o* mostrarse rústico o agreste.

ἄγρ-οικος ον del campo; campesino, rústico; rudo, áspero; común, corriente; inculto, silvestre [*dic.* del campo, etc.].

ἀγροιώτης ου ὁ campesino, rústico.

ἀγρόμενος *part. aor. med. con sign. pas. de* ἀγείρω.

ἀγρόν-δε ADV. hacia el campo.

1 **ἀγρο-νόμος ον** habitante del campo; rústico, agreste.

2 **ἀγρο-νόμος ου ὁ** inspector de los campos públicos.

ἀγρός οῦ ὁ campo (τὰ ἐξ ἀγρῶν productos del campo); heredad.

ἀγρότερος α ον silvestre; agreste.

ἀγρότης ου ὁ campesino.

ἀγρυπνέω -ῶ velar, estar desvelado; velar, vigilar [algo, *dat. o ac. con* εἰς).

ἀγρυπνία ας ἡ desvelo, insomnio, vela.

ἄγρ-υπνος ον desvelado, insomne; despierto, vigilante, velador.

ἀγρώσσω = **ἀγρεύω** cazar, pescar, apresar.

ἄγρωστις εως [*o* **ιδος**] **ἡ** grama.

ἀγυιά ᾶς ἡ calle, camino, calzada; conjunto de calles, barrio; población, país.

ἀγυιεύς έως *adj. m.* protector *o* guardián de las calles.

ἀ-γύμναστος ον no ejercitado, no entrenado; no hostigado, no atormentado.

ἄγυρις ιος [*dat. ép.* ἀγύρει] **ἡ** reunión, asamblea; multitud (ἄγυρις νηῶν real de las naves).

ἀγυρτάζω reunir mendigando (χρήματα dinero).

ἀγύρτης ου ὁ colector, sacerdote que postula; mendigo vagabundo; charlatán, impostor.

* **ἀγχ-** *sínc. poét. por* ἀνακ- *en principio de palabra.*

ἀγχέ-μαχος ον que combate de cerca; apto para combatir de cerca.

ἄγχι ADV. junto, al lado de [*gen. o dat.*]; pronto; parecidamente a...

ἀγχί-αλος ον cercano *o* próximo al mar; situado en un mar cercano.

ἀγχι-βαθής ές profundo desde la orilla *o* en la misma orilla.

ἀγχί-θεος ον semejante a los dioses.

ἀγχι-μαχητής οῦ ὁ el que combate de cerca.

ἀγχί-μολος ον que se acerca, próximo, cercano || ἐξ ἀγχιμόλοιο, de cerca; ἐπ'ἀγχίμολον, cerca.

ἀγχίνοια ας ἡ viveza de ánimo *o* de inteligencia, sagacidad.

ἀγχί-νοος ον [-ους ουν] despierto, vivo, sagaz.

ἀγχί-π(τ)ολις εως cercano de la ciudad; que tiene su sede junto a la ciudad.

ἄγχιστα ADV. *superl. de* ἄγχι lo más cerca, muy cerca; muy de cerca, muy parecidamente; muy recientemente.

1 **ἀγχιστεία ας ἡ** *y*

2 **ἀγχιστεῖα ων τά** parentesco cercano; derechos de familia *o* de herencia.

ἀγχιστεύς έως ὁ pariente cercano; heredero próximo *o* legítimo.

ἀγχιστήρ ῆρος ὁ acarreador, causante inmediato [de algo, *gen.*].

ἀγχιστῖνος η ον *ép.* hacinado, en montón.

ἄγχιστον ADV. = **ἄγχιστα.**

ἄγχιστος ον *superl. de* ἄγχι muy cercano, el más cercano.

ἀγχί-στροφος ον que se vuelve rápidamente; rápido, repentino [ἀγχίστροφα βουλεύεσθαι cambiar de opinión súbitamente].

ἀγχό-θεν ADV. de cerca.

ἀγχό-θι ADV. cerca.

ἀγχόνη ης ἡ estrangulación, horca, ahorcadura; acción de estrangular *o* ahorcar; cuerda para ahorcar.

ἀγ-χορεύω danzar.

ἀγχότατος η ον el más cercano, muy cercano; muy parecido.

ἀγχοτάτω ADV. = **ἄγχιστα.**

ἀγχότερος α ον ADJ. *comp. de* ἀγχοῦ más cercano.

ἀγχοῦ ADV. = **ἄγχι**

ἄγχω estrechar, apremiar; estrangular, ahogar.

ἀγχ-ώμαλος ον casi igual; casi igualado.

ἄγω TR. conducir, llevar (εἰς δίκην, εἰς δικαστήριον, εἰς δικαστὰς ἄγειν, llevar a juicio); llevarse, llevarse consigo (ἄγειν καὶ φέρειν saquear [una tierra, *ac.*]); arramblar [con algo, *ac.*]; traer, traer consigo, producir, originar; guiar, regir, conducir, educar, trazar, tender (τεῖχος un muro, etc.); traer en la memoria; inducir, persuadir; observar, celebrar (ἑορτήν una fiesta etc.); guardar, observar (εἰρήνην la paz); *con expr. de tpo.:* pasar (βίοτον la vida; ἡμέραν el día, etc.); juzgar, estimar, considerar (ἐν τιμῇ, περὶ πλείστου en mucho); pesar [tanto *o* cuanto, *ac.*] || INTR. ir, encaminarse hacia || MED. llevarse, tomar para sí (ἄγεσθαι γυναῖκα tomar mujer para sí, casarse *o* tomar mujer para persona allegada [hijo, hermano, etc.]).
F. *inf. pres. ép.* ἀγέμεν; *impf.* ἦγον, *ép. y jón.* ἄγον (*iter.* ἄγεσκον) *med.* ἀγόμην; *fut.* ἄξω (*inf. ép.* ἀξέμεν ἀξέμεναι *con valor de pres. o aor.*), *med.* ἄξομαι *(tamb. con valor pas.)*; *aor. 2.º* ἤγαγον, *ép.* ἄγαγον (*subj.* ἀγάγωμι); *med.* ἠγαγόμην; *aor. 1.º* ἦξα (*imp.* ἄξον), *med.* ἠξάμην, *ép.* ἀξάμην; *perf.* ἦχα, *td.* ἀγήοχα; *pas.* ἦγμαι; *aor. pas.* ἤχθην, *jón.* ἄχθην; *adj. vbal.* ἀκτός.

ἀγῶ *subj. aor. pas. de* ἄγνυμι.

ἀγώ *contr. de* ἃ ἐγώ.

ἀγωγεύς έως ὁ cargador, portador; brida, rienda.

ἀγωγή ῆς ἡ transporte, traslado, conducción; movimiento; marcha, expedición; tenor, tendencia de una cosa; dirección, educación; método.

ἀγώγιμος ον que puede ser llevado o transportado (τὰ ἀγώγιμα las mercancías); dúctil; reo de proscripción *o* presidio, presidiable.

ἀγώγιον ου τό carga.

ἀγωγός όν que conduce, conveniente; conductor, guía; acompañante; que atrae; atrayente, atractivo.

ἀγών ῶνος ὁ reunión, asamblea [*esp.* las de los grandes juegos olímpicos, píticos, ístmicos y nemeos]; certamen, lucha [*esp.* los grandes Juegos]; lugar del certamen, palestra, arena; contienda, disputa, pleito; peligro, crisis.

ἀγων-άρχης ου ὁ juez de una contienda.

ἀγωνία ας ἡ contienda, lucha; ejercicio gimnástico; certamen gimnástico; angustia, congoja.

ἀγωνιάω -ῶ luchar, contender; angustiarse, acongojarse; estar angustiado o acongojado..

ἀγωνίδαται *3.ª pl. perf. jón. de* ἀγωνίζομαι.

ἀγωνίζομαι contender, luchar por un premio, [*esp.* en los grandes Juegos]; luchar, combatir; discutir, disputar (δίκην ἀ. sostener un juicio *o* defenderse en juicio); ejercitarse en la lucha || PAS. ser disputado, ser objeto de una disputa.

ἀγώνιος ον del certamen, atañente *o* perteneciente al certamen, [*esp.* al de los grandes Juegos]; árbitro del certamen.

ἀγωνιοῦμαι *fut. de* ἀγωνίζομαι.

ἀγώνισις εως ἡ certamen.

ἀγώνισμα ατος τό certamen, proceso, lucha; trabajo de certamen; premio del certamen; hazaña, proeza.

ἀγωνισμός οῦ ὁ rivalidad, porfía.

ἀγωνιστής οῦ ὁ campeón, luchador; guerrero; litigante; orador; maestro en la oratoria u otro arte, virtuoso.

ἀγωνιστικός ή όν concerniente al certamen; apto para él; aficionado al certamen o gustoso de él.

ἀγωνοθετέω -ῶ. disponer los certámenes o Juegos; presidirlos.

ἀγωνοθέτης ου ὁ director, juez *o* presidente de los certámenes; *en gral.*: juez.

ἀδαγμός οῦ ὁ mordedura, desgarro.

ἀδαημονίη ης ἡ *ép.* ignorancia, impericia.

ἀ-δαήμων ον [*gen.* ονος] *y*

ἀ-δαής ές desconocedor, ignorante; incapaz.

ἄ-δακρυς υ [*gen.* υος] *y*

ἀ-δάκρυτος ον que no llora; no llorado.

ἀδαμάντινος η ον de acero, duro como el acero.

ἀ-δάμας αντος ὁ acero || ADJ. = **ἀδάμαστος.**

ἀ-δάμαστος ον *y*

ἀ-δάματος ον indómito, no domado; inflexible; no casado, virginal.

ἀ-δάπανος ον no costoso, sin dispendio; *de pers.* no gastoso, no dispendioso.

ἄ-δαστος ον no repartido.

*** αδδ-... = αδ-...**

ἅδε *3.ª sing. aor. 2º. de* ἁνδάνω.

ἀ-δεής ές libre de miedo, sin miedo; imprudente, osado; no temible, que no produce miedo (τὸ ἀδεές la seguridad). *Cf.* δέος.

ἄδεια ας ἡ *y*

ἀδείη ης ἡ *jón.* confianza, seguridad; fianza, garantía; amnistía, dispensa, indemnidad.

ἀδειής ές = ἀδεής.

ἀ-δείμαντος ον sin miedo, libre de miedo; seguro.

ἁδεῖν *inf. aor. 2.º de* ἁνδάνω.

ἄ-δειπνος ον sin comida, que no ha comido.

ἀδελφεά *poét. y*

ἀδελφεή *jón.* = **ἀδελφή.**

ἀδελφειός οῦ ὁ *ép.* = **ἀδελφός.**

ἀδελφεο-κτόνος ου fratricida.

ἀδελφεός οῦ ὁ *jón.* = **ἀδελφός.**

ἀδελφή ῆς ἡ hermana.

ἀδελφιδεός [-οῦς] οῦ ὁ sobrino; nieto.

ἀδελφιδή ῆς ἡ sobrina; nieta.

ἀδελφο-κτόνος ον fratricida.

1 **ἀδελφός ή όν** fraternal, fraterno; doble, par, gemelo; semejante, parejo [de algo, *gen. o dat.*].

2 **ἀδελφός οῦ ὁ** hermano *o en gral.*, pariente próximo, allegado (ἀδελφοὶ ἀπ᾽ἀμφοτέρων, hermanos de padre y madre); *fig.* hermanos en la fe.

ἀδελφότης ητος ἡ hermandad, fraternidad, conjunto de hermanos.

ἄ-δερκτος ον sin vista, ciego.

ἄ-δεσμος ον no encadenado, libre (ἄδεσμος φυλακή, vigilancia sin prisión).

ἀ-δέσποτος ον sin amo, sin dueño; anónimo.

ἄ-δετος ον no atado, no aprisionado, suelto, libre.

ἀ-δευκής ές amargo, duro, cruel.

ἀ-δέψητος ον no curtido, crudo.

ἀδέω hartarse, hastiarse, sentir disgusto *o* cansancio [por algo, *dat.*]. **F.** *3.ª sing. opt. aor.* ἀδήσειε; *part. perf. pl.* ἀδηκότες.

ἀ-δεῶς ADV. sin miedo; sin reparo; sin limitación.

ἀ-δήϊος ον no devastado por el enemigo.

ἀδηκότες *part. pl. perf. ép. de* ἀδέω.

ἀδηλέω -ῶ estar confuso, no entender.

ἄ-δηλος ον invisible, obscuro, confuso, incierto, dudoso (ἄδηλον ὄν siendo incierto; ἐν ἀδήλῳ εἶναι ser incierto u oscuro).

ἀδηλότης ητος ἡ obscuridad, inseguridad, incertidumbre.

ἀδήλως ADV. secreta, ocultamente.

ἀδημονέω -ῶ estar angustiado *o* atormentado; angustiarse.

ἄδην ADV. bastante, suficientemente (ἄδην ἔχειν estar saciado de algo, *gen.*).

ἀ-δῆος ον = **ἀδήιος.**
ἀ-δήριτος ον sin lucha, sin combate; no disputado; incontrastable.
Ἅιδης ου ὁ Hades, [dios del infierno *o* mundo inferior]; infierno, mundo inferior (ἐν ᾅδου [*sc.* ἐν οἴκῳ *o* ἐν δόμοις ᾅδου] en el Hades *o* infierno; εἰς ᾅδου al Hades, *con la misma elipsis*); muerte.
ἀδήσειεν *3.ª sing. opt. aor. 1º. ép. de* ἀδέω.
ἀδήσω *fut. de* ἁνδάνω.
ἀδη-φάγος ον voraz, devorador; costoso, caro.
ἀ-δήωτος ον no devastado, libre de devastación.
ἀδιάβατος ον infranqueable, intransitable.
ἀ-διάκριτος ον no litigioso; no susceptible de reparación *o* distinción, indistinto; indeciso, no decidido.
ἀδιάλειπτος ον incesante, sin interrupción.
ἀ-διάλλακτος ον irreconciliable.
ἀ-διάλυτος ον indisoluble.
ἀ-διανόητος ον incomprensible, ininteligible.
ἀ-διανοήτως ADV. irreflexiva, insensatamente.
ἀ-διάσπαστος ον no partido, sin interrupción.
ἀ-διάφθαρτος ον = **ἀδιάφθορος.**
ἀ-διαφθορία ας ἡ incorrupción, pureza.
ἀ-διάφθορος ον no corrompido, puro, casto; incorruptible, insobornable; incorruptible, imperecedero.
ἀ-δίδακτος ον no instruído, no adiestrado; no aprendido; conocido por sí, por naturaleza.
ἀ-διερεύνητος ον inescrutable; no investigado; *de pers.* no interrogado, no examinado..
ἀ-διήγητος ον indescriptible.
ἀδίκαστος ον no juzgado, no sometido a juicio || ADV. **ἀδικάστως** sin juicio, sin reflexión.
ἀδικέω -ῶ INTR. ser injusto, cometer injusticia, faltar, faltar a la ley; no tener razón, cometer error || TR. *con ac. pers.* faltar, agraviar a alguien, ofender a alguno, cometer injusticia contra alguno; *con ac. cosa* dañar, hacer daño en algo || PAS. ἀδικοῦμαι ser agraviado, ser tratado injustamente.
ἀδίκημα ατος τό injusticia, ofensa, daño; bienes injustamente adquiridos.
ἀδικία ας ἡ *y*
ἀδίκιον ου τό injusticia, ofensa, daño.
ἄ-δικος ον injusto (ἄδικοι χεῖρες operaciones ofensivas); ilegal; inservible; indómito (ἄδικοι ἵπποι caballos indómitos, cerriles).
ἀ-δίκως ADV. injustamente, sin razón *o* motivo.
ἀδινός ή όν apretado, espeso, abundante, mucho, frecuente; arremolinado; fuerte, vehemente; agitado || ADV.ἀδινόν, ἀδινά *y* ἀδινῶς.
ἀδινός ή όν de dulce canto [*dic.* de las Sirenas].
ἀ-διόρθωτος ον no corregido, no rectificado; no ordenado, no reglado.
ἀ-διόριστος ον no fijo, sin fijación, indeterminado.
ἀ-δμής ῆτος indómito, no domado; no casado, virginal, entero.
ἀ-δμῆτις ιδος = **ἀδμήτη** *f. de.*
ἄ-δμητος η ον = **ἀδμής.**
ἅδοι *3.ª sing. opt. aor. 2.º de* ἁνδάνω.
ἀ-δόκητος ον inesperado, sorprendente.
ἀ-δοκίμαστος ον no examinado, no admitido en los derechos cívicos y mayoría de edad.
ἀ-δόκιμος ον falso, ilegítimo; desacreditado, innoble; reprobado; insignificante, sin importancia.
ἀδολεσχέω -ῶ charlar, parlotear.
ἀδο-λέσχης ου ὁ charlatán; razonador sutil.
ἀδολεσχία ας ἡ charlatanería, garrulidad; sutileza.
ἄ-δολος ον sin dolo, sin fraude; recto, honrado; no adulterado, puro.
ἅδον *aor. 2.ª act. ép. de* ἁνδάνω.
ἀ-δόξαστος ον no sujeto a opiniones no opinable, cierto, seguro.
ἀδοξέω -ῶ no tener renombre, estar mal reputado || TR. tener en mal concepto, menospreciar.
ἀδοξία ας ἡ mala reputación, infamia.
ἄ-δοξος ον sin gloria; mal reputado; obscuro, anónimo; despreciable.
ἄδος εος [ους] τό saciedad, hartura.
ἄ-δρηστος ον *jón.* no inclinado a escaparse o fugarse [*dic.* del esclavo].
ἀδρός ά όν grande, crecido, maduro,

sólido, fuerte, espeso, *según el objeto a que se aplica.*

ἀδροτής ἦτος ἡ vigor, fuerza, madurez, plenitud, abundancia.

ἀδρόω ῶ *y*

ἀδρύνω madurar, llevar a madurez || PAS. madurar, crecer.

* **ἀδυ-...** *dor.* = **ἡδυ-...** *en los compuestos.*

ἀδυ-επής ές *dór.*=**ἡδυεπής.**

ἀδυναμία ας ἡ *y*

ἀδυνασία ας ἡ falta de fuerzas, debilidad; incapacidad [para algo, *gen.*]; falta de recursos, pobreza.

ἀδυνατέω -ῶ estar falto de fuerzas, no poder, no tener poder [para hacer algo, *inf.*]; ser imposible (ἀδυνατεῖ es imposible).

ἀ-δύνατος ον incapaz, inepto [para algo, *inf.*]; inservible; sin fuerzas, flaco, débil; imposible, que no puede hacerse.

ἀ-δυνάτως ADV. sin fuerzas (ἀδυνάτως ἔχειν hallarse enfermo).

ἀδύ-πνοος ον *dór.* = **ἡδύπνοος.**

ἀδύ-πολις ι *dór.* grato a la ciudad.

ἀδύς *dór.* = **ἡδύς.**

ἄ-δυτον ου τό *y*

ἄ-δυτος ου ὁ sagrario, la parte más íntima y reservada del templo *o* santuario; templo, santuario [*cf.* δύω].

ᾄδω *contr. de* ἀείδω.

ἀ-δωροδόκητος ον insobornable, incorruptible.

ἄ-δωρος ον que no recibe dones; no sobornado, insobornable, incorruptible; que no da, no producidor [de algo, *gen.*] || ἄδωρα δῶρα, dones que no son dones, dones funestos.

* **ἀεθλ-...** *jón.* = **ἀθλ-...**

ἀεθλεύω *y* **ἀεθλέω** *jón.* = **ἀθλεύω** *y* **ἀθλέω.**

ἀέθλιον ου τό *ép. y jón.* premio de la lucha *o* certamen; la lucha misma; instrumento de la lucha, arma.

ἀέθλιος α ον ganador del premio *o* aspirante a él en la lucha.

ἄεθλον *y* **ἄεθλος** = **ἆθλον** *y* **ἆθλος.**

ἀεθλο-φόρος ον *ép. y jón.* = **ἀθλοφόρος.**

ἀεί ADV. siempre, constantemente, por siempre (εἰς ἀεί, para siempre; ὁ ἀεὶ χρόνος la eternidad; οἱ ἀεὶ ὄντες los inmortales); sucesivamente, cada vez, sin interrupción (ὁ ἀεὶ βασιλεύων el que reina *o* va reinando en cada época, cada uno de los reyes sucesivos).

ἀει-γενέτης ου *y*

ἀει-γενής ές siempre existente, eterno.

ἀ-ειδής ές incorpóreo, inmaterial, invisible, incognoscible.

ἀείδω [*contr.* ᾄδω] INTR. cantar *y esp. según el suj.* cacarear, gorjear, croar, etc.; vibrar [la cuerda del arco] || TR. celebrar en el canto, alabar, conmemorar.

F. *impf.* ᾖδον, ἤειδον, *ép.* ἄειδον; *fut.* ᾄσομαι, ἀείσομαι; *aor.* ᾖσα, *ép.* ἄεισα; *aor. pas.* ᾔσθην, *part.* ᾀσθείς.

ἀεικείη ης ἡ *ép. y jón.* ultraje, injuria, demasía.

ἀ-εικέλιος α ον [*o* **-ος ον**] *y*

ἀ-εικής ές indecoroso, vergonzoso, ofensivo (ἀ. μισθός paga inadecuada, escasa); feo, odioso; extraño (οὐδὲν ἀεικές ἐστι no es nada extraño que, *inf.*).

ἀεικία ας ἡ = **ἀεικείη.**

ἀεικίζω [*y med.*] tratar mal, ultrajar; martirizar, atormentar; desfigurar, afear, mutilar.

F. *impf.* ᾔκιζον, *ép.* ἀείκιζον; *fut.* ἀεικιῶ, *med.* ἀεικιοῦμαι; *aor.* ᾔκισα, *ép.* ἀείκισσα; *med.* ἀεικισσάμην; *inf. aor. pas. ép.* ἀεικισθήμεναι.

ἀει-κίνητος ον movido eternamente, que está en perpetuo movimiento.

ἀεί-μνηστος ον siempre recordado, inolvidable.

ἀεί-ναος ον *jón.* = **ἀέναος.**

ἄειρα *aor. 1.º ép. de* ἀείρω *1.*

ἀεί-ρυτος ον siempre fluyente, perenne.

1 **ἀείρω** levantar, alzar (ἀ. ἱστία replegar hacia arriba las velas); levantar en peso, *de donde* sacar; llevar y traer (μή μοι οἶνον ἄειρε no me traigas, no me ofrezcas vino) || MED. levantar para sí, coger, llevarse; entablar, emprender (πόλεμον la guerra); *tamb. abs.* βαρὺς ἀείρεσθαι pesado para la empresa; izar las velas [*con o sin el compl.* ἱστία] || PAS. ser levantado o elevado; alzarse de un sitio, salir, partir; estar colgado o suspendido (ἡ μάχαιρα ἄωρτο la cuchilla pendía); estar exaltado o excitado.

F. *impf.* ἤειρον, *ép.* ἄειρον; *aor.* ἤειρα *ép.* ἄειρα *part.* ἀείρας || MED. ἀείρομαι, *inf.* ἀείρασθαι, *part.* ἀειράμενος || PAS. *3.ª sing. plpf. ép.* ἄωρτο; *aor.* ἠέρθην, *ép.* ἀέρθην, *3.ª pl.* ἄερθεν, *El vb. es ép. jón. poét.* ; *contr.* αἴρω *v. s. v.*
2 **ἀείρω** atar.
ἀείς *part. pres. de* ἄημι.
ἄεισα *aor. 1.º ép. de* ἀείδω.
ἄεισμα *jón.* = **ᾆσμα.**
ἀεί-φρουρος ον siempre vigilante, siempre guardador.
ἀει-φυγία ας ἡ destierro perpetuo.
ἀεκαζόμενος η ον forzado, contra voluntad.
ἀ-εκήλιος ον = **ἀεικής** adverso, desagradable.
ἀ-έκητι o **ἀ-εκητί** ADV. a pesar de, contra la voluntad de [*gen.*].
ἀ-εκούσιος ον [*o* **-ος α ον**] *y*
ἀ-έκων ουσα ον forzado, obligado; involuntario, no intencionado.
ἀέλιος *dór.* = **ἥλιος.**
ἄελλα ης ἡ huracán, tempestad.
ἀελλαῖος α ον *y*
ἀελλάς άδος [*f.*] rápido como el huracán.
ἀέλλη *ép.* = **ἄελλα.**
ἀελλής ές espeso, arremolinado.
ἀελλό-πος [**-πους**] **ποδος** de pies rápidos como el huracán.
ἀ-ελπής ές = **ἄελπτος.**
ἀελπτέω -ῶ no tener esperanza, desesperar.
ἄ-ελπτος ον inesperado, imprevisto (ἐξ ἀέλπτου inesperadamente); sin esperanza, desesperado.
ἀέ-ναος ον *y*
ἀε-νάων ουσα ον siempre fluyente, perenne, eterno.
ἀέντες *nom. pl. de* ἀείς.
ἀέξω aumentar, acrecentar, criar, robustecer; exaltar, encarecer, exagerar || PAS. crecer, prosperar.
ἀεργία ας [*y ép.* **ἀεργίη ης**] **ἡ** inercia, pereza.
ἀ-ργός όν inerte, inactivo, ocioso; perezoso.
ἀερθείς ἄερθεν ἀέρθην *formas de aor. pas. de* ἀείρω.
ἀέριος ον [o **-ος α ον**] aéreo, airoso, que está en el aire *o* es propio del aire; nebuloso, neblinoso.
ἄ-ερκτος ον no cercado, abierto.
ἀερο-βατέω -ῶ andar por el aire.
ἀερο-ειδής ές semejante al aire; nebuloso; obscuro sombrío.
ἀερο-πόρος ον atravesador del aire.
ἀερσί-πους ουν [*gen.* ποδος, *ac.* πουν] que alza los pies, trotón.
ἀερώδης ες = **ἀεροειδής ές.**
ἄεσα *aor.* [*carece de otros temas*] estar, permanecer, mantenerse.
ἀεσιφροσύνη ης ἡ insensatez, extravío, locura.
ἀεσί-φρων ον [*gen.* ονος] insensato, trastornado.
ἀετός οῦ ὁ águila; abanto [ave]; águila [enseña de los persas y de los romanos]; frontón de un edificio.
ἄζα ης ἡ moho.
ἀζαλέος α ον seco, reseco, agostado, desecado.
ἄ-ζηλος ον no envidiado; no envidiable, lamentable, triste; pobre; insignificante.
ἀ-ζήλωτος ον no envidiable.
ἀ-ζήμιος ον no castigado, exento de castigo; irreprensible; impune; indemne; que no lleva en sí castigo alguno; innocuo.
ἀζηχής ές ADJ. constante, incesante || ADV. **ἀζηχές** incesantemente.
ἄ-ζυμος ον sin levadura, no fermentado || **τὰ ἄζυμα,** fiesta de los panes ázimos.
ἄζω secar, agostar.
ἄζω [*casi siempre en forma med.* **ἄζομαι**] TR. reverenciar, respetar, temer; no atreverse [a hacer algo, *inf.*] || INTR. *part.* ἀζόμενος lleno de temor.
ἄ-ζωστος ον no ceñido; sin ceñidor.
ἄη *3.ª sing. impf. act. de* ἄημι.
ἀ-ηδής ές [*dic de pers. o cosa*] desagradable, antipático, odioso.
ἀηδία ας ἡ antipatía, odiosidad; disgusto; enojo.
ἀηδονίς ίδος ἡ *y*
ἀηδών όνος ἡ ruiseñor.
ἀηδῶς ADV. sin gusto, sin agrado; a disgusto, de mala gana (ἀηδῶς ἔχειν τινί estar mal con alguno, no poder sufrirlo).
ἀήθεια ας ἡ falta de costumbre, inexperiencia, impericia.
ἀηθέσσω no estar acostumbrado.
ἀ-ήθης ες raro, extraño; no acostumbrado [a algo, *gen.*].
ἄημα ατος τό soplo.
ἀήμεναι *inf. pres. ép. de* ἄημι.

ἄημι soplar, respirar || PAS. ser azotado por el viento; agitarse, fluctuar (δίχα σφιν θυμὸς ἄητο su ánimo fluctuaba entre dos partidos, *Il. 21, 386*).
F. *3.ª du. pres. ind. ép.* ἄητον, *3.ª sing. pas.* ἄηται; *inf.* ἀῆναι, *ép.* ἀήμεναι; *part.* ἀείς, ἀέντος; *pas.* ἀήμενος; *3.ª sing. impf. ép.* ἄη, *pas.* ἄητο.

ἀήρ ἀέρος ἡ [*desde Hdt.* **ὁ**] aire, capas inferiores de la atmósfera [*por opos. a* αἰθήρ]; niebla, neblina, bruma, obscuridad; aire *en gral.* (πρὸς τὸν ἀέρα al aire libre).

ἀ-ήσσητος ον no vencido, invicto; invencible.

ἀήσυλος ον malvado.

ἀήτη ης ἡ *y*

ἀήτης ου ὁ soplo, viento, aire.

ἄητο *3.ª sing. impf. pas. de* ἄημι.

ἄητον *dual pres. ind.* ἄημι.

ἄητος ον impetuoso, violento.

ἀήττητος ον *át.* = **ἀήσσητος.**

'Αθάνα *dór.* = **'Αθηνᾶ.**

ἀθανασία ας ἡ inmortalidad.

ἀθανατίζω hacer inmortal; creerse inmortal || PAS. hacerse o ser inmortal.

ἀ-θάνατος ον inmortal, imperecedero, perenne, que no acaba (οἱ ἀθάνατοι los Inmortales, los dioses; *y también,* los miembros de un cuerpo de tropas persas, guardias de corps, cuyos sucesores estaban designados antes de su muerte; *y en gral.* ἀθάνατος ἀνήρ funcionario, cuya sucesión en el cargo está asegurada).

ἄ-θαπτος ον insepulto [*cf.* θάπτω].

ἀ-θέατος ον que no ve *o* no ha visto [algo, *gen.*]; no visto; invisible.

ἀθεεί ADV. sin la ayuda de los dioses.

ἀ-θεμίστιος ον *y*

ἀ-θέμι(σ)τος ον ilegal, contra derecho *o* ley; ilícito, malo, impío.

ἄ-θεος ον ateo, negador de los dioses; malvado, infame, impío; abandonado por los dioses, desgraciado.

ἀθεότης ητος ἡ impiedad; ateísmo.

ἀθεραπευσία ας ἡ abandono, descuido, desatención [de algo, *gen*].

ἀ-θεράπευτος ον no cuidado, no atendido, abandonado; incurable, irremediable.

ἀθερίζω despreciar, menospreciar, no hacer caso de [*ac. o gen.*]; *abs.* sentir desprecio, hacer ascos.

ἄ-θερμος ον falto de calor, frío por naturaleza.

ἄ-θεσμος ον = **ἀθέμιστος.**

ἀ-θέσφατος ον inefable, indecible; maravilloso; inmenso (ἀ. νύξ noche interminable; ἀ. οἶνος vino sin medida).

ἀθετέω -ῶ desentenderse [de algo, *ac.*]; desatender a alguien, negarle lo que pide [*ac. pers.*].

ἀθέτησις εως ἡ abolición, extinción; desaprobación, rechazamiento.

'Αθηνᾶ ᾶς ἡ la diosa Atenea.

'Αθήναζε ADV. hacia Atenas.

'Αθῆναι ῶν αἱ la ciudad de Atenas.

'Αθηναίη ης ἡ *jón.* = **'Αθηνᾶ.**

'Αθηναῖος α ον ateniense.

'Αθήνη ης ἡ = **'Αθηνᾶ.**

'Αθήνηθεν ADV. desde Atenas.

'Αθήνησι ADV. en Atenas.

ἀθήρ έρος ὁ arista, argaya [barba *o* punta de la espiga]; punta *en gral.*

ἀ-θήρευτος ον no cazado, sin cazar.

ἀθηρη-λοιγός οῦ ὁ bieldo.

ἄ-θηρος ον falto de caza.

ἄ-θικτος ον intacto, no tocado, no manchado [por algo, *gen.*: ἄθικτος ἡγητῆρος sin guía]; intangible, santo, sagrado.

ἀθλεύω [*contr. de* ἀεθλεύω] *y*

ἀθλέω -ῶ luchar, combatir en certamen; *en gral.* luchar, combatir; arrostrar (ἄθλους, κινδυνεύματα luchas, peligros [contiendas peligrosas]); luchar, afanarse, sufrir trabajos *o* fatigas.

ἄθλημα ατος τό contienda; objeto *o* premio de la contienda.

ἄθλησις εως ἡ contienda, lucha; prueba.

ἀθλητήρ ῆρος ὁ *y*

ἀθλητής οῦ ὁ campeón, atleta; maestro, ejercitado [en algo, *gen.*].

ἄθλιος α ον [*contr. de* ἀέθλιος *sólo usado en la forma contr.*] luchador en la vida, *de donde* desgraciado, miserable; funesto; infeliz, digno de lástima.

ἀθλιότης ητος ἡ desgracia, infortunio.

ἀθλο-θέτης ου ὁ adjudicador del premio, juez del certamen [en Atenas eran diez, uno por tribu].

ἆθλον ου τό [*contr. de* ἄεθλον] premio del combate, premio, recompensa; *en gral.*, contienda, lucha, prueba || PL. lugar del combate, palenque.

ἆθλος ου ὁ [*contr. de* ἄεθλος] contienda, lucha; afán, trabajo, penalidad.

ἀθλο-φόρος ον ganador del premio en la contienda; vencedor.

ἀ-θορύβητος ον *y*

ἀ-θόρυβος ον no turbado, tranquilo, sereno, libre de pasión.

ἀθρέω -ῶ mirar, contemplar, observar; considerar, reflexionar [*con ac. o sin él.*].

ἀθροίζω reunir, congregar; reunir para sí, recoger || PAS. reunirse, congregarse, formar sociedad, etc.; acumularse, crecer, aumentar; recogerse en sí mismo.

ἄθροισις εως ἡ *y* **ἄθροισμα ατος τό** reunión, acumulación; cúmulo.

ἀ-θρόος α ον *y*

ἀ-θρόος ον [**-οῦς οῦν**] reunido, junto, agrupado, compacto; unido, unificado, en conjunto, de una vez (ἀθρόους κρίνειν condenarlos en conjunto); continuo, incesante || ADV. ἀθρόον en conjunto (ἀθ. λέγειν hablar en general).

ἀθυμέω -ῶ estar acongojado, descorazonado, triste [*con inf.*, εἰ... μή... pensar con angustia que, preguntarse con angustia si, etc.] || ADJ. VBAL. **ἀθυμητέος** (οὐκ ἀθυμητέον no hay que desanimarse).

ἀθυμία ας ἡ desánimo, desaliento, desesperación, angustia; disgusto, tristeza, mal humor; pereza, indolencia.

ἄ-θυμος ον desanimado, descorazonado, abatido; disgustado; no airado, sereno.

ἀ-θύμως ADV. sin ánimos (ἀθύμως ἔχειν hallarse sin gusto [para algo, πρός *y ac.*]).

ἄθυρμα ατος τό juguete; baratija; regalo, delicia, encanto; ornamento, ornato.

ἀθυρόστομος ον que habla sin cesar, parlero [*epít. del* eco, *Sóf. Fil. 188*].

ἀθύρω jugar; recrearse, divertirse; tocar, cantar.

ἄ-θυτος ον que no sacrifica *o* no ha sacrificado; no ofrecido; ilegítimo.

ἀ-θῷος ον impune, indemne, no perjudicado [por algo, *gen.*]; inocente, innocuo.

ἀ-θωράκιστος ον sin coraza, inerme.

αἰ *conj. ép.* = **εἰ** (αἴ κε(ν) si acaso; αἰ γάρ ojalá).

αἶ INTJ. ¡ay! ay de... [*gen. o ac.*].

αἶα ας ἡ *ép. y poét.* tierra.

Αἶα ας ἡ la Cólquida; Ea, isla donde habitaba Circe.

αἰάζω dar ayes *o* lamentos || TR. lamentar, deplorar.
F. *fut.* αἰάξω.

αἰαῖ INTJ. *de dolor, redupl. de* αἶ.

Αἰακός οῦ ὁ Eaco, [rey de Egina, juez en el Hades].

Αἰακίδης ου ὁ Eácida, [descendiente de Eaco].

αἰανής ές eterno, interminable; doloroso, penoso; obscuro, sombrío.

Αἰαῖος η ον ADJ. de Ea (ἡ Αἰαίη, la eea, Circe).

Αἴας αντος ὁ Ayante *o* Ayax [*nombre de* dos héroes griegos; A. de Telamón y A. de Oileo].

αἴγ-αγρος ου ὁ *y* **ἡ** cabra montés *o* gamuza.

Αἰγαῖον ου τό el mar Egeo.

αἰγανέη ης ἡ *ép.* venablo.

Αἰγείδης ου ὁ Egida, [descendiente de Egeo].

αἴγειος α ον de cabra, caprino.

αἴγειρος ου ἡ álamo negro.

αἴγεος α ον — **αἴγειος**.

αἰγι-αλός οῦ ὁ costa, playa.

αἰγί-βοτος ον pacido por las cabras, criador de cabras.

αἰγι-κορεύς έως ὁ cabrero || PL. *nombre de* una de las cuatro antiguas tribus áticas.

αἰγί-λιψ ιπος escarpado.

Αἴγινα ης ἡ Egina, [hija de Asopo, madre de Eaco]; isla del mismo nombre en el golfo Sarónico, al S. E. de Atenas.

αἰγί-οχος ον portador de la égida [*epít. de* Zeus y Atenea].

αἰγί-πους ποδος [*ac.* πουν] que tiene pies de cabra, con pies de cabra.

αἰγίς ίδος ἡ coraza de piel de cabra *y esp.* la égida, escudo de Zeus y de Atenea.

Αἴγισθος ου ὁ Egisto, [amante de Clitemnestra].

αἴγλα ας *dór. y*

αἴγλη ης ἡ brillo, resplandor *esp.* el del día; *en pl.* antorcha [*Sóf. E. R. 208*]; *fig.* serenidad radiante.

αἰγλήεις εσσα εν brillante, resplandeciente.
αἰγο-βοσκός οῦ ὁ cabrero.
αἰγο-πρόσωπος ον que tiene rostro de cabra.
αἰγυπιός οῦ ὁ buitre.
Αἰγύπτιος α ον egipcio.
αἰγυπτιστί ADV. en lengua egipcia.
Αἴγυπτος ου ἡ Egipto; *tamb.* el río Nilo.
Ἀΐδας [*gen. ép.* αο ο εω; *dór.* α] = **Ἅιδης.**
αἰδέομαι -οῦμαι avergonzarse || *con ac.* respetar, sentir respeto *o* consideración por alguien *o* por algo; perdonar a uno, reconciliarse con él.
F. *pres. imp. ép.* αἰδεῖο *y* αἴδεο; *fut.* αἰδέσ(σ)ομαι; *aor.* ᾐδεσάμην, *ép.* αἰδεσσάμην, *imp.* αἴδεσσαι; *perf.* ᾔδεσμαι; *aor. pas.* ᾐδέσθην, *ép.* αἰδέσθην, *con valor med.*
ἀ-ΐδηλος ον que quita de la vista, aniquilador, destructor; invisible, obscuro; odioso.
αἰδήμων ον [*gen.* ονος] vergonzoso, modesto; reservado.
Ἀΐδης ου ὁ [*o* **Ἅιδης**] Hades [dios del mundo inferior]; región inferior, infierno.
ἀΐδιος ον perpetuo, eterno (ἐς ἀΐδιον para siempre); innato, de siempre.
αἰδοῖ *dat. de* αἰδώς.
αἰδοῖον ου τό partes pudendas, desnudeces.
αἰδοῖος α ον venerable, augusto, respetable; vergonzoso, ruboroso, modesto; reverente, respetuoso.
αἴδομαι *poét.* = **αἰδέομαι.**
Ἄϊδος, Ἄϊδι = Ἅιδου, Ἅιδῃ, *gen. y dat. de* Ἅιδης.
αἰδοῦς, -οῖ, -ῶ *v.* **αἰδώς.**
αἰδό-φρων ον [*gen.* ονος] compasivo, considerado.
ἀϊδρεία ας ἡ *y*
ἀϊδρείη ης *o* **ἀϊδρηίη ης** *o* **ἀϊδρίη ης ἡ** desconocimiento, ignorancia.
ἄ-ιδρις ι desconocedor, ignorante.
Ἀϊδωνεύς έως ὁ = **Ἅιδης.**
αἰδώς όος [οῦς] ἡ sentimiento de vergüenza, pudor, honor, dignidad; consideración, respeto, reverencia; perdón; cosa que inspira vergüenza *o* respeto: vergüenza, cosa vergonzosa o escandalosa; dignidad, majestad || = **αἰδοῖον.**
F. *dat.* αἰδοῖ, *ac.* αιδῶ, *poét.* αἰδόα.
αἰεί ADV. *jón. y poét.* = **ἀεί.**
αἰει-γενέτης = **ἀειγενέτης.**
αἰέλουρος ὁ ἡ gato, gata; comadreja.
αἰέν *ép. dór.* = **ἀεί.**
αἰε-νάων = **ἀενάων.**
αἰέν-υπνος ον dormido eternamente.
αἰετός *ép. jón.* = **ἀετός.**
αἰζήϊος ον = **αἰζηός.**
ἀΐζηλος ον invisible.
1 **αἰζηός όν** vigoroso, esforzado.
2 **αἰζηός οῦ ὁ** guerrero; varón.
αἴη ης ἡ *jón.* = **αἶα.**
αἴητος ον = **ἄητος.**
αἰητός οῦ = **ἀετός.**
αἰθαλόεις εσσα εν ahumado, quemado; llameante.
αἴθε = **εἴθε** ojalá.
αἰθέριος ον [o **-ος α ον**] etéreo, celeste; aéreo, elevado en el aire.
αἰθήρ έρος ὁ [*ép.* **ἡ**] éter, la parte más alta y pura de la atmósfera; cielo; firmamento.
αἰθίοψ οπος ὁ negro; etíope.
αἴθουσα ης [*sc.* στοά] **ἡ** pórtico con columnas, galería ante la puerta del palacio.
αἴθ-οψ οπος brillante, chispeante; ardiente, violento.
αἴθρη ης ἡ *ép.* cielo sereno, despejado; buen tiempo.
αἰθρη-γενέτης ου *y*
αἰθρη-γενής ές nacido en el éter, engendrado por el éter.
αἰθρία ας ἡ cielo sereno, despejado, buen tiempo (ὑπὸ τῆς αἰθρίας a la intemperie).
αἴθριος α ον claro, despejado; frío.
αἶθρος ου ὁ intemperie, frío de la madrugada, helada.
αἴθυια ας ἡ gaviota.
αἴθω encender || INTR. *y* PAS. arder (ἔρωτι αἴθεσθαι, *fig.* arder de amor).
αἴθων ον [*gen.* ωνος] ardiente; brillante; fiero; de color encendido, flavo.
αἴκ' *y* **αἴκε** = **αἴ κε** [*v.* αἰ].
αἰκάλλω halagar.
αἰκεία *jón.* = **αἰκία**
ἀϊκή ῆς ἡ ímpetu.
ἀϊκής ές = **ἀεικής.**
αἰκία ας ἡ agravio, ultraje; desgracia, infortunio.
αἰκίζω *act. y med.* = **ἀεικίζω.**
αἴκισμα ατος τό *y*

αἰκισμός οῦ ὁ = **αἰκία.**
αἰκῶς ADV. ignominiosamente.
αἴλινος ου ὁ elino, lamento *o* canto de dolor.
αἴλουρος = **αἰέλουρος.**
αἷμα ατος τό sangre [*tamb. en pl.*]; ánimo, valor; crimen de sangre, asesinato; espada [*Sóf. El. 1394*]; parentesco de sangre, raza, estirpe, linaje (αἷμα ἐμφύλιον sangre común, hermanos; οἱ πρὸς αἵματος los parientes; τίς ἀφ' αἵματος uno de la misma sangre); *fig.* hombre.
αἱμάς άδος ἡ flujo de sangre; hemorragia.
αἱμασιά ᾶς [o **αἱμασιή ῆς**] **ἡ** vallado de zarzas; vallado, muro (αἱμασιὰς λέγειν construir un cercado).
αἱμάσσω ensangrentar; herir; matar.
αἱματ-εκχυσία ας ἡ derramamiento de sangre.
αἱματηρός ά όν [o **-ός όν**] sangrante, ensangrentado; sangriento, sanguinario; (στόνος αἱματηρός gemido de sangre, arrancado por una herida sangriente); *simpl.* de sangre.
αἱματόεις εσσα εν sangrante, ensangrentado, manchado de sangre; sangriento, sanguinario; rojo como la sangre.
αἱματόω -ῶ = **αἱμάσσω.**
αἱματώδης ες sanguinolento.
αἱμο-βαφής ές bañado en sangre.
αἱμο-ρραγής ές sangrante a chorros, que chorrea sangre.
αἱμορροέω -ῶ padecer flujo de sangre.
αἱμο-φόρυκτος ον todavía sangrante, crudo.
αἱμύλιος ον *y*
αἱμύλος η ον halagüeño, lisonjero, adulador; astuto, ladino, artero.
αἵμων ον [*gen.* ονος] conocedor, práctico, experto [de o en algo, *gen.*].
Αἵμων ονος ὁ Hemón, [hijo de Creonte, primo y prometido de Antígona; *nombre de* otros personajes].
αἰν-αρέτης ου ὁ terriblemente valeroso.
Αἰνείας ου ὁ Eneas.
αἴνεσις εως ἡ alabanza.
αἰνέω -ῶ referir, contar, hablar de algo; alabar; aprobar; permitir; aconsejar, aceptar gustosamente; prometer.
F. *impf.* ᾔνουν, *jón.* αἴνεον; *fut.* αἰνέσω, *más frec.* αἰνέσομαι, *ép.* αἰνήσω; *aor.* ᾔνεσα, *ép. poét.* ᾔνησα, *jón.* αἴνεσα; *perf.* ᾔνεκα, *med.* ᾔνημαι; *aor. pas.* ᾐνέθην, *fut. pas.* αἰνεθήσομαι.
αἴνη ης ἡ alabanza; fama, reputación (ἐν αἴνῃ μεγίστῃ εἶναι tener la mejor reputación).
αἴνιγμα ατος τό enigma, adivinanza.
αἰνιγματώδης ες enigmático, oscuro.
αἰνίζομαι = **αἰνέω.**
αἰνικτός ή όν enigmático.
αἰνίσσομαι *y át.* **αἰνίττομαι** hablar o decir en enigma (αἰνίσσεσθαι ἔπεα decir versos enigmáticos); insinuar, apuntar [algo *ac.*]; aludir, referirse [a alguno εἰς, πρός *y ac.*]; adivinar confusamente || PAS. ser dicho oscura o enigmáticamente.
F. *fut.* αἰνίξομαι; *aor.* ᾐνιξάμην; *perf. pas.* ᾔνιγμαι; *aor. pas.* ᾐνίχθην.
αἰνο-. ῆς ου ὁ hombre fuerte, insigne, egregio.
αἰνό-θεν αἰνῶς de mal en peor, pésimamente.
αἰνό-μορος ον desdichado, malhadado, infortunado.
αἰνο-παθής ές que sufre terribles males.
αἶνος ου ὁ historia, historieta, fábula, dicho, proverbio; consejo (αἶνον αἰνεῖν dar un consejo); alabanza.
αἰνός ή όν terrible, espantoso, formidable.
αἴνυμαι tomar, coger, apoderarse de [algo, *ac. o gen.*] || *tamb. fig.*
αἰνῶς ADV. terriblemente, espantosamente; sobremanera.
αἴξ αἰγός ἡ *y* **ὁ** la cabra, el macho cabrío || *en pl. tamb.* olas, oleadas.
ἀῖξαι, ἀΐξασκε *etc. v.* ἀΐσσω.
ἀΐξω *fut. de* ἀΐσσω.
Αἰολίς ίδος ἡ Eólide, *nombre de* distintas regiones de Tesalia, Etolia y Asia Menor; mujer eolia.
αἰόλλω volver rápidamente a un lado y otro; menear.
αἰολο-θώρηξ ηκος de coraza reluciente.
αἰολο-μίτρης ου de cinturón reluciente.
αἰολό-πωλος ον de ágiles corceles.
αἰόλος η ον ágil, movedizo, rápido; manejable; resplandeciente; torna-

solado, veteado, jaspeado, multicolor, abigarrado; amoratado, lívido; vario, cambiante; doble, astuto.

αἰολό-στομος ον de palabras ambiguas *o* enigmáticas.

ἄϊον *impf. de* ἀΐω.

αἰπεινός ή όν *y*

αἰπήεις εσσα εν = αἰπύς.

αἰπόλιον ου τό rebaño *esp.* de cabras.

αἰπόλος ον que apacienta cabras || **ὁ αἰπόλος** cabrero, cabrerizo.

αἰπός ή όν = αἰπύς.

αἶπος εος τό risco, monte, cima.

αἰπύς εῖα ύ alto, escarpado, inaccesible (βρόχος αἰπύς cuerda que cae verticalmente); profundo; total, extremo (ὄλεθρος); arrebatado (χόλος); duro, arduo (πόνος).

αἱρέσιμος ον conquistable, expugnable.

αἵρεσις εως ἡ toma, conquista; plan *o* manera de realizar ésta; elección (εἰ νέμοι τις αἵρεσιν si se da a elegir); *tamb.* elección de magistrados; inclinación, apego; aspiración (αἵρεσις δυνάμεως aspiración al poder); manera de pensar o de obrar, sistema, plan, escuela, partido, secta, herejía.

αἱρετίζω elegir, escoger.

αἱρετικός ή όν sectario, herético.

αἱρετός ή όν conquistable; comprensible; digno de ser elegido, deseable; elegido, designado por elección; comisionado, escogido.

αἰρεύμενος *part. pres. med. ép. de* αἱρέω.

αἱρέω -ῶ [*aor.* **εἷλον**, *etc.*] coger, agarrar (τινὰ χειρός a uno de la mano; ἐπ'αὐτοφώρῳ ἑλεῖν coger in fraganti); llevarse; tomar en caza *o* en guerra, apoderarse de, dominar [a alguien un afecto, etc.]; obtener; ganar [una contienda, un pleito, etc.]; abolir, matar; convencer [a uno, *ac.*; de algo, *gen.*], convencer en juicio; probar; captar con la mente, comprender || MED. coger, tomar; elegir; nombrar por elección; preferir [algo, *ac.*; a algo, *gen.*]; adherirse [a alguien *o* al partido de alguien, *ac.*]; quitarse (τεύχεα las armas). || PAS. ser cogido *o* tomado; ser elegido.

F. *impf.* ᾕρουν, *ép.* ᾕρεον, *jón.* αἵρεον; *fut.* αἱρήσω αἱρήσομαι, *td.* ἑλῶ (*N. T. en comptos*); *aor.* εἷλον εἱλόμην, *ép.* ἕλον (*iter.* ἕλεσκον) ἑλόμην, *td.* εἷλα εἱλάμην (*N. T.*), *imp. med.* ἑλοῦ, *ép.* ἑλεῦ; *subj.* ἕλω (*3ª. sing. ép.* ἕλῃσι), *med.* ἕλωμαι; *opt. med.* ἑλοίμην, *3.ª pl. ép.* ἑλοίατο, *inf.* ἑλέσθαι; *perf.* ᾕρηκα, *jón.* ἀραίρηκα *o* αἵρηκα (*3.ª sing. plpf.* ἀραιρήκεε), *med.* ᾕρημαι (*tamb. pas.*). *3.ª pl. plpf.* ᾕρηντο (*tamb. pas.*) || PAS. *perf. y plpf. med.* (*v. supra*) *con la 3.ª sing. plpf. jón.* ἀραίρητο *y part.* ἀραιρημένος; *aor.* ᾑρέθην; *fut.* αἱρεθήσομαι *y* ᾑρήσομαι.

ἄ-ϊρος [*en la expr.* Ἶρος ἄϊρος infeliz Iro, *Hom. Od. 18, 73*].

αἴρω [*contr. de* ἀείρω] levantar [un muro, un ejército, un cadáver, etc.]; α. σημεῖον hacer la señal; α. τὰς ναῦς levar; ἆραι τῷ στρατῷ *o abs.* ἆραι levantar el campo; coger y alzar, recoger (γᾶς σπόρον la simiente de la tierra); *fig.* tener en vilo *o* en suspenso; llevarse; llevar traer; exaltar (θυμόν el ánimo; ἀρθεὶς ἐκ... excitado por...); aumentar, acrecentar; ensalzar; sostener, arrostrar (ἆθλον una prueba); sacar, apartar, quitar; quitar de en medio, matar. || MED. tomar para sí; llevarse; ganar; recibir (α. δειλίαν admitir en sí la cobardía, mostrarse cobarde; α. ὄγκον hincharse, infatuarse envanecerse; tomar sobre sí [un peso, un trabajo, *etc.*]); emprender (πόλεμον la guerra; φυγήν, ποδοῖν κλοπάν la huída); alzar, izar; suscitar (σωτῆρα un salvador) || PAS. ser elevado, subir, estar en alto; partir; crecer.

F. *impf.* ᾖρον, *med.* ᾐρόμην; *fut.* ἀρῶ, *med.* ἀρέομαι, ἀροῦμαι; *aor.* ἦρα (*imp.* ἆρον, *subj.* ἄρω, *inf.* ἆραι, *part.* ἄρας *etc.*), *med.* ἠράμην; *perf.* ἦρκα, *med.* ἦρμαι (*part.* ἠρμένος); *aor. pas.* ἤρθην (*part.* ἀρθείς); *fut. pas.* ἀρθήσομαι.

αἶσα ης ἡ la Parca, el Destino; el decreto, la voluntad (Διός de Zeus); suerte *o* destino; parte *o* participación. || κατ'αἶσαν como es justo, justamente, debidamente.

αἰσθάνομαι percibir con la inteligencia o con los sentidos, enterarse, darse cuenta [de algo, *gen.*], comprender, ver, oír || *frec. con part.*

αἰσθάνομαι κάμνων me doy cuenta de que estoy enfermo; ᾔσθοντο αὐτοὺς προσπλέοντας supieron que venían navegando; αἰσθανόμενος τῇ ἡλικίᾳ en uso de razón por la edad. F. *fut.* αἰσθήσομαι; *aor. 2.º* ᾐσθόμην; *perf.* ᾔσθημαι.

αἴσθησις εως ἡ sensación, percepción, conocimiento (αἴσθησιν ἔχειν tener la percepción de, percibir [algo, *ac., con suj. pers.*]): producir una percepción, ser percibido *o* hacerse perceptible [*con suj. de cosa*]; sentido (τοῦ ὁρᾶν de la vista); inteligencia, conciencia.

αἰσθήσομαι *fut. de* αἰσθάνομαι.

αἰσθητήριον ου τό órgano de los sentidos; inteligencia, razón.

αἰσθητός ἡ όν perceptible *u* observable por los sentidos.

αἴσθομαι = αἰσθάνομαι.

ἀΐσθω exhalar (θυμόν el ánima, *Hom. Il. 20, 403*), *s. o.* sentir.

αἴσιμος ον [*o* -ος η ον] fijado por el destino, fatal; oportuno, justo, acomodado; discreto; moderado (αἰσίμη φρένας discreta; αἴσιμα εἰδώς discreto; αἴσιμα πίνειν beber con mesura).

αἴσιος ον oportuno, feliz, favorable.

ἀΐσσω *y med. y pas.* lanzarse, precipitarse; vibrar, saltar; volar; revolotear ‖ TR. poner en movimiento, lanzar (ἀ. χέρα descargar la mano, *Sóf. Ay. 40*).
F. ᾄσσω *at.* ᾄττω; *impf.* ἤϊσσον *y* ᾖσσον; *fut.* ἀΐξω *y* ᾄξω; *aor.* ἤϊξα *y* ᾖξα *(inf.* ἀΐξαι *y* ᾆξαι *etc.)*; *iter. ép.* ἀΐξασκον; *med.* ἠϊξάμην; *aor. pas.* ἠΐχθην, *ép.* ἀΐχθην.

ἄ-ϊστος ον no visto, invisible; desaparecido, aniquilado.

ἀϊστόω -ῶ hacer desaparecer, aniquilar.

αἰσυητήρ = αἰσυμνητήρ.

αἰσυλο-εργός όν malvado, criminal.

αἴσυλος ον ímprobo, injusto; injurioso.

αἰσυμνητήρ ῆρος ὁ *y*

αἰσυμνήτης ου ὁ juez, árbitro de la lucha *o* certamen; caudillo, jefe, príncipe.

Αἰσχίνης ου ὁ Esquines.

αἴσχιστος *y* **αἰσχίων** *v.* **αἰσχρός.**

αἶσχος εος [ους] τό vergüenza, hecho vergonzoso; infamia; fealdad, deformidad.

αἰσχροκέρδεια ας ἡ codicia, sordidez.

αἰσχρο-κερδής ές avaro, sórdido.

αἰσχρολογέω -ῶ tener plática *o* conversación obscena.

αἰσχρολογία ας ἡ plática *o* conversación obscena.

αἰσχρός ά όν [*comp.* αἰσχίων; *superl.* αἴσχιστος *a más de las formas regulares*] vergonzoso, deshonroso, injurioso; feo, torpe, indecente, infame; inoportuno, desgraciado ‖ τὸ αἰσχρόν, τὰ αἰσχρά vergüenza, hecho vergonzoso, vicio.

αἰσχρότης ητος ἡ fealdad; impureza, torpeza.

αἰσχρουργία ας ἡ práctica *o* conducta torpe u obscena.

Αἰσχύλος ου ὁ Esquilo, [trágico griego].

αἰσχύνη ης ἡ vergüenza, deshonor, ultraje; pudor, vergüenza, sentimiento de vergüenza, de pudor, de honor; honor.

αἰσχυντηλός ή όν *y*

αἰσχυντηρός ά όν vergonzoso, modesto, tímido.

αἰσχύνω afear, desfigurar; deshonrar, afrentar, avergonzar ‖ PAS. ser avergonzado, sentir vergüenza *o* pudor [de algo, *ac. o bien gen. o dat. con prp.*]; *con inf.* avergonzarse de hacer algo; *con part.* sentir vergüenza al hacer algo; avergonzarse de, sentir vergüenza ante [alguien, *ac.*].
F. *fut.* αἰσχυνῶ; *jón.* αἰσχυνέω, *pas.* αἰσχυνοῦμαι; *aor.* ᾔσχυνα; *perf* ᾔσχυγκα, *pas.* ᾔσχυμμαι; *aor. pas.* ᾐσχύνθην.

Αἰσώπειος ον de Esopo.

Αἴσωπος ου ὁ Esopo, [fabulista griego].

αἶτε... αἶτε... *dór.* = **εἴτε... εἴτε...**

αἰτέο *imp. med. jón. de* αἰτέω.

αἰτέω -ῶ pedir [algo de alguien, *dos acs. o ac. y constr. con prp.; en pas. puede ser sujeto el nombre de cosa o el de pers.* αἰτηθεὶς χρήματα habiendo recibido una petición de dinero; ἵπποι ᾐτημένοι caballos prestados, *lit.* pedidos *sc.* a otro] ‖ MED. pedir para sí, pedir en préstamo *o* tomar en préstamo; implorar [a alguno, *ac.*].

F. *impf. jón.* αἴτεον, *ép.* ᾔτευν; *imp. med. jón.* αἰτέο; *aor.* ᾔτησα; *perf.* ᾔτηκα, *pas.* ᾔτημαι.

αἴτημα ατος τό *y*

αἴτησις εως ἡ súplica, ruego, petición.

αἰτητός ή όν *adj. vbal. de* αἰτέω pedido.

αἰτία ας ἡ acusación, imputación; causa, gracia [*en la expresión:* por gracia de], motivo, fundamento; ocasión, oportunidad; αἰτίαν ἔχειν *puede significar:* tener causa, motivo *u* ocasión para algo; tener la responsabilidad de algo; sufrir acusación *o simpl.* tener fama [de algo *o* de parte de alguno, *gen. y otras constrs.*]; αἰτίαν ὑπέχειν, estar bajo una acusación; αἰτίαν φέρεσθαι ο λαβεῖν ser acusado o inculpado; ἐν αἰτίᾳ o δι'αἰτίας ἔχειν hacer responsable.

αἰτιάασθαι *inf. pres. ép. de* αἰτιάομαι.

αἰτιάζομαι ser inculpado o acusado.

αἰτίαμα ατος τό culpa; inculpación; acusación.

αἰτιάομαι -ῶμαι inculpar, acusar, censurar; alegar, pretextar; afirmar [algo, *ac.*; de alguno, *gen.*]; atribuir [a alguno algo, *ac. y gen. o constr. inf.*].

F. *3.ª pl. pres. ind. ép.* αἰτιόωνται, *opt. 2.ª y 3.ª sing.:* αἰτιόῳο, αἰτιόῳτο; *inf.* αἰτιάασθαι; *impf. 2.ª y 3.ª pl.* ᾐτιάασθε, ᾐτιόωντο; *fut.* αἰτιάσομαι; *aor.* ᾐτιασάμην, *part. jón.* αἰτιησάμενος; *perf.* ᾐτίαμαι *(tamb. pas.)*; *aor. pas.* ᾐτιάθην *(siempre pas.)*.

αἰτίζω pedir, mendigar.

αἴτιον ον τό causa, acusación, culpa.

αἴτιος α ον autor, motivador, responsable.

αἰτίωμα ατος τό = αἰτίαμα.

αἴφνης ADV. súbitamente.

αἰφνίδιος ον súbito, imprevisto.

ἀΐχθην *aor. pas. ép. de* ἀΐσσω.

αἰχμάζω blandir, vibrar *y esp.* blandir la lanza, luchar con la lanza; luchar (α. τάδε emprender esta lucha).

αἰχμαλωσία ας ἡ cautividad; conjunto de prisioneros de guerra.

αἰχμαλωτεύω *y*

αἰχμαλωτίζω apresar en guerra, coger o llevar cautivo; someter.

αἰχμαλωτίς ίδος ἡ [*y adj. f.*] cautiva de guerra.

αἰχμ-άλωτος ον cogido en guerra, apresado; cautivo, esclavo de guerra.

αἰχμάσ(σ)ω *fut. de* αἰχμάζω.

αἰχμή ῆς ἡ punta; punta de lanza *o* de dardo; lanza, dardo; guerra, lucha, combate; tropa de lanceros.

αἰχμητά *y*

ἀἰχμητής οῦ ὁ lancero; guerrero || ADJ. guerreador, belicoso; puntiagudo.

αἰχμο-φόρος ου ὁ portador de una lanza, lancero *y esp.* guardia de corps.

αἶψα ADV. rápidamente, al punto.

αἰψηρός ά όν rápido, pronto, expedito; sin retraso.

1 **ἀΐω** oír, sentir, ver, percibir; escuchar, atender [a uno, *gen.*].

F. *impf.* ἤϊον, *ép.* ἄιον.

2 **ἀΐω = ἀΐσθω.**

αἰών ῶνος ὁ tiempo; edad, época, siglo; tiempo de la vida, vida; destino, suerte; eternidad || PL. el espíritu de los tiempos, el mundo, el siglo [*N. T.*].

ἀἰών όνος ἡ *dór* **= ἠϊών.**

αἰώνιος ον perdurable, eterno.

αἰώρα ας ἡ columpio, balancín.

αἰωρέω -ῶ levantar en peso, levantar, agitar, bambolear, mover de un lado a otro || PAS. estar suspenso, balancearse, flotar, oscilar; ser llevado *o* ir de un lado a otro; vacilar, estar pendiente de algo; elevarse, subir; animarse.

F. *pres. pas. jón.* αἰωρεῦμαι; *aor. pas.* ᾐωρήθην, *part.* αἰωρηθείς.

ἀκαθαρσία ας ἡ suciedad, impureza, depravación.

ἀ-κάθαρτος ον sucio; impuro, no purificado; no expiado, sin expiar.

ἀκαιρέομαι -οῦμαι no tener ocasión *u* oportunidad.

ἀκαιρία ας ἡ falta de oportunidad; situación inoportuna; torpeza, falta de tacto.

ἄ-καιρος ον inoportuno, intempestivo, no acomodado.

ἀκάκητα ὁ socorredor, salvador.

ἀκακία ας ἡ inocencia, bondad; inocuidad.

ἄ-κακος ον bondadoso, inocente, cándido.

ἀκαλα-ρρείτης ου de plácida corriente.

ἀ-κάλυπτος ον *y*

ἀ-καλυφής ές no velado, descubierto.

ἀ-κάμας αντος *y*

ἀ-κάματος ον [*o* **-ος η ον**] no cansado, incansable, infatigable.
ἄκανθα ης ἡ planta espinosa, espino; cardo; acacia de Egipto; espina; espina de los peces; espina dorsal de los animales o del hombre || *pl. fig.* dificultades, escabrosidades.
ἀκάνθινος η ον de espinas, espinoso; de madera de acacia.
ἀκανθώδης ες espinoso, lleno de espinas, punzante.
ἀκαρής ές *y*
ἀκαριαῖος α ον corto, pequeño.
Ἀκαρνάν ᾶνος ὁ Acarnanio.
Ἀκαρνανία ας ἡ Acarnania, [región de Grecia].
ἀκαρπία ας ἡ esterilidad.
ἄ-καρπος ον sin frutos, infructífero; infructuoso, inútil.
ἀ-κάρπωτος ον infructífero, sin fruto; no cumplido.
ἀ-κατάγνωστος ον irreprehensible.
ἀ-κατακάλυπτος ον no velado, no cubierto.
ἀ-κατάκριτος ον no condenado.
ἀ-κατάλλακτος ον irreconciliable.
ἀ-κατάλληλος ον no acomodado.
ἀ-κατάλυτος ον indisoluble.
ἀ-κατάπαστος ον insaciable.
ἀ-κατάπαυστος ον incesante, que no cesa [en algo, *gen.*].
ἀκαταστασία ας ἡ desorden, agitación.
ἀ-κατάστατος ον intranquilo, agitado, inquieto.
ἀ-κατάσχετος ον incontenible, irrefrenable.
ἀ-καταφρόνητος ον no despreciable, considerado, respetado.
ἀ-κατάψευστος ον no imaginario, auténtico.
ἀκάτειος ον de la barca, perteneciente a la barca.
ἀκάτιον ου τό *dim. de*
ἄκατος ου ἡ barca, esquife; bergantín; barco pirata; barco de carga; foque, vela auxiliar.
ἄ-καυστος ον no quemado, no incendiado.
ἀκαχείατο *3.ª pl. plpf. med. de* ἀκαχίζω.
ἀκαχεῖν *inf. aor. de* ἀκαχίζω.
ἀκαχήμενος *part. perf. med. de* ἀκαχίζω.
ἀκαχίζω afligir || MED. afligirse; *perf.* estar triste *o* afligido.
F. *imp. med. ép.* ἀκαχίζεο, ἀκαχίζευ; *fut.* ἀκαχήσω; *aor. 1.º* ἀκάχησα, *aor. 2.º* ἤκαχον, *med. tamb.* ἀκαχόμην; *perf. med.* ἀκάχημαι, *3.ª pl. ép.* ἀκηχέδαται, *part.* ἀκαχήμενος *y* ἀκηχέμενος; *3.ª pl. plpf.* ἀκαχήατο *o* ἀκαχείατο *por* ἀκάχηντο.
ἀκαχμένος η ον aguzado.
ἀκαχόμην *1.ª sing. aor. 2.ª med. de* ἀκαχίζω.
ἀκείομαι = ἀκέομαι.
Ἀκελδαμά INDECL. [*voz aramea*] campo de sangre.
ἀ-κέλευστος ον sin recibir orden, no mandado, voluntario, espontáneo.
ἄ-κεντρος ον sin pincho, sin aguijón.
ἀκέομαι curar, cuidar; remediar; socorrer; reparar [un navío, una falta, etc.].
F. *part. pres. ép.* ἀκειόμενος; *imp. jón.* ἀκέο *por* ἀκέεο; *3.ª pl. impf. ép.* ἀκέοντο; *fut.* ἀκέσ(σ)ομαι *y* ἀκοῦμαι *aor.* ἠκεσάμην, *imp. ép.* ἄκεσσαι.
ἀ-κέραιος ον puro, no mezclado; intacto, íntegro (ἀ. δύναμις tropas frescas, en todo su vigor); puro, no contaminado.
ἀ-κέραστος ον no mezclado, sin mezcla, libre *o* exento [de algo, *gen.*].
ἀ-κέρατος ον sin cuernos.
ἀ-κερδής ές sin provecho, inútil; nocivo, funesto; desinteresado.
ἀ-κερσε-κόμης ου intonso, de cabellos largos.
ἀ-κέρως ων = ἀκέρατος sin cuernos.
ἄκεσις εως ἡ curación.
ἄκεσμα ατος τό medicina, remedio.
ἀκεστήρ ῆρος ὁ domador || ADJ. amansador.
ἀκεστής οῦ ὁ componedor, remendón.
ἀκεστός ή όν curable; capaz de ser excitado *o* animado; conciliable.
ἀκέστρα ας ἡ aguja de remendar.
ἀ-κέφαλος ον acéfalo, sin cabeza; sin principio.
ἀκέων ουσα ον silencioso, quedo, sosegado || ADV. ἀκέων en silencio.
ἀ-κήδεστος ον no cuidado, abandonado; insepulto; despreocupado; insensible.
ἀκηδέω -ῶ no preocuparse, descuidar, olvidarse [de algo, *gen.*; *dat. con* ἐπί].
F. *2.ª sing. impf. ép.* ἀκήδεις; *aor. ép.* ἀκήδεσσα *y* ἀκήδεσα.

ἀ-κηδής ές = **ἀκήδεστος.**

ἀκήκοα *perf. de* ἀκούω.

ἀ-κήλητος ον que no puede ser encantado *o* seducido; que no puede ser ablandado; inexorable, inflexible.

ἀκήν ADV. en silencio, quedamente (ἀκὴν ἐγένοντο σιωπῇ sin una voz quedaron en silencio, *Hom. Il. 3, 95, etc.*).

ἀ-κηράσιος ον *y*

ἀ-κήρατος ον puro; no mezclado; no contaminado; inocente, sincero; intacto, incólume.

1 **ἀ-κήριος ον** incólume, ileso.

2 **ἀ-κήριος ον** sin alma, muerto; sin ánimos, cobarde.

ἀκηρυκτ(ε)ί ADV. sin heraldo.

ἀ-κήρυκτος ον no anunciado por el heraldo, no anunciado *o* declarado (ἀ. πόλεμος guerra no declarada, *o tamb.* sin negociación posible, implacable); que no se anuncia, que no da noticias de sí mismo. [*Sóf. Tr. 45*].

ἀκηχέδαται *3.ª pl. perf. med. de* ἀκαχίζω.

ἀκηχέμενος *part. perf. med. de* ἀκαχίζω.

ἀ-κίβδηλος ον no falsificado, legítimo; recto, honrado.

ἀκιδνός ή όν endeble, mezquino, ruín || *comp.* ἀκιδνότερος inferior.

ἄ-κικυς υος *m. y f.* sin fuerza, débil indefenso.

ἀκινάκης ου ὁ daga, sable corto usado por los persas.

ἀ-κίνδυνος ον no peligroso; seguro; cierto, infalible || ἐκ τοῦ ἀκινδύνου sin peligro; ἐν ἀκινδύνῳ en seguro.

ἀ-κίνητος ον inmóvil, inmovible; firme, invariable; inflexible; intangible, inviolable, sagrado; inefable, indecible; inerte, perezoso.

ἀκίς ἴδος ἡ punta.

ἀ-κίχητος ον inasequible; inaccesible, inexorable.

ἀκκίζομαι afectar, fingir; disimular.

ἄ-κλαυ(σ)τος ον no llorado, no lamentado; que no llora, que no sufre, impune.

ἀκλεᾶ, *jón.* **ἀκλεῆ** *ac. de* ἀκλεής.

ἀκλεέος *gen. de* ἀκλεής.

ἀ-κλεής ές *y*

ἀ-κλειής ές sin gloria, no celebrado, obscuro.

ἄ-κλειστος ον no cerrado, abierto.

ἀ-κληής ές = **ἀκλεής.**

ἄ-κληρος ον sin bienes, pobre; sin participación, no participante; mostrenco, sin dueño.

ἀ-κληρωτί ADV. sin sortear, sin repartir.

ἄ-κληστος ον = **ἄκλειστος.**

ἄ-κλητος ον no llamado, no invitado [*cf.* καλέω].

ἀ-κλινής ές que no se inclina, derecho, firme.

ἀκμάζω florecer, estar en la flor de la edad, en la plenitud de las fuerzas, estar maduro, en el punto culminante, culminar; contar con plenitud de fuerzas o recursos [para algo, ἔς τι *o constr. inf.*].

ἀκμαῖος α ον floreciente, en la plenitud, crecido, maduro; vigoroso, fuerte; oportuno, a tiempo.

ἀκμή ῆς ἡ punta; extremidad del cuerpo (ἀμφιδεξίοις ἀκμαῖς con ambas manos, *Sof. E. R. 1243*); filo, corte (ἐπὶ ξυροῦ ἀκμῆς *fig.*, en el punto crítico); agudeza; madurez, flor, colmo, culminación; vigor, fuerza (κατὰ θέρους ἀκμήν en toda la fuerza o el rigor del verano); ocasión oportuna, tiempo justo; momento decisivo, crisis || ADV. ἀκμήν [*ac.*] en el momento mismo *o* hace un momento; aún, todavía.

ἀκμηνός ή όν = **ἀκμαῖος.**

ἄκμηνος ον ayuno, sin probar [algo, *gen.*].

ἀ-κμής ῆτος no cansado, incansable, fresco, vigoroso.

ἀκμό-θετον ου τό banco del yunque.

ἄκμων ονος ὁ yunque.

ἄκμων ονος infatigable; *s. o.* resistente como yunque (λόγχης contra la lanza).

ἄκνηστις ιος ἡ espinazo de los animales.

ἀκοή ῆς ἡ oído; sentido del oído; acto de oír *o* escuchar, audición; lo oído, rumor, tradición, noticia (ἐξ ἀκοῆς *o* ἀκοῇ εἰδέναι conocer *o* saber de oídas); sermón.

ἀ-κοινώνητος ον no comunicado, no repartido; no participante [de algo, *gen.*]; insociable, hosco; que no se puede unir.

ἀ-κοίτης ου ὁ esposo.

ἄκοιτις ιος ἡ esposa.

ἀ-κολάκευτος ον que no adula; inaccesible a la adulación *o* a los aduladores.

ἀκολασία ας ἡ licencia, intemperancia, desenfreno, libertinaje.

ἀκολασταίνω ser desenfrenado, vivir licenciosamente.

ἀ-κόλαστος ον sin freno, desenfrenado, indisciplinado; intemperante; no castigado.

ἄκολος ου ἡ bocado *o* pedazo [de pan].

ἀκολουθέω -ῶ, seguir, acompañar, dar séquito *o* compañía; seguir, adherirse, acomodarse, obedecer [a, *dat.*]; seguir con la inteligencia, comprender.

ἀκολουθία ας ἡ séquito; consecuencia, sucesión; conformidad, obediencia.

ἀ-κόλουθος ον acompañante, seguidor; adherente; acomodado, conforme; consecuente, consentáneo.

ἀ-κόλουθος ου ὁ ἡ acompañante; servidor, criado (οἱ ἀκόλουθοι los acompañantes, el séquito, la comitiva).

ἀκομιστίη ης ἡ *ép.* falta de cuidado, incuria.

ἀκονάω -ῶ *y med.* aguzar, afilar; excitar.

ἀκόνη ης ἡ amoladera, piedra de afilar.

ἀ-κονιτί ADV. sin polvo [del palenque]; sin lucha, sin trabajo.

ἀκοντί de mala gana.

ἀκοντίζω lanzar, tirar, disparar, alcanzar *o* herir con arma arrojadiza. F. *fut.* ἀκοντιῶ; *aor. 1.º ép.* ἀκόντισ(σ)α.

ἀκόντιον ου τό dardo, jabalina, venablo, arma arrojadiza.

ἀκόντισις εως ἡ tiro *o* disparo del dardo; lucha con dardos.

ἀκόντισμα ατος τό tiro *o* disparo del dardo, alcance de este disparo.

ἀκοντισμός οῦ ὁ = ἀκόντισις.

ἀκοντιστής οῦ ὁ tirador de dardo *o* jabalina, soldado armado con dardo.

ἀκοντιστικός ή όν práctico en el tiro del dardo; buen tirador.

ἀκοντιστύς ύος ἡ lucha con dardo, certamen de tiro [de dardos].

ἀκόντως ADV. de mala gana, contra voluntad.

ἄ-κοπος ον no fatigado, infatigable, incansable; que no fatiga, no fatigoso; refrigerante, confortador.

ἀ-κόρε(σ)τος ον insaciable, inexhausto, incesante.

ἀ-κορής ές impudente, osado.

ἀ-κόρητος ον sucio.

ἄκος εος [ους] τό remedio; medio, expediente.

ἀκοσμέω -ῶ obrar mal; obrar contra ley; vivir desordenadamente.

ἀ-κόσμητος ον sin orden, desordenado; no arreglado, no adornado, sencillo.

ἀκοσμία ας ἡ desorden, licencia; in subordinación; vida desordenada

ἄ-κοσμος ον desordenado; inconveniente; osado.

ἀκοστάω [*o* **ἀκοστέω**] comer cebada en abundancia, cebarse con cebada.

ἀκουάζω *y med.* oír, escuchar.

ἀκουέμεν *y* **ἀκουέμεναι** *inf. pres. ép. de* ἀκούω.

ἀκουή = ἀκοή.

ἄ-κουρος ον sin hijos varones.

ἀκουσθήσομαι *fut. pas. de* ἀκούω.

ἀκούσιος ον *contr. de* ἀεκούσιος.

ἄκουσμα ατος τό lo oído, audición; habla, rumor, relato; exposición, lección, enseñanza.

ἀκούσομαι *fut. de* ἀκούω: oiré.

ἀκουστός ή όν audible, que puede ser oído; digno de ser oído.

ἀκούω oír, escuchar [algo, *ac. o gen.*]; saber por oídas; oír [a alguno o de alguno, *gen.* ἀπό, ἐκ, παρά *o* πρὸς *y gen., alg. vez, dat.*; acerca de… *gen.,* o περὶ *y gen.*: πατρὸς ἀκούσας, oyendo a su padre *o bien* oyendo hablar acerca de su padre; *frecte. estos gens. van constr. con part.*: ἤκουσα αὐτοῦ διαλεγομένου le oí tratar; ἀκούειν πατρὸς τεθνεῶτος, oír *o* enterarse de la muerte de su padre; *a veces con los dos gens.*: oír hablar a alguien acerca de algo *o* de alguien; oír que… *constr. de part.*: ἀκούει τοὺς πολεμίους προσιόντας oye que vienen los enemigos; *tamb. con ac. e inf. con* ὡς *o* ὅτι, etc.]; prestar atención, obedecer [a alguien, *gen.*; *alg. vez, dat.*]; oírse llamar, ser llamado (κόλαξ, adulador); ser tenido (εὖ *o* καλῶς en buen concepto).

F. *inf. pres. ép.* ἀκουέμεν *y* ἀκουέμεναι; *impf. ép.* ἄκουον, *3.ª med.* ἀκούετο; *fut.* ἀκούσομαι, *td.* ἀκούσω *(N. T.)*; *aor.* ἤκουσα, *ép.* ἄκουσα; *perf.* ἀκήκοα, *pas.* ἤκουσμαι; *plpf.* ἠκηκόειν *y* ἀκηκόειν; *aor. pas.* ἠκούσθην; *adj. vbal.* ἀκουστός, ἀκουστέος.

ἄκρα ας ἡ punta, cima (κατ' ἄκρας de arriba abajo, totalmente); castillo, ciudadela; cabo, promontorio.

ἀ-κράαντος ον = **ἄκραντος.**

ἀκρ-αής ές sutil, fresco [*dic.* del viento N.].

ἀκραιφνής ές = **ἀκήρατος.**

ἄ-κραντος ον incumplido; irrealizable, vano; sin fin.

ἀ-κρασία ας *y*

ἀκράτεια ας ἡ incontinencia, falta de dominio de sí mismo.

ἀκρατέστερος, ἀκρατέστατος *comp. y superl. de* ἄκρατος.

ἀ-κρατής ές débil, impotente; no dueño (θυμοῦ de la propia cólera); incapaz; incontinente, intemperante || ADV. ἀκρατῶς.

ἀκρατία ας ἡ = **ἀκράτεια.**

ἄ-κρατος ον no mezclado, puro (ὁ ἄκρατος [*sc.* οἶνος] vino puro; ἄκρητοι σπονδαὶ libaciones de vino puro); puro, simple, absoluto; entero, fuerte, desmedido, violento|| ADV. ἀκράτως.

ἀ-κράτωρ ορος = **ἀκρατής.**

ἀκράχολος ον iracundo, violento.

ἄκρη ης ἡ *ép. y jón.* = **ἄκρα.**

ἀκρητοποσίη ης ἡ *jón.* acción *o* costumbre de beber vino puro.

ἀκρητο-πότης ου ὁ bebedor de vino puro.

ἄκρητος ον *jón.* = **ἄκρατος.**

ἀκρίβεια ας ἡ exactitud, esmero, severidad, rigor; economía, cicatería; perfección, plenitud.

ἀκριβής ές exacto; esmerado, ajustado; económico, parco; cumplido, perfecto.

ἀκριβολογέομαι -οῦμαι hablar *o* examinar con exactitud y rigor.

ἀκριβόω -ῶ tener exactitud; cumplir exactamente; arreglar, ordenar; conocer exactamente; investigar con exactitud.

ἄκρις ιος ἡ cima.

ἀκρίς ίδος ἡ langosta, saltamontes.

ἀκρισία ας ἡ desorden, confusión; falta de juicio.

ἀκριτό-μυθος ον hablador de enredada palabra; confuso de sentido.

ἄ-κριτος ον no separado, indistinto, común; confuso; sin juzgar, sin haber juzgado; no juzgado *o* no juzgado regularmente; arbitrario; no resuelto, indeciso; innumerable, sin fin.

ἀκριτό-φυλλος ον frondoso, hojoso, de follaje espeso.

ἀκρόαμα ατος τό audición; discurso, canto, etc., que se oye.

ἀκροάομαι -ῶμαι oír, escuchar, prestar atención [a, *gen.*]; ser discípulo [de alguien, *gen.*].

F. *aor.* ἠκροασάμην; *perf.* ἠκρόαμαι.

ἀκρόασις εως ἡ atención; acción de escuchar *o* atender; obediencia.

ἀκροατήριον ου τό lugar de audición *o* de audiencia; tribunal.

ἀκροατής οῦ ὁ oyente, discípulo; conocedor.

ἀκροβολίζομαι tirar desde lejos, tirotear, escaramuzar [*tamb. fig.*].

ἀκροβόλισις εως ἡ *y*

ἀκροβολισμός οῦ ὁ tiroteo desde lejos, escaramuza.

ἀκροβολιστής οῦ ὁ soldado de avanzada, tirador, cazador.

ἀκροβυστία ας ἡ estado de incircunciso, falta de circuncisión; prepucio; gentilidad, conjunto de los incircuncisos, mundo pagano [por oposición al judío].

ἀκρο-γωνιαῖος ον angular (λίθος ἀκρογωνιαῖος piedra angular).

ἀκρό-δρυον ου τό fruto; árbol frutal.

ἀκρο-θίνιον ου τό primicia, ofrenda de primicias, ofrenda *o* don de honor; lo más precioso del botín, porción del botín; botín.

ἀκρο-κελαινιάω -ῶ obscurecerse *o* ensombrecerse por encima [*dic.* de las aguas de un río].

F. *part pres. ép.* ἀκροκελαινιόων

ἀκρό-κομος ον que lleva el cabello levantado; copetudo, moñudo; frondoso en la cima.

ἀκρο-κώλιον ου τό menudo, despojo del animal.

ἀκρο-μανής ές furioso, loco, insensato, enloquecido.

ἄκρον ου τό cima, altura; extremo, punta, promontorio (τὰ ἄκρα τῆς θαλάττης las alturas, *es decir*, la superficie, del mar).
ἀκροποδητί ADV. de puntillas, sobre las puntas de los pies.
ἀκρό-πολις εως ἡ acrópolis *y esp.* la de Atenas donde estaba el tesoro público (γεγράφθαι ἐν τῇ ἀκροπόλει o ἀνενεχθῆναι εἰς ἀκρόπολιν ser registrado o inscrito como deudor del estado); baluarte, defensa; parte principal *o* capital de algo.
ἀκρο-πόλος ον eminente, elevado.
ἀκρο-πόρος ον puntiagudo.
ἄκρος α ον agudo, puntiagudo; alto, superior, elevado, extremo; *concertando con sust. indica frecte. la parte extrema del objeto designado por éste* [ἄκροι (πόδες) la punta de los pies; γλῶσσα ἄκρα, la punta de la lengua; ἐπ' ἄκρων ὁδοιπορεῖν, andar sobre la punta de los pies, *es decir*, empinado, orgulloso; *y así según los casos,* cima, borde, superficie, extremo, lo más alto, lo más profundo: ἄκρας νυκτός en lo más profundo de la noche, en las altas horas de la noche] || *fig.* alto, elevado, grande, eminente, excelso, sobresaliente; extremo, extremado [en algo, *ac., gen. o constr. con prp.*] || ADV. ἄκρον en gran manera.
ἀκρο-σφαλής ές intercadente, vacilante, inseguro; inclinado [a algo, πρός *y ac.*].
ἀκρο-τελεύτιον ου τό fin, terminación; final, *esp.* verso final.
ἀκρο-φύσιον ου τό extremo *o* tubo de un fuelle.
ἀκρο-χολέω -ῶ irritarse, encolerizarse.
ἀ-κρύσταλλος ον sin hielo.
ἀκρωνυχία ας ἡ punta [de las uñas], punta; cima.
ἀκρ-ώρεια ας ἡ cima, altura.
ἀκρωτηριάζω [*y med.*] cortar a uno las extremidades, nariz y orejas [*doble ac.*]; cortar el espolón [de un navío]; *en gral.* inutilizar, destrozar.
ἀκρωτήριον ου τό punta, cima, altura; cabo, promontorio; pináculo, remate, acrotera, *esp.* estatua; espolón de nave || PL. extremidades del cuerpo.
ἀκτά ᾶς ἡ *dór.* = **ἀκτή ῆς** 1.
ἀκταινόω-ῶ erguir, alzar.
ἀκταῖος α ον costero.
ἀ-κτένιστος ον despeinado, desmelenado.
ἀκτέος α ον *adj. vbal. de* ἄγω.
ἀ-κτέριστος ον insepulto; que no ha recibido honores fúnebres.
1 **ἀκτή ῆς ἡ** costa *u* orilla alta y escarpada, acantilado; promontorio; colina; altura (ἀκτὴ βώμιος altar, borde del altar, *Sóf. E. R. 184*).
2 **ἀκτή ῆς ἡ** trigo *o* cebada molida, harina; *en gral.* comida.
ἀ-κτήμων ον [*gen.* **ονος**] sin bienes, pobre; falto [de algo, *gen.*].
ἀκτίς ῖνος ἡ rayo [del sol, de la llama, etc.]; ἀνὰ μέσσαν ἀκτῖνα, hacia el lado del mediodía; relámpago; destello, brillo; calor.
ἀκτός ἡ όν *adj. vbal.* de ἄγνυμι *o de* ἄγω.
ἄκυλος ου ἡ bellota de encina.
ἄ-κυρος ον nulo, sin valor; sin autoridad, sin poder, sin facultad, sin influencia, sin mando.
ἀκυρόω -ῶ anular, invalidar.
ἀκωκή ῆς ἡ punta; filo, corte.
ἀ-κώλυτος ον no impedido, libre.
1 **ἄκων οντος** dardo; venablo.
2 **ἄκων ουσα ον** *contr. de* ἀέκων.
ἅλα ατος τό sal.
ἀλάβαστ(ρ)ος ου ἡ *y*
ἀλάβαστρον ου τό piedra ónice; vaso de ungüentos.
ἅλα-δε ADV. al mar *o* hacia el mar.
ἀλάευ *imp. ép. de* ἀλάομαι.
ἀλαζονεία ας ἡ jactancia, fanfarronería, orgullo.
ἀλαζονεύομαι jactarse; fanfarronear.
ἀλαζονικός ή όν jactancioso, presumido; embustero.
ἀλαζών όνος ὁ vanidoso, fanfarrón; charlatán.
ἀλάθεια ἀλαθής etc. *dór.* = **ἀλήθεια ἀληθής,** *etc.*
ἀλαλά ᾶς ἡ *y* **ἀλαλαγή ῆς ἡ** *y* **ἀλαλαγμός οῦ ὁ** alalá, grito de guerra; *en gral.* grito *o* griterío.
ἀλαλάζω gritar el alalá; gritar (νίκην victoria).
F. *fut.* ἀλαλάξομαι, *menos frec.* ἀλαλάξω; *aor.* ἠλάλαξα.
ἀλάλημαι *perf. de* ἀλάομαι *con acento y sign. de pres.*
ἀλαλητός οῦ = **ἀλαλά.**
ἀλάλητος ον indecible; mudo, sin palabras.

ἄλαλκε *etc. formas de aor. 2.º de* ἀλέκω. *o* ἀλέξω.

ἄ-λαλος ον mudo; que produce mudez.

ἀλαλύκτημαι estar lleno de solicitud *o* de angustia.
F. *Es perf. de* ἀλυκτέω *td.*; *cf.* ἀλύω *y* ἀλυκτάζω.

ἀ-λάμπετος ον *y*

ἀ-λαμπής ές sin luz, sin brillo, sombrío (ἀλαμπὲς ἡλίου fuera de la luz del sol).

ἀλάομαι -ῶμαι errar, vagar [por... *ac.* etc.]; estar *o* vivir desterrado; estar falto [de algo, *gen.*]; estar perplejo.
F. *3.ª pl. pres. ind. ép.* ἀλόωνται; *imp. ép.* ἀλόω; *impf.* ἠλώμην, *3.ª pl. ép.* ἀλόωντο; *fut.* ἀλήσομαι; *perf.* ἀλάλημαι, *inf.* ἀλάλησθαι, *part.* ἀλαλήμενος; *aor. pas. (con valor med.)* ἠλήθην, *ép.* ἀλήθην.

ἀ-λαός όν ciego; cegador, productor de ceguera.

ἀλαο-σκοπίη ης ἡ *ép.* vigilancia ciega, *e. e.* vana.

ἀλαόω cegar, dejar ciego (ἀ. ὀφθαλμοῦ privar de un ojo).

ἀλαπαδνός ή όν débil, endeble.

ἀ-λαπάζω vaciar, apurar; saquear, dominar, arruinar, destruir, aniquilar.
F. *impf. ép.* ἀλάπαζον; *fut.* ἀλαπάξω; *aor. ép.* ἀλάπαξα; *aor. pas. ép.* ἀλαπάχθην.

ἅλας ατος τό sal.

ἀλαστέω -ῶ irritarse, indignarse.

ἀλάστορος = **ἀλάστωρ.**

ἄ-λαστος ον inolvidable, insuperable, intolerable (ἄ. ἄχος, πένθος, dolor insoportable); incesante (ἄλαστον ὀδύρομαι me lamento sin cesar, *Hom. Od. 14, 174)*; maldito, infame.

ἀλάστωρ ορος ὁ criminal, malvado; espíritu vengador *o* atormentador; plaga, azote || ADJ. infame, maldito; que exige *o* pide venganza.

ἀλάτας *dór.* = **ἀλήτης.**

ἀλαωτύς ύος ἡ ceguera.

ἀλγεινός ή όν doloroso, penoso; dolorido, que padece dolor.

ἀλγέω -ῶ sentir dolor, tener dolor; padecer, sufrir, afligirse, sentir disgusto, tristeza, turbación, pena, compasión, etc.

ἀλγηδών όνος ἡ *y*

ἄλγημα ατος τό *y*

ἄλγησις εως ἡ = **ἄλγος.**

ἄλγιστος η ον *superl. de* ἀλγεινός.

ἀλγίων ον *comp. de* ἀλγεινός.

ἄλγος εος [ους] τό dolor, sensación de dolor; dolor moral, tristeza, pena, disgusto, etc.

ἀλγύνω producir dolor, lastimar; afligir, apenar, molestar, atormentar || PAS. sentir dolor, afligirse.
F. *fut.* ἀλγυνῶ, *med. pas.* ἀλγυνοῦμαι; *aor.* ἤλγυνα; *aor. pas.* ἠλγύνθην.

ἀλδαίνω hacer crecer, acrecentar; vigorizar.
F. *3.ª sing. aor. 2.º ép.* ἤλδανε.

ἀλδήσκω crecer, medrar.

1 **ἀλέα ας ἡ** calor, *y esp.* el del sol; solana; luz de sol, sol.

2 **ἀλέα ας ἡ** remedio, escape.

ἀλεάμην *aor.* 1.º *ép. de* ἀλέομαι.

ἀλέασθαι *inf. aor. de* ἀλέομαι.

ἀλεγεινός ή όν = **ἀλγεινός.**

ἀλεγίζω *y*

ἀλεγύνω *y*

ἀλέγω cuidarse, preocuparse [de algo, *gen.*]; cuidar de, preparar [δαῖτα una comida].

ἀλεεινός ή όν caliente, cálido; soleado; que calienta *o* da calor.

ἀλεείνω = **ἀλέομαι.**

ἀλέη *ép.* = **ἀλέα** *1 y 2.*

ἀλεής ές al sol del mediodía.

ἄλειαρ ατος τό harina de trigo.

ἄλειμμα ατος τό ungüento.

ἀλείς εῖσα έν *part. aor. pas. de* εἰλέω.

ἄλεισον ου τό copa.

ἀλειτήριος = **ἀλιτήριος.**

ἀλείτης ου ὁ malvado, culpable.

ἀ-λειτούργητος ον libre *o* exento de las cargas públicas.

ἄλειφαρ ατος τό ungüento; aceite.

ἀ-λείφω ungir, untar; ungir para el combate, preparar *o* excitar para él || MED. ungirse, untarse.
F. *fut.* ἀλείψω, *med.* ἀλείψομαι; *aor.* ἤλειψα, *ép.* ἄλειψα, *med.* -άμην; *perf.* ἀλήλιφα, *pas.* ἀλήλ(ε)ιμμαι; *aor. pas.* ἠλ(ε)ίφθην.

ἄλειψις εως ἡ unción.

ἀλείψω *fut. de* ἀλείφω.

ἀλεκτορίσκος ου ὁ *dim.* de ἀλέκτωρ.

ἀλεκτορο-φωνία ας ἡ canto del gallo.

ἄλεκτρος ον sin lecho nupcial; no casado; soltero; profanador del lecho nupcial ||ἄλεκτρα ADV. sin lecho nupcial [*Sóf. El. 962*].

ἀλεκτρο-φωνία ας ἡ = **ἀλεκτοροφωνία.**
ἀλεκτρυών όνος *y*
ἀλέκτωρ ορος ὁ gallo.
ἀλέκω = **ἀλέξω.**
F. *fut.* ἀλέξω, *med.* ἀλέξομαι; *aor.* ἤλεξα *inf. med.* ἀλέξασθαι; *3.ª sing. aor. 2.º* ἄλαλκε, *3.ª subj.* ἀλάλκησι; *2.ª y 3.ª opt.* ἀλάλκοις ἀλάλκοι, *3.ª pl.* ἀλάλκοιεν; *inf.* ἀλαλκέμεν(αι), ἀλαλκεῖν; *part.* ἀλαλκών. *V.* ἀλέξω.
ἄλεν *3.ª pl. aor. pas. de* εἰλέω.
ἀλέν *part. aor. pas. de* εἰλέω.
ἀλεξάνεμος ον que guarda del viento.
ἀλέξησις εως ἡ defensa, guarda, remedio; defensiva [*Hdt. 9, 18*].
ἀλεξητήρ ῆρος ὁ guardador, defensor, protector.
ἀλεξητήριος ον guardador, defensor, protector || **τὸ ἀλεξητήριον** protección, remedio.
ἀλεξήτωρ ορος = **ἀλεξητήρ.**
ἀλεξί-κακος ον guardador de mal, salvador.
ἀλεξί-μορος ον preservador de la muerte; que salva la vida.
ἀλεξι-φάρμακον ου τό antídoto, contraveneno; *en gral.* protección, remedio.
ἀλέξω apartar [algo, *ac.*; de alguno, *dat.*]; *de donde,* proteger [a alguno, *dat.*; contra algo, *ac.*] || INTR. asistir, defender *o* proteger [a alguno, *dat.*] || MED. apartar de sí, rechazar [algo *o* a alguien, *ac.*]; defenderse; corresponder en la misma forma, pagar con la misma moneda.
F. *pres. inf. ép.* ἀλεξέμεν(αι); *fut.* ἀλεξήσω; *aor.* ἠλέξησα. *V.* ἀλέκω.
ἀλέομαι evitar, esquivar, rehuir [algo *o* a alguien, *ac.*] salvarse [de algo, *ac.*].
F. *aor.* ἠλεάμην, *inf.* ἀλέασθαι, *etc. V.* ἀλεύομαι.
ἀλέσθαι *inf. aor. de* ἅλλομαι.
ἄλεσσα *aor. 1.º ép. de* ἀλέω.
ἄλεται *3.ª sing. subj. aor. ép. de* ἅλλομαι.
ἀλέτης ου molinero, de molino (ὄνος ἀλέτης piedra de molino, rulo).
ἀλετρεύω = **ἀλέω.**
ἀλετρίς ίδος ἡ molinera.
ἀλευάμην *aor. 1.º ép. de* ἀλεύομαι.
ἀλεῦμαι *y*
ἀλεύομαι = **ἀλέομαι.**
F. *aor.* ἠλευάμην, *ép.* ἀλευάμην *imp.* ἄλευαι, *3.ª sing. subj. ép.* ἀλεύεται, *etc.*

ἄλευρον ου τό harina, *esp.* de trigo [*grlte. en pl.*].
ἀλέω -ῶ moler.
F. *fut.* ἀλῶ; *aor.* ἤλεσα, *ép.* ἄλεσσα; *perf.* ἀλήλεκα, *pas.* ἀλήλε(σ)μαι; *aor. pas.* ἠλέσθην.
ἀλεωρά ᾶς ἡ escape, defensa.
ἄλη ης ἡ marcha errante, extravío; extravío *o* perturbación de la mente.
ἀλήθεια ας ἡ verdad; veracidad, sinceridad; realidad (τῇ ἀληθείᾳ, μετ' ἀληθείας, ἀπ' ἀληθείας, *etc.*, en verdad, en realidad, realmente).
ἀληθείς εῖσα έν *part. aor. pas. de* ἀλάομαι.
ἀληθεύω decir verdad, ser sincero; decir *o* declarar con verdad [algo, *ac.*] || MED. decir verdad.
ἀλήθην *aor. pas. ép. de* ἀλάομαι *con sign. activa.*
ἀληθής ές verdadero; veraz, verídico; recto || ADV. ἄληθες; ¿de veras? ¿realmente?
ἀληθίζομαι = **ἀληθεύω**
ἀληθινός ή όν veraz, sincero; verdadero, real; propiamente dicho.
ἀλήθω = **ἀλέω.**
ἀ-λήιος ον sin bienes, pobre.
ἄ-ληκτος ον que no cede, incesante, constante, obstinado.
ἀλήλεσμαι *perf. pas. de* ἀλέω.
ἀλήλιφα *perf. de* ἀλείφω.
ἄλημα ατος τό harina fina; *fig.* hombre astuto, pillo, truhán.
ἀλήμεναι *inf. aor. pas. ép. de* εἰλέω.
ἀλήμων ον [*gen.* ονος] = ἀλήτης.
ἀλῆναι *inf. aor. pas. de* εἰλέω.
ἄ-ληπτος ον inexpugnable, difícil de vencer; inasequible, incomprensible.
ἀλής ές unido, reunido, agrupado, en masa.
ἄληται *3.ª sing. subj. aor. 2.º de* ἅλλομαι.
ἀλητεύω = **ἀλάομαι.**
ἀλήτης ου ὁ vagabundo; mendigo errante; desterrado || ADJ. errante.
ἄλθομαι sanar, curarse.
F. *3.ª sing. impf. ép.* ἄλθετο; *fut.* ἀλθήσομαι.
ἁλία ας ἡ asamblea.
ἁλιάδης ου = **ἁλιεύς.**
ἁλι-αής ές que sopla hacia el mar, favorable para embarcar [*dic.* del viento].
ἀ-λίαστος ον que no cede, incesante, sin interrupción, obstinado. || ADV. ἀλίαστον sin cesar, sin descanso.

ἀ-λίγκιος ον [*ο* **-ος α ον**] parecido, semejante, igual.

ἁλιεύς έως ADJ. *m.* del mar, marino || SUBST. pescador.

ἁλιευτικός ή όν de pesca, atañente *o* perteneciente a la pesca.

ἁλιεύω pescar; ser pescador.

1 **ἁλίζω** reunir, juntar || PAS. reunirse. **F.** *aor.* ἥλισα; *part. perf. pas. jón* ἁλισμένος; *aor. pas.* ἡλίσθην.

2 **ἁλίζω** salar || PAS. estar sabroso.

ἁλίη *f. jón. de* ἅλιος 1.

ἄ-λιθος ον sin piedra.

ἁλί-κλυστος ον bañado *o* batido por el mar.

ἁλί-κτυπος ον azotado *o* batido por el mar.

ἀ-λίμενος ον sin puertos.

ἀ-λιμενότης ητος ἡ falta de puertos.

ἁλι-μυρήεις εσσα εν que fluye *o* va rumoreando hacia el mar.

ἁλι-ναιέτης ου ὁ habitante del mar.

ἅλινος η ον de sal.

ἅλιος *dór.* = **ἥλιος.**

1 **ἅλιος α ον** del mar, perteneciente al mar *o* habitante en él.

2 **ἅλιος α ον** vano, inútil || ADV. **ἅλιον** vanamente.

ἁλιο-τρεφής ές criado en el mar.

ἁλιόω-ῶ errar, frustrar, dejar frustrado; destruir.
F. *fut.* ἁλιώσω; *aor.* ἡλίωσα, *ép.* ἁλίωσα.

ἀ-λιπαρής ές sin brillo; sin adornos.

ἁλί-πλαγκτος ον que vaga por el mar *o* a orillas del mar.

ἁλί-πλακτος ον batido por el mar,

ἁλί-πλοος οον [**-ους ουν**] sumergido en el mar.

ἁλι-πόρφυρος ον teñido con púrpura del mar *o* brillante como el mar.

ἁλί-ρροθος ον resonante con el mugido del mar.

ἅλις ADV. en multitud, en montón; abundantemente; bastante, suficientemente.

ἀλίσγημα ατος τό mancha, contaminación.

ἁλίσκομαι ser cogido, tomado; ser dominado, vencido; ser alcanzado *u* obtenido; ser cogido en un delito *o* convencido de él (οὐ γὰρ δὴ προδοῦσ' ἁλώσομαι no se me podrá convencer de traición, *Sóf. Ant. 46*); ser condenado.
F. *fut.* ἁλώσομαι; *aor.* ἑάλων y ἥλων; *subj.* ἁλῶ, *ép.* ἁλώω; *opt.* ἁλοίην; *inf.* ἁλῶναι, *ép.* ἁλώμεναι, *part.* ἁλούς, *gen.* ἁλόντος; *perf.* ἑάλωκα y ἥλωκα; *plpf.* ἡλώκειν.

ἁλισμένος η ον *part. perf. pas. jón. de* ἁλίζω *1.*

ἀλιταίνω *y med.* pecar, faltar [a alguien *o* a algo, *ac.*]: θεοῖς ἀλιτήμενος culpable ante los dioses.
F. *aor.* ἤλιτον, *ép.* ἄλιτον, *med.* ἀλιτόμην; *part.* ἀλιτήμενος, *v. supra.*

ἀλιτήμων ον impío, malo.

ἀλιτήριος ον ofensor [de alguien, *gen.*]; culpable || SUST. **ὁ** demonio malo, azote, peste.

ἀλιτηριώδης ες abominable, funesto.

ἀλιτηρός όν = **ἀλιτήριος.**

ἀλιτόμην *aor. med. ép. de* ἀλιταίνω.

ἀλιτρία ας ἡ maldad.

ἀλιτρός όν = **ἀλιτηρός** culpable (δαίμοσιν ante los dioses); impío, malvado; taimado, caro, astuto.

ἁλίωσα *aor. 1.º ép. de* ἁλιόω.

ἄλκαρ τό INDECL. defensa, apoyo, socorro.

ἀλκή ῆς ἡ fuerza; fuerza armada, cuerpo de ejército, etc.; fuerza, vigor; poder; valor, ánimo; combate, guerra (ἐς *o* πρὸς ἀλκὴν τρέπεσθαι trabar la lucha); ayuda, defensa, guarda, protección [ἀλκὴν ποιεῖσθαι *o* τιθέναι *con gen. o dat.*, prestar socorro a alguno].

ἀλκί *dat.* [*sin otro caso*] ἀλκὶ πεποιθώς confiado en su fuerza.

ἄλκιμος ον fuerte, denodado, valeroso; fuerte, robusto, poderoso.

'Αλκίνοος ου ὁ Alcínoo [rey de los feacios].

'Αλκμέων ωνος ὁ Alcmeón.

ἀλκτήρ ῆρος ὁ guardador, protector.

ἀλκυών όνος ἡ alción, martín pescador [ave].

ἄλλ' = **ἄλλο** *ante vocal*

ἀλλ' = **ἀλλά** *ante vocal.*

ἀλλά CONJ. *adversativa:* pero (ἀλλὰ καὶ ὥς pero aun así); sin embargo; y (ἀλλ' οὐκ ἐκεῖνο μόνον σκοπεῖν y no mirar solamente aquello, *e. e.* en vez de mirar, *etc.*); *después de orac. neg.* sino, más que [*frec.* ἀλλ' ἤ]; *después de orac. cond. neg.* εἰ μὴ *etc.*, en cambio, por lo menos (εἰ δὲ μὴ ὁρῶ, ἀλλ' ἀκούω γε si no veo, por lo menos oigo, *Plat. Gorg. 470*); *frec.* ἀλλ' οὖν, en todo caso; ἀλλὰ νῦν, por lo menos ahora; *a principio de frase, refuerza la expresión:* pues, mira, pues bien [*a veces intraducible*]; *ante imp.* ¡ea! pues, mira (ἀλλὰ τοῦτον μὲν ἔα, ἐμοὶ δ' εἰπέ mira, deja a ése y dime); *al principio de interr.* pero ¿es que...?; de modo que ¿...? *o simplemente* y ¿...?; *repetida:* o ¿...? o ¿...? [*frec.* ἀλλ' ἦ]; *para señalar el paso de una consideración a otra* ahora bien; por otra parte; ἀλλ' οὖν pero en todo caso; ἀλλὰ γὰρ pero, en efecto, *o en oracs. dist.* pero... puesto que...; οὐ μὲν ἀλλά, οὐ μέντοι ἀλλά empero, y no obstante, y por otro lado.

ἀλλαγή ῆς ἡ cambio; tráfico.

ἀλλαγήσομαι (*y* **ἀλλαχθήσομαι**) *fut. pas. de* ἀλλάττω.

ἀλλάσσω [*át.* **ἀλλάττω**] cambiar, transformar; cambiar, tomar *o* dar en cambio; dejar (ἀ. οὐράνιον φῶς dejar la luz celeste, morir). || MED. cambiar para sí, tomar *o* dar en cambio || PAS separarse, desprenderse.

F. *fut.* ἀλλάξω; *aor.* ἤλλαξα; *perf.* ἤλλαχα, *med.* ἤλλαγμαι, *3.ª sing. plpf. pas.* ἤλλακτο; *aor. pas.* ἠλλάχθην *y* ἠλλάγην; *fut. pas.* ἀλλαχθήσομαι *y* ἀλλαγήσομαι.

ἀλλαχῇ ADV. en otro sitio (ἄλλος ἀλλαχῇ cada cual por un sitio).

ἀλλαχόθεν ADV. de otro sitio.

ἀλλαχόθι ADV. = **ἀλλαχῇ**.

ἀλλαχόσε ADV. hacia otro sitio, en otra dirección.

ἀλλαχοῦ ADV. = **ἀλλαχῇ**.

ἀλ-λέγω *sínc. de* ἀναλέγω.

ἄλλῃ ADV. en otra parte; ἄλλος ἄλλῃ cada cual en un sitio; ἄλλῃ καὶ ἄλλῃ aquí y allá; a otro sitio; de otra manera (τῇ ἄλλῃ πολλαχῇ de muchas otras maneras).

ἀλληγορέω -ῶ hablar o explicar figurada *o* alegóricamente.

ἄ-λληκτος = **ἄληκτος**.

ἀλληλούια *voz hebr.* aleluya, alabanza a Dios.

ἀλληλοφαγία ας ἡ acción de comerse *o* devorarse.

ἀλληλοφθορία ας ἡ destrucción mutua; muerte causada recíprocamente.

ἀλλήλων PRON. *pl. y dual sin nom.* los unos a los otros; el uno al otro; mutuamente, recíprocamente.

ἄλλην ADV. a otro lado (ἄλλην καὶ ἄλλην a un lado y otro).

ἀλλο-γενής ές de otra raza, extranjero.

ἀλλό-γλωσσος ον de otra lengua, extranjero.

ἀλλογνοέω -ῶ tomar por otro, no conocer.

Part. aor. 1.º jón. ἀλλογνώσας (*Hdt. 1,85*)

ἀλλό-γνωτος ον conocido de otros *e. e.* extranjero.

ἀλλοδαπός ή όν oriundo de otra parte, extraño, extranjero [*tamb. como subst.*].

ἀλλο-ειδής ές de aspecto distinto, extraño.

ἄλλοθ' = **ἄλλοτε** *o* **ἄλλοθι.**

ἄλλο-θεν ADV. de otra parte (ἄλλος ἄλλοθεν cada cual de un sitio; ἄλλοθέν ποθεν de alguna otra parte); de tierra extraña.

ἄλλο-θι ADV. en otra parte (ἄλλος ἄλλοθι cada cual en un sitio); en otra tierra; de otra manera, en otro caso.

ἀλλό-θροος ον [-ους ουν] que habla otra lengua, extranjero; extraño, ajeno.

ἀλλοῖος α ον distinto, diferente (ἄλλοτε ἀλλοῖος tan pronto de una manera, tan pronto de otra) *y tamb., por eufemismo,* malo.

ἀλλοιόω -ῶ cambiar, transformar, variar || PAS. cambiarse *o* ser cambiado; deteriorarse, estropearse.

ἀλλοίωσις εως ἡ cambio, variación.

ἀλλό-κοτος ον diferente, distinto; singular, inaudito; antinatural.

ἅλλομαι saltar, lanzarse.

F. *impf.* ἡλλόμην; *fut.* ἁλοῦμαι; *aor. 1.º* ἡλάμην; *aor. 2º* ἡλόμην, *2.ª y 3.ª sing. ép.* ἆλσο, ἆλτο; *3.ª sing. subj.* ἅληται *y ép.* ἅλεται, *opt.* ἁλοίμην, *inf.* ἁλέσθαι, *part.* ἅλμενος *y* ἁλόμενος.

ἀλλο-πρός-αλλος ον veleidoso.

ἄλλος η ο ADJ. *y* PRON. otro; diferente, distinto; extraño; falso, errado, malo. *Obsérvense los siguientes usos:* ἄλλος μέν... ἄλλος δὲ... el uno... el otro...; ἄλλος τις *o* τὶς ἄλλος otro; εἴ τις [καὶ] ἄλλος si hay alguno, *o sea,* más que nadie (ἐπίσταται δ' εἴ τις καὶ ἄλλος si alguno sabe hacerlo es él, *o sea* lo sabe hacer mejor que nadie); ἄλλος ἄλλο λέγει cada cual dice una cosa; ἄλλος καὶ ἄλλος éste y el otro, uno tras otro; ὁ ἄλλος el otro; τὰ ἄλλα o τἆλλα el resto *o como adv.* por lo demás; ἡ ἄλλη Ἑλλάς el resto de Grecia; πέμπτος ποταμὸς ἄλλος el quinto río de la serie; καὶ ἄλλος *etc. cuando enlaza nombres de cosas diferentes* y además, y a más (ὁπλῖται καὶ ἄλλοι ἱππεῖς hoplitas y además jinetes); ἄλλοι τε καὶ otros y además [principalmente] *o sea,* entre otros...; οὐδὲν ἄλλο ἤ ninguna otra cosa sino, nada más que, *supl. el verbo* hacer (ἄλλο οὐδὲν ἢ ἐναυμάχουν no hacían sino librar un combate naval); ἄλλο τι ἤ ¿es otra cosa o... *o sea* ¿no es cierto que...

ἄλλο-σε ADV. hacia otro lado; ἄλλος ἄλλοσε cada cual a un sitio; ἄλλοσε οὐδαμόσε a ningún otro sitio.

ἄλλο-τε ADV. en otro tiempo; ἄλλοτε ἄλλος unas veces uno y otras otro; ἄλλοτε καὶ ἄλλοτε de vez en cuando, de tiempo en tiempo.

ἀλλοτριο-επίσκοπος ον que se inmiscuye en lo ajeno, entrometido.

ἀλλότριος α ον ajeno, extraño, extranjero, hostil (ἡ ἀλλοτρία la tierra extranjera [*o* la enemiga]; ἀλλοτρίοις γναθμοῖς γελᾶν reírse con mandíbulas ajenas *e. e.* con risa forzada *o* convulsiva).

ἀλλοτριότης ητος ἡ alejamiento, apartamiento, hostilidad.

ἀλλοτριόω -ῶ separar, apartar; privar, despojar; enajenar, hacer ajeno, extraño *u* hostil.

ἀλλοτρίωσις εως ἡ enajenación, repulsa; enajenación, pérdida.

ἄλλοφος ον sin airón *o* cimera.

ἀλλοφρονέω -ῶ pensar en otra cosa; tener otros sentimientos; tener la mente extraviada *o* absorta.

ἀλλό-φυλος ον de otra raza, extranjero; no judío [*N. T.*].

ἄλλυδις ADV. a otro sitio; ἄ. ἄλλος cada uno hacia un lado; ἄ. ἄλλῃ ya aquí, ya allá *o* ya de una manera, ya de otra.

ἀλ-λύω [*impf. ép.* ἀλλύεσκον] = **ἀναλύω.**

ἄλλως ADV. de otra manera [mejor *o* peor]; ἄλλως τε καί y mayormente, principalmente; sin razón; vana, inútilmente; pura, sola, simplemente (εἴδωλον ἄ. pura imagen, sombra vana); además, por otra parte; τὴν ἄλλως, *v.* τηνάλλως.

ἅλμα ατος τό salto.

ἅλμη ης ἡ agua *o* espuma del mar; adarce, costra de sal; salmuera; sabor salado, salobridad.

ἁλμυρός ά όν salino, salado, acre.

ἀλοάω -ῶ trillar; *fig.* apalear.

ἄ-λοβος ον sin lóbulos, *de donde* de mal agüero [*dic.* de las víctimas].

ἀλογέω -ῶ no tener en cuenta, despreciar.

ἀλογία ας ἡ falta de consideración, desprecio; sinrazón, absurdo.

ἀλογιστία ας ἡ irreflexión, insensatez.

ἀ-λόγιστος ον irreflexivo, insensato; irracional, falto de razón *o* discurso (τὸ ἀλόγιστον lo irracional *e. e.* la suerte, el azar); inconcebible, inaudito, absurdo, extraño.

ἄ-λογος ον sin palabra, mudo; silencioso; indecible; inefable; irracional, que no razona (τὰ ἄλογα los brutos); contrario a la razón, absurdo; ininteligible; irreflexivo, instintivo; impensado, inesperado.

ἀλόη ης ἡ áloe [planta y jugo].

ἁλό-θεν ADV. desde el mar [= ἐξ ἁλός]

ἀλοιάω = ἀλοάω.

ἁλοίην *opt. aor 2.º de* ἁλίσκομαι.

ἀλοιφή ῆς ἡ grasa [*esp.* de cerdo]; aceite; ungüento; acción de ungir, unción; tinte.

ἁλόντε *dual part. aor. 2.º de* ἁλίσκομαι.

ἄλοξ οκος ἡ surco; sementera, campo; seno.

ἁλοσ-ύδνη ης ADJ. *f.* brotada del mar, nacida del mar.

ἁλουργής ές teñido de púrpura, purpúreo.

ἁλουργός όν = ἁλουργής.

ἁλούς (*gen.* ἁλόντος) *part. aor. 2.º de* ἁλίσκομαι.

ἀλουσία ας ἡ falta de aseo, suciedad.

ἄ-λουτος ον no lavado, sucio.

ἄ-λοχος ου ἡ esposa; concubina.

ἀλόω *2.ª sing. imp. ép. de* ἀλάομαι.

ἀλόωνται *3.ª pl. pres. ind. ép. de* ἀλάομαι.

ἅλς ἁλός ὁ sal [*frec. pl.*]; roca de sal; grano de sal, *e. e.* insignificancia, nada || **ἡ** mar.

ἄλσο *2.ª sing. aor. 2.º ép. de* ἄλλομ ι.
ἄλσος εος [ους] τό bosque, *esp.* bosque sagrado; recinto sagrado.
ἁλτικός ή όν diestro en el salto; buen saltarín.
ἄλτο *3.ª sing. aor. 2.º ép. de* ἄλλομαι.
ἁλυκός ή όν salado.
ἀλυκτάζω estar inquieto *o* agitado.
ἄλυξα *aor. 1.º poét. de* ἀλύσκω.
ἀλύπητος ον libre de pena *o* sufrimiento; que no causa pena *o* sufrimiento.
ἀλυπία ας ἡ ausencia de pena, contento.
ἄ-λυπος ον = **ἀλύπητος**.
ἄ-λυρος ον sin acompañamiento de lira, *de donde*, triste, fúnebre [*dic. del* canto].
ἅλυσις εως ἡ cadena.
ἀλυσιτελής ές sin ventaja; desventajoso, perjudicial.
ἀλυσκάζω *y*
ἀλυσκάνω *y*
ἀλύσκω huir, rehuir evitar, esquivar. F. *fut.* ἀλύξω; *aor.* ἤλυξα *y poét.* ἄλυξα.
ἀλύσσω = **ἀλύω**.
ἄ-λυτος ον que no puede ser soltado; insoluble; indisoluble, indestructible; firme, continuo, sin fin; no soltado; no disuelto; sin disolver. *cf.* λύω.
ἀλύω estar inquieto, agitado, andar de acá para allá; estar perplejo, angustiado; estar fuera de sí [de gozo, dolor, ira, etc.].
ἄλφα τό INDECL. alfa [primera letra del alfabeto].
ἀλφάνω dar, dar en rescate, procurar [algo, *ac.;* a alguno, *dat.*]. F. *aor.* ἦλφον, *3.ª sing. subj.* ἄλφῃ, *3.ª sing. opt.* ἄλφοι, etc.
ἀλφεσί-βοιος α ον que procura *o* proporciona bueyes [*dic.* de las doncellas muy solicitadas, por los dones que proporcionaban a sus padres de parte de sus pretendientes].
ἀλφηστής οῦ trabajador, industrioso, emprendedor, ingenioso *s. o.* trabajado, desgraciado, *s. o.* comedor de pan [*Hom. Od. I, 349*].
ἄλφιτον ου τό harina de cebada; alimentos preparados con ella.
ἀλφιτοποιία ας ἡ fabricación *o* preparación de la harina.
ἀλφιτοσιτέω -ῶ comer pan de cebada.
ἄλφοι *3.ª sing. opt. aor. 2.º de* ἀλφάνω.
ἁλῶ *subj. aor 2.º de* ἁλίσκομαι.
ἁλώῃ *3.ª sing. subj. aor. 2.º ép. de* ἁλίσκομαι.
ἀλωή ῆς ἡ era; tierra cultivada; viña; jardín.
ἁλώμεναι *inf. aor. 2.º ép. de* ἁλίσκομαι.
ἀλώμενος *part. pres. de* ἀλάομαι.
ἅλων ωνος ἡ era.
ἁλῶναι *inf. aor. 2.º de* ἁλίσκομαι.
ἀλωπεκέη ης *jón. y*
ἀλωπεκῆ ῆς ἡ=**ἀλωπεκίς**.
ἀλωπεκίζω zorrear.
ἀλωπεκίς ίδος ἡ piel de zorra.
ἀλώπηξ εκος ἡ zorra; *fig.* zorro, astuto.
ἅλως ω [*o* ωος] ἡ era; grano, trigo.
ἁλώσιμος ον que se puede coger *o* tomar; fácil de ganar *o* de conciliar; comprensible (τὸ δ' ἁλώσιμον ἐμᾷ φροντίδι por lo que a mi mente se alcanza, *Sóf. Fil. 863*).
ἅλωσις εως ἡ toma, conquista; posibilidad de tomar *o* conquistar; captura.
ἁλώσομαι *fut. de* ἁλίσκομαι.
ἁλωτός ή όν = **ἁλώσιμος**.
ἁλώω *subj. aor. 2.º ép. de* ἁλίσκομαι
ἄμ = **ἀνά** *ante labial*.
ἅμα ADV. juntamente, en junto, al mismo tiempo; apenas, al punto que. *Frec. con part.:* φεύγοντες ἅμα al huir; ἅμα ταῦτ' εἰπών al punto que hubo dicho estas cosas; ἅμα μέν... ἅμα δέ ... en parte... y en parte...; tanto... como...; tan pronto... como...; no sólo... sino;... ἅμα (τε)... καὶ (ἅμα) y además, y al mismo tiempo ‖ PRP. *de dat.* con, juntamente con (ἅμ' ἡμέρᾳ con el día; ἅμα πνοιῇσι ἀνέμοιο con los soplos del viento *e. e.* con la velocidad del viento).
ἀμαθαίνω ser ignorante; no ser inteligente.
ἀ-μαθής ές ignorante; necio, estúpido; atrasado; no civilizado; no conocido, imprevisto.
ἀμαθία ας ἡ ignorancia; impericia.
ἄμαθος ου ἡ arena; duna.
ἀμαθύνω reducir a polvo *o* ceniza, destruir.
ἀ-μαιμάκετος ον invencible, irresistible; gigantesco; furioso.

ἀμαλδύνω destruir, hacer desaparecer.

ἀμαλλο-δετήρ ῆρος ὁ atador de gavillas.

ἀμαλός ή όν tierno, débil.

ἅμαξα [*o* **ἄμαξα**] **ης ἡ** carro, galera; Carro, Osa Mayor.

ἁμαξεύω recorrer en carro (ἁμαξευόμενος recorrido por carros).

ἁμαξιαῖος α ον como carga de galera, enorme.

ἁμαξίς ίδος ἡ carrito, carro pequeño.

ἁμαξ-ιτός [*o* **ἀμαξ-ιτός**] **όν** transitable para los carros; frecuentado por los carros.

ἁμαξ-ιτός [*o* **ἀμαξ-ιτός**] **οῦ ἡ** carretera, camino de carros.

ἆμαρ *dór.* = **ἦμαρ.**

ἀμαράντινος ον = **ἀμάραντος.**

ἀμάραντον ου τό amaranto [planta].

ἀμάραντος ον inmarcesible, imperecedero.

ἀμάρη ης ἡ canal, reguera, foso.

ἁμαρτάνω errar, marrar, no alcanzar [algo, *gen.*]; separarse (τἀληθέος de la verdad), equivocarse (γνώμης de opinión; γνώμῃ en su opinión, sufrir un desengaño); no obtener, no alcanzar [algo, *ac.*; de alguien, *gen.*]; estar privado; perder [algo, *gen*]; pecar, faltar; dejar de hacer, descuidar [algo, *gen.*] || PAS. ἁμαρτάνεταί τι ha habido un error, un yerro; τὸ ἁμαρτανόμενον, τὸ ἡμαρτημένον *o* τὸ ἁμαρτηθέν falta, error.
F. *fut.* ἁμαρτήσομαι, *td.* ἁμαρτήσω *(N. T.)*; *aor.* ἥμαρτον, *ép.* ἅμαρτον y ἤμβροτον; *aor. 1.º td.* ἡμάρτησα; *perf.* ἡμάρτηκα, *pas.* ἡμάρτημαι, *3.ª sing. plpf.* ἡμάρτητο; *aor. pas.* ἡμαρτήθην.

ἁμαρτάς άδος ἡ = **ἁμάρτημα.**

ἁμαρτῇ ADV. juntamente, al mismo tiempo.

ἁμάρτημα ατος τό error, falta; achaque; falla.

ἁμαρτήσομαι *fut. de* ἁμαρτάνω.

ἁμαρτία ας ἡ error; falta; pecado.

ἁμαρτο-επής ές vano de palabras.

ἅμαρτον *aor 2.º ép. de* ἁμαρτάνω.

ἀ-μάρτυρος ον sin testigo, no atestiguado.

ἁμαρτωλός όν pecador [*tamb. como subst.*].

ἁμα-τροχάω [*part. ép.* ἁματροχόων] correr juntos.

ἁματροχιά ᾶς [*jón.* **ἁματροχιή ῆς**] **ἡ** choque de ruedas.

ἀ-μαυρός ά όν oscuro, confuso, invisible; sombrío; oscuro, insignificante; ciego, que se mueve a ciegas; débil, desvalido.

ἀμαυρόω -ῶ oscurecer; debilitar; borrar; destruir.

ἀμαχεί *y*

ἀμαχητί ADV. sin lucha.

ἀ-μάχητος ον *y*

ἄ-μαχος ον que no combate *o* no ha combatido; sin combatir; invencible, irresistible, inexpugnable; pacífico; tranquilo, no atacado.

ἀμάω -ῶ [*y med.*] segar, cosechar, recoger.

ἀμβαίνω *y* **ἀμβάλλω** = **ἀναβαίνω** *y* **ἀναβάλλω.**

ἄμβασις *y* **ἀμβάτης** = **ἀνάβασις** *y* **ἀναβάτης.**

ἄμβατος ον de fácil subida, que se puede escalar, accesible.

ἀμβλήδην ADV. en voz alta, con fuerza.

ἀμβλίσκω hacer abortar.

ἀμβλύνω embotar; debilitar, apagar, calmar; desanimar.

ἀμβλύς εῖα ύ embotado; débil; debilitado, flaco; flojo, sin vigor.

ἀμβλυώττω ser corto de vista.

ἀμβοάω *sínc. de* ἀναβοάω.

ἀμ-βολάδην ADV. borbotando, a borbotones.

ἀμβολάς άδος [*scil.* γῆ] **ἡ** tierra amontonada, terraplén.

᾿Αμβρακία ας ἡ Ambracia [ciudad del Epiro].

ἀμβροσία ας [*jón.* **ἀμβροσίη ης**] **ἡ** ambrosía, alimento *o* perfume de los dioses.

ἀμβρόσιος α ον [*o* **-ος ον**] divino, inmortal [*dic.* de los dioses, y de las cosas que les pertenecen *o* proceden de ellos]; maravilloso, admirable.

ἀμβροτεῖν *inf. aor. 2.º ép. de* ἁμαρτάνω.

ἄμβροτος ον [*y* **-ος η ον**] = **ἀμβρόσιος**

ἀμβώσας *jón.* = **ἀναβόησας**, *part. aor. 1.º de* ἀναβοάω.

ἀ-μέγαρτος ον no envidioso; generoso; no envidiable, desgraciado; miserable; terrible; vil.

ἀμέθυστος ου ἡ amatista.

ἀμείβω cambiar; tomar en cambio; dar en cambio [una cosa, *ac.*; por otra, *gen.* etc.]; alternar (γόνυ γουνὸς

ἀμείβειν andar con pasos lentos); suceder, seguir; atravesar, pasar por; dejar atrás, abandonar, salir de; compensar, recompensar, premiar, castigar; pagar [por algo, *gen.*]; responder, contestar [a alguien, *ac.*; algo, *ac.*; *o* con algo, *dat.* etc.].
F. *impf. ép.* ἄμειβον -όμην; *fut.* ἀμείψω; *aor.* ἤμειψα, *med.* ἠμειψάμην, *ép.* ἄμειψα, ἀμειψάμην; *aor. pas.* ἠμείφθην.

ἀμείβων οντος ὁ *en pl.* cabrios *o* vigas de techo.

ἄ-μεικτος ον no mezclado, puro; que no se mezcla *o* no trata con nadie, hosco, insociable, selvático; inconfundible, incomunicable.

ἀ-μείλικτος ον *y*

ἀ-μείλιχος ον insuave, amargo, duro; inexorable.

ἀμείνων ον [*gen.* ονος] *comp. de* ἀγαθός.

ἀμειξία ας ἡ falta de comunicación, aislamiento; insociabilidad, selvatiquez; ἀ. χρημάτων falta de relaciones comerciales, de circulación de riqueza.

ἀ-μέλγω ordeñar; chupar: ὄιες ἀμελγόμεναι γάλα λευκόν ovejas de las que se ordeña blanca leche.
F. *fut.* ἀμέλξω.

ἀμέλει ADV. seguramente, sin duda, naturalmente [*tamb. irónico*].

ἀμέλεια ας ἡ despreocupación, negligencia; abandono.

ἀμελετησία ας ἡ abandono, falta de ejercicio.

ἀ-μελέτητος ον no ejercitado, no preparado; despreocupado, irreflexivo.

ἀμελέω -ῶ descuidar, abandonar, despreocuparse, pasar por alto, omitir, olvidarse [de algo, *gen.*; *menos frec. ac.*].
F. *aor.* ἠμέλησα, *ép.* ἀμέλησα *perf.* ἠμέληκα.

ἀ-μελής ές despreocupado, negligente, indiferente; pasado por alto, puesto en olvido.

ἄ-μεμπτος ον irreprochable, sin tacha; contento, satisfecho.

ἄμεναι *inf. pres. ép. de* ἄω.

ἀμενηνός όν débil; inconsistente; vacilante, fugaz; vano, vacío.

ἀμενηνόω -ῶ debilitar, frustrar.

ἀμέρα ας *dór.* = **ἡμέρα.**

1 **ἀ-μέρδω** privar, despojar [a uno, *ac.*, de algo, *gen.*]; *pas.* perder, estar privado.
F. *2.ª pers. ind. pres. pas. ép.* ἀμέρδεαι; *fut.* ἀμέρσω; *aor.* ἤμερσα, *ép.* ἄμερσα; *subj. aor. pas.* ἀμερθῶ -ῇς etc.

2 **ἀ-μέρδω** cegar, dejar ciego; oscurecer, empañar.

ἀ-μερής ές no dividido; indivisible.

ἀ-μέριμνος ον abandonado; libre de preocupaciones.

ἀμέριος *dór.* = **ἡμέριος.**

ἀ-μετάθετος ον inmutable.

ἀ-μετακίνητος ον inmoble, inmutable.

ἀ-μεταμέλητος ον sin pesar, sin arrepentimiento; que no pesa *o* no produce arrepentimiento.

ἀ-μετανόητος ον no arrepentido, impenitente.

ἀ-μετάπτωτος ον que no falla, constante.

ἀ-μετάστατος ον constante, que no cambia.

ἀ-μεταστρεπτί ADV. sin volverse, derechamente.

ἀ-μετάστροφος ον que no se vuelve; irrevocable.

ἀμέτερος *dór.* = **ἡμέτερος.**

ἀ-μέτοχος ον sin parte en, libre de [algo, *gen.*].

ἀ-μέτρητος ον = **ἄμετρος.**

ἀμετρία ας ἡ desmesura; exceso; inconveniencia; desproporción, inmensidad, infinitud.

ἀμετρο-επής ές charlatán desaforado.

ἄ-μετρος ον sin medida, inmenso, inconmensurable; inmoderado; desproporcionado.

ἀμεύομαι sobrepasar.

ἄμη ης ἡ pala *o* pico.

ἀμῇ [*o* **ἀμῇ**] ADV. de alguna manera.

ἀμήν *voz hebrea* en verdad, así sea || SUST. **ὁ** *o* **τὸ ἀμήν** la certidumbre.

ἀ-μήνιτος ον sin cólera, sin resentimiento. sin ira.

ἀμητήρ ῆρος ὁ segador.

ἄμητος ου ὁ siega, cosecha.

ἀ-μήτωρ ορος sin madre; μήτηρ ἀμήτωρ madre que no es madre, madre impía, que no tiene sentimientos de madre.

ἀμηχανέω -ῶ tener falta [de algo, *gen.*]; no tener medios *o* recursos; estar perplejo, dudar; no saber.

ἀμηχανία ας ἡ dificultad, embarazo, imposibilidad; falta de recursos.

ἀ-μήχανος ον perplejo, embarazado, sin medios; imposibilitado; incapaz;

imposible; impracticable; irremediable, sin remedio, irreparable; incontrastable; extraordinario, inconcebible; indescriptible, maravilloso.

ἀ-μίαντος ον incontaminado, sin mancha, puro.

ἀ-μιγής ές *y*

ἄ-μικτος ον = ἄμεικτος.

ἅμιλλα ης ἡ lucha; porfía; rivalidad; empeño.

ἁμιλλάομαι -ῶμαι luchar, disputar, porfiar; empeñarse, esforzarse [en algo, πρός *o* ἐπί *con ac.*; *u orac. con* ὡς *o* ὅπως].

F. *fut.* ἁμιλλήσομαι; *aor.* ἡμιλλήθην, *td.* ἡμιλλησάμην; *perf.* ἡμίλλημαι.

ἁμίλλημα ατος τό = ἅμιλλα.

ἁμιλλητήρ ῆρος emulador [en la carrera]; rápido (τρόχοι ἁμιλλητῆρες ἡλίου giros rápidos del sol).

ἀμιξία = ἀμειξία.

ἄμ-ιππος ον rápido como corcel || SUBST. **ὁ ἄμιππος** soldado de infantería que marcha con la caballería.

ἀμίς ίδος ἡ vaso de noche.

ἀ-μισθί ADV. sin recompensa.

ἄ-μισθος ον no pagado, sin sueldo, sin recompensa.

ἀμιτρο-χίτων ον [*gen.* ωνος] sin cinto sobre la túnica.

ἀμιχθαλόεις εσσα εν humeante; *s. o.* inaccesible.

ἀμμ- *sínc.* por ἀναμ- *a principio de palabra.*

ἅμμα ατος τό nudo, lazo.

ἄμμε = ἡμᾶς.

ἀμμείγνυμι *sínc.* **= ἀναμείγνυμι.**

ἀμμένος *part. perf. pas. jón. de* ἅπτω.

ἀμμένω *sínc.* **= ἀναμένω.**

ἄμμες *y* **ἄμμι = ἡμεῖς** *y* **ἡμῖν** *resp.*

ἄμμιγα ADV. juntamente, a la vez.

ἀμμίσγω = ἀναμίσγω.

ἀμμορίη ης ἡ *ép.* infortunio, desventura.

ἄ-μμορος ον no participante, privado [de algo, *gen.*]; desventurado.

ἄμμος ου ἡ arena; campo de carreras, hipódromo.

ἀμναστέω = ἀμνηστέω.

ἀμνημονέω -ῶ ser olvidadizo; olvidar, echar en olvido, pasar por alto.

ἀμνήμων ον [*gen.* ονος] olvidadizo; olvidado.

ἀμνηστέω = ἀμνημονέω.

ἀμνίον ου τό vaso para recoger la sangre del sacrificio.

ἀμνός οῦ ὁ ἡ cordero, cordera.

ἀ-μογητί ADV. sin trabajo, sin fatiga.

ἀμοθεί ADV. unánimemente, sin discusión.

ἀμό-θεν ADV. desde algún punto, empezando en algún sitio (ἀμόθεν γέ ποθεν de donde quiera que sea).

ἀμοιβαῖος α ον [*o* **-ος ον**] *y*

ἀμοιβάς άδος ADJ. *f.* alternativo, alternado; para mudar, de repuesto; devuelto; en contestación, en réplica.

ἀμοιβή ῆς ἡ cambio; recompensa; compensación, sacrificio compensatorio; respuesta; alternación, sucesión.

ἀμοιβηδίς ADV. alternativamente.

ἀμοιβός όν compensatorio, en compensación, en cambio; substituto, de reemplazo.

ἄ-μοιρος ον privado de; libre de [*gen.*].

ἀμολγός οῦ ὁ oscuridad.

ἄ-μορος ον = ἄμμορος.

ἄ-μορφος ον informe, sin forma; feo; vergonzoso.

ἀμός ἡ όν ADJ. POS. mi(o), nuestro.

ἄμοτον ADV. intensamente; sin pausa; implacablemente, vehementemente.

ἀμοῦ ADV. de alguna manera; en algún sitio.

ἀμουσία ας ἡ falta de finura, rudeza.

ἄ-μουσος ον rudo; grosero, sin gusto, sin finura, *esp.* sin sentido musical; no musical.

ἄ-μοχθος ον sin trabajo, sin fatiga.

ἀμπ- *sínc. por* ἀναπ- *en principio de palabra.*

ἀμπάλλω = ἀναπάλλω.

ἀμπαυστήριος ον *sínc.* **= ἀναπαυστήριος.**

ἀμπαύω *sínc.* **= ἀναπαύω.**

ἀμπείρω *sínc.* **= ἀναπείρω.**

ἀμπέλινος η ον de vid. de viña *o* viñedo.

ἀμπελόεις εσσα εν rico en viñedos, cubierto de viñedos.

ἄμπελος ου ἡ vid; *tamb.* viñedo [*Tuc. 4, 90*].

ἀμπελουργική ῆς [*sc.* τέχνη] **ἡ** arte de cultivar la viña.

ἀμπελουργός οῦ ὁ viñador.

ἀμπελών ῶνος ὁ viña, viñedo.

ἀμ-πεπαλών *part. aor. 2.º ép. de* ἀναπάλλω.

ἀμ-περές ADV. **= διαμπερές.**

ἀμπεχόνη ης ἡ vestido, traje.

ἀμπ-έχω rodear, cubrir, abrazar; abarcar ‖ MED. ponerse alrededor, vestirse, cubrirse [con algo, *ac.*]; ἀμπεχόμενοι vestidos.
 F. *impf.* ἀμπεῖχον, *ép.* ἄμπεχον, *med.* ἠμπειχόμην, *ép. td.* ἀμφεχόμην; *fut.* ἀμφέξω; *aor.* ἤμπεσχον *med.* ἠμπεσχόμην.

ἀμ-πηδάω = **ἀναπηδάω.**

ἀμπίσχω = **ἀμπέχω.**

ἀμπλακεῖν *inf. aor. 1.º de* ἀμπλακίσκω.

ἀμπλάκημα ατος τό error, falta.

ἀμπλακίσκω no alcanzar [algo *o* a alguien, *gen.*]; perder, ser privado [de algo, *gen.*]; errar.
 F. *aor.* ἤμπλακον *inf.* ἀμπλακεῖν, *part.* ἀμπλακών, *y* ἀπλακών; *perf. pas.* ἠμπλάκημαι.

ἀμπνεῦσαι *inf. aor. 1.º de* ἀναπνεύω.

ἀμ-πνοή ῆς ἡ = **ἀναπνοή.**

ἄμπνυε *3.ª sing. aor. 2.º ép. de* ἀναπνέω.

ἀμπνύνθην *1.ª sing. aor. pas. ép. de* ἀναπνέω.

ἄμπνυτο *3.ª sing. aor. med. ép. de* ἀναπνέω.

᾽Αμπρακία = **᾽Αμβρακία.**

ἀμπυκτήριον ου τό rienda, brida.

ἄμπυξ υκος ὁ ἡ diadema, banda; rueda, llanta.

ἄμπωτις εως ἡ reflujo, bajamar.

ἀμυγδάλη ης ἡ *y*

ἀμύγδαλον ου τό almendra.

ἀμυγδάλινος η ον de almendras.

ἄμυγμα ατος τό acción de arrancarse [los cabellos].

ἄμυδις ADV. al mismo tiempo; juntamente.

ἀμυδρός ά όν oscuro, confuso.

ἀ-μύητος ον profano, no iniciado; no bautizado; que no se cierra, abierto, resquebrajado.

ἀ-μύθητος ον incontable.

ἀμύμων ον [*gen.* ονος] irreprochable, perfecto.

ἄμυνα ης ἡ defensa, guarda; venganza.

ἀμυνάθω = **ἀμύνω.**

ἀμυντήριος α ον defensivo.

ἀμύντωρ, ορος ὁ socorredor, defensor.

ἀμύνω apartar, rechazar[algo *o* a alguien, *ac.*; de algo *o* de alguien, *gen. o dat.*: Τρῶας νεῶν, Δαναοῖσιν λοιγόν] *de donde,* defender *o* proteger [algo *o* a alguien, *ac.*]; dar ayuda *o* favor [a algo *o* a alguien, *gen. o dat.*] (ἀμυντέ᾽ ἐστι se ha de dar favor a... *dat.*); pagar, recompensar; vengar, castigar ‖ MED. apartar, rechazar de sí [a alguien, *ac.*]; vengarse [de alguien, *ac.*]; castigar, dar el pago [a alguien, *ac.*]; defender [algo, *gen.*]; combatir por algo *o* por alguien[περί, ὑπέρ y *gen.*]; defenderse [con algo, *dat.*] ‖ PAS. ser castigado.
 F. *impf. ép.* ἄμυνον, *med.* ἀμυνόμην; *inf. ép.* ἀμυνέμεν(αι); *fut.* ἀμυνῶ, *jón.* ἀμυνέω, *3.ª pl.* ἀμυνεῦσι; *part. pl. ép.* ἀμυνεῦντες, *fut. med.* ἀμυνοῦμαι; *aor.* ἤμυνα, *med.* ἠμυνάμην; *aor. 2.º* ἠμύναθον, *med.* ἠμυναθόμην, *falsamente atribuidos a un pres.* ἀμυνάθω.

ἀμύσσω arañar, desgarrar.
 F. *impf. ép.* ἄμυσσον; *fut.* ἀμύξω; *aor.* ἤμυξα.

ἀμυστί ADV. de un sorbo.

ἄμυστις ιδος ἡ largo sorbo; copa llena.

ἀμφ-... *síncopa por* ἀναφ-... *en principio de palabra.*

ἀμφ-αγαπάζω [*y med.*] rodear de cariño, tratar con cuidado *o* afecto.

ἀμφ-αγείρομαι reunirse en rededor [de alguien, *ac.*].
 F. *3.ª pl. aor. ép.* ἀμφαγέροντο. *v.* ἀγείρομαι.

ἀμφάδιος α ον descubierto, público ‖ ADV. **ἀμφαδά, ἀμφαδόν, ἀμφαδίην, ἀμφαδήν.**

ἀμφ-αΐσσομαι agitarse en torno.

ἀμφ-άκης = **ἀμφήκης.**

ἀμφαραβέω rechinar alrededor.

ἀμφασίη ης ἡ mudez, afasia, estupor, asombro.

ἀμφ-αφάω [*y med.*] tocar alrededor, palpar, tantear; manejar.
 F. *part. pres. ép.* ἀμφαφόων, ἀμφαφόωσα *inf. med.* ἀμφαφάασθαι; *3.ª pl. impf.* ἀμφαφόωντο.

ἀμφέξω *fut. de* ἀμπέχω.

ἀμφ-έπω = **ἀμφιέπω.**

ἀμφ-έρχομαι venir *o* llegar en torno [de alguien, *ac.*].
 F. *aor. ép.* ἀμφέλυθον, *v.* ἔρχομαι.

ἀμφέσταν, ἀμφεστᾶσι *v.* ἀμφίσταμαι.

ἀμφ-έχανε *3.ª sing. aor. 2.º de* ἀμφιχάσκω.

ἀμφ-εχύθη *3.ª sing. aor. pas. de* ἀμφιχέω.

ἀμφ-έχυτο *3.ª sing. aor. med. de* ἀμφιχέω.

ἀμφ-ηγερέθομαι = **ἀμφαγείρομαι.**

ἀμφ-ήκης ες de doble filo.
ἀμφ-ήλυθε *3.ª sing. aor. 2.º de* ἀμφέρχομαι.
ἀμφ-ημερινός ά όν diario, cotidiano.
ἀμφ-ηρεφής ές cubierto por ambos lados; bien cerrado.
ἀμφ-ηρικός ή όν de dobles remos *e. e.* en que los dos remos que se corresponden de cada banda son manejados por un solo remero.
ἀμφ-ήριστος ον discutido, dudoso, incierto.
ἀμφί ADV. de los dos lados; alrededor || PRP. *con gen.* alrededor de, cerca de, junto a; sobre, acerca de || *con dat.* alrededor de, junto a, al lado de (ἀμφί σοι a tu lado, *Sóf. Ay. 562*); acerca de; por, a causa de (ἀμφ' ἐμοί por mi causa, *Sóf. E. C. 1614*) || *con ac.* alrededor de; [alrededor] por (ἀμφί τε ἄστυ y [alrededor] por la ciudad); cerca de, junto a (οἱ ἀμφί τινα séquito, tropa, partido, etc., de alguien, *o bien* alguien con su séquito, etc.); en relación con, *de donde a*) por (κλαίειν ἀμφί τινα llorar por alguno); *b*) acerca de; *c*) relativo a (τὰ ἀμφὶ τὸν πόλεμον lo relativo a la guerra; ἀμφί τι ἔχειν *o* εἶναι ocuparse en algo); hacia, *con idea de aproximación* (ἀμφὶ μέσας νύκτας hacia media noche; ἀμφὶ τοὺς δισχιλίους unos dos mil).
ἀμφιάζω = ἀμφιέννυμι.
ἀμφίαλος ον rodeado por el mar; situado entre dos mares.
ἀμφ-ιαχυῖα *part. f. irreg.* que revolotea en torno y chilla *(Hom. Il. 2,316)*; *td.* ἀμφιάχω *vb.*
ἀμφι-βαίνω ir por, atravesar; rodear, envolver [algo, *ac. o dat.*; *tamb.* con algo, *dat.*]; ocupar, apresar; invadir (φρένας las entrañas, el ánimo); *perf. tamb.* proteger.
ἀμφι-βάλλω echar alrededor, poner *o* construir alrededor; echar (ἀμφιβάλλειν χεῖρας echar los brazos, abrazar *o tamb.* echar mano, apresar [a alguien, *dat.*]; ἀ. χεῖρα echar mano, coger, empuñar: ἔγχει la espada); ponerse, vestirse de, *tamb. fig.* (μένος ἀμφιβαλόντες revestidos, llenos de brío) || MED. echarse, vestir, ponerse [algo, *ac.*]; λευκὴν ἀ. τρίχα cubrirse de cabellos blancos.
F. *fut.* ἀμφιβαλῶ *etc.*; *fut. med. ép.* ἀμφιβαλεῦμαι. *v.* βάλλω.
ἀμφίβασις εως ἡ defensa, guarda.
ἀμφί-βιος ον anfibio.
ἀμφίβληστρον ου τό red, esparavel; túnica.
ἀμφιβολία ας ἡ ataque de dos lados; perplejidad.
ἀμφί-βολος ον atacado por varias partes; ambiguo, equívoco; dudoso, perplejo.
ἀμφί-βροτος η ον que cubre al hombre entero.
ἀμφι-γνοέω -ῶ estar dudoso *o* perplejo; no saber; no reconocer bien.
F. *impf.* ἠμφεγνόουν, *aor.* ἠμφεγνόησα.
ἀμφι-γυήεις ὁ cojo *o* zambo de los dos pies [*epít. de* Hefesto].
ἀμφί-γυος ον de doble punta; competidor poderoso.
ἀμφιδαίω quebrar *o* abrasar alrededor; arder en torno.
F. *perf.* ἀμφιδέδηα, *plpf. ép.* ἀμφιδεδήειν.
ἀμφί-δασυς εια υ orlado.
ἀμφι-δέαι ῶν αἱ brazaletes, ajorcas; cadenas.
ἀμφιδέδηα *perf. de* **ἀμφιδαίω.**
ἀμφι-δέξιος ον ambos, de ambos lados; ambiguo, equívoco.
ἀμφι-δήριτος ον discutido, dudoso.
ἀμφι-δινέω -ῶ poner *o* llevar alrededor || PAS. rodear.
ἀμφιδρόμια ων τά fiesta familiar del natalicio.
ἀμφί-δρομος ον que corre alrededor, cercador.
ἀμφι-δρυφής ές *y*
ἀμφί-δρυφος ον doblemente *o* totalmente desgarrado.
ἀμφί-δυμος ον doble.
ἀμφι-δύομαι vestir *o* ponerse [algo, *ac.*].
ἀμφι-έζω = ἀμφιέννυμι.
ἀμφι-έλισσα ης ADJ. *f.* comba por ambos costados [*díc.* de las naves].
ἀμφι-έννυμι vestir, cubrir [a alguien con algo, *dos acs.*] || MED. vestirse, cubrirse [con algo, *ac.*].
F. *fut.* ἀμφιέσω, *át.* ἀμφιῶ, *med.* ἀμφιέσομαι; *aor.* ἠμφίεσα, *med.* ἠμφιεσάμην, *3.ª pl. plpf. ép.* ἀμφιέσαντο; *perf. pas.* ἠμφίεσμαι.
ἀμφι-έπω [*y alg. vez med.*] rodear, envolver; ocuparse en, atender a, cui-

dar de [algo, ac.]; poseer, guardar, regir, administrar; perseguir, acosar || PART. ἀμφιέπων con cuidado, con solicitud.
F. *impf. ép.* ἀμφίεπον *y* ἄμφεπον.

ἀμφίεσμα ατος τό vestido.

ἀμφίεσ(σ)α *aor. 1.º ép. de* ἀμφιέννυμι.

ἀμφιέσω, ἀμφιέσομαι, *fut. act. y med. de* ἀμφιέννυμι.

ἀμφ-ιζάνω poner *o* echar [sobre algo, *dat.*].

ἀμφι-θαλής ές que tiene aún vivos padre y madre.

ἀμφί-θετος ον de doble asa.

ἀμφι-θέω correr en rededor [de algo, *ac.*].

ἀμφί-θηκτος ον de doble filo.

ἀμφί-θρεπτος ον cuajado en derredor.

ἀμφί-θυρος ον de doble puerta *o* doble abertura.

ἀμφι-καλύπτω cubrir, envolver, tapar; echar *o* poner [algo, *ac.;* sobre *o* en rededor de algo *o* de alguien, *dat.*].

ἀμφι-κεάζω hender *o* cortar en derredor.
F. *part. aor. ép.* ἀμφικεάσσας.

ἀμφί-κειμαι yacer *o* estar alrededor; ἐπ'ἀλλήλοισιν ἀμφικείμενοι abrazados uno con otro.

ἀμφι-κίων ον [*gen.* ονος] peristilo, con columnas alrededor.

ἀμφί-κλυστος ον bañado en torno por el mar.

ἀμφί-κομος ον cubierto de hojas, frondoso.

1 **ἀμφι-κτίονες ων** limítrofes, circunvecinos.

2 **'Αμφι-κτίονες** [*o* **'Αμφι-κτύονες**] **ων οἱ** Anfictiones, *e. e.* representantes de los estados griegos en una liga *o* confederación político-religiosa, *esp.* la délfica *o* pilea.

ἀμφι-κύπελλος ον doble, de doble cuenco [*epít.* de la copa, con dos cuerpos, cada uno de los cuales puede servir de recipiente y de pie]; *s. o.* de dos asas.

ἀμφι-λαφής ές grande, corpulento.

ἀμφι-λαχαίνω cavar alrededor [de algo, *ac.*].

ἀμφι-λέγω disputar.

ἀμφίλογος ον discutido, dudoso, equívoco, embrollado.

ἀμφί-λοφος ον que rodea la cerviz.

ἀμφι-λύκη ης ADJ. *f.* entre dos luces, que empieza a clarear.

ἀμφι-μάομαι fregar en derredor.

ἀμφι-μάχομαι luchar alrededor [de algo, *ac.*]; combatir [por algo, *gen.*].

ἀμφι-μέλας αινα αν cegado, obcecado.

ἀμφι-μυκάομαι mugir en torno; resonar.
F. *aor. 2.º* ἀμφέμυκον; *perf.* ἀμφιμέμυκα.

ἀμφι-νεικής ές *y*
ἀμφι-νείκητος ον discutido, disputado.

ἀμφι-νέμομαι vivir *o* habitar por [*ac.*].

ἀμφι-νοέω -ῶ estar suspenso [acerca de algo, εἰς *ac.*].

ἀμφι-ξέω -ῶ pulir en derredor.
F. *aor.* ἀμφέξεσα.

ἀμφι-πέλομαι venir *o* producir en torno [de alguien, *dat.*].

ἀμφι-πένομαι = **ἀμφιέπω.**

ἀμφι-περιστέφω ceñir *o* coronar en torno [*tamb. fig.*].

ἀμφι-περιστρωφάω -ῶ hacer girar en torno.

ἀμφι-πίπτω caer en los brazos [de alguien, *ac.*]; echarse *o* apretarse [sobre algo, *dat.*].

ἀμφί-πλεκτος ον trabado.

ἀμφι-πλέκω trenzar, entrelazar, coronar.

ἀμφί-πληκτος ον que bate *o* azota alrededor.

ἀμφι-πλήξ ῆγος ὁ ἡ que hiere por los dos lados, de dos filos.

ἀμφι-πολεύω = **ἀμφιέπω.**

ἀμφι-πολέω -ῶ errar, vagar en torno [con alguien, *dat.*]; servir, cuidar.

ἀμφί-πολος ον que sirve *o* atiende || SUBST. **ὁ ἡ ἀμφίπολος** servidor, -a; criado, -a.

ἀμφι-πονέομαι -οῦμαι cuidar [de algo, *ac.*].

ἀμφι-ποτάομαι -ῶμαι revolotear en torno.

ἀμφί-πυρος ον rodeado de fuego; que lleva doble antorcha.

ἀμφί-ρυτος ον [*ο* ος η ον] rodeado por la corriente [del mar].

ἀμφίς ADV. de los dos lados; alrededor, en torno; separadamente, por separado, diferentemente; además, aparte de ello; lejos || PRP.: alrededor de [*gen., dat., ac.*]; lejos, fuera de [*gen.*].

ἀμφισβασίη ης ἡ *jón*=**ἀμφισβήτησις.**
ἀμφισβατέω *jón. y*
ἀμφισβητέω -ῶ disentir, discutir [con alguno, *dat.; acerca de algo, gen. ac. y otras constrs.*] sostener en discusión, etc.; disputar. || PAS. ser discutido *o* disputado.
F. *impf.* ἠμφεσβήτουν; *aor.* ἠμφεσβήτησα; *aor. pas.* ἠμφεσβητήθην.
ἀμφισβητήσιμος ον discutido; discutible, dudoso.
ἀμφισβήτησις εως ἡ disensión, discusión, duda.
ἀμφισβήτητος ον = **ἀμφισβητήσιμος.**
ἀμφ-ίσταμαι estar en pie alrededor, rodear.
F. *aor.* ἀμφέστην, *3.ª pl. ép.* ἀμφέσταν; *3.ª pl. perf.* ἀμφεστᾶσι.
ἀμφί-στομος ον de doble boca *o* abertura; doble, a los dos lados.
ἀμφι-στρατάομαι cercar, sitiar.
F. *3.ª pl. impf. ép.* ἀμφεστρατόωντο.
ἀμφι-στρεφής ές que se vuelve en derredor.
ἀμφι-τάμνω atajar en derredor, cercar.
ἀμφι-τίθημι colocar, poner *o* echar alrededor. || MED. ponerse *o* echarse en derredor.
ἀμφι-τρέμω temblar alrededor.
ἀμφι-τρής ῆτος horadado por dos sitios, de doble abertura.
ἀμφι-τρομέω -ῶ temblar por [alguno, *gen.*].
ἀμφί-φαλος ον de doble cimera.
ἀμφι-φοβέομαι -οῦμαι espantarse *o* huir en derredor.
F. *3.ª pl. aor. ép.* ἀμφεφόβηθεν.
ἀμφι-φορεύς έως ὁ ánfora, cántaro con dos asas, *usado tamb.* como urna cineraria.
ἀμφι-φράζομαι considerar atentamente.
ἀμφι-χανών *part. aor. 2.º de*
ἀμφι-χάσκω abrir la boca para devorar, amenazar con las fauces; devorar, engullir.
F. *aor. 2.º* ἀμφέχανον, *part.* ἀμφιχανών. *v.* χάσκω.
ἀμφι-χέω extender en torno || MED. *y* PAS. verterse en, cubrir; envolver, apoderarse de; abrazar.
F *3.ª sing. aor. med.* ἀμφέχυτ(ο); *3.ª sing. aor. pas.* ἀμφεχύθη; *inf.* ἀμφιχυθῆναι, *part.* ἀμφιχυθείς. *V.* χέω.

ἀμφί-χυτος ον vertido en derredor, *de donde* terrizo [τεῖχος].
ἀμφιῶ *fut.* de ἀμφιέννυμι.
ἄμφ-οδον ου τό *y*
ἄμφ-οδος ου ἡ calle.
ἀμφορεύς = **ἀμφιφορεύς.**
ἀμφότερος α ον ADJ. PRON. *en sing. dual y pl.* ambos, los dos, uno y otro ((ἀμφοτέρῃσιν con ambas manos; ἐπ' ἀμφότερα en los dos sentidos, de las dos maneras; ἐπ'ἀμφότερα ἔχων indeciso, vacilante); *en pl. tamb.* unos y otros || ADV. **ἀμφότερον ἀμφοτέρῃ κατ'ἀμφότερα,** a un mismo tiempo, de las dos maneras, en las dos cosas, en ambos casos, etc.
ἀμφοτέρω-θεν ADV. de ambos lados.
ἀμφοτέρω-θι ADV. en los dos lados.
ἀμφοτέρως ADV. de los dos modos, en ambos casos.
ἀμφοτέρωσε hacia los dos lados, a uno y otro lado.
ἀμφ-ουδίς ADV. de la tierra, del suelo.
ἀμφράσσαιτο *3.ª sing. opt. aor. 1.º sincopado ép. de* **ἀναφράζομαι**
ἄμφω [*gen. y dat.* ἀμφοῖν; *y tamb. indecl.*] ambos, los dos; unos y otros; ἐξ ἀμφοῖν el uno [a manos] del otro [*Sóf. E. C. 1425*].
ἄμφ-ωτος ον de dos asas.
ἀμῷεν *3.ª pl. opt. pres. de* ἀμάω.
ἀ-μώμητος ον irreprochable, sin tacha.
ἄμωμον ου τό amomo [planta].
ἄ-μωμος ον = **ἀμώμητος.**
ἀμῶν *dór.* = **ἡμῶν.**
ἀμῶς ADV. [*y* **ἀμωσγέπως**] de alguna manera.
1 **ἄν** *contr. de* ἐάν si, en el caso de que.
2 **ἄν** APÓC. *por* ἀνά = **ἀνέστη** se levantó.
3 **ἄν** *partícula adv. que modifica el valor de las formas verbales a que se une:* llegado el caso, en su caso (διηρώτων ἂν αὐτούς les preguntaba llegado el caso, *Plat. Apol. 7*); *así, sobre todo en Hom. con fut. ind. y subj.* (οὐκ ἄν τοι χραίσμῃ κίθαρις llegado el caso, no te valdrá la cítara); *y en las oracs. temporales, relativas y finales referidas al fut.* (τοὺς ἂν ἐγὼν ἐπιόψομαι aquellos a quienes yo vaya eligiendo). *En la apódosis de las condicionales;* en ese caso (εἰ μὴ ἦμεν ἄνθρωποι οὐκ ἂν εἴχομεν ψυχὴν ἀθάνατον si no fuéramos hombres, en ese caso...); *de donde,*

con el opt. y los tpos. pasados designa en gral., acción potencial e irreal, respectivamente: tal vez (εἴποι τις ἄν tal vez diga alguno; ᾤετό τις ἄν tal vez se hubiera pensado). *Con inf. y part. da también a la acción sentido potencial o irreal* || *En muchos casos su valor es tan tenue que no puede ni debe traducirse.*

ἄν *contr. por* ἃ ἄν.

1 **ἄνα** = **ἀνάστηθι** ¡arriba! ¡vamos!

2 **ἄνα** *voc de* ἄναξ.

ἀνά ADV. arriba || PRP.: *con dat.* sobre, en, encima de. *Con ac.* hacia arriba (ἀνὰ ποταμόν río arriba); por, a lo largo de, durante (ἀνὰ ἄστυ por la ciudad; ἀνὰ νύκτα durante la noche; ἀνὰ στόμα *o* ἀνὰ θυμὸν ἔχειν tener en la boca *o* en el ánimo). *Con idea de distribución* cada (ἀνὰ πᾶν ἔτος cada año; ἀνὰ ἑκατὸν ἄνδρας cada cien hombres); según (ἀνά λόγον según proporción, proporcionalmente; ἀνὰ κράτος con todas las fuerzas).

ἀνάβα *imp. aor. 2.º de* ἀναβαίνω *(N. T.).*

ἀναβαθμός οῦ ὁ grado || PL. gradería.

ἀνα-βαίνω INTR. [*aor.* ἀνέβην] subir; subir a una nave, embarcar; subir a la tribuna [ante el pueblo, los jueces, etc.]; montar a caballo; crecer [una planta, las aguas de un río; etc.]; montar, cubrir; pisar [*con dat.*]; remontar [por tierra hacia el interior]; resultar, venir a parar || TR. [*aor.* ἀνέβησα *y* ἀνεβησάμην], hacer subir, embarcar [a alguien].
F. *ép.* ἀμβαίνω; *aor 2.º* ἀνέβην *imp.* ἀνάβηθι *y td.* ἀνάβα (*N.T.*) ἀνάβητε *y* ἀνάβατε; *3.ª sing. aor. mixto ép.* ἀνεβήσετο. *Para lo demás, v.* βαίνω

ἀνα-βακχεύω agitar *o* estar agitado de furor báquico.

ἀνα-βάλλω alzar, levantar; ayudar a montar; aplazar, diferir, dar largas || MED. echarse *o* ponerse encima; lanzarse a, empeñarse en, entablar; empezar, comenzar, aplazar, diferir, dar largas.

ἀνάβασις εως ἡ subida; ascensión; expedición hacia el interior [*esp.* de Asia]; camino ascendente [escalera, etc.]; subida al caballo, monta (πώλων ἄμβασις cabalgada, *Sóf. E. C. 1069*).

ἀνα-βασσαρέω = **ἀναβακχεύω.**

ἀναβάτης ου ὁ jinete, que monta.

ἀναβατικός ή όν bueno *o* hábil para montar.

ἀνα-βέβρυχε *3.ª sing. perf. de* ἀναβρύκω

ἀνάβηθι *imp. aor. 2.º ép. de* ἀναβαίνω.

ἀναβήμεναι *inf. aor. 2.º ép. de* ἀναβαίνω.

ἀνα-βιβάζω hacer subir; embarcar [a alguien]; traer [una nave a tierra], hacer comparecer || MED. hacer subir consigo [*v. gr.* a la tribuna]; embarcar.
F. *fut.* ἀναβιβάσω, *med.* ἀναβιβάσομαι *y* ἀναβιβῶμαι; *aor.* ἀνεβίβασα, *med.* ἀνεβιβασάμην.

ἀνα-βιόω -ῶ *y*

ἀνα-βιώσκομαι INTR. revivir, recobrar la vida || TR. traer de nuevo a la vida, resucitar.
F. *aor. 1.º trans.* ἀνεβίωσα *y med.* ἀνεβιωσάμην; *aor. 2.º intr.* ἀνεβίων *o* ἀνεβίουν; *perf.* ἀναβεβίωκα.

ἀνα-βλαστάνω retoñar, renacer; florecer, prosperar.

ἀνα-βλέπω levantar los ojos, dirigir la mirada [hacia..., πρός *y ac.*]; volver a abrir los ojos; recobrar la vista.

ἀνάβλεψις εως ἡ recuperación de la vista.

ἀνάβλησις εως ἡ aplazamiento.

ἀνα-βοάω -ῶ gritar, chillar, clamar.
F. *aor.* ἀνεβόησα *y jón.* ἀνέβωσα, *part.* ἀμβώσας.

ἀναβολή ῆς ἡ elevación de tierra, terraplén; capa o manto; dilación, aplazamiento (ἐς ἀναβολὰς ποιεῖσθαι ο πράττειν diferir [algo, *ac.*]; ἀναβολὴν ποιεῖν *o* ποιεῖσθαι procurarse un aplazamiento [de algo, *gen.*]).

ἀνα-βραχεῖν *aor. 2.º def.* resonar; rechinar.

ἀνα-βρόχω tragar, absorber.
F. *inf. aor.* ἀναβρόξαι, *3.ª sing. opt.* ἀναβρόξειε, *perf.* ἀναβέβροχα; *part. n. aor. pas.* ἀναβροχέν.

ἀνα-βρύκω brotar elevándose, surtir, borbotar.

ἀνα-βρυχάομαι -ῶμαι exhalar grito de dolor.

ἀναβῶσαι *inf. aor. contr. de* ἀναβοάω.

ἀνά-γαιον ου τό cámara *o* sala en piso alto, *esp.* Cenáculo [*N. T.*].

ἀν-αγγέλλω anunciar en respuesta, anunciar, notificar, dar cuenta de...

ἀνα-γελάω -ῶ echarse a reír, soltar la carcajada.

ἀνα-γεννάω -ῶ regenerar, traer a nueva vida.

ἀνα-γιγνώσκω *y*

ἀνα-γινώσκω conocer de nuevo, reconocer; conocer bien, distinguir; leer, hacer leer (ἀναγνώσεται, *scil.* ὁ γραμματεύς, el escribano dará lectura); persuadir; convencer [a uno, *ac.*; de que, *inf. o* ὡς...]. *Este último sentido principalmente en Hdt. con el pres. o el aor. 1.º* ἀνέγνωσα. *v.* γιγνώσκω.

ἀναγκάζω obligar, forzar [a alguno, a algo, *dos acs., etc.*]; imponer *o* conseguir por la fuerza *o* con violencia; convencer; obligar a creer, imponer una afirmación [*inf. o* ὅτι...].

ἀναγκαίη ης ἡ *ép. y jón.* = **ἀνάγκη.**

ἀναγκαῖος α ον [*o* **-ος ον**] que fuerza, obligatorio, coactivo; urgente; fatal, forzado (ἀναγκαῖον ἦμαρ la esclavitud); necesario; imprescindible; indispensable, mínimo, estricto (τὸ ἀναγκαιότατον ὕψος la altura mínima indispensable); escaso, mezquino consanguíneo, pariente, allegado || τὸ ἀναγκαῖον = ἀνάκειον || ADV. **ἀναγκαίως** necesariamente, por necesidad; con resignación.

ἀναγκαστός ἡ όν forzado.

ἀνάγκη ης ἡ fuerza, necesidad, coacción, violencia (ἀνάγκῃ *o* ἐξ ἀνάγκης *etc.*, por fuerza *o* por necesidad; πολλὴ ἀνάγκη [de] gran necesidad; πᾶσ' ἀνάγκη [de] toda necesidad); necesidad lógica; ley natural; fatalidad, sino, destino; castigo, tortura; prisión, cárcel; dolor, angustia, pena (κατ' ἀνάγκην ἕρπειν arrastrarse penosamente); *tamb.* vínculo de sangre, parentesco.

ἀνα-γνάμπτω doblar hacia atras; deshacer, soltar.

ἄν-αγνος ον impuro.

ἀνα-γνωρίζω reconocer, volver a conocer.

ἀναγνωρισμός οῦ ὁ *y*

ἀναγνώρισις εως ἡ reconocimiento, acción y efecto de volver a conocer.

ἀνάγνωσις εως ἡ reconocimiento; lectura, *esp.* lectura pública.

ἀναγόρευσις εως ἡ declaración pública; proclama.

ἀν-αγορεύω proclamar *o* anunciar públicamente. *v.* ἀνεῖπον

ἀνάγραπτος ον registrado, inscrito.

ἀναγραφεύς έως ὁ registrador *o* secretario público.

ἀναγραφή ῆς ἡ inscripción, registro; documento.

ἀνα-γράφω inscribir, registrar || PAS. ser inscrito *o* registrado.

ἀν-άγω conducir hacia arriba, subir, levantar, elevar; *esp.* conducir hacia alta mar, por el mar *o* sacar al mar; conducir *o* llevar hacia tierra; internar; traer *o* hacer subir de la cárcel; *simpl.* conducir, llevar *como* ἄγω; alzar, levantar (ἀ. κάρα levantar la cabeza; ἀ. παιᾶνα alzar *o* entonar un peán [canto de guerra]; εἰς τὴν ἀκρόπολιν ἀ. llevar al tesoro de la Acrópolis); hacer que crezca *o* se desborde [un río] || INTR. retirarse || MED. hacerse a la mar; *fig.* disponerse.
F. *v.* ἄγω; *impf. ép.* ἄναγον *y med.* ἀναγόμην.

ἀναγωγή ῆς ἡ salida de las naves, leva, zarpa.

ἀν-άγωγος ον no educado, grosero, rudo; no amaestrado, no domesticado, cerril.

ἀν-αγώνιστος ον sin lucha, sin entablar combate.

ἀνα-δαίω repartir, distribuir.

ἀναναδασμός οῦ ὁ reparto, distribución.

ἀναδατέομαι repartir, redistribuir.

ἀναδέδρομε *3.ª sing. perf. ép. de* ἀνατρέχω.

ἀνα-δείκνυμι *y*

ἀνα-δεικνύω mostrar; mostrar en alto; ἀ. πύλας abrir las puertas; dar a conocer, designar, proclamar.
F. *aor.* ἀνέδειξα, *jón.* ἀνέδεξα *inf. jón* ἀναδέξαι; *perf.* ἀναδέδειχα.

ἀνάδειξις εως ἡ designación, proclamación; manifestación, revelación.

ἀνα-δέκομαι *jón.* = **ἀναδέχομαι.**

ἀν-άδελφος ον sin hermanos.

ἀναδενδράς άδος ἡ vid trepadora.

ἀναδέξαι *inf. aor. 1.º jón.* de ἀναδείκνυμι.

ἀνα-δέρκομαι mirar hacia arriba.
F. *3.ª sing. aor. 2.º ép.* ἀνέδρακεν

ἀναδέσμη ης ἡ cinta *o* felpilla para el cabello.

ἀνα-δέχομαι recibir; aceptar; sufrir, soportar; tomar sobre sí, prometer, garantizar.
F. *jón.* ἀναδέκομαι; *aor.* ἀνεδεξάμην, *ép.* ἀνεδέγμην; *perf. pas.* ἀναδέδεγμαι.

ἀνα-δέω -ῶ atar encima; ceñir, coronar; enlazar (ἀ. ἑαυτὸν εἰς enlazar su origen con) || MED. ceñirse, atar hacia sí; poner a remolque.

ἀνάδημα ατος τό diadema, corona.

ἀνα-διδάσκω enseñar, instruir, insistir en, mostrar; *esp.* instruir mejor, hacer cambiar de parecer || PAS. *tamb.* cambiar de parecer.

ἀνα-δίδωμι dar *o* entregar levantando el brazo *y, en gral.,* dar; producir; despedir, exhalar; esparcir, repartir || INTR. brotar.

ἀνα-διπλόω -ῶ doblar, duplicar.

ἀνα-δονέω -ῶ agitar, mover.

ἀνά-δοτος ον devuelto.

ἀνα-δοχή ῆς ἡ sufrimiento, carga.

ἀνα-δραμεῖν *inf. aor. 2.º de* ἀνατρέχω.

ἀνα-δύομαι salir, emerger [de algo, *gen. o ac.*]; rehusar (πόλεμον ἀ. rehuir el combate, etc.); *abs.* echarse atrás; volver a entrar (ἀναδῦναι ἐς ὅμιλον volver a meterse entre la multitud).
F. *3.ª sing. pres. ind. ép.* ἀνδύεται; *fut.* ἀναδύσομαι; *aor.* ἀνεδυσάμην, *3.ª sing.* ἀνεδύσατο *o mixto* ἀνεδύσετο; *aor. 2.º intr.* ἀνέδυν; *3.ª subj.* ἀναδύῃ, *opt.* ἀναδύη. *Para otras formas v.* δύω.

ἀνάδυσις εως ἡ acto de ceder *o* retractarse, retractación.

ἀνά-εδνος ον sin dones nupciales [de parte del novio].

ἀν-αείρω levantar, alzar, coger, llevarse.
F. *aor. 1.º ép.* ἀνάειρα *tamb. en tmesis.*

ἀνα-έρχομαι = **ἀνέρχομαι.**

ἀνα-ζάω -ῶ resucitar, recobrar la vida.

ἀνα-ζεύγνυμι *y*

ἀνα-ζευγνύω volver a enganchar [los caballos, etc., para el regreso]; traer de vuelta, hacer volver; levantar el campo [στρατόπεδον *expreso o tácito*].

ἀνα-ζέω borbollar, borbotar.

ἀνα-ζητέω -ῶ buscar, investigar.

ἀνα-ζώννυμι ceñir || MED. ceñirse.
F. *fut.* ἀναζώσω; *aor.* ἀνέζωσα, *part. med. pl.* ἀναζωσάμενοι.

ἀνα-ζωπυρέω -ῶ volver a inflamar, reavivar || INTR. *y* MED. reavivarse, reanimarse.

ἀνα-θάλλω florecer; hacer florecer.

ἀνα-θάλπω calentar.

ἀνα-θαρρέω -ῶ reanimarse, volver a tomar ánimos.

ἀνα-θαρρύνω reanimar, volver a dar ánimos.

ἀνάθεμα ατος τό = **ἀνάθημα**; anatema, maldición, excomunión; excomulgado.

ἀναθεματίζω anatematizar, maldecir; asegurar con imprecaciones, protestar.

ἀνάθεσις εως ἡ ofrenda, dedicación.

ἀνα-θεωρέω -ῶ examinar de nuevo *o* con cuidado.

ἀνα-θηλέω -ῶ reverdecer, reflorecer.

ἀνάθημα ατος τό complemento; ofrenda, exvoto; monumento.

ἀναθορεῖν *inf. aor. 2.º de* ἀναθρῴσκω.

ἀναθορυβέω -ῶ demostrar claramente la aprobación; aclamar, aplaudir.

ἀν-αθρέω -ῶ examinar cuidadosamente.

ἀνα-θρῴσκω saltar [hacia arriba].

ἀναίδεια ας [*jón. ép.* **ἀναιδείη ης**] **ἡ** desvergüenza, impudencia.

ἀν-αιδής ές desvergonzado, procaz; cruel; despiadado; ἀ. δηϊοτῆτος no saciado de lucha.

ἀναιδία ας ἡ = **ἀναίδεια.**

ἄν-αιμος ον *y*

ἀν-αιμόσαρκος ον *y*

ἀν-αίμων ον [*gen.* ονος] sin sangre, que no tiene sangre.

ἀν-αιμωτί ADV. sin derramamiento de sangre, incruentamente.

ἀναίνομαι rechazar con desprecio, desdeñar; rehusar, negar, renegar.
F. *impf.* ἠναινόμην, *ép.* ἀναινόμην; *aor.* ἀνηνάμην, *3.º sing. subj.* ἀνήνηται, *inf.* ἀνήνασθαι.

ἀναίρεσις εως ἡ acción de levantar *o* retirar los muertos *o* heridos de un combate, sepelio; derogación, destrucción aniquilamiento, muerte.

ἀν-αιρέω -ῶ levantar; levantar, retirar [los muertos *o* heridos de un combate], enterrar; llevarse obtener [un premio, etc.]; quitar de enmedio, hacer desaparecer, destruir, matar; anular, abolir; destituir; dar, prescribir *o* responder en oráculo || MED.

levantar y retirar [los muertos, heridos *o* náufragos]; enterrar; tomar en los brazos; adoptar como hijo; concebir [*material o fig.*]; ganar, obtener, alcanzar, tomar, coger, sacar, recibir, aceptar (ἀ. ἔγχος coger la lanza; ἀ. ὄνειδος recibir un ultraje; ἀ. ποινήν tomar venganza [de alguno, *gen.*]); tomar a su servicio; tomar sobre sí, a su cargo, emprender (πόλεμον la guerra [contra alguien *dat.*]; cargar con (τὴν ἔχθραν la enemistad); llevarse consigo; anular, cancelar.

F. *v.* αἱρέω, *Fut. td.* ἀνελῶ *(N. T.); aor. td.* ἀνεῖλα *(N. T.); aor. med. ép.* ἀνελόμην; *perf. jón* ἀναραίρηκα, *3.ª pl. plpf. pas.* ἀναραιρέατο.

ἀναισθησία ας ἡ insensibilidad, embotamiento.

ἀναισθητέω -ῶ estar falto de sentido; ser necio *o* estúpido.

ἀν-αίσθητος ον insensible, estúpido; imperceptible; sin dolor.

ἀν-αισιμόω -ῶ gastar, emplear.

F. *Sin aumento ni reduplicación salvo perf.* ἀνῃσίμωκα, *v. l. en Jen. Cir. 2, 2,15.*

ἀναισίμωμα ατος τό gasto.

ἀν-αΐσσω subir; saltar, lanzarse; brotar.

F. *át.* ἀνᾴσσω; *aor.* ἀνήϊξα, *3.ª opt.* ἀναΐξειεν, *pl.* ἀναΐξειαν, *part.* ἀναΐξας.

ἀναισχυντέω -ῶ ser impudente, obrar sin pudor.

ἀναισχυντία ας ἡ desvergüenza, impudor, cinismo.

ἀν-αίσχυντος ον desvergonzado, impudente; vergonzoso, indecoroso.

ἀν-αίτιος ον [*y* **-ος α ον**] no culpable, inocente.

ἀνα-καγχάζω romper a reír, reír a carcajadas.

ἀνα-καθαίρω purificar, limpiar; aclarar; quitar de enmedio.

ἀνα-καθίζω [*y med.*] incorporarse, erguirse.

ἀνα-καινίζω *y*

ἀνα-καινόω -ῶ renovar.

ἀνακαίνωσις εως ἡ renovación.

ἀνα-καίω encender, inflamar || MED. encenderse, inflamarse [*tamb. fig.*].

ἀνα-καλέω-ῶ llamar, nombrar, apellidar, designar *o* nombrar en alta voz; invocar; celebrar (ἀνακαλούμενος celebrado, famoso); llamar de nuevo *o* repetidamente; exhortar, animar; citar [*esp.* a juicio] || MED. llamar a sí; llamar en socorro; lamentar en alta voz; exhortar, animar]; proclamar [vencedor, etc.]; citar, emplazar; llamar *o* tocar a retirada; volver sobre una cosa, tornar a ella.

ἀνα-καλύπτω descubrir, revelar || MED. descubrirse.

ἀνα-κάμπτω doblar, encorvar, volver || INTR. volverse, tornarse.

ἀν-άκανθος ον sin espinas *o* raspas.

ἀνα-κάπτω atrapar, recoger.

ἀνα-κάω = **ἀνακαίω.**

ἀνακέαται *3.ª pl. pres. ind. jón. de* ἀνάκειμαι.

ἀνά-κειμαι estar, estar en la mesa; estar expuesto, erigido, dedicado, consagrado, adscrito [a algo o a alguien, *dat.*, εἰς *y ac. etc.*]; descansar en algo, depender de alguien [εἰς *y ac., etc...*].

ἀνάκειον ου τό prisión.

ἀνακεῖον ου τό piso alto, desván.

ἀνα-κεράννυι mezclar.

ἀνα-κεφαλαιόω-ῶ resumir, encerrar, recapitular.

ἀνα-κηκίω brotar.

ἀνα-κηρύσσω anunciar por medio de heraldo; pregonar.

ἀνα-κινδυνεύω arriesgarse de nuevo; intentar de nuevo [hacer algo, *inf. o part.*].

ἀνα-κινέω -ῶ agitar *o* columpiar en el aire; volver a mover, resucitar; despertar || INTR. volver a moverse.

ἀνακίνησις εως ἡ preparación, preludio; agitación, excitación.

ἀνάκιον = **ἀνακεῖον.**

ἀνα-κίρνημι = **ἀνακεράννυμι.**

ἀνα-κλάζω romper en gritos *o* en aullidos.

ἀνα-κλαίω romper en lágrimas *o* en sollozos || MED. llorar, lamentarse en alta voz [con alguien, *dat.;* de algo, *ac.*].

ἀνα-κλάω -ῶ doblar; *espte.* doblar *o* desviar tirando hacia arriba [*Tuc. 2, 76, 4*].

ἀνάκλησις εως ἡ invocación, llamada.

ἀνα-κλίνω reclinar, apoyar, colocar; ἀ. θύρην abrir una puerta; ἀ. νέφος alejar una nube || MED. reclinarse [*y esp.* ponerse a la mesa].

ἀνα-κογχυλιάζω hacer gárgaras.

ἀνα-κοινόω -ῶ [*y med.*] comunicar, hacer común, mezclar; comunicar, enterar de [algo, *ac.*, a alguien, *dat.*]; consultar [con alguien, *dat.*].

ἀνακομιδή ῆς ἡ recobro, devolución.

ἀνα-κομίζω llevar hacia arriba, corriente arriba; llevar; volver a llevar, devolver, *de donde, pas.* ser devuelto, ser recogido *o* salvado [de un naufragio] y volver || MED. [*con perf. pas.*] llevarse, cobrar, rescatar; retirar.

ἀν-ακοντίζω surtir, lanzarse hacia arriba como dardo.

ἀνα-κόπτω echar atrás; rechazar; impedir, cortar.

ἀνα-κουφίζω levantar; aliviar || PAS. sentirse aliviado *o* esperanzado.

ἀνακούφισις εως ἡ alivio.

ἀνακράζω chillar, gritar (ἀ. πολεμικόν dar un grito de guerra); prorrumpir, empezar a hablar; croar.
F. *aor 2.º* ἀνέκραγον, *aor 1.º td.* ἀνέκραξα *(N. T.)*

ἀνα-κρεμάννυμι colgar, suspender; *fig.* hacer depender.

ἀνα-κρίνω examinar, investigar; interrogar, preguntar [algo a alguien, *dos acs., etc.*]; *esp.* interrogar en un proceso, tomar declaración, pedir cuenta || MED. promover un proceso [el querellante]; disputar.

ἀνάκρισις εως ἡ investigación, examen; instrucción *o* preparación de un proceso,

ἀνα-κροτέω -ῶ aplaudir.

ἀνάκρουσις εως ἡ acción de remar hacia atrás, retroceso de popa, posibilidad de retroceder en el mar [*Tuc. 7, 36.*].

ἀνα-κρούω echar atrás; parar en seco || MED. hacer retroceder, *esp.*, la nave, remar hacia atrás; retroceder, volver sobre los propios pasos, empezar de nuevo; empezar, preludiar.

ἀνα-κτάομαι -ῶμαι recobrar, ganarse *o* conciliarse [a alguno, *ac.*].

ἀνακτόριος α ον del señor, del príncipe.

ἀνάκτορον ου τό morada de príncipes, *y esp.* de dioses; templo, santuario.

ἀνα-κυκλέω -ῶ volver || INTR. dar vueltas.

ἀνακύκλησις εως ἡ acción de comenzar un nuevo giro *o* revolución.

ἀνα-κυλίω hacer rodar hacia atrás.

ἀνα-κυμβαλιάζω volcar con estrépito.

ἀνα-κύπτω levantar la cabeza; mantenerla sobre el agua; respirar, reponerse, enderezarse.

ἀνα-κωκύω gemir *o* lamentarse a gritos.

ἀνακῶς ADV. con cuidado (ἀ. ἔχειν τινός prestar cuidado *o* atención a algo).

ἀνακωχεύω parar, detener (ἀ. ναῦν echar anclas, fondear); mantener (τὸν τόνον τῶν ὅπλων la tensión de las maromas) || INTR. quedarse quieto, permanecer tranquilo.
F. *át.* ἀνοκωχεύω; *impf.* ἀνεκώχευον.

ἀνακωχή ῆς ἡ armisticio, tregua [*tamb. fig.*].

ἀν-αλαλάζω alzar gritos de guerra.

ἀνα-λαμβάνω tomar, coger [*v. gr.* las armas]; tomar en brazos; tomar consigo [a bordo, al propio servicio, etc.]; tomar a su cargo, asumir; ganarse, conciliarse; volver a tomar, a coger *o* emprender; recobrar [*v. gr.* el poder]; reparar, remediar, borrar [una falta, una acusación, etc.]; reponer, reanimar [*v. gr.* una ciudad ἀ. ἑαυτόν, *o abs.* recobrarse, reponerse, reanimarse]; curar [una herida, etc.]; reasumir, repetir (ἐξ ἀρχῆς desde el principio); recordar; resumir || MED. recogerse *o* sujetar por arriba (βοστρύχους los bucles); tomar sobre sí *o* a su cargo, arrostrar (μάχην, κίνδυνον una lucha, un peligro); recobrar; reponerse.

ἀνα-λάμπω inflamarse, encenderse, comenzar a arder.

ἀναλγησία ας ἡ insensibilidad.

ἀν-άλγητος ον insensible; duro, cruel; sin dolor, que no produce dolor.

ἀνα-λέγω recoger, reunir; contar, referir. || MED. coger *o* recoger para sí; leer.

ἀνα-λείχω lamer.

ἀνάλη(μ)ψις εως ἡ recepción; ascensión; enmienda, remedio.

ἀν-αλίσκω gastar [dinero, tiempo, etc.]; perder, consumir; destruir, matar || MED. gastar de lo propio, gastarse; matarse, suicidarse || PAS. ser gastado, consumido *o* comido, perecer.

F. *pres. tamb.* ἀναλόω; *impf.* ἀνήλισκον *y* ἀνήλουν; *fut.* ἀναλώσω; *aor.* ἀνήλωσα *y* ἀνάλωσα; *perf.* ἀνήλωκα *y* ἀνάλωκα, *pas.* ἀνήλωμαι *y* ἀνάλωμαι; *aor. pas.* ἀνηλώθην *y* ἀναλώθην.

ἀναλκείη ης ἡ cobardía, flojedad.

ἄν-αλκις ιδος cobarde, débil, flojo.

ἀν-άλλομαι saltar, trepar.

ἀναλογία ας ἡ proporción; semejanza, analogía, concordancia.

ἀνα-λογίζομαι contar; reflexionar, considerar, calcular.

ἀναλογισμός οῦ ὁ cálculo, reflexión, razonamiento; proporción (κατὰ τὸν ἀναλογισμόν en proporción, conforme a proporción).

ἀνά-λογος ον proporcionado, correspondiente, análogo.

ἄν-αλος ον insípido, sin sal; que no sala.

ἀν-αλόω = **ἀναλίσκω.**

ἄν-αλτος ον insaciable.

ἀνάλυσις εως ἡ liberación; disolución, fin, muerte; solución.

ἀνα-λύω soltar, deshacer (ἱστόν un tejido), libertar; gastar, consumir, quitar, derogar; reparar [una falta, etc.] soltar las amarras, *de donde en gral.* partir; volver; morir || MED. cancelar en favor propio, reparar.

ἀνάλωμα, ατος τό *y*

ἀνάλωσις εως ἡ gasto, dispendio.

ἀναλώσω *fut. de* ἀναλίσκω.

ἀναλωτής οῦ ὁ el que gasta [*Pl. Rep. 552, b.*].

ἀναλωτικός ἡ όν costoso.

ἀν-άλωτος ον no tomado; invencible, inexpugnable; incorruptible.

ἀνα-μαιμάω surgir furiosamente, estallar.

ἀνα-μανθάνω averiguar.

ἀν-αμάξευτος ον intransitable para los carros.

ἀν-αμάρτητος ον sin falta, irreprochable; inocente; sin error, infalible; inmutable.

ἀνα-μάσσω amasar, modelar; limpiar restregando (ἔρδουσα ἔργον ὃ σῇ κεφαλῇ ἀναμάξεις cometiendo un hecho que limpiarás con tu cabeza, *e. e.* que cargará sobre ti).

ἀνα-μάχομαι renovar la lucha; *fig.* volver a empezar; reparar.

ἀν-άμβατος ον no montado, sin jinete.

ἀνα-μείγνυμι *y*

ἀνα-μειγνύω mezclar, entremezclar πάντες ἀναμεμειγμένοι todos en confusión) || PAS. mezclarse.

F. *tamb.* ἀμμείγνυμι; *3.ª pl. perf. pas. jón.* ἀναμεμίχαται, *part. pl.* ἀναμεμειγμένοι.

ἀνα-μέλπω celebrar con cantos.

ἀνα-μένω aguardar, esperar; aguantar, soportar.

ἀνά-μεσος ον en mitad [de la tierra].

ἀνα-μετρέω -ῶ medir entera *o* cuidadosamente pasar de nuevo [por..., *ac.*].

ἀνά-μιγδα ADV. = **ἀναμίξ.**

ἀνα-μίγνυμι = **ἀνα-μείγνυμι.**

ἀνα-μιμνήσκω recordar [algo, *ac. o gen.*; a alguno, *ac.*]; refrescar la memoria [a alguien, *ac.*]; mencionar || MED. acordarse, pensar en [algo, *ac., gen. y otras constrs.*].

ἀνα-μίμνω = **ἀναμένω.**

ἀναμίξ ADV. en mezcla, juntamente, sin distinción.

ἀνάμνησις εως ἡ recuerdo; mención.

ἀνα-μορμύρω borbollar.

ἀν-αμπλάκητος ον infalible, que no marra, inocente.

ἀν-αμφίλογος ον no discutido, cierto

ἀν-αμφιλόγως ADV. sin discusión, voluntariamente.

ἀν-αμφισβήτητος ον indiscutido, indudable, bien conocido.

ἀνανδρία ας ἡ falta de virilidad, cobardía.

ἄν-ανδρος ον falto de virilidad, flojo, cobarde; sin marido; falto de hombres, despoblado.

ἀν-άνδρωτος ον sin marido.

ἀνα-νέμομαι enumerar, contar.

ἀνα-νέομαι volver, venir de nuevo, regresar.

ἀνα-νεόω -ῶ renovar [*tamb. med.*]; renovar el recuerdo.

ἀνα-νεύω volver la cabeza atrás en señal de denegación; hacer signo de prohibición *o* denegación; denegar, rehusar.

F. *fut.* ἀνανεύσομαι, *td.* ἀνανεύσω, *aor.* ἀνένευσα *etc.*

ἀνα-νέωσις εως ἡ renovación.

ἀνα-νήφω volver al ayuno *o* a la sobriedad. volver en sí.

ἀν-ανθής ές que ya no está en su flor.

ἄν-αντα ADV. cuesta arriba.
ἀν-ανταγώνιστος ον sin contrincante, sin rival; sin lucha, sin oposición.
ἀν-άντης ες escarpado, cuesta arriba (πρὸς [τὸ] ἄναντες hacia la sierra, hacia los montes).
ἀν-αντίρρητος ον indiscutible, sin contradicción posible.
ἄναξ ακτος ὁ señor, soberano, rey; príncipe; magnate; adalid, caudillo; amo, dueño.
F. *voc. ép.* ἄνα, *con interj.* ὦ *contr.* ὦναξ, *dat. pl.* ἀνάκτεσι.
᾿Αναξαγόρας ου ὁ Anaxágoras, filósofo del s. V residente en Atenas.
ἀνα-ξηραίνω secar.
ἀναξιο-παθέω -ῶ indignarse por un trato inmerecido.
ἀν-άξιος ον indigno, despreciable; indigno, no merecedor *en buena o mala parte* (ἀ. δυστυχεῖν que no merece ser desgraciado); no merecido.
ἀνα-ξυνόω -ῶ comunicar.
ἀνα-ξυρίδες ων bragas *o* pantalones anchos, usados por varios pueblos antiguos.
ἀνα-ξύω raspar, pulir.
ἀναοίγεσκον *impf. iterat. ép. de* ἀνοίγω.
ἀνα-οίγω *ép.* = **ἀνοίγω.**
ἀναπαήσομαι *fut. pas. de* ἀναπαύω *(N. T.).*
ἀνά-παλιν ADV. al revés, en sentido inverso, hacia atrás; de nuevo.
ἀνα-πάλλω agitar, blandir || MED. saltar.
F. *part. aor. 2.º redupl. ép.* ἀμπεπαλών, *3.ª sing. aor. 2.º med. ép.* ἀνέπαλτο (*acaso* ἀνεπᾶλτο *de* ἀνεφάλλομαι saltar sobre *o* encima, cf. ἐπᾶλτο).
ἀνάπαυλα ης ἡ pausa, descanso (κατ' ἀναπαύλας por relevos, por turno;) lugar de reposo.
ἀνάπαυσις εως ἡ pausa, descanso.
ἀναπαυ(σ)τήριον ου τό lugar *o* tiempo de descanso.
ἀναπαυ(σ)τήριος ον acomodado al descanso.
ἀνα-παύω hacer cesar [a uno, *ac.*; en algo, *gen.*]; poner fin [a algo, *ac.*]; hacer descansar, dar descanso || INTR. descansar || MED. cesar, descansar; acostarse, dormir.
ἀνα-πείθω persuadir [a uno, *ac.*; de algo, *ac. u orac. subordinada*], tratar de persuadir; seducir || PAS. dejarse persuadir *o* seducir.
ἀνα-πειράομαι -ῶμαι ensayar; hacer prácticas *o* ejercicios, maniobrar.
ἀνα-πείρω atravesar, espetar, empalar.
ἀνα-πεμπάζομαι considerar de nuevo consigo mismo. *Tamb. act.*
ἀνα-πέμπω enviar hacia arriba [hacia los montes, tierra adentro, etc.]; *fig,* hacer crecer, producir; alejar de sí, despedir || MED. despedir.
ἀναπεπταμένος η ον *part. perf. pas. y*
ἀναπεπτέαται *3.ª pl. perf. med. jón. de* ἀναπετάννυμι.
ἀνα-πετάννυμι *y*
ἀνα-πεταννύω desplegar, abrir (ἀναπεπταμένος abierto; libre; atrevido).
F. *aor. ép.* ἀνεπέτασσα; *imp. eól. y jón* ἀμπέτασον; *perf. pas.* ἀναπέπταμαι, *3.ª pl. jón.* ἀναπεπτέαται.
ἀνα-πέτομαι volar, subir en vuelo; saltar *o* ponerse fuera de sí [por la fuerza de un afecto].
ἀνα-πηδάω -ῶ saltar, lanzarse, alzarse.
ἀνά-πηρος ον lisiado.
ἀνα-πίμπλημι llenar, colmar; cumplir; sufrir; manchar, contaminar, implicar en.
ἀνα-πίπτω echarse hacia atrás; ceder; colocarse, ponerse a la mesa; decaer de ánimo, venirse abajo.
ἀν-απλάκητος ον = **ἀναμπλάκητος.**
ἀνα-πλάσσω [*át.* **ἀνα-πλάττω**] [*y med.*] volver a edificar, reformar, restaurar; modelar, componer.
ἀνά-πλεος α ον = **ἀνάπλεως.**
ἀνα-πλέω navegar hacia arriba [hacia alta mar *o* corriente arriba]; volver navegando, navegar de regreso; *simpl.* zarpar, navegar.
ἀνά-πλεως ων lleno; sucio, infecto.
ἀνα-πληρόω -ῶ llenar, suplir, completar; ocupar (ἀ. τὸν τόπον ocupar el lugar...); cumplir la ley. || PAS. volver a la plenitud.
ἀνά-πλοος [-ους] ου navegación corriente arriba; lugar de desembarque, puerto.
ἀνα-πλώω *jón.* = **ἀναπλέω.**
ἀνάπνευσις εως ἡ aspiración; respiro, descanso.
ἀνα-πνεύω *y*
ἀνα-πνέω aspirar; respirar; *fig.* respirar, tomar aliento, reponerse, volver en sí [de algo, *gen.*].
F. *aor.* ἀνέπνευσα, *inf.* ἀναπνεῦσαι, *ép.* ἀμπνεῦσαι; *3.ª sing. aor. med. ép.*

ἄμπνυτο; *imp. act.* ἄμπνυε; *aor. pas. ép.* ἀμπνύνθην *con valor med.*

ἀναπνοή ῆς ἡ respiración, aliento, vida; *fig.* respiro, aliento, ánimo.

ἀνα-ποδίζω volver a llamar, volver a interrogar; ἀ. ἑαυτόν retractarse, rectificarse.

ἀν-άποινος ον sin pago de rescate.

ἀνα-πολέω -ῶ volver sobre algo, repetir, insistir en [*ac.*].

ἀν-απολόγητος ον inexcusable, sin disculpa; no defendido, no excusado.

ἀνα-πράσσω exigir [un pago, un cumplimiento, hacer pagar].

ἀνα-πρήθω hacer brotar, romper en (δάκρυα lágrimas).

ἀνα-πτερόω -ῶ dar nuevas alas; exaltar, excitar, irritar; transportar.

ἀναπτέσθαι *inf. aor. 2.º de* ἀναπέτομαι.

ἀναπτήσομαι *fut. pas. de* ἀναπέτομαι.

ἀνα-πτύσσω desplegar, desenrollar, abrir; (ἀ. τὸ βιβλίον abrir un volumen [para leer]; descubrir, revelar; *mil.* desplegar (τό κέρας el ala del ejército); *tamb.* replegar (τὴν φάλαγγα la falange).

ἀνα-πτύω salpicar.

ἀν-άπτω atar, amarrar; colgar [ofrendas en un santuario]; aplicar, imponer (ἀ. μῶμον imponer un baldón); encender || PAS. arder.

ἀνα-πυνθάνομαι investigar, informarse.

ἀνάπυστος ον bien conocido, notorio.

ἀναραίρηκα *perf. jón. de* ἀναιρέω.

ἄν-αρθρος ον sin nervio, sin fuerza.

ἀν-αρίθμητος ον *y*

ἀνάριθμος ον innumerable, sin número, cuento *o* medida; no tenido en cuenta, despreciado.

ἀν-άριστος ον que no ha desayunado, en ayunas.

ἄν-αρκτος ον no gobernado, independiente.

ἀναρμοστέω -ῶ estar fuera de tono, desafinado.

ἀναρμοστία ας ἡ desafinación, falta de armonía.

ἀν-άρμοστος ον no acomodado; no preparado; inarmónico.

ἀνα-ροιβδέω = ἀναρροιβδέω.

ἀν-αρπάζω arrebatar, coger precipitadamente; raptar; llevarse, robar; tomar *o* coger por asalto *o* violencia; saquear; llevar a la cárcel.

F. *fut.* ἀναρπάσω *y* ἀναρπάξω, *más frec. en forma med.* ἀναρπάσομαι; *aor.* ἀνήρπασα *y* ἀνήρπαξα.

ἀνάρπαστος ον arrebatado, arrastrado.

ἀνα-ρρήγνυμι romper, abrir, desgarrar, rajar || INTR. romper, estallar.

ἀναρρηθείς *y* **ἀναρρηθῇ** *formas de aor. pas.* de ἀνεῖπον.

ἀνάρρησις εως ἡ proclamación, anuncio público.

ἀνα-ρριπτέω -ῶ *y*

ἀνα-ρρίπτω hacer saltar, echar hacia arriba; arriesgar (ἀ. κίνδυνον lanzarse a un peligro); *abs.* arriesgarse *Tuc. 5, 103.*

ἀνα-ρροιβδέω -ῶ sorber ruidosamente.

ἀνα-ρρώννυμι *y*

ἀνα-ρρωννύω reanimar || PAS. reponerse, reanimarse.

ἀν-άρσιος ον hostil, enemigo; adverso, inconveniente, impropio, indigno.

ἀν-αρτάω -ῶ colgar; *fig.* hacer depender || MED. ganarse [a alguien, *ac.*]; conquistar; disponerse, apercibirse [a algo, *inf.*] || PAS. ser colgado *o* ahorcado.

F. *perf. pas.* ἀνήρτημαι, *jón.* ἀνάρτημαι. *(tamb. con valor med.).*

ἀν-άρτιος ον non, impar.

ἀναρχία ας ἡ falta de jefe *o* de mando; falta de autoridad *o* disciplina, anarquía.

ἄν-αρχος ον sin jefe, sin mando.

ἀνα-σείω agitar en alto; soliviantar.

ἀνα-σεύομαι saltar, brotar.

F. *3.ª aor. 2.º ép.* ἀνέσσυτο. *v.* σεύομαι.

ἀνα-σκέπτομαι = ἀνασκοπέω.

ἀνα-σκευάζω cargar y transportar; proveer, abastecer (ἀ. ἀγοράν traer las mercancías); llevarse (ἀνασκευάζεται ἡ τράπεζα se quita de enmedio la mesa [de un banquero], se declara la quiebra); destruir, arrasar, devastar; *fig.* trastornar (τὰς ψυχάς las almas) || MED. recoger sus ajuares, provisiones, etc.; cargar con sus cosas, partirse, huir.

ἀν-άσκητος ον no ejercitado, no práctico.

ἀνα-σκιρτάω -ῶ saltar de gozo.

ἀνα-σκολοπίζω empalar; crucificar.

ἀνα-σκοπέω -ῶ *y med.* examinar *o* considerar atentamente.

ἀνα-σοβέω -ῶ asustar; erizar.
ἀνάσπαστος ον [*o* **-ός όν**] que se abre hacia atrás, en dirección del que abre; arrancado de un lugar, desterrado.
ἀνα-σπάω -ῶ sacar, extraer, absorber, *esp.* llevar a tierra una nave; levantar, alzar (*fig.* ἀ. λόγους, lanzar palabras *o* razones); abrir; arrancar, derribar; apartar, alejar || MED. sacar; retroceder.
ἄνασσα ης ἡ señora, soberana, reina, princesa.
ἀνάσσω ser señor, rey, soberano, reinar [sobre algo, *gen. dat. y otras constrs.*]; regir, gobernar || MED. *ép.* ser rey, reinar.
F. *impf.* ἤνασσον, *ép.* ἄνασσον; *fut.* ἀνάξω; *aor.* ἦναξα.
ἀνᾴσσω = **ἀναΐσσω.**
ἀνασταδόν ADV. en pie; levantándose.
ἀνα-σταλύζω sollozar.
ἀνάστασις εως [*jón.* **ιος**] **ἡ** levantamiento, erección, reconstrucción; destierro, trasplante, abandono [de una tierra, *gen.*]; devastación, destrucción; acto de levantarse *o* despertar; resurrección; salida, marcha, retirada.
ἀνάστατος ον desterrado, fugitivo; desolado, devastado, destruido; sublevado, insurrecto.
ἀναστατόω -ῶ sublevar, soliviantar.
ἀνα-σταυρόω -ῶ empalar, crucificar; ahorcar, colgar.
ἀνα-στέλλω rechazar.
ἀνα-στενάζω *y*
ἀναστεναχίζω *y*
ἀναστενάχω [*y med.*] *y*
ἀναστένω gemir, exhalar entre gemidos; gemir [por alguien, *ac.*].
ἀνα-στομόω -ῶ hacer una boca, abrir [algo, *ac.*].
ἀνα-στρέφω TR. enderezar; volver, dar la vuelta a; volcar, derribar, echar abajo; revolver (τὴν καρδίαν el estómago); volver atrás, volver a llamar *o* a traer || INTR. volver, dar la vuelta [*esp.* las tropas que presentan nuevo frente]; volverse, retirarse, huir || MED. *y* PAS. *como la act. intr. y tamb.* ser llevado, ir dando vueltas (ἄλλην γαῖαν por una tierra extraña); vivir, hallarse, permanecer [en..., ἐν *y dat*]; ocuparse [en algo, ἐπί *y* dat. κατά *o* περί *y ac.*]; conducirse, comportarse (ὡς δεσπότης como señor).
ἀναστροφή ῆς ἡ vuelta, giro; acción de volverse [*esp.* los soldados de cara *o* de espaldas al enemigo]; regreso; conducta, tenor de vida.
ἀνα-στρωφάω -ῶ volver a un lado y otro.
ἀνα-σύρω desnudar || MED. desnudarse.
ἀνασχεθεῖν *y*
ἀνασχέμεν *infs. aor. ép. de* ἀνέχω.
ἀνασχετός όν tolerable.
ἀνα-σχίζω hender, abrir.
ἀνα-σῴζω salvar; volver a llevar *o* a llamar [a la patria, etc.]; recordar || MED. salvar, recobrar.
ἀνα-ταράσσω perturbar, confundir, poner en confusión.
ἀνα-τάσσομαι poner en orden, desarrollar.
ἀν-ατεί ADV. = **ἀνατί.**
ἀνα-τείνω levantar, tender hacia arriba [*esp.* las manos para jurar, votar, saludar, etc.]; alzar; desplegar || INTR. levantarse; alcanzar, extenderse || MED. levantar, tener levantado *o* suspenso [algo, *ac.*; contra alguno, *dat.*].
ἀνα-τειχίζω reedificar.
ἀνατειχισμός οῦ ὁ reedificación de los muros.
ἀνα-τέλλω hacer que salga [el sol, etc.], hacer que brote, producir || INTR. salir [los astros]; brotar, nacer [los ríos]; proceder [de alguien, ἐκ *y gen.*].
ἀνα-τέμνω cortar a lo largo.
ἀνατί ADV. sin daño, sin castigo [*cf.* ἄνατος].
ἀνα-τίθημι colocar encima, poner colgar, *de donde* consagrar *o* llevar a consagrar [una ofrenda, etc.]; echar encima, cargar, imponer; atribuir, achacar; entregar, confiar [algo, *ac.*; a alguien, *dat.*, εἰς *y ac. etc.*]; apartar, alejar || MED. cargar, encargar, confiar; cargarse, tomar sobre sí, alzar; cambiar de sitio, cambiar; cambiar de opinión, retirar [lo dicho] (οὐκ ἀνατίθεμαι μὴ οὐχὶ no me desdigo en lo de que... *inf.*); explicar, exponer, referir; aplazar, diferir.
ἀνα-τιμάω -ῶ elevar el precio.

ἀνα-τλῆναι [*inf. aor.*: ἀνέτλην, *etc.*], sufrir, soportar.
ἀνατολή ῆς ἡ *y pl.* salida [del sol, etc.]; levante, oriente.
ἄν-ατος ον indemne.
ἀνατρεπτικός ή όν que vuelca, derriba *o* destruye.
ἀνα-τρέπω dar la vuelta, hacer volver; derribar, echar abajo; volcar, poner cabeza abajo (ἀ. τράπεζαν hacer quiebra); destruir; reanimar ‖ PAS. *y* MED. caer hacia atrás; arruinarse, perderse.
ἀνα-τρέφω nutrir, criar, hacer crecer; excitar.
ἀνα-τρέχω correr hacia arriba, lanzarse; saltar; levantarse, alzarse; brotar; crecer; prosperar; correr hacia atrás, ceder, retirarse.
F. *fut.* ἀναδραμοῦμαι *etc. perf. ép.* ἀναδέδρομα. *v.* τρέχω.
ἀνα-τρίβω rozar, estropear por el roce, desgastar.
ἀνα-τροπή ῆς ἡ ruina, destrucción.
ἀν-αύδητος ον *y*
ἄν-αυδος ον sin habla, mudo; indecible.
ἄναυρος ου ὁ río, torrente.
ἀνα-φαίνω encender, hacer brillar; reavivar; sacar a luz; mostrar; decir, proclamar; descubrir, divisar ‖ INTR. [*perf.* ἀναπέφηνα] *y* PAS. aparecer, mostrarse.
F. *aor. 1.º* ἀνέφηνα, *td.* ἀνέφανα *(N. T.). V.* φαίνω.
ἀναφανδά *y*
ἀναφανδόν ADVS. abierta, descubiertamente.
ἀνα-φέρω llevar *o* traer de abajo arriba; sacar; subir, llevar tierra adentro; levantar, alzar; levantar, reponer; poner *o* tomar sobre sí, arrostrar (ἀ. κινδύνους arrostrar los peligros); subir al altar; ofrecer en sacrificio; volver atrás; referir, exponer; referirse [a alguien, εἰς *y ac.*]; atribuir, achacar; referir, remontar; traer del destierro ‖ INTR. reponerse ‖ MED. llevarse consigo [a lugar seguro], retirar; respirar, reponerse, volver en sí.
F. *fut.* ἀνοίσω, *aor.* ἀνήνεγκον *y* ἀνήνεγκα; *jón.* ἀνήνεικα, *inf. tamb.* ἀνοῖσαι; *aor. pas.* ἀνηνέχθην, *jón.* ἀνηνείχθην, *part.* ἀνενειχθείς.*v.* φέρω.
ἀνα-φεύγω huir hacia arriba, huir, escaparse.
ἀναφής ές impalpable.
ἀνα-φλύω borbollar.
ἀναφορά ᾶς ἡ retirada; recurso.
ἀνα-φορέω -ῶ llevar hacia arriba, sacar, subir.
ἀνα-φράζομαι reconocer, reparar en [algo, *ac.*].
ἀνα-φρονέω -ω recobrar el conocimiento, volver en sí.
ἀνα-φύρω mezclar, confundir; manchar.
ἀνα-φυσάω -ῶ exhalar, despedir, arrojar ‖ PAS. *fig.* estar hinchado, lleno de arrogancia.
ἀνα-φύω hacer crecer ‖ INTR. *y* MED. nacer, crecer, crecer de nuevo.
F. *aor. 1.º trans.* ἀνέφυσα; *aor. 2.º intr.* ἀνέφυν; *perf. (más frec. intr.)* ἀναπέφυκα.
ἀνα-φωνέω -ῶ llamar en voz alta.
ἀνα-χάζω [*y med.*] ceder, retirarse.
ἀνα-χαιτίζω derribar; detener, volver atrás; volverse atrás, echarse atrás.
ἀνα-χέω verter ‖ PAS. verterse.
ἀνα-χορεύω danzar; celebrar con danzas.
ἀνάχυσις εως ἡ desenfreno.
ἀνα-χώννυμι amontonar, acumular, aglomerar.
ἀνα-χωρέω -ῶ ceder, retirarse; apartarse, alejarse; volver; pasar, venir a parar.
ἀναχώρησις εως ἡ retirada, retiro, refugio.
ἀνα-χωρίζω retirar, hacer volver; echar atrás.
ἀνα-ψηφίζω poner de nuevo a votación.
ἀνάψυξις εως ἡ refrigerio, descanso
ἀναψυχή ῆς ἡ respiro, alivio, liberación.
ἀναψύχω refrescar, refrigerar, aliviar (ἀ. ναῦς dejar que se sequen las naves) ‖ INTR. *y* PAS. respirar, descansar, reponerse.
F. *3.ª pl. aor. pas. ép.* ἀνέψυχθεν.
* **ἀνδ** *sínc. por* ἀναδ- *a principio de palabra.*
ἁνδάνω agradar, ser agradable (ἕαδε, εὔαδεν agradó, *e. e.* se ha decidido).
F. *impf.* ἥνδανον; *ép.* ἑήνδανον, *jón.* ἑάνδανον; *fut.* ἁδήσω; *aor. 2.º* ἕαδον,

ép. εὔαδον, ἅδον; *3.ª sing. subj.* ἅδῃ *de opt.* ἅδοι, *inf.* ἁδεῖν; *part. perf.* ἑαδώς.

ἄν-διχα ADV. en dos partes.

ἀνδραγαθέω -ῶ = **ἀνδραγαθίζομαι.**

ἀνδραγαθία ας ἡ hombría de bien; rectitud, virtud; valor, bravura.

ἀνδραγαθίζομαι hacer el papel de hombre de bien (εἴ τις καί τόδε ἀνδραγαθίζεται aunque alguien hace de ello virtud).

ἀνδράγρια ων τά despojos del enemigo.

ἀνδρα-κάς ADV. hombre por hombre, cada uno.

ἀνδραπόδεσσι *dat, pl. ép. de* ἀνδράποδον.

ἀνδραποδίζω [*y med.*] esclavizar, reducir a la esclavitud; vender como esclavo; someter, subyugar.
F. *fut.* ἀνδραποδιῶ, *med. jón.* ἀνδραποδιεῦμαι *tamb. con valor pas.; aor.* ἠνδραπόδισα; *perf. pas.* ἠνδραπόδισμαι; *aor. pas.* ἠνδραποδίσθην; *fut. pas.* ἀνδραποδισθήσομαι.

ἀνδραπόδισις εως ἡ *y*

ἀνδραποδισμός οῦ ὁ esclavitud, hecho de esclavizar o reducir a la esclavitud.

ἀνδραποδιστής οῦ ὁ el que esclaviza, mercader de esclavos (ἀ. ἑαυτοῦ vendedor de su propia libertad), apresador, pirata.

ἀνδράποδον ου τό cautivo, prisionero de guerra; esclavo; alma de esclavo, hombre ruin, vulgar.

ἀνδραποδώδης ες abyecto, servil; propio de esclavos.

ἀνδρ-αχθής ές que hace la carga de un hombre, pesado como para cansar a un hombre.

ἀνδρεία ας ἡ hombría; valor, ánimo (καὶ μὴ μετὰ νόμων τὸ πλεῖον ἢ τρόπων ἀνδρείας y con una fortaleza más bien derivada de los hábitos que impuesta por las leyes).

ἀνδρείκελον ου τό imagen de hombre.

ἀνδρεῖος α ον propio del varón, viril, masculino, varonil, valeroso.

ἀνδρειότης ητος ἡ = **ἀνδρεία.**

ἀνδρει-φόντης ου ὁ matador de hombres.

ἄνδρεσσι *dat. pl. ép. de* ἀνήρ.

ἀνδρεύμενος *jón.* = **ἀνδρούμενος** [*de* ἀνδρόω].

ἀνδρεών ῶνος ὁ = **ἀνδρών.**

ἀνδρηΐη *jón* = **ἀνδρεία.**

ἀνδρήϊος α ον *jón* = **ἀνδρεῖος.**

ἀνδρηλατέω -ῶ desterrar, expulsar.

ἀνδρί *dat. de* ἀνήρ.

ἀνδρία ας ἡ = **ἀνδρεία.**

ἀνδριαντοποιέω -ῶ hacer estatuas.

ἀνδριαντοποιία ας ἡ estatuaria.

ἀνδριαντο-ποιός οῦ ὁ estatuario, escultor.

ἀνδριάς άντος ὁ estatua.

ἀνδρίζομαι obrar *o* portarse virilmente.

ἀνδρικός ή όν de hombres (ἀ. χόρος coro de hombres) ‖ = **ἀνδρεῖος.**

ἀνδρό-γυνος ου ὁ hermafrodita, híbrido; eunuco; afeminado.

ἀνδρό-κμητος ον hecho por mano de hombres.

ἀνδροκτασία ας ἡ matanza, carnicería.

ἀνδρο-κτόνος ον homicida; asesino de su marido, conyugicida.

'Ανδρομάχη ης ἡ Andrómaca, esposa de Héctor.

ἀνδρόμεος α ον humano; de hombres.

ἀνδρομήκης ες del alto de un hombre.

ἀνδρός *gen. de* ἀνήρ.

ἀνδρό-σφιγξ ιγγος ὁ esfinge con cabeza de varón.

ἀνδροτής ῆτος ἡ = **ἀνδρεία.**

ἀνδρο-φάγος ον comedor de carne humana, antropófago.

ἀνδρό-φθορος ον de cadáver, de hombre muerto.

ἀνδρο-φθόρος ον pernicioso, mortal [para el hombre].

ἀνδρο-φόνος ον matador de hombres; homicida.

ἀνδρόω -ῶ hacer hombre ‖ MED. hacerse hombre *u* obrar como hombre.
F. *part. pres med. pas. jón.* ἀνδρεύμενος; *aor. pas.* ἠνδρώθην, *3.ª pl. subj. jón.* ἀνδρωθέωσι.

ἀνδρώδης ες = **ἀνδρεῖος.**

ἀνδρών ῶνος ὁ *y*

ἀνδρωνῖτις ιδος ἡ departamento *o* sala reservada a los hombres.

ἀνδύομαι = **ἀναδύομαι.**

ἀνεβήσετο *3.ª sing. aor. mixto ép. de* ἀναβαίνω

ἀν-εβίων *aor. 2.º intr. de* ἀναβιόω.

ἀν-εβιωσάμην *aor 1.º med. trans. de* ἀναβιόω.

ἀν-έβραχε *3.ª sing. aor. 2.º def.* crujió, chirrió.

ἀν-έβωσα *aor. 1.º jón. de* ἀναβοάω.
ἀν-έγγυος ον sin garantía; inseguro, ilegítimo.
ἀν-εγείρω despertar, levantar; excitar, animar || MED. *y* PAS. despertarse.
F. *aor. ép.* ἀνέγειρα; *aor. 2.º med.* ἀνηγρόμην; *aor. pas.* ἀνηγέρθην. *v.* ἐγείρω.
ἀν-έγκλητος ον irreprochable, irreprensible.
ἀν-εδέγμεθα *1.ª pl. aor. ép. de* ἀναδέχομαι.
ἀν-έδεξα *y*
ἀν-εδέχθην *aor. act. y pas. jón. de* ἀναδείκνυμι.
ἀνέδην ADV. libremente, simplemente, en absoluto; flojamente (ἀνέδην ὅδε χῶρος ἐρύκεται este lugar no se guarda con cuidado, *Sóf. Fil. 1153*).
ἀν-έδρακον *aor. 2.º de* ἀναδέρκομαι.
ἀν-έδραμε *3.ª sing. aor. 2.º de* ἀνατρέχω.
ἀν-έδυν *aor. 2.º de* ἀναδύομαι.
ἀν-εδύσετο *3.ª sing. aor. mixto de* ἀναδύομαι.
ἀν-έεδνος ον = **ἀνάεδνος.**
ἀν-εέργω = **ἀνείργω.**
ἀν-έζω poner *o* colocar sobre [algo, εἰς *y ac.*].
F. *fut.* ἀνέσω; *aor.* ἀνεῖσα, *opt.* ἀνέσαιμι, *part.* ἀνέσας.
ἀν-έζωσα *aor. 1.º de* ἀναζώννυμι.
ἀν-έῃ *3.ª sing. subj. aor. ép. de* ἀνίημι.
ἀν-εθέλητος ον no deseado, adverso.
ἀν-ειλέω -ῶ = **ἀνείλλω.**
ἀν-είλημμαι *perf. pas. de* ἀναλαμβάνω.
ἀν-είλλω rechazar, obligar a replegarse.
ἀν-ειμένος η ον *part. perf. pas. de* ἀνίημι disoluto, licencioso, libre; abandonado, descuidado, flojo; blando, suave.
ἄν-ειμι subir [*y esp.* hacia alta mar *o* tierra adentro]; salir (ἅμα [τῷ] ἡλίῳ ἀνιόντι a la salida del sol); acercarse, llegarse [a alguien, εἰς *y ac.*]; volver.
F. *impf.* ἀνήειν, *ép.* ἀνήιον. *v.* εἶμι.
ἀν-είμων ον sin vestidos.
ἀν-εῖναι *inf. aor. de* ἀνίημι.
ἀν-εῖνται *3.ª pl. perf. de* ἀνίημι.
ἀν-εῖπον *aor. de* ἀναγορεύω.
F. *perf.* ἀνείρηκα; *aor. pas.* ἀνερρήθην. *v.* εἶπον.
ἀν-είργω rechazar, contener.
ἀν-είρηκα *perf. de* ἀνειπεῖν.

ἀν-είρομαι preguntar.
F. *fut.* ἀνερήσομαι; *aor.* ἀνηρόμην, *inf.* ἀνερέσθαι. *Cf.* ἀνερωτάω *de más frec. uso.*
ἀν-ειρύω = **ἀνερύω.**
ἀν-είρω atar, anudar.
ἀν-ειρωτάω = **ἀνερωτάω.**
ἀν-εῖσα *aor. 1.º de* ἀνέζω.
ἀν-εκάθεν ADV. desde arriba; desde antiguo, desde el principio.
ἀν-έκβατος ον sin salida.
ἀν-εκδιήγητος ον incontable, indescriptible.
ἀν-έκδοτος ον no casado.
ἀν-εκλάλητος ον inefable.
ἀν-έκλειπτος ον que nunca falta, perpetuo, inagotable.
ἀν-εκπίμπλημι volver a llenar.
ἀν-έκπληκτος ον no asustado, intrépido.
ἀν-έκπλυτος ον que no puede lavarse, imborrable.
ἀνεκτός όν [*o* **-ός ή όν**] *adj. vbal. de* ἀνέχω soportable.
ἀν-έκφραστος ον indecible, inexpresable, inexplicable.
ἀν-έλεγκτος ον no investigado, no examinado; no refutado, no contradicho; irrefutable.
ἀν-ελεήμων ον *y*
ἀν-έλεος ον despiadado, duro.
ἀνελευθερία ας ἡ bajeza; tacañería; grosería.
ἀν-ελεύθερος ον innoble; bajo, grosero.
ἀν-ελίττω desarrollar, desenrollar; hojear, leer; explicar.
ἀν-ελκύω *y*
ἀν-έλκω levantar, llevar hacia arriba [*esp.* sacar un navío a tierra]; tirar hacia atrás, tender [la cuerda de un arco]; echar atrás; arrancar || MED. sacar; arrancarse (τρίχας los cabellos).
F. *de* ἀνέλκω *impf.* ἀνεῖλκον, *ép.* ἄνελκον. *Se usa el aor. de* ἀνελκύω: *inf.* ἀνελκύσαι, *perf. pas.* ἀνέλκυσμαι.
ἀνέλπιστος ον inesperado, impensado; no esperado; desesperanzado, desesperado || τὸ ἀνέλπιστον lo inesperado; la desesperación.
ἀν-ελῶ *fut td. de* ἀναιρέω *(N. T.)*.
ἀνεμέσητος ον que no excita la envidia *o* el reproche; no ofensivo, no molesto.

ἀνεμίζω agitar [el viento] || PAS. ser agitado por el viento.

ἀνεμόεις εσσα εν ventoso, combatido por los vientos; ligero como el viento, alado.

ἄνεμος ου ὁ viento, aire; *fig.* movimiento del ánimo; volubilidad, inconstancia.

ἀνεμο-σκεπής ές que abriga del viento.

ἀνεμο-τρεφής ές nutrido por el viento (ἀνεμοτρεφὲς ἔγχος lanza cuya madera creció a la intemperie).

ἀνεμό-τροπος ον *y*

ἀνεμό-τροφος ον movido *o* sostenido por el viento, ventoso, impetuoso.

ἀνεμώλιος ον de viento; inútil, vano.

ἀν-ένδεκτος ον inadmisible, imposible.

ἀν-ένεικα *aor. jón. de* ἀναφέρω.

ἀν-εξέλεγκτος ον = **ἀνέλεγκτος.**

ἀν-εξερεύνητος ον inescrutable.

ἀν-εξέταστος ον no examinado, no investigado; que no investiga, sin investigación.

ἀν-εξεύρετος ον inaveriguable.

ἀνεξί-κακος ον paciente, resignado.

ἀν-εξιχνίαστος ον que no puede rastrearse, inescrutable.

ἀν-επαίσθητος ον que no se da cuenta [de algo, *gen.*].

ἀν-επαίσχυντος ον no sujeto a vergüenza, que no tiene por qué avergonzarse.

ἀν-έπαλτο *3.ª sing. aor. 2.º med. de* ἀναπάλλω.

ἀν-επαχθής ές no gravoso, sin pesadumbre, sin molestia (ἀνεπαχθῶς προσομιλοῦντες conviviendo sin molestias).

ἀν-επιβούλευτον ου τό falta de asechanzas, *de donde* confianza.

ἀν-επιδεής ές no necesitado, que no tiene necesidad.

ἀν-επιεικής ές inicuo duro, intransigente, severo.

ἀν-επίκλητος ον irreprensible.

ἀν-επίλη(μ)πτος ον no atacado; irreprensible, intangible, seguro.

ἀν-επίσκεπτος ον no observado; no examinado; irreflexivo.

ἀνεπιστημοσύνη ης ἡ ignorancia, desconocimiento.

ἀν-επιστήμων ον ignorante, desconocedor, imperito.

ἀν-επίτακτος ον no mandado; independiente.

ἀν-επιτήδειος ον impropio [para algo, πρός *y ac.*]; desagradable, adverso enemigo, hostil, contrario.

ἀν-επιτήδεος η ον *jón.* =**ἀνεπιτήδειος.**

ἀν-επιτίμητος ον no reprendido, no atacado; irreprensible.

ἀν-επίφθονος ον que no puede tomarse a mal, incensurable.

ἀν-έραμαι amar de nuevo [algo, *gen.*]. F. *aor.* ἀνηράσθην *con valor med.*

ἀν-έραστος ον no amable, odioso, ingrato.

ἀν-ερεθίζω excitar.

ἀν-ερείπομαι arrebatar [hacia lo alto], llevarse.

F. *3.ª pl. aor. 1.º* ἀνηρείψαντο *o mejor* ἀνηρέψαντο.

ἀν-ερέσθαι *inf. aor. 2.º de* ἀνείρομαι.

ἀν-ερευνάω-ῶ rastrear, buscar; hallar rastreando.

ἀν-έρομαι = **ἀνείρομαι.**

ἀνέρος *v.* ἀνήρ.

ἀν-ερρήθην *aor. pas. de* ἀνειπεῖν.

ἀν-ερύω sacar hacia arriba, *y esp.* sacar a tierra una nave.

ἀν-έρχομαι subir; crecer, medrar; volver, regresar, pasar, venir a parar [en alguien, εἰς *y ac.*].

F. *fut.* ἀνελεύσομαι; *aor.* ἀνῆλθον, *ép.* ἀνήλυθον. *V.* ἔρχομαι.

ἀν-ερωτάω -ῶ interrogar.

ἀν-έσαιμι *opt. aor. 1.º de* ἀνέζω.

ἄν-εσαν *3.º pl. aor. ép. de* ἀνίημι.

ἀν-έσαντες *nom. pl. part. aor. 1.º de* ἀνέζω.

ἄνεσις εως ἡ aflojamiento; alivio, remisión, aligeramiento; reposo; disolución, desenfreno.

ἀν-έσσυτο *3.ª sing. aor. 2.º de* ἀνασεύομαι.

ἀν-έστιος ον sin hogar, sin patria.

ἀν-έσχεθον *aor. 2.º ép. de* ἀνέχω.

ἀν-έσω *fut. de* ἀνέζω *y ép. de* ἀνίημι.

ἀν-ετάζω interrogar; someter a tormento, atormentar.

ἀνετέον *n. del adj. vbal. de* ἀνίημι.

ἀν-έτλην *aor. 2.º de* ἀνατλῆναι.

ἄνετος ον libre, relajado, desenfrenado.

ἄνευ PRP. *de gen.* sin, sin contar con, prescindiendo de; a más de; excepto; lejos de.

ἄνευ-θε(ν) = **ἄνευ** || ADV. aparte, lejos.

ἀν-εύθετος ον no acomodado.

ἀν-εύθυνος ον que no tiene que dar cuenta; irresponsable, sin responsabilidad.
ἀν-ευρίσκω descubrir, hallar; inventar.
ἀν-ευφημέω -ῶ gritar, lanzar gritos.
ἀν-εύχομαι retractar *o* retirar una súplica.
ἀ-νέφελος ον sin nubes, despejado; manifiesto, descubierto.
ἀν-εχέγγυος ον sin garantía, inseguro
ἀν-έχω TR. levantar [*v. gr.* las manos para luchar *u* orar]; ofrecer *o* presentar levantando; sostener, mantener (ἀ. εὐδικίας mantener los derechos de la justicia; ἀ. πολέμους sostener guerras); detener; impedir || INTR. salir, mostrarse; aparecer, producirse, ocurrir; meterse, adelantarse, avanzar; mantenerse, seguir; retenerse, cesar [en algo, *gen.*]; estarse quieto; abstenerse de obrar || MED. levantar [algo propio: lanza, espada, etc.]; levantarse; soportar, aguantar [algo, *ac. gen. y frec. constr. de part.*: οὐ μάν σε ἀνέξομαι ἄλγε' ἔχοντα no sufriré que padezcas; ἀ. κλύων soportar el oír; ἀ. τῶν οἰκείων ἀμελουμένων sufrir el abandono de mis cosas]; contentarse [κ'... ἀνεχοίμην ἥμενος me quedaría de buen grado]; tener paciencia; tenerse; sostenerse, contenerse.
F. *impf.* ἀνεῖχον, *med.* ἠνειχόμην; *fut.* ἀνέξω *y* ἀνασχήσω, *med.* ἀνέξομαι *y* ἀνασχήσομαι, *inf. ép.* ἀνσχήσεσθαι; *aor.* ἀνέσχον, *ép. tamb.* ἀνέσχεθον, *inf.* ἀνσχεθέειν, *med.* ἀνεσχόμην, *más frec.* ἠνεσχόμην, *sincop.* ἠνσχόμην; *imp.* ἄνσχεο *por* ἀνάσχεο. *V.* ἔχω.
ἀνεψιά ᾶς ἡ prima.
ἀνεψιός οῦ ὁ primo; pariente.
ἄνεω *o* **ἄνεῳ** ADV. en silencio.
F. *La grafía no correcta* ἄνεῳ *convierte falsamente la palabra en nom. pl.*
ἀνέῳγα, ἀνέῳγμαι *perf. act. y med. de* ἀνοίγω.
ἀνέῳκτο *3.ª sing. plpf. de* ἀνοίγω.
ἀνέωνται *3.ª pl. perf. jón. de* ἀνίημι.
ἀνέῳξα, ἀνεῴχθην *aor. 1.º act. y pas. de* ἀνοίγω.
ἀν-ηβάω -ῶ rejuvenecerse, volver a la juventud.
ἀν-ηγέομαι -οῦμαι referir, contar, relatar, narrar.
ἀνηγέρθην *aor. pas. de* ἀνεγείρω.
ἀνήγρετο *3.ª sing. aor. 2.º med. de* ἀνεγείρω.
ἀν-ήῃ *3.ª sing. subj. aor. ép. de* ἀνίημι.
ἄνηθον ου τό eneldo [planta olorosa]
ἀν-ήιον *1.ª sing. impf. ép. de* ἄνειμι.
ἀν-ήκεστος ον incurable, irremediable, irreparable; implacable; funesto, fatal.
ἀν-ήκοος ον que no oye *o* no ha oído; ignorante [de... *gen. o ac.*].
ἀνηκουστέω -ῶ no escuchar, desobedecer [a alguien, *gen. o dat.*].
ἀν-ήκουστος ον que no puede oírse, horrible.
ἀν-ήκω llegar, alcanzar [a algo, εἰς *y ac.*]; avanzar, adelantarse, extenderse; descansar en; depender de; referirse, tocar *o* atañer; convenir, acomodarse || **τὸ ἀνῆκον** lo conveniente.
ἀν-ήλιος ον sin sol, umbrío.
ἀνήλωκα *perf. de* ἀναλίσκω.
ἀνήλωσα *aor. 1.º de* ἀναλίσκω.
ἀν-ήμελκτος ον no ordeñado.
ἀν-ήμερος ον no domesticado; rudo, selvático.
ἀνηνάμην *aor. ép. de* ἀναίνομαι.
ἀνήνεμος ον sin viento (ἀ. πάντων χειμώνων abrigado del viento en todas las tempestades).
ἀνήνοθα *perf. def.* brotar, surgir.
ἀν-ήνυ(σ)τος ον sin fin, interminable; ineficaz, vano.
ἀν-ήνωρ ορος sin virilidad, cobarde.
ἀνήρ hombre, varón; esposo, marido; amante; hombre de guerra, soldado; hombre con las virtudes de tal, guerrero, héroe; hombre *en gral.* [por oposición a los dioses *o* a los animales]; hombre particular [por oposición al político *u* hombre público]; κατ' ἄνδρα hombre por hombre, cada uno; ἀνὴρ ὅδε, *frec.* yo; *unido a nombre de cargo, oficio, etc. no debe traducirse* (ἄνδρες δικασταί jueces; ἀνὴρ Πέρσης un Persa).
F. *gen.* ἀνδρός, *ép. y poét.* ἀνέρος; *dat.* ἀνδρί, *ép. y poét.* ἀνέρι; *ac.* ἄνδρα, *ép. y poét.* ἀνέρα; *voc.* ἄνερ. *Pl.* ἄνδρες *y* ἀνέρες; ἀνδρῶν *y* ἀνέρων; ἀνδράσι *y* ἄνδρεσσι; ἄνδρας *y* ἀνέρας.
ἀνηρείψαντο *y* **ἀνηρέψαντο** *3.ª pl. aor. 1.º de* ἀνερείπομαι.
ἀν-ήριθμος ον = **ἀνάριθμος.**

ἀν-ηρόμην *aor. 2.º de* ἀνείρομαι.
ἀν-ήροτος ον no arado, no labrado; inculto.
ἄνησον ου τό = **ἄνηθον.**
ἀνήσω *fut. de* ἀνίημι.
ἀν-ήφαιστος ον sin fuego, frío.
ἀν-ήφθω *3.ª sing. imp. perf. pas. de* ἀνάπτω.
* **ἀνθ-** *sinc. por* **ἀναθ-** *en principio de palabra.*
ἀνθ' *apóc. de* ἀντί *ante espíritu áspero.*
ἀνθ-αιρέομαι -οῦμαι elegir en lugar de otro; preferir.
ἀνθ-αμιλλάομαι -ῶμαι contender, competir (ἀ. εἰς τὴν γῆν competir para ganar la tierra [las trirremes]).
ἀνθ-άπτομαι coger, apoderarse [*tamb. fig.:* de algo o de alguien, *gen.*, una enfermedad, un disgusto etc.]; poner mano, emprender [algo, *gen.*]; emprenderla [con alguien, *gen.*], hacer reproches.
ἀνθεκτέος α ον *adj. de* ἀντέχω.
ἀνθ-έλκω tirar en sentido opuesto.
ἀνθέμιον ου τό flor.
ἀνθεμόεις εσσα εν florido, florecido adornado con flores.
ἀνθέξω *fut. de* ἀντέχω.
ἄνθεο *imp. aor. 2.º med. ép. de* ἀνατίθημι.
ἀνθερεών ῶνος ὁ barbilla, mentón.
ἀνθέριξ ικος ὁ barbas de la espiga; espiga; tallo.
ἄνθεσαν *3.ª pl. aor. ép. de* ἀνατίθημι.
ἄνθετο *3.ª sing. aor. med. ép. de* ἀνατίθημι.
ἀνθέω -ῶ florecer, brotar; florecer, estar en la flor, en la plenitud, tener abundancia [de algo, *dat. y otras constr.*]; brillar, resplandecer.
ἄνθη ης ἡ flor, época de florecimiento.
ἀνθ-ήλιος ον = **ἀντήλιος.**
ἀνθηρός ά όν floreciente, florido; brillante; que está en su flor *o* en su plenitud *o* en toda su fuerza (ἀ. μένος furor desatado).
ἀνθ-ησσάομαι -ῶμαι ceder a su vez, transigir por su parte [con alguien, *dat*].
ἀνθίζω pintar, colorear.
ἀνθινός ή όν de plantas, vegetal, de flores.
ἀνθ-ίστημι TR. poner en frente || INTR. *y* MED. ponerse en frente, oponerse, resistir; luchar; salir contra deseo, salir mal. **F** *de intr. y med. fut.* ἀντιστήσομαι; *aor.* ἀντέστην, *y* ἀντεστάθην; *perf.* ἀνθέστηκα, *part.* ἀνθεστώς.
ἀνθ-ομολογέομαι -οῦμαι convenir, reconocer, confesar; alabar, dar gracias.
ἀνθ-οπλίζω armar a su vez || MED. armarse a su vez *o* por su parte.
ἄνθορε *3.ª sing. aor. 2.º ép. de* ἀναθρῴσκω.
ἀνθορίζω definir contrariamente.
ἀνθ-ορμέω -ῶ fondear frente a [*dat. o* πρός *y ac.*].
ἄνθος εος [ους] τό flor; *fig.* flor, lo mejor, lo más excelso; fuerza, vigor, plenitud, colmo.
ἀνθοσμίας ου ADJ. *m.* aromático.
ἀνθρακεύς έως ὁ carbonero.
ἀνθρακία ας ἡ carbones encendidos, fuego de carbón.
ἄνθραξ ακος ὁ carbón.
ἀνθρωπ-άρεσκος ον que trata de agradar a los hombres.
ἀνθρώπειος α ον *y jón.*
ἀνθρωπήϊος η ον del hombre, humano (ἡ ἀνθρωπηΐη [*sc.* δορά] piel de hombre).
ἀνθρώπινος η ον del hombre, humano.
ἀνθρώπιον ου τό hombrecillo, ruin.
ἀνθρωπο-ειδής ές de figura humana.
ἀνθρωπο-κτόνος ον homicida.
ἄνθρωπος ου ὁ hombre, ser humano; *en pl.* los hombres, la humanidad, *frec.* el mundo (ἥκιστα ἀνθρώπων menos que nada *o* que ninguna otra cosa del mundo); esposo, marido; *a veces con sentido despectivo:* esclavo *a veces con valor indefinido:* alguien, alguno; *no debe traducirse cuando va acompañado de nombres de profesión, oficio, calidad, etc.* (ἄνθρωπος βασιλεύς *un rey*; ἄνθρωπος ὁδίτης un caminante) || *f.* ἡ ἄνθρωπος mujer; *frec. con sentido despectivo:* sirvienta, esclava **F.** ἄνθρωπος *jón.* ὤνθρωπος *crasis por* ὁ ἄνθρωπος.
ἀνθρωποφαγέω -ῶ comer carne humana.
ἀνθρωπο-φάγος ον antropófago.
ἀνθρωπο-φυής ές a manera *o* modo de hombres.
ἀνθρῴσκω *sinc. por* ἀναθρῴσκω.
ἀνθ-υπάγω acusar a su vez *o* por su parte.

ἀνθυπατεύω ser procónsul.
ἀνθύπατος ου ὁ procónsul.
ἀνθυποπτεύομαι *pas*, hacerse a su vez sospechoso.
ἀνθυπουργέω = **ἀντυπουργέω**.
ἀνία ας ἡ disgusto, aflicción, tormento; molestia, respuesta picante.
ἀνιάζω TR. afligir, atormentar || INTR. estar afligido, apesadumbrado *o* angustiado [por algo, *dat.*]
ἀν-ιάομαι volver a curar || *tamb. med. de* ἀνιάω.
F. *3.ª pl. pres. jón.* ἀνιεῦνται, *v. l. Hdt. 7,236.*
ἀνιαρός ά όν molesto, pesado, enojoso; penoso, doloroso; triste, contrariado.
ἀν-ίατος ον incurable.
ἀνιάω -ῶ afligir, atormentar, apesadumbrar, atribular; molestar, importunar, irritar, incitar [*Hom. Od. 185*] || PAS. afligirse, estar *o* ser afligido, recibir disgusto *o* molestia.
ἀν-ίδρυτος ον inestable; raro, huraño.
ἀνιδρωτί ADV. sin sudor, *fig.* sin trabajo.
ἀν-ίδρωτος ον sin sudor, no sudado.
ἀν-ίερος ον no consagrado; impío.
ἀνιεῦνται *3.ª pl. pres. ind. jón. de* ἀνιάομαι.
ἀνίη ης ἡ *jón.* = ἀνία.
ἀν-ίημι TR. soltar, desatar, aflojar [*tamb. fig.:* ἀ. τὴν φυλακήν remitir *o* aflojar en la vigilancia]; libertar, dejar libre; permitir; remitir, perdonar; dejar, dejar pasar, dar acceso; dejar ir (ἀρχήν el poder); remitir (ἔχθραν en la enemistad); abandonar; suavizar, moderar; hacer brotar (ἄροτον la cosecha); lanzar, despedir (πῦρ καὶ φλόγα fuego y llamas); derramar (σταγόνας gotas); soltar las riendas, dar rienda suelta; azuzar, excitar, mover (θυμός *o* ὁ οἶνος ἀνῆκε el ánimo *o* el vino movió; ἀ. ἀειδέμεναι mover a cantar); echar atrás (ἐς δίφρον en el carro), *de donde abrir* (πύλας las puertas); entregar, consagrar (τέμενος un recinto) || INTR. cejar, remitir, aflojar, cesar. || MED. soltar para sí, descubrir, desnudar; desollar. || PAS. ser soltado o libertado; ser entregado *o* consagrado [a algo, εἰς *y ac., dat.*]; aflojarse, abandonarse, estar remiso (δίαιτα ἀνειμένη vida licenciosa).
F. *2.ª pers. pres. ind. ép.* ἀνιεῖς *(dudosa); impf.* ἀνίην, ἀνίεις, ἀνίει; *fut.* ἀνήσω; *aor.* ἀνῆκα, *jón.* ἀνέηκα, *3.ª pl.* ἀνεῖσαν, *ép.* ἄνεσαν, *imp.* ἄνες, *3.ª sing. subj. ép.* ἀνέῃ, ἀνήῃ; *perf.* ἀνεῖκα, *pas.* ἀνεῖμαι, *3.ª pl. jón.* ἀνέωνται; *aor. pas.* ἀνείθην, ἀνέθην *(N. T.); fut. pas.* ἀνεθήσομαι. *V.* ἵημι.
ἀνιηρός = **ἀνιαρός**.
ἀνίκα *dór.* = **ἡνίκα**.
ἀ-νίκατος ον *dór. y*
ἀνίκητος ον invicto, no vencido; invencible.
ἀν-ίλεως ων sin compasión.
ἀν-ιμάω -ῶ tirar hacia arriba [de alguien, *ac.*].
ἄν-ιππος ον no montado; no adaptado a la caballería.
ἀνιπτό-πους ποδος que no se lava los pies.
ἄ-νιπτος ον no lavado.
ἄν-ισος ον desigual; inicuo.
ἀνισότης ητος ἡ desigualdad.
ἀν-ισόω -ῶ igualar || MED. igualarse.
ἀν-ίστημι levantar, alzar, poner en pie; erigir, edificar *o* reedificar; levantar *o* poner en marcha [tropas, etc.]; levantar en armas; levantar [la caza]; levantar *o* despedir una asamblea; hacer trasladarse, trasladar; despoblar; desterrar, expulsar; despertar; resucitar; excitar [a alguien, *ac.;* contra alguno. *dat.*] || INTR. [*aor. 2.º* ἀνέστην, *perf. y plpf.*] PAS. *y* MED. ser expulsado *o* desterrado; ser despoblado *o* devastado [un país]; levantarse, ponerse en pie, alzarse [*y esp.* para hablar *o* para luchar]; partir, ponerse en marcha; reponerse, restablecerse; resucitar; levantarse, sublevarse || MED. [*esp. aor. 1.º*]: hacer aparecer *o* edificar para sí.
F. *fut.* ἀναστήσω (*ép.* ἀνστήσω, *med.* ἀνστήσομαι)*; aor. 1.º* ἀνέστησα (*part.* ἀναστήσας, *ép.* ἀνστήσας) *med.* ἀνεστησάμην; *aor. 2.º* ἀνέστην; *3.ª pl. ép.* ἀνέσταν, *3.ª du. ép.* ἀνστήτην; *inf. ép.* ἀνστήμεναι; *imp.* ἀνάστηθι, ἀνάστα, ἄνστα; *perf.* ἀνέστηκα, *td.* ἀνέστακα; *3.ª pl. jón.* ἀνεστέασι, *V.* ἵστημι.

ἀν-ιστορέω -ῶ interrogar.
ἀν-ίσχω = ἀνέχω.
ἀνίσωσις εως ἡ igualamiento.
ἀνίχ' *dór. ante espíritu áspero* = **ἀνίκα.**
ἀν-ιχνεύω rastrear, *o* volver a rastrear; seguir las huellas.
ἀν-νέομαι = ἀνανέομαι.
ἄννησον *jón.* = **ἄνηθον.**
ἄν-οδος ον sin caminos, intransitable.
ἄν-οδος ου ἡ subida, camino que sube; marcha *o* expedición tierra adentro.
ἀν-οδύρομαι romper en lamentos.
ἀ-νοήμων ον insensato, indiscreto.
ἀ-νόητος ον insensato, necio; no aprehensible por la inteligencia [como objeto propio de ella].
ἄνοια ας ἡ insensatez, necedad.
ἀν-οίγνυμι *y*
ἀν-οίγω abrir; descubrir, destapar; descubrir, revelar || PERF. INTR. ἀνέῳγα, estar abierto [TR. ἀνέῳχα.].
F. *impf.* ἀνέῳγον ἀνῷγον ἤνοιγον; *iter. ép. jón.* ἀναοίγεσκον; *fut.* ἀνοίξω; *aor.* ἀνέῳξα ἤνοιξα, *jón.* ἄνοιξα *o.* ἀνῷξα; *perf.* ἀνέῳγα ἀνέῳχα; *pas.* ἀνέῳγμαι, *íd.* ἤνοιγμαι ἠνέῳγμαι; *3.ª sing. plpf.* ἀνέῳκτο; *fut. perf. con valor pas.* ἀνεῴξομαι; *aor. pas.* ἀνεῴχθην (*3.ª subj.* ἀνοιχθῇ, *part.* ἀνοιχθείς *etc.*), *íd.* ἠνοίχθην *y* ἠνοίγην (*N. T.*); *aor. pas.* ἀνοιχθήσομαι *y* ἀνοιγήσομαι (*N. T.*).
ἀν-οιδέω -ῶ hincharse, henchirse.
ἀν-οίκειος no apropiado, impropio.
ἀν-οικίζομαι ir a habitar tierra adentro [en..., εἰς *y ac.*]; estar *o* habitar tierra adentro.
ἀν-οικοδομέω -ῶ edificar; reedificar, restaurar.
ἄν-οικος ον sin casa, sin hogar.
ἄν-οικτος ον sin compasión, sin piedad; no compadecido, que no es objeto de compasión.
ἀν-οιμώζω levantar el grito, ponerse a gemir.
ἀν-οιμωκτί sin tener que lamentarse *e. e.* impunemente.
ἄν-οιξα *aor. de* ἀνοίγω
ἄνοιξις εως ἡ abertura.
ἀνοιστέος α ον *adj. vbal. de* ἀναφέρω que ha de ser llevado *o* comunicado.
ἀνοιστός ή όν *adj. vbal. de* ἀναφέρω referido, contado.
ἀν-οίσω *fut. de* ἀναφέρω.
ἀν-οιχθείην, ἀνοιχθείς *etc. formas de aor. pas. de* ἀνοίγω
ἀνοκωχεύω = ἀνακωχεύω.
ἀνοκωχή = ἀνακωχή.
ἀν-όλβιος ον *y*
ἄν-ολβος ον desgraciado; malhadado.
ἀν-όλεθρος ον indemne.
ἀνολκή ῆς ἡ subida *o* elevación de una cosa que se hace tirando de ella.
ἀν-ολολύζω romper en gritos [de júbilo *o* de dolor] || TR. romper en lamentos [por alguien, *ac.*].
ἀν-ολοφύρομαι romper en lamentaciones.
ἄν-ομβρος ον sin lluvias.
ἀνομέω -ῶ obrar contra ley.
ἀνομία ας ἡ falta de leyes; desprecio de las leyes, injusticia, maldad.
ἀν-όμματος ον que no ve, que tiene los ojos cerrados.
ἀν-όμοιος ον diferente, distinto.
ἀνομοιότης ητος ἡ diferencia.
ἀνομοιόω -ῶ desigualar, hacer desigual.
ἀν-ομολογέω -ῶ convenir, ponerse de acuerdo || PAS.: ἀνωμολόγημαι τὰ ἄριστα πράττειν hay acuerdo en [*e. e.* se reconoce] que he procurado lo mejor; resumir.
ἀν-ομολογούμενος η ον contradictorio, que se contradice.
ἄ-νομος ον sin ley; ilegal, injusto; malvado, criminal; no sujeto a la ley de Moisés, pagano.
ἀν-όνητος ον inútil, vano; sin participación, goce *o* ventaja [en algo, *gen.*].
ἄ-νοος ον [-ους ουν] insensato.
ἀν-οπαῖα [*o* ἀνόπαια] ADV. perdiéndose de vista.
ἄν-οπλος ον sin armas, inerme; sin escudo.
ἀν-ορθόω -ῶ erigir, levantar; reedificar, restaurar; enderezar, poner derecho.
F. *impf.* ἀνώρθουν; *aor.* ἀνώρθωσα; *aor. pas. íd.* ἀνορθώθην, *v. l.* ἀνωρθώθην (*N. T. Luc. 13,13 etc.*).
ἄν-ορμος ον sin fondeadero; *fig.* fatal, infausto.
ἀν-όρνυμαι alzarse, saltar.
F. *fut.* ἀνόρσω; *3.ª sing. aor. 2.º med. ép.* ἄνῶρτο.
ἀν-ορούω levantarse, alzarse; lanzarse.
F. *aor. 1.º ép.* ἀνόρουσα

ἀν-ορύσσω [*át.* ἀν-ορύττω] desenterrar; excavar; abrir (τάφον un sepulcro).
ἀν-όσιος ον sacrílego, impío; no enterrado conforme a rito.
ἀνοσιότης ητος ἡ impiedad, sacrilegio.
ἀνοσιουργέω -ῶ obrar impía, sacrílegamente.
ἄ-νοσος ον libre de enfermedad, sano.
ἀ-νόστιμος ον *y*
ἄ-νοστος ον que no puede volver, privado del regreso.
ἄ-νους = **ἄνοος.**
ἄ-νουσος *ép. y jón.* = **ἄνοσος.**
ἀν-ούτατος ον no herido, ileso.
ἀνουτητί ADV. sin herida; sin herir, sin inferir herida, *Il. 22, 371.*
ἀνοχή ῆς ἡ paciencia || *pl.* armisticio.
ἄν-περ = **ἤνπερ.**
ἄνστα, ἀνστάς, ἄνστησα, ἄνστησον, ἀνστήσω, *etc. ép. o poét. por* ἀνάστηθι, ἀναστάς, ἀνέστησα, ἀνάστησον, ἀναστήσω *de* ἀνίστημι.
ἀνστρέφω *sínc. de* ἀναστρέφω.
ἀνσχεθέειν *inf. aor. 2.º ép. de* ἀνέχω.
ἄνσχεο *2.ª sing. aor. 2.º ind. o imp. med. ép. de* ἀνέχω.
ἀνσχετός όν *adj. vbal. sinc. de* ἀνέχω, soportable.
ἄντα ADV. de cara, de frente; derechamente, totalmente || PRP. *de gen.* en frente de, de frente a, contra; delante de.
ἀντ-αγοράζω comprar a su vez *o* en cambio.
ἀντ-αγωνίζομαι contender, luchar; rivalizar.
ἀνταγωνιστής οῦ ὁ antagonista, contrario, rival.
ἀντ-αδικέω -ῶ hacer daño en pago, devolver injuria por injuria.
ἀντ-αείρω = **ἀνταίρω.**
ἀντ-αιδέομαι -οῦμαι respetar *o* considerar a su vez.
ἀνταῖος α ον de frente (ἀνταία [πληγή] golpe recibido de frente).
ἀντ-αίρω [*y med.*] levantar en frente, levantar en contra || INTR. ponerse en frente, resistir; alzarse *o* estar en frente.
ἀντ-αιτέω -ῶ pedir a su vez.
ἀντακαῖος ου ὁ esturión [pez].
ἀντ-ακούω oír a su vez.
ἀντάλλαγμα ατος τό cambio, compensación.
ἀντ-αλλάσσω [*át.* ἀνταλλάττω] dar en cambio, cambiar || MED. dar, tomar *o* poner en cambio.
ἀντ-αμείβομαι pagar a su vez [a alguien, *ac.; con algo, dat.*]*;* responder, replicar [algo, *ac.;* a alguien, *ac. o* πρός *y ac.*, etc.].
ἀνταμοιβή ῆς ἡ compensación.
ἀντ-αμύνομαι defenderse, resistir; replicar, vengarse [de alguien, *ac.;* con algo, *dat.*].
ἀντ-αναβιβάζω hacer subir a su vez.
ἀντ-ανάγω conducir hacia arriba a su vez, *y esp.* sacar al mar a su vez, *e. e.* al encuentro del enemigo (νέας las naves) || INTR. *y* MED. hacerse a la mar a su vez *e. e.* al encuentro del enemigo. **F.** *impf. med.* ἀντανηγόμην; *aor. med.* ἀντανηγαγόμην; *aor. pas.* ἀντανήχθην. *V.* ἄγω *y* ἀνάγω.
ἀντ-αναιρέω -ῶ borrar *o* cancelar de una parte y otra.
ἀντ-αναμένω aguardar por su parte.
ἀντ-αναπίμπλημι llenar *u* ocupar totalmente a su vez.
ἀντ-αναπληρόω -ῶ poner como complemento *o* compensación.
ἀντ-ανδρος ου ὁ sustituto.
ἀντ-άνειμι elevarse *o* subir enfrente [de... *dat.*].
ἀντ-ανίστημι *intr. y med.* ponerse en frente *o* en contra.
ἀντ-άξιος α ον equivalente.
ἀντ-αξιόω -ῶ pedir *o* reclamar a su vez.
ἀντ-απαιτέω -ῶ pedir en cambio *o* compensación.
ἀντ-αποδίδωμι devolver; pagar, corresponder con [algo, *ac.*]*;* conceder *o* admitir en compensación; responder; venir en respuesta *o* compensación.
ἀνταπόδομα ατος τό *y*
ἀνταπόδοσις εως ἡ restitución, recompensa, compensación, pago.
ἀντ-αποκρίνομαι replicar; discutir.
ἀντ-αποκτείνω matar en represalia.
ἀντ-απόλλυμι hacer perecer en represalia || MED. perecer en venganza [de alguien, ὑπέρ *y gen.*].
ἀντ-αποφαίνω mostrar a su vez, oponer.
ἀντ-άπτομαι *jón* = **ἀνθάπτομαι.**
ἀντ-αρκέω -ῶ ser bastante a resistir *o* sufrir; resistir, mantenerse [contra algo, *dat. o* πρός *y ac.*].

ἀντ-ασπάζομαι corresponder con la bienvenida, acoger *o* recibir a su vez con afecto.

ἀντ-ατιμάζω responder a los insultos, devolver injuria por injuria.

ἀντ-αυδάω -ῶ responder; dirigirse [a alguien *ac.*].

ἀντάω = **ἀντιάω.**

F. *impf. ép.* ἤντεον; *aor.* ἤντησα, *1.ª pl. subj. ép.* ἀντήσομεν *Od. 16, 254.*

ἀντ-ειπεῖν *v.* **ἀντιλέγω.**

ἀντ-είρομαι = **ἀντέρομαι.**

ἀντ-εισάγω introducir en lugar de otro.

ἀντ-εκπέμπω enviar a su vez.

ἀντ-εκπλέω hacerse a la mar al encuentro [de alguien, *dat.*].

ἀντ-εκτρέχω lanzarse a su vez, hacer contraataque.

ἀντ-ελπίζω esperar a su vez.

ἀντ-εμβάλλω lanzarse a su vez.

ἀντ-εμβιβάζω embarcar a alguien. [*ac.*] en lugar de otro, substituir las tripulaciones por...

ἀντ-εμπίμπλημι llenar a su vez *o* en compensación [de algo, *gen.*].

ἀντ-εμπίμπρημι incendiar en venganza.

ἀντ-έξειμι *y*

ἀντ-εξέρχομαι salir al encuentro; venir en contra.

ἀντ-εξετάζω enfrentar, parangonar || MED. enfrentarse.

ἀντ-εξόρμησις εως ἡ posibilidad de contraataque.

ἀντ-επάγω conducir a su vez al ataque || INTR. *y* MED. avanzar, salir a su vez al encuentro.

ἀντ-επαινέω -ῶ alabar a su vez.

ἀντ-επανάγομαι hacerse a la mar en contra de alguien [πρός *y ac.*].

ἀντ-έπειμι ir contra, salir al encuentro [de alguien, *dat.*].

ἀντ-επεξάγω extender a su vez la línea de combate.

ἀντ-επέξειμι *y*

ἀντ-επεξελαύνω *y*

ἀντ-επεξέρχομαι partir contra, salir al encuentro [de alguien πρός *y ac.*].

ἀντ-επιβουλεύω asechar *o* atacar a su vez.

ἀντ-επιδείκνυμι mostrar a su vez.

ἀντ-επιθυμέω -ῶ desear *o* procurar por su parte || PAS. ἀντεπιθυμοῦμαι soy correspondido en mi deseo [de algo, *gen.*].

ἀντ-επικουρέω -ῶ socorrer por su parte.

ἀντ-επιμελέομαι -οῦμαι preocuparse a su vez [de algo, *gen.*].

ἀντ-επιπλέω hacerse a su vez a la vela; navegar contra.

ἀντ-επιστρατεύω salir a su vez a campaña [contra alguien, *dat.*].

ἀντ-επιτάσσω encargar *u* ordenar por su parte.

ἀντ-επιτειχίζομαι fortificarse por su parte; construirse defensas.

ἀντ-επιτίθημι poner a su vez (ἐπιστολήν una carta [a alguien, *dat.*]).

ἀντ-εραστής οῦ ὁ rival en amores.

ἀντ-ερείδω apoyar contra; afirmar || INTR. resistir, hacer resistencia.

ἀντ-έρομαι preguntar a su vez.

ἀντ-ερῶ *fut. de* ἀντιλέγω.

ἀντ-έρως ωτος ὁ amor recíproco *o* correspondido.

ἀντ-ευεργετέω -ῶ hacer bien a su vez, devolver bien por bien.

ἀντευεργέτης ου ὁ que corresponde a los beneficios, agradecido.

ἀντ-ευνοέω -ῶ corresponder a la benevolencia.

ἀντ-ευπάσχω recibir un favor en retorno de otro.

ἀντ-ευποιέω -ῶ = **ἀντ-ευεργετέω.**

ἀντ-έχω mantener delante (ὄμμασι δ'ἀντίσχοις τάνδ'αἴγλαν mantén en su rostro esta luz serena); resistir, mantenerse [contra algo, *dat. o* πρός *y ac.*] aguantar, perseverar, persistir; extenderse, alcanzar; bastar, ser suficiente (ἀ. ὑπέχων ser bastante a proporcionar) || MED. TR. ponerse algo delante como defensa || MED. INTR. cogerse (χειρός de la mano); *fig.* atenerse a, perseverar en, dedicarse *o* consagrarse a [algo, *gen.*]; sostenerse, resistir.

F. *fut.* ἀνθέξω; *aor.* ἀντέσχον, *part.* ἀντισχών *etc. V.* ἔχω.

ἀντέω *jón.* = **ἀντάω.**

ἄντη ης ἡ súplica, plegaria.

ἀντ-ήλιος ον de levante, de oriente; de cara al sol.

ἄντην ADV. de cara, de frente; cara a cara; frente a frente; a la vista de todos, públicamente.

ἀντήρης ες de frente, delantero; enemigo, contrario, adversario.

ἀντηρίς ίδος ἡ viga *o* madero de apoyo, puntal.

ἄντηστις εως ἡ encuentro; κατ'ἄντηστιν de frente.

ἀντ-ηχέω -ῶ repetir un sonido.

ἀντί PRP. *de gen.* en frente, de frente, de cara; en vez de, en lugar de, por (ἀντὶ τούτων ὅτι, porque; ἀνθ' οὗ; por qué?); a la manera de; en lugar de, en nombre de (ἀντὶ παίδων ἱκετεύομέν σε te rogamos en nombre de tus hijos); tras, sobre (χάριν ἀντὶ χάριτα gracia tras gracia).

ἀντί' ἀντία *v.* **ἀντίος.**

ἀντιάζω = ἀντιάω.

ἀντι-άνειρα ADJ. *f.* semejante a un hombre, varonil.

ἀντιάω -ῶ salir al encuentro, ir al encuentro [de alguien *o* de algo, *gen. o dat.; rara vez ac.*]; atacar; topar con alguien, encontrar (ὁ ἀντιάσας el primero que se encuentra); acercarse, alcanzar; remontarse (σπέρμα por su linaje a... *gen.*); tomar parte, participar (ἐμὸν λέχος ἀντιόωσα compañera de mi lecho); sufrir; acercarse con súplicas, implorar || MED. participar [en algo, *gen.*].
F. *pres. ép.* ἀντιόω, *inf.* ἀντιάαν, *3.ª pl. imp.* ἀντιοώντων, *part.* ἀντιόων, ἀντιόωσα, ἀντιόωντες; *2.ª pl. impf. med.* ἀντιάεσθε *fut.* ἀντιάσω *y* ἀντιόω *aor.* ἠντίασα.

ἀντι-βαίνω salir al encuentro; resistir, oponer resistencia.

ἀντι-βάλλω disparar a su vez, contestar a un disparo (ἀ. λόγους conversar).

ἀντι-βίην *y*

ἀντί-βιον ADVS. de frente, haciendo frente, como enemigo.

ἀντίβιος α ον opuesto, enemigo, hostil.

ἀντι-βλέπω mirar de frente.

ἀντι-βοηθέω -ῶ socorrer a su vez.

ἀντι-βολέω -ῶ salir *o* venir al encuentro; estar presente, asistir [a..., *dat.*]; participar [de algo *o* en algo, *gen.*]; acercarse en súplica, suplicar.
F. *impf.* ἠντιβόλουν; *fut.* ἀντιβολήσω; *aor.* ἀντεβόλησα *y* ἠντεβόλησα.

ἀντιβόλησις εως *y*

ἀντιβολία ας ἡ súplica, ruego.

ἀντι-βουκολέω -ῶ burlar *o* engañar a su vez.

ἀντι-γενεηλογέω *jón.* atribuir genealogía diferente.

ἀντι-γνωμονέω -ῶ ser de opinión contraria.

᾿Αντιγόνη ης ἡ Antígona, hija de Edipo.

ἀντι-γραφή ῆς ἡ réplica escrita; escrito de acusación; escrito de recusación *o* de réplica.

ἀντίγραφος ον trasladado a la letra, copiado || SUBST. **τὸ ἀντίγραφον** traslado, copia.

ἀντι-γράφω contestar por escrito || MED. interponer recurso judicial.

ἀντίγραψις εως ἡ interposición de recurso.

ἀντι-δάκνω morder a su vez.

ἀντι-δεξιόομαι -οῦμαι tender a su vez la mano a, corresponder al saludo de... [*ac.*].

ἀντι-δέομαι pedir por su parte.

ἀντι-διατίθεμαι *med.* ser opuesto, disentir.

ἀντι-δίδωμι dar en pago *o* en cambio; ofrecer permuta *o* trueque de bienes.

ἀντι-δικέω -ῶ contender en juicio; defenderse en justicia.
F. *impf.* ἠντιδίκουν *y* ἠντεδίκουν; *aor.* ἠντεδίκησα.

ἀντί-δικος ου ὁ adversario en juicio; parte contraria.

ἀντί-δοσις εως ἡ cambio, trueque; cambio *o* permuta de bienes.

ἀντι-δράω -ῶ hacer a su vez bien *o* mal [a alguno, *ac.*]; devolver [el bien *o* el mal].

ἀντι-δωρέομαι -οῦμαι dar en pago, premiar, recompensar.

ἀντί-θεος α ον semejante a un dios.

ἀντι-θεραπεύω honrar por su parte.

ἀντίθεσις εως ἡ antítesis, oposición contradicción.

ἀντι-θέω correr al encuentro; competir en la carrera.

ἀντί-θυρον ου τό atrio; vestíbulo, portal.

ἀντι-κάθημαι acampar enfrente; estar enfrente.

ἀντι-καθίζομαι colocarse *o* acampar enfrente.

ἀντι-καθίστημι poner enfrente; poner una persona *o* cosa en lugar de otra; volver de nuevo, hacer tornar (a alguien *ac.*, ἐπὶ τὸ θαρσεῖν a la confianza]. || INTR. [*aor. 2.º y perf.*] *y* MED. ponerse enfrente, oponerse; ocupar el lugar [de alguien, *gen.*], reemplazarle.

ἀντι-κακουργέω -ῶ hacer mal en pago del mal; devolver mal por mal.

ἀντι-καλέω -ῶ invitar a su vez.

ἀντι-καταλείπω dejar en lugar de otro.

ἀντι-καταλλάσσομαι tomar *o* dar en cambio de otra cosa.

ἀντι-κατατείνω oponer, poner en contra.

ἀντικάτημαι ἀντικατίζομαι ἀντικατίστημι *formas jón. Véase* ἀντικαθ-...

ἀντίκειμαι estar enfrente; *fig.* ser opuesto *o* contrario; estar en lucha.

ἀντι-κελεύω exigir por su parte.

ἀντι-κλαίω llorar a su vez.

ἀντι-κνήμιον ου τό tibia, hueso anterior de la pierna; pierna.

ἀντι-κόπτω *y*

ἀντι-κρούω ponerse por medio, oponerse.

ἀντι-κρύ *y*

ἄντικρυς ADV. de frente, de cara, derechamente, derecho; totalmente; abiertamente, públicamente.

ἀντι-κύρω encontrar [a alguien, *dat.*].

ἀντιλαβή ῆς ἡ asidero, lugar *o* punto por donde se coge una cosa, asa; *fig.* flaco, punto flaco.

ἀντι-λαμβάνω tomar *o* recibir por su parte || MED. cogerse [de algo, *gen.*]; apoderarse (μοῦ ὁ λόγος οὗτος ἀντιλαμβάνεται este razonamiento me subyuga, *Plat. Fed. 88, d*); conseguir, alcanzar; poner mano [en algo, *gen.*], ocuparse, preocuparse de, tratar de conseguir [algo, *gen.*]; hacerse cargo, amparar [a alguien, *gen.*]; tomar por su cuenta [a alguien, *gen.*], *de donde* objetar.

ἀντι-λέγω hablar en contra, contradecir, disputar; prohibir; negarse, oponerse; decir a su vez, responder, replicar, objetar || PAS. ser objeto de disputa.

F. *fut.* ἀντερῶ *y tamb.* ἀντιλέξω; *aor.* ἀντεῖπον *y* ἀντέλεξα; *perf.* ἀντείρηκα; *fut. pas.* ἀντειρήσομαι. *V.* λέγω.

ἀντίλεκτος ον disputado, discutido.

ἀντιληπτέον *adj. vbal.* de ἀντιλαμβάνω: hay que ocuparse en [*gen.*].

ἀντίλη(μ)ψις εως ἡ acción de tomar *o* recibir a su vez; pretensión, exigencia; objeción, contradicción; ataque [de una enfermedad]; ayuda, auxilio; *cf.* ἀντιλαμβάνω

ἀντιλογέω -ῶ = ἀντιλέγω.

ἀντιλογία ας ἡ objeción; contradicción; disputa judicial; réplica, defensa; disensión, enemistad.

ἀντι-λογίζομαι pensar a su vez.

ἀντιλογικός ή όν apto *o* inclinado a contradecir, sutil, sofístico.

ἀντι-λοιδορέω -ῶ [*y med.*] devolver la injuria.

ἀντί-λυρος ον semejante al sonido de la lira.

ἀντί-λυτρον ου τό rescate.

ἀντι-μάχομαι luchar en contra.

ἀντι-μέλλω diferir *o* retrasarse a su vez.

ἀντι-μέμφομαι quejarse *o* reprochar a su vez.

ἀντι-μετρέω -ῶ medir a su vez.

ἀντι-μέτωπος ον de frente, frente a frente.

ἀντι-μηχανάομαι -ῶμαι apercibirse por su parte, idear nuevas trazas.

ἀντι-μίμησις εως ἡ imitación, acción de imitar *o* contrahacer.

ἀντιμισθία ας ἡ remuneración.

ἀντι-ναυπηγέω -ῶ construir naves a su vez.

ἀντί-ξοος ον enemigo, opuesto, adverso.

ἀντιόομαι -οῦμαι ponerse en frente, oponerse, resistir.

F. *1.º pl. pres. ind. jón.* ἀντιεύμεθα; *fut.* ἀντιώσομαι; *aor.* ἠντιώθην, *jón.* ἀντιώθην.

ἀντίος α ον de frente, al encuentro; opuesto, contrario || ADV. **ἀντίον** *y* **ἀντία** enfrente; contra; a su vez (τὸν δ' ἀντίον ηὔδα contestóle a su vez).

ἀντιοστατέω -ῶ = ἀνθίσταμαι: ser contrario [*dic.* del viento, *Sóf. Fil. 640*].

ἀντιόω [*y med.*] **ἀντιάω.**

ἀντί-παις ιδος ὁ ἡ casi niño, apenas salido de la niñez.

ἀντί-παλος ον opuesto, enemigo, rival, adversario [*tamb. sust.*]; igual, equivalente, de igual valor, equilibrado (ἀντίπαλα ναυμαχεῖν luchar en el mar sin resultado decisivo); conveniente, acomodado.

ἀντι-παραβάλλω comparar.
ἀντι-παραγγέλλω dar otra orden por su parte.
ἀντι-παράγω llevar las tropas contra el enemigo; marchar contra el enemigo.
ἀντι-παραθέω correr de frente al enemigo a lo largo de la propia línea.
ἀντι-παρακαλέω -ῶ exhortar *o* animar por su parte.
ἀντι-παρακελεύομαι excitar a su vez.
ἀντι-παραλυπέω -ῶ dañar *o* molestar a su vez.
ἀντι-παραπλέω navegar a su vez [*e. e.* contra el enemigo] a lo largo de la costa.
ἀντι-παρασκευάζομαι apercibirse, prepararse a su vez [contra alguien, *dat.*].
ἀντιπαρασκευή ῆς ἡ conjunto de preparativos de guerra, potencia gueguerra.
ἀντι-παρατάσσομαι ponerse en orden de batalla por su parte *o* contra el enemigo [*dat.*]*;* poner *u* ordenar enfrente (τὴν φάλαγγα la falange).
ἀντι-παρατίθημι poner enfrente *o* al lado; comparar.
ἀντι-πάρειμι marchar frente al enemigo, *e. e.* hacia él *o* a su vista.
ἀντι-παρεξάγω sacar contra || INTR. salir *o* marchar contra [alguien, *dat.*].
ἀντι-παρέρχομαι pasar al lado [sin detenerse], pasar de largo.
ἀντι-παρέχω ofrecer *o* procurar a su vez; proporcionar a cambio.
ἀντι-πάσχω recibir *o* experimentar a su vez [bienes *o* males].
ἀντιπαταγέω -ῶ resonar a su vez con fuerza, *de donde*, apagar [ψόφῳ el ruido].
ἀντι-πέμπω enviar contra [alguien, *dat.*]*;* enviar a su vez *o* en retorno; mandar decir a su vez, contestar; enviar en cambio *o* substitución.
ἀντί-περα = **ἀντιπέραν.**
ἀντι-πέραια τά región opuesta, *esp.* costa de enfrente.
ἀντι-πέραν *y*
ἀντι-πέρας ADVS. enfrente, frontero; al otro lado, allende.
ἀντί-πετρος ον adosado a la roca.
ἀντι-πίμπλημι llenar a su vez.
ἀντι-πίπτω resistir.
ἀντι-πλέω navegar contra *o* al encuentro.
ἀντι-πλήξ ῆγος azotado por las olas.
ἀντι-πληρόω -ῶ completar; dotar *o* equipar a su vez [las naves].
ἀντι-ποθέω -ῶ desear a su vez *o* mutuamente.
ἀντι-ποιέω -ῶ hacer a su vez, devolver (εὖ τινα el bien a alguno) || MED. *y* PAS. aspirar a, reivindicar, pretender [algo *gen.*]*;* disputar [a alguien, *dat.;* algo, *gen.*]*;* rivalizar [con alguien, *dat.;* en *o* acerca de algo, *gen.*, περί *y gen.*].
ἀντί-ποινα ων τά pago; venganza; expiación.
ἀντι-πολεμέω -ῶ tomar a su vez las armas, hacer la guerra contra [alguien, *dat.*, etc.].
ἀντι-πολέμιος ον *y*
ἀντι-πόλεμος ον adversario en guerra enemigo.
ἀντι-πολιορκέω -ῶ sitiar a su vez.
ἀντι-πορεύομαι ponerse en marcha a su vez.
ἀντί-πορος ον situado en frente; frontero, opuesto.
ἀντί-πους ουν [*gen.* -ποδος] con los pies opuestos; antípoda.
ἀντι-πράσσω [*át.* ἀντι-πράττω] obrar en contra; oponerse.
ἀντι-πρεσβεύομαι enviar a su vez embajadores.
ἀντι-πρήσσω *jón.* = **ἀντι-πράσσω.**
ἀντι-πρόειμι adelantarse *o* salir al encuentro.
ἀντι-προσαγορεύω devolver el saludo.
ἀντι-πρόσειμι marchar contra.
ἀντιπροσερρήθην *aor. pas. de* ἀντιπροσαγορεύω fui saludado a mi vez.
ἀντι-προσφέρω llevar a su vez.
ἀντι-πρόσωπος ον de cara, frente a frente.
ἀντι-προτείνω tender a su vez (τὴν δεξιάν la mano).
ἀντί-πρῳρος ον de proa, con la proa hacia delante; de frente, frente a frente.
ἀντί-πυλος ον con las puertas frente a frente.
ἀντίρροπος ον que sirve de contrapeso, compensador; igual en peso, en fuerza, etc.
ἀντισήκωσις εως ἡ compensación, igualación.
ἀντ-ισόομαι -οῦμαι querer igualarse, pretender ser igual.

ἀντίσπαστος ον retorcido, convulsivo.

ἀντι-σπάω -ῶ tirar hacia el otro lado; rechazar, apartar.

ἀντί-σταθμος ον de igual peso; compensador, en compensación.

ἀντι-στασιάζω levantarse en contra, formar un partido contrario; presentarse como rival, rivalizar.

ἀντί-στασις εως ἡ partido opuesto; oposición.

ἀντι-στασιώτης ου ὁ del partido contrario; adversario político.

ἀντιστατέω -ῶ ponerse en contra, oponerse.

ἀντ-ίστημι = **ἀνθίστημι.**

ἀντιστοιχέω -ῶ enfrentarse correlativamente.

ἀντι-στρατεύομαι salir a campaña [contra alguien, *dat.*]; oponerse.

ἀντι-στράτηγος ου ὁ general enemigo.

ἀντι-στρατοπεδεύομαι acampar enfrente.

ἀντίστροφος ον que se vuelve de frente; correspondiente, en correspondencia [con algo *gen.* *o* *dat.*] || **ἡ ἀντιστροφή** la antístrofa.

ἀντ-ισχυρίζομαι ratificarse *o* mantenerse a su vez en la opinión [acerca de algo, περί *y* gen.].

ἀντ-ίσχω = **ἀντέχω.**

ἀντίταξις εως ἡ colocación del ejército *o* las naves frente al enemigo.

ἀντι-τάσσω [*y med.*] colocar *u* ordenar enfrente || MED. ponerse enfrente, resistir.

F. *3.ª pl. perf. pas.* ἀντιτετάχαται *inf.* ἀντιτετάχθαι. *V.* τάσσω.

ἀντι-τείνω esforzarse en contra, ponerse en contra, oponerse, resistir.

ἀντι-τείχισμα ατος τό fortificación de enfrente *u* opuesta.

ἀντι-τεχνάομαι -ῶμαι idear *o* discurrir por su parte.

ἀντιτέχνησις εως ἡ emulación de habilidad, contratreta.

ἀντί-τεχνος ου ὁ rival [en un arte *o* ejercicio].

ἀντι-τίθημι poner enfrente *o* al lado; comparar; dar *o* poner en compensación; poner en común; oponer, objetar.

ἀντι-τιμάω -ῶ honrar a su vez || MED. hacer una contrapropuesta [*esp.* de castigo, *gen.*].

ἀντι-τιμωρέομαι -οῦμαι vengarse a su vez [contra alguien *ac.*].

ἀντι-τίνω pagar *o* expiar a su vez || MED. hacer pagar, tomar venganza [contra alguien, *ac.*].

ἀντι-τολμάω -ῶ atreverse a su vez, conducirse a su vez audazmente.

ἀντι-τοξεύω tirar flechas contra.

ἀντι-τορέω -ῶ atravesar, perforar; forzar (δόμον la morada).

ἄν-τιτος ον pagado, devuelto (ἄντιτα ἔργα desquite, represalias).

ἀντι-τρέφω mantener *o* sustentar a su vez.

ἀντι-τυγχάνω conseguir a su vez.

ἀντι-τυπέω -ῶ devolver un golpe; resistir fuertemente.

ἀντί-τυπος ον que rebota *o* repercute; repetido en el eco; que representa *o* figura; que hace rebotar, duro, resistente; *fig.* obstinado, adverso || SUST. **ὁ ἀντίτυπος** *y* **τὸ ἀντίτυπον** imagen, figura.

ἀντι-τύπτω golpear a su vez.

ἀντι-φερίζω compararse *o* igualarse [con alguien, *dat.*].

ἀντι-φέρω poner contra || MED. ponerse enfrente *o* en contra, oponerse, luchar, competir.

ἀντί-φημι contradecir; replicar.

ἀντι-φιλέω -ῶ amar a su vez, corresponder al amor.

ἀντί-φονος ον vengador de muerte; que es pago de muerte.

ἀντι-φυλακή ῆς ἡ guarda *o* precaución mutua *y esp.* apóstrofes recíprocos para evitar el choque [*Tuc. 2, 84, 3*].

ἀντι-φυλάττομαι ponerse a su vez en guardia; precaverse mutuamente.

ἀντι-φωνέω -ῶ replicar, contestar; contradecir.

ἀντι-χαίρω alegrarse a su vez, regocijarse [con alguien, *dat.*].

ἀντιχαρίζομαι mostrar agrado a su vez.

ἀντι-χειροτονέω -ῶ votar en contra.

ἀντι-χράω bastar, ser bastante.

F. *3.ª sing. aor. jón.* ἀντέχρησε.

ἀντί-χριστος ου ὁ Anticristo.

ἀντλέω -ῶ desaguar, achicar [sacar agua de un barco]; sacar; agotar, disipar; sufrir hasta el fin.

ἄντλημα ατος τό cubo para sacar agua.

ἀντλία ας ἡ *y*

ἄντλος ου ὁ agua de pantoque *o* sentina; sentina; cala de una nave; agua de mar; mar.
ἀντ-οικτίζω compadecer a su vez.
ἀντολή = **ἀνατολή**.
ἄντομαι = **ἀντιάω**.
ἀντ-όμνυμι jurar a su vez *o* por su parte.
ἀντ-ονομάζω llamar o designar a su vez [con nombre distinto].
ἀντ-ορύσσω contraminar, hacer una contramina.
ἀντ-οφείλω deber *o* adeudar a su vez *o* en pago.
ἀντ-οφθαλμέω -ῶ mirar cara a cara; resistir.
ἀν-τρέπω = **ἀνατρέπω**.
ἄντρον ου τό cueva, gruta, antro.
ἀντρώδης ες abundante en cuevas *o* grutas; carnoso.
ἄντυξ υγος ἡ borde *o* cerco del escudo; parapeto *o* baranda delantera del carro; carro [*tamb. pl.*].
ἀντ-υποκρίνομαι contestar a su vez.
ἀντ-υπουργέω *jón.* hacer en pago.
ἀντωμοσία ας ἡ declaración jurada *y esp.* la del demandante y el demandado al comenzar el juicio.
ἀντ-ωνέομαι -οῦμαι pujar, ofrecer más.
ἀντ-ωφελέω -ῶ ayudar *o* servir a su vez [a alguien, *ac.*].
ἀνυβριστί ADV. sin ultraje, sin ofensa.
ἀνυδρία ας ἡ falta de agua.
ἄν-υδρος ον falto de agua, seco || **ἡ ἄνυδρος** el desierto.
ἀν-υμέναιος ον sin canto nupcial, sin himeneo, sin bodas.
ἄνυμι = **ἀνύω**.
F. *3.ª sing. impf. pas. ép.* ἤνυτο.
ἀ-νύμφευτος ον *y*
ἄ-νυμφος ον no casado; de un casamiento funesto; desgraciado.
ἀν-υπέρβλητος ον insuperable, invencible.
ἀν-υπεύθυνος ον que no tiene que dar cuenta, sin responsabilidad.
ἀν-υπόδητος ον descalzo.
ἀν-υπόθετος ον incondicional, absoluto.
ἀν-υπόκριτος ον sincero, sin hipocresía ni fingimiento.
ἀν-ύποπτος ον no sospechoso; que no sospecha, sin suspicacia.
ἀν-υπόστατος ον irresistible.
ἀν-υπότακτος ον no sometido, independiente, desobediente, rebelde.
ἀνύσιμος ον conducente, eficaz.
ἄνυσις εως ἡ cumplimiento; resultado; fin.
ἀνυστός ή όν posible, factible.
ἀνυτικός ή όν eficaz, provechoso.
ἀνύτω [*y* **ἁνύτω**] = **ἀνύω**.
ἀν-υφαίνω tejer de nuevo, volver a tejer.
ἀνύω [*y* **ἁνύω**] cumplir, realizar, llevar a cabo *o* a término; alcanzar, conseguir; *abs.* conseguir algo; aprovechar, servir; llegar a ser (εὐδαίμων ἀνύσει καὶ μέγας acabará feliz y grande); procurar (φορβάν alimento); hacer un camino, recorrer [*a veces sin el compl.* ὁδόν *o* κέλευθον *de donde*, llegar]; acabar, destruir, extinguir || MED. conseguir *u* obtener para sí; llevar a cabo en provecho propio.
F. *impf.* ἤνυον, *fut.* ἀνύσω, *ép. tamb.* ἀνύω (ἐξανύω); *aor.* ἤνυσα, *ép.* ἤνυσσα, *med.* ἠνυσάμην, *inf.* ἀνύσασθαι; *perf.* ἤνυκα, *pas.* ἤνυσμαι; *aor. pas.* ἠνύσθην.
1 **ἄνω** llevar a cabo, hacer, realizar, terminar || PAS. terminarse, acabar; ser llevado a cabo *o* a término.
2 **ἄνω** ADV. hacia arriba; hacia tierra interior, tierra adentro; arriba; en la tierra [por oposición al Hades; οἱ ἄνω los vivos]; en el cielo (οἱ ἄνω θεοί los dioses celestes); tierra adentro (ὁ ἄνω βασιλεύς el rey de tierra adentro [Persia *o* Tracia]); en la parte alta de la ciudad; al norte, hacia el norte; *en un discurso o tratado*, más arriba, anteriormente, supra; ἄνω καὶ κάτω arriba y abajo, por todas partes *o* de arriba abajo || PRP. *de gen.* más arriba de, por cima de; en la parte más alta (αἰθέρος del éter).
ἀνῶ *subj. aor. 2.º de* ἀνίημι.
ἄνωγα *perf. con sign. pres.* = ἀνώγω.
ἀνώγαιον ου *y*
ἀνώγεων ω τό cámara en piso superior; granero, *esp.* cenáculo.
ἀνῶγεν *3.ª sing. impf. ép. de* ἀνοίγω.
ἀνώγω ordenar, mandar; impulsar, excitar, urgir.
F. *impf.* ἤνωγον *y ép. tamb.* ἄνωγον; *fut.* ἀνώξω; *aor.* ἤνωξα, *1.ª pl. subj. ép.* ἀνώξομεν, *inf.* ἀνῶξαι. *Más frec.*

el perf. ἄνωγα, *1.ª pl.* ἄνωγμεν, *imp.* ἄνωχθι *y* ἄνωγε, *3.ª sing.* ἀνώχθω *y* ἀνωγέτω, *2.ª pl.* ἄνωχθε *y* ἀνώγετε, *inf. ép.* ἀνωγέμεν; *plpf. con valor de impf. 1.ª sing. ép.* ἠνώγεα *3.ª* ἠνώγει, *ép. tamb.* ἀνώγει.

ἀν-ώδυνος ον sin dolor, libre de dolor.

ἄνω-θεν ADV. de arriba, desde arriba; de tierra adentro; arriba [*cf.* ἄνω]; desde el principio, desde antiguo; de nuevo ||τὰ ἄνωθεν los primeros principios.

ἀν-ωθέω -ῶ impulsar hacia arriba, *v. gr.*: hacia alta mar [*sc.* ναῦν]; ἀ. τὴν πόλιν εἰς τοὺς πολεμίους entregar la ciudad a los enemigos || MED. rechazar.

ἀνωιστί ADV. sin preverlo, imprevistamente.

1 **ἀν-ώιστος ον** *jón.* = **ἀνοιστός.**

2 **ἀν-ώιστος ον** no adivinado, imprevisto.

ἀν-ώλεθρος ον indestructible, imperecedero.

ἀνωμαλία ας ἡ desigualdad, irregularidad, anomalía.

ἀν-ώμαλος ον desigual; vario; anómalo.

ἀνωμοτί ADV. sin juramento.

ἀν-ώμοτος ον no jurado.

ἀν-ώνυμος ον sin nombre, anónimo; desconocido, oscuro.

ἀνῶξαι *inf. aor. de* ἀνώγω.

ἀνώξομεν *1.ª pl. subj. aor. ép. de* ἀνώγω.

ἀνώξω *fut. de* ἀνώγω.

ἀνωρίη ης ἡ *jón.* tiempo inoportuno, mal tiempo.

ἄν-ωρος ον inoportuno *y esp.* prematuro.

ἀν-ῷσαι = **ἀνοῖσαι** *inf. aor. 1.º jón. de* ἀναφέρω.

ἀν-ώσαντες *part. aor. 1.º de* ἀνωθέω.

ἀνώτατος η ον el más alto, el más elevado || ADV. **ἀνωτάτω** [*cf.* ἄνω].

ἀνωτερικός ή όν más alto, tierra adentro.

ἀνώτερος α ον más alto, anterior en tiempo.

ἀνωτέρω ADV. *comp. de* ἄνω más arriba; hacia arriba.

ἀν-ωφελής ές *y*

ἀν-ωφέλητος ον inútil, inservible; dañino, perjudicial.

ἄνωχθε *2.ª pl. imp. de* ἄνωγα.

ἄνωχθι *2.ª sing. imp. de* ἄνωγα.

ἀνώχθω *3.ª sing. imp. de* ἄνωγα.

ἀξάμην *aor. 1.º med. ép. y jón. de* ἄγω.

ἄξας *part. aor. 1.º y*

ἀξέμεν(αι) *inf. fut. ép. de* ἄγω.

ἄ-ξενος ον inhospitalario.

ἄ-ξεστος ον no pulimentado, áspero.

ἄξετε *imp. aor. ép. de* ἄγω.

ἀξία ας ἡ valor, precio; estimación, apreciación; dignidad, honor, categoría; merecimiento, mérito; pago recompensa, salario, merecido, castigo, pena.

ἀξι-απήγητος ον digno de recuerdo *o* mención.

ἀξι-έπαινος ον laudable, digno de alabanza.

ἀξι-έραστος ον amable, digno de amor.

ἀξίνη ης ἡ pala de hacha; hacha [*esp.* hacha de armas *o* de combate].

ἀξιο-βίωτος ον digno de vivirse; que da valor a la vida.

ἀξιο-θαύμαστος ον digno de admiración.

ἀξιο-θέατος ον *y jón.*

ἀξιο-θέητος ον digno de ser visto *o* contemplado.

ἀξιο-κοινώνητος ον digno de participar, partícipe digno.

ἀξιό-κτητος ον digno de ser poseído, estimable.

ἀξιό-λογος ον digno de mención *o* recordación, memorable; importante, considerable, considerado.

ἀξιό-μαχος ον digno de ser combatido *o* capaz de combatir.

ἀξιο-μνημόνευτος ον digno de recuerdo.

ἀξιό-νικος ον digno de la victoria; *simpl.* digno.

ἀξιό-πιστος ον fidedigno.

ἄξιος α ον que contrapesa; del valor de... [*gen.* λέβης βοὸς ἄξιος una caldera del valor de un buey; πολλοῦ ἄξιος de gran valor]; digno, merecedor [de algo, *gen.* etc.: ἄξιος λόγου digno de consideración]; merecido (ἀξία δίκη pena merecida); digno de aprecio, estimable, que vale la pena (ἄξιόν ἐστι vale la pena *o* es justo, equitativo); proporcionado, conveniente; de gran valor, precioso; de precio conveniente, barato

|| ADV. **ἀξίως** de manera digna, dignamente, convenientemente.

ἀξιό-σκεπτος ον digno de consideración, atendible.

ἀξιο-στράτηγος ον digno del puesto de general.

ἀξιο-τέκμαρτος ον probador, convincente.

ἀξιό-χρεως ων [*jón.* **ος ον**] apropiado, apto, digno; importante, considerable; valedero, fidedigno, seguro.
F. *gen.* ἀξιόχρεω *nom. pl.* ἀξιόχρεῳ, *n.* ἀξιόχρεα; *comp.* ἀξιοχρεώτερος, *superl.* ἀξιοχρεώτατος.

ἀξιόω -ῶ tener por digno *o* merecedor [de algo, *gen., etc.*]; satisfacer, atender; estimar, apreciar, honrar; juzgar recto, justo *o* conveniente, *de donde,* resignarse a *y tamb.* encarecer, reclamar, pedir; tener por cierto, creer, juzgar, sostener || MED. juzgarse digno; creer conveniente, consentir.

ἀξίωμα ατος τό dignidad, consideración, honor, categoría; pretensión; voluntad; resolución.

ἀξίωσις εως ἡ aprecio, consideración, dignidad, honor, categoría; significación [de las palabras]; pretensión, deseo, voluntad; opinión, punto de vista

ἆξον *imp. aor. 1.º de* ἄγνυμι.

ἄξον *imp. aor. 1.º de* ἄγω.

ἄξοντο *3.ª pl. aor. med. ép. de* ἄγω. *Il. 8,545.*

ἄ-ξυλος ον rico en leña, espeso [α- *copulativa*]; sin leña *o* sin bosques [α- *privativa*].

* **ἀξυμ-** = **ἀσυμ-**.

* **ἀξυν-** = **ἀσυν-**.

ἄξω *fut. de* ἄγω *y de* ἄγνυμι.

ἄξων ονος ὁ eje.

ἀοιδή ῆς ἡ canto, poesía, poema; leyenda.

ἀοιδιάω -ῶ cantar.

ἀοίδιμος ον cantado, celebrado en el canto; celebrado, famoso; infamado; digno de ser cantado *o* celebrado.

ἀοιδός οῦ ὁ ἡ aedo, cantor, cantora; poeta, poetisa; encantador, hechicero.

ἀ-οίκητος ον inhabitado; inhabitable; sin casa.

ἄ-οικος ον sin casa, sin hogar, sin patria; sin familia, pobre; inhabitable, inhospitable.

ἄ-οινος ον sin vino; que no bebe vino; que no produce vino.

ἄ-οκνος ον sin vacilación; diligente, activo, expedito, resuelto, rápido; urgente, inminente.

ἀολλής ές agrupado, apiñado, reunido, junto [*casi siempre en pl.*].

ἀολλίζω reunir, congregar || MED. reunirse.
F. *aor. ép.* ἀόλλισ(σ)α; *3.ª pl. aor. pas. ép.* ἀολλίσθησαν, *inf.* ἀολλισθήμεναι.

ἄ-οπλος ον = **ἄνοπλος**.

ἄορ ἄορος τό [*ac. pl. heterócl.* ἄορας] espada.

ἀ-όρατος ον invisible.

ἀ-όριστος ον sin límites, sin linderos, no delimitado; indefinido, indeterminado, sin determinar.

ἀορτήρ ῆρος ὁ cuerda; tahalí.

ἀοσσητήρ ῆρος ὁ socorredor, defensor; vengador.

ἄ-ουτος ον ileso.

ἀοχλησία ας ἡ tranquilidad no interrumpida.

ἀπ' *ante vocal* = **ἀπό**.

ἀπαγγελία ας ἡ relación, exposición.

ἀπ-αγγέλλω traer noticias, comunicar, dar a conocer, referir, explicar; alabar.
F. *3.ª sing. impf. iter, ép.* ἀπαγγέλλεσκε; *fut.* ἀπαγγελῶ, *jón.* ἀπαγγελέω; *aor. 1.º* ἀπήγγειλα *aor. pas.* ἀπηγγέλθην. *etc. V.* ἀγγέλλω.

ἀ-παγής ές no atiesado, flojo.

ἀπ-αγινέω -ῶ llevar *o* pagar en tributo.

ἀπ-αγορεύω prohibir; desaconsejar, objetar; renunciar; cansarse, desfallecer, agotarse (τὰ ἀπαγορεύοντα lo inservible por el uso).
F. *Usado mayormente en pres. e impf. Fut.* ἀπερῶ; *aor.* ἀπεῖπον; *perf.* ἀπείρηκα *etc. v.* ἀγορεύω. *Raro aor.* ἀπηγόρευσα *etc.*

ἀπ-αγριόομαι -οῦμαι hacerse salvaje *o* silvestre; tomar una apariencia salvaje.

ἀπ-άγχω estrangular, ahogar || MED. ahorcarse.

ἀπ-άγω conducir, llevar [*esp.* ante la autoridad, a juicio, a la cárcel, a la muerte]; *esp.* llevarse, sacar; separar apartar (τῆς ὁδοῦ del camino); poner a un lado; retirar [tropas, etc.] *y abs.* retirarse *o bien* dirigir la retirada *o* el regreso; llevar, entregar, dar, pagar; quitar || MED. llevarse *o* tomar para sí *o* consigo.

ἀπαγωγή ῆς ἡ acción de llevarse; apartamiento, seducción; pago; demanda *o* propuesta de detención de un reo; detención.

ἀπ-αδέειν [*y* **ἀπ-αδεῖν**] *inf. aor. 2.º jón. de* ἀφανδάνω.

ἀπ-ᾴδω desentonar, discordar.

ἀπ-αείρω = **ἀπαίρω.**

ἀπ-αθανατίζω hacer inmortal.

ἀ-παθής ές indemne, intacto; insensible; no experimentado, desconocedor [de algo, *gen.*].

ἀπαιδευσία ας ἡ falta de educación, de formación *o* de firmeza; falta de dominio de sí mismo; desenfreno.

ἀ-παίδευτος ον ineducado, ignorante, sin instrucción; rudo; desenfrenado.

ἀπαιδία ας ἡ falta de hijos.

ἀπ-αίνυμαι llevarse, quitar, arrebatar.

ἀπ-αιρέω *jón.* = **ἀφαιρέω.**
F. *Part. perf. pas.* ἀπαραιρημένος; *subj. aor. pas.* ἀπαιρεθέω.

ἀπ-αίρω llevarse, quitar; poner en marcha, hacer a la mar || INTR. partir; hacerse a la mar; alejarse, escaparse.
F. *impf. jón.* ἀπαιρέεσκον; *fut.* ἀπαρῶ; *aor.* ἀπῆρα; *perf.* ἀπῆρκα.

ἄπαις αιδος sin hijos, que no tiene hijos.

ἀπ-αίσιος ον desagradable, funesto, doloroso.

ἀπ-αΐσσω = **ἀπᾴσσω.**

ἀπ-αισχύνομαι avergonzarse de algo, contenerse por vergüenza.

ἀπ-αιτέω -ῶ reclamar, pedir [algo a alguien, *dos acs.*, etc.].

ἀπαίτησις εως ἡ reclamación.

ἀπ-αιτίζω = **ἀπαιτέω.**

ἀπ-αιωρέω -ῶ colgar, ahorcar.

ἀπ-ακριβόω -ῶ trabajar esmeradamente, dejar acabado *o* perfecto.

ἀπάλαλκε *3.ª sing. aor. 2.º ép. de* ἀπαλέξω.

ἀ-πάλαμ(ν)ος ον *lit.* sin manos *e. e.* desvalido, impotente, débil.

ἀπ-αλγέω -ῶ dejar de sentir *o* de dolerse [por algo, *ac.*].

ἀπ-αλείφω borrar, cancelar.

ἀπ-αλέξω rechazar, apartar [algo *o* a alguien, *ac.*; de alguien *o* de algo, *gen.*]; defender || MED. defenderse.
F. *fut.* ἀπαλεξήσω; *aor. 1.º* ἀπηλέξησα; *aor. 2.º ép.* ἀπάλαλκον.

ἀπ-αλθαίνομαι curarse, sanar.
F. *fut.* ἀπαλθήσομαι.

ἀπαλλαγή ῆς ἡ separación, partida, salida; retirada, escape, huída; liberación.

ἀπαλλαξείω desear escapar *o* librarse [de algo, *gen.*].

ἀπάλλαξις εως ἡ = **ἀπαλλαγή.**

ἀπ-αλλάσσω [*át.* **ἀπ-αλλάττω**] alejar, echar fuera; apartar, dar de lado; despedir, dejar ir; libertar, liberar || INTR. irse, partir; salir, escapar [de un modo *u* otro, *adv.*] || MED. *y* PAS. alejarse (ἀ. τῶν διδασκάλων dejar la escuela); irse, partirse [*esp.* partir de esta vida, morir]; escapar, salir libre [de una imputación, etc.]; separarse, abstenerse [de algo, *gen.*] *y simpl.* cesar en, poner fin a algo, *gen.*]; *o abs.*]; ser liberado, liberarse.
F. *fut.* ἀπαλλάξω, *med.* ἀπαλλάξομαι; *aor.* ἀπήλλαξα; *perf.* ἀπήλλαχα, *pas.* ἀπήλλαγμαι *y jón.* ἀπάλλαγμαι; *aor. pas.* ἀπηλλάχθην (*jón. tamb.* ἀπαλλάχθην) *y* ἀπηλλάγην; *fut. pas.* ἀπαλλαγήσομαι.

ἀπ-αλλοτριόω -ῶ ajenar, apartar de [*gen.*]; enajenar || PAS. separarse, hacerse extraño.

ἀπ-αλοάω *y*

ἀπ-αλοιάω trillar; triturar.

ἁπαλός ή όν blando, tierno, delicado.

ἁπαλότης ητος ἡ blandura, ternura.

ἁπαλο-τρεφής ές bien nutrido, cebado.

ἁπαλύνω calmar, enternecer || MED. calmarse, enternecerse.

ἀπ-αμάω -ῶ cortar, amputar.

ἀπ-αμβλύνω embotar, debilitar.

ἀπ-αμβροτεῖν *inf. aor. 2.º ép. de* ἀφαμαρτάνω.

ἀπ-αμείβομαι contestar.
F. *aor.* ἀπημείφθην.

ἀπ-αμελέω -ῶ descuidar del todo.

ἀπαμμένος *part. perf. jón. de* ἀφάπτω.

ἀπ-αμπλακίσκω errar, equivocarse.
F. *Sólo usado en el aor. inf.* ἀπαμπλακεῖν *Sóf. Tr. 1139.*

ἀπ-αμύνω apartar, alejar || MED. apartar de sí, guardarse, defenderse [de algo *o* de alguien, *ac.*; con algo, *dat.*]; rechazar, repeler.

ἀπ-αναίνομαι denegar, rehusar; rechazar.

F. *aor.* ἀπηνηνάμην, *inf.* ἀπανήνασθαι.

ἀπ-αναισχυντέω -ῶ ser bastante desvergonzado para hacer *o* decir; sostener *o* afirmar sin vergüenza [que... ὡς...].

ἀπ-αναλίσκω gastar, emplear.

ἀπ-άνευθε ADV. lejos; aparte, separadamente || PRP. *con gen.* lejos de, sin.

ἀπ-ανθέω -ῶ perder su flor, marchitarse.

ἀπ-ανίστημι levantar, hacer que se retire [*esp.* el sitiador de una ciudad] || INTR. *y* PAS. salir, partir, levantar el sitio; emigrar.

ἀπ-αντάω -ῶ encontrar, salir al encuentro [con idea de hostilidad *o* sin ella]; responder, llegar; presentarse *o* comparecer; suceder, acaecer.

F. *fut.* ἀπαντήσομαι, *td.* ἀπαντήσω; *aor.* ἀπήντησα, *perf.* ἀπήντηκα.

ἀπάντη ADV. por todas partes.

ἀπάντησις εως ἡ encuentro.

ἀπ-αντικρύ *y*

ἀπ-αντίον ADVS. justamente enfrente

ἀπ-αντλέω -ῶ purgar, limpiar.

ἀπ-ανύω terminar el camino, llegar.

ἅπαξ ADV. una vez, una sola vez; de una vez, de una vez para siempre; *después* de εἰ, ἐάν, ἐπεί, ἐπειδάν, ὅταν, ὡς, *etc.*, una vez que, al punto que.

ἀπ-αξιόω -ῶ tener por indigno; despreciar, desdeñar.

ἀπαππαπαῖ INTJ. *de dolor* ¡ay! ¡ay!

ἀπ-άπτω *jón.* = **ἀφάπτω.**

ἀ-παράβατος ον que no pasa; imperecedero.

ἀπαραίρηκα *perf. jón. de* ἀφαιρέω.

ἀπαραιρῆσθαι *inf. perf. med. jón. de* ἀφαιρέω.

ἀ-παραίτητος ον inexorable; inevitable.

ἀ-παρακάλυπτος ον descubierto, manifiesto.

ἀ-παράκλητος ον sin ser llamado, voluntario, espontáneo.

ἀ-παραμύθητος ον inexorable.

ἀ-παρασκεύαστος ον *y*

ἀ-παράσκευος ον desapercibido, desprovisto de preparación, no preparado.

ἀπ-αράσσω cortar, tronchar; separar; arrancar; hacer saltar, echar abajo, derribar.

ἀ-παρεγχείρητος ον inatacable, irreprochable, que no se puede sorprender o confundir.

ἀπ-αρέσκω desagradar [a alguien, *dat. o ac.*] || MED. dar satisfacción, volver a la amistad.

F. *inf. aor. med. ép.* ἀπαρέσσασθαι.

ἀπ-αριθμέω -ῶ restituir, pagar.

ἀπαρίθμησις εως ἡ numeración, serie.

ἀπ-αρκέω -ῶ bastar, ser suficiente.

ἀπ-αρνέομαι -οῦμαι [*aor. y fut. pas. con sign. med.*] negar; negarse, rehusar, rechazar.

F. *fut.* ἀπαρνήσομαι; *aor. át.* ἀπηρνήθην, *td.* ἀπηρνησάμην. *(N. T.)*; *fut. pas.* ἀπαρνηθήσομαι.

ἄπ-αρνος ον negador, que niega.

ἀπ-αρτάω -ῶ suspender, colgar, enlazar; separar, apartar (ἀ. τὸν λόγον τῆς γραφῆς desviar el discurso del objeto de la acusación) || INTR. alejarse, partir.

ἀπαρτί ADV. justamente, exactamente; ἀπ' ἄρτι ahora mismo; de aquí en adelante, desde ahora.

ἀπαρτι-λογία ας ἡ cuenta completa, cifra redonda.

ἀπαρτισμός οῦ ὁ acabamiento, terminación.

ἀπ-αρύω sacar, extraer.

ἀπ-αρχή ῆς ἡ primicias [de los frutos, del botín]; *tamb. fig.*

ἀπ-άρχομαι empezar, *esp.* el sacrificio (ἀ. τρίχας comenzar el sacrificio con el pelo [de las víctimas cortándolo de la frente y echándolo al fuego]); ofrecer una parte [cortada de algo, *gen.:* τῶν κρεῶν καὶ σπλάγχνων]; ofrecer las primicias; ofrecer.

ἅπας -ασα -αν todo, entero, total; cada, cada uno; cualquiera (ἅπας ἀνήρ todo hombre, cada hombre, *o* cualquier hombre, *Hdt. 7, 153*) || PL. todos.

ἀπ-ασπάζομαι dar el abrazo de despedida, despedirse.

ἀπ-ᾴσσω lanzarse, correr; salir fuera, desviarse [de algo, *gen.*].

ἄ-παστος ον ayuno, sin comer.

ἀπατάω -ῶ engañar || PAS. engañarse *o* ser engañado [en cuanto a, *gen.*].

ἀπ-άτερθε ADV. aparte, separadamente, lejos || PRP. *de gen.* lejos de.

ἀπατεών ῶνος ὁ engañador.

ἀπάτη ης ἡ engaño, fraude; añagaza, estratagema.
ἀπατήλιος ον *y*
ἀπατηλός ή όν engañoso, engañador.
ἀπ-ατιμάω -ῶ menospreciar, ultrajar.
ἀπάτωρ ορος sin padre; huérfano.
ἀπ-αύγασμα ατος τό resplandor.
ἀπ-αυδάω -ῶ prohibir; rehusar, declinar; desfallecer, cansarse.
ἀπ-αυθαδιάζομαι *y*
ἀπ-αυθαδίζομαι estar lleno de arrogancia.
ἀπ-αυθημερίζω volver en el mismo día.
ἀπ-αυράω llevarse, quitar, arrebatar [algo, *ac.; a* alguien, *ac., dat. o gen.*].
F. *fut.* ἀπουρήσω; *aor.* ἀπηύρων, ἀπηύρας, ἀπηύρα, *3.ª pl.* ἀπηύρων, *part.* ἀπούρας.
ἄ-παυστος ον incesante; implacable.
ἀπ-αυτομολέω -ῶ pasarse al enemigo.
ἀπαφίσκω engañar.
F. *aor.* ἤπαφον, 3.ª *sing. opt. med. con valor act.* ἀπάφοιτο.
ἀπέδετο *td. por* ἀπέδοτο 3.ª *sing. aor. med. de* ἀποδίδωμι *(N. T.)*.
ἄ-πεδος ον llano.
ἀπέδραν *aor. 2.º de* ἀποδιδράσκω.
ἀπ-έειπον *ép.* = **ἀπεῖπον.**
ἀπ-έεργεν *3.ª sing. impf. ép. de* ἀποέργω.
ἀπεῖδον *aor. 2.º de* ἀφοράω.
ἀπείθεια ας ἡ desobediencia; infidelidad, incredulidad.
ἀπειθέω -ῶ desobedecer, no hacer caso; no creer, ser incrédulo.
ἀπείθην *aor. pas. jón. de* ἀφίημι.
ἀπειθής ές desobediente, indócil, inmanejable; incrédulo.
ἀπ-εικάζω representar, copiar; describir; refigurar; figurarse, suponer, conjeturar; comparar || MED. compararse.
ἀπ-εικότως indebidamente, sin razón, sin fundamento.
ἀπεικώς = **ἀπεοικώς** *part. de* ἀπέοικα.
ἀπ-ειλέω -ῶ llevar, reducir (εἰς ἀπορίην a la necesidad, al extremo apuro); amenazar, proferir en son de amenaza; gloriarse; prometer || MED. amenazar [N. T.]
F. *impf* ἠπείλουν, *3.ª du. ép.* ἀπειλήτην; *aor.* ἠπείλησα, *ép.* ἀπείλησα, etc.
ἀπειλή ῆς ἡ amenaza; jactancia.
ἀπείλημα ατος τό amenaza.
ἀπειλητήρ ῆρος ὁ fanfarrón, héroe de boquilla.
ἀπειλητήριος ον amenazador.
ἀπεῖλον *aor. 2.º jón. de* ἀφαιρέω.
1 **ἄπειμι** [*inf.* ἀπεῖναι] estar lejos de, estar ausente, faltar; *fig.* estar muerto.
F. *3.ª sing. subj. ép.* ἀπέησι; *impf.* ἀπῆν (*2.ª sing.* ἀπῆσθα. [*Sóf.*]) *ép.* ἀπέην, *3.ª pl.* ἄπεσαν; *fut.* ἀπέσομαι, *ép.* ἀπέσσομαι, *3.ª sing. ép.* ἀπέσσεται *y* ἀπεσσεῖται. *V.* εἰμί.
2 **ἄπειμι** [*inf.* ἀπιέναι] irse, partir; salir (ἀπιόντος μηνός a fin de mes); pasarse [al enemigo]; volver, regresar; retirarse [*y esp.* volver a su cauce un río].
F. *3.ª sing. impf. ép.* ἀπήιε *por* ἀπῄει. *Para lo demás v.* εἶμι.
ἀπεῖναι *inf. pres. de* ἄπειμι[1] *o inf. aor. jón. de* ἀφίημι.
ἀπεῖπα *y* **ἀπεῖπον** *aors. que se relacionan con los press.* ἀπαγορεύω *y* ἀπόφημι [*fut.* ἀπερῶ etc.] anunciar, declarar, dar a conocer; hablar a, explicarse con (μνηστήρεσσιν los pretendientes); repudiar; prohibir; renunciar [a algo, *ac.*]; desistir [de algo, *ac.*] || INTR. fallar, desfallecer, desmayar, cansarse (σκοπῶν de observar); agotarse, estar agotado (χρήμασι de recursos); desesperarse || MED. rehusar, no hacer caso (τὴν ὄψιν de la visión); repudiar.
F. *V.* εἶπον, *3.ª sing. ép.* ἀπέειπε *y* ἀπόειπε; *subj.* ἀποείπω, *3.ª sing. opt.* ἀποείποι; *inf.* ἀποειπεῖν *y* ἀπ(ο)-ειπέμεν; *aor. 1.º med.* ἀπειπάμην *(Hdt.)*
᾿Απειραῖος η ον *ép.* de Apira, *o s. o.* de Epiro.
ἀ-πείραστος ον *y*
ἀ-πείρατος ον no intentado, no probado, sin intentar *o* probar; no tentado, no sujeto [a... *gen.*]; inexperto, sin experiencia, ignorante.
ἀπ-ειργάθω *poét. y*
ἀπ-είργω separar; delimitar [geográficamente], abarcar; encerrar; pasar al lado de, dejar a un lado al pasar [una ciudad, etc. *ac.*]; alejar, echar fuera, expulsar, apartar, tener apartado, rechazar; excluir; impedir, poner límites.

F. *ép. y jón.* ἀπέργω, *ép. tamb.* ἀποέργω; *fut.* ἀπείρξω; *aor.* ἀπείργαθον *y* ἀπεῖρξα.

ἀπ-ειρέσιος α ον = **ἄπειρος** 1.

ἀπ-είρηκα *perf. act. de* ἀπαγορεύω, ἀπεῖπον.

ἀπ-είρημαι *perf. med. de* ἀπαγορεύω, ἀρεῖπον.

ἀ-πείρητος ον *jón.* = **ἀπείρατος.**

1 **ἀπειρία ας ἡ** infinidad.

2 **ἀπειρία ας ἡ** inexperiencia, desconocimiento.

ἀ-πείριτος ον = **ἄπειρος** 1.

ἀπειρό-κακον ου τό inexperiencia del mal, candidez, inocencia.

ἀπειροκαλία ας ἡ desconocimiento de lo bello, falta de gusto || PL. groserías, vulgaridades, inconveniencias.

ἀπειρό-καλος ον desconocedor de lo bello; falto de gusto; grosero, vulgar

1 **ἄ-πειρος ον** ilimitado, infinito, inmenso, innumerable; inextricable.

2 **ἄ-πειρος ον** inexperto, inexperimentado, desconocedor.

ἀ-πείρων ον [*gen.* ονος] = **ἄπειρος** *1 y 2.*

ἀπ-είς *part. aor. jón. de* ἀφίημι.

ἀπ-εκδέχομαι esperar.

ἀπ-εκδύομαι deponer, despojarse [de algo, *ac.*]; despojar para sí, vencer.

ἀπέκδυσις εως ἡ deposición, despojo.

ἀπ-εκλανθάνομαι *def.* [*sólo 2.ª pl. imp. aor. 2.º* ἀπεκλελάθεσθε] olvidar totalmente, dejar [algo, *gen.*].

ἀπεκλελάθεσθε *2.ª pl. imp. aor. 2.º ép. de* ἀπεκλανθάνομαι.

ἀπέκταμεν ἀπέκτανον ἀπέκτατο *formas de aor. 2.º ép. y poét. de* ἀποκτείνω.

ἀπέκτονα *perf. de* ἀποκτείνω.

ἀπελαύνω *y* **ἀπελάω** TR. expulsar; excluir [de algo, *gen. o tamb.* αὐτοῖς φόβον ἀ. quitarles el miedo]; poner en marcha || INTR. ponerse en marcha, partir || PAS. estar apartado, estar lejos [de algo, *gen.*].

F. *impf. iter. ép.* ἀπελαύνεσκον; *fut.* ἀπελῶ; *perf.* ἀπελήλακα.

ἀπελεγμός οῦ ὁ desprecio, descrédito.

ἀπ-ελέγχω confutar, reargüir.

ἀ-πέλεθρος ον inmenso || ADV. ἀπέλεθρον a gran distancia.

ἀπ-ελέσθαι *inf. aor. med. jón. de* ἀφαιρέω.

ἀπ-ελεύθερος ου ὁ liberto.

ἀπ-ελευθερόω -ῶ poner en libertad, manumitir.

ἀπ-έλκω *jón.* = **ἀφέλκω.**

ἀπ-ελεύσομαι *fut. de* ἀπέρχομαι.

ἀπ-ελήλυθα *perf. de* ἀπέρχομαι.

ἀπ-έλκω *jón.* = **ἀφέλκω.**

ἀπελόμενος *part. aor. 2.º med. jón. de* ἀφαιρέω.

ἀπ-ελπίζω perder la esperanza, desesperar; esperar en recompensa.

ἀπ-εμέω -ῶ devolver, vomitar.

ἀπ-εμνήσαντο *3.ª pl. aor. 1.º de* ἀπομιμνῄσκομαι.

ἀπ-εμπολάω -ῶ vender.

ἀπεμπόλησις εως ἡ venta.

ἀπ-έναντι ADV. enfrente, en contra; ante, delante de.

ἀπ-εναντίον ADV. enfrente (ἐς τὴν ἀ. a la tierra de enfrente, a la orilla opuesta).

ἀπ-εναρίζω despojar [de algo, *ac.*].

ἀπένεικα *etc. jón.* = **ἀπήνεγκα** [*aor. de* ἀποφέρω].

ἀπενεχθείς *part. aor. pas. de* ἀποφέρω.

ἀ-πενθής ές sin pena, sin luto.

ἀπ-ενιαυτίζω estar ausente o desterrado por un año.

ἀπ-εννέπω rehusar, prohibir.

ἀπ-έοικα ser diferente || PART. ἀπεοικώς *át.* ἀπεικώς] inconveniente, no natural, inverosímil.

ἀπεπλάγχθην *aor. pas. de* ἀποπλάζω.

ἀπέπλων *aor. 2.º de* ἀποπλώω.

ἀπεπτάμην *y* **ἀπέπτην** *aors. de* ἀποπέτομαι.

ἅπερ *n. pl. de* ὅσπερ = **ὥσπερ** como, igual que.

ἀπεραντο-λογία ας ἡ verbosidad sin límites.

ἀ-πέραντος ον ilimitado; sin fin; sin resultado.

ἀπ-εργάζομαι terminar una tarea; realizar, producir, concluir, llevar a cabo *o* a perfección; hacer, construir; hacer [a uno bueno, etc. *dos acs.*]; transformar.

F. *El perf.* ἀπείργασμαι, *tiene ya sentido activo, ya pasivo; aor.* ἀπειργάσθην *siempre con valor pasivo.*

ἀπεργασία ας ἡ trabajo, producción; perfección, última mano.

ἀπεργαστικός ἡ όν productor.

ἀπ-έργω *jón.* = **ἀπείργω.**

ἀπ-έρδω completar, llevar a cabo.

ἅπερ-εἰ CONJ. como, igual que.
ἀπ-ερείδω apoyar, fijar || MED. apoyarse; apoyar.
ἀπερεῖν *inf. fut. de* ἀπαγορεύω.
ἀπερείσιος ον = **ἄπειρος 1.**
ἀπ-ερημόω -ῶ dejar solo || PAS. ser abandonado.
ἀ-περίοπτος ον despreocupado [de algo, *gen.*].
ἀ-περίσκεπτος ον irreflexivo.
ἀ-περίσπαστος ον no llevado de un lado a otro; no interrumpido, continuo.
ἀ-περίτμητος ον incircunciso.
ἀ-περίτροπος ον despreocupado, indiferente.
ἀπ-έρξαντες *part. aor. 1.º de* ἀπέρδω.
ἀπ-έρριγα *perf. de* ἀπορριγέω *con sign. pres.*
ἀπ-ερύκω apartar [algo, *ac.*; de alguien, *gen. o dat., etc.*] || MED. abstenerse.
ἀπ-έρχομαι irse, partir, alejarse ([ἐκ] τοῦ βίου partirse de esta vida, morir); llegar, extenderse [a... εἰς *y ac.*]; dejar, cesar [en algo, *gen.*]; pasarse al enemigo, desertar; volver, retornar.
F. *V.* ἔρχομαι.
ἀπ-ερῶ *fut. de* ἀπαγορεύω ἀπεῖπον.
ἀπερωεύς έως [*o* ῆος] **ὁ** sujetador, impedidor.
ἀπ-ερωέω ceder, retirarse [de algo, *gen.*].
ἄπ-ες *imp. aor. 2.º jón. de* ἀφίημι.
ἄπ-εσαν *3.ª pl. impf. de* ἄπειμι 1.
ἀπ-εσσεῖται *3.ª sing. fut. de* ἄπειμι 1.
ἀπ-εσσύα *y* **ἀπεσσύη** *3.ª sing. aor. 2.º laćonico de* ἀποσεύομαι ha caído, ha muerto.
ἀπ-εσσύμεθα ἀπ-έσσυτο *formas de aor. 2.º de* ἀποσεύομαι.
ἀπέστην, ἀπέστησα *aors. de* ἀφίστημι.
ἀπ-εστώ οῦς ἡ ausencia.
ἀ-πευθής ές ignorado, desconocido; ignorante; sin noticias.
ἀπ-ευθύνω dirigir en línea recta; enderezar, corregir; regir, guiar; χέρας δεσμοῖς ἀ. llevar las manos atrás para atarlas a la espalda.
ἀπευκτός ή όν detestable, maldito, abominable.
ἀπ-ευνάζω dormir, adormecer, calmar.
ἀπ-εύχομαι conjurar con la oración, pedir que no se realice algo; maldecir, abominar.
ἀπ-έφθιθεν *3.ª pl. aor. pas. ép. de* ἀποφθίνω.
ἄπ-εφθος ον depurado, puro.
ἀπ-εχθαίρω odiar, abominar, hacer odioso, amargar.
ἀπ-εχθάνομαι ser odioso, hacerse odioso, enemistarse [con alguien, *dat.* etc.]; ser odiado, suscitar odios; ser *o* hacerse enemigo, odiar [a alguien, *dat.*].
F. *impf.* ἀπηχθανόμην; *fut.* ἀπεχθήσομαι; *aor.* ἀπηχθόμην, *subj.* ἀπέχθωμαι, *inf.* ἀπεχθέσθαι; *perf.* ἀπήχθημαι.
ἀπέχθεια ας ἡ enemistad, odio (πρὸς ἀπέχθειαν, por enemistad).
ἀπ-εχθής ές odioso, odiado, enemigo.
ἀπ-έχθομαι *íd.* = **ἀπεχθάνομαι.**
ἀπ-έχρη *3.ª sing. impf. de* ἀποχράω.
ἀπ-έχω TR. recibir [*impers.* ἀπέχει basta]; alejar, apartar, tener alejado [a alguien *o* algo, *ac.*; de... *gen. o dat.*] || INTR. alejarse, estar lejos, estar alejado, distar || MED. alejarse, estar alejado, abstenerse de, perdonar [a... *gen.*]; apartar, mantener apartado.
F. *fut.* ἀφέξω *y* ἀπουχήσω; *aor. 2.º* ἀπέσχον. *V.* ἔχω.
ἀπ-έψω *jón.* = **ἀφέψω.**
ἀπεών, ἀπεοῦσα, ἀπεόν *part. pres. de* ἄπειμι 1.
ἀπέωσα ἀπεῶσθαι *v.* **ἀπωθέω.**
* **ἀπηγ-** *jón.* = **ἀφηγ-**
ἀπῆκα *aor. jón. de* ἀφίημι.
ἀπ-ηλεγέως sin miramientos, francamente.
ἀπ-ῆλιξ ικος *comp. jón.* = **ἀπηλικέστερος** de edad madura *o* provecta.
ἀπ-ηλιώτης ου ὁ viento del este, levante, solano.
ἀ-πήμαντος ον = **ἀπήμων.**
ἀπ-ήμβροτον *aor. ép. de* ἀφαμαρτάνω.
ἀπημείφθην *aor. pas. de* ἀπαμείβομαι (*Jen. Anáb.* 2, 5, 15).
ἀ-πήμων ον indemne, sano y salvo; próspero, feliz; saludable, propicio.
ἀπήνη ης ἡ carro de cuatro ruedas, *esp.* carro mular; carro de guerra; carro *o* vehículo *en gral.*
ἀπ-ηνήναντο *3.ª pl. aor. 1.º de* ἀπαναίνομαι.
ἀπηνής ές duro, cruel, inexorable.

ἄ-πηρος ον no mutilado, entero, íntegro.
ἀπήσειν *inf. fut. jón. de* ἀφίημι.
ἀπ-ηύρων ἀπηύρας *aor. de* ἀπαυράω.
ἀπ-ήχημα ατος τό resonancia, eco.
ἀπ-ήωρος ον lejano en el aire *o* en la altura.
ἀπ-ιάλλω *lacónico* despedir [*Tuc.* 5, 77].
ἀπίδω *subj. aor. de* ἀφοράω.
ἀπ-ίημι *jón.* = **ἀφίημι.**
ἀ-πίθανος ον no convincente, increíble.
ἀπιθέω = **ἀπειθέω.**
ἀπ-ικνέομαι *jón.* = **ἀφικνέομαι.**
ἀ-πινύσσω estar sin conocimiento; ser indiscreto.
ἄπιξις ιος ἡ *jón.* = **ἄφιξις.**
ἄπιος α ον lejano, remoto.
ἀπ-ιπόω -ῶ exprimir.
ἀπ-ισόω -ῶ igualar.
ἀπιστέω -ῶ no creer, poner en duda; no confiar, desconfiar; no obedecer, desobedecer [a... *dat.*].
F. *impf. ép.* ἀπίστεον, *át.* ἠπίστουν.
ἀπ-ίστημι *jón.* = **ἀφίστημι.**
ἀπιστία ας ἡ falta de fe, incredulidad, duda, desconfianza, sospecha; falta de fidelidad, perfidia, infidelidad; incredibilidad.
ἄ-πιστος ον no de fiar, desleal; increíble, inverosímil, inesperado; desconfiado; incrédulo, infiel; desobediente.
ἀπ-ισχυρίζομαι mantenerse firme, resistir firmemente.
ἀπ-ίσχω = **ἀπέχω.**
ἀπ-ιτέον *adj. vbal. de* ἄπειμι 2 [*en term. n.*] hay que irse, hay que partir.
ἀ-πλανής ές que no yerra, fijo, estable, no errante.
ἄ-πλατος ον inabordable; terrible, horrible.
ἄ-πλετος ον inmenso, inconmensurable, en cantidad extraordinaria.
ἄ-πλευστος ον no navegado.
ἀπληστία ας ἡ insaciabilidad, deseo insaciable.
ἄ-πληστος ον insaciable.
ἄ-πλητος ον *ép. y jón.* = **ἄπλατος.**
ἄπλοια ας ἡ imposibilidad de navegar; estación *o* viento desfavorable para la navegación; calma chicha.
ἁπλοΐζομαι obrar sencilla *u* honradamente.
ἁπλοΐς ΐδος simple *f. de*
ἁπλόος η ον [-οῦς ῆ οῦν] simple, único, sencillo; franco, recto, honrado; claro, evidente; puro, sin mezcla; sin importancia, sin gravedad.
F. *comp.* ἁπλούστερος, *superl.* ἁπλούστατος.
ἄπλοος οον [-ους ουν] no navegable, cerrado a la navegación; incapaz de navegar.
F. *comp.* ἀπλοώτερος.
ἁπλότης ητος ἡ sencillez, honradez, franqueza; generosidad, caridad.
ἁπλοῦς = **ἁπλόος.**
ἄπλους = **ἄπλοος.**
ἁπλόω -ῶ simplificar, facilitar; desplegar, exponer.
ἁπλῶς ADV. *de* ἁπλόος simple, sencilla, honradamente; de una vez, en una palabra; absolutamente.
ἀπνευστί ADV. sin respirar, reteniendo el aliento; sin darse reposo.
ἄ-πνευστος ον sin aliento, exánime.
ἄ-πνοος ον [-ους ουν] que no respira, sin respiración.
ἀπό ADV. aparte, lejos || PRP. *de gen.* de (οἱ ἀπὸ Σπάρτης los espartanos; στέφανος ἀπὸ ταλάντων ἑξήκοντα una corona de 60 talentos); desde (ἀφ' ἵππων μάρνασθαι luchar desde los caballos *e. e.* a caballo; ἀφ' οὗ desde que); de entre (ἀπὸ πολλῶν entre muchos, de la multitud); lejos de, fuera de, sin (ἀπὸ θυμοῦ ἐμοί lejos de mi corazón; ἀπὸ ῥυτῆρος a rienda suelta); con, por (τοὺς πέφνεν ἀπὸ βιοῖο los mató con el arco; ἀπὸ τούτου por este motivo; ἀπό τινος ἐπαινεῖσθαι ser alabado por alguien): después de (ἀπὸ δείπνου después de comer) || EXPRESIONES: ἀπὸ σπουδῆς con seriedad, con empeño; ἀπὸ τοῦ ἴσου *o* τῆς ἴσης de igual manera; ἀπὸ τοῦ προφανοῦς abiertamente; ἀπὸ τοῦ αὐτομάτου espontáneamente, por sí, etc.
F. *Después de su régimen* (*anástrofe*) ἄπο: νεῶν ἄπο; ἀπ' *ante vocal con espíritu suave:* ἀπ' οἴκου; ἀφ' *ante vocal con espíritu áspero:* ἀφ' αἵματος.
ἀπο-αίνυμαι = **ἀπαίνυμαι.**
ἀπο-αιρέομαι = **ἀφαιρέομαι** [*v.* ἀφαιρέω].
ἀπο-βάθρα ας ἡ escalerilla *o* pasadera para embarcar y desembarcar.

ἀπο-βαίνω INTR. salir, partir, irse; apearse, desembarcar; acontecer, salir, resultar (τὸ ἀποβαῖνον el resultado; τὰ ἀποβησόμενα las consecuencias) || TR. [*aor.* ἀπέβησα] desembarcar.
F. *fut.* ἀποβήσομαι; *aor.* *2.º* ἀπέβην, *3.ª sing. aor. mixto ép.* ἀπεβήσετο. *V* βαίνω.

ἀπο-βάλλω arrojar, tirar; rechazar; perder.

ἀπο-βάπτω sumergir.

ἀπόβασις εως ἡ desembarco; lugar *o* posibilidad de desembarco; salida, resultado.

ἀπο-βιάζομαι rechazar por la fuerza; *simpl.* forzar, violentar.

ἀπο-βιβάζω desembarcar || MED. desembarcar su propia gente.

ἀπο-βίωσις εως ἡ muerte.

ἀπο-βλάπτω dañar, arruinar || PAS. ser privado, perder [algo *gen.*].

ἀπο-βλαστάνω brotar, salir [de, *gen.*].

ἀποβλάστημα ατος τό retoño, vástago.

ἀπο-βλέπω mirar, poner los ojos en, volver los ojos hacia; considerar; mirar con amor, admiración *o* respeto [εἰς *o* πρός *y ac.*].

ἀπό-βλητος ον que ha de ser rechazado, despreciable.

ἀπο-βλύζω espurrear.

ἀποβολή ῆς ἡ pérdida; lanzamiento, acción de lanzar.

ἀπο-βουκολέω -ῶ dejar que se extravíe [*esp.* la oveja del rebaño].

ἀπο-βρίζω dormirse.

ἀπό-γειος ον que viene de tierra || SUBST. **τό** amarra.

ἀπο-γεισόω -ῶ cubrir con un tejado *o* salidizo.

ἀπο-γεύομαι gustar, probar.

ἀπο-γεφυρόω -ῶ separar *o* proteger por un dique.

ἀπο-γί(γ)νομαι estar fuera, no tomar parte, estar ausente; morir (οἱ ἀπογι(γ)νόμενοι los que van muriendo; οἱ ἀπογενόμενοι los muertos); faltar, perderse.

ἀπο-γι(γ)νώσκω desistir, renunciar [a algo, *gen.* etc.]; desesperar, desconfiar; abdicar, abandonarse; dar de lado [a alguien, *ac.*], rechazar, desestimar *y esp.* una acusación, *de donde* absolver.

ἀπόγνοια ας ἡ *y*

ἀπό-γνωσις εως ἡ desesperanza; falta de ilusión; estado de desesperación.

ἀπόγονος ον descendiente, oriundo.

ἀπογραφή ῆς ἡ registro; censo; proceso [*esp.* de contrabando *o* desfalco].

ἀπο-γράφω registrar, inscribir; acusar || MED. inscribirse *o* inscribir *o* registrar para sí; denunciar, acusar.

ἀπο-γυιόω -ῶ debilitar, enervar.

ἀπο-γυμνόω -ῶ desnudar; despojar || MED. desnudarse.

ἀπο-δακρύω llorar, lamentar en alta voz.

ἀπόδαρμα ατος τό cuero, piel.

ἀποδάσμιος ον apartado, separado.

ἀποδασμός οῦ ὁ división, porción, parte.

ἀπο-δατέομαι -οῦμαι repartir; separar, apartar.
F. *fut.* ἀποδάσομαι, *ép.* ἀποδάσσομαι.

ἀποδέδρακα *perf. de* ἀποδιδράσκω.

ἀπο-δειδίσσομαι asustar, amedrentar.

ἀπο-δείκνυμι mostrar; dar a conocer (πολέμιοι ἀποδεδειγμένοι enemigos declarados); presentar (τὸν λόγον la cuenta); entregar (ἐμοὶ τὸν ἄνδρα aquel hombre a mí); fijar; establecer, determinar; hacer (τινὰ στρατηγόν a uno general; παῖδας βελτίστους a los niños mejores; τὰ ἐπιτήδεια ἔχοντας τοὺς στρατιώτας ἀποδείξειν haber de tener a los soldados provistos de lo necesario) || MED. mostrar [algo propio]; declarar, demostrar.
F. *fut.* ἀποδείξω *etc. v.* δείκνυμι; *jón. fut.* ἀποδέξω; *aor.* ἀπέδεξα; *perf. pas.* ἀποδέδεγμαι, *3.ª pl.* ἀποδειδέχαται; *aor. pas.* ἀπεδέχθην.

ἀπο-δειλιάω -ῶ acobardarse, achicarse.

ἀπόδειξις εως ἡ declaración, exposición; demostración, prueba; realización, acabamiento.

ἀπο-δειροτομέω -ῶ degollar.

ἀπο-δείρω *jón.* = **ἀποδέρω.**

ἀπο-δεκατεύω *y*

ἀπο-δεκατόω -ῶ diezmar, pagar *o* percibir el diezmo [de algo, *ac.*; de alguien, *ac.*].
F. *inf. td.* ἀποδεκατοῖν *(N. T.)*.

ἀπο-δέκομαι *jón.* = **ἀποδέχομαι.**

ἀποδεκτήρ, ῆρος ὁ perceptor, cobrador.

ἀποδεκτός όν *adj. vbal. de* ἀποδέχομαι aceptable, agradable.

ἀποδέξασθαι = **ἀποδείξασθαι** *inf. aor. 1.º med. jón. de* ἀποδείκνυμι.

ἀπόδεξις *jón.* = **ἀπόδειξις.**

ἀπόδερμα ατος τό = **ἀπόδαρμα.**

ἀπο-δέρω desollar, despellejar.

ἀπο-δέχομαι recibir; acoger; comprender, entender; acoger con agrado, aceptar, reconocer, dar por bueno, admitir (οὐκ ἀποδέχομαι ἐμαυτοῦ no me concedo a mí mismo, no admito).

1 **ἀπο-δέω** atar, anudar.

2 **ἀποδέω** estar falto [de algo, *gen.* : ἔτη διακόσια δυοῖν ἀποδέοντα 198 años]; ser inferior, quedarse atrás, estar lejos.

ἀπο-δημέω -ῶ estar fuera, de viaje, ausente; ἀ. παρά τινα ir a visitar a alguien || AOR. irse, salir de la patria, emigrar.

ἀποδημητής οῦ ὁ de genio viajero, aficionado a los viajes.

ἀποδημία ας ἡ salida, viaje, estancia fuera de casa.

ἀπό-δημος ον que está fuera, de viaje, ausente.

ἀπο-διδράσκω *y jón.*

ἀποδιδρήσκω huir, escaparse [a alguien, *ac.*], esquivar, rehuir [algo, *ac.*].
F. *fut.* ἀποδράσομαι, *jón.* ἀποδρήσομαι; *aor.* ἀπέδραν, *jón.* ἀπέδρην, *subj.* ἀποδρῶ, -ᾷς *inf.* ἀποδρᾶναι, *jón.* ἀποδρῆναι, *part.* ἀποδράς; *perf.* ἀποδέδρακα, *jón.* ἀποδέδρηκα.

ἀπο-δίδωμι dar ([λόγον] ἀποδ. dar cuenta, explicar); devolver, restituir; pagar; dar en cambio (ἀ. χάριν corresponder con agradecimiento: ἀ. εὐχάς pagar *o* cumplir un voto); producir, rentar; entregar, traspasar, conferir; conceder, permitir, consentir, tolerar; vender || MED. vender; *en mal sentido*, traicionar.
F. *En el N. T. 3.ª pl. impf.* ἀπεδίδουν; *3.ª sing. subj. aor.* ἀποδοῖ (*v. l.* ἀποδῷ); *3.ª sing. ind. aor. med.* ἀπέδετο. *Para lo demás, v.* δίδωμι.

ἀπο-δικέω -ῶ defenderse en juicio.

ἀπο-δινέω -ῶ trillar.

ἀποδίομαι ahuyentar.

ἀπο-διοπομπέομαι -οῦμαι conjurar el mal con la ayuda de Zeus; rechazar, apartar, alejar; purificar.

ἀπο-διορίζω separar, desunir; delimitar, definir.

ἀπο-διώκω ahuyentar, rechazar, perseguir.

ἀπο-δοκεῖ IMPERS. no parece bien [a alguien, *dat.*], *de donde* resolver que no, rehusar, desistir.

ἀπο-δοκιμάζω *y*

ἀπο-δοκιμάω -ῶ rechazar [*esp.* a un candidato]; rechazar como indigno, incapaz, etc.

ἀποδόμεν(αι) *inf. aor. ép. de* ἀποδίδωμι.

ἄπ-οδος *jón.* = **ἄφοδος.**

ἀπό-δος *imp. aor. de* ἀποδίδωμι.

ἀπόδοσις εως ἡ restitución, pago; paga, retribución.

ἀποδοχή ῆς ἡ recobro; aceptación, buena acogida, favor.

ἀπο-δοχμόω -ῶ doblar de lado.

ἀπόδρασις εως ἡ fuga, huida.

ἀποδράσομαι *fut. de* ἀποδιδράσκω.

ἀποδρῆναι = **ἀποδρᾶναι** *inf. aor. jón.* de ἀποδιδράσκω.

ἀπόδρησις ιος ἡ *jón.* **ἀπόδρασις.**

ἀπο-δρύπτω *y*

ἀπο-δρύφω lacerar, desgarrar.
F. *aor. 1.º* ἀπέδρυψα ; *aor. 2.º* ἀπέδρυφον; *3.ª pl. aor. pas. ép.* ἀπέδρυφθεν.

ἀπο-δύνω quitarse [un vestido, *ac.*].

ἀπ-οδύρομαι lamentarse; lamentar, llorar [por alguien *o* por algo, *ac.*].

ἀποδυτήριον ου τό lugar *o* aposento para desnudarse.

ἀπο-δύω desnudar, quitar [a alguien los vestidos, las armas, etc., *dos acs.* etc.] || INTR. [*aor.* ἀπέδυν *perf.* ἀποδέδυκα] *y* MED. desnudarse, quitarse [algo, *ac.*].

ἀπο-είκω retirarse, apartarse [de, *gen.*].

ἀπο-ειπεῖν *ép.* = **ἀπειπεῖν.**

ἀπο-εῖπον *ép.* = **ἀπεῖπον.**

ἀπο-εργάθω *y*

ἀπο-έργω *ép.* = **ἀπείργω.**

ἀπο-έρρω [*aor.* ἀπόερσα] arrebatar, llevarse.

ἀπο-ζάω -ῶ vivir de algo, sostener la vida, sustentarse.

ἀπ-όζω oler || IMPERS. ἀπόζει huele, se siente un olor.

ἀπο-θαρρέω -ῶ animarse.

ἀπο-θαυμάζω maravillarse, sorprenderse [de algo, *ac*].

ἄπο-θεν = **ἄπωθεν.**

ἀπόθεσις εως ἡ acción de deponer *o* depositar; apartamiento *o* reserva; deposición, abandono.

ἀπό-θεστος ον objeto de asco *o* repugnancia, despreciado.

ἀπόθετος ον repuesto, secreto, misterioso.

ἀπο-θέω irse corriendo, escapar; *esp.* hacerse a la vela apresuradamente.

ἀποθήκη ης ἡ depósito, almacén; refugio, asilo.

ἀπο-θησαυρίζω [*y med.*] acopiar, reunir, atesorar.

ἀπο-θλίβω exprimir; apretar, estrechar.

ἀπο-θνήσκω morir; ser muerto, condenado a muerte *o* ejecutado; *fig.* morir, ser como muerto para una cosa, renunciar totalmente a ella [*dat.*].
F. *fut.* ἀποθανοῦμαι, *jón.* ἀποθανέομαι *o* ἀποθανεῦμαι, *td.* ἀποθνήξω; *aor.* ἀπέθανον; *pres. fut. aor. usados en prosa en lugar del simple* θνῄσκω; *en perf. y plpf. más frec. este último.*

ἀπο-θορεῖν *inf. aor. 2.º de* **ἀποθρῴσκω.**

ἀπο-θρύπτω quebrantar, consumir.

ἀπο-θρῴσκω saltar, lanzarse [desde algún sitio, *gen. etc.*].

ἀπο-θύμιος ον desagradable, contrario.

ἀπο-θύω ofrecer, consagrar.

ἀπο-θωυμάζω *jón.* = **ἀποθαυμάζω.**

ἀπ-οικέω-ῶ habitar lejos; emigrar || TR. abandonar, evitar [un lugar].

ἀποικία ας [*jón.* **ἀποικίη ης**] **ἡ** colonia.

ἀπ-οικίζω trasladar a una nueva habitación, trasplantar; establecer como colono; alejar; colonizar, establecer como colonia || PAS. emigrar.

ἀποικίς ίδος = **ἄποικος** *o* **ἀποικία.**

ἀπ-οικοδομέω -ῶ obstruir, cerrar con un muro.

ἄποικος ον alejado de su tierra, desterrado; emigrado, colono || ἡ ἄποικος [*sc.* πόλις], colonia.

ἀπ-οικτίζομαι lamentar, deplorar.

ἀπ-οιμώζω llorar, lamentar [algo, *ac.*].

ἄ-ποινα ων τά indemnización; rescate; suma de rescate; expiación, castigo.

ἀποινάω -ῶ exigir una indemnización.

ἀπ-οίχομαι apartarse, alejarse; estar lejos *o* ausente.

ἀπο-καθαίρω limpiar; alejar *o* apartar como impuro. || MED. limpiarse; purificarse [de algo, *gen.*].

ἀποκάθαρσις εως ἡ evacuación; purificación.

ἀπο-κάθημαι quedar apartado.

ἀπο-καθιστάνω *y*

ἀπο-καθίστημι TR. volver a su antiguo estado, restablecer || INTR. [*aor. 2.º* ἀπεκατέστην] *y* PAS. volver, restablecerse, ser restablecido.
F. *En el N T. aor. con doble aum.* ἀπεκατέστην, ἀπεκατεστάθην *(Mc. 8,25; Mt. 12,13 etc.).*

ἀπο-καίνυμαι superar, aventajar [a alguien, *ac.*].

ἀπο-καίριος ον = **ἄκαιρος.**

ἀπο-καίω quemar; abrasar, dejar seco *o* yerto || PAS. quemarse, abrasarse *y tamb.* quedar seco *o* yerto de frío, helarse.
F. *át.* ἀποκάω; *aor.* ἀπέκαυσα *ép.* ἀπέκηα. *Para lo demás, v.* καίω.

ἀπο-καλέω -ῶ volver a llamar, hacer venir; llamar aparte; dar *o* aplicar a uno tal *o* cual nombre, tratarle de tal *o* cual cosa [*dos acs.*].

ἀπο-καλύπτω descubrir, desnudar; revelar, dar a conocer.

ἀποκάλυψις εως ἡ descubrimiento, revelación, Apocalipsis.

ἀπο-κάμνω cansarse; desfallecer, desmayar [en algo *o* en relación con algo, *ac., part. o inf.*].

ἀπο-καπύω exhalar.

ἀπο-καραδοκέω -ῶ esperar con curiosidad *o* impaciencia.

ἀπο-καραδοκία ας ἡ esperanza vehemente, anhelo.

ἀπο-καταλλάσσω reconciliar.

ἀποκατάστασις εως ἡ restablecimiento, restauración *y esp.* vuelta del mismo tiempo *o* constelación.

ἀπο-κάτημαι *jón.* = **ἀποκάθημαι.**

ἀπο-καυλίζω tronchar, romper.

ἀπο-κάω *át.* = **ἀποκαίω.**

ἀπό-κειμαι estar aparte, guardado, reservado; existir, darse, estar asegurado.

ἀπο-κείρω cortar, *esp.* el cabello, la barba, etc., pelar; matar || MED. cortarse, pelarse (ἀποκείρασθαι τὰς κεφαλάς raparse las cabezas).
F. *aor.* ἀπέκειρα, *ép.* ἀπέκερσα; *perf. pas.* ἀποκέκαρμαι.

ἀπο-κερδαίνω sacar ganancia, ganar.

ἀπο-κεφαλίζω decapitar.

ἀπο-κηδεύω cesar en el luto [por alguien, *ac.*].
ἀπο-κηδέω -ῶ ceder, aflojar.
ἀπο-κηρύσσω [*át.* **ἀπο-κηρύττω**] prohibir; vender por pregón *o* en pública subasta; desheredar, repudiar.
ἀποκινδύνευσις εως ἡ intento peligroso *u* osado; riesgo.
ἀπο-κινδυνεύω arriesgar la lucha decisiva, jugarlo todo de una vez || PAS. ser jugado, arriesgado *o* aventurado.
ἀπο-κινέω- ῶ quitar, echar, apartar [a alguien, *ac.; de* un sitio, *gen.*].
 F. *3.ª sing. aor 1.º iter. ép.* ἀποκινήσασκε.
ἀπο-κλαίω *y*
ἀπο-κλάω llorar; ἀ. στόνον exhalar lamentos || TR. llorar a alguien, lamentarse *o* gemir por alguien [*ac.*] || MED. lamentar, deplorar [algo, *ac.*].
 F. *fut.* ἀποκλαύσομαι; *aor.* ἀπέκλαυσα. *V.* κλαίω.
ἀπόκλεισις εως ἡ cierre, acción de cerrar, exclusión.
ἀπο-κλείω cerrar, obstruir; tapar; cohibir, impedir; encerrar, limitar; excluir, apartar || MED. ἀποκλήσασθαι τῆς διαβάσεως cerrar el paso [a alguien *ac.*].
 F. *fut.* ἀποκλείσω; *aor.* ἀπέκλεισα; *perf. pas.* ἀποκέκλειμαι; *aor. pas.* ἀπεκλείσθην. *Cf.* ἀποκληίω *y* ἀποκλήω.
ἀπο-κληίω *jón.* = **ἀποκλείω.**
 F. *fut.* ἀποκληίσω *etc. Cf.* ἀποκλείω *3.ª pl. plpf.* ἀπεκεκλῄατο, *v. l.* ἀπεκεκλέατο *(Hdt. 9,50)*
ἀπο-κληρόω -ω sacar o elegir por suerte.
ἀπόκλησις *antiguo át.* = **ἀπόκλεισις.**
ἀπο-κλήω *át.* = **ἀποκλείω.**
 F. *fut.* ἀποκλήσω *etc. V.* ἀποκλείω.
ἀπο-κλίνω desviar (ἄλλῃ ἀποκλίναι desviar a otra parte, dar distinta interpretación) || INTR. desviarse, declinar, inclinarse, tener inclinación [hacia algo, πρός *y ac.*].
ἀπο-κλύζω [*y med.*] lavar, limpiar, borrar.
ἀποκμητέον *adj. vbal. de* ἀποκάμνω.
ἀπο-κναίω *y*
ἀπο-κνάω -ῶ cansar, agotar, atormentar.
ἀπ-οκνέω -ῶ echarse atrás [por medio, debilidad, etc.], retraerse, abstenerse || TR. retroceder ante [algo, *ac.*].
ἀπόκνησις εως ἡ retraimiento por miedo, debilidad, etc.
ἀπο-κοιμάομαι -ῶμαι [*y aor. pas.*] acostarse, reposar.
ἀπο-κοιτέω -ῶ dormir o pasar la noche fuera.
ἀπο-κολυμβάω -ῶ escaparse a nado.
ἀπο-κομιδή ῆς ἡ regreso, retirada.
ἀπο-κομίζω llevar, conducir, transportar || PAS. trasladarse, irse; tornar, volver.
ἀποκοπή ῆς ἡ corte, separación; abolición *o* perdón [de las deudas].
ἀπο-κόπτω cortar; *tamb. fig.* cortar *o* dejar separado un cuerpo de tropas, etc.
ἀπο-κορυφόω -ῶ recapitular, decir en resumen.
ἀπο-κοσμέω -ῶ quitar (ἔντεα δαιτός los utensilios del banquete, quitar la mesa).
ἀπο-κοτταβίζω derramar sobre el suelo *o* en una vasija de bronce las últimas gotas de vino, para deducir un augurio de su sonido.
ἀπο-κρατέω -ῶ superar.
ἀπο-κρεμάννυμι dejar colgado, pendiente, caído; colgar.
ἀπό-κρημνος ον escarpado.
ἀπόκριμα ατος τό respuesta; resolución; sentencia.
ἀπο-κρίνω separar, apartar, elegir; señalar, distinguir; poner a un lado, rechazar; enjuiciar || PAS. *y* MED. separarse, apartarse; distinguirse, ser distinto; pasar, resolverse [en algo, ἐς *y ac.*]; contestar, responder, dar respuesta; dar *o* comunicar una razón *o* decisión.
ἀπόκρισις εως ἡ respuesta, razón, encargo.
ἀπό-κροτος ον duro, áspero, quebrado.
ἀπο-κρούω rechazar con violencia || MED. rechazar lejos de sí || PAS. ser rechazado, fracasar [en algo, *gen.* etc.]
ἀπο-κρύπτω ocultar, cubrir, hacer invisible, obscurecer; perder de vista (γῆν la tierra); ocultar, disimular [algo, *ac.; a* alguien, *ac. o* ἀπό *y gen.*] || MED. ocultarse, esconderse [de alguien, *ac.*]; encubrir, disimular, ocultar.
 F. *V.* κρύπτω.

ἀπόκρυφος ον oculto, secreto.
ἀποκτάμεν *y* **ἀποκτάμεναι** *formas de aor. de* ἀποκτείνω.
ἀπο-κτείνυμι *y*
ἀπο-κτείνω matar, hacer matar; condenar a muerte, hacer ejecutar; promover la condenación a muerte.
F. *fut.* ἀποκτενῶ, *jón.* ἀποκτενέω, *aor.* ἀπέκτεινα; *aor. 2.º ép. poét.* ἀπέκτανον, *1.ª pl.* ἀπέκταμεν, *inf.* ἀποκτάμεν(αι); *med. con valor pas. 3.ª sing.* ἀπέκτατο, *part.* ἀποκτάμενος; *perf.* ἀπέκτονα, *td.* ἀπεκτόνηκα, ἀπέκταγκα *y* ἀπέκτακα; *3.ª sing. plpf. jón.* ἀπεκτόνεε; *aor. pas. td.* ἀπεκτάνθην *(N. T.)*.
ἀποκτέννω *y*
ἀποκτίννυμι = **ἀποκτείνω**
ἀπο-κυέω -ῶ *y*
ἀποκύω parir; producir, engendrar.
ἀπο-κυλίω hacer rodar, echar abajo.
ἀπο-κωλύω impedir, estorbar, contener, detener (ἀ. τῆς ὁδοῦ atajar el camino).
ἀπο-λαγχάνω sacar *u* obtener por suerte; no obtener nada por la suerte.
ἀπο-λαμβάνω llevarse fuera, tomar *o* coger aparte, separar, apartar; cortar, rodear, aislar; detener, impedir; obtener, recibir, cobrar, *tamb.* hospedar; tomar; recobrar, volver a obtener || MED. tomar aparte, apartar.
F. *fut.* ἀπολήψομαι, *jón.* ἀπολάμψομαι; *aor.* ἀπέλαβον; *perf.* ἀπείληφα, *pas.* ἀπείλημμαι, *jón.* ἀπολέλαμμαι; *aor. pas.* ἀπελήφθην, *jón.* ἀπελάμφθην. *V.* λαμβάνω.
ἀπο-λαμπρύνω aclarar || MED. distinguirse, hacerse famoso.
ἀπολάμπω *y med.* dar destellos, brillar || *impers.* ἀπέλαμπε salía un resplandor [de... *gen.*].
ἀπόλαυσις εως ἡ goce, disfrute; utilidad, provecho.
ἀπο-λαύω gozar, disfrutar [algo *o* de algo, *ac. o gen.*]; sacar *u* obtener [algo, *ac.*; de alguien *o* de algo *gen.*]; aprovecharse [de algo, *gen.*].
F. *fut.* ἀπολαύσομαι, *td.* ἀπολαύσω; *aor.* ἀπέλαυσα; *perf.* ἀπολέλαυκα, *pas.* ἀπολέλαυ(σ)μαι.
ἀπο-λέγω elegir, escoger; rehusar, rechazar [*cf.* ἀπειπον *y* ἀπαγορεύω] || MED. elegir para sí, tomar consigo.
ἀπο-λείβομαι gotear, destilarse.
ἀπολείπω TR. dejar sobrante: dejar; abandonar; dejar atrás; adelantar, aventajar; dejar una distancia *o* intervalo (ὡς πλέθρον de un pletro; γυνὴ μέγαθος ἀπὸ τεσσέρων πηχέων ἀπολείπουσα τρεῖς δακτύλους una mujer de altura de cuatro codos menos tres dedos); suprimir, pasar por alto (οὐδέν, βραχύ, *etc.* ἀπολείπω nada *o* poco falta para que yo... [*inf.*]); permitir || INTR. irse, alejarse; hacer una digresión [en el discurso]; quedarse fuera, lejos o atrás; cesar, fallar, faltar; desfallecer, perder el ánimo || MED. dejar [a la posteridad]; dejar, abandonar || PAS. ser dejado atrás, quedarse atrás *o* lejos, no estar a la altura [de alguien *o* de algo, *gen.*: ἀ. καιροῦ perder la ocasión]; estar lejos [de algo, *gen.*]; carecer, estar falto *o* privado [de algo, *gen.*].
F. *aor.* ἀπέλιπον, *td.* ἀπέλειψα *etc.* *V.* λείπω.
ἀπο-λείχω lamer, quitar lamiendo.
ἀπό-λειψις εως ἡ acto de dejar, abandono, deserción, falta, falla.
ἀ-πόλεκτος ον *adj. vbal. de* ἀπολέγω escogido, selecto.
ἀ-πόλεμος ον imbele, inválido, que no sirve para la guerra; no belicoso, pacífico.
ἀπο-λέπω pelar; desollar; *tamb.* cortar.
ἀπ-ολέσκετο *forma iterativa de aor. med. de* ἀπόλλυμι.
ἀπολέσσω *fut. ép. de* ἀπόλλυμι.
ἀπολεύμενος *part. fut. med. ép. jón. de* ἀπόλλυμι.
ἀπολέω *fut. jón. de* ἀπόλλυμι.
ἀπο-λήγω cesar, terminar.
ἀπόληψις εως ἡ copo, cerco, corte [de tropas].
ἄ-πολις ι sin ciudad, sin patria; desterrado; mal ciudadano, *o* ciudadano sin significación en la ciudad.
F. *gen.* ἀπόλεως ἀπόλιδος *y jón.* ἀπόλιος; *dat. jón.* ἀπόλι; *voc.* ἄπολι.
ἀπ-ολισθαίνω *y*
ἀπολισθάνω escaparse resbalando, deslizarse.
ἀπο-λιχμάω -ῶ [*y med.*] = **ἀπολείχω.**
ἀπο-λλήγω *ép.* = **ἀπολήγω.**
ἀπ-όλλυμι *y*
ἀπ-ολλύω hacer perecer, aniquilar, destruir, matar; perder, arruinar, hacer desgraciado [a alguien, *ac.*];

perder (πατέρ' ἐσθλὸν ἀπώλεσα, perdí a mi noble padre; ἀπώλλυσαν τὴν ἀρχὴν ὑπὸ Περσῶν perdieron el reino a mano de los Persas); sacrificar || INTR. [*perf.* ἀπόλωλα estoy perdido] *y* MED. perecer, perderse, morir, caer, ser ejecutado, ser destruido (λυγρῷ ὀλέθρῳ, αἰπὺν ὄλεθρον con lamentable, duro fin); desaparecer.
F. *impf.* ἀπώλλυν, *med.* -ύμην; *fut.* ἀπολέσω, *ép.*- -έσσω, *jón.* ἀπολέω, *med.*-έομαι; *part.* ἀπολεύμενος; *fut. át.* ἀπολῶ, *med.* -οῦμαι, *jón.* -έομαι; *aor. 1.º* ἀπώλεσα, *ép.* ἀπόλεσσα; *aor. 2.º med.* ἀπωλόμην. *3.ª sing. iter. ép.* ἀπολέσκετο, *3.ª pl. ép.* ἀπόλοντο, *id. opt.* ἀπολοίατο; *perf. 1.º* ἀπολώλεκα, *perf. 2.º* ἀπόλωλα; *plpf.* ἀπολώλειν *y* ἀπωλώλειν.

Ἀπόλλων -ωνος ὁ Apolo, dios hijo de Zeus y de Latona.

ἀπο-λογέομαι -οῦμαι defenderse en juicio (ἀ. ὑπὲρ ἑαυτοῦ hacer la propia defensa); defenderse [de algo *o* en relación con algo, ὑπέρ *o* περί *y gen.*; contra alguien *o* contra algo, *ac. o* πρός *y ac.*]; alegar en propia defensa [algo, *ac. o* ὅτι, ὡς *y orac. subordinada*]; rechazar, refutar (τὰς διαβολάς las imputaciones); defender [a alguien, ὑπέρ *y gen.*].
F. *aor.* ἀπελογησάμην; *perf.* ἀπολελόγημαι *(tamb. a veces con valor pas.)*; *aor. pas.* ἀπελογήθην *(más frecte. con valor pas.).*

ἀπολόγημα ατος τό *y*

ἀπολογία ας ἡ defensa, justificación.

ἀπο-λογίζομαι dar cuenta; calcular; conjeturar.

ἀπό-λογος ου ὁ narración, relato apólogo, fábula.

ἀπ-ολοίατο *3.ª pl. opt. aor. 2.º med. ép. de* ἀπόλλυμι.

ἀπολοῦμαι *fut. med. de* ἀπόλλυμι.

ἀπο-λούω limpiar, quitar limpiando *o* lavando || MED. lavarse; limpiarse [de algo, *ac.*].

ἀπ-ολοφύρομαι lamentar, desahogarse en lamentos; deplorar [algo, *ac.*].

ἀπο-λυμαίνομαι purificarse.

ἀπολυμαντήρ ῆρος ὁ deshacedor, destructor, perturbador.

ἀπόλυσις εως ἡ liberación, absolución.

ἀπολυτικῶς ADV. con inclinación a absolver.

ἀπο-λυτρόω -ῶ poner en libertad mediante rescate.

ἀπολύτρωσις εως ἡ rescate, redención

ἀπο-λύω soltar; liberar (χρυσοῦ a precio de oro); absolver [de algo, *gen.*; ἀπολύεται μὴ ἀδικεῖν es declarado inocente]; despedir, licenciar; repudiar; pagar || MED. liberarse, justificarse [de algo, *ac.*]. *de donde,* rechazar, refutar; separarse, quedar libre; partir, marchar; liberar *o* rescatar por sí *o* por su propio esfuerzo; matarse, darse muerte [*Sóf. Ant. 1314*].

ἀπολῶ *fut. át. de* ἀπόλλυμι.

ἀπο-λωβάω -ῶ deshonrar || PAS. quedar deshonrado.

ἀπόλωλα *perf. 2.º intr. de* ἀπόλλυμι.

ἀπολώληκα *perf. 1.º trans. de* ἀπόλλυμι.

ἀπο-μανθάνω olvidar, desaprender; perder el hábito.

ἀπο-μαντεύομαι sospechar, adivinar.

ἀπο-μαραίνομαι marchitarse; consumirse, extinguirse.

ἀπο-μάσσω limpiar *o* lavar frotando; rasar; modelar || MED. limpiarse [de algo, *ac.*; en... εἰς *y ac.*].

ἀπο-μαστιγόω -ῶ azotar, dar azotes, fustigar.

ἀπο-ματαΐζω peerse, expeler una ventosidad.

ἀπο-μάττω *át.* = **ἀπο-μάσσω.**

ἀπο-μάχομαι combatir desde arriba hacia abajo; rechazar, resistir [a alguien *o* a algo, *ac.* etc.]; rehusar; terminar de combatir.

ἀπό-μαχος ον imposibilitado de combatir; no combatiente.

ἀπο-μερίζω apartar, separar, distinguir, elegir; repartir.

ἀπο-μετρέω -ῶ [*v med.*] medir en partes, partir, hacer partición [de algo, *ac.*]; *simplte.* medir, contar.

ἀπο-μηκύνω alargar *y esp.* alargar el discurso, extenderse hablando.

ἀπο-μηνίω estar enojado, sentir rencor [contra alguien, *dat.*].

ἀπο-μιμέομαι -οῦμαι imitar, representar, figurar.

ἀπο-μιμνήσκομαι recordar [*con dat.* acordarse de alguien, guardarle afecto] ἀ. χάριν agradecer, estar reconocido [a alguien, *dat.*].

ἀπό-μισθος ον sin sueldo, sin paga (ἀπόμισθον ποιεῖν licenciar sin paga).

ἀπο-μισθόω -ῶ dar en alquiler *o* en arriendo.

ἀπομνημονεύματα ων τά cosas memorables, dignas de recordación, recuerdos.

ἀπο-μνημονεύω recordar, suscitar *o* conservar el recuerdo (ἀπεμνημόνευσε τωὐτὸ ὄνομα τῷ παιδὶ θέσθαι en recuerdo dio el mismo nombre a su hijo).

ἀπο-μνησικακέω -ῶ acordarse del mal sufrido, guardar rencor [a alguien, *dat.*].

ἀπ-όμνυμι jurar, afirmar con juramento; jurar que no, negar con juramento [por alguien, *ac.*].

ἀπο-μονόω -ῶ dejar solo; excluir, dejar fuera.

ἀπ-ομόργνυμι limpiar, enjugar || MED. limpiarse; enjugarse, secarse [las lágrimas, el sudor, etc., *ac.*]; frotarse.

ἀπο-μυθέομαι -οῦμαι desaconsejar, disuadir.

ἀπο-μύσσω [*át.* **ἀπο-μύττω**] sonar, limpiar los mocos || MED. sonarse.

ἀπ-οναίατο *3.ª pl. del opt. aor. 2.º de* ἀπονίναμαι.

ἀπ-όναιο *2.ª sing. del opt. aor. 2.º de* ἀπονίναμαι.

ἀπο-ναίω trasladar, trasplantar [*pas.* ser trasladado, desterrado, alejado, etc. de, *gen.*]; llevar de nuevo, devolver || MED. trasladarse, emigrar; *trans.* alejar de sí.
F. *Sólo aor.: act.* ἀπένασσα, *med.* ἀπενασσάμην, *pas.* ἀπενάσθην.

ἀπο-ναρκόομαι -οῦμαι quedar embotado *o* insensible.

ἀπο-νέμω dar como parte, asignar, dedicar; conceder || MED. asignarse, tomar para sí.

ἀπονενοημένως. ADV. desesperadamente, con desesperación [*cf.* ἀπονοέομαι].

ἀπο-νέομαι irse, partirse; volver, retornar.

ἀπο-νεύω volverse, tornarse [hacia algo, ἐπί *o* πρός *y ac.*].

ἀπόνηθ' = **ἀπόνητο,** *3.ª sing. aor. 2.º de* ἀπονίναμαι.

ἀπονήμην *aor. 2.º de* ἀπονίναμαι.

ἀπονητί ADV. sin trabajo, sin fatiga.

ἀπ-όνητος sin fatiga, sin trabajo, fácil; impune.

ἀ-πονία ας ἡ pereza, flojedad, indolencia.

ἀπο-νίζω lavar, limpiar || MED. lavarse, limpiarse.

ἀπ-ονίναμαι gozar *o* disfrutar [de algo, *gen.*].
F. *fut.* ἀπονήσομαι; *aor. 2.º ép.* ἀπονήμην, *3.ª sing.* ἀπόνητο; *2.ª sing. opt.* ἀπόναιο, *3.ª pl.* ἀποναίατο, *inf.* ἀπόνασθαι, *part.* ἀπονήμενος; *aor. td.* ἀπωνάμην.

ἀπο-νίπτω = ἀπονίζω.

ἀπο-νοέομαι -οῦμαι desesperarse.

ἀπόνοια ας ἡ falta de sentido; desesperación, demencia, locura.

ἄ-πονος ον sin trabajo, sin fatiga, fácil; perezoso, flojo, indolente.

ἀπο-νοστέω -ῶ regresar, volver a casa.

ἀπο-νόσφι ADV. aparte || PRP. *de gen.* lejos de.

ἀπο-νοσφίζω apartar, alejar; arrebatar, despojar [a uno, *ac.; de* algo, *gen.*]; rehuir, evitar [algo, *ac.*].

ἀπό-ξενος ον inhospitable, inhospitalario; desterrado.

ἀπο-ξενόω -ῶ desterrar || PAS. vivir fuera de la patria, estar desterrado.

ἀπο-ξέω -ῶ cortar; raspar, raer.

ἀπο-ξηραίνω secar || PAS. secarse, quedarse seco.
F. *inf. aor. jón.* ἀποξηρῆναι, *pas.* ἀπο ξηρανθῆναι; *perf. pas.* ἀπεξήρασμαι.

ἀπ-οξύνω aguzar.

ἀπο-ξυρέω -ῶ rapar, pelar al rape.

ἀπο-ξύω raer, quitar (ἀ. γῆρας quitar de encima la vejez).

ἀπο-παπταίνω mirar todo alrededor [como para emprender la fuga].
F. *fut. ép.* ἀποπαπτανέω (*3.ª pl.* ἀποπαπτανέουσιν).

ἀπο-παύω hacer cesar [a alguien, *ac.;* en algo, *gen.*]; poner fin [a algo, *gen.*]; impedir [que alguien haga algo, *inf. con suj. ac.*] || MED. cesar, reposar [en algo, *gen.*].

ἀπό-πειρα ας ἡ prueba, experiencia, ensayo.

ἀπο-πειράω -ῶ [*y med.*] probar, ensayar, hacer experiencia [de algo, *gen.*]; investigar; tentar, hacer una tentativa (τοῦ Πειραιῶς contra el Pireo).

ἀπο-πέμπω enviar, despachar, mandar fuera, despedir; devolver || MED. enviar *o* mandar, *esp.* lejos de sí; despedir, repudiar.

ἀπόπεμψις εως ἡ envío, despacho, licenciamiento.

ἀπο-πέτομαι volar de un sitio; irse volando.

F. *aor.* ἀπεπτάμην, *inf.* ἀποπτάσθαι, *part.* ἀποπτάμενος; *aor. 2.º* ἀπέπτην.

ἀπο-πήγνυμι helar || MED. helarse, quedarse helado, coagularse, cuajarse.

ἀπο-πηδάω -ῶ saltar de un sitio; *fig.* apartarse [de alguno, *gen.*]; dejarlo, serle infiel.

ἀπο-πίμπλημι llenar, completar; cumplir, ejecutar; satisfacer [el ánimo, los deseos, etc.].

ἀπο-πίνω beber.

ἀπο-πίπτω caer, caerse.

ἀπο-πλάζω llevar fuera, privar [de... *gen.*] || PAS. [*aor.* ἀπεπλάγχθην etc.] errar fuera o lejos; ir lejos [de, *gen.*]; desprenderse [el yelmo de la cabeza, *Hom. Il. 13, 578*].

ἀπο-πλανάω -ῶ hacer errar; extraviar, seducir || MED. errar.

ἀπο-πλείω *y*

ἀπο-πλέω emprender la navegación, hacerse a la vela.

ἀπό-πληκτος ον pasmado, estúpido, imbécil; estropeado.

ἀπο-πληρόω -ῶ = ἀποπίμπλημι.

ἀποπληρωτής -οῦ ὁ cumplidor, que cumple o ejecuta.

ἀπο-πλήσσω dejar fuera de sí por la impresión, dejar sin sentido || PAS. quedar sin sentido.

ἀπό-πλοος οου [-ους ου] partida [por mar]; regreso por mar, navegación de retorno.

ἀπο-πλύνεσκον *impf. iterativo de* ἀποπλύνω.

ἀπο-πλύνω lavar, limpiar.

ἀπο-πλώω *ép. y jón.* = **ἀποπλέω.**

F. *aor. 2.º* ἀπέπλων.

ἀπο-πνείω *y*

ἀπο-πνέω respirar: exhalar; expirar (θυμὸν ἀ. exhalar el alma); morir; soplar [de un sitio *u* otro, ἀπό *y gen.*].

ἀπο-πνίγω estrangular; ahogar, asfixiar, sofocar. || MED. ahogarse.

ἀπό-πολις ι [*gen.* ιδος] sin patria, fugitivo, desterrado.

ἀπο-πορεύομαι partir, ponerse en camino.

ἀπο-πρίω serrar, cortar con la sierra.

ἀπο-πρό ADV. muy lejos || PRP. *de gen.* lejos de.

ἀπο-προαιρέω -ῶ tomar un poco [de algo, *gen.*].

ἀπο-προέηκε *3.ª sing. aor. 1.º jón. de* ἀποπροΐημι.

ἀπό-προθε (ν) ADV. desde lejos; lejos.

ἀπό-προθι ADV. lejos, en la lejanía.

ἀπο-προΐημι enviar; lanzar, disparar; dejar caer (ξίφος la espada).

F. *aor. ép.* ἀποπροέηκα.

ἀπο-προτέμνω cortar un pedazo [de algo, *gen.*].

ἀπο-πτάμενος *part. aor. de* ἀποπέτομαι.

ἀπό-πτολις ι = ἀπόπολις.

ἄπ-οπτος ον fuera de la vista, alejado [de, *gen.*] ἐξ ἀπόπτου desde lejos.

ἀπόπτυστος ον *lit.* escupido *o* digno de ser escupido; execrable, abominable.

ἀπο-πτύω escupir; rechazar; abominar; despreciar.

ἀπο-πυνθάνομαι inquirir, informarse.

απ-ορέω *jón.* = **ἀφοράω.**

ἀπορέω -ῶ [*y med.*] no saber, estar en duda, en incertidumbre, en confusión (ἀ. ὅ τι χρὴ ποιεῖν no saber lo que conviene hacer); carecer, estar falto [de algo, *gen.*]; estar apurado, perplejo [por algo, *dat.*]; estar necesitado, ser pobre || PAS. ser puesto en apuro, en necesidad; τὸ ἀπορούμενον, τὸ ἀπορηθέν la dificultad, la cuestión, el embarazo.

F. *1.ª pl. pres. ind. lacón.* ἀπορίομες *Jen. Hel. 1,1,23; impf.* ἠπόρουν; *aor.* ἠπόρησα; *perf.* ἠπόρηκα, *med.* ἠπόρημαι *(tamb. con valor pas.); aor. pas.* ἠπορήθην *(tamb. con valor med.).*

ἀ-πόρθητος ον no destruido, no devastado.

ἀπ-ορθόω -ῶ enderezar, guiar rectamente.

ἀπορία ας ἡ falta de camino *o* salida; imposibilidad (ἀ. τοῦ μὴ ἡσυχάζειν imposibilidad de descansar); perplejidad, indecisión, duda; falta, carencia; apuro, necesidad; pobreza; situación apurada; dificultad; cuestión, problema.

ἀπορίομες *forma lacónica 1.ª pl. pres. ind. de* ἀπορέω.

ἀπο-ρίπτω = **ἀπο-ρρίπτω.**

ἀπ-όρνυμαι lanzarse, arrancarse (Λυκίηθεν desde Licia *Hom. Il. 5, 105*).

ἄ-πορος ον sin camino *o* salida; intransitable, infranqueable; difícil, arduo, embarazoso, imposible, inextricable (τὸ ἄπορον dificultad, apuro); difícil de hallar, escaso; *de pers.* inabordable, inaccesible, difícil, imposible [de tratar, etc.]; incontrastable; sin medios *o* recursos, desamparado; necesitado, pobre.

ἀπ-ορούω saltar, lanzarse, *esp.* echarse fuera de un salto.

ἀπο-ρρᾳθυμέω -ῶ no hacer nada por pereza *o* molicie; dejar *o* abandonar por molicie *o* falta de gusto (algo, *gen.*].

ἀπο-ρραίνω derramar, esparcir.

ἀπο-ρραίω arrancar, arrebatar.

ἀπο-ρράπτω volver a coser.

ἀπο-ρραψωδέω -ῶ declamar rapsodias.

ἀπο-ρρέω fluir, correr; caer, desprenderse; decaer, perecer, perderse.

F. *fut.* ἀπορρεύσω *y* ἀπορρυήσομαι; *aor.* ἀπερρύην, *part.* ἀπορρυείς; *aor.* *(íd.)* ἀπέρρευσα *V.* ῥέω.

ἀπο-ρρήγνυμι arrancar, desprender, separar; romper, destruir || PERF. ἀπέρρωγα *y* PAS.: separarse, desprenderse, romper con [alguien, ἀπό *y gen.*]; romper, estallar, reventar.

F. *aor.* ἀπέρρηξα *aor. pas.* ἀπερράγην; *perf. 2.º* ἀπέρρωγα, *etc. V.* ῥήγνυμι.

ἀπο-ρρηθῆναι *inf. aor. pas. de* ἀπαγορεύω ἀπεῖπον.

ἀπό-ρρησις εως ἡ prohibición, negativa, renuncia.

ἀπό-ρρητος ον prohibido, indecible, secreto; (ἀ. ποιεῖσθαι guardar en secreto); nefando, vergonzoso.

ἀπο-ρριγέω -ῶ temblar de miedo, tener horror [a algo, *inf.*]; *s. o.* inspirar *o* infundir miedo *y* horror (ἀπερρίγασι νέεσθαι le infunden miedo de volver *Hom. Od. 2, 52*).

F. *perf. con sign. pres.* ἀπέρριγα.

ἀπο-ρρίπτω deponer, desechar; echar, arrojar; expulsar, desterrar; lanzar *o* dejar caer (ϝέπος una palabra etc.); reducir (ἐς τὸ μηδέν a la nada).

ἀπορροή ῆς *y*

ἀπόρροια ας ἡ flujo, corriente; efluvio, emanación.

ἀπο-ρροιβδέω -ῶ hacer resonar, exhalar con estrépito (βοάς chillidos, gritos).

ἀπο-ρροφέω -ῶ sorber, gustar (οἶνον el vino).

απο-ρρώξ ῶγος escarpado || SUST. *f.* porción, parte; efluvio; brazo [de un río].

ἀπ-ορφανίζομαι quedarse huérfano.

ἀπ-ορχέομαι -οῦμαι estropear *o* perder bailando (τὸν γάμον la boda *Hdt. 6, 129*).

ἀπο-σαλεύω permanecer *o* fondear en alta mar.

ἀπο-σαφέω -ῶ explicar, declarar.

ἀπο-σβέννυμι *y*

ἀπο-σβεννύω apagar; extinguir, acabar || INTR. MED. *y* PAS. apagarse, extinguirse, cesar, morir, ahogarse.

F. *fut.* ἀποσβέσω, *med.* ἀποσβήσομαι; *aor.* ἀπέσβεσα, *aor. 2.º intr.* ἀπέσβην; *perf. 1.º intr.* ἀπέσβηκα, *pas.* ἀπέσβεσμαι; *aor. pas.* ἀπεσβέσθην.

ἀπο-σείω derribar sacudiendo || MED. sacudirse, tirar, derribar; parar, desviar (κοντόν la lanza).

ἀπο-σεύομαι precipitarse fuera, salir apresuradamente.

F. *aor. 2.º med. ép.* ἀπεσσύμην; *aor. pas. lacón. 3.ª sing.* ἀπεσσούα *Jen. Hel. 1, 23 por* ἀπεσσύη *o* ἀπεσσύθη *(v. l.)*: acabó, murió.

ἀπο-σημαίνω dar *o* hacer signo *o* señal; señalar, indicar; aludir [a alguien, εἰς *y ac.*] || MED. reconocer [por un signo *o* señal, *dat.*]; sellar, poner un sello *de donde,* confiscar; proscribir.

ἀπο-σήπομαι [*y perf.* ἀποσέσηπα] perder por la gangrena [los dedos de los pies etc.].

ἀπο-σιμόω -ῶ dejar chato; mover en ataque de flanco.

ἀπ-οσιόομαι *jón.* = **ἀφοσιόομαι** [*v.* ἀφοσιόω].

ἀπο-σιωπάω -ῶ callarse, enmudecer.

ἀπο-σκάπτω excavar; hacer una trinchera, interceptar con trincheras.

ἀπο-σκεδάννυμι dispersar, rechazar, alejar, despedir || PAS. ser dispersados, dispersarse; separarse, alejarse.

ἀπο-σκέλλομαι secarse, perecer.

F. *inf. aor. 2.º* ἀποσκλῆναι, *inf. perf.* ἀπεσκληκέναι.

ἀπο-σκευάζω quitar, arrancar || MED. desembarazarse [de algo, *ac.*]; disponer el equipaje, quedar listo para partir.

ἀποσκηνέω = **ἀποσκηνόω.**

ἀπό-σκηνος ον que vive separado *o* aparte.

ἀποσκηνόω -ῶ acampar aparte.

ἀπο-σκήπτω lanzar desde arriba || INTR. lanzarse, caer repentinamente; venir a parar [en algo, εἰς *y ac.*].

ἀπο-σκιάζω proyectar sombra.

ἀποσκίασμα ατος τό sombra proyectada.

ἀπο-σκίδναμαι dispersarse; alejarse.

ἀπο-σκοπέω -ῶ mirar, dirigir *o* fijar la mirada, observar.

ἀπο-σκυδμαίνω irritarse, encolerizarse [contra alguien, *dat.*].

ἀπο-σκώπτω burlarse.

ἀπο-σοβέω -ῶ ahuyentar || INTR. irse precipitadamente.

ἀπόσπασμα ατος τό pedazo, fragmento, trozo.

ἀπο-σπάω -ῶ arrancar [algo *o* a alguien de, *ac. y gen.*, *ac. y* ἀπό *y gen.*, *o dos acs.*: ἐλπίδος μ' ἀπέσπασας me has sacado de mi opinión, *Sóf. E. R. 1432*); retirar, alejar; tirar de, abrir [las puertas, etc.] || INTR. alejarse, escapar del alcance *Jen. Anáb. 1, 5, 3* || PAS. ser arrancado, separado; descomponerse, desorganizarse.

ἀπο-σπείρω esparcir, sembrar.

ἀπο-σπένδω libar, hacer una libación [a alguien, *dat.*].

ἀπο-σπεύδω disuadir con empeño; empeñarse en impedir.

ἀποσταδά *y*

ἀποσταδόν ADVS. lejos; de lejos.

ἀπο-στάζω gotear, destilar; consumirse, extinguirse.

ἀποστασία, ας ἡ = **ἀπόστασις.**

ἀποστάσιον ου τό separación; divorcio, carta de divorcio.

ἀπόστασις εως ἡ distancia, intervalo; separación, partida; defección, revuelta.

ἀπο-στατέον *adj. vbal. en term. n. de* ἀφίστημι.

ἀπο-στατέω -ῶ estar lejos, diferir; separarse, hacer defección; estar lejos *o* ausente.

ἀπο-σταυρόω -ῶ cerrar *o* proteger con valla *o* empalizada.

ἀπο-στεγάζω descubrir, destechar.

ἀπο-στέγω cubrir, proteger.

ἀπο-στείχω [*aor.* ἀπέστιχον] marcharse, volver a casa.

ἀπο-στέλλω enviar, despachar; mandar recado; mandar decir; expulsar, desterrar; rechazar || PAS. ser enviado, ser desterrado; ser acompañado; partir, marcharse, salir.

ἀπο-στερέω -ῶ quitar [a uno algo, *dos acs.*]; privar [a uno, *ac.*; de algo, *gen.*]; defraudar (ἀ. ἑαυτόν separarse [de alguien *o* de algo, *gen.*]); despojar [a alguien, *ac.*] || PAS. ser privado *o* despojado [de algo, *gen. o ac.*]; ser defraudado, llegar tarde.

ἀποστέρησις εως ἡ privación.

ἀποστερητής οῦ ὁ que priva *o* despoja; despojador.

ἀπο-στερίσκω = **ἀποστερέω.**

ἀποστήσας, ἀποστήσω *etc. formas de* ἀφίστημι.

ἀπο-στίλβω brillar, resplandecer.

ἀποστολεύς έως ὁ comisario *o* intendente de marina [encargado de preparar las expediciones navales].

ἀποστολή ῆς ἡ envío, despacho; expedición [*esp.* naval]; apostolado, oficio de apóstol.

ἀπόστολος ου ὁ enviado, embajador, emisario; apóstol; envío de tropas *o* de naves; expedición; armada, flota.

ἀπο-στοματίζω repetir palabra por palabra, hacer repetir; interrogar, adoctrinar, catequizar.

ἀπο-στομόω -ῶ embotar.

ἀπο-στρατοπεδεύομαι tener apartado el campamento, acampar aparte.

ἀπο-στρέφω echar *o* hacer volver hacia atrás *de donde esp.* poner en fuga; hacer volver al combate a los fugitivos; hacer volver a casa; devolver (τὰ ἀργύρια las monedas de plata); echar atrás [las manos *o* los pies de alguno para atarlos]; retorcer (ἀ. αὐχένα retorcer el cuello); distraer [al enemigo], hacer una diversión || INTR. volver, tornar, cambiar de dirección || PAS. ser vuelto *o* doblado hacia atrás; volver la cara a otro lado; desatender [a alguien, *ac.*]; ἀπεστραμμένοι palabras hostiles; volverse, tornarse; emprender la fuga; escaparse; apartarse, hacer defección

[a alguien, *gen.*]; rechazar, abominar [de... *ac.*].
F. *fut. med.* ἀποστρέψομαι; *3.ª sing. aor. ép.* ἀποστρέψασκε; *perf.* ἀπέστροφα, *pas. jón.* ἀπέστραμμαι; *3.ª pl. plpf.* ἀπεστράφατο; *aor. pas.* ἀπεστράφην.

ἀποστροφή ῆς ἡ vuelta; escape, remedio, recurso, medio (ὕδατος ἀ. medio de conseguir agua); refugio.

ἀπόστροφος ον vuelto a otro lado.

ἀπο-στυγέω -ῶ odiar, aborrecer, detestar.
F. *aor.* ἀπεστύγησα, *aor. 2.º* ἀπέστυγον, *perf.* ἀπεστύγηκα *(con sign. pres.)*.

ἀπο-στυφελίζω arrancar *o* apartar con violencia [a alguien, *ac.; de* algo, *gen.*].

ἀπο-συλάω -ῶ despojar, privar [a uno, *ac.;* de algo, *gen. o dos acs.*]; quitar, llevarse [algo, *ac.*].

ἀπο-συνάγωγος ον excluido de la sinagoga.

ἀπο-σύρω arrancar.

ἀπο-σφάζω = ἀποσφάττω.

ἀπο-σφακελίζω gangrenarse de frío.

ἀπο-σφάλλω llevar descarriado, frustrar *o* privar [de algo, *gen.*] || PAS. ser defraudado *o* engañado [en algo, *gen.*].

ἀπο-σφάττω degollar *y en gral.* matar, dar muerte || MED. degollarse.

ἀπο-σχέσθαι *inf.aor. med. de* ἀπέχω.

ἀπο-σχήσω *fut. de* ἀπέχω.

ἀπο-σχίζω hender; separar || PAS. separarse.

ἀπο-σῴζω librar, curar (νόσου de la enfermedad); llevar sano y salvo [a alguien, *ac.;* a algún sitio, εἰς *y ac.* etc.] || PAS. llegar sano y salvo; salir sano y salvo.

ἀποτακτός όν apartado, puesto aparte [para algo].

ἀπο-τάμνω *ép. y jón.* = **ἀποτέμνω.**

ἀπο-τάσσω [*át.* **ἀπο-τάττω**] poner aparte, asignar || MED. despedirse; renunciar a, desprenderse [de alguien *o* de algo, *dat.*].

ἀπο-ταφρεύω proteger con una fosa *o* trinchera.

ἀπο-τείνω extender, alargar, desarrollar (ἀ. μακρὸν λόγον *o* ἀ. λόγους hacer un discurso largo) || INTR. extenderse, alargarse.

ἀπο-τειχίζω murar, amurallar, proteger *o* fortificar con un muro; cerrar *o* bloquear con un muro.

ἀποτείχισις εως ἡ *y*

ἀποτείχισμα ατος τό acción de fortificar, proteger *o* cerrar con un muro *o* muralla; muro, muralla, fortificación.

ἀπο-τελευτάω -ῶ acabar, venir a parar [en algo, εἰς *y ac.*].

ἀπο-τελέω -ῶ llevar a término, cumplir, realizar; satisfacer, pagar; saciar; hacer [a uno de tal *o* cual manera, *dos acs.*] || PAS. ser hecho; ser perfecto; ser venerado.

ἀπο-τέμνω cortar, separar cortando, amputar; dividir, separar [geográficamente] || MED. cortar *o* separar para sí, apropiarse; detraer [de... ἀπό *y gen.*]; saquear || PAS. ser cortado [*esp.* un cuerpo de tropas del resto de ellas].

ἀπο-τήκομαι derretirse, desaparecer, perderse.

ἀπο-τηλοῦ ADV. lejos, en la lejanía

ἀ-ποτίβατος ον inaccesible, intratable, incurable.

ἀπο-τίθημι poner aparte, guardar, depositar || MED. quitarse, desprenderse [de algo, *ac.;* ἀ. τὸν νόμον dar de lado a la ley, desentenderse de ella]; evitar, eludir, esquivar; poner aparte para sí mismo, conservar, guardar; aplazar.
F. *subj. aor. med. ép.* ἀποθείομαι *o* ἀποθήομαι, *inf.* ἀποθέσθαι *etc. V.* τίθημι.

ἀπο-τίκτω engendrar, producir.

ἀπο-τίλλω arrancar [el pelo].

ἀπο-τιμάω -ῶ despreciar || MED. evaluar, apreciar (δίμνεως en dos minas); hipotecar *o* tomar en hipoteca *o* prenda.

ἀπό-τιμος ον infame, odioso.

ἀπο-τινάσσω sacudirse, echar de sí.

ἀπο-τίνω pagar, volver en pago; pagar, dar el pago [por algo, *ac.*]; pagar [algo, *ac.*] || MED. hacerse pagar, exigir el pago; vengarse [de alguien, *ac.;* de algo *o* por algo, *gen. o ac.*].
F. *ep. y jón.* ἀποτίνυμαι; *fut.* ἀποτείσω, *aor.* ἀπέτεισα, *etc. V.* τίνω.

ἀπο-τμήγω *ép.* = **ἀποτέμνω.**

ἄ-ποτμος ον desdichado, infeliz, mísero.

ἀπο-τολμάω -ῶ atreverse, arriesgarse [*esp.* en la lucha].

ἀποτομή ῆς ἡ corte, amputación.

ἀποτομία ας ἡ severidad, dureza.

ἀπό-τομος ον escarpado; áspero, duro, severo.

ἄ-ποτος ον impotable; que no bebe, que no ha bebido, sin beber.

ἀπο-τρέπω echar atrás *o* hacia el lado, apartar, desviar [a alguien, *ac.; de* algo, *gen.* etc.]; alejar, evitar [un daño, una desgracia etc]; disuadir ‖ MED. apartarse; desistir; rehusar; volverse atrás, retornar.

ἀπο-τρέχω irse corriendo.

ἀπο-τρίβω gastar por el roce ‖ MED. extinguir; quitarse de encima; borrar (τὴν ἀδοξίαν la infamia).

ἀπο-τρόπαιος ον que aparta la desgracia, tutelar; terrible, abominable.

ἀπο-τροπή ῆς ἡ acción de evitar *o* alejar, alejamiento, apartamiento; prevención, evitación; denegación.

ἀπό-τροπος ον vuelto a otro lado, apartado, solitario; abominable, terrible, horrible; tutelar, protector.

ἀπότροφος ον criado fuera de casa.

ἀπο-τρύω gastar, agotar, perder del todo ‖ MED. trabajar duramente, cansar, fatigar.

ἀπο-τρωπάω -ῶ apartar, alejar, mantener lejos ‖ MED. apartarse, mantenerse lejos.

ἀπο-τυγχάνω errar, marrar, fallar, no alcanzar [algo, *gen.*]; fracasar, no tener éxito, ser desgraciado; perder (ὧν εἶχον ἀπέτυχον perdieron lo que tenían).

ἀπο-τυμπανίζω apalear; moler *o* matar a palos.

ἀπο-τύπτομαι dejar de golpearse de dolor, cesar en la lamentación.

ἀπούρας *part. aor. ép. de* ἀπαυράω.

ἀπουρήσω *fut. ép. de* ἀπαυράω.

ἀπ-ουρίζω estrechar, reducir (ἀρούρας los campos [a alguien, *dat.*] *de donde* quitárselos).

ἄπ-ουρος ον lejano de los confines, lejano.

ἄ-πους ουν [*gen.* οδος] sin pies; impedido de los pies; tullido.

ἀπουσία ας ἡ ausencia.

ἀπο-φαίνω mostrar; declarar, dar a conocer, revelar, descubrir [a uno como... *o* en tal calidad, *dos acs.*]; demostrar; designar ‖ MED. mostrar [*esp.* algo propio], sacar a luz; opinar, mostrar una opinión; mostrarse, revelarse, darse a conocer; decidirse.

ἀπο-φάργνυμι = **ἀποφράγνυμι.**

1 **ἀπό-φασις εως ἡ** negativa, denegación.

2 **ἀπόφασις εως ἡ** declaración, decisión, sentencia.

ἀπο-φάσκω = **ἀπόφημι.**

ἀπο-φέρω llevarse; llevar hacia atrás, llevar a su vez, llevar de nuevo; llevar en pago, pagar, satisfacer; entregar, presentar (γραφήν una acusación) ‖ MED. llevarse consigo, llevarse ‖ PAS. ser llevado *o* arrebatado; ser devuelto; volver, tornar.

ἀπο-φεύγω escaparse, librarse, salir libre, ser absuelto.

ἀπό-φημι declarar; negar; denegar, rehusar.

ἀπο-φθέγγομαι decir franca, redondamente.

ἀπόφθεγμα ατος τό apotegma, dicho, sentencia.

ἀπο-φθείρω destruir, aniquilar.

ἀπο-φθινύθω perecer, morir ‖ TR. consumir (θυμόν su ánimo).

ἀπο-φθίνω perder, hacer perecer ‖ INTR. *y* MED. PAS. perecer.
F. *fut.* ἀποφθίσω; *aor.* ἀπέφθισα, *inf.* ἀποφθίσαι; *3.ª sing. aor. 2.º med. ép.* ἀπέφθιτο, *imp.* ἀποφθίσθω, *1.ª sing. opt.* ἀποφθίμην, *part.* ἀποφθίμενος; *3.ª pl. aor. pas. ép.* ἀπέφθιθεν. *V.* φθίνω.

ἀπο-φλαυρίζω menospreciar, tener en poco.

ἀπο-φοιτάω -ῶ irse, separarse [del lado de alguien, παρά *y gen.*].

ἀποφορά ᾶς ἡ pago; tributo; rendimiento.

ἀπο-φορτίζομαι descargar *o* descargarse [de algo, *ac.*].

ἀπο-φράγνυμι encerrar; cerrar, atajar ‖ MED. *fig.* celar, ocultar.

ἀπόφραξις εως ἡ cierre, atajamiento.

ἀπο-φράς άδος nefasto.

ἀπο-φράσσω *y*

ἀπο-φράττω *át.* = **ἀποφράγνυμι.**

ἀποφυγή ῆς ἡ escape, huida; refugio.

ἀπο-φώλιος ον vano, inútil; insensato.

ἀπο-χάζομαι alejarse.
ἀπο-χειροβίωτος ον que vive del trabajo de sus manos.
ἀπο-χειροτονέω -ῶ rechazar en votación, absolver en votación.
ἀπ-οχετεύω derivar en canal.
ἀπο-χέω derramar, esparcir.
F. *aor.* ἀπέχεα, *ép.* ἀπέχευα.
ἀπο-χραίνω descolorir, oscurecer.
ἀπο-χράω -ῶ bastar, ser suficiente, dar abasto (ἀποχρῆ basta) || MED. usar, utilizar, servirse [de algo, *ac. o dat.*]; usar mal, abusar; matar || PAS. contentarse, darse por contento.
F. *inf.* ἀποχρῆν, *jón.* ἀποχρᾶν, *part.* ἀποχρῶν -χρῶσα, *med. jón.* ἀποχρεώμενος; *3.ª sing. impf.* ἀπέχρη, *jón.* ἀπέχρα, *med. jón.* ἀπεχρᾶτο *y* ἀπεχρέετο; *fut.* ἀποχρήσω, *aor.* ἀπέχρησα.
ἀπο-χρέομαι *jón.* = **ἀποχράομαι** *med.* de ἀποχράω.
ἀποχρῆ *3.ª sing. pres. ind. contr. de* ἀποχράω.
ἀπόχρησις εως ἡ consumo.
ἀποχρώντως ADV. bastante, suficientemente.
ἀπο-χωλεύω *y*
ἀπο-χωλόω -ῶ baldar, tullir, dejar impedido.
ἀπο-χώννυμι [*fut.* ἀποχώσω] poner diques [a... *ac.*].
ἀπο-χωρέω -ῶ irse, alejarse, retirarse, emprender la retirada; salir [*y esp.* las secreciones del cuerpo: τὰ ἀποχωροῦντα los excrementos].
F. *fut.* ἀποχωρήσομαι (*tamb.* ἀποχωρήσω).
ἀπο-χώρησις εως ἡ salida, partida, retirada; medios de retirada; refugio.
ἀπο-χωρίζω separar, apartar || PAS. separarse, irse, desaparecer.
ἀπο-ψάω -ῶ limpiar || MED. limpiarse, enjugarse.
ἀπο-ψηφίζομαι votar en contra, declararse en contra, rechazar; absolver || PAS. ser rechazado *o* excluido por votación [de la ciudadanía etc.]; ser absuelto.
ἀπο-ψιλόω -ῶ pelar, dejar pelado; *fig.* despojar, consumir, arruinar.
ἄπ-οψις εως ἡ vista, perspectiva.
ἀπο-ψύχω [*y med.*] expirar [*con el ac.* βίον *o sin él*]; refrescar (ἀ. ἱδρῶ dejar que el sudor se enjugue).
ἀππέμπω *sinc. de* ἀποπέμπω.
ἀπραγμοσύνη ης ἡ pereza, indolencia, amor del ocio, retraimiento [*esp.* de los asuntos públicos]; indiferencia, apatía, irresolución.
ἀπράγμων ον [*gen.* ονος] desocupado, inactivo, inerte; *esp.* retraído de la política; pacífico, tranquilo; sin trabajo, fácil || SUBST. **τό** pereza.
ἀ-πρακτέω -ῶ estar inactivo: no conseguir nada (παρ' ἀνθρώπων de los hombres etc.).
ἄ-πρακτος ον vano, inútil, sin provecho, fracasado; inactivo, ocioso; no hecho, por hacer; no alcanzado, no atacado (κοὐδὲ μαντικῆς ἄπρακτος ὑμῖν εἰμι y hasta con el arte adivinatorio me atacáis, *Sóf. Ant. 1035*); impracticable, imposible; incurable, sin remedio.
ἀπραξία ας ἡ inacción.
ἀπρέπεια ας ἡ falta de conveniencia, gracia *o* hermosura.
ἀ-πρεπής ές inconveniente, inadaptado; indecente, vergonzoso; indecoroso.
ἄπρηκτος ον *jón.* = **ἄπρακτος.**
ἀπριάτην ADV. sin precio, gratuitamente.
ἀ-πρίατος η ον sin precio, sin rescate.
ἀπρίξ ADV. agarradamente, cogiendo con fuerza.
ἀ-πρόθυμος ον sin ánimo, de mala gana.
ἄ-προικος ον sin dote.
ἀ-προμήθεια ας ἡ imprevisión.
ἀ-προνόητος ον imprevisor, irreflexivo, despreocupado.
ἀ-πρόοπτος ον imprevisto (ἐξ ἀπροόπτου de improviso, a primera vista).
ἀ-προσδόκητος ον inesperado (ἐξ ἀπροσδοκήτου inesperadamente, de improviso); que no espera *o* no sospecha; desprevenido.
ἀ-προσήγορος ον con el que no se puede hablar, inabordable, inaccesible *de donde,* terrible, fiero.
ἀ-πρόσιτος ον inaccesible, inalcanzable.
ἀ-πρόσκεπτος ον irreflexivo, desconsiderado.
ἀ-πρόσκοπος ον sin tropiezo, sin falta; que no causa ofensa *o* escándalo, no escandaloso [para alguien, *dat.*].
ἀ-πρόσμαχος ον incontrastable, invencible.

ἀ-πρόσμ(ε)ικτος ον sin trato, insociable.
ἀ-προσόμιλος ον insociable, adusto.
ἀ-προσφωνητί ADV. sin dirigir la palabra.
ἀ-προσωπο-λήπτως ADV. sin acepción de personas.
ἀ-προτίμαστος ον no tocado, intacto.
ἀ-προφάσιστος ον sin pretexto, sin demora, dispuesto, apercibido.
ἀ-προφύλακτος ον no precavido, imprevisto.
ἄ-πταιστος ον sin tropiezo, sin falta.
ἄ-πτερος ον sin alas (ἀ. μῦθος palabra que no se escapa, que queda grabada); sin plumas.
ἀ-πτήν ῆνος = **ἄπτερος.**
ἀπτο-επής ές lenguaraz.
ἀ-πτόλεμος ον = **ἀπόλεμος.**
ἁπτός ή όν tangible.
ἅπτω sujetar, atar, enlazar; encender || MED. atar *o* anudar para sí; *con gen.:* tocar, coger; tomar para sí, alimentarse de; alcanzar, tocar [a alguien un arma etc.]; tener comercio carnal; percibir, comprender; trabarse de hecho *o* de palabra con alguien, atacar; poner mano en algo, emprender, dedicarse a; cometer (φόνων muertes); apoderarse, adueñarse; conseguir; tocar en la conversación *o* en el discurso, mencionar; encenderse.
F. *fut.* ἅψω; *aor.* ἧψα; *perf. pas.* ἧμμαι, *jón.* ἅμμαι; *aor. pas.* ἥφθην, *jón.* ἅφθην, *tal vez 3.ª sing. ép.* ἑάφθη *Il. 13, 543.*
ἀ-πτώς ῶτος que no cae; infalible.
ἀ-πύλωτος ον sin puertas, abierto.
ἀ-πύργωτος ον sin torres de defensa, no fortificado.
ἄ-πυρος ον *y*
ἀπύρωτος ον sin fuego; que no ha estado en el fuego, nunca puesto al fuego; nunca fundido.
ἄ-πυστος ον ignorado, que no da noticia de sí; callado, quedo; desconocedor, ignorante.
ἀπύω *dór.* = **ἠπύω.**
ἄπω-θεν ADV. de lejos || PRP. *de gen.* lejos de.
ἀπ-ωθέω -ῶ echar atrás, quitar, arrancar; rechazar; echar fuera, expulsar, desterrar; desviar, apartar del camino; despreciar || MED. rechazar, repeler, apartar de sí; despreciar, desdeñar; negarse, rehusar.
F. *inf. fut. ép.* ἀπωσέμεν; *aor.* ἀπῶσα *y* ἀπέωσα; *inf. perf. med.* ἀπεῶσθαι. *V.* ὠθέω.
ἀπώλεια ας ἡ destrucción; perdición, ruina.
ἀπώλεσα, ἀπώλλυν, ἀπωλώλειν *v.* ἀπόλλυμι.
ἀπώμοτος ον que ha de ser negado *o* rehusado por juramento; que ha negado *o* rehusado con juramento, impedido por juramento.
ἀπώρ[ε]ον *impf. jón. de* ἀφοράω.
ἀπῶσα ἀπωσέμεν *v.* ἀπωθέω.
ἄπωσις εως ἡ rechazamiento, empuje, repulsión.
ἀπωστός ή όν echado; que puede ser echado o expulsado.
ἀπωτάτω ADV. *superl. de* ἄπωθεν lo más lejos.
ἀπωτέρω ADV. *comp. de* ἄπωθεν más lejos.
ἄρ *ép. y*
ἄρα PARTÍC. *con valor temporal* entonces, luego, después, a continuación [*a veces acompañando y reforzando a otros advs. temporales*]; *con valor ilativo* entonces, pues, así pues, en efecto. *A veces sirve sólo para reforzar la expresión o llamar la atención del que escucha:* he aquí, ¡ah!, ¡ay!, etc. *En las condicionales* εἰ μὴ ἄρα... si ya no es que...; εἰ ἄρα... si, por caso...
ἆρα PARTÍC. INTER.: ¿acaso... [*esperando respuesta negativa* = ἆρα μή...]; *y tamb.* ¿acaso no... ¿no es verdad... etc. [*esperando respuesta afirmativa* = ἆρ' οὐ...]; ἆρα οὖν ¿acaso no... *o* así, pues, ¿no... [*en espera de resp. afirmativa*] *o simpl.* = ἄρα; *acompañando al pron.* τίς *y en las exclamaciones sirve como* ἄρα *para avivar la expresión.*
1 **ἀρά ᾶς ἡ** oración, súplica; deseo; imprecación, maldición || Ἀρά la diosa de la maldición.
2 **ἀρά ᾶς ἡ** perdición, ruina.
ἀραβέω -ῶ chocar con estrépito, resonar, retumbar.
ἄραβος ου ὁ crujido, rechinamiento.
ἀραγμός οῦ ὁ acción de golpear, golpeo, golpeteo.
ἆραι *inf. aor. 1.º de* αἴρω.
ἀραῖος α ον [*o* **-ος ον**] implorado, que recibe súplicas (Ζεὺς ἀραῖος); car-

gado con una maldición, sujeto a maldición, maldito; que trae maldiciones, funesto, infausto.

ἀραιός ά όν delgado, estrecho; delicado, tierno.

ἀραίρηκα [*med.* ἀραίρημαι] *perf. jón. de* αἱρέω.

ἀράομαι -ῶμαι pedir, implorar; desear; prometer; invocar; imprecar.
F. *jón. pres.* ἀρέομαι; *fut.* ἀράσομαι, *ép. y jón.* ἀρήσομαι; *aor.* ἠρασάμην, *ép. y jón.* ἠρησάμην, *1.ª pl. subj. aor. ép.* ἀρησόμεθα; *perf.* ἤραμαι, *Forma activa sólo inf. pres. ép.* ἀρήμεναι. *El part.* ἀρημένος *no pertenece a este vb. v. s. v.*

ἀραρίσκω ajustar, acomodar, adaptar, unir (ἀλλήλους ἄραρον βόεσσι se agruparon unos con otros uniendo sus escudos); guardar, empaquetar; ensamblar, construir, edificar; preparar, tramar; proveer [algo *o* a alguien, *ac.;* de algo, *dat.*] disponer, apercibir || INTR. ajustarse, acomodarse, estar bien ajustado, asegurado; estar decidido; [*impers.* ἄραρε es cosa decidida]; estar provisto [de algo, *dat.*]; venir bien, ser grato *o* agradable.
F. *3.ª sing. impf. ép.* ἀράρισκε; *aor. 1.º* ἦρσα, *ép. tamb.* ἄρσα, *imp.* ἄρσον *etc.; aor. 2.º* ἤραρον, *ép. tamb.* ἄραρον; *aor. med.* ἤρμην, *part.* ἄρμενος; *perf. intr.* ἄραρα, *ép. tamb.* ἄρηρα; *plpf. jón. y ép.* ἀρήρειν *y* ἠρήρειν; *aor. pas.* ἤρθην, *sólo 3.ª pl. ép.* ἄρθεν *por* ἤρθησαν.

ἀραρότως ADV. ajustadamente, fuertemente.

ἄρας -ασα -αν *part. aor. 1.º de* αἴρω.

ἄρασθαι *inf. aor. med. de* αἴρω.

ἀράσσω golpear, herir (ἀ. ὀνείδεσι, κακοῖς etc.; cargar, abrumar con ultrajes, injurias) || PAS. ser lanzado *o* estrellado; ser infligido.
F. *fut.* ἀράξω; *aor.* ἤραξα, *ép.* ἄραξα; *aor. pas.* ἠράχθην, *ép.* ἀράχθην (*Hom. sólo lo usa en compuestos* ἀπαράσσω, συναράσσω).

ἀρατός ή όν implorado, deseado; maldito, cargado *o* digno de maldiciones.

ἀράχνη ης ἡ araña; telaraña.

ἀράχνιον ου τό telaraña *o* hilo de telaraña.

ἀράω *ép.* pedir, implorar [*cf.* ἀράομαι].

ἀργαλέος α ον penoso, difícil, arduo; duro; terrible.

Ἀργεῖος ου argivo [natural de Argos] *y en gral.* griego.

ἀργει-φόντης ου ὁ rápido, *o s. o.* matador del gigante Argos [*epít. de* Hermes].

ἀργεννός ή όν blanco, cándido.

ἀργεστής οῦ blanco; aclarador, despejador [del cielo].

ἀργέω -ῶ estar desocupado, no hacer nada; γῆ ἀργοῦσα, tierra sin labrar || PAS. quedar sin hacer.

ἀργής ῆτος blanco, cándido; brillante, resplandeciente.

ἀργία ας ἡ reposo; pereza, inercia.

ἀργι-κέραυνος ον el del fúlgido rayo [*epít. de Zeus*].

ἀργιλώδης ες arcilloso.

ἀργινόεις εσσα εν = **ἀργής**.

ἀργι-όδους -όδοντος de dientes blancos.

ἀργί-πους ποδος de pies rápidos; *s. o.* de pies blancos.

ἄργμα ατος τό primicia.

Ἀργό-θεν ADV. de Argos.

ἀργολίζω estar de parte de los argivos.

ἀργός ή όν brillante, resplandeciente, blanco; *tamb.* lucido, cebado; ligero, ágil, expedito.

ἀργός όν que no trabaja, ocioso; perezoso, indolente; inútil, estéril; incapaz, impotente; no trabajado; no cultivado; no hecho, olvidado, descuidado; por hacer.

Ἄργος εος [ους] τό la ciudad de Argos; *por extensión,* el Peloponeso *y* Grecia.

ἀργυρ-αμοιβός οῦ ὁ cambista, banquero.

ἀργύρειος α ον de extracción de plata || **τὰ ἀργύρεια** minas de plata.

ἀργύρεος α ον [-οῦς ᾶ οῦν] de plata; plateado.

ἀργύριον ου τό plata *esp.* moneda de plata; *en gral.* dinero [*esp. en pl.*].

ἀργυρο-δίνης ου de argentados remolinos [*dic.* de los ríos].

ἀργυρό-ηλος ου tachonado de plata.

ἀργυρο-κόπος ου ὁ batidor *o* forjador de plata; platero.

ἀργυρολογέω -ῶ recaudar *o* sacar dinero; imponer contribución [a... *ac.*].

ἀργυρολογία ας ἡ recaudación de un tributo.
ἀργυρο-λόγος ον recaudador *o* imponedor de un tributo.
ἀργυρό-πεζα ADJ. *f.* de pies de plata [*epít. de* Tetis].
ἀργυρό-πους πουν [*gen.* -ποδος] con pies de plata.
ἄργυρος ου ὁ plata; dinero.
ἀργυρό-τοξος ον de arco de plata, armado con arco de plata [*epít. de* Apolo].
ἀργυροῦς ᾶ οῦν = **ἀργύρεος.**
ἀργυρ-ώνητος ον comprado con dinero.
ἀργύφεος η ον *y*
ἄργυφος ον cándido, blanco, resplandeciente de blancura.
'Αργώ οῦς ἡ Argo [la nave de los Argonautas].
ἀρδεία ας ἡ riego; acción de abrevar el ganado.
ἀρδεύω = **ἄρδω.**
ἄρδην ADV. arriba, en el aire, en alto; de arriba abajo, totalmente (ἄ. πάντες todos sin faltar uno).
ἄρδις εως [*o* ιος] ἡ punta de dardo.
ἀρδμός οῦ ὁ abrevadero.
ἄρδω regar; abrevar; refrigerar, reanimar.
F. *3.ª sing. impf. iterat. jón.* ἄρδεσκε; *aor.* ἦρσα, *3.ª subj.* ἄρσῃ, *part.* ἄρσας.
ἀρειή ῆς ἡ imprecación, maldición, insulto.
"Αρειος α ον [*o* -ος ον] concerniente *o* consagrado a Ares ("Αρειος πάγος colina de Ares en Atenas y tribunal del Areópago en ella); guerrero, marcial, valeroso.
ἀρεί-φατος ον = **ἀρηΐφατος** *o* = **ἄρειος.**
ἀρείων ον [*gen.* ονος] *comp. de* ἀγαθός mejor, más fuerte, más valeroso.
ἄ-ρεκτος ον no hecho, no cumplido.
ἀρέομαι *jón. y dór.* = **ἀράομαι** || *fut. med. de* αἴρω.
ἀρέσαι *inf. aor. 1.º de* ἀρέσκω.
ἀρέσθαι *inf. aor. 2.º de* ἄρνυμαι.
ἀρεσκ(ε)ία ας ἡ agrado; complacencia, deseo de complacer, adulación, zalamería.
ἀρέσκω reparar; satisfacer, dar satisfacción [a alguien, *ac.*]; agradar, parecer bien || IMPERS. [ἀρέσκει etc.] es cosa decidida [*con dat.* ταῦτα ἤρεσέ σφι ποιέειν decidieron hacer esto] || MED. dar en satisfacción; conciliarse, hacerse favorable; satisfacer, contentar; reponer, reparar; ser agradable, gustar || PAS. estar complacido *o* satisfecho. *Los parts.* [ἀρέσκων *y* ἀρεσκόμενος *etc.*] *con valor de adj.*: agradable, gustoso.
F. *impf.* ἤρεσκον; *fut.* ἀρέσω, *med.* ἀρέσομαι, *ép.* ἀρέσσομαι; *aor.* ἤρεσα, *med.* ἠρεσσάμην, *ép.* ἀρεσσάμην; *aor. pas.* ἠρέσθην *(tamb. con valor med. Sóf. Ant. 500).*
ἀρεστός ή όν grato, agradable.
ἀρετάω -ῶ prosperar, medrar.
ἀρετή ῆς ἡ excelencia, mérito, perfección [de cuerpo *o* de espíritu, de las personas *o* de las cosas]; inteligencia, pericia; fuerza, vigor; valor, bravura; virtud [*en plural* proezas, acciones virtuosas]; servicio prestado *o* merecimiento contraído; nobleza de ánimo, alteza, generosidad; honor, gloria; prosperidad, dicha.
ἀρή ῆς ἡ *ép. y jón.* = **ἀρά** *1 y 2.*
ἄρηαι *2.ª sing. subj. aor. de* ἄρνυμαι.
ἀρήγω socorrer, defender [a alguien, *dat.*] [*impers.* es útil, conviene]; apartar, rechazar [algo *o* a alguien *ac.*]; impedir.
ἀρηγών όνος *m. y f.* ayudador, defensor.
ἀρηΐ-θοος ον ágil en el combate.
ἀρηι-κτάμενος ον muerto por Ares; caído en la batalla.
ἀρήιος = **"Αρειος.**
ἀρηΐ-φατος ον muerto *o* caído en el combate.
ἀρηΐ-φιλος ον amado de Ares *e. e.* belicoso, guerrero.
ἀρήμεναι *inf. pres. ép. de* ἀράω.
ἀρημένος ον abrumado.
ἀρήν ἀρνός ὁ ἡ cordero; oveja.
F. *du.* ἄρνε; *pl.* ἄρνες, ἀρνῶν, *dat.* ἀρνάσι, *ép.* ἄρνεσσι.
ἄρηξις εως ἡ socorro, alivio.
ἄρηρα *perf. de* ἀραρίσκω.
ἀρηρομένος *part. perf. pas. ép. y jón. de* ἀρόω.
"Αρης εως ὁ Ares [Marte] [dios de la guerra y de la ruina, autor de las plagas y las pestes] guerra, matanza; muerte violeta; herida mortal.
ἄρησθε *2.ª pl. de subj. aor. 2.º de* ἄρνυμαι.

ἄρηται *3.ª sing. de subj. aor. 2.º de* ἄρνυμαι.
ἀρητήρ ῆρος ὁ sacerdote.
ἀρητός = **ἀρατός.**
ἄρθεν = **ἤρθησαν** *3.ª pl. aor. pas. de* ἀραρίσκω.
ἀρθμέω -ῶ unir, juntar; unirse.
ἄρθμιος α ον unido, concorde, bien avenido [con alguien, *dat.*]; aliado, amigo (τὰ ἄρθμια lazos de amistad, *Hdt. 6, 83*).
ἄρθρον ου τό articulación, miembro (ἄρθρα τῶν κύκλων los ojos, *Sóf. E. R. 1270*).
ἀρθρόω -ῶ articular.
ἀρί-γνωτος η ον fácil de reconocer; célebre.
ἀρι-δείκετος ον señalado, ilustre.
ἀρί-δηλος ον *y*
ἀρί-ζηλος ον muy claro, evidente; brillante; ἀ. φωνή voz penetrante.
ἀριθμέω -ῶ contar, enumerar; δίχα ἀ. disponer en dos grupos [*Hom. Od. 10, 204*]; pagar; considerar como (κέρδος τι ἀ. considerar como ganancia).
F. *impf. ép.* ἠρίθμεον, *3.ª sing.* ἠρίθμει; *fut. med. con valor pas.* ἀριθμήσομαι; *inf. aor. pas. ép.* ἀριθμηθήμεναι.
ἀρίθμησις εως ἡ acción de contar, cuenta.
ἀριθμητικός ή όν relativo a los números || SUST. hábil calculador, aritmético || **ἡ ἀριθμητική** [*sc.* τέχνη] la Aritmética.
ἀριθμός οῦ ὁ número, suma, cantidad, longitud (ἀ. τῆς ὁδοῦ largura del camino); duración; multitud, masa (ἀ. λόγων conjunto de palabras vanas, no más que palabras); numeración, sistema numeral; aritmética; inventario, recuento (ἀριθμὸν ποιεῖν *o* ποιεῖσθαι hacer recuento); pase de lista [de la tropa].
ἄριμα *voz escita* = ἕν uno.
ἀρι-πρεπής ές distinguido, ilustre, conspicuo; precioso, rico.
ἀριστάω -ῶ desayunar, almorzar.
ἀριστεία ας ἡ superioridad, primacía, principalía *esp.* en la lucha *de donde,* heroísmo, proezas [*tamb. en pl.*].
ἀριστεῖον ου τό premio.
ἀριστερός ά όν izquierdo, situado a la izquierda (ἡ ἀριστερά la [mano] izquierda); extraviado, absurdo (ἐπ' ἀριστερά fuera de razón, *Sóf. Ay. 183*); siniestro, de mal agüero.
ἀριστεύς έως ὁ el mejor, el más distinguido, el más valeroso || PL. los optimates, los magnates.
ἀριστεύω ser el mejor *o* más valiente; sobresalir, superar [a alguien *gen.*; en algo, *dat.*]; *con inf.* ἀ. μάχεσθαι ser el más fuerte en el combate; obtener como premio [algo, *ac.*].
F. *3.ª sing. impf. iterat. ép.* ἀριστεύεσκε.
ἀριστήιον = **ἀριστεῖον.**
ἀριστίνδην ADV. por orden de mérito, valor *o* nobleza.
ἀριστοκρατέομαι -οῦμαι tener régimen aristocrático.
ἀριστοκρατία ας ἡ aristocracia, gobierno aristocrático.
ἀριστοκρατικός ή όν aristocrático; partidario de la aristocracia.
ἀριστό-μαντις εως ὁ adivino excelente.
ἄριστον ου τό desayuno, almuerzo.
ἀριστο-ποιέω ῶ preparar el desayuno || MED. desayunar.
ἄριστος η ον *superl.de* ἀγαθός excelente; el mejor [en algo, *dat. o ac.*]; muy bueno, óptimo [para... *inf.*]; el más valiente; ὦ ἄριστε querido amigo || οἱ ἄριστοι los jefes || ADV. ἄριστα [*n. pl.*] muy bien, perfectamente.
ἀριστό-χειρ ειρος ὁ ἡ excelente de manos, valeroso (ἀ. ἀγών certamen de valor).
ἀρι-σφαλής ές muy resbaladizo.
ἀρι-φραδής ές muy visible, fácil de reconocer; ingenioso, discreto.
'Αρκαδία ας ἡ Arcadia [región central del Peloponeso].
'Αρκάς άδος ὁ árcade, de Arcadia.
ἄρκεσις εως ἡ ayuda, utilidad; auxilio, socorro.
ἀρκετός ή όν suficiente, bastante.
ἀρκέω -ῶ apartar, rechazar [algo, *ac.*; de alguien, *dat.*] proteger, socorrer [a... *dat.*] resistir [a alguien, *dat.*]; ser suficiente (ἀρκέσω θνήσκουσα mi muerte bastará, *Sóf. Ant. 547*) || IMPERS. ἀρκεῖ es bastante (ἀ. μοι, me contento con) || PAS. contentarse [con algo, *dat.*].
F. *inf. pas. jón.* ἀρκέεσθαι; *fut.* ἀρκέσω; *aor.* ἤρκεσα *etc.*

ἄρκιος α ον suficiente, bastante; seguro, cierto.
ἄρκος ου ὁ ἡ = **ἄρκτος.**
ἄρκος εος [ους] τό defensa, remedio.
ἀρκούντως ADV. bastante, suficientemente.
ἀρκτέον ἐστί hay que empezar; hay que mandar || SIGN. PAS. hay que obedecer [*cf.* ἄρχω].
ἄρκτος ου ὁ ἡ oso, osa; la Osa Mayor; el Norte.
'Αρκτ-οῦρος ου ὁ constelación de Arturo: época en que se hace visible, mediados de septiembre.
ἄρκυς υος ἡ red; lazo.
ἀρκύ-στατος ον tendido a modo de red || τὰ ἀρκύστατα redes, lazos, insidias.
ἅρμα ατος τό *y pl.* carro; caballos, tronco.
ἁρμ-άμαξα ης ἡ coche cubierto; carroza.
ἁρμάτειος α ον del carro, perteneciente al carro.
ἁρματ-ηλασία ας ἡ conducción de carros de guerra; sistema de combatir con carros.
ἁρματηλατέω -ῶ guiar *o* conducir el carro.
ἁρματ-ηλάτης ου ὁ conductor del carro.
ἁρματο-πηγός οῦ ὁ constructor de carros; carretero.
ἁρμα-τροχιή ῆς ἡ *ép.* carril, rodada.
ἄρμενος η ον *part. aor. 2.º med. de* ἀραρίσκω.
ἁρμόδιος α ον ajustado, acomodado, conveniente, agradable.
ἁρμόζω = **ἁρμόττω.**
ἁρμονία ας ἡ ajuste, juntura; encaje, cierre; acuerdo, tratado; ley, orden; justa proporción, armonía; acorde musical.
ἁρμονικός ή όν músico hábil; musical, armónico.
ἁρμός οῦ ὁ juntura, articulación; fisura, abertura.
ἁρμοστήρ ῆρος *y*
ἁρμοστής οῦ ὁ harmoste, gobernador de una colonia ateniense; *en gral.* gobernador, intendente.
ἁρμόττω TR. ajustar, adaptar, unir; desposar; dirigir, gobernar || INTR. adaptarse, convenir, ajustarse, estar de acuerdo, corresponder || MED. ajustar, afinar [un instrumento, *ac.*]; construir para sí; unirse, desposarse con [*ac.*].
F. *imp. pres. med. ép.* ἁρμόζεο; *fut.* ἁρμόσω; *aor.* ἥρμοσα, *med.* ἡρμοσάμην; *perf.* ἥρμοκα, *pas.* ἥρμοσμαι, *jón.* ἅρμοσμαι; *aor. pas.* ἡρμόσθην, *fut. pas.* ἁρμοσθήσομαι.
ἄρνα ἄρνας *etc. v.* ἀρήν.
ἀρνακίς ίδος ἡ piel de oveja, zalea.
ἄρνειος α ον de cordero (ἀ. φόνος matanza de corderos).
ἀρνειός οῦ ὁ borrego. *Tamb.* ἀρνειὸς ὄϊς.
ἀρνέομαι -οῦμαι negar; rehusar, rechazar, desdeñar.
F. *fut.* ἀρνήσομαι, *tamb.* ἀρνηθήσομαι; *aor.* ἠρνήθην, *tamb.* ἠρνησάμην; *perf.* ἤρνημαι.
ἄρνες ἄρνεσσι *v.* ἀρήν.
ἀρνευτήρ ῆρος ὁ buzo; *tal vez* volteador. titerero.
ἀρνήσιμος ον negable.
ἄρνησις εως ἡ negación, denegación.
ἀρνίον οῦ τό corderillo.
ἀρνός *gen. de* ἀρήν.
ἄρνυμαι luchar por, tratar de conseguir, procurar conservar, mantener; recibir, obtener, alcanzar.
F. *fut.* ἀροῦμαι; *aor. 2.º ép.* ἀρόμην, *2.ª y 3.ª subj.* ἄρηαι, ἄρηται, *opt.* ἀροίμην, *inf.* ἀρέσθαι. *Otras formas de aor. 1.º* ἠράμην, ἄρασθαι *atribuidas a este verbo pertenecen realmente a* αἴρω.
ἄρξομαι, ἄρξω *fut. med. y act. resp. de* ἄρχω.
ἀροίμην *opt. aor. 2.º ép. de* ἄρνυμαι.
ἀρόμην *aor. 2.º ép de* ἄρνυμαι.
ἀρόμμεναι *inf. ép. de* ἀρόω.
ἆρον *imp. aor. 1.º de* αἴρω.
ἄροσις εως ἡ tierra de labor.
ἀροτήρ ῆρος *y*
ἀρότης ου ὁ labrador; de labranza [animal].
ἄροτος ου ὁ labranza, cultivo del campo; labrantío; tierra de labor; mies, frutos, cosecha; año agrícola, año; procreación, crianza; prole, descendencia.
ἀροτριάω -ῶ = **ἀρόω.**
ἄροτρον ου τό arado.
ἀροῦμαι *fut.* de ἄρνυμαι *o fut. med. de* αἴρω.

ἄρουρα ας ἡ tierra de labor, labrantío, campo (μητρῴα ἄρουρα seno materno); tierra, país; la Tierra; cierta medida agraria de 2500 pies cuadrados en Grecia, 22 500 en Egipto.

ἀρουραῖος ον de los campos, rústico.

ἀρόω -ῶ arar, cultivar; sembrar; fecundar || PAS. ser engendrado.
F. *3.ª pl. pres. ind. ép,* ἀρόωσιν; *fut.* ἀρόσω; *aor.* ἤροσα; *part. perf. pas. ép. y jón.* ἀρηρομένος; *aor. pas.* ἠρόθην.

ἁρπαγή ῆς ἡ acción de coger *o* arrebatar; rapiña, saqueo; botín, presa.

ἁρπαγμός οῦ ὁ rapto, robo; presa, botín.

ἁρπάζω quitar, arrebatar; saquear; apoderarse de, coger rápidamente || MED. apoderarse [de algo, *ac.*].
F. *fut. ép.* ἁρπάξω, *át.* ἁρπάσω, *o más frec.* ἁρπάσομαι; *aor. ép. poét.* ἥρπαξα, *át.* ἥρπασα, *(tamb. Hom. y Hdt.)*; *perf.* ἥρπακα, *pas.* ἥρπασμαι; *aor. pas.* ἡρπάσθην *y* ἡρπάχθην, *td.* ἡρπάγην, *fut. pas.* ἁρπαγήσομαι *(N. T.).*

ἁρπακτήρ ῆρος ὁ raptor, salteador.

ἁρπαλέος α ον que se coge ansiosamente, deseado, atrayente.

ἅρπαξ αγος rapaz, ladrón || SUST. **ὁ ἅρπαξ** bandido; **ἡ ἅρπαξ** rapiña.

ἅρπασμα ατος τό saqueo, bandidaje.

ἁρπεδόνη ης ἡ cuerda; hilo, cordoncillo.

ἅρπη ης ἡ halcón; hoz, guadaña.

ἅρπυια ας ἡ huracán, tempestad; harpía.

ἀρραβών ῶνος ὁ arras; prenda, fianza.

ἄ-ρρατος ον irrompible, sólido.

ἄ-ρραφος ον inconsútil, sin costura.

ἀρρενικός ή όν varonil.

ἀρρενωπία ας ἡ aspecto viril, virilidad.

ἄ-ρρηκτος ον irrompible, indestructible.

ἄρρην = **ἄρσην.**

ἄ-ρρητος ον no dicho; desconocido; secreto, misterioso, sagrado; indecible, inefable: de un horror indecible; ἄ. ἔπος palabra vergonzosa [*Sóf. E. C. 1001*].

ἄ-ρρυθμος ον arrítmico, desproporcionado.

ἀρρωδέω *y* **ἀρρωδία** = **ὀρρωδέω** *y* **ὀρρωδία.**

ἄ-ρρώξ ῶγος sin romper, sin hendidura.

ἀρρωστέω -ῶ estar débil *o* enfermo.

ἀρρώστημα ατος τό *y*

ἀ-ρρωστία ας ἡ debilidad, enfermedad; agotamiento, abatimiento; incapacidad. impotencia.

ἄ-ρρωστος ον débil, enfermizo, enfermo, desanimado.

ἄρσαι *inf. aor. 1.º ép. de* ἀραρίσκω.

ἄρσας *part. aor. 1.º de* ἀραρίσκω *y de* ἄρδω.

ἄρσε *3.º sing. aor. 1.º ép. de* ἀραρίσκω.

ἀρσενο-κοίτης ου ὁ hombre de costumbres depravadas; corruptor de los jóvenes.

ἄρσην εν [*gen.* ενος] masculino; viril, enérgico, fuerte || SUST. ὁ ἄρσην hombre; macho.

ἄρσον *imp. aor. 1.º de* ἀραρίσκω.

ἀρτάβη ης ἡ medida persa de capacidad casi igual a la fanega.

ἄρταμος ου ὁ carnicero, cocinero; *fig.* asesino.

ἀρτάνη ης ἡ cuerda; lazo, nudo corredizo.

'Αρταξέρξης ου ὁ Artajerjes [nombre de varios reyes de Persia].

ἀρτάω -ῶ colgar, suspender, atar a [*pas.* estar colgado, pender *o* depender de (ἐκ *o* ἀπό)] || MED. atarse a sí mismo [algo, *ac.*]; prepararse, apercibirse; preparar.

ἀρτέαται *3.ª pl. perf. med. jón. de* ἀρτάω.

ἀρτεμής ές sano y salvo.

"Αρτεμις ιδος ἡ Artemisa [*lat.* Diana; diosa cazadora]; la Luna.

ἀρτέμων ονος [*y* ωνος] vela trinquete.

ἀρτέω *jón.* = **ἀρτάω.**
F. *pas. impf. 3.ª sing.* ἀρτέετο, *pl.* ἀρτέοντο, *inf.* ἀρτέεσθαι; *3.ª pl. perf.* ἀρτέαται.

ἄρτημα ατος τό objeto que cuelga; pendiente; peso.

ἀρτηρία ας ἡ arteria; vena; tráquea.

ἄρτησις εως ἡ atavío, equipo.

ἄρτι ADV. justamente, precisamente; recientemente, ahora mismo, hoy (ἕως ἄ. hasta hoy; ἀπ' ἄ. de ahora en adelante); en seguida; inmediatamente (ἄρτι... ἄρτι... ya... ya...).

ἀρτι-γέννητος ον recién nacido.

ἀρτι-επής ές hábil de palabra, astuto en hablar.

ἀρτί-κολλος ον pegado, bien ajustado *o* que se adapta bien; oportuno.
ἀρτι-μελής ές de miembros bien conformados.
ἄρτιος α ον proporcionado; justo, adecuado; ἄ. ἀριθμός número par; conveniente, propio para; dispuesto a [*inf.*].
ἀρτί-πος = **ἀρτίπους.**
ἀρτί-πους ους [*gen.* -ποδος] de piernas bien proporcionadas *o* fuertes; ágil, expedito.
ἄρτισις εως ἡ = **ἄρτησις.**
ἀρτί-τοκος ον recién nacido.
ἀρτί-φρων ον [*gen.* ονος] sensato, discreto; entendido, conocedor [de algo, *gen.*].
ἀρτί-χριστος ον untado en frío, sin preparación.
ἀρτίως = **ἄρτι.**
ἀρτο-κόπος ου ὁ ἡ panadero.
ἀρτοποιΐα ας ἡ fabricación del pan.
ἀρτο-ποιός οῦ ὁ panadero, hornero.
ἄρτος ου ὁ pan; *esp.* pan candeal [*tamb. en pl.*].
ἀρτο-σιτέω -ῶ comer pan de trigo.
ἀρτο-φαγέω -ῶ comer pan.
ἀρτύνας ου ὁ magistrado de Argos y Epidauro.
ἀρτύνω disponer, poner en orden, alinear; preparar || MED. disponer para sí; *fig.* ἀ. βουλήν trazar, exponer una opinión *o* consejo.
F. *fut.* ἀρτυνῶ, *ép.* ἀρτυνέω *aor.* ἤρτυνα, *med.* ἠρτυνάμην, *aor. pvs.* ἠρτύνθην, *ép.* ἀρτύνθην.
ἀρτύω concertar, disponer, preparar, tramar; condimentar.
F. *fut.* ἀρτύσω, *aor.* ἤρτυσα; *perf.* ἤρτυκα, *pas.* ἤρτυμαι, *aor.* ἠρτύθην.
ἀρυστήρ ῆρος ὁ medida pequeña para líquidos, cazo *o* taza.
ἀρύσσω *y*
ἀρύτω *y*
ἀρύω sacar, extraer [*esp.* agua de una fuente, de un río, etc.] || MED. sacar *o* extraer para sí.
F. *fut.* ἀρύσω, *aor.* ἤρυσα (*inf. med.* ἀρύσασθαι, *part.* ἀρυσάμενος); *aor. pas.* ἠρύσθην.
ἀρχ-άγγελος ου ὁ arcángel.
ἀρχαιό-γονος ον de origen antiguo; primitivo.
ἀρχαιολογέω -ῶ relatar cosas antiguas, hablar *o* escribir a la antigua.
ἀρχαιολογία ας ἡ relato de historias antiguas.
ἀρχαιό-πλουτος ον de antigua opulencia.
ἀρχαῖος α ον antiguo; viejo, anciano; anticuado; chapado a la antigua; sencillo, ingenuo || SUST. **τὸ ἀρχαῖον** capital || ADV. **τὸ ἀρχαῖον** desde antiguo *o* antiguamente.
ἀρχαιό-τροπος ον anticuado, a la antigua.
ἀρχαιρεσία ας ἡ elección de los magistrados; asamblea electiva [*frec. en pl.*].
ἀρχεῖον ου τό edificio residencia de los magistrados; palacio público.
ἀρχέ-κακος ον que es fuente *o* principio de mal.
ἀρχέ-λαος ον jefe del pueblo, caudillo, adalid.
ἀρχέ-πλουτος ον fundador *o* dueño de su fortuna.
ἀρχεύω mandar, reinar sobre [*dat.*].
ἀρχή ῆς ἡ comienzo; origen; (*adv.* (τὴν) ἀρχήν, τὰς ἀρχάς, (τὸ) κατ' ἀρχάς, al principio, desde el comienzo, de nuevo; absolutamente; ἀρχὴν οὐ de ningún modo); extremo, punta; fundamento, principio, elemento; mando, poder, autoridad; magistratura, cargo; oficio; país gobernado, imperio, reino, provincia || PL. dignidades, cargos; potencias celestiales.
ἀρχηγετεύω *y*
ἀρχηγετέω -ῶ comenzar [desde..., ἀπό *y gen.*]; mandar, tener el mando [sobre alguien, *gen.*].
ἀρχ-ηγέτης ου ὁ jefe o fundador de una raza, una familia *o* una ciudad; rey; causante, autor; conductor, guía.
ἀρχ-ηγός = **ἀρχηγέτης.**
ἀρχῆ-θεν ADV. desde el principio, primitivamente; absolutamente.
ἀρχήιον = **ἀρχεῖον.**
ἀρχίδιον ου τό cargo subalterno, autoridad inferior.
ἀρχ-ιερατικός ή όν del sumo sacerdote; pontifical.
ἀρχ-ιερεύς έως ὁ *y*
ἀρχ-ιέρεως ω ὁ sumo sacerdote; pontífice máximo.
ἀρχικός ή όν relativo a la autoridad real; apto para mandar; dominante; original, primitivo.

ἀρχι-ποιμήν ένος ὁ rabadán.
ἀρχ-ιρεύς = **ἀρχιερεύς.**
ἀρχι-συνάγωγος ου ὁ jefe de la sinagoga.
ἀρχι-τέκτων ονος ὁ arquitecto, constructor; empresario, que dirige un trabajo; administrador de un teatro.
ἀρχι-τελώνης ου ὁ jefe de los publicanos.
ἀρχι-τρίκλινος ου ὁ presidente del banquete.
ἀρχός οῦ ὁ guía, jefe, el primero, el más poderoso; amo.
ἄρχω ser el primero, guiar (ὁδόν *o* ὁδοῖο, el camino); mandar, ser jefe [de..., *gen. o dat.*]; presidir, gobernar; tener mando, dominar, prevalecer; ser arconte; comenzar [algo, *gen. o ac.*; a hacer algo, *inf.*]; *esp.* ser el primero [en algo, *gen. o* en hacer algo, *part.*: ἦρχον χαλεπαίνων me enojé el primero]; ocasionar, causar, dar origen a [algo, *gen. o ac.*]; preparar (δαιτός el banquete) || MED. comenzar, emprender, poner mano a [algo, *gen.*]; principiar [desde *o* por algo *o* alguien, *gen.*, ἐκ *o* ἀπό *y gen.*]; ἀρχόμενος al principiar, al comienzo || PAS. ser dominado, obedecer.
F. *inf. pres. ép.* ἀρχέμεναι, *impf.* ἦρχον, *med.* ἠρχόμην; *fut.* ἄρξω, *med.* ἄρξομαι (*con valor med. y pas.*); *aor.* ἦρξα, *ép.* ἄρξα, *med.* ἠρξάμην; *perf.* ἦρχα, *med.* ἦργμαι; *aor. pas.* ἤρχθην, *inf.* ἀρχθῆναι.
ἄρχων οντος ὁ jefe, magistrado; gobernador; dueño, señor, príncipe; arconte.
ἀρῶ *fut. de* αἴρω.
ἀρωγή ῆς ἡ socorro, ayuda, alivio.
ἀρωγός όν ayudador, defensor, protector; vengador.
ἄρωμα ατος τό aroma, planta aromática.
ἄρωμαι *subj. aor. 1.º de* αἴρω *o* ἄρνυμαι.
ἀρώσιμος ον que se puede cultivar; fértil.
ἅς *dór.* = **ἧς** *gen. sing. f. del relativo.*
ἆσαι *inf. aor. 1.º ép. de* ἀάω *y de* ἄω.
ἆσαι *inf. aor. 1.º de* ᾄδω.
ἄσαιμι *opt. aor. 1.º ép. de* ἀάω *y de* ἄω.
ἀ-σάλευτος ον inmóvil; firme, tranquilo.
ἄσαμεν *1.ª pl. de* ἄεσα.
ἀσάμινθος ου ἡ bañera, baño.
ἄσασθαι *inf. aor. 1.º med. de* ἄω.
ἄσας *part. aor. act. de* ἀάω.
ἄσατο *3.ª sing. aor. 1.º med. de* ἀάω.
ἀσάφεια ας ἡ falta de claridad, confusión, obscuridad.
ἀ-σαφής ές poco claro, equívoco; incierto; obscuro.
ἀσάω -ῶ saciar || PAS. estar disgustado *o* apenado.
F. PAS. *imp.* ἀσῶ; *part.* ἀσώμενος; *aor. pas.* ἠσήθην.
ἄ-σβεστος ον inextinguible; sin fin; sin reposo.
ἀσβολάω -ῶ ennegrecer.
ἀσέβεια ας ἡ impiedad || PL. actos criminales.
ἀσεβέω -ῶ ser impío; cometer crímenes *o* sacrilegios; profanar.
ἀσέβημα ατος τό = **ἀσέβεια.**
ἀ-σεβής ές impío, sacrílego || τὸ ἀσεβές impiedad.
ἄσειν *inf. fut. de* ἄω.
ἀσελγαίνω ser *o* mostrarse desalmado, insolente *o* impúdico.
ἀσέλγεια ας ἡ desenfreno, insolencia; libertinaje.
ἀσελγής, ές desenfrenado, insolente; libertino.
ἀ-σέληνος ον sin luna.
ἄ-σεπτος ον sin prestancia, sin nobleza.
ἀσεπτέω = **ἀσεβέω.**
ἄ-σεπτος ον = **ἀσεβής.**
ἄσεσθαι *inf. fut. med. de* ἄω.
ἄση ης ἡ saciedad, empalago; asco; disgusto; dolor.
ἄσῃ *2.ª sing. fut. med. de* ἄω.
ἀ-σήμαντος ον sin guía, sin guardián; no señalado, no marcado.
ἄ-σημος ον que no tiene señal; no trabajado *o* acuñado [*dic. del metal*]; indistinto, confuso; ininteligible; desconocido; sin distinción.
ἀ-σήμων ον [*gen.* -ονος] = **ἄσημος.**
ἀσθείς -εῖσα -έν *part. aor. pas. de* ἀείδω.
ἀσθένεια ας ἡ falta de vigor, debilidad; enfermedad.
ἀσθενέω -ῶ estar sin fuerzas, estar débil; estar enfermo.
ἀσθένημα ατος τό debilidad; enfermedad.
ἀ-σθενής ές débil, enfermizo; ineficaz, sin poder, sin crédito; pobre; sin valor, insignificante; poco abundante || SUBST. **τό** fragilidad, flaqueza.

ἀσθενόω -ῶ debilitar.
ἀσθένωσις εως ἡ debilitación, debilidad.
ἆσθμα ατος τό falta de respiración, jadeo, asma.
ἀσθμαίνω jadear, respirar con dificultad; respirar con estertores.
ἀ-σινής ές intacto, indemne, inofensivo, inocente.
ἄσις εως ἡ limo, légamo, barro.
ἀσιτέω -ῶ ayunar, no comer.
ἀσιτία ας ἡ falta de alimento; abstinencia; ayuno.
ἄ-σιτος ον sin comida; en ayunas; que no come.
ἀσκαρδαμυκτί ADV. sin parpadear.
ἀ-σκελής ές seco, agotado, sin fuerzas || ADV. **ἀσκελές** sin cesar, obstinadamente.
ἀ-σκέπαρνος ον sin desbastar, tosco.
ἄ-σκεπτος ον no observado, no considerado; secreto, escondido; irreflexivo.
ἀ-σκευής ές *y*
ἄ-σκευος ον desprovisto de instrumentos; no preparado, no equipado.
ἀσκέω -ῶ trabajar un material; trabajar artísticamente, dar forma, fabricar; disponer *o* colocar cuidadosamente; adornar; vestir, equipar; ejercitarse en algo, practicar [*ac.*]; ejercitar [a alguien, *ac.;* en algo, *ac.*].
ἀ-σκηθής ές no dañado, intacto, sano y salvo.
ἄσκημα ατος τό práctica, ejercicio.
ἄσκησις εως ἡ ejercicio, práctica; ejercicio atlético.
ἀσκητής οῦ ὁ el que ejerce, ejercitado, práctico, *esp.* atleta.
ἀσκητός ή όν trabajado con arte, adornado de [*dat.*]; que se adquiere con la práctica.
ἄ-σκοπος ον inconsiderado, irreflexivo; que no se puede observar, invisible; ininteligible, obscuro; increíble; infinito, incalculable; imprevisto.
ἀσκός οῦ ὁ piel de animal desollado; odre.
ἀσκωλιάζω bailar a la pata coja; tenerse en un pie.
ᾆσμα ατος τό canto, canción.
ἀσμενίζω aceptar de buena gana || MED. acoger.
ἄσμενος η ον contento, alegre, gustoso, de buen grado; agradable.
ἄσομαι *fut. med. de* ἄω.
ᾄσομαι (*y* ᾄσω) *futs. de* ᾄδω.
ἄ-σοφος ον necio, tonto, sandio.
ἀσπάζομαι recibir *o* acoger cariñosamente; saludar; dar el saludo de despedida; abrazar, besar; pegarse, adherirse [a alguien, *ac.*], amar; gustar de, tener afición a [algo, *ac.*]; buscar, ir detrás [de algo, *ac*].
ἀσπαίρω palpitar, agitarse convulsivamente; resistir, oponerse.
ἀσπάλαθος ου ὁ ἡ aspálato, especie de retama espinosa.
ἄ-σπαρτος ον no sembrado, no cultivado.
ἀσπάσιος α ον = **ἀσπαστός.**
ἀσπασμός οῦ ὁ saludo cariñoso, abrazo; afecto, cariñoso.
ἀσπαστός ή όν bienvenido, deseado agradable; alegre, gustoso.
ἄ-σπερμος ον sin descendencia.
ἀ-σπερχές ADV. con ardor; incesantemente.
ἄ-σπετος ον inefable, indecible; inmenso, inagotable (παρὰ δ'ἄσπετα κεῖται a su disposición hay de todo, no le falta nada).
ἀσπιδιώτης ου ὁ armado de escudo.
ἄ-σπιλος ον sin mancha, inmaculado.
ἀσπίς ίδος ἡ escudo (ἐπ' ἀσπίδα, παρ' ἀσπίδα al lado del escudo *e. e.* a la izquierda); guerrero, hoplita (μυρία ἀσπίς 10 000 hombres); defensa, abrigo; áspid, serpiente.
ἀσπιστήρ ῆρος *y*
ἀσπιστής οῦ ὁ armado de escudo, guerrero.
ἄ-σπλαγχνος ον sin corazón; cobarde.
ἄ-σπονδος ον sin tregua; sin convenio; implacable, irreconciliable.
ἄ-σπορος ον no sembrado; silvestre.
ἀ-σπουδί ADV. sin esfuerzo, sin lucha.
ἄσσα = **ἅτινα.**
ἄσσα *jón.* = **τινά.**
ἀσσάριον ου τό as, moneda romana *propiamente dim.*, *de donde* nonada, insignificancia.
ἆσσον *y*
ἀσσοτέρω ADV. más cerca, muy cerca.
ᾄσσω = **ἀίσσω.**
ἀ-στάθμητος ον no fijo, inestable, variable.
ἄ-στακτος ον que fluye en abundancia, incesante || ADV. **ἀστακτί** abundantemente.

ἀ-στασίαστος ον sin luchas de partidos, sin sediciones ni revueltas, tranquilo.
ἀστατέω -ῶ andar errante.
ἀ-σταφίς ίδος ἡ uva pasa.
ἄ-σταχυς υος ὁ espiga.
ἀ-στέγαστος ον descubierto, sin techo, al aire libre.
ἀστεῖος α ον propio de la ciudad; urbano, fino, agradable, elegante; gracioso; inteligente.
ἄ-στειπτος ον no frecuentado, no hollado.
ἀ-στεμφής ές firme, sólido, inquebrantable; obstinado.
ἀ-στένακτος ον sin gemidos, que no solloza.
ᾀστέον *adj. vbal. term. n. de* ᾄδω.
ἀ-στεργής ές odioso, hostil; duro, penoso.
ἀστερόεις εσσα εν estrellado, lleno de estrellas, brillante, resplandeciente.
ἀστεροπή ῆς ἡ relámpago; rayo.
ἀστεροπητής οῦ ὁ lanzador del rayo, fulminador.
ἀ-στεφάνωτος ον no coronado, vencido.
ἀστή ῆς ἡ ciudadana.
ἀστήρ έρος ὁ estrella, astro; estrella errante; llama.
F. *Dat. pl.* ἀστράσι.
ἀ-στήρικτος ον sin apoyo, inestable, débil.
ἀ-στιβής ές no hollado; desierto; sagrado.
ἀστικός ή όν de la ciudad, urbano, ciudadano.
ἄ-στικτος ον sin picar, sin tatuar.
ἄ-στιπτος ον = ἀστιβής.
ἄ-στομος ον desbocado.
ἄ-στονος ον sin lamentos, alegre.
ἄ-στοργος ον falto de amor; duro, cruel.
ἀστός οῦ ὁ ciudadano, habitante de la ciudad.
ἀστοχέω -ῶ extraviarse, errar.
ἄ-στοχος ον que yerra el blanco, mal tirador.
ᾀστόω = ἀϊστόω.
ἀ-στράβη ης ἡ silla de montar con respaldo, *esp.* de jamuga.
ἀστραγάλη ης ἡ = ἀστράγαλος.
ἀστραγαλίζω jugar a los dados *o* tabas.
ἀστράγαλος ου ὁ vértebra *y esp.* nuca; astrágalo, taba. || PL. juego de tabas *o* dados.
ἀστραπαῖος α ον que lanza relámpagos.
ἀστραπή ῆς ἡ relámpago, resplandor.
ἀστράπτω relampaguear; brillar.
ἀστράσι *dat. pl. de* ἀστήρ.
ἀστράτευτος ον exento del servicio militar, que no ha hecho nunca servicio de armas.
ἀστρολογία ας ἡ astronomía.
ἀστρο-λόγος ον astrónomo.
ἄστρον ου τό astro, estrella, constelación. || PL. cielo.
ἀστρονομέω -ῶ observar los astros, ser astrónomo.
ἀστρονομία ας ἡ astronomía.
ἀστρονομικός ή όν relativo a la astronomía; versado en astronomía.
ἄ-στροφος ον que no se vuelve, que no mira hacia atrás, sin volverse.
ἄ-στρωτος ον descubierto, sin ropas de cama.
ἄστυ εως [*o* **εος**] **τό** ciudad; capital; Atenas, la parte principal de Atenas por oposición al Pireo *o* al Falero.
ἀστυ-βοώτης ου ὁ pregonero.
ἀστυγείτων ον [*gen.* ονος] comarcano, limítrofe.
ἄστυ-δε ADV. a la ciudad, hacia la ciudad.
ἀστυνομικός ή όν concerniente al astínomo.
ἀστυ-νόμος ον que gobierna *o* protege una ciudad; civilizado, distinguido || SUST. **ὁ** astínomo [especie de edil].
ἀ-συγκόμιστος ον sin recoger.
ἀ-συγκρότητος ον no ejercitado, no aguerrido, improvisado.
ἀ-σύμβατος ον que no se puede juntar; irreconciliable.
ἀ-σύμβλητος ον intratable, insociable; incomprensible.
ἀσυμμετρία ας ἡ desproporción, asimetría.
ἀ-σύμμετρος ον sin proporción; desproporcionado, enorme.
ἀ-σύμφορος ον inútil, perjudicial, inconveniente.
ἀ-σύμφωνος ον discordante, discorde.
ἀσυνεσία ας ἡ falta de comprensión, necedad, imprudencia.

ἀ-σύνετος ον necio, torpe, que no comprende; ininteligible.

ἀ-σύνθετος ον no compuesto, simple; infiel a lo estipulado, fementido.

ἀ-σύντακτος ον no colocado en su lugar; desordenado, indisciplinado.

ἀ-σύντονος ον blando, sin energía || ADV. **ἀσυντόνως** [*superl.* **ἀσυντονώτατα**] flojamente, sin energía.

ἀ-σύφηλος ον vil, indigno; irrespetuoso, ultrajante.

ἀσυχαῖος = **ἡσυχαῖος.**

ἀσυχία = **ἡσυχία.**

ἀ-σφάδαστος ον sin convulsiones, sin dolor.

ἀσφάλεια ας ἡ firmeza; seguridad; estabilidad; certidumbre.

ἀ-σφαλής ές firme, sólido, incommovible; seguro, que inspira confianza; cierto, verdadero; que está en seguridad || τὸ ἀσφαλές seguridad; lugar seguro.

ἀσφαλίζω [*y med.*] asegurar, fortificar; poner en seguridad, sujetar, aprisionar.

ἄσφαλτος ου ἡ asfalto.

ἀ-σφάραγος ου ὁ garganta, tráquea.

ἀσφόδϝελος ου ὁ asfódelo [planta liliácea].

ἀσφοδελός όν de asfódelos (ἀ. λειμών el prado de los asfódelos [en el mundo inferior]).

ἀ-σχαλάω -ῶ = **ἀσχάλλω.**
F. *3.ª sing. pres. ind. ép.* ἀσχαλάᾳ, *3.ª pl.* ἀσχαλόωσι; *inf.* ἀσχαλάαν, *part.* ἀσχαλόων.

ἀ-σχάλλω indignarse, dolerse, no poder sufrir.
F. *impf.* ἤσχαλλον, *fut.* ἀσχαλῶ.

ἄ-σχετος ον incontenible; irresistible.

ἀσχημονέω -ῶ obrar torpemente; *s. o.* ser ambicioso; verse en ignominia.

ἄ-σχημος ον = **ἀσχήμων.**

ἀσχημοσύνη ης ἡ inconveniencia, fealdad, deformidad; torpeza, vergüenza.

ἀ-σχήμων ον [*gen.* ονος] informe, deforme, feo; indecente, vergonzoso.

ἀσχολέω -ῶ hacer trabajar || PAS. estar ocupado.

ἀσχολία ας ἡ ocupación, trabajo, negocio (ἀσχολίαν ἔχειν *o* ἄγειν tener que hacer, no tener tiempo *o* vagar [para algo, *gen.*, περί *y gen.*, πρός *y ac.*]); dificultad, impedimento, quehacer.

ἄ-σχολος ον ocupado, activo, que no tiene tiempo *o* vagar para algo.

ἄσχυ τό *voz escita* jugo de un árbol de Escitia.

ἄσω *fut. y subj. aor. 1.º de* ἄω.

ἀσῶ *imp. pas. de* ἀσάω.

ᾄσω *y dór.* ᾀσῶ *fut. de* ἀείδω.

ἀ-σώματος ον incorpóreo.

᾿Ασωπός οῦ ὁ Asopo, n. de un río de Beocia y Atica, de un arroyo de Tesalia al oeste de las Termópilas y de una divinidad fluvial.

ἀσωτεύομαι vivir en la orgía, gastar, disipar.

ἀσωτία ας ἡ desenfreno, crápula, libertinaje.

ἄ-σωτος ον que no se puede salvar; perdido; perdido moralmente, corrompido.

ἄτ᾽ = **ἄτε** *voc. de* ἄτος.

ἀτακτέω -ῶ no permanecer en su puesto, ser indisciplinado; vivir desarregladamente.

ἄ-τακτος ον que no está en su puesto, indisciplinado, desordenado, confuso.

ἀ-ταλαίπωρος ον indiferente, sin interés, sin afán.

ἀ-τάλαντος ον igual, comparable a [*dat.*].

ἀταλά-φρων ον pueril, inocente, inconsciente.

ἀτάλλω saltar alegremente; retozar; criar cuidadosamente, mimar; recrear, animar, robustecer.

ἀ-ταλός ή όν infantil, juvenil; sencillo, ingenuo; alegre; brioso.

ἀταξία ας ἡ desorden, confusión; indisciplina.

ἀτάομαι -ῶμαι ser desgraciado, sufrir.

ἀτάρ CONJ. pero, sin embargo *o simpl.*, y [*Hom. Od. 1, 419*] ἀ. καί y además, y especialmente, y en particular; ἀ. τοι pero en verdad; ahora bien, por otra parte.

ἀ-τάρακτος ον no turbado; regular, igual; ordenado, sin confusión.

ἀτάραχος ον no turbado, tranquilo.

ἀ-ταρβής ές *y*

ἀτάρβητος ον intrépido, sin miedo.

ἀ-ταρπιτός οῦ ἡ = **ἀτραπιτός.**

ἀ-ταρπός οῦ ἡ = **ἀτραπός.**

ἀ-ταρτηρός ή όν funesto, maléfico; duro, grosero, mal hablado.
ἀτασθαλία ας ἡ orgullo insensato, temeridad insensata; maldad.
ἀτασθάλλω ser temerario, locamente orgulloso, insensato; ser inicuo.
ἀτάσθαλος ον orgulloso, presuntuoso, insensato, malvado.
ἄ-ταφος ον insepulto.
1 **ἅτε** *n. pl. de* ὅστε.
2 **ἅτε** ADV. como; lo mismo que; como, en calidad de; *con part. refuerza su valor causal* (ἅτε Λέσβιος ὢν como Lesbio que era; ἅτε τῶν ὁδῶν φυλασσομένων por estar vigilados los caminos).
ἄ-τεγκτος ον duro, inflexible, inexorable.
ἀ-τειρής ές duro, sólido indestructible; invencible, indomable; inflexible.
ἀ-τείχιστος ον no fortificado.
ἀ-τέκμαρτος ον oscuro, confuso, imposible de adivinar *o* conjeturar.
ἄ-τεκνος ον sin hijos.
ἀ-τέλεια ας ἡ exención de impuestos *o* cargas; rebaja.
ἀ-τέλεστος ον inacabado; incumplido; infinito; vano, sin efecto; no consagrado; no iniciado || ADV. **ἀτέλεστον** inacabablemente, sin fin.
ἀ-τελεύτητος ον incumplido; inflexible.
ἀ-τελής ές inacabado, incumplido, imperfecto; sin valor, nulo; incapaz; pequeño, sin fuerzas, inválido; libre de impuestos; no iniciado.
ἀτέμβω maltratar, dañar; engañar || PAS. ser privado de [*gen.*].
ἀ-τενής ές tendido; fijo, atento; recto, derecho, firme, fuerte; fuertemente agarrado, tenaz.
ἀτενίζω mirar atentamente, fijar los ojos [en... *dat.*, εἰς *o* πρός *y ac.*].
ἄτερ PRP. *de gen.* lejos de, aparte de; sin (ἀ. Ζηνός sin la voluntad de Zeus).
ἀ-τέραμνος ον duro, inflexible.
ἄτερ-θεν = **ἄτερ.**
ἅτερος *contr. de* ὁ ἕτερος.
ἀ-τερπής ές *y*
ἄ-τερπος ον triste, funesto, que no se alegra [de algo, *gen.*].
ἀτεῦντα *ac. sing. masc. part. pres. ép. de* ἀτέω.
ἀτεχνία ας ἡ inhabilidad, falta de arte.
ἄ-τεχνος ον sin arte; inhábil, inexperto; basto; no trabajado, natural, sencillo.
ἀτεχνῶς ADV. naturalmente, sencillamente, sin más.
ἀτέω estar enfurecido, ciego, alocado.
ἄτη ης ἡ ceguera del alma, locura; falta, crimen; mentira; ruina, desgracia; dolor || *nombre prop.* la Fatalidad [diosa del castigo y la venganza].
ἄ-τηκτος ον que no se funde *o* ablanda.
ἀ-τημέλητος ον abandonado, descuidado; sin cuidado; perdido.
ἀτηρία ας ἡ desgracia, daño.
ἀτηρός ά όν ofuscado; funesto, infausto, desgraciado.
ἀτήσιμος ον = **ἀτηρός.**
ἀ-τίζω despreciar, no hacer caso [de algo, *ac.*].
ἀ-τιθάσευτος ον no domesticado, silvestre, indómito.
ἀτιμάζω deshonrar, ultrajar; dañar; despojar de los derechos de ciudadano; infamar; desdeñar, despreciar; juzgar indigno [a alguien, *ac.*; de algo, *gen.*, *inf.* etc.].
ἀτιμάω -ῶ = **ἀτιμάζω.**
ἀ-τίμητος ον deshonrado, despreciado; no recompensado; no evaluado.
ἀτιμία ας ἡ deshonor, desprecio; privación *o* disminución de los derechos de ciudadanía [como pena infamante].
ἄ-τιμος ον sin pago, sin recompensa, sin precio: (ὧν ἱκόμην ἀ. no atendido en aquello por que venía); impune, no vengado; deshonrado, despreciado; indigno de [*gen.*]; infamado; despojado (γερῶν de sus honores); privado de los derechos de ciudadano, proscrito; deshonroso, poco honroso (ἀτιμοτέρα ἕδρα lugar menos honroso).
ἀτιμόω -ῶ = **ἀτιμάζω.**
ἀ-τιμώρητος ον sin ayuda, indefenso; impune.
ἀτιτάλλω criar, cuidar; mimar.
F. *inf. pres. ép.* ἀτιταλλέμεναι, *impf. ép.* ἀτίταλλον, *aor. ép.* ἀτίτηλα.
ἄ-τιτος ον impune; no pagado.
Ἄτλας αντος ὁ Atlas *o* Atlante, gigante portador de la bóveda celeste.

ἄ-τλατος ον = **ἄτλητος**.
ἀτλητέω -ῶ no poder soportar.
ἄ-τλητος ον insoportable, insufrible.
ἄ-τμητος ον sin cortar; intacto, sin devastar; indivisible.
ἀτμίζω arrojar vapor *o* humo, humear.
ἀτμίς ίδος ἡ *y*
ἀτμός οῦ ὁ vapor; humo.
ἄ-τοκος ον estéril.
ἀτολμία ας ἡ cobardía, pusilanimidad, miedo, timidez.
ἄ-τολμος ον cobarde, tímido.
ἄ-τομος ον no cortado; indivisible (ἐν ἀτόμῳ en un instante).
ἄ-τοξος ον sin arco; incapaz de manejar el arco.
ἀτοπία ας ἡ cosa inaudita, novedad, rareza, paradoja, absurdo.
ἄ-τοπος ον raro, extraño; desacostumbrado, insólito; extravagante, absurdo; insensato || SUST. **τὸ ἄτοπον** absurdo, inconveniente.
ἆτος ον [*contr. de* ἄατος] insaciable [de algo. *gen.*].
ἄ-τρακτος ου ὁ huso; flecha.
ἀ-τραπιτός οῦ ἡ *y*
ἀ-τραπός οῦ ἡ sendero, camino.
'Ατρείδης ου ὁ Atrida, hijo de Atreo [Agamenón *o* Menelao].
ἀτρέκεια ας ἡ la verdad exacta, lo cierto, lo seguro.
ἀτρεκέως ADV. *de* ἀτρεκής.
ἀ-τρεκής ές exacto, preciso; verdadero, seguro; de verdad, auténtico.
ἀ-τρέμα(ς) ADV. sin movimiento; suavemente; poco a poco.
ἀ-τρεμέω -ῶ no moverse, permanecer quieto *o* tranquilo; aquietarse, satisfacerse [con algo, ἐπί *con gen. o dat.*].
ἀ-τρεμής ές que no tiembla, intrépido, inmóvil; sereno.
ἀτρεμία ας ἡ intrepidez; inmovilidad, quietud.
ἀτρεμίζω = **ἀτρεμέω**.
ἄ-τρεπτος ον que no se vuelve, inmóvil, firme, constante.
ἄ-τρεστος ον intrépido; tranquilo.
'Ατρεύς έως ὁ Atreo [padre de Agamenón y Menelao].
ἀ-τριβής ές intacto, no dañado; no usado; no hollado, sin tránsito [*dic.* de camino *o* lugar].
ἄ-τριπτος ον = **ἀτριβής**.
ἄ-τριχος ον sin pelo.
ἄ-τρομος ον = **ἀτρεμής**.
ἄ-τροφος ον mal alimentado; mal nutrido.
ἀ-τρύγετος ον estéril; *s. o.* incansable.
ἄ-τρυτος ον infatigable; incesante, interminable.
'Ατρυτώνη ης ἡ la Infatigable *o* Invencible [Atenea].
ἄ-τρωτος ον no herido, ileso; invulnerable; incorruptible.
1 **ἄττα** *voc. sing.* papá, padrecito [*tamb. fig.*].
2 **ἄττα** = **τινά** [*pl. n. del indef.* τίς].
ἅττα = **ἅτινα** [*pl. n. de* ὅστις].
ἀτταταῖ INTERJ. *de dolor* ¡ay!
ἀττέλεβος ου ὁ langosta [insecto].
"Αττης ου ὁ Atis [divinidad lidia y frigia, invocada por los sacerdotes de Cibeles en la fórmula ὕης ῎Αττης].
'Αττική ῆς ἡ el Atica [región que tenía por capital a Atenas]; dracma ática.
ἀττικίζω ser del partido ateniense; hablar en ático.
ἀττ-ικισμός οῦ ὁ inclinación *o* amistad hacia Atenas.
ἀττικός ή όν ático, ateniense || SUST. **ἡ 'Αττική** el Atica; **τό 'Αττικόν** el dialecto ático.
ᾄττω = **ᾄσσω** [por ἀΐσσω].
ἀ-τύζω asustar, asombrar || PAS. asustarse, turbarse, espantarse; estar turbado por el dolor; huir horrorizado.
ἀ-τυράννευτος ον no gobernado por tiranos.
ἄ-τυφος ον sin orgullo, modesto.
ἀτυχέω -ῶ fracasar, no obtener [algo, *gen.*]; dejar de obtener *o* conseguir; no tener suerte, ser desgraciado.
ἀτύχημα ατος τό = **ἀτυχία**.
ἀ-τυχής ές desgraciado, infortunado, sin suerte.
ἀτυχθείς *part. aor. pas. de* ἀτύζω.
ἀτυχία ας ἡ desgracia, infortunio, calamidad.
αὖ ADV. atrás, hacia atrás, otra vez, de nuevo [*frec. con* πάλιν *y* αὖθις]; a su vez, por el contrario, por otra parte; además, a más.
αὐαίνω [*o* **αὑαίνω**] dejar secar, dejar consumir || PAS. secarse, consumirse, perecer.
F. *impf.* ηὔαινον *o* αὔαινον; *fut.* αὐανῶ, *med. con valor pas.* αὐανοῦμαι; *aor.* ηὖηνα *o* αὔηνα; *aor. pas.* ηὐάνθην

o αὐάνθην; *fut. pas.* αὐανθήσομαι. *Códices y editores discrepan en cuanto al aumento.*

αὐγάζω brillar, iluminar; ver claramente, fijar los ojos [en algo, *ac.*] ‖ MED. ver distintamente.

αὐγή ῆς ἡ luz, brillo; rayo de sol, luz del día; resplandor del alba; relámpago; brillo de los ojos; ojo; mirada.

αὐδάζομαι *y*

αὐδάω -ῶ [*y med.*] hablar, decir [algo a alguien, *dos acs. o ac. y dat.; ac.* ἀντίον de frente, apostrofándole]; anunciar; nombrar, invocar; mandar ‖ PAS. ser dicho, ser llamado.

F. *impf.* ηὔδων, *3.ª sing. pas.* ηὐδᾶτο; *fut.* αὐδήσω, *dór.* αὐδάσω; *aor.* ηὔδησα, *dór.* αὔδασα, *3.ª sing. iterat. ép.* αὐδήσασκε; *part. aor. pas.* αὐδηθείς, *dór.* αὐδαθείς.

αὐδή ῆς ἡ voz; palabra; relato; fama, rumor; sonido, grito.

αὐδήεις εσσα εν dotado de voz humana.

αὐ-ερύω echar hacia atrás [*esp.* el cuello de la víctima para su degollación]; traer hacia sí.

αὐθ' *apóc. de* αὐτό *y* αὐτά *ante espíritu áspero.*

αὖθ' *apóc. de* αὖθι *y* αὖτε.

αὐθάδεια ας ἡ presunción, vanidad, arrogancia; orgullo; obstinación.

αὐθ-άδης ες petulante, presuntuoso, arrogante; duro, obstinado.

αὐθαδία ας ἡ = **αὐθάδεια.**

αὐθαδίζομαι ser presuntuoso *o* arrogante.

αὐθ-αιμος ον *y*

αὐθ-αίμων ον consanguíneo; pariente; hermano.

αὐθ-αίρετος ον voluntario, buscado voluntariamente; espontáneo; libre, no dependiente; que se escoge *o* designa a sí mismo.

αὐθεντέω -ῶ dominar, gobernar [a alguien, *gen.*].

αὐθ-έντης ου ὁ que obra por sí mismo; autor, ejecutor, matador; suicida.

αὐθ-ημερόν ADV. el mismo día; en seguida, inmediatamente.

αὖθι ADV. aquí mismo, allí mismo; al punto, inmediatamente.

αὐθι-γενής ές nacido en el mismo lugar; indígena.

αὖθις ADV. = **αὖ.**

αὐθ-όμαιμος ον consanguíneo, hermano.

αὐίαχος ον que lanza gritos penetrantes, gritador.

αὖλαξ ακος ἡ surco.

αὔλειος ον [*o* **-ος α ον**] del patio, de la casa (ἁ. θύρα puerta principal).

αὐλέω -ῶ tocar la flauta; tocar en la flauta [algo, *ac.*]; tocar soplando (κέρασι las cuernas); cantar ‖ MED. hacerse acompañar con la flauta *o* gustar del toque de la flauta ‖ PAS. ser tocado en la flauta.

αὐλή ῆς ἡ patio de una casa; muro que rodea al patio; casa, habitación, morada; palacio.

αὔλημα ατος τό pieza tocada en la flauta.

αὔλησις εως ἡ toque de la flauta, acción de tocarla.

αὐλητής οῦ ὁ flautista.

αὐλητικός ή όν relativo al toque de la flauta [**ἡ αὐλητική** *sc.* τέχνη arte de tocar la flauta]; hábil en tocar la flauta, buen flautista.

αὐλητρίς ίδος ἡ mujer flautista, tocadora de flauta.

αὐλίζομαι vivir al aire libre; acampar, vivaquear.

F. *aor.* ηὐλισάμην *(Tuc. Hdt.), y* ηὐλίσθην *(Jen. Hdt.)*

αὔλιον ου τό recinto cercado al aire libre, corral; habitación; *esp.* cueva, gruta.

αὖλις ιδος ἡ tienda; campamento, vivac; nido.

Αὐλίς ίδος ἡ Áulide, puerto de Beocia, donde se congregó la escuadra griega contra Troya.

αὐλο-ποιός οῦ ὁ fabricante de flautas, flautero.

αὐλός οῦ ὁ instrumento de viento, flauta [con embocadura como la de nuestro clarinete]; caña; tubo, *y esp.* cubo de lanza [donde encaja la punta], etc.; caño *o* chorro de sangre; ojal *o* agujero para el broche.

αὐλών ῶνος ὁ desfiladero, barranco; estrecho, canal; foso; acueducto; tubo.

αὐλ-ῶπις ιδος provisto de un tubo; alargado en forma de tubo.

αὐξάνω aumentar, acrecentar; ensalzar || INTR. crecer [N. T.] || PAS. crecer, agrandarse, levantarse, medrar, ganar.
F. *cf.* αὔξω; *impf.* ηὔξον *y rar.* ηὔξανον; *fut.* αὐξήσω, *y med. con valor pas.* αὐξήσομαι; *aor.* ηὔξησα; *perf.* ηὔξηκα, *pas.* ηὔξημαι, *jón. tamb.* αὔξημαι; *aor. pas.* ηὐξήθην, *fut. pas.* αὐξηθήσομαι.

αὔξη ης ἡ crecimiento, aumento; ganancia; incremento.

αὔξησις εως ἡ = **αὔξη.**

αὐξήσω *fut. de* αὐξάνω.

αὔξω = **αὐξάνω.**

αὖος η ον seco, enjuto, desecado; pobre.

ἄ-υπνος ον despierto; insomne; que no descansa, sin sueño, pasado en vela (ὕπνος ἄ. sueño que no es sueño, sueño ligero, duermevela).

αὔρα ας ἡ soplo del aire, brisa, aura; viento.

αὔριον ADV. mañana || SUST. **ἡ αὔριον** [*sc.* ἡμέρα] el día siguiente.

αὐσταλέος α ον ennegrecido, negruzco, sucio.

αὐστηρία ας ἡ = **αὐστηρότης.**

αὐστηρός ά όν seco, rudo, áspero; rígido, severo, austero; duro.

αὐστηρότης ητος ἡ sequedad, rudeza; severidad.

αὐτ-άγγελος ον que trae un mensaje *o* noticia personalmente; por sí mismo.

αὐτ-άγητος ον = **αὐθάδης.**

αὐτ-άγρετος ον elegible; sujeto a la elección *o* arbitrio [de alguien, *dat.*].

αὐτ-άδελφος ον del propio hermano || SUST. **ὁ ἡ ἀυτάδελφος** el propio hermano, la propia hermana.

αὐτάρ CONJ. pero, sin embargo, no obstante; por otra parte, luego [*después de* μέν *equivale a* δέ *y se une a* ἄρα *y* αὖτε].

αὐτάρκεια ας ἡ suficiencia, independencia, estado del que se basta a sí mismo.

αὐτ-άρκης ες que se basta a sí mismo; independiente, fuerte; victorioso (ἀ. βοά clamor victorioso); bastante, suficiente [para... *inf.*].

αὖ-τε ADV. = **αὖ.**

αὐτ-επάγγελτος ον espontáneo, voluntario.

αὐτ-ερέτης ου ὁ soldado que es a la vez remero.

ἀϋτέω gritar llamar, invocar; sonar, dar un sonido.
F. *impf. poét.* ἄϋτευν.

ἀϋτή ῆς ἡ grito, grito de guerra; lucha, combate.

αὐτ-ήκοος ον que oye por sí mismo, testigo auricular.

αὐτ-ῆμαρ *y*

αὐτ-ημερόν ADVS. el mismo día.

αὐτι-γενής ές = **αὐθιγενής.**

αὐτίκα ADV. al punto, al momento, inmediatamente, en seguida (τὸ αὐτίκα el momento presente); tan pronto como (αὐτίκα γενόμενος desde el momento de su nacimiento; αὐτίκα τε καί tan pronto como) || *en át.* por ejemplo, empezando por esto.

αὖτις ADV. = **αὖ.**

ἀϋτμή ῆς ἡ soplo; aliento, respiración, ráfaga de viento; olor; vapor; humareda, llamarada.

ἀϋτμήν ένος ὁ = **ἀϋτμή.**

αὐτο-βοεί ADV. al primer grito de guerra.

αὐτογέννητος ον del propio engendrador, *de donde* incestuoso.

αὐτογνωμονέω -ῶ decidirse por sí mismo; obrar por propia determinación.

ἀυτό-γνωτος ον que juzga *o* decide por sí mismo; espontáneo; voluntario.

αὐτο-δαής ές que ha aprendido uno solo *o* por sí mismo.

αὐτό-δεκα ADV. justamente diez.

αὐτο-δεσπότης ου ὁ señor *o* dueño absoluto.

αὐτο-δέσποτος ον dueño de sí mismo, independiente; dueño absoluto.

αὐτο-δίδακτος ον autodidacto, que ha aprendido sin maestro.

αὐτό-δικος ον que tiene jurisdicción independiente.

αὐτόδιον ADV. inmediatamente, al punto.

αὐτο-έντης ου ὁ = **αὐθέντης.**

αὐτό-ετες ADV. en el mismo año.

αὐτόθε *y*

αὐτόθεν ADVS. de allí, de aquí mismo (α. βιοτεύειν vivir con lo que el propio país produce); desde este momento, inmediatamente; de ahí, en consecuencia; meramente.

αὐτό-θι ADV. allí mismo; aquí mismo, en el mismo lugar.

αὐτο-κασιγνήτη ης ἡ hermana propia *o* carnal.

αὐτο-κασίγνητος ου ὁ hermano propio *o* carnal.

αὐτο-κατάκριτος ον condenado por sí mismo.

αὐτο-κέλευστος *y*

αὐτό-κελής ές que obra por su voluntad; espontáneo.

αὐτό-κλητος ον que se llama *o* invita a sí mismo *e. e.* llamado, no mandado.

αὐτο-κρατής ές *y*

αὐτο-κράτωρ ορος independiente, autónomo; soberano, autócrata; dictador; con plenos poderes.

αὐτοκτονέω -ῶ matarse uno a otro, darse mutuamente muerte.

αὐτοματίζω obrar por sí mismo; obrar sin reflexión.

αὐτό-ματος η ον que se mueve por sí mismo; que obra espontáneamente, natural; casual; ἀπὸ [*o* ἐκ] τοῦ αὐτομάτου por sí mismo, espontáneamente; naturalmente, por caso.

Αὐτομέδων οντος ὁ Automedonte, auriga y compañero de lucha de Aquiles.

αὐτομολέω -ῶ desertar, pasarse al enemigo.
F. *impf.* ηὐτομόλουν, *jón.* αὐτομόλεον; *aor.* ηὐτομόλησα, *jón.* αὐτομόλησα.

αὐτομολία ας ἡ deserción.

αὐτό-μολος ον tránsfuga, desertor.

αὐτονομέομαι -οῦμαι vivir bajo las propias leyes; ser independiente.

αὐτονομία ας ἡ autonomía, independencia.

αὐτό-νομος ον independiente, autónomo; que obra por su voluntad.

αὐτο-νυχί ADV. en la misma noche.

αὐτό-ξυλος ον hecho de madera solamente, todo de madera.

αὐτό-παις παιδος ὁ verdadero hijo.

αὐτό-πετρος ον de piedra natural.

αὐτό-ποιος ον que crece espontáneamente.

αὐτό-πολις εως ἡ ciudad libre, independiente.

αὐτο-πολίτης ου ὁ ciudadano de una ciudad libre.

αὐτό-πρεμνος ον junto con las raíces, de raíz, entero.

αὐτ-όπτης ου ὁ testigo ocular.

αὐτός ἡ ό [*o* **όν**] ADJ. *y* PRON. el mismo, el propio (ἐγὼ αὐτὸς yo mismo, en persona; *o sólo* αὐτός yo mismo, tú mismo, él mismo, uno mismo; κατὰ τὸ αὐτὸ en el mismo lugar, tiempo, modo, etc.; por el mismo camino); por sí mismo, espontáneamente; por sí, por esencia (αὐτὸ τὸ ἴσον lo igual en sí o por esencia); solo (αὐτός περ ἐών aunque solo; αὐτοῖς τοῖς ἰοῦσι καὶ ἀπιοῦσιν, ἢ καὶ τοῖς ἄλλοις sólo a los que iban y venían *o* también a los otros); *con numerales ordinales* (πέμπτος αὐτός siendo él el quinto *e. e.* con otros cuatro); *con dat.* [*con o sin* σύν] juntamente con, con el propio, etc; (αὐτοῖς τοῖς ἵπποις con los propios caballos); *en gral.* [*con pron. posesivo* (ἐμὸν αὐτοῦ χρεῖος mi propia necesidad); *como pronombre de 3.ª pers. y gral. de referencia a persona o cosa nombrada:* él, ella, ello; éste, ésta, esto, etc. [*en casos oblicuos*].

αὐτός αὐτή ταὐτό(ν) [*contr. de* ὁ αὐτός ἡ αὐτή τὸ αὐτό(ν)] el mismo, igual, idéntico (ταὐτὸ ὑμῖν lo mismo que vosotros; ἐν ταὐτῷ *o* ἐν τῷ αὐτῷ en el mismo lugar, al mismo tiempo).

αὐτόσε ADV. allí mismo, hacia el mismo sitio.

αὐτο-σταδίη ης ἡ lucha de cerca, cuerpo a cuerpo.

αὐτό-στολος ον que obra, se prepara *o* se apercibe por sí mismo (αὐτόστολον πέμψαντα que enviando él mismo [una nave]...)

αὐτο-σφαγής ές muerto por su propia mano o por mano de los suyos.

αὐτο-σχεδά ADV. = **αὐτοσχεδόν.**

αὐτοσχεδιάζω improvisar, preparar apresuradamente; hablar, juzgar *u* obrar a la ligera *o* a ciegas.

αὐτοσχεδίη ης ἡ combate de cerca, cuerpo a cuerpo.

αὐτο-σχεδόν ADV. de cerca, mano a mano, cuerpo a cuerpo.

αὐτο-τελής ές completo, perfecto; independiente *y esp.* independiente en la imposición de los propios impuestos, que se grava a sí mismo.

αὐτο-τραγικός ἡ όν trágico consumado; farsante.

αὐτοῦ ADV. allí; allí mismo, en aquel lugar *tamb.* aquí mismo; en aquel punto, al punto, al momento.

αὑτοῦ *contr. de* ἑαυτοῦ.

αὐτουργός όν que trabaja *u* obra por sí mismo; que vive del trabajo de sus manos; cultivador de su propio campo, trabajador campesino.

αὐτό-φι(ν) *gen. y dat. sing. y pl. ép. de* αὐτός.

αὐτο-φυής ές natural.

αὐτό-φωρος ον cogido en flagrante delito; flagrante, notorio, manifiesto.

αὐτό-χειρ ρος ὁ ἡ que hace algo por su propia mano; que se mata a sí mismo *o* mata a alguno de los suyos; autor; parricida, asesino; ejecutado por la propia mano.

αὐτοχειρία ας ἡ muerte ejecutada por mano propia; αὐτοχειρίᾳ por proppia mano.

αὐτό-χθων ον originario del país, indígena, autóctono.

αὐτο-χόωνος ον fundido en bruto, macizo.

αὔτως [*o* **αὕτως**] ADV. así, de este modo; todavía; igual que antes, como antes [*frec. con* ἔτι]; incesantemente; simplemente, sin más, inútilmente, en vano; sin objeto.

αὐχενίζω desnucar.

αὐχένιος α ον del cuello, perteneciente al cuello.

αὐχέω -ῶ gloriarse, ufanarse, vanagloriarse [*de ...dat.*, ἐπί *y dat. o inf.*].

αὔχημα ατος τό presunción, jactancia, orgullo; altivez; brillo, lustre, ornato.

αὐχήν ένος ὁ cuello, garganta, nuca, cerviz; hoz, garganta, cañada; istmo; brazo de mar *o* de río; estrecho; bifurcación.

αὔχησις εως ἡ = **αὔχημα.**

αὐχμέω -ῶ estar seco, polvoriento; estar sucio.

αὐχμηρός ά όν árido, seco; sucio; flaco, miserable.

αὐχμός οῦ ὁ sequedad; polvo, suciedad, mugre.

αὐχμώδης ες = **αὐχμηρός.**

1 **αὔω** [*o* αὕω] encender fuego.

2 **αὔω** [*o* ἀΰω] gritar; resonar; llamar a gritos.
F. *impf. ép.* αὖον; *fut.* ἀΰσω; *aor.* ἤυσα, *ép. tamb.* ἄυσα.

ἀφ' = **ἀπό** *ante vocal aspirada.*

ἀφ-αγνίζω purificar, expiar; consagrar || MED. ofrecer un sacrificio expiatorio.

ἀφαίρεσις εως ἡ substracción, despojo.

ἀφ-αιρέω -ῶ quitar [algo, *ac.*; a alguien, *dat. o ac.*]; separar, cortar || MED. quitar [algo, *ac.*; a alguien, *ac. gen. o dat.*]; suprimir, poner fin (ἔργον a la acción, al combate); impedir, estorbar (ἀ. τινα [μή] ποιεῖν τι impedir a alguien hacer algo); cortar, amputar || PAS. ser desposeído o despojado [de algo, *ac.*].
F. *ép. tamb.* ἀποαιρέω, (*2.ª sing. impf. med.* ἀποαίρεο); *jón.* ἀπαιρέω; *impf. iter.* ἀφαιρέεσκον; *fut.* ἀφαιρήσω, *en el N. T.* ἀφελῶ; *perf.* ἀφῄρηκα, *jón.* ἀπαραίρηκα.

ἄ-φαλος ον sin cimera, sin penacho.

ἀφ-αμαρτάνω errar, no acertar, no alcanzar [algo, *gen.*]; perder, ser despojado [de algo, *gen.*].
F. *v.* ἁμαρτάνω; *ép. 3.ª sing. aor. ép.* ἀφάμαρτεν *y* ἀπήμβροτεν.

ἀφαμαρτο-επής ές divagador, verboso.

ἀφ-ανδάνω no agradar, desagradar.
F. *inf. aor. jón.* ἀπαδεῖν. *V.* ἁνδάνω.

ἀφάνεια ας ἡ obscuridad, insignificancia; desaparición, aniquilamiento.

ἀ-φανής ές invisible, no visto; escondido; obscuro, desconocido, secreto (ἐκ τοῦ ἀφανοῦς en secreto); desaparecido (οἱ ἀφανεῖς los desaparecidos en la guerra, *Tuc. 2, 34*).

ἀφανίζω hacer invisible, hacer desaparecer; suprimir, destruir, borrar; matar; desfigurar, obscurecer; guardar en secreto, callar.

ἀφάνισις εως ἡ *y*

ἀφανισμός οῦ ὁ desaparición [*N. T.*].

ἄ-φαντος ον invisible, escondido; desaparecido.

ἀφανῶς ADV. obscuramente; en secreto.

ἀφ-άπτω atar; suspender, colgar.
F. *part. perf. pas. jón.* ἀπαμμένος. *V.* ἅπτω.

ἄφαρ ADV. aprisa, en seguida, inmediatamente.

ἄ-φαρκτος ον = **ἄφρακτος.**

ἀ-φάρμακτος ον sin veneno, no envenenado.

ἀφ-αρπάζω arrancar, arrebatar.

F. *fut. ép.* ἀφαρπάξω, *át.* ἀφαρπάσομαι; *inf. aor.* ἀφαρπάξαι; *perf. pas.* ἀφήρπασμαι; *aor. pas.* ἀφηρπάσθην *V.* ἁρπάζω.

ἀφάρτερος α ον más rápido, más ágil.

ἀφάσσω = **ἀφάω.**

ἄ-φατος ον indecible; extraordinario; maravilloso; monstruoso || SIGN.ACT. que no habla.

ἀφαυρός ά όν débil.

ἀφάω -ῶ tocar, tantear.

F. *part. pres. ép.* ἀφόων, *ac.* ἀφόωντα; *fut.* ἀφάσω; *aor.* ἤφασα, *imp. aor.* ἄφασον.

ἀφεγγής ές sin luz, obscuro; sombrío, tétrico.

ἀφ-εδών ῶνος ὁ letrina.

ἀφ-έῃ = **ἀφῇ** *3.ª sing. subj. aor. 2.º ép. de* ἀφίημι.

ἀφ-έηκα = **ἀφῆκα** *aor. ép. de* ἀφίημι.

ἀφειδέω -ῶ no cuidarse, no curarse de, despreciar [algo, *gen.*].

ἀ-φειδής ές sin cuidado, sin contemplaciones, despreocupado, duro (ἀ. κατάπλους desembarco hecho sin cuidarse del daño de los navíos).

ἀφειδία ας ἡ trato duro, falta de contemplaciones.

ἀφ-εῖδον = **ἀπεῖδον** *aor. 2.º de* ἀφοράω.

ἀφείην ἀφεῖναι ἀφείς *formas de aor. de* ἀφίημι *v. s. v.*

ἀφεκτέον *adj. vbal. n. de* ἀπέχομαι.

ἀ-φελής ές no escabroso *e. e.* llano, simple, sencillo.

ἀφελκύω *y*

ἀφ-έλκω sacar violentamente, arrastrar, llevarse; apresar; arrestar.

F. *jón.* ἀπέλκω; *fut.* ἀφέλξω; *aor.* ἀφείλκυσα.

ἀφελότης ητος ἡ sencillez, sinceridad.

ἀφ-ελπίζω = **ἀπελπίζω.**

ἄφενος εος [ους] τό ganancia, caudal, riqueza.

ἀφέξω *fut. de* ἀπέχω.

ἀφ-έρπω alejarse, marcharse.

ἄφες *imp. aor. de* ἀφίημι.

ἄφεσις εως η acción de soltar; licenciamiento, despido; emancipación; salida de los carros para la carrera; absolución.

ἀφεσταίην, ἀφεσταώς, ἀφέστηκα *formas de* ἀφίστημι.

ἀφετέος α ον *adj. vbal. de* ἀφίημι.

ἄφετος ον suelto, libre.

ἀφ-έψω cocer, hacer hervir; purificar *o* refinar por cocción.

ἀφ-έωνται *3.ª pl. perf. pas. de* ἀφίημι.

ἀφή ῆς ἡ tacto, contacto; juntura, articulación; acción de encender.

ἀφ-ηγέομαι -οῦμαι ir a la cabeza, guiar, conducir; relatar, referir con pormenor.

ἀφήγημα ατος τό *y*

ἀφήγησις εως ἡ relato; narración.

ἀφήκω llegar.

ἄφ-ημαι estar sentado aparte, lejos.

ἀφ-ημερεύω ausentarse durante un día.

ἀφ-ηνιάζω no obedecer a las riendas, desbocarse.

ἀφήσω *fut. de* ἀφίημι.

ἀφήτωρ ορος ὁ lanzador de flechas [Apolo].

ἀφθαρσία ας ἡ incorruptibilidad; inmortalidad; integridad, pureza.

ἄ-φθαρτος ον incorruptible, inmortal.

ἄ-φθελκτος ον silencioso, mudo, callado.

ἄφθην *aor. pas. jón. de* ἅπτω.

ἄ-φθιτος ον indestructible, imperecedero, inmortal.

ἄ-φθογγος ον silencioso, mudo.

ἀφθονία ας ἡ falta de envidia, de celos, buena disposición; abundancia.

ἄ-φθονος ον exento de envidia; liberal, generoso; abundante, opulento (ἐν ἀφθόνοις βιοτεύειν vivir en la abundancia).

ἀφθορία ας ἡ incorruptibilidad.

ἀφῖγμαι *perf. de* ἀφικνέομαι.

Ἄφιδνα ης ἡ *o pl.* **Ἄφιδναι ῶν αἱ** Afidna, demo del Atica.

ἀφίδρωσις εως ἡ transpiración, sudor.

ἀφίδω *subj. aor. de* ἀφοράω.

ἀφ-ίημι TR. lanzar, disparar [un arma, etc.]; soltar, dejar caer; soltar, emitir [una palabra, etc.]; desfogar (θυμόν la cólera); dejar libre; entregar; libertar, poner en libertad; absolver; disolver, licenciar [un ejército, una asamblea, etc.]; despedir, despachar, enviar (κακῶς de mala manera); repudiar; suprimir, quitar, echar fuera (ἀ. δίψαν echar fuera la sed, satisfacerla); deponer, remitir *o* aflojar en (μένος la furia); dejar; abandonar (μόνην, ἔρημον dejar sola, abandonada); dejar: permitir (ἄφες ἴδωμεν

deja *o* permite que veamos; ἀ. πλοῖον... levar anclas hacia...); remitir, perdonar [una culpa, una deuda, etc.]; pasar por alto, no hacer caso (τὰ θεῖ' ἀφείς sin hacer caso de la divinidad) || INTR. partir, salir, hacerse a la vela || MED. enviar; soltarse, desprenderse; apartarse de, dejar [algo, *gen.*].
F. *3.ª sing. pres. ind.* ἀφίησι *o* ἀφίει, *jón.* ἀπίει; *impf.* ἀφίειν *o* ἠφίειν, *3.ª sing.* ἀφίει *o* ἠφίει, *jón.* ἀπίει, *N. T.* ἤφιε, *2.ª pl.* ἀφίετε, *3.ª pl.* ἀφίεσαν *o* ἠφίησαν; *fut.* ἀφήσω, *jón.* ἀπήσω; *aor. 1.º* ἀφῆκα, *ép.* ἀφέηκα, *jón.* ἀπῆκα; *pl.* ἀφεῖμεν, ἀφεῖτε *o* ἄφετε *etc. imp.* ἄφες, *subj.* ἀφῶ, *opt.* ἀφείην, *inf.* ἀφεῖναι; *aor. med.* ἀφείμην, *imp.* ἀφοῦ; *perf.* ἀφεῖκα, *pas.* ἀφεῖμαι, *3.ª pl. N. T.* ἀφέωνται; *aor. pas.* ἀφείθην, *jón.* ἀπείθην, *fut. pas.* ἀφεθήσομαι. *V.* ἵημι.

ἀφ-ικάνω *y*

ἀφ-ικνέομαι -οῦμαι venir, llegar, alcanzar (εἰς τὸ ἴσον ἀφίκετο τοῖς ἥλιξι llegó a igualar a los de su edad; ἀ. ἐς λόγους entrar en conversación [con alguien, *dat.*]); acudir, recurrir (ἐπὶ πάντα a todos los medios).
F. *jón.* ἀπικνέομαι. *Fut.* ἀφίξομαι, (*2.ª sing. jón.* ἀπίξεαι); *aor.* ἀφικόμην. (*2.ª sing. jón.* ἀπίκευ, *3.ª pl.* ἀπικέατο, *3.ª pl. opt.* ἀπικοίατο); *perf.* ἀφῖγμαι, *3.ª sing.* ἀφῖκται, *3.ª sing. plpf.* ἀφῖκτο (*jón. 3.ª pl. perf.* ἀπίκαται, *3.ª pl. plpf.* ἀπίκατο).

ἀ-φιλάγαθος ον que no ama el bien *o* los buenos.

ἀ-φιλάργυρος ον que no ama el dinero, desinteresado.

ἀ-φίλητος ον no amado.

ἄ-φιλος ον sin amigos; enemigo, hostil; desagradable, no querido.

ἄφιξις εως ἡ llegada, regreso; marcha, partida; recurso, súplica.

ἀφίξομαι *fut. de* ἀφικνέομαι.

ἀφίοιμι *opt. pres. de* ἀφίημι.

ἀφ-ιππεύω salir a caballo; volver a caballo.

ἄφ-ιππος ον que no sabe montar a caballo, no propio para la caballería.

ἀφίπταμαι volar, irse volando.

ἀφ-ίστημι alejar, separar, poner lejos *o* aparte; apartar; deponer [a alguien, *ac.*; de un cargo, etc. *gen.*]; disolver, levantar [una asamblea]; mover a defección; evitar, frustrar (τὰς ἐπιβουλάς las asechanzas) || INTR. [*perf.*, *plpf.*, *aor 2.º*, *fut.* ἀφεστήξω] *y* PAS. apartarse, alejarse, separarse, perder (ἀφεστάναι φρενῶν salir de razón, perder la presencia de ánimo); irse, escaparse, desertar, hacer defección, ser infiel; estar apartado, alejado, abstenerse, renunciar, rehusar; distar; distinguirse, ser diferente [de algo *o* de alguien, *gen.*] || MED. [*aor.* ἀπεστησάμην *fut.* ἀποστήσομαι] separar *o* alejar de sí; dejar ir; hacerse pagar, desquitarse [de algo, *ac.*].
F. *Jón.* ἀπίστημι, *3.ª pl. pres. pas.* ἀπιστέαται *y en impf.* ἀπιστέατο; *fut.* ἀποστήσω; *aor 1.º* ἀπέστησα, *aor. 2.º* ἀπέστην; *perf.* ἀφέστηκα, *jón.* ἀπέστηκα; *opt. ép.* ἀφεσταίην, *part. ép.* ἀφεσταώς, *jón.* ἀπεστεώς; *3.ª pl. plpf. jón.* ἀπέστασαν. *V.* ἵστημι.

ἀφίω [*formas* ἀφίομεν, ἀφίοιτε etc.] = **ἀφίημι** *(N. T.)*.

ἄφλαστον ου τό popa curvada de la nave con sus adornos.

ἀφλοισμός οῦ ὁ espumarajo, baba.

ἀφνε(ι)ός ά όν [*o* **-ός όν**] rico, acaudalado.

ἄφνω ADV. repentinamente, de pronto.

ἀ-φόβητος ον sin miedo.

ἀφοβία ας ἡ falta de miedo.

ἄ-φοβος ον sin miedo, intrépido; despreocupado, confiado; que no produce miedo, sin peligro, inerme, débil.

ἀφόδευμα ατος τό excremento.

ἀφ-οδεύω descargar el vientre.

ἄφ-οδος ου ἡ partida, salida; retirada; regreso.

ἀφ-ομοιόω -ῶ hacer semejante, hacer a imitación, imitar; comparar || PAS. hacerse semejante; tomar la forma [de... *dat.*]; igualar.

ἀφομοίωμα ατος τό imagen, reproducción.

ἀφ-οπλίζω desarmar || MED. quitarse la armadura.

ἀφ-οράω -ῶ volver la vista a otro lado volver la cara *o* la espalda; ver desde lejos, divisar; mirar, dirigir la vista [hacia algo, *ac. o* πρός, ἐπί, εἰς *y ac.*]; considerar.

F. *impf.* ἀφεώρων, *jón.* ἀπώρεον; *fut.* ἀπόψομαι; *aor.* ἀπεῖδον, *subj.* ἀπίδω, *N. T. tamb.* ἀφίδω.

ἀ-φόρητος ον insoportable.

ἀφορία ας ἡ falta de fruto, esterilidad.

ἀφ-ορίζω limitar, delimitar, deslindar; definir; separar, apartar; poner aparte, designar, elegir; *tamb.* excluir, excomulgar || MED. delimitar para sí, apropiarse, conquistar; definir.

ἀφ-ορμάω -ῶ [*y med.*] ponerse en marcha, partir, lanzarse (ἀ. πεῖραν lanzarse al ataque; ἀφορμᾷ ἀστραπή brilla el relámpago).

ἀφορμή ῆς ἡ punto de partida de algo; base de operaciones militares; tema *o* materia de conversación; medios, recursos, *y esp.* capital, dinero; ventaja, ganancia; causa, motivo, ocasión, pretexto.

ἀφορμίζομαι salir del puerto *v. l. Tuc. 2, 83, 3.*

ἄφ-ορμος ον que parte, sale *o* emprende la marcha.

ἄ-φορος ον estéril, infecundo; esterilizador.

ἀφ-οσιόω -ῶ purificar || MED. purificarse, ofrecer sacrificios expiatorios; cumplir religiosamente (λόγιον un oráculo; ἐξόρκωσιν un voto); hacer algo sólo por cima *o* en apariencia.

ἀφόων *ép.* = ἀφάων. *part. de* ἀφάω.

ἀφραδέω obrar insensatamente *o* sin conocimiento; desvariar, desbarrar.

ἀ-φραδής ές insensato; insensible, sin sentido.

ἀ-φραδία ας ἡ insensatez; ignorancia, desconocimiento.

ἀφραίνω = **ἀφραδέω.**

ἄ-φρακτος ον no cercado, no cerrado; indefenso, sin protección (φίλων de amigos); no fortificado; no preparado, desaparecido.

ἄ-φραστος ον indecible, indescriptible; imperceptible, invisible; oculto, secreto, incomprensible, enigmático; inesperado, impensado.

ἀφρέω -ῶ llenar *o* cubrir de espuma.

ἀ-φρήτωρ ορος sin hermandad, sin sentimientos de hermandad.

ἀφρίζω espumajear, echar espumarajos.

ἀφροδισιάζω entregarse a los placeres del amor.

ἀφροδίσιος α ον de amor, perteneciente al amor *o* a los placeres amorosos || SUBST. **τὰ Ἀφροδίσια** fiesta de Afrodita; placeres amorosos; **τὸ Ἀφροδίσιον**; templo *o* estatua de Afrodita.

Ἀφροδίτη ης ἡ la diosa Afrodita [Venus].

ἀφρονέω -ῶ ser insensato, estar demente.

ἄ-φροντις ιδος ADJ. libre de cuidados, tranquilo.

ἀφροντιστέω -ῶ estar despreocupado, despreocuparse [de algo. *gen.*].

ἀφρόντιστος ον despreocupado; irreflexivo.

ἀφροντίστως ADV. sin preocupación, sin reflexión, irreflexivamente; sin razón, perturbadamente.

ἀφρός οῦ ὁ espuma; espumarajo, baba.

ἀφροσύνη ης ἡ insensatez, locura || PL. insensateces, locuras, actos de insensatez *o* de locura.

ἄ-φρων ον [*gen.* ονος] sin sentido, insensible; sin uso de razón; insensato; loco || **τὸ ἄφρον** = ἀφροσύνη.

ἀ-φυής ές sin cualidades naturales, sin talento, incapaz, inepto; *en buen sentido*, sencillo, simple.

ἄ-φυκτος ον de que no se puede huir *o* escapar; inevitable (ἰὸς ἄφυκτος flecha que no yerra).

ἀφυλακτέω -ῶ no guardarse, no prevenirse, no preocuparse [de algo, *gen.*].

ἀ-φύλακτος ον no vigilado; no protegido, sin guarda, desguarnecido; desprevenido; despreocupado (τὸ ἀφύλακτον falta de precaución); inevitable.

ἀφυλαξία ας ἡ falta de protección, descuido.

ἄ-φυλλος ον sin hojas, deshojado, seco.

ἀφύξω *fut. de* ἀφύσσω.

ἀφ-υπνόω -ῶ despertarse, salir de sueño; dormirse [*Ev. S. Lucas, 8, 23*].

ἀφυσγετός οῦ ὁ fango, cieno.

ἀφύσσω sacar [*esp.* un líquido de un recipiente, *gen.*, ἐκ *o* ἀπό *y gen.*; *o* sacarlo y verterlo en otro, ἐν *y dat.*]; sacar *o* amontonar (ἄφενος καὶ πλοῦτον caudal y riquezas [para alguien, *dat.*]); penetrar || MED. sacar *o* amontonar para sí.

F. *fut.* ἀφύξω, *aor.* ἤφυσα (*med.* ἠφυσάμην), *ép.* ἄφυσσα (*3.ª sing. med.* ἀφύσσατο), *imp. ép.* ἄφυσσον.

ἀφ-υστερέω -ῶ retrasarse, llegar tarde || TR. retener.

ἀφύω = **ἀφύσσω.**

ἀφυῶς ADV. sin disposiciones naturales; malamente.

ἀ-φώνητος ον = **ἄφωνος.**

ἀφωνία ας ἡ afonía, mudez, falta de voz.

ἄφωνος ον sin voz, mudo; incapaz de pronunciar [algo, *gen.*] || τὰ ἄφωνα letras consonantes.

ἀχά ᾶς ἡ = **ἠχή.**

'Αχαΐη ης ἡ *y*

'Αχαιΐς ΐδος ἡ la tierra aquea; mujer aquea.

'Αχαιμενίδαι ῶν οἱ los Aqueménidas, dinastía de los reyes persas, descendientes de Aquémenes.

'Αχαιός ά όν aqueo || SUBST. **οἱ 'Αχαιοί** los aqueos o griegos [en Homero]; **ἡ 'Αχαΐα** Acaya.

ἄ-χαλκος ον sin bronce, sin la protección del bronce (ἀσπίδων de los escudos).

ἀ-χανής ές abierto totalmente, inmenso.

ἄ-χαρις ι [*gen.* ιτος] desagradable, funesto, ingrato; no agradecido, sin agradecer, no recompensado.

F. *dat. jón.* ἄχαρι.

ἀχαριστέω-ῶ ser *o* mostrarse ingrato; no mostrar complacencia.

ἀχαριστία ας ἡ ingratitud, desagradecimiento; falta de gracia, rudeza.

ἀ-χάριστος ον = **ἄχαρις** || ADV. **ἀχαρίστως** (οἶμαι... οὐκ ἀχαρίστως μοι ἕξειν... πρὸς ὑμῶν pienso que no se me dejará de agradecer por vuestra parte, *Jen. An. 2, 3, 18*).

ἀχάριτος ον = **ἄχαρις.**

ἄ-χειρ ος ὁ ἡ = **ἄχειρος.**

ἀ-χείρητος ον no plantado por mano de hombre. [*Sof. E. C. 698*].

ἀ-χειροποίητος ον no hecho *o* fabricado por mano de hombre.

ἄ-χειρος ον sin manos, indefenso.

ἀ-χείρωτος ον no dominado, no conquistado; inconquistable, indomable *variante de* ἀχείρητος.

'Αχελῷος [*ép.* **'Αχελώιος**] **ου ὁ** el Aqueloo, río de Acarnania y Etolia, el mayor de Grecia.

ἄχερδος ου ἡ *y* **ὁ** espino; piruétano.

ἀχερωΐς ΐδος ἡ álamo blanco.

'Αχέρων οντος ὁ Aqueronte [río del infierno]; nombre de un río del Epiro.

ἀχεύω *y*

ἀχέω estar afligido, contristado.

ἀχθεινός ή όν pesado, molesto, desagradable || ADV. **ἀχθεινῶς** a disgusto.

ἀχθηδών όνος ἡ pesadumbre, pena, aflicción, molestia.

ἄχθην *aor. pas. ép. de* ἄγω.

ἄχθομαι estar cargado; apesadumbrarse, afligirse, disgustarse [con algo *o* con alguien, *dat. ac. o constr. con prp.*]. *Con part.* οὐδὲν ἤχθετο αὐτῶν πολεμούντων no se apesadumbraba porque ellos luchasen [*Jen. An 1, 1, 8*]; ἤχθετο Τρωσὶν δαμναμένους se dolía de que fueran vencidos por los Troyanos || PART. ἀχθόμενος (ἀχθομένῳ μοί ἐστι me produce disgusto, me contraría).

F. *fut.* ἀχθέσομαι *y* ἀχθεσθήσομαι, *perf.* ἤχθημαι, *aor.* ἠχθέσθην *con sign. med.*

ἄχθος εος [ους] τό peso, carga, pesadumbre, aflicción.

ἀχθοφορέω -ῶ llevar carga.

ἀχθο-φόρος ον cargador; de carga.

'Αχιλλεύς *o* **'Αχιλεύς έως ὁ** Aquiles [héroe griego].

ἀ-χίτων ον [*gen.* ωνος] sin túnica, *e. e.* sólo con el manto.

ἀχλυόεις εσσα εν triste, sombrío; obscuro, ennegrecido.

ἀχλύς ύος ἡ obscuridad, tinieblas, sombras, *esp.* sombras de la muerte; turbación.

ἀχλύω obscurecerse, ensombrecerse.

ἄχνη ης ἡ espuma, rocío; raspa, granzas.

ἄχνυμαι afligirse, estar afligido, preocupado, triste, disgustado, irritado.

F. *impf. ép.* ἀχνύμην.

ἄ-χολος ον sin cólera, aplacador de la cólera.

ἄχομαι = **ἄχνυμαι.**

ἀ-χόρευτος ον *y*

ἄ-χορος ον sin coros, sin danzas; sin alegría, triste, odioso.

ἄχος εος [ους] τό dolor, sufrimiento, aflicción, pena, duelo.

'Αχραδίνη ης ἡ parte oriental y principal de Siracusa.

ἄ-χραντος ον sin mancha, puro; intacto [*cf.* χραίνω].

ἀ-χρεῖος ον inútil, sin utilidad, inservible; inepto, inválido; ἀχρεῖον γελᾶν reír sin motivo *e. e.* fingidamente; ἀχρεῖον ἰδών mirando estúpidamente.

ἀχρειόω -ῶ hacer inútil || MED. hacerse inútil.

ἀ-χρήιος ον *jón.* = **ἀχρεῖος.**

ἀχρηματία ας ἡ falta de dinero *o* de recursos, pobreza.

ἀ-χρήματος ον sin dinero, sin recursos, pobre.

ἀχρημοσύνη ης ἡ = **ἀχρηματία.**

ἀχρηστία ας ἡ no utilización, ocasión en que no se utiliza una cosa; inutilidad, falta de utilidad.

ἄ-χρηστος ον inservible, inútil; nocivo, funesto; no utilizado; no usado, nuevo.

ἄχρι *y* **ἄχρις** ADV. entera, totalmente; adentro, penetrando || PRP. *de gen.* [a veces ἄχρι εἰς *con ac.*] hasta, *en relación de lugar, tiempo y grado* || CONJ. hasta que, mientras que, en tanto que, por todo el tiempo que.

ἄ-χρυσος ον sin oro; pobre.

ἀ-χρώματος ον sin color.

ἀχυρμιή ῆς ἡ montón de paja *o* granzas.

ἄχυρον ου τό granzas; paja, pelaza.

ἀχώ *dór.* = **ἠχώ.**

ἀ-χώριστος ον no separado; inseparable.

ἄψ ADV. hacia atrás; de regreso; de nuevo [*a veces unido a* πάλιν *y* αὖτις].

ἄ-ψαυστος ον no tocado, intacto; intangible, sagrado; que no ha tocado, sin tocar [algo, *gen.*].

ἀ-ψεγής ές irreprehensible, irreprochable; inofensivo, que no causa daño.

ἀψεύδεια ας ἡ veracidad, amor de la verdad.

ἀψευδέω -ῶ no mentir, no engañar, decir la verdad.

ἀ-ψευδής ές que no engaña, verídico; verdadero; que no se engaña.

ἀψίνθιον ου τό *y*

ἄψινθος ου ἡ absintio, ajenjo.

ἀψίς ῖδος ἡ nudo; malla; llanta, rueda; redondez, bóveda, cúpula.

ἀψόρροος οον [-ους ουν] que refluye en sí mismo.

ἄψ-ορρος ον que va hacia atrás, de vuelta; de nuevo, otra vez.

ἄψος εος [ους] τό coyuntura; parte del cuerpo, miembro.

ἀ-ψόφητος ον sin ruido (κωκυμάτων de lamentos).

ἄ-ψοφος ον sin ruido, silencioso.

ἄ-ψυκτος ον que no es frío, carente de frío, caliente por naturaleza.

ἀψυχία ας ἡ desaliento; cobardía.

ἄ-ψυχος ον sin alma, sin vida; desalentado, cobarde.

ἄψω *fut. de* ἅπτω.

ἄω TR. [*y med. tr.*] hartar, saciar || INTR. [*y med. intr.*] hartarse, saciarse.

F. *inf. ép.* ἄμεναι (*por* ἀέμεναι); *fut.* ἄσω ἄσομαι; *aor. 1.º subj.* ἄσω, *inf.* ἆσαι, *aor. 1.º med.* ἀσάμην, *inf.* ἄσασθαι; *aor. 2.º, 1.ª pl. subj.* ἔωμεν (*Il. 19,402*).

ἀωρί ADV. a deshora.

ἄωρος ον intempestivo, fuera de tiempo *o* de sazón; prematuro, temprano, demasiado joven; inconveniente, impropio, feo (πόδες ἄωροι pies deformes, *Hom. Od. 12, 89*).

ἄωρτο *3.ª pers. sing. plpf. pas. ép. de* ἀείρω *1* colgaba.

ἀώς ἀοῦς ἡ *dór.* = **ἠώς.**

ἀωτέω -ῶ dormir, estar dormido.

ἄωτον ου τό *y*

ἄωτος ου ὁ copo o vellón de lana; lana; la flor, lo mejor, lo más fino.

B

Β β ϐ beta [2.ª letra del alfabeto griego] || *como signo numérico:* β' dos *o* segundo; ,β dos mil.

βαβαί [*o* **βαβαῖ**] INT. ¡oh! (β. τοῦ λόγου ¡oh, qué discurso!).

βάδην ADV. al paso, paso a paso, lentamente; β. ταχύ a paso acelerado, a buen paso.

βαδίζω TR. ir paso a paso, marchar, caminar, andar, ir, avanzar; ἐπ' οἰκίας β. entrar en las casas.
F. *fut.* βαδιοῦμαι βαδιεῖ etc. *aor. 1.º* ἐβάδισα, *adj. vbal.* βαδιστέον.

βάδισμα ατος τό marcha moderada, paso, andadura.

βάζω hablar, decir [algo a alguien, *dos acs.* etc.].

βαθέη *f. ép. de* βαθύς.

βᾶθι *imp. aor. dór. de* βαίνω.

βάθιστος η ον *y*

βαθίων ον *superl. y comp. poét. resp. de* βαθύς.

βαθμός οῦ ὁ paso, grada, peldaño; umbral; grado, categoría, dignidad.

βάθος εος [ους] τό profundidad; abismo; inmensidad; alta mar; altura; longitud, largura.

βάθρον ου τό base, asiento, pedestal; peldaño, escalón, banco, sitial, trono; cimiento, fundamento, suelo.

βαθύ-γαιος ον de suelo profundo; fértil, feraz.

βαθυ-δινήεις εσσα εν *y*

βαθυ-δίνης ου de remolinos profundos, vorticoso.

βαθύ-ζωνος ον ceñida con ceñidor bajo, por cima de las caderas; *simpl.* hermosamente vestida; de hermoso busto.

βαθύ-κολπος ον = βαθύζωνος.

βαθύ-λειμος ον de abundantes pastos.

βαθυ-λήιος ον de altas o abundantes mieses, fértil.

Βάθυλλος ου ὁ Batilo.

βαθύνω hacer profundo, ahondar, excavar; β. τὴν φάλαγγα dar profundidad al ejército, formarlo en columna.

βαθυ-ρρείτης de corriente profunda, de hondo cauce.

βαθύρριζος ου de profundas o grandes raíces.

βαθύ-ρροος ον [-ους ουν] de corriente profunda.

βαθύς εῖα ύ profundo, hondo; espeso, denso; abundante, rico; grave, reflexivo; ὄρθρος βαθύς rayar del alba, aún no día claro, entre dos luces.
F. *fem. ép. y jón.* βαθέα ης etc.
Comp. y superl. βαθύτερος βαθύτατος, *poét.* βαθίων βάθιστος.

βαθυ-σκαφής ές profundamente hendido *o* excavado.

βαθύ-σχοινος ον de altos *o* espesos juncos.

βαίην *opt. aor. de* βαίνω.

βαίνω echar el paso, moverse (βῆ δ' ἰέναι echó a andar); andar, recorrer (ὁδόν, κέλευθον un camino); marchar, caminar, ir, dirigirse (β. ἐπί τινι ir hacia alguno *o* contra alguno); venir, llegar (β. ἀκμαῖος venir a punto); subir, montar (ἐς δίφρον β. montar en el carro); bajar, salir[de... ἀπό, ἐκ, κατά *y gen.*]; irse, marcharse, partir (β. ἐκ βροτῶν irse de esta vida, morir); transcurrir, pasar; haber venido a ser, encontrarse, estar, estar fijo [*perf.* βέβηκα *y* βέβαα *y plpf.*] || TR. [*aor.* ἔβησα] poner en movimiento, hacer ir, diri-

gir, hacer subir *o* hacer bajar || MED. TR. [*aor.* ἐβησάμην] hacer andar, conducir, guiar || MED. INTR. ir [*aor. mixto* ἐβήσετο fue; subió montó].
F. *fut.* βήσομαι, *tr.* βήσω; *aor. 2.º* ἔβην *3.ª sing. ép.* βῆ, *3.ª du. ép.* βάτην; *3.ª pl.* ἔβαν, *ép.* βάν, *imp.* βῆθι, *dór.* βᾶθι (*en los comptos.* - βα: ἔμβα, κατάβα), *subj.* βῶ, *ép.* βήω, *3.ª sing.* βήῃ, *opt.* βαίην, *inf.* βῆναι, *ép.* βήμεναι, *part.* βάς, βᾶσα, βάν (*gen.* βάντος, βάσης etc.); *aor. 1.º tr.* ἔβησα, *ép.* βῆσα; *aor. mixto 3.ª sing.* ἐβήσετο, *subj.* βήσεται, *imp.* βήσεο, *inf.* βήσεσθαι; *perf.* βέβηκα, *3.ª pl. ép.* βεβάασιν, *3.ª pl. subj.* βεβῶσι, *inf.* βεβάναι, *ép.* βεβάμεν, *part.* βεβαώς, υῖα, *contr.* βεβώς; *plpf.* ἐβεβήκειν, *ép.* βεβήκειν, *3.ª pl.* βέβασαν; *perf. pas. en comptos.* βέβαμαι; *aor. pas en comptos.* ἐβάθην.

βαΐον ου τό palma, rama de palmera.

βαιός ά όν pequeño; débil, humilde, insignificante; corto, breve; escaso, raro; βαιὰ φάμα voz baja; ἐχώρει βαιός iba de incógnito.

βαίτη ης ἡ pelliza, zamarra.

βακτηρία ας ἡ báculo; bastón insignia de juez.

βάκτρον ου τό báculo, bastón.

βακχεῖος [*o* **βάκχειος α ον**] báquico, agitado por el delirio báquico || **ὁ Βακχεῖος** el dios Baco.

βακχεύω celebrar las fiestas de Baco; agitarse por el furor báquico, estar dominado por algún furor.

Βάκχη ης ἡ bacante; mujer inspirada.

Βάκχιος α ον = **Βακχεῖος** || **ὁ Βάκχιος** el dios Baco.

Βακχίς ίδος ἡ = **Βάκχη.**

βακχιώτης ου ὁ = **βακχεῖος.**

Βάκχος ου ὁ Baco [dios del vino]; el vino; sacerdote de Baco, bacante.

βαλαν-άγρα ας ἡ gancho *o* llave para coger y correr un pasador.

βαλανεῖον ου τό baño, lugar para bañarse.

βαλανεύς έως ὁ bañero.

βαλανη-φάγος ον que se alimenta de bellotas.

βαλανη-φόρος ον que produce dátiles.

βάλανος ου ἡ bellota *en gral.; esp.* hayuco; dátil; fiador de una cerradura.

βαλάντιον ου τό bolsa, talega.

βαλαντιοτομέω -ῶ cortar bolsas; ser cortador de bolsas.

βαλαντιο-τόμος ου ὁ cortador de bolsas.

βαλβίς ίδος ἡ barrera; arranque; almena (βαλβίδων ἐπ' ἄκρων sobre las altas almenas); umbral; ribera, orilla.

βαλέσκετο *3.ª sing. aor. 2.º med. iterat. jón. de* βάλλω.

βαλεῦ *imp. aor. 2.º med. jón. de* βάλλω.

βαλεῦμαι *ép.* = βαλοῦμαι *fut. med. de* βάλλω.

βαλέω *fut. ép. de* βάλλω.

βαλιός ά όν moteado; rápido, veloz.

βαλλάντιον = **βαλάντιον.**

βάλλω TR. echar (χεῖρας ἀμφί τινι los brazos en torno de alguien); tirar [algo, *ac.*]; lanzar, disparar [algo, *ac.*]; impeler, arrojar; infundir [el sueño, valor, un sentimiento cualquiera, *ac.;* en alguien *o* en algo, *dat.*, ἐν *con dat.*, εἰς *con ac. etc.*]; derribar, echar abajo; dejar caer, derramar (δάκρυ una lágrima); poner, colocar; meter *y esp.* meter en la nave, embarcar; alcanzar, herir [a alguien, *ac.;* con algo, *dat.; a veces tamb. ac. de la parte alcanzada* μὶν βάλε στῆθος le dio en el pecho; *tamb.* ἕλκος β. hacer una herida; *tamb. abs.* tirar, disparar; herir; *dic.* de los afectos, de la luz *o* el sonido que alcanza *o* hiere etc.] || INTR. lanzarse, arrojarse || MED. echarse, ceñirse, ponerse [algo, *ac.*]; imprimir en el ánimo (β. τι μετὰ φρεσί *o* ἐπὶ θυμῷ proponerse *o* resolver algo en el propio ánimo; ἐφ'ἑωυτοῦ β. decidir algo por sí mismo, echar sobre sí la responsabilidad de algo); echar para sí *o* para utilidad propia (β. ἄγκυραν echar el ancla).
F. *fut.* βαλῶ, *ép.* βαλέω, *med.* βαλοῦμαι, *ép.* βαλεῦμαι; *aor. 2.º* ἔβαλον, *med.* ἐβαλόμην, *3.ª sing. ép.* βάλεσκε, *med. jón.* βαλέσκετο, *inf.* βαλεῖν, *ép. y jón. tamb.* βαλέειν, *imp. med. jón.* βαλεῦ; *aor. pas.* ἐβλήθην, *fut. pas.* βληθήσομαι, *tamb.* βεβλήσομαι; *aor. pas. ép. 3.ª sing.* ἔβλητο, *3.ª sing. subj.* βλήεται, βλῆται, *2.ª sing. opt.* βλεῖο *o* βλῇο, *inf.* βλῆσθαι, *part.* βλήμενος; *perf.* βέβληκα, *pas.* βέβλημαι, *3.ª pl ép.* βεβλήαται; *plpf.* ἐβεβλήκειν, *ép.*

βεβλήκειν, *pas.* ἐβεβλήμην, *3.ª pl. jón.* ἐβεβλήατο.

βαμβαίνω bambolearse, tambalearse; *tal vez,* balbucir, tartamudear.

βάν = ἔβαν *3.ª pl. aor. 2.º ép. de* βαίνω.

βαναυσία ας ἡ trabajo manual.

βάναυσος ου ὁ ἡ artesano, menestral, obrero *u* obrera manual || ADJ. obreril, de obrero; vulgar, de mal gusto.

βάξις εως ἡ dicho, palabra; respuesta de un oráculo; rumor, fama.

βαπτίζω sumergir, zambullir, anegar, empapar; bautizar || PAS. estar hundido, ahogado || MED. hundirse; hacerse bautizar.

βάπτισμα ατος τό bautismo.

βαπτισμός οῦ ὁ inmersión; ablución; bautismo.

βαπτιστής οῦ ὁ bautizante, bautista.

βάπτω sumergir; meter, introducir, hundir; bañar, empapar, remojar; teñir; templar por inmersión || INTR. sumergirse, hundirse, bañarse.
F. *fut.* βάψω; *aor.* ἔβαψα; *perf. pas. pas.* βέβαμμαι; *aor. pas.* ἐβάφην.

βάραθρον ου τό abismo, sima; báratro [lugar donde se arrojaba en Atenas a los condenados]; ruina, perdición.

βαρβαρίζω hablar *u* obrar como extranjero *o* bárbaro; ser partidario de los extranjeros, estar de su lado.

βαρβαρικός ή όν = **βάρβαρος.**

βαρβαρισμός οῦ ὁ barbarismo.

βάρβαρος ον bárbaro, extranjero, no griego; concerniente a los extranjeros; (ἡ βάρβαρος [*sc.* γῆ] la tierra extranjera, no griega; τὸ βαρβαρικόν los bárbaros *y esp.* los Persas; βάρβαρος πόλεμος guerra con los bárbaros); forastero, exótico, extraño; incivil, rudo, salvaje, grosero.

βαρβαρό-φωνος ον que habla una lengua extranjera, que habla extraña *o* rudamente.

βαρβαρόω -ῶ convertir en bárbaro || PAS. ser ininteligible.

βάρβιτος ου ἡ *esp. de* lira grande *o* laúd; lira.

βάρδιστος = **βράδιστος.** *superl. de* βραδύς.

βαρέω -ῶ = **βαρύνω** || PERF. βεβάρηα estoy entorpecido.

βαρις ιδος ἡ barca egipcia; palacio, torre.

βάρος εος [ους] τό pesadez, gravedad, peso, mole; carga, cosa que abruma *o* agobia; pesadumbre, desgracia, miseria; peso, influencia, crédito, consideración.

βαρυ-άλητος ον doloroso, que produce vivo sufrimiento.

βαρυ-αχής ές doloroso, lamentable.

βαρυ-βρεμέτης ου ὁ que truena grave *o* sordamente.

βαρυ-βρώς ῶτος ὁ ἡ cruelmente devorador.

βαρυ-δαίμων ον [*gen.* ονος] infortunado, desventurado.

βαρυ-θυμέω -ῶ apesadumbrarse, afligirse.

βαρύθω estar agobiado *o* abrumado; estar molesto.

βαρύνω agobiar, entorpecer, impedir; cansar, importunar, molestar || PAS. estar disgustado, descontento, molesto; sufrir.

βαρύ-ποτμος ον infortunado; penoso.

βαρύς εῖα ύ pesado, grave; de sonido grave; insoportable, penoso, molesto, agobiante; difícil; fuerte, poderoso, violento, temible; grave, digno; importante; pesado, torpe, lento, entorpecido.

βαρύ-στονος que gime profundamente, triste, lamentable.

βαρυ-σύμφορος ον desgraciado, infortunado; calamitoso.

βαρύτης ητος ἡ pesadez, peso, gravedad [*tamb.* del sonido]; pesadumbre, disgusto, desagrado; carácter desagradable *u* obstinado, orgullo, dureza.

βαρύ-τιμος ον caro, costoso, precioso.

βαρύ-ψυχος ον de espíritu abatido, pusilánime.

βάς βᾶσα βάν (*gen.* βάντος, βάσης, βάντος) *part. aor. 2.º de* βαίνω..

βασανίζω probar con la piedra de toque; ensayar, probar, comprobar, verificar, experimentar; poner a prueba; atormentar.

βασανισμός οῦ ὁ prueba; tortura, tormento.

βασανιστής οῦ ὁ inquisidor, torturador, verdugo, carcelero.

βάσανος ου ἡ piedra de toque; prueba, experimento; tormento, sufrimiento (ὁ τόπος τῆς β. el lugar del suplicio, el infierno).

βασίλεια ας ἡ reina; princesa, hija del rey.

βασιλεία ας ἡ realeza, poder y dignidad regia; monarquía, reino.

βασίλειος ον [*y* **-ος α ον**] real, regio || SUBST. **τὸ βασίλειον** realeza; morada regia; palacio *o* tesoro real; *pl.* corte.

βασιλεύς έως ὁ rey, soberano; *esp.* el rey de Persia [*tamb.* ὁ μέγας β., ὁ ἄνω β.]; el emperador romano *(N. T.)*; príncipe; primate, cabeza, dueño de casa.
F. *ép. y jón. gen.* βασιλῆος *y* βασιλέος; *dat.* βασιλῆι *y* βασιλέι; *ac.* βασιλῆα, βασιλέα *y* βασιλῆ. *Pl. nom.* βασιλῆες *y* βασιλέες; *gen.* βασιλήων *y* βασιλέων *dat.* βασιλήεσσι; *ac.* βασιλέας *y td.* βασιλεῖς.

βασιλεύτατος *superl. y*
βασιλεύτερος *comp. de* βασιλεύς.

βασιλεύω ser rey, reinar; ser reina *o* esposa del rey; vivir como un rey; llegar a rey, subir al trono [*esp. en aor.*] || PAS. ser gobernado por un rey.

βασιληΐη ης ἡ *jón.* = **βασιλεία.**

βασιλήιος = **βασίλειος.**

βασιληΐς ίδος real, de rey *o* de reina.

βασιλικός ή όν perteneciente al rey, digno de un rey; apto para reinar; regio, real || SUBST. ὁ palatino, servidor del rey; τό poder real.

βασιλίς ίδος ἡ *y*
βασίλισσα ας ἡ = **βασίλεια.**

βάσιμος ον accesible, transitable, practicable.

βάσις εως ἡ acción de andar, andadura, marcha, paso, movimiento de avance, cadencia, ritmo; pie.

βασκαίνω hechizar con la mirada, fascinar; mirar con envidia; desacreditar, calumniar, denigrar.

βασκανία ας ἡ fascinación, sortilegio, hechizo; envidia, ojeriza; malignidad, perversidad; calumnia, maledicencia.

βάσκανος ον fascinador, hechicero; fisgón, envidioso; maldiciente, calumniador, malicioso.

βάσκω ir, andar (βάσκ' ἴθι anda ve).

βᾶσσα *dór.* = **βῆσσα.**

βασσαρέω -ῶ = **βακχεύω.**

βασσάριον ου τό zorra pequeña de Libia.

βαστάζω alzar en peso, levantar en vilo; sopesar; alzar; levantar; transportar, llevar; tener en los brazos *o* en las manos, agarrar, abrazar; sufrir, soportar. sobrellevar.
F. *fut.* βαστάσω, *td.* βαστάξω; *aor.* ἐβάστασα, *td.* ἐβάσταξα; *perf. pas. td.* βεβάσταγμαι; *aor. pas. td.* ἐβαστάχθην.

βάταλος ου ὁ = **βάτταλος.**

βάτην *3.ª dual de aor. 2.º ép. de* βαίνω.

βατός ή όν accesible, transitable.

1 **βάτος ου ἡ** y **ὁ** zarza, zarzamora.

2 **βάτος ου ὁ** medida hebrea de líquidos [3 ánforas].

βάτραχος ου ὁ rana.

βάτταλος ου ὁ libertino.

βαττολογέω -ῶ farfullar, parlotear, hablar sin mesura.

βαφεύς έως ὁ tintorero.

βαφή ῆς ἡ inmersión; temple del hierro *o* del acero; tinte, color.

βδέλλα ης ἡ sanguijuela.

βδέλυγμα ατος τό objeto de horror; culto de los ídolos.

βδελυγμία ας ἡ náusea, indisposición, repugnancia, mareo.

βδελυκτός ή όν repugnante, abominable, detestable.

βδελυρία ας ἡ indecencia, desvergüenza; náusea.

βδελυρός ά όν desvergonzado, infame; fétido.

βδελύσσω causar desagrado *o* repugnancia || MED. sentir horror, abominar, horrorizarse || PAS. ser objeto de horror *o* de asco.

βεβάασι *3.ª pl. perf. 2.º de* βαίνω.

βέβαιος α ον [*o* **ος ον**] sólido, firme, estable; fiel; duradero; verídico; fidedigno; indudable; certero || **τὸ βέβαιον** la certeza; la firmeza.

βεβαιότης ητος ἡ solidez, estabilidad; seguridad; certeza.

βεβαιόω -ῶ consolidar, asegurar, hacer firme; ejecutar, realizar; confirmar, garantizar, sancionar, dar fuerza a las leyes || MED. consolidar, asegurar para sí; afirmarse en una opinión.

βεβαίωσις εως ἡ confirmación, garantía, consolidación.

βέβακται *3.ª sing. perf. pas. de* βάζω.

βεβάμεν *inf. ép. de* βαίνω.

βεβαρηώς *part. perf. ép. de* βαρέω.

βέβασαν *3.ª pl, plpf. ép. de* βαίνω.

βεβαώς *part. perf. 2.º de* βαίνω.

βέβηκα *perf. de* βαίνω.

βέβηλος ον accesible a todos, profano, público; impuro, contaminado; vulgar, conocido.
βεβηλόω -ῶ profanar, contaminar manchar.
βεβλήαται *3.ª pl. de perf. pas. ép. de* βάλλω.
βέβληκα *perf. act. de* βάλλω.
βέβλημαι *perf. med. de* βάλλω.
βεβολήατο *3.ª pl. de plpf. pas. ép. de* βάλλω.
βεβρώθω *ép.* = **βιβρώσκω.**
βέβρωκα *perf. de* **βιβρώσκω.** *part.* βεβρώς *y* βεβρωκώς.
βεβωμένος *part. perf. pas. jón. de* βοάω.
βεβώς *part. perf. de* βαίνω.
βείομαι = **βέομαι.**
βείω *subj. aor. 2.º ép. de* βαίνω.
βέκος ους τό *voz frigia* pan.
βέλεμνον ου τό venablo, dardo, jabalina.
Βελλεροφόντης ου ὁ Belerofonte, héroe legendario matador de la Quimera
βελόνη ης ἡ aguja.
βέλος εος [ους] τό proyectil, arma arrojadiza; *esp.* dardo, venablo; arma ofensiva *en gral.* (ἐκ, ὑπέρ *o* ἔξω βελῶν fuera del alcance de los dardos); pedazo de roca; espada; flechas, dardos de Apolo; rayo; objeto que cae (δύσομβρα βέλη azote molesto de la lluvia); todo lo que causa dolor vivo: un golpe, el parto, el frío, etc.
βέλτερος α ον *comp. poét. de* ἀγαθός = **βελτίων.**
βέλτιστος η ον *superl. de* ἀγαθός muy bueno, óptimo, el mejor (ὦ βέλτιστε ¡oh querido amigo!) || SUBST. **τὸ βέλτιστον** el mayor bien; lo mejor; **οἱ βέλτιστοι** los mejores, los grandes, los optimates, la aristocracia.
βελτίων ον *comp. de* ἀγαθός mejor, preferible.
βένθος εος [ους] τό fondo, profundidad.
βέομαι *con signif. fut.* viviré, he de vivir.
βέρεθρον ου τό = **βάραθρον.**
βῆ *3.ª sing. aor. 2.º ép. de* βαίνω.
βηλός οῦ ὁ umbral; casa, morada, residencia.
βῆμα ατος τό paso; zancada; escalón, grada; plataforma, estrado, tribuna; guía, conducción.
βῆμεν *1.ª pl. aor. 2.º ép. de* βαίνω.
βήμεναι *inf. aor. 2.º ép. de* βαίνω.
βῆν *aor. 2.º ép. de* βαίνω.
βῆναι *inf. aor. 2.º de* βαίνω.
βήξ βηχός ὁ ἡ tos.
βήρυλλος ου ἡ berilo [piedra preciosa].
βῆσα *aor. 1.º ép. de* βαίνω.
βήσεο *imp. aor. mixto de* βαίνω.
βήσετο *3.ª sing. aor. mixto de* βαίνω.
βήσομαι *fut. de* βαίνω. (*inf.* βήσεσθαι).
βήσομεν *1.ª pl. subj. aor. 1.º ép. de* βαίνω.
βῆσσα ης ἡ valle, hondonada, barranco.
βήσσω toser.
F. *fut.* βήξω, *aor.* ἔβηξα.
βητ-άρμων ονος ὁ danzador, bailador.
βήτην *3.ª dual aor. 2.º ép. de* βαίνω.
βήττω *át.* = **βήσσω.**
βήω *subj. aor. 2.º ép. de* βαίνω.
βία ας ἡ fuerza, energía corporal, vigor, robustez (β. Ἐτεοκληείη el valeroso Eteocles); vigor moral; violencia, coacción; βίᾳ, βίηφι, διὰ βίας, ἐκ βίας, πρὸς βίαν, ὑπὸ βίης por la fuerza, de mala gana.
βιάζω usar de fuerza *o* de violencia, forzar, violentar, coaccionar; obligar, constreñir || MED. usar de violencia, ser violento; maltratar, presionar con fuerza (β. ἑαυτόν matarse); rechazar con fuerza; obligar (β. τὴν ἀπόβασιν hacer por la fuerza un desembarco) sostener firmemente [una opinión] || PAS. ser vencido; ser forzado [en algo, *ac.*].
F. *fut. med.* βιάσομαι, *aor.* ἐβιασάμην, *perf.* βεβίασμαι; *aor. pas.* ἐβιάσθην, *part.* βιασθείς.
βίαιος α ον violento, enérgico; forzado, obligado.
βιαστής οῦ ὁ que usa de fuerza *o* violencia, forzador, raptor.
βιάω -ῶ = **βιάζω.**
F. *perf.* βεβίηκα || MED. *tr. 3.ª pl. ind. pres. ép.* βιόωνται, *3.ª sing. opt. ép.* βιῴατο; *3.ª aor. 1.º ép.* βιήσατο *part.* βιησάμενος || PAS. *part. pres.* βιώμενος, *part. aor. jón.* βιηθείς.
βιβάζω hacer andar, hacer subir; levantar, alzar.
F. *fut.* βιβάσω *y át.* βιβῶ; *med.* βιβάσομαι *y át.* βιβῶμαι; *aor.* ἐβίβασα.

βιβάσθω *y*
βιβάω *y*
βίβημι andar (μακρὰ β. andar a largos pasos).
F. *parts.* βιβάσθων; βιβῶν, βιβῶσα; βιβάς *gen.* βιβάντος.
βιβλαρίδιον ου τό *y*
βιβλάριον ου τό *y*
βιβλίδιον ου τό libro; *en gral.* escrito.
βιβλίον ου τό = βίβλος.
βίβλος ου ἡ corteza de papiro; hoja *o* tira de ella; escrito; libro; documento, carta; división de una obra.
βιβρώσκω comer con avidez, tragar, devorar.
F. *perf.* βέβρωκα, *part.* βεβρωκώς *y* βεβρώς *perf. pas.* βέβρωμαι; *3.ª sing. fut. perf.* βεβρώσεται, *2.ª sing. opt. perf. ép.* βεβρώθοις *(Il. 4, 35)*; *aor. pas.* ἐβρώθην.
βιβῶ *part.* **βιβῶν** *fut. át. de* βιβάζω.
βίη ης ἡ *jón.* = **βία** (βίηφι por fuerza, violentamente).
Βιθυνία ας ἡ Bitinia, región del Asia Menor.
βῖκος ου *y*
βίκος ου ὁ ánfora para el vino, jarro, vasija.
βιό-δωρος ον que da vida, vivificante; fértil, fecundo.
βιο-ποριστέω -ῶ ganarse la vida.
βίος ου ὁ vida, existencia; modo de vida, condición *o* género de vida; tiempo *o* duración de la vida; medios de vida, recursos; sustento; los vivientes, los hombres, el mundo.
βιός οῦ ὁ arco.
βιο-στερής ές privado de los medios de subsistencia.
βιοτεύω vivir; procurarse los medios de vida.
βιοτή ῆς ἡ vida; subsistencia; medios de vida; víveres.
βίοτος ου ὁ = βίος.
βιόω -ῶ vivir || MED. pasar la vida; hacer vivir, salvar la vida .|| PAS. ser vivido: τὰ βεβιωμένα lo vivido, lo hecho *o* experimentado en la vida.
F. *fut.* βιώσομαι, *íd.* βιώσω; *aor. 1.º* ἐβίωσα, *med.* ἐβιωσάμην; *aor. 2.º* ἐβίων, *3.ª sing. imp.* βιώτω, *subj.* βιῶ, *opt.* βιοίην *y* βιῴην, *inf.* βιῶναι, *part.* βιούς, όντος; *perf.* βεβίωκα, *pas.* βεβίωμαι.

βιόωνται *3.ª pl. pres. ind. med. ép. de* βιάω.
βιῴατο *3.ª pl. opt. med. ép. de* βιάω.
βιώσιμος ον que se puede vivir, digno de ser vivido, que hace soportable *o* posible la vida; capaz de vivir, con vitalidad.
βίωσις εως ἡ manera de vivir.
βιώσομαι *fut. de* βιόω.
βιωτικός ή όν concerniente a la vida, temporal, mundano.
βιωτός ή όν = βιώσιμος (οὐ β. insoportable).
βλαβερός ά όν nocivo, perjudicial, funesto.
βλάβη ης ἡ daño, perjuicio (τινὶ εἶναι ἐν β. ser perjudicial para uno; ἡ πᾶσα β. malhechor todo él, la maldad en persona).
βλαβήσομαι *fut. pas. de* βλάπτω.
βλάβος εος [ους] τό = βλάβη.
βλάβω = βλάπτω.
βλακεία ας ἡ blandura, flojedad; cobardía.
βλάξ ακός perezoso, flojo; torpe, estúpido.
F. *comp.* βλακότερος *y* βλακώτερος; *superl.* βλακότατος, βλακώτατος *y* βλακίστατος.
βλάπτω entorpecer, estorbar, detener embarazar (τόνγε θεοὶ βλάπτουσι κελεύθου los dioses le impiden en su camino, le cortan el regreso); turbar, trastornar (φρένας la razón, etc.) || *más comúnmente en át.* dañar, hacer daño, lesionar, perjudicar, herir.
F. *fut.* βλάψω, *pas.* βλάψομαι *y* βλαβήσομαι; *aor.* ἔβλαψα, *3.ª sing. ép.* βλάψε; *perf.* βέβλαφα *pas.* βέβλαμμαι; *aor. pas.* ἐβλάφθην *y* ἐβλάβην, *3.ª pl. ép.* ἔβλαβεν *y* βλάβεν.
βλαστάνω *y*
βλαστάω -ῶ germinar, brotar, crecer; surgir, nacer || TR. hacer germinar, producir.
F. *fut.* βλαστήσω, *aor.* ἔβλαστον, *perf.* βεβλάστηκα *y* ἐβλάστηκα, *plpf.* ἐβεβλαστήκειν.
βλάστη ης ἡ *y*
βλάστημα ατος τό *y*
βλαστός οῦ ὁ germen, brote, yema; producción; nacimiento; vástago, hijo.
βλασφημέω -ῶ pronunciar palabras de mal agüero, profanas *o* impías; hablar impíamente, blasfemar, hablar

mal, maldecir [contra alguien, εἰς *y ac.*, etc.] || TR. infamar || PAS. ser infamado, ser objeto de maledicencia.

βλασφημία ας ἡ dicho de mal agüero, profano *o* impío; blasfemia; difamación, maledicencia.

βλάσ-φημος ον que habla mal, que dice palabras de mal agüero, profanas *o* impías; blasfemo, maldiciente, difamador.

βλαύτη ης ἡ esp. de sandalia usada por los elegantes.

βλάψε *3. sing. aor. 1.º ép. de* βλάπτω.

βλεῖο *2.ª sing. opt. aor. med. ép. de* βάλλω.

βλεμεαίνω engreírse, ufanarse.

βλέμμα ατος τό mirada, ojeada; vista.

βλεπτός ή όν *adj. vbal. de* βλέπω que ha de verse, digno de verse.

βλέπω ver, gozar de vista; *fig.* vivir: ver con el espíritu, adivinar, mirar, dirigir la vista; dirigirse, orientarse; buscar con la vista, confiar en (ἐς θεοὺς β. acudir a los dioses); vigilar, mirar por, cuidarse de (β. ἵνα cuidarse de que; β. μή guardarse de, cuidar de que no).
F. *fut.* βλέψομαι, *td.* βλέψω; *aor.* ἔβλεψα, *perf.* βέβληφα, *pas.* βέβλημμαι; *aor. pas.* ἐβλέφθην.

βλεφαρίς ίδος ἡ pestaña.

βλέφαρον ου τό párpado; ojo (ἁμέρας el ojo del día, el Sol).

βλήεται *3.ª sing. subj. aor. 2.º pas. ép. de* βάλλω.

βληθήσομαι *fut. pas. de* βάλλω.

βλῆμα ατος τό tiro; golpe, herida.

βλητέον *n. adj. vbal. de* βάλλω se ha de echar *o* verter [algo, *ac.*].

βλήμενος, βλῆσθαι, βλῆται *formas de aor. pas. ép. de* βάλλω

βλῆτο *3.ª sing. aor. med. sign. pas. de* βάλλω.

βλῆτρον ου τό anillo(?); clavo(?).

βληχή ῆς ἡ balido.

βλίττω extraer la miel de una colmena; exprimir.

βλοσυρός ά όν terrible, tremendo, espantoso; grave, firme, imponente.

βλοσυρ-ῶπις ιδος de mirada terrible, feroz.

βλωθρός ά όν alto, excelso; copudo, espeso.

βλώσκω ir, venir, llegar.
F. *fut.* μολοῦμαι; *aor.* ἔμολον, *ép.* μόλον; *perf.* μέμβλωκα.

βο-άγριον ου τό escudo de piel de toro.

βοάω -ῶ gritar, clamar; resonar, sonar || TR. hacer resonar [μέλος un canto]; llamar a gritos; pedir a gritos; invocar; ordenar gritando; pregonar, proclamar || MED. gritar.
F. *3.ª sing. pres. ind. ép.* βοάᾳ, *3.ª pl.* βοόωσιν; *part.* βοόων; *fut.* βοήσομαι, *td.* βοήσω; *aor.* ἐβόησα, *ép. y jón.* ἔβωσα, *ép. tamb.* βόησα, *dór.* βόασα; *perf.* βεβόηκα, *pas.* βεβόημαι, *part. jón.* βεβωμένος; *aor. pas. jón.* ἐβώσθην.

βοεικός ή όν *y*

βόειος α ον *y*

βόεος α ον de bueyes, bovino || **ἡ βοείη** *o* **βοέη** [*sc.* δορά] piel de buey, *y* escudo forrado con ella.

βοεύς έως ὁ correa de piel de buey; *esp.* driza.

βοή ῆς ἡ grito, clamor; alarido; grito de guerra; bullicio, griterío, tumulto de combate (βοὴν ἀγαθός valiente en el combate); grito de los animales, canto de los pájaros, son de un instrumento; palabra; socorro, ayuda [*cf.* βοήθεια].

βοῆ ῆς ἡ piel de buey.

Βοηδρόμια ων τά fiestas Boedromías [en Atenas].

Βοη-δρομιών ῶνος ὁ mes de las fiestas Boedromias [mediados de septiembre a med. de octubre].

βοήθεια ας ἡ socorro, auxilio; asistencia, cura; expedición de socorro, tropa auxiliar.

βοηθέω -ῶ correr en auxilio, prestar ayuda (τινι, πρός τινα a alguien; β. τινι πρός τι socorrer a alguien contra algo; β. τινι τὰ δίκαια ayudar a alguien a hacer prevalecer su derecho).

βοη-θόος ον que acude al grito de guerra; belicoso; β. ἅρμα carro de combate, *o* que acude al combate.

βοηθός όν que viene en socorro, defensor, ayudador.

βοηλασίη ης ἡ robo de bueyes, de ganado.

βο-ηλάτης ου ὁ ladrón de bueyes; conductor de bueyes, boyero.

βοηλατική ῆς ἡ [*sc.* τέχνη] cría de

bueyes *o en gral.* del ganado, arte pecuario.
βοητύς ύος ἡ grito, griterío.
βόθρος ου ὁ *y*
βόθυνος ου ὁ hoyo, hoya, hondonada.
βοιωταρχέω -ῶ ser beotarca [βοιώταρχος].
βοιωτ-άρχης ου ὁ *y*
βοιώτ-αρχος ου ὁ beotarca, cada uno de los varios jefes que administraban anualmente la confederación beocia.
Βοιωτία ας ἡ Beocia [región al oeste de Atica].
βοιωτιάζω hablar en beocio; estar de parte de los beocios.
βοιωτικός ή όν *y*
βοιώτιος α ον *y*
βοιωτός οῦ beocio, de Beocia.
βολή ῆς ἡ lanzamiento, disparo; tirada de dados; dardo lanzado (βολαὶ ἡλίου región del sol, oriente; βολαὶ ὀφθαλμῶν miradas); golpe dado de lejos.
βολίζω sondear (βολίσαντες echando la sonda).
βολίς ίδος ἡ proyectil, dardo; sonda; ráfaga.
βόλομαι *ép.* = **βούλομαι.**
βόλος ου ὁ acción de lanzar [*esp.* la red]; redada; red, trampa, lazo.
βομβέω -ῶ producir un ruido sordo; zumbar; retumbar.
βόμβος ου ὁ ruido sordo, zumbido.
βοόων βοόωσα *part. pres. act. ép. de* βοάω.
βορά ᾶς ἡ cebo, pasto, alimento (πλήρεις... βορᾶς τοῦ... Οἰδίπου γόνου infectos con el pasto del [cuerpo del] vástago de Edipo, *Sóf. Ant. 1017-8*); presa.
βόρβορος ου ὁ fango, cieno, lodo.
βορβορώδης ες cenagoso, fangoso.
βορεάς άδος ἡ Boréada [hija de Bóreas].
Βορέας ου ὁ Bóreas [viento del Norte]; región septentrional, el Norte || *como nombre propio* Bóreas [hijo de Astreo y de la Aurora].
F. *ép. y jón.* Βορέης *o* Βορῆς έω, *át.* Βορρᾶς ᾶ.
βόρειος ον *y*
βορήιος α ον relativo a los vientos del N.; boreal, septentrional, nórdico.
Βορρᾶς ᾶ ὁ = **Βορέας.**
βόρυς υος ὁ *esp. de* gacela, animal de Libia [*Hdt. 4, 192*].

βόσις εως ἡ pasto, cebo.
βόσκημα ατος τό ganado, rebaño; res; pasto, alimento.
βόσκω apacentar, pastorear; alimentar criar, nutrir, mantener || MED. pastar, pacer, alimentarse.
F. *impf.* ἔβοσκον, *3.ª sing. ép.* βόσκε, *3.ª pl. iter. med. ép.* βοσκέσκοντο; *fut.* βοσκήσω, βοσκήσομαι; *aor. pas.* ἐβοσκήθην, *etc.*
Βόσ-πορος ου ὁ estrecho, *y esp.* Bósforo.
βόστρυχος ου ὁ rizo, bucle.
βοτάμια ων τά pastos, pastizales.
βοτάνη ης ἡ hierba, planta, pasto, forraje.
βοτήρ ῆρος ὁ pastor (κύων βοτήρ perro de pastor).
βοτόν οῦ τό animal, res, cabeza de ganado; oveja.
βοτρυδόν ADV. en forma de racimo, arracimadamente.
βότρυς υος ὁ racimo de uvas.
βούβαλις ιος ἡ antílope.
βού-βοτος ον pacido por los bueyes, criador de bueyes.
βού-βρωστις εως ἡ hambre canina; necesidad, miseria; indigencia.
βουβών ῶνος ὁ ingle; tumor.
βου-γάιος ου ὁ jactancioso, fanfarrón.
βου-θερής ές que apacienta bueyes, donde pacen los bueyes.
βουθυτέω -ῶ sacrificar bueyes *o* novillas.
βού-θυτος ον que sirve para el sacrificio de bueyes.
βού-κερως ων de cuernos de buey.
βουκολέω -ῶ apacentar bueyes, pastorear; engañar || MED. pacer.
F. *2.ª sing. impf. iter. ép.*, βουκολέεσκες; *impf. pas. ép. 3.ª pl.* βουκολέοντο.
βουκολίη ης ἡ *y*
βουκόλιον ου τό manada de bueyes, boyada.
βου-κόλος ου ὁ boyero.
βουλεία ας ἡ dignidad de senador, senaduría.
βούλευμα ατος τό resolución, designio, traza, decisión, acuerdo; consejo, parecer.
βουλευτήριον ου τό tribunal, sala de consejo.
βουλευτής οῦ ὁ consejero, miembro del Consejo.

βουλευτικός ή όν apto *o* capaz para deliberar; propio de la asamblea deliberante *o* de sus miembros.

βουλεύω celebrar consejo, deliberar; proyectar, decidir, planear, determinar; ser miembro de un consejo || MED. consultarse [unos con otros]; deliberar consigo mismo, meditar, decidir.

βουλέων *gen. pl. ép. de* βουλή.

βουλή ῆς ἡ voluntad, determinación, propósito, traza, plan; consejo, parecer, consulta, deliberación, reflexión; prudencia; consejo *o* asamblea deliberante, senado.

βούλημα ατος τό *y*

βούλησις εως ἡ propósito, intención, designio; voluntad.

βολη-φόρος ον que aconseja, que dirige, que decide; árbitro, jefe.

βουλιμιάω -ῶ sufrir un hambre devoradora.

βούλομαι querer, desear; preferir (β. τὰ Συρακοσίων ser partidario de los Siracusanos; ὁ βουλόμενος cualquiera, quienquiera; βουλομένῳ μοί ἐστι me agrada); tener intención, pretender, aspirar, tender; querer decir, significar; acceder a, consentir en (εἰ βούλει si te place; βούλει λάβωμαι; ¿permites que tome?). **F.** *ép.* βόλομαι (*3.ª sing.* βόλεται, *2.ª pl.* βόλεσθε, *3.ª pl. impf.* ἐβόλοντο); *2.ª sing. ép y jón.* βούλεαι, *impf.* ἐβουλόμην, *después* ἠβουλόμην, *3.ª pl. jón.* ἐβουλέατο *(v. l.)*; *fut.* βουλήσομαι; *aor.* ἐβουλήθην, *después* ἠβουλήθην; *perf.* βεβούλημαι (βέβουλα *en comptos.*: προβέβουλα *Il. 1, 113*).

βουλυτόν-δε ADV. hacia la hora en que se desuncen los bueyes, al atardecer.

βου-λυτός οῦ ὁ hora en que se desuncen los buyes, atardecer.

βού-νομος ον donde pacen los bueyes.

βου-νόμος ον que cría *o* apacienta bueyes (β. ἀγέλαι manadas de bueyes que pacen).

βουνός οῦ ὁ colina, altura, otero.

βου-πλήξ ῆγος ὁ ἡ aguijada, vara *o* látigo de boyero.

βου-πόρος ον capaz de atravesar un buey.

βού-πρωρος ον de cara de toro.

βοῦς βοός ὁ ἡ buey, toro, vaca; piel de buey; escudo hecho con ella || PL. manada de bueyes, boyada, vacada. **F.** *dór.* βῶς. *Gen.* βοός, *poét. tamb.* βοῦ, *ac.* βοῦν, *ép. tamb.* βῶν; *pl. nom.* βόες, *gen.* βοῶν, *dat.* βουσί, *ép.* βόεσσι, *ac.* βόας *y* βοῦς.

βουφονέω -ῶ matar toros.

βουφορβός οῦ ὁ que cría *o* apacienta bueyes, boyero, pastor.

βο-ῶπις ιδος de ojos bovinos, de ojos grandes.

Βοώτης ου ὁ el Boyero [constelación].

βραβεῖον ου τό premio del combate.

βραβεύς έως ὁ *y*

βραβευτής οῦ ὁ juez de un combate, árbitro, guía, jefe.

βραβεύω juzgar como árbitro, decidir, otorgar el premio de un combate; dirigir.

βράγχος ου ὁ ronquera, enronquecimiento, angina.

βραδίων ον *comp. de* βραδύς.

βραδύνω TR. retardar, dilatar, diferir || INTR. tardar, retardarse; ser lento.

βραδυπλοέω -ῶ navegar despacio.

βραδύς εῖα ύ lento, pesado, torpe; calmoso, tranquilo, indolente; tardío. **F.** *comp.* βραδύτερος *y* βραδίων; *superl.* βραδύτατος, βράδιστος *y ép. tamb.* βάρδιστος.

βραδυτής ῆτος ἡ lentitud, negligencia, torpeza.

Βρασίδας ου ὁ Brásidas, general espartano en la guerra del Peloponeso.

βράσσων *comp. de* βραχύς.

βράχε βραχεῖν *formas de aor. 2.º def. ép.* gritar, resonar.

βράχιστος η ον *superl. de* βραχύς.

βραχίων ονος ὁ brazo, hombro.

βράχος εος [ους] τό *sólo en pl.* bajíos, escollos.

βραχύ-βιος ον de vida corta, efímero.

βραχυλογία ας ἡ brevedad de lenguaje, concisión.

βραχυ-λόγος ον que se expresa brevemente, conciso, lacónico.

βραχύ-πορος ον de breve tránsito [*dic. de* los pájaros].

βραχύς εῖα ύ corto, breve, de poca altura; pequeño, modesto, exiguo, insignificante (βραχύ, ἐπὶ βραχύ a corta distancia; διὰ βραχέως en breve tiempo; κατὰ βραχύ poco a poco *o* en pocas palabras; διὰ βρα-

χέων en breves palabras; ἐν βραχυτάτῳ, διὰ βραχυτάτων en muy breves palabras, lo más brevemente).
F. *fem. jón.* βραχέα; *comp.* βραχύτερος βραχίων, *ép. tamb.* βράσσων; *superl.* βραχύτατος, βράχιστος.

βραχύτης ητος ἡ cortedad, brevedad, pequeñez; insuficiencia, defecto, falta.

βρέγμα ατος τό mollera.

βρεκεκεκέξ *voz que imita el croar de las ranas.*

βρέμω [*y med.*] mugir, bramar; resonar.
F. *Sólo pres. e impf.*

βρενθύομαι llevar la cabeza alta, ufanarse.

βρέφος εος [ους] τό embrión, feto; niño recién nacido, criatura; cría (ἀπὸ βρέφους desde muy niño).

βρεχμός οῦ ὁ = **βρέγμα.**

βρέχω mojar, humedecer, empapar; hacer llover; inundar; mojar con el sudor || βρέχει llueve.
F. *fut.* βρέξω; *aor.* ἔβρεξα; *perf. pas.* βέβρεγμαι; *aor. pas.* ἐβράχθην *y td.* ἐβράχην *o* ἐβρέχην; *aor. pas.* βραχήσομαι.

βριαρός ά όν fuerte, vigoroso, pesado.

βρίζω adormecerse, dormir, estar soñoliento *o* inerte.
F. *aor.* ἔβριξα.

βρι-ήπυος ον que grita con voz fuerte, gritador.

βριθοσύνη ης ἡ peso, carga pesada.

βριθύς εῖα ύ pesado, grave.

βρίθω pesar, ser pesado; ser poderoso; estar cargado, abrumado; inclinarse, curvarse por su propio peso || TR. cargar, urgir, oprimir; vencer, superar || PAS. estar cargado, henchido, ser pesado.
F. *3.ª sing. subj. ép.* βρίθησι, *impf. ép.* βρῖθον; *fut.* βρίσω, *aor.* ἔβρισα, *perf.* βέβριθα, *3.ª sing. plpf. ép.* βεβρίθει.

βριμόομαι -οῦμαι irritarse [contra alguien, *dat.*].

Βρισηΐς ίδος ἡ Briseida, esclava de Aquiles.

βρομέω -ῶ zumbar.

βρόμιος ου estruendoso [*epít. de* Baco].

βρόμος ου ὁ fragor, crepitación.

βροντάω -ῶ tronar, hacer estallar el trueno.

βροντή ῆς ἡ trueno; espanto, pasmo producido por el rayo; atronamiento, pasmo, estupidez.

βρότε(ι)ος α ον *y*

βρότε(ι)ος ον = **βροτός.**

βροτόεις εσσα εν sangriento, ensangrentado.

βροτο-λοιγός όν funesto *o* ruinoso para los mortales.

βρότος ου ὁ sangre [β. αἱματόεις sangre de heridas, manchas de sangre].

βροτός όν mortal, humano || SUBST. mortal, hombre (β. θνητός hombre mortal).

βροτόω -ῶ manchar de sangre, ensangrentar.

βροχή ῆς ἡ lluvia.

βρόχος ου ὁ lazo *o* cuerda para ahorcar, cuerda con nudo corredizo; lazo, red.

βρυάζω hincharse, ufanarse, regodearse.

βρυγμός οῦ ὁ mordedura; rechinamiento de dientes.

βρύκω roer, morder, devorar, consumir; rechinar los dientes || PAS. consumirse.

βρυχάομαι -ῶμαι rugir, bramar; dar gritos de dolor.
F. *aor.* ἐβρυχησάμην *y* ἐβρυχήθην, *perf.* βέβρυχα, *plpf.* ἐβεβρύχειν, *ép. tamb.* βεβρύχειν.

βρυχηθμός οῦ ὁ rugido.

βρύχω hacer rechinar [los dientes].

βρύω surgir, brotar en abundancia (βρύων θαλλός rama cuajada de brotes); cubrirse [de... *gen. o dat.*: β. ἄνθει cubrirse de flores]; abundar, rebosa [de... *dat.*] || TR. hacer brotar; producir.

βρῶμα ατος τό *y*

βρώμη ης ἡ alimento, manjar; comida; momento de la comida, acción de comer.

βρώσιμος ον comestible.

βρῶσις εως ἡ alimento, comida (βρώσεως περὶ ἀναγκαίας en lo tocante a las necesidades de la alimentación *lit.* a la necesaria alimentación, *Tuc. 2, 70, 1*); acción de comer; erosión, herrumbre *y* orín.

βρωτός ή όν comestible || **τὸ βρωτόν** manjar, alimento.

βρωτύς ύος ἡ = **βρῶμα.**

βύβλινος η ον hecho con fibras *u* hojas de papiro.

βυβλίον ου τό = **βιβλίον** *y* **βύβλος.**
βύβλος ου ἡ papiro comestible de Egipto; objeto hecho con fibra *u* hojas de papiro; hojas de papiro para escribir, libro.
Βυζάντιον ου τό Bizancio, hoy Constantinopla, en su origen colonia de los megarenses (667 a. Cr.).
βύζην ADV. en masa, en montón, apretadamente.
βυθίζω hundir, sumergir, echar a pique || PAS. hundirse, estar sumergido.
βυθός οῦ ὁ fondo, profundidad; abismo; fondo del mar.
βύκτης ου que brama; rugiente.
βυνέω -ῶ = **βύω.**
βύρσα ης ἡ piel curtida, cuero; odre.
βυρσεύς έως ὁ curtidor de pieles.
βυρσο-δέψης ου ὁ zurrador *o* curtidor de pieles.
βύσσινος η ον hecho de lino muy fino.
βυσσοδομεύω meditar en secreto (κακά males, venganzas).
βυσσό-θεν ADV. desde el fondo del mar.
βυσσός οῦ ὁ = **βυθός.**
βύσσος ου ἡ lino fino de la India; *esp de* algodón.
βύω llenar, rellenar, henchir, atestar; obstruir.
F. *fut.* βύσω, *aor.* ἔβυσα, *perf. pas.* βέβυσμαι, *aor. pas.* ἐβύσθην.
βῶ *1.ª sing. subj. aor. 2.º de* βαίνω.
βωθέω *jón.* = **βοηθέω.**
βῶλος ου ἡ [ὁ] terrón, gleba, grumo de tierra; tierra, campo; bola, bloque, lingote.
βώμιος α ον [*y* **-ος ον**] del altar; que está *o* se hace junto al altar.
βωμίς ίδος ἡ *dim.* altarcito.
βωμολοχία ας ἡ chocarrería, bufonería, insulsez.
βωμός οῦ ὁ estrado; bastidor del carro; pedestal, zócalo, altar, ara.
βῶν = **βοῦν** [*v.* **βοῦς**].
βῶς *dór.* = **βοῦς.**
βῶσαι βώσας *inf. y part. aor. 1.º ép. de* βοάω.
βῶσι *3.ª pl. subj. aor. ép. de* βαίνω.
βωστρέω -ῶ llamar a gritos, gritar pidiendo socorro.
βωταλίς ἡ pájaro cantor [*tal vez*, canario].
βωτι-άνειρα ας criadora de héroes.
βώτωρ ορος ὁ pastor.

Γ

Γ γ gamma [3.ª letra del alfabeto griego] || *como sign. numérico* γ' tres *o* tercero; ,γ tres mil.
γᾶ *dór.* = **γῆ.**
γάγγραινα ης ἡ gangrena.
Γάδειρα ων τά Gadira [hoy Cádiz].
Γαδειρικός ή όν de Gadira, gaditano.
γάζα ης ἡ tesoro real; cámara del mismo.
γαζο-φυλάκιον ου τό tesoro *o* caja del tesoro.
γαῖα ας ἡ *jón. poét.* = **γῆ.**
Γαῖα ης ἡ Gea [la Tierra personificada].
γαιά-οχος = **γαιήοχος.**
γαιήϊος ον [*y* **-ος α ον**] nacido de la Tierra.
γαιή-οχος ον abrazador de la tierra [Poseidón]; protector del país.
γαίω alegrarse, ufanarse, enorgullecerse [de algo, *dat.*].
γάλα ακτος τό leche; *fig.* cimientos de la fe.
γαλα-θηνός όν que aún mama, lactante, de pecho; joven, tierno.
γαλακτο-πότης ου ὁ bebedor de leche.
Γαλάται ῶν οἱ los celtas, y *esp.* los gálatas, habitante de la Galacia.
Γαλάτεια ας ἡ Galatea [nereida].
Γαλατία, ας ἡ Galacia, región del Asia Menor.
Γαλατικός ή όν *adj.* de Galacia, galacio, -a.
γαλέη ης *y*
γαλῆ ῆς ἡ comadreja; gata.
γαλήνη ης ἡ calma *o* bonanza en el mar; *fig.* tranquilidad, calma sosiego (γαλήνην ἐλαύνειν navegar en un mar en calma).
γαληνιάω -ῶ estar en calma [el mar].
Γαλιλαία ας ἡ Galilea.
Γαλιλαῖος α ον galileo; Γ. θάλασσα lago de Tiberíades.
γαλόως *ép. y.*
γάλως ω ἡ *át.* cuñada, hermana del marido.
γαμβρός οῦ ὁ yerno; cuñado.
γαμετή ῆς ἡ esposa.
γαμέτης ου ὁ esposo.
1 **γαμέω** tomar mujer *o* compañera; casarse [un hombre] con... *ac.* (ἐπὶ θυγατρὶ ἔγημε ἄλλην γυναῖκα tomó segunda mujer para que atendiese a su hija); *raro dos acs.*; ἀπό τινος, παρά τινος tomar una mujer de la familia de alguien; *td.* tomar marido casarse [una mujer] *N. T. Marc. 10, 12 etc.* || MED. darse en matrimonio, casarse [una mujer] con... *dat.*; casar [los padres] al hijo *o* a la hija, buscar mujer para el hijo *ac. dat.* || PAS. ser tomada por mujer, casarse [la mujer]; γεγαμημένη casada.
F. *fut.* γαμέω *contr.* γαμῶ, *td.* γαμήσω, *med. ép.* γαμέσσομαι, *át.* γαμοῦμαι; *aor.* ἔγημα, *td.* ἐγάμησα, *med.* ἐγημάμην, *perf.* γεγάμηκα, *pas.* γεγάμημαι, *plpf.* ἐγεγαμήκειν; *aor. pas.* ἐγαμήθην.
2 **γαμέω** *inf.* γαμέειν *fut. ép. de* γαμέω *1.*
γαμηλιών ῶνος ὁ mes de los matrimonios en Atica [enero-febrero].
γαμίζω dar en matrimonio || PAS. casarse.
γαμικός ή όν relativo al matrimonio, nupcial || τὰ γαμικά boda, nupcias.
γαμίσκω = **γαμίζω.**
γάμμα τό INDECL. gamma [tercera letra del alfabeto griego] *de donde* tenaza formada por un ejército para envolver a otro.
γα-μόρος *dór.* = **γεωμόρος.**

γάμος ου ὁ matrimonio; unión, relaciones íntimas, boda, fiestas nupciales, banquete nupcial; γάμον γαμεῖν contraer matrimonio; γάμον τεύχειν *o* ἀρτύειν preparar la boda; γάμον δαινύναι celebrar el banquete nupcial.

γαμοῦμαι *fut. med. de* γαμέω.

γαμφηλή ῆς ἡ quijada, mandíbula; pico de ave.

γαμψ-ῶνυξ υχος de uñas *o* garras corvas.

γανάω -ῶ brillar, relucir.
F. *part. ép.* γανόων όωσα.

γανόω -ῶ abrillantar, hacer relucir ‖ γεγανωμένος radiante, alegre.

γανόων γανόωσα = γανάων, γανάουσα *part. pres. ép. de* γανάω.

γάνυμαι estar alegre, radiante de alegría (γ. φρένα sentir alegría en el corazón [por algo, *dat. etc.*]).
F. *fut. ép.* γανύσσομαι; *part. perf.* γεγανυμένος.

γάρ CONJ. seguramente, ciertamente, sin duda (ἔστι γὰρ οὖν ciertamente es así; οὐ γὰρ οὖν no, ciertamente, de ningún modo) ‖ *en expresiones de deseo* αἰ γάρ, εἰ γάρ, εἴθε γάρ, εἰ γὰρ ὤφελον ojalá, pues... ‖ *en preguntas:* pues, así, pues (ποιμὴν γὰρ ἦσθα; así, pues, ¿eras pastor?; τί γάρ; ¿qué, pues? ¿qué otra cosa cabe? ¿cómo no?; πῶς γάρ; πόθεν γάρ; ¿cómo, pues? ¿de dónde? *e. e.* no puede ser, imposible) ‖ *causal:* pues, porque, en efecto, *ya preceda la frase que sirve de fundamento con* γάρ, *ya siga a la afirmación principal* (πολλοὶ γὰρ τεθνᾶσιν... τῷ σε χρὴ πόλεμον παῦσαι pues que tantos aqueos han muerto, es necesario que dejes la guerra; Ζεὺς πολλῶν πολίων κατέλυσε κάρηνα· τοῦ γὰρ κράτος ἐστὶ μέγιστον Zeus derribó las torres de muchas ciudades, pues su poder es muy grande) ‖ *a veces la frase principal, a la que la causal con* γάρ *sirve de fundamento, queda implícita, sobre todo después de interrogación y hay que suplir* si *o* no ἄρα τοῖς πολεμίοις τὴν πόλιν παραδώσομεν; πολλὴ γὰρ ἀνάγκη ¿entregaremos a los enemigos la ciudad? sí, porque es de toda necesidad hacerlo; οὐ γὰρ ἂν porque [si no fuera así] no... *tamb. sin negación* βίᾳ γὰρ ἂν εἶλον τὸ χωρίον porque [de otra manera] hubieran tomado el lugar por la fuerza *Tuc. 1, 102, 2; explicativa* esto es, a saber (τούτου δὲ τεκμήριον τόδε, γάρ y prueba de ello, esto, a saber...) καὶ γάρ, καὶ γὰρ καί pues en efecto, pues incluso, pues hasta; ἀλλὰ γάρ *expr. elíptica,* pero no, porque; pero por otra parte, *o bien exponiendo una objeción* pero se dirá; γὰρ ἄρα, γάρ ρα, γὰρ οὖν pues, en efecto; ἦ γάρ; ¿no es verdad?

γαργαλίζω hacer cosquillas.

γαργαλισμός οῦ ὁ cosquilleo.

γαστήρ στρός ἡ vientre, estómago (γαστέρι νέκυν πενθῆσαι hacer duelo por un muerto ayunando); apetito, hambre, glotonería; *fig.* glotón; alimento, comida; seno, entrañas (ἐν γαστρὶ ἔχειν, φέρειν llevar en el seno [un hijo], estar encinta); tripa, embutido.
F. *gen.* γαστρός *y menos frec.* γαστέρος, *ac.* γαστέρα; *pl. nom.* γαστέρες *dat.* γαστράσι.

γάστρα ας ἡ *y jón.*

γάστρη ης ἡ panza de una vasija, vasija panzuda, olla, marmita.

γαστρίζω llenar el vientre ‖ MED. llenarse el vientre.

γαστρι-μαργία ας ἡ glotonería.

γαυλικός ή όν de los barcos mercantes (γαυλικὰ χρήματα mercancías, carga).

γαυλιτικός ή όν = **γαυλικός.**

γαυλός οῦ ὁ *y*

γαῦλος ου ὁ colodra [para el ordeño]; cubo de pozo; barco mercante, barco de carga.

γαυριάω -ῶ estar orgullosos, ufanarse [de algo, *dat.*].

γαυρόω -ῶ enorgullecer ‖ MED. enorgullecerse, estar orgulloso.

γδουπέω = **δουπέω.**

γέ *partic. enclítica,* al menos, por lo menos, de todos modos, de cierto, por cierto, exactamente; *tamb. con encarecimiento:* aún, incluso, siquiera (τινὲς καὶ πολλοί γε algunos y aun [puedo decir que] muchos; οὐ δύο γε ni aun dos; οὔτε πόλις... οὔτε γ' ἀνήρ ni una ciudad, ni siquiera un hombre) ‖ *con otras partículas:* εἴ γε, ἐάν γε por lo menos si, si es que; γὲ μή no obstante; γὲ μέν, γὲ μὲν δή, γέ τοι, γὲ μέν τοι sí, ciertamente, sin duda alguna || *después del rel. y de ciertas partículas temporales añade matiz causal* (ὅς γ' ἐξέλυσας puesto que liberaste; ἐπειδή γε καὶ συνωμόσαμεν puesto que lo convinimos por juramento).

γέγαα *perf. ép. poét. de* γίγνομαι.
F. *2.ª pl.* γεγάατε, *3.ª* γεγάασι, *inf.* γεγάμεν, *part.* γεγαώς υῖα, *contr*, γεγώς, *f.* γεγῶσα.

γεγάμηκα γεγάμημαι *perf. act. y pas. resp. de* γαμέω.

γεγένημαι *perf. de* γίγνομαι.

γέγηθα *perf. de* γηθέω estoy contento *o* alegre.

γέγλυμμαι *perf. pas. de* γλύφω.

γέγονα *perf.* de γίγνομαι.

γέγραμμαι *perf. med.* y *pas.* de γράφω.

γέγωνα *perf. con valor de pres.* gritar, hablar a gritos [a alguien, *dat.*]; hacerse oír.
F. *En Hom. 3.ª sing.*, γέγωνε, *part.* γεγωνώς, *plpf. con valor de impf.* ἐγεγώνειν. *En los trágicos imp.* γέγωνε, *subj.* γεγώνω.

γεγωνέω -ῶ *y*

γεγωνίσκω *y*

γεγώνω = γέγωνα
F. de γεγωνέω; *inf.* γεγωνεῖν, *impf. ép.* ἐγεγώνευν, γεγώνευν. *De* γεγώνω: *inf. ép.* γεγωνέμεν, *3.ª sing. impf.* (ἐ)γέγωνεν.

γεγώς γεγῶσα *part. perf. poét. de* γίγνομαι.

γέεννα ης ἡ *voz hebrea,* lugar de tormento, infierno.

γείνατο *3.ª sing. aor. 1.º ép. de* γείνομαι.

γείνεαι *2.ª sing. subj. pres. ép. de* γείνομαι.

γείνομαι ser engendrado, ser dado a luz, nacer || AOR. *1.º* ἐγεινάμην engendrar, dar a luz, parir; traer a la vida (οἱ γεινάμενοι los padres; ἡ γειναμένη la madre).

γεῖσον ου τό saliente, cornisa, alero.

γειτνιάω -ῶ ser vecino; ser parecido.

γειτονέω -ῶ ser vecino.

γείτων ονος vecino; emparentado, semejante || SUBST. *m. y f.:* vecino, vecina.

γελασείω tener ganas de reír.

γελάσομαι (*td.* **γελάσω** *N. T.*) *fut. de* γελάω.

γελαστής οῦ ὁ reidor, burlador.

γελαστός ή όν risible, de burla.

γελάω-ῶ brillar, resplandecer de alegría; regocijarse; reír, reírse, burlarse [de algo *o* de alguien, *dat. o gen.*, ἐπὶ *con dat. o gen.*, εἰς *y ac. y tamb., como tr., ac.*] || PAS. ser objeto de risa *o* burla [para alguien *o* por parte de alguien, πρὸς *o* παρὰ *y gen.*].
F. *ép. pres.* γελόω γελώω *y* γελοιάω *parts.* γελόωντες, γελώοντες γελώωντες *o* γελοίωντες; *3.ª pl. impf.* γελώων *o* γελοίων; *fut. át.* γελάσομαι, *td.* γελάσω; *aor.* ἐγέλασα *ép.* ἐγέλασσα; *perf. pas.* γεγέλασμαι; *aor. pas.* ἐγελάσθην, *fut. pas.* γελασθήσομαι.

γελοιάω -ῶ *ép.* = **γελάω.**

γελοῖος α ον risible, chistoso; ridículo; burlador, chancero.

γέλος ου ὁ = γέλως.

γελόω = γελάω.

γέλως ωτος ὁ risa; cosa risible, objeto de risa; irrisión (γέλων *o* γέλωτα παρέχειν *o* ποιεῖν causar risa).
F. *dat.* γέλωτι, *ép.* γέλῳ; *ac.* γέλωτα, *ép.* γέλον γέλων *o* γέλω (*v. l.*); *gen. pl.* γελώτων.

γελωτο-ποιέω -ῶ hacer reír, mover a risa.

γελωτο-ποιός οῦ ὁ bufón, gracioso.

γελώω = γελάω.

γεμίζω llenar, cargar [una nave, etc.] || PAS. llenarse.

γέμω estar lleno, cargado, repleto, ahíto.

γενεά ᾶς ἡ nacimiento; procedencia, origen; linaje, familia, raza, gente, pueblo; descendencia, prole, posteridad; lugar de nacimiento, patria; generación, edad, época.

γενεαλογέω -ῶ trazar la genealogía, indicar el origen [de alguien, *ac.; tamb.* γένεσιν, *ac. interno*] || PAS. ταῦτα γενεηλόγεται esto es lo que se sabe sobre su familia; *tamb.* traer *o* derivar su origen [de alguien, ἐκ *o* ἀπό *con gen.*].

γενεαλογία ας ἡ genealogía, árbol genealógico.

γενεή *jón.* = **γενεά.**

γενεηλογέω *jón.* — **γενεαλογέω.**

γενέθλη ης ἡ *ép. y poét.* **γενεά.**

γενέθλιος ον del nacimiento, concerniente al nacimiento [τὰ γενέθλια fiestas del natalicio]; del linaje, concerniente al linaje, a la raza *o* a la familia.

γένεθλον ου τό vástago, prole, hijo; linaje, ascendencia.

γενειάς άδος ἡ barba; barbilla, mentón; mejilla.

γενειάσκω *y*

γενειάω -ῶ empezar a echar barba, a hacerse hombre; tener barba.

γένειον ου τό barbilla, mentón (γενείου λαβεῖν o ἅπτεσθαι coger de la barba [en señal de súplica]); mejilla; barba; melena.

γενέσθαι *inf. aor. 2.º de* γίγνομαι.

γενέσιος ον = **γενέθλιος** || **τὰ γενέσια** natalicio *y en gral.* aniversario.

γένεσις εως ἡ nacimiento, producción, origen, génesis; creación, existencia, vida; raza, linaje, generación.

γενέσκετο *3.ª sing. aor. 2.º iterat. ép. de* γίγνομαι.

γενέτας *dór.* = **γενέτης.**

γενετή ῆς ἡ nacimiento.

γενέτης ου ὁ el que engendra, padre; progenitor; criatura, hijo.

γενέτωρ ορος ὁ padre; progenitor.

γένευ *2.ª sing. aor. 2.º ép. de* γίγνομαι.

γενηΐς γενηΐδος [*o* **γενῆδος**] **ἡ** hacha; pala, azada.

γένημα ατος τό *td.* fruto, producto.

γενήσομαι *fut. de* γίγνομαι.

γεννάδας ου noble, generoso.

γενναῖος α ον del linaje, conforme al linaje, genuino; bien nacido, noble, de noble raza; generoso, magnánimo, valeroso, bravo; excelente, ópimo; grande, fuerte; terrible, violento; legítimo, verdadero, recto, honrado (ὦ γενναῖε; oh mi buen amigo) || **τὸ γενναῖον** = **γενναιότης.**

γενναιότης ητος ἡ alteza de sentimientos, nobleza, generosidad, magnanimidad; riqueza, fertilidad [de las tierras].

γεννάω -ῶ engendrar; dar a luz; producir, criar, hacer crecer.

γέννημα ατος τό criatura, vástago, hijo; cría, cachorro; producto, fruto; naturaleza, índole.

γέννησις εως ἡ generación, nacimiento.

γεννητής οῦ ὁ progenitor, padre || PL. padres [padre y madre].

γεννητός ή όν engendrado; dado a luz; mortal.

γεννήτωρ ορος ὁ = **γεννητής.**

γενοίμην *opt. aor. 2.º de* γίγνομαι.

γενόμην [*2.ª pers. tamb.* γένευ, *3.ª* γέντο] *aor. ép de.* γίγνομαι.

γένος εος [**ους**] **τό** nacimiento, origen (γένος εἶναι ἔκ τινος ser por el nacimiento de alguien, descender de alguien; γένει ὕστερος más joven); linaje, familia, raza (οἱ ἐν γένει los parientes, los de la familia); raza *o* especie [de animales]; pueblo, nación; descendencia, prole, posteridad, vástago, hijo; patria; clase, género; clase, casta; naturaleza, índole; generación humana, edad.

1 **γέντο** *aor. de un verbo inusitado:* cogió, tomó.

2 **γέντο** = **ἐγένετο** [*3.ª sing. aor. 2.º ép. de* γίγνομαι].

γένυς υος ἡ quijada, mandíbula, boca; cavidad bucal, gaznate, garganta, dentadura, diente; mejilla; barba, barbilla; corte *o* filo del hacha; hacha. **F.** *dat. pl. ép.* γένυσσι, *ac. pl.* γένυας *y* γένυς.

γεραιός ά όν anciano.

γεραίρω honrar, distinguir, recompensar.

γεραίτατος η ον *superl. de* γεραιός.

γεραίτερος α ον *comp. de* γεραιός (οἱ γεραίτεροι los ancianos *e. e.* el Senado).

γερανο-βοτία ας ἡ cría de grullas.

γέρανος ου ἡ grulla.

γεραός = **γεραιός.**

γεραρός ά όν venerable, respetable, imponente, admirable.

γέρας αος [*o* **ως**] **τό** presente de honor; homenaje; honor, dignidad, distinción, privilegio; don, presente, recompensa,
F. *gen.* γέραος *y* γέρως, *dat.* γέραϊ *y* γέρᾳ *pl. nom.* γέρα, *jón.* γέρεα, *contr.* γέρη, *gen.* γεράων, γερῶν.

γεράστιος ου ὁ sexto mes en el calendario espartano [marzo-abril].

Γερήνιος ου ὁ gerenio, de Gerena o Gerenon, ciudad de Mesenia (*epít.* de Néstor).

γεροντάγωγέω -ῶ guiar y cuidar a un anciano, servir de lazarillo.

γερόντιον ου τό viejecito, anciano.

γερουσία ας ἡ consejo de los ancianos, senado.

γερούσιος α ον de los ancianos *e. e.* de los jefes: (γ. ὅρκος juramento de los ancianos; γ. οἶνος vino de honor de los ancianos).

γέρρον ου τό labor de mimbre; escudo ligero trenzado de mimbres; cubierta de mimbres de las tiendas del mercado.

γερρο-φόρος ου ὁ soldado armado a la ligera con escudo de mimbre.

γέρων ον viejo, antiguo || SUBST.: **γέρων οντος ὁ** viejo, anciano; anciano del pueblo, miembro del consejo, senador.

γεύω hacer gustar, dar a probar [a alguien, *ac.*; algo, *gen. o ac.*] || MED. probar, gustar; probar, tantear, experimentar [algo, *gen.*]; comer, devorar. **F.** *fut. med.* γεύσομαι; *aor.* ἔγευσα, *med.* ἐγευσάμην; *subj. ép. 3.ª sing.* γεύσεται, *1.ª pl.* γευσόμεθα; *perf.* γέγευμαι, *3.ª pl. plpf.* ἐγέγευντο (*Tuc. 2, 70*).

γέφυρα ας ἡ terraplén, calzada *y esp.* PL. πτολέμοιο γέφυραι calle *o* espacio que queda libre entre dos ejércitos; puente (γέφυραν ζευγνύναι echar un puente; γέφυραν λύειν cortar un puente).

γεφυρόω -ῶ terraplenar, hacer franqueable [un río, un camino etc.]; echar un puente, pontear (ποταμόν un río)

γεω-γράφος ου ὁ descriptor de la Tierra; geógrafo.

γεώδης ες terroso, terrestre.

γεω-μέτρης ου ὁ agrimensor; geómetra.

γεωμετρία ας ἡ agrimensura; geometría.

γεωμετρικός ή όν geométrico, matemático ||**ἡ γεωμετρική** [*sc.* τέχνη] la Geometría.

γεω-μόρος ου ὁ poseedor de tierra, terrateniente, propietario rural *y en gral.* labrador; propietario, rico, persona principal.

γεῶν *gen. pl. jón de* γῆ.

γεω-πέδιον ου *y*

γεώ-πεδον ου τό campo, finca de campo.

γεω-πείνης ου pobre en tierras.

γεωργέω -ῶ labrar la tierra, ser labrador || TR. labrar, cultivar.

γεωργία ας ἡ labor *o* cultivo de la tierra || PL. cultivos, tierras de labor.

γεωργικός ή όν agrícola, concerniente a la agricultura; perito en la agricultura, buen labrador || SUBST. **ὁ γεωργικός** agricultor, labrador; **ἡ γεωργική**] [*sc.* τέχνη] la agricultura; **τὸ γεωργικόν** la clase de los labradores.

γεώργιον ου τό tierra de labor, campo, finca de campo.

γεωργός όν que labra la tierra || SUBST. **ὁ γεωργός** labrador; viñador.

γεωρυχέω -ῶ excavar pasos subterráneos, minar.

γῆ γῆς ἡ tierra [como cuerpo en el espacio]; Tierra [por oposición al cielo, al mar, al infierno]; tierra, [como elemento]; tierra, país, nación, comarca; patria; tierra de labor, campo; tierra, polvo.
F. *jón poét.* γαῖα, *dór. eól.* γᾶ, *gen. pl. jón.* γεῶν.

γη-γενής ές nacido de la tierra, hijo de la tierra.

Γήδειρα *jón.* = **Γάδειρα.**

γήδιον ου τό tierrecilla, finquita de campo.

γῆ-θεν ADV. de la tierra.

γηθέω -ῶ alegrarse, regocijarse, estar alegre *o* contento || PART. PERF. γεγηθώς lleno de gozo *y tamb.* sin castigo, impune.
F. *impf. ép.* ἐγήθεον; *fut.* γηθήσω; *aor.* (ἐ)γήθησα; *perf.* γέγηθα; *plpf.* (ἐ)γεγήθειν.

γηθοσύνη ης ἡ gozo, alegría, contento.

γηθόσυνος η ον gozoso, contento.

γήϊνος η ον hecho de tierra, terrizo; terrestre, terrenal, perecedero.

γή-λοφος ου ὁ colina, altura.

γῆμα ας ε *aor. 1.º ép. de* γαμέω.

γῆμαι γήμας *inf. y part. aor. 1.º de* γαμέω.

γη-οχέω poseer tierras.

γή-πεδον ου τό campo, finca de campo.

γηραιός ά όν *y*

γηραλέος α ον viejo, anciano.

γηρᾶναι *inf. aor. de* γηράσκω.

γηράς *part. aor. 2.º de* γηράσκω.

γῆρας αος [*o* **ως**] **τό** vejez, ancianidad.
F. *gen.* γήραος *y* γήρως, *dat.* γήραϊ *y* γήρᾳ, *cf.* γῆρος.

γηράσκω *y*
γηράω -ῶ envejecer, hacerse viejo; madurar [los frutos].
γηρο-βοσκός όν sustentador de la ancianidad *esp.* de la ancianidad de sus padres.
γῆρος εος [ους] τό = γῆρας.
F. *dat.* γήρει *N. T. Luc. 1,36.*
γηροτροφέω -ῶ sustentar en la ancianidad [a alguien, *ac.*].
γηρο-τρόφος ον = γηροβοσκός.
γήρυμα ατος τό *y*
γῆρυς υος ἡ voz, sonido; lengua, lenguaje.
γηρύω [*y med.*] dejar oír [la voz], cantar, entonar; referir.
γήτης ου ὁ labrador.
Γίγας -αντος ὁ *más frec. en pl.* gigante. Los gigantes, hijos de Gea (la tierra), eran un pueblo del fabuloso Occidente.
γίγνομαι nacer (ἔτεα τρία καὶ δέκα γεγονώς *o* γενόμενος de trece años de edad); venir, sobrevenir, llegar (ἕως ἂν φῶς γένηται hasta que venga la luz *o* sea de día); suceder, acaecer, acontecer (τὸ γενόμενον, τὰ γενόμενα, τὰ γεγενημένα lo ocurrido, los sucesos, los hechos); resultar, salir (ἂν δὲ εὖ γένηταί τι si algo sale bien); llegar a ser, hacerse, volverse, tornarse (ἐκ πλουσίου πένης γεγονώς hecho pobre de rico que era; πάντα γιγνόμενος tomando todas la formas; ἐν αὑτῷ ἐγένετο volvió en sí, recobró el dominio de sí mismo); estar, hallarse (μετά τινος de parte de alguno; γ. ἀπὸ δείπνου terminar la cena; γ. ἐξ ὀφθαλμῶν, desaparecer de la vista).
F. *fut.* γενήσομαι; *aor.* ἐγενόμην, *2.ª sing. ép.* γένευ, *3.ª* ἔγεντο, γέντο, γενέσκετο, *2.ª sing. subj.* γένεαι, *3.ª pl. opt.* γενοίατο; *perf.* γέγονα (*3.ª pl.* γέγοναν *N. T. Apoc. 21,6*), γεγένημαι, *ép.* γέγαα (*v. esta voz*); *plpf. 3.ª sing. jón.* ἐγεγόνεε, *át.* ἐγεγόνει, ἐγεγένητο; *aor. pas.* ἐγενήθην (*td. con el mismo valor del med. N. T.*)
γιγνώσκω conocer, llegar a conocer, reconocer [algo *o* a alguien, *ac., gen., constr. inf.*, ὅτι, ὡς, *part. predic. en distintos casos:* ἐπειδὰν γνῶσιν ἀπιστούμενοι cuando conocen que no se les da crédito; ὡς γνῶ χωομένοιο cuando conoció que estaba airado; ἔγνων οἰωνὸν ὄντα conocí que era un ave augural]; observar; experimentar; darse cuenta, comprender, saber (ὁ γιγνώσκων el inteligente); conocer en trato íntimo *o* carnal; sentenciar, decidir, resolver, determinar, pensar, opinar.
F. *fut* γνώσομαι; *aor. 2.º* ἔγνων *3.ª du. ép.* γνώτην, *imp.* γνῶθι, *subj.* γνῶ γνῷς γνῷ; *ép. tamb.* γνώω γνώῃ γνώομεν γνώωσιν, *3.ª sing. td.* γνοῖ; *opt.* γνοίην; *inf.* γνῶναι, *ép. tamb.* γνώμεναι, *part.* γνούς; *perf.* ἔγνωκα *pas.* ἔγνωσμαι; *aor. pas.* ἐγνώσθην, *fut. pas.* γνωσθήσομαι.
γίνομαι = γίγνομαι.
γινώσκω = γιγνώσκω.
γλάγος εος τό leche.
γλακτο-φάγος ον que se alimenta de leche.
γλαυκιάω -ῶ tener ojos fúlgidos *o* chispeantes.
γλαυκιόων *part. pres. ép. de* γλαυκιάω.
γλαυκ-όμματος ον de ojos claros.
Γλαῦκος ου ὁ Glauco, n. propio *esp.* de un inventor de Quios: οὐχ' ἡ Γλαύκου τέχνη no hace falta un genio para eso.
γλαυκός ή όν claro, brillante, resplandeciente, chispeante; glauco.
γλαυκ-ῶπις ιδος de ojos brillantes [*según otros*, de ojos de lechuza].
γλαύξ [*át.* **γλαῦξ**] **-κός ἡ** lechuza, autillo.
γλαφυρός ά όν hueco, cóncavo; combado; sinuoso; liso, pulido; *fig.* fino, lindo.
γλεῦκος εος τό mosto, vino dulce.
γλήνη ης ἡ pupila, niña del ojo; muñeca [*tamb. con sign. despectiva*].
γλῆνος εος [ους] τό adorno, alhaja.
γλίσχρος α ον viscoso, pegajoso, adherente, tenaz; mezquino; pequeño, insignificante; penoso, lamentable.
γλισχρότης ητος ἡ codicia, sordidez, mezquindad.
γλίχομαι pegarse a algo, estar pendiente de ello, desearlo vivamente, procurarlo, luchar por ello [*gen.*, περί *y gen.* etc.].
γλοιός οῦ ὁ resina.
γλουτός οῦ ὁ nalga; región glútea.
γλυκερός ά όν = γλυκύς.
γλυκίων ον *comp. de* γλυκύς.

γλυκυ-θυμία ας ἡ blandura, condescendencia.
γλυκύ-θυμος ον blando de corazón.
γλυκύς εῖα ύ dulce; *fig.* dulce, amable, agradable; benévolo, bondadoso.
γλυκύτης ητος ἡ dulzura.
γλυφεῖον ου τό cincel.
γλυφίς ίδος ἡ muesca en la parte posterior de la flecha para adaptarla a la cuerda en el disparo.
γλύφω tallar, esculpir, cincelar, grabar.
F. *fut.* γλύψω, *aor.* ἔγλυψα, *perf. pas.* γέγλυμμαι, *en comptos. tamb.* ἔγλυμμαι, *aor. pas.* ἐγλύφθην *y* ἐγλύφην.
γλῶσσα ης ἡ lengua, boca; habla, don de la palabra; expresión, manifestación, palabras; habla, lengua, lenguaje, idioma (γλῶσσαν ἱέναι hablar *o* hablar una lengua; ἀπὸ γλώσσης de palabra; ἀπὸ τῆς γλώσσης tal como se siente, con franqueza).
γλωσσαλγέω -ῶ tener prurito de hablar, hablar sin medida.
γλωσσαλγία ας ἡ prurito de hablar, charla sin fin.
γλωσσαλγίας ου ὁ charlatán, fanfarrón.
γλωσσό-κομον ου τό caja [de fondos].
γλῶττα ης *át.* = **γλῶσσα.**
γλωχίς ῖνος ἡ extremidad, punta; extremo de las correas del yugo; punta de flecha.
γναθμός οῦ ὁ *y*
γνάθος ου ἡ mandíbula, quijada; mejilla.
γναμπτός ή όν curvo, corvo; flexible, ágil; exorable.
γνάμπτω doblar, plegar.
γνάπτω = **κνάπτω.**
γναφεῖον = **κναφεῖον.**
γναφεύς = **κναφεύς.**
γνήσιος α ον legítimo, genuino; auténtico, propio, recto, sincero, noble.
γνοῖ = γνῷ *3.ª sing. subj. aor. 2.º de* γιγνώσκω (*N. T.*).
γνούς [*gen.* **γνόντος**] *part. aor. 2.º de* γιγνώσκω.
γνόφος ου ὁ obscuridad, tinieblas.
γνύξ ADV. de rodillas.
γνυφή ῆς ἡ abertura, garganta.
γνῶ γνῶναι *etc. formas de aor. 2.º de* γιγνώσκω.
γνῶθι σαυτόν τό el "conócete a ti mismo", *frase sustantivada.*
γνῶμα ατος τό signo, marca, conocimiento; opinión.
γνωματεύω formar juicio, juzgar.
γνώμεναι *inf. aor. ép. de* γιγνώσκω = **γνῶναι.**
γνώμη ης ἡ facultad de conocer, entendimiento, razón; conocimiento (ἄνευ γνώμης sin conocimiento, sin saber); reflexión; ánimo, intención (γνώμῃ *o* γνώμῃ φρενῶν de propósito, intencionadamente); corazón, sentimientos, manera de sentir *o* pensar, carácter, temple; inclinación (πρὸς τὴν εἰρήνην τὴν γνώμην ἔχειν inclinarse a la paz); juicio, convicción, opinión (γνώμην τίθεσθαι, ἀποφαίνειν etc., manifestar su juicio *u* opinión; τῆς γνώμης ἔχειν ser mayormente de opinión); intento, plan, objeto (ἡ γνώμη τοῦ τείχους el objeto del muro *o* con que se hacía el muro); habilidad, astucia [*op. a* ἰσχύς *Tuc. 3, 11,* 2]; voluntad, deseo; sentencia, determinación, orden; voto, sufragio; propuesta; sentencia, máxima.
γνωμίδιον ου τό ideíta, proyectito.
γνωμολογία ας ἡ acción de hablar en sentencias; colección de sentencias.
γνωμονικός ή όν conocedor, perito.
γνώμων ονος ὁ conocedor, discernidor, juzgador; reloj de sol.
γνῶναι *inf. aor. 2.º de* γιγνώσκω.
γνώομεν *1.ª pl. subj. aor. 2.º ép. de* γιγνώσκω.
γνωρίζω llegar a conocer, descubrir *o* adquirir conocimiento [de algo, *ac.*]; entrar en conocimiento *o* relación [con alguien, *ac.*]; dar a conocer, descubrir *o* mostrar || PAS. ser conocido, famoso.
γνώριμος ον [*o* **-ος η ον**) fácil de conocer, comprensible, claro; conocido, amigo; distinguido, ilustre, principal.
γνώρισις εως ἡ conocimiento.
γνώρισμα ατος τό signo de reconocimiento, señal, marca.
γνωσθήσομαι *fut. pas. de* γιγνώσκω.
γνωσιμαχέω -ῶ cambiar de sentir, reconocer su error.
γνῶσις εως ἡ conocimiento, facultad de conocer; reconocimiento; conocimiento, ciencia; conocimiento *o* instrucción judicial; fama.

γνώσομαι *fut. de* γιγνώσκω.
γνωστήρ ῆρος *y*
γνώστης ου ὁ conocedor; garante, fiador, testigo.
γνωστικός ή όν apto para conocer; sabedor || **ἡ γνωστική** facultad de conocer.
γνωστός ή όν = **γνώριμος.**
γνώτην *3.ª du. aor. 2.º ép. de* γιγνώσκω.
γνωτός ή όν [*o* **ός όν**] conocido *o* fácil de conocer; consanguíneo *y esp.* hermano, hermana.
γνώω, γνώῃς *etc.* = **γνῶ, γνῷς** *etc. subj. aor. ép. de* γιγνώσκω.
γοάασκεν *3.ª sing. impf. iter. ép. de* γοάω.
γοάω -ῶ [*y med.*] gemir, lamentar, deplorar [algo, *o* a alguien, *ac.*] || INTR. lamentarse, gemir (ἀμφί τινα por alguien).
F. *Nótense entre otras: inf. ép.* γοήμεναι, *part.* γοόων, γοόωσα, *med. poét.* γοώμενος γοωμένη; *impf. ép.* γόων γόον *(éste s. o. aor.), 3.ª sing.* γοάασκεν; *fut.* γοήσομαι; *aor. 1.º* ἐγόησα.
γογγύζω murmurar, quejarse, gruñir; refunfuñar, regañar.
γογγυσμός οῦ ὁ murmuración, refunfunfuño, regaño.
γογγυστής οῦ ὁ murmurador, refunfuñador.
γοή ῆς ἡ = **γόος.**
γοήμεναι *inf. ép. de* γοάω.
γόης ητος ὁ encantador, hechicero; impostor, charlatán.
γοητεία ας ἡ magia, encantamiento; impostura.
γοητεύω encantar, hechizar; engañar, embaucar, alucinar.
γόμος ου ὁ carga de un navío; *en gral.* carga, mercancía.
γομφίος ου ὁ muela.
γόμφος ου ὁ clavija, clavo; traviesa.
γομφωτική ῆς ἡ [*sc.* τέχνη] arte de ajustar con clavijas *o* clavos, carpintería.
γονεύς έως ὁ engendrador, padre; progenitor, ascendiente, abuelo || PL. padres [padre y madre].
γονή ῆς ἡ generación, acción de engendrar; nacimiento, origen; descendencia, prole; vástago, hijo; linaje, familia, germen.
γόνιμος ον capaz de engendrar; fecundo; capaz de vivir, viable.
γόνος ου ὁ = **γονή.**
γόνυ γόνατος τό rodilla (γ. κάμπτειν plegar la rodilla, sentarse, descansar; γούνατα λύειν, βλάπτειν, δαμνᾶν derribar *o* matar a alguno en el combate; θεῶν ἐν γούνασι κεῖται está en el regazo de los dioses, *e. e.* depende de su voluntad; γούνων *o* γοῦνα λαβεῖν, ἑλεῖν etc. cogerse a las rodillas de alguien [en señal de súplica]); nudo [de las plantas, cañas, etcétera].
F. *gen. ép. jón. poét* γουνός *y* γούνατος, *dat.* γουνί; *pl.* γοῦνα *y* γούνατα, *gen.* γούνων *y* γουνάτων, *dat.* γούνασι γούνασσι *o* γούνεσσι *(v. l.)*.
γονυπετέω -ῶ caer de rodillas.
γόον *impf. o s. o aor. 2.º ép. de* γοάω.
γοός ου ὁ lloro, llanto, lamentación.
γοόω = **γοάω.**
γοργός ή όν terrible, espantoso; violento, furioso.
γοργύρη ης ἡ calabozo, prisión subterránea.
Γοργώ οῦς ἡ la Gorgona [monstruo con cabellera de serpientes que petrificaba a quien lo miraba].
γοργῶπις ιδος ADJ. *f.* de mirada aterradora.
γοῦν *partíc. pospuesta* por lo menos, a lo menos, en todo caso; por ejemplo; ciertamente, por cierto; así pues, según esto.
γουνάζομαι suplicar, implorar [a alguien, *ac.* cayendo a sus pies y tomándole las rodillas].
γούνατος γούνατα *formas poét. y jón. de* γόνυ.
γουνόομαι -οῦμαι = **γουνάζομαι.**
γουνός γουνί *etc. formas ép. y jón. de* γόνυ.
γουνός οῦ ὁ colina, tolmo; promontorio.
γρᾴδιον ου τό viejecita, viejecilla.
γραία ας ἡ anciana, vieja || ADJ. *f.* vieja, antigua.
γραΐδιον ου τό = **γρᾴδιον.**
γράμμα ατος τό signo escrito, letra [*en pl.* alfabeto, escrito, escritura] libro, tratado [*en pl.* Sagrada Escritura]; carta, documento; ley; índice, lista; inscripción; dibujo, pintura || PL. enseñanza, doctrina, ciencia.
γραμματεῖον ου τό tablilla para escribir, escrito, documento; libro de cuentas.

γραμματεύς εως ὁ escribano, secretario, *esp.* escribano público; escriba, letrado; sabio.

γραμματεύω ser escribano *o* secretario.

γραμματικός ή όν que sabe leer y escribir; gramático || **ἡ γραμματική** [*sc.* τέχνη] la Gramática.

γραμμάτιον ου τό carta.

γραμματιστής οῦ ὁ escribano; maestro.

γραμματο-κύφων ωνος ὁ escribanuelo, chupatintas.

γραμμή ῆς ἡ trazo; línea; contorno.

γραπτός ή όν *adj. vbal. de* γράφω escrito, pintado.

γραπτύς ύος ἡ arañazo, desgarradura.

γραῦς γραός ἡ vieja, anciana.
F. *ac.* γραῦν; *pl.* γρᾶες, *gen.* γραῶν, *dat.* γραυσί, *ac.* γραῦς. *jón.* γρηῦς, *poét.* γρηύς, *vocs. resp.* γρηῦ *y* γρηύ.

γραφεύς έως ὁ escribano, secretario; pintor.

γραφή ῆς ἡ dibujo, pintura; cuadro; bordado; escritura, escrito, documento; inscripción; escrito de acusación, acción pública criminal (γραφὴν εἰσέρχεσθαι comparecer en un proceso; γραφὴν γράφειν *o* διώκειν denunciar en acción pública [a alguien, *ac.*]); Sagrada Escritura.

γραφικός ή όν relativo a la pintura *o* a la escritura || **ἡ γραφική** [*sc.* τέχνη] la pintura.

γραφίς ίδος ἡ estilete, punzón, buril, pincel.

γράφω arañar, rayar, grabar; pintar, dibujar, escribir [un mensaje, una carta etc.]; escribir, redactar, componer; inscribir, designar, registrar; proponer por escrito; citar por escrito en juicio, denunciar por escrito (γραφεὶς τοῦτον τὸν ἀγῶνα citado en este proceso) || MED. pintar, dibujar, escribir para sí; escribir *o* redactar una ley [el pueblo para sí mismo] inscribirse; citar por escrito en juicio, denunciar (δίκην, γραφήν por causa [de... *gen.*; a alguien, *ac.*]).
F. *fut.* γράψω, *med.* γράψομαι; *aor. 1.º* ἔγραψα, *ép.* γράψα, *med.* ἐγραψάμην; *perf.* γέγραφα, *med. pas.* γέγραμμαι; *3.ª sing. plpf.* ἐγέγραπτο; *aor. pas.* ἐγράφην, *fut. pas.* γραφήσομαι (*más frec.* γεγράψομαι).

γράψω *fut. de* γράφω.

γραώδης ες de vieja, propio de vieja.

γρηγορέω -ῶ velar, vigilar.

γρηῦς γρῆϋς *o* **γρηΰς** [*gen.* γρηός] **ἡ** *jón.* = **γραῦς**.

γρυπός ή όν redondo; *esp.* de nariz corva *o* aguileña.

γρυπότης ητος ἡ curvatura, *esp.* de la nariz.

γρύψ γρυπός ὁ grifo [animal fabuloso].

γύαλον ου τό cavidad, hueco; las dos partes combas de la coraza *e. e.* peto y espaldar; cueva; caverna, gruta; valle, cañada.

Γύγης ου ὁ Giges [rey de Lidia].

γύης ου ὁ campo, campiña; *fig.* seno.

γυῖον ου τό miembro; rodilla; pierna; brazo.

γυιόω -ῶ lisiar, dejar, cojo *o* impedido.

Γύλιππος ου ὁ Gilipo, general espartano en la guerra del Peloponeso, salvador de Siracusa.

γυμνάζω ejercitar, adiestrar [a alguien, *ac.*] || MED. practicar, ejercitarse, adiestrarse, *esp.* en ejercicios corporales, hacer gimnasia, *en gral.* acostumbrarse, habituarse.

γυμνασία ας ἡ ejercicio.

γυμνασιαρχέω -ῶ ser gimnasiarca.

γυμνασί-αρχος ου ὁ gimnasiarca [encargado de preparar los gimnastas y atletas para los juegos y subvenir a los gastos de éstos].

γυμνάσιον ου τό ejercicio *y esp.* ejercicio corporal; escuela de gimnasia; lugar para ejercicios gimnásticos, gimnasio.

γυμναστής οῦ ὁ maestro de gimnasia, gimnasta.

γυμναστικός ή όν gimnástico (**ἡ γυμναστική** [*sc.* τέχνη] la gimnasia); práctico en la gimnasia, maestro de gimnasia.

γυμνής ῆτος ἡ soldado armado a la ligera.

γυμνητεία ας ἡ infantería ligera.

γυμνητεύω estar desnudo *o* estar vestido *o* armado a la ligera.

γυμνήτης ου ὁ = **γυμνής**.

γυμνητικός ή όν perteneciente a los soldados de infantería ligera.

γυμνικός ή όν = **γυμναστικός**.

γυμνο-παιδίαι ῶν αἱ Gimnopedias [fiestas gimnásticas de Esparta].

γυμνός ή ον desnudo, *e. e.* sin vestir; desnudo, al descubierto [hablando de espadas y otras armas]; inerme, sin defensa (τὰ γυμνά la parte no armada del cuerpo *y esp.* el costado derecho); vestido ligeramente, sin manto; armado a la ligera; falto, desprovisto.

γυμνότης ητος ἡ = γύμνωσις.

γυμνόω -ῶ desnudar; desarmar; despojar || PAS. ser desnudado, desarmado *o* despojado.

γύμνωσις εως ἡ desnudamiento, acción de desnudar; desnudez; costado no protegido del soldado, *e. e.* el derecho.

γυναικάριον ου τό = γύναιον.

γυναικεῖος α ον *y*

γυναικήϊος α ον de mujer, propio de mujer; mujeril || **ἡ γυναικηΐη** el gineceo, departamento de la mujeres; harem.

γυναικί γυναικός etc. *casos de* γυνή.

γυναικών ῶνος ὁ *y*

γυναικωνῖτις ιδος ἡ gineceo; harem.

γυναι-μανής ές loco por las mújeres, mujeriego.

γύναιον ου τό mujercita; mujerzuela.

γύναιος α ον = γυναικεῖος.

γυνή γυναικός ἡ mujer; esposa; señora; dueña; viuda; muchacha [*unido a nombres de oficio no debe traducirse* γυνὴ ταμίη despensera].

F. *dat.* γυναικί *ac.* γυναῖκα, *voc.* γύναι; *du.* γυναῖκε, *pl.* γυναῖκες, *gen.* γυναικῶν.

γυρός ά όν redondo, redondeado.

γύψ γυπός ὁ buitre.

γύψος ου ἡ yeso.

γυψόω enyesar, cubrir con yeso.

γῶν *jón.* **= γοῦν.**

γωνία ας ἡ ángulo, rincón (κεφαλὴ γωνίας piedra angular).

γωνιώδης ες angular, de forma angular.

γωρυτός οῦ ὁ funda *o* estuche del arco.

Δ

Δ δ delta [cuarta letra del alfabeto griego] || *como signo numérico* δ' cuatro *o* cuarto; ,δ cuatro mil.
δᾳδοῦχος ου ὁ portador de la antorcha [sacerdote de Deméter en Eleusis].
δαείω *subj. aor. pas. y*
δαήμεναι *inf. aor. pas. ép. del def.* *δάω.
δαήμων ον [*gen* ονος] conocedor, entendido, perito, hábil.
δαῆναι *inf. aor. pas. del def.* *δάω.
δαήρ έρος ὁ cuñado, hermano del marido.
δαήσομαι *fut. med. de* *δάω.
δάηται *3.ª sing. subj. aor. 2.º* de δαίω *1.*
δαί *partícula que refuerza la interrogación* (τί δαί; qué pues? πῶς δαί; cómo pues? ποῦ δαί...; y ¿dónde...?).
δαΐ *dat. ép. de* δαΐς δαΐδος.
δαιδάλεος α ον bien labrado, trabajado artísticamente.
δαιδάλλω labrar *o* trabajar artísticamente, adornar, ornar.
δαίδαλον ου τό obra de arte; ornamento, ornato,
δαΐζω dividir, partir; desgarrar, arrancar; atravesar, herir de muerte, matar || PAS. *fig.* estar dividido, *e. e.* dudoso, vacilante [κατὰ θυμόν en el ánimo]. **F.** *aor.* ἐδάϊξα; *perf. pas.* δεδάϊγμαι, *part.* δεδαϊγμένος; *aor. pas.* ἐδαΐχθην.
δαϊκτάμενος η ον caído *o* muerto en el combate.
δαϊκτός ή όν *adj. vbal. de* δαΐζω: agudo, amargo, desgarrador.
δαιμονάω -ῶ estar furioso, loco *o* poseído por un mal espíritu.
δαιμονίζομαι estar poseído del demonio, estar poseso.
δαιμόνιος α ον divino, procedente de los dioses; maravilloso, extraordinario, inaudito, extraño (*voc.* (ὦ) δαιμόνιε etc. *según los casos:* ¡oh hombre extraordinario! ¡oh hombre extraño, raro, incomprensible! ¡oh desgraciado!) || **τὸ δαιμόνιον** la divinidad; genio, espíritu, *y esp.* el genio *o* voz interior que guiaba a Sócrates; demonio, espíritu maligno.
δαιμονιώδης ες demoníaco.
δαίμων ονος ὁ *y* **ἡ** dios, diosa, divinidad; divinidad inferior, genio, espíritu; espíritu de los muertos, sombra, fantasma; espíritu del mal, demonio; voluntad de los dioses, hado (κατὰ δαίμονα conforme al destino *o* a lo decretado por los dioses; πρὸς δαίμονα contra la voluntad de los dioses; σὺν δαίμονι con el favor de la divinidad); destino, sino; *esp.* destino desgraciado, desventura, desgracia, muerte.
δαίνυμι distribuir, dar (δαῖτα una comida [a alguien, *dat.*]); celebrar con un banquete (γάμον la boda; τάφον los funerales); obsequiar con un banquete [a alguien, *ac.*])|| MED. tomar parte en un banquete; consumir, devorar [*tamb. fig.*].
F. *imp. pres. ép.* δαίνυ, *part.* δαινύς, *ac.* δαινύντα; *impf. ép. 3.ª sing.* δαίνυ; *fut.* δαίσω; *aor.* ἔδαισα. || MED. *3.ª sing. pres.* δαίνυται, *2.ª sing. subj.* δαινύῃ, *3.ª sing. opt.* δαινῦτο, *3.ª pl.* δαινύατο; *2.ª sing. impf. ép.* δαίνυ' = ἐδαίνυο; *fut.* δαίσομαι, *aor.* ἐδαισάμην, *part. pl.* δαισάμενοι.
δαΐξαι δαΐξω *formas de* δαΐζω *(inf. aor. y 1.ª sing. fut. resp.)*.
δάϊος α ον abrasador, devorador, destructor; aniquilador, funesto; enemigo [*tamb. como subst.*]; matador;

desventurado, miserable, desgraciado.

δαΐς ΐδος ἡ madera resinosa; antorcha; lucha, combate.

δαίς δαιτός ἡ parte, porción, ración, comida; alimento; banquete, festín.

δαισάμενοι *pl. part. aor. 1.º med.* de δαίνυμι.

δαίσω *fut. de* δαίνυμι.

δαίτη ης ἡ comida, banquete.

δαίτηθεν ADV. del banquete.

δαιτρεύω partir, distribuir [*esp.* la comida].

δαιτρόν οῦ τό parte, porción, ración.

δαιτρός οῦ ὁ trinchador [criado que trincha la vianda].

δαιτροσύνη ης ἡ arte de trinchar.

δαιτυμών όνος ὁ invitado, comensal.

δαιτύς ύος ἡ comida.

δαΐ-φρων ον prudente, discreto; ingenioso; hábil; bueno en la guerra, valeroso, valiente.

1 **δαίω** encender, inflamar, incendiar, hacer brillar, hacer arder, devastar por el fuego || PAS. *y* PERF. ACT. δέδηα arder, estar en llamas, *tamb. fig.;* brillar, chispear; extenderse rápidamente como el fuego.

F. *3.ª sing. aor. subj. pas. ép.* δάηται; *perf.* δέδηα *plpf. ép.* δεδήειν; *perf. pas.* δέδαυμαι, *aor. pas.* ἐδαίσθην.

2 **δαίω** *inus. en act.* || MED. partir, dividir; repartir; desgarrar; arrancar; devorar || PAS. ser partido *o* repartido; ser desgarrado, desgarrarse (ἦτορ el corazón) || AOR. ἔδαισα *v.* δαίνυμι.

F. *impf. ép.* δαιόμην, *3.ª sing.* δαίετο; *3.ª pl. perf. ép.* δεδαίαται. *V.* δατέομαι *cuyas formas de fut. y aor. se suelen referir también a este verbo.*

δάκε *3.ª* sing. *aor. 2.º ép. de* δάκνω.

δακέειν *inf. aor. 2.º ép. de* δάκνω.

δακέ-θυμος ον roedor, devorador.

δάκνω morder; picar; molestar, ofender, herir.

F. *fut.* δήξομαι; *aor.* ἔδακον *ép.* δάκον, *inf. ép.* δακέειν; *perf.* δέδηχα, *pas.* δέδηγμαι; *aor. pas.* ἐδήχθην, *fut. pas.* δηχθήσομαι.

δάκρυ υος τό *y*

δάκρυμα ατος τό lágrima; llanto.

δακρυόεις εσσα εν lleno de lágrimas, lloroso (δακρυόεν γελᾶν reír entre lágrimas); lacrimoso, luctuoso, doloroso, funesto.

δάκρυον ου τό lágrima; *fig.* gota, destilación.

F. δακρυόφι(ν) *ant. instrumental ép.* = *gen. o dat.* δακρύων δακρύοις *o* δάκρυσι (*de* δάκρυ).

δακρυ-πλώω nadar en lágrimas, derramar un mar de lágrimas.

δακρυρροέω -ῶ derramar lágrimas abundantes, llorar copiosamente.

δακρυ-χέω derramar lágrimas.

δακρύω INTR. derramar lágrimas, llorar || TR. llorar, deplorar, lamentar [algo *o* alguien, *ac.*]; bañar *o* llenar de lágrimas [las mejillas, etc.]; δ. γόους exhalar gemidos.

δακτυλήθρα ας ἡ guante.

δακτύλιος ου ὁ anillo, sortija; *esp.* anillo con sello.

δάκτυλος ου ὁ dedo (ὁ μέγας δ. el pulgar) || *tamb. como medida.*

δακών *part. aor. 2.º* de δάκνω.

Δάλιος α ον *dór.* = **Δήλιος.**

δαλός οῦ ὁ tizón, brasas, ascuas; antorcha; *fig.* rayo.

δαμάζω domar, amansar; someter [a un marido, *dat.*]; dar por esposa, desposar; someter, dominar, *tamb. fig.* forzar; derribar, matar || MED. someter al yugo; dominar, vencer; matar.

F. *fut.* δαμάσω, *ép.* δαμάσσω, *med.* δαμάσσομαι, *3.ª pers. sing. tamb.* δαμᾷ δαμάᾳ, *3.ª pl.* δαμόωσι; *aor.* ἐδάμασα, *ép.* ἐδάμασσα, *y* δάμασσα, *med.* ἐδαμασσάμην; *perf. pas.* δέδμημαι, *3.ª sing. plpf. ép.* δέδμητο *3.ª pl.* δεδμήατο; *aor. pas.* ἐδαμάσθην, *ép. tamb.* δαμάσθην, ἐδμήθην, ἐδάμην y δάμην, *3.ª pl.* δάμεν, *imp.* δμηθήτω, *subj. ép.* δαμείω δαμήῃς δαμήῃ, *2.ª pl.* δαμήετε, *opt.* δαμείην, *inf.* δαμασθῆναι, δαμῆναι, *ép. tamb.* δαμήμεναι, *part.* δμηθείς *y* δαμείς.

δαμάλης ου ὁ domador.

δάμαλις εως ἡ ternera; becerra.

δάμαρ αρτος ἡ esposa.

δαμάω -ῶ = **δαμάζω.**

δαμείς *part. aor. pas. de* δαμάζω.

δαμείω *subj. aor. pas. ép. de* δαμάζω.

δάμην *aor. pas. ép. de* δαμάζω.

δαμνάω -ῶ *y*

δάμνημι = **δαμάζω.**

F. *3.ª pers. sing. pres. ind. ép.* δαμνᾷ, *impf.* ἐδάμνα *y ép. tamb.* δάμνα. *V.* δαμάζω.
δαμοσία ας ἡ *dór.* real, tienda del rey [en Esparta] [*cf.* δημόσιος].
δαμόωσι *3.ª pl. fut. ép. de* δαμάω.
Δαναοί ῶν οἱ los dánaos *e. e. en gral.* los griegos *(frec. en Hom.).*
δανείζω prestar, dar a préstamo || MED. tomar prestado, tomar a préstamo.
δάνειον ου τό *y*
δάνεισμα ατος τό préstamo, crédito.
δανεισμός οῦ ὁ préstamo; usura.
δανειστής οῦ ὁ prestamista; usurero.
δανειστικός ή όν aficionado a los préstamos || SUST. **ὁ** prestamista.
δανίζω = **δανείζω.**
δανιστής = **δανειστής.**
δανός ή όν seco.
δάος εος [ους] τό antorcha.
δαπανάω -ῶ gastar; consumir, agotar, arruinar || MED. gastar de lo suyo.
δαπάνη ης ἡ *y*
δαπάνημα ατος τό gasto, dispendio, costas; recursos, medios; tributo.
δαπανηρός ά όν *y*
δάπανος ον gastoso, pródigo; costoso, de mucho gasto.
δά-πεδον ου τό suelo, tierra; pavimento.
δάπις ιδος ἡ alfombra.
δάπτω desgarrar; devorar; *fig.* consumir.
F. *fut.* δάψω, *aor.* ἔδαψα.
Δαρδανία ας ἡ Dardania, Troya.
Δαρδανίδης ου ὁ descendendiente de Dárdano.
Δαρδάνιος α ον dardanio, troyano.
Δαρδανίς ίδος ἡ dardania, troyana.
Δάρδανος ον ὁ Dárdano hijo de Zeus, progenitor de los troyanos. || *adj.* dárdano *o* dardanio, troyano.
δαρδάπτω desgarrar, despedazar; devorar; consumir.
δαρεικός οῦ ὁ darico [moneda persa de oro del valor de unas 25 ptas.].
Δαρεῖος ου Darío [nombre de varios reyes de Persia].
δαρθάνω dormir.
F. *aor.* ἔδαρθον *y* ἔδραθον.
δαρήσομαι *fut. pas. de* δέρω *(N. T.).*
δαρός ά όν *dór.* = **δηρός.**
δάς δᾳδός ἡ = **δαΐς.**
δάσασθαι δασάσκετο *etc. formas de aor. 1.º de* δατέομαι.
δά-σκιος ον sombrío, umbroso.
δάσμευσις εως ἡ reparto, distribución.
δασμολογέω -ῶ recaudar un tributo; imponer una contribución [a alguien, *ac.*].
δασμός οῦ ὁ reparto, distribución, *esp. de* botín; tributo.
δασμοφορέω -ῶ pagar tributo.
δασμο-φόρος ον tributario, que paga tributo.
δάσομαι *fut. med. de* δαίω *2 y* δατέομαι.
δασπλῆτις ιδος ADJ. *f.* terrible, horrenda.
δασσάμην *aor. ép. de* δατέομαι.
δασύ-μαλλος ον de lana tupida, lanudo.
δασύς εῖα [*jón.* **έη**] **ύ** denso, espeso, tupido; peludo, velludo, lanudo; frondoso, cubierto (πίτυσι de pinos; δένδρων de árboles).
δασύ-στερνος ον de pecho velludo, de pelo en pecho.
δατέομαι-οῦμαι dividir entre sí, repartirse [algo, *ac.*]; *fig.* μένος Ἄρηος combatir con ardor igual; tomar su parte, probar [de algo, *gen.*]; dar en reparto [algo, *ac.;* a alguien, dat.]; dividir en partes, *tamb. fig.* χθόνα ποσσί δατεῦντο caminaban; despedazar, desgarrar; devorar, comer.
F. *3.ª pl. impf. ép.* δατεῦντο; *fut.* δάσομαι; *aor.* ἐδασάμην, *ép.* δασσάμην, *3.ª sing. tamb.* δασάσκετο; *perf.* δέδασμαι.
δατεῦντο *ép.* = **ἐδατοῦντο** *3.ª pl. impf. de* δατέομαι.
Δαυλίς ίδος ἡ Daulis *o* Daulia [ciudad de Fócida].
δάφνη ης ἡ laurel; rama de laurel.
δαφνη-φόρος ον que produce laurel; que lleva corona de laurel.
δαφοιν(ε)ός όν de color de sangre, rojo; rojizo, leonado.
δαψιλής ές generoso, liberal; abundante; rico, magnífico.
δαψιλῶς ADV. en la abundancia.
* **δάω** *def.* [*aor. 2.º* ἐδάον *y* δέδαον] amaestrar, enseñar [a alquien *ac.;* algo *o* en algo, *ac.;* a hacer algo, *inf.*] || PERF. δεδάηκα *y* δέδαα haber aprendido, ser experto [en algo, *ac.*] || MED. [*fut.* δαήσομαι *aor. pas.* ἐδάην *etc.*] estar instruido, conocer, saber, aprender [de alguien, *gen.;* algo, *ac.* algo, *ac. o gen.*]; percibir, sentir

[algo, *ac.*] || PERF. MED. ÉP. [*inf.* δεδάασθαι] aprender a conocer.

F. *Además de las citadas*: *part. perf.* δεδαηκώς *y* δεδαώς; *subj. aor. pas.* δαῶ *y* δαείω, *inf.* δαῆναι *y ép. tamb.* δαήμεναι, *part.* δαείς.

δέ *partic. pospositiva, en correl. con* μέν: pero, mas, por otro lado, en cambio; sino, sin embargo; *a veces sin traducción* (οἱ μέν... οἱ δέ los unos, los otros) || *tamb. sola*, después de oración *negativa* : sino ((τέθνηκεν ἀνδρὸς οὐδενός, θεοῦ δ' ὑπό ha muerto no por obra de un hombre sino de un dios) || *copulat., con sign. vario*: y, también, además, asimismo (καὶ δέ σοι αὐτῷ μοῖρα y también para ti mismo hay un destino); pues, luego, por tanto (τί δέ; pues qué?; εἰπέ μοι, κύνας δὲ τρέφεις; díme, luego ¿crías perros?); en verdad, en efecto, por cierto (ἐγὼ δὲ ταῦτα ἐποίησα yo, en efecto, hice eso). *Con otra partic.*: καὶ δέ sino que; y lo que es más; δὲ ἄρα *o* δ'ἄρα y he aquí que; δὲ δή y [pero] entonces; y [pero] de cierto; δ' οὖν así, pues; y en resumen; pero como quiera que sea...

***δέαμαι** *def.* parecer.

δέαται *ép. 3.ª sing. pres. ind. de* *δέαμαι parecer.

δέατο *3.ª sing. impf. ép. de* *δέαμαι.

F. *Le sirve de aor. la forma* δοάσσατο.

δέγμενος η ον *part. aor. 2.º ép. de* δέχομαι.

δεδάασθαι (*v. l.* δεδαέσθαι) *inf. perf. med. ép.de* *δάω.

δέδαε *3.ª sing. aor. redupl. ép. de* *δάω.

δεδαίαται *3.ª pl. perf. pas. de* δαίω *2.*

δεδαϊγμένος *part. perf. pas. de* δαΐζω.

δέδασται *3.ª sing. perf. de* δατέομαι.

δεδαώς *part. perf. de* δάω.*

δέδεγμαι *perf. de* δέχομαι; *perf. pas. jón. de* δείκνυμι.

δεδέηκα δεδέημαι *perf. act. y med. de* δέω *2.*

δέδειχα *pas.* δέδειγμαι *perf. de* δείκνυμι.

δέδεκα δέδεμαι *perf. act. y pas. de* δέω *1.*

δέδηε δεδήει *3.ª sing. perf. y plpf. 2.º ép. resp. de* δαίω *1.*

δέδηχα, *pas.* δέδηγμαι, *perf. de* δάκνω,

δέδια *perf. 2.º de* δείδω *con valor de pres.* [τὸ δεδιός = τὸ δέος].

δεδίδαχα [*pas.* δεδίδαγμαι] *perf. de* διδάσκω.

δεδίκασμαι *perf. pas. de* δικάζω.

1 **δεδίσκομαι** [*sol. part. pres.* δεδισκόμενος] saludar.

2 **δεδίσκομαι** *ép. poét.* = **δεδίσσομαι.**

δεδίσσομαι [*át.* **δεδίττομαι**] TR. atemorizar, amedrentar [a alguien, *ac.*]; ahuyentar || INTR. temer.

F. *ép.* δειδίσσομαι, *fut.* δειδίξομαι, *inf. aor. 1.º* δειδίξασθαι.

δεδμήατο *3.ª pl. plpf. pas. ép. de* δαμάω.

δέδμημαι *perf. pas. de* δαμάω *y* δέμω.

δέδογμαι *perf. pas. de* δοκέω.

δέδοικα *perf. de* δείδω *con valor de pres.*

δεδοκημένος η ον *part. perf. ép. de* δέχομαι = δεδεγμένος que espía, que acecha [a alguien, *ac.*].

δέδομαι *perf. pas. de* δίδωμι.

δέδουπα *perf. 2.º ép. de* δουπέω.

δεδραγμένος η ον *part. perf. de* δράσσομαι.

δέδρακα (*jón.* δέδρηκα) *perf. de* διδράσκω.

δεδράμηκα *y* **δέδρομα** *perfs. 1.º y 2.º resp. de* τρέχω.

δέδυκα *med.* **δέδυμαι** *perf.* de δύω.

δεδύνημαι *perf. de* δύναμαι.

δέδωκα *perf. de* δίδωμι.

δέελος η ον *ép.* = **δῆλος η ον.**

δέῃ *subj. de* δεῖ.

δεήσει *fut. de* δεῖ.

δεήσω *fut. de* δέω*2.*

δέησις εως ἡ ruego, súplica.

δεῖ *3.ª sing. pres. de* δέω *2* IMPERS.: es necesario, es menester, se necesita, es preciso, hace falta (πολλοῦ ἀργυρίου mucho dinero; πόλεμον γενέσθαι que se haga la guerra: ὅπως δείξεις que muestres; τοῦτο esto); falta [algo, *gen.*; a alguien, *dat. y tamb. ac.*] *V.* δέω *2 y part.* δέον.

F. *subj.* δέῃ, *opt.* δέοι, *inf.* δεῖν *part.* δέον; *impf.* ἔδει *jón.* ἔδεε; *fut.* δεήσει; *aor. 1.º* ἐδέησε.

δεῖγμα ατος τό muestra, ejemplo; prueba; mercado, bazar [en el Pireo].

δειγματίζω hacer un escarmiento [en alguien, ἐν *y dat.*].

δείδεκτο *3.ª sing. plpf. med. ép. de* δείκνυμι.

δειδέχαται *3.ª pl. perf. med. ép. de* δείκνυμι.

δειδέχατο *3.ª pl. plpf. med. ép. de* δείκνυμι.

δειδήμων ον [*gen.* ονος] tímido, cobarde.

δείδια *perf. ép. de* δείδω.

δειδίξασθαι δειδίξεσθαι *infs. aor. 1.º y fut. resp. de* δειδίσσομαι.

δειδίσκομαι *ép.* = **δεδίσκομαι.**

δειδίσσομαι *ép.* = **δεδίσσομαι.**

δείδοικα *ép.* = **δέδοικα.**

δείδω INTR. temer, tener miedo [por alguien *o* por algo, περί, ἀμφί *con gen. o con dat.*] || TR. temer [a alguien *o* algo, *ac., constr. con* μή, ὡς, ὅπως μή *etc. y tamb. inf.*]; venerar, respetar [a alguien *ac.*].
F. *fut.* δείσομαι; *aor.* ἔδεισα *ép. tamb.* ἔδδεισα; *perf.* δέδοικα *con sign. pres. ép.* δείδοικα, δέδια, δείδια, (*imp.* δείδιθι *inf.* δειδίμεν), *plpf.* ἐδεδίειν, *3.ª pl.* ἐδεδίεσαν *y* ἐδέδισαν, *ép. tamb.* (ἐ)δείδισαν.

δειελιάω -ῶ *ép.* comer por la tarde, merendar.

δείελος ον de la tarde, vespertino || SUBST. *m.:* la tarde.

δεικανάομαι [*ép.* **-όομαι**] **-ῶμαι** dar la bienvenida, saludar; felicitar.

δείκηλον ου τό *jón.* representación, espectáculo, *esp.* mímico.

δείκνυμι *y*

δεικνύω indicar, mostrar, señalar; exponer, manifestar, declarar, revelar; sacar a luz; demostrar, probar [algo, *ac.;* a *o* ante alguien, *dat.*] || MED. dar la bienvenida, saludar con el gesto, saludar; mostrar con la mano, poner a la vista.
F. *3.ª pl.impf.* ἐδείκνυσαν *y* ἐδείκνυον; *fut.* δείξω, *jón.* δέξω; *aor.* ἔδειξα, *ép.* δεῖξα, *jón.* ἔδεξα; *perf.* δέδειχα; *aor. pas.* ἐδείχθην, *jón.* ἐδέχθην, *perf. pas.* δέδειγμαι, *jón.* δέδεγμαι (*tamb. med. con. sign. pres.*) *3.ª pl.* δειδέχαται; *plpf. ép.* ἐδειδέγμην, *3.ª sing. ép.* δείδεκτο, *3.ª pl. ép.* δειδέχατο.

δείλαιος α ον = **δειλός.**

δείλη ης ἡ tarde.

δειλία ας [*jón.* δειλίη ης] **ἡ** timidez, cobardía; miedo, temor.

δειλιάω -ῶ intimidarse, estar acobardado.

δείλομαι *ép.* ir a ponerse, declinar, [el sol].

δειλός ἡ όν miedoso, cobarde; vil, despreciable; mísero, pobre; miserable, desgraciado.

δεῖμα ατος τό miedo, espanto, terror; objeto de terror, espanto *u* horror.

δειμαίνω *ép. poét.* tener miedo, estar asustado, temer [algo *o* a alguien, *ac.; constr. con* μή; por alguien *o* algo, περί *o* ἀμφί *con dat.*, ὑπέρ *con gen.*].

δείματο = **ἐδείματο** *3.ª sing. aor. med. ép. de* δέμω.

δειματόω -ῶ asustar, amedrentar.

δείμομεν *ép.* = **δείμωμεν** *1.ª pl. subj. aor. de* δέμω.

Δεῖμος ου ὁ *ép.* el Espanto, el Terror [personificado].

δεῖν *inf. de* δέω, δεῖ.

δεῖνα δεῖνος [*tamb. indecl.*] **ὁ ἡ τό** un tal, uno cualquiera [innominado], alguien, fulano [mengano, etc.].

δεινολογέομαι -οῦμαι dolerse vivamente.

δεινο-παθέω -ῶ experimentar un gran dolor.

δεινό-πους ουν [*gen.* ποδος] *poét.* de pie terrible, de tremendo paso [*epít.* de la Maldición].

δεινός ἡ όν [*o* **-ός όν**] temido, respetado, reverenciado, venerado; tremendo, espantoso, formidable, terrible (ὁρᾶν de ver *etc.*); digno de temerse, que inspira miedo *o* recelo (μὴ ἀποστέωσι no hagan defección); malo, funesto; indignante, indigno (δεινὸν ποιεῖν *o* ποιεῖσθαι considerar indigno, llevar a mal); τὸ δεινόν peligro; desgracia; *tamb.* fuerte, violento [amor, deseo, *etc.*]; admirable, maravilloso; raro, extraño; hábil, diestro, experto.

δεινότης ητος ἡ aspecto *o* carácter terrible, terriblez; rigor, severidad (νόμων de las leyes); habilidad, destreza; sagacidad, astucia.

δεινόω -ῶ exagerar, extremar.

δεινῶς ADV. terriblemente, penosamente, con molestia *o* trabajo; maravillosamente; excesivamente.

δειν-ώψ ῶπος de mirada terrible.

δεῖξα δείξω *aor. 1.º ép. y fut. resp. de* δείκνυμι.

δείους *ép. gen. de* *δεῖος [*cf.* δέος].

δειπνέω -ῶ hacer una comida, tomar la comida principal; comer; cenar.

δείπνηστος ου ὁ hora de la comida principal, mediodía.
δειπνίζω [*aor. ép.* ἐδείπνισσα] invitar a la mesa, agasajar.
δεῖπνον ου τό *y*
δεῖπνος ου ὁ comida, comida principal; banquete, festín [*esp. en pl.*]; almuerzo; comida de mediodía; cena, manjares de la cena; pasto forraje.
δειπνοποιέω -ῶ preparar una comida || MED. comer.
δειράς άδος ἡ sierra, cordillera; cumbre, roca || PL. *fig.* mejillas *o* cuello [*Sóf. Ant. 832*].
δειρή ῆς ἡ cuello, garganta.
δειροτομέω -ῶ *ép.* cortar el cuello, degollar, decapitar.
***δείρω** *jón. poét.* = **δέρω.**
δεῖσαι δείσας *etc. formas de aor. 1.º de* δείδω.
δεισιδαιμονία ας ἡ temor de Dios, piedad; superstición.
δεισι-δαίμων ον temeroso de los dioses; timorato, piadoso, religioso; supersticioso.
δείσομαι *fut. de* δείδω.
δέκα ADJ. NUM. CARD. INDECL. diez; *esp.* οἱ τὰ δέκα [ἔτη] ἀφ' ἥβης los que han cumplido 10 de los 20 años de servicio militar [*Jen. Hel. 3, 4, 23*] || *tamb. como núm. indeterm.* [*Hom. Il. 2, 489; 4, 347*].
δεκαδαρχία ας ἡ gobierno *o* regencia de diez.
δεκάδ-αρχος ου ὁ jefe *o* comandante de 10 hombres, decurión.
δεκαδεύς έως ὁ miembro de una decuria *o* grupo de 10 hombres.
δεκα-δύο = **δώδεκα** doce.
δεκα-ετής ές de 10 años de edad; que dura 10 años.
δεκάζω corromper.
δεκάκις ADV. diez veces.
δεκά-μηνος ον que ocurre cada 10 meses *o* en el mes décimo.
δεκα-οκτώ = **ὀκτωκαίδεκα** diez y ocho.
δεκα-πέντε = **πεντεκαίδεκα** quince.
δεκά-πηχυς υ de 10 codos de largo.
δεκα-πλάσιος α ον diez veces mayor, décuplo [de algo, *gen*].
δεκά-πλεθρος ον de 10 pletros de largo.
δεκάρχης ου ὁ *jón. íd.* = **δεκάδαρχος.**
δεκαρχία ας ἡ = **δεκαδαρχία.**

δεκάς άδος ἡ decena, década; *esp.* decena de soldados, decuria.
δεκαταῖος α ον que ocurre al cabo de 10 días *o* en el día décimo.
δεκα-τέσσαρες α = **τεσσαρεσκαίδεκα** catorce.
δεκατευτήριον ου τό oficina *o* puesto de cobranza del diezmo.
δεκατεύω diezmar, sacar el diezmo [de algo, *ac.*]; imponer como tributo el diezmo [a alguien, ac.].
δέκατος η ον décimo; *tamb. como núm. indeterm.* [*Hom. Od. 16, 18; 19,294*] || SUBST. **ἡ δεκάτη** la décima parte *o* el día décimo.
δεκατόω -ῶ cobrar el diezmo [a al guien, *ac.*] || PAS. pagar el diezmo.
δεκά-φυλος ον constituido por diez tribus.
δεκά-χιλοι α diez mil.
Δεκέλεια *jón.* **Δεκελέη** Decelea, demo del Atica, a 25 km. de Atenas.
Δεκελεικός ή όν de Decelea, (nombre dado a la última parte de la guerra del Peloponeso).
Δεκελειόθεν (*jón.* **Δεκελεῆθεν**) *adv.* desde Decelea.
Δεκελεύς εως ὁ natural de Decelea.
δεκέτης ες [*gen.* ους] de diez años, decenal.
δέκνυμι *jón.* = **δείκνυμι.**
δέκομαι *jón. poét.* = **δέχομαι.**
δέκτης ου ὁ *ép.* mendigo.
δεκτικός ή όν capaz de recibir [algo, *gen.*].
δέκτο *3.ª sing. plpf. ép. con sign. pas. de* δέχομαι.
δεκτός ή όν *adj. vbal. de* δέχομαι acepto aceptable; grato.
δελεάζω [*aor.* ἐδελέασα] poner como cebo; atraer *o* intentar atraer; *tamb. fig.:* halagar, seducir.
δέλεαρ ατος τό cebo; señuelo.
δέλτα τό INDECL. delta [letra griega]; delta de un río.
δελτίον ου τό *dim. de* δέλτος.
δέλτος ου ἡ tablilla para escribir; escrito, carta.
δέλφαξ ακος ἡ cerdo, puerco.
Δελφικός ή όν *adj.* délfico, de Delfos.
δελφινο-φόρος ον portador de delfines [el delfín es nombre dado a una gruesa pieza de metal que se dejaba caer sobre la nave enemiga].

Δελφίς ίδος ἡ delfia *o* delfiense, de Delfos.
δελφίς ῖνος ὁ delfín [cetáceo].
Δελφοί ῶν οἱ Delfos [ciudad de la Fócida, donde estaba el famoso oráculo de Apolo].
Δελφός οῦ ὁ delfio *o* delfiense, de Delfos.
δέμας τό [*sólo nom. y ac.*] armazón del cuerpo, figura, cuerpo; estatura, talla; porte *o* aire || *en perífr. con gen.*: οἰκετῶν δέμας los servidores *o* criados || ADV. a manera de, como [*gen.*: δ. πυρός como fuego].
δέμνιον ου τό [*grlte. en pl.* δέμνια] cama, yacija; cuja *o* armadura de la cama.
δέμον = ἔδεμον, *impf. ép. de* δέμω.
δέμω edificar, contruir || MED. construir para sí (οἴκους sus casas).
F. *aor.* ἔδειμα (*1.ª pl. subj. ép.* δείμομεν), *med.* ἐδειμάμην; *perf. pas.* δέδμημαι.
δενδίλλω [*sólo part. pres.*] volver los ojos rápidamente [a alguien, ἐς *y ac.*].
δένδρεον ου τό *poét.* = **δένδρον.**
δενδρήεις εσσα εν *ép.* abundante en árboles.
δενδρο-κοπέω -ῶ cortar árboles, talar *o* devastar [χώραν un país].
δένδρον ου *y*
δένδρος εος [ους] τό árbol.
δενδρο-τομέω -ῶ = **δενδροκοπέω.**
δεννάζω injuriar, denostar [ῥήματα con palabras].
δέννος ου ὁ insulto.
δεξαμενή ῆς ἡ cisterna, aljibe; recipiente *en gral.*; *tamb. fig.*
δεξιά ᾶς [*jón.* **δεξιή ῆς**] **ἡ** [*solo o con* χείρ] mano derecha (δεξιὰς δοῦναι καὶ λαβεῖν darse las manos, *e. e.*, comprometerse mutuamente); lado *o* parte derecha.
δεξιο-βόλος ου ὁ *y*
δεξιο-λάβος ου ὁ lancero; guardia [*N. T.*].
δεξιόομαι -οῦμαι dar la mano, saludar, dar la bienvenida, acoger.
F. *fut.* δεξιώσομαι, *aor.* ἐδεξιωσάμην, *aor. pas.* ἐδεξιώθην.
δεξιός ά όν situado a la diestra *o* mano derecha; [*como subst.* τὰ δεξιά la mano *o* lado derecho]; favorable, de buen agüero [*dic. esp.* del vuelo de las aves]; diestro, hábil.
δεξιό-σειρος ον [ἵππος] [caballo] del lado derecho del tiro; fogoso, impetuoso; propicio.
δεξιότης ητος ἡ destreza, habilidad, *esp.* mental; claridad, perspicacia, ingenio.
δεξιό-φιν (ἐπὶ δ.) *y*
δεξιτερῆ-φι *locats. éps.*, a la derecha.
δεξιτερός ά όν de la mano derecha, diestro *o* derecho || SUBST. **ἡ δεξιτερή** [χείρ] *jón.*, la mano derecha, la diestra.
δεξίωμα ατος τό apretón de manos; saludo; acuerdo.
δέξο *2.ª sing. imp. aor. 2.º ép. de* δέχομαι.
δέξω = δείξω *fut. jón. de* δείκνυμι.
δέοι *opt. de* δεῖ.
δέομαι *med. de* δέω *2.*
δέον οντος τό *part. pres. n. de* δέω *2*, lo que es necesario, preciso *o* debido; necesidad, deber, obligación; lo conveniente, oportuno *o* a propósito (οὐδὲν δέον sin ninguna necesidad; sin ningún provecho). *Cf.* δέω *2 y* δεῖ.
δέοντο *3.ª pl. impf. med. ép. de* δέω 1.
δέος δέους τό temor, miedo, espanto, angustia, recelo [de algo, *gen, o ac.*; de que... *inf. o* μή *con subj.*]; temor respetuoso, reverencia; motivo de temor; medio para amedrentar.
δέπας αος τό vaso para beber, copa, taza.
F. *dat.* δέπᾳ *y* δέπαι, *nom. pl.* δέπα, *gen.* δεπάων, *dat.* δεπάεσσι *y* δέπασσι.
δεράς άδος ἡ = **δειράς.**
δέρη ης ἡ cuello, garganta.
δέρκομαι mirar, *esp.* con fijeza, *o* de modo penetrante (πῦρ ὀφθαλμοῖσι δεδορκώς con ojos llameantes); ver *y esp.* la luz del día, vivir, estar vivo; divisar, percibir.
F. *3.ª sing. impf. iter. ép.* δερκέσκετο *aor.* ἔδρακον, ἐδέρχθην, *poét. 3.ª sing.* δέρχθη *(Sof. Ay. 425)*, *perf. con valor de pres.* δέδορκα.
δέρμα ατος τό piel; pellejo; cuero; odre.
δερμάτινος η ον de piel, de cuero.
δέρον *impf. ép. de* δέρω.
δέρρις εως *y*
δέρσις εως ἡ piel, cuero; cubierta *o* defensa de piel.

δέρτρον ου τό *ép. y jón.* peritoneo; entrañas.

δέρχθη *3.ª sing. aor. poét. de* δέρκομαι vio, contempló.

δέρω quitar la piel, desollar, golpear, pegar.
F. *jón.* δείρω; *impf.* ἔδερον, *ép. tamb.* δέρον; *fut.* δερῶ; *aor.* ἔδειρα; *perf. pas.* δέδαρμαι; *aor. pas.* ἐδάρην, *fut. pas.* δαρήσομαι.

δέσμα ατος τό atadura; venda, cinta.

δεσμεύω *y*

δεσμέω -ῶ atar, encadenar; encarcelar.

δέσμη ης ἡ *y*

δεσμή ῆς ἡ haz, manojo; lío, paquete.

δέσμιος ον [*o* **-ος α ον**] atado, sujeto, preso, cautivo.

δεσμός οῦ ὁ [*pl.* δεσμοί *y* δεσμά] atadura, vínculo, lazo; cuerda, soga, cable, hilo, amarra, correa, ronzal; cinta; nudo; clavo; prisión, cautividad, esclavitud || PL. lazos, cadenas, *tamb. fig.*

δεσμο-φύλαξ ακος ὁ guardián de la cárcel, carcelero.

δέσμωμα ατος τό [*sólo pl.*] ligaduras, cadenas.

δεσμωτήριον ου τό prisión, cárcel.

δεσμώτης ου ὁ encadenado, prisionero, cautivo.

δεσμῶτις ιδος ADJ. *f.* encadenada, presa, cautiva.

δεσπόζω [*fut.* δεσπόσω *etc.*] ser dueño, mandar, gobernar [algo *o* a alguien, *gen*].

δέσποινα ης ἡ ama, señora; princesa, reina.

δεσποσύνη ης ἡ soberanía, señorío, mando absoluto, despotismo.

δεσπότης ου ὁ señor, amo, dueño; soberano.
F. *voc.* δέσποτα *ac. jón.* δεσπότεα.

δεσποτικός ἡ όν del señor *o* dueño; señorial; despótico.

δεσποτικῶς ADV. con poder absoluto, despóticamente.

δεσπότις ιδος ἡ = **δέσποινα.**
F. *ac.* δεσπότιν, *voc.* δέσποτι.

δετή ῆς ἡ haz, manojo; antorcha, tea.

δευήσεσθαι *inf. fut. med. ép. de* δεύω *2.*

δεύομαι *ép.* = **δεύω** *2.*

δεῦρο [*y ép.* **δεύρω**] ADV. aquí; acá, hasta aquí; ahora; hasta ahora || INTERJ.: ¡ea! ¡vamos! ¡adelante!

δευσο-ποιός όν teñido; indeleble, imborrable; *tamb. fig.*

δεύτατος η ον *superl. de* δεύτερος último, postrero.

δεῦτε ADV. vamos ¡ea!

δευτερ-αγωνιστής οῦ ὁ segundo actor; *fig.* secundador, defensor secundario, orador en segundo lugar.

δευτεραῖος α ον del segundo día, que llega *u* ocurre al día siguiente (τῇ δευτεραίῃ [ἡμέρᾳ] al día siguiente).

δευτερεῖα [*y jón.* **δευτερήια**] **ων** [ἆθλα] **τά** segundo lugar, segundo premio.

δευτερο-λογία ας ἡ discurso del segundo orador, segundo discurso.

δευτερό-πρωτος ον primero de una segunda serie (τὸ δευτερόπρωτον σάββατον el primer sábado después del segundo día de Pascua, *N. T.*).

δεύτερος α ον segundo, otro [de dos]; siguiente, posterior; inferior, secundario [respecto a alguien *o* algo, *gen.*] || SUBST. **δευτέρα** segundo lugar, segundo premio || ADV. **δεύτερον** [τό], **δεύτερα** [τά] en segundo lugar, otra vez; ἐκ δευτέρου por segunda vez.

1 **δεύω** mojar, humedecer, regar; empapar; llenar; derramar || MED. humedecer, mojar.
F. *impf. ép.* δεῦον *y* δεύεσκον *fut.* δεύσω; *aor.* ἔδευσα; *perf. pas,* δέδευμαι.

2 **δεύω** *ép. poét.* = **δέω** *2.* fallar *o* fracasar en, no conseguir [algo, *inf.:* ἱκέσθαι llegar, *Hom. Od. 9, 483*] || MED. δεύομαι estar falto, carecer [de algo, *gen.*]; *tamb. abs.:* estar en la indigencia; carecer de recursos; ser inferior, no estar a la altura [de algo *o* de alguien, *gen.*].
F. *aor.* ἐδεύησα. || MED. *3.ª pl. opt.* δευοίατο; *2.ª sing. impf.* ἐδεύεο (*v. l.* ἐδεύευ), *fut.* δευήσομαι, δευήσεαι *etc.*

δέχαται *3.ª pl. pres. ind. ép. de* δέχομαι.

δεχ-ήμερος ον duradero por diez días.

δέχομαι TR. recibir, aceptar, admitir; acoger favorablemente; aprobar; obedecer (τὰ παραγγελλόμενα las órdenes); aceptar con resignación, soportar resignado (κῆρα la muerte); comprender, juzgar, considerar; preferir [una cosa a otra, τι ἀντί *o* πρό τινος]; recibir a pie firme, como a enemigo [a alguien, *ac.*]; aguardar, esperar [*con inf. o conj.*] || INTR. venir detrás, suceder (κακὸν ἐκ κακοῦ una desgracia a otra).

F. *jón. dór. y eól.* δέκομαι (*impf.* ἐδεκόμην); *3.ª pl. pres. ind. ép.* δέχαται, *impf. ép.* ἐδέγμην, *3.ª sing.* δέκτο, *imp.* δέξο, *inf.* δέχθαι, *part.* δέγμενος; *fut.* δέξομαι; *aor.* ἐδεξάμην; *perf.* δέδεγμαι, *imp.* δέδεξο; *fut. pf.* δεδέξομαι; *aor. pas.* ἐδέχθην (*con el mismo valor de* ἐδεξάμην). *V. además* δεδοκημένος.

δέψω *ép. jón.*, amasar; sobar, ablandar, curtir (δέρμα una piel).

F. *aor.* ἐδέψησα.

1 **δέω** atar, sujetar; encarcelar; amarrar, encadenar; *tamb. fig.:* obligar; impedir, apartar (τινα κελεύθου a uno de su camino) || MED. δέομαι atar *o* sujetar en sí *o* para sí (δ. ὑπὸ ποσσὶ πέδιλα atarse las sandalias a los pies).

F. *3.ª pl. imp. pres. ép.* δεόντων, *3.ª pl. impf. med. ép.* δέοντο; *aor.* ἔδησα, *3.ª sing. ép.* δῆσε, *med.* ἐδησάμην, *3.ª sing. ép.* δησάσκετο; *perf.* δέδεκα, *pas.* δέδεμαι, *3.ª sing. plpf. ép.* δέδετο, *3.ª pl. jón.* ἐδεδέατο; *fut. perf.* δεδήσομαι; *aor. pas.* ἐδέθην, *fut. pas.* δεθήσομαι. *Formas áticas contractas en pres. e impf.* δῶ δοῦμαι, *pl.* δοῦμεν δοῦσι, *part.* δῶν, δοῦσα, δοῦν, *impf.* ἔδουν *etc.*

2 **δέω** tener falta, estar necesitado, carecer [de algo, *gen.*]; faltar (ὀλίγου poco; πολλοῦ mucho: πολλοῦ δέω ἀπολογεῖσθαι estoy lejos *o* no trato de defenderme [*cf.* δεῖ *impers.*]); *part.* δέων ουσα ον falto [de algo, *gen.*] *esp. con numer.* (δυοῖν δέοντα τεσσεράκοντα cuarenta menos dos, *e. e.*, 38); *como adj. o subst. v.* δέον || MED. δέομαι necesitar, requerir, tener falta *o* carecer [de algo, *gen.*; *tamb. con inf.:* τοῦτο ἔτι δέομαι μαθεῖν aún necesito aprender esto]; desear, pretender; pedir, rogar, suplicar [a alguien, *gen. o ac.*; algo, *gen.*, *ac.*, *inf.*, ὥστε *con inf.*, ὅπως *con subj. o fut. ind.*].

F. *3.ª pl. opt. pres. jón.* δεοίατο; *fut.* δεήσω, *aor.* ἐδέησα, *ép.* δέησα *y* δῆσα, *perf.* δεδέηκα, || MED. = *ép.* δεύομαι: *fut.* δεήσομαι, *perf.* δεδέημαι, *aor.* ἐδεήθην. *Las formas de pres. e impf. frecte. sin contraer:* δέεται, ἐδέετο *etc.* (*por* δεῖται, ἐδεῖτο *etc.*).

δή *partic. de var. sign.* ADV. *de tiempo* = ἤδη ya, hasta éste *o* aquel momento, antes, a la sazón, ahora, ahora mismo, en seguida, al fin || *aseverativo,* precisamente, exactamente; enteramente, por completo, absolutamente, sin duda, ciertamente, en efecto (οὐ δή seguramente no); evidentemente, como es sabido, naturalmente (*tamb. irón.*); aun, hasta, además (εἰ δὲ δὴ πόλεμος ἥξει y si además viniere una guerra) || *ilativo,* pues, así pues, por consiguiente (τούτων δὴ ἕνεκα así pues, por esto).

δῆγμα ατος τό mordedura, picadura [*tamb. fig.*].

δη-θά ADV. *ép.*, por largo tiempo, hace mucho tiempo.

δῆ-θεν ADV. realmente, manifiestamente; naturalmente, como se deja entender *o* suponer [*tamb. irón.*]; desde entonces, desde aquel tiempo.

δηθύνω tardar, demorarse.

F. *2.ª sing. subj. ép.* δηθύνῃσθα (*Od. 12, 121*).

Δηϊάνειρα ας ἡ Deyanira [esposa de Hércules].

δήϊος α ον *ép. jón.* = **δάϊος.**

δηϊοτής ῆτος ἡ hostilidad; combate; pelea.

δηϊόω *ép. jón.* = **δῃόω.**

F. *3.ª pl. opt. ép.* δηϊόῳεν, *v. l.* δηϊόοιεν (= δηϊῷεν), *part.* δηϊόων; *impf. jón.* ἐδήϊουν, *v. l.* ἐδῄευν, *ép.* δῄουν, *3.ª pl. pas.* δηϊόωντο; *fut.* δῃώσω; *aor.* ἐδῄωσα, *3.ª sing. subj.* δῃώσῃ, *3.ª pl.* δῄωσιν, *part. jón.* δηϊώσας; *aor. pas.* ἐδηϊώθην, *part.* δῃωθείς *y con el mismo valor td.* δεδῃωμένος *Luciano.*

Δηΐ-φοβος ου ὁ Deífobo [hijo de Príamo, hermano de Héctor].

δηκανάομαι *ép.* = **δεικανάομαι.**

δήκνυμαι *ép.* = **δείκνυμαι** *med. de* δείκνυμι.

δή-κου *jón.* = **δήπου.**

δή-κοτε *jón.* = **δήποτε.**

δηλαδή ADV. claramente, claro, naturalmente; seguramente, sin duda [*tamb. irón.*].

δηλ-αυγῶς ADV. claramente, luminosamente.

δηλέομαι *ép. jón. poét.* herir, hacer daño [a alguien, *ac.*]; matar; destruir (καρπόν la cosecha); saquear, devastar (γῆν la tierra); *fig.* violar, quebrantar (ὅρκια los juramentos); ser perjudicial *o* dañoso; ser funesto. **F.** *2.ª sing. subj. aor. ép.* δηλήσεαι, *3.ª* δηλήσεται (= δηλήσηται), *perf.* δεδήλημαι *tamb. con valor pas.* (*Hdt.*).

δήλημα ατος τό *ép. poét.*, daño, ruina [para alguien, *dat.*]; destructor (νηῶν de las naves).

δηλήμων ον [*gen.* ονος] dañoso, ruinoso, funesto [para alguien *o* algo, *gen.*].

δήλησις εως ἡ *jón.*, daño, ruina.

Δήλιος α ον delio, de Delos. || *sust.* **Δήλια τὰ** (*sc.* ἱερά) fiesta celebrada cada cuatro años en honor de Apolo en Delos || embajada sacra anual de los atenienses a Delos en memoria de la visita de Teseo.

δηλον-ότι [= δῆλον ὅτι claro es que] ADV. claramente, está claro, evidentemente; es decir, a saber.

δῆλος η ον visible, manifiesto, claro, natural evidente [para alguien, *dat.*]; δῆλος ἦν Κῦρος ὡς σπεύδων era claro que Ciro apresuraba; εἶ δῆλος οὐκ εἰδώς bien se ve que no sabes.

Δῆλος ου ἡ Delos [hoy Dili, una de las islas Cícladas, consagrada a Apolo].

δηλόω -ῶ TR. hacer visible, mostrar, hacer ver, manifestar, revelar, dar a entender, demostrar, probar [a alguien, *dat.*, εἰς *o* πρός con *ac.*; algo, *ac.*, *constr. con* ὡς, ὅτι, *part. pred.*: δηλώσω πατρὶ μὴ ἄσπλαγχνος γεγώς demostraré a mi padre que no soy de condición cobarde; δηλοῖς ὥς τι σημανῶν das a entender que vas a indicarme algo] || INTR. *e* IMPERS. parecer, ser *o* estar claro, ser evidente. **F.** *aor. pas.* δηλωθήσομαι *y con el mismo valor* δηλώσομαι (*por ej. Sóf. Ed. Col. 581*).

δήλωσις εως ἡ manifestación, declaración; indicación; prueba.

δημ-αγωγέω -ῶ atraer a sí *o* conciliarse el pueblo; captar (τοὺς ἄνδρας a los soldados, *Jen. An. 7, 6, 4*).

δημαγωγία ας ἡ conducción *o* seducción del pueblo, demagogia.

δημαγωγός οῦ ὁ conductor del pueblo, jefe popular; cabecilla *o* seductor del populacho, demagogo.

δημ-αρχέω -ῶ ser demarco *o* jefe de un demo.

δημαρχία ας ἡ función *o* cualidad de demarco, demarquía.

δήμαρχος ου ὁ jefe, oficial *o* presidente de un demo, demarco; gobernador de un distrito [en Egipto].

δήμευσις εως ἡ confiscación.

δημεύω confiscar *o* declarar propiedad del Estado (χρήματα los bienes [de un ciudadano]); hacer público.

δημ-ηγορέω -ῶ hablar ante la asamblea pública *o* al pueblo; hablar como demagogo.

δημηγορία ας ἡ discurso ante el pueblo; declamación retórica.

δημηγορικός ή όν acomodado a la elocuencia popular; diestro para hablar ante el pueblo.

δημηγόρος ου ὁ orador popular; demagogo.

Δημήτηρ τρος [*poét.* **τερος**] **ἡ** Deméter [diosa de la agricultura].

δημιο-εργός όν *poét.* = **δημιουργός.**

δήμιος ον perteneciente al pueblo, público, común [*op. a* ἴδιος]; elegido de entre el pueblo || SUBST. **ὁ δήμιος** [δοῦλος] ejecutor público, verdugo.

δημιουργέω -ῶ trabajar; fabricar, labrar.

δημιούργημα ατος τό obra [de un artesano].

δημιουργία ας ἡ profesión, oficio, arte mecánica; práctica; producción.

δημιουργικός ή όν concerniente a los artesanos, de los artesanos.

δημιουργός οῦ ὁ servidor del pueblo, hombre que ejerce una profesión pública, maestro en un arte [*en Hom.* adivino, médico, heraldo, *etcétera*]; trabajador *u* obrero manual, artesano; productor, creador, *esp.* Creador del Universo [*N. T.*]; demiurgo, primer magistrado [entre los dorios].

δημο-βόρος ον devorador del pueblo, de los bienes del pueblo.

δημο-γέρων οντος ὁ anciano del pueblo; jefe.

δημό-θεν ADV. a costa *o* a expensas del pueblo.

δημο-κρατέομαι -οῦμαι ser gobernado democráticamente, tener constitución *o* gobierno popular.

δημοκρατία ας ἡ gobierno popular, democracia.

δημοκρατικός ή όν concerniente a la democracia, democrático; de sentimientos democráticos, partidario de la democracia, demócrata.

δημό-λευστος ον lapidado *o* apedreado por el pueblo (δημόλευστος φόνος lapidación pública *Sóf Ant. 36*).

δῆμος ου ὁ territorio de un pueblo, distrito territorial, comarca país, tierra; habitantes de un pueblo, población, masa del pueblo; *tamb.* tropa de sólo soldados; comunidad de un pueblo, conjunto de ciudadanos libres; *tamb.* ciudadanos; estado democrático, gobierno popular; asamblea popular; municipio, demo *o* cantón, subdivisión de la tribu [en Atenas].

δημός οῦ ὁ grasa *o* gordura.

Δημοσθένης ους ὁ Demóstenes [general ateniense]; Demóstenes [famoso orador y político ateniense].

δημοσίᾳ *y jón.*

δημοσίῃ ADVS. *v.* δημόσιος.

δημοσιεύω INTR. ocuparse en los negocios públicos, ejercer una profesión pública, prestar un servicio público || TR. declarar propiedad del Estado, confiscar.

δημόσιος α ον perteneciente al pueblo *o* al Estado, común, público, oficial (δημόσιον εἶναι *o* γίγνεσθαι, ser, hacerse propiedad del Estado, ser confiscado) || SUBST. **ὁ δημόσιος** [δοῦλος] servidor público [pregonero, escribano, etc.]; **τὸ δημόσιον** el interés público, el Estado; *tamb.* edificio público; prisión, archivo; ἐκ δημοσίου a costa *o* en nombre del Estado, oficialmente; ἐκ δ. μισθός salario oficial || ADV. δημοσίᾳ por el Estado, por orden oficial, oficialmente (δημοσίᾳ τεθνάναι morir a manos del verdugo público); *tamb.* públicamente, ante el pueblo (δείραντες ἡμᾶς δημοσίᾳ después de azotarnos públicamente, *N. T. Act. 16, 37*).

δημοσιόω -ῶ = **δημοσιεύω** [*tr.*].

δημο-τελής ές hecho *o* celebrado a expensas públicas, costeado por el Estado (θυσία un sacrificio; ἑορτά una fiesta); público, oficial.

δημοτεύομαι pertenecer a un demo *o* distrito.

δημότης ου ὁ hombre del pueblo, persona privada; ciudadano de un demo, conciudadano.

δημοτικός ή όν perteneciente al pueblo, popular, plebeyo; útil al pueblo; partidario *o* amigo del pueblo; demócrata (οὐ δημοτικὴ παρανομία desenfreno antidemocrático); franco, generoso.

δημοῦχος ον habitante del país; protector del país; gobernante *o* jefe del pueblo.

δημώδης ες popular, común, vulgar.

δήν ADV. en mucho tiempo, durante largo tiempo.

δηναιός ά όν de larga vida, longevo.

δηνάριον ου τό denario [moneda romana equivalente a 16 ases].

δῆνος εος [ους] τό *grlte. en pl.* δήνεα propósito, planes, proyectos.

δῆξις εως ἡ mordisco, mordedura.

δήξομαι *fut. de* δάκνω.

δῄος α ον *ép.* = **δήιος** [*v.* δάιος].

δῃόω -ῶ [*ép. jón.* δηϊόω] matar; desgarrar, despedazar; herir, golpear; saquear, devastar; destruir (πυρί por el fuego).

F. *En át. pres contr.* δῃῶ, *pl.* δῃοῦμεν δῃοῦτε. *Para las otras formas vid.* δηϊόω.

δή-ποτε ADV. algún día, alguna vez; en fin, por fin [*en interrog.*].

δή-που *y*

δή-πουθεν ADVS. sin duda, indudablemente, por cierto; por supuesto.

δηριάομαι -ῶμαι *y*

δηρίομαι *ép. poét.* [*aors.* δηρισάμην, δηρίνθην] combatir, pelear; reñir, injuriarse mutuamente.

δῆρις ιος ἡ combate, lucha; porfía.

δηρός ά όν de larga duración, muy duradero || ADV. **δηρόν** durante mucho tiempo, por largo tiempo.

δῆσα -ας -ε *aor. 1.º ép. de* δέω *1* || = ἐδέησα: *aor 1.º ép. de* δέω *2 Il. 18,100.*

δησάσκετο *3.ª pl. aor. med. ép. de* δέω *1.*

δῆτα ADV. por cierto, de veras, en verdad, sin duda, en efecto, sí, a fe (οἶσθα δῆτα παρθένον tú, sin duda, conoces a la doncella; σκόπει δῆτα examina, en verdad); así pues, conque, pues, por tanto (ποῦ δῆτ᾽ ἂν εἶεν; ¿dónde están, pues?); *tamb. irón.* (τῷ σῷ δικαίῳ δῆτα ἐπισπέσθαι με δεῖ; conque ¿tengo que ajustarme a lo que a ti te parece justo?).

δηῦτε *crasis por* δὴ αὖτε.

δηχθείς δηχθῆναι δηχθήσομαι *etc., formas de* δάκνω.

δήω *ép.* [*pres. con sign. de fut.*] encontrar, hallar (δούρατα ἓν καὶ εἴκοσι δήεις encontrarás veintiuna lanzas).

διά *adv. y prp.* ADV. a través (διὰ δ' ἀμπερές de parte a parte); separadamente, en dos partes, en pedazos; entera, totalmente || PRP. *de gen.:* a través de, por, por entre; *tamb.* entre (διὰ μήλων entre el ganado; ἔπρεπε διὰ πάντων sobresalía entre todos); a distancia de, con intervalo de (διὰ πολλοῦ a gran distancia; διὰ τοσούτου a tal distancia, *e. e.* tan cerca *o* tan lejos; διὰ πολλῶν ἡμερῶν ὁδοῦ a distancia de muchos días, a muchos días de camino; τὰ διὰ πλείστου lo que está más lejos; διὰ δέκα ἐπάλξεων de diez en diez almenas; δι' ἐγγυτάτου muy cerca); a lo largo de, por la extensión de; *de tpo.* por, durante, mientras, a lo largo de, al cabo de, hasta; a distancia *o* con intervalo de (διὰ παντός siempre, de siempre; continuamente, sin interrupción; διὰ πλείστου desde hace mucho tiempo, por mucho tiempo; δι' ἐνιαυτοῦ durante el año; διὰ πεντετηρίδος cada quinquenio; διὰ τέλους hasta el fin, completamente *o* continuamente), *instrum.* etc.: por, por medio *o* mediación de; con, en, entre; en virtud de, por obra *o* merced de, a causa de (δι' ἑαυτοῦ κτᾶσθαι adquirir por sí mismo; διὰ χειρῶν θιγεῖν tocar con las manos; διὰ στόματος ἔχειν tener en boca, hablar de; διὰ βασιλέων πεφυκώς descendiente de reyes); *modo, situación* etcétera con, en, en estado de (δι' ἀκριβείας con esmero, exactamente; δι' ὀργῆς en *o* con cólera; διὰ φιλίας en amistad; διὰ δίκης en pleito *o* en reyerta; διὰ φυλακῆς en guarda; διὰ ταχέων rápidamente) || PRP. *de ac.: lugar o espacio* [*poét.*]: a través de, a lo largo de; por entre; por; *de tpo.:* por, durante, mientras (διὰ νύκτα durante *o* por la noche); *instrum.* etc.: con auxilio de, gracias a, en virtud de, por causa de [alguien *o* algo]; para.

Δία *ac. de* Ζεύς.

διά-βαδίζω atravesar, pasar.

διά-βαίνω INTR. andar a zancadas, avanzar a largos pasos (εὖ διαβάς afirmándose bien sobre sus piernas abiertas) || TR. *e* INTR. pasar atravesando, cruzar, pasar; *tamb. fig.* τῷ λόγῳ διέβαινεν ἐς Εὐρυβιάδην pasaba en su discurso a [*e. e.* a hablar a] Euribíades.

δια-βάλλω lanzar a través, transportar al otro lado, hacer pasar (νέας las naves); *abs.* atravesar, pasar, franquear; *fig.* desavenir, indisponer, enemistar; acusar, calumniar, desacreditar, denigrar [a alguien, *ac.*; ante *o* entre alguien, *dat.*, εἰς *o* πρός *con ac.* etc.]; engañar, inducir a error [*tamb. med.*] || PAS. ser acusado *o* calumniado; ser desacreditado; incurrir en el odio *o* la cólera [de..., *dat.*]; *perf.* estar a mal, tener como enemigo (τῷ σώματι al cuerpo).

διάβασις εως ἡ tránsito, travesía, cruce, paso; pasaje, vado puente.

διαβατέος α ον *adj. vbal. de* διαβαίνω, pasadero, transitable, vadeable.

διαβατήρια ων [ἱερά] τά sacrificio impetratorio de una travesía *o* expedición feliz.

διαβατός όν que puede atravesarse, vadeable; de fácil arribo, abordable.

δια-βεβαιόομαι -οῦμαι afirmar, asegurar, aseverar.

δια-βιβάζω hacer pasar al otro lado, transportar, trasladar.

δια-βιόω -ῶ *intr.* pasar la vida, vivir.

δια-βλέπω mirar penetrantemente *o* con agudeza, mirar fijamente; ver con claridad; observar.

δια-βοάω -ῶ propagar un rumor, propalar, pregonar [que..., ὅτι *o* ὡς].

δια-βολή ῆς ἡ desavenencia, desacuerdo; querella; porfía; acusación falsa, calumnia (ἐπὶ διαβολῇ εἰπεῖν decir calumniosamente; ἡ ἐμὴ διαβολή la calumnia lanzada contra mí, *Pl. Apol. 19, b*).

διάβολος ον calumniador, detractor || SUBST. **ὁ διάβολος** el espíritu maligno, el Diablo [*N. T.*].

διαβόλως ADV. con malevolencia, calumniosamente.

δια-βόρος ον devorador, roedor.

διά-βορος ον devorado, consumido, aniquilado.
δια-βουκολέω -ῶ burlar, engañar.
δια-βουλεύομαι deliberar, discutir.
δια-βραβεύω dar como premio.
διά-βροχος ον empapado (νῆες διάβροχοι naves que hacen agua).
δια-βυνέω *y*
δια-βύνω hacer pasar, introducir [a través de algo, διά *con gen.*].
δι-αγγέλλω enviar un mensaje, mandar a decir [a alguien, *dat.*, εἰς *o* πρός *con ac.*]; propalar, pregonar, publicar || MED. *sólo part. pres.* διαγγελλομένους que se transmitían de boca en boca la consigna [*Jen. An. 3, 4, 36*].
διάγγελος ου ὁ mensajero intermediario, negociador *o* agente secreto.
δια-γελάω -ῶ reírse, burlarse [de algo *o* de alguien, *ac.*].
δια-γί(γ)νομαι pasar (τοσάδε ἔτη tantos años); continuar, seguir, mantenerse, vivir (ἄρχοντες mandando).
δια-γι(γ)νώσκω distinguir, discernir, conocer distintamente; decidir, resolver, determinar; arbitrar, juzgar, sentenciar [acerca de algo, περί *con gen.; que...,* ὅτ *o inf.*].
δι-αγκυλίζομαι *y*
δι-αγκυλόομαι -οῦμαι disponerse a lanzar, blandir un arma arrojadiza.
δια-γλάφω ahuecar, excavar.
δια-γνώμη ης ἡ deliberación; decisión, resolución, sentencia, fallo.
δια-γνωρίζω dar a conocer, hacer saber, divulgar.
διά-γνωσις εως ἡ distinción, discernimiento; medio de distinguir *o* discernir [algo, *gen.*]; conocimiento en juicio, juicio; decisión, fallo.
δια-γογγύζω murmurar entre sí, hablarse en voz baja.
δι-αγορεύω declarar.
διάγραμμα ατος τό dibujo, diseño; *esp.* figura geométrica; lista, registro, inventario; decreto.
διαγραφή ῆς ἡ delineación, diseño, plano.
δια-γράφω delinear, trazar; tachar, borrar, raspar; cancelar; excluir, eliminar.
δια-γρηγορέω -ῶ estar en vela, estar despierto.
δι-άγω TR. transportar, hacer pasar, llevar al otro lado (ἐπὶ σχεδίαις ἄρτους panes en balsas); pasar, dejar transcurrir (τὸ γῆρας la vejez); hacer durar *o* vivir, mantener, sostener (διῆγεν ὑμᾶς os mantuvo, *Dem. Cor. 26, 89*) || INTR. dejar pasar el tiempo, dar largas, demorarse (οὐ προσῄει ἀλλὰ διῆγε no se presentaba sino que iba dando largas); pasar el tiempo *o* la vida, vivir (ὡς ἥδιστα lo más agradablemente posible); mantenerse, quedarse; continuar, seguir [haciendo algo, *part. etc.*] || MED. tardar, demorarse.
διαγωγή ῆς ἡ transcurso, paso, curso (βίου de la vida).
δι-αγωνίζομαι luchar, contender [contra..., *dat.*, πρός *y ac.*].
δια-δαίομαι = διαδατέομαι.
δια-δάπτω *ép.* despedazar, desgarrar.
δια-δατέομαι [*3.ª pl. aor. 1.º* διεδάσαντο] repartirse (κτῆσιν los bienes).
δια-δείκνυμι TR. hacer ver, mostrar claramente, demostrar [que..., ὅτι *o part.*: διαδεξάτω κηδόμενος muestre que se cuida] || INTR. ser claro, ser manifiesto || PAS. ser declarado.
F. *aor. 1.º intr. 3.ª sing. jón.* διέδεξε, *fut. jón.* διαδέξω. *V.* δείκνυμι.
δια-δέξιος ον de feliz augurio.
δια-δέξω *fut. jón. de* διαδείκνυμι.
δια-δέρκομαι [*aor.* διέδρακον] ver a través [algo, *ac.*].
δια-δέχομαι recibir de otro (τὸν λόγον la palabra, *e. e.* hablar inmediatamente después *o* a continuación); *tamb. abs.* recibir en sucesión *o* como herencia (τὴν σκήνην el tabernáculo, *N. T. Act. 7, 45*); suceder [a alguien, *dat.*]; relevarse, turnar.
δια-δέω atar por uno y otro lado, atar en derredor; aprisionar, encarcelar; *tamb. fig.* ἡ ψυχὴ διαδεδεμένη ἐν τῷ σώματι el alma presa en el cuerpo || MED. ceñirse.
δια-δηλέομαι -οῦμαι despedazar, desgarrar.
διά-δηλος ον perfectamente visible *o* conocible, bien de manifiesto.
διάδημα ατος τό banda *o* cinta que ceñía la tiara regia de los Persas; diadema, tiara.
δια-διδράσκω *y jón.*
δια-διδρήσκω escapar, fugarse, huir [de alguien *o* algo, *ac.*].

δια-δίδωμι distribuir, repartir [algo, *ac.*; a alguien, *dat.*]; esparcir, divulgar (λόγος διεδόθη cundió el rumor *o* la fama).
δια-δικάζω juzgar, fallar; arbitrar ‖ MED. pleitear, litigar; someterse a juicio, hacerse juzgar.
δια-δικαιόω -ῶ propugnar, justificar, aprobar.
διαδικασία ας ἡ decisión judicial.
δια-δοχή ῆς ἡ sucesión; relevo, revezo (κατὰ διαδοχήν periódicamente; ἐκ διαδοχῆς en sucesión).
διάδοχος ον sucesor de, que sucede a [*gen. o dat.*]; sustituto, *Luc. 8, 25, 3.*
δια-δράκοι *3.ª sing. opt. aor. 2.º de* δια-δέρκομαι.
δια-δρᾶναι *inf. aor. 2.º de* διαδιδράσκω.
δια-δρηστεύω *jón.* = **διαδιδράσκω.**
δια-δύομαι *y jón. act.*
δια-δύω deslizarse, filtrarse (διὰ τοῦ τείχους a través del muro); *fig.* insinuarse; esquivar, rehuir, sustraerse, escapar, librarse [de alguien *o* algo, *ac.*].
δια-δωρέομαι -οῦμαι distribuir como presente *o* regalo.
δι-άει = **διάη** *3.ª sing. impf. de* διάημι.
δια-είδομαι TR. dejar ver, mostrar ‖ INTR. mostrarse, aparecer.
δια-ειπέμεν *inf. ép. de* διεῖπον.
δια-ζάω -ῶ pasar; pasar la vida, vivir; sostener la vida, mantenerse [con algo, ἀπό *y gen.*].
δια-ζεύγνυμι desunir, separar.
διάζευξις εως ἡ separación.
διάζωμα ατος τό ceñidor.
δια-ζώννυμι atar en derredor, rodear a la cintura, ceñir [algo, *ac.*; a alguien, *ac.*] ‖ MED. ceñirse, estar ceñido *o* rodeado [por... *dat.*].
* **διαζώω** *jón.* [*sólo impf.*] = **διαζάω**
δι-άημι *ép.* [*impf.* διάην] soplar a través (τοὺς θάμνους de los matorrales).
δια-θεάομαι -ῶμαι considerar atentamente, observar, examinar.
* **δια-θειόω -ῶ** [*sólo aor.*] fumigar con vapor de azufre.
διά-θεσις εως ἡ disposición; ordenación; testamento; inclinación, cualidad, índole.
διαθέτης ου ὁ ordenador.
δια-θέω correr de un lado a otro, transitar, discurrir; extenderse, propagarse, cundir (φόβος el miedo); correr en competencia [con alguien, *dat.*].
δια-θήκη ης ἡ disposición, *esp.* testamentaria, testamento; convenio, pacto, alianza, *esp.* de Dios con los hombres; documento de alianza *o* de testamento, parte de la Sagrada Escritura, Testamento.
δια-θορυβέω -ῶ perturbar, inquietar.
δια-θροέω -ῶ esparcir, divulgar.
δια-θρυλέω -ῶ divulgar, propalar; atronar, ensordecer.
δια-θρύπτω quebrar, hacer piezas, romper en pedazos, destrozar; *fig.* quebrantar en la molicie, enervar, afeminar.
F. *aor. pas. ép.* διετρύφην *part.* διατρυφείς; *perf. pas.* διατέθρυμμαι.
δι-αιθριάζει IMPERS. clarear el cielo, despejarse.
διαίνω *ép.* mojar; bañar.
F. *3.ª sing. impf. pas. ép.* διαίνετο; *aor. ép.* ἐδίηνα.
διαίρεσις εως ἡ división, distribución, reparto; distinción, diferencia.
διαιρετέος α ον *adj. vbal. de* διαιρέω que se ha de dividir.
διαιρετός ή όν *adj. vbal. de* διαιρέω dividido, separado, desunido; distribuido, repartido; divisible; que puede distinguirse *o* fijarse (τύχαι οὐ λόγῳ διαιρεταί las venturas no se determinan con razones, *Tuc. 1, 84*).
δι-αιρέω -ῶ dividir, separar, apartar (δ. ὀροφήν quitar *o* levantar un techo); hender, abrir (πυλίδα la puerta; διελόντες τοῦ τείχους ᾗ... abriendo el muro por donde...); dividir en partes; distinguir; determinar, fijar, definir, precisar; decidir, dirimir, resolver ‖ MED. repartirse, distribuir entre sí (τιμάς los honores; ληΐην el botín); repartirse el trabajo (κατὰ πόλεις entre las ciudades).
F. *fut.* διαιρήσω, *aor.* διεῖλον *etc. V.* αἱρέω.
δι-αίρω levantar ‖ MED. levantarse, salir, ascender. *tamb. fig.*
F. *V.* αἴρω. *Part. perf. pas.* διηρμένος.
δι-αΐσσω = **διᾴσσω.**
* **διαιστόω -ῶ** [*sólo aor.*] aniquilar.
1 **δίαιτα ης ἡ** modo de vivir, género *o* método de vida, vida; régimen

prescrito, *esp.* de alimentación, dieta; vivienda, residencia; estancia.

2 **δίαιτα ης ἡ** juicio arbitral, arbitraje; oficio de árbitro.

1 **διαιτάω -ῶ** conservar la vida, cuidar la salud, tratar || MED.-PAS. διαιτάομαι -ῶμαι tener tal *o* cual tenor de vida, vivir (πολλὰ ἐς θεοὺς νόμιμα en gran observancia de lo debido a los dioses); residir, habitar (ἐπ' ἀγροῦ en el campo etc.).
F. *3.ª pl. pres. ind. med. jón.* διαιτεῦνται, *impf.* διῄτων *y* ἐδιαίτων; *en los comptos. con doble aumento por ej. 3.ª sing.* κατεδιῄτα; *med. pas.* διῃτώμην, *jón.* διαιτώμην, *3.ª sing.* διαιτᾶτο; *fut.* διαιτήσω, *med.* διαιτήσομαι *aor. 1.º* διῄτησα; *en los comptos. con doble aumento:* ἀπεδιῄτησα, κατεδιῄτησα etc.; *perf.* δεδιῄτηκα, *med. pas.* δεδιῄτημαι; *plpf.* (κατ)-εδεδιῃτήκειν, *med. pas. 3.ª pers.* (ἐξ)-εδεδιῄτητο; *aor. pas.* διῃτήθην, *jón.* διαιτήθην.

2 **διαιτάω -ῶ** ser árbitro.

διαίτημα ατος τό modo de vivir; mantenimiento, sustento || PL. provisiones; hábitos, costumbres, instituciones.

διαιτητής οῦ ὁ árbitro, juez arbitral.

δια-καθαίρω *y*

δια-καθαρίζω limpiar, purificar completamente, dejar limpio.

δια-καίω caldear a su paso; traspasar con el calor.

δια-καλύπτω descubrir, revelar.

δια-καρτερέω -ῶ resistir, mantenerse firme; persistir, obstinarse (πολεμοῦντα en guerrear).

δια-κατελέγχομαι refutar dialogando, redargüir vigorosamente.

δια-κεάζω hender, rajar; partir en pedazos.
F. *aor. 1.º ép.* διά... κεάσσαι *(Od. 15, 322). V.* κεάζω.

διά-κειμαι hallarse, encontrarse, estar [en tal *o* cual situación, disposición, actitud, *adv.;* para con *o* en relación con alguien *o* algo, *dat.,* πρός *y ac.*]; estar instituido, establecido, determinado; ὑπόπτως τῷ πλήθει διακείμενος siendo sospechoso a la multitud; ἄμεινον ὑμῖν διακείσεται será mejor para vosotros.

δια-κείρω cortar; *fig.* frustrar, anular.
F. *inf. aor. ép.* διακέρσαι *Il. 8, 8. V.* κείρω.

δια-κελεύομαι prescribir, ordenar; recomendar, encargar; exhortar, animar (δ. ἀλλήλοις animarse unos a otros, mutuamente; *tamb. abs.* διακελευσάμενοι animándose unos a otros).

διακελευσμός οῦ ὁ exhortación, aliento.

δια-κενῆς ADV. = **διὰ κενῆς** en vano, inútilmente.

διά-κενος ον intermedio y vacío || SUBST. **τὸ διάκενον** espacio intermedio y vacío; intervalo.

διακηρυκεύομαι tratar por medio de heraldo [con alguien, πρός *y ac.*].

δια-κινδυνεύω exponerse a, arrostrar *o* correr un peligro, arriesgarse (πρὸ βασιλέως por el rey); intentar un ataque *o* expedición; correr el riesgo de, arriesgarse [a..., *inf.*].

δια-κινέω -ῶ poner en movimiento, agitar, revolver, remover.

δια-κλάω -ῶ partir, romper.

δια-κλέπτω substraer; poner en salvo, salvar.

δια-κληρόω -ῶ designar *o* elegir a suerte || MED. echar suertes, sortear entre sí.

δια-κολυμβάω -ῶ atravesar a nado.

διακομιδή ῆς ἡ transporte, traslado.

δια-κομίζω transportar || MED. volver a llevarse consigo; retirar || PAS. ser transportado, pasar.

δια-κονέω -ῶ INTR. servir, prestar servicio; socorrer, ayudar, proveer; ser diácono, ejercer de diácono || TR. suministrar || MED. servir; servirse a sí mismo || PAS. ser servido.
F. *jón.* διηκονέω; *impf.* ἐδιακόνουν *y td.* διηκόνουν *(N. T.); fut.* διακονήσω; *aor.* ἐδιακόνησα *y td.* διηκόνησα *(N. T.); aor. pas.* ἐδιακονήθην, *td.* διηκονήθην *(N. T.).*

διακονία ας ἡ servicio, función, oficio; cumplimiento del deber; ministerio *esp.* eclesiástico; socorro, limosna.

διακονικός ή όν concerniente al servidor *o* al servicio; apto para el servicio; diligente.

διάκονος ου ὁ servidor, criado, ministro; diácono || ἡ diaconisa.

δι-ακοντίζομαι ejercitarse en lanzar dardos.

δια-κόπτω TR. hender profundamente, cortar en dos || INTR. romper la línea enemiga.

διά-κορος ον saturado; empapado.

δια-κόσιοι αι α ADJ. NUM. CARD. doscientos.

δια-κοσμέω -ῶ ordenar, distribuir, arreglar, organizar || MED. poner en orden, aderezar.

διακόσμησις εως ἡ *y*

διάκοσμος ου ὁ disposición, ordenación, arreglo; orden de batalla.

δι-ακούω escuchar hasta el fin, dar oídos, atender [a alguien, *gen.*].

δι-ακριβόω -ῶ *y med.* examinar minuciosamente.

διακριδόν ADV. eminentemente; resueltamente.

δια-κρίνω separar, apartar; distinguir, discernir; descomponer en sus elementos, analizar; decidir; juzgar; vacilar (μηδὲν διακρινόμενος sin dudar nada, *N. T. Act. 10, 20*).
F. *fut. ép.* διακρινέω *át.* διακρινῶ, *inf. pas. ép.* διακρινέεσθαι; *aor. pas.* διεκρίνθην *y* διεκρίθην. *V.* κρίνω.

διάκρισις εως ἡ separación; distinción; juicio; decisión, resolución.

διακριτέος α ον *adj. vbal. de* διακρίνω que ha de resolverse.

δια-κρούω rechazar, apartar de sí || MED. despachar; burlar, engañar; escapar de, rehuir.

δι-άκτορος ου ὁ conductor; mensajero; servidor.

δια-κυκάω -ῶ resolver, confundir, embrollar.

δια-κύπτω asomarse.

διακώλυσις εως ἡ obstrucción, prohibición.

διακωλυτέος α ον *adj vbal. de* διακωλύω que ha de prohibirse *o* estorbarse.

διακωλυτής οῦ ὁ impedidor.

δια-κωλύω estorbar, impedir [a alguien, *ac.; algo, ac. o inf. con o sin* μή].

δια-κωμῳδέω -ῶ ridiculizar, satirizar.

διακωχή ῆς ἡ = διοκωχή.

δια-λαγχάνω distribuir; sortear.

δια-λαλέω -ῶ conversar, platicar, hablar || PAS. ser objeto de conversaciones, comentarse.

δια-λαμβάνω partir, dividir; separar, marcar [las lindes, la tierra etc.: χρώμασι con colores]; *fig.* ψυχὴ διειλημμένη ὑπὸ τοῦ σωματοειδοῦς alma partida *o* dislocada por el elemento corporal; repartir, distribuir (τὸ βάρος en cuanto al peso); distinguir [física *o* intelectualmente]; tomar *o* recibir por separado [la parte propia etc.] coger por medio, coger, aferrar, apresar; detenerse, hacer una pausa (λέγοντα al hablar); interceptar (τὰ στενόπορα los desfiladeros).
F. *fut.* διαλήψομαι *etc. V.* λαμβάνω; *perf. pas.* διείλημμαι, διαλέλημμαι, *jón.* διαλέλαμμαι.

δια-λάμπω brillar a través, brillar.

δια-λανθάνω quedar oculto, ser ignorado (θεοὺς de los dioses); no ser notado.
F. *fut.* διαλήσω, διαλήσμαι, *aor.* διέλαθον *etc. V.* λανθάνω.

δια-λέγω apartar, escoger, entresacar, elegir || MED. *y* PAS. conversar, platicar, hablar [con alguien, *dat.*]; discutir, disputar, tratar [algo, *ac.;* con alguien, *dat. o* πρός *con ac.*]; discurrir, razonar; hablar un dialecto *o* lengua particular (κατὰ ταὐτά σφι en un dialecto común a ellos, *e. e.* en una misma lengua, *Hdt. 1, 142*).
F. *Como deponente: fut.* διαλέξομαι *y* διαλεχθήσομαι; *aor.* διελεξάμην *y* διελέχθην; *perf.* διείληγμαι, *3.ª sing. plpf.* διείλεκτο *(tamb. con valor pas.).*

διάλειμμα ατος τό intervalo.

δια-λείπω TR. dejar un espacio intermedio; dejar un intervalo; *tamb. abs.:* οὐ πολὺ διαλιπὼν ἐτελεύτησεν al cabo de poco tiempo murió; dejar de, cesar, [*constr. de part.*] || INTR. estar distante *o* separado, distar; dejar pasar; transcurrir (διαλιπόντων ἐτῶν τριῶν transcurridos *o* dejados pasar tres años).

διαλεκτικός ή όν concerniente a la discusión; [*como subst.* **ἡ διαλεκτική** [τέχνη] arte de discutir, dialéctica]; hábil *o* ducho en discutir.

διάλεκτος ου ἡ conversación, diálogo, coloquio, discurso; discusión; disputa; modo de hablar; idioma, dialecto.

διαλλαγή ῆς ἡ cambio, *esp.* de enemistad en amistad, reconciliación, paz.

διαλλακτής οῦ ὁ conciliador, mediador, pacificador.

δι-αλλάσσω [*y át.* **-ττω**] TR. cambiar, mudar; trocar [algo, *ac.; por algo, gen. o* ἀντί *y gen.*]; volver a la amistad, reconciliar [a alguien, *ac.;* con alguien, *dat. o* πρός *y ac.*]; atravesar por, cruzar por *o bien* dejar [una tierra *o* país para pasar a otro] ‖ INTR. diferenciarse, diferir [εἶδος en el aspecto; de alguien, *dat. o gen.*]; τὸ διαλλάσσον la diferencia *o* discrepancia ‖ MED. *y* PAS. cambiar entre sí; reconciliarse [con alguien, *dat.*]; diferir [en algo, *dat.*].
F. *aor. pas.* διηλλάγην, *tamb.* διηλλάχθην, *fut. pas.* διαλλαγήσομαι. *V.* ἀλλάσσω.

δια-λογίζομαι pensar, meditar, considerar; dialogar, conversar; tratar, razonar, discutir, disputar.

διαλογισμός οῦ ὁ cálculo; reflexión, pensamiento; razonamiento, juicio; conversación; discusión, disputa; duda.

διάλογος ου ὁ conversación, diálogo.

δια-λοιδορέομαι -οῦμαι injuriar furiosamente, insultar [a alguien, *dat.*].

δια-λυμαίνομαι maltratar grandemente, mutilar ‖ PAS. ser maltratado, ser mutilado.
F. *aor.* διελυμηνάμην, *perf.* διαλελύμασμαι *(tamb. con valor pas.); aor. pas.* διελυμάνθην *(siempre con valor pas.).*

διάλυσις εως ἡ desunión, división, separación; disolución, descomposición; desbandada, dispersión; cesación, terminación, fin; ruptura, corte.

διαλυτής οῦ ὁ disolvente, rompedor, destructor.

διαλυτός ή όν *adj. vbal. de* διαλύω disoluble.

δια-λύω soltar, desatar, *y esp. según el compl.* apartar, separar [a los combatientes] despedir, disolver [una asamblea, una flota, *etc.*]; disgregar, destruir, aniquilar; terminar, hacer cesar [*por ej.* una guerra, una reyerta, *etc.*]; romper [la paz, las negociaciones, *etc.*]; deshacer [una calumnia] apaciguar, reconciliar [a los contendientes], pagar, sufragar [un gasto, *etc.*] ‖ MED. separarse; desligar, romper (ξεινίην un vínculo de hospitalidad); refutar, deshacer [las acusaciones, *etc.*]; sincerarse ‖ PAS dispersarse, separarse, desunirse, desbandarse; morir; reconciliarse.

δι-αμαρτάνω descarriarse, engañarse del todo, no acertar, errar ⌊enteramente (τῆς ὁδοῦ el camino); fracasar, quedar frustrado [en algo, *gen.*].

διαμαρτία ας ἡ desacierto, error, cálculo errado.

διαμαρτυρέω -ῶ oponerse *o* contradecir con testigos; atestiguar.

δια-μαρτύρομαι protestar solemnemente [poniendo por testigos a dioses y a hombres]; atestiguar, aseverar; resistirse con protestas, impedir protestando; atestiguar públicamente (τὸ εὐαγγέλιον el Evangelio, *N. T. Act. 20, 24*); rogar encarecidamente, conjugar.

δια-μαστιγόω -ῶ azotar fuertemente; castigar duramente.

διαμαχητέος α ον *adj. vbal. de* διαμάχομαι digno de seria oposición, a que hay que oponerse con energía.

δια-μάχομαι pelear con energía; luchar abiertamente; trabajar con empeño: [a fin de que, *constr. inf. o con* ὅπως]; sostener con energía, mantener firmemente [que..., *constr. inf. o de* ὅτι].

δι-αμάω -ῶ desgarrar, destrozar ‖ MED. escarbar; excavar (τὸν κάχληκα el arenal, *Tuc. 4, 26*).

δι-αμείβομαι cambiar, *esp.* de afecto, mudar de amor.

διαμέλλησις εως ἡ dilación, demora, retraso.

δια-μέλλω diferir, retardar; demorarse en, tardar (ποριζόμενοι χρήματα en procurar dinero); *tamb. abs.,* dejar pasar el tiempo, dar largas.

δια-μέμφομαι criticar con dureza, censurar gravemente.

δια-μένω perdurar, continuar existiendo, persistir; permanecer (μετ' ἐμοῦ conmigo; κωφός mudo); perseverar; mantenerse firme.

δια-μερίζω repartir, distribuir ‖ MED. repartirse, distribuir entre sí ‖ PAS. estar repartido *o* distribuido; *fig.* dividirse, estar discordes, estar en pugna.

διαμερισμός οῦ ὁ división, discordia, disensión.

δια-μετρέω -ῶ medir, medir en porciones, distribuir en raciones, racionar ‖ MED. medir en partes, di-

vidir a medida; recibir [una porción medida].
διαμέτρητος ον *o*
διαμετρητός ή όν *ép.* medido, marcado con medida.
δια-μηχανάομαι -ῶμαι pensar, idear, intentar.
δι-αμιλλάομαι -ῶμαι contender.
δια-μιμνήσκομαι retener en la memoria, recordar.
δια-μιστύλλω cortar en pedazos.
δια-μνημονεύω conservar la memoria, recordar [algo, *gen. o ac.*]; hacer mención de, mencionar (φύσιν τοιαύτην ἔχων διαμνμονεύεται tal condición se dice que tenía, *Jen. Cir. 1, 2, 2*).
δια-μοιράω-ῶ [*med.* **-ῶμαι**] dividir.
δι-αμπάζ [*como* δι-ανα-πάξ] ADV. de parte a parte.
δι-αμπερές [*como* δι-ανα-περές] ADV. de parte a parte; de un extremo a otro, sin interrupción; sin cesar, continuamente, por siempre ‖ PRP. *de gen.* a través de.
δια-μυθολογέω -ῶ conversar, platicar, charlar entre sí.
δι-αμφισβητέω -ῶ estar en desacuerdo, discordar, discutir.
δι-αναβάλλομαι diferir, dilatar, detener.
δι-αναγκάζω forzar.
δι-αναπαύομαι tomarse algún descanso.
δια-ναυμαχέω -ῶ sostener un combate naval.
δι-άνδιχα ADV. entre dos extremos (ἦτορ μερμήριξε estuvo indeciso el ánimo); por mitad, a medias (σοὶ δῶκε Κρόνου παῖς te dotó el hijo de Cronos).
διανεκής = **διηνεκής.**
δια-νέμω distribuir, repartir ‖ MED. repartirse, dividir entre sí, difundirse, divulgarse.
δια-νεύω hacer signos con la cabeza, hacer señas.
δια-νέω [*v.* νέω *1*] atravesar a nado; *fig.* salir adelante [de un peligro, *etc. ac.*].
δια-νήχομαι salvarse a nado.
δι-ανίστημι [*y med.*] apartarse, alejarse de; dejar a un lado (τῶν συμφόρων διαναστάς prescindiendo de sus intereses) ‖ AOR. διανέστην levantarse, ponerse en pie.
δια-νοέομαι -οῦμαι tener en el pensamiento, concebir; proyectar, intentar [algo, *ac.*; hacer algo, *constr. inf.*]; reflexionar, pensar, meditar; imaginar, suponer; sentir, estar en una disposición o actitud.
F. *aor.* διενοήϑην *(tamb. con valor pas), 3.ª pl. plpf. jón.* διενένωντο. *V.* νοέω.
διανόημα ατος τό pensamiento, opinión, idea; resolución.
διάνοια ας ἡ pensamiento, intención (οὐκ ἀπὸ βραχείας con no corta intención, obedeciendo a un vasto plan); designio, propósito; empresa; idea, opinión, juicio; conocimiento, inteligencia, mente.
δι-ανοίγω abrir; *fig.* alumbrar, ilustrar, iluminar; declarar, revelar, explicar, interpretar.
διανομή ῆς ἡ distribución, reparto.
δια-νυκτερεύω pernoctar; pasar la noche.
δι-ανύτω *y*
δι-ανύω llevar a cabo, acabar, terminar [algo, *ac.*; *tamb. con part.* ἀγορεύων de contar].
δια-παιδεύομαι educarse, recibir educación.
δια-παντός ADV. continuamente.
δια-παρατριβή ῆς ἡ disputa continua, altercado constante.
δια-παρθενεύω violar, estuprar.
δια-πασσαλεύω sujetar con clavos, clavar.
δια-πάσσω esparcir, espolvorear.
F. *aor.* διέπασα, *part.* διαπάσας.
δια-παύομαι cesar por algún tiempo, hacer pausa.
δι-απειλέω -ῶ proferir amenazas, amenazar violentamente.
διάπειρα ας ἡ prueba, experimento.
δια-πειράομαι -ῶμαι tantear, hacer prueba de medirse en la lucha [con..., *gen.*]; llegar a conocer, experimentar [algo, *gen.*].
δια-πείρω atravesar.
δια-πέμπω enviar en distintas direcciones, destinar a diversos puntos, distribuir ‖ ACT. *y* MED. enviar, remitir, transmitir.
δια-περαίνω cumplir, llevar a término.
δια-περαιόομαι -οῦμαι [*pas.*] ser llevado al otro lado, ser pasado (τὸν

ποταμόν por el río); ser desenvainado *o* ser blandido (ξίφη las espadas).

δια-περάω -ῶ pasar al otro lado, hacer una travesía, atravesar, dirigirse *o* llegar atravesando [a..., εἰς *o* πρός *y ac.*].

δια-πέρθω -ῶ [*act. y med.*] destruir de arriba abajo *o* completamente, saquear, devastar.
F. *aor. ép.* διέπραθον, *inf.* διαπραθέειν; *med. 3.ª sing.* διεπράθετο *con valor pas.*

δια-πέτομαι volar de un lado a otro; irse volando, desvanecerse, disiparse.

δια-πηδάω -ῶ precipitarse de un salto, saltar de repente (αὐτῷ sobre él).

δια-πίμπλημι llenar por completo || PAS. llenarse enteramente [de algo, *gen.*].

δια-πίνω beber a porfía.

δια-πίπτω caerse a pedazos, deshacerse; perecer; abrirse paso; escabullirse, escapar; fallar.

δια-πιστεύω confiar || PAS. merecer confianza, tener crédito.

δια-πλέκω trenzar, entretejer por completo *o* hasta el fin; *fig.* terminar, acabar (τὸν βίον la vida).

δια-πλέω navegar a través, atravesar navegando, hacer una travesía *o* un viaje; *tamb. fig.* διαπλεῦσαι τὸν βίον hacer la travesía de la vida.

δια-πλήσσω rajar, partir en pedazos, trozar.

διά-πλοος οου [-ους ου] ὁ travesía, navegación; lugar de paso, paso, canal (δυοῖν νεοῖν para dos naves).

δια-πνέομαι -οῦμαι [*pas.*] disiparse, desvanecerse, evaporarse.

δια-ποικίλλω adornar variamente.

δια-πολεμέω -ῶ hacer guerra, guerrear, luchar [contra alguien, *dat.*]; llevar a cabo una guerra, guerrear hasta el fin.

διαπολέμησις εως ἡ decisión *o* conclusión de una guerra.

δια-πολιορκέω -ῶ mantener un sitio, llevar a cabo un asedio.

δια-πομπή ῆς ἡ intercambio de mensajes, negociación por emisarios.

δια-πονέω -ῶ ACT. *y* MED. trabajar con empeño, fatigarse trabajando [en algo, *ac.*] || PAS. cansarse, fatigarse; estar molesto, dolerse.

δια-πόντιος ον del otro lado del mar, ultramarino.

δια-πορεύω hacer pasar, llevar al otro lado, transportar || PAS. pasar atravesando, hacer una travesía; pasar a través de, atravesar, cruzar; *tamb. fig.* τὸν βίον la vida.

δι-απορέω -ῶ [*y med.*] estar perplejo, dudar, estar incierto *o* vacilante [sobre algo, *ac.*, περί *y gen.*, *interr. indir. etc.*].

δια-πορθέω = διαπέρθω.

δια-πορθμεύω transportar a través de un río *o* estrecho; transmitir un mensaje; atravesar, cruzar (ποταμόν un río).

δια-πραγματεύομαι examinar con atención, escudriñar, estudiar a fondo; ganar negociando, granjear.

δια-πραθέειν *inf. aor. 2.º ép. de* διαπέρθω.

διάπραξις εως ἡ negocio, despacho de un negocio.

δια-πράσσω *y át.*

δια-πράττω [*más frec. med.*] llevar a cabo, llevar a término; terminar, acabar, poner fin; ejecutar, cumplir; recorrer, atravesar [algo, *ac. o* gen.: πεδίοιο el campo]; pasar, invertir, consumir [el tiempo, los días, *etc*]; obtener, conseguir, lograr [algo, *ac., constr. inf. o de* ὥστε]; tratar, gestionar, negociar [con alguien, πρός *y ac.*]; ganarse, granjearse (φιλίαν la amistad [con alguien *o* de alguien, πρός *y ac.*]).

διαπρεπέστερος α ον *comp. de* διαπρεπής.

δια-πρεπής ές distinguido, insigne, excelente, eminente || SUBST. **τὸ διαπρεπές** la magnificencia.

δια-πρέπω distinguirse, brillar || TR. disfrazar, vestir [con..., *dat.*].

δια-πρεσβεύομαι enviar embajadas.

δια-πρήσσω *jón.* = **διαπράσσω.**

δια-πρηστεύω = **δια-δρηστεύω** (*v. l.*).

δια-πρίω aserrar en dos || PAS. *fig.* irritarse profundamente, recomerse.

δια-πρό ADV. de una parte a otra, de parte a parte; a través [de..., *gen.*].

δια-πρύσιος α ον [*u* **-ος ον**] que entra profundamente; *como adv.:* πρὼν διαπρύσιον πεδίοιο ladera [que avanza] llano adentro; agudo, penetrante.

δια-πταίω balbucir.

δια-πτοιέω *y*
δια-πτοέω -ῶ infundir pánico, asustar, espantar, dispersar de miedo [a... *ac.*].
δια-πτύσσω desarrollar, desplegar; *fig.* poner de manifiesto (διαπτυχθέντες ὤφθησαν κενοί cuando se les descubre aparecen vanos).
δια-πτύω escupir; *fig.* rechazar con desprecio.
δια-πυκτεύω combatir a puñadas; luchar (πολλοῖς contra muchos).
δια-πυνθάνομαι informarse, averiguar.
διά-πυρος ον encendido, inflamado; *fig.* ardiente, fogoso.
δια-πωλέω -ῶ vender al por menor *o* uno por uno.
διαραίρηται *3.ª sing. perf. pas. jón. de* διαιρέω.
δι-αράσσω romper, quebrar.
δι-αρθρόω -ῶ [*y med.*] conformar, articular.
δι-αριθμέω -ῶ enumerar, contar, calcular || MED. juzgar.
δι-αρκέστατος η ον *superl. de* διαρκής || ADV. **διαρκέστατα** muy suficientemente.
δι-αρκέω -ῶ bastar, ser suficiente [para algo, εἰς *y ac.*]; resistir, aguantar.
διαρκής ές bastante, suficiente; *esp.* productivo, fértil.
δι-αρπαγή ῆς ἡ saqueo, devastación.
δι-αρπάζω desgarrar, despedazar; saquear, devastar; arrebatar, robar.
δια-ρραίνω hacer brotar || MED. brotar, fluir.
δια-ρραίω destrozar, destruir || PAS. perecer.
δια-ρρέω fluir a través, correr; hacer agua [un barco]; *fig.* irse como el agua, perderse.
δια-ρρήγνυμι desgarrar, rasgar, romper, hacer pedazos; hacer saltar *o* estallar; *pf.* διέρρωγα estar roto *o* haber saltado; agujerear, traspasar || MED. romper; quebrantar || PAS. reventar, estallar; *tamb. fig.:* ψευδόμενος mintiendo *o* en mentiras.
διαρρήδην ADV. claramente, expresamente.
δια-ρρήσσω = διαρρήγνυμι.
δια-ρριπτέω -ῶ *y*
δια-ρρίπτω lanzar a través, disparar [algo, *ac.*]; tirar por uno y otro lado, desparramar.
F. *3.ª sing. impf. iter. ép.* διαρρίπτασκεν *(Od. 19, 575).*
διάρριψις εως ἡ dispersión, desparramamiento.
διά-ρροια ας ἡ flujo de vientre, diarrea.
δια-ρροιζέω -ῶ atravesar *o* penetrar silbando [por..., *gen.*].
δια-σαφέω -ῶ mostrar claramente, explicar, referir.
δια-σαφηνίζω poner en claro, explicar.
δια-σείω sacudir, remover; *fig.* turbar. confundir, trastornar; sacar dinero con amenazas [a alguien, *ac.*].
δια-σεύομαι *ép.* saltar, lanzarse a través de, penetrar por *o* por mitad de [algo *o* alguien, *gen. o ac.*].
F. *3.ª sing. aor. 2.º ép.* διέσσυτο.
διασημαίνω indicar con claridad.
διάσημος ον claro, distinto || ADV. **διάσημα** claramente (δ. θροεῖ clama con gritos penetrantes).
Διάσια ων τά las Diasias [fiestas de Zeus en Atenas].
δια-σιωπάω -ῶ permanecer callado, guardar silencio.
δια-σκάπτω excavar, abrir.
δια-σκεδάννυμι dispersar, diseminar, esparcir; disolver, licenciar (στρατόν un ejército); desprender, separar; *fig.* violar, destruir, arruinar.
F. *Subj. atemático: 3.º pl. pres.* διασκεδάννυσι, *3.ª sing. pas.* διασκεδάννυται. *Para lo demás,* v. σκεδάννυμι.
διασκέπτομαι = διασκοπέω.
δια-σκευάζομαι procurarse, preparar para sí, proveerse [de algo, *ac.*]; aprestarse, armarse, equiparse.
δια-σκευωρέομαι -οῦμαι ordenar, poner en orden, organizar.
δια-σκηνέω -ῶ separarse *o* distribuirse para el alojamiento, ir a alojarse; irse a su tienda *o* alojamiento; dejar la tienda (διασκηνούντων μετὰ δεῖπνον cuando hubieron dejado la tienda [del rey] después de cenar).
διασκηνητέον *adj. vbal. de* διασκηνέω.
διασκηνόω = διασκηνέω.
δια-σκίδνημι = διασκεδάννυμι.
δια-σκοπέω -ῶ mirar con atención, observar bien [a alguien *o* algo, *ac.*]; examinar a fondo, estudiar; mirar por, preocuparse (περὶ σφᾶς αὐτούς de sí mismos); reflexionar, recapa-

citar || MED. observar, atender, poner atención.

δια-σκοπιάομαι -ῶμαι observar en derredor; espiar, discernir, distinguir.

δια-σκορπίζω [*aor.* διεσκόρπισα] dispersar, dilapidar, despilfarrar; desconcertar, confundir, desbaratar; esparcir, *e. e.* aventar [la parva].

δια-σκώπτω [*y med.*] bromear entre sí.

δια-σμέω -ῶ *jón.* limpiar lavando, enjugar.

δια-σπαράσσω [*át.* **-ττω**] hacer pedazos, despedazar.

δια-σπάω -ῶ separar violentamente, hacer pedazos; destrozar; *fig.* desgarrar, dividir con disensiones; violar, atropellar [las leyes], separar, apartar || PAS. ser despedazado; estar disperso *o* desordenado; estar esparcido, diseminado, desperdigado.

δια-σπείρω diseminar, dispersar; *fig.* esparcir, echar a volar (λόγον un rumor); distribuir, repartir; disipar, dilapidar, derrochar || PAS. ser esparcido, diseminado, dispersado, distribuido.

διασπορά ᾶς ἡ dispersión, *esp.* la de los judíos entre los gentiles.

δι-ᾴσσω [*át.* **διᾴττω**] lanzarse a través correr por (ὄρεα los montes); saltar, (λαγός una liebre); penetrar *o* invadir sacudiendo, agitar bruscamente [*gen.*].

διάστασις εως ἡ desunión, división, separación; dolor agudo *o* lacerante; excitación a la discordia (τοῖς νέοις ἐς τοὺς πρεσβυτέρους de los jóvenes con los ancianos, *Tuc., 6, 18*]; *fig.* contraposición, diferencia.

δια-σταυρόομαι -οῦμαι cercar con una empalizada, fortificar.

δια-στέλλω [*y med.*] definir con precisión; encargar; ordenar, mandar.

διάστημα ατος τό distancia, intervalo.

δια-στοιβάζω intercalar como relleno.

διαστολή ῆς ἡ distinción, diferencia; precepto, edicto.

δια-στρέφω torcer, desviar; *fig.* apartar; alejar; revolver, pervertir, extraviar, malear || PAS. estar torcido; *fig.* estar pervertido, ser perverso.

διάστροφος ον torcido, desviado, extraviado, contrahecho; *tamb. fig.* φρένες διάστροφοι espíritu descarriado.

δια-στρώννυμι arreglar con alfombras y cojines (τὴν κλισίαν el triclinio).

δια-σύρω recorrer; *fig.* dar un recorrido; maltratar, ridiculizar.

διασφάξ άγος ἡ desfiladero, hoz, garganta.

δια-σφενδονάομαι -ῶμαι desparramarse al romperse, dispersarse en todas direcciones.

δια-σχίζω desgarrar, rasgar || PAS. romperse, desgarrarse (θοιμάτιον la vestidura); separarse, apartarse.

δια-σῴζω salvar de un peligro; conducir sano y salvo; conservar, mantener, retener, guardar en la memoria || MED. salvar para sí; conservar, retener || PAS. salir sano y salvo de un peligro, salvarse, restablecerse de una enfermedad; salvarse huyendo, llegar sano y salvo.

διαταγή ῆς ἡ *y*

διάταγμα ατος τό disposición, orden, mandato, encargo.

δια-τάμνω *jón. dór.* = **διατέμνω.**

διάταξις εως ἡ disposición, ordenación, arreglo, distribución.

δια-ταράσσω *y át.*

δια-ταράττω turbar profundamente, perturbar, producir confusión, trastornar, desconcertar.

δια-τάσσω *y át.*

δια-τάττω señalar como cometido, atribuir como función [a alguien el hacer algo, *ac. con inf.*]; disponer ordenadamente, ordenar, *esp.* disponer en orden de batalla; tomar medidas; dar órdenes *o* instrucciones [a alguien, *dat.*]; disponér, mandar, encargar || MED. disponerse en orden de batalla; establecer, ordenar, mandar.

δια-τείνω ACT. TR. distender; extender, tender || MED. tender para sí *o* lo suyo; trabajar con empeño, esforzarse [en algo, *inf.*, πρός *y ac.*]; insistir, mantenerse firme.

δια-τειχίζω amurallar cerrar con un muro.

δια-τείχισμα ατος τό lugar atrincherado y fortificado; defensa, fortificación.

δια-τελευτάω -ῶ llevar a cabo, cumplir.

δια-τελέω -ῶ TR. cumplir (τὰ δέκα ἔτη los diez años) || INTR. seguir, continuar, perseverar; pasar la vida, vivir [*frec. con part. pred.*].

διατελής ές continuo, incesante; permanente.

δια-τέμνω cortar, dividir, partir.

δια-τετραίνω perforar, agujerear.

δια-τήκομαι fundirse, derretirse.

δια-τηρέω -ῶ conservar, mantener; observar; guardar (δ. ἑαυτόν guardarse a sí mismo [de algo, ἐκ *y gen.*]); cuidar, velar por (μή τι πάθωσι que no sufran daño alguno).

δια-τίθημι poner en diversos lugares, distribuir, repartir; disponer, organizar, ordenar; instituir, establecer (ἀγῶνας certámenes), gestionar, dirigir, administrar, poner, colocar [a alguien, *ac.; en* tal *o* cual situación *o* disposición, *adv.*]; tratar (ἑωυτὸν ἀνηκεστέρως a sí mismo cruelmente) || MED. arreglar una situación a, *e. e.* establecer, colocar (τὴν θυγατέρα a la hija); arreglar, componer (ἔριν una contienda); pactar, acordar (διαθήκην πρὸς τοὺς πατέρας una alianza con los padres); disponer de; *esp.* poner a la venta, vender (φόρτον la carga); disponer por testamento, testar (ὁ διαθέμενος el testador); legar, asignar en posesión (ὑμῖν βασιλείαν a vosotros un reino) || PAS. ser tratado (οὐ ῥᾳδίως no suavemente).

δια-τινάσσω romper, hacer pedazos, destrozar; sacudir || MED. irritarse.

δια-τμήγω *ép.* partir en dos, dividir en dos partes; separar; hender, surcar (λαῖτμα el profundo mar, *Od. 7, 276*) || PAS. separarse (ἐν φιλότητι en amistad *o* como amigos); estar separado, andar disperso.

δια-τοξεύομαι contender en el manejo del arco, disputar el premio del arco [a alguien, *dat.*].

διά-τορος ον perforado, agujereado.

δια-τρέφω alimentar, sostener, mantener || PAS. ser alimentado.

δια-τρέχω correr a través de, recorrer; *tamb. fig.* τὰ ἡδέα los placeres.

δια-τρέω dispersarse temblando, correr de miedo en diversas direcciones.

διατριβή ῆς ἡ demora, dilación, tardanza, retraso, detención; entretenimiento; gasto *o* pérdida de tiempo; ocupación, empleo del tiempo; conversación, plática, diálogo, discurso.

δια-τρίβω gastar por el frote, triturar, pulverizar, consumir, gastar; emplear (χρόνον el tiempo, *etc.*) *o abs.* pasar el tiempo, entretenerse, ocuparse [con alguien, μετά *gen,; en* algo, ἐν *o* ἐπί *y dat.*, περί *ac.*, *part.*, *etc.*]; *en mal sentido,* perder el tiempo; aplazar, diferir [algo, *ac. o gen.:* ὁδοῖο el viaje]; entretener, dar largas (Ἀχαιοὺς ὃν γάμον a los Aqueos en lo de su casamiento, *Hom. Od. 2, 204*); detenerse, estar, permanecer, vivir [en..., ἐν *y dat. etc.*] || PAS. gastar, consumirse (κάκιστα διατριβῆναι perecer miserablemente).

F. *perf.* διατέτριφα, *aor. pas.* διετρίβην *y* διετρίφθην.

διατροφή ῆς ἡ sustento, mantenimiento.

δια-τρύγιος ον de sazón distinta, de estación diversa.

διατρυφείς -εῖσα -έν *part. aor. pas. ép. de* διαθρύπτω.

δι-ᾴττω *át.* = **διᾴσσω.**

δι-αυγάζω comenzar a brillar *o* apuntar.

διαυγής = **διαφανής.**

δί-αυλος ου ὁ carrera doble *o* vuelta completa al estadio.

δια-φαίνω dejar traslucir, descubrir || INTR. *y* PAS. traslucirse, mostrarse *o* brillar a través; brillar; empezar a lucir; hacerse visible, mostrarse; aparecer; apuntar [el alba, *etc.*]; *fig.* dar a conocer; ser *o* hacerse evidente.

διαφάνεια ας ἡ transparencia.

διαφανής ές transparente, claro; candente, ardiente, encendido; *tamb. fig.* claro, manifiesto, bien visible, conspicuo.

διαφανῶς ADV. manifiestamente, claramente, visiblemente.

διαφέρει IMPERS. *v.* διαφέρω.

διαφέρον τό *v.* διαφέρω.

διαφερόντως ADV. de diferente manera, de otro modo; eminentemente, con gran diferencia; ante todo, sobre todo, principalmente, especialmente.

δια-φέρω pasar, pasar al otro lado, transportar (ναῦς τὸν Ἰσθμόν las naves por el Istmo); llevar, llevar de un lado a otro; mover (γλῶσσαν la lengua); difundir, propagar; traer, aportar (ψῆφον διενεγκεῖν dar su voto); pasar [la vida, el tiempo, etc.], *abs.*

vivir; continuar, proseguir, dilatar, llevar hasta el fin (πόλεμον la guerra); sufrir, soportar; ser diferente, diferir [de alguien, *gen.* o *dat.*; en algo, *dat.* o *ac. advbial.* etc.]; distinguirse, aventajarse [a alguien, *gen.*; en algo, *dat.*, ἐν o ἐπί *y dat.*, εἰς *y ac.*, *constr. inf.* etc.] || IMPERS. διαφέρει etc., importar, interesar [a alguien, *dat.*]; valer más (ἀλέξασθαι ἤ... defenderse que...); τὸ διαφέρον, τὰ διαφέροντα lo que importa, las cosas que importan; la diferencia, la cuestión || PAS. *y* MED. *a más de los sentidos correspondientes a la activa, esp.* disentir, discordar, discutir, disputar, combatir; *tamb.* vivir, pasar la vida (σοῦ διοίσεται μόνος vivirá sin ti).
F. *fut.* διοίσω; *aor.* διήνεγκα (*jón.* διήνεικα), *aor. 2.º* διήνεγκον etc. *V.* φέρω.

δια-φεύγω fugarse, escapar; substraerse a, evitar [algo, *ac.*]; *fig.* escapar al conocimiento *o* a la memoria *e. e.* ser ignorado *o* estar olvidado.

διάφευξις εως ἡ fuga, huída, modo de huir.

δια-φημίζω divulgar, propalar.

δια-φθείρω TR. destruir completamente, devastar; matar; deshacer, disolver (τὴν συνουσίαν la reunión); hacer perder (τὰς ἐλπίδας las esperanzas); echar a perder, estropear; *fig.* corromper, pervertir; *esp.* sobornar || INTR. *y* PAS. [*y* PF. ACT. διέφθορα] estar perdido, estar destrozado; estar atacado *o* afectado [de la vista, del oído, *ac. e. e.* ciego, sordo, *etc.*]; *tamb. abs.* οὔτερος διέφθαρτο el uno era defectuoso; quebrarse, romperse (οἱ ἵπποι τὰ σκέλεα los caballos las patas); ser destruido, perecer; estar descompuesto *o* putrefacto; alterarse, cambiar (τοῦ χρώματος de color); *fig.* estar corrompido, pervertido, ser depravado; ser corrompido *o* sobornado(ἐπὶ χρήμασι con dinero).
F. *3.ª sing. impf. iter. ép.* διαφθείρεσκε *fut.* διαφθερῶ, *ép.* διαφθέρσω *pas.* διαφθαρήσομαι, *jón.* διαφθερέομαι *perf.* διέφθαρκα *y* διέφθορα, *3.ª pl. plpf. jón.* διεφθάρατο. *V.* φθείρω.

διαφθορά ᾶς ἡ destrucción, perdición, ruina, corrupción; objeto destinado a ser destruido *o* devorado *y esp.* cebo; *fig.* corrupción moral, perversión, seducción.

διαφθορεύς έως ὁ corruptor, destructor, seductor.

διαφθορή ῆς ἡ *jón.* = **διαφθορά.**

δι-αφίημι despedir, despachar.

δια-φοιβάζομαι volverse loco, enloquecer.

δια-φοιτάω -ῶ *y jón.*

δια-φοιτέω -ῶ ir de un lado a otro, ir y venir.

δια-φορά ᾶς ἡ diferencia; discrepancia, desacuerdo.

δια-φορέω -ῶ llevarse, robar; saquear, devastar; desgarrar, despedazar.

διάφορος ον diferente, desemejante, diverso; discordante, desacorde [con... *dat.*]; distinguido, señalado; ventajoso, provechoso, útil, importante, cómodo || SUBST. **τὸ διάφορον** diferencia; lo que importa, interés; desacuerdo, desavenencia, discordia; cambio de fortuna, catástrofe.

δια-φόρως ADV. de modo diferente, en desacuerdo.

διά-φραγμα ατος τό separación; tabique, pared.

δια-φράζω mostrar *o* decir exactamente, comunicar con exactitud; aconsejar cumplidamente [a... *dat.*]
F. *3.ª sing. aor. redupl. ép.* διεπέφραδε

δια-φρέω dejar pasar, dar paso [a... *ac.*].

δια-φυγγάνω = **διαφεύγω.**

διαφυγή ῆς ἡ huida, fuga; *y esp. en pl.* ocasión *o* medios de huir.

διαφυή ῆς ἡ separación, intersticio *o* hendidura natural; *esp.* articulación; coyuntura.

δια-φυλάσσω custodiar, guardar, vigilar cuidadosamente; observar con cuidado; mantener.

δια-φύομαι [*aor.* διέφυν] pasar entretanto (χρόνος el tiempo).

δια-φυσάω -ῶ dispersar *o* disipar soplando.

δι-αφύσσω sacar continuamente, extraer sin cesar; arrancar.
F. *aor. ép.* διήφυσα, *tamb.* διάφυσσα.

δια-φωνέω -ῶ disonar, desentonar; *fig.* ser de distinta opinión, no estar conforme, estar en desacuerdo [con alguien, *dat.* o πρός *y ac.*].

δια-φώσκω *jón.*, comenzar a brillar, apuntar (ἡμέρα el día).

δια-χάζω [*y med.*] apartarse, ceder, retirarse.

δια-χειμάζω pasar el invierno, invernar.

δια-χειρίζω traer entre manos, manejar, gestionar, administrar || MED. poner las manos en, matar [a alguien, *ac.*].

διαχείρισις εως ἡ manejo, gestión, administración.

δια-χειροτονέω -ῶ votar a manos alzadas, decidir *o* elegir por votación.

δια-χέω esparcir en varias direcciones, desparramar; descuartizar, despedazar; *fig.* deshacer, dejar vano || PAS. ser vertido *o* derramado; desparramarse, dispersarse, disolverse; alegrarse.
F. *fut.* διαχέω, *aor.* διέχεα, *ép.* διέχευα.

δια-χλευάζω mofarse, burlarse [de alguien, *ac.*].

δια-χόω -ῶ echar, poner, construir (χῶμα un terraplén *o* escollera).

δια-χράομαι -ῶμαι usar constantemente, servirse habitualmente de [algo, *dat.*]; sufrir, experimentar, ser probado [por el destino, la desgracia, *dat.*] || TR. matar, dar muerte [a... *ac.*].

δια-χρέομαι *jón.* = **διαχράομαι.**

δια-χωρέω -ῶ pasar a través || IMPERS. κάτω διεχώρει αὐτοῖς les atacaba la diarrea.

δια-χωρίζω separar || MED. separarse, apartarse.

δια-ψεύδω mentir; engañar con mentira || PAS. ser engañado; engañarse, sufrir engaño.

δια-ψηφίζομαι dar su voto, votar.

δια-ψήφισις εως ἡ votación.

δια-ψύχω poner al aire, airear, orear; poner a secar.

δί-γλωσσος [*y át.* **δί-γλωττος**] **ον** bilingüe, que habla dos lenguas.

διδακτικός ή όν apto para enseñar, didáctico; dispuesto a enseñar.

διδακτός ή όν ADJ. *vbal. de* διδάσκω enseñado; doctrinal, instructivo; que puede aprenderse; instruido; adoctrinado, discípulo.

δίδαξα *aor. 1.º ép. y*

διδάξω *fut. de* διδάσκω.

διδασκαλεῖον ου τό escuela.

διδασκαλία ας ἡ enseñanza, instrucción, lección; ensayo (τῶν χορῶν de los coros); magisterio, oficio docente.

διδασκαλικός ή όν perteneciente a la enseñanza; instructivo, doctrinal; didáctico; apto para enseñarse; capaz de enseñar.

διδασκάλιον ου τό doctrina, ciencia, arte.

διδάσκαλος ου ὁ maestro, instructor, preceptor.

διδάσκω [*aor.* ἐδίδαξα, *etc.*] enseñar [algo a alguien, *dos acs. o* a alguien a hacer algo, *ac. e inf.*]; instruir, informar [a alguien, *ac.; acerca de...* περί *y gen.*] declarar, explicar; *esp.* ensayar y hacer representar [un coro, un drama]; aconsejar, instigar || MED. aprender por sí mismo; asimilarse, apropiarse; hacer aprender, hacer instruir [a alguien en algo, *dos acs.*] *y en gral. como el activo* || PAS. ser instruido, enseñado *o* acostumbrado; hacerse instruir, aprender [de alguien, ὑπό *o* πρός *y gen.; algo, ac. o constr. inf.; rara vez gen.:* διδασκόμενος πολέμοιο todavía aprendiz *o* novicio en la guerra].
F. *inf. pres. ép.* διδασκέμεν *y* διδασκέμεναι; *fut.* διδάξω; *aor.* ἐδίδαξα, *ép.* δίδαξα, *poét.* ἐδιδάσκησα, *perf.* δεδίδαχα || MED. *fut.* διδάξομαι; *aor.* ἐδιδαξάμην || PAS. *perf.* δεδίδαγμαι; *aor.* ἐδιδάχθην.

διδαχή ῆς ἡ enseñanza, instrucción.

διδέασι *3.ª pl. pres ind. ép. de* δίδημι.

δίδη *3.ª sing. impf. ép. de* δίδημι.

δίδημι = **δέω** *1.*

διδοῖ *3.ª sing. pres. ind. ép. de* δίδωμι.

διδοῖς διδοῖσθα *2.ª sing. pres. ind. ép. de* δίδωμι.

δίδουν -ους -ου *impf. ép. de* δίδωμι.

διδόω = **δίδωμι.**

* **διδράσκω** [*aor.* ἔδραν, *etc.*] correr [*sólo en comptos.* ἀποδιδράσκω *etc.*[.

δίδραχμον ου τό moneda de dos dracmas.

δί-δραχμος ον de dos dracmas [de sueldo al día].

* **διδρήσκω** *jón.* = **διδράσκω.**

διδυμάων ονος ὁ hermano gemelo, mellizo.

δίδυμος η ον [*o* **-ος ον**] doble; *en dual,* ambos || SUBST. gemelo, mellizo.

δίδωμι dar [algo *ac.* *o* de algo *gen.;* a alguien, *dat.*], ofrecer (ὁμήρους rehenes; δ. λόγον dar cuenta [ἑαυτῷ reflexionar] *o tamb.* conceder la palabra; δ. δίκην pagar la pena *o tamb.* dar cuenta; δ. ἀκοήν dar *o* prestar oído; δ. χάριν conceder gracia *o tamb.* ceder, dar rienda suelta [ὀργῇ a la cólera]; δὸς ἐργασίαν esfuérzate en; δ. πιέειν dar de beber); ofrecer en sacrificio; sacrificar; dar en suerte, atribuir; conceder, otorgar; conceder, admitir [en una discusión]; dar permiso para, permitir; entregar (κυσίν a los perros; ἀχέεσσι a los dolores; τοῖς δεινοῖς αὑτοὺς διδόναι exponerse a los peligros); *tamb.* confiar [en matrimonio, como compañía, etc.]; perdonar (δέονται δοῦναι σφίσι ἄνδρε piden que les sea concedida la vida de los dos hombres, *e. e.* que se les perdone, *Jen. An. 6, 6, 31*).
F. *2.ª sing. ép. jón. ind. pres.* διδοῖς διδοῖσθα, *3.ª* διδοῖ, *3.ª pl.* διδοῦσι (= δίδως δίδωσι διδόασι *resp.*); *imp. ép.* δίδωθι, *jón. poét.* δίδου (= δίδοθι); *3.ª sing. subj. td.* διδοῖ (= διδῷ) *N. T.; inf.* διδόναι, *ép.* διδοῦναι; *part.* διδούς; *impf. ép.* ἐδίδουν -ους -ου, *3.ª sing. tamb.* δίδου; *med.* ἐδιδόμην, *3.ª sing. td.* ἐδίδετο *(N. T. en comptos.)*; *fut.* δώσω, *ép.* διδώσω, *inf.* δωσέμεναι; *aor. 1.º* ἔδωκα, *ép.* δῶκα, *pl.* ἔδομεν ἔδοτε ἔδοσαν, *3.ª pl. ép. tamb.* ἔδωκαν; *med.* ἐδόμην, *3.ª sing. td.* ἔδετο *(N. T. en comptos.)*; *aor. iter. ép.* δόσκον. *Los otros modos: imp.* δός, *subj.* δῶ *opt.* δοίην, *inf.* δοῦναι, *part.* δούς; *3.ª sing. subj. ép.* δώῃ δώῃσι, δῷσι, *td.* δοῖ *(N. T.)*, *pl. ép. 1.ª* δώομεν, *3.ª* δώωσι; *opt. td., 3.º sing.* δῴη *(N T.)*; *inf. ép.* δόμεναι δόμεν; *perf.* δέδωκα, *plpf.* (ἐ)δεδώκειν; *perf. pas.* δέδομαι, *3.ª sing. plpf.* ἐδέδοτο; *aor. pas.* ἐδόθην; *fut. pas.* δοθήσομαι.

δίε *3.ª sing. impf. ép. de* δίω.

δι-εγγυάω -ῶ fiar, dar fianza || PAS. ser liberado mediante fianza [de una cantidad, *gen.;* por alguien, *dat.*].

δι-εγείρω despertar [a alguien, *ac.*]; levantar; *fig.* excitar, estimular.

διέδεξε *3.ª sing. aor. 1.º jón. de* διαδείκνυμι.

δι-έεργον *impf. ép. de* διείργω.

διείλεγμαι *perf. med. de* διαλέγω.

1 **δί-ειμι** [*cf.* εἶμι] pasar atravesar; *fig.* recorrer, referir, exponer.

2 **δί-ειμι** [*cf.* εἰμί] continuar, seguir, no cesar.

δι-εῖπον tratar a fondo *o* punto por punto [algo, *ac.;* con alguien, *dat.*]; explicar claramente, declarar || *impf. de* διέπω.

δι-είργω [*ép. y jón.* **διέργω** *ép. tamb.* **διεέργω**] separar; apartar; impedir, estorbar, interponerse (τῆς οἴκαδε ὁδοῦ en el camino hacia la patria).

δι-είρηκα *perf. de* διεῖπον.

δι-είρομαι preguntar [algo a alguien, *dos acs.*].

δι-ειρύω arrastrar, llevarse *o* llevar a través (τὰς ναῦς τὸν ἰσθμόν del Istmo las naves).

δι-είρω hacer pasar, meter [algo, *ac.;* por algo, διά *y gen.*].

δι-έκ *ante cons.* = **διέξ**.

δι-εκπεράω -ῶ atravesar.

δι-εκπλέω atravesar navegando, *y esp.* cruzar rompiendo la línea de naves enemigas.

δι-έκπλοος οου [**-ους ου**] navegación a través; paso [por mar]; ruptura de la línea de la flota enemiga.

δι-εκπλώω *jón.* = **διεκπλέω**.

δι-έκροος ου ὁ desagüe, salida.

δι-ελαύνω arrear *o* lanzar a través; hacer pasar [algo, *ac.;* a través de... *gen.*]; atravesar, traspasar [algo, *ac.;* con algo, *dat.*]; *abs.* atravesar *o* pasar a caballo, avanzar cabalgando.

δι-ελέγχω contradecir *o* refutar enteramente.

δι-ελθέμεν *ép.* = **διελθεῖν** *inf. aor. de* διέρχομαι.

δι-έλκω distender, abrir mucho *o* enteramente.

διελών *part. aor. 2.º de* διαιρέω.

δίεμαι *tr.* poner en fuga, perseguir, acosar, arrear; *intr.* correr espantado, huir (πεδίοιο por el campo).
F. *subj.* δίωμαι, *3.ª* δίηται, *3.ª pl.* δίωνται; *3.ª sing. opt.* δίοιτο; *inf.* δίεσθαι. *Cf.* δίω.

δι-εμπολάω -ῶ vender, negociar; *fig.* traicionar.

δι-ενθυμέομαι -οῦμαι reflexionar, recapacitar.

δι-ενιαυτίζω sobrevivir un año.

δι-ενοχλέω -ῶ importunar, molestar.

δι-έξ PRP. a través de, todo a través de... [*gen.*].

δι-εξειλίσσω desatar, desliar.

δι-έξειμι salir, atravesar, pasar [por *o* a través de algo, *ac.*, διά *y gen.*]; *fig.* recorrer de palabra, exponer, referir con pormenor y exactitud [algo, *ac.*], tratar, discurrir [sobre algo, περί *y gen.*] *o abs.* discurrir, tomar la palabra.

δι-εξελαύνω marchar por, atravesar *esp.* a caballo, en carro, con tropas, *etc.* [por... *ac.*, παρά *o* κατά *con ac.*].

δι-εξελίσσω = **διεξειλίσσω.**

δι-εξερέομαι preguntar [algo a alguien, *dos acs.*].

δι-εξέρχομαι pasar por, atravesar; pasar sucesivamente [διά *y gen.*]; recorrer hasta el fin; *de donde,* apurar, terminar, acabar (τὸν βίον la vida, *o con part.:* πωλέων de vender); recorrer de palabra, exponer, describir minuciosamente [algo, *ac.*]; discurrir, tratar [sobre algo, περί *y gen.*]; *del tpo.* pasar, transcurrir.

δι-εξηγέομαι -οῦμαι referir minuciosamente, describir.

δι-εξίημι TR. dejar pasar || INTR. desembocar.

δι-έξοδος ου ὁ salida, camino de salida; paso, desagüe, salida de un camino, encrucijada; fin, terminación, resultado; recorrido, órbita; *fig.* medio, modo, vía, camino (διέξοδος τῶν λόγων curso de los razonamientos); exposición, descripción, relato; detalle, pormenor.

δι-εορτάζω celebrar hasta el fin, terminar de celebrar.

δι-επέφραδον *aor. ép. de* διαφράζω.

δι-έπραθον *aor. 2.º ép. de* διαπέρθω.

δι-έπω cuidar de, atender a, ocuparse en [algo, *ac.*]; pasar por, correr a través de [algo, *ac.*]; apartar, dispersar (σκηπανίῳ ἀνέρας con la vara a la gente).

F. *impf. ép.* δίεπον = διεῖπον.

δι-εργάζομαι acabar con, dar fin a, aniquilar, matar, destruir.

δι-έργω *ép. y jón.* = **διείργω.**

δι-ερεθίζω excitar, hostigar.

δι-ερέσσω remar a través; remar diestramente.

δι-ερευνάω -ῶ *y med.* investigar con diligencia, explorar, examinar atentamente.

διερευνητής οῦ ὁ explorador.

διερμηνευτής οῦ ὁ intérprete.

δι-ερμηνεύω interpretar, explicar; traducir.

1 **διερός ά όν** ágil, rápido (πούς pie).

2 **διερός ά όν** vivo, viviente.

δι-έρπω pasar a través de, atravesar (πῦρ el fuego).

δι-έρχομαι pasar por, atravesar, ir a través de [algo, *ac.*, *gen.*, διὰ *y gen.*]; recorrer [un camino, etc. *fig.* τὴν παιδείαν ταύτην este grado de educación]; penetrar, invadir [a alguien, *ac.* un afecto *etc.*]; pasar sucesivamente [por... διά *y gen.*]; llevar a término, cumplir, completar, acabar; difundirse, cundir [un rumor, una fama, *etc.* por... *ac.*, *gen.*, etc.]; *fig.* exponer de palabra [algo, *ac.*]; discurrir, tratar [sobre algo, περὶ *y gen.*]; *del tiempo, los sucesos, etc.* pasar, transcurrir, terminar.

δι-ερῶ *fut. de* δι-εῖπον.

δι-ερωτάω -ῶ preguntar *o* interrogar minuciosamente [a alguien, algo *o* sobre algo, *dos acs.*]; preguntar continuamente *o* a cada paso.

δι-εσθίω comer enteramenre, devorar.

δι-έσσυτο *3.ª sing. aor. 2.º ép. de* διασεύομαι.

δι-ετής ές *o* **δι-έτης ες** de dos años (ἀπὸ διετοῦς desde la edad de dos años).

δι-ετήσιος ον que dura todo el año; anual, de cada año.

διετία ας ἡ espacio de dos años, bienio.

δι-έτμαγον *aor. ép. de* διατμήγω.

δι-ευλαβέομαι -οῦμαι moderarse, guardarse cuidadosamente; abstenerse con horror *o* respeto [de... *ac.* *o gen.*].

διέφθορα *perf. 2.º tr. e intr. de* διαφθείρω.

διέχεα διέχευα *aor. y aor. ép. resp. de* διαχέω.

δι-έχω apartar, separar, abrir, alejar (παιδὸς βλάστας οὐ διέσχον ἡμέραι τρεῖς no habían pasado tres días del nacimiento del niño, *Sof. E. R. 717*). || INTR. abrirse camino, penetrar; extenderse, dilatarse, alcanzar, llegar [a... εἰς *y ac.*]; estar separado *o* alejado, distar.

διέωσα -ας -ε *aor. 1.º de* διωθέω.

δίζημαι buscar, tratar de hallar; procurar, aspirar a, desear; tratar de ganar, de conseguir *o* de obtener [algo, *ac. o constr. inf.*]; tratar de entender, inquirir, indagar [algo, *ac. o interr. indir.*].
F. *2.ª sing. pres. ind. ép.* δίζηαι *3.ª pl.* δίζηνται, *part.* διζήμενος *3.ª sing. impf.* ἐδίζητο; *fut.* διζήσομαι; *aor.* ἐδιζησάμην.

δί-ζυξ υγος apareado en el yugo, en tronco.

δίζω dudar, vacilar, estar indeciso.

διηγέομαι -οῦμαι exponer minuciosamente, referir con pormenores, describir.

διήγησις εως ἡ relato, exposición; explicación.

δι-ηθέω -ῶ limpiar, purificar || INTR. filtrarse.

δι-ῆκα *aor. de* διίημι.

διηκονέω *jón.* = **διακονέω.**

διήκονος *jón.* = **διάκονος.**

διηκόσιοι *jón.* = **διακόσιοι.**

δι-ήκω ir a través, extenderse, llegar [desde... ἐκ *y gen.*, hasta... ἐπί, πρός *o* εἰς *y ac.*]; difundirse, propagarse [por *o* entre... *ac., gen.,* διά *y gen.*].

δι-ημερεύω pasar el día entero [en algo, ἐν *y dat.*; con alguien, μετά *y gen. etc.*].

διηνεκέως [*y át.* **-ῶς**] continuamente, sin interrupción; exactamente, de fijo.

δι-ηνεκής ές no interrumpido, sin interrupción, continuo, seguido; extenso, grande, largo, profundo; perpetuo, perenne.

δι-ήνεμος ον expuesto al viento; elevado.

δι-ήρεσα *aor. 1.º de* διερέσσω.

δίηται *3.ª sing. subj. ép. de* δίεμαι.

διήτων -ας -α *impf. de* διαιτάω.

διήφυσα *aor. de* διαφύσσω.

δι-θάλασσος ον que está entre dos mares (δ. τόπος lengua de tierra *o* promontorio).

διθύραμβος ου ὁ ditirambo [canto en honor de Baco, *y por extensión,* de otras divinidades].

Διί *dat. de* Ζεύς.

δι-ιδεῖν *inf. aor. de* διοράω.

δι-ίημι hacer pasar a través de, hacer atravesar por [algo, *gen.*]; dejar pasar, dejar *o* dar paso; *fig.* δ. στόματος dejar pasar por la boca *o sea,* traer a cuento, reprochar, echar en cara; despedir; licenciar [a un ejército, *etc.*].

δι-ικνέομαι -οῦμαι alcanzar, llegar: *esp.* con los disparos; recorrer de palabra, enumerar, referir puntualmente.

δυι-πετής ές caído *o* llovido del cielo (δ. ποταμός río nacido del cielo [formado *o* crecido por la lluvia]).

δι-ίστημι TR. separar, colocar a intervalos, *y en gral.* separar, apartar, dividir, alejar; *fig.* desunir, desavenir, enemistar || INTR. [*aor. 2.º, perf. y plpf.*] *y* MED. separarse, colocarse separadamente *o* a intervalos; dividirse, distribuirse; abrirse, dejar paso; alejarse, apartarse, retirarse; desunirse, desavenirse, enemistarse; *fig.* diferir, distinguirse, diferenciarse || MED. TR. [*aor. 1.º*] separar, poner en frente, contraponer.

δι-ισχυρίζομαι sostener con fuerza, afirmar, aseverar; insistir [en que... *constr. inf.*].

δυί-φιλος ον caro a Zeus, amado de Zeus.

δικάζω juzgar; ser juez *o* miembro de un tribunal; dar juicio, decidir, resolver, determinar, ordenar, mandar; pronunciar sentencia, sentenciar (ἐγκλήματος por causa *o* proceso; δ. δίκην dar fallo *o* sentencia; δίκας δ. hacer justicia, dar satisfacción [a alguien, *dat.*]) || MED. hacerse administrar justicia, contender judicialmente, promover *o* sostener proceso *o* causa || PAS. ser juzgado; ser llevado a juicio; ser decidido *o* fallado.
F. *fut.* δικάσω, *jón.* δικῶ, *med.* δικάσομαι; *aor.* ἐδίκασα, *ép.* δίκασα *y* δίκασσα; *med.* ἐδικασάμην; *perf.* δεδίκακα, *pas.* δεδίκασμαι; *3.ª sing. plpf.* ἐδεδίκαστο; *(tamb. med.)*; *aor. pas.* ἐδικάσθην.

δικαιεῦν *inf. pres. de* δικαιέω.

δικαιέω *jón.* = **δικαιόω.**

δικαιο-κρισία ας ἡ juicio justo.

δικαιο-λογέω -ῶ [*y med.*] sostener su causa.

δίκαιος α ον [*y poét.* **-ος ον**]*de pers.* justo, honrado, probo, piadoso, humano, conforme a regla y ley, verdadero, genuino; *constr. pers. e impers.*: δίκαιός εἰμι *o* δίκαιόν ἐστι ἐμέ *e inf.* es justo que yo, *o sea,* tengo el derecho *o* el deber *o* el mérito de, soy digno de (δίκαιός ἐστ'ἀπολωλέναι es justo que perezca); *de cosa,* justo, honesto, derecho, recto, razonable (τὸ δίκαιον lo justo, la justicia, el derecho; ἐκ τοῦ δικαίου, σὺν τῷ δικαίῳ con razón, con entera justicia; τὰ δίκαια las cosas debidas, lo justo, debido *o* de derecho); *tamb.* normal, bien proporcionado; bien construido, bien equilibrado [*v. gr.* un carro]; útil, servible [*v. gr.* un caballo]; preciso, exacto [un número, una palabra] || ADV. *v.* δικαίως.

δικαιοσύνη ης ἡ justicia, legalidad; justicia, cumplimiento de la ley, rectitud, probidad; justificación, estado de gracia [*N. T.*]; función judicial, administración de justicia [*Plat. Gorg. 464*].

δικαιότης ητος ἡ = **δικαιοσύνη**.

δικαιόω -ῶ justificar, tener por justo, reconocer como justo, declarar justo, *y en gral.* juzgar, opinar; desear, querer, pretender [que... *inf., con inf.*]; justificar, hacer justo, *o* mostrar como justo; hacer justicia, juzgar, condenar, castigar.
F. *impf. jón.* ἐδικαίευν; *fut.* δικαιώσω, δικαιώσομαι; *aor.* ἐδικαίωσα.

δικαίωμα ατος τό derecho establecido, derecho, alegación *o* pretensión de derechos; estatuto, reglamento, ordenanza; decreto; juicio, sentencia, fallo; pena; acción justa *o* legal; justificación [*N. T.*].

δικαίως ADV. con justicia, con derecho, con razón, debidamente.

δικαίωσις εως ἡ citación judicial; condenación, castigo; defensa; pretensión *o* demanda; parecer, arbitrio (τῇ δικαιώσει según el propio juicio); justificación [*N. T.*].

δικᾶν *inf. jón.* = **δικάσειν** de δικάζω.

δικανικός ή όν diestro en pleitear, conocedor del derecho; *en mal sentido,* de leguleyo, abogadesco, enojoso, prolijo || SUST. **ὁ** abogado *u* orador forense; **ἡ** [*sc.* τέχνη] oratoria forense.

δικασ-πόλος ου ὁ administrador de justicia; juez.

δικαστήριον ου τό lugar de justicia; tribunal de justicia; juicio.

δικαστής οῦ ὁ juez [*esp.* representante del pueblo, jurado].

δικαστικός ή όν tocante a los jueces, judicial, forense || SUST. **ἡ** [*sc.* τέχνη] ciencia forense, jurisprudencia *y también* administración de justicia; perito en leyes, jurisconsulto.

δικεῖν *v.* δίκω.

δί-κελλα ης ἡ bidente, azadón *o* azada de dos dientes.

δίκη ης ἡ costumbre, uso, manera de ser *o* de obrar: *ac. advbial.* δίκην a modo *o* manera [de... *gen.*]; justicia, derecho (δίκην εἰπεῖν declarar el derecho, hacer justicia [*y tamb.* pronunciar la defensa]; δίκῃ, πρὸς δίκης, ἐν δίκῃ, κατὰ δίκην justamente, con justicia, según justicia); juicio, sentencia, decisión, arbitraje, decreto; acción judicial, causa, proceso, litigio, emplazamiento, acusación [*esp.* de carácter privado]; πρὸ δίκης antes del proceso; sanción, castigo, pena *y tamb.* satisfacción, venganza (δίκην τίνειν, δίκην διδόναι pagar la pena, *tamb.* δίκας δοῦναι someterse a juicio; δίκας λαμβάνειν pagar la pena *y tamb.* imponer *o* aplicar la pena *o* tomar venganza; δίκην ὑπέχειν responder de un delito, sufrir la pena; δίκην ὀφλεῖν incurrir en la pena de, ser condenado a [algo, *gen.; por* alguien, ὑπό *y gen.*]).

δι-κλίς ίδος ADJ. *f.* de dos hojas.

δικρατής ές doblemente poderoso || PL. dos poderosos, dos victoriosos.

δί-κροτος ον de dos órdenes de remos *o* remeros, birreme; que golpea a los dos lados, doble.

δικτυό-κλωστος ον tejido en red.

δίκτυον ου τό red [de pesca *o* caza].

δίκτυς υος ὁ dictio [animal de Libia].

δίκω *verbo def.* [*aor.* ἔδικον, *inf. aor* δικεῖν] lanzar, disparar.

δικῶ *fut. jón. de* δικάζω.

δί-λογος ον de lenguaje doble, doble *o* ambiguo, falso.

δί-λοφος ον de doble cima, bicúspide.

δί-μνεως ων de valor de dos minas.

δι-μοιρία ας ἡ doble porción; sueldo *o* paga doble.

Δινδυμένη ης ἡ Cibeles, venerada en el monte Díndimo [Frigia].

δινεύω *y*

δινέω TR. hacer girar, hacer dar vueltas || INTR. *y* PAS. dar vueltas, girar; tambalearse; bailar, danzar; remolinar.
F. *impf. ép.* ἐδίνεον δίνεον, *iter.* δινεύεσκον; *aor.* ἐδίνησα, *perf. pas.* δεδίνημαι, *aor. pas.* ἐδινήθην.
δίνη ης ἡ torbellino, remolino, gorga; giro, rotación.
δινήεις εσσα εν remolinante, voraginoso.
δινωτός ή όν redondo, redondeado, torneado, bien labrado.
διξός ή όν *jón.* = **δισσός.**
διό CONJ. por lo cual, por lo que; por eso por lo tanto, de aquí que.
διό-βολος ον lanzado por Zeus.
διο-γενής ές nacido de Zeus, descendiente de Zeus.
δι-οδεύω pasar por, atravesar; recorrer.
δι-οδοιπορέω -ῶ = **διοδεύω.**
δί-οδος ου ἡ camino a través; paso; camino, salida, vía.
Διό-θεν de parte de Zeus, por orden de Zeus.
δι-οίγω abrir.
δί-οιδα *perf. de* διεῖδον conocer, distinguir, discernir; decidir.
δι-οιδέω -ῶ hincharse, encresparse [*dic. del mar*]; *fig.* henchirse de ira; alborotarse.
F. *perf.* διῴδηκα.
δι-οικέω -ῶ administrar, gobernar, atender, proveer a || MED. regir *o* dirigir para sí *o* en provecho propio; habitar *o* vivir separadamente (κατὰ κώμας en aldeas).
F. *impf.* διῴκουν; *fut.* διοικήσω, *med.* διοικήσομαι; *aor.* διῴκησα, *med.* -άμην; *perf. med. y pas.* διῴκημαι; *aor. pas.* διῳκήθην.
διοίκησις εως ἡ administración, dirección, gobierno.
διοικητής οῦ ὁ administrador, *esp.* gobernador, procurador; tesorero.
δι-οικίζω hacer habitar separadamente; dividir, dispersar || MED. establecerse separadamente; cambiar de morada, emigrar.
διοίκισις εως ἡ cambio de residencia, emigración.
δι-οικοδομέω -ῶ edificar en medio; cerrar *u* obstruir con un muro [algo, *ac.*].
δι-οϊστεύω atravesar de un flechazo, meter una flecha por [algo, *gen.*]; alcanzar de un flechazo, alcanzar en un tiro de flecha.
δι-οίσω *fut. de* διαφέρω.
δίοιτο *3.ª sing. opt. de* δίεμαι.
δι-οίχομαι transcurrir, pasar; terminarse, acabarse, concluir; irse, marcharse, desaparecer, perecer.
F. *fut.* διοιχήσομαι *perf. jón.* διοίχημαι (*3.ª pl.* διοίχηνται).
διοκωχή ῆς ἡ remisión, tregua, disminución.
δι-ολισθάνω *y*
δι-ολισθαίνω escapar, escabullirse, evitar.
δι-όλλυμι hacer perecer, destruir, aniquilar; perder, arruinar; olvidar || MED. *y* PERF. διόλωλα perecer, estar perdido.
F. *fut.* διολέσω *y* διολῶ *etc. V.* ὄλλυμι.
Διομήδης εος [-ους] ὁ Diomedes [hijo de Tideo, uno de los guerreros griegos que sitiaban a Troya].
δι-όμνυμι [*y med.*] jurar, afirmar con juramento [por alguien, *ac.*; algo, *ac. o constr. inf.*].
δι-ομολογέομαι -οῦμαι entenderse, ponerse de acuerdo, convenir [en que... *constr. inf., etc.*].
δίον *impf. ép. de* δίω *1 y 2.*
Διονύσια ων τά fiestas de Dioniso.
Διονυσιακός ή όν de Dioniso, dionisíaco.
Διονύσιον ου τό templo de Dioniso.
Διονύσιος α ον = **Διονυσιακός.**
Διόνυσος ου ὁ Dioniso *o* Baco [dios hijo de Zeus y de Semele].
διόπερ por eso precisamente, por eso; porque.
διο-πετής ές = **διιπετής.**
δι-οπτεύω espiar, explorar, observar; discernir, distinguir; revisar, inspeccionar.
δι-οπτήρ ῆρος ὁ explorador, espía.
δι-οράω -ῶ ver claramente, conocer a fondo, distinguir, discernir.
δι-όργυιος ον de dos brazas [de largo, profundidad, etc.].
δι-ορθόω -ῶ *y med.* enderezar || MED. *tamb.* andar derecho, obrar con prudencia *o* cautela [respecto a... περί *y gen.*].
διόρθωμα ατος τό mejora.
διόρθωσις εως ἡ enderezamiento, mejora, corrección.

δι-ορίζω delimitar, deslindar, separar; distinguir; determinar, definir, constituir, hacer (μακρόν, grande, *etc.*); explicar, descifrar, declarar; echar fuera, desterrar || MED. determinar; definir; declarar.

διόρυγμα ατος τό foso, canal.

δι-ορύσσω [*y át.* **διορύττω**] cavar a través; excavar; perforar; dañar; destruir; separar por fosos, *y en gral. fig.* separar, aislar (διορωρύγμεθα estamos aislados).

δῖος α ον brillante, luminoso; magnífico, noble, excelente; divino, celeste; de Zeus, procedente de Zeus.

Διός *gen. de* Ζεύς.

Διοσ-κόροι *y* **Διοσ-κοῦροι οἱ** los Dioscuros, los dos hijos de Zeus y de Leda, Cástor y Pólux o Polideuces.

διότι CONJ. porque, a causa de que, por la razón de que; *o con inf.* por; *substantivado,* por qué, el porqué, la razón; *simpl.* que.

διο-τρεφής ές nutrido por Zeus; vástago de Zeus.

δι-ουρίζω *jón.* = **διορίζω.**

δι-οχλέω -ῶ inquietar, turbar, desconcertar.

δί-παλτος ον blandido con dos manos; que blande con dos manos (δίπαλτος χειρί a mandobles).

δί-πηχυς υ de dos codos [de dimensión].

διπλάζω INTR. ser doble *o* duplicado.

δί-πλαξ ακος doble, duplicado || SUBST. ἡ manto doble *o* de lujo.

διπλασιάζω TR. doblar || INTR. ser el doble *o* tener doble valor.

διπλασιόομαι -οῦμαι doblarse, llegar a ser doble.

διπλάσιος α ον *y*

διπλασίων ον doble, doblado, otro tanto más || SUBST. **τὸ διπλάσιον** el doble, el duplo, doble número.

διπλῇ ADV. doblemente, otro tanto más; dos veces; por ambas partes,

διπλήσιος α ον *jón.* = **διπλάσιος.**

δι-πλόος όη όον [**οῦς ῆ οῦν**] doble, duplicado, doblado (παῖσον διπλῆν [*sc.* πληγήν] dale otro golpe, asegúndale); mutuo, recíproco; doble de sentido, ambiguo, equívoco; doble, falso, astuto. *F. jón.* διπλέη.

διπλόω -ῶ doblar, poner doble.

διπλότερος α ον *comp, de* διπλόος (διπλότερον ὑμῶν el doble que vosotros).

δί-πους ουν [*gen.* οδος] de dos pies, bípedo; jerbo *esp.* de rata de Libia que salta sobre las dos patas traseras.

δίπτυχα ADV de uno y otro lado, alrededor.

δί-πτυχος ον plegado en dos, doble || PL. dos, ambos.

δί-πυλος ον de dos puertas.

Διρκαῖος α ον de la fuente Dirce; *por ext.* Tebano.

Δίρκη ης ἡ Dirce [fuente y arroyo de Tebas].

δίς ADV. dos veces.

δισ-θανής ές que muere dos veces, sujeto a dos muertes.

δισκέω -ῶ lanzar el disco.

δίσκος ου ὁ disco [de piedra, madera *o* metal que se lanzaba en juegos y ejercicios].

δίσκουρα ων τά distancia de un tiro de disco.

δισμυριάς άδος ἡ doble miriada, número de veinte mil.

δισ-μύριοι αι α ADJ. NUM. CARD. veinte mil.

δισσ-άρχης ου doblemente soberano (δισσάρχαι βασιλεῖς los dos poderosos reyes).

δισσός ἡ όν doble, de dos especies; *en pl. frec.* dos; ambos; doble, equívoco, obscuro.

δι-στάζω dudar, vacilar, estar incierto.

δί-στολος ον ADJ. *en pl.* δίστολοι ἀδελφαί hermanas que van juntas *o simpl.* par de hermanas [*Sóf. E. C. 1055*].

δί-στομος ον de doble abertura [*por ej.* una cueva]; bifurcado [*por ej.* un camino]; de dos filos [*por. ej.* una espada].

δισ-χίλιοι αι α ADJ. NUM. CARD. dos mil.

δι-τάλαντος ον que pesa *o* vale dos talentos, de dos talentos.

διττός *át.* = **δισσός.**

διυλίζω separar colando, quitar haciendo colada.

δι-υπνίζω despertar.

διφάσιος α ον doble, de dos clases || PL. dos.

διφάω buscar.

διφθέρα ας ἡ piel curtida, cuero; prenda hecha de cuero, pelliza, zamarra; cubierta de piel [para la tienda militar]; bolsa, zurrón *o* saco de cuero; pergamino para escribir.

διφθέρινος η ον de piel, de cuero.

διφρεία ας ἡ conducción de un carro, transporte en carro; carro, carruaje.

διφρευτής οῦ ὁ conductor del carro; cochero, auriga.

διφρηλατέω -ῶ recorrer en carro.

διφρηλάτης ου ὁ = **διφρευτής**.

δίφρος ου ὁ asiento, *esp.* taburete; asiento del carro; carro [de guerra *o* de viaje].

διφρο-φορέομαι -οῦμαι hacerse llevar en silla *o* litera.

δι-φυής ές de doble naturaleza; de dos formas, biforme.

δίχα ADV. en dos partes, en dos (δίχα ποιεῖν [τέμνειν, πρίειν *etc.*] dividir [cortar, serrar, etc.] en dos); aparte, por separado; diferentemente, discordantemente, de dos modos *o* maneras; entre dos opiniones *o* propósitos, indecisamente; *con gen.* diferentemente de; aparte *o* separadamente de; sin (πόλεως δίχα sin anuencia de la ciudad).

διχά-δε ADV. = **δίχα**.

διχάζω dividir, separar; desunir.

διχῇ ADV. = **δίχα**.

δί-χηλος ον de pie hendido, patihendido, bisulco.

διχθά ADV. en dos, en dos partes.

διχθάδιος α ον doble || ADV. **διχθάδια** = διχθά.

διχο-γνωμονέω -ῶ ser de diferente opinión, diferir de opinión.

διχό-θεν ADV. de dos lados; *fig.* en dos respectos, por dos razones.

διχοστασία ας ἡ desacuerdo, disensión, discordia, sedición.

διχο-στατέω -ῶ estar en desacuerdo.

διχο-τομέω -ῶ partir en dos; *fig.* castigar severísimamente.

διχοῦ ADV. *jón.* = **δίχα**.

δίψα ης ἡ sed; *fig.* deseo ardiente, anhelo.

διψάω -ῶ tener sed, estar sediento [de algo, *gen.*]; *fig.* desear con ansia [algo, *gen.; ac., constr. inf.*].

F. *2.ª y 3.ª sing. pres.ind.* διψῇς διψῇ *(td.* διψᾷ *N. T.), inf.* διψῆν; *fut.* διψήσω *etc.*

διψῆν *inf. de* διψάω.

δίψιος α ον sediento; *fig.* seco, árido.

δίψος εος [ους] τό = **δίψα**.

δί-ψυχος ον indeciso, vacilante.

1 **δίω** temer [por alguien, *dat.* no... μή...].

F. *impf.* ἔδιον *ép.* δίον *Para otras formas de fut. aor. y perf. v.* δείδω.

2 **δίω** huir, correr huyendo || MED. poner en fuga, perseguir; echar, expulsar.

F. *Las formas medias únicas usadas pertenecen originariamente a* δίεμαι, *v.s.v.*

διωβελία ας ἡ cantidad de dos óbolos [que en Atenas se daba a los ciudadanos para que pagasen la entrada del teatro].

διωγμός οῦ ὁ persecución, seguimiento; acoso [en la caza].

διώδυνος ον dolorosísimo, de dolor agudo *o* penetrante.

δι-ωθέω romper de fuerza, echar abajo, arrancar; rechazar; meter, introducir || MED. rechazar de sí, alejar; rechazarse mutuamente; rehusar; romper; irrumpir por; *abs.* substraerse *o* librarse del peligro.

F. *impf. med.* διεωθούμην *jón.* διωθεόμην; *fut.* διώσω; *aor. ép.* διῶσα *át.* διέωσα. *Cf.* ὠθέω.

διωκαθεῖν *inf. aor. 2.º de* διώκω.

διῴκησα διῴκηκα διῴκουν *etc. formas de* διοικέω.

διωκτέος α ον *adj. vbal. de* διώκω que debe *o* puede perseguirse *o* buscarse.

διώκτης ου ὁ perseguidor.

διώκω poner en movimiento, lanzar por delante, impulsar, empujar; echar fuera, alejar, expulsar, desterrar; ir detrás de, seguir, perseguir [a alguien, *ac.;* πεδίοιο por el campo]; perseguir en justicia, citar a juicio [a alguien, *ac.;* por algo, *gen.,* εἵνεκα *o* περί *y gen.;* θανάτου en causa capital; *tamb.* δ. δίκην *o* γραφήν intentar un proceso; ὁ διώκων el acusador]; *fig.* ir detrás de (τὰ συμβάντα διώκειν dejarse arrastrar por los acontecimientos); seguir, imitar, atenerse (τοὺς εὐγνώμονας a los sensatos); aspirar a, desear, buscar; contar, referir, describir || INTR. lanzarse, apresurarse, darse prisa, correr || MED. seguir; echar, expulsar.

F. *inf. ép.* διωκέμεναι διωκέμεν; *fut.* διώξω *y* διώξομαι; *aor. 1.º* ἐδίωξα, *aor. 2.º* ἐδιώκαθον; *perf.* δεδίωχα, *pas.* δεδίωγμαι *(N. T.)*; *aor. pas.* ἐδιώχθην.

διώμοτος ον comprometido por juramento, juramentado [para hacer algo, *inf.*].

Διώνυσος ου ὁ *ép. dór. poét.* = **Διόνυσος.**

δίωξις εως ἡ persecución.

διῶρυξ υχος ἡ zanja, trinchera; canal; mina.

διῶσα *ép.* = **διέωσα.**

δμηθῆναι *inf. aor. pas. de* δάμνημι.

δμῆσις εως ἡ doma, amansamiento.

δμήτειρα ας ἡ domadora, que domina *o* subyuga.

δμωή ῆς ἡ esclava, sierva.

δμώς ωός ὁ esclavo, siervo, criado.

δνοπαλίζω sacudir con fuerza; echarse encima.

δνοφερός ά όν obscuro, sombrío.

δοάσσατο *3.ª sing. aor. ép. de* *δέαμαι pareció.

δόγμα ατος τό opinión, creencia, parecer; decisión, decreto, orden.

δογματίζω decidir, decretar || PAS. dejarse dar preceptos.

δοῖ = **δῷ** *3.ª sing. subj. aor. de* δίδωμι *(N. T.)*.

δοιή ῆς ἡ duda, incertidumbre.

δοιοί αί ά *ép.* dos, ambos || ADV. **δοιά** de dos maneras.

δοιώ *dual* un par, dos.

δοκάζω *y* **δοκάω** = **δοκεύω.**

δοκεύω observar, acechar, espiar [a... *ac.*].

δοκέω -ῶ TR. creer, pensar, opinar, suponer, imaginar, esperar [algo, *ac. o constr. inf.*; acerca de περί *y gen.*; *o tamb. ac.*]; resolver, decidir || PAS. ser tenido *o* estimado como; ser resuelto *o* determinado [por alguien, *dat.*; δέδοκται se ha resuelto *o* está resuelto; τὰ δεδογμένα la resolución] || INTR. parecer, tener apariencia de, presentarse como, hacerse valer por (δοκῶ μοι me parece que yo, me figuro que yo, me parece bien que yo, creo que debo, *etc... constr. inf.*) || IMPERS. δοκεῖ parece; parece bien [a alguien, *dat.*]; está resuelto (ἔδοξε *o* ἐδόκει se resolvió [por alguien, *dat.*]); *part.* τὸ δοκοῦν, τὰ δοκοῦντα, τὰ δόξαντα opinión, parecer, convicción, resolución [de alguien, *dat.*]; *ac. abs.* δόξαν habiéndose resuelto; δόξαν ταῦτα, δόξαντα ταῦτα *o* δόξαντος τούτου habiéndose resuelto así, resuelto esto; ἐμοὶ δοκεῖν, ὡς ἐμοὶ δοκεῖν según me parece, a mi parecer, en mi opinión. F. *fut.* δόξω *y* δοκήσω; *aor.* ἔδοξα *y* ἐδόκησα, *ép. tamb.* δόκησα *perf.* δέδοχα δεδόκηκα, *pas.* δέδογμαι *y* δεδόκημαι (δεδοκημένος, *sin embargo, pertenece a* δέχομαι *v.s.v.*); *aor. pas.* ἐδοκήθην.

δόκησις εως ἡ opinión, creencia; sospecha, figuración; estimación, crédito.

δοκιμάζω probar, someter a prueba, examinar; aprobar, dar por bueno, elegir; declarar apto, *y esp.* admitir en los derechos ciudadanos a los jóvenes, declarar apto para un cargo público || PAS. ser dado por bueno *o* aprobado; ser confirmado, ser declarado hábil, digno *o* capaz; se seleccionado *o* elegido.

δοκιμασία ας ἡ examen, prueba, comprobación de aptitud *o* legitimidad.

δοκιμαστής οῦ ὁ examinador, comprobador.

δοκιμή ῆς ἡ prueba, experimento, medio de prueba; cualidad, carácter comprobado [de algo, *gen.*].

δοκίμιον ου τό prueba.

δόκιμος ον comprobado; estimado, reputado; grato; notable, considerable.

δοκός οῦ ἡ viga maestra; viga, madero.

δολερός ά όν doloso, engañador, falso.

δολιό-πους ποδος de paso furtivo, que se introduce insidiosamente.

δόλιος α ον engañoso, falaz, insidioso, astuto.

δολιόω -ῶ obrar engañosamente; engañar.

δολίχ-αυλος ον de cubo largo [*dic.* del venablo].

δολιχ-εγχής ές de largas lanzas.

δολιχ-ήρετμος ον de largos remos, que tiene *o* maneja largos remos.

δολιχο-δρόμος ον corredor de la carrera larga [*v.* δόλιχος].

δολιχός ή όν largo, prolongado [de tamaño, en tiempo, *etc.*] || ADV. **δολιχόν** largamente, prolijamente.

δόλιχος ου ὁ carrera larga [de 24 estadios, 4'5 kms].)
δολιχό-σκιος ον de larga sombra, que proyecta una sombra larga.
δολόεις εσσα εν = **δόλιος**.
δολο-μήτης ου *y*
δολό-μητις ιος astuto, engañador, trapacero.
δολό-μυθος ον doloso, engañoso, pérfido [*v. l. Sóf. Tr. 839*].
δολο-ποιός όν fabricador de engaños, engañador.
δόλος ου ὁ cebo para pescar; añagaza, trampa, engaño, astucia, artificio; ardid, treta, estratagema.
δολο-φρονέω -ῶ *sólo part. pres.* meditar engaños *o* astucias.
δολοφροσύνη ης ἡ astucia, habilidad para tramar ardides,
δολόω -ῶ engañar; coger *o* cazar engañando; cambiar engañosamente, falsear (δ. μορφήν disfrazarse).
Δόλων ωνος ὁ Dolón [guerrero troyano].
δολ-ῶπις ιδος ADJ. *f.* de mirada engañosa, traidora, pérfida.
δόλωσις εως ἡ astucia, artimaña.
δόμα ατος τό don, dádiva.
δόμεν *y*
δόμεναι *infs. aor. 2.º ép. y dór. de* δίδωμι.
δόμον-δε ADV. a casa, hacia casa, hacia la patria.
δόμος ου ὁ edificio, edificación *y esp.* casa, morada; palacio; templo; tienda; cámara, sala; guarida de animales [*tamb.* colmena, aprisco, etc.]; familia, linaje; capa, hilera (πλίνθου de ladrillos).
δονακεύς έως ὁ cañar, cañaveral.
δόναξ ακος ὁ caña; asta de flecha; flecha.
δονέω -ῶ impulsar, poner en movimiento; agitar, sacudir; mover agitando, batir; picar; *fig.* agitar, turbar, perturbar [un país, *etc.*].
δόξα ης ἡ opinión, manera de ver, idea, parecer, creencia; ἀπὸ δόξης *o* παρὰ δόξαν, contra la opinión *o* contra lo esperado; δόξης ἁμαρτία, error de juicio; δόξαν παρέχειν, hacer pensar [a alguien, *dat.*]; propósito, plan; opinión infundada, ilusión, apariencia, figuración (δόξῃ ἐπίστασθαι imaginarse); concepto, opinión, fama, reputación; *en buen sentido,* estimación, celebridad, gloria; *en el N. T.* gloria, esplendor, majestad.
δοξάζω opinar, creer, pensar; reflexionar, deliberar, sospechar, figurarse; juzgar en su opinión, estimar, tener [a alguien, *ac.*; como... *ac. o* ἐπὶ πλέον en más]; celebrar, alabar, glorificar, honrar || PAS. ser estimado *o* tenido como...; ser glorificado; resplandecer.
δόξαν *part. n. aor. 1.º de* δοκέω.
δοξάριον ου τό [*dim. de* δόξα] honrilla, gloriecilla.
δόξασμα ατος τό opinión, manera de pensar.
δοξόομαι tener fama *u* opinión (ἀγαθοὶ εἶναι de ser buenos).
δόξω *fut. de* δοκέω.
δορά ᾶς ἡ piel, pellejo.
δοράτιον ου τό dardo.
δορι-άλωτος ον ganado con la lanza, conquistado *o* cogido en guerra.
δορί-κτητος ον *y*
δορί-ληπτος ον = **δορι-άλωτος**.
δορί-μαργος ον ansioso de lucha.
δορκάς άδος ἡ corza, gacela.
δορός οῦ ὁ saco [de cuero].
δορός *gen. poét. de* δόρυ.
δορπέω -ῶ cenar.
δορπηστός οῦ ὁ hora de la cena.
δορπία ας *y jón.*
δορπίη ης ἡ noche precedente a la fiesta, celebrada con una cena, víspera de una fiesta.
δόρπον ου τό comida *y esp.* cena.
δόρυ δόρατος τό tronco de árbol; viga, madero; objeto hecho de madera (κοῖλον δόρυ el caballo de Troya, *Hom. Od. 8, 507*); *y esp.* nave; pértiga, asta; lanza, pica; venablo; *fig.* guerra, lucha; fuerza de las armas; lancero, guerrero, *como colect.* ejército (δορὸς τάξις orden de batalla); lo ganado con la lanza, botín; εἰς δόρυ *o* ἐπὶ δόρυ a la derecha, hacia la derecha [*op. a* ἐπ' ἀσπίδα].
F. *ép. jón. poét. gen.* δούρατος, *dat.* δούρατι; *pl.* δούρατα *dat.* δούρασι *más frec. gen.* δουρός *dat.* δουρί, *dual* δοῦρε, *pl.* δοῦρα, δούρων δούρεσσι; *tamb. gen. sing.* δορός, *dat.* δορί *y* δόρει, *nom. pl.* δόρη.
δορυ-άλωτος ον = **δοριάλωτος**.

δορυ-δρέπανον ου τό hoz con asta, *a modo de* guadaña usada en la guerra naval.
δορύ-ξενος ου ὁ hermano *o* camarada de armas || ADJ. amigo íntimo, aliado, unido por vínculo de hospitalidad, huésped.
δορυ-σσόης ητος *y*
δορυ-(-σ)σόος όον [-οῦς οῦν] que blande la lanza.
δορυφορέω -ῶ ser alabardero *o* guardia de corps; *fig.* escoltar, defender, proteger.
δορυφορία ας ἡ acompañamiento, escolta, guardia de corps.
δορυ-φόρος ου ὁ lancero, armado con lanza; alabardero, guardia de corps; *fig.* satélite, servidor.
δός *imp. aor. de* δίδωμι.
δόσις εως ἡ don, dádiva; legado; acción de dar, entrega, pago; gasto, expensas.
δόσκον *aor. iter. ép. de* δίδωμι.
δοτέος α ον *adj. vbal. de* δίδωμι.
δοτήρ ῆρος ὁ *y*
δότης ου ὁ dador, dispensador; pagador.
δουλαγωγέω -ῶ llevarse como esclavo, esclavizar; tratar como esclavo *o* duramente.
δουλεία ας ἡ esclavitud, servidumbre; sumisión, dependencia; servidumbre, conjunto *o* clase de los esclavos; esclavos, siervos.
δούλειος ον [*o* **-ος α ον**] de esclavo, servil.
δούλευμα ατος τό esclavitud, esclavo.
δουλεύω ser esclavo *o* siervo [*aor.* venir a ser esclavo], vivir como esclavo, servir, estar sometido [a alguien *o* algo, *dat.*].
δούλη ης ἡ sierva, esclava.
δουληΐη ης *jón. y*
δουλία ας ἡ = **δουλεία.**
δουλικός ή όν *y*
δούλιος ον [*o* **-ος α ον**] de esclavo *o* de esclavitud; servil (δούλιον ἦμαρ día de la esclavitud, esclavitud).
δουλιχόδειρος ον de largo cuello.
δουλο-πρεπής ές de esclavo, servil, bajo.
δοῦλος η ον siervo, esclavo; *tamb. fig.;* servil, bajo.
δοῦλος ου ὁ siervo, esclavo.
δουλοσύνη ης ἡ servidumbre, esclavitud.
δουλόω -ῶ hacer esclavo, esclavizar, subyugar, someter || MED. esclavizar para sí, someter al propio poder *y como act.;* τῇ γνώμῃ *o* τὴν γνώμην δουλοῦσθαι abatirse de ánimo.
δούλωσις εως ἡ sojuzgamiento.
δοῦν *y* **δοῦναι** *inf. aor. de* δίδωμι.
δουπέω -ῶ sonar sordamente, rumorear; golpear [con algo, *dat.;* contra algo, πρὸς *y ac.*]; caer, dar con el cuerpo en tierra.
F. *aor. ép.* δούπησα *y* ἐγδούπησα (v. γδουπέω); *perf.* δέδουπα.
δοῦπος ου ὁ sonido sordo; resonancia; estrépito, fragor.
δοῦρα *y* **δούρατα** *nom. pl. de* δόρυ.
δουράτεος α ον de madera.
δούρατι *dat. sing. de* δόρυ.
δοῦρε *dual de* δόρυ.
δούρεσσι *dat. pl. de* δόρυ.
δουρ-ηνεκές ADV. a alcance de lanza, lo que alcanza la lanza.
δουρί *dat. sing. de* δόρυ.
δουρι-άλωτος ον = **δοριάλωτος.**
δουρι-κλειτός όν *ép. y*
δουρι-κλυτός όν *ép.* famosos por su lanza, renombrado lancero.
δουρί-κτητος η ον = **δορίκτητος.**
δουρί-ληπτος ον = **δορίληπτος.**
δουρο-δόκη ης ἡ astillero, lugar para colocar las lanzas.
δουρός *gen. sing. de* δόρυ.
δούρων *gen. pl. de* δόρυ.
δούς δοῦσα *part. aor. de* δίδωμι.
δοῦσι *3.ª pl. pres. ind. de* δέω *1; dat. pl. part. aor. 2.º de* δίδωμι.
δοχή ῆς ἡ recepción; convite, banquete.
δόχμιος α ον *y*
δοχμός ή όν oblicuo, de través, de lado || ADV. **δόχμια.**
δράγμα ατος τό puñado, manojo; haz, gavilla.
δραγμεύω liar gavillas, agavillar.
δραθεῖν *inf. aor. 2.º de* δαρθάνω.
δραίην *opt. aor. de* διδράσκω.
δραίνω tener pensado, querer hacer.
δρακεῖν *inf. aor. 2.º de* δέρκομαι; *part.* δρακών.
δράκων οντος ὁ dragón [animal fabuloso]; serpiente.
δρᾶμα ατος τό acción; negocio, asunto; acción representada, drama *y esp.* tragedia.

δραμεῖν *inf. aor. 2.º de* τρέχω; *part.* δραμών.
δράμημα ατος τό carrera.
δράμον δραμοῦμαι *aor. ép. y fut. resp. de* τρέχω.
δρᾶν *inf. pres. de* δράω.
δρᾶναι *inf. aor. de* διδράσκω.
δραπετεύω huir, escaparse.
δραπέτας ου *y*
δραπέτης ου ADJS. *m.* fugitivo; prófugo, desertor; de fugitivo, de cobarde (δ. κλῆρος bola *o* ficha propia de un cobarde, *Sóf. Ay. 1285*).
δράς δρᾶσα δράν *(gen.* δράντος *etc.) part. aor. de* διδράσκω.
δρασείω querer hacer, proponerse.
δράσομαι *fut. de* διδράσκω.
δράσσομαι coger con la mano, poner mano en, coger, agarrar [algo *o* a alguien, *gen.*]; atrapar; aferrarse [a... *gen.*].
F. *át.* δράττομαι; *fut.* δράξομαι; *aor.* ἐδραξάμην; *perf.* δέδραγμαι δέδραξαι, *part.* δεδραγμένος.
δραστέος α ον *adj. vbal. de* δράω.
δραστήριος ον activo, emprendedor, bien dispuesto || SUBST. **τὸ δραστήριον** la actividad.
δρατός ή όν *adj. vbal. ép. de* δέρω desollado.
δραχμή ῆς ἡ dracma [peso de 4,367 gr. en Ática]; dracma [moneda de plata, 0,97 de peseta].
δράω -ῶ hacer [algo, *ac.; a* alguien, *ac., dat.,* εἰς *y ac.*]; εὖ δρᾶν, κακῶς δρᾶν hacer bien, hacer mal [a alguien, *ac.*]; ejecutar, cumplir (δρᾶν τι cumplir algo, tener éxito); obrar, trabajar, *de donde,* servir, ser servidor *o* sirviente || PART. τὸ δρώμενον lo hecho, el hecho; τὰ εὖ δεδραμένα los beneficios; ὁ δεδρακώς el autor, el culpable.
F. *subj. pres.* δρῶ δρᾷς δρᾷ, *3.ª pl. ép.* δρώωσι; *opt.* δρῴην *ép.* δρώοιμι, *inf.* δρᾶν *dór.* δρῆν; *impf.* ἔδρων; *fut.* δράσω; *aor.* ἔδρασα; *perf.* δέδρακα, *pas.* δέδραμαι; *aor. pas.* ἐδράσθην.
δρεπάνη ης ἡ hoz.
δρεπανη-φόρος ον falcado [*dic.* del carro de combate armado con hoces].
δρεπανο-ειδής ές semejante a una hoz.
δρέπανον ου τό hoz; podadera; alfanje *o* sable curvo.
δρέπω segar, recoger, recolectar || MED. coger para sí.
δρῆν *inf. pres. dór. de* δράω.
δρῆναι *inf. aor. jón. de* διδράσκω.
δρηπέτης ου *jón.* = **δραπέτης.**
δρησμός οῦ ὁ *jón.* huida.
δρήστειρα ας ἡ servidora, sirvienta, que sirve *o* asiste.
δρηστήρ ῆρος ὁ servidor, sirviente; fugitivo.
δρηστοσύνη ης ἡ servicio, diligencia *o* destreza en servir.
δριμύς εῖα ύ agudo, punzante, cortante; *fig.* agrio, áspero, vivo, violento; agudo, penetrante.
δριμύτης ητος ἡ agudeza; acritud; *fig.* violencia, fuerza; penetración; perspicacia.
δρίος τό bosque, selva.
δρομαῖος α ον *y*
δρομάς άδος corredor, rápido; corriendo, a la carrera.
δρομεύς έως ὁ corredor.
δρόμημα = **δράμημα.**
δρομικός ή όν buen corredor, ágil || SUBST. **τὰ δρομικά** las carreras.
δρόμος ου ὁ carrera (δρόμῳ a la carrera); recorrido (ἡμέρης de un día); carreras, certamen de corredores; lugar de carreras, estadio, pista; lugar de paseo.
δροσερός ά όν húmedo de rocío; tierno, fresco.
δρόσος ου ἡ rocío.
δροσόω -ῶ bañar con rocío, humedecer con rocío.
δροσώδης ες parecido al rocío; tierno, delicado.
δρύινος η ον de encina, de madera de encina.
δρυμός οῦ ὁ [*pl. heterócl.* δρυμά] *y*
δρυμών ῶνος ὁ encinar *y en gral.* bosque, selva.
δρύ-οχος ου ὁ escora [puntal que sostiene a la nave en construcción].
δρύπτω desollar; arañar; rasgar, desgarrar || MED. *y* PAS. arañarse, desgarrarse (παρειάς las cabezas *o sin compl.*).
δρῦς υός ἡ árbol, *esp.* encina; *tamb.* pino; *por meton.* madera.
δρυ-τόμος ου ὁ cortador de árboles *o* encinas, leñador.
δρύφακτος ου ὁ valla de madera, barandilla, barra.

δρῶ *ind. y subj. contr. de* δράω; *subj. aor. 2.º de* διδράσκω.
δρῴοιμι *opt. ép. de* δράω.
δρῴωσι *3.ª pl. subj. pres. ép. de* δράω.
δῦ = **ἔδυ** *3.ª sing. aor. 2.º ép. de* δύω.
δύ' *apóc.* = **δύο**.
δύα ας ἡ *ép.* = **δύη**.
δυάς άδος ἡ dualidad.
δυάω abrumar con desgracias, hundir en la miseria.
δύη ης ἡ miseria, aflicción, desdicha.
δύη *o* **δυίη** *3.ª sing. opt. aor. ép. de* δύω.
δύμεναι *inf. aor. 2.º ép. de* δύω.
δύναμαι [*aor.* ἐδυνήθην *y* ἠδυνήθην *con sign. act.*] poder, ser capaz, tener fuerza, capacidad, facultad [de *o* para algo, *ac. o constr. inf.*]; *con* ὡς, ἧ, ὅτι *etc. y superl.* lo más posible (ὡς ἐδύναντο πλεῖστα πυρὰ ἔκαον encendían todas las hogueras que podían); *abs.* poder, tener poder, autoridad, influencia (οἱ μέγιστον δυνάμενοι los más poderosos); valer, tener el valor de, equivaler [a..., *ac.; dic.* de monedas, tiempos, *etc.*]; valer, significar, tener sentido *o* valor [de..., *ac.; dic.* de las palabras, expresiones, noticias, etc.]; ser elevado al cuadrado [*Pl. Rep. 546, b*] || IMPERS. es posible.
F. *ind. pres. 2.ª sing.* δύνασαι *y* δύνῃ, *dór.* δύνᾳ, *3.ª pl. jón.* δυνέαται; *subj.* δύνωμαι, *2.ª sing. ép.* δύνηαι, *pl. jón. (vv. ll.)* δυνεώμεθα δυνέωνται; *opt.* δυναίμην, *3.ª pl. jón.* δυναίατο; *impf.* ἐδυνάμην ἠδυνάμην, *ép.* δυνάμην (*2.ª sing.* ἐδύνω, *después* ἐδύνασο, *3.ª pl. jón.* ἐδυνέατο); *fut.* δυνήσομαι; *perf.* δεδύνημαι; *aor. ép. jón. poét.* ἐδυνάσθην (*tamb. ép.* (ἐ)δυνησάμην), *át.* ἐδυνήθην (*raro* ἠδυνάσθην, ἠδυνήθην).
δύναμις εως ἡ fuerza, poder, capacidad (κατὰ δύναμιν, εἰς δύναμιν según las fuerzas, en lo posible; παρὰ δύναμιν, ὑπὲρ δύναμιν más allá de las fuerzas, sobremanera); fuerza física, vigor, pujanza; fuerza militar, tropas, ejército; potencia, poder, influencia; recursos, riqueza; capacidad, habilidad, talento; calidad, eficacia, virtud, *esp.* virtud de hacer milagros; milagros; importe, valor, suma [*dic.* de dinero, cuentas, *etc.*]; significación, sentido [de las palabras, expresiones, *etc.*]; ser, esencia [de una cosa].
δυναμόω -ῶ hacer fuerte, fortalecer, fortificar.
δύνασις εως ἡ = **δύναμις**.
δυναστεία ας ἡ poder, dominación; *esp.* poder legal; oligarquía.
δυναστεύω ejercer el poder, ser señor, dominar; tener hegemonía; poder mucho.
δυνάστης ου ὁ soberano, señor, príncipe; *en gral.* hombre poderoso [en el Estado]; jefe, gobernador.
δυνατέω -ῶ tener poder, ser fuerte *o* poderoso.
δυνατός ή όν que puede, capaz; fuerte, poderoso; bien dispuesto; apto, hábil; que sirve, bueno, servible, cabal; poderoso, influyente principal aristócrata; pudiente, rico; que puede ser hecho, hacedero, posible [para alguien, *dat.*]; ὁδὸς δυνατή camino practicable; εἰς τὸ δυνατόν, κατὰ τὸ δυνατόν, ἐκ τῶν δυνατῶν en lo posible, en la medida de lo posible; ὡς δυνατόν lo más posible.
δυνατῶς ADV. con fuerza, con habilidad; mucho; δυνατῶς ἔχει es posible [para alguien, *dat.*].
δυνέαται *3.ª pl. ind. pres. jón. de* δύναμαι.
δυνεώμεθα δυνέωνται *1.ª y 3.ª pl. subj. pres. jón. de* δύναμαι.
δύνῃ *2.ª sing. ind. pres. de* δύναμαι.
δύνηαι *2.ª sing. subj. pres. ép. de* δύναμαι.
δῦνον *impf. ép. de* δύνω.
δύνω = **δύομαι** [*v.* δύω].
δύνωμαι *subj. pres. de* δύναμαι.
δύο δυοῖν *etc.* [*tamb. como indecl.*] ADJ. NUM. CARD. dos (εἰς δύο de dos en dos; εἰς καὶ δύο, δύο καὶ τρεῖς uno *o* dos, dos *o* tres *e. e.* unos cuantos; τὰ δύο μέρη los dos tercios; δυοῖν θάτερον una de las dos cosas; δυοῖν ἕνεκα por dos motivos, en dos aspectos).
F. *ép. lírico* δύω, *gen. dat.* δυοῖν, *át. post.* δυεῖν (*esp. para el fem.*), *tamb. dat.* δυσί δυσίν; *jón. gen.* δυῶν, *dat.* δυοῖσι.
δυο-καί-δεκα = **δώδεκα** doce.
δυοκαιδεκά-μηνος ον de doce meses, de un año.
δυόω *ép.* = **δυάω**.
δύρομαι = **ὀδύρομαι** gemir, lamentarse.

δυσ- *prefijo con el valor de* difícilmente, malamente, desgraciadamente, no.
δύς δῦσα δύν [*gen.* δύντος, etc.] *part. aor. 2.º de* δύω.
δυσ-αής ές de soplo desfavorable *o* violento.
δυσαίατο *3.ª pl. opt. aor. 1.º med. ép. de* δύω.
δυσ-άθλιος ον terriblemente desgraciado.
δυσ-αίων ωνος de vida infortunada, desdichado.
δυσ-άλγητος ον insensible, duro de corazón.
δυσ-άλωτος ον difícil de coger *o* de tomar; δ. κακῶν al abrigo de los males.
δυσ-άμμορος ον desdichadísimo, terriblemente desgraciado.
δυσ-ανασχετέω -ῶ no poder sufrir.
δυσ-άνεκτος ον difícilmente soportable, insoportable.
δυσ-άνεμος ον *dór.* azotado *o* removido por el viento, tempestuoso.
δύσαντο *3.ª pl. aor. 1.º med. ép. de* δύω.
δυσ-απάλλακτος ον que no puede ser apartado, inseparable, sin remedio.
δυσ-απόδεικτος ον difícil de demostrar.
δυσ-αποσπάστως ADV. mal de arrancar (δ. ἔχειν ser difícil de arrancar).
δυσ-απότρεπτος ον difícil de retener *o* de disuadir.
δυσ-άρεστος ον descontentadizo, difícil de contentar.
δυσ-αριστο-τόκεια ας ἡ madre infortunada de un héroe, engendradora en mal hora de un héroe [*Hom. Il. 18, 54*].
δύσ-αυλος ον penoso, incómodo, desapacible.
δυσαχής ές *dór.* = **δυσηχής**.
δυσ-βάστακτος ον difícil de soportar.
δύσ-βατος ον de acceso *o* paso difícil, intransitable, inaccesible ‖ SUBST. **τὸ δύσβατον** región de difícil acceso.
δυσ-βουλία ας ἡ insensatez, extravío, locura.
δυσ-γένεια ας ἡ bajo nacimiento, origen obscuro.
δύσ-γνωστος ον difícil de reconocer *o* de entender.
δυσ-γοήτευτος ον difícil de embaucar.
δυσδαιμονία ας ἡ desgracia.
δυσ-δαίμων ον [*gen.* ονος] desdichado, infortunado.
δυσ-διερεύνητος ον difícil de explorar *o* investigar.
δυσ-ειδής ές deforme, feo.
δυσ-είσβολος ον difícil de invadir.
δυσ-έκνιπτος ον difícil de lavar *o* de borrar.
δύσ-ελπις ι [*gen.* ιδος] sin esperanza, desesperanzado.
δυσ-έλπιστος ον inesperado (ἐκ δυσελπίστων en circunstancias inesperadas).
δυσ-εμβατὸς ον difícilmente accesible, inaccesible, impenetrable.
δυσ-έμβολος ον = **δυσείσβολος**.
δυσ-εντερία ας [*jón.* **δυσεντερίη ης**] **ἡ** *y*
δυσ-εντέριον ου τό disentería, enfermedad intestinal.
δυσ-εξαπάτητος ον difícil de engañar.
δυσ-εξέλεγκτος ον difícil de rebatir.
δύσεο *imp. aor. mixto med. de* δύω.
δύσ-ερις ιδος pendenciero, rencilloso.
δυσ-έριστος ον ineluctable, inevitable.
δυσ-ερμήνευτος ον difícil de interpretar *o* de entender.
δύσ-ερως [*gen.* ωτος] enamorado perdidamente, prendado de, apasionado por... [*gen.*].
δυσ-έσβολος ον = **δυσείσβολος**.
δύσετο *3.ª sing. aor. mixto med. ép. de* δύω.
δυσ-εύρετος ον difícil de encontrar *o* de descubrir.
δύσ-ζηλος ον irascible, colérico; envidioso, celoso.
δυσ-ηλεγής ές acerbo, penoso; *fig.* duro de corazón, cruel.
δυσ-ηχής ές que suena *o* resuena terriblemente (δ. θάνατος muerte en el estrépito del combate *o s. o.* muerte acompañada de terrible griterío).
δυσ-θαλπής ές helador, glacial.
δυσ-θανατέω -ῶ luchar con la muerte, morir penosa *o* lentamente.
δυσ-θέατος ον penoso de ver, horrible.
δύσ-θεος ον odiado de los dioses; impío.
δυσ-θεράπευτος ον difícil de cuidar *o* de curar.
δυσ-θετέομαι -οῦμαι estar de mal humor, estar enojado.
δυσ-θρήνητος ον de sonido plañidero, desgarrador.
δυσθυμέω -ῶ [*y med.*] desanimarse, abatirse.

δυσθυμία ας ἡ desánimo, abatimiento, aflicción.
δύσ-θυμος ον desanimado, abatido; afligido, triste; malhumorado, descontento.
δυσ-ίατος ον difícil de curar, incurable.
δύσ-ιππος ον desfavorable para cabalgar (τὰ δύσιππα lugares no acomodados a la caballería).
δύσις εως ἡ puesta [del sol, *etc.*], ocaso; occidente, poniente.
δυσ-κάθαρτος ον que no admite expiación, implacable.
δυσ-κάθεκτος ον que no se puede retener, inmanejable, irrefrenable.
δυσ-κατάπρακτος ον difícil de realizar *o* cumplir.
δυσ-κατάστατος ον difícil de arreglar.
δυσ-καταφρόνητος ον no despreciable, apreciado, respetado.
δυσ-κατέργαστος ον difícil de trabajar; difícil de ejecutar; *en gral.* difícil.
δύσκε *3.ª sing. aor. iter. ép. de* δύω.
δυσ-κέλαδος ον de triste sonido, que produce un estrépito siniestro; malsonante, malo.
δυσ-κηδής ές lleno de cuidados, inspirador de preocupaciones.
δυσκίνητος ον que no se deja mover *o* conmover; lento, pesado, perezoso.
δυσ-κλεής ές sin gloria, sin fama; deshonrado; infame.
F. *ac. poét.* δυσκλέα *por* δυσκλεέα.
δύσκλεια ας ἡ mala fama, deshonor, infamia.
δυσ-κοινώνητος ον insociable.
δυσκολαίνω estar enfadado, malhumorado.
F. *impf.* ἐδυσκόλαινον, *fut.* δυσκολανῶ *aor. íd.* ἐδυσκόλανα.
δυσκολία ας ἡ descontento, malhumor; dificultad.
δύσ-κολος ον malhumorado, descontentadizo; *de cosas,* desagradable, desfavorable, adverso; difícil.
δυσ-κόμιστος ον difícil de soportar, insoportable.
δύσ-κριτος ον difícil de discernir; difícil de juzgar; obscuro, confuso.
δυσ-λόγιστος ον insensato, absurdo, incomprensible.
δυσ-μαθής ές tardo para aprender, torpe.
δυσ-μαθία ας ἡ dificultad para aprender, torpeza.
δυσμαί ῶν αἱ puesta [del sol, *etc.*]; occidente, poniente.
δυσ-μαχέω -ῶ luchar de mala manera [impíamente *o* en vano].
δύσ-μαχος ον difícil de combatir *o* de someter; invencible, inexpugnable.
δυσμεναίνω estar descontento, malhumorado.
δυσμένεια ας ἡ mala voluntad, malquerencia, hostilidad.
δυσμενέων *part. pres. del inus.* δυσμενέω = **δυσμενής.**
δυσ-μενής ές de ánimo hostil, hostil, adverso (οἱ δυσμενέες los enemigos).
δυσ-μεταχείριστος ον difícil de manejar *o* de tratar; difícil de atacar, inatacable.
δυσμή *sólo en pl. v.* δυσμαί.
δυσ-μήτηρ ερος ἡ mala madre, madre desnaturalizada.
δύσ-μοιρος ον *y*
δύσ-μορος ον desdichado, infortunado.
δυσ-μορφία ας ἡ *y jón.*
δυσ-μορφίη ης ἡ deformidad, fealdad.
δύσ-νιπτος ον difícil de lavar, imborrable.
δυσ-νόητος ον difícil de entender.
δύσ-νοια ας ἡ animosidad, malquerencia, hostilidad.
δύσ-νοος οον [-ους ουν] de mala voluntad, hostil.
δυσ-ξύμβολος ον de acceso *o* trato difícil, intratable.
δυσ-ξύνετος ον difícil de entender, incomprensible.
δύσ-οδμος ον *jón.* de mal olor, fétido, maloliente.
δύσ-οδος ον de difícil paso, intransitable.
δυσ-οίκητος ον inhabitable.
δύσ-οιστος ον difícil de soportar, insoportable.
δύσ-ομβρος ον de lluvia inclemente, inclemente.
δυσ-όρατος ον difícil de ver, invisible, oculto.
δυσ-όργητος ον *y*
δύσ-οργος ον iracundo.
δυσ-οσμία ας ἡ mal olor, fetidez.
δυσ-ούριστος ον traído por un viento funesto; *s. o.* que no puede enderezarse, *de donde* irremediable.

δυσ-πάλαιστος ον difícil de combatir, irresistible, invencible.

δυσ-πάρευνος ον de funesto tálamo, funesto.

Δύσ-παρις ιδος ὁ funesto Paris, Paris malhadado.

δυσ-πάριτος ον difícil de pasar *o* atravesar.

δυσ-πειθής ές difícil de persuadir; indómito.

δύσ-πειστος ον difícil de persuadir; obstinado.

δυσ-πέμφελος ον de difícil travesía, borrascoso.

δυσ-πέρατος ον difícil de pasar *o* atravesar.

δυσ-πετής ές difícil, laborioso, penoso.

δυσ-πινής ές sucio, mugriento.

δύσ-πνοος οον [-ους ουν] jadeante, sin aliento; que sopla en contra, desfavorable.

δυσ-πολέμητος ον malo de combatir, difícil de vencer.

δυσ-πολιόρκητος ον difícil de asediar *o* de tomar, inexpugnable.

δυσ-πονής ές penoso, trabajoso.

δυσ-πόνητος ον laborioso, trabajoso.

δύσ-πονος ον = **δυσπονής**.

δυσ-πόρευτος ον malo de atravesar, de difícil paso.

δυσ-πορία ας ἡ dificultad de atravesar, paso difícil.

δύσ-πορος ον difícil de atravesar, de difícil paso.

δύσ-ποτμος ον desdichado, infortunado.

δυσπραξία ας ἡ desgracia, fracaso; engaño.

δυσ-πρόσβατος ον de difícil subida.

δυσ-πρόσοδος ον de difícil acceso, inabordable [*dic.* de cosa *y* persona].

δυσ-πρόσοιστος ον al que no es posible acercarse, *de donde,* hostil, implacable.

δυσ-πρόσοπτος ον malo de ver, horrible; funesto, siniestro.

δύσ-ριγος ον muy sensible al frío, friolento, friolero.

δυσσέβεια ας ἡ impiedad; fama *o* reproche de impiedad.

δυσσεβέω -ῶ ser impío, obrar *o* hablar impíamente.

δυσ-σεβής ές impío, infame [*dic.* de persona *o* cosa].

δυσ-τάλας αινα αν desdichadísimo, miserable.

δύστανος ον *dór.* = **δύστηνος**.

δυσ-τέκμαρτος difícil de conocer *o* de investigar, obscuro.

δύσ-τεκνος ον desgraciado en sus hijos.

δύστηνος ον desgraciado, infeliz, miserable; *de cosas,* mísero, desdichado, lamentable.

δυστομέω -ῶ hablar mal de, escarnecer [a alguien, *ac.*; con... *ac.*].

δυσ-τράπελος ον *y*

δύσ-τροπος ον de mal carácter; duro, obstinado.

δυσ-τυχέω -ῶ ser desdichado *o* infortunado, tener mala suerte; tener mal éxito, fracasar.

F. *impf.* ἐδυστύχουν *jón.* ἐδυστύχεον, *aor.* ἐδυστύχησα, *perf.* δεδυστύχηκα, *aor. pas.* ἐδυστυχήθην.

δυστύχημα ατος τό = **δυστυχία.**

δυσ-τυχής ές desdichado, infortunado.

δυστυχία ας ἡ mala suerte, desgracia, desdicha; mal éxito, fracaso, *esp.* revés, derrota.

δυσφημέω -ῶ decir palabras de mal agüero; escarnecer, ultrajar [a alguien, *ac.*]; *tamb.* dirigir palabras de compasión [a..., *ac.*].

δυσφημία ας ἡ palabras de mal agüero; grito de dolor; injuria, maldición, vituperio; mala fama, ignominia.

δυσ-φιλής ές repugnante de ver.

δυσφορέω -ῶ TR. soportar mal; soportar de mala gana || INTR. estar indignado, desazonado, inquieto *o* afligido; encontrarse mal.

F. *impf.* ἐδυσφόρουν.

δύσ-φορος ον difícil *o* malo de soportar, pesado, agobiante; insoportable, penoso; ofuscador, desconcertante, falso || SUBST. **τὰ δύσφορα** molestias, disgustos, aflicciones.

δυσ-φόρως ADV. mal, con contrariedad, a disgusto, con pena (δυσφόρως ἄγειν llevar a mal).

δύσ-φρων ον [*gen.* ονος] triste, lamentable; malévolo, adverso, enemigo; insensato, demente.

δυσ-χείμερος ον invernal, tormentoso; de clima riguroso *o* desapacible.

δυσ-χείρωμα ατος τό prueba difícil.

δυσ-χείρωτος ον difícil de dominar *o* de vencer.

δυσ-χεραίνω estar enojado, irritado, disgustado, sentir aversión [hacia algo, *dat.*, περὶ *y gen.*, *etc.*; a hacer algo, *inf.*]; δυσχεραίνειν ἐν τοῖς λόγοις ser riguroso en los razonamientos, apurar la cuestión ‖ TR. irritar (ῥήματα δυσχεράναντα palabras irritantes); rechazar, no poder soportar ‖ *pas.* ser odioso.
F. *impf.* ἐδυσχέραινον, *aor.* ἐδυσχέρανα, *aor. pas.* ἐδυσχεράνθην.

δυσχέρεια ας ἡ dificultad, embarazo; enfado, pesadumbre, contrariedad, molestia; asco, repugnancia.

δυσ-χερής ές difícil de manejar *o* de coger; difícil, trabajoso, molesto, gravoso, incómodo; *como subst.* τὸ δυσχερές la dificultad; repugnante, desagradable, enojoso; de mal agüero, desgraciado; capcioso, enredoso; *de pers.* malhumorado, descontentadizo, gruñón.

δυσ-χερῶς ADV. trabajosamente, con trabajo; de mala gana, con contrariedad (δυσχερῶς ἔχειν estar a mal, sentir repugnancia [hacia..., πρὸς *y ac.*]).

δύσ-χρηστος ον difícil de utilizar, usar *o* manejar; embarazoso, incómodo; difícil de tratar.

δυσχωρία ας ἡ terreno difícil *o* desfavorable; dificultad del terreno.

δυσ-ώδης ες de mal olor, fétido.

δυσωδία ας ἡ mal olor, fetidez.

δυσ-ώνυμος ον de nombre funesto; maldito, odioso.

δυσ-ωπέω -ῶ hacer bajar la vista, confundir, avergonzar; suplicar con insistencia, conjurar ‖ PAS. confundirse, avergonzarse; ser tímido *o* asustadizo.

δυσ-ωρέω -ῶ [*o med.*] hacer una guarda penosa, vigilar penosamente.

δύτης ου ὁ buzo.

δύω sumergir, hundir ‖ INTR. sumergirse, hundirse; meterse por, introducirse entre, entrar en [*ac. o* εἰς, κατὰ, ὑπὸ *y ac.*], *tamb. fig.* penetrar [un sentimiento, un afecto, *etc.*]; ocultarse, esconderse [detrás de... εἰς *o* ὑπὸ *y ac.*]; envolverse en, ponerse, vestirse *o* ceñirse de [algo, *ac.*, ἐν *con dat.*, εἰς *con ac.*]; *fig.* δ. ἀλκήν revestirse de valor, tomar ánimos *o* fuerza; ponerse [un astro]; ocultarse, desaparecer.
F. *Aor.* ἔδυσα *tr.* (*Od. 14, 341 y en los comptos.*) *desp. intr.* (*N. T. Marc. 1, 32, etc.*). ‖ INTR. δύομαι, *impf.* ἐδυόμην *3.ª pl. ép.* δύοντο; *fut.* δύσομαι; *aor.* ἐδυσάμην *3.ª pl. ep.* δύσαντο, *3.ª pl. opt. ép.* δυσαίατο; *aor. mixto ép.* (ἐ)δύσεο (ἐ)δύσετο, *imp.* δύσεο, *part.* δυσόμενος *con valor pres. Más frec. aor. 2.º* ἔδυν -υς -υ, *3.ª sing. ép.* δῦ *3.ª pl.* ἔδυσαν, *ép.* ἔδυν; *3.ª sing. iter.* δύσκε; *impf.* δῦθι, δῦτε; *subj.* δύω, *3.ª opt. ép.* δύη *o* δυίη; *inf.* δῦναι, *ép. tamb.* δῦμεν δύμεναι; *part.* δύς δῦσα; *perf.* δέδυκα, *en comptos. tamb.* δέδυμαι, *aor. pas.* ἐδύθην, *fut.* δυθήσομαι.

δύω *ép. y poét.* = **δύο.**

δυώ-δεκα *ép. y jón.* = **δώδεκα.**

δυωδεκά-βοιος ον del valor de doce bueyes.

δυωδεκά-πηχυς υ de doce codos.

δυωδεκά-πολις ι de la liga de las doce ciudades [*Hdt. 7, 95*].

δυωδέκατος η ον *ép. y jón.* = **δωδέκατος.**

δυωκαιεικοσί-μετρος ον que contiene veintidós medidas.

δυωκαιεικοσί-πηχυς υ de veintidós codos de largo.

δῶ τό [*sólo nom. y ac.*] = **δῶμα** casa.

δῶ δῷς δῷ *subj. aor. de* δίδωμι.

δώδεκα ADJ. NUM. CARD. INDECL. doce, una docena.

δωδεκάδαρχος ου ὁ comandante *o* jefe de una unidad de doce hombres.

δωδέκ-αρχος ου ὁ = **δωδεκάδαρχος.**

δωδεκά-σκυτος ον formado de doce pieles.

δωδέκατος η ον ADJ. NUM. ORD. duodécimo.

δωδεκά-φυλον ου τό las doce tribus [*N. T.*].

Δωδών ῶνος *y*

Δωδώνη ης ἡ Dodona [ciudad del Epiro con un antiguo oráculo de Zeus].

δώῃ *y* **δώῃσι** *3.ª sing. subj. aor. 2.º ép. de* δίδωμι.

δῴη *3.ª sing. opt. aor. 2.º td. de* δίδωμι (*N. T.*).

δῶκα *ép.* = ἔδωκα *aor. de* δίδωμι.

δῶμα ατος τό edificio, habitación, *esp.* casa, morada; familia; templo; palacio; aposento; cuarto, *esp.* sala; residencia, ciudad; techo, terraza, azotea.

δωμάτιον ου τό *dim. de* δῶμα casita; cuartito, cuarto de dormir.
δώομεν *1.ª pl. subj. aor. ép. de* δίδωμι.
δωρεά ᾶς [*y jón.* **δωρεή ῆς**] *y*
δωρειά ᾶς ἡ don, presente, regalo; beneficio, honra, ventaja, privilegio; *ac.* δωρεάν en don, gratuitamente, *y tamb.* inmerecidamente, sin razón, en vano, inútilmente.
δωρέω -ῶ [*y med.*] dar en don, ofrecer, presentar [algo, *ac.; a* alguien, *dat.*]; hacer un don, obsequiar [a alguien, *ac.;* con algo, *dat.*] || PAS. ser ofrecido en don *o* en presente.
δώρημα ατος τό = **δωρεά.**
δωρητικός ή όν dador, otorgador.
δωρητός ή όν dado en don *o* en presente; sensible a los dones, que se blandea con los regalos.
δωριάζω hablar *o* vestirse como los dorios.
Δωριεῖς έων οἱ los dorios [una de las grandes estirpes en que se dividían los griegos].
Δωριεύς έως ὁ *nombre pr. de varón, y tamb.* dorio *en gral.;* habitante de la Dórida (*v. infra* Δωρίς).
Δωρικός ή όν dorio.
Δωρίς ίδος ἡ la Dórida [nombre de una región de Europa y otra en Asia Menor]; doria, mujer doria.
δωριστί ADV. en dorio; en tono dorio; a la manera doria.
δωροδοκέω -ῶ recibir regalos *u* obsequios, dejarse corromper *o* sobornar [por algo, *ac.*]; *tamb.* corromper.
δωροδόκημα ατος τό recepción de presentes, corrupción.
δωροδοκία ας ἡ venalidad; corrupción.
δωρο-δόκος ον que recibe dones, venal.
δῶρον ου τό don, presente, obsequio; favor; ofrenda; tributo.
δωρο-φορέω -ῶ = **δωρέω.**
δωρο-φορία ας ἡ oferta.
δωσέμεν *y* **δωσέμεναι** *inf. fut. ép. de* δίδωμι.
δωσί-δικος ον que se somete *o* remite a la justicia.
δώσω -εις -ει *etc. fut. de* δίδωμι.
δωτήρ ῆρος ὁ *y*
δώτης ου ὁ dador, dispensador.
δωτινάζω recoger dones *u* ofrendas.
δωτίνη ης ἡ *ép. y jón.* = **δῶρον.**
δώτωρ ορος ὁ = **δωτήρ.**
δώωσι. *3.ª pl. subj. aor. 2.º ép. de* δίδωμι.

E

Ε ε épsilon [quinta letra del alfabeto griego] || *como signo numérico* ε΄ cinco *o* quinto; ,ε cinco mil.

ἔ *muchas veces reduplicado* ἒ ἒ INTJ. *de dolor o de compasión:* ¡ay!

ἕ *ac. enclítico del pron. personal de 3.ª pers.* a sí; a él, a ella; a ellos, a ellas.

1 **ἔα** *2.ª sing. imp. pres. o 3.ª sing. impf. contr. de* ἐάω.

2 **ἔα** *ép. y jón.* = **ἦν** *impf. de* εἰμί.

3 **ἔα** INTJ. *de asombro, de dolor o de ánimo:* ¡ah! ¡ay!

ἐάᾳ *3.ª sing. pres ind. de* ἐάω.

ἐάαν *inf. pres. ép. de* ἐάω.

ἔαγα *perf. de* ἄγνυμι.

ἐάγην *aor. pas. de* ἄγνυμι *con valor pas.*

ἔαδα *perf. de* ἁνδάνω.

ἔαδον *aor. 2.º de* ἁνδάνω.

ἐάλη *3.ª sing. aor. pas. de* εἰλέω.

ἑάλωκα *perf. de* ἁλίσκομαι.

ἑάλων *aor. 2.º de* ἁλίσκομαι.

ἐάν CONJ. si, en el caso que; ἐάν περ si por otra parte...; a lo menos si...; ἐὰν μὴ si no, en tanto no, a menos que || *en interrogación indirecta:* si, por si (σκέψαι ἐὰν τόδε σοι μᾶλλον ἀρέσκῃ mira si esto te gusta más); ἐάν τε... ἐάν τε... sea que... sea que... || *en el N. T. después de rel. equivale a* ἄν [*raro en los autores clásicos*] (πᾶς ὃς ἐὰν **ἐπικαλέσηται** quienquiera que invocare).

F. *Contráese en* ἄν *y en* ἤν.

ἑάνδανον *impf. de* ἁνδάνω.

ἑανός ή όν hermoso, fino; dúctil.

ἑανός οῦ ὁ vestido *o* traje fino de mujer, peplo.

ἐάν-περ = ἐάν περ *v.* ἐάν.

ἔαξα *aor. 1.º de* ἄγνυμι.

ἔαρ ἔαρος τό primavera (ἅμα τῷ ἔαρι con la primavera; πρὸς ἔαρ hacia la primavera); savia; sangre.

F. *contr.* ἦρ, *gen.* ἦρος *etc.; poét.* εἶαρ, *gen.* εἴαρος *etc.*

ἐαρίζω pasar la primavera [en tal *o* cual sitio].

ἐαρινός ή όν de primavera, primaveral.

ἔας = ἦσθα *2.ª sing. impf. jón. de* εἰμί.

ἔασι = εἰσί *3.ª pl. pres. ind. ép. de* εἰμί.

ἔασκον *impf. ép. de* ἐάω.

ἔασον *imp. aor. 1.º de* ἐάω.

ἕαται = ἧνται *3.ª pl. del pres. ind. de* ἧμαι.

ἔατε = ἦτε *2.ª pl. impf. jón. de* εἰμί.

ἐατέος α ον *adj. vbal. de* **ἐάω** que se ha de dejar; que se ha de permitir *o* tolerar.

ἕατο = ἧντο *3.ª pl. del impf. de* ἧμαι.

ἑαυτοῦ ῆς οῦ [*contr.* **αὑτοῦ** *etc.*] de sí, de sí mismo (ἐν ἑαυτῷ γίγνεσθαι volver a juicio, recobrar la serenidad; ἐφ' ἑαυτοῦ εἶναι ser dueño de sí mismo, independiente; ἀφ' ἑαυτοῦ por sí mismo, motu proprio; παρ' ἑαυτῷ en casa, en la propia casa; πρὸς ἑαυτόν [*o* πρὸς ἑαυτούς] a casa, a su casa; τὸ ἑαυτοῦ lo propio, el propio interés) || *después de comp. o superl. indica la superación de sí mismo, un grado extraordinario en la cualidad expresada por el adj.* (πλουσιώτεροι ἑαυτῶν más ricos que nunca; ὕδωρ ἑαυτοῦ θερμότατον un agua extraordinariamente caliente) || *como pron. reflexivo de 1.ª y 2.ª pers. substituye a* ἐμαυτοῦ, σεαυτοῦ (τοὺς πέλας μᾶλλον αἰδούμεθα ἢ ἑαυτούς consideramos más al prójimo que a nosotros mismos) || *como pron. recíproco* = ἀλλήλων unos de otros, etc.

F. *jón.* ἑωυτοῦ; *contr.* αὑτοῦ. *En Hom. aún sin formar compuesto:* ἕο αὐτοῦ.

ἐάφθη *def.* fue arrastrado, cayó detrás.

ἐάω -ῶ dejar, permitir, consentir (οὐκ ἐᾶν impedir, prohibir); dejar tranquilo, no estorbar, dejar intacto, pasar por alto, omitir, no preocuparse de; dejar ir, despedir; dejar, abandonar, renunciar a.
F. *pres.* ἐῶ *ép. tamb.* εἰῶ, *2.ª y 3.ª sing.* ἐάᾳς ἐάᾳ *inf.* ἐάαν; *impf.* εἴων -ας -α, *jón. y ép.* ἔων, *3.ª* ἔα, *iter.* ἔασκον *o* εἴασκον; *fut.* ἐάσω *pas.* ἐάσομαι; *aor.* εἴασα, *ép.* ἔασα, *1.ª pl. subj. ép.* ἐάσομεν (= ἐάσωμεν); *perf.* εἴακα, *pas.* εἴαμαι, *aor. pas.* εἰάθην.
ἐάων *gen. pl. ép. de* ἐύς ἐύ *sustantivado:* bienes, riquezas, dones.
ἔβα ἔβαν *formas de aor. 2.º de* βαίνω.
ἔβαλον *aor. 2.º de* βάλλω.
ἐβάφην *aor. pas. de* βάπτω.
ἑβδομαῖος α ον al séptimo día.
ἑβδόματος η ον = **ἕβδομος**.
ἑβδομή-κοντα ADJ. NUM. CARD. setenta.
ἑβδομηκοντάκις ADV. setenta veces.
ἕβδομος η ον séptimo (ἡ ἑβδόμη el séptimo día [del mes]; τὸ ἕβδομον por séptima vez).
ἔβενος ου ἡ ébano [árbol y madera del mismo].
ἔβην *aor. 2.º intr. de* βαίνω.
ἔβησα *aor. 1.º tr. de* βαίνω.
ἐβήσετο *3.ª sing. aor. mixto med. ép. de* βαίνω.
ἐβίων *aor. 2.º de* βιόω.
ἔβλαβεν *3.ª pl. aor. pas. ép. de* βλάπτω.
ἐβλάστηκα ἔβλαστον *perf. y aor. 2.º resp. de* βλαστάνω.
ἔβλαψα *aor. 1.º de* βλάπτω.
ἐβλήθην, ἔβλητο *aor. pas. y 3.ª sing. aor. med. ép. (con sign. pas.) de* βάλλω.
ἐβουλέατο *3.ª pl. impf. jón. de* βούλομαι.
Ἑβραικός ἡ όν hebraico, hebreo.
Ἑβραῖος ου ὁ hebreo.
Ἑβραΐς ΐδος ADJ. *f.* hebrea.
ἑβραϊστί ADV. en hebreo, en lengua hebrea.
ἔβραχε *3.ª sing. aor. def.* = **βράχε**.
ἔβρισα *aor. 1.º de* βρίθω.
ἔβωσα *aor. 1.º ép. y jón. de* βοάω.
ἐβώσθην *aor. pas. jón. de* βοάω.
ἔγ-γαιος ον = **ἔγγειος**.
ἐγ-γέγαα *perf. ép. de* ἐγγίγνομαι.
ἐγ-γείνομαι engendrar.
ἔγ-γειος ον que está en la tierra, terrestre; que consiste en tierra (ἔγγειοι κτήσεις fincas de campo, inmuebles rústicos).
ἐγ-γελάω -ῶ reírse, burlarse [de alguien, κατά *y gen.* etc.]; regocijarse [por algo, *dat.*].
ἐγ-γενής ές del mismo linaje, pariente; indígena, patrio; innato, natural
ἐγ-γηράσκω envejecer; debilitarse, embotarse.
F. *fut.* ἐγγηράσομαι.
ἐγ-γίγνομαι nacer, ser nacido; estar, habitar *o* vivir en [un sitio, ciudad, etc., *dat.*]; convenir por naturaleza, ser natural *o* innato en [alguien, *dat.*, ἐν *y dat.*]; pasar *o* transcurrir (χρόνου ἐγγενομένου, habiendo pasado tiempo); ocurrir, sobrevenir, producirse || IMPERS. ἐγγίγνεται tiene cabida, es posible.
F. *fut.* ἐγγενήσομαι *etc. v.* γίγνομαι; *3.ª pl. perf. ép.* ἐγγεγάασι.
ἐγγίζω acercarse; estar cerca.
ἐγ-γίνομαι = **ἐγγίγνομαι**.
ἔγγιστα ADV. *superl. de* ἐγγύς.
ἐγ-γλύσσω tener sabor dulzón.
ἐγ-γλύφω grabar.
ἐγγνάμπτω doblar dentro (ἐ. γόνυ echar la zancadilla).
ἔγ-γονος ου ὁ ἡ nieto; descendiente; pariente.
ἐγ-γράφω grabar, inscribir [*esp.* en una lista *o* registro público]; escribir; pintar *o* bordar || MED. grabarse [*tamb. fig.* ἀνθρώποις en los seres humanos]; acusar || PAS. ser inscrito [*esp.* en la lista de deudores del Estado, *de donde*] ser condenado a una multa.
ἐγ-γυαλίζω poner en la mano, entregar; encomendar; otorgar, conceder.
F. *fut.* ἐγγυαλίξω *aor. ép.* ἐγγυάλιξα.
ἐγγυάω -ῶ dar como garantía; prometer, desposar, dar por esposa || MED. dar garantía, garantizar [algo, *ac. o constr. inf.*]; tomar *o* recibir por esposa || PAS. recibir como prenda *o* garantía (δειλαὶ δειλῶν καὶ ἐγγύαι ἐγγυάασθαι las garantías de los miserables son malas para ser recibidas como tales, *e. e.* los miserables no pueden dar garantías que valgan).
F. *inf. pres. med. ép.* ἐγγυάασθαι; *impf.* ἠγγύων; *fut. med.* ἐγγυήσομαι; *perf.* ἠγγύηκα *med.* ἠγγύημαι; *ao pas.* ἠγγυήθην (*comptos.* ἐξ- κα

Se hallan también formas como de verbo compuesto, impf. ἐνεγύων; *aor.* ἐνεγύησα; *perf.* ἐγγεγύηκα *pas.* ἐγγεγύημαι.

ἐγγύη ης ἡ garantía, fianza, caución; promesa de matrimonio, desposorio, esponsales.

ἐγγυητής οῦ ὁ fiador, garante.

ἐγγυητός ή όν desposado.

ἐγγύ-θεν ADV. de cerca, cerca.

ἐγγύ-θι ADV. cerca.

ἐγ-γυμνάζω ejercitar || MED. ejercitarse.

ἔγ-γυος ον garante, fiador.

ἐγγύς ADV. cerca, al lado; cerca [en el tiempo] || *con nums.* ἐγγὺς μυρίων cerca de diez mil || *con valor de adj.:* relacionado, próximo (γένει *o* γένους por el linaje, *e. e.* pariente); aproximado, semejante, parecido || *comp.* **ἐγγύτερον** *y* **ἐγγυτέρω**; *superl.* **ἐγγύτατα,** *y* **ἔγγιστα.**

ἐγγύτατος ADJ. *superl. cf.* ἐγγύς el más cercano.

ἐγ-γώνιος ον angular; *esp.* rectangular.

ἐγδούπησα *aor. 1.º* de γδουπέω [*v.* δουπέω].

ἐγέγραπτο *3.ª sing. plpf. pas. de* γράφω.

ἐγείρω despertar; alzar, levantar; sanar, curar; resucitar; erigir, construir *o* reconstruir; mover, suscitar (πόλεμον la lucha); entonar (θρῆνον un treno *o* canto fúnebre) || INTR. *y* PERF. ἐγρήγορα despertarse *o* estar despierto, estar en vela, velar || MED. *y* PAS. despertarse, velar; alzarse, levantarse.

F. *impf. ép.* ἔγειρον (= ἤγειρον); *fut.* ἐγερῶ; *aor.* ἤγειρα, *ép.* ἔγειρα; *perf.* ἐγήγερκα, *med.* ἐγήγερμαι; *aor. pas.* ἠγέρθην, *ép.* ἐγέρθην (*3.ª pl.* ἔγερθεν *v. l.*). *Tamb. aor. 2.º med.* ἠγρόμην, *3.ª sing. ép.* ἔγρετο; *imp.* ἔγρεο; *3.ª sing. opt.* ἔγροιτο; *inf.* ἐγρέσθαι (*tamb. escrito* ἔγρεσθαι), *part.* ἐγρόμενος; *perf. intr.* ἐγρήγορα, *3.ª pl. ép.* ἐγρηγόρθασι, *imp. pl.* ἐγρήγορθε, *inf.* ἐγρήγορθαι; *plpf.* ἠγρηγόρη *3.ª sing. tamb.* ἐγρηγόρει *etc.*

ἐγενήθην *aor. pas. de* γίγνομαι.

ἐγενόμην *aor. de* γίγνομαι.

ἔγεντο *3.ª sing. aor. med. ép. de* γίγνομαι *át.* ἐγένετο.

ἐγέρθην *aor. pas. ép. de* ἐγείρω.

ἔγερσις εως ἡ despertamiento, acción de despertar; resurrección.

ἐγερτί ADV. despierta, viva, animadamente.

ἐγερτικός ή όν propio para despertar, excitador, animador.

ἐγήγερμαι *perf. med. de* ἐγείρω.

ἔγημα *aor. 1.º de* γαμέω.

ἐγ-καθέζομαι sentarse, asentarse, acampar.

ἐγ-κάθετος ον *adj. vbal. de* ἐγκαθίημι echadizo, acechador.

ἐγ-καθεύδω dormirse.

ἐγ-καθίζω sentar, asentar || INTR. *y* MED. sentarse, asentarse.

ἐγ-καθίημι dejar caer.

ἐγ-καθίστημι establecer, instituir, imponer || INTR. [*aor. 2.º y perf.*] estar establecido, instituido *o* impuesto.

ἐγ-καθορμίζομαι entrar en el puerto.

ἐγ-καίνια ων τά fiestas de la Consagración del Templo.

ἐγκαινίζω renovar, restaurar; inaugurar; consagrar.

ἐγκαιρία ας ἡ oportunidad, momento oportuno.

ἔγ-καιρος ον oportuno, acomodado, favorable.

ἐγ-κακέω -ῶ cansarse, desfallecer.

ἐγ-καλέω -ῶ acusar, inculpar, reprochar, echar en cara [algo, *ac. u orac. inf. o con* ὅτι, *part.* etc.; a alguien, *dat. etc.*]; acusar judicialmente; reclamar.

ἐγκαλλώπισμα ατος τό adorno.

ἐγ-καλύπτω ocultar, tapar, envolver || MED. ocultar, taparse, cubrirse [*esp.* la cara] || PAS. estar tapado, cubierto *o* envuelto.

ἔγ-καρπος ον fructífero, que encierra en sí *o* que produce frutos (ἔγκ. τέλη ofrendas de frutos).

ἐγ-κάρσιος α ον transversal, perpendicular (πρὸς τὸ ἐγκάρσιον transversalmente).

ἐγ-καρτερέω -ῶ mantenerse firme [en algo, *dat.*]; perseverar, persistir [en algo, *ac.* etc.].

ἔγκατα ων τά [*dat.* ἔγκασι] entrañas, intestinos.

ἐγ-καταδέω atar, encadenar.

ἐγ-καταζεύγνυμι ayuntar, unir, juntar, aparear.

ἐγ-κατάκειμαι yacer, estar echado *o* dormido, dormir.

ἐγ-κατακοιμάομαι -ῶμαι acostarse, dormir [en..., ἐς...].

ἐγ-καταλαμβάνω coger dentro, coger, atrapar, apresar; cercar, dejar cortado *o* sin salida (ἐ. ὅρκοις obligar, comprometer por juramento).

ἐγ-καταλέγω colocar uno sobre otro, amontonar; incluir, intercalar.
F. *aor. pas.* ἐγκατελέγην, *3.ª pl.* ἐγκατελέγησαν.

ἐγ-καταλείπω dejar dentro, dejar en; dejarse atrás; dejar, abandonar ‖ PAS. quedarse atrás, quedar rezagado.

ἐγκατάληψις εως ἡ cogida, apresamiento.

ἐγ-καταμείγνυμι entremezclar, mezclar, unir.

ἐγ-καταπήγνυμι meter, introducir.

ἐγ-κατασκήπτω TR. lanzar, descargar ‖ INTR. surgir, aparecer, irrumpir.

ἐγ-κατατέμνω cortar, despedazar.

ἐγ-κατατίθεμαι poner, depositar [para sí mismo, en el propio seno, en el propio ánimo, etc.]; concebir, idear.
F. *3.ª sing. aor. 2.º ép.* ἐγκάτθετο; *imp. aor. ép.* ἐγκάτθεο.

ἐγ-κατοικέω -ῶ habitar en *o* entre... [*dat.*, ἐν *y dat.*].

ἐγ-κατοικοδομέω -ῶ construir [dentro *o* en un lugar mencionado].

ἔγκατον ου τό *v.* ἔγκατα.

ἔγ-καυμα ατος τό quemadura.

ἐγ-καυχάομαι -ῶμαι gloriarse.

ἔγ-κειμαι estar, hallarse (ἐ. εἵμασι ponerse los vestidos); insistir, surgir, estrechar, apremiar; perseguir.

ἐγ-κέλευστος ον mandado, por orden.

ἐγ-κεντρίζω aguijar.

ἐγ-κεράννυμι *y*

ἐγ-κεράω mezclar, entremezclar ‖ MED. *fig.* maquinar, agitar.
F. *3.ª pl. impf. med. ép.* ἐγκερόωντο; *perf. pas. jón.* ἐγκέκραμαι. *V.* κεράννυμι.

ἐγ-κέφαλος ου ὁ meollo, sesos, cerebro, encéfalo; ἐ. τοῦ φοίνικος corazón *o* yema de la palmera.

ἐγκλείω *y*

ἐγκληΐω encerrar; cerrar ‖ MED. encerrarse, mantenerse oculto.

ἔγ-κλημα ατος τό inculpación, reproche; acusación, querella; motivo de acusación; ποιεῖν *o* ποιεῖσθαι ἐ., hacer una acusación [contra alguien, ἐς *y ac. etc.*]; ἐν ἐγκλήματι γίγνεσθαι ser acusado.

ἔγ-κληρος ον partícipe, participante; heredero.

ἐγ-κλῄω = **ἐγκληΐω.**

ἐγ-κλίνω inclinar; tornar, volver ‖ INTR. *y* PAS. inclinarse; retirarse, huir; apoyarse, descansar, pesar, estar sobre [algo *o* alguien, *dat.* etc.].

ἐγ-κοιλαίνω ahuecar.

ἔγ-κοιλος ον hueco ‖ SUBST. **τό ἔγκοιλον** cavidad, hueco.

ἐγ-κολάπτω grabar [en hueco].

ἐγ-κομβόομαι -οῦμαι revestirse [de algo, *ac.*; *tamb. fig.*].

ἐγ-κονέω -ῶ mostrar diligencia, darse prisa, apresurarse.

ἐγκοπεύς έως ὁ cincel.

ἐγκοπή ῆς ἡ obstáculo, entorpecimiento.

ἐγ-κόπτω interrumpir; obstaculizar, impedir.

ἐγ-κοσμέω -ῶ poner en orden.

ἔγ-κοτος ου ὁ rencor, enojo, encono, resentimineto.

ἐγ-κράζω gritar, chillar, dar gritos [contra alguien, *dat.*, ἐπί *y ac.*].

ἐγκράτεια ας ἡ fuerza, fortaleza; continencia, dominio de sí mismo, moderación.

ἐγκρατεύομαι ser continente, ser dueño de sí mismo.

ἐγ-κρατής ές fuerte, poderoso; dueño, señor; dueño de sí mismo, contitinente, moderado [en algo, *gen.*].

ἐγ-κρίνω elegir, escoger; aceptar, admitir (εἰς τὸ στάδιον a la carrera pública); aprobar.

ἐγ-κροτέω -ῶ golpear *o* dar [golpes] con ruido.

ἐγ-κρύπτω ocultar.

ἐγκρυφίας ου ADJ. cocido entre la ceniza.

ἐγ-κτάομαι -ῶμαι adquirir [una finca en tierra extranjera].

ἔγκτασις εως ἡ *dór.* = **ἔγκτησις.**

ἔγκτημα ατος τό finca [en tierra extranjera].

ἔγκτησις εως ἡ adquisición de una finca; derecho de adquisición de fincas en tierra extranjera.

ἐγ-κτίζω fundar en... [*dat.* etc.].

ἐγ-κυκάω -ῶ [*y med.*] mezclar juntamente.

ἐγ-κυκλόω -ῶ mover en derredor ‖ MED. cercar, rodear, envolver.

ἐγ-κυλίομαι rodar; *fig.* lanzarse, entregarse (εἰς ἔρωτας a tratos de amor).
ἐγ-κύμων ον *y*
ἔγ-κυος ον *como f.* encinta; *fig.* lleno.
ἐγ-κύπτω inclinarse, agacharse; dirigir la mirada *o* la atención [a algo, ἐς *y ac.*].
ἐγ-κυρέω -ῶ *y*
ἐγ-κύρω venir a encontrar, encontrarse con [alguien, *o* algo, *dat.*]; implicarse en, venir a [*dat. o gen.*].
F. *impf.* ἐνέκυρον; *fut.* ἐγκύρσω *y* ἐγκυρήσω; *aor.* ἐνέκυρσα *y* ἐνεκύρησα.
ἐγκωμιάζω encomiar, elogiar, ensalzar.
F. *Como si fuera compto. de* ἐν: *impf.* ἐνεκωμίαζον; *fut.* ἐγκωμιάσω *y tamb.* ἐγκωμιάσομαι *(con valor act.)*; *aor.* ἐνεκωμίασα; *perf.* ἐγκεκωμίακα, *pas.* ἐγκεκωμίασμαι; *part. aor. pas.* ἐγκωμιασθείς.
ἐγκώμιον ου τό encomio, loa, panegírico.
ἔγνωκα [*med.* ἔγνωσμαι] *perf.* de γιγνώσκω.
ἔγνων *aor. 2.º de* γιγνώσκω.
ἐγνώσθην *aor. pas. de* γιγνώσκω.
ἔγραψα *aor. 1.º de* γράφω.
ἐγρε-μάχας ου *dór.* que despierta *o* promueve el combate, belicoso.
ἔγρεο *imp. aor. med. de* ἐγείρω: ¡despierta!
ἔγρεσθαι *inf. aor. med. de* ἐγείρω: despertar.
ἐγρήγορα *perf. de* ἐγείρω: estoy en vela.
ἐγρηγοράω [*part. ép.* ἐγρηγορόων] velar.
ἐγρήγορθα *ép.* = **ἐγρήγορα** *perf. de* ἐγείρω.
ἐγρηγορτί ADV. en vela.
ἐγρήσσω velar.
ἐγρόμην *aor. 2.º med. ép. de* ἐγείρω.
ἐγ-χαλινόω -ῶ enfrenar, embridar.
ἐγχείη ης *ép.* = **ἔγχος**.
ἐγχείῃσι *3.ª pl. pres. subj. ép. de* ἐγχείω; *tamb. dat. pl. de* ἐγχείη.
ἐγ-χειρέω -ῶ poner mano a, emprender, empezar [algo, *dat. etc.*]; intentar; atacar [a alguien; *dat.* etc.].
F. *impf.* ἐνεχείρουν, *perf.* ἐγκεχείρηκα.
ἐγχείρημα ατος τό empresa.
ἐγχείρησις εως ἡ ejecución.
ἐγχειρητικός ή όν emprendedor.
ἐγχειρίδιον ου τό puñal, daga.
ἐγ-χειρίζω entregar, poner en las manos, confiar || MED. tomar sobre sí || PAS. recibir en entrega [algo, *ac.*].
F. *impf.* ἐνεχείριζον, *fut. át.* ἐγχειριῶ, *perf.* ἐγκεχείρικα.
ἐγχειρί-θετος ον puesto en las manos, entregado.
ἐγχείω *ép.* = **ἐγχέω**.
ἔγχελυς υος [*o* **εως**] **ἡ** anguila.
ἐγχεσίμωρος ον famoso por su lanza.
ἐγχέσ-παλος ον blandeador de la lanza, que blande la lanza.
ἐγ-χέω verter, echar, derramar (οἶνον vino); llenar [una copa etc., *ac.*]; libar, hacer una libación [en honor de..., *dat.*] || MED. verterse, echarse; hacerse verter *o* echar.
F. *3.ª sing. subj. ép.* ἐγχείῃ *y* ἐγχείῃσι; *fut.* ἐγχέω; *aor.* ἐνέχεα *ép.* ἐνέχευα. *V.* χέω.
ἔγχος εος τό lanza, pica; arma *en gral.*; espada; φροντίδος ἔγχος el arma de la reflexión [que guarda del peligro, *Sóf. Ed. R. 170*].
ἐγ-χραύω asestar, meter, embutir,
ἐγ-χρίμπτω acercar, empujar [algo, *ac.*; hacia *o* contra algo, *dat.*] || INTR. *y* PAS. chocar [contra algo, *dat.*]; acercarse, estrechamente, unirse [a alguien, *dat.*]; atacar, hostigar, perseguir [a... *dat.*].
F. *aor. ép.* ἔγχριμψα *tamb.* ἐνέχριμψα; *aor. pas.* ἐνεχρίμφθην.
ἐγ-χρίω untar, ungir; picar, morder.
ἐγ-χρονίζω retrasarse, retardarse; durar, inveterarse, echar raíces.
ἐγ-χυματίζω aplicar en infusión.
ἐγ-χωρέω -ῶ dejar lugar, permitir; ἐγχωρεῖ cabe, es posible, está en lo posible.
ἐγ-χώριος ον [*o* **-ος α ον**] *y*
ἔγ-χωρος ον indígena, del país, patrio || SUBST. *m.* habitante || ADV. **τὸ ἐγχώριον** por tradición, en su país.
ἐγώ PRON. PERS. yo (ἔγωγε yo por lo menos, yo por mí, yo por mi parte).
F. *gen.* ἐμοῦ *y encl.* μου, *ép. y jón.* ἐμεῖο ἐμέο ἐμεῦ μευ ἐμέθεν; *dat.* ἐμοί *y encl.* μοι (μ' *con elisión*); *ac.* ἐμέ με (μ' *con elisión*), *Dual y pl. v.* νώ *y* ἡμεῖς.
ἐγῷδα *contr.* = **ἐγὼ οἶδα.**
ἐγῷμαι *contr.* = **ἐγὼ οἶμαι.**
ἐγών *dór. y poét.* = **ἐγώ.**
ἐδάην *aor. pas. de* δάω.

ἔδαισα *aor. 1.º de* δαίνυμι.
ἔδακον *aor. 2.º de* δάκνω.
ἐδανός ή όν aromático, perfumado.
ἔδαρθον *aor. 2.º de* δαρθάνω.
ἐδασ(σ)άμην *aor. med. de* δαίω *2.*
ἐδαφίζω arrasar, asolar, dejar al ras del suelo, destruir totalmente.
ἔδαφος εος [ους] τό cimiento, fundamento (καθελόντες ἐς ἔδαφος destruyendo hasta los cimientos); tierra, suelo, fondo [del mar, de una nave, etc.]; pavimento.
ἔδδεισα *aor. 1.º ép. de* δείδω.
ἐδέδισαν *3.ª pl. plpf. ép. de* δείδω.
ἐδεδμήατο *3.ª pl. plpf. med. de* δέμω *y de* δάμνημι.
ἐδέδμητο *3.ª sing. plpf. med. de* δέμω *y de* δάμνημι.
ἐδεήθην *aor. de* δέομαι.
ἐδέησε *aor. 1.º de* δεῖ.
ἐδέθην *aor. pas. de* δέω *1.*
ἔδεισα *aor. 1.º de* δείδω.
ἐδείχθην *aor. pas. de* δείκνυμι.
ἔδεκτο *3.ª sing. aor. 2.º med. ép. de* δέχομαι.
ἔδεξα *aor. 1.º jón. de* δείκνυμι.
ἐδέρχθην *aor. pas. de* δέρκομαι.
ἔδεσκον *impf. iter. ép. de* ἔδω.
ἔδεσμα ατος τό alimento, comida.
ἐδεστής οῦ ὁ comedor, que come.
ἐδεστός ή όν comido, devorado.
ἐδέχθην *aor. pas. jón. de* δείκνυμι; *aor. de* δέχομαι.
ἐδήδεσμαι *perf. pas. de* ἔδω *y* ἐσθίω.
ἐδήδοκα *perf. act. de* ἔδω *y* ἐσθίω.
ἐδήδοται *3.ª sing. perf. pas. de* ἔδω.
ἐδηδώς *part. perf. ép. de* ἔδω.
ἔδησα ἐδησάμην *aor. de* δέω *1.*
ἐδητύς ύος ή comida, alimento.
ἐδήχθην *aor. pas. de* δάκνω.
ἐδιδάχθην *aor. pas. de* διδάσκω.
ἐδίδουν *impf. ép. y td. de* δίδωμι.
ἐδίηνα *aor. 1.º ép. y jón. de* διαίνω.
ἐδιῄτησα *aor. de* διαιτάω.
ἐδιώκαθον *aor. 2.º de* διώκω.
ἔδμεναι *inf. pres. ép. de* ἔδω.
ἐδμήθην *aor. pas. de* δαμάζω.
ἔδνον ου τό regalo del pretendiente; dote; regalo de boda, *frec. pl.*
ἐδόθην *aor. pas. de* δίδωμι.
ἔδομαι *fut. de* ἔδω *(antiguo subj.).*
ἔδομεν -τε -σαν *pl. aor. de* δίδωμι.
ἔδον *impf. ép. de* ἔδω.
ἔδοξα *aor. 1.º de* δοκέω.
ἕδος εος [ους] τό *y*

ἕδρα ας ή acción de sentarse, postrarse *o* arrodillarse *v.* θοάζω; descanso, inacción (οὐχ ἕδρας ἀκμή no es ocasión de descansar); asiento (silla, banco, trono); sitio, puesto; habitación, morada, residencia; patria; templo, santuario; estación, fondeadero; base, fundamento, punto de apoyo; sesión de una asamblea; asamblea; posaderas, ano.
ἔδραθον *aor. 2.º de* δαρθάνω.
ἑδραῖος α ον bien asentado, firme, sólido; tranquilo; sedentario.
ἑδραίωμα ατος τό base, sostén, apoyo.
ἔδρακον *aor. 2.º de* δέρκομαι.
ἔδραμον *aor. 2.º de* τρέχω.
ἔδραν *aor. 2.º de* διδράσκω.
ἕδρανον ου τό = ἕδρα.
ἐδράσθην *aor. pas. de* δράω.
ἕδρη ης ή *ép. y jón.* = **ἕδρα.**
ἑδριάομαι sentarse.
F. *3.ª pl. pres. ép.* ἑδριόωνται; *del impf.* ἑδριόωντο; *inf. ép.* ἑδριάασθαι. (*Raro act.* ἑδριάω).
ἔδυν -υς -υ *aor. 2.º de* δύω.
ἐδυνέατο *3.ª pl. impf. jón. de* δύναμαι.
ἐδυνήθην *aor. de* δύναμαι.
ἐδύνω *2.ª sing. impf. de* δύναμαι.
ἐδύσετο *3.ª sing. aor. mixto med. de* δύω.
ἔδω comer; devorar; consumir.
F. *En la prosa ática el pres. es* ἐσθίω, *ép. y poét.* ἔσθω; *inf. ép.* ἔδμεναι, ἐέδμεναι ἐσθιέμεν, ἐσθέμεναι; *impf. ép.* ἔδον ἤσθον, *iter. 3.ª sing.* ἔδεσκε, *át.* ἤσθιον; *fut.* ἔδομαι, *td.* φάγομαι, *2.ª y 3.ª* φάγεσαι φάγεται *(N. T. Ev. Luc. 17, 18 y 14, 15)*; *aor.* ἔφαγον, *ép.* φάγον, *inf. ép.* φαγέειν *y* φαγέμεν; *perf.* ἐδήδοκα *part. ép.* ἐδηδώς, *pas.* ἐδήδεσμαι (*en compts.* κατ-), *3.ª sing. ép.* ἐδήδοται; *aor. pas.* ἠδέσθην.
ἐδωδή ῆς ή comida, alimento; pasto; cebo.
ἐδώδιμος η ον [*o* **-ος ον**] comestible (τὰ ἐδώδιμα los comestibles).
ἔδωκα -ας -ε *aor. de* δίδωμι.
ἑδώλιον ου τό sitio, habitación; residencia; banco de remeros *o* cubierta de un navío.
ἑέ *ép.* = ἕ a él, a sí.
ἔεδνα *ép.* = **ἕδνα** *pl. de* ἕδνον.
ἐεδνόομαι fijar los dones nupciales, dotar *o* desposar [a una hija].

ἐεδνωτής οῦ ὁ dotante de la hija, padre de la novia.
ἐεικοσ- *v.* εἰκοσ- así ἐείκοσι, ἐεικόσορος etc.
ἐεικοσά-βοιος ον que tiene el valor de veinte bueyes (τὰ ἐεικοσάβοια precio de veinte bueyes).
ἐείλεον *ép.* = **εἴλεον** *impf. de* εἰλέω.
ἔειπα *ép.* = **εἶπα.**
ἔειπον *ép.* = **εἶπον.**
ἐεισάμην *aor. med. ép. de* εἴδω || ἐείσατο *v.* εἴσομαι.
ἐέλδομαι *ép.* = **ἔλδομαι.**
ἐέλδωρ *ép.* = **ἔλδωρ.**
ἐέλμεϑα *1.ª pl. perf. med. ép. de* εἰλέω.
ἐέλσαι *inf. aor. 1.º de* εἰλέω.
ἐέλπομαι *ép.* = ἔλπομαι.
ἐεργάϑω *ép.* = ἐργάθω.
ἐέργνυμι [*3.ª sing. impf.* ἐέργνυ] *y*
ἐέργω *ép. y poét.* = **εἴργω.**
ἔερδον = **ἔρδον** *impf. de* ἔρδω.
ἐερμένος η ον *part. perf. pas. de* εἴρω *2.*
ἐέρση *ép.* = ἔρση.
ἐερσήεις *ép.* = **ἐρσήεις.**
ἔερτο *3.ª sing. plpf. pas. ép. de* εἴρω *2.*
ἐέρχατο *3.ª pl. plpf. pas. ép. de* εἴργω.
ἐέσσατο *3.ª sing. aor. 1.º med. de* ἕννυμι.
ἐέσσατο = **εἴσσατο** *3.ª sing. aor. 1.º med. ép. de* ἕζω.
ἕεστο 3.ª *sing. plpf. med. de* ἕννυμι.
ἕζευ *imp. med. ép. de* ἕζω.
ἔζευγμαι *perf. pas. de* ζεύγνυμι (3.ª *sing. plpf. jón.* ἔζευκτο).
ἐζεύχϑην *y* **ἐζύγην** *aors. pas. 1.º y 2.º de* ζεύγνυμι.
ἕζω sentar, asentar; poner, colocar, establecer (λόχον una emboscada; τινὰ ἐπὶ βουσί a alguien a la guarda de los bueyes); asentarse, establecerse; fundar, edificar, erigir [altares, templos, et.] || MED. sentarse, asentarse, posarse [en *o* sobre algo, *ac., dat. o constr. con prp.*]; edificar, erigir para sí; ἐπὶ νηὸς ἑέσσατο lo tomó consigo en la nave.
F. *aor. 1.º act.* εἷσα *imp. ép.* εἷσον (*prob. por* ἕσσον), *inf.* ἕσ(σ)αι, *part.* ἕσας *jón.* εἵσας. || MED. ἕζομαι, *2.ª sing. ép.* ἕζεαι, *imp. ép.* ἕζεο *y* ἕζευ, *impf.* ἑζόμην; *aor.* εἱσάμην, *ép. y poét.* ἑσσάμην *y* ἐεσσάμην, *part.* εἱσάμενος *y* ἑσ(σ)άμενος; *subj. aor. pas.* ἑσθῶ (ἥ' σθῶ; *Sóf. Ed. Col. 195*).
ἔζωσα ἔζω(σ)μαι *aor. act. y perf. pas. resp. de* ζώννυμι.

ἐή INTJ. ¡ah! ¡ay!
ἔῃ *3.ª sing. subj. pres. de* εἰμί.
ἔηγα *perf. jón. de* ἄγνυμι *con valor pas.*
ἕηκε *3.ª sing. aor. ép. de* ἵημι: arrojó, lanzó, etc.
ἔην *impf. ép. de* εἰμί.
ἐήνδανε *3.ª sing. impf. ép. de* ἁνδάνω.
ἐῆος *gen. sing. de* ἐΰς.
ἕης *ép.* = **ἧς** *gen. f. del rel.* ὅς.
ἑῆς *ép. gen. f. de* ἑός.
ἔησϑα *2.ª sing. impf. ép. de* εἰμί.
ἔησι = **ᾖ** *3.ª sing. subj. ép. de* εἰμί.
ἔϑ' = **ἔτι** [*ante vocal con espíritu áspero*].
ἔϑαλον *aor. 2.º de* θάλλω.
ἔϑανον *aor. 2.º de* θνῄσκω.
ἐϑάς άδος acostumbrado, habituado [a algo, *gen. o dat.*].
ἐϑάφϑην *aor. pas. jón. de* θάπτω.
ἔϑειρα ας ἡ cabellera; crin; melena; cimera, airón.
ἐϑείρω peinar; desbrozar, escardar.
ἐϑελημός ή όν voluntario.
ἐϑελο-δουλεία ας ἡ esclavitud voluntaria.
ἐϑελό-δουλος ον esclavo voluntario.
ἐϑελο-ϑρησκεία ας ἡ religión al propio arbitrio, superstición.
ἐϑελοκακέω -ῶ ser deliberadamente malo *o* cobarde; abatirse, deprimirse, perder el ánimo.
ἐϑελοντηδόν *y*
ἐϑελοντήν ADVS. voluntariamente.
ἐϑελοντήρ ῆρος *y*
ἐϑελοντής οῦ ὁ voluntario, gustoso, pronto, expedito; voluntario, que depende de la voluntad.
ἐϑελοντί ADV. = **ἐϑελοντηδόν.**
ἐϑελό-πονος ον que trabaja con gusto, voluntarioso en el trabajo.
ἐϑελο-πρόξενος ου ὁ que hace de πρόξενος por su voluntad [no por encargo del Estado; *v. la voz* πρόξενος].
ἐϑελούσιος α ον [*o* **-ος ον**] = **ἐϑελοντής.**
ἐϑέλω querer, estar dispuesto, estar resuelto, determinarse, tener propósito *o* resolución; desear, apetecer, tener gusto [en algo, *ac. orac. de inf. o de conj.*]; μὴ ἔθελε no quieras, no se te ocurra; ἐθέλων [*o* θελήσας] de voluntad, con gusto, de grado; ὁ ἐθέλων el que quiera, quienquiera, el primero que se presente; ἐθέλοντί μοί ἐστι τοῦτο ese es mi deseo [o mi gusto]; haber de (εἰ δ'ἐθελήσει

ἐς τὴν θυγατέρα ἀναβῆναι ἡ τυραννίς si ha de pasar el reino a su hija); estar a punto de; estar en disposición, poder (μίμνειν οὐκ ἐθέλεσκον ἐναντίον no estaba en su mano, no podían seguir frente a frente, *Hom. Il. 13, 106*); querer decir, significar (τί θέλει τοῦτο εἶναι; ¿qué quiere ser esto? *e. e.* ¿qué significa esto?).
F. *subj. pres. ép.* ἐθέλωμι ἐθέλῃσθα ἐθέλῃσι; *impf.* ἤθελον, *ép. y poét.* ἔθελον, *ép. y jón. iter.* ἐθέλεσκον; *fut.* ἐθελήσω; *aor.* ἠθέλησα, *ép.* ἐθέλησα; *perf.* ἠθέληκα *plpf.* ἠθελήκειν.

ἔθεμεν -τε -σαν *pl. aor. de* τίθημι.

ἕθεν *ép. y poét.* = οὗ *gen. del pron. refl.*

ἔθεο ἔθευ ἔθετο *formas de aor. 2.º med. de* τίθημι.

ἐθέρην *aor. pas. de* θέρομαι.

ἐθηεύμεσθα *1.ª pl. impf. jón. de* θηέομαι, *át.* θεάομαι.

ἔθηκα -ας -ε *aor. de* τίθημι.

ἐθῆναι *inf. aor. pas. de* ἵημι.

ἐθήσομαι *fut. pas. de* ἵημι.

ἔθιγον *aor. 2.º de* θιγγάνω.

ἐθίζω habituar, acostumbrar [a alguien a algo, *dos acs. o ac. con inf.*] || MED. habituarse, acostumbrarse; *perf.* εἴθισμαι estoy habituado *o* acostumbrado.
F. *fut.* εἰθιῶ; *aor.* εἴθισα; *perf.* εἴθικα, *pas.* εἴθισμαι; *aor. pas.* εἰθίσθην, *part.* ἐθισθείς.

ἐθν-άρχης ου ὁ gobernador, prefecto.

ἐθνικός ή όν nacional; pagano, gentil.

ἔθνος εος [ους] τό banda, grupo, cuerpo, escuadrón, rebaño, enjambre; pueblo, raza, linaje, nación; clase, casta || PL. τὰ ἔθνη los gentiles, los paganos.

ἔθορον *aor. 2.º de* θρῴσκω.

ἔθος εος [ους] τό costumbre, hábito, uso (ἐν ἔθει εἶναι ser costumbre).

ἔθου *2.ª sing. aor. 2.º med. de* τίθημι.

ἐθρέφθην ἔθρεψα *aor. pas. y act. resp. de* τρέφω.

ἔθω acostumbrar; *part.* ἔθων según su costumbre; *perf.* εἴωθα estoy acostumbrado; τὸ εἰωθός lo habitual, la costumbre.
F. *perf.* εἴωθα, *ép. y jón. tamb.* ἔωθα; *part.* εἰωθώς, *jón.* ἐωθώς; *plpf.* εἰώθειν, *jón.* ἐώθεα *con valor de impf.*

εἰ *conj. condicional:* si. CONSTRUCCION: *1.º con ind. como el ind. castellano* (εἰ δ' οὕτω τοῦτ' ἐστὶν... si eso es así...; εἰ οὗτοι ὀρθῶς ἀπέστησαν... si ellos tuvieron razón en sublevarse...) || *2.º con los tpos. históricos del ind. y estos mismos tpos.* con ἄν *en la apódosis indicando acción que no se cumple o no se ha cumplido: en español el impf. y el plpf. de subj. resp.* (ταῦτα οὐκ ἂν ἐδύναντο ποιεῖν εἰ μὴ διαίτῃ μετρίᾳ ἐχρῶντο no podrían hacer esto si no llevaran una vida sobria; εἰ ἦσαν ἄνδρες ἀγαθοὶ... οὐκ ἄν ποτε ταῦτα ἔπασχον si hubieran sido buenos, nunca hubieran sufrido esto; εἰ ὁ Φίλιππος τότε ταύτην ἔσχε τὴν γνώμην οὐδὲν ἂν ὧν νυνὶ πεποίηκεν ἔπραξεν si Filipo hubiera tenido entonces esa opinión no hubiera hecho nada de lo que ha hecho) || *3.º con subj. grlte,* εἴ κε, εἴ κεν, ἐάν [*contr.* ἤν, ἄν]: *en español el fut. de subj.: indicando acción futura eventual* (εἰ δέ κεν ὧς ἔρξῃς... si así obrares, en caso de que así obres...; ἂν δέ τις ἀνθιστῆται... si alguno se opusiere, en caso de que alguno se oponga...) || *4.º con optativo, y en gral. opt. con* ἄν *en la apódosis: en español, pret. impf. de subj. indicando acción potencial* (οὐδε γὰρ ἄν με ἐπαινοίη, εἰ ἐξελαύνοιμι τούς εὐεργέτας si expulsara a mis bienhechores, no me alabaría) || ojalá, *grlte.* εἰ γάρ, εἴθε [*ép.* αἰ γάρ, αἴθε] (αἰ γὰρ ἐμοὶ τοσσήνδε θεοὶ δύναμιν παραθεῖεν ojalá los dioses me otorgaran tal fuerza); καὶ εἰ, εἰ καί aun si, aun en el caso de que, aunque; *con verbos de afecto v. gr.* θαυμάζω me admiro, ἄχθομαι me duelo etc. εἰ *introduce la causa como* ὡς *y* ὅτι: de que...; *ante interrog. indir.* si; *tamb. en la dir.:* Κύριε, εἰ... ἀποκαθιστάνεις...; Señor, ¿acaso restaurarás...? *Act. Ap. 1, 6.*; εἰ μή... si no, excepto, si ya no es que, a no ser que etc.; εἰ ἄρα *v.* ἄρα; εἰ δὲ *y* εἰ δὲ μή en otro caso, en caso contrario; εἰ δ' οὖν pero si es así, *Plat. Apol. 34 d.*; εἴ γε *v.* γε; εἰ δή si, pues... si, en efecto...; εἰ δ' ἄγε ¡ea!, ¡ea, pues!; εἴ τις *y* εἴ τις καὶ ἄλλος *frecte. con sentido de encarecimiento* (ὅτλον ἄλγιστον ἔσχον, εἴ τις Αἰτωλὶς γυνή *cf. español:* si alguno ha sufrido en el mundo, soy yo [*cf.* εἴποτε, εἴπως.]).

εἷα *3.ª sing. imperf. de* ἐάω.
εἶα INTJ. ¡ea! ¡vamos!
εἴακα *perf. de* ἐάω.
εἰαμενή ῆς ἡ hondonada, valle, vega.
εἰανός οῦ ὁ *ép.* = **ἑανός.**
εἶαρ -αρος τό *ép. y poét.* = **ἔαρ.**
εἴασα *aor. 1.º de* ἐάω.
εἰαρινός ή όν *ép.* = **ἐαρινός.**
εἴασκον *ep.* = **ἔασκον.**
εἴαται *3.ª pl. pres. ind. ép. de* ἧμαι.
εἴατο *3.ª pl. plpf. de* ἕννυμι *e impf. de* ἧμαι.
εἴατο *3.ª pl. impf. ép. de* εἰμί = ἦσαν.
εἴβω verter.
εἶδα = **εἶδον** *aor. de* εἴδω *y* ὁράω [*N. T.*].
εἰδάλιμος η ον bien formado, de buena presencia, hermoso.
εἶδαρ ατος τό comida, alimento, cebo.
εἰδέα ας ἡ = **ἰδέα.**
εἰδέω *subj. ép. de* οἶδα.
εἰδῆσαι εἰδήσω *formas de* εἴδω.
εἶδον *aor. de* εἴδω *y* ὁράω.
εἶδος εος [ους] τό vista, visión; aspecto, catadura, figura, forma; hermosura; idea, representación, imagen; clase, especie; manera de ser, índole, naturaleza, disposición.
εἴδω *inus. en el pres. act. donde le substituye* ὁράω; *act. y med.* ver, mirar, observar, reconocer || MED, *ép.* hacerse visible, mostrarse, aparecer, parecer; parecerse, ser igual parecido *o* semejante (εἰδόμενος parecido [a..., *dat.*) aparentar || PERF. saber (οἶδα ἄνθρωπος ὤν sé que soy hombre); comprender, conocer; entender, ser experto o entendido o capaz [en algo, *ac., gen.,* περί *y gen.;* (εἰδώς sabedor, entendido, ducho, perfecto)]; pensar, sentir, tener sentimientos [de tal o cual índole, *ac. pl. n. de adj.*]: φίλα εἰδέναι tener sentimientos favorables *o* de amistad [para alguien, *dat.*]; ἴσθ'ὁποῖά σοι δοκεῖ piensa como quieras; χάριν εἰδέναι agradecer; οἶδ'ὅτι *como adv.* bien lo sé. *e. e.* de seguro, seguramente, sin duda alguna.
F. *aor.* εἶδον, *ép.* ἴδον, *3.ª iter.* ἴδεσκε; *imp.* ἴδε, *át.* ἰδέ; *subj.*, ἴδω, *ép.* ἴδωμι; *opt.* ἴδοιμι; *inf.* ἰδεῖν, *ép.* ἰδέειν; *tamb. aor. 1º td.* εἶδα, (*N. T.*). || MED. εἰδόμην, *ép.* ἰδόμην; *imp.* ἰδοῦ (héte ahí) *etc. 3.ª pl. opt. ép.* ἰδοίατο. *Tamb. aor. 1.º med. ép.* εἰσάμην ἐεισάμην. *Perf.* οἶδα οἶσθα (*y* οἶδας) οἶδε, *du.* ἴστον ἴστον, *pl.* ἴσμεν (*y* οἴδαμεν *ép.* ἴδμεν), ἴστε (y οἴδατε), ἴσασι (y οἴδασι); *imp.* ἴσθι ἴστω (*beoc.* ἴττω) *etc.; subj.* εἰδῶ (*ép.* εἰδέω ἰδέω) *1.ª y 2.ª pl. ép.* εἴδομεν εἴδετε; *opt.* εἰδείην; *inf.* εἰδέναι, *ép.* ἴδμεν ἴδμεναι *part.* εἰδώς εἰδυῖα (*ép.* ἰδυῖα); *plpf. (con valor de impf.)* ᾔδειν (o ᾔδη, *ép. y jón.* ᾔδεα), ᾔδησθα (*v. l.* ᾔδεισθα; *y* ᾔδεις, *ép. tamb.* ἠείδης, *v. l.* ἠείδεις), ᾔδει (*y* ᾔδη, *ép.* ᾔδεε *y* ἠείδη, *v. l.* ἠείδει), *pl.* ᾔδε(ι)μεν (*y* ᾖσμεν), ᾔδε(ι)τε (*y* ᾖστε, *jón.* ἠδέατε), ᾔδε(ι)σαν (*y* ᾖσαν, *ép.* ἴσαν); *fut.* εἴσομαι *y* εἰδήσω, *inf. ép.* εἰδησέμεν.
εἰδωλεῖον ου *y*
εἰδώλιον ου τό templo de ídolos.
εἰδωλό-θυτον ου τό carne sacrificada a los ídolos.
εἰδωλο-λατρεία ας ἡ idolatría, culto de los ídolos.
εἰδωλο-λάτρης ου ὁ idólatra, adorador de los ídolos.
εἴδωλον ου τό figura, forma; sombra, ídolo, figura de ídolo; imagen, retrato, representación.
εἰδωλο-ποιέω -ῶ figurar, reproducir, representarse en figura.
εἰδώς ειδυῖα *part. de* οἶδα.
εἶεν INTJ. ¡sea! ¡y bien!
εἴη *3.ª sing. opt. de* εἰμί (*y ép. de* εἶμι? *Il. 24, 139; Od. 14, 496*).
εἴην *opt. de* εἰμί.
εἵην *opt. aor. de* ἵημι.
εἶθαρ ADV. al punto, seguidamente.
εἴ-θε *v.* εἰ.
εἵθην *aor. pas. de* ἵημι.
εἴθισμαι *v.* ἐθίζω.
εἰκάζω igualar, hacer igual; reproducir, imitar, representar; hablar o expresarse figuradamente; comparar, asimilar; conjeturar, sospechar, adivinar, calcular; (ὡς) εἰκάσαι a lo que puede sospecharse, verosímilmente.
F. *impf.* εἴκαζον, *át.* ᾔκαζον; *fut.* εἰκάσω *y* εἰκάσομαι; *aor.* εἴκασα, *át.* ᾔκασα *perf. pas* εἴκασμαι *át. tamb.* ᾔκασμαι; *aor. pas.* εἰκάσθην.
εἰκάθω *v.* **εἴκω** *1.*
εἰκασία ας ἡ representación, imagen; conjetura.

εἰκαστής οῦ ὁ adivinador, que adivina o conjetura [algo, *gen.*].
εἰκαστός ή όν *y*
εἴκελος η ον comparable, parecido, semejante.
εἰκέναι *inf. de* ἔοικα *v.* εἴκω 2.
εἰκῇ ADV. al azar, al acaso; en vano, vanamente; a la ligera.
εἰκονο-λογία ας ἡ lengua o expresión figurada.
εἰκός ότος τό *part. n. de* ἔοικα lo verosímil, lo natural, lo que puede esperarse ; verosimilitud; lo conveniente, lo justo, lo equitativo, lo derecho; εἰκός ἐστι es verosímil *o* es natural; es justo.
εἰκοσα-έτης ες de veinte años.
εἰκοσάκις ADV. veinte veces.
εἰκοσά-πηχυς υ de veinte codos.
εἴκοσι(ν) ADJ. NUM. CARD. veinte.
εἰκοσι-νήριτος ον veinte veces innumerable, *e. e.* inconmensurable, grandísimo, enorme.
εἰκοσί-πηχυς υ de veinte codos.
εἰκοσι-στάδιος ον de veinte estadios.
εἰκόσ-ορος ον de veinte remeros.
εἰκοστός ή όν ADJ. NUM. ORD. veinteno, vigésimo (ἡ εἰκοστή la vigésima parte).
εἰκότως ADV. verosímilmente, a lo que parece, naturalmente, como es natural, con razón, justamente (οὐκ εἰκότως sin razón).
ἐίκτην *3.ª dual plpf. ép. de* εἴκω *2.*
ἔικτον *3.ª dual perf. ép. de* εἴκω *2.*
1 **εἴκω** ceder, retirarse, apartarse [*de...*, *gen.*]; hacer lugar, dejar paso [a alguien, *dat.*], ceder, ser inferior [a alguien, *dat.*; en algo, *ac. o dat.*]; ceder, sucumbir (πενίῃ a la pobreza) || TR. dejar, abandonar, soltar, conceder (ὁπηνίκ'ἂν θεὸς πλοῦν ἡμὶν εἴκῃ cuando la divinidad nos conceda navegar; εἶξαι ἡνία ἵππῳ soltar las riendas al caballo).
F. *impf.* εἶκον; *fut.* εἴξω *y* εἴξομαι; *aor.* εἶξα, *3.ª sing. iter. ép.* εἴξασκε. *Aor. 2.º poét.* εἴκαθον, *subj.* εἰκάθω, *inf.* εἰκαθεῖν, *part.* εἰκαθών.
2 **εἴκω** parecer (ὅθι σφίσιν εἶκε λοχῆσαι donde les pareció apostarse) || *perf.* ἔοικα parecer, ser parecido [a algo *o* a alguien, *dat.*: ἔοικας οἰομένῳ te pareces al que cree *e. e.* pareces creer]; parecer, tener aire *o* apariencia (ὡς ἔοικε según parece, al parecer, como es natural); creer, opinar pensar || IMPERS. convenir, ser conveniente, estar bien, sentar bien [a alguien, *dat.*; hacer algo, *orac. inf.*; que alguien haga algo, *ac. con inf.* etc.] || PART. ἐοικώς *y* εἰκώς parecido, semejante; conveniente, acomodado, razonable, natural; verosímil.
F. *impf. 3.ª sing.* εἶκε; *fut.* εἴξω; *perf.* ἔοικα, *jón.* οἶκα, *3.ª dual ép.* ἔικτον, *1.ª pl.* ἐοίκαμεν *y* ἔοιγμεν, *3.ª pl.* ἐοίκασι *y* εἴξασι *inf.* ἐοικέναι *y* εἰκέναι, *part.* ἐοικώς, εἰκώς (*f. ép.* εἰοικυῖα), *jón. tamb.* οἰκώς; *plpf.* ἐῴκειν, *3.ª du, ép.* ἐίκτην, *3.ª pl.* ἐῴκεσαν *y ép.* ἐοίκεσαν, *3.ª sing. plpf. ép.* ἤϊκτο *y* ἔικτο.
εἰκών όνος ἡ imagen, figura; estatua; pintura, retrato; semejanza, comparación; representación.
F. *jón. y poét. como de un nom.* *εἰκώ, *gen.* εἰκοῦς, *ac.* εἰκώ, *ac. pl.* εἰκούς.
εἰκώς -υῖα -ός *part. de* ἔοικα, *v.* εἴκω. 2.
εἷλα [*med.* εἱλάμην] *aor. td. de* αἱρέω (ἀνεῖλα *N. T.*)
εἰλαδόν ADV. = **ἰλαδόν.**
εἰλαπινάζω banquetearse, celebrar festines.
εἰλαπιναστής οῦ ὁ convidado, comensal.
εἰλαπίνη ης ἡ convite, festín.
εἶλαρ τό abrigo; guarda, defensa.
εἰλάτινος η ον = **ἐλάτινος.**
εἰλεγμένος η ον *part. perf. de* λέγω 2 escogido.
Εἰλείθυια [*jón.* **-η**] **ας ἡ** Ilityía, diosa protectora de los nacimientos.
εἰλεῦντα *ac. sing. masc. part. pres. ép. de* εἰλέω.
εἰλεῦντο *3.ª pl. impf. pas. ép. de* εἰλέω.
εἰλέω arrollar, empujar, acorralar, encerrar, bloquear || PAS. rodar, revolverse; contraerse, comprimirse, reunirse.
F. *impf. ép.* ἐείλεον; *aor.* ἔλσα, *inf. ép.* ἐέλσαι; *perf.* ἔελμαι; *aor. pas.* ἐάλην, *inf.* ἀλῆναι *y* ἀλήμεναι, *part.* ἀλείς.
εἴλη ης ἡ escuadrón.
εἴληγμαι *perf. pas. de* λαγχάνω.
εἰλήλουθα *perf. ép. de* ἔρχομαι.
εἴλημμαι *perf. pas. de* λαμβάνω.
εἴλησις εως ἡ ardor del sol.
εἴληφα *perf. de* λαμβάνω.
εἴληχα *perf. de* λαγχάνω.

εἰλιγγιάω = ἰλιγγιάω.
εἴλιγγος = ἴλιγγος.
εἰλικρίνεια ας ἡ pureza; candor.
εἰλικρινής ές claro como el sol, manifiesto; puro, sencillo, incontaminado.
εἰλικτός ή όν = **ἑλικτός.**
εἰλί-πους ποδος de pasos rodantes.
εἰλίσσω = **ἑλίσσω.**
εἷλκον *impf. de* ἕλκω.
εἵλκυσα *aor. 1.º de* ἑλκύω.
εἰλίχατο *3.ª pl. plpf. pas. jón. de* εἰλίσσω.
εἴλλω *át.* = **εἰλέω.**
εἷλον [*med.* εἱλόμην] *aor. 2.º de* αἱρέω.
εἰλόπεδον ου τό secadero de uvas.
εἰλύαται *3.ª pl. perf. pas. ép. de* εἰλύω.
εἴλυμα ατος τό funda, cubierta.
εἰλυφάζω *y*
εἰλυφάω [*part.* εἰλυφόων *ép.*] hacer rodar, hacer dar vueltas.
εἰλύω hacer dar vueltas, arrastrar dando vueltas; envolver, cubrir ‖ PAS. dar vueltas, arrastrarse; envolverse, cubrirse.
F. *part. pres. med.* εἰλυόμενος *impf. med.* εἰλυόμην; *fut.* εἰλύσω; *perf. pas.* εἴλυμαι, *3.ª pl. ép.* εἰλύαται *3.ª sing. plpf. ép.* εἴλυτο.
εἴλω = **εἰλέω.**
εἵλως ωτος *y*
εἱλώτης ου ὁ hilota, esclavo público lacedemonio.
εἷμα ατος τό vestido, traje; manto.
εἷμαι *perf. pas. de* ἵημι *y* ἕννυμι.
εἱμαρμένη ης ἡ destino, suerte [*cf.* μείρομαι].
εἵμαρται εἵμαρτο *v.* μείρομαι.
εἰμέν *1.ª pl. pres. ind. ép. de* εἰμί [*át.* ἐσμέν].
εἶμεν εἶτε εἶεν *pl. opt. pres. de* εἰμί.
εἷμεν εἷτε εἷσαν *pl. ind. y opt aor. de* ἵημι.
εἵμην εἷσο εἷτο *sing. ind. y opt. aor. med. de* ἵημι.
εἰμί ABS. ser, existir, vivir, haber (οὐκ ἔσθ' οὗτος ἀνὴρ οὐδ' ἔσσεται no existe tal varón, ni existirá; οἱ οὐκ ὄντες los que no existen, los muertos; ἔστιν ὅς... hay quien...; ἔστιν ὅτε hay tiempos y ocasiones en que... *e. e.* en algunas ocasiones; ἔστιν ὅπου hay sitios en que..., *e. e.* en determinados lugares o en ciertas circunstancias; ἔστιν ὅπως *etc.* hay modos o maneras de que... *e. e.* en algún modo o de alguna manera; οὐκ ἔστιν ὅπως de ninguna manera); estar, hallarse; ocurrir, suceder; ser posible *o* lícito (ἔστιν ὁρᾶν puede verse; οὐκ ἔστι no es posible o no es lícito); ser en realidad, existir efectivamente (τὸ ὄν lo existente, la realidad, la verdad; τῷ ὄντι [*y* τὸ ὄν] en realidad; τὰ ὄντα, las cosas reales, el mundo real; las existencias, los bienes de fortuna, el caudal; lo presente; la verdad) ‖ COPULATIVO ser, estar; *el predicado puede ser un adv.* (ἀκὴν εἶναι estar en silencio); *con gen. indicando origen, pertenencia, propiedad, materia, precio* (πατρὸς δ' εἴμ' ἀγαθοῦ procedo de buen padre; πολιτῶν ἐστι es propio de los ciudadanos; ἑαυτοῦ εἶναι ser de sí mismo, ser libre o independiente; οὐ πολλοῦ ἐστι no cuesta mucho); *con dat. posesivo;* tener, poseer (ἔστι μοι yo tengo [tal o cual cosa *nom.*]); *con part.* (ἐμοὶ δέ κεν ἀσμένῳ εἴη me complacería, sería de mi gusto; εἶπον οὐκ ἂν σφισι βουλομένοις εἶναι dijeron que sería contra su voluntad); *con prep.* (ἔκ τινος *o* ἀπό τινος εἶναι descender, ser descendiente de alguien: εἶναι ἀπ' οἴκου estar fuera de casa; ἔν τινι εἶναι estar en tal estado o disposición de ánimo, o bien estar ocupado en tal ocual cosa; ἐν σοί ἐστι de ti depende [*lo mismo* ἐπὶ τῷδε en poder de éste, en su poder]; εἶναι πρός τινος estar a favor de alguno *o* ser propio de alguno). *El inf.* εἶναι *es expletivo en ciertos casos* (ἑκὼν εἶναι *como* ἑκών con gusto, de grado; τὸ νῦν εἶναι por ahora; τὸ ἐπὶ σφᾶς εἶναι en cuanto depende de ellos; *tamb. con los verbos que significan nombrar, llamar etc.*).
F. *pres.* εἰμί εἶ (*ép. y jón.* εἶς, *ép. poét.* ἐσσί) ἐστί, *du.* ἐστόν ἐστόν, *pl.* ἐσμέν (*ép. y jón.* εἰμέν) ἐστέ εἰσί (*ép. y jón.* ἔασι); *imp.* ἴσθι (*ép. poét.* ἔσσο *con forma med.*) ἔστω (*td.* ἤτω *N. T.*) ἔστε ὄντων ἔστων *y* ἔστωσαν; *subj.* ὦ ᾖς ᾖ (*ép.* ἔω *etc., 3.ª sing.* ἔῃ ἔῃσι *y* ᾖσι), *3.ª pl.* ὦσι (*ép. y jón.* ἔωσι); *opt.* εἴην εἴης εἴη (*2.ª y 3.ª ép. y jón.* ἔοις ἔοι), *pl.* εἶμεν εἶτε εἶεν *y* εἴησαν; *inf.* εἶναι (*ép. poét.* ἔμμεν ἔμεν ἔμμεναι

ἔμεναι; *part.* ὤν οὖσα ὄν (*ép.* ἐών ἐοῦσα ἐόν). *Impf.* ἦν (*ant. át.* ἦ, *ép.* ἦα ἔα ἔον, *v. l* ἔην, *iter.* ἔσκον, *íd.* ἤμην), ἦσθα (*ép.* ἔησθα, *jón.* ἔας, *jón. y íd.* ἦς), ἦν (*ép.* ἦεν ἔην ἔεν(?) ἤην, *iter.* ἔσκε), *du.* ἦστον ἤστην, *pl.* ἦμεν (*íd.* ἤμεθα *N. T.*), ἦτε (*át. tamb.* ἦστε, *jón.* ἔατε), ἦσαν (*ép.* ἔσαν, *iter.* ἔσκον, *dór. y íd.* ἦν). *Fut.* ἔσομαι (*ép.* ἔσσομαι), ἔσῃ (*ép.* ἔσσῃ *o* ἔσσεαι), ἔσται (*ép.* ἔσεται ἔσσεται ἐσσεῖται), *part.* ἐσόμενος (*ép.* ἐσσόμενος).

εἶμι *El ind. pres. tiene en prosa valor de fut.* ir, venir, caminar, pasar, viajar; *tamb.* irse, partir. *Con ac. del lugar adonde se va* (οἴκους ἰέναι irse a casa); *o del sitio por donde se pasa* (ὁδὸν ἰέναι andar un camino); *con elipsis de* ὁδόν (ἴθι τὴν ὀρεινήν ve por el camino de la sierra); *en Hom, tamb. gen.* (ἰὼν πολέος πεδίοιο recorriendo una extensa campiña, *Il, 5, 597*). *Dícese también de las cosas inanimadas, del ruido, del canto, del olor que se esparcen o extienden y fig. del tpo., de los sucesos etc.* (τοῦτο ἴτω ὅπῃ τῷ θεῷ φίλον vaya [suceda] ello como la divinidad quiera). *Con part. fut.* (εἶμι μαχησόμενος voy a combatir; ᾖα ἐρῶν iba a decir *etc.*). *En las formas de imp.* ἴθι, ἴτε ¡ea! ¡anda! ¡vamos! Con *prep.* διά *y gen.* a través de... (διὰ δίκης ἰέναι entablar pleito o proceso [contra alguien, *dat.*]; διὰ μάχης, διὰ φιλίας ἰέναι venir, estar o entrar en lucha, en amistad...); εἰς *y ac. del lugar adonde se va* (ἐς χεῖρας ἰέναι venir a las manos [con alguien, *dat*]; ἐς ξυμμαχίαν ἰέναι llegar a la alianza). *Con* ἐπί *o* πρός *y ac.* marchar hacia alguien o contra alguien, ir a algo *o* a ocuparse en algo *o* a emprender algo.

F. εἶμι, εἶ, (*ép. jón.* εἶς εἶσθα), εἶσι, *du.* ἴτον ἴτον, *pl.* ἴμεν ἴτε ἴασι; *imp.* ἴθι ἴτω *etc.* *3.ª pl.* ἰόντων ἴτωσαν ἴτων; *subj.* ἴω ἴῃς *etc.* (*2.ª sing. ép.* ἴῃσθα, *3.ª sing.* ἴῃσι, *1.ª pl.* ἴομεν); *opt.* ἴοιμι ἴοις ἴοι (*tamb.* ἰοίην *y ép.* ἰείην, *3.ª sing.* εἴη(?) *Il. 24, 139, Od. 14, 496*); *inf.* ἰέναι (*ép.* ἴμεν ἴμεναι); *part.* ἰών ἰοῦσα ἰόν. *Impf.* ᾔειν (*ép. y jón.* ἤια, ἤιον, *ant. át* ᾖα), ᾔεις *y* ᾔεισθα, ᾔει(ν) (*ép. y jón.* ἤιε(ν) ἦε ἴε), *3.ª du.* ᾔτην (*ép.* ἴτην), *pl.* ᾖμεν (*ép.* ἤομεν), ᾖτε ᾖσαν (*ép.* ἤϊσαν ἴσαν *y* ἤϊον). *Como formas de este vb. se tomaron un fut.* εἴσομαι *y un aor.* εἰσάμην *procedentes de* ἵημι *por ej. Il. 24, 462; 13, 90.*

εἰν *ép. y poét.* = **ἐν.**

εἰνά-ετες ADV. durante nueve años.

εἶναι *inf. pres. de* εἰμί.

εἶναι *inf. aor. de* ἵημι.

εἰνάκις *ép.* = **ἐνάκις.**

εἰνακόσιοι *jón.* = **ἐνακόσιοι.**

εἰν-άλιος α ον *ép.* = **ἐνάλιος.**

εἰνά-νυχες ADV. *ép.* durante nueve noches.

εἰνατέρες ων αἱ *ép.* cuñadas [mujeres del hermano]; concuñadas [mujeres del cuñado].

εἴνατος η ον *ép. y jón.* = **ἔνατος.**

εἵνεκα *y*

εἵνεκεν *ép. jón. poét.* = **ἕνεκα.**

εἰνί *ép.* = **ἐν.**

εἰν-όδιος α ον *ép.* = **ἐνόδιος.**

εἰνοσί-φυλλος ον de agitado follaje, frondoso.

εἴξασι *3.ª pl. de* ἔοικα *perf. de* εἴκω *2.*

εἴξασκε *3.ª sing. aor. iter. de* εἴκω *1.*

εἷο *ép.* = **οὗ** *gen. del rel.* ὅς.

εἰοικυῖα *ép.* = **ἐοικυῖα** *part. fem. de* ἔοικα.

εἷος *ép.* = **ἕως.**

εἶπα *aor. 1.º como el 2.º* εἶπον *v. s. v.* [*cf. tamb. las formas* εἰπέμεν εἰπέμεναι εἴπεσκεν *del mismo verbo*].

εἴπερ CONJ. si realmente, si en efecto; aun si, aunque εἴπερ τις = εἴ τις [*cf.* εἰ]; εἴπερ ποτέ si alguna vez [fue así, es ahora] *e. e.* más que nunca.

εἴ-ποθι *ép.* = **εἴπου.**

εἶπον *aor. 2.º* decir, hablar, [acerca de..., περί *o* ὑπέρ *y gen.*, ἀμφί *y dat. y alguna vez sólo gen. por ej. Sóf. Fil. 441*]; anunciar, proponer, ordenar, declarar, comunicar, mencionar, celebrar, cantar, nombrar εἰπεῖν *con dat.* [*en Hom. tamb. ac.*] *o con* πρός *o* εἰς *y ac.*, hablar con alguno o decir a alguno; εὖ, καλῶς εἰπεῖν hablar bien [de alguno, *ac.*]; ὡς εἰπεῖν por decirlo así; ὡς ἔπος εἰπεῖν por decirlo de una vez, *o bien, con idea de aproximación:* puede decirse, podemos decir; ὡς συνελόντι εἰπεῖν para decirlo brevemente; ἐς τὸ ἀκριβὲς εἰπεῖν para hablar exactamente.

F. *pres.* ἔπω *inus. sustituido de ordinario por* λέγω φημί *o* ἀγορεύω. *Fut.* ἐρῶ *y perf.* εἴρηκα *tomadas de* εἴρω *v. s. v. Aor. ép. y lír.* ἔειπον, *3.ª sing. iter.* εἴπεσκε; *imp.* εἰπέ *subj.* εἴπω (*ép. tamb.* εἴπωμι εἴπῃσθα εἴπῃσι): *opt.* εἴποιμι; *inf.* εἰπεῖν, *ép.* εἰπέμεν εἰπέμεναι; *part.* εἰπών -οῦσα *etc. Tamb. aor. 1.º* εἶπα -ας *etc. imp.* εἶπον -άτω. *Med. en los comptos.* ἀπείπασθαι ἀπειπάμενος *etc.*

εἰπόμην *impf. de* ἕπομαι.

εἴ-ποτε CONJ. si alguna vez, si en verdad (εἴποτ'ἔην γε si en verdad lo fue); a fin de que.

εἴ-που si en algún sitio, si en alguna manera; donde quiera que sea.

εἴ-πως si de alguna manera, si por acaso.

εἰράων *gen. pl. de* εἴρη.

εἰργαζόμην *impf. de* ἐργάζομαι.

εἰργασάμην *aor. 1.º de* ἐργάζομαι.

εἴργασμαι *perf. de* ἐργάζομαι.

εἰργάθω = **εἴργω.**

εἶργμαι *perf. pas. de* εἴργω.

εἰργμός οῦ ὁ prisión.

εἰργμο-φύλαξ ακος ὁ carcelero *o* alcaide de una prisión.

εἴργνυμι *y*

εἴργω [*o* **εἵργω**] encerrar, meter, aprisionar (σάκεσσι ἔρχατο estaban metidos en sus escudos *e. e.* protegidos enteramente por ellos); apartar, alejar, separar, tener lejos, dejar fuera [a alguien *o* algo, *ac.;* de alguien *o* de algo, *gen.*, ἐκ *o* ἀπό *con gen.* etc.]; impedir, ser obstáculo, prohibir || MED. abstenerse, apartarse, *de donde* perdonar [*gen.*].

F. *pres. ép. y jón.* ἔργω, *ép. tamb.* εἴργω, *impf.* εἶργον; *fut.* εἴρξω *y* ἔρξω, *med.* (*y pas.*) εἴρξομαι ἔρξομαι; *aor. 1.º* εἶρξα *o* εἷρξα, *ép.* ἔρξα; *aor. 2.º* εἴργαθον, *ép.* ἔργαθον *y* ἐέργαθον; *perf. pas.* εἶργμαι *o* εἷργμαι, *3.ª pl. ép.* ἔρχαται, *3.ª pl. plpf. ép.* ἔρχατο *y* ἐέρχατο; *part. ép.* ἐεργμένος; *aor. pas.* εἴρχθην ἔρχθην.

εἰρέαται *3.ª pl. perf. pas. jón. de* εἴρω *1.*

εἶρερος ου ὁ cautiverio, esclavitud, servidumbre.

εἰρεσία ας ἡ acción de remar, remadura, movimiento de los remos.

εἴρη ης ἡ lugar de la asamblea, asamblea.

εἴρηκα εἴρημαι *perf. de* εἴρω[1] εἶπον, *v. s. vv.*

εἰρήν ένος ὁ = **ἰρήν.**

εἰρηναῖος α ον pacífico; concerniente a la paz *o* al tiempo de paz.

εἰρηνεύω guardar la paz, vivir en paz; pacificar.

εἰρήνη ης ἡ paz; tratado de paz; tiempo de paz; calma, tranquilidad, sosiego (εἰρήνην ἔχειν *o* ἄγειν estar en paz; εἰρήνην ποιεῖν poner paz [entre... *dat. etc.*]; εἰρήνην ποιεῖσθαι concertar la paz).

εἰρηνικός ή όν pacífico, de paz, concerniente a la paz.

εἰρηνοποιέω -ῶ hacer *o* establecer la paz; pacificar.

εἰρηνο-ποιός ον pacificador; intermediario de paz; pacífico.

εἰρήσομαι *fut. perf. med. de* εἴρω *1.*

εἰρίνεος ον de lana.

εἴριον ου τό lana; εἴρια ἀπὸ ξύλων algodón.

εἰρκτή ῆς ἡ encierro, prisión; aposento retirado y secreto de una casa.

εἰρο-κόμος ον que hila lana *o* que sirve para hilarla, buen hilandero de lana.

εἴρομαι preguntar [a alguien, *ac.;* por... *ac.* etc.].

F. *impf.* εἰρόμην; *fut.* εἰρήσομαι.

εἰρο-πόκος ον lanudo, de abundante lana.

εἶρος εος [ους] τό lana, vellón.

εἰρύαται *3.º pl. pres. ind. med. ép. de* εἰρύω.

εἰρύατο *3.ª pl. impf. med. de* εἰρύω.

εἰρύω = **ἐρύω** *1 y 2.*

1 **εἴρω** *y med.* decir, hablar, contar, anunciar, comunicar, mandar, establecer.

El pres. se sustituye muy frecuentemente con λέγω φημί ἀγορεύω. *Fut.* ἐρῶ, *ép. y jón.* ἐρέω, *opt.* ἐροίην; *perf.* εἴρηκα, *3.ª pl. td.* εἴρηκαν *por* εἰρήκασιν *perf. pas.* εἴρημαι, *3.ª pl. jón.* εἰρέαται, *pl.pf.* εἰρήκειν, *3.ª sing. pas. ép. y jón.* εἴρητο; *aor. pas.* ἐρρήθην *jón.* εἰρήθην, *td.* ἐρρέθην; *fut. pas.* ῥηθήσομαι *y* εἰρήσομαι. *De aoristo sirve* εἶπον *v. s. v.*

2 **εἴρω** anudar, atar, entrelazar.

F. *Este vb. aparece mayormente en comptos. como* ἀνείρω διείρω ἐνείρω ἐξείρω συνείρω. *Impf.* εἶρον, *aor.* εἶρα, *jón.* ἔρσα; *perf.* εἶρκα, *pas.* εἶρμαι *part. jón.* ἐρμένος, *ép.* ἐερμένος *3.ª sing. plpf. ép.* ἔερτο.

3 **εἴρω** *sólo med. v.* εἴρομαι *y* ἐρέω *2.*

εἴρων ωνος ὁ pícaro.

εἰρωνεία ας ἡ simulación, ironía; empleo de pretextos, pretexto, achaque, escapatoria.

εἰρωνεύομαι hablar con ironía, ironizar, burlarse, simular, fingir.

εἰρωνικός ή όν irónico, simulado, de burla.

εἰρωτάω = ἐρωτάω.

εἰρωτέω = ἐρωτάω.

εἰς *o* **ἐς** ADV. dentro (ἐς δ'ἐρέτας ἀγείρομεν congreguemos dentro a los remeros, *Il. I, 140*) || PRP. *de ac.* a, hacia, hasta, *con nombres de ciudad, pueblo, país, gentes, persona o sitio, a los cuales se va o se llega. Con gen. por elipsis del ac.* εἰς Ἅιδου [*sc.* δόμον] a la mansión de Hades; εἰς Ἀθηναίης [*sc.* [ἱερόν] al templo de Atenea; en, *con verbos de reposo, siempre que haya implícita o sobreentendida una idea de movimiento* (παρῆσαν εἰς Σάρδεις se presentaron en Sardes; συλλεγόμενοι εἰς τὸ δικαστήριον reunidos en el [junto al] tribunal *o* lugar de justicia). *Con idea de tpo.:* hasta; a, hacia, para (ἐς ἥλιον καταδύντα hasta la puesta del sol *o* a la puesta del sol; εἰς ὅτε hasta que; ἐς ὕστερον, ἐς αὔριον para mañana, mañana; ἔτος εἰς ἔτος año tras año). *Con numeral;* hasta, hacia, alrededor de (εἰς τοὺς δισχιλίους hasta dos mil); *o con valor distributivo* (εἰς δύο de dos en dos). *Con idea de dirección, intención, fin, respecto o relación:* a, para, con, en relación con, por lo que atañe a. por (λέγειν εἰς τὸν δῆμον dirigir la palabra al pueblo, hablar al pueblo *o con idea de hostilidad:* contra: αἰτίαι εἰς ἀλλήλους acusaciones de unos contra otros; εἰς φιλίαν en lo referente a la amistad; ἐς φόβον para producir miedo; εἰς δύναμιν *o* εἰς τὸ δυνατόν en lo posible; εἰς καλόν *o* εἰς τὸ δέον oportunamente, felizmente; *tamb.* ἐς ὀλίγους οἰκεῖν *o* κατέχεσθαι regirse oligárquicamente, *Tuc.*).

εἷς μία ἕν ADJ. NUM. CARD. uno, uno solo; εἷς οὐδείς, εἷς οὐ, εἷς μή ni uno solo; εἷς ἕκαστος cada uno, cada cual; *con superl.* único, más que todos, por cima de todos (εἷς ἄριστος el mejor entre todos); ἐξῆν Κύρῳ ἑνί γε ἀνδρί le era posible a Ciro como a ningún otro hombre; καθ'ἓν ἕκαστον uno por uno; καθ'ἓν γίγνεσθαι reunirse; καθ'ἓν εἶναι estar reunidos; εἰς μίαν βουλεύειν opinar del mismo modo, unánimemente; εἷς μὲν... εἷς δὲ... el uno... el otro...; *en el N. T. a veces,* el primero (εἰς μίαν σαββάτων el primer día de la semana, *Mt. XXVIII, 1*); **ἓν οὐδὲ ἕν** ni uno siquiera, ninguno en absoluto || INDEF. uno, alguno [*cf.* τις, εἷς τις].
F. *gen.* ἑνός μιᾶς (*jón.* μιῆς) ἑνός; *dat.* ἑνί μιᾷ (*jón.* μιῇ) ἑνί; *ac.* ἕνα μίαν ἕν. *El pl. se halla en los comptos.* μηδείς *etc. v. s. v.*

εἶς *ép. jón.* = **εἶ** *2.ª sing. pres. ind. de* εἰμί *y* εἶμι.

εἶσα *aor. 1.º de* ἕζω.

εἰσαγγελεύς έως ὁ introductor *o* camarero de la corte persa.

εἰσαγγελία ας ἡ anuncio, parte; denuncia, acusación [*esp.* por delito grave y de urgente castigo].

εἰσ-αγγέλλω anunciar, introducir mediante anuncio; participar, comunicar; denunciar, presentar una εἰσαγγελία [*v. esta voz*].

εἰσ-αγείρω reunir || MED. reunir para sí, tomar (νέον θυμόν nuevos ánimos) || PAS. reunirse.

εἰσ-άγω introducir, llevar a, importar, hacer venir (ἰατρόν τινι un médico para alguno; εἰσ. γυναῖκα tomar mujer); incluir, admitir; poner en escena [un drama], introducir en escena [a un personaje]; presentar [una proposición]; citar, llevar a los tribunales, denunciar [por algo. *gen.*] || MED. llevarse, tomar (γυναῖκα como esposa); importar; introducir *o* aliar [en una comunidad *o* conjuración].
F. *v.* ἄγω *y nótense jón. impf.* ἐσάγεσκον, *perf. pas.* ἐσῆγμαι, *perf. act. id.* εἰσαγήοχα.

εἰσαγωγή ῆς ἡ introducción.

εἰσαγώγιμος ον que puede importarse; que puede admitirse, admisible [hablando de una causa judicial].

εἰσ-αεί ADV. para siempre, por siempre, eternamente.

εἰσ-αθρέω -ῶ mirar; ver, divisar.

εἴσαιτο *3.ª sing. opt. aor. 1.º med. de* εἴδω *Il. 2, 215.*

εἰσ-ακοντίζω lanzar el dardo *o* lanzar dardos contra [*ac. o* εἰς *y ac.*].

εἰσ-ακούω oir, escuchar, prestar oído [a alguien, *gen. o dat.*]; atender, obedecer, hacer caso.

εἰσ-άλλομαι saltar *o* lanzarse sobre [algo *o* alguien, *ac.,* εἰς *y acus., dat.*].

εἰσάμην *aor. 1.º med. de* εἴδω *y* εἶμι. || εἴσατο *v.* εἴσομαι.

εἰσάμην *aor. med. de* ἕζω.

εἰσ-αναβαίνω subir a *o* sobre [algo, *ac.*] *de donde* trasladarse por mar.

εἰσ-αναγκάζω obligar, forzar.

εἰσ-ανάγω conducir [a alguien, *ac.* εἴρερον a la esclavitud].

εἰσ-ανεῖδον mirar hacia arriba; levantar los ojos (οὐρανόν al cielo).

εἰσ-άνειμι subir a, elevarse en [οὐρανόν el cielo].

εἰσ-άντα ADV. de frente, cara a cara.

εἰσ-άπαξ ADV. de una vez, de una vez para siempre; sólo una vez.

εἰσ-αράσσω rechazar, echar atrás.

εἰσ-αῦθις otra vez, más tarde, en otra ocasión.

εἰσ-αφίημι meter dentro, soltar dentro.

εἰσ-αφικάνω *y*

εἰσ-αφικνέομαι -οῦμαι llegar, llegar a *o* hasta [algo *o* alguien *ac.,* εἰς *y ac., dat.*].

εἰσ-βαίνω entrar, *esp.* en la nave, embarcarse [*tamb.* ἐς ναῦν etc.]; *fig.* εἰσβ. κακά venir a la desgracia, caer en los males || TR. [*aor.* εἰσέβησα *fut.* εἰσβήσω] hacer entrar, introducir, embarcar [a alguien *o* algo, *ac.*].

εἰσ-βάλλω arrojar, echar en, lanzar dentro [εἰς *y ac.*] || ABS. echarse en, desembocar en; lanzarse sobre, hacer un ataque *o* una irrupción contra [εἰς *y ac.* πρός *y ac.*]; *o simplte,* hacer una irrupción || MED. echar *o* poner en la propia nave, embarcar consigo [*tamb. abs.*].

εἴσ-βασις εως ἡ entrada *y esp.* en la nave, embarque.

εἰσ-βατός ή όν accesible, abierto.

εἰσ-βιβάζω hacer entrar *o* subir, *esp.* en la nave, embarcar.

εἰσ-βλέπω mirar, mirar fijamente.

εἰσ-βολή ῆς ἡ ataque, invasión, entrada, paso; desembocadura; hoz, quebrada.

εἰσ-γράφω inscribir || MED. inscribir para sí; inscribirse *o* hacerse inscribir en [ἐς *y ac.*].

εἰσ-δέρκομαι mirar, fijar la vista [en algo, *ac.*].

εἰσ-δέχομαι recibir, acoger, admitir.

εἰσ-δρομή ῆς ἡ incursión, ataque.

εἰσ-δύνω *y*

εἰσ-δύομαι entrar, penetrar en... [*ac. o* εἰς *y ac.*] *tamb. fig.;* entrar, invadir, apoderarse de (εἰσέδυ με... οἴστρημα καὶ μνήμη κακῶν me penetró... el aguijón y el recuerdo de mis males).

εἰσ-εἶδον *aor. de* εἰσοράω.

εἴσ-ειμι entrar, entrar en casa de *o* a ver a [alguien, παρά *o* πρός *y ac.*]; presentarse, comparecer [ante alguien, *ac.,* εἰς *y ac.* etc.] comparecer en justicia [como acusador o como acusado; δίκην, γραφήν en una causa, *o* proceso]; (εἰσ. εἰς ἀρχήν entrar en un cargo); entrar en el alma *o* en la mente; (ἔλεος εἰσῄει με *o* μοι me entró la compasión: εἰσῄει αὐτοὺς ὅπως... les vino a la mente como... *e. e.* empezaron a pensar como...); τὰ εἰσιόντα lo que entra en el cuerpo, el alimento.

F. *v.* εἶμι.

εἰσ-ελαύνω impulsar hacia dentro, hacer entrar; entrar (εἰς τὴν πόλιν en la ciudad); entrar en puerto, abordar.

εἰσ-ελάω = **εἰσ-ελαύνω.**

εἰσ-ελκύω arrastrar dentro, meter dentro.

εἰσ-έπειτα en adelante, en lo porvenir.

εἰσ-έργνυμι encerrar, meter.

εἰσ-ερπύζω arrastrarse hacia dentro, introducirse subrepticiamente.

εἰσ-ερύω tirar *o* arrastrar hacia [*ac.*].

εἰσ-έρχομαι = **εἴσειμι.**

F. *fut.* εἰσελεύσομαι, *aor.* εἰσήλυθον εἰσῆλθον, *td.* εἰσῆλθα *(N. T.) En át. sirve de fut.* εἴσειμι *y de impf.* εἰσῄειν.

εἰσ-έχω extenderse hasta [ἐπί *y gen.*]; venir a dar [*v. gr.* el sol]; venir a salir, tener salida a [ἐς *y ac.*].

ἐίση = ἴση *f. de* ἴσος.

εἰσ-ηγέομαι -οῦμαι introducir; proponer, hacer una proposición, recomendar, aconsejar, opinar; exponer, mostrar, explicar, enseñar.

εἰσήγησις εως ἡ proposición, propuesta; instigación, acción de instigar.

εἰσηγητής οῦ ὁ promotor, causante, autor,.
εἰσ-ηθέω inyectar.
εἶσθα *ép.* = εἶ *2.ª sing. pres. ind.* εἶμι.
εἰσ-θρῴσκω saltar *o* lanzarse dentro.
εἴσ-ιδον *ép.* = **εἰσεῖδον** *aor. de* εἰσοράω.
εἰσ-ιδρύω edificar, fundar [en un sitio].
εἰσ-ίζομαι apostarse, colocarse [en un sitio].
εἰσ-ίημι llevar a; verter en [εἰς *y ac.*]; dejar *o* hacer entrar, introducir || MED. dejar entrar; entrar.
εἰσίθμη ης ἡ entrada.
εἰσ-ικνέομαι -οῦμαι entrar, penetrar.
εἰσ-καλέω -ῶ llamar a sí, invitar.
εἰσ-καταβαίνω bajar, descender a [*ac.*].
εἴσ-κειμαι estar depositado *o* colocado, estar puesto.
εἰσ-κηρύσσω [*át.* **εἰσ-κηρύττω**] anunciar por heraldo, proclamar públicamente.
εἰσ-κομιδή ῆς ἡ importación, introducción, transporte.
εἰσ-κομίζω introducir, meter || MED. meter dentro, recoger; *abs.* οἱ Ἀθηναῖοι ἐσεκομίζοντο los Atenienses recogían [en la ciudad sus enseres]; importar || *pas.* retirarse.
ἐΐσκω = ἴσκω *1.*
εἰσ-λεύσσω mirar, contemplar, considerar.
εἰσ-μαίομαι afectar hondamente, afligir el ánimo (μάλα με θανὼν ἐσεμάσσατο θυμόν su muerte me ha afectado grandemente).
εἰσ-νέω llegar a nado.
εἰσ-νοέω advertir, observar, reconocer.
εἴσ-οδος ου ἡ entrada, acceso, vestíbulo; entrada, acción de entrar.
εἰσ-οικειόω -ῶ admitir en la confianza || PAS. hacerse familiar.
εἰσοίκησις εως ἡ habitación, mansión.
εἰσ-οικίζομαι ir a establecerse *o* instalarse en [*ac. o* εἰς *y ac.*].
εἰσ-οικοδομέω -ῶ meter [en una construcción: πλίνθους ladrillos].
εἰσ-οιχνέω -ῶ entrar en [*ac.*].
εἰσόκε(ν) CONJ. hasta que; mientras que, en tanto que.
1 **εἴσομαι** *fut. de* οἶδα [*v.* εἴδω].
2 **εἴσομαι** *ép.* [*formas fut.* εἴσῃ εἴσεται *aor.* εἴσατο ἐείσατο ἐεισάσθην] ir *o* venir derechamente, precipitarse; *simplemente* ir; irse.
εἶσον *imp. aor. de* ἕζω.

εἰσ-οπίσω ADV. en adelante, en lo porvenir.
εἴσ-οπτος ον visible.
εἴσοπτρον ου τό espejo.
εἰσ-οράω [*y* **εἰσορέω**] **-ῶ** [*y med.*] ver, mirar, observar, advertir, contemplar, considerar; *esp.* contemplar con respeto *o admiración*; cuidar [de que no... μή *y subj.*].
εἰσ-ορμάω -ῶ [*y med.*] precipitarse, irrumpir entrar precipitadamente [en... *ac.*].
ἐΐσος η ον *ép.* = **ἴσος.**
εἰσ-ότε CONJ. hasta que.
εἰσ-παίω lanzarse *o* precipitarse [hacia un sitio].
εἰσ-πέμπω mandar, enviar [a un sitio]; introducir subrepticiamente.
εἰσ-πέτομαι introducirse volando; extenderse esparcirse.
εἰσ-πηδάω -ῶ saltar a [εἰς *y ac.*]; lanzarse contra, irrumpir.
εἰσ-πίπτω caer en [εἰς *y ac.*]; venir a caer; caer sobre, echarse sobre *o* contra [*ac. o* ἐς *y ac.*]; ser echado *o* puesto (εἰς εἱρκτήν en prisión).
εἰσ-πλέω navegar a *o* hacia [εἰς *y ac.*]; entrar en puerto; ser importado por mar.
εἴσπλοος ου [-ους ου] entrada [de las naves en puerto]; entrada, acceso, boca de un puerto.
εἰσ-ποιέω -ῶ introducir, hacer entrar, admitir *o* adoptar; agregar, incluir.
εἰσ-πορεύομαι marchar hacia dentro, entrar.
εἴσπραξις εως ἡ cobro, exacción.
εἰσ-πράσσω [*át.* **εἰσ-πράττω**] exigir, hacerse pagar [algo, *ac.*; de alguien, *ac.*].
εἰσ-ρέω correr hacia, ir a desembocar.
εἷ(σ)ται *3.ª sing. perf. pas. ép. de* ἕννυμι.
εἱστήκειν *plpf. de* ἵστημι.
εἱστίασα *aor. 1.º de* ἑστιάω.
εἱστιάων [*contr.* **εἱστιῶν**] *impf. de* ἑστιάω.
εἰσ-τίθημι poner, colocar; aplicar; embarcar || MED. embarcar para sí *o* embarcar algo propio.
εἰσ-τοξεύω asaetear.
εἰσ-τρέχω correr [hacia un sitio]; acudir precipitadamente.
εἰσ-φέρω llevar, traer, conducir; aportar; tributar, ofrecer; pagar; introducir (καινὰ δαιμόνια divinidades

nuevas); manifestar (γνώμην una opinión, *o simpl.* εἰσφ. περί τινος ἐς τὰς βουλάς llevar una proposición a la asamblea acerca de alguien); proponer || MED. meterse, penetrar en [ἐς *y ac.*]; llevarse consigo; meter *o* introducir para sí, proveerse de [*ac.*]. F. *fut.* εἰσοίσω *etc. aor. 1.º jón.* ἐσήνεικα (*inf. med.* ἐσενείκασθαι); *perf.* εἰσενήνοχα *pas.* εἰσενήνεγμαι (*inf. jón.* ἐσενηνέχθαι *o* ἐσενηνεῖχθαι); *aor. pas. jón.* ἐσηνείχθην. *Para otras formas v.* φέρω.

εἰσφορά ᾶς ἡ contribución, tributo.

εἰσ-φορέω -ῶ = **εἰσ-φέρω.**

εἰσ-φρέω -ῶ dejar entrar, admitir, acoger.

εἰσ-χειρίζω entregar, confiar, poner en las manos.

εἰσ-χέω verter || MED. *y* PAS. esparcirse; irrumpir.
F. *impf. jón.* ἐσέχεον, *aor. 2.º med. ép.* ἐσεχύμην (*3.ª pl.* ἐσέχυντο). *V.* χέω.

εἴσω [*y* **ἔσω**] ADV. *y* PRP. hacia, hacia dentro, adentro, al interior de [*ac. o gen. indicando dirección*]; dentro; en el interior de [*gen. sin idea de movimiento*]; en el círculo *e. e.* al lado de acá *o* al lado de allá [de un muro, de una sierra, etc. *gen*].
F. *Comp.* ἐσωτέρω *y td.* ἐσώτερος *como adj. (N. T.).*

εἰσ-ωθέομαι -οῦμαι lanzarse dentro.

εἰσ-ωπός όν que ve, que tiene a la vista (εἰσωπὸς γενέσθαι llegar a la vista [de algo, *gen.*]).

εἶτα ADV. después; a continuación; y después, y ahora, y a pesar de ello *marcando una oposición;* según eso, en consecuencia.

εἶται *3.ª sing. perf. med. de* ἕννυμι; *y de* ἵημι.

εἶτε *2.ª pl. opt. pres. de* εἰμί.

εἴτε... εἴτε *conj. disyuntiva:* ya... ya; ora... ora; ya sea que... ya sea que; *el primer* εἴτε *falta frecte. o se halla substituido por otras partículas:* εἰ... εἰ μέν *el segundo puede substituirse por* ἤ *en interrogativa directa doble:* si... o si...

εἶτεν ADV. = **εἶτα.**

εἶτο *3.ª sing. plpf. de* ἕννυμι *y de* ἵημι.

εἶχον *impf. de* ἔχω.

εἴω *subj. pres. ép.* de εἰμί.

εἰῶ *1.ª sing. ind. pres. ép. contr. de* ἐάω.

εἴωθα *perf. de* ἔθω.

εἰωθότως ADV. según la costumbre (οὐκ εἰωθότως contra la costumbre).

εἴων εἴας εἴα *impf. de* ἐάω.

εἵως *ép.* = **ἕως.** *2.*

ἐκ [*y ante vocal* ἐξ] ADV. fuera; por fuera || PRP. *de gen.* de, desde, *indicando lugar de donde, origen, procedencia; a veces parece equivaler a* en (στᾶσ' ἐξ Ὀλύμπου estando en el Olimpo [desde el Olimpo donde estaba]); fuera de (ἐκ βελέων fuera del alcance de los dardos); *indicando tpo:* de, desde (ἐκ τοῦ desde entonces); después de (ἐκ τοῦ ἀρίστου después del almuerzo); durante (ἐκ νυκτός durante la noche); *fig.* de, por, por causa *o* consecuencia de; según, conforme a (ἐκ τῶν λογίων conforme a los oráculos) || EXPRESIONES: ἐξ ἑνὸς ποδός valiéndose de un solo pie; con un solo pie; ἐκ βίας por fuerza; ἐξ ἀέλπτου inesperadamente; ἐκ τοῦ ἀδίκου injustamente, etc.; ἐκ χειρός de la mano *o tamb.* de cerca, cuerpo a cuerpo; κακὸν ἐκ κακοῦ desgracia tras desgracia.

Ἑκάβη ης ἡ Hécuba [esposa de Príamo].

ἑκα-βόλος ον *dór.* = **ἑκηβόλος.**

ἑκά-εργος ον que obra según su voluntad, que alcanza *o* hiere a su voluntad [*epít. de* Apolo]; *s. o.* que aparta *o* aleja [al enemigo], protector, salvador.

ἐκάην *aor. 2.º pas. ép. y jón. de* καίω.

ἐκάθαρα *y* **ἐκαθάρθην** *aor. act. y pas. resp. de* καθαίρω.

ἕκα-θεν ADV. desde lejos; lejos; a lo lejos.

ἐκάθευδον *impf. de* καθεύδω

ἐκάθηρα *aor. 1.º de* καθαίρω.

ἔκαμον *aor. 2.º de* κάμνω.

ἐκάρην *aor. 2.º pas. de* κείρω.

ἑκάς ADV. lejos; lejos de [*gen.*]; a lo lejos || *comp.* ἑκαστέρω; ; *superl.* ἑκαστάτω.

ἑκασταχόθεν ADV. de cada parte, de todas partes, de todos lados.

ἑκασταχόθι ADV. = **ἑκασταχοῦ.**

ἑκασταχοῖ *y*

ἑκασταχόσε ADV. a cada sitio, a cada lugar.

ἑκασταχοῦ *y*

ἑκάστοθι ADVS. en cada parte; en todas partes, dondequiera.

ἕκαστος η ον ADJ. *y* PRON. cada, cada uno; *unido a* εἷς, τις *y* αὐτός cada uno, cada cual por sí; καθ'ἕκαστον, καθ'ἑκάστους, καθ'ἕκαστα uno por uno, pieza por pieza, en detalle; οἱ ἕκαστοι todos y cada uno; τὰ ἕκαστα cada cosa en particular; ὡς ἕκαστοι cada uno por sí.

ἑκάστοτε ADV. cada vez, en cada ocasión, siempre.

ἑκατεράκις ADV. las dos veces.

ἑκάτερθε ADV. = **ἑκατέρωθεν.**

ἑκάτερος α ον ADJ. *y* PRON. cada uno de los dos; cada cual por su parte [entre dos]; *pl.* ἑκάτεροι unos y otros; los dos partidos *o* grupos; ὡς ἑκάτεροι cada uno [de los dos] por su parte; ἐφ'ἑκάτερα, καθ'ἑκάτερα a uno y otro lado.

ἑκατέρωθεν ADV. de uno y otro lado.

ἑκατέρωθι ADV. a uno y otro lado.

ἑκατέρωσε ADV. a los dos lados, a uno y otro lado.

ἑκατη-βελέτης ου *y*

ἑκατη-βόλος ου infalible en sus tiros, que nunca yerra [*epít. de* Apolo].

ἕκατι *dór. y át.* = **ἕκητι.**

ἑκατόγ-χειρος ον de cien manos, de cien brazos, centímano.

ἑκατό-ζυγος ον de cien bancos de remeros.

ἑκατομβαιών ῶνος ὁ hecatombeón [primer mes del calendario ático].

ἑκατόμβη ης ἡ hecatombe, sacrificio de cien bueyes; *en gral.* sacrificio grande *o* solemne.

ἑκατόμ-βοιος ον del valor de cien bueyes || SUBST. **τὸ ἑκατόμβοιον** precio *o* valor de cien bueyes.

ἑκατόμ-πεδος ον *y*

ἑκατόμ-ποδος ον de cien pies [de ancho *o* de largo].

ἑκατόμ-πολις ι de cien ciudades, que tiene cien ciudades.

ἑκατόμ-πους ποδος de cien pies, *acaso* innumerables [*epít. de* las Nereidas, *Sóf. E. C., 718*].

ἑκατόμ-πυλος ον de cien puertas.

ἑκατόν ADJ. NUM. CARD. cien, ciento; *en gral.* muchos, en gran número.

ἑκατοντα-έτης ες de cien años, centenario.

ἑκατοντα-πλασίων ον céntuplo, centuplicado.

ἑκατοντ-άρχης ου ὁ *y*

ἑκατόντ-αρχος ου ὁ jefe de cien hombres; centurión.

ἑκατοντάς άδος ἡ ciento, centenar; centuria *o* compañía de soldados.

ἕκατος ου ὁ tirador, flechador [Apolo].

ἑκατοστός ή όν ADJ. NUM. ORD. centésimo, centeno.

ἑκατοστύς ύος ἡ = **ἑκατοντάς.**

ἐκαύθην *aor. 1.º pas. de* καίω.

ἔκαυσα *aor. 1.º de* καίω.

ἐκ-βαίνω salir, *esp.* de la nave, desembarcar; salir de un sitio bajo a otro alto, subir; salirse de, apartarse de [*gen. o ac.*]; pasar de; venir a parar (λόγῳ en el discurso); venir a ser, suceder, ocurrir, acaecer, acontecer || TR. [*aor.* ἐξέβησα] hacer salir *esp.* de la nave, desembarcar.
F. *v.* βαίνω *y nótese ac. m. pl. part. aor. 2.º dór.* ἐκβῶντας *Tuc. 5, 77.*

ἐκ-βακχεύω transportar en delirio báquico.

ἐκ-βάλλω echar fuera; desechar; derramar (δάκρυ lágrimas); lanzar, pronunciar (ἔπος una palabra, un dicho); desembarcar; echar abajo, dejar caer; expulsar, desterrar; despojar (πλούτου de la riqueza); rechazar, desmentir; soltar, dejar, dejar caer, dejar ir, perder || INTR. ὁ ποταμὸς ἐκβάλλει el río fluye || MED. desembarcar, salir de la nave.
F. *V.* βάλλω. *Formas de pasado sin aumento ép. y jón. impf.* ἔκβαλλον, *aor.* ἔκβαλον; *tamb. el plpf. en el N. T.*

ἔκ-βασις εως ἡ salida *y esp.* desembarco; desembarcadero; salida de un lugar bajo a otro alto, subida; salida, resultado, éxito, término.

ἐκ-βάω = **ἐκβαίνω.**

ἐκ-βιάζω arrancar por fuerza.

ἐκ-βιβάζω hacer salir *esp.* de la nave; hacer desembarcar; apartar, separar.

ἐκ-βιβρώσκω devorar.

ἐκ-βλαστάνω brotar.

ἐκ-βλώσκω venir de, llegar.

ἐκ-βοάω -ῶ gritar, chillar.

ἐκ-βοήθεια ας ἡ salida [de los sitiados].

ἐκ-βοηθέω -ῶ salir en ayuda; hacer una salida.

ἐκ-βολή ῆς ἡ acción de salir *o* de hacer salir, expulsión, destierro; descarga; digresión [en un discurso]; pérdida; cava (δικέλλης ἐκβολή tierra cavada por el zapapico); brote, germinación; desembocadura [de un río]; paso, desfiladero.

ἔκβολος ον expulsado *y esp.* nacido antes de tiempo.

ἐκ-βράζω [*o* **ἐκ-βράσσω**] echar a tierra, arrojar en la costa.

ἐκ-βρυχάομαι -ῶμαι mugir con fuerza.

ἔκβρωμα ατος τό lo devorado; ἔκβρωμα πρίονος serraduras.

ἐκ-γαμίζω casar, dar en matrimonio || PAS. casarse.

ἐκ-γαμίσκομαι casarse.

ἐκ-γέγαα *perf. ép. de* ἐκγίγνομαι.

ἐκ-γελάω -ῶ romper a reír, reír de pronto.

ἐκ-γενής ές sin familia.

ἐκ-γίγνομαι nacer, ser nacido [de alguien, *gen.*]; alejarse, salir (ἐκγ. τοῦ ζῆν partir de esta vida, morir); correr, pasar [hablando del tiempo] || IMPERS. ἐκγίγνεταί μοι se me logra, consigo, alcanzo; me es posible, me es lícito.

F. *jón y td.* ἐκγίνομαι, *perf. ép.* ἐκγέγαα, *3.ª du. plpf.* ἐκγεγάτην *part.* ἐκγεγαώς. *Para otras formas v.* γίγνομαι.

ἐκ-γλύφω tallar en hueco.

ἔκγονος ον descendiente, oriundo || SUBST. *m., f. y n.* vástago, hijo, hija, nieto, pariente; τὰ ἔκγονα producciones; *tamb.* cachorros, crías.

ἐκ-γυμνόω -ῶ dejar al desnudo.

ἐκ-δακρύω romper en lágrimas, romper en llanto.

ἐκ-δαπανάω -ῶ consumir || PAS. sacrificarse enteramente.

ἔκδεια ας ἡ falta, insuficiencia.

ἐκ-δείκνυμι mostrar abiertamente, mostrar.

ἐκ-δέκομαι *jón.* = **ἐκδέχομαι.**

ἔκ-δεξις εως ἡ sucesión.

ἐκ-δέρκομαι mirar, espiar.

ἐκ-δέρω desollar, quitar la piel.

ἐκ-δέχομαι tomar, recibir [algo, *ac.*; de alguien, παρά *y gen., dat.*, etc.]; tomar *o* cargar sobre sí; recibir por sucesión *o abs.* suceder, venir a continuación; recibir *o* conocer por tradición; aprender; conocer, entender; esperar, aguardar [a alguien, *ac.*; hasta que, ἕως...].

ἐκ-δέω atar, ligar; cerrar, candar || MED. atarse *o* colgarse [algo, *ac.*].

F. *impf. ép.* ἔκδεον; *inf. aor. 1.º* ἐκδῆσαι, *etc.*. *V.* δέω *1.*

ἔκ-δηλος ον manifiesto, público; distinguido, ilustre.

ἐκ-δημέω -ῶ salir del propio país, ir fuera; estar en tierra extranjera.

ἔκ-δημος ον que va *o* está fuera de su tierra; peregrino, de viaje.

ἐκ-διαβαίνω atravesar al otro lado, franquear.

ἐκ-διαιτάομαι -ῶμαι salirse *o* apartarse [de la regla, de la costumbre, de la vida ordinaria, *abs. o gen.*].

F. *3.ª sing. plpf. pas.* ἐξεδεδιῄτητο *Tuc. 1,132. V.* διαιτάω.

ἐκ-διδάσκω mostrar, explicar totalmente [algo, *ac.*; a alguien, *ac.*]; enseñar *o* instruir en; informar [*con inf. constr. con* ὡς etc.].

ἐκ-διδράσκω [*y jón.* **ἐκ-διδρήσκω**] escaparse, huir.

ἐκ-δίδωμι entregar, hacer entrega de [algo, *ac.*]; entregar *o* dar en matrimonio; dar en préstamo *o* arrendamiento || INTR. desaguar, desembocar.

F. *3.ª sing. jón.* ἐκδιδοῖ; *aor. 2.º med.* ἐξεδόμην, *3.ª sing. td.* ἐξέδετο *N. T. V.* δίδωμι.

ἐκ-διηγέομαι -οῦμαι contar *o* referir al por menor.

ἐκ-δικέω -ῶ hacer justicia; vengar, castigar, vindicar [algo, *ac.*]; defender [a alguien, *ac. o dat.*; de *o* contra alguien, ἀπό *y gen*].

ἐκ-δίκησις εως ἡ castigo; venganza, vindicación.

ἔκ-δικος ον contra ley, injusto; vengador, vindicador [*tamb. subst.*].

ἐκ-διφρεύω despedir *o* lanzar fuera del carro.

ἐκ-διώκω expulsar, desterrar.

ἔκ-δοσις εως ἡ entrega, acción de entregar; entrega en matrimonio, acción de dar en matrimonio [las hijas]; arrendamiento; préstamo.

ἔκ-δοτος ον entregado (ἔκδοτον ποιεῖν entregar).

ἐκδοχή ῆς ἡ sucesión; continuación; expectación, espera.

ἐκ-δράς *part. aor. 2.º de* ἐκδιδράσκω.
ἐκ-δρῆναι *inf. aor. 2.º jón. de* ἐκδιδράσκω.
ἐκδρομή ῆς ἡ salida, carga, incursión; cuerpo de ataque *o* carga.
ἔκδρομος ου ὁ soldado ligero que combate fuera de línea *como* los vélites y cazadores.
ἐκ-δύνω = ἐκδύομαι *med. de* ἐκδύω.
ἔκ-δυσις εως ἡ evasión, acción de evadirse *o* de escaparse; salida, sitio de salida.
ἐκ-δύω desnudar, despojar [a alguien, *ac.*; de algo, *ac.*] || INTR. [*aor.* ἐξέδυν *perf.* ἐκδέδυκα *y* MED. desnudarse de, despojarse de, quitarse, deponer [algo, *ac.*]; emerger, salir; escaparse *o* librarse de [algo, *ac.*; *gen.*, ἐκ *y gen.*]. F. *1.ª pl. opt. ép.* ἐκδύμεν *Il. 16, 99. V.* δύω.
ἐκ-δωριόομαι -οῦμαι hacerse *o* llegar a ser enteramente dorio.
ἐκέατο *3.ª pl. impf. jón. de* κεῖμαι.
ἐκεῖ ADV. allí, allá, *indicando lugar en donde o lugar hacia donde;* entonces.
ἐκεῖ-θεν ADV. de allí, de allá, de aquella parte, de parte de aquél; desde entonces; de ahí, en consecuencia.
ἐκεῖ-θι *y*
ἐκείνη ADV. allí; por allí.
ἐκεῖνος η ο PRON. *y* ADJ. DEM. aquél, aquélla, aquello; *a veces,* éste, ésta, esto; el mencionado, el bien conocido, el famoso; él, ella, ello, *como* αὐτὸς; ἐκεῖνος οὗτος el mismo, precisamente el mismo; ἐπ'ἐκεῖνα, *v.* ἐπέκεινα; ἐκείνως de aquella manera, en aquel caso.
ἐκεινοσί = ἐκεῖνος aquel de allá.
ἐκεῖ-σε allá, allí, hacia allá, hacia aquel punto (τοῦ λόγου del discurso); allí, allá [*sin idea de movimiento*].
ἐκέκαστο *3.ª sing. plpf. de* καίνυμαι.
ἐκέκλετο *3.ª sing. aor. 2.º de* κέλομαι.
ἔκελσα *aor. 1.º de* κέλλω.
ἐκερά(σ)θην *aor. pas. de* κεράννυμι.
ἐκέρδηνα *y* **ἐκέρδησα** *aors. jón. de* κερδαίνω.
ἐκέρθην ἔκερσα *aors. 1.º pas. y act. de* κείρω.
ἐκεχειρία ας ἡ tregua, armisticio.
ἐκ-ζέω hacer hervir, *fig.* excitar, encender || INTR. hervir; *fig.* estar lleno *o* plagado de [*gen.*]...
ἐκ-ζητέω -ῶ buscar; inquirir; reclamar; exigir, vindicar, vengar.
ἐκ-ζήτησις εως ἡ cuestión.
ἔκηα *aor. 1.º de* καίω.
ἐκηβολία ας ἡ puntería certera; disparo seguro; arte de disparar certeramente.
ἑκη-βόλος ον que dispara certeramente, tirador || SUBST. el Flechador [Apolo], *v.* ἑκάεργος.
ἕκηλος ον tranquilo, seguro, satisfecho, sin temor ni embarazo.
ἕκητι *con gen. gralmente. antepuesto:* por voluntad, gracia *o* favor de; por causa de; en cuanto a, por lo que toca a.
ἐκ-θαμβέομαι -οῦμαι quedarse admirado *o* estupefacto.
ἔκ-θαμβος ον admirado, maravillado, estupefacto.
ἐκ-θαυμάζω admirarse, maravillarse.
ἐκ-θεάομαι -ῶμαι ver hasta el fin, ver totalmente.
ἐκ-θερίζω cortar, segar.
ἔκθεσις εως ἡ exposición [de un niño].
ἔκθετος ον expuesto, expósito.
ἐκ-θέω correr fuera; volar fuera; hacer una salida.
ἐκ-θηρεύω cazar, capturar.
ἐκ-θλίβω exprimir; estrechar, apretujar.
ἐκ-θνήσκω morir, perecer (ἐκθ. γέλῳ morirse de risa).
F. *aor. ép.* ἔκθανον, *át.* ἐξέθανον *etc. V.* θνήσκω.
ἔκ-θορον *aor. ép. de* ἐκθρῴσκω.
ἐκ-θρῴσκω saltar *o* lanzarse fuera de [*gen.*].
ἔκ-θυμος ον animoso, fogoso, ardiente.
ἐκ-θύω sacrificar en expiación || MED. expiar por un sacrificio [algo, *ac.*]; aplacar por un sacrificio [a alguien, *ac.*]; ofrecer un sacrificio expiatorio.
ἐκίχην -εις *etc. y* **ἔκιχον** *aors. ép. de* κιχάνω.
ἐκ-καθαίρω limpiar, dejar limpio; purgar, purificar; quitar [una mancha], barrer, desenmohecer.
ἐκ-καθεύδω dormir *o* pasar la noche fuera, velar, hacer vela.
ἐκ-καί-δεκα οἱ αἱ τά ADJ. NUM. CARD. dieciséis.
ἐκκαιδεκά-δωρος ον de dieciséis palmos de largo.

ἐκκαιδεκά-πηχυς υ de dieciséis codos de largo.

ἐκκαιδέκατος η ον ADJ. NUM. ORD. décimosexto.

ἐκ-καίω quemar, encender, inflamar [*tamb. fig.*] || PAS. arder.

ἐκ-κακέω -ῶ cansarse, fatigarse, perder el ánimo.

ἐκ-καλέω -ῶ [*y med.*] llamar fuera, invitar a salir; excitar, provocar; recurrir [a alguien, *ac.*].

ἐκ-καλύπτω descubrir || MED. descubrirse, [*esp.* el rostro].

ἐκ-κάμνω cansarse, fatigarse, no poder más [de..., *ac.*].

ἐκ-καρπόομαι -οῦμαι sacar fruto, provecho, *o* ventaja.

ἐκ-καταπάλλομαι lanzarse hacia abajo (οὐρανοῦ desde el cielo).

ἐκ-κατεῖδον *aor.* mirar hacia abajo [desde... *gen.*].

ἐκ-κάω = **ἐκκαίω.**

ἔκ-κειμαι ser expuesto *o* abandonado [*hablando de* niños]; sobresalir, salir *o* quedar fuera (πιμελῆς de la grasa).

ἐκ-κεινόω *y*

ἐκ-κενόω -ῶ vaciar, desalojar, despoblar, devastar.

ἐκ-κεντέω -ῶ taladrar clavando, traspasar.

ἐκκεχυμένως ADV. profusamente.

ἐκ-κηρύσσω *y át.*

ἐκ-κηρύττω anunciar *o* mandar por heraldo; desterrar por voz de heraldo.

ἐκ-κινέω -ῶ poner en movimiento; levantar (ἔλαφον un ciervo); suscitar; emitir, proferir [un dicho, una palabra].

ἐκ-κλάω romper, quebrar.

ἐκ-κλείω excluir, dejar fuera, alejar [a alguien, *ac.*; de algo, *gen.*]; impedir, embarazar (τῇ ὥρῃ por la falta de tiempo); prohibir [algo, *ac. orac. inf.*].

ἐκ-κλέπτω raptar, llevarse furtivamente; ocultar, disimular; engañar.

F. *aor. pas.* ἐξεκλάπην. *V.* κλέπτω.

ἐκ-κληΐω *jón.* = **ἐκ-κλείω.**

ἐκκλησία ας ἡ asamblea del pueblo, *y en gral.* asamblea; asamblea de guerreros; comunidad de los fieles, Iglesia; lugar de la asamblea, *y tamb.* iglesia, templo cristiano.

ἐκκλησιάζω convocar *o* tener una samblea del pueblo *o* del ejército; asistir *o* tomar parte en ella, deliberar, discutir.

F. *impf.* ἠκκλησίαζον ἐκκλησίαζον *y tamb.* ἐξεκλησίαζον *y* ἐξεκκλησίαζον; *aor.* ἐξεκλησίασα *y* ἐξεκκλησίασα.

ἐκκλησιαστής οῦ ὁ miembro de la asamblea popular.

ἔκκλητος ον llamado, convocado || PL. **οἱ ἔκκλητοι** miembros designados de una asamblea, *de donde,* la asamblea misma.

ἐκ-κλίνω doblar, desviar; evitar || INTR. volverse, echarse atrás; apartarse, separarse [de alguien *o* de algo, ἀπὸ *o* ἐκ *y gen.*].

ἐκ-κνάω -ῶ quitar arañando, raspar.

F. *inf.* ἐκκνᾶν, *aor. 1.º* ἐξέκνησα.

ἐκ-κοιλαίνω excavar.

ἐκ-κολάπτω quitar picando, picar; abrir el cascarón.

ἐκ-κολυμβάω -ῶ salir a flote.

ἐκ-κομιδή acción de sacar *y esp.* conducción de un cadáver.

ἐκ-κομίζω [*y med.*] sacar, llevar fuera; trasportar; poner en seguridad, salvar [*med.* algo propio *o* para sí] || MED. ABS. recoger sus cosas || PAS. alejarse, salvarse.

ἐκ-κομπάζω jactarse, ufanarse.

ἐκκοπή ῆς ἡ corte; obstáculo.

ἐκ-κόπτω sacar, echar fuera; cortar, amputar; talar, devastar; exterminar, aniquilar, destruir, matar; estorbar, embarazar || PAS. tener perdido (τὸν ὀφθαλμόν ἐκκεκομμένος teniendo perdido un ojo, con un ojo fuera).

ἐκ-κρέμαμαι estar colgado, suspenso *o* pendiente [de algo *o* de alguien, *gen.*, ἐκ *y gen.*].

ἐκ-κρεμάννυμαι colgarse, cogerse [a algo, *gen. o* κατά *y ac.*].

ἐκ-κρίνω separar, excluir; escoger, elegir.

ἔκκριτος ον escogido; selecto.

ἐκ-κρούω dejar caer de una sacudida, sacudir; rechazar, repeler; apartar, separar, dejar fuera [a alguien, *ac.*; de algo, *gen.*: ἵνα μὴ τοῦ παρόντος ἐμαυτὸν ἐκκρούσω para no apartarme del asunto presente, *Dem. Cor. 97, 313*].

ἐκ-κυβιστάω -ῶ voltear, dar el salto mortal *o* de campana.

ἐκ-κυλίνδω *y*

ἐκ-κυλίω echar fuera rodando, dejar caer dando vueltas || PAS. caer rodando *o* dando vueltas; lanzarse, venir a dar [a... εἰς *y ac.*].
F. *aor. pas.* ἐξεκυλίσθην.
ἐκ-κυμαίνω desbordarse; salir de línea.
ἔκλαγξα *aor. 1.º de* κλάζω.
ἔκλαγον *aor. 2.º de* κλάζω.
ἐκ-λαγχάνω alcanzar *o* recibir por suerte.
ἐκ-λαλέω -ῶ ir contando, divulgar.
ἐκ-λαμβάνω llevarse, raptar; tomar, obtener, recibir; tomar sobre sí; comprender.
ἐκ-λάμπω brillar de pronto, fulgurar.
ἐκ-λανθάνω hacer olvidar [algo, *ac. o gen.;* a alguien, *ac.*] || MED. olvidarse enteramente [de algo, *gen. ac. u orac. inf.*].
F. *aor. 2.º ép. redupl.* ἐκλέλαθον *med.* ἐκλελαθόμην. *Para otras formas v.* λανθάνω.
ἐκλάπην *aor. 2.º pas. de* κλέπτω.
ἔκλαυσα *aor. 1.º de* κλαίω.
ἔκλε᾽ = ἔκλεο *2.ª sing. impf. med. de* κλέω.
ἐκ-λέγω escoger, elegir; recoger, cobrar [un tributo, etc.] || MED. escoger para sí; cobrar, exigir.
F. *perf. pas.* ἐξείλεγμαι, *aor. pas.* ἐξελέχθην.
ἐκ-λείπω dejar, abandonar, renunciar a (ἐκλ. ξυνώμοτον faltar a lo convenido por juramento); omitir, pasar por alto, descuidar, pasar de largo por || INTR. marcharse, desertar; faltar, cesar, desaparecer; morir; eclipsarse [un astro]; no llegar, no alcanzar, no ser bastante.
ἔκλειψις εως ἡ abandono, defección; desaparición pérdida, ruina; falta; eclipse.
ἐκλεκτός ή όν *adj. vbal. de* ἐκλέγω escogido, elegido; distinguido, notable.
ἔκλεο *2.ª sing. impf. med. de* κλέω.
ἐκ-λέπω romper la cáscara, abrir; encobar; descortezar, pelar.
ἐκλέφθην *aor. 1.º pas. de* κλέπτω.
ἐκ-λήγω cesar del todo.
ἐκ-ληθάνω *ép.* = **ἐκλανθάνω.**
ἐκλήθην *aor. pas. de* καλέω.
ἔκλησις εως ἡ olvido total, amnistía.
ἐκλίθην *aor. 1.º pas. de* κλίνω.
ἐκ-λιμπάνω *poét.* = ἐκλείπω.
ἔκλινα *aor. 1.º de* κλίνω.
ἐκλίνθην *y en comptos.* **ἐκλίνην** *aor. pas. de* κλίνω.
ἐκ-λιπής ές que falta; pasado por alto || SUBST. **τὸ ἐκλιπές** falta, interrupción, vacío (ἡλίου ἐκλιπές τι ἐγένετο se produjo un eclipse parcial de sol).
ἐκλογή ῆς ἡ elección; selección; estado de elección *o* predestinación; los elegidos.
ἐκ-λογίζομαι contar a fondo; meditar, considerar, calcular.
ἐκλύσθην *aor. pas. de* κλύζω.
ἔκλυσις εως ἡ liberación, escape; debilitación.
ἐκλυτήριος ον liberador, libertador || SUBST. **τὸ ἐκλυτήριον** palabra de libertad *o* de liberación.
ἐκ-λύω soltar, aflojar, desatar (στόμα la lengua); liberar, libertar, salvar; debilitar; disolver, alejar, hacer cesar || MED. liberar, libertar; alejar de sí || PAS. aflojarse, cansarse, desfallecer.
ἐκ-λωβάομαι PAS. ser maltratado *o* ultrajado, ser deshonrado.
ἐκ-λωπίζω descubrir, desnudar.
ἐκ-μαίνω poner fuera de sí, poner furioso, alocar; encender, inflamar (πόθον el deseo) || PERF. *y* PAS. ponerse loco, furioso, encolerizado [contra alguien, εἰς *y ac.*]; amar apasionadamente [a alguien, *ac.*].
F. *inf. aor. 1.º* ἐκμῆναι, *perf.* ἐκμέμηνα *V.* μαίνω.
ἐκ-μανθάνω averiguar, investigar; conocer, llegar a saber [algo, *ac.;* por alguien, *gen.*, παρά *y gen.*, etc.] || PERF. saber exactamente.
ἐκ-μάσσω enjugar, secar.
ἐκ-μείρομαι participar, ser partícipe [de algo, *gen.*].
ἐκ-μελετάω practicar a fondo.
ἐκ-μετρέω -ῶ medir entera *o* exactamente, recorrer || MED. medir para sí *o* al propio intento; ἄστροις ἐκμετρούμενος χθόνα calculando por los astros la posición de una tierra *e. e.* alejándose de ella [*Sóf. E. R. 795*].
ἔκ-μηνος ον semestral (ἔκμ. χρόνος semestre).
ἐκ-μηρύομαι pasar *o* salvar desfilando.
ἐκ-μιμέομαι -οῦμαι imitar exactamente.
ἐκ-μισθόω -ῶ arrendar, dar en arrendamiento.

ἔκ-μολον *aor. ép. de* ἐκβλώσκω.
ἐκ-μυζάω -ῶ chupar, sorber.
ἐκ-μυκτηρίζω burlarse, hacer mofa [de alguien, *ac.*].
ἐκ-νέμω [*y med.*] sacar, llevar fuera (ἄψορρον ἐκν. πόδα volver sobre sus pasos, retirarse, *Sóf. Ay. 369*).
ἐκ-νευρίζω enervar.
ἐκ-νεύω hacer señal de alejarse; esquivar; substraerse. *V.* ἐκ-νέω.
ἐκ-νέω salir *o* escaparse a nado; escapar.
F. *aor. 1.º* ἐξενέυσα *etc. V.* νέω *1.*
ἐκ-νήφω volver a la sobriedad *o* a la sensatez.
ἐκ-νίζω [*fut.* ἐκνίψω] lavar; lavar, expiar || MED. lavarse, purificarse [de algo, *ac.*].
ἐκ-νικάω -ῶ vencer completamente, triunfar completamente de; prevalecer (ἅπασι para todos); ἐπὶ τὸ μυθῶδες ἐκνενικηκότα pasados al estado de leyenda.
ἔκ-νομος ον ilegal, injusto.
ἐκ-νοστέω volver, regresar.
ἐκόπην *aor. 2.º pas. de* κόπτω.
ἑκούσιος α ον [*o* **-ος ον**] = **ἑκών.**
ἐκ-παγλέομαι admirarse, quedarse suspenso.
ἔκ-παγλος ον terrible, temible, imponente; prodigioso, grandioso, extraordinario; violento, desaforado.
ἐκ-παιδεύω criar, educar desde niño.
ἐκ-παιφάσσω fulgurar; presentarse resplandeciente.
ἐκ-πάλαι ADV. ya de antiguo, desde hace mucho tiempo.
ἐκ-πάλλομαι saltar salpicar [de... *gen.*].
F. *3.ª sing. aor. 2.º ép.* ἔκπαλτο (ἐκπαλθ').
ἐκ-πατάσσω echar fuera a golpes; trastornar (φρένας ἐκπεπαταγμένος fuera de sentido, trastornado).
ἐκ-παύομαι cesar enteramente.
ἐκ-πείθω persuadir enteramente.
ἐκ-πειράζω *y*
ἐκ-πειράομαι -ῶμαι tentar, poner a prueba; hacer prueba [de alguien, *gen.*]; tratar de (ἐκπειρᾷ λέγειν tratas de que hable).
ἐκ-πέλει es lícito [*cf.* ἔξεστι].
ἐκ-πέμπω enviar fuera, despedir (ἐκπ. γυναῖκα repudiar una mujer); enviar, mandar; llamar fuera, hacer salir || MED. llamar fuera, hacer salir; desterrar; alejarse, partir, *de donde* morir.
ἔκ-πεμψις εως ἡ envío.
ἐκ-πέποται *3.ª sing. perf. pas. de* ἐκπίνω.
ἐκπεπταμένως ADV. con desahogo, a placer.
ἐκ-περαίνω llevar a término, cumplir.
ἐκ-περάω -ῶ salir; atravesar, franquear; penetrar.
F. *3.ª pers. sing. pres. ép.* ἐκπεράᾳ, *3.ª pl.* ἐκπερόωσι, *3.ª sing. aor. 1.º* ἐξεπέρησεν, *etc. V.* περάω.
ἐκ-πέρθω destruir totalmente, devastar; saquear.
F. *fut.* ἐκπέρσω, *aor. 1.º* ἐξέπερσα *aor. 2.º ép.* ἐξέπραθον.
ἐκ-περισσῶς ADV. aún más, con más ahinco.
ἐκπέρσωσι *3.ª pl. subj. aors. 1.º ép. de* ἐκπέρθω.
ἔκπεσε ἐκπεσέειν *formas de aor. ép. de* ἐκπίπτω.
ἐκ-πετάννυμι tender, extender.
ἐκ-πέτομαι volar desde.
ἐκπεφυυῖαι *nom. pl. f. part. perf. ép. de* ἐκφύω.
ἐκ-πηδάω -ῶ saltar fuera [del lecho]; hacer una salida [los sitiados]; pasar.
ἐκ-πίμπλημι llenar completamente; completar, complementar; cumplir, realizar (φιλονεικίαν la venganza); saciar, satisfacer; pagar.
ἐκ-πίνω beber *o* libar [de un líquido]; beber completamente, apurar.
ἐκ-πιπράσκω vender.
ἐκ-πίπτω caer, caer de [*gen.*, ἀπὸ *o* ἐκ *y gen.*: δίφρου del carro; ἀπὸ τῶν ἐλπίδων de sus esperanzas]; apartarse (ἐκ τῆς ὁδοῦ del camino); fracasar, quedarse cortado [un orador, un actor]; venir a dar (ἐς λιμένα en puerto); ser echado a tierra [las naves, un cadáver]; desembocar; *fig.* ἐς ἀλλότριον εἶδος en otra forma distinta [cambiar de forma]; perder, quedar privado de [*gen.*, ἐκ *y gen.*]; ser echado, expulsado *o* desterrado; ser derribado *o* depuesto; lanzarse fuera; hacer una salida [las tropas]; huir, escapar, refugiarse.
F. *impf. ép.* ἔκπιπτον, *aor. ép.* ἔκπεσον (= ἐξέπιπτον ἐξέπεσον) *inf. aor. ép.* ἐκπεσέειν (= ἐκπεσεῖν). *Cf.* πίπτω.

ἐκ-πλέω zarpar, hacerse a la vela, levar anclas; pasar navegando *o* salir navegando (ἐκπλ. ἔξω τὸν Ἑλλήσποντον pasar el Helesponto); pasar *o* emigrar por el agua; salirse (ἐκ τοῦ νόου de razón, perder la sensatez).

ἔκ-πλεως ων lleno; completo; rico, abundante.

ἐκ-πλήγνυμι = **ἐκπλήσσω.**

ἐκ-πληκτικός ή όν terrible.

ἔκπληξις εως ἡ espanto, estupor, terror; respeto profundo.

ἐκ-πληρόω -ῶ = **ἐκπίμπλημι.**

ἐκπλήρωσις εως ἡ cumplimiento, plenitud, fin; satisfacción.

ἐκ-πλήσσω [*át.* **ἐκ-πλήττω**] echar fuera; espantar, asustar, turbar; poner fuera de sí [de admiración, de estupor, de miedo] || PAS. quedar fuera de sí, quedar transportado [de miedo, de estupor, etc.]; sentir terror [ante *o* por algo *o* alguien, *ac.*, ἐπί *y dat.*, ὑπό *y gen.*, etc.].
F. *aor. pas.* ἐξεπλάγην (*inf.* ἐκπλαγῆναι), *ép.* ἐκπλήγην, *3.ª pl. ép.* ἔκπληγεν. *Tamb. át.* ἐξεπλήχθην. *V.* πλήσσω.

ἔκ-πλοος ου [*contr.* **ἔκπλους ἔκπλου**] salida por mar; partida en una nave (ἔκπλουν ποιεῖσθαι zarpar); salida *o* boca de un puerto.

ἐκ-πλύνω lavar, limpiar *o* quitar por lavado.

ἔκ-πλυτος ον que se borra sin trabajo.

ἐκ-πλώω = **ἐκπλέω.**

ἐκ-πνέω espirar, exhalar el aliento; expirar, morir, ser muerto; soplar [el viento de... ἐκ *y gen.*, etc.].

ἐκ-ποδών ADV. fuera, lejos (ἐκπ. εἶναι estar lejos [de algo, *gen.*]); ἐκποδὼν ἄγειν *o* ποιεῖσθαι alejar a, deshacerse *o* desembarazarse de [alguien, *ac.*]; ἐκποδὼν στῆναι dejar campo libre, mantenerse apartado de [*dat.*] *Tuc. 1, 40, 4.*

ἐκ-ποιέω -ῶ terminar, acabar de construir || IMPERS. ἐκποιεῖ es posible.

ἐκποίησις εως ἡ emisión de semen.

ἐκ-πολεμέω -ῶ *y*

ἐκ-πολεμόω -ῶ empezar la guerra; arrastrar a la guerra, implicar en la guerra, hacer enemigo [a alguien, *ac.*; de alguien, *dat. o* πρός *y ac.*].

ἐκ-πολιορκέω -ῶ tomar *o* rendir en asedio.

ἐκπομπή ῆς ἡ envío; incursión.

ἐκ-πονέω -ῶ elaborar, concluir, terminar, ejecutar, fabricar, preparar, aprestar; labrar, cultivar, ejercitar (σῶμα el cuerpo); digerir, hacer la digestión; *esp.* digerir, gastar, cocer por el ejercicio; tener *o* conseguir con trabajo; aplicarse con empeño a [*ac.*] || INTR. hacer ejercicio, ejercitarse en el trabajo.

ἐκ-πορεύω hacer salir || MED. salir, alejarse.

ἐκ-πορθέω -ῶ destruir, devastar; saquear.

ἐκ-πορίζω procurar, facilitar, proporcionar || MED. procurarse, hacerse con [algo, *ac.*].

ἐκ-πορνεύω llevar una vida deshonesta.

ἐκ-ποτέομαι volar desde, caer volando *o* por el aire.

ἐκ-πράσσω concluir; ejecutar, llevar a cabo; obrar de forma que.. ὡς; concluir, aniquilar, matar [a alguien, *ac.*]; exigir, cobrar [algo a alguien, *dos acs.*]; vengar, vindicar [algo, *ac.*] || MED. vengarse de; hacerse pagar (φόνον una muerte; πρός... de parte de [alguien, *gen.*]).

ἐκ-πρεπής ές sobresaliente, insigne, ilustre; notable, importante.

ἐκ-πρήσσω *jón.* = **ἐκπράσσω.**

ἐκ-πρίασθαι *inf. aor. de* ἐξωνέομαι comprar.

ἐκ-πρίω cortar serrando, serrar.

ἐκ-προκαλέομαι -οῦμαι llamar a sí.

ἐκ-προλείπω abandonar.

ἐκ-προτιμάω -ῶ honrar *o* distinguir entre todos.

ἐκ-πτύω escupir; rechazar con asco *o* desprecio.

ἐκ-πυνθάνομαι inquirir, informarse; saber.

ἐκ-πυρόω -ῶ quemar, incendiar.

ἔκπυστος ον conocido, notorio, descubierto.

ἔκ-πωμα ατος τό copa.

ἐκράανθεν *3.ª sing. aor. pas. ép.* de κραίνω.

ἐκράθην *aor. 1.º pas. de* κεράννυμι.

ἐκ-ραίνω hacer saltar, brotar *o* fluir.

ἐκρέμω *2.ª sing. impf. de* κρέμαμαι.

ἐκ-ρέω fluir, deslizarse; disiparse, desaparecer, quedar olvidado.

ἐκ-ρήγνυμι hacer estallar; romper (νευρήν la cuerda de un arco; ὁδοῖο un trozo del camino) || INTR. quebrar, flaquear (ἡ μάχη la lucha) || PAS. estallar, romper, reventar (ἐς τὸ μέσον en público); lanzarse [contra alguien, εἰς *y ac.*].
F. *V.* ῥήγνυμι.
ἔκρηνα (*inf.* κρῆναι) *aor. 1.º ép. de* κραίνω.
ἐκ-ριζόω -ῶ arrancar [de raíz].
ἔκρινα ἐκρινάμην ἐκρί(ν)θην *aor. act. med. y pas. resp. de* κρίνω.
ἐκ-ρίπτω lanzar fuera de [*gen.*].
ἐκροή ῆς ἡ *y*
ἔκροος ου [*contr.* **ἔκρους ἔκρου**] desagüe, desembocadura, canal.
ἐκ-ροφέω -ῶ tragar.
ἐκρύβην ἐκρύφην *y* **ἐκρύφθην** *aor. pas. de* κρύπτω.
ἐκ-σαόω -ῶ salvar.
ἐκ-σείω arrancar a sacudidas.
ἐκ-σεύομαι lanzarse fuera, salir fuera, huir [de... *gen.*].
F. *perf.* ἐξέσσυμαι, *3.ª sing. plpf. (con valor de impf.)* ἐξέσσυτο, *3.ª sing. aor.* ἐξεσύθη.
ἐκ-σημαίνω señalar, indicar.
ἐκ-σμάω -ῶ enjugar.
ἐκ-σπάω arrancar, extraer || MED. arrancarse [algo, *ac.*].
ἔκ-σπονδος ον excluido de un pacto [paz *o* alianza].
ἔκστασις εως ἡ suspensión, estupor; transporte, arrobo, éxtasis; extravío, locura.
ἐκ-στέλλω componer, adornar.
ἐκ-στέφω coronar; ἱκτηρίοις κλάδοισιν ἐξεστεμμένοι llevando ramos suplicantes coronados de cintas [*aliter alii, Sóf. E. R. 3*].
ἐκ-στρατεύω [*y med.*] hacer una expedición, salir a campaña || PERF. ἐξεστρατεῦσθαι terminar la campaña [*Tuc. 5, 55*].
ἐκ-στρατοπεδεύομαι acampar fuera.
ἐκ-στρέφω sacar dando vueltas; cambiar || MED. cambiarse *y esp.* pervertirse.
ἐκ-σῴζω salvar || MED. salvarse *o* salvar [algo propio, *ac.*].
ἔκτα *3.ª sing. aor. ép. poét. de* κτείνω.
ἐκτάδην ADV. a lo largo, tendido.
ἐκτάδιος α ον ancho, amplio.
ἔκταθεν *3.ª pl. aor. pas. de* κτείνω.
ἑκταῖος α ον al sexto día.
ἐκτακείς εῖσα έν *part. aor. pas. de* ἐκτήκω.
ἔκταμεν ἔκταν *1.ª y 3.ª pl. aor. ép. de* κτείνω.
ἐκ-τάμνω *ép. y jón.* = **ἐκτέμνω.**
ἔκτανον *aor. 2.º ép. de* κτείνω.
ἐκ-τανύω *ép. poét.* = **ἐκτείνω.**
ἐκ-ταράσσω [*át.* **ἐκ-ταράττω**] turbar, agitar || PAS. perturbarse, ponerse fuera de sí.
ἐκ-τάσσω [*át.* **ἐκ-τάττω**] ordenar *esp.* en orden de batalla || MED. colocarse en orden de batalla.
ἔκτατο *3.ª sing. aor. med. de* κτείνω.
ἐκτέαται *3.ª pl. perf. jón. de* κτάομαι.
ἐκ-τείνω tender, extender; poner en tensión (ἐκτείνων τὸν ἵππον poniendo el caballo a galope tendido); desplegar [un ejército, etc.]; prolongar, alargar || PAS. tenderse, extenderse; ponerse en tensión (ἐκτέταμαι φοβερὰν φρένα tengo en tensión mi alma por el miedo); transcurrir (χρόνος el tiempo).
ἔκτεισις εως ἡ pago.
ἐκ-τειχίζω terminar de edificar; fortificar.
ἐκτελειόω -ῶ llevar a madurez || MED. llegar a madurez.
ἐκτελείω *ép. V.* **ἐκτελέω.**
ἐκ-τελευτάω -ῶ acabar || PAS. ser el fin [de algo, *gen.*].
ἐκ-τελέω -ῶ acabar, llevar a término; cumplir, ejecutar || PAS. cumplirse; transcurrir, pasar [el tiempo].
F. *impf. ép.* ἐξετέλειον *fut. ép.* ἐκτελέω, *át.* ἐκτελῶ, *aor. 1.º* ἐξετέλεσ(σ)α, *3.ª pl. impf. med. ép.* ἐξετελεῦντο *(Od. 11, 294)*.
ἐκ-τέμνω cortar, amputar; talar, devastar; castrar.
ἐκτένεια ας ἡ celo; constancia, perseverancia.
ἐκτενής ές tenso; vehemente, fervoroso, celoso; asiduo, perseverante.
ἑκτέος α ον *adj. vbal. de* ἔχω.
ἐκ-τεχνάομαι -ῶμαι idear, imaginar.
ἐκτήθην *aor. pas. de* κτάομαι.
ἐκ-τήκω derretir.
ἔκτημαι *perf. ép. y jón. de* κτάομαι.
ἔκτηντο *3.ª pl. plpf. jón. de* κτάομαι.
ἐκ-τίθημι exponer; dejar abandonado; exponer, explicar [*tamb. med.*].

ἐκ-τιμάω -ῶ honrar *o* estimar en gran manera.
ἔκ-τιμος ον sin honra, que no es honra, que deja de ser honra [de alguien, *gen.*].
ἐκ-τινάσσω [*y med.*] quitar sacudiendo, sacudirse.
ἐκ-τίνω pagar [una suma, una pena, etc.]; corresponder [a los beneficios, *ac.*] || MED. hacerse pagar, vengarse (ὅσην κατ'αὐτῶν ὕβριν ἐκτείσαιτο con qué arrogancia se había vengado de ellos, *Sóf. Ay. 304*).
F. *fut.* ἐκτείσω, *aor.* ἐξέτεισα, *perf.* ἐκτέτεικα *etc. v.* τίνω.
ἔκτισα *aor. 1.º de* κτίζω.
ἔκτισμαι *perf. pas. de* κτίζω.
ἐκ-τιτρώσκω abortar.
ἔκτοθεν = **ἔκτοσθεν.**
ἔκτοθι ADV. fuera || PRP. fuera de [*gen.*].
ἐκτομή ῆς ἡ amputación, castración.
ἐκτομίας ου ὁ castrado, eunuco.
ἐκ-τοξεύω disparar flechas [desde un sitio]; disparar todas las flechas, agotar las flechas.
ἐκ-τόπιος α ον [*o* **-ος ον**] *y*
ἔκ-τοπος ον fuera del país; alejado, lejano; extraño; extraordinario, desacostumbrado.
ἕκτος η ον ADJ. NUM. ORD. sexto.
ἐκτός ADV. fuera, afuera (ἐκτὸς εἰ μή si ya no es que...; ἐκτός ἐλθεῖν transgredir, quebrantar) || PRP. fuera de, lejos de; excepto; más allá de, más de [en el tiempo]... *gen.*
ἔκτοσε ADV. fuera de, lejos de.
ἔκτοσθε(ν) ADV. desde fuera; fuera, afuera || PRP. fuera de [*gen.*].
ἔκ-τοτε ADV. desde entonces.
ἐκ-τράπω *jón.* = **ἐκτρέπω.**
ἐκ-τραχηλίζω lanzar por la cabeza [el caballo], lanzar de cabeza, desnucar || PAS. *fig.* precipitarse de cabeza en la ruina.
ἐκ-τρέπω apartar, echar fuera, desviar [una corriente de agua, etc.]; apartar, impedir [en un propósito, etc.]; torcer; conducir, dirigir [algo, *ac.*; hacia algo, πρός *o* εἰς *y ac.*] || PAS. *y* AOR. MED. apartarse, desviarse, dejar el camino, separarse [de alguno, *gen. o* ὀπίσω *y gen.*]; variar, cambiarse, transformarse, pasar a [algo, εἰς *y ac.*]; volverse, tornarse hacia... [εἰς *o* ἐπί *y ac.*]; dislocarse || TR. ἐκτρ. ὁδόν echar por un camino; evitar, rehuir, esquivar.
F. *V.* τρέπω.
ἐκ-τρέφω alimentar, nutrir, criar || MED. criar, educar.
ἐκ-τρέχω salir corriendo de un sitio; hacer una salida [las tropas]; salir de madre, desbordarse [la cólera, etc.].
ἐκ-τρίβω sacar por roce, obtener por roce (πῦρ el fuego); rozar [algo *ac.*; con algo *o* contra algo *dat.*, ἐν *y dat.*]; frotar; pulir; gastar por el roce (ἐκτρῖψαι βίον consumir la vida); arrancar; exterminar, aniquilar.
ἐκ-τροπή ῆς ἡ desviación; digresión, posada *o* estación (ὁδοῦ del camino)
ἐκ-τρυχόω -ῶ agotar.
ἔκτρωμα ατος τό aborto, fruto abortivo [*N. T.*].
ἔκτυπον *aor. 2.º de* κτυπέω.
ἐκ-τυπόω -ῶ formar, modelar.
ἐκ-τυφλόω -ῶ cegar, dejar ciego.
ἐκτύφλωσις εως ἡ acción de cegar *o* dejar ciego.
Ἕκτωρ ορος ὁ Héctor, príncipe troyano, hijo de Príamo.
ἑκυρή ῆς ἡ *ép.* suegra.
ἑκυρός οῦ ὁ suegro.
ἔκυρσα *aor. 1.º de* κυρέω.
ἔκυσ(σ)α *aor. 1.º de* κυνέω.
ἐκ-φαγεῖν *inf. aor. ép. de* ἐξεσθίω.
ἐκ-φαίνω traer al mundo; producir (φόωσδε a la luz); mostrar; hacer ver, sacar a luz; mostrar claramente, revelar; dar a conocer, participar, comunicar; ἐκφ. πόλεμον declarar *o* comenzar la guerra || PAS. aparecer, mostrarse.
ἐκ-φανής ές manifiesto, claro; ilustre.
ἐκ-φάσθαι *inf. med. ép. de* ἔκφημι.
ἔκφασις εως ἡ declaración, manifestación.
ἐκ-φαυλίζω despreciar; desdeñar.
ἐκ-φέρω sacar [a alguien *o* algo *ac.*; de... *gen. o* ἐκ *y gen.*]; sacar *o* llevar a enterrar, enterrar; llevarse, obtener, ganar; transportar, dirigir, conducir; producir, dar a luz; sacar a luz, dar a conocer; traer (τέλος μισθοῖο el término de la soldada) || INTR. salir, lanzarse fuera; terminarse; ἐς ὀρθὸν ἐκφέρεις μαντεύματα sacas buenas las predicciones [*e. e.* las realizas, *Sóf. E. C. 1424*] || MED. llevarse, obtener, conseguir; llevarse algo

propio; exponer, manifestar (γνώμην la opinión) || PAS. dejarse llevar *o* arrastrar (πρὸς ὀργήν a la cólera); llegar; salir a luz, producirse.
F. *impf.* ἐξέφερον, *ép.* ἔκφερον; *fut.* ἐξοίσω, *med.* ἐξοίσομαι *(tamb. con valor pas.)*; *perf. jón.* ἐξήνεικα. *V.* φέρω.

ἐκ-φεύγω huir, escaparse de [*gen.*, etc.]; escapar a, evitar [*ac.*, etc.]; irse, escaparse [de las manos, de la mente, etc.].

ἔκ-φημι decir, pronunciar, expresar.

ἐκ-φθίνω agotar, consumir; hacer desaparecer || PAS. perecer; agotarse, consumirse, desaparecer.

ἐκ-φοβέω -ῶ asustar; amedrentar || PAS. temer [a alguien, *ac.*], tener miedo [de alguien *o* por causa de alguien, ὑπέρ *y gen.*].

ἔκ-φοβος ον asustado, amedrentado, consternado.

ἐκ-φοιτάω -ῶ salir.

ἐκ-φορά ᾶς ἡ acción de sacar *y esp.* conducción fúnebre; entierro.

ἐκ-φορέω -ῶ = **ἐκφέρω.**

ἐκ-φόριον ου τό producto; impuesto.

ἔκ-φορος ον exportable; público, divulgado *o* que se puede divulgar.

ἐκ-φορτίζομαι ser cargado como una mercancía, *e. e.* ser abandonado.

ἐκ-φροντίζω idear, imaginar.

ἔκ-φρων ον sin razón, insensato; sin sentido.

ἐκ-φυγγάνω = **ἐκφεύγω.**

ἐκ-φυλάσσω vigilar cuidadosamente.

ἐκ-φύω engendrar, procrear; dar a luz; producir || INTR. [*aor.* ἐξέφυν *perf.* ἐκπέφυκα *o* ἐκπέφυα] nacer, ser nacido || MED. *y* PAS. [*íd.* ἐξεφύην] *como intr.*

ἐκ-χέω verter, derramar; *fig.* perder, venir a perder *o* echar a perder (τὸ πᾶν σόφισμα toda la traza) || MED. derramar *o* esparcir [algo propio] || PAS. derramarse, rebosar; esparcirse, salir desparramadamente; dedicarse, consagrarse *o* entregarse a [*dat.*, εἰς *y ac.*].
F. *impf. ép.* ἔκχεον *fut.* ἐκχέω *aor. 1.º* ἐξέχεα *med. ép.* ἐξεχευάμην *3.ª sing. ép. (con valor pas)* ἐξέχυτο *o* ἔκχυτο, *part.* ἐκχύμενος; *perf.* ἐκκέχυκα *3.ª pl. plpf. pas. ép.* ἐξεκέχυντο; *aor. pas.* ἐξεχύθην. *V.* χέω.

1 **ἐκ-χράω** bastar, ser bastante.

2 **ἐκ-χράω** predecir, anunciar.

ἐκ-χρηματίζομαι sacar dinero [a alguno, *ac.*].

ἐκχύμενος *part. aor. 2.º med. de* ἐκχέω.

ἐκ-χύν(ν)ω = **ἐκχέω.**

ἐκ-χώννυμι levantar de nivel; terraplenar; llenar *o* cubrir de tierra.
F. *perf. pas.* ἐκκέχωσμαι, *aor. pas.* ἐξεχώσθην *(Hdt.)*.

ἐκ-χωρέω -ῶ salir; partir, emigrar; ceder el sitio, dejar lugar, dar lugar [a alguien *o* a algo *dat.*].

ἐκ-ψύχω exhalar el espíritu, expirar, morir.

ἑκών οὖσα όν voluntario, espontáneo, gustoso, de grado; voluntario, producido voluntariamente.

ἐλᾶ *3.ª sing. fut. de* ἐλαύνω.

ἐλάα ας ἡ = **ἐλαία.**

ἐλάαν *inf. pres. y fut. ép. de* ἐλαύνω.

ἔλαβον -ες -ε *aor. 2.º de* λαμβάνω.

ἔλαθον -ες -ε *aor. 2.º de* λανθάνω.

ἐλαία ας [*jón.* **ἐλαίη ης**] **ἡ** olivo; oliva, aceituna.

ἐλαίνεος η ον *y*

ἐλάϊνος η ον de olivo, de madera de olivo.

ἔλαιον ου τό aceite de olivas; óleo sagrado.

ἔλαιος ου ὁ acebuche, olivo silvestre.

ἐλαιών ῶνος ὁ olivar, monte de olivos.

ἔλακον -ες -ε *aor. 2.º de* λάσκω.

ἐλάμφθην *aor. pas. de* λαμβάνω.

ἔλασα *aor. 1.º de* ἐλαύνω.

ἐλάσθην *aor. pas. de* λανθάνω

ἔλασις εως ἡ expulsión, destierro; marcha *o* incursión de guerra; carga de caballería; conducción del carro; procesión, cortejo.

ἔλασσα *aor. ép. de* ἐλαύνω *y* ἐλάω.

ἐλασσόω [*át.* **ἐλαττόω**] **-ῶ** disminuir, aminorar; menoscabar, perjudicar, dañar || PAS. hacerse más pequeño, debilitarse; ser inferior [a alguien, *gen.*; en algo, *dat.*, etc.]; ἐλασσούμενοι τῷ πολέμῳ vencidos en la guerra; ser dañado, sufrir daño.

ἐλάσσωμα ατος τό = **ἐλάττωμα.**

ἐλάσσων ον *comp. de* ἐλαχύς.

ἐλαστρέω -ῶ impulsar, llevar por delante; dirigir, conducir [un tronco, una nave, etc.].

ἐλάτη ης ἡ abeto; remo de madera de abeto, remo; barca.

ἐλατήρ ῆρος ὁ que impulsa *o* empuja por delante; conductor *esp.* de un carro, auriga.

ἐλάτινος η ον de abeto, de madera de abeto.

ἐλαττονέω -ῶ tener menos, estar falto.

ἐλαττόω = ἐλασσέω.

ἐλάττωμα ατος τό inferioridad, estado de inferioridad.

ἐλάττων ον *át.* = **ἐλάσσων.**

ἐλαύνω impulsar, empujar, llevar por delante; conducir, guiar [un carro, un tronco, una collera, una nave, una expedición]; llevarse por delante [bueyes, ovejas, botín]; expulsar, desterrar, echar fuera (ἐλ. ἄγος echar fuera *e. e.* expiar un sacrilegio); oprimir, atormentar, maltratar; desolar; golpear, herir, alcanzar [con un arma]; meter, introducir, hundir [un arma: διὰ στήθεσφι en el pecho]; τὸν ἔλασ'ὦμον le hirió en el hombro; tender [un muro, una fosa, etc.]; forjar; promover (κολῳόν un tumulto) || INTR. ir a caballo, ir embarcado, cabalgar, remar (οἱ ἐλαύνοντες los remeros); marchar, dirigirse, encaminarse (ἐλ. ἀνὰ κράτος cabalgar a todo galope; ἐλόωσι γαλήνην surcarán [por] el mar tranquilo); adelantarse, llegar (ἐς πᾶσαν κακότητα a toda maldad) || MED. llevarse, llevarse consigo.
F. *pres. tamb.* ἐλάω *(ép. poét.), inf.* ἐλᾶν, *ép.* ἐλαυνέμεν *y* ἐλάαν *(tamb. fut. v. infra.) ; impf. 3.ª sing.* (ἀπ)-ἔλα, *3.ª pl.* ἔλων, *impf. iter.* ἐλαύνεσκον; *fut.* ἐλάσω *ép. 3.ª pl.* ἐλόωσι, *át.* ἐλῶ, *inf.* ἐλᾶν, *ép.* ἐλάαν *(= pres. v. supra) ; aor.* ἤλασα, *ép.* ἔλασ(σ)α, *3.ª sing. iter.* ἐλάσασκεν, *med.* ἠλασάμην; *perf.* ἐλήλακα, *pas.* ἐλήλα(σ)μαι; *plpf.* ἐληλάκειν, *3.ª sing. pas.* ἠλήλατο, *ép. tamb.* ἐλήλατο, *3.ª pl. ép.* ἐληλάδατ' ἐληλέδατ' ἐληλέατ' *(vv. ll. Od. 7, 86) ; aor. pas.* ἠλά(σ)θην.

ἐλαφα-βολία *dór.* = **ἐλαφηβολία.**

ἐλαφα-βόλος ον *dór.* = **ἐλαφηβόλος.**

ἐλάφειος ον de ciervo, cervino.

ἐλαφηβολία ας ἡ caza del ciervo.

ἐλαφηβολιών ῶνος ὁ elafebolión, noveno mes del calendario ático [marzo abril].

ἐλαφη-βόλος ον [*o* **-ος η ον**] flechador de ciervos.

ἔλαφος ου ἡ ὁ corza, cierva, ciervo.

ἐλαφρία ας ἡ ligereza de ánimo, frivolidad.

ἐλαφρός ά όν ligero, expedito, ágil; preparado, dispuesto, ligero, sin peso; leve, sin pesadumbre, sin fatiga (ἐν ἐλαφρῷ ποιεῖσθαι tomar sin pesadumbre, llevar sin molestia); pequeño, insignificante; dulce, blando.

ἐλάχιστος η ον *superl. de* ἐλαχύς.

ἐλαχιστότερος α ον más pequeño que el más pequeño, el mínimo (πάντων de todos, *N. T.*).

ἔλαχον *aor. 2.º de* λαγχάνω.

ἐλαχύς εια ύ pequeño, insignificante || *comp.* ἐλάσσων ον más pequeño, menos, más corto (οἱ ἐλάσσονες los menos, la minoría; τὸ ἔλασσον los menores ingresos [*Hdt.*]; ἀπ'ἐλασσόνων con menos posibilidades; δι'ἐλάσσονος a menor distancia [*Tuc*]); inferior, de menos importancia (περὶ ἐλάττονος ποιεῖσθαι tener en menos); sometido a [*gen.*] || SUPERL .ἐλάχιστος η ον el más pequeño, el menor, el más corto (τὸ ἐλάχιστον [*o contr.* τοὐλάχιστον],ἐλάχιστα, ἐπ'ἐλάχιστον el menos; δι'ἐλαχίστου en el más breve tiempo posible).

ἐλάω *ép. y poét.* = **ἐλαύνω.**

ἔλδομαι desear, procurar, buscar, ansiar, aspirar a [algo, *gen., ac. constr. inf.*] || PAS. ser deseado.

ἔλδωρ *def.* [*sólo nom. y ac. sing.*] deseo, anhelo.

ἕλε *ép.* = **εἷλε** *3.ª sing. aor. de* αἱρέω.

ἐλεαίρω *y*

ἐλεάω = **ἐλέεω.**

ἐλεγεῖον ου τό dístico.

ἐλεγκτικός ή όν propio para investigar *o* examinar; propio para convencer.

ἐλέγμην *aor. med. ép. de* λέγω *y de* λέχω.

ἐλεγμός οῦ ὁ *y*

ἔλεγξις εως ἡ argumentación, reprensión, corrección.

ἐλεγχείη ης ἡ = **ἔλεγχος εος.**

ἐλεγχής ές censurable, vergonzoso; cobarde, miserable.

ἐλέγχιστος *superl. de* ἐλεγχής.

ἔλεγχος εος [ους] τό vergüenza, oprobio, ignominia; *fig. de persona.*

ἔλεγχος ου ὁ prueba, medio de prueba, argumento; contradicción, refutación (ἔλεγχον ἔχειν tener refutación); examen, investigación, comprobación (τὸ πρᾶγμα τὸν ἔλεγχον δώσει el resultado dará la comprobación; εἰς ἔλεγχον ἐξιέναι venir a la comprobación, tomar experiencia).

ἐλέγχω insultar, injuriar; censurar, inculpar, acusar; despreciar, tener en menos, rechazar; refutar, convencer de un error, de una falta; mostrar, demostrar, poner en evidencia; probar, poner a prueba, investigar, examinar; inquirir, interrogar (τὰς πράξεις acerca de los actos) || PAS. ser convencido [*con part.* ἐλεγχθήσεται γελοῖος ὤν será convencido de su ridiculez].
F. *fut.* ἐλέγξω, *aor.* ἤλεγξα; *perf. pas.* ἐλήλεγμαι; *aor. pas.* ἠλέγχθην *fut. pas.* ἐλεγχθήσομαι.

ἐλέειν *ép.* = **ἑλεῖν** *inf. de* αἱρέω.

ἐλεεινολογία ας ἡ discurso que mueve a compasión.

ἐλεεινός ἡ όν digno de compasión, digno de lástima, lamentable, miserable; compasivo, que compadece, piadoso.

ἐλεέω -ῶ compadecer, compadecerse, tener piedad de [alguien, *ac.*] || PAS. ser compadecido, hallar piedad.

ἐλεημοσύνη ης ἡ compasión, piedad; limosna [*N. T.*].

ἐλεήμων ον [*gen.* ονος] compasivo, piadoso, misericordioso.

ἐλέηνα *aor. 1.º jón. de* λεαίνω.

ἐλεητύς ύος ἡ compasión, piedad.

ἐλείηνα *aor. 1.º ép. de* λεαίνω.

ἑλεῖν *inf. aor. de* αἱρέω.

ἐλεινός ἡ όν *ép. y poét.* = **ἐλεεινός**.

ἕλειος α ον palustre, que vive en los pantanos.

ἔλεκτο *3.ª sing. aor. ép. de* λέχομαι se acostó.

1 **ἐλελίζω** levantar el grito de guerra.
F. *aor. 1.º* ἠλέλιξα.

2 **ἐλελίζω** conmover, sacudir, hacer temblar (Ὄλυμπον el Olimpo); volver, volver atrás, hacer volver; hacer dar vueltas || MED. arrollarse, enrollarse || PAS. dar la vuelta, volver; dar vueltas; temblar, vibrar, flotar [un vestido].
F. *aor.* ἐλέλιξα *med.* ἐλελιξάμην *aor. pas.* ἐλελίχθην, *3.ª pl. ép.* ἐλέλιχθεν. *3.ª sing. plpf. pas.* ἐλέλικτο (*acaso más bien de* ἑλίσσω).

ἐλελί-χθων ον que conmueve la tierra.

Ἑλένη ης ἡ Helena [esposa de Menelao, raptada por Paris].

ἔλεξα ἐλεξάμην *aor. de* λέγω *y de* λέχω.

ἑλεό-θρεπτος ον palustre, que se cría en las lagunas *o* en los pantanos.

ἐλεός οῦ ὁ trinchero *o* mesa de cocina.

ἔλεος ου ὁ *y*

ἔλεος έους τό compasión, piedad.

ἑλέσθαι *inf. aor. 2.º med. de* αἱρέω.

ἕλεσκον *aor. iterativo de* αἱρέω.

ἑλετός ή όν que puede ser cogido *o* capturado.

ἔλευ [*o* **ἑλεῦ**] *2.ª sing. imp. aor. med. ép. y jón. de* αἱρέω.

ἐλευθερία ας ἡ libertad, independencia; generosidad, alteza de ánimo; licencia, desenfreno.

ἐλευθέριος ον [*o* **-ος α ον**] liberal, propio *o* digno de hombre libre; noble, generoso, distinguido; *como epít. de* Zeus: liberador.

ἐλεύθερος α ον [*o* **-ος ον**] libre, libre por nacimiento; independiente [de... ἀπό *y gen.*]; ἐλεύθερον ἦμαρ día *o* tiempo de libertad, libertad; κρητὴρ ἐλ. copa con que se celebra la libertad; ἐλ. ἀγορά plaza libre *e. e.* accesible a todos; libre *o* liberado de [*gen.*]; propio de hombres libres, liberal, generoso, elevado, noble.

ἐλευθερόω -ῶ liberar, dejar libre, poner en libertad; absolver; excusar de culpa *o* responsabilidad (στόμα la boca, *e. e.* las propias palabras).

ἐλευθέρωσις εως ἡ liberación, emancipación; licencia, desenfreno.

ἐλεύσεαι *2.ª sing. fut. ép. de* ἔρχομαι.

Ἐλευσίνιος α ον de Eleusis.

ἔλευσις εως ἡ venida, advenimiento.

Ἐλευσίς ῖνος ἡ Eleusis [demo del Ática, célebre por el culto secreto de Deméter].

ἐλεύσομαι *fut. de* ἔρχομαι.

ἐλεφαίρομαι engañar.

ἐλεφάντινος η ον de marfil.

ἐλέφας αντος ὁ marfil; elefante.

ἐλέχθην *aor. pas. de* λέγω *1* y *2*.
ἐληλάδατο *3.ª pl. plpf. pas. de* ἐλαύνω.
ἐλήλακα *perf. de* ἐλαύνω.
ἐλήλεγμαι *perf. pas. de* ἐλέγχω.
ἐλήλυθα *perf. de* ἔρχομαι.
ἕλησι *3.ª sing. ép. subj. aor. de* αἱρέω.
ἐλθεῖν, *ép.* **ἐλθέμεν(αι)** *inf. aor. de* ἔρχομαι.
ἔλθον -ες -ε *aor. de* ἔρχομαι.
ἕλιγμα ατος τό mezcla.
ἑλιγμός οῦ ὁ vuelta, recodo, rodeo.
ἑλικτήρ ῆρος ὁ pendiente.
ἑλικτός ή όν curvo, combo; retorcido.
Ἑλικών ῶνος ὁ el Helicón [sierra de Beocia].
ἑλικῶπις ιδος ADJ. *f. y*
ἑλίκ-ωψ ωπος de ojos vivos.
ἐλινύω reposar, descansar; cesar.
1 **ἕλιξ ικος** en espiral, vuelto, curvado; *epít. de los* bueyes: de curvados cuernos, *s. o.* de tornátiles patas *o* de paso tortuoso.
2 **ἕλιξ ικος ἡ** vuelta, revuelta, espiral, zigzag; giro; brazalete; bucle; hélice.
ἑλίσσω [*o* **εἱλίσσω**] hacer girar, dar vueltas [a algo, *ac.*]; poner alrededor, enroscar, liar, arrollar; *fig.* dar vueltas dentro de sí, agitar en el ánimo || MED. ponerse alrededor, ceñirse (κεφαλὰς μίτρῃσι las cabezas con turbantes); volverse; dar vueltas, ir y venir; enroscarse, arrollarse; *como act.* hacer girar *o* dar vueltas.
F. *át.* ἑλίττω, *jón.* εἱλίσσω *o* εἱλίσσω; *inf. pres. ép.* ἑλισσέμεν, *fut.* ἑλίξω, *med.* ἑλίξομαι; *aor.* εἵλιξα *med. ép.* ἑλιξάμην, *3.ª sing. subj. ép.* ἑλίξεται, *part. ép.* ἑλίξας, *jón.* εἱλίξας; *perf. pas.* εἵλιγμαι, *3.ª sing. plpf.* εἵλικτο, *3.ª pl. jón.* εἱλίχατο; *aor. pas.* εἱλίχθην, *part.* ἑλιχθείς.
ἑλκαίνω estar herido.
ἑλκεσί-πεπλος ον de largos peplos.
ἑλκε-χίτων ωνος de largas túnicas.
ἑλκέω [*aor.* ἥλκησα etc.] *ép.* = **ἕλκω.**
ἑλκηθμός οῦ ὁ arrastre, acción de arrastrar *esp.* a la cautividad, rapto.
ἕλκος εος [-ους] τό herida, llaga; *fig.* daño, desgracia.
ἑλκόω -ῶ ulcerar.
ἑλκτικός ή όν que atrae *o* arrastra [hacia... πρός,].
ἑλκυστάζω arrastrar.
ἑλκύω *y*
ἕλκω tirar de [algo, *ac.*]; arrastrar; sacar; tender (τόξον el arco); alzar, izar (ἱστία las velas); arrastrar con violencia (ποδός del pie); maltratar, lacerar; violar; atraer hacia sí; conducir *o* atraer por la persuasión, etc., arrastrar hacia [εἰς, πρός, ἐπί *y ac.*], extender, estirar (πλίνθους ladrillos [en el molde *e. e.* moldear]); arrastrar, alargar (προφάσεις los pretextos) || MED. tirar de, sacar, arrancarse [algo propio, *ac.*].
F. *Del ép.* ἑλκέω, *impf.* εἷλκεον, *fut.* ἑλκήσω, *aor.* ἥλκησα, *part. aor. pas.* ἑλκηθείς. *En át. pres.* ἕλκω *y fut.* ἕλξω *mientras los otros temas se forman sobre* ἑλκύω. *Inf. pres. ép.* ἑλκέμεν(αι); *impf.* εἷλκον, *ép.* ἕλκον; *aor.* εἵλκυσα; *perf.* εἵλκυκα, *pas.* εἵλκυσμαι *y jón* ἕλκυσμαι; *aor. pas.* εἱλκύσθην, *jón.* ἑλκύσθην.
ἕλκωσις εως ἡ ulceración.
ἔλλαβον *ép.* = **ἔλαβον** *aor. de* λαμβάνω.
ἐλ-λάμπομαι brillar, distinguirse, ilustrarse, triunfar.
ἐλ-λαμπρύνομαι mostrarse espléndido *o* magnífico.
Ἑλλάς άδος ἡ Hélade, Grecia; *tamb.* tierra y ciudad en la Tesalia meridional.
ἔλλαχον *aor. ép. de* λαγχάνω.
ἐλλεβορίζω curar con eléboro.
ἐλλέβορος ου ὁ eléboro.
ἐλλεδανός οῦ ὁ vencejo, ligadura para las gavillas.
ἔλλειμμα ατος τό falta, deficiencia, déficit.
ἐλ-λείπω dejar atrás, pasar por alto, olvidar, descuidar, dejar (οὐκ ἐλλείψει εὐχαριστῶν καὶ ποιῶν no dejará de agradecer y de hacer...; ἐλ. ἑαυτῷ πολλά renunciar a muchas cosas) || INTR. *y* PAS. quedarse atrás, mostrarse inferior [a alguien *o* a algo, *gen.*; en algo, *dat.*, ἐν *y dat.*]; mostrarse incapaz; faltar (τὸ ἐλλεῖπον lo que falta, falta, carencia) || IMPERS. hay necesidad [de algo *gen.*; para algo, *dat.*].
ἔλλειψις εως ἡ falta, insuficiencia.
ἔλλερος α ον malo.
ἔλ-λεσχος ον comentado, en boca de todos, objeto de conversación.
Ἕλλην ηνος ὁ ἡ τό heleno, griego; heleno, miembro de una tribu tesalia; pagano, gentil [*N. T.*].

ἑλληνίζω INTR. hablar en griego || TR. helenizar.

ἑλληνικῶς ADV. a la manera griega; en griego, en lengua griega.

Ἑλληνιστής οῦ ὁ judío de lengua griega, judío helenizado [*N. T.*].

ἑλληνιστί ADV. = **ἑλληνικῶς.**

Ἑλληνο-ταμίαι ῶν οἱ administradores del tesoro de la Confederación de Delos.

Ἑλλήσ-ποντος ου ὁ Helesponto [hoy estrecho de los Dardanelos].

ἐλλιπής ές falto, defectuoso, incompleto; falto *o* necesitado [de algo, *gen.*]; que se queda atrás, inferior [a algo, *gen.*].

ἐλλισάμην *aor. poét. de* λίσσομαι.

ἐλλιτάνευε *3.ª sing. impf. ép. de* λιτανεύω.

ἐλ-λογάω [*y* **ἐλ-λογέω**] **-ῶ** poner en cuenta, imputar [*N. T.*].

ἐλ-λόγιμος ον de cuenta, reputado, insigne, famoso.

ἐλλός ή όν mudo *o tal vez* escamoso [*dic.* de los peces].

ἐλλός οῦ ὁ cervato, cervatillo.

ἐλ-λοχάω -ῶ estar emboscado *o* en asechanza || TR. asechar.

ἐλ-λύχνιον ου τό mecha [de lámpara].

ἕλξις εως ἡ acción de arrastrar *o* de tirar.

ἑλοίατο *3.ª pl. opt. aor. med. ép. de* αἱρέω.

ἕλον *med.* ἑλόμην *aor. ép. de* αἱρέω.

ἕλος εος [ους] τό pantano; terreno bajo y húmedo, bajo, vega, prado.

ἐλόω *ép.* = **ἐλαύνω.**

ἐλοῦμεν *1.ª pl. impf. de* λούω.

ἐλούμην, *3.ª sing.* **ἐλοῦτο,** *3.ª pl.* ἐλοῦντο *impf. pas. de* λούω.

ἐλόω *ép.* = **ἐλαύνω.**

ἐλπίζω esperar, aguardar; esperar [en alguien *o* en algo, εἰς *o* ἐπί *y ac.*, ἐν *o* ἐπί *y dat.*, περί *y gen.*]; creer, pensar; temer [algo, *ac.*, *etc.*].

ἐλπίς ίδος ἡ esperanza [de algo, *gen.;* en alguien, ἐν *y dat.;* de que... *inf. o constr. con* ὡς *o* ὥστε]; ἐν ἐλπίδι εἶναι tener la esperanza; εἰς ἐλπίδας καθίστασθαι ponerse en esperanzas, recurrir a las esperanzas; παρ' ἐλπίδα *y* ἐκτὸς ἐλπίδος contra toda esperanza (πενίας ἐλπίδι por la esperanza respecto de la pobreza *e. e.* de salir de la pobreza, *Tuc. 2, 42, 4*).

ἔλπω hacer esperar, dar esperanza || MED. = **ἐλπίζω.**

F. *Más frec. en med.* ἔλπομαι, *ép.* ἐέλπομαι, *impf.* ἠλπόμην, *3.ª sing. ép. tamb.* ἔλπετο *y* ἐέλπετο; *perf.* ἔολπα, *3.ª sing. plpf.* ἐώλπει.

ἐλπωρή ῆς ἡ = **ἐλπίς.**

ἕλσαι *inf. aor. de* εἰλέω.

ἔλυτρον ου τό envoltura; funda, vaina; depósito de agua, embalse.

ἐλύω *ép.* = **εἰλύω.**

ἑλῶ *fut. td. de* αἱρέω.

ἕλω *subj. aor. 2.º de* αἱρέω.

ἑλώδης ες pantanoso.

ἐλωΐ *voz aramea,* ¡Dios mío!

ἕλωρ ωρος τό *y*

ἑλώριον ου τό presa, botín, despojo; castigo, vindicta (?).

ἔμαθον -ες -ε *aor. 2.º de* μανθάνω.

ἐμάνην *aor. de* μαίνομαι, *v.* μαίνω.

ἔμαρψα *aor. 1.º de* μάρπτω.

ἐμαχεσάμην *aor. 1.º de* μάχομαι (*ép. jón. td.* ἐμαχησάμην *y* ἐμαχεσσάμην).

ἐμαυτοῦ ῆς PRON. REFL. *de 1.ª pers.* de mí mismo.

ἐμβαδόν ADV. a pie, por tierra.

ἐμ-βαίνω entrar, meterse en [*ac. o gen.*]; *esp.* embarcarse; andar, ir, adelantarse; pisar, hollar [*con dat.*] || PERF. estar *o* ir montado [sobre... *dat.*]; ἐμβεβαώς montado; fijo, sujeto [a algo, κατά *y ac.*]; metido (ἐν δεινοῖς καὶ φοβεροῖς en peligros y espanto) || TR. [*aor.* ἐνέβησα, *fut.* ἐμβήσω] meter, hacer entrar *y esp.* embarcar.

F. *impf. y aor. ép. sin aum.* ἔμβαινον (= ἐνέβαινον), ἔμβην (= ἐνέβην), *3.ª pl. plpf.* ἐμβέβασαν (= ἐνεβεβήκεσαν) *tamb. 3.ª sing. subj. aor.* ἔμβῃ *y* ἐμβήῃ *impf.* ἔμβηθι, *2.ª du.* ἔμβητον; *perf.* ἐμβέβηκα, *part.* ἐμβεβαώς -υῖα. *V.* βαίνω.

ἐμ-βάλλω tirar, lanzar [algo *o* a alguien, *ac.*, a algún sitio *dat.*, εἰς *y ac.*]; echar (τὸν μόχλον el cerrojo); meter; dar (χεῖρα la mano; χειρὸς πίστιν la mano como garantía); poner; disponer, proponer (ψῆφον una votación; βουλήν una deliberación; λόγον una cuestión) || INTR. echarse, desembocar [en... εἰς *y ac.*]; lanzarse, irrumpir, hacer irrupción [en... εἰς *y ac.*, *dat.*] *espte.* embestir [las naves] con el espolón; ponerse, aplicarse (κώπησι al remo [remar con fuerza])

|| MED. lanzar, emitir para sí (ἐμβαλέσθαι θυμῷ poner en el ánimo, proyectar: φύξιν la huida, μῆτιν una traza); lanzarse sobre, atacar.
F. *aor. 2.º ép.* ἔμβαλον (= ἐνέβαλον). *Para otras formas v.* βάλλω.

ἔμβαμμα ατος τό salsa.

ἐμ-βάπτω meter, mojar, sumergir (ὃ λοιπὸν ἦν τοῦ ἐμβάπτεσθαι lo que quedaba para mojar *e. e.* de salsa, *Jen. Cirop. 2, 2, 5*).

ἐμβάς άδος ἡ *esp. de* zapato bajo, zapatilla.

ἐμ-βασιλεύω reinar [en *o* sobre... *dat. o gen.*].

ἐμ-βατεύω entrar en, pisar (πατρίδος la patria); entrar con frecuencia en, frecuentar; entrar en posesión *o* disfrute [de... *ac.*].

ἐμβάφιον ου τό salsera, escudilla.

ἐμβεβαώς -υῖα *part. perf. de* ἐμβαίνω.

ἔμβη *3.ª sing. aor. 2.º ép. de* ἐμβαίνω.

ἐμ-βιβάζω hacer entrar, meter, *y esp.* embarcar; conducir, llevar.

ἐμ-βλέπω mirar, dirigir *o* poner la mirada [en... *ac.*, εἰς *y ac.*, *dat.*, *etc.*].

ἐμ-βοάω -ῶ gritar, chillar; llamar [a alguien, *dat.*].

ἐμβολή ῆς ἡ acción de lanzar, disparo, tiro; irrupción, ataque *y esp.* embestida de una nave contra el flanco de otra; vía de agua; cabeza de ariete; espolón de nave; entrada, paso; desembocadura [de un río].

ἐμβόλιμος ον intercalar.

ἔμβολον ου τό *y*

ἔμβολος ου ὁ cosa introducida, cuña, lengua de tierra entre dos ríos; orden de batalla en forma de cuña; columna de ataque; espolón de nave; cerrojo.

ἔμ-βραχυ ADV. en una palabra, dicho brevemente.

ἐμ-βρέμομαι bramar, mugir.

ἐμ-βριθής ές pesado; fuerte, resistente; grave, serio, digno.

ἐμ-βριμάομαι -ῶμαι reñir, irritarse [contra alguno, *dat.*]; intimar, conminar || PAS. conmoverse, agitarse [de dolor, de ira].

ἐμ-βροντάω -ῶ fulminar, herir con el rayo; atronar, dejar pasmado *o* herido de estupor.

ἐμβρόντητος ον fulminado, herido por el rayo; atronado, trastornado, fuera de sentido.

ἔμ-βρυον ου τό recién nacido *y esp.* cordero recién nacido, recental; feto.

ἐμέ *ac. de* ἐγώ.

ἐμέθεν *ép.* = **ἐμοῦ** *gen. de* ἐγώ.

ἔμεινα *aor. 1.º de* μένω.

ἔμ(ε)ιξα *aor. 1.º de* μ(ε)ίγνυμι.

ἐμεῖο *ép.* = **ἐμοῦ** *gen. de* ἐγώ.

ἐμέμηκον *plpf. de* μηκάομαι.

ἐμεμνήμην *3.ª pl. jón.* ἐμεμνέατο *plpf. med. de* μιμνήσκω.

ἐμεμφάμην *aor. 1.º de* μέμφομαι.

ἔμεν = **εἶναι** *inf. ép. de* εἰμί.

ἕμεν = **εἷναι** *inf. aor. de* ἵημι.

ἔμεναι = **ἔμεν.**

ἕμεναι = **ἕμεν**

ἔμεο *ép.* = **ἐμοῦ** *gen. de* ἐγώ.

ἔμετος ου ὁ vómito.

ἐμεῦ *ép. jón.* = **ἐμοῦ** *gen. de* ἐγώ.

ἐμέω -ῶ vomitar.
F. *Impf. jón.* ἤμεον, *át.* ἤμουν; *fut. át.* ἐμῶ *med.* ἐμοῦμαι; *aor.* ἤμεσα, *ép.* ἔμεσσα, *inf. jón.* ἐμέσαι; *perf.* ἐμήμεκα, *med.* ἐμήμεσμαι.

ἐμεωυτοῦ *jón.* = ἐμαυτοῦ.

ἔμηνα -ας -ε *aor. 1.º de* μαίνω.

ἐμησάμην *aor. 1.º de* μήδομαι.

ἐμίγην *y* **ἐμίχθην** *aor. pas. de* μείγνυμι.

ἔμικτο *3.ª sing. aor. 2.º med. ép. de* μείγνυμι.

ἔμμαθε *ép.* = **ἔμαθε** *3.ª sing. aor. 2.º de* μανθάνω.

ἐμ-μαίνομαι enfurecerse [contra alguien, *dat.*].

ἐμμανής ές furioso.

ἐμ-μαπέως ADV. en seguida, rápidamente.

ἐμ-μάχομαι luchar allí [en un sitio determinado].

ἐμ-μείγνυμι mezclar [con *o* a... *dat.*]; llegar a las manos, trabar la pelea.

ἐμμέλεια ας ἡ armonía, aire de danza solemne y mesurada.

ἐμ-μελετάω -ῶ ejercitar || INTR. ejercitarse.

ἐμ-μελής ές armonioso, melodioso; bien proporcionado; bien ordenado, bien regulado; acomodado, conveniente; fino, artístico, de buen gusto.

ἐμ-μεμαώς υῖα ός ávido, ansioso, impaciente, furioso. *Part. de*

ἐμ-μέμονα *perf. def.* estar alocado *o* fuera de sí.

ἔμμεν *y*

ἔμμεναι *ép.* = **εἶναι** *inf. de* εἰμί.

ἐμμενής ές constante, perseverante || ADV. *ép.* ἐμμενές (ἐ. αἰεί sin cesar un instante).

ἐμ-μένω persistir, perseverar, permanecer fiel, mantenerse, subsistir.

ἐμ-μεστόω -ῶ llenar || PAS. llenarse.

ἐμμετρία ας ἡ proporción.

ἔμ-μετρος ον métrico, en verso; moderado, comedido, ajustado, conveniente, proporcionado.

ἔμ-μηνος ον mensual, de cada mes.

ἐμ-μίγνυμι = **ἐμμείγνυμι.**

ἔμ-μισθος ον a sueldo; alquilado.

ἐμμονή ῆς ἡ persistencia, perseverancia.

ἔμμονος ον perseverante, constante.

ἔμμορα *perf. de* μείρομαι.

ἔμ-μορος ον partícipe.

ἔμνησα *aor. 1.º de* μιμνῄσκω.

ἐμνήσθην *aor. pas. de* μιμνῄσκω.

ἐμνώοντο *3.ª pl. impf. ép. de* μνάομαι.

ἔμολον -ες -ε *aor. 2.º de* βλώσκω.

ἐμός ἡ όν ADJ. *y* PRON. POS. mío, mi: *obsérvese su uso en equivalencia de un gen. objetivo* (αἱ ἐμαὶ διαβολαὶ las acusaciones contra mí; ἐμὴ ἀγγελίη el mensaje acerca de mí, etc.) || SUBST. ὁ ἐμός mi hijo; ἡ ἐμή mi hija; τὸ ἐμόν lo mío, la cosa que me concierne [ser, propiedad, deber, negocio, etc.]; τό γε ἐμόν, τὸ μὲν ἐμόν, τὸ δ᾽ἐμόν por mí, por mi parte.

ἔμπα ADV. = **ἔμπας.**

ἐμπάζομαι pegarse, adherirse; preocuparse por, poner atención en [algo, *gen. o ac.*].

ἐμπαιγμονή ῆς ἡ *y*

ἐμπαιγμός οῦ ὁ burla, irrisión, ludibrio [*N. T.*].

ἐμ-παίζω jugar, solazarse; burlarse de, engañar a [*dat.*].

ἐμπαίκτης ου ὁ burlador, engañador, impostor [*N. T.*].

ἔμπαιος ον conocedor, experto.

ἐμ-παίω precipitarse en; presentarse súbitamente.

ἐμ-πακτόω -ῶ tapar, calafatear.

ἐμ-παλάσσω enredar, embarazar, trabar.

ἔμ-παλιν ADV. [*frec. con art.* τοὔμπαλιν]; hacia atrás; al contrario, al revés, contrariamente; por el contrario; ἐκ τοὔμπαλιν del lado opuesto.

ἐμ-παρείς *part. aor. pas. de* ἐμπείρω.

ἐμ-παρέχω entregar; dar ocasión permitir.

ἔμπας ADV. totalmente, enteramente, en todo caso, de todas maneras, como quiera que sea; no obstante, sin embargo, a pesar de ello; *con part., frec.* reforzado por περ *o* καίπερ: bien que, aun que (πίνοντά περ ἔμπης aunque estaba bebiendo).

ἐμ-πάσσω esparcir encima; tejer *o* bordar, incluir *o* representar en tejido *o* bordado.

ἐμ-πεδάω -ῶ encadenar.

ἐμπεδορκέω -ῶ mantenerse fiel a su juramento.

ἔμ-πεδος ον firme, inconmovible, fuerte, sólido, inmutable, invariable; continuo; incesante || ADV. **ἔμπεδον** *y* **ἔμπεδα.**

ἐμπεδόω -ῶ afirmar; confirmar, mantener firmemente.

ἐμπειρία ας ἡ experiencia, conocimiento, habilidad.

ἔμ-πειρος ον experimentado, ducho, conocedor; experimentado, comprobado (ἐμπείρως ἔχειν tener experiencia).

ἐμ-πείρω clavar.

ἐμ-πελάζω [*y med.*] acercarse.

ἐμ-περιλαμβάνω abarcar, abrazar.

ἐμ-περιπατέω -ῶ andar, pasearse.

ἔμπεσον *aor. 2.º ép. de* ἐμπίπτω.

ἐμ-πετάννυμι tender encima.

ἐμπεφύασι *3.ª pl. perf. ép. de* ἐμφύω.

ἐμπεφυυῖα *part. fem. perf. ép. de* ἐμφύω.

ἐμ-πήγνυμι fijar, meter, clavar, pegar || MED. pegarse a.

ἐμ-πηδάω -ῶ saltar *o* lanzarse sobre [*dat.*].

ἔμ-πηρος ον lisiado, mutilado.

ἔμπης *ép. y jón.* = **ἔμπας.**

ἐμ-πικραίνομαι estar agriado, irritado [contra... *dat.*].

ἐμ-πίμπλημι llenar, llenar totalmente; cargar; saciar, satisfacer || MED. llenarse algo propio [el vientre, el ánimo, etc.] || PAS *y* MED. llenarse, saciarse, satisfacerse; hartarse, hastiarse, cansarse [de algo, *gen. o dat. o constr. con part.*].

F. *3.ª sing. ind. pres. jón.* ἐμπιπλέει (*v. l.* ἐμπιπλεῖ *y* ἐμπιπλᾷ); *fut.* ἐμπλήσω, *inf. ép.* ἐμπλησέμεν; *aor.* ἐνέπλησα, *2.ª subj. ép.* ἐνιπλήσῃς; *perf.*

ἐμπέπληκα || MED. *impf.* ἐνεπιμπλάμην; *aor. ép.* ἐμπλησάμην *y con el mismo valor el aor. pas. 1.º* ἐνεπλήσθην, *inf. ép.* ἐνιπλησθῆναι; *aor. 2.º* ἐνεπλήμην, *3.ª sing. ép.* ἔμπλητο, *3.ª pl.* ἔμπληντο. *V.* πίμπλημι.

ἐμ-πίμπρημι quemar, incenciar; soplar en, hinchar (ἱστίον la vela).
F. *El pres. en Hom.* ἐμπρήθω *v. s. v. 3.ª pl. impf.* ἐνεπίμπρασαν, *part. pas. jón.* ἐμπιπράμενος, *fut.* ἐμπρήσω, *ép.* ἐνιπρήσω; *aor.* ἐνέπρησα, *ép.* ἔμπρησα; *perf. pas.* ἐμπέπρη(σ)μαι; *fut. perf.* ἐμπεπρήσομαι (ἐμπρήσομαι *v. l.*); *aor. pas.* ἐνεπρήσθην. *Otras formas parecen venir de* ἐμπιπράω *inf. pres.* ἐμπιπρᾶν, *part.* ἐμπιπρῶν, *(íd.); impf. át.* ἐνεπίμπρων *(Jen. Hel. 6, 5, 22). V.* πίμπρημι.

ἐμ-πίνω beberse, beber con avidez.

ἐμ-πιπλάω -ῶ *y*

ἐμ-πίπλημι = ἐμπίμπλημι.
F. *Equivale a* ἐμπίμπλημι *porque la* μ *infija de* πίμπλημι *cae a veces en este compto. cuando la prep. toma esta letra: v. gr. imp.* ἐμπίπληθι.

ἐμ-πιπράω -ῶ y

ἐμ-πίπρημι = ἐμπίμπρημι.
F. *Se explica esta forma verbal porque la* μ *infija* de πίμπρημι *se pierde a veces cuando la preposición toma la forma* ἐμ-, *cf.* πίμπλημι.

ἐμ-πίπτω caer en, caer sobre [*dat.*, εἰς *o* ἐπί *con ac.*]; lanzarse, arrojarse a *o* sobre; atacar; sobrevenir, presentarse de pronto, suceder [una desgracia, etc.); *hablando de sentimientos, miedo, cólera,* invadir, apoderarse de [*dat.*]; venir (λόγος ἐμπέπτωκέ μοι ha llegado a mí una noticia; *tamb.* λόγος ὃς ἡμῖν ἐνέπεσεν razonamiento *o* tema que se nos ocurrió, *Plat. Prot. 314 c.*); venir a dar en, venir a hablar de (ἐμπεσὼν εἰς τὰ πεπραγμένα habiendo venido a hablar de los hechos...).
F. *ép. sin aumento: impf.* ἔμπιπτον = ἐνέπιπτον; *aor.* ἔμπεσον = ἐνέπεσον. *Para otras formas. v.* πίπτω.

ἐμπίς ίδος ἡ mosquito *o* cagachín grande.

ἐμ-πιστεύω confiar *o* creer en.

ἐμ-πίτνω = ἐμπίπτω.

ἐμ-πλάσσω untar en derredor, envolver [en algo, ἐν *y dat.*].

ἔμ-πλειος α ον = ἔμπλεος.

ἐμ-πλέκω enlazar; enredar || PAS. implicarse, enredarse, estar metido, sumido [en... ἐν *y dat.*].

ἔμπλεος α ον lleno de [*gen.*].

ἐμ-πλέω ir embarcado, navegar en [*dat.*]; οἱ ἐμπλέοντες la tripulación.

ἔμ-πλεως ων = ἔμπλεος.

ἐμπλήγδην ADV. a ciegas, atolondradamente.

ἔμπληκτος ον fuera de sentido, pasmado; loco, trastornado; inconstante, voluble.

ἔμ-πλην ADV. a continuación, inmediatamente después.

ἐμ-πλήσσω lanzarse, precipitarse sobre [*dat.*].

ἔμπλητο *3.ª sing. aor. 2.º med. de* ἐμπίμπλημι.

ἐμπλοκή ῆς ἡ trenzado, trenza.

ἐμ-πνείω *y*

ἐμ-πνέω soplar, insuflar; soplar sobre [*dat.*.]; respirar *o* echar el aliento sobre [*dat.*]; soplar en, hinchar (ἱστίον la vela); alentar, vivir; *fig.* inspirar, infundir [algo *ac.;* en alguien, *dat.*, etc.]; respirar (ἀπειλῆς καὶ φόνου amenazas y muerte, *N. T.*).
F. *aor. ép.* ἔμπνευσα = ἐνέπνευσα; *3.ª sing. aor. 2.º med. ép.* ἔμπνυτο (*v. l.* ἄμπνυτο *v.* ἀναπνέω); *aor. pas.* ἐμπνύνθην (*v. l.* ἀμπνύνθην *v.* ἀναπνέω).

ἔμ-πνοος ον [**-ους ουν**] que respira, que alienta.

ἐμπνύνθην ἔμπνυτο *ép., v.* ἐμπνέω.

ἐμποδίζω encadenar, trabar, atar; estorbar, impedir, embarazar [a alguien, *ac.*, etc.].

ἐμπόδιος ον impedidor, que impide *o* estorba.

ἐμπόδισμα ατος τό impedimento, obstáculo.

ἐμ-ποδών ADV. ante los pies, por delante; como obstáculo, de obstáculo (ἐμποδὼν ποιεῖσθαι mirar como obstáculo; ἐμποδὼν εἶναι *o* γίγνεσθαι *o* παρεῖναι ser obstáculo, presentarse como obstáculo; ἐμποδὼν ἵστασθαι ponerse por medio, estorbar [a alguien, *dat.*]; τὸ ἐμποδών obstáculo); *tamb.* lo que se encuentra, tropieza *o* sale al paso (τό μὴ ἐμποδών lo que no está presente, los que han pasado de esta vida, *Tuc. 2, 45*).

ἐμ-ποιέω -ῶ hacer, poner (πύλας ἐν... puertas en...); introducir, insertar [en... εἰς *y ac.*]; producir, crear, originar; inspirar, infundir [un sentimiento, un estado de ánimo, etc., *ac.; en... dat.,* ἐν *y dat.*]; persuadir (ἐμποιῆσαι ὡς πειστέον persuadir que había que obedecer..., *Jen. An. 2, 6, 8*).

ἐμπολάω -ῶ [*y med.*] negociar, adquirir por el comercio, ganar; procurar, proporcionar (κέρδος ventaja); comprar, adquirir por compra; obtener por la venta *o* por lo vendido; *fig.* sobornar, corromper || PERF. cerrar el negocio, *de donde,* acabar, perecer, sucumbir [*Sóf. Ay. 978*].
F. *Impf.* ἠμπόλων *3.ª pl. med. ép.* ἐμπολόωντο; *fut.* ἐμπολήσω; *aor.* ἠμπόλησα (*tamb.* ἐνεπόλησα), *perf.* ἠμπόληκα, *íd.* ἐμπεπόληκα, *pas.* ἠμπόλημαι, *jón.* ἐμπόλημαι; *aor. pas.* ἠμπολήθην.

ἐμ-πολέμιος ον concerniente a la guerra; de edad militar.

ἐμπολή ῆς ἡ tráfico; mercancía; ganancia.

ἐμπόλημα ατος τό mercancías, carga; negocio, ganancia.

ἐμπολητός ή όν comprado, *de donde* fraudulento.

ἔμπολις εως ὁ conciudadano.

ἐμ-πολιτεύω ser ciudadano, tener los derechos ciudadanos.

ἐμπολόωντο *3.ª pl. impf. med. ép. de* ἐμπολάω.

ἐμ-πορεύομαι marchar, viajar, ir, trasladarse; ser comerciante, practicar el comercio; importar; traficar con, explotar, engañar a [*ac., N. T.*].

ἐμπορευτικός ή όν = **ἐμπορικός.**

ἐμπορία ας ἡ comercio (κατ'ἐμπορίαν por comercio, con fines comerciales); *esp.* comercio marítimo, negocio, ganancia; mercancía.

ἐμπορικός ή όν comercial, mercantil.

ἐμπόριον ου τό emporio, mercado, centro comercial *y esp.* puerto de comercio; *en Atenas,* Bolsa, lugar de cambio; mercancía; οἶκος ἐμπορίου casa de comercio *o* mercado [*N. T.*].

ἔμπορος ου ὁ pasajero de una nave, navegante; viajero *en gral.;* comerciante, traficante.

ἐμ-πορπάομαι -ῶμαι *y jón.* **ἐμ-πορπέομαι** abrocharse, sujetarse con un broche.
F. *3.ª pl. plpf. jón.* ἐνεπεπορπέατο *Hdt. 7, 77; part. perf.* ἐμπεπορπημένος.

ἐμ-πρέπω brillar, distinguirse, señalarse; estar bien, convenir.

ἐμ-πρήθω = **ἐμπίμπρημι.**
F. *impf. ép.* ἐνέπρηθον. *Para las demás formas v.* ἐμπίμπρημι.

ἔμπρησις εως ἡ acción de prender fuego, incendio, quema.

ἔμ-προσθε(ν) ADV. delante de [*gen.*] (ὁ ἔμπροσθεν el que está delante; τὸ ἔμπροσθεν *o* τὰ ἔμπροσθεν la delantera, el frente [de un ejército, etc.]; εἰς τοὔμπροσθεν adelante, hacia delante, ἐκ τοῦ ἔμπροσθεν de frente, en frente); *fig.* antes que, de preferencia a; *con idea de tpo.* antes, anteriormente (ὁ ἔμπροσθεν el anterior, el precedente; ἔμπροσθεν εἶναι τῶν πραγμάτων adelantarse a los acontecimientos *e. e.* prevenirlos y dominarlos).

ἐμπρόσθιος ον anterior, de delante.

ἐμ-πτύω escupir.

ἔμ-πυος ον supurante, purulento.

ἐμ-πυρι-βήτης ου ADJ. *m.* que se pone al fuego, para poner al fuego.

ἔμ-πυρος ον que arde; abrasador, ardiente, encendido; que se pone *o* puede ponerse al fuego [alimentos, vasos, etc.]; τὰ ἔμπυρα víctimas sacrificadas *o* sacrificios hechos con fuego; sacrificios *en gral.;* ἡ ἐμπ. τέχνη arte de la forja, forja.

ἐμ-φαγεῖν *inf. aor. 2.º de* ἐνεσθίω tragar, devorar; comer.

ἐμ-φαίνω hacer ver, mostrar, dar a conocer, poner claro, manifestar || PAS. hacerse visible, aparecer.

ἐμ-φανής ές visible, claro, manifiesto; notorio, público (ἐν τῷ ἐμφανεῖ, ἐκ τοῦ ἐμφανοῦς a la vista de todos, públicamente) || τὸ ἐμφανές la luz pública.

ἐμ-φανίζω = **ἐμφαίνω.**

ἔμφασις εως ἡ imagen; aparición; moraleja; énfasis.

ἐμ-φερής ές parecido, semejante.

ἐμ-φέρω poner por delante, imputar.

ἐμ-φιλοχωρέω -ῶ tener predilección por un sitio.

ἔμ-φοβος ον temible, terrible; asustado, temeroso, lleno de miedo.

ἐμ-φορέω -ῶ llevar a, dirigir contra || MED. saciarse, hartarse (ἐνεφορέετο τοῦ μαντηΐου consultaba sin cesar el oráculo) || PAS. ser llevado (κύμασιν por las olas).

ἐμ-φορτίζομαι cargar, llevar como carga; *como pas.* ser tratado como una mercancía, ser objeto de tráfico *v. l. Sóf. Ant. 1036.*

ἔμ-φραγμα ατος τό obstrucción, obstáculo.

ἐμ-φράσσω [*y med.*] obstruir, cerrar; impedir.

ἐμφρονέστερος, ἐμφρονέστατος *comp. y superl de* ἔμφρων.

ἐμ-φρουρέω -ῶ estar de guarnición.

ἔμ-φρουρος ον que está de guarnición; que tiene guarnición, ocupado militarmente.

ἔμ-φρων ον [*gen.* ονος] que está en su razón, que tiene *o* goza de sentido; discreto, sensato, prudente.

ἐμ-φύλιος ον *y*

ἔμ-φυλος ον de la misma raza, del mismo pueblo, patrio, compatriota, conciudadano (γῆ ἐμφύλιος tierra patria); de la misma sangre, de la misma familia, pariente (ἐμφύλιον αἷμα sangre de familia derramada *e. e.* asesinato de un pariente).

ἐμ-φυσάω -ῶ soplar dentro; inflar, hinchar.

ἐμ-φυτεύω plantar en, injertar; introducir.

ἔμφυτος ον plantado en; ingénito, innato, natural.

ἐμ-φύω implantar, infundir, poner dentro || INTR. y MED. nacer, brotar, producirse, crecer; ser innato, propio, natural; cogerse, abrazarse; estar enraizado, fuertemente agarrado.
F. *aor. 1.º tr.* ἐνέφυσα *inf.* ἐμφῦσαι; *aor. 2.º intr.* ἐνέφυν, *perf. intr.* ἐμπέφυκα, *3.ª pl. ép.* ἐμπεφύασι (= ἐμπεφύκασι) y *part. fem.* ἐμπεφυυῖα (= ἐμπεφυκυῖα).

ἔμ-ψυχος ον que alienta, animado, vivo.

ἐν ADV. dentro; en él, en ello [sitio, persona, etc.], entre ellos || PRP. *de dat.* en (ἐν τῇ πόλει en la ciudad); a (ἐν δεξιᾷ a la derecha); de (ἡ ἐν Μαραθῶνι μάχη la batalla de Maratón [dada cerca de Maratón]); *con gen. supliendo* οἴκῳ, δόμοις, νεῷ etc. (ἐν Ἅιδου en la mansión de Hades; ἐν Ἀλκίνοιο en el palacio de Alcínoo; ἐν Πυθίου en el templo de Apolo Pitio); *con verb. de movimiento, seguido de idea de permanencia* a (ᾤχοντο ἐν τοῖς ἐχυροῖς se retiraron a los sitios fortificados); entre (ἐν πᾶσιν ἀνθρώποις entre todos los hombres); ante (ἐν τοῖς δικασταῖς ante los jueces); con (ἐν πήδαις δεδέσθαι ser sujeto con trabas; ἐν ὀφθαλμοῖς con los propios ojos; ἐν ὅπλοις con armas, armado); ἐν τοῖς *con superl. lo refuerza* (ἐν τοῖς πρῶτοι los primeros de todos; ἐν τοῖς μάλιστα más que nadie); por medio de (ἐν οἰωνοῖς por medio de augurios); conforme a (ἐν τοῖς ὁμοίοις νόμοις conforme a las mismas leyes, *e. e.* con una misma ley); *indicando situación, estado de ánimo, ocupación*, etc. (ἐν ἀφθόνοις βιωτεύειν vivir en la abundancia; ἐν ὀργῇ ἔχειν estar encolerizado [contra... *ac.*]; ἐν φιλοσοφίᾳ εἶναι estar dedicado a la filosofía; οἱ ἐν τέλει las autoridades, los magistrados; ἐν ἴσῳ εἶναι ser igual; ἐν ὁμοίῳ ποιεῖσθαι considerar igual; οὐκ ἐν ἀργοῖς ἐπραξάμην no he descuidado; ἐν κενοῖς vanamente); *indicando tpo.* en, durante, en el término de.
F. *Los poetas ép. y lír. usan las formas* ἐνί εἰν εἰνί.

ἐν-αγής ές objeto de maldición, maldito; juramentado, ligado por juramento.

ἐν-αγίζω sacrificar *esp.* en honor de un muerto *o* semidiós.

ἐν-αγκαλίζομαι tomar en los brazos.

ἐν-αγκυλάω -ῶ proveer de una correa [para el disparo].

ἔν-αγχος ADV. hace un momento.

ἐν-άγω llevar, impulsar, mover, persuadir [a alguien *ac.*, a algo εἰς *y ac.*, ὥστε *e inf.*]; promover; instar a (τὴν ἔξοδον).

ἐν-αγωνίζομαι combatir; tomar parte en la contienda, ser luchador.
F. *fut. jón.* ἐναγωνιεῦμαι (= *át.* ἐναγωνιοῦμαι).

ἐν-αγώνιος ον concerniente a la lucha *o* al certamen; propio de la lucha *o* certamen; guerrero; forense.

ἐν-αίθρειος ον bajo el cielo, a la intemperie.

ἔν-αιμος ον que tiene sangre; de sangre; rojo como la sangre.

ἐν-αίρω [*y med.*] matar, derribar en el combate; destruir, aniquilar; desfigurar (χρόα el propio cuerpo).
F. *inf. pres. ép.* ἐναιρέμεν *aor. 2.º* ἤναρον, *poét.* ἔναρον; *aor. 1.º med.* ἐνηράμην, *3.ª sing.* ἐνήρατο.

ἐν-αίσιμος ον fatal, agorero, profético (τὸ ἐναίσιμον el sino); de buen agüero, favorable, feliz; justo, recto; conveniente, apropiado, propio.

ἐν-αίσιος ον = **ἐναίσιμος.**

ἐνάκις ADV. nueve veces.

ἐνακόσιοι αι α ADJ. NUM. CARD. novecientos.

ἐν-ακούω oír, escuchar; obedecer.

ἐν-αλείφω ungir, untar.

ἐν-αλίγκιος ον parecido, semejante.

ἐν-άλιος ον del mar, que vive en el mar; que está junto al mar, costero; marino; marítimo.

ἐναλλάξ ADV. alternativamente.

ἐν-αλλάσσω cambiar, dar en cambio; tornar, mudar, cambiar el rumbo (τὴν ὕβριν πρὸς ποίμνας πεσεῖν a la cólera para hacerla caer sobre los rebaños, *Sóf. Ay. 1061*) || MED. recibir en cambio; cambiarse || PAS. traficar, tener relaciones comerciales con [*dat.*].

ἐν-άλλομαι saltar encima, lanzarse sobre [*dat.*, εἰς *y ac.*].

ἐν-αμέλγω ordeñar en [*dat.*].

ἐν-άμιλλος ον rival de, que rivaliza con, comparable, igual a [*dat.*].

ἐν-αμμένος η ον *part. perf. pas. jón. de* ἐνάπτω: vestido de... [*ac.*].

ἔν-αντα *y*

ἔν-αντι ADV. en frente, de frente, cara a cara, en presencia, delante.

ἐναντί-βιον ADV. frente a frente, como enemigos.

ἐναντιόομαι -οῦμαι hacer frente, ponerse en frente, oponerse, ser contrario [a... *dat.*, πρός *y ac.*; acerca *o* por, περὶ *o* ὑπὲρ *y gen.*; en relación con, *ac.*, *gen.*, πρός *o* εἰς *y ac.*] || PERF. estar en oposición con, ser distinto de [*dat.*].
F. *impf.* ἠναντιούμην *part. pres. jón.* ἐναντιεύμενος; *fut.* ἐναντιώσομαι; *perf.* ἠναντίωμαι *y* ἐνηντίωμαι; *aor.* ἠναντιώθην.

ἐν-αντίος α ον de frente, frontero, opuesto, de cara, en dirección contraria *u* opuesta (ἐξ ἐναντίας, ἐκ τοῦ ἐναντίου de frente); contrario, contrapuesto; adversario, enemigo || ADV. **ἐναντίον, ἐναντία** de frente; en presencia de; en contra.

ἐναντιότης ητος ἡ oposición, cualidad de opuesto *o* contrario.

ἐναντίωμα ατος τό oposición; obstáculo.

ἐναντίωσις εως ἡ = **ἐναντιότης.**

ἔναξε *3.ª sing. aor. 1.º de* νάσσω.

ἐναπέθου *2.ª sing. aor. 2.º de* ἐναποτίθεμαι.

ἐν-απεργάζομαι producir, hacer nacer en [*dat.*].

ἐν-απίημι *jón.* = **ἐναφίημι.**

ἐν-αποδείκνυμαι señalarse, distinguirse [entre, ἐν *y dat.*].

ἐν-αποθνήσκω morir en [ἐν *y dat.*] (αὐτοῦ ἐναποθνησκόντων muriendo [los hombres] allí dentro [*sc.* de los templos] *Tuc. 2, 52, 3*).

ἐν-αποκλάω romper en ello.

ἐν-απολαμβάνω encerrar, confinar.

ἐν-απόλλυμαι perecer en ello.

ἐν-απονίζομαι lavarse (χεῖρας las manos [en... ἐν *y dat.*, etc.]).

ἐν-αποτίθεμαι poner aparte, depositar.

ἐν-άπτω fijar, sujetar; encender || MED. ceñirse, vestirse de [*ac.*].
F. *Part. perf. pas.* ἐνημμένος, *jón.* ἐναμμένος. *Para lo demás v.* ἅπτω.

ἔναρα ων τά despojos del enemigo *esp.* armas; *en gral.*, botín de guerra.

ἐνάργεια ας ἡ claridad, visión clara; evidencia.

ἐν-αργής, ές visible, en persona, real, verdadero; brillante, radiante; claro, evidente, manifiesto.

ἐν-άρετος ον bueno, perfecto.

ἐν-αρηρώς υία ός *part. perf. del inus.* ἐναραρίσκω: ajustado, fijo, sujeto.

ἐναρίζω despojar [a alguien de algo, *dos acs.*]; matar || PAS. acabarse, llegar a término.
F. *Impf.* ἠνάριζον, *ép.* ἐνάριζον *fut.* ἐναρίξω; *aor.* ἠνάριξα *y* ἠνάρισα, *ép. y poét.* ἐνάριξα; *perf. pas.* ἠνάρισμαι; *aor. pas.* ἠναρίσθην.

ἐν-αριθμέω -ῶ contar, tener en cuenta, considerar.

ἐν-αρίθμιος ον *y*

ἐν-άριθμος ον que forma *o* completa número; contado, tenido en cuenta; considerado, apreciado, de cuenta.

ἐν-αρμόζω ajustar, adaptar.

ἐν-αρμόνιος ον armonioso, concorde.

ἐνάρχομαι comenzar, empezar [algo, *gen.*].

ἔνασσα *aor. de* ναίω.

ἐναταῖος α ον al noveno día.

ἔνατος η ον noveno.

ἐν-αυλίζω [*y med.*] pernoctar, pasar la noche en [ἐν *y dat.*], detenerse, hacer alto.

1 **ἔν-αυλος ου** que se encuentra en su morada *esp.* cueva *o* gruta [*cf.* αὐλή].

2 **ἔν-αυλος ον** acompañado de la flauta; que resuena todavía en los oídos; presente en la memoria; reciente.

ἔναυλος ου ὁ foso; torrente.

ἐν-αύω encender.
F. *impf. jón.* ἔναυον *inf. aor.* ἐναῦσαι *med.* ἐναύσασθαι.

ἐν-αφίημι meter en [ἐς *y ac.*]; soltar, dejar ir.

ἔν-δακρυς υ [*gen.* υος] lloroso, con lágrimas.

ἐν-δατέομαι -οῦμαι repartir; despedazar, *fig.* maldecir || PAS. ser repartido *o* esparcido.

ἐν-δεής ές falto (σμικροῦ τινος ἐνδεής εἰμι me falta poco para... *inf.*); necesitado, indigente; incompleto, insuficiente; (τὸ ἐνδεές falta, deficiencia; οὐδὲν ἐνδεὲς ποιεῖσθαι no omitir nada, no dejarse nada atrás); atrasado, endeudado; inferior, peor, más pequeño, menor. *Con el mismo valor se emplea el comp.* ἐνδεέστερος.

ἔνδεια ας ἡ falta; necesidad; indigencia; inferioridad.

ἔνδειγμα ατος τό muestra, prueba.

ἐν-δείκνυμι mostrar, señalar; exponer, explicar *de donde* consultar (πρίν γ᾽ ἂν ἐνδείξω τί δρῶ antes de que lo comunique y consulte lo que he de hacer, *Sóf. E. C. 48*); indicar, ordenar [*inf.*]; denunciar, acusar || MED. dar a conocer, sacar a luz, demostrar; *esp.* dar a conocer la propia opinión, explicarse [con alguno, *dat.*]; darse a conocer; hacerse valer, darse importancia; poner a la vista, prometer; producir.

ἔνδειξις εως ἡ muestra, signo, prueba; denuncia.

ἕν-δεκα ADJ. NUM. CARD. once; οἱ ἕνδεκα los once [magistrados encargados en Atenas de la inspección de las prisiones y ejecución de las penas de muerte].

ἑνδεκά-πηχυς υ [*gen.* εος] de once codos de largo.

ἑνδεκαταῖος α ον al onceno día; durante once días.

ἑνδέκατος η ον onceno, undécimo.

ἐν-δέκομαι *jón.* = **ἐνδέχομαι.**

ἐν-δελεχής ές continuo, que perdura, ininterrumpido.

ἐν-δέμω construir; obstruir.

ἐνδέξιος α ον situado a la derecha (ἐνδέξια de izquierda a derecha); favorable, de buen agüero; diestro, hábil.

ἐν-δέχομαι tomar, recibir, acoger, aceptar; aceptar como verdadero, creer; aprobar, conformarse con; permitir, admitir; consentir en || IMPERS. ἐνδέχεται es posible *o* es lícito || PART. ἐνδεχόμενος posible (ἐκ τῶν ἐνδεχομένων en lo posible, según las posibilidades).

1 **ἐν-δέω** [*fut.* ἐνδήσω *etc.*] atar, ligar, sujetar, encadenar [algo, *ac.*, a algo, *dat.*, εἰς *y ac.*, etc.] || PAS. estar ligado *u* obligado.

2 **ἐν-δέω** [*fut.* ἐνδεήσω, etc.] estar falto [de algo, *gen.*]; carecer de, estar privado de, necesitar, faltar, hacer falta || IMPERS. ἐνδεῖ hay falta, hay necesidad de [*gen.:* πολλῶν ἐνέδει αὐτῷ ὥστε le faltaban muchas cosas para... *inf.*] || MED. estar falto (ἐνδεόμενος falto, privado [de... *gen.*]).

ἐνδεῶς ADV. insuficientemenre, deficientemenre, escasamente, poco (ἐνδεῶς ἔχειν tener falta de... [*gen.*]). || **ἐνδεεστέρως** menos; en inferioridad.

ἔν-δηλος ον claro, manifiesto (ἔνδηλος εἶναι quedar al descubierto, quedar de manifiesto, dar muestra).

ἐνδημέω -ῶ estar en el país [la patria, la ciudad, etc.]; poner la morada (ἐν τῷ σώματι en el cuerpo, *N. T.*).

ἔν-δημος ον que está *o* permanece en el país, apegado a la tierra, sedentario; interior, nacional, del país || **τὰ ἔνδημα** tributos del mismo país.

ἐν-διαιτάομαι -ῶμαι *y jón.* **ἐνδιαιτέομαι** vivir *o* habitar en; pervivir, subsistir.

ἐν-διατάσσω colocar *u* ordenar allí *o* en él.

ἐν-διατρίβω emplear, pasar (χρόνον el tiempo); *abs.* pasar la vida, pasar el tiempo, vivir; demorarse, perder el tiempo; insistir; mantener con insistencia.

ἐν-διδύσκω vestir, revestir [a alguien con algo, *dos acs.*].

ἐν-δίδωμι dar, entregar; ofrecer, procurar, proporcionar (καιρόν ocasión); producir, originar, ocasionar; mostrar, dar a conocer, revelar [un sentimiento, etc.]; conceder, permitir; otorgar || INTR. entregarse *o* darse [a algo, *dat.*, πρός *y ac.*]; ceder, aflojar (οἴκτῳ ἐνδ. ceder a la compasión); afluir [un río].
F. *V.* δίδωμι.

ἐν-δίημι perseguir, hostigar.
F. *3.ª pl. impf. ép. sin aum.* ἐνδίεσαν.

ἔν-δικος ον en derecho, conforme a derecho, recto, justo; *de pers.* bueno, recto, equitativo.

ἔνδινα ων τά intestinos.

ἔν-διος ον al mediodía, a la hora del mediodía.

ἐν-δίφριος ου ὁ compañero *o* vecino de mesa, comensal.

ἔνδο-θεν ADV. de dentro, desde dentro, desde el interior (στέγης de la tienda); de dentro del ánimo, en sí mismo; dentro, en el interior (τὰ ἔνδοθεν el interior, la situación interior).

ἔνδο-θι ADV. = **ἔνδον.**

ἐνδοῖ ADV. = **ἔνδον.**

ἐν-δοιάζω dudar, estar en duda, vacilar || PAS. ser puesto en duda, ser tenido por posible.

ἐνδοιαστός ή όν dudoso.

ἐνδόμησις εως ἡ construcción, material de construcción.

ἐνδό-μυχος ον que se oculta en el interior, repuesto, retirado.

ἔνδον ADV. dentro, en el interior; en casa (οἱ ἔνδον los de casa); *con gen.* dentro de, en casa *o* en la morada de; interiormente, en el corazón.

ἐν-δοξάζω glorificar, magnificar.

ἔν-δοξος ον famoso, célebre, ilustre, nombrado, considerado; magnífico; nuncio de gloria.

ἐνδοτάτω *adv. superl. de* ἔνδον muy adentro, íntimamente, muy allá.

ἐνδοτέρω *adv. comp. de* ἔνδον más adentro, más íntimamente, más allá, más adelante.

ἐν-δουπέω -ῶ caer con estrépito, retumbar [en... *dat.*].

ἐν-δυκέως ADV. asidua, cuidadosa, cariñosamente; ávidamente.

ἔνδυμα ατος τό vestido.

ἐν-δυναμόω -ῶ fortalecer, corroborar, confirmar.

ἐν-δυναστεύω tener poder, ejercer dominio; procurar *u* obtener por autoridad e influencia.

ἐν-δυνέω *y*

ἐν-δύνω = **ἐνδύομαι** [*v.* ἐνδύω].

ἔνδυσις εως ἡ acción de penetrar, penetración; acción de ponerse *o* vestirse algo.

ἐνδυτήρ ῆρος ADJ. *m.* que envuelve *o* viste; de vestir, de gala.

ἐν-δύω TR. vestir, revestir [a alguien *o* algo *ac.*; con algo, *dat. o ac.*] || INTR. *y* MED. vestirse *o* revestirse de, ponerse [*ac.*: ἐνδύσασθαι τὸν καινὸν ἄνθρωπον revestirse del hombre nuevo, renovarse, purificarse]; penetrar, entrar, insinuarse (εἰς τὴν ἐπιμέλειαν ἐνδῦναι entrar en el cuidado, tomar a su cargo el cuidado).
F. *fut. tr.* ἐνδύσω, *aor. 1.º tr.* ἐνέδυσα. *Son intr. el aor. 2.º* ἐνέδυν *y el perf.* ἐνδέδυκα *con las formas med. incl. el aor. mixto ép. 3.ª sing.* ἐνεδύσετο. *V.* δύω.

ἐνδώμησις = **ἐνδόμησις.**

ἐνεγκεῖν *inf. aor. de* φέρω.

ἐν-έδρα ας ἡ emboscada; gente puesta en emboscada; *fig.* artería, engaño.

ἐνεδρεύω estar emboscado *o* en acecho [*aor.* ponerse en emboscada] || TR. acechar, tender lazos [a... *ac.*, εἰς *y ac.*] || PAS. ser cogido en una emboscada; ser engañado, sufrir engaño.
F. *impf.* ἐνήδρευον; *fut.* ἐνεδρεύσω, *med. con valor pas.* ἐνεδρεύσομαι; *aor.* ἐνήδρευσα, *perf. pas.* ἐνήδρευμαι *(íd.)*; *aor. pas.* ἐνηδρεύθην.

ἔν-εδρος ον que reside en un sitio, habitante, aposentado || **τὸ ἔνεδρον** asechanza.

ἐνέηκα *aor. ép. de* ἐνίημι.

ἐνέην *impf. ép. de* ἔνειμι.

ἐνεῖδον *aor. 2.º de* ἐνοράω.

ἐνεῖκαι *inf. aor. ép. de* φέρω.

ἐν-ειλέω -ῶ envolver; embutir.

ἐν-ειλίσσω = **ἐνελίσσω.**

ἐν-είλλω = **ἐνειλέω.**

ἔνειμα *aor. 1.º de* νέμω.

ἔν-ειμι estar dentro de, haber en... [*dat.*, ἐν *y dat.*: ἄργυρος ἀσκῷ ἔνεστι hay dinero en un odre; νοῦς ὑμὶν ἔνεστι hay inteligencia en vosotros *e. e.* tenéis inteligencia]; estar entre... [*dat.*: οὐκ ἔνι ἐν ὑμῖν οὐδεὶς σοφός no hay entre vosotros ningún discreto]; ser necesario (χρόνος ἐνέσται será necesario tiempo); ser posible, estar en poder *o* en la mano [de alguien, *dat.* hacer algo, *inf.*]; ἐνόν *part. abs.* siendo posible; τὰ ἐνόντα existencias, provisiones; ἐκ τῶν ἐνόντων en la medida de lo posible [*Dem. Cor.* 77, 256].
F. ἔνι *frec. por la 3.ª sing. y pl. de pres. y fut.* (= ἔνεστι ἔνεισι ἐνέσται) *1.ª pl. ép.* ἔνειμεν, *3.ª sing. opt. jón.* ἐνέοι; *impf. ép.* ἐνέην *y* ἐνῆεν *3.ª pl. ép.* ἔνεσαν. *Para otras formas v.* εἰμί.

ἐν-είρω entrelazar [con *o* por... περί *y ac.*]; atar; meter en medio, introducir.
F. *aor.* ἐνεῖρα, *part. perf. pas. jón.* ἐνειρμένος.

ἕνεκα *y*
ἕνεκεν PRP. *grlte. pospuesta* por causa de, a causa de (τοῦδ' ἕνεκα a causa de esto; ὧν ἕνεκα por causa de qué, por qué motivo, *o bien,* por causa de lo cual, por cuyo motivo); en gracia de, a fin de; en cuanto a, por lo que respecta a, en lo que atañe a.

ἐνέκυρσα *aor. 1.º de* ἐγκύρω.

ἐν-ελαύνω impulsar contra || MED. lanzarse contra, atacar.

ἐν-ελίσσω envolver || MED. envolverse.

ἐν-εμέω -ῶ vomitar en... [ἐς *y ac.*].

ἐνενήκοντα ADJ. NUM. CARD. noventa.

ἐνενηκοντα-έτης ες *y contr.* **ἐνενηκοντούτης ες** de noventa años, nonagenario.

ἐνενηκοστός ή όν ADJ. NUM. ORD. nonagésimo.

ἐνένιπον *aor. 2.º ép. de* ἐνίπτω.

ἐνένωντο *3.ª pl. plpf. med. jón. de* νοέω.

ἐνεός ά όν sordomudo, mudo de nacimiento, sin habla; estupefacto, mudo de estupor.

ἐνέπασσεν *3.ª sing. impf. de* ἐμπάσσω.

ἐνεπεπορπέατο *3.ª pl. plpf. jón. de* ἐμπορπέομαι.

ἐνέπω decir, referir, anunciar, contar; ordenar, mandar; hablar [a alguno, πρός *y ac.*]; apostrofar, dirigirse a [alguien, *ac.*].
F. *ép. y poét.* ἐννέπω, *imp.* ἔννεπε, *opt.* ἐνέποιμι, *part.* ἐνέπων, *3.ª sing. impf.* ἔννεπε; *aor.* ἔνισπον -ες -ε; *imp.* ἐνίσπες *y* ἔνισπε, *2.ª pl.* ἔσπετε; *subj.* ἐνίσπω, *2.ª y 3.ª sing. opt.* ἐνίσποις -οι *inf.* ἐνισπεῖν; *sobre este aor. se ha formado un fut.* ἐνισπήσω, *a más de* ἐνίψω (*acaso tomado de* ἐνίπτω).

ἐν-εργάζομαι trabajar *o* ejercer su oficio dentro [en casa, etc.]; producir, hacer nacer, introducir [algo, *ac.*; en... *dat.*].
F. *aor.* ἐνειργάσθην *con sentido pas.*

ἐνέργεια ας ἡ energía, actividad, eficacia; fuerza, poder.

ἐνεργέω -ῶ ser eficaz *o* activo, obrar; producir; ejecutar.

ἐνέργημα ατος τό efecto, operación.

ἐν-εργής ές *y*
ἐν-εργός όν que trabaja, ocupado, que actúa; productivo; fecundo; activo, eficaz; enérgico, vigoroso; apto, servible, en servicio.

ἐν-ερείδω apoyar; meter, introducir (ὀφθαλμῷ en el ojo).

ἔνερθε(ν) ADV. de debajo; abajo, en el mundo inferior *o* subterráneo || PRP. *de gen.* de debajo de; debajo de; bajo el poder de.

ἐνερμένος *part. perf. jón. de* ἐνείρω.

ἔνεροι ων οἱ los que están bajo tierra, los muertos.

ἔνερσις εως ἡ sujeción, acción de sujetar *o* de atar.

ἐνέρτερος α ον *comp. de* ἔνεροι más bajo, inferior.

ἐν-εσθίω *v.* ἐμφαγεῖν.

ἐνέστακται *3.ª sing. perf. pas. de* ἐνστάζω.

ἐν-εστήρικτο *3.ª sing. plpf. pas. de* ἐνστηρίζω.

ἐνετή ῆς ἡ broche.

ἐνετός ή όν echadizo, lanzado [por... ὑπό *y gen.*].

ἐν-ευδαιμονέω -ῶ ser feliz, llevar una vida feliz.

ἐν-ευδοκιμέω -ῶ poner en ello su reputación, gloriarse, ufanarse.

ἐν-εύδω dormir encima; dormir en *o* sobre... [*dat.*].
ἐν-ευλογέω -ῶ bendecir en... [*dat.*].
ἐν-εύναιον ου τό aderezo *o* ropa de cama.
ἔνευσα *aor. 1.º de* νέω *1.*
ἐνέχεα *y* **ἐνέχευα** *aor. de* ἐγχέω.
ἐνεχθήσομαι *fut. pas. de* φέρω.
ἐν-εχυράζω tomar una fianza || MED. hacerse dar algo en fianza.
ἐν-έχυρον ου τό fianza, garantía, dinero dado en fianza *o* garantía.
ἐν-έχω tener en sí, guardar (χόλον rencor [contra alguno, *dat.*]); retener, contener; impedir || INTR. mantener el odio *o* la enemistad, encarnizarse [contra alguien, *dat.*] || MED. *y* PAS. ser retenido *o* embarazado [en... *dat.*]; quedar colgado *o* sujeto; quedar fijo, embargado, suspenso, dominado, sumido... [ἐν *y dat.*].
ἐν-ζεύγνυμι atar juntamente.
ἔνη *v.* **ἔνος.**
ἐνηβητήριον ου τό lugar de placer.
ἐνηείη ης ἡ *ép.* bondad, dulzura.
ἐνῆεν *impf. ép. de* ἔνειμι.
ἐν-ηής ές bondadoso, amable, dulce.
ἐν-ῆμαι estar dentro.
ἐνήνεγμαι *perf. med. de* φέρω.
ἐν-ήνοθα *perf. defectivo,* levantarse sobre *o* en.
ἐνήνοχα *perf. de* φέρω.
ἐνήρατο *3.ª sing. aor. 2.º med. de* ἐναίρω.
ἔνησα *aor. 1.º de* νέω *2 y 3.*
ἔνθα ADV. allí, allí mismo, en el mismo lugar, aquí; hacia allí, hacia aquí (ἔνθα καὶ ἔνθα aquí y allá, por aquí y por allá *tamb.* de largo y de ancho, en cuadro *Odis. 11, 25*); donde, adonde, en el lugar en que, hacia donde; entonces, en aquel momento; cuando, en el momento en que (ἔστιν ἔνθα hay casos en que, a veces); *fig.* en esta situación, en tal caso, en caso de que.
ἐνθά-δε hacia allí, hacia aquí; allí, allá, aquí οἱ ἐνθάδε los de aquí [los de este mundo *o* los de esta tierra]; τὰ ἐνθάδε las cosas *o* asuntos de este país); ahora, en este momento; en esta situación, en este caso.
ἐν-θακέω -ῶ sentarse en *o* sobre... [*dat.*].
ἐνθάκησις εως ἡ acción de asentarse *o* posarse (ἵν' ἡλίου διπλῆ πάρεστιν ἐνθάκησις donde se posa *o* da dos veces el sol, *Sóf. Fil. 17*).
ἔνθα-περ ADV. allí donde, precisamente adonde.
ἐνθαῦτα *jón.* = **ἐνταῦθα.**
ἐνθεάζω estar inspirado *o* poseído por un dios.
ἐνθεῖναι, *ép.* **ἐνθέμεναι** *inf. aor. de* ἐντίθημι.
ἔνθεν ADV. de allí, desde allí, desde aquí (ἔνθεν μέν... ἔνθεν δέ... de un lado... de otro...; ἔνθεν καὶ ἔνθεν de ambos lados *o* a ambos lados); de donde, allí de donde, a un lugar de donde; desde este momento, desde ahora (τὸ ἔνθεν lo restante, lo demás); *fig.* de ahí, en consecuencia, por ello.
ἐνθέν-δε de aquí, de allí (οἱ ἐνθένδε = οἱ ἐνθάδε); desde ahora, desde este momento (τὸ ἐνθένδε *o contr.* τοὐνθένδε a partir de este momento, ahora; τἀνθένδε lo siguiente, lo que vino después, *Sóf. E. R. 1267*).
ἔνθεν-περ ADV. precisamente de donde, de donde mismo.
ἔνθεο *2.ª sing. ind. e imp. aor. med. ép. de* ἐντίθημι.
ἔν-θεος ον poseído *o* inspirado por un dios; inspirado, profético.
ἐν-θερμαίνω calentar, inflamar || MED. estar inflamado (πόθῳ de deseo).
ἐνθέσθαι ἔνθετο *inf. y 3.ª sing. ind. aor. med. ép. de* ἐντίθημι.
ἐνθεῦτεν *jón.* = **ἐντεῦθεν.**
ἔν-θηρος ον fiero, terrible.
ἐν-θνήσκω morir allí, morir en ello.
ἔνθορον *aor. 2.º de* ἐνθρῴσκω.
ἐνθουσιάζω = **ἐνθεάζω.**
ἐνθουσιασμός οῦ ὁ transporte, inspiración, entusiasmo.
ἐνθουσιαστικός ή όν inspirado, transportado.
ἐν-θουσιάω -ῶ = **ἐνθουσιάζω.**
ἔνθρυπτον ου τό pastel empapado en vino.
ἐν-θρῴσκω saltar *o* lanzarse a, en, sobre, contra *o* en medio de... [*dat.*].
ἐν-θυμέομαι -οῦμαι tener *o* meter en el ánimo, tomar a pechos; pensar, meditar, reflexionar, considerar, *esplte.* hallar por reflexión, llegar a conocer; idear, trazar, combinar un plan.

F. *fut.* ἐνθυμήσομαι (*íd.* ἐνθυμηθήσομαι); *perf.* ἐντεθύμημαι; *plpf.* *3.ª sing.* ἐνετεθύμητο; *aor.* ἐνεθυμήθην.

ἐνθύμημα ατος τό *y*

ἐνθύμησις εως ἡ *y*

ἐνθυμία ας ἡ observación; reflexión, consideración; pensamiento, ocurrencia, plan, traza; consejo, exhortación, advertencia.

ἐν-θύμιος ον observado; tomado a pechos, objeto de preocupación, de cuidado, de temor, etc. [*esp.* en la conciencia: ἐνθύμιον ποιεῖσθαι tomar a pechos, preocuparse].

ἐνθυμιστός ή όν = ἐνθύμιος.

ἐν-θωρακίζω poner una coraza [a alguien, *ac.*].

ἔνι = ἔνεστι, ἔνεισι, ἐνέσται *de* ἔνειμι; *en anástrofe* = **ἐνί.**

ἐνί *ép. y poét.* = **ἐν**

ἐνιαύσιος α ον [*o* **-ος ον**] anual, que dura un año; de un año de edad; anual, de cada año *o* en cada año.

ἐνιαυτός οῦ ὁ año (ἐνιαυτόν durante un año; κατ' ἐνιαυτόν por un año [*o tamb.* anualmente, cada año]); *en gral.*, período de tiempo.

ἐν-ιαύω dormir, pernoctar *o* vivir [entre... *dat.*].

ἐνιαχῇ *y*

ἐνιαχοῦ ADV. en algunos sitios; en algunas ocasiones, a veces.

ἐν-ιδρύω establecer en... [ἐν *y dat.*] || MED. establecer, construir, elevar, erigir para sí || PAS. estar establecido *o* erigido, levantarse.

ἐν-ιζάνω *y*

ἐν-ίζω sentarse, asentarse, establecerse en... [*dat.*].

ἐν-ίημι lanzar dentro, echar dentro, meter [a alguien en el combate, fuego en las naves, una droga en el vino, etc.]; lanzar, precipitar (πόνοις en los trabajos, en las miserias); infundir, inspirar; llevar *o* mover [a alguien, *ac.*; a tales *o* cuales sentimientos, *dat.*]; botar (νῆα πόντῳ una nave al mar) || INTR. soltar las riendas, hostigar.

F. *aor.* ἐνῆκα, *ép.* ἐνέηκα. *V.* ἵημι.

ἐνι-κλάω *ép.* impedir, frustrar.

ἐν-ίλλω = ἐνείλλω.

ἔνιοι αι α ADJ. *y* PRON. INDEF. algunos, unos cuantos.

ἐνί-οτε ADV. alguna vez, algunas veces.

ἐνιπή ῆς ἡ censura, riña, amenaza.

ἐνί-πλειος ον *y*

ἐνί-πλεος ον = ἔμπλεος.

ἐνιπλήσασθαι *inf. aor. med. ép. de* ἐμπίμπλημι.

ἐνιπλησθῆναι *inf. aor. pas. ép. de* ἐμπίμπλημι.

ἐνι-πλήσσω = ἐμπλήσσω.

ἐν-ιππεύω cabalgar allí *o* en ello.

ἐνι-πρήθω = ἐμπίμπρημι.

ἐν-ίπτω reñir, reprender, censurar, reconvenir; decir.

F. *fut.* ἐνίψω (*tamb. de* ἐνέπω *v. s. v.*) *aor. ép. 3.ª sing.* ἠνίπαπε *y* ἐνένιπε.

ἐνι-σκίμπτω apoyar sobre (ἐν. οὔδει dejar caer a tierra; clavar en tierra) || PAS. clavarse.

ἐνίσπω = ἐνέπω.

ἐνίσσω *ép.* = **ἐνίπτω.**

ἐν-ίστημι TR. [*aor.* ἐνέστησα] levantar, erigir; poner, colocar en... [εἰς *y ac.*] || MED. TR. emprender, iniciar || ACT. INTR. [*aor.* ἐνέστην] *y* MED. INTR. colocarse, ponerse; presentarse, estar presente; ser inminente, amenazar, urgir; oponerse, ponerse por medio, hacer resistencia.

ἐν-ισχύω fortalecerse, tomar fuerzas; dar fuerzas, dar ánimos, confortar [a alguien, *ac.*].

ἐν-ίσχω = ἐνέχω.

ἐνι-χρίμπτω = ἐγχρίμπτω.

ἔνιψα *aor. 1.º de* νίζω.

ἐνίψω *fut. de* ἐνέπω *y de* ἐνίπτω.

ἐννάετες = εἰνάετες.

ἐν-ναίω habitar, vivir en *o* entre (κακοῖς males, calamidades).

ἐννάκις = ἐνάκις.

ἔννατος η ον = ἔνατος.

ἐν-ναυπηγέω -ῶ construir naves en... [ἐν *y dat.*].

ἐννέα ADJ. NUM. CARD. nueve.

ἐννέα-βοιος ον del valor de nueve bueyes.

ἐννεα-καί-δεκα ADJ. NUM. CARD. diecinueve.

ἐννεά-κρουνος ον de nueve manantiales *o* caños || **ἡ ἐννεάκρουνος** fuente de nueve caños en Atenas [llamada anteriormente Calirroe].

ἐννεά-μηνος ον de nueve meses.

ἐννεά-πηχυς υ de nueve codos.

ἐννεά-χιλοι αι α ADJ. NUM. CARD. nueve mil.

ἐν-νενώκασι *3.ª pl. perf. jón. de* ἐννοέω.

ἔννεον *impf. ép. de* νέω *1.*
ἐννε-όργυιος ον *ép.* de nueve brazas.
ἐν-νεοσσεύω [*o* **ἐν-νεοττεύω**] abrigar como en un nido.
ἐννέπω = **ἐνέπω.**
ἐννεσίη ης ἡ sugestión, indicación, consejo, impulso.
ἐν-νεύω hacer seña; preguntar por señas.
ἐννέ-ωρος ον de nueve años; que dura nueve años; durante nueve años.
ἐννήκοντα *ép.* = **ἐνενήκοντα.**
ἐννῆμαρ ADV. durante nueve días.
ἐν-νοέω [*y med. con aor. pas.*] tener en la mente, pensar, considerar, reflexionar [algo, *ac.*, ὅτι *o* ὡς..., *inf.*, *etc.*]; imaginar, idear, hallar, descubrir; cuidar; (*con* μή cuidar de que no, temer); creer, opinar; observar, advertir [en alguien, *gen.*]; comprender, entender, darse cuenta.
F. *V.* νοέω *y nótese jón.: part. aor. 1.º* ἐννώσας, *perf.* ἐννένωκα, *3.ª pl. plpf.* ἐνένωντο.
ἐννόησις εως ἡ *y*
ἔννοια ας ἡ reflexión, cálculo, consideración; inteligencia, talento; conocimiento, representación, concepto, idea; pensamiento, máxima.
ἔν-νομος ον conforme a ley, legal, recto, justo (ἔννομα πάσχειν sufrir los castigos impuestos por la ley; ἔννομος Χριστοῦ sujeto a la ley de Cristo).
ἔν-νοος οον [**-ους ουν**] que está en su razón *o* en su sentido; sensato, cuerdo, inteligente, discreto.
ἐννοσί-γαιος ου ὁ que conmueve la tierra [sobrenombre de Poseidón].
ἕννυμι vestir, poner [a alguien algo, *dos acs.*] || MED. vestirse, ponerse, armarse, cubrirse [con algo, *ac.*]; envolverse *u* ocultarse [en algo, *ac.*]; *fig.* εἱμένος ἀλκήν revestido de fortaleza; κεν λάινον ἕσσο χιτῶνα hubieras vestido una túnica de piedras, *e. e.* hubieras sido apedreado.
F. *3.ª sing. impf. med.* ἕννυτο; *fut.* ἕσσω (*en comp. tamb.* -έσω); *med.* ἕσσομαι; *aor.* ἕσσα (*en comp. tamb.* -εσα), *3.ª sing. med. en comp.*, ἕσατο ἑέσσατο, *3.ª pl.* ἕσσαντο; *perf. pas.* εἷμαι ἕσσαι εἷται *y* ἕσται; *2.ª sing. plpf.* ἕσσο, *3.ª* ἕστο, *ép. tamb.* ἕεστο *3.ª du.* ἕσθην, *3.ª pl.* εἵατο; *part. perf. pas.* εἱμένος. *El vb. es ép. y poét. En prosa se usa* ἀμφιέννυμι.
ἐν-νυχεύω pasar la noche, pernoctar en... [*dat.*]; *fig.* apostarse, espiar oculto; declinar [los astros].
ἐν-νύχιος ον *y*
ἔν-νυχος ον nocturno, en la noche, en la sombra; de la región de las sombras [el infierno y *tamb.* el Septentrión, el Norte] || ADV. **ἔννυχον** de noche, aún de noche.
ἐν-νώσας *part. aor. jón. de* ἐννοέω.
ἐν-όδιος α ον [*o* **-ος ον**] del camino, que está en el camino; protector de los caminos.
ἐν-οικέω -ῶ *tr. e intr.* habitar.
ἐνοίκησις εως ἡ hecho de habitar *o* instalarse, instalación (παράνομον ilegal, ilícita); derecho de habitar.
ἐν-οικίζω establecer, instalar || MED. *y* PAS. establecerse, instalarse.
ἐν-οίκιος ον doméstico || **τὸ ἐνοίκιον** alquiler, importe del alquiler.
ἐν-οικοδομέω -ῶ construir en... [*dat. o* ἐν *y dat.*]; tapiar || MED. construir para sí, construirse [algo, *ac.*].
ἔν-οικος ου ὁ habitante.
ἐν-οινοχοέω -ῶ [*part. pres. ép.* ἐνοινοχοεῦντες] echar vino en... [ἐν *y dat.*].
ἐνοπή ῆς ἡ sonido; voz; gritería de guerra; gritos de dolor.
ἐν-όπλιος ον *y*
ἔν-οπλος ον en armas, armado (πρὸς τὸν ἐνόπλιον ῥυθμόν a compás de la danza guerrera) || SUBST. **ὁ ἐνόπλιος** compás de la danza con armas.
ἐν-οράω -ῶ *y jón.*
ἐν-ορέω ver, advertir, observar en... [*dat. o* ἐν *y dat.*]; mirar fijamente [a alguien, *dat.*].
ἐν-ορκίζω jurar [a alguien por alguien, *dos* acs.].
ἔν-ορκος ον juramentado, obligado por juramento (ἔνορκον θέσθαι ligar por juramento); jurado, confirmado por juramento (ἔνορκον ποιεῖσθαι hacer juramento [de no... μή *e inf.*]).
ἐν-όρνυμι suscitar en... [*dat.*] || MED. suscitarse, surgir, levantarse.
F. *aor. 1.º* ἐνῶρσα, *3.ª sing. aor. 2.º med. ép.* ἐνῶρτο. *V.* ὄρνυμι.
ἐν-ορούω lanzarse *o* echarse sobre... [*dat.*].
F. *aor. ép. sin aum.* ἐνόρουσα.
ἐν-όρχης ου ὁ macho [*esp.* cabrío].

ἔν-ορχις ιος ADJ. *m. y*
ἔν-ορχος ον entero, no castrado.
ἕνος η ον antiguo; del año anterior; del mes pasado *o* anterior (ἕνη καὶ νέα último día del mes que al mismo tiempo por el cambio de luna es el primero del siguiente).
ἐνοσί-χθων ονος ὁ = **ἐννοσίγαιος.**
ἑνότης ητος ἡ unidad; unión.
ἐν-ουρέω -ῶ orinarse en... [εἰς *y ac.*].
ἐν-οχλέω -ῶ molestar, turbar, inquietar perturbar [algo *o* a alguien, *dat. o ac.*].
F. *con doble aum. o redupl. impf.* ἠνώχλουν, *aor. 1.º* ἠνώχλησα, *perf.* ἠνώχληκα *y pas.* ἠνώχλημαι.
ἔνοχος ον sujeto, sometido a, incurso en, reo de... [*dat. o gen.*]; acusado de... [περί *y gen.*].
ἐν-ράπτω coser en... [*dat.*] || MED. coserse en... [ἐς *y ac.*].
ἐν-σείω empujar, impulsar, meter en... [*dat.*]; hacer resonar en las orejas (πώλοις a los potros).
ἐν-σημαίνω [*y med.*] mostrar, expresar, indicar, dar a conocer, hacer saber; imprimir, sellar [*med. tamb.* darse a conocer].
ἐν-σκευάζω preparar, disponer, arreglar, vestir || MED. disponerse, arreglarse *y esp.* armarse [de *o* con algo, *ac.*].
ἐν-σκήπτω lanzar, dejar caer [algo, *ac.;* sobre alguien, *dat.*] || INTR. lanzarse, caer sobre... [εἰς *y ac., etc.*].
ἔν-σπονδος ον en tregua *o* pacto; ligado por un pacto, aliado.
ἐν-στάζω destilar en; infundir, inspirar [algo, *ac.;* a alguien, *dat.*].
ἐνστάτης ου ὁ que se pone enfrente; adversario, enemigo.
ἐν-στέλλω vestir, revestir [a alguien con algo, *dos acs.*].
ἐν-στηρίζω clavar || MED. clavarse, fijarse.
ἐν-στρατοπεδεύω acampar allí.
ἐν-στρέφομαι moverse, dar vueltas en... [*dat.*].
ἐνσχερώ ADV. en fila, sucesivamente.
ἔνταλμα ατος τό orden, mandato.
ἐν-τάμνω *jón.* = **ἐντέμνω.**
ἐν-τανύω = **ἐντείνω.**
ἐν-τάσσω [*át.* **ἐν-τάττω**] colocar *o* poner en las filas || MED. ponerse en fila (τῷ σφενδονᾶν para disparar la honda, *e. e.* entre los honderos).
ἐνταῦθα ADV. allí, allí mismo; aquí, en este lugar, en aquel lugar *o* punto [de... *gen.*]; *con idea de movimiento* allá, a este sitio, a tal punto, a tal grado [de... *gen.*]; entonces, en aquel tiempo; ahora (ἐνταῦθα ἡλικίας en tal edad).
ἐνταυθί = **ἐνταῦθα.**
ἐνταυθοῖ ADV. hacia allí, allí, allá.
ἐνταφιάζω sepultar, dar sepultura.
ἐνταφιασμός οῦ ὁ sepultura, entierro.
ἐν-τάφιος ον atañente al sepelio || SUBST. **τὸ ἐντάφιον** sudario; mortaja; sacrificio *o* banquete fúnebre; entierro, cortejo fúnebre; costas de los funerales.
ἔντεα ων [*contr.* **ἔντη ῶν**] **τά** armas, armadura; utensilios, enseres, *de donde,* aparejo, arreos, equipo, arnés, vajilla, etc.
ἐν-τείνω tender *o* estirar dentro; tender *o* montar (τόξον el arco); asestar (πληγάς golpes); poner en verso (τοὺς τοῦ Αἰσώπου λόγους las fábulas de Esopo); poner en música; tender, construir (θρόνον el asiento de un trono) || MED. tender para sí *o* tender algo propio; poner en tensión, aplicar || PAS. estar tendido (γέφυρα un puente); estar trenzado (δίφρος ἱμᾶσιν el asiento del carro con correas).
ἐν-τειχίζω fortificar con muros; construir *o* emplazar allí; cercar, bloquear.
ἔν-τεκνος ον con hijos, que tiene hijos.
ἐν-τελευτάω -ῶ morir en ello, acabar.
ἐν-τελής ές completo, cumplido; perfecto, sin falta, sin tacha; magistrado, gobernante.
ἐν-τέλλω [*y med.*] mandar, ordenar, encargar, prescribir [algo, *ac.;* que... *inf.,* ἵνα *y subj., etc.*]; τὰ ἐντεταλμένα las órdenes, lo prescrito.
ἐν-τέμνω tallar, grabar; hacer una incisión; matar *o* sacrificar una víctima [en honor de... *dat.*].
ἔν-τερον ου τό tripa; intestino [*usado gralmte. en pl.*].
ἐντεσι-εργός οῦ ὁ que trabaja aparejado *o* con arreos, de tiro.
ἐντεταμένος η ον *part. perf. de* ἐντείνω tendido; con fuerza, con ahinco.

ἐντεῦθεν ADV. de allí, de allá; desde aquí, desde este lado (ἐντεῦθεν καὶ ἐντεῦθεν de un lado y de otro); desde ahora [*frec. con art.* τὸ *o* τὰ ἐντεῦθεν]; desde entonces, desde aquel punto; de ahí, por ello, en consecuencia.

ἔντευξις εως ἡ encuentro; visita; conversación, conferencia; ruego, súplica, petición, intercesión.

ἔν-τεχνος ον diestro, hábil; artístico, trabajado con arte.

ἐν-τήκω fundir, vaciar en [*dat.*]; *pas.* derretirse, consumirse || INTR. [*perf.* ἐντέτηκα] infundirse, penetrar profundamente en... [*dat.*].

ἐν-τίθημι poner en, poner dentro, meter; infundir, inspirar (φόβον miedo); poner encima, tender sobre || MED. poner en, poner dentro algo de sí mismo *o* para sí mismo; poner *o* guardar interiormente (μῦθον una palabra; χόλον encono); *como act.* poner (ὁμοίῃ τομῇ en la misma estima).
F. *ép.: 1.ª pl. impf. med. ép.* ἐντιθέμεσθα; *2.ª sing. ind. e imp. aor. med.* ἔνθεο, *3.ª ind.* ἔνθετο; *inf. aor. act.* ἐνθέμεναι. *Para las otras formas v.* τίθημι.

ἐν-τίκτω criar, hacer nacer, producir.

ἔν-τιμος ον honrado, apreciado, estimado; ilustre; caro, precioso; τὰ τῶν θεῶν ἔντιμα lo que está en honra entre los dioses; honroso, que da *u* otorga honra *o* consideración.

ἐν-τινάσσω chocar contra... [*dat.*].

ἔντο *3.ª pl. aor. 2.º med. de* ἵημι.

ἔντοθεν ADV. = **ἔντοσθεν.**

ἐν-τοίχιον ου τό pintura mural, fresco.

ἐντολή ῆς ἡ encargo, orden, mandato, instrucción, mandamiento, ley.

ἔντομος ον cortado || **τὰ ἔντομα** víctimas sacrificadas, sacrificios.

ἔν-τονος ον tendido; esforzado, vigoroso, ahincado, vehemente, violento.

ἐν-τόπιος ον *y*

ἔν-τοπος ον del lugar, *o* que está en el lugar, indígena; que llega *o* ha llegado a un lugar [*Sóf. Fil. 1171*].

ἔντος εος *v.* ἔντεα.

ἐντός ADV. *y* PRP. *de gen.* dentro, en el interior, en mitad (τὰ ἐντός lo interior; ἐντὸς ποιεῖν *o* ποιεῖσθαι meter dentro *o* poner en medio; ἐντὸς ἑωυτοῦ γίγνεσθαι conservar el juicio, mantenerse dueño de sí mismo); dentro de; en medio de; entre; del lado de acá; detrás de (τείχεος el muro); ἐντός τοξεύματος dentro del espacio de un tiro de flecha, *e. e.* a tiro de flecha; ἐντὸς εἴκοσι ἡμερῶν dentro de los veinte días, en un espacio no mayor de veinte días.

ἔντοσθε(ν) = **ἐντός.**

ἐν-τρέπω volver (τὰ νῶτα la espalda); cambiar; avergonzar || MED. cambiarse, cambiar de sentimientos, conmoverse; entrar en sí mismo, meditar, vacilar; preocuparse de, cuidarse de, hacer caso de... [*gen.*]; respetar, reverenciar; sentir vergüenza ante... [*ac., N. T.*].

ἐν-τρέφω criar, educar en... [*dat.*].

ἐν-τρέχω correr en; moverse libremente dentro.

ἐντριβής ές práctico, ducho, experimentado.

ἐν-τρίβω pintar, dar colorete a || MED. pintarse; asestar (πληγάς golpes).

ἔντριψις εως ἡ fricción, aplicación (χρώματος de colorete).

ἔν-τρομος ον trémulo, tembloroso.

ἐντροπαλίζομαι volverse de vez en cuando.

ἐν-τροπή ῆς ἡ consideración, atención, respeto; vergüenza, confusión.

ἔν-τροφος criado en... [*dat.*], que se halla *o* vive en (μόχθῳ la miseria; παλαιᾷ ἔντροφος ἡμέρᾳ de avanzada edad.).

ἐν-τρυφάω -ῶ gozar, complacerse en, poner sus delicias en... [*dat. o* ἐν *con dat.*]; burlar, escarnecer [a alguien, *dat.*].

ἐν-τρώγω devorar, consumir.

ἐν-τυγχάνω topar con, encontrar, hallar en su camino [algo, *dat. o gen.*]; ὁ ἐντυγχάνων *y* ὁ ἐντυχών el primero que se encuentre, cualquiera; venir a dar, caer sobre... [*dat.*]; entrevistarse con... [*dat.*]; tratar, tratar con; volverse hacia, dirigirse a, pedir a, interceder [por alguien, ὑπέρ *y gen.*].

ἐν-τυλίσσω envolver.

ἐν-τύνω preparar, disponer, arreglar, aderezar; equipar, adornar; concertar, entonar (ἀοιδήν un canto) || MED. prepararse, disponerse, equiparse; preparar *o* disponer para sí, proveerse de... [*ac.*].

F. *ép. sin aumento: impf. ép.* ἔντυνον; *aor.* ἔντυνα, *med.* ἐντυνάμην; *imp.* ἔντυνον, *2.ª sing. subj.* ἐντύνεαι *(trisílabo). Tamb. ép.* ἐντύω, *impf.* ἔντυον.
ἐν-τυπάς ADV. apretadamente, estrechamente.
ἐν-τυπόω -ῶ imprimir, grabar.
ἐντύω = ἐντύνω. *V. s. v.*
ἐνυάλιος ον guerrero || NOMBRE PROP. **Ενυάλιος ου ὁ** Enialios [dios de la guerra, identificado con Ares].
ἐν-υβρίζω injuriar, ultrajar, escarnecer; burlarse de.
ἔνυδρις εως ἡ nutria.
ἔν-υδρος ον acuático, que vive en el agua, del agua; abundante en agua, que abunda en agua.
ἔνυξα *aor. 1.º de* νύσσω.
ἐνυπνιάζω tener ensueños, soñar.
ἐν-ύπνιον ου τό ensueño, visión de ensueño || ADV. **ἐνύπνιον** en sueños.
ἐν-ύπνιος ον en sueños, que aparece en sueños, visto en sueños.
ἐν-υφαίνω tejer *o* bordar en (ζώων ἐνυφασμένων συχνῶν representadas en el tejido muchas figuras de animales, *Hdt. 3, 47*).
Ἐνυώ οῦς ἡ Enío, diosa de la guerra, *lat.* Bellona.
ἐνωμοτ-άρχης *y*
ἐνωμότ-αρχος ου ὁ jefe de la enomotía *o* grupo de 25 hombres, *esp. de* subteniente.
ἐνωμοτία ας *át. y*
ἐνωμοτίη ης ἡ *jón.* enomotía [grupo de 25 a 36 hombres cuarta parte del λόχος].
ἐν-ώμοτος ον juramentado, ligado por juramento.
ἐνωπαδίως ADV. de frente, cara a cara.
ἐν-ωπή ῆς ἡ vista, ojos || ADV. **ἐνωπῇ** a la vista de todos, públicamente.
ἐνώπιος ον que está delante, visible || SUBST. **τὰ ἐνώπια** muro frontero *o* que da frente [a la puerta de entrada] || ADV. **ἐνώπιον** ante, en presencia de... [*gen.*].
ἐν-ῶρσα *aor. 1.º de* ἐνόρνυμι.
ἐν-ῶρτο *3.ª sing. aor. 2.º med. de* ἐνόρνυμι.
ἐν-ωτίζομαι notar, escuchar; entender.
ἐξ PRP. *ante vocal* = **ἐκ.**
ἕξ ADJ. NUM. CARD. seis.
ἐξαγγελία ας ἡ revelaciones secretas, espionaje.
ἐξ-αγγέλλω [*y med.*] anunciar, comunicar, proclamar, dar a conocer, referir; revelar [*y esp.* secretos de guerra]; designar, nombrar; prometer,
ἐξάγγελος ου ὁ mensajero; *esp. en el teatro,* mensajero que refiere lo ocurrido dentro de casa *o* detrás de la escena.
ἐξάγγελτος ον revelado, dado a conocer.
ἐξ-αγινέω = ἐξάγω.
ἐξάγιστος ον lo más sagrado; maldito, criminal, abominable. *Cf.* ἅγιος.
ἐξ-άγνυμι romper.
ἐξ-αγοράζω comprar; rescatar, redimir || MED. procurarse.
ἐξ-αγορεύω dar a conocer, revelar, declarar.
ἐξ-αγριαίνω *y*
ἐξ-αγριόω -ῶ devastar; irritar, exasperar.
ἐξ-άγω sacar, hacer salir [a alguien *ac.*, *de... gen.*, ἐκ *y gen.*] (ἐξάγειν ἐπὶ θήραν sacar de caza; με τήνδε τὴν ὁδὸν ἐξήγαγ' εἰς... me sacó por este camino a... [*Sóf. E. C. 96 y ss.*]; ἐξαγ. πρὸ φόωσδε sacar a luz, traer a la vida); suscitar, producir; sacar fuera, exportar; llevarse, llevarse consigo, raptar; llevar, conducir, arrastrar a... (εἰς, πρός, ἐπί *y ac. u orac. de inf.*); desviar, sacar de camino; prolongar, alargar (περίβολον el muro circular) || INTR. salir; salir *o* partir con las tropas || MED. excitar, producir (γέλωτα la risa).
F. *ép. sin aum. impf.* ἔξαγον, *aor. 2.º* ἐξάγαγον. *Para lo demás, v.* ἄγω.
ἐξ-αγωγή ῆς ἡ acción de sacar, saca [*y esp.* de una nave al mar]; exportación; expulsión; salida, partida.
ἑξάδ-αρχος ου ὁ jefe de seis hombres.
ἐξ-ᾴδω entonar un canto.
ἐξ-αείρω *ép. y jón.* = **ἐξαίρω.**
ἑξά-ετες ADV. durante seis años.
ἐξ-αιμάσσω [*át.* **ἐξ-αιμάττω**] ensangrentar, hacer mucha sangre.
ἐξ-αίνυμαι quitar (θυμόν la vida); llevarse, retirar, recoger.
F. *impf. ép.* ἐξαινύμην, *3.ª sing.* ἐξαίνυτο.
ἐξ-αίρεσις εως ἡ extracción.
ἐξ-αιρετέος α ον ADJ. *vbal. de* ἐξαιρέω que se ha de quitar; que se ha de elegir.

ἐξ-αίρετος ον exceptuado *o* que se ha de exceptuar; puesto aparte; elegido, escogido; señalado, extraordinario (ἐξαίρετον ποιεῖσθαι exceptuar).

ἐξαιρετός όν que puede quitarse *o* sacarse, de quita y pon.

ἐξ-αιρέω -ῶ sacar; quitar [algo, *ac.;* de... *gen. o* ἐκ *y gen.*]; vaciar, extraer *esp.* las entrañas de las víctimas; descargar [mercancías, etc.]; separar, escoger, elegir, *de donde* consagrar; excluir, exceptuar, poner aparte, reservar; llevarse, alejar, quitar de en medio, arrebatar; suprimir, echar fuera, alejar (ἀλλήλων τὴν ἀπιστίαν la desconfianza mutua); conquistar, dominar, devastar, saquear, aniquilar; expulsar, desterrar || MED. sacar para sí, *y esp.* descargar, llevar a tierra; escoger, elegir *o* reservar para sí; llevarse, obtener; alejar (ἐκ κινδύνου del peligro); arrebatar, quitar (θυμόν la vida [a alguien, *ac.*]; φρένας la sensatez [a alguien, *gen. o dat.*]).
F. *aor. 2.º ép. y lír. sin aum.* ἔξελον; *aor. 1.º med. íd.* ἐξειλάμην *(N. T.); perf. pas. med. jón.* ἐξαραίρημαι *(Hdt.). Para lo demás v.* αἱρέω.

ἐξ-αίρω elevar, levantar, poner en alto; *fig.* engrandecer, hacer más poderoso; exaltar, ponderar, exagerar; excitar, mover, animar, arrebatar; llevarse, llevar fuera || MED. llevarse consigo *o* para sí; conseguir, obtener, ganar; elevarse.
F. *aor.* ἐξῆρα *etc. v.* αἴρω. *En Hom. la f.* ἐξήρατο *puede ser corrupción de* ἐξήρετο *aor. 2.º de* ἐξάρνυμι.

ἐξ-αίσιος α ον [*o* **-ος ον**] inconveniente, improcedente, injusto, fuera de regla; malo, funesto; desmedido, desmesurado; violento, excesivo, extraordinario.

ἐξ-αΐσσω saltar, lanzarse de; escaparse, salir volando.

ἐξ-αιτέω -ῶ pedir; reclamar, reclamar la entrega de [alguien, *ac.*] || MED. pedir *o* reclamar para sí; pedir la gracia *o* perdón [de alguien, *ac.*]; implorar *o* rogar [en favor de... ὑπέρ *y gen.*]; apartar *o* alejar por la oración.

ἔξ-αιτος ον escogido, selecto, distinguido, excelente.

ἐξ-αίφνης ADV. repentina, súbitamente; *con part.:* tan pronto como, apenas.

ἐξ-ακέομαι -οῦμαι curar enteramente; mejorar; reparar; socorrer, remediar; apaciguar.

ἑξάκις ADV. seis veces.

ἑξακισ-μύριοι αι α ADJ. NUM. CARD. sesenta mil.

ἑξακισ-χίλιοι αι α ADJ. NUM. CARD. seis mil.

ἐξ-ακολουθέω -ῶ seguir, imitar [a alguien, *dat.*].

ἐξ-ακοντίζω disparar, tirar [con algo, *dat.*]; lanzar.

ἑξακόσιοι αι α ADJ. NUM. CARD. seiscientos.

ἐξ-ακούω oír [algo, *ac.;* de alguien, ὑπό *y gen.*]; λόγῳ... ἐξήκουσα he oído decir [*Sóf. Fil. 676*].

ἐξ-ακριβόω -ῶ hacer *o* referir exactamente, puntualizar (ἐξακριβῶσαι λόγον dar cuenta exacta, afirmar sin duda).

ἐξ-ακτέον ADJ. *vbal. de* ἐξάγω.

ἐξ-αλαόω -ῶ dejar completamente ciego.

ἐξ-αλαπάζω saquear; despoblar; destruir; consumir, agotar.
F. *fut.* ἐξαλαπάξω; *aor. ép. poét. sin aum.* ἐξαλάπαξα.

ἐξ-αλείφω untar *y esp.* blanquear, enjalbegar [*tamb. med.*]; aniquilar, extinguir; borrar; borrar de la memoria, olvidar.

ἐξ-αλέομαι *y*

ἐξ-αλεύομαι evitar, esquivar, guardarse de... [*ac.*].

ἐξ-αλλάσσω [*át.* **ἐξ-αλλάττω**] cambiar; transformar; pasar de largo, dejar [un lugar, un país, etc.] || MED. cambiarse, experimentar cambio (κακοῖσιν en los males).

ἐξ-άλλομαι saltar *o* lanzarse fuera de... [*gen.*]; saltar de lo alto, precipitarse [*tamb. fig.*]; saltar, dar botes [un caballo].

ἐξ-αλύσκω = **ἐξαλέομαι.**

ἐξ-αμαρτάνω no dar en el blanco, errar *o* marrar el golpe; fallar, fracasar; faltar, pecar, errar [en algo, *ac.* ἐν *y dat.,* περί *y ac.;* para con *o* contra alguien, εἰς *y ac.*].

ἐξαμαρτία ας ἡ falta, pecado.

ἐξ-αμάω -ῶ segar; cortar, cortar de raíz, extinguir, extirpar.

ἐξ-αμείβω cambiar; dejar.
ἐξ-αμελέω -ῶ descuidar totalmente.
ἑξά-μετρος ον de seis pies, hexámetro.
ἑξα-μηναῖος α ον *y*
ἑξά-μηνος ον de seis meses || SUBST. **ὁ** *o* **ἡ ἑξάμηνος** [χρόνος *o* ὥρα] semestre.
ἐξ-αναβαίνω subir, remontar.
ἐξ-αναγκάζω expulsar violentamente; forzar, obligar.
ἐξ-ανάγομαι [*y aor. pas.*] salir al mar, hacerse a la vela.
ἐξ-αναδύομαι salir de, emerger de... [*gen.*].
ἐξ-ανακρούομαι remar hacia atrás, *e. e.* salir de nuevo al mar.
ἐξ-αναλίσκω gastar totalmente; consumir del todo.
ἐξ-αναλύω libertar, salvar.
ἐξ-ανασπάω -ῶ sacar del fondo de... [*gen.* ἐκ *y gen.*].
ἐξ-ανάστασις εως ἡ expulsión; resurrección [*N. T.*].
ἐξ-ανατέλλω TR. hacer salir, hacer surgir || INTR. salir, surgir.
ἐξ-αναφανδόν ADV. pública, abiertamente.
ἐξ-αναχωρέω -ῶ retirarse, retroceder; tratar de retirar (τὰ εἰρημένα lo dicho, la palabra dada).
ἐξ-ανδραποδίζω hacer esclavo, vender como esclavo; esclavizar, someter.
F. *fut.* ἐξανδραποδιοῦμαι, *jón.* ἐξανδραποδιεῦμαι *con sentido act. trans. y alguna vez pas. (Hdt. 6, 9) ; aor. pas.* ἐξηνδραποδίσθην.
ἐξανδραπόδισις εως ἡ acción de esclavizar *o* de llevarse como esclavo.
ἐξ-ανδρόομαι -οῦμαι hacerse hombre, llegar a la edad viril.
ἐξ-ανευρίσκω hallar, inventar, idear.
ἐξ-ανέχομαι sufrir, soportar.
ἐξ-ανθέω -ῶ florecer; cubrirse de... [*dat.*].
ἐξ-ανίημι dejar salir, exhalar; dejar ir, despedir, echar fuera || INTR. aflojar, ceder.
ἐξ-ανίστημι levantar, poner en pie; resucitar; ἐξ. τὰ θηρία levantar la caza; hacer salir (πόλεως de la ciudad; ἐξ ἠθέων de las costumbres); hacer emigrar; expulsar, despoblar, devastar, destruir || INTR. [*aor. 2.º y perf.*] *y* MED. levantarse; restablecerse, sanar; alzarse, salir contra... [ἐπί *y ac.*]; salir de una emboscada; salir, partir, emigrar; ponerse fuera de sí; ser expulsado; ser devastado *o* destruido.
ἐξ-ανύτω *y*
ἐξ-ανύω cumplir, ejecutar, llevar a término; imponer (χρέος una necesidad, un deber); pasar [el tiempo]; matar || INTR. hacer un camino, trasladarse, llegar a.
ἑξα-πάλαιστος ον de seis palmos.
ἐξ-απαλλάσσω [*át.* **ἐξ-απαλλάττω**] libertar || PAS. libertarse, salir *o* escapar felizmente.
ἐξ-απαντάω -ῶ salir al encuentro.
ἐξ-απατάω -ῶ engañar totalmente; burlar.
F. *fut. med.* ἐξαπατήσομαι *con valor pas., Jen. An. 7, 3, 3* = ἐξαπατηθήσομαι; *aor. ép. sin aum.* ἐξαπάτησα.
ἐξαπάτη ης ἡ engaño.
ἐξ-απαφίσκω [*y med.*] engañar.
F. *aor.* ἐξήπαφον, *subj.* ἐξαπάφω *3.ª sing. opt. med. ép.* ἐξαπάφοιτο *con valor act. Il. 9, 376, etc. Después, aor. 1.º* ἐξαπάφησα.
ἑξά-πεδος ον de seis pies.
ἐξ-απειδον *aor. 2.º de* ἐξαφοράω ver *u* observar desde lejos.
ἑξά-πηχυς υ de seis codos de largo *o* de grande.
ἐξ-άπινα ADV. de pronto, de repente; al punto.
ἐξαπιναῖος α ον súbito, repentino, inesperado.
ἐξαπιναίως *y*
ἐξαπίνης ADVS = **ἐξάπινα.**
ἑξά-πλεθρος ον de seis pletros de largo [*cf.* πλέθρον].
ἑξα-πλήσιος α ον séxtuplo, seis veces mayor.
ἐξ-απλόω -ῶ desplegar || MED. franquearse, hacerse franco, obrar con sencillez.
ἐξ-αποβαίνω bajar, salir (νηός de la nave).
ἐξ-αποδίεμαι echar fuera, ahuyentar (μάχης del combate).
ἐξ-αποδύνω despojarse de, quitarse [algo, *ac.*].
ἑξά-πολις εως ἡ Hexápolis [comarca de 6 ciudades en la Dórida del Asia Menor].

ἐξ-απόλλυμι aniquilar totalmente; matar || INTR. perecer, sucumbir, desaparecer.
F. *intr. perf.* ἐξαπόλωλα *y med.* (*aor. 2.º* ἐξαπωλόμην, *3.ª pl. opt. ép.* ἐξαπολοίατο). *Para lo demás v.* ἀπόλλυμι *y* ὄλλυμι.

ἐξ-απονέομαι volver, regresar, salir de... [*gen.*].

ἐξ-απονίζω limpiar, lavar.

ἐξ-απορέω -ῶ [*y med. con aor. pas.*] estar en gran duda *o* confusión; desesperarse, desesperar [de algo, *gen.*].

ἐξ-αποστέλλω enviar, hacer ir; despedir.

ἐξ-αποτίνω pagar del todo, compensar enteramente [algo, *ac.*].

ἐξ-αποφθείρω aniquilar, hacer perecer.

ἐξ-άπτω atar, sujetar, colgar [algo, *ac.*; de algo, *gen.*, ἐκ *y gen.*, *o* en algo, ἐς *y ac.*]: poner, echar encima: *fig.* hacer depender; encender; *fig.* inflamar, excitar || MED. colgarse; ponerse, echarse encima.

ἐξ-αραιρημένος *part. perf. med. jón. de* ἐξαιρέω.

ἐξ-αράομαι -ῶμαι maldecir.

ἐξ-αράσσω echar fuera de un golpe.

ἐξ-αργέω -ῶ diferir, descuidar.

ἐξ-αργυρίζω [*y med.*] *y jón.*

ἐξ-αργυρόω -ῶ convertir en dinero.

ἐξ-αριθμέω -ῶ contar, hacer recuento de... [*ac.*].

ἐξ-αρκέω -ῶ alcanzar, bastar, ser suficiente; ser bastante, servir || IMPERS. ἐξαρκεῖ basta; ἐξαρκεῖ μοι me basta... [*inf.*, *etc.*].

ἐξ-αρκής ές bastante, suficiente; en buen orden, bien dispuesto.

ἐξαρκούντως ADV. suficientemente (ἐξαρκούντως ἔχειν contentarse).

ἐξ-αρνέομαι-οῦμαι negar; rehusar.

ἐξάρνησις εως ἡ negativa, denegación.

ἔξ-αρνος ον negador (ἔξαρνός εἰμι *o* ἔξαρνος γίγνομαι niego).

ἐξάρνυμαι llevarse, ganar, depredar.
F. *aor.* ἐξήρατο *tal vez por* ἐξήρετο, *v.* ἐξαίρω.

ἐξ-αρπάζω arrancar, arrebatar; salvar [de un peligro, etc.].

ἐξ-αρτάω -ῶ atar, colgar, suspender *o* sujetar [algo, *ac.*; de algo, *gen.* ἀπό *o* ἐκ *y gen.*]; *fig.* hacer depender || MED. colgarse [algo, *ac.*]; cogerse de, unirse *o* enlazarse con... [*gen.*] || PAS. estar colgado; depender; *de un lugar,* estar dominado, estar en pendiente.

ἐξ-αρτίζω preparar, disponer; cumplir, completar || PAS. prepararse (ἐξηρτισμένος preparado [para algo, πρός *y ac.*]).

ἐξ-αρτύω preparar, poner en disposición, disponer, proveer [de algo, *dat.*] || MED. prepararse, disponerse; preparar para sí (ἐξαρτύεσθαι ναυτικά *o* ναυτικόν armar *o* equipar *y tamb.* poner en buen estado una flota).

ἔξαρχος ον que comienza *o* inicia [algo, *gen.*] || SUBST. **ὁ ἔξαρχος** que entona, preludia *o* incia el canto *y tamb.* director de coro.

ἐξ-άρχω [*y med.*] empezar, comenzar, dar principio a [algo, *gen. o ac.*]; entonar, preludiar *o* iniciar [un canto, un peán, etc., *gen. o ac.*]; ser el primero *o* tomar la iniciativa en... [*gen. o ac.*].

ἐξ-ασκέω -ῶ ejercitar; arreglar, aderezar, adornar [a alguien, *ac.*; con algo *dat.*].

ἐξ-αστράπτω fulgurar, brillar, resplandecer.

ἐξ-ατιμάζω despreciar, tener en menos.

ἐξ-αυαίνω secar || MED. secarse, desecarse.
F. *En Hdt. formas con aum. y sin aum. 3.ª sing. aor. 1.º* ἐξηύηνε, *id. aor. pas.* ἐξαυάνθη, *etc.*

ἐξ-αυδάω -ῶ manifestar, decir abiertamente, exponer; entonar.

ἐξ-αυλίζομαι levantar el campo, partir, salir.

ἐξ-αυτῆς ADV. inmediatamente, en seguida, al punto.

ἐξ-αῦτις ADV. de nuevo, otra vez; atrás, hacia atrás.

ἐξ-αυχέω -ῶ ufanarse de, creer firmemente... [*inf.*].

ἐξ-αΰω romper en gritos.

ἐξ-αφαιρέομαι -οῦμαι quitar, privar de... [*ac.*: ἐξ. ψυχήν quitar la vida].

ἐξ-αφανίζω destruir totalmente, aniquilar.

ἐξ-αφίημι soltar, liberar, libertar (ἐξαφεῖται se ha libertado [de... *gen.*]).

ἐξ-αφίσταμαι desentenderse de, rehusar [algo, *gen.*].

ἐξ-αφοράω -ῶ ver desde lejos.

ἐξ-αφύω consumir, agotar.

ἐξ-έβαν *3.ª pl. aor. 2.º ép. de* ἐκβαίνω.

ἐξ-εγγυάω -ῶ garantizar, libertar bajo garantía.

ἐξ-εγείρω despertar; excitar, hostigar, atizar || MED. despertarse, estar despierto.

ἔξ-εδρος ον que está fuera, que está lejos, alejado; desterrado.

ἐξ-έθορε *3.ª sing. aor. 2.º de* ἐκθρῴσκω.

ἐξ-εῖδον *aor. 2.º de* ἐξοράω.

ἐξείης ADV. *ép. y jón.* = **ἑξῆς**.

ἐξ-εικάζω imitar, copiar || PAS. ser enteramente semejante, ser igual.

1 **ἔξ-ειμι** *compuesto de* εἶμι salir, partir [*de... gen. o* ἐκ *y gen.*], salir a *o* para... [*ac.*]; venir (εἰς ἔλεγχον a la prueba); salir de, dejar... [*gen.*]; pasar, cesar, llegar a su término.
F. *2.º sing. pres. ép.* ἔξεισθα *inf.* ἐξιέναι, *ép.* ἐξίμεναι. *Sirve de fut. a* ἐξέρχομαι *pero tiene tamb. impf.* ἐξῄειν, *3.ª sing. jón.* ἐξήϊε *(Hdt. 2, 139). Para lo demás v.* εἶμι.

2 **ἔξ-ειμι** *compuesto de* εἰμί descender, traer origen de... [*gen.*] || IMPERS. ἔξεστι es posible, es lícito, está permitido [a alguien, *dat.*; ser *o* hacer tal cosa, *inf. con pred. en dat.*: ὑμῖν εὐδαίμοσιν ἔξεστι γενέσθαι os es posible llegar a ser dichosos; *o en ac.*: ἔξεστιν ὑμῖν φίλους γενέσθαι os es posible llegar a ser amigos]; ἐξόν *ac. abs.* siendo posible, siendo lícito.

ἐξεῖπα *y*

ἐξ-εῖπον *aor. de* ἐξείρω 1.

ἐξ-είργω apartar, excluir, rechazar (καὶ ἢν πάνυ ἐξείργωνται πάντων y si en absoluto llegara a faltarles todo, *lit.* si fueran excluidos enteramente de todo); expulsar; impedir, prohibir; forzar, obligar || PAS. ser obligado [*por... dat.*; a algo, *inf.*].

ἐξ-είρηκα *perf. de* ἐξείρω *1.*

ἐξ-είρομαι preguntar, investigar, informarse de, pedir.

ἐξ-ειρύω = **ἐξερύω**.

1 **ἐξ-είρω** decir abiertamente, declarar, dar a conocer, referir; revelar, descubrir.
F. *fut.* ἐξερῶ, *ép. y jón.* ἐξερέω; *aor.* ἐξεῖπον *y* ἐξεῖπα *(Sóf. El. 521)*; *perf.* ἐξείρηκα. *V.* εἴρω *1 y* εἶπον.

2 **ἐξ-είρω** tender, alargar (τὴν χεῖρα la mano).

ἔξεισθα *2.ª sing. pres. ind. ép. de* ἔξειμι 1.

ἐξεκλάπην *aor. pas. de* ἐκκλέπτω.

ἐξέλασις εως ἡ expulsión; salida, expedición.

ἐξ-ελαύνω *y*

ἐξ-ελάω *y med.* sacar, echar, hacer salir, (στρατιήν una expedición); expulsar, desterrar; forjar [un metal *o* algo de un metal] || INTR. marchar a caballo *o* en carro; salir a caballo; salir *o* partir en expedición.
F. *inf. ép.* ἐξελάαν, *part.* ἐξελάων, *aor. ép.* ἐξήλασσα *y* ἐξέλασα *etc. V.* ἐλαύνω.

ἐξ-ελέγχω probar, investigar, interrogar, poner a prueba; convencer [a alguien *ac.*; de algo, *ac. constr. inf. o part.*]; refutar, contradecir; mostrar, demostrar || PAS. ser convencido [por... ὑπό *y gen.*].

ἐξελευθεροστομέω -ῶ hablar con libertad, expresarse audazmente.

ἐξ-ελίσσω [*át.* **ἐξ-ελίττω**] desenrollar, desplegar; ἐξ. τὴν φάλαγγα hacer cambiar de frente a la falange, ordenar la contramarcha.

ἐξ-ελκύω *y*

ἐξ-έλκω sacar, salvar [de... *gen.*, ἐκ *y gen., etc.*]; arrastrar (πόδα el pie) || PAS. ser arrastrado [por algo, ὑπό *y gen.*].

ἐξέμεν *y*

ἐξέμεναι *inf. aor. ép. de* ἐξίημι *o inf. fut. ép. de* ἔχω.

ἐξ-εμέω -ῶ vomitar, devolver.

ἐξ-έμμορε *3.ª sing. perf. de* ἐκμείρομαι.

ἐξ-εμπεδόω -ῶ mantener, guardar fielmente.

ἐξ-εμπολάω -ῶ *y jón.*

ἐξ-εμπολέω vender, vender fuera, exportar; ἐξ. κέρδος obtener ganancia vendiendo || PAS. ser vendido; *fig.* ser entregado *o* traicionado.

ἐξ-εναρίζω despojar *y esp.* despojar de las armas; derribar en la lucha, matar.
F. *ép. sin aum.* ἐξενάριζον, ἐξενάριξα. *Para lo demás v.* ἐναρίζω.

ἐξένευσα *aor. 1.º de* ἐκνέω.

ἐξ-επᾴδω curar *o* calmar totalmente por conjuros *o* encantos || PAS. calmarse, apaciguarse.

ἐξ-επεύχομαι gloriarse, ufanarse de... [*inf.*].
ἐξ-επίσταμαι saber, conocer *o* entender total *o* exactamente; saber de memoria.
ἐξ-επίτηδες ADV. de propósito, adrede; cuidadosamente.
ἐξ-έραμα ατος τό vómito, materia vomitada.
ἐξ-εραυνάω = **ἐξερευνάω.**
ἐξ-εργάζομαι ejecutar, llevar a cabo, realizar, hacer construir; procurar, proporcionar, conseguir; hacer producir (κακά mal [a alguien, *ac.*]); elaborar totalmente; trabajar, cultivar [la tierra, un arte, etc.]; acabar con, aniquilar || *Tamb. con valor pas. v. infra.*
F. *aor.* ἐξειργασάμην, *jón.* ἐξεργασάμην; *perf.* ἐξείργασμαι, *jón.* ἐξέργασμαι *con valor tanto act. como pas.; aor. pas.* ἐξειργάσθην, *jón.* ἐξεργάσθην, *siempre con valor pas. Cf.* ἐργάζομαι.
ἐξεργαστικός ή όν hábil *o* apto para ejecutar [algo, *gen.*].
ἐξ-έργω = **ἐξείργω.**
ἐξ-ερεείνω [*y med.*] = **ἐξερέω.**
ἐξ-ερείπω caer a tierra; caer *o* colgar de... [*gen.*].
ἐξ-ερεύγω vomitar || MED. verterse, desembocar.
ἐξ-ερευνάω -ῶ investigar, averiguar.
1 **ἐξ-ερέω -ῶ** investigar, tratar de saber [algo, *ac.*]; preguntar [a alguien, *ac.*]; explorar (κνημούς las colinas, etc.).
2 **ἐξ-ερέω -ῶ** *fut. ép. y jón. de* ἐξείρω.
ἐξ-ερημόω -ῶ dejar vacío *o* desierto; exterminar, extinguir (γένος un linaje).
ἐξ-έρομαι = **ἐξερέω** 1 *y* **ἐξείρομαι.**
ἐξ-έρπω salir arrastrándose, arrastrarse afuera; *en gral.* salir.
ἐξ-ερύκω apartar, impedir, alejar.
ἐξ-ερύω sacar; arrancar [algo *ac.*; de algo, *gen.*; *tamb.* λαβὼν ποδὸς ἐξερύσασκεν le sacó cogiéndolo por el pie, *Hom. Il. 10, 490*].
ἐξ-έρχομαι salir, marcharse, partir de... [*gen.*, ἐκ *o* ἀπό *y gen.*]; dejar [un lugar, un país, etc., *ac.*]; *fig.* ἐξ. ἐκ παίδων salir de la infancia; partir *o* salir hacia, para *o* contra... [εἰς *o* ἐπί *y ac.*]; pasar (εἰς ἐφήβους a la clase de los efebos); salir al campo *o* a campaña (ἐξ. ἔξοδον salir en expedición); salir, resultar, mostrarse, aparecer (ἄλλος distinto); salir adelante; tener éxito, tener salida, hallar satisfacción (ἡ μῆνις la cólera; ἐπὶ πλεῖστον en la mayor medida); *del tpo.* pasar, transcurrir.
F. *V.* ἔρχομαι.
ἐξ-ερῶ *fut. de* ἐξείρω. *1.*
ἐξ-ερωέω -ῶ salirse del camino *o* de la carrera, desbocarse.
F. *aor. 1.º* ἐξηρώησα.
ἐξ-εσθίω comer, consumir, devorar.
ἐξεσίη ης ἡ misión, embajada (ἐξεσίην ἐλθεῖν ir en embajada).
ἔξεσις εως ἡ despedida; repudio.
ἐξ-έσσυτο *3.ª sing. aor. 2.º de* ἐκ-σεύομαι.
ἐξ-εστεμμένος η ον *part. perf. pas. de* ἐκστέφω.
ἐξ-ετάζω examinar, investigar, averiguar; examinar en comparación *o* examinar comparando [con... πρός o παρά *y ac.*] (πρὸς πλεονεξίαν καὶ τὸ πάνθ᾽ ὑφ᾽ αὑτῷ ποιήσασθαι τοὺς λογισμοὺς ἐξετάζων ordenando sus cálculos conforme a su interés y a la consecución de su universal dominio, *Dem. Fil. 2, 7*); interrogar, preguntar [a alguien, *ac.*; algo, *ac.*, *etc.*]; pasar revista [a las tropas]; probar, poner a prueba; reconocer, comprobar, juzgar después de examen (καὶ λέγων καὶ γράφων ἐξεταζόμην τὰ δέοντα se comprobó que había dicho y escrito lo que era menester, *Dem. Cor. 54, 173*); hallar, encontrar, *de donde en pas.* ser hallado, encontrarse (μετὰ τῶν ἄλλων con *o* entre los demás *Dem. Cor. 63, 217*).
F. *fut.* ἐξετάσω, *rara vez* ἐξετῶ *aor.* ἐξήτασα; *perf.* ἐξήτακα, *pas.* ἐξήτασμαι; *aor. pas.* ἐξητάσθην; *fut. pas.* ἐξετασθήσομαι.
ἐξέτασις εως *y*
ἐξετασμός οῦ ὁ examen, investigación, prueba; censo *y esp.* revista militar.
ἐξεταστικός ή όν apropósito para el examen *o* investigación [de algo, *gen.*].
ἐξ-έτης ες de seis años.
ἐξ-έτι ADV. desde ese tiempo; desde... [*gen.*: ἐξέτι τοῦ ὅτε desde que].
ἐξ-ευλαβέομαι -οῦμαι ponerse en guardia, precaver, evitar.

ἐξ-ευμενίζομαι congraciarse [con alguien, *ac.*].

ἐζ-ευπορίζω procurar en abundancia.

ἐξεύρεσις εως ἡ *y*

ἐξεύρημα ατος τό invención; descubrimiento.

ἐξ-ευρίσκω llegar a encontrar, descubrir, averiguar; descubrir por la inteligencia, idear, trazar; hallar, venir a hallar, reconocer (αὐτὸν ἐξηύρομεν ἐχθίω Φρυγῶν vinimos a descubrirle como mayor enemigo que los frigios, *Sóf. Ay. 1052-1054*); procurar, proporcionar (τὰ σύμφορα lo necesario).

ἐξεφαάνθην *aor. pas. ép. de* ἐκφαίνω.

ἐξεφίεμαι encargar, mandar.

ἐξ-έχρη *impf. de* ἐκχράω 2.

ἐξ-έχυτο *3.ª sing. aor. 2.º ép. de* ἐκχέω.

ἐξ-έχω salir, sobresalir; τὰ ἐξέχοντα las convexidades.

ἐξ-έψω cocer enteramente.

ἐξ-ηγέομαι -οῦμαι dirigir, guiar [a alguien, *gen. o dat.*; a un lugar, *ac. o* εἰς *y ac.*]; mostrar el camino de, dar ejemplo en... [*gen.*]; ir delante, ser guía, jefe, caudillo conductor; regir, gobernar; prescribir, ordenar; explicar, exponer, interpretar; referir al por menor, relatar; *abs.* dirigir el camino, guiar (εἰς τήν Ἑλλάδα hacia Grecia, *Jen. An. 6, 6, 34*).

ἐξήγησις εως ἡ exposición, explicación.

ἐξηγητής οῦ ὁ consejero, instructor; expositor, intérprete *y esp. en Atenas,* intérprete del derecho sagrado.

ἐξήκοντα ADJ. NUM. CARD. sesenta.

ἐξηκοστός ή όν ADJ. NUM. ORD. sexagésimo.

ἐξ-ήκω llegar (ἵνα... adonde... τοιαύτην ὁδόν por este camino, de esta manera); *del tiempo o las circunstancias* llegar, cumplirse, terminar, pasar; *de profecías, sueños, etc.,* llegar, cumplirse, realizarse.

ἐξ-ήλασα *y*

ἐξ-ήλασσα *aor. 1.º de* ἐξελαύνω.

ἐξ-ήλατος ον bien forjado.

ἐξήλυσις εως ἡ salida, escape.

ἐξ-ῆμαρ ADV. durante seis días.

ἐξ-ημερόω -ῶ cultivar, sacar del estado salvaje; rozar *o* poner en cultivo una tierra.

ἐξ-ημοιβός όν de muda (ἐξ. εἵματα ropa de muda, ropa limpia).

ἐξ-ήπαφον *aor. 2.º ép. de* ἐξαπαφίσκω.

ἐξῆρα -ας -ε *aor. 1.º de* ἐξαίρω. *Sobre ép.* ἐξήρατο *v. este vb.*

ἐξήραμμαι *perf. pas. de* ξηραίνω.

ἐξήρανα *y* **ἐξηράνθην** *aor. 1.º act. y pas. resp. de* ξηραίνω.

ἐξήριπον *aor. 2.º de* ἐξερείπω.

ἑξῆς ADV. uno tras otro, en serie, en orden; a continuación [de alguien *o* de algo, *gen. o dat.*]; en conjunto, en general, sin distinción; *de tpo.* a continuación, inmediatamente después, en seguida (ὁ ἑξῆς el siguiente; ἡ ἑξῆς [*sc.* ἡμέρα] el día siguiente, *N. T.*).

ἐξηύηνε *3.ª sing. aor. jón. de* ἐξαυαίνω.

ἐξ-ηχέομαι -οῦμαι resonar, ser proclamado *o* anunciado.

ἐξ-ιάομαι -ῶμαι sanar completamente.

ἐξ-ιδιόομαι -οῦμαι apropiarse, traer a su poder.

ἐξ-ιδρύω sentar, asentar.

ἐξ-ίημι enviar fuera, despedir, echar fuera; enviar; lanzar; soltar, desplegar; verterse, desembocar || MED. echar de sí; repudiar.

F. *3.ª pl. aor. 2.º med. ép.* ἔξεντο (*en tmesis.:* ἐξ ἔρον ἕντο); *imp. med. jón.* ἔξεο; *inf. ép.* ἐξέμεν *y* ἐξέμεναι. *Para otras fs. v.* ἵημι.

ἐξ-ιθύνω enderezar totalmente, poner enteramente derecho.

ἐξ-ικετεύω suplicar encarecidamente.

ἐξ-ικμάζω secar || INTR. secarse.

ἐξ-ικνέομαι -οῦμαι llegar [a... *ac. o* ἐς *y ac.*]; llegarse [a alguien, *ac.*]; alcanzar [*abs.* un disparo, la vista, la inteligencia, etc.]; alcanzar, conseguir, realizar, llevar a cabo (τἀναγκαῖα lo indispensable); ser bastante, bastar; ser capaz [para algo, πρός *y ac.*].

ἐξ-ιλάσκομαι aplacar, conciliarse, hacerse propicio.

ἕξις εως ἡ tenencia, posesión; estado, disposición, constitución manera de ser, temperamento, temple; hábito, práctica; aptitud, capacidad.

ἐξ-ισόω -ῶ igualar, hacer igual; comparar, poner en parangón [algo *o* a alguien *ac.*; con algo *o* con alguien, *dat.*]; allanar, aplacar, conciliar || INTR. mostrarse semejante, obrar a la manera de... [*dat.*].

ἐξ-ιστάνω *y*
ἐξ-ιστάω *y*
ἐξ-ίστημι poner fuera *o* aparte; sacar (ἐξ. τοῦ φρονεῖν sacar de razón, poner fuera de sí); cambiar || INTR. [*aor.* ἐξέστην *perf.* ἐξέστηκα] *y* MED. salir, apartarse, alejarse [de... *gen. o* ἐκ *y gen.*]; ceder (σοί γ' ἑκὼν ἐκστήσομαι cederé ante ti por mi voluntad, *Sóf. Fil. 1053*); evitar, esquivar [a alguien, *ac.*]; salir, ceder, retirarse de, deponer [*gen.*]; salir de, apartarse *u* olvidarse de (τῶν παλαιῶν μαθημάτων las antiguas enseñanzas); salir de sí, estar suspenso *o* extático [*N. T.*]; apartarse de su opinión, cambiar [*Tuc. 2, 61*].
ἐξ-ιστορέω -ῶ preguntar, investigar, informarse [de alguien, respecto a algo, *dos acs.*]
ἐξ-ισχύω tener fuerza, poder, ser capaz de... [*inf., etc.*].
ἐξ-ίσχω tener fuera, sacar [de... *gen.*].
ἐξίτηλος ον que desaparece rápidamente, sin consistencia; desaparecido, extinguido; ἐξ. γίγνεσθαι pasar, desaparecer, quedar olvidado.
ἐξ-ιτητέον ADJ. *vbal. de* ἔξειμι 1.
ἐξ-ιχνεύω *y*
ἐξ-ιχνοσκοπέω -ῶ [*y med.*] rastrear a, seguir el rastro *o* las huellas de... [*ac.*].
ἐξ-ογκόω -ῶ hinchar; *perf. pas.* estar hinchado *o* repleto; *fig.* vanagloriarse, ufanarse, [de... *dat.*].
ἐξ-οδεία ας ἡ salida, expedición, campaña.
ἐξ-οδηίη ης *y*
ἐξ-οδίη ης ἡ *jón.* = **ἐξοδεία.**
ἐξ-οδοιπορέω -ῶ salir de camino, partir caminando [de... *gen.*].
ἔξ-οδος ου ἡ salida, escape; abertura, puerta; desembocadura; acción de salir, salida, partida (ἐπ' ἐξόδῳ para salir); paso; viaje, expedición *y esp.* expedición militar, campaña, correría, salida [de los sitiados]; resultado, fin *o* término [de un asunto]; partida *o* salida de esta vida, muerte; pompa, cortejo, procesión.
ἔξ-οιδα saber bien *o* exactamente.
ἐξ-οιδέω -ῶ hincharse.
ἐξ-οικέω -ῶ emigrar; utilizar totalmente como vivienda, colonizar.
ἐξοικήσιμος ον habitable, habitado.
ἐξοίκησις εως ἡ emigración.
ἐξ-οικίζω sacar *o* echar fuera, desterrar || MED. expatriarse, emigrar.
ἐξ-οικοδομέω -ῶ construir totalmente, acabar de construir.
ἐξ-οιμώζω prorrumpir en gemidos.
ἐξ-οίσω *fut. de* ἐκφέρω.
ἐξ-οιχνέω [*3.ª pl. ép.* ἐξοιχνεῦσι] *y*
ἐξ-οίχομαι salir, irse, marcharse.
ἐξ-οκέλλω ir a la deriva; encallar.
ἐξ-ολεθρεύω exterminar, extirpar.
ἐξ-ολισθαίνω *y*
ἐξ-ολισθάνω resbalar fuera; escapar, deslizarse.
ἐξ-όλλυμι hacer perecer, aniquilar, perder, destruir totalmente || INTR. [*perf.* ἐξόλωλα] *y* MED. perecer.
ἐξ-ολοθρεύω = **ἐξολεθρεύω.**
ἐξ-όμιλος ον extraño.
ἐξ-όμνυμι negar con juramento (ἤ 'ξομῇ τὸ μή εἰδέναι o negarás con juramento saberlo *e. e.* o jurarás que no sabes, *Sóf. Ant. 535*).
ἐξ-ομοιόω -ῶ [*part. jón.* ἐξομοιεῦντες] igualar, hacer igual; asimilar, adaptar || PAS. igualarse, hacerse igual *o* semejante.
ἐξ-ομολογέω -ῶ *y med.* consentir, prometer; confesar, reconocer; confesar, dar alabanza, alabar a... [*dat., N. T.*].
ἐξ-ομόργνυμι [*y med.*] imprimir, señalar, dejar impreso (εἰς τὴν ψυχήν en el alma).
ἐξόν *part. n. de* ἔξειμι 2 *v. s. v.*
ἐξ-ονειδίζω injuriar, denostar [a alguien, *ac.*]; reprochar, echar en cara [algo, *ac.*].
ἐξ-ονομάζω *y*
ἐξ-ονομαίνω nombrar *o* llamar por su nombre; apostrofar; expresar.
ἐξ-ονομα-κλήδην ADV. por su nombre, por su propio nombre, singular, particularmente.
ἐξ-όπιθε(ν) *y*
ἐξ-όπισθε(ν) ADV. por detrás, detrás || PRP. detrás de... [*gen.*].
ἐξ-οπίσω ADV. = **ἐξόπισθεν;** *de tpo.* de aquí en adelante, en lo sucesivo, en lo porvenir.
ἐξ-οπλίζω armar totalmente, armar de todas armas, armar, apercibir || MED. *y* PAS. armarse totalmente, apercibirse.
ἐξοπλισία ας *y*
ἐξόπλισις εως ἡ acto de armarse completamente (εἰς την ἐξόπλισιν para

armarse); revista militar en armas.

ἐξ-οπτάω -ῶ asar.

ἐξ-οράω -ῶ ver desde lejos, divisar; ver claro || MED. mirar fijamente, contemplar.

ἐξ-οργίζω enfurecer, poner furioso, irritar || PAS. ponerse furioso, montar en cólera.

ἐξ-ορθόω -ῶ enderezar, levantar; restaurar.

ἐξ-ορίζω echar de las fronteras, echar fuera, expulsar, desterrar.

ἐξ-ορκίζω hacer jurar; conjurar (κατὰ τοῦ Θεοῦ en nombre de Dios).

ἐξορκιστής οῦ ὁ exorcista.

ἐξ-ορκόω -ῶ = **ἐξορκίζω.**

ἐξόρκωσις εως ἡ compromiso por juramento, juramento.

ἐξ-ορμάω -ῶ impulsar hacia adelante, hacer marchar; poner en movimiento; impulsar, mover, excitar || INTR. PAS. *y* MED. lanzarse, precipitarse; agudizarse, llegar al paroxismo [un dolor].

ἐξ-ορούω lanzarse, saltar.

ἐξ-ορύσσω *y át.* **ἐξορύττω** excavar; desenterrar; arrancar.

ἐξ-οστρακίζω condenar al ostracismo; desterrar.

ἐξ-οτρύνω impulsar, excitar.

ἐξ-ουδενέω *y*

ἐξ-ουδενόω -ῶ no tener en nada, tener por nada, despreciar.

ἐξ-ουθενέω *y*

ἐξ-ουθενόω -ῶ = **ἐξουδενέω.**

ἐξουσία ας ἡ poder, derecho, facultad, posibilidad (ἀμελεῖν ἐξουσία posibilidad de descuidar *o* desentenderse de... *gen*), libertad; licencia, desenfreno, arbitrariedad; poder, potestad, magistraturas, conjunto de magistrados, tribunal; recursos, abundancia, riqueza.

ἐξουσιάζω tener poder, potestad, ejercer la autoridad || AOR. PAS. someterse [a... ὑπό *y gen.*].

ἐξ-οφέλλω aumentar *o* acrecentar grandemente.

ἐξ-οχή ῆς ἡ prominencia; excelencia (κατ' ἐξοχήν por excelencia).

ἔξοχος ον sobresaliente, señalado, extraordinario || ADVS. **ἔξοχον ἔξοχα ἐξόχως** de preferencia, señaladamente, extraordinariamente; más que, por cima de... [*gen.*].

ἐξ-υβρίζω insolentarse, obrar *o* hablar con insolencia, desvanecerse de orgullo, llenarse de arrogancia; levantarse, sublevarse.

ἐξ-υπανίσταμαι levantarse de [*gen.*].

ἐξ-ύπερθε desde arriba, arriba.

ἐξ-υπηρετέω -ῶ prestar servicio, atender.

ἐξ-υπνίζω sacar del sueño, despertar.

ἔξ-υπνος ον despierto, salido del sueño.

ἐξ-υφαίνω tejer totalmente, tejer hasta acabar.

ἐξ-υφηγέομαι -οῦμαι ir por delante, preceder [como guía].

ἔξω ADV. *y* PRP. *de gen.* fuera [*e. e.* fuera de casa, de la ciudad, del país, en el campo, en el extranjero, en el destierro, en libertad], afuera, hacia fuera (ἔξω γίγνεσθαι, ἔξω εἶναι haber salido, estar fuera; ἔξω βελῶν fuera [del alcance] de las flechas; ἔξω αὑτοῦ fuera de sí; οὐδὲν ἔξω τοῦ φυτεύσαντος σύ γε δρᾷς no haces nada que esté fuera [del carácter] de tu padre, que desdiga de tu padre [*Sóf. Fil. 904 y ss.*]; ὁ ἔξω el que está fuera, exterior, del otro lado, adversario, alejado, ausente, en el extranjero, extranjero, desterrado, huido; extraño, no concerniente; extraño a la Iglesia, profano, pagano [*N. T.*]); al lado de allá, más allá, *tamb. con ac.* (ἔξω τὸν Ἑλλήσποντον más allá del Helesponto); fuera de; sin; excepto [*gen.*]; *con idea de tpo.* más allá de, después de, pasado.

ἔξω *fut. de* ἔχω.

ἐξῴδηκα *perf. de* ἐξοιδέω.

ἔξωθεν ADV. desde fuera, de fuera; = **ἔξω.**

ἐξ-ωθέω -ῶ echar fuera, expulsar, desterrar; despedir, lanzar (φθονερὰν ἐξῶσαι γλώσσας ὀδύναν lanzar palabras enconadas que causan dolor, *Sóf. Fil. 1141 y ss.*); rechazar; desechar, despreciar; contener, retener, entretener (ἐξωσθῆναι ἐς χειμῶνα estar entretenido hasta el invierno).

ἐξώλεια ας ἡ ruina total, perdición (κατ' ἐξωλείας ὀμνύναι jurar por su cabeza).

ἐξώλης ες arruinado totalmente, aniquilado, perdido; perdido moralmente, depravado.

ἐξωμιδοποιία ας ἡ confección de túnicas *o* blusas de trabajo [*v.* ἐξωμίς].

ἐξ-ωμίς ίδος ἡ túnica *o* blusa de trabajo con una sola manga.

ἐξ-ωνέομαι -οῦμαι comprar; rescatar; obtener por dinero *o* librarse por dinero de... [*ac.*].

ἔξ-ωρος ον que ha pasado de la juventud, pasado; extemporáneo, intempestivo, inoportuno.

ἐξώστης ου ADJ. *m.* contrario, adverso; enemigo.

ἐξωτάτω ADV. *superl de* ἔξω más afuera de todos.

ἐξώτερος α ον exterior, de fuera [*N. T.*].

ἕο *ép.* = *át.* **οὗ** de él, suyo.

ἔοι *3.ª sing. opt. pres. ép. de* εἰμί.

ἑοῖ *ép.* = **οἷ** a él.

ἔοιγμεν *1.ª pl. ép. de* ἔοικα.

ἔοικα *perf. de* εἴκω 2.

ἑοῖο *gen. ép. de* ἑός.

ἔοις *2.ª sing. opt. pres. ép. de* εἰμί.

ἔολπα *perf. 2.º de* ἔλπω.

ἔον *1.ª sing. impf. ép. de* εἰμί.

ἐόν *n. sing. part. jón. de* εἰμί.

ἐόντως ADV. *jón.* = **ὄντως**.

ἑόρακα -μαι, *perf. de* ὁράω.

ἔοργα *perf. jón. de* ἔρδω.

ἑορτάζω celebrar una fiesta; celebrar, festejar.

ἑορτή ῆς ἡ fiesta, festividad, día de fiesta, solemnidad (ἑορτὴν ἄγειν, ἀνάγειν, ἑορτάζειν, ποιεῖν celebrar una fiesta [en honor de... *dat.*]; κατόπιν ἑορτῆς ἥκειν llegar después de la fiesta *e. e.* demasiado tarde); regocijo, diversión, recreo.

ἑός ἑή ἑόν ADJ. POS. *ép. y poét.* = **ὅς ἥ ὅν** suyo, su propio [*reforzado frecte. por* αὐτοῦ: ἑῷ αὐτοῦ θυμῷ en su propio ánimo]. *V.* ὅς *3.*

ἐοῦσα *ép. y jón.* = **οὖσα** *part. f. de* εἰμί.

ἐπ-αγάλλομαι ufanarse de, poner su orgullo en [algo, *dat.*].

ἐπαγγελία ας ἡ intimación; promesa, oferta; noticia.

ἐπ-αγγέλλω anunciar, declarar, intimar, dar a conocer, notificar; prometer; ordenar, prescribir; pedir, solicitar, imponer una prestación, exigir (στρατίαν, ναῦς el levantamiento de un ejército, el apresto de unas naves [a alguien, *dat.*, εἰς *y ac.*]) || MED. dar a conocer; ofrecerse voluntariamente, mostrarse dispuesto (τεθνάναι a morir, *Jen. Anáb. 4, 7, 20*); ofrecer, prometer; profesar, hacer profesión de... [*ac.*] *y en gral.* entender en *o* profesar un arte; pedir *o* solicitar para sí; mandar, ordenar.

ἐπάγγελμα ατος τό oferta, promesa; propósito, cometido; profesión, especialidad, arte.

ἐπ-αγείρω reunir, juntar || MED. reunirse.

ἐπάγερσις εως ἡ reunión, acción de reunir *o* juntar.

ἐπάγην *aor. 2.º pas. de* πήγνυμι.

ἐπ-αγινέω -ῶ *jón.* = **ἐπάγω**.

ἐπ-αγλαΐζομαι ufanarse, regocijarse en ello *o* por ello.

ἐπ-άγω traer, traer desde fuera, introducir; conducir, llevar; acercar, echar encima (στρατιήν el ejército); intercalar, inserir, añadir, agregar (ἀνὰ πᾶν ἔτος πέντε ἡμέρας cinco días cada año); producir, ocasionar, hacer efectivo; echar encima, imponer, imputar (αἰτίαν una culpa); entablar (δίκην un proceso); llevar por persuasión, arrastrar, persuadir || INTR. ir, ponerse en marcha || MED. traer para sí *o* hacia sí; atraer a sí, para sí *o* contra sí; ganarse, conciliarse; llamar en auxilio; procurarse, conseguir (τούς Λακεδαιμονίους συγχωρῆσαι que los Lacedemonios accediesen *Tuc. 5, 41*); echar sobre sí, imponerse, echarse encima; llevar *o* conducir consigo, aducir (μάρτυρα como testigo); citar (ποιητάς a los poetas).

F. *aor.* ἐπήγαγον *y* ἐπῆξα (*part.* ἐπάξας) *etc. V.* ἄγω.

ἐπαγωγή ῆς ἡ evocación, llamamiento, conjuro [*esp.* de las divinidades infernales]; acción de llamar *o* traer en auxilio, traída, introducción; acción de conducir en contra, marcha en contra, ataque.

ἐπαγωγός όν que atrae, que arrastra, atrayente, seductor.

ἐπ-αγωνίζομαι luchar por algo [*dat.*].

ἐπ-ᾴδω acompañar cantando; conjurar con el canto, sanar *o* calmar con fórmulas mágicas *y en gral.* calmar, aliviar.

ἐπ-αείδω *jón. y poét.* = **ἐπᾴδω.**

ἐπ-αείρω *jón. ép. poét.* = **ἐπαίρω.**

ἐπ-αέξω acrecentar, hacer crecer *o* medrar.

ἔπ-αθλον ου τό premio del certamen.

ἔπαθον -ες -ε *aor. 2.º de* πάσχω.

ἐπ-αθροίζομαι reunirse en multitud.

ἐπ-αιγίζω lanzarse impetuosamente encima.

ἐπ-αιδέομαι -οῦμαι avergonzarse, sentir vergüenza (σὺ δ'οὐκ ἐπαιδῇ τῶνδε χωρὶς εἰ φρονεῖς; ¿no te avergüenzas de pensar de manera distinta que éstos?, *Sóf. Ant. 510*).

ἐπαινέτης ου ὁ panegirista, ensalzador.

ἐπ-αινέω -ῶ aprobar, aplaudir; convenir con, dar la razón [a alguien, *dat.*]; alabar, ensalzar [a alguien, *ac.; por* algo, *ac.*, ἐπὶ *y dat., constr. con* ὅτι, *etc.*]; exhortar, aconsejar [algo *o* hacer algo, *orac. inf.*].
F. *2.ª sing. pres. pas. jón.* ἐπαινέαι, *impf. ép.* ἐπῄνεον; *fut.* ἐπαινέσομαι *(con valor act.), menos frec.* ἐπαινέσω; *aor.* ἐπῄνεσα, *ép. y poét.* ἐπῄνησα; *perf.* ἐπῄνεκα, *med.* ἐπῄνημαι; *aor. pas.* ἐπῃνέθην, *fut. pas.* ἐπαινεθήσομαι.

ἐπ-αίνημι *eól.* = **ἐπαινέω.**

ἔπ-αινος ου ὁ alabanza, elogio; discurso de alabanza, panegírico.

ἐπαινός ή όν terrible, temible, feroz.

ἐπ-αίρω levantar, alzar; poner en pie; excitar, exaltar; impulsar, mover, animar; *fig.* acrecentar, hacer prosperar || INTR. levantarse || MED. levantarse; levantar algo propio [armas, palabras, etc.: πολλοὺς καὶ θρασεῖς τῇ πόλει λόγους ἐπαιρόμενος lanzando muchas y temerarias palabras contra la ciudad]. || PAS. ser excitado, impulsado, arrastrado; levantarse; exaltarse; dejarse arrastrar; ensoberbecerse, insolentarse.

ἐπ-αισθάνομαι observar, advertir; oír, enterarse de; darse cuenta de [*gen. o ac.*]; *con part.* (ἐπῄσθετ'ἐκ θεοῦ καλούμενος se dio cuenta de que era llamado por un dios, *Sóf. E. C. 1629*).

ἐπ-αΐσσω lanzarse, arrojarse hacia, sobre *o* contra [alguien *o* algo, *gen., dat., ac.*, εἰς *y ac.; tamb. con dat. instr.:* ἔγχει con la lanza] || MED. lanzarse *o* echarse sobre [algo, *ac.*]; *tamb. abs.*
F. *pres.* ἐπᾴσσω; *at.* ἐπᾴττω, *fut.* ἐπᾴξω; *aor. ép.* ἐπήιξα (*inf.* ἐπαΐξαι, *med.* ἐπαΐξασθαι), *3.ª sing. iter.* ἐπαΐξασκε *Il. 17, 462. Cf.* ἀΐσσω.

ἐπάιστος ον *jón.* notorio, conocido, famoso.

ἐπ-αισχύνομαι avergonzarse [de... *ac., dat.*, ἐπί *y dat., inf., part.*].

ἐπ-αιτέω -ῶ pedir sobre ello, pedir además; pedir encarecidamente, implorar || MED. pedir para sí.

ἐπ-αιτιάομαι -ῶμαι alegar como fundamento, causa *o* pretexto, alegar, pretextar; quejarse de, acusar, inculpar [a alguien, *ac.;* de... *gen., ac., dat., inf., orac. con* ὅτι].

ἐπ-αίτιος ον culpable, responsable; inculpado, acusado; expuesto a censura, censurable, reprobable.

ἐπαίχθην *aor. pas. de* παίζω.

ἐπ-αΐω dar oídos, prestar atención, escuchar, observar, advertir; entender, conocer; ser entendido (ὁ ἐπαΐων el entendido, el conocedor).
F. *impf.* ἐπάϊον; *aor. 1.º jón.* ἐπήϊσα.

ἐπ-ακολουθέω -ῶ seguir, ir detrás, acompañar; perseguir; dejarse llevar a, regirse por, atenerse a; ceder; seguir con la inteligencia, entender, comprender... [*dat.*].

ἐπ-ακούω oír, escuchar, dar oídos, entender [algo, *gen. o ac.;* de alguien, *gen.*, ἐκ *y gen.*]; atender, obedecer a... [*gen. o dat.*].

ἐπ-ακροάομαι -ῶμαι escuchar [a alguien, *gen.*].

ἐπακτήρ ῆρος ὁ cazador, *esp.* ojeador.

ἐπ-άκτιος α ον [*o* **-ος ον**] costero, de la orilla.

ἐπακτός ή όν traído de fuera; importado, introducido, extranjero, extraño (ἐπ. ἀνήρ esposo extraño *e. e.* adúltero); buscado *o* producido por uno mismo (νόσος ἐπ. mal buscado voluntariamente).

ἐπακτρίς ίδος ἡ barca, esquife.

ἐπ-αλαζονεύομαι ufanarse, gloriarse.

ἐπ-αλαλάζω alzar un grito de guerra, gritar.

ἐπ-αλάομαι -ῶμαι errar, ir errante; ir errando hacia [*ac.*].

ἐπ-αλαστέω -ῶ disgustarse *o* enojarse por ello.

ἐπ-αλείφω ungir, untar.
ἐπ-αλέξω *ép.* apartar [algo, *ac.; de* alguien, *dat.*]; ayudar, socorrer [a alguien, *dat.*].
ἐπ-αληθεύω mostrar como verdadero, confirmar.
ἐπαλλαγή ῆς ἡ intercambio, unión mutua.
ἐπ-αλλάσσω [*át.* **ἐπ-αλλάττω**] cambiar, hacer cambiar, torcer.
ἐπ-άλληλος ον *poét.* uno tras otro, en sucesión; recíproco (μόρον κατειργάσαντ' ἐπαλλήλοιν χεροῖν dándose recíprocamente la muerte con sus manos, *Sóf. Ant. 57*).
ἐπ-άλμενος *part. aor. 2.º ép. de* ἐφάλλομαι.
ἔπαλξις εως ἡ parapeto; almena; *en gral.* protección, defensa.
ἐπᾶλτο *3.ª sing. aor. 2.º ép. de* ἐφάλλομαι.
ἐπ-αμαξεύω pasar con un carro por (γῆ ἀρρὼξ οὐδ' ἐπημαξευμένη tierra sin romper, no atravesada por carros, *Sóf. Ant. 251*).
ἐπ-αμάομαι -ῶμαι preparar amontonando, amontonar.
ἐπ-αμείβω cambiar, trocar || MED. cambiar de, alternar entre... [*ac.*].
ἐπ-αμμένος η ον *part. perf. pas. jón. de* ἐφάπτω.
ἐπαμοιβαδίς ADV. alternativamente.
ἐπαμύντωρ ορος ὁ acorredor, socorredor, defensor.
ἐπ-αμύνω asistir, acorrer, socorrer.
ἐπ-αμφοτερίζω vacilar, no resolverse; ser ambiguo *o* equívoco; mantenerse neutral.
ἐπάν CONJ. = **ἐπειδάν.**
ἐπαναβαθμός οῦ ὁ escalón, grada.
ἐπ-αναβαίνω subir, montarse *y esp.* montar a caballo; ir tierra adentro, marchar hacia el interior.
ἐπ-αναβάλλομαι aplazar, diferir.
ἐπαναβασμός = **ἐπαναβαθμός.**
ἐπ-αναβιβάζω hacer subir.
ἐπαναβληδόν AVD. echado encima, a manera de sobretodo.
ἐπ-αναγκάζω forzar *u* obligar a ello.
ἐπ-άναγκες ADV. forzosa, obligatoriamente (ἐπάναγκές ἐστι es forzoso, es necesario).
ἐπ-ανάγω llevar hacia arriba; sacar al mar *o abs.* salir al mar; *fig.* excitar; llevar hacia atrás, hacer volver, retirar *o abs.* volverse, volver || PAS. hacerse al mar, hacerse a la vela, salir al mar al encuentro [de alguien, *dat.*]; ser arrastrado por el mar.
ἐπ-αναγωγή ῆς ἡ salida al mar contra el enemigo, ataque naval; nueva conducción, llamamiento, vuelta.
ἐπ-αναθεάομαι -ῶμαι ver de nuevo *o* exactamente.
ἐπ-αναιρέομαι -οῦμαι recibir, adquirir.
ἐπ-αναίρω [*y med.*] levantarse, alzar.
ἐπ-ανακαλέω -ῶ invocar además.
ἐπ-ανάκειμαι ser impuesto [como castigo].
ἐπ-ανακυκλέομαι -οῦμαι moverse en órbita invertida.
ἐπ-αναλαμβάνω reasumir, repetir.
ἐπ-αναμένω esperar *o* aguardar largamente.
ἐπ-αναμιμνήσκω hacer recordar de nuevo, volver a recordar.
ἐπ-ανανεόομαι -οῦμαι renovar, repetir.
ἐπ-αναπαύομαι descansar, apoyarse, confiar [en algo, *dat.; en* alguien, ἐπί *y ac.*].
F. *fut.* ἐπαναπαύσομαι, *td. tamb.* ἐπαναπαήσομαι (*N. T. v. l. Luc. 10, 6*).
ἐπ-αναπλέω *y jón.*
ἐπ-αναπλώω salir al mar, hacerse a la vela [para algo *o* contra alguien, ἐπί *y ac.*]; volverse por mar, navegar de vuelta; salir a flote; *fig.* rebosar, salir de la boca.
ἐπανάσεισις εως ἡ acción de blandir amenazando.
ἐπ-ανάστασις εως ἡ levantamiento, sublevación, insurrección; derrumbamiento (δυ' ἄτα κἀπαναστάσεις θρόνων dos criminales que minan el trono).
ἐπ-αναστρέφω [*y med.*] volverse a hacer frente, a continuar la lucha.
ἐπ-ανατείνω tender *o* extender hacia arriba (ἐπ. ἐλπίδας dar esperanzas).
ἐπ-ανατέλλω levantarse, alzarse, salir [un astro].
ἐπ-ανατίθημι poner encima; volver a cerrar [una puerta].
ἐπ-αναφέρω volver a llevar; hacer subir, remontar, referir, atribuir, achacar; referir, relatar; volver a llevar [un mensaje] || INTR. volver, tornar.

ἐπ-αναχωρέω -ῶ ceder, retirarse, volver.

ἐπ-αναχώρησις εως ἡ retirada, vuelta (ἐπ. κύματος reflujo del mar).

ἐπ-άνειμι ir hacia arriba, subir; marchar tierra adentro; volver, tornar; volverse al asunto que se ha tratado, *de donde,* tratar de nuevo, recapitular.

ἐπ-ανειπεῖν anunciar *u* ofrecer además públicamente (ἀργύριον dinero).

ἐπ-ανείρομαι *y*

ἐπ-ανέρομαι = **ἐπανερωτάω.**
F. *impf.* ἐπανηρόμην.

ἐπ-ανέρχομαι = **ἐπάνειμι.**

ἐπ-ανερωτάω -ῶ preguntar de nuevo, volver a preguntar *o simpl.* preguntar.

ἐπ-ανήκω volver de nuevo *o* estar nuevamente de vuelta.

ἐπανθέμεναι *inf. aor. 2.º ép. de* ἐπανατίθημι.

ἐπ-ανθέω -ῶ florecer encima; brotar, salir, aparecer.

ἐπ-ανίημι soltar, dejar ir (ἐπανεῖναι φόβον dejar el miedo, *Dem. Cor. 54, 177*).

ἐπ-ανισόω-ῶ igualar, hacer igual

ἐπ-ανίστημι levantar, alzar ‖ MED. *e* INTR. [*aor. 2.º y perf.*] levantarse, alzarse; sublevarse [contra alguien, *dat.*].
F. *intr. fut. med.* ἐπαναστήσομαι; *aor. 2.º* ἐπανέστην; *perf.* ἐπανέστηκα. *V.* ἵστημι.

ἐπ-ανιτέον ADJ. *vbal. n. de* ἐπάνειμι.

ἐπ-άνοδος ου ἡ ascensión, subida; vuelta, retorno; recapitulación.

ἐπ-ανορθόω -ῶ [*y med.*] poner de nuevo en pie, restablecer, restaurar; rectificar, mejorar, enmendar, reparar.

ἐπ-ανόρθωμα ατος τό *y*

ἐπ-ανόρθωσις εως ἡ corrección, rectificación, revisión, mejora, enmienda.

ἐπ-άντης ες cuesta arriba, empinado, escarpado.

ἐπ-αντλέω -ῶ sacar y derramar encima.

ἐπ-άνω ADV. arriba, encima, en la parte superior (ὁ ἐπάνω πύργος la torre de arriba); *en un texto o libro,* mas arriba, anteriormente; *de tpo.,* antes; *de número,* por encima, más (ἐπάνω τριακοσίων δηναρίων en más de trescientos denarios); *fig.* por cima, superior.

ἐπ-άνωθεν ADV. desde arriba, desde tierra adentro, *o simpl.* arriba, tierra adentro.

ἐπ-άξιος α ον digno, merecedor; merecido, que se merece.

ἐπ-αξιόω -ῶ juzgar digno; desear, creer [*con inf.*].

ἐπαοιδή ῆς ἡ = **ἐπῳδή.**

ἐπ-απειλέω -ῶ lanzar como amenaza; amenazar [con algo, *ac.; a* alguien, *dat.*]; amenazar con hacer... [*inf.*].

ἐπ-αποθνήσκω morir a continuación [de... *dat.*].

ἐπ-απολαύω disfrutar, entregarse al disfrute de... [*ac.*].

ἐπ-άπτω *jón.* = **ἐφάπτω.**

ἐπ-αρά ᾶς ἡ maldición.

ἐπ-αράομαι -ῶμαι imprecar, maldecir, proferir como imprecación *o* maldición [algo, *ac.;* contra alguien, *dat.*].

ἐπ-αραρίσκω ajustar bien [una cosa, *ac.;* a otra, *dat.*] ‖ MED. *e* INTR. [*perf.* ἐπάρηρα] ajustarse bien, estar bien ajustado.
F. *aor. 1.º* ἐπῆρσα, *aor. 2.º* ἐπήραρον; *perf. y plpf. intr.* ἐπάρηρα ἐπαρήρειν.

ἐπ-αράσσω cerrar de golpe (τὴν θύραν la puerta).

ἐπ-άρατος ον maldito; prohibido bajo maldición [μή *o inf.*].

ἐπ-άργεμος ον oscuro, ininteligible.

ἐπ-άργυρος ον chapado *o* guarnecido de plata.

ἐπ-αρή ῆς *jón.* = **ἐπαρά.**

ἐπ-αρήγω ayudar, socorrer, asistir.

ἐπάρην *aor. pas. de* πείρω.

ἐπ-άρηρα *perf. de* ἐπαραρίσκω.

ἐπ-άριτοι οἱ eparitas [ejército de la confederación de Arcadia].

ἐπάρκεια ας ἡ *y*

ἐπάρκεσις εως ἡ ayuda, socorro.

ἐπ-αρκέω -ῶ alcanzar, ser suficiente, bastar; subvenir, proveer, abastecer [a alguien, *dat.;* de algo, *gen.*]; suministrar [algo, *ac.;* a alguien, *dat.*]; estar en vigencia, prevalecer (νόμος la ley); ayudar, socorrer, asistir; alejar, apartar [algo, *ac.;* de alguien *dat.*]; evitar [algo, *ac.*].

ἐπαρκούντως ADV. suficientemente, bastantemente.

ἐπ-άρουρος ου ὁ labriego, mozo de campo.

ἐπ-αρτάω -ῶ poner *o* suspender encima; presentar como amenaza (οἱ ἐπηρτημένοι φόβοι los temores que amenazan).

ἐπ-αρτής ές preparado, dispuesto, apercibido.

ἐπ-αρτύνω *y*

ἐπ-αρτύω ajustar encima.

ἐπάρχειος ου ἡ *y*

ἐπ-αρχία ας ἡ gobierno *o* región, provincia, comarca.

ἔπ-αρχος ου ὁ gobernador, prefecto.

ἐπ-άρχω gobernar *o* extender su poder a... [*gen.*] || MED. ἐπάρξασθαι δεπάεσσι servir el vino en las copas [para la libación].

ἐπ-αρωγός οῦ ὁ socorredor, ayudador.

ἐπ-ᾆσαι *inf. aor. de* ἐπᾴδω.

ἐπασάμην *aor. 1.º de* πατέομαι [*tamb. de* πάομαι *y med. de* πάσσω].

ἐπασσάμην *aor. ép. de* πατέομαι [*tamb. sin aum.*].

ἐπασκέω -ῶ ejercitar, cultivar; trabajar con esmero, perfilar, acabar, terminar.

ἐπ-ασσύτερος α ον apretado, compacto, uno tras otro, en rápida sucesión.

ἐπ-ᾴσσω [*át.* **ἐπ-ᾴττω**] = **ἐπαΐσσω.**

ἐπ-αυδάω -ῶ llamar, invocar.

ἐπαύθην *aor. pas. de* παύω.

ἐπ-αυλίζομαι acampar, vivaquear.

ἔπ-αυλις εως ἡ morada *y esp.* establo; granja; campo; campamento, vivac.

ἔπ-αυλος ου ὁ majada, establo; *en gral.* morada, residencia, habitación.

ἐπ-αυξάνω *y*

ἐπ-αύξω aumentar, acrecentar, hacer crecer, hacer medrar || MED. crecer, acrecentarse, medrar.

ἐπαυρεῖν *y ép.*

ἐπαυρέμεν *inf. aor. 2.º de* ἐπαυρίσκω.

ἐπαύρεσις εως ἡ goce, disfrute; provecho.

ἐπ-αύριον ADV. mañana (ἡ ἐπαύριον el día siguiente).

ἐπ-αυρίσκω tocar, alcanzar, rozar [algo, *ac.*]; chocar con... [*gen.*]; tener parte, participar, disfrutar [de algo, *gen.*] || MED. ser partícipe de, obtener, sacar [algo, *gen. o ac.*]; disfrutar; obtener ventaja, provecho, *y en gral.* sacar, experimentar, [*tamb.* daño, perjuicio, etc.]; venir a conocer... [*gen. o ac.*]. **F.** *fut. med.* ἐπαυρήσομαι; *aor. 2.º* ἐπαῦρον, *subj.* ἐπαύρω ῃς ῃ, *inf.* ἐπαυρεῖν, *ép. tamb.* ἐπαυρέμεν; *aor. 2.º med.* ἐπηυρόμην *(y 1.º* ἐπηυράμην, ἐπηύρω *etc.), 2.ª sing. subj. ép.* ἐπαύρηαι (*y* ἐπαύρῃ).

ἐπ-αυχέω -ῶ ufanarse, gloriarse; confiar orgullosamente en... [*inf. fut.*].

ἐπ-αΰω responder con un grito, gritar.

ἐπ-αφίημι soltar, lanzar [algo, *ac.*; contra alguien, *dat. o* ἐπί *y ac.*]; dejar en paz, dejar quieto.

ἐπ-αφρίζω cubrir de espuma.

ἐπ-αφρόδιτος ον amable, hechicero, encantador.

ἐπ-αφύσσω verter *o* echar encima.

ἐπ-αχθής ές pesado; desagradable, molesto, odioso.

ἐπεάν = **ἐπάν** *y* **ἐπειδάν.**

ἐπεβίων *aor. 2.º de* ἐπιβιόω.

ἐπ-εγγελάω -ῶ reírse; burlarse de... [*dat. o* κατά *y gen.*].

ἐπ-εγείρω despertar, sacar, del sueño; suscitar, excitar, reanimar, reencender || PAS. despertar, reanimarse, volverse a encender.

ἐπ-έγρετο *3.ª sing. aor. 2.º med. ép. de* ἐπεγείρω.

ἐπ-εγρόμενος *part. aor. 2.º med. ép. de* ἐπεγείρω.

ἐπ-έδραμον *aor. 2.º de* ἐπιτρέχω corrí *o* acudí allí; me lancé encima, etc.

ἐπ-έδρη ης ἡ *jón.* = **ἐφέδρα.**

ἔπ-εδρος ον *jón.* = **ἔφεδρος.**

ἐπ-έην *3.ª sing. impf. ép. de* ἔπειμι = *át.* ἐπῆν.

ἐπεί CONJ. cuando, después que [*con ind.*]; en tanto que, mientras que por otro lado; desde que [*con el impf.*]; ἐπεὶ τάχιστα, ἐπεὶ εὐθέως tan pronto como, al punto que; ἐπεί κε, ἐπεὶ ἄν [*con subj. referido a acción fut. o repetida*] cuando, una vez que [*a veces, en poesía, sólo* ἐπεί] || *Se construye tamb. con opt. en estilo indir.; o para indicar acción repetida:* siempre que, cada vez que; *con inf. a veces en estilo indir.* || *Causal:* ya que, puesto que [*en oracs. princs. interrogativas o con imp.* porque, pues]; porque de otro modo, de otra manera || *Concesiva:* aunque, si bien, con todo, por lo demás || *Con otra partícula* (ἐπεὶ γάρ porque cuando, cuando en efecto; ἐπεί γε, ἐπεί γε δή ya que, pues evidentemente; ἐπεί γε μὲν δή pero ya que; ἐπεί ἦ, ἐπεί νυ pues de cierto, pues, en verdad, etc.).

ἐπείγω pesar, apesadumbrar, oprimir [a alguien, *ac.*]; estrechar, perseguir, hostigar; impulsar, empujar velozmente, apresurar || INTR. apresurarse, darse prisa || MED. *y* PAS. apresurarse, darse prisa, estar ansioso (ὁδοῖο de ponerse en camino; περὶ νίκης de victoria); *tr.* apresurar, disponer apresuradamente (τὴν παρασκευήν los preparativos, etc.); ἐπειγόμενος apresurado, ansioso [*como, pas.* agitado, movido].
F. *impf.* ἤπειγον -όμην, *ép.* ἔπειγον; *fut. med.* ἐπείξομαι *aor. 1.º* ἤπειξα; *perf. pas.* ἤπειγμαι; *aor. pas.* ἠπείχθην.

ἐπειδάν CONJ. cuando, después que, tan pronto como; ἐπειδὰν τάχιστα, ἐπειδὰν πρῶτα tan pronto como, al punto que.

ἐπει-δή CONJ. una vez que, después que, desde que; ἐπειδὴ τάχιστα, ἐπειδὴ πρῶτα tan pronto como, al punto que; *con opt.* siempre que, cada vez que || *Causal,* ya que, una vez que, puesto que; ἐπειδὴ καί ya que también, puesto que además.

ἐπειδή-περ CONJ. puesto que, pues que en efecto.

ἐπ-εῖδον *aor. 2.º de* ἐφοράω.

ἐπειή pues, en verdad.

ἐπ-εικάζω sospechar, calcular, conjeturar (ὡς ἐπεοκάσαι, ὅσ' ἐπεικάσαι, ὡς γ'ἐπεικάζειν a lo que puede presumirse *o* conjeturarse).

1 **ἔπ-ειμι** estar sobre *o* encima [de algo, *dat.*, ἐπὶ *y dat.*, ἐπὶ *y gen*]; *fig.* amenazar; estar por delante, estar al frente, ser jefe, mandar (ἔπεστί σφι δεσπότης νόμος los gobierna una ley soberana); haber además, añadirse, agregarse; quedar, quedar vivo, sobrevivir (τίς ἐπέσσεται alguno sobrevivirá, *Od. 4, 756*); estar por venir; acercarse en el tiempo.
F. *cf.* εἰμί.

2 **ἔπ-ειμι** ir hacia, avanzar, adelantarse, acercarse [a... *ac. o dat.*; ὁ ἐπιών el primero que se presente, cualquiera]; venir en auxilio [de alguien *dat.*] *con sign. hostil:* lanzarse contra, acometer, atacar [a... *ac.*, πρός *o* ἐπὶ *y ac.*, *dat.*; ὁ ἐπιών el atacante]; ir a través de, atravesar, pasar revista a... [*ac.*]; venir, venir a continuación (ὁ ἐπιών el que viene después, el sucesor; ὁ ἐπιὼν χρόνος el porvenir; ἡ ἐπιοῦσα ἡμέρα el día siguiente, mañana); sobrevenir, venir al pensamiento, ocurrir (εἰ καὶ ἐπίοι αὐτῷ λέγειν aunque se le ocurriera decir).
F. *v.* εἶμι. *Y aplíquese lo dicho allí sobre* εἴσομαι εἰσάμην *a las comptas.* ἐπιείσομαι *etc. falsamente atribuidas a este vb.*

ἐπεῖναι *inf. aor. jón. de* ἐφίημι.

ἐπείνυμι *jón.* = ἐπιέννυμι (*inf. med.* ἐπείνυσθαι).

ἐπεί-περ CONJ. puesto que en verdad, ya que.

ἐπ-εῖπον *aor. def.* decir además, agregar, añadir.

ἐπ-είρομαι *jón.* = **ἐπέρομαι.**

ἐπ-ειρύω *jón.* = **ἐπερύω.**

ἐπ-ειρωτάω *y jón.*

ἐπ-ειρωτέω -ῶ = **ἐπερωτάω.**

ἔπεισα *aor. 1.º de* πείθω.

ἐπ-εισάγω meter además, introducir encima || MED. introducir para sí, admitir.

ἐπεισαγωγή ῆς ἡ introducción; paso para introducir.

ἐπεισαγώγιμος ον introducido, traído de fuera || **τὰ ἐπεισαγώγιμα** mercancías importadas.

ἐπείσακτος ον traído de fuera, importado; extranjero, extraño.

ἐπ-εισβαίνω salir, adelantarse, avanzar [a *o* hacia εἰς *y ac.*].

ἐπ-εισβάλλω lanzarse sobre... [*dat.*].

ἐπ-είσειμι = **ἐπεισέρχομαι.**

ἐπ-εισέρχομαι venir después, introducirse en segundo término (ἡ δ'ἐπεισελθοῦσα la segunda mujer, *Hdt. 4, 154*); venir a agregarse a... [*dat.*]; entrar por importación, ser importado.

ἐπ-είσοδος ου ἡ entrada, venida, llegada.

ἐπ-εισπηδάω -ῶ saltar *o* lanzarse encima.

ἐπ-εισπίπτω caer *o* lanzarse sobre... [*dat.*]; irrumpir, hacer irrupción.

ἐπ-εισπλέω ir a atacar con las naves, navegar al encuentro; venir *o* llegar por mar.

ἐπ-εισφέρω introducir sucesivamente || MED. presentar sucesivamente en su favor (ἐπεσενεγκάμενοι μαρτύρια acumulando testimonios en nuestro favor, *Tuc. 3, 53*) || PAS. ser introducido, presentarse a discusión *o* deliberación.

ἐπ-εισφρέω -ῶ meter, introducir || MED. meter consigo.

ἔπειτα ADV. *de tpo.* entonces, luego, después, a continuación (τὸ ἔπειτα lo que ha de venir a continuación *o en gral.* lo porvenir; τό τ' ἔπειτα καὶ τὸ μέλλον lo que suceda ahora y lo que ha de suceder después; οἱ ἔπειτα los descendendientes, la posteridad); *frec. después de part. u oración condicional o tporal; causal o ilativa:* entonces, en ese caso; según eso, así pues; *al comenzar una narración:* en efecto (νῆσος ἔπειτά τις ἔστι hay en efecto una isla, *Hom. Od. 4, 354*); *concesivo,* a pesar de ello, no obstante.

ἐπεί-τε *ép. jón.* = **ἐπειδή.**

ἔπειτεν *jón.* = **ἔπειτα.**

ἐπ-εκβαίνω desembarcar después *o* detrás.

ἐπ-εκβοηθέω -ῶ correr en socorro.

ἐπ-εκδιδάσκω *y*

ἐπ-εκδιηγέομαι -οῦμαι explicar después *o* a continuación.

ἐπ-εκδρομή ῆς ἡ excursión, salida.

ἐπ-έκεινα ADV. *y* PRP. más allá de, allende... [*gen.*]; τὸ ἐπέκεινα lo que está más allá, la región de más allá.

ἐπ-εκέκλετο *3.ª sing. aor. 2.º de* ἐπικέλομαι.

ἐπ-έκερσε *3.ª sing. aor. 1.º de* ἐπικείρω.

ἐπ-εκθέω correr fuera en contra, hacer una salida *o* ataque.

ἐπ-έκπλοος ου [-ους ου] salida por mar contra el enemigo, ataque por mar.

ἐπ-εκτείνω extender, prolongar || MED. atender, aplicarse [a algo, *dat.*].

ἐπ-εκτρέχω = **ἐπ-εκθέω.**

ἐπ-εκχέω derramarse encima.

ἐπέλασις εως ἡ acometida, embestida.

ἐπ-ελαύνω extender encima, aplicar encima [por forja]; impulsar *o* conducir hacia *o* contra; conducir; imponer (ὅρκους juramentos) || INTR. avanzar; marchar *o* dirigirse hacia *o* contra... [*dat.*, ἐπί *y ac.*].

ἐπ-έλησε *3.ª sing. aor. 1.º de* ἐπιλήθω.

ἐπ-έλκω *jón.* = **ἐφέλκω.**

ἐπ-ελπίζω hacer esperar, dar esperanzas [a alguien, *ac.*]; esperar; poner su esperanza [en... *dat.*].

ἐπ-εμβαίνω entrar, subir, montar [en... *gen.*]; hollar, pisotear [a... *dat.*]; insultar [a... κατά *y gen.*].
F. *cf.* βαίνω *y* ἐμβαίνω.

ἐπ-εμβάλλω poner *o* echar encima; inserir; introducir (σωτῆρα σαυτόν ἐπεμβάλλεις te introduces *o* te presentas como salvador, *Sóf. E. C. 463*) || INTR. echarse encima, *de donde* venir a desembocar encima.

ἐπεμβάτης ου ὁ que va montado, montado [en carro *o* caballo].

ἐκ-εμπίπτω caer *o* lanzarse encima (ποίμναις τήνδ' ἐπεμπίπτει βάσιν se arroja así sobre los rebaños, *Sóf. Ay. 42*).

ἔπεμψα *aor. 1.º de* πέμπω.

ἐπ-εναρίζω matar además, matar encima.

ἐπ-ενδύνω *y*

ἐπ-ενδύομαι ponerse *o* vestirse encima.

ἐπ-ενδύτης ου ὁ túnica exterior.

ἐπ-ενεῖκαι *inf. aor. ép. y jón. de* ἐπιφέρω.

ἐπ-ενήνεον *impf. de* ἐπινηνέω.

ἐπ-ενήνοθα *perf. def.* florecer encima, crecer encima, cubrir; brillar encima, aumentar la belleza de... [*ac.*].

ἐπ-ενθρῴσκω lanzarse encima, precipitarse sobre... [ἐπί *y ac.*].

ἐπ-εντανύω *y*

ἐπ-εντείνω tender; ἐπενταθ-ίς estirado, con los brazos hacia delante [*Sóf. Ant. 1235*].

ἐπ-εντέλλω mandar además, encargar sobre lo dicho.

ἐπ-εντύνω *y*

ἐπ-εντύω preparar, aprestar || MED. prepararse [ἄεθλα para la lucha].

ἐπ-εξάγω sacar *o* conducir en contra [un ejército al campo]; *s. o. intr.* salir, hacer una salida contra el enemigo, *Tuc. 2, 21, 3;* extender, prolongar (ἐν τῷ πλῷ πρὸς τὴν γῆν la línea de naves hasta tierra).

ἐπ-εξαγωγή ῆς ἡ prolongación.

ἐπ-έξειμι = **ἐπεξέρχομαι** [*pres. tamb. con valor de futuro*].

ἐπ-εξελαύνω hacer marchar en contra, lanzar en contra.

ἐπ-εξεργάζομαι hacer además, llevar a cabo en añadidura; dar muerte por segunda vez (ὀλωλότ' ἄνδρα ἐπεξειρ-.

γάσω has vuelto a matar a un hombre ya muerto, *Sóf. Ant. 1288*).

ἐπ-εξέρχομαι salir *o* marchar contra [alguien, *dat.*, πρός *y ac.*]; *tamb. abs.* salir al encuentro [*sc.* del enemigo]; atacar, combatir [algo *o* a alguien, *dat.*]; perseguir judicialmente, acusar [a alguien, *ac. o dat.*; de algo, *gen.*]; castigar, vengar, vengarse [de alguien, *dat.*]; llegar a continuación (ἡ ἀγγελίη la noticia); atravesar, recorrer; discurrir, examinar, explicar, exponer; recurrir a, intentar, probar (πᾶν todos los medios); salir con algo, llevar a cabo; obrar (ἀνομοίως ἔργῳ ἐπεξιέναι no responder del mismo modo con los hechos); seguir adelante (τῇ παρούσῃ τύχῃ con la misma fortuna).
F. *cf.* ἔρχομαι *y* ἐξέρχομαι.

ἐπ-εξέτασις εως ἡ nueva revista.

ἐπ-εξευρίσκω hallar además, inventar de nuevo sobre ello.

ἐπεξῆς *jón.* = **ἐφεξῆς**.

ἐπεξοδία ων τά sacrificios con motivo de una expedición.

ἐπ-έξοδος ου ἡ expedición, marcha contra el enemigo.

ἔπεο *2.ª sing. de impf. y de imp. pres. ép.* de ἕπομαι.

ἐπ-έοικα venir bien, gustar, convenir || IMPERS. es conveniente, es justo, está bien, viene bien.
F. ἐπέοιχ' = ἐπέοικε *ante vocal con espíritu áspero; plpf.* ἐπεῴκειν.

ἐπέπιθμεν *1.ª pl. plpf. ép. de* πείθω.

ἐπέπληγον *aor. ép. de* πλήσσω.

ἐπεπόνθει *3.ª sing. plpf. de* πάσχω.

ἐπέπταρε *3.ª sing. aor. 2.º de* ἐπιπταίρω.

ἐπέπτατο *3.ª sing. aor. de* ἐπιπέτομαι.

ἐπ-έπτην *aor. de* ἐπιπέτομαι.

ἐπέπυστο *3.ª sing. plpf. de* πυνθάνομαι.

ἐπ-έπω *jón.* = **ἐφέπω**.

ἐπ-έραστος ον amado, digno de amor.

ἐπ-εργάζομαι cultivar tierra extraña *o* tierra sagrada contra derecho.

ἐπεργασία ας ἡ cultivo contra derecho de terreno sagrado; derecho recíproco de cultivo de tierras entre dos estados vecinos.

ἐπ-ερείδω apoyar en, apoyar contra, *de donde* introducir, clavar; imponer, imprimir.

ἐπ-ερέφω construir encima y *en gral.* construir.

ἐπ-έρομαι = **ἐπερωτάω** preguntar.

ἐπ-ερρώσαντο *3.ª pl. aor. 1.º de* ἐπιρρώομαι.

ἐπ-ερύω traer hacia sí (θύρην la puerta [*e. e.* cerrarla]) || MED. echarse encima, envolverse en... [*ac.*].

ἐπ-έρχομαι ir hacia *o* ir sobre; llegar, venir; llegarse a, acercarse a, ir a consultar a, abocarse con [alguien, *dat.*]; venir a dar, entrar [en... εἰς *y ac.*]; sobrevenir [un sueño, una enfermedad, etc.]; acontecer; ocurrir por casualidad (πταρεῖν el estornudar); venir después, suceder; venir a las mientes *o* al ánimo, entrar [un deseo, etc.]; presentarse a hablar [ante... ἐπὶ *y ac.*]; dirigirse *o* lanzarse contra, atacar, invadir; atravesar, ir a través de; recorrer, visitar (ναοὺς χοροῖς los templos con danzas, *Sóf. Ant. 153*); echarse sobre, inundar; andar sobre [v. gr. el hielo, *dat.*]; explicar, exponer; ejecutar, llevar a cabo [algo, *ac.* πολέμῳ en la guerra].

ἐπ-ερωτάω -ῶ preguntar [a alguien, *ac.*; algo *ac. o* acerca de algo, περί *y gen.*], interrogar; pedir [que... *inf.*, *N. T.*].

ἐπερώτημα ατος τό *y*

ἐπερώτησις εως ἡ pregunta, interrogación; prenda; garantía.

ἔπεσα *aor. td. de* πίπτω *(N. T.)*.

ἔπ-εσαν *3.ª pl. impf. ép. de* ἔπειμι *1*.

ἐπεσβολίη ης ἡ discurso atrevido *o* descarado.

ἐπεσ-βόλος ου ὁ hablador desatado, maldiciente *o* atrevido.

ἐπ-εσθίω comer además *o* con ello.

ἔπεσον -ες -ε *aor. 2.º de* πίπτω.

ἐπ-έσπον *aor. 2.º de* ἐφέπω.

ἐπεσσύμενος η ον *part. aor. med. de* ἐπισεύω precipitado, presuroso.

ἐπ-έσσυται *3.ª sing. perf. pas. de* ἐπισεύω.

ἐπεστραμμένος η ον *part. perf. pas. de* ἐπιστρέφω = **ἐπιστρεφής**.

ἐπ-έτειος ον [*o* **-ος α ον**] *y*

ἐπ-έτεος ον anual, de cada año; anual, que dura un año.

ἐπέτης ου ὁ acompañante, criado.

ἐπετήσιος ον = **ἐπέτειος**.

ἔπετον *aor. eól. y dór. de* πίπτω.

ἕπευ *imp. ép. de* ἕπομαι.

ἐπ-ευθύνω dirigir; regir.

ἐπ-ευθύς ADV. en seguida.

ἐπ-ευρίσκω *jón.* = **ἐφευρίσκω.**

ἐπ-ευφημέω -ῶ asentir con palabras, aprobar, aclamar.

ἐπ-εύχομαι pedir, suplicar [a... *dat.*]; desear ardientemente, imprecar; agradecer, dar las gracias; vanagloriarse, gloriarse, ufanarse.

ἔπεψα *aor. 1.º* de πέσσω.

ἔπεφνον *aor. de* φένω. *V.* θείνω.

ἐπέφραδον *aor. ép. de* φράζω.

ἐπέφυκον *3.ª pl. plpf. ép. de* φύω.

ἐπέχευα *aor. 1.º de* ἐπιχέω.

ἐπέχυντο *3.ª pl. plpf. med. ép. de* ἐπιχέω.

ἐπέχω [*y* **ἐπίσχω**] tener sobre *o* encima, aplicar; aplicar la atención [a algo, *dat.*], proponerse [hacer algo, *constr. inf.*]; ofrecer, presentar (οἶνον vino, etc.); dirigir hacia, dirigir (ἵππους los caballos); *abs.* dirigirse contra [alguien, ἐπὶ *con dat. o ac.*, κατὰ *y ac.*]; perseguir; tener frente a frente, dar frente a [*ac.*]; ocupar, llenar [un espacio, un lugar]; extenderse (ἐπὶ πολύ por gran parte; ἐπὶ πλεῖστον por la mayor parte de... *gen.*); tener al alcance, dominar; señorear, reinar; retener, contener, sujetar; suspender [algo, *ac. o gen.*: τῆς πορείας la marcha]; suspender el juicio, la conversación *o* la discusión (περὶ τῆς συμμαχίας acerca de la alianza); tardar, retrasarse (πολὺν χρόνον mucho tiempo, etc.); quedar atrás, esperar, aguardar, estar en espera || MED. alzar, dirigir, acercar; *abs.* ἐπισχόμενος βάλεν ἰῷ habiendo apuntado, le lanzó la flecha [*Hom. Od. 22, 15*]; cerrarse, taparse (τὰ ὦτα los oídos); contenerse, retenerse, abstenerse de... [*inf.*], contener el aliento (ἐπισχόμενος ἐξέπιε lo bebió de un sorbo); *como el act.* ofrecer, brindar.

F. *impf.* ἐπεῖχον *ép. tamb. sin aum.* ἔπεχον; *fut.* ἐφέξω *y* ἐπισχήσω; *aor.* ἐπέσχον *impf.* ἐπίσχες, *inf.* ἐπισχεῖν, *ép.* ἐπισχέμεν; *poét.* ἐπέσχεθον. *3.ª pl. plpf. pas. ép.* ἐπώχατο *Il. 12,340* (*v. l.: quizás mejor* ἐπῴχατο *de* ἐποίγνυμι *o* ἐποίγω cerrar). *Cf.* ἔχω.

ἐπεῴκειν *plpf. de* ἐπέοικα.

ἐπ-ηβάω *jón.* = **ἐφηβάω.**

ἐπήβολος ον dueño, poseedor (ἐπ. φρενῶν dueño de su razón).

ἐπ-ηγκενίς ίδος ἡ regala [tablón que forma el borde de las embarcaciones].

ἐπηγορεύω *jón.* reprochar, quejarse de [algo, *ac.* a alguien *dat.*].

ἐπ-ῆεν *3.ª sing. impf. ép. de* ἔπειμι 1.

ἐπ-ηετανός όν constante, continuo [*adv.* ἐπηετανόν siempre]; perenne, inagotable, abundante.

ἐπήϊεν *3.ª sing. impf. ép. de* ἔπειμι 2.

ἐπ-ῆκαν *3.ª pl. aor. jón. de* ἐφίημι.

ἐπήκοος ον que oye, escucha *o* da oído; que puede oírse (τὸ ἐπήκοον el alcance del oído; εἰς ἐπήκοον al alcance del oído, a sitio donde puede oírse la voz).

ἐπῆκτο *3.ª sing. plpf. pas. de* ἐπάγω.

ἔπηλα -ας -ε *etc. aor. 1.º de* πάλλω. *Sóf. El. 710.*

ἐπηλυγάζομαι ocultar, tapar [algo, *ac.*; con algo, *dat.*]; ocultarse, taparse [detrás de alguien, *ac.*].

ἐπ-ήλυθον *aor. 2.º ép. de* ἐπέρχομαι.

ἐπ-ῆλυξ υγος de reparo, como reparo.

ἔπ-ηλυς υ [*gen.* υδος] *y*

ἐπηλύτης ου que viene de fuera, forastero, advenedizo.

ἐπ-ημοιβός όν para mudar, de recambio; que cruza de través, transversal.

ἐπ-ημύω cernirse sobre... [*dat.*].

ἐπήν CONJ. *jón. y ép.* = **ἐπάν.**

ἐπήνεκα *y* **ἐπήνεσα** *perf. y aor. 1.º respectivamente de* ἐπαινέω.

ἔπηξα *aor. 1.º de* πήγνυμι.

ἐπῆξα *aor. 1.º de* ἐπάγω *(N. T.).*

ἐπ-ηπύω aclamar [a alguien, *dat.*].

ἐπήραμαι *perf. de* ἐπαράομαι.

ἐπηράσω *2.ª sing. aor. de* ἐπαράομαι.

ἐπ-ήρατος ον amado, deseado; amable, encantador.

ἐπηρεάζω tratar con soberbia *o* insolencia, vejar, maltratar, ofender, insultar, calumniar [a... *dat. gen y en el N. T. ac.*]; amenazar.

ἐπ-ήρεια ας ἡ vejación, ofensa, mal trato, agravio, injuria (κατ' ἐπήρειαν con mal ánimo, de malas maneras).

ἐπ-ήρετμος ον *ép.* que está al remo; provisto de remos.

ἐπ-ηρεφής ές que cubre *o* pende encima, áspero, abrupto.

ἐπῆρκα *perf. de* ἐπαίρω.

ἐπῆρσα *aor. 1.º de* ἐπαραρίσκω.

ἐπητής οῦ ADJ. *m.* discreto, sensato; afable, amable.

ἐπήτριμος ον apretado, denso, numeroso, uno tras otro, en tropel.
ἐπητύς ύος ἡ afabilidad, amabilidad.
ἐπ-ηχέω -ῶ resonar.
ἐπήχθην *aor. 1.º pas. de* ἐπάγω *y de* πήγνυμι.
ἐπί ADV. encima, sobre ello, además, también, igualmente; entonces, luego; ἐπὶ δέ y después, además ‖ PRP. *de gen.* sobre, encima de, en (ἐπ'ἀκροτάτης κορυφῆς sobre la cumbre más alta); *a veces,* al lado de, junto a (κόλπος ὁ ἐπὶ Ποσιδηΐου el golfo junto al templo de Posidón, *Hdt. 7, 115;* ἐπὶ προσπόλου μιᾶς χωρεῖν andar apoyado en una única acompañante, *Sóf.;* ἐπὶ τῶν ἰδίων νόμων καὶ ἔργων en [*e. e.* tratándose de] leyes y actos privados, *Dem.); con pron.* (εὔχεσθε ἐφ'ὑμείων orad en vosotros mismos [*e. e.* mentalmente], *Hom.;* ἐφ' ἑαυτῶν ἐχώρουν marcharon por su propia cuenta, separados de los demás, *Jen.;* αὐτὴ ἐφ' αὑτῆς σκοποῦσα observando ella por sí misma, *Tuc. 6, 40, 2*); *con numerales* (ἐπὶ τεττάρων de a cuatro [en fondo *o* en línea]; ἐπὶ φάλαγγος en línea); con motivo de, por causa de, por (ἡ ἐπ' Ἀνταλκίδου εἰρήνη καλουμένη la paz que recibió nombre por Antálcidas, la paz de Antálcidas); *con verbos de dirección:* hacia (προτρέποντο μελαινάων ἐπὶ νηῶν se volvieron hacia las negras naves; ἐπ'οἴκου hacia casa; ἡ ἐπὶ Βαβυλῶνος ὁδός el camino hacia Babilonia, *Jen.; metáf.:* ὡς ἐπὶ κινδύνου como para ir contra el peligro, *Tuc. 6, 34;* ἐπὶ τοῦ ἀλύπως ζῆν con vistas a vivir sin disgustos, *Plat.*); *indicando tpo.:* en, en tiempo de (ἐπ' εἰρήνης en tiempo de paz; ἐπ' ἐμοῦ en mi tiempo; ἐπὶ Λεόντος βασιλεύοντος en el reinado de Leonte); al frente de (οἱ ἐπὶ τῶν πραγμάτων los que están al frente de los asuntos, los funcionarios públicos). *Adv.:* ἐπ'ἴσης igualmente ‖ *De dat.* sobre, encima de, en, cerca de [*cf. con gen.*]; en relación con (θερμὴν ἐπὶ ψυχροῖσι καρδίαν ἔχεις tienes un corazón ardiente en relación con cosas que hielan de espanto; ὅσον ἐπὶ τῇ πανουργίᾳ en todo lo que toca a la picardía, *Luc.*); en honor de; contra (ὅσ' ἐφ' ἡμῖν κάκ' ἐμήσατ'οὐδείς males, cuantos nadie meditó contra nosotros); sobre, a más de (πήματα ἐπὶ πήμασιν penas sobre penas; ἐπὶ τούτοις a más de estas cosas); después de, detrás de; en poder *o* en manos de (ἐπὶ τῷ πλήθει en poder de la multitud; τὸ ἐπ' ἐμοί en cuanto de mí depende *o* está en mi mano); *con verbs. de movimiento:* hacia (νηυσὶν ἐπὶ γλαφυρῇσιν ἐλαυνέμεν arrear hacia las cóncavas naves [*raro*]); contra (ἧκε δ' ἐπ' Ἀργείοισι κακὸν βέλος lanzó contra los Argivos funesto dardo, *Hom. Il., 1, 382*); *con idea de tpo. u ocasión* (ἐπὶ νυκτί en la noche, durante la noche; ἐπὶ τῷ δείπνῳ durante la comida); *más. frec. en prosa:* después de (ἕκτῃ ἐπὶ δεκάτῃ en el día 6.º, después del décimo, en el décimosexto día; ἐπ' ἐξεργασμένοισι después de hechas las cosas); *con idea de causa;* por causa de, con motivo de, por (ἐπί σοι μάλα πόλλ' ἔπαθον por ti padecí muchas cosas; ἐπὶ κακουργίᾳ por maldad; ἐπ' εὐνοίᾳ por benevolencia); *con idea de fin.:* para (παῖς ἐπὶ κτεάτεσσιν heredero para sus bienes; ἔλαβον ἐπὶ θανάτῳ lo cogieron para darle muerte, *Jen. An. 1, 6, 10*); *condición* (ἐπὶ τούτοις en estos término *o* condiciones; ἐφ' ᾧ, ἐφ' ᾧτε, con condición de que...; ἐπ' ἐλευθερίᾳ bajo seguro de libertad, *Tuc. 7, 82, 1*); *precio:* por (ἐπὶ πόσῳ ἂν τις δέξαιτο por cuanto no lo aceptaría alguno [*Plat. Ap. 41, a.*]; ἐπὶ θητείᾳ a sueldo); al frente de (ἐπ' ὄεσσι al cuidado de las ovejas; ἐπὶ στρατεύματι al frente del ejército) ‖ *De ac.* sobre; a, hacia [*con verbos o exprs. de movimiento*]; hasta [*frec. con num. y adjs. neutros de cantidad, con los que a veces no debe traducirse:* ἐπὶ σμικρόν poco; ἐπὶ πλέον más]; *indicando dirección* (ἐπὶ δόρυ al lado de la lanza, a la derecha; ἐπ' ἀσπίδα al lado del escudo, a la izquierda); *con valor de adv.* (ἐπὶ τὸ μεῖζον llevándolo a más, exagerando; ὡς ἐπὶ τὸ πολύ por término medio *o bien* las más veces, la mayor parte del tiempo, *Tuc.*); *en sentido hostil:* contra (ὅτι ἐπ' αὐτὸν τεθυμένος εἴη que había

hecho el sacrificio ritual para partir contra él, *Jen. An. 7, 8, 21*); sobre, en la extensión de, por (ἐπ' εὐρέα νῶτα θαλάσσης sobre el ancho dorso del mar; ἐπὶ νῶτα δαφοινός rojizo por la espalda); entre (κλέος πάντας ἐπ' ἀνθρώπους renombre entre los hombres todos); *indicando tiempo:* durante; hasta (ἐπ' ἠῶ hasta la aurora); *indicando modo* (ἐπ' ἀσπίδας πέντε καὶ εἴκοσιν de 25 en fila); *fin:* por, en busca de (ἐπ' ἀργύριον por dinero; ἐπ' Ὀδυσσῆα ἤϊε fue en busca de Ulises); en cuanto a, por lo que toca a (τοὐπὶ τήνδε τὴν κόρην por lo que toca a esta doncella; τὸ ἐπὶ σφᾶς εἶναι por ellos, en cuanto dependía de ellos); al frente *o* al mando de; conforme a (ἐπὶ στάθμην con la regla [*e. e.* a la perfección]).

ἔπι = **ἐπί** *cuando va pospuesto a su régimen* || = **ἔπεστι** [*v.* ἔπειμι *1*].

ἐπ-ιάλλω echar *o* poner encima; ocasionar, promover.

ἐπι-άλμενος *part. aor. 2.º ép. de* ἐφάλλομαι.

ἐπι-ανδάνω *ép.* = **ἐφανδάνω.**

ἐπ-ιάχω gritar, chillar; lanzar gritos de aprobación, aclamar.

ἐπίβαθρον ου τό pasaje, importe del pasaje [por mar].

ἐπι-βαίνω pisar, poner el pie *o* entrar en [una tierra, un país, unos confines, *gen., ac.,* ἐπὶ *y ac.*]; llegar a, venir a dar en (ἀναιδείης la desvergüenza); conseguir, obtener, alcanzar... [*gen.:* εὐσεβείας ἐπιβαίνοντες entrando en terreno de piedad, cumpliendo con la piedad, *Sóf. E. C., 189;* σαοφροσύνης ἐπέβησαν hicieron entrar en razón]; subir a... [*gen.:* ἐπ. ἵππων montar a caballo; ἐπ. νηῶν, *o tamb.* ἐπὶ νεώς, ἐπὶ νῆα, ἐπὶ τὰς ναῦς, ναυσίν, embarcar]; *a veces sin compl.:* montar a caballo *o* en carro, embarcar; dirigirse hacia, adelantarse, acercarse; *o en sentido hostil:* dirigirse contra, atacar a... [*dat., ac.,* πρός *y ac.*] || TR. [*aor.* ἐπέβησα] hacer pisar *o* poner el pie en... [*gen.*]; hacer subir *o* montar a... [*gen.*]; hacer entrar en [σαοφροσύνης, juicio].
F. *Intr.: fut.* ἐπιβήσομαι; *aor. 2.º* ἐπέβην, *3.ª pl.* ἐπέβησαν, *ép. tamb.* ἐπέβαν, *1.ª pl. subj.* ἐπιβῶμεν, *ép.* ἐπιβείομεν, *imp.* ἐπίβηθι, *ép.* ἐπίβα, *inf.* ἐπιβῆναι, *ép.* ἐπιβήμεναι, *y aor. 1.º med.* ἐπεβησάμην *(íd.) con aor. mixto ép., 3.ª sing.* ἐπεβήσετο, *imp.* ἐπιβήσεο. *Tr. fut.* ἐπιβήσω; *inf. ép.* ἐπιβησέμεν; *aor. 1.º* ἐπέβησα, *imp.* ἐπίβησον, *subj. pl. ép. con vocal breve* ἐπιβήσομεν, ἐπιβήσετε. *V.* βαίνω.

ἐπι-βάλλω echar, tirar, arrojar [algo, *ac.;* a... εἰς *y ac. o* sobre. ἐπὶ *y ac.*]; echar encima (ἐπ. ἱμάσθλην aplicar el látigo, fustigar; ἐπ. ἐπίβλημα ἐπὶ ἱμάτιον echar una pieza a un vestido; ἐπ. τὴν χεῖρα, *o* τὰς χεῖρας echar la mano encima, coger, apresar [a alguien, *dat.,* ἐπὶ *y ac.*]); poner encima, poner (ἐπ. σφραγῖδα poner el sello, sellar); imponer [un tributo, una pena, el destierro, etc.] || INTR. echarse encima de, embestir a... [εἰς *y ac.*]; venir a dar en, llegar a... [*ac.*]; darse cuenta (καὶ ἐπιβαλὼν ἔκλαιεν y dándose cuenta, lloraba, *N. T.*); tocar (τὸ ἐπιβάλλον [μέρος] la parte que toca *o* corresponde); atañer, concernir [a... *ac., etc.*] || MED. echarse encima; desear vehementemente, ansiar (ἐνάρων ἐπιβαλλόμενος ansioso de botín); echarse encima, ponerse; imponerse a sí mismo (δουλείαν la esclavitud); proponerse (τοὺς ὅρκους λύειν romper los juramentos); poner encima algo propio *y esp.* τοὺς τοξότας ἐπιβεβλῆσθαι colocar los arqueros la flecha [*Jen. An. 5, 2, 12, etc.*].
F. *V.* βάλλω.

ἐπι-βαρέω -ῶ *N. T.* molestar; agraviar.

ἐπίβασις εως ἡ entrada, acceso, ataque; ocasión (ἐπίβασιν εἰς αὐτὸν ποιεύμενος tomando ocasión contra él [para perderle], *Hdt. 6, 61*); punto de apoyo.

ἐπι-βάσκω meter, arrojar [a alguien, *ac.;* en... *gen.:* κακῶν la desgracia].

ἐπι-βαστάζω levantar.

ἐπιβατεύω subir, montar a... [*gen.*]; apoyarse, basarse en... [*gen.*]; *esp.* ir embarcado (ἐπὶ νεῶν ser marino *o* soldado de marina).

ἐπιβάτης ου ὁ que va montado, jinete; marino; soldado de marina; pasajero de nave; segundo jefe *o* vicealmirante en la armada.

ἐπιβατός ή όν accesible.
ἐπιβείομεν *1.ª pl. subj. aor. ép. de* ἐπιβαίνω.
ἐπιβήμεναι *inf. aor. ép. de* ἐπιβαίνω.
ἐπι-βήτωρ ορος ὁ jinete de, caballero sobre [*gen.*]; que monta *o* cubre.
ἐπι-βιβάζω hacer subir; hacer entrar, meter, introducir.
ἐπι-βιόω-ῶ vivir, mantenerse en vida; sobrevivir [a... *dat.*].
ἐπι-βλαβής ές dañoso, perjudicial
ἐπι-βλέπω volver la vista *o* la atención a, considerar, contemplar [algo... εἰς *o* ἐπὶ *y ac., dat.*].
ἐπίβλημα ατος τό cosa puesta encima, cobertor; pieza, remiendo.
ἐπιβλής ῆτος ὁ cerrojo.
ἐπι-βοάω -ῶ [*y med.*] gritar, decir a gritos; invocar, llamar a sí *o* en auxilio; llamar como testigo; aclamar, aplaudir; gritar en contra, desacreditar; *de donde pas.* ἐπιβοώμενος atacado públicamente, criticado.
F. *fut. med. ép. y jón.* ἐπιβώσομαι, *aor. jón med.* ἐπεβωσάμην, *inf.* ἐπιβώσασθαι.
ἐπιβοήθεια ας ἡ socorro, auxilio.
ἐπι-βοηθέω -ῶ socorrer, venir en ayuda [a alguien, *dat.*, en contra de... πρὸς *o* ἐπὶ *con ac.*].
ἐπιβόημα ατος τό grito; llamada.
ἐπιβόητος ον criticado, difamado.
ἐπιβολή ῆς ἡ acción y efecto de echar *o* echarse encima *o* vestirse; (ἐπ. χειρῶν σιδηρῶν lanzamiento de garfios de hierro); traza, idea, proyecto, empresa; ataque; cubierta; capa, fila (πλίνθων de ladrillos); pena, multa.
ἐπι-βομβέω -ῶ zumbar, resonar.
ἐπι-βουκόλος ου ὁ boyero, vaquerizo; pastor, ganadero.
ἐπιβούλευμα ατος τό = **ἐπιβουλή.**
ἐπιβουλευτής οῦ ὁ asechador, enemigo solapado.
ἐπιβουλεύω [*y med.*] maquinar, proyectar [algo, *ac.;* contra alguien *dat.*]; tramar; conspirar, asechar; intrigar por, tender *o* aspirar con astucias *o* asechanzas a [algo, *dat.*] || PAS. ser objeto de insidias *o* asechanzas (ἐπιβουλευσόμεθα seremos objeto de asechanzas [*fut. med. con valor pas.*], *Jen. Cir, 5, 4, 34*); ser tramado (τὰ ἐπιβουλευόμενα las tramas *o* asechanzas).
ἐπι-βουλή ῆς ἡ designio, propósito; trama, maquinación, conjura (ἐξ ἐπιβουλῆς con premeditación; insidiosamente).
ἐπί-βουλος ον insidioso, asechador.
ἐπι-βρέμω bramar, mugir encima.
ἐπι-βρίθω pesar, caer *o* cargar encima.
ἐπιβρόντητος ον atronado, loco, insensato.
ἐπι-βωθέω *jón.* = **ἐπιβοηθέω.**
ἐπι-βώσομαι *fut. ép. y jón. de* ἐπιβοάω.
ἐπι-βώτωρ ορος ὁ pastor.
ἐπί-γαιος ον = **ἐπίγειος.**
ἐπι-γαμβρεύω tomar por esposa a la viuda de su hermano [*ac.*].
ἐπιγαμία ας ἡ derecho recíproco de matrimonio entre personas de distintos estados.
ἐπίγαμος ον casadero, núbil.
ἐπι-γαυρόομαι -οῦμαι [*con aor. pas.*] ufanarse, alegrarse.
ἐπι-γδουπέω tronar *o* crujir encima.
ἐπί-γειος ον que está en la tierra; terrestre, humano.
ἐπι-γελάω -ῶ reír *o* sonreírse por ello.
ἐπι-γεραίρω recompensar honrosamente.
ἐπι-γίγνομαι venir, venir después, suceder (τοῦ ἐπιγενομένου θέρους el verano siguiente; χρόνου ἐπιγιγνομένου andando el tiempo); nacer después (οἱ ἐπιγιγνόμενοι ἄνθρωποι la posteridad); añadirse, agregarse [a algo, *dat.*]; presentarse, sobrevenir; echarse encima, atacar.
F. *V.* γίγνομαι.
ἐπι-γιγνώσκω *y jón.*
ἐπι-γινώσκω conocer, reconocer [a alguien *ac.;* en algo, *dat. o* ἀπὸ *y gen.*]; llegar a conocer, aprender, descubrir, observar; pensar, juzgar, decidir, resolver, determinar.
F. *fut.* ἐπιγνώσομαι, etc. *V.* γιγνώσκω. *Nótese especialmente 3.ª sing. y pl. subj. aor. ép.* ἐπιγνώῃ ἐπιγνώωσι.
ἐπι-γνάμπτω curvar, doblar (δόρυ la lanza); *fig.* plegar, doblegar, persuadir, calmar.
ἐπι-γνώμων ον [*gen.* ονος] conocedor, experto || SUBST. **ὁ ἐπιγνώμων** juez, árbitro; inspector.
ἐπί-γνωσις εως ἡ conocimiento; reconocimiento.
ἐπίγονος ου ὁ descendiente, epígono.

ἐπι-γουνίς ίδος ἡ muslo; cadera.

ἐπιγράβδην ADV. arañando, por cima.

ἐπίγραμμα ατος τό inscripción.

ἐπιγραφή ῆς ἡ inscripción, epígrafe.

ἐπι-γράφω arañar, rasguñar por encima, rozar ligeramente [a alguien en... *dos acs.*]; distinguir con señal *o* marca; escribir *o* pintar encima, inscribir, poner una inscripción, designar *o* distinguir por una inscripción, rotular, titular; adscribir, señalar [a uno, *ac.; como* culpable de... *dat.*]; mandar *o* encargar por escrito; *fig.* imprimir fuertemente; añadir en un registro, inscribir también; hacer *o* elegir [a alguien tal *o* cual cosa, *dos acs.*] || MED. *como el act.;* pintar para sí, pintarse; hacer inscribir para sí, inscribir *o* incluir en un registro por sí *o* para sí; suscribir, adherirse a... [*dat.*]; poner sobre sí, encargarse de [algo, *ac.*].

ἐπί-γρυπος ον corvo.

ἐπι-γύαλος ον [*v. l. Sóf. E. C. 1492*] ¿áspero? ¿remoto?

ἐπί-δαμος ον *dór.* = **ἐπίδημος.**

Ἐπίδαυρος ου ἡ ciudad en la costa oriental de Argólida, en el golfo Sarónico || Otra ciudad en la costa oriental de Laconia (ἡ Λιμηρά la del buen puerto).

ἐπι-δαψιλεύομαι proveer abundantemente [a alguien *dat.; de* algo, *gen.*]; encarecer, enriquecer, ilustrar [*dat.*].

ἐπιδέδρομα *perf. de* ἐπιτρέχω.

ἐπιδεής ές falto, necesitado [de... *gen.*]; βίης ἐπιδευής débil; inferior en fuerza (Ὀδυσῆος a Ulises).

ἐπίδειγμα ατος τό muestra, prueba.

ἐπι-δείκνυμι *y*

ἐπι-δεικνύω mostrar, presentar, hacer ver (τὸ στράτευμα el ejército en revista); demostrar, probar [algo, *ac.; a* alguien, *dat.; que...* ὅτι *o* ὡς..., *constr. de inf. o part.*] || MED. mostrar abiertamente, mostrar algo propio, hacer muestra *o* alarde de [*ac.*]; mostrarse, presentarse, exhibirse.

F. *V.* δείκνυμι. *Nótese aor. 1.º jón.* ἐπέδεξα.

ἐπι-δεικτικός ή όν pomposo, ostentoso.

ἐπ-ιδεῖν *inf. aor. 2.º de* ἐφοράω.

ἐπίδειξις εως ἡ muestra, prueba, demostración (ἐπίδειξιν ποιεῖσθαι dar una demostración, *o* una muestra); noticia, conocimiento (ἐς ἐπίδεξιν ἀπικέσθαι venir a noticia *o* conocimiento); ostentación, alarde; *y esp.* lectura pública, declamación, discurso de aparato; revista militar.

ἐπι-δέκατος η ον uno sobre diez || **τὸ ἐπιδέκατον** la décima parte, el diezmo.

ἐπι-δέκομαι *jón.* = **ἐπιδέχομαι.**

ἐπι-δέξιος ον a la derecha; feliz, fausto; diestro, hábil; ἐπιδέξια de izquierda a derecha; a la derecha *de donde* favorablemente.

ἐπίδεξις ιος ἡ *jón.* = **ἐπίδειξις.**

ἐπι-δέρκομαι mirar.

ἐπι-δευής ές = **ἐπιδεής.**

ἐπι-δεύομαι = **ἐπιδέομαι** [*v.* ἐπιδέω 2].

ἐπι-δέχομαι recibir, acoger, admitir, permitir.

1 **ἐπι-δέω** [*fut.* ἐπιδήσω] atar encima: asegurar; ligar, vendar.

2 **ἐπι-δέω** [*fut.* ἐπιδεήσω] estar falto de; tener necesidad de... [*gen.*] || PAS. estar falto, necesitar, carecer, no tener [algo, *gen.*]; ser inferior a, quedarse atrás [de alguien, *gen.; en* algo, *gen.*].

ἐπί-δηλος ον claro, manifiesto, visible, evidente.

ἐπι-δημεύω *y*

ἐπι-δημέω -ῶ estar en casa, en la ciudad, en la patria, hallarse presente; volver a la patria *o* al hogar; llegar, vivir *o* habitar en calidad de forastero.

ἐπι-δήμιος ον que está en su país, su patria *o* en casa; del propio país, doméstico (ἐπ. πόλεμος guerra civil); residente como forastero en el país.

ἐπι-δημιουργός οῦ ὁ funcionario *o* magistrado inspector, visitador.

ἐπί-δημος ον = **ἐπιδήμιος** (ἐπίδαμος φάτις voz *u* opinión pública *o* general, *Sóf. E. R. 495*).

ἐπι-διαβαίνω pasar también; pasar después *o* detrás de... [*dat.*].

ἐπι-διαγινώσκω *jón.* considerar *o* tratar de nuevo.

ἐπι-διαιρέω -ῶ repartir || MED. repartirse, repartir entre sí.

ἐπι-διακρίνω decidir, dar la sentencia definitiva.

ἐπι-διατάσσομαι ordenar además, a-

gregar como orden.
ἐπι-διαφέρω transportar luego.
ἐπι-διδάσκω enseñar también.
ἐπι-δίδωμι dar además, dar también *y esp.* agregar en la dote; dar generosa *o* espontáneamente, dar de más; dar, ofrecer; entregar, dar a la mano || INTR. entregarse, abandonarse a... [εἰς *y ac.*]; *tambs. abs.* ἐπιδόντες ἐφερόμεθα íbamos sin resistencia a la deriva, *Act. Apost. 27, 15;* crecer, progresar, avanzar, aumentar (ἐς τὸ ἀγριώτερον en ferocidad; ἐς τὸ μισεῖσθαι en ser odiado, en odiosidad; ἐπ. ἐπὶ τὸ βέλτιον ir a mejor, mejorar) || MED. *como act. intr.;* llamar *o* invocar por testigo; honrar con dones *u* ofertas [a alguien, *ac.*].
F. *fut.* ἐπιδώσω *etc.* *V.* δίδωμι.
ἐπι-δίζημαι buscar, procurar; inquirir, investigar.
ἐπι-δικάσιμος ον socorredor, abogado.
ἐπι-δινέω -ῶ TR. revolear, hacer girar a rodeabrazo || MED. revolver en el propio ánimo || PAS. girar, dar vueltas.
ἐπι-διορθόω -ῶ enderezar, corregir.
ἐπι-διφριάς άδος ἡ parapeto *o* baranda del carro.
ἐπι-δίφριος ον en el carro, que va sobre el carro.
ἐπι-διώκω perseguir, ir detrás de [alguien, *ac.*].
ἐπί-δοξος ον que suscita el temor *o* la esperanza de, que parece que esté en peligro (πείσεσθαι de sufrir); probable, presumible, verosímil.
ἐπίδοσις εως ἡ añadidura, *esp.* contribución voluntaria, donativo; crecimiento, aumento, progreso.
ἐπιδοχή ῆς ἡ recepción *o* admisión nueva *o* posterior
ἐπι-δραμεῖν *inf. aor. de* ἐπιτρέχω.
ἐπι-δρομή ῆς ἡ incursión, irrupción *o* ataque repentino.
ἐπίδρομος ον accesible, expugnable.
ἐπι-δύω [*y med.*] sumergirse, ponerse [el sol].
ἐπιείκεια ας ἡ conveniencia; moderación, equidad, benignidad.
ἐπι-είκελος ον *ép.* semejante, parecido.
ἐπι-εικής ές conveniente, acomodado, razonable; aparente, de apariencia, especioso; verosímil; discreto, virtuoso, honrado; moderado, equitativo, benigno; bueno, capaz, bien dotado; ilustre, alto, elevado || ADV. **ἐπιεικῶς** *y jón.* **ἐπιεικέως** convenientemente, bastante (τέως μὲν ἐπιεικῶς por bastante tiempo); acaso; probablemente, verdad; moderada, benignamente.
ἐπι-εικτός ή όν vencible, domable (οὐκ ἐπιεικτός invencible, indomable; intolerable).
ἐπι-ειμένος η ον *part. perf. ép. de* ἐπιέννυμι.
ἐπι-εισάμην *aor. 1.º ép. de* ἔπειμι 2.
ἐπιεῖσι *3.ª pl. ind. pres. jón. de* ἐφίημι.
ἐπι-είσομαι *fut. ép. de* ἔπειμι 2.
ἐπι-έλπομαι *ép.* esperar, confiar en... [*inf.*].
ἐπι-ιέναι *inf. de* ἔπειμι 2.
ἐπι-έννυμι poner *o* echar sobre *o* encima || MED. ponerse encima, vestirse, revestirse, armarse de... [*ac.:* ἐπιειμένος ἀλκήν revestido de valor; γῆν ἐπιέσασθαι ser cubierto de tierra, ser enterrado].
F. *jón.* ἐπείνυμι *inf. pres. med.* ἐπείνυσθαι; *fut. med. poét.* ἐπιέσσομαι; *aor. 1.º* ἐπίεσ(σ)α, *med.* ἐπιεσ(σ)άμην, *perf. med. 3.ª sing.* ἐπίεσται, *part. perf. med. ép.* ἐπιειμένος. *post-hom.* ἐφέννυμι, *aor. med.* ἐφεσσάμην *etc.*
ἐπι-εσ(σ)άμην *aor. 1.º med. de* ἐπιέννυμι.
ἐπιζάφελος ον *ép.* violento.
ἐπι-ζάω -ῶ = **ἐπιβιόω.**
ἐπι-ζεύγνυμι *y*
ἐπι-ζευγνύω unir por encima, asegurar.
ἐπιζεφύριος ον situado a occidente, occidental. Ἐπιζεφύριοι Λοκροί locros occidentales (en el extremo sudoccidental de Italia).
ἐπι-ζέω hervir *o* arder encima; desbordarse (μοὶ ἡ νεότης ἐπέζησε mi espíritu juvenil se encendió); inflamarse.
ἐπι-ζήμιος ον dañoso, perjudicial
ἐπιζήμιόω -ῶ castigar, multar.
ἐπι-ζητέω -ῶ buscar, ir en busca de; echar de menos, desear; tratar de conseguir.
ἐπι-ζώννυμι alzarse el vestido y ceñírselo a la cintura, arremangarse.
ἐπι-ζώω = **ἐπιζάω** [*v.* ἐπιβιόω].
ἐπ-ίηλε *3.ª sing. aor. 2.º ép. de* ἐπιάλλω.
ἐπ-ίημι *jón.* = **ἐφίημι.**

ἐπι-ήνδανε *3.ª sing. impf. ép. de* ἐφανδάνω.

ἐπιήρανος ον agradable; protector, acorredor; señor [de... *gen.*].

ἐπί-ηρος ον agradable, bienvenido, deseado (ἐπίηρα φέρειν mostrarse grato, hacerse agradable, dar gusto).

ἐπι-θαλασσίδιος ον [*o* **-ος α ον**] *y*

ἐπι-θαλάσσιος ον que está situado *o* que habita junto al mar, costero, marítimo || **τὰ ἐπιθαλάσσια** costas, regiones costeras.

ἐπι-θαλαττίδιος ον *y*

ἐπι-θαλάττιος ον *át.* = **ἐπιθαλασσίδιος** *y* **ἐπιθαλάσσιος.**

ἐπι-θανάτιος ον próximo a morir, condenado a muerte [*N. T.*].

ἐπι-θαρσύνω animar, dar ánimos.

ἐπι-θειάζω invocar a los dioses (τοσαῦτα en tales términos); jurar por los dioses.

ἐπι-θειασμός οῦ ὁ invocación de los dioses, conjuro.

ἐπι-θεραπεύω ser complaciente con, complacer a [alguien, *ac.*]; atender a, poner la vista en [algo, *ac.*].

ἐπίθεσις εως ἡ imposición (χειρῶν de manos, *N. T.*); golpe de mano, ataque.

ἐπι-θεσπίζω enunciar un oráculo (τρίποδι sobre el trípode); consentir, conceder [un dios, un oráculo].

ἐπιθετικός ή όν pronto al ataque [contra... *dat.*], emprendedor.

ἐπίθετος ον agregado; importado; fingido.

ἐπι-θέω correr hacia allá; correr detrás de, perseguir.

ἐπίθημα ατος τό tapa, cubierta.

ἐπιθολόω -ῶ perturbar, ofuscar.

ἐπιθόμην ἐπίθου ἐπίθετο *aor. 2.º med. de* πείθω.

ἐπι-θορυβέω -ῶ gritar, responder con gritos *o* clamores [de aprobación *o* de desaprobación].

ἐπιθρέξας *part. aor. 1.º ép. de* ἐπιτρέχω.

ἐπι-θρῴσκω saltar; saltar a *o* sobre (νηός la nave); saltar encima de, pisar, insultar, a... [*dat.*].

ἐπι-θυμέω -ῶ desear, estar deseoso [de algo *o* de tener a alguien, *gen. o ac.; tamb. constr. inf.*].

ἐπιθυμητής οῦ ὁ deseoso, ansioso [de... *gen.*]; amante, amigo, seguidor, discípulo.

ἐπιθυμητικός ή όν deseoso, ansioso || ADV. ἐπιθυμητικῶς ἔχειν = ἐπιθυμεῖν.

ἐπιθυμία ας ἡ deseo, apetito, pasión (ἐπιθυμίαν ἐμποιεῖν *o* ἐμβάλλειν infundir el deseo [a alguien, *dat.*]; ἐπιθυμίᾳ por pasión).

ἐπιθυμίαμα ατος τό incensación, ofrenda de incienso.

ἐπιθυμίη ης ἡ *jón.* = **ἐπιθυμία.**

ἐπ-ιθύνω dirigir, enderezar.

1 **ἐπι-θύω** sacrificar además *o* encima.

2 **ἐπι-θύω** echarse encima, asaltar; lanzarse a... [*inf.*].

ἐπι-θωύσσω gritar *y esp.* dar gritos de aliento [a... *dat.*].

ἐπι-ίστωρ ορος ὁ sabedor, confidente, cómplice.

ἐπι-καθαιρέω -ῶ echar abajo, destruir totalmente.

ἐπι-κάθημαι estar sentado [sobre algo, *dat.*]; asentarse *o* acampar al lado, poner sitio.

ἐπι-καθίζω poner; estar sentado *o* colocado || MED. poner *o* colocar para sí.

ἐπι-καθίσταμαι poner *o* establecer para sí; presentarse *o* llegar más tarde.
F. *aor. 2.º intr.* ἐπικατέστην. *V.* καθίστημι *y* ἵστημι.

ἐπι-καίνυμαι sobresalir, distinguirse. **F.** *3.ª sing. perf. ép.* ἐπι... κέκασται *Il. 20, 35 (en tmesis).*

ἐπι-καίριος ον propio, acomodado, oportuno; importante (οἱ θεραπεύεσθαι ἐπικαίριοι los que importaba más cuidar; οἱ ἐπικαίριοι los principales, los jefes).

ἐπί-καιρος ον favorable, oportuno, conveniente, ventajoso.

ἐπι-καίω quemar sobre *o* encima; quemar por encima, tostar.

ἐπι-καλέω -ῶ llamar a sí; invocar; hacer apelación a; apellidar, llamar por sobrenombre; invocar como testigo, acusar [a alguien *dat.*; de algo, *ac. o constr. inf.*] || MED. llamar a sí; llamar en auxilio; llamar *o* invocar como testigo (θεοὺς καθορᾶν a los dioses para que viesen...); citar, llamar a comparecencia, apelar (Καίσαρα al César. *N. T.*); retar, provocar.

ἐπι-κάλυμμα ατος τό velo, cobertura.

ἐπι-καλύπτω cubrir, ocultar.

ἐπικαμπή ῆς ἡ curva, vueltas, recodo [de una construcción]; curva formada por las alas de un ejército para coger al enemigo de flanco, tenaza.

ἐπι-κάμπτω curvar, *esp.* las alas de un ejército [*cf.* ἐπικαμπή].

ἐπι-καρπία ας ἡ fruto, producto, provecho.

ἐπι-κάρσιος α ον transversal, en ángulo, *esp.* en ángulo recto (τὰ ἐπικάρσια la extensión transversal); inclinado hacia adelante *o* de proa.

ἐπι-καταβαίνω bajar a, hacia *o* contra.

ἐπικατάγομαι tomar tierra, abordar después *o* en seguida.

ἐπι-καταδαρθάνω dormirse después.

ἐπι-κατακλύζω inundar además.

ἐπι-κατακοιμάομαι -ῶμαι acostarse *o* dormir encima.

ἐπι-καταλαμβάνω sorprender, coger por sorpresa.

ἐπι-καταμένω quedarse aún, permanecer todavía.

ἐπι-κατάρατος ον maldito.

ἐπι-καταρριπτέω -ῶ arrojar también *o* detrás.

ἐπι-κατασφάζω matar encima de *o* sobre... [*dat.*].

ἐπι-καταψεύδομαι mentir en ello, decir mentira.

ἐπι-κάτειμι bajar; declinar, disminuir.

ἐπι-κάτημαι *jón.* = **ἐπικάθημαι.**

ἐπί-καυτος ον quemado por la punta.

ἐπι-καχλάζω echarse encima con estrépito.

ἐπί-κειμαι estar cerrado; estar situado, puesto; estar próximo (νῆσοι αἱ ἐπικείμεναι, las islas próximas); insistir, urgir, apremiar; oprimir, estrechar, agobiar; hostigar, atacar (βοιωτοῖσι a los beocios); pender sobre, amenazar a... [*dat.*].

F. *V.* κεῖμαι *y nótese 3.ª pl. impf.* ἐπέκειντο, *jón.* ἐπεκέατο.

ἐπι-κείρω cortar, deshacer (πρώτας φάλαγγας las primeras líneas); *fig.* cortar, dejar sin efecto, frustrar.

F. *V.* κείρω. *Nótese aor 1.º ép.* ἐπέκερσα *Il. 16, 394.*

ἐπι-κεκράανται *3.ª pl. perf. pas. ép. de* ἐπικραίνω.

ἐπι-κελαδέω gritar, aclamar, *esp.* en aplauso.

ἐπικέλευσις εως ἡ exhortación, estímulo.

ἐπι-κελεύω exhortar, animar [a alguien, *ac. o dat.*; a algo, *ac. o constr. inf.*].

ἐπι-κέλλω TR. impulsar hacia tierra, llevar a tierra, hacer abordar (νῆας las naves) || INTR. tomar tierra, abordar.

F. *V.* κέλλω. *Nótese aor. 1.º ép.* ἐπέκελσα, *td.* ἐπέκειλα *(N. T.).*

ἐπι-κέλομαι llamar a sí, invocar; exhortar.

ἐπι-κεράννυμι mezclar (οἶνον vino *e. e.* preparar la mezcla ordinaria, de agua y vino).

F. *inf. aor. 1.º ép.* ἐπικρῆσαι *Od. 7, 164.*

ἐπι-κερδής ές relativo al comercio.

ἐπι-κέρδια ων τά ganancia [comercial].

ἐπι-κερτομέω -ῶ burlar, hacer burla, hablar con burla *o* ironía; censurar, hacer reproches [a alguien, *ac.*].

ἐπι-κεύθω ocultar, disimular, guardar en secreto.

ἐπικηρυκεία ας ἡ negociación por medio de heraldo.

ἐπι-κηρυκεύομαι enviar un mensaje por medio de heraldo [a alguien, *dat.*, πρός *o* ὡς *y ac.*]; comunicar, proponer, preguntar por medio de heraldo; tratar por heraldo *esp.* entablar negociaciones de paz, hacer propuestas de paz.

ἐπι-κηρύσσω [*át.* **ἐπι-κηρύττω**] anunciar *o* publicar por heraldo (ἐπεκήρυξαν ἀργύριον ἐπὶ Ἐπιάλτῃ pusieron a precio la cabeza de Eflaltes).

ἐπι-κίδνημι tender sobre; desplegar (θυμόν el ánimo) || MED. tenderse, extenderse [sobre algo, *ac.*].

ἐπι-κίνδυνος ον peligroso; que está en peligro, inseguro, precario (ἐπικίνδυνον ἦν μὴ... había peligro de que; ἐν ἐπικινδύνῳ en la inseguridad, con riesgo).

ἐπι-κίρνημι *jón.* = **ἐπικεράννυμι.**

ἐπι-κλαίω llorar por ello, deplorar.

ἐπι-κλάω doblar, quebrar, quebrantar || PAS. ἐπικλασθῆναι [τῇ γνώμῃ] quedar abatido, perder el valor, *y tamb.* ablandarse, apiadarse.

1 **ἐπι-κλείω** cerrar.

2 **ἐπι-κλείω** celebrar, tener en estima.

ἐπίκλημα ατος τό acusación, imputación.

ἐπίκλην ADV. por sobrenombre.
ἐπί-κληρος ου ἡ heredera.
ἐπίκλησις εως ἡ sobrenombre; nombre, designación (ἐπίκλησιν de sobrenombre, por segundo nombre *o tamb.* sólo de nombre [no en realidad]).
ἐπίκλητος ον llamado, *y esp.* convocado a Consejo, consejero; *tamb.* llamado en auxilio.
ἐπικλινής ές inclinado, en pendiente.
ἐπι-κλίνω inclinar; cerrar [una puerta]; apoyar inclinando (κεραῖαι ἐπικεκλιμέναι perchas apoyadas en el muro y formando ángulo con él); volverse, tornarse [hacia algo, πρός *y ac.*].
ἐπί-κλοπος ον rapaz, engañador; astuto, ladino *de donde*, ducho, mañoso, hábil, sabedor.
ἐπι-κλύζω inundar, cubrir de agua.
ἐπίκλυσις εως ἡ inundación.
ἐπι-κλύω oír [algo, *ac. o gen.*].
ἐπι-κλώθω tejer, urdir, tramar *generalmente en sentido fig.* disponer, *de donde*, dar en suerte, otorgar, conceder.
ἐπ-ικνέομαι *jón.* = **ἐφικνέομαι.**
ἐπί-κοινος ον común, poseído en común || ADV. **ἐπίκοινα** en común.
ἐπι-κοινόω -ῶ comunicar || MED. consultar [con alguien, *dat.*; acerca de algo, περὶ *y gen.*].
ἐπι-κοινωνέω -ῶ tener en común *o* de común (ἀλλήλαις unas con otras).
ἐπι-κομπέω -ῶ ufanarse de [*ac., etc.*].
ἐπί-κοπον ου τό tajo, tajadero.
ἐπι-κόπτω herir desde arriba, abatir, matar.
ἐπι-κοσμέω -ῶ ornar, ornamentar, decorar; honrar, celebrar.
Ἐπικούρειος ον epicúreo, secuaz de Epicuro (filósofo negador de la Providencia y de la inmortalidad del alma, 341 a 270 a. de C.).
ἐπι-κουρέω -ῶ asistir, socorrer, auxiliar; servir, ser de utilidad [para alguien, *dat.*]; poner remedio a [algo, *dat.*: νόσοις las enfermedades]; defender [a alguien, *dat.*; contra algo, *ac., v. gr.* τῷ χειμῶνα a alguno contra el mal tiempo].
ἐπι-κούρημα ατος τό protección [contra algo, *gen.*].
ἐπικουρία ας [*jón.* **ἐπικουρίη ης**] **ἡ** socorro, ayuda, auxilio (ἐπικουρίαν ποιεῖσθαι prestar auxilio); tropas auxiliares [*tamb. pl*]; clase de los auxiliares [en la República de Platón].
ἐπικουρικός ἡ όν que sirve de ayuda *o* auxilio; *hablando de tropas,* auxiliar (τὸ ἐπικουρικόν tropa auxiliar).
ἐπί-κουρος ον auxiliar, que auxilia, que sirve, protector [contra algo, *gen.*]; vengador (θανάτων de las muertes) || SUBST. **οἱ ἐπίκουροι** soldados auxiliares *o* mercenarios, *esp.* guardias de corps de algunos reyes *o* tiranos.
ἐπι-κουφίζω aligerar, descargar; *fig.* aliviar; alzar, levantar en peso.
ἐπι-κραιαίνω *ép. poét. y*
ἐπι-κραίνω cumplir, realizar, satisfacer. F. *aor.* ἐπέκρανα, *ép.* ἐπέκρηνα *y* ἐπεκρήηνα (*imp.* ἐπικρήηνον); *3.ª pl. plpf. pas. ép.* ἐπί... κεκράαντο. *V.* κραίνω.
ἐπι-κράτεια ας ἡ dominio, señorío; región *o* comarca sujeta a dominio *o* señorío; jurisdicción.
ἐπι-κρατέω -ῶ mandar, tener mando *o* poder [sobre... *dat.*]; dominar, vencer, sobrepujar [a alguien, *gen.*]; hacerse dueño [de algo, *gen.*]; llegar a conseguir *u* obtener [que... *constr. inf.*]; ejercer [un arte, *ac.*].
ἐπι-κρατής ές superior, vencedor, de mayor poder || ADV. **ἐπικρατέως** con mayor fuerza, impetuosamente.
ἐπικράτησις εως ἡ superioridad, victoria, dominio [sobre alguien, *gen.*].
ἐπι-κρεμάννυμαι *y*
ἐπι-κρέμαμαι estar suspenso encima, amenazar, ser inminente.
ἐπι-κρήηνον *imp. aor. 1.º ép. de* ἐπικραιαίνω.
ἐπι-κρῆσαι *inf. aor. 1.º ép. de* ἐπικεράννυμι.
ἐπι-κρίνω decidir, resolver.
ἐπ-ίκριον ου τό verga [de navío].
ἐπι-κρύπτω ocultar, disimular || MED. *como act.; tamb.* ocultarse (ἐπικρυπτόμενος con secreto *o* disimulo).
ἐπι-κτάομαι -ῶμαι conseguir *o* ganar además; agregar; aumentar, acrecentar, extender (ἀρχήν el imperio).
ἐπι-κτείνω matar de nuevo *o* por segunda vez.
ἐπίκτησις εως ἡ nueva adquisición, nueva ganancia.
ἐπίκτητος ον nuevamente adquirido *o* ganado, nuevo; traído *o* buscado (ἀπ' Αἰγύπτου de Egipto).

ἐπι-κυδής ές glorioso, poderoso, influyente.
ἐπι-κυΐσκομαι quedar doblemente embarazada [*e. e.* de nuevo antes del parto].
ἐπι-κυλινδέω -ῶ hacer rodar (πέτρους ἐπὶ τοὺς λοιπούς peñas sobre los restantes).
ἐπι-κύπτω agacharse; apoyarse, dejarse caer [sobre... *dat.*]; asomarse hacia abajo.
ἐπι-κυρέω -ῶ encontrar; conseguir.
ἐπι-κυρόω -ῶ confirmar, sancionar.
ἐπι-κωκύω lamentarse, hacer una lamentación [por algo, *ac.*].
ἐπι-κωλύω impedir [algo, *ac.;* a alguien algo, *dos acs.*].
ἐπι-κωμῳδέω -ῶ hacer burla.
ἐπι-λαγχάνω caer *o* venir después en suerte.
ἐπι-λαμβάνω coger además; coger, apoderarse de; coger, alcanzar en el espacio *o* en el tiempo, llegar a (ὁπόσους ἐπελάμβανε τὸ κέρας a cuantos alcanzaba la cabeza del ejército; ἔτη τοῦ πολέμου τοῦδε ἐπέλαβεν ὀκτώ había alcanzado ocho años de esta guerra); atacar [*esp.* un mal, una enfermedad]; sorprender [el mal tiempo, la noche, etc.], interrumpir, cortar (τῆς ὀπίσω ὁδοῦ el retroceso, la salida) || MED. cogerse de, coger, tomar [a alguien, *gen. o ac.;* χειρός de la mano; λόγου de palabra *e. e.* sonsacarle capciosamente]; hallar, encontrar, alcanzar, conseguir, obtener (προστάτεω protector; προφάσιος un pretexto; ἐρημίας campo libre, ausencia de rivales; ἐπ. λογισμῷ alcanzar con la razón, comprender); poner mano en, emprender [algo, *gen.*]; asaltar, apoderarse de (νεῶν las naves); objetar; hacer objeción a, censurar (τοῦ ψηφίσματος el decreto); interrumpir el discurso [a alguien, *gen.*]; cuidarse de, atender a... [*gen.*].
F. *v.* λαμβάνω. *Perf.* ἐπείλημμαι *con valor med. o pas.*
ἐπί-λαμπτος ον *jón.* = **ἐπίληπτος.**
ἐπι-λάμπω brillar arriba; brillar sobre... [*dat.*]; resplandecer.
F. *aor.* ἐπέλαμψα *etc. V.* λάμπω.
ἐπι-λανθάνομαι olvidarse de, poner en olvido [algo, *gen., ac., etc.*].
ἐπι-λεαίνω allanar, mostrar como fácil *o* hacedero [algo, *ac.*].
ἐπι-λέγω agregar de palabra, decir además, añadir; dar por nombre, designar como, llamar; escoger, elegir || MED. escoger, elegir para sí, hacer elección [entre... *gen.*]; pensar, reflexionar, calcular, prever; preocuparse (μή... de que...); leer.
ἐπι-λείβω verter encima; hacer libación.
ἐπι-λείπω dejar atrás; dejarse atrás de obra *o* de palabra, descuidar, omitir; faltar [*v. gr.* las provisiones, el tiempo etc.; a alguien, *ac.;* ἐπιλείψει με λέγοντα ἡ ἡμέρα me faltará día para decir, el día me vendrá corto]; *hablando de ríos, etc.* secarse, dejar de correr.
ἐπι-λείχω lamer.
ἐπίλειψις εως ἡ falta, ausencia.
ἐπίλεκτος ον ADJ. *vbal.* de ἐπιλέγω escogido [*esp.* οἱ ἐπίλεκτοι soldados escogidos, cuerpo seleccionado].
ἐπι-λεύσσω ver por delante, alcanzar con la vista.
ἐπί-ληθος ον que produce el olvido [de... *gen.*].
ἐπι-λήθω hacer olvidar || MED. = **ἐπιλανθάνομαι.**
F. *Con valor med. tamb. perf.* ἐπιλέληθα, *aunque más frec. pas.* ἐπιλέλησμαι *(plpf.* ἐπελελήσμην)
ἐπι-ληΐς ΐδος ADJ. *f.* conseguida como botín, ganada en la guerra.
ἐπι-ληκέω -ῶ llevar el compás dando palmadas, jalear.
ἐπι-λήνιος ον relativo al lagar *o* a la vendimia.
ἐπίληπτος ον ADJ. *vbal. de* ἐπιλαμβάνω cogido, descubierto, sorprendido, in fraganti; epiléptico.
ἐπιλησμονή ῆς ἡ olvido, índole olvidadiza.
ἐπιλήσμων ον que olvida, olvidadizo.
ἐπι-λίγδην ADV. en la piel, con desgarro de la piel.
ἐπ-ιλλίζω hacer señales *o* guiños con los ojos.
ἐπι-λογίζομαι considerar, tener en cuenta, preocuparse de [algo, *ac. o gen.*].
ἐπίλογος ου ὁ consideración; *esp.* conclusión.
ἐπί-λοιπος ον que queda, restante (τἀπίλοιπα el resto).

ἐπι-λυπέω -ῶ apurar además, afligir también.

ἐπίλυσις εως ἡ liberación; solución, explicación, interpretación.

ἐπι-λύω soltar, desatar abrir; resolver, dirimir; aclarar, explicar || MED. libertar, liberar, librar (τὸ μὴ οὐχὶ ἀγανακτεῖν de afligirse).

ἐπι-λωβεύω mofarse *o* hacer burla sobre ello.

ἐπι-μαίνομαι estar furioso por, desear locamente [algo, *inf.*].

ἐπι-μαίομαι tocar (μάστιγι con el látigo); coger; empuñar; tantear, examinar (ἕλκος una herida); tratar de alcanzar (σκοπέλου ἐπιμαίεο pégate con cuidado a la roca); tratar de conseguir, aspirar a, esforzarse por [*gen.*]. F. *imp. pres. ép.* ἐπιμαίεο; *fut. ép.* ἐπεμάσσομαι; *aor. ép.* ἐπεμασ(σ)άμην. *V.* μαίομαι.

ἐπι-μανής ές furioso.

ἐπι-μανθάνω aprender además *o* después.

ἐπι-μαρτυρέω -ῶ atestiguar || MED. conjurar; rogar encarecidamente.

ἐπιμαρτυρία ας ἡ invocación como testigo [de alguien, *gen.*].

ἐπι-μαρτύρομαι invocar como testigo, poner por testigo; conjurar, pedir encarecidamente.

ἐπι-μάρτυρος ου ὁ testigo de ello.

ἐπι-μασσάμην *aor. 1.º ép. de* ἐπιμαίομαι.

ἐπι-μάσσομαι *fut. ép. de* ἐπιμαίομαι.

ἐπίμαστος ον mendicante, *s. o.* sucio.

ἐπιμαχέω -ῶ asistir *o* ayudar en la lucha, proteger (γῇ ἀλλήλων mutuamente sus tierras).

ἐπιμαχία ας ἡ alianza defensiva.

ἐπί-μαχος ον fácil de atacar, atacable (τὸ ἐπιμαχώτατον el punto más débil)

ἐπι-μείγνυμι [*y med.*] entremezclarse, tener comunicación *o* trato [con... *dat.* πρός, παρά *o* εἰς *con ac.*].

ἐπι-μειδ(ι)άω -ῶ sonreírse.

ἐπιμειξία ας [*jón.* **ἐπιμειξίη ης**] **ἡ** comunicación, trato, tráfico.

ἐπιμέλεια ας ἡ cuidado, solicitud [de algo *o* por algo, *gen.*, περὶ *con gen. o ac., etc.*]; (ἐπιμέλειαν ποιεῖσθαι *o* ἔχειν cuidarse de, dedicar cuidado *o* atención a... [*gen.*]; ἐπιμελείᾳ *o* κατ' ἐπιμέλειαν con cuidado *o* diligencia) dirección, administración, gobierno; práctica; estudio, ciencia.

ἐπι-μελέομαι -οῦμαι cuidar, cuidarse, preocuparse [de algo, *gen. o* περὶ *y gen*; por algo, ὑπὲρ *y gen.*; de que... *constr. con* ὡς, ὅπως *o inf.*]; *esp.* estar encargado de, estar al frente de, tener a su cargo a... [*gen.*]; cultivar, aplicarse *o* dedicarse [a algo, *gen.*] || TR. cuidar de, preocuparse por... [*ac.*]; ἐπιμ. πᾶσαν ἐπιμέλειαν cuidar con todo cuidado [de algo, *ac.*]; *abs.* poner cuidado *o* atención.
F. *En jón. y át. alternan las formas con las de* ἐπιμέλομαι *v. infra.: así, impf.* ἐπιμελούμην *y* ἐπιμελόμην, *pero predominan fut.* ἐπιμελήσομαι (*rar.* ἐπιμεληθήσομαι), *aor.* ἐπεμελήθην (*íd.* ἐπεμελησάμην); *perf.* ἐπιμεμέλημαι.

ἐπιμελής ές que se toma cuidado, cuidadoso, preocupado, atento [de... *gen. o* περὶ *y ac.*]; τὸ ἐπιμελές cuidado, solicitud; que preocupa, que es objeto de preocupación *o* solicitud (ἐπιμελὲς εἶναι *o* γίγνεσθαι ser *o* llegar a ser objeto de preocupación *o* de atención [para alguien, *dat.*]; ἐπιμελές ποιεῖσθαι preocuparse [de... *inf.*]).

ἐπιμελητής οῦ ὁ que tiene a su cargo, que está al frente, intendente, encargado, jefe [de... *gen.*].

ἐπι-μέλομαι = **ἐπιμελέομαι.**

ἐπι-μέμονα *perf. con sign. pres.* desear vivamente, añorar.

ἐπι-μέμφομαι quejarse de *o* por causa de... [*gen.* ἕνεκα *y gen.*]; reprochar, censurar [algo *ac.*, a alguien, *dat.*; *o* a alguien, *ac.* por algo, *gen.*].

ἐπι-μένω quedarse quieto, permanecer, aguardar, esperar; continuar en su lugar, seguir como antes, mantenerse firme [*por ej.* a caballo]; persistir, perseverar [en algo, ἐπὶ *y dat., etc.*] || TR. esperar, aguardar.

ἐπι-μεταπέμπομαι hacer venir de nuevo, llamar de nuevo.

ἐπι-μετρέω -ῶ medir para la distribución; contar *o* medir además, añadir [tantos años].

ἐπι-μήδομαι idear, concebir [algo, *ac.*; contra alguien *dat.*].

ἐπι-μήνιος ον mensual || **τὰ ἐπιμήνια** [*sc.* ἱερά] sacrificios mensuales.

ἐπι-μηνίω estar enojado [contra alguien, *dat.*].

ἐπι-μηχανάομαι -ῶμαι inventar, imaginar; maquinar contra [*dat.*]; idear, imaginar sobre ello.

ἐπι-μήχανος ον inventor, ideador, artífice.

ἐπι-μίγνυμι = **ἐπιμείγνυμι**.

ἐπι-μιμνήσκομαι acordarse de; pensar en, atender a... [*gen. o ac.*]; recordar, hacer mención de, mencionar [algo, gen., περὶ *y gen., ac., tamb. constr. con* ὅτι].

ἐπι-μίμνω *ép.* = **ἐπιμένω**.

ἐπιμίξ ADV. *ép.* en confusión, indistintamente, ciegamente.

ἐπιμιξία ας ἡ = **ἐπιμεξία**.

ἐπι-μίσγω = **ἐπιμείγνυμι**.

ἐπι-μολεῖν *inf. aor. 2.º de* ἐπιβλώσκω sobrevenir.

ἐπιμονή ῆς ἡ detención, retraso.

ἐπι-μύζω [*aor.* ἐπέμυξα] murmurar contra ello.

ἐπίνειον ου τό fondeadero; puerto.

ἐπι-νέμω distribuir; apacentar || MED. pastar, comer, devorar, consumir; *fig.* [del fuego, epidemias, etc.] devorar, extenderse por [algo, *ac.*].

ἐπι-νεύω ondear,; hacer signo *o* señal, *esp.* hacer signo afirmativo, aprobar, conceder, consentir, confirmar; inclinarse, descender.

ἐπι-νέφελος ον nublado || SUBST. **τὰ ἐπι-νέφελα** nublado, nube.

ἐπι-νεφρίδιος ον que cubre los riñones.

1 **ἐπι-νέω** hilar, *fig.* hilar el destino, destinar, decretar.
F. *aor.* ἐπένησα.

2 **ἐπι-νέω** sobrecargar [algo, *ac.; de* algo, *gen.*].

ἐπι-νηνέω *ép.* amontonar.

ἐπι-νίκειος ον victorioso, vencedor.

ἐπι-νίκιος ον de victoria, triunfal || SUBST. **τὸ ἐπινίκιον** premio de victoria; fiesta, sacrificio, comida *o* canto de victoria *o* triunfal [*gralte. pl.*].

ἐπι-νίσσομαι correr sobre *o* por (πεδίων los llanos).

ἐπι-νοέω -ῶ tener pensado, proponerse, pensar; idear, discurrir; observar, reconocer; abarcar con el pensamiento.

ἐπίνοια ας ἡ idea, pensamiento (ἐς ἐπίνοιαν ἰέναι *o* ἐλθεῖν dar en la idea *o* el pensamiento [de algo, *gen.; de que...* ὡς...]); proyecto, designio; facultad de invención, inventiva; pensamiento posterior, reflexión.

ἐπινομία ας ἡ servidumbre mutua de pastos.

ἐπι-νύμφειος ον *y*

ἐπι-νυμφίδιος ον nupcial.

ἐπι-νωμάω -ῶ distribuir, repartir, asignar; acercarse.

ἐπι-ξενόομαι -οῦμαι pedir *o* hacerse dar como don de hospitalidad; hospedarse.

ἐπί-ξυνος ον común.

ἐπι-ξύω arañar.

ἔπιον -ες -ε *etc. aor. 2.º de* πίνω.

ἐπι-ορκέω -ῶ perjurar, jurar falsamente [por... *ac. o* πρὸς *gen.*].
F. *aor.* ἐπιώρκησα, *inf.* ἐπιορκῆσαι; *perf.* ἐπιώρκηκα, (*jón.* ἐπιόρκηκα?).

ἐπιορκία ας ἡ perjurio.

ἐπί-ορκος ον jurado falsamente; perjuro || SUBST. **τὸ ἐπίορκον** juramento falso; juramento vano.

ἐπι-όρομαι prestar atención a ello

ἐπι-όσσομαι tener ante los ojos.

ἐπί-ουρος ου ὁ guarda, guardián [de algo, *gen. o dat.*].

ἐπ-ιοῦσα *part. f. de* ἔπειμι 2 [*sc.* ἡμέρα]. el día siguiente.

ἐπιούσιος ον suficiente para el día, de cada día, cotidiano; *s. o.* de mañana *o* del día que viene *(N. T.)*.

ἐπι-όψομαι *fut. ép. de* ἐφοράω.

ἐπί-παν ADV. en general; de ordinario; ὡς ἐπίπαν, τὸ ἐπίπαν, ὡς τὸ ἐπίπαν = ἐπίπαν.

ἐπι-παρανέω amontonar además al lado.

ἐπι-παρασκευάζομαι procurarse también [algo, *ac.*].

1 **ἐπι-πάρειμι** estar presente *o* hallarse allí *o* en la cercanía [*cf.* εἰμί].

2 **ἐπι-πάρειμι** marchar paralelamente; llegar, presentarse, venir; *con sentido favorable u hostil:* venir *o* presentarse a ayudar; venir *o* presentarse a atacar [*cf.* εἶμι].

ἐπι-πάσσω [*át.* **ἐπι-πάττω**] extender *o* esparcir encima.

ἐπιπεδέστερος *comp. de*

ἐπί-πεδος ον llano, igual; plano, de superficie.

ἐπι-πείθομαι dejarse persuadir por, hacer caso a... [*dat.*]; obedecer, ser dócil.

ἐπι-πελεμίζομαι vibrar, estremecerse por cima.

ἐπι-πέλομαι sobrevenir, acercarse; atacar.
F. *part. aor. 2.º ép.* ἐπιπλόμενος η ον *cf.* πέλομαι, πέλω.

ἐπι-πέμπω enviar *o* mandar además; enviar a *o* contra [alguien, *dat.*]; enviar, lanzar, imponer.

ἐπί-πεμψις εως ἡ envío; ἐπὶ πολλὰ ἐπ. distribución por muchos puntos.

ἐπι-πέτομαι volar encima; volar sobre, hacia, al lado *o* junto a... [*dat.*, ἐπί *y ac.* por medio de... κατὰ *y ac.*].
F. *fut.* ἐπιπτήσομαι; *aor.* ἐπεπτάμην, ἐπεπτόμην, *td.* ἐπέπτην. *V.* πέτομαι.

ἐπι-πηδάω -ῶ saltar sobre, lanzarse sobre [alguien, *dat.*].

ἐπι-πίλναμαι llegar, acercarse.

ἐπι-πίνω beber después; beber también.

ἐπι-πίπτω caer sobre *o* encima de... [*dat.*]; *con sentido hostil,* atacar, asaltar [*tamb.* de enfermedades, desgracias, tempestades, etc.].

ἔπιπλα ων τά bienes muebles, mobiliario, ajuar.

ἐπι-πλάζομαι ir *o* errar sobre (πόντον el mar).

ἐπι-πλάσσω amasar *o* untar encima.

ἐπίπλαστος ον untado, aplicado; fingido, falso.

ἐπι-πλείω *ép.* = **ἐπιπλέω.**

ἐπί-πλεος η ον *jón.* lleno, repleto.

ἐπί-πλευσις εως ἡ posibilidad de avanzar *o* atacar [por mar].

ἐπιπλέω navegar por... [*ac.*], navegar en... [ἐπὶ *y gen.*]; *abs.* navegar, ir embarcados, ir a bordo; navegar contra, avanzar por mar contra... [*dat. o* ἐπί *y ac.; tamb. abs.*]; flotar [sobre algo, ἐπὶ *y gen., etc.*].
F. *fut.* ἐπιπλεύσομαι; *aor.* ἐπέπλευσα. *Ep. y jón.* ἐπιπλώω; *aor. 1.º* ἐπέπλωσα, *part.* ἐπιπλώσας; *aor. 2.º* ἐπέπλως *(2.ª sing.), part.* ἐπιπλώς. *V.* πλέω, πλώω.

ἐπι-πληρόω -ῶ llenar de nuevo, *esp.* dotar de nuevo (τὰς ναῦς las naves).

ἐπι-πλήσσω [*át.* **ἐπι-πλήττω**] golpear, pegar; *fig.* increpar; reprender [algo, *ac.*; a alguien, *ac. o dat.*].

ἐπίπλοα ων τὰ = **ἔπιπλα.**

ἐπιπλόμενος η ον *part. aor. de* ἐπιπέλομαι.

*1***ἐπί-πλοος ου** [**-ους ου**] **ὁ** omento, redaño.

*2***ἐπίπλοος ου** [**-ους ου**] **ὁ** acción de navegar hacia, acercamiento por mar; *gralmente. con sentido hostil:* ataque por mar, expedición naval [contra... *dat. o* ἐπί *y ac.*]; armada que ataca.

ἐπι-πλώω *ép. y jón.* = **ἐπιπλέω.**

ἐπι-πνείω *ép. y*

ἐπι-πνέω soplar encima; soplar a favor, mover soplando; soplar furiosamente (αὐτοῖσι sobre ellos; ῥιπαῖς con los ímpetus, etc.).

ἐπί-πνοος οον [**-ους ουν**] inspirado.

ἐπι-πόδιος α ον que se aplica a los pies, de los pies.

ἐπι-ποθέω -ῶ desear vivamente, echar de menos, añorar.

ἐπιπόθησις εως ἡ deseo anhelo, añoranza.

ἐπιπόθητος ον ADJ. *vbal. de* ἐπιποθέω deseado, echado de menos, añorado.

ἐπιποθία ας ἡ = **ἐπιπόθησις.**

ἐπι-ποιμήν ένος ἡ pastora de ello *o* allí.

ἐπι-πολάζω sobrenadar, flotar; *fig.* prevalecer, predominar.

ἐπι-πολή ῆς ἡ superficie; ἐπιπολῆς arriba, por cima; en lo alto [de... *gen.*]. || **Ἐπιπολαί ῶν αἱ** Epípolas, alturas al oeste y sudoeste de Siracusa.

ἐπί-πολος ου ὁ compañero, servidor.

ἐπι-πονέω -ῶ perseverar trabajando; esforzarse grandemente.

ἐπί-πονος ον laborioso, trabajoso, penoso, arduo; que anuncia penas *o* trabajos.

ἐπι-πορεύομαι marchar *o* encaminarse también [hacia alguien, πρὸς *y ac.*].

ἐπι-πρέπω aparecer, mostrarse; convenir, estar bien [a... *dat.*].

ἐπι-προέηκα ἐπι-προέμεν *formas de aor. ép. de* ἐπιπροίημι.

ἐπι-προϊάλλω [*aor.* ἐπιπροίηλα] poner delante [de alguien, *dat.*].

ἐπι-προίημι enviar, mandar (νηυσίν a las naves *o* en las naves); lanzar, disparar || INTR. hacerse a la vela, navegar hacia (νήσοισιν las islas).
F. *aor. ép.* ἐπιπροέηκα, *inf.* ἐπιπροέμεν. *V.* προίημι *y* ἵημι.

ἐπί-προσθεν ADV. delante, por delante (γηλόφους ἐπ. ποιησάμενος poniendo por delante las colinas *e. e.* ocultándose tras las colinas); *en mal sentido* como obstáculo, de impedimento.

ἐπι-προστίθημι añadir, poner además.

ἐπι-πταίρω estornudar después [de algo, *dat.*, *lo que era señal de buen agüero*].

F. *aor.* ἐπέπταρον.

ἐπι-πτυχή ῆς ἡ remiendo.

ἐπι-πωλέομαι -οῦμαι pasar revista a, inspeccionar; reconocer, examinar.

ἐπι-ρράπτω coser a... [ἐπὶ *y ac.*].

ἐπι-ρράσσω = ἐπιρρήσσω.

ἐπι-ρρέζω sacrificar, ofrecer sacrificios.

F. *impf. iter. ép.* ἐπιρρέζεσκον.

ἐπι-ρρέπω inclinarse hacia, venir *o* caer sobre... [*dat.*].

ἐπι-ρρέω correr *o* fluir por cima, correr *o* fluir sucesivamente, fluir más y más [*tamb. fig.* de tropas, multitudes, etc.].

ἐπι-ρρήσσω cerrar, echar [un cerrojo, etc.].

F. *impf. iter. ép.* ἐπιρρήσσεσκον; *part. aor.* 1.º ἐπιρρήξας *o* ἐπιρράξας *(v. l.)*.

ἐπι-ρριπτέω *y*

ἐπι-ρρίπτω echar encima; lanzar contra... [*dat.*].

ἐπι-ρροθέω -ῶ chillar *o* gritar contra (ἐ. λόγοις gritar con duras palabras, increpar a gritos).

ἐπί ρροθος ον que grita junto, hostigador, animador, *de donde,* acorredor, socorredor, favorecedor; insultante, afrentoso (ἐπίρροθα κακά palabras injuriosas, denuestos).

ἐπί-ρρυτος ον bien regado, rico en agua; abundante, rico.

ἐπι-ρρώννυμι corroborar, animar, fortalecer || PAS. corroborarse, animarse cobrar fuerzas o ánimos.

ἐπι-ρρώομαι moverse, agitarse, aplicarse, activamente [a algo, *dat.*]; flotar, ondear [los cabellos].

ἐπίσαγμα ατος τό peso, carga, pesadumbre.

ἐπι-σάσσω [*át.* **ἐπι-σάττω**] cargar, echar encima; ensillar, poner la silla (ἵππον al caballo).

ἐπί-σειστος ον agitado, ondulante.

ἐπι-σείω sacudir, agitar, blandir [algo, *ac.*; contra alguien, *dat.*].

ἐπι-σεύω incitar, lanzar *o* enviar contra... [*dat.*] || PAS. lanzarse, apresurarse, ir *o* correr apresudaramente hacia *o* contra... [*ac.*, ἐς *y ac.*, *dat.*]; ἐπ. πεδίοιο lanzarse por el llano; agitarse, excitarse, sentir afán *o* deseo (θυμός el ánimo).

F. *ép.* ἐπισσεύω, *aor.* ἐπέσσευα -ας -ε; *más frec. pas.: impf.* ἐπεσσευόμην; *perf. con sign. pres.* ἐπέσσυμαι *(frec.* 3.ª *sing. plpf.* ἐπέσσυτο, *part.* ἐπεσσύμενος *con acentuación eólica)*.

ἐπι-σημαίνω señalar, mostrar; indidicar, prescribir || INTR. señalarse, notarse || MED. señalar *o* marcar para sí, marcar con un signo *y esp.* firmar *o* sellar aprobando; aprobar, aplaudir.

ἐπίσημον ου τό signo, marca, divisa, figura, emblema.

ἐπί-σημος ον señalado, marcado con signo *o* señal; acuñado; inscrito, provisto de una inscripción; *fig.* señalado, insigne, notable, ilustre, relevante; *tamb. en mal sentido:* δέσμιος ἐπίσημος un preso bien conocido, *N. T.*

ἐπι-σιμόω -ῶ curvar; torcer el camino, desviarse a un lado.

ἐπισιτίζομαι proveerse, abastecerse *esp.* de víveres; forrajear || *con ac.:* ἐπ. ἄριστον proveerse de almuerzo; ἐπ. ἀργύριον proveerse de dinero.

ἐπισιτισμός οῦ ὁ abastecimiento, acción de proveerse de víveres *o* de forrajear; provisión de víveres *o* forraje.

ἐπι-σκέπτομαι = ἐπισκοπέω.

ἐπι-σκευάζω preparar, apercibir, disponer, equipar, aparejar [una nave, un caballo]; cargar (ἐφ' ἁμαξῶν sobre carros); reparar, restaurar [naves, caminos etc.] || MED. preparar *o* disponer para sí [*o* algo propio]; prepararse, apercibirse.

ἐπισκευή ῆς ἡ restauración, reparo *en gral.*, construcción; material de construcción *o* reparación

ἐπί-σκεψις εως ἡ inspección, examen; investigación; visita [*esp.* de médico].

ἐπί-σκηνος ον ante la tienda, *de donde,* ante la gente, público.

ἐπι-σκηνόω -ῶ aposentarse, poner su habitación [en... ἐπί *y ac.*].

ἐπι-σκήπτω encargar, encomendar, confiar, imponer, mandar [a alguien, *dat. o ac.*; algo, *ac. o* hacer algo, *inf.*]; conjurar a, suplicar con encarecimiento [que se haga algo, *constr. inf.*] ; desear [algo, *ac.* a alguien, *dat.*] ; inculpar, incriminar [a alguien, *dat.*] || MED. levantarse *o* protestar *y esp.* acusar, incriminar [a alguien, *dat.*] || PAS. ser acusado [por... πρὸς *y gen.*].

ἐπίσκηψις εως ἡ recomendación

ἐπι-σκιάζω dar sombra a, cubrir, envolver || MED. ocultar (λαθραῖον ὄμμ' ἐπισκιασμένη ocultando la furtiva vigilancia).

ἐπί-σκιος ον que da *o* hace sombra; sombrío, oscuro.

ἐπι-σκοπέω -ῶ [*y med.*] dirigir la vista a, mirar, observar, examinar, considerar [algo, *ac. o interr. indir.*] ; poner cuidado *o* atención; cuidar [de que no... μὴ *y subj.*] ; inspeccionar, pasar revista a; visitar [*esp.* a un enfermo]. **F.** *Salvo pres. e impf. los tpos. se forman de* ἐπισκέπτομαι; *fut.* ἐπισκέψομαι; *aor.* ἐπεσκεψάμην; *perf.* ἐπέσκεμμαι *Td. fut.* ἐπισκοπήσω, *aor.* ἐπεσκόπησα.

ἐπισκοπή ῆς ἡ visita, visitación [*esp. de* Dios] ; cargo *o* dignidad de la Iglesia [*esp.* de inspección] ; episcopado [*N. T.*].

ἐπίσκοπος ον certero, que da en el blanco; *esp.* acomodado, adaptado [a algo, *gen.*] || ADV. **ἐπίσκοπα** certeramente.

ἐπίσκοπος ου ὁ ἡ guarda, guardián, protector, tutelar; explorador, espía [de algo, *dat.*] ; jefe eclesiástico *esp.* obispo.

ἐπι-σκοτέω -ῶ dar sombra a, oscurecer, paliar [algo, *dat.*].

ἐπι-σκύζομαι indignarse, irritarse. **F.** *3. : sing. opt. aor. ép.* ἐπισκύσσαιτο.

ἐπι-σκυθίζω beber a la manera escita, *e. e.* vino puro.

ἐπι-σκύνιον ου τό sobreceja; ceño.

ἐπι-σκώπτω reirse, burlarse [de... *ac.*].

ἐπι-σμυγερῶς ADV. lamentablemente, miserablemente.

ἐπισπαστήρ ῆρος ὁ tirador [de una puerta].

ἐπισπαστός ή όν ADJ. *vbal. de* ἐπισπάω traído por uno mismo, imputable a uno mismo.

ἐπι-σπάω tirar de [algo, *ac.* : ἐπ. τὴν θύραν tirar de la puerta, cerrarla] ; arrastrar; atraer, ganar, conseguir; persuadir || MED. atraer a sí, obtener; arrastrar consigo, persuadir, inducir [a hacer algo, *constr. inf.*] [*pas.* ser llevado *o* arrastrado *en sentido físico o moral*] ; sorber, absorber; estirar el prepucio [para ocultar la circuncisión, *N. T.*].

ἐπι-σπεῖν *inf. aor. 2.º de* ἐφέπω.

ἐπι-σπείρω sembrar; sembrar encima.

ἐπίσπεισις εως ἡ acción de derramar encima, libación.

ἐπι-σπένδω verter *o* derramar encima, *esp.* en sacrificios *o* libaciones; *abs.* hacer libación || MED. hacer un nuevo tratado.

ἐπι-σπερχής ές apresurado || ADV. **ἐπισπερχῶς** apresuradamente, prontamente.

ἐπι-σπέρχω dar prisa a, urgir, hostigar.

ἐπι-σπέσθαι *inf. aor. 2.º med. de* ἐφέπω.

ἐπι-σπεύδω apresurar, impulsar, urgir [a hacer algo, *constr. inf.*] || INTR. apresurarse, darse prisa.

ἐπισπόμενος η ον *part. aor. 2.º med. de* ἐφέπω.

ἐπισπονδαί ῶν αἱ tratado nuevo *o* posterior.

ἐπί-σπω *subj. aor. de* ἐφέπω.

ἐπι-σπών *part aor. 2.º de* ἐφέπω.

ἐπι-σσείω *ép.* = **ἐπισείω.**

ἐπι-σσεύω *ép.* = **ἐπισεύω.**

ἐπί-σσωτρον ου τό *ép.* llanta [de la rueda].

ἐπι-σταδόν ADV. entrando allá, estando allí, poniéndose a la obra; *s. o.* uno tras otro, sucesivamente.

ἐπί-σταθμος ου ὁ intendente, gobernador.

ἐπίσταμαι saber, haber aprendido, ser capaz de [hacer algo, *inf.*] ; entender, ser entendido, conocedor, ducho, práctico [en algo *ac.*, περὶ *y gen.*] ; saber, conocer, estar enterado de [algo, *ac.*, περὶ *y gen.*, *constr. de* ὅτι, ὡς *o part.* : ἀνὴρ καθ' ἡμᾶς ἐσθλὸς ὢν ἐπίστασο entérate de que en nuestra opinión eres un héroe] ; saber de memoria, tener en la memoria, estar seguro de que, entender, creer || PART. ἐπιστάμενος *con valor adj.*, conocedor, diestro, experimentado, ducho, práctico.
F. *2.ª sing. ind. pres.* ἐπίστασαι ἐπίστᾳ, *jón.* ἐπίστεαι, *3.ª pl. jón.* ἐπιστέαται; *imp.* ἐπίστασο ἐπίσταο ἐπίστω;

subj. jón. ἐπιστέωμαι, *át.* ἐπίστωμαι; *opt.* ἐπισταίμην ἐπίσταιο *etc.*; *impf.* ἠπιστάμην, *2.ª* ἠπίστω *o* ἠπίστασο, *3.ª ép. sin aum.* ἐπίστατο, *3.ª pl. jón.* ἠπιστέατο ἐπιστέατο; *fut.* ἐπιστήσομαι; *aor. 1.º* ἠπιστήθην.

ἐπισταμένως ADV. *de* ἐπιστάμενος [*v.* ἐπίσταμαι].

ἐπίστασις εως ἡ obstáculo, detención; parada, alto [de un ejército]; (φροντίδων ἐπ. detenimiento *o* reflexión de la mente); intendencia, vigilancia; cuidado, solicitud; concurrencia, aglomeración.

ἐπιστατέω -ῶ estar al frente, al cuidado de, *de donde,* regir, gobernar [a alguien *o* algo, *dat. o* gen.]; presidir, ser presidente [del Consejo o la Asamblea en Atenas].

ἐπιστάτης ου ὁ el que se llega *o* se acerca (σὸς ἐπιστάτης el que se llega a ti *o* te implora); el que va detrás de otro en la formación militar, zaguero; montado [sobre algo, *gen.*]; que está al frente, presidente, intendente, inspector, conductor, comandante, príncipe, protector, guarda, guardián [de... *gen. o dat.*]; *esp.* presidente de los prítanes en Atenas; maestro, instructor, rabí.

ἐπιστέαται *3.ª pl. pres. ind. jón. de* ἐπίσταμαι.

ἐπι-στείβω pisar sobre, hollar.

ἐπι-στέλλω enviar, mandar, remitir; comunicar, participar; escribir [una carta], referir *o* noticiar por escrito; encargar, mandar, ordenar, confiar como recado *o* mensaje || PAS. ser mandado (τὸ ἐπεσταλμένον, τὰ ἐπισταλέντα encargo, orden, carta); *abs.* escribir cartas.

ἐπι-στενάζω *y*

ἐπι-στενάχω [*y med.*] *y*

ἐπι-στένω gemir *o* exhalar lamentos por ello *o* gemir también || TR. lamentar, llorar por.

ἐπιστεφής ές lleno hasta el borde, rebosante.

ἐπι-στέφω ofrecer en honor [de alguien, *dat.*: χοάς libaciones] || MED. llenar hasta los bordes.

ἐπιστήμη ης ἡ inteligencia, conocimiento, noción; saber; ciencia; destreza, pericia.

ἐπ-ίστημι *jón.* = **ἐφίστημι.**

ἐπιστήμων ον conocedor, entendido, inteligente, práctico, diestro [de algo *o* en algo, *gen., dat. o ac.,* περὶ *con gen. o ac., constr. inf.*].

ἐπι-στηρίζω [*aor.* ἐπεστήριξα] apoyar; *fig.* fortalecer, corroborar [*N. T.*].

ἐπίστιον ου τό cobertizo *o* tinglado [para guarecer las naves sacadas a tierra]; *v.* ἐπίστιος.

ἐπίστιος ον *jón.* = **ἐφέστιος** || SUBST. **τὸ ἐπίστιον** hogar, familia; **ἡ ἐπίστιος** copa de hospitalidad.

ἐπιστολεύς έως ὁ portador de cartas *o* despachos; segundo almirante, vicealmirante [entre los espartanos].

ἐπιστολή ῆς ἡ encargo, mandato, orden, comisión, mensaje (ἐξ ἐπιστολῆς por encargo); carta, epístola [*tamb. en pl.*].

ἐπιστολια-φόρος ου ὁ = **ἐπιστολεύς.**

ἐπιστολιμαῖος ον epistolar *y esp.* ofrecido por escrito, pero no existente, sólo en el papel.

ἐπι-στομίζω poner el bocado [a un caballo]; *de donde*, amordazar, reducir al silencio.

ἐπι-στοναχέω -ῶ gemir; resonar como con gemido.

ἐπιστρατεία ας ἡ *y*

ἐπιστράτευσις εως ἡ expedición, campaña.

ἐπι-στρατεύω [*y* med.] hacer una expedición, salir a campaña [contra alguien, *ac.,* ἐπὶ *y ac., dat.*].

ἐπιστρατηίη ης ἡ *jón.* = **ἐπιστρατεία.**

ἐπιστρεφής ές que vuelve los ojos *o* la mente a algo, *de donde*, atento, cuidadoso, exacto.

ἐπι-στρέφω volver, tornar, dirigir [algo, *ac.* hacia... εἰς, πρὸς, μετὰ *y ac.*]; volver atrás *o* en dirección contraria, hacer dar la vuelta (ἐπέστρεψαν αὐτούς los pusieron en fuga); cambiar, convertir || INTR. *y* MED. volverse, tornarse, dar la vuelta, volverse atrás; dar vueltas por, recorrer; *fig.* cambiarse *y esp.* convertirse; volver *o* dirigir la mente *o* la atención a, preocuparse de... [*gen.*].
F. *V.* στρέφω. *Part. perf. pas.* ἐπεστραμμένος *v. s. v.*

ἐπιστροφάδην ADV. a un lado y otro, en torno, alrededor.

ἐπιστροφή ῆς ἡ acción de volverse *o* tornarse a, *de donde* atención, solicitud [por alguien, πρὸ *y gen. etc.*] *;* vuelta *o* giro de los acontecimientos, reacción política; vuelta, evolución, conversión [de tropas, naves etc.]; diversión, ataque de flanco, *en gral.* ataque, acometida κακῶν de desgracias); conversión, arrepentimiento.

ἐπίστροφος ον que gusta del trato *o* relación [con... *gen.*].

ἐπι-στρωφάω -ῶ dar vueltas por, recorrer, visitar.

ἐπι-συνάγω reunir, congregar.

ἐπι-συναγωγή ῆς ἡ unión, congregación.

ἐπι-συντρέχω concurrir, congregarse.

ἐπι-σύστασις εως ἡ concurrencia, aglomeración, sedición.

ἐπι-σφάζω matar *o* inmolar encima [de... *dat.*].

ἐπισ-φαλής ές inseguro, inestable, caduco; resbaladizo; peligroso, arriesgado.

ἐπι-σφραγίζομαι sellar, imprimir señal *o* signo [a algo, *dat.*] *;* imponer como sello *o* señal distintiva [algo, *ac.; a... dat.*].

ἐπι-σφύριον ου τό broche sobre el tobillo [que aseguraba las grebas].

ἐπισχερώ ADV. uno tras otro, en fila.

ἐπισχεσίη ης ἡ pretexto.

ἐπίσχεσις εως ἡ detención, retraso; continencia, moderación.

ἐπ-ισχύω hacer fuerte, fortalecer || INTR. hacerse fuerte, confirmarse, insistir.

ἐπ-ίσχω = **ἐπέχω.**

ἐπι-σωρεύω acumular.

ἐπίσωτρον ου = **ἐπίσσωτρον.**

ἐπιταγή ῆς ἡ *y*

ἐπίταγμα ατος τό encargo, orden, mandato.

ἐπιτακτήρ ῆρος ὁ que manda, regidor.

ἐπίτακτοι ων οἱ reserva de un ejército.

ἐπιταλαιπωρέω -ῶ tomarse aún más trabajo, esforzarse aún más.

ἐπι-τάμνω *jón.* = **ἐπιτέμνω.**

ἐπι-τανύω = **ἐπιτείνω;** cerrar, echar (κληῖδα el cerrojo).

ἐπίταξις εως ἡ mandato, orden; imposición (τοῦ φόρου del tributo).

ἐπιτάραξις εως ἡ confusión, aturdimiento.

ἐπι-ταράσσω [*át.* **ἐπι-ταράττω**] perturbar, turbar aún más.

ἐπιτάρροθος ου ὁ *o* **ἡ** que socorre, socorredor, acorredor [de alguien, *dat. o gen.;* μάχης en la lucha]; dueño, señor.

ἐπίτασις εως ἡ tensión.

ἐπι-τάσσω [*át.* **ἐπι-τάττω**] [*y med.*] colocar al lado, colocar detrás *y esp.* colocar *o* poner como reserva de un ejército... [*ac. y* ἐπὶ *con dat.*] *;* encargar, ordenar, mandar, prescribir || PAS. recibir orden *o* mandato [de... *ac. o constr. inf.*].

ἐπι-τάφιος ον relativo a la sepultura; funeral, fúnebre.

ἐπι-ταχύνω apresurar, acelerar.

ἐπι-τέγγω mojar, derramar, verter sobre.

ἐπι-τείνω tender, tender encima; tender, poner en tensión; aumentar en intensidad, acrecentar || PAS. estar en tensión, *y en gral.* ser atacado (ὑπὸ νόσων por enfermedades); acrecentarse, crecer; esforzarse por, tender con empeño a conseguir [algo, εἰς *y ac.*].

F. *impf. iter. jón.* ἐπιτείνεσκον, *V.* τείνω.

ἐπι-τειχίζω elevar una fortificación frente a *o* contra... [*dat.* ἐπί *y ac.*] *;* fortificar, poner como fortificación [algo, *ac.* contra algo, *dat.*].

ἐπι-τείχισις εως ἡ fortificación a vanguardia; construcción de fuertes fronterizos [contra... *gen., dat.,* ἐπὶ *y ac.*].

ἐπιτείχισμα ατος τό fortaleza *o* plaza fuerte, baluarte *o* fortaleza fronteriza [contra... *gen.* κατά *y gen., dat.*], fortificación.

ἐπιτειχισμός οῦ ὁ = **ἐπιτείχισις.**

ἐπι-τελέω -ῶ cumplir, realizar, ejecutar [mandatos, oráculos, promesas, empresas etc.]; observar, celebrar [fiestas, sacrificios]; pagar, satisfacer [una deuda, un tributo] || MED. *y* PAS. ser cumplido, ser pagado; sufrir, estar sujeto a (τὰ τοῦ γήρως los achaques de la vejez).

ἐπιτελής ές realizado, cumplido.

ἐπι-τέλλω [*y med.*] ordenar mandar, encargar, prescribir [a alguien, *dat.;* algo *ac. o* que se haga algo, *constr. inf.*] || INTR. dar órdenes [a alguien, *dat.*] *;* salir, aparecer [un astro etc.].

ἐπι-τέμνω cortar, hacer una cortadura en... [*ac.*]; cortar, amputar || MED. cortarse, hacerse cortadura *o* incisión en (τοὺς βραχίονας los brazos).

ἐπί-τεξ εκος ADJ. *f.* próxima a dar a luz.

ἐπι-τέρπομαι gozarse, complacerse.

ἐπιτετράφαται *3.ª pl. perf. pas. ép y jón. de* ἐπιτρέπω.

ἐπι-τεχνάομαι -ῶμαι idear, imaginar inventar sobre ello.

ἐπιτέχνησις εως ἡ invención, inventiva.

ἐπιτήδειος α ον [*o* **-ος ον**] propio, acomodado, apto, conveniente [a *o* para algo, *dat.*, πρὸς *o* εἰς *y ac.*; *inf.*]; digno, merecedor; favorable, cómodo, ventajoso; útil, beneficioso; necesario (τὸ ἐπιτήδειον, τὰ ἐπιτήδεια lo necesario, las cosas necesarias, recursos, provisiones); favorable, amigo, bien dispuesto, concorde || SUBST. **ὁ ἐπιτηδείος** amigo íntimo, partidario, secuaz, discípulo || ADV. **ἐπιτηδείως** apropiadamente, convenientemente; cuidadosamente.

ἐπιτήδεος η ον *jón.* = **ἐπιτήδειος**.

ἐπιτηδές [*át.* **ἐπίτηδες**] ADV. a propósito, de modo *o* en número conveniente; de propósito, adrede, deliberadamente.

ἐπιτήδευμα ατος τό ocupación, práctica, profesión actividad, dedicación; manera de vivir, costumbre, hábito.

ἐπιτήδευσις εως ἡ práctica, ejercicio, empeño, búsqueda; *esp.* dirección *o* conducta política.

ἐπιτηδεύω practicar, ejercitar, ocuparse en, consagrarse *o* dedicarse a... [*ac.*]; idear *o* inventar; cuidar, cultivar, ejercitar [a un animal]; cuidarse de, aplicarse a... [*constr. inf. o de* ὅπως].

F. *Con aum. como si fuera compto.: impf.* ἐπετήδευον, *aor.* ἐπετήδευσα, *pf.* ἐπετετήδευκα, *pas.* ἐπετετήδευμαι.

ἐπι-τήκω derretir sobre, verter derretido encima de... [ἐπὶ *y ac.*].

ἐπι-τηρέω -ῶ observar, acechar.

ἐπι-τίθημι poner *o* colocar sobre [algo, *v. gr.* un altar, una mesa, un carro, una nave, *dat.*, *gen.*, ἐπί con *gen o ac.*]; *sólo con ac. obj.* poner encima, aplicar; levantar, erigir; *fig.* aplicar *o* volver (φρένα el ánimo, la atención [a algo, *dat.*]); *esp.* poner para cubrir *o* cerrar, cerrar (θύρην ἐπίθες cierra la puerta); poner encima *o* además, añadir, agregar; poner como remate *o* acabamiento [en un edificio *u* objeto fabricado]; dar (πληγάς golpes) otorgar, conceder (κράτος, κῦδος fuerza, gloria etc.); traer, hacer llegar (ἕβδομον ἦμαρ el séptimo día); poner (τέλος fin); imponer [un castigo, un nombre etc.]; poner, despachar [una carta] || MED. ponerse a sí mismo, *o* para sí; aplicarse, dedicarse, ponerse a... [*dat.*]; *abs.* ἐπιθέμενος ἤσκεε cultivó con aplicación *o* asiduidad; dirigir un ataque contra, atacar a... [*dat.*]; imponer [una pena, un mandato, un nombre].

F. *V.* τίθημι.

ἐπι-τιμάω -ῶ honrar *y esp.* tributar honras fúnebres [a alguien, *ac.*]; imponer (τὴν δίκην la pena); castigar; hacer reproches, censurar [algo *o* a alguien, *dat.*]; intimar, requerir, exigir severamente [a alguien, *dat.*; que... ἵνα *y subj.*, *N. T.*].

ἐπι-τίμησις castigo; censura, reproche.

ἐπιτιμήτωρ ορος ὁ vengador, *de donde,* protector (ἱκετάων de los suplicantes).

ἐπιτιμία ας ἡ goce pleno de los derechos civiles, ciudadanía plena; castigo, pena [*N. T.*].

ἐπιτίμιον ου τό honor, don de honor, honra; castigo, pena.

ἐπίτιμος ον poseedor de los derechos y prerrogativas civiles (ἄτιμον ἐπίτιμον ποιεῖν devolver los derechos civiles al que los había perdido).

ἐπι-τλάω *def.* sufrir pacientemente.

ἐπιτλήτω *3.ª sing. imp aor. 2.º de* ἐπιτλάω.

ἐπιτολή ῆς ἡ salida [de un astro].

ἐπι-τολμάω -ῶ tener valor para, aguantar, resistir (ἀκούειν el oir); *abs.* mantenerse firme.

ἐπί-τομος ον cortado; abreviado, breve || SUBST. **ἡ** atajo.

ἐπίτονος ου ὁ obenque *o* cable grueso que va de la cabeza del mástil a la popa, contraestay.

ἐπι-τοξάζομαι disparar flechas [contra... *dat.*].

ἐπι-τραπέω *ép. y*

ἐπι-τράπω *jón.* = **ἐπιτρέπω.**

ἐπι-τρέπω volver, tornar, hacer tomar una dirección; entregar, confiar, encomendar [a alguien, *dat.; algo, ac. o* el hacer algo, *constr. inf.*]*;* dejar, legar; dar, otorgar, conceder, permitir; ordenar [hacer algo, *constr.* inf.] || INTR. volverse, tornarse [a... *dat.*]*;* confiarse, encomendarse, entregarse, remitirse [a... *dat.*, acerca de... περὶ *y gen.*]*;* ceder, dejarse abatir *o* dominar [por algo, *dat.*] || MED. inclinarse, encomendarse *o* confiar, encomendar lo propio [a... *dat.*] || PAS. *con suj. de cosa,* ser confiado *o* encomendado; *con suj. de pers.* recibir en encargo *o* encomienda (οἱ ἐπιτετραμμένοι τὴν φυλακήν los encargados de la custodia).
F. *perf. pas.* ἐπιτέτραμμαι, *3.ª sing.* ἐπιτέτραπται, *3.ª pl. ép. y jón.* ἐπιτετράφαται (= ἐπιτετραμμένοι εἰσί). *V.* τρέπω.

ἐπι-τρέφω criar; alimentar, mantener || PAS. criarse después, venir después, suceder.

ἐπι-τρέχω correr allá, acudir *o* acercarse corriendo; correr hacia *o* contra... [*dat.* ἐπὶ *y ac.*]*;* lanzarse sobre *o* contra, asaltar, saquear [un país etc., *ac.*]*;* echarse encima, lanzarse sobre [para apoderarse de algo]; correr en espacio, recorrer; deslizarse encima [del escudo, la lanza]; extenderse sobre, difundirse (λευκὴ δ' ἐπιδέδρομεν αἴγλη un blanco resplandor se difunde); correr detrás, deslizarse (ἅρματα ἵπποις los carros tras los caballos).
F. *aor.* ἐπέδραμον, *raro aor. 1.º ép.* ἐπέθρεξα, *perf.* ἐπιδεδράμηκα, *ép.* ἐπιδέδρομα, *pas.* ἐπιδεδράμημαι. *V.* τρέχω.

ἐπι-τρίβω gastar *o* consumir por el frote; *en gral.* consumir, devorar, agotar; estropear, destrozar [un papel *o* personaje en el teatro].

ἐπίτριπτος ον rozado, *fig.* corrido, ladino, astuto.

ἐπιτροπαῖος α ον delegado, en regencia.

ἐπιτροπεύω ser intendente, gobernar, administrar, regir; ser gobernador *o* regente; ser tutor.

ἐπιτροπή ῆς ἡ acción de confiar *o* entregar, remisión (δίκης de la decisión judicial [a... εἰς *y ac.*]).

ἐπίτροπος ου ὁ administrador, intendente, encargado; gobernador; tutor.

ἐπιτροχάδην ADV. a la carrera, rápida, brevemente.

ἐπί-τροχος ον expedito, de corrida.

ἐπι-τυγχάνω venir a dar con, encontrarse con, encontrar [algo *o* a alguien, *dat. o gen.*]*;* (ὁ ἐπιτυχών el primero que se encuentra *o* se halla a mano); *esp.* acertar, dar en el blanco, tener éxito, tener suerte, ser feliz; conseguir, alcanzar [algo, *gen.*]*;* (ὁ ἐπιτυχών el que tiene suerte *o* éxito).
F. *fut.* ἐπιτεύξομαι; *aor.* ἐπέτυχον *etc. V.* τυγχάνω.

ἐπι-τύμβιος ον concerniente al sepulcro, sepulcral, funeral, fúnebre [*v. gr.* χοαί libaciones].

ἐπιτυχής ές que tiene éxito, feliz.

ἐπι-φαίνομαι *y N. T.*

ἐπι-φαίνω mostrarse, aparecer, *y esp.* mostrarse, aparecer de pronto
F. *V.* φαίνω; *aor. 1.º act.* ἐπέφανα *(N. T. Luc. 1,79)* = ἐπεφάνην.

ἐπιφάνεια ας ἡ aparición, manifestación, epifanía.

ἐπιφανής ές visible, manifiesto; claro, evidente; brillante, ilustre, señalado, distinguido.

ἐπί-φαντος ον visible, viviente, que aún vive.

ἐπι-φαύσκω brillar para, iluminar a [alguien, *dat.; N. T.*].

ἐπι-φέρω llevar, aportar, traer; llevar *o* poner como ofrenda, ofrecer; poner, echar encima (χεῖρας las manos [a alguien, *dat.*]); dirigir [contra alguien *dat.;* las armas, la guerra etc., *ac.*]*;* imponer [un nombre, una pena, una censura]; importar, acusar de, echar en cara; aumentar, acrecentar (τὴν ὑπερβολήν el exceso) || MED. llevar consigo; dirigirse, lanzarse, echarse contra *o* encima, asaltar, atacar a... [*dat.*]*;* crecer, hincharse (ὅταν θάλαττα μεγάλη ἐπιφέρεται cuando se hincha el mar, cuando hay mar gruesa); venir después (τὰ ἐπιφερόμενα las cosas futuras) || PAS. ser llevado; ser importado etc.

F. *V.* φέρω. *Nótese aor. ép. y jón.* ἐπένεικα (= ἐπήνεγκα, ἐπήνεγκον).

ἐπι-φημίζω pronunciar palabras augurales; atribuir; prometer || MED. decir palabras de mal agüero.

ἐπιφήμισμα ατος τό palabra de mal agüero.

ἐπι-φθέγγομαι llamar; dar el toque *o* señal de ataque.

ἐπι-φθονέω- ῶ llevar a mal, rehusar [a alguien, *dat.;* algo, *ac. o constr. inf.*]; tener odio, odiar [a alguien, *dat.*].

ἐπί-φθονος ον odioso, odiado, objeto de celos *o* envidia [para alguien *dat.* o πρὸς *y gen.*]; (τὸ ἐπίφθονον odio, envidia); envidioso || ADV. ἐπιφθόνως (ἐπ. διακεῖσθαι ser odiado [τοῖς Ἕλλησι por los griegos]; ἐπ. ἔχειν sentir envidia *u* odio [πρὸς ἀλλήλους unos contra otros]).

ἐπι-φλέγω quemar, poner fuego a, incendiar, abrasar.

ἐπί-φοβος ον espantoso.

ἐπι-φοιτάω -ῶ venir *o* llegar con frecuencia, venir de viaje *o* en importación, frecuentar, visitar [a... *dat.,* εἰς *y ac.*]; *con sentido hostil,* invadir, atacar.

ἐπι-φοιτέω *jón.* = **ἐπιφοιτάω.**

ἐπιφορά ᾶς ἡ agregación *y esp.* aumento *o* suplemento en el sueldo, sobresueldo; irrupción, ataque.

ἐπι-φορέω -ῶ poner *o* echar encima.

ἐπιφόρημα ατος τό segundo servicio de mesa, postres.

ἐπίφορος ον que impulsa, que sopla a favor, favorable.

ἐπι-φράζομαι pensar, intentar [algo, *ac. o* hacer algo, *constr. inf.*]; idear, imaginar, maquinar, tramar; reflexionar, meditar; echar de ver, percibir; reconocer.

F. *La forma act., inf. aor.* ἐπιφράσαι (*v. l. Hdt. 1,179 prob.* ἔτι φράσαι) || MED. *aor.* ἐπεφρα(σ)σάμην, *3.ª sing. subj. ép.* ἐπιφράσσεται *(con voc. breve); aor. pas.* ἐπεφράσθην *(con valor med.), part.* ἐπιφρασθείς.

ἐπι-φρονέω -ῶ ser prudente, discreto || TR. estimar.

ἐπιφροσύνη ης ἡ sensatez, discreción.

ἐπί-φρων ον sensato, discreto, prudente.

ἐπι-φύομαι [*con aor.* ἐπέφυν *y perf.* ἐπιπέφυκα] nacer *o* crecer sobre... [*dat.*].

ἐπι-φωνέω -ῶ invocar; hablar sobre [algo, *ac.*].

ἐπι-φώσκω comenzar a clarear, amanecer.

ἐπι-χαίνω estar con la boca abierta, mirar ávidamente [a... *gen.*].

ἐπι-χαίρω alegrarse, regocijarse [de algo, *dat. o constr. part.:* σὲ μὲν εὖ πράσσοντα de tu bienestar].

ἐπί-χαλκος ον guarnecido de bronce, de bronce.

ἐπι-χαρής ές agradable, grato.

ἐπί-χαρις ι [*gen.* ιτος] agradable, amable, placentero || **τὸ ἐπίχαρι** agrado, gracia, atractivo || *adv.* **ἐπιχαρίτως.**

ἐπίχαρτος ον alegre, que da *o* produce alegría, satisfactorio, placentero; *esp.* que produce maligna alegría

ἐπι-χειμάζω pasar *o* emplear el invierno en ello.

ἐπίχειρα ων τά recompensa, salario; *esp.* castigo (ξιφέων ἐπίχειρα muerte por las espadas).

ἐπι-χειρέω -ῶ poner mano a, ponerse a, empezar; emprender, intentar [algo, *dat. o ac.;* hacer algo, *constr. inf.*]; *con sentido hostil,* atentar contra, asaltar, atacar a [alguien *dat.,* πρός *y ac.*] *y pas.* ser atacado. [*Tuc. 2, 11, 5*].

ἐπιχείρημα ατος τό *y*

ἐπιχείρησις εως ἡ empresa, intento, propósito, designio; *esp.* empresa guerrera, ataque.

ἐπιχειρητής οῦ ὁ emprendedor.

ἐπι-χειροτονέω -ῶ poner a votación [por el procedimiento de manos alzadas.].

ἐπι-χέω verter, derramar sobre... [*dat.*]; verter, derramar; lanzar sobre *o* encima || MED. echarse *o* ponerse encima; derramarse, precipitarse, irrumpir [sobre *o* contra... *dat.*].

F. *aor.* ἐπέχεα, *ép.* ἐπέχευα (*inf.* ἐπιχεῦαι), *med.* ἐπεχευάμην, *pas.* ἐπεχύμην ἐπεχύθην *etc. V.* χέω.

ἐπι-χθόνιος ον que vive en la tierra, terrestre, terrenal; que vive en una tierra *o* país, habitante.

ἐπί-χολος ον productor de bilis.

ἐπι-χορεύω danzar por ello; entrar danzando.

ἐπι-χορηγέω -ῶ procurar, suministrar || PAS. ser sustentado [*N. T.*].

ἐπιχορηγία ας ἡ sustentación, apoyo.
ἐπι-χράομαι -ῶμαι servirse frecuentemente de; tener trato *o* conocimiento con... [*dat.*].
F. *jón.* ἐπιχρέωμαι *part.* ἐπιχρεώμενος.
ἐπι-χράω lanzarse *o* echarse sobre, asaltar, atacar a... [*dat.*].
F. *impf.* *(o aor. 2.º?)* ἐπέχραον *cf.* χράω *1*
ἐπι-χρίω aplicar untando [algo, *ac.*; sobre... ἐπὶ *y* ac.; *N. T.*]; untar, engrasar || MED. untarse (χρῶτα la piel).
ἐπί-χρυσος ον chapado de oro *o* ricamente dorado.
ἐπι-χρωματίζω dar [un color].
ἐπι-χωρέω -ῶ adelantarse, adelantarse hacia... [πρὸς *y ac.*]; *esp.* avanzar contra el enemigo; ceder a, ablandarse ante [alguien, *dat.*].
ἐπιχωριάζω estar *o* darse en un país; visitar frecuentemente, ir con frecuencia (Ἀθήναζε a Atenas).
ἐπι-χώριος ον del país, indígena, patrio, nacional, de uso *o* tradicional en el país (τὸ ἐπιχώριον *o* οὑπιχώριοι χθονός los naturales del país); *en gral.* propio, peculiar [de... *gen.*].
ἐπι-ψαύω tocar [algo, *gen.*]; *fig.* tocar *o* mencionar [en el discurso]; *con dat.* (ὅς τ' ὀλίγον περ ἐπιψαύῃ πραπίδεσσιν que tenga algún contacto con la inteligencia, *e. e.* por poco inteligente que sea, *Hom. Od. 8, 547*).
ἐπι-ψηλαφάω -ῶ tocar, tentar, palpar [algo, *gen. o ac.*]
ἐπι-ψηφίζω poner a votación, hacer votar [algo, *ac. o inf.*, a alguien, *ac.*; en favor de alguien *dat.*]; llevar a votación (ἐς τὴν ἐκκλησίαν a la asamblea) || MED. decretar por votación.
ἐπί-ψογος ον censurable.
ἐπ-ιωγή ῆς ἡ rada, fondeadero, ensenada.
ἐπλάγχθην *aor. pas. de* πλάζω.
ἔπλασα ἐπλασάμην ἐπλάσθην *aor. 1.º act. med. y pas. de* πλάσσω.
ἔπλε *3.ª sing. aor. 2.º de* πέλω.
ἔπλεο *o* **ἔπλευ ἔπλετο** *2.ª y 3.ª aor. 2.º med. ép. de* πέλω.
ἔπλευσα *aor. 1.º de* πλέω.
ἔπληξα *aor. 1.º de* πλήσσω.
ἔπληντο *3.ª pl. aor. 2.º med. ép. de* πελάζω.
ἔπλησα ἐπλησάμην ἐπλήσθην *aor. 1.º act. med. y pas. de* πίμπλημι.
ἔπλων *y* **ἔπλωον** *aor. 2.º e impf. de* πλώω.
ἔπλωσα *aor. 1.º de* πλώω.
ἔπνευσα *aor. 1.º de* πνέω.
ἐπ-όδια *jón.* = **ἐφόδια.**
ἐποδιάζω *jón.* = **ἐφοδιάζω.**
ἐπόθην *aor. pas. de* πίνω.
ἐποίγνυμι *o* **ἐποίγω** *v.* **ἐπῴχατο**
ἐποικέω -ῶ establecerse como colono; ocupar como base de operaciones [contra alguien, *dat.*].
ἐπ-οικοδομέω -ῶ construir encima; construir sobre... [ἐπὶ *y gen., dat. o ac.*]; reedificar, restaurar; *tamb. fig.* edificar *o* modelar espiritualmente.
ἔπ-οικος ου ὁ colono nuevo *o* posterior; *en gral.* colono, habitante; vecino; extranjero, extraño.
ἐπ-οικτίζω *y*
ἐπ-οικτίρω compadecer, apiadarse [de... *ac.*].
ἐπ-οίσω *fut. de* ἐπιφέρω.
ἐπ-οίχομαι dirigirse hacia, acercarse a [alguien, *ac.*]; ir a un lado y otro (οἰνοχοεύων sirviendo el vino; κῆλα ἀνὰ στρατόν las flechas por el campo); recorrer, pasar revista a... [*ac.*]; *con sentido hostil,* avanzar contra, atacar; aplicarse a, ponerse a, preparar, trabajar en... [*ac.*].
ἐπ-οκέλλω hacer encallar *o* estrellar [una nave] || INTR. encallar; estrellarse.
ἕπομαι seguir, ir detrás de, ir con, ir al paso de, acompañar a [alguien, *dat.*; *tamb.* ἐπὶ *con gen. o dat.*, μετὰ *con gen. dat. o ac.*, σὺν *con dat. etc.*: τῷ στίβῳ ἕπεσθε seguid las huellas; τρυφάλεια ἅμ' ἕσπετο χειρί el yelmo se fue tras la mano *e. e.* se le quedó en la mano]; *con sentido hostil:* perseguir [en la guerra, en la caza etc. a... *dat.*]; *abs.* seguir adelante, continuar; *fig.* seguir con el pensamiento (τῷ λόγῳ lo dicho, el discurso); obedecer, acomodarse, someterse a... [*dat*]; seguir como consecuencia, derivarse de (τῇ ἀχαριστίᾳ ἡ ἀναισχυντία de la ingratitud el impudor; ἐκ Διὸς ἀλκή de Zeus la fuerza); estar de acuerdo *o* en armonía con, convenir con... [*dat.*].
F. *impf.* εἱπόμην, *ép. sin aum.* ἑπόμην

ἕπεο *o* ἕπευ ἕπετο; *fut.* ἕψομαι; *aor. 2.º* ἑσπόμην, *imp.* σποῦ, *ép.* σπεῖο *subj.* σπῶμαι, *opt.* σποίμην, *inf.* σπέσθαι *part.* σπόμενος. *A más de estas formas de aor. con* σ- *inicial hay otras ép. con* ἑσ- *3.ª sing. imp.* ἑσπέσθω, *3.ª pl. subj.* ἕσπωνται, *inf.* ἑσπέσθαι, *part.* ἑσπόμενος, *reduplicadas originariamente* (ἑσπ ⟨**sesp*).

ἐπ-όμνυμι jurar, confirmar por juramento (ἐπομόσας εἶπε dijo con juramento; ἐπ. ἐπίορκον jurar en vano; ἐπ. ἥλιον jurar por el sol; ἐπ. τοὺς θεούς jurar por los dioses).

ἐπ-ομφάλιος ον sobre el ombligo, *esp.* sobre la abolladura central del escudo.

ἔπον *imp. ép. de* ἕπω (*pero* ἑπόμην *de* ἕπομαι *que es distinto verbo*).

ἐπ-ονειδίζω censurar.

ἐπονείδιστος ον censurable, vituperable, vergonzoso.

ἐπ-ονομάζω nombrar, llamar, denominar; invocar, apostrofar [a alguien, *ac.*; πατρόθεν con el nombre de su padre *e. e.* agregando el nombre de su padre].

ἐπ-οπίζω [*en gral. med.*] respetar, temer.

ἐποποιίη ης ἡ *jón.* poema épico, epopeya.

ἐπο-ποιός οῦ ὁ poeta épico.

ἐπ-οπτάω -ῶ asar sobre [el fuego].

ἐπ-οπτεύω atender a, vigilar, cuidar de... [*ac.*].
F. *3.ª impf. iter. ép.* ἐποπτεύεσκε.

ἐπ-όπτης ου ὁ observador, vigilante; testigo ocular; epopta [vidente que alcanzaba la más alta iniciación en los misterios de Eleusis].

ἐποπτικός ή όν concerniente al más alto grado de iniciación en los misterios de Eleusis (τὰ ἐποπτικά la consagración más alta); *fig.* secreto, sólo accesible a iniciados.

ἐπ-οράω *jón.* = **ἐφοράω.**

ἐποργιάζω celebrar los misterios, festejar.

ἐπ-ορέγω tender, ofrecer || MED. alargarse, tenderse [*esp.* para dar un golpe]; *fig.* aumentar sus exigencias, pedir más; tratar de llegar a, buscar [algo, *gen.*].

ἐπ-ορέω *jón.* = **ἐφοράω.**

ἐπ-ορμέω *jón.* = **ἐφορμέω.**

ἐπ-όρνυμι *y* **ἐπ-ορνύω** suscitar, despertar [v. gr. la cólera en alguien, *dat.*]; enviar (ὕπνον el sueño; μόρσιμον ἦμαρ la muerte); lanzar, excitar, hostigar [contra alguien, *dat. o* a hacer algo, *constr. inf.*] || MED. lanzarse contra, caer sobre... [dat.].
F. *aor.* ἐπῶρσα *imp.* ἔπορσον *etc. El perf.* ἐπόρωρα *con valor med.; 3.ª sing. aor. 2.º med. ép.* ἐπῶρτο. *V.* ὄρνυμι.

ἔπορον *aor. def.* [*v.* πορεῖν] procurar, proporcionar, dar.

ἐπ-ορούω lanzarse *o* saltar sobre (ἅρμα el carro); lanzarse *o* venir hacia, a *o* contra [alguien, *dat.*].

ἔπορσον *imp. aor. 1.º de* ἐπόρνυμι.

ἐπ-ορχέομαι -οῦμαι bailar al son.

ἔπος εος [ους] τό palabra, vocablo; expresión, frase, sentencia, máxima; (ὡς ἔπος εἰπεῖν por decirlo así, digámoslo así, para decirlo exactamente *o* con brevedad *o tamb.* en general, en principio); palabra dada, promesa; consejo, advertencia, mandato; respuesta *y esp.* oráculo; *colect.* discurso, relación, relato; diálogo; dicho, rumor; canto, canción, poesía, *y esp.* poesía narrativa *o* épica; verso *y esp.* hexámetro *o* dístico (τὰ ἔπη la epopeya, los versos); contenido del discurso, asunto, noticia (νῦν δὲ ἔπος ἐρέων εἶμι ahora voy a llevar la noticia, *Il. 11, 652*).

ἐπ-οτρύνω impulsar, mover, excitar, animar, hostigar; suscitar, promover (πόλεμον una guerra [contra alguien, *dat.*]; ἐπ. ἀγγελίας πολίεσσιν mandar mensajes apremiantes a las ciudades); mandar con apremio || MED. apresurar, disponer apresuradamente.

ἐπ-ουράνιος ον celeste, celestial, del cielo.

ἐπ-ουριάζω soplar a favor [en... *ac.*].

ἔπ-ουρος ον favorable, que sopla a favor.

ἐπ-οφείλω deber además.

ἐπ-οφθαλμιάω -ῶ mirar con envidia [a... *dat.*].

ἐπ-οχέομαι -οῦμαι ir subido *o* montado, montar, cabalgar.

ἐπ-οχετεύω dirigir por un canal, canalizar.

ἔπ-οχος ον subido, montado; jinete seguro, que se tiene a caballo.

ἔποψ οπος ὁ abubilla [ave].
ἐπόψιμος ον visible.
ἐπόψιος α ον que lo ve todo, omnividente; visible, que está a la vista.
ἔποψις εως ἡ vista; alcance de la vista.
ἐπ-όψομαι *fut. de* ἐφοράω.
ἐπράθην *aor. pas. de* πιπράσκω.
ἔπραθον *aor. 2.º de* πέρθω.
ἔπραξα ἐπράχθην *aor. 1.º act. y pas. de* πράσσω.
ἔπρηξα *jón.* = **ἔπραξα.**
ἔπρησα *aor. 1.º de* πρήθω.
ἐπριάμην ἐπρίω *etc. aor. de* ὠνέομαι.
ἑπτά ADJ. NUM. CARD. siete.
ἑπτα-βόειος ον *y*
ἑπτά-βοιος ον guarnecido con siete pieles de buey.
ἑπτα-ετής ές [*o* **ἑπτα-έτης ες**] de siete años || ADV. **ἑπτάετες** durante siete años.
ἑπτα-καί-δεκα ADJ. NUM. CARD. diecisiete.
ἑπτακαιδέκατος η ον ADJ. NUM. ORD. decimoséptimo.
ἑπτάκις ADV. siete veces.
ἑπτακισ-μύριοι αι α ADJ. NUM. CARD. setenta mil.
ἑπτακισ-χίλιοι αι α ADJ. NUM. CARD. siete mil.
ἑπτακόσιοι αι α ADJ. NUM. CARD. setecientos.
ἑπτά-λογχος ον de siete lanzas, *e. e.* de siete jefes, que está bajo siete jefes.
ἑπτά-μηνος ον de siete meses || **τὸ ἑπτάμηνον** sietemesino.
ἔπταν *aor. 2.º dór. de* πέτομαι (= ἔπτην).
ἑπτά-πηχυς υ [*gen.* εος] de siete codos de extensión.
ἑπτα-πόδης ου de siete pies de largo.
ἑπτά-πυλος ον de siete puertas.
ἔπταρον *aor. 2.º de* πταίρω.
ἔπτατο *3.ª sing. aor. de* πέτομαι.
ἑπτά-τονος ον de siete cuerdas *o* tonos.
ἕπταχα ADV. en siete partes.
ἑπτ-έτης ες = **ἑπταέτης.**
ἔπτην *y* **ἐπτόμην** *aors. 2.ºs de* πέτομαι.
ἔπ-υδρος ον *jón.* = **ἔφυδρος.**
ἐπυθόμην *aor. 2.º de* πυνθάνομαι.
ἕπω aplicarse a, atender a, ocuparse en [algo, ἀμφί, περί, μετά, ἐπί *y ac.*]; preparar, disponer (τεύχεα las armas); venir, acercarse. *Cf.* ἕπομαι. **F.** *impf.* εἶπον *ép.* ἕπον, *pas.* εἱπόμην, *dór.* εἱπόμαν *fut.* ἕψω, *pas.* ἕψομαι; *aor. 2.º* ἔσπον, *subj.* σπῶ, *opt.* σποῖμι, *inf.* σπεῖν, *part.* σπών. *Usado principalmente en composición, es de raíz distinta que* ἕπομαι, *bien que de antiguo se haya relacionado con él.*
ἐπ-ῳδή ῆς ἡ canto *o* dicho mágico; encantamento, encanto, conjuro; palabras de exhortación *o* de consuelo.
ἐπ-ῳδός όν que canta cantos mágicos, conjurador, ayudador, saludador.
ἐπ-ώδυνος ον doloroso.
ἐπ-ωμίς ίδος ἡ cresta del omoplato, parte superior del hombro, donde se articula con el cuello; hombro.
ἐπ-ώμοτος ον juramentado, bajo juramento; testigo de juramento, invocado al jurar.
ἐπ-ωνυμία ας ἡ sobrenombre; *en gral.* nombre.
ἐπ-ωνύμιος α ον *y*
ἐπ-ώνυμος ον nombrado, llamado por nombre *o* sobrenombre [a causa de... *gen.*, ἐπὶ *y gen. etc.*]; de nombre, como nombre propio *o* sobrenombre; que da nombre, que da origen al nombre, epónimo.
ἐπ-ώπτων *impf. de* ἐποπτάω.
ἐπ-ῶρσε *3.ª sing. aor. 1.º ép. de* ἐπόρνυμι.
ἐπ-ῶρτο *3.ª sing. aor. 2.º med. ép. de* ἐπόρνυμι.
ἐπ-ωτίδες ων αἱ serviolas [pescantes *o* vigas salientes a manera de orejeras a un lado y otro de la proa de un navío].
ἐπ-ωφελέω -ῶ auxiliar, asistir, venir en ayuda [a... *ac. o dat.*] || AOR. ἐπωφέλησα debía, había de [*con inf., Sóf. E. C. 541*].
ἐπωφέλημα ατος τό socorro, ayuda.
ἐπ-ῴχατο *3.ª pl. plpf. pas. ép. de* ἐποίγνυμι *o* ἐποίγω habían sido cerradas [*sc.* πυλαί las puertas, *Hom. Il. 12, 340*].
ἔρα-ζε ADV. a tierra.
ἔραμαι = **ἐράω.**
ἐραννός ή όν = **ἐράσμιος.**
ἔρανος ου ὁ comida en común *y esp.* comida a escote; escote, cuota, contribución, cantidad suscrita; producto de una suscripción *o* póstula; socorro, ayuda, asistencia, limosna.
ἐράομαι *ép.* = **ἐράω.**

ἐρασι-χρήματος ον extraordinariamente aficionado al dinero, codicioso.
ἐράσμιος α ον [*o* **-ος ον**] amable, gracioso, encantador; amado, deseado [por... *dat.*].
ἐραστάς οῦ *y*
ἐραστής οῦ ὁ amante, enamorado; amigo, apasionado [de algo, *gen.*].
ἐραστός ή όν *y*
ἐρατεινός ή όν = **ἐράσμιος.**
ἐρατίζω estar ávido *o* hambriento [de... *gen.*].
ἐρατός ή όν *v.* **ἐραστός.**
ἐρατύω *dór.* = **ἐρητύω** separar.
ἐραυνάω = **ἐρευνάω.**
ἐράω -ῶ [*y med. ép.*] estar enamorado, enamorarse [de alguien, *gen.*]; (ἡ ἐρωμένη la amada); amar apasionadamente; desear vivamente.
F. *Usado como act. en prosa sólo en pres. e impf.; ép.* ἐράομαι, *poét.* ἔραμαι. *Impf.;* ἤρων (*ép. 2.ª pl.* ἐράασθε) *poét.* ἠράμην; *fut.* ἐρασθήσομαι; *aor.* ἠράσθην, *ép.* ἠρασάμην *3.ª sing. tamb.* ἠράσσατο.
ἐργάζομαι trabajar; *esp.* trabajar la tierra *u* ocuparse en el comercio, comerciar, traficar || TR. trabajar, elaborar (χρυσόν oro); cultivar [la tierra, un arte etc.]; producir, fabricar, construir, ejecutar, realizar, hacer [buenas *o* malas cosas, bien *o* mal a alguien, *dos acs.; rar. dat. pers.*]; procurarse con el trabajo (χρήματα dinero); causar (πημονάς disgustos) || PAS. [*aor.* εἰργάσθην *fut.* ἐργασθήσομαι *y a veces perf.* εἴργασμαι *tamb. us. como act.*] ser construido; ser hecho (τὰ εἰργασμένα las cosas hechas, los hechos); ser labrado (λίθοι εἰργασμένοι piedras labradas).
F. *impf.* ἠργαζόμην εἰργαζόμην *y ép. jón.* ἐργαζόμην; *fut.* ἐργάσομαι; *aor.* ἠργασάμην *o* εἰργασάμην, *jón.* ἐργασάμην; *perf.* εἴργασμαι, *jón.* ἔργασμαι. *Estas formas son empleadas con sign. ya activa, ya pas.* || *Aor. pas.* εἰργάσθην, *fut. pas.* ἐργασθήσομαι.
ἐργάθω = **εἰργάθω.**
ἐργαλεῖον ου *y*
ἐργαλήιον ου τό útil *o* instrumento de trabajo.
ἐργασείω querer *o* desear hacer.
ἐργασία ας [*jón.* **ἐργασίη ης**] **ἡ** trabajo, actividad, ocupación; *y esp.* trabajo del campo, agricultura; comercio, tráfico; oficio, negocio, fuerza, efecto, eficacia (δὸς ἐργασίαν ἀπηλλάχθαι ἀπ' αὐτοῦ esfuérzate en librarte de él, *N. T. Luc. 12, 58*); elaboración, trabajo, cultivo, preparación, producción, fabricación, construcción [de algo, *gen.*]; práctica (τῶν τεχνῶν de las artes); obra, producto *y esp.* estatua, figura; adquisición, rendimiento, ganancia, lucro.
ἐργάσιμος ον laborable, explotable || **τὰ ἐργάσιμα** campo cultivado.
ἐργαστήριον ου τό lugar de trabajo, fábrica, taller.
ἐργαστικός ή όν trabajador, acostumbrado al trabajo.
ἐργάτης ου ὁ trabajador, activo, laborioso; autor, artífice [de algo, *gen.:* ἐργάται τῆς ἀδικίας operarios de iniquidad, hombres injustos, *N. T. Luc. 13, 27*]; trabajador, jornalero, *y esp.* labriego.
ἐργατικός ή όν = **ἐργαστικός.**
ἐργάτις ιδος ADJ. *f.* = **ἐργάτης.**
ἔργμα ατος τό = **ἔργον.**
ἕργμα ατος τό encierro.
ἔργνυμι *y*
ἐργνύω = **εἴργω.**
ἐργο-δότης ου ὁ que da *o* proporciona trabajo, parroquiano.
ἐργο-λαβέω -ῶ tomar a destajo [un trabajo]; especular, traficar [con algo, *ac.*].
ἔργον ου τό acto, acción, hecho, empresa (ἔργῳ de hecho [*en este sentido opuesto a* λόγος, μῦθος, ῥῆμα *etc.*]); *a veces,* mal hecho, maldad, intriga [*Sóf. E. R. 538*]; acaecimiento, suceso, realidad (τὰ ἔργα τῶν πραχθέντων la realidad de lo pasado *u* ocurrido, *Tuc.*), obra, trabajo, empresa; asunto, ocupación, actividad (ἐπὶ ἔργα τράποντο se volvieron a sus labores, *Hom. Il. 3 422;* ἔργα πολεμικά *o* πολεμήια trabajos de la guerra, actividad guerrera; θαλάσσια ἔργα trabajos del mar *e. e.* navegación *o* pesca; ἔργα γάμοιο asuntos de matrimonio *o* amor); quehacer (ἔργον ἔχειν tener *o* tomarse el quehacer *o* la molestia; ἔργον ἔχειν δεόμενον tomarse la molestia de pedir, *Jen. Cir. 8, 4, 6*); trabajo propio *o* peculiar (ἔργον ἐστί es trabajo propio,

es propio, es asunto [de... *gen.*, *dat. etc.*] *y tamb.* es necesario, hay necesidad *o bien* es cosa ardua, *Jen. Cirop. 1, 1, 5;* οὐδὲν ἔργον no hay necesidad [θρηνεῖσθαι de lamentar; μακρῶν λόγων de largas razones]); *esp.* trabajos del campo *y tamb.* campo, tierra de labor (πατρωϊα ἔργα los campos paternos, *Hom. Od. 2, 22*); guerra, lucha; industria, tráfico, comercio; obra realizada, labor, producto (ἔργα γυναικῶν labores mujeriles); obra artística, edificio etc.; resultado, provecho, utilidad; cosa, asunto; circunstancia.

ἔργω *ép. y jón.* = **εἴργω.**

ἐργώδης ες trabajoso, difícil, arduo.

ἔρδω hacer, realizar; obrar; *esp.* hacer un sacrificio, sacrificar.
F. *impf.* ἔρδον, *iter. ép. y jón.* ἔρδεσκον; *fut.* ἔρξω, *inf. ép.* ἐρξέμεν; *aor.* ἔρξα, *rar.* ἦρξα; *perf.* ἔοργα; *plpf.* ἐώργειν, *3.ª sing. jón.* ἐόργεε *Hdt. 1, 127.*

ἐρεβεννός ή όν obscuro, sombrío, tenebroso.

ἐρέβινθος ου ὁ garbanzo.

ἔρεβος εος [ους] τό infierno, lugar inferior, reino de los muertos, Erebo (ἐρεβόσδε hacia el Erebo); tinieblas, sombras, oscuridad; abismo.

ἐρεείνω [*y med.*] preguntar, interrogar.

ἐρεθίζω *y*

ἐρέθω excitar, provocar, irritar, enfadar; mover, animar.

ἐρείδω apoyar [algo, *ac.;* en algo *o* contra algo, ἐπί *y dat. o gen.*, πρὸς *y ac.*]*;* fijar, asegurar, clavar, meter, hundir; resistir, oponerse a (ἀσπὶς ἀσπίδ'ἔρειδε el escudo se oponía al escudo) || INTR. apoyarse; lanzarse, echarse encima; clavarse, encallar (ἡ πρῴρα ἐρείσασα ἔμεινεν la proa quedó encallada, *N. T. Act. Ap. 27, 41*) ||MED. apoyarse [en... *dat.* ἐπί *y gen.*, *gen.:* χειρὶ γαίης con la mano en la tierra]; *abs.* ἐρεισάμενος βάλε afirmándose, lanzó...; estrecharse en la lucha [uno contra otro] || PAS. estar apoyado, puesto, fijo, asegurado; quedar clavado; quedar tendido (οὔδει por tierra).
F. *impf. ép.* ἔρειδον, *fut.* ἐρείσω, *aor.* ἤρεισα, *ép.* ἔρεισα, *med.* ἐρεισάμην; *perf.* ἤρεικα *y* ἐρήρεικα, *pas. jón.* ἐρήρεισμαι, *3.ª pl. ép.* ἐρηρέδαται, *plpf. 3.ª sing.* ἠρήρειστο, *3.ª pl.* ἐρηρέδατο; *aor. pas. ép.* ἐρείσθην.

ἐρείκω romper, desgarrar (ἐρεικόμενος περὶ δουρί atravesado por la lanza) || INTR. quebrarse, romperse [περί *y dat.*].
F. *aor. 2.º ép.* ἤρικον.

ἐρειο *imp. med. ép. de* ἐρέω.

ἐρείομεν *1.ª pl. subj. pres. ép. de* ἐρέω.

ἐρείπιον ου τό ruina; restos, despojos.

ἐρείπω echar abajo, derribar, dejar caer; destruir, aniquilar || INTR. [*aor. 2.º* ἤριπον] *y* PAS. caer, venir a tierra || PAS. ser derribado.
F. *impf.* ἤρειπον, *ép.* ἔρειπον; *fut.* ἐρείψω; *aor. 1.º* ἤρειψα; *aor. 2.º intr.* ἤριπον, *ép.* ἔριπον; *perf. intr. ép.* (κατ-) ερήριπα; *3.ª sing. plpf.* ἐρέριπτο *(Il. 14, 15 y 55); part. aor. pas.* ἐρειφθείς.

ἔρεισμα ατος τό apoyo, reparo.

ἐρεμνός ή όν = **ἐρεβεννός.**

ἔρεξα *aor. 1.º de* ῥέζω.

ἐρέομαι = **ἐρέω.**

ἐρέπτομαι arrancar, *de donde*, comer, devorar, cebarse de... [*ac.*].

ἐρέριπτο *3.ª sing. plpf. med. ép. de* ἐρείπω.

ἐρέσθαι *inf. aor. med. de* ἐρέω.

ἐρέσσω remar; *fig.* mover, poner en movimiento, agitar (ἀπειλάς amenazas; μῆτιν un proyecto).
F. *inf. pres. ép.* ἐρεσσέμεναι; *impf. ép.* ἔρεσσον, *aor.* ἤρε(σ)σα

ἐρεσχηλέω -ῶ hablar en burla, bromear || TR. burlarse [de alguien, *ac.*].

ἐρέτης ου ὁ remero.

ἐρετμόν οῦ τό remo.

1 **ἐρεύγομαι** vomitar, echar por la boca; eructar; exhalar, declarar en alta voz [*N. T. Mt. 13, 35*].

2 **ἐρεύγομαι** [*aor.* ἤρυγον] bramar, mugir; *fig.* del mar, de las olas etc.
F. *Aunque distintos en su origen* [*cf. lat.* rugo *y* rugio] *estos dos vbs. han llegado a confundir sus formas: fut.* ἐρεύξομαι, *aor.* ἤρυγον *(sólo td. en 1).*

ἐρευθέδανον ου τό rubia, granza [planta tintórea.

ἐρεύθω enrojecer, teñir de rojo || PAS. enrojecerse, ponerse rojo.

ἔρευνα ης ἡ pesquisa, investigación.

ἐρευνάω -ῶ rastrear, inquirir, buscar, investigar, averiguar.
ἐρέφω cubrir, techar y *en gral.* construir; coronar; adornar.
F. *fut.* ἐρέψω; *aor.* ἤρεψα, *ép.* ἔρεψα.
ἐρέχθω romper, desgarrar [*tamb. fig.*].
1 **ἐρέω** *fut. ép. de* εἴρω 1.
2 **ἐρέω** [*y med.* ἐρέομαι] preguntar; interrogar [a alguien, *ac.*]; buscar [algo, *ac.*]; investigar.
F. *pres. e impf. sólo ép. y jón :1.ª pl. subj.* ἐρείομεν, *opt.* ἐρέοιμι, *part.* ἐρέων; *med. imp.* ἔρειο (ἐρεῖο?) *subj.* ἐρέωμαι, *inf.* ἐρέεσθαι, *3.ª pl. impf.* ἐρέοντο; *fut.* ἐρήσομαι; *aor.* ἠρόμην, *imp.* ἐροῦ, *subj.* ἔρωμαι, *opt.* ἐροίμην, *inf.* ἐρέσθαι, *part.* ἐρόμενος. *Cf.* εἴρομαι *y* ἔρομαι *de la misma raiz.*
ἐρημία ας ἡ soledad, lugar solitario, desierto; soledad, falta ausencia, carencia (δι' ἐρημίας πολεμίων πορευόμενος marchando sin encontrar enemigos, *Jen. Hel. 3, 4, 21*).
ἔρημος η ον [*o* **-ος ον**] solitario, desierto, deshabitado, yermo (ἡ ἔρημος [*sc.* γῆ] desierto, yermo); solitario; aislado; abandonado; indefenso; falto, vacío, privado [de... *gen.*]; ἔρημος, ἡ ἐρήμη [δίκη] proceso en que no comparece el acusado; ἐρήμην κατηγορεῖν acusar sin comparecencia del acusado.
ἐρημόω -ῶ devastar, desolar, despoblar; privar [de... *gen. o ac.*]; dejar, abandonar || PAS. ser despoblado, despojado, privado [de... *gen.*]; ser separado *o* aislado (τοῦ ὁμίλου de la multitud).
ἐρήμωσις εως ἡ desolación, devastación.
ἐρηρέδαται *3.ª pl. perf. pas. ép. de* ἐρείδω.
ἐρηρέδατο *3.ª pl. plpf. pas. ép. de* ἐρείδω.
ἐρήρεισμαι *perf. pas. jón. de* ἐρείδω.
ἐρήριπα *perf. ép. de* ἐρείπω.
ἐρήσομαι *fut. med. de* ἐρέω (ἔρομαι)
ἐρητύω [*y med.*] contener, retener [a alguien, *ac.*; de algo, *gen.*]; separar; apaciguar, aplacar || PAS. detenerse, contenerse, quedarse quieto *o* tranquilo.
F. *impf. ép.* ἐρήτυον, *med. y pas.* ἐρητυόμην; *fut.* ἐρητύσω; *imp. aor. 1.º* ἐρήτυσον, *3.ª sing. opt. ép.* ἐρητύσειε *3.ª sing. ind. iter. ép.* ἐρητύσασκε; *3.ª pl. aor. pas. ép.* ἐρήτυθεν.
***ἐρι-** *prefijo aumentativo:* muy, mucho.
ἐρι-αύχην εν [*gen.* ενος] de alto cuello, de cerviz estirada.
ἐρι-βρεμέτης ου tonante, que truena fuertemente.
ἐρι-βῶλαξ ακος *y*
ἐρί-βωλος ον de fértil terruño, de glebas fecundas.
ἐρί-γδουπος ον tonante; resonante, que resuena con fuerza.
ἐριδαίνω = **ἐρίζω.**
F. *inf. ép.* ἐριδαινέμεν; *inf. aor. 1.º med.* ἐριδήσασθαι.
ἐριδμαίνω irritar, enfadar, enojar.
ἐρί-δουπος ον = **ἐρίγδουπος.**
ἐρίζω reñir, disputar, tener *o* entrar en pendencia [con alguien, *dat. o* πρός *y ac.*]; luchar, rivalizar [con alguien, *dat. o* πρός *y ac.*; en algo, *dat. etc.*; *tamb. med.*].
F. *inf. pres. ép.* ἐριζέμεν(αι); *impf.* ἤριζον, *ép.* ἔριζον; *iter.* ἐρίζεσκον; *aor.* ἤρισα, *3.ª sing. opt. ép.* ἐρίσσειε, *3.ª sing. subj. med.* ἐρίσσεται; *perf.* ἤρικα *(td)*, *med.* ἐρήρισμαι.
ἐρί-ηρες ων *v.* **ἐρίηρος.**
ἐρί-ηρος ον [*pl.* ἐρίηρες] apegado, fiel, leal.
ἐριθεία ας ἡ egoísmo; espíritu de intriga, de lucha *u* obstinación.
ἐρι-θηλής ές lozano; fértil.
ἔριθος ου ὁ trabajador, jornalero *y esp.* segador.
ἐρικεῖν *inf. aor. 2.º de* ἐρείκω.
ἐρι-κυδής ές gloriosísimo, magnífico.
ἐρί-μυκος ον que muge fuertemente, de fuertes mugidos.
ἐρινεός οῦ ὁ cabrahigo, higuera silvestre.
'Ερινύς ύος ἡ furia; maldición; venganza, azote vengador; extravío, locura.
ἔριον ου τό = **εἴριον** lana.
ἐρι-ούνης ου *y*
ἐρι-ούνιος ου ὁ bienhechor, socorredor, salvador.
ἐρι-ουργέω -ῶ trabajar la lana.
ἐριπεῖν ἐρίπῃσι etc. *Formas de aor. 2.º de* ἐρείπω.
ἔρις ιδος ἡ disputa, pendencia, reyerta, discordia, riña, altercado, cuestión; lucha, pelea; porfía, rivalidad, emulación (ἔριν ἐνέβαλλε πρός ἀλλή-

λους inspiraba la emulación de unos contra otros, *Jen. Cir. 6, 2, 4*) || **Ἔρις** la Discordia, la diosa de la Discordia.

F. *ac. sing.* ἔριν, *ép. frec.* ἔριδα; *nom. pl.* ἔριδες, *íd.* ἔρεις (*N. T. Ep. Tit. 3, 9 etc.*)

ἐρι-σθενής ές fortísimo, poderosísimo.

ἔρισμα ατος τό motivo de querella.

ἐρι-στάφυλος ον procedente de buenos *o* exquisitos racimos.

ἐριστικός ή όν aficionado a la discusión.

ἐριστός ή όν discutible *o* que se ha de poner a discusión (τὰ δὲ τοῖς δυνατοῖς οὐκ ἐριστά no se han de tener tales querellas con los poderosos, *Sóf. El. 219, 220*).

ἐρί-τιμος ον preciosísimo, muy preciado.

ἐρίφειος ον de cabrito.

ἐρίφιον ου τό *dim. de* ἔριφος cabrito, cabritillo.

ἔριφος ου ὁ ἡ cabrito, chivo.

ἑρκεῖος [*o* **ἕρκειος**] **ον** [*rar.* **-ος α ον**] del recinto, del patio, de la tienda *y en gral.* de la casa, del hogar; protector de la casa *o* del hogar [*epít. de Zeus*].

ἑρκίον ου τό muro, tapia.

ἕρκος εος [**ους**] **τό** cerco; cercado, tapia, muro; barrera (ἕρκος ὀδόντων barrera de los dientes, *e. e.* doble línea de dientes que cierra la boca); recinto cerrado, patio (ἕρκος ἱερόν recinto sagrado, templo); reparo, defensa, protección; red; *fig.* intriga.

ἑρκτή ῆς ἡ *jón.* = **εἱρκτή.**

1 **ἕρμα ατος τό** apoyo, sostén *y esp.* escora de madera *o* piedra para sostener la nave en tierra; defensa, columna, protección.

2 **ἕρμα ατος τό** pendiente, zarcillo; *fig.* ἕρμα ὀδυνάων haz *e. e.* origen, principio de dolores [*Hom. Il. 4, 117*].

3 **ἕρμα ατος τό** roca, escollo; montón de tierra, túmulo, altura.

ἕρμαιον ου τό hallazgo feliz, buena suerte, *tamb. irónico;* presa fácil.

Ἑρμέης Ἑρμείας = **Ἑρμῆς.**

ἑρμηνεία ας ἡ palabra, habla, don de la palabra; interpretación, explicación.

ἑρμηνεύς έως ὁ intérprete.

ἑρμηνεύω interpretar, traducir; expresar en palabras, declarar; exponer, explicar.

Ἑρμῆς οῦ ὁ Hermes *o* Mercurio [dios mensajero y protector del comercio].

F. *ép.* Ἑρμέης Ἑρμείας; *gen. ép.* Ἑρμείαο Ἑρμείω *y ép. jón.* Ἑρμέω; *dat.* Ἑρμῇ Ἑρμέᾳ *y* Ἑρμείᾳ; *ac.* Ἑρμῆν, *jón.* Ἑρμέην; *voc. ép.* Ἑρμεία, *poét.* Ἑρμῆ.

ἑρμίς ῖνος ὁ pie de cama.

ἑρμογλυφεῖον ου τό taller de escultor.

ἑρμο-γλυφεύς έως ὁ = **ἑρμογλύφος.**

ἑρμογλυφική ῆς ἡ estatuaria, escultura.

ἑρμο-γλύφος ου ὁ estatuario, escultor.

ἔρνος εος τό retoño, vástago, *prop. y fig.*

1 **ἔρξα** *aor. 1.º de* ἔρδω.

2 **ἔρξα** *aor. 1.º jón. de* εἴργω.

ἐρξίης ου ὁ el poderoso, el pudiente.

ἔρξω *fut. de* ἔρδω *y de* εἴργω.

ἔρομαι preguntar [algo, *ac.*, a alguien, *ac.*]; interrogar [a alguien, *ac.*].

F. *Sustituido en el pres. ind. por* ἐρέω *y* ἐρωτάω. *Fut.* ἐρήσομαι *etc. v.* ἐρέω. *Med.* ἐρέομαι *de la misma raiz.*

ἔρος ου ὁ amor, deseo, gana.

ἑρπετόν οῦ τό todo lo que se arrastra *o* se mueve, animal, ser viviente, *esp.* cuadrúpedo; reptil.

ἑρπύζω *y*

ἕρπω arrastrarse, deslizarse; meterse; insinuarse, introducirse, sobrevenir; ir, andar, venir, caminar (ἕρπ. κέλευθον andar un camino); irse, marcharse.

F. *impf.* εἷρπον *y* εἵρπυζον *fut.* ἕρψω *y* ἑρπύσω; *aor.* ἧρψα *y* εἵρπυσα.

ἐρράγην *aor. pas. de* ῥήγνυμι.

ἐρράδαται ἐρράδατο *3.ª pl. perf. y plpf. ép. resp. de* ῥαίνω.

ἐρρήθην *aor. pas. de* εἴρω 1.

ἔρρηξα, *med.* **ἐρρηξάμην** *aor. 1.º* de ῥήγνυμι.

ἔρριγα *perf. de* ῥιγέω.

ἔρριμμαι ἔρριφα *perf. med. y act. resp. de* ῥίπτω.

ἐρρίφην *y* **ἐρρίφθην** *aor. pas. de* ῥίπτω.

ἔρριψα *aor. 1.º de* ῥίπτω.

ἐρρύηκα *y* **ἐρρύην** *perf. y aor. de* ῥέω.

ἐρρύσθην *aor. de* ῥύομαι (*N. T.*)

ἔρρυτο *3.ª sing. aor. 2.º ép. poét. de* ῥύομαι.

ἔρρω arrastrarse, deslizarse, caminar *o*

andar penosamente; irse, marcharse, partir *y esp.* ir a la perdición *o* a la ruina, perderse, perecer (ἔρρε vete, vete en mal hora, ojalá perezcas).
F. *fut.* ἐρρήσω, *aor.* ἤρρησα, *perf.* ἤρρηκα. *Usado por Hom. mayormente en imp.* ἔρρε ἔρρετε.

ἔρρωγα *perf. de* ῥήγνυμι.

ἔρρωμαι *perf. de* ῥώννυμι.

ἐρρωμένος η ον *part. perf. pas. de* ῥώννυμι fuerte, poderoso; animoso, firme, valeroso, decidido.
F. *comp.* ἐρρωμενέστερος *adv.* ἐρρωμενεστέρως; *superl.* ἐρρωμενέστατος, *adv.* ἐρρωμενέστατα.

ἔρρωσα *aor. 1.º de* ῥώννυμι.

ἐρρώσαντο *3.ª pl. aor. 1.º de* ῥώομαι.

ἐρρώσθην *aor. pas. de* ῥώννυμι.

ἔρρωσο *imp. perf. med. de* ῥωννυμι pásalo bien, adios [*fórmula de despedida*].

ἔρση ης ἡ rocío, gota de rocío; *fig.* recental *o* cabritillo.

ἐρσήεις εσσα εν bañado de rocío; fresco, incorrupto.

ἔρσην ενος ὁ *jón.* = **ἄρρην.**

ἐρύγμηλος ον mugidor, que muge.

ἐρυγών *part. aor. 2.º de* ἐρεύγω.

ἐρυθαίνω enrojecer, teñir de rojo || PAS. enrojecerse, ponerse rojo.

ἐρύθημα ατος τό enrojecimiento.

ἐρυθραίνω = **ἐρυθαίνω.**

ἐρυθριάω -ῶ enrojecer, ponerse rojo, ruborizarse.

ἐρυθρός ά όν rojo, de color rojo (ἡ Ἐρυθρὰ θάλασσα el mar Rojo *y post.* el golfo Pérsico).

ἐρύκακον *aor. ép.* de ἐρύκω.

ἐρυκανάω ἐρυκανόω *ép. y*

ἐρυκάνω *y*

ἐρύκω contener, retener; sujetar; apartar, separar [algo, *ac.;* de alguien, ἀπό *y gen., dat.;* a alguien, *ac.*, de algo, *gen.*]; tener separados; alejar, rechazar; salvar, liberar || MED. guardarse de, apartar de sí; retener || PAS. quedarse rezagado, quedarse atrás; quedar retenido; ser guardado (ἀνέδην ὅδε χῶρος ἐρύκεται este lugar está sin guarda, *e. e.* abierto a todo. *Sóf. Fil. 1153*).
F. *3.ª sing. impf. ép.* ἐρύκανε, *inf. ép.* ἐρυκέμεν; *fut.* ἐρύξω; *aor. 1.º* ἤρυξα, *ép.* ἔρυξα, *1.ª pl. subj. ép.* ἐρύξομεν; *aor. 2.º* ἠρύκακον, *ép.* ἐρύκακον, *inf. ép.* ἐρυκακέειν.

ἔρυμα ατος τό protección, defensa, reparo; muralla, parapeto, fortificación.

ἔρυμαι *ép.* = **ἐρύομαι.**

ἐρυμάτιον ου τό *dim. de* ἔρυμα.

ἐρυμνός ή όν fuerte, bien defendido || **τὰ ἐρυμνά** posiciones fuertes.

ἐρυμνότης ητος ἡ fortaleza *o* seguridad [de un lugar].

ἐρύομαι defender, proteger; guardar, tener la guarda de (θύρας las puertas; θέμιστας πρὸς Διός las leyes de Zeus, *Hom. Il. 1, 239*); guardar en el corazón *o* dentro de sí; observar, obedecer; cubrir; guardarse de, librarse de (κῆρα la muerte); retener, contener (χόλον la cólera); salvar, librar; rescatar, liberar, redimir, purificar, limpiar (μίασμα la contaminación); conocer, descubrir (θεῶν δήνεα los designos de los dioses).
F. *Este vb. presenta una forma atemática, acaso ant. pf.:* ἔρυμαι εἴρυμαι, *3.ª pl. ind. pres. ép.* εἰρύαται; *inf.* εἴρυσθαι ἔρυσθαι *2.ª sing. impf.* ἔρυσο, *3.ª* εἴρετο εἴρυτο ἔρυτο (*tamb. aor. 2.º v. infra*), *3.ª pl.* εἴρυντο *y* εἰρύατο; *fut. 3.ª sing* ἐρύσσεται, *fut.*, *1.ª pl.* εἰρυόμεσθα, *3.ª* εἰρύσσονται, *inf.* ἐρύσεσθαι; *aor. 1.º* εἰρυσσάμην *3.ª sing.* ἐρύσατο *o* ἐρρύσατο; *opt.* εἰρυσσαίμην, *3.ª sing.* ἐρύσαιτο, *inf.* εἰρύσσασθαι; *aor. pas.* ἐρρύσθην (*N. T.*). *Algunas de estas formas ép.* (*por ej.* ἐρύετο, ἔρυτο) *podrían referirse a* ῥύομαι (ἐ- *aumento*). ἔρυτο *aor.2.º* en *Sóf. Ed. R. 1351. V.* ῥύομαι.

ἐρυσ-άρματες ων ADJ. *pl.* que tiran del carro.

ἐρυσίβη ης ἡ tizón, añublo.

ἐρυσί-πτολις ιος ὁ ἡ protector de las cuidades.

ἐρυστός ή όν ADJ. *vbal.* de ἐρύω sacado.

1 **ἐρύω** arrastrar, llevar arrastrando [las naves al mar, a tierra, etc.]; sacar, desenvainar; tirar de, estirar *v. gr.* la cuerda del arco; *tamb.* πλίνθους los ladrillos [en el molde *e. e.* moldear]; sacar, arrancar [con idea de violencia *o* sin ella]; coger de, agarrar de, arrastrar por... [*gen.;* a alguien *ac.*] || MED. sacar, arrancar hacia sí [la espada de la herida] *o* para sí; tirar *o* arrastrar hacia arriba *o* hacia abajo.

F. *El vb. se da principalmente en ép. y jónico. Jón.* εἰρύω, *impf. ép.* ἔρυον, *fut.* ἐρύ(σ)σω, *ép.* ἐρύω; *aor. ép. jón.* εἴρυ(σ)σα ἔρυσα, *3.ª iter.* ἐρύσασκε; *imp.* εἴρυσον, *subj.* ἐρύ(σ)σω, *jón.* εἰρύσω, *1.ª pl. ép.* ἐρύσσομεν, *opt.* ἐρύσαιμι, *inf.* ἐρύ(σ)σαι, *jón.* εἰρύσαι *con part.* εἰρύσας. *Las formas med. y pas. tienen las mismas características: inf. fut. med. ép.* ἐρύεσθαι *o* ἐρύσσεσθαι *etc. perf. pas.* εἴρυμαι, *3.ª pl. plpf.* εἰρύατο εἴρυντο; *aor. pas.* ἐρύσθην, *o* εἰρύσθην *etc.*

2 **ἐρύω** *v.* **ἐρύομαι.**

ἔρχαται *3.ª pl. perf. pas. ép. de* εἴργω.

ἐρχατάω encerrar, tener encerrado.

ἔρχατο *3.ª pl. plpf. pas. de* εἴργω.

ἐρχατόωντο *3.ª pl. impf. pas. ép. de* ἐρχατάω.

ἔρχομαι ir, venir, llegar; marchar, caminar (ἐλθεῖν ὁδόν hacer un camino *o* una jornada; ἐλθεῖν ἀγγελίην ir en mensaje *o* en embajada); fluir; volar; venir, surgir, producirse, nacer; llegar a ser; irse, irse fuera, marcharse; volver [a la patria, a casa etc.; *con gen.* (ἐλθεῖν πεδίοιο ir por el campo *Hom.*; ἐλθεῖν γῆς venir de la tierra); *con participio fut.* (ἔρχομαι λέξων *o* ἐρέων voy a decir); venir a ayudar [a alguien, *dat.*]; ἔρχ. εἰς λόγους entrar en conversación [con alguien, *dat.*]; εἰς χεῖρας *o* εἰς μάχην ἐλθεῖν entrar en lucha [con alguien, *dat.*]; διὰ μάχης ἔρχ. trabar lucha [con alguien, *dat.*]; ἐπὶ μεῖζον ἔρχεσθαι llegar a más, crecer; ἐπὶ πᾶν ἐλθεῖν recurrir a todo, poner todos los medios; *el part.* ἐλθών *con otros verbos como en español* ir y hacer [tal *o* cual cosa: δρᾶ νῦν τάδ' ἐλθὼν ve y hazlo ahora mismo, *Sóf. Ant. 1107*].
F. *imp. ép. 2.ª sing.* ἔρχεο ἔρχευ; *impf.* ἠρχόμην; *fut.* ἐλεύσομαι; *aor. 2.º* ἦλθον, *ép. poét.* ἤλυθον, *td.* ἦλθα *(N. T.)*, *imp.* ἐλθέ *etc. inf. ép.* ἐλθέμεν (αι); *perf.* ἐλήλυθα *3.ª pl. td.* ἐλήλυθαν *(N. T.)*; *ép.* εἰλήλουθα, *1.ª pl.* εἰλήλουθμεν; *part.* εἰληλουθώς *y* ἐληλουθώς; *plpf.* ἐληλύθειν, *3.ª sing. ép.* εἰληλούθει, *jón.* ἐληλύθεε. *En át. los modos oblicuos del pres., el impf. y el fut. son sustituidos por formas de* εἶμι.

ἐρῶ *fut. de* εἴρω *1 que sirve igualmente a* λέγω φημί *y* ἀγορεύομαι *y pres. contr. por* ἐράω estar enamorado.

ἐρωδιός οῦ ὁ airón, garza real [ave].

1 **ἐρωέω -ῶ** brotar, fluir.

2 **ἐρωέω -ῶ** dejar, retirarse de [algo, *gen.*], quedarse atrás; pararse, detenerse || TR. rechazar [a alguien, *ac.*; de... ἀπὸ *y gen.*].

1 **ἐρωή ῆς ἡ** fuerza, ímpetu, empuje; alcance.

2 **ἐρωή ῆς ἡ** parada, cese, abandono [de algo, *gen.*].

ἔρως ωτος ὁ amor, *y esp.* pasión; deseo apasionado *o* vehemente; exaltación, alegría (ἔφριξ' ἔρωτι me estremezco de alegría, *Sóf. Ay. 693*).

ἐρωτάω -ῶ preguntar [algo ac.; a alguien, *ac., etc.*]; interrogar [a alguien, *ac.*]; (τὸ ἐρωτώμενον, τὸ ἐρωτηθέν lo preguntado, la cuestión propuesta); pedir, suplicar, implorar [*N. T.*].
F. *ép. y jón.* εἰρωτάω; *impf.* ἠρώτων *3.ª sing. ép.* εἰρώτα, *3.ª pl. jón.* εἰρώτευν, *fut.* ἐρωτήσω, *aor.* ἠρώτησα, *perf.* ἠρώτηκα. *Con frec. se emplean en lugar de estas formas las de* ἔρομαι. *v. s. v.*

ἐρώτημα ατος τό pregunta, interrogación, cuestión.

ἐρώτησις εως ἡ acto de preguntar, pregunta.

ἐρωτικός ή όν de amor, procedente de amor *o* referente a él; de temperamento amoroso *o* inclinado al amor || ADV. **ἐρωτικῶς** como enamorado; ἐρωτικῶς διατίθεσθαι *o* διακεῖσθαι estar enamorado; ἐρωτικῶς ἔχειν estar enamorado *o* sentir grandes deseos [τοῦ ποιεῖν τι de hacer algo].

ἐρωτομανία ας ἡ erotomanía.

ἐς = **εἰς.**

* **ἐς-** *en composición* = **εἰς** [*v. los compuestos con* εἰς].

ἐσάλπιγξα *aor. 1.º de* σαλπίζω.

ἐσ-ᾶλτο *3.ª sing. aor. 2.º ép. de* ἐσάλλομαι [*v.* εἰσάλλομαι].

ἐσάμενος η ον *part. aor. 1.º med. de* ἕζω.

ἔσαν *3.ª pl. impf. ép. y jón. de* εἰμί.

ἔσαξα *aor. 1.º de* σάττω.

ἐσάπην *aor. pas. de* σήπω.

ἐσ-απικνέομαι *jón* = **εἰσαφικνέομαι.**

ἕσας *part. aor. 1.º de* ἕζω.

ἐσαώθην *y*

ἐσάωσα *aors. 1.ºs de* σαόω.

ἔσβεσα *aor. 1.º [tr.] de* σβέννυμι.

ἔσβην *aor. 2.º [intr.] de* σβέννυμι.

ἐσ-δέκομαι *jón.* = **εἰσδέχομαι.**
ἐσ-δίδωμι *jón.* desembocar.
ἔσεαι *2.ª sing. fut. ép. de* εἰμί.
ἐσ-έδρακον = **εἰσέδρακον** *aor. 2.º de* εἰσδέρκομαι.
ἔσ-ειμι = **εἴσειμι.**
ἐσ-ελεύσομαι *fut. de* ἐσέρχομαι = εἰσέρχομαι.
ἐσ-εμάσσατο *3.ª sing. aor. 1.º ép. de* ἐσμαίομαι = εἰσμαίομαι.
ἐσεσάχατο *3.ª pl. plpf. pas. jón. de* σάττω.
ἔσευα *aor. 1.º de* σεύω.
ἐσ-έχυντο *3.ª pl. aor. 2.º med. ép. de* ἐσχέω = εἰσχέω.
ἐσ-ήλατο *3.ª sing. aor. 1.º ép. de* ἐσάλλομαι = εἰσάλλομαι.
ἐσήμηνα *aor. 1.º* de σημαίνω
ἔσηνα *aor. de* σαίνω.
ἔσθ' = **ἐστί** *o* **ἔστε** *ante vocal inicial con esp. áspero.*
ἔσθαι *inf. aor. 2.º med. de* ἵημι *y perf. pas.* de ἕννυμι.
ἐσθέω -ῶ vestir || PAS. estar vestido [de *o* con algo, *dat. o ac.*].
F. *sólo pf. pas.* ἤσθημαι, *jón.* ἔσθημαι, *part.* ἐσθημένος.
ἔσθημα ατος τό vestido.
ἔσθην *3.ª dual plpf. med. ép. de* ἕννυμι.
ἐσθής ῆτος ἡ vestido, vestidura; ropa blanca; ropa de cama [*e. e.* manta *o* cobertor].
ἔσθησις εως ἡ acción de vestirse; vestido, vestidura.
ἐσθίω [*aor.* ἔφαγον *etc.*] = **ἔδω.** *V. s. v.*
ἐσθλός ἡ όν bueno, noble, valeroso, capaz; valiente, de pro; distinguido, ilustre, principal (οἱ ἐσθλοί los optimates); generoso, leal; *de cosas,* bueno, útil; valioso, precioso, magnífico; favorable, feliz, saludable || **τὸ ἐσθλόν, τὰ ἐσθλά** lo bueno, lo favorable *o* ventajoso, la dicha, la riqueza *o* bienes de fortuna, objeto precioso etc.
ἔσ-θορον *aor. 2.º ép. de* ἐσθρῴσκω = εἰσθρῴσκω.
ἔσθος εος [ους] τό = **ἐσθής.**
ἔσθ' ὅτε = **ἔστιν ὅτε** hay ocasiones en que, *de donde,* a veces, algunas veces.
ἔσθω = **ἐσθίω** *y* **ἔδω** [*v. este último*].
ἐσ-ιδεῖν *inf. aor. de* ἐσοράω = εἰσοράω.
ἐσίναντο *y* **ἐσινέατο** *3.ª pl. aor. jón. de* σίνομαι.
ἔσκαμμαι *perf. med. de* σκάπτω.
ἐσ-κατοράω -ῶ mirar a.
ἐσκέδασα *aor. 1.º de* σκεδάννυμι.
ἔσκεμμαι *perf. de* σκέπτομαι.
ἐσκευάδαται *3.ª pl. perf. pas. jón. de* σκευάζω.
ἔσκον *impf. iterativo de* εἰμί.
ἑσμός οῦ ὁ enjambre; multitud, abundancia.
ἔσομαι *fut. de* εἰμί.
ἔσοπτρον ου τό espejo.
ἐσπάρην *aor. pas. de* σπείρω.
ἔσπαρκα, *med.* **ἔσπαρμαι** *perf. de* σπείρω.
ἔσπεικα *y* **ἔσπεισα** (*med.* ἔσπεισμαι *y* ἐσπεισάμην *resp.*) *perf. y aor. 1.º resp. de* σπένδω.
ἐσπεῖσθαι *inf. perf. pas. de* σπένδω.
ἔσπειστο *3.ª sing. plpf. pas. de* σπένδω.
ἕσπεο *2.ª sing. aor. 2.º ép. de* ἕπομαι.
ἑσπέρα ας ἡ tarde εἰς ἑσπέραν al atardecer; πρὸς ἑσπέραν hacia el atardecer; ἀφ' ἑσπέρας desde el atardecer); el ocaso, el occidente (πρὸς ἑσπέραν al occidente).
ἑσπέριος α ον *y*
ἕσπερος ον de la tarde, vespertino (ὁ ἕσπερος la tarde; τὰ ἕσπερα el atardecer); occidental (ἕσπερος θεός el dios occidental, el dios de las sombras *e. e.* Hades).
ἔσπετε *ép. por* ἔνσπετε *imp. aor. de* ἐνέπω.
ἔσ-πλοος = **εἴσπλοος.**
ἑσπόμην *aor. 2.º de* ἕπομαι.
ἕσπωμαι *subj. aor. 2.º de* ἕπομαι.
ἕσσα *aor. 1.º ép. de* ἕζω *y de* ἕννυμι.
ἔσσεαι ἐσσεῖται *2.º y 3.ª sing. fut. ép. de* εἰμί.
ἔσσευα *ép.* = **ἔσευα.**
ἐσσί *2.ª sing. pres. ind. ép. de* εἰμί.
ἔσσο [*por elis.* **ἔσσ'**] *2.ª sing. imp. ép. de* εἰμί
ἕσσο *2.ª sing. plpf. med. de* ἕννυμι.
ἔσσομαι *fut. ép. de* εἰμί.
ἑσσόομαι -οῦμαι *jón.* = **ἡσσάομαι.**
ἔσσυμαι *perf. pas. de* σεύω || PART. ἐσσυμένος η ον apresurado, precipitado, ansioso.
ἕσσω *fut. ép. de* ἕννυμι.
ἕσσωμαι *perf. jón. de* ἡσσάομαι.
ἑσσώθην *aor. pas. jón. de* ἡσσάομαι.
ἕσσων *jón.* = **ἥσσων.**
ἐστάθην *aor. pas. de* ἵστημι.

ἔσται *3.ª sing. fut. de* εἰμί.
ἔστακα *perf. dór. de* ἵστημι.
ἐστάλην *aor. pas. de* στέλλω.
ἔσταλκα, *med.* **ἔσταλμαι** *perf. de* στέλλω; *3.ª plpf. jón.* ἐστάλατο.
ἔσταμεν *1.ª pl. perf. y plpf. ép. de* ἵστημι.
ἐστάμεν(αι) *inf. perf. ép. de* ἵστημι.
ἔσταν *3.ª pl. aor. 2.º ép. de* ἵστημι.
ἐστάναι *int. perf. de* ἵστημι.
ἑσταότος *gen. de* ἑσταώς *part. perf. ép. de* ἵστημι.
ἑσταότα *ac. de* ἑσταώς *part. perf. ép. de* ἵστημι.
ἔστασα *aor. 1.º dór. de* ἵστημι.
ἔστε PRP. *de ac.* hasta [*gralmente. seguida de* ἐπί; ἔστε ἐπὶ τὸ δάπεδον hasta el suelo] || CONJ. hasta que; mientras, en tanto que... [*con ind. cuando se trata de hechos realizados; con subj. y gralmte.* ἄν (*u opt. en su caso) si de hechos futuros*].
ἑστέασι ἑστέαται *3.ª pl. act. y med. perf. jón. de* ἵστημι.
ἔστειλα *aor. 1.º de* στέλλω.
ἔστεμμαι *perf. pas. de* στέφω.
ἔστεψα *aor. 1.º* de στέφω.
ἑστεώς *jón.* = ἑστώς *part. perf. de* ἵστημι.
ἕστηκα ἑστήξω *perf. y fut. perf. resp. de* ἵστημι.
ἔστην *aor. 2.º intr. de* ἵστημι.
ἐστήρικτο *3.ª sing. plpf. med. ép. de* στηρίζω.
ἔστησα *aor. 1.º trans. de* ἵστημι.
ἑστία ας ἡ hogar *en sentido propio;* hogar, casa, mansión, morada, familia, patria; altar familiar; *en gral.* altar || **Ἑστία** la diosa Vesta.
ἑστίαμα ατος τό *y*
ἑστίασις εως ἡ comida, banquete, festín.
ἑστιάτωρ ορος ὁ el que invita *o* convida, anfitrión.
ἑστιάω -ῶ hospedar, albergar en el propio hogar; sentar a la propia mesa, invitar a comer, regalar en un banquete [con algo, *dat.*]; *en gral.* regalar, obsequiar; *abs.* dar una comida; *con ac. interno* (νικητήρια ἑστιῶν celebrando un banquete por la victoria *Jen. Cir. 8, 4, 1)* || PAS. ser albergado *o* invitado a la mesa; comer, banquetearse.
F. *aum. y redupl. en* εἱστ-: εἱστίων, εἱστιώμην; εἱστίασα; εἱστίακα, εἱστίαμαι.
ἔστιγμαι ἔστιξα *perf. pas. y aor. 1.º act. resp. de* στίζω.
ἑστιοῦχος ον que tiene *o* posee altares propios, sagrado.
ἔστιχον *aor. 2.º de* στείχω.
ἑστιῶτις ιδος de casa, procedente de casa; *s. o.* de Hestiótide, *e. e.* del N. O. [*Sóf. Tr. 954*].
ἕστο *3.ª sing. plpf. med. ép. de* ἕννυμι.
ἔστοργα *perf. de* στέργω.
ἔστραμμαι *perf. med. de* στρέφω.
ἐστράφην *y* **ἐστρέφθην** *aor. pas. de* στρέφω.
ἔστρεψα, *med.* **ἐστρεψάμην** *aor. 1.º de* στρέφω.
ἔστροφα *perf. de* στρέφω.
ἔστυγον *aor. 2.º de* στυγέω.
ἕστωρ ορος ὁ clavija *o* espiga en la parte delantera del pértigo.
ἑστώς ἑστῶσα ἑστός *part. perf. de* ἵστημι.
ἐσφάγην *aor. 2.º pas. de* σφάττω.
ἔσφαγμαι *perf. pas. de* σφάττω.
ἐσφάλην *aor. pas. de* σφάλλω.
ἔσφαλμαι *perf. med. pas. de* σφάλλω.
ἔσφαξα *aor. 1.º de* σφάττω.
ἐσφάχθην *aor. 1.º pas. de* σφάττω.
ἔσφηλα *aor. 1.º de* σφάλλω.
ἐσφορά ᾶς ἡ = **εἰσφορά.**
ἔσχ' = **ἔσκε** [*v.* ἔσκον] *ante vocal inicial con esp. áspero;* || = **ἔσχε** [*v.* ἔσχον] *ante vocal.*
ἐσχάρα ας [*ép.* **ἐσχάρη ης**] **ἡ** hogar, altar doméstico; fogata, fuego de vivac; lugar para el fuego, brasero *o* escalfador.
ἐσχαρόφι *f. de gen. y dat. ép. (ant. instrumental) de* ἐσχάρη.
ἐσχατάω estar al extremo *o* en los límites [del campamento].
ἐσχατιά ᾶς [*jón.* **ἐσχατιή ῆς**] **ἡ** extremo, borde, lugar repuesto *o* apartado, límite (ἐπ' ἐσχατιῇ, ἐσχατιαῖς en la lejanía; ἐσχατιῇ πολέμοιο en la retaguardia).
ἔσχατος η ον último, extremo; el más remoto, apartado, lejano; τὸ ἔσχατον, τὰ ἔσχατα extremo [fin, límite, punta, cumbre, borde, remate etc. lo más alto, el más alto grado *o* el último grado]; *de tpo.*: postrero, postrimero; *de categoría o calidad:* ex-

tremo; el primero, el más alto, el último, el más bajo, el peor, el más grande; el más mezquino, el más duro *o* doloroso ‖ ADV. **ἐσχάτως** extremadamente, en el más alto grado [*Jen. An. 2, 6, 1*]; ἐσχάτως ἔχειν estar en las últimas, estar en la agonía [*N. T. Mc. 5, 23*]; **ἔσχατα** en los extremos, en los límites [*Hom. Il. XI, 8*].

ἐσχατόω = **ἐσχατάω.**

ἐσχέθην *aor. pas. de* ἔχω.

ἔσχεθον *aor. 2.º ép. de* ἔχω.

ἔσχηκα *perf. de* ἔχω.

ἔσχον *aor. 2.º de* ἔχω.

ἔσω = εἴσω.

ἔσωθεν ADV. de dentro, desde dentro; dentro, adentro, en el interior.

ἔσωσα *aor. 1.º de* σώζω.

ἐσώτερος α ον más interior, más recóndito.

ἐσωτέρω ADV. *comp. de* ἔσω.

ἐτάθην *aor. 1.º pas. de* τείνω.

ἑταίρα ας ἡ compañera, acompañante, amiga; amante, concubina; cortesana, hetera.

ἑταιρεία ας ἡ amistad, camaradería; sociedad política, círculo, club.

ἑταιρεῖος α ον que preside *o* protege la amistad.

ἑταίρη *ép.* = **ἑταίρα.**

ἑταιρηίη ης ἡ *jón. y*

ἑταιρία ας ἡ = **ἑταιρεία.**

ἑταιρίζω ser acompañante, acompañar [a alguien, *dat.*].

ἑταιρικός ἡ όν de camarada, de amigo (τὸ ἑταιρικόν conjunto de amigos políticos, partido; facción, conjunto de conjurados).

ἑταιρίς ίδος ἡ = **ἑταίρα.**

ἑταῖρος ου ὁ compañero, camarada, comensal, acompañante, auxiliar, amigo; *esp.* amigo político; discípulo, secuaz [de... *gen. o dat.*]; *fig.* amigo, favorable; amigo, amante, aficionado.

ἐτάλασσα *aor. 1.º ép. de* τλῆναι.

ἔταμον *aor. 2.º de* τέμνω.

ἔταξα *aor. 1.º de* τάσσω.

ἑτάρη ης ἡ *jón.* = **ἑταίρα.**

ἑταρίζω *ép.* = **ἑταιρίζω** ‖ MED. tomar por compañero, hacerse acompañar de... [*ac.*].

ἕταρος = **ἑταῖρος.**

ἐτάρπην ἐτάρφθην *aor. pas. de* τέρπω.

ἐτάφην *aor. pas. de* θάπτω.

ἔταφον *aor. 2.º* [*v.* τέθηπα].

ἐτάχθην *aor. pas. de* τάσσω.

ἐτέθαπτο *3.ª sing. plpf. med. de* θάπτω.

ἐτεθήπεα *plpf. ép. v.* τέθηπα.

ἔτειλα *aor. 1.º de* τέλλω.

ἔτεινα *aor. 1.º de* τείνω.

ἔτεισα *aor. 1.º de* τίνω.

ἔτεκον *aor. 2.º de* τίκτω.

ἐτελέσθην *aor. pas. de* τελέω.

ἔτεμον *aor. 2.º de* τέμνω.

ἐτεός ά όν verdadero, efectivo, real, genuino ‖ ADV. **ἐτεόν** verdaderamente, realmente, en verdad.

ἑτερ-αλκής ές que da fuerza a una de las dos partes, decisivo, que decide, que cambia la suerte de las armas; que da fuerza alternativamente a una y otra parte, no decidido, indeciso (μάχη ἑτεραλκής lucha indecisa).

ἑτερ-ήμερος ον un día sí y otro no, en días alternos.

ἑτέρη-φι *ép.* con una mano; con la otra mano; en otro lugar, de otra manera.

ἑτερό-γλωσσος ον que habla otra lengua (ἐν ἑτερογλώσσοις *n. pl.*, con palabras de otra lengua, *N. T. 1, Cor. 14, 21*).

ἑτερο-διδασκαλέω -ῶ enseñar otra cosa, enseñar lo contrario.

ἑτερο-ζυγέω -ῶ aparearse en el yugo [con alguien, *dat.*].

ἑτεροῖος α ον diferente, distinto, de otra clase.

ἑτεροιόω -ῶ hacer diferente, cambiar ‖ PAS. ser cambiado *o* alterado.

ἑτερό-πνοος ον *y*

ἑτερο-πόρος ον de doble tubo, doble [*dic.* de las flautas].

ἕτερος α ον el otro [*cuando se habla de* dos personas *o* cosas], uno de los dos (ἡ ἑτέρα [χείρ] una de las dos manos [*gralmte.* la izquierda]; ἕτερος μέν... ἕτερος δέ... el uno... el otro...; οἱ ἕτεροι los contrarios, los enemigos, el partido opuesto; τῇ ἑτέρᾳ [*o contr.* θατέρᾳ] al día siguiente *o tamb.* del otro lado, de [la] otra manera; ἐπὶ θάτερα de un lado, de otro...; ἐς τὰ ἐπὶ θάτερα al otro lado; ἐκ τοῦ ἐπὶ θάτερα del otro lado; *repetido en la frase indica correlación:* ἕτερος ἀφ' ἑτέρου uno tras otro; *o reciprocidad:* ὁ ἕτερος τὸν ἕτερον παίει el uno le pega al otro *e. e.* se pegan mutuamente); otro [entre muchos]: *unido frecte. a* τίς *o a* ἄλλος (ἑτέρᾳ [*sc.* ὁδῷ] de otra manera, en otro sentido; ναυμαχία οἵα οὐχ ἑτέρα τῶν προτέρων un combate naval cual ningún otro de los anteriores; ἕτερα τοιαῦτα otras cosas por el estilo); distinto, diferente [de... *gen. u orac. con* ἤ]; *por eufemismo,* desgraciado, funesto, adverso, malo.

Contracciones ἅτερος, *jón.* οὕτερος *por* ὁ ἕτερος *etc. Con las formas del artículo que empiezan por* τ- *tenemos* θάτερον, *jón.* τοὔτερον *por* τὸ ἕτερον, *y así* θατέρου, *etc.; tamb.* θάτερα *etc. tamb.* χατέρᾳ *por* καὶ ἑτέρᾳ *etc.*

ἑτέρω-θεν ADV. del otro lado; al otro lado; por otro lado, por otra parte, por el contrario.

ἑτέρω-θι ADV. del otro lado, al otro lado; en otro lado, en otra parte, lejos; otra vez en otra ocasión.

ἑτέρω-σε ADV. hacia el otro lado; hacia el lado opuesto; a un lado, de lado; a otro lado; de otro lado.

ἐτέταλτο *3.ª sing. plpf. pas. de* τέλλω.

ἐτετάχατο *3.º pl. plpf. med. jón. de* τάσσω.

ἐτετεύχατο *3.ª pl. plpf. pas. ép. y jón. de* τεύχω.

ἔτετμον *aor. de* τέμω.

ἐτέτυκτο *3.ª sing. plpf. ép. de* τεύχω.

ἔτης ου ὁ allegado, pariente, deudo; paisano, vecino [*tamb.* vecino *o* habitante de una ciudad]; amigo.

ἐτησίαι ων οἱ vientos etesios *o* monzones.

F. *gen. pl. jón.* ἐτησιέων.

ἐτήσιος ον anual, que dura un año; anual, que se repite todos los años.

ἐτήτυμος ον verdadero, auténtico, real; verídico.

ἔτι aún, todavía; algún día, en lo porvenir; ya (οὐκ ἔτι *o* ἔτι οὐκ ya no; ἐξ ἔτι πατρῶν ya desde el tiempo de nuestros padres); todavía, además de esto, a más, además; *con comp.* (ἔτι μᾶλλον todavía más).

ἐτίθην *(3.ª pl.* ἐτίθουν *N. T.) impf. de* τίθημι,

ἐτίναχθεν *3.ª pl. aor. pas. ép. de* τινάσσω.

ἔτισα *aor. 1.º de* τίω; *frec. mala grafía por* ἔτεισα *de* τίνω.

ἔτλαν *3.ª pl. ép. de*

ἔτλην *aor. de* τλῆναι.

ἐτμήθην *aor. pas. de* τέμνω.

ἑτοιμάζω preparar, poner en disposición, apercibir, procurar ‖ MED. preparar, disponer *o* procurar para sí; prepararse, apercibirse.

ἑτοιμασία ας ἡ preparación, disposición, presteza.

ἑτοῖμος ον [*y* **ος η ον**] real, cumplido; cierto, fijo; realizable, preparado, (ἐν ἑτοίμῳ pronto; ἐξ ἑτοιμοτάτου con la mayor presteza); decidido, resuelto.

ἔτορον *aor. de* *τορέω horadar.

ἔτος εος [ους] τό año (ἔτος τόδ' ἤδη δέκατον... βόσκων alimentando ya éste el décimo año, *e. e.* ya por espacio de más de nueve años; ἔτος εἰς ἔτος año tras año; οἱ ὑπὲρ τετταράκοντα ἔτη los de cuarenta años en adelante; ὅσα ἔτη todos los años).

ἐτός ADV. sin fundamento, sin razón (οὐκ ἐτός no sin razón).

ἔτραγον *aor. 2.º de* τρώγω *(sobre todo en comptos.)*

ἐτράπην ἔτραπον *aor. 2.º pas. y act. resp. de* τρέπω.

ἐτράφην *aor. pas. de* τρέφω.

ἐτράφθην *y* **ἐτρέφθην** *aor. pas. de* τρέπω.

ἔτραφον *aor. 2.º de* τρέφω *(intr.* = ἐτράφην).

ἔτρεψα *aor. 1.º de* τρέπω.

ἐτρίβην *y* **ἔτριψα** *aor. pas. y act. de* τρίβω.

ἐτρύφην *aor. pas. de* θρύπτω.

ἐτρώθην *y* **ἔτρωσα** *aor. pas. y act. de* τιτρώσκω.

ἐτύθην *aor. pas. de* θύω.

ἔτυμος ον [*o* **-ος η ον**] efectivo, verdadero, cierto, auténtico ‖ ADV. **ἔτυμον** *y* **ἐτύμως** efectivamente, en verdad.

ἐτύπην *y* **ἔτυπον** *aor. pas. y act. de* τύπτω.

ἐτύχθην *aor. pas. de* τεύχω.

ἔτυχον *aor. 2.º de* τυγχάνω.

ἐτώσιος ον vano, inútil, sin resultado.

εὖ [*o* **ἐΰ**] ADV. bien *en todos los sentidos:* recta, justamente; favorable, felizmente; exacta, cuidadosamente; hábilmente; rica, abundante, extremadamente; εὖ γεγονώς bien nacido, de noble nacimiento; εὖ πάντες todos sin excepción; εὖ μάλα muy bien, muy mucho, cumplidamente; εὖ γε *o* εὖγε bien!, bravo!, magnífico! || **τὸ εὖ** el bien; lo justo; la dicha; la ocasión favorable.

εὖ *jón. y ép.* = **οὖ.**

εὐαγγελίζω [*y med.*] anunciar una buena nueva; anunciar como buena nueva *o* para bien, *Ev. S. Luc.*, *1, 19; esp.* anunciar el Evangelio; anunciar predicando (τὴν βασιλείαν τοῦ θεοῦ el reino de Dios); evangelizar [a alguien, *ac.*] || PAS. ser evangelizado, recibir el Evangelio; *del Evangelio mismo:* ser predicado *o* anunciado. **F.** *fut.* εὐαγγελιοῦμαι; *aor.* εὐηγγέλισα, *med.* εὐηγγελισάμην; *perf. pas.* εὐηγγέλισμαι; *aor pas.* εὐηγγελίσθην.

εὐαγγέλιον ου τό buena nueva, mensaje feliz; *esp.* Evangelio; albricias, don *o* sacrificio con motivo de una buena nueva.

εὐαγγελιστής οῦ ὁ evangelista.

εὐ-αγής ές inmaculado, inocente, santo; puro, purificador; brillante, claro, visible desde lejos.

εὔ-αγρος ον que procura buena caza *o* buena presa; feliz [en la caza].

εὐ-άγωγος ον que se deja conducir fácilmente; dócil.

εὔαδε *3.ª sing. aor. 2.º ép. de* ἁνδάνω]*por* ἔϝαδε.].

εὐάζω celebrar con gritos de ¡evohé! propios de las fiestas de Baco.

εὐ-αής ές que sopla favorable *o* dulcemente; *fig.* favorable, propicio; bien aireado, ventilado.

εὐ-αίρετος ον fácil de tomar; fácil de elegir.

εὐ-αίων ωνος ADJ. de vida feliz, dichoso; que hace feliz, beatificante, benéfico.

εὐ-άλωτος ον fácil de coger *o* de conquistar.

εὐ-άμερος ον *dór.* = **εὐήμερος.**

εὐανδρία ας ἡ multitud de hombres hermosos *o* valerosos; hombría, valor; hermosura varonil.

εὐ-άνεμος ον expuesto a los vientos, aireado.

εὐ-ανθής ές florido, abundante en flores; tornasolado, de reflejos varios; abundante, espeso.

εὐ-απήγητος ον *jón* fácil de describir.

εὐ-απόβατος ον bueno para desembarcar, accesible al desembarco.

εὐ-αποτείχιστος ον fácil de bloquear.

εὐ-αρεστέω -ῶ gustar, complacer, ser agradable || MED. complacerse [en algo, *dat.*].

εὐ-άρεστος ον agradable.

εὐ-αρίθμητος ον fácil de contar; corto en número, poco.

εὐ-άρματος ον rico en carros, celebrado por sus carros.

εὐαρμοστία ας ἡ buen ajuste, buena proporción, armonía.

εὐ-άρμοστος ον bien ajustado, bien proporcionado, concorde, armónico.

εὐ-αυγής ές brillante, claro; de buena vista.

εὐ-βάστακτος ον fácil de llevar.

εὔ-βατος ον accesible.

Εὔβοια ας ἡ la isla de Eubea [*hoy* Negroponto].

Εὐβο(ι)ίς ίδος ADJ. *f. y*

Εὐβοικός ή όν eubeo, de Eubea.

εὐ-βολέω -ῶ echar con suerte [los dados].

εὔ-βοτος ον abundante en pastos; abundante en ganados.

εὔ-βοτρυς υ [*gen.* υος] abundante en racimos; rica en vinos.

εὐβουλία ας ἡ prudencia, discreción.

εὔ-βουλος ον bien aconsejado, prudente, discreto, sensato.

εὐ-γάθητος ον gustoso, regocijador.

εὖγε ADV. bien, bravo, así!

εὐγένεια ας ἡ nobleza de nacimiento *o* de espíritu.

εὐ-γένειος ον barbudo; melenudo.

εὐ-γενής ές bien nacido, noble; de buena raza; generoso, de nobles sentimientos.

εὖγμα ατος τό jactancia, fanfarronería; súplica, voto.

εὔ-γναμπτος ον bien curvado, hermosamente curvado.

εὐ-γνώμων ον [*gen.* ονος] que piensa bien, bueno, bondadoso, de buena voluntad, generoso, noble, equitativo; discreto, sensato.

εὔ-γνωστος ον fácil de conocer; visible; bien conocido.

εὐδαιμονέω -ῶ ser feliz; estar bien *o* salir bien en algo.

εὐδαιμονία ας ἡ dicha, felicidad; bienestar, fortuna, riquezas.

εὐδαιμονίζω considerar *o* estimar dichoso, felicitar.
εὐδαιμονικός ή όν referente a la felicidad; feliz, dichoso; que hace feliz.
εὐ-δαίμων ον [*gen.* ονος] dichoso, feliz; rico, opulento; floreciente, próspero.
εὐ-δείελος ον que se ve de lejos, bien visible.
εὔδεσκε *3.ª sing. impf. iterat. ép. de* εὕδω.
εὐ-δήελος ον *ép.* = **εὐδείελος.**
εὔ-δηλος ον claro, visible, evidente.
εὐδία ας ἡ buen tiempo, tiempo sereno, calma [en el mar]; calma, serenidad de espíritu.
εὐ-διάβατος ον fácil de pasar *o* franquear.
εὐ-διάβολος ον expuesto a mala interpretación.
εὐ-διάθετος ον bien dispuesto.
εὐ-διαίτερος α ον *comp. de* εὔδιος.
εὐ-δίαιτος ον que vive con moderación.
εὐδιεινός ή όν sereno, tranquilo; abrigado del viento, tibio, caliente.
εὐδικία ας ἡ buen derecho; justicia.
εὔδιος ον tranquilo, sereno.
F. *Comp.* εὐδιαίτερος α ον.
εὔ-δμητος ον bien construído.
εὐδοκέω -ῶ estar contento *o* satisfecho; complacerse [en algo *o* en alguien, ἐν *y dat. o* εἰς *y ac.*]; aprobar; estar resuelto [a hacer algo, *inf.*].
εὐδοκία ας ἡ buena voluntad; voluntad, deseo, resolución.
εὐδοκιμέω -ῶ estar en buena opinión, ser considerado, estimado *o* celebrado.
F. *impf.* ηὐδοκίμουν; *aor.* ηὐδοκίμησα; *perf.* ηὐδοκίμηκα; *pero estas formas se encuentran también con inicial* εὐδ. *en jón. y a veces en át.*
εὐδοκίμησις εως ἡ buena opinión, consideración, aprecio, honra.
εὐ-δόκιμος ον bien considerado *o* reputado, estimado, honrado, celebrado.
εὐδοξέω = **εὐδοκιμέω.**
εὐδοξία ας ἡ buena opinión, honra, consideración, celebridad; aprobación, aplauso.
εὔ-δοξος ον = **εὐδόκιμος.**
εὐ-δρακής ές que ve bien, que tiene buena vista.
εὕδω dormir; reposar; apaciguarse, calmarse.
F. *En prosa se le sustituye por* καθεύδω. *Impf.* ηὗδον, *ép.* εὗδον, *3.ª sing. iter.* εὕδεσκε; *fut.* εὑδήσω; *aor.* ηὕδησα, *más frec.* εὕδησα. *Nótese 2.ª y 3.ª sing. subj. pres. ép.* εὕδησθα εὕδησι; *inf. pres. ép.* εὑδέμεν, εὑδέμεναι.
εὐ-έθειρος α ον de hermosa cabellera.
εὐ-ειδής ές de buen ver, bien formado, hermoso.
εὐεκτέω -ῶ estar bien de salud, estar fuerte.
εὐ-έλεγκτος ον fácil de contradecir *o* de refutar; fácil de demostrar.
εὔ-ελπις ι [*gen.* ιδος] lleno de esperanza, esperanzado, confiado.
εὐ-εξάλειπτος ον fácil de borrar.
εὐ-εξαπάτητος ον fácil de engañar.
εὐ-εξέλεγκτος ον = **εὐέλεγκτος.**
εὐεξία ας ἡ bienestar, buen estado, buena salud, vigor.
εὐ-έξοδος ον de fácil salida.
εὐέπεια ας ἡ don de palabra, elocuencia; palabra de buen agüero, votos de felicidad.
εὐ-επής ές bien dicho, acertado, admisible.
εὐ-επιβούλευτος ον expuesto a las asechanzas.
εὐ-επίθετος ον fácilmente atacable.
εὐεργεσία ας [*ép.* **εὐεργεσίη ης**] **ἡ** buena conducta, buen obrar; acción buena, beneficio, favor, servicio; título de bienhechor.
εὐεργετέω -ῶ hacer bien [a alguien, *ac.*]; εὐεργετεῖν τὴν μεγίστην εὐεργεσίαν hacer el mayor bien; μεγάλα εὐεργετεῖν hacer grandes servicios ‖ PAS. recibir favores *o* servicios.
F. *Este vb. no ofrece en general signo distintivo de aumento ni reduplicación. Raros aor.* ηὐεργέτησα *o perf. pas.* εὐηργέτημαι *(Jen. Mem. 2, 2, 3).*
εὐεργέτημα ατος τό acción buena, beneficio, favor.
εὐ-εργέτης ου ὁ bienhechor *y esp. como título concedido en las ciudades griegas:* bienhechor, benemérito.
εὐεργετικός ή όν benéfico, beneficioso.
εὐ-εργής ές bien trabajado, bien hecho ‖ SUST. **τὸ εὐεργές** favor, servicio.
εὐεργία ας ἡ conducta buena, buen obrar.

εὐ-εργός όν recto, virtuoso; fácil de trabajar.
εὐ-ερκής ές bien cercado, bien guardado.
εὔ-ερος ον de hermosa lana.
εὐ-εστώ οῦς ἡ bienestar, dicha.
εὐετηρία ας ἡ buen año, buena cosecha, abundancia; prosperidad, dicha.
εὐ-εύρετος ον fácil de hallar.
εὐ-έφοδος ον de fácil acceso, fácilmente atacable.
εὔζυγος ον bien ajustado, bien construído.
εὔζωνος ον bien ceñido, de hermosa cintura; desembarazado, ágil, ligero, expedito.
εὐ-ηγενής ές = εὐγενής.
εὐηγεσίη ης ἡ buena dirección, buen gobierno.
εὐήθεια ας ἡ bondad; simplicidad, bobería, tontería.
εὐ-ήθης ες bondadoso; simple, bobo, tonto.
εὐηθία ας ἡ = εὐήθεια.
εὐηθίζομαι ser tonto, conducirse tontamente.
εὐηθικός ή όν = εὐήθης.
εὐ-ήκης ες bien aguzado.
εὐ-ήλατος ον acomodado a la caballería, llano.
εὐ-ήλιος ον soleado, abrigado.
εὐημερέω -ῶ tener días felices, vivir con felicidad; salir bien, ser favorable, tener buen éxito.
εὐημερία ας ἡ buen día, buen tiempo; día feliz.
εὐ-ήμερος ον portador de un buen día, feliz, dichoso, alegre.
εὐ-ήνεμος ον = εὐάνεμος.
εὐ-ήνιος ον bueno de conducir, dócil.
εὐ-ήνωρ ορος varonil, propio de guerreros; vigorizador, confortante.
εὐ-ήρατος ον amable, encantador.
εὐ-ήρετμος ον que rema bien; provisto de buenos remos.
εὐ-ήρης ες fácil de manejar, manejable.
εὐ-ηφενής ές acaudalado, rico.
εὐ-ηχής ές armonioso.
εὐ-θάλασσος ον de buen mar (δῶρον εὐθάλασσον don *o* ventaja de tener un buen mar *o* de tener el dominio del mar).
εὐ-θαλής ές floreciente, florido.
εὐ-θαρσής ές animoso, valeroso, arrojado, confiado.
εὐθενέω -ῶ [*y pas.*] estar floreciente, florecer, prosperar.
F. *Más frec. sin signo distintivo de aum. o redupl. Raro* ηὔθεν- *Vacilación en los codd. entre* εὐθεν- *y* εὐθην-.
εὐ-θεράπευτος ον fácil de cuidar; fácil de ganar.
εὐ-θετέω *y*
εὐ-θετίζω poner bien, ordenar, arreglar.
εὔ-θετος ον acomodado, conveniente, cómodo; útil.
εὐθέως ADV. al punto, seguidamente; ἐπεὶ εὐθέως al punto que, tan pronto como... [*cf.* εὐθύς].
εὐθημοσύνη ης ἡ orden, buen orden, amor del orden.
εὐθηνεία ας ἡ abundancia.
εὐθηνέω -ῶ = εὐθενέω.
εὐθηνία ας ἡ *v.* **εὐθηνεία.**
εὔ-θηρος ον feliz en la caza.
εὔ-θριξ τριχος de hermoso cabello; de hermoso pelo *o* de hermosos crines.
εὔ-θρονος ον de hermoso trono.
εὔ-θρυπτος ον fácilmente rompible, frágil.
εὐθύ ADV. *v.* **εὐθύς.**
εὐθύ-δικος ον enteramente justo.
εὐθυ-δρομέω -ῶ ir *o* marchar derechamente.
εὐθυμέω -ῶ [*y med.*] tener buen ánimo; regocijarse; ser benévolo.
εὐθυμία ας ἡ buen ánimo; contento, alegría, regocijo; tranquilidad de espíritu, despreocupación.
εὔ-θυμος ον de buen corazón, bondadoso; de buen ánimo, animoso.
εὐθύνα ης ἡ rendición de cuentas *esp.* de un magistrado al dejar el cargo (ἔμ' ἀπαιτεῖς εὐθύνας me pides cuentas); causa *o* proceso en residencia de un magistrado, *esp.* por malversación; castigo.
εὔθυνος ου ὁ investigador, juez, *esp.* revisor de cuentas.
εὐθύνω enderezar, poner derecho; corregir, enmendar; conducir, dirigir; guiar derecha *o* rectamente; gobernar; examinar *o* verificar las cuentas; llevar a juicio (τῶν ἀδικημάτων ηὐθύνθη fue llevado a juicio por sus atropellos).

F. *ép. jón. y td.* ἰθύνω, *Impf.* ηὔθυνον *o* εὔθυνον; *fut.* εὐθυνῶ.

εὐθύς εῖα ύ recto, derecho; *fig.* franco, recto, honrado (ἀπὸ τοῦ εὐθέος *o* ἐκ τοῦ εὐθέος francamente, abiertamente).

εὐθύς ADV. derecha, rectamente; al punto, seguidamente (εὐθὺς παῖδες ὄντες ya siendo niños; εὐθὺς ἐκ παίδων ya desde niños).

εὐθύτης ητος ἡ rectitud; justicia.

εὐθύ-ωρον ADV. derechamente, en línea recta.

εὔιος ον acompañado del grito de evohé; báquico, de Baco.

εὔ-ιππος ον que lleva buenos corceles; bien montado, buen jinete; rico en corceles.

εὐ-καθαίρετος ον fácil de dominar *o* de conquistar.

εὐ-κάθεκτος ον fácil de manejar *o* de regir.

εὐκαιρέω -ῶ tener tiempo *o* vagar para algo, ocuparse en algo [*dat. o* εἰς *y ac.*].

εὐκαιρία ας ἡ oportunidad, buena ocasión, tiempo conveniente.

εὔ-καιρος ον oportuno, acomodado; favorable.

εὐ-καμπής ές bien curvado.

εὐ-κάρδιος ον animoso, alentado, valeroso.

εὔ-καρπος ον fructífero, fértil; fecundador.

εὐ-καταγώνιστος ον fácil de vencer *o* conquistar.

εὐ-κατάλυτος ον fácil de eliminar *o* de destruir.

εὐ-καταφρόνητος ον desdeñable, despreciable.

εὐ-κατέργαστος ον fácil de ejecutar; fácil de digerir.

εὐ-κατηγόρητος ον fácil de inculpar, de acusar *o* de censurar.

εὐ-κέατος ον bien partido; que puede partirse *o* henderse fácilmente.

εὔ-κερως ων de hermosos cuernos.

εὔκηλος ον = **ἕκηλος**.

εὐ-κίνητος ον fácil de mover.

εὐ-κλεής ές bien afamado, famoso, celebrado, glorioso.

F. *ac. masc.* εὐκλέα; *ac. pl. masc. ép.* ἐυκλεῖας *y* εὐκλέας.

εὔκλεια ας [*ép.* **εὐκλείη ης**] **ἡ** fama, buen nombre, celebridad.

εὐ-κλειής ές = **εὐκλεής**.

εὔ-κλῄς ιδος que cierra bien, de buena cerradura.

εὐ-κνήμις ιδος de hermosas grebas, de piernas hermosamente armadas.

εὐκολία ας ἡ buena disposición, buen temple [de alma *o* de cuerpo].

εὔ-κολος ον de buen humor, contento; fácil, complaciente, contentadizo, bien dispuesto; inclinado [a algo, πρός *y ac.*]; fácil, cómodo, sin dificultad.

εὐ-κομιδής ές bien cuidado.

εὔ-κομος ον = **ἠΰκομος**.

εὔ-κοπος ον fácil de hacer; fácil, que no cuesta trabajo.

εὐ-κοσμία ας ἡ orden, buen orden; moderación de conducta, modestia.

εὔ-κοσμος ον bien ordenado, bien dispuesto; hermosamente adornado; fácil de ordenar.

εὐ-κρασία ας ἡ buena temperatura, templanza, buen clima.

εὔ-κρατος ον bien temperado, moderado, suave; moderado, bien regulado.

εὐκρινέω -ῶ elegir con cuidado.

εὐ-κρινής ές bien ordenado; claro, distinto.

εὐ-κρότητος ον bien martillado, bien forjado.

εὐκταῖος ον deseado, suplicado, implorado; deseable; consagrado por voto.

εὐ-κτίμενος ον *y*

εὔ-κτιτος ον bien construído; de hermosas construcciones; bien dispuesto, bien cultivado.

εὐκτός ἡ όν deseado, pedido, implorado; deseable, digno de ser deseado [*cf.* εὔχομαι].

εὔ-κυκλος ον bien redondeado, de hermoso cerco; de buenas ruedas.

εὐλάβεια ας ἡ precaución, cuidado, guarda; medida de precaución; temor; timidez; temor de Dios, piedad.

εὐλαβέομαι -οῦμαι precaver, precaverse, guardarse, ponerse en guardia [*ac., prp., inf. u orac. con* μή]; temer, rehuir, evitar; honrar, reverenciar; tener temor de Dios; preocuparse, tener preocupación [por algo, *ac. o prp.*].

F. *fut.* εὐλαβήσομαι (*y* (εὐλαβηθήσομαι); *aor.* εὐλαβήθην *o* ηὐλαβήθην, *imp.* εὐλαβήθητι; *perf.* εὐλάβημαι.

εὐ-λαβής ές cauto, precavido, circunspecto; temeroso, timorato, temeroso de Dios, piadoso.

εὐλάζω labrar, arar.

εὐλάκα ας ἡ *dór.* arado *o* reja de arado.

εὐ-λείμων ον [*gen.* ονος] rico en prados.

εὔ-λεκτρος ον amable, deseable como esposa; propicia a la dicha conyugal.

εὐλή ῆς ἡ cresa, gusano.

εὔ-ληπτος ον fácil de tomar *o* de coger, cómodo; fácil de conquistar *o* de dominar [*cf.* λαμβάνω].

εὔληρα ων τά rienda, brida.

εὐλογέω -ῶ hablar bien, alabar, celebrar, encomiar; agradecer, dar gracias, bendecir.

εὐλογητός όν alabado, bendito.

εὐλογία ας ἡ alabanza, loa, canto de alabanza, bendición; buen hablar, lenguaje, expresión *o* palabras agradables; buena obra, don, limosna.

εὔ-λογος ον bien dicho, razonable, conforme a razón, bien fundado; verosímil, creíble || SUST. **τὸ εὔλογον** razón, fundamento; verosimilitud.

εὔ-λοφος ον de hermosa cimera.

εὔ-λυτος ον fácil de romper *o* de desunir.

εὐ-μάθεια ας ἡ facilidad de aprender, docilidad.

εὐ-μαθής ές que aprende fácilmente; fácil de aprender, comprensible, claro.

εὐμάρεια ας ἡ facilidad, abundancia; destreza, agilidad, expedición; comodidad; facilidad de vientre, evacuación.

εὐ-μαρής ές fácil, fácil de hacer, cómodo; que facilita *o* arregla, complaciente.

εὐμαρίη ης ἡ *jón.* = **εὐμάρεια.**

εὐ-μεγέθης ες muy grande, muy alto; considerable, importante.

εὐ-μέθοδος ον metódico, hábil.

εὐ-μελής ές melodioso.

εὐμένεια ας ἡ benevolencia, favor, gracia, bondad.

εὐ-μενέτης ου ADJ. *m.* benévolo, favorable, amigo.

εὐ-μενής ές benévolo, propicio, bien dispuesto, bueno, bondadoso; de buen temple, contento; saludable; favorable, acomodado, a propósito, fácil, cómodo.

εὐμενίζομαι hacerse propicio, conciliarse [a alguien, *ac.*].

εὐ-μετάβλητος ον *y*

εὐ-μετάβολος ον mudable, inconstante.

εὐ-μετάδοτος ον dadivoso, generoso, liberal.

εὐ-μεταχείριστος ον fácil de manejar, manejable; fácil de engañar; fácil de dominar *o* de vencer; *en gral.* fácil, cómodo.

εὐ-μήκης ες muy largo, muy grande; considerable.

εὔ-μηλος ον rico en ovejas, abundante en rebaños.

εὐ-μήχανος ον discreto, hábil, ingenioso; bien pensado, bien trazado, bien discurrido.

εὐ-μίμητος ον fácil de imitar.

εὐ-μίσητος ον odioso, aborrecible.

εὔ-μιτος ον de hilo fino.

εὐ-μμελίης ου [*gen. ép.* εὐμμελίω] ADJ. *m.* de buena lanza, experto en manejar la lanza.

εὔ-μναστος ον *dór. por* εὔμνηστος recordador, que recuerda constantemente.

εὐμορφία ας ἡ hermosura.

εὔ-μορφος ον bien formado, hermoso.

εὐμουσία ας ἡ talento *o* sentido artístico; conocimiento, instrucción.

εὔ-μουσος ον entendido en artes *o* letras; armonioso, bien sonante, gracioso, amable.

εὐ-νάζω acostar, tender [sobre un lecho]; *fig.* matar; dormir, adormecer, apaciguar, calmar; poner en emboscada || MED. *y* PAS. acostarse, dormir, dormirse, reposar, descansar; posarse en el nido [un ave].

εὐναῖος α ον concerniente al lecho; que está en el lecho, en reposo; conyugal || SUST. **ἡ εὐναία** nido; piedra que sirve de ancla.

εὐναστήριον ου τό dormitorio, cámara conyugal.

εὐνάω = **εὐνάζω.**

εὐνή ῆς ἡ lugar para acostarse, lecho, cama; *hablando de animales:* cama, cubil, guarida, nido, establo, porqueriza; lecho nupcial, *de donde,* esposo, esposa; descanso, lugar de descanso, sepulcro, tumba; *en pl.* piedras que en las primitivas embarcaciones eran usadas como anclas, potala, sacho.

εὐνῆ-θεν ADV. del lecho.

ἑύ-νητος ον = **ἐύννητος**.

εὐνήτρια ας ἡ esposa.

εὐνῆ-φι *ép.* = **εὐνῆς** [*gen. de* εὐνή].

1 **εὖνις ιδος ἡ** esposa.

2 **εὖνις ιδος** ADJ. falto, privado *y esp. en abs.* privado de los hijos, que ha perdido sus hijos.

εὔ-ννητος ον bien hilado, bien tejido.

εὐνοέω -ῶ estar bien dispuesto, ser propicio *o* benévolo [para con alguien, *dat.*].

εὔνοια ας ἡ benevolencia, buena disposición, favor, interés, gracia, simpatía, afecto, amor; muestra *o* testimonio de benevolencia, presente, obsequio; *en mal sent.* parcialidad.

εὐνοικός ἡ όν benévolo, amistoso, afectuoso.

εὐνομέομαι -οῦμαι tener buena constitución *o* buenas leyes, estar bien regido.
F. *fut.* εὐνομήσομαι; *aor.* εὐνομήθην, *y* ηὐνομήθην; *perf.* εὐνόμημαι.

εὐνομία ας ἡ legalidad, observación de las leyes; buena ley, buena constitución, buen orden, justicia.

εὔ-νομος ον que tiene buenas leyes, bien regido; observador de las leyes, cumplidor de las mismas.

εὔ-νοος οον [-ους ουν] benévolo, bien dispuesto, favorable, propicio, amigo ||**τὸ εὔνουν** la benevolencia.
F. *dat.* εὔνῳ; *nom. pl.* εὖνοι *y* εὔνους (*de* *εὔνοες); *gen. pl.* εὔνων, *v. l.* εὐνόων. *Comp.* εὐνούστερος, *jón.* εὐνοέστερος.

εὐνουχίζω hacer eunuco, mutilar.

εὐνοῦχος ου ὁ eunuco.

εὐ-νώμας ου ADJ. *m.* que pasa rápidamente [*v. l. Sóf., Ay., 604*].

εὐξάμην *(2.ª subj. ép.* εὔξεαι*) aor. 1.º de* εὔχομαι.

εὔ-ξεινος ον *y*

εὔ-ξενος ον hospitalario (ὁ Εὔξεινος πόντος el Ponto Euxino, el mar Negro).

εὔ-ξεστος ον [*o* **-ος η ον**] *y*

εὔ-ξοος οον bien pulimentado, bien pulido; bien trabajado.

* **εὐξυμ-** *v.* εὐσυμ-

* **εὐξυν-** *v.* εὐσυν-

εὔ-οδος ον fácil al tránsito, transitable, fácil *o* cómodo de pasar.

εὐ-οδόω -ῶ conducir por buen camino, dirigir rectamente || PAS. encaminarse bien, hacer un viaje feliz; *fig.* salir *o* resultar bien; ganar, conseguir, obtener.

εὐοῖ INTJ. evoé [grito de las Bacantes].

εὔ-οικος ον bueno *o* cómodo de habitar; hospitalario.

εὔ-ολβος ον felicísimo, dichosísimo.

εὐ-ομολόγητος ον fácil de conceder, claro, indiscutible.

εὔ-οπλος ον bien armado.

εὐ-όργητος ον de buen temple, sosegado, bondadoso, condescendiente, indulgente.

εὐ-ορκέω -ῶ jurar con verdad; guardar el juramento; obrar honradamente.

εὔ-ορκος ον fiel a lo jurado, honrado, recto; conforme a lo jurado, no contrario al juramento.

εὔ-ορμος ον de buen fondeadero, cómodo para desembarco.

εὐ-όφθαλμος ον de buenos ojos, que tiene ojos hermosos.

εὐπάθεια ας ἡ placer, disfrute, buena vida.

εὐ-παθέω -ῶ vivir en el placer, darse buena vida.

εὐπαιδευσία ας ἡ buena educación.

εὐπαιδία ας ἡ dicha de tener buenos hijos.

εὔ-παις ιδος ADJ. *m. y f.* que tiene buenos hijos, afortunado en su prole; buen hijo, buena hija.

εὐ-πάρεδρος ον fiel, constante [para con alguien, *dat.*].

εὐ-πάρυφος ον vestido de rica púrpura.

εὐ-πατέρεια ας ἡ hija de buen padre, de padre noble.

εὐ-πατρίδης ου *y*

εὔ-πατρις ιδος de buen padre, bien nacido, noble; de nobles sentimientos, generoso.

εὐ-πειθής ές *y*

εὔ-πειστος ον fácil de persuadir, dócil, obediente; que convence fácilmente, creíble.

εὔ-πεπλος ον de hermoso peplo, de hermosa vestidura.

εὐ-περίστατος ον que rodea, cerca *o* enreda fuertemente.
εὐ-πέταλος ον de hermosas hojas, flores *o* pámpanos.
εὐπέτεια ας ἡ facilidad de conseguir algo, comodidad; abundancia.
εὐ-πετής ές fácil, cómodo, expedito.
εὐ-πηγής ές *y*
εὔ-πηκτος ον bien ajustado; bien construído, fuerte, robusto; apretado, compacto.
εὔπιστος ον creíble, fidedigno, digno de fe; obediente, disciplinado.
εὔ-πλαστος ον blando, dúctil, maleable.
ἐΰ-πλειος η ον *ép.* bien lleno.
εὐ-πλεκής ές *y*
εὔ-πλεκτος ον bien trenzado; bien trabado *o* entrelazado.
εὐ-πλοέω -ῶ navegar felizmente.
εὔπλοια ας ἡ navegación feliz.
εὐ-πλοκαμίς ίδος ADJ. *f. y*
εὐ-πλόκαμος ον de cabellos bien rizados, de hermosos bucles.
εὐ-πλυνής ές bien lavado.
εὐ-ποίητος ον bien trabajado.
εὐποιία ας ἡ beneficencia, caridad.
εὐ-πόλεμος ον bueno *o* diestro en la guerra; afortunado en la guerra.
εὔ-πομπος ον buen guía, buen conductor.
εὐ-πορέω -ῶ *y med. íd.* tener medios, tener abundancia [de algo, *gen.*]; vivir en la abundancia, ser pudiente; tener éxito, prosperar, salir bien, tener *o* hallar buena ocasión *o* medios, estar en situación de, poder [*con inf.*]; procurar en abundancia [algo, *ac.*; a alguien, *dat.*].
εὐπορία ας ἡ facilidad, posibilidad, comodidad, buena ocasión; abundancia; *esp.* abundancia de recursos, buena situación, bienestar.
εὔ-πορος ον fácil de pasar, accesible, practicable; fácil, cómodo, expedito de conseguir *o* de hacer; acomodado, favorable, ventajoso; diestro, hábil, experto ; bien provisto, abundante en recursos, rico, bien acomodado, pudiente.
εὐποτμία ας ἡ buena fortuna, dicha.
εὐπραγέω -ῶ prosperar, estar en buena situación.
εὐπραγία ας ἡ = **εὐπραξία.**
εὔ-πρακτος ον fácil de hacer *o* de conseguir.
εὐπραξία ας ἡ buena fortuna, buen éxito; buena conducta, el bien obrar.
εὐπρέπεια ας ἡ buen parecer, decoro, dignidad, hermosura, ornato; buenas apariencias, pretextos simulados.
εὐ-πρεπής ές conveniente, decente, decoroso, apropiado; noble, hermoso, digno, glorioso; de buenas apariencias, especioso, simulado.
εὐπρηξίη ης ἡ *jón.* = **εὐπραξία.**
εὔ-πρηστος ον inflamador, que inflama fácilmente.
εὐ-πρόσδεκτος ον bien acogido, acepto.
εὐ-πρόσεδρος ον = **εὐπάρεδρος.**
εὐ-πρόσιτος ον de fácil acceso.
εὐ-πρόσοδος ον accesible; *fig.* afable.
εὐ-προσωπέω -ῶ tener buen aspecto, agradar.
εὐ-πρόσωπος ον de rostro hermoso *o* agradable; con buena cara; especioso, de buena apariencia; simulado.
εὐ-προφάσιστος ον bien fundado, de buena apariencia, plausible.
εὐ-πρόφορος ον que se desplaza con facilidad.
εὔ-πρυμνος ον de hermosa popa.
εὔ-πτερος ον de buenas alas, volador, rápido.
εὔ-πτυκτος ον plegable.
εὔ-πυργος ον bien torreado, bien fortificado.
εὔ-πωλος ον rico en potros, de buenos potros.
εὗρα *aor. 1.º íd. de* εὑρίσκω *(N. T.)*
εὐρ-ακύλων ωνος ὁ euraquilón [viento del nordeste].
εὐράξ ADV. a un lado; de lado.
εὐ-ραφής ές bien cosido.
εὑρέθην εὑρεθήσομαι *aor. y fut. pas. de* εὑρίσκω.
εὕρεσις εως ἡ hallazgo, descubrimiento, invención.
εὑρετής οῦ ὁ descubridor, inventor.
εὑρετικός ή όν inventivo; ingenioso.
εὑρετός ή όν hallado; que se pueden hallar *o* inventar.
εὕρηκα *perf. de* εὑρίσκω.
εὕρημα ατος τό descubrimiento, invención; hallazgo feliz e imprevisto, ganancia inesperada.
εὔ-ρινος ον de buena nariz, de buen olfato.

εὔ-ριπος ου ὁ paso de mar, estrecho, canal *y esp.* el que separa la isla de Eubea del continente.

εὖρις ινος = εὔρινος.

εὑρίσκω [*aor.* εὗρον *etc.*] hallar, encontrar [casualmente *o* después de buscar]; descubrir; discurrir, imaginar, inventar; conseguir, alcanzar, obtener como precio en venta (εὑρεῖν πολλὸν χρυσίον conseguir un buen precio; ἀποδίδοσθαι τοῦ εὑρόντος vender por lo que den) || MED. hallar *o* encontrar para sí; descubrir; procurarse, obtener|| PAS. ser hallado, descubierto, mostrarse, manifestarse (ἄνους ηὑρέθη se reveló como demente).
F. *impf.* ηὕρισκον *o* εὕρισκον; *fut.* εὑρήσω; *aor. 2.º ép.* εὗρον *después tamb.* ηὗρον, *imp.* εὑρέ, *inf. ép.* εὑρέμεναι; *aor. 1.º td.* εὕρησα *y* εὗρα *(N. T.).* || MED. *fut.* εὑρήσομαι; *aor. 2.º* εὑρόμην *y* ηὑρόμην; *aor. 1.º* εὑράμην. || PAS. *perf.* ηὕρημαι *o* εὕρημαι; *aor. pas.* ηὑρέθην *o* εὑρέθην; *fut. pas.* εὑρεθήσομαι.

εὐρο-κλύδων ωνος ὁ = εὐρακύλων.

εὗρον *aor. 2.º de* εὑρίσκω.

εὔ-ροος ον [ους ουν] de hermosa corriente.

1 **εὖρος ου ὁ** euro, viento de levante.

2 **εὖρος εος [ους] τό** anchura.

ἐυ-ρραφής ές = εὐραφής.

ἐυ-ρρεής ές *y*

ἐυ-ρρείτης ου *y*

ἐΰ-ρροος ον = εὔροος ον.

εὐρυ-άγυια ας ADJ. *f.* de anchas calles.

εὐρυ-εδής ές vasto, espacioso.

εὐρυθμία ας ἡ orden *o* movimiento rítmico; euritmia, cadencia, armonía; gracia; decoro.

εὔ-ρυθμος ον de buen ritmo, de buena cadencia; bien proporcionado; bien concertado, armonioso; gracioso; decoroso, digno.

εὐρυ-κλύδων = εὐροκλύδων.

εὐρυ-κρείων οντος poderoso a lo lejos, de extenso poder.

εὐρυ-μέτωπος ον de ancha frente.

εὐρύνω ensanchar; despejar, dejar libre [un lugar].

εὐρύ-νωτος ον de anchos hombros, de ancha espalda.

εὐρυ-όδεια ας [*jón.* **εὐρυ-οδείη ης**] ADJ. *f.* de anchos caminos, anchurosa, espaciosa.

εὐρύ-οπα ADJ. *us. como nom. ac. y voc.* longividente; *según otros,* longitonante, que truena hacia lo lejos.

εὐρύ-πορος ον de anchos caminos, ancho, anchuroso, espacioso.

εὐρυ-πυλής ές de anchas puertas.

εὐρυ-ρέεθρος ον *y*

εὐρυ-ρέων ουσα ον de ancha corriente.

εὐρύς εῖα ύ ancho; anchuroso, vasto.
F. *fem. jón.* εὐρέα; *ac. masc.* εὐρύν *y a veces* εὐρέα.

εὐρυ-σθενής ές = εὐρυκρείων.

εὐρυ-φυής ές que crece *o* medra en la extensión [del campo].

εὐρύ-χορος ον ancho, espacioso.

εὐρυχωρία ας [*jón.* **εὐρυχωρίη ης**] **ἡ** vastedad; espacio abierto, abertura; campo abierto, llano; mar abierto.

εὐρύ-χωρος ον espacioso.

εὐρώδης ες ancho, espacioso.

εὐρώεις εσσα εν mohoson; ebuloso, sombrío.

εὑρών *part. aor. de* εὑρίσκω.

εὐρώς ῶτος ὁ moho.

εὔρωστος ον robusto, fuerte; decidido.

ἐΰς εὖ bueno, excelente, valeroso, noble.
F. *ac.* ἐΰν *(raro) n.* ἠΰ *gen. sing. ép.* ἑῆος *de origen oscuro; gen. pl. sust.* ἑάων de bienes, de venturas

εὐσέβεια ας ἡ veneración *o* respeto para con los dioses *o* los parientes, piedad; crédito *o* reputación de piadoso [*Sóf. El. 968*].

εὐσεβέω -ῶ vivir *u* obrar piadosamente; ser piadoso *o* temeroso de la divinidad || TR. venerar, respetar, tratar con respeto.

εὐ-σεβής ές piadoso, temeroso de la divinidad, cumplidor del deber, timorato, concienzudo, de recta conciencia, puro (τὸ εὐσεβές la piedad); santo, sagrado.

εὐσεβία ας ἡ = εὐσέβεια.

εὔ-σελμος ον bien provisto de bancos [para los remeros] *o* bien cubierto.

εὔ-σεπτος ον venerable, augusto.

εὔ-σημος ον de buena señal, de buen agüero, favorable; fácil de conocer, raro, distinto, inteligible.

εὔ-σκαρθμος ον que salta bien, ágil.

εὐ-σκέπαστος ον bien cubierto; protegido, seguro.

εὐσκευέω -ῶ estar preparado, dispuesto, apercibido.

εὐ-σκίαστος ον bien sombreado, umbrío, bien abrigado.

εὔ-σκοπος ον de larga vista, buen vigía; de buena puntería, acertado en el tiro, buen tirador; visible desde lejos, bien visible; de buena vista.

εὔσοια ας ἡ bienestar, prosperidad, felicidad.

εὔ-σπλαγχνος ον de buenas entrañas, blando de corazón, compasivo, misericordioso.

εὔ-σσελμος ον = **εὔσελμος.**

εὔ-σσωτρος ον de buenas llantas.

εὐ-σταθής ές bien construído, sólido.

εὐ-σταλής ές bien equipado; bien vestido; dichoso, favorable; conveniente, decoroso; ligeramente equipado, sin adornos, sencillo; ligero (εὐσταλεῖς τῇ ὁπλίσει armados a la ligera *Tuc. 3, 22, 2*).

εὐ-στέφανος ον hermosamente coronado, de hermosa diadema; bien rodeado de murallas, bien amurallado.

εὔ-στολος ον bien equipado.

εὐστομεω -ῶ cantar hermosamente.

εὔ-στομος ον que dice palabras de buen agüero, prometedor; silencioso, callado || ADV. **εὔστομα** (εὔστομ' ἔχε calla; περὶ τούτων μοι εὔστομα κείσθω quiero guardar silencio acerca de ello).

εὐ-στοχέω -ῶ atinar.

εὐ-στόχως ADV. certeramente, haciendo blanco.

εὔ-στρεπτος ον *y*

εὐ-στρεφής ές *y*

εὔ-στροφος ον bien torcido, bien trenzado.

εὔ-στυλος ον de hermosas columnas.

εὐ-σύμβλητος ον fácil de interpretar *o* de adivinar.

εὐ-σύμβολος ον bueno para el comercio, abordable; recto, honrado.

εὐ-σύνετος ον de rápida comprensión; inteligente; fácilmente comprensible.

εὐσχημοσύνη ης ἡ conveniencia, decencia, decoro.

εὐ-σχήμων ον conveniente, decente, decoroso; ilustre, distinguido; de buena apariencia, fingido, simulado.

εὐτακτέω -ῶ guardar orden *o* disciplina; ser obediente, disciplinado *o* moderado.

εὔ-τακτος ον bien ordenado, obediente, disciplinado; moderado.

εὐταξία ας ἡ buen orden, disciplina; moderación.

εὖτε CONJ. al tiempo que, cuando, mientras que; siempre que, todas las veces que; ya que, puesto que; en el caso que; como, como cuando.

εὐ-τείχεος ον *y*

εὐ-τειχής ές bien amurallado, bien fortificado.

εὐτέλεια ας ἡ baratura; falta de valor; simplicidad, economía, parsimonia, frugalidad.

εὐ-τελής ές barato; sin valor, ruín, vulgar; sencillo, frugal, parco, humilde.

εὐ-τελίζω menospreciar, humillar.

εὔ-τμητος ον bien cortado.

εὐ-τοκία ας ἡ fecundidad.

εὔ-τολμος ον animoso, valeroso, atrevido.

εὔτονος ον fuerte, ahincado, enérgico, vigoroso.

εὐτραπελία ας ἡ eutrapelía, buen humor, donaire; *en mala parte,* bufonería, chocarrería.

εὐ-τράπελος ον ágil, flexible; ingenioso, donairoso; astuto; bufonesco, ridículo.

εὐ-τραφής ές bien alimentado, bien nutrido, cebado, fuerte, robusto.

εὐ-τρεπής ές dispuesto, preparado, terminado, listo.

εὐτρεπίζω preparar, arreglar, disponer, poner en disposición; reparar, restaurar; conciliar || MED. preparar *o* disponer [algo propio *o* algo para sí mismo]; conciliarse.

εὐ-τρεφής ές = **εὐτραφής.**

εὔ-τρητος ον bien horadado.

εὔ-τριχος ον = **εὔθριξ.**

εὐτροφία ας ἡ buena alimentación; estado de buena nutrición, robustez.

εὔ-τροχος ον de hermosas ruedas; rápido, ligero, expedito.

εὔ-τυκος ον *y*

εὔ-τυκτος ον bien trabajado, bien preparado.

εὐτυχέω -ῶ ser feliz, tener felicidad, fortuna *o* buena suerte; tener buen éxito; salir bien || PAS. IMPERS. salir bien (ἱκανὰ τοῖς πολεμίοις ηὐτύχηται bastante ha favorecido la suerte a los enemigos).

F. *aor.* εὐτύχησα *o* ηὐτύχησα; *perf.* εὐτύχηκα *o* ηὐτύχηκα, *3.ª pas.* εὐτύχηται *o* ηὐτύχηται, *Tuc. 7,77. (vv. ll.)*; *3.ª pl. plpf.* ηὐτυχήκεσαν.

εὐτύχημα ατος τό buen éxito, suceso feliz; ventaja; situación ventajosa, próspera *o* feliz.

εὐ-τυχής ές afortunado, dichoso, feliz; próspero, favorable; en buen hora, para bien.

εὐτυχία ας ἡ = **εὐτύχημα.**

εὔ-υδρος ον abundante en agua.

εὐ-υφής ές bien tejido.

εὐ-φαρέτρας α *dór.* de hermosa aljaba.

εὐφημέω -ῶ decir palabras de buen agüero, hablar con piedad, callar, guardar religioso silencio.

εὐφημία ας ἡ palabras de buen agüero; silencio religioso; buen nombre, buena fama.

εὔ-φημος ον que dice palabras de buen agüero; callado, silencioso, que guarda devoto silencio; de buena significación, favorable; bien sonante, elogioso.

εὐ-φιλής ές bien amado.

εὔ-φλεκτος ον fácilmente inflamable.

εὐφορέω -ῶ conducir bien *o* felizmente; producir mucho, dar mucho fruto.

εὔ-φορος ον que lleva *o* conduce fácilmente, favorable, propicio; que soporta fácilmente, paciente; fácil de llevar, ligero.

εὐ-φραδής ές que habla bien, elocuente.

εὐφραίνω alegrar, regocijar, encantar, dejar encantado || MED. *y* PAS. regocijarse, recibir gusto, estar contento *o* alegre.

F. *fut.* εὐφρανῶ, *ép. y jón.* εὐφρανέω; *aor. 1.º* εὔφρανα, *ép.* εὔφρηνα, *2.ª subj*; εὐφρήνῃς || MED. *fut.* εὐφρανοῦμαι, *2.ª. jón.* εὐφραν(έ)εαι; *aor. pas.* εὐφράνθην. (*Tamb. se hallan formas aumentadas en* ηὐ-).

εὐ-φρονέων ουσα ον que piensa bien, bien intencionado; discreto, prudente.

εὐφρόνη ης ἡ noche.

εὐφροσύνη ης ἡ contento, alegría; gozo, placer.

εὔ-φρων ον [*gen.* ονος] contento, alegre, gozoso, bien humorado; con gusto, de buena voluntad; bien intencionado, benévolo; benigno, propicio; regocijador, que produce alegría.

εὐ-φυής ές bien crecido, vigoroso, bello, gallardo; bien dotado, de talento; útil, que rinde, fértil.

εὐφυΐα ας ἡ buen ingenio.

εὐ-φύλακτος ον fácil de vigilar *o* de guardar; bien guardado, seguro.

εὐφωνία ας ἡ buena voz, voz fuerte.

εὔ-φωνος ον de buena voz, de voz fuerte.

εὔ-χαλκος ον hermosamente trabajado *o* guarnecido en bronce.

εὔ-χαρις ι [*gen.* ιτος] gracioso, amable; ingenioso; agradable, querido; conveniente, decoroso.

εὐ-χαριστέω -ῶ estar agradecido; agradecer, dar las gracias.

εὐχαριστία ας ἡ agradecimiento, acción de gracias; Eucaristía.

εὐ-χάριστος ον agradecido, que agradece; gracioso, agradable.

εὔ-χειρ ειρος de buena mano, diestro, hábil.

εὐ-χείρωτος ον fácil de someter *o* de dominar [*cf.* χειρόω].

εὐχέρεια ας ἡ facilidad, destreza; tendencia, inclinación.

εὐ-χερής ές bondadoso, condescendiente, complaciente; despreocupado, negligente; inclinado, pronto, que se deja llevar [a algo, πρός *y ac.*]; fácil, ligero, sin trabajo (πάντα ταῦτα ἐν εὐχερεῖ ἔθου todo esto lo consideraste fácil, *Sóf. Fil. 875*).

εὐχετάομαι = **εὔχομαι.**

F. *3.ª pl. pres. ép.* εὐχετόωνται, *opt.* εὐχετοῴμην (*3.ª sing.* εὐχετόῳτο); *inf. ép.* εὐχετάασθαι, *3.ª pl. impf.* εὐχετόωντο.

εὐχή ῆς ἡ súplica, ruego, invocación; voto, promesa; deseo; imprecación, maldición.

εὔ-χλοος ον verde, lozano; que produce el verdor *o* lozanía del campo.

εὔχομαι ufanarse, jactarse [de algo, *ac. o inf.*]; hablar con jactancia; prometer, ofrecer; afirmar, declarar, asegurar; pedir, suplicar [algo, *ac. o inf. etc.*; a alguien *dat.*, *ac.*, πρός *y* ac.;

para alguien, *dat.*; ὑπέρ *y gen. etc.*]; desear [algo, ac.; a alguien, *dat.*].
F. *impf. ép.* εὐχόμην, *át.* ηὐχόμην; *fut.* εὔξομαι; *aor. ép.* εὐξάμην, *2.ª sing. subj.* εὔξεαι; *perf. pas.* ηὖγμαι; *plpf.* ηὔγμην *(con valor act. Sóf. Tr. 610).*

εὔ-χορδος ον de buenas cuerdas.

εὖχος εος [ους] τό fama, gloria *y esp.* gloria guerrera; deseo, voto.

εὔ-χρηστος ον servible, útil.

εὐ-χροής ές *y*

εὔ-χροος ον [-ους ουν] de buen color, de hermoso color.

εὔ-χρυσος ον rico en oro.

εὐχωλή ῆς ἡ celebración, ufanía, jactancia; grito *o* canto de júbilo *o* victoria; motivo de jactancia *o* ufanía; deseo, voto.

εὐχωλιμαῖος α ον obligado *o* sujeto por voto.

εὐψυχέω -ῶ tener buen ánimo.

εὐψυχία ας ἡ buen aliento, buen ánimo.

εὔ-ψυχος ον animoso, alentado, de buen ánimo. || **τὸ εὔψυχον** buen aliento, buen ánimo, valor.

εὕω quemar; asar.

εὐ-ώδης ες que huele bien, oloroso, aromático.

εὐωδία ας ἡ buen olor, perfume, aroma.

εὔ-ωνος ον barato.

εὐ-ώνυμος ον de buen nombre, de buena significación; honrado, famoso, glorioso; izquierdo, a la izquierda; siniestro.

εὐ-ῶπις ιδος ADJ. *f. y*

εὔ-ωπος ον hermoso de ver, de hermoso aspecto, *o* de hermosos ojos.

εὐωχέω -ῶ tratar con esplendidez, obsequiar magníficamente [a alguien, *ac.*]; cebar || PAS. regalarse, tratarse espléndidamente, banquetearse [con algo, *gen. o* ac.]; *de animales:* pastar en abundancia, hartarse; *en gral.* deleitarse.

εὐωχία ας ἡ regalo, buena vida, vida regalada *y esp.* banquete, festín.

εὐ-ώψ ῶπος = εὔωπος.

ἐφ-αγιστεύω *y*

ἐφ-αγνίζω cumplir los ritos sagrados *y esp.* los funerales.

ἔφαγον *aor. 2.º de* ἔδω *y* ἐσθίω

ἐφ-αιρέω -ῶ escoger *o* señalar para reemplazar *o* suceder.

ἐφ-άλλομαι saltar *o* lanzarse sobre [algo, *o* alguien, *dat.*, ἐπί *ac.*, *etc.*].
F. *3.ª sing. aor. 2.º ép.* ἐπᾶλτο; *part.* ἐπάλμενος *o* ἐπιάλμενος, *id.* ἐφαλόμενος *N. T.*

ἔφ-αλος ον marítimo, costero, vecino al mar.

ἐφάμην *impf. med. de* φημί.

ἐφ-άμιλλος ον disputado, discutido; émulo, rival; semejante, igual.

ἔφαν *ép.* = **ἔφασαν** *3.ª pl. impf. de* φημί.

ἐφ-ανδάνω agradar, gustar, placer.

ἐφάνην *y* **ἐφάνθην** *aors. pas. de* φαίνω.

ἐφ-άπαξ ADV. de una vez, al mismo tiempo; de una vez para siempre.

ἐφ-άπτω atar, enlazar, *de donde,* disponer, ejecutar (λύουσ' ἢ'φάπτουσα atando *o* desatando *e. e.* haciendo *o* deshaciendo); cargar, imponer, echar [algo, *ac.*; sobre alguien, *dat.*] || MED. tocar, alcanzar, coger, apoderarse de; poseer (εἴδεος ἐπαμμένοι dotados de hermosura); alcanzar con la mente, percibir, comprender; aplicarse [a algo, *dat.*] || PAS. estar colgado, pender sobre, estar fijado por el destino para [*dat.*].
F. *aor.* ἔφαψα || MED. *aor.* ἐφαψάμην *2.ª sing. subj. ép.* ἐφάψεαι; *part. perf. jón.* ἐπαμμένος || PAS. *3.ª sing. perf.* ἐφῆπται, *id. plpf.* ἐφῆπτο.

ἐφ-αρμόζω aplicar; ajustar, acomodar; agregar || INTR. ajustarse, acomodarse.

ἔφασκον *impf. iter. ép. de* φημί.

ἔφατο *3.ª sing. impf. med. de* φημί.

ἐφ-έδρα ας ἡ asedio.

ἐφ-εδρεύω apostarse; vigilar, espiar [a alguien, *dat.*].

ἔφ-εδρος ον montado *o* sentado sobre [algo, *gen.*]; sentado *o* apostado cerca, cercano; que vigila, espía *o* acecha; colocado en la reserva *y esp.* tercer competidor de reserva en la lucha *de donde* último y más peligroso adversario; sucesor.

ἐφέζω asentar, colocar, poner || MED. colocarse; ponerse *o* sentarse sobre [algo, *dat. etc.*]; *tr.* colocarse a alguien sobre (γούνασιν las rodillas).
F. *fut.* ἐφέσω *med. ép.* ἐφέ(σ)σομαι; *aor.* ἐφεῖσα, *inf.* ἐφέ(σ)σαι; *aor. med.*

ἐφεισάμην, *ép.* ἐφεσσάμην *imp.* ἔφεσσαι. *V.* ἕζω.

ἐφ-έηκα *aor. ép. de* ἐφίημι.

ἐφ-εῖδον = **ἐπεῖδον** *aor. 2.º de* ἐφοράω.

ἐφ-εῖσα *aor. 1.º de* ἐφέζω.

ἐφεισάμην *aor. 1.º de* φείδομαι *y med. de* ἐφέζω.

ἐφ-είω *subj. aor. ép. de* ἐφίημι.

ἐφ-ελκύω *y*

ἐφ-έλκω traer *o* arrastrar tras de sí || MED. traer *o* traer hacia sí; arrastrar consigo || PAS. arrastrarse penosamente, caminar penosamente a la zaga; ser arrastrado, dejarse persuadir.

ἐφέννυμι = **ἐπιέννυμι.**

ἐφ-εξῆς ADV. = **ἑξῆς.**

ἐφέξω *fut. de* ἐπέχω.

ἐφ-έπω dirigir contra *o* hacia [alguien, *dat.*: ἵππους los caballos]; pegar, acosar, hostigar; cuidar, atender a, administrar, gobernar; dedicarse a, ocuparse en (ἄγρην la caza) visitar, frecuentar; seguir, ir tras [alguien, *ac.*]; recorrer (πεδίον la llanura, el campo); ir al encuentro de, enfrentarse con (πότμον el destino, la muerte) || MED. seguir, ir detrás, perseguir; seguir, obedecer [a alguien *etc. dat.*].
F. *impf. ép.* ἔφεπον, *iter.* ἐφέπεσκον; *fut.* ἐφέψω; *aor. 2.º* ἐπέσπον, *subj.* ἐπίσπω, *inf.* ἐπισπεῖν, *part.* ἐπισπών. || MED. *impf.* ἐφειπόμην; *fut.* ἐφέψομαι; *aor. 2.º* ἐφεσπόμην (*rar.* ἐπεσπόμην); *imp.* ἐπίσπου, *int.* ἐπισπέσθαι, *part.* ἐπισπόμενος.

ἔφεσις εως ἡ acción de lanzar, lanzamiento; deseo.

Ἔφεσος ου ἡ Efeso, ciudad costera del Asia Menor, famosa por el templo de Ártemis.

ἐφ-έσπερος ον occidental, situado al poniente.

ἐφέσσαι *inf. aor. de* ἐφέζω.

ἔφεσσαι *imp. aor. ép. de* ἐφέζω.

ἐφ-έστιος ον que está en el hogar *o* junto al hogar; compañero de hogar (τὸ ἐφέστιον el hogar, la familia); que se halla en el hogar de otro, huésped; suplicante; protector del hogar [*sc.* dios, etc,]; que está en su propio hogar, en su patria, en casa.

ἐφ-εστρίς ίδος ἡ vestido exterior, manto.

ἐφ-έτης ου ὁ jefe, juez; *en Atenas,* éfeta, cada uno de los jueces de los tribunales superiores de lo criminal.

ἐφετμή ῆς ἡ encargo, mandato, orden.

ἐφ-ευρετάς οῦ *y*

ἐφ-ευρετής οῦ ὁ inventor.

ἐφ-ευρίσκω hallar, encontrar, coger, sorprender, inventar, imaginar, idear.

ἐφ-εψιάομαι -ῶμαι burlarse, hacer burla [de... *dat.*].
F. *3.ª pl. pres. e impf. ép.* ἐφεψιόωνται, ἐφεψιόωντο.

ἐφ-ηβάω -ῶ hacerse adolescente, adolecer.

ἔφηβος ου ὁ efebo, jovencito, adolescente.

ἐφ-ηγέομαι -οῦμαι conducir.

ἐφ-ήδομαι gozarse *o* complacerse [en algo, *dat.*, ἐπὶ *con dat.*].

ἐφῆκα *aor. de* ἐφίημι.

ἐφ-ήκω llegar, presentarse.

ἔφ-ημαι estar sobre *o* junto [a algo, *dat.*].

ἐφημερία ας ἡ servicio diario de los sacerdotes en el Templo [entre los judíos]; clase *o* grupo de sacerdotes según la distribución de sus funciones en el Templo.

ἐφ-ημέριος ον *y*

ἐφ-ήμερος ον que dura un día; que dura sólo un día, pasajero, efímero; diario cotidiano.

ἐφημοσύνη ης ἡ = **ἐφετμή.**

ἔφην *impf. de* φημί.

ἔφηνα *aor. 1.º de* φαίνω.

ἐφῆπται ἐφῆπτο *3.ª sing. perf. y plpf. pas. ép. resp. de* ἐφάπτω.

ἔφησθα *2.º sing. impf. ép. de* φημί.

ἔφθακα *perf. de* φθάνω.

ἐφθάραται *3.ª pl. perf. pas. de* φθείρω.

ἐφθάρην *aor. pas. de* φθείρω.

ἔφθαρκα *pas.* **ἔφθαρμαι** *perf. de* φθείρω.

ἔφθασα *aor. 1.º de* φθάνω.

ἔφθην *aor. 2.º de* φθάνω.

ἐφθίαθ' = **ἐφθίατο** *3.ª pl. plpf. med. de* φθίνω.

ἔφθιθεν *3.ª pl. aor. pas. de* φθίνω.

ἔφθικα, *med.* **ἔφθιμαι** *perf. de* φθίνω

ἔφθισα *aor. 1.º de* φθίνω.

ἐφθός ή όν cocido, hervido.

ἐφ-ιζάνω *y*

ἐφ-ίζω posarse, asentarse *o* sentarse sobre *o* en [algo, *dat.*, ἐπί *con dat. etc.*].
F. *impf. iter. ép.* ἐφίζεσκον.

ἐφ-ίημι mandar, remitir, enviar [algo, *ac.* a alguien, *dat.*], imponer, cargar, echar [dolores, tal *o* cual destino etc., *ac.*; sobre alguien, *dat.*]; *con sentido hostil,* lanzar contra; lanzar, disparar [un arma]; ἐ. χεῖρας poner las manos sobre [alguien, *dat.*]; hacer ir, llevar, conducir [el agua, el ganado etc.]; soltar (τὰς ἡνίας las riendas etc.); dejar, otorgar, confiar; entregar; permitir [que se haga algo, *inf.*] || INTR. entregarse [a algo, *dat.*]; *como término jurídico,* deferir, llevar [un asunto a un juez etc.], apelar || MED. mandar, ordenar (ἐ. ἐς Λακεδαίμονα mandar orden a Esparta...); permitir; desear, aspirar a [algo, *gen.*. *constr. inf. etc.*]; ἐφιέμενος apasionado por... [*inf.*].
F. *3.ª pl. ind. pres. jón.* ἐπιεῖσι; *fut.* ἐφήσω; *perf.* ἐφῆκα, *ép.* ἐφέηκα, *jón.* ἐπῆκα, *imp.* ἔφες, *subj.* ἐφῶ, *ép.* ἐφήω, *o* ἐφείω; *opt.* ἐφείην, *inf. jón.* ἐπεῖναι *part.* ἐφείς || MED. *part. pres.* ἐφιέμενος, *fut.* ἐφήσομαι, *3.ª sing. aor. 2.º* ἐφεῖτο. *V.* ἵημι.

ἐφ-ικνέομαι llegar, extenderse hasta; venir al encuentro, encontrar (ἀλλήλων el uno al otro); ir *o* venir sobre (τὸν Ἑλλήσποντον ἐ. τριηκοσίας πληγάς ir sobre el Helesponto dándole trescientos azotes); lograr, conseguir.
F. *V.* ἱκνέομαι.

ἐφιλάμην *aor. med. ép. de* φιλέω.

ἐφ-ίμερος ον deseado, ansiado.

ἐφίππειος ον *y*

ἐφίππιος ον que se echa *o* pone sobre el caballo || **τὸ ἐφίππιον** silla, arnés.

ἔφ-ιππος ον a caballo, montado; ἐ. κλύδων confusión de carros y caballos.

ἐφ-ίστημι poner, colocar, asentar sobre [algo, *dat.* ἐπί *y dat. etc.*]; encargar, poner al frente de [algo, *dat.*]; colocar al lado *o* junto a, acercar, traer (μηχανήματα máquinas de guerra); *de donde,* agregar añadir; ordenar, prescribir; parar, detener, ordenar hacer alto; *abs.* ἐπιστήσας haciendo alto || INTR. [*aor. 2.º, perf., plpf.*] MED. *y* PAS. estar sobre *o* encima de [algo, *dat.* ἐπί *y dat. etc.*]; estar arriba *o* en la superficie (τὸ ἐπιστάμενον la nata *Hdt. 4, 2*); ser impuesto, cargar *o* pesar sobre [alguien *dat.*]; estar puesto al frente, estar al frente [de... *dat. o* abs.: ἐπιστάς estando al frente; ὁ ἐφηστηκώς, ἐφεστώς *o* ἐφιστάμενος el que está al frente, intendente, jefe, autoridad, magistrado]; vigilar, atender a [*dat.*] *o abs.* ἐφέστηκεν está en acecho [*Dem. Filip. 2.ª, 18*]; detenerse, pararse, cesar (τοῦ πλοῦ de navegar); *tratándose de apariciones, visiones, sueños etc.* aparecer, presentarse; *de sucesos,* sobrevenir; *con sentido hostil:* presentarse en contra, enfrentarse; *aor. med.* colocar, apostar (φύλακας).
F. *fut.* ἐπιστήσω; *aor. 1.º trans.* ἐπέστησα, *aor. 2.º intr.* ἐπέστην; *perf. intr.* ἐφέστηκα, *perf. id. trans.* ἐφέστακα. *Para otras fs. cf.* ἵστημι.

ἐφ-οδεύω hacer la ronda, inspeccionar.

ἐφ-οδιάζω proveer de viático *o* recursos para un viaje || MED. entregar como ayuda de costas para un viaje [algo, *ac.*, a alguien, *dat.*].

ἐφ-όδιον ου τό viático, provisiones *o* recursos de viaje; ayuda de costas; *en gral.* provisiones, recursos.

ἔφοδος ον de fácil acceso.

1 **ἔφ-οδος ου ἡ** entrada, camino, paso; medio, modo; relación, comunicación, trato; importación; ataque, irrupción.

2 **ἔφ-οδος ου ὁ** inspector, visitador.

ἐφ-όλκαιον ου τό timón.

ἐφολκός όν seductor.

ἐφ-ομαρτέω -ῶ acompañar, seguir, ir acompañado.

ἐφ-οπλίζω preparar, disponer, apercibir || MED. preparar para sí.

ἐφ-οράω -ῶ mirar, vigilar, observar; cuidar, atender dignarse (ἀφελεῖν τὸ ὄνειδος quitar el oprobio, *N. T. Luc. 1, 25*); inspeccionar, pasar revista a; echar el ojo, escoger; mirar con tranquilidad, consentir sin protesta [algo, *ac.*]; divisar, percibir a lo lejos.
F. *jón.* ἐποράω *y* ἐπορέω, *inf.* ἐπορᾶν; *impf.* ἐφεώρων, *3.ª sing. jón.* ἐπώρα; *fut.* ἐπόψομαι; *aor.* ἐπεῖδον, *poét.* ἐπειδόμην *Cf.* ὁράω.

ἐφορεύω ser éforo [*cf.* ἔφορος].

ἐφ-ορμάω -ῶ impulsar, mover, excitar [contra alguien, *dat. etc.*] || INTR. lanzarse || PAS. ser *o* sentirse impulsado [a algo, *inf. etc.*]; desear ardientemente; lanzarse contra, irrumpir contra, atacar a [alguien, *ac. o dat.*].

ἐφ-ορμέω -ῶ tener echada el ancla, estar fondeado [junto a la costa *o* el puerto]; bloquear, estar bloqueando; vigilar, espiar, acechar.

ἐφορμή ῆς ἡ salida, paso; ataque.

ἐφόρμησις εως ἡ anclaje, *espte.* anclaje frente al enemigo *de donde* punto de observación de la flota contraria; bloqueo.

ἐφορμίζομαι atracar, tomar tierra *o* entrar [en puerto].

ἔφ-ορμος ον anclado, fondeado.

ἔφ-ορμος ου ὁ = ἐφόρμησις.

ἔφ-ορος ου ὁ inspector, vigilante, guarda, *de donde* rector, jefe; *en Esparta y otros países dóricos,* éforo [magistrado, inspector de los otros magistrados].

ἐφράγην *aor. pas. de* φράσσω *(N. T.).*

ἔφραξα *aor. 1.º de* φράσσω.

ἔφρασα, *med.* **ἐφρασάμην** *aor. 1.º de* φράζω.

ἐφράχθην *aor. pas. de* φράσσω.

ἔφριξα *aor. 1.º de* φρίσσω.

ἐφ-υβρίζω tratar orgullosamente, tratar mal; afrentar (θυμόν en su ánimo, *Sóf. Ay. 955*); *tamb.* preguntar con escarnio; ultrajar.

ἔφυγον *aor. 2.º de* φεύγω.

ἔφ-υδρος ον rico en agua; húmedo; portador de la lluvia.

ἐφύην = ἔφυν *(N. T.).*

ἐφυλάχθην *aor. pas. de* φυλάσσω.

ἐφ-υμνέω -ῶ cantar; cantar un canto de duelo; invocar en canto de duelo; desear, imprecar; maldecir.

ἔφυν *aor. 2.º intr. de* φύω.

ἐφ-ύπερθε(ν) ADV. arriba, encima; desde arriba, desde encima.

ἔφυσα *aor. 1.º trans. de* φύω.

ἐφ-υστερίζω llegar tarde.

ἐφφαθά *voz aramea:* ¡ábrete!

ἔχαδον *aor. 2.º de* χανδάνω.

ἔχανα *aor. 1.º y*

ἔχανον *aor. 2.º de* χαίνω

ἐχάρην *aor. de* χαίρω.

ἔχεα *aor. 1.º de* χέω.

ἐχ-έγγυος ον que garantiza *o* fía, garante, fiador; seguro, fidedigno; asegurado, protegido por una promesa.

ἐχέ-θυμος ον dueño de sí mismo.

Ἐχεκράτης ους ὁ Equécrates [filósofo pitagórico amigo de Platón].

ἐχεμυθέω -ῶ callar, guardar reserva.

ἐχε-πευκής ές agudo, puntiagudo.

ἔχεσκον *impf. iterat. de* ἔχω.

ἔχευα *ép.* = **ἔχεα.**

ἐχέ-φρων ον [*gen.* ονος] sensato, discreto.

ἐχθαίρω odiar, aborrecer (ἔχθος ἐχθῆρας μέγα habiéndoles tomado gran odio).

F. *aor.* ἤχθηρα, *dór.* ἤχθαρα; *fut. med. con valor pas.* ἐχθαροῦμαι *Sóf. Ant. 93.*

ἐχθαρτέος α ον ADJ. *vbal. de* ἐχθαίρω odioso, que ha de ser odiado.

ἐ-χθές ADV. ayer.

ἔχθιστος η ον *superl. de* ἐχθρός.

ἐχθίων ον *comp. de* ἐχθρός.

ἐχθοδοπέω -ῶ enemistarse [con alguien, *dat.*].

ἐχθοδοπός ή όν enemigo, hostil; odioso, odiado.

ἔχθος εος [ους] τό *y*

ἔχθρα ας ἡ odio, rencor, enemistad; objeto de odio.

ἐχθραίνω = ἐχθαίρω.

ἐχθρο-δαίμων ον odiado por los dioses.

ἐχθρός ά όν odioso, aborrecible; que odia, enemigo ‖ SUBST. **ὁ ἐχθρός** el enemigo, el adversario.

F. *comp.* ἐχθίων, *superl.* ἔχθιστος; *menos frec.* ἐχθρότερος, ἐχθρότατος.

ἔχθω odiar ‖ PAS. ser odiado *u* odioso.

ἔχιδνα ης ἡ víbora; *en gral.* serpiente.

ἐχινέες έων οἱ *esp. de* ratones de pelo erizado.

ἐχῖνος ου ὁ erizo; *fig.* caja o valija para documentos judiciales.

ἔχις εως ὁ víbora, culebra.

ἔχμα ατος τό obstáculo *esp.* cascotes: guarda; sostén [*tamb. fig.*]; apoyo, amarra.

ἔχον *aor. ép. sin aum. de* ἔχω.

ἐχόντως ADV. *cf.* ἔχω (νοῦν ἐχόντως con sentido, sensatamente).

ἔχραε *3.ª sing. impf. de* χράω *1*

ἐχρᾶτο *3.ª sing. impf. jón. de* χράομαι *2*

ἐχρέοντο *y* **ἐχρέωντο** *3.ª pl. impf. jón. de* χράομαι *1 y 2*

ἐχρῆν *impf. de* χρή.

ἔχρησα *aor. 1.º de* χράω *3*

ἐχρήσθην *aor. pas. de* χράομαι *1 y 2*

ἐχρῆτο *2.ª sing. impf. de* χράομαι *2*

ἐχύθην *aor pas. de* χέω.

ἐχυρός ά όν fuerte, firme, seguro; ἐν ἐχυρῷ en seguridad, en seguro, en firme.

ἔχω [*aor.* ἔσχον *etc.*] TR. tener (χεῖρα ἐπὶ κώπῃ la mano en la empuñadura; ἀφ'ἕο ἔχ. tener *o* mantener lejos de sí); tener en la mano; tener cogido (χειρός de la mano; ποδός del pie); llevar, llevar puesto [un vestido, un casco etc.]; tener, poseer (ἔχειν tener posesiones *o* bienes, estar bien de fortuna; ὁ ἔχων el rico, el poderoso); tener por esposa [*pas.* ser tenida como esposa, ser esposa de... *dat.*: τοῦπερ θυγάτηρ ἔχεθ' Ἕκτορι cuya hija era esposa de Héctor]; habitar (οὐρανόν el cielo); administrar, cuidar, tener bajo su cuidado (τὰς ἀγέλας los rebaños); estar ocupado en (δυσμενῶν θήραν la persecución de los enemigos); tener en casa, albergar, hospedar; padecer, sufrir [dolores, castigo etc.]; *con dos acs.* tener en calidad de, tener por, considerar como; *el part.* ἔχων *con ac. frec. ha de traducirse* con... (πολλὰς ναῦς ἔχοντες con muchas naves); tomar bajo su poder, apoderarse de, ocupar [ciudades, tierras etc.]; conseguir, obtener, alcanzar [justicia, un sueldo, una corona, renombre etc.]; dominar, tomar, adueñarse de [alguien, *ac. v. gr.*: el sueño, el miedo, la cólera etc.; *pas.* ser dominado por algo *v. gr.* la cólera, los dolores etc., *dat.*]; tener en sí *o* dentro de sí [un sentimiento, una convición etc.]; ἔχειν γῆρας ser viejo; ἔχειν ἔγκλημα acusar [a alguien, *dat.*]; παρουσίαν ἔχειν estar presente; στοναχάς, γόους ἔχειν gemir, sollozar; ἔχουσα ἐν γαστρί *o simpl.* ἔχουσα embarazada, encinta; tener la posibilidad de, poder (ἔχω πολλὰ εἰπεῖν puedo decir muchas cosas); conocer, saber; entender, comprender, ser entendido en (δμῆσιν ἵππων la doma de los caballos; ἔχειν τὸ πρᾶγμα entender el asunto; οὐκ ἔχω no sé); tener consigo, tener al lado; traer consigo, traer por consecuencia, ocasionar, producir [peligros, disgusto, vergüenza, desconfianza etc.]; sostener, tener cogido, tener firme; guardar, mantener sano y salvo, proteger; tener sujeto, preso etc.; retener; contener [los caballos, las manos, las lágrimas etc.]; aparte [de... *gen.*: νεῶν de las naves; ἀγοράων de sus peroratas]; impedir [a alguien, *ac.* en algo, *gen. o* μή *e inf.*]; dirigir, enderezar [la vista, los caballos, las naves etc., *ac.*; hacia alguien *o* hacia algo, εἰς *y ac., dat. y otras constrs.*] || INTR. estar, ser, hallarse, encontrarse [*con adv. que puede traducirse por adj. predicado*]: εὖ ἔχειν, καλῶς ἔχειν estar bueno, estar bien, encontrarse bien; ἀναγκαίως ἔχειν ser forzoso; ἑτοίμως ἔχειν estar dispuesto; οὕτως ἔχει así es, *o* así están las cosas; ὥσπερ εἶχε tal como estaba; ταῦτ' ἄμεινον ἑκατέροις ἔχει esto se les da mejor a cada uno de los dos, *Dem.*; ἐπ' ἀμφότερα ἔχων *v.* ἀμφότερος; κίονες ὑψόσ' ἔχοντες altas columnas; *con gen.* δόξης ἔχειν ser de opinión, opinar; ὡς τάχους εἶχε según era de veloz, con cuanta velocidad podía; *con parts. de aoristo y perf. forma perífrasis con valor de perf.* (ἀδελφὴν τὴν ἐμὴν γήμας ἔχεις; ¿no te has casado con mi hermana?; ὧν πολλὰ χρήματα ἔχομεν ἡρπακότες a los que hemos arrebatado muchas cosas); ocuparse, entretenerse (περὶ ᾠδήν en el canto); mantenerse, conservarse, seguir (ἔχε, ἔχε νυν ea! ea, pues! vamos, pues!; ἔχων manteniéndose, siempre lo mismo, sin variar); extenderse (ἑκάς lejos; ὑψόσε hacia arriba); dirigirse, encaminarse (Πυλόνδε a Pilos [*o* εἰς *y ac. etc.*]); *espte.* dirigir la nave, hacer rumbo; atracar; atañer, referirse [a algo, εἰς *y ac.*]; tener parte, tener que ver [en algo, *gen.*]; depender [de algo, *gen.*]; retenerse, abstenerse [de algo, *gen.*] || MED. tener *o* llevar algo propio [*ac.*]; contener, apartar [algo, *ac.*; de algo, *gen.*] || MED. *y* PAS. mantenerse, estar firme, estar fijo, estar suspenso; cogerse [de algo, *gen.*: γούνων de las rodillas]; *fig.* emprender (ἔργου la obra; μάχης la lucha); mantenerse en, atenerse a (τῆς γνώμης τῆς αὐτῆς la misma opinión); venir a continuación, seguir (Πρόξενος δὲ ἐχόμενος a continuación Próxeno *de donde* limitar

[con algo, *gen.*]; τὰ ἐχόμενα lo atañente, lo referente; τοῦ ἐχομένου ἔτους al año siguiente; οἱ ἐχόμενοι los vecinos, los limítrofes; abstenerse de, renunciar a [algo, *gen.*]. *Véase tamb. act. tr. passim.*
F. *2.ª sing. subj. pres. ép.* ἔχῃσθα, *inf.* ἐχέμεν; *impf.* εἶχον, *ép.* ἔχον, *iter. ép. y jón.* ἔχεσκον, *3ª. pl.* εἴχοσαν *(v. l. Ev. Joh. 15,22)*; *fut.* ἕξω *(durativo)*, σχήσω *(momentáneo)*; *aor. 1.º* εἶχα *(íd.)*; *aor. 2.º* ἔσχον *y* ἔσχεθον *(éste más bien de* ἴσχω), *imp.* σχές (-σχε *en comptos.* πάρασχε), *subj.* σχῶ, *opt.* σχοίην (-σχοιμι *en comptos.*), *3.ª pl.* σχοῖεν, *inf.* σχεῖν, *ép.* σχέμεν; *perf.* ἔσχηκα (-όχωκα *en comptos.*). *De las formas med. el fut.* ἕξομαι *y* σχήσομαι, *el aor.* ἐσχομην *y el perf.* ἔσχημαι *tienen tamb. valor pas. Nótense además: aor 2.º ép.* σχόμην, *imp.* σχέο (= σχοῦ), *3.ª pl. opt.* σχοίατο, *inf.* σχέσθαι, *part.* σχόμενος; *aor. pas.* ἐσχέθην.
ἐχωσάμην *aor. 1.º de* χώομαι.
ἔψευσα -άμην *aor. 1.º de* ψεύδω.
ἐψεύσθην *aor pas. de* ψεύδω [*tamb. valor med.*].
ἔψευσμαι *perf. med. y pas. de* ψεύδω.
ἐψέω *jón.* = ἕψω.
F. *impf.* ἔψεον, *fut.* ἐψήσω; *aor.* ἥψησα *o* ἔψησα; *perf.* ἥψηκα *o* ἔψηκα, *med.* -ημαι; *aor. pas.* ἡψήθην *o* ἐψήθην, *subj.* ἐψηθῶ.
ἔψημα ατος τό guiso, cocido; sopa.
ἔψησις εως ἡ cocción, acción de cocer.
ἐψητός ἡ όν cocido, hervido, *de* ἑψέω.
ἐψιάομαι -ῶμαι divertirse, solazarse.
F. *3.ª pl. imp. ép.* ἐψιαάσθων, *inf.* ἐψιάασθαι.
ἔψομαι *fut. de* ἕπομαι.
ἕψω cocer, hervir.
F. *impf.* ἧψον *etc. V.* ἑψέω.
ἔψων -ας -α *impf. de* ψάω.
ἔω *subj. pres. ép. de* εἰμί.
ἕω *subj. aor. ép. de* ἵημι; *tamb. gen. y ac. de* ἕως.
ἐῷ *3.ª sing. opt. pres. de* ἐάω.
ἔῳγμαι *perf. med. de* οἴγνυμι.
ἐῴην *opt. pres. de* ἐάω.
ἔωθα = εἴωθα *perf. de* ἔθω.
ἐώθεα *plpf. jón. de* ἔθω.
ἕω-θεν ADV. muy de mañana, temprano, al romper el día.
ἑωθινός ή όν matutino, de la mañana ‖ **τὸ ἑωθινόν** la mañana.
ἐώθουν *impf. de* ὠθέω.
ἔωκα *perf. y*
ἐῴκειν *plpf. ép. de* εἴκω 2.
ἑωλο-κρασία ας ἡ heces *o* zurrapas.
ἕωλος ον de la víspera, trasnochado; enfadoso.
ἐώλπειν *plpf. de* ἔλπω.
ἔωμεν *1.ª pl. subj. aor. 2.º ép. de* ἄω.
ἐῷμι *opt. pres. de* ἐάω.
ἐών = **ὤν** *part. de* εἰμί.
ἐωνήθην ἐώνημαι *aor. pas. y perf. med. y pas. de* ὠνέομαι.
ἐῳνοχόει *3.ª sing. impf. ép. de* οἰνοχοέω.
ἔῳξα *aor. 1.º de* οἴγνυμι.
ἑῷος α ον matutino, de la mañana; oriental, del Oriente.
ἑώρα ας ἡ lazo, cuerda.
ἑώρακα ἑώραμαι *perf. de* ὁράω.
ἐώργει *3.ª sing. plpf. de* ἔρδω.
ἑωρέω = **αἰωρέω.**
ἑώρταζον *impf. de* ἑορτάζω.
ἑώρων -ας -α *impf. de* ὁράω.
1 **ἕως ω ἡ** aurora, alba; primera luz, romper del día (ἠοῦς de mañana, muy de mañana, al alba); la Aurora personificada, la diosa Aurora; el Naciente.
2 **ἕως** CONJ. mientras que, en tanto que, por el tiempo que; hasta que, hasta; para que, fin de que ‖ ADV. algún tiempo, durante algún tiempo; *tamb.* en todo este tiempo. ‖ PRP. *de gen.* hasta (ἕως οὗ, ἕως ὅτου hasta que); *con prp. o adv.* (ἕως εἰς, ἕως ἐπί hasta; ἕως πότε; ¿hasta cuando?; ἕως τριῶν πλοίων hasta tres naves; οὐκ ἔστιν ἕως ἑνός no hay ni uno.
ἔωσα *aor. 1.º de* ὠθέω.
ἐώσθην *aor. pas. de* ὠθέω.
ἔωσι = **ὦσι** *3.ª pl. subj. pres. ép. de* εἰμί.
ἔωσμαι *perf. pas. de* ὠθέω.
ἕωσ-περ CONJ. mientras que, por el tiempo que; hasta que, hasta el momento preciso en que.
ἑωσ-φόρος ου ὁ lucero de la mañana, estrella matutina.
ἑωυτέων *jón.* = **ἑαυτῶν.**
ἑωυτοῦ *jón.* = **ἑαυτοῦ.**

Z

Ζ ζ zeta [6.ª letra del alfabeto griego] || *como signo numérico* ζ' *siete o séptimo*; ,ζ siete mil.

ζάγκλον ου τό zanclo [nombre siciliano de la hoz *Tuc. 6, 4, 5*].

ζαής ές que sopla con fuerza; impetuoso.
F. *ac. sing.* ζαήν.

ζά-θεος α ον enteramente divino, sacratísimo, augusto; admirable, magnífico.

ζά-κοτος ον enojado, enfurruñado.

Ζάκυνθος ου ἡ Zacinto [isla del mar Egeo, hoy Zante].

ζάλη ης ἡ oleaje, tempestad *esp.* en el mar, huracán, vendaval.

ζα-μενής ές violento, furioso; hostil, enemigo.

ζά-πλουτος ον muy rico, opulento.

ζα-τρεφής ές bien alimentado, gordo, robusto.

ζα-φελός όν violento, impetuoso.

ζα-φλεγής ές lleno de fuego; fogoso, vigoroso.

ζαχρειής ές *y*

ζα-χρηής ές violento, impetuoso.

ζά-χρυσος ον rico en oro.

ζάω -ῶ vivir, estar en vida (οἱ ζῶντες los vivos, los hombres; τὸ ζῆν el vivir, la vida); vivir, pasar la vida [bien, mal, de una manera *u* otra, *adv.*]; vivir, sustentarse [de algo, *dat.* ἐκ *o* ἀπὸ *y gen.*]; estar en toda su fuerza, estar en vigor; vivificar, dar vida [*N. T.*].
F. *ép. jón. poét.* ζώω *v. s. v. Ind. pres.* ζῶ ζῇς ζῇ *2.ª pl.* ζῆτε; *imp.* ζῆ; *opt.* ζῴην, *inf.* ζῆν; *impf.* ἔζων ἔζης ἔζη *(tamb. 1.ª* ἔζην *analógica), 3.ª pl.* ἔζων; *fut.* ζήσω ζήσομαι; *el aor.* ἔζησα *y perf.* ἔζηκα *se sustituyen generalmente en át. por las formas de* βιόω.

ζβέννυμι *v. l.* = **σβέννυμι** *(N. T.)*.

ζεγέριες οἱ zégueris, *esp.* de ratones de Libia.

ζέε *3.ª sing. impf. ép. de* ζέω.

ζειά ᾶς [*jón.* **ζειή ῆς**] **ἡ** escanda *o* espelta, *esp.* de trigo basto y forrajero.

ζεί-δωρος ον que produce grano, feraz, fértil; *en gral.* fecunda, nutricia [de la tierra].

ζειρά ᾶς [*jón.* **ζειρή ῆς**] **ἡ** vestidura talar de árabes y tracios, *esp. de* manto.

ζέσσα -ας -ε *aor. 1.º ép. de* ζέω.

ζεστός ή όν hirviente; caliente.

ζευγηλατέω -ῶ dirigir por delante la yunta, arar.

ζευγ ηλάτης ου ὁ conductor de la yunta, arador.

ζεύγλη ης ἡ gamella [mitad arqueada del yugo, que va sobre cada animal]; *s. o.* collera *u* horcate; *en gral.* yugo [*tamb. en pl.*].

ζεῦγμα ατος τό yugo; cierre *y esp.* barrera *o* cierre [a la entrada de un puerto].

ζεύγνυμι *y* **ζευγνύω** uncir al yugo; enganchar [un carro, los caballos etc.]; atar; encadenar, sujetar, obligar, someter; casar [a alguien, *ac.*; con alguien, *dat. o* πρὸς *y ac.*]; echar un puente sobre, pontear [un río, un estrecho etc, *ac.*]; *tamb.* ζ. γέφυραν echar un puente; construir *o* reparar [las naves], ensamblar, calafatear etc. || MED. enganchar para sí [el carro *o* los cabellos propios etc.]; echar un puente sobre, pontear|| PAS. estar atado, sujeto, obligado; estar ensamblado, unido; estar cruzado por un puente etc.; estar casado.
F. *inf. pres.* ζευγνύναι, *ép.* ζευγνῦμεν; *part.* ζευγνύς; *impf.* ἐζεύγνυν *y* ἐζεύ-

γνυον, *ép.* ζεύγνυν *y* ζεύγνυον; *fut.* ζεύξω -ομαι; *aor.* ἔζευξα -άμην; *perf. pas.* ἔζευγμαι, *3.ª sing. plpf.* ἔζευκτο *aor. pas.* ἐζεύχθην *y* ἐζύγην.

ζεῦγος εος [ους] τό yugo, yunta, tronco [de animales]; carruaje, carro; carro de carrera, *y esp.* cuadriga; par; pareja.

ζευκτηρία ας ἡ cuerda, maroma, cable.

ζεῦξα *aor. 1.º ép. de* ζεύγνυμι.

ζεῦξις εως ἡ acción de uncir *o* de enganchar, enganche, acción y efecto de pontear *o* echar un puente, unión por un puente, puente.
F. *dat. sing. jón.* ζεύξι, *Hdt. 3,104.*

Ζεύς ὁ Zeus *o* Júpiter [dios soberano, padre de los dioses y de los hombres].
F. *gen.* Διός, *dat.* Διί, *ac.* Δία, *voc.* Ζεῦ; *tamb. ép. y poét. nom*, Ζήν (?), *gen.* Ζηνός, *dat.* Ζηνί *ac.* Ζῆν *y* Ζῆνα.

ζεφυρίη ης ἡ = ζέφυρος.

ζέφυρος ου ὁ céfiro [viento del poniente, *tamb. personif.*]; poniente.

ζέω hervir, *tamb. fig.;* borbollar, borbotar.
F. *3.ª sing. impf.* ἔζει, *ép.* ἔζεε *y* ζέε; *fut.* ζέσω; *aor.* ἔζεσα, *ép.* ζέσσα, *3.ª sing.* ζεσσε(ν)

ζῆ ζήτω *imp. de* ζάω.

ζηλεύω = ζηλόω.

ζηλήμων ον [*gen.* ονος] envidioso, celoso.

1 **ζῆλος εος [ους] τό** *y*

2 **ζῆλος ου ὁ** ardor, celo, fervor; amor ferviente; emulación; admiración, entusiasmo; indignación; *en mal sentido,* envidia, celos; objeto de imitación *o* admiración; objeto de envidia.

ζηλο-τυπέω -ῶ tener celos [de... *ac.*].

ζηλόω -ῶ emular, imitar; mirar con admiración, admirar, considerar *o* declarar feliz, felicitar [a alguien, *ac.;* por algo, *gen.*]; envidiar; ser envidioso, tener envidia *o* celos; esforzarse por, tratar de conseguir [algo, *ac.*].

ζήλωσις εως ἡ emulación; imitación.

ζηλωτής οῦ ὁ emulador; celador; devoto, partidario; ávido, ansioso.

ζηλωτός ἡ όν ADJ. *vbal. de* ζηλόω envidiable.

ζημία ας [*jón.* **ζημίη ης**] **ἡ** daño, pérdida, desventaja; castigo, pena *y esp.* multa.

ζημιόω -ῶ dañar, causar un daño *o* pérdida, perjudicar; castigar *y esp.* multar [a alguien, *ac.;* con *o* en... *dat. o ac.*].
F. *fut.* ζημιώσω, *pas.* ζημιώσομαι, *tamb.* ζημιωθήσομαι; *aor.* ἐζημίωσα; *perf.* ἐζημίωκα, *aor. pas.* ἐζημιώθην.

ζημιώδης ες nocivo, ruinoso.

ζημίωμα ατος τό castigo, pena.

ζῆν *inf. pres. de* ζάω.

Ζῆν [*o* **Ζήν**?] **Ζηνός** [*ac.* Ζῆν *o* Ζῆνα] *ép. y poét.* = **Ζεύς.**

ζῇς ζῇ *2.ª y 3.ª pers. sing. pres. ind. de* ζάω.

ζητέω -ῶ buscar, tratar de hallar; investigar; examinar; tratar de conseguir, procurar; pedir, reclamar; echar de menos, notar la falta de [algo, *ac.*].

ζήτημα ατος τό búsqueda; investigación.

ζήτησις εως ἡ busca; búsqueda, investigación; examen; inspección, visita.

ζητητέος α ον ADJ. *vbal. de* ζητέω que se ha de buscar.

ζητητής οῦ ὁ investigador.

ζητητικός ἡ όν aficionado a la investigación *o* apto para investigar.

ζητητός ἡ όν ADJ. *vbal.* de ζητέω que ha de ser buscado, deseado, echado de menos.

ζιζάνιον ου τό cizaña, mala yerba.

ζόη ης ἡ *jón. y poét.* = **ζωή.**

ζορκάς άδος ἡ *jón.* = **δορκάς** gacela.

ζοφερός ά όν sombrío, oscuro.

ζόφος ου ὁ sombra, oscuridad, tinieblas; reino de las sombras; región de la noche, poniente.

ζύγαστρον ου τό caja, cofrecillo.

ζυγό-δεσμον ου τό sobeo, correa del yugo.

ζυγόν οῦ τό *y*

ζυγός οῦ ὁ yugo [para bueyes, caballos etc.]; *tamb. fig.* (δούλιον ζυγόν el yugo de la esclavitud etc.); clavijero de la lira, travesaño que une sus dos brazos curvos; banco de remero; bao de una nave [maderos transversales sobre los que se asientan las cubiertas]; astil de la balanza, *de donde* balanza; línea [de soldados].

ζυγο-στατέω -ῶ poner en la balanza, pesar; contrapesar, compensar.

ζυγόφιν *gen. ép. de* ζυγόν.

ζυγόω -ῶ uncir; unir por una barra.
ζυγωτός ή όν uncido, enganchado.
ζύμη ης ἡ levadura, fermento; *tamb. fig.* fermento de maldad, maldad.
ζυμίτης ου de levadura, fermentado [*dic.* del pan].
ζυμόω -ῶ hacer fermentar, leudar || PAS. fermentar, leudarse.
ζῶ *contr. de* ζάω *v. s. v. y cf.* ζώω.
ζωάγρια ων τά precio de rescate, rescate.
ζωγραφέω -ῶ pintar.
ζωγραφία ας ἡ pintura; arte pictórico.
ζω-γράφος ου ὁ pintor; *en gral.* descriptor.
1 **ζωγρέω -ῶ** coger vivo, perdonar la vida [a un prisionero]; *en gral.* apresar *o* aprisionar, poner en prisión.
2 **ζωγρέω -ῶ** reanimar [*Hom. Il. 5, 698*].
ζωγρία ας [*jón.* **ζωγρίη ης**] **ἡ** acción de capturar vivo, perdón de la vida (ζωγρίῃ λαβεῖν capturar vivo).
ζῴδιον ου τό figurilla de animal; *en gral.* figurilla, adorno.
ζωέμεν *y* **ζωέμεναι** *inf. ép. de* ζώω.
ζωή ῆς ἡ vida; tiempo *o* duración de la vida; modo de vida, manera de vivir; existencia, subsistencia, sustento; recursos, medios de vida, bienes (ζωὴν κατακτήσασθαι *o* ποιεῖσθαι vivir, ganarse la vida [de *o* con algo, ἀπό *o* ἐκ *y gen.*]).
ζῴην *opt. de* ζώω.
ζῶμα ατος τό ceñidor; ceñidor de atleta, taparrabo; escarcela *o* faldellín de guerrero [de cuero *o* fieltro, guarnecido de metal, que caía de debajo de la coraza hasta la rodilla]; ceñidor de mujer.
ζωμός οῦ ὁ salsa, caldo; sopa.
ζώνη ης ἡ ceñidor *o* cinturón [que servía también de bolsa]; *esp.* ceñidor de mujer (ζώνην λύειν soltar el ceñidor; ζώνην λύεσθαι soltarse el cinturón, *de donde* hacer alto, descansar; εἰς ζώνην διδόναι dar para el ceñidor, *e. e.* para alfileres, tocado *o* atavío [de la reina, en Persia]); talle, cintura.
ζώννυμι *y*
ζωννύω poner faja, fajar, ceñir [a alguien *ac.*], *esp.* ceñir para el combate *o* el camino || MED. ceñirse [algo, *ac.*; con *o* de algo, *dat.*] *esp.* apercibirse para el combate *o* el camino.
F. *3.ª pl. subj. pres. ép.* ζωννῦνται; *impf. temático* ἐζώννυον (*N. T.*); *3.ª sing. med. ép.* ζώννυτο, *iter.* ζωννύσκετο; *fut.* ζώσω; *aor.* ἔζωσα *perf. med. y pas.* ἔζωμαι, *3.ª sing.* ἔζω(σ)ται; *aor. pas.* ἐζώσθην.
ζωογονέω -ῶ engendrar *o* producir [seres vivos], vivificar, animar; mantener vivo, preservar || MED. conservarse vivo, criarse.
ζωό-μορφος ον de forma de animal.
ζῷον ου τό ser viviente, ser vivo, *esp.* animal; representación al vivo, figura, imagen, pintura (ζῷον *o* ζῷα al vivo, al natural).
ζωο-ποιέω -ῶ hacer vivir, vivificar, hacer revivir, volver a la vida, reanimar || PAS. ser vivificado, revivir, renacer.
ζωός όν vivo, con vida.
ζωρός όν puro, sin mezcla.
ζώς ζών *ép.* = **ζωός.**
ζῶσαι ζώσατο ζώσαντες *etc. formas de aor. 1.º de* ζώννυμι.
ζωστήρ ῆρος ὁ cinto, cinturón, *esp.* cinturón de guerrero.
ζῶστρον ου τό cinto cinturón.
ζώσω *fut. de* ζώννυμι.
ζωτικός ή όν vital; lleno de vida, vivo, vivaz || **τὸ ζωτικόν** vida, viveza, animación.
ζώω *ép. jón. y poét.* = **ζάω.** *V. s. v.*

H

Η η eta [séptima letra del alfabeto griego] || *como signo numérico* η' ocho *u* octavo; ͵η ocho mil.

ἡ ART. *f.* la [*v.* ὁ].

ἥ REL. *f.* la que, la cual [*v.* ὅς].

ἤ CONJ. *disy.* o [*entre nombres u oracs.:* τρεῖς ἢ τέσσαρες tres o cuatro; ὑπόσχεο ἢ ἀπόειπε promete o niega *e. e.* prométalo, y si no, niégalo]; ἤ... ἤ... ya... ya..., sea... sea... (ἤ τις ἢ οὐδείς o uno o ninguno, *e. e.* casi ninguno, casi nadie); *interrogativa en una interr. dir. que sigue a otra*: acaso? quizá?; *en el segundo miembro de la interr. indir.* (εἰ... ἤ..., πότερον... ἤ... si... o...); *a veces en Hom. simplte.* si (ἤ... ἠέ... si... o... etc.); *comparativa,* que [*con comparativos o palabras de sentido comp. como* ἄλλος, ἕτερος, ἀλλοῖος, διπλάσιος, ἐναντίος, ἴδιος, πολλαπλάσιος etc., con βούλεσθαι preferir etc]; *a veces,* más que (ἐμοὶ πικρὸς ἢ κείνοις γλυκύς con más dolor para mí que placer para ellos).

1 **ἦ** ADV. verdaderamente, de cierto, de verdad, realmente, de seguro; *seguida gralmente de otra partícula que la refuerza* (ἦ μέν, ἦ μήν firmemente, cierta y verdaderamente, con entera seguridad; ἦ μάλα, ἦ μάλα δή muy de cierto; ἦ δή, ἦ θήν etc.); *como interr. a veces no debe traducirse; otras veces,* acaso? quizá? realmente? (ἦ γάρ; no es verdad?).

2 **ἦ** = **ἦν** *1.ª y 3.ª sing. impf. de* εἰμί.

3 **ἦ** *3.ª impf. o aor. de* ἠμί = **ἔφη** dijo.

ᾗ CONJ. donde, en donde, como; del modo *o* la manera que; hasta donde, en la medida de, en cuanto; *con superl.* lo más, lo más posible (ᾗ τάχιστα lo más rápidamente posible); lo más que (ᾗ ἐδύναντο ῥᾷστα lo más ligeramente que podían); por lo cual, por cuyo motivo.

ἦα *impf. ép. de* εἰμί.

1 **ᾖα** = **ᾔειν** *1.ª sing. impf. de* εἶμι.

2 **ᾖα τά** = **ἤϊα** 1 y 2.

ἥαται *3.ª pl. ind. pres. ép. y jón. de* ἧμαι (*v. l.*).

ἥατο *3.ª pl. impf. ép. y jón. de* ἧμαι (*v. l.*).

ἥβα ας ἡ = **ἥβη.**

ἠβαιός ά όν pequeño, poco, escaso (οὐδ' ἠβαιόν ni lo más mínimo, ni poco ni mucho, en absoluto).

ἡβάσκω adolecer, llegar a la adolescencia, hacerse hombre.

ἡβάω -ῶ ser hombre, estar en la plenitud de las fuerzas *o* de la juventud, estar en edad militar; οἱ ἡβῶντες los jóvenes; *de plantas. fig.* lozanear, verdeguear.

F. *opt. pres. ép.* ἡβώοιμι, *part. ép.* ἡβώων, *ac.* ἡβώοντα, *át.* ἡβῶντα *ép.* ἡβώωσα; *impf.* ἥβων; *fut.* ἡβήσω; *aor.* ἥβησα; *perf.* ἥβηκα.

ἥβη ης ἡ juventud, edad juvenil, pubertad, comienzo de la edad militar [a los 16 años en Atenas y a los 18 en Esparta; τὰ δέκα ἀφ' ἥβης los hombres hasta de 28 años]; *fig.* fuerza, vigor, lozanía; juventud, conjunto de jóvenes; *en gral.* edad.

ἡβηδόν ADV. en edad militar, con capacidad para las armas.

ἡβητικός ή όν de jóvenes, juvenil (ἡβητικοὶ λόγοι conversaciones sobre jóvenes).

ἠβουλόμην ἠβουλήθην *impf. y aor. pas.* [*sign. act.*] *resp. de* βούλομαι.

ἡβώοιμι *opt. pres. ép. de* ἡβάω.

ἡβώωσα *f. part. pres. ép. de* ἡβάω.

ἠγάασθε *2.ª pl. impf. ép. de* ἄγαμαι.

ἤγαγον *aor. 2.º redupl. de* ἄγω.

ἠγά-θεος η ον enteramente divino, sacratísimo, augusto [*dic.* de lugares esp. protegidos por los dioses].

ἠγασάμην, (*ép.* **ἠγασσάμην**) *aor. 1.º de* ἄγαμαι.

ἠγάσθην *aor. de* ἄγαμαι *con valor med.*

ἤγγειλα *aor. 1.º de* ἀγγέλλω.

ἠγέαται *3.ª pl. perf. jón. de* ἡγέομαι.

ἤγειρα *y* **ἠγειράμην** *aor. de* ἀγείρω *o* ἐγείρω.

ἡγεμονεύω ir por delante, guiar, conducir, dirigir [a alguien, *dat.;* ὁδόν el camino; ῥόον ὕδατι la corriente al agua, encauzarla]; mandar militarmente, ser jefe *o* caudillo [de... *dat. o gen.*]; mandar, tener el mando *o* el gobierno (τῆς Συρίας de Siria); llevar la dirección (τῆς σκέψεως del examen, de la investigación).

ἡγεμονία ας ἡ dirección, primer puesto, preferencia; mando, jefatura; hegemonía, preponderancia; gobierno.

ἡγεμονικός ή όν conducente, pronto *o* apto para conducir *o* llevar [a... πρός *y ac.*]; apto para el mando, capaz de conducir *o* dirigir; que manda *o* conduce, jefe || **τὸ ἡγεμονικόν** principio conductor *o* rector.

ἡγεμόσυνα ων τά sacrificios de gracias por una feliz dirección *o* conducción.

ἡγεμών όνος ὁ ἡ director, conductor, guía; auriga; causante, autor, consejero, inductor [de algo, *gen.*]; jefe, general, caudillo; soberano, señor; gobernador, presidente, prefecto; emperador [en Roma].

ἡγέομαι -οῦμαι ir delante, ser guía, guiar [a alguien, *dat.;* en algo, *gen. o dat.*]; ἡγ. ὁδόν guiar *o* dirigir el camino; conducir, dirigir [algo *o* a alguien *dat.;* hacia, ἐπὶ, εἰς, πρὸς *y ac.*]; mandar en, ser jefe de... [*gen.*]; οἱ ἡγούμενοι los jefes *o tamb.* los directores *o* guías; *después de Hom.*. pensar, entender; creer (δαίμονας en los dioses); reputar, tener [a alguien, *ac.;* por algo, *ac. etc.*]*;* creer, conveniente, juzgar necesario (ἐπαινέσαι alabar).

F. *impf.* ἡγούμην, *ép. tamb.* ἡγεόμην, *jón.* ἡγεύμην; *fut.* ἡγήσομαι; *aor.* ἡγησάμην; *perf.* ἥγημαι, *3.ª pl. jón.* ἡγέαται; *aor. pas.* ἡγήθην.

ἠγερέθομαι reunirse, congregarse.

ἠγέρθην *aor. pas. de* ἀγείρω [*3.ª pl.* ἤγερθεν] *y de* ἐγείρω.

ἠγηλάζω conducir, llevar; soportar, arrastrar [la desgracia etc.].

ἥγημα ατος τό dirección, voluntad.

ἥγημαι *perf. de* ἡγέομαι.

ἡγητήρ ῆρος ὁ conductor, guía.

ἡγήτωρ ορος ὁ conductor, guía; jefe, caudillo.

Ἧγις ιδος ὁ *jón.* **Ἆγις.**

ἦγμαι *perf. pas. de* ἄγω [*tamb. con valor med.*].

ἦγον *impf. de* ἄγω.

ἤ-γουν CONJ:. esto es, es decir.

ἠγρόμην *aor. 2.º med. de* ἀγείρω y ἐγείρω.

ἠδέ CONJ:. y; *en correl.* ἠμέν... ἠδέ..., μέν... ἠδέ..., ἠδέ... καί... así... como..., ya... ya...

ᾔδεα *y* **ᾔδειν** *plpf. de* εἶδω. *V. s. v.*

ἡδέος ἡδεῖ *etc. gen. dat. etc. de* ἡδύς.

ἠδέσατο *3.ª sing. aor. 1.º de* αἰδέομαι.

ἠδέσθην *aor. pas. de* ἔδω *y* ἐσθίω.

ᾐδέσθην *aor. de* αἰδέομαι *con valor med.*

ᾔδεσμαι *perf. de* αἰδέομαι.

ἡδέως ADV. *de* ἡδύς dulcemente, agradablemente; con gusto, de buena gana; con apetito.

ἤδη ADV. ya; (ἤδη ποτέ ya en tiempos; πάλαι ἤδη ya de tiempo); ya, ahora, inmediatamente, al punto (τὸ ἤδη κολάζειν el castigo inmediato); en seguida, sin dilación; *de lugar.* inmediatamente, sin separación *o* intervalo; también, además (οὐ μόνον ἀλλ' ἤδη no sólo sino también).

ᾔδη = **ᾔδειν** *plpf. de* εἶδω.

ᾔδησθα *2.ª sing. plpf. de* εἶδω.

ἥδιστος η ον *superl. de* ἡδύς.

ἡδίων ον *comp. de* ἡδύς.

ἥδομαι gozar, complacerse, sentir gusto *o* placer [en *o* con algo, *dat.*. ἐπὶ *y dat.*]; gustar, disfrutar [de algo, *gen.*]; alegrarse (ἥσθην πατέρα τὸν ἐμὸν εὐλογοῦντά σε gocé de que elogiaras a mi padre) || PART. ἡδόμενος: μοὶ [σοὶ etc.] ἡδομένῳ ἐστί *o* γίγνεται me [te etc.] agrada *o* parece bien.

F. *aor.* ἥσθην *con valor med. ép.* ἡσαμην; *fut.* ἡσθήσομαι. *Tamb. aor. act.* ἧσα. *v. s. v.*

ἡδομένως ADV. *de* ἡδόμενος [*v.* ἥδομαι] con gusto, de buena gana.

ᾖδον *impf. de* ᾄδω.

ἡδονή ῆς ἡ placer, gusto; agrado, complacencia (καθ' ἡδονήν a placer; ἡδονῇ con placer, *o tamb.* por complacencia, por agradar; ὑφ' ἡδονῆς por el placer, por causa *o* efecto del placer *o* de la alegría; ἡδοναῖς entre placeres; πρὸς ἡδονήν por placer, por agradar; ἐν ἡδονῇ ἔχειν hallar satisfacción [de algo, *gen.*] || PL. *tamb.* deseos, pasiones [*Jen. Mem. 1. 2, 23*].

ἦδος εος [ους] τό placer; ventaja, provecho.

ἡδυ-επής ές de dulce palabra, de habla deliciosa.

ἡδυ-μελής ές de dulces cantos.

ἥδυμος ον dulce, grato.

ἡδυνάμην ἡδυνήθην *impf. y aor. pas.* [*sign. act.*] *resp. de* δύναμαι.

ἡδύνω *perf. pas.* ἥδυσμαι endulzar. *Tamb. fig.*

ἡδύ-οινος ον de dulce vino, que da vino dulce.

ἡδύοσμον ου τό menta, planta olorosa.

ἡδύ-οσμος ον de buen olor, aromático.

ἡδυπάθεια ας ἡ vida regalada, buena vida, molicie.

ἡδυπαθέω -ῶ darse buena vida, vivir regaladamente.

ἡδυ-παθής ές voluptuoso, muelle.

ἡδύ-πνοος ον [-ους ουν] de dulce soplo; *fig.* grato, placentero.

ἡδύ-πολις *sólo en la forma dór.* [*v.* **ἁδύ-πολις**].

ἡδύ-ποτος ον dulce de beber.

ἡδύς εῖα ύ [*gen.* ἡδέος *etc.*] dulce, suave, grato, agradable, placentero (τὰ ἡδέα los placeres, los contentos); *de pers.* agradable, amable, bondadoso, bueno [*tamb. irón.*]; querido, estimado; alegre contento, satisfecho [*Sóf. E. R. 82*].

F. *comp.* ἡδίων ἥδιον, *superl.* ἥδιστος (*íd.* ἡδύτερος *y* ἡδύτατος).

ἥδυσμα ατος τό condimento, especia.

ἡδυ-φωνία ας ἡ sonido agradable.

Ἠδῶνες ων οἱ edones [pueblo de Tracia].

Ἠδωνίς ίδος ADJ. *f.* de los edones.

Ἠδωνοί ῶν οἱ = **Ἠδῶνες**.

ἠέ *ép.* = **ἤ**.

ἦε *ép.* = ἦ *o* ἦν *3.ª sing. impf. ép. de* εἰμί.

ᾖε *3.ª sing. impf. ép. de* εἶμι.

ἠείδεις -ει *o* **ἠείδης -η** [*v. l.*] *2.ª y 3.ª sing. plpf. ép. de* εἴδω.

ἤειδον *impf. de* ἀείδω.

ᾔειν *impf. de* εἶμι.

ἤειρα -ας -ε *aor. 1.º de* ἀείρω.

ἠέλιος ου ὁ *ép. poét.* = **ἥλιος**.

ἦεν = **ἦν** *3.ª sing. impf. ép. de* εἰμί.

ἠέπερ *ép.* = **ἤπερ**.

ἠέρα *ép.* = **ἀέρα** *ac. de* ἀήρ.

ἠερέθομαι flotar al aire, ondear.

ἠέρθην *aor. pas. de* ἀείρω.

ἠέρι = **ἀέρι** *dat. de* ἀήρ.

ἠέριος α ον matutino, madrugador, de mañana, temprano.

ἠεροειδής ές *y*

ἠερόεις εσσα εν = **ἀεροειδής**.

ἠέρος *jón.* = **ἀέρος** *gen. de* ἀήρ.

ἠερο-φοῖτις ιδος ADJ. *f.* que camina en las tinieblas.

ἠερό-φωνος ον de voz que resuena por el aire, de voz sonora.

ᾖεσαν *3.ª pl. impf. de* εἶμι (*N. T. con valor de aor.*).

ἤην *3.ª sing. impf. ép. de* εἰμί [*cf.* ἦεν].

ἠήρ ἠέρος ἡ *y* **ὁ** *ép.* = **ἀήρ**.

ἠθάς άδος acostumbrado, habituado [a algo, *gen.*].

ἠθεῖος α ον querido, amado, venerado.

ἠθέληκα *y* **ἠθέλησα** *perf. y aor. 1.º resp. de* ἐθέλω.

ἤθεος ου ὁ *át.* = **ἠίθεος**.

ἠθικός ή όν característico; ético, moral.

ἠθμός [*o* **ἠθμός**] **οῦ ὁ** criba, cedazo, tamiz, *tamb. fig.* protección, defensa.

ἦθος εος [ους] τό morada *o* lugar habitual, morada, habitación, residencia, patria; *de animales,* cuadra, establo; guarida; *de los astros,* lugar por donde salen *o* aparecen || hábito, costumbre, uso; carácter, sentimientos, manera de ser, pensar *o* sentir, índole, temperamento; moralidad, moral.

1 **ἤια ων τά** provisiones de viaje, víveres; cebo, pasto, presa.

2 **ἤϊα ων τά** granzas, paja.

3 **ᾖα -ας -ε** *1.ª sing. impf. ép. y jón. de* εἶμι.

ἠίθεος ου ὁ joven, mancebo.

ἤϊκτο *3.ª sing. plpf. de* ἔοικα [*v.* εἴκω *2*].

ἤϊξα -ας -ε *aor. 1.º ép. y jón. de* ἀίσσω.

ἠιόεις εσσα εν de orillas escarpadas.

ἤϊον *3.ª pl. impf. de* εἶμι [*ép.*] *y de* ἀΐω.
ἤϊος ου ὁ asaeteador; *s. o.* protector; *s. o.* resplandeciente [*epít. de* Febo].
ἤϊσαν *3.ª pl. impf. ép. y jón. de* εἶμι.
ἤϊσκον *impf. de* ἐΐσκω.
ἤϊσσον *impf. de* ἀΐσσω.
ἠΐχθην *aor. pas. de* ἀΐσσω.
ἠιών όνος ἡ orilla, costa (ἠιὼν προύχουσα angla, punta de tierra que entra en el mar).
ἧκα *aor. de* ἵημι [*3.ª pl. ép.* ἧκαν] *y perf. de* ἥκω.
ἦκα ADV. levemente, ligeramente; de quedo, en voz baja; lentamente, poco a poco.
F. *comp.* ἧσσον, *superl.* ἥκιστα.
ᾔκασα *aor. 1.º de* εἰκάζω.
ἤκαχε *3.ª sing. aor. 2.º de* ἀκαχίζω.
ἠκέσατο [*o* **ἠκέσσατο**] *3.ª pers. sing. aor. 1.º de* ἀκέομαι.
ἥκεστος η ον en pleno vigor, joven [*dic. de* las vacas].
ἠκηκόειν *y* **ἠκηκόη** *plpf. de* ἀκούω.
ἥκιστα ADV. *superl. de* **ἦκα** lo menos, mínimamente, de ningún modo; ὡς ἥκιστα lo menos posible; οὐχ ἥκιστα no menos, no lo menos; mayormente, máximamente, especialmente, de modo especial, sobre todo.
ἥκιστος η ον lento, flojo, torpe.
ἦκου *jón.* = **ἤπου.**
ἤκουσα ἠκούσθην *aor. 1.º act. y pas. resp. de* ἀκούω.
ἦκται *3.ª pers. sing. perf. pas. de* ἄγω. [*tamb. con valor med.*].
ἥκω llegar, venir *y esp. con sign. de perf.* haber llegado, haber venido [a... εἰς, πρὸς *y ac.; dat.. de pers. etc.*]; *con part.* (ἥκω ἄγων, ἥκω φέρων vengo con [algo, *ac.*]); *con part. fut.* (ἥκω φράσων vengo para decir); *con inf.* (ἥκω μανθάνειν vengo para saber); ἥκ. περὶ τὸ στράτευμα venir por *o* a buscar el ejército; ἥκ. περὶ σπονδῶν venir para tratar de un acuerdo; ἥκ. ἐπὶ τοῦτο venir para esto; ἥκ. αὐτὰ ταῦτα venir para esto mismo; *con suj. de cosa,* venir, llegar, sobrevenir [una noticia, un acontecimiento, un tiempo etc.]; conseguir, llegar a tener, tener [algo, *gen., v. gr.* δυνάμεως μεγάλης gran poder]; εὖ ἥκειν estar *o* hallarse bien [de *o* en cuanto a algo, *gen.*]; *fig.* (εἰς τοῦτο, εἰς τοσοῦτον ἥκ. llegar a tal punto *o* situación [de... *gen.:* ἀμαθίας de ignorancia]; ἥκειν δι' ὀργῆς entrar en cólera, encolerizarse); hacerse, venir a ser (θεοῖς ἔχθιστος odiosísimo a los dioses); referirse, atañer, concernir [a algo *o* a alguien, εἰς *y ac.*].
F. *impf.* ἧκον *y fut.* ἥξω; *aor.* ἧξα *y perf.* ἧκα *td. (N. T.).*
ἠλάκατα ων τά copo [de lana].
ἠλακάτη ης ἡ rueca *y tamb.* huso.
ἤλασα *aor. de* ἐλαύνω.
ἠλασκάζω *y*
ἠλάσκω dar vueltas, girar en torno; evitar, escapar a [algo, *ac.*].
ἠλᾶτο *3.ª sing. impf. ép. de* ἀλάομαι.
ἤλδανε *3.ª sing. aor. ép. de* ἀλδαίνω.
ἠλέ *voc. de* ἠλός = **ἠλεός.**
ἠλέγχθην *aor. pas. de* ἐλέγχω.
ἤλειψα *aor. 1.º de* ἀλείφω.
Ἠλέκτρα ας ἡ Electra [hija de Agamenón y de Clitemnestra, heroína de varias tragedias griegas].
ἤλεκτρον ου τό oro verde, electro *y en gral.* oro; ámbar.
ἠλέκτωρ ορος radiante || SUST. **ὁ ἠλέκτωρ** el sol.
ἠλεός ά όν loco, trastornado, insensato; alocador, perturbador [*dic.* del vino].
ἠλεύατο *3.ª sing. aor. med. de* ἀλεύω.
ἠλήλατο *3.ª sing. plpf. med. ép. de* ἐλαύνω.
ἦλθα *y*
ἦλθον *aor. de* ἔρχομαι.
ἠλί *voz hebrea,* Dios mío.
ἠλιαία ας ἡ tribunal de jurados *o* heliastas en Atenas.
ἠλιάς άδος solar; del sol.
ἠλιάω -ῶ resplandecer como el sol.
ἠλίβατος ον escarpado, empinado, alto, *tamb.* profundo; grande, enorme.
ἦλιθα ADV. bastante.
ἠλίθιος α ον [*o* **-ος ον**] necio, simple, insensato; vano, ineficaz, inútil.
ἠλιθιότης ητος ἡ simpleza, tontería.
ἡλικία ας [*jón.* **ἡλικίη ης**] **ἡ** edad, tiempo de vida, época de la vida; *esp.* edad del vigor, juventud, edad militar; ἐν τῇ καθεστηκυίᾳ ἡλικίᾳ en la madurez; *fig.* vigor *o* ardor juvenil; *colect.* los de la misma edad, compañeros, camaradas, *esp.* juventud en armas; *en gral.* edad, época, tiempo, generación; tamaño, estatura [*Hdt. 3, 16*].

ἡλικιώτης ου ὁ de la misma edad, camarada, compañero; coetáneo.
ἡλίκος η ον *relat. y en interr. indir.* de qué tamaño; cuán grande *o* poderoso; de qué edad (ὁρᾷς μὲν ἡμᾶς ἡλίκοι προσήμεθα ves la edad de los que nos hallamos junto a).
ἧλιξ ικος ὁ ἡ = **ἡλικιώτης**.
ἡλιο-ειδής ές semejante al sol.
ἥλιος ου ὁ sol; luz del sol, luz del día, día; resplandor *o* calor del sol; salida del sol, oriente (πρὸς ἥλιον hacia el Naciente).
Ἥλιος ου ὁ el Sol divinizado, Helios [hijo de Hiperión y Teia, confundido después con Febo Apolo].
ἡλιο-στεγής [*o s. o.* **ἡλιο-στερής ές**] que protege del sol [*Sóf. E. C. 313*].
ἡλιόω -ῶ solear, exponer al sol || PAS. estar expuesto al sol *o* a los ardores del sol.
Ἦλις ιδος ἡ Elide [región del Peloponeso].
ἤλιτε *3.ª sing. aor. 2.º ép. de* ἀλιταίνω.
ἠλιτό-μηνος ον inmaturo, antes de tiempo.
ἡλιῶτις ιδος ADJ. *f.* del sol.
ἠλλάγην *aor. 2.º pas de* ἀλλάσσω.
ἤλλαγμαι *perf. med. de* ἀλλάσσω.
ἤλλακτο *3.ª sing. plpf. pas. de* ἀλλάσσω.
ἤλλαξα *med.* **-άμην** *aor. 1.º de* ἀλλάσσω.
ἤλλαχα *perf. de* ἀλλάσσω.
ἠλλάχθην *aor. pas. 1.º de* ἀλλάσσω.
ἧλος ου ὁ clavo; cabeza de clavo *o* abolladura [como adorno de diversos objetos].
ἠλός ή όν *sólo voc.* [*v.* ἠλέ].
ἤλυθον *ép. y poét.* = **ἦλθον** *aor. de* ἔρχομαι.
ἤλυξα *aor. 1.º de* ἀλύσκω.
Ἠλύσιον πεδίον τό Campos Elíseos, morada de los bienaventurados.
ἦλφον *aor. de* ἀλφάνω.
ἥλωκα *y* **ἡλώκειν** *perf. y plpf. resp. de* ἁλίσκομαι.
ἠλώμην *impf. de* ἀλάομαι.
ἧλων = **ἑάλων** *aor. de* ἁλίσκομαι.
ἧμα ατος τό disparo, tiro *esp.* de dardos.
ἠμαθόεις εσσα εν arenoso.
ἧμαι estar, hallarse, *esp.* estar sentado *o* asentado, estar edificado *o* situado; estar ocioso, inactivo, triste; estar en acecho; estar acampado; permanecer, mantenerse (Ὀλύμπῳ en el Olimpo).
F. ἧμαι ἧσαι ἧσται, *pl.* ἥμεθα ἧστε ἧνται (*ép.* ἕαται *y* εἵαται *o* ἥαται); *imp.* ἧσο ἥσθω, *inf.* ἧσθαι, *part.* ἥμενος; *impf.* ἥμην ἧσο ἧστο, *pl.* ἥμεθα ἧσθε ἧντο, (*ép. tamb.* εἵατο ἕατο *o* ἥατο). *En prosa át. gralmente* κάθημαι *cuyas formas difieren en parte de las del simple* ἧμαι. *v. s. v.*
ἦμαρ ατος τό = **ἡμέρα** día (δείελον ἦμαρ el oscurecer, la noche; ἐπ' ἤματι en un día, en un mismo día; en el día, cada día; un día entero, todo un día; κατ' ἦμαρ de día; en el día, hoy mismo; cada día, día por día; παρ' ἦμαρ pasado un día, al día siguiente) || estación, tiempo, época *y esp. con adj.* (ἦμαρ χειμέριον el invierno; αἴσιμον *o* μόρσιμον ἦμαρ día fatal, día de la muerte, muerte; δούλιον ἦμαρ la esclavitud; ἐλεύθερον ἦμαρ la libertad etc. etc.).
ἥμαρτον *aor. 2.º de* ἁμαρτάνω.
ἡμάτιος α [*jón.* **η**] **ον** de día, diurno; cada día, diario.
ἤμβροτον *ép.* = **ἥμαρτον** *aor. de* ἁμαρτάνω.
ἦμεθα *1.ª pl. impf. de* εἰμί [*N. T. Ap. 27, 37*].
ἡμεῖς *pl. de* ἐγώ.
F. *nom. ép. poét. (eól)* ἄμμες; *gen.* ἡμῶν, *ép. jón.* ἡμέων *y* ἡμείων; *dat.* ἡμῖν, *ép. poét.* ἧμιν *y* ἡμίν *(Sóf.)*; *ép. (eól.)* ἄμμιν *y* ἄμμι; *ac.* ἡμᾶς, *ép. jón.* ἡμέας, ἥμεας; *ép. (eól.)* ἄμμε.
ἤμειψα ἠμείφθην *aor. 1.º act. y pas. de* ἀμείβω.
ἤμελκται *3.ª sing. perf. med. de* ἀμέλγω.
ἠμελημένως ADV. negligentemente, sin cuidado *o* esmero.
ἠμέλλησα *aor. de* μέλλω.
ἤμελλον *impf. de* μέλλω.
ἦμεν *1.ª pl. impf. y tamb. inf. dór. de* εἰμί.
ἠμέν CONJ. *en correspondencia con* ἠδὲ (ἠδέ καί, δέ, καί, τέ) tanto... como...; igual... que...
ἥμενος *part. pres. de* ἧμαι.
ἡμέρα ας [*jón.* **ἡμέρη ης**] **ἡ** día, luz del día; ἡμέρας *o* ἐξ ἡμέρας de día; πέντε ἡμερῶν en el plazo de cinco días; ἑκάστης ἡμέρας cada día; ἅμα τῇ ἡμέρᾳ con el día, al amanecer; πρὸς

ἡμέραν γίγνεσθαι venir el día; καθ' ἡμέραν cada día; ἐφ' ἡμέραν para el día, día por día; τρίτην ἡμέραν el tercer día; *en gral.* edad, tiempo (αἱ μακραὶ ἡμέραι la larga edad; παλαιᾷ ἔντροφος ἡμέρᾳ provecto, viejo); *tamb.* vida, suerte (ἐπίπονος ἁμέρα vida afanosa [*cf.* ἦμαρ]).

ἡμερεύω pasar el día; pasar los días, vivir.

ἡμερήσιος ον [*o* **-ος α ον**] *y*

ἡμερινός ή όν *y*

ἡμέριος ον diurno, del día; de cada día, diario, cotidiano; de un día, efímero, perecedero, mortal.

ἡμερίς ίδος ἡ viña de plantío.

ἡμερο-δρομέω -ῶ correr, corretear.

ἡμερο-δρόμης ου *y*

ἡμερο-δρόμος ου ὁ correo, cosario.

ἡμερο-λογέω -ῶ contar por días.

ἥμερος ον (*o* **-ος α ον**) de ánimo manso, amansado, domesticado; *de vegetales,* cultivado; *de hombres,* humano, civilizado, pacífico.

ἡμερο-σκόπος ου ὁ centinela de día, observador diurno.

ἡμερότης ητος ἡ mansedumbre, dulzura.

ἡμερο-φύλαξ ακος ὁ = **ἡμεροσκόπος**.

ἡμερόω -ῶ amansar; hacer cultivable; civilizar; someter, subyugar || MED. conciliarse; someter, subyugar.

ἡμέτερος α ον ADJ. POS. nuestro, *y frec.* = **ἐμός** mío; τὸ ἡμέτερον, τὰ ἡμέτερα nuestra casa, nuestros bienes, nuestras cosas, nuestras circunstancias [poder, deber, situación etc.]; ἡ ἡμετέρα [*sc.* χώρα] nuestra tierra, nuestra patria; ἐν ἡμετέρου [*sc.* οἴκῳ] en nuestra morada.

ἡμέων *jón. y ép.* = **ἡμῶν** *gen. pl. de* ἐγώ.

ἤμην = **ἦν** *1.ª sing. impf. de* εἰμί *(N. T.)*

ἥμην *impf. de* ἧμαι.

ἠμί decir.

F. *Usado principalmente en el impf.* ἦν, *3.ª sing.* ἦ dijo; ἦ δ'ὅς dijo él.

ἡμι- *prefijo* semi-, medio.

ἡμίβρωτος ον medio comido.

ἡμι-δαής ές medio quemado.

ἡμι-δαρεικόν οῦ τό medio darico [moneda de unas 12,50 ptas. de valor].

ἡμι-δεής ές lleno hasta la mitad, a medio llenar.

ἡμί-εργος ον a medio hacer, a mitad de trabajo.

ἡμί-εφθος ον medio cocido.

ἡμι-θανής ές medio muerto.

ἡμί-θεος ου ὁ semidiós || ADJ. semidivino, heroico.

ἡμί-θηλυς εος afeminado, hermafrodita.

ἡμι-θνής ῆτος = **ἡμιθανής**.

ἡμί-λεπτος ον a medio salir.

ἡμι-θωράκιον ου τό peto.

ἡμι-μναῖον ου τό media mina [valor de unas 50 ptas.].

ἡμι-μόχθηρος ον malo a medias.

ἡμι-όνειος α ον del valor [tamaño, número etc.] de uno y medio, una mitad más [del... *gen.*].

ἡμιόνεος η ον *jón. y*

ἡμιόνειος α ον *y*

ἡμιονικός ή όν mular, de mulos, propio para mulos [yugo, carro etc.].

ἡμί-ονος ου ἡ *y* **ὁ** mula, mulo || ADJ. **-ος ον** mular, de mulo.

ἡμι-πέλεκκον ου τό hacha [de un solo filo].

ἡμί-πλεθρον ου τό medio pletro [unos 15 metros y medio].

ἡμι-πλίνθιον ου τό medio ladrillo; lingote.

ἥμισυς εια υ medio, por mitad; mitad de, *a veces concertando en gén. y núm. con el gen. partitivo* (ὁ ἥμισυς τοῦ ἀριθμοῦ la mitad del número; αἱ ἡμίσειαι τῶν νεῶν la mitad de las naves) || SUBST. **ἡ ἡμίσεια, τὸ ἥμισυ, τὰ ἡμίσεα** la mitad (ἐξ ἡμισείας por mitad, *Luc.*).

F. *nom. fem. jón.* ἡμίσεα, *gen.* ἡμίσεος, *tamb.* ἡμίσεως *y td.* ἡμίσους *(N.T.) formas que se emplean tamb. como fem. a más de* ἡμισείας ἡμισέας; *pl. nom.* ἡμίσεις, *jón.* ἡμίσεες, *ac.* ἡμίσεις ἡμίσεας *n.* ἡμίσεα *td. contr.* ἡμίση (*N. T.*, *v. l.* ἡμίσεια *y* ἡμίσια)).

ἡμι-τάλαντον ου τό medio talento [peso y suma]; *con ord.:* (τρίτον ἡμιτάλαντον dos talentos y medio; τέταρτον ἡμιτάλαντον tres talentos y medio etc.).

ἡμι-τέλεστος ον *y*

ἡμι-τελής ές a medio hacer; incompleto, imperfecto (ἡμιτελὴς δόμος casa huérfana, sin dueño).

ἡμί-τομος ον cortado por mitad, medio || **τὸ ἡμίτομον** la mitad.

ἡμί-φλεκτος ον medio abrasado.
ἡμιωβελιαῖος ον como un medio óbolo [de valor *o* tamaño].
ἡμι-ωβέλιον ου τό medio óbolo.
ἡμι-ωβολαῖος ον = **ἡμιωβελιαῖος.**
ἡμι-ωβόλιον ου τό = **ἡμιωβέλιον.**
ἡμι-ώριον ου *y*
ἡμί-ωρον ου τό media hora.
ἧμμαι *part.* **ἡμμένος** *perf. pas. y med. de* ἅπτω.
ἦμος CONJ. cuando; al tiempo que; mientras.
ἡμπειχόμην *impf. med. y*
ἡμπέσχον -όμην *aor. 2.º de* ἀμπέχω.
ἠμπλάκημαι ἤμπλακον *perf. pas. y aor. act. resp. de* ἀμπλακίσκω.
ἠμύω inclinar, bajar *o* hacer inclinar [algo, *dat.*]; declinar, decaer.
ἠμφεγνόουν ἠμφεγνόησα *impf. y aor. 1.º resp. de* ἀμφιγνοέω.
ἠμφεσβητήθην ἠμφεσβήτησα ἠμφεσβήτουν *aors. 1.º pas. y act. e impf. resp. de* ἀμφισβητέω.
ἠμφιέννυν *impf. de* ἀμφιέννυμι.
ἠμφίεσα *aor. de* ἀμφιέννυμι.
ἠμφίεσμαι *perf. med. de* ἀμφιέννυμι.
ἥμων ονος ὁ lanzador de dardos.
ἤμων *impf. de* ἀμάω.
ἤν *conj. contr. de* ἐάν.
ἦν *impf. de* εἰμί *y de* ἠμί.
ἠνάγκασα ἠναγκάσθην *aors. 1.os act. y pas. de* ἀναγκάζω.
ἠναινόμην, *3.ª* **ἠναίνετο** *impf. de* ἀναίνομαι.
ἤναρον *aor. de* ἐναίρω.
ἤνεγκα *y*
ἤνεγκον *y*
ἤνεικα *aor. de* φέρω.
ἠνειχόμην *impf. med. de* ἀνέχω *con doble aumento.*
ᾔνεκα ᾔνεσα *perf. y aor. 1.º át. resp. de de* αἰνέω.
ἠνεμόεις εσσα εν = **ἀνεμόεις.**
ἠνεσχόμην *aor. med. de* ἀνέχω.
ἤνετο *3.ª sing. impf. med. de* ἄνω.
ἠνέχθην *aor. pas. de* φέρω.
ἠνέῳγμαι *part.* **ἠνεῳγμένος** *perf. pas. de* **ἀνοίγνυμι** *(N. T. Apoc. 10,8).*
ἠνεῴχθην *aor. pas. de* ἀνοίγνυμι *(N. T.).*
ἠνηνάμην *aor. de* ἀναίνομαι.
ἡνία ας ἡ rienda, brida (ἐπισχεῖν ἡνίαν sujetar las riendas); *fig.* dirección conducción.
ἠνιήθην *aor. pas. ép. de* ἀνιάω.
ἡνίκα CONJ. al tiempo que, cuando; tan pronto como; cada vez que.
ᾐνιξάμην *aor. 1.º de* αἰνίσσομαι.
ἡνίον ου τό *sólo en pl.* riendas.
ἡνιοποιεῖον ου τό guarnicionería, taller de guarnicionero *o* sillas de montar.
ἡνιο-στρόφος ου ὁ conductor, auriga.
ἡνιοχεία ας ἡ conducción, acción de conducir.
ἡνιοχεύς έως ὁ = **ἡνίοχος.**
ἡνιοχεύω *y*
ἡνιοχέω -ῶ llevar las riendas, conducir. *Tamb. fig.*
ἡνί-οχος ου ὁ conductor, auriga. *En Hom. frecte.* compañero y amigo del guerrero que va a su lado [παραιβάτης].
ἠνίπαπον *aor. 2.º ép. de* ἐνίπτω.
ἦνις ιος ADJ. *f.* de un año [de edad], añal.
ᾐνίχθην *aor. pas. de* αἰνίσσομαι.
ἠνοίγην *aor. 2.º pas.*
ἤνοιγον *impf. y*
ἤνοιξα *aor. 1.º de* ἀνοίγνυμι.
ἦνον *impf. de* ἄνω.
ἠνορέη ης ἡ [*dat.* ἠνορέηφι] *ép.* virilidad, valor, fortaleza.
ἦνοψ οπος brillante, resplandeciente.
ἤν-περ CONJ. si en efecto, si es que... [*subj.*].
ἠνσχόμην *aor. 2.º med. poét. de* ἀνέχω.
ἤντεον *impf. ép. de* ἀντάω.
ἧντο *3.ª pl. impf. de* ἧμαι.
ἤνυτο *3.ª sing. impf. pas. ép. de* ἀνύω.
ἠνώγεα *y* **ἠνώγειν** *plpf. de* ἀνώγω [*v.* ἄνωγα].
ἤνωγον *impf. de* ἄνωγα.
ἤνωξα *aor. de* ἄνωγα.
ἠνώχληκα ἠνώχλησα ἠνώχλουν *formas de* ἐνοχλέω.
ἦξα *aor. de* ἀίσσω.
ἦξε *3.ª sing. aor. 1.º de* ἄγνυμι *o* ἄγω.
ἥξει *3.ª sing. fut. de* ἥκω.
ἠξιώθην ἠξίωσα *aors 1.os pas. y act. de* ἀξιόω.
ἠοίη ης ἡ *ép.* mañana.
ἠοῖος [*jón.* **ἠόϊος**] **α ον** de la mañana, matutino; de oriente, oriental.
ἤομεν *1.ª pl. impf. ép. de* εἶμι.
ἧπαρ ατος τό hígado, *considerado como asiento de la vida y de las pasiones;* pecho, corazón.
ἤπαφε *3.ª sing. aor. 2.º de* ἀπαφίσκω.
ἠπεδανός ή όν débil, flaco; lisiado, cojo.

ἤπειγον ἤπειξα ἠπείχθην *impf. y aors. 1.os act. y pas. resp. de* ἐπείγω.

ἤπεικτο *3.a sing. plpf. pas. de* ἐπείγω.

ἤπειρος ου ἡ [*por opos. al mar*], tierra firme; tierra interior (ἤπειρόνδε tierra adentro); continente *esp.* Asia *o* Europa; *tamb.* el Epiro.

ἠπειρόω -ῶ convertir en tierra firme || PAS. ser convertido en tierra firme.

ἠπειρώτης ου ὁ de tierra firme, continental.

ἠπειρωτικός ή όν del continente.

ἠπειρῶτις ιδος ADJ. *f.* = **ἠπειρώτης** (ἠπειρῶτις συμμαχία alianza con una potencia continental, con fuerzas de tierra).

ἤ-περ CONJ. que, aunque.

ᾗ-περ ADV. precisamente donde, donde mismo; del mismo modo que, precisamente lo mismo que.

ἠπεροπεύς έως ὁ *y*

ἠπεροπευτής οῦ ὁ engañador; seductor.

ἠπεροπεύω engañar, seducir, embaucar.

ἠπητής οῦ ὁ sastre remendón.

ἠπιό-δωρος ον de dulces dádivas, dadivoso, bondadoso.

ἤπιος α ον [*o* **-ος ον**] dulce, bondadoso. benévolo, amistoso (ἤπια εἰδέναι querer bien, sentirse inclinado [a alguien *dat.*]); calmante, mitigador.

ἠπιστάμην, *2.a* **ἠπίστασο** *o* **ἠπίστω** *impf. de* ἐπίσταμαι.

ἠπιστέατο *3.a pl. impf. jón. de* ἐπίσταμαι (*v. l.* ἐπιστέατο).

ἤ-που ADV. bien de cierto, seguramente, *tamb. irón.; interr.* ¿acaso... ¿por ventura...

ἠπύτα ὁ *sól. nom.* gritador, voceador, pregonero.

ἠπύω gritar, vocear, llamar a voces [a alguien, *ac.*]; resonar; zumbar.

ἦρ ἦρος τὸ = **ἔαρ** primavera.

1 **ἦρα** *aor. 1.o de* αἴρω.

2 **ἦρα** SUBST. INDCL. satisfacción, gusto (ἦρα φέρειν dar satisfacción, gusto [a alguien, *dat. o* ἐπὶ *con dat.*]).

ἤρα *3.a sing. impf. de* ἐράω *contr.* ἐρῶ.

῞Ηρα ας [*jón.* **῞Ηρη ης**] **ἡ** Hera *o* Juno [diosa esposa de Zeus].

῾Ηρακλέης *jón. poét. y*

῾Ηρακλῆς έους ὁ Heracles *o* Hércules [el más famoso de los héroes griegos].

ἠράμην ἤραο *etc. aor. de* ἄρνυμαι *y med. de* ἐράω.

ἦραξα *aor. 1.o de* ἀράσσω.

ἦραρε *3.a sing. aor. de* ἀραρίσκω.

ἠρασάμην *aor. med. de* ἐράω.

ἠράσθην *aor. pas. con sign. med. de* ἐράω.

ἤρατο *3.a sing. aor. de* ἄρνυμαι.

ἠρᾶτο *3.a sing. impf. de* ἀράομαι.

ἠράχθην *aor. 1.o pas. de* ἀράσσω.

ἦργμαι ἦρξαι ἦρκται, *inf.* **ἦρχθαι** *perf. med. de* ἄρχω.

ἤρε᾽ = **ἤρεο** [*contr.* ἤρου] *2.a sing. impf. de* ἔρομαι.

ᾑρέθην *aor. pas. de* αἱρέω.

ἠρέμα ADV. suavemente; levemente, ligeramente; lentamente.

ἠρεμαῖος α ον suave, apacible, tranquilo.

ἠρεμέστερος α ον *comp. de* ἠρεμαῖος.

ἠρεμέω -ῶ estar tranquilo, estar quieto, descansar; quedar firme [un razonamiento etc.] || τὸ ἠρεμεῖν estabilidad, firmeza.

ἠρεμία ας ἡ tranquilidad, calma.

ἤρεμος ον sosegado quieto.

ἤρεσα *aor. 1.o de* ἀρέσκω.

ἠρέσθην *aor. pas. de* ἀρέσκω *con valor med. Sóf. Ant.* 500.

ᾕρευν *impf. ép. de* αἱρέω.

ἤρεψα *aor. 1.o de* ἐρέφω.

῞Ηρη = **῞Ηρα.**

ᾕρηκα *perf. act. de* αἱρέω.

ᾕρημαι *perf. med. de* αἱρέω.

ᾕρηντο *3.a pl. plpf. med. de* αἱρέω.

ἠρήρει *y* **ἠρήρεισθα** *formas de plpf. de* ἀραρίσκω.

ἠρήρειστο *3.a sing. plpf. pas. ép. de* ἐρείδω.

ἠρησάμην *aor. 1.o de* ἀράομαι.

ᾑρήσομαι *fut. perf. pas. de* αἱρέω.

ἤρθην *aor. pas. de* αἴρω *y* ἀραρίσκω.

ἦρι ADV. temprano, muy de mañana.

ἠρι-γένεια ας ADJ. *f.* nacida temprano, hija de la mañana = SUBST. diosa de la mañana, Mañana.

ἤρικον *aor. 2.o ép. de* ἐρείκω.

ἠρινός ή όν = **ἐαρινός** de la primavera, primaveral.

ἠρίον ου τό tolmo; túmulo.

ἤριπον *aor. 2.o de* ἐρείπω.

ἦρκα, *med.* **ἦρμαι** *perf. de* αἴρω.

ἥρμοσα ἡρμοσάμην *y* **ἡρμόσθην** *aors. 1.os act. med. y pas. de* ἁρμόζω.

ἠρνήθην *y* **ἤρνημαι** *aor. y perf. de* ἀρνέομαι.

ἦρξα ἠρξάμην *aor. 1.º act. y med. de* ἄρχω.

ἠρόθην *aor. pas. de* ἀρόω.

ἠρόμην *aor. de* ἔρομαι y *de* ἄρνυμαι.

ἦρον [*med.* ἠρόμην] *impf. de* αἴρω.

ἤροσα *aor. 1.º de* ἀρόω

ἤρπακα, *pas.* **ἤρπασμαι** *perf. de* ἁρπάζω.

ἥρπαξα *y* **ἥρπασα** *aor. 1.º de* ἁρπάζω.

ἡρπάσθην *y* **ἡρπάχθην** *aor. 1.º pas. de* ἁρπάζω.

ἦρσα *aor. 1.º de* ἀραρίσκω *y de* ἄρδω.

ἤρυγον *aor. 2.º de* ἐρεύγω.

ἠρύκακον *aor. 2.º de* ἐρύκω.

ἦρω *2.ª sing. aor. med. de* αἴρω.

ἠρῶ *2.ª sing. impf. de* ἀράομαι.

ἡρωικός ή όν de héroe, heroico; épico.

ἡρώιον [*y* **ἡρῷον**] **ου τό** templo de un héroe.

ἠρώμην *3.ª pl.* **ἠρῶντο** *impf. de* ἀράομαι.

ἤρων *impf. de* ἐράω.

ἡρῷος α ον de héroe, heroico; épico.

ἥρως ωος ὁ héroe; *y esp.* prócer, campeón, adalid; héroe, semidiós *y esp.* patrono de un país, comunidad, ciudad etc. || ADJ. heroico, excelso, noble, generoso [de nacimiento, sentimientos, hechos etc.].

F. *gen.* ἥρωος (*v. l.* ἥρως), *tamb.* ἥρω; *dat.* ἥρωι ἥρῳ; *ac.* ἥρωα ἥρω ἥρων; *pl.* ἥρωες (*raro* ἥρως); *dat.* ἥρωσιν; *ac.* ἥρωας (*raro* ἥρως).

ἦς = ἦσθα *2.ª sing. impf. de* εἰμί.

ῇς = αἷς *dat. pl. fem. ép. de* ὅς.

ἧσ' *por* ἧσαι *o* ἧσο *de* ἧμαι.

ἧσα *aor. de* ἥδω [*cf.* ἥδομαι] gozarse, complacerse con [*ac.*].

ᾖσα *aor. 1.º de* ᾄδω.

ἧσαι *2.ª sing. pres. ind. de* ἧμαι.

ᾖσαν *3.ª pl. plpf. de* εἶδω.

ἦσαν *3.ª pl. impf. de* εἰμί.

ἥσατο *3. sing. aor. de* ἥδομαι.

ἥσειν *inf. fut. de* ἵημι.

ἦσθα *2.ª sing. impf. de* εἰμί.

ἧσθαι *inf. pres. de* ἧμαι.

ᾔσθημαι *perf. de* αἰσθάνομαι.

ἥσθην *aor. pas. de* ἥδομαι *con sign. med.*

ᾐσθόμην *aor. de* αἰσθάνομαι.

ᾗσι *dat. pl. f. ép. de* ὅς. *Tamb. 3.ª sing. subj. aor. ép. de* ἵημι.

ἧσο *imp. y 2.ª sing. impf. de* ἧμαι.

ἧσσα ης ἡ derrota, vencimiento [de algo *o* en algo, *gen.*]; humillación.

ἡσσάομαι ser inferior, estar debajo, ser superado [por alguien, *gen.*; en algo, *dat.* ἐν *y dat., gen,:* τοῦ ῥήματος en la palabra; *constr. de part.:* εὖ ποιοῦντες en hacer bien]; ser vencido, ser derrotado; ser dominado; dejarse vencer [por alguien *o* por algo, *gen.,* ὑπό *o* πρός *y gen.*; *dat.*; en algo, *dat.,* ἐν *y dat., ac*]; abatirse (θυμῷ de ánimo).

F. *át.* ἡττάομαι *impf.* ἡττώμην; *fut.* ἡσσηθήσομαι ἡττηθήσομαι *y* ἡττήσομαι; *aor.* ἡσσήθην ἡττήθην *perf.* ἥσσημαι ἥττημαι. *Formas jón. pres.* ἑσσόομαι *part.* ἑσσούμενος, *3.ª sing. impf.* ἑσσοῦτο (*sin aum.*); *aor.* ἑσσώθην; *perf.* ἕσσωμαι, *part.* ἑσσωμένος.

ἡσσάω -ῶ *td.* vencer. [*En ático usado sólo en voz pasiva. v.* ἡσσάομαι].

ἥσσων ον *comp.* [*cf.* ἦκα] menor, inferior [a alguien, *gen.*; en algo, *dat., ac.,* εἰς *y ac., inf.*]; vencido, derrotado; dominado [por el apetito, el sueño, los placeres, las enfermedades etc. *gen.*] || ADV. **ἧσσον** menos (καὶ μᾶλλον καὶ ἧσσον más o menos).

ἧσται *3.ª sing. pres. ind. de* ἧμαι.

ἦστε *2.ª pl. impf. de* εἰμί.

ἦστον *du. impf. de* εἰμί.

ἡσυχάζω estar tranquilo, estar quieto, no moverse; estar en tranquilidad (τὸ ἡσυχάζον τῆς νυκτός la calma de la noche); vivir tranquilamente, estar en paz || TR. mantener tranquilo, aquietar.

ἡσυχαῖος α ον tranquilo, con calma.

ἡσυχαίτατος ἡσυχαίτερος *v.* **ἥσυχος.**

ἡσυχῇ ADV. tranquilamente; dulcemente, levemente; lentamente, poco a poco; en secreto.

ἡσυχία ας [*jón.* **ἡσυχίη ης**] **ἡ** tranquilidad, quietud, calma, reposo, paz, vida tranquila; silencio; soledad, retiro, lugar desierto; cesación (τῆς πολιορκίης del asedio); inactividad, ocio, descanso; tranquilidad de ánimo, despreocupación; καθ' ἡσυχίαν tranquilamente, con toda calma, con todo desahogo *o* comodidad; ἡσυχίαν ἄγειν estar tranquilo, en calma, en reposo; vivir en paz; estar en silencio, callar; ἡσυχίαν ἔχειν estarse quieto; estar inactivo; estar en silencio, callar; ἐν ἡσυχίᾳ ἔχειν guardar en silencio, callar; ἐν ἡσυχίᾳ ἔχειν ἑαυτόν mantenerse quieto *o* en silencio; δι'ἡσυχίης εἶναι estar en calma *o* en reposo.

ἡσύχιος ον tranquilo, sosegado; en paz || **τὸ ἡσύχιον** tranquilidad.

ἡσυχιότης ητος ἡ tranquilidad, calma, suavidad, dulzura.

ἥσυχος ον tranquilo, quieto, sosegado, pacífico; dulce, blando; callado; inmóvil; lento; inerte; ἐν ἡσύχῳ con tranquilidad; τὸ σύνηθες ἥσυχον la inercia acostumbrada [*Tuc. 6, 34*]. F. *comp.* ἡσυχαίτερος *y* ἡσυχώτερος; *superl.* ἡσυχαίτατος *y* ἡσυχώτατος.

ἡσύχως ADV. *de* ἥσυχος tranquilamente, en tranquilidad; lentamente, suavemente; levemente, ligeramente; en silencio, en secreto.

ᾔσχυμμαι *perf. pas. de* αἰσχύνω.

ᾔσχυνα *y* **ᾐσχύνθην** *aors. 1.os act. y pas. de* αἰσχύνω.

1 **ἦτε** ADV. *ép.* verdaderamente, de cierto.

2 **ἦτε** *2.a pl. impf. o pres. subj. de* εἰμί.

ἤτε CONJ. o, o acaso, o también || *desp. de comp.*, que.

ᾖτε *2.a pl. impf. de* εἶμι.

ᾔτεον ᾔτευν *ép. y* **ᾔτουν** *impf. de* αἰτέω.

ᾐτιάασθε ᾐτιόωντο *2.a y 3.a pl. ép. impf. de* αἰτιάομαι.

ᾐτιάθην ᾐτιασάμην *aor. pas. y med. de* αἰτιάομαι.

ᾐτίαμαι *perf. pas. de* αἰτιάομαι.

ἤ-τοι ADV. ciertamente, por cierto, en verdad || CONJ. sin embargo, no obstante, por lo demás, de otra parte, *o simplte.* y (ἤτοι ὅ γ'ὣς εἰπών y habiendo hablado así...).

ἦτορ ορος τό pulmón; corazón *esp. como sede de los afectos, de los impulsos y de la reflexión, de donde* espíritu, ánimo.

ἤτριον ου τὸ trama, urdimbre.

ἦτρον ου τό vientre, abdomen.

ἧττα *át.* = **ἧσσα.**

ἡττάομαι *át.* = **ἡσσάομαι.**

ἡττάω -ῶ *át.* = **ἡσσάω.**

ἥττων *át.* = **ἥσσων.**

ἥττημα ατος τό = **ἧττα** derrota; falta, defecto.

ἠυ-γένειος *ép.* = **εὐγένειος.**

ἠυ-γενής *ép.* = **εὐγενής.**

ηὔγμην *plpf. de* εὔχομαι *con valor act.*

ηὔδων ηὔδας etc. *impf. de* αὐδάω.

ἠύ-ζωνος ον *ép.* = **εὔζωνος.**

ἠύ-κομος ον de buen cabello; de hermosa lana.

ηὐξάμην *aor. 1.o de* εὔχομαι.

ηὔξηκα *perf. de* αὐξάνω.

ηὐξήθην ηὔξησα *aors. 1.os pas. y act. de* αὐξάνω.

ηὑρέθην ηὕρηκα ηὕρημαι ηὗρον *formas de* εὑρίσκω (*después* εὑρέθην εὕρηκα *etc.*).

ἠύς ἠύ *ép. y jón.* = **ἐύς.**

ἦυσα *aor. de* ἀύω *2.*

ἠύτε CONJ. como, igual que; como cuando.

Ἥφαιστος ου ὁ Hefesto *o* Vulcano [hijo de Zeus y de Hera, dios del fuego].

ἡφαιστό-τευκτος ον producido por Hefesto [Vulcano].

ἧφι *dat. sing. f. ép. de* ὅς, *poses.*

ἠφίει ἠφίησαν ἠφίουν *formas con aum. de* ἀφίημι.

ἤφυσα *aor. 1.o de* ἀφύσσω.

ἦχα *perf. de* ἄγω.

ἠχέω -ῶ resonar, retumbar || TR. hacer resonar, exhalar|| PAS. resonar.

ἠχή ῆς ἡ ruido, clamor, fragor, estruendo.

ἠχήεις εσσα εν resonante; estruendoso, fragoroso.

ἠχθέσθην *aor. de* ἄχθομαι.

ἤχθετο *3.a sing. impf. de* ἄχθομαι *o de impf. pas. de* ἔχθω.

ἤχθην *aor. pas. de* ἄγω.

ἤχθηρα *aor. 1.o de* ἐχθαίρω.

ἧχι ADV. donde, adonde.

ἦχος εος [ους] τό *y*

ἦχος ου ὁ ruido, estruendo; fama, rumor.

ἠχώ οῦς ἡ ruido, sonido; lamento; resonancia, eco; fama, rumor.

ἧψα ἡψάμην *aor. 1.o de* ἅπτω.

ἡψήθην ἥψησα *aors. 1.os pas. y act. de* ἕψω.

ἠῶ-θεν ADV. desde la aurora *o* con la aurora, al alba, al amanecer.

ἠῶ-θι πρό ADV. antes de amanecer, de madrugada.

ᾐών όνος ἡ = **ἠιών.**

ἠῷος *ép. y jón.* = **ἑῷος.**

ἠώς ἠοῦς ἡ *ép. y jón.* = **ἕως.**

Θ

Θ ϑ θ teta, [octava letra del alfabeto griego] || *como signo numérico* ϑ' nueve *o* noveno; ͵ϑ nueve mil.

ϑαάσσω *ép.* = **ϑάσσω** estar sentado.

ϑαιρός οῦ ὁ quicial [de puerta].

ϑακέω -ῶ estar sentado, permanecer sentado.

ϑάκημα ατος τό actitud del que está sentado *y esp.* actitud de suplicante; asiento de suplicante.

ϑάκησις εως ἡ acción de sentarse; asiento, sitio donde sentarse.

ϑᾶκος ου ὁ asiento (ϑάκων ὑπείκειν ceder el asiento).

ϑαλάμη ης ἡ guarida, escondrijo.

ϑαλαμη-πόλος ον que frecuenta la cámara nupcial, *de donde* esposo || SUBST. *f.* ἡ **ϑαλαμηπόλος** camarera, doncella.

ϑαλαμίη ης ἡ *jón.* porta *o* agujero por donde salía cada remo de la línea inferior en las trirremes.

ϑαλάμιος ου ὁ talamita [remero de la línea más baja en las trirremes].

ϑαλαμόνδε ADV. a la sala [de armas].

ϑάλαμος ου ὁ habitación, casa, morada; guarida, escondrijo; cuarto, aposento, *esp.* habitación de dormir, dormitorio; cámara nupcial, tálamo; compartimento *o* aposento de la dueña de la casa *o* de las mujeres en general; aposento reservado *y esp.* despensa, guardamuebles, guardarropa, almacén de armas etc, *fig.* ὁ παγκοίτας ϑάλαμος la morada común, *e. e.* la sepultura.

ϑάλασσα ης ἡ mar (κατὰ ϑάλασσαν por mar; τὸ παρὰ ϑάλασσαν el litoral; ἥδε ἡ ϑάλασσα *o* ἡ παρ' ἡμῖν ϑάλασσα nuestro mar *e. e.* el Mediterráneo); *en el NT* lago de Genezaret *o* mar de Galilea; *por ext.* fuente de agua salada en el Erecteo de Atenas.

ϑαλασσεύω estar en el mar.

ϑαλασσίδιος α ον *jón. y*

ϑαλάσσιος α ον [*o* **-ος ον**] del mar, marino; marítimo (ϑαλάσσια ἔργα trabajos del mar [navegación *o* pesca]; μὲ ϑαλάσσιον ἐκρίψατε arrojadme al mar) práctico en el mar, buen marino.

ϑαλασσο-κρατέω -ῶ dominar en el mar, ser dueño del mar.

ϑαλασσο-κράτωρ ορος ὁ que domina por mar, dueño del mar.

ϑάλαττα ης ἡ *át.* = **ϑάλασσα.**

ϑαλαττο-κράτωρ ορος ὁ *át.* = **ϑαλασσοκράτωρ.**

ϑάλεα έων τὰ *ép.* gozo, alegría.

ϑαλέϑω florecer, estar lozano, lozanear.

ϑάλεια ας [*jón.* **ϑαλείη ης**] ADJ. *f.* abundante, espléndida || SUBST. *f.* = **ϑαλία.**

ϑαλερός ά όν floreciente, lozano, joven (ϑαλερὸς γάμος matrimonio en la edad juvenil); vigoroso; abundante; espeso; lleno; profundo, *según el obj. a que se aplica.*

ϑαλία ας [*jón.* **ϑαλίη ης**] **ἡ** flor *y fig.* dicha, felicidad, alegría; abundancia; banquete, festín; fiesta, celebración.

ϑαλιάζω regocijarse, festejar.

ϑαλλός οῦ ὁ ramo nuevo, tallo, vástago *y esp.* ramo de olivo que llevaban los suplicantes.

ϑάλλω florecer, lozanear verdeguear; estar en la lozanía, en la plenitud del vigor *o* de las fuerzas; abundar; prosperar, estar en la abundancia; ser *o* mostrarse feliz [*part. perf.* τεϑαλώς *ép. y* τεϑηλώς floreciente, abundante, copioso, rico]; retoñar, *tamb. fig.* de una enfermedad, un dolor etc.

F. *aor.* ἔθαλον, *3.ª sing. ép.* θάλε; *perf.* τέθηλα, *part.* τεθηλώς, *f. ép.* τεθαλυῖα, *3.ª sing. plpf. ép.* τεθήλει.

θάλος εος [ους] τό vástago, retoño, pimpollo, *tamb. fig.*

θαλπιάω [*part. pres. ép.* θαλπιόων] calentarse.

θάλπος εος [ους] τό calor ardiente, ardor; *fig.* dolor ardiente *o* abrasador.

θάλπω calentar; ablandar calentando, *de donde fig.* ablandar, halagar, cuidar, curar || INTR. *y* PAS. calentarse, caldearse, padecer calor, abrasarse; secarse [al fuego *o* al sol]; *fig.* inflamarse, abrasarse [de pasión, de gozo etc.].

θαλπωρή ῆς ἡ consuelo, alivio, esperanza.

θαλύσια ων τά ofrendas de las primicias [de la cosecha *o* frutos del campo]; fiestas de las primicias.

θαμά ADV. muchas veces, frecuentemente, con frecuencia.

θαμβέω -ῶ estar *o* quedar estupefacto, suspenso, atónito || TR. admirar a, quedar atónito, maravillado *o* suspenso ante... [*ac.*] || PAS. *como la act. intr.*

θάμβος εος [ους] τό estupor, pasmo, suspensión, maravilla.

θαμέες ADJ. *pl. m. y f. y*

θαμειός ά όν frecuente; espeso, apretado; numeroso.

F. *de* θαμέες: *dat.* θαμέσι, *ac.* θαμέας; *f. nom.* θαμειαί, *ac.* θαμειάς.

θαμίζω venir *o* visitar con frecuencia [a alguien, *dat.*. ἐπί *y ac.*] estar con frecuencia, ser frecuentemente (κομιζόμενος cuidado, atendido; μινύρεται θαμίζουσα gorjea con frecuencia).

θαμινός ή όν = θαμειός || ADV. **θαμινῶς** *y* **θαμινά = θαμά.**

θάμνος ου ὁ mata; tronco, estaca.

θανάσιμος ον mortal, de muerte; *de pers.* próximo a morir, moribundo, *o tamb.* sujeto a muerte, mortal; muerto (θανάσιμον βεβηκέναι haber muerto).

θανατάω -ῶ desear morir, desear la muerte.

θανατη-φόρος ον portador *o* productor de muerte, mortal.

θανατικός ή όν de muerte, capital.

θανατόεις εσσα εν mortal, fatal.

θανατόνδε ADV. a la muerte, a muerte.

θάνατος ου ὁ muerte; homicidio, asesinato; pena de muerte; (θανάτου κρίνεσθαι ser juzgado en asunto capital; θάνατον καταγιγνώσκειν condenar a muerte [a alguien, *gen.*]; ἐπὶ θανάτῳ, τὴν ἐπὶ θανάτῳ [*sc.* ὁδόν] para la muerte, para ser ejecutado); *fig.* dolor *u* horror de muerte || *como nombre pr.* la Muerte [personificada].

θανατόω -ῶ matar, dar muerte, ejecutar; condenar a muerte; *fig.* mortificar.

θανάτωσις εως ἡ acción de dar muerte; ejecución.

θανέειν, θανέμεν *inf. aor. ép. de* θνῄσκω.

θανέομαι θανέαι *etc. fut. ép. y jón. de* θνῄσκω.

θανεύμενος *part. fut. jón. de* θνῄσκω.

θανοῦμαι *fut. de* θνῄσκω.

θάομαι = θεάομαι mirar *o* contemplar con admiración || MED. *de* θάω chupar, mamar.

θάπτω honrar con ritos funerales, tributar los honores fúnebres; enterrar, sepultar *o tamb*, incinerar y depositar las cenizas.

F. *fut.* θάψω; *aor.* ἔθαψα, *ép. 3.ª pl.* θάψαν; *perf.* τέταφα, *pas.* τέθαμμαι (*3.ª pl. jón.* τετάφαται, *v, l.* τεθάφαται, *imp. 3.ª sing.* τεθάφθω, *inf.* τεθάφθαι; *3.ª sing. plpf. ép. y jón* ἐτέθαπτο); *aor. pas.* ἐτάφην; *fut. pas.* ταφήσομαι *tamb.* τεθάψομαι.

θαρραλέος α ον confiado, animoso, resuelto; osado, audaz; que inspira confianza, seguro, sin peligro (τὸ θαρραλέον la confianza; la seguridad, ausencia de peligro); θαρραλέως ἔχειν tener buen ánimo.

θαρρέω -ῶ confiar, tener confianza *o* ánimo, estar animoso, animarse; mostrarse audaz; arrostrar; afrontar, hacer frente a [la lucha, la muerte etc., *ac.; tamb.* θάρρος θαρρεῖν tener una confianza...]; sentir confianza, confiar [en alguien *o* en algo, *ac. o dat.;* en relación con... περί *o* ὑπέρ *y gen.* πρός *y ac. etc.*]; confiar en que, creer confiadamente que... [*inf. o constr. de* ὅτι]; atreverse *o* arriesgarse a... [*inf*].

θάρρος εος [ους] τό ánimo, confianza, valor, audacia, osadía (θάρρος διδόναι [ἐμπνέειν, ἐμποιεῖν, βάλλειν etc.] dar *o* infundir ánimo *o* confianza); motivo de confianza.

θαρρύνω animar, dar ánimo, confianza *o* valor [a alguien, *ac.*] || INTR. tener ánimo *o* confianza.

θαρσαλέος α ον *jón. y át. ant.* = **θαρραλέος.**

θαρσέω -ῶ *jón. y át. ant.* = **θαρρέω.** F. *perf.* τεθάρσηκα *con valor de pres.*

θάρσησις εως ἡ confianza, seguridad.

θάρσος εος [ους] τό *jón. y át. ant.* = **θάρρος.**

θάρσυνος ον confiado, lleno de confianza [en algo, *dat.*].

θαρσύνω *jón. y át. ant.* = **θαρρύνω.** F. *3.ª sing. impf. iter. ép.* θαρσύνεσκε; *aor. ép. sin aum.* θάρσυνα.

θάσσω estar sentado [en... *ac.*. ἐπὶ *y dat. etc.*].

θασσων ον *comp. de* ταχύς || ADV. **θάσσον.**

θάτερον *contr. por* τὸ ἕτερον.

θάττων ον *comp. át. de* ταχύς [*cf.* θάσσων.].

θαῦμα ατος τό maravilla, cosa, objeto *o* aparición digna de admirarse (θαῦμ' ἰδέσθαι cosa maravillosa de ver; οὐδὲν θαῦμα no es nada de maravillar *o* de extrañar [que... *inf.*]); *en pl.* jugadas *o* suertes extraordinarias, prestigios; admiración, sorpresa, asombro (θ. ποιεῖσθαι admirarse [de algo, *gen. o* περὶ *y gen.*]).

θαυμάζω estar *o* quedar admirado, admirarse, extrañarse [de *o* por... *gen. o dat.*; de que... εἰ...] || mirar con admiración, con sorpresa, con reverencia etc. [algo *o* a alguien, *ac.*; algo de alguien *o* en alguien, *ac. y gen. o* a alguien por algo, *ac. y gen. tamb. con distintas prps.*]; maravillarse de que, extrañar que; preguntarse con admiración *o* curiosidad que *o* cómo etc. [*orac. subordinada con* ὅτι, *interr. indir.* etc.])|| PAS. ser objeto de admiración, de respeto *o* de extrañeza (θαυμάζεται μὴ παρών es extraño que no esté ya aquí).
F. *impf. iter. ép.* θαυμάζεσκον; *fut.* θαυμάσομαι, *ép.* θαυμάσσομαι, *tamb.* θαυμάσω (*íd., raro en át.*); *aor.* ἐθαύμασα, *med.* ἐθαυμασάμην; *perf.* τεθαύμακα; *aor. pas.* ἐθαυμάσθην, *fut. pas.* θαυμασθήσομαι.

θαυμαίνω = **θαυμάζω.** F. *fut. ép.* θαυμανέω.

θαυμάσιος α ον [*o* **-ος ον**] admirable, maravilloso (τοῦ κάλλους *o* τὸ κάλλος de hermosura); asombroso, sorprendente, extraño, singular; *como apóstr.* ὦ θαυμασιώτατε ἄνθρωπε oh hombre extraño! oh varón singularísimo!

θαυμαστός ή όν = **θαυμάσιος.**

θαυματοποιία ας ἡ juego de manos, prestidigitación.

θαυματο-ποιός οῦ ὁ prestidigitador; charlatán, sacamuelas.

θάω [*y med.*] chupar, mamar || *v.* θάομαι.

θεά ᾶς ἡ diosa || ADJ. *f.* divina.

θέα ας ἡ acción de mirar *o* contemplar, vista, contemplación; aspecto, apariencia; objeto de visión *o* contemplación, espectáculo; lugar de espectador en el teatro[*Dem. Cor. 9, 18*].

θέαινα ης ἡ diosa.

θέαμα ατος τό objeto de visión *o* contemplación, vista, espectáculo.

θεάομαι -ῶμαι ver, mirar, contemplar observar; considerar; pasar revista a, revistar; comprender, reconocer. F. *Cf.* θάομαι; *ép. y jón.* θηέομαι, *2.ª sing. opt.* θηοῖο; *part.* θηεύμενος, *impf. 3.ª sing.* ἐθηεῖτο *y* θηεῖτο, *1.ª pl.* ἐθηεύμεσθα, *3.ª pl.* ἐθηεῦντο *y* θηεῦντο. *A más fut.* θεάσομαι, *jón.* θεήσομαι; *aor.* ἐθεασάμην; *en ép. y jón. se hallan formas* con θεη- θηη- *y* θη- (*opt. 2.ª y 3.ª sing.* θηήσαιο θηήσαιτο, *3.ª pl.* θησαίατ(ο).

θεατέος α ον *adj. vbal. de* θεάομαι (θεατέον se ha de mirar).

θεατής οῦ ὁ espectador; observador; oyente.

θεατός ή όν visible; observable; digno de ser visto.

θεατρίζω ofrecer como espectáculo *o* ludibrio.

θέατρον ου τό lugar de espectáculo, teatro; conjunto de espectadores, público; objeto de espectáculo [*NT*].

θέε *3.ª sing. impf. ép. de* θέω.

θέειον ου τό *ép.* = **θεῖον** azufre.

θεειόω -ῶ *ép.* azufrar, fumigar con azufre.

θέεσκον *impf. iterat. ép. de* θέω.

θέη ης ἡ *jón.* = **θέα.**

θε-ήλατος ον enviado *o* movido por los dioses, de origen divino.

θέησι *3.ª sing. subj. pres. ép. de* θέω.
θεητής *jón.* = **θεατής.**
θεητός *jón.* = **θεατός.**
θέητρον *jón.* = **θέατρον.**
θειάζω practicar la adivinación, profetizar.
θειασμός οῦ ὁ adivinación; superstición.
θείην -ης -η *opt. aor. de* τίθημι.
θειλό-πεδον ου τό secadero [de uvas en la viña].
θεῖμεν *1.ª pl. opt. aor. de* τίθημι.
θεῖναι *inf. aor. 2.º de* τίθημι *o 1.º de* θείνω [*part.* θείνας].
θείνω pegar, golpear; herir.
F. *inf. pres. ép.* θεινέμεναι; *fut.* θενῶ; *aor. 1.º* ἔθεινα *part.* θείνας; *aor. 2.º* ἔθενον (*subj.* θένω, *inf.* θενεῖν, *part.* θενών *que mal acentuados han sido artibuidas a un pres. ind.* θένω). *A este vb. corresponde propiamente también el aor.* ἔπεφνον *para el que se ha supuesto un pres.* φένω: *ép. poét.* πέφνον, *2.ª y 3.ª sing. subj.* πέφνῃς πέφνῃ, *inf. ép.* πεφνέμεν, *part.* πεφνών *o* πέφνων *(con acento de part. pres.). De la misma raíz, perf.* πέφαμαι, *3.ª sing.* πέφαται, *3.ª pl.* πέφανται *inf.* πεφάσθαι, *fut. perf. 2.ª sing.* πεφήσεαι, *3.º* πεφήσεται. *Estas formas derivadas de la raíz* φεν-*son ép. y poet. y sólo tienen la significa ción de matar.*
θείομεν *1.ª pl. subj. aor. 2.º ép. de* τίθημι.
θεῖον ου τό azufre; vapor *o* humo de azufre || *v.* θειος.
θεῖος α ον divino, de naturaleza divina (τὸ θεῖον la divinidad; τὰ θεῖα las cosas divinas [voluntad, decisiones, providencia etc.]; piedad, culto divino, religión); de origen divino, enviado por los dioses (θεία νόσος enfermedad mandada por los dioses, locura); dedicado *o* consagrado a los dioses, sagrado, santo; protegido por los dioses; *fig.* admirable, maravilloso, extraordinario, soberano, excelente.
F. *comp.* θειότερος *y* θεώτερος.
θεῖος ου ὁ tío, hermano del padre *o* de la madre.
θειότης ητος ἡ divinidad, naturaleza divina.
θείς *part. aor. 2.º de* τίθημι.
θεῖτο *3.ª sing. opt. aor. med. de* τίθημι.
θείω *ép.* = **θέω** *1* || *ép.* = θῶ *subj. aor. de* τίθημι.
θειώδης ες semejante al azufre, sulfúreo.
θέλγω hechizar, encantar, embelesar, fascinar, cautivar; seducir, engañar; cegar, perturbar, dejar impedido.
F. *3.ª sing. impf. ép.* θέλγεσκεν; *fut.* θέλξω; *aor.* ἔθελξα; *aor. pas.* ἐθέλχθην (*3.ª pl. ép.* ἔθελχθεν); *fut. pas.* θελχθήσομαι.
θέλημα ατος τό voluntad, deseo, beneplácito.
θέλησις εως ἡ querer, voluntad.
θελκτήριον ου τό encanto, encantamiento, hechizo; *fig.* embeleso; propiciación.
θελκτήριος ον encantador, hechicero.
θέλκτρον ου τό hechizo.
θελξί-μβροτος ον que encanta a los mortales.
θελοντής οῦ ὁ = **ἐθελοντής.**
θέλω = **ἐθέλω.**
θέμεθλον ου τό *gralmente. pl.* fundamento, cimientos, base; parte más íntima y profunda, fondo, raíz (ὀφθαλμοῖο del ojo; στομάχοιο de la garganta *e. e.* tragadero, faringe).
θεμείλιον ου τό *y*
θεμέλιον ου τό *y*
θεμέλιος ου ὁ = **θέμεθλον.**
θεμελιόω -ῶ cimentar, asentar, *tamb. fig.*
θέμεν θέμεναι *inf. aor. ép. de* τίθημι.
θέμενος η ον *part. aor. med. de* τίθημι.
θέμις ιστος [*o* **ιτος**] **ἡ** ley natural *o* divina; voluntad divina; derecho, ley, costumbre, uso (θέμις ἐστί es de ley, es justo, es lícito *o* permitido es de, costumbre, es natural; ἧ θέμις ἐστί como es justo, como es natural; como es uso) || PL. constituciones, leyes, decretos [divinos *o* humanos]; decisiones, sentencias; oráculos; juicios, procesos; prerrogativas, derechos; pechos, tributos.
F. *ac. sing.* θέμιστα *y* θέμιν; *tamb. como indeclinable.*
Θέμις [*gen.* **-ιδος -ιστος -ιτος,** *jón.* **ιος**] Temis [diosa de la justicia].
θεμιστεύω administrar justicia, declarar el derecho [a *o* entre alguien, *dat.*]; mandar, tener el gobierno [de alguien, *gen.*]; pronunciar oráculos.

Θεμιστοκλέης [*y* **Θεμιστοκλῆς**] **έους** [*o* **έος**] **ὁ** Temístocles [general ateniense].

θεμιστός ή όν *y*

θεμιτός ή όν conforme a la ley *o* derecho [divino *o* humano], lícito, permitido.

θεμόω -ῶ hacer que, forzar a... [*ac. con inf.*].

-θεν *sufijo que indica lugar de donde* (οὐρανόθεν del cielo); *en los prons. pers. les da valor de gen* (ἐμέθεν = ἐμοῦ etc.).

θέναρ αρος τό hueco *o* palma de la mano.

θενεῖν *inf. aor. 2.º de* θείνω.

θέντες *pl. part, aor. de* τίθημι.

θένω *v.* **θείνω.**

θενῶ *fut. de* θείνω.

θέο = **θοῦ** *imp. aor. ép. de* τίθημι.

θεο-βλαβής ές dementado por los dioses, demente.

θεο-γεννής ές nacido de dioses, de linaje divino.

θεογονία ας [*jón,* **θεογονίη ης**] **ἡ** nacimiento *u* origen de los dioses, teogonía.

θεο-δίδακτος ον instruído por Dios.

θεό-δμητος ον edificado por los dioses.

θεο-ειδής ές semejante a los dioses.

θεο-είκελος ον = **θεοειδής.**

θεό-θεν de parte de Dios *o* de los dioses, por decreto divino.

θεολογία ας ἡ doctrina sobre la divinidad y las cosas divinas, teología.

θεο-λόγος ου ὁ conocedor de las cosas divinas, teólogo.

θεό-μαντις εως ὁ adivino *o* profeta inspirado por los dioses.

θεο-μαχέω -ῶ luchar contra los dioses; *en el N. T.* luchar contra Dios, resistir a Dios.

θεομαχία ας ἡ lucha entre los dioses.

θεό-μαχος ον que combate contra la divinidad; adversario *o* enemigo de Dios.

θεο-μισής ές odiado por los dioses.

θέον *impf. ép. sin aum. de* θέω.

θεό-πνευστος ον inspirado *o* dictado por Dios.

θεοπροπέω declarar la voluntad de los dioses, vaticinar.

θεοπροπία ας [*jón.* **θεοπροπίη ης**] **ἡ** mandato de los dioses; oráculo, vaticinio.

θεοπρόπιον ου τό = **θεοπροπία.**

θεο-πρόπος ον vidente; profético || SUBST. **ὁ θεοπρόπος** adivino, profeta; consultor del oráculo, emisario del Estado para consultar el oráculo.

θεός οῦ ὁ ἡ dios, diosa; ὁ θεός el dios [un dios determinado *por ej.* Posidón, Apolo *y esp.* Zeus]; *en el N. T.* Dios; divinidad, inteligencia *o* voluntad divina, providencia (σύν θεῷ, σύν τῷ θεῷ, σὺν θεοῖς, σὺν τοῖς θεοῖς, con el auxilio, la asistencia *o* el favor divino, gracias a Dios *o* a los dioses, por disposición divina; ἄνευ θεοῦ sin voluntad *o* ayuda de los dioses; ἐκ θεόφιν por impulso divino; πρὸς θεῶν por los dioses etc.; θεὸς ἴστω sea testigo la divinidad; τὰ τῶν θεῶν, τὰ παρὰ τῶν θεῶν las cosas divinas; manifestaciones de la divinidad; destino, sacrificios, culto etc.); imagen *o* estatua de los dioses.

F. *voc.* θεός, *td.* θεέ (*N. T. Ev. Mat.* 27, 46). *Comp.* θεώτερος *como adj. v. s. v.*

θεοσέβεια ας ἡ piedad, religión.

θεο-σεβής ές piadoso, religioso.

θεο-στυγής ές odiado por Dios; que odia a Dios, impío.

θεότης ητος ἡ divinidad, naturaleza divina.

θεουδής ές temeroso de la divinidad, religioso, piadoso.

θεοφάνια ων τά las teofanias [fiestas de primavera en Delfos]; manifestación de Dios, *de donde* Natividad *y* Epifanía.

θεο-φιλής ές amado de los dioses; amado por Dios; dichoso, afortunado; hermoso.

θεόφιν *ép.* = **θεῶν** *o* **θεοῖς,** *de* θεός.

θεράπαινα ης ἡ sirvienta; sierva, esclava.

θεραπαινίς ίδος ἡ sirvienta joven, muchacha.

θεραπεία ας ἡ *y*

θεράπευμα ατος τό servicio, prestación de servicio, solicitud, aplicación, esmero; consideración, veneración; *en mal sentido,* adulación, lisonja; cuidado; guarda, atención; *más esp.* cultivo [de la tierra]; veneración *o* culto [de los dioses]; tratamiento, cura [de las enfermedades]; cuidado del cuerpo, tocado, atavío; servidumbre, conjunto de servidores, comitiva, escolta.

θεραπευτήρ ῆρος ὁ *y*

θεραπευτής οῦ ὁ = θεράπων.

θεραπευτικός ή όν servicial, diligente.

θεραπευτός ή όν cultivable, susceptible de cultivo.

θεραπεύω ser servidor de, estar al servicio de, servir a [alguien, *ac.*]; cuidar, guardar; tener cuidado de; atender a [algo *o* a alguien, *ac.*: τὸ παρὸν θεραπεύειν atender a las circunstancias del momento]; cultivar [material *o* moralmente]; cuidar [de que... ὡς *o* ὅτι; de que no... μή *y subj.*]; tratar con cuidado *o* con solicitud; halagar, lisonjear, hacer la corte, tratar de conciliarse; tratar, cuidar, curar [a enfermos, heridos etc.]; honrar, venerar [a los dioses, a los padres etc.].

θεραπηίη ης ἡ *jón.* = **θεραπεία.**

θεράπων οντος ὁ servidor [de condición libre *o* esclavo]; cuidador; compañero de armas, acompañante, escudero *o* auriga; *en gral.* compañero, camarada, amigo; venerador [de un dios etc.].

θερεία ας [*jón.* **θερείη ης**] **ἡ** verano, estío.

θερέω *subj. aor. ép. de* θέρομαι.

θερίζω pasar el verano, veranear; segar la mies, recoger la cosecha; *fig.* cortar, amputar ‖ PAS. ser segado *o* recogido.

θερινός ή όν de estío, estival.

θερισμός οῦ ὁ siega, recolección; tiempo de la siega; campo de mieses, *tamb. fig.*

θεριστής οῦ ὁ segador.

θερμαίνω calentar, caldear ‖ PAS. calentarse, caldearse; *fig.* excitarse; inflamarse, animarse.

θερμασία ας ἡ calor.

θέρμη ης ἡ calor, ardor *y esp.* ardor febril.

Θερμο-πύλαι ῶν αἱ Termópilas [desfiladero entre Tesalia y Lócrida, famoso por la defensa de Leónidas].

θερμός ή όν caliente, cálido; τὸ θερμόν el calor; *fig.* ardoroso, ardiente, apasionado; doloroso, acerbo.

θέρμος ου ὁ altramuz.

θερμότης ητος ἡ calor.

θερμουργός όν fogoso, arrojado, decidido.

θέρμω = θερμαίνω.

θέρομαι calentarse (πυρός al fuego); quemarse, abrasarse, ser abrasado (πυρός por el fuego).

F. *La act.* θέρω *es rara y td. Fut.* θέρσομαι, *part.* θερσόμενος; *aor.* ἐθέρην, *subj. ép.* θερέω.

θέρος εος [**ους**, *ép.* **ευς**] **τό** calor *y esp.* estación del calor, verano, estío; *en gral.* buen tiempo, buena estación; *espte.* tiempo de campaña, mitad del año en que se hace la guerra; campaña; cosecha.

Θερσίτης ου ὁ Tersites [griego deforme y lenguaraz en el sitio de Troya].

θερσόμενος *part. fut. ép. de* θέρομαι.

θέρω *v.* **θέρομαι.**

θές θέτω *imp. aor. de* τίθημι.

θέσαν *3.ª pl. aor. ép. de* τίθημι.

θέσθε *2.ª pl. aor. ind. med. ép. e imp. de* τίθημι.

θέσθω *3.ª sing. imp. aor. med. de* τίθημι.

θέσις εως ἡ colocación, disposición, ordenación; establecimiento, institución, implantación [*v. gr.* de una ley]; imposición [de un hombre etc.; proposición, aserto, tesis; depósito *o* pago; posición, situación geográfica.

θέσκελος ον maravilloso, extraordinario ‖ ADV. **θέσκελον.**

θέσμιος ον [*o* **-ος α ον**] conforme a la ley divina, legal ‖ **τὰ θέσμια** leyes, decretos, normas, ritos.

θεσμοθετεῖον ου τό casa de los tesmotetas.

θεσμο-θέτης ου ὁ tesmoteta, *nombre de* los arcontes revisores de las leyes.

θεσμός οῦ ὁ institución divina *o* sagrada; ley, constitución, institución; costumbre, uso; precepto, norma, rito; lugar acostumbrado, puesto.

θεσμοφόρια ων τά Tesmoforias [fiestas mujeriles en honor de Demeter].

θεσμοφοριάζω celebrar las Tesmoforias.

θεσμο-φόρος ον instituidor, legislador, [*f.*, *epít. de* Demeter, fundadora de la vida civil y la agricultura].

θεσμο-φύλαξ ακος ὁ guardián de las leyes.

θεσπέσιος α ον [*o* **-ος ον**] de voz *o* sonido divino; divino; *fig.* sobrehumano, inefable, maravilloso, excelente;

terrible, violento, desmedido, desaforado; θεσπέσιον ὡς *o* οἷον no se puede decir cómo *o* cuánto, *e. e.* de manera inefable, extraordinaria.

θεσπι-δαής ές encendido por un dios; violento, furioso.

θεσπι-έπεια ας ADJ. *f.* profética, reveladora de oráculos.

θεσπίζω anunciar en oráculo, profetizar, predecir.

θέσπις ιος ADJ. *m. y f.* de palabras divinas, inspirado; divino, maravilloso.

θέσπισμα ατος τό palabra divina, oráculo; *tamb. td.* orden senatorial *o* imperial.

Θεσσαλία ας [*jón.* **Θεσσαλίη ης**] **ἡ** Tesalia [región del N. de Grecia].

Θεσσαλικός ή όν *y*

Θεσσάλιος α ον *y*

Θεσσαλίς ίδος ADJ. *f. y*

Θεσσαλός ή όν tesalio, de Tesalia.

θέσ-φατος ον dicho, anunciado *o* determinado por los dioses; (τὸ θέσφατον palabra divina, oráculo, vaticinio); producido *o* enviado por los dioses.

θετέος α ον *adj. vbal. de* τίθημι que se ha de poner *o* asentar.

Θέτις ιδος ἡ Tetis [diosa marina, madre de Aquiles].

F. *dat.* Θέτι *(ép.)*, *ac.* Θέτιν, *voc.* Θέτι.

θέτο *3.ª sing. aor. med. ép. de* τίθημι.

θετός ή όν *adj. vbal. de* τίθημι puesto, colocado; adoptado, adoptivo.

Θετταλία Θετταλικός *etc. át.* = **Θεσσαλία Θεσσαλικός** etc.

θεύσομαι *2.ª ép.* **θεύσεαι** *fut. de* θέω.

1 **θέω** correr, apresurarse (πεδίοιο por el llano); correr en las carreras [por un premio περὶ *y gen.*; *tamb. fig.* περὶ ψυχῆς Ἕκτορος por la vida de Héctor]; *tamb. de cosas como naves, ruedas, proyectiles* etc.; *fig.* correr, extenderse, estar extendido [*v. gr.* el cerco alrededor del escudo etc.].

F. *ép. tamb.* θείω; *3.ª sing. subj. ép.* θέησι; *3.ª sing. impf.* ἔθει, *ép. y jón.* ἔθεε *ép. tamb.* θέε; *impf. iter. ép.* θέεσκον; *fut.* θεύσομαι *2.ª ép.* θεύσεαι, *aor.* ἔθευσα. *Los otros temas se suplen con los de* τρέχω *v. s. v.*

2 **θέω** = **θῶ** *subj. aor. de* τίθημι.

θεωρέω -ῶ mirar, observar; inspeccionar, revistar; contemplar, considerar, observar con la inteligencia; contemplar como espectador, asistir (τὸν ἀγῶνα al certamen); ser teoro *e. e.* enviado del estado al oráculo *o* a las fiestas; enviar teoros *o* emisarios al oráculo *o* a las fiestas.

θεώρημα ατος τό lo que se ve *o* se ofrece a la vista; espectáculo.

θεωρία ας [*jón.* **θεωρίη ης**] **ἡ** visión, vista (θεωρίης εἵνεκεν para ver mundo); contemplación, especulación de la mente; espectáculo *o* asistencia de espectáculos, fiestas, certámenes etc. (ἐπὶ θεωρίαν ἐξελθεῖν salir para alguna fiesta); embajada *o* misión sagrada [a oráculos, fiestas etc.], expedición de carácter religioso, peregrinación; oficio de teoro [*v.* θεωρός].

θεωρικός ή όν referente a las fiestas *o* espectáculos || **τὰ θεωρικά** dineros dados por el Estado a los atenienses pobres para que pagasen su asiento en el teatro; **τὸ θεωρικόν** fondo para espectáculos.

θεωρίς ίδος ἡ nave sagrada que transportaba a los teoros *o* peregrinos.

θεωρός οῦ ὁ espectador; embajador, emisario *y esp.* el enviado a los juegos públicos *o* a consultar los oráculos; magistrado inspector [en Mantinea].

θεώτερος α ον divino, propio de los dioses.

Θῆβαι ῶν αἱ Tebas [ciudad de Egipto]; Tebas [capital de Beocia].

Θηβαῖος α ον tebano, de Tebas.

Θήβη ης ἡ Teba [ciudad de la Tróada]; *poét.* = **Θῆβαι.**

θηγάνη ης ἡ piedra de afilar, amoladera.

θήγω *y med.* afilar, aguzar; γλῶσσα τεθηγμένη lengua *o* modo de hablar tajante; *fig.* excitar, animar.

θηεῖτο *3.ª sing. impf. ép. de* θηέομαι, *v.* **θεάομαι.**

θηέομαι -οῦμαι *y*

* **θηεῦμαι** *ép. y jón.* = **θεάομαι.**

θηεῦντο *3.ª pl. impf. ép. de* θεάομαι.

θήης *2.ª sing. subj. aor. ép. de* τίθημι (=θῇς).

θήσαιο θήσαιτο *2.ª y 3.ª sing. opt. aor. 1.º ép. de* θεάομαι.

θητήρ ῆρος ὁ observador, *de donde* conocedor, experto.

θητός ή όν *adj. vbal. de* θηέομαι = **θεατός** digno de admiración.

θήϊον ου τό *ép. y jón.* = **θεῖον** azufre.
θῆκα [*3.ª pl.* θῆκαν] *aor. ép. de* τίθημι.
θηκαῖος η ον *jón.* sepulcral.
θήκη ης ἡ depósito, receptáculo; caja, cofre; tumba, sepulcro; ataúd; enterramiento, sepelio; piedra sepulcral; vaina [de la espada, *NT.*].
θηκτός ή όν *adj. vbal. de* θήγω.
θηλάζω [*y med.*] amamantar, lactar; mamar.
θηλέω -ῶ = **θάλλω.**
θηλυδρίης ου ὁ *jón.* afeminado.
θηλυ-μίτρης ου ὁ de tocado femenino, vestido como mujer.
θηλύνω afeminar, enervar; ablandar.
θῆλυς εια υ [*o poét.* **-υς υ**] femenino *e. e.* hembra (θήλεια θεός diosa; θήλεια ἵππος yegua etc.); de mujeres, mujeril (θῆλυς ἀϋτή gritería mujeril); *fig.* delicado, tierno; fresco, refrescante.
F. *f. jón. y raro ép.* θήλεα; *comp.* θηλύτερος *con el mismo valor de* θῆλυς.
θημών ῶνος ὁ montón.
θήν ADV. *enclít.* de cierto, por cierto. *Se une a:* ἦ, μέν *etc. y refuerza su valor.*
θηοῖο *2.ª sing. opt. de* θηέομαι.
θήομεν *1.ª pl. subj. aor. ép. de* τίθημι.
θήρ θηρός ὁ animal selvático; animal de presa, fiera, *esp.* león [*tamb.* jabalí etc.]; animal terrestre [*por opos.* a los peces *y* a las aves]; animal, bruto *en gral.*; animal fabuloso, monstruo.
θήρα ας ἡ caza, cacería; *fig.* búsqueda afanosa, persecución; animales cazados, caza conseguida *y en gral.* presa, botín.
θηρατέος α ον *adj. vbal. de* θηράω que se ha de cazar, que se ha de coger, que se ha de obtener *o* ganar (θερατέον εἶναι haberse de ganar [algo *o* a alguien, *ac.*]).
θηρατικός ή όν relativo a la caza (τῶν φίλων τὰ θηρατικά medios de ganarse a las personas queridas, de ganarse amigos).
θήρατρον ου τό instrumento de caza *o* de pesca, red, lazo, trampa.
θηράω -ῶ [*y med.*] cazar; cautivar, coger cautivo; *fig.* captarse, ganarse a alguien, *ac.*]; buscar con afán, perseguir.
F. *fut.* θηράσω, *át.* θηράσομαι; *aor.* ἐθήρασα, *med.* ἐθηρασάμην; *perf.* τεθήρακα; *aor. pas.* ἐθηράθην. *V.* θηρέω *jón. y* θηρεύω *át. con el mismo valor.*
θήρειος α ον [*o* **-ος ον**] de animal silvestre, salvajino (θήρειος βία la fuerza de los monstruos salvajes [Centauros]).
θηρευτής οῦ ὁ cazador, de caza; pescador.
θηρευτικός ή όν concerniente a la caza, de caza.
θηρεύω *y*
θηρέω [*y med.*] = **θηράω.**
θήρη ης ἡ *ép. y jón.* = **θήρα.**
θηρητήρ ῆρος *ép. y*
θηρήτωρ ορος ὁ = **θηρευτής.**
θηριο-μαχέω -ῶ luchar con fieras.
θηρίον ου τό = **θήρ.**
θηριώδης ες lleno de fieras *o* animales silvestres; animal, bestial, salvaje.
θηρο-βολέω -ῶ alcanzar disparando a las fieras, cazar animales silvestres.
θής θητός ὁ obrero, jornalero; proletario.
θησαίατο *3.ª pl. opt. aor. 1.º de* θεάομαι.
θήσατο *3.ª sing. aor. 1.º med. de* θάω.
θησαυρίζω atesorar, acumular; guardar, conservar.
θησαύρισμα ατος τό tesoro, riqueza, provisiones.
θησαυρο-ποιός οῦ ὁ que reune un tesoro.
θησαυρός οῦ ὁ depósito; tesoro *y esp.* tesoro de un templo; cofre, caja.
Θησεύς έως [*ép.* **ῆος** *y jón.* **έος**] Teseo [rey y héroe nacional de Atenas].
θῆσθαι *inf. med. de* θάω.
θῆσι *3.ª sing. subj. aor. ép. de* τίθημι.
θῆσσα *át. tamb.* **θῆττα** *f. de* θής jornalera, obrera, *tamb. adj.*
θήσω *fut. de* τίθημι.
θητεία ας ἡ servicio mercenario, salario (ἐπὶ θητείᾳ a salario, a sueldo).
θητέρᾳ *contr. de* τῇ ἑτέρᾳ [*v.* ἕτερος].
θητεύω trabajar *o* servir a sueldo [a *o* con alguien (*dat.* παρὰ *y dat.*)].
θήω *subj. aor. ép. de* τίθημι.
-θι *sufiijo que indica el lugar en donde:* οἴκοθι en casa.
θίασος ου ὁ compañía *o* cofradía que celebraba las fiestas de una divinidad, *esp.* las fiestas báquicas; cortejo *o* tropel de Baco, procesión, comitiva; orgía; danza; *en gral.* compañía, cofradía.

θιγγάνω tocar [algo, *gen.*: παντὸς λόγου κακοῦ γλώσσῃ θιγεῖν tener en boca toda clase de palabras perversas]; alcanzar; obtener; coger, abrazar; participar de [algo, *gen.*].
F. *fut.* θίξω *o* θίξομαι; *aor.* 2.º ἔθιγον.

θίς θινός ὁ ἡ cúmulo, montón; orilla, playa; banco de arena; arena del mar; arena del desierto; duna.

θλάω quebrantar, aplastar, manchar.
F. *fut.* θλάσω; *aor.* ἔθλασα *ép.* θλάσσα, *perf. pas.* τέθλασμαι.

θλίβω apretar, estrechar, oprimir (τεθλιμμένη ὁδός camino estrecho); rozar, gustar, consumir || MED. θλίψεται ὤμους va a gastarse los hombros [*v. l. Hom. Od. 17, 221*].
F. *fut.* θλίψω, *med.* θλίψομαι; *aor.* ἔθλιψα; *perf.* τέθλιφα; *pas.* τέθλιμμαι; *aor. pas.* ἐθλίφθην, *tamb.* ἐθλίβην.

θλίψις εως ἡ angustia, opresión, tribulación.

θνατός ή όν *dór.* = **θνητός**.

θνήσκω morir, morirse (νόσῳ de enfermedad); caer [en el combate], perecer; ser muerto [por alguien *o* a manos de alguien, ὑπὸ, ἐκ, πρὸς *y gen.*; *dat. etc.*; *tamb.* morir por algo *o* por alguien: θν. περὶ *o* ὑπὲρ *y gen.*]; *pf.* τεθνηκέναι *o* τεθνάναι morir *o* estar muerto (τεθνάναι τῷ δέει morirse de miedo [de alguien, *ac.*]); *part.* θανών, τεθνηκώς *o* τεθνεώς muerto; *de cosas,* perecer; desvanecerse, desaparecer. *Pres. a veces con sing. de perf.*
F. *fut.* θανοῦμαι, *ép.* θανέομαι, 2.ª *sing.* θανέαι; *inf. ép.* θανέεσθαι; *aor.* 2.º ἔθανον, *ép.* θάνον, *inf. ép. y jón.* θανέειν (*raro* θανέμεν); *perf.* τέθνηκα, *subj.* τεθνήκω; *plpf.* ἐτεθνήκειν. *Tamb. sin* κ: *perf. du.* τέθνατον, 1.ª *pl.* τέθναμεν, 3.ª τεθνᾶσι; *imp.* τέθναθι, τεθνάτω; *opt.* τεθναίην; *inf.* τεθνάναι, *ép.* τεθνάμεν(αι); *part.* τεθνεώς -ῶσα -ός (*raro* τεθνηκός), *gen.* τεθνεῶτος *etc.*; *ép.* τεθνηώς -ηυῖα, *gen.* τεθνηῶτος *y* τεθνηότος *etc. fut. perf.* τεθνήξω, *después* τεθνήξομαι. *Usado en la prosa át. en perf. y plpf.; en los otros temas se le sustituye en gral. por el compto.* ἀποθνῄσκω.

θνητο-γενής ές hijo de mortales, de linaje mortal.

θνητο-ειδής ές de especie mortal, mortal.

θνητός ή όν *adj. vbal. de* θνῄσκω mortal; de mortal, propio de mortales.

1 **θοάζω** mover *o* agitar rápidamente || INTR. moverse rápidamente, lanzarse.

2 **θοάζω** sentarse, asentarse, colocarse (τίνας... τάσδε... ἕδρας θοάζετε; ¿qué actitudes son esas en que estáis? ¿qué significa vuestra actitud [de suplicantes]? *Sóf., E.R., 2*).

θοιμάτιον *contr. de* τὸ ἱμάτιον.

θοινάω -ῶ *y*

θοινέω -ῶ agasajar en la mesa, dar de comer, convidar; obsequiar || MED. celebrar un festín, banquetearse.

θοίνη ης ἡ banquete, festín, convite; comida; *fig.* gozo, deleite.

θολερός ά όν turbio, turbulento; sucio; *fig.* turbador, perturbador.

θόλος ου ἡ bóveda; cúpula; edificación abovedada *y esp.* rotonda junto al patio [donde estaban las provisiones, trebejos etc.]; rotonda donde comían los prítanes en Atenas.

θολόω -ῶ enturbiar; turbar.

1 **θοός ή όν** rápido, veloz, pronto, expedito, ágil (θοὴ νύξ noche que cae rápidamente; θοὴ δαίς banquete prontamente dispuesto; θοαὶ νῆσοι islas que huyen *o* parecen huir; *s. o.* puntiagudas [por su forma], *Hom. Od. 15, 299*).

2 **θοός ή όν** puntiagudo, en punta.

θοόω -ῶ aguzar.

θορέειν *ép. y* **θορεῖν,** *inf. aor. de* θρῴσκω.

θορέομαι -οῦμαι *fut. de* θρῴσκω.

θορή ῆς ἡ *jón.* = **θορός.**

θόρνυμαι *y*

θορνύομαι juntarse, ayuntarse.

θόρον -ες -ε *etc. aor.* 2.º *ép. de* θρῴσκω.

θορός οῦ ὁ semen.

θορυβάζομαι inquietarse, afanarse.

θορυβέω -ῶ alborotar, armar ruido; *esp.* alborotar en una asamblea en señal de aprobación *o* de desaprobación; aclamar, aplaudir (θορυβοῦντες ὡς ὀρθῶς λέγεται manifestando su conformidad con aplausos), *o más frec.* gritar, protestar ruidosamente (contra... *dat.* ἐπί *y dat. etc.*); turbar, perturbar, inquietar, poner en confusión || PAS. ser turbado, perturbado, puesto en confusión.

θόρυβος ου ὁ alboroto, estrépito, *esp.* clamor, *o* murmullos en una asamblea [en señal de aprobación *o* desaprobación]; confusión, tumulto, revuelta.

θοῦ *imp. aor. med. de* τίθημι.

θούριος α ον *y*

θοῦρις ιδος ADJ. *f.* impetuoso, violento, que se abre camino en el combate [ἀσπίς].

θοὔρμαιον *contr. de* τὸ ἕρμαιον.

θοῦρος ον = **θούριος.**

θόωκος ου ὁ *ép.* = **θᾶκος** asiento; sesión *o* reunión, junta, asamblea.

Θράκη ης ἡ Tracia [región bárbara al N. O. de Grecia].

Θράκιος α ον tracio, de Tracia.

θρανίτης ου ὁ remero del orden *o* hilera superior.

Θρᾷξ ᾳκός = **Θράκιος.**

θρασέως ADV. *de* θρασύς audazmente, atrevidamente.

θράσος εος [ους] = **θάρσος** [*v.* θάρρος].

θράσσω turbar, perturbar, inquietar.

θρασυ-κάρδιος ον de gran corazón, animoso, valiente, atrevido.

θρασυ-μέμνων ον de audaz resistencia, intrépido.

θρασύνω dar valor *o* ánimo, animar, envalentonar || INTR. animarse, consolarse || MED. *y* PAS. tomar ánimos *o* confianza, animarse; ser *o* mostrarse atrevido, audaz, insolente [de obra *o* de palabra], insolentarse.

θρασύς εῖα ύ = **θαρσαλέος** [*v.* θαρραλέος].

θρασυστομέω -ῶ hablar con osadía, insolentarse.

θρασύτης ητος ἡ audacia, osadía.

θράττω *át.* = **θράσσω.**

θραύω romper, quebrar, destrozar, quebrantar, *tamb. fig.*
F. *fut.* θραύσω; *aor.* ἔθραυσα; *perf. pas.* τέθραυσμαι; *aor. pas.* ἐθραύσθην.

θρεκτέος α ον *adj. vbal. de* τρέχω.

θρέμμα ατος τό criatura; animal; vástago, retoño; cachorro, cría.

θρέξας *part. aor. 1.º y*

θρέξασκον *aor. iterat. de* τρέχω.

θρέομαι dar gritos, gritar; lamentar.

θρεπτέος α ον *adj. vbal. de* τρέφω.

θρεπτήρια ων τά medios de alimentación , alimentos; honorarios *o* paga por educación, crianza *o* cuidado.

θρεπτός ἡ όν *adj. vbal. de* τρέφω alimentado, criado; pupilo, alumno.

θρέπτρα ων τά cuidados *esp.* de alimentación con los padres ancianos.

θρέψα = **ἔθρεψα** *aor. ép. de* τρέφω.

θρέψω -ομαι *fut. de* τρέφω.

Θρηΐκη *jón* = **Θράκη.**

Θρηΐκιος η ον *ép. y jón.* = **Θράκιος.**

Θρῆϊξ ικος *ép. y jón.* = **Θρᾷξ.**

Θρῄκη ης ἡ *ép. y poét.* = **Θράκη.**

Θρῄκιος η ον *ép. y jón.* = **Θράκιος.**

θρηνέω -ῶ lamentarse, gemir; exhalar [un canto de dolor] || TR. lamentar, deplorar [algo *o* alguien, *ac.*]; **αἱ θρηνοῦσαι** plañideras.
F. *Impf. ép.* θρήνεον *y* θρήνευν = ἐθρήνουν; *fut.* θρηνήσω; *3.ª sing. perf. pas. impers.* τεθρήνηται *Sóf. Fil. 1401*

θρῆνος ου ὁ lamento, gemido; canto de dolor, canto fúnebre.

θρῆνυς υος ὁ escabel; banco de remeros.

θρηνώδης ες a modo de lamento; lamentoso, quejumbroso.

θρηνῳδία ας ἡ canto de dolor.

θρησκεία ας ἡ adoración de la divinidad, religión, culto; precepto religioso, práctica sagrada.

θρησκεύω observar, guardar religiosamente.

θρησκηίη ης ἡ *jón.* = **θρησκεία.**

θρῆσκος ον religioso, piadoso, observante.

Θρῆσσα ης ADJ. *f.* tracia, de Tracia.

θριαμβεύω conducir en triunfo; hacer triunfar.

θρίαμβος ου ὁ himno en honor de Baco; triunfo, procesión triunfal.

θριγκός οῦ ὁ friso *o en gral.* coronamiento, cima, colmo, término supremo; recinto.

θριγκόω -ῶ coronar, ceñir, rodear; *fig.* colmar.

θρῖδαξ ακος ἡ lechuga.

θρίξ τριχός ἡ cabello, *colect.* los cabellos, pelo, vello; bucle, trenza; lana, crin, melena, cola.

θροέω -ῶ hacer oír; gritar, chillar; decir, anunciar, contar, referir; asustar, turbar || PAS. asustarse, turbarse.

θρόμβος ου ὁ coágulo, grumo.

θρομβώδης ες grumoso.

θρόνα ων τά flores bordadas, bordados en forma de flor.

θρόνος ου ὁ asiento *y esp.* asiento con brazos, sillón, sitial, trono; silla *o* asiento de juez; silla de maestro, cátedra; *fig.* dignidad, *esp.* dignidad real, realeza || PL. Tronos [orden angélico].

θρόος ου [-οῦς οῦ] ὁ ruido *esp.* ruido de voces, griterío; alboroto, tumulto; murmullo; voz, rumor, fama.

θρυλέω -ῶ murmurar, mascullar; parlotear, platicar, repetir una vez y otra *o* a modo de cantinela, machacar.

θρυλίσσω romper, aplastar.

θρύον ου τό junco.

θρυπτικός ή όν blando, muelle.

θρύπτω quebrantar, pulverizar, desmenuzar; *fig.* debilitar; ablandar; enervar || PAS. enervarse; vivir muellemente; envanecerse.
F. PAS. *fut.* θρύψομαι *y* θρυφθήσομαι; *aor. ép.* ἐτρύφην, *post.* ἐθρύφθην; *perf.* τέθρυμμαι.

θρύψις εως ἡ enervamiento, molicie.

θρῴσκω saltar, dar saltos; lanzarse, precipitarse [sobre... ἐπὶ *y dat. etc.*; δόμους hacia el palacio].
F. *impf. ép.* θρῷσκον; *fut.* θοροῦμαι, *3.° pl. ép.* θορέονται; *aor.* ἔθορον, *ép.* θόρον, *subj.* θόρω, *inf.* θορεῖν, *ép.* θορέειν.

θρωσμός οῦ ὁ altura, elevación.

θυγατήρ θυγατρός ἡ hija; *en el N. T. tamb.* nieta, descendiente; mujer natural *o* habitante [de una ciudad]; ciudad hija (ἡ θυγάτηρ Σιών la hija de Sión, Jerusalén).
F. *gen.* θυγατρός, *ép. y poét.* θυγατέρος; *dat.* θυγατρί *y* θυγατέρι; *ac.* θυγατέρα *y* θύγατρα; *voc.* θύγατερ; *pl. nom.* θυγατέρες *y* θύγατρες; *gen.* θυγατέρων *y* θυγατρῶν; *dat.* θυγατράσι *y* θυγατέρεσσι, *ac.* θυγατέρας *y* θύγατρας.

θυγατριδέος ου [-οῦς οῦ] ὁ hijo de la hija, nieto por parte de madre.

θυγατριδή ῆς ἡ hija de la hija, nieta por parte de madre.

θυγάτριον ου τό *dim. de* θυγάτηρ hijita.

θυέεσσιν *dat. pl. ép. de* θύος.

θύελλα ης ἡ huracán, vendaval, tempestad (πυρὸς θύελλαι tempestades de fuego, erupciones volcánicas).

θυήεις εσσα εν perfumado de incienso.

θυηλή ῆς ἡ ofrenda, sacrificio, víctima, *esp.* parte de la víctima que se ofrecía en el fuego.

θυηπολέω -ῶ ser sacrificador *o* encargado del sacrificio; sacrificar.

θυῖα ας *y*

θυιάς άδος ἡ bacante.

θύινος η ον de cidro [*cf.* θύον].

θυλάκιον ου τό *dim. de* θύλακος.

θύλακος ου ὁ *y*

θῦλαξ ακος ὁ saco, *esp.* saco de harina.

θῦμα ατος τό ofrenda, *y esp.* incruenta [tortas, panes etc.]; víctima, sacrificio, *tamb. en pl.*

θυμαίνω enojarse.

θυμ-αλγής ές que aflige el ánimo, doloroso.

θυμ-αρής ές que agrada al ánimo, grato, placentero, deseado.

θυμηγερέω -ῶ recoger fuerzas, cobrar aliento.

θυμ-ηδής ές que alegra el ánimo, grato, placentero, querido.

θυμ-ήρης ες *ép.* = **θυμαρής.**

θυμίαμα ατος τό incienso, perfume [*tamb. pl.*].

θυμιατήριον ου τό incensario, pebetero.

θυμιάω -ῶ quemar como perfume.

θυμίημα *jón.* = **θυμίαμα.**

θυμιητήριον *jón.* = **θυμιατήριον.**

θυμο-βόρος ον que corroe el ánimo, devorador.

θυμο-δακής ές que muerde *o* se clava en el ánimo, mortificante.

θυμο-ειδής ές animoso, fogoso; iracundo, violento, ardiente, apasionado, fiero.

θυμο-λέων οντος de corazón de león.

θυμο-μαχέω -ῶ estar irritado *o* exasperado [contra alguien, *dat. N. T.*].

θυμο-ραϊστής ές que destruye la vida, destructor, aniquilador, sin piedad.

θυμός οῦ ὁ ánimo; *prop.* aliento, *de donde* espíritu, alma [*como* principio de vida y pensamiento *y esp.* de afectos y pasiones]; vida (θυμὸν ἀφελέσθαι, ἀπαυρᾶν, ἐξαίνυσθαι, ὀλέσαι, quitar la vida); ánimo, fuerza, energía (θυμὸν ἀγείρειν recobrar fuerzas, volver en sí); deseo, impulso del ánimo; gana, gusto, apetito, curiosidad (πλήσασθαι θυμόν saciar el apetito; ὥς σοι θυμός como sea tu gusto, a tu gusto); temple, temperamento, manera de ser, índole, sentimientos; valor, coraje; cólera, ira, arrebato, *y en gral.* pasión, afecto, corazón [*como* asiento de los afectos: gozo, amor, pena, alegría etc.] mente [*como* asiento del pensamiento, la reflexión, la deliberación *etc.*]; (κατὰ θυμόν en el corazón *o* en la mente; *tamb.* de corazón *o* conforme al deseo; θυμῷ *o* ἐκ θυμοῦ φιλεῖν querer *o* amar de corazón; ἀπὸ *o* ἐκ θυμοῦ εἶναι estar fuera del corazón de alguien, ser odiado; θυμῷ *o* ἐς θυμὸν βάλλειν guardar en el corazón, tomar a pechos).

θυμοφθορέω -ῶ consumirse el alma, torturarse.

θυμο-φθόρος ον que destruye *o* consume la vida, mortífero, mortal.

θυμόω -ῶ irritar, encolerizar || PAS. irritarse, encolerizarse [contra alguien, *dat.* εἰς *y ac.*]; τό θυμούμενον τῆς γνώμης la indignación del ánimo; *animales*, ser cerril *o* indómito.

θυμώδης ες colérico.

θύννος ου ὁ atún.

θῦνον *impf. ép. de* θύνω.

θύνω lanzarse con ímpetu.

θυόεις εσσα εν perfumado, aromático.

θύον ου τό cidro *o* tuya africana [árbol oloroso].

θύος εος [ους] τό ofrenda; sacrificio; *esp.* incienso.

θυο-σκόος ου ὁ sacerdote inspector *o* veedor de los sacrificios, arúspice.

θυόω -ῶ perfumar || PART. PERF. τεθυωμένος perfumado, aromatizado.

θύρα ας ἡ puerta, hoja de puerta *de donde en pl. tamb.* puerta [de una casa, de un aposento], portezuela [de un carruaje]; (θύραι αὐλῆς *o* αὔλειαι puerta del patio, *gralmente*, puerta puerta principal de la casa; θύραν ἐπιτιθέναι [προστιθέναι, ἐπισπᾶν, ἐγκλείειν] cerrar la puerta; θύραν ἀνακλίνειν, ἀναπεταννύναι etc. abrir la puerta; ἐν θύρῃσι a la puerta; ἔντοσθε θυράων en el umbral; θυρῶν ἔνδον dentro de la casa etc.); casa, mansión; palacio, corte *esp.* la del rey de Persia; tienda del rey, real, campamento del rey (ἐπὶ τὴν θύραν [τὰς θύρας, ταῖς θύραις] ἰέναι, βαδίζειν, φοιτᾶν etc. venir a la puerta; frecuentar la casa, la morada, el palacio, la corte etc.); *fig.* entrada, acceso, cercanías (ἐπὶ ταῖς θύραις τῆς Ἑλλάδος a las puertas de Grecia); *por ext.* tabla *o* cosa hecha de tablas; empalizada; armadía.

θύραζε ADV. a la puerta, hacia la puerta; fuera, afuera, hacia fuera, hacia el exterior.

θύραθεν desde la puerta, desde fuera; fuera.

θυραῖος α ον [*o* **-ος ον**] a la puerta, fuera (θυραῖον οἰχνεῖν salir a la puerta, salir de casa; θυραῖος στίβος camino *o* marcha fuera de la mansión); que está fuera de su casa *o* patria, ausente, lejano; extranjero; extraño, ajeno.

θύρασι ADV. a la puerta; fuera; en país extraño.

θυρα-ωρός οῦ ὁ *ép.* = **θυρωρός.**

θυρεός οῦ ὁ pedrejón *o* piedra grande usada como puerta, cierre; escudo grande y oblongo.

θύρετρα ων τά puerta.

θύρη ης ἡ = **θύρα.**

θύρηθι

θύρησι *y*

θύρηφι *ép.* = **θύρασι.**

θυρίς ίδος ἡ *dim. de* θύρα puertecilla; ventana, abertura.

θυρόω -ῶ proveer de puertas.

θύρσος ου ὁ tirso, vara enramada que llevaban las bacantes.

θύρωμα ατος τό puerta con toda su armazón y accesorios, obra de puerta [*en pl. tamb.* portal]; ventana.

θυρών ῶνος ὁ vestíbulo, atrio.

θυρωρός οῦ ὁ ἡ que vigila la puerta, portero, portera.

θυσανόεις εσσα εν floqueado, orlado.

θύσανος ου ὁ borla *o* borlón de fleco.

θυσανωτός ή όν = **θυσανόεις.**

θύσθλα ων τά objetos sagrados del culto de Baco, *esp.* tirsos.

θυσία ας ἡ sacrificio, fiesta *o* celebración con sacrificio; rito *o* modo de sacrificio; víctima.

θυσιάζω sacrificar.

θυσιαστήριον ου τό altardel sacrificio.

θυσίη ης ἡ *jón.* = **θυσία.**

θύσιμος ον apto para ser sacrificado.

θυσσανόεις *ép.* = **θυσανόεις.**

θυστάς άδος ADJ. *f.* del sacrificio, que acompaña al sacrificio.

θυτήρ ῆρος ὁ sacerdote que hace el sacrificio, sacrificador.

θύω moverse violentamente, agitarse con ímpetu, embravecerse, enfurecerse; lanzarse, echarse encima; bramar, zumbar, mugir; humear [*v. gr.* el suelo por la sangre derramada etc.]; hacer humear, quemar; quemar una víctima, sacrificar con fuego *y en gral.* sacrificar; celebrar [una fiesta con sacrificios *u* ofrendas; τὰ Λύκαια ἔθυσε celebró la fiesta de Zeus liceo]; matar; asesinar || MED. sacrificar por sí *o* para sí, en interés propio [algo, *ac.*; a alguien, *dat.*; por, en relación con, en favor de... ὑπὲρ *o* περὶ *y gen.*]; *esp.* sacrificar por *o* con motivo de una expedición, una campaña etc. (θύεσθαι ἐπὶ τῷ Πέρσῃ hacer sacrificio por la expedición contra los Persas); consultar por medio de un sacrificio (ἐθυόμην εἰ βέλτιον εἴη hacia un sacrificio consultando si sería mejor...).
F. *impf.* ἔθυον, *ép.* θῦον; *fut.* θύσω, *med.* θύσομαι (*tamb. con valor pas.*); *aor.* ἔθυσα, *ép.* θῦσα, *med.* ἐθυσάμην; *perf.* τέθυκα, *med. y pas.* τέθυμαι; *3.ª sing. plpf.* ἐτέθυτο; *aor. pas.* ἐτύθην, *fut. pas.* τυθήσομαι.

θυ-ώδης ες perfumado, oloroso.

θύωμα ατος τό perfume, aroma.

θῶ θῇς θῇ *subj. aor. de* τίθημι.

θωή ῆς ἡ castigo, pena *esp.* multa.

θωκέω *jón.* = **θακέω.**

θῶκος ου ὁ = **θόωκος.**

θῶμα *jón.* = **θαῦμα.**

θωμάζω *jón.* = **θαυμάζω.**

θωμάσιος *jón.* = **θαυμάσιος.**

θῶμιγξ ιγγος ἡ cuerda; *esp.* cuerda de arco.

θωμός οῦ ὁ montón.

θωπεία ας ἡ *y*

θώπευμα ατος τό adulación, lisonja.

θωπεύω lisonjear, adular, halagar [a alguien *ac.*; *tamb. con ac. interno*: ταῦτα θώπευε ten tales adulaciones, adula de ese modo].

θωρακίζω poner coraza, acorazar *y en gral.* armar || MED. ponerse la coraza, armarse con ella.

θωρακο-ποιός οῦ ὁ fabricante de corazas.

θωρακο-φόρος ον que lleva coraza, armado de coraza, acorazado.

θώραξ ακος ὁ tronco del cuerpo *y esp.* tórax, pecho; coraza [compuesta gralmte. de peto y espaldar]; *fig.* murallas; defensa.

θωρηκο-φόρος *jón.* = **θωρακοφόρος.**

θωρηκτής οῦ ὁ *ép.* [guerrero] armado de coraza, acorazado; armado.

θώρηξ ηκος ὁ *ép. y jón.* = **θώραξ.**

θωρήσσω armar de coraza, *en gral.* armar, apercibir para el combate || MED. armarse de coraza, armarse.
F. *fut. med.* θωρήξομαι; *aor. ép.* θώρηξα, *1.ª pl. subj.* θωρήξομεν; *aor. pas.* ἐθωρήχθην (*inf.* θωρηχθῆναι *etc.*).

θώς θωός ὁ chacal.

θωῦμα *jón.* = **θαῦμα.**

θωυμάζω *jón.* = **θαυμάζω.**

θωυμάσιος *jón.* = **θαυμάσιος.**

θωΰσσω gritar (θ. βοήν dar *o* exhalar un grito); llamar a gritos [a alguien, *ac.*].
F. *aor.* ἐθώϋξα, *poét.* θώϋξα.

θώψ θωπός ὁ adulador.

I

I ι yota [*9.ª* letra del alfabeto griego] *como signo numérico:* ι' diez *o* décimo; ͵ι diez mil.
ἴα ἰῆς *ép.* = **μία** una.
ἰά ἰῶν τά *pl. de* ἰός flecha.
ἰαίνω calentar, caldear; ablandar por el calor; enternecer, fomentar, recrear (θυμόν el corazón) ‖ PAS. enternecerse; alegrarse, regocijarse [con algo, *dat.*].
F. *aor. 1.º ép.* ἴηνα; *aor. pas.* ἰάνθην.
ἰακχάζω *y*
ἰακχέω lanzar [una voz], gritar.
ἴακχος ου ὁ grito de Yaco, grito dado en las fiestas de Baco; himno en honor del mismo.
ἰάλεμος ου ὁ canto lúgubre.
ἰάλλω lanzar, arrojar, tirar; tender (χεῖρας las manos [a algo ἐπί *con dat. o ac.*]); poner (δεσμόν una cadena); *fig.* ἀτιμίῃσιν ἰάλλειν atacar con ultrajes a, lanzar ultrajes contra [alguien, *ac.*].
F. *fut.* ἰαλῶ *aor. 1.º ép.* ἴηλα.
ἴαμα ατος τό remedio; curación.
ἴαμαι *perf. de* ἰάομαι *(con valor pas. N. T. Ev. Marc. 5,29).*
ἰαμβεῖον ου τό verso yámbico.
ἰαμβειο-φάγος ου ὁ comedor de yambos, comeyambos, *despec. por* actor, farsante.
ἴαμβος ου ὁ yambo, pie yambo; verso yámbico.
ἰαμβο-φάγος ου ὁ *v.* **ἰαμβειοφάγος**.
ἰάνθην *aor. pas. de* ἰαίνω.
ἰάομαι -ῶμαι cuidar, atender *esp.* como médico; medicinar; curar, sanar [*tamb. fig.*].
F. *fut.* ἰάσομαι, *ép. y jón.* ἰήσομαι; *aor.* ἰασάμην, *ép. y jón.* ἰησάμην; *perf.* ἴαμαι *(pas.)*; *aor. pas.* ἰάθην, *jón.* ἰήθην.

Ἰάονες ων οἱ *ép.* los jonios.
ἰάπτω deformar, desfigurar, estropear; poner en movimiento; impulsar (ὀρχήματα las danzas); lanzar, arrojar; alcanzar, herir, lastimar (λόγοις de palabra).
F. *fut.* ἰάψω; *aor.* ἴαψα; *aor. pas.* ἰάφθην.
Ἰάς άδος ADJ. *f.* jonia, jónica.
ἴασι *3.ª pl. pres. ind. de* εἶμι.
ἵασι *3.ª pl. pres. ind. de* ἵημι.
ἰάσιμος ον curable, sanable; remediable.
ἴασις εως ἡ curación [*tamb. fig.*].
Ἴασον Ἄργος τό el Peloponeso [en Homero].
ἴασπις ιδος ἡ jaspe [piedra preciosa].
ἰαστί ADV. al modo jónico; en tono musical jónico.
Ἰάσων ονος ὁ Jasón [jefe de los Argonautas].
ἰατήρ ῆρος ὁ médico; sanador.
ἰατορία ας ἡ medicina, arte *o* ciencia de la medicina.
ἰατρεῖον ου τό casa del médico; lugar de curación, clínica.
ἰάτρευσις εως ἡ tratamiento médico; curación.
ἰατρεύω ser médico, ejercer la medicina; curar.
ἰατρικός ή όν concerniente a la medicina *o* a los médicos, medicinal, curativo; hábil *o* experto en medicina ‖ **ἡ ἰατρική** [*sc.* τέχνη] la medicina.
ἰατρός οῦ ὁ médico *y esp.* cirujano; *fig.* sanador, remediador.
ἰαύω dormir, descansar, pasar la noche, pernoctar (ἀύπνους νύκτας ἴαυον pasaba las noches en vela).
F. *impf. iter. ép.* ἰαύεσκον; *fut.* ἰαύσω; *aor.* ἴαυσα.

ἰαχέω -ῶ = **ἰάχω.**
ἰαχή ῆς ἡ grito; grito de guerra; grito de dolor, alarido.
ἰάχω gritar, clamar; dar alaridos *o* lamentos; sonar, resonar; retumbar.
  F. *impf.* ἴαχον, *perf.* ἴαχα (*cf.* ἀμφιάχω).
ἴαψα *aor. 1.º de* ἰάπτω.
Ἴβηρ ηρος ὁ ibero.
Ἰβηρία ας ἡ Iberia [España].
ἶβις ιος ἡ ibis [ave sagrada para los egipcios.
ἶγμαι *perf. de* ἱκνέομαι
ἰγνύη ης ἡ *ép.* corva, jarrete.
1 **ἰδέ** [*o* **ἴδε**] he aquí, he ahí, ¡mira! ¡mirad!
2 **ἰδέ** CONJ. = **ἠδέ.**
ἴδε *ép.* = **εἶδε** *3.ª sing. aor. 2.º de* εἴδω.
ἰδέα ας ἡ aspecto, apariencia, forma; forma distintiva, carácter, índole, modo de ser, género, especie, clase; manera, medio, procedimiento (πᾶσαν ἰδέαν πειράσαντες habiendo ensayado todos los procedimientos); opinión; idea, forma ideal, arquetipo ideal.
ἰδέειν *ép.* = **ἰδεῖν** *inf. aor.* de εἴδω.
ἰδέη ης ἡ *jón.* = **ἰδέα.**
ἴδεσκον *aor. iterat. ép. de* εἴδω.
ἰδέω *ép. y jón.* = **εἰδῶ** *subj. de* οἶδα [*v.* εἴδω].
ἴδη ης ἡ sierra con bosques, monte, breñal, *y en gral.* selva; bosque; *tamb.* madera.
Ἴδη ης ἡ el monte Ida, cercano a Troya.
ἴδηαι *2.ª sing. subj. aor. med. ép. de* εἴδω.
ἰδιο-βουλεύω *y*
ἰδιο-βουλέω -ῶ aconsejarse sólo de sí mismo, atenerse exclusivamente a la propia opinión.
ἰδιόομαι -οῦμαι *y*
ἰδιοποιέομαι -οῦμαι apropiarse [algo, *ac.*].
ἴδιος α ον privado, particular, personal; propio, de propiedad (τὸ ἴδιον, τά ἴδια la propia casa; οἱ ἴδιοι los familiares *o* domésticos); distinto, singular, especial, insólito, de carácter *o* modo propio; *dat. fem.* ἰδίᾳ *o* ἰδίῃ por sí, privada *o* particularmente; separadamente, aparte, *tamb.* en prosa; ἴδιοι λόγοι prosa.
ἰδιότης ητος ἡ carácter propio *o* específico, calidad especial, particularidad, singularidad.
ἰδιο-τρόφος ον que nutre *o* mantiene aparte.
ἰδίω sudar, trasudar.
ἰδίωσις εως ἡ separación, distinción.
ἰδιώτατος η ον *superl. de* ἴδιος.
ἰδιωτεία ας ἡ vida privada, situación de simple particular.
ἰδιώτερος α ον *comp. de* ἴδιος.
ἰδιωτεύω ser persona particular *o* privada; obrar *o* actuar como tal; no merecer consideración, estar *o* pasar inadvertido; ser inexperto *o* profano [en algo, *gen.*].
ἰδιώτης ου ὁ persona privada *o* particular, simple ciudadano, hombre del común, plebeyo, *tamb.* soldado raso; ignorante, rudo, vulgar, inexperto, profano [en algo, *gen.*, *ac.*, κατά *y ac.*] || ADJ. particular, privado; rudo, ignorante.
ἰδιωτικός ἡ όν de persona particular; particular, privado; de hombre común; vulgar; ignorante || ADV. **ἰδιωτικῶς** sin preparación *o* ejercicio; vulgar, rudamente; descuidadamente (ἰδιωτικῶς ἔχειν τὸ σῶμα no prestar atención a los ejercicios del cuerpo).
1 **ἴδμεν** *1.ª pl. ép. y jón. de* οἶδα.
2 **ἴδμεν ἴδμεναι** *inf. ép. de* οἶδα.
ἰδνόομαι -οῦμαι doblarse, combarse.
ἰδοίατο *3.ª pl. opt. aor. de* εἴδω.
Ἰδομενεύς έως ὁ Idomeneo [rey de Creta, uno de los jefes griegos en el sitio de Troya].
ἴδον = **εἶδον** *aor. de* εἴδω [*N. T.*].
ἰδού *por* **ἰδοῦ** [*de* εἴδω] mira *o* mirad; he aquí, he ahí; aquí está.
ἰδρείη ης ἡ pericia, conocimiento, experiencia [en algo, *gen.*].
ἴδρις ι [*gen.* ἴδρεως *o* ἴδριος] experto, conocedor, perito, hábil [en algo, *gen. o constr. inf*].
ἰδρόω -ῶ sudar; rezumar de sudor, estar empapado en sudor.
  F. *La contracción se hace de ordinario en* ω (ῳ) *no en* ου (οι); *part. ép.* ἱδρώων ἱδρώουσα = ἱδρῶν ἱδρῶσα etc.
ἵδρυμα ατος τό fundación, construcción, edificación; morada *y esp.* templo; *tamb.* estatua.
ἱδρύνω = **ἱδρύω.**

ἵδρυσις εως ἡ erección, fundación, establecimiento.

ἱδρύω sentar, asentar; acampar [a alguien, *ac.*; en... εἰς *y ac.*, ἐν *o* ἐπὶ *y dat. etc.*]; establecer, instalar, fundar, erigir, construir || MED. hacer sentar; poner, establecer, erigir, consagrar [un templo etc.] para sí *o* por los propios medios || PAS. estar situado, hallarse, estar; habitar, morar; sentarse, asentarse *o* estar *o* quedarse sentado, quieto, inmóvil; instalarse, fijarse [una persona en un lugar, una enfermedad en un miembro etc.]; acampar, acamparse; ser *o* estar fundado, construído, erigido, levantado.
F. *fut.* ἱδρύσω -ομαι; *aor.* ἵδρυσα -άμην; *perf.* ἵδρυκα, *med. y pas.* ἵδρυμαι; *aor. pas.* ἱδρύθην (*v. l.* ἱδρύνθην).

ἱδρῶ ἱδρῷ *gen. y dat. ép. de* ἱδρώς.

ἱδρώς ῶτος ὁ sudor; *fig.* esfuerzo, fatiga,

ἱδρώω *ép.* = **ἱδρόω.**

ἰδυῖα = **εἰδυῖα** *part. f. de* οἶδα sabedora, conocedora, experta (ἰδυίῃσι πραπίδεσσιν con discreto sentido *o* arte ingeniosa).

ἴδωμι *ép.* = **ἴδω** *subj. aor. de* εἴδω.

ἵει *imp. y 3.ª sing. pres. ind. e impf. de* ἵημι.

ἱείη *3.ª sing. opt. pres. ép. de* ἵημι.

ἱεῖν = **ἵην** *impf. de* ἵημι.

ἱείς *part. pres. de* ἵημι.

ἱεῖσι *3.ª pl. pres. ind. ép. de* ἵημι.

ἵεμαι [*o* **ἵεμαι**] apresurarse, dirigirse, encaminarse; desear vivamente; estar vivamente deseoso, sentir vivo deseo [de algo, *gen.*].

ἱέμεν(αι) *inf. pres. ép. de* ἵημι.

ἱέμην *impf. med. de* ἵημι.

ἴεν *3.ª sing. impf. ép. de* εἶμι.

ἵεν *3.ª pl. impf. ép. de* ἵημι.

ἰέναι *inf. pres. de* εἶμι.

ἱέναι *inf. pres. de* ἵημι.

ἱέραξ ακος ὁ halcón [ave de presa].

ἱεράομαι -ῶμαι ser sacerdote *o* sacerdotisa.

ἱερατεία ας ἡ sacerdocio.

ἱεράτευμα ατος τό sacerdocio; colegio *o* conjunto de sacerdotes.

ἱερατεύω ser sacerdote *o* sacerdotisa; ser obispo.

ἱερέα ας *y*

ἱέρεια ας ἡ sacerdotisa.

ἱερεῖον ου τό animal que se sacrifica, víctima *esp.* oveja; *tamb.* animal para el mercado.

ἱερεύς εως ὁ sacerdote, ministro del sacrificio, sacrificador.

ἱερεύω sacrificar, hacer un sacrificio; degollar, matar [para un sacrificio, para un banquete] || MED. degollar, matar [para sí].
F. *impf. iter. ép.* ἱερεύεσκον, ἱρεύεσκον; *inf. fut. ép.* ἱερευσέμεν; *1.ª pl. subj. aor. 1.º ép.* ἱερεύσομεν; *inf. aor. med. ép.* ἱρεύσασθαι; *3.ª sing. plpf. pas. ép.* ἱέρευτο.

ἱερήιον ου τό *ép.* = **ἱερεῖον.**

ἱερό-θυτον ου τό carne inmolada a los dioses.

ἱερο-μηνία ας ἡ *y*

ἱερο-μήνια ων τά fiestas mensuales *y en gral.* días de fiesta, fiestas, festividad.

ἱερο-μνήμων ονος ὁ hieromnemón custodio de las cosas sagradas *e. e.* diputado de cada estado en el consejo anfictiónico; primer magistrado *o* sumo sacerdote en Bizancio].

ἱερόν οῦ τό víctima, animal que se sacrifica; ofrenda; sacrificio (ἱερὰ ῥέζειν, διδόναι, ἔρδειν hacer *u* ofrecer un sacrificio); entrañas de las víctimas; presagios obtenidos de ellas (τὰ ἱερὰ γίγνεται los presagios resultan *e. e.* son favorables); templo; santuario, recinto sagrado; objetos sagrados, tesoro del templo; servicio del templo, culto; fiesta *y esp.* misterios.

ἱερο-ποιός οῦ ὁ intendente de sacrificios *y* ceremonias sagradas.

ἱερο-πρεπής ές convenientemente a cosa *o* persona sagrada, santo, sagrado.

1 **ἱερός ά όν** [*o* **-ός όν**] de origen divino, procedente de los dioses, divino, sacrosanto, sagrado [*dic. de* muchos fenómenos naturales, el día, la noche, la lluvia etc.; ἱερὰ νόσος la epilepsia]; consagrado *o* dedicado a la divinidad; protegido por la divinidad [*dic.* de lugares, ciudades, objetos etc,: ἱερὰ ὁδός el camino sagrado de Delfos]; *fig.* solemne, serio (ἱερὰ συμβουλή la deliberación suprema).

2 **ἱερός ά όν** rápido, veloz [*dic.* de aves mensajeras etc.].

3 **ἱερός ά όν** fuerte, vigoroso (ἱερὴ ἲς Τηλεμάχοιο el prócer Telémaco [*dic. tamb. del* ánimo, de un ejército, etc.]).

῾Ιεροσόλυμα ων τά Jerusalén.

ἱεροσυλέω -ῶ saquear los templos.

ἱεροσυλία ας ἡ saqueo *o* despojo de un templo.

ἱερό-συλος ου ὁ saqueador de templos, ladrón sacrílego.

ἱερουργέω -ῶ ejercer una función sagrada || TR. administrar como sacerdote [algo, *ac.*].

῾Ιερουσαλέμ ἡ *voz hebr. indecl.* Jerusalén.

ἱερο-φάντης ου ὁ hierofante, sacerdote que iniciaba en los misterios [*esp.* de Eleusis].

ἱερόω -ῶ tener por santo, consagrar.

ἱερωσύνη ης ἡ sacerdocio, función sacerdotal.

ἱζάνω *y*

ἵζω asentar, hacer sentar [a alguien, *ac.*; en... ἐν *con dat.*, ἐπὶ *con gen.*, εἰς *con ac. etc.*] *en gral.* colocar, poner; disponer, abrir sesión de (βουλὴν un consejo *o* reunión) || INTR. *y* MED. sentarse, asentarse, colocarse; apostarse, ponerse en acecho.
F. *impf.* ἷζον, *iter.* ἵζεσκον; *imp. med. ép.* ἵζευ. *Cf.* ἕζω.

ἰή ῆς ἡ *jón.* voz, grito.

ἰή INTJ. *de alegría o de dolor*: oh!, ay!

ἰήιος ον llamado con gritos de dolor, *de donde* socorredor de la desgracia; *tamb.* lastimoso, penoso; lastimero, quejumbroso.

ἶηλα *aor. de* ἰάλλω.

ἴημα ατος τό *jón.* = **ἴαμα.**

ἵημι poner en movimiento; mandar, enviar, expedir; derramar, verter, dejar *o* hacer correr [las lágrimas, el agua etc.]; emitir, dejar oír [la voz, las palabras, una lengua *v. gr.* Δωρίδα γλῶσσαν el dorio; *tamb.* πᾶσαν ἵης γλῶσσαν dices a voz en grito...]; dejar caer [*por ej.* la espada al suelo], dejar caer *o* pender [*por ej.* los cabellos]; colgar (ἐκ ποδοῖιν ἄκμωνας yunques a los pies); lanzar, arrojar, disparar [algo, *ac.*; contra alguien, *gen.*; *tamb. con dat. del arma disparada*: ἀξίνῃ ἵησι le dispara el hacha]; echar || INTR. lanzarse, verterse, correr || MED. lanzarse; apresurarse, correr; volverse *o* tornarse [hacia... *gen.*]; *fig.* buscar, tender a, desear, estar ansioso de [algo, *gen. constr. inf. etc.*]; ἱέμενος ansioso, apresurado, afanado.
F. *pres. ind.* ἵημι ἵης (ἵεις) ἵησι, *3.ª pl.* ἱᾶσι, *jón. y ép.* ἱεισι; *imp.* ἵει; *subj.* ἱῶ; *opt.* ἱείην (*compto.* ἀφίοιμι); *inf.* ἱέναι, *ép.* ἱέμεν, ἱέμεναι; *part.* ἱείς; *impf.* ἵην *o* ἵειν, *3.ª pl.* ἵεσαν, *ép.* ἵεν; *impf. med.* ἱέμην; *fut.* ἥσω, *med.* ἥσομαι; *aor. 1.º* ἧκα, *ép.* ἕηκα; *med.* ἡκάμην; *3.ª sing. subj. ép.* ἧσι; *3.ª sing. opt.* εἵη; *inf.* εἷναι (*ép.* ἐξ-έμεναι *compto.*); *aor. 2.º med.* εἵμην, *ép. y jón.* ἕμην, *3.ª sing. en comptos.* -εἷτο *ép.* -ἕτο, *3.ª pl.* ἕντο; *imp. jón.* ἕο, *át.* οὗ, *subj.* ὧμαι *opt. en comptos.* -εἵμην *y* -οἵμην; *inf.* ἕσθαι, *part.* ἕμενος; *perf. en comptos.* -εἷκα *med.* εἷμαι, *en comptos. tamb.* -ἕωμαι; *plpf. en comptos* -εἵμην; *aor. pas. en comptos* -εἵθην; *fut. pas.* (ἀν)-εθήσομαι. *Tamb. hay que agrupar en este verbo algunas de las formas de fut.* εἴσομαι *y de aor.* εἴσατο *como Il. 14, 8; 16, 415, en otros casos referidas a* εἶμι *(v. s. v.)*

ἵην *impf. de* ἵημι.

ἴηνα *aor. 1.º de* ἰαίνω.

ἵης *2.ª sing. pres. ind. de* ἵημι.

ἴησθα *2.ª sing. subj. pres. ép. de* εἶμι.

ἴησι *3.ª sing. subj. pres. ép. de* εἶμι.

ἵησι *3.ª sing. subj. pres. ép. de* ἵημι.

ἴησις εως ἡ *jón.* = **ἴασις.**

᾿Ιησοῦς οῦ ὁ Jesús [*N. T.*].

ἰητήρ *ép. y jón.* = **ἰατήρ.**

ἰητρικός *jón.* = **ἰατρικός.**

ἰητρός *ép. y jón.* = **ἰατρός.**

ἰθα-γενής *y*

ἰθαι-γενής ές nacido legítimamente, legítimo; que ha nacido en el país, indígena, autóctono.

᾿Ιθάκη ης ἡ Itaca [islita del mar Jonio, patria de Ulises].

᾿Ιθακήσιος α ον de Itaca.

ἰθεῖαν ADV. en línea recta [*cf.* ἰθύς].

ἰθέως ADV. directamente; inmediatamente, al punto [*cf.* ἰθύς.].

ἴθι *imp. de* εἶμι ea, vamos.

ἴθμα ατος τό paso, marcha, *en gral.*, movimiento.

ἰθύ ADV. *v.* **ἰθύς.**

ἰθύ-θριξ τριχος ADJ. *m. y f.* de cabellos lisos.

ἰθυμαχίη ης ἡ *jón.* lucha abierta, batalla campal.

ἰθύντατα ADV. lo más derechamente, con la mayor justicia [*cf.* ἰθύς].
ἰθύνω = **εὐθύνω.**
ἰθυ-πτίων ωνος ADJ. *m. y f.* que vuela derecho, en línea recta.
ἰθύς ADV. = **εὐθύς,** recta, derechamente, en derechura, *frec. con gen.* βῆ δ' ἰθὺς προθύροιο, se fue derecho al porche, νῦν ἰθὺς κίε Νέστορος, ahora vete derecho a Néstor.
ἰθύς εῖα [*jón.* **έα**] **ύ** = **εὐθύς** recto, derecho; justo etc.
ἰθύς ύος ἡ derechura (ἀν'ἰθύν contra [corriente] *Il. 21, 303*; hacia arriba, a lo alto *Od. 8, 377*); dirección del esfuerzo *de donde*, empeño, empresa; rectitud moral o de sentimientos.
ἰθύω adelantarse derechamente, lanzarse [hacia ἐπὶ *o* πρὸς *y ac., tamb. gen.*]; desear vivamente [hacer algo, *inf.*].
ἱκανός ή όν bastante, suficiente, que da abasto [en número, calidad, tamaño etc.]; bastante [en cantidad], mucho, largo, grande etc.; conveniente, apto, apropiado; capaz, entendido; eminente; poderoso || **τό ἱκανόν** satisfacción; garantía, caución.
ἱκανότης ητος ἡ suficiencia, capacidad.
ἱκανόω -ῶ capacitar, hacer apto [a alguien para algo, *dos acs.*].
ἱκάνω [*y med.*] = **ἵκω.**
ἵκαται ἵκατο *3.ª pl. perf. y plpf. jón. resp. de* ἱκνέομαι.
ἴκελος η ον semejante, parecido.
ἱκέσιος α ον [*y* **-ος ον**] de suplicante, suplicante; *tamb. como epít. de los dioses,* protector de los suplicantes.
ἱκετεία ας ἡ imploración, súplica.
ἱκέτευμα ατος τό imploración, modo *o* signo de imploración.
ἱκετεύω ser suplicante, venir *o* presentarse como suplicante [a alguien, εἰς *y ac.*]; venir a implorar, implorar, suplicar [a alguien , *ac.*; que haga algo, *constr. inf.*].
ἱκετήριος α ον = **ἱκεσιος** || **ἡ ἱκετηρία** [*jón.* **ἱκετηρίη**] ramo de oliva llevado por los suplicantes (ἱκετηρίαν τιθέναι depositar un ramo de oliva *e. e.* acudir en súplica *o* reclamación [ante alguien, παρὰ *y dat.*]) *de donde* súplica, imploración.
ἱκέτης ου ὁ suplicante, que acude en súplica (ἱκέτης δαιμόνων, γυναικός etc. suplicante de [*e. e.* que implora a] los dioses, la esposa etc,).
ἱκετήσιος α ον = **ἱκέσιος.**
ἱκέτις ιδος ADJ. *f.* suplicante; mujer suplicante.
ἵκηαι *2.ª sing. subj. aor. ép. de* ἱκνέομαι.
ἰκμάς άδος ἡ humedad; humor, elemento húmedo.
ἴκμενος ον favorable (*díc. del* viento).
ἱκνέομαι -οῦμαι = **ἵκω** venir, llegar, etc.
F. *3.ª sing. impf.* ἱκνεῖτο; *fut.* ἵξομαι; *aor. 2.º* ἱκόμην; *perf.* ἶγμαι, *part.* ἰγμένος. *1.ª pl. ind. pres. ép.* ἱκνεύμεσθα, *inf.* ἱκνεύμεναι, *part. pres. ép. y jón.* ἱκνεύμενος, *3.ª pl. opt. aor. jón.* ἱκοίατο; *3.ª pl. perf. jón.* ἵκαται, *id. plpf.* ἵκατο.
ἱκνεύμενος η ον *ép. jón.* = **ἱκνούμενος** *part. de* ἱκνέομαι conveniente, justo, adecuado.
ἱκνεύμεσθα *1.ª pl. ind. pres. ép. de* ἱκνέομαι.
ἱκοίατο *3.ª pl. opt. aor. 2.º jón. de* ἱκνέομαι.
ἱκόμην *aor. de* ἱκνέομαι.
ἴκρια ων τά entablado, armazón, de tablas; cubierta de un navío.
ἰκριόφιν *gen. y dat. ép. de* ἴκρια.
ἴκταρ ADV. cerca, de cerca.
ἰκτήρ ῆρος ὁ = **ἱκέτης** suplicante.
ἰκτήριος α ον = **ἱκετήριος.**
ἰκτῖνος ου ὁ milano [ave].
ἵκω = **ἱκάνω** *y* **ἱκνοῦμαι** venir, llegar [a... *ac.*, εἰς, μετὰ, ἐπὶ, κατὰ *etc., con ac.*]; llegar hasta, tocar, alcanzar, *tamb. fig.* (γήραος οὐδόν la vejez extrema; ἱκέσθαι εἰς λόγους llegar a hablar [con alguien, *gen.*]); *esp. de afectos* etc., entrar a, adueñarse, apoderarse de [alguien, *ac.*, el sueño, el deseo, la fatiga, etc.]; *esp.* llegar, venir como suplicante, suplicar [a alguien, *ac.;* en nombre de *o* por... πρὸς *y gen.*]; corresponder, pertenecer, atañer, tocar, [a alguien, *ac. o* εἰς *y ac.*].
ἵκωμαι *subj. aor. 2.º de* ἱκνέομαι.
ἰλαδόν ADV. en multitud, en tropel.
ἰλάομαι *ép.* = **ἱλάσκομαι.**
ἵλαος ον propicio, favorable, benigno, benévolo; alegre.
ἱλαρός ά όν alegre, contento.

ἱλαρότης ητος ἡ hilaridad, alegría, contento.
ἱλασάμην ἱλάσθην *aor. y aor. pas. resp. de* ἱλάσκομαι.
ἱλάσκομαι desenojar, apaciguar, aplacar, propiciar, conciliarse, hacerse favorable [*como pas.* ser favorable *o* propicio: a alguien, *dat.*]; compensar, redimir.
F. *fut.* ἱλάσομαι *(tamb. pas.), ép.* ἱλάσσομαι; *aor. 1.º* ἱλασάμην, *2.ª sing. subj. ép.* ἱλάσσεαι, *part. ép. pl.* ἱλασσάμενοι; *aor. pas.* ἱλάσθην; *fut. pas.* ἱλασθήσομαι.
ἱλασμός οῦ ὁ propiciación, expiación.
ἱλάσσεαι *2.ª sing. subj. aor. ép. de* ἱλάσκομαι.
ἱλάσσομαι *fut. y subj. aor. ép. de* ἱλάσκομαι.
ἱλαστήριον ου τό propiciatorio; víctima *o* sacrificio propiciatorio.
ἵλεως ων *jón. y át.* = **ἵλαος**.
ἴλη ης ἡ banda, multitud *esp.* compañía *o* grupo de soldados *y más esp.* escuadrón [de caballería: κατ'ἴλας, por escuadrones].
ἵληθι *imp. de* ἵλημι.
ἱλήκησι *3.ª sing. subj. pres. ép. de* ἱλήκω.
ἱλήκω *y*
ἵλημι ser favorable *o* propicio.
F. *imp.* ἵληθι.
ἰλιγγιάω -ῶ sufrir vértigo, estar mareado; estar turbado *o* trastornado.
ἴλιγγος ου ὁ mareo, vértigo.
'Ιλιό-θεν ADV. de *o* desde Ilión.
'Ιλιό-θι πρό ante Ilión.
"Ιλιον ου τό *y*
"Ιλιος ου ἡ Ilión [antiguo nombre de Troya].
'Ιλιό-φι = **'Ιλίου** de Ilión.
'Ιλισ(σ)ός οῦ ὁ Iliso [río del Atica].
ἰλλάς άδος ἡ cuerda, soga, lazo.
ἴλλομαι rodar, dar vueltas, ir y venir.
ἰλύς ύος ἡ légamo, barro; pantano.
ἱμάντινος η ον de correas, hecho de correas.
ἱμάς άντος ὁ correa, *y esp.* correa de tiro; rienda, brida, ronzal, cuerda; correa del látigo; correa del cesto de los atletas; *en pl.* cesto; barbuquejo del casco; correa del calzado; correa de una puerta [para descorrer el cerrojo desde dentro]; cinturón de Venus.
F. *dat. pl.* ἱμᾶσι *o (ép.)* ἱμάντεσσι.

ἱμάσθλη ης ἡ látigo.
ἱμάσσω fustigar, azotar, golpear.
ἱματίζω vestir.
ἱμάτιον ου τό vestido, *y esp.* vestido exterior, manto; *en gral.* paño.
ἱματισμός οῦ ὁ vestido, vestidura.
ἱμείρω [*y med. o pas.*] desear, ansiar, anhelar [algo, *ac., gen. o constr. inf.*].
F. *aor.* ἵμειρα, ἱμειράμην *y* ἱμέρθην.
ἴμεν *1.ª pl. pres. ind. y tamb. inf. ép. de* εἶμι.
ἴμεναι *inf. pres. ép. de* εἶμι.
ἱμέρθην *aor. pas. de* ἱμείρω *(con valor act.)*.
ἱμερόεις εσσα εν que mueve a deseo *o* amor, placentero, gracioso, encantador; conmovedor.
ἵμερος ου ὁ deseo, ansia, anhelo, gana *y esp.* amor, pasión.
ἱμερτός ή όν amable, delicioso.
ἴμμεναι *inf. pres. ép. de* εἶμι.
ἵνα ADV. allí, allá; *con sign. rel.* donde, en donde, en el lugar en que [*tamb. con gen.* ἵνα χώρης en el lugar del país en que...; *fig.* οὐδ'ὁρᾷν ἵν' εἶ κακοῦ y que no ves la desdicha en que te hallas] || CONJ. para que, a fin de que: ἵνα τί; ¿a qué? *o* ¿para qué? *En el N. T.* que *con verbos de lengua voluntad, mandato etc.; a veces con el verbo implícito* (ἵνα ἐλθὼν ἐπιθῇς ven e impón; ἡ δὲ γυνὴ ἵνα φοβῆται τὸν ἄνδρα y que la mujer tema a su marido).
ἵνα-περ ADV. precisamente donde, justamente donde.
ἱνα-τί = **ἵνα τί** [*v.* ἵνα].
ἰνδάλλομαι aparecer, parecer, mostrarse [a alguien, *dat.*: ὥς μοι ἰνδάλλεται ἦτορ según se me aparece el recuerdo]; *esp.* aparecer, parecer, mostrarse igual *o* semejante [a ... *dat.*].
'Ινδός ή όν indio || SUBST. **ὁ 'Ινδός** el río Indo.
ἶνες *pl. de* **ἴς**.
ἰνίον ου τό nuca, cerviz.
ἴξαλος ον saltador, triscador; *s. o.* ἴξαλος αἴξ macho cabrío [*Hom. Il. 4, 105*].
ἰξευτής οῦ ὁ cazador con liga, pajarero.
'Ιξίων ονος ὁ Ixión [rey de los lapitas, condenado por Zeus a dar vueltas perennemente fijo en una rueda].

ἴξομαι fut. de ἱκνέομαι.

ἶξον *aor. de* ἵκω.

ἰξός οῦ ὁ liga para cazar pájaros; muérdago.

ἰξο-φόρος ον productor de la liga.

ἰξύς ύος ἡ talle, cintura.

ἰο-δνεφής ές de color violeta *o* de color purpúreo oscuro.

ἰο-δόκος ον que guarda *o* contiene flechas, guardador de flechas.

ἰο-ειδής ές violáceo, de reflejos violeta, *s. o.* de color azul oscuro.

ἰόεις εσσα εν = **ἰο-ειδής ές.**

ἰοίην ἴοιμι *opt. pres. de* εἶμι.

ἰοίην *opt. pres. de* ἵημι.

Ἰοκάστη ης ἡ Yocasta [esposa de Edipo].

ἴομεν *ép.* = **ἴωμεν** *1.ª pl. subj. pres. de* εἶμι.

ἰό-μωρος ον fanfarrón, *s. o.* ejercitado *o* práctico en disparar con flecha.

ἴον ου τό violeta [flor]; *acaso tamb.* lirio azul *o* morado.

ἰονθάς άδος ADJ. barbudo, peludo, hirsuto.

Ἰόνιος α ον Jonio, de Jonia.

ἰόντων *3.ª pl. imp. pres. y gen. pl. part. pres. de* εἶμι.

1 **ἰός οῦ ὁ** flecha, saeta.

2 **ἰός οῦ ὁ** veneno, virus; orín, herrumbre, cardenillo.

ἴος α ον [*o* **ἰός ά όν**] uno, el mismo (τὴν ἴαν una [parte]).

F. *salvo el dat. masc.-neutr.* ἰῷ, *sólo aparece en la forma fem.: gen. y dat. ép.* ἰῆς ἰῇ.

ἰότης ητος ἡ deseo, voluntad.

ἰοῦ [*o* **ἰού**] INTJ. *de alegría, dolor o sorpresa:* ¡ah! ¡ay!

Ἰουδαία ας ἡ Judea; Palestina.

ἰουδαΐζω judaizar, seguir las costumbres *o* ritos judíos.

Ἰουδαῖος α ον judío, judaico.

ἰουδαϊσμός οῦ ὁ judaísmo.

ἴουλος ου ὁ bozo *o* vello juvenil, pelo de barba, *tamb. en pl.*

ἰο-χέαιρα ας ας ἡ disparadora *o* tiradora de flechas, flechadora, asaetadora [*epít. de* Artemis].

ἰπνός οῦ ὁ horno.

ἱππ-αγρέται ῶν οἱ hipágretes [jefes de la guardia montada del rey de Esparta].

ἱππ-αγωγός όν capaz de transportar caballos || **αἱ ἱππαγωγοί** navíos de transportar caballos, pasacaballos, tafureas.

ἱππάζομαι guiar *o* conducir caballos; dirigir un carro; ir a caballo, cabalgar, montar.

ἱππάριον ου τό *dim. de* ἵππος jaca, caballejo.

ἱππ-αρμοστής οῦ ὁ comandante de la caballería.

ἱππαρχέω -ῶ ser jefe de la caballería, mandar la caballería.

ἵππ-αρχος ου ὁ comandante *o* jefe de la caballería [en Atenas eran dos cada año].

ἱππάς άδος ADJ *f.* de caballo, de jinete *o* de soldado de caballería || SUBST. **ἡ ἱππάς** traje de montar; clase de los caballeros.

ἱππασία ας ἡ = **ἱππεία.**

ἱππάσιμος ον [*o* **-ος η ον**] a propósito para la caballería, donde se puede ir a caballo || **τὸ ἱππάσιμον** terreno acomodado a la caballería.

ἱππεία ας ἡ equitación, arte de montar a caballo; carrera [en caballo *o* carro]; cabalgata; caballería, cuerpo de caballería.

ἵππειος α ον de caballo *o* caballos, caballar, equino.

ἱππεύς έως ὁ guerrero montado [en carro *o* caballo]; auriga; jinete, corredor en carreras de caballos; jinete, soldado de caballería; caballero [miembro de la segunda clase de ciudadanos, en Atenas y Roma; miembro de la guardia del rey, en Esparta].

ἱππεύω [*y med.*] cabalgar, montar a caballo, ir en cabalgadura; servir como jinete.

ἱππηλάσιος α ον a propósito para el paso de caballos *o* carros, carretero.

ἱππ-ηλάτα ὁ [*sólo nom.*] conductor de caballos *o* carros; auriga.

ἱππ-ήλατος ον = **ἱππηλάσιος.**

ἱππ-ημολγός οῦ ὁ ordeñador de yeguas, que se alimenta con leche de yeguas; *nombre pr. de* un pueblo escita.

ἱππ-ιατρός οῦ ὁ veterinario.

ἱππικός ή όν de caballo *o* de caballos, caballar; del carro *o* de carros; concerniente *o* relativo a los caballos *o* a los carros, a la equitación *o* a la caballería || **ὁ ἱππικός** buen jinete; **τὸ ἱππικόν** la caballería, fuerzas de caballería; ἡ ἱππική [ἐπιστήμη *o* τέχνη] el arte de la equitación.

ἵππιος α ον [*o* **-ος ον**] rico en caballos; montado, caballero; protector de los caballos.

ἱππιο-χαίτης ου de crines de caballo.

ἱππιο-χάρμης ου ὁ combatiente en carro, que se goza combatiendo en carro; jinete, caballero.

ἱππο-βάμων ον [*gen.* ονος] que avanza a caballo, montado a caballo; de patas de caballo (ἱπποβάμων στρατός tropa de Centauros).

ἱππο-βότης ου ADJ. *m.* criador de caballos, *de donde* terrateniente, noble [en Calcis].

ἱππό-βοτος ον criador de caballos; [tierra] donde se crían caballos.

ἱππό-δαμος ον domador de caballos.

ἱππό-δασυς εια υ guarnecido de espesas crines [de caballo].

ἱππο-δέτης ου que sirve para atar caballos, de freno *o* brida.

ἱππο-δρομία ας ἡ carrera de caballos *o* de carros.

ἱππό-δρομος ου ὁ hipódromo, pista, circo ecuestre.

ἱππο-δρόμος ου ὁ soldado de caballería ligera.

ἱππό-θεν ADV. del caballo *o* desde el caballo.

ἱππο-κέλευθος ον luchador en carro, que combate en carro.

ἱππο-κένταυρος ου ὁ hipocentauro, centauro [monstruo mitad hombre y mitad caballo].

ἱππο-κόμος ου ὁ palafrenero, escudero [servidor del jinete en campaña].

ἱππό-κομος ον guarnecido con crines de caballo.

ἱππο-κορυστής οῦ ὁ combatiente en carro, que combate en carro.

ἱππο-κρατέω -ῶ tener superioridad *o* ventaja en la caballería || PAS. ser inferior *o* ser vencido en *o* por la caballería.

ἱπποκρατία ας ἡ superioridad en la caballería, victoria ecuestre.

ἱππο-μανής ές gratísimo para los caballos.

ἱππομαχέω -ῶ luchar a caballo.

ἱππομαχία ας ἡ combate a caballo, lucha de caballería.

ἱππό-μαχος ον que combate a caballo.

ἱππο-νώμας ου ὁ apacentador de yeguadas.

ἱππο-πόλος ον aficionado a montar, buen jinete.

ἵππος ου ὁ caballo; yegua; en *dual y pl.*, tronco *o* tiro de caballos *y tamb.* carro (ἵππον ἐπιβαίνειν montar en el carro; ἐξ, ἀφ', καθ' ἵππων del carro *o* desde el carro; *tamb.* οἱ ἵπποι guerreros montados, fuerzas de carros) || COLECT. **ἡ ἵππος** la caballería (ἵππος διακοσία doscientos de a caballo etc.) || **ἵππος ποτάμιος** hipopótamo.

ἱππο-σείρης ου ὁ jinete.

ἱπποσύνη ης ἡ arte de guiar el carro *o* el caballo, equitación; caballería, fuerza montada.

ἱππότα ὁ *ép. éol. y*

ἱππότης ου ὁ conductor del carro, auriga; jinete, caballero || ADJ. de jinetes, de caball.

ἱππο-τοξότης ου ὁ arquero a caballo, arquero montado.

ἱπποτροφέω -ῶ criar caballos.

ἱπποτροφία ας ἡ cría de caballos.

ἱππο-τρόφος ον criador de caballos, *de donde* rico.

ἵππ-ουρις ADJ. *f.* [*sólo nom. y ac.*] = **ἱππόκομος.**

ἱπποφόρβιον ου τό manada de caballos, caballada.

ἱππο-φορβός οῦ ὁ apacentador de caballos, yegüero.

ἱππών ῶνος ὁ establo; puesto de caballos, posta.

ἵπτημι = **πέτομαι.**

ἴπτομαι herir, oprimir, castigar.

ἱράομαι *jón.* = **ἱεράομαι.**

ἱρεύεσκον *impf. iter. ép. de* ἱρεύω.

ἱρεύς *ép.* = **ἱερεύς.**

ἱρεύω *ép.* = **ἱερεύω.**

ἱρηίη *jón.* = **ἱέρεια.**

ἱρήιον *jón.* = **ἱερεῖον.**

ἰρήν ένος ὁ joven espartano con voz en la asamblea.

ἴρηξ ηκος ὁ = **ἱέραξ.**

Ἶρις ιδος ἡ Iris [mensajera de los dioses].

ἶρις ιδος ἡ arco iris.

Ἶρις ιος ὁ Iris [río de Paflagonia].

ἱρός [*o* **ἱρός**] **ον** *jón. poét.* = **ἱερός.**

ἴς ἰνός ἡ tendón, músculo; fuerza muscular, nervio, fuerza, vigor. *En perifr.* ἲς 'Οδυσῆος el vigoroso Ulises; ἱερὴ

ἴς Τηλεμάχοιο el admirable y esforzado Telémaco.
F. *ac.* ἶνα, *pl. nom.* ἶνες, *dat. ép.* ἴνεσι, *td.* ἰσίν.

ἰσ-άγγελος ον igual a los ángeles.

ἰσάζω igualar || MED. igualarse, parangonarse [con alguien, *dat.*].
F. *3.ª sing. impf. iter. med. ép.* ἰσάσκετο *Il. 24, 607.*

ἰσαίτερος α ον *comp. de* ἴσος.

ἰσάκις ADV. otras tantas veces (ἴσος ἰσάκις elevado al cuadrado).

ἴσαν *ép.* = **ᾖεσαν** *3.ª pl. impf. de* εἶμι *o* = **ᾔδεσαν** *3.ª pl. plpf. de* εἴδω.

ἴσασι *3.ª pl. de* οἶδα (*perf. de* εἴδω).

ἰσάσκετο *3.ª sing. impf. med. iter. de* ἰσάζω solía igualarse *o* compararse.

ἰσηγορία ας [*jón.* **ἰσηγορίη ης**] **ἡ** libertad de palabra igual para todos *y en gral.* igualdad de derechos, igualdad política de los ciudadanos.

ἴσθι *imp. de* εἰμί *y de* οἶδα.

Ἴσθμια ων τά los juegos Istmicos.

Ἰσθμιάς άδος ADJ. *f.* de los juegos ístmicos.

ἴσθμιον ου τό cuello; adorno del cuello, collar, gargantilla.

ἴσθμιος α ον del istmo, *esp.* del istmo de Corinto.

ἰσθμός οῦ ὁ istmo, *esp.* el istmo de Corinto.

ἰσθμώδης ες semejante a un istmo.

ἴσκε(ν) *3.ª sing. impf. ép. de* ἴσκω 2 decía, hablaba.

1 **ἴσκω** hacer igual, imitar; encontrar igual, comparar, tomar [a alguien *o* algo, *ac.; por* alguien *o* algo, *dat.*]; juzgar verosímil, suponer, creer.

2 **ἴσκω** decir, hablar.

ἴσμεν *1.ª pl. de* οἶδα (*perf. de* εἴδω)).

Ἰσμήνη ης ἡ Ismena [hija de Edipo, hermana de Antígona].

Ἰσμηνός οῦ ὁ el Ismeno [río de Beocia].

ἰσο-δίαιτος ον que vive de igual modo, de igual género de vida [que alguien, πρὸς *y ac.*].

ἰσό-θεος ον igual *o* semejante a los dioses.

ἰσοθεόω -ῶ igualar a los dioses, divinizar || PAS. ser igualado *o* equiparado a los dioses.

ἰσο-κίνδυνος ον igual en los peligros, tan capaz de arrostrar los peligros.

ἰσο-κρατής ές igual en fuerza, poder *o* derechos.

ἰσοκρατίη ης ἡ *jón.* igualdad de poder *o* de derechos, democracia.

ἰσο-μέτρητος ον de igual medida.

ἰσο-μέτωπος ον formando un frente, en el mismo frente [con... σύν *y dat.*].

ἰσο-μήκης ες igual de largo.

ἰσομοιρέω -ῶ tener la misma participación *o* los mismos derechos [que alguien, πρός *y ac.*].

ἰσομοιρία ας ἡ participación igual, suerte común.

ἰσό-μοιρος ον *y*

ἰσό-μορος ον partícipe en la misma medida, de participación igual (γῆς ἰσόμοιρ' ἀήρ oh aire que recubres por igual la tierra).

ἰσονομέομαι -οῦμαι estar sometido a las mismas leyes [que otros, μετά *y gen.*].

ἰσονομία ας [*jón.* **ἰσονομίη ης**] **ἡ** repartición por igual *y esp.* igualdad de derechos, gualdad política, democracia.

ἰσονομικός ή όν deseoso de igualdad, igualitario.

ἰσό-νομος ον igual en derechos.

ἰσο-παλής ές igual en la lucha, igual en fuerza; *en gral.* igual, parejo.

ἰσό-πεδος ον que está en el mismo plano *o* a nivel [con... *dat.*] || **τὸ ἰσόπεδον** llano, planicie.

ἰσο-πλατής ές de igual anchura [que... *dat.*].

ἰσό-πλευρος ον de lados iguales, equilátero.

ἰσο-πληθής ές igual en número [a... *dat.*].

ἰσορροπία ας ἡ equilibrio.

ἰσό-ρροπος ον de igual peso [que... *dat.*]; equilibrado, que está en equilibrio; de igual valor, de igual fuerza; acomodado, ajustado, concorde [con... *dat, o gen.*]; indeciso (μάχη ἰσόρροπος batalla indecisa).

ἴσος η ον igual [en cualquier respecto: número, tamaño, fuerza, valor, etc., *dat. o ac.;* a alguien *o* a algo, *dat.; o tamb.* que alguien *o* algo, *dat. o* ὡς, ὥσπερ, ὅσος, οἷος, καί...]; ἴσον φρονεῖν tener los mismos *o* tan altos pensamientos, presumir [como... *dat.*]; *tamb.* ser amigo; *frec. en correl.*

ἴσοι πρὸς ἴσους en igual número de un lado y otro || el mismo, equivalente; proporcionado, proporcional, justo; igualatario (ἴση πολιτεία gobierno igualitario *o* democrático); recto, imparcial, equitativo [de personas y cosas], regular (ἴση φρουρά guarnición regular *u* ordinaria); llano, abierto [*dic. de* un terreno] || SUBST. **ἡ ἴση** [*sc.* μοῖρα], **τὸ ἴσον, τὰ ἴσα** lo mismo, la misma parte, igual grado, *tamb.* igualdad de derechos; *tamb.* lo justo, lo equitativo, el derecho, compensación *o* recompensa justa [premio *o* castigo]; καταβαίνειν εἰς τὸ ἴσον bajar a terreno igual *o* campo abierto [con alguien, *dat.*]; εἰς τὸ ἴσον καθιστάμενοι colocados en igualdad de condiciones || ADV. ἐπὶ ἴσα, κατὰ ἴσα igualmente, equilibradamente; ἐπ' ἴσης, ἐπ' ἴσον, ἐξ ἴσου, ἐκ τοῦ ἴσου, ἀπ' ἴσης, ἀπὸ τῆς ἴσης igualmente, de igual manera, en iguales condiciones, *tamb.* con igual resultado; ἀπὸ τοῦ ἴσου en pie de igualdad. *Tuc. 3, 11, 1;* ἐν ἴσῳ en igual línea, en igual condición, de la misma manera, igualmente: ἐν ἴσῳ προσῆσαν avanzaron a paso igual; ἐν ἴσῳ καὶ εἰ μή es igual que si no...; ἐπὶ [τοῖς] ἴσοις [καὶ ὁμοίοις], ἐπὶ ἴσῃ καὶ ὁμοίῃ en iguales condiciones, con reciprocidad de derechos y deberes, con equidad e igualdad completas; δι' ἴσου a igual distancia *o* intervalo; ἴσον *o* ἴσα igualmente, del mismo modo, en partes iguales [que alguien, *dat.*]; *v.* ἴσως.
F. *ép.* ἶσος *y* εἶσος; *comp.* ἰσαίτερος, *superl.* ἰσαίτατος *o* ἰσότατος.

ἰσο-σκελής ές de lados iguales, isósceles; *de número,* divisible en partes iguales *e. e.* par.

ἰσο-στάσιος ον de igual peso que... *(dat.)*.

ἰσοτέλεια ας ἡ igualdad de tributación [*esp.* la que alcanzaba a cierta clase de metecos].

ἰσο-τέλεστος ον que trae el mismo fin para todos, igual y común para todos.

ἰσότης ητος ἡ igualdad *esp.* igualdad de condición *o* de derechos; equidad.

ἰσοτιμία ας ἡ igualdad de honores *o* categoría.

ἰσό-τιμος ον igual en honores, igualmente honrado; del mismo valor, del mismo precio.

ἰσο-φαρίζω igualarse, medirse [con alguien, *dat.;* en algo, *ac.*].

ἰσο-φόρος ον de igual fuerza.

ἰσο-χειλής ές a flor de labio, en la superficie, flotante.

ἰσό-ψηφος ον con el mismo derecho de voto, *o* con voto del mismo valor.

ἰσό-ψυχος ον de iguales sentimientos, identificado espiritualmente.

ἰσόω -ῶ igualar, hacer igual || MED. igualarse, parangonarse || PAS. hacerse igual, llegar a ser igual.

Ἰσραήλ *voz. hebr.* Israel, Jacob; el pueblo de Israel, los israelitas.

ἰστάνω *td.* = **ἵστημι.**

ἵστασχ' = **ἵστασκε** *3.ª sing. impf. iter. ép. de* ἵστημι.

ἱστάω -ῶ = **ἵστημι.**

ἴστε *2.ª pl. de* οἶδα [*v.* εἴδω].

ἰστέαται ἰστέατο *3.ª pl. pres. e impf. med. jón. resp. de* ἵστημι.

ἰστέον *n. del adj. vbal. de* οἶδα [*v.* εἴδω] se ha de saber, hay que saber *o* averiguar.

ἵστημι poner, colocar, apostar, disponer; poner en pie; levantar, alzar [el mástil, *etc.*]; erigir [estatuas, trofeos]; establecer (τύραννον como rey); instituir; suscitar [una nube, una reyerta, la cólera, *etc.*]; parar, detener (τὴν φάλαγγα a la tropa); poner en la balanza, pesar, [algo, *ac.;* contra algo, πρὸς *y ac.*]; pagar || INTR. [*aor.* ἔστην *perf. plpf. fut. perf.*] *y* PAS. ponerse, colocarse; presentarse, comparecer; ponerse en pie, estar *o* mantenerse en pie, *de donde* estar erigido; levantarse, alzarse; erizarse; comenzar (ἱσταμένου μηνός al comenzar el mes); entablarse, iniciarse, surgir [una contienda, *etc.*]; ἐπὶ παντί τῷ χρείας ἱσταμένῳ en cualquier necesidad que surja; estar, hallarse; permanecer, mantenerse, resistir [contra alguien, πρὸς *y ac.*]; permanecer quieto, ocioso *o* callado; detenerse, pararse || MED. TR. poner, alzar, levantar, erigir para sí; establecer, ordenar, organizar, introducir para sí; comenzar.
F. *ind. pres. 3.ª pl.* ἱστᾶσι, *jón* ἱστέασι; *imp.* ἵστη; *inf.* ἱστάναι, *ép.*

ἱστάμεναι *impf.* ἵστην, *3.ª sing. iter. ép.* ἵστασκε (ἵστασχ'); *fut.* στήσω; *aor. 1.º* ἔστησα (*ép.* στῆσα, *3.ª pl. ép.* ἔστασαν); *med. trans.* ἐστησάμην; *aor. 2.º* ἔστην, *3.ª sing. iter. ép.* στάσκε, *3.ª pl.* ἔστησαν, *ép. tamb.* ἔσταν *y* στάν; *imp.* στῆθι; *subj.* στῶ στῇς *etc., ép.* στήῃς στήῃ στέωμεν στήομεν στείομεν στήετε *etc.; opt.* σταίην, *inf.* στῆναι, *ép.* στήμεναι; *perf.* ἕστηκα; *plpf.* ἑστήκειν *o* εἱστήκειν; *3.ª sing. jón.* ἑστήκεε. *Salvo en el sing. del ind. las formas regulares dan pronto lugar a otras sin* κ: *du.* ἕστατον *pl.* ἕσταμεν ἕστατε ἑστᾶσι (*jón.* ἑστέασι); *subj.* ἑστῶ; *opt.* ἑσταίην; *inf.* ἑστάναι, *ép.* ἑστάμεναι; *part.* ἑστώς ἑστῶσα ἑστός, *gen.* ἑστῶτος *etc., gen. ép.* ἑσταότος, *ac.* -αότα *etc.; plpf. pl.* ἕσταμεν ἕστατε ἕστασαν; *fut. perf.* ἑστήξω, *raro* ἑστήξομαι, || PAS. *pres. ind.* ἵσταμαι; *imp.* ἵστασο *y* ἵστω; *impf.* ἱστάμην; *fut.* στήσομαι, *tamb.* σταθήσομαι; *aor.* ἐστάθην; *perf.* ἕσταμαι, *3.ª pl. jón.* ἑστέαται; *plpf.* ἑστάμην.

ἵστην *impf. de* ἵστημι.

ἱστιάω *jón. y dór.* = **ἑστιάω.**
F. *inf. perf. pas. jón.* ἱστιῆσθαι.

ἱστίη ης ἡ *ép. y jón.* = **ἑστία.**

ἱστιητόριον ου τό *jón.* casa de comida, posada, albergue.

ἱστίον ου τό vela de navío, *gralmte. en pl.* velamen.

ἱστο-δόκη ης ἡ horqueta *o* cuenco ahorquillado donde se apoyaba el mástil al amainar.

ἱστο-πέδη ης ἡ carlinga [hueco donde se encaja el mástil].

ἱστορέω -ῶ [*y med.*] saber, conocer; averiguar, informarse de, preguntar por; interrogar [a alguien, *ac.*]; visitar *o* explorar [un país]; referir, contar.

ἱστόρημα ατος τό cuestión; relato.

ἱστορία ας [*jón.* **ἱστορίη ης**] **ἡ** investigación, información; resultado de la investigación, informe, noticia *esp.* noticia histórica; conocimiento, saber, ciencia; relato, narración; relato histórico, obra histórica, historia.

ἱστορικός ή όν histórico; conocedor de la historia || SUBST. **ὁ ἱστορικός** historiador.

ἱστός οῦ ὁ mástil de navío; enjullo de telar [vertical, no horizontal como hoy]; telar (ἱστὸν ἐποίχεσθαι atender al telar); tejido, tela.

ἱστουργέω -ῶ tejer, hacer tejidos.

ἱστουργία ας ἡ arte de tejer.

ἴστω *imp. de* οἶδα [*v.* εἴδω].

ἵστω = **ἵστασο** *imp. o 2.ª sing. impf. med. de* ἵστημι.

ἵστωρ [*o* **ἴστωρ**] **ορος ὁ** conocedor, sabedor; árbitro, juez; testigo.

ἰσχαλέος α ον seco.

ἰσχανάω -ῶ *y* **ἰσχανόω** *y* **ἰσχάνω** retener, contener, *esp.* obligar a quedarse; estar deseoso de, ansiar, anhelar [algo, *gen. o constr. inf.*] || MED. *y* PAS. detenerse, demorarse, tardarse.
F. *2.ª y 3.ª sing. ind. pres. ép.* ἰσχανάᾳς ἰσχανάᾳ. *Formas en -οω- como 3.ª pl.* ἰσχανόωσιν, *med.* ἰσχανόωνται, *part.* ἰσχανόων ἰσχανόωσα *etc., impf. ép.* ἰσχανάασκον.

ἰσχάς άδος ἡ higo paso.

ἴσχεο ἴσχευ *imp. med. ép. de* ἴσχω.

ἰσχίον ου τό isquión; cadera, anca.

ἰσχναίνω secar, desecar; poner delgado, adelgazar; disminuir, aminorar, debilitar, rebajar.
F. *aor.* ἴσχνανα, *jón.* ἴσχνηνα.

ἰσχνός ή όν seco; delgado; débil.

ἰσχνό-φωνος ον de voz débil *o* flaca; balbuciente, torpe de habla.

ἰσχό-φωνος ον = **ἰσχνόφωνος.**

ἰσχυρίζομαι ser *o* mostrarse fuerte; tomar fuerza de... [ὑπό *y gen.*]; prevalerse de, apoyarse sobre, poner su fuerza en... [*dat.*]; esforzarse, desplegar las fuerzas; mantener, sostener firmemente, persistir en afirmar [algo, *ac., constr. inf. o de* ὡς, ὅτι *etc.*].

ἰσχυρός ά όν fuerte, robusto, vigoroso (τὸ ἰσχυρόν fuerza, vigor); firme, sólido, seguro [de muros, armas, etc.]; poderoso, potente, grande, violento, enérgico, resuelto, severo, riguroso, etc. *según el objeto a que se aplica* (κατὰ τὸ ἰσχυρόν con la fuerza de las armas).

ἰσχυρῶς ADV. fuertemente, poderosamente, violentamente; mucho, muy.

ἰσχύς ύος ἡ fuerza, vigor; fortaleza, solidez, resistencia, violencia, fuerza bruta; poder, potencia; facultad; fuerza militar, fuerza armada; peso.

ἰσχύω ser fuerte, vigoroso, robusto; recobrar fuerzas, reponerse [de una enfermedad, etc. ἐκ *y gen.*]; ser poderoso, influyente, tener crédito, prevalecer, valer [en *o* por algo, *dat.* διά *y ac.*, etc.; con alguno, παρά *y gen.*; contra alguno, πρός *y ac.*; τἀληθὲς ἰσχύον la fuerza de la verdad]; poder, tener fuerzas (γρηγορῆσαι para velar).

ἴσχω *f. redupl. de* **ἔχω**: tener (λῆστιν ἴσχεις olvidas); detener, retener *esp.* coger, apoderarse de; impedir, estorbar (τὸ ἴσχον impedimento) || INTR. MED. PAS. tenerse, detenerse, desistir, pararse (ἐν τούτῳ ἴσχετο aquí paró la cosa); estar, hallarse (χαλεπῶς mal); mantenerse, mantenerse firmes; *de naves* estar anclada (σχεῖν ir a anclar. *Tuc. 1, 110, 4, etc.*).
F. *inf. ép.* ἰσχέμεν ἰσχέμεναι; *imp. med. 2.ª sing. ép.* ἴσχεο *o* ἴσχευ.

ἴσως ADV. igual, igualmente, de igual modo; rectamente, equitativamente; quizás, acaso, tal vez, posiblemente, verosímilmente [*frec. acompañado de* ἄν, που, τάχα, τι *etc.*]; *con números,* aproximadamente.

Ἰταλία ας [*jón.* **Ἰταλίη ης**] **ἡ** Italia.

ἰταμός ἡ όν = **ἴτης.**

ἰταμότης ητος ἡ osadía, impudencia.

ἰτέα ας [*jón.* **ἰτέη ης**] **ἡ** sauce; mimbrera, mimbre; escudo tejido de mimbres.

ἰτέϊνος η ον de mimbre.

ἰτέον *n. del adj. vbal. de* εἶμι se ha de ir.

ἴτην *3.ª dual imp. de* εἶμι.

ἰτητέον = **ἰτέον.**

ἴτης ου ADJ. *m.* intrépido, audaz; osado, impudente.

ἴτριον ου τό pastel *o* torta.

ἴττω *beoc.* = **ἴστω** *imp. de* οἶδα [*v.* εἴδω].

ἴτυς υος ἡ cerco, *esp.* cerco de la rueda, llanta; cerco *o* borde del escudo; escudo.

ἴτω *3.ª sing. imp. de* εἶμι.

ἴτων ἴτωσαν *3.ª pl. imp. de* εἶμι.

ἰυγή ῆς ἡ grito *esp.* grito de dolor, alarido.

ἰυγμός οῦ ὁ grito, gemido.

ἴυγξ γγος ἡ torcecuello [ave]; rueda mágica [en que solía fijarse aquél]; encanto *o* hechizo de amor.

ἰύζω gritar, dar alaridos, aullar.

ἴφθιμος η ον [*y* **ος ον**] fuerte, vigoroso, valiente; impetuoso [*dic*, de los ríos].

ἶ-φι ADV. con poder, poderosamente; con fuerza; violentamente.

Ἰφιάνασσα ης ἡ *y*

Ἰφιγένεια ας ἡ Ifigenia [hija de Agamenón y Clitemnestra].

ἴφιος α ον fuerte, robusto *y esp*, pingüe, lozano.

Ἰφίτειος α ον relativo a Ifito.

ἰχανάω -ῶ procurar, desear, anhelar.
F. *3.ª sing. pres. ind. ép.* ἰχανάᾳ; *part.* ἰχανόων -όωσα. *Confundido a veces con* ἰσχανάω *que es de distinto origen (v. s. v.).*

ἰχθυάω -ῶ coger peces, pescar.
F. *impf. iter. ép.* ἰχθυάασκον.

ἰχθύδιον ου τό pececillo, pez pequeño.

ἰχθυο-ειδής ές a modo de pez *o* de peces.

ἰχθυόεις εσσα εν rico en peces.

ἰχθυο-φάγος ον ictiófago, que se mantiene de peces.

ἰχθύς ύος ὁ pez, pescado.
F. *ac.* ἰχθῦν, *id.* ἰχθύα; *voc.* ἰχθύ; *pl. nom.* ἰχθύες, *dat.* ἰχθύσι, *ac.* ἰχθύας *e* ἰχθῦς.

ἰχθυώδης ες rico en peces.

ἰχνεύμων ονος ὁ *y*

ἰχνευτής οῦ ὁ rastreador *y esp.* icneumón *o* mangosta [cuadrúpedo destructor de los huevos del cocodrilo].

ἰχνεύω rastrear, seguir el rastro de [*tamb. fig.*].

ἴχνιον ου τό *y*

ἴχνος εος [**-ους**] **τό** huella; señal, rastro, vestigio.

ἰχῶ *ac. ép. de* ἰχώρ.

ἰχώρ ῶρος ὁ icor, licor claro que es como la sangre de los dioses; *tamb.* linfa.

ἴψ ἰπός ὁ carcoma *o* polilla.

ἴψαο *2.ª sing. aor. 1.º de* ἴπτομαι.

ἴψομαι *fut. de* ἴπτομαι.

ἴω ἴῃς *etc. subj. pres. de* εἶμι.

ἰῶ ἰῇς *etc. subj. pres. de* ἵημι.

ἰώ INTJ. *de dolor y a veces tamb. de alegría* ¡oh! ¡ah! ¡ay!

ἰῶ *2.ª sing. imp. de* ἰάομαι.

ἰωά ᾶς ἡ *dór.* = **ἰωή**

Ἰωάννης ου ὁ Juan [el Bautista y el Evangelista].

ἰωγή ῆς ἡ abrigo, amparo (βορέω contra el cierzo).

ἰωή ῆς ἡ grito, chillido, gritería; *tamb.* lamento; sonido, ruido; soplo *o* zumbido [del viento]; crepitar [del fuego], etc.

ἰῶκα *ac. heteróclito de* ἰωκή.

ἰωκή ῆς ἡ ataque, asalto; furia *o* torbellino del combate.

ἰών ἰοῦσα ἰόν *part. pres. de* εἶμι.

Ἴων ωνος ADJ. *m.* jonio, de Jonia.

Ἰωνία ας [*jón.* **Ἰωνίη ης**] **ἡ** Jonia [región de la costa occidental del Asia menor, poblada por griegos jonios].

ἰῶτα τό INDECL. iota *o* yota, la letra más pequeña del alfabeto griego, *de donde fig.* lo más insignificante, lo más mínimo.

ἰωχμός οῦ ὁ = **ἰωκή**.

K

Κ, κ, kappa [décima letra del alfabeto griego] || *como signo numérico* κ' 20; ͵κ 20.000.

κ' *y* **κα** = **κε.**

καβ-βάλλω = **καταβάλλω.**

κάγ = **κατά** *ante* γ.

κἀγαθός = **καὶ ἀγαθός** y bueno.

κάγκανος ον seco.

καγχάζω *y*

καγχαλάω -ῶ reírse a carcajadas, alegrarse, mofarse.

F. *ép. en* -οω- *3.ª pl. pres. ind.* καγχαλόωσι; *part. pres.* καγχαλόων καγχαλόωσα.

κἀγώ = **καὶ ἐγώ** y yo.

κάδ = **κατά** *ante* δ.

καδδραθέτην. *3.ª dual aor. 2.º ép. de* καταδαρθάνω.

καδδῦσαι *part. aor. pl. fem. de* καταδύω.

καδίσκος ου ὁ urnita [para votaciones].

Καδμο-γενής ές descendiente de Cadmo *e. e.* tebano.

Κάδμος ου ὁ Cadmo, fundador de Tebas.

κάδος ου ὁ tonel, cubo, cántaro.

κάη *3.ª sing. aor. pas. 2.º ép. de* καίω.

καήμεναι *inf. aor. pas. ép. de* καίω.

κᾆθ' *crasis por* καὶ εἶτα.

καθά = **καθ' ἅ** lo mismo que, como.

καθαγίζω consagrar, ofrecer en sacrificio; quemar; enterrar (πόλεις ὅσων σπαράγματα κύνες καθήγισαν ciudades cuyos cadáveres lacerados enterraron [devoraron] los perros).

καθ-αγνίζω = **καθαγίζω.**

καθ-αιμάσσω *y* **καθ-αιματόω -ῶ** ensangrentar.

καθαίρεσις εως ἡ destrucción, ruina; destronamiento.

καθαιρετέος α ον *adj. vbal. de* καθαιρέω que debe destruirse.

καθαιρέτης ου ὁ destructor, exterminador, asesino.

καθ-αιρέω bajar, hacer bajar, amainar, cerrar [los ojos a un muerto], descolgar; abatir, derribar, destronar; aniquilar, matar; anular; condenar; apoderarse de, conseguir; coger || MED. coger, aferrar.

F. *jón.* καταιρέω; *fut.* καθαιρήσω, *fut. 2.º* καθελῶ *(N. T.)*: *aor. 2.º* καθεῖλον, *3.ª sing. subj. ép.* καθέλῃσι, *inf.* καθελεῖν, *part. perf. pas. jón.* καταραιρημένος. *V.* αἱρέω.

καθαίρω limpiar, lavar; purificar (algo *o* a alguien *ac.* de algo *gen. o ac.*); *fig:* liberar, dejar libre; podar *(N.T. Ev. Jo. 15,2)* || MED. purificarse, hacerse puro.

F. *impf. ép.* κάθαιρον, *fut.* καθαρῶ *aor.* ἐκάθηρα (*ép.* κάθηρα) *y* ἐκάθαρα *perf.* κεκάθαρκα, *pas.* κεκάθαρμαι; *aor. pas.* ἐκαθάρθην.

καθ-άλλομαι saltar de arriba abajo, caer sobre.

καθαμέριος = **καθημέριος.**

καθ-ανύω = **κατανύω.**

καθ-άπαξ ADV. una sola vez por todas.

καθά-περ ADV. lo mismo que, como.

καθαπερανεί *y* **καθαπερεί** = **καθάπερ.**

καθ-άπτω atar, suspender, colgar (ὤμοις ἀμφίβληστρον echarse a los hombros un manto, *Sóf.*); unirse, enlazarse, extender [hasta εἰς *o* πρός *con ac.*] || MED. coger, tocar, apoderarse de; dirigirse (τίνα ἐπέεσσι μαλακοῖσιν a uno con palabras amables, *Il.;* φίλον ἦτορ a su propio corazón, hablarse a sí mismo *Od.*); atacar a, emprenderla con [alguien, *gen.*]; invocar, poner por testigo [a... *gen.*].

F. *v.* ἅπτω. *impf. med. ép. sin aum.* καθαπτόμην *perf. pas.* καθῆμμαι, *part.* καθημμένος.

καθάρειος ον puro, limpio || ADV. **καθαρείως** con limpieza.

καθαρεύω estar limpio, estar puro; tener limpio.

καθαρίζω limpiar, purificar; libertar.

καθαριότης ητος ἡ limpieza, pureza.

καθαρισμός οῦ ὁ purificación.

κάθαρμα ατος τό objeto rechazado como impuro en las lustraciones; víctima expiatoria; purificación, expiación; *fig.* miserable, pillo.

καθ-αρμόζω ajustar, adaptar.

καθαρμός οῦ ὁ limpieza, purificación; expiación, sacrificio expiatorio.

καθαρός ά όν limpio, puro (κατὰ τὸ σῶμα limpio de cuerpo); libre (ἀδικίας de injusticia); sano, exento de enfermedad; sincero, intachable, genuino.

καθαρότης ητος ἡ pureza, limpieza; probidad, desinterés.

καθάρσιος ον expiable; que purifica, expiatorio.

κάθαρσις εως ἡ = **καθαρμός**.

καθαρτής οῦ ὁ purificador; vengador.

καθαρτικός ή όν = **καθάρσιος**.

καθεδοῦμαι *fut. med. de* καθέζω.

καθ-έδρα ας ἡ asiento, silla; cátedra; guarida; inmovilidad, inercia.

καθ-έζω sentar, hacer sentar; sentarse || MED. sentarse, instalarse; acampar; estar *o* permanecer sentado; retrasarse, entretenerse.

F. *aor. act.* καθεῖσα || MED. *impf.* ἐκαθεζόμην *(ép. sin aum.); fut.* καθεδοῦμαι; *aor.* ἐκαθεισάμην.

καθ-έηκα = **καθῆκα** *aor. ép. de* καθίημι.

καθ-είατο *3.ª pl. impf. ép. de* κάθημαι.

καθεῖλκον καθείλκυσα *etc. v. s.* καθέλκω.

καθ-είργνυμι *y*

καθ-είργω encerrar, encarcelar.

F. *fut.* καθέρξω; *aor.* καθεῖρξα (*subj.* καθέρξω); *perf. pas.* καθεῖργμαι. *V. tamb.* κατείργνυμι, κατείργω.

καθεῖς = **καθ' εἷς** uno por uno, uno tras otro, cada uno.

καθείς εἷσα ἕν *part. aor. 2.º de* καθίημι.

καθ-εῖσα *aor. de* καθέζω.

καθεκτός ή όν que puede contenerse; retenido.

καθ-ελκύω *y* **καθ-έλκω** tirar hacia abajo, hacer bajar; botar [un barco], poner a flote.

F. *jón.* κατελκύω. *Impf.* καθεῖλκον; *fut.* καθελκύσω; *aor.* καθείλκυσα, *part. pl.* καθελκύσαντες, *perf.* καθείλκυκα, *med.* καθείλκυσμαι *aor. pas.* καθειλκύσθην *part. jón.* κατελκυσθείς.

κάθεμεν *1.ª pl. aor. de* καθίημι.

καθ-εξῆς ADV. por orden, sucesivamente; en seguida.

κάθεξις εως ἡ retención, conservación.

καθέξω *fut. de* κατέχω.

καθερίζω = **καθαρίζω** *(N. T.).*

καθ-εύδω dormir, descansar; estar ocioso.

F. *jón.* κατεύδω. *Impf.* καθεῦδον καθηῦδον *y* ἐκάθευδον; *fut.* καθευδήσω; *aor.* καθηύδησα *y* ἐκαθεύδησα. *Cf.* εὕδω.

καθ-ευρίσκω encontrar, descubrir.

καθ-εψιάομαι burlarse [de uno, *gen.*].

F. *3.ª pl. pres. ind. ép.* καθεψιόωνται.

καθ-έψω cocer; ablandar, amansar.

καθηγεμών όνος ὁ guía, conductor.

καθ-ηγέομαι mostrar el camino, indicar; guiar; comenzar, tomar la iniciativa de algo, hacerlo el primero.

καθηγητής οῦ ὁ guía, maestro.

καθ-ηδυπαθέω -ῶ disipar, derrochar.

καθ-ήκω lanzarse, bajar a la arena, al combate; bajar hasta, llegar a; venir; señalar, fijar [hablando del tiempo]; concernir, convenir a, pertenecer || IMPERS. καθήκει μοι es de mi incumbencia; (τὸ καθῆκον *o* τὰ καθήκοντα lo conveniente, el deber.)

κάθ-ημαι estar sentado; permanecer; estar quieto, inmóvil; llevar una vida sedentaria; establecerse, residir; estar situado; estar en el tribunal; estar en sesión *o* asamblea (οἱ καθήμενοι los asistentes, los presentes en la sesión).

F. *2.ª sing. ind. pres.* κάθησαι *y* κάθῃ *(N. T.) 3.ª* κάθηται, *3.ª pl. jón.* κατέαται; *imp.* κάθησο *o* κάθου *(N. T.)* καθήσθω *etc.*; *subj.* καθῶμαι; *opt.* καθοίμην *y* καθῄμην; *inf.* καθῆσθαι; *impf.* ἐκαθήμην, *3.ª sing.* ἐκάθητο, καθῆ(σ)το, *jón.* κατῆστο, *2.ª pl.* ἐκάθησθε *y* καθῆσθε, *3.ª pl.* ἐκάθηντο, καθῆντο, *ép.* καθήατο, *jón.* ἐκατέατο, κατέατο *fut.* *td.* καθήσομαι (*N. T.*).

καθ-ημερινός ή όν diario, cotidiano.

καθ-ημέριος α ον diario, cotidiano; del día de hoy.

καθήμην *impf. de* κάθημαι.

καθήμην *opt. de* κάθημαι.

καθῆραι *inf. aor. de* καθαίρω.

καθ-ήσομαι *fut. de* καθίημι *y de* κάθημαι.

καθ-ιδρύω hacer sentar; establecer, fijar; trasladar; fundar, elegir; consagrar || PAS. establecerse.

καθ-ιερεύω ofrecer en sacrificio, sacrificar, inmolar.

καθ-ιερόω -ῶ dedicar, consagrar.

καθ-ιζάνω = καθίζω.

καθ-ίζω sentar, hacer sentar (τινὰ εἰς θρόνον a uno en el trono); convocar, celebrar, reunir; establecer, apostar *o* poner (φύλακας guardias); hacer (κλαίοντας καθίζειν τοὺς φίλους hacer llorar a los amigos) || INTR. *y* MED. apostarse, tomar puesto *o* asiento [*esp.* en la mesa, en el tribunal *etc*]; residir, establecerse, acampar; asentarse, bajarse, abatirse.
F. *impf.* καθῖζον *y* ἐκάθιζον; *med.* ἐκαθιζόμην; *fut.* καθίσω, *jón.* κατίσω *y át. tamb.* καθιῶ, *med.* καθιζήσομαι, *td.* καθίσομαι (*NT.*) *y* καθιοῦμαι; *aor.* ἐκάθισα καθῖσα, *ép.* κάθισ(σ)α, *jón.* κάτισα, *med.* ἐκαθισάμην; *perf.* κεκάθικα.

καθ-ίημι bajar, hacer bajar [*esp.* a la lucha, a la lid]; hacer caer, lanzar [hacia abajo]; dejar caer; extender, prolongar || INTR. *y* MED. bajar, descender, trasladarse a; ponerse en movimiento, lanzarse || MED. TRANS. dejarse caer, dejarse pendientes (βοστρύχους los bucles).
F. *jón.* κατίημι *3.ª sing.* κατίει; *aor.* καθῆκα; *ép.* καθέηκα, *1.ª pl.* κάθεμεν, *inf.* καθέμεν. *Para otras formas v.* ἵημι.

καθ-ικετεύω suplicar.

καθ-ικνέομαι -οῦμαι alcanzar; tocar, golpear [algo, *ac. o gen.*]; llegar.

καθ-ιππάζομαι devastar con incursiones de caballería; pisotear; hacer correrías a caballo.

καθ-ιππεύω recorrer a caballo; *simplte.* recorrer.

καθίσας ασα αν *part. aor. 1.º de* καθίζω.

καθ-ιστάνω *y* -τάω = καθίστημι.

καθίστημι poner, colocar; aprontar [una cratera *etc.*] *esp.* traer a tierra [una nave]; bajar, llevar hacia abajo, *y en gral.* llevar, conducir [a uno *ac.* a un lugar, a una situación *etc.* εἰς *y ac.*]; reponer, volver a su sitio; establecer [a uno como rey, como jefe, *dos acs. o con inf.* imponer que uno sea...]; formar [la falange *etc.*]; poner en orden, arreglar; hacer a alguien tal o cual cosa (ψευδῆ embustero; φεύγειν huir); hacer una cosa [clara, manifiesta, etc. *dos acs.*] || INTR. (*aor. 2.º, perf., plpf., fut. perf.*) *y* MED. colocarse, ponerse; ponerse ante otro, presentarse; ser establecido *o* puesto [como... *nom.*]; calmarse, apaciguarse: ἡ καθεστηκυῖα ἡλικία la edad madura; hacer *o* llegar a [tal o cual estado *etc.*], llegar a ser [tal *o* cual cosa]; llegar a ponerse [en lucha *etc.* εἰς *y ac.*]; ser establecido *o* instituído, prevalecer [una situación, unas leyes].
F. *jón.* κατίστημι (*3.ª pl. impf. med.* κατιστέατο); *imp.* καθίστη, καθίστα; *fut.* καταστήσω, *med.* καταστήσομαι; *aor. 1.º* κατέστησα, *med.* κατεστησάμην; *aor. 2.º* κατέστην; *perf.* καθέστηκα, *después* καθέστακα, *jón.* κατέστηκα (*3.ª pl.* κατεστέασι, *part.* κατεστεώς); *perf. med.* καθέσταμαι (*3.ª pl. med. jón.* κατεστέαται); *plpf.* καθεστήκειν *o* καθειστήκειν, *3.ª sing. jón.* κατεστήκεε; *fut. perf.* καθεστήξω; *aor. pas.* κατεστάθην. *V.* ἵστημι.

καθό = καθ' ὅ según que, como; de modo que.

καθολικός ή όν católico, universal.

κάθ-οδος ου ἡ bajada, descenso; vuelta, regreso; período, ciclo.

καθ-όλου ADV. en total, en general; en absoluto; (οὐ κ. en manera alguna).

καθ-ομολογέω -ῶ convenir en, conceder.

καθ-οπλίζω armar, proveer de; vencer.

καθόπλισις εως ἡ acción de armar; armamento.

καθ-οράω -ῶ mirar de arriba; examinar observar, darse cuenta; respetar || MED. contemplar, considerar.

καθ-ορμίζω hacer entrar en el puerto || MED. *o* PAS. arribar.

καθ-ότι ADV. cómo, de qué modo; cómo, según.
κάθου *imp. de* κάθημαι.
καθ-υβρίζω insultar, maltratar, injuriar.
κάθ-υδρος ον lleno de agua.
καθ-υπάρχω existir; comenzar, ser el primero.
καθ-ύπερθε(ν) ADV. de arriba; arriba, encima, sobre; (ἡ καθύπερθε Φρυγία la Frigia superior); de antes.
καθυπέρτερος α ον más alto que, superior [a uno, *gen.*].
καθ-υπνόω -ῶ dormir profundamente.
καθ-υστερέω -ῶ llegar con retraso.
καθ-υφίημι [*y med.*] ceder, transigir, traicionar; abandonar, renunciar a, desistir de [algo, *ac.*].
καθῶμαι *pres. subj. de* κάθημαι.
καθ-ώς CONJ. según que, como; cuando; porque; = **ὡς** que.
καθ-ώσπερ exactamente igual que.
καί CONJ. *y* ADV. y; también, asimismo, igualmente, aun. *Según el contexto se traducirá* y de cierto, y por cierto (καὶ τοῦτο y ello ciertamente; καὶ μάλα, καὶ πολύ, etc.); y a más, y además; y en general, y en suma; y especialmente, y particularmente, y precisamente; *con valor de encarecimiento* [y] aun, [y] hasta (ἐχθροὶ καὶ ἔχθιστοι enemigos y aun inimicísimos); *tamb.* por lo menos, siquiera (καὶ καπνὸν ἀποθρώσκοντα νοῆσαι ver siquiera surgir el humo, *Odis. 1, 58*); *a veces en endíadis:* βουλῇ καὶ μυθοῖσιν con voces de consejo, con exhortaciones. *Usos especiales: adversativo* aun, a pesar de [*frec. con part.* καὶ ἐσθλὸς ἐών aun siendo valiente, a pesar de tu valentía]; *disyuntivo* o (δύο καὶ τρεῖς dos o tres; ἥμισυ καὶ πλέον la mitad o más); *después de* ὁ αὐτός, ἴσος, ὅμοιος, παραπλήσιος *etc. y sus contrarios* que (παραπλήσια τ'ἐπεπόνθεσαν καὶ ἔδρασαν αὐτοί y experimentaron cosas parecidas a las que habían hecho ellos mismos, *Tuc. 7, 71, 7*); *de coincidencia en el tiempo* cuando (τέτρατον ἦμαρ ἦν καὶ τῷ τετέλεστο ἅπαντα era el cuarto día cuando lo tuvo todo terminado); *de coincidencia en el modo* asimismo, del mismo modo, ni más ni menos (καὶ ὡς ἔδοξεν αὐτοῖς καὶ ἐποίουν ταῦτα y, como lo resolvieron, asimismo lo hicieron, *Tuc. 8, 1, 4*); *ilativo* pues, así pues, *ya a principio de frase* (καί μοι δὸς τὴν χεῖρα ea, pues, dame la mano) *ya en interrogación* (πῶς καί; ¿cómo, pues?); καί... καί... tanto... como...; no sólo... sino...; καὶ γάρ porque, puesto que, y en efecto; καί γε y de cierto; καὶ δέ y además, pero además; καὶ δή y de cierto; y he aquí que; καὶ δὴ καί y de cierto también; y particularmente además; καὶ εἰ *o* εἰ καί aun si, aun cuando, aunque.
F. καί *aparece frecte. en crasis. esp. en poesía; cuando esto ocurre y la vocal inicial de la palabra siguiente tiene espíritu áspero la* κ *se hace* χ. *Así tenemos:* κἀγώ = καὶ ἐγώ; κᾆτα = καὶ εἶτα; χἄτερος = καὶ ἕτερος; χὤπου = καὶ ὅπου etc.
καιετάεις εσσα εν rico en valles *o* cañadas.
καινίζω inaugurar, innovar, hacer por primera vez; hacer algo nuevo, inusitado.
καινο-παθής ές no sufrido antes, inaudito.
καινο-ποιέω -ῶ hacer algo nuevo (τί καινοποιηθὲν λέγεις; ¿qué nuevo suceso anuncias?)
καινοποιητής οῦ ὁ innovador, inventor.
καινός ή όν nuevo, reciente; desusado, inaudito; inesperado; extraordinario; extraño.
καινότης ητος ἡ novedad.
καινο-τομέω -ῶ abrir una nueva trinchera, una nueva vía; innovar, inventar; hacer una revolución.
καινουργέω -ῶ introducir novedades, innovar.
καινο-φωνία ας ἡ novedad insubstancial de palabras.
καινόω -ῶ crear de nuevo, inventar (καινοῦσθαι τὰς διανοίας idear nuevas cosas); inaugurar.
καίνυμαι sobresalir distinguirse; superar [a alguien, *ac.*, *gen.*, etc.; en algo, *dat.*].
F. *Se usa mayormente en el perf.* κέκασμαι, *part.* κεκασμένος *y el plpf.* ἐκεκάσμην, *ép.* κεκάσμην.
καίνω [*aor.* ἔκανον etc.] matar.

καί-περ CONJ. aunque, por más que; *muchas veces separado por un part. o adj.:* (καὶ ἀθάνατός περ aunque inmortal).

καίριος α ον oportuno, favorable, conveniente, útil; en el sitio preciso *de donde* mortal [*díc. de* heridas, *etc.*].

καιρός οῦ ὁ medida conveniente; momento oportuno, ocasión, coyuntura favorable; conveniencia, ventaja; tiempo, momento presente, actualidad, circunstancia, sazón; lugar conveniente, sitio oportuno; punto vital, órgano esencial del cuerpo.

καιροσ(σ)έων [*gen. pl. de un adj. inusitado* καιρόεις] bien tejido, fino.

καί-τοι ADV. y en verdad; sin embargo; sea como quiera; ¡pero qué!; aunque.

καίω [*y med.*] encender; quemar, indiar; cauterizar. || PAS. consumirse, arder.

F. *impf. ép.* ἔκαιον *y* καῖον, *át.* ἔκαον; *fut.* καύσω καύσομαι; *aor. 1.º* ἔκαυσα, *ép.* ἔκηα, *v. l.* ἔκεια, *3.ª sing.* ἔκηε(ν) κῆεν *3.ª pl.* ἔκηαν; *imp.* κεῖον; *1.ª pl. subj. ép.* κείομεν *o* κήομεν; *3.ª sing. opt.* κήαι, *3.ª pl.* κήαιεν; *inf.* κῆαι (κεῖαι), *part. pl.* κείαντες, *át.* κέαντες, *aor. 1.º med.* ἐκαυσάμην, *3.ª pl. ép.* κείαντο, *part.*, κειάμενος; *perf.* κέκαυκα, *pas.* κέκαυμαι *y* κέκαυσμαι; *aor. pas.* ἐκαύθην, *aor. 2.º ép. y jón* ἐκάην, *inf.* καήμεναι; *fut. pas.* καυθήσομαι, *td.* καήσομαι *(N. T.)*.

κάκ = **κατά** ante κ.

κάκ = **καὶ ἐκ.**

κακαγγελέω -ῶ dar una mala noticia.

κακ-άγγελτος ον causado por una mala noticia, de una mala noticia.

κακ-άγορος ον *dór.* = **κακήγορος.**

κακ-ανδρία ας ἡ cobardía, vileza.

κἀκεῖ = **καὶ ἐκεῖ.**

κἀκεῖνος = **καὶ ἐκεῖνος.**

κάκη = **κακία.**

κακηγορέω -ῶ hablar mal, difamar.

κακηγορία ας ἡ difamación, injuria.

κακ-ήγορος ον maldiciente, difamador.

κακία ας ἡ disposición viciosa, malicia, vicio, malignidad; el mal; cobardía; deshonor, infamia; capacidad; aflicción, sufrimiento.

κακίζω acusar, reprochar; maltratar || MED. conducirse cobardemente.

κακκεῖαι *v. l.* = **κακκῆαι.**

κακκείοντες *ép.* = **κατακείοντες.** *nom. pl. masc. del part. pres. de* κατακείω.

κακκῆαι *inf. aor. 1.º ép. de* κατακαίω.

κακό-βιος ον que vive míseramente, que lleva una vida dura.

κακό-βουλος ον mal aconsejado.

κακο-γείτων ονος ADJ. compañero en la desgracia, asistente en la desgracia.

κακοδαιμονάω -ῶ estar loco *o* demente.

κακοδαιμονέω -ῶ ser desgraciado; *tamb.* = **κακοδαιμονάω.**

κακοδαιμονία ας ἡ demencia, posesión por un mal espíritu; miseria, desgracia.

κακο-δαίμων ον [*gen.* ονος] desgraciado.

κακο-δοξέω -ῶ tener mala fama.

κακοδοξία ας ἡ mala reputación; opinión falsa.

κακο-είμων ον [*gen.* ονος] mal vestido, harapiento.

κακοεργία ας *y jón.*

κακοεργίη ης = **κακουργία.**

κακο-εργός = **κακοῦργος.**

κακοήθεια ας ἡ mala costumbre; mal carácter; malicia.

κακο-ήθης ες de mal carácter; malo, vicioso, maligno.

κακό-θροος οον [-ους ουν] que suena mal, mal sonante, insolente.

Κακο-ΐλιος ου ἡ la funesta Ilión.

κακο-λογέω -ῶ hablar mal, vituperar, injuriar; maldecir.

κακολογία ας ἡ maledicencia, murmuración; injuria, calumnia.

κακο-μήχανος ον bribón, pérfido, funesto.

κακόνοια ας ἡ malevolencia, enemistad, hostilidad.

κακό-νομος ον mal gobernado.

κακό-νοος ον malintencionado, malévolo, hostil.

κακό-ξε(ι)νος ον que tiene malos huéspedes.

κακο-ξύνετος ον diestro para hacer mal.

κακοπάθεια ας ἡ sufrimiento, desgracia, vejación, penuria.

κακο-παθέω -ῶ sufrir, estar reducido al último extremo, ser maltratado.

κακοπινής ές sucio; impuro.

κακοποιέω -ῶ obrar mal; hacer mal dañar [a... *ac.*].

κακο-ποιός όν que obra mal || SUST. **ὁ** malhechor.
κακό-πους οδος ADJ. *m. y f.* de pies malos *o* débiles.
κακοπραγέω -ῶ ser desgraciado.
κακοπραγία ας ἡ desgracia, desventura; fracaso.
κακο-πράγμων ον intrigante, que obra mal, pícaro.
κακο-ρραφία ας ἡ trama, complot.
κακός ή όν malo; sucio, sórdido; defectuoso, inhábil; cobarde; malévolo; bajo, de origen humilde; miserable; (τὸ κακον, τὰ κακά lo malo, el mal); desgracia, sufrimiento; pérdida, daño; malicia, vicio.
F. *comp. ép.* κακώτερος, *más frec.* κακίων ον; *superl.* κάκιστος. *V. tamb.* χείρων ἥσσων *y* χείριστος ἥκιστος.
κακό-σιτος ον sin apetito.
κακο-σκελής, ές patituerto; de piernas débiles.
κακο-στομέω -ῶ injuriar.
κακοτεχνέω -ῶ usar de malas artes, intrigar.
κακοτεχνία ας ἡ astucia, malas artes.
κακό-τεχνος ον que se vale de malas artes, malicioso, fraudulento; maligno.
F. *comp.* κακοτεχνέστερος.
κακότης ητος ἡ malicia, maldad, cobardía; ineptitud; desgracia, desventura; afán, angustia.
κακο-τροπία ας ἡ perversidad.
κακό-τροπος ον malvado, perverso.
κακο-τυχέω -ῶ ser desgraciado.
κακουργέω -ῶ obrar mal, pérfidamente maltratar, dañar, asolar; ser vicioso.
κακούργημα ατος τό acción perversa; malicia, perversidad; fraude; maleficio.
κακουργία ας ἡ = **κακούργημα**.
κακοῦργος ον perverso, malhechor [ladrón, asesino]; dañoso, perjudicial.
κακουχέω -ῶ maltratar, atormentar.
κακουχία ας ἡ mal trato; mala situación.
κακο-φραδής ές malévolo, malintencionado, de malos pensamientos.
κακό-φρων ον malintencionado; insensato.
κακόω ῶ maltratar, dañar, echar a perder; arruinar, devastar.
κάκτανε *aor. 2.º de* κατακτείνω.
κακύνομαι estropearse; pervertirse [*y esp.* rebelarse, amotinarse].
κακχεῦαι *ép.* = **καταχεῦαι** *inf. aor. 1.º de* καταχέω.
κάκωσις εως ἡ maltratamiento, vejación; quebranto, pérdida; rebajamiento.
καλάμη ης ἡ tallo, caña; paja, rastrojo.
καλαμη-φόρος ον que lleva una caña.
καλάμινος η ον de caña.
καλαμίτης ου ADJ. *m.* de la cánula *o* las tablillas [apodo del héroe cirujano Aristómaco, venerado en Atenas].
κάλαμος ου ὁ caña *y espte.* caña de pescar; paja, tallo; caramillo; pluma de escribir.
καλάσιρις εως ἡ larga vestidura de lino.
καλαῦροψ οπος ἡ cayado.
κάλευν καλεῦντες καλεῦντο *formas ép. y jón. de* καλέω
καλέω -ῶ llamar, citar ἀγορήνδε *o* εἰς ἀγορήν al ágora; *sin prep.* βουλήν al Consejo; *con inf.* συμμετιάασθαι a conferenciar *o* deliberar, [*med.* llamar a sí]; llamar a la propia casa, invitar; invocar (Δία a Zeus), imprecar (ἀράς σοι maldiciones sobre ti); citar a juicio [*act. si el suj. es el juez, med. si el querellante*] llamar, nombrar, designar, dar por nombre [*a veces con el ac.* ὄνομα *act. o pas.* οὔνομα καλέονται Τερμίλαι *Hdt.*]; *con orac. entera:* καλεῖ με πλαστὸς ὡς εἴην πατρί me dice que yo era hijo falso *o* supositicio *e. e.* me llama hijo falso *o* supositicio. *A veces en pas.* = εἰμί: ἐμὸς γαμβρὸς καλέεσθαι que te llamaras [= que fueras] mi yerno; σὴ παράκοιτις κέκλημαι soy tu esposa; ἔνθα ἡ Τριπυργία καλεῖται donde está la [llamada] Triple Torre; requerir, reclamar, exigir.
F. *inf. pres. ép.* καλήμεναι, *part. pl. ép.* καλεῦντες; *impf.* ἐκάλουν, *ép.* κάλεον κάλευν (*v. l.*), *3.ª pl. med. jón.* καλεῦντο, *impf. iter. ép.* καλέεσκον, κάλεσκον; *fut.* καλῶ (*med. y pas.* καλοῦμαι), *ép.* καλέω, *raro o td.* καλέσω; *aor. 1.º* ἐκάλεσα, *ép.* ἐκάλεσσα *y* κάλεσσα *con las formas med. correspondientes; perf.* κέκληκα; *pas.* κέκλημαι, *3.ª pl. jón.* κεκλέαται; *opt.* κε-

κλήμην κεκλῆο; *plpf.* ἐκεκλήμην, *3.ª pl. ép.* κεκλήατο; *fut. perf. (pas.)* κεκλήσομαι; *aor. pas.* ἐκλήθην; *fut. pas.* κληθήσομαι.

καλήτωρ ορος ὁ el que llama *o* convoca, voceador, pregonero.

καλιά ᾶς ἡ habitación, *esp.* cabaña; nido.

καλινδέομαι -οῦμαι rondar, ir y venir; ocuparse en.

καλλείπω = καταλείπω.

καλλι-βόας ου de buena voz, que suena bien.

καλλί-βοτρυς υος de hermosos racimos.

καλλι-γύναιξ αικος abundante en mujeres hermosas.

καλλιέλαιος ου ἡ olivo cultivado.

καλλι-επέω -ῶ hablar bien, elegantemente.

καλλ-ιερέω -ῶ ofrecer un sacrificio favorable, obtener auspicios favorables; *dicho de las víctimas:* dar un presagio favorable.

καλλί-ζωνος ον bien ceñido, de hermosa cintura.

καλλί-θριξ τριχος de hermosa melena, de hermoso vellón.

καλλί-κομος ον de hermosos cabellos.

καλλι-κρήδεμνος ον de hermoso tocado, de hermosa cofia.

κάλλιμος η ον hermoso, bueno.

καλλίνικος ον vencedor glorioso.

καλλι-πάρῃος ον de hermosas mejillas.

κάλλιπε = κατέλιπε *3.ª sing. aor. 2.º de* καταλείπω.

καλλι-πλόκαμος ον de hermosas trenzas.

καλλι-ρέεθρος ον = καλλίρροος

καλλιῤῥημοσύνη ης ἡ grandilocuencia; fanfarronería.

καλλί-ρροος ον de hermosa corriente.

καλλιστεῖον ου τό premio de la hermosura, del valor, del mérito.

καλλιστεύω exceder en hermosura, ser el más hermoso.

κάλλιστος η ον ADJ. *superl. de* καλός.

καλλί-σφυρος ον de hermosos tobillos, de hermosos pies.

καλλί-τεκνος ον de hermosos hijos.

καλλι-τέχνης ου ὁ artista delicado.

καλλίτριχες *v.* **καλλίθριξ.**

κάλλιφ' = κάλλιπε *ante vocal inicial con espíritu áspero.*

καλλί-φθογγος ον de buen sonido, sonoro.

καλλί-φονος ον de buena voz.

καλλί-φυλλος ον de hermosas hojas, de hermosos pétalos.

καλλί-χορος ον de hermosas explanadas, espacioso.

καλλίων ον ADJ. *comp. de* καλός.

καλλονή ῆς ἡ = κάλλος.

κάλλος εος [ους] τό hermosura, belleza; cosa hermosa; medio de hermosear, afeite; mujer hermosa, beldad.

κἄλλος = καὶ ἄλλος.

καλλύνω hermosear, embellecer; adornar, ataviar || MED. presumir.

καλλωπίζω embellecer, hermosear: ataviar || MED. adornarse, vanagloriarse, jactarse, pavonearse.

καλλώπισμα ατος τό *y*

καλλωπισμός οῦ ὁ adorno, atavío, ornamento; fantasía, fantasmagoría.

καλο-διδάσκαλος ὁ ἡ buen maestro, buena maestra.

καλοκἀγαθία ας ἡ probidad, honradez sin tacha; conducta intachable.

καλοκαίριον ου τό buena estación, tiempo hermoso.

κᾶλον ου τό madera seca; navío.

καλο-ποιέω -ῶ hacer el bien, obrar bien.

καλό-πους ποδος ὁ horma.

καλός ή όν hermoso: (κ. τὸ σῶμα hermoso de cuerpo); noble, honesto, glorioso; puro, natural; perfecto, excelente; conveniente, hábil, apto [para... πρός *y ac.*]; favorable (ἱερά sacrificios) || SUST. **ὁ καλὸς κἀγαθός** el hombre de bien, honrado, aristócrata; **τὸ καλόν, τὰ καλά** lo hermoso; lo bueno, la virtud, el honor; la alegría, el placer; la felicidad; (καλῶς ἔχειν estar bien; ser provechoso).

F. *comp.* καλλίων ον; *superl.* κάλλιστος η ον.

κάλος ου ὁ = κάλως.

κάλπις ιδος ἡ vaso: cántaro; urna [para elecciones].

καλύβη ης ἡ cabaña, choza; tienda.

κάλυμμα ατος τό velo para cubrirse el rostro la mujer; cubierta.

κάλυξ υκος ἡ envoltura, cáscara, vaina; germen de una planta, botón; cáliz de flor; cáliz, copa; adorno de mujer en forma de botón de flor.

καλυπτός ή όν cubierto, envuelto; que recubre.
καλύπτρα ας ἡ cubierta; velo.
καλύπτω cubrir, envolver, ocultar [una cosa *ac.;* debajo de otra *dat.*]; (ἀσπίδι κεκαλυμμένος ὤμους teniendo los hombros cubiertos con un escudo); poner como cubierta *o* amparo [algo *ac.;* ante algo, πρόσθεν *y gen.*].
καλχαίνω estar meditabundo [sobre una cosa, ἀμφί *y dat.*]; meditar profundamente [sobre algo, *ac.*].
καλώδιον ου τό cuerda pequeña, cuerdecilla.
κάλως ω ὁ cuerda, cable, *espte.* driza; vela [de navío].
καλῶς ADV. bien; (καλῶς ἔχειν ser hermoso, estar bien); honrosa, gloriosamente; conveniente, favorablemente; a punto, en regla; con habilidad *o* destreza.
κάμ = κατά ante μ.
κάμαξ ακος ἡ caña, percha, bastón; estaca, horqueta.
καμάρα ας ἡ bóveda; cuarto, dormitorio; especie de carro cubierto.
καματηρός ά όν fatigoso, penoso; cansado, agotado por el cansancio.
κάματος ου ὁ cansancio, fatiga; esfuerzo penoso; resultado *o* fruto del esfuerzo; sufrimiento, enfermedad.
κάμβαλε = κατέβαλε.
Καμβύσης ου ὁ Cambises [rey de Persia, hijo de Ciro].
κάμε = ἔκαμε *aor. de* κάμνω.
κἀμέ = καὶ ἐμέ.
κάμηλος ου ὁ ἡ camello, a; rebaño de camellos.
κάμιλος ου ὁ cable, maroma, cuerda gruesa.
κάμινος ου ἡ horno, hornillo; fragua; fuego.
καμινώ οῦς ἡ vieja ocupada siempre alrededor del fuego, negra de hollín.
καμμίξας *v.* **καταμείγνυμι.**
καμμονίη ης ἡ fuerza para resistir; victoria.
κάμμορος ον desgraciado.
καμμύω = καταμύω.
κάμνω TR. trabajar, elaborar, fabricar construir [armas, naves, vestidos, etc.]; *aor med.* ganar con el trabajo [algo *ac.*]; cultivar (νῆσον la isla) || INTR. trabajar, afanarse [por alguien *o* por algo *dat.*, ὑπέρ *y gen.*]; cansarse [*con part.* πολεμίζων de guerrear; tamb. *con ac. de la parte*]; estar enfermo (τοὺς ὀφθαλμούς de los ojos, *etc.;* οἱ κάμνοντες los enfermos); *en gral.* estar en mala situación, en apuro, en calamidad: οὐκ ἴσον καμὼν ἐμοί no habiendo sufrido igual que yo; *part. aor. y perf.* καμόντες κεκμηκότες muertos, difuntos.
F. *impf. ép.* κάμνον; *fut.* καμοῦμαι καμῇ καμεῖται; *aor. 2.º* ἔκαμον, *ép.* κάμον *(las formas supuestamente reduplicadas de subj.* κεκάμω *etc., hay que descomponerlas* κε κάμω *etc.) ; aor. med.* ἐκαμόμην; *perf.* κέκμηκα, *part.* κεκμηκώς, *ép.* κεκμηώς -ῶτος *o* -ότος; *3.ª pl. plpf.* ἐκεκμήκεσαν.
κάμον *aor. 2.º ép. de* κάμνω.
καμοῦμαι *fut. de* κάμνω.
καμπή ῆς ἡ curva, sinuosidad, recodo; flexión, articulación de un miembro; movimiento de retroceso.
καμπτήρ ῆρος ὁ curva, vuelta, inflexión; meta.
κάμπτω encorvar, doblar, plegar; abatir, humillar; (κ. τὸν βίον llegar al término de la vida) || MED. plegarse.
καμπύλος η ον curvo, encorvado.
κἄν = καὶ ἄν igualmente, también; aun (κἂν εἰ aunque; κἄν... κἄν ya... ya; κἄν = καὶ ἐάν y si; aun cuando).
κἀν = καὶ ἐν.
καναναῖος ου *y*
κανανίτης ου ὁ defensor, celador.
καναχέω -ῶ resonar, hacer ruido.
καναχή ῆς ἡ ruido, estrépito, resonancia; rebuzno; rechinamiento de dientes.
καναχίζω = καναχέω.
κάνδυς υος ὁ caftán [sobreveste persa con mangas largas].
κάνεον *y*
κάνειον ου τό cesta; fuente, plato grande.
κάνθαρος ου ὁ escarabajo.
κανθήλιος ου ὁ burro de carga.
κάνναβις εως ἡ cáñamo; vestido hecho de cáñamo.
καννεύσας *part. aor. ép. de* κατανεύω.
κανοῦν οῦ τό = κάνεον.
κἀνταῦθα = καὶ ἐνταῦθα.
κἀντεῦθεν = καὶ ἐντεῦθεν.

κανών όνος ὁ caña, vara larga; asa, abrazadera; contralizo [del telar]; regla; ley, modelo, canon; frontera, límite.

κάπ = κατά *ante* π *y* φ.

κἄπειτα = καὶ ἔπειτα.

κάπετος ου ἡ oquedad, hueco; fosa, foso; tumba, sepultura.

κάπη ης ἡ pesebre, comedero.

καπηλεῖον ου τό droguería, abacería, taberna.

καπηλεύω traficar, comerciar en pequeña escala (κ. τὰ μαθήματα traficar con la ciencia); falsificar, adulterar.

κάπηλος ου ὁ comerciante al por menor; chamarilero, traficante; *tamb. fig.*

καπίθη ης ἡ cápita, medida persa [$2^1/_4$ litros].

καπνίζω hacer humo, encender fuego.

καπνοδόκη ης ἡ agujero por donde se escapa el humo, lumbrera, respiradero.

καπνός οῦ ὁ humo, vapor.

κάππεσον = κατέπεσον *aor. 2.º ép. de* καταπίπτω.

κάπριος ον de forma de jabalí || SUST. **ὁ** jabalí.

κάπρος ου ὁ jabalí.

καπύω = ἀποκαπύω exhalar.

1 **κάρ = κατά** *ante* ρ.

2 **κάρ = κάρα** cabeza.

3 **κάρ καρός τό** cabello; *fig.* cosa deleznable, nada.

κάρα τό cabeza, rostro; parte superior, cima, cumbre; copa [de árbol]; extremidad,; borde; *fig.* persona, ser: Οἰδίπου κάρα Edipo; αὐταδελφὸν *o* κασίγνητον κάρα hermana querida, hermano querido.

F. *nom. ép. y jón.* κάρη; *gen.* κάρητος *y* καρήατος; *dat.* κάρητι καρήατι; *ac.* κάρα κάρη; *nom. pl.* καρήατα, *ac. pl.* κάρη *o* κάρα (?). *Los poetas posthoméricos usan formas de temas en* -α: κάρη ης *o* κάρα ας, *ac.* κάραν *etc.*

καρα-δοκέω -ῶ escuchar con atención, observar con impaciencia, aguardar con ansia.

καραδοκία ας ἡ espera impaciente, observación atenta.

κάρανος ου ὁ jefe, caudillo, cabeza.

καρά-τομος ον decapitado; cortado de la cabeza (χλιδαί guedejas).

καρβατίνη ης ἡ sandalia rústica de piel sin curtir.

κάρδαμον ου τό berro (planta].

καρδία ας *y jón.* **καρδίη ης ἡ** corazón; alma, espíritu, sentido, pensamiento, inteligencia; estómago.

καρδιο-γνώστης ου ὁ escrutador *o* conocedor de los corazones.

κάρδοπος ου ἡ artesa.

Καρδοῦχοι ων οἱ Kurdos [pueblo de Asia].

κάρη τό *ép. y jón.* **= κάρα.**

καρῇ *3.ª sing. subj. aor. pas. de* κείρω.

κάρήατος καρήατι *etc., v.* κάρα.

καρη-κομόωντες cabelludos.

καρῆναι *inf. aor. 2.º pas. de* κείρω.

κάρηνον ου τό cabeza, cima, ciudadela.

κάρητος κάρητι *etc., v.* κάρα.

καρκαίρω resonar.

καρκίνος ου ὁ cangrejo; cáncer.

καρός *v.* κάρ *3.*

καρόω -ῶ adormecer, entorpecer, embotar.

καρπαία ας ἡ danza mímica.

καρπάλιμος ον rápido, ágil, pronto.

1 **καρπός οῦ ὁ** fruto, producto; grano, simiente; renta, provecho; resultado, efecto.

2 **καρπός οῦ ὁ** juntura de la mano y el brazo, muñeca.

καρποφορέω -ῶ producir frutos.

καρπο-φόρος ον fructífero; productivo.

καρπόω -ῶ llevar *o* producir fruto; ofrecer frutos [en el altar]. || MED. recoger fruto; sacar provecho; *en gral.* sacar, obtener, conseguir (εὔκλειαν buena fama, gloria); disfrutar, gozar de.

κάρπωσις εως ἡ disfrute.

καρρέζω = καταρρέζω.

κάρτα ADV. muy, mucho, enteramente; seguramente, de cierto.

καρτερέω -ῶ ser firme, constante, paciente; sufrir, soportar (τὰ συντυγχάνοντα los accidentes, lo que ocurra *o* sobrevenga).

καρτέρησις εως ἡ constancia, firmeza, paciencia, perseverancia.

καρτερία ας ἡ = καρτέρησις.

καρτερικός ή όν constante, firme, paciente, perseverante.

καρτερό-θυμος ον intrépido, valeroso.

καρτερός ά όν firme, constante, fuerte (τὰ καρτερά plazas fuertes); grave;

sólido; paciente; obstinado, duro, cruel; valiente, animoso.

καρτερούντως ADV. con ánimo, con valor.

κάρτιστος = **κράτιστος.**

κάρτος = **κράτος.**

καρτύνω = **κρατύνω.**

καρύα ας ἡ nogal.

καρύκινος η ον rojo de sangre, rojo oscuro.

κάρυον ου τό nuez.

καρφαλέος α ον seco, árido, sediento; *de sonido* seco, duro, fuerte.

κάρφη ης ἡ *y* **κάρφος εος [ους] τό** brizna; heno, paja; astilla.

κάρφω secar, arrugar, ajar.

F. *fut.* κάρψω; *aor.* ἔκαρψα, *ép.* κάρψα.

καρχαλέος α ον agudo; (κ. δίψῃ devorado de una sed ardiente); de dientes agudos.

καρχαρόδους δοντος de dientes agudos.

Καρχηδών όνος ἡ Cartago.

κάρψα κάρψω *aor. ép. y fut. resp. de* κάρφω.

κασᾶς οῦ ὁ alcafar, gualdrapa, cobertura de piel para caballos.

κασία ας ἡ especie de laurel canelo de Africa; producto de este árbol, especie de canela.

κασιγνήτη ης ἡ hermana.

κασί-γνητος η ον fraternal; pariente consanguíneo || SUST. **ὁ** hermano; primo.

κασίη ης ἡ *jón.* = **κασία.**

κάσις ιος ὁ ἡ hermano, hermana.

κασσίτερος ου ὁ estaño.

καστορνῦσα *part. f. aor. ép. de* καταστόρνυμι.

κάστωρ ορος ὁ castor.

κάσχεθε *2.ª pl. aor. ép. de* κατέχω.

κατ' = **κατά** *ante vocal inicial con espíritu suave.*

κατά ADV. abajo; enteramente (εἷς κατά = καθ' εἷς *o* καθεῖς uno a uno; uno en pos de otro, cada uno) || PREP.: *a) con gen.* de, de lo alto de (κατὰ τῆς πέτρας de lo alto de la roca; κατ' ἄκρας ἑλεῖν tomar desde la parte alta *Tuc.* 4, 112, 3); contra (ὁ κατ' εἰρήνης λόγος el discurso contra la paz); en, sobre: (κατὰ χθονὸς ὄμματα πήξας habiendo fijado los ojos en tierra); dentro, debajo de (ὁ κατὰ γῆς el que está debajo de tierra, el muerto); sobre, acerca de, contra (λέγειν κατά τινος hablar contra uno); *b) con ac.* sobre, en, por, a lo largo de, del lado de, frente a (ἡ κατὰ Κέρκυραν ἤπειρος la tierra frente a Corfú); mientras, durante, en tiempo de (οἱ κατά τινα los contemporáneos de uno; καθ' ἡμέραν cada día; κατ' ἐνιαυτόν cada año); bajando (κατὰ ῥόον bajando la corriente); siguiendo (πορεύειν κατὰ τὰ ἴχνη ir siguiendo las huellas); por *con idea de distribución o repartición* (κατὰ φῦλα, κατὰ φρήτρας por tribus, por familias); en, cayendo sobre (κατὰ τὸ στέρνον cayendo sobre el pecho; en el pecho); a través de (κατὰ πόλιν por la ciudad); con relación a (τὸ κατ' ἐμέ en lo que a mí toca); para (καθ' ἁρπαγήν para saquear); conforme a, según (κατὰ τὸν νόμον según la ley); distributivamente (κατὰ τρεῖς de tres en tres); poco más o menos; aproximadamente (κατὰ ἑξήκοντα ἔτεα unos sesenta años). || EXPRESIONES: κατὰ τάχος a prisa, a toda prisa; κατὰ σπουδήν, κατὰ πόδα, vivamente, rápidamente, de pronto; καθ' ὅσον en cuanto...; καθ' ἡσυχίαν en tranquilidad, tranquilamente: κατ' ἐμαυτόν a mi manera, *etc., etc.*

F. *Cuando va pospuesta (anástrofe) cambia su acento:* ἕλος κάτα por el pantano. *En apócope de la* α *final asimila la* τ *a la consonante siguiente, sobre todo en Homero tanto en composición como en régimen: así tenemos* κάββαλε = κατέβαλε, κάγ γόνυ = κατὰ γόνυ etc. (formas κάδ, κάκ, κάμ, κάν, κάπ, κάρ).

κατά *jón.* = **καθά.**

κᾆτα = **καὶ εἶτα.**

κατα-βαίνω bajar (δίφρον de un carro: ἐξ ὄρεος de un monte; ἀπὸ τοῦ ἵππου del caballo; ἐς πεδίον a la llanura); acabar *con part.* (κατέβαινε λέγων acababa diciendo, decía para terminar).

F. *Nótense: 3.ª pl. aor. 2.º ép.* κατέβαν; *1.ª pl. subj. ép.* καταβείομεν, *v. l.* καταβήομεν; *inf. ép.* καταβήμεναι; *3.ª sing. aor. mixto med. ép.* κατεβήσετο (*v. l.* κατεβήσατο), *imp.* καταβήσεο. *Para lo demás, v.* βαίνω.

κατα-βάλλω echar abajo, abatir, derribar (τινὰ ἀπὸ τοῦ ἵππου a uno del caballo); inspirar, infundir (τινὰ εἰς φόβον a uno temor); esparcir, divulgar; depositar; pagar; producir, reportar; dejar a un lado || MED. fundar, poner los cimientos, establecer; comenzar; lanzarse.
F. *3.ª sing. aor. 2.º ép.* κάββαλε (*v. formas de* κατά).

κατα-βαπτίζω sumergir || MED. sumergirse.

κατα-βαρέω -ῶ *y*

κατα-βαρύνω sobrecargar, oprimir, abrumar bajo el peso.

κατάβασις εως ἡ bajada, descenso, descendimiento; pendiente.

καταβείομεν *1.ª pl. subj. aor. ép.* καταβαίνω.

καταβήσεο *imp. aor. mixto med. ép. de* καταβαίνω.

κατα-βιβάζω hacer bajar [a uno *ac.*, de un lugar a otro ἐκ... εἰς...]; hacer bajar por fuerza, rechazar, empujar, apartar.

κατα-βιβρώσκω devorar, tragar, engullir.

κατα-βιόω -ῶ vivir, pasar la vida.

κατα-βλακεύω descuidar, dejar perderse por negligencia.

κατα-βλάπτω dañar, lesionar.

κατα-βλώσκω bajar *o* atravesar corriendo (ἄστυ la ciudad).

κατα-βοάω -ῶ gritar, alborotar; injuriar a gritos [a... *gen.*].

καταβοή ῆς ἡ clamor, alboroto, grito, invectiva.

κατα-βολή ῆς ἡ fundación, principio, fundamento, comienzo; depósito de una suma de dinero, pago; ataque *o* acceso de una enfermedad; catarata [en el ojo].

κατα-βόσκομαι devorar.

κατα-βραβεύω negar el premio de la victoria.

κατα-βρόχω tragar, devorar.

κατα-βυρσόω -ῶ recubrir con pieles *o* cuero.

κατά-γαιος = κατάγειος.

καταγγελεύς έως ὁ proclamador, anunciador.

κατ-αγγέλλω anunciar, proclamar, indicar; declarar; denunciar; intentar (ἀγῶνα un proceso).

κατάγγελτος ον anunciado, denunciado.

κατά-γειος ον subterráneo; terrestre.

καταγέλαστος ον risible, despreciable.

κατα-γελάω reírse, burlarse, mofarse [de... *gen. dat. o ac.*].

κατάγελως ωτος ὁ desenlace risible, absurdo final.

κατα-γέμω estar lleno *o* cubierto de [*gen.*].

κατα-γηράσκω *y*

κατα-γηράω -ῶ envejecer.

κατα-γιγνώσκω notar, advertir, darse cuenta, observar; pensar, juzgar; acusar, reprochar; condenar (θάνατον a muerte, a alguien, *gen., o bien a* alguien *ac.* por algo, *gen., etc.*).

κατ-αγίζω = καθαγίζω.

κατ-αγινέω = κατάγω.

κατα-γινώσκω = καταγιγνώσκω.

κάταγμα ατος τό ovillo de hilo; copo de lana.

κατ-άγνυμι romper, quebrantar; enervar, afeminar (*perf.* κατέαγα τὴν κεφαλήν tengo la cabeza rota).

κατάγνωσις εως ἡ mala opinión; reproche, menosprecio; condena, condenación.

κατα-γοητεύω embaucar, engañar, embrujar; falsificar.

κατ-αγορεύω declarar, decir; hablar contra, acusar.

κατα-γράφω arañar, desgarrar; dibujar, grabar; inscribir, registrar, alistar, hacer una lista, poner en la lista || MED. inscribir.

κατ-άγω hacer bajar, llevar, traer de arriba abajo; conducir al puerto (οἱ καταγόμενοι los pasajeros que desembarcan); devolver (οἴκαδε a la patria); *abs.* hacer volver, restituir al país; traer; conseguir (θρίαμβον un triunfo) || MED. desembarcar, arribar; hospedarse (ὥς τινα en casa de uno).
F. *fut.* κατάξω; *aor.* κατήγαγον *y* κατῆξα, *inf. ép.* καταξέμεν; *perf.* καταγήοχα. *Cf.* ἄγω.

καταγωγή ῆς ἡ arribo; estación, albergue, posada.

καταγώγιον ου τό hostal, parador, mesón, posada.

κατ-αγωνίζομαι luchar contra (τινα uno); vencer, acabar con, matar.

κατα-δάκνω morder.

κατα-δακρύω derramar lágrimas, llorar, deplorar.

κατα-δαμάζω [*y med.*] domar, subyugar, dominar, fatigar, agotar.

κατα-δαπανάω -ῶ consumir, agotar || MED. derrochar.

κατα-δάπτω desgarrar, devorar.

κατα-δαρθάνω dormirse, dormir, ir a dormir; pernoctar.
F. *aor.* κατέδαρθον, *ép.* κατέδραθον, *3.ª dual* καδδραθέτην *(Od. 15, 494), subj.* καταδράθω. *V.* δαρθάνω.

καταδεής ές necesitado, pobre, indigente; COMP. καταδεέστερος inferior [a uno *gen.*; en algo, πρός *y ac.*].

κατα-δείδω temer grandemente [algo, *ac.*; que... μή...].

κατα-δείκνυμι mostrar, dar a conocer; hacer ver, enseñar (κατεδέδεκτο ἐοῦσα había ella probado ser [*o* que era]).
F. *aor. 1.º jón.* κατέδεξα; *perf. pas. jón.* καταδέδεγμαι, *3.ª sing. plpf.* κατεδέδεκτο. *V.* δείκνυμι.

κατα-δειλιάω -ῶ estar abatido, paralizado por el miedo; retroceder por temor.

κατα-δέομαι rogar, suplicar [a uno, *gen.*].

κατα-δέρκομαι mirar de arriba (ἐπὶ χθόνα a la tierra).

κατάδεσμος ου ὁ nudo *o* lazo mágico.

κατα-δεύω mojar, empapar, regar, rociar, humedecer.

κατα-δέχομαι recibir, tomar, acoger.

1 **κατα-δέω** atar, ligar, sujetar, amarrar; aprisionar; vendar, cerrar (τοὺς ὀφθαλμούς los ojos); impedir; condenar.

2 **κατα-δέω** faltar, estar falto de.

κατά-δηλος ον manifiesto; clarísimo, evidente.

κατα-δημοβορέω -ῶ comer *o* consumir en común.

κατα-διαιτάω -ῶ condenar por sentencia arbitral.
F. *V.* διαιτάω.

κατα-δίδωμι repartir, distribuir; desembocar.

κατα-δικάζω condenar [a alguien, *gen.*, θάνατον a muerte]; decidir por juicio || MED. ganar un proceso.

κατα-δίκη ης ἡ condena; castigo, multa.

κατα-διώκω perseguir; arrojar, empujar.

κατα-δοκέω -ῶ *y*

κατα-δοξάζω juzgar desfavorablemente, sospechar; pensar; juzgar.

κατα-δουλόω -ῶ [*y med.*] subyugar, someter, esclavizar; envilecer.

καταδούλωσις εως ἡ sometimiento, servidumbre.

κατα-δράθω *subj. aor. ép. de* καταδαρθάνω.

κατα-δρέπω coger.

καταδρομή ῆς ἡ incursión, ataque.

κατα-δυναστεύω tiranizar, oprimir.

κατα-δύνω = **καταδύομαι.**

κατα-δύω hundir, sumergir || INTR. [*aor. 2.º y perf.*] *y* MED. hundirse, sumergirse, ponerse [el sol]; introducirse; ocultarse; ponerse, revestirse [de... *ac.*].
F. *aor. 1.º* κατέδυσα, *aor. 2.º* κατέδυν, *inf. ép.* καταδύμεναι, *part.* καδδύς *por* καταδύς; *aor. mixto 3.ª sing.* κατεδύσετο, *imp.* καταδύσεο, *perf.* καταδέδυκα. *V.* δύω.

κᾰτ-ᾴδω cantar; encantar; conjurar; cantar canciones injuriosas.

κατ-αείδω *jón.* = **κατᾴδω.**

καταειμένος *part. perf. pas. y*

καταείνυον *y* **καταείνυσαν** *(v. l.) 3.ª pl. impf. ép. de*

καταεινύω = **καταέννυμι.**

κατα-είσατο *3.ª sing. aor. med. ép. de* κάτειμι.

κατα-έννυμι vestir, recubrir.
F. *V. supra* καταειμένος, καταείνυον *etc.*

κατ-αζαίνω hacer secar enteramente.
F. *aor. iter. ép.* καταζήνασκον.

κατα-ζεύγνυμι enganchar, uncir; obligar, encerrar.

καταζήνασκον *aor. iterat. ép. de* καταζαίνω.

κατα-θάπτω enterrar.
F. *inf. aor. ép.* κατθάψαι *Il. 24, 611, por* καταθάψαι.

κατα-θαρρέω -ῶ tomar ánimos, tomar confianza.

κατα-θαρρύνω *y*

κατα-θαρσύνω animar, dar ánimos || MED. = καταθαρρέω.

κατα-θεάομαι -ῶμαι mirar de arriba, contemplar; considerar atentamente.

κατα-θεῖναι *inf. aor. de* κατατίθημι.

κατα-θεῖο *2.ª sing. opt. aor. med. de* κατατίθημι.
κατα-θείομεν *1.ª pl. subj. aor. ép. de* κατατίθημι.
κατα-θέλγω transformar por medio de sortilegios, encantar.
κατάθεμα ατος τό anatema.
καταθεματίζω anatematizar, lanzar imprecaciones.
κατάθεσις εως ἡ apaciguamiento, medios de apaciguar, conjuro.
κατα-θέω bajar corriendo; arribar; atacar, hacer correrías; correr el campo; apretar con razones.
κατα-θεωρέω -ῶ examinar atentamente, contemplar.
κατα-θνήσκω morir.
F. *V.* θνήσκω *y obsérvense las formas sincopadas ép. y poét.* κάτθανον *por* κατέθανον, κατθανεῖν *por* καταθανεῖν, κατθανών *por* καταθανών.
κατα-θνητός ἡ όν mortal, perecedero.
κατα-θοινάομαι -ῶμαι devorar.
καταθορεῖν *inf. aor. de* καταθρῴσκω: *part.* καταθορών.
κατα-θορυβέω -ῶ interrumpir, obligar a callar con gritos; turbar profundamente.
κατα-θρασύνω = καταθαρσύνω.
κατα-θραύω romper, quebrar.
κατα-θρῴσκω saltar de arriba abajo; franquear de un salto.
F. *aor.* κατέθορον, *inf.* καταθορεῖν, *part.* καταθορών. *V.* θρῴσκω.
κατα-θυμέω -ῶ perder enteramente el ánimo, desalentarse.
κατα-θύμιος α ον [*o* **ος ον**] presente al espíritu; deseado, agradable.
κατα-θύω sacrificar, ofrecer en el altar, consagrar.
κατα-θωρακίζομαι tener armadura de defensa, estar totalmente cubierto con una coraza.
καταιβατός ἡ όν por donde se puede bajar, accesible [a uno, *dat.*].
κατ-αιδέομαι -οῦμαι avergonzarse; respetar.
κατ-αικίζω maltratar, atormentar; ensuciar, ennegrecer.
κατ-αινέω -ῶ aprobar, acceder; prometer, conceder.
κατ-αιρέω *jón.* = **καθαιρέω.**
κατ-αίρω llegar, arribar, desembarcar.
κατ-αισθάνομαι darse cuenta, comprender, conocer perfectamente.
κατ-αισχύνω deshonrar, manchar; violar || PAS. avergonzarse, arrepentirse; angustiarse, preocuparse (ὅπως μὴ δόξει pensando cómo no aparecer...)
κατα-ίσχω *ép.* = **κατίσχω.**
κατ-αιτιάομαι -ῶμαι inculpar, acusar [a alguien *ac.; de algo ac., gen. con* περί, *constr. inf.*] καταιτιαθείς acusado, reo.
F. *V.* αἰτιάω. *El perf.* κατητίαμαι *tiene a veces valor pas.; el aor. pas.* κατητιάθην *lo tiene siempre.*
καταῖτυξ υγος ἡ kataityx [casco bajo].
κατα-καίνω matar.
F. *aor.* κατέκανον; *perf.* κατακέκονα, *part. pl.* κατακεκονότες *Jen. Anáb. 7, 6, 36.*
κατα-καίριος ον mortal.
κατα-καίω quemar totalmente, consumir por el fuego, abrasar.
F. *inf. ép.* κατακαιέμεν; *fut.* κατακαύσω; *aor.* κατέκαυσα, *ép. 3.ª sing.* κατέκηε, *1.ª pl. subj.* κατακήομεν *o* κατακείομεν, *inf.* κατακῆαι *y sincop.* κακκῆαι; *perf.* κατακέκαυκα; *aor. pas.* κατεκαύθην, *jón. tamb.* κατεκάην; *fut. pas.* κατακαυθήσομαι *y* κατακαήσομαι *(N. T., 1 Cor. 3,15). V.* καίω.
κατα-καλέω -ῶ llamar, convocar.
κατα-καλύπτω ocultar enteramente, cubrir || MED. cubrirse.
κατα-καυχάομαι -ῶμαι tratar con desprecio *o* altanería [a alguien *o* algo *gen.* κατά *y gen.*]; gloriarse, ponerse por encima de: κατακαυχᾶται ἔλεος κρίσεως, la misericordia se sobrepone al juicio, *e. e.* no lo teme, *N. T. Ep. Iac. 2, 13.*
F. *2.ª sing. ind. pres.* κατακαυχᾶσαι, *imp.* κατακαυχῶ.
κατα-κάω = κατακαίω.
κατά-κειμαι estar tendido, reclinado, acostado; estar enfermo; estar sentado a la mesa [reclinado]; estar ocioso; *simpl.* estar, haber.
κατα-κείρω [*y med.*] afeitar, rasurar, cortar; *fig.* talar, devastar, consumir, devorar.
κατα-κείω ir a acostarse; tener gana de dormir.
F. *ép. 2.ª pl. imp.* κατακείετε, *1.ª pl. subj.* κατακείομεν, *part. pl. sinc.* κακκείοντες.
κατα-κέκονα *perf. de* κατακαίνω.

κατα-κερτομέω -ῶ llenar de injurias, insultar atrozmente.
κατα-κῆαι *inf. aor. ép. de* κατακαίω.
κατα-κηλέω encantar, fascinar; amansar, suavizar.
κατα-κηρόω -ῶ cubrir de cera.
κατα-κηρύσσω anunciar *u* ordenar por medio de heraldo.
κατά-κισσος ον cubierto de yedra.
κατα-κλαίω *y át.* **κατα-κλάω** llorar, deplorar.
κατα-κλάω -ῶ romper; doblegar, encorvar; abatir; conmover.
κατα-κλείω encerrar, encarcelar, atar, encadenar; constreñir, obligar; cerrar; acabar.
κατα-κληροδοτέω -ῶ *y*
κατα-κληρονομέω -ῶ heredar; instituir *o* nombrar heredero; distribuir por sorteo, asignar.
κατα-κλήω = **κατακλείω.**
κατα-κλίνω depositar, dejar (ἐπὶ γαίῃ en tierra); poner, colocar; tender, extender || PAS. acostarse, ponerse a la mesa.
F. *V.* κλίνω: *aor. pas.* κατεκλίθην, *át. tamb.* κατεκλίνην.
κατάκλισις εως ἡ acción de acostarse *o* de ponerse a la mesa.
κατα-κλύζω inundar, sumergir.
κατακλυσμός οῦ ὁ inundación, diluvio, cataclismo.
κατα-κοιμάω -ῶ *y*
κατα-κοιμίζω enviar a dormir, hacer acostarse; adormecer, hacer reposar; poner en olvido (τοὺς νόμους las leyes); pasar durmiendo; pernoctar || PAS. acostarse, dormir.
κατ-ακολουθέω -ῶ seguir de cerca, acompañar; obedecer a.
κατα-κολπίζω navegar siguiendo los contornos de un golfo.
κατα-κολυμβάω -ῶ hundirse en el agua.
κατακομιδή ῆς ἡ transporte.
κατα-κομίζω transportar del interior del país hacia la costa; llevar al puerto.
κατά-κομος ον crinado, cabelludo (κατάκομος ἐχίδναις con cabellera de serpientes).
κατ-ακοντίζω matar a flechazos.
κατα-κόπτω abatir a golpes, cortar, matar; acuñar [moneda]; destruir, destrozar, despedazar.
κατά-κορος ον excesivo, que harta.
κατα-κοσμέω -ῶ [*y med.*] arreglar, ordenar; adornar, ajustar.
κατ-ακούω oír claramente, escuchar [algo *gen.*]; obedecer [a uno, *dat.*].
κατ-άκρας ADV. de arriba abajo, enteramente.
κατα-κρατέω -ῶ dominar, prevalecer, ser superior a, hacerse dueño de.
κατα-κρεμάννυμι suspender, colgar (κατὰ τοῦ τείχεος de lo alto de un muro).
κατα-κρεουργέω -ῶ despedazar, desmenuzar.
κατά-κρηθεν ADV. enteramente.
κατα-κρημνίζω echar abajo, precipitar || MED. caer en precipicio, despeñarse.
κατάκριμα ατος τό sentencia de condenación.
κατα-κρίνω condenar (θάνατον a muerte, a alguien, *gen. o tamb.* a alguien, *ac.,* θανάτῳ a muerte).
κατάκρισις εως ἡ = **κατάκριμα.**
κατα-κρύπτω ocultar, esconder; velar, oscurecer; disfrazarse (αὐτόν a sí mismo [para hacerse pasar por otro]).
κατακρυφή ῆς ἡ disimulación, fingimiento.
κατακτάμεν *y*
κατακτάμεναι *infs. éps. de* κατακτείνω.
κατα-κτάομαι -ῶμαι adquirir, ganar; poseer.
κατα-κτείνω matar, asesinar.
F. *fut. ép.* κατακτενέω *y* κατακτανέω, *contr.* κατακτενῶ; *2.ª pl. med. con valor pas.* κατακτανέεσθε; *aor. 1.º* κατέκτεινα, *aor. 2.º* κατέκτανον (*imp. sinc.* κάκτανε), *tamb.* κατέκταν, -ας -α; *inf. ép.* κατακτάμεν(αι); *part.* κατακτάς, *med. con valor pas.* κατακτάμενος; *aor. pas.* κατεκτάθην, *3.ª pl. ép.* κατέκταθεν. *Por lo demás, v.* κτείνω.
κατα-κυλίομαι rodar, caer rodando *o* derribado.
κατα-κύπτω inclinar la cabeza, inclinarse.
κατα-κυριεύω dominar, someter.
κατα-κυρόω -ῶ confirmar, afirmar, cumplir.
κατα-κωλύω impedir, estorbar, retener
κατ-αλαζονεύομαι vanagloriarse, fanfarronear.
κατα-λαλέω -ῶ hablar contra uno [*ac. o* κατά *y gen.*].

καταλαλιά ᾶς ἡ imputación, injuria, calumnia.

κατάλαλος ον maldiciente, calumiador.

κατα-λαμβάνω coger, apoderarse de [*ac.*] (κατέλαβε νοῦσός μιν cayó enfermo [*lit.* le cogió una enfermedad] *Hdt.*); tomar, ocupar (τήν ἀκρόπολιν la ciudadela); encontrar (τινὰ ζῶντα a uno vivo); sobrevenir, llegar [*impers.* κατέλαβεν *con inf.* sucedió que] comprender, concebir; sorprender; retener, sujetar, comprimir; obligar; contener || MED. apoderarse de, conquistar, hacerse cargo de [algo, *ac.*]; comprender.
F. *fut.* καταλήψομαι, *jón.* καταλάμψομαι; *perf.* κατείληφα, *jón.* καταλελάβηκα; *aor. pas.* κατελήφθην, *jón.* κατελάμφθην *y N. T.* κατελή(μ)φθην. *Para otras formas, v.* λαμβάνω.

καταλαμπτέος = **καταληπτέος** *adj, vbal. de* καταλαμβάνω.

κατα-λάμπω iluminar de arriba.

κατ-αλγέω -ῶ sentir vivo dolor.

1 **κατα-λέγω** [*y med.*] elegir; enumerar, exponer detalladamente, decir exactamente (πᾶσαν ἀληθείην toda la verdad); recitar (τετράμετρα πρὸς τὸν αὐλόν tetrámetros al son de la flauta, *Jen.*); inscribir, registrar, alistar; tener por, considerar (τινὰ πλούσιον a uno como rico).
F. *fut.* καταλέξω; *aor.* κατέλεξα, *imp.* κατάλεξον *frec. en Hom. y Hdt., perf. pas.* κατείλεγμαι; *aor. pas.* κατελέγην, *menos frec.* κατελέχθην.

2 **κατα-λέγω** *med.* = **καταλέχομαι.**

κατα-λείβω destilar || PAS. caer gota a gota, gotear.

κατά-λειμμα ατος τό resto.

κατα-λείπω [*y med.*] dejar en pos de sí; abandonar; dejar a un lado; reservar; dejar libre (διέξοδον un paso).
F. *V.* λείπω, *y obsérvense impf. iter. jón.* καταλείπεσκε (*vv. ll.* καταλίπεσκε κατελίπεσκε *como aor.*); *aor. 1.º td.* κατέλειψα (*N. T.*). Formas *sincopadas ép.* καλλείπω καλλείψω κάλλιπον *por* καταλείπω καταλείψω κατέλιπον *etc. El fut. med.* καταλείψεσθαι *con valor pas. Jen. Anáb. 5. 6, 12.*

κατάλεξαι *imp. aor. 1.º ép. de* καταλέχομαι.

κατα-λεύω apedrear.

κατα-λέχομαι ir a acostarse; acostarse.
F. *3.ª sing. aor. 1.º ép.* κατελέξατο; *ídem aor. 2.º (o impf. atemát.?)* κατέλεκτο; *inf.* καταλέχθαι *y part.* καταλέγμενος.

κατ-αλέω -ῶ moler.

κατα-λήγω hacer cesar, terminar.

κατα-λήθομαι olvidar enteramente, [*gen.*].

καταληπτός ἡ όν que se puede obtener *o* alcanzar; que se puede terminar.

κατάληψις εως ἡ acción de coger, ocupación, captura, toma; alcance, posibilidad de coger; percepción, comprensión.

κατα-λιθάζω *y*

κατα-λιθόω -ῶ apedrear.

κατα-λιμπάνω = **καταλείπω.**

κατα-λιπαρέω -ῶ suplicar; impetrar.

καταλλαγή ῆς ἡ reconciliación, arreglo; cambio.

κατ-αλλάσσω cambiar [especialmente dinero]; reconciliar || PAS. reconciliarse || MED. cambiar [una cosa, *ac.* por otra, πρός *y ac.*, *etc.*]; hacer cesar.

κατ-αλοάω -ῶ moler, moler a golpes.

καταλογάδην ADV. en prosa.

κατ-αλογέω -ῶ despreciar.

κστα-λογίζομαι tener en cuenta, imputar, atribuir; contar, calcular, conjeturar; contar entre.

κατάλογος ου ὁ catálogo, lista, registro [*esp.* lista del Consejo *o* Senado]; alistamiento.

κατάλοιπος ον restante.

κατα-λοφάδεια ADV. sobre la cerviz.

κατά-λυμα ατος τό albergue, hostería, posada.

καταλύσιμος ον fácil de soltar; fácil de hacer cesar.

κατάλυσις εως ἡ licenciamiento; disolución, ruina, destrucción; terminación, fin; morada, albergue, alojamiento.

κατα-λύω disolver, destruir, derribar; desgarrar; abolir (νόμους leyes); anular (τὸν ἱππέα la caballería, inutilizarla); licenciar (τὴν στρατιάν el ejército); acabar, terminar; desatar, desenganchar (ἵππους los caballos); parar, alojarse (παρά τινα en casa de uno) || MED. cesar, poner fin (τὸν πόλεμον a la guerra); poner fin a las hostilidades, reconciliarse.

κατα-λωφάω descansar, reponerse.

κατα-μανθάνω examinar con cuidado, explorar [una herida]; percibir, observar, conocer, comprender; saber, estar informado [de algo, *ac.*]; *con* ὡς *u* ὅτι estar informado de que; *con un part.* (τινὰ ποιοῦντα de que uno hace).

κατα-μανύω = **καταμηνύω.**

κατα-μάομαι -ῶμαι segar, recoger; echar.

κατα-μαργέω estar loco, desvariar.

κατα-μάρπτω coger, alcanzar [especialmente en la carrera].

κατα-μαρτυρέω -ῶ declarar contra uno; acusar (a uno, [*gen.*] δῶρα λαβεῖν de haber recibido regalos).

κατ-αμβλύνω embotar.

κατα-μεθύσκω embriagar.

κατα-μείγνυμι mezclar.

κατα-μελέω -ῶ descuidar, despreciar; ser negligente.

κατάμεμπτος ον despreciable, odioso.

κατα-μέμφομαι censurar, reprochar.

κατάμεμψις εως ἡ censura, reproche, acusación.

κατα-μένω quedarse, permanecer; mantenerse, durar.

κατα-μερίζω repartir.

κατα-μετρέω -ῶ medir; distribuir.

κατα-μηνύω indicar, señalar, denunciar, acusar [a... *gen.*]

κατα-μιαίνω manchar || PAS. enlutarse, vestirse de luto.

κατα-μίγνυμι = **καταμείγνυμι.**

κατα-μόνας ADV. por sí, separadamente.

κατ-αμύσσω desgarrar, desollar.

κατα-μύω cerrar los ojos; guiñarlos.

κατ-αμφικαλύπτω envolver.

κατ-αναγκάζω obligar, forzar, constreñir [a uno, *ac.*, a una cosa, πρός *y ac.*].

κατ-ανάθεμα ατος τό anatema.

καταναθεματίζω anatemizar.

κατα-ναίω mandar a habitar, establecer || PAS. habitar.

κατ-αναλίσκω gastar, perder, consumir; comer, devorar; picar.

κατα-ναρκάω -ῶ ser gravoso [a uno, *gen.*]; narcotizar.

κατα-νάσσω pisar, apisonar.

κατα-ναυμαχέω -ῶ vencer en combate naval.

κατα-νέμω repartir (algo, [*ac.*], δέκα μέρη en diez partes); asignar || MED. repartirse entre sí; pastar, devorar.

κατα-νεύω hacer señal de asentimiento (κεφαλῇ con la cabeza); aprobar, asentir, conceder, prometer.

F. *fut.* κατανεύσομαι; *aor.* κατένευσα *con el part. sinc. ép.* καννεύσας *Od. 15, 464.*

κατα-νέω amontonar.

κατ-ανθρακόω -ῶ convertir en carbón, quemar, consumir.

κατα-νοέω -ῶ comprender (τινὰ ὄντα que uno es); observar, meditar, reflexionar; aprender, saber.

κατ-άνομαι estar agotado.

κάτ-αντα ADV. bajando.

κατ-αντάω -ῶ llegar; alcanzar, conseguir.

κατ-άντης ες pendiente, inclinado || SUBST. **τὸ κάταντες** pendiente, cuesta.

κατ-άντηστιν ADV. en frente precisamente.

κατ-αντικρύ -αντίον -αντιπέραν -αντιπέρας exactamente en frente de [*gen.*].

κατ-αντλέω -ῶ verter [algo, *ac.* sobre... *gen*], *tamb. fig.*

κατάνυξις εως ἡ compunción, sopor, turbación.

κατα-νύσσω compungir || PAS. estar penetrado de dolor, quedar compungido.

κατ-ανύτω *y*

κατ-ανύω acabar; realizar; consumar, destruir.

κατάνω = **κατάνομαι.**

κατάξαι *inf. aor. 1.º de* κατάγνυμι.

καταξαίνω cardar, peinar; tallar; consumir, desgarrar; apedrear.

κατ-άξιος ον muy digno.

κατ-αξιόω -ῶ juzgar digno, tener por digno; decidir, ordenar, querer.

καταπακτός ἡ όν fijo en el suelo, a modo de trampa, levadizo.

κατα-παλαίω vencer.

κατα-πάλλομαι lanzarse [hacia abajo].

κατα-πατέω -ῶ pisotear; despreciar.

κατάπαυμα ατος τό cesación, fin.

κατάπαυσις εως ἡ destrucción; reposo.

κατα-παύω hacer cesar, acabar; aplacar (θεῶν χόλον la ira de los dioses); derribar (τὸν δῆμον el gobierno democrático); detener, contener, impedir; matar [a uno *ac*,] || MED. cesar, descansar.

F. *inf. pres. ép.* καταπαυέμεν; *inf. fut. ép.* καταπαυσέμεν; *1.ª pl. subj. aor. ép.* καταπαύσομεν (*con -ο- en vez de -ω-*); *aor. pas.* κατεπαύσθην, *fut. med. y pas.* καταπαήσομαι. *Por lo demás, v.* παύω.

κατ-απειλέω -ῶ amenazar.

κατα-πειράζω intentar, tratar de.

καταπειρητηρίη ης ἡ sonda marina.

κατα-πέμπω enviar abajo, precipitar; enviar (εἰρήνην proposiciones de paz)

κατά-περ *jón.* = **καθάπερ** lo mismo que.

κατα-πέσσω digerir; reprimir.

κατα-πετάννυμι desplegar, cubrir.

F. *aor.* κατεπέτασα, *ép. tamb.* -ασσα; *perf. pas.* καταπέπταμαι. *V.* πετάννυμι.

καταπέτασμα ατος τό cubierta, velo.

κατα-πέτομαι bajar volando.

καταπετρόω -ῶ apedrear.

κατα-πεφνεῖν matar.

κατα-πήγνυμι fijar, clavar, meter || PAS. *con perf. y plpf. act.* estar *o* quedar fijo, clavado, metido.

F. *aor.* κατέπηξα, *3.ª sing. aor. 2.º med. ép.* κατέπηκτο; *perf.* καταπέπηγα, *part.* καταπεπηγώς -υῖα -ός; *aor. pas.* κατεπάγην.

κατα-πηδάω -ῶ saltar hacia abajo.

κατα-πηκτός ἡ όν *jón.* = **καταπακτός.**

κατα-πίμπλημι llenar enteramente, colmar.

κατα-πίμπρημι quemar enteramente.

κατα-πίνω tragar, beber enteramente, absorber, devorar, consumir.

κατα-πίπτω caer (de lo alto de... ἀπό... ἐπὶ τῆς γῆς en tierra); desalentarse, debilitarse.

F. *V* πίπτω, *y obsérvese aor. ép. sinc.* κάππεσον, *Hom.* (*por* κατέπεσον).

κατα-πισσόω *y át.*

κατα-πιττόω -ῶ empegar.

καταπιών *part. aor. de* καταπίνω.

κατα-πλάσσω *y át.*

κατα-πλάττω untar, embadurnar, aplicar un emplasto.

καταπλαστύς ύος ἡ emplasto, cataplasma.

κατα-πλέκω enlazar, trenzar, complicar, embrollar; acabar la trama (τὴν ζόην de la vida, morir).

κατα-πλέω navegar hacia la costa, desembarcar; bajar un río; volver por agua.

κατά-πλεως ων lleno de [*gen.*].

κατάπληξις εως ἡ consternación, espanto.

κατα-πλήσσω *y át.*

κατα-πλήττω consternar, espantar || PAS. quedar atónito, consternarse.

F. *aor. pas.* κατεπλάγην *y* κατεπλήγην; *perf. pas.* καταπέπληγμαι. *V.* πλήσσω.

κατά-πλους ου ὁ desembarco, arribo, llegada [por mar].

κατα-πλουτίζω enriquecer.

κατα-πλώω = καταπλέω.

καταπολεμέω -ῶ combatir; abatir en la guerra, dominar, vencer.

κατα-πολιτεύομαι atacar, vencer por medios políticos.

κατα-πονέω -ῶ abrumar, abatir, atormentar, rendir de fatiga.

κατά-πονος ον pesado, inoportuno.

κατα-ποντίζω = καταποντόω || MED. naufragar.

καταποντιστής οῦ ὁ pirata.

κατα-ποντόω -ῶ tirar al mar *o* al agua.

κατα-πορνεύω prostituir.

κατα-πράσσω llevar a cabo, ejecutar, realizar; conseguir, obtener || MED. ejecutar *o* conseguir para sí mismo.

κατα-πραΰνω suavizar, calmar, mitigar.

κατα-πρηνής ές inclinado hacia delante, vuelto (κ. χείρ palma de la mano).

κατα-πρίω aserrar, cortar.

κατα-προδίδωμι entregar, traicionar.

κατα-προίσσομαι [*ús. exclusivamente en el fut.* καταπροίξομαι *y td. en el aor.* κατεπροιξάμην] quedar sin castigo, salir impune: οὐ γὰρ δὴ ἐμέ γε ὧδε λωβησάμενος καταπροίξεται, no escapará sin castigo después de haberme insultado así, *Hdt. 3, 156.*

καταπτάς *part. aor. 2.º de* καταπέτομαι.

καταπτήσσω acurrucarse, encogerse de miedo; admirarse, quedar atónito.

F. *fut.* καταπτήξω; *aor.* κατέπτηξα, *aor. 2.º ép. 3.ª du.* καταπτήτην, *part.* καταπτακών; *perf.* κατέπτηκα *y* κατέπτηχα.

καταπτήτην *3.ª dual aor. 2.º ép. de* καταπτήσσω.

κατ-άπτομαι *jón.* = **καθάπτομαι.**

κατάπτυστος ον despreciable.

κατα-πτύω escupir sobre, despreciar.
κατα-πτώσσω = **καταπτήσσω.**
κατα-πύθομαι pudrirse, estar podrido.
κατάρα ας ἡ imprecación, maldición.
κατ-αράομαι -ῶμαι desear mal a uno, lanzar imprecaciones, maldecir.
κατ-αράσσω tirar, estrellar contra el suelo; rechazar; precipitar, destruir.
κατάρατος ον maldito, execrable.
κατ-αργέω -ῶ dejar inactivo *o* impotente; hacer ineficaz; abolir || PAS. quedar libre *o* desprendido.
κάταργμα ατος τό primera ofrenda; primicias; *en gral.* ofrenda.
καταργυρόω -ῶ platear; sobornar.
κατα-ρέζω acariciar.
F. *aor.* κατέρεξα *y nótese part. pres. fem. ép.* καρρέζουσα *sinc. de* καταρρέζουσα, *Il. 5,424.*
κατ-αρέομαι = **καταράομαι.**
κατα-ριγηλός όν espantoso, terrible.
κατ-αριθμέω -ῶ [*y med.*] contar; enumerar; contar entre [ἐν *con dat.*].
κατ-αρκέω -ῶ bastar.
κατ-αρνέομαι -οῦμαι negar.
κατα-ρρᾳθυμέω -ῶ perder *o* comprometer por neglicencia; ser negligente.
κατα-ρρακόω -ῶ desgarrar, despedazar.
κατα ρράκτης ου ADJ. *m. y f.* escarpado, abrupto, que cae *o* se precipita || SUBST. **ὁ** catarata.
κατα-ρράπτω coser, ajustar cosiendo.
καταρρέζω = **καταρέζω.**
κατα-ρρέπω abatir, derribar.
κατα-ρρέω correr [lo líquido]; caer, precipitarse.
κατα-ρρήγνυμι romper, desgarrar || PERF. *y* PAS. caer, hundirse; salir con fuerza, estallar; desgarrarse [algo... *ac.*].
F. *perf.* κατέρρωγα; *aor. pas.* κατερράγην. *V.* ῥήγνυμι.
κατάρροος ου [**-ους ου**] **ὁ** catarro, fluxión.
κατα-ρροφέω -ῶ tragar.
καταρρυής ές que fluye, que cae.
κατα-ρρυπαίνω manchar, ensuciar.
κατάρρυτος ον regado, inundado.
κατ-αρρωδέω -ῶ espantarse, angustiarse mucho.
καταρρώξ ῶγος ADJ. *m. y f.* abrupto, escarpado, quebrado.
κάταρσις εως ἡ desembarcadero.
κατ-αρτάω -ῶ suspender, colgar; *tamb.* = **καταρτίζω.**
κατ-αρτίζω preparar, disponer, poner en orden, ajustar, restaurar, reparar, componer; corregir || MED. preparar; reponer, sanar; perfeccionarse (κατηρτισμένος perfecto).
κατάρτισις εως ἡ *y*
καταρτισμός οῦ ὁ perfección, educación; buena dirección.
καταρτιστήρ ῆρος ὁ que reconcilia, conciliador, concertador, árbitro.
κατ-αρτύνω *y*
κατ-αρτύω preparar, disponer; formar; disciplinar, dirigir, domar.
κατ-άρχω comenzar, empezar [algo, *gen*] *con part.* κατῆρχεν ἀναπηδῶν era el primero en saltar || MED. comenzar [un sacrificio]; iniciar [a alguien, *gen.*] ofrecer primeramente.
κατασαπῇ *3.ª sing. subj. aor. 2.º pas. de* κατασήπω.
κατα-σβέννυμι *y*
κατα-σβεννύω apagar; secar; ahogar [un grito etc.]; hacer cesar || INTR. *y* PAS. cesar; extinguirse, apagarse.
F. *aor. 1.º trans.* κατέσβεσα, *aor. 2.º intr.* κατέσβην; *perf. intr.* κατέσβηκα. *V.* σβέννυμι.
κατα-σείω derribar; sacudir, agitar (τὴν χεῖρα la mano [para hacer una señal]); *simpl.* hacer señal [de que calle (a alguien, *dat.*)].
κατα-σεύομαι lanzarse, precipitarse.
κατα-σημαίνω [*y med.*] sellar, marcar con contraseña.
κατα-σήπω hacer pudrirse || PAS. pudrirse, estar podrido.
F. *perf. 2.ª* κατασέσηπα; *aor. 2.º pas.* κατεσάπην (*3.ª sing. subj.* κατασαπῇ, *ép.* κατὰ... σαπήῃ).
κατα-σιγάω -ῶ callarse, callar.
κατα-σιτέομαι -οῦμαι comer, devorar.
κατα-σιωπάω -ῶ callar; hacer callar || MED. hacer callar.
κατα-σκάπτω excavar, zapar, minar; destruir, asolar.
κατασκαφή ῆς ἡ fosa, sepultura; destrucción, ruina.
κατασκαφής ές subterráneo.
κατα-σκεδάννυμι esparcir, divulgar; derramar.
κατα-σκέπτομαι examinar con cuidado.
F. *fut.* κατασκέψομαι; *aor.* κατεσκεψάμην.

κατα-σκευάζω aparejar, equipar (τινὰ ἐπὶ στρατιάν a uno para una expedición); guarnecer, organizar, disponer, construir; ejercitar, arreglar, maquinar, sobornar; concertarse con uno, probar; fundar; suponer, imaginar || MED. preparar, disponer para sí mismo, arreglar, organizar para su uso, amueblar para sí [una casa]; aparejar, embastar; hacer el equipaje, prepararse, disponerse; acamparse; instalarse, establecerse.

κατασκευή ῆς ἡ preparación; construcción; organización, constitución, estado; estado político, constitución de un Estado; acción de disponer con arte, de combinar, de idear; mobiliario, enseres; equipo [de un navío], equipaje, acción de disponerlo; provisiones.

κατα-σκηνάω *y*

κατα-σκηνόω -ῶ acampar; fijar la morada, habitar; anidar las aves.
F. *inf. pres. td.* κατασκηνοῖν *(N. T.)*.

κατασκήνωσις εως ἡ campamento; nido.

κατα-σκήπτω lanzarse, caer sobre, atacar; instar, fatigar (λιταῖς θεάς importunar con súplicas a las diosas).

κατα-σκιάζω *y*

κατα-σκιάω- ῶ sombrear, cubrir (κόνει τινά a uno de polvo, de tierra, enterrar).

κατά-σκιος ον sombreado, cubierto de; que da sombra, que cubre.

κατα-σκοπέω -ῶ [*y med.*] observar, rebuscar; inspeccionar, considerar.
F. *Sólo se usa en pres. e impf.; las demás formas se suplen con las de* κατασκέπτομαι.

κατασκοπή ῆς ἡ observación, reconocimiento (κατασκοπῆς ἕνεκα para observar; κατασκοπαῖς χρῆσθαι explorar).

κατάσκοπος ου ὁ explorador, espía; inspector, informador.

κατα-σκώπτω mofarse de [*ac*].

κατα-σμύχω quemar, destruir a fuego lento.

κατα-σοφίζομαι engañar con sofismas.

κατ-ασπάζομαι besar, abrazar.

κατα-σπάω -ῶ tirar abajo (ἀπὸ τοῦ ἵππου del caballo); tirar *o* llevarse hacia abajo; bajar; tragar; fruncir.

κατα-σπείρω sembrar, plantar; engendrar; causar (ἀνίας τινί penas a uno); esparcir.

κατα-σπένδω ofrecer libaciones; verter, derramar; esparcir; consagrar.

κατα-σπέρχω empujar, hostigar; *fig.* vejar, molestar.

κατα-σπουδάζομαι ocuparse activamente, trabajar con ahinco.

κατα-στάζω derramar, verter, dejar caer; inundar [al cuerpo en sudor etc.] || INTR. caer gota a gota, gotear.

κατα-στασιάζω combatir con maquinaciones de partido, derribar *o* debilitar con ellas [a alguien, *ac.*].

κατάστασις εως ἡ instalación, institución, establecimiento; presentación [de los embajadores en la asamblea del pueblo]; represión, contención, restauración; firmeza, fijeza, mantenimiento; condición, naturaleza, estado, temperatura, clima; situación, carácter, manera de ser, constitución, sistema, método.

καταστατέος ADJ. *vbal. de* καθίστημι.

καταστάτης ου ὁ restablecedor, restaurador.

κατα-στεγάζω cubrir.

καταστέγασμα ατος τό cubierta.

κατάστεγος ον cubierto.

κατα-στείβω pisar, pisotear.

κατα-στείχω volver.

κατα-στέλλω poner en orden, arreglar, disponer; contener, calmar.

κατα-στένω gemir, suspirar; deplorar [a alguien, *ac.*].

κατα-στεφής ές coronado.

κατάστημα ατος τό colocación, posición, estado, situación; semblante; conducta.

καταστολή ῆς ἡ vestidura, traje.

κατα-στορέννυμι *y*

κατα-στόρνυμι = καταστρώννυμι.
F. *part. f. pres. ép.* καστορνῦσα; *fut.* καταστορέσω; *aor.* κατεστόρεσα *o ép.* καταστόρεσα.

κατα-στράπτω fulminar rayos.

κατα-στρατοπεδεύω acampar, hacer acampar || INTR. *y* MED. acamparse, poner el campamento.

καταστρέφω volver, revolver; remover la tierra con el arado; abatir, derribar, destruir; someter, subyugar; terminar, acabar || MED. someter, conquistar; saquear.

F. *perf. pas.* κατέστραμμαι *tamb. con valor med. Hdt. 1,171; 3.ª pl. plpf. jón.* κατεστράφατο; *aor. pas.* κατεστράφην, *y jón.* κατεστράφθην. *V.* στρέφω.

κατα-στρηνιάω -ῶ cansarse de, menospreciar [*gen.*].

καταστροφή ῆς ἡ ruina, destrucción; desenlace, fin; sumisión, conquista; catástrofe.

κατάστρωμα ατος τό puente del navío; cubierta.

κατα-στρώννυμι extender, tender; cubrir; derribar, matar (τινὰ βέλει a uno con un dardo).

κατα-στυγέω -ῶ horrorizarse, espantarse.

κατα-σύρω saquear; llevar por la fuerza.

κατασφάζω degollar, matar.

κατ-ασφαλίζω cerrar fuertemente, asegurar.

κατα-σφραγίζω sellar, cerrar con sello.

κατασχεθεῖν *inf. aor. ép. de* κατέχω.

κατάσχεσις εως ἡ ocupación, posesión, disfrute.

κατάσχετος ον retenido, contenido.

κατα-σχίζω romper, quebrar, destruir, desgarrar.

F. *fut.* κατασχίσω *Jen. Anáb. 7,1,6 V.* σχίζω.

κατα-σχολάζω tardar; retrasarse.

κατα-σώχω triturar.

κατα-τάσσω poner en orden, en filas, colocar, arreglar.

κατατεθνεώς υῖα ός *part. perf. ép. de* καταθνήσκω.

κατα-τείνω tirar fuertemente de, tender (ἡνία las riendas); alargar, extender || INTR. extenderse, prolongarse; esforzarse (ἰσχυρῶς κατέτεινε se esforzó con gran ahinco).

κατα-τέμνω cortar en pedazos menudos; despedazar; desgarrar, matar; abrir [una trinchera, un canal, un foso].

κατα-τήκω disolver, deshacer, fundir, derretir || PAS. fundirse; consumirse (φίλον κατατήκομαι ἦτορ se me consume el corazón).

κατα-τίθημι deponer (τὰ ὅπλα las armas); transportar y depositar; poner, dejar (παρὰ πυρί cerca del fuego) pagar; proponer; comunicar || MED. quitarse, deponer, desprenderse de [las armas, el vestido, un cargo etc.]; dejar a un lado, no hacer caso de [*ac.*]; poner fin a, acabar (πόλεμον la guerra); poner aparte, reservar, guardar; *simpl.* poner, colocar (σὲ μόνον ἐν ἀμελείᾳ a ti solo en olvido, abandonarte; τοὺς πρέσβεις κατέθεντο ἐς Αἴγιναν mandaron a los legados en depósito a Egina); conciliarse, atraerse, alcanzar, conseguir [agradecimiento, amistad, *etc.*].

F. *V.* τίθημι. *1.ª pl. subj. aor. ép.* καταθείομεν *y 1.ª sing. subj. med.* καταθείομαι. *Obsérvense además las formas de aor. sincopado ép.*: κάτθεμεν, κάτθετε, κάτθεσαν, *inf.* κατθέμεν; *med.* κατθέμεθα, κατθέσθην, *part.* κατθέμενοι, *donde se ha perdido la final de la preposición, a más de la falta de aumento en las de ind.*

κατα-τιτρώσκω cubrir de heridas.

κατατομή ῆς ἡ incisión, corte; circuncisión.

κατα-τοξεύω asaetear.

κατα-τραυματίζω cubrir de heridas; agujerear, causar averías [a un navío].

κατα-τρέχω bajar corriendo; desembarcar apresuradamente; correr contra uno; hacer correrías por, saquear [*ac.*].

κατα-τρίβω ajar, deteriorar; agotar, rendir [de fatiga], pasar *o* perder [el tiempo] || MED. pasar el tiempo, la vida.

F. *V.* τρίβω. *Fut.* κατατρίψω; *perf.* κατατέτριφα; *fut. pas.* κατατριβήσομαι.

κατα-τροπόω -ῶ [*y med.*] poner en fuga.

κατα-τρύχω *y*

κατα-τρύω gastar, ajar, consumir, fatigar, agotar, oprimir.

κατα-τρωματίζω = κατατραυματίζω.

κατα-τυγχάνω conseguir; tener éxito.

κατ-αυδάω -ῶ declarar.

κατ-αυλέω -ῶ tocar la flauta; hechizar *o* aturdir con el sonido de la flauta.

κατ-αυλίζομαι acampar, acamparse.

κατα-φαγεῖν *inf. aor. de* κατεσθίω.

κατα-φαίνομαι mostrarse, aparecer; hacerse evidente.

καταφανής ές visible, claro, conocido, manifiesto, evidente.

κατά-φαρκτος, η ον = κατάφρακτος.

κατα-φαρμάσσω embrujar; envenenar.
κατα-φατίζω asegurar, encarecer.
κατα-φένω matar.
καταφερής ές pendiente, en declive; que baja; inclinado a.
κατα-φέρω llevar, traer, conducir abajo, hacer bajar, precipitar; llevar [a puerto]; acusar, censurar; derribar, abatir; dejar caer, descargar [un instrumento, un arma], golpear; llevar atrás, devolver || PAS. ser llevado; ser dominado; sumergirse.
F. *V.* φέρω. *Fut.* κατοίσομαι, *íd. tamb.* κατοίσω; *aor.* κατήνεγκα *etc.*
κατα-φεύγω huir, refugiarse (εἰς *o* ἐπὶ τόπον en un lugar); recurrir a (εἰς *o* πρὸς εὐχάς a las súplicas).
κατάφευξις εως ἡ refugio; fuga, huída.
κατά-φημι afirmar, decir que sí.
κατα-φθείρω destruir, perder || PAS. morir.
κατα-φθίνω ajarse, deteriorarse, corromperse, perecer.
κατα-φθίω consumir, destruir || PAS. destruirse, perecer, morir.
F. *fut.* καταφθίσω; *aor. 1.º* κατέφθισα; *aor. 2.º med. con valor pas.* κατεφθίμην, *inf.* καταφθίσθαι, *part.* καταφθίμενος, *poét.* καπφθίμενος. *V.* φθίω.
κατ-αφίημι lanzar de arriba abajo, soltar.
κατα-φιλέω -ῶ besar dulcemente.
κατα-φλέγω quemar, consumir.
κατα-φλογίζω quemar.
κατα-φοβέω -ῶ espantar, amedrentar.
κατα-φοιτάω *y jón.*
κατα-φοιτέω bajar.
κατα-φονεύω matar.
κατα-φορέω -ῶ = **καταφέρω.**
κατα-φράζομαι ver, observar, examinar.
κατάφρακτος ον cubierto de armadura; acorazado.
καταφρονέω -ῶ desdeñar, mostrar desprecio por [algo, *gen. o ac.*]; *abs.* engreírse, confiarse; presumir; pretender.
καταφρόνημα ατος τό *y*
καταφρόνησις εως ἡ desdén, altivez, presunción.
καταφρονητής οῦ ὁ despreciador.
καταφρονητικῶς ADV. despreciativamente.
κατα-φυγγάνω = **καταφεύγω.**
καταφυγή ῆς ἡ = **κατάφευξις.**
κατα-φυλαδόν ADV. por tribus.
καταφωράω -ῶ coger en flagrante; sorprender; descubrir, reconocer (ψυχὴν ὡς οὖσαν la existencia del alma [*lit.* el alma como existente]).
κατα-χαίρω gozarse [*esp.* del mal ajeno].
κατα-χαλκόω -ῶ guarnecer de cobre *o* bronce.
κατα-χαρίζομαι conceder por favor.
κατα-χειροτονέω -ῶ condenar (τινὸς θάνατον a uno a muerte [levantando la mano para votar]).
κατα-χέω verter, derramar desde arriba [algo *ac*, sobre algo *o* sobre alguien *dat.*, ἐπί *y dat.*, *gen.*, κατά *y gen.*]; dejar caer (πέπλον la túnica, θύσθλα los tirsos etc.), derribar (τεῖχος el muro) || PAS. *perf.* estar echado *o* amontonado en tierra *Hdt.* 2,75.
F. *aor. 1.º* κατέχεα, *ép. y lír.* κατέχευα, *inf. med.* καταχέασθαι *Hdt.*; *aor. 2.º ép. med. con valor pas. 3.ª pers.* κατέχυτο, *pl.* κατέχυντο; *perf. pas.* κατακέχυμαι; *aor. pas.* κατεχύθην. *V.* χέω.
κατα-χθόνιος ον subterráneo.
κατα-χορδεύω cortar en pedazos menudos, cortar a pedacitos.
κατα-χορηγέω -ῶ gastar, despilfarrar.
κατα-χόω = **καταχώννυμι.**
κατα-χράω -ῶ ACT. καταχρᾷ basta || MED. aprovecharse, servirse de, usar; abusar, consumir; matar.
F. *Act. sólo en jón. la 3.ª pers. del sing. pres.* καταχρᾷ; *impf.* κατέχρα; *fut.* καταχρήσει. || MED. *fut.* καταχρήσομαι; *perf.* κατακέχρημαι *tamb. con valor pas. aor. pas.* κατεχρήσθην.
κατα-χρυσόω -ῶ dorar.
κατα-χώννυμι cubrir, envolver, sepultar bajo un montón de [*dat.*].
κατα-χωρίζω colocar ordenadamente, ordenar, disponer.
κατα-ψάω -ῶ pasar la mano por, acariciar.
F. *part. aor. 1.º* καταψήσας.
κατα-ψεύδομαι inventar, afirmar falsamente [algo, *ac.* contra alguien *gen.*, κατά *y gen.*]; acusar falsamente, calumniar [ante alguien πρός *y ac.*].
F. *fut.* καταψεύσομαι; *aor.* κατεψευσάμην; *perf.* κατέψευσμαι; *aor.*

pas. κατεψεύσθην. *Las formas med. se usan tamb. con valor pas. V.* ψεύδομαι.

κατα-ψευδομαρτυρέω -ῶ presentar un falso testimonio contra uno ‖ PAS. ser víctima de un falso testimonio.

κατα-ψευστός όν fabuloso.

κατα-ψηλαφάω -ῶ acariciar con la mano.

κατα-ψηφίζομαι condenar [a uno *gen.*, θάνατον a muerte]; hallar culpable [a uno *gen.*, κλοπήν de robo] ‖ PAS. ser condenado (θανάτου a muerte]; ser pronunciado *o* decretado (δίκη el juicio, contra alguien *gen.*).

F. *fut.* καταψηφιοῦμαι; *aor.* κατεψηφισάμην, *perf.* κατεψήφισμαι *frec. con valor pas.*; *aor. pas.* κατεψηφίσθην. *V.* ψηφίζομαι (ψηφίζω).

κατα-ψήχω raspar, frotar; acariciar pasando la mano ‖ PAS. deshacerse.

κατα-ψύχω enfriar, refrescar, secar ‖ PAS. resfriarse; secarse.

κατ-έαξα *aor. de* κατάγνυμι.

κατ-έαται = **κάθηνται** *de* **κάθημαι.**

κατ-εάσσω = **κατάγνυμι.**

κατ-έδραθον *v.* καταδαρθάνω.

κατ-έδραμον *aor. de* κατατρέχω.

κατ-έδω = **κατεσθίω.**

κατεέργνυ *3.ª sing. impf. ép. de* κατείργνυμι.

κατ-είβω verter, derramar; inundar ‖ MED. caer, deslizarse.

κατεῖδον *aor. de* καθοράω.

κατ-είδωλος ον lleno de ídolos.

κατ-εικάζω conjeturar, sospechar ‖ PAS. ser semejante *o* conforme.

κατ-ειλέω envolver; empujar, encerrar.

κατ-ειλίσσω *jón.* envolver.

F. *3.ª pl. plpf. med.* κατειλίχατο, *Hdt.*

κατ-ειλύω recubrir, envolver.

κάτ-ειμι bajar (ποταμόνδε al río); venir la nave [a tierra, a puerto]; bajar, correr hacia abajo [un río, *Il. 11, 492*]; venir desde lo alto, soplar [un viento]; bajar al Hades, morir [con *el compl.* ᾿Αιδόσδε *etc. o abs. Sóf. Ant. 896*]; sobrevenir, venir a caer (ὀνείδεα ἀνθρώπῳ las injurias sobre el hombre); volver, retornar, regresar.

F. *inf. ép.* κατίμεν; *part.* κατιών; *3.ª sing. impf. ép.* κατήιεν. *V.* εἶμι.

κατ-εῖναι *jón.* = **καθεῖναι** [de καθίημι].

κατ-εῖπα *jón.* y

κατ-εῖπον *aor.* hablar contra, inculpar, acusar a [alguien, *gen.*]; decir abiertamente, revelar, dar a conocer, señalar.

F. *fut.* κατερῶ *jón.* κατερέω; *perf.* κατείρηκα *etc. V.* εἶπον.

κατ-είργω *o* **κατ-είργνυμι** encerrar, apretar, bloquear; apremiar, obligar; reprimir, impedir.

F. *Equivalente de* καθείργνυμι, *v. s. v.: aor. 2.º poét.* κατειργαθόμην, *imp.* κατειργαθοῦ; *ép. y jón.* κατέργνυμι κατέργω *v. s. v.*

κατ-είρηκα *y*

κατ-ειρήσομαι *v.* κατερῶ.

κατ-ειρύω *ép.* = **κατερύω.**

κατ-ειρωνεύομαι hablar con ironía, burlarse.

κατεκαύθην *aor. pas. de* κατακαίω.

κατ-έκταθεν *3.ª pl. aor. pas. ép. de* κατακτείνω.

κατ-ελεέω -ῶ compadecerse.

κατέλεκτο *3.ª sing. aor. 2.º ép. de* καταλέχομαι.

κατ-ελεύσομαι *fut. de* κατέρχομαι.

κατ-ελκύω *jón* = **καθέλκω.**

κατ-ελπίζω esperar confiadamente.

κατ-εναίρω [*y med.*] matar.

F. *aor. act.* κατήναρον, *med.* κατενηράμην.

κατ-έναντι ADV. en frente ‖ PRP. *de gen.* enfrente de; delante de, en presencia de.

κατ-εναντίον ADV. en frente de [*dat. gen.*].

κατ-εναρίζω matar.

F. *part. perf. pas.* κατηναρισμένος; *aor. pas.* κατηναρίσθην.

κατένασσα *aor. 1.º de* καταναίω.

κατενεχθείς *part. aor. pas. de* καταφέρω.

κατένωπα *y*

κατενώπιον ADV. en frente de [*gen.*].

κατ-εξουσιάζω ejercer su autoridad sobre, dominar a [*gen.*].

κατ-επᾴδω embrujar, encantar con el canto.

κατ-επάλμενος *part. aor. de* κατεφάλλομαι.

κατ-έπαλτο *3.ª sing. aor. de* καταπάλλομαι.

κατ-επείγω apremiar, apurar, instar vivamente: (τινὰ ποιεῖν τι a uno a hacer algo; τὸ κατεπεῖγον *y* τὰ κατεπείγοντα lo urgente, la necesidad apremiante) || INTR. apresurarse.

κατ-έπεφνον *aor. v.* καταπεφνεῖν.

κατεπλάγην *aor. pas. de* καταπλήσσω.

κατ-εργάζομαι trabajar, elaborar; cumplir, ejecutar, llevar a cabo *o* a término; procurar, alcanzar, conseguir, ganar; someter (νῆσον la isla); inducir, persuadir; devastar, destruir, matar. [*El perf. y el plpf. tienen tamb. significación pasiva*].
F. *fut.* κατεργάσομαι; *aor.* κατειργασάμην, *jón.* κατεργασάμην, *td.* κατηργασάμην *(N. T.)*; *perf.* κατείργασμαι *con valor act. y pas.*; *aor. pas.* κατειργάσθην, *td.* κατηργάσθην *(N. T.)*.

κατ-έργνυμι *y*

κατ-έργω = **κατείργω.**
F. *impf. ép.* κατεέργνυν.

κατ-ερείκω desgarrar || MED. desgarrarse.

κατ-ερείπω derribar, destruir || INTR. caer, precipitarse.
F. *Intr. aor.* κατήριπον *y perf.* κατερήριπα.

κατ-ερέω *jón.* = **κατερῶ.**

κατ-ερήριπα *perf. de* κατερείπω.

κατ-ερητύω retener, impedir, estorbar.

κατ-ερυκάνω *y*

κατ-ερύκω = **κατερητύω.**

κατ-ερύω botar (εἰς ἅλα al mar [un barco]); llevar (ἐς Σαλαμῖνα τὰ ναυήγια hasta Salamina los restos del naufragio).
F. *Jón.* κατειρύω; *aor.* κατείρυσα; *perf. 3.ª sing.* κατείρυσται.

κατ-έρχομαι = **κάτειμι.**
F. *En át. se usa gralmente.* κάτειμι. *En ép. y jón. fut.* κατελεύσομαι; *aor.* κατήλυθον *y* κατῆλθον, *inf.* κατελθεῖν, *ép.* κατελθέμεν. *V.* ἔρχομαι.

κατ-ερῶ *fut. correspondiente al aor.* κατεῖπον *como el perf.* κατείρηκα *y el fut. anterior* κατειρήσομαι hablar contra [alguien, *gen.* a... *dat.*]; denunciar, acusar [a alguien, *gen. o ac.*]; declarar; revelar.

κατ-εσθίω *y td.*

κατ-έσθω comer, devorar.
F. *fut.* κατέδομαι, *td.* καταφάγομαι *(N. T.)*; *aor.* κατέφαγον; *perf.* κατεδήδοκα, *pas.* κατεδήδεσμαι, *aor. pas.* κατηδέσθην.

κατ-εσσύμενος *y*

κατ-έσσυτο *formas de aor. de* κατασεύομαι.

κάτ-ευγμα ατος τό deseo, voto; don votivo; maldición, imprecación.

κατ-ευθύνω dirigir en línea recta; pedir cuenta [a... *gen.*].

κατ-ευλογέω -ῶ bendecir.

κατ-ευνάζω *y*

κατ-ευνάω -ῶ dormir, adormecer; calmar || PAS. dormirse, estar dormido; calmarse.
F. *aor.* κατηύνασα *o* κατεύνασα; *perf. pas.*, κατηύνασμαι; *3.ª pl. aor. pas. ép.* κατεύνασθεν.

κατ-ευστοχέω -ῶ dar en el blanco.

κατ-ευτρεπίζω poner de nuevo en orden.

κατ-εύχομαι desear, pedir, rogar; desear mal, maldecir; lanzar imprecaciones [contra uno, *gen.*].

κατ-ευωχέομαι regalarse, tratarse bien.

κατ-εφάλλομαι saltar abajo [del carro etc.].
F. *part. aor. ép.* κατεπάλμενος *Il. 11, 94 (dudoso)*.

κατ-εφίσταμαι sublevarse contra [*dat.*].

κατ-έχυντο *3.ª pl. aor. med. de* καταχέω.

κατ-έχω asir fuertemente, retener, contener, detener, reprimir, impedir (τινὰ ὥστε μὴ ἀπιέναι a uno irse); soportar (πανδάκρυτον βιοτάν una vida lamentable); conservar; ocupar [un lugar]; dirigir (ναῦν, νῆα la nave hacia ἐς *o* κατά *y ac.*); ocultar, cubrir, envolver; llenar; invadir, ocupar, apoderarse de [*ac.*]; someter, hacerse dueño de, realizar; comprender; instar vivamente || INTR. contenerse, detenerse, cesar; poner rumbo; arribar, atracar; poseer, ocupar, dominar, prevalecer || MED. guardar para sí, cubrirse.
F. *fut.* καθέξω (*de acción durativa*) *y* κατασχήσω (*de acción momentánea*); *aor.* κατέσχον, *ép. y poét.* κατέσχεθον, *3.ª sing. ép.* κάσχεθε *Il. 11,702. V.* ἔχω *y cf.* κατίσχω, καταίσχω *y* κατισχάνω.

κατέψηκται *3.ª sing. perf. pas. de* καταψήχω.

κατηγεμών *jón.* = **καθηγεμών.**

κατηγέομαι = **καθηγέομαι.**

κατ-ηγορέω -ῶ censurar, criticar, reprochar; acusar [a uno, *gen.* de algo, *ac.*, *gen.*, *constr. con* ὡς, ὅτι *etc.*]; revelar, descubrir, manifestar; expresar, significar, enunciar, afirmar.
κατηγόρημα ατος τό acusación, reproche.
κατηγορία ας ἡ *y jón.*
κατηγορίη ης ἡ = **κατηγόρημα.**
κατ-ήγορος ου ὁ acusador.
κατ-ήγωρ ορος ὁ acusador.
κατ-ῆκα *aor. jón. de* καθίημι.
κατ-ήκοος ον obediente, dócil, sumiso a[*gen. o dat.*]; súbdito, subordinado; espía.
κατ-ήκω *jón.* = **καθήκω.**
κατηλογέω *jón.* no hacer cuenta de, desdeñar.
κάτ-ημαι *jón.* = **κάθημαι.**
κατ-ήνεγκα *aor. de* καταφέρω.
κατ-ηπιάω -ῶ calmar (κατηπιόωντο se calmaron).
κατ-ηρεμέω *y*
κατ-ηρεμίζω mitigar, aplacar, calmar.
κατηρεφής ές cubierto de una bóveda; abovedado; redondeado; *simpl.* cubierto.
κατήρης ες bien equipado *o* provisto.
κατ-ήριπε *3.ª sing. aor. de* κατερείπω.
κατηρτημένως ADV. bien ordenadamente, muy sensatamente.
κατήφεια ας ἡ vergüenza, pudor; desaliento, tristeza; injuria.
κατηφέω -ῶ estar triste, avergonzado. confuso, abatido.
κατ-ηφής ές abatido, triste, avergonzado, cabizbajo.
κατ-ηφών όνος ὁ que es causa de vergüenza; poltrón, follón.
κατ-ηχέω -ῶ resonar; hace sonar en los oídos; catequizar, instruir (ὁ κατηχούμενος catecúmeno).
κάτθανον *aor. ép. de* καταθνήσκω.
κατθέμεν κατθέμεναι *inf. aor. ép. de* κατατίθημι.
κάτθεμεν κάτθετε κάτθεσαν *pl. aor. ép. de* κατατίθημι.
κἄτι = **καὶ ἔτι.**
κατ-ιάπτω dañar, desfigurar, estropear.
κατ-ίζω *jón.* = **καθίζω.**
κατ-ίημι *jón.* = **καθίημι.**
κατ ιθύνω dirigir.
κατ-ιθύ(ς) ADV. en frente, derechamente.
κατ-ικετεύω *jón.* = **καθικετεύω.**
κατίμεν *inf. ép. de* κάτειμι.
κατ-ιόομαι -οῦμαι aherrumbrarse.
κατ-ιππάζομαι *jón.* = **καθιππάζομαι.**
κατ-ιρόω *jón.* = **καθιερόω.**
κατ-ίστημι *jón.* = **καθίστημι.**
κατ-ισχάνω *ép.* = **κατέχω.**
κατ-ισχναίνω secar, adelgazar.
κατ-ισχύω fortalecer; estar en disposición; vencer, dominar.
κατ-ίσχω *ép. jón. íd.* = **κατέχω.**
κάτ-οδος ου ἡ *jón.* = **κάθοδος.**
κάτ-οιδα saber *o* conocer exactamente; comprender.
κατ-οικέω -ῶ habitar; disponer por leyes || INTR. asentarse en un sitio, habitar || MED. asentarse, habitar.
κατοίκησις εως ἡ asentamiento, instalación; habitación, morada.
κατοικητήριον ου τό *y*
κατοικία ας ἡ lugar de habitación, residencia.
κατ-οικίζω asentar, instalar, hacer habitar *o* enviar a habitar; trasladar; volver a llevar; colonizar, poblar; establecer, fundar || PAS. establecerse; recibir población nueva.
κατοίκισις εως ἡ establecimiento, asentamiento; fundación de una residencia; fundación de una colonia.
κατ-οικτ(ε)ίρω compadecerse [de, *ac.*].
κατ-οικτίζω compadecerse [*ac.*]; mover a compasión || MED. lamentarse.
κατοίκτισις εως ἡ compasión, piedad.
κατ-οίσεται *3.ª sing. fut. med. de* καταφέρω.
κατ-οκνέω -ῶ rehusar, resistirse a [*inf.*]; emperezarse, mostrarse remiso.
κατ-ολοφύρομαι lamentarse de [*ac.*].
κατ-όμνυμι [*y med.*] jurar, afirmar con juramento [a... *gen.*].
κατ-όνομαι tener en poco, despreciar. F. *impf.* κατωνόμην; *aor.* κατωνόσθην, *subj.* κατονοσθῶ *Hdt.*
κατ-όπιν *y*
κατ-όπισθε(ν) ADV. detrás, a la espalda; después, en adelante || PREP. después de, [*gen.*].
κατοπτάζομαι ver.
κατοπτεύω examinar, espiar, explorar || PAS. ser reconocido.
κατ-όπτης ου ὁ observador; espía.
κάτ-οπτος ον visible.
κατ-οπτρίζομαι mirar como en un espejo.

κάτ-οπτρον ου τό espejo.
κατ-οράω *jón.* = **καθοράω.**
κατ-ορθόω -ῶ enderezar, mantener recto, poner en su sitio; dirigir convenientemente || INTR. prosperar, tener éxito, conseguir.
κατόρθωμα ατος τό éxito feliz, empresa bien dirigida, buena acción; perfección.
κατ-ορύσσω enterrar; arruinar enteramente.
κατ-ορχέομαι -οῦμαι insultar, ultrajar, escarnecer.
κατότι *jón.* = **καθότι.**
κατ-ουρίζω llegar felizmente al fin, tener éxito favorable.
κατοχή ῆς ἡ acción de retener, retención, impedimento, obstáculo.
κάτοχος ον que retiene fácilmente; que tiene buena memoria; retenido sólidamente, encadenado; sometido a; sumido.
κατ-τάδε bajo las siguientes condiciones.
κατ-υβρίζω *jón.* = **καθυβρίζω.**
κατ-ύπερθε *jón.* = **καθύπερθε.**
κατ-υπνόω *jón.* = **καθυπνόω.**
κἄτυφε = καὶ ἔτυφε, *v.* τύφω.
κάτω ADV. de arriba abajo; abajo (οἱ κάτω los habitantes de los infiernos); junto a la costa (οἱ κάτω los habitantes del litoral).
F. *comp.* κατωτέρω, *superl.* κατωτάτω *y* κατώτατα, *cf. adj.* κατώτερος κατώτατος.
κάτω-θεν ADV. de abajo; abajo (τὰ κάτωθεν los fundamentos [de una casa]; οἱ κάτωθεν θεοί los dioses del infierno).
κατ-ωθέω empujar hacia abajo.
κατ-ωμάδιος α ον de lo alto del hombro (κ. δίσκος disco lanzado con fuerza [*lit.* desde el hombro]).
κατ-ωμαδόν ADV. alcanzando, hiriendo el hombro.
κατ-ωμοσία ας ἡ *y jón.*
κατ-ωμοσίη ης ἡ testimonio con juramento.
κατώνοντο *3.ª pl. impf. de* κατόνομαι *Hdt. 2, 172.*
κατῶρυξ υχος metido *o* embutido en tierra; subterráneo || SUST. **ἡ** caverna.
F. *dat. pl. ép.* κατωρυχέεσσ(ι) *Od. 6,276.*
κατώτατος η ον muy bajo, el más bajo.
κατώτερος α ον más bajo; más joven.
καυλός οῦ ὁ tallo; puño [de la espada]; extremidad puntiaguda del asta, donde encaja el hierro de la lanza.
καῦμα ατος τό quemadura por el sol, calor ardiente; fiebre alta.
καυματίζω quemar, consumir por el fuego.
καύσιμος ον combustible.
καῦσις εως ἡ acción de quemar, quemadura, calor ardiente.
καυσόομαι -οῦμαι quemarse, consumirse por el fuego.
καύστειρα ADJ. *fem.* ardiente.
καύσω *fut. de* καίω.
καύσων ωνος ὁ calor ardiente; viento caluroso, siroco.
καυ(σ)τηριάζω marcar con hierro candente.
κἀυτός = **καὶ αὐτός.**
καυχάομαι -ῶμαι gloriarse, ufanarse (ἐν *o* ἐπί *y dat.*, περί *y* ὑπέρ *y gen.*: en alguien *o* de algo; *tamb. con dat. o ac. y con orac, de inf. o de* ὅτι) || *trans.* ensalzar, celebrar.
F. *2.ª sing. ind. pres. íd.* καυχᾶσαι *(N. T.)*; *fut.* καυχήσομαι; *aor.* ἐκαυχησάμην; *perf.* κεκαύχημαι.
καύχημα ατος τό *y*
καύχησις εως ἡ jactancia, envanecimiento; motivo de vanidad.
καχάζω reírse a carcajadas.
καχεξία ας ἡ mala constitución física; mala dispocisión moral.
κἀχθές = **καὶ ἐχθές.**
κάχληξ ηκος ὁ arena, cascajo, guijo.
κάω = **καίω.**
κέ κέν *partícula encl. ép.* = **ἄν.**
κεάζω partir (ξύλα leña); hender, separar, dividir; romper, despedazar.
F. *aor.* ἐκέασα, *ép.* ἐκέασσα κέασα κέασσα; *part. perf.* κεκεασμένος; *aor. pas.* ἐκεάσθην, *ép.* κεάσθην.
κέαντες *pl. part. aor. 1.º át. de* καίω *Sóf.*
κέαρ = **κῆρ** corazón.
κέαται κέατο *3.ª pl. pres. e impf. ép. de* κεῖμαι.
Κέβης ητος ὁ Cebes [tebano, discípulo de Sócrates].
κέγχρος ου ὁ mijo, grano de mijo; huevo de pescado.

κεδάννυμι = **σκεδάννυμι** dispersar.
F. *aor. ép.* ἐκέδασσα; *aor. pas ép.* ἐκεδάσθην, *3.ª pl.* ἐκέδασθεν.
κεδνός ή όν cuidadoso, diligente, celoloso; prudente, experto; fiel; querido, amado; respetable; valiente, intrépido; favorable, beneficioso (τὶ κεδνόν ἔχειν recibir un beneficio [de παρά *y gen.*]).
κεδρίη ης ἡ *jón.* aceite de cedro.
κέδρινος η ον de madera de cedro.
κέδρος ου ἡ cedro.
κέεσθαι *inf. ép. de* κεῖμαι.
κέεται *3.ª sing. pres. ép. de* κεῖμαι.
κειάμενοι κείαντες κείαντο *etc. ép. vv. ll. de formas de aor. 1.º de* καίω, *por* κηάμενοι κήαντες *etc. V. Chantraine Gr. Hom. I p. 8-9.*
κείατο *3.ª pl. impf. ép. de* κεῖμαι.
κεῖθεν κεῖθι = **ἐκεῖθεν ἐκεῖθι.**
κεῖμαι yacer, estar tendido; yacer herido, moribundo; yacer muerto; yacer abandonado; estar ocioso, inactivo, inerte; estar abatido, desesperado; estar en calma; estar situado; estar puesto, colocado; encontrarse; estar depositado [el dinero]; residir, estar; depender (ἔν τινι de uno); estar establecido; estar dado (κεῖται ὄνομα está dado el nombre, lleva el nombre de); hallarse en tal estado (εὖ κειμένων τῶν πραγμάτων hallándose los asuntos en buen estado).
F. *Ind. pres.* κεῖμαι κεῖσαι κεῖται, *v. l. jón.* κέεται, *3.ª pl.* κεῖνται, *ép. jón.* κέαται κείαται κέονται; *imp.* κεῖσο κείσθω; *3.ª sing. subj.* κέηται, *ép. tamb.* κεῖται; *3.ª sing. opt.* κέοιτο; *inf.* κεῖσθαι, *v. l. jón.* κέεσθαι; *part.* κείμενος; *impf.* ἐκείμην -σο -το, *ép.* κείμην, *3.ª sing. iter.* κέσκετο, *3.ª pl. jón.* ἐκέατο, *ép.* κέατο κείατο κεῖντο; *fut.* κείσομαι.
κειμήλιον ου τό posesión, bien; joya, tesoro.
κεῖνος = **ἐκεῖνος.**
κεινός ή όν *jón. y ép.* vacío.
κεῖπερ=**καὶ εἴπερ.**
κειρία ας ἡ faja, venda, vendaje.
κείρω cortar, esquilar, rapar, rasurar; podar, segar; morder, roer, devorar; talar, saquear, asolar, devastar, destruir || MED. cortarse (κόμην el pelo *frecte.* en señal de luto).
F. *fut.* κερῶ, *jón.* κερέω, *med.* κεροῦμαι; *aor.* ἔκειρα, *ép.* ἔκερσα, *med.* ἐκειράμην, *ép. poét.* ἐκερσάμην; *perf.* κέκαρκα, *inf. pas.* κεκάρθαι; *aor. pas.* ἐκάρην, *3.ª subj.* καρῇ, *inf.* καρῆναι, *part.* καρείς.
κεἰς = **καὶ εἰς**
κεῖσε = **ἐκεῖσε**
κεῖσθαι *inf. de* κεῖμαι.
κεῖσο *imp. y 2.ª sing. impf. ép. de* κεῖμαι.
κεῖτο *3.ª sing. impf. ép. de* κεῖμαι.
1 **κείω** tener gana de dormir, irse a dormir.
F. *En Hom. tamb.* κέω; *inf. ép.* κειέμεν, *part.* κείων *y* κέων.
2 **κείω** hender, partir.
κεκαδήσω *fut. ép. de* κήδω.
κεκάδοντο κεκαδών *formas de aor. 2.º ép. de* κήδω *o s. o. de* χάζω.
κεκάμω *subj. aor. 2.º ép. de* κάμνω.
F. *corrupción por* κε κάμω, *v.* κάμνω.
κεκάρθαι *inf. perf. pas. de* κείρω.
κέκασμαι *perf. de* καίνυμαι.
κέκαυκα κέκαυμαι *perf. act. y pas. de* καίω.
κεκαφηώς ότος *part. perf. def.* expirante, que exhala (θυμόν el alma *e. e.* agonizante).
κεκερασμένος *part. perf. pas. td. de* κεράννυμι [*dic. del vino N. T.*] vertido, echado.
κέκλαυ(σ)μαι *perf. pas. de* κλαίω.
κέκλεμμαι *perf. pas. de* κλέπτω.
κέκλετο *3.ª sing. aor. 2.º ép. de* κέλομαι.
κεκλήατο *3.ª pl. plpf. med. ép. de* καλέω.
κέκληγα *perf. ép. de* κλάζω.
κέκληκα κέκλημαι *perf. de* καλέω.
κέκληκα κέκλημαι *perf. de* κλείω.
κέκλῃ(ο) *2.ª sing. opt. med. poét. de* **καλέω.**
κεκλίαται *3.ª pl. perf. pas. ép. de* κλίνω.
κέκλικα κέκλιμαι *perf. de* κλίνω.
κεκλόμενος *part. aor. 2.º de* κέλομαι.
κέκλοφα *perf. de* κλέπτω.
κέκλυθι κέκλυτε *formas de imp. ép. de* κλύω.
κέκμηκα *perf. de* κάμνω.
κεκμεώς *part. perf. ép. de* κάμνω.
κέκονα *perf. de* καίνω.
κεκόνιμαι *perf. pas. y*
κεκόνιτο *3.ª sing. plpf. pas. ép. de* κονίω.
κεκοπώς *part. perf. ép. de* κόπτω.
κεκόρηα *perf. ép. con sign. pas. de* κορέννυμι.
κεκόρημαι *perf. med. ép. de* κορέννυμι.
κέκορυθμένος *part. perf. de* κορύσσω.

κεκοτηώς *part. perf. ép.* [*con sign. pres.*] *de* κοτέω.
κέκοφα *perf. de* κόπτω.
κεκράανται *3.ª sing. perf. pas. ép. de* κραιαίνω.
κέκραγα *perf. de* κράζω.
κέκραμαι *perf. pas. de* κεράννυμι.
κέκρικα κέκριμαι *perf. de* κρίνω.
κέκρυφα κέκρυμμαι *perf. de* κρύπτω.
κεκρύφαλος ου ὁ redecilla [con que las mujeres se recogían el cabello].
κεκτῆσθαι *inf. perf. de* κτάομαι poseer, tener.
κεκύθωσι *3.ª pl. subj. aor. 2.º de* κεύθω.
κέκυφα *perf. de* κύπτω.
κελαδεινός ή όν ruidoso, resonante (ἡ κελαδεινή (θεά) la (diosa) que gusta del ruido, Artemis).
κελαδέω -ῶ gritar, alborotar, meter ruido.
κελάδημα ατος τό estrépito; rumor.
κέλαδος ου ὁ ruido, alboroto, estrépito, clamor, griterío, chasquido; canto.
κελάδων οντος = κελαδεινός.
κελαινεφής ές que cubre el cielo de nubes negras; negro, oscuro.
κελαινός ή όν negro, sombrío, oscuro.
κελαινώπας α ADJ. *m. dór.* de aspecto sombrío, negro, impenetrable.
κελαρύζω correr con ruido [el agua].
κέλευθος ου ἡ camino, ruta [por tierra, por agua *o* aire]; viaje, expedición militar; manera de andar.
F. *El pl. puede tener tamb. forma n.:* τὰ κέλευθα.
κέλευ(σ)μα ατος τό *y*
κελευσμοσύνη ης ἡ orden, mandato; canto acompasado del jefe de los remeros para regular el movimiento de los remos; exclamación para arrear a las bestias *o* incitar a los perros.
κελευστής οῦ ὁ cómitre [jefe de remeros que regula el movimiento de los remos].
κελευτιάω -ῶ excitar, ordenar, urgir.
κελεύω poner en movimiento, empujar, excitar (ἵππους μάστιγι a los caballos con el látigo); exhortar, animar (ἀλλήλοισι animarse mutuamente); ordenar mandar (ἀμφιπόλοισί τι algo a los servidores; κ. τινὰ ἰέναι mandar a uno ir); aconsejar, exigir; pedir, expresar un deseo; permitir, conceder.
F. *fut.* κελεύσω; *aor.* ἐκέλευσα, *ép.* κέλευσα, *inf. ép.* κελευσέμεναι; *perf.* κεκέλευκα κεκέλευσμαι; *aor. pas.* ἐκελεύσθην.
κέλης ητος ὁ caballo de silla *o* de carrera; nave ligera, falúa, yate ‖ ADJ. κέλης ἵππος caballo de silla, *Odis. 5,371.*
κελητίζω montar un caballo de silla, cabalgar.
κελήτιον ου τό yate pequeño, chalupa.
κέλλω empujar la nave a tierra; arribar.
F. *fut.* κέλσω; *aor.* ἔκελσα.
κέλομαι = κελεύω *y* **καλέω** llamar, llamar a sí; exhortar, animar; mandar, ordenar.
F. *2.ª sing. ind. pres. ép.* κέλεαι; *impf. ép.* κελόμην, *3.ª sing.* κέλετο; *fut.* κελήσομαι; *aor. 1.º* ἐκελησάμην, *aor. 2.º ép. 3.ª sing.* ἐκέκλετο *y* κέκλετο, *imp.* κέκλεο, *part.* κεκλόμενος *Sóf. Ed. R. 159.*
κέλσαι κέλσω *etc. v.* κέλλω.
Κέλται *o* **Κελτοί οἱ** los celtas *esp.* los galos.
κέλυφος εος [ους] τό corteza, cáscara, piel, envoltura.
κέλωρ ωρος ὁ hijo, vástago.
κεμάς άδος ἡ cervatillo.
κέν = κέ.
κέανδρος ον despoblado,
κενε-αυχής ές vanílocuo, vanidoso.
κενεός *ép. y jón.* = **κενός.**
κενεών ῶνος ὁ ijar, ijada.
κενοδοξία ας ἡ ambición, amor de la vanagloria.
κενό-δοξος ον vanaglorioso.
κενός ή όν vacío (κενὸν δένδρων πεδίον llanura vacía de árboles, sin árboles; τριήρεις κεναί, νῆες κεναί trirremes, naves sin dotación suficiente, *de donde* ineficaces, inútiles); privado de [*gen.*]; vano, sin fundamento, frívolo, fútil; (διὰ κενῆς, ἐν κενοῖς, εἰς κενόν en vano).
F. *ép. y jón.* κενεός *y* κεινός.
κενοτάφιον ου τό cenotafio [*lit.* sepulcro vacío]; simulacro, apariencia engañosa.
κενότης ητος ἡ vacío, vacuidad.
κενοφωνία ας ἡ palabra vacía de sentido, vaniloquio.
κενόω -ῶ vaciar, evacuar; abandonar, despoblar, desnudar; dejar vano, frustrar; gastar, agotar.

κένσαι *inf. aor. ép. de* κεντέω.

Κένταυροι ων οἱ los centauros, pueblo salvaje de Tesalia; *después de Hom. se les presentó como* monstruos mitad hombres y mitad caballos.

κεντεύω *jón. y*

κεντέω -ῶ aguijar, aguijonear, espolear (ἵππον al caballo); fustigar; picar, herir; clavar el aguijón [las abejas, *etc.*] *tamb. fig.*

F. *fut.* κεντήσω; *fut. pas.* κεντηθήσομαι; *inf. aor. 1.º ép.* κένσαι *Il. 23, 337.*

κεντρηνεκής ές aguijoneado.

κεντρίζω = **κεντέω.**

κέντρον ου τό aguijón; pincho, punta de lanza; pica, aguijada; espino; centro de una circunferencia; *fig.* estímulo, acicate; dolor, pena.

κεντρόω -ῶ armar de aguijón, picar con aguijón.

κεντυρίων ωνος ὁ centurión, capitán.

κέντωρ ορος ὁ que pica con el aguijón, que aguijonea.

κέοιτο κέονται *3.ª sing. opt. y 3.ª pl. ind. pres. ép. de* κεῖμαι.

κεράασθε *2.ª pl. imp. pres. med. ép. de* κεράω.

κεραία ας ἡ cuerno; pinza [de cangrejo, *etc.*]; antena de navío; viga *espte.* percha *o* aguilón; signo gráfico, ápice.

κεραΐζω saquear, devastar; llevarse como botín [algo *o* a alguien *ac.*]; hundir [una nave]; matar, asesinar.

F. *impf. ép.* κεράϊζον; *inf. fut. ép.* κεραϊξέμεν *Il. 16,830 (v. l.* κεραϊζέμεν *como de pres.).*

κεραίω *ép.* = **κεράννυμι.**

κεραμεία ας ἡ cerámica, arte del alfarero.

Κεραμεικός οῦ ὁ el cerámico, al noroeste de Atenas.

κεραμεοῦς ᾶ οῦν de arcilla, de barro.

κεραμεύς έως ὁ ceramista, alfarero.

κεραμεύω ser alfarero, fabricar objetos de cerámica.

κεραμικός ή όν *y*

κεράμινος η ον = **κεραμεοῦς.**

κεράμιον ου τό objeto de cerámica, vaso, vasija.

κεραμίς ίδος ἡ teja, cobija, cubierta; arcilla, tierra arcillosa.

κέραμος ου ὁ arcilla; vaso, vasija, cántaro; teja; ladrillo [*tamb. con valor colectivo, Tuc. 2, 4, 2*]; tejado; prisión.

κεράννυμι mezclar [*esp.* vino con agua]; mezclar, fundir, templar; echar *o* dar de beber; llenar de vino mezclado (κρητῆρα la crátera) || MED. mezclar para sí; llenar.

F. *ép.* κεραίω *y* κεράω. *Fut.* κεράσω *y* κερῶ; *aor.* ἐκέρασα, *poét.* κέρασα, *ép.* κέρασσα; *med.* ἐκερασάμην, *3.ª sing. ép.* κεράσσατο; *perf. pas.* κέκραμαι, *jón.* κέκρημαι, *íd.* κεκέρασμαι *(N. T.); aor. pas.* ἐκράθην *y* ἐκεράσθην, *jón.* ἐκρήθην, *fut.* κραθήσομαι.

κεραο-ξόος ον pulidor de cuerno.

κεραός ά όν cornudo, astudo.

κέρας ατος *u* **ως τό** cuerno, cornamenta; *tamb. fig. como símbolo de fuerza o autoridad;* cuerno [materia córnea]; objeto hecho de cuerno [arco; cuerno *o* trompa; cuerno para beber; envoltura del sedal de pescador]; pico *o* cima de montaña; brazo de un río; ángulo *o* extremo (θυσιαστηρίου del altar); ala de un ejército, flanco (ἐπὶ κέρας, ἐπὶ κέρως, κατὰ κέρας en columna, en larga fila; κατὰ κέρας *o* πρὸς κέρας ἐπιθέσθαι, ἐπιπίπτειν, προσβάλλειν *etc.* atacar de flanco).

F. *Además de* κέρατος κέρατι *etc. dat. pl.* κέρασι(ν), *tenemos sing. gen. ép.* κέραος, *át.* κέρως, *jón.* κέρεος; *dat.* κέραι κέρᾳ, *jón.* κέρει; *pl. nom.* κέρα, *jón.* κέρεα; *gen.* κεράων κερῶν, *jón.* κερέων; *dat. ép.* κεράεσσι.

κέρασσα *aor. 1.º ép. de* κεράννυμι.

κεράστης ου ADJ. *m.* cornudo || SUST. cerasta *o* cerastes [*esp.* de víbora].

κερατίζω cornear.

κεράτινος η ον córneo, de cuerno.

κεράτιον ου τό cuernecito; algarroba.

κεραύνιος α ον *y tamb.* **ος ον** fulmíneo, que lanza el rayo; herido por el rayo.

κεραυνός οῦ ὁ rayo.

κεραυνόω -ῶ herir con el rayo, fulminar.

κεράω *ép.* = **κεράννυμι.**

F. *part.* κερῶν; *3.ª pl. subj. med.* κέρωνται, *imp. 2.ª pl.* κεράασθε, *3.ª pl. impf.* κερόωντο,

κερδαίνω ganar, lucrar, sacar provecho; explotar [a uno, *o* una cosa; ἐξ, ἀπό *o* παρά *y gen.*]; ahorrar, evitar. F. *fut.* κερδανῶ, *jón.* κερδανέω *y* κερδήσομαι, *td.* κερδήσω *(N. T.)*; *aor. 1.º* ἐκέρδανα, *jón.* ἐκέρδηνα *y* ἐκέρδησα; *perf.* κεκέρδηκα *y* κεκέρδακα; *fut. pas.* κερδηθήσομαι.

κερδαλέος α ον lucrativo, provechoso, ventajoso; astuto; prudente.

κερδαλεόφρων ον astuto, taimado.

κερδανέω κερδανῶ *fut. de* κερδαίνω.

κερδῆναι *inf. aor. 1.º jón. de* κερδαίνω.

κερδήσομαι *jón. y*

κερδήσω *td. fut. de* κερδαίνω.

κέρδιστος η ον el más útil, el más astuto.

κερδίων ον [*gen.* ονος] más útil, más provechoso, mejor.

κέρδος εος [ους] τό ganancia, provecho, ventaja; prudencia, consejo prudente; paga, sueldo; deseo de ganar, avaricia; *en pl.* designios provechosos, prudentes.

κερδοσύνη ης ἡ astucia.

κερδώ οῦς ἡ zorra.

κέρεα *pl. jón. de* κέρας.

κερέειν *inf. fut. ép. de* κείρω.

κερκίς ίδος ἡ lanzadera.

κέρκος ου ἡ cola.

κέρκουρος ου ὁ bajel ligero, chalupa.

Κέρκυρα ας ἡ Corfú.

Κερκυραῖος α ον de Corfú.

κέρκωψ ωπος ὁ Cercope, hombre mono.

κέρμα ατος τό dinero, *espte.* dinero suelto, monedillas.

κερματιστής οῦ ὁ cambista.

κερόωντο *3.ª pl. impf. med. ép. de* κεράω (= κεράννυμι).

κέρσας κέρσε *formas de aor. 1.º de* κείρω.

κερτομέω -ῶ injuriar, ultrajar; burlarse.

κερτόμησις εως *y*

κερτομία ας ἡ injuria, befa.

κερτόμιος ον *y*

κέρτομος ον injurioso, mordaz.

κερῶν *part. pres. y*

κέρωνται *3.ª pl. subj. pres. med. ép. de* κεράω.

κέσκετο *3.ª sing. imperf. iter. de* κεῖμαι.

κεστός ή όν bordado || SUST. **ὁ** cinturón bordado.

κευθάνω ocultar.

κευθμός οῦ ὁ = **κευθμών.**

κευθμών ῶνος ὁ escondrijo; antro, caverna, gruta.

κεῦθος εος [ους] τό = **κευθμών.**

κεύθω ocultar, esconder (σιγῇ ocultar [su pensamiento] en silencio); estar oculto. F. *fut.* κεύσω; *aor.* ἔκευσα; *3.ª sing. aor. 2.º ép.* κύθε, *subj. redupl. ép.* κεκύθω; *perf.* κέκευθα, *plpf.* ἐκεκεύθειν, *ép. tamb.* κεκεύθειν.

κεφάλαιον ου τό el punto capital, lo más importante, lo más alto, lo sumo; el coronamiento de una obra; principio, fundamento; resumen.

κεφαλαῖος α ον principal, capital.

κεφαλαιόω -ῶ resumir, informar sumariamente; herir en la cabeza.

κεφαλαιώδης ες capital, principal.

κεφαλαίωμα ατος τό suma, total.

κεφαλαλγής ές que produce dolor de cabeza.

κεφαλή ῆς ἡ cabeza; persona, hombre (ἰφθίμους κεφαλάς guerreros valientes; ἶσον ἐμῇ κεφαλῇ como yo mismo); parte superior, dominante, principal; fin, extremidad; fuente, origen; piedra angular; jefe, señor.

κεφαλῆφι *gen. y dat. ép. de* κεφαλή.

κεφαλιόω = **κεφαλαιόω** herir en la cabeza.

κεφαλίς ίδος ἡ cabeza pequeña [de cosas]; cabeza de ajos; cabeza *o* comienzo de un libro.

Κεφαλληνία ας ἡ isla de Cefalonia.

κέχανδα *perf. con sign. pres. de* χανδάνω.

κεχάραγμαι *perf. med. de* χαράσσω.

κεχαρησέμεν *inf. fut. redupl. ép. de* χαίρω.

κεχαροίατο *3.ª pl. opt.*

κεχάροιτο *3.ª sing. opt.*

κεχάροντο *3.ª pl. ind. aor. redupl. med. ép. de* χαίρω.

κέχηνα *perf. de* χαίνω.

κεχολώατο *3.ª pl. plpf. med. ép. de* χολόω.

κεχόλωμαι *perf. de* χολόω.

κεχολώσομαι *fut. perf. de* χολόω.

κέχρημαι *perf. de* χράομαι *1 y 2 (v. l.* κέχρησμαι).

κέχυκα *y*

κέχυμαι *perf. act. y pas. resp. de* χέω.

κέχυτο *3.ª sing. plpf. pas. ép. de* χέω.

κεχωρίδαται *3.ª pl. perf. pas. jón. de* χωρίζω.
κέω = **κείω** *1.*
κέωμαι *subj. de* κεῖμαι.
κῇ *y*
κή *jón.* = **πῇ** *y* **πή.**
κῆαι κηάμενος *formas de* καίω.
κηδεία ας ἡ parentesco, afinidad.
κήδειος α ον querido, amado, precioso; fúnebre, triste.
κηδεμών όνος ὁ protector, defensor, que cuida, que vela, tutor; que cuida de un muerto y le rinde los últimos honores; pariente por afinidad.
κήδεος ον = **κήδειος.**
κήδεσκον *impf. ép. de* κήδω.
κηδεστής οῦ ὁ pariente por afinidad. suegro, cuñado, yerno.
κηδεστία ας ἡ parentesco por afinidad.
κήδευμα ατος τό parentesco *o* pariente por afinidad.
κηδεύω cuidar [a uno, *ac.*]; tributar los honores fúnebres; casar; casarse.
κήδιστος η ον muy querido, muy precioso.
κῆδος εος [ους] τό cuidado, solicitud; tristeza, duelo, luto; funerales; parentesco político; enlace matrimonial.
κήδω afligir, inquietar, molestar, turbar; herir, lastimar, lesionar, dañar; privar (τινὰ θυμοῦ καὶ ψυχῆς a uno de la respiración y la vida) ‖ MED. *y perf.* κέκηδα; estar inquieto, triste, afligido; cuidarse, inquietarse [por uno, *gen.*]; (κ. μή *o* ἵνα μή *y subj.* cuidarse de que no).
F. *impf.* ἔκηδεν, *ép. iter.* κήδεσκον, *3.ª med.* κηδέσκετο; *fut.* κηδήσω, *med.* κεκαδήσομαι; *perf.* κέκηδα. *Las formas* κεκαδών privando, κεκάδοντο se retiraron, *no es seguro que pertenezcan a este verbo, v.* χάζω.
κῆεν = **ἔκηεν** *3.ª sing. aor. ép. de* καίω.
κηκίς ῖδος ἡ grasa, saín.
κηκίω correr a lo largo de, fluir.
κήλειος *y*
κήλεος ον ardiente.
κηλέω -ῶ encantar; seducir, fascinar; domesticar, amansar; cultivar [la inteligencia]; corromper, sobornar.
κηληθμός οῦ ὁ encanto, encantamiento, alegría.
κήλησις εως ἡ encantamiento.
κηλητήριον ου τό encanto, sortilegio.
κηλίς ῖδος ἡ mancha; peste, azote; vergüenza, infamia, deshonor; pena infamante.
κῆλον ου τό dardo, flecha, venablo, jabalina.
κηλώνειον *y*
κηλωνήιον ου τό bomba [de sacar agua].
κημόω -ῶ poner bozal a los caballos.
κῆνσος ου ὁ censo, tributo.
κήξ κηκός ἡ golondrina de mar.
κήομεν *1.ª pl. subj. aor. ép. de* καίω.
κηπίον ου τό jardincillo; *fig.* κηπίον, ἐγκαλλώπισμα πλούτου nonada, insignificancia.
κῆπος ου ὁ jardín, huerto.
κηπ-ουρός οῦ ὁ guarda de jardín; jardinero, hortelano.
κηπωρός οῦ ὁ = **κηπουρός.**
κῆρ κῆρος τό corazón ([περὶ] κῆρι φιλεῖν amar de todo corazón).
κήρ κηρός ἡ diosa de la muerte; destino, suerte; desgracia, infortunio, muerte violenta, enfermedad, deshonor; *en pl.* genios de la muerte, divinidades funestas, Parcas, Furias.
κηρεσσι-φόρητος ον arrastrado por los genios de la muerte *e. e.* funesto.
κήρινος η ον de cera.
κηρίον ου τό panal de miel; miel.
κηρο-δέτης ες *y*
κηρό-δετος ον pegado con cera.
κηρόθι ADV. en el corazón, de corazón.
κηρός οῦ ὁ cera.
κηρο-τέχνης ου ὁ que plasma en cera, que trabaja en cera.
κήρυγμα ατος τό bando, proclama, declaración, orden, promesa hecha por un heraldo.
κηρυκεία ας ἡ cargo de heraldo; sueldo del heraldo *o* pregonero público.
κηρύκειον *y*
κηρυκήιον ου τό = **κηρύκιον.**
κηρυκηίη ης ἡ *jón.* = **κηρύκιον.**
κηρύκιον ου τό caduceo; caduceo de heraldo.
κῆρυξ υκος ὁ heraldo, mensajero; anunciador en alta voz, enviado; predicador, apóstol.
κηρύσσω *y át.*
κηρύττω ser heraldo, proclamar, anunciar; convocar por la voz del heraldo, ordenar; pregonar, invocar; predicar.
F. *fut.* κηρύξω; *aor.* ἐκήρυξα; *perf.*

κεκήρυχα, *pas.* κεκήρυγμαι; *aor. pas.* ἐκηρύχθην, *fut. pas.* κηρυχθήσομαι.

κῆται = **κέηται** *3.ª sing. subj. ép. de* κεῖμαι.

κῆτος εος [**ους**] **τό** monstruo acuático [ballena, cocodrilo, hipopótamo, *etc.*].

κητώεις εσσα εν rico en gargantas *o* desfiladeros.

κηφήν ῆνος ὁ zángano; que explota el trabajo de otros.

Κήφισος ου *y*

Κηφισός οῦ ὁ el río Cefiso.

κηώδης ες *y*

κηώεις εσσα εν perfumado, embalsamado.

κί' = κίε *3.ª sing. impf. ép. de* κίω. (κίε *tamb. imp.*).

κίβδηλος ον falsificado, falso, de mala ley, ilegítimo, mentido, desleal, engañoso, equívoco, ambiguo.

κιβώτιον ου τό *dim. de* κιβωτός.

κιβωτός οῦ ἡ cofre, caja, arca, armario; arca de la alianza.

κιγχάνω = **κιχάνω.**

κίδναμαι esparcirse, difundirse.

Κιθαιρών ῶνος ὁ el Citerón, montaña de Beocia.

κιθάρα ας ἡ *y jón.*

κιθάρη ης ἡ cítara, harpa.

κιθαρίζω tocar la cítara [*o* cualquier instrumento de cuerda].

κίθαρις ιος [*ac.* -ιν] **ἡ** = **κιθάρα.**

κιθάρισις εως ἡ acción de tocar la cítara.

κιθάρισμα ατος τό pieza *o* melodía para cítara.

κιθαριστής οῦ ὁ citarista.

κιθαριστικός ἡ όν perteneciente a la cítara. || SUST. **ὁ κιθαριστικός** citarista; **ἡ κιθαριστική** arte de tocar la cítara.

κιθαριστύς ύος ἡ arte de tocar la cítara.

κιθαρῳδέω -ῶ cantar al son de la cítara.

κιθαρῳδική ῆς ἡ arte de tocar la cítara con acompañamiento de canto.

κιθαρῳδός οῦ ὁ citarista que canta acompañándose con la cítara.

κιθών ῶνος ὁ = **χιτών.**

κίκι εως τό aceite de ricino, ricino.

κικλήσκω llamar, convocar; invitar; invocar, nombrar.

κῖκυς υος ἡ fuerza, energía.

κινάβρα ας ἡ suciedad de macho cabrío.

κίναδος εος [**ους**] **τό** zorra, zorro *tamb. fig.*

κίναιδος ου ὁ hombre depravado, disoluto.

κινάμωμον ου τό = **κιννάμωμον.**

κινδύνευμα ατος τό = **κίνδυνος.**

κινδυνευτής οῦ ὁ audaz, osado.

κινδυνεύω peligrar, arriesgarse, correr peligro; afrontar un peligro de guerra, combatir; correr el peligro de ser condenado (ψευδομαρτυρίαν por falso testimonio); parecer, ser muy posible, ser probable (κινδυνεύεις ἀληθῆ λέγειν es muy posible que digas la verdad) || PAS. ser puesto en peligro, estar amenazado.

κίνδυνος ου ὁ peligro, riesgo; combate, batalla; proceso; empresa arriesgada.

κινέω -ῶ mover, remover, agitar, menear (τὴν κεφαλήν la cabeza; κ. πᾶν χρῆμα, πάντα κάλων, πάντα λόγον poner todos los medios, remover cielo y tierra); desplazar, cambiar de sitio; levantar el depósito, poner mano en (τά χρήματα, τῶν χρημάτων, los tesoros); levantar el campamento; turbar, perturbar; perseguir, acosar (φυγάδα un fugitivo); empujar *o* tocar ligeramente; excitar, estimular; revelar (λόγῳ κ. ἐξάγιστα revelar misterios sagrados); alterar, cambiar || PAS. ponerse en movimiento, marchar, avanzar; moverse, agitarse, sublevarse; temblar [la tierra]. **F.** *ép. sin aum. aor.* κίνησα *3.ª iter.* (ἀπο)κινήσασκε; *3.ª pl. aor. pas.* (ἐ)κίνηθεν.

κίνησις εως ἡ movimiento; conmoción, sedición, tumulto.

κιννάμωμον ου τό cinamomo [sustantancia aromática].

κίνυμαι moverse, partir; ser movido, agitado, sacudido.
F. *3.ª pl. impf. ép.* κίνυντο.

κινυρός ά όν lamentable, deplorable.

κιόκρανον ου τό capitel.

Κίρκη ης ἡ Circe, hechicera de la isla Eea.

κίρκος ου ὁ circo; halcón || ADJ. ἴρηξ κίρκος halcón que vuela trazando círculos.

κιρνάω -ῶ *y* **κίρνημι** mezclar (οἶνον el vino con agua en la cratera).
κισσάω -ῶ concebir, estar preñada.
κισσήρης ες cubierto de yedra.
κισσός οῦ ὁ yedra.
κισσο-στεφής ές coronado de yedra.
κισσο-φόρος ον portador de yedra, coronado de yedra; productor de yedra.
κισσόφυλλον ου τό hoja de yedra.
κισσύβιον ου τό cuenco; artesa.
κίστη ης ἡ cesto, canasto.
κίττινος η ον de hiedra.
κιττός οῦ ὁ *át.* = **κισσός.**
κιττο-φόρος ον *át.* = **κισσοφόρος.**
κιχάνω alcanzar, conseguir; encontrar (τινὰ παρὰ νηυσί a uno cerca de los barcos, *raro con gen.* μου a mí); llegar hasta (ἄστυ la ciudad).
F. *fut. med.* κιχήσομαι; *aor.* ἔκιχον, *ép. poét.* κίχον, *3.ª sing. subj. ép.* κίχῃσι, *part.* κιχών, *tamb. atemát. aor.* ἐκίχην ἐκίχεις, *3.ª du.* κιχήτην, *1.ª pl.* κίχημεν; *subj.* κιχείω, *1.ª pl.* κιχείομεν; *opt.* κιχείην, *inf.* κιχῆναι, *ép. tamb.* κιχήμεναι, *part.* κιχείς, *med.* κιχήμενος; *aor. 1.º* ἐκιχησα, *3.ª sing. med. ép.* κιχήσατο.
κίχλα ας *dór. y*
κίχλη ης ἡ tordo [ave].
κιχλισμός οῦ ὁ risa socarrona, risa.
κίχον -ες -ε *aor. 2.º ép. de* κιχάνω.
κίχρημι prestar || MED. tomar prestado.
κίω ir, marchar, salir.
F. *1.ª pl. subj. ép.* κίομεν; *part.* κιών; *impf. ép.* κίον.
κίων ονος ὁ *y* **ἡ** columna, pilar.
κλαγγή ῆς ἡ grito, gritería; gruñido, aullido, ladrido; silbido [de serpiente]; ruido; son de instrumento músico; canto.
κλαγγηδόν ADV. con estrépito *o* griterío.
κλάγξας κλάγξω *part. aor. y fut. resp. de* κλάζω.
κλαδίσκος ου ὁ *dim. de* κλάδος.
κλάδος ου ὁ rama, ramo, vástago, retoño; ramo de olivo.
κλάζω gritar, resonar, meter ruido; hacer resonar; ladrar, aullar, etc.
F. *fut.* κλάγξω; *aor. 1.º* ἔκλαγξα:; *aor. 2.º* ἔκλαγον:; *perf.* κέκλαγγα, *part. ép.* κεκληγώς, *pl.* κεκλήγοντες, *v. l.* κεκληγῶτες.
κλαίω llorar, lamentar, deplorar || MED. llorar por sí *o* como cosa propia, etc.
F. *2.ª sing. opt. ép.* κλαίοισθα; *impf.* ἔκλαον, *ép.* κλαῖον, *ép. y jón.* κλαίεσκον; *fut.* κλαύσομαι *2.ª sing.* κλαύσῃ *o* κλαύσει *tamb.* κλαήσω, *td.* κλαύσω *(N. T.)*; *aor.* ἔκλαυσα, *ép.* κλαῦσα *med.* ἐκλαυσάμην; *perf. pas.* κέκλαυ(σ)μαι; *aor. pas.* ἐκλαύσθην.
κλάσις εως ἡ acción de romper, fracción.
κλάσμα ατος τό trozo, fragmento.
κλαυθμός οῦ ὁ llanto, lamento; desgracia; castigo.
κλαυθμών ῶνος ὁ valle de lágrimas.
κλαῦμα ατος τό = **κλαυθμός.**
κλαῦσα *aor. 1.º ép. de* κλαὶω.
κλαυσίγελως ωτος ὁ risa mezclada con lágrimas.
κλαύσομαι *fut. de* κλαίω.
κλαυστός ή όν lamentable, que hace llorar.
κλαύσω *fut. td. de* κλαίω *(N. T.).*
1 **κλάω** *y* **κλᾴω** = **κλαίω.**
2 **κλάω** romper, quebrar, cascar.
F. *impf. (en comptos.)* ἔκλων; *fut.* κλάσω; *aor.* ἔκλασα, *3.ª sing. ép.* κλάσε; *aor. 2.º part.* κλάς; *perf. pas.* κέκλασμαι; *aor. pas.* ἐκλάσθην.
κλέα κλέεα *pl. de* κλέος.
κλεηδών *ép.* = **κληδών.**
κλεῖα *pl. ép. de* κλέος.
κλεῖθρον ου τό cerradura, cerrojo; cadena.
κλεινός ή όν famoso, insigne, ilustre; magnífico, noble.
κλείς κλειδός ἡ cerrojo, barra para cerrar, llave; anillo del broche, corcheta; clavícula; paso, estrecho; banco de remero; tolete, escálamo.
F. *ac.* κλεῖν, *td.* κλεῖδα; *ac. pl.* κλεῖς, *td.* κλεῖδας; *ép. jón.* κληΐς, *ac.* κληῗδα, *dat. pl.* κληῗσι *y* κληΐδεσσιν; *ant. át.* κλῄς *v. s. v.*
κλεισιάς άδος ἡ = **κλισιάς.**
κλείσιον ου τό cobertizo.
κλεισίον ου τό choza, barraca, tugurio; cobertizo; casa de mal vivir.
κλεῖσις εως ἡ cierre, clausura.
κλειστός ή όν cerrado.
κλειτός ή όν famoso, ilustre, célebre.
1 **κλείω** = **κλέω.**
2 **κλείω** cerrar, encerrar; ligar; bloquear.
F. *Cf. ép. jón.* κληίω, *ant. át.* κλῄω. *Fut.* κλείσω; *aor.* ἔκλεισα, *med.* ἐκλει-

σάμην; *perf.* κέκλεικα -μαι; *aor. pas.* ἐκλείσθην, *fut. pas.* κλεισθήσομαι.
κλέμμα ατος τό robo; estratagema, ardid.
κλεμμάδιος α ον furtivo, robado.
κλέος τό rumor, fama, noticia; gloria, renombre, honor; *en pl.* acciones gloriosas.
F. *Sólo se usa en nom. y ac. sing. y pl.: pl.* κλέα κλέεα, *ép.* κλεῖα.
κλέπτης ου ὁ ladrón; truhán.
κλεπτικός ή όν truhanesco; ἡ κλεπτική arte de robar.
κλεπτοσύνη ης ἡ hábito de robar; truhanería.
κλέπτω robar; apoderarse por sorpresa (ὄρος de una montaña); sorprender (τὰ τῶν πολεμίων el secreto del enemigo); engañar; sustraer, ocultar, disimular; hacer con disimulo, realizar con perfidia (κακά malos designios; μύθους tramar *o* inventar calumnias).
F. *impf. jón. iter.* κλέπτεσκον; *fut.* κλέψω *y* κλέψομαι; *aor.* ἔκλεψα; *perf.* κέκλοφα, *pas.* κέκλεμμαι; *aor. pas.* ἐκλέφθην *y* ἐκλάπην.
κλεψιμαῖος α ον robado.
κλεψύδρα ας ἡ clepsidra, reloj de agua.
κλέω celebrar, encomiar, alabar, ponderar || PAS. ser famoso, ser alabado.
F. *ép. act.* κλείω, *pero en pas.* κλέομαι. *3.ª sing. impf. pas. ép.* ἔκλε' *por* ἐκλέεο *Il. 24, 202.*
κλῄδην ADV. nominalmente, por su nombre.
κληδονίζω augurar || MED. considerar como presagio.
κληδοῦχος ου ὁ sacerdote, sacerdotisa.
κληδών όνος ἡ presagio; rumor; fama, gloria; llamamiento, invocación,
κλῄζω alabar, celebrar; nombrar, llamar; mencionar; anunciar, decir || PAS. κλῄζομαι ser celebrado, nombrado *o* llamado.
κληηδών *ép.* = **κληδών.**
κληθήσομαι *fut. pas. de* καλέω.
κλήθρη ης ἡ aliso [árbol].
κλῇθρον ου τό = **κλεῖθρον** cerradura.
κληΐζω *jón. td.* = **κλῄζω.**
κλήϊθρον = **κλεῖθρον** cerradura.
κληῖς ῖδος *ép. jón.* = **κλείς.**
κληιστός ή όν = **κληστός.**
F. *aor.* ἐκλήϊσα *ép. tamb.* κλήϊσα; *perf. pas.* κεκλήϊμαι, *3.ª pl. plpf.* (ἀπ)-εκεκληΐατο; *aor. pas.* (ἀπ)-εκλίσθην.
κληίω = **κλείω** 2.
κλῆμα ατος τό *y*
κληματίς ίδος ἡ rama, sarmiento, cepa (τὰ κλήματα τοῦ δήμου los sarmientos, *e. e.* la fuerza, del pueblo); vástago, brote.
κληροδοτέω -ῶ distribuir por suerte; dejar en herencia.
κληρονομέω -ῶ ser heredero, heredar; conseguir, conquistar; dejar como heredero.
κληρονομία ας ἡ participación en una herencia; herencia; posesión.
κληρο-νόμος ου ὁ ἡ heredero, heredera.
κλῆρος ου ὁ suerte, sorteo; lote, parte que se obtiene por suerte, parte de una herencia; bien, posesión; lote asignado a una iglesia *o* a un sacerdote; función de sacerdote, clero.
κληρουχέω -ῶ obtener una parte de tierra en una colonia; ser colono.
κληροῦχος ου ὁ que tiene parte de tierra en una colonia; colono; partícipe (πολλῶν ἐτῶν κληροῦχον que tiene muchos años, de edad provecta, anciano).
κληρόω -ῶ sortear, designar por suerte, elegir; designar heredero || MED. sortear, asignar por suerte; obtener por suerte [algo, *ac. o* gen.].
κλήρωσις εως ἡ sorteo, elección por suerte.
κλῄς κλῃδός *ant. át.* = **κλείς.**
F. *ac. sing.* κλῇδα, *ac. pl.* κλῇδας.
κλῆσις εως ἡ llamada, reclamo; llamamiento, invocación; invitación; citación ante un tribunal; acusación; convocación.
κλῇσις εως ἡ = **κλεῖσις.**
κληστός ή όν = **κλειστός** cerrado.
κλητεύω citar ante un tribunal.
κλητός ή όν llamado, invitado; bienvenido, deseado || SUST. *m.* persona escogida.
κλήτωρ ορος ὁ pregonero, heraldo; testigo de citación regularmente hecha.
κλῄω *ant. át.* = **κλείω** cerrar, bloquear.
F. *fut.* κλῄσω; *aor.* ἔκλησα, *perf.* κέκληκα *pas.* κέκλῃμαι; *aor. pas.* ἐκλῄσθην.

κλίβανος ου ὁ horno, hornillo.

κλίμα *o* **κλῖμα ατος τό** inclinación, pendiente de una montaña; clima, región, zona geográfica.

κλιμακτήρ ῆρος ὁ escalón, peldaño.

κλῖμαξ ακος ἡ escalera, escala; suerte de la lucha [*esp.* de asalto *o* zancadilla].

κλῖνα *aor. 1.º ép. de* κλίνω.

κλινάριον ου τό *y*

κλίνη ης ἡ lecho, cama; triclinio; féretro.

κλινίδιον ου τό pequeño lecho, litera; ataúd.

κλινοπετής ές enfermo, encamado.

κλιντήρ ῆρος ὁ meridiana, canapé.

κλίνω inclinar, abajar, abatir, pender; apoyar (τὶ πρός τι una cosa en otra); acostar, extender, tender, sepultar; cambiar de sitio, desplazar; apartar; hacer retroceder, rechazar, desviar; declinar [el día]; inclinarse; ponerse a la mesa || PAS. apoyarse; caer; estar situado; declinar.
F. *fut.* κλινῶ; *aor.* ἔκλινα, *ép.* κλῖνα, *med.* ἐκλινάμην; *perf.* κέκλικα, *pas.* κέκλιμαι, *3.ª pl. ép.* κεκλίαται; *aor. pas.* ἐκλίθην, *poet.* ἐκλίνθην, *ép. tamb.* κλίνθην; *aor. 2.º pas.* ἐκλίνην *(sólo en comptos.)*.

κλισία ας ἡ cabaña, choza; barraca, tienda de campaña; triclinio; *esp. de* sillón *o* butaca; tálamo nupcial; grupo, cuadrilla de personas sentadas a comer.

κλισιάς άδος ἡ puerta, hoja de puerta.

κλισίη *jón.* = **κλισία**.

κλισίηθεν ADV. de la tienda.

κλισίηνδε ADV. hacia la tienda.

κλισίηφι ADV. en la tienda.

κλίσιον ου τό = **κλείσιον**.

κλίσις εως ἡ inclinación; declinación del sol.

κλισμός οῦ ὁ sillón, butaca [para mujer].

κλίτος εος [ους] τό lado; ángulo; extremo.

κλιτύς ύος ἡ pendiente; colina.

κλοιός οῦ ὁ collar; cadena.

κλονέω -ῶ empujar delante de sí, perseguir, turbar, agitar, abrumar (τόνδε ἄται κλονέουσι le oprimen las desgracias; ἀκτὰ κυματοπλὴξ κλονεῖται la ribera está batida por las olas).

κλόνος ου ὁ movimiento tumultuoso, agitación, tumulto, turbación.

κλοπεύς έως ὁ ladrón, malhechor oculto.

κλοπή ῆς ἡ robo, hurto; *en gral.* acción furtiva *o* clandestina (ποδοῖν κλοπὰν ἀρέσθαι emprender secretamente la fuga); astucia, artería.

κλόπιος α ον truhanesco; artero, artificioso.

κλοτοπεύω perder el tiempo en vanas palabras.

κλύδων ωνος ὁ agitación, ruido de las olas; ola; movimiento tumultuoso.

κλυδωνίζομαι fluctuar, flotar a merced de las olas.

κλυδώνιον ου τό movimiento de las olas; ola pequeña, *en gral.* ola, oleada.

κλύζω batir, bañar con las olas; lavar, limpiar || PAS. ἐκλύσθη θάλασσα solevantóse el mar.
F. *impf. iter. ép.* κλύζεσκον; *fut.* κλύσω, *ép.* κλύσσω; *perf. pas.* κέκλυσμαι; *aor. pas.* ἐκλύσθην.

κλῦθι ¡oye! *imp. aor. 2.º de* κλύω.

κλύσμα ατος τό lavamiento; clister, ayuda.

κλυστήρ ῆρος ὁ clister, jeringa.

κλυτο-εργός όν célebre por sus obras, por su arte *o* por su talento.

κλυτό-πωλος ον famoso por sus corceles.

κλυτός ή όν famoso, ínclito, magnífico; glorioso, ilustre; oíble, que suena, sonoro, ruidoso.

κλυτο-τέχνης ες famoso por su arte.

κλυτό-τοξος ον famoso por su habilidad en disparar el arco, arquero famoso.

κλύω oír, escuchar [algo *ac. o gen.*, a alguien *gen.* πρός *y gen., etc.*]; haber oído decir, venir a saber, saber (que... *constr. inf. o part.* [ὄν κλύεις δεσπότην ὄντα que sabes es poseedor...]) oír hablar de sí, tener una reputación (κακῶς κλύειν tener mala reputación); obedecer [a alguien, *gen.*].
F. *impf. ép.* κλύον; *aor. imp. ép.* κλῦθι *y* κέκλυθι, *2.ª pl.* κλῦτε *y* κέκλυτε.

κλῶθες ων αἱ hilanderas, divinidades que hilan la trama de la vida, Parcas.

κλώθω hilar.
F. *fut.* κλώσω; *aor.* ἔκλωσα; *perf. pas.* κέκλωσμαι; *aor. pas.* ἐκλώσθην.

κλωμακόεις εσσα εν rocoso, escarpado, alpestre.
κλών κλωνός ὁ rama, retoño.
κλωπεύω robar, quitar por sorpresa.
κλώψ ωπός ὁ ladrón.
κνάπτω cardar; abatanar; desgarrar.
κναφεῖον ου τό batán.
κναφεύς έως ὁ batanero, cardador.
κναφήιον = **κναφεῖον.**
κνάφος ου ὁ carda; instrumento de tortura con puntas.
κνάω -ῶ rascar; raspar; acariciar || MED. rascarse.
F. *2.ª y 3.ª sing. ind.* κνῇς κνῇ *etc. inf.* κνῆν, *jón.* κνᾶν, *med.* κνῆσθαι, *td.* κνᾶσθαι; *3.ª sing. impf. ép.* (ἐπι)κνῆ; *fut.* κνήσω, *aor.* ἔκνησα.
κνέφας τό oscuridad, crepúsculo [vespertino *o* matutino], amanecer, anochecer.
F. *gen. ép.* κνέφαος, *át.* κνέφους; *dat.* κνέφᾳ.
κνήθω rascar, irritar; halagar || PAS. sentirse halagado; sentir prurito.
κνήμη ης ἡ pierna.
κνημιδοφόρος ον que lleva grebas [armadura que protegía la pierna].
κνημίς ῖδος ἡ greba, canillera.
κνημός οῦ ὁ ladera arbolada de una montaña; montaña.
κνῆν *inf. át. de* κνάω.
κνησιάω -ῶ sentir prurito *o* picor.
κνῆστις ιος ἡ [*ac.* ιν] rascador, rasqueta, raspador, almohaza.
κνίζω rascar, raspar; acariciar; irritar, excitar, inflamar; atormentar, apesadumbrar, amargar, molestar.
F. *fut.* κνίσω; *aor.* ἔκνισα; *aor. pas.* ἐκνίσθην.
κνῖσα *y*
κνίση ης ἡ olor *o* humo de la carne y de la grasa quemada en los sacrificios; grasa de las víctimas.
κνισήεις ήεσσα ῆεν lleno de humo *o* del olor de la carne asada.
κνυζέομαι gañir, dar gañidos *o* quejidos [el perro].
κνυζηθμός οῦ ὁ gañido, grito entrecortado del perro.
κνύζημα ατος τό grito inarticulado, grito de niño.
κνυζόω -ῶ dejar pitañoso, oscurecer, afear.
κνώδαλον ου τό animal salvaje, *esp.* jabalí, león; monstruo, dragón.
κνώδων οντος ὁ filo de la espada; espada.
κνώσσω dormir.
κόγχη ης ἡ concha; molusco.
κογχυλιάτης ου ADJ. *m.* lumaquela (λίθος κογχυλιάτης mármol lumaquela).
κογχύλιον ου τό *dim. de* κόγχη.
κοδράντης ου ὁ cuadrante [moneda romana de cobre, cuarta parte del as, unos doce céntimos].
κόθεν *jón.* = **πόθεν** ¿de dónde?
κόθορνος ου ὁ coturno; bota alta de caza; bota alta de tragedia; hombre falso *o* voluble.
κοίῃ *jón.* = **ποίᾳ** ¿cómo? ¿de qué manera?
κοιλαίνω ahuecar, cavar, excavar.
F. *fut.* κοιλανῶ; *aor.* ἐκοίλανα (*Tuc.*), *jón.* ἐκοίληνα (*Hdt.*).
κοιλία ας ἡ *y jón.*
κοιλίη ης ἡ panza, tripa, barriga; estómago, vientre; matriz; cavidad, hueco.
κοῖλος η ον hueco, cóncavo; hundido, metido; agitado, movido; crecido [río]; profundo, encajonado; τὸ κοῖλον cavidad, profundidad, bahía.
κοιλώδης ες cavernoso.
κοίλωμα ατος τό cavidad, fosa, seno, profundidad.
κοιμάω -ῶ extender, tender en el lecho; hacer dormir, hacer morir; adormecer, calmar || PAS. acostarse, dormir; dormir el sueño de la muerte; apostarse, hacer guardia.
F. *fut.* κοιμήσω, *med.* κοιμήσομαι; *aor. ép.* κοίμησα, *med.* κοιμησάμην; *aor. pas.* ἐκοιμήθην *con valor med.*
κοιμέω = **κοιμάω.**
κοίμημα ατος τό sueño; matrimonio.
κοίμησις εως ἡ acción de acostarse; seuño de la muerte.
κοιμίζω dormir, hacer dormir; dormir en la paz del sepulcro; calmar.
κοινανέω = **κοινωνέω.**
κοινῇ ADV. en común; en interés público, por el Estado; oficialmente.
κοινολεχής ές compañero de lecho, adúltero.
κοινολογέομαι -οῦμαι conversar, abocarse, consultar, deliberar [con alguien, *dat.*, πρός *y ac. etc.*].
κοινόπλους ουν que navega en común.
κοινόπους ουν [*gen.* -ποδος] que se

presenta al mismo tiempo, común.

κοινός ή όν común a varios, [*gen., dat. y tamb. con prep.*] (ἐπὶ πᾶσι κ. común a todos); general; público (τὸ κ. ἀγαθόν el bien público; τὸ κοινόν el Estado; la comunidad, el Gobierno, las autoridades, los organismos *o* asambleas públicas; el consentimiento unánime, el tesoro público, el derecho común; τὰ κοινά los asuntos públicos, el Estado); participante (ἔν τινι en algo); sociable, afable; imparcial, igual; accesible [país]; vulgar, impuro, inmundo (*N.T.*).

κοινότης ητος ἡ comunidad, participación; sociabilidad, afabilidad.

κοινό-τοκος ον que concierne a un hermano; fraternal.

κοινόω -ῶ comunicar, hacer común, asociar; comunicar, hacer saber; poner en comunicación, unir; prostituir, profanar, manchar; *tamb.* considerar profano *o* inmundo || MED. comunicar, poner en común; conferir, consultar (τῷ Ἡρακλεῖ πότερα λῷον εἴη a Hércules si sería mejor...); tomar parte, participar [en *o* de algo, *ac., gen.*] *tamb. abs.*
F. *fut.* κοινώσω; *aor.* ἐκοίνωσα *etc.*

κοινών ῶνος ὁ = **κοινωνός.**

κοινωνέω -ῶ tomar parte, participar [en *o* de algo *gen.* con alguien *dat*]; asociarse; tener algo común, tener que ver [con... *dat.*]; estar de acuerdo, convenir.

κοινωνία ας ἡ participación; unión, relación comunicación, sociedad, alianza; simpatía, compasión, limosna, colecta.

κοινωνικός ή όν comunicativo, sociable, benévolo.

κοινωνός όν asociado, compañero, participante; cómplice.

κοινῶς ADV. en común; en interés común, en servicio del Estado.

κοῖος η ον *jón.* = **ποῖος.**

κοιρανέω -ῶ mandar; ser dueño; reinar (Λυκίην κάτα en Licia).

κοιρανίδης ου ὁ príncipe, señor, hijo de rey.

κοίρανος ου ὁ señor, dueño; jefe, soberano, rey, príncipe.

κοιταῖος α ον acostado (κ. γίγνεσθαι pernoctar, pasar la noche).

κοίτη ης ἡ *y*

κοῖτος ου ὁ cama; lecho nupcial; guardia, nido; sueño; libertinaje, concúbito [*en pl.* relaciones íntimas]; fruto del vientre, prole.

κοιτών ῶνος ὁ dormitorio, alcoba.

κόκκινος η ον rojo escarlata.

κόκκος ου ὁ semilla, grano; cochinilla.

κολάζω [*y med.*] contener, refrenar; castigar, reprender.

κολακεία ας ἡ adulación, lisonja.

κολακευτικός ή όν lisonjero, adulador || SUBST. **ἡ κολακευτική** [arte *o* práctica de la] lisonja.

κολακεύω halagar, mimar, adular, lisonjear, engañar.

κολακία ας ἡ = **κολακεία.**

κολακικός ή όν = **κολακευτικός.**

κόλαξ ακος ὁ adulador.

κολαπτήρ ῆρος ὁ escoplo.

κόλασις εως ἡ *y*

κόλασμα ατος τό corrección, castigo.

κολαστήριον ου τό castigo, medio de corrección.

κολαστής οῦ ὁ castigador, reprensor.

κολαφίζω abofetear.

κολεόν οῦ τό *y*

κολεός οῦ ὁ estuche, vaina.

κόλλα ης ἡ goma, cola.

κόλλαβος ου ὁ = **κόλλοψ.**

κολλάω -ῶ encolar, soldar, unir, juntar [una persona con otra *ac. dat.*].

κολλήεις εσσα εν bien ajustado, soldado.

κόλλησις εως ἡ soldadura, unión.

κολλητός ή όν = **κολλήεις.**

κολλ(ο)ύριον ου τό emplasto; colirio.

κόλλοψ οπος ὁ clavija de un instrumento de cuerda.

κολλυβιστής οῦ ὁ cambista, banquero.

κολοβός ή όν mutilado, roto; cortado, truncado; lisiado.

κολοβόω -ῶ truncar, mutilar; acortar.

κολοιός οῦ ὁ grajo, *esp.* chova.

κόλος ον truncado, mutilado, cornicorto *o* sin cuernos.

κολοσσός οῦ ὁ coloso, estatua de dimensiones enormes.

κολοσυρτός οῦ ὁ ruido, barullo, tumulto, alboroto.

κόλ-ουρος ον sin cola, rabón.

κολούω mutilar, truncar, cortar; frustrar, estropear, dejar incumplido; acortar, disminuir, reprimir, impedir.
F. *aor.* ἐκόλουσα; *perf. pas.* κεκό-

λου(σ)μαι; *aor. pas.* ἐκολού(σ)θην.
κολοφών ῶνος remate, coronamiento, cima, fin, colofón.
κόλπος οῦ ὁ seno, pecho; vientre, entrañas; pliegue de un vestido; regazo; interior; golfo, bahía; cavidad, valle profundo.
κολυμβάω -ῶ hundirse, sumergirse [εἰς *con ac.*]; nadar.
κολυμβήθρα ας ἡ piscina, estanque, baño.
κολυμβητής οῦ ὁ nadador, *esp.* buzo.
κολῳάω -ῶ graznar; *fig.* gritar, vocear con estridencia.
κολώνη ης ἡ altura, colina, alcor, túmulo.
κολωνία ας ἡ colonia.
κολωνός οῦ ὁ colina.
Κολωνός οῦ ὁ Colono [demo del Atica].
κολῳός οῦ ὁ griterío, tumulto.
κομάω -ῶ tener cabellera larga; enorgullecerse, alardear, ufanarse, pretender, aspirar a [algo, ἐπί *y dat.*].
F. *part. ép.* κομόων, *du.* κομόωντε, *pl.* κομόωντες; *fut.* κομήσω, *aor.* ἐκόμησα.
1 **κομέω -ῶ** *jón.* = **κομάω.**
2 **κομέω -ῶ** cuidar; alimentar.
F. *impf. iter. ép.* κομέεσκον; *3.ª du.* κομείτην *(v. l.* κομείτων *imp. Il. 8, 109).*
κόμη ης ἡ cabello, pelo, cabellera (κόμαι πρόσθετοι cabellos postizos, peluca); follaje.
κομήτης ου ADJ. *m.* cabelludo; cubierto de pelos *o* de plumas || SUST. **ὁ κ.** cometa [astro cabelludo].
κομιδή ῆς ἡ cuidado; sustento; víveres; transporte, importación, abastecimiento; recolección; cobro, recobro, pago; vuelta, retorno; retirada.
κομιδῇ ADV. enteramente; perfectamente; ciertamente.
κομίζω cuidar, educar; alimentar; introducir; llevar a lugar seguro, recoger; salvar; conducir, transportar, llevar; traer sacar || MED. acoger, dar hospitalidad, cuidar; ganar, obtener, recoger, granjearse; recobrar; trasladarse.
F. *fut.* κομιῶ, *med.* κομιοῦμαι, *jón.* κομιεῦμαι; *aor.* ἐκόμισα *ép.* ἐκόμισσα, κόμισα *y* κόμισσα, *con formas med. correspondientes; perf. med. y pas.* κεκόμισμαι; *aor. pas.* ἐκομίσθην, *fut. pas.* κομισθήσομαι.
κόμμι ιδος [*o* **εως**] **τό** goma.
κομμωτικός ἡ όν de adorno *o* para adorno || SUST. **ἡ κομμωτική** [*sc.* τέχνη] arte de adornarse.
κομμώτρια ας ἡ camarera.
κομόω *ép.* = **κομάω.**
κομπάζω *y*
κομπέω -ῶ jactarse, alardear; hablar con énfasis; meter ruido; celebrar, pregonar (ὅσοιπερ κομποῦνται en tan gran número como se pregonaba, *Tuc. 6, 17, 5*).
κόμπος ου ὁ ruido; énfasis, jactancia; motivo de orgullo; gloria, fama.
κομπώδης ες jactancioso, fanfarrón.
κομψεία ας ἡ finura, elegancia, ingeniosidad.
κομψεύω [*y med.*] mostrar *o* presentar con gracia *o* ingenio, decir *o* declarar graciosa *o* ingeniosamente.
κομψός ἡ όν adornado, acicalado; elegante, fino, ingenioso, hábil, diestro, discreto; agudo; sutil, afectado, astuto; bueno.
κομψῶς ADV. con gracia, ingeniosamente; convenientemente, muy bien (κομψότερον ἔχειν sentirse, estar mejor; recobrar la salud).
κοναβέω -ῶ *y*
κοναβίζω resonar, hacer eco.
F. *ép. sin aum.* κονάβιζε, κονάβησε *etc.*
κόναβος ου ὁ ruido sonoro, resonancia.
κόνδυ υος τό medida de 10 cótilos [unos 4 litros y medio].
κονία ας ἡ *y jón.*
κονίη ης ἡ polvo; arena; ceniza; cal; agua de cal, lejía.
κονιατός ἡ όν encalado.
κονιάω -ῶ encalar, blanquear.
κονιορτός οῦ ὁ remolino de polvo, polvareda, ceniza que vuela; nube de ceniza; polvo; ser despreciable.
κόνις εως [*ép.* **ιος**] **ἡ** ceniza, polvo.
F. *dat. ép.* κόνι, *ac.* κόνιν.
κονίσαλος ου ὁ polvo, polvareda; nube de polvo.
κονίω llenar de polvo; levantar polvo.
F. *perf. pas.* κεκόνιμαι (*f. l.* κεκόνισμαι)); *3.ª sing. plpf. ép.* κεκόνιτο.

κοντός οῦ ὁ palo, pértiga; *esp.* botador; lanza, asta.

κοπάζω estar cansado; calmarse, cesar.

κοπετός οῦ ὁ golpe de pecho, lamentación.

κοπεύς έως ὁ martillo.

κοπή ῆς ἡ incisión, corte; golpe, choque; matanza, carnicería.

κοπιάω -ῶ estar cansado; estar disgustado, hastiado; trabajar, esforzarse.

κοπίς ίδος ἡ cuchillo, alfanje, espada; hacha.

κόπος ου ὁ golpe, golpe de pecho; pena, fatiga, queja; sufrimiento; trabajo, desgracia.

κοπρέω -ῶ estercolar.

κοπρία ας ἡ *y*

κόπριον ου τό = **κόπρος.**

κόπρος ου ἡ excremento, estiércol; estercolero; suciedad, basura; establo, aprisco.

κοπρο-φόρος ον que lleva estiércol.

κόπτω pegar, golpear (τὴν θύραν a la puerta); herir; abatir, derribar, matar; sacudir, fatigar; devastar, asolar; cortar; picotear, morder, roer; pegar con el martillo, forjar; acuñar || MED. acuñar; pegarse (κεφαλήν en la cabeza, golpearla) golpearse el pecho; acuñar.

F. *fut.* κόψω, *aor.* ἔκοψα, *ép.* κόψα *med.* κοψάμην; *perf.* κέκοφα, *part.* κεκοφώς *o* κεκοπώς *(v. l.* κεκοπών *de aor. redupl.), perf. pas.* κέκομμαι, *fut. perf. pas.* κεκόψομαι; *aor. pas.* ἐκόπην, *fut. pas.* κοπήσομαι.

κόρα ας ἡ *dór.* = **κόρη.**

κόραξ ακος ὁ cuervo; *fig.* garfio, gancho, aldabilla.

κοράσιον ου τό muchacha, niña.

κορβᾶν *y*

κορβανᾶς ὁ tesoro del templo; don, ofrenda.

κορδακισμός οῦ ὁ *y*

κόρδαξ ακος ὁ danza indecente *esp.* de cancán.

κορέννυμι saciar, hartar, saturar || PAS. *y* MED. hartarse, saciarse; estar hastiado, harto, fatigado.

F. *fut.* κορέσω, *2.ª y 3.ª sing. ép.* κορέεις κορέει; *aor.* ἐκόρεσα, *med. ép.* ἐκορεσσάμην κορεσσάμην; *perf. pas.* κεκόρεσμαι, *ép. poét.* κεκόρημαι *part. ép.* κεκορηώς -ότος *con valor pas.; aor. pas.* ἐκορέσθην.

1 **κορέω -ῶ** limpiar, barrer.

2 **κορέω** *fut. ép. de* κορέννυμι.

κόρη ης ἡ muchacha, mujer joven; hija; muñeca; concubina; pupila del ojo; manga larga [del traje persa].

κορθύ(ν)ω alzar, amontonar || MED. alzarse, encresparse.

κορμός οῦ ὁ pedazo; tronco.

1 **κόρος ου ὁ** saciedad, hartura, disgusto; arrogancia, altivez, insolencia.

2 **κόρος ου ὁ** niño; mancebo; joven guerrero; joven esclavo; hijo.

3 **κόρος ου ὁ** cor [medida hebrea, 393 litros].

κόρρη *y*

κόρση ης ἡ sien; cabeza; *tamb.* mejilla (ἐπὶ κόρρης τύπτειν dar un cachete).

κορυβαντιάω -ῶ estar agitado del transporte de los Coribantes.

κορυδαλ(λ)ός οῦ ὁ cogujada, totovía.

κορύζα ης ἡ moco, mucosidad.

κορυζάω -ῶ moquear.

κορυθάϊξ άϊκος que agita el penacho del casco, guerrero impetuoso.

κορυθαίολος ον = **κορυθάϊξ.**

κόρυμβα τά *pl. heterócl. de*

κόρυμβος ου ὁ cima, cúspide *y esp.* cabeza del codaste *o* emblema de popa.

κορύνη ης ἡ bastón nudoso; maza.

κορυνήτης ου ὁ *y*

κορυνηφόρος ου ὁ armado de maza.

κόρυς υθος ἡ yelmo; cabeza.

F. *ac.* κόρυθα *y* κόρυν; *dat. pl.* κόρυσι *y ép.* κορύθεσσι.

κορύσσω excitar, irritar; levantar en forma de cresta || PAS. armarse de casco; levantarse, elevarse.

F. *impf. 3.ª sing. ép.* κόρυσσε; *aor. med. ép.* ἐκορυσσάμην; *perf. pas. ép.* κεκόρυθμαι, *part.* κεκορυθμένος.

κορυστής οῦ ὁ guerrero cubierto de casco, guerrero.

κορυφαῖος ον ὁ jefe, corifeo.

κορυφή ῆς ἡ cima, cumbre, lo más alto; coronilla [de la cabeza]; extremidad, altura; coronamiento, punto capital.

κορυφόω -ῶ elevar en punta; acabar, realizar || MED. elevarse, hincharse.

κορώνη ης ἡ corneja; grajo, chova; anillo, tirador [de puerta]; anillo de los extremos del arco.

κορωνίς ίδος ADJ. *f.* encorvada.

κόσκινον ου τό criba, zaranda, cedazo.

κοσμέω -ῶ ordenar, arreglar, disponer, preparar; adornar; gobernar, mandar (τὰ κοσμούμενα disposiciones tomadas por los que gobiernan); celebrar, ponderar; honrar || MED. ordenar, disponer; proveerse de [*dat.*].
F. *aor. ép.* κόσμησα; *3.ª pl. perf. pas. jón.* κεκοσμέαται, *del plpf.* ἐκεκοσμέατο; *3.ª pl. aor. pas. ép.* κόσμηθεν.

κόσμημα ατος τό *y*

κόσμησις εως ἡ adorno, atavío.

κοσμητής οῦ ὁ ayuda de cámara.

κοσμητός ή όν ordenado, arreglado.

κοσμήτωρ ορος ὁ ordenador; jefe.

κοσμικός ή όν del mundo, mundano; secular, seglar.

κόσμιος α ον [*o* **ος ον**] ordenado; prudente, cuerdo, arreglado, morigerado, honrado; cumplidor de sus deberes, moderado, modesto; obediente.

κοσμιότης ητος ἡ buen orden; moderación, decencia.

κοσμο-κράτωρ ορος ὁ dueño del mundo.

κοσμο-πληθής ές que llena el mundo.

κοσμο-ποιία ας ἡ creación del mundo.

κόσμος ου ὁ orden (κόσμῳ καθίζειν sentarse en orden); conveniencia, decencia; disciplina, buen orden; organización, construcción; director, magistrado supremo [en Creta]; orden del universo; mundo, cielo; hombre, la tierra habitada, la reunión de los hombres; las cosas terrestres; atavío, ornamento; gloria, honor, consideración.

κοσμο-φορέω -ῶ llevar el mundo.

κόσος η ον *jón.* = **πόσος.**

κότε *y*

κοτέ *jón.* = **πότε** *y* **ποτέ.**

κότερος ον *jón.* = **πότερος ον.**

κοτέω -ῶ irritarse [por algo *gen.*]; estar celoso || MED. estar irritado [contra alguno *dat.*].
F. *3.ª pl. impf. ép. med.* κοτέοντο *aor. med. ép.* κοτεσσάμην, *3.ª sing. subj.* κοτέσσεται *Il. 5, 747 al.; part. perf. ép.:* κεκοτηώς -ότος

κοτήεις ήεσσα ῆεν irritado; rencoroso, vengativo.

κότινος ου ὁ ἡ acebuche, olivo silvestre.

κότος ου ὁ odio, resentimiento.

κοτύλη ης ἡ vaso, taza, escudilla; cavidad donde se aloja la cabeza de un hueso, cótila; medida de líquidos [$^1/_4$ de litro].

κοτυληδών όνος ὁ hueco; cavidad donde se encaja la apófisis de un hueso; ventosa de pólipo.
F. *dat. pl. ép.* κοτυληδονόφιν.

κοτυλήρυτος ον que fluye en abundancia, que se puede sacar *o* recoger en una copa.

κοῦ *y*

κού *jón.* = **ποῦ** *y* **πού.**

κουλεόν οῦ τό *ép. y jón.* = **κολεόν.**

κοῦμι *y*

κούμ [*voz. hebrea*] levántate.

κουρά ᾶς ἡ esquileo, corte de pelo; rasura, acción de afeitar.

κουρεῖον ου τό barbería, peluquería.

κουρεύς έως ὁ barbero, peluquero.

κουρή ῆς ἡ *jón.* = **κουρά.**

κούρη ης ἡ *ép. y jón.* = **κόρη.**

κούρητες ων οἱ jóvenes.

κουρίδιος α ον legítimo; conyugal; querido || SUST. **ὁ κ.** el esposo; **ἡ κ.** la esposa.

κουρίζω ser joven.

κουρίξ ADV. por los cabellos.

κοῦρος ου ὁ = **κόρος** (κουρότερος α ον más joven).

κουρο-τρόφος ον que cuida jóvenes, que educa muchachos.

κουστωδία ας ἡ custodia, guardia.

κουφίζω sentir alivio, consuelo; dar ligereza; aligerar, aliviar, consolar; levantar.

κούφισις εως ἡ alivio, consuelo.

κουφο-λογία ας ἡ palabra dicha a la ligera.

κουφό-νοος ον [**- νους νουν**] ligero, irreflexivo, imprudente; ligero, rápido; crédulo; tornadizo, versátil, inconstante; inofensivo.

κοῦφος η ον ligero; poco pesado, armado a la ligera, no cargado; fácil de digerir, fácil de llevar, fácil de soportar; ligero en el andar; vacío, vano; ligero, inconsiderado, irreflexivo; ligero, leve, de poca importancia.

κόφινος ου ὁ cesto, cesta.

κοχλίας ου ὁ caracol.

κόχλος ου ὁ molusco, caracol; concha marina.

κόψα *aor. ép. de* κόπτω.

κράατα κράατι κράατας *v.* κάρα cabeza.
κράβατος *y*
κράββατος ου ὁ camastro, yacija.
κραγγάνομαι gritar.
κραδαίνω *y*
κραδάω -ῶ blandir, lanzar; sacudir, agitar, hacer temblar || PAS. temblar.
κραδία ας ἡ = καρδία corazón.
κράζω gritar; graznar; croar; vociferar, llamar a grandes gritos.
F. *fut.* κεκράξομαι, *íd.* κράξω *(N. T.)*; *aor.* ἐκέκραξα, ἔκραξα; *aor.* 2.º ἔκραγον *y* ἐκέκραγον; *perf.* κέκραγα; *plpf.* ἐκεκράγειν.
κραίνω *y ép.*
κραιαίνω acabar, realizar, cumplir; mandar, comandar, dominar.
F. *fut.* κρανῶ *inf. ép. pas.* κρανέεσθαι; *aor.* ἔκρανα, *ép. y jón.* ἔκρηνα. *De* κραιαίνω, *ép. aor. imp.* κρήηνον κρηήνατε, *inf.* κρηῆναι; *3.ª sing. perf. pas.* κεκράανται, *íd. plpf.* κεκράαντο.
κραιπαλάω -ῶ estar beodo.
κραιπάλη ης ἡ embriaguez, borrachera.
κραιπνός ή όν pronto, rápido; impetuoso, violento.
κραιπνῶς ADV. impetuosamente.
κραναός ή όν duro, áspero, pedregoso, rocoso.
κρανέεσθαι *inf. fut. med. ép.* [*sign. pas.*] de κραίνω.
κράνεια ας ἡ *y jón.*
κρανείη ης ἡ cornejo [árbol].
κρανέϊνος η ον de madera de cornejo.
κράνιον ου τό cráneo.
κράνος εος [ους] τό casco, yelmo.
κράς κρατός ὁ = κάρα.
κρᾶσις εως ἡ mezcla, unión; temperatura.
κράσπεδον ου τό borde, franja, orla, fimbria, extremidad; linde, frontera, límite; cresta de una montaña; ala de un ejército.
κρᾶτα τό = κάρα cabeza.
κραται-γύαλος ον de piezas fuertemente unidas.
κραταιίς ίδος ἡ fuerza, vigor.
κραταιός ά όν fuerte, robusto, poderoso.
κραταιότης ητος ἡ fuerza, vigor.
κραταιόω -ῶ fortificar || PAS. fortalecerse.
κραταί-πεδος ον de suelo firme.
κραταί-ρινος ον de piel dura.
κραταίωμα ατος τό apoyo sólido, fuerza.
κραταιῶς ADV. con fuerza.
κραταίωσις εως ἡ fuerza.
κρατερός ά όν fuerte, robusto, vigoroso; sólido, firme; violento, vehemente.
κρατερό-φρων ον *gen.* ονος valiente, intrépido.
κρατερ-ῶνυξ υχος ADJ. *m. y f.* de fuertes uñas, de garras robustas, de casco fuerte [caballo].
κράτεσφι *dat. pl. de* κάρα.
κρατευταί ῶν οἱ caballetes *o* soportes ahorquillados para asar la carne.
κρατέω -ῶ ser fuerte, tener fuerza *o* poder (ὁ κρατῶν el amo) dominar, reinar (πάντων sobre todos; ἀνδράσι sobre los hombres) ser dueño (τοῦδε de esto) apoderarse (τινός de algo); coger, retener, conservar en su poder; alcanzar, conseguir; aventajar, vencer; prevalecer, tomar fuerza de ley, convertirse en regla *o* costumbre.
κρατήρ ῆρος ὁ cratera [vasija grande para mezclar el vino con agua]; libación; copa; caverna.
κρατηρίζω beber sin medida; hacer una libación con la cratera.
κράτησις εως ἡ dominación.
κρατί *dat. sing. de* κάρα cabeza.
κρατιστεύω ser el primero, el mejor, aventajar.
κράτιστος η ον el más fuerte, el más poderoso; el mejor, el más sabio, el más hábil, el más ventajoso, el más valiente; noble, aristócrata.
κράτος εος [-ους] τό fuerza, vigor, solidez, robustez (κατὰ *o* ἀνὰ κράτος con toda su fuerza; a galope); poder, dominio, trono, soberanía, autoridad, imperio; victoria, supremacía; violencia.
κρατός *gen. sing. de* κάρα.
κρατύνω [*y med.*] fortalecer, fortificar; asegurar, afirmar; sujetar fuertemente; hacerse dueño de, poseer, gobernar, dirigir, dominar.
κρατύς ὁ [*sólo nom.*] fuerte, poderoso.
κραυγάζω gritar; ladrar; groar.
κραυγανάομαι *o* **κραυγάνομαι** gritar.
κραυγή ῆς ἡ grito, griterío.
κρεάδιον ου τό pedazo de carne.
κρέας ατος [*y* ως] **τό** [trozo dc] carnc.

F. *gen.* κρέως, *dat.* κρέᾳ, *ép.* κρέαϊ; *pl.* κρέα, *con elisión* κρέ', κρέατα (κρέατ'), *gen.* κρεῶν, *ép.* κρειῶν *o* κρεάων, *dat. ép.* κρέασι, *jón.* κρέεσσι.
κρεῖον ου τό tajo, banco para cortar carne.
κρείουσα ης ἡ señora, reina.
κρείσσων *y át.*
κρείττων ον [*gen.* ονος] más fuerte, más poderoso, mejor; más valiente, superior; χρημάτων κρείσσων insobornable [*Tuc. 2, 60*]; señor, vencedor; excelente; preferible; más peligroso.
κρείων οντος ὁ el más fuerte; dueño, caudillo; noble [de linaje].
κρειῶν *gen. pl. ép. de* κρέας.
κρεμάζω = **κρεμάννυμι.**
κρέμαμαι *pas. de* κρεμάννυμι.
κρεμάννυμι colgar, suspender (ἐξ οὐρανόθεν del cielo; προτὶ νηόν ante el templo, *e. e.* como ofrenda) || PAS. ser *o* estar colgado *o* suspenso.
F. *fut.* κρεμάσω, *át.* κρεμῶ, *ép.* κρεμόω; *aor.* ἐκρέμασα, *ép. poét.* κρέμασα || PAS. *impf.* ἐκρεμάμην ἐκρέμω ἐκρέματο; *aor.* ἐκρεμάσθην.
κρεμαστός ή όν colgado, suspendido.
κρεμόω *fut. ép. de* κρεμάννυμι, *Il. 7,83.*
κρέξ κρεκός ἡ rascón [ave].
κρεουργηδόν ADV. por trozos.
κρεο-φάγος ον carnívoro.
κρέσσων ον [*gen.* ονος] *jón. dór.* = **κρείσσων.**
κρεῶν *gen. pl. de* κρέας.
κρήγυος ον bueno; verdadero; que alegra el corazón.
κρήδεμνον ου τό mantellina, velo; cubierta *espte.* ligadura *o* precinto de una crátera; almena.
κρηῆναι *inf. aor. ép. de* κραίνω.
κρῆθεν ADV. de arriba; enteramente.
κρημνίζω precipitar.
κρημνός οῦ ὁ lugar escarpado; precipicio, barranco.
κρημνώδης ες escarpado, abrupto.
κρηναῖος α ον de fuente.
κρήνη ης ἡ fuente [*esp.* con caños].
κρήνηνδε ADV. hacia la fuente.
κρηπίς ῖδος ἡ calzado, zapato; cimiento, fundamento, zócalo; malecón, pretil.
Κρής ητός ADJ. *m.* cretense.
κρῆσαι *inf. aor. de* κεράννυμι.
Κρῆσσα ης ἡ ADJ. *f.* cretense.
κρησφύγετον ου τό refugio, lugar de refugio.
Κρῆται αἱ *ép. y*
Κρήτη ης ἡ Creta.
Κρήτηθεν ADV. de Creta.
Κρήτηνδε a Creta, hacia Creta.
κρητήρ = **κρατήρ.**
Κρητικός ή όν cretense.
κρῖ τό *sólo nom. y ac.* cebada.
κρίβανος ου *át.* = **κλίβανος.**
κρίζω rechinar, chirriar.
F. *aor. 2.º ép. 3.ª sing.* κρίκε; *perf.* κέκριγα.
κριθή ῆς ἡ cebada [*gralmte. en pl.*].
F. *gen. pl. jón.* κριθέων.
κρίθινος η ον de cebada.
κρίκε *3.ª sing. aor. 2.º de* κρίζω.
κρίκος ου ὁ argolla del yugo; anillo de vela, garrucho.
κρῖμα *o* **κρίμα ατος τό** juicio, sentencia judicial; condenación, pena; querella, litigio.
κρίνας *part. aor. 1.º de* κρίνω.
κρίνεα *pl. heterócl. de*
κρίνον ου τό lirio.
κρίνω separar; distinguir; escoger; preferir; decidir, juzgar; acusar; condenar; explicar, interpretar; resolver (ποιεῖν τι hacer algo); adjudicar; interrogar, preguntar en juicio || MED. decidir, resolver para sí, luchar contra; juzgar, interpretar (ὀνείρους sueños).
F. *fut.* κρινῶ, *ép. y jón.* κρινέω; *med.* κρινοῦμαι *(tamb. con valor pas.)*; *aor.* ἔκρινα, *med.* ἐκρινάμην; *perf.* κέκρικα, *pas.* κέκριμαι; *aor. pas.* ἐκρίθην, *ép. tamb.* ἐκρίνθην, *part.* κρινθείς *etc.*
κριοπρόσωπος ον de figura de carnero.
κριός οῦ ὁ carnero; ariete.
κρίσις εως ἡ separación, distinción; elección; disentimiento, disputa; decisión, juicio, resolución; sentencia, condenación; desenlace, resultado; crisis; interpretación de un sueño; acusación, proceso; derecho, justicia, castigo, tribunal de justicia.
F. *dat. sing. jón.* κρίσι.
κριτήριον ου τό criterio; tribunal de justicia.
κριτής οῦ ὁ juez; árbitro.
κριτικός ή όν capaz de juzgar.
κριτός ή όν elegido, selecto.
κροαίνω golpear el suelo.
Κροῖσος ου ὁ Creso, rey de Lidia.

κρόκη ης ἡ trama de tejedor; copo de lana; tela, tejido.
κροκόδειλος ου ὁ cocodrilo; lagarto.
κροκόπεπλος ον de peplo de color de azafrán.
κρόκος ου ὁ azafrán.
κροκύς ύδος ἡ pelusa que se desprende de un tejido de lana.
κρόμμυον *y*
κρόμυον ου τό cebolla.
κρόσσαι ῶν αἱ modillones [resalto en forma de ménsula en una cornisa].
κροταλίζω hacer sonar, tocar las castañuelas *o* los platillos.
κρόταλον ου τό crótalo, castañuela.
κρόταφος ου ὁ sien.
κροτέω -ῶ hacer resonar, golpear, pegar, tocar; forjar, martillar, fabricar; pegar uno con otro, chocar; aplaudir.
κροτητός ἡ όν resonante.
κρότος ου ὁ ruido, golpeo; aplauso.
κρουνός οῦ ὁ fuente; chorro.
κρούω golpear, pegar, chocar; echarse sobre, acometer con cólera; aplaudir; tocar con el plectro *o* la púa un instrumento de cuerda || MED. hacer retroceder un navío (πρύμναν de popa).
F. *fut.* κρούσω; *aor.* ἔκρουσα, *med.* ἐκρουσάμην; *perf.* κέκρουκα, *med.* κέκρου(σ)μαι.
κρύβδα *y*
κρύβδην = **κρύφα** ocultamente.
κρυβῇ ADV. ocultamente.
κρύβω = **κρύπτω**
κρυερός ά όν frío, helado; que hiela de espanto, espantoso, terrible.
κρυμός οῦ ὁ frío; estación de invierno.
κρυόεις εσσα εν = **κρυερός.**
κρύος κρύεος [κρύους] τό frío, hielo.
κρυπτάδιος α ον oculto, secreto.
κρύπτασκε *3.ª sing. impf. iter. ép. de* κρύπτω.
κρυπτεύω ocultar; estar emboscado.
κρυπτή ῆς ἡ lugar escondido, cripta.
κρυπτός ή όν oculto, secreto, disimulado, engañoso.
κρύπτω cubrir para defender; ocultar, esconder, celar (κρύψαι γῇ, τάφῳ κρύψαι enterrar); ocultarse, permanecer oculto || MED. ocultar para sí.
F. *3.ª impf. iter. ép.* κρύπτασκε; *fut.* κρύψω, *med.* κρύψομαι; *aor.* ἔκρυψα, *ép.* κρύψα, *med.* ἐκρυψάμην; *perf.* κέκρυφα, *pas.* κέκρυμμαι; *aor. pas.* ἐκρύφθην, *ép.* κρύφθην, *poét.* ἐκρύφην (*part.* κρυφείς), *td.* ἐκρύβην *(N. T.)*.
κρυσταλλίζω ser brillante y transparente como el cristal.
κρύσταλλος ου ὁ hielo; cristal.
κρύφα ADV. ocultamente, a hurtadillas.
κρυφαῖος α ον = **κρυπτός.**
κρυφή ῆς ἡ acción de ocultar, ocultación.
κρυφῇ *y* **κρυφηδόν** ADV. a escondidas.
κρύφιος α ον [*o* **-ος ον**] oculto, clandestino.
κρυφός οῦ ὁ escondite, refugio.
κρύψα *aor. 1.º ép. de* κρύπτω.
κρυψί-νοος ον [**-νους ουν**] fingido, disimulado, que oculta su pensamiento.
κρύψω *fut. de* κρύπτω.
κρωβύλος ου ὁ copete, peinado alto; airón, penacho.
κρωσσός οῦ ὁ cántaro, ánfora; urna.
κτάμεναι *inf. aor. atem. act. de* κτείνω.
κτάμενος η ον *part. aor. atem. med. de* κτείνω.
κτάνον *aor. ép. de* κτείνω.
κτάομαι *contr.* **κτῶμαι** adquirir, ganar para sí, procurarse (φίλους amigos) atraer (αὑτῷ θάνατον para sí la muerte); obtener (τί τινι algo para alguno); *perf.* κεκτῆσθαι poseer, tener.
F. *fut.* κτήσομαι; *aor.* ἐκτησάμην, *ép. poét.* κτησάμην; *perf.* κέκτημαι *y* ἔκτημαι (*3.ª pl. jón.* ἐκτέαται), *subj.* κέκτωμαι; *opt.* κεκτήμην, *3.ª* κεκτῇτο; *plpf.* ἐκεκτήμην, *3.ª pl. jón.* ἐκτήντο; *fut. perf.* κεκτήσομαι ἐκτήσομαι; *aor. pas.* ἐκτήθην *(siempre con valor pas.)*.
κτάς *part. aor. atemát. de* κτείνω.
κτάσθαι *inf. aor. med. atemát. de* κτείνω.
κτέανον ου τό posesión, bienes.
F. *dat. pl. ép. heterócl.* κτεάτεσσι, *de donde se forma*
κτέαρ ατος τό = **κτέανον.**
κτεατίζω = **κτάομαι** *o* **κέκτημαι.**
κτείνω matar; querer matar.
F. *subj. ép.* κτείνωμι, *3.ª sing. impf. iter. ép.* κτείνεσκε; *fut.* κτενῶ, *ép.* κτενέω -έεις -έει, *y* κτανέω *(part.* κτανέοντα *y en comptos.)*; *aor 1.º* ἔκτεινα; *aor. 2.º* ἔκτανον *(ambos ép. sin aum.)*; *aor. pas. 3.ª pl. ép.* ἔκταθεν. *Aor.*

atemático ép. 3.ª *sing.* ἔκτα, 1.ª *pl.* ἔκταμεν, 3.ª *pl.* ἔκταν, 1.ª *pl. subj.* κτέωμεν, *inf.* κτάμεν *y* κτάμεναι; *med. con valor pas.* 3.ª *sing.* ἔκτατο, *inf.* κτάσθαι. *Perf.* ἔκτονα ἐκτόνηκα *sólo en comptos.*

κτείς κτενός ὁ peine.

κτενέειν κτενέω *etc. formas de fut. de* κτείνω.

κτενίζω peinar.

κτέομαι *jón.* = **κτάομαι.**

κτέρας τό *sólo nom. y ac.* bien, posesión.

κτέρεα έων τά honras fúnebres.

κτερεΐζω *y*

κτερίζω tributar los últimos honores [a uno *ac.*].
F. *fut.* κτεριῶ, *ép. tamb.* κτερεΐξω; *aor.* ἐκτέρισα, *inf. ép.* κτερεΐξαι.

κτερίσματα ων τά objetos que se depositan en un sepulcro.

κτέωμεν 1.ª *pl. subj. aor. atem. ép. de* κτείνω.

κτῆμα ατος τό bien, posesión, propiedad, tesoro, fortuna.

κτηνηδόν ADV. como las bestias.

κτῆνος εος [ους] τό posesión, fortuna; riquezas consistentes en rebaños, caballos, vacas, etc.; cabeza de ganado, bestia de carga, caballo, mulo, etc.

κτηνώδης ες semejante a una bestia, brutal, estúpido (κτηνωδῶς brutalmente).

κτήσιος α ον adquirido, poseído; doméstico.

κτῆσις εως ἡ adquisición, posesión; bienes, propiedad, fortuna.

κτητός ή όν adquirido; que puede adquirirse; digno de ser adquirido.

κτήτωρ ορος ὁ poseedor, dueño.

κτίδεος α ον de piel de marta.

κτίζω edificar, construir; fundar, colonizar; plantar; elevar (τάφον τινί un sepulcro a uno); instituir, inventar; hacer.
F. *fut.* κτίσω; *aor.* ἔκτισα, *ép.* κτίσσα; *perf. pas.* ἔκτισμαι; *aor. pas.* ἐκτίσθην.

κτίλος ου ὁ carnero.

κτιλόω domesticar || MED. conciliarse a [uno, *ac.*].

κτίννυμι *y* **κτιννύω** = **κτείνω.**

κτίσις εως ἡ fundación; creación; el universo, el mundo; cosa creada, criatura; autoridad instituida.

κτίσμα ατος τό fundación; criatura.

κτίστης ου ὁ fundador; creador.

κτιστύς ύος ἡ = **κτίσις.**

κτυπέω -ῶ resonar, hacer ruido; tronar.
F. *aor.* ἐκτύπησα; *poet.* κτύπησα; *aor.* 2.º ἔκτυπον, *ép.* κτύπον.

κτύπος ου ὁ golpe, choque, ruido; chirrido, estrépito, bramido, trueno; grito.

κτῶ *subj. aor. atem. de* κτείνω.

κύαθος ου ὁ taza *o* tazón con asa muy alzada sobre el borde [para sacar líquidos de una vasija sin mojarse].

κυαμευτός ή όν designado por la suerte sacada por medio de habas.

κύαμος ου ὁ haba; suerte por medio de habas, elección por este medio.

κυάνεος α ον [*o* **-οῦς ῆ οῦν**] azul oscuro, sombrío, negro.

κυανό-πεζα ης ADJ. *f.* de pies oscuros, negros.

κυανοπρῴρειος ον *y*

κυανόπρῳρος ον de proa negra.

κύανος ου ὁ sustancia de color azul subido que se emplea para pintar armas, escudos etc.; lapislázuli; esmalte.

κυανο-χαῖτα *y*

κυανο-χαίτης ου ADJ. *m.* de cabellera *o* penacho negro.

κυαν-ῶπις ιδος ADJ. *f.* de ojos negros.

κυβεία ας ἡ juego de dados; azar; engaño.

κυβερνάω -ῶ dirigir, conducir, guiar, pilotar, gobernar.

κυβέρνησις εως ἡ gobierno de la nave por medio del timón; dirección.

κυβερνητήρ ῆρος *y* **-νήτης ου ὁ** piloto; comandante de marina.

κυβερνητικός ή όν de piloto *o* timonel; ἡ κυβερνητική arte de gobernar una nave.

κυβευτής οῦ ὁ jugador.

κυβευτικός ή όν hábil en el juego de dados.

κυβεύω jugar a los dados; arriesgar, correr riesgo.

κυβία ας ἡ = **κυβεία.**

κυβιστάω -ῶ tirarse de cabeza; dar la vuelta de campana.

κυβιστητήρ ῆρος ὁ que da la vuelta de la campana, volatinero; saltador; nadador que se sumerge.

κύβος ου ὁ dado [para jugar]; azar.

κυδάζω injuriar, insultar.

κυδαίνω honrar, glorificar, fortalecer; fortificar, alegrar.
F. *impf. ép.* κύδαινον; *aor. ép.* κύδηνα.
κυδάλιμος ον [*y* **-ος η ον**] ilustre, glorioso, noble.
κυδι-άνειρα ας ἡ que honra, que glorifica; ilustre.
κυδιάω estar orgulloso, jactarse [de algo *dat. etc.*].
F. *part. ép.* κυδιόων.
κύδιστος η -ον muy ilustre, gloriosísimo.
Κύδνος ου ὁ el río Cidno [hoy Mesarlicchai].
κυδοιμέω -ῶ alborotar, meter ruido; desconcertar, turbar.
F. *impf. ép.* κυδοίμεον.
κυδοιμός οῦ ὁ tumulto de un combate, desorden.
κῦδος εος [**ους**] **τό** gloria, fama, renombre; fuerza extraordinaria; orgullo; felicidad, bendición.
κυδρός ά όν glorioso, ilustre.
κυέω -ῶ estar encinta; llevar en su seno; dar a luz.
κυζικηνός ή όν de Cícico; ὁ κυζικηνός οῦ moneda de oro [del valor de 28 dracmas áticas].
κύθε *3.ª sing. aor. 2.º de* κεύθω ocultar.
κυίσκομαι concebir, estar embarazada.
κυκάω -ῶ mezclar, revolver (τί τινι una cosa con otra); agitar, turbar, alterar, confundir, desordenar.
F. *part. pres. ép.* κυκόων; *aor. pas. ép.* κυκήθην.
κυκε(ι)ῶ *ac. ép. de*
κυκεών ῶνος ὁ brevaje, pócima; confusión, mezcla.
κυκλεύω rodear, envolver.
κυκλέω -ῶ acarrear, transportar; mover en círculo, hacer dar vueltas (κυκλῶν ἐμαυτον εἰς ἀναστροφήν volviéndome atrás; κυκλῶν βάσιν dando vueltas en torno de, espiando a... ἐπί *dat.*) || MED. *y* PAS. rodear, cercar, colocarse en torno de; dar vueltas, girar, transcurrir [los días, el tiempo *etc.*].
F. *3.ª pl. impf. med. jón.* ἐκυκλεῦντο; *1.ª pl. subj. aor. 1.º ép.* κυκλήσομεν *Il. 7,332.*
κύκλιος α ον [*o* **-ος ον**] redondo, circular, cíclico.
κυκλόθεν ADV. de todas partes, en derredor.
κύκλος ου ὁ círculo (τυραννικός de jefes; *con gen.*: κύκλῳ τοῦ στρατοπέδου en derredor del campamento); todo objeto circular [anfiteatro, esfera, globo, rueda, criba, ojo, corona, muralla en torno de una ciudad]; movimiento circular.
F. *pl. heterócl. poét.* κύκλα.
κυκλόσε ADV. en derredor.
κυκλοτερής ές circular, redondo.
κυκλόω -ῶ encorvar en forma de círculo; hacer girar, dar vueltas; envolver, cercar || MED. moverse en círculo, ir en círculo; rodear, envolver.
κύκλωσις εως ἡ envolvimiento, cerco; cuerpo de tropas que maniobran para envolver.
κύκνος ου ὁ cisne.
κυκόωντι *dat. sing. del part. pres. ép. de* κυκάω, *Il. 5,903.*
κυλινδέω -ῶ *y ép. poét.*
κυλίνδω rodar, hacer rodar, empujar; enviar (πῆμα una calamidad [a uno, *dat.*]); agitar || MED. rodar, arrojarse, tirarse; ir y venir sin cesar.
F. *Fuera del tema de pres. se emplean mayormente las formas de* κυλίω: *aor.* ἐκύλισα -άμην; *perf. pas.* κεκύλισμαι; *aor. pas.* ἐκυλίσθην, *ép.* κυλίσθην.
κύλιξ ικος ἡ copa redonda, ancha y abierta con pie bajo y dos asas.
κύλισμα ατος τό revolcadero.
κυλισμός οῦ ὁ [acción de] revolcarse.
κυλίω = κυλινδέω.
κυλλῆστις ιος ὁ pan egipcio.
κυλλοποδίων ονος ADJ. *m.* cojo.
κυλλός ή όν cojo, deforme, lisiado.
κῦμα ατος τό ola, onda.
κυμαίνω hincharse, alborotarse [el mar]; agitarse, moverse como las olas.
κυματίης ου ADJ. *m. jón.* agitado; que levanta las olas.
κυματοαγής ές que se rompe como las olas.
κυματοπλήξ ῆγος ADJ. *m. y f.* batido por las olas.
κυματόω -ῶ levantar olas || PAS. estar alborotado [el mar].
κυματωγή ῆς ἡ ribera donde rompen las olas.
κυματώδης ες = κυματίης.
κύμβαλον ου τό címbalo.
κύμβαχος ον que cae *o* se precipita

de cabeza || SUST. **ὁ κ.** cimera de un casco.
κυμβίον ου τό copa *o* vaso pequeño.
κύμινδις ιος ὁ kymindis [nombre de un ave nocturna].
κύμινον ου τό comino.
κυναγία *dór.* = **κυνηγία.**
κυναγός *dór.* = **κυνηγός.**
κυνά-μυια ας ἡ mosca de perro.
κυνάριον ου τό perrito.
κυνέη έης [*y* **κυνῆ ῆς**] **ἡ** gorro, morrión; yelmo, casco [de piel de perro *o* de otra materia].
κύνεος α ον perruno; cínico, impudente.
κυνέω -ῶ besar.
F. *impf. ép.* κύνεον; *fut.* κύσ(σ)ω; *aor.* ἔκυσα, *ép.* κύσα ἔκυσσα κύσσα.
κυνῆ = **κυνέη.**
κυνηγέσιον ου τό caza; cacería; jauría.
κυνηγετέω -ῶ ir de caza; cazar, perseguir la caza, seguir la pista.
κυνηγέτης ου ὁ cazador.
κυνηγετικός ή όν que concierne a la caza, cinegético, de caza || SUST. **ἡ κυνηγετική** arte de cazar, cinegética.
κυνηγία ας ἡ caza; persecución.
κυνηγός οῦ ὁ ἡ cazador, cazadora.
κυνίδιον ου τό perrito.
κυνικός ή όν perruno.
κυνίσκος ου ὁ perrito.
κυνο-κέφαλος ου ὁ especie de mono de cabeza de perro; cinocéfalo [mamífero africano].
κυνό-μυια ας ἡ mosca de perro.
κυνο-ραίστης ου ὁ piojo de perro.
F. *gen. pl. ép.* κυνοραιστέων.
κυνός κυνί *etc. casos de* κύων.
Κυνοσκεφαλαί αἱ Cinoscéfalas [*lit.* cabezas de perro] colinas de Beocia.
κυνο-σπάρακτος ον destrozado por perros.
κύντατος η ον el más impudente, el más cínico [*lit.* el más perro], el peor.
κύντερος α ον más desvergonzado [*lit.* más perro], peor, más terrible.
κυνώπης ου [*voc.* **κυνῶπα**] **ὁ** de mirada de perro, impudente.
κυνῶπις ιδος ADJ. *fem.* = **κυνώπης.**
κυο-φορέω -ῶ estar *o* quedar encinta.
κυπαρίσσινος η ον de ciprés.
κυπάρισσος ου ἡ ciprés.
κυπαρίττινος η ον *át.* = **κυπαρίσσινος.**
κυπάριττος ου ἡ = **κυπάρισσος.**
κύπειρον ου τό *y*
κύπειρος ου ὁ [*y* **ἡ**] juncia.
κύπελλον ου τό copa, vaso.
κύπερος ου ὁ = **κύπειρος.**
Κύπριος α ον de Chipre, chipriota.
Κύπρις ιδος ἡ la diosa de Chipre, Afrodita [Venus]; amor, ternura; joven hermosa.
Κύπρος ου ἡ Chipre.
κύπτω inclinarse hacia adelante *o* hacia abajo, agacharse; *perf.* estar inclinado *o* doblado.
F. *fut.* κύψομαι, *td.* κύψω; *aor.* ἔκυψα; *perf.* κέκυφα.
κυρβασία ας ἡ *y jón.*
κυρβασίη ης ἡ turbante.
κύρβεις εων αἱ especie de pirámide giratoria de madera en que estaban escritas las antiguas leyes de Atenas.
Κύρειος α ον de Ciro (οἱ Κύρειοι los soldados de Ciro).
κυρέω -ῶ encontrar, alcanzar, obtener, conseguir, tener [algo *ac. o gen.* βίου λῴονος una vida más feliz]; acertar || INTR. encontrarse [con algo *dat.* ἐπί *y dat.*]; estar, ser (ζῶν κυρεῖ vive); ποῦ γῆς κυρεῖ ¿en qué lugar de la tierra se encuentra *o* está?
F. *impf.* ἐκύρουν; *fut.* κυρήσω; *aor.* ἐκύρησα, *perf.* κεκύρηκα *Ep. jón. y poét.* κύρω; *impf.* ἔκυρον, *jón.* κῦρον; *fut.* κύρσω; *aor.* ἔκυρσα, *part.* κύρσας; *med. ép.* κύρομαι *con valor act. intr. Il. 24, 530.*
κυρία ας ἡ *v.* κύριος.
κυριακός ή όν concerniente al Señor, a Cristo || SUST. **ἡ κυριακή** el día del Señor, el domingo.
κυριεύω ser señor, dominar [*gen.*]
κύριος α ον que tiene autoridad, dominio, pleno poder; que es señor *o* dueño de (κύριος ἦν πράσσων ταῦτα era dueño de obrar así) ὁ κ. señor, soberano; Dios; el emperador de Roma; ἡ κυρία el poder, la autoridad; la señora; τό κύριον el tiempo señalado, el momento decisivo, lo principal, lo más importante.
κυριότης ητος ἡ autoridad; potestad.
κυρίσσω *y át.* **κυρίττω** cornear, herir con los cuernos.
κυρίως ADV. legítima, regularmente, con pleno derecho.
κύρμα ατος τό hallazgo, presa, botín.
κῦρος εος [**ους**] **τό** autoridad soberana,

poder, fuerza; decisión; ratificación; sanción (ἔχειν κ. estar sancionado *o* confirmado) validez, cumplimiento.
Κῦρος ου ὁ Ciro *y esp.* Ciro el Mayor, gran rey de Persia; Ciro el Menor, hijo de Darío II.
κυρόω -ῶ *y med.* dar fuerza de ley, sancionar, ratificar; decidir; realizar.
κύρσαι *inf. aor. de* κύρω.
κύρσω *fut. de* κύρω.
κύρτη ης ἡ *y*
κύρτος ου ὁ butrón, arte de pesca.
κυρτός ή όν encorvado, redondeado.
κυρτόω -ῶ encorvar.
κύρω *y med.* = **κυρέω.**
κύρωσις εως ἡ sanción; ejecución.
κυσί *dat. pl. de* κύων.
κύσ(σ)ε *3.ª sing. aor. de* κυνέω.
κύστις εως [*o* **ιδος**] **ἡ** vejiga.
κύτος εος [**ους**] **τό** cavidad, urna, escudo, coraza; piel, cuerpo; copa.
κυφός ή όν encorvado.
κυψέλη ης ἡ caja.
κύω = **κυέω.**
κύων κυνός ὁ ἡ perro, perra; *como insulto:* desvergonzado, osado, despreciable, etc.; *tamb.* vigilante, guardián, *etc. en son de alabanza;* servidor, criado; la constelación del perro, la canícula; *aplicado tamb. a animales fabulosos:* ἡ ῥαψῳδὸς κύων la Esfinge; perro de mar, escualo, tiburón.
F. *dat.* κυνί, *ac.* κύνα, *voc.* κύον; *pl. nom.* κύνες, *gen.* κυνῶν, *dat.* κυσί, *ép.* κύνεσσι.
κώ = **καὶ ὁ;** *tamb. jón.* = **πώ.**
κῶ *jón.* = **πῶ.**
κῶας τό piel de oveja, zalea.
F. *ép. pl.* κώεα, *dat.* κώεσι.
κώδεια ας ἡ cabeza *o* cápsula [de vegetales].
κῴδιον ου τό *dim. de* κῶας.
κώδων ωνος ὁ ἡ campanilla de ronda; trompeta.
κώεα *dat.* **κώεσι** *pl. de* κῶας.
κώθων ωνος ὁ taza, tazón.
κώκυμα ατος τό *y*
κωκυτός οῦ ὁ lamentación, lamento, plañido.
κωκύω lamentarse, quejarse; llorar.
F. *aor. ép.* κώκυσα.
κώληψ ηπος ἡ articulación de la rodilla; corva.
κῶλον ου τό miembro, pie, pierna, rodilla, brazo, cuerpo; parte, lado de una construcción.
κώλυμα ατος τό *y*
κωλύμη ης ἡ obstáculo, impedimento, dificultad.
κωλυτής οῦ ὁ que impide.
κωλυτικός ή όν capaz de impedir.
κωλύω apartar [a uno *ac.* de alguno *o* de alguna cosa *gen. o* ἀπό *y gen. o bien dos acs.*]; privar, impedir ‖ PAS. sufrir obstáculo *o* interrupción *de donde* cesar, quedar fuera de uso.
F. *El fut. med.* κωλύσομαι *y el perf.* κεκώλυμαι *con valor pas. Tuc.*
κῶμα ατος τό sopor, sueño profundo.
κωμάζω celebrar una fiesta con cantos y danzas; ir por las calles cantando y bailando al son de la flauta.
F. *fut.* κωμάσω, κωμάσομαι, *aor.* ἐκώμασα.
κωμ-άρχης ου ὁ *y*
κώμ-αρχος ου ὁ jefe de una aldea, alcalde.
κωμαστής οῦ ὁ rondador nocturno, que toma parte en una fiesta.
κώμη ης ἡ aldea; barrio de una ciudad.
κωμήτης ου ὁ aldeano.
κωμικός ή όν cómico.
κωμό-πολις εως ἡ villa, poblado.
κῶμος ου ὁ fiesta con cantos y danzas por las calles; tropa impetuosa; festín, banquete, orgía.
κωμῳδέω -ῶ injuriar, insultar.
κωμῳδία ας ἡ comedia.
κωμῳδ(ι)ο-ποιός οῦ ὁ comediógrafo, autor cómico.
κωμῳδός οῦ ὁ autor *o* poeta cómico; comediante.
κώνειον ου τό cicuta.
κώνωψ ωπος ὁ mosquito.
κωπεύς έως ὁ madera para hacer remos.
κώπη ης ἡ mango, asa; remo; empuñadura.
κωπήεις εσσα εν provisto de guarnición *o* empuñadura.
κωπήρης ες provisto de remos.
κώρυκος ου ὁ bolsa de cuero, saco.
κῶς *y* **κώς** *jón.* = **πῶς** *y* **πώς.**
κωτίλλω charlar, garlar; aburrir con su charla.
κωτίλος η ον gárrulo, parlero; seductor, fascinador.

κωφός ή όν embotado, obtuso; vano, ineficaz; sordo; de sonido sordo [*dic.* de las olas *Hom. Il. 14, 16*]; mudo; silencioso; insensible; necio, insulso.

κωφότης ητος ἡ sordera; estupidez.

Λ

Λ λ lambda *o* labda [undécima letra del alfabeto griego] || *como signo numérico* λʹ 30; ,λ 30.000.

λᾶας [*gen.* **λᾶος** *y* **λάου**] **ὁ** piedra; roca.
F. *dat.* λᾶι, *ac.* λᾶαν; *du.* λᾶε; *pl.* λᾶες, λάων, λάεσ(σ)ι.

λαβεῖν λαβέσθαι *infs. aor. 2.º de* λαμβάνω.

λάβεσκον *aor. iter. ép. jón. de* λαμβάνω.

λαβή ῆς ἡ mango, asa, empuñadura; flaco, punto flaco.

λάβον *aor. ép. de* λαμβάνω.

λαβρ-αγόρης ου ὁ charlatán desvergonzado.

λαβρεύομαι hablar con descaro *o* impudencia.

λάβρος ον violento; fuerte; fiero, impetuoso.

λαβύρινθος ου ὁ laberinto.

λαγνεία ας ἡ lascivia, libertinaje.

λαγός οῦ ὁ *jón.* = **λαγῶς.**

λαγχάνω tener, obtener *o* recibir por suerte *o* por destino (δίκην λαγχάνειν intentar un proceso [contra alguien, *dat.*]); hacer partícipe; ser partícipe de, tener parte [en... *gen.*]; sortear; ser designado por suerte (βασιλεύς rey; para algo, *constr. inf.*); tocar en suerte.
F. *fut.* λήξομαι, *jón.* λάξομαι; *aor.* ἔλαχον, *ép. tamb.* λάχον ἔλλαχον *y redupl. causativo* λέλαχον; *perf.* εἴληχα, *ép. jón. poét.* λέλογχα, *pas.* εἴληγμαι; *3.ª sing. plpf.* εἰλήχει, *td.* ἐλελόγχει; *aor. pas.* ἐλήχθην.

λαγωός οῦ *ép. y* **λαγῶς** [*o* **λαγώς**] **ῶ** (*tamb.* **ώ**) **ὁ** liebre.

λάδανον ου τό = **λήδανον.**

λᾶε λᾶες λάε(σ)σι *V.* **λᾶας.**

Λαέρτης οῦ ὁ Laertes [padre de Ulises].

λάζομαι tomar, coger.
F. *ép. y jón.* λάζυμαι; *3.ª sing. impf. ép.* λάζετο; *3.ª pl. opt. ép.* λαζοίατο *Il. 2, 418.*

λάθα *dór.* = **λήθη.**

λαθι-κηδής ές que quita los cuidados, calmante.

λαθί-πονος ον olvidado de los males; calmante.

λάθον *aor. 2.º ép. de* λανθάνω.

λάθρᾳ *o* **λάθρα** = **λάθρῃ.**

λαθραῖος α ον furtivo, secreto.

λάθρῃ furtivamente, secretamente, a escondidas.

λᾶιγξ ιγγος ἡ pedrezuela, guija.

λαῖλαψ απος ἡ tempestad, huracán.

λαιμός οῦ ὁ garganta, tragadero.

λαΐνεος α ον *y*

λάινος η ον de piedras (λάινος χιτών *fig.* lapidación).

λαιός ά όν izquierdo.

Λάιος ου ὁ Layo [padre de Edipo].

λαισήιον ου τό rodela *o* escudo de piel velluda.

λαῖτμα ατος τό abismo, profundidad.

λαῖφος εος [-ους] τό harapos, vestido harapiento; vela.

λαιψηρός ά όν expedito, ágil, veloz.

λάκε λακεῖν *formas de aor. 2.º de* λάσκω.

λακέω -ῶ *dór.* = **λάσκω.**

λάκκος ου ὁ cavidad, fosa; cisterna.

λακ-πάτητος ον pisado, hollado, aplastado con los pies.

λακτίζω dar coces, cocear; pisar, hollar.

λακτιστής οῦ ὁ coceador; recalcitrante.

Λάκων ωνος ὁ laconio, espartano.

λακωνίζω imitar a los laconios; ser partidario de ellos.

λακωνισμός οῦ ὁ inclinación a los espartanos.

λακωνιστής οῦ ὁ partidario de Esparta.

λαλάζω charlar, murmullar, gorjear.

λαλέω -ῶ hablar; decir, contar, referir; balbucir; charlar, parlotear; celebrar.

λάλημα ατος τό charla; charlatán.

λαλιά ᾶς ἡ charla; discurso, conversación; habla, dialecto.

λαλίστερος α ον *comp. de* **λάλος**.

λάλος ον locuaz, charlatán.

λαμά = **λαμμά**.

λαμβάνω tomar; coger (μειζόνως λαμβάνειν tomar en serio; tomar con calor); apoderarse de; llevarse; arrebatar; ocupar; conseguir, alcanzar; aprehender con los sentidos *o* la inteligencia, comprender, entender, aprender; juzgar; estimar; tener por; interpretar; llevar consigo; sorprender, descubrir; acoger, hospedar; λαβεῖν γούνατα coger las rodillas [en señal de súplica]; λαβεῖν γούνων coger de las rodillas [a alguien, *ac.*]; λαμβάνειν δίκην exigir *o* imponer la pena *o tamb.* recibir el castigo θέαν λαβεῖν ver; μ'ἀραῖον ἔλαβες me obligaste con tus imprecaciones. *El part.* λαβών *muchas veces debe traducirse por* con [algo, *ac.*] || MED. *las mismas signs. con referencia de la acción al sujeto,* tomar, coger para sí, etc.; (λαβόμενοι τῶν ὀρῶν habiendo ganado las montañas, *Tuc. 3, 24, 2*).
F. *fut.* λήψομαι, *jón.* λάψομαι, *v. l.* λάμψομαι, *td.* λήμψομαι *(N. T.)*; *aor.* ἔλαβον (*ép.* λάβον *y* ἔλλαβον, *jón. iter.* λάβεσκον, *imp.* λαβέ, *inf. med. ép. redupl.* λελαβέσθαι), *pl.* ἐλάβαμεν -ατε -αν *(v. l. N. T.)*; *perf.* εἴληφα, *jón.* λελάβηκα, *pas.* εἴλημμαι *y* λέλημμαι, *jón.* λέλαμμαι; *plpf.* εἰλήφειν, *jón. 3.ª sing.* λελαβήκεε; *aor. pas.* ἐλήφθην, *jón.* ἐλάφθην *o* ἐλάμφθην, *td.* ἐλήμφθην *(N. T.)*; *fut. pas.* ληφθήσομαι.

λαμμά *voz hebrea* ¿por qué?

λαμπαδη-δρομία ας *y*

λαμπαδη-φορία ας ἡ corrida de antorchas, certamen de transmisión de antorchas.

λαμπάδιον ου τό antorcha *o* hachón pequeño.

λαμπάς άδος ἡ luz, antorcha; lámpara; *fig.* astro *esp.* el sol; corrida de antorchas; *c. adj.* iluminado por las antorchas.

λαμπετάω -ῶ sólo *part. ép.* λαμπετόων brillar.

λαμπρός ά όν brillante, reluciente; radiante [de luz, de hermosura, de juventud, etc.]; espléndido, ilustre, noble, glorioso; claro [para la vista *o* el oído]; claro, evidente, manifiesto; fuerte, vehemente, impetuoso.

λαμπρότης ητος ἡ brillo; magnificencia; gloria, honor.

λαμπροφωνίη ης ἡ *jón.* voz clara *o* sonora.

λαμπρό-φωνος ον de voz clara.

λαμπρύνω hacer brillar || MED. lustrar [algo propio], lustrarse; brillar, *fig.* ufanarse, alardear.

λαμπτήρ ῆρος ὁ tedero; luz, antorcha, lámpara, linterna.

λάμπω [*y med.*] brillar, fulgir; resonar claramente.
F. *impf. ép. 3.ª sing.* λάμφ' *(ante espíritu áspero), med. id.* λάμπετο; *fut.* λάμψω λάμψομαι; *aor.* ἔλαμψα; *perf.* λέλαμπα.

λαμυρός ά όν ávido; protervo.

λάμφ' *3.ª sing. impf. ép. de* λάμπω.

λανθάνω ocultarse, estar oculto, pasar inadvertido; escaparse, ocultarse [a alguien, *ac.*]; *con part.* ἔλαθον ἡμᾶς ἀποδράντες se escaparon sin que lo advirtiéramos; λέληθας ἐχθρὸς ὤν no te das cuenta de que eres odioso; *tamb.* hacer olvidar || MED. olvidarse [de algo, *gen.*]; pasar por alto.
F. *forma paralela* λήθω, *dór.* λάθω; *impf. ép.* λῆθον *y* λήθεσκον; *fut.* λήσω, *td.* λήσομαι; *aor.* ἔλαθον *ép.* λάθον *y redupl. causativo.* λέλαθον *con las formas med. correspondientes; 3.ª pl. opt. med. ép.* λαθοίατο; *perf.* λέληθα, *med.* λέλησμαι, *ép.* λέλασμαι; *plpf.* ἐλελήθειν, *át.* ἐλελήθη, *3.ª sing. jón.* ἐλελήθεε.

λάξ ADV. con el talón, con el pie *o* con la pata, de una coz.

λαξευτός ή όν cavado en la roca.

λάξις ιος ἡ porción de terreno, lote.

λάξομαι *fut. jón. de* λαγχάνω.

λᾶος *gen. de* **λᾶας**.

λαός οῦ ὁ multitud, muchedumbre; ejército, tropa *esp.* infantería; ejército de tierra; pueblo, nación; *esp.* pueblo de Dios, pueblo de Israel; pueblo cristiano; *en pl.* hombres; guerreros.

λαό-σσοος ον que sacude *o* excita a los hombres *o* a las multitudes.

λαο-φόρος ον = **λεωφόρος.**

λαπάρη ης ἡ flanco, ijada.

λάπτω lamer, sorber.

λάρναξ ακος ἡ recipiente; caja; urna funeraria, ataúd.

λαρός όν dulce, gustoso, sabroso.

λάρος ου ὁ gaviota.

λαρυγγίζω gritar a voz en cuello.

λάρυγξ υγγος ὁ garganta, tragadero.

λάσασθαι *inf. aor. 1.º med. de* λανθάνω.

λάσθη ης ἡ burla, insulto.

λασι-αύχην ενος ADJ. de cuello melenudo, de espesas crines.

λάσιος α ον velludo, peludo, lanudo; espeso, matoso; *fig.* animoso, viril.

λάσκω resonar, retumbar, crujir; chillar, gritar, aullar; decir en alta voz, anunciar; ψεῦδος una mentira.

F. *fut.* λακήσομαι; *aor.* ἔλακον *ép.* λάκον, *poét. y td.* ἐλάκησα; *perf.* λέληκα *y* λέλακα.

λα-τομέω -ῶ cavar en piedra *o* en la roca.

λατρεία ας ἡ *y*

λάτρευμα ατος τό servicio, servidumbre; culto religioso, adoración.

λατρεύω servir, ser siervo, estar a servicio [de... *dat.*].

λάτρις ιος ὁ siervo; servidor, criado; ministro.

λαυκανίη ης ἡ *jón.* garganta, fauces.

λαύρα ας ἡ calleja; corredor.

λάφυρον ου τό *en pl.* despojos, botín, presa.

λαφυροπωλέω -ῶ vender el botín.

λαφυρο-πώλης ου ὁ vendedor del botín; oficial encargado de su venta.

λαφύσσω engullir, devorar.

λαχανισμός οῦ ὁ recogida de hortalizas.

λάχανον ου τό hortalizas, legumbres.

λάχεια ας ADJ. *f.* baja, llana; *s. o.* fértil.

λάχεσις εως ἡ = **λάχος.**

λάχησι *3.ª sing. subj. aor. 2.º ép. de* λαγχάνω.

λάχνη ης ἡ lana; cabello; vello, bozo.

λαχνήεις εσσα εν lanudo, lanoso, peludo; velludo (λαχνήεις ὄροφος cubierta de cañas sin mondar).

λάχνος ου ὁ lana.

λάχον *aor. ép. de* λαγχάνω.

λάχος εος [-ους] τό suerte; destino; parte *o* porción atribuída en suerte, lote.

1 **λάω** mirar, mirar fijamente, clavar los ojos en.

2 **λάω** coger, atrapar.

F. *impf. ép. 3.ª sing.* λάε.

3 **λάω** [*2.ª pers.* λῇς *inf.* λῆν] querer, desear.

λάων *gen. pl. de* λᾶας.

λέαινα ης ἡ leona.

λεαίνω alisar, pulir; allanar; *fig.* suavizar, hacer agradable; triturar, machacar, aplastar; destruir.

F. *cf.* λειαίνω; *fut.* λεανῶ, *ép.* λειανέω; *aor.* ἐλέηνα, *ép.* ἐλείηνα *y* λείηνα.

λέβης ητος ἡ caldera [de bronce *o* cobre]; cántaro; urna; brasero.

λεγεών *y*

λεγιών ῶνος ὁ *y* **ἡ** legión.

1 **λέγω** = **λέχω,** *med.* **λέχομαι** *que es la forma auténtica aunque no usada en tema de presente y coincidente en gran parte en los otros temas con* λέγω *2.*

2 **λέγω** *y med.* recoger; reunir, juntar; elegir, escoger; contar, enumerar, computar; referir; *aor.* ἔλεξα *y* εἶπον etc. decir, hablar: λέγειν τι decir algo de peso, tener razón; *con adv. o ac. neutro:* εὖ, κακῶς *o bien* ἀγαθά, κακὰ λέγειν hablar bien *o* mal [de alguno etc. *ac.*]; ordenar, mandar prescribir, exhortar, aconsejar; hablar de [alguien *o* algo, *ac.*]; mandar decir; hablar en público: ὁ λέγων el que habla, el orador [*tamb.* el interlocutor]; significar, indicar, querer decir: τί τοῦτο λέγει; ¿qué quiere decir esto? anunciar; llamar, nombrar, designar; celebrar, ensalzar; leer, recitar || MED. hablar entre sí, conversar; contar, referir || PAS. ser dicho: τὸ λεχθέν, τὸ λεγόμενον lo que se dice, según se dice, conforme al dicho, como suele decirse; λέγεται se dice; λέγεται Κῦρος se dice de Ciro [que... *inf.*, *constr. con* ὅτι, ὡς etc.]; ὁ λεγόμενος el llamado; λεγόμενοι ὅτι... aquellos de quienes se dice que...

F. *fut.* λέξω, *med.* λέξομαι; *aor.* ἔλεξα *y med. trans.* ἐλεξάμην, *ép. intr.* ἐλέγμην, *3.ª sing.* λέκτο; *aor. pas.* ἐλέχθην.

En comptos. aparecen perf. -εἴλοχα, *pas.* -εἴλεγμαι -λέλεγμαι; *aor. pas.* -ἐλέγην *fut. pas.* -λεγήσομαι.
En la significación de decir, hay que notar perf. λέληχα, *pas.* λέλεγμαι *y en comptos.* -εἴλεγμαι; *aor. pas.* ἐλέχθην, *fut. pas.* λεχθήσομαι (*con el mismo valor* λέξομαι *y* λελέξομαι) *a más del aor.* εἶπον *y las fs. agrupadas con él; v. s. v.*

λεηλατέω -ῶ hacer presa, hacer botín; saquear.

λεία ας ἡ presa, botín *esp.* de ganado.

λειαίνω *ép.* = **λεαίνω.**

λείβω derramar, verter; libar, hacer libación; ofrecer en libación [algo, *ac.*].
F. *impf. ép.* λεῖβον; *inf. aor.* λεῖψαι, *part.* λείψας.

λεΐζομαι = **ληΐζομαι,** *v.* ληΐζω.

λεῖμμα ατος τό resto.

λειμών ῶνος ὁ prado, pradera.

λειμωνιάς άδος ADJ. *fem.* de los prados.

λειμώνιος α ον del prado, de los prados.

λειμωνό-θεν ADV. del prado.

λειο-γένειος ον imberbe.

λεῖος α ον liso, pulido; sencillo; llano; fácil (λείοι γήλοφοι colinas suaves, sin gran relieve); plácido, tranquilo.

λειότης ητος ἡ lisura.

λείουσι *dat. pl. ép. de* λέων.

λειποστρατία ας ἡ [*jón.* **λειποστρατίη**] *y*

λειποστράτιον ου τό deserción, abandono del ejército.

λειποψυχέω -ῶ perder el sentido, morir; desvanecerse; perder el ánimo.

λειποψυχία ας ἡ desmayo, desvanecimiento.

λείπω dejar (βίον, φῶς la vida, la luz etc.; παῖδα un hijo); abandonar; omitir, no hacer, no prestar [algo, *ac.*]; faltar, estar en falta (λείπει οὐδ' ἃ πρόσθεν ᾔδεμεν τὸ μὴ οὐ βαρύστον' εἶναι nada les falta a las cosas que ya conocemos de antes para ser muy lamentables) || MED. quedar; dejar [algo de sí *o* propio] || PAS. ser dejado, ser abandonado; quedar, quedar atrás, faltar; quedarse; permanecer, subsistir; quedarse atrás, ser inferior, quedar vencido [por alguien etc. *gen.*]; *y tamb.* perder, ser *o* verse privado de; faltar a (*gen.*); λειπόμενος καιροῦ que pierde la ocasión; λελειμμένος λόγων tardo en atender *u* obedecer.
F. *impf. ép.* λεῖπον, *med. y pas.* λειπόμην; *fut.* λείψω, *med. y pas.* λείψομαι; *aor.* ἔλιπον, *ép.* λίπον, *inf.* λιπέειν; *aor. 1.º td.* ἔλειψα, *med.* ἐλειψάμην (*N. T.*); *perf.* λέλοιπα, *pas.* λέλειμμαι, *plpf.* ἐλελείμμην, *3.ª sing. ép.* λέλειπτο; *aor. pas.* ἐλείφθην *3.ª pl. ép.* λίπεν (*v. l.*); *fut. pas.* λειφθήσομαι (*con el mismo valor* λείψομαι *y* λελείψομαι).

λειριόεις εσσα εν como lirio, fresco, delicado.

λείριον ου τό lirio.

λεϊστός ἡ όν = **ληιστός.**

λειτουργέω -ῶ servir, prestar sercivio *y esp.* sostener *o* desempeñar un servicio público *y tamb.* atender a un ministerio sagrado, del culto, de la religión *(N. T.)*.

λειτουργία ας ἡ servicio, ministerio, ayuda *y esp.* servicio *o* encargo público desempeñado a costa propia; servicio del culto, ministerio sagrado, liturgia; *esp.* Sacrificio Eucarístico.

λειτουργικός ἡ όν destinado al servicio *esp.* al culto; ministro, servidor.

λειτουργός οῦ ὁ que presta un servicio; servidor, ayudador, ministro *esp.* del culto.

λείχω lamer.

λεῖψαι *inf. aor. de* λείβω *V. tamb.* λείπω.

λείψανον ου τό resto, residuo, reliquia.

λείψω *fut. de* λείβω *y de* λείπω.

λείων *ép.* = **λέων.**

λεκάνιον *y*

λεκάριον ου τό plato, fuente.

λεκτέος α ον *adj. vbal. de* λέγω que se ha de decir.

λεκτικός ἡ όν que habla bien, elocuente.

λέκτο *3.ª sing. aor. 2.º med. ép. de* λέγω *y de* λέχομαι.

λεκτός ἡ όν *adj. vbal. de* λέγω escogido; decible, que se ha de decir.

λέκτρον ου τό lecho; lecho nupcial; matrimonio.

λελαβέσθαι *inf. aor. med. ép. de* λαμβάνω.

λελάβηκα *perf. jón. de* λαμβάνω.
λέλαθον *aor. ép. de* λανθάνω.
λέλακα *perf. de* λάσκω.
λέλαμμαι *perf. pas. jón. de* λαμβάνω.
λέλασμαι *perf. med. ép. de* λανθάνω.
λέλαχα *perf. ép. de* λαγχάνω.
λέλαχον *aor. redupl. causativo ép. de* λαγχάνω hacer partícipe de... *gen.*
λέλεγμαι *perf. pas. de* λέγω.
λέλειμμαι *perf. pas. de* λείπω.
λέληθα *perf. de* λανθάνω.
λεληθότως ADV. ocultamente, furtivamente; insensiblemente.
λέληκα *perf. de* λάσκω.
λέλημμαι *perf. pas. de* λαμβάνω.
λέλησμαι *perf. med. de* λανθάνω.
λελιημένος η ον *part. perf. de* λιλαίομαι. ansioso.
λελογισμένως ADV. tras madura reflexión.
λέλογχα *perf. ép. y jón. de* λαγχάνω.
λέλοιπα *perf. de* λείπω.
λέλου(σ)μαι *perf. med. de* λούω.
λελύμασμαι *perf. de* λυμαίνομαι *(a veces con valor pas.).*
λελῦτο *3.ª sing. opt. perf. med. ép. de* λύω *(v. l.* λελῦντο).
λεμά = **λαμμά.**
λέντιον ου τό lienzo, paño.
λέξεο *imp. aor. de* λέχομαι.
λέξις εως ἡ el hablar, habla; dicción, modo de hablar, estilo; voz, vocablo, expresión.
λέξο *imp. aor. ép. de* λέχομαι.
λέξομαι *fut. de* λέχομαι y *med. pas. de* λέγω.
λέξον *imp. aor. de* λέγω *y de* λέχω.
λεοντέη [*contr.* **λεοντῆ**] **ῆς ἡ** piel de león.
λέπαδνον ου τό petral [correa puesta al pecho del caballo de tiro]; yugo, tiro.
λέπας τό roca, monte pelado.
λεπιδωτός ή όν escamoso, con escamas || *sust.* **ὁ** pez escamoso del Nilo.
λεπίς ίδος ἡ envoltura; escama *y esp.* lámina de metal.
λέπρα ας *y jón.* **λέπρη ης ἡ** lepra.
λεπρός ά όν escamoso; leproso.
λεπταλέος α ον tenue, fino.
λεπτό-γεως ων de tierra pobre; τὸ λεπτόγεων pobreza de la tierra.
λεπτόν οῦ τό moneda pequeña de bronce, mitad del cuadrante, octava parte del as, ochavo *(N. T.).*
λεπτός ή όν pelado, limpio; fino, menudo; finamente trabajado; pequeño; delgado; débil, flaco (λεπτὴ μῆτις mente flaca); sutil, agudo.
λεπτουργέω -ῶ trabajar finamente.
λέπω pelar, cortar, descortezar; desollar.
F. *fut.* λέψω; *aor.* ἔλεψα.
λέσχη ης ἡ cobertizo *o* albergue público; asamblea, consejo; conversación, charla.
λευγαλέος α ον triste, miserable, desgraciado; luctuoso, terrible; duro, funesto.
λευίτης ου ὁ levita.
λευιτικός ή όν levítico.
λευκαίνω blanquear, poner blanco.
F. *impf. ép.* λεύκαινον; *aor.* ἐλεύκηνα, *td.* ἐλεύκανα *(N. T. Apoc. 7,14).*
λευκ-ανθής ές blanco; cano.
λευκανθίζω estar blanco.
λεύκασπις ιδος de *o* con blanco escudo.
λεύκη ης ἡ álamo blanco; lepra blanca, albarazo.
λεύκ-ιππος ον de blancos caballos.
λευκο-θώραξ ακος con blanca coraza.
λευκό-λινον ου τό lino blanco.
λευκό-πους ουν [*gen.* -ποδος] con los pies blancos *o. o.* desnudos.
λευκό-πωλος ον = **λεύκιππος.**
λευκός ή όν brillante, reluciente; claro; blanco, blancuzco, blanquecino; *fig.* feliz.
λευκότης ητος ἡ blancura.
λεύκ-οφρυς υος de cejas blancas; orlado de mármol blanco.
λευκόω -ῶ blanquear, poner blanco; limpiar, pulir.
λευκ-ώλενος ον de blancos brazos.
λεύκωμα ατος τό álbum, registro.
λευρός ά όν ancho, abierto, anchuroso.
λεύσσω dirigir la mirada, mirar, ver, observar.
F. *impf. ép.* λεῦσσον.
λευστήρ ῆρος ὁ matador; verdugo.
λεύω lapidar, apedrear.
F. *fut.* λεύσω; *aor.* ἔλευσα; *aor. pas.* ἐλεύσθην, *inf.* λευσθῆναι.
λεχε-ποίης ου herboso, de herbosas orillas.
λεχθήσομαι *fut. pas. de* λέγω.
λέχομαι colocarse, ponerse (ἐς λόχον en asechanza, *etc.*); *esp.* acostarse. yacer en el lecho.

F. V. λέχω. *Fut.* λέξομαι; *aor.* ἐλεξάμην, *ép.* λεξάμην, *3.ª sing. atemát. ép.* ἔλεκτο λέκτο; *imp.* λέξο *y* λέξεο. *No usado en el pres.*

λέχος εος [**ους**] **τό** *y pl.* lecho, *esp.* nupcial; matrimonio; amor; nido; féretro.

λέχοσ-δε ADV. al lecho.

λέχριος α ον oblícuo; *fig.* de través, perdido, desgraciado.

λέχω poner en el lecho, acostar; adormecer (Διὸς νόον el espíritu de Zeus).

F. *act. causat. del más frec.* λέχομαι *v. s. v. aor.* ἔλεξα, *imp.* λέξον. *No usado en el pres.*

λέων οντος ὁ *y* ἡ león, leona.

λεωργός όν facineroso, malvado.

λεώς ώ ὁ = **λαός.**

λεω-σφέτερος ον conciudadano.

λεω-φόρος ον frecuentado por el pueblo || *sust.* **ἡ** vía, camino.

λήγω cesar, terminar, llegar al fin [de *o* en algo, *gen.*; *constr. de part.*, etc.] || TR. hacer cesar; calmar; apaciguar.

F. *inf. pres. ép.* ληγέμεν ληγέμεναι; *impf. ép.* λῆγον; *fut.* λήξω; *aor. ép.* λῆξα.

λήδανον ου τό ládano [resina olorosa].

λῄζω = **ληΐζω.**

ληθάνω hacer olvidar.

λήθη ης ἡ olvido.

λήθω = **λανθάνω.**

ληιάς άδος ADJ. *f.* cautiva.

ληι-βότειρα ας ADJ. *f.* que devora las mieses.

ληΐζω *y med.* llevarse como presa *o* botín; saquear, despojar; devastar.

F. *át. y poét.* λῄζω, *Más frec. en med.* ληΐζομαι λῄζομαι λεΐζομαι; *fut. ép.* ληΐσσομαι; *aor.* ἐληϊσάμην, *3.ª sing. ép* ληΐσσατο; *perf. pas.* λέλησμαι.

ληίη ης ἡ = **λεία.**

λήιον ου τό mies.

ληίς ίδος ἡ botín.

ληιστήρ ῆρος ὁ depredador, pirata.

ληιστής οῦ ὁ = **ληστής.**

ληιστός ή όν que se puede coger *o* depredar, objeto de presa.

ληιστύς ύος ἡ depredación, saqueo.

ληίστωρ ορος ὁ = **ληιστήρ.**

ληίτις ιδος ADJ. *f.* depredadora *o* protectora del botín.

λήιτον ου τό palacio comunal, curia.

ληκτέος *adj. vbal. de* λαγχάνω *y de* λήγω.

λήκυθος ου ἡ recipiente de cuello largo, ampolla [*esp.* para aceite *o* perfumes].

λῆμα ατος τό voluntad; ánimo, resolución; audacia; arrogancia.

λημάω -ῶ ser pitarroso, tener legañas.

λήμη ης ἡ legaña, pitarra.

λῆμμα ατος τό ingreso, ganancia provecho, ventaja.

λημφθῆναι *inf. aor. pas. de* λαμβάνω *(N. T.).*

λῆμψις εως ἡ = **λῆψις.**

λήμψομαι *fut. de* λαμβάνω. *(N. T.).*

λῆν *inf. contr. de* λάω *2.*

ληνο-βάτης ου ὁ pisador [de uva].

ληνός οῦ ἡ *y* **ὁ** prensa, lagar; cuba, tina, pila.

λῆξις εως ἡ suerte, lote, porción.

ληός οῦ ὁ *jón.* = **λαός.**

ληπτέος α ον *adj. vbal. de* λαμβάνω que se ha de tomar, etc.

ληρέω -ῶ hablar *u* obrar neciamente, desvariar.

λήρημα ατος τό = **λῆρος.**

λῆρος ου ὁ charla; mera charla, bagatela, insignificancia, tontería.

λῇς *2.ª sing. pres. ind. de* **λάω** *2.*

λησμοσύνη ης ἡ = **λήθη.**

λῃστεία ας ἡ robo; bandidaje; piratería.

ληστεύω = **ληΐζω.**

ληστήριον ου τό banda de ladrones; robo, latrocinio.

ληστής οῦ ὁ ladrón, bandido; pirata, corsario; escaramuzador.

ληστικός ή όν ADJ. corsario, a modo de corsario *o* pirata || **τό ληστικόν** piratería; bajeles corsarios.

λῆστις εως ἡ = **λήθη.**

ληστός ή όν = **ληιστός.**

ληστρικός ή όν = **ληστικός.**

λήσω *fut. de* λανθάνω.

λητουργέω = **λειτουργέω.**

ληφθήσομαι *fut. pas. de* λαμβάνω.

λῆψις εως ἡ acción de tomar, toma, captura; percepción, ingreso.

λήψομαι *fut. de* λαμβάνω.

λιάζομαι retirarse, apartarse, alejarse, desaparecer; caer, venir abajo.

F. *aor.* ἐλιάσθην, *3.ª pl. ép.* λίασθεν.

λίαν ADV. mucho, bastante; demasiado; λίαν τόσον hasta tal punto; καὶ λίαν si, por cierto; bien de cierto.

λιαρός ά όν tibio; caliente; dulce, suave.

λίασθεν *3.ª pl. aor. pas. ép. de* λιάζομαι *con sign. med.*

λίβανος ου ὁ incienso; árbol del incienso.

λιβανωτός οῦ ὁ incienso; incensario.

λιβανωτο-φόρος ον que produce incienso.

λιβάς άδος ἡ gota; corriente, río.

λιβερτῖνος ου ὁ libertino, liberto.

Λίβυς υος ὁ *y* **ἡ** libio, libia.

λίγα ADV. = **λιγέως** *v.* λιγύς.

λιγαίνω gritar con voz clara y sonora.

λίγγω resonar, silbar.
F. *sólo 3.ª sing. aor. 1.º ép.* λίγξε.

λίγδην ADV. a flor de piel.

λιγέως ADV. *de* λιγύς.

λιγνύς ύος ἡ humo, humazo; flama; hollín.

λιγυ-πνείων οντος que sopla silbando; silbador.

λιγυρός ά όν = **λιγύς.**

λιγύς εια ύ claro, sonoro, agudo, silbante; melodioso, armonioso; de hablar suave *o* elocuente.
F. *adv.* λίγα λιγέως λιγέα λιγύ.

λιγύ-φθογγος ον de sonido agudo; de voz sonora.

λιγύ-φωνος ον de sonido agudo *o* voz sonora.

λίζω = **λίγγω.**

λίην *jón.* = **λίαν.**

λῖθ' *apóc. de* λῖτα, *ac. de* λίς λιτός.

λιθάζω apedrear.

λίθαξ ακος pétreo, duro.

λιθάς άδος ἡ piedra.

λίθεος α ον = **λίθινος.**

λιθίδιον ου τό piedrecilla; piedra preciosa.

λίθινος η ον de piedra; de mármol; duro.

λιθο-βολέω -ῶ apedrear.

λιθο-βόλος ον que tira piedras, tirador; apedreador.

λιθο-γλύφος ου ὁ tallador de piedra, escultor.

λιθο-δόμος ου ὁ constructor, albañil.

λιθο-κόλλητος ον guarnecido de piedras preciosas, *s. o.* de piedra.

λιθό-λευστος ον apedreado, lapidado; λιθόλευστος Ἄρης [muerte por] lapidación.

λιθολόγημα ατος τό ensamble de piedras;, muro.

λιθο-λόγος constructor en piedra, albañil.

λιθο-ξόος ου ὁ que trabaja en piedra, cincelador.

λίθος ου ὁ *y* **ἡ** piedra; roca; mármol; piedra arrojadiza, disco; piedra de toque; piedra preciosa.

λιθο-σπαδής ές producido al retirar una piedra *epít. de* ἁρμός abertura.

λιθό-στρωτος ον hecho de piedra, pétreo; empedrado || SUBST. **τὸ λιθόστρωτον** lugar con pavimento de mosaico.

λιθοτομία ας ἡ cantera de piedra; litotomía.

λιθο-τόμος ου ὁ cantero; albañil.

λιθουργός όν perteneciente al trabajo de la piedra, de labrar piedras || SUBST. **ὁ λιθουργός** cantero.

λιθοφορέω -ῶ llevar piedras.

λιθώδης ες rocoso.

λικμάω -ῶ aventar; *fig.* hacer desaparecer, aniquilar.

λικμητήρ ῆρος ὁ aventador.

λίκνον ου τό criba; cesta; cuna.

λικνο-φόρος ου ὁ portador de la criba sagrada [de Baco].

λικριφίς ADV. de lado, oblicuamente.

λιλαίομαι desear vivamente, ansiar, buscar [algo, *gen.*, *constr. inf.*, *tamb. ac.*].
F. *2.ª sing. ép.* λιλαίεαι, *imp.* λιλαίεο; *perf.* λελίημαι.

λιμαίνω padecer hambre.

λιμήν ένος ὁ puerto; refugio; lugar de reunión.
F. *dat. pl. ép.* λιμένεσσι, *át.* λιμέσι.

λιμηρός ά όν hambriento; pobre, miserable; *s. o.* de hermoso puerto [*epít. de* Epidauro].

λιμναῖος α ον *y f.*

λιμνάς άδος palustre, de estanque *o* pantano.

λίμνη ης ἡ lago, laguna, estanque; agua estancada; brazo de mar; estrecho; mar.

λιμνώδης ες lagunoso; a modo de laguna.

λιμοκτονέω -ῶ matar de hambre, hacer padecer hambre.

λιμοκτονία ας ἡ el hacer morir de hambre, *tamb.* dieta *o* cura de hambre *o* ayuno.

λιμός οῦ ὁ hambre; *fig.* deseo vivo, ansia.

λιμώσσω *y át.*
λιμώττω tener hambre, estar hambriento.
λίνεος α ον [-οῦς ἧ οῦν] de lino, de hilo fino.
λινο-θώρηξ ηκος con coraza de lino.
λίνον ου τό lino; cosa hecha de lino: hilo, hebra, *y esp.* el hilo de la vida; red; tela, vestido, sábana; pabilo, mecha.
Λίνος ου ὁ canto de Lino, canto fúnebre popular.
λινοῦς ἧ οῦν = λίνεος.
λίπα ADV. pingüemente, con brillo [de grasa].
λιπαρέω -ῶ continuar, persistir; instar, rogar *o* implorar con insistencia.
λιπαρής ές persistente, insistente, infatigable; que pide *o* implora insistentemente.
λιπαρία ας [*jón.* **-ιη**] **ἡ** tenacidad, persistencia.
λιπαρο-κρήδεμνος ον de fúlgido *o* espléndido velo.
λιπαρο-πλόκαμος ον de cabellos brillantes.
λιπαρός ά όν graso, untuoso; pingüe, bien nutrido, lucido; perfumado; brillante, espléndido, esplendente, blanco; rico, fértil, opulento; magnífico, hermoso; alegre, risueño, placentero.
λιπαρό-χροος ον [-ους ουν] de hermosa piel, hermoso.
λιπαρῶς ADV. *de* λιπαρής *y de* λιπαρός (λιπαρῶς ἔχω desear, tener deseos [de... *inf.*]).
λιπάω -ῶ brillar de ungüentos.
λιπεῖν *inf. aor. de* λείπω.
λιπο-θυμέω -ῶ desfallecer, morir.
λίπον *aor. ép. de* λείπω.
λίπος εος [ους] τό grasa; aceite.
λιποστρατία ας *y jón.*
λιποστρατίη ης ἡ = λειποστρατία.
λιποψυχέω = λειποψυχέω.
λιποψυχία ας ἡ = λειποψυχία.
λιπόω = λιπάω.
λίς λιός [*ac.* **λῖν**] **ὁ** león.
λίς ADJ. *f.* lisa.
λίς λιτός ὁ paño de lino, lienzo, cubierta de lino.
λίσαι *imp. aor. 1.º ép. de* λίσσομαι.
λίσπαι ῶν αἱ téseras *o* contraseñas de hospitalidad [dados partidos por medio para el reconocimiento de ella].
λίσσομαι pedir con encarecimiento [algo *ac.*, a alguien *ac.*, por, en nombre de, etc. *gen.*, ὑπέρ *o* πρός *y gen*]; *abs.* implorar, suplicar, conjurar.
F. *tamb.* λίτομαι. *Impf. ép.* λισσόμην ἐλλισσόμην, *3.ª sing. iter.* λισσέσκετο; *aor.* ἐλισάμην, *ép.* ἐλλισάμην *y* λισάμην, *imp.* λίσαι; *aor. 2.º inf.* λιτέσθαι, *opt.* λιτοίμην.
λισσός ἡ όν liso, pelado.
λιστός ἡ όν que se ablanda a las súplicas, exorable.
λιστρεύω acollar, arrimar tierra [a un árbol, *ac.*].
λίστρον ου τό pala [para limpiar el suelo].
λῖτα *ac. de* λίς, λιτός.
λιτανεύω = λίσσομαι.
F. *ép. impf.* ἐλλιτάνευον *y* λιτάνευον, *aor. 1.º* ἐλλιτάνευσα.
λιτή ῆς ἡ súplica, plegaria.
λιτί *dat. de* λίς, λιτός.
λίτομαι = λίσσομαι.
λιτότης ητος ἡ simplicidad.
λίτρα ας ἡ libra [peso *y* moneda].
λίτρον ου τό natrón, carbonato sódico.
λιτῶς. ADV. sencillamente.
λιχνεία ας ἡ glotonería.
λίχνος η ον [ο ος ον] goloso; *fig.* ávido, deseoso; curioso.
λίψ λιβός viento sudoeste, ábrego; sudoeste.
λό' = λόε *3.ª sing. impf. ép. de* λούω.
λοβός οῦ ὁ lóbulo, *esp.* perilla de la oreja.
λογάδην ADV. sin más que escoger, sin otro trabajo que elegir [*v. gr.:* las piedras para una construcción].
λογάς άδος escogido, elegido.
λογεία *y*
λογία ας ἡ colecta, recaudación.
λογίζομαι contar; calcular; contar entre, incluir en... *gen.;* incluir en cuenta; imputar; contar con, esperar, tener calculado; reflexionar, pensar consigo mismo [algo, *ac.*, *constr. con* ὅτι, ὡς, *part. pred.*, etc.]; concluir, inferir; juzgar, creer, opinar; resolver.
F. *fut.* λογιοῦμαι, *aor.* ἐλογισάμην; *perf.* λελόγισμαι *(tamb. con valor pas.)*; *aor. pas.* ἐλογίσθην *(siempre con valor pas.). Tamb. el pres. tiene a veces valor pas. sobre todo en época td. (N. T. Rom. 4, 5, etc.)*

λογικός ή όν de la mente, espiritual.

λόγιμος η ον digno de tenerse en cuenta *o* mencionarse, notable, insigne.

λόγιον ου τό sentencia; respuesta de oráculo, vaticinio; revelación divina, comunicación *o* precepto divinos.

λόγιος α ον diserto, elocuente; docto; versado *esp.* en historia y antigüedades.

λογισμός οῦ ὁ cuenta, cómputo; cálculo; arte de calcular [*tamb. pl.*]; consideración, pensamiento, reflexión: ἐς λογισμόν καταστῆσαι llevar a pensar, infundir el pensamiento de [que... ὅτι...]; razón, motivo; facultad de razonar; mente, razón.

λογιστής οῦ ὁ juez de cuentas, magistrado encargado de la revisión [10 en Atenas]; *en gral.* calculador, apreciador.

λογιστικός ή όν del cálculo, relativo al cálculo [ἡ λογιστική arte del cálculo]; calculador, calculista; razonable, sensato.

λογο-γράφος ου ὁ escritor [de prosa] *y esp.* historiador; compositor de discursos.

λογομαχέω -ῶ disputar fútilmente, altercar sobre palabras.

λογομαχία ας ἡ disputa de palabras, altercado vano.

λαγοποιέω -ῶ componer, escribir, inventar, esparcir [noticias falsas, hablillas, etc., *ac.*].

λογο-ποιός οῦ ὁ escritor [de prosa] *esp.* historiador; compositor de fábulas, fabulista; inventor *o* propalador [de noticias, hablillas, etc.].

λόγος ου ὁ palabra, dicho (λόγῳ de palabra [*en oposición a* ἔργῳ de hecho, de obra]; ὡς εἰπεῖν λόγῳ para decirlo en una palabra; ἑνὶ λόγῳ en una palabra); expresión, proposición, definición (λόγον διδόναι dar definición, razón *o* explicación [*tamb.* dar cuenta *vid. infra*]); aserto, afirmación, *y esp.* dicho común, proverbio, máxima, sentencia *y en gral. todo aquello que se comunica de palabra:* orden, mandato, intimación; palabra dada; promesa; condición (ἐπὶ λόγῳ τοιῷδε con tal condición); decisión, pretexto (ἐκ σμικροῦ λόγου por un pretexto fútil); palabra *o* revelación divina; oráculo; dicho que corre *o* se propala, habla, hablilla, rumor, fama (λόγος ἐστὶ [ἔχει φέρεται], es fama, se dice, se cuenta; λόγον ἔχειν llevar fama [de hacer *o* haber hecho, etc., *inf.*]; *tamb.* ἵνα λόγος σε ἔχῃ ἀγαθός para que tengas buena fama); mención (λόγου ἄξιος digno de mención; importante, considerable; λόγου κρείσσων *o* μείζων superior a cuanto puede decirse); discurso, conversación, coloquio (ἕνεκα λόγου sólo por decir; λόγους ποιεῖσθαι conversar; exponer); trato, negociación, discusión, *esp.* discusión filosófica *y* asunto, tema, cuestión *o* materia de ella (εἰς λόγους ἐλθεῖν, ἰέναι, συνελθεῖν, ἀφικέσθαι hablar, tratar, conferir *o* abocarse [con alguien, *dat.*]); palabra *o* permiso para hablar [en una asamblea] (λόγον αἰτεῖσθαι pedir la palabra; λόγον διδόναι conceder la palabra; λόγου τυχεῖν llegar a tener la palabra); argumento, razonamiento (λόγον ποιεῖν razonar, argumentar; τὸν ἥττω λόγον κρείττω ποιεῖν presentar como más fuerte el argumento más débil *e. e.* trocar el aspecto de las cuestiones); relato, narración; fábula; historia; tradición histórica; composición en prosa, prosa; tratado; parte de un tratado, libro (ἐν τῷ πρόσθεν λόγῳ en el libro *o* tratado anterior); razón, facultad de razonar, inteligencia, juicio, buen sentido; *tamb.* razón de las cosas; motivo; causa; argumento; ley (ὀρθὸς λόγος recta razón; λόγος αἰτεῖ la razón pide [que... *constr. inf.*]; μετὰ λόγου con razón; ἐξ οὐδενὸς λόγου sin razón ninguna; σὺν ἀφανεῖ λόγῳ por un motivo oscuro, sin razón clara; οὐκ ἐπὶ τῷ βελτίονι λόγῳ no por aquella más aceptable razón, *Tuc. 1, 102, 4*); aprecio, concepto, estimación, consideración (ἐν οὐδενὶ λόγῳ en ningún aprecio; sin consideración alguna; λόγον ποιεῖσθαι τινός hacer cuenta *o* estimación de algo; ἐς χρημάτων λόγον en cuanto a riquezas); cuenta (λόγον διδόναι dar cuenta; λόγον ἑαυτῷ διδόναι darse cuenta); pensamiento, cuidado, preocupación (λόγον παρέσχε μή dio que pensar no fuese que... *Tuc.*); relación, proporción, analogía (κατὰ λόγον en proporción); Verbo Divino, Hijo de Dios *(Ev. de S. Juan I, 1 y sigs.)*.

λόγχη ης ἡ punta *o* hierro de lanza; lanza, pica.

λογχο-φόρος ου ὁ lancero.

λοέω = λούω.

λοετρόν οῦ τό = λουτρόν.

λοετρο-χόος ον = λουτροχόος.

λοιβή ῆς ἡ libación.

λοίγιος ον funesto, infausto, desgraciado.

λοιγός οῦ ὁ calamidad, ruina destrucción, muerte.

λοιδορέω -ῶ *y med. pas.* injuriar, ultrajar; censurar, vituperar [a alguien, *ac. con la act. y dat. con la med.*; en algo *ac., etc.*].
F. *El aor.* ἐλοιδορήθην *tiene a veces valor act., más frecte. pas.*

λοιδορία ας ἡ censura, vituperio, ultraje, maledicencia.

λοίδορος ον injurioso; maldiciente, *tamb. sust.*

λοιμός οῦ ὁ peste, epidemia.

λοιμώδης ες pestilencial, contagioso.

λοιπός ή όν restante, que queda: τὴν λοιπὴν (*sc.* ὁδὸν) πορευσόμεθα haremos el resto del camino; τὸ λοιπόν, τὰ λοιπά el resto, lo que queda; *como adv.* por lo demás || DE TPO. venidero, por venir: τὸ λοιπόν el porvenir; *como adv.* τὸ λοιπόν, τὰ λοιπὰ τοῦ λοιποῦ en el porvenir, de ahora en adelante, después.

λοισθήιος ον = λοίσθιος.

λοίσθιος α ον [*o* **-ος ον**] último, extremo, supremo || ADV. **λοίσθια, τό λοίσθιον** finalmente.

λοῖσθος ον = λοίσθιος.

Λοκρίς ίδος ἡ Lócrida [*nombre de* distintas regiones de Grecia]; *tamb. adj. fem.* de Lócrida.

Λοξίας ου *y jón.*

Λοξίης εω ὁ Loxia [Apolo].

λοξός ή όν oblicuo, torcido; torvo.

λοπός οῦ ὁ corteza, película, binza.

λοῦσα -ας -ε *aor. 1.º ép. de* λούω.

λουτρόν οῦ τό baño; agua *o* lugar de baño; lavatorio, lavado; agua bautismal; bautismo; libación: λοῦσαι λουτρόν dar un baño, lavar.

λουτρο-χόος ον que vierte *o* prepara el agua para el baño; bañero *o* bañera; λ. τρίπους caldera para el agua del baño.

λούω lavar, bañar: ἐκ τρίποδος [con agua] de una caldera || MED. lavarse, bañarse: ποταμοῖο ῥοῇσι en la corriente del río; *o con gen. solo:* ποταμοῖο en el río.
F. *pres.* λοέω *y* λόω, *a más de* λούω. *Así impf. ép.* λόεον, *fut. med.* λοέσσομαι, *inf. aor.* λοέσσαι *etc.*; *aor. med.* (ἐ)λοεσσάμην. De λόω *fs. como pres. med.* λοῦται λοῦνται, *impf.* ἐλοῦτο ἐλοῦντο *etc.*; *impf. ép. 3.ª sing.* λόε λό'. *Por lo demás fut.* λούσω, *med.* λούσομαι; *aor.* ἔλουσα, *ép.* λοῦσα, *med.* ἐλουσάμην; *perf. med.* λέλουμαι, *td.* λέλουσμαι *(N. T.)*; *aor. pas.* ἐλούθην *y* ἐλούσθην.

λοφιά ᾶς *y jón.*

λοφιή ῆς ἡ crin; pelos, cerdas *esp.* de la cerviz *o* el espinazo.

λόφος ου ὁ cuello, cerviz; penacho, cimera; cresta; altura, colina.

λοχαγέτης ου ὁ = λοχαγός.

λοχαγέω -ῶ mandar una centuria *o* compañía.

λοχαγία ας ἡ mando de una centuria *o* compañía, grado de capitán de la misma.

λοχ-αγός οῦ ὁ jefe de una centuria *o* compañía, capitán, *v.* λόχος.

λοχάω -ῶ *y med.* tender *o* poner emboscada; estar en emboscada *o* en acecho; acechar, espiar.
F. *3.ª pl. pres. ép.* λοχόωσιν, *part. pl.* λοχόωντες.

λοχεία ας ἡ parto, nacimiento; fruto del parto.

λοχεῖος α ον [*o* **-ος ον**] del parto *o* nacimiento.

λόχευμα ατος τό hijo; prole.

λοχεύω parir, dar a luz, asistir al parto.

λοχηγέω *jón.* **= λοχαγέω.**

λοχίζω distribuir por compañías; tender *o* poner asechanzas; poner en asechanza *o* en acecho (a alguien, *ac.*) || PAS. ser cogido en una asechanza.

λοχίτης ου ὁ soldado de la misma compañía, camarada, conmilitón; soldado de escolta.

λόχμη ης ἡ bosque, espesura, maleza.

λοχμώδης ες lleno de maleza, cubierto de matas *o* arbustos.

λόχονδε ADV. a una emboscada, para una emboscada; *v.* λόχος.

λόχος ου ὁ emboscada, lugar de emboscada, escondite; grupo, pelotón, escuadra *o* compañía de soldados [en Atenas, 100 hombres; en Persia, 24]; corporación de mayores contribuyentes; *cf.* συμμορία.

λοχόω = λοχάω *v. s. v.*

λόω = λούω.

λύγδην ADV. sollozando, entre sollozos.

λύγδινος η ον de mármol blanco; blanco como el mármol.

λυγίζω plegar, doblar || PAS. plegarse, doblarse.

λύγξ λυγκός ὁ lince.

λύγξ λυγγός ἡ hipo (λύγξ κενή arcadas sin vómito *Tuc. 2, 49*).

λύγος ου ὁ ἡ mimbre; junco; vara de mimbre; vara *en gral.*

λυγρός ά όν triste, penoso, lamentable, deplorable; infeliz, desgraciado; miserable; funesto, pernicioso; malvado: τὰ λυγρά desventura, ruina; λυγρὰ ἰδυῖα experta en la maldad, perversa.

Λυδία ας ἡ Lidia [región del Asia Menor].

λύθεν *3.ª pl. aor. pas. ép. de* λύω.

λύθρον ου τό *y*

λύθρος ου ὁ mancha de sangre; sangre cuajada [con polvo], cruor; *en gral.* suciedad.

λυκάβας αντος ὁ luna, mes lunar; año.

λύκαινα ης ἡ loba.

Λυκαονία ας ἡ Licaonía, región de Asia.

λυκαονιστί ADV. en la lengua de Licaonia, en licaonio.

λυκέη ης ἡ piel de lobo.

λυκη-γενής ές nacido de la luz, radianta [*epít.* de Apolo].

Λυκία ας ἡ Licia [región de Asia Menor].

λυκιδεύς έως ὁ *y*

λυκίδιον ου τό lobezno.

λυκιο-εργής ές de trabajo licio; *cf.* Λυκία.

λυκο-κόλλητος ον provisto de pinchos de hierro, *v. l. de* λιθοκόλλητος.

λυκο-κτόνος ον matador de lobos [Apolo].

λυκόομαι -οῦμαι ser devorado por los lobos.

λύκος ου ὁ ἡ lobo, loba.

λῦμα ατος τό agua usada en una lavadura *o* purificación; suciedad, mancha, *tamb. fig.* contaminación, impureza, vergüenza.

λυμαίνομαι tratar mal, maltratar, traer a mal traer, estropear, ofender, violar [algo *o* a alguien, *ac.*]; ultrajar, injuriar, afrentar; dañar, perjudicar, corromper [algo *o* a alguien, *dat.*]; *abs.* dañar, causar daño, ser dañino; *como pas.* ser maltratado *o* injuriado. **F.** *fut.* λυμανοῦμαι; *aor. 1.º* ἐλυμηνάμην; *perf.* λελύμασμαι; *aor. pas.* ἐλυμάνθην *(siempre con valor pas.; el pres. y el perf. tienen a veces tamb. valor pas.)*

λυμαντής οῦ ὁ *y*

λυμεών ῶνος ὁ que estropea *o* deshace, destructor.

λύμη ης ἡ injuria, afrenta; mal trato; daño, ruina, destrucción.

λύντο *3.ª pl. aor. 2.º med. ép. de* λύω.

λύπα ας ἡ *dór.* = **λύπη.**

λυπέω -ῶ afligir, contristar; disgustar; inquietar; molestar; infestar, dañar || MED. afligirse, contristarse, estar triste, disgustado, dolorido.

λύπη ης ἡ *y*

λύπημα ατος τό dolor; pena, tristeza, sufrimiento, aflicción, cuidado, afán, preocupación; desgracia; situación desgraciada.

λυπηρός ά όν *y*

λυπρός ά όν triste, penoso, aflictivo, acongojador, doloroso, gravoso, molesto, adverso; pobre, mísero.

λύρα ας ἡ *y jón.*

λύρη ης ἡ lira.

λυρίζω tocar la lira.

λυρικός ή όν de la lira, lírico.

λυρο-κτύπος ον que hace sonar la lira.

λυρο-ποιός οῦ ὁ fabricante de liras.

λυσι-μελής ές que afloja los miembros, descansado.

λυσι-παίγμων ον [*gen.* ονος] que da libertad a la diversión, que solaza.

λύσις εως ἡ acción de soltar, soltura; liberación (θανάτου de la muerte, etc.); rescate (νεκροῖο del cadáver); separación; divorcio; solución; disolución, acabamiento; absolución; salida, escape; redención, salvación.

λυσι-τελέω -ῶ convenir, ser ventajoso; τὸ λυσιτελοῦν utilidad, ventaja.

λυσι-τελής ές útil, conveniente, ventajoso.

λυσί-φρων ον que quita las penas, que alegra la mente.

λύσσα ης ἡ rabia, furor, frenesí [*esp.* guerrero]; rabia, hidrofobia.

λυσσαίνω *y*

λυσσάω -ῶ estar furioso, rabioso, frenético, fuera de sí; estar irritado [contra alguien *dat.*].

λυσσητήρ ῆρος ὁ furioso, rabioso.

λυσσώδης ες furioso, furibundo; λυσσώδης νόσος transporte de furor, locura.

λυτήριος ον liberador, libertador.

λύτο *o* **λῦτο** *3.ª sing. aor. 2.º med. ép. de* λύω.

λύτρον ου τό rescate, dinero *o* precio de rescate.

λυτρόω -ῶ *y med.* poner en libertad mediante rescate; rescatar, redimir.

λύτρωσις εως ἡ rescate, liberación, redención.

λυτρωτής οῦ ὁ liberador; redentor.

λύττα *át.* = **λύσσα.**

λυττάω *át.* = **λυσσάω.**

λυχνία ας ἡ candelabro.

λυχνο-καίη ης ἡ fiesta con luminarias, iluminación.

λύχνος ου ὁ luz, lámpara, velón, antorcha.

λύω soltar, desatar, desanudar, desceñir; separar; desuncir, desenganchar; liberar, libertar [a alguien *ac.* de... *gen.* ἐκ *y gen.*]; liberar por rescate, rescatar; disolver [una asamblea, un ejército, etc.] abrir, descoser; debilitar, aflojar (λύειν βλέφαρα aflojar los párpados *e. e.* cerrar los ojos; λῦσέ οἱ γυῖα aflojó sus miembros *e. e.* le hizo desfallecer, le mató); romper, quebrantar, arruinar, destruir; disipar [las rencillas, los cuidados, etc.]; cumplir (τὸ τέλος βίου el fin de la vida *e. e.* morir; λ. τὰ μαντεῖα cumplir los oráculos); derogar, anular; violar [leyes, tratados, etc.]; resolver [una dificultad, etc.], deshacer; refutar [un argumento]; reparar [un delito, un error, etc.]; ([τέλη] λύειν aprovechar [a alguien, *dat. o ac.*]) ‖ MED. soltar por sí *o* para sí; rescatar; libertar, liberar. **F.** *ép. sin aum. impf.* λύον *med.* λυόμην; *aor.* λῦσα; *aor. 2.º med. (con valor pas.)* ἐλύμην λύμην *3.ª sing.* λύτο *o* λῦτο, *3.ª pl.* λύντο; *3.ª pl. aor. pas.* λύθεν; *además 3.ª sing. opt. perf.* λελῦτο *Od. 18, 238* (*v. l.* λελῦντο).

λῶ quiero. *V.* λάω.

λωβάομαι -ῶμαι tratar afrentosamente, maltratar, ultrajar; mutilar; estropear; arruinar, devastar, dañar, deshacer; poner fin afrentosamente (βίον a la vida); corromper, seducir.

λωβατός ἡ όν *dór.* = λωβητός.

λωβεύω burlarse, hacer burla.

λώβη ης ἡ insulto, ultraje; afrenta, vergüenza; mutilación; destrucción, ruina.

λωβητήρ ῆρος ὁ injuriador, ofensor, maldiciente; vil, perverso; arruinador, destructor, infausto.

λωβητός ἡ όν maltratado, tratado ignominiosamente; estropeado, desfigurado; ultrajante, ignominioso; desastroso.

λωΐτερος η ον *y*

λωΐων ον *comp. de* ἀγαθός mejor; preferible, más ventajoso.

λῷος ου ὁ mes del calendario macedónico [agosto].

λώπη ης ἡ vestidura, manto.

λωπίζω *v.* **ἐκλωπίζω.**

λωποδυτέω -ῶ ser ladrón de vestidos, robar vestidos; *en gral.* robar, despojar.

λωπο-δύτης ου ὁ ladrón de vestidos; *en gral.* ladrón.

λῷστος η ον ADJ. *superl. de* ἀγαθός el mejor, óptimo: *tamb.* como apóstrofe cariñoso: ὦ λῷστε.

λώτινος η ον de loto; de madera de loto.

λωτόεις εσσα εν abundante *o* cubierto de lotos.

λωτός οῦ ὁ loto: loto de Grecia *esp.* de trébol; loto de Libia, *esp.* de azufaifo; fruto de este árbol, azufaifa *o* yuyuba; loto de Egipto.

λωτο-τρόφος ον rico en trébol, herboso.

λωτο-φάγος ου ὁ lotófago, comedor de lotos *o* yuyubas.

λωφάω -ῶ recobrarse, reponerse [de algo, *gen.*, ἀπό *y gen.*]; remitir, cesar, tomar descanso.

λώφησις εως ἡ cesación.

λῴων ον *át.* = **λωίων.**

M

M, μ my [duodécima letra del alfabeto griego]; *como signo numérico* **μ'** 40; **͵μ** 40 000.

μ' *elisión por* μέ *y a veces ép. por* **μοί.**

μά PREP. *usada en los juramentos* por (μὰ Δία por Zeus; *con elipsis* μὰ τόν por Dios, de cierto); a veces con valor negativo (μὰ Δία no, por Zeus, *Luc. Dial. muert. 20, 6*).

μάγαδις ιδος ἡ mágadis [especie de arpa con 20 cuerdas, las diez primeras dispuestas en octava con las otras diez].
F. *dat.* μαγάδι, *ac.* μάγαδιν.

μαγάς άδος ἡ puente [de un instrumento músico].

μαγγάνευμα ατος τό sortilegio, encantamiento, engaño.

μαγγανεύω servirse de magia *o* engaño.

μαγεία ας ἡ magia, brujería; engaño.

μαγειρεῖον ου τό cocina; carnicería.

μαγειρικός ή όν relativo a la cocina; μαγειρικὴ τέχνη arte culinario.

μάγειρος ου ὁ cocinero; carnicero.

μαγεύω ser mago, experto en las artes mágicas.

μαγία ας ἡ = **μαγεία.**

μαγικός ή όν mágico.

Μάγνης ητος ὁ habitante de Magnesia.

Μαγνησία ας ἡ Magnesia, región costera de Tesalia.

μάγος ον mago, hechicero.

μάγος ου ὁ mago, hechicero; impostor, engañador || SUST. Mago, miembro de la casta sacerdotal en Persia, sabedor de la magia.

μαγο-φόνια ων τά matanza de los magos [festividad persa].

μάζα ης ἡ masa *o* pan de cebada.

μαζός οῦ ὁ *ép. ión. poét.* = **μαστός.**

μάθημα ατος τό cosa aprendida, lección; conocimiento, ciencia, arte; enseñanza.

μάθησις εως ἡ acción de aprender *o* conocer, noticia, conocimiento, información; deseo de saber *o* conocer; educación, instrucción; enseñanza.

μαθήσομαι *fut. de* μανθάνω.

μαθητέος α ον *adj. vbal. de* μανθάνω.

μαθητεύω ser discípulo [de alguien, *dat.*]; *tr.* tomar por discípulo, adoctrinar, instruir [a... *ac.*].

μαθητής οῦ ὁ discípulo, alumno, seguidor de... *gen.*; estudiante *o* estudioso [de una ciencia, *gen.*]; οἱ μαθηταί los discípulos de Cristo, los fieles cristianos *N. T.*

μαθητικός ή όν bien dispuesto para aprender.

μαθητός ή όν que puede aprenderse.

μαθήτρια ας ἡ discípula *y esp.* de Cristo, cristiana, *N. T.*

μάθον -ες -ε *aor. 2.º ép. de* μανθάνω.

μάθος εος [ους] τό = **μάθησις.**

μαθών οῦσα όν *part. aor. 2.º de* μανθάνω.

μαῖα ας ἡ madre *o* madrecita, [título dado a la mujer anciana], nodriza, ama.

μαιεύω *y med.* partear.

μαιμάω -ῶ estar ávido, ansioso (*esp.* de lucha); lanzarse violentamente.
F. *3.ª pl. pres. ép.* μαιμώωσι; *part.* μαιμώων μαιμώωσα; *3.ª sing. aor. 1.º ép.* μαίμησε.

μαινάς άδος ADJ. *f.* inspirada, arrebatada, furiosa || SUST. ménade, bacante.

μαίνω poner furioso *o* rabioso; *pas.* [*con fut. med. y perf.* μέμηνα], estar furioso *o* rabioso, rabiar, estar loco, alocado, transportado, fuera de sí;

esp. estar poseído de furor báquico; estar cegado, mostrarse simple *o* indiscreto; *fig. de cosa:* moverse *o* lanzarse con furia [las manos, la lanza, el fuego, etc.].
F. *fut. med.* μανοῦμαι; *aor.* ἔμηνα, *med.* ἐμηνάμην; *perf.* μέμηνα *con valor de pres.*; *aor. pas.* ἐμάνην, *inf.* μανῆναι, *part.* μανείς.

μαίομαι procurar, buscar, tratar de, esforzarse por... *ac., constr. inf.* etc.
F. *fut.* μάσομαι, *ép.* μάσσομαι; *aor.* ἐμασάμην, *ép.* ἐμασσάμην.

μαιόομαι [*fut.* μαιώσομαι] partear, asistir en el parto.

μαίωτρα ων τά recompensa al partero.

μάκαρ αρος [*fem. tamb.* **μάκαιρα**], feliz, dichoso; rico, acaudalado: μακάρων νῆσοι islas de los bienaventurados.

μακαρίζω tener por feliz, estimar dichoso; *en gral.* celebrar [algo *o a* alguien *ac.*, por algo, *gen.* κατά *y ac.*].

μακάριος α ον [*o* **-ος ον**] = **μάκαρ**: ὦ μακάριε ¡oh mi buen amigo! ¡oh bien aventurado! [*a veces irónico:* ¡oh cándido!]; ADV. **μακαρίως** felizmente.

μακαρισμός οῦ ὁ acción de celebrar como feliz, bendición, celebración.

μακαριστός ή όν estimado feliz *o* digno de ser tenido por feliz, digno de envidia, envidiable [para alguien, *dat.* etc.].

μακεδνός ή όν largo, erguido, esbelto.

Μακεδονία ας ἡ Macedonia [región de la Grecia septentrional].

μάκελλα ης ἡ zapapico, azadón.

μακελλάριος ου ὁ carnicero.

μάκελλον ου τό mercado de comestibles [carne y legumbres].

μάκιστος η ον *dór.* = **μήκιστος.**

μακρ-αίων ωνος longevo, anciano, viejo; que dura largo tiempo, inmortal.

μακράν ADV. lejos, a lo lejos, en lejanía; ὅτι μακροτάτην τῆς Λυδίας lo más lejos posible dentro de Lidia; *de tpo.* largo tiempo: οὐκ εἰς μακράν en no mucho tiempo *e. e.* pronto; *fig.* largamente, mucho.

μακρηγορέω -ῶ hablar largamente.

μακρημερίη ης ἡ *jón.* estación de los días largos.

μακρήν *jón.* = **μακράν.**

μακρό-βιος ον de larga vida, longevo.

μακρό-θεν ADV. de lejos, desde lejos.

μακροθυμέω -ῶ tener longanimidad *o* paciencia [para con alguien, ἐπί *y* dat.].

μακροθυμία ας ἡ longanimidad, paciencia.

μακροθύμως ADV. con paciencia.

μακρο-λογέω -ῶ hablar larga *o* prolijamente.

μακρολογία ας ἡ largo hablar, prolijidad.

μακρός ά όν largo (μακρὰ ναῦς, μακρὸν πλοῖον navío largo [*e. e.* de guerra]; μακρὰ βιβάς adelantándose a grandes pasos); grande, mucho (ἐπὶ μακρότερον aún más); alto, elevado [monte, árbol, columna etc.]; profundo, hondo [pozo etc.]; lejano, alejado, remoto: (μακρὰ ἀΰτεῖν *o* βοᾶν gritar hacia lo lejos *e. e.* con gran fuerza; μακρότερον σφενδονᾶν disparar con la honda a mayor distancia); ἐπὶ μακρόν lejos, a gran distancia (καὶ τοῖς μὲν ἐπὶ μακρὸν πορευομένοις μακραὶ καὶ ἐπιβοήθειαι *y* habiéndose alejado, los auxilios les cogen también lejos, *Jen. Cir. 5, 4, 47;* ὅσον ἐπὶ μακρότατον lo más lejos posible); *de tpo.* largo, que se prolonga *o* dura mucho (οὐ διὰ μακροῦ no mucho después, poco después; οὐκ εἰς μακράν en no mucho tiempo); dilatado, extenso, prolijo, circunstanciado: διὰ μακρῶν largamente; μακρῷ en mucho, con mucho *con comp. y superl. v.* μακράν.
F. *comp.* μακρότερος *y, sobre todo, en poes.* μάσσων; *superl.* μακρότατος *y* μήκιστος || ADV. *comp.* μακροτέρω(ς) *y poét.* μᾶσσον; *superl.* μακροτάτω, μήκιστον (*dór.* μάκιστον) *y* μήκιστα.

μακρο-χρόνιος ον de larga vida, longevo.

μακών *part. aor. 2.º de* μηκάομαι.

μάλα ADV. mucho, muy, en gran manera; del todo, totalmente, completamente; especialmente, extremadamente; fuertemente, violentamente, gustosamente, celosamente etc. (μάλα πολλοί muy muchos; μάλα πάντες todos juntamente; μάλα μύριοι del todo innumerables; μάλα ἀεί sin el menor descanso; cada vez más; αὐτίκα μάλα en el mismo momento; μάλ' εὖ *o* εὖ μάλα muy bien, del todo, completamente; μάλ'αὖ *o* μάλ'αὖθις de nuevo, una vez más; οὐ μάλα no, por cierto; no, en modo alguno; εἰ μάλα, εἰ καὶ μάλα por mucho que, aunque); *con sust.* μάλα στρατηγός gran general; μάλα καιρός gran ocasión; *con comp.* con mucho, con gran diferencia; *como part. afirmativa:* ἦ μάλα (δή), sí, ciertamente; sí, en verdad; καὶ μάλα γε sí, por cierto. *Comp. y superl. v.* μᾶλλον *y* μάλιστα.

μαλακία ας ἡ molicie, flojedad, cobardía, falta de ánimo; blandura, complacencia; debilidad, enfermedad.

μαλακίζομαι [*med. y pas.*] ser *o* hacerse débil, flojo, sin ánimo, cobarde, emperezarse; estar *o* ponerse enfermo.

μαλακός ή όν blando, muelle [*de tierra* blando, removido, cultivado, herboso]; dulce, suave; tierno, complaciente; delicado; flojo, cobarde, tímido, remiso, perezoso; τὰ μαλακά complacencias.

μαλακύνομαι mostrarse débil, aflojar.

μαλάσσω [*y át.* **μαλάττω**] ablandar || PAS. ablandarse, ceder; aliviarse (πρὶν ἂν νόσου μαλαχθῇς antes de que mejores de este mal *Sóf. Fil. 1332 y sigs.*).

μαλερός ά όν fuerte, poderoso, fiero, terrible, devastador.

μάλη ης ἡ axila, sobaco; ὑπὸ μάλης bajo el sobaco.

μαλθακία ας ἡ = **μαλακία.**

μαλθακίζομαι = **μαλακίζομαι.**

μαλθακός ή όν = **μαλακός.**

μαλθάσσω = **μαλάσσω.**

μάλιστα *superl. de* μάλα mucho, muy [*con adj. y adv.*], mayormente, en el más alto grado, enteramente, en primer lugar, principalmente, especialmente, preferentemente, de preferencia, mejor que nada; generalmente, en la mayoría de los casos; exactamente, precisamente: ὡς μάλιστα *o* ὅτι μάλιστα, ὡς οἷόν τε μάλιστα lo que más, lo más posible; *en preguntas:* τίς μάλιστα; ¿quién, precisamente? πηνίκα μάλιστα; ¿qué hora exactamente?; *con art.* τὰ μάλιστα *o* εἰς τὰ μάλιστα en el más alto grado, extraordinariamente; ἐν τοῖς μάλιστα, ἐκ τῶν μάλιστα más que nada *o* más que nadie; *en respuesta:* exactamente; sí, por cierto; *con numerales:* lo más; aproximadamente, poco más *o* menos: μάλιστα τετρακόσιοι unos cuatrocientos.

μαλκίω quedarse yerto.

μᾶλλον *comp. de* μάλα más, más que... *gen.* ἤ, ὡς, etc.; *con comp.* ῥηίτεροι μᾶλλον mucho más fáciles; de más en más, progresiva, sucesivamente; de más, demasiado, excesivamente; *como forma de corrección* o más bien, o mejor dicho.

μαλλός οῦ ὁ copo *o* mechón de lana.

μάμμη ης ἡ mamá, madre; abuela.

μαμωνᾶς ᾶ ὁ [*voz aramea*] riqueza, dinero.

μάν *ép. y dór.* = **μήν.**

μάνδρα ας ἡ majada, aprisco.

μανδραγόρας ου *o* **ὁ** mandrágora [planta narcótica].

μανείς *part. aor. pas. de* μαίνω.

μανθάνω aprender (οἱ μανθάνοντες los discípulos); llegar a saber, *de donde* acostumbrarse a; conocer; llegar a conocer (*con part.:* μὴ μάθῃ μ'ἥκοντα no llegue a conocer que vengo *Sóf. Fil. 13*); comprender, entender; informarse, preguntar, inquirir (τί μαθών en virtud de qué conocimiento *o simpl.* ¿por qué razón?, ¿por qué?).

F. *fut.* μαθήσομαι; *aor.* ἔμαθον, *ép.* ἔμμαθον *y* μάθον; *perf.* μεμάθηκα.

μανία ας ἡ *y jón.*

μανίη ης ἡ locura, extravío; inspiración; entusiasmo.

μανιάς άδος ADJ. *f. y*

μανικός ή όν *y*

μανιώδης ες loco; extraviado, furioso; inspirado, arrebatado.

μάννα τό INDECL. [*voz hebrea*] maná.

μανός ή όν raro, escaso; no denso, claro, flojo.

μαντεία ας ἡ *y*

μαντεῖον ου τό don de adivinación *o* profecía, *fig.* penetración *o* agudeza de la mente; adivinación, profecía, oráculo, vaticinio, sentencia del oráculo; lugar del mismo; consulta del oráculo.

μαντεῖος α ον [*o* **-ος ον**] = **μαντικός.**

μάντευμα ατος τό respuesta de un oráculo.

μαντευτός ή όν indicado *u* ordenado por el oráculo.

μαντεύομαι *y menos frec.*

μαντεύω anunciar, predecir, comunicar por oráculo, dar a conocer *o* declarar en oráculo; profetizar; *fig.* prever, adivinar, sospechar; consultar un oráculo, hacerse predecir, investigar el porvenir.

μαντηίη ης ἡ *ép. y jón.* = **μαντεία.**

μαντήιον ου τό *ép. y jón.* = **μαντεῖον.**

μαντικός ή όν de adivinación; relativo a la adivinación *o* usado en ella; profético, adivinatorio, de profeta *o* adivino || SUST. **ἡ μαντική** arte adivinatoria, don de profecía; vaticinio; oráculo.

μάντις εως [*ép.* **ιος** *o* **ηος**] **ὁ** *y* **ἡ** adivino [*o* adivina]; vidente, vate, intérprete de ensueños, experto en oniromancía *u* ornitomancía.

μαντοσύνη ης ἡ = **μαντεία.**

μάξας μάξω *part. aor. 1.º y 1.ª sing. fut. resp. de* μάσσω.

μάομαι = **μῶμαι.**

μάραθον ου τό hinojo [planta].

Μαραθών ῶνος ὁ Maratón [demo del Ática, famoso por la victoria de los atenienses sobre los Persas en 490].

μαραίνω apagar, extinguir, destruir, aniquilar; marchitar || PAS. desaparecer, apagarse, extinguirse, marchitarse, secarse.
F. *fut.* μαρανῶ *aor.* ἐμάρανα; *perf.* μεμάρα(σ)μαι *o* μεμάραμμαι; *aor. pas.* ἐμαράνθην; *fut. pas.* μαρανθήσομαι *(N. T. Ep. Jac. 1, 11).*

μαρὰν ἀθά [*frase aramea*] Nuestro Señor viene *N. T. 1 Cor. 16, 22.*

μαρᾶναι *inf. aor. 1.º y*

μαρανθήσομαι *fut. pas. de* μαραίνω.

μαργαίνω estar furioso [contra alguien, ἐπὶ *y dat.*].

μαργαρίτης ου ὁ *y*

μάργαρον ου τό perla.

μάργος η ον [*o* **ος ον**] furioso, loco; ansioso, voraz.

μαρμαίρω brillar, fulgir, centellear.

μαρμάρεος α ον *y*

μαρμαρόεις εσσα εν brillante, fúlgido, centelleante.

μάρμαρος ον = **μαρμάρεος.**

μάρμαρος ου ὁ pedrusco, bloque de piedra; mármol.

μαρμαρυγή ῆς ἡ brillo, centelleo; destello; *fig.:* μαρμαρυγαὶ ποδῶν el centellear de los pies [de los danzarines], *Hom. Od. 8, 265.*

μάρναμαι luchar, pelear, combatir, batallar [contra alguien, *dat. o* ἐπὶ *con dat.*; unido a, al lado de... σὺν *y dat.*; por *o* en torno de algo *o* de alguien περὶ *y gen.*, ἀμφὶ *y ac.*; con algo *dat.:* ἔγχει, δουρί, etc.]; contender, disputar.
F. *imp. ép.* μάρναο; *1.ª pl. opt.* μαρνοίμεθα (*v. l.* μαρναίμεθα); *impf.* ἐμαρνάμην, *ép. sin aum. 3.ª sing.* μάρνατο, *1.ª pl.* μαρνάμεθα, *3.ª* μάρναντο. *No usado fuera del pres.*

μάρπτω coger, alcanzar, apoderarse, adueñarse de... *ac.* arrebatar, llevarse, tragar, devorar.
F. *3.ª sing. subj. ép.* μάρπτησι, *impf.* ἔμαρπτον; *fut.* μάρψω; *aor.* ἔμαρψα; *perf.* μέμαρπα.

μάρσιπος ου ὁ saco, talega.

μαρτυρέω -ῶ atestiguar, testimoniar, ser testigo, dar fe *o* testimonio de [algo, *ac., constr. inf. o de* ὡς *o* ὅτι; en favor de alguien *o* de algo, *dat.* μαρτυρεῖ μοι τῇ γνώμῃ atestigua en favor de mi opinión]; confesar, alabar || PAS. ser atestiguado; ser confesado *o* celebrado por testimonio, recibir un testimonio favorable; ser tomado por testigo, conjurar *o* requerir a... εἰς.. || PAS. *impers.* μάρτυρεῖται se atestigua; οἶδα μαρτυρήσεσθαι μοι sé que se atestiguará en mi favor, *Jen. Mem. 4, 8, 10.*

μαρτυρία ας *y jón.*

μαρτυρίη ης ἡ *y*

μαρτύριον ου τό testimonio; prueba; *esp.* testimonio favorable, alabanza.

μαρτύρομαι llamar *o* invocar como testigo [a alguien, *ac.*]; afirmar, asegurar, dar testimonio de, atestiguar.

μάρτυρος ου ὁ *y* **ἡ** *y*

μάρτυς υρος ὁ *y* **ἡ** testigo (ἐν μάρτυσι ante testigos); *esp.* confesor de la Fe, mártir.
F. *ac.* μάρτυρα *y* μάρτυν; *dat. pl.* μάρτυσι.

μασάομαι -ῶμαι morder, masticar, devorar.

μάσασθαι *inf. aor. 1.º de* μαίομαι (ἐπὶ χερσὶ μάσασθαι = ἐπιμάσασθαι χερσί *v.* ἐπιμαίομαι).

μασθός οῦ ὁ = **μαστός.**

μάσομαι *y ép.*

μάσσομαι *fut. de* μαίομαι.

μάσσω amasar.

F. μάξω; *aor.* ἔμαξα, *med.* ἐμαξάμην; *perf.* μέμαχα, *pas.* μέμαγμαι.

μάσσων ον [*gen.* -ονος] ADJ. *comp. de* μακρός.

μάσταξ ακος ἡ mandíbula; boca; bocado *y en gral.* alimento, comida.

μαστεύω buscar, rebuscar, investigar; procurar, esforzarse por, tratar de; desear.

μαστήρ ῆρος ὁ que busca, buscador, inquiridor.

μαστιγέω -ῶ *jón.* = **μαστιγόω.**

μαστιγίας ου ὁ carne de látigo, ser vil e inútil.

μαστιγο-φόρος ον portador del látigo *y esp.* alguacil *o* policía romano armado de látigo.

μαστιγόω -ῶ *y*

μαστίζω fustigar, azotar; hacer crujir el látigo (μάστιξεν δ'ἐλάαν fustigó a los caballos para que corriesen, arreó con el látigo).

μάστιξ ιγος *y ép.*

μάστις ιος ἡ látigo; correa del látigo; latigazo; *fig.* azote; calamidad, tormento.

μαστίω = **μαστιγόω** || MED. fustigarse, azotarse.

μαστός οῦ ὁ pecho, teta, mama, ubre; *fig.* colina, tolmo.

μασχάλη ης ἡ axila, sobaco.

μασχαλίζω cortar los brazos hasta la axila, mutilar.

μασχαλιστήρ ῆρος ὁ cincha; cinturón.

ματᾴζω hablar *u* obrar necia *o* insensatamente.

ματαιο-λογέω -ῶ decir cosas vanas, hablar vanamente.

ματαιο-λογία ας ἡ vanilocuencia.

ματαιολόγος ον vanílocuo, vanilocuente.

ματαιο-πονία ας ἡ trabajo vano.

μάταιος α ον vano, vacío, inútil; vano, necio, insensato; equivocado; iluso; insolente, orgulloso.

ματαιότης ητος ἡ vanidad, vacuidad, ilusión; fragilidad.

ματαιόω -ῶ hacer *o* volver vano || PAS. hacerse vano, desvanecerse.

ματάω -ῶ fallar, marrar, errar el golpe; quedarse atrás, retrasarse, vacilar.

F. *3.ª du. subj. aor. ép.* ματήσετον *Il. 5, 233.*

ματεύω *ép. poét.* = **μαστεύω.**

μάτην ADV. en vano, vanamente, inútilmente; gratuitamente, gratis; engañosamente; neciamente, sin fundamento, sin razón: μάτην νοσῶν enfermo de delirio, trastornado, *Sóf. Ay. 635.*

μάτηρ [*voc.* μᾶτερ *etc.*] *dór.* = **μήτηρ.**

ματία ας ἡ *át. y*

ματίη ης *ép.* insensatez; vanidad [de un trabajo *o* empresa].

ματρό-πολις εως ἡ *dór.* = **μητρόπολις.**

μάττω *át.* = **μάσσω.**

μαῦρος = **ἀμαυρός.**

μάχαιρα ας ἡ cuchillo de guerra [empleado tamb. en los sacrificios]; sable corto, daga.

μαχαίριον ου τό cuchillito, cuchillo pequeño.

μαχαιρο-φόρος ον armado con sable.

μαχείομαι *y*

μαχέομαι *ép.* = **μάχομαι.**

μάχη ης ἡ lucha, combate, batalla (μάχην μάχεσθαι, ἀρτύνειν, ποιεῖσθαι, τίθεσθαι *y tamb.* διὰ μάχης ἀπίκεσθαι trabar un combate [con alguien, *dat.*]); campo de batalla; lucha singular, desafío, duelo; reyerta, pendencia, riña, disputa; *fig.* lucha, esfuerzo.

μαχήμων ον [*gen.* -ονος] luchador, belicoso.

μαχητής οῦ ὁ luchador, guerrero, combatiente.

μαχητικός ή όν = **μάχιμος.**

μαχητός ή όν combatible, vencible.

μάχιμος η ον [*o* **ος ον**] apto para el combate *o* las armas; combatiente, guerrero; (τὸ μάχιμον la fuerza combatiente *o tamb.* la casta de los guerreros); concerniente a la guerra, de guerra.

μαχλοσύνη ης ἡ lujuria, lascivia.

μάχομαι luchar, combatir [contra algo, *dat.;* contra alguien, *dat.*, ἐπὶ *y dat.*, πρὸς *o* ἐπὶ *y ac.;* frente a frente con alguien, ἐναντίον *y gen.;* con la ayuda de alguien, σὺν *y dat.;* al lado de... μετὰ *y gen.;* delante de alguien [para protegerle], πρὸ *y gen.;* καθ'ἕνα μάχεσθαι luchar en singular combate; μάχην μάχεσθαι *v.* μάχη; μαχόμενος en lucha, en combate; μαχούμενος resuelto a luchar]; disputar, reñir, tener pendencia *o* querella.

F. *3.ª sing. opt. pres. ép.* μαχέοιτο; *part.* μαχεόμενος μαχειόμενος *y* μαχεούμενος; *impf. ép.* μαχόμην, *3.ª sing. iter.* μαχέσκετο; *fut. ép.* μαχήσομαι μαχέσομαι, μαχέομαι, *contr. y át.* μαχοῦμαι; *aor.* ἐμαχεσ(σ)άμην, *2.ª opt. ép.* μαχέσαιο *etc.*; *perf.* μεμάχημαι, *aor. td.* ἐμαχέσθην.

μάψ *y*

μαψιδίως ADV. vana, loca, insensata, atolondradamente; sin razón, sin fundamento; inútilmente.

μάω *v.* **μάομαι.**

μέγα *v.* **μέγας.**

μέγαθος *jón.* = **μέγεθος.**

μεγά-θυμος ον magnánimo, de gran ánimo, animoso.

μεγαίρω envidiar; rehusar por envidia; *en gral.* rehusar, negar [a alguien *dat.* algo, *ac. o gen. o constr. inf.*]; oponerse. F. *aor.* ἐμέγηρα, *ép.* μέγηρα.

μεγα-κήτης ες de ancha boca; *en gral.* enorme, vasto.

μεγάλα *v.* **μέγας.**

μεγαλαυχέω -ῶ enorgullecerse, ufanarse.

μεγάλ-αυχος ον orgulloso, ufano.

μεγαλεῖος α ον grande, magnífico; arrogante, hinchado: τὸ μεγαλεῖον = μεγαλειότης.

μεγαλειότης ητος ἡ magnificencia, grandeza, alteza, majestad.

μεγάλη *adj. fem., de* μέγας.

μεγαληγορέω -ῶ hablar altamente, decir con ufanía, celebrar, jactarse de.

μεγαληγορία ας ἡ lenguaje enfático; celebración, alabanza.

μεγαλ-ηγόρος ον que habla altamente, jactancioso, ufano de palabras.

μεγαλ-ήτωρ ορος de gran corazón, magnánimo, animoso; orgulloso, altanero.

μεγαλίζομαι ufanarse, gloriarse.

μεγαλο-δωρεά ᾶς ἡ magnitud de dones.

μεγαλό-θυμος ον = **μεγάθυμος.**

μεγαλο-πράγμων ον dispuesto a grandes cosas, que tiene grandes planes.

μεγαλοπρέπεια ας [*y jón.* **μεγαλοπρεπείη ης**] **ἡ** magnificencia, grandeza, alteza, elevación.

μεγαλο-πρεπής ές grande, magnífico; alto, elevado; noble, generoso.

μεγαλοφρονέω -ῶ *y med.* tener altos pensamientos; estar orgulloso; ser altanero *o* arrogante.

μεγαλοφροσύνη ης ἡ elevación *o* grandeza de sentimientos, magnanimidad; orgullo, arrogancia, altivez.

μεγαλό-φρων ον de altos sentimientos, magnánimo, noble, generoso.

μεγαλό-φωνος ον con voz fuerte.

μεγαλοψυχία ας ἡ grandeza de alma, magnanimidad; arrogancia, ufanía.

μεγαλό-ψυχος ον noble, generoso, magnánimo.

μεγαλύνω engrandecer, acrecentar, robustecer; agravar; celebrar, magnificar, exaltar || MED. envanecerse, hincharse.

μεγαλ-ώνυμος ον de gran nombre, glorioso, lleno de gloria.

μεγάλως ADV. *de* μέγας.

μεγαλωστί ADV. *de* μέγας (κεῖτο μέγας μεγαλωστί yacía, grande él, en un gran espacio, yacía cuán grande era *Hom. Il. 16, 776*).

μεγαλωσύνη ης ἡ = **μεγαλειότης.**

μέγαρον ου τό sala grande, vestíbulo donde se reúnen los hombres; cámara de las mujeres; habitación de dormir *y en gral.* casa, morada, tienda, palacio; parte más íntima y sagrada de un templo, sagrario.

μέγας μεγάλη μέγα grande, espacioso, extenso; alto, elevado; largo; profundo; ancho; crecido; grande, importante (μέγα ἐστί es importante [para algo, εἰς *o* πρός *y ac.*]); considerable, señalado, sobresaliente (τὸ μέγιστον, lo más importante, lo capital); fuerte, intenso, poderoso, violento; *en mal sentido,* presuntuoso, orgulloso, arrogante, altanero (μέγα εἰπεῖν *o* φρονεῖν hablar *o* pensar orgullosamente); poderoso, principal, ilustre, famoso (οἱ μεγάλοι Δαναοί los jefes Danaos; ὁ μέγας βασιλεύς el rey de Persia) || ADV. **μέγα, μεγάλα, μεγάλως, μεγαλωστί,** grandemente, en gran manera, en alto grado, en un gran espacio, con gran diferencia, mucho, muy: μέγα μάλα, muy mucho, fortísimamente.
F. *gen.* μεγάλου μεγάλης μεγάλου, *etc. ac.* μέγαν μεγάλην μέγα; *comp.* μείζων, *jón.* μέζων, *td.* μειζότερος *(N. T. 3 Ep. Jo. 4)*; *superl.* μέγιστος η ον || ADV. μέγα *y* μεγάλως; *comp.* μειζό-

νως (*jón.* μεζόνως) *y* μεῖζον; *superl.* μέγιστον *y* μέγιστα.

μεγα-σθενής ές muy poderoso.

μέγεθος εος [ους] τό grandeza, tamaño; dimensión; altura, talla, estatura (σμικρὸς μεγάθεϊ *o* τὰ μεγάθεα de pequeña estatura); alto, largo, ancho [de una cosa]; extensión (μέγεθος λαμβάνειν tomar crecimiento, crecer); importancia, alcance, elevación; poder, fuerza.

μεγιστᾶνες ων οἱ personas principales, magnates.

μέγιστος η ον ADJ. *superl. de* μέγας.

μεδέω = μέδω; *part.* μεδέων, -ουσα, que cuida, protector ("Ιδηθεν del Ida, etc.).

μέδιμνος ου ὁ *o* **ἡ** fanega [medida de capacidad, en Atica, 52,53 litros].

μέδω [*y med.*] pensar en, preocuparse de cuidar de [algo, *gen.*]; pensar, meditar, proyectar (κακὰ Τρώεσσι males para los troyanos); proteger, guardar, regir, gobernar (ὁ μέδων guardián, protector; gobernador, señor, soberano).

F. *Mayormente usado en la voz med. salvo el part. act.* μέδων *sustantivado. Impf. ép.* μεδόμην; *3.ª pl. opt.* μεδοίατο; *fut.* μεδήσομαι.

μεζόνως ADV. *jón. de* μέζων.

μέζων *jón.* = **μείζων** *comp. de* μέγας.

μεθ-αιρέω -ῶ atrapar *o* coger al vuelo *o* en el aire.

F. *sólo en el aor. 2.º iter. ép.* μεθέλεσκον *Od. 8, 376.*

μεθ-άλλομαι saltar *o* lanzarse detrás, perseguir; lanzarse contra... *dat.*

μεθ-αρμόζω [*y át.* **μεθ-αρμόττω**] cambiar *y esp.* reajustar, corregir.

μεθέηκα *aor. ép. de* μεθίημι.

μεθείω *subj. aor. ép. de* μεθίημι.

μεθεκτέον *adj. vbal. de* μετέχω.

μεθ-έλεσκε *3.ª sing. aor. iter. ép. de* μεθαιρέω.

μεθ-έμεν *inf. aor. ép. de* μεθίημι.

μεθέξω *fut. de* μετέχω.

μεθ-έπω [*y med.*] INTR. ir detrás, seguir, venir a visitar, visitar, *fig.* obedecer [a alguien, *dat.*] || TR. seguir, perseguir; buscar, ir en busca de... *ac.; con dos acs.:* Τυδείδην μέθεπεν ἵππους dirigió los caballos hacia el Tidida. *Hom. Il. 5, 329.*

F. *V.* ἕπω. *Impf. ép.* μέθεπον, *part. aor. ép. poét.* μετασπών *med.* μετασπόμενος.

μεθ-ερμηνεύω interpretar, traducir.

μέθετος η ον *adj. vbal. de* μεθίημι.

μέθη ης ἡ bebida fuerte; embriaguez, borrachera.

μέθ-ημαι estar sentado en medio de... *dat.*

μεθ-ημερινός ή όν diurno, de día; diario, de cada día.

μεθημοσύνη ης ἡ abandono, flojedad, descuido.

μεθήμων ον abandonado, perezoso, flojo.

μεθήω *subj. aor. ép. de* μεθίημι.

μεθίει *imp. y 3.ª sing. impf. ép. de* μεθίημι.

μέθιεν *3.ª pl. impf. ép. de* μεθίημι.

μεθίημι TR. soltar (τὴν παῖδα χεροῖν a la muchacha de las manos, *Sóf. Ed. en Col. 838;* μέθες με χεῖρα suéltame la mano, *id. Fil. 1301*); dejar, dejar libre; deponer (χόλον la cólera; τὴν ἀρχήν el poder); echar fuera, despedir, repudiar; abandonar, echar; dejar caer; derramar (δάκρυα lágrimas); disparar [un arma]; emitir γλῶσσαν Περσίδα palabras persas); remitir, perdonar || INTR. *y* MED. aflojarse, remitir [en algo, *gen*]; cesar [en algo, *gen. constr. inf. o part.:* κλαύσας en el llanto]; olvidarse, desentenderse: (σεῖο de ti); permitir, consentir (μεθεῖσά μοι λέγειν después de haberme permitido decir...).

F. *V.* ἵημι. *2.ª sing. ind. pres. ép.* μεθιεῖς *o* μεθίης, *3.ª* μεθιεῖ, *jón.* μετίει; *3.ª pl. át.* μεθιᾶσι, *jón.* μετιεῖσι; *imp.* μεθίει; *3.ª sing. subj. ép.* μεθίησι *inf.* μεθιέναι *ép.* μεθιέμεν(αι); *3.ª sing. impf. ép.* μεθίει, *3.ª pl.* μέθιεν; *fut.* μεθήσω, *inf. ép.* μεθησέμεν(αι); *aor.* μεθῆκα, *ép.* μεθέηκα; *imp.* μέθες; *subj.* μεθῶ, *ép.* μεθείω; *opt.* μεθείην; *inf.* μεθεῖναι, *ép.* μεθέμεν, *part.* μεθείς. *El med. usado a partir de Hdt. fut.* μεθήσομαι (μετήσομαι *jón. con valor pas*), *3.ª sing. aor.* μεθεῖτο, *2.ª pl.* μέθεσθε; *inf.* μεθέσθαι. *En pas. jón. 3.ª sing. impf.* ἐμετίετο, *part. perf.* μεμετιμένος *3.ª sing. aor.* μετείθη.

μεθιστάνω [*N. T.*] *y*

μεθίστημι TR. cambiar, trasladar, mudar de sitio; cambiar, sustituir; mudar, transformar [de algo, ἐκ *y gen.*; en algo, εἰς *y ac.*]; hacer pasar (τὰ ἐκεῖ πάντα πρὸς Λακεδαιμονίους μετέστησεν hizo pasar todo aquello a poder de los Lacedemonios, *Jen. Hel. 2, 2, 5*); sacar (καί σε δαίμονες νόσον μεταστήσειαν que los dioses te saquen de tu enfermedad, *Sof. Fil. 464*). || INTR. *y* PAS. colocarse en medio de *o* entre (ἑταίροισι los suyos); retirarse, salir; pasarse [de un partido, etc. ἀπὸ *y gen.* a... παρὰ *o* πρὸς *y ac.*]; cambiarse, transformarse, alterarse || MED. apartar de sí *o* de la propia presencia; despedir; desterrar.

F. *tr. fut.* μεταστήσω; *aor. 1.º* μετέστησα; *intr. aor. 2.º* μετέστην, *perf.* μεθέστηκα *y aor. pas.* μετεστάθην. *V.* ἵστημι.

μεθό = **μεθ' ὅ** tras de lo cual, después de lo cual.

μεθοδεία ας *y*

μεθοδία ας ἡ asechanza, cerco, rodeo.

μέθ-οδος ου ἡ camino, procedimiento, método.

μεθομιλέω -ῶ convivir [con... *dat.*].

μεθ-όριος α ον fronterizo, que separa *o* delimita; τὰ μεθόρια fronteras, confines.

μεθ-ορμάομαι -ῶμαι [*y aor. pas.*] lanzarse sobre, perseguir a... *ac.*

μεθ-ορμίζω cambiar de fondeadero || INTR. *y* MED. cambiarse de fondeadero, trasladarse [por mar].

μέθυ υος τό vino.

μεθυ-δώτας ου ὁ dador de vino, embriagador.

μεθύσκω emborrachar, embriagar || PAS. emborracharse, embriagarse, estar borracho.

F. *fut.* μεθύσω; *aor.* ἐμέθυσα; *aor. pas.* ἐμεθύσθην, *fut. pas.* μεθυσθήσομαι.

μέθυσος η ον [*y* **ος ον**] borracho, ebrio.

μεθ-ύστερος α ον posterior; μεθύστερον después, tarde; τὸ μεθύστερον en adelante, desde ahora.

μεθυστικός ή όν borracho, aficionado a la bebida.

μεθύω estar borracho; estar embriagado *o* en delirio (τῷ μεγέθει τῶν πεπραγμένων por la grandeza de lo hecho).

μεθῶ μεθῶμεν *1.ª sing. y pl. subj. aor. de* μεθίημι.

μεῖγμα ατος τό mezcla, mixtura.

μείγνυμι *y*

μειγνύω mezclar [algo, *ac.* con algo, *dat. y tamb.* ἐκ (ἐκ γῆς καὶ πυρὸς μίξαντες con una mezcla de tierra y fuego, *Plat. Prot. 320 d.*); unir, combinar; trabar (μ. χεῖρας τε μένος τε trabar las manos y el coraje *e. e.* trabar con furia un combate cuerpo a cuerpo; μ. Ἄρη trabar la pelea); confundir en, llevar a (κακότητι καὶ ἄλγεσιν la miseria y los dolores, *Hom. Od. 20, 203*) || MED. *y* PAS. mezclarse, unirse, ponerse *o* meterse entre... *dat. o* ἐν *y dat.*; ser llevado a, alcanzar, tocar, dar en, caer a, llegar a... *dat.* ἐν *y dat.* εἰς *y ac.*; trabarse en combate; yacer juntamente.

F. *fut.* μείξω; *med. pas.* μείξομαι; *aor.* ἔμειξα, *3.ª sing. aor. 2.º med. ép.* ἔμικτο μίκτο *(con valor pas.)*; *perf.* μέμιχα μέμιγμαι, *3.ª pl. jón.* μεμείχαται, *3.ª sing. plpf. ép.* ἐμέμικτο; *aor. pas.* ἐμείχθην *y* ἐμίγην *(ép. tamb. sin aum.)*, *3.ª pl. subj. ép.* μιγέωσι, *inf. ép.* μειχθήμεναι *y* μιγήμεναι, *fut. pas.* μειχθήσομαι μιγήσομαι. *Con frecuencia el diptongo* ει *aparece reducido a* ι, *cf.* μίγνυμι *y* μίσγω.

μειδάω *ép. y*

μειδιάω reír, sonreír.

F. *part. pres. ép.* μειδιόων μειδιόωσα; *aor. ép.* (*de* μειδάω) μείδησα.

μειζόνως ADV. *comp. de* μέγα.

μειζότερος ADJ. *comp. de* μέγας.

μείζων ον ADJ. *comp. de* μέγας.

μεικτός ή όν *adj. vbal. de* μείγνυμι mezclado, compuesto.

μείλας *ép.* = **μέλας.**

μείλιγμα ατος τό calmante, sedante.

μείλινος η ον *ép.* = **μέλινος.**

μείλιον ου τό don, obsequio, regalo, *esp.* don propiciatorio.

μειλίσσω apaciguar, aplacar, ablandar, hacerse propicio, propiciar || MED. lisonjear, tratar con contemplaciones.

F. *inf. ép.* μειλισσέμεν, *fut. td.* μειλίξω, *etc.*

μειλιχίη ης ἡ *ép.* blandura; flojedad.

μειλίχιος α ον *y*

μείλιχος ον de miel, dulce; *fig.* dulce, suave, amable; propicio, que atiende a los que le invocan || SUST. τὸ μειλίχιον palabra dulce; suavidad, dulzura.

μεῖξις εως ἡ mezcla; unión, coito.

μειξο-βάρβαρος ον medio bárbaro, mixto de griego y bárbaro.

μειξο-λυδιστί ADV. en tono lidio mixto.

μειξο-πάρθενος ον mitad doncella, medio mujer.

μ(ε)ίξω *fut. de* μείγνυμι.

μεῖον ADV. *y n. de* μείων.

μειονεκτέω -ῶ estar escaso, estar falto, estar pobre.

μειονεξία ας ἡ desventaja, inferioridad.

μειόνως ADV. *de* μείων; μειόνως ἔχειν ser indigno, no merecer [*Sóf. Ed. en Col. 104*].

μειόω -ῶ disminuir, achicar; disponer, degradar; rebajar [hablando] || MED. = *act.*; quedarse atrás de... *gen.* || PAS. decrecer, disminuir, debilitarse, empeorarse.

μειρακιεύομαι portarse como un jovenzuelo *e. e.* insensatamente.

μειράκιον ου τό adolescente, jovencito.

μειρακίσκος ου ὁ muchachuelo.

μειρακιώδης ες de joven, juvenil; *en mal sentido*, pueril.

μεῖραξ κος ὁ muchacho, joven || **ἡ** muchacha, doncella.

μείρομαι tomar como parte *o* participación; *perf.* ἔμμορα participar de... *gen.*; *perf. pas.* εἵμαρται [*plpf.* εἵμαρτο] está decretado, está escrito, está determinado por el destino *o* por los dioses; ἡ εἱμαρμένη la suerte, el destino, el sino.
F. *V. supra.*

μείς μηνός ὁ *ép. y jón.* = **μήν.**

μ(ε)ίχθην *aor. 1.º pas. ép. de* μείγνυμι.

μείωμα ατος τό falta, déficit.

μείων ον ADJ. *comp. de* μικρός.

μελάγ-γαιος ον *jón.* de tierra negra, gredoso.

μελαγ-χαίτης ου de negros cabellos.

μελαγχολάω -ῶ estar de mal talante, bilioso *o* colérico.

μελαγχολία ας ἡ melancolía, pasión de ánimo.

μελαγχολικός ή όν atrabiliario; melancólico.

μελάγ-χολος ον impregando de negra hiel, envenenado.

μελαγ-χροιής ές *y*

μελάγ-χροος οον [**ους ουν,** *pl. heteróclito* μελάγχροες] de piel oscura, moreno.

μέλαθρον ου τό viga *y esp.* viga maestra; techo, tejado (ἐπὶ προύχοντι μελάθρῳ en el alero, *Hom. Od. 19, 544*); morada, mansión.

μελαίνω ennegrecer, oscurecer || PAS. ennegrecerse, oscurecerse.

μελάμ-φυλλος ον de negro o espeso follaje.

μέλαν ανος *v.* μέλας.

μελάν-δετος ον guarnecido de negro, con correas *o* monturas negras.

μελανία ας ἡ negrura, mancha *o* nube negra.

μελανό-χροος ον [**-ους ουν**] *ép.* = **μελάγχροος** [*nom. pl. heteróclito* μελανόχροες].

μελάντερος α ον *comp. de* μέλας más negro, muy negro.

μελάν-υδρος ον de agua negra: μ. κρήνη fuente de aguas sombrías [por su profundidad].

μελάνω *ép.* = **μελαίνω.**

μέλας αινα αν [*gen.* **μέλανος μελαίνης**] negro, oscuro, sombrío μέλαν ὕδωρ agua sombría [por su profundidad]); tétrico, triste, funesto, luctuoso; temible || SUST. **τὸ μέλαν** negrura; corteza negra; tinta.

μέλδομαι fundir, derretir.

μελεδαίνω cuidar, atender, preocuparse por... *ac., gen., constr. inf.*

μελέδημα ατος τό *y*

μελεδών ῶνος ἡ *y*

μελεδώνη ης ἡ cuidado, preocupación, angustia.

μελεδωνός οῦ ὁ *y* **ἡ** guarda, encargado, intendente, inspector.

μελεϊστί ADV. miembro por miembro.

μέλεος α ον [*o* **-ος ον**] vano, inútil, infructuoso; inactivo, inerte; desgraciado, lamentable, mísero.

μελετάω -ῶ cuidarse, preocuparse [de algo, *gen.*]; procurar [algo, *ac. constr. inf. etc.*]; ocuparse en, ejercitar, practicar, profesar; *abs.* ejercitarse, hacer ejercicio.

μελέτη ης ἡ *y*

μελέτημα ατος τό cuidado, preocupación; atención, solicitud; práctica, ejercicio; uso, costumbre; *y esp.* ejercicio militar *y* ejercicio de declamación; estudio, ocupación.

μελετηρός ά όν aplicado, esmerado, puntual.

μελέτωρ ορος ὁ cuidador, quien se cuida, *de donde* vengador.

μέλημα ατος τό cuidado; objeto de cuidado *o* solicitud.

μέλι ιτος τό miel; *por anal.* jugo de palmera.

μελί-γηρυς υος de dulce sonido.

μελίη ης ἡ *ép.* fresno; lanza de fresno.

μελι-ηδής ές dulce como la miel; *fig.* dulce, amable, querido.

μελί-κρατον ου *y*

μελί-κρητον ου τό *ép.* bebida de leche y miel.

μελίνη ης ἡ zahina; campo de zahina.

μέλινος η ον de madera de fresno.

μέλισσα ης ἡ abeja; miel.

μελίσσιος α ον de abejas, hecho por las abejas.

μελισσουργός οῦ ὁ abejero, apicultor.

μελιστής οῦ ὁ cantor; flautista, tocador.

μελιτόεις όεσσα όεν [-οῦς οῦσσα οῦν] de miel, hecho de miel: ἡ μελιτόεσσα [*sc.* μάζα] torta de miel.

μελιτόω -ῶ enmelar, endulzar con miel.

μέλιττα ης ἡ *át.* = **μέλισσα.**

μελιττουργός οῦ ὁ *át.* = **μελισσουργός.**

μελί-φρων ον [*gen.* ονος] dulce, delicioso.

μελί-χροος οον [-ους ουν] melado; dulce como la miel.

μέλλησις εως ἡ proyecto, propósito; intención; dilación, retraso; contemporización, espera (διὰ βραχείας μελλήσεως en corto espacio de tiempo, en pocos momentos); desistimiento.

μελλητής οῦ ὁ que anda con dilaciones, tardo, perezoso.

μελλό-γαμος ον prometido, desposado.

μελλό-νυμφος ον prometido, novio, desposado; que espera a su esposo [*Sóf. Tr. 207*].

μέλλω pensar, tener la idea, la intención *o* el pensamiento de [hacer algo, *inf. fut.*]; ir a, estar a punto de; haber de, deber (τὰ οὐ τελέεσθαι ἔμελλον cosas que no habían de cumplirse); *indicando sospecha, creencia, probabilidad:* μέλλω που ἀπεχθέσθαι Διί debo de ser [sin duda soy] odioso a Zeus; dilatar, aplazar; demorar, vacilar; haber de ser, haber de hacer, tener que suceder; *con inf. impl.:* πῶς γὰρ οὐ μέλλει; ¿cómo no ha de ser así?; ἑόρακας; τί δ'οὐ μέλλω; ¿lo viste? ¿cómo no [lo había de ver]? *Jen. Hel. 4, 1, 6* || MED. retrasarse, sufrir retraso || PART. μέλλων futuro; τὸ μέλλον el porvenir.

F. *impf.* ἔμελλον *y* ἤμελλον *ép. tamb.* μέλλον; *fut.* μελλήσω; *aor.* ἐμέλλησα *y* ἠμέλλησα.

μελο-ποιός οῦ ὁ autor de cantos, poeta lírico.

μέλος εος [ους] τό miembro (κατὰ μέλεα miembro por miembro); miembro *o* frase musical; poesía lírica, modo lírico, canto; música, tono.

μέλπηθρα ων τά juego, objeto de juego, juguete.

μέλπω [*y med.*] celebrar con canto y danza [a alguien *ac.*]; cantar con acompañamiento de lira *o* cítara; cantar y bailar; *fig.* μέλπεσθαι Ἄρηι bailar la danza en honor de Ares, *e. e.* combatir a pie [*Hom. Il. 7, 241*].

μέλω [*y med.*] preocupar, interesar, ser objeto de los pensamientos *o* el cuidado [de alguien, *dat.*]: ἀνθρώποισι μέλω soy objeto de los pensamientos de los hombres, *e. e.* bien conocido de ellos; *tamb. con suj. de cosa, constr. inf.,* ὅτι... *etc.; impers.* μέλει interesa, hay interés, cuidado, preocupación, etc. [de *o* por algo, *gen.;* en alguien, *dat.*]; θεοῖσιν εἰ δίκης μέλει si en los dioses hay interés por la justicia *e. e.* si los dioses de preocupan de lo justo; μέλον *o* μέλον ἐστί = μέλει || cuidarse, preocuparse, interesarse [de, por algo, *gen.*]; *part. pas.* μεληθείς *con el mismo valor.*

F. *inf. pres. ép.* μελέμεν; *impf. ép.* μέλον; *fut.* μελήσω, (*inf. ép.* μελησέμεν), *med.* μελήσομαι; *aor.* ἐμέλησα; *perf.* μεμέληκα *y ép. poét.* μέμηλα *med.* μεμέλημαι, *3.ª sing. ép.* μέμβλεται; *plpf. 3.ª sing. ép.* μεμήλει, *med.* μέμβλετο; *aor. pas.* ἐμελήθην *(v. supra).*

μελῳδέω -ῶ cantar; tocar.

μελῳδία ας ἡ canto, melodía.
μελῳδός όν canoro, melodioso.
μέμαα *perf. de* μάομαι *con sign. de pres.*
μέμαγμαι *perf. pas. de* μάσσω.
μεμάθηκα *perf. de* μανθάνω.
μεμακυῖα *fem. del part. de perf. ép. de* μηκάομαι *con sign. de pres.*
μέμαμεν -ατε -άασι *pl. ép. de* μέμονα.
μέματον *dual de* μέμονα.
μεμαώς -υῖα *(gen.* -ῶτος *y* -ότος*) part. de* μέμονα.
μέμβλεται *y*
μέμβλετο *3.ª sing. de perf. y plpf. med. resp. ép. de* μέλω.
μέμβλωκα *perf. de* βλώσκω.
μεμβράνα ης ἡ pergamino (para escribir).
μεμέλασμαι *perf. med. de* μελαίνω.
μεμελημένως ADV. con cuidado, esmeradamente.
μεμένηκα *perf. de* μένω.
μεμετιμένος = **μεθειμένος** *part. perf. pas. jón. de* μεθίημι.
μεμηκώς *part. perf. con sign. de pres. de* μηκάομαι.
μέμηλα *perf. poét. de* μέλω *con sign. de pres.*
μέμηνα *perf. de* μαίνω.
μέμνεο *imp. perf. med. jón. de* μιμνήσκω.
μεμνέῳτο *3.ª sing. opt. perf. med. ép. de* μιμνήσκω.
μέμνημαι *perf. med. de* μιμνήσκω *con valor de pres.*
μεμνήμην -ῇο -ῇτο *opt. perf. med. ép. de* μιμνήσκω.
μέμνησο *imp. perf. med. de* μιμνήσκω.
μεμνῶμαι *subj. perf. med. de* μιμνήσκω.
μεμνῴμην -ῷο -ῷτο *opt. perf. med. de* μιμνήσκω.
μέμονα *perf. con valor de pres.* desear ardientemente, estar ansioso de, aspirar a, buscar, tratar de... *gen. o constr. inf.; abs.* διχθά μοι κραδίη μέμονε mi corazón vacila entre dos deseos *Hom. Il. 16, 435;* proponerse, resolverse *o* determinarse a; lanzarse apresurada *o* violentamente [hacia ἐπί *y dat.;* πρόσσω hacia adelante]; μεμαώς apresurado, precipitado, ávido, ansioso [*esp.* de lucha].
F. *sing.* μέμονα, -ας -ε, *du.* μέματον, *pl.* μέμαμεν -ατε -άασι; *3.ª sing. imp.* μεμάτω; *inf.* μεμονέναι *(jón.)*; *3.ª pl. plpf. ép.* μέμασαν; *part.* μεμαώς μεμαυῖα, *gen.* μεμαῶτος *o* μεμαότος, *etc.*
μεμορυγμένος *part. perf. pas. de* μορύσσω.
μεμπτός ἡ όν *adj. vbal. de* μέμφομαι censurable; despreciable, deleznable; que reprocha *o* se queja: μεμπτός εἰμι reprocho [algo, *ac.* a alguien, *dat.*].
μέμυκα *perf. de* μύω *o de* μυκάομαι.
μέμφομαι censurar, reprender, hacer reproches [a alguien, *ac. o dat.*]; reprochar [algo, *ac.* en alguien *o* de alguien, *gen.;* a alguien, *dat.*]; quejarse [contra alguien, *ac. o dat.* de algo *o* por algo, *gen., constr. con* ὅτι *o* εἰ, *etc.;* en relación con... εἰς *o* κατά *y ac.*]; estar descontento *o* disgustado [con... *dat.*].
F. *fut.* μέμψομαι; *aor.* ἐμεμψάμην *y* ἐμέμφθην *(generalmente con valor med.)*.
μεμψι-μοιρέω -ῶ = **μέμφομαι.**
μεμψί-μοιρος ον reprensor, regañón.
μέμψις εως ἡ censura, reproche, queja; motivo de reproche *o* queja.
μέμψομαι *fut. de* μέμφομαι.
μέν PARTÍCULA ciertamente, por cierto, de cierto, en verdad: ἐγὼ μέν yo, por mi parte; ἦ μέν cierta, verdaderamente; μέν γε *y* μέν γέ που en todo caso, como quiera que sea; μὲν οὖν ciertamente *y tamb.* antes bien, más bien; μέν τοι *v.* μέντοι. [καὶ] μὲν δή [y] ciertamente; πάνυ μὲν οὖν muy de cierto, certísimamente; *con* δέ *en un segundo miembro;* μέν... δέ ciertamente... pero; de una parte... de otra; en parte... en parte; *en vez de* δέ *puede haber otra partícula adversativa* ἀλλά, αὖ, αὖθις, αὐτάρ, αὖτε, μέντοι, ὅμως etc. *o quedar aquélla implícita;* ὁ μέν... ὁ δέ el uno... el otro; οἱ μέν... οἱ δέ los unos... los otros; τὸ μέν... τὸ δέ de una parte... de otra; τότε μέν... τότε δέ ya... ya, ora... ora, unas veces... otras; μέν *no encabeza nunca la frase, antes bien va como segunda palabra de ella, precedida frecte. de la prep. o del art. a no ser que quiera señalarse especialmente el nombre, en cuyo caso se coloca después de éste.*
μενεαίνω desear vehementemente, tratar de... *constr. inf.;* enfurecerse, irritarse, estar furioso.

F. *inf. ép.* μενεαινέμεν; *aor. ép. sin aum.* μενέηνα,, *pl.* μενεήναμεν.

μενε-δήιος ον *ép.* firme contra el enemigo valeroso, animoso.

Μενέλαος ου *y át.*

Μενέλεως εω ὁ Menelao [rey de Esparta, hermano de Agamenón, esposo de Helena].

μενε-πτόλεμος ον firme en la lucha, valeroso.

μένεσκον *impf. iter. ép. y jón. de* μένω.

μενετέον *n. adj. vbal. de* μένω.

μενετός ή όν que espera, que admite espera; paciente.

μενε-χάρμης ου *y*

μενέ-χαρμος ον firme en el combate.

μενέω *ép. y jón.* = **μενῶ** *fut. de* μένω.

μενο-εικής ές a satisfacción, a gusto, abundante, largo, copioso.

μενοινάω -ῶ *ép. poét. y*

μενοινέω -ῶ *jón.* pensar, tramar, idear, maquinar; desear vehementemente; φρεσίν, θυμῷ en su interior, en su ánimo.

F. *ép. tamb.* μενοινώω *Il. 13, 79; 3.ª sing.* μενοινάᾳ; *impf. ép.* μενοίνεον *3.ª sing.* μενοίνα; *aor. ép.* μενοίνησα.

μένος εος [-ους] τό fuerza, vigor, ímpetu, poder; fuerza vital, vida, alma; sangre; furia, rabia, cólera; intención, propósito; temple, talante, temperamento, *en perífrasis:* μένος 'Ατρείδαο, μένος Ἕκτορος = 'Ατρείδης, Ἕκτωρ.

μὲν οὖν *v.* μέν.

μεντἄν *contr. de* μέντοι ἄν.

μέντοι *partícula* ciertamente, realmente, sin duda, en verdad; pero sin embargo, no obstante, por otro lado, además; pues, en efecto, *esp. para dar viveza a la interrogación:* οὐ σὺ μέντοι Ὁμήρου ἐπαινέτης εἶ; ¿no eres tú, pues, ensalzador de Homero? [*Plat. Prot. 309, a.*].

μένω permanecer, mantenerse firme [en el combate]; estar, quedarse (ἐν δόμοις en casa; ἀπό lejos de... *gen.*); esperar, aguardar; mantenerse, durar, seguir, perseverar [en algo *dat.* ἐν *y dat.*]; pararse, detenerse (ἐπὶ τούτων en esto, *Dem. Fil. 1, 3, 9)* || TR. aguardar, esperar; hacer frente a, resistir, aguantar.

F. *inf. pres. ép.* μενέμεν; *impf. iter. ép. y jón.* μένεσκον; *fut. ép. y jón.* μενέω *át.* μενῶ; *aor.* ἔμεινα; *perf.* μεμένηκα.

μερίζω dividir, distribuir, repartir || MED. *y* PAS. repartirse, dividirse.

F. *fut.* μεριῶ; *aor.* ἐμέρισα; *perf.* μεμέρικα, *pas.* μεμέρισμαι; *aor. pas.* ἐμερίσθην.

μέριμνα ης ἡ cuidado, preocupación, solicitud.

μεριμνάω -ῶ cuidar de, ocuparse en..., *ac.;* estar cuidadoso, preocupado, solícito [por algo, *ac., dat.* περὶ *y gen o interr. indir.:* τί φάγητε por lo que habéis de comer, *N. T. Mt. 6, 25*].

μερίμνημα ατος τό = **μέριμνα.**

μερίς ίδος ἡ parte, porción; participación; *esp.* clase, parte, partido, bando; ayuda, contribución.

μερισμός οῦ ὁ división, distribución.

μεριστής οῦ ὁ partidor [*esp.* de una herencia].

μέρμερος ον que produce cuidados; notable, extraordinario; terrible, funesto.

μερμηρίζω pensar, reflexionar, meditar (φρεσί, κατὰ φρένα en su interior; ὅπως... como, etc.; μ. δίχα *o* διάνδιχα estar perplejo, vacilar); maquinar, idear [algo, *ac.,* contra alguien, *dat.*].

F. *fut.* μερμηρίξω; *aor. ép. sin aum.* μερμήριξα.

μέρμις ιθος ἡ cuerda, hilo.

μέρος εος [-ους] τό parte, porción, destino, lote (τὸ ἐμὸν μέρος por mi parte, en cuanto a mí, por lo que a mí me toca); vez, turno, orden, serie (ἐν μέρει por turno; ἀνὰ μέρος, κατὰ μέρος sucesivamente, uno tras otro; ἐν τῷ μέρει en su turno; ἐν τῷ μέρει καὶ παρὰ τὸ μέρος en su turno y fuera de él, *e. e.* cuando le tocaba y cuando no. *Jen. Anáb. 7, 6, 36*); parte que se toma, participación; parte [por oposición al todo], miembro, fracción, división (τὰ δύο μέρη las dos partes *e. e.* los dos tercios; τὰ πέντε μέρη los cinco sextos, etc.; τὸ μέρος *o* μέρος τι, κατὰ μέρος, ἐκ μέρους, ἀπὸ μέρους en parte); parte de tierra, región, comarca; división *o* cuerpo de soldados; cometido, papel, oficio, cargo, condición, situación, categoría, clase, casta (ἀπὸ μέρους por la clase *o* condición social); calidad, concepto (ἐν μέρει en lugar, puesto, clase *o* calidad [de... *gen.*]; ἐν οὐδενὸς εἶναι μέρει no valer nada, ser tenido en nada); muestra (τῆς εὐταξίας de la disciplina).

μέροψ οπος mortal, caduco; *según otros,* de voz articulada, dotado de habla.

μεσαι-πόλιος ον ADJ. *ép.* entrecano.

μεσαίτατος η ον *superl. de* μέσος.

μεσαίτερος α ον *comp. de* μέσος.

μεσαμβρίη ης ἡ *jón.* = **μεσημβρία.**

μέσατος = **μέσσατος.**

μέσ-αυλος = **μέσσαυλος.**

μεσεύω guardar el medio, ser neutral.

μεσηγύ(ς) ADV. en medio; *con gen.* entre; *de tpo.* entretanto.

μεσήεις εσσα εν mediano.

μεσ-ημβρία ας ἡ mediodía, mitad del día; mediodía, sur.

μεσημβρινός ἡ όν del mediodía, meridiano; meridional, del sur: τὰ μεσημβρινά regiones del Sur, *Tuc. 6, 2, etc.*

μεσιτεύω mediar, interponerse; fiar; garantizar (ὅρκῳ con juramento).

μεσίτης ου ὁ mediador, fiador.

μεσό-γαια ας ἡ tierra interior.

μεσό-γαιος ον interior, [de] tierra adentro.

μεσό-γεια = **μεσόγαια.**

μεσόγειος = **μεσόγαιος.**

μεσό-δμη ης ἡ tirante, viga transversal; *s. o.* intercolumnio; travesaño donde se encaja el mástil; *s. o.* crujía.

μεσό-λευκος ον blanco por medio, mezclado de blanco.

μεσ-όμφαλος ον situado en el ombligo *o* centro de la tierra *o* procedente de él [*dic.* del oráculo de Delfos].

μεσο-νύκτιος ον de media noche || SUST. **τὸ μεσονύκτιον** la media noche.

μεσο-πόλιος = **μεσαιπόλιος.**

μέσος η ον medio, que está en medio (τὸ μέσον στῖφος el cuerpo de en medio *e. e.* el centro del ejército [por oposición a las alas]); *ante el art. o después del nombre indica el centro o parte central del objeto:* διὰ μέσης τῆς πόλεως por medio de la ciudad; *en poes. con frec.* μέσον σάκος el centro del escudo; μέση ἀπήνη el medio del carro; *con gen.* en medio, entre, a medio camino de; de *tpo.* μέσον ἦμαρ medio día; μέσαι νύκτες media noche || mediano, de mediana fortuna *o* condición, de la clase media; mediador (μ. δικαστής árbitro); imparcial, neutral, desinteresado || SUST. **τὸ μέσον** la mitad, el medio (μ. ἡμέρας mediodía; μ. νυκτῶν medianoche); mitad, centro; espacio intermedio, distancia; diferencia; *de tpo.* intervalo; mediación, arreglo, reconciliación (τῆς ἔχθρης de la enemistad); *con prep.* ἐν μέσῳ en medio, en mitad (τὰ ἐν μέσῳ lo intermedio; οἱ ἐν μέσῳ λόγοι relato de lo transcurrido, *Sóf. El. 1364;* τί δ' ἐν μέσῳ ἐστί; ¿qué hay por medio *e. e.* qué impide? *Jen. Cir. 5, 2, 26*); entre... *gen.;* en medio, en público, delante de todos; κατὰ μέσον = ἐν μέσῳ; ἐς μέσον en medio, en público, ante todos, públicamente; entre los dos partidos, imparcialmente; διὰ μέσου entre, entremedio, en medio, en el intervalo || ADV. μέσον en medio; μέσως medianamente; καὶ μέσως aunque sea en corto grado || COMP. μεσαίτερος || SUPERL. μεσαίτατος el que está más al medio, el más céntrico; *y* μέσσατος (ἐν μεσσάτῳ = ἐν μέσῳ).

μεσό-τοιχον ου τό medianería, pared medianera; separación, división.

μεσο-τομέω -ῶ cortar por medio.

μεσουράνημα ατος τό mitad del cielo, zenit.

μεσ-όφρυον ου τό entrecejo.

μεσόω -ῶ mediar, llegar *o* estar a la mitad [de... *gen.*] ἡμέρα μεσοῦσα mediodía; ἐν μεσοῦντι ἐνιαυτῷ a mitad del año.

μέσσατος *v.* **μέσος** [*al fin*].

μέσσ-αυλον ου τό *y*

μέσσ-αυλος ου ὁ establo, corral *y esp.* boíl.

μεσσηγύ(ς) = **μεσηγύ(ς).**

Μεσσίας ου ὁ [*voz. hebrea*] Mesías, Ungido, Cristo.

μεσσο-παγής ές [clavado] hasta el medio.

μέσσος *ép. poét.* = **μέσος.**

μεστός ή όν lleno, repleto; harto, ahito.

μεστόω -ῶ llenar || PAS. estar lleno [de... *gen.*].

μέσφα *prp. de gen.* hasta: μέσφ'ἠοῦς hasta el alba.

μετά ADV. en medio, entremedias, juntamente, además; en seguida, a continuación, después. *En Hom. frec. separado del verbo con el que luego aparece unido* (μετὰ νῶτα βαλών = νῶτα μεταβαλών) || PRP. *de gen. dat. y ac. Con gen.* en medio de, entre (μετὰ ζώντων entre los vivos); con, juntamente con, en unión de, con la ayuda de, al lado *o* de parte de (οἵδε μετ' αὐτοῦ ἦσαν éstos estaban a su favor; οἱ μετά τινος los amigos, compañeros, partidarios, acompañantes de alguien; el séquito, la comitiva); *fig. indicando circunstancia* (μετὰ δακρύων entre lágrimas; μετὰ δέους con miedo; μετὰ κινδύνων entre peligros; μετ'ἀρετῆς por la virtud); conforme a, de acuerdo con, según (μετὰ καιροῦ según la ocasión, a medida de las circunstancias); durante, al tiempo de || *Con dat. sólo poét.* entre, en medio de, juntamente con, en la serie de (μετὰ πρώτοις entre los primeros; μετὰ τριτάτοισιν entre los de la tercera generación [*Hom. Il. 1, 252*]; μετὰ χερσίν entre las manos; μετὰ φρεσίν entre sí, en el propio ánimo; μετὰ στρατῷ en mitad del ejército; μετὰ πνοιῇς ἀνέμοιο con los soplos del viento, *e. e.* tan velozmente como ellos || *Con ac.* entre, en medio de, *con idea de movto. o sin ella* (μετὰ πάντας ἄριστος el mejor entre todos; μετὰ δὲ στρατὸν ἤλασε y los arreó al medio del campamento); hacia, detrás de, en busca de (μετὰ χαλκόν por bronce, en busca de bronce; μετὰ πατρὸς ἀκουήν en busca de noticias de mi padre); para (πόλεμον μέτα θωρήσσοντο se armaban para el combate); después de, a continuación de, *en espacio, tpo., orden* (μετὰ Πάτροκλον θανόντα después de muerto Patroclo; μετὰ ταῦτα después de esto; κάλλιστος μετὰ Πηλείωνα el más hermoso después del hijo de Peleo; μετ'ἡμέρην después de ser de día, de día *Hdt. 2, 150;* μετ'ὀλίγον, μετὰ μικρόν dentro de poco); conforme, de acuerdo con (μετὰ σὸν καὶ ἐμὸν κῆρ conforme a mi sentir y al tuyo).

μέτα = **μετά** *en anástrofe después del nombre* || = μέτεστι *o* μετῆν [μέτειμι].

μετα-βαίνω pasar [de un lugar a otro, de un asunto a otro] (μετὰ δ'ἄστρα βεβήκει las estrellas habían pasado el meridiano, iban declinando *Hom. Od. 12, 312*); cambiar; suceder, venir después.
  F. *V.* βαίνω.

μετα-βάλλω volver rápidamente *o* de pronto (νῶτα la espalda); cambiar, variar, modificar (τὸ ὄνομα el nombre); adoptar por cambio; dejar por cambio (ἐμαυτὸν ἄνω κάτω μετέβαλλον me volvía a todas partes, daba vueltas a mi cabeza) || INTR. cambiarse, convertirse [a algo *o* en algo: εἰς *o* ἐπὶ *y ac.*] volverse (πρὸς 'Αθηναίους hacia los Atenienses; μεταβάλλων a su vez) || MED. cambiar algo propio, cambiarse de; cambiar, tomar en cambio (μ. σιγὰν λόγων callar en vez de hablar, *Sóf. El. 1261*); cambiarse, transformarse (εἰς λίθον en piedra); comerciar, traficar; dar vueltas (ἄνω καὶ κάτω *v. supra*); cambiar de opinión, de partido, etc.; dar la vuelta, volverse; echarse atrás, ponerse a la espalda (τὰ ὅπλα los escudos, *Jen. An. 6, 5, 16*).
  F. *V.* βάλλω.

μετάβασις εως ἡ paso, transición, cambio.

μετα-βιβάζω trasladar, llevar [a... εἰς *o* ἐπὶ *y ac.*]; cambiar, modificar.

μεταβολή ῆς ἡ cambio, trueque; tráfico, cambio, transformación; variación [de conducta].

μετα-βουλεύω *y med.* resolver posteriormente [en cuanto a... ἀμφὶ *y dat.*]; cambiar de resolución.

μετ-άγγελος ου ὁ *o* **ἡ** intermediario, mensajero.

μετα-γειτνιών ῶνος ὁ metagitnión [2.º mes del calendario ático].

μετα-γιγνώσκω *y jón.*

μετα-γινώσκω cambiar de opinión *o* de resolución, volverse atrás, arrepentirse || TR. cambiar, mudar, alterar; resolver *o* pensar cambiando de opinión, venir a resolver *o* pensar [algo... *constr. inf. o de* ὡς].

F. *V.* γιγνώσκω.

μετάγνοια ας ἡ *y*

μετάγνωσις εως ἡ cambio de opinión; arrepentimiento, remordimiento.

μετα-γράφω escribir de manera diferente, alterar *o* corregir lo escrito; traducir || MED. hacerse traducir.

F. *V.* γράφω.

μετ-άγω trasladar || INTR. cambiar de dirección *o* de camino.

F. *V.* ἄγω.

μετα-δαίνυμαι comer juntamente, participar en la comida [con alguien *dat.*; de algo, *gen.*].

F. *subj. aor. ép.* μεταδαίσομαι *Il. 23, 207.*

μετα-δήμιος ον en el pueblo, entre el pueblo; en el país, en casa.

μετα-διαιτάω -ῶ cambiar de régimen de vida.

F. *V.* διαιτάω: *aor.* μετεδιῄτησα.

μετα-δίδωμι dar parte, hacer participar [a alguien, *dat.* de algo, *gen.*] || TR. entregar.

F. *V.* δίδωμι.

μεταδίωκτος ον alcanzado, cogido.

μετα-διώκω perseguir, ir al alcance; alcanzar, coger || INTR. ir detrás.

μετα-δοκέω -ῶ cambiar de opinión: *impers.* μεταδοκεῖ parece de otra manera, se le cambia la opinión [a alguien *dat.*]; δείσασα μή σφι μεταδόξῃ temiendo no se les mudase la opinión, no se arrepintieran || PAS. μεταδεδογμένον μοι μὴ στρατεύεσθαι habiendo cambiado de opinión [y resolviendo] no combatir, *Hdt. 7, 13.*

F. *V.* δοκέω.

μεταδοξάζω cambiar de opinión.

μετα-δόρπιος ον después de la cena *o tal vez,* durante la cena, estando a la mesa.

μετάδοσις εως ἡ reparto, acción de compartir *o* dar parte [de algo, *gen.*].

μεταδρομάδην ADV. corriendo detrás, siguiendo de cerca.

μεταδρομή ῆς ἡ persecución.

μετάδρομος ον que corre detrás, perseguidor, vengador [de... *gen.*].

μετα-ζεύγνυμι cambiar de yugo *o* enganche: ἵππους a los caballos.

F. *inf.* μεταζευγνύναι. *V.* ζεύγνυμι.

μετάθεσις εως ἡ trasposición; cambio, modificación, alteración [de un texto, de un acuerdo, etc.].

μετα-θέω correr detrás, perseguir.

μετα-ΐζω ponerse al lado.

μετ-αίρω quitar || INTR. irse, partirse. *N. T.*

F. *aor. 1.º* μετῆρα *(N. T.). V.* αἴρω.

μετ-αΐσσω saltar *o* lanzarse detrás.

μετ-αιτέω -ῶ reclamar su parte; *en gral.* reclamar.

μετ-αίτιος ον coautor, cómplice; *simpl.* culpable.

μετ-αίχμιον ου τό espacio entre dos ejércitos; terreno *o* frontera disputados.

μετα-καλέω -ῶ volver a llamar, hacer venir de nuevo.

F. *V.* καλέω.

μετα-κιάθω seguir, ir detrás || TR. perseguir, hostigar; ir a visitar (Αἰθίοπας a los Etíopes); recorrer (πᾶν πεδίον todo el llano).

μετα-κινέω -ῶ trasladar, transportar || MED. trasladarse, cambiar de sitio.

μετακινητός ή όν *adj. vbal. de* μετακινέω que ha de cambiarse.

μετα-κίω *ép.* = **μετακιάθω.**

μετα-κλαίω llorar *o* lamentar más tarde [*o* demasiado tarde].

F. *V.* κλαίω.

μετακλίνομαι PAS. inclinarse a la otra parte, tomar rumbo contrario [la batalla].

μετα-λαγχάνω obtener parte, participar [de... *gen.*]; recibir.

F. *V.* λαγχάνω.

μετα-λαμβάνω obtener *o* tomar parte, participar [de algo, *gen.*]; obtener; participar de la amistad [de alguien *gen.*]; tomar en cambio *o* en sustitución, adoptar; cambiar, trocar || MED. tomar para sí, asumir (τούτου ὀνόματος este nombre).

F. *V.* λαμβάνω.

μετα-λήγω poner fin a, cesar en (χόλοιο la cólera).

μετάληψις εως ἡ participación, goce; cambio.

μεταλλαγή ῆς ἡ variación; cambio, trueque, sustitución.

μετ-αλλάσσω cambiar, trocar; cambiar, variar || INTR. cambiarse, sufrir cambio.

F. *aor.* μετήλλαξα, *etc. V.* ἀλλάσσω.

μεταλλάω -ῶ inquirir, investigar, pre-

guntar [a alguien *ac.*, algo *o* por alguien *ac.*, acerca de alguien, ἀμφὶ *y dat.*].
F. *imp.* μετάλλα. *Ép. poét. los tpos. del pasado sin aum.*

μεταλλήγω *ép.* = **μεταλήγω.**

μέταλλον ου τό mina (ἁλὸς μέταλλον salina).

μετάλμενος *part. aor. ép. de* μεθάλλομαι.

μετα-μάζιος ον entre los pechos, entre las dos tetillas.

μετα-μανθάνω desaprender, olvidar; olvidar una cosa y aprender otra en su lugar (τὴν γλῶσσαν μετέμαθε cambió de lengua *o* idioma).
F. *V.* μανθάνω.

μετα-μείγνυμι mezclar, juntar [con... *dat.*].
F. *V.* μείγνυμι.

μεταμέλεια ας ἡ *y*

μετάμελος ου ὁ cambio de opinión, arrepentimiento (μεταμελείας λαμβάνειν dar motivo *o* lugar al arrepentimiento).

μετα-μέλω IMPERS. μεταμέλει, etc. dar pena, pesar *o* arrepentimiento [a alguien *dat.* de algo *o* por algo *gen., constr. de part.*: μεταμέλει μοι ἀπολογησαμένῳ me arrepiento de haberme defendido, *Pl. Apol, 38, e*]; μεταμέλον *ac. abs.* dándoles pesar *o* arrepentimiento (αὐτοῖς a ellos) ‖ PERS. causar *o* dar pesar *o* arrepentimiento; arrepentirse ‖ MED. arrepentirse, sentir pesar *o* arrepentimiento [por algo, *constr. de part.* ὅτι, *etc.*]; τὸ μεταμελησόμενον causa de futuro pesar *o* arrepentimiento.
F. *V.* μέλω.

μετα-μίγνυμι *y*

μετα-μίσγω = **μεταμείγνυμι.**

μετα-μορφόω -ῶ transformar ‖ PAS. transformarse, transfigurarse, *N. T.*

μετ-αμπίσχομαι ponerse como nuevo vestido, tomar en cambio [algo, *ac.*]...

μεταμώνιος ον vano, vacuo, sin efecto.

μετ-αναγιγνώσκω hacer cambiar ‖ PAS. sufrir cambio en, desistir de (θυμοῦ la cólera).
F. *aor. pas.* μετανεγνώσθην. *V.* γιγνώσκω.

μετανάστασις εως ἡ migración, emigración.

μετανάστης ου ὁ emigrado, forastero extranjero.

μετανεγνώσθη *3.ª sing. aor. pas. de* μεταναγιγνώσκω.

μετα-νίσσομαι pasar al otro lado (Ἥλιος μετενίσσετο βουλυτόνδε el sol comenzaba a declinar).

μετ-ανίσταμαι cambiar de lugar *o* de habitación, partirse, emigrar; pasar *o* refugiarse [junto a alguien, παρὰ *y ac.*].
F. *fut.* μεταναστήσομαι; *aor.* μετανέστην, *inf.* μεταναστῆναι, *part.* μεταναστάς. *V.* ἵστημι.

μετα-νοέω -ῶ cambiar de opinión, cambiar de opinión y reflexionar (μὴ ᾖ... si no es...) arrepentirse, convertirse, hacer penitencia [de algo, ἀπὸ *o* ἐκ *y gen.* ἐπὶ *y dat. N. T.*].

μετάνοια ας ἡ = **μετάγνοια.**

μεταξύ ADV. en medio, en mitad; *tamb. con art.* τὸ μεταξύ; *de tpo.* en medio, entremedias, de pronto; *frec. con part.* μεταξύ πορευομένους en medio del camino, yendo de camino; τὰ μεταξύ lo intermedio; ὁ μεταξὺ (χρόνος) el intervalo; τὰ μεταξὺ τούτου entretanto, hasta entonces [*Sóf. E. C. 291*]; *en el N. T.* después, a continuación (εἰς τὸ μεταξὺ σάββατον el sábado siguiente) ‖ PRP. *de gen.* entre, en medio de.

μετα-παύομαι descansar *o* cesar de tiempo en tiempo *o* interrumpidamente.

μεταπαυσωλή ῆς ἡ descanso, interrupción.

μεταπείθω hacer cambiar [de parecer], disuadir.

μεταπεμπτέος α ον *adj. vbal. de* μεταπέμπω que ha de ser buscado *o* procurado.

μετάπεμπτος ον *adj. vbal. de* μεταπέμπω llamado, hecho venir.

μετα-πέμπω *y med.* mandar por, mandar a buscar, llamar, hacer venir.
F. *V.* πέμπω. *La med. toma tamb. a veces valor pas. por ej. Plat. Prot. 319 b.*

μετα-περιάγω volver atrás.

μετα-πίπτω caer de diferente lado, venir a dar [en... εἰς *y ac.*]; cambiar, mudarse, *y esp.* cambiar súbitamente, venir abajo, derrumbarse [una situación, un régimen, etc.].

F. *V.* πίπτω.

μετα-πλάσσω *y át.*

μετα-πλάττω modelar de diferente modo, transformar.

μετα-ποιέω -ῶ hacer de otra manera, variar, cambiar, transformar || MED. atribuirse a sí mismo, tener pretensiones de, reclamar para sí [algo, *gen. o ac.*].

μεταπρεπής ές distinguido, señalado, ilustre [entre... *dat.*].

μετα-πρέπω distinguirse, señalarse, sobresalir [entre... *dat.*].

μετα-πύργιον ου τό lienzo de muralla [entre dos torres].

μετα-ρρυθμίζω transformar, reformar.

μετάρσιος ον [*y jón.* **ος η ον**] [que se levanta] en el aire; [que está] en alta mar.

μεταρσιόω -ῶ levantar en el aire.

μετα-σεύομαι ir detrás, seguir; lanzarse encima; lanzarse sobre... *ac.* F. *3.ª sing. aor. 2.º ép.* μετέσσυτο *Il. 21, 423,* etc.

μετα-σκευάζω disponer *o* arreglar de manera diferente, transformar, reformar.

μετα-σπάω -ῶ pasar de un sitio a otro; llevarse, arrancar.

μετα-σπόμενος *part. aor. 2.º med. y*

μετα-σπών *part. aor. 2.º act. de* μεθέπω.

μέτασσαι ῶν medianos, de mediana edad [*esp.* borregos *y* chivos. *Hom. Od. 9, 221*].

μετα-σσεύομαι *ép.* = **μετασεύομαι.**

μεταστάς *part. aor. 2.º de* μεθίστημι.

μετάστασις εως ἡ cambio (μετάστασιν δίδου da lugar al cambio, consiente en cambiar, *Sóf. Ant. 718*); *esp.* cambio político, revolución.

μετα-στένω llorar *o* lamentar después [algo, *ac.*].

μετά-στησον *imp. aor. de* μεθίστημι.

μετα-στοιχί ADV. en fila, en línea.

μετα-στρατοπεδεύω *y med.* cambiar de campamento, partirse.

μετα-στρεπτικός ή όν apto para volver en otra dirección, para dirigir.

μετα-στρέφω cambiar, tomar, mudar (νόον la mente, el pensamiento, etc.), llevar de un lado a otro; pervertir, hacer mal uso de || INTR. volverse, cambiar de idea || PAS. volverse [de frente *o* de espalda]; volverse, dar la vuelta; volver la mirada *o* la atención.
F. *aor. pas. ép.* μετεστρέφθην, *jón. y át. tamb.* μετεστράφην. *V.* στρέφω.

μεταστροφή ῆς ἡ acción de volverse *o* tornarse, vuelta.

μετάσχεσις εως ἡ participación.

μετα-σχηματίζω cambiar de forma, transformar; transferir, decir bajo la figura [de alguien, εἰς *y ac.*] *N. T. 1 Cor. 4, 6.*

μετα-τάσσω *y át.* **μετα-τάττω** cambiar de disposición *o* de orden || MED. *esp.* cambiar el propio orden de batalla; irse al lado de, pasarse: παρ' Ἀθηναίους a los atenienses.

μετα-τίθημι poner junto *o* al lado, *de donde* traer, producir; cambiar de lugar; poner en lugar de (προφάσεις ἀντὶ τῶν ἀληθῶν ψευδεῖς μεταθέντα poniendo pretextos falsos en lugar de la verdad *Dem. Cor. 66*); cambiar, mudar, alterar || MED. cambiar algo propio, mudar, cambiar, retractar; *abs.* retractarse; pasarse, desertar; *con dos acs.* cambiar una cosa en otra (τὸ κείνων κακὸν τῷδε κέρδος el mal hecho por aquéllos en ventaja de éste, *Sóf. Fil. 514 515*); *o con inf.* cambiar de opinión y resolver (μ. ἑλέσθαι cambiar y determinarse a elegir *Plat. Gorg. 493, c.*).
F. *fut.* μεταθήσω, *etc. V.* τίθημι.

μετα-τρέπομαι volverse, tornarse; tornarse a, volver la atención a, preocuparse de... *gen.*

μετα-τροπαλίζομαι volverse atrás.

μετα-τυπόω -ῶ transfigurar.

μετ-αυδάω -ῶ decir entre *o* en medio de, dirigir a... *dat.*

μετ-αυτίκα ADV. *jón.* luego, en seguida.

μετ-αῦτις ADV. *jón.* luego, después.

μετα-φέρω llevar a otra parte, trasladar, transferir; cambiar, mudar, trocar; confundir, enredar.
F. *fut.* μετοίσω; *aor.* μετήνεγκα, *etc. V.* φέρω.

μετά-φημι *ép.* decir entre *o* a, *dat.*; dirigirse *o* apostrofar a... *dat. o ac.*

μετα-φορέω -ῶ *jón.* = **μετα-φέρω.**

μετα-φράζομαι considerar *o* reflexionar después *o* más tarde.

μετάφρενον ου τό espalda, *tamb. en pl.* espaldillas, omóplatos.

μετα-φωνέω -ῶ = **μετάφημι.**

μετα-χειρίζω *y med.* tener en la mano *o* entre las manos; manejar; manejar, regir, administrar; practicar, ejercer; tratar [a alguien, *ac.; χαλεπῶς* mal, etc.]; tratar [como médico].

μετα-χωρέω -ῶ irse a otra parte, irse, retirarse, alejarse.

μετ-έασι *3.ª pl. pres. ind. ép. de* μέτειμι *1.*

μετ-έειπον *ép.* = **μετεῖπον.**

1 **μέτ-ειμι** estar entre *o* junto a, al lado de... *dat.;* haber (οὐ παυσωλὴ μετέσσεται no habrá descanso) || IMPERS. haber parte, participación, interés, derecho [de *o* en algo, *gen.* para alguien, *dat.:* κἀμοὶ πόλεως μέτεστι yo también tengo parte en la ciudad *e. e.* tengo tanto interés por ella como tú, *Sóf. Ed. R. 630*]; *a veces con suj. nom.* μέτεστι πᾶσι τὸ ἴσον todos participan de igual modo, todos tienen la misma participación.
F. *V.* εἰμί. *Inf.* μετεῖναι, *ép.* μετέμμεναι *3.ª pl. pres. ind. ép.* μετέασι, *subj. ép.* μετέω *o* μετείω; *fut. ép.* μετέσσομαι, *v. supra.*

2 **μέτ-ειμι** *pres. con sign. de fut.* ir en medio, llegar, meterse *o* presentarse en medio *o* en mitad [de... *dat.*]; ir detrás, seguir; ir tras de, ir a buscar, ir en busca de; *con sign. hostil,* perseguir, ir a vengar; acercarse a, abocarse con... [*ac.:* ἕνα ἕκαστον cada uno]; abordar, dirigirse a; ocuparse en, atender a.
F. *V.* εἶμι. *Inf.* μετιέναι. *3.ª pl. impf. jón.* μετήϊσαν.

μετ-εῖπον *aor. de* μετάφημι.

μετ-είς *jón.* = **μεθείς** *part. aor. de* μεθίημι.

μετεισάμενος *part. aor. 1.º med. de* μεθίημι metiéndose en medio.

μετ-είω *pres. subj. ép. de* μέτειμι *1.*

μετ-εκβαίνω pasar, trasladarse.

μετ-εμβιβάζω trasladar [de una nave a otra].

μετ-έμμεναι *inf. ép. de* μέτειμι *1.*

μετ-ενδύομαι ponerse *o* vestir en cambio.

μετ-εξ-έτεροι PRON. algunos.

μετ-έπειτα *y jón.*

μετ-έπειτεν ADV. después, más tarde

μετ-έρχομαι = **μέτειμι** *2*

μετ-έσσυτο *3.ª sing. aor. 2.º de* μετασεύομαι.

μετέστην, μετέστησα *aors. de* μεθίστημι.

μετ-έχω participar, tener parte *o* participación [en algo, *gen. o ac.; tamb.* μοῖραν *o* μέρος *con gen.;* con alguien, *dat.,* σὺν *con dat.*]; formar parte de, estar entre (τῶν πεντακισχιλίων los 5.000), recibir como parte *o* participación.
F. *fut.* μεθέξω; *aor.* μετέσχον; *perf.* μετέσχηκα. *V.* ἔχω.

μετ-έω *pres. subj. ép. de* μέτειμι *1.*

μετεωρίζω levantar, alzar, elevar (ἔρυμα una defensa); excitar, animar || PAS. subir, alzarse, elevarse [el humo etc.]; *esp.* subir a alta mar; envanecerse, enorgullecerse; excitarse de preocupación *o* de miedo *N. T. Luc. 12, 19.*

μετεωρο-λέσχης ου ὁ que habla en las nubes, charlatán.

μετέωρος ον levantado del suelo, sobre tierra, en el aire (μετεώρους ἐξεκόμισαν τὰς ἁμάξας sacaron de tierra, desatascaron los carros *Jen. An. 1, 8, 5*); que está en el aire, en la atmósfera *o* en el cielo; en el aire, *o* al aire; que está en alta mar; en alta mar, a alta mar; *simplte.* en el mar, a flote, no varado; *en gral.* alto, elevado; *fig.* expectante, suspenso, en expectación; dudoso, incierto, inseguro, mal seguro || SUST. **τὸ μετέωρον** altura, lugar alto; **τὰ μετέωρα** los fenómenos celestes, meteoros (τὰ μετέωρα φροντιστής entendido en los fenómenos celestes. *Plat. Apol. 18 B.*); τὰ μετεωρότατα los puntos más altos.

μετεωρο-σκόπος ου ὁ mirador *u* observador de las estrellas.

μετ-ήορος ον *ép.* = **μετέωρος.**

μετ-ίημι *jón.* = **μεθίημι.**

μετ-ίστημι *jón.* = **μεθίστημι.**

μετ-ίσχω = **μετέχω.**

μετοικεσία ας ἡ destierro *y esp.* cautividad [de Babilonia] *N. T.*

μετ-οικέω -ῶ emigrar; ser meteco, *e. e.* forastero residente en un país.

μετοίκησις εως ἡ *y*

μετοικία ας ἡ migración, cambio de lugar, residencia *o* morada; permanencia *o* residendia en país extranjero.

μετοικίζω trasladar, hacer emigrar.

μετοίκιον ου τό impuesto pagado por los metecos *o* forasteros domiciliados en un país [en Atenas, 12 dracmas al año].

μέτοικος ον emigrante que se establece en otro país || SUST. **ὁ ἡ** forastero residente en un país; meteco *o* forastero establecido en una ciudad mediante paga de un tributo, *v.* μετοίκιον.

μετ-οίχομαι ir tras de, ir en busca de *o* a buscar a; *con sing. hostil,* lanzarse tras de, perseguir a... *ac.;* ir, andar (ἀνὰ ἄστυ por la ciudad); ir con, acompañar a... *dat.*
F. *V.* οἴχομαι. *3.ª sing. impf.* μετῴχετο.

μετ-οκλάζω *ép.* agacharse *o* acuclillarse ya aquí ya allá.

μετ-ονομάζω llamar con nombre nuevo || PAS. ser llamado con nombre nuevo, recibir *o* tomar por *o* como nombre nuevo.

μετ-όπιν ADV. después (ἐν βίῳ τῷ μετόπιν en lo que me queda de vida).

μετ-όπισθε(ν) ADV. atrás, detrás; *de tpo.* después, a continuación; para el futuro, para el porvenir || PRP. *de gen.* detrás de.

μετοπωρινός ἡ όν de otoño; otoñal.

μετ-όπωρον ου τό otoño.

μετ-ορμίζω *jón.* = **μεθορμίζω.**

μετουσία ας ἡ parte, participación; uso, aprovechamiento [de algo, *gen.*].

μετοχή ῆς ἡ participación, comunidad, condominio.

μετ-οχλίζω mover de su sitio con palanca, *en gral.* mover de su sitio; remover.

μέτοχος ον partícipe, participante *y esp.* cómplice.

μετρέω -ῶ medir [algo, *ac.* con algo *o* por algo, *dat.:* τῇ γαστρὶ μ. τὴν εὐδαιμονίαν medir la felicidad por los placeres del estómago, *Dem. Cor. 91*]; contar, calcular; *fig.* recorrer, atravesar (πέλαγος el mar) || MED. medir para sí, calcular, observar || PAS. ser medido, calculado *o* contado (μακροὶ ἂν μετρηθεῖεν χρόνοι podrían contarse largos años [desde entonces] *e. e.* ha pasado mucho tiempo, *Sóf. Ed. R. 561*).
F. *3.ª pl. perf. pas. jón.* μεμετρέαται *Hdt. 4, 86.*

μέτρημα ατος τό medida.

μέτρησις εως ἡ medición, medida, aprecio.

μετρητής οῦ ὁ metretes, medida de capacidad [en Atenas de unos 39,5 litros].

μετρητική ῆς ἡ arte de medir.

μετριάζω moderarse, guardar mesura.

μετριοπαθέω -ῶ ser moderado *o* indulgente [para... *dat.*] *N. T.*

μέτριος α ον [*o* **ος ον**] de dimensión [tamaño, estatura, etc.] común *u* ordinaria; *de núm.* poco; *de grado,* modesto, medio, mediano, común, corriente (τὸ μέτριον *y* τὰ μέτρια la vida común, la fortuna *o* condición mediana *o* modesta; οἱ μέτριοι los hombres de condición común *u* ordinaria); mesurado, no excesivo, no riguroso, tolerable (μετρίων δεόμενος solicitante de cosas moderadas); *de pers.* mesurado, moderado, comedido; templado, sobrio; apropiado, proporcionado || ADV. **μετρίως, μέτριον, μέτρια, τὸ μέτριον, τὰ μέτρια.**

μετριότης ητος ἡ moderación, mesura, templanza; justa medida, proporción.

μέτρον ου τό medida; instrumento para medir, vara, pértiga; medida de capacidad de áridos *o* líquidos *esp.* las más comunes μέδιμνος *y* μετρητής; justa *o* propia medida: regla *o* norma de derecho; cantidad, medida, dimensión, extensión, espacio, largura, anchura; medida completa, plenitud (ἥβης de la juventud); punto propio *o* exacto (ὅρμου de anclaje *o* fondeadero); medida de verso, verso.

μετ-ωπηδόν ADV. en una sola línea, en frente, de frente.

μετώπιος *ép.* en la frente.

μέτ-ωπον ου τό frente; parte anterior de un objeto; lado *o* frente de construcción; frente de ejército: εἰς μέτωπον, ἐπὶ μετώπῳ en línea; ἐπὶ μετώπου de frente, hacia adelante. *Tamb. pl.*

μεῦ *óp. y jón.* — **μοῦ** *gen. de* ἐγώ.

μέχρι *y*

μέχρις ADV. hasta (μέχρι δεῦρο hasta aquí, hasta este punto; μέχρι ὅποι...

hasta dónde, hasta qué punto; οὕτω μέχρι πόρρω hasta tan adelante, hasta esto, *Dem. Cor. 52*); *con prp.* μέχρι ἐπί, μέχρι εἰς hasta || PRP. *de gen.* μέχρι του hasta cierto punto, con reservas; μέχρι θαλάσσης hasta el mar; μέχρι οὗ (μέχρι ὅσου, μέχρι τοσούτου ἕως ἄν) hasta que *o* hasta dónde *y jón. simplte. como* μέχρι; *tamb. de tpo.:* τέο μέχρις; ¿hasta cuándo?; τὸ μέχρι ἐμεῦ hasta mi tiempo; dentro de, en los límites de, de conformidad con (τοῦ δικαίου la justicia) || CONJ. mientras que, en tanto que *con ind., subj.* [*gralte* μέχρι ἄν *acción futura o esperada*] *u opt.*

μή ADV. no. *Se usa con el imp. o subj. prohibitivo, el opt. de deseo, en las subordinadas finales, condicionales, concesivas, relativas, hipotéticas y temporales, consecutivas con inf.; casi siempre con el inf.; con los part. de valor cond. o final; no debe traducirse cuando acompaña al inf. dependiente de vbs. de sentido negativo: negar, contradecir, oponerse a, impedir, prohibir, rehusar,* etc. (καταρνεῖ μὴ δεδρακέναι τάδε; ¿niegas haberlo hecho?); *tampoco* μὴ οὐ *cuando aquellos vbs. llevan negación. Con interr.* ¿acaso... *cuando se espera resp. negativa. En las oracs. finales,* para que no... *Con vbs. de temor (temer, cuidar, precaver, etc.)* que: φοβοῦμαι μὴ temo que; φοβοῦμαι μὴ οὐ temo que no. *Lo mismo con otras expresiones de temor o implícitamente:* μή cuidado con que, a ver si; μὴ οὐ cuidado con que no, a ver si no... [*con subj. o ind. referente a acción cumplida*]; μὴ οὐ no [*con inf. depend. de vbs. que significan no es posible, no es justo, es indigno, es vergonzoso, etc.*]; οὐ μὴ no hay miedo *o* cuidado de que, a buen seguro que no [*con subj. aor. o fut. ind.*]; μὴ ὅτι... ἀλλά... no sólo... sino...; μὴ ὅτι, μὴ ὅπως... ἀλλ' (οὐδέ)... no sólo no... sino tampoco...; ὅτι μὴ sino, excepto, fuera de; μή ποτε, μή που, μή πω, μή πως *v.* μήποτε, μήπου etc.

μηδαμά *y*

μηδαμῇ ADVS. de ninguna manera, en ningún modo; en ningún sitio; nunca.

μηδαμόθεν ADV. de ninguna parte (μεδαμόθεν ἄλλοθεν de ninguna otra parte; de ninguna otra cosa).

μηδαμόθι ADV. en ninguna parte.

μηδαμός ή όν *jón.* ni uno, ninguno.

μηδαμοῦ ADV. en ningún sitio; de ningún valor *o* estima.

μηδαμῶς ADV. de ningún modo, de ninguna manera.

μη-δέ ADV. *y* CONJ. *neg.* ni; y no; ni aun, ni siquiera.

μήδεα τὰ *pl. de* μῆδος εός *1 y 2.*

μηδ-είς μηδε-μία μηδ-έν ni uno, ninguno, nadie [*n.* nada]; nulo, sin valor, sin importancia; aniquilado, perdido (ὁ μηδείς el que no es nada, *o* no vale nada; μηδὲν λέγειν no decir nada, hablar vanamente *o* sin fundamento) || ADV. **μηδέν** *o* **μηδέν τι** en nada, en ningún respecto, de ningún modo.

F. *V.* εἷς. *Pl.* μηδένες -ένων -έσι -ένας, *poco usado.*

μηδέ-ποτε ADV. nunca, jamás.

μηδέ-πω ADV. todavía no, nunca.

μηδε-πώποτε ADV. nunca hasta ahora jamás.

μηδ-έτερος α ον ninguno de los dos, ni uno ni otro: *a veces separados;* οἱ μηδὲ μεθ'ἑτέρων los que no están con unos ni con otros, los neutrales. *Tuc, 2, 67.*

μηδετέρωσε ADV. ni a una parte ni a otra.

Μηδία ας ἡ Media [región del Asia, al S. y S. O. del mar Caspio].

μηδίζω pensar como los medos [*o* los persas]; estar de parte de éstos.

Μηδικός ή όν medo, de medo *o* de Media || **ἡ Μηδική** = **Μηδία; τὰ Μηδικά** las guerras médicas.

μηδισμός οῦ ὁ inclinación *o* adhesión a los medos [*o* a los persas].

μήδομαι pensar, meditar; imaginar, idear, maquinar [algo, *ac.* contra alguien, *ac. o dat.*]; cuidarse, preocuparse de, atender a [algo, *gen.*].

F. *fut.* μήσομαι, *2.ª ép.* μήσεαι; *aor.* ἐμησάμην, *3.ª ép. tamb.* μήσατο.

1 **μῆδος εος [ους] τό** *sólo en pl.* pensamiento, idea, traza, designio (θεῶν ἄπο μήδεα εἰδώς inspirado por los dioses); cuidado; preocupación.

2 **μῆδος εος [ους] τό** *sólo en pl.* partes pudendas del hombre, desnudeces.

μηθ-είς = **μηδείς.**

μη-θέν = **μηδέν.**

μηκάομαι -ῶμαι balar; relinchar; dar chillidos.

F. *part. aor. ép.* μακών; *part. perf. ép. (con valor de pres.)* μεμηκώς *fem.* μεμακυῖα; *plpf. (con valor de impf.)* (ἐ)μέμηκον.

μηκάς άδος ADJ. *f.* baladora, que bala.

μηκ-έτι ADV. no más, ya no más, nunca en adelante.

μήκιστος η ον *superl. de* μακρός: larguísimo, grandísimo, altísimo || ADV. **μήκιστον** larguísimamente, por mucho tiempo *o* en alto grado; lo más lejos posible (ὅτι δύνᾳ μάκιστον hasta dónde puedas, lo mejor posible); μήκιστα en fin, en último término.

μηκό-θεν ADV. de lejos.

μῆκος εος [ους] τό largo, largura; trayecto, distancia, lejanía; tamaño, talla, estatura; magnitud; duración; *en gral.* extensión [*v. gr.* de palabras] || ADV. **μῆκος, τὸ μῆκος, ἐς μῆκος,** a lo largo, de largo; de alto; en magnitud; extensa, largamente.

μήκοτε ADV. *jón.* = **μήποτε.**

μηκύνω alargar, prolongar, extender: λόγον *o* λόγους una conversación, un relato; *o abs.* μηκύνειν hacerse largo *o* prolijo; ponderar, hablar largamente de... *ac.;* alzar: βοήν la voz || MED. crecer *N. T.*

μήκων ωνος ἡ adormidera [planta].

μηλέα ας ἡ manzano [árbol].

μήλε(ι)ος ον de oveja *o* de cordero.

Μηλιεύς έως [*ac.* Μηλιέα *o* Μηλιᾶ] de Mélida [región de Tesalia].

μηλο-βοτήρ ῆρος ὁ ovejero, pastor.

μηλό-βοτος ον donde pacen las ovejas; de pastos, inculto, desierto.

1 **μῆλον ου τό** manzana; *en gral.* fruta.

2 **μῆλον ου τό** res menor; oveja; cabra; *pl.* ganado menor; ovejas (ἄρσηνα μῆλα carneros); cabras; *tamb.* rebaños de cabras *u* ovejas.

Μῆλος ου ἡ Milo [isla y ciudad].

μηλο-σφαγέω -ῶ degollar ovejas; ἱερὰ μηλοσφαγεῖν ofrecer ovejas en sacrificio.

μηλο-τρόφος ον criador *o* productor de ovejas.

μηλο-φόρος ον portador de manzanas (οἱ μηλοφόροι guardias de corps del rey de Persia, que llevaban una manzana *o* bola de oro *o* plata en el extremo inferior de sus lanzas).

μήλ-οψ οπος de color de manzana, amarillo dorado; maduro.

μηλωτή ῆς ἡ piel de oveja *N. T.*

μήν PARTÍCULA *aseverativa y adversativa,* ciertamente, en verdad, verdaderamente, en absoluto, enteramente; por cierto, no obstante, sin embargo; pues [*con imp. o en interr.*] ἄγε μήν, ἄγρει μήν, ea, pues; anda, pues; πῶς μήν...; cómo, pues...?; *con otras partículas:* ἦ μήν en verdad [sin mentir, sin engaño, *en las aseveraciones, juramentos, promesas, etc.*]; γε μήν sin embargo, por el contrario; καὶ μήν y bien, y en verdad; y por cierto; y además; οὐ μήν no, por cierto; μὴ μήν que de cierto no, que por lo menos no, que de ningún modo; οὐ μὴν οὐδέ ni tampoco, de cierto; pero ni siquiera, y ni siquiera; οὐ μὴν ἀλλά empero, y no obstante, y por otro lado.

μήν μηνός ὁ mes, luna, mes lunar (τοῦ μηνός *o* κατὰ μῆνα al mes, cada mes; μηνὸς ἱσταμένου, μεσοῦντος, φθίνοντος a principios, mediados, fines de mes *resp.* [período cada uno de 10 días]; μηνὸς τετάρτῃ φθίνοντος el cuarto día antes de acabarse el mes, el 27); novilunio, fiesta del novilunio, *N. T.*

μην-αγύρτης ου ὁ sacerdote mendicante.

μήνη ης ἡ luna.

μῆνιγξ ιγγος ἡ piel *o* membrana fina; meninge.

μηνιθμός οῦ ὁ cólera, enojo.

μήνιμα ατος τό objeto *o* motivo de la cólera, enojo *o* resentimiento; cólera, enojo.

μῆνις ιος [td. **ιδος**] **ἡ** cólera, enojo, resentimiento; venganza.

μηνίω encolerizarse, enojarse [contra alguien, *dat.*, contra algo εἰς *y ac.;* por algo, *gen.*, ἐκ *y gen.;* en relación con algo, *ac.*]; mostrar su cólera, hacer reproches [a alguien, *dat.*].

μηνο-ειδής ές en forma de media luna.

μήνυμα ατος τό indicación; denuncia.

μηνυτής οῦ ὁ denunciante, delator.

μήνυτρον ου τό recompensa de una acusación *o* denuncia, premio, prima.

μηνύω dar a conocer, revelar, declarar, mostrar; denunciar.
μή-ποτε ADV. nunca, jamás || CONJ. que nunca, que no; para que nunca, para que no; no sea que; ¿acaso...?
μή-που (εἰ μήπου si ya no es que en algún sitio *o* en algún modo...).
μή-πω ADV. todavía no; nunca, jamás || CONJ. no sea *o* no fuera que por caso.
μή-πως CONJ. no sea *o* no fuera que por caso; si acaso no.
μῆρα ων τά *ép. y poét. v.* **μῆρον.**
μήρινθος ου ἡ cuerda, hilo.
μηρίον ου τό muslo.
μῆρον ου *sólo en pl.* μῆρα = **μηρίον.**
μηρός οῦ ὁ muslo, *esp.* la parte superior y más carnosa del mismo, molledo.
μηρύομαι plegar, arrollar.
μησάμην *aor. 1.º ép. y*
μήσομαι *fut. de* μήδομαι.
μήστωρ ωρος ὁ que cuida *o* atiende; consejero prudente, discreto; inspirador; excitador.
μή-τε y no, ni: μήτε... μήτε... ni... ni... [*lo mismo puede ir con* μηδέ, οὔτε *etc.*]; μήτε... τε... no... y...; μήτε... δέ... no... y por otra parte...
μήτηρ μητρός ἡ madre, *en sentido recto así hablando de hombres como de animales; fig.* [de la tierra] madre *o* nutricia; país *o* ciudad natal; fuente, origen, causa.
F. *ac.* μητέρα, *voc.* μῆτερ; *pl.* μητέρες, *etc. dat.* μητράσι. *Ép. y poét. gen. sing. tamb.* μητέρος, *dat.* μητέρι. *Dór.* μάτηρ.
μή-τι *n. de* μῆτις nada || ADV. nada, en nada, de ningún modo, no, en absoluto [*con imp. u opt.*]; μήτι γε δή y tanto menos, y mucho menos; *interr.* ¿acaso...?; *con vbs. de temor o duda* que acaso, no sea que.
μήτι *dat. ép. de* μῆτις.
μητιάω -ῶ *y med.* pensar, meditar, deliberar.
F. *ép. 3.ª pl. pres.* μητιόωσι, *part.* μητιόων μητιόωσα; *3.ª pl. impf. med.* μητιόωντο; *2.ª pl. imp.* μητιάασθε; *inf.* μητιάασθαι.
μητί-ετα ὁ *ép.* buen consejero, prudente, sabio.
μητιόεις εσσα εν discreto, prudente; discreto, ingenioso, producto de ingenio.
μητίομαι *ép. y poét.* = **μητιάω.**
F. *fut.* μητίσομαι *(tamb. subj. aor.)*; *aor.* ἐμητισάμην.
μετιόων μητιόωσι *etc. formas ép. de* μητιάω.
μή-τις μή-τι ninguno, nadie || CONJ. que alguien, no sea que alguien; *n. v.* μήτι.
μῆτις ιος [*át.* **ιδος**] **ἡ** prudencia, discreción; designio, proyecto; astucia, ingenio.
F. *dat. ép.* μήτι, *jón. át.* μήτιδι; *ac.* μῆτιν.
μή-τοι no por cierto, de ningún modo; para que de cierto no, para que de ningún modo.
μήτρα ας ἡ matriz, vientre.
μητρ-αλοίας *y*
μητρ-αλῴας ου ὁ matricida.
μήτρη ης ἡ *jón.* = **μήτρα.**
μητρίς ίδος ἡ [*sc.* γῆ] tierra materna *o* natal.
μητρό-θεν ADV. por parte de madre.
μητρο-πάτωρ ορος ὁ abuelo materno.
μητρό-πολις εως ἡ ciudad madre, metrópoli; patria, tierra patria; ciudad principal, capital.
μητρός μητρί *etc. V.* μήτηρ.
μητρυιά ᾶς ἡ *y jón.*
μητρυιή ῆς ἡ madrastra.
μητρώιος α ον *y*
μητρῷος α ον materno, por parte de madre; de la diosa madre, de Cibeles.
μήτρως ωος ὁ tío materno *y en gral.* pariente por parte de madre.
μηχανάω -ῶ [*más frec. med.* μηχανάομαι *y jón.* μηχανέομαι] idear, imaginar, trazar, combinar, maquinar, tramar [algo, *ac.* contra alguien, *dat., y* ἐπί *dat.; tamb. constr. de inf. o* ὅπως]; poner por obra, fabricar con arte *o* ingenio; procurarse, procurar con astucia; provocar (γέλωτα la risa).
F. *Ép. 2.ª pl. pres.* μηχανάασθε, *3.ª* μηχανόωνται; *3.ª sing. opt.* μηχανόῳτο; *inf.* μηχανάασθαι; *jón. 3.ª pl. impf.* ἐμηχανέατο, *tamb. v. l.* ἐμηχανέοντο; *3.ª pl. opt.* μηχανῴατο *o* μηχανοίατο. *Por lo demás. fut.* μηχανήσομαι, *aor.* ἐμηχανησάμην, *perf.* μεμηχάνημαι *(tamb. con valor pas.).*

Act. inf. μηχανᾶν, *part. ép.* μηχανόων.

μηχανή ῆς ἡ máquina, ingenio [de guerra, etc.]; invención, traza, expediente, medio, camino, recurso, remedio: οὐδεμία μηχανή ἐστι no hay medio, no hay recurso *o tamb.* no hay más remedio, no se puede dudar [τὸ μὴ ἐκεῖνον ἐπιβουλεύειν [sino] que aquel asecha].

μηχάνημα ατος τό = **μηχανή.**

μηχανητικός ή όν *y*

μηχανικός ή όν *y*

μηχανόεις εσσα εν inventivo, ingenioso, hábil, industrioso || **τὸ μηχανόεν** la destreza.

μηχανο-ποιός οῦ ὁ constructor de máquinas de guerra, ingeniero.

μηχανο-ρράφος ου ὁ urdidor de intrigas, maquinador.

μηχανόων μηχανόωνται *etc. formas ép. de* μηχανάω.

μῆχος εος [ους] τό medio, expediente, recurso, remedio [contra algo, *gen.*].

μία *f. de* εἷς

μιαίνω teñir, colorear; manchar, ensuciar; infectar.
F. *fut.* μιανῶ; *aor. ép. y jón.* ἐμίηνα, *dór. poét.* ἐμίανα; *perf.* μεμίαγκα *(íd.)*, *pas.* μεμίασμαι, *íd.* μεμίαμμαι; *aor. pas.* ἐμιάνθην, *ép.* μιάνθην.

μιαιφονέω -ῶ asesinar.

μιαι-φόνος ον manchado de sangre, homicida, asesino.

μιάνθην *aor. pas. ép. de* μιαίνω.

μιαρία ας ἡ maldad, infamia.

μιαρός ά όν manchado de sangre; malvado, infame.

μίασμα ατος τό *y*

μιασμός οῦ ὁ mancha, *esp.* mancha de sangre, infección, impureza, infamia, crimen.

μιάστωρ ορος ὁ malvado, infame; vengador, espíritu vengador.

μιγάζομαι mezclarse, unirse.

μιγάς άδος mezclado, confundido.

μίγδα *y*

μίγδην ADVS. promiscuamente; juntamente [con... *dat.*].

μιγήῃς μιγέωσι *2.ª sing. y 3.ª pl. resp. del subj. aor. pas. ép. de* μείγνυμι.

μίγην *aor. 2.º pas. ép. de* μείγνυμι.

μῖγμα *v.* **μεῖγμα.**

μίγνυμι *y*

μιγνύω *v.* **μείγνυμι.**

Μίδας ου *o* **α** *y jón.*

Μίδης εω Midas [rey de Frigia, célebre por sus riquezas].

μιήνῃ *3.ª sing. subj. aor. 1.º ép. de* μιαίνω.

μικρολογέομαι -οῦμαι reparar en pequeñeces, ser mezquino, ser puntilloso *o* quisquilloso.

μικρολογία ας ἡ mezquindad de espíritu; cicatería.

μικρο-λόγος ον mezquino, de ánimo corto; cicatero, roñoso; puntilloso, quisquilloso.

μικρο-πολίτης ου ὁ vecino *o* ciudadano de una ciudad pequeña.

μικρός ά όν pequeño [de extensión, tamaño, estatura, edad, etc.]; corto, breve [de duración]; poco [de cantidad]; humilde, bajo, insignificante, pobre [de posición, recursos, etc.] || SUST. τὸ μικρόν, μικρόν τι, un poco [en tamaño, extensión, importancia, tiempo, etc.]: μικρὸν φρονεῖν pensar humildemente, ser humilde; ἐν μικρῷ ποιεῖσθαι no hacer caso de [algo, *ac.*] || ADV. μικρόν, ἐπὶ μικρόν un poco, algún tanto, apenas; κατὰ μικρόν *o* κατὰ μικρά en pedazos pequeños, *tamb.* en detalle *o* poco a poco; μετὰ μικρόν poco después; παρὰ μικρόν *o* μικροῦ (δεῖν) por poco, casi, poco falta; μικρῷ poco: μικρῷ πλέον poco más || COMP. μικρότερος *y* μείων μειότερος, ἐλάσσων; *superl.* μικρότατος, μεῖστος, μειότατος, ἐλάχιστος.

μικρο-φυής ές pequeño, de talla pequeña.

μικροψυχία ας ἡ mezquindad de ánimo.

μικρό-ψυχος ον mezquino de alma, bajo, ruin.

μῖκτο *3.ª sing. aor. fte. med. ép. de* μείγνυμι.

μικτός ή όν *v.* **μεικτός.**

Μιλήσιος α ον de Mileto.

Μίλητος ου ἡ Mileto [ciudad de Caria [Asia menor]]; Mileto [ciudad de Creta].

μίλιον ου τό milla romana [aproximadamente kilómetro y medio [1.477,5 metros]].

μιλτ-ηλιφής ές *jón.* teñido de minio *o* bermellón.

Μιλτιάδης ου ὁ Milcíades [hijo de Cipselo]; Milcíades [hijo de Cimón, sobrino del anterior, vencedor en Maratón].
μιλτο-πάρῃος ον de rojos costados.
μίλτος ου ἡ piedra roja; minio, bermellón.
μιλτόω -ῶ pintar de bermellón || MED. pintarse de bermellón.
μιμέομαι -οῦμαι imitar [algo *o* a alguien, *ac.*]; remedar, representar || PAS. [*part.* μιμούμενος, μεμιμημένος, μιμηθείς, μιμηθησόμενος] ser imitado. **F.** *fut.* μιμήσομαι; *aor.* ἐμιμησάμην; *perf.* μεμίμημαι *(tamb. con valor pas.)*; *aor. pas.* ἐμιμήθην, *fut.* μιμηθήσομαι *(ambos siempre con valor pas.)*.
μίμημα ατος τό *y*
μίμησις εως ἡ imitación; figura, representación imagen.
μιμητής οῦ ὁ imitador.
μιμητικός ή όν apto *o* hábil para imitar, imitativo.
μιμητός ή όν *adj. vbal. de* μιμέομαι imitable, digno de imitación.
μιμνάζω *ép.* permanecer, quedarse.
μιμνήσκω traer el recuerdo, recordar [a alguien algo, *ac. y gen.*] || MED. acordarse, traer al pensamiento, pensar [en algo *o* en alguien, *gen. o ac.*, ἀμφὶ *y dat.* περὶ *y gen.*; *constr. con* ὅτι, *inf. o part.*: μέμνημαι ἀκούσας σου me acuerdo de haberte oído]; pensar en, cuidar de, atender a [alguien *o* algo, *gen.*; hacer algo, *constr. inf.*]; traer el recuerdo, hacer mención [de algo *o* de alguien, *gen.*, περὶ *y gen.*, *ac.*] || PAS. ser recordado. **F.** *imp. med. ép.* μιμνήσκεο *3.ª pl. impf.* μιμνήσκοντο; *fut.* μνήσω, *med.* μνήσομαι; *aor.* ἔμνησα, *med.* ἐμνησάμην, *3.ª sing. iter. ép.* μνησάσκετο; *perf. med.* μέμνημαι *frec. con valor pres.*; *2.ª sing. ép.* μέμνεαι *y* μέμνῃ; *imp.* μέμνησο, *jón.* μέμνεο; *subj.* μέμνωμαι, *pl.* μεμνώμεθα; *opt.* μεμνήμην μεμνῇο *v. l.* μεμνῷο *y* μεμνοῖο; μεμνῇτο *v. l.* μεμνῷτο μεμνοῖτο, *ép. tamb.* μεμνέῳτο; *inf.* μεμνῆσθαι; *plpf.* ἐμεμνήμην, *3.ª pl. jón.* ἐμεμνέατο; *fut. perf.* μεμνήσομαι; *aor. pas.* ἐμνήσθην *(con valor med.; en el N. T. tamb. pas.)*, *fut. pas.* μνησθήσομαι *(con valor med.)*.
μίμνω = **μένω.**
F. *impf. ép.* μίμνον, *dat. pl. part. pres.* μιμνόντεσσι *Il 2, 296.*
μῖμος ου ὁ mimo, actor (μ. γελοίων bufón).
μιμώ όος [**οῦς**] **ἡ** mono [animal].
μίν *ac. sing. (raro pl.) def. de un pron. dem. de 3.ª pers.* le, la, lo, a él, a ella, a ello; *como refl.* se, a sí.
μινύθω achicar, aminorar, disminuir || INTR. aminorarse, disminuir, bajar; consumirse, desaparecer. **F.** *impf. iter. ép.* μινύθεσκον.
μίνυνθα ADV. un poco; corto tiempo.
μινυνθάδιος ον que dura poco, de corta vida, efímero.
μινυρίζω *y*
μινύρομαι gemir, gimotear; gorjear, trinar.
Μίνως ωος ὁ Minos [rey de Creta].
μῖξις εως ἡ *v.* **μεῖξις.**
μιξο- *v. por* **μειξο-**
μισανθρωπία ας ἡ odio *o* aversión a los hombres.
μισ-άνθρωπος ον que odia a los hombres.
μισγ-άγκεια ας ἡ valle en que confluyen dos torrentes.
μίσγω = **μείγνυμι.**
μισέω -ῶ odiar, aborrecer; tener horror (κυσὶ κύρμα γενέσθαι de ser presa de los perros).
μίσημα ατος τό abominación, objeto de odio.
μισητός ή όν *adj. vbal. de* μισέω odiado; digno de odio, odioso.
μισθαποδοσία ας ἡ retribución, salario.
μισθ-αποδότης ου ὁ remunerador, que paga *o* recompensa.
μισθαρνέω -ῶ trabajar a sueldo, estar asalariado, ser mercenario.
μισθ-αρνητικός ή όν del mercenario *o* asalariado, concerniente a él.
μισθαρνία ας ἡ servicio mercenario; condición mercenaria.
μίσθιος α ον [*o* **-ος ον**] = **μισθωτός.**
μισθοδοσία ας ἡ pago de sueldo, sueldo, salario.
μισθο-δοτέω -ῶ pagar sueldo, asoldar.
μισθο-δότης ου ὁ dador *o* pagador de sueldo, señor, amo.
μισθός οῦ ὁ retribución, sueldo, paga, salario, alquiler; soldada; honorarios; pago, recompensa [premio *o*

castigo]; ἐπὶ μισθῷ *o simpl.* μισθοῦ mediante salario.

μισθο-φορά ᾶς ἡ pago *o* cobro de sueldo; sueldo, paga, soldada.

μισθοφορέω -ῶ recibir sueldo *o* soldada, ser soldado, servir como soldado [a alguien, *dat.*; con alguien, παρὰ *y dat.*].

μισθοφορία ας ἡ servicio a sueldo.

μισθο-φόρος ον que sirve a sueldo; trabajador asalariado; soldado mercenario.

μισθόω -ῶ alquilar, dar en alquiler *o* en contrata; tomar en alquiler || MED. tomar en alquiler *o* a sueldo, asalariar, asoldar *y esp.* comprar, sobornar, corromper || PAS. ser tomado en alquiler *o* a sueldo, ser asalariado.
F. *fut. med.* μισθώσομαι, *aor.* ἐμισθωσάμην, *perf.* μεμίσθωμαι *(tamb. con valor pas.)*; *aor. pas.* ἐμισθώθην.

μίσθωμα ατος τό importe de alquiler *o* contrato; sueldo, salario; casa *o* habitación alquilada.

μίσθωσις εως ἡ acción de tomar en alquiler *o* a sueldo, alquiler, ajuste.

μισθωτικός ή όν concerniente a servicio asalariado || **ἡ μισθωτική** (*sc.* τέχνη) profesión *u* oficio de asalariado.

μισθωτός ή όν *adj. vbal. de* μισθόω tomado a sueldo, asalariado; soldado mercenario; vendido, sobornado.

μισό-δημος ον que odia a la plebe *o* al régimen democrático.

μισο-λογία ας ἡ aversión contra los discursos, las discusiones científicas *o* la ciencia.

μισό-λογος ον enemigo de los discursos *o* discusiones científicas; enemigo de la ciencia.

μισοπονέω -ῶ odiar el trabajo.

μισοπονηρέω -ῶ odiar la maldad *o* a los malvados.

μῖσος εος [ους] τό odio, encono, aborrecimiento, aversión (μῖσος ἔχειν tener odio [contra alguno, *gen.*]); objeto de odio, persona odiada, abominación, monstruo.

μισό-σοφος ον que odia la sabiduría.

μισο-τύραννος ον aborrecedor de los tiranos.

μισό-χρηστος ον enemigo de los buenos, de los hombres de bien *o* de las personas principales.

μιστύλλω partir en trozos, cortar en pedazos, hacer pedazos.

μίτος ου ὁ hilo; *esp.* urdimbre.

μίτρα ας ἡ ventrera, pancellar de guerra [usado debajo de la coraza]; cinta *o* trencilla con que se ceñían las mujeres griegas la cabeza; *esp.* de turbante.

μιτρη-φόρος ον *jón.* que lleva turbante.

μιτώδης ες de hilo, hecho de hilo.

μνᾶ ᾶς ἡ mina [*como unidad de peso,* 436 gr; *como moneda, unas* 97 ptas.; *tanto la moneda como la unidad de peso se dividían en 100 dracmas*].

μνάασθαι *inf. ép. de* μνάομαι *2.*

μνᾶμα *dór.* = **μνῆμα.**

1 **μνάομαι -ῶμαι** = **μιμνήσκομαι** *med. de* μιμνήσκω: desear, procurar, esforzarse [por algo, *ac.*].
F. *part. ép.* μνωόμενος, *jón.* μνεώμενος (*v. l.* μνώμενος); *3.ª pl. impf. ép.* μνώοντο.

2 **μνάομαι -ῶμαι** pretender [a una mujer].
F. *Sólo pres. e impf.* (*3.ª sing. aor. td.* μνήσατο); *2.ª sing. pres. ép.* μνᾷ μνάᾳ; *inf.* μνάασθαι; *part.* μνωόμενος; *3.ª sing. impf. iter. ép.* μνάσκετο, *1.ª pl. impf. ép.* μνώμεθα, *3.ª* μνώοντο.

μνέα ας ἡ *jón.* = **μνᾶ.**

μνεία ας ἡ = **μνήμη.**

μνῆμα ατος τό *y*

μνημεῖον ου τό recuerdo, memoria; signo que sirve de recuerdo; monumento, *esp.* monumento sepulcral, sepulcro, tumba.

μνήμη ης ἡ memoria, facultad de recordar (μνήμης ὕπο de memoria); recuerdo (μνήμην ἔχειν recordar [algo, *gen.*]; μνήμην ποιεῖσθαι hacer memoria, traer el recuerdo *o tamb.* acomodar el recuerdo; μνήμη ἐγένετο se hizo memoria [de... *gen.*]); mención; recordaeión; conmemoración, aniversario.

μνημήϊον ου τό *jón.* = **μνημεῖον.**

μνημονεύω hacer memoria de, recordar [algo *ac.*, *constr. con* ὅτι, ἡνίκα etc.]; traer al recuerdo, mencionar || PAS. ser conservado en el recuerdo de los hombres, vivir en la memoria de ellos.

μνημονικός ή όν de buena memoria, que tiene buena memoria; concerniente a la memoria.

μνημοσύνη ης ἡ memoria; recuerdo.
μνημόσυνον ου τό = **μνῆμα.**
μνήμων ον [*gen.* ονος] que recuerda: (μνήμων εἰμί lo tengo en la memoria); que no olvida, implacable, rencoroso; atento (φόρτου a la carga *Od. 8, 164*).
μνῆσαι *inf. aor. 1.º y*
μνησάσκετο *3.ª sing. aor. 1.º med. incoat. ép. de* μιμνήσκω.
μνησθήσομαι *fut. pas. de* μιμνήσκω.
μνησικακέω -ῶ conservar el recuerdo [de las ofensas], guardar rencor, pensar en vengarse [contra alguien, *dat.* por algo, *gen.*].
μνήσκοκαι = **μιμνήσκομαι** *v.* μιμνήσκω.
μνηστεύω pretender, desear *o* buscar en matrimonio; *en gral.* desear, codiciar, procurar || MED. pretender para sí, buscar para sí || PAS. ser desposada.
μνηστήρ ῆρος ὁ pretendiente, proco. F. *dat. pl. ép.* μνηστήρεσσι.
μνῆστις εως ἡ = **μνήμη.**
μνηστός ή όν pretendido *o* buscado en matrimonio; desposado, casado (μνηστὴ ἄλοχος esposa legítima).
μνηστύς ύος ἡ pretensión *o* petición de matrimonio; matrimonio.
μνήσω *fut. y subj. aor. 1.º de* μιμνήσκω.
μνώμεθα *1.ª pl. impf. ép. de* μνάομαι 2 *Od. 24, 125.*
μνωόμενος *part. pres. y*
μνώοντο *3.ª pl. impf. ép. de* μνάομαι.
μογερός ά όν fatigoso, penoso; desgraciado, triste.
μογέω -ῶ afanarse, esforzarse; cansarse, estar cansado; sufrir, soportar, aguantar [algo, *ac.* por alguien, εἵνεκα *y gen.*, ἐπὶ *o* ἀμφὶ *y dat.*].
μογί-λαλος ον que habla con dificultad, tartajoso; *s. o.* mudo.
μόγις ADV. con trabajo, con fatiga, afanosamente, con dificultad; apenas.
μόγος ου ὁ fatiga, trabajo, esfuerzo, afán; desgracia, desdicha, miseria, dolor.
μογοσ-τόκος ον que trae *o* produce los dolores del parto.
μόδιος ου ὁ modio [medida de capacidad para áridos: 8,75 litros; sexta parte del medimno *o* fanega]; recipiente de un modio.
μόθος ου ὁ tumulto *o* fragor del combate.
μοί *dat. encl. de* ἐγώ.
μοῖρα ας ἡ parte, porción [de alimento, de presa, de tierra], tierra, territorio; *fig.* (οὐδ' αἰδοῦς μοῖραν ni pizca de pudor); parte *o* porción adecuada *o* propia, lo justo, lo debido (κατὰ μοῖραν, *o* ἐν μοίρῃ como es justo, convenientemente; παρὰ μοῖραν inconvenientemente; injusta, erradamente); parte de la sociedad civil *o* política, partido político, clase, categoría, condición social, posición, estimación, consideración (ἐν μείζονι μοίρᾳ en mayor estimación); parte *o* porción asignada a cada cual por el destino, destino, suerte, condición, sino (μοῖρα βιότοιο *o* βίου parte *o* porción de la vida tocada en suerte a uno; μ. θεοῦ *o* μ. θεῶν destino divino *y* celeste; ὑπὲρ μοῖραν contra el Destino; ἀνδρὸς μοίρᾳ προσετέθη fue achacado a condición propia de hombre *Tuc. 3, 82*); *en buen sentido* buena suerte, dicha; *en mal sentido* desgracia, muerte; *personif.* la diosa del Destino *o* de la Muerte, Parca.
μοιρη-γενής ές nacido con suerte, hijo de la Fortuna.
μοιρίδιος α ον dispuesto por el destino, fatal.
μοιχ-άγρια ων τά pena *o* multa del adúltero.
μοιχαλίς ίδος ἡ adúltera; *fig.* adulterio; *en gral.* infiel, rebelde a Dios.
μοιχάω -ῶ seducir a una mujer, inducir a adulterio; *en gral.* hacer violencia (μ. τὴν θάλατταν imponer su dominio al mar, disponer de él a su antojo) || MED. cometer adulterio.
μοιχεία ας ἡ adulterio.
μοιχεύω cometer adulterio, tener comercio adúltero [con alguien, *ac.*]; inducir a adulterio || PAS. dejarse seducir, cometer adulterio [la mujer].
μοιχίδιος α ον adulterino.
μοιχός οῦ ὁ adúltero.
μολεῖν *inf. aor. 2.º de* βλώσκω.
μόλιβος ου ὁ plomo.
μόλις ADV. con trabajo, con fatiga, apenas; de mala gana (οὐ μόλις sin dificultad; enteramente; μόλις ποτέ al cabo, finalmente).

μολοβρός οῦ ὁ glotón, gorrón.
μολοῦμαι *fut. y*
μολοῦσα *f. part. aor. 2.º de* βλώσκω.
μολπή ῆς ἡ canto; canto y danza; música.
μολύβδαινα ης ἡ *y*
μολυβδίς ίδος ἡ chumbao, bola de plomo [para el anzuelo *o como* arma arrojadiza].
μόλυβδος ου ὁ plomo.
μολύνω ensuciar, manchar || MED. *y* PAS. ensuciarse, mancharse.
μολυσμός ου ὁ mancha, contaminación.
μολών οῦσα όν *part. aor. 2.º de* βλώσκω.
μομφά ᾶς *dór. y* **μομφή ῆς ἡ** censura, queja, reproche (μομφὴν ἔχειν tener queja [de... *gen.*]).
μοναρχέω -ῶ ser soberano, regir como monarca, reinar.
μοναρχία ας ἡ [*y jón.* **μοναρχίη ης**] soberanía, poder soberano, monarquía; mando supremo, generalato en jefe.
μοναρχικός ή όν monárquico.
μόν-αρχος ου ὁ soberano, señor absoluto, monarca.
μονάς άδος ἡ unidad.
μοναχῇ [*o* **μοναχῆ**] ADV. en un solo lugar; de una sola manera, únicamente, solamente.
μοναχοῦ ADV. = **μοναχῇ.**
μονή ῆς ἡ acción *o* hecho de quedarse *o* permanecer, quedada; estancia; mansión, morada.
μόνιμος ον constante; firme; estable, duradero.
μόν-ιππος ου ὁ caballo solo, caballo de carrera [*por oposición a* los de enganche].
μονο-γενής ές unigénito, hijo único.
μονο-ειδής ές de una sola forma *o* especie, uniforme, simple.
μονό-κροτος ον de un solo orden *o* banco de remeros [*díc. de* las naves].
μονό-κωλος ον de un solo miembro *o* parte *esp.* de un solo piso.
μονομαχέω -ῶ luchar en singular combate; luchar solos [contra alguien, *dat.*].
μονομαχία ας ἡ combate singular.
μονονοῦ *y*
μονονουχί ADV. casi, en algún modo, puede decirse. *Cf. lat.* tantum non.
μονό-ξυλος ον hecho de un solo madero *o* tronco, enterizo.
μόνος η ον solo, único; solitario, aislado, abandonado, separado *o* apartado [de alguien, *gen.*, ἀπὸ *y gen.*]; *a veces en función de adv.* sólo, únicamente; único, singular || ADV. **μόνον** *y* **μόνως** (μόνον οὐχί, *v.* μονονουχὶ).
μονοσιτέω -ῶ comer una sola vez al día.
μονοτροφία ας ἡ crianza única *o* singular.
μον-όφθαλμος ον de un solo ojo, que tiene un ojo solo; privado de un ojo, tuerto.
μονο-φυής ές de una misma pieza.
μονόω -ῶ dejar reducido a uno, dejar sin compañía, aislar, dejar solo || PAS. ser dejado solo, aislado, abandonado, apartado [de alguien, *gen.*].
μον-ῳδέω -ῶ cantar solos *o* arias, [a... *ac.*].
μόρα ας ἡ mora [división del ejército espartano], batallón.
μορία ας ἡ olivo sagrado.
μόριμος ον = **μόρσιμος.**
μορίον ου τό parte, porción, sección; miembro.
μόριος ου ὁ protector de los olivos sagrados.
μορμολύκειον ου τό duende, coco, espantajo; máscara.
μορμολύττομαι asustar con duendes, cocos *o* espantajos, amedrentar.
μορμύρω bullir, borbollar.
μορμώ οῦς ἡ *y*
μορμών όνος ἡ espantajo, coco, bu.
μορόεις εσσα εν del tamaño de las moras, grande como mora.
μόρος ου ὁ suerte, destino (ὑπὲρ μόρον por cima del destino, contra el destino); *esp.* fatalidad, desgracia, ruina, muerte.
μόρσιμος ον fijado por la suerte, decretado, fatal, *esp.* destinado a la muerte, mortal: μόρσιμον ἦμαρ día fatal, día de la muerte.
μορύσσω ennegrecer, manchar.
F. *part. perf. pas. ép.* μεμορυγμένος (*v. l.* μεμορυχμένος).
μορφή ῆς ἡ forma, figura *esp.* del cuerpo, exterior, aspecto; apariencia; hermosura, gracia; clase, calidad; especie, idea.

μόρφνος η ον de color oscuro, negruzco.
μορφόω -ῶ formar || PAS. tomar forma.
μόρφωμα ατος τό = **μορφή**.
μόρφωσις εως ἡ forma, imagen; exterior, apariencia.
μόσσυν υνος ὁ [*dat. pl. tamb.* μοσσύνοις] torre de madera.
μόσχειος ον de ternera.
μοσχο-ποιέω -ῶ hacer una figura de becerro [para adorarla].
μόσχος ου ὁ vástago *o* retoño *y esp.* vástago humano, joven, mancebo *o* muchacha; vástago de animal *y esp.* becerro *o* ternera, *en gral.* buey *o* vaca.
μουνάξ ADV. *ép.* aisladamente, por separado.
μουναρχέω *jón.* = **μοναρχέω**.
μουναρχίη *jón.* = **μοναρχία**.
μούναρχος *jón.* = **μόναρχος**.
Μουνιχία ας ἡ Muniquia [península y puerto de Atenas].
μουνο-γενής ές *jón.* = **μονογενής**.
μουνό-θεν ADV. *jón.* de una parte, por su parte.
μουνό-κωλος ον *jón.* = **μονόκωλος**.
μουνό-λιθος ον *jón.* hecho de una sola piedra, monolítico.
μουνομαχέω *jón.* = **μονομαχέω**.
μουνομαχίη ης ἡ *jón.* = **μονομαχία**.
μοῦνος η ον *jón. y poét.* = **μόνος**.
μουν-όφθαλμος ον *jón.* = **μονόφθαλμος**.
μουνο-φυής ές *jón.* = **μονοφυής**.
μουνόω *ép. y jón.* = **μονόω**.
μουνυχιών ῶνος ὁ muniquión [décimo mes del calendario ático, abril-mayo].
μοῦσα ης ἡ musa; arte de las musas, ciencia, arte *y esp.* poesía, música, canto.
μουσικός ή όν de las Musas; musical; músico; formado en el arte *o* en las ciencias, culto, fino || SUST. **ἡ μουσική, τὰ μουσικά** arte de las musas *esp.* música, canto; danza, baile; poesía; *en gral.* formación espiritual, educación superior, cultura; ciencia.
μουσο-ποιός οῦ ὁ *y* **ἡ** poeta lírico, poetisa lírica.
μουσουργός οῦ ὁ *y* **ἡ** cantor, cantora.
μοχθέω -ῶ afanarse, trabajar, fatigarse, atormentarse, padecer [por alguien, *dat.;* con *o* por algo, *dat.* ἐπί *o* περί *con dat.*]; || TR. sufrir *o* soportar penosamente; hacer ejecutar con trabajo *o* fatiga.
μόχθημα ατος τό trabajo, afán, fatiga, padecimiento.
μοχθηρία ας ἡ miseria, estado de miseria; maldad, perversidad; mala calidad.
μοχθηρός ά όν mísero, miserable; penoso; fatigoso; desdichado, infortunado; malvado, perverso; de mala calidad.
μοχθίζω padecer, penar, sufrir; *tamb.* = **μοχθέω**.
μόχθος ου ὁ afán, trabajo, esfuerzo; fatiga, pena, miseria, tormento.
μοχλεύω levantar *o* llevar con palanca.
μοχλέω -ῶ = **μοχλεύω**.
μοχλίον ου τό palanqueta.
μοχλός οῦ ὁ palanca; estaca, pértiga; barra para cerrar una puerta; cerrojo (μοχλὸν ἐμβάλλειν echar el cerrojo).
μυ-γαλῆ ῆς ἡ musaraña.
μυδαλέος α ον húmedo, chorreante, lleno *o* mezclado [de algo, *dat.*].
μυδάω -ῶ chorrear, gotear, estar húmedo [de algo, *gen.*]; podrirse.
μύδρος ου ὁ masa de metal incandescente *y en gral.* masa de metal.
μυελόεις εσσα εν meduloso, meolludo, lleno de tuétano.
μυελός οῦ ὁ medula, meollo, sesos; enjundia, fuerza, vigor.
μυέω -ῶ iniciar en los misterios, consagrar; || PAS. ser *o* estar iniciado [en algo *ac.*].
μυζέω *o*
μύζω chupar, sorber.
μυθεῖαι *2.ª sing. ind. pres. ép. de* μυθέομαι.
μυθέομαι -οῦμαι hablar, conversar, platicar, consejar, tratar; deliberar consigo mismo, considerar; decir; expresar; lanzar de palabra; ordenar; referir, contar; nombrar, declarar [*con dos acs.*]; significar.
F. *2.ª sing. ind. pres. ép.* μυθεῖαι (*de* μυθέεαι) *y* μυθέαι; *3.ª pl. impf. iter. ép.* μυθέσκοντο; *fut.* μυθήσομαι; *3.ª sing. aor. 1.º ép.* μυθήσατο *Vb. ép. y poét. extraño a la prosa át.*
μυθο-λογεύω *y*
μυθο-λογέω -ῶ contar, referir; *esp.*

contar *o* referir mitos, fábulas *o* leyendas; hablar en figura *o* alegoría, fantasear, imaginar; tratar *o* platicar largamente *o* al por menor [de algo, περί *y gen.*].

μυθολογία ας ἡ relación de fábulas *o* mitos, mitología; leyenda.

μυθολογικός οῦ ὁ autor *o* compositor de fábulas *o* mitos, fabulista.

μυθο-λόγος ου ὁ compositor de fábulas *o* mitos, mitólogo.

μυθο-ποιός οῦ ὁ compositor de fábulas, fabulista.

μῦθος ου ὁ palabra, discurso, razón, dicho; discurso público; relato, comunicación, noticia, mensaje; conversación, plática; deliberación consigo mismo, reflexión, pensamiento, opinión, resolución, proyecto, designio, plan; consejo, propuesta, mandato, encargo; rumor, hablilla; relato imaginado, invención, leyenda, mito, fábula, cuento; objeto de la conversación, asunto, historia.

μυθώδης ες legendario, fabuloso.

μυῖα ας *y jón.*

μυίη ης ἡ mosca.

μυκάομαι -ῶμαι mugir; bramar, rugir.

F. *fut.* μυκήσομαι; *aor. 1.º* ἐμυκησάμην; *aor. 2.º ép.* μύκον; *perf. ép.* μέμυκα, *plpf. ép.* (ἐ)μεμύκειν.

μυκηθμός οῦ ὁ mugido.

Μυκῆναι ῶν αἱ *y*

Μυκήνη ης ἡ Micenas [ciudad de Argólida, residencia del linaje de los Atridas].

μύκης ητος *y*

μύκης ου ὁ hongo; contera *esp.* la de la vaina de una espada.

μύκον *aor. 2.º ép. de* μυκάομαι.

μυκτήρ ῆρος ὁ agujero *o* ventanilla de la nariz, nariz, narices [del hombre *o* de los animales]; *fig.* burla.

μυκτηρίζω burlarse, mofarse [de alguien, *ac.*] || PAS. dejarse burlar.

μύλαξ ακος ὁ piedra de molino, muela; *en gral.* piedra grande, pedrejón.

μύλη ης ἡ molino *esp.* molino de mano; piedra inferior del molino, solera.

μυλή-φατος ον molido.

μυλικός ή όν *y*

μύλινος η ον *adjs.* de molino.

μυλο-ειδής ές como de molino, semejante a una muela.

μύλος ου ὁ piedra de molino [muela *o* solera].

μυλών ῶνος ὁ molino, tahona.

μύνη ης ἡ pretexto, dilación.

μυξωτήρ ῆρος ὁ = **μυκτήρ.**

μυριάκις ADV. *num.* diez mil veces, *en gral.* innumerables veces.

μυρι-άρχης ου *y*

μυρί-αρχος ου ὁ comandante *o* jefe de diez mil hombres.

μυριάς άδος ἡ número de diez mil; miríada, sinnúmero.

μυρίζω ungir; perfumar || MED. perfumarse.

μυρίκη ης ἡ tamarisco, taraje [planta].

μυρίκινος η ον de tamarisco.

μύριοι αι α ADJ. NUM. CARD. diez mil, *v.* μυρίος.

μυριό-καρπος ον de innumerables frutos.

μυριό-λεκτος ον dicho *o* repetido mil veces.

μυρίος α ον diez mil, de diez mil (ἀσπὶς μυρία diez mil de escudo *e. e.* hoplitas; μυρίη ἵππος diez mil de a caballo); *en gral.* innumerable, incontable, inconmesurable (μυρία πενία extrema pobreza).

μυριοστός ή όν ADJ. NUM. ORD. diezmilésimo.

μυριοστύς ύος ἡ = **μυριάς.**

μυριο-φόρος ον capaz de transportar diez mil pesos *o* talentos [*díc.* de las naves].

μύρμηξ ηκος ὁ hormiga.

μύρομαι derramar lágrimas, llorar [por alguien, ἀμφί *y ac.*].

F. *3.ª pl. impf. ép.* μύρονθ' (μύροντο) *Il.* 19, 6.

μύρον ου τό bálsamo, ungüento oloroso, esencia.

μύρονθ' = μύροντο *ante vocal con espíritu áspero: 3.ª pl. impf. ép. de* μύρομαι.

μυρο-πωλεῖον *y*

μυρο-πώλιον ου τό perfumería, tienda *o* comercio de perfumes.

μυρρίνη ης ἡ mirto, arrayán; rama de mirto, corona de mirto.

μύρρινος η ον mirtino, de mirto.

μυρσίνη ης ἡ = **μυρρίνη.**

μύρσινος η ον = **μύρρινος.**

μυρσινών ῶνος ὁ arrayanal.

μύρτον ου τό baya de mirto.
μῦς μυός ὁ ratón; *tamb.* músculo.
F. *ac.* μῦν, *voc.* μῦ; *pl. nom.* μύες *y* μῦς, *dat.* μυσί(ν), *ac.* μύας, *jón.* μῦς.
μυσαρός ά όν sucio, repugnante; infame, abominable.
μυσάττομαι [*aor.* ἐμυσάχθην] || sentir asco *o* repugnancia [por algo, *ac.*].
μύσος εος [ους] τό asco, repugnancia; hecho *o* dicho repugnante *o* abominable, abominación, crimen; *de pers.* criminal, malvado, infame.
μυστήριον ου τό arcano, secreto; doctrina secreta; misterio, culto secreto; *frec. en pl.* τὰ μυστήρια los misterios [*esp.* los de Eleusis]; misterio, *en sentido cristiano; tamb.* sacramento.
μύστης ου ὁ iniciado en los misterios.
μυστικός ή όν místico, concerniente *o* relativo a los misterios, usual en los misterios; arcano, secreto; τὰ μυστικά misterios, *y tamb.* sacramentos.
μύστις ιδος ἡ iniciadora, maestra.
Μυτιλήνη ης ἡ Mitilene [ciudad principal de Lesbos, hoy Castro].
μύχιος ία ιον íntimo, profundo.
μυχμός οῦ ὁ lamento, quejido.
μυχοίτατος η ον en el fondo, en el rincón más escondido.
μυχόν-δε ADV. al fondo, al interior.
μυχός οῦ ὁ fondo, parte más íntima, interior [de una casa, una gruta, etc.]; hondura, profundidad; ensenada, obra; hondón, hondonada; escondrijo, rincón: ἐν μυχοῖς escondido, oculto; διὰ μυχῶν desde los rincones *e. e.* emboscado, en asechanza.
μύω cerrarse [*v. gr.* los ojos, las heridas etc.]; cerrar *y esp.* cerrar los ojos; cesar, calmarse [un dolor, una pena, etc.].
F. *fut.* μύσω; *aor.* ἔμυσα, *3.ª pl. ép.* μύσαν; *perf.* μέμυκα.
μυών ῶνος ὁ músculo, carne del músculo.
μυωπάζω ser miope, ser corto de vista.
μύωψ ωπος miope, corto de vista.
μύωψ ωπος ὁ tábano; aguijón, acicate, estímulo.
μῶλος ου ὁ trabajo, afán, fatiga; lucha, combate; fragor del combate.
μῶλυ υος τό moly [planta mágica].
μώλωψ ωπος ὁ verdugón, cardenal; llaga.
μῶμαι buscar, procurar; intentar, proponerse [algo *ac.*].
F. *inf.* μῶσθαι, *part.* μώμενος.
μωμάομαι -ῶμαι censurar; burlarse, hacer befa [de... *ac.*].
μωμέομαι *jón. y*
μωμεύω = μωμάομαι.
μῶμος ου ὁ censura, reproche; mancha, vergüenza, infamia.
Μῶμος ου ὁ Momo, dios de la censura.
μῶν *contr. de* μὴ οὖν *partícula interr.* ¿acaso... ¿es que...
μῶνυξ υχος solípedo.
μωραίνω ser loco, insensato, necio; hacer *o* decir neciamente [algo, *ac.*]; volver loco *o* insensato || PAS. volverse loco *o* insensato; hacerse insípido.
F. *fut.* μωρανῶ; *aor.* ἐμώρανα *(N. T.)*; *aor. pas.* ἐμωράνθην. *(N. T.)*
μωρία ας *y jón.* **μωρίη ης ἡ** locura; insensatez, necedad.
μωρο-λογία ας ἡ vanidad de palabras, discurso necio, vaniloquio.
μωρός ά όν *o*
μῶρος α ον loco, insensato, necio; insípido; impío, malvado.

N

Ν ν ny [13.ª letra del alfabeto griego]; *como signo numérico* ν′ 50; ͵ν 50.000.

Ναζαρέτ τό INDECL. Nazaret [ciudad de Galilea].

Ναζαρηνός οῦ *y*

Ναζωραῖος ου ADJ. *m.* nazareno, de Nazaret.

ναί ADV. sí, ciertamente (ναὶ μὰ Δία sí, por Zeus).

ναίεσκον *impf. iterat. de* ναίω.

ναιετάασκον *impf. iterat. ép. de*

ναιετάω habitar, residir en [*ac.*]; estar situado, existir; estar poblado (εὖ ναιετάων de agradable vivienda).
F. *part. ép.* ναιετάων, *f.* ναιετάωσα, *v. l.* ναιετάουσα ναιετόωσα; *impf. iter. ép.* ναιετάασκον.

νάϊος α ον *dór.* = **νήιος.**

ναΐς ῐδος ἡ náyade.

ναιχί ADV. = **ναί.**

1 **ναίω** habitar, vivir; estar, hallarse, estar situado; *caus. (aor.)* hacer habitar, dar como residencia || PAS. ser habitado, poblado (εὖ ναιόμενος de buena vivienda, bueno para vivir); establecerse, fijar la morada.
F. *inf. pres. ép.* ναιέμεν; *impf. iter. ép.* ναίεσκον; *aor. 1.º (causativo v. supra)* ἔνασσα, *ép. tamb.* νάσσα, *med.* ἐνασσάμην; *aor. pas.* ἐνάσθην, *ép.* νάσθην.

2 **ναίω** = **νάω.**

νάκη ης ἡ *y*

νάκος εος [ους] τό [*pl.* νάκη] vellón, piel.

νᾶμα ατος τό corriente de agua, arroyo, fuente, manantial; derramamiento de lágrimas.

ναμέρτεια ας ἡ *dór.* = **νημέρτεια.**

ναός οῦ ὁ templo, santuario, capilla, templete, altar; altar portátil.
F. *át. tamb.* νεώς, *ép. y jón.* νηός.

ναός *gen. de* ναῦς.

ναπαῖος α ον de bosque, selvoso (*v.* πτυχή sinuosidad llena de bosques).

νάπη ης ἡ *y*

νάπος εος [ους] τό valle selvoso, de muchos árboles, soto; cañada.

νάρδος ου ἡ nardo; ungüento de nardo.

ναρθηκο-φόρος ον que lleva una rama de férula *o* cañaheja [en las fiestas de Baco]; portador de palo *o* garrote.

νάρθηξ ηκος ὁ férula; palmeta; garrote.

ναρκάω -ῶ estar entumecido; estar baldado.

νάρκισσος ου ὁ ἡ narciso [flor].

νάσθη *3.ª sing. aor. pas. de* ναίω *1.*

νασιῶτις ιδος ἡ *dór.* = **νησιῶτις.**

νᾶσος ου ἡ *dór.* = **νῆσος.**

νάσσα *aor. ép. de* ναίω *1.*

νάσσω pisar, pisotear; apretar; rellenar.
F. *aor. 1.º* ἔναξα; *perf. pas.* νέναγμαι *o* νένασμαι.

ναυηγέω -ῶ naufragar; fracasar.

ναυαγία ας ἡ naufragio.

ναυάγιον ου τό restos de un naufragio, pecio (*v.* ἱππικά restos de un carro volcado).

ναυ-αγός όν náufrago.

ναυαρχέω -ῶ mandar un buque, ser capitán; mandar una flota, ser almirante.

ναυαρχία ας ἡ mando de una flota *o* un buque; período de mando de un navarco.

ναύ-αρχος ου ὁ almirante, comandante de una flota, *esp.* el jefe de la flota espartana, navarco.

ναυ-βάτης ου ὁ marino, marinero, pasajero || ADJ. *m.* naval, marítimo.

ναυηγέω -ῶ *jón.* = **ναυαγέω.**
ναυηγίη ης ἡ *jón.* = **ναυαγία.**
ναυήγιον ου τό *jón.* = **ναυάγιον.**
ναυ-ηγός όν *jón.* = **ναυαγός.**
ναυκληρέω -ῶ gobernar, dirigir [un buque, una casa].
ναυκληρία ας ἡ fletamiento; navegación; barco fletado; profesión de piloto.
ναύ-κληρος ου ὁ propietario *o* armador de un buque; capitán, piloto.
ναύ-κραρος ου ὁ presidente de una de las doce secciones de cada una de las cuatro tribus más antiguas [en Atenas].
ναυκρατέω -ῶ vencer en combate naval; tener la supremacía en el mar || PAS. sufrir el dominio naval de otro.
ναυ-κρατής ές *y*
ναυ-κράτωρ ορος ADJ. *m. y f.* dueño del buque; que domina en el mar.
ναῦλον ου τό precio del pasaje (ναῦλον συνθέσθαι convenir el importe del pasaje); flete de un navío.
ναυλοχέω -ῶ estar anclado; vigilar [los barcos enemigos], acechar, espiar.
ναύ-λοχος ον propio para anclar || SUST. *n.* puerto, muelle, atracadero.
ναυμαχέω -ῶ combatir por mar (ν. ναυμαχίαν participar en un combate naval).
ναυμαχησείω desear trabar combate naval.
ναυμαχία ας [*jón.* **ναυμαχίη ης**] **ἡ** naumaquia, combate naval (ναυμαχίαν ἀπώσασθαί τινα rechazar a alguien en un combate naval).
ναύ-μαχος ον propio para combates por mar; que sirve para luchar por mar.
ναυπηγέω -ῶ ser constructor de barcos, construir barcos || MED. hacerse construir navíos; construirlos para sí; *tamb. se usa con el mismo sign. de la act.*
ναυπηγήσιμος ον propio para construir bajeles.
ναυπηγία ας [*jón.* **ναυπηγίη ης**] **ἡ** construcción *o* armamento de buques.
ναυ-πηγικός ή όν propio para la construcción de naves, náutico, naval.
ναυπήγιον ου τό arsenal.
ναυ-πηγός οῦ ὁ constructor *o* armador de barcos.
ναῦς νεώς ἡ nave, buque, navío, barco, bajel (ἐν νήεσσι, ἐν νηυσίν [*en Hom.*] en el campamento formado por los buques varados en la playa; νῆες μακραί barcos de guerra; νῆες στρογγύλαι buques mercantes); *esp.* trirreme.
F. *nom. ép. y jón.* νηῦς (*jón.* νεῦς); *gen. ép. y jón.* νηός *y* νεός, *dór.* ναός; *dat. át. ép. jón.* νηΐ (*jón.* νεΐ), *dór.* ναΐ; *ac. át. dór.* ναῦν, *ép.* νῆα, *ép. y jón.* νέα; *du. gen. y dat. át.* νεοῖν; *pl. nom. át. y ép.* νῆες, *ép. y jón.* νέες, *dór.* νᾶες; *gen. át.* νεῶν, *ép. y jón.* νηῶν *y* νεῶν, *dór.* ναῶν; *gen. y dat. ép.* ναῦφι(ν); *dat. át. dór.* ναυσί, *ép. y jón.* νηυσί, *ép.* νήεσσι νέεσσι; *ac. át. dór.* ναῦς, *ép.* νῆας, *ép. y jón.* νέας.
ναυσι-κλειτός ή όν *y*
ναυσι-κλυτός όν célebre por sus naves *o* por sus hazañas por mar.
ναυσι-πέρητος ον *y*
ναυσί-πορος ον navegable; que cruzan barcos.
ναύ-σταθμον ου τό puerto, rada.
ναυ-στολέω -ῶ dirigir un barco; llevar por mar, transportar; hacer una travesía, ir por mar.
ναύτης ου ὁ nauta, marino, tripulante; pasajero.
ναυτιάω -ῶ marearse.
ναυτικός ή όν náutico, marítimo, naval; experimentado en la navegación, propio para ella || SUST. *f.* arte de navegar, náutica; armada, flota; *n. y n. pl.* armada; poder naval.
ναυτιλία ας [*jón.* **ναυτιλίη ης**] **ἡ** navegación, transporte marítimo; viaje.
ναυτίλλομαι navegar, viajar por mar.
ναυτίλος ου ὁ marinero || ADJ. *m.* = **ναυτικός.**
ναυτο-δίκαι ῶν οἱ jueces marítimos.
ναῦφι(ν) *gen. y dat. pl. ép. de* ναῦς.
νάω correr, fluir, manar; rebosar, desbordar.
1 **νέα** *ac. de* ναῦς.
2 **νέα** *f. de* νέος.
νεάζω ser joven, tener la fuerza de la juventud; ser nuevo; ser el más joven || SUST. *n.* juventud.
νε-ακόνητος ον recién afiliado.
νεαλής ές nuevo, fresco, reciente; juvenil, joven.
νε-άλωτος ον = **νεοάλωτος.**

νεανίας ου ὁ joven, muchacho || ADJ. *m.* juvenil, semejante a un joven; robusto; audaz, impetuoso; activo.
νεανιεύομαι ser joven; comportarse como un joven, ser fanfarrón, fogoso, imprudente.
νεανικός ή όν fuerte, joven, robusto; abundante; audaz, fogoso, temerario; activo; insolente || SUST. *n.* insolencia, temeridad.
νεᾶνις ιδος ἡ joven, doncella.
νεανισκεύομαι ser joven; pasar la juventud.
νεανίσκος ου ὁ = **νεανίας**.
νεαρός ά όν joven, tierno, delicado; exuberante; nuevo, fresco, reciente || SUST. *n.* espíritu juvenil.
νέας *ac. pl. de* ναῦς.
νέατος η ον el más nuevo, el último; el más joven; el más bajo (ν. κενεών el bajo vientre); extremo, situado en la punta (ν. ὄρχος la extremidad del viñedo; πόδες ν. los pies; πόλις νεάτη Πύλου ciudad situada en la extremidad [del territorio] de Pilos).
νεβρίζω llevar una piel de cervato [en fiestas báquicas] *o* revestir con piel de cervato [a uno, *ac.*].
νεβρός οῦ ὁ ἡ cervatillo, cervatilla (πέδιλα νεβρῶν botas de piel de ciervo joven).
νέειν = **νεῖν** *inf. pres. jón. de* νέω *1.*
νέες *n. pl. ép. y jón. de* ναῦς.
νέεσθαι *inf. pres. ép. de* νέομαι.
νέεσσι *dat. pl. ép. de* ναῦς.
νέηαι *2.ª sing. pres. subj. de* νέομαι.
νεη-γενής ές recién nacido.
νε-ήκης ες *y*
νε-ηκονής ές = **νεακόνητος**.
νε-ήλατον ου τό pastel recién hecho.
νέ-ηλυς υδος ADJ. *m. y f.* recién venido.
F. *ac.* νέηλυν *y* νεήλυδα.
νεηνίης εω ὁ *jón.* = **νεανίας**.
νεῆνις ιδος ἡ *jón.* = **νεᾶνις**.
νεηνίσκος ου ὁ *jón.* = **νεανίσκος**.
νεῖαι *2.ª sing. pres. ép. de* νέομαι.
νείαιρα ας [*jón.* **νειαίρη ης**] ADJ. *f.* más reciente, que viene después, que está debajo (γαστὴρ νειαίρη el bajo vientre).
νείατος η ον *jón.* = **νέατος**.
νεικείω *y*
νεικέω -ῶ reñir, discutir, disputar; reprender; injuriar, denostar.
F. *3.ª pl. pres. ind. ép.* νεικεῦσι; *3.ª sing. subj.* νεικείῃσι (*y* νεικείῃ); *impf. ép.* νείκειον, *iter.* νεικείεσκον; *fut.* νεικέσω; *aor.* ἐνείκεσα, *ép.* νείκεσα *y* νείκεσσα.
νεῖκος εος [ους] τό disputa, altercado, riña, querella; lucha, combate; asunto de discordia; culpa, responsabilidad, origen de la disputa; insulto.
Νεῖλος ου ὁ el Nilo.
νεῖμα *aor. ép. de* νέμω.
νεῖν *inf. pres. de* νέω *1.*
νειό-θεν ADV. del fondo (ἐκ κραδίης del corazón).
νειό-θι ADV. en el fondo.
νειός οῦ ἡ campo; barbecho.
νεῖσθαι *inf. pres. de* νέομαι.
νείφω nevar (ὦρετο Ζεὺς νειφέμεν Zeus hizo que nevase) || PAS. estar nevado.
F. *inf. ép.* νειφέμεν, *aor.* ἔνειψα.
νεκάς άδος ἡ montón de cadáveres.
νεκρικός ή όν de los muertos || SUBST. **τὰ νεκρικά** las cosas de los muertos.
νεκρο-πομπός όν guía *o* conductor de los muertos.
νεκρός ά όν muerto, difunto, fallecido; moribundo || SUST. *m.* cadáver.
νεκρόω -ῶ matar; paralizar, dejar como muerto || PAS. morir.
νέκρωσις εως ἡ mortificación; muerte.
νέκταρ αρος τό néctar [bebida de los dioses].
νεκτάρεος α [*jón.* **η**] **ον** como el néctar, precioso, fragante, suave.
νέκυια ας ἡ evocación de los muertos.
νεκυο-μαντήιον ου τό oráculo dado por los muertos.
νέκυς υος ὁ ἡ = **νεκρός**.
F. *dat. pl. ép.* νεκύεσσι *y* νέκυσσι; *ac. pl.* νέκυς *y* νέκυας.
νεμέθομαι comer, pastar, alimentarse.
νεμεσάω -ῶ indignarse [contra, *dat.*]; envidiar || MED. *y* PAS. indignarse (τί por algo; τινί contra alguien); resistirse a [*con inf.*]; avergonzarse.
F. *imp. ép.* νεμέσσα; *3.ª sing. impf. ép.* ἐνεμέσσα, *id. iter.* νεμέσασκε; *fut. med.* νεμεσήσομαι; *aor.* ἐνεμέσησα, *ép.* νεμέσησα, *3.ª sing. opt. med. ép.* νεμεσσήσαιτο; *aor. pas.* ἐνεμεσήθην, *3.ª sing. ép.* νεμεσσήθη, *3.ª pl.* νεμέσσηθεν.
νεμεσητός ή όν culpable, criminal; temible; indignante, injusto.
νεμεσίζομαι = **νεμεσάω** *y su med.*; temer [a... *ac. o gen.*].

νέμεσις εως ἡ indignación, envidia; venganza divina; sentimiento de indignación, de horror (οὐ νέμεσις [ἐστί] [*con inf.*] no hay que indignarse *o* asombrarse de que).

νεμεσσάω νεμεσσητός etc. *ép.* = **νεμεσάω νεμεσητός** etc.

νέμος εος [ους] τό prado, bosque; pasto.

νέμω repartir, distribuir (κρέα νενεμημένα pedazos de carne); asignar, atribuir (μεῖζον μέρος νέμοντες inclinándose más bien [a... *dat.*] *Tuc. 3, 3, 1*); conceder, permitir, admitir; respetar, observar; dividir, partir; apacentar, llevar a pacer (ὄρη en las montañas; τὸ ὄρος νέμεται αἶξί las cabras pacen en la montaña); consumir, devorar, devastar, asolar, destruir (πυρὶ νέμειν χώρας destruir las regiones por el fuego); poseer, tener, ocupar, habitar; dirigir, conducir, administrar, manejar, tener por, considerar como (*con dos ac., uno compl. dir. y otro predicat. del compl. dir.* τινὰ θεόν considerar a uno como dios]; elegir por, tomar como [*con dos ac., como en el caso anterior*]. || MED. repartir entre sí; administrar, explotar; ocupar, habitar; estar situado en [*ac.*]; pacer; comer, roer, devorar; esparcirse; tener en su poder, gobernar, guiar, cosechar.
F. *impf. ép.* νέμον, *med.*νεμόμην; *fut.* νεμῶ, *med.* νεμοῦμαι, *jón.* νεμέομαι, *td.* νεμήσομαι; *aor.* ἔνειμα, *ép.* νεῖμα, *med.* ἐνειμάμην; *perf.* νενέμηκα, *pas.* νενέμημαι; *aor. pas.* ἐνεμήθην *fut. pas.* νεμηθήσομαι

νεναγμένος η ον *part. de perf. med. de* νάσσω.

νένημαι *y* **νένησμαι** *perf. pas. de* νέω *3.*

νένησμαι *perf. pas. de* νέω *2.*

νένιπται *3.ª sing. perf. med. de* νίζω.

νένωμαι *pf. pas. jón. de* νοέω.

νεο-άλωτος ον recién cogido.

νεο-αρδής ές recién regado.

νεό-γαμος ον recién casado,

νεο-γενής ές *y*

νεο-γιλός ή όν *y*

νεο-γνός όν recién nacido, muy joven.

νεο-δαμώδης ες recién declarado ciudadano; ilota libertado (δύναται τὸ νεοδαμῶδες ἐλεύθερον ἤδη εἶναι la palabra ν. designa a uno que ya es libre, *Tuc. 7, 58*).

νεό-δαρτος ον recién desollado; despellejado de nuevo.

νεό-θεν ADV. recientemente, últimamente.

νεο-θηλής ές joven, floreciente, reciente, fresco; recién nacido.

νεοίη ης ἡ ardor juvenil, pasión.

νεο-κατάστατος ον recién establecido.

νεό-κτιστος ον recién edificado *o* fundado.

νέομαι ir, venir; irse, volver; refluir.
F. *ép.* νεῦμαι, *2.ª y 3.ª sing.* νεῖαι νεῖται; *2.ª sing. subj. ép.* νέηαι; *opt.* νεοίμην, *inf.* νέεσθαι *y* νεῖσθαι; *3.ª pl. impf. ép.* νέοντο.

νεο-μηνία ας ἡ = **νουμηνία.**

νέον ADV. *v.* **νέος.**

νεο-πενθής ές afligido recientemente.

νεό-πλυτος ον recién lavado.

νεό-ποκος ον recién trasquilado *o* afeitado.

νεό-πριστος ον recién aserrado.

νεό-ρραντος ον recién bañado.

νεό-ρρυτος ον que corre desde hace poco.

νέ-ορτος ον nuevo, reciente, recién salido.

νέος α [*jón.* η] **ον** joven, juvenil, menor de edad (ἐκ νέου, ἐκ νέων desde la juventud); nuevo (ἐκ νέης de nuevo); inesperado, inaudito, extraordinario; fresco, reciente || SUST. *n.* juventud || ADV. **νέον** recientemente, últimamente, hace poco.

νεός *gen. de* ναῦς.

νέο-σμηκτος ον recién pulimentado *o* limpiado.

νεο-σπάς άδος ADJ. *m. y f.* recién arrancado.

νεοσσιά ᾶς [*jón.* **νεοσσιή ῆς**] **ἡ** nido; camada, cría.

νεοσσός οῦ ὁ polluelo, cría, animal recién nacido.

νεό-στροφος ον recién vuelto *o* torcido.

νεο-σφαγής ές recién degollado.

νεό-τευκτος ον *y*

νεο-τευχής ές recién fabricado.

νεότης ητος ἡ juventud; ardor, ligereza, temeridad propia de la juventud; insolencia, fanfarronería; cuerpo de tropa formado por jóvenes.

νεό-τομος ον recién infligido [un golpe].
νεοττεύω anidar.
νεοττιά ᾶς ἡ *át.* = **νεοσσιά.**
νεοττο-ποιέομαι -οῦμαι incubar, empollar.
νεοττοποιία ας ἡ incubación, puesta.
νεοττός οῦ ὁ *át.* = **νεσσός.**
νε-ούτατος ον recién herido.
νεό-φυτος ον recién plantado; recién convertido, neófito.
νεο-χάρακτος ον recién impreso.
νεοχμός όν = **νέος;** revolucionario.
νεοχμόω -ῶ innovar, cambiar el estado de los negocios.
νέποδες ων οἱ descendientes.
νέρθε(ν) ADV. debajo, en los infiernos || PREP. *de gen.* debajo de.
νέρτερος α ον inferior, que está abajo, en los infiernos (ν. θεοί los dioses infernales; οἱ ν. los muertos).
Νεστορίδης ου ὁ hijo de Néstor.
Νέστωρ ορος ὁ Néstor [rey de Pilos, héroe de la guerra de Troya].
νεῦμα ατος τό movimiento de cabeza, señal hecha con la cabeza.
νεῦμαι *ép.* = **νέομαι.**
νευρά ᾶς [*jón.* **νευρή ῆς**] **ἡ** *y*
νεῦρον ου τό nervio, fibra; tendón; fuerza, vigor; cuerda de arco *o* instrumento, correa.
νευρο-ρραφέω -ῶ recoser, remendar [zapatos].
νευρο-σπαδής ές lanzado por la cuerda.
νευρό-σπαστος ον movido por hilos.
νεῦσαι *inf. aor. de* νεύω.
νεύσομαι *fut. de* νέω *1*.
νευστάζω mover, sacudir la cabeza, hacer señales con ella.
νευστέον *adj. vbal. de* νέω *1* hay que nadar.
νεύω hacer señas con la cabeza; hacer una señal de asentimiento; inclinar la cabeza, inclinarse hacia adelante; asegurar, conceder, prometer; acceder.
F. *impf. ép.* νεῦον; *fut.* νεύσω *(med.* νεύσομαι *en comptos.)*; *aor.* ἔνευσα, *ép.* νεῦσα; *perf.* νένευκα.
νεφέλη ης ἡ = **νέφος.**
νεφελ-ηγερέτα αο ADJ. *m.* amontonador de nubes.
νέφος εος [**ους**] **τό** nube; oscuridad, tinieblas; muchedumbre; región de las nubes, cielo; barullo, confusión.
νεφρῖτις ιδος ἡ nefritis [enfermedad de los riñones].
νεφρός οῦ ὁ riñón.
1 **νέω** nadar [*lat.* no, nas].
F. *inf. jón.* νέειν, *át.* νεῖν; *impf.* ἔνεον, *ép.* ἔννεον, *poét.* νέον; *fut.* νεύσομαι *y* νευσοῦμαι *(v. l.)*; *aor.* ἔνευσα; *perf.* νένευκα.
2 **νέω** hilar [*lat.* neo, nes].
F. *fut.* νήσω, *aor.* ἔνησα, *med. ép.* νησάμην; *perf. pas.* νένησμαι; *aor. pas.* ἐνήθην.
3 **νέω** amontonar; cargar.
F. *fut.* νήσω; *aor.* ἔνησα; *perf. pas.* νένημαι νένησμαι, *3.ª pl. jón.* νενέαται; *aor. pas.* ἐνήθην *y* ἐνήσθην. *El pres. sólo en comptos. Cf.* νηέω.
νεω-κόρος ου ὁ ἡ guardián de un templo.
νεωλκέω -ῶ varar la nave, dejarla en tierra.
νε-ώνητος ον recién comprado.
νε-ώρης ες nuevo, fresco, reciente, joven; recién cortado [un rizo].
νεώριον ου τό arsenal.
νεώς ὼ ὁ *át.* = **ναός.**
νεώς *gen. át. de* ναῦς.
νέως ADV. = **νέον** || SUP. **νεώτατα** recentísima, últimamente.
νεώσ-οικος ου ὁ dársena, muelle; dique.
νεωστί ADV. recientemente.
νέωτα ADV. el año próximo (ἐς ν. *mismo sign.*).
νεώτατα *v.* **νέως.**
νεωτέραι ῶν αἱ jóvenes, doncellas.
νεωτερίζω innovar; tramar *o* hacer una revolución; cambiar (ἐς ἀσθένειαν causar enfermedades); emplear medidas violentas; alterar con sublevaciones || PAS. ἐνεωτερίζετο había revoluciones.
νεωτερικός ή όν joven, juvenil; imprudente.
νεωτερισμός οῦ ὁ = **νεωτεροποιία.**
νεώτεροι ων οἱ jóvenes, mancebos.
νεωτεροποιία ας ἡ innovación, revolución, sublevación.
νεωτερο-ποιός όν revolucionario, sedicioso.
νή ADV. sí, ciertamente (νὴ Δία sí, por Zeus).
νη- PREFIJO NEGATIVO no, sin.
νῆα *ac. de* ναῦς.

νῆά-δε ADV. hacia la nave.
νηγάτεος η ον recién nacido; nuevo.
νήγρετος ον amodorrado; a quien no se puede despertar (v. ὕπνος sueño profundo, *Hom. Od. 13, 80*) || ADV. **νήγρετον** sin despertarse.
νη-δεής ές intrépido, sin miedo.
νηδί = νὴ Δία (*v.* νή).
νήδυια ων τά entrañas.
νήδυμος ον profundo [sueño].
νηδύς ύος ἡ estómago; vientre, bajo vientre; útero.
νῆες *nom. pl. de* ναῦς.
νηέω *ép.* = **νέω** *3* apilar, amontonar; cargar (νῆα la nave) || MED. apilar; cargar para sí.
F. *impf. ép.* νήεον; *aor. ép.* νήησα, *3.ª sing. imp. med.* νηησάσθω.
νήθω hilar.
Νηιάς άδος ἡ Náyade.
νήιος η ον naval, marítimo; apto para barcos (v. τέχνη náutica).
Νηίς ίδος ἡ = **Νηιάς.**
νῆις ιδος ADJ. *m. y f.* ignorante [de, *gen.*].
νηίτης ου ADJ. *m.* = **νήιος.**
νη-κερδής ές inútil.
νη-κηδής ές que no se cuida; negligente.
νηκουστέω -ῶ no escuchar; desobedecer.
νηκτόν οῦ τό arte de nadar.
νηλεής ές *y*
νηλειής ές sin piedad, implacable (*v.* ἦμαρ el día de la muerte); resuelto; que no inspira piedad, abandonado.
νηλειτής ές *y*
νηλεῖτις ιδος ADJ. *f.* = **νηλιτής.**
νηλής ές = **νηλεής.**
νηλίπους ποδος ADJ. *m. y f.* descalzo.
νηλιτής ές *y*
νηλῖτις ιδος ADJ. *f.* irreprochable, inocente.
νῆμα ατος τό hilo de una trama.
νημέρτεια ας ἡ sinceridad, veracidad, infalibilidad.
νημερτής ές infalible, veraz, verídico, sincero.
νηνεμία ας [*jón.* **νηνεμίη ης**] **ἡ** calma, ausencia de viento.
νήνεμος ον tranquilo, sin viento.
νηνέω *v. l.* = νηέω.
νένη(σ)μαι *perf. med. de* νέω *2 y 3.*
νῆνις ιδος ἡ [*dat.* νήνι] *jón.* = **νεᾶνις.**
νήξομαι *fut. de* νήχω.
νηός οῦ ὁ *jón.* = **ναός.**
νηός *gen. de* ναῦς.
νη-πενθής ές que disipa el dolor.
νηπιάας *ac. pl. de* νηπιέη.
νηπιάζω *y*
νηπιαχεύω obrar como un niño; jugar como un niño.
νηπίαχος ον = **νήπιος.**
νηπιέη ης ἡ infancia; niñez, puerilidad; locura; *dat. pl.* νηπιέῃσι sin reflexión, insensatamente.
F. *ac. pl. ép.* νηπιάας *o* νηπιέας.
νήπιος α [*jón.* **η**] **ον** que no habla, infantil, niño; pueril; menor de edad; tonto, ingenuo, infeliz; ciego; débil || SUST. *n.* cría de un animal.
νή-ποινος ον impune, no vengado; vano || ADV. **νήποινον** impunemente.
νηπύτιος α ον = **νήπιος.**
νήριτος ον inmensurable, infinito, innumerable, incontable.
νῆσαι *inf. aor. 1.º de* νέω *2 y 3*
νησίδιον ου τό *y*
νησίον ου τό *y*
νησίς ῖδος ἡ islita, islote.
νησιώτης ου ὁ *y*
νησιωτικός ή όν insular, isleño.
νησιῶτις ιδος ἡ *f. del anterior.*
νῆσος ου ἡ isla; península.
νῆσσα ης ἡ ánade, pato.
νηστεία ας [*jón.* **νηστηίη ης**] **ἡ** ayuno.
νηστεύω ayunar.
νηστηίη ης ἡ *jón.* = **νηστεία.**
νῆστις ιδος [*o* **ιος**] *m. y f.* ayuno, sin comer.
F. *ac. pl. td.* νήστεις *o* νήστῖς *(N. T.).*
νηστός ή όν hilado.
νησύδριον ου τό = **νησίδιον.**
νητός ή όν amontonado.
νῆττα ης ἡ *át.* = **νῆσσα.**
νηῦς *jón.* = **ναῦς.**
νηυσι-πέρητος ον surcado por naves.
νηφαλέος α ον *y*
νηφάλιος ον [*o* **ος α ον**] sobrio, abstemio, moderado, prudente.
νήφω ser sobrio, ayunar; abstenerse del vino.
νήφων ον [*gen.* ονος] sobrio.
νήχω [*y med.*] nadar.
F. *inf. ép.* νηχέμεναι; *impf. ép.* νῆχον. *Más usado en med. part.* νηχόμενος *fut.* νήξομαι.
νίζω lavar, limpiar; expiar, reparar || MED. lavarse.

F. *impf. ép.* νίζον; *fut.* νίψω, *med.* νίψομαι; *aor.* ἔνιψα, *ép.* νίψα; *med.* ἐνιψάμην, *3.ª sing. ép.* νίψατο; *perf. med.* νένιμμαι, *3.ª sing.* νένιπται, *aor. pas.* ἐνίφθην.

νικάω -ῶ *y*

νικέω -ῶ vencer (μάχην ganar la batalla); ser el primero, aventajar; prevalecer (ἐνίκησε λοιμὸν εἰρῆσθαι prevaleció la opinión de que se hablaba de la peste); conquistar; ser el vencedor; apoderarse de [*ac.*].
F. *impf. ép.* νίκων, *1.ª pl. iter.* νικάσκομεν; *fut.* νικήσω; *aor.* ἐνίκησα, *ép.* νίκησα; *perf.* νενίκηκα, *etc.*

νίκη ης ἡ victoria, triunfo; éxito.

νικητήριον ου τό premio *o* fiesta de la victoria (νικητήρια ἑστιᾶν celebrar la victoria con un banquete).

νικητικός ή όν apto para vencer.

νικη-φόρος ον que trae la victoria victorioso, vencedor; de la victoria.

Νικίας ου ὁ Nicias, general ateniense.

νῖκος εος [ους] τό = **νίκη.**

νίν *enclít.* = **αὐτόν αὐτήν αὐτό;** *rara vez* = **αὐτούς αὐτάς αὐτά αὐτώ.**

νιπτήρ ῆρος ὁ lebrillo, palangana.

νίπτω *íd.* = **νίζω.**

νίσ(σ)ομαι ir, venir; irse, volver.
F. *3.ª pl. impf. ép.* νίσοντο. *El pres. tiene a veces valor de fut.*

νίτρον ου τό natrón, carbonato sódico.

νιφάς άδος ἡ nieve que cae, copos de nieve; nevada || ADJ. *f.* nevada, cubierta de nieve.
F. *dat. pl. ép.* νιφάδεσσι(ν).

νιφετός οῦ ὁ = **νιφάς.**

νιφόεις εσσα εν nevado, cubierto de nieve.

νιφο-στιβής ές que camina por la nieve; en que se hunden los pies en la nieve.

νίφω = **νείφω.**

νίψαι *inf. aor. de* νίζω.

νοέω -ῶ ver, observar, percibir; pensar, reflexionar (νόον νοεῖν tener un pensamiento en el espíritu); comprender, entender; saber; considerar; meditar, proyectar; ser prudente, sensato; significar || MED. pensar consigo mismo; *en general como la act.*
F. *fut.* νοήσω; *aor.* ἐνόησα, *ép.* νόησα, *jón.* ἔνωσα, *3.ª sing. med. ép.* νοήσατο; *perf.* νενόηκα, *jón.* νένωκα, *pas.* νενόημαι, *jón.* νένωμαι, *3.ª sing. plpf.* ἐνένωτο; *aor. pas.* ἐνοήθην (*Más frecte. las formas pas. con valor med.*)

νόημα ατος τό pensamiento, reflexión; intención, proyecto, designio, plan; prudencia, inteligencia, cordura.

νοήμων ον [*gen.* ονος] inteligente, prudente, reflexivo.

νοητός ή όν comprensible.

νόθος η ον bastardo, ilegítimo; hijo de ciudadano y extranjera; adulterado, corrompido.

νοΐ *dat. de* νόος.

νόμαιος α ον acostumbrado || SUST. *n.* uso, costumbre.

νομ-άρχης ου ὁ gobernador de un nomo en Egipto; gobernador de provincia.

νομάς άδος ADJ. *m. y f.* que pace; nómada; *como nombre propio* númida; que está en el campo; que reparte.

νομεύς έως [*o* ῆος] **ὁ** pastor || PL. varengas [de un buque].

νομεύω apacentar, guardar.

νομή ῆς ἡ reparto, distribución; donativo; pasto, *tamb.* manada; yerba, forraje; pastoreo; acción devoradora, corrosión.

νομίζω acostumbrar (τὰ νομιζόμενα costumbres); tener por, reconocer (οὓς ἡ πόλις νομίζει θεοὺς οὐ νομίζων no reconociendo a los dioses que reconoce el Estado); usar, practicar, servirse de, tener [*ac. o dat.*]; pensar, juzgar, creer (ἀκοῇ νομίσαι pensar por haberlo oído decir; τίς δ'ἔσθ' ὁ χῶρος; τοῦ θεῶν νομίζεται; ¿cuál es ese país? ¿de cuál de los dioses se cree? *es decir,* ¿a cuál de los dioses se cree que está consagrado?); considerar como [*ac.*]; estimar, apreciar.
F. *fut.* νομιῶ, *1.ª pl. jón.* νομιεῦμεν *Hdt. 2, 17, med.* νομιοῦμαι; *aor.* ἐνόμισα; *perf.* νενόμικα νενόμισμαι.

νομικός ή όν legal; jurisconsulto, que conoce las leyes; forense.

νόμιμος ον [*y* **ος ον**] usual, habitual; legal, normal; legítimo, justo || SUST. **τὰ νόμιμα** los usos, las leyes, los ritos.

νομιοῦμαι νομιῶ *fut. med. y act. resp. de* νομίζω.

νόμισις εως ἡ creencia [*esp.* creencia religiosa].

νόμισμα ατος τό uso, costumbre, regla; moneda, dinero; institución.
νομο-διδάσκαλος ου ὁ doctor de la ley.
νομοθεσία ας ἡ acción de dar leyes; legislación; código.
νομοθετέω -ῶ dar leyes, legislar, ordenar, determinar || MED. darse leyes || PAS. tener leyes; estar ordenado por la ley || PAS. IMPERS. νενομοθέτηται ha sido ordenado por la ley.
νομο-θέτης ου ὁ legislador; el que revisa un código.
νομοθετικός ή όν de legislador, legislativo || SUST. *f.* función del legislador; legislación.
νομόν-δε ADV. al pasto, a pastar.
νόμος ου ὁ uso, costumbre, manera; orden, derecho (χειρῶν νόμος riña); fundamento, regla, norma; ley, prescripción; estatuto, ordenanza; máxima, opinión general; modo musical, melodía, canción.
νομός οῦ ὁ prado, pasto; campo (ἐπέων πολὺς νομός vasto es el campo de las palabras, *es decir,* se puede hablar indefinidamente); provincia, distrito, nomo [en Egipto], satrapía [en Persia]; territorio.
νομο-φύλαξ ακος ὁ ἡ guardián de las leyes.
νόος ου [νοῦς νοῦ] ὁ inteligencia, espíritu, mente, pensamiento, memoria ([τόν] νοῦν ἔχειν πρός τινα dirigir el pensamiento, la atención a alguna cosa; νόῳ ἔχειν recordar); sagacidad, buen sentido, prudencia (νοῦν ἔχειν tener sentido, ser propio de una persona sensata; νόῳ prudentemente); proyecto, intención (νόον νοεῖν *o* βουλεύειν tener un proyecto *o* designio; τί σοι ἐν νόῳ ἐστὶ ποιέειν; ¿qué intentas hacer?; ἐν νῷ ἔχειν proyectar); razón, intelecto; significado, sentido; alma, corazón (κεῦθε νόῳ ocúltalo en tu corazón, *Hom. Il. I, 363;* ἐκ παντὸς νόου con toda el alma); voluntad, deseo.
F. *gen. ép. y jón.* νόου, *íd. heterócl.* νοός *(N. T.); dat.* νόῳ νῷ, *íd.* νοΐ *(N. T.).*
νοσέω -ῶ estar enfermo, sufrir (νοῦσον νοσεῖν sufrir un mal; ν. ὀφθαλμούς tener los ojos malos; ν. μάταν estar loco); ponerse enfermo [*sobre todo el aor.* νοσῆσαι]; τὸ νοσοῦν = **νόσος**.
νοσηλεία ας ἡ enfermedad; pus.
νοσηλεύω cuidar [a un enfermo].
νόσημα ατος τό enfermedad; desgracia, infortunio; vicio.
νοσηρός ά όν malsano, insalubre.
νόσος ου ἡ enfermedad, epidemia; demencia, locura; pus; mal, desgracia, sufrimiento; vicio falta, pasión (θεία ν. locura).
νοσο-τροφία ας ἡ cuidado de un enfermo.
νοσσεύω = **νεοττεύω.**
νοσσιά ᾶς ἡ *y jón.*
νοσσιή ῆς ἡ = **νεοσσιά**
νοσσίον ου τό polluelo.
νοσσός οῦ ὁ = **νεοσσός.**
νοστέω -ῶ volver a la patria; alcanzar; venir; viajar; llegar sano y salvo.
νόστιμος ον de la vuelta; cuya vuelta es posible, que vuelve a la patria.
νόστος ου ὁ vuelta a la patria, regreso; llegada, viaje, camino, salida; probabilidades de regreso.
νόσφι(ν) ADV. a un lado, lejos, apartado || PREP. *de gen.* lejos de, excepto, aparte de; de diferente modo que; sin ayuda de.
νοσφίζω alejar, aislar, separar (τινὰ βίου a uno de la vida, matarlo); quitar, robar || MED. alejarse [de, *gen.*]; dejar, abandonar; quebrantar; sustraer, despojar, apropiarse.
F. *fut. át.* νοσφιῶ; *aor.* ἐνόσφισα, *med. ép.* νοσφισ(σ)άμην; *perf. med.* νενόσφισμαι; *aor. pas.* ἐνοσφίσθην.
νοσώδης ες = **νοσηρός.**
νοτερός ά όν húmedo; meridional; de lluvia.
νοτίη ης ἡ humedad, lluvia.
νότιος ον [*o* **ος α ον**] húmedo; meridional || SUST. *n.* el mar.
νοτίς ίδος ἡ humedad, lluvia.
νότος ου ὁ noto [viento del sur], viento de lluvia; región del sur.
νουθεσία ας ἡ corrección, advertencia; reprensión.
νου-θετέω -ῶ recordar, amonestar, advertir; reprender, castigar.
νουθέτημα ατος τό *y*
νουθέτησις εως ἡ advertencia, admonición (τἀμὰ ν. las advertencias que me has hecho *Sóf. El. 343).*
νουθετικός ή όν que amonesta; didáctico.

νου-μηνία ας ἡ neomenia, novilunio; primer día del mes.

νουν-εχής ές inteligente, sensato [*adv.* νουνεχῶς *y* νουνεχόντως].

νοῦς οῦ ὁ = **νόος.**

νοῦσος ου ἡ *ép. y jón.* = **νόσος.**

νύ = **νύν.**

νυκτερευτικός ή όν útil para cazar de noche [*dic. de* un perro].

νυκτερεύω pernoctar; vivaquear.

νυκτερινός ή όν de noche, nocturno; septentrional.

νυκτερίς ίδος ἡ murciélago.

νύκτερος ον = **νυκτερινός.**

νυκτο-θήρας ου ὁ cazador nocturno.

νυκτο-μαχία ας [*jón.* **νυκτο-μαχίη ης**] **ἡ** combate nocturno.

νυκτο-πορέω -ῶ viajar de noche.

νυκτοφυλακέω -ῶ vigilar durante la noche.

νυκτο-φύλαξ ακος ὁ vigilante nocturno.

νύκτωρ ADV. durante la noche.

νύμφα *voc. ép. de* νύμφη.

νύμφα ας ἡ *dór.* = **νύμφη.**

νυμφεῖος α ον nupcial ‖ SUST. *n. y n. pl.* cámara nupcial; noviazgo; novia, desposada, casada; matrimonio.

νύμφευμα ατος τό matrimonio; novia.

νυμφεύω casar, casarse.

νύμφη ης ἡ novia, desposada, recién casada; nuera; mujer joven; ninfa. **F.** *voc. ép.* νύμφα.

νυμφίδιος α ον *y*
νυμφικός ή όν = **νυμφεῖος.**

νυμφίος ου ὁ novio; recién casado, esposo

νυμφών ῶνος ὁ cámara nupcial; casa donde se celebran las bodas (οἱ υἱοὶ τοῦ νυμφῶνος los convidados *o* comensales *Ev. S. Mat. 9,15).*

νῦν ADV. ahora, en seguida (νῦν ἤδη ahora mismo; τὰ νῦν ahora; τὸ νῦν εἶναι por ahora); hace poco, hace un momento; dentro de poco, en breve; en cambio *(en contraposición a lo que podía haber pasado en otras circunstancias)*; hoy en día, hogaño, actualmente (ὁ νῦν el actual, el que vive); καὶ νῦν aun así.

νύν *enclít.* ahora; así pues, por tanto; pues.

νυν-δή ADV. = **νῦν δή.**

νυνί ADV. = **νῦν.**

νύξ νυκτός ἡ noche; tinieblas, oscuridad (πόρρω τῶν νυκτῶν hasta bien avanzada la noche; μέσαι νύκτες medianoche; νυκτός de noche; νυκτὸς ἔτι de noche todavía; νυκτὸς τῆσδε esta noche; νυκτί por la noche; νύκτα toda la noche; ἀνὰ νύκτα de noche; ὑπὸ νύκτα al anochecer; τρίχα νυκτὸς ἔην era la última guardia de la noche [que se dividía en tres]); calamidad, desgracia.

νύξ' νύξε *3.ª sing. aor. 1.º ép. de* νύσσω.

νυός οῦ ἡ nuera; cuñada; joven esposa.

νύσσα ης ἡ meta; arrancadero, punto de arranque; término, fin; valla.

νύσσω herir, golpear, pegar. **F.** *fut.* νύξω; *aor.* ἔνυξα, *ép.* νύξα; *aor. pas.* ἐνύχθην *y* ἐνύγην.

νυστάζω cabecear, adormecerse; ser negligente, descuidado.

νύττω *át.* = **νύσσω.**

νυχθ-ήμερον ου τό espacio de un día y una noche.

νυχιέστερος α ον COMP. *del sig.*

νύχιος α ον = **νυκτερινός** (ἐκτέταται *v.* está dormido como en sueño nocturno).

νώ [*gen. dat.* νῶιν *o* νῷν] *du. de* ἐγώ: nosotros dos, nosotras dos. **F.** *nom. ac. ép. jón.* νῶι.

νώδυνος ον calmante del dolor.

νωθής ές lento, tardo; estúpido.

νωθρός ά όν indolente, perezoso, lento.

νῶι *ép.* = **νώ.**

νωίτερος α ον nuestro, de nosotros dos.

νωλεμές *y*
νωλεμέως ADV. sin cesar; firme, encarnizadamente.

νωμάω -ῶ repartir; mover, manejar hábilmente; forzar, excitar; dirigir, gobernar; reflexionar, observar; maquinar.

νῷν *v.* **νῶι.**

νώνυμ(ν)ος ον anónimo, sin nombre, sin gloria.

νῶροψ οπος ADJ. *m. y f.* deslumbrador, resplandeciente.

νώσασθαι *inf. aor. med. de* νοέω.

νωτιαῖος α ον dorsal.

νωτίζω volver la espalda, huir (παλίσσυτον δράμημα *v.* volver a la carrera hacia atrás *Sóf. Ed. R. 193).*

νῶτον ου τό *y*
νῶτος ου ὁ espalda, lomo (τὰ νῶτα ἐντρέψαι huir; κατὰ νώτου por la espalda); superficie del mar.

νωτο-φόρον ου τό acémila.
νωχελής ές lento; negligente.
νωχελίη ης ἡ flojedad, flaqueza.

Ξ

Ξ ξ xi [14.ª letra del alfabeto griego] || *como signo numérico* ξ' 60; ͵ξ 60.000.

ξαίνω rascar, cardar, peinar.
F. *fut.* ξανῶ; *aor.* ἔξηνα; *perf. pas.* ἔξασμαι *y* ἔξαμμαι; *aor. pas.* ἐξάνθην.

Ξανθίππη ης ἡ Xantipa o Jantipa [esposa de Sócrates].

ξανθός ή όν amarillo; amarillento; rojizo, rubio.

ξειν... *v.* **ξεν..**

ξεινηΐη *jón.* = **ξενία.**

ξεινήιον ου τό = **ξένιον.**

ξεινήιος η ον = **ξένιος.**

ξεινίζω = **ξενίζω.**

ξεινίη ης ἡ *jón.* = **ξενία.**

ξεινικός ή όν = **ξενικός.**

ξείνιος η ον = **ξένιος.**

ξείνισσα *aor. 1.º ép. de* ξενίζω.

ξεινοδοκέω = **ξενοδοκέω.**

ξεινο-κτονέω = **ξενοκτονέω.**

ξεῖνος = **ξένος.**

ξεινοσύνη = **ξενοσύνη.**

ξεναγέω -ῶ guiar *o* conducir extranjeros; mandar a soldados extranjeros.

ξεν-αγός οῦ ὁ jefe de tropa extranjera.

ξένη ης ἡ *v.* **ξένος.**

ξεν-ηλασία ας ἡ expulsión de extranjeros.

ξενία ας ἡ vínculo de hospitalidad, amistad entre huéspedes; hospitalidad, acogida hospitalaria, hospedaje; acusación por usurpar los derechos de ciudadanía.

ξενίζω recibir *o* acoger como huésped, hospedar, tratar hospitalariamente, agasajar como huésped; extrañar, producir extrañeza o admiración || PAS. ser recibido *o* tratado como huésped, recibir hospitalidad; admirarse, extrañarse.
F. *fut. át.* ξενιῶ, *ép.* ξενίσσω; *aor.* ἐξένισα, *ép.* ἐξείνισσα *y* ξείνισ(σ)α.

ξενικός ή όν concerniente a los extranjeros. || SUST. *n.* cuerpo de tropas mercenarias o extranjeras.

ξένιος α ον [*y* **ος ον**] relativo a los huéspedes *o* la hospitalidad [Ζεὺς ξένιος Zeus protector de la hospitalidad]; de huéspedes; hospitalario; extranjero, forastero. || SUST. **τὰ ξένια** dones *u* obsequios de hospitalidad, acogida hospitalaria.

ξένισις εως ἡ recepción *o* acogida de un huésped, hospedaje de un extranjero *o* forastero.

ξενοδοκέω -ῶ = **ξενοδοχέω.**

ξενο-δόκος ον hospitalario.

ξενοδοχέω -ῶ acoger extranjeros *o* forasteros, hospedar.

ξενο-κτονέω -ῶ matar huéspedes *o* extranjeros; matar al propio huésped.

ξένος η ον extranjero, forastero, peregrino, extraño (ἡ ξένη [γῆ] la tierra extraña, el extranjero); extraño, ajeno a, desconocedor, ignorante; extraño, insólito, raro, sorprendente, admirable [para alguien, *dat.*] || SUST. *m.* huésped, amigo, extranjero; soldado mercenario.

ξενόστασις εως ἡ hospedaje, alojamiento.

ξενοσύνη ης ἡ hospitalidad.

ξενο-τροφέω -ῶ mantener *o* sustentar tropas mercenarias.

Ξενοφῶν ῶντος ὁ Jenofonte [historiador, filósofo, jefe de tropas de los Diez mil].

ξενόω -ῶ [*grlte. pas.*] estar en tierra extraña *o* en el extranjero; estar hospedado *o* alojado, hospedarse, alojarse [en algún lugar, *dat.*, en casa de alguien, παρά *con dat.*]; contraer

relaciones de hospitalidad [con alguien, *dat.*]; οἱ ἐξενωμένοι los hospedados, los huéspedes.
F. *fut. med.* ξενώσομαι *con valor pas.* (*Sóf. Fil. 303*) ; *perf. pas.* ἐξένωμαι; *aor. pas.* ἐξενώθην.

ξενών ῶνος ὁ posada, hostal.

Ξέρξης ου [*jón.* **εω**] **ὁ** Jerjes [rey de Persia, hijo de Darío].

ξερός ά όν = **ξηρός**.

ξέσσα *aor. ép. de* ξέω.

ξέστης ου ὁ sextario [medida romana de líquidos *o* de sólidos: 1/6 del modio, 0'54 litr. de cabida, *lat.* sextarius]; vasija, cántaro.

ξεστός ή όν *adj. vbal. de* ξέω raspado, alisado, pulido, liso.

ξέω -ῶ raspar, rascar, pulir, alisar.
F. *impf. ép.* ἔξεον; *aor.* ἔξεσα, *ép.* ξέσσα. *El pres. át. contr.* ξῶ, *3.ª pl.* ξοῦσι, *etc.*

ξηρά ᾶς ἡ *v.* **ξηρός**.

ξηραίνω secar, desecar, agostar || PAS. secarse, estar seco [un manantial, una fuente]; agotarse [las plantas, la mies]; atrofiarse [un miembro, el cuerpo].
F. *fut.* ξηρανῶ; *aor.* ἐξήρανα, *jón. tamb.* ἐξήρηνα; *perf. pas.* ἐξήρασμαι *y* ἐξήραμμαι (*N. T.*) ; *aor. pas.* ἐξηράνθην.

ξηρός ά όν seco, árido; desecado, enjuto (ποταμός un río) || SUST. *f.* la tierra firme.

ξηρότης ητος ἡ sequedad, aridez.

ξιφίδιον ου τό *dim. de* ξίφος espada corta, daga, puñal.

ξιφο-κτόνος ον que mata con la espada.

ξίφος εος [**ους**] **τό** espada; puñal.

ξόανον ου τό escultura en madera; estatua *o* imagen esculpida [*esp.* de un dios].

ξυγ- = **συγ-**

ξυήλη ης ἡ navaja curva, puñal corvo.

ξυλεύομαι recoger leña.

ξυλίζομαι amontonar leña.

ξύλινος η ον de madera, lígneo.

ξυλλ- = **συλλ-**

ξυλο-κόπος ον cortador de madera.

ξύλον ου τό madera; leño, madero, tarugo, zoquete; tablón, pieza de madera para construcción; tronco de árbol, árbol, palo, garrote, bastón; cepo [instrumento de castigo]; poste, tajo; cruz [instrumento de suplicio].

ξυλουργέω -ῶ trabajar la madera.

ξύλ-οχος ου ὁ espesura, boscaje.

ξύλωσις εως ἡ construcción, maderamen, armazón de madera.

ξυμ- *át.* = **συμ-**

ξύν PREP. *át.* = **σύν**.

ξυν- *át.* = **συν-**

ξυνά ADV. en común; *v.* **ξυνός**.

ξυν-άγνυμι *át.* = **συνάγνυμι**.

ξύν-ειμι *át.* = **σύνειμι**.

ξύνες *imp. aor. de* ξυνίημι.

ξύνετο *3.ª sing. aor. 2.º med. de* ξυνίημι.

ξυνήιος α ον = **ξυνός**.

ξυν-ίημι *át.* = **συνίημι**.

ξυνός ή όν común, que es de todos; unido a otro, aliado; igual, imparcial.

ξῦον *impf. ép. de* ξύω.

ξυρέω -ῶ cortar el pelo *o* la lana, pelar, esquilar, tonsurar, rapar, rasurar, afeitar (ἐν χρῷ rozar *o* despellejar la piel *e. e.* ser peligroso) || MED. *y* PAS. afeitarse.

ξυρόν οῦ τό navaja de afeitar; *fig.* punto *o* momento crítico, crisis.

ξύρω = **ξυρέω**.

ξυστόν οῦ τό lanza, asta.

ξυστός ή όν raspado, pulimentado.

ξυστο-φόρος ου ὁ lancero, piquero, guardia a caballo.

ξύω raspar, rascar, estregar; pulimentar, alisar, afinar.
F. *impf. ép.* ξῦον; *aor.* ἔξυσα, *med.* ἐξυσάμην; *perf. pas.* ἔξυσμαι; *aor. pas.* ἐξύσθην.

O

O ο omicron [15.ª letra del alfabeto griego] || *como signo numérico* ο′ 70; ͵ο 70.000.

ὁ ἡ τό ARTICULO DETERM. el, la, lo; *a veces equivale al poses.* (τὰς πόλεις ἔκτιζον fundaban sus ciudades) || PRON. DEMOSTRAT. éste, ésta, esto; él, ella, ello; *unido a un nombre le da énfasis* (ὁ Τυδεΐδης el famoso Tidida); aquél, aquélla, aquello; ὁ μέν... ὁ δέ... el uno... el otro; ὁ δέ y él, pero él; ἡ δέ y ella, pero ella; τὰ καὶ τά esto y lo otro; τῇ allí, así, hacia allí; τῇ μέν... τῇ δέ de un modo... de otro; τῷ por esto, en este caso, así, entonces; τό por lo cual; τὸ μέν... τὸ δέ por una parte... por otra; πρὸ τοῦ antes; ἐκ τοῦ desde entonces; ἐν τοῖσι θειότατον la cosa más maravillosa.
F. *A más de las áticas corrientes: ép. poét.: gen. sing. m. n.* τοῖο, *nom. pl. m. f.* τοί ταί; *gen. pl. f.* τάων; *dat.* τοῖσι *(tamb. jón.), f.* ταῖσι τῇσι τῇς. *Dór. nom. f. sing.* ἁ; *gen.* τῶ τᾶς; *dat. f.* τᾷ; *ac. f.* τάν; *gen. pl. f.* τᾶν, *ac. pl. m.* τώς. *El du. f. aparece a veces* τά ταῖν.

ὅ ἥ τό PRON. RELAT. = **ὅς** *2.*

1 **ὅ** *n. de* **ὅς** 2.

2 **ὅ** CONJ. = **ὅτι.**

ὄαρ ὄαρος ἡ compañera, esposa.
F. *dat. pl. ép. contr.* ὤρεσσι.

ὀαρίζω tener trato íntimo; charlar; acariciar.

ὀαριστής οῦ ὁ amigo íntimo, confidente.

ὀαριστύς ύος ἡ trato íntimo; compañía, tropa; uso, costumbre.

ὀβελίσκος ου ὁ asador pequeño; pica *o* jabalina pequeña.

ὀβελός οῦ ὁ asador; obelisco; venablo.

ὀβολός οῦ ὁ óbolo [moneda equivalente a quince céntimos].

ὀβριμο-εργός όν audaz, violento.

ὀβριμο-πάτρη ης ADJ. *f.* de padre fuerte *o* poderoso.

ὄβριμος ον fuerte, robusto, vigoroso, poderoso; ingente, imponente.

ὀγδόατος η ον = **ὄγδοος.**

ὀγδοήκοντα ochenta.

ὀγδοηκοστός ή όν octogésimo.

ὄγδοος η ον octavo.

ὀγδώκοντα = **ὀγδοήκοντα.**

ὅ-γε ἥ-γε τό-γε = **ὁ** *reforzado.*

ὀγκάομαι -ῶμαι rebuznar.

ὀγκηρός ά όν pomposo, hinchado.

ὄγκιον ου τό caja de hierro.

1 **ὄγκος ου ὁ** gancho, garfio; barbas de una flecha.

2 **ὄγκος ου ὁ** masa, montón, peso, volumen, grosor; amplitud, majestad; fausto, orgullo; dignidad, esplendor, pompa; molestia, incomodidad.

ὀγκόω -ῶ hinchar || PAS. hincharse, vanagloriarse (ἐπί τινι de algo).

ὀγμεύω trazar un surco, ir arrastrándose (στίβον por el sendero, *Sóf. Filoct. 163*); marchar en fila [ante uno, *dat.*]

ὄγμος ου ὁ línea, fila; surco; gavilla.

ὄγχνη ης ἡ peral; pera.

ὀδαγμός οῦ ὁ irritación; escozor.

ὁδαῖος α ον de viaje || SUST. *n. pl.* mercancías, cargamento.

ὀ-δάξ ADV. con los dientes, mordiendo (ὀ. ἐν χείλεσι φύντες mordiéndose los labios).

ὅ-δε ἥ-δε τό-δε PRON. DEMOST. éste, ésta, esto que está aquí, ahí, allí; el de ahora, de hoy, el que está presente; el siguiente; *con verbos de acción* aquí (ὅστις ὅδε κρατέει que

manda aquí; ἔγχος τόδε κεῖται el arma está aquí; ὅδ'ἐγὼ ἦλυθον aquí estoy); ὅδε *y* ὅδ'ἀνήρ = ἐγώ (ξὺν τῇδε χερί con mi mano); ἐς τόδε hasta este punto; τόδε *o* τάδε aquí, por esto; τῇδε aquí, allí, así, de este modo, por esto; τοισίδε con estas palabras; en estos aspectos.
F. *Sigue en su primer elemento las variedades de* ὁ ἡ τό *v. s. v. dat. pl. ép. tamb.* τοῖσδεσσι τοῖσδεσι, *jón. poét.* τοισίδε *v. supra.*

ὁδεύω ir, caminar, viajar; recorrer; andar.

ὁδηγέω -ῶ mostrar el camino, llevar, guiar.

ὁδ-ηγός οῦ ὁ guía; maestro.

ὁδί ἡδί τοδί = **ὅδε** *reforzado.*

ὁδίτης ου ὁ viajero, caminante.

ὀδμή ῆς ἡ = **ὀσμή.**

ὁδοιπορέω -ῶ = **ὁδεύω.**
F. *impf.* ὡδοιπόρουν, *jón.* ὡδοιπόρεον; *3.ª pl. plpf.* ὁδοιπορήκεσαν *(en compto.), 3.ª sing. perf. pas. td.* ὡδοιπόρηται.

ὁδοιπορία ας [*jón.* **ὁδοιπορίη ης**] **ἡ** viaje, marcha, travesía; paseo.

ὁδοιπόριον ου τό precio del viaje; provisiones.

ὁδοι-πόρος ου ὁ = **ὁδίτης.**

ὁδοποιέω -ῶ hacer [un camino]; servir de guía, abrir *o* facilitar un camino [a... *dat.*] || PAS. ser puesto en condiciones de paso [un camino] || PAS. IMPERS. ὡδοποίηται se abre el camino.
F. *impf.* ὡδοποίουν; *perf. pas.* ὡδοποίημαι, *v. l.* ὡδοπεποίημαι.

ὁδοποιία ας ἡ construcción de caminos.

ὁδο-ποιός οῦ ὁ constructor de caminos.

ὁδός οῦ ἡ camino, carretera, senda (πρὸ ὁδοῦ adelante; κατ'ὁδόν por el camino; ἐκ τῆς ὁδοῦ en su camino); dirección; curso [de un río]; viaje, ruta, marcha, expedición; modo de vida, costumbre; vía, medio, manera, procedimiento; método, sistema.

ὀδός οῦ ὁ = **οὐδός** *1.*

ὀδούς όντος ὁ diente.

ὁδο-φύλαξ ακος ὁ vigilante de los caminos o de las calles, policía.

ὁδόω -ῶ guiar || PAS. estar en el buen camino, ir bien.

ὀδυνάω -ῶ causar dolor || PAS. sentir dolor.
F. *2.ª sing. ind. pres. td.* ὀδυνᾶσαι *(N. T. Ev. Luc. 16,25).*

ὀδύνη ης ἡ dolor, pena, tristeza (γλώσσας ὀ. dolor causado por la lengua).

ὀδυνηρός ά όν doloroso, penoso.

ὀδυνή-φατος ον que quita el dolor.

ὄδυρμα ατος τό *y*

ὀδυρμός οῦ ὁ lamento, queja.

ὀδύρομαι lamentarse [por alguien, *gen.*]; quejarse; deplorar, llorar por [*ac.*]; echar de menos, añorar.
F. *3.ª sing. y pl. impf. ép.* ὀδύρετο ὀδύροντο, *3.ª sing. iter. jón.* ὀδυρέσκετο; *fut.* ὀδυροῦμαι; *aor.* ὠδυράμην, *part. ép.* ὀδυράμενος.

Ὀδυσσεύς έως ὁ Ulises, rey de Itaca, héroe homérico.
F. *gen. ép. en* -ῆος *y* -έος, *dat.* -ῆι *ac.* -ῆα -ῆ.

ὀδύσσομαι irritarse, enojarse [contra alguien, *dat.*].
F. *aor.* ὠδυ(σ)σάμην, *ép. tamb.* ὀδυσάμην, *3.ª sing. perf. pas. ép.* ὀδώδυσται *Od. 5, 423.*

ὄδωδα *pf. de* ὄζω.

ὀδωδή ῆς ἡ olor.

ὀδώδυσμαι *pf. de* ὀδύσσομαι.

ὀδών όντος ὁ = **ὀδούς.**

ὁδωτός ή όν practicable, factible.

ὄεσσι *dat. pl. ép. de* ὄϊς.

1 **ὄζος ου ὁ** rama; retoño, vástago.

2 **ὄζος ου ὁ** criado, servidor.

ὄζω oler, haber un olor [bueno *o* malo]: ὀδμὴ ὀδώδει percibíase un olor; exhalarse un olor: ὄζει sale un olor [de... ἀπό *y gen. o sólo gen.*].
F. *fut.* ὀζήσω; *aor.* ὤζησα; *perf.* ὄδωδα *con valor de pres., 3.ª sing. plpf. ép.* ὀδώδει *con valor de impf.*

ὅ-θεν ADV. de dónde; por lo cual; por qué; donde.

ὅθεν-περ ADV. de dónde exactamente.

ὅ-θι *y*

ὅθι-περ ADV. en donde, allí en donde.

ὀθνεῖος α ον extranjero, forastero; extraño.

ὄθομαι preocuparse, inquietarse, temer (οὐδ'ὄθομαι κοτέοντος no tengo miedo del encolerizado, no me inquieta tu cólera).
F. *impf. ép.* ὀθόμην, *3.ª* ὄθετο ὄθετ'.

ὀθόνη ης ἡ tela fina; vestido; velo.

ὀθόνιον ου τό faja, venda, cinta.
ὀθούνεκα [*como* ὅτου ἕνεκα] CONJ. porque; que.
ὄ-θριξ ὄ-τριχος ADJ. *m. y f.* de igual pelo *o* color.
οἴ INTERJ. ¡oh! ¡ay!
1 **οἶ** ADV. adónde; hasta qué punto.
2 **οἷ** *dat. sing. del pron. de 3.ª persona m. y f.* [*lat.* sibi. *o* ei].
οἷα ADV. *v.* **οἷος**.
οἰακίζω gobernar, dirigir, manejar.
οἴαξ ακος [*jón.* **οἴηξ ηκος**] **ὁ** caña del timón; timón; hembrilla, anilla.
οἴγνυμι *y*
οἴγω abrir (οἴγ. οἶνον abrir un tonel de vino).
F. *En prosa sustituido por* ἀνοίγνυμι *v. s. v. Impf.* ἐῴγνυν *y* ἔῳγον, *3.ª pl. pas. ép.* ᾠΐγνυντο (*v. l.* ᾠΐγοντο); *fut.* οἴξω; *aor.* ᾦξα *y* ἔῳξα, *ép.* ᾤιξα, *part.* οἴξας, *etc.*
οἶδα *pf. de* εἴδω, *v. s. v.*
οἰδαίνω *y*
οἰδάνω *y*
οἰδέω -ῶ hinchar; hincharse (ᾤδεε δὲ χρόα πάντα tenía todo el cuerpo hinchado; οἰδεόντων τῶν πρηγμάτων cuando los asuntos públicos estaban revueltos; οἰδεῖ ἡ πόλις la ciudad está soliviantada) || PAS. hincharse.
Οἰδιπόδης αο *ép. y*
Οἰδίπους ποδος ὁ Edipo, rey de Tebas, héroe de varias tragedias griegas.
F. *gen. ép. poét.* -που -πόδαο -πόδα, *jón.* -πόδεω; *dat.* -ποδι -πῳ; *ac.* -πουν -ποδα -ποδαν; *voc.* -πους -που -πόδα.
οἶδμα ατος τό hinchazón de la ola; rompiente; ola, mar.
οἴεος α ον de oveja.
οἰ-έτης ες de la misma edad.
ὀϊζυρός ά όν lamentable, miserable; triste, penoso.
ὀϊζύς ύος ἡ aflicción, pesadumbre.
ὀϊζύω lamentarse; fatigarse; sufrir.
οἰήιον ου τό = **οἴαξ**.
οἰηκίζω *jón.* = **οἰακίζω**.
οἴηξ ηκος ὁ *jón.* = **οἴαξ**.
οἴησις εως ἡ pensamiento, opinión; presunción; apariencia.
οἰήσομαι *fut. de* οἴομαι, *v.* οἴω.
οἶκα *jón.* = **ἔοικα** (*v.* **εἴκω** 2).
οἴκα-δε ADV. a casa, a la patria; en casa (τὰ οἴκαδε ποθεῖν echar de menos la propia casa; οἴκαδε παρασκευαζόμενος dispuesto a volver a su país, *Jen.*).
οἰκειακός ή όν = **οἰκιακός**.
οἰκεῖος α ον [*y* **ος ον**] de casa, de la familia, doméstico; civil, intestino; allegado, pariente, amigo, familiar, íntimo; propio, natal, patrio; particular, privado; innato, natural; apropiado, provechoso || SUST. *n. pl.* propiedades; *f.* patria.
οἰκειότης ητος ἡ parentesco, amistad, familiaridad, intimidad.
οἰκειόω -ῶ unir íntimamente, apropiar, apropiarse, ganar para sí, hacerse amigo [de uno, *ac.*]; reclamar || PAS. amistarse, familiarizarse; ser amigo, estar familiarizado.
οἰκείως ADV. familiarmente; debidamente.
οἰκείωσις εως ἡ apropiación, conciliación.
οἰκετεία [*y* **οἰκέτεια**] **ας ἡ** servidumbre.
οἰκέτης ου ὁ vecino; criado, familiar || SUST. *n. pl.* servidumbre.
οἰκετικός ή όν de la servidumbre.
οἰκεύς έως ὁ = **οἰκέτης**.
οἰκέω -ῶ habitar, morar; vivir, pasar la vida, estar, hallarse, estar situado; ser gobernado *o* dirigido; habitar [en, *ac.*]; ocupar, colonizar; gobernar, administrar || PAS. estar habitado (ἡ οἰκουμένη la tierra habitada, la Hélade, el imperio romano, el universo); estar establecido en [*ac.*]; estar situado; regirse administrarse.
F. *impf. ép.* ᾤκεον, *jón.* οἴκεον, *át.* ᾤκουν; *fut.* οἰκήσω, *med. (tamb. con valor pas.)* οἰκήσομαι; *aor.* ᾤκησα, *ép. jón.* οἴκησα; *perf.* ᾤκηκα, *med. y pas.* ᾤκημαι, *jón. dór.* οἴκημαι, *3.ª pl.* οἰκέαται; *aor. pas.* ᾠκήθην, *3.ª pl. ép.* ᾤκηθεν.
οἰκήιος α ον *jón.* = **οἰκεῖος**.
οἰκηιότης ητος ἡ *jón.* = **οἰκειότης**.
οἰκηιόω -ῶ *jón.* = **οἰκειόω**.
οἴκημα ατος τό vivienda, casa, residencia, morada; cuarto, habitación; dormitorio; comedor; *en gral.* parte *o* compartimiento de un edificio, pabellón; prisión; jaula; capilla, templo; taller; construcción [en general], torre; burdel; techo.

οἰκήσιμος ον habitable.
οἴκησις εως ἡ habitación, residencia, morada; acción de habitar.
οἰκητήρ ῆρος ὁ habitante.
οἰκητήριον ου τό = **οἴκημα**.
οἰκητής οῦ ὁ = **οἰκητήρ**.
οἰκητός ή όν habitado; habitable.
οἰκήτωρ ορος ὁ habitante; colono, colonizador.
οἰκία ας ἡ = **οἶκος**.
οἰκιακός ή όν = **οἰκεῖος** || SUST. *m. pl.* familiares, familia.
οἰκίδιον ου τό casita, choza.
οἰκίζω edificar, construir; fundar, colonizar; instalar, establecer || MED. establecerse, residir.
F. *fut.* οἰκιῶ, *med.* οἰκιοῦμαι; *aor.* ᾤκισα, *jón.* οἴκισα, *med.* ᾠκισάμην, *etc.*; *perf. pas.* ᾤκισμαι, *jón.* οἴκισμαι; *aor. pas.* ᾠκίσθην.
οἰκίη ης ἡ *jón.* = **οἰκία**.
οἰκίον ου τό = **οἴκημα**; nido, avispero.
οἴκισις εως ἡ fundación de una colonia.
οἰκίσκος ου ὁ = **οἰκίδιον**; cuartito.
οἰκιστήρ ῆρος ὁ *y*
οἰκιστής οῦ ὁ colonizador, fundador, legislador.
οἰκο-γενής ές nacido en casa.
οἰκο-δέσποινα ης ἡ dueña de la casa.
οἰκοδεσποτέω -ῶ ser padre de familia.
οἰκο-δεσπότης ου ὁ padre de familia.
οἰκοδομέω -ῶ edificar, construir; edificar [en sentido religioso]; fundar; excitar, provocar || MED. construir para sí.
F. *impf.* ᾠκοδόμουν, *jón.* οἰκοδόμεον; *aor.* ᾠκοδόμησα; *perf.* ᾠκοδόμηκα, *pas.* -μαι, *3.ª pl. jón.* οἰκοδομέαται; *aor. pas.* ᾠκοδομήθην, *fut. pas.* οἰκοδομηθήσομαι, *(En el N. T. aparece a veces* οἰκ- *en vez de* ᾠκ- *en las formas de pasado y perf.)*.
οἰκοδομή ῆς ἡ *y*
οἰκοδόμημα ατος τό *y*
οἰκοδόμησις εως ἡ *y*
οἰκοδομία ας ἡ fábrica, construcción.
οἰκοδομικός ή όν relativo a la construcción || SUST. *f. y n. pl.* arquitectura, construcción.
οἰκο-δόμος ου ὁ arquitecto.
οἴκο-θεν ADV. de casa, de la patria; de lo de casa.
οἴκο-θι *y*
οἴκοι ADV. en casa, en la patria (τὰ οἴ. los asuntos domésticos).
οἰκόν-δε ADV. = **οἴκαδε**; al cuarto de las mujeres.
οἰκονομέω -ῶ gobernar, administrar; ser administrador.
οἰκονομία ας ἡ dirección, gobierno, administración [de una casa]; mayordomía; ordenación, plan.
οἰκονομικός ή όν concerniente al gobierno de una casa; hábil para administrarla; frugal, sobrio; económico || SUST. *f.* economía.
οἰκο-νόμος ου ὁ ἡ administrador, ecónomo, intendente, mayordomo; ministro.
οἰκό-πεδον ου τό construcción, casa || PL. ruinas de casas.
οἰκο-ποιός όν que hace habitable.
οἶκος ου ὁ casa, vivienda; habitación, cuarto; sala, comedor; templo; jaula, nido; residencia; bienes, propiedad, hacienda, fortuna; familia, linaje; servidumbre, criados; patria || PL. casa.
οἰκός *jón.* = **εἰκός**.
οἰκό-σιτος ον que come en su casa *e. e.* alimentado por sus padres.
οἰκότως ADV. *jón.* = **εἰκότως**.
οἰκουμένη ης ἡ *v.* οἰκέω.
οἰκουργός όν que cuida la casa; casero; que trabaja en casa.
οἰκουρέω -ῶ cuidar, vigilar, guardar la casa; ser casero, estar generalmente en casa.
οἰκούρημα ατος τό *y*
οἰκουρία ας ἡ guarda de la casa; defensa, protección.
οἰκούρια ων τά paga por la guarda de la casa.
οἰκουρός όν que guarda la casa, portero; casero; que sale poco de casa.
οἰκο-φθορέομαι -οῦμαι estar arruinado.
οἰκο-φθορία ας ἡ ruina.
οἰκτείρω *y*
οἰκτίζω [*y med.*: *fut.* οἰκτιῶ, *aor.* ᾤκτισα] lamentarse; compadecerse.
οἰκτιρμός οῦ ὁ compasión, piedad || PL. gracias.
οἰκτίρμων ον [*gen.* ονος] compasivo.
οἰκτίρω = **οἰκτείρω**.
F. *fut.* οἰκτιρῶ, *td.* οἰκτιρήσω *(N. T. Rom. 9,15)*; *aor.* ᾤκτιρα, *jón.* οἴκτι-

ρα. *N. B. Las formas con diptongo* -ει- (οἰκτείρω, *etc.*) *son incorrectas.*

οἴκτιστος η ον *superl. de* **οἰκτρός.**

οἶκτος ου ὁ lamentación; = **οἰκτιρμός.**

οἰκτρός ά όν lamentable; digno de piedad; miserable, pobre; que se lamenta, quejumbroso.

οἰκώς υῖα ός *jón.* = **εἰκώς.**

οἰκ-ωφελίη ης ἡ cuidados de la casa.

οἶμα ατος τό ímpetu, furia.

οἶμαι = **οἴομαι.**

οἰμάω -ῶ lanzarse con ímpetu.

F. *aor. ép.* οἴμησα.

οἴμη ης ἡ leyenda heroica; poema, canto; facultades para el canto.

οἴμοι INTERJ. ¡ay de mí! ¡ah!

οἶμος ου ὁ camino, ruta; raya, línea.

οἰμωγή ῆς ἡ lamento, gemido.

οἰμώζω quejarse, lamentarse; lamentar.

F. *fut.* οἰμώξομαι; *aor.* ᾤμωξα, *part.* οἰμώξας, *etc.*; *perf. pas.* ᾤμωγμαι.

οἰνηρός ά όν lleno de vino; abundante en vino; que sirve vino.

οἰνίζομαι traer vino, comprar vino.

οἰνο-βαρείων ουσα ον *y*

οἰνο-βαρής ές entorpecido por el vino, ebrio, achispado.

οἰνό-πεδος ον plantado de viñas || SUST. *n.* viña.

οἰνο-πληθής ές rico en vino.

οἰνο-ποτάζω beber vino.

οἰνο-ποτήρ ῆρος ὁ *y*

οἰνο-πότης ου ὁ bebedor de vino.

οἶνος ου ὁ vino (παρ'οἴνῳ en un banquete); bebida fermentada (οἶ. φοινικήιος vino de palma); seducción, embriaguez || PL. viñas.

οἰνο-φλυγία ας ἡ borrachera, embriaguez.

οἰνοχοεύω *y*

οἰνοχοέω -ῶ echar vino, escanciar.

F. *impf.* ᾠνοχόουν, *3.ª sing. ép.* ἐῳνοχόει *y* οἰνοχόει.

οἰνοχόη ης ἡ cratera para echar el vino en las copas.

οἰνο-χόος ου ὁ escanciador, copero.

οἰνό-χυτος ον que se compone de vino escanciado.

οἰν-οψ οπος ADJ. *m. y f.* = **οἰνώψ.**

οἰνόω -ῶ embriagar || PAS. estar ebrio.

F. *perf. pas.* ᾤνωμαι *y* οἴνωμαι; ; *aor. pas.* ᾠνώθην, *part. pl.* οἰνωθέντες.

οἰνών ῶνος ὁ bodega.

οἰν-ωπός όν *y*

οἰν-ώψ ῶπος ADJ. *m. y f.* de color de vino, rojo oscuro; oscuro.

οἴξασα *part. aor. f. de* οἴγνυμι.

οἴξω *fut. de* οἴγνυμι.

οἷο = **οὗ** *gen. del pron. pos.* ὅς.

οἰο-βώτας ου ὁ *dór. y*

οἰο-βώτης ου ὁ pastor solitario (φρενός que apacienta su corazón en la soledad, *es decir* de instintos salvajes).

οἰό-ζωνος ον que viaja solo; solitario.

οἰό-θεν ADV. por sí mismo.

οἴομαι [*y* **ὀΐομαι**] *v.* **οἴω** *y* **ὀΐω.**

οἰο-πόλος ον solitario; desierto.

οἶος η ον solo, único; excelente; aislado, separado, abandonado || ADV. **οἶον** solamente.

οἷος α [*jón.* η] **ον** ¡cuál! ¡qué! ¡de qué clase! (οἷα ποιεῖς ¡qué cosas haces!, *Plat. Eutifr. 15 e;* οἷον ἔειπες ¡qué cosa has dicho!; ὁρῶν ἐν οἵοις ἐσμέν viendo en qué circunstancias estamos) || PRON. CORREL. *de* τοῖος, τοιόσδε *o* τοιοῦτος *expresos o sobreentendidos* cual, como (οἵηπερ φύλλων γενεή, τοίηδε καὶ ἀνδρῶν como la generación de las hojas, así la de los hombres; οὐδὲν οἷον τὸ ἐρωτᾶν nada como preguntar; *con atracción* χαριζόμενον οἵῳ σοι ἀνδρί agradable para un hombre como tú); *con infinit.* de manera que, tal que, capaz de (οἷός τε εἰμί estoy en disposición de, soy capaz de, bastante a, estoy a punto de; οἷόν τε ἐστίν *y* οἷά τε ἐστίν *con infinit.* es posible); *con superl.* lo más (οἷος κράτιστος lo más poderoso; ὡς οἷόν τε μάλιστα lo más posible) || ADV. **οἷον, οἷα, οἷά τε** como, igual que, como por ejemplo; poco más o menos (*con partic. con sentido causal* οἷα ἀπροσδοκήτου γενομένου como que, puesto que ello había sobrevenido de improviso, inesperadamente);οὐχ οἷον... ἀλλὰ καί no sólo no... pero ni siquiera; οὐχ οἷον δὲ ὅτι no como si.

ὄϊος *gen. de* ὄϊς.

οἰός *gen. de* οἶς.

οἷός-περ οἷά-περ οἷόν-περ cual precisamente.

οἰο-χίτων ωνος ADJ. *m. y f.* vestido con una simple túnica, vestido ligeramente.

οἰόω -ῶ dejar solo, aislar, abandonar.
F. *sólo aor. pas. 3.ª sing.* οἰώθη *Il. 6,1, etc.*
οἷ-περ ADV. adónde precisamente.
ὄϊς ὄϊος ἡ *ép. y*
οἷς οἰός ἡ oveja.
F. *gen. sing.* οἰός *y ép.* ὄϊος; *dat.* οἰί; *ac.* οἶν, *ép.* ὄϊν; *du.* οἶε οἰοῖν; *pl. nom.* οἶες, *ép.* ὄϊες *y* οἴιες; *gen.* οἰῶν, *ép.* ὀΐων; *dat.* οἰσί, *ép.* ὀΐεσσι οἴεσι *y* ὄεσσι; *ac.* οἷς, *ép.* ὄϊς.
ὀΐσατο *3.ª sing. aor. de* οἴομαι.
οἶσε *aor. imper. de* φέρω.
οἴσει *2.ª sing. fut. med. de* φέρω.
οἰσέμεν(αι) *inf. fut. ép. de* φέρω.
οἶσθα *2.ª sing. de* οἶδα.
οἰσθείς εῖσα έν *part. aor. pas. de* φέρω.
ὀϊσθείς εῖσα έν *part. aor. pas. de* οἴω.
οἴσομαι *fut. med. de* φέρω.
οἰσθήσομαι *fut. pas. de* φέρω.
οἶσον *imp. aor. de* φέρω.
οἴ-σπη ης ἡ lana sin lavar; grasa extraída de lana de cordero.
οἰστέος α ον que se ha llevar; soportable; que se ha de adquirir.
ὀϊστεύω disparar flechas [a alguien, *gen.*].
ὀϊστός [*y* **οἰστός**] **οῦ ὁ** flecha, dardo.
οἰστός ή όν = **οἰστέος**.
οἰστράω -ῶ *y*
οἰστρέω -ῶ picar; aguijonear; enfurecerse, excitarse || PAS. enfurecerse.
οἴστρημα ατος τό picadura [del tábano].
οἰστρο-πλήξ ῆγος ADJ. *m. y f.* picado por un tábano.
οἶστρος ου ὁ tábano; aguijón; tormento; pasión, frenesí, locura.
οἰσύινος η ον de mimbre.
οἰσύπη ης ἡ = **οἴσπη**.
οἴσω *fut. de* φέρω.
οἶτος ου ὁ destino, suerte, desgracia, muerte.
οἰχνέω -ῶ *y*
οἴχομαι ir, venir; irse, partir, ponerse en camino (οἴχεται πλέων se va, [navegando] por mar); desaparecer, morir; haberse ido, haber marchado; estar perdido, arruinado; haberse desvanecido.
F. *impf.* ᾠχόμην, *jón.* οἰχόμην; *fut.* οἰχήσομαι; *perf.* οἴχωκα, ᾤχωκα, *tamb.* ᾤχηκα *(v. l.), med.* ᾤχημαι, *jón.* οἴχημαι; *3.ª sing. plpf. jón.* οἰχώκεε *(Hdt. 1,189, etc.)*.

οἴω *y*
ὀΐω [*generalmente med.* **οἴομαι** *u* **ὀΐομαι**] creer, pensar, suponer, sospechar, presumir, presentir; desear, anhelar, suspirar por; esperar, temer || IMPERS. ἀλλά μοι ὧδ᾽ἀνὰ θυμὸν ὀΐεται pero en mi corazón hay un presentimiento...
F. *En act. sólo en 1.ª pers. sing. ép.* οἴω *y* ὀΐω || MED. οἶμαι *predomina en át.* οἴομαι *y ép.* ὀΐομαι, *2.ª sing.* ὀΐεαι; *impf.* ᾠόμην *y* ᾤμην; *fut.* οἰήσομαι; *aor. ép.* ᾠϊσάμην ὀϊσάμην *y* ὀϊσσάμην, *tamb. con el mismo valor,* ᾠίσθην, *át.* ᾠήθην, *subj.* οἰηθῶ, *etc.*
οἰώθη *3.ª sing. aor. pas. de* οἰόω quedó solo, abandonado a sí mismo.
οἰωνίζομαι presentir; predecir, augurar.
F. *Las de pasado sin aum.*
οἰωνιστήριον ου τό augurio.
οἰωνιστής οῦ ὁ *y*
οἰωνο-θέτης ου ὁ *y*
οἰωνο-πόλος ου ὁ augur, adivino.
οἰωνός οῦ ὁ ave de rapiña; ave que anuncia el porvenir; augurio, presagio.
οἵως ADV. cómo, de qué manera; como.
ὄκα = **ὄκκα**.
ὀ-κέλλω hacer atracar; atracar; chocar, venir a dar (ἐς βραχέα contra los bajíos).
ὄκῃ = **ὅπῃ**.
ὄκκα = **ὅτε** *y* **ὅταν**.
ὀκλάζω doblar las rodillas; inclinarse; reposar.
ὀκνείω *y*
ὀκνέω -ῶ ser lento, perezoso, tardar, diferir; temer, vacilar, no atreverse a.
ὀκνηρός ά όν tímido; temeroso; angustioso; lento, perezoso, tardo, negligente.
ὄκνος ου ὁ lentitud, pereza, negligencia; vacilación; timidez, repugnancia; temor (τοῦ πόνου γὰρ οὐκ ὄκνος pues no temerán los trabajos, *Sóf. Filoct. 887;* παρέσχεν ὄκνον μὴ ἐλθεῖν hizo que no se atrevieran a ir; ὄκνος ἦν ἀνίστασθαι no se atreverían a levantarse).
ὀκοδαπός ή όν *jón.* = **ὁποδαπός**.
ὀκόθεν ADV. *jón.* = **ὁπόθεν**.
ὀκοῖος η ον *jón.* = **ὁποῖος**.

ὀκόσος η ον *jón.* = **ὁπόσος.**
ὀκότε *jón.* = **ὁπότε.**
ὀκότερος α ον *jón.* = **ὁπότερος.**
ὄκου *jón.* = **ὅπου.**
ὀκριάζω encolerizar, irritar.
ὀκριάομαι irritarse, encolerizarse. F. *3.ª pl. impf. pas. ép.* ὀκριόωντο *Od. 18,33.*
ὀκρί-βας αντος ὁ escenario, plataforma, tribuna.
ὀκριόεις εσσα εν áspero, puntiagudo.
ὀ-κρυόεις εσσα εν espantoso, horrible.
ὀκτα-ήμερος ον de ocho días.
ὀκτάκις ADV. ocho veces.
ὀκτακισ-χίλιοι αι α ocho mil (*colect.* ὀκτακισχιλίη ἵππος ocho mil caballos, *es decir,* ocho mil de a caballo).
ὀκτά-κνημος ον de ocho rayos [rueda].
ὀκτα-κόσιοι αι α ochocientos.
ὀκτά-μηνος ον de ocho meses.
ὀκτά-ρρυμος ον de ocho timones.
ὀκτώ ocho.
ὀκτω-καίδεκα dieciocho.
ὀκτωκαιδεκα-έτης ες de dieciocho años.
ὀκτωκαιδέκατος η ον décimo octavo (ὀκτωκαιδεκάτῃ en el décimo octavo día).
ὄκως = **ὅπως.**
ὀλβίζω considerar dichoso.
ὀλβιο-δαίμων ον [*gen.* ονος] feliz, dichoso.
ὄλβιος α ον feliz, dichoso, rico || ADV. **ὄλβιον** *y* **ὀλβίως** felizmente. F. *comp. y superl.* ὀλβιώτερος *y* ὀλβιώτατος.
ὄλβος ου ὁ felicidad, dicha; riqueza, poder.
ὀλέεσθαι ὀλέεσθε *inf. y 2.ª pl. fut. med. ép. resp. de* ὄλλυμι.
ὀλέεσκε *3.ª pl. impf. ép. de* ὄλλυμι.
ὀλεθρεύω arruinar, destruir, exterminar.
ὀλέθριος ον funesto, fatal, mortal; infeliz.
ὄλεθρος ου ὁ pérdida, ruina, muerte; peste, azote, derrota; truhán, malvado (οὐκ εἰς ὄλεθρον; ¡maldito seas!)
ὀλείζων ον [*gen.* ονος] *comp. de* ὀλίγος.
ὀλεῖται *3.ª sing. fut. med. de* ὄλλυμι.
ὀλέκω hacer morir, perder || PAS. perecer, estar perdido.
ὀλέσαι *inf. aor. de* ὄλλυμι.
ὀλέσθαι *inf. aor. 2.º med. ép. de* ὄλλυμι.
ὀλέσω *fut. de* ὄλλυμι.
ὀλετήρ ῆρος ὁ destructor, asesino.
ὀλιγάκις ADV. rara vez.
ὀλιγ-ανθρωπία ας ἡ escasez *o* falta de hombres.
ὀλιγ-αρκέομαι -οῦμαι contentarse con poco.
ὀλιγ-αρχέομαι -οῦμαι estar gobernado por una oligarquía.
ὀλιγ-αρχία ας [*jón.* **ὀλιγ-αρχίη ης**] **ἡ** oligarquía.
ὀλιγαρχικός ή όν oligárquico.
ὀλιγαχό-θεν ADV. de una pequeña parte.
ὀλιγηπελέω estar débil, desmayado.
ὀλιγηπελία ας [*jón.* **ὀλιγηπελίη ης**] **ἡ** debilidad, desmayo.
ὀλίγιστος η ον *superl. de* ὀλίγος.
ὀλιγογονία ας ἡ escasa descendencia.
ὀλιγό-γονος ον poco fecundo.
ὀλιγο-δρανέω = **ὀλιγηπελέω.**
ὀλιγο-ετία ας ἡ poca edad, juventud.
ὀλιγοπιστία ας ἡ poca fe.
ὀλιγό-πιστος ον de poca fe.
ὀλίγος η ον poco, pequeño, escaso, breve, débil, bajo [voz], corto || SUST. *m. pl.* el gobierno oligárquico || ADV. **ὀλίγον** poco, un poco, ligeramente (ὀλίγον ὕστερον un poco después); casi, aproximadamente; **ὀλίγως** apenas || EXPRESIONES ὀλίγου δεῖν, ὀλίγου, ἐν ὀλίγῳ δεῖν estar a punto de, faltar poco para, casi, por poco (ὀλίγου ἐδέησε καταλαβεῖν faltó poco para que le cogieran; ἐς ὀλίγον ἀφίκετο νικηθῆναι poco faltó para que fuese vencido); δι'ὀλίγου a corta distancia, durante poco tiempo; ἐν ὀλίγῳ en poco espacio, por poco tiempo, en poco tiempo, rápidamente; ἐν ὀλίγοις notablemente, extraordinariamenté; ἐξ ὀλίγου súbitamente; δι'ὀλίγων en pocas palabras; κατ'ὀλίγον poco a poco; κατ'ὀλίγους en pequeños grupos; μετ'ὀλίγον poco después; παρ'ὀ. ποιεῖσθαι hacer poco caso. F. *comp. ép.* ὀλείζων, *pero más frecte. se usan* μείων ἥσσων *o* ἐλάσσων; *superl.* ὀλίγιστος *a más de* ἐλάχιστος *y* ἥκιστος.
ὀλιγοστός ή όν muy poco, muy breve.
ὀλιγο-χρόνιος ον efímero, de corta duración.
ὀλιγό-ψυχος ον pusilánime.

ὀλιγωρέω -ῶ preocuparse poco de [*gen.*]; desdeñar.

ὀλιγωρία ας [*jón.* **ὀλιγωρίη ης**] **ἡ** indiferencia, despreocupación, desprecio, negligencia (ἐν ὀλιγωρίᾳ ἐποιοῦντο no hicieron caso, desdeñaron).

ὀλίγ-ωρος ον indiferente, despreocupado, negligente, descuidado.

ὀλιγώρως ADV. *del anterior* (ὀ. ἔχειν descuidarse, despreocuparse).

ὀλίζων ον [*gen.* ονος] *comp. de* ὀλίγος.

ὀλισθάνω resbalar, caer.
F. *fut.* ὀλισθήσω; *aor. 2.º* ὤλισθον, *3.ª sing. ép.* ὄλισθε; *perf.* ὠλίσθηκα.

ὀλισθηρός ά όν resbaladizo, liso.

ὁλκάς άδος ἡ nave de carga *o* de transporte.

ὁλκός οῦ ὁ bridas, riendas; máquina para sacar las naves a tierra *o* transportarlas por tierra; astillero.

ὄλλυμι destruir, aniquilar, arruinar, arrasar, matar; perder || MED. *y* PERF. *2.º* INTR. ὄλωλα morir, perecer, estar arruinado, perdido (ὄλοιο ¡ojalá mueras!; ὤλετό μοι νόστος he perdido la esperanza de regresar; οἱ ὀλωλότες los muertos).
F. *poét. tamb.* ὀλέκω *v. s. v.* — *Part. pres. ép.* ὀλλύς; *impf. 3.ª pl.* ὤλλυσαν; *impf. ép. iter.* ὀλέεσκον; *impf. med.* ὠλλύμην; *fut. ép.* ὀλέσ(σ)ω, *jón.* ὀλέω, *at.* ὀλῶ -εῖς -εῖ; *fut. med.* ολοῦμαι, *3.ª sing.* ὀλεῖται, *2.ª pl. ép.* ὀλέεσθε; *aor. 1.º* ὤλεσα, *ép.* ὄλεσ(σ)α; *aor. 2.º med.* ὠλόμην, *3.ª sing.* ὤλετο, *ép. iter.* ὀλέσκετο; *part.* ὀλόμενος *y como adj.* οὐλόμενος *v. s. v.*; *perf. 1.º* ὀλώλεκα, *plpf.* ὠλωλέκειν; *perf. 2.º* ὄλωλα, *plpf.* ὠλώλειν, *ép.* ὀλώλειν. *En prosa reemplazado generalmente por* ἀπόλλυμι *v. s. v.*

ὅλμος ου ὁ piedra cilíndrica, rodillo, mortero.

ὀλόεις εσσα εν = **ὀλοός**.

ὀλοθρευτής οῦ ὁ exterminador, destructor.

ὀλοθρεύω = **ὀλεθρεύω**.

ὀλοιός ά όν = **ὀλοός**.

ὁλοί-τροχος ου ὁ *y*

ὀλοί-τροχος ου ὁ bloque de piedra.

ὁλο-καυτέω -ῶ *y*

ὁλο-καυτόω -ῶ consumir enteramente por el fuego [una víctima]; ofrecer una víctima.

ὁλοκαύτωμα ατος τό holocausto; oferta.

ὁλοκληρία ας ἡ integridad, salud.

ὁλό-κληρος ον íntegro, sano, completo.

ὀλολυγή ῆς ἡ grito agudo [de dolor, de júbilo, de socorro].

ὀλολύζω gritar, quejarse, dar alaridos; dar gritos de júbilo.
F. *fut.* ὀλολύξομαι, *td.* ὀλολύξω; *aor.* ὠλόλυξα, *ép.* ὀλόλυξα.

ὀλόμην *aor. 2.º med. ép. de* ὄλλυμι.

ὄλονθος ου ὁ higuera silvestre, cabrahigo; higo *o* breva que se seca antes de llegar a madurez, bayoco.

ὀλοοί-τροχος ου ὁ = **ὀλοίτροχος**.

ὀλοός ή όν funesto, fatal, mortal, pernicioso; destruido; doloroso.

ὀλοό-φρων ον [*gen.* ονος] funesto; temible; sagaz, astuto.

ὁλο-πόρφυρος ον todo de púrpura.

ὅλος η ον todo, entero, total, completo (τὸ ὅλον, τὰ ὅλα la totalidad, todo el Estado, el universo, lo principal) || ADV. ὅλως *y* (τὸ) ὅλον enteramente, en general, sobre todo, en una palabra; οὐχ ὅ. en absoluto.

ὁλο-τελής ές perfecto, acabado, completo.

ὀλοῦμαι *fut. med. de* ὄλλυμι.

ὀλοφυδνός ή όν lamentable; doloroso.

ὀλοφυρμός οῦ ὁ lamento, lamentación.

ὀλοφύρομαι quejarse, lamentarse; llorar, deplorar, compadecerse de [*gen.*]; pedir llorando; llorar por [*ac.*].
F. *aor.* ὠλοφυράμην, *2.ª y 3.ª ép.* ὀλοφύραο ὀλοφύρατο *y con el mismo valor* ὠλοφύρθην, *part.* ὀλοφυρθείς.

ὀλόφυρσις εως ἡ = **ὀλοφυρμός**.

ὀλοφώιος ον funesto, destructor, mortal, pernicioso; malicioso || SUST. *n. pl.* intrigas, malas artes.

'Ολυμπιάς άδος ADJ. *f.* del Olimpo || SUST. *f.* juegos olímpicos; triunfo *o* premio olímpico; olimpíada [período de cuatro años] || ADV. **'Ολυμπιάσιν** en las olimpíadas; **'Ολυμπίασιν** en Olimpia [ciudad de los juegos en Elide].

ὀλυμπιο-νίκης ου ADJ. *m.* vencedor en los juegos olímpicos.

ὄλυνθος ου ὁ = **ὄλονθος**.

ὄλυρα ας ἡ espelta [*esp.* de trigo].

ὀλῶ -εῖς -εῖ *fut. át. de* ὄλλυμι.

ὄλωλα *perf. 2.º intr. de* ὄλλυμι.
ὀλώλεκα *perf. 1.º trans. de* ὄλλυμι.
ὁμαδέω -ῶ gritar, alborotar.
ὅμαδος ου ὁ grito, ruido, alboroto, tumulto.
ὅμ-αιμος ον *y*
ὁμ-αίμων ον [*gen.* ονος] de la misma sangre || SUST. *m. y f.* hermano, hermana.
ὁμαιχμία ας [*jón.* **ὁμαιχμίη ης**] **ἡ** alianza militar, confederación.
ὅμ-αιχμος ου ὁ aliado, confederado.
ὁμαλής ές *y*
ὁμαλός ἡ όν igual, liso, plano || SUST. *n.* llanura.
ὁμαλῶς ADV. en línea recta.
ὁμ-αρτέω -ῶ ir con otro, acompañar, seguir; atacar; huir con igual rapidez.
ὁμαρτῇ *y*
ὁμαρτῇ *y*
ὁμαρτήδην ADV. juntamente.
ὅμ-αυλος ον que está en armonía, conforme.
ὄμβριος α ον de lluvia; lluvioso.
ὄμβρος ου ὁ agua, humedad; lluvia, chubasco; nevada, tormenta, temporal
ὁμείρομαι anhelar.
ὀμεῖται *3.ª sing. fut. de* ὄμνυμι.
ὁμ-ευνέτις ιδος ἡ esposa.
ὁμ-ηγερής ές reunido.
ὁμηγυρίζομαι reunir.
ὁμ-ήγυρις ιος ἡ reunión, asamblea.
ὁμηλικία ας [*jón.* **ὁμηλικίη ης**] **ἡ** igualdad de edad; contemporáneo de [*dat.*]; *colect.* los contemporáneos.
ὁμ-ῆλιξ ικος ADJ. *m. y f.* de la misma edad || SUST. *m.* compañero, camarada.
ὁμηρεία ας ἡ prenda de amistad *o* seguridad (ἐς ὁμηρείαν en prenda).
ὁμηρέω -ῶ encontrarse con [*dat.*].
ὅμ-ηρον ου τό *y*
ὅμ-ηρος ου ὁ prenda, fianza; rehén.
ὁμιλαδόν ADV. en tropel, en bandadas.
ὁμιλέω -ῶ tener trato con [*dat.*]; encontrarse, estar (παρὰ παύροισιν con algunas personas; ἀπὸ τοῦ ἴσου ὁμ. τινι *o* πρός τινα tratar a uno como a igual); conducirse, comportarse; difundirse; reunirse; encontrarse, venir a las manos; frecuentar [un lugar], morar en, recorrer; entregarse, dedicarse a [*dat.*].
F. *impf. ép.* ὁμίλεον *y tamb. 3.ª pl.* ὡμίλευν *Il. 18,539; aor.* ὡμίλησα, *perf.* ὡμίληκα, *etc.*
ὁμίλημα ατος τό = **ὁμιλία**.
ὁμιλητής οῦ ὁ discípulo, oyente, amigo, confidente.
ὁμιλία ας [*jón.* **ὁμιλίη ης**] **ἡ** asamblea; visita, llegada, aparición; compañía, sociedad, trato; entretenimiento, enseñanza.
ὅμιλος ου ὁ muchedumbre, tropa, pueblo, ejército; tumulto, estrépito, estruendo de combate.
ὀμιχέω -ῶ orinar.
ὀμίχλη ης ἡ *y*
ὀμίχλη ης ἡ niebla, nube; nube de polvo; aire, vapor espeso.
ὄμμα ατος τό ojo, mirada, vista (ὀρθοῖς ὄμμασιν ὁρᾶν mirar cara a cara; ἐξ ὀμμάτων ὀρθῶν de frente; ὁρᾶν ἐν ὄμμασι mirar a los ojos; κατ'ὄμματα ante los ojos; ὡς κατ'ὄμματα a juzgar por lo que se ve; ἐν τοῖς ὄμμασι ante los ojos); semblante, aspecto, apariencia; espectáculo; luz, salud, consuelo; persona (ὄ. πελείας = πέλεια; ὄ. νύμφας = νύμφα; ξύναιμον ὄ. = σύναιμος).
ὀμματο-στερής ές privado de la vista, ciego.
ὄμνυμι *y*
ὀμνύω jurar por (Στυγὸς ὕδωρ por el agua del Estige [río del infierno]); jurar [τινί a uno]; afirmar *o* prometer con juramento.
F. *imp. ép.* ὄμνυθι, *át.* ὄμνυ, *3.ª sing. ép. tamb.* ὀμνυέτω; *impf.* ὤμνυν *y* ὤμνυον; *fut.* ὀμοῦμαι ὀμεῖ ὀμεῖται, *td.* ὀμόσω; *aor.* ὤμοσα, *ép.* ὤμοσ(σ)α ὄμοσ(σ)α; *perf.* ὀμώμοκα, *plpf.* ὠμωμόκειν, *perf. pas.* ὀμώμο(σ)μαι; *aor. pas.* ὠμόσθην *y* ὠμόθην.
ὁμο-βώμιος ον que tiene el mismo altar.
ὁμο-γάστριος ον del mismo vientre; uterino.
ὁμογενέτωρ ορος ὁ hermano.
ὁμο-γενής ές de la misma familia, pariente.
ὁμόγλωσσος ον [*át.* **ὁμό-γλωττος ον**] que habla la misma lengua.
ὁμό-γνιος ον protector de la familia.
ὁμογνωμονέω -ῶ ser del mismo parecer, estar de acuerdo, estar concorde [con alguien, *dat.*].

ὁμο-γνώμων ον [*gen.* ονος] que está de acuerdo con [*dat.*] (ὁ. τινὰ λαμβάνειν atraer a la propia opinión).
ὁμο-δοξέω -ῶ ser de la misma opinión que [*dat.*].
ὁμό-δουλος ου ὁ ἡ el que es *o* ha sido esclavo a la vez que [*dat. o gen.*].
ὁμο-εθνής ές del mismo pueblo *o* de la misma raza, paisano.
ὁμο-ήθης ες de las mismas costumbres *o* del mismo carácter.
ὁμό-θεν ADV. del mismo lugar, del mismo origen; de cerca [*lat.* comminus].
ὁμοθυμαδόν ADV. unánimemente, de acuerdo.
ὁμο-θυμέω -ῶ ser del mismo parecer.
ὁμοιάζω parecerse.
ὁμοίιος α [*jón.* η] **ον** = **ὁμοῖος**.
ὁμοιο-παθής ές de la misma naturaleza, con los mismos sentimientos (ὁμοιοπαθεῖς ἐσμὲν ὑμῖν ἄνθρωποι somos hombres mortales como vosotros).
ὁμοῖος α ον *y*
ὅμοιος α [*jón.* η] **ον** semejante, igual, parecido; mismo, inmutable, siempre el mismo; que tiene las mismas fuerzas; justo, conveniente, conforme, equivalente (τὴν ὁμοίην ἀποδιδόναι corresponder [con un favor, con una agresión]; τὴν ὁμοίην φέρεσθαι recibir lo debido); del mismo rango *o* calidad (οἱ ὅμοιοι los pares [aristócratas, *esp.* en Esparta]); general, común; indiferente (ἐν τῷ ὁμοίῳ de la misma manera, igualmente, en iguales condiciones; ἐν ὁμοίῳ ποιεῖσθαί τι tener en la misma estima algo; ἐκ τοῦ ὁμοίου igualmente; ὅμοιος πόλεμος combate que no distingue personas, igual para todos) || ADV. **ὅμοιον ὅμοια ὁμοίως** igualmente, del mismo modo.
ὁμοιότης ητος ἡ = **ὁμοίωμα**.
ὁμοιό-τροπος ον de las mismas costumbres, del mismo carácter || ADV. **ὁμοιοτρόπως** *y* **ὁμοιότροπα** de la misma manera.
ὁμοιόω -ῶ [*y med.*] hacer semejante, asimilar; comparar; adaptar, conformar [a, πρός *con ac.*] || PAS. hacerse igual que; ser igual que *o* parecido a.
F. *inf. aor. pas. ép.* ὁμοιωθήμεναι.
ὁμοίωμα ατος τό *y*
ὁμοίωσις εως ἡ semejanza, imagen; igualdad; parecido.
ὁμοκλάω -ῶ *y*
ὁμοκλέω gritar, llamar a gritos; dirigir la palabra a gritos, excitar, animar, interpelar; amenazar, reñir.
F. *impf. ép.* ὁμόκλεον, *3.ª sing.* ὁμόκλα (*de* ὁμοκλάω); *aor.* ὁμόκλησα, *3.ª sing. iter. ép.* ὁμοκλήσασκε *Il. 2,199.*
ὁμο-κλή ῆς ἡ llamada a gritos, orden, amenaza.
ὁμοκλητήρ ῆρος ὁ el que interpela *o* llama a gritos; el que amenaza.
ὁμό-κλινος ον vecino de mesa.
ὁμο-λεχής ές esposo.
ὁμο-λογέω -ῶ estar *o* ponerse de acuerdo; prometer, concertarse; convenir en, reconocer, confesar || PAS. ὁμολογεῖται παρὰ πάντων se reconoce por todos.
ὁμολόγημα ατος τό *y*
ὁμολογία ας [*jón.* **ὁμολογίη ης**] **ἡ** acuerdo, confesión, concesión, asentimiento, convenio, capitulación, condición.
ὁμολογουμένως ADV. unánimemente; conforme a [*dat.*].
ὁμο-μήτριος α ον de la misma madre.
ὁμό-νεκρος ον igualmente muerto, también cadáver.
ὁμονοέω -ῶ ser del mismo parecer.
ὁμόνοια ας ἡ conformidad de sentimientos, unanimidad, concordia, unión.
ὁμο-νόως ADV. de acuerdo.
ὁμο-πάτριος α ον [*y* ος ον] del mismo padre [ὁ. ἀδελφός hermanastro].
ὁμό-πτολις εως ADJ. *m. y f.* de la misma ciudad *o* del mismo Estado.
ὀμόργνυμι enjugar, secar || MED. enjugarse, secarse (παρειάων δάκρυα las lágrimas de las mejillas).
F. *impf.* ὠμόργνυν, *3.ª sing. ép.* ὀμόργνυ, *3.ª pl. med.* ὠμόργνυντο; *fut.* ὀμόρξω; *aor.* ὤμορξα, *med.* -άμην; *aor. pas.* ὠμόρχθην.
ὁμορέω confinar con, ser vecino de [*dat.*].
ὀμορξάμενος η ον *part. aor. 1.º med. de* ὀμόργνυμι.
ὅμ-ορος ον limítrofe, confinante; en la vecindad (ὅ. πόλεμος guerra contra vecinos) || SUST. *m.* vecino; *n.* vecindad.
ὁμ-όροφος ον = **ὁμωρόφιος**.

ὁμο-ρροθέω -ῶ obrar de acuerdo; consentir.

ὁμός ή όν semejante, igual; común, el mismo.

ὁμόσε ADV. hacia el mismo lugar; al encuentro [τινί de uno (para atacarle)].

ὁμοσιτέω -ῶ comer con otro [*dat.*].

ὁμό-σιτος ον comensal, compañero de mesa.

ὁμό-σκευος ον vestido *o* armado de la misma manera.

ὁμοσκηνία ας ἡ comunidad de tienda, habitación en la misma tienda.

ὁμο-σκηνόω -ῶ vivir en la misma tienda.

ὁμό-σπλαγχνος ον de las mismas entrañas || SUST. *m.* hermano.

ὁμό-σπονδος ον compañero de mesa.

ὁμό-σπορος ον de la misma raza, pariente; que ha tenido dos esposos [una mujer] || SUST. *f.* hermana.

ὁμο-σπόρος ον que tiene la esposa que lo ha sido antes de otro [*gen.*].

ὀμόσσαι *aor. inf. de* ὄμνυμι.

ὁμο-στιχάω -ῶ ir con [*dat.*].

ὁμό-στολος ον enviado con otro, compañero.

ὁμό-τεχνος ον compañero de profesión *u* oficio || SUST. *m. mismo sign.*

ὁμό-τιμος ον igual en dignidad || SUST. *m. pl.* homótimos [especie de pares *o* altos dignatarios persas].

ὁμο-τράπεζος ον comensal, compañero de mesa || SUST. *m. pl.* séquito [del rey de Persia].

ὁμό-τροπος ον de las mismas costumbres *o* del mismo carácter; del mismo modo.

ὁμό-τροφος ον alimentado con (ὁμότροφα τοῖσι ἀνθρώποισι θηρία animales domésticos [*lit.* alimentados como las gentes de la casa]); que tienen el mismo régimen de alimentación.

ὁμοῦ ADV. juntamente, en el mismo lugar; al mismo tiempo, a la vez; igualmente; cerca de [*dat.*]; casi; con.

ὀμοῦμαι *fut. de* ὄμνυμι.

ὁμουρέω -ῶ *jón.* = **ὁμορέω.**

ὅμ-ουρος ον = **ὅμορος.**

ὁμοφρονέω -ῶ estar de acuerdo, tener la misma opinión (πόλεμος ὁμοφρονέων guerra que se hace por unanimidad).

ὁμοφροσύνη ης ἡ concordia, unión, armonía.

ὁμό-φρων ον [*gen.* ονος] concorde, unido en los mismos sentimientos.

ὁμο-φυής ές de la misma naturaleza, edad *o* tamaño.

ὁμό-φυλος ον de la misma familia *o* especie || SUST. *m. pl.* individuos de la misma raza; *n.* comunidad de raza.

ὁμοφωνέω -ῶ hablar la misma lengua que [*dat.*].

ὁμό-φωνος ον que habla la misma lengua que [*dat.*].

ὁμο-χροίη ης ἡ *y*

ὁμο-χροιίη ης ἡ piel.

ὁμό-ψηφος ον que tiene igual derecho de voto que [*dat.*]; que comparte el derecho de voto (μετά τινος con uno); concorde.

ὁμόω -ῶ unir || PAS. unirse.

ὀμφά ᾶς ἡ *dór.* = **ὀμφή.**

ὀμφαλόεις εσσα εν abombado.

ὀμφαλός οῦ ὁ ombligo; centro [del escudo, de la tierra]; parte curva donde se atan los tirantes al timón [del arado].

ὄμφαξ ακος ἡ uva verde, agraz.

ὀμφή ῆς ἡ voz; voz profética, oráculo.

ὀμώμοκα, *pas.* **ὀμώμο(σ)μαι** *perf. de* ὄμνυμι.

ὁμ-ώνυμος ον homónimo, que tiene el mismo nombre; parecido, semejante || SUST. *m. mismo sign.*

ὁμ-ωρόφιος ον *y*

ὁμ-ώροφος ον que vive bajo el mismo techo.

ὁμῶς ADV. igualmente, igual que [*dat.*]; al mismo tiempo; juntamente (ὁμῶς τοι lo mismo que tú).

ὅμως ADV. sin embargo, no obstante, a pesar de eso, a pesar de todo.

ὁμ-ωχέτης ου ADJ. *m.* que vive en la misma casa, honrado en el mismo templo.

ὄν *n. de* ὤν *part. pres. de* εἰμί.

1 **ὅν** *ac. sing. m. de* ὅς *1 y 2.*

2 **ὅν** *nom. ac. n. y ac. m. de* ὅς *3.*

ὄν-αγρος ου ὁ onagro [asno salvaje].

ὀναίμην -αιο -αιτο *opt. aor. 2.º med. de* ὀνίνημι.

ὄναρ τό [*sólo nom. y ac. sing.*] sueño, acción de soñar; visión nocturna (κατ᾽ ὄναρ en sueños) || ADV. en sueños.

ὀνάριον ου τό asnillo.
ὄνασθαι *aor. 2.º inf. mea. de* ὀνίνημι.
ὄνασις εως ἡ *dór.* = **ὄνησις**.
ὄνειαρ ατος τό ayuda, utilidad, ventaja; refrigerio; alimento; tesoro.
ὀνείδειος ον injurioso.
ὀνειδίζω injuriar; reprochar, echar en cara [algo *ac.* a alguien, *dat.*] || PAS. sufrir reproches: τοιαῦτ᾽ὀνειδιεῖσθε tales cosas se os echarán en cara, *Sóf.*
F. *fut.* ὀνειδιῶ -οῦμαι, *2.ª pl. pas.* ὀνειδιεῖσθε; *aor.* ὠνείδισα, *ép.* ὀνείδισα; *perf.* ὠνείδικα; *aor. pas.* ὠνειδίσθην.
ὀνείδισμα ατος τό *y*
ὀνειδισμός οῦ ὁ *y*
ὄνειδος εος [ους] τό injuria, denuesto; reproche, recriminación; vergüenza, deshonor, desgracia (ὡς ἐν ὀνείδει como un reproche).
ὀνείρατα *pl. de* ὄνειρος.
ὀνείρειος α ον concerniente a los sueños.
ὄνειρον ου τό = **ὄνειρος**.
ὀνειροπολέω -ῶ soñar.
ὀνειρο-πόλος ου ὁ intérprete de sueños.
ὄνειρος ου ὁ sueño; fantasía, quimera.
F. *ép. jón. poét. n.* ὄνειρον, *pl.* ὄνειρα. *Además gen.* ὀνείρατος, *dat.* ὀνείρατι, *etc. pl.* ὀνείρατα -άτων -ασι.
ὀνεύω levantar, izar.
ὀνηθῆναι *inf. aor. pas. de* ὀνίνημι.
ὀν-ηλάτης ου ὁ acemilero, arriero.
ὀνήμενος η ον *part. aor. 2.º med. de* ὀνίνημι.
ὄνησα *aor. de* ὀνίνημι.
ὀνήσιμος ον útil, provechoso; que ayuda, que socorre || SUST. *n. pl.* beneficios.
ὀνησί-πολις εως ADJ. *f.* ventajosa para el Estado.
ὄνησις εως ἡ utilidad, ventaja; goce, dicha, alegría; cuidado.
ὀνήσω, *med.* **ὀνήσομαι** *fut. de* ὀνίνημι.
ὄνθος ου ὁ excremento, estiércol.
ὀνικός ή όν de asno (ὀ. μύλος piedra de molino que mueve un asno).
ὀνίνημι ser útil, aprovechar, ayudar, servir (τινὰ μέγα grandemente a uno serle muy útil); agradar, alegrar (ἢ ἔπει ἢ ἔργῳ con la palabra o con los actos) || MED. aprovecharse, gozar, recibir beneficios, alegrarse, ser feliz; ὀνήμενος saludable, bendito.
F. *El impf. act. se suple con* ὠφέλουν *de* ὠφελέω, *med.* ὠνινάμην; *fut.* ὀνήσω; *med.* -ομαι; *aor.* ὤνησα, *ép.* ὄνησα, *med.* -άμην; *aor. 2.º med.* ὠνήμην ὤνησο, *ép.* ὀνήμην *etc.*; *opt.* ὀναίμην ὄναιο *etc. 3.ª pl. ép.* ὀναίατο; *imp.* ὄνησο, *inf.* ὄνασθαι, *part.* ὀνήμενος; *aor. pas.* ὠνήθην.
ὄνομα ατος τό nombre; renombre, fama; palabra, expresión; título; dignidad; nombre vano, pretexto, apariencia; persona (ὄνομα *y* ὀνόματι por nombre; κατ᾽ὄνομα por su nombre).
F. *ép. y jón.* οὔνομα.
ὀνομάζω [*y med.*] nombrar; enumerar, especificar; pronunciar; expresar, designar; llamar; prometer || PAS. llamarse; ser expresado; ser llamado; ser dicho.
F. *impf. ép.* ὀνόμαζον; *aor.* ὠνόμασα; *perf.* ὠνόμακα, *pas.* ὠνόμασμαι; *aor. pas.* ὠνομάσθην.
ὄνομαι tener en poco, despreciar; quejarse [de algo, *gen.* οὐδ᾽ὧς σε ἔολπα ὀνέσσεσθαι κακότητος con ello creo que no te quejarás de tu desgracia, *irón.* que la darás por suficiente]; tener por poco, no darse por contento [con algo ὅτι *y constr. de ind.*]; censurar, reprochar, reprender.
F. *2.ª pers.* ὄνοσαι, *3.ª pl.* ὄνονται; *3.ª opt.* ὄνοιτο; *2.ª pl. impf. ép.* οὔνεσθε *Il. 24, 241 (v. l.)*; *fut.* ὀνόσ(σ)ομαι, *inf. ép.* ὀνόσσεσθαι; *aor.* ὠνοσάμην, *2.ª pl. ép.* ὀνόσασθε, *3.ª sing. opt.* ὀνόσαιτο, *part. ép.* ὀνοσσάμενος, *tamb. 3.ª sing. aor. ép.* ὤνατο; *aor. pas. jón.* (κατ)-ωνόσθην.
ὀνομαίνω llamar por su nombre, nombrar; decir, declarar, anunciar, prometer.
F. *fut.* ὀνομανῶ, *jón.* οὐνομανέω; *aor.* ὠνόμηνα, *ép.* ὀνόμηνα.
ὀνομα-κλήδην ADV. nominalmente, designando por el nombre a cada uno.
ὀνομά-κλυτος ον famoso, célebre.
ὀνομαστί ADV. = **ὀνομακλήδην**.
ὀνομαστός ή όν que se puede nombrar (οὐκ ὀ. abominable, terrible); famoso, célebre.
ὀνόμηνα *aor. 1.ª ép. de* ὀνομαίνω.
ὄνος ου ὁ ἡ burro, burra; cabrestante; piedra superior de molino, muela.

ὀνόσασθε *2.ª pl. aor. ép. de* ὄνομαι.
ὀνόσσεσθαι *fut. inf. de* ὄνομαι.
ὀνοστός ἡ όν censurable, despreciable.
ὀνοφορβός οῦ ὁ guarda de burros.
ὄντος ὄντι ὄντα *etc. casos de* ὤν *part. de* εἰμί.
ὄντως ADV. verdaderamente, en efecto, realmente.
ὄνυξ υχος ὁ uña; garra; gancho; casco
F. *dat. pl. ép.* ὀνύχεσσι *át.* ὄνυξι.
ὀξέα *y*
ὀξέως ADV. *v.* **ὀξύς**.
ὄξος εος [ους] τό vinagre; bebida agria, vino peleón.
ὀξύ ADV. *v.* **ὀξύς**.
ὀξυ-βελής ές puntiagudo.
ὀξυ-δερκής ές de mirada penetrante.
ὀξύ-θηκτος ον muy afilado; herido por agudo dardo; enfurecido, enrabiado.
ὀξύ-θυμος ον irritado, malhumorado.
ὀξυ-κάρδιος ον irascible, irritable.
ὀξυ-κώκυτος ον que provoca gritos agudos.
ὀξυ-λαβέω -ῶ ser activo, rápido; aprovechar la oportunidad.
ὀξύνω aguzar; amargar, exasperar, provocar.
F. *aor.* ὤξυνα, *perf.* ὤξυγκα, *pas.* ὤξυμμαι; *aor. pas.* ὠξύνθην.
ὀξυόεις εσσα εν puntiagudo.
ὀξυ-πτερόν οῦ τό punta de las alas.
ὀξύ-ρροπος ον fácilmente inclinado a; irascible; inestable.
ὀξύς εῖα ύ agudo, puntiagudo, afilado, punzante, cortante, ardiente, picante; penetrante; agrio, ácido; irritable; vivo, fino, sutil; rápido; brillante; pronto, activo, resuelto; precipitado, temerario || ADV. **ὀξέα ὀξέως ὀξύ** rápida, fuerte, agudamente.
F. *f. ép.* ὀξείη, *jón.* ὀξέα. *Hdt. 9,23, tamb. v. l.* ὀξέη.
ὀξύτης ητος ἡ agudeza [del filo]; intensidad, fuerza, acidez; rapidez; penetración; elevación [del tono].
ὀξύ-τονος ον agudo, penetrante [sonido].
ὀξύ-φωνος ον de voz aguda, sonora.
ὀξύ-χειρ ρος ligero de manos, diestro, expedito.
ὀξύ-χολος ον irascible.
ὅο *gen. de* ὅς *1 y 2.*

ὄον ου τό serba [fruto del árbol llamado serbal].
ὅου = **ὅο**.
ὅπᾳ = **ὅπῃ**.
ὀπαδέω -ῶ acompañar, seguir; ser propio.
ὀπαδός οῦ ὁ ἡ compañero, compañera, seguidor, perseguidor; servidor, servidora.
ὀπάζω dar [como compañero, guía, escolta]; conceder, regalar, prestar; seguir; perseguir, apremiar, impulsar, apretar || MED. tomar por compañero.
F. *fut.* ὀπάσω, *ép.* ὀπάσσω; *aor.* ὤπασα, *ép.* ὄπασσα, *2.ª sing. subj.* ὀπάσσεαι *etc.*
ὀπαῖον ου τό agujero; chimenea.
ὄ-πατρος ον del mismo padre.
ὀπάων ονος ὁ ἡ = **ὀπαδός**.
ὅ-περ = **ὅσπερ**, *v. s. v.*
ὀπέων ονος ὁ ἡ = **ὀπάων**.
ὅπῃ [*y* ὅπῃ] ADV. en dónde, a dónde; por dónde; cómo, de qué manera (ὁπῃοῦν de cualquier modo).
ὀπή ῆς ἡ agujero, abertura, ventana.
ὀπηδέω -ῶ = **ὀπαδέω**.
ὁ-πηνίκα CONJ. cuando; porque, puesto que.
ὀπη-οῦν *v.* **ὅπῃ**.
ὀπίζομαι considerar, respetar, venerar.
F. *2.ª sing. impf. ép.* ὀπίζεο.
ὄπι-θε(ν) ADV. = **ὄπισθεν**.
ὀπ-ιπ(τ)εύω observar curiosamente, espiar, acechar, mirar con inquietud, vigilar.
ὄπις ιδος ἡ observación; temor, respeto, veneración; venganza divina, castigo; valor, importancia.
ὄπι-σθε(ν) ADV. detrás, por detrás (ὄπιθεν κομόωντες con larga cabellera colgante; οἱ ὄπιθεν los que han quedado en casa, los que van en la retaguardia; τὰ ὄπιθεν la retaguardia; εἰς τοὔπισθεν hacia atrás; ὄπισθεν ποιεῖσθαι ποταμόν dejar un río a su espalda); después, más adelante (οἱ ὄ. λόγοι los libros siguientes) || PREP. *de gen.* detrás de.
ὀπίσθιος α ον de detrás, posterior.
ὀπισθίως ADV. por detrás.
ὀπισθό-δομος ου ὁ celda en la parte posterior de los templos.

ὀπισθο-νόμος ον que pace andando hacia atrás.
ὀπισθο-φύλακες ων οἱ soldados *o* tropa de retaguardia.
ὀπισθοφυλακέω -ῶ ser de la retaguardia.
ὀπισθοφυλακία ας ἡ retaguardia; mando de la retaguardia.
ὀπισθο-φύλαξ ακος ὁ *v.* **ὀπισθοφύλακες.**
ὀπίσσω ADV. = **ὀπίσω.**
ὀπίστατος η ον el último.
ὀπίσω ADV. detrás, hacia atrás; después, más tarde; para después (νοῆσαι ὀπίσσω conocer el futuro; οἱ ὀπίσω λόγοι los libros siguientes); τὸ ὀπίσω [*contr.* τοὐπίσω] *mismo sign.* || PREP. *de gen.* detrás de.
ὁπλέω -ῶ = **ὁπλίζω.**
ὁπλή ῆς ἡ casco, uña.
ὁπλίζω preparar, aprestar, equipar, armar, aparejar, proveer de; ejercitar || MED. preparar para sí; enganchar [los caballos], armarse, adornarse, prepararse, equiparse (ὁπλίζεσθαι θράσος revestirse de audacia). F. *aor.* ὥπλισα, *ép.* ὥπλισσα, *3.ª sing. med. ép.* ὁπλίσσατο; *perf. pas.* ὥπλισμαι; *aor. pas.* ὡπλίσθην, *3.ª pl. ép.* ὅπλισθεν.
ὅπλισις εως ἡ acción de armar, armamento.
ὅπλισμα ατος τό armamento, armadura; tropa armada.
ὁπλιτ-αγωγός οῦ ὁ jefe de los hoplitas (ναῦς ὁ. barco transporte de tropas).
ὁπλιτεύω mandar a los hoplitas; servir en los hoplitas.
ὁπλίτης ου ὁ hoplita [soldado de infantería pesada].
ὁπλιτικός ή όν perteneciente *o* relativo a los hoplitas || SUST. *n.* infantería pesada, hoplitas.
ὅπλομαι = **ὁπλίζομαι.**
ὁπλο-μαχία ας ἡ instrucción para combatir con armas pesadas; táctica, arte de la guerra.
ὅπλον ου τό [*generalmente en pl.*] arma, armamento, armadura (τίθεσθαι τὰ ὅπλα deponer las armas para acampar, para ordenarse *o* para hacer alto); plaza de armas, campamento; cordaje, cable, amarras; instrumento, herramienta; escudo; *colect.* τὰ ὅπλα los soldados armados, los hoplitas; el campamento; aparejos de un barco.
ὁπλότατος η ον SUPERL. el más joven.
ὁπλότερος α ον COMP. más joven.
ὁπλοφορέω -ῶ servir como soldado.
ὁπλο-φόρος ον armado.
ὁποδαπός ή όν de qué país.
ὁπόθεν ADV. de dónde.
ὁποθεν-οῦν ADV. de dondequiera que sea.
ὁπόθι ADV. en qué punto.
ὅποι ADV. en donde (ἐκεῖσε ὅποι allí en donde); a donde (ὅπως ἡγεμόνες εἶεν ὅποι δέοι para que fuesen guías, para que nos guiasen a donde fuera preciso).
ὁποῖος α ον cual, como, que [*correlat. de* τοῖος *tácito o expreso*] (τρόπῳ ὁποίῳ ἂν δύνωνται ἰσχυροτάτῳ de la manera más fuerte que puedan); ὁποῖός τις aproximadamente tal cual; *en la interrog. indir.* cuál, qué (οὐ γὰρ αἰσθάνομαί σου, ὁποῖον νόμιμον ἢ ποῖον δίκαιον λέγεις no te entiendo, qué regla o qué justicia dices, no entiendo de qué, etc. hablas); ὅ τι τῶν κακῶν ὁποῖον οὐχί algún mal que no... || ADV. **ὁποῖα** como.
ὁποιοσ-δή α-δή ον-δή *y*
ὁποιοσ-δήποτε α-δήποτε ον-δήποτε *y*
ὁποιοσ-οῦν α-οῦν ον-οῦν *y*
ὁποιοστισ-οῦν τι-οῦν [*gen.* ὁποιουτινοσοῦν] cualquiera que sea *o* que fuese.
ὅποι-περ ADV. hacia cualquier lugar que.
ὀπός οῦ ὁ jugo de higuera [cuajo].
ὀπός *gen. de* ὄψ.
ὁποσάκις ADV. tantas veces como.
ὁπόσε ADV. = **ὅποι.**
ὁπόσος η ον [*correl. de* τόσος *y* τοσοῦτος *tácito o expreso*] cuanto, como (κτήματ᾽ὁπόσα τοί ἐστι cuantos bienes tienes); *con un superl.:* ὁπόσους πλείστους ἐδυνάμην cuantos más podía; *con un sing.* ὁπόσος ἀριθμός un número tan considerable como; *en interrog. indir.* cuánto, cuán grande (ἠρώτων τὸ στράτευμα ὁπόσον εἴη preguntaban cuán grande era el ejército).
ὁποσοσ-δή η-δή ο-δή *y*
ὁποσοσ-οῦν η-οῦν ον-οῦν *y*
ὁποσοστισ-οῦν τι-οῦν [*gen.* ὁποσουτι-

νοσοῦν] sea cuanto sea, sea el que sea, por grande [pequeño, mucho, poco] que sea, etc. (εἰ καὶ ὁποσονοῦν μᾶλλον ἐνδώσουσι si cedían un poco más).

ὁπόσσος η ον = **ὁπόσος**.

ὁποστος-οῦν η-οῦν ον-οῦν en cualquier número que sea.

ὁπόταν *y*

ὁπότε CONJ. cuando, tan pronto como, siempre que; en el caso de que; porque, puesto que.

ὁπότερος α ον cuál de los dos; uno de los dos; quien de los dos, aquel de los dos que... || ADV. **ὁπότερον, ὁπότερα, ὁποτέρως** de cuál de las dos maneras, de una de las dos maneras.

ὁποτεροσ-οῦν α-οῦν ον-οῦν cualquiera de los dos.

ὁποτέρωθε(ν) ADV. de cuál de las dos partes.

ὁποτέρως ADV. *v.* **ὁπότερος**.

ὁποτέρωσε ADV. hacia cuál de las dos partes.

ὅπου ADV. en dónde; en qué lugar; en donde, en que; ὅπου περ precisamente en donde; cuando, en que (ἐσθ'ὅπου hay casos en que, frecuentemente; οὐκ ἐσθ'ὅπου no hay casos en que, nunca); porque, puesto que.

ὁπου-δή *y*

ὁπου-οῦν ADV. dondequiera; en alguna parte.

ὅπου-περ ADV. *v.* **ὅπου**.

ὀππ- = **ὀπ-**.

ὀπτάζω ver.

ὀπταλέος α ον asado.

ὀπτάνομαι dejarse ver, aparecerse.

ὀπτασία ας ἡ visión, aparición.

ὀπτάω -ῶ asar, cocer.

ὀπτήρ ῆρος ὁ observador, vigía, espía; testigo ocular.

ὀπτός ή όν asado; cocido, secado; forjado, templado.

ὀπυίω casarse con [*ac.*], estar casado [un hombre] || PAS. casarse, estar casada [una mujer].
F. *inf. ép.* ὀπυιέμεν(αι); *impf.* ὤπυιον, *ép. tamb.* ὄπυιον. *En Hom. sólo pres. e impf.*

ὄπωπα *pf. de* ὁράω.

ὀπωπή ῆς ἡ vista, mirada.

ὀπώρα ας [*jón.* **ὀπώρη ης**] **ἡ** fin del verano, principio del otoño, estación de los frutos; otoño; frutos, uvas; madurez.

ὀπωρίζω [*part. fut. jón.* ὀπωριεῦντες] recoger, recolectar [frutos].

ὀπωρινός ή όν de fin de verano; otoñal (ὁ. ἀστήρ la canícula, la estrella Sirio).

ὀπωρ-ώνης ου ὁ mercader de frutas, frutero.

ὅπως ADV. como, de modo que (οὐκ ἔστιν ὅ. *y* οὐκ ἔσθ' ὅπως no hay modo de que, es imposible, de ningún modo; οὐκ ἔσθ'ὅπως οὐ en todo caso, de todas maneras; οὐχ ὅπως tanto menos, y no hay que decir; οὐχ ὅπως... ἀλλὰ [καὶ] no sólo no... sino que [además]; οὐχ ὅπως... ἀλλ'οὐδέ no sólo no... sino que ni siquiera); *con superl.* ὅπως τάχιστα lo más rápidamente posible (ὅπως οἷόν τε en lo posible); de qué modo; cómo || CONJ. para que, de modo que, de que, para que, a que, que (*con el verbo sobreentendido* ὅκως μὴ κακὸν ἐμβάλωσι no vayan a causar una calamidad; ὅκως λόγον δώσεις procura dar cuenta, da cuenta; ὅπως μὴ ἐξαπατήσῃ no sea que engañe); como (παιδείας ὅπως ἔχει en qué estado de educación se encuentra); cuando, tan pronto como.

ὁπωσ-δή(ποτε) *y*

ὁπωσ-οῦν ADV. de cualquier modo (οὐδ'ὁπωσοῦν, οὐδ'ὁπωστιοῦν de ningún modo).

ὅπωσ-περ ADV. exactamente como.

ὁπωστι-οῦν ADV. = **ὁπωσδή**.

ὅρα *imp. y 3.ª sing. impf. ép. de* ὁράω.

ὁράασθαι *inf. pres. med. ép. de* ὁράω.

ὁράασθε *2.ª pl. ind. pres. med. ép. de* ὁράω.

ὁρᾶτο *3.ª sing. impf. med. ép. de* ὁράω.

ὅραμα ατος τό *y*

ὅρασις εως ἡ vista; visión, espectáculo; mirada; figura, forma.

ὁρατός ή όν visible (ἐν ὁρατῷ κεῖσθαι estar a la vista).

ὁράω -ῶ [*y med.*] tener ojos; ver, mirar, contemplar (μὴ ὁρᾶν ser ciego; ἔχθιστος ὁρᾶν que es un espectáculo odioso; ὦ πάτερ δύσμοιρ'ὁρᾶν padre, que constituyes una triste visión); fijar la atención, cuidar, precaverse; observar, vigilar; buscar, ocuparse en; comprender; percibir por los sentidos, oír; experimentar, saber (πάνθ'ὁρῶντα λέξομεν diré cosas oportunas, *Sóf. E. C. 74*); visitar; *fig.* mirar, dar frente a [dirección].

F. *Además de las contractas ordinarias del pres. usadas tamb. por Homero, nótese: ép.* ὁρόω, *jón.* ὁρέω, *2.ª sing. ép.* ὁράᾳς, *2.ª pl. opt.* ὁρόῳτε, *part.* ὁρόων; *med. 2.ª sing.* ὅρηαι, *inf.* ὁράασθαι; *impf. át.* ἑώρων, *ép. 3.ª sing.* ὅρα, *jón.* ὥρα, *pl. jón.* ὡρῶμεν (*v. l.* ὁρῶμεν) ὡρᾶτε ὥρων; *impf. med.* ἑωρώμην *y* ὡρώμην, *3.ª sing. ép.* ὁρᾶτο; *fut.* ὄψομαι, *2.ª ép.* ὄψει *y* ὄψεαι *siempre act.*; *aor.* εἶδον, *v. sus formas en* εἴδω; *perf.* ἑόρακα *o* ἑώρακα, *3.ª pl. íd.* ἑώρακαν, *N. T. (Ev. S. Lucas, 9,36)*; *tamb.* ὄπωπα; *plpf.* ἑοράκειν *y* ἑωράκειν, *3.ª sing. ép.* ὀπώπει, *jón.* ὀπώπεε, *3.ª pl.* ὀπώπεσαν, *perf. pas.* ἑώραμαι *y* ὦμμαι, ὦψαι, *etc.*; *plpf.* ἑωράμην *y* ὤμμην; *aor. pas.* ὤφθην, *3.ª pl. opt. jón.* ὀφθείησαν, *inf.* ὀφθῆναι, *part.* ὀφθείς; *fut. pas.* ὀφθήσομαι.

ὀργάζω curtir, adobar.

ὀργαίνω irritar; irritarse.

ὄργανον ου τό instrumento, herramienta, útil, órgano; máquina de guerra.

ὀργάς άδος ἡ tierra fértil.

ὀργάω -ῶ [*y med.*] ser fecundo, fértil; madurar; desear ardientemente; estar excitado *o* apasionado.

ὀργή ῆς ἡ agitación, excitación interior; inclinación natural, estado del alma, manera de sentir *u* obrar, disposición moral, carácter; pasión, afán, celo; ira, cólera, enojo (ὀργῇ, δι'ὀργῆς, ἐξ ὀργῆς, κατ'ὀργήν, μετ' ὀργῆς, πρός ὀργήν en un momento de cólera *o* pasión; ὀργή τινος cólera por causa de algo); castigo.

ὄργια ων τά ceremonias, ritos religiosos, misterios [de Eleusis, etc.], orgías.

ὀργίζω irritar || PAS. irritarse, estar irritado [τινί contra uno].

F. *aor.* ὤργισα; *más frec. pas. fut.* ὀργιοῦμαι, *tamb.* ὀργισθήσομαι; *perf.* ὤργισμαι; *aor.* ὠργίσθην.

ὀργίλος η ον irascible.

ὀργυιά ᾶς [*y* **ὄργυια ας**] [*jón.* **ὀργυίη ης**] **ἡ** braza [longitud de los brazos extendidos desde la extremidad de una mano a la de la otra].

ὀρέγνυμι *y*

ὀρέγω tender, extender; presentar, ofrecer, dar, prestar, conceder || MED. extenderse, tratar de alcanzar, apuntar tendiendo el arco; aspirar a, desear; pretender, arrogarse [algo, *gen.*].

F. *fut.* ὀρέξω, *aor.* ὤρεξα, *ép.* ὄρεξα. MED. y PAS. *fut.* ὀρέξομαι; *aor.* ὠρεξάμην, *ép.* ὀρεξάμην; *tamb.* ὠρέχθην; *perf.* ὤρεγμαι, *3.ª pl. ép.* ὀρωρέχαται, *3.ª pl. plpf. ép.* ὀρωρέχατο.

ὀρει-βάτης ου ADJ. *m.* que va a través de los montes.

ὀρεινός ή όν *y*

ὄρειος α ον montañoso, montuoso; montañés, que vive en la montaña || SUST. *f.* región montañosa, montaña.

ὀρεῖται *3.ª sing. fut. med. ép. de* ὄρνυμι.

ὀρεκτός ή όν extendido, estirado.

ὄρεξις εως ἡ apetito, hambre; deseo.

ὀρεο-κόμος ου ὁ el que cuida los mulos, muletero, acemilero.

ὀρέομαι lanzarse, apresurarse.

ὀρεσί-τροφος ον criado en los montes.

ὀρεσ-κῷος ον que vive en los montes.

ὀρεσσι-βάτης ου ADJ. *m.* = **ὀρειβάτης**.

ὀρέστερος α ον = **ὀρεινός**.

ὀρεστιάς άδος ADJ. *f.* que vive en los montes.

ὄρεσφι *gen. y dat. pl. de* ὄρος.

ὀρεύς έως ὁ mulo.

ὀρεχθέω -ῶ estirarse, estar en el estertor de la muerte.

ὀρέω *jón.* = **ὁράω**.

ὀρεω-κόμος ου ὁ = **ὀρεοκόμος**.

ὄρηαι *ép. 2.ª sing. pres. de* ὁράω. *Od. 14,343.*

ὄρηται *3.ª sing. subj. aor. med. ép. de* ὄρνυμι *Od. 16,98, etc.*

ὄρθαι *inf. aor. 2.º med. ép. de* ὄρνυμι.

ὄρθιος ον [*y* **ος ον**] derecho, recto; alto, vertical, a pico, erguido, escarpado, empinado, abrupto (ὄρθιον ἑτέραν ἐπορεύοντο iban por otro camino escarpado; [πρὸς] ὄρθιον ἰέναι marchar hacia arriba; τὰ ὄρθια la región que asciende hacia los montes); agudo [voz] (ὄρθια en alta voz; ὄρθιος νόμος «canto alto» [melodía que se cantaba en un tono alto]); formado en columnas.

ὀρθό-κραιρος α ον de cuernos rectos *o* altos; de alta proa y popa [una nave].
ὀρθό-κρανος ον elevado; de alta cima.
ὀρθοποδέω -ῶ andar derecho.
ὀρθό-πους ποδος ADJ. *m. y f.* escarpado, a pico [roca cortada].
ὀρθός ή όν derecho, de pie (στῆναι ὀ. estar de pie; ὀρθαὶ τρίχες ἔσταν se erizaron los cabellos; ὀρθὸν οὖς ἵστησι aguza el oído); recto (ὀρθὸς ἐς ὁδὸν πορεύεται marcha en línea recta; δι'ὀρθῆς *y* ὀρθά en línea recta; ὀρθοῖς ὄμμασιν *y* ἐξ ὀμμάτων ὀρθῶν de frente); sólido, próspero, feliz, en pie, intacto, sano y salvo, íntegro (στάντες ἐς ὀρθόν habiendo vivido en la prosperidad; κατ'ὀρθόν con prosperidad); real, verdadero, leal, sincero, justo, correcto, sensato (ὀρθά *y* κατὰ τὸ ὀρθόν con justicia; ὀρθῷ λόγῳ de verdad) || SUST. *f.* línea recta, camino recto || ADV. **ὀρθόν ὀρθά, ὀρθήν** = **ὀρθῶς.**
ὀρθότης ητος ἡ posición vertical, derecha; regularidad, exactitud; rectitud, verdad.
ὀρθο-τομέω -ῶ tratar *o* enseñar bien.
ὀρθόω -ῶ levantar, erguir, alzar, erigir; construir, reconstruir; animar, reanimar; enderezar, reparar; rectificar || PAS. enderezarse, levantarse, prosperar, tener éxito (τὸ ὀρθούμενον el éxito); ser justo, verdadero.
ὀρθρίζω ir de madrugada.
ὀρθρινός ή όν *y*
ὄρθριος α ον matinal, matutino, de madrugada (ὄρθριος ἥκειν llegar de madrugada) || SUST. *n.* el alba || ADV. **ὄρθριον** de madrugada, al alba.
ὄρθρος ου ὁ alba, aurora (ὄρθρου γενομένου después de amanecer; ἅμα ὄρθρῳ, περὶ ὄρθρον al rayar el alba; τὸν ὄρθρον por la mañana).
ὀρθῶς ADV. bien, exactamente, con verdad.
ὁρίζω limitar, delimitar, separar, fijar los límites; determinar, mandar; definir; confinar (πρὸς τὴν 'Ασίην con Asia) || MED. limitar para sí mismo, apropiarse; fijar; definir, declarar, explicar.
ὀρίνω levantar, mover, agitar, turbar, excitar || PAS. turbarse; huir, asustarse.
F. *impf. pas. 3.ª sing.* ὠρίνετο; *aor.* ὤρινα, *ép.* ὄρινα; *aor. pas.* ὠρίνθην, *ép.* ὀρίνθην.
ὅριον ου τό límite, linde, frontera || PL. regiones, fronteras.
ὁρκίζω hacer jurar; conjurar, rogar encarecidamente (τὸν θεόν por Dios)
ὅρκιον ου τό juramento; promesa, convención, tratado (ὅρκιον ποιεῖσθαι *y* ὀμόσαι, ὅρκια δοῦναι jurar; ὅρκια δὲ Ζεὺς ἴστω Zeus sea testigo del juramento) || PL. ceremonias, libaciones que acompañan a un juramento *o* tratado (ὅρκια ποιεῖσθαι *y* ταμεῖν hacer un tratado, concluir un pacto; ὅ. τελεῖν *y* φυλάσσειν observar las cláusulas de un tratado; ὅρκια ψεύσασθαι *y* πατεῖν violar un pacto; τὰ ὅρκιά ἐστί τινι βοηθεῖν uno se ha comprometido por tratado a ayudar; σύν γ'ὅρκι'ἔχευαν derramaron las libaciones del tratado).
ὅρκιος ον jurado, afirmado con juramento; ligado por un juramento (ὅ. θεοί dioses por quienes se ha jurado).
ὅρκος ου ὁ juramento (θεῶν por los dioses); persona *o* cosa por que se jura (ὅ. ἑλέσθαι τινός *o* τινί hacer a uno jurar; ὅρκους ἐπελάσαι *o* προσάγειν τινί incluir a uno en el juramento; ὅρκους δοῦναι *y* δέξασθαι jurar y recibir el juramento; ὅρκοις καταλαβεῖν ligar con juramentos; παρὰ τοὺς ὅρκους contra lo jurado; ὅρκον ποιεῖσθαι jurar; ὅρκῳ ἐμμένειν cumplir lo jurado; ὅρκον λύειν violar un juramento); contrato.
ὁρκόω -ῶ hacer jurar, juramentar.
ὁρκ-ωμοσία ας ἡ juramento.
ὁρκωμοτέω -ῶ jurar (θεούς por los dioses).
ὁρκωτής οῦ ὁ el que hace prestar juramento.
ὁρμαθός οῦ ὁ fila, ringlera, cadena.
ὁρμαίνω *y*
ὁρμάω -ῶ agitar, revolver en la mente, meditar, pensar, desear; poner en movimiento, empujar, excitar, dirigir [un ejército] contra; ponerse en movimiento, partir (στρατείαν para una expedición); precipitarse, lanzarse (Τρώων sobre los troyanos; εἴς τινα, κατά τινα hacia uno; εἰς φυγήν huir); disponerse a, empren-

der, empezar, comenzar || MED. *y* PAS. lanzarse, precipitarse; disponerse a, ponerse a; comenzar; partir, marchar, (ἀπ'ἐλασσόνων ὁρμώμενος con menos recursos); echar a andar, salir (ἐκ θαλάμοιο de la alcoba); atacar; ir adelante, avanzar; *perf.* ὡρμῆσθαι sentirse inclinado, estar pronto *o* apercibido.

F. *aor.* ὥρμησα; *perf.* ὥρμηκα. || MED. *y* PAS. *3.ª sing. impf. ép.* ὁρμᾶτο; *fut.* ὁρμήσομαι; *aor.* ὡρμησάμην, *más frecte.* ὡρμήθην; *perf.* ὥρμημαι *(v. art. sig.).*

ὁρμέαται ὁρμέατο *3.ª pl. perf. y plpf. med. jón. resp. de* ὁρμάω (*Hdt. 5,121 y 8,35 v. l.* ὡρμ.).

ὅρμενος η ον *part. aor. 2.º med. de* ὄρνυμι.

1 **ὁρμέω -ῶ** *jón.* = **ὁρμάω**.

2 **ὁρμέω -ῶ** [*y med.*] estar anclado; apoyarse.

ὁρμή ῆς ἡ asalto, ataque; impulso; disparo, golpe; partida, salida, viaje; choque, tropiezo; deseo, ardor, celo, esfuerzo, empeño (ἀπὸ μιᾶς ὁρμῆς de un solo golpe, de una sola vez); excitación, irritación; alcance.

ὅρμημα ατος τό impulso, ímpetu, ardor; ataque, asalto; movimiento del alma, angustia.

ὁρμητήριον ου τό excitación, estimulante, aguijón, espuela; punto de apoyo, base de operaciones; campo atrincherado, fortaleza.

ὁρμιά ᾶς ἡ sedal [cuerda de la caña de pescar].

ὁρμίζω llevar la nave al puerto, hacer anclar; poner en seguridad (ἔξω τοξεύματος fuera del alcance de las flechas); poner anclado || MED. anclar, arribar.

F. *fut. ép.* ὁρμίσσω; *aor.* ὥρμισα, *1.ª pl. subj. ép.* ὁρμίσσομεν *Il. 14,77* || MED. *y* PAS. *fut.* ὁρμιοῦμαι; *aor.* ὡρμισάμην *y* ὡρμίσθην; *perf.* ὥρμισμαι *(todo con valor med.).*

ὅρμος ου ὁ cadena; collar; lugar de amarre de barcos (ὅρμον ποιεῖσθαι *o* θέσθαι echar anclas); puerto.

ὄρνεον ου τό ave, pájaro.

ὀρνίθειος α ον de ave, de pájaro.

ὀρνιθεύω cazar pájaros.

ὀρνίθιον ου τό pajarito, pollito.

ὀρνιθο-θήρας ου [*y* α] **ὁ** cazador de pájaros.

ὀρνιθο-σκόπος ον propio del augur.

ὄρνιξ ιχος ὁ ἡ [*poét. N. T.*] *y*

ὄρνις ιθος ὁ ἡ pájaro, ave; gallo, gallina, pollo; ave agorera; augurio, presagio.

F. ὄρνιξ *v. l. Ev. Luc. 13,34. De* ὄρνις, *ac.* ὄρνιθα *y* ὄρνιν; *ac. pl.* ὄρνιθας *y* ὄρνεις *o* ὄρνις; *dat. pl. ép.* ὀρνίθεσσι, *át.* ὄρνισι.

ὄρνυμι *y*

ὀρνύω empujar, excitar, hacer levantarse, despertar (ὄ. μάχεσθαι excitar al combate); perseguir, cazar, levantar [caza]; provocar, levantar (κύματα olas) || MED. [*y perf. intrans.* ὄρωρα] moverse, agitarse (εἰς ὅ κέ μοι γούνατ' ὀρώρῃ mientras mis miembros puedan moverse); levantarse (ὄρσεο ¡arriba!; εὕδειν para ir a dormir; ὄρσο κέων levántate para ir a acostarte; ὦρτο πόλιν δ'ἴμεν y se levantó para ir a la ciudad); empezar a, ponerse a (νειφέμεν hacer nevar); surgir, formarse, brotar, nacer, aparecer; lanzarse, atacar, acometer.

F. *imp. ép.* ὄρνυθι, ὄρνυτε; *inf. ép.* ὀρνύμεν(αι); *1.ª sing. y 3.ª pl. impf. ép.* ὤρνυον; *fut.* ὄρσω; *aor.* ὦρσα; *iter. ép. 3.ª sing.* ὄρσασκε; *aor. subj. ép. 1.ª pl.* ὄρσομεν; *aor. redupl. 3.ª sing.* ὤρορε || MED. *fut. 3.ª sing.* ὀρεῖται; *aor. subj. 3.ª sing.* ὄρηται; *aor. ép.* ὀρόμην *y* ὠρόμην, *3.ª sing.* ὦρτο *y* ὤρετο, *3.ª pl.* ὄροντο *y* ὀρέοντο; *imp. aor.* ὄρσο, ὄρσεο, ὄρσευ; *inf.* ὄρθαι; *part.* ὄρμενος; *perf. intr. 3.ª sing.* ὄρωρε *y* ὀρώρεται; *subj.* ὀρώρῃ *y* ὀρώρηται; *plpf. 3.ª sing.* ὀρώρει *o* ὠρώρει.

ὀρο-θεσία ας ἡ frontera, límite.

ὀροθύνω = **ὄρνυμι**.

ὄρομαι vigilar, estar atento, observar (ὄροντο οἶνον οἰνοχοεῦντες estaban atentos para servir el vino [a quien le faltara]).

ὄρος εος [**ους**] **τό** monte, montaña, altura.

ὀρός οῦ ὁ suero.

ὅρος ου ὁ límite, frontera; mojón; término; fin; barrera; definición, determinación del sentido de una palabra; propósito.

ὀροσάγγαι οἱ [*palabra persa*] dignatarios *o* favoritos del rey de Persia.

ὀροῦμαι *fut. med. de* ὄρνυμι.
ὀρούω precipitarse, lanzarse, abalanzarse, saltar, moverse.
F. *aor.* ὥρουσα, *ép.* ὄρουσα.
ὀροφή ῆς ἡ *y*
ὄροφος ου ὁ cubierta de caña, techo.
ὀρόω = **ὁράω.**
ὄρπηξ [*y* ὄρπηξ] **ηκος ὁ** rama, retoño.
ὀρρωδέω -ῶ temer, tener miedo.
ὀρρωδία ας ἡ temor, angustia.
ὄρσασκε *3.ª sing. aor. iterat. de* ὄρνυμι.
ὄρσεο *y*
ὄρσευ *y*
ὄρσο *imp. aor. med. de* ὄρνυμι.
ὀρσο-θύρη ης ἡ poterna *o* portillo sobre el nivel del piso, con escalones.
ὀρσό-λοπος ον turbulento, belicoso.
ὄρσομεν *1.ª pl. aor. subj. ép. de* ὄρνυμι.
ὄρσω *fut. de* ὄρνυμι.
ὀρτάζω *jón.* = **ἑορτάζω.**
ὀρτάλιχος ου ὁ pollo; pajarito.
ὀρτή ῆς ἡ *jón.* = **ἑορτή.**
ὄρτυξ υγος ὁ codorniz.
ὄρυγμα ατος τό foso, galería subterránea, mina, túnel, trinchera.
ὀρυκτός ή όν cavado.
ὀρυμαγδός οῦ ὁ ruido grande, estruendo, estrépito, tumulto.
ὄρυς υος ὁ antílope, gacela.
ὀρύσσω [*át.* **ὀρύττω**] cavar (τὸ ὀρυχθέν = **ὄρυγμα**); excavar; extraer del suelo, desenterrar; perforar, atravesar, hacer un canal a través de [*ac.*]; enterrar ‖ MED. cavar para sí, extraer para sí.
F. *fut.* ὀρύξω; *aor.* ὤρυξα,, *ép.* ὄρυξα, *1.ª pl. subj. ép.* ὀρύξομεν ‖ MED. *aor.* ὠρυξάμην ‖ PAS. *perf.* ὀρώρυγμαι; *plpf.* ὀρωρύγμην *y* ὠρωρύγμην *(Jen. An. 7, 8, 14)*; *aor.* ὠρύχθην.
ὀρφανία ας ἡ orfandad.
ὀρφανίζω hacer a uno huérfano; despojar.
ὀρφανικός ή όν = **ὀρφανός** (ὀ. ἦμαρ el día en que uno se queda huérfano, la orfandad).
ὀρφανιστής οῦ ὁ tutor.
ὀρφανός ή όν [*y* **ός όν**] huérfano; despojado; privado de sus hijos.
ὀρφναῖος α [*jón.* **η**] **ον** oscuro, sombrío; nocturno.
ὄρφνινος η ον = **ὀρφναῖος**; rojo obscuro.
ὄρχαμος ου ὁ jefe, señor, príncipe.
ὄρχατος ου ὁ jardín, parque; fila de árboles.
ὀρχέομαι -οῦμαι danzar, bailar, saltar (δώσω Τεγέην ὀρχήσασθαι te daré Tegea para que dances en ella, *Hdt. 1, 66*).
F. *Pres. 3.ª pl. ép.* ὀρχεῦνται, *impf.* ὠρχεῦντο; *aor.* ὠρχησάμην, *inf.* ὀρχήσασθαι.
ὀρχηδόν ADV. en fila, hombre por hombre.
ὀρχηθμός οῦ ὁ *y*
ὄρχημα ατος τό *y*
ὄρχησις εως ἡ danza; coro, baile; pantomina.
ὀρχηστήρ ῆρος ὁ *y*
ὀρχηστής οῦ ὁ bailarín, danzante.
ὀρχήστρα ας ἡ orquesta [parte del teatro entre la escena y los asientos de los espectadores]; mercado de libros en el ágora de Atenas.
ὀρχηστρίς ίδος ἡ bailarina.
ὀρχηστύς ύος ἡ = **ὄρχησις.**
ὄρχις εως [*o* **ιος**] **ὁ** testículo.
ὄρχος ου ὁ liño, hilera de árboles *o* vides; emparrado; jardín.
ὀρώρειν *plpf. intr. de* ὄρνυμι *y de* ὄρομαι.
ὀρώρεται *3.ª sing. perf. med. de* ὄρνυμι.
ὀρωρέχαται *3.ª pl. perf. pas. de* ὀρέγω.
ὀρωρέχατο *3.ª pl. plpf. pas. de* ὀρέγω.
ὀρωρύχθαι *perf. inf. pas. de* ὀρύσσω.
1 **ὅς ἥ ὅ** PRON. DEM. éste, ésta, esto; él, ella, ello (ὃς μέν... ὃς δέ el uno... el otro; ὃς δέ pero él; καὶ ὅς y él; ὃς καὶ ὅς éste y aquél, fulano y mengano; ἦ δ'ὅς y él dijo).
2 **ὅς ἥ ὅ** PRON. REL. que, el cual, la cual, lo cual, quien (ἔστιν ὅς hay quien, alguien; εἰσὶν οἵ hay quienes, algunos; οὗ donde, cuando; ἀφ'οὗ, ἐξ οὗ de donde, cuando, desde que; ἐν ᾧ mientras; εἰς ὅ, μέχρι οὗ hasta [que]; ἀνθ'οὗ, δι'ὅ por qué; ἐφ'ᾧ, ἐφ'ᾧτε a condición de que; ὅ que, porque, por lo cual; ἅ por lo cual).
F. *gen. ép.* ὅου (*en su origen* *ὅο), *fem.* ἕης; *dat. pl. ép.* οἷσι, *fem.* ᾗσι *y* ᾗς.
3 **ὅς ἥ ὅν** PRON. POS. suyo; propio.
F. *gen. ép.* οἷο, *dat. f. ép.* ἧφι; *dat. pl. ép.* οἷσι. *Con distinto grado vocálico ép.* ἑός ἑή ἑόν, *gen.* ἑοῖο, *dat. pl.* ἑοῖσι, *fem.* ἑῇσι *además de las formas regulares.*

ὁσάκις ADV. cuantas veces, siempre que.
ὅσ-γε ἥ-γε ὅ-γε *y*
ὅσ-δη ἥ-δη ὅ-δη el cual ciertamente, porque él ciertamente.
ὁσ-ημέραι ADV. cada día, diariamente.
ὁσία ας [*jón.* **ὁσίη ης**] **ἡ** ley divina, ley justa, rito sagrado, deber piadoso (οὐδ'ὁσίη κακὰ ῥάπτειν no es justo maquinar males).
ὅσιος α ον ordenado por ley divina *o* natural, sagrado, santo, religioso; consagrado, piadoso, puro, santificado; honrado; justo, permitido (οὐδ'ὅσιον no es lícito); *op. a* ἱερός *debe traducirse* humano, profano (ὀλιγωρία καὶ ἱερῶν καὶ ὁσίων desprecio tanto de las leyes divinas como de las humanas) || SUST. **τό** = **εὐσέβεια**.
ὁσιότης ητος ἡ santidad, piedad, virtud.
ὁσιόω -ῶ santificar, purificar; consagrar.
ὀσμή ῆς ἡ olor, aroma, fragancia; hedor; olfato.
ὅσος η ον cuán grande, cuán ancho, cuán largo, cuán lejano, cuán alto, cuánto; como [*correspondiendo a* τόσος *y* τοσοῦτος] (τοσοῦτοι ὄντες ὅσοι νῦν συνεληλύθατε siendo tantos como ahora estáis reunidos; Τρώων ὅσσοι ἄριστοι los mejores Troyanos; οὔ τις ὀνόσσεται, ὅσσοι 'Αχαιοί ningún Aqueo despreciará; ὅσσαι νύκτες εἰσίν todas las noches; ὅσος τις cuán grande, cuánto poco más *o* menos; θαυμαστὸν ὅσον mucho; ὅσον ἀποζῆν cuanto es necesario para vivir; ὅσοι todos los que; ὅσα todo lo que; ὅσας ἂν πλείστας δύνωνται cuantas más puedan, todas las que puedan; ὅσ'ἀπεικάσαι en cuanto se puede conjeturar; ὅσον δυνατόν en lo posible; ὅσον τὸ σὸν μέρος en lo que a ti toca; ὅσα τἀνθρώπεια humanamente hablando; ὅσον οὐ casi); ὅσῳ cuanto más, tanto más cuanto; ὅσῳ... τοσούτῳ cuanto... tanto; ἐν ὅσῳ mientras, hasta; μέχρι ὅσου hasta que; ἐφ'ὅσον, ἐς ὅσον, καθ'ὅσον en tanto que, en cuanto || ADV. **ὅσον ὅσα** cuánto, como; aproximadamente; solamente (οὐχ ὅσον no sólo); *con superlat.* ὅσον τάχιστα lo más rápidamente posible.
ὁσοσ-δή η-δή ον-δή *y*
ὁσοσ-δήποτε η-δήποτε ον-δήποτε [*jón.* **ὁσος-δήκοτε** etc.] cuán grande *o* numeroso; bastante, en número bastante grande.
ὅσοσ-περ η-περ ον-περ tan grande como || PL. tantos como.
ὁσοσ-ῶν η-ῶν ον-ῶν por grande que sea (καὶ ὁσονῶν siquiera un poco).
ὅσ-περ ἥ-περ ὅ-περ el que, la que, lo que precisamente (ὅπερ por lo cual, por esto, sin embargo; ᾗπερ *y* τῇπερ precisamente como, precisamente donde; ἅπερ como).

F. *ép. jón. y poét. el primer elemento del compto. aparece con las formas del art.:* ὅπερ *dat. fem.* τῇπερ; *pl.* τοίπερ *n.* τάπερ, *gen.* τῶνπερ, *etc. (En muchas ediciones escritos separadamente* ὅ περ, *etc.)*

ὄσπριον ου τό legumbre.
ὄσσα ης ἡ voz de los dioses; fama, leyenda; voz, sonido.
ὁσσάκι ADV. = **ὁσάκις**.
ὁσσάτιος α ον cuán grande, cuánto.
ὄσσε τώ los dos ojos.

F. *gen.* ὄσσων, *dat.* ὄσσοις *y* ὄσσοισι *(Sóf. Ant. 1231)*.

ὄσσομαι ver, prever, presentir, sospechar; imaginarse, representarse; anunciar, amenazar con [*ac.*].

F. *vb. ép. usado sólo en pres. e impf. sin aum. Cf.* ὁράω *con el fut.* ὄψομαι *de la misma raíz*.

ὅσσος η ον *ép. poét.* = **ὅσος**.
ὅσ-τε ἥ-τε ὅ-τε = **ὅς** *u* **ὅστις** (**ὅ τ'** = **ὅ τε;** = **ὅτι**).
ὀστέϊνος η ον de hueso.
ὀστέον ου [**οῦν οῦ**] **τό** hueso, osamenta; hueso [de un dátil].

F. *pl.* ὀστέα, *contr.* ὀστᾶ. *V. infra* ὀστεόφιν.

ὀστεόφιν *gen. y dat. pl. ép. de* ὀστέον.
ὅσ-τις ἥ-τις ὅ-τι [*o* **ὅ,τι**] PRON. REL. que, quien, el cual, quienquiera que sea el que, cualquiera, todo el que (ὅντινα κιχείη, ἐρητύσασκε a todo el que encontraba, lo detenía; οὐδὲν ὅ,τι οὐ todo; οὐδεὶς ὅστις οὐ, οὐκ ἔστιν ὅστις οὐ, πᾶς ὅστις todos; οὐδεὶς ὅστις, οὐκ ἔστιν ὅστις nadie; τίς ἔστιν ὅστις; ¿quién?; εἰσὶν οἵτινες algunos; οὐκ οἶδ'ὅστις alguien [*lat.*

nescio quis]; ἔστιν ὅτῳ οὐ πιστεύομεν a algunos no les creemos); *reemplazando a una consecutiva* de modo que, que (τίς οὕτω μαίνεται ὅστις quién está tan loco que); *reemplazando a una causal* puesto que, siendo uno que (ὅστις γε *mismo signif.*); *en interrog.* quién, qué, de qué clase *o* cualidades (ὅ,τι por qué; ἐξ ὅτου desde cuándo, por qué causa; ἕως ὅτου hasta cuando); ἄλλος ὅστις otro cualquiera; ὅστις δή, ὁστισδήποτε, ὁστισοῦν cualquiera; ὁτιοῦν cualquier cosa; οὐδ'ὁστισοῦν ni siquiera uno; οὐδ'ὁτιοῦν nada en absoluto; ὅστις ποτέ cualquiera que; ὅστις τε = ὅστε; ἐξ ὅτου, ἀπ' ὅτευ *y* ἐξ ὅτου περ desde que; ὅ,τι *con superl.* lo más posible (ὅτι τάχιστα lo más rápidamente posible).
F. *ép.* ὅτις, *n.* ὅττι; *con flexión sólo en 2.º elemento: gen.* ὅτου, *ép.* ὅττεο; ὅττευ ὅτευ; *dat.* ὅτῳ, *ép. y jón.* ὅτεῳ; *ac.* ὅτινα; *pl. n.* ὅτινα, *gen.* ὅτων, *ép. y jón.* ὅτεων, *dat.* ὅτοισι, *ép. y jón.* ὁτέοισι, *ac. ép.* ὅτινας. *Con doble flexión: dat.* ᾧτινι ᾗτινι, *ac.* ὅντινα ἥντινα, *pl. nom.* οἵτινες αἵτινες ἅτινα *y* ἅττα, *ép. y jón.* ἅσσα, *ac.* οὕστινας ἅστινας *(con frecuencia escritas separadamente como dos palabras distintas).*

ὁστισ-δή ἡτισ-δή ὁτι-δή *y*

ὁστισ-δήποτε ἡτισ-δήποτε ὁτι-δήποτε *y*

ὁστισ-οῦν ἡτισ-οῦν ὁτι-οῦν *v.* **ὅστις.**

ὅστισ-περ ἥτισ-περ ὅτι-περ precisamente el que, la que, lo que.

ὀστοῦν οῦ τό = **ὀστέον.**

ὀστρακίζω desterrar, exilar.

ὀστράκινος η ον de barro, de arcilla.

ὀστρακισμός οῦ ὁ ostracismo [destierro político].

ὄστρακον ου τό vasija de barro; pedazo de una vasija rota.

ὄστρε(ι)ον ου τό ostra; color de púrpura.

ὀσφραίνομαι oler, olfatear, husmear.
F. *fut.* ὀσφρήσομαι, *aor. 2.º* ὠσφρόμην, *3.ª pl. aor. 1.º* ὤσφραντο *v. l. Hdt. 1,80 (prob. por* ὤσφροντο).

ὄσφρησις εως ἡ olor; olfato.

ὀσφύς [*y* **ὀσφῦς**] **ύος ἡ** cadera, riñones, lomos.

ὅτ-αν *y*

ὅταν-περ CONJ. cuando, si (ὅ. τάχιστα tan pronto como).

1 **ὅτε** CONJ. cuando (νῦν ὅτε ahora que; ἔσθ'ὅτε *o* ἔστιν ὅτε hay tiempos en que, a veces); siempre que; desde que, después que; puesto que; cada vez que; el día en que; ὅτε μή a menos que, excepto si, a no ser que.

ὅ-τε = **ὅστε.**

3 **ὅ-τε** *n. de* ὅστε.

ὁ-τέ ADV. a veces (ὁτὲ μέν... ὁτὲ δέ unas veces... otras).

ὅτεο *gen. de* ὅστις.

ὁτέοισι *dat. pl. de* ὅστις.

ὅτε-περ CONJ. precisamente cuando.

ὅτευ = **ὅτεο.**

ὅτεῳ *dat. de* ὅστις.

ὅτεων *gen. pl. de* ὅστις.

ὅ τι *y*

ὅ,τι *n. de* ὅστις.

ὅτι CONJ. que *(en estilo directo equivale a dos puntos y no se traduce:* εἶπεν ὅτι αὐτός εἰμι dijo: Yo soy; *con infinit. no se traduce tampoco:* ἀκούω ὅτι... σοι γενέσθαι oigo decir que tú tenías; *con partic.:* αἰσθάνομαί σου ὅτι οὐ δυναμένου veo que tú no puedes); porque, puesto que; *con superlat. v.* ὅστις (ὅ,τι); οἶδ'ὅτι, ἴσθ'ὅτι, δῆλον ὅτι ciertamente, seguramente, exactamente; τί ὅτι cómo es posible que; ὅτι μή sino, excepto; οὐχ ὅτι... ἀλλὰ καί no sólo... sino también; οὐχ ὅτι... ἀλλ' οὐδέ no sólo no... sino que ni siquiera; μὴ ὅτι cuánto menos.

ὁτι-ή CONJ. puesto que, porque.

ὅ-τινα *ac. sing. de* ὅστις.

ὅ-τις = **ὅστις.** *V. s. v.*

ὁτισ-δή = **ὁστισδή.**

ὄτλος ου ὁ dolor, pena.

ὄτοβος ου ὁ ruido, sonido; estruendo.

ὀτοτοῖ INTERJ. ¡ay!

ὅτου *gen. de* ὅστις.

ὀ-τραλέος η ον *y*

ὀ-τρηρός ά όν rápido, veloz, ágil; penetrante.

ὅ-τριχος *gen. de* ὄθριξ.

ὀτρυντύς ύος ἡ exhortación, excitación.

ὀτρύνω empujar, excitar, apresurar, acelerar, apremiar; animar, alentar || MED. apresurarse.

ὅττεο *y*

ὅττευ *gen. de* ὅστις.
ὅττι *ép.* = **ὅτι.**
ὅ,ττι = **ὅ,τι.**
ὅτῳ *dat. de* ὅστις.
ὅτων = **ὅτεων.**
οὐ [**οὐκ** *ante vocal,* **οὐχ** *ante espíritu áspero*] ADV. no (οὔ φημι, οὐ λέγω niego, digo que no; οὐκ ἐῶ no dejo, prohibo; οὐ νομίζω creo que no; οὐ δίδωμι rechazo; οὐκ ἐθέλω, οὐ βούλομαι me niego; οὐκ ἀξιῶ pido que no); *en interrog.* ἆρ'οὐ acaso no [*lat.* nonne]; οὐδεὶς οὐ todos; *en vez de un imperativo* οὐκ ἀφήσεις ¡suelta!
1 **οὗ** [*gen. del pron. pers. de 3.ª persona*] de él, de sí, suyo, suya; que él [*desp. de comp.*] [*lat.* sui *y* eius].
F. *gen. ép.* ἕο εὗ εἷο ἕθεν *dat.* οἷ *ép.* ἑοῖ; *ac.* ἕ, *ép.* ἑέ. *Con frecuencia estas formas aparecen como enclíticas.*
2 **οὗ** *imp. aor. med. de* ἵημι.
3 **οὗ** ADV. en donde, cuando; adonde.
οὐά [*y* **οὐᾶ**] INTERJ. ¡ah! ¡oh!
οὐαί INTERJ. ¡ay! [de alguien, *dat.*] || SUST. *f.* desgracia.
οὔας ατος τό = **οὖς.**
οὑγώ = **ὁ ἐγώ.**
οὐδαμά ADV. en modo alguno; jamás.
οὐδαμῇ [*y* **οὐδαμῆ**] ADV. en ninguna parte; = **οὐδαμά.**
οὐδαμό-θεν ADV. de ningún lado (οὐ. ἄλλοθεν de ningún otro lado).
οὐδαμό-θι ADV. = **οὐδαμοῦ** (οὐ. ἑτέρωθι en ningún otro lado).
οὐδαμοῖ ADV. a ninguna parte.
οὐδαμός ή όν ninguno; sin valor.
οὐδαμό-σε ADV. = **οὐδαμοῖ.**
οὐδαμοῦ ADV. = **οὐδαμῇ** (οὐ. λέγειν τινά considerar a uno como algo insignificante; οὐδαμοῦ εἶναι *y* φαίνεσθαι no existir; ἄλλοθι οὐδαμοῦ de ningún otro modo).
οὐδαμῶς ADV. = **οὐδαμά** (ἄλλως οὐ. de ningún otro modo).
οὖδας εος τό suelo, tierra (ὀδὰξ ἕλον οὖ. mordieron el polvo; πρὸς οὖδας por el suelo).
οὖδάσ-δε ADV. al suelo, en el suelo.
οὐ-δέ CONJ. y no, pero no, pero tampoco; ni, ni siquiera (οὐδ'ὥς ni aun así; οὔτε... οὐδέ ni... ni tampoco; οὐδέ... οὐδέ ni siquiera... ni tampoco; οὐδὲ γὰρ οὐδέ porque de ningún modo; οὐδὲ μὲν οὐδέ no... en absoluto; οὐδὲ μὲν οὐδὲ ἔοικεν no parece en modo alguno; οὐδὲ γὰρ οὐδέ τις ἄλλος porque absolutamente ningún otro).
οὔδει *dat. de* οὖδας.
οὐδ-είς οὐδε-μία οὐδ-έν [*gen.* οὐδενός οὐδεμιᾶς οὐδενός] ninguno, ninguna, nadie, nada (οὐδὲν ὅ,τι οὐκ todo; οὐδεὶς ὅστις nadie; οὐδεὶς οὐ, οὐδεὶς ὅστις οὐ, οὐδεὶς ὃς οὐ todos; παρ' οὐδὲν εἶναι, ἐν οὐδενὸς εἶναι μέρει no tener importancia; παρ'οὐδὲν ἄγειν, δι'οὐδενὸς ποιεῖσθαι no dar importancia, tener en nada; οὐδὲν ἧττον no obstante; οὐδέν τι de ningún modo) || ADV. **οὐδέν** nada, en absoluto, de ningún modo.
F. *La declinación sigue la de* εἷς μία ἕν *y a veces aparece dividido el compto.:* οὐδὲ εἷς, *etc.*
οὐδέ-κοτε *jón.* = **οὐδέποτε.**
οὐδενόσ-ωρος ον despreciable, insignificante.
οὐδέ-πῃ [*y* **οὐδέ-πη**] ADV. = **οὐδαμά.**
οὐδέ-ποτε ADV. jamás, nunca.
οὐδέ-πω ADV. todavía no.
οὐδε-πώποτε ADV. jamás hasta ahora.
οὐδ-έτερος α ον ni uno ni otro, ninguno de los dos.
F. *A veces aparecen los dos elementos del compto. separados por la preposición:* οὐδὲ καθ'ἕτερα = κατ'οὐδέτερα.
οὐδ-ετέρωσε ADV. hacia ninguna de las dos partes.
οὐδήεις εσσα εν sonoro, cantor.
1 **οὐδός οῦ ὁ** umbral [γήραος οὐδός vejez extrema].
2 **οὐδός οῦ ἡ** *ép.* = **ὁδός.**
οὖθαρ ατος τό mama, teta, pecho, seno, ubre; la parte más fértil de un campo.
οὐθ-είς *íd.* = **οὐδείς.**
οὐκ = **οὐ.**
οὐκ-έτι ADV. ya no; de ningún modo.
οὔ-κῃ *jón.* = **οὔπῃ.**
οὐκί = **οὐχί.**
οὐκ-οῦν ADV. y bien, bueno; *en interr. dir.* ¿de manera que no? ¿no es verdad?; *en las respuestas* sin duda.
οὔκ-ουν seguramente no; sin embargo no; por consiguiente no; *en interr. dir.* ¿no es, pues, en efecto? ¿no es verdad que? (οὔκουν τάδε δεινά; ¿no es, pues, esto verdaderamente terrible?).
οὔ-κω *jón.* = **οὔπω.**

οὔκ-ων *jón.* = **οὔκουν.**
οὔ-κως *jón.* = **οὔπως.**
οὐλαί ῶν αἱ granos de cebada tostada del sacrificio [que se derramaban sobre la cabeza de la víctima y el altar].
οὐλαμός οῦ ὁ muchedumbre, tropa, tumulto.
οὖλε [*voc. de* οὖλος] ¡salve!
οὐλή ῆς ἡ cicatriz.
οὔλιος α ον funesto, mortal.
οὐλό-θριξ τριχος ADJ. *m. y f. y* **οὐλο-κάρηνος ον** de pelo crespo.
οὐλόμενος η ον = **οὖλος** *2.*
1 **οὖλος η ον** *ép. y jón.* = **ὅλος.**
2 **οὖλος η ον** funesto, pernicioso, destructor, cruel; siniestro, maldito || ADV. οὖλον siniestramente.
3 **οὖλος η ον** de lana, lanudo; velludo; rizado, crespo; espeso, enmarañado, enredado || ADV. **οὖλον** [*según alg.*] en confusión, mezclados (οὖ. κεκλήγοντες gritando todos a la vez, *Hom. Il. 17, 756*).
οὐλό-χυται ῶν αἱ = **οὐλαί.**
οὐ-μεν-οῦν ADV. de ningún modo, al contrario.
οὑμός = **ὁ ἐμός.**
οὖν [*jón.* **ὦν**] ADV. en efecto, verdaderamente, ciertamente, en todo caso, seguramente || CONJ. así pues, así como se ha dicho, así digo yo; por consiguiente, por tanto.
οὕνεκα CONJ. por lo cual; porque, puesto que; que || PREP. *de gen.* por causa de, por.
οὕνεκεν = **οὕνεκα.**
οὔνομα ατος τό *ép. y jón.* = **ὄνομα.**
οὐνομάζω *ép. y jón.* = **ὀνομάζω.**
οὔνομαι *ép. y jón.* = **ὄνομαι.**
οὐνομαίνω *ép. y jón.* = **ὀνομαίνω.**
οὖξ = **ὁ ἐξ.**
οὔ-περ = **οὐ.**
οὗ-περ ADV. precisamente donde; donde quiera que.
οὔ-πῃ [*y* **οὔ-πη**] ADV. = **οὔποθι** *y* **οὔπως.**
οὔ-ποθι ADV. en ninguna parte.
οὔ-ποτε ADV. jamás.
οὔ-πω ADV. aun no; de ningún modo.
οὐ-πώποτε ADV. jamás hasta ahora (οὐ γὰρ πώποτε jamás en efecto hasta ahora).
οὔ-πως ADV. de ningún modo.
οὐρά ᾶς [*jón.* **οὐρή ῆς**] **ἡ** cola [de animal]; retaguardia (κατ'οὐράν a la cola, detrás de; ὁ κατ'οὐράν el que va detrás; ἐπ'οὐρᾷ detrás, en la cola).
οὐρ-αγός οῦ ὁ comandante de la retaguardia.
οὐραῖος α ον de la cola.
οὐράνιος α ον celeste, del cielo; que se eleva hasta el cielo || SUST. *n. pl.* apariciones, mudanzas en el cielo, fenómenos.
οὐρανίωνες ων οἱ los dioses del cielo.
οὐρανό-θεν ADV. de lo alto del cielo (ἀπ'οὐ. *y* ἐξ οὐ. *mismo signif.*).
οὐρανό-θι ADV. en el cielo.
οὐρανο-μήκης ες tan alto como el cielo, excelso, erguido.
οὐρανός οῦ ὁ cielo, firmamento (οὐρανόν al cielo).
οὐργάτης = **ὁ ἐργάτης.**
οὔρειος α ον *jón. poét.* = **ὄρειος.**
οὐρεσι-βώτης ου ADJ. *m.* que pace en los montes.
οὐρεύς ῆος ὁ *jón.* = **ὀρεύς** *y* **οὐρος** *2.*
οὐρέω -ῶ orinar.
F. *impf.* ἐούρουν, *jón.* οὔρεον *o* οὔρεσκον, *etc.*
οὐρή ῆς ἡ *jón.* = **οὐρά.**
οὐρία ας ἡ *v.* **οὔριος.**
οὐρίαχος ου ὁ extremo [de la lanza].
1 **οὐρίζω** *jón.* = **ὁρίζω.**
2 **οὐρίζω** dirigir el rumbo felizmente.
οὔριος α ον feliz, próspero, que se realiza con viento favorable, que marcha con felicidad; favorable || SUST. *f.* viento favorable (ἐξ οὐρίων δραμεῖν correr con viento favorable).
οὔρισα *aor. 1.º jón. de* ὁρίζω.
οὔρισμα ατος τό limitación de frontera, frontera.
1 **οὖρον ου τό** orina.
2 **οὖρον ου τό** espacio, extensión, alcance, distancia (οὖ. ἡμιόνων ancho de una yugada de mulos).
οὖρος εος [**ους**] **τό** = **ὄρος εος.**
1 **οὖρος ου ὁ** viento favorable (ἄψ δὲ θεοὶ οὖ. στρέψαν los dioses cambiaron de nuevo el viento [enviando uno favorable]; ἀποπέμπειν κατ'οὖρον despedir con viento favorable, dar viento favorable para el regreso; ῥείτω κατ'οὖρον siga su curso; οὖρος hay viento favorable); felicidad.
2 **οὖρος ου ὁ** vigilante, guardián.
3 **οὖρος ου ὁ** *jón.* = **ὅρος ου.**

οὐρός οῦ ὁ canal por donde se arrastraban los barcos de la orilla al mar.

οὖς ὠτός τό oreja, oído (ἀπ' οὔατος γένοιτο que no lo oiga yo jamás; ἐπισχέσθαι τὰ ὦτα escuchar; ὦτα ἔχοντες espías); asa, mango.
F. *gen.* ὠτός *dat.* ὠτί; *du. gen. y dat.* ὤτοιν; *pl. nom.* ὦτα, *gen.* ὤτων, *dat.* ὠσί. *Ép.* οὖας οὔατος, *pl.* οὔατα, *dat.* οὔασι.

οὖσα *f. de* ὤν *part. de* εἰμί.

οὐσία ας [*jón.* **οὐσίη ης**] **ἡ** esencia, sustancia, ser; propiedad; naturaleza; realidad, existencia, vida; fortuna, hacienda, bienes, riqueza.

οὐτάζω *y*

οὐτάω -ῶ herir (χεῖρα en la mano), pegar, golpear, lastimar; causar [una herida].
F. *de* οὐτάω, *imp. ép.* οὔταε; *3.ª sing. aor.* οὖτα, *iter.* οὔτασκε,, *inf.* οὐτάμεν οὐτάμεναι, *part. con valor pas.* οὐτάμενος. *A* οὐτάζω *pueden referirse: fut.* οὐτάσω, *aor.* οὔτασα *y* οὔτησα, *3.ª sing. iter.* οὐτήσασκε; *3.ª sing. perf. pas.* οὔτασται, *part.* οὐτασμένος; *part. aor. pas.* οὐτηθείς.

οὔ-τε ADV. y no; οὔτε... οὔτε ni... ni; οὔτε... τε por un lado no... pero por otro.

οὔτερος = **ὁ ἕτερος.**

οὐτήσασκε *3.ª sing. aor. iterat. de* οὐτάω.

οὐτιδανός ή όν de ningún valor, inútil; cobarde, débil.

οὔ-τις οὔ-τι [*gen.* οὔτινος] nadie, nada; ningún || ADV. **οὔτι** en absoluto, de ningún modo.

οὔ-τοι ADV. verdaderamente no, ciertamente no.

οὗτος αὕτη τοῦτο [*gen.* τούτου ταύτης τούτου] PRON. *y* ADJ. DEMOSTR. éste, ésta, esto (κατὰ τοῦτο τῆς ἀκροπόλιος por esta parte de la ciudadela; εἰς τοῦθ' ὕβρεως a tal punto de insolencia; τί τοῦτ' ἔλεξας; ¿qué es esto que has dicho?); *usado despectivamente* (ὁ πάντ' ἄναλκις οὗτος este gran cobarde); *a veces debe traducirse por un adverbio* aquí, ahí, allí (πολλὰ ὁρῶ ταῦτα πρόβατα yo veo ahí muchas ovejas; οὗτος σύ tú ahí; ὦ οὗτος, Αἴας tú, Ayante, que estás ahí), así (ταῦτα ὑπάρξει así será); el conocido, el famoso; οὗτος ὅς el que; ταῦτα, αὐτὰ ταῦτα, τοῦτο, αὐτὸ τοῦτο por esto; πρὸς ταῦτα así pues; καὶ ταῦτα y eso que, a pesar de que; τοῦτο μέν... τοῦτο δέ en parte... en parte, unas veces... otras, de un lado... del otro; ταύτῃ aquí, así; ἐκ τούτου a causa de esto, después de esto; ἐν τούτῳ entretanto; πρὸς τούτοις además.
F. *du. fem.* ταύτα ταύταιν *y tamb.* τούτω τούτοιν; *gen. pl. fem. jón.* τουτέων.

οὑτοσ-ί αὑτη-ί τουτί = **οὗτος** *reforzado.*

οὕτω(ς) *y*

οὑτωσ-ί [*más enérgico*] ADV. así, de este modo, del modo siguiente; asimismo; en este caso, en tales circunstancias, entonces; por tanto, por consiguiente, así pues; sencillamente; de tal manera, tal, tan, tanto, tan poco (οὕτως ὥστε de tal manera que; οὕτω μῶρος ὅς θανεῖν ἐρᾷ tan loco que desee morir); καὶ οὕτως aun así; οὐδ' οὕτως ni aun así.

οὐχ = **οὐ.**

οὐχί = **οὐχ** *reforzado.*

ὀφειλέτης ου ὁ deudor; obligado por gratitud (ἀρκεῖν a proteger).

ὀφειλή ῆς ἡ *y*

ὀφείλημα ατος τό deuda.

ὀφείλω *y*

1 **ὀφέλλω** deber, estar obligado a pagar (χρεῖος una deuda; ὀφειλόμενος deudor; τὸ ὀφειλόμενον deuda), a cumplir (ὑπόσχεσιν una promesa); deber, tener que || ὤφελον ὄφελον ὤφελλον ὄφελλον *con inf.* yo debía; habría sido necesario que yo (ὤφελεν ἀθανάτοισιν εὔχεσθαι él habría debido rogar a los inmortales); ¡ojalá! ¡pluguiera al cielo que! (ὤφελε Κῦρος ζῆν ¡oh, si viviese Ciro! ¡ojalá viviese!; ὤφελον ἐβασιλεύσατε pluguiese al cielo que hubieseis reinado) || PAS. ser debido, ser una obligación; estar destinado.
F. *impf.* ὤφειλον, *ép.* ὤφελλον *y* ὄφελλον; *fut.* ὀφειλήσω; *aor. 1.º* ὠφείλησα, *aor. 2.º* ὤφελον, *ép. tamb.* ὄφελον; *perf.* ὠφείληκα; *part. aor. pas.* ὀφειληθείς.

2 **ὀφέλλω** aumentar, engrosar, acrecentar, hinchar; levantar; multiplicar; enriquecer, bendecir, elevar, realzar || PAS. prosperar, aumentar, hacerse mayor.

F. *3.ª sing. aor. ép.* ὤφελλε *y* ὄφελλε *(o tal vez impf.), 3.ª pl. subj.* ὀφέλλωσιν, *3.ª sing. opt.* ὀφέλλειεν.

ὄφελον *v.* **ὀφείλω.**

ὄφελος τό [*sólo nom. y ac.*] utilidad, ayuda, provecho, ventaja, ganancia, interés (λέγεις δ' Ἀτρείδαις ὄφελος ἤ'π'ἐμοὶ τάδε; ¿hablas del interés de los Atridas o del mío?; οὐδὲν σοί γ'ὄφελος no te servirá de nada; τῶν ὄφελός ἐστιν οὐδέν cuya utilidad es nula, que no sirven para nada; τί ὄφελος; ¿de qué aprovecha?); parte aprovechable.

ὀφθαλμία ας ἡ inflamación de los ojos, oftalmía.

ὀφθαλμιάω -ῶ padecer oftalmía.

ὀφθαλμο-δουλ(ε)ία ας ἡ servicio al ojo, sumisión fingida.

ὀφθαλμός οῦ ὁ ojo, vista, faz, rostro (ἐλθέμεν [ἐς] ὀφθαλμούς presentarse ante uno; ἐν ὀφθαλμοῖσιν ὁρᾶν *y* νοεῖν, ἔχειν ἐν ὀφθ. tener ante los ojos; γενέσθαι τινὶ ἐξ ὀφθαλμῶν quitarse de delante de uno; ἐξ ὀφθαλμῶν de delante); consuelo, ayuda; favorito (βασιλέως ὀφθαλμοί inspectores *o* policía secreta del rey de Persia); adorno.

ὀφθείς *part. aor. pas. de* ὁράω.

ὀφθῆναι *inf. aor. pas. de* ὁράω.

ὀφθήσομαι *fut. pas. de* ὁράω.

ὄφις εως ὁ serpiente, culebra; hipócrita.

ὀφλεῖν *aor. inf. de* ὀφλισκάνω.

ὄφλημα ατος τό deuda.

ὀφλήσω *fut. de* ὀφλισκάνω.

ὀφλισκάνω ser deudor, tener que pagar, estar condenado (εἴκοσι μνᾶς a una multa de veinte minas); ser condenado, perder el proceso; merecer, exponerse a (γέλωτα la risa); hacerse culpable de (δειλίην cobardía).

F. *fut.* ὀφλήσω; *aor. 2.º* ὦφλον, *inf.* ὀφλεῖν, *part.* ὀφλών; *aor. 1.º* ὤφλησα (?); *perf.* ὤφληκα. (*El inf. y part. aor. 2.º aparecen a veces acentuados* ὄφλειν ὄφλων *como de un pres.* ὄφλω).

ὄφρα CONJ. mientras; hasta que; tanto como; para que, que || ADV. durante cierto tiempo.

ὀφρύη ης ἡ altura, cima.

ὀφρυόεις εσσα εν elevado, situado en la altura.

ὀφρύς [*y* **ὀφρῦς**] **ύος ἡ** ceja, frente; orgullo; gravedad, majestad; altura escarpada, montaña abrupta.

ὄχα ADV. con mucho (ὄχ'ἄριστος con mucho el mejor).

ὄχανον ου τό brazal [del escudo].

ὀχέεσκον *impf. iter. át. de* ὀχέω.

ὄχεσφι *dat, pl. de* ὄχος *1.*

ὀχετεύω derivar [agua por un canal].

ὀχετ-ηγός οῦ ὁ que lleva por un conducto.

ὀχετός οῦ ὁ acueducto, canal; foso.

ὀχεύς έως ὁ sostén, correa para sostener el yelmo, barboquejo; hebilla, broche; cerrojo.

ὀχεύω cubrir || MED. aparearse, copularse.

ὀχέω -ῶ conducir, llevar; seguir haciendo; dirigir [un animal enganchado]; contener; soportar, sufrir || MED. *y* PAS. ser llevado, dejarse llevar, ir, cabalgar.

F. *impf. iter. ép.* ὀχέεσκον, *med. y pas. 3.ª sing. jón.* ὠχέετο, *át.* ὠχεῖτο; *fut.* ὀχήσω ὀχήσομαι; *3.ª sing. aor. 1.º med. ép.* ὀχήσατο; *inf. pas.* ὀχηθῆναι.

ὄχημα ατος τό sostén; carruaje, vehículo, carro, coche; navío; terreno, suelo.

ὀχθέω -ῶ estar malhumorado, irritado.

ὄχθη ης ἡ *y*

ὄχθος ου ὁ altura, loma, ribazo *espte.* a orillas de un rio.

ὀχλέω -ῶ agitar, remover; molestar, importunar; ser molesto.

F. *3.ª pl. ind. pres. pas. ép.* ὀχλεῦνται.

ὀχληρός ά όν fastidioso, molesto.

ὀχλίζω = **ὀχλέω.**

ὀχλικός ή όν = **ὀχλώδης.**

ὀχλο-ποιέω -ῶ juntar una turba; provocar un tumulto.

ὄχλος ου ὁ muchedumbre desordenada, turba; pueblo, plebe, populacho; tripulación, tropa; asamblea popular; molestia, importunidad (ὄχλον παρέχειν τινί causar molestias a uno).

ὀχλώδης ες tumultuoso, turbulento; popular, común, vulgar || SUST. *n.* muchedumbre, plebe.

ὀχμάζω sujetar, atar, encadenar.

1 **ὄχος εος** [**ους**] **τό** *y*

2 **ὄχος ου ὁ** carro, vehículo.
F. *dat. pl. ép.* ὄχεσφι(ν) *y* ὀχέεσσι.

3 **ὄχος ου ὁ** abrigo, refugio.

ὀχυρός ά όν fuerte, fortificado || SUST. *n.* = **ὀχύρωμα.**

ὀχυρόω -ῶ [*y med.*]fortificar.

ὀχύρωμα ατος τό fortaleza, atrincheramiento, baluarte, castillo.

ὄψ ὀπός ἡ voz; cantar [de cigarras]; balido, sonido; palabra, lenguaje.

ὀψάριον ου τό = **ὄψον.**

ὀψέ ADV. mucho después; demasiado tarde; por la tarde (τῆς ἡμέρας ὀψὲ ἦν era ya al caer la tarde); mucho tiempo después de [*gen.*].
F. *superl.* ὀψιαίτατα, *cf.* ὄψιος.

ὄψεαι *2.ª sing. fut. ép. de* ὁράω.

ὀψείω desear ver [*gen.*].

ὄψεσθαι *fut. inf. de* ὁράω.

ὀψία ας [*jón.* **ὀψίη ης**] **ἡ** la tarde,

ὀψιαίτερον ADV. más tarde.

ὀψί-γονος ον descendiente; nacido el último; más joven.

ὀψίζω [*y pas.*] llegar tarde.

ὀψίη ης ἡ *jón.* = **ὀψία.**

ὀψι-μαθής ές que comienza tarde a instruirse, demasiado viejo para aprender; sabihondo, pedante.

ὄψιμος ον *y*

ὄψιος α ον tardío, que llega tarde.
F. *comp.* ὀψιαίτερος, *superl.* ὀψιαίτατος. *Cf.* ὀψέ.

ὄψις εως ἡ vista, mirada; ojo; aspecto, apariencia exterior; visión, sueño, espectáculo; presencia (ἀπικνέεσθαι ἐς ὄψιν τινί presentarse ante uno).

ὀψι-τέλεστος ον que se cumple mucho más tarde.

ὄψομαι *fut. de* ὁράω.

ὄψον ου τό companage; carne y pescado, merienda, piscolabis; golosina; condimento.

ὀψοποιέω -ῶ preparar manjares || MED. preparar para sí.

ὀψοποιία ας ἡ *y*

ὀψοποιική ῆς ἡ arte culinario.

ὀψοποιικός ή όν tocante a la culinaria, de cocina.

ὀψο-ποιός οῦ ὁ cocinero.

ὀψο-φάγος ου ADJ. *m.* glotón, comilón; gastrónomo.

ὀψωνέω -ῶ comprar [carne, pescado *o* golosinas].

ὀψ-ώνιον ου τό = **ὄψον;** víveres, alimentos; sueldo, paga.

Π

Π π pi [décimosexta letra del alfabeto griego] || *como signo numérico* π' 80; ͵π 80.000.
πά ADV. *enclít. dór.* = **πή.**
πᾶ *dór.* = **πῆ.**
παγά ᾶς *dór.* = **πηγή.**
Πάγγαιον [*y* **Παγγαῖον**] **ου τό** Pangueo [monte de Tesalia].
παγ-γέλοιος ον enteramente ridículo.
πάγεν *3.ª pl. aor. pas. ép. de* πήγνυμι.
παγετός οῦ ὁ helada, hielo.
παγετώδης ες helado.
πάγη ης ἡ red; trampa, lazo.
παγήσομαι *fut. pas. de* πήγνυμι.
παγιδεύω cazar con red *o* lazo, coger, sorprender.
πάγιος α ον fijo, sólido, firme.
παγίς ίδος ἡ = **πάγη.**
πάγ-κακος ον muy malo, funesto; malvado.
πάγ-καλος ον enteramente hermoso *o* bueno.
πάγ-καρπος ον de toda especie de frutos, fecundo, fértil, abundante; cubierto de frutos.
παγ-κευθής ές que todo lo oculta.
πάγ-κλαυ(σ)τος ον muy lamentable; que llora siempre.
πάγ-κοινος ον común a todos; frecuentado.
παγ-κοίτας *dór. y*
παγ-κοίτης ου ADJ. *m.* que todo lo adormece (τὸν παγκοίταν θάλαμον al lecho o morada donde todos duermen [a la muerte], *Sóf. Ant. 804*).
παγ-κόνιτος ον enteramente empolvado; en que uno se cubre de polvo; fatigoso, duro.
παγ-κρατής ές omnipotente.
παγκρατιάζω ejercitarse en la lucha del pancracio.
παγ-κράτιον ου τό pancracio [combate gímnico que comprendía la lucha, el pugilato, y en que estaba admitida la zancadilla y toda clase de medios de lucha para derribar al contrario].
πάγος ου ὁ punta de roca, roca, colina, montaña (Ἄρεος πάγος colina de Ares, donde estaba el Areópago); hielo, témpano, carámbano.
παγ-χάλεπος ον muy difícil, impracticable.
παγ-χάλκεος ον *y*
πάγ-χαλκος ον todo de bronce.
πάγ-χρηστος ον útil para todo.
πάγ-χριστος ον completamente ungido *o* untado.
παγ-χρύσεος ον *y*
πάγ-χρυσος ον todo de oro *o* dorado.
πάγχυ ADV. enteramente, en absoluto; π. λίην *y* π. μάλα *mismo sign.*
παγῶ *1.ª sing. subj. aor. pas. de* πήγνυμι.
παδάω -ῶ *dór.* = **πηδάω.**
πάθε *3.ª sing. aor. 2.º ép. de* πάσχω.
παθέειν *aor. inf. ép. de* πάσχω.
παθεινός όν triste, apesadumbrado, afligido.
πάθη ης ἡ *y*
πάθημα ατος τό todo lo que uno experimenta *o* siente, prueba, experiencia; suceso, coyuntura; castigo, sufrimiento, desgracia, infortunio, triste suerte, desastre; enfermedad, muerte; estado de alma, disposición moral [piedad, placer, amor, tristeza, odio, cólera, aflicción, pena]; cambio, fenómeno; afecto, pasión; πάθημα *también* la Pasión de N. S. J. C.
πάθησθα *2.ª sing. subj. aor. 2.º ép. de* πάσχω.
παθητός ή όν expuesto *o* sujeto al sufrimiento, pasible.

πάθον *aor. 2.º ép. de* πάσχω.
πάθος εος [ους] τό = πάθημα.
παιάν ᾶνος ὁ peán, canto solemne; canto de victoria, de júbilo, de guerra, de acción de gracias, de súplica, canto fúnebre, canto de queja y petición.
Παιάν ᾶνος ὁ = Παιήων.
παιανίζω cantar un peán.
παιανισμός οῦ ὁ canto del peán.
παιγνία ας [*jón.* **παιγνίη ης**] **ἡ** juego, diversión, deporte.
παιγνιήμων ον bromista, juguetón.
παίγνιον ου τό juguete, comedia; burla, broma.
παιγνιώδης ες alegre, divertido || SUBST. *n.* diversión, buen humor.
παιδαγωγεῖον ου τό cuarto de las escuelas en que los pedagogos esperaban a los escolares.
παιδαγωγέω -ῶ enseñar, instruir, educar niños; dirigir, gobernar.
παιδ-αγωγός οῦ ὁ esclavo encargado de llevar los niños a la escuela, preceptor de un niño.
παιδάριον ου τό niño, muchacho.
παιδαριώδης ες pueril, infantil.
παιδεία ας ἡ educación de los niños; instrucción, cultura; lección, castigo divino; edad juvenil, niñez.
παίδειος [*o* **παιδεῖος**] **ον** conveniente *o* concerniente a los niños; infantil, pueril.
παιδεραστέω -ῶ ser pederasta.
παιδ-εραστής οῦ ὁ pederasta.
παιδεραστία ας ἡ pederastia.
παίδευμα ατος τό discípulo; ciencia, saber.
παίδευσις εως ἡ educación, instrucción de los niños; educación adquirida, instrucción; enseñanza, modelo, ejemplo.
παιδευτής οῦ ὁ maestro; el que castiga.
παιδεύω educar a un niño, instruirlo, formarlo, habituarlo; enseñar, reprender; castigar; corregir.
παιδία ας ἡ = παιδεία.
παιδιά ᾶς ἡ juego de niños; juego, entretenimiento, diversión, broma.
παιδικός ἡ όν de niños, infantil; juvenil, amoroso (παιδικὸς λόγος un cuento de amor [*Jen. Cir. I, 4, 27*]) || SUBST. *n. pl.* favorito, predilecto.
παιδιό-θεν ADV. desde la infancia.
παιδίον ου τό niño [de menos de siete años], hijo; ἐκ παιδίου desde la más tierna infancia.
παιδισκάριον ου τό [*dim. de* παιδίσκη] mujercilla, mujerzuela.
παιδίσκη ης ἡ niña, muchacha; esclava, cortesana.
παιδίσκος ου ὁ muchacho.
παιδνός ἡ όν de niño || SUBST. *m.* niño, adolescente, mozo.
παιδο-γονία ας ἡ procreación.
παιδο-κτόνος ον que mata niños *o* a sus hijos.
παιδο-νόμος ου ὁ paidónomo [inspector de la educación de los niños].
παιδοποιέω -ῶ [*y media*] engendrar hijos; dar a luz.
παιδοποιία ας ἡ = παιδογονία.
παιδο-ποιός όν que engendra hijos.
παιδο-σπορέω -ῶ = παιδοποιέω.
παιδοτριβέω -ῶ formar por medio de ejercicios gimnásticos, ejercitar, educar.
παιδο-τρίβης ου ὁ profesor de gimnástica para los niños.
παιδο-τρόφος ον que nutre *o* educa a los niños; ἐλάα π. el ramo de olivo que se colgaba en la puerta de la casa en que había nacido un varón.
παιδουργία ας ἡ procreación; madre.
παιδο-φόνος ον que mata a los niños.
παίζω divertirse, jugar; danzar; cazar; bromear; hablar *o* tratar en broma.
F. *fut.* παίξομαι, *dór.* παιξοῦμαι, *tamb.* παίξω; *aor.* ἔπαισα, *2.ª pl. imp. ép.* παίσατε, *íd.* ἔπαιξα; *perf.* πέπαικα, *íd.* πέπαιχα, *pas.* πέπαισμαι; *aor. pas.* ἐπαίχθην.
παιήων ονος ὁ = παιάν.
Παιήων ονος ὁ Peeón [el médico de los dioses]; el dios médico [Apolo].
παιπαλόεις εσσα εν inaccesible, abrupto, fragoso, escarpado, sinuoso.
παῖς παιδός ὁ ἡ hijo, hija, niño, niña; muchacho, muchacha; joven; esclavo, criado.
F. *ép. tamb.* πάϊς *bisílabo, y voc.* πάϊ; *dat. pl.* παισί, *ép.* παίδεσσι.
παιφάσσω aparecer súbitamente.
παίω golpear, pegar, herir (ἐπὶ νόσῳ νόσον causar una herida tras otra; ὀλίγας π. pegar muy pocos golpes); atacar [con algo, *dat.*]; tropezar || MED. golpearse.
F. *fut.* παίσω *y* παιήσω; *aor.* ἔπαι-

σα, *med.* ἐπαισάμην; *perf.* πέπαικα; *aor. pas.* ἐπαίσθην. *Como aor. se emplea generalmente* ἐπάταξα (*de* πατάσσω), *y la pas. se suple mayormente por la de* πλήσσω.

παιών ῶνος ὁ = παιάν.

Παιών ῶνος ὁ = Παιήων.

παιωνίζω = παιανίζω.

παιώνιος ον saludable, que cura || SUBST. *m.* médico.

παιωνισμός οῦ ὁ canto del peán.

πακτόω -ῶ cerrar; obstruir, taponar; calafatear.

παλάθη ης ἡ mermelada de frutas; pastel de frutas.

πάλαι ADV. hace tiempo, en otro tiempo de otro tiempo (οἱ πάλαι ἄνθρωποι los hombres de otro tiempo, los antiguos); = **ἄρτι** recientemente, hace poco, últimamente; τό πάλαι *mismo sign.*

παλαι-γενής ές viejo, antiguo; anciano.

παλαιμοσύνη ης ἡ = παλαισμοσύνη.

παλαιό-πλουτος ον rico hace mucho tiempo.

παλαιός ά όν viejo, antiguo; anticuado; οἱ π. los antiguos, los antepasados; τὸ παλαιόν antiguamente. **F.** *comp.* παλαίτερος, *superl.* παλαίτατος, *cf.* πάλαι; *menos frec.* παλαιότερος *y* παλαιότατος.

παλαιότης ητος ἡ antigüedad, vejez.

παλαιόω -ῶ abolir [una ley] || PAS. hacerse viejo.

πάλαισμα ατος τό lucha de atletas; lucha.

παλαισμοσύνη ης ἡ arte de luchar, lucha.

παλαιστή ῆς ἡ = παλαστή.

παλαιστής οῦ ὁ luchador; rival, adversario; astuto.

παλαιστιαῖος ον = παλαστιαῖος.

παλαίστρα ας ἡ palestra [lugar donde uno se ejercita para la lucha]; escuela.

παλαί-φατος ον anunciado hace mucho tiempo; de historia antigua; antiguo.

παλαίω luchar; sucumbir en la lucha. || PAS. ser vencido en la lucha. **F.** *fut.* παλαίσω, *aor.* ἐπάλαισα. *Cf.* παλέω.

παλαμάομαι -ῶμαι hacer con las manos, ejecutar; emprender.

παλάμη ης ἡ palma de la mano; mano; fuerza, poder, destreza, habilidad; violencia; medio, instrumento; obra.

παλάμηφιν *gen. y dat. ép. de* παλάμη.

παλαμναῖος ου ὁ malvado, criminal; remordimiento, pensamiento torturador.

παλάσσω salpicar, rociar, *de donde* manchar; *en perf. med.* agitar, *de donde* sortear, sacar *o* determinar por suerte || PAS. esparcirse, desparramarse. **F.** *inf. fut. ép.* παλαξέμεν; *perf. pas.* πεπάλαγμαι, *2.ª pl. imp.* πεπάλαχθε, *3.ª sing. plpf. ép.* πεπάλακτο, *etc. No obstante v.* πάλλω.

παλαστή ῆς ἡ palma de la mano; longitud de cuatro dedos [77 mm.]

παλαστιαῖος ον de la medida de una παλαστή.

παλέω ser inutilizado *o* destruido.

πάλη ης ἡ lucha de atletas.

παλιγ-γενεσία ας ἡ renacimiento, resurrección, regeneración por el bautismo.

παλίγ-κοτος ον desgraciado de nuevo.

παλιλλογέω -ῶ redecir, repetir, decir de nuevo.

παλίλ-λογος ον recogido de nuevo.

παλίμ-βιος ον que vuelve a la vida, resucitado.

παλίμ-βολος ον tramposo, engañador.

παλιμ-πετές ADV. hacia atrás.

παλιμ-πλάζομαι *pas. sólo en el part. aor. ép.* παλιμπλαγχθείς echado hacia atrás, errante de nuevo.

παλίμ-ψηστος ον raspado para escribir de nuevo.

πάλιν ADV. hacia atrás, en sentido inverso, de nuevo; al contrario; a su vez (πάλιν ὁ Κῦρος ἠρώτα Ciro preguntó a su vez).

παλιν-άγρετος ον revocable.

παλιν-αυτόμολος ον que vuelve a pasarse a las filas de donde había desertado.

παλιν-δρομέω -ῶ desandar lo andado.

παλιν-όρμενος ον *y*

παλίν-ορσος ον que se lanza hacia atrás, que vuelve rápidamente sobre sus pasos.

παλίν-τιτος ον castigado, vengado.

παλίν-τονος ον tendido, estirado hacia atrás; que se puede tender, elástico.

παλιν-τριβής ές astuto, ladino.

παλίν-τροπος ον que vuelve atrás.

παλινῳδέω -ῶ cantar la palinodia, retractarse.
παλιν-ῳδία ας ἡ palinodia, retractación.
παλίουρος ου ὁ ἡ cambrón, espino cerval.
παλιρ-ρόθιος α ον agitado por el flujo y reflujo; que refluye.
παλίρ-ροια ας ἡ flujo y reflujo.
παλίρρυτος ον derramado a su vez.
παλίσ-συτος ον que se lanza hacia atrás.
παλίωξις εως ἡ nuevo ataque [del enemigo que huía].
Παλλάδιον ου τό estatua de Palas.
παλλακεύω vivir en concubinato || MED. tomar por concubina.
παλλακή ῆς ἡ *y*
παλλακίς ίδος ἡ concubina.
πάλλω agitar fuertemente, blandir, vibrar, lanzar; mover suavemente entre los brazos; mover la urna y sacar la suerte; designar por suerte; saltar, temblar, agitarse || MED. echar suertes; lanzarse; saltar, palpitar, temblar; chocar (ἐν ἄντυγι πάλτο chocó violentamente con el borde del escudo).
F. *impf. ép.* πάλλον; *aor.* ἔπηλα, *ép.* πῆλα *y aor. 2.º redupl.* πέπαλον, *med.* πεπαλόμην, *2.ª pl. imp.** πεπάλεσθε (*restituida por* πεπάλασθε *y* πεπάλαχθε *de los codd., cf.* παλάσσω), *3.ª sing. med. ép.* πάλτο (*no* ἐπᾶλτο *v. s. v.*); *perf. pas.* πέπαλμαι.
πάλος ου ὁ suerte (ἀρχὰς πάλῳ ἄρχειν recibir por suerte un cargo público).
πᾶλος ου ὁ clavo, estaca, palo.
πάλτο *3.ª sing. aor. med. ép. de* πάλλω.
παλτόν οῦ τό dardo, jabalina.
παλτός ή όν lanzado (παλτὸν πῦρ relámpago, rayo).
παλύνω esparcir, cubrir [de, *dat.*].
παμ-βῶτις ιδος ἡ ADJ. *f.* que a todos alimenta.
πάμ-μεγας παμ-μεγάλη πάμ-μεγα *y*
παμ-μεγέθης ες muy grande.
παμ-μέλας παμ-μέλαινα παμ-μέλαν enteramente negro.
παμ-μήκης ες muy largo.
πάμ-μηνος ον que dura mucho; continuo.
παμ-μήτωρ ορος ADJ. *f.* que es verdaderamente madre, madre abnegada.
πάμ-μορος ον enteramente desgraciado.
παμ-πάλαιος ον muy viejo, muy antiguo.
πάμ-παν *y*
παμ-πήδην ADV. entera, completamente; *precedido de negación* de ninguna manera; no del todo.
παμπληθεί ADV. a una voz, en masa.
παμ-πληθής ές en masa, en colectividad.
παμπληθία ας ἡ la muchedumbre entera.
πάμ-πληκτος ον en que se da y recibe toda clase de golpes.
παμ-ποίκιλος ον cubierto de bordados.
πάμ-πολις εως ADJ. *m. y f.* común a todas las ciudades.
πάμ-πολυς παμ-πόλλη πάμ-πολυ numerosísimo, abundantísimo, grandísimo.
παμ-πόνηρος ον perverso, miserable.
πάμ-πρωτος η ον el primero de todos || ADV. **πάμπρωτον** *y* **πάμπρωτα** ante todo.
παμ-φαής ές resplandeciente, radiante.
παμφαίνω brillar grandemente, resplandecer.
F. *Sólo pres. e impf. 3.ª sing. subj. ép.* παμφαίνῃσι (*Il. 5, 6*).
παμφανόων ωντος, *f.* **παμφανόωσα** *ép. part. de* *παμφανάω brillante, resplandeciente.
παμ-φεγγής ές = παμφαής.
πάμ-φλεκτος ον completamente encendido, llameante.
παμ-φόρος ον muy fértil; feraz; precioso, valioso.
πάμ-ψυχος ον completamente vivo.
πᾶν *n. de* πᾶς.
παν-άγαθος ον enteramente bueno.
πάν-αγρος ον que puede contener toda clase de caza *o* pesca.
Παν-αθήναια ων τά Panateneas [fiestas en honor de Atenea].
παν-άθλιος α ον enteramente desgraciado.
πάν-αιθος η ον muy resplandeciente.
παν-αίολος ον resplandeciente; de varios colores.
παν-άμωμος ον totalmente irreprensible, sin tacha.
παν-άπαλος ον muy delicado *o* tierno.

παν-άποτμος ον infortunado en extremo.
παν-άργυρος ον todo de plata.
παν-αρμόνιος ον perfectamente acorde.
πάν-αρχος ον que a todos gobierna, todopoderoso.
παν-αφῆλιξ ικος ADJ. *m. y f.* que está sin compañeros, sin amigos.
Παν-αχαιοί ῶν οἱ todos los Aqueos, todos los Griegos reunidos.
παν-αώριος ον destinado a una muerte prematura.
παν-δαισία ας [*jón.* **παν-δαισίη ης**] **ἡ** banquete en que todo se sirve en abundancia *o* a que nadie falta.
παν-δάκρυτος ον llorado por todos; muy lamentable; de muchas lágrimas.
παν-δαμάτωρ ορος ὁ que todo lo doma *o* somete; omnipotente.
πάν-δαμος ον *dór.* = **πάνδημος.**
πάν-δεινος ον muy terrible; muy hábil || ADV. **πάνδεινα** terriblemente (τὰ πάνδεινα διετίθεσαν le maltrataron terriblemente, *Es. 235*).
πανδημεί ADV. en masa, el pueblo entero.
παν-δήμιος ον que va por todo el pueblo *o* por todos los países; = **πάνδημος.**
πάν-δημος ον que abarca al pueblo entero; común, vulgar; público; carnal [el amor].
πάν-δικος ον enteramente justo.
πανδίκως ADV. seguramente; enteramente; en absoluto.
παν-δοκεύω hospedar *o* tratar a todo el mundo; albergar, acoger como huésped.
παν-δοχεῖον ου τό albergue, hostal.
πανδοχεύς έως ὁ mesonero, posadero.
πάν-δυρτος ον quejoso, que siempre se lamenta.
παν-έρημος ον enteramente desierto.
πανηγυρίζω celebrar una asamblea general (ἐς πόλιν dirigirse a una ciudad para asistir a una fiesta nacional); pronunciar un elogio público [panegírico] en una fiesta nacional.
παν-ήγυρις εως ἡ asamblea de todo el pueblo para una fiesta solemne [feria, espectáculo, juegos, sacrificio].
παν-ῆμαρ ADV. durante todo el día.
παν-ημέριος α ον *y*
παν-ήμερος ον que dura todo el día; durante todo el día [*concertando con el sujeto* πανημέριος πολεμίζει lucha todo el día, *Hom. Il. 19, 168*].
πάνθηρ ηρος ὁ leopardo, pantera.
παν-θυμαδόν ADV. con furor *o* cólera.
πάν-θυτος ον honrado con toda clase de sacrificios.
παν-ίμερος ον lleno de amor.
πάννυχα ADV. durante toda la noche.
παν-νύχιος α ον que dura toda la noche; durante toda la noche [*empleado como* πανημέριος].
παννυχίς ίδος ἡ festival nocturno; noche entera.
πάν-νυχος ον = **παννύχιος.**
πανοικ(ε)ί *y*
παν-οικεσίᾳ *o* **παν-οικησίᾳ** *y*
παν-οικίᾳ [*jón.* **παν-οικίῃ**] ADV. con toda la casa, el mobiliario *o* la familia.
παν-ομφαῖος ον que todo lo anuncia, lo profetiza.
παν-οπλία ας [*jón.* **παν-οπλίη ης**] **ἡ** panoplia, armadura completa de un hoplita.
παν-όπτης = **παντόπτης.**
πάν-ορμος ον muy cómodo para anclar.
Πάνορμος ου ὁ Palermo.
πανουργέω -ῶ ser un malvado; ὅσια πανουργήσασα habiendo cometido un justo crimen [*Sóf. Ant. 74*].
πανούργημα ατος τό delito, crimen, maldad.
πανουργία ας ἡ habilidad, destreza, maestría, sabiduría, arte; astucia, malicia, picardía; crimen.
παν-οῦργος ον apto para todo, hábil, diestro; astuto, bribón; malicioso, malo || SUBST. *m.* villano, malvado; *n.* maldad; *n. pl.* los malvados.
παν-όψιος ον visible para todos.
παν-σαγία ας ἡ = **πανοπλία.**
παν-σέληνος ον llena, en plenilunio [*díc.* de la luna] || SUBST. *f.* luna llena.
πάν-σοφος ον muy sabio.
παν-στρατιά ᾶς ἡ todo el ejército || ADV. **παν-στρατιᾷ** [*jón.* **παν-στρατιῇ**] = **πανδημεί.**
παν-συδί *y*
παν-συδίᾳ [*jón.* **παν-συδίῃ**] ADV. con el mayor ímpetu, a toda prisa; con todas las fuerzas; enteramente.
πάν-συρτος ον cargado, lleno de [*gen.*].

παντᾷ [*y* **παντᾶ**] ADV. *dór* = **πάντῃ.**
παντά-πασι(ν) ADV. enteramente, ciertamente, perfectamente, absolutamente; τὸ π. *mismo sentido;* π. μὲν οὖν, π. γέ desde luego, sin duda.
πάντ-αρχος ον que todo lo gobierna.
πανταχῇ [*y* **πανταχῆ**] ADV. por todas partes, de todas maneras; = **πανταχοῦ**; a todas partes.
πανταχό-θεν ADV. de todos lados, de todos modos.
πανταχοῖ ADV. a todas partes, a cualquier parte.
πανταχό-σε ADV. a todas partes; por todas partes.
πανταχοῦ ADV. en todas partes.
πανταχῶς ADV. por toda clase de medios *o* procedimientos.
παντελέως ADV. *jón.* = **παντελῶς.**
παν-τελής ές entero; enteramente acabado; perfecto, completo, legítimo; παντελεῖς ἐσχάραι el número completo de los hogares en que se sacrifica; εἰς τὸ παντελές = **παντελῶς.**
παντελῶς [*jón.* **παντελέως**] ADV. enteramente, completamente, perfectamente; π. εἶχε estaba acabado.
πάντῃ ADV. por todas partes; enteramente.
πάν-τιμος ον honrado por todos.
παν-τλήμων ον [*dór.* **παν-τλάμων ον**] muy desgraciado.
παντο-γήρως ων [*gen.* **ω**] que todo lo aja, lo envejece, domina, subyuga.
παντοδαπός ή όν de todas clases *o* procedencias; παντοδαποὶ τῆς στρατιῆς = π. στρατιῶται [*Hdt. 7, 22*].
πάντο-θε *y*
πάντο-θεν ADV. de todas partes; περὶ π. por todas partes, alrededor.
παντοῖος α ον de toda clase, variado, diverso; *predicativamente con* εἰμί *y* γίγνομαι emplear todos los medios, tomar toda clase de formas (παντοῖοι ἐγένοντο δεόμενοι emplearon todas las formas suplicando, suplicaron de todas las maneras posibles).
παντοίως ADV. de todas maneras.
παντοκρατορία ας ἡ omnipotencia.
παντο-κράτωρ ορος ὁ todopoderoso.
παντο-πόρος ον fecundo en recursos.
παντ-όπτης [*dór.* **παντ-όπτας**] **ου** ADJ. *m.* que todo lo ve.
παντο-πώλιον ου τό bazar.
παντο-ρέκτης ου ADJ. *m.* que todo lo hace, emprendedor, audaz.
πάντοσε ADV. por todas partes, a todas partes.
πάν-τοτε ADV. siempre.
παντουργός όν = **πανοῦργος.**
πάντως ADV. completa, entera, cierta, absolutamente; *en respuestas* sí, sin duda, desde luego; οὐ π., de ninguna manera; ἄλλως τε π. por lo menos, sobre todo.
πάνυ ADV. bien, perfectamente; muy, mucho; ciertamente, sin duda; καὶ πάνυ, *mismo sign.*; οὐ πάνυ τι de ningún modo; οὐ πάνυ πρός no muy cerca de [*dat.*]; ὁ πάνυ el famoso, el grande.
παν-υπέρτατος η ον el más alto; el más alejado *o* remoto en el mar *Od. 9, 25.*
παν-ύστατος η ον el último de todos || ADV. **πανύστατον** en último lugar, por última vez.
πανωλεθρία ας [*jón.* **πανωλεθρίη ης**] **ἡ** ruina total, matanza general.
πανώλεθρος ον *y*
παν-ώλης ες funestísimo, perniciosísimo; sumamente infame; enteramente destruído.
πάομαι adquirir, ganar; *perf.* haber adquirido, tener, poseer.
F. *fut.* πάσομαι; *aor.* ἐπασάμην; *perf.* πέπαμαι, *3.ª pl.* πέπανται, *part.* πεπαμένος; *3.ª sing. plpf.* ἐπέπατο (*Jen. An. 1, 9, 19*).
παπαῖ INTERJ. ¡ah! ¡ay! ¡oh!; *suele repetirse un número indeterminado de veces,* παππαπαππαπαῖ *con el mismo significado.*
παππάζω llamar padre.
πάππας ου ὁ papá, papaíto.
πάππος ου ὁ abuelo; pelusa; bozo.
παππῷος α ον del abuelo, concerniente al abuelo *o* a las abuelos.
πάπραξ ακος ὁ especie de pescado.
παπταίνω mirar a todas partes, pasear la mirada en derredor (ἀμφὶ ἕ en torno suyo; ὅπῃ mirar con inquietud por dónde; μή cuidar de que no); mirar [en general]; buscar con la vista [a... *ac.*].
F. *fut. ép.* παπτανέω *(en compto.)*; *aor. ép.* πάπτηνα, *part.* παπτήνας, *etc.*

πάπυρος ου ὁ ἡ papiro; cuerda hecha de papiro.

πάρ *y*

παρά ADV. al lado || PREP. *de gen.* junto a, a lo largo de, de la parte de (ὁ παρά τινος ἥκων el que viene de parte de alguno, el mensajero; ὁ παρ' ἐμοῦ mi enviado; οἱ παρά τινος los familiares *o* dependientes de uno; τὰ παρ' ἐμοῦ mis opiniones); de [origen, punto de partida] (δέχεσθαί τι παρά τινος recibir algo de uno; παρ' ἑαυτοῦ διδόναι dar de los propios medios de uno); por [*con verbos pasivos*] (τὰ παρά σου λεγόμενα las cosas dichas por ti); cerca de || *de dat.* junto a, con, en casa de (οἱ παρ' ἐμοί los que están a mi lado, mis padres *o* mis servidores; οἱ παρ' ἡμῖν nuestros compatriotas *o* contemporáneos; τὰ παρ' ἐμοῖ mis asuntos); en, entre, en casa de (παρ' ἑαυτῷ en su casa; γιγνώσκειν παρ' ἑαυτῷ [*Dem.*] juzgar por sí mismo; ὁ παρ' αὑτῷ βίοτος la vida de uno); ante, frente a; durante || *de ac.* a, hacia (ἴτην παρὰ νῆας los dos iban hacia las naves; παρ' ἐμὲ εἴσοδος el acceso a mí); cerca de (παρὰ τὴν ὁδόν cerca del camino); a lo largo de, mientras, durante (παρὰ πότον mientras se bebía); al lado de, en comparación de (ἀμείνονες παρὰ τὴν ἑαυτῶν φύσιν [*Hdt.*] mejores que su naturaleza [comparando sus actos con su naturaleza]); παρ' ὀλίγον en poco; παρ' οὐδὲν ἄγειν no hacer ningún caso; παρ' ἔλαττον τοῦ δέοντος en menos de lo debido; contra (παρὰ γνώμην contra la opinión *o* el gusto; παρ' ἐλπίδα contra toda esperanza), más allá de (παρὰ τὴν Βαβυλῶνα más allá de B.); παρ' [ἑκάστην] ἡμέραν día por día, cada día; a causa de; excepto.

πάρα=παρά *cuando precede el régimen;* = **πάρεστι** *o* **πάρεισι** [*de* πάρειμι *2*].

παρα-βαίνω marchar junto a [*dat.*]; avanzar, adelantarse hacia; transgredir, violar (νόμον la ley; π. τινὰ δαιμόνων pecar contra un dios; παραβαινομένων [*gen. abs.*] transgredidas las leyes); apartarse; pasar de largo, descuidar, omitir, olvidar; desertar, renegar.

F. *V.* βαίνω *y nótese: 3.ª sing. aor. ép.* παρέβασκε *y part. perf. ép.* παρβεβαώς; *aor. pas.* παρεβάθην.

παρα-βάλλω echar como pasto; echar; encomendar, confiar; conducir, dirigir (ναῦν ἐς Ἰονίαν la nave a Jonia); desviar del buen camino, exponer a un peligro, engañar; comparar (τί τινι *o* τὶ παρά τι *o* πρός τι una cosa con otra); corresponder a una acción con otra igual, pagar en la misma moneda; apartar, desviar, inclinar a un lado; acercarse [a uno, *dat.*]; dirigirse; entrar [εἰς *con ac.*] || MED. confiar, encomendar; exponerse, arriesgar *o* exponer [algo propio a un peligro] (ἴδιον τὸν κίνδυνον τῶν σωμάτων παραβαλλομένους exponiéndonos a peligro de nuestras propias vidas); rivalizar.

F. *V.* βάλλω.

παρά-βασις εως ἡ transgresión, violación, falta, prevaricación; marcha, avance; parábasis [teatral].

παρα-βάσκω avanzar al lado de [*dat.*].

παρα-βάτης ου ὁ guerrero que está junto al conductor del carro de combate para combatir desde él; violador, transgresor.

παρα-βατός ἡ όν que se puede transgredir.

παρα-βιάζομαι violentar, forzar, obligar.

παρα-βλαστάνω echar retoños, desarrollarse.

παρα-βλήδην ADV. irónicamente, maliciosamente.

παρά-βλημα ατος τό barricada, empalizada, parapeto, protección.

παρα-βλώσκω ir en auxilio [de alguien, *dat.*].

F. *Sólo perf. ép. poét.* παρμέμβλωκα.

παρα-βλώψ ῶπος ὁ ἡ bizco.

παρα-βοήθεια ας ἡ socorro aportado.

παρα-βοηθέω -ῶ llevar socorro, socorrer [*dat.*]; llegar en ayuda.

παραβολεύομαι exponer (τῇ ψυχῇ exponer el alma [*N. T. Ep. Fil. 2. 30*], *literalmente,* arriesgarse con el alma).

παρα-βολή ῆς ἡ comparación; parábola; proverbio.

παρά-βολος ον audaz, atrevido; peligroso.

παρά-βυστος ον secreto; ἐν παραβύστῳ en secreto.

παρα-βώμιος ον que está cerca de, junto a, *o* en el altar.

παραγγελία ας ἡ transmisión de una orden; regla, precepto; consigna, contraseña.

παρ-αγγέλλω anunciar, transmitir una orden, una consigna; prescribir, ordenar; imponer, exigir [como tributo, etc.]; recomendar; convidar, invitar, convocar; mandar; π. εἰς ὅπλα llamar a las armas.

παρ-άγγελμα ατος τό *y*

παρ-άγγελσις εως ἡ mandato, orden.

παρα-γί(γ)νομαι estar presente, asistir a, ser testigo de [*dat.* Σοφοκλεῖ παρεγενόμην ἐρωτωμένῳ yo estaba presente cuando se preguntó a Sófocles; *con dos dat.* καί σφιν παρεγίγνετο δαιτί y él estaba presente a su comida, *Hom. Od. 17, 173*]; ayudar, socorrer, auxiliar (μάχῃ τινί a uno en un combate); sobrevenir, venir a la sazón, llegar al tiempo de; presentarse, aparecer; caer en suerte [a uno, *dat.*]; ocurrir, suceder.

παραγι(γ)νώσκω juzgar *o* decidir injustamente.

παρ-αγκάλισμα ατος τό objeto de caricias, de amor, persona amada.

παρ-άγορος ον *dór.* = **παρήγορος.**

παρά-γραμμα ατος τό cláusula adicional.

παραγραφή ῆς ἡ nota marginal; excepción, expediente dilatorio.

παρα-γράφω escribir al lado de (παραγεγραμμένοι νόμοι leyes citadas en un escrito acusatorio); añadir un artículo a una ley, una cláusula a un contrato.

παρα-γυμνόω -ῶ descubrir, revelar, poner al desnudo.

παρ-άγω conducir, hacer avanzar de flanco; desviar; seducir, inducir, engañar; llevar, conducir (εἴσω στέγας a la casa); pasar delante *o* al lado de; cambiar, pervertir, alterar; introducir.

παραγωγή ῆς ἡ acción de conducir, conducción a lo largo de, navegación costeando; navegación silenciosa [remando suavemente]; marcha de un ejército en filas; violación de la ley, falta, delito; engaño, fraude, seducción; alteración del lenguaje [variaciones de forma según los dialectos].

παρα-δαρθάνω dormir junto a [*dat.*].
F. *aor. 2.º ép.* παρέδραθον.

παράδειγμα ατος τό plan de arquitecto, modelo, ejemplo; lección; prueba; modelo.

παραδειγματίζω infamar; poner en la picota para escarmiento.

παρα-δείκνυμι comparar; atribuir || MED. mostrar, exponer,

παράδεισος ου ὁ parque; paraíso, Edén; cielo.

παρα-δέκομαι *jón. y*

παρα-δέχομαι recibir, recoger, heredar, aceptar, admitir, acoger; tomar sobre sí, encargarse de [*con inf.*]; reanudar un combate.
F. *v.* δέχομαι. *El aor. pas.* παρεδέχθην *con valor pas. en prosa tardía.*

παρα-δηλόω -ῶ dar a entender, insinuar.

παρα-διατριβή ῆς ἡ discusión inútil.

παρα-δίδωμι entregar, transmitir, dar; conceder, permitir; transmitir por tradición (οἱ παραδεδομένοι θεοί los dioses tradicionales); entregar a traición.

παρά-δοξος ον inesperado, increíble, extraño, maravilloso, paradójico, raro, singular, extraordinario.

παρά-δοσις εως ἡ entrega, transmisión, herencia; rendición de una ciudad; tradición religiosa *o* popular.

παρα-δοτός ή όν que se puede enseñar.

παρα-δραθέειν *inf. aor. ép. de* παραδαρθάνω.

παρα-δράω -ῶ servir.
F. *3.ª pl. ind. pres. ép.* παραδρώωσι.

παρα-δυναστεύω reinar con otro (οἱ παραδυναστεύοντες, los virreyes *o* gobernadores reales).

παρα-δύομαι deslizarse, penetrar deslizándose; introducirse subrepticiamente.
F. *aor.* παρέδυν, *inf. ép.* παραδύμεναι; *part.* παραδύς -ύντος. *V.* δύω.

παρα-δωσείω tener deseo de entregar.

παρ-αείδω cantar en presencia *o* en honor de [*dat.*].

παρ-αείρω desprender; desquiciar || PAS. caer *o* quedar colgando de lado.
F. *aor. pas.* παρηέρθην.

παρα-ζηλόω -ῶ inducir a emular *o* envidiar.

παρα-ζώννυμι colgar de la cintura.

παρα-θαλασσίδιος [*át.* **παρα-θαλαττίδιος**] **α ον** *y*

παρα-θαλάσσιος α ον [*y* **-ος ον**] *át.* **-ττιος** *etc.* marítimo, costero, que está junto al mar; ἡ παραθαλάσσιος, ἡ παραθαλαττία la región costera; τὰ παραθαλάττια el litoral.

παρα-θαρρύνω *y*

παρα-θαρσύνω animar, dar seguridades [a uno, *ac.*].

παρα-θεάομαι -ῶμαι comparar.

παρα-θέλγω calmar, suavizar.

παρά-θεσις εως ἡ aproximación; proximidad, vecindad; comparación.

παρα-θέω correr al lado [de uno, *dat.*]; adelantar corriendo [a otro, *ac.*].

παρα-θεωρέω -ῶ comparar (τὶ *o* τινὰ πρός τινα a uno con otro); despreciar.

παρα-θήκη ης ἡ depósito; rehén.

παραί *ép. poét.* = **παρά.**

παραιβατέω -ῶ estar al lado del conductor de un carro.

παραι-βάτης ου ὁ = **παραβάτης.**

παραίνεσις εως ἡ exhortación; consejo, recomendación.

παρ-αινέω -ῶ animar; exhortar; aconsejar [sobre algo, περί *con gen.*; τινὶ ποιεῖν τι a uno hacer algo]; advertir, amonestar.

παραι-πεπίθησι *3.ª sing. aor. subj. épico de* παραπείθω.

παραίρεσις εως ἡ substracción; destrucción.

παρ-αιρέω -ῶ quitar, llevarse parte de, derribar parte de, destruir, aniquilar | MED. aprovecharse de, apoderarse de; separar, quitar; atraer, seducir.

παραίρημα ατος τό tira de tela.

παρ-αισθάνομαι advertir, darse cuenta secretamente [de algo, *gen.*]; engañarse.

παρ-αίσιος ον de mal agüero.

παρ-αΐσσω lanzarse de un salto rápido; pasar rápidamnte junto a [*ac.*].

παρ-αιτέομαι -οῦμαι pedir [*con ac. de persona*] *o* conseguir con súplicas; interceder [por alguno, *ac.*]; excusar; apartar, alejar por súplicas; rehusar, rechazar; despedir, repudiar.

παραίτησις εως ἡ súplica para evitar un mal; excusa, petición de perdón; intercesión.

παρ-αίτιος ον = **αἴτιος.**

παραι-φάμενος η ον *part. pres. med. poét. de* παραφημί.

παραί-φασις εως ἡ = **παράφασις.**

παρ-αιωρέομαι -οῦμαι colgar, estar colgado (ἐκ τῆς ζώνης del cinturón).

παρα-κάββαλε *3.ª sing. aor. 2.º ép. de* παρακαταβάλλω.

παρα-καθέζομαι *y*

παρα-κάθημαι *y*

παρα-καθίζομαι sentarse *o* estar sentado junto a [*dat.*].

παρα-καθίημι dejar caer.

παρα-καθίστημι colocar junto a; establecer cerca.

παρα-καίομαι arder al lado.

παρα-καίριος ον *y*

παρά-καιρος ον intempestivo; inconveniente, criminal.

παρα-καλέω -ῶ mandar llamar (τινὰ σύμβουλον *o* εἰς συμβουλήν a uno para pedirle consejo); llamar en auxilio; rogar, invocar, pedir, exhortar, excitar; invitar, convidar; consolar; fomentar, provocar (φλόγα una llama).

παρα-καλύπτω ocultar, velar.

παρα-καταβάλλω poner al lado *o* alrededor.

παρα-καταθήκη ης ἡ fianza, prenda, hipoteca; depósito confiado, dinero depositado en una banca; persona confiada a uno para su protección.

παρα-κατάκειμαι estar recostado al lado de... *dat.* [*esp.* en las comidas].

παρα-καταλείπω dejar al lado de.

παρα-καταλέχομαι yacer, estar acostado, descansar al lado de... *dat.*
F. *3.ª sing. aor. 2.º ép.* παρκατέλεκτο.

παρα-καταπήγνυμι clavar junto a.

παρα-κατατίθεμαι confiar a; entregar.

παρα-κατέχω detener, retener al lado.

παρα-κάτημαι *jón.* = **παρακάθημαι.**

παρά-κειμαι estar colocado junto a *o* al alcance de *o* delante de; estar depositado, situado, echado, estar a disposición de.
F. *v.* κεῖμαι: *3.ª sing. impf. iter. ép.* παρεκέσκετο.

παρακέλευμα ατος τό exhortación; acción de dar ánimos; instrucción, recomendación.

παρα-κελεύομαι exhortar, animar, recomendar, ordenar, prescribir; *tamb. como med. recípr.* exhortarse mutuamente, etc. || PAS. παρεκεκέλευστο habían sido dadas órdenes.

παρακέλευσις εως ἡ *y*

παρακελευσμός οῦ ὁ = παρακέλευμα.

παρακελευστός ή όν partidario, auxiliador; llamado en auxilio.

παρακινδύνευσις εως ἡ temeridad.

παρακινδυνευτικός ή όν temerario.

παρα-κινδυνεύω exponerse temerariamente, arriesgarse, aventurarse (εἰς Ἰονίαν a un peligro dirigiéndose a Jonia); atreverse a [*con inf.*]; παρακινδυνεύειν μὴ οὐκ ὀρθῶς ποιήσοις exponerte a no obrar rectamente.

παρα-κινέω -ῶ cambiar de sitio; estar agitado, turbado, fuera de sí [por algo, ἐπί *con dat.*]; exhortar || PAS. estar trastornado.

παρα-κίω pasar al lado de.

παρα-κλείω *y*

παρα-κληίω excluir; encerrar.

παρά-κλησις εως ἡ llamamiento, petición de auxilio; exhortación; consuelo.

παράκλητος ον llamado en auxilio; abogado, defensor, intercesor; consolador [espíritu consolador, el Espíritu Santo].

παρακλιδόν ADV. desviándose de la verdad, del camino recto; en otra dirección.

παρα-κλίνω inclinar a un lado (πύλην entreabrir una puerta); desviar; apartar; apartarse.

παρακλίτης ου ὁ que está reclinado junto a otro, vecino de mesa.

παρ-ακμάζω marchitarse, ajarse; decaer, debilitarse; calmarse, apaciguarse.

παρ-ακοή ῆς ἡ desobediencia.

παρα-κοίτης ου ὁ esposo.

παρά-κοιτις ιος ἡ esposa.

F. *dat. ép.* παρακοίτι; *ac.* παράκοιτιν.

παρ-ακολουθέω -ῶ acompañar, seguir de cerca; seguir con atención [*dat.*]; arrimarse a uno; entender; acontecer, sobrevenir.

παρα-κομιδή ῆς ἡ transporte; trayecto; travesía.

παρακομίζω transportar a lo largo de; transportar pasando al lado; pasar al otro lado; escoltar || MED. transportar para uno || PAS. viajar a lo largo de; costear; pasar en viaje al lado de; viajar (ἐς τόπον hacia un lugar).

παρ-ακονάω -ῶ aguzar; aguijar, estimular.

παρ-ακούω oír de paso *u* ocultamente, por casualidad; entender mal *o* a medias; ser desobediente, desobedecer [a uno, *gen.*]; despreciar.

παρα-κρεμάννυμι dejar colgar *o* tener colgando al lado.

παρα-κρίνω alinear en orden de batalla.

παράκρουσις εως ἡ engaño, fraude.

παρα-κρούω engañar, desviar del camino recto; delirar || MED. hacer que se incline la balanza dándole un golpe con el pulgar; engañar, seducir, extraviar [*Dem.*].

F. *Perf. pas. tamb. con valor med.* παρακέκρου(σ)μαι; *aor. pas.* παρεκρούσθην.

παρα-κτάομαι -ῶμαι adquirir además.

παρ-άκτιος α ον situado junto al mar.

παρα-κύπτω mirar de cerca *o* atentamente; atisbar, asomar la cabeza para ver; echar una mirada, dar una ojeada de paso [a... ἐπί *y ac.*].

παρ-ακωχή ῆς ἡ = παροκωχή.

παρα-λαμβάνω tomar consigo; recibir, heredar; acoger; invitar; asociar, adoptar, encontrar a su llegada; oír hablar (τὶ περί τινα algo de uno); saber [de uno, παρά *con gen.*]; aprender; encargarse de [*ac.*](τὰ παραλαμβανόμενα las empresas); apoderarse de [*ac.*].

F. *fut. jón.* παραλάμψομαι, *td.* παραλήμψομαι; *3.ª pl. aor. td.* παρελάβοσαν *(N. T.). V.* λαμβάνω.

παρα-λανθάνω estar oculto, ser desconocido.

παρα-λέγομαι costear.

παρα-λείπω dejar a un lado, omitir; dejar a salvo, respetar, exceptuar; reservar; descuidar, desaprovechar; abandonar, conceder; cesar; desatender.

παρα-λέχομαι acostarse *o* estar acostado junto a otro, cerca de [*dat.*]; ser esposa de [*dat.*].

F. *3.ª sing. aor. 1.º* παρελέξατο; *subj.*

aor. ép. παραλέξομαι *Il. 14, 237. V.* λέχομαι.

παρα-ληρέω -ῶ hablar a tontas y a locas, disparatar.

παρ-άλιος ον [*o* **-ος α** (*jón.* **η**) **ον**] situado junto al mar, marítimo, costero, naval || SUBST. *f.* costa, ribera.

παρ-αλλαγή ῆς ἡ sucesión, cambio; movimiento alternativo.

παραλλάξ ADV. alternativamente, irregularmente.

παράλλαξις εως ἡ movimiento alternativo.

παρ-αλλάσσω [*át.* **παρ-αλλάττω**] cambiar de sitio, mudar, trastrocar; alterar; pasar de largo, evitar; arrastrar; diferir; desviarse, apartarse.

παραλογίζομαι calcular mal; engañar por un falso razonamiento *o* cálculo.

παρά-λογος ον inesperado, imprevisto || SUBST. *m.* error de cálculo, sorpresa, desengaño.

πάρ-αλος ον = **παράλιος** || SUBST. *m. pl.* la tripulación del bajel sagrado; *f.* = **παραλία.**

Πάραλος ου ἡ uno de los bajeles sagrados de Atenas.

παρα-λυπέω -ῶ afligir, turbar; molestar, dañar.

παραλυτικός ή όν paralítico.

παρα-λύω aflojar, soltar, enervar; separar (παρά τινος de uno); librar, calmar (τινὰ τῆς ὀργῆς apaciguar el resentimiento de uno); eximir, dispensar, relevar || PAS. estar débil, enervado.

παρ-αμείβω cambiar, transformar; pasar de largo; sobrepujar || MED. pasar junto a, por delante de; devolver un favor; omitir.

παρα-μείγνυμι = **παραμίγνυμι.**

παρ-αμελέω -ῶ descuidar, no hacer caso *o* hacer poco caso de [*gen.*]; no atender.

παρα-μένω quedarse con uno, serle fiel; mantenerse, resistir, persistir [en una cosa, *dat.*]; permanecer, quedarse, durar; quedar con vida.
 F. *ép. y poét.* παρμένω; *así 2.ª pl. imp.* παρμένετ', *inf.* παρμενέμεν, *etc.*

παρα-μετρέω -ῶ medir una cosa con otra.

παρα-μηρίδια ων τά quijotes, [piezas de armadura para los muslos de hombres *o* caballos].

παρα-μίγνυμι mezclar; añadir mezclando.

παρα-μιμνήσκομαι recordar de paso, hacer mención de pasada [*con gen. de cosa*].

παρα-μίμνω = **παραμένω.**

παρα-μίσγω = **παραμίγνυμι.**

παραμόνιμος ον constante, perseverante, fiel.

παρά-μουσος ον extraño a las Musas.

παρα-μυθέομαι -οῦμαι aconsejar, animar; consolar; calmar, apaciguar.

παραμυθία ας ἡ *y*

παραμύθιον ου τό exhortación; animación, apaciguamiento; diversión, entretenimiento, alivio; persuasión; argumentación; consuelo.

παρ-αναγιγνώσκω leer junto a, leer cotejando, leer en alta voz, en público.

παρα-ναιετάω -ῶ residir cerca de [*ac.*].

παρ-ανάλωμα ατος τό gasto inútil; víctima.

παρ-αναπίπτω tumbarse al lado.

παρα-νηνέω amontonar al lado.
 F. *Sólo impf.* παρενήνεον *Od.*

παρα-νήχομαι nadar a lo largo de la orilla, pasar nadando, llegar nadando; nadar al lado.

παρ-ανίσχω levantar al lado de, frente a.

παρα-νοέω -ῶ entender mal.

παρά-νοια ας ἡ demencia, locura.

παρανομέω -ῶ obrar contra las leyes, quebrantarlas, delinquir; maltratar, ultrajar; cometer un ultraje.
 F. *fut.* παρανομήσω, *etc.; 3.ª pl. plpf.* παρενενομήκεσαν.

παρανόμημα ατος τό *y*

παρανομία ας ἡ infracción de la ley, injusticia, delito, ilegalidad,; violación de los usos; licencia.

παρα-νομίζω juzgar injustamente.

παρά-νομος ον injusto, inicuo, criminal, ilegal, contrario a las leyes; γράφειν παράνομα proponer una medida ilegal; γράφεσθαι παρανόμων acusar por proponer medidas ilegales || SUST. **τό** = **παρανομία.**

παρά-νους ουν loco, demente.

πάρ-αντα ADV. de lado, lateralmente.

παρ-αξόνιος ον de junto al eje.

παρα-παίω enloquecer; delirar.

παράπαν ADV. enteramente; al menos

[*con un numeral*]; en manera alguna [*con negación*]; τὸ π. *mismo sign.*

παρ-απαφίσκω seducir, inducir insidiosa *o* fraudulentamente a [*con inf.*]; engañar.

παρα-πείθω persuadir poco a poco, seducir, hacer cambiar de parecer; aquietar, sosegar.
F. *V.* πείθω. *Y nótese: 3.ª sing. aor. subj. redupl. ép.* παραιπεπίθῃσιν; *part.* παρπεπιθών, *fem.* παραιπεπιθοῦσα, *etc.*

παρα-πέμπω enviar a lo largo del litoral; dejar pasar, descuidar, desdeñar; escoltar, acompañar; seguir; enviar; transportar; enviar en socorro.

παρα-πέτασμα ατος τό colgadura, tapiz; capa; pretexto, tapadera.

παρα-πέτομαι volar cerca de, pasar volando.

παρα-πήγνυμι pegar junto a, fijar, clavar.

παρα-πηδάω -ῶ saltar por encima, transgredir.

παρα-πικραίνω agriar, exasperar, amargar.

παραπικρασμός οῦ ὁ acritud, amargura, ira.

παρα-πίπτω encontrar de improviso, presentarse de pronto; suceder, sobrevenir; engañarse, faltar [a, *gen.*; en algo, ἐν *con dat. Jen. Hel. I, 6, 4*]; abjurar, apostatar.

παρα-πλάζω apartar, desviar del camino recto, extraviar || PAS. extraviarse, desviarse.
F. *Ep. aor.* παρέπλαγξα; *aor. pas.* παρεπλάγχθην. *V.* πλάζω.

παρά-πλειος α ον casi lleno.

παρα-πλευρίδια ων τά piezas de armadura para los flancos del caballo.

παρα-πλέω navegar cerca de, a lo largo de la costa, costear; ir a un sitio por mar; ἐν χρῷ π. navegar pegado a la costa.

παρα-πλήθω estar lleno *o* casi lleno.

παρά-πληκτος ον *y*

παρα-πλήξ ῆγος ADJ. *m. o f.* batido de costado por las olas; atacado de demencia, loco.

παρα-πλήσιος ον [*o* **-ος α ον**] casi igual a, semejante a, en igual situación que [*dat.*]; casi tan grande; παραπλήσια ὡς εἰ igual que si; παραπλήσιον καὶ οὐ πολλῷ πλέον poco más o menos la misma distancia y no mucho más || ADV. παραπλησίως (π. ἀγωνίζεσθαι luchar sin ventaja apreciable de uno u otro bando).

παρά-πλους ου ὁ travesía; cabotaje.

παρα-πλώω = **παραπλέω.**
F. *aor. 2.º ép.* παρέπλων; *perf.* παραπέπλωκα.

παρα-πνέω soplar lateralmente; escapar por un lado [el viento].

παρα-ποδίζω trabar los pies, impedir.

παρα-ποιέω -ῶ [*y med.*] imitar, copiar, plagiar; falsificar; desfigurar, contrahacer, remedar; introducir en un poema.

παρα-πομπή ῆς ἡ acompañamiento, escolta; transporte, importación; provisiones.

παρα-πορεύομαι marchar al lado, pasar a lo largo de; pasar; acompañar; viajar.

παρα-ποτάμιος α ον situado *o* que vive junto a un río.

παρα-πράσσω [*át.* **παρα-πράττω**] obrar contrariamente a las instrucciones *o* al propósito; contravenir; participar, cooperar.

παραπρεσβεία ας ἡ embajada infiel.

παρα-πρεσβεύω [*y med.*] prevaricar en una embajada.

παρα-πρήσσω *jón.* = **παραπράσσω.**

παρ-άπτομαι tocar ligeramente; adaptarse a [*dat.*].

παρά-πτωμα ατος τό falta, error, delito; fracaso; violación, derogación.

παρα-ρράπτω coser una orla, ribetear.

παρα-ρρέω correr, fluir al lado (παρὰ τὸν νεὼν ante el templo); caer cerca de; deslizarse, escaparse de las manos, extraviarse, estar olvidado; pasar de largo, sin darse cuenta; penetrar.

παρα-ρρήγνυμι romper en parte, en un punto [el frente de combate]; romper, quebrantar || INTR. (*perf.* παρέρρωγα) reventar || PAS. ser roto; *tamb.* = *intr.*

παρα-ρρητός ή όν aplacable; persuasivo || SUST. *n. pl.* consejos.

παρα-ῤῥίπτω echar a un lado, despreciar; poner delante, exponer, arriesgar, aventurar; exponerse a (τίς παραρρίψει λαμβάνων; ¿quién se expondría a aceptar? *Sóf. E. R. 1493*).

παρά-ρρυμα ατος τό tela protectora; parte del calzado que recubre el pie.

παρ-αρτάω -ῶ *y*

παρ-αρτέω -ῶ colgar al lado || MED. disponer, preparar; disponerse, prepararse.

παρασάγγης ου ὁ parasanga, medida de longitud [unos seis kilómetros].

παρα-σάσσω [*át.* **παρα-σάττω**] rellenar.

παρά-σειρος ον que se encuentra al lado *o* a los dos lados.

παρα-σημαίνω señalar con una marca falsa, sellar con sello falso, marcar con señal nueva.

παράσημον ου τό señal; nombre.

παρά-σημος ον marcado con señal falsa; falso; señalado.

παρασιτέω -ῶ comer junto a, en casa de [*dat.*]; comer en la mesa redonda; comer de gorra.

παρά-σιτος ου ὁ comensal; parásito; gorrón.

παρα-σιωπάω -ῶ estar callado; pasar en silencio.

παρα-σκευάζω preparar, disponer, aprestar, equipar, procurar, proveer; hacer (εὐσεβεστερόν τινα a uno más piadoso); sobornar; dar || MED. preparar, prepararse, procurarse, estar dispuesto, estar en situación [de... ὡς *con inf. o part.*] || PAS. IMPERS. παρεσκεύαστο habían sido hechos los preparativos.
F. *fut.* παρασκευάσω, *3.ª pl. plpf. med. jón.* παρεσκευάδατο *Hdt. 7, 218, etc. V.* σκευάζω.

παρασκεύασμα ατος τό preparativo.

παρασκευαστής οῦ ὁ servidor, que prepara.

παρασκευαστικός ή όν que prepara, preparatorio, preparador.

παρασκευαστός ή όν que se puede preparar *o* procurar.

παρα-σκευή ῆς ἡ preparación, disposición, preparativo; armamento, poder militar; escuadra; convenio, intriga, cábalas; disposición natural, recursos, iniciativa; equipo, armamento; parasceve, viernes [víspera y preparación de la Pascua]; ἐκ *o* ἀπὸ π. premeditadamente.

παρα-σκηνέω -ῶ = **παρασκηνόω.**

παρασκήνια ων τά entradas laterales al escenario, bastidores.

παρα-σκηνόω -ῶ acampar al lado de alguien *o* en la misma tienda.

παρα-σκοπέω -ῶ mirar de reojo.

παρα-σπάω -ῶ [*y med.*] apartar a un lado; separar (τινά τινος a uno de otro atrayéndolo hacia sí); arrancar, arrastrar; atraerse.

παρα-σπείρω sembrar al lado.

παρασπονδέω -ῶ violar [un tratado, un pacto], traicionar la fe jurada.

παρά-σπονδος ον violador de un pacto, traidor, desleal.

παρασταδόν ADV. manteniéndose cerca, al lado.

παραστάς άδος ἡ montante de una puerta; pilastra, galería de pilastras.

παρά-στασις εως ἡ alejamiento, destierro; posición, puesto, residencia.

παραστατέω -ῶ asistir, socorrer [*dat*]; estar cerca.

παραστάτης ου ὁ que está al lado, guardián, auxiliar; soldado que está junto a otro en la fila; infante colocado junto a un jinete; compañero, conmilitón; que ayuda *o* favorece.

παραστάτις ιδος ἡ mujer que está al lado; asistente, auxiliadora.

παρα-στείχω pasar junto a; entrar en, acercarse a [*gen.*].

παρα-στρατηγέω -ῶ ser colega *o* ayudante del general; vencer por medio de una emboscada *o* estratagema.

παρα-στρέφω alterar el sentido *o* la forma de una palabra.

παρα-συγγραφέω -ῶ violar un convenio escrito.

παρα-σύρω arrastrar a un lado; llevarse [un río]; robar.

παρα-σφάλλω hacer desviar.

παρα-σχέμεν *inf. aor. ép. de* παρέχω.

παρα-σχίζω hacer una incisión al lado.

παρα-σωρεύω aumentar, amontonar.

παρα-τανύω extender al lado.

παράταξις εως ἡ acción de poner un ejército en orden de batalla; combate, batalla campal; ἐκ π. en batalla campal.

παρά-τασις εως ἡ prolongación, larga duración.

παρα-τάσσω [*át.* **παρα-τάττω**] ordenar unos al lado de otros; colocar en orden de batalla; poner en fila al lado; poner enfrente, enfrentar || MED. *mismo sign.*; estar en orden de batalla, hallarse en línea.

παρα-τείνω extender al lado, desarrollar; amplificar; extender sobre el caballete, torturar, agotar, extenuar; entretener, divertir, hacer aguardar; prolongar; diferir; π. τάφρον cavar un largo foso || PAS. extenderse al lado, colocarse a lo largo de; mantenerse, prolongar la duración; πολιορκίᾳ παρατείνεσθαι εἰς τοὔσχατον defenderse los sitiados hasta el fin.

παρα-τείχισμα ατος τό muro *o* atrincheramiento construido a lo largo de *o* frente a; muro transversal.

παρα-τεκταίνομαι imaginar, idear; desnaturalizar, cambiar; disfrazar, falsificar.

παρατεταγμένως ADV. en orden.

παρα-τηρέω -ῶ [*y med.*] observar de cerca, espiar, vigilar, cuidar de que (π. ὅπως μή cuidar de que no); atender; cumplir.

παρατήρησις εως ἡ observación, contemplación; vigilancia; μετὰ παρατηρήσεως visible, aparatosamente, con ostentación.

παρα-τίθημι poner al lado; ofrecer, presentar; servir la mesa (οἱ παρατιθέντες los que sirven la mesa, τὰ παρατιθέμενα las viandas servidas); dar (τινὶ ἀναγιγνώσκειν a uno algo a leer); exponer, referir; citar; confiar || MED. colocar ante sí, servirse *o* hacerse servir las viandas en la mesa; servirlas a otros; depositar, confiar, poner en manos de alguno, encomendar, recomendar; exponer (ψυχήν la vida).

F. *imp. aor.* παράθες, *etc. v.* τίθημι. *Y nótese formas sincop. 3.ª sing. pres. ind. ép.* παρτιθεῖ (*y* παρατιθεῖ), *aor. 3.ª pl.* πάρθεσαν, *etc.*

παρα-τρέπω apartar a un lado; desviar (ὕδωρ ἄλλῃ el agua en otra dirección); alterar, cambiar, modificar, torcer, desnaturalizar; cambiar de parecer || MED. apartarse, desviarse.

παρα-τρέφω alimentar a expensas de.

παρα-τρέχω correr cerca de; pasar corriendo, aventajar en la carrera; vencer; recorrer.

F. *V.* τρέχω. *En Hom. sólo aor.* παρέδραμον, *3.ª du.* παραδραμέτην; *3.ª pl. plpf.* παρεδεδραμήκεσαν *Jen. An. 7, 1, 23.*

παρα-τρέω echarse a un lado, apartarse temblando (παρέτρεσσαν δέ οἱ ἵπποι sus caballos espantados se echaron a un lado).

παρα-τρίβω frotar junto a, frotar en, afilar frotando.

παρα-τροπέω -ῶ hablar con rodeos, disimular, intentar engañar.

παρα-τρωπάω -ῶ = **παρατρέπω.**

παρα-τυγχάνω estar presente *o* llegar por casualidad; encontrarse al alcance de (ὁ παρατυχών el que se encuentra a mano, el primer llegado; πρὸς τὸ παρατυγχάνον según las circunstancias; ἐν τῷ παρατυχόντι según la ocasión, al instante); παρατυχόν [*ac. abs.*] siendo posible, estando a la disposición *o* en poder de uno.

παρ-αυδάω -ῶ consolar con palabras; hablar consolando [de algo, *ac.*]; aconsejar.

πάρ-αυλος ον que vive cerca, vecino.

παρ-αυτά [*o* **πάρ-αυτα**] *y*

παρ-αυτίκα ADV. entretanto, en el mismo instante; al instante, en seguida, al punto; flagrantemente.

παρα-φαίνομαι aparecer de improviso.

παράφασις εως ἡ exhortación, animación, consejo; consuelo; persuasión.

παρα-φέρω llevar cerca *o* delante; servir en la mesa (τὰ παραφερόμενα los manjares); exhibir; sobrepujar, exceder; mover a un lado, agitar; pasar al lado; cambiar, alterar, adulterar; apartar, descuidar; correr, transcurrir [el tiempo]; diferenciarse [de uno, *gen.*]; introducir en la conversación; alegar, citar.

παρα-φεύγω pasar huyendo al lado de [*dat.*].

F. *inf. aor. 2.º ép.* παρφυγέειν *Od. 12,99.*

παρά-φημι aconsejar [*dat.*] || MED. engañar mintiendo, persuadir, apaciguar, calmar.

F. *Sinc. ép. inf. med.* παρφάσθαι *part.* παρφάμενος. *Por lo demás, v.* φημί.

παρα-φθάνω [*y med.*] pasar, adelantarse en la carrera.

F. *aor.* παρέφθην *único tema en Hom. 3.ª sing. opt. aor. ép.* παραφθαίησι *Il. 10, 346* (παραφθάνησι *y* παραφθήησι *vv. ll.*); *part.* παραφθάς, *med.* παραφθάμενος.

παρα-φθέγγομαι añadir algo hablando.

παράφθεγμα ατος τό reflexión incidental.

παραφορέω -ῶ traer delante || MED. amontonar.

παρά-φορος ον que se aparta [de, *gen.*]; que vacila.

παραφορότης ητος ἡ marcha *o* andar vacilante.

παρά-φραγμα ατος τό empalizada, barrera; cortina, colgadura.

παραφρονέω -ῶ delirar, estar loco.

παραφρονία ας ἡ = **παραφροσύνη.**

παραφρόνιμος ον = **παράφρων.**

παραφροσύνη ης ἡ insensatez, demencia; delirio.

παρα-φρυκτωρεύομαι hacer traidoramente señales al enemigo por medio del fuego.

παρά-φρων ον insensato, loco.

παρα-φυλάσσω [*át.* **παρα-φυλάττω**] observar, vigilar, cuidar (ὥστε de que; ὅπως μή de que no).

παρα-φύομαι PAS. crecer junto a [*dat.*].

παρα-χειμάζω pasar el invierno, invernar.

παραχειμασία ας ἡ cuarteles de invierno, invernada.

παρα-χέω -ῶ *y*

παρα-χόω -ῶ echar sobre, verter además.

παρα-χράομαι -ῶμαι estimar en poco, menospreciar, hacer poco caso de [*gen.*] (*jón.* παραχρεώμενοι sin cuidarse [de su vida], luchando valerosamente); obrar mal, injustamente [con εἰς *y ac.*].

παρα-χρῆμα ADV. al punto, al instante; τὸ π. lo que sucede en el momento presente; εἰς τὸ π. por el momento; ἡ π. ἀνάγκη la necesidad del momento; τὸ π. *mismo. sign.*

παρα-χωρέω -ῶ alejarse, ceder el sitio; dejar el paso libre; abandonar, dejar, conceder el paso libre; abandonar, dejar, conceder (τινί τινος a alguien algo); desistir de, renunciar a; deferir, obedecer [*dat.*]; ceder ante [*dat.*].

παρ-βεβαώς υῖα ός *part. perf. ép. de* παραβαίνω.

παρδαλέη ης ἡ piel de pantera *o* leopardo.

πάρδαλις εως ἡ pantera *o* leopardo.

παρ-έασι *3.ª pl. ép. pres. ind. de* πάρειμι *2.*

παρ-εγγράφω inscribir al lado.

παρ-εγγυάω -ῶ dar en prenda, entregar, recomendar; prometer; transmitir de mano en mano *o* de boca en boca una orden, una consigna *o* unas palabras; prescribir, ordenar [ποιεῖν τινι a uno hacer]; pronunciar una arenga.

παρ-εγγύη ης ἡ contraseña.

παρεγγύησις εως ἡ transmisión de la contraseña.

παρέδραθον *aor. 2.º ép. de* παραδαρθάνω.

παρεδρεύω estar sentado junto a otro; ser asesor; estar en acecho.

παρεδρία ας ἡ función de asesor.

πάρ-εδρος ον participante en, asociado a [*gen.*]; asistente, comensal || SUBST. *m.* asesor, consejero, comensal; compañero, colega.

παρ-έζομαι estar sentado *o* sentarse junto a.

πάρει *2.ª sing. pres. ind. de* πάρειμι *1 y 2*

παρειά ᾶς ἡ mejilla; *pl. tamb.* faz.

παρείας ου ὁ *nombre de* una serpiente consagrada a Esculapio.

παρ-εῖδον *aor. 2.º de* παροράω.

παρειή ῆς ἡ *jón.* = **παρειά.**

παρ-είθην *aor. pas. de* παρίημι.

παρ-εῖκα *perf. act. de* παρίημι.

παρ-εικαθεῖν *inf. aor. 2.º de* παρ-είκω.

παρ-είκω conceder, permitir; *como subst.* τὸ παρεῖκον los caminos practicables || IMPERS. παρείκει es permitido, se puede, es factible, practicable.

F. *aor. 2.º* παρείκαθον *Sóf.*

παρ-εῖμαι *perf. pas. de* **παρίημι.**

1 **πάρ-ειμι** [*inf.* παριέναι] = **παρέρχομαι** *y su futuro* (οἱ παριόντες *sc.* **ἐπὶ τὸ** βῆμα los oradores de la asamblea).

F. *impf.* παρήειν, *cf.* εἶμι.

2 **πάρ-ειμι** [*inf.* παρεῖναι] estar presente, asistir (μάχῃ a la batalla; ἐν ταῖς συνουσίαις a los sucesos; ἐπὶ πᾶσι a todo); asistir, socorrer [*dat.*]; haber llegado y encontrarse presente [εἰς, ἐπί *o* πρός *con ac.*]; llegar, ser enviado (τοὐκ θεοῦ παρόν la [señal] enviada por un dios); *con estados de* *ánimo* (φόβος βαρβάροις παρῆν los bárbaros tenían miedo); estar a la disposición de (εἴ μοι δύναμίς γε παρείη si al menos tuviese yo a mi disposición el poder; τὸ παρόν *o* τὸ παρεόν el presente, la situación actual; τὰ παρόντα *o* παρεόντα las circunstancias actuales); *como adv*. τὰ παρόντα *o* τὸ παρόν ahora; παρόν [*ac. abs.*] siendo posible || IMPERS. πάρεστί μοι *con inf*. de mí depende, puedo, debo.

F. *3.ª pl. pres. ind. ép.* παρέασι; *subj. jón.* παρέω, *inf. ép.* παρέμμεναι,, *part.* παρεών; *impf. ép.* παρέην, *3.ª pl.* πάρεσαν, *impf. td.* παρήμην; *fut. ép.* παρέσσομαι. *Cf.* εἰμί.

παρ-εῖναι *inf. de* πάρειμι *2.*

παρ-εἶπον *aor. 2.º de* παράφημι.

παρ-ειρύω = **παρερύω.**

παρ-είρω introducir suavemente; mezclar, confundir.

πάρ-εις *2.ª sing. pres. ind. de* πάρειμι.

παρ-είς *part. aor. 2.º de* παρίημι *o part. aor. pas. de* πείρω.

παρ-εισάγω introducir furtivamente.

παρείσακτος ον introducido furtivamente, intruso.

παρ-εισβάλλω inmiscuir, mezclar.

παρ-εισδέχομαι recibir, admitir por añadidura.

παρ-εισδύομαι *y*

παρ-εισέρχομαι introducirse furtiva *o* fraudulentamente [para hacer algo, *inf.*].

παρ-είσθω *3.ª sing. imp. perf. pas. de* παρίημι.

παρ-εισφέρω aportar además, poner (σπουδὴν πᾶσαν todo cuidado, *N. T. Ep. 2. Pedr. 1, 5*); introducir contra (νόμον proponer una ley para abrogar otra).

παρ-έκ ADV. al lado, cerca, del lado de allá; cerca de allí; saliendo de cerca, fuera; más allá de lo justo *o* de lo verdadero; de manera poco razonable *o* equívoca; además, todavía más || PREP. *de gen.* fuera de, más allá de; excepto || *de ac.* al otro lado de, frente a, a hurtadillas de; fuera de; παρὲξ ἤ excepto.

παρ-εκέσκετο *3.ª sing. imperf. ép. de* παράκειμαι.

παρ-εκλέγω malversar, substraer.

παρ-εκπροφεύγω huir pasando junto a *o* más allá de [*ac.*].

παρ-εκτέος α ον *adj. vbal. de* παρέχω.

παρ-εκτός ADV. fuera, exteriormente || PREP. *de gen.* fuera de, excepto; τὰ παρεκτός lo externo.

παρελάβοσαν *3.ª pl. aor. 2.º td. de* παραλαμβάνω *N. T.*

παρ-ελαύνω avanzar; pasar junto a, alcanzar, pasar, adelantarse a [*ac.*]; marchar en carruaje, a caballo, en barco.

F. *fut. ép.* παρελάσσω; *aor.* παρήλασα *y ép.* παρέλασσα. *Cf.* ἐλαύνω.

παρ-ελκύω *y*

παρ-έλκω sacar fuera, a un lado, de lado; tirar hacia un lado; prolongar, diferir || MED. atraer hacia sí hábil *o* fraudulentamente; apoderarse de.

παρ-εμβάλλω añadir, intercalar; levantar (χάρακα un muro *o* un campamento atrincherado).

παρεμβολή ῆς ἡ acampamento, campamento; orden de batalla.

παρ-έμμεναι *inf. pres. ép. de* πάρειμι *2.*

παρ-εμπίπτω sobrevenir; caer sobre, atacar.

παρ-ενή(ν)εον *impf. de* παρανη(ν)έω.

παρ-ενθήκη ης ἡ interposición, intercalación, adición; digresión, episodio intercalado.

παρ-ενοχλέω -ῶ turbar, inquietar, intranquilizar, atormentar.

παρ-έξ [*o* **πάρ-εξ**] ADV. = **παρέκ.**

παρεξ-άγω conducir a través, conducir más allá, engañar.

παρ-έξειμι = **παρεξέρχομαι.**

παρεξ-ειρεσία ας ἡ proa *o* popa de un navío, parte de él en que no lleva remos.

παρ-εξελαύνω [*o* **παρ-εξελάω -ῶ**] avanzar cerca de, pasar, adelantarse [yendo a caballo, en coche, en barco].

F *V.* ἐλαύνω, *y nótese: 2.ª sing. subj. aor. 1.º ép.* παρεξελάσησθα *Il. 23, 344; 3.ª sing. plpf. jón.* παρεξεληλάκεε.

παρ-εξέρχομαι pasar junto a *o* delante, salir secretamente al lado; transgredir, infringir.

παρ-εξετάζω comparar (τὶ παρά τι una cosa con otra).

παρ-εξευρίσκω encontrar además; encontrar enfrente.
παρ-εξίημι dejar a un lado; dejar pasar.
παρ-επίδημος ον extranjero.
παρ-έπλω *3.ª sing. aor. 2.º de* παραπλώω.
παρ-έπομαι seguir de cerca, acompañar.
πάρ-εργον ου τό cosa accesoria, poco importante; adición, apéndice (ἐν παρέργῳ θέσθαι τι considerar algo como accesorio; ἐκ παρέργου accesoriamente, de paso).
πάρ-εργος ον accesorio, incidental || ADV. **παρέργως** de pasada.
παρ-ερύω sacar adelante.
παρ-έρχομαι pasar al lado *o* delante, pasarse de, adelantarse a, dejar atrás; pasar volando, navegando; deslizarse, transcurrir, pasar (τὰ παρεληλυθότα el pasado); aventajar, exceder (ποσίν vencer en las carreras; ἐν δόλοισιν en astucias); transgredir, quebrantar (νόμον la ley); dejar a un lado, omitir, no hacer caso de [*ac.*]; pasar inadvertido, escapar [de, *ac.*] (οὐ παρελεύσεαι no te escaparás; τοῦτο μικροῦ παρῆλθέ με εἰπεῖν por poco se me escapa, se me olvida decir esto); llegar, acercarse, entrar; adelantarse para hablar || PERF. παρελήλυθα = **πάρειμι** *2.*
πάρ-ες *imp. aor. 2.º de* παρίημι.
πάρ-εσαν *3.ª pl. impf. ép. de* πάρειμι *2.*
πάρεσις εως ἡ remisión, perdón de deudas *o* de faltas.
παρ-εσκευάδατο *3.ª pl. plpf. pas. jón. de* παρασκευάζω.
παρ-εστάμεναι *inf. perf. ép. de* παρίστημι.
παρ-έστιος ον que está *o* se hace junto al hogar; sentado junto al hogar.
παρ-ευθύνω desviar del buen camino; dirigir según su voluntad.
παρ-ευθύς ADV. = **εὐθύς.**
παρ-ευνάζομαι acostarse junto a [*dat.*].
παρεύρεσις εως ἡ pretexto.
παρ-ευρίσκω encontrar además; inventar; descubrir.
παρ-έχω suministrar, procurar (δύναμιν εἰς τὴν στρατίαν un contingente al ejército); atraer (αἴσθησιν la atención); causar, ocasionar (πράγματά τινι a uno dificultades); producir; ofrecer, presentar (ἑαυτοὺς χρῆσθαι Κύρῳ ὅ τι ἂν δέῃ ofrecerse, ponerse a disposición de Ciro para lo que necesite); *tamb. con el pron. reflex. sobreentendido* (πατεῖν παρεῖχε τῷ θέλοντι se dejaba pisotear por cualquiera [*lit.* por el que quería]); permitir, conceder; *con el pron. reflex. acompañado de un adj. o part.* mostrarse (π. ἑαυτὸν εὐπειθῆ mostrarse dócil); hacer [*con dos ac., uno complem. dir. y el otro predicativo*] (καθαρόν τινα a uno puro) || IMPERS. παρέχει *con dat.* le es a uno posible, se le presenta la ocasión; *part. abs.* παρέχον siendo posible, presentándose la ocasión || MED. ofrecer, presentar, suministrar, dar algo por sus propios medios, por su propia voluntad, ofrecer, prometer; producir, causar; presentar; representar; *con dos ac.* procurar, hacer (τινὰ ἀβλαβῆ a uno inofensivo para sí); resultar, ascender a [con números].
F. *impf.* παρεῖχον, *ép.* πάρεχον; *fut.* παρέξω *y* παρασχήσω; *aor.* παρέσχον, *poet.* παρέσχεθον, *inf. ép.* παρασχέμεν; *perf.* παρέσχηκα, *med.* παρέσχημαι. *Cf.* ἔχω.
παρ-ηβάω -ῶ envejecer.
παρηγορέω -ῶ consolar, animar, exhortar; calmar, apaciguar.
παρηγορία ας ἡ exhortación, animación, consuelo.
παρ-ήγορος ον consolador, exhortador.
παρ-ηέρθην *aor. pas. de* παραείρω.
παρήιον ου τό mejilla; quijera *o* adorno de la quijera [del bocado].
παρηΐς ΐδος ἡ = **παρειά.**
παρ-ῆκα *aor. de* παρίημι.
παρ-ήκω avanzar (ἔξω fuera, *es decir,* salir); avanzar [hasta, πρός *con ac.,* εἰς *con ac.,* μέχρι *con gen.*]; extenderse a lo largo de [παρά *con ac.*].
πάρ-ημαι estar sentado junto a [*dat.*]; permanecer, habitar al lado de [*dat.*].
παρ-ηνώχλουν *impf. de* παρενοχλέω.
παρηορίαι ῶν αἱ arneses del caballo de repuesto.
παρήορος ον extendido al lado, fuera del camino; extraviado, loco, insensible || SUBST. *m.* caballo de repuesto.
παρ-ήπαφε *3.ª sing. aor. 2.º de* παραπαφίσκω.

παρ-θέμενος *part. aor. med. de* παρατίθημι.

παρθενεύω conservar virgen || MED. ser virgen, conservar la virginidad.

παρθενία ας ἡ virginidad.

παρθενικός ή όν *y*

παρθένιος ον [*o* **-ος α ον**] virginal; ἡ παρθενική virgen, doncella; ὁ παρθένιος hijo de una soltera.

παρθεν-οπίπης ου [*voc.* **-πα**] **ὁ** bobo admirador de doncellas, pasmarote, enamoradizo.

παρθένος ου ὁ célibe; **ἡ** virgen, soltera, doncella.

παρθενών ῶνος ὁ habitación de las doncellas; templo de las vírgenes, Partenón.

πάρ-θεσαν *3.ª pl. aor. ép. de* παρατίθημι.

παρ-ιαύω dormir junto a [*dat.*].

παρ-ιδεῖν *inf. aor. de* παροράω.

παρ-ιέναι *inf. de* πάρειμι 1.

παρ-ίζω hacer sentar (τινά τινι a uno junto a otro); sentarse junto a || MED. sentarse junto a.

παρ-ίημι dejar ir, soltar, dejar caer; abatir, enervar, abrumar; dejar entrar; ceder, abandonar; confiar; permitir; dejar pasar; dejar a un lado, no hacer caso de, pasar en silencio; dejar entrar; pedir con instancias || MED. pedir || PAS. caer, precipitarse, estar abatido, abrumado.

F. *fut.* παρήσω; *aor.* παρῆκα, *part.* παρείς; *perf.* παρεῖκα, *pas.* παρεῖμαι; *aor. pas.* παρείθην (*tamb. con el mismo valor* παρείμην).

παρ-ιππεύω ir a caballo a lo largo de *o* más allá de.

παρ-ίπταμαι pasar volando.

Πάρις ιδος ὁ Paris [hijo de Príamo].

παρ-ισόω -ῶ comparar || MED. compararse con, ser *o* hacerse semejante a [*dat.*].

παρ-ιστάνω *y*

παρ-ίστημι establecer, poner, colocar, apostar; sostener, apoyar; comparar; poner a la vista, mostrar; llevar; inspirar (τινί τι ποιεῖν a uno el pensamiento de hacer algo *o* darle oportunidad de hacerlo) || MED. ofrecer por su cuenta (ἱερεῖα sacrificios); presentar testigos en su favor; poner por fuerza a su lado, subyugar; llevar, inducir a, poner en tal disposición, disponer (τινὰ ὥστε a uno a) || MED. *y aor. 2.º act. intr.* παρέστην, *perfecto act.* παρέστηκα, *plpf. act.* παρειστήκειν colocarse al lado, acercarse [a uno, *dat.*]; ayudar, socorrer; marchar contra; pasar al lado de, estar cerca, ser inminente; ocurrirle *o* sobrevenirle a uno; estar presente, presentarse; entregarse, rendirse; venir a la mente; τὰ παρεστῶτα las circunstancias; παρεστηκός *ac. abs.* siendo posible.

F. *V.* ἵστημι, *y nótese inf. perf. ép.* παρεστάμεναι; *en Hom. se encuentran varias formas sincopadas por pérdida de la* α *final de la prep.: du. subj. aor.* παρστήετον; *opt.* παρσταίην; *imp.* πάρστηθι, *part.* παρστάς.

παρ-ίσχω ofrecer, tener dispuesto.

παρίσωσις εως ἡ *térm. retór.* paralelismo, anáfora.

παρ-ιτητέον *adj. vbal. de* πάρειμι *1* se debe avanzar.

παρ-κατέλεκτο *3.ª sing. aor. 2.º ép. de* παρακαταλέχομαι.

παρ-κλίνω *ép.* = **παρακλίνω.**

παρ-μέμβλωκα *perf. ép. de* παραβλώσκω.

παρ-μένω *ép.* = **παραμένω.**

Παρνασός *y* **Παρνασσός,** *ép. y jón.* **Παρνησός οῦ ὁ** Parnaso, monte de la Fócida a cuyo pie estaba Delfos.

πάρ-οδος ου ἡ camino a lo largo de, entrada, paso; ἐκ παρόδου *o* ἐν τῇ παρόδῳ de paso.

πάροιθε(ν) ADV. delante, adelante, arriba; antes (οἱ πάροιθεν los que llegan los primeros; τὸ πάροιθεν antes; πάροιθεν πρίν antes que); π. *con gen.* antes que alguno *o* que algo; τὸ πάροιθεν *mismo sign.* || PREP. *de gen.* ante, en presencia de.

παροικέω -ῶ habitar cerca de, estar situado junto a, vivir entre, ser vecino de [*dat.*]; residir en un país como extranjero, ser extranjero.

παροίκησις εως ἡ *y*

παροικία ας ἡ vecindad, residencia en país extranjero.

παροικίζω establecer junto a || PAS. habitar junto a, entre.

παρ-οικοδομέω -ῶ construir junto a

[*dat.*]; continuar la construcción de [*ac.*].

πάρ-οικος ον vecino a [*gen.*]; extranjero; π. πόλεμος guerra contra vecinos [*Hdt. 7, 235*].

παρ-οιμία ας ἡ proverbio; parábola.

παροινέω -ῶ comportarse mal en estado de embriaguez; vivir desarregladamente; estar embriagado; maltratar.
F. *Doble aum. en impf.* ἐπαρῴνουν; *aor.* ἐπαρῴνησα; *aor. pas.* ἐπαρῳνήθην.

παροινία ας ἡ insulto de un hombre ebrio; manera de comportarse de un beodo.

παρ-οίνιος ον *y*

πάρ-οινος ον borracho, ebrio; propio de un beodo; τὸ παροίνιον canción báquica.

παροίτερος α ον que está más adelante.

παρ-οίχομαι pasar, haber pasado, desaparecer; τὰ παροιχόμενα el pasado.
F. *fut.* παροιχήσομαι; *perf.* παρῴχηκα *y jón.* παροίχηκα, *td.* παρῴχημαι *(N. T.)*.

παρ-οκωχή ῆς ἡ = παροχή.

παρ-ολιγωρέω -ῶ despreciar, descuidar.

παρομοιάζω tener algún parecido con [*dat.*].

παρ-όμοιος α [*jón.* **η**] **ον** [*tamb.* **-ος ον**] muy semejante a [*dat.*]; casi igual que; παρόμοιόν ἐστιν ὅπερ καί es parecido a lo que ocurre también.

παροξυντικός ή όν propio para irritar *o* para animar [*ac. con* εἰς *o* πρός].

παρ-οξύνω aguzar; excitar, animar, estimular; irritar, provocar, exasperar, amargar.

παροξυσμός οῦ ὁ estímulo, excitación, animación (π. ἀγάπης acto de estimular a la comida); irritación, exasperación.

παρ-οράω -ῶ mirar de reojo; descuidar, despreciar; notar, observar (τινί τι en alguno algo).

παρ-οργίζω irritar, exasperar.

παροργισμός οῦ ὁ provocación; irritación.

παρ-ορμάω -ῶ exhortar, animar, excitar, estimular [τινὰ εἴς τι *o* ἐπί τι a uno a algo].

παρόρμησις εως ἡ excitación, estímulo.

παρορμίζω hacer atracar la nave.

παρ-ορύσσω [*át.* **παρ-ορύττω**] cavar cerca de *o* paralelamente a.

πάρος ADV. delante, adelante; antes, en otro tiempo; antes de tiempo; de ordinario; τὸ π. *mismo sign.* || CONJ. antes que; más bién || PREP. *de gen.* antes de, delante de.

παρ-οτρύνω excitar.

παρουσία ας ἡ presencia (παρουσίαν ἔχειν estar presente); estado actual de una cosa; bienes, fortunas, recursos actuales; venida, llegada; segunda venida de Cristo [para el Juicio final].

παρ-οχέομαι -οῦμαι estar sentado en un carro junto [a alguien, *dat.*].

παροχετεύω desviar, apartar.

παρ-οχή ῆς ἡ suministro, entrega.

παροψίς ίδος ἡ golosina; fuente, plato.

παρ-πεπιθών *part. aor. 2.º de* παραπείθω.

παρ-ρησία ας ἡ libertad de lenguaje, franqueza, sinceridad; publicidad; libertad excesiva de lenguaje; alegría, confianza.

παρρησιάζομαι hablar con toda libertad, con franqueza [a uno, πρός *con ac.*]; tener confianza.
F. παρρησιάσομαι *y td.* παρρησιασθήσομαι; *perf.* πεπαρρησίασμαι *con valor act.*; *part. pl. n.* (τὰ) πεπαρρησιασμένα *con valor pas.*

παρσένος ου ἡ *dór.* — **παρθένος.**

παρσταίην παρστάς παρστήετον πάρστηθι *formas de aor. ép. de* παρίστημι.

παρ-τίθημι = παρατίθημι.

παρ-υφαίνω bordar a lo largo de; colocar alrededor *o* estar colocado alrededor.

πάρ-φασις εως ἡ = παράφασις.

παρ-φεύγω = παραφεύγω.

πάρ-φημι = παράφημι.

παρ-ωθέω -ῶ empujar a un lado, rechazar, desdeñar, menospreciar; disimular; diferir.
F. *V.* ὠθέω.

παρ-ωνύμιος ον derivado de un nombre *o* de un vocablo semejante || SUBST. *m.* vocablo procedente de un nombre.

παρ-ωροφίς ίδος ἡ alero, borde saliente de un tejado, cornisa.

παρ-ῴχηκα *perf. de* παροίχομαι.

πᾶς πᾶσα πᾶν todo; entero, completo; absoluto, extremo; de toda clase; cada, cada uno (πᾶς Ἑλλήνων cada uno de los Helenos; πᾶς ἄνθρωπος cada *o* todo hombre; πάντες ἄριστοι los mejores); *pl. con gen. partit.* Σαμίων πάντες todos los de Samos; τὸ πᾶν *o* τὰ πάντα el todo, la totalidad, todas las cosas, el universo; οἱ πάντες ἄνθρωποι los hombres todos, sin excepción; πόλις τοῖς πᾶσιν εὐπορωτάτη ciudad abundante en toda clase de cosas; ἡ πᾶσα βλάβη persona enteramente dañina; *con num.:* τριάκοντα τὰς πάσας ἡμέρας treinta días en total; πάντα ποιεῖν ὅπως hacer todo lo posible para que; πᾶν μᾶλλον ἤ todo antes que; διὰ παντός continuamente, siempre, generalmente; πάντα εἶναι τινί serlo todo para uno; τὰ πάντα νικᾶν vencer en todo; τῷ παντί en todos los aspectos, en todo; πᾶς τις cualquiera; πᾶς ὅστις todo el que; πᾶν ὅσον todo cuanto; ἐπὶ πᾶν ἐλθεῖν intentarlo todo; πάντα γίγνεσθαι asumir toda clase de formas; ἐν παντὶ εἶναι hallarse en gran peligro.
F. *gen. pl. f. ép.* πασάων *y (tamb. jón.)* πασέων; *dat. ép.* πάντεσσι.

πασάμην *aor. ép. de* πατέομαι.

πάσασθαι *inf. aor. ép. de* πάομαι *y* πατέομαι.

πασι-μέλουσα ης ADJ. *f.* celebérrima, ilustre.

πάσσαλος [*át.* **πάτταλος**] **ου ὁ** clavo.

πασσαλόφι *gen. ép. de* πάσσαλος.

πασσάμενος πάσσασθαι *part. e inf. aor. ép. de* πατέομαι.

πάσ-σοφος ον = **πάνσοφος.**

πασ-συδί *y*

πασ-συδίᾳ *y jón.*

πασ-συδίη ADV. = **πανσυδί.**

πάσσω (*át.* **πάττω**] derramar, verter, esparcir; salpicar; cubrir; bordar (π. ἀέθλους bordar escenas de batallas).
F. *usado por Hom. sólo en pres. e impf. Por lo demás, fut.* πάσω, *aor.* ἔπασα, *perf. pas.* πέπασμαι, *aor. pas.* ἐπάσθην.

πάσσων ον *comp. de* παχύς.

παστάς άδος ἡ sala de columnas; comedor; alcoba, cámara nupcial, lecho nupcial; pórtico, vestíbulo, galería en derredor de un templo.

παστός οῦ ὁ cámara nupcial.

Πάσχα τό INDECL. Pascua; cena de Pascua, cordero pascual.

πάσχω sufrir, padecer, experimentar, estar afectado de ésta *o* la otra manera; παθεῖν τι morir, ser vencido, zozobrar; εἴ τι πάθοιμι, ἤν τι πάθω si yo muriera, si muero; τί [γὰρ] πάθω; ¿qué me va a suceder? ¿qué desgracia va a caer sobre mí?; τί παθόντες γαῖαν ἔδυτε; ¿qué desgracia os ha sucedido para que hayáis bajado a los infiernos? κακῶς, εὖ πάσχειν ser desgraciado, ser feliz; *con* ὑπό *con gen.* ser bien *o* mal tratado por alguien; πάσχειν τι γελοῖον pasarle a uno algo gracioso.
F. *fut.* πείσομαι; *aor. 2.º* ἔπαθον, *ép.* πάθον πάθησθα πάθῃσι, *inf ép.* παθέειν; *perf.* πέπονθα, *2.ª pl. ép.* πέπασθε (*v. l.* πέποσθε); *part. f. ép.* πεπαθυῖα; *plpf.* ἐπεπόνθειν, *at.* ἐπεπόνθη.

πατά *palabra escita* matar, *Hdt.*

παταγέω -ῶ meter ruido, resonar; chocar con estrépito.

πάταγος ου ὁ ruido, crujido, estrépito, estruendo.

πατάσσω pegar, herir; palpitar; matar.

πατέομαι -οῦμαι comer, gustar, alimentarse [de algo, *gen. o ac.*].
F. *fut.* πάσομαι; *aor.* ἐπασάμην, *ép.* ἐπασσάμην *(tamb. sin aum.)*; *perf.* πέπασμαι; *plpf. ép.* πεπάσμην.

πατέω -ῶ pisar, patear, pisotear; andar; despreciar, ultrajar; poner pie en (χῶρον el suelo de un país); viajar, recorrer.

πατήρ πατρός ὁ padre; antepasado; fundador, autor, inventor, causante; fuente, capital productor de intereses; manera de designar respetuosamente a un anciano.
F. *gen.* πατρός, *ép. poét. tamb.* πατέρος; *dat.* πατρί,, *ép. poét. tamb.* πατέρι; *ac.* πατέρα; *voc.* πάτερ; *pl.* πατέρες πατέρων, *ép. tamb.* πατρῶν, *dat.* πατράσι, *ac.* πατέρας.

πάτος ου ὁ paso, marcha, andar; camino, ruta.

πάτρα ας [*jón.* **πάτρη ης**] **ἡ** patria, hogar; descendencia, linaje, raza.
πατρ-άδελφος ου ὁ tío paterno.
πατρ-αλοίας [*y* **πατρ-αλῴας**] **ου ὁ** parricida; hijo desnaturalizado.
πάτρη ης ἡ *jón.* = **πάτρα.**
πατριά ᾶς [*jón.* **πατριή ῆς**] **ἡ** descendencia, linaje; raza, familia; tribu, casta.
πατρι-άρχης ου ὁ patriarca.
πατριή ῆς ἡ *jón.* = **πατριά.**
πατρικός ή όν *y*
πάτριος ον [*o* **-ος α ον**] paterno, heredado de los antepasados, hereditario; patrio; paternal; τὰ πατρικά las instituciones.
πατρίς ίδος ADJ. *f.* de la patria; de padre, paterno || SUBST. *f.* = **πάτρα.**
πατριώτης ου ὁ conciudadano; indígena, patrio; del país.
πατρόθεν ADV. del padre, del lado del padre, conforme al nombre del padre, añadiendo el nombre del padre; τὰ πατρόθεν por parte de su padre.
πατρο-κασίγνητος ου ὁ tío paterno.
Πάτροκλος ου *y ép.* **Πατροκλῆς -ῆος ὁ** Patroclo, guerrero aqueo, amigo de Aquiles.
F. *ac. ép.* Πατροκλῆα, *voc.* Πατρόκλεες.
πατρο-κτόνος ον parricida.
πατρ-ολῴης ου ὁ = **πατραλοίας.**
πατρο-νομέομαι -οῦμαι ser regido por un gobierno patriarcal *o* paternal.
πατρο-παράδοτος ον transmitido de padre a hijo, heredado.
πατροῦχος ον que hereda todos los bienes paternales.
πατρο-φονεύς έως ὁ *y*
πατροφόνος ον *y*
πατροφόντης ου ὁ = **πατροκτόνος.**
πατρώιος α ον *y*
πατρῷος ον [*o* **-ος α ον**] = **πάτριος.**
πάτρως ωος ὁ tío paterno.
F. *gen. y dat. tamb.* πάτρω πάτρῳ *y ac. jón.* πάτρων.
πάτταλος ου ὁ *át.* = **πάσσαλος.**
πάττω *át.* = **πάσσω.**
παῦλα ης ἡ descanso, reposo, cesación, fin; οὐκ ἐν παύλῃ ἐφαίνετο parecía aquello no tener fin [*Tuc. 6, 60*]; manera de detener [*gen.*].
παῦρος ον poco; pequeño, breve, corto, escaso, raro.
παυστήρ ῆρος ADJ. *m.* que hace cesar [*gen.*].
παυστήριος ον que puede hacer cesar [*gen.*].
παυσωλή ῆς ἡ = **παῦλα.**
παύω calmar, apaciguar; turbar; destruir, suprimir; hacer cesar [*ac. o gen.*]; terminar, dejar descansar (τόξον el arco); retener, apartar, desviar (τινά τινος a uno de algo); librar; desposeer; retirar (τοὺς παῖδας ἀπὸ παιδαγωγῶν a los niños de los pedagogos, no confiárselos ya); cesar, desistir, abstenerse (μάχης del combate, suspenderlo) || MED. cesar, descansar, apaciguarse, desistir [*gen.*]; abstenerse [de algo, *gen.*]; *con part.* πέπαυμαι λέγων he cesado de hablar; παύεται διψῶν cesa de tener sed.
F. *impf. iter. ép.* παύεσκον, *fut.* παύσω, *inf. ep.* παυσέμεν; *aor.* ἔπαυσα, *ép.* παῦσα; *perf.* πέπαυκα || MED. *y* PAS. *3.ª sing. impf. ép.* παυέσκετο; *fut.* παύσομαι πεπαύσομαι παυ(σ)θήσομαι, *td.* παήσομαι *(N. T.)*; *aor.* ἐπαυσάμην ἐπαύθην, *ép.* παύθην, *jón.* ἐπαύσθην; *perf.* πέπαυμαι.
παφλάζω hervir, agitarse, hincharse, crecer.
πάχετος ον = **παχύς.**
πάχνη ης ἡ escarcha; sangre coagulada.
παχνόω -ῶ espesar, coagular, contraer || PAS. ἦτορ παχνοῦται su corazón se hiela, se apesadumbra [*Il. 17, 112*].
πάχος εος [**ους**] **τό** espesor, grosura, gordura, obesidad.
παχύνω espesar; robustecer, engordar a uno; endurecer || PAS. ponerse gordo, robustecerse; volverse estúpido.
παχύς εῖα ύ espeso, grueso, fuerte, macizo; opulento, rico; obtuso.
F. *comp. ép.* πάσσων *y superl.* πάχιστος, *pas.* παχύτερος *y* παχύτατος, *que son las formas corrientes.*
παχύτης ητος ἡ = **πάχος.**
πέδα [*o* **πεδά**] PREP. *dór.* = **μετά.**
πεδάασκον *3.ª pl. impf. ép. de* πεδάω.
πεδ-αίρω *eól.* = **μεταίρω.**
πεδάω -ῶ trabar, atar, ligar, encade-

nar, cerrar (θύρας una puerta); detener; apartar (κελεύθου del camino); forzar, obligar (Ἕκτορα μεῖναι a Héctor a quedarse).
F. *3.ª sing. pres. ind. ép.* πεδάᾳ; *impf. iter. ép. y jón.* πεδάασκον; *aor.* ἐπέδησα, *ép. tamb.* πέδησα.

πέδη ης ἡ traba, lazo, grillos; todo lo que sujeta e inmoviliza; especie de ejercicio ecuestre.

πεδιάς άδος ADJ. *f.* llana; en *o* de la llanura || SUBST. *f.* la llanura.

πέδιλον ου τό sandalia; calzado, bota.

πεδινός ή όν llano; que vive en la llanura.

πεδίον ου τό llano, llanura [*especialmente* la del Ática]; campo, tierra cultivada; término *o* distrito de una población; πεδίοιο por la llanura.

πεδίον-δε ADV. a la llanura.

πεδό-θεν ADV. del fondo del alma.

πέδον ου τό suelo; llano, campo; región.

πέδον-δε ADV. al suelo, al llano.

πέζα ης ἡ pie; extremidad, extremo, fin; franja, orla; borde, cresta, cima.

πέζ-αρχος ου ὁ comandante de infantería.

πεζ-έταιροι ων οἱ guardias de corps del rey de Macedonia.

πεζεύω ir por tierra; ir a pie.

πεζῇ ADV. a pie; por tierra.

πεζικός ή όν = **πεζός** || SUBST. *n.* la infantería; *n. pl.* las evoluciones de la infantería.

πεζομαχέω -ῶ combatir a pie; combatir en tierra; combatir como soldados de infantería.

πεζο-μαχία ας [*jón.* **πεζο-μαχίη ης**] **ἡ** combate de infantería; combate en tierra.

πεζο-πορέω -ῶ viajar a pie.

πεζός ή όν pedestre, que va a pie (στρατός infantería); que combate a pie, de infantería; que va por tierra, de tierra; que vive en tierra; prosaico, ordinario, banal || SUBST. *m* infantería.

πειθαρχέω -ῶ [*y med.*] obedecer [a uno, *dat.*].

πειθ-αρχία ας ἡ obediencia.

πειθός ή όν persuasivo, convincente.

πείθω convencer, persuadir [a uno, *ac.* de algo, *ac., constr. inf., de* ὡς *o de* ὥστε *con inf. El ac. de cosa subsiste en la pas.*]; seducir, engañar, sorprender; mover con súplicas, ablandar, aplacar, aconsejar; sobornar; granjearse el favor de [*ac.*]; estimular, excitar (θυέλλας levantar tempestades); confiar en, fiarse [de uno, *dat.*] || MED. dejarse persuadir; obedecer, someterse [a uno, *dat.* en algo, *ac.* (ἅ τιν' οὐ πείσεσθαι ὀΐω a lo que creo que alguno no va a someterse)]; persuadirse, creer; sucumbir ante [*dat.*] || PERF. *2.º* πέποιθα *y* PERF. PAS. πέπεισμαι estar convencido, confiar en, esperar (περὶ ὑμῶν τὰ κρείττονα de vuestra parte algo mejor).
F. *impf.* ἔπειθον, *ép. y poét.* πεῖθον; *fut.* πείσω *inf. ép.* πεισέμεν; *aor. 1.º* ἔπεισα, *aor. 2.º* ἔπιθον, *ép. redupl. 1.ª pl. subj.* πεπίθωμεν, *opt.* πεπίθοιμι *inf.* πεπιθεῖν, *part.* πεπιθών, πεπιθοῦσα; *perf.* πέπεικα || MED. πείθομαι, *fut.* πείσομαι; *aor. 2.º* ἐπιθόμην, *ép.* πιθόμην, *imp.* πιθοῦ, *subj.* πίθωμαι, *opt.* πιθοίμην, *3.ª sing. redupl.* πεπίθοιτο, *inf.* πιθέσθαι, *part.* πιθόμενος; *perf.* πέπεισμαι; *aor. 1.º* ἐπείσθην, *fut.* πεισθήσομαι || PERF. *2.º* πέποιθα, *2.ª sing. subj. ép.* πεποίθῃς, *1.ª pl. ép.* πεποίθομεν (*por* -ωμεν); *plpf.* ἐπεποίθειν, *ép. tamb.* πεποίθεα *y 1.ª pl.* ἐπέπιθμεν. *Cf. además* πιθέω.

πειθώ όος [**οῦς**] **ἡ** persuasión, elocuencia persuasiva; obediencia; convencimiento.

πείκω = **πέκω.**

πεῖν = **πιεῖν** *inf. aor. de* πίνω. [*v. l. N. T.*].

πεῖνα ης [*jón.* **πείνη ης**] **ἡ** hambre.

πεινάω -ῶ tener hambre, estar hambriento; estar ávido de; carecer [de algo, *gen.*].
F. *2.ª y 3.ª sing. ind. pres.* πεινῇς πεινῇ, *td.* πεινᾷς πεινᾷ *(N. T.)*; *inf.* πεινῆν, *ép.* πεινήμεναι, *td.* πεινᾶν *(N. T.)*; *impf.* ἐπείνων; *fut.* πεινήσω, *td.* πεινάσω *(N. T.)*; *aor.* ἐπείνησα, *td.* ἐπείνασα *(N. T.)*: *perf.* πεπείνηκα.

πείνη ης ἡ *jón.* = **πεῖνα.**

πεινῆν *inf. pres. de* πεινάω.

πεινῇς πεινῇ *2.ª y 3.ª sing. ind. pres. de* πεινάω.

πεῖρα ας [*jón.* **πείρη ης**] **ἡ** prueba, ensayo, experiencia, tentativa; conocimiento adquirido por la experiencia (ἀπὸ πείρης después de repetidas pruebas); proyecto, propósito, empresa (λαμβάνειν π. ensayar; διδόναι π. ser ensayado; σφάλλεσθαι πείρᾳ τινός quedar decepcionado por una experiencia; εἰς π. τινὸς ἔρχεσθαι *o* ἐν π. τινὸς γίγνεσθαι llegar a conocer a alguien *o* algo; πεῖραν ἀφορμᾶν [*ac. interno*] poner en obra una empresa); astucia, engaño, estratagema.

πειράζω = **πειράω**; ὁ πειράζων el tentador, el diablo.

Πειραιεύς έως ὁ el Pireo [puerto de Atenas].

πειραίνω cumplir, acabar, terminar; atar (πειρήναντε σειρὴν ἐξ αὐτοῦ atándole una cuerda *part. du. aor. 1.º*).

πεῖραν *3.ª pl. aor. 1.º ép. de* πείρω, *tamb. ac. sing. de* πεῖρα.

πεῖραρ ατος τό cuerda, maroma; *tamb. fig.*; término, fin, extremo; extremidad, último grado; punto esencial πείρατα νίκης = νίκη; πείρατα τέχνης lo que termina una obra de arte [los útiles de un artista].

πείρασις εως ἡ *y*

πειρασμός οῦ ὁ prueba, ensayo, experiencia; tentación; intento, empeño, esfuerzo.

πειρατήριον ου τό peligro, ataque.

πειράω -ῶ *y*

πειρέω -ῶ [*y med.*] intentar, probar [*gen. o ac.*], ensayar, emprender, esforzarse por, procurar; tratar de apoderarse [de algo, *gen.*]; atacar [*gen.*]; tentar [*gen. o ac.*], intentar corromper, seducir; experimentar, reconocer por experiencia [*gen.*]; probar fortuna; ποσὶ πειρᾶσθαι luchar en carrera pedestre.
F. *impf.* ἐπείρων; *fut.* πειράσω *ép.* πειρήσω; *aor.* ἐπείρασα, *ép.* ἐπείρησα; *perf.* πεπείρακα. *Más frec. med.* πειράομαι, *impf.* (ἐ)πειρώμην; *fut.* πειράσομαι, *ép. y jón.* πειρήσομαι; *aor.* ἐπειρασάμην, *ép. y jón.* ἐπειρησάμην; *perf.* πεπείραμαι, *ép. y jón.* πεπείρημαι, *3.ª pl. plpf. jón.* ἐπεπειρέατο; *aor. pas. tamb. a veces con valor med.* ἐπειρήθην, *át.* ἐπειράθην.

πείρη ης ἡ *jón.* = **πεῖρα.**

Πειρήνη ης ἡ Pirene [fuente de Corinto].

πειρητίζω = **πειράω.**

πείρινς ινθος ἡ cesto de mimbre adaptado a los carros, que formaba su caja.

πείρω atravesar, traspasar, perforar, ensartar, espetar (κρέα ὀβελοῖσιν la carne en asadores); meter, hundir; recorrer, atravesar (κύματα las olas).
F. *aor.* ἔπειρα, *ép.* πεῖρα; *perf. pas.* πέπαρμαι, *part.* πεπαρμένος; *aor. pas.* ἐπάρην.

πειρῴατο *3.ª pl. opt. pres. med. jón. de* πειράω.

πεῖσα ης ἡ obediencia; reposo, calma.

πεῖσμα ατος τό cable, amarra, cuerda, maroma.

πεισμονή ῆς ἡ confianza, persuasión.

πείσομαι *fut. de* πάσχω *y med. de* πείθω.

πειστικός ἡ όν persuasivo.

πείσω *fut. de* πείθω.

πέκω cortar, trasquilar, peinar || MED. peinarse.

πελαγίζω navegar en alta mar; formar un mar, desbordarse [un río].

πελάγιος ον [*o* **-ος α ον**] que navega en alta mar; del mar.

πέλαγος εος [**ους**] **τό** piélago, alta mar; mar; gran cantidad [de males, de dificultades]; peligro, desgracia.

πελάζω acercarse, aproximarse [*dat., gen., ac. con* εἰς]; τὸ ὕδωρ ἐς τὸ θερμόν el agua se calienta; acercar, aproximar, echar; conseguir, encontrar; π. ἔπος ἀδάμαντι hacer su palabra firme como el acero || MED. acercarse a [*dat. o gen.*]; acercar.
F. *fut.* πελάσω, *át.* πελῶ; *aor.* ἐπέλασα, *ép.* πέλασα, ἐπέλασσα *y* πέλασσα, *1.ª pl. subj. ép.* πελάσσομεν, *3.ª pl. opt. med. ép.* πελασαίατο; *perf. pas. part.* πεπλημένος; *aor. pas.* ἐπελάσθην *(3.ª pl. ép.* πέλασθεν, *inf.* πελασθῆναι), *poét.* ἐπλάθην. *Nótense tamb. las 3.as pers. de aor. pas. ép.* ἔπλητο, πλῆτο, ἔπληντο, πλῆντο.

πέλανος ου ὁ oblada, torta de sacrificio.

πελαργός οῦ ὁ cigüeña.

πέλας ADV. *o* PREP. *de gen. o dat.* cerca, cerca de; ὁ πέλας el vecino, el amigo.

πελάτης ου ὁ que se acerca [*gen.*]; vecino; mercenario, trabajador, jornalero.

πελάω -ῶ = **πελάζω.**

πέλεθρον ου τό = **πλέθρον.**

πέλεια ας ἡ = **πελειάς.**

Πελειάδες ων αἱ *y*
Πέλειαι ὧν αἱ las Pléyades.
πελειάς άδος ἡ pichón, palomino, paloma; sacerdotista de Dodona.
πελεκίζω degollar, decapitar [con el hacha].
πελεκ(κ)άω cortar, hender [con el hacha].
πέλεκκον ου τό mango del hacha.
πέλεκυς εως ὁ segur, hacha de leñador [con dos filos]; hacha de combate.
F. *dat. pl. ép.* πελέκεσσι, *ac.* πελέκεας.
πελεμίζω mover con fuerza, blandir, sacudir, agitar, rechazar violentamente || PAS. temblar.
F. *inf. ép.* πελεμιζέμεν; *3.ª sing. impf. pas. ép.* πελεμίζετο; *aor. ép.* πελέμιξα; *aor. pas. ép.* πελεμίχϑην.
πελέσκεο *2.ª sing. impf. iter. ép. de* πέλομαι.
πέλευ *imp. de* πέλομαι.
πελιδνός ἡ όν *y*
πελιός ά όν *y*
πελιτνός ἡ όν lívido.
πέλλα ης [*jón.* **πέλλη ης**] **ἡ** vasija para ordeñar.
πέλμα ατος τό planta del pie.
πέλομαι = **πέλω.**
Πελόπειος α ον de Pélope.
Πελοπο-ννήσιος α ον del Peloponeso.
πελτάζω servir en la infantería ligera, ser peltasta.
πελτάριον ου τό [*dim. de* πέλτη] escudillo.
πελταστής οῦ ὁ peltasta, soldado de infantería ligera.
πελταστικός ή όν concerniente al peltasta || SUST. *n.* los peltastas, la infantería ligera.
πέλτη ης ἡ pequeño escudo ligero; larga jabalina, pica, lanza.
πελτο-φόρος ου ὁ el que lleva escudo ligero; = **πελταστής.**
πέλω [*y med.*] [*sólo pres. e impf.*] moverse, elevarse, acercarse, avanzar; ir, venir, salir; encontrarse, ser, estar, haber (νῦν ἔπλετο ἔργον ἅπασιν ahora hay quehacer para todos).
F. *impf. 3.ª sing. ép.* πέλεν; *3.ª sing. aor. 2.º ép.* ἔπλεν. *Más frec. med. imp.* πέλευ, *2.ª sing. impf. iter. ép.* πελέσκεο, *3.ª pl. ép.* πέλοντο; *2.ª sing. aor. ép.* ἔπλεο ἔπλευ, *3.ª* ἔπλετο, *part.* πλόμενος (*en comptos.* ἐπι- περι-).
πέλωρ τό INDECL. monstruo, prodigio.
πελώριος ον [*o* **-ος α ον**] enorme, monstruoso, prodigioso, extraordinario, espantoso, horrible.
πέλωρον ου τό = **πέλωρ.**
πέλωρος α ον = **πελώριος.**
πέμμα ατος τό pastel, golosina.
πεμπάδ-αρχος ου ὁ jefe de escuadra [de cinco soldados].
πεμπάζω [*y med.*] contar, calcular.
πεμπάς άδος ἡ el número cinco; grupo de cinco personas *o* cosas, *espte.* grupo *o* unidad de cinco soldados.
πεμπταῖος α ον que sucede el quinto día *o* desde hace cinco días; que dura cinco días; *concertando con el suj.* πεμπταῖοι ἱκόμεσϑα llegamos el quinto día.
πεμπτέος α ον *adj. vbal. de* πέμπω.
πέμπτος η ον quinto; π. σπιϑαμή dos codos y medio.
πεμπτός ἡ όν enviado.
πέμπω enviar (κακόν un mal, causar mal); mandar embajadores *o* mensajeros; enviar por algo [ἐπί *con ac.*]; buscar algo; despedir, dejar partir, hacer marchar, remitir, devolver; acompañar, escoltar; hacer, celebrar (πομπήν una procesión); producir || MED. enviar por, hacer venir.
F. *inf. ép.* πεμπέμεν πεμπέμεναι; *3.ª sing. impf. iter. jón.* πέμπεσκε; *fut.* πέμψω, *inf. ép.* πεμψέμεναι; *aor.* ἔπεμψα, *ép.* πέμψα; *perf.* πέπομφα, *3.ª sing. pas.* πέπεμπται, *part. pas.* πεπεμμένος; *plpf. 3.ª sing.* ἐπεπόμφει (*jón.* -εε), *pas.* ἐπέπεμπτο; *aor pas.* ἐπέμφϑην, *fut. pas.* πεμφϑήσομαι.
πεμπ-ώβολον ου τό asador de cinco puntas.
πέμψις εως ἡ envío, misión.
πενέστης ου ὁ trabajador, jornalero, siervo.
πένης ητος ADJ. *m.* pobre, necesitado indigente.
πενϑερά ᾶς ἡ suegra.
πενϑερός οῦ ὁ suegro; yerno; cuñado; pariente por alianza.
πενϑέω -ῶ llorar, deplorar [*ac.*]; estar de duelo.
F *3.ª du. pres. ind.* πενϑείετον; *inf. ép.* πενϑήμεναι.
πενϑ-ήμερος ον de cinco días; κατὰ πενϑήμερον durante cinco días; cada cinco días.

πένθος εος [ους] τό duelo, dolor, aflicción, queja, luto; ceremonia de duelo, luto público; desgracia, acontecimiento luctuoso.
πενία ας [*jón.* **πενίη ης**] **ἡ** pobreza, indigencia, penuria.
πενιχρός ά όν = **πένης.**
πένομαι trabajar, realizar un trabajo penoso; ser pobre; preparar, disponer, cuidar.
πεντα-δραχμία ας ἡ = **πεντεδραχμία.**
πεντά-δραχμος ον = **πεντέδραχμος.**
πεντ-άεθλον ου τό = **πένταθλον.**
πεντ-άεθλος ον = **πένταθλος.**
πενταέτες ADV. durante cinco años.
πεντα-έτερος ον *y*
πεντα-έτης ες *y*
πεντα-ετής ές de cinco años; que dura cinco años.
πέντ-αθλον ου τό lucha de cinco ejercicios [carrera, lucha, pugilato, salto, lanzamiento del disco].
πέντ-αθλος ον que se entrega a los ejercicios del pentatlo; vencedor en ellos; que quiere sobresalir en todo.
πεντάκις ADV. cinco veces.
πεντακισ-μύριοι αι α cincuenta mil.
πεντακισ-χίλιοι αι α cinco mil.
πεντα-κόσιοι αι α quinientos.
πεντακοσιο-μέδιμνος ον que tiene una renta de quinientos medimnos [fanegas] de cereales [ciudadano de primera clase en Atenas].
πεντά-πηχυς υ de cinco codos.
πεντα-πλάσιος α ον *y jón.*
πεντα-πλήσιος α ον quíntuplo, cinco veces mayor.
πεντά-πολις εως ἡ pentápolis, Estado formado por cinco ciudades dorias [Lindos, Ialisos, Cámiros, Cos y Cnido] o de Palestina [Sodoma, Gomorra, Adama, Seboim y Segor].
πεντά-στομος ον de cinco bocas.
πένταχα *y*
πενταχοῦ ADV. en cinco partes.
πέντε INDECL. cinco.
πεντε-δραχμία ας ἡ peso, cantidad *o* valor de cinco dracmas.
πεντέ-δραχμος ον de cinco dracmas.
πεντε-καίδεκα INDECL. quince.
πεντεκαιδέκατος η ον décimo quinto.
πεντε-πάλαστος ον de cinco palmos.
πεντέ-πους ουν de cinco pies.
πεντε-τάλαντος ον que importa *o* consiste en cinco talentos.
πεντ-ετηρίς ίδος ἡ quinquenio, duración de cinco años; fiesta quinquenal.
πεντήκοντα INDECL. cincuenta.
πεντηκοντα-ετής ές quincuagenario.
πεντηκοντα-έτις ιδος ADJ. *f.* de cincuenta años.
πεντηκονταρχέω -ῶ ser πεντηκόνταρχος.
πεντηκόντ-αρχος ου ὁ segundo comandante de una galera.
πεντηκόντ-ερος ον = **πεντηκόντορος.**
πεντηκοντήρ ῆρος ὁ comandante de cincuenta soldados.
πεντηκοντό-γυος ον de cincuenta huebras *o* yugadas.
πεντηκοντ-όργυιος ον de cincuenta brazas, anas *o* toesas.
πεντηκόντ-ορος ον de cincuenta remos || SUST. ἡ nave de cincuenta remos.
πεντηκοντούτης ες de cincuenta años.
πεντη-κόσιοι αι α *jón.* = **πεντακόσιοι.**
πεντηκοστεύομαι pagar el impuesto de la quincuagésima.
πεντηκοστήρ ῆρος ὁ = **πεντηκοντήρ.**
πεντηκοστός ή όν quincuagésimo || SUBST. *f.* derecho de aduana de cincuentavo; Pentecostés [quincuagésimo día después de Pascua].
πεντηκοστύς ύος ἡ compañía de cincuenta hombres.
πεντ-ήρης ες de cinco filas || SUBST. *f.* quinquerreme [nave de cinco órdenes de remeros].
πεντ-όργυιος ον de cinco brazas.
πεντ-ώβολον ου τό pieza de cinco óbolos.
πεπαθυῖα *part. perf. ép. f. de* πάσχω.
πεπαίνω hacer cocer, hacer madurar; calmar || PAS. madurar, estar maduro; calmarse.
F. *aor.* ἐπέπανα; *aor. pas.* ἐπεπάνθην; *fut. pas.* πεπανθήσομαι.
πέπαισμαι *perf. pas. de* παίζω.
πεπαίτατος η ον *superl. de* πέπων.
πεπαίτερος α ον *compar. de* πέπων.
πεπάλαγμαι *perf. pas. de* παλάσσω.
πεπάλασθε πεπάλαχθε πεπάλεσθε *vv. ll. 2.ª pl. imp. aor. de* πάλλω *o de* παλάσσω, *v. s. v.*
Πεπάρηθος ου ἡ Peparetos [isla del mar Egeo].

πεπαρμένος η ον *part. perf. pas. de* πείρω.
πέπασθε *2.ª pl. perf. poét. de* πάσχω.
πεπάσμην *plpf. ép. de* πατέομαι.
πέπεικα *perf. de* πείθω.
πεπείρανται *3.ª pl. perf. pas. ép. y poét. de* περαίνω.
πέπειρος ον maduro; calmado.
πέπεισμαι *perf. pas. de* πείθω.
πεπέρασμαι *perf. pas. de* περαίνω.
πεπέρημαι *perf. pas. ép. de* πέρνημι.
πέπηγα *perf. de* πήγνυμι.
πεπιθεῖν πεπίθοιμι πεπίθωμεν πεπιθών, *etc. formas de aor. ép. redupl. de* πείθω.
πεπιστεύκειν *plpf.* de πιστεύω. *(N. T.).*
πέπλευκα πέπλευσμαι *perf. act. y pas. de* πλέω.
πέπληγα *y* **πέπληγον** *perf. y aor. ép. redupl. de* πλήσσω.
πεπλημένος η ον *part. perf. pas. de* πελάζω.
πέπλος ου ὁ *y*
πέπλωμα ατος τό peplo, vestidura exterior, amplia y suelta, sin mangas, que llevaban las mujeres; manto *o* vestidura de hombre; cubierta, envoltura, cortina, cortinaje.
πέπνυμαι *perf. pas. de* πνέω.
πέποιθα *perf. de* πείθω.
πεποίθησις εως ἡ confianza, seguridad.
πέπομφα *perf. de* πέμπω.
πεπόνητο *3.ª pl. plpf. med. ép. de* πονέω.
πέπονθα *perf. de* πάσχω.
πεπόσθαι *inf. perf. pas. de* πίνω.
πέποσθε = πέπασθε.
πεποτήαται *ép. 3.ª pl. perf. de* ποτάομαι.
πέπραγα *y* **πέπραχα,** *jón.* **πέπρηγα** *y* **πέπρηχα,** *pas.* **πέπραγμαι** *perf. de* πράσσω.
πέπραμαι *jón.* **πέπρημαι** *perf. pas. de* πιπράσκω.
πέπρημαι *perf. pas. de* πιπράσκω *y* πίμπρημι.
πέπρωται *3.ª sing. perf. pas. de* πορεῖν.
πέπταμαι *perf. pas. de* πετάννυμι.
πεπτεῶτα *part. perf. n. pl. ép. de* πίπτω.
πεπτηώς *part. perf. ép. de* πτήσσω *y* πίπτω.
πέπτωκα *perf. de* πίπτω.
πεπτώς *part. perf. poét. de* πίπτω.
πεπύθοιτο *3.ª sing. opt. aor. ép. de* πυνθάνομαι.
πέπυσμαι *perf. de* πυνθάνομαι.
πέπωκα *perf. de* πίνω.
πέπων ον cocido, maduro; apaciguado, calmado; blando; fiel, dulce, amable; muelle, afeminado, cobarde; ὦ πέπον amigo mío.
πέρ ENCLÍT. muy; ciertamente, enteramente, exactamente; y sin embargo, aunque, aun, hasta, por muy (ἀγαθός περ ἐών por muy valiente que seas; τάδε στυγέουσι θεοί περ estas cosas temen hasta los dioses, los dioses mismos); en todo caso, al menos; por lo demás, por otra parte.
πέρα ADV. más allá, al otro lado; más aún, más; más allá de lo conveniente *o* lógico || PREP. *de gen.* más allá de, al otro lado de, después de, más que, más de (πέρα δίκης más allá de lo que es justo, contra justicia; πέρα τοῦ δέοντος con desprecio del deber).
περάαν *inf. ép. de* περάω *1 y fut. inf. de* πέρνημι.
περάασκε *3.ª sing. impf. iterat. de* περάω *1.*
πέρα-θεν ADV. del lado opuesto, del lado de allá.
περαίνω cumplir, acabar, realizar, terminar; concluir, inferir, deducir; atravesar, penetrar hasta; progresar. F. *fut.* περανῶ, *jón.* περανέω; *aor.* ἐπέρανα; *perf. pas.* πεπέρασμαι, *3.ª sing.* πεπέρανται, *ép. poét.* πεπείρανται, *imp.* πεπεράνθω, *inf.* πεπεράνθαι *y* πεπεράσθαι; *aor. pas.* ἐπεράνθην.
περαῖος α [*jón.* **η**] **ον** situado del lado de allá || SUST. *f.* la región que está enfrente.
περαιόω -ῶ hacer pasar, transportar; cruzar, atravesar || PAS. pasar, cruzar, atravesar [un río, un estrecho, etc. *ac.;* a *o* hacia... εἰς *y ac.*].
περαιτέρω ADV. *comp.* más lejos, más allá, más, en más alto grado, más aún.
πέραν [*jón.* **πέρην**] ADV. al otro lado; enfrente || PREP. *de gen.* al otro lado de, enfrente de, más allá de (ὁ πέραν el que está enfrente; τὸ πέραν el otro lado, la orilla opuesta).
πέρας ατος τό fin, término, extremo,

frontera, linde; el más alto grado || ADV. finalmente.

πέρασις εως ἡ paso, tránsito, fin, trayecto.

πέρατος η ον del lado opuesto || SUBST. *f.* el lado opuesto [oeste con relación a la aurora].

περατός [*jón.* **περητός**] **ἡ όν** que puede ser atravesado.

1 **περάω -ῶ** atravesar (ὀδόντας la dentadura; θάλασσαν, πόντον el mar; πύλας las puertas); pasar (τοῦ βίου τέρμα el confín de la vida, acabar la vida, morir) || INTR. penetrar (διὰ κροτάφοιο por la sien); pasar (δι' Ὠκεανοῖο por el Océano, *tamb.* ἐπὶ πόντον, ἐφ' ὑγρήν; ὑπ' οἴδμασιν bajo las olas hinchadas); pasar de un sitio *o* a un sitio, salir (ἔξω δωμάτων de casa), entrar; *de tpo.* pasar (διὰ γήρως la vejez); excederse, salir de madre, *pero* θυμοῦ π. apaciguarse. **F.** *3.ª pl. ind. pres. ép.* περόωσι, *inf.* περάαν, *impf.* πέραον, *3.ª sing. iter.* περάασκε; *fut.* περάσω, *ép. y jón.* περήσω, *inf.* περησέμεναι; *aor.* ἐπέρασα, *ép. jón.* ἐπέρησα, πέρησα; *perf.* πεπέρακα.

2 **περάω -ῶ** vender. *V.* πέρνημι.

πέργαμα ων τά *y*

πέργαμον ου τό *y*

πέργαμος ου ἡ roca; ciudadela, fortaleza, *y espte. como n. propio* **Πέργαμος** la ciudadela de Troya.

πέρδιξ ικος ἡ perdiz.

πέρη-θεν *jón.* = **πέραθεν.**

πέρην *jón.* = **πέραν.**

περησέμεναι *inf. fut. ép. de* περάω. *1.*

περητός ἡ όν *jón.* = **περατός.**

πέρθω destruir, asolar, devastar, aniquilar, matar; saquear. **F.** *fut.* πέρσω, *med.* πέρσομαι *con valor pas.; aor. 1.º* ἔπερσα, *ép.* πέρσα; *aor. 2.º* ἔπραθον, *inf. pas.* πέρθαι.

περί [*y* **πέρι**] ADV. en derredor; por encima de todo, extraordinariamente, muy || PREP. *de gen.* en derredor de; por (περὶ ψυχῆς ἀγών la lucha por la vida); de, acerca de, sobre, a causa de; en lo que respecta a, concerniente a; a fin de, con la mira de; por encima, más que; περὶ πολλοῦ, πλείονος, πλείστου ποιεῖσθαι tener en mucho, en más, en muchísimo; περὶ παντὸς ποιεῖσθαι tener en la mayor estima || *de dat.* en derredor de; en; cerca de; por; acerca de; a causa de || *de ac.* en derredor de; en las cercanías de (οἱ περί τινα los que rodean a uno, compañeros, discípulos); a lo largo de, a orillas de; en; contra; con relacion a; hacia, alrededor de (περὶ μέσας νύκτας hacia medianoche); acerca de (οἱ νόμοι οἱ περὶ τοὺς γάμους las leyes acerca de los matrimonios); περὶ αὑτὰ καταρρεῖν hacerse pedazos por sí mismas. **F.** *en anástrofe* πέρι: ἄστυ πέρι, ἔριδος πέρι, *etc.*

πέρι = **περί** *v. supra* || = **περίεστι** *o* **περίεισι,** *v.* περίειμι.

περι-αγγέλλω anunciar, publicar por todas partes, divulgar; ordenar a todos [*con inf.*]; pedir a todos.

περι-αγείρομαι recaudar por todas partes, ir recaudando.

περι-αγκωνίζω atar las manos a la espalda.

περι-άγνυμαι resonar en torno.

περι-άγω llevar, conducir en derredor, hacer volver, remover volviendo, volver; llevar consigo; ir en torno, recorrer; hacer pasar ante [*dat.*] || MED. llevar consigo, tener siempre al lado.

περιαγωγή ῆς ἡ acción de llevar en derredor; movimiento circular, rotación, revolución de los astros.

περιαιρετός ἡ όν que puede ser quitado, despegable, desmontable [en derredor].

περι-αιρέω -ῶ quitar en derredor, quitar [una envoltura, una túnica, la piel, etc.]; despojar; derribar (τείχη las murallas que rodean una ciudad); suprimir, abrogar; refutar sucesivamente || MED. quitarse; despojar; quitar.

περι-αλγέω -ῶ sentir gran dolor [por algo, *dat.*].

περί-αλλα ADV. especialmente, preferentemente, sobremanera.

περι-αμπέχω envolver (τὶ μετά τινος una cosa con otra) || MED. envolverse con [*ac.*].

περίαπτος ον atado en derredor || SUBST. *n.* amuleto.

περι-άπτω atar en derredor, colgar; atribuir (τιμάς honores); hacer (ἀγαθόν τινι bien a uno); encender || MED. procurarse, adquirir.

περι-αστράπτω iluminar con relámpagos [a alguien, *ac. o* περί *con ac.*].

περι-αυχένιος ον que se pone en derredor del cuello.

περι-βαίνω ir en derredor, vigilar, defender, proteger [a uno, *dat. o gen.*]; circular; resonar en torno [de alguien, *dat.*]; montar (ἵππον a caballo).
F. *3.ª sing. aor. ép.* περίβη. *V.* βαίνω.

περι-βάλλω echar, tirar, lanzar, arrojar, disparar en derredor; pasar en torno, rodear, abrazar, contener; vestir, investir; coger (ἰχθύων πλῆθος en redes multitud de peces); cubrir (ὀνείδει de vergüenza); empujar (ναῦν περὶ ἕρμα una nave a un banco de arena); doblar (Σούνιον el cabo Sunion); volver; aventajar || MED. echar en torno suyo, ponerse (τεύχεα la armadura; σάρκας περιβεβλημένος recubierto de carnes); levantar (τείχεα un muro para protegerse); rodear, copar, tomar (πόλιν una ciudad); coger, adquirir.
F. *3.ª pl. plpf. pas.* περιεβεβλήατο. *V.* βάλλω.

περίβλεπτος ον notable, famoso, célebre.

περι-βλέπω mirar en derredor, buscar con los ojos; mirar con admiración, admirar; mirar en torno suyo; respetar.

περίβλημα ατος τό cubierta, defensa.

περι-βόητος ον bien conocido; desacreditado; famoso; que se complace en el tumulto, que da grandes gritos.

περιβόλαιον ου τό *y* **περιβολή ῆς ἡ** *y* **περίβολος ου ὁ** envoltura, vestido, ornamento, cubierta, velo; recinto, contorno, perímetro; marcha en derredor, circuito (περιβολὴν ποιεῖσθαι dar la vuelta para rodar); aspiración (ἀρχῆς al poder); muralla, atrincheramiento.

περι-βραχιόνιον ου τό brazalete, brazal.

περι-βρύχιος ον que muge en derredor, mugidor.

περι-γίγνομαι aventajar, sobrepujar, ser superior (τινός τινι a uno en algo); apoderarse [de... *gen.*]; ganar, vencer; mantenerse; salir felizmente [de... ἐκ]; quedar, salvarse, sobrevivir; nacer, provenir, resultar, resultar provechoso (περιεγένετο ὥστε el resultado fue que); salir *o* resultar bien [a... *dat.*].

περι-γλαγής ές lleno de leche.

περι-γνάμπτω doblar [un cabo].

περιγραπτός όν circunscrito, limitado; τὸ π. un espacio circunscrito.

περιγραφή ῆς ἡ contorno, circuito: límite; exterior; silueta.

περι-γράφω dibujar el contorno; limitar, fijar, determinar, circunscribir; separar por un límite, excluir; suprimir, borrar; acabar, terminar.

περι-δεής ές muy tímido, pusilánime, muy asustado [por algo, *dat. o gen.*]; *sust. n.* τὸ περιδεές el gran miedo || ADV. **περιδεῶς** con mucho miedo.

περι-δείδω temer mucho [por..., *gen. o dat.*].
F. *aor. ép.* περίδεισα; *perf. con valor de pres.* περιδείδια.

περί-δειπνον ου τό comida *o* fiesta funeral.

περι-δέξιος ον que usa las dos manos, ambidextro.

περι-δέω -ῶ atar alrededor || MED. atarse alrededor.

περιδεῶς ADV. *v.* **περιδεής.**

περι-δίδομαι apostar, ofrecer en prenda *o* fianza [algo, *gen.*].
F. *1.ª du. subj. aor. 2.º* περιδώμεθον *Il. 23, 485. V.* δίδωμι. *(voz media).*

περι-δινέω -ῶ hacer girar || PAS. rodar.

περι-δίω = περιδείδω.

περί-δραμον *aor. 2.º ép. de* περιτρέχω.

περί-δρομος ον que corre en derredor; que corre girando; redondo; aislado.

περί-δρομος ου ὁ galería circular; cordón con que se cierra por arriba una red.

περι-δρύπτω desgarrar en derredor.
F. *3.ª sing. aor. pas. ép.* περιδρύφθη.

περι-δύω quitar en derredor, desnudar, despojar.
F. *3.ª sing. aor. 1.º ép.* περίδυσε *Il. 11, 100.*

περι-δώμεθον *1.ª dual aor. de* περιδίδομαι.

περι-έδραμον = περίδραμον.

περι-εῖδον *aor. 2.º de* περιοράω.

περι-ειλέω -ῶ arrollar (τὶ περί τι una cosa en derredor de otra).

περι-ειλίσσω = περιελίσσω.

περί-ειμι = περιέρχομαι.
F. *Cuando la forma del vb. simple empieza por* ἰ *(v.* εἶμι*) con frecuencia se elude la de la preposición:* περιέναι *por* περιιέναι *etc.*

περί-ειμι estar alrededor, rodear [*dat.*]; aventajar, ser superior (τινός τινι a uno en algo); quedar como resultado; sobrevivir; quedar, mantenerse; restar; ἐκ περιόντος con superioridad; ἐκ τοῦ περιόντος por orgullo.

περι-είργω = περιέργω.

περι-είρω atar, colgar, ensartar, ensamblar.

περι-έκρυβον *aor. 2.º de* περικρύπτω.

περιέλασις εως ἡ espacio donde puede circularse a caballo.

περι-ελαύνω trazar; hacer circular; envolver, complicar; dar vueltas, cabalgar alrededor; cercar, acosar; construir alrededor.

περι-ελίσσω [*át.* **περι-ελίττω**] arrollar (τὶ περί τι una cosa en derredor de otra) || PAS. arrollarse alrededor, revolverse en todos sentidos.

περι-έλκω tirar en todos sentidos; maltratar.

περι-έπω estar ocupado con, cuidar de, estimar, honrar; tratar duramente, maltratar.
F. *impf.* περιεῖπον; *fut.* περιέψω, *med. (o pas.)* περιέψομαι; *aor.* περιέσπον, *inf.* περισπεῖν; *inf. aor. pas. jón.* περιεφθῆναι, *part.* περιεφθείς -έντος *etc.*

περι-εργάζομαι trabajar inútilmente, tomarse un cuidado excesivo o superfluo; mezclarse indiscretamente en asuntos ajenos.

περι-εργία ας ἡ excesiva exactitud *o* minuciosidad; indiscreción; curiosidad.

περίεργος ον nimio, excesivamente minucioso; indiscreto, entremetido, inquisitivo, amigo de inquirir; inútil, superfluo; concerniente a la magia || SUST. *n. pl.* magia.

περι-έργω rodear enteramente.

περι-έρχομαι ir en derredor, ir por todas partes, dar la vuelta a, girar; deslizarse, transcurrir; recorrer [*ac.*], pasear; rodear, cercar; tratar de seducir, de sobornar; llegar hasta, dar la vuelta completa hasta volver al punto de partida [ἐς *con ac.*], volver; tocarle a uno por suerte o por herencia [ἐς *con ac.*]; llegar a; engañar.
F. *v.* ἔρχομαι.

περι-έσχατα ων τά *pl.* extremos, extremidades.

περι-εφθείς -έντος *etc. part. aor. pas. jón. de* περιέπω.

περι-έχω rodear, envolver, abrazar, estrechar; ocupar, bloquear; encerrar, contener, comprender; pasar, desbordar, sobrepujar, vencer || MED. asirse; abrazar; proteger; cuidar [de, *gen.*], querer a; suplicar; empeñarse [en, *inf.*].
F. *v.* ἔχω *y nótense aor. 2.º med. ép.* περισχόμην, *imp.* περίσχεο.

περί-ζυγα ων τά arnés de recambio para un tiro de carruaje.

περι-ζώννυμι ceñir || MED. ceñirse.

περι-ηγέομαι -οῦμαι llevar en derredor; hacer rodear.

περιήγησις εως ἡ esbozo; contorno, silueta.

περι-ήδη *3.ª sing. plpf. con sign. de impf. de* περίοιδα.

περι-ῄειν *impf. de* περίειμι *1.*

περι-ήκω concernir, pertenecer [a, *ac.*]; llegar, tocar por turno *o* sucesión (περιήκει ἡ ἀρχὴ εἰς αὐτόν recae el poder en él).

περι-ήλυσις εως ἡ circuito, cerco, giro, revolución.

περι-ημεκτέω -ῶ estar descontento [por algo, *dat.*; con alguien, *gen.*].

περι-ῆν *impf. de* περίειμι *2.*

περι-ήνεικα *aor. de* περιφέρω.

περι-ηχέω -ῶ resonar en derredor.

περί-θεσις εως ἡ colocación en derredor.

περι-θέω correr en derredor; girar; rodear.

περι-θραύω romper alrededor, romper el borde.

περί-θυμος ον muy irritado || ADV. **περιθύμως**; π. ἔχειν estar muy irritado.

περι-ιάχω = περιηχέω.

περι-ίδμεναι *inf. ép. de* περίοιδα.

περι-ίζομαι estar sentado en torno [de, *ac.*].

περι-ίπταμαι = **περιπέτομαι.**

περι-ίστημι poner, colocar (τινί τι una cosa en derredor de otra; στράτευμα περὶ τὴν πόλιν el ejército en derredor de la ciudad, sitiarla; κακά τινι hacer a uno mal por todos los lados); hacer cambiar, dirigir hacia; hacer recaer [εἰς *con ac.* sobre uno, imputarle] || MED. *y aor. 2. act. intr.* περιέστην, *perf.* περιέστηκα rodear, estar en derredor de [*ac.*]; cercar [*ac. o dat.*]; oprimir, agobiar [*ac. o dat.*]; recaer, sobrevenir; cambiarse, transformarse; excusar, tratar de evitar.

F. *v.* ἵστημι, *y noténse: ép. sin aum.: aor. 2.º* περίστην, *aor. pas.* περιστάθην; *3.ª pl. subj. aor. 2.º ép.* περιστήωσι.

περι-ίσχω sobrepujar, exceder.

περι-καθαίρω purificar enteramente.

περικάθαρμα ατος τό expiación; objeto de purificación, deshecho, hez, basura, inmundicia.

περι-καθέζομαι *y*

περι-κάθημαι *y*

περι-καθίζω sentarse en derredor; sitiar, bloquear.

F. *v.* καθέζω, κάθημαι, καθίζω, *y nótese 3.ª pl. impf. jón.* περικατέατο *v. l.* περιεκατέατο *y* περιεκαθέατο *Hdt. 6, 23; 8, 111.*

περι-καίω quemar, consumir enteramente.

περι-καλλής ές hermosísimo.

περικάλυμμα ατος τό cubierta, envoltura.

περι-καλύπτω envolver, ocultar envolviendo; sepultar, cubrir; poner como cubierta.

περι-κατάληπτος ον cercado, a punto de ser cogido.

περι-καταρρέω -ῶ derrumbarse enteramente.

περι-καταρρήγνυμι [*y med.*] desgarrar enteramente.

περι-κάτημαι *jón.* = **περικάθημαι.**

περι-κάω = **περικαίω.**

περί-κειμαι estar tendido en derredor, estar en derredor, estar asido, extenderse en derredor, rodear, abrazar; quedar, resultar provecho (οὔ τί μοι περίκειται no me queda nada, nada he ganado); llevar alrededor; π. δυσμορφίᾳ ser feo [*lit.* estar envuelto en fealdad].

F. *3.ª sing. impf. ép.* περίκειτο.

περι-κείρω cortar, rapar en contorno || MED. cortarse el pelo, raparse.

περι-κεφαλαία ας ἡ casco, yelmo.

περι-κήδομαι cuidar solícitamente (τινὶ βιότου de los bienes de uno); estar preocupado [por, *gen.*].

περί-κηλος ον reseco, pasado.

περι-κλείω *y*

περι-κληίω = **περικλήω.**

Περικλῆς έους ὁ Pericles, famoso general y político ateniense del siglo V a. Cr.; *tamb.* un hijo suyo del mismo nombre.

περι-κλήω [*y med.*] cerrar, rodear enteramente, sitiar, bloquear.

περι-κλύζω bañar en derredor.

περί-κλυτος η ον muy ilustre, perínclito.

περι-κομίζω transportar en derredor || PAS. navegar en derredor.

περικοπή ῆς ἡ corte, mutilación, trepanación; forma exterior del cuerpo; magnificencia, fausto.

περι-κόπτω cortar en derredor; mutilar; devastar, asolar, saquear.

περι-κρατής ές que domina [*gen.*]; dueño.

περι-κρούω chocar en derredor; pegar, atacar por todos lados; probar la calidad de una vasija golpeándola ligeramente en varios puntos.

περι-κρύβω *y*

περι-κρύπτω ocultar con cuidado.

F. *impf. 3.ª sing.* περιέκρυβεν *N. T. Ev. Luc. 1,24.*

περι-κτείνω matar en derredor *o* cerca de.

περι-κτίτης ου ὁ *y*

περι-κτίων ονος ὁ vecino.

περι-κυκλόω -ῶ [*y med.*] rodear, cercar.

περικύκλωσις εως ἡ cerco.

περι-λαμβάνω tomar alrededor, coger, abrazar; encerrar, cercar; constreñir, obligar; comprender, recibir; definir, limitar.

περι-λάμπω brillar alrededor [de, *ac.*]; iluminar.

περι-λείπομαι quedar, sobrevivir.

περι-λείχω lamer alrededor.

περι-λέπω pelar enteramente; descortezar, deshojar.

περι-λεσχήνευτος ον que se repite en todos los pórticos *o* mentideros, famoso.

περι-λιμνάζω formar lagunas alrededor de (τὴν πόλιν la ciudad).

περι-λιχμάω -ῶ [*y med.*] lamer, besar.

περί-λοιπος ον restante, superviviente.

περί-λυπος ον triste sobremanera.

περι-μαιμάω buscar por todas partes, explorar; *part. f. ép.* περιμαιμώωσα.

περι-μαίνομαι enloquecer, volverse loco.

περιμάχητος ον que es objeto de un combate, disputado por.

περι-μάχομαι luchar en torno de, por todos lados.

περι-μένω aguardar, esperar; soportar.

περί-μεστος ον enteramente lleno.

περί-μετρος ον que excede la medida, extraordinario, enorme || SUBST. *f.* perímetro, contorno; *n.* circunferencia.

περι-μήκετος ον *y*

περιμήκης ες muy largo, muy alto, muy grande, muy espacioso.

περι-μηχανάομαι -ῶμαι maquinar, tramar, urdir (τί τινι algo contra uno).

περι-μινύθω disminuir por todas partes.

περι-ναιετάω -ῶ habitar en contorneo, en la vecindad; estar habitado totalmente.

περιναιέτης ου ὁ que habita alrededor, vecino.

περι-νέω amontonar, hacinar en derredor (π. τὴν οἰκίην ὕλῃ rodear la casa de montones de madera, *Hdt. 2, 107*).

περί-νεως ω ὁ pasajero de un barco.

περι-νηέω = περινέω.

περί-νοια ας ἡ inteligencia, comprensión; habilidad, maña.

περι-νοστέω -ῶ ir por todas partes; rodear.

πέριξ ADV. en derredor || PREP. *de gen. y ac.* en derredor de.

περι-ξεστός ή όν pulido en derredor.

περι-ξυρέω -ῶ afeitar en derredor.

περί-οδος ου ἡ camino en derredor, circunferencia, circuito, contorno, itinerario circular, mapa; maniobra envolvente; vuelta, curso, período, órbita, curso de los astros; período retórico; alternativa; dieta, régimen de vida; vuelta en un servicio de mesa, turno; conjunto de las cuatro grandes fiestas y juegos de los griegos (τὴν περίοδον νικᾶν vencer en esos cuatro juegos [Olímpicos, Píticos, Nemeos e Ístmicos]).

περί-οιδα *perf. con sentido de pres.* saber bien, conocer perfectamente (τί τινος algo mejor que otro); ser superior (τινί τινος a uno en algo); sobresalir (νοῆσαι en entender).
F. *inf. ép.* περιίδμεναι; *3.ª sing. plpf. ép.* περιήδη *con valor de impf.*

περιοικέω -ῶ habitar cerca de [*ac.*].

περιοικίς ίδος ἡ cercanías, aledaños || ADJ. *f.* aledaña.

περι-οικοδομέω -ῶ construir en torno de; rodear, encerrar, amurallar (τὸ περιοικοδομημένον espacio amurallado, recinto); encerrar entre paredes.

περί-οικος ον vecino, que vive cerca || SUBST. *m.* vecino; perieco; *f.* comarca vecina.

περι-οίσω *fut. de* περιφέρω.

περι-οπτέος α ον *adj. vbal.* que hay que mirar con indiferencia; περιοπτέον ὅπως μή hay que cuidar de que no, *cf.* περιοράω.

περι-οράω -ῶ ver, mirar en derredor; considerar, aguardar (τὸ μέλλον el porvenir, los acontecimientos); mirar con indiferencia *o* desdén, dejar pasar, permitir, dejar, sufrir || MED. mirar con cuidado, vigilar, velar, observar; mirar en torno con inquietud; inquietarse [por algo, *gen.*].

περι-οργής ές muy irritado.

περί-ορθρον ου τό sobrenoche, madrugada.

περι-ορμέω -ῶ anclar en derredor, bloquear por mar.

περι-ορμίζω conducir a un puerto || MED. = **περιορμέω.**

περι-ορύσσω [*át.* **περι-ορύττω**] cavar en derredor.

περι-οσφραίνομαι oler alrededor, husmear, olfatear.

περιουσία ας ἡ probabilidad de salvación; superioridad; excedente, resto, lucro, provisión (περιουσίαν ποιεῖν ahorrar; εἰς περιουσίαν πράττειν τὰ τῆς πόλεως administrar la cosa pública para enriquecerse; ἐκ περιουσίας impunemente; ἀπὸ π. abundantemente).

περιούσιος ον elegido, escogido, designado, selecto.

περι-οχή ῆς ἡ envoltura; contenido de un libro, pasaje de un escrito.

περιπατέω -ῶ pasearse: andar; comportarse, conducirse, conformarse, seguir, vivir.

περί-πατος ου ὁ paseo, lugar de paseo; conversación, entretenimiento filosófico durante el paseo.

περι-πείρω atravesar, traspasar, atormentar; implicar, enredar.

περι-πέλομαι rodear, cercar, envolver; girar; acabar la evolución *o* el curso.
F. *v.* πέλομαι; *part. aor. 2.º ép.* περιπλόμενος.

περι-πέμπω enviar en derredor, por todas partes *o* de todas partes.

περι-πέσσω [*át.* **περι-πέττω**] cubrir; revestir de bellas apariencias.

περι-πετάννυμι desplegar en derredor.

περιπετής ές que se echa *o* cae sobre *o* en derredor, que se enlaza, que penetra, que rodea, que envuelve; que cambia de manera rápida *o* imprevista.

περι-πέτομαι volar en derredor.

περι-πέττω *át.* = **περιπέσσω.**

περι-πευκής ές muy amargo, muy agudo, muy doloroso.

περι-πήγνυμι pegar, fijar en derredor || PAS. helarse en derredor.

περι-πίμπλημι llenar enteramente.

περι-πίμπρημι quemar en derredor.

περι-πίπτω caer a los dos lados, caer sobre *o* en torno de; arrojarse [sobre uno, *dat.*]; chocar, tropezar [con algo, περί *con ac.; dat.*], abordar; encontrar casualmente, caer en; verse aquejado [por algo, *dat.*].

περι-πλανάομαι -ῶμαι andar errante [por *ac.*]; flotar en torno de; estar incierto.

περι-πλέκω enlazar en derredor, plegar; complicar, embrollar || MED. enlazarse, abrazar, coger entre los brazos.
F. *3.ª sing. aor. pas. ép.* περιπλέχθη *con valor med.*

περί-πλεος ον = **περίπλεως.**

περι-πλευμονία ας ἡ pulmonía.

περι-πλέω -ῶ navegar en derredor, cruzar, navegar (ἀπὸ Ἰωνίας εἰς Κιλικίαν de Jonia a Cilicia); rodea[r] [en el mar a, *ac.*].

περί-πλεως ων *y*

περι-πληθής ές enteramente llen[o], muy poblado, populoso; excesivo, sobreabundante; de reserva.
F. *de* περίπλεως: *pl.* περίπλεω, *n.* περίπλεα.

περι-πλόμενος η ον *part. aor. 2.º ép.* *de* περιπέλομαι.

περί-πλοος ον [**-ους ουν**] en torno de[l] cual se puede navegar || SUBST. *m.* circunnavegación; periplo; rode[o] [en el mar].

περι-πλύνω limpiar, purificar po[r] abluciones.

περι-πλώω = **περιπλέω.**

περι-πόθητος ον muy deseado.

περι-ποιέω -ῶ salvar; ahorrar, economizar; procurar, suministrar (ἑ[αυτῷ] ἑαυτόν procurarse algo a sí mismo) || MED. salvar para sí (τὰς ψυχάς salva[r] la propia vida); adquirir; obtene[r] ventajas.

περιποίησις εως ἡ salvación, conservación; adquisición, posesión.

περι-ποίκιλος ον moteado.

περιπόλ-αρχος ου ὁ jefe de patrulla.

περι-πολέω -ῶ dar la vuelta a, recorrer; girar, realizar la revolución [un astro]; vigilar.

περιπόλιον ου τό fuerte, castillo que defiende una ciudad, ciudadela.

περί-πολος ου ὁ ἡ guardia de frontera; compañero, compañera.

περι-ποτάομαι -ῶμαι = **περιπέτομαι.**

περι-πρό ADV. superiormente, extremadamente.

περι-προχέομαι -οῦμαι derramarse en derredor; penetrar enteramente [en, *ac.*].

περι-πτύσσω [*y med.*] abrazar; encerrar; rodear, cercar.

περι-πτυχής ές arrollado en derredor; atravesado por [*dat.*].

περί-πτωμα ατος τό desgracia, caída.

περι-ρραίνω humedecer, rociar en derredor, salpicar.
F. *part. perf. pas.* περιρεραμμένος (*v. l. N. T. Apoc. 19, 13*).

περιρραντήριον ου τό vaso de agua lustral para las aspersiones; aspersión.

περι-ρρέω correr, fluir en derredor, rodear con una corriente; afluir; caer

resbalando; correr en abundancia (σοὶ περιρρείτω βίος séate la vida fácil, abundante).
F. *3.ª sing. impf. ép.* περίρρεε. *V.* ῥέω.

περι-ρρήγνυμι desgarrar en derredor, romper, separar; romperse || MED. dividirse; desgarrar las vestiduras.
F. *v.* ῥήγνυμι.

περι-ρρηδής ές vacilante, tambaleante.

περιρροή ῆς ἡ curso [de un río].

περίρροος ον [-ους ουν] *y*

περίρρυτος ον bañado por todos los lados.

περι-σείομαι = **περισσείομαι.**

περι-σθενέω -ῶ ser muy poderoso, tener una fuerza irresistible.

περι-σκελής ές muy duro; obstinado, testarudo.

περι-σκέπτομαι mirar en derredor, examinar con cuidado, reflexionar, considerar.

περίσκεπτος ον visible de todas partes, elevado; situado en un llano; admirable.

περι-σκοπέω -ῶ = **περισκέπτομαι.**

περι-σπάω -ῶ quitar, desviar en derredor, atraer (πρὸς ἑαυτόν a sí) || MED. quitarse (τιάραν la tiara) || PAS. estar ocupado.

περι-σπεῖν *inf. aor. de* περιέπω.

περι-σπερχέω -ῶ estar muy preocupado, agitado, encolerizado.

περισπερχής ές muy apresurado, impetuoso.

περι-σπέρχομαι = **περισπερχέω.**

περι-σσαίνω colear [los perros] en señal de festejo *o* halago en torno de alguien [*ac.*].
F. *impf. ép.* περίσσαινον.

περι-σσεία ας ἡ = **περίσσευμα.**

περι-σσείομαι agitarse, ondear.
F. *3.ª pl. impf. ép.* περισσείοντο.

περίσσευμα ατος τό superabundancia, plenitud, exceso|| PL. sobras.

περισσεύω [*át.* **περιττεύω**] desbordar [las alas de un ejército]; sobrar, sobreabundar (τινός en algo); repartir abundantemente *o* con exceso; sobrar razón; ser superfluo; ser mejor, aventajar, abundar en || PAS. sobrar.
F. *impf.* ἐπερίσσευον; *aor. 1.º* ἐπερίσσευσα.

περισσός [*át.* **περιττός**] **ή όν** extraordinario, magnífico, superior, distinguido, notable, excelente; extraño, prodigioso, singular; importante; desmesurado, excesivo; superfluo (τὰ περιττὰ τῶν ἀρκούντων, τῶν ἱκανῶν más que necesario, más que suficiente; ἐκ περιττοῦ de manera superflua); sobreabundante [en algo, *gen.*]; inútil, vano; altivo, orgulloso, presuntuoso; recargado, rebuscado, amanerado; restante, excedente; impar [número], desigual [en número] || COMP. **περισσότερος α ον** mayor, más, especialmente grande.

περισσότης ητος ἡ superioridad, exceso, superfluidad.

περισταδόν ADV. alrededor; de todas partes.

περι-στάθη *3.ª sing. aor. pas. ép. de* περιίστημι.

περί-στασις εως ἡ circunstancia, situación; peligro.

περι-σταυρόω -ῶ rodear con una estacada *o* empalizada || MED. atrincherarse.

περι-στείχω ir en torno de [*ac.*].
F. *aor. ép.* περίστειξα.

περι-στείωσι = **περιστήωσι.**

περι-στέλλω envolver, vestir, sepultar; cuidar, rodear (τάφον de un sepulcro); respetar, observar; ocultar.

περι-στεναχίζομαι resonar en derredor.

περι-στένω estrechar en derredor, oprimir || PAS. sentirse estrechado *u* oprimido.

περιστερά ᾶς ἡ paloma.

περιστερεών ῶνος ὁ *y*

περιστερο-τροφεῖον ου τό *y*

περιστερών ῶνος ὁ palomar.

περι-στεφανόω -ῶ coronar, ceñir, rodear.

περι-στεφής ές coronado.

περι-στέφω coronar, envolver.

περι-στήωσι *3.ª pl. aor. 2.º subj. ép. de* περιίστημι.

περι-στίζω motear; tapizar, guarnecer; alinear.

περιστοιχίζω [*y med.*] envolver, rodear, cercar.

περί-στοιχος ον alineado en derredor.

περι-στρατοπεδεύομαι sitiar, asediar.

περι-στρέφω hacer girar || PAS. girar, dar vueltas en torno de [*dat.*].

F. *impf. ép.* περίστρεφον.

περι-στρωφάομαι -ῶμαι girar en torno de; recorrer.

περί-στυλος ον rodeado de columnas || SUBST. *n.* galería de columnas, columnata.

περι-συλάω -ῶ despojar enteramente.

περι-σφύριον ου τό adorno en torno del tobillo, ajorca.

περι-σχέμεν *aor. 2.º inf. ép. de* περιέχω.

περί-σχεο *imp. aor. ép. de* περιέχω.

περι-σχίζω desgarrar en derredor || MED. separarse, dividirse; abarcar dividiéndose.

περι-σῴζω salvar la vida [de alguien, *ac.*]; salvar || PAS. escaparse, salvarse, salir con vida.

περι-τάμνω = περιτέμνω.

περι-ταφρεύω rodear con un foso *o* trinchera.

περι-τείνω extender (τὶ περί τι *o* τί τινι una cosa en derredor de otra).

περι-τειχίζω rodear con un muro; construir en torno de; fortificar, sitiar.

περιτείχισις εως ἡ *y*

περιτείχισμα ατος τό *y*

περιτειχισμός οῦ ὁ atrincheramiento, fortificación, cerco, muro de circunvalación.

περι-τελέω -ῶ realizar por completo.

περι-τέλλομαι acabar su revolución [un astro]; transcurrir, pasar [el tiempo].

περι-τέμνω cortar en derredor; cortar las extremidades [orejas, nariz, etc.]; circuncidar; podar; cercar, interceptar; envolver, despojar, quitar || MED. quitar, arrebatar para sí; hacerse cortes en [*ac.*]; circuncidarse.

περ-ιτέον *adj. vbal. de* περίειμι *1*.

περι-τέχνησις εως ἡ ardid, astucia, estratagema.

περι-τήκω fundir.

περι-τίθημι poner en derredor, ceñir, rodear, aplicar, atribuir, otorgar; imputar, hacer recaer || MED. ponerse, ceñirse.

περι-τίλλω arrancar, mondar, deshojar, desplumar en derredor.

περί-τμημα ατος τό fragmento, pedazo, trozo.

περιτομή ῆς ἡ circuncisión; *fig.* resección del mal, purificación; los circuncisos, los judíos: οἱ ἐκ περιτομῆς los judíos, los de origen judío.

περι-τραχήλιον ου τό collar, gargantilla.

περι-τρέπω volver, hacer zozobrar (ναῦν una nave); derribar, precipitar; reducir a la nada (λόγον un argumento); cambiar, invertir; convertir, atraer, llevar (εἰς μανίαν a la locura, volver loco).

περι-τρέφομαι espesarse, condensarse en torno de [*dat.*].

F. *3.ª sing. impf. ép.* περιτρέφετο.

περι-τρέχω correr en derredor de [*ac.*]; rondar, recorrer, vagar.

F. *v.* τρέχω. *Nótese aor. ép.* περίδραμον.

περι-τρέω -ῶ huir temblando.

F. *aor. ép.* περίτρεσα.

περί-τριμμα ατος τό ser despreciable, astuto, intrigante.

περι-τρομέομαι -οῦμαι temblar [todos los miembros].

F. *3.ª pl. impf. ép.* περιτρομέοντο.

περιτροπέω -ῶ acabar el curso; dar la vuelta, recorrer.

περιτροπή ῆς ἡ vuelta alternativa, sucesión, retorno periódico, cambio.

περι-τρόχαλος ον *y*

περί-τροχος ον redondo, circular (περιτρόχαλα κείρεσθαι tener cortado el pelo en redondo, *Hdt. 3, 8*).

περι-τρώγω roer por todas partes.

περιττεύω *át.* = **περισσεύω.**

περιττός ή όν *át.* = **περισσός.**

περι-τυγχάνω encontrar casualmente [*dat.*]; ocurrir, sobrevenir.

περι-υβρίζω ultrajar, tratar indignamente.

περι-φαίνομαι ser visible de todas partes; ἐν περιφαινομένῳ en un lugar visible.

περιφάνεια ας ἡ conocimiento perfecto [de un país, asunto, etc.].

περιφανής ές visible de todas partes; conocido de todos.

περίφαντος ον visible para todos, conocido de todos, famoso.

περιφερής ές redondo; redondeado.

περι-φέρω llevar en derredor (τὸ τεῖχος del muro); hacer circular, hacer pasar, llevar atrás; divulgar, dar a conocer; sostener, resistir || PAS. circular, girar; pasar [tiempo].

περι-φεύγω conseguir escapar; huir.

περι-φλεύω chamuscar *o* quemar alrededor.
F. *part. perf. pas.* περιπεφλευσμένος.
περί-φοβος ον muy espantado.
περι-φορά ᾶς ἡ movimiento circular; servicio de la mesa redonda.
περιφορέω -ῶ = **περιφέρω.**
περιφορητός ἡ όν portátil.
περι-φραδής ές muy prudente, discreto, hábil.
περι-φράζομαι examinar en todos los aspectos, pensar [en algo, *ac.*].
περιφρονέω -ῶ desdeñar, despreciar.
περι-φρουρέω -ῶ vigilar *o* guardar en torno.
περί-φρων ον [*gen.* ονος] muy prudente.
περιφύομαι crecer en derredor; estrechar en derredor, abrazar *o* tener abrazado [a... *dat. o ac.*].
F. *Con la misma significación aor. 2.º act.* περιέφυν, *inf.* περιφῦναι,, *part.* περιφύς, *perf.* περιπέφυκα.
περι-χαρής ές muy alegre || SUST. *n.* alegría extrema.
περι-χέω [*y med.*] derramar, esparcir *o* verter en derredor (ἠέρα τινί esparcir un vapor en torno de uno).
F. *v.* χέω *y nótese aor. ép.* περίχευα, *med.* -άμην, *3.ª sing. subj.* περιχεύεται.
περι-χρυσόω -ῶ dorar.
περι-χώομαι estar muy irritado (τινί τινος contra uno por causa de otro).
F. *3.ª sing. aor. ép.* περιχώσατο.
περι-χωρέω -ῶ caer, tocar por orden de sucesión.
περί-χωρος ον vecino || SUBST. *f.* la región vecina *o* circundante.
περί-ψημα ατος τό basura, porquería.
περι-ψιλόω -ῶ despojar en torno, desnudar.
περι-ώδυνος ον que causa un dolor vivo; que experimenta un dolor vivo.
περι-ωθέω -ῶ rechazar, alejar, desdeñar.
περι-ωπή ῆς ἡ puesto de observación, garita; vigilancia, guarda, cuidado.
περι-ώσιος ον muy fuerte, muy poderoso, muy grande || ADV. **περιώσιον** excesiva, desmesuradamente.
περκνός οῦ ὁ el Negro [nombre del águila real].
πέρνασκε *3.ª sing. impf. iterat. de* πέρνημι.
πέρνημι exportar y vender || PAS. ser vendido.
F. *part.* περνάς, *pas.* περνάμενος; *3.ª sing. impf. iter. ép.* πέρνασκε πέρνασχ'; *inf. fut. ép.* περάαν; *aor.* ἐπέρασα, *ép. tamb.* ἐπέρασσα; *perf.* πέπρακα, *pas.* πέπραμαι, *part. ép. tamb.* πεπερημένος, *perf. pas. jón.* πέπρημαι; *fut. perf. pas.* πεπράσομαι *aor. pas.* ἐπράθην, *jón.* ἐπρήθην; *fut. pas.* πραθήσομαι. *Del aor.* ἐπέρασα *se ha sacado un falso pres.* περάω.
περονάω -ῶ atravesar, traspasar || MED. sujetar [con broche]; abrocharse [algo, *ac.*].
F. *3.ª sing. impf. med. ép.* περονᾶτο; *3.ª sing. aor. ép.* περόνησε, *med.* περονήσατο.
περόνη ης ἡ broche, corchete; peroné.
περονίς ίδος ἡ broche.
περόωσι *3.ª pl. ind. pres. ép. de* περάω *1.*
περπερεύομαι jactarse, vanagloriarse *N. T.*
πέρσα *aor. ép. de* πέρθω.
Περσέφασσα ης ἡ *y*
Περσέφαττα ης ἡ *y*
Περσεφόνεια ας ἡ *y*
Περσεφόνη ης ἡ Proserpina.
περσίζω hablar la lengua persa.
Περσικός ἡ όν persa, de Persia || SUST. *f.* la Persia; *n.* el pueblo persa, el reino de Persia.
Περσίς ίδος ADJ. *f.* persa || SUST. *f.* Persia.
περσιστί ADV. en lengua persa.
πέρσω *fut. de* πέρθω.
πέρυσι(ν) ADV. el año pasado; en otro tiempo, antes.
περυσινός ἡ όν del año anterior.
Περφερέες έων *jón.* acompañantes, guías.
πεσέειν *ép. y* **πεσεῖν** *inf. aor. 2.º de* πίπτω.
πεσέομαι *fut. ép. y jón. de* πίπτω.
πέσημα ατος τό caída.
πεσοῦμαι *fut. de* πίπτω.
πεσσεία [*át.* **πεττεία**] **ας ἡ** juego de damas, chaquete.
πεσσευτής [*át.* **πεττευτής**] **οῦ ὁ** jugador de damas *o* de chaquete.
πεσσευτικός [*át.* **πεττευτικός**] **ἡ όν** concerniente al juego de damas || SUBST. *f.* = **πεσσεία.**
πεσσεύω [*át.* **πεττεύω**] jugar a las damas.

πεσσός [*át.* **πεττός**] **οῦ ὁ** dado, pieza del juego de damas || PL. tablero de damas.

πέσσω [*át.* **πέττω**] cocer, guisar; madurar; digerir, concentrar, encerrar, alimentar (κήδεα cuidados; χόλον ira; βέλος el dolor de la herida causada por un dardo; γέρα disfrutar honores) || MED. guisar para uno.
F. *inf. pres. ép.* πεσσέμεν; *fut.* πέψω; *aor.* ἔπεψα; *perf. pas.* πέπεμμαι; *aor. pas.* ἐπέφθην.

πέσω *aor. 2.º subj. de* πίπτω.

πέταλον ου τό hoja de planta, de árbol, pétalo de flor; lámina, placa de metal.

πετάννυμι desplegar, abrir, extender || PAS. extenderse, estar abierto, abrirse, abrir las alas, volar.
F. *fut.* πετάσω, *át. tamb.* πετῶ -ᾷς -ᾷ; *aor.* ἐπέτασα, *ép.* πέτασα *y* πέτασσα; *perf.* πεπέτακα, *pas.* πέπταμαι *y* πεπέτασμαι; *3.ª sing. plpf.* ἐπέπτατο, *ép.* πέπτατο; *aor. pas.* ἐπετάσθην, *ép.* πετάσθην.

πετ(ε)εινός [*y* **πετεηνός**] **ή όν** = **πτηνός.**

πέτομαι volar, revolotear; correr, precipitarse; huir, escapar; π. ἐλπίσιν ser juguete de las esperanzas; πετόμενον διώκειν perseguir un imposible [*Plat. Eutifr. 4 a*].
F. *3.ª sing. impf. ép.* πέτετο, *3.ª du.* πετέσθην; *fut.* πετήσομαι *y* πτήσομαι; *aor.* ἐπτόμην, *inf.* πτέσθαι; *tamb.* ἐπτάμην, *3.ª sing. ép.* πτάτο, *inf.* πτάσθαι, *part.* πτάμενος, *3.ª subj. ép.* πτῆται; *aor.* ἔπτην, *part.* πτάς, *más en comptos.*

πέτρα ας [*jón.* **πέτρη ης**] **ἡ** roca, piedra, escollo; π. γλαφυρή caverna, gruta; π. δίστομος cueva con dos entradas [*Sóf. Filoct. 16*]; οὐ... ἐστὶν ἀπὸ δρυὸς οὐδ' ἀπὸ πέτρης ὀαρίζειν no es posible hablar tranquilamente desde etc.

πετραῖος α ον = **πέτρινος.**

πέτρη ης ἡ *jón.* = **πέτρα.**

πετρήεις εσσα εν *y*

πετρήρης ες *y*

πέτρινος ον de roca, rocoso, lleno de rocas, que vive entre rocas.

πετροβολία ας ἡ lanzamiento *o* disparo de piedras.

πετρο-βόλος ον que lanza piedras.

πέτρος ου ὁ piedra, roca, cueva, gruta.

πετρώδης ες = **πέτρινος.**

πετт... *át.* = **πεσσ...**

πεύθομαι = **πυνθάνομαι,** *v. s. v.*

πευκάεις εσσα εν *dór.* = **πευκήεις.**

πευκάλιμος η ον inteligente, prudente; sagaz; sensato, discreto.

πευκεδανός ή όν amargo, funesto.

πεύκη ης ἡ pino marítimo; antorcha de madera de pino.

πευκήεις εσσα εν *y*

πεύκινος η ον de pino; πευκάεις Ἥφαιστος fuego de antorchas.

πεύσομαι *fut. de* πυνθάνομαι.

πέφανται *3.ª sing. perf. pas. ép. de* φαίνω *y pl. de* πεφνεῖν.

πεφάσθαι *inf. perf. pas. de* πεφνεῖν.

πέφασμαι *3.ª sing. ép.* **πέφανται,** *part.* **πεφασμένος** *perf. pas. de* φαίνω.

πέφαται *3.ª sing. perf. pas. de* πεφνεῖν.

πέφηνα *perf. de* φαίνω.

πεφήσεται *3.ª sing. fut. perf. pas. de* φαίνω *y de* πεφνεῖν.

πεφιδήσομαι *fut. perf. ép. de* φείδομαι.

πεφιδόμην, *inf.* **πεφιδέσθαι** *aor. redupl. ép. de* φείδομαι.

πεφιδήσομαι *fut. ép. de* φείδομαι.

πεφνεῖν *aor. inf. de un tema* φεν- matar [*defect.*] *V.* θείνω.

πεφοβήατο *3.ª pl. plpf. pas. ép. de* φοβέω.

πεφοβημένως ADV. con espanto, con terror, con miedo.

πέφραδον *aor. 2.º de* φράζω.

πέφρικα *perf. de* φρίσσω.

πεφύασι *3.ª pl. perf. de* φύω.

πεφυγμένος η ον *part. perf. med. de* φεύγω.

πεφυζώς υῖα ός *part. perf. ép. de* φεύγω.

πέφυκα *perf. 1.º de* φύω.

πεφυλαγμένως ADV. con precaución; temerosamente.

πεφύλακα *y* **πεφύλαχα** *perf. de* φυλάσσω.

πέφυρμαι *perf. pas. de* φύρω.

πέψαι *inf. aor. de* πέσσω.

πέψω *fut. de* πέσσω.

πῇ [*y* **πῆ**] ADV. *interr.* por dónde, en dónde, hacia dónde, a dónde; cómo, de qué modo; por qué.

πή [*y* **πῄ**] ADV. *enclít.* en alguna parte, en algún lugar, a alguna parte; de algún modo; poco más o menos; πὴ μέν... πὴ δέ en parte... en parte.

πήγανον ου τό ruda [planta].
πηγεσί-μαλλος ον de vellón espeso.
πηγή ῆς ἡ manantial, venero, fuente [*esp.* en estado natural]; origen, nacimiento, principio; πόντου π. agua de mar; ἡ πηγὴ ἀκούουσα el sentido del oído.
πήγνυμι TR. fijar, meter, hundir, clavar (κατὰ χθονὸς ὄμματα en tierra los ojos); construir, ajustar, ensamblar; helar, solidificar, cristalizar || INTR. helarse, solidificarse, cristalizar, cuajarse; hundirse, clavarse; estar fijo, firme, bien arraigado, inmutable || MED. construir para sí.
F. *3.ª pl. pres. ind.* πηγνύουσι, *v. l.* πηγνῦσι; *3.ª sing. opt. pres. pas.* πήγνυτο *Pl. Fed. 118 a; fut.* πήξω; *aor.* ἔπηξα, *ép.* πῆξα, *med.* ἐπηξάμην; *perf.* πέπηχα, *intr. y pas.* πέπηγα, *plpf.* ἐπεπήγειν; *aor. pas.* ἐπήχθην, *3.ª pl. ép.* πῆχθεν, *más frec.* ἐπάγην, *ép.* πάγην, *3.ª pl.* πάγεν; *fut. pas.* παγήσομαι.
πηγός ή όν espeso, sólido, compacto, fuerte; recio, robusto; grande, enorme.
πηγυλίς ίδος ADJ. *f.* glacial, helada.
πηδάλιον ου τό timón, gobernalle.
πηδάω -ῶ saltar (εἰς σκάφη a las barcas; πεδία lanzarse a través de las llanuras; π. μείζονα dar grandes saltos; πήδημα π. dar un salto); palpitar.
πήδημα ατος τό salto, brinco.
πηδόν οῦ τό parte plana del remo, pala.
πηκτίς ίδος ἡ arpa lidia.
πηκτός ή όν fijado, plantado; compacto, bien ajustado.
πῆλα [*inf.* **πῆλαι**] *aor. ép. de* πάλλω.
πήληξ ηκος ἡ casco, yelmo de penacho flotante.
πηλίκος η ον cuán grande, de qué tamaño; de qué edad.
πήλινος η ον de barro, de arcilla || SUST. *m. pl.* figuras de barro.
πηλός οῦ ὁ barro, fango, lodo; arcilla.
πηλώδης ες fangoso, cenagoso; sucio, polvoriento.
πῆμα ατος τό sufrimiento, pena desgracia, daño; azote, calamidad; insulto.
πημαίνω dañar (τινά τι a uno en algo); asolar, devastar (τὴν γῆν el país); violar (ὑπὲρ ὅρκια los juramentos) || MED. dañarse a sí mismo.
F. *fut.* πημανῶ, *ép.* πημανέω; *part. med. con valor pas.* πημανούμενος *Sóf. Ay. 1155; aor.* ἐπήμηνα, *aor. pas.* ἐπημάνθην.
πημονή ῆς ἡ = **πῆμα.**
πηνίκα ADV. ¿a qué hora? ¿cuándo?
πηνίον ου τό canilla [carrete con el hilo de la trama, que va cruzando la urdimbre].
πῆξα πήξω *aor. ép. y fut. resp. de* πήγνυμι.
πηός οῦ ὁ pariente.
πήρα ας [*jón.* **πήρη ης**] **ἡ** alforja, morral, saco de viaje.
πηρός ά όν estropeado, lisiado; ciego; mudo; cojo, manco.
πηρόω -ῶ estropear, lisiar, mutilar; embotar.
πήρωσις εως ἡ mutilación, pérdida de un miembro.
πῆχθεν *3.ª pl. aor. pas. ép. de* πήγνυμι.
πηχυαῖος α ον *y*
πήχυιος α ον de un codo de largo *o* de ancho.
πῆχυς εως ὁ codo; brazo; encorvadura en el centro del arco; brazos de una lira.
F. *gen.* πήχεος, *gen. pl.* πήχεων *y* πηχῶν *(v. l. o td. N. T.)*.
πιάζω coger; prender *cf.* πιέζω.
F. *aor.* ἐπίασα, *aor. pas.* ἐπιάσθην *(N. T.)*.
πιαίνω engordar, poner gordo.
πῖαρ τό INDECL. gordura, grasa.
πῖδαξ ακος ἡ fuente, agua de fuente.
πιδήεις εσσα εν abundante en fuentes.
πίε *imp. aor. de* πίνω.
πιέειν *inf. aor. ép. de* πίνω.
πιεζέω -ῶ *y*
πιέζω estrechar, apretar, oprimir (τινὰ λιμῷ hacer padecer hambre a uno); abrumar, angustiar, atormentar, acosar, empujar a la miseria; detener, coger; insistir sobre; reprimir || PAS. sufrir, angustiarse.
F. *aor.* ἐπίεσα; *aor. pas.* ἐπιέσθην. *De* πιεζέω: *part. jón.* πιεζεύμενος *v. l. por* πιεζεόμενος, *impf. ép.* πιέζευν *tamb. v. l.*
πιεῖν *inf. aor. 2.º de* πίνω.
πίειρα ας ADJ. *f. de* πίων.
πιέμεν *inf. aor. ép. de* πίνω.

Πιερία ας ἡ Pieria [morada de las Musas, cerca del Olimpo].

πίεσαι *2.ª sing. fut. de* πίνω [*N. T. Ev. Luc. 17, 8*].

πιεσθείς *part. aor. pas. ép. de* πιέζω.

πίησθα *2.ª sing. subj. aor. ép. de* πίνω.

πιθανο-λογία ας ἡ arte de convencer; lenguaje especioso.

πιθανός ή όν persuasivo, convincente; seductor; de gran crédito *o* autoridad, muy influyente; agradable, insinuante; creíble, verosímil; que imita lo natural; obediente, dócil; fiel, sincero.

πιθανότης ητος ἡ arte *o* don de persuadir; verosimilitud.

πιθέσθαι *inf. aor. med. de* πείθω.

πιθέω obedecer; confiar en.

πίθηκος ου ὁ = **πίθηξ.**

πιθηκο-φαγέω -ῶ comer carne de mono.

πίθηξ ηκος ὁ mono.

πῖθι *imp. aor. 2.º de* πίνω.

πιθόμην *aor. 2.º med. ép. de* πείθω.

πίθος ου ὁ tinaja [*en gral.* de barro y metida en tierra, para vino, aceite, etc.] (τετρημένος π. tonel agujereado [el de las Danaidas]; trabajo en vano, objeto *o* persona con el que es inútil trabajar); ἐν πίθῳ ἡ κεραμεία γιγνομένη el aprendizaje de la alfarería que comienza por las grandes vasijas, *o sea,* por lo más difícil [*Plat. Laq. 187 B*].

πικραίνω amargar; agriar, exasperar; hacer duro [el estilo].

πικρία ας ἡ amargura, amargor; ira, cólera; dureza.

πικρό-γαμος ον cuyas bodas son tristes.

πικρός ά όν cortante, picante, agudo; amargo, acre, penetrante; agrio, áspero, duro, cruel; odioso, aborrecido (θεοῖς por los dioses); πικρὸς τέθνηκε su muerte ha causado pena.

πικρότης ητος ἡ = **πικρία.**

πίλναμαι moverse rápidamente, flotar, ondear; acercarse a [*dat. con o sin* ἐπί].

πῖλος ου ὁ ἡ fieltro, sombrero de fieltro; calzado, tapete, cubierta de fieltro; coraza de fieltro.

πιμελή ῆς ἡ grasa.

πιμελής ές gordo, obeso.

πιμπλάνω *y*

πίμπλημι llenar (φρένας θάρσους el alma de audacia); cubrir, obstruir; colmar, saciar, hartar || PAS. llenarse, saciarse, ir hasta el fin || MED. llenar para sí, llenar, ocupar.

F. *3.ª pl. impf. pas. jón.* ἐπι(μ)πλέατο; *fut.* πλήσω; *aor. 1.º* ἔπλησα, *ép.* πλῆσα, *med.* ἐπλησάμην; *aor. 2.º con valor pas.* ἐπλήμην, *3.ª sing. ép.* πλῆτο, *3.ª pl.* πλῆντο; *aor. pas.* ἐπλήσθην, *3.ª pl. ép.* πλῆσθεν, *fut. pas.* πλησθήσομαι *(N. T.). Cf.* πλήθω.

πίμπρημι quemar, incendiar || PAS. arder.

F. *part. nom. pl.* πιμπράντες; *impf.* ἐν-επίμπρην, *3.ª pl.* ἐν-επίμπρασαν; *fut.* πρήσω, *aor.* ἔπρησα, *ép.* πρῆσα, *perf.* πέπρηκα, *pas.* πέπρησμαι *o* πέπρημαι, *fut. perf. pas.* πεπρήσομαι, *aor. pas.* ἐπρήσθην. *Cf.* πρήθω.

πινακίδιον ου τό *y*

πινάκιον ου τό tablilla para escribir.

πίναξ ακος ὁ fuente, plato; tablilla para escribir; mapa; cuadro, dibujo; mesa.

πιναρός ά όν sucio, sórdido.

πίνος ου ὁ suciedad.

πινύσσω hacer prudente, avisado; corregir.

πινυτή ῆς ἡ prudencia, cordura, sabiduría.

πινυτός ή όν prudente, avisado, sabio.

πίνω beber; chupar, sorber; absorber.

F. *inf. ép.* πινέμεν πινέμεναι; *impf. iter. ép.* πίνεσκον, *3.ª sing. pas. ép.* πίνετο; *fut.* πίομαι, *2.ª sing.* πίεσαι *(N. T.)*; *aor.* ἔπιον, *ép.* πίον, *imp.* πίε πῖθι; *2.ª sing. subj. ép.* πίησθα; *inf.* πιεῖν, *ép.* πιέειν *y* πιέμεν, *íd.* πεῖν *(N. T.)*; *part.* πιών πιοῦσα; *perf.* πέπωκα, *3.ª pl. íd.* πέπωκαν *(N. T.)*; *pas.* πέπομαι; *aor. pas.* ἐπόθην; *fut. pas.* ποθήσομαι.

πίομαι *fut. de* πίνω.

πίον *aor. ép. de* πίνω.

πῖον ADJ. *n. de* πίων.

πῖος α ον gordo, untuoso.

πιότης ητος ἡ grasa, aceite.

πίπλημι = **πίμπλημι.**

πιπράσκω *y jón.*

πιπρήσκω vender; traicionar.

F. *Las formas de perf. y aor. pas. son las mismas de* πέρνημι, *v.s.v.*

πίπτω caer (ἐπὶ γῇ en tierra; ὑπὸ ἄξοσι bajo las ruedas; πέσεν ὕπτιος

cayó boca arriba); precipitarse, tirarse; atacar: Ἔρως, ὃς ἐν κτήμασι πίπτεις Amor, que caes violentamente sobre los poseídos por ti; caer muerto, sucumbir [a manos de uno, ὑπό *con gen.*]; arruinarse; ser vencido, subyugado, expulsado; engañarse, cometer un error; cesar, calmarse [el viento]; tocar [la suerte]; terminar (ᾗ πεσέεται ἡ μάχη cómo terminará la batalla); π. ἐς δάκρυα comenzar a llorar.
F. *impf. ép.* πῖπτον; *fut.* πεσοῦμαι, *3.ª sing. jón.* πεσέεται, *3.ª pl. jón.* πεσέονται; *aor.* ἔπεσον, *ép.* πέσον, *3.ª sing. subj. ép.* πέσῃσι, *inf.* πεσεῖν, *ép.* πεσέειν; *aor. td.* ἔπεσα *(N. T.)*; *perf.* πέπτωκα, *2.ª sing. td.* πέπτωκες *(N. T.) 3.ª pl. td.* πέπτωκαν*(N. T.)*, *part. ép.* πεπτεώς *y* πεπτηώς -ηυῖα, *poét.* πεπτώς.

πίρωμις ὁ vocablo egipcio equivalente a καλὸς κἀγαθός.

Πισίδαι ῶν οἱ pisidios [habitantes de Pisidia].

πῖσος τό [*sólo nom. ac. pl.* πίσεα] lugar húmedo, pradera.

πίσσα [*át.* **πίττα**] **ας ἡ** pez (μελάντερον ἠΰτε πίσσα más negro que la pez).

πιστευτικός ή όν que inspira fe *o* confianza.

πιστεύω creer, confiar [en uno, *dat.*]; estar seguro de, creer, dar crédito (τί a una cosa; τινί a uno; εἰς θεόν, ἐπὶ τὸν Κύριον creer en Dios, en el Señor), tener fe || PAS. ser tratado con confianza [por uno, ὑπό *con gen.*]; ser creído [por uno, ὑπό *con gen.*]; (*con inf.* πιστευθεὶς ἀληθεύσειν ἃ ἔλεγες creyéndose que tú decías verdad); recibir en depósito.

πιστικός ή όν fiel; puro, legítimo.

πίστις εως ἡ confianza, fe (πίστιν φέρειν τινί, πίστιν ἔχειν περί τινος creer a uno); crédito [comercial]; buena fe; fidelidad; fe, creencia, fe religiosa; prenda, garantía; juramento (θεῶν πίστεις ὀμνύναι jurar por los dioses; πίστει λαβεῖν τινα recibir a uno en amistad con juramentos mutuos); compromiso, pacto; medio de inspirar confianza, prueba, demostración, verdad.
F. *En jón. gen.* πίστιος, *dat.* πίστι; *nom. y ac. pl.* πίστις, *dat.* πίστισι.

πιστός ή όν fiel, leal, honrado; creíble; creyente; dócil, sumiso; seguro, verosímil, cierto; genuino, verdadero; convincente, firme; fidedigno || SUST. *n.* = **πίστις** (τῆς ἐλευθερίας τῷ πιστῷ con la confianza propia de hombres libres).

πιστότης ητος ἡ fidelidad, honradez, buena fe.

πιστόω -ῶ hacer a uno fiel, obligarle a ser fiel; ligar por una promesa, juramento *o* garantía; dar la seguridad, inspirar confianza || MED. asegurarse la fidelidad [de uno, *ac.*] || PAS. estar ligado por un juramento *o* compromiso; tener confianza.

πιστῶς ADV. de buena fe.

πίσυνος ον confiado en [*dat.*].

πίσυρες *ép. eól.* = **τέτταρες.**

πίτνημι *ép. poét.* = **πετάννυμι** tender (χεῖρας los brazos; ἠέρα una nube) || PAS. descomponerse, esparcirse (χαῖται los cabellos).
F. *part.* πιτνάς; *3.ª sing. impf. ép.* πίτνα, *3.ª pl. med.* πίτναντο.

πίτνω = **πίπτω.**

πίττα ας ἡ *át.* = **πίσσα.**

πίτυρα ων τά [*sólo pl.*] salvado.

πίτυς υος ἡ pino (πίτυος τρόπον ἐκτρίβεσθαι ser destruido como un pino [que no retoña]).
F. *dat. pl. ép.* πίτυσσιν.

πιφαύσκω [*y med.*] hacer brillar; mostrar, hacer ver, explicar, indicar, probar, declarar, anunciar.
F. *inf. ép.* πιφαυσκέμεν; *impf. ép.* πίφαυσκον.

πίων ον [*gen.* ονος] gordo; abundante, rico, fértil; opíparo; grasiento.
F. *fem.* πίειρα *v. s. v.*; *comp.* πιότερος, *superl.* πιότατος.

πλαγά ᾶς ἡ *dór.* = **πληγή.**

πλάγιος α ον oblicuo, transversal, de lado, de flanco, de costado (πλαγίους λαβεῖν τοὺς πολεμίους atacar a los enemigos por el flanco; τὰ πλάγια los flancos; εἰς πλάγιον oblicuamente; ἐκ πλαγίου *y* κατὰ πλάγια de flanco).

πλαγκτός ή όν errante, inestable; extraviado, loco, insensato.

πλαγκτοσύνη ης ἡ curso errante.

πλάγξα *aor. 1.º ép. de* πλάζω.

πλάγξω *fut. de* πλάζω.

πλάγχθην *aor. pas. de* πλάζω.

πλάζω hacer vacilar, hacer caer; apartar del camino recto, extraviar; chocar, pegar, sacudir; arrastrar, empujar; desconcertar, embrollar ‖ MED *y* PAS. extraviarse, desviarse, andar errante; rebotar; salirse.
F. *impf. ép.* πλάζον, *med.* πλαζόμην; *fut.* πλάγξω, *med.* πλάγξομαι; *aor.* ἔπλαγξα, *ép.* πλάγξα; *aor. pas.* ἐπλάγχθην, *ép.* πλάγχθην.

πλαθείς εῖσα έν *part. aor. pas. de* πελάζω.

πλάθω = **πελάζω.**

πλαίσιον ου τό cuadrado; batallón cuadrado *u* oblongo; ἐν πλαισίῳ en cuadro.

πλακοῦς οῦντος ὁ torta.

πλανάτας ου ὁ *dór.* = **πλανήτης.**

πλανάω -ῶ extraviar, desviar, engañar, apartar del buen camino ‖ PAS. andar errante; errar, equivocarse, pecar, vacilar, apartarse del fin *o* del propósito, engañarse; divagar; obrar con irregularidad; ἐνύπνια πεπλανημένα sueños que acuden de vez en cuando.
F. *3.ª pl. pres. pas. ép.* πλανόωνται; *fut.* πλανήσω -ομαι; *perf. pas.* πεπλάνημαι; *aor. pas.* ἐπλανήθην.

πλάνη ης ἡ *y*

πλάνημα ατος τό digresión, curso errante; viaje; error, extravío, ilusión de los sentidos.

πλάνης ητος ADJ. *m. y f.* = **πλανήτης.**

πλάνησις εως ἡ extravío, dispersión.

πλανήτης ου ADJ. *m.* errante, vagabundo; planeta.

πλάνος ον errante, vagabundo, charlatán; engañador, impostor.

πλάνος ου ὁ = **πλάνη;** ataque de una enfermedad que se produce irregularmente.

πλανόωνται *3.ª pl. pres. ind. pas. ép. de* πλανάω.

πλάξ ακός ἡ planicie, llanura, meseta, superficie, campo; mesa, tabla ‖ PL. Tablas de la Ley.

πλάσας *part. aor. 1.º de* πλάσσω.

πλάσμα ατος τό imitación, figura, imagen, invención, ficción, fábula.

πλάσσω [*át.* **πλάττω**] formar, figurar, modelar; imaginar, forjar, fingir, simular, arreglar, inventar ‖ MED. inventar en provecho propio (ψευδῆ mentiras; προφάσεις pretextos); fingir; arreglarse, componerse, disimular.
F. *fut.* πλάσω -ομαι; *aor.* ἔπλασα -άμην; *perf.* πέπλακα πέπλασμαι *aor. pas.* ἐπλάσθην.

πλάστης ου ὁ escultor, estatuario, imaginero, modelador.

πλαστική ῆς ἡ [*sc.* τέχνη] habilidad para modelar, arte plástica.

πλαστός ή όν formado, modelado; fingido, imaginado, supuesto, falso.

Πλάταια ας ἡ Platea [ciudad de Beocia].

πλατάνιστος ου ἡ *y*

πλάτανος ου ἡ plátano [árbol].

πλατεῖα ας ἡ *v.* **πλατύς.**

πλάτη ης ἡ pala del remo; remo; barco; viaje.

πλάτος εος [ους] τό anchura, extensión; superficie, llanura; *ac.* πλάτος *o* τό πλάτος de anchura.

πλάττω *át.* = **πλάσσω.**

πλατύνω ensanchar, abrir, extender; consolar, hacer feliz ‖ MED. ensanchar para sí ‖ PAS. abrirse, extenderse.

πλατύς εῖα ύ ancho, plano, liso, llano; *fig.* γέλως πλατύς una gran risa; esparcido, diseminado; de anchos hombros; muy abierto; salado; κάρυα πλατέα castañas ‖ SUBST. *f.* calle ancha, plaza.

πλατύτης ητος ἡ anchura; corpulencia.

πλέας = **πλείονας.**

πλέγμα ατος τό cesto; red de caza; encadenamiento del discurso; trenza.

πλέες = **πλείονες.**

πλεθριαῖος α ον de la largura *o* extensión de un pletro.

πλέθρον ου τό pletro, medida de cien pies; fanega.

πλεῖν *át.* = **πλέον** ‖ *inf. de* πλέω.

πλεῖος α ον = **πλήρης.**
F. *Comp.* πλειότερος.

πλειστάκις ADV. muy frecuentemente.

πλεῖστος η ον SUPERL. *de* πολύς muchísimo (π. ὅμιλος asamblea numerosísima); muy *o* el más grande, plausible, noble, el mejor; πλειστός εἰμι τῇ γνώμῃ soy partidario en gran manera de esta opinión. ‖ ADV. **πλεῖστον** muy, el más ‖ EXPRESIONES: ὡς πλεῖστον lo más posible;

πλεῖστα, ἐπὶ πλεῖστον, εἰς πλεῖστον lo más frecuentemente; διὰ πλείστου lo más lejos posible, el mayor tiempo posible; ἐπὶ πλεῖστον lo más posible, en el más alto grado, a la mayor distancia; ὡς ἐπὶ (τὸ) πλεῖστον hasta el fin, lo más posible; οἱ πλεῖστοι los más; τὸ πλεῖστον, ὁ πλεῖστος τοῦ βίου la mayor parte de la vida; ὅσας πλείστας δύναται cuántas puede, las más que puede; πλεῖστα ἤ más que; περὶ πλείστου ποιεῖσθαι hacer el mayor caso de; πλείστου ἄξιος digno de toda consideración.

πλείω = **πλέω.**

πλείων [*o* **πλέων**] **ον** [*gen.* ονος] COMPAR. *de* πολύς mayor (πλ. ὄχλος más numerosa muchedumbre; ὁ πλείων λόγος más conversación; ἐς πλέονας οἰκεῖν gobernar en interés de la mayoría; πλείων ὁ πλοῦς la mayor parte del viaje; οἱ πλείονες *o* πλεῦνες [*Hdt.*] los más, la mayoría; τὸ πλέον la mayor parte); provecho, utilidad; πλέον ἔχειν τινός ser superior a uno; πλέον ποιεῖν hacer algo más, conseguir algo, no perder el tiempo; οὐδὲν πλέον ποιεῖν no conseguir nada, perder el tiempo; ἐς πλέον, ἐς τὸ πλέον, ἐπὶ πλέον aún más || ADV. **πλέον** más, además; **πλείονα** *o* **πλείω** más.

πλεκτός ή όν trenzado, entrelazado.

πλέκω trenzar, entrelazar; componer, construir, formar; tramar, maquinar, urdir; arreglar, disponer || MED. trenzar para sí.

F. *aor.* ἔπλεξα -άμην; *perf.* πέπλοχα πέπλεγμαι; *aor. pas.* ἐπλέχθην *y* ἐπλάκην, *part.* πλακείς *y* πλεκείς (*éste en comptos.*).

πλέον *n. de* πλέων.

πλεονάζω ser excesivo, sobreabundante; tener en abundancia; ser redundante, pleonástico; ser inmoderado, arrogante, enorgullecerse; amplificar, exagerar || PAS. estar exagerado.

πλεονάκις ADV. más frecuentemente.

πλεονεκτέω -ῶ tener más [que otro, *gen. de pers.*; de alguna cosa, *gen. de cosa*]; llevar ventaja, ser superior [a uno en algo, *dat. y gen.*]; ser arrogante; ser rapaz, defraudar || PAS. ser considerado como de mayor importancia; ser defraudado.

πλεονέκτημα ατος τό = **πλεονεξία.**

πλεονέκτης ου ὁ *y*

πλεονεκτικός ή όν ambicioso, avaricioso; arrogante; interesado, egoísta; violento; engañador; adúltero; que aprovecha sus ventajas [sobre alguien, *gen. de pers.*].

πλεονεξία ας [*jón.* **πλεονεξίη ης**] **ἡ** ganancia, ventaja, superioridad [sobre alguien, *gen.*]; preponderancia; abundancia; codicia, ambición, avaricia, violencia; ἐπὶ πλεονεξίᾳ para obtener ventaja [*Jen. Mem. 1, 6, 12*].

πλεόνως ADV. demasiado; demasiado fuertemente.

πλέος α ον = **πλήρης.**

πλεύμων ονος ὁ = **πνεύμων.**

πλεῦν *jón.* = **πλέον.**

πλεῦνες *jón.* = **πλέονες.**

πλεύνως ADV. = **πλεόνως.**

πλευρά ᾶς [*jón.* **πλευρή ῆς**] **ἡ** costado, lado; costilla; flanco; cuerpo.

πλευρό-θεν ADV. de lado, al lado.

πλευρο-κοπέω -ῶ romper las costillas.

πλευρόν οῦ τό = **πλευρά.**

πλεύσομαι y **πλευσοῦμαι** *fut. de* πλέω.

πλευστέον *adj. vbal. n. de* πλέω.

πλέω navegar, bogar; flotar; hacer una travesía, atravesar; nadar; πλ. στόλον efectuar una expedición marítima || PAS. ser navegado *o* surcado [el mar].

F. *impf. ép.* πλέον; *fut.* πλεύσομαι *y* πλευσοῦμαι; *aor.* ἔπλευσα; *perf.* πέπλευκα, *pas.* πέπλευσμαι; *aor. pas.* ἐπλεύσθην. *Cf.* πλώω..

πλέων ον [*gen.* ονος] = **πλείων.**

πλέως α ον = **πλήρης.**

πληγή ῆς ἡ = **πλῆγμα.**

πλήγην *aor. pas. ép. de* πλήσσω.

πλῆγμα ατος τό golpe, palpitación, choque; herida, cardenal, contusión; aflicción, desgracia; lucha a golpes, a palos; paliza.

πλῆθ' = **πλῆτο,** *de* πίμπλημι.

πλῆθος εος [ους] τό muchedumbre, multitud, masa, pueblo; la mayoría; ejército; asamblea popular; abundancia, cantidad, número, extensión; ἐς πλῆθος en masa.

πληθύνω aumentar, acrecentar, engrosar, multiplicar, llenar; llenarse || PAS. llenarse, crecer.

πληθύς ύος ἡ = **πλῆθος.**

πληθύω *y*

πλήθω estar lleno, llenarse; ser rico, abundar en; crecer, aumentar (ὁ πληθύων λόγος el rumor más divulgado; ἀγορᾶς πληθούσης *v.* ἀγορά) || MED. aumentar.

πληθώρη ης ἡ plenitud (πλ. ἀγορῆς hora en que el ágora está llena de gente); superabundancia, exceso.

πλήκτης ου ὁ pendenciero, camorrista, matón, valentón; insultador.

πληκτίζομαι batirse, pegarse, venir a las manos [con uno, *dat.*].

πλῆκτρον ου τό zagual, especie de remo; instrumento con que se tocaba la lira, plectro, púa.

πλημμέλεια ας ἡ falta, error.

πλημμελέω -ῶ faltar, errar, delinquir, descuidar; ofender, maltratar.

πλημ-μελής ές desafinado; defectuoso, malo; desordenado; inoportuno.

πλήμμυρα ας ἡ = **πλημυρίς.**

πλημμυρέω -ῶ desbordarse.

πλημμυρίς ίδος ἡ = **πλημυρίς.**

πλήμνη ης ἡ cubo de rueda.

πλημυρίς ίδος ἡ ola; pleamar.

πλήν ADV. más que, sino, excepto, salvo (πλὴν ὅσον salvo; excepto aquello que; πλὴν καθ' ὅσον salvo en cuanto); pero, y, y a más, y en verdad (πλὴν ἀλλά empero, por otro lado); ¡ea! [*ante imp.*]; que [*desp. de comp.*] || *prp. de gen.* fuera de, excepto.

πλῆντο *3.ª pl. aor. 2.º med. de* πίμπλημι.

πλῆξα *aor. ép. de* πλήσσω.

πλήξ-ιππος ον que doma caballos; buen jinete.

πλήρης ες lleno [τινός, ὑπό τινος de algo]; harto, ahito (πλ. ἐστὶ θηεύμενος está cansado de ver); entero, completo; equipado.

πληρο-φορέω -ῶ llenar; desempeñar una función || PAS. estar plenamente convencido, tener certeza absoluta; ser enteramente cierto.

πληροφορία ας ἡ plenitud; certeza.

πληρόω -ῶ llenar, cubrir [una necesidad; equipar [un navío]; satisfacer [la cólera], saciar; completar, realizar; llegar, acabarse || MED. llenar *o* equipar para sí || PAS. realizarse, cumplirse.

πλήρωμα ατος τό *y*

πλήρωσις εως ἡ muchedumbre, tripulación, equipo, cargamento; suma, total; erección (πυρᾶς de una pira); plenitud, acabamiento; satisfacción, hartura; cumplimiento (τοῦ νόμου de la ley, *N. T. Ep. Rom. 13, 10*).

πλῆσαι *inf. aor. de* πίμπλημι.

πλησιάζω acercarse [a uno, *dat. o gen.*]; tener trato, vivir en la intimidad, ser amigo, compañero *o* discípulo [de alguien, *dat.*]; tener relaciones sexuales [con alguien, *dat.*]; dedicarse al estudio [de algo, *dat.*].

πλησίος α ον próximo, vecino || SUBST. *m.* vecino, compañero, camarada, conciudadano || ADV. **πλησίον** cerca.
F. *comp.* πλησιαίτερος *superl.* πλησιαίτατος, *adv. comp.* πλησιαιτέρω *y* πλησιαίτερον.

πλησιό-χωρος ον vecino [de uno, *dat.*] || SUBST. *m. pl.* vecinos.

πλησ-ίστιος ον que hincha las velas.

πλησμονή ῆς ἡ plenitud, hartura, saciedad.

πλήσσω [*át.* **πλήττω**] golpear (χορὸν ποσί el suelo con los pies bailando; κονίσαλον πόδες ἵππων golpear el polvo los pies de los caballos, *es decir,* levantar el polvo golpeando el suelo); pegar, herir, chocar; alcanzar, afectar; batir, vencer, derrotar; sobornar; conmover, aterrar || MED. golpearse.
F. *fut.* πλήξω, *med.* πλήξομαι; *aor.* ἔπληξα, *med.* ἐπληξάμην, *ép. y jón.* πληξάμην; *aor. 2.º redupl. ép.* ἐπέπληγον πέπληγον, *inf.* πεπληγέμεν, *3.ª sing. med.* πεπλήγετο, *3.ª pl.* πεπλήγοντο; *perf.* πέπληγα, *inf.* πεπληγέναι, *part.* πεπληγώς, *perf. pas.* πέπληγμαι; *aor. pas.* ἐπλήγην, *part.* πληγείς, *tamb. en comptos.* ἐπλάγην, *menos frec.* ἐπλήχθην, *fut. pas.* πληγήσομαι.

πλῆτο *3.ª sing. aor. 2.º med. ép. de* πίμπλημι *y* πελάζω.

πλήττω *át.* = **πλήσσω.**

πλινθεύω hacer ladrillos; construir con ladrillo; convertir en ladrillo || MED. hacer ladrillos [para uso propio].

πλινθηδόν ADV. en forma de ladrillo; con las junturas alternando entre sí.

πλίνθινος η ον hecho de ladrillo.

πλινθίον ου τό ladrillito.

πλίνθος ου ἡ ladrillo, adobe.
πλίσσομαι separar las patas, *de donde* marchar al paso [las mulas].
πλοιάριον ου τό bote, lancha.
πλόϊμος ον = πλώιμος.
πλοῖον ου τό buque, nave, barca; *esp.* zatara.
πλόκαμος ου ὁ *y*
πλόκος ου ὁ rizo, cabello rizado, cabellera ensortijada; trenza.
πλόμενος *part. aor. 2.º med. de* πέλω.
πλόος ου [-οῦς οῦ] ὁ navegación, travesía, viaje; tiempo *o* viento favorable para la navegación; δεύτερος πλοῦς nueva tentativa, fracasada la primera.
F. *gen. íd.* πλοός *(N. T.)*; *nom. pl.* πλοῖ.
πλούσιος α ον rico, opulento; abundante; poderoso.
πλουτέω -ῶ ser rico [en algo, *gen. o dat.*]; hacerse rico.
πλουτίζω enriquecer || PAS. enriquecerse, llenarse [de algo, *dat.*].
πλουτο-κρατία ας ἡ plutocracia [gobierno de los ricos].
πλοῦτος ου ὁ riqueza, fortuna, abundancia, tesoro; felicidad, bendición; poder; ganancia.
πλοχμός οῦ ὁ = πλόκαμος.
πλυνός οῦ ὁ lavadero.
Πλυντήρια ων τά fiesta del 25 del mes de Targuelión en que se lavaban los ornamentos de las estatuas de Palas en Atenas.
πλύνω lavar, limpiar; injuriar, burlarse.
F. *impf. iter. ép.* πλύνεσκον; *fut.* πλυνῶ, *ép. y jón.* πλυνέω; *aor.* ἔπλυνα, *ép.* πλῦνα, *part. med.* πλυνάμενος; *aor. pas.* ἐπλύθην *o* ἐπλύνθην.
πλῴζω *y*
πλωίζω navegar.
πλώιμος ον *y*
πλώσιμος ον propio para la navegación, favorable para ella (πλωιμωτέρων γενομένων cuando llegaron circunstancias más favorables para la navegación).
πλωτός ή όν navegable; flotante, que nada.
πλώω = πλέω.
F. *impf. ép.* πλῶον; *fut.* πλώσομαι; *aor. 1.º* ἔπλωσα, *inf.* πλῶσαι, *etc.*; *aor. 2.º* ἔπλων -ως -ω, *part.* πλώς *en comptos; perf.* πέπλωκα.
πνείω = πνέω.
πνεῦμα ατος τό soplo, viento; aliento, respiración; exhalación, olor; llamarada; vida, alma; espíritu, ángel, demonio, soplo divino, Espíritu Santo; viento de la fortuna, prosperidad; ταὐτὸ πν. βέβηκε no cambió el viento.
πνευματικός ή όν espiritual, incorpóreo; divino; que concierne al espíritu.
πνεύμων ονος ὁ pulmón, entrañas.
πνεύσομαι *fut. de* πνέω.
πνέω soplar, resoplar; respirar (οἱ πνέοντες los que respiran, los vivientes; πν. πῦρ estar inflamado, respirar fuego, centellear [los astros]; πν. μένεα respirar valor, estar animado por el valor); exhalar un olor (ἡδύ agradable); inspirar || PERF. πέπνυμαι ser inteligente, sensato, estar animado, vivo.
F. *fut.* πνεύσομαι *y* πνευσοῦμαι; *aor.* ἔπνευσα; *aor. 2.º ép.* ἔπνυον, *med.* ἐπνύμην; *perf.* πέπνευκα, *pas.* πέπνυμαι, *inf.* πεπνῦσθαι, *plpf. ép.* πεπνύμην; *aor. pas.* ἐπνεύσθην, *ép.* ἐπνύνθην *(v. l.)*.
πνιγηρός ά όν sofocante, estrecho, apretado.
πνῖγος εος [ους] τό calor sofocante.
πνίγω ahogar, sofocar, estrangular; angustiar; ahogarse; hacer sudar, hacer cocer.
F. *fut.* πνίξω, *aor.* ἔπνιξα, *imp.* πνῖξον; *perf. pas.* πέπνιγμαι; *aor. pas.* ἐπνίγην.
πνικτός ή όν ahogado, asfixiado, estrangulado.
πνοή ῆς ἡ *y*
πνοιή ῆς ἡ = πνεῦμα.
Πνύξ *nom. de* Πυκνός *y* Πυκνί.
πόα ας ἡ yerba, heno, alfalfa; césped; estío.
ποδ-αβρός όν de andar afeminado.
ποδ-αγός οῦ ὁ guía, sirviente.
ποδ-άγρα ας ἡ lazo que coge al animal por la pata; podagra [gota de los pies].
ποδα-νιπτήρ ῆρος ὁ bacía para lavar los pies.
ποδά-νιπτρον ου τό agua para lavar los pies.

ποδ-απός ή όν ¿de qué país? ¿de qué clase?

ποδ-άρκης ες de pies ágiles, ágil.

ποδεών ῶνος ὁ piezgo de un odre; lengua de tierra.

ποδ-ηγός οῦ ὁ = **ποδαγός.**

ποδ-ηνεκής ές que cae hasta los pies, talar.

ποδ-ήνεμος ον rápido como el viento.

ποδ-ήρης ες = **ποδηνεκής.**

ποδιαῖος α ον de un pie de ancho *o* de largo.

ποδίζω trabar las patas de los animales, sujetar los pies con trabas.

ποδίσκος ου ὁ piececillo.

ποδώκεια ας ἡ ligereza de pies, agilidad.

ποδ-ώκης ες ligero de pies, ágil, rápido, vivo.

ποδωκία ας ἡ = **ποδώκεια.**

ποέω -ῶ = **ποιέω.**

ποητής οῦ ὁ = **ποιητής.**

ποθέεσκε *3.ª sing. impf. iterat. de* ποθέω.

ποθεινός ή όν deseado, anhelado, ansiado, añorado; digno de ser amado.

πόθεν ADV. ¿de dónde? ¿por dónde? ¿por qué? ¿cómo?

ποθέν ADV. *enclít.* de alguna parte.

ποθέω -ῶ [*y med.*] desear, ansiar, anhelar, echar de menos; requerir. **F.** *inf. ép.* ποθήμεναι, *impf. ép.* πόθεον, *iter.* ποθέεσκον; *fut.* ποθήσω, *med. tamb.* ποθέσομαι; *aor.* ἐπόθησα *y* ἐπόθεσα, *ép. tamb.* πόθεσα.

ποθή ῆς ἡ deseo, ansia, anhelo; nostalgia; falta [de algo, *gen.*]; amor.

ποθῆναι *inf. aor. pas. de* πίνω.

ποθητός ή όν deseado; deseable; delicioso.

πόθι ADV. = **ποῦ.**

ποθί ADV. *enclít.* = **πού.**

πόθ-οδος ου ἡ *dór.* = **πρόσοδος.**

πόθος ου ὁ = **ποθή.**

ποῖ ADV. ¿a dónde? ¿hacia dónde? ¿en dónde? ¿hasta cuándo? ¿cuánto tiempo? ποῖ γῆς; ¿en qué punto de la tierra?; ποῖ φρενῶν; ποῖ γνώμης; ¿a qué pensamiento, a qué resolución?

ποί ADV. *enclít.* a alguna parte, hacia alguna parte.

ποία ας ἡ = **πόα.**

ποιάεις εσσα εν *dór.* = **ποιήεις.**

Ποίας αντος ὁ Peante [padre de Filoctetes].

ποιέω -ῶ hacer, fabricar, ejecutar, edificar, construir (φοίνικος θύραι πεποιημέναι puertas hechas de madera de palmera); realizar, efectuar, celebrar; engendrar, dar a luz, producir; obtener, sacar (ἐκ τῆς γῆς de la tierra); causar (φόβον miedo; γέλωτα risa); poner (νόημα ἐνὶ φρεσίν un pensamiento en el alma; εἰρήνην Ἀρμενίοις καὶ Χαλδαίοις paz entre Armenios y Caldeos *Jen. Cirop.*; τινὰ ἐς φυλακήν meter a uno en la cárcel); *con dos compl., uno directo y otro predicativo del directo:* π. τινα ἄφρονα hacer *o* volver a uno insensato, hacerle perder el juicio; obrar, ser eficaz (ἡ εὔνοια τῶν ἀνθρώπων ἐποίει μᾶλλον ἐς τοὺς Λακεδαιμονίους la inclinación de las gentes daba más favor a los Lacedemonios, *Tuc.*); crear, inventar, componer (ἔπη versos); suponer, representar: considerar como, juzgar; procurar, asegurar; pasar [tiempo] || MED. hacer para sí, mandar hacer; procurar, adquirir, adoptar; crear, procrear; π. λόγον, *v.* λόγος; π. λόγους, *v.* λόγος; π. εἰρήνην concertar la paz [*cf. act.*]; π. ὁδόν hacer una marcha, marchar; π. πλόον navegar; π. ἀπόκρισιν responder; π. βουλήν deliberar; π. θήραν cazar; π. μάχας combatir; π. ὀργήν irritarse; considerar como, tener por, suponer estimar, juzgar; efectuar, realizar; ποιεῖσθαι τινὰ ἄλοχον hacer de una su esposa; ποιεῖσθαι ὑφ' ἑωυτῷ someter; παρ' ὀλίγον ποιεῖσθαι no hacer ningún caso; περὶ πολλοῦ ποιεῖσθαι hacer mucho caso. **F.** *impf. ép.* ποίεον *3.ª pers. sing. tamb.* ποίει; *med.* ποιεύμην; *iter. jón.* ποιέεσκον, *3.ª sing. med.* ποιεέσκετο; *fut.* ποιήσω, *med.* -ομαι; *aor.* ἐποίησα, *med.* -άμην, *ép.* ποίησα, *med.* -άμην; *perf.* πεποίηκα, *med.*- ημαι; *plpf. íd.* πεποιήκειν *(N. T.)*; *aor. pas.* ἐποιήθην, *etc. Obsérvese además las formas sin* ι ποέω, ποῶ, ποεῖν *etc. en Sófocles, etc.*

ποίη ης ἡ *jón.* = **πόα.**

ποιήεις εσσα εν herboso.

ποίημα ατος τό obra, manufactura [mueble, estatua, etc.]; creación del espíritu, poesía, poema; acción.

ποίησις εως ἡ acción, creación; adopción; fabricación, confección, construcción; composición, poesía; poema.

ποιητέος α ον *adj. vbal. de* ποιέω que ha de hacerse; hacedero, factible.

ποιητής οῦ ὁ creador, autor, fabricante, artesano; hacedor, legislador; poeta.

ποιητικός ή όν creador, poético; inventivo, ingenioso || SUST. *f.* poética.

ποιητός ή όν hecho, creado; adaptado; fabricado, trabajado, hecho con arte, artístico.

ποιη-φαγέω -ῶ comer yerba.

ποικιλία ας ἡ policromía, variedad de colores, variedad de tonos; habilidad, destreza; bordado, adorno, atavío multicolor.

ποικίλλω pintar, bordar, hacer de diversos colores; adornar, cincelar con arte; diversificar, variar; hablar con habilidad, con arte, con astucia, obrar pérfidamente || PAS. πεποίκιλμαι τὴν ψυχήν tengo espíritu hábil y astuto.

ποίκιλμα ατος τό = ποικιλία.

ποικιλο-μήτης ου ὁ astuto, taimado, ladino.

ποικίλος η ον de colores variados, moteado, mosqueado, manchado; artísticamente trabajado; cubierto de pinturas; bordado; adamasquinado; variable, cambiante; artificioso, hábil, astuto; complicado, embrollado, equívoco, oscuro || SUBST. *n.* habilidad, astucia.

ποικιλο-σάμβαλος ον de sandalias bordadas.

ποικιλό-στολος ον pomposamente ataviado.

ποικιλ-ῳδός όν de cantos obscuros *o* enigmáticos.

ποικίλως ADV. de manera distinta *o* varia.

ποιμαίνω ser pastor; apacentar, cuidar; guiar; alimentar || PAS. pacer; ser recorrido.

F. *3.ª sing. impf. iter. ép.* ποιμαίνεσκεν; *fut.* ποιμανῶ; *aor.* ἐποίμηνα, *íd.* ἐποίμανα *(N. T.).*

ποιμήν ένος ὁ pastor, boyero, vaquero; guía espiritual, maestro; jefe.

ποίμνη ης ἡ rebaño; muchedumbre; grey, congregación de fieles.

ποιμνήιος α ον concerniente al rebaño.

ποίμνιον ου τό rebañito, rebaño pequeño; majadal.

ποινή ῆς ἡ rescate, expiación pecuniaria por un homicidio; pecado, penitencia, satisfacción, pena; compensación; castigo, venganza.

ποίνιμος ον vengador; punitivo.

ποῖος α ον ¿cuál? ¿de qué clase? ¿qué (ποῖον τὸν μῦθον ἔειπες; ¿qué palabra has pronunciado? ποῖον ἔειπες; ¿qué has dicho? ποῖα ταῦτα λέγεις; ¿qué estás ahí diciendo? τὰ ποῖ' ἄττα; ¿qué puede ser eso? ¿qué será eso? ποῖος οὔ; ¿quién no?; ποίᾳ; ¿cómo? ¿de qué manera?).

ποιός ά όν de tal *o* cual clase.

ποιότης ητος ἡ calidad, clase, especie.

ποιπνύω jadear, sofocarse; apresurarse, ser diligente, activo; *con inf.* apresurarse a.

F. *impf. ép. sin aum.* ποίπνυον.

ποιώδης ες = ποιήεις.

πόκος ου ὁ lana; vellón, copo de lana, vellocino.

πολέες *nom. pl. ép. de* πολύς.

πολεμαρχεῖον ου τό residencia del polemarco.

πολεμαρχέω -ῶ ser polemarco.

πολεμαρχία ας ἡ dignidad de polemarco.

πολέμ-αρχος ου ὁ polemarco [el tercero de los nueve arcontes de Atenas, que era, a la vez, general del ejército]; jefe militar espartano y de Tebas, Mantinea y otras ciudades.

πολεμέω -ῶ hacer la guerra, guerrear, luchar, combatir [contra uno, ἐπί *o* πρός *con ac.;* con el auxilio de alguno, σύν *con dat. o* μετά *con gen.*]; atacar; disputar || PAS. ser combatido, tratado como enemigo; ὁ πόλεμος ἐπολεμεῖτο había guerra; ὅσα ἐπολεμήθη cuántas hostilidades se desarrollaron; τὰ περὶ Πύλον ἐπολεμεῖτο se luchaba en Pilos.

F. *fut.* πολεμήσω, *med. con valor pas.* πολεμήσομαι *Tuc.; perf. pas.* πεπολέμημαι; *aor. pas.* ἐπολεμήθην.

πολεμήιος α ον = πολεμικός.

πολεμησείω desear la guerra.

πολεμίζω = πολεμέω.

πολεμικός ή όν de guerra; concerniente a la guerra, belicoso, guerrero;

hostil, batallador; opuesto; enemigo de guerra || SUST. *f.* ciencia de la guerra; *n.* grito de guerra; *n. pl.* artes de la guerra; ejercicios guerreros.

πολεμικῶς ADV. en estado de guerra; π. ἔχειν πρός τινα ser hostil a alguien.

πολέμιος α ον = **πολεμικός** || SUST. *m. pl.* los enemigos; *m. sing.* el enemigo [*colectivo*]; *f.* territorio enemigo; el enemigo en general; *n.* hostilidad; *n. pl.* artes de la guerra; ejercicios guerreros.

πολεμιστήριος ον [*y* **-ος α ον**] = **πολεμικός** || SUST. *n. pl.* artes de la guerra, ejercicios guerreros.

πολεμιστής οῦ ὁ guerrero, combatiente.

πολεμίως ADV. como enemigo, en actitud hostil.

πολεμό-κλονος ον que se agita en la batalla; que excita tumulto guerrero.

πολεμόν-δε ADV. a la guerra.

πολεμο-ποιέω -ῶ mover guerra, provocar a la guerra.

πόλεμος ου ὁ guerra, combate, choque, lucha, batalla (ὁ τῶν βαρβάρων πόλεμος [*gen. objetivo*] la guerra contra los bárbaros; ὁ τῶν θεῶν πόλεμος [*gen. subjetivo*] la guerra de los dioses, el castigo que envían los dioses).

πολεμόω -ῶ enemistar || MED. enemistarse [con alguien, *ac.*] || PAS. convertirse en enemigo.

πολεύω labrar, arar, voltear la tierra; girar, recorrer, atravesar, moverse (κατὰ ἄστυ por la ciudad).

πολέω -ῶ = **πολεύω.**

πολέων *gen. pl. de* πολύς.

πόλεων *gen. pl. de* πόλις.

πόληα *ac. de* πόλις.

πολιά ᾶς ἡ cana.

πολιάς άδος ADJ. *f.* protectora de la ciudad.

πολίζω fundar, edificar; colonizar.
F. *aor. ép.* πόλισσα; *perf. pas.* πεπόλισμαι, *3.ª sing. plpf. ép.* πεπόλιστο.

πολιήτης ου ὁ = **πολίτης.**

πόλιν-δε ADV. a la ciudad.

πολιο-κρόταφος ον cano por la sien.

πολιορκέω -ῶ sitiar, cercar, bloquear; asediar, angustiar, atormentar.

πολιορκητέος α ον *adj. vbal. de* πολιορκέω que debe ser sitiado.

πολιορκία ας [*jón.* **πολιορκίη ης**] **ἡ** sitio, cerco, bloqueo; asedio, obsesión, tormento.

πολιός όν [*y* **-ός ά όν**] gris, blanco, cano, grisáceo; canoso.

πολιοῦχος ον protector de la ciudad.

πόλις εως ἡ ciudad; acrópolis, ciudadela; la ciudad y su territorio; patria; Estado; isla habitada.
F. *gen. ép. y jón.* πόληος πόλιος, *ép. tamb.* πόλεος; *dat.* πόλει, *ép.* πόληι, *jón. tamb.* πόλι; *ac.* πόλιν; *voc.* πόλι; *du.* πόλεε πόλη *y* πόλει, πολέοιν; *pl. nom.* πόλεις, *ép.* πόληες, *ép. y jón.* πόλιες; *gen.* πόλεων, *ép. y jón.* πολίων; *dat.* πόλεσι, *ép.* πολίεσ(σ)ι, *jón.* πόλισι; *ac.* πόλεις, *ép.* πόληας, πόλεας, *jón.* πόλις, *ép. y jón.* πόλιας.

πόλισμα ατος τό ciudad, ciudad pequeña; conjunto de ciudadanos.

πολιτ-άρχης ου ὁ jefe civil de la ciudad.

πολιτεία ας [*jón.* **πολιτηίη ης**] **ἡ** *y*
πολίτευμα ατος τό derecho de ciudadanía; vida de un ciudadano, relación de los ciudadanos con el Estado, vida pública; administración del Estado; política; constitución de un Estado, forma de gobierno, régimen político, gobierno de los ciudadanos por sí mismos; Estado, democracia.

πολιτεύω [*y med.*] vivir como ciudadano, ser ciudadano, tener derecho de ciudadanía; participar en la administración pública, gobernar; ser hombre de Estado, ser político.

πολιτηίη ης ἡ = **πολιτεία.**

πολίτης ου ὁ ciudadano, conciudadano.

πολιτικός ή όν ciudadano, cívico, civil, de ciudadano, de ciudadanía, del Estado; político, constitucional, público; perteneciente a un gobernante || SUBST. *m.* el hombre de Estado; *f.* la política, la ciencia de los asuntos del Estado; *n.* = **πολῖται;** *n. pl.* los asuntos civiles; las ciencias políticas y administrativas.

πολῖτις ιδος ἡ ciudadana.

πολίχνη ης ἡ ciudad pequeña, poblado; fuerte, ciudadela.

πολλάκι(ς) ADV. muchas veces; a menudo; quizás, acaso [después de μή, εἰ, ἐάν, εἰ μή, ἵνα μή = *lat.* ne forte, si forte, nisi forte].

πολλα-πλάσιος α ον *y* **πολλαπλασίων ον** [*gen.* ονος] *y jón.*

πολλα-πλήσιος α ον muchas veces mayor *o* más fuerte [τινός que una cosa] || ADV. **πολλαπλάσια** muchas veces más.

πολλαχῇ [*o* **πολλαχῆ**] ADV. muchas veces, en muchos casos, de muchas maneras; en distintos puntos [*Tuc. 7, 43, 1*].

πολλαχόθεν ADV. de muchas partes, de muchos lados; por muchas razones.

πολλαχόθι ADV. en muchos sitios.

πολλαχόσε ADV. a muchos sitios.

πολλαχοῦ ADV. = **πολλαχῇ** *y* **πολλαχόθι.**

πολλαχῶς ADV. de muchas maneras, de muchos modos.

πολλός όν *ép. jón. poét.* = **πολύς.**

πολλοστη-μόριος ον que es una pequeña parte || SUBST. *n.* una pequeña parte.

πολλοστός ή όν pequeño, insignificante, mínimo.

πόλος ου ὁ polo, eje; cielo, bóveda celeste, reloj de sol.

πολύ *n. de* πολύς.

πολύ-αινος ον célebre, famoso.

πολυ-ᾶϊξ ϊκος ADJ. *m. y f.* impetuoso; penoso, trabajoso.

πολυ-ανδρέω -ῶ estar muy poblado.

πολυ-άνδριον ου τό cementerio.

πολυ-ανθής ές abundante en flores; florido.

πολυανθρωπία ας ἡ población numerosa.

πολυ-άνθρωπος ον muy populoso.

πολυ-άργυρος ον rico, que posee mucha plata *o* mucho dinero.

πολυ-άρητος ον muy deseado, muy invocado.

πολυ-αρκής ές rico, abundante.

πολυ-άρματος ον que tiene muchos carros.

πολύ-αρνι [*dat.*] rico en rebaños.

πολυ-αρχία ας ἡ poliarquía [gobierno de muchos].

πολυ-βενθής ές muy profundo.

πολύ-βουλος ον muy prudente, muy sensato.

πολυ-βούτης ου ὁ rico en rebaños de bueyes.

πολυ-γηθής ές que alegra mucho, alegre, gozoso.

πολύ-γλωσσος ον de muchas lenguas, de muchas voces [*dic.* de un oráculo]; repetido muchas veces *o* exhalado en voz alta (βοή grito); que habla muchas lenguas, poligloto.

πολυ-γονία ας ἡ fecundidad extraordinaria.

πολύ-γονος ον fructífero, fructuoso; prolífero.

πολυ-δαίδαλος ον muy artístico; muy hábil.

πολυ-δάκρυος ον *y* **πολύ-δακρυς υος** ADJ. *m. y f. y* **πολυ-δάκρυτος ον** muy llorado, lacrimoso; muy lamentable; que causa muchas lágrimas.

πολυ-δάπανος ον pródigo, derrochador; costoso.

πολυ-δειράς άδος ADJ. *m. y f.* de muchas cimas.

πολυ-δένδρεος ον abundante en árboles.

πολύ-δεσμος ον de muchos clavos; muy bien unido *o* construido.

πολυ-δίψιος ον muy árido, muy seco.

πολυ-δωρία ας ἡ munificencia, liberalidad.

πολύ-δωρος ον muy ricamente dotado.

πολυ-ειδής ές de varias clases, variado, de varias formas; πολυειδῆ φθέγγεσθαι dar gritos diversos.

πολύ-ευκτος ον muy deseado.

πολυ-εύσπλαγχνος ον muy compasivo, muy misericordioso.

πολύ-ζηλος ον muy deseado, muy buscado, muy amado; lleno de envidias.

πολύ-ζυγος ον de muchos bancos de remeros.

πολυ-ηγερής ές reunido en gran muchedumbre.

πολυ-ήρατος ον muy amado.

πολυ-ηχής ές de sonidos variados, sonoro, resonante.

πολυ-θαρσής ές muy animoso, muy audaz.

πολυ-θρύλητος ον muy renombrado, célebre, famoso.

πολύ-θυρος ον de muchas puertas; *fig.* de muchos agujeros.

πολύ-θυτος ον de muchos sacrificios *o* víctimas.

πολυιδρείη ης ἡ gran ciencia, prudencia *o* habilidad.

πολύ-ιδρις ιος [*o* **εως**] ADJ. *m. y f.* muy sabio, muy astuto.

πολύ-ιππος ον que posee muchos caballos.

πολυ-καγκής ές muy seco, muy ardiente.

πολυκαρπία ας ἡ gran cosecha, abundancia de frutos.

πολύ-καρπος ον muy fructífero, muy abundante en frutos.

πολυκερδείη ης ἡ astucia.

πολυ-κερδής ές astuto, ladino.

πολύ-κερως ων [*ac. sing. m.* **-ων**] de muchos cuernos (π. φόνος matanza de muchos animales cornudos).

πολύ-κεστος ον ricamente bordado, recamado.

πολυ-κηδής ές muy afligido; muy aflictivo, penoso.

πολύ-κλαυ(σ)τος ον muy llorado, muy lamentable.

πολυ-κλήις ιδος ADJ. *m. y f.* de muchas filas de remeros.

πολύ-κληρος ον de muchas herencias, muy rico.

πολύ-κλητος ον llamado de muchos países.

πολύ-κλυστος ον de olas muy agitadas, tempestuoso.

πολύ-κμητος ον muy trabajado, trabajado con gran esfuerzo.

πολύ-κνημος ον muy montañoso.

πολύ-κοινος ον común a muchos *o* todos.

πολυ-κοιρανία ας [*jón.* **πολυ-κοιρανίη ης**] **ἡ** gobierno de muchos.

πολυ-κτήμων ον [*gen.* ονος] opulento.

πολύ-κωμος ον muy divertido.

πολύ-κωπος ον de muchos remos.

πολυ-λήιος ον rico en campos de trigo, opulento.

πολύ-λλιστος ον muy suplicado, muy invocado con plegarias.

πολυλογία ας ἡ locuacidad.

πολυ-λόγος ον locuaz, charlatán.

πολυ-μαθής ές muy sabio.

πολυ-μελής ές de muchos miembros.

πολυ-μερῶς ADV. de muchas maneras, en muchas partes.

πολυ-μηκάς άδος ADJ. *f.* muy baladora.

πολύ-μηλος ον rico en carneros, en rebaños.

πολύ-μητις ιος ADJ. *m. y f.* muy prudente; muy hábil, sagaz, astuto.

πολυμηχανία ας [*jón.* **πολυμηχανίη ης**] **ἡ** destreza, habilidad inventiva.

πολυ-μήχανος ον hábil, ingenioso, rico en recursos.

πολύ-μνηστος η ον muy solicitado.

πολύ-μοχθος ον muy afligido, abrumado de trabajos.

πολύ-μυθος ον muy locuaz.

πολύ-ξενος ον muy hospitalario, muy visitado.

πολύ-ξεστος ον artísticamente pulido.

πολύ-οινος ον rico en vino.

πολυ-όμματος ον de muchos ojos.

πολυ-οψία ας ἡ abundancia de víveres.

πολυ-παίπαλος ον muy taimado.

πολυ-πάμων ον [*gen.* ονος] muy rico; muy atribulado.

πολυ-πειρία ας ἡ gran experiencia.

πολυ-πενθής ές muy doloroso, funesto.

πολυ-πῖδαξ ακος ADJ. *m. y f.* abundante en fuentes.

πολύ-πικρος ον muy amargo || ADV. **πολύπικρα** muy amargamente.

πολύ-πλαγκτος ον vagabundo, que anda errante por todas partes, que corre [el tiempo]; que extravía, que lleva lejos del buen camino; incierto.

πολυ-πλάνητος ον vagabundo, inconstante.

πολυ-πληθής ές abundante, muy numeroso.

πολυ-πληθία ας ἡ gran abundancia.

πολύ-πλοκος ον ensortijado, enrollado; muy complicado, enmarañado; astuto, taimado.

πολυ-ποίκιλος ον muy variado.

πολύ-πονος ον muy doloroso, muy trabajoso.

πολύ-πους ουν [*gen.* πολύποδος] de muchos pies || SUST. *m.* pulpo.
F. *gen. ép.* πουλύποδος; *ac.* πουλύπουν, *td.* πολύποδα.

πολυπραγμονέω -ῶ ocuparse en muchas cosas, meterse en cosas ajenas, ser intrigante; mezclarse en innovaciones políticas.

πολυπραγμοσύνη ης ἡ ingerencia indiscreta; espíritu de intriga, celo excesivo *o* indiscreto; curiosidad, indiscreción; pasión por los negocios, afán de novedades.

πολυ-πράγμων ον [*gen.* ονος] entremetido, intrigante, enredador, embrollón; indiscreto, impertinente; muy ocupado.

πολυπρηγμονέω -ῶ *jón.* = **πολυπραγμονέω.**

πολυ-πρόβατος ον rico en rebaños.

πολύ-πτυχος ον muy abrupto, de muchos desfiladeros.

πολύ-πυρος ον rico en trigo, fértil en trigo.

πολύ-ρραφος ον fuertemente cosido, unido.

πολύ-ρρην ηνος ADJ. *m. y f. y*

πολύ-ρρηνος ον rico en rebaños.

πολύ-ρρυτος ον que corre abundante, de curso impetuoso.

πολύς πολλή πολύ mucho, numeroso (λαός pueblo; τῆς γῆς οὐ πολλή no mucha parte de la tierra; πολλὴ τῆς χώρας gran parte del país); *precedido del artic. tiene fuerza de superl.* (ὁ πολὺς στρατός la mayor parte del ejército; οἱ πολλοί los más, la mayor parte de los hombres, la multitud, el pueblo; τὸ πολύ, τὸ πολλόν [*Hdt*] *o* τὰ πολλά la muchedumbre; τὸ πολλὸν τοῦ χρόνου [*Hdt*] la mayor parte del tiempo; τὸ πολὺ τοῦ Ἑλληνικοῦ la mayor parte del ejército griego); frecuente (πολλὸς [*predicat.*] λέγων [*Hdt.*] que habla frecuentemente); alto, elevado; vasto, espacioso; grande, ancho, largo, fuerte, poderoso, profundo, de gran valor; todo entero || ADV. **πολύ** *y* **πολλά** mucho, con mucho, enteramente, muy; **πολλόν** = **πολύ; πολλοῦ** enteramente, muy, mucho; **πολλῷ** *ante compar.* mucho || EXPRESIONES διὰ πολλοῦ a gran distancia, después de mucho tiempo; ἐκ πολλοῦ a gran distancia, mucho tiempo antes; ἐπὶ πολύ por gran trecho *o* extensión, (en) gran parte [de espacio *o* tiempo, *gen.*]; ὡς ἐπὶ (τὸ) πολύ ordinariamente, las más veces, la mayor parte del tiempo; παρὰ πολύ en gran parte.

F. *gen.* πολλοῦ -ῆς -οῦ; *dat.* πολλῷ -ῇ -ῷ; *ac.* πολύν πολλήν πολύ; *ép. jón. poét.* πολλός -ή -όν, *y* πουλύς -ύ, *ép. poét. gen. sing.* πολέος; *nom. pl.* πολέες εἶς *n.* πολέα; *gen.* πολέων, *f.* πολλέων, πολλάων; *dat.* πολλοῖσιν, πολέσι, πολέσσι, πολέεσσι, *f.* πολλῇσι; *ac.* πολέας πολεῖς.

πολυσαρκία ας ἡ obesidad, corpulencia, extrema gordura

πολύ-σαρκος ον de muchas carnes.

πολυσιτία ας ἡ abundancia de trigo *o* de víveres; fertilidad.

πολύ-σιτος ον abundante en trigo *o* víveres.

πολύ-σκαρθμος ον que da grandes saltos, que salta sin cesar.

πολυ-σπερής ές muy diseminado.

πολύ-σπλαγνος ον rico en misericordias, muy compasivo.

πολυ-στάφυλος ον abundante en uvas, en viñas.

πολυ-στεφής ές coronado de [*gen.*].

πολύ-στονος ον gemebundo; infortunado; muy doloroso; funesto.

πολύ-σχιστος ον hendido, dividido en muchas partes.

πολυ-τεκνία ας ἡ gran número de hijos, fecundidad.

πολυτέλεια ας [*jón.* **πολυτελείη ης**] **ἡ** gran lujo, magnificencia, preciosidad; gran gasto, despilfarro.

πολυ-τελής ές lujoso, costoso, magnífico, caro; pródigo, derrochador; excelente, superior.

πολυτελῶς ADV. suntuosamente.

πολυ-τίμητος ον *y*

πολύ-τιμος ον *y*

πολύ-τιτος ον muy honrado, muy estimado, precioso.

πολύ-τλας αντος ADJ. *m. y*

πολυ-τλήμων ον [*gen.* ονος] *y*

πολύ-τλητος ον que sufre *o* ha sufrido mucho.

πολυ-τρήρων ον [*gen.* ονος] abundante en palomas.

πολύ-τρητος ον de muchos agujeros.

πολυτροπία ας [*jón.* **πολυτροπίη ης**] **ἡ** habilidad, destreza; astucia.

πολύ-τροπος ον hábil, diestro, prudente; astuto, taimado; vario, multiforme; que viaja *o* ha viajado mucho || SUST. *n.* astucia, *Tuc. 3, 83* || ADV. **πολυτρόπως** de muchas maneras *N. T.*

πολυ-φάρμακος ον hábil conocedor de los remedios *o* de los venenos.

πολύ-φημος ον rico en voces, donde se pronuncian muchos discursos; rico en canciones; famoso, celebrado.

πολύ-φθορος ον arruinado, asolado, destruido enteramente; lleno de horrores.

πολύ-φλοισβος ον resonante, bramador.

πολύ-φορβος ον [*o* -ος η ον] que alimenta a muchos.

πολυφορία ας ἡ gran fertilidad.

πολύ-φροντις ιδος ADJ. *m. y f.* lleno de preocupaciones.

πολυφροσύνη ης ἡ cordura, prudencia.

πολύ-φρων ον [*gen.* ονος] muy prudente, muy ingenioso, muy fecundo en recursos, muy hábil.

πολύ-χαλκος ον rico en cobre *o* bronce; de bronce.

πολύ-χειρ χειρος ADJ. *m. y f.* de muchas manos.

πολυχειρία ας ἡ multitud de manos *o* brazos, *es decir,* de obreros *o* de personas.

πολυ-χρόνιος ον duradero, que dura mucho; antiguo, que hace tiempo que dura.

πολύ-χρυσος ον rico en oro.

πολυψηφία ας ἡ gran número de votantes; diversidad de votos.

πολύ-ψηφις ιδος ADJ. *m. y f.* lleno de guijas.

πολυ-ώνυμος ον de muchos nombres; venerado bajo muchos nombres.

πολυ-ωπός όν de muchas mallas.

πόμα ατος τό bebida.

πομπαῖος α ον que conduce, conductor, que guía *o* acompaña, que protege, favorable.

πομπεία ας ἡ injuria, invectiva.

πομπεύς έως ὁ conductor, guía; que forma parte de una procesión.

πομπεύω guiar, conducir, acompañar; tomar parte en una procesión, prepararla; injuriar [a uno, *gen.*].

πομπή ῆς ἡ envío, misión; entrega; impulso, inspiración; vuelta a la patria; escolta, acompañamiento; procesión religiosa, pompa solemne; protección de los dioses; brillo [del estilo].

πομπικός ή όν que concierne a las procesiones *o* ceremonias públicas.

πόμπιμος ον [*o* -ος η ον] que conduce; enviado, transmitido; guía, mensajero.

πομπός οῦ ὁ ἡ guía, compañero, conductor; mensajero, guardián.

πονέω -ῶ [*y med.*] trabajar, fatigarse [por algo, περί *con ac.*]; luchar con fatiga; sufrir [algo, *ac.; por alguno o* por algo; *dat. o* ὑπέρ *con gen.*]; estar enfermo; conseguir penosamente (χρήματα riquezas); afligir [a uno, *ac.*]; esforzarse; ser derrotado, vencido, acosado.

F. *En Hom. sólo med.* πονέομαι; *inf.* πονέεσθαι, *part. ép. y jón.* πονεύμενος; *3.ª sing. impf. ép.* πονεῖτο; *fut.* πονήσομαι (*íd.* πονέσομαι); *aor. 3.ª sing. ép.* πονήσατο; *subj. ép.* πονήσομαι; *perf.* πεπόνημαι *3.ª pl. jón.* πεπονέαται; *3.ª sing. plpf. ép.* πεπόνητο.

πονηρεύομαι obrar mal, ser un malvado.

πονηρία ας ἡ malicia, maldad, perversidad, vicio.

πονηρός ά όν difícil, fatigoso, pesado; defectuoso; enfermizo; contrario [viento]; malo, perverso, maligno; cobarde, bajo, vil; propio de un cobarde; dañoso, peligroso || SUBST. el diablo; *n.* el mal, el vicio.

πονηρο-ψόγος ον crítico poco indulgente, criticón.

πονηρῶς ADV. mal; π. ἔχειν estar en mala situación.

πόνος ου ὁ trabajo, fatiga, dificultad; ejercicio fatigoso; obra difícil; ocupación, negocio; padecimiento; dolor, angustia, infelicidad; fruto, recompensa del trabajo; combate, batalla.

ποντίζω precipitar al mar.

F. *part. aor. pas.* ποντισθείς.

ποντικός ή όν póntico, del Ponto.

πόντιος α ον del mar, marino, marítimo.

ποντό-θεν ADV. del seno del mar.

πόντον-δε ADV. al mar.

ποντοπορεύω *y*

ποντοπορέω -ῶ navegar por el mar.

F. *inf. pres. ép.* ποντοπορευέμεναι.

ποντο-πόρος ον que recorre el mar.

πόντος ου ὁ mar, alta mar, ponto.

F. *gen. ép.* (ἐκ)ποντόφιν.

πόποι INTERJ. ¡oh! ¡ah! ¡ay!

πόρδαλις εως ἡ = πάρδαλις.

πορεία ας ἡ viaje, camino; marcha de un ejército, expedición; paso, manera de andar.

πορεῖν *aor. 2.º de inf.* procurar, suministrar, proporcionar, dar; realizar; cumplir, causar; entregar, confiar; traer (δεῦρο Θησέα aquí a Teseo, *Sóf. E. C. 1124*) || PERF. πέπρωται está determinado por el destino; *part.* πεπρωμένος determinado por el destino; ἡ πεπρωμένη destino, hado.

F. *aor. ind.* ἔπορον, *ép.* πόρον, *part.* πορών; *perf. v. supra.*

πορεύσιμος ον que puede ser atravesado.

πορευτέος α ον *adj. vbal. de* πορεύω que debe ser atravesado; πορευτέον *n.* hay que ir *o* marchar.

πορεύω llevar, transportar (ποταμόν τινα a uno al otro lado del río); conducir, escoltar; enviar || MED. *y* PAS. ir, marchar, viajar (τοῖν ποδοῖν a pie); irse (ἐκ δόμων de casa); alejarse (ἀπὸ τοῦ στρατεύματος del ejército); atravesar, pasar (τὰ δύσβατα regiones de difícil acceso); dejarse llevar; entrar en [*ac.*]; venir, salir [de algún sitio, *gen.*]; ir al lecho de [παρά *con ac.*]; πορεύεσθαι διὰ τῶν ἡδονῶν dejarse llevar por los placeres; ὑπέροπτα πορεύεσθαι comportarse desdeñosamente; διὰ τῶν ὁμολογουμένων π. razonar sobre argumentos convenidos.

F. *fut.* πορεύσω; *aor.* ἐπόρευσα || MED. *y* PAS. *fut.* πορεύσομαι; *aor.* ἐπορευσάμην *y* ἐπορεύθην; *perf.* πεπόρευμαι.

πορθέω -ῶ saquear, devastar, asolar; ultrajar, maltratar, arruinar; sitiar.

πόρθησις εως ἡ saqueo, devastación.

πορθμεῖον [*jón.* **πορθμήιον**] **ου τό** estrecho; navío, barca; pasaje, barcaje.

πορθμεύς έως ὁ barquero; marinero.

πορθμεύω llevar, transportar, pasar; atravesar; hacer pasar.

πορθμήιον ου τό *jón.* = **πορθμεῖον.**

πόρθμος ου ὁ transporte, viaje por agua; estrecho, brazo de mar; mar.

πορίζω abrir camino, dar paso; procurar, suministrar, proporcionar, dar; enviar, llevar; entregar; disponer, preparar, terminar, adquirir || MED. procurarse, conseguir || PAS. ser procurado *o* provisto.

F. *fut.*ποριῶ (*inf.*ποριεῖν), *med.* -οῦμαι; *aor.* ἐπόρισα -άμην; *perf.* πεπόρικα, *pas.* πεπόρισμαι (*tamb. con valor med.*); *3.ª sing. plpf.* ἐπεπόριστο *Tuc*; *aor. pas.* ἐπορίσθην; *fut. pas.* ποριοθήσομαι.

πόριμος ον ingenioso, sagaz, fértil en recursos; bien provisto *o* abastecido.

πόρις εως [*o* **ιος**] **ἡ** = **πόρτις.**

πορισμός οῦ ὁ medio de procurarse, expediente; medio de ganar, ganancia, mérito.

ποριστής οῦ ὁ proveedor, que suministra, autor, administrador.

ποριστικός ή όν que procura *o* suministra; que puede suministrar *o* es apto para ello.

πόρκης ου ὁ anillo para fijar el hierro de la lanza en el asta.

πορνεία ας ἡ prostitución; acción deshonesta [adulterio, etc.]; idolatría.

πορνεύω fornicar; hacerse idólatra, apostatar || MED. prostituirse.

πόρνη ης ἡ mujer mala; idólatra.

πόρνος ου ὁ disoluto, libertino, salaz.

πόρον *aor. 2.º* [*v.* **πορεῖν**].

πόρος ου ὁ paso, pasaje; estrecho [geográfico]; vado; puente; mar, río; camino, senda, calle; medio para conseguir un fin, recurso, expediente; remedio; adquisición, rentas, ingresos; πόροι ἁλός caminos del mar, el mar.

πόρπαξ ακος ὁ anillo por donde se pasaba la mano para manejar el escudo.

πόρπη ης ἡ broche, hebilla.

πόρρω ADV. delante, adelante (προβαίνειν πόρρω τῆς μοχθηρίας ir adelante en la senda del vicio; πόρρω σοφίας ἐλαύνειν adelantar en el camino de la sabiduría; ἐκάθευδον μέχρι πόρρω τῆς ἡμέρας durmieron hasta una hora muy avanzada del día); lejos, muy lejos; durante largo tiempo; tarde, muy tarde.

F. *ép. jón. poét.* πρόσω *poét. tamb.* πρόσσω *y* πόρσω; *comp.* πορρωτέρω προσωτέρω πορρώτερον (*v. l. N. T. Ev. Luc. 24, 28*); *superl.* πορρωτάτω *y* προσωτάτω.

πόρρω-θεν ADV. de lejos; desde hace mucho tiempo.

πορσαίνω *y*

πορσύνω preparar, cuidar, realizar, acabar, hacer, ordenar, arreglar; ejecutar, cumplir; honrar, tratar con respeto; ofrecer, presentar, anunciar. F. *fut. ép.* πορσανέω *y* πορσυνέω; *aor.* ἐπόρσυνα, *ép.* πόρσυνα.

πόρσω ADV. = **πόρρω.**

πόρταξ ακος ἡ *y*

πόρτις ιος [*o* **εως**] **ὁ ἡ** ternero, ternera, vaca joven.

πορφύρα ας [*jón.* **πορφύρη ης**] **ἡ** púrpura [molusco y su tinta]; vestido, manto, etc. de púrpura.

πορφύρεος α ον [**-οῦς ᾶ οῦν**] purpúreo; rojo oscuro, brillante, esplendente, sangriento.

πορφυρεύς έως ὁ pescador de púrpuras; tintorero que tiñe de púrpura.

πορφύρη ης ἡ *jón.* = **πορφύρα.**

πορφυρίς ίδος ἡ vestido de púrpura.

πορφυρό-πωλις ιδος ἡ negociante en telas de púrpura [mujer].

πορφυροῦς ᾶ οῦν = **πορφύρεος.**

πορφύρω hincharse [el mar], agitarse [las olas]; estar agitado, inquieto; teñirse de púrpura.

ποσάκις ADV. ¿cuántas veces?

ποσα-πλάσιος α ον ¿cuántas veces mayor?

ποσά-πους ουν [*gen.* ποσάποδος] ¿de cuántos pies?

πόσε ADV ¿a dónde?

Ποσειδᾶν ᾶνος ὁ *eól. poét. y*

Ποσειδάων ωνος ὁ *ép. poét. y*

Ποσειδέων ωνος *jón.* **ὁ** *y*

Ποσειδῶν ῶνος ὁ Poseidón, Neptuno.

1 **πόσις ιος** [*o* **εως**] **ἡ** [*de* πίνω] bebida; el beber, acción de beber; orgía. F. *dat.* πόσει, *jón.* πόσι.

2 **πόσις ιος** [*o* **εως**] **ὁ** [*de* πότις] esposo; dueño, señor. F. *dat.* πόσει *o* πόσεϊ; *ac. pl. ép.* πόσιας.

πόσος η ον ¿cuán grande? ¿de qué magnitud? ¿a qué distancia? πόσοι; ¿cuántos? πόσου; ἐπὶ πόσῳ; πόσον; ¿por cuánto, a qué precio? πόσῳ; *(seguido de compar.)* ¿cuánto [mayor, etc.]? πόσον ἀπό τινος; ¿a qué distancia de algo?

ποσός ή όν de algún tamaño, en alguna cantidad || SUST. *n.* la cantidad, el tamaño.

ποσσ-ῆμαρ ADV. ¿en cuántos días?

ποσσί-κροτος ον pisado.

ποσταῖος α ον ¿en cuántos días? ¿desde hace cuántos días? ¿cuántos días hace que?

πόστος η ον ¿qué número de...? πόστον δὴ ἔτος ἐστὶν ὅτε; ¿cuántos años hace que...?

πότ' = **ποτί** *y* **πότε.**

πότα ADV. = **πότε.**

ποτά ADV. *enclít.* = **ποτέ.**

ποταίνιος ον [*o* **-ος α ον**] reciente, nuevo; extraordinario, imprevisto.

ποτάμιος ον [*o* **-ος α ον**] de río, fluvial.

ποταμόν-δε ADV. al río.

ποταμός οῦ ὁ río, corriente, canal.

ποταμο-φόρητος ον arrastrado por el río.

ποτάομαι *frecuentativo de* πέτομαι revolear, revolotear. *Perf.* = *pres.* F. *perf.* πεπότημαι, *3.ª pl. ép.* πεποτήαται.

ποταπός ή όν = **ποδαπός.**

πότε ADV. ¿cuándo? ἐς πότε; ¿hasta cuándo?

ποτέ ADV. *enclít.* una vez, un día, alguna vez, en un tiempo cualquiera, jamás (ἦ σοι γὰρ Αἴας πολέμιος προὔστη ποτέ; ¿acaso el belicoso Ayante se opuso alguna vez a ti? *o* ¿fue jamás tu enemigo?); en otro tiempo; quizá; ἤδη ποτέ ya una vez, por fin una vez; χρόνῳ ποτέ por fin al cabo de mucho tiempo; ποτὲ μέν... ποτὲ δέ tan pronto... tan pronto; ὅστις ποτέ quienquiera que; τίς ποτε; τί ποτε; ¿quién? ¿qué?

Ποτείδαια ας ἡ la ciudad de Potidea en Tracia.

Ποτειδάν Ποτειδάων *dór.* = **Ποσειδᾶν Ποσειδάων.**

ποτέομαι -οῦμαι = **πέτομαι.**

ποτέος α ον *adj. vbal. de* πίνω potable; ποτέον hay que beber.

πότερος α ον ¿cuál de los dos? πότερον... ἤ, πότερα... ἤ si... o, acaso... o [*lat.* utrum... an].

ποτέρω-θι ADV. ¿de cuál de los dos lados? ¿en cuál de los dos lados?

ποτέρως ADV. ¿de cuál de los dos modos? ¿cómo?

ποτέρω-σε ADV. ¿hacia cuál de las dos partes?

ποτή ῆς ἡ vuelo.

ποτηνός ή όν que vuela, alado.

ποτήριον ου τό vaso, copa; cubilete; cáliz eucarístico.

ποτής ῆτος ἡ acción de beber, bebida.

ποτητός ή όν que vuela, alado || SUST. *n. pl.* volátiles, aves, pájaros.

ποτί = πρός.
F. *en anástrofe* πότι; *apocop.* ποτ' ποθ'.

ποτι-βάλλω = προσβάλλω.

ποτι-βλέπω = προσβλέπω.

Ποτίδαια = Ποτείδαια.

Ποτιδάν = Ποτειδάν.

ποτι-δέγμενος η ον *part. aor. ép. de* προσδέχομαι.

ποτι-δέρκομαι = προσδέρκομαι.

ποτι-δόρπιος ον propio para una cena.

ποτίζω dar de beber, abrevar; regar.

ποτι-κλίνω = προσκλίνω.

πότιμος ον potable, bueno para beber; agradable.

ποτι-νίσσομαι = προσνίσσομαι.

ποτι-πτήσσω [*part. perf.* ποτιπεπτηώς] agacharse *o* inclinarse hacia.

ποτι-πτύσσω = προσπτύσσω.

ποτι-τέρπω alegrar, encantar.

ποτι-φωνήεις εσσα εν = προσφωνήεις.

ποτι-ψαύω = προσψαύω.

πότμος ου ὁ suerte fatal, muerte, destino, hado; desgracia; fortuna.

πότνα ἡ [*sólo nom. y voc.*] *y*

πότνια ας ἡ dueña, soberana, reina; augusta, santa, sagrada, venerable.
F. *gen. pl. jón.* ποτνιέων *Hdt. 9, 97.*

ποτόν οῦ τό bebida, trago; vino; humedad, agua, ola.

πότος ου ὁ bebida (ἐν τῷ πότῳ, παρὰ πότον al beber, durante la comida); orgía, festín en que se bebe mucho.

ποτός ή όν que se bebe, bebido, potable.

ποττώς = ποτὶ τώς = πρὸς τούς.

ποῦ ADV. ¿en dónde? (ποῦ σοι τύχης ἕστηκεν ¿en qué estado [en dónde] de fortuna se encuentra para ti [*dat. ético*]? ¿cuál ha sido tu suerte?); *a veces* ¿a dónde?; ¿cómo? ¿de qué manera? en manera alguna.

πού ADV. *enclít.* en alguna parte, a alguna parte; de alguna manera, quizá, probablemente, casi, poco más o menos, a lo más, a lo sumo.

πουλυ-... = πολυ-...

πουλύ = πολύ.

πουλυ-βότειρα ας ADJ. *f.* que nutre a muchos, fecunda.

πουλύ-πους ουν [*gen.* πουλύποδος] *v.* πολύπους.

πουλύς = πολύς.

πούς ποδός ὁ pie, pierna; garra; escota; paso, andar; carrera, velocidad; pie [centésima parte del pletro]; pie [medida del verso]; bolina [en un barco], timón; κατὰ πόδας ἰέναι seguir las huellas; ἡ κατὰ πόδας ἡμέρα el día siguiente; κατὰ πόδα, παρὰ πόδα al momento; κατὰ πόδας corriendo; ἐπὶ πόδα lentamente, paso a paso; τὰ ἐν ποσί, τὰ πρὸς ποσί, τὰ κατὰ πόδας, τὰ παρὰ πόδα lo que uno tiene ante sí, las cosas ordinarias, comunes *o* fáciles; πρόσθεν ποδός *o* ποδῶν, προπάροιθε ποδῶν delante; ἐκ ποδῶν lejos, fuera; ὡς ποδῶν ἔχει a toda la velocidad posible; ἐξ ἑνὸς ποδός solo; ὑπὸ πόδα ποιεῖσθαι maltratar, destruir, arruinar, devastar || ποὺς νεός escota.
F. *dat.* ποδί, *ac.* πόδα; *gen. dat. du.* ποδοῖν, *ép.* ποδοῖιν; *dat. pl* ποσί, *ép. poét.* ποσσίν, πόδεσι *y* πόδεσσιν.

πρᾶγμα ατος τό acción, hecho, ocupación, asunto, negocio, cosa importante, ejecución, realización, objeto; modo de obrar, obligación, tarea, empresa, negociación; circunstancia, situación, coyuntura; dificultad, embarazo, molestia, perplejidad, situación desagradable *o* difícil, embrollo, enredo, intriga, traición (πράγματα παρέχειν τινί crearle a uno dificultades, ponerle en apuro *o* aprieto; ἄνευ πραγμάτων λαμβάνειν εἰς τὰς ἑορτάς tomar sin duelo para las fiestas, *Dem.*); la cosa pública; los negocios del Estado, el gobierno, el poder (καταλαμβάνεσθαι τὰ πράγματα apoderarse del gobierno; νεώτερα πράγματα novedades en la dirección de los asuntos públicos [*lat.* res novae], turbulencias, revolución); σφίσι τε καὶ Ἀθηναίοις εἶναι οὐδὲν πρ. no tener ninguna relación con los atenienses.

πραγματεία ας ἡ ocupación, actividad, negocio, esfuerzo, trabajo, aplicación, estudio; obra escrita, obra de historia, carta.

πραγματεύομαι trabajar, ocuparse [en algo, περί τι, ἐπί τινι, περί τινος]; realizar, ejecutar, emprender.
F. *aor. 1.º* ἐπραγματευσάμην, *aor.*

pas. con el mismo valor del med. ἐπραγματεύθην; *perf.* πεπραγμάτευμαι *(tamb. con valor pas.). En jón.* πρηγματεύομαι *con* -η- *en la raíz en todas las formas enunciadas.*

πρᾶγος εος [ους] τό = **πρᾶγμα.**

πραεῖα *v.* **πρᾷος.**

πραθέειν *inf. aor. de* πέρθω.

πραιτώριον ου τό pretorio [palacio del pretor romano *o* de los presidentes de las provincias].

πρακτέος α ον *adj. vbal. de* πράσσω que ha de hacerse; πρακτέον se debe hacer, se debe obrar.

πρακτικός ή όν práctico, activo; eficaz, poderoso [cerca de alguno, παρά *con gen.*].

πράκτωρ ορος ὁ ἡ que hace, que obra, autor; hombre de negocios; vengador; alguacil del juzgado.

πρανής ές [*jón.* **πρηνής ές**] inclinado hacia adelante, que cae de cabeza; oblicuo, escarpado, pendiente; κατὰ τοῦ πρανοῦς cuesta abajo; κατὰ πρηνές boca abajo. *Tamb. fig.* [*Jen. Cirop. 2, 2, 24*].

πρᾶξις εως ἡ = **πρᾶγμα.**

πράξω *fut. de* πράσσω.

πρᾷος [*o* **πρᾶος**] **πραεῖα πρᾷον** suave, manso, domesticado; dulce, afable, agradable; tranquilo, pacífico.

F. *Tamb. con distinto tema* πραΰς (*jón.* πρηΰς) -εῖα -ύ; *del cual gen.* πραέος πραέως πράους; ; *en pl. nom.* πραεῖς (*n.* πραέα) *y* πρᾶοι; *gen.* πραέων; *dat.* πραέσι, *ac.* πραεῖς *y* πράους. — *Comp.* πραότερος πραΰτερος, *jón.* πρηΰτερος, *superl.* πραότατος, *jón.* πρηΰτατος.

πρᾳότης ητος ἡ mansedumbre, dulzura, apacibilidad; paciencia.

πραπίς ίδος ἡ diafragma, entrañas, corazón, alma; inteligencia, prudencia, pensamiento.

F. *dat. pl. ép.* πραπίδεσσι(ν).

πρασιά ᾶς [*jón.* **πρασιή ῆς**] **ἡ** cuadro de jardín, arriate; división, grupo: πρασιαὶ πρασιαί en divisiones *o* separaciones [*N. T. Marc. 6, 40*].

πράσιμος ον que está en venta.

πρᾶσις εως [*jón.* **πρῆσις ιος**] **ἡ** venta.

πράσσω [*át.* **πράττω**; *jón.* **πρήσσω**] atravesar, recorrer (ἅλα el mar); acabar, ejecutar, realizar, hacer, cometer; obrar, trabajar (τινί, πρός τινα en favor de uno); ocuparse en, administrar, manejar; tramar, urdir, negociar, traicionar (οἱ πράσσοντες los traidores); pensar en, proponerse, cuidarse; salir bien en un empeño, tener buen éxito; καλῶς πρ. ser feliz; κάκιον πρ. estar en peor situación; χείρω πρ. estar peor; εὖ πρ. estar bien, ser feliz, tener suerte, irle a uno bien; πρ. φρένας τινί obrar de acuerdo con alguien; reclamar, obtener, lograr; πρ. τινὰ ἀργύριον sacar a uno dinero; πεπραγμένος τὸν φόρον que se le ha reclamado el tributo || MED. exigir, sacar, obtener (χρήματα, μισθόν dinero, sueldo).

F. *fut.* πράξω, *jón.* πρήξω, *med.* πράξομαι *(tamb. con valor pas.)*; *aor.* ἔπραξα, *jón.* ἔπρηξα, *med.* ἐπραξάμην; *perf.* πέπραχα, *jón.* πέπρηχα *(gralmte. trans.) y* πέπραγα, *jón.* πέπρηγα *(gralmte. intr.), med.* πέπραγμαι *tamb. con valor pas.*; *plpf.* ἐπεπράχειν *(trans.) 3.ª pl.* ἐπεπράγεσαν *(intr.)*; *fut. perf.* πεπράξομαι *(con valor pas.)*; *aor. pas.* ἐπράχθην; *fut. pas.* πραχθήσομαι.

πρατός ή όν vendido.

πράττω *át.* = **πράσσω.**

πραΰνω calmar, apaciguar, amansar, domar || PAS. calmarse.

πραϋ-πάθεια ας *y*

πραϋ-παθία ας ἡ = **πρᾳότης.**

πραΰς εῖα ΰ = **πρᾷος.**

πραΰτης ητος ἡ = **πρᾳότης.**

πρέμνον ου τό parte inferior del tronco; árbol, leña; bloque, fundamento.

πρεπόντως ADV. convenientemente, dignamente.

πρέπω distinguirse, sobresalir (διὰ πάντων entre todos); parecer, tener el aspecto, el aire, el continente de; convenir, ser propio de [*dat.*]; πρέπων ἔφυς es conveniente que tú...; ὅ τι γιγνόμενον ἂν πρέποι lo que convendría que sucediese || IMPERS. πρέπει conviene, es conveniente, natural, verosímil (ἐμοὶ πρέποι ἂν ἐπιμελομένῳ a mí me convendría ocuparme en).

F. *impf.* ἔπρεπον; *fut.* πρέψω; *aor.* ἔπρεψα.

πρεπώδης ες conveniente.

πρέσβα ης ADJ. *f.* venerable, respetable; muy vieja.
πρεσβεία ας ἡ primogenitura; embajada; los embajadores, los legados.
πρεσβεῖον ου τό preeminencia, presidencia; presente de honor *o* privilegio.
πρέσβευσις εως ἡ embajada, legación, misión.
πρεσβευτής οῦ ὁ embajador, legado, enviado.
F. *En pl. suele usarse más bien* πρέσβεις *de* πρέσβυς *con la misma significación.*
πρεσβεύω ser muy viejo *o* el más viejo; ser más viejo [que uno, *gen.*]; ser el primogénito [de uno, ἀπό *o* παρά *con gen.*]; ser más digno, más respetable, ser el superior, dominar; respetar, venerar; estimar en más, preferir; cuidarse de, ocuparse solícitamente en; ser embajador [cerca de uno, πρός *con ac.*]; enviar una embajada, negociar || MED. ser embajador, enviar una embajada.
πρεσβήιον ου τό *jón.* = **πρεσβεῖον.**
πρεσβυ-γένεια ας ἡ primogenitura.
πρεσβυ-γενής ές primogénito || SUBST. *m. pl.* los senadores, el Consejo de Ancianos en Esparta.
πρέσβυς εως ADJ. *m.* viejo, anciano; experimentado, venerable, digno de respeto, precioso, importante (πρεσβύτατον κρίνειν τι creer importantísima una cosa) || SUBST. anciano (οἱ πρέσβεις los ancianos, los jefes; οἱ πρεσβύτεροι los Ancianos del pueblo entre los judíos, los primeros cristianos, *más tarde* los sacerdotes); enviado, legado, embajador (οἱ πρέσβεις los embajadores).
F. *ac.* πρέσβυν, *voc.* πρέσβυ. *En pl. en prosa sólo con la sign. de* enviado, *cf.* πρεσβευτής.
πρεσβυτέριον ου τό Consejo de Ancianos.
πρεσβύτης ου ὁ = **πρέσβυς.**
πρεσβῦτις ιδος ἡ anciana, vieja.
πρῆγμα ατος τό *jón.* = **πρᾶγμα.**
πρηγματεύομαι *jón.* = **πραγματεύομαι.**
πρηθῆναι *inf. aor. pas. jón. de* πιπράσκω.
πρήθω hacer brotar (αἷμα ἀνὰ στόμα καὶ κατὰ ῥῖνας sangre de la boca y de las narices); hinchar; quemar, incendiar, abrasar.
F. *fut.* πρήσω; *aor.* ἔπρησα, *ép.* πρῆσα; *perf.* πέπρηκα, πέπρησμαι; *aor. pas.* ἐπρήσθην.
πρηκτήρ ῆρος ὁ *jón.* = **πράκτωρ.**
πρηνής ές *jón.* = **πρανής.**
πρῆξις ιος ἡ *jón.* = **πρᾶξις.**
πρῆσις ιος ἡ *jón.* = **πρᾶσις.**
πρήσσω *jón.* = **πράσσω.**
πρηστήρ ῆρος ὁ huracán *o* tormenta con truenos y rayos; relámpago, rayo; viento tempestuoso.
πρητήριον ου τό mercado, plaza del mercado.
πρηΰνω *jón.* = **πραΰνω.**
πρηΰς εῖα ΰ *jón.* = **πραΰς.**
* **πρίαμαι** comprar [algo *ac.* por... *gen. o dat.*]; sobornar; arrendar.
F. *aor.* ἐπριάμην, *3.ª sing. ép.* πρίατο, *imp.* πρίασο *y* πρίω; *subj.* πρίωμαι, *opt.* πριαίμην; *inf.* πρίασθαι, *part.* πριάμενος.
Πρίαμος ου ὁ Príamo, último rey de Troya.
πρίζω = **πρίω.**
πρίν ADV. antes (ἐν τῷ πρὶν χρόνῳ anteriormente [*lit.* en el tiempo de antes]); τὸ πρίν en otro tiempo; ὁ πρίν el de otro tiempo, el ya muerto || PREP. [*raro*] *de gen.* antes de (πρὶν φάους antes de amanecer) || CONJ. antes que; hasta que (*con ind. real; subj. prospect. en gral con* ἄν; *opt. oblicuo; inf. con* ἄν *o sin* ἄν) οὐ πρίν... πρίν... no... hasta que; πρὶν ἤ antes que.
πριστός ή όν aserrado.
πρίω serrar; rechinar los dientes de cólera; morder; sujetar, estrechar fuertemente.
F. *impf.* ἔπριον, *aor.* ἔπρισα, *perf.* πέπρικα, *med.* πέπρισμαι.
πρίων ονος ὁ sierra.
πρό ADV. delante, adelante; antes (ἠῶθι πρό antes de la aurora; Ἰλιόθι πρό delante de Ilión) || PREP. *de gen.* delante de, ante; en defensa de, por, en interés de; πρὸ τοξευμάτων como defensa contra las flechas; con preferencia a, más que (πρὸ πολλῶν χρημάτων τιμᾶσθαι estimar más que grandes riquezas); en lugar de, a cambio de, por; a causa de, por, de (πρὸ φόβοιο de miedo); antes de

(οἱ πρὸ ἐμοῦ mis antecesores; πρὸ τῶν Τρωικῶν antes de la guerra de Troya; πρὸ τοῦ θανεῖν antes de morir).

προ-αγγέλλω anunciar de antemano.

προάγγελσις εως ἡ anuncio; invitación; intimación.

προ-αγορεύω predecir, profetizar, prevenir, advertir; declarar públicamente; proclamar, ordenar públicamente, intimar.

F. *fut.* προερῶ, *aor.* προεῖπον, *jón. tamb.* προηγόρευσα; *perf.* προείρηκα, *tamb.* προηγόρευκα, *pas.* προηγόρευμαι; *aor. pas.* προὐρρήθην. *V.* ἀγορεύω.

προ-άγω llevar adelante, hacer avanzar; sacar, producir; promover, elevar en dignidad; inducir, persuadir, excitar, empujar; preceder, avanzar; ir delante, escoltar; ser superior || MED. impulsar, excitar, inducir.

προαγωγεία ας ας ἡ prostitución.

προαγωγεύω prostituir.

προ-άγων ωνος ὁ preludio, preparación.

προ-αγωνίζομαι combatir antes; combatir delante.

προ-αδικέω -ῶ ofender antes.

προ-αιδέομαι -οῦμαι tener una deuda de gratitud [con uno, *dat.*].

F. *jón.* προαιδεῦμαι; *3.ª pl. plpf. jón.* προαιδέατο. *Hdt. 1, 61.*

προαίρεσις εως ἡ libre elección, resolución, designio, voluntad, plan, premeditación, intención; dirección política *o* científica, forma de gobierno, partido político; principios conforme a los cuales se obra, manera de pensar y obrar; política, secta, escuela; papel.

προ-αιρέω -ῶ sacar (τὶ ἔκ τινος algo de alguien *o* de algún sitio) || MED. sacar o tomar para sí, elegir; preferir (τί τινος, τὶ ἀντί τινος, τὶ πρό τινος una cosa a otra); proponerse, determinar; emprender.

προ-αισθάνομαι presentir, sospechar, presumir; enterarse antes [de algo, *ac. o gen.*].

προ-αιτιάομαι -ῶμαι acusar antes.

προ-ακούω oír antes.

προ-αλής ές pendiente, escarpado.

προ-αμαρτάνω pecar antes.

προ-αμύνομαι precaverse, ponerse en guardia [contra alguien, *ac.*].

προ-αναβαίνω subir el primero *o* antes.

προ-ανάγομαι salir el primero del puerto.

προ-αναισιμόω -ῶ gastar *o* perder antes: emplear antes.

προ-αναλίσκω gastar de antemano; consumir *o* emplear antes || PAS. sucumbir antes.

προ-αναχώρησις εως ἡ retirada apresurada, precipitada.

προ-ανύ(τ)ω acabar *o* realizar antes.

προ-απαντάω -ῶ ir el primero al encuentro [de uno, *dat.*].

προ-άπειμι *y*

προ-απέρχομαι retirarse antes; partir antes de esta vida, morir antes [que... *gen.*].

προ-απηγέομαι -οῦμαι contar, exponer antes.

προ-αποθνήσκω morir prematuramente: morir antes.

προ-αποκάμνω cansarse antes; abandonar la tarea.

προ-απόλλυμι destruir antes || PERF. *2.º* προαπώλολα *y* PAS. morir antes.

προ-αποπέμπω = **προ-αποστέλλω.**

προαποστάς *gen.* προαποστάντος *part. aor. 2.º de* προαφίσταμαι.

προ-αποστέλλω enviar antes *o* de antemano; enviar antes de [*gen.*].

προ-αποτρέπομαι apartarse *o* volverse antes.

προ-αποφαίνομαι exponer, hablar antes.

προ-αποχωρέω -ῶ marcharse antes.

προ-αρπάζω hacer presa anticipadamente en [*ac.*].

προ-άστειον [*tamb.* **προ-άστιον**] **ου τό** suburbio, arrabal, comarca cerca de la ciudad, barrio bajo; finca rural.

προ-αύλιον ου τό portal, zaguán *(N. T.)*.

προ-αφικνέομαι -οῦμαι llegar antes.

προ-αφίσταμαι retirarse antes, separarse antes de un partido, hacer traición a una alianza; desistir antes.

F. *Con la misma sign. aor. 2.º act.* προαπέστην, *part. pl.* προαποστάντες, *perf.* προαφέστηκα.

προ-βαίνω ir delante, ir adelante, seguir, avanzar; pasar, transcurrir [el tiempo]; ἄστρα προβέβηκε los astros van muy avanzados en su curso, es

ya tarde [*Hom. Il. 20, 252*]; progresar, crecer, llegar (ἐπ' ἔσχατον θράσους al colmo de la audacia); envejecer, ser avanzada [la edad]; superar [en algo a uno, *gen. y dat.*].
F. *v.* βαίνω. *aor. 2.º* προὔβην, *imp.* πρόβα, πρόβατε; *part. du. ép.* προβοῶντε, *v. l.* προβάοντε.

προ-βάλλω empujar hacia adelante; sacar; echar, lanzar, tirar, dar la señal de, comenzar, trabar (κακὴν ἔριδα una lucha funesta); aducir como pretexto *o* argumento (προβαλλόμενος λόγος proverbio que todos conocen); precipitar, exponer (ἑαυτόν abandonarse, desesperar); proponer [para un cargo] || MED. poner ante sí, comenzar, llevar adelante; colocar como defensa *o* excusa, cubrirse, defenderse, protegerse, guarecerse; proponer *o* proponerse como modelo; proponer para un cargo; echar lejos, arrojar (ἐν ᾗ [ἀκτῇ] με προὐβάλου ἄφιλον esta playa en que me arrojaste sin amigos); perseguir en juicio, acusar; sobrepujar, superar.
F. *v.* βάλλω *y obsérvese aor. 2.º* προὔβαλον, *med.* προὐβαλόμην, *ép.* πρόβαλον, *iter.* προβάλεσκον.

πρόβασις εως ἡ fortuna en rebaños.

προβατικός ή όν concerniente a los carneros; ἡ πρ. πύλη la puerta *o* piscina probática, donde se lavaban los animales para los sacrificios en el templo de Jerusalén.

προβάτιον ου τό ovejita.

πρόβατον ου τό animal doméstico, ganado, rebaño de ganado, especialmente de ovejas, cabras [ganado menor], pero también caballos, mulos *o* bueyes.

προ-βέβουλα [*perf. del inus.* προβούλομαι] preferir (τινά τινος una persona a otra).

προ-βιβάζω hacer avanzar, hacer progresar (εἰς ἀρετήν en la virtud); inducir, llevar a.

προ-βιβάω -ῶ *y*

προ-βίβημι = **προ-βαίνω.**
F. *part. ép.* προβιβάς *y* προβιβῶν, *gen.* προβιβῶντος *etc.*

προ-βλέπομαι proveer, disponer; prevenir.

πρόβλημα ατος τό saliente, promontorio; abrigo, defensa, reparo, baluarte, armadura, escudo, barrera; excusa; cuestión propuesta, problema; persona que sirve de tapadera, que aparece como responsable.

προβλής ῆτος ADJ. *m. y f.* saliente || SUBST. *f.* promontorio.

πρόβλητος ον entregado a [*dat.*].

προ-βλώσκω avanzar, salir.
F. *V.* βλώσκω *y nótense inf. ép.* προβλωσκέμεν; *aor. ép.* πρόμολον.

προ-βοάω -ῶ gritar, clamar en alta voz.

προ-βοηθέω -ῶ socorrer de antemano.

προβόλαιος ου ὁ flecha, jabalina.

προ-βολή ῆς ἡ = **πρόβλημα;** presentación, elección para un cargo; citación en justicia; arma dispuesta para el ataque, actitud de ataque *o* defensa; ataque.

προβόλιον ου τό flecha de caza.

πρόβολος ου ὁ cabo, promontorio; escollo, obstáculo; flecha, jabalina; dique; abrigo, defensa, fortaleza.

προ-βοσκός οῦ ὁ zagal, pastor subordinado al rabadán.

προβούλευμα ατος τό resolución provisional.

προ-βουλεύω [*y med.*] deliberar antes para someter luego lo resuelto a la asamblea popular, decidir provisionalmente; llevar la voz cantante; deliberar en interés de [*gen.*]; cuidar de uno.

πρό-βουλος ου ὁ diputado, miembro de una comisión deliberante; asamblea, consejo de los doce delegados de las ciudades jónicas; diputación.

προ-βωθέω -ῶ = **προβοηθέω.**

προ-γενής ές nacido antes; viejo, anciano; predecesor, primitivo, padre de linaje.

προ-γί(γ)νομαι nacer antes, producirse antes, suceder antes, avanzar, ir delante || PERF. existir antes; οἱ προγεγονότες los antiguos; τὰ προγεγενημένα el pasado.

προ-γι(γ)νώσκω conocer, saber de antemano; prever; proveer, atender previsoramente [a algo, εἰς *y ac.*].

πρόγνωσις εως ἡ conocimiento anticipado, previsión, resolución provisional.

πρό-γονος ον nacido antes, más viejo

|| SUBST. *m.* antepasado, abuelo, padre de linaje, progenitor, padre.
πρόγραμμα ατος τό orden del día, programa.
προγραφή ῆς ἡ edicto fijado.
προ-γράφω escribir de antemano, avisar antes *o* encargar por escrito; inscribir en una lista; proclamar.
προ-δαῆναι *aor. inf.* saber de antemano.
προ-δέδοκται *perf. de* προδοκεῖ.
προ-δείδω temer, estar cuidadoso *o* preocupado de antemano.
προ-δείκνυμι mostrar ante sí *o* como ejemplo (σκήπτρῳ tantear con un bastón el camino que se ha de seguir); explicar, declarar, mostrar por un ejemplo; mostrar de antemano que; predecir.
F. *jón.* προδεικνύω, *aor.* προέδεξα. *V.* δείκνυμι.
προ-δειμαίνω temer de antemano.
προδέκτωρ ορος ὁ que anuncia el porvenir; vidente.
πρό-δηλος ον que salta a los ojos, evidente, manifiesto, conocido de todos (ἐκ προδήλου evidentemente, a la vista de todos).
προδηλόω -ῶ declarar, notificar de antemano.
προ-διαβαίνω pasar el primero.
προ-διαβάλλω excitar sospechas de antemano [contra uno, *ac.*]; acusar el primero.
προ-διαγιγνώσκω conocer, examinar antes; tomar una determinación provisional.
προ-διαφθείρω destruir antes || PAS. caer antes.
προ-διδάσκω [*y med.*] instruir antes, enseñar antes (τινά τι a uno algo) || PAS. saber de antemano.
προ-δίδωμι dar, pagar de antemano, adelantar; entregar traidoramente; traicionar, desertar, abandonar cobardemente [para pasarse al partido de alguien, πρός *con ac.*]; ser traidor; renunciar (ἡδονάς a los placeres); *con suj. de cosa,* faltar; estar seco [un río]; no servir; αἱ κάτω πλίνθοι πρ. τὰς ἄνω los ladrillos inferiores ceden y hacen derrumbarse los superiores.
προ-διεξέρχομαι atravesar el primero.
προ-διερευνάω -ῶ explorar antes.
προ-διερευνητής οῦ ὁ explorador, espía.
προ-διέρχομαι recorrer *o* atravesar antes.
προ-διηγέομαι -οῦμαι exponer antes.
πρό-δικος ου ὁ tutor de los reyes de Esparta.
προ-διώκω avanzar persiguiendo, perseguir demasiado lejos.
προ-δοκεῖ IMPERS. ser adoptado como decisión antes, parecer antes; τὰ προδεδογμένα las decisiones anteriores.
προ-δοκή ῆς ἡ emboscada, lugar a propósito para espiar [*pl.*].
πρό-δομος ου ὁ parte anterior de la casa, vestíbulo.
προδοσία ας [*jón.* **προδοσίη ης**] **ἡ** traición, alta traición.
προδότης ου ὁ traidor.
προδοτικός ή όν de traidor, traicionero.
πρόδοτος ον entregado, traicionado.
προδρομή ῆς ἡ carrera hacia adelante, avance, salto, ataque repentino.
πρόδρομος ον que corre delante, presuroso || SUBST. *m.* corredor enviado delante; *m. pl.* destacamento de caballería, cabalgada, algara.
προ-εδέδοκτο *plpf. de* προδοκεῖ.
προεδρία ας [*jón.* **προεδρίη ης**] **ἡ** sitio de preferencia, presidencia.
πρό-εδρος ου ὁ presidente; proedro [magistrado de Atenas y Mitilene].
προ-εέργω impedir (τινὰ ὁδεύειν a uno avanzar).
προ-έηκα *aor. 1.º ép. de* προΐημι.
προ-εθίζω acostumbrar de antemano.
προ-ειδέναι *inf. de* πρόοιδα.
προ-εῖδον *aor. 2.º de* προοράω.
1 **πρό-ειμι** [*inf.* προεῖναι] ser *o* estar antes; τὰ πρὸ ἐόντα el pasado.
2 **πρό-ειμι** [*inf.* προιέναι] = **προέρχομαι** *y su futuro.*
προ-εῖπον *aor. de* προαγορεύω.
προ-είρηκα *perf. de* προαγορεύω.
προ-εισάγω introducir antes || MED. introducir de antemano para sí.
F. *aor. med. jón. 3.ª pl.* προεσάξαντο *Hdt., aunque puede ser tamb. de* προσάττω.
προ-εισπέμπω enviar de antemano, por delante.
προ-εκθέω -ῶ lanzarse hacia adelante.
προ-εκκομίζω llevar de antemano.
προ-εκλέγω cobrar adelantado.

προ-εκφόβησις εως ἡ terror infundido antes, terror súbito.

προ-ελαύνω avanzar a caballo delante de [*gen.*] || PAS. avanzar el tiempo (πρόσω τῆς νυκτὸς προελήλατο la noche estaba ya muy avanzada).

προ-ελπίζω esperar antes.

προ-εμβάλλω atacar el primero, chocar el primero [con algo, ἐς *o* πρός *con ac.*].

προ-έμεν *inf. aor. de* προΐημι.

προ-ενάρχομαι comenzar antes que los otros.

προ-εννέπω decir, anunciar de antemano *o* públicamente.

προ-ενοίκησις εως ἡ residencia anterior.

προ-εξαγγέλλω anunciar de antemano.

προ-εξάγω sacar antes *o* previamente || MED. salir antes *o* primeramente.

προ-εξαΐσσω [*o* **προ-εξᾴσσω**] lanzarse antes *o* el primero.

προ-εξανίσταμαι levantarse, moverse el primero *o* antes de tiempo; tomar la ofensiva.

προ-εξᾴσσω = **προεξαΐσσω.**

προ-εξέδρα ας [*jón.* **προ-εξέδρη ης**] **ἡ** asiento elevado, tribuna.

προ-έξειμι *y*

προ-εξέρχομαι avanzar contra [*dat.*].

προ-εξεφίεμαι ordenar de antemano.

προ-εξορμάω -ῶ lanzarse delante *o* de antemano.

προ-επαγγέλλω [*y med.*] anunciar antes; prometer antes.

προ-επαινέω -ῶ alabar antes.

προ-επανασείω amenazar antes, poner delante como medio de amenaza.

προ-επιβουλεύω poner antes emboscadas [a uno, *dat.*].

προ-επίσταμαι saber de antemano.

προ-επιχειρέω -ῶ atacar el primero.

προ-εργάζομαι trabajar de antemano, preparar, realizar de antemano *o* antes (τὰ προειργασμένα los altos hechos anteriores; δόξα προειργασμένη gloria adquirida a fuerza de trabajo).

προ-ερέσσω remar hacia adelante; hacer avanzar a fuerza de remos.

προ-ερέω *fut. jón. de* προαγορεύω.

προ-ερύω sacar hacia delante [*esp.* la nave de tierra al mar *o* del mar a tierra].

F. *aor. ép.* προέρυσσα.

προ-έρχομαι avanzar, seguir adelante (κατὰ τὴν ὁδόν proseguir su camino); transcurrir, pasar (προελθόντος πολλοῦ χρόνου habiendo transcurrido mucho tiempo; οἱ προεληλυθότες ταῖς ἡλικίαις los avanzados en edad, los viejos); llegar a (προελθεῖν εἰς πᾶν μοχθηρίας haber llegado al último extremo de perversidad); ir lejos (ἐπὶ χιλόν a hacer forraje); ir delante, preceder [a uno, *gen. o dat.*].

πορ-ερῶ *fut. de* προλέγω *o* προαγορεύω.

προ-ερωτάω -ῶ preguntar antes.

πρό-ες *imp. aor. 2.º de* προΐημι.

προ-εσ... = **προ-εισ...**

προεσάξαντο *3.ª pl. aor. 1.º med. jón. de* προεισάγω *o de* προσάττω, *Hdt. 1,190, etc.*

προ-ετικός ἡ όν derrochador.

προ-ετοιμάζω [*y med.*] preparar de antemano.

προ-ευαγελίζομαι anunciar antes la buena nueva, el evangelio.

προ-έχω tener delante; poseer antes; recibir con preferencia (ἔκ τινος τιμὴν τῶν ἐνδίκων recibir de uno honores con preferencia a los que los merecen); estar delante, resaltar, sobresalir, exceder, sobrepasar (τὸ προέχον τῆς ἐμβολῆς la cabeza del ariete; ἐπ' ἠιόνας προὐχούσας a los recodos *o* salientes de la playa), ser el primero, ser superior, ser eminente; τὸ προὖχον la superioridad; οἳ προὔχοντες los principales ciudadanos, los jefes, los primates || IMPERS. προέχει sirve, es útil (οὔ τι προέχει no sirve para nada) || MED. presentar ante sí, proponer, ofrecer, alegar [como motivo *o* pretexto].

F. *De ordinario contracto* προὖχω *part.* προὔχων, *etc. No obstante en Hom. tamb. pres.* προέχω, *impf.* πρόεχον. *Para lo demás, v.* ἔχω.

προ-ηγεμών όνος ὁ conductor, caudillo.

προ-ηγέομαι -οῦμαι ir adelante, avanzar; preceder (τὸ προηγούμενον στράτευμα la vanguardia); pasar, adelantarse [a uno, *gen.*]; servir de guía, enseñar; aventajar.

προηγητής οῦ ὁ guía, el que va delante.

προ-ηγορέω -ῶ hablar el primero *o* en nombre de [*gen.*].
προ-ήδομαι gozar de antemano.
προ-ηκάμην *aor. med. de* προΐημι.
προ-ήκης ες puntiagudo.
προ-ήκω avanzar; ser el primero (ἀξιώματι en dignidad); llegar (ἐς τοῦτο hasta tal punto).
προ-θέλυμνος ον extirpado de raíz; ajustado *o* adaptado exactamente.
προθέουσι *3.ª pl. pres. ind. de* προθέω *2; s. o. subj. aor. de* προθίημι (= προσίημι).
πρόθεσις εως ἡ exposición (οἱ ἄρτοι τῆς προθέσεως panes de la proposición, *e. e.* expuestos en el templo *N. T.*); designio, voluntad.
προ-θέσμιος α ον fijado de antemano || SUST. *f.* día del vencimiento de un plazo; término; día fijado para alguna cosa.
1 **προ-θέω** correr delante, pasar en la carrera.
2 **προ-θέω** *subj. aor. de* **προτίθημι.**
προ-θνήσκω morir antes [que uno, *gen.*].
προ-θορών *part. aor. de* προθρῴσκω.
προ-θρῴσκω saltar delante, lanzarse de un salto.
προ-θυμέομαι -οῦμαι estar inclinado, dispuesto, desear vivamente, esforzarse por [*con* ὡς *u* ὅπως]; tener buen ánimo; mostrar celo, buena voluntad.
F. *En gral. contracción en las formas con aum.: impf.* προὐθυμούμην; *aor. pas.* προὐθυμήθην, *jón.* προεθ-, *part. pres. jón.* προθυμεύμενος *(v. l.).*
προθυμία ας [*jón.* **προθυμίη ης**] **ἡ** buena voluntad, celo, ardor, deseo, buen ánimo; afecto, favor.
πρό-θυμος ον bien dispuesto, lleno de buena voluntad, de celo [hacia uno *o* hacia alguna cosa, *gen. o* εἰς *con ac.*]; animoso, resuelto.
πρό-θυρον ου τό puerta delantera, puerta exterior de la casa; vestíbulo.
προ-θύω sacrificar antes.
προ-ϊάλλω enviar, hacer marchar, despedir.
προ-ϊάπτω arrojar *o* enviar delante; enviar.
προ-ϊδεῖν *inf. aor. 2.º de* προοράω.
προ-ΐειν *impf. de* προΐημι.
προ-ΐζομαι presidir.
προ-ΐημι enviar delante (ἐπ' Αἴαντα κήρυκα a Ayante un heraldo); empujar ante sí, blandir, lanzar, verter (ὕδωρ ἐς Πηνειόν sus aguas en el Peneo); dejar caer, soltar, dejar escapar, dejar marchar; despedir, ceder, entregar a traición, abandonar (ἑαυτὸν ἐπὶ τὸ αὐτίκα ἡδύ abandonarse al placer del momento); conceder, permitir || MED. enviar, lanzar, emitir, pronunciar; descuidar (τὰ ἴδια los propios intereses); perder (εὐεργεσίαν ἄνευ μισθοῦ hacer bien sin recompensa); abandonar, ceder; confiar; entregar, traicionar; ἡμᾶς προέσθαι ἀδικουμένους permitir que se nos perjudique.
F. *V.* ἵημι *y nótense 3.ª sing. pres. ép.* προΐει, *3.ª pl.* προϊεῖσι; *impf.* προΐειν -εις -ει; *aor.* προῆκα, *ép.* πρέηκα, *3.ª pl.* πρόεσαν, *med.* προηκάμην, *imp. ép.* πρόες προέτω, *3.ª pl. opt.* προεῖεν *(v. l. Jen. An. 7, 2,15), 3.ª pl. med.* πρόοιντο, *inf. ép.* προέμεν; *perf. pas.* προεῖμαι, *3.ª sing. plpf.* προεῖτο.
προ-ΐκτης ου ὁ mendigo.
πρόϊμος ον = **πρώιμος.**
προΐξ [*o* **προίξ**] ϊκός **ἡ** presente, don; dote de matrimonio || ADV. **προῖκα** *y* **προικός** en vano; gratis.
προ-ΐστημι TR. poner delante; exponer en público || INTR. [*aor. 2.º* προέστην, *perf.* προέστηκα, *plpf.* προειστήκειν] colocarse frente [a uno, *dat., ac.*]; proteger, defender [a uno, *gen.; tamb. con gen. del objeto contra el que se protege:* ἀναγκαίας τύχης πρ. proteger contra los rigores de la fortuna]; ponerse a la cabeza (τοῦ δήμου del pueblo; ἐν ταῖς πόλεσι προστάντες los primates de las ciudades; οἱ προεστῶτες los jefes de partido); ser el jefe de un partido de conjurados, presidirlo; realizar, ejecutar (φόνου un homicidio); gobernar [la vida, etc.]; aventajar; dirigir, cuidar de, tomar a su cargo || MED. poner ante sí; poner a la cabeza, nombrar a uno jefe; poner de relieve, de manifiesto; alegar como excusa.
F. *Contr. en las formas aumentadas: aor. 1.º* προὔστησα *(trans.), aor. 2.º* προὔστην *(intr.) al lado de otras no contractas, v.* ἵστημι.

προ-ΐσχω [*y med.*] = **προέχω.**
πρόκα ADV. al punto, súbitamente.
προ-κάθημαι estar sentado delante de, ocupar la primera fila, ser jefe de [*gen.*]; estar situado ante [*gen. con* πρό]; proteger, defender [*gen.*].
προ-καθίζω sentarse delante, en el primer lugar; sentarse en público; hacer sentar delante.
προ-καθίστημι estar colocado delante || MED. colocar delante como defensa.
προ-καθοράω -ῶ considerar, examinar antes, reconocer.
προ-καίω incendiar *o* encender antes.
προ-καλέω -ῶ llamar, invitar || MED. provocar, desafiar (εἰς ἀγῶνα a una lucha; μαχέσασθαι a combatir); inviatar, exhortar; citar en justicia; ofrecer, proponer.
F. *v.* καλέω *y nótese aor. med. ép.* προκαλεσσάμην.
προ-καλίζομαι = **προκαλέω.**
F. *imp. ép.* προκαλίζεο, *3.ª sing. impf. ép.* προκαλίζετο.
προ-καλινδέομαι -οῦμαι = **προκυλίνδομαι.**
προκάλυμμα ατος τό envoltura, velo. cortina, protección; pretexto, excusa.
προ-καλύπτω colgar delante para ocultar, ocultar, cubrir || MED. ocultarse, tomar como pretexto; tener como cubierta.
προ-κάμνω esforzarse de antemano, fatigarse, trabajar por alguno [*gen.*]; enfermar *o* morir antes; disgustarse de antemano.
προ-καταγγέλλω anunciar *o* prometer antes.
προ-καταγιγνώσκω condenar *o* acusar antes; prejuzgar la culpabilidad de uno.
προ-καταθέω -ῶ correr delante.
προ-κατακάω -ῶ = **προκαίω.**
προ-κατακλίνομαι yacer *o* estar a la mesa en un puesto superior.
προ-καταλαμβάνω tomar, ocupar de antemano; impedir adelantándose, prevenir (πρ. ὅπως μή tomar de antemano medidas para impedir que); sorprender.
προ-καταλέγω referir, exponer antes.
F. *aor. pas.* προκατελέχθην, *part. f.*προκαταλεχθεῖσα, *Hdt.*
προ-καταλύω disolver *o* soltar antes; abolir [una ley]; llevar a término antes || MED. πρ. ἔχθρην deponer el odio antes, reconciliarse.
προ-καταρτίζω arreglar, disponer antes.
προ-κατάρχομαι INTR. empezar || TR. πρ. τινὶ τῶν ἱερῶν servir a uno la mejor parte de la víctima en un sacrificio.
προ-κατασκευάζω preparar *o* disponer de antemano.
προ-καταφεύγω refugiarse antes [de ser alcanzado].
πρόκατε ADV. = **πρόκα.**
προ-κατέχω ocupar antes, tomar.
προ-κατηγορέω -ῶ acusar antes.
προ-κατηγορία ας ἡ acusación previa.
προ-κάτημαι *jón.* = **προκάθημαι.**
προ-κατίζω *jón.* = **προκαθίζω.**
προ-κατόψομαι *fut. de* προκαθοράω.
πρό-κειμαι estar colocado *o* situado delante, estar expuesto, estar abandonado; estar propuesto como modelo, como recompensa; estar establecido, prescrito, ordenado, fijado, acordado (νόμοι προκείμενοι leyes establecidas; θανάτου ζημία πρόκειται está señalada la pena de muerte); presentarse, ofrecerse; estar muerto (ὁ προκείμενος el cadáver que se va a enterrar).
F. *3.ª sing. impf.* προὔκειτο *3.ª pl. jón.* προεκέατο.
προ-κήδομαι cuidar de [*gen.*].
προ-κηραίνω preocuparse por, de [*gen.*].
προ-κηρύσσω [*át.* **προ-κηρύττω**] publicar *o* anunciar por medio de un heraldo.
προ-κινδυνεύω exponerse el primero al peligro; afrontar el peligro [por uno *o* por algo, *gen.*; ante alguno, *dat.*].
προ-κινέω -ῶ hacer avanzar || PAS. avanzar.
προ-κλαίω llorar de antemano *o* antes [por alguien, *ac.*]; llorar en público, ruidosamente.
πρόκλησις εως ἡ provocación, desafío; llamamiento, invitación.
προ-κλίνω inclinar hacia adelante.
πρό-κλυτος ον muy renombrado.
προ-κομίζω llevar lejos, transportar.
προκοπή ῆς ἡ avance, adelanto, progreso, acrecentamiento [del crédito, del poder].

προ-κόπτω llevar adelante, hacer progresar [algo, *gen.*; para alguien, *dat.*]; preparar; introducir mejoras; avanzar; contribuir || PAS. prosperar, avanzar, progresar.

πρόκριμα ατος τό prejuicio, prevención.

προ-κρίνω elegir, preferir; decidir comparando, juzgar; prejuzgar || PAS. ser preferido, distinguido, eminente; prevalecer sobre [*gen.*].

πρόκριτος ον [*o* **-ος η ον**] bien alineado; dispuesto en una sola línea, en filas apretadas, en intervalos regulares.

πρόκροσσοι [**αι**] **α** dispuestos en fila.

προ-κτάομαι -ῶμαι adquirir anteriormente; *perf.* poseer anteriormente.

προ-κυλίνδομαι avanzar dando vueltas, rodando.

προ-κύπτω inclinarse hacia adelante, inclinarse.

προ-κυρόω -ῶ confirmar *o* sancionar antes.

προ-λαμβάνω avanzar, adelantarse; preferir (τὶ πρό τινος una cosa a otra); tomar, ocupar; recibir adelantado (ἀργύριον dinero); tomar la delantera (τῆς φυγῆς en la huída); estar a la cabeza; prejuzgar, presumir; sorprender.

προ-λέγω decir antes, predecir; prevenir, advertir; anunciar de antemano, declarar, publicar; elegir de preferencia; ordenar.

προ-λείπω dejar, abandonar; descuidar; faltar.

προ-λεσχηνεύομαι conversar antes [con alguien, *dat.*]; estipular, concertar, negociar.

προ-λεύσσω prever; ver a lo lejos.

προ-λογίζω ser el principal actor de una pieza.

προ-λοχίζω ocupar con emboscadas [*tamb.* ἐνέδραις *pleon.*]; προλελοχισμέναι ἐνέδραι asechanzas dispuestas de antemano.

προ-λυπέω -ῶ afligir antes.

προ-μανθάνω aprender antes || AOR. *2.º* saber.

προ-μαντεία ας [*jón.* **προ-μαντηίη ης**] **ἡ** derecho de consultar el primero al oráculo.

προ-μαντεύω [*y med.*] predecir, profetizar; presentir, prever.

προ-μαντηίη ης ἡ *jón.* = **προμαντεία.**

πρό-μαντις εως ὁ ἡ sacerdote *o* sacerdotisa que transmite oráculos, *especialmente* la sacerdotisa de Delfos || ADJ. que predice, profético.

προ-μαρτύρομαι atestiguar de antemano.

προ-μαχέω -ῶ = **προμάχομαι.**

προμαχεών ῶνος ὁ baluarte, abrigo, trinchera.

προ-μαχίζω *y*

προ-μάχομαι combatir en las primeras filas; luchar como campeón.

πρό-μαχος ον que combate en las primeras filas, campeón.

προ-μείγνυμαι cohabitar antes [con uno, *dat.*].

προ-μελετάω -ῶ ejercitarse de antemano [en algo, *ac.*].

προ-μεριμνάω -ῶ inquietarse antes.

προμετωπίδιον ου τό testera [pieza de armadura que protege la cabeza del caballo]; piel de la cabeza del caballo.

προμήθεια ας ἡ previsión, prudencia; cuidado, atenciones, solicitud, consideración.

προμηθέομαι -οῦμαι cuidar de [*gen. o ac.*], velar (ὑπέρ τινος por los intereses de uno; περί τι cuidar de algo; πρ. μή cuidar de que no).

προ-μηθής ές previsor, prudente; que se inquieta de antemano [por algo, *gen.*] || SUST. *n.* = **προμήθεια.**

προμηθία ας [*jón.* **προμηθίη ης**] **ἡ** = **προμήθεια.**

προ-μηνύω indicar, denunciar de antemano; hacer traición.

προ-μίγνυμαι = **προμείγνυμαι.**

προ-μνάομαι -ῶμαι advertir de antemano; buscar esposa para otro (ἡ προμνησαμένη = **προμνήστρια**); tratar de conseguir (τινί τι para uno algo).

προμνηστῖνοι αι α uno tras otro; en fila.

πορμνήστρια ας ἡ *y*

προμνηστρίς ίδος ἡ casamentera, celestina.

προ-μολών *part. aor. 2.º de* προβλώσκω.

πρόμος ου ὁ que combate en primera fila contra [*dat.*]; el primero, el jefe.

πρό-ναος [*o* **πρό-ναιος**] **ον** = **προνήιος.**

προ-ναυμαχέω -ῶ combatir por mar en defensa de [*gen.*].

προ-νέμομαι propagarse, extenderse.

προ-νεύω inclinarse hacia adelante.

πρό-νεως ων *y*

προ-νήιος α ον situado ante el templo || SUBST. *m.* vestíbulo del templo.

προ-νηστεύω ayunar antes.

προ-νικάω -ῶ vencer antes.

προ-νοέω -ῶ [*y med.*] presentir, prever, pensar, reflexionar de antemano, planear, cuidar de [*gen.*]; atender; proveer a [*ac.*]; precaver, tomar medidas (ὅπως *u* ὅτι para que; ὡς μή para que no).
F. *aor. ép.* προνόησα *En át. el med. con igual significación; contr. con el aumento:* προὐνοησάμην, *más frec.* προὐνοήθην.

προνοητικός ή όν previsor, prudente, sensato.

πρόνοια ας [*jón.* **προνοίη ης**] **ἡ** previsión, cordura, sensatez, prudencia, buen juicio; presentimiento, presciencia de un oráculo; oráculo; precaución, cuidado; propósito deliberado, premeditación; providencia; ἐκ προνοίας a propósito, con premeditación.

προ-νομή ῆς ἡ el forrajear, expedición para procurarse forraje; provisión de forraje; cuerpo de forrajeadores.

πρό-νοος ον [-ους ουν] previsor, prudente.

πρόξ προκός ἡ cervatillo, corzo.

πρό-ξεινος ου ὁ = πρόξενος.

προξενέω -ῶ ser huésped de un Estado; recibir a un huésped público, recibir en nombre del Estado [a uno, *gen.*]; servir de intermediario, mediador *o* guía [a uno, *dat.*]; procurar (τινί τι a uno algo); maquinar, tramar (κίνδυνόν τινι un complot contra uno).

προξενία ας ἡ función de πρόξενος; hospitalidad del Estado.

πρό-ξενος ου ὁ ἡ huésped público, que hospeda en nombre del Estado, próxeno [título de honor entre los griegos]; sujeto que tomaba a su cargo en una ciudad la guarda de los intereses de los ciudadanos de otra [*esp. de* cónsul]; protector, patrón.

προ-ξυγγίγνομαι tener antes una entrevista [con uno, *dat.*].

πρό-οδος ου ἡ avance, marcha adelante, progreso.

πρό-οιδα [*perf. 2.º con sign. de pres.; inf.* προειδέναι] saber, conocer de antemano, prever.

προοιμιάζομαι decir a manera de exordio, hacer un preámbulo.
F. *contr.* φροιμιάζομαι *(poét. y td.).*

προ-οίμιον ου τό preámbulo, preludio; poemita lírico, himno; exordio, comienzo; umbral.

πρό-οιντο *3.ª pl. opt. aor. med. de* προΐημι.

προ-οίχομαι haberse ido antes.

προ-όμνυμι jurar antes [que, ὡς *o ac. con inf.*].

προ-ομολογέω -ῶ reconocer, confesar antes, convenir antes.

προ-οπτέον *adj. vbal. de* προοράω se debe precaver, cuidar de [*gen.*].

πρόοπτος ον visible, manifiesto.

προ-ορατός ή όν *adj. vbal. de* προοράω que se puede ver *o* prever antes.

προ-οράω -ῶ ver ante sí; prever, conocer de antemano; proveer a, cuidar de [*gen.*] || MED. mirar delante de sí, prever para sí; proveer a, tomar sus precauciones.
F. *part. ép.* προορέων *Hdt. 5, 24; impf.* προεώρων, *med.* προορώμην, *v. l.* προωρώμην *N. T.; fut.* προόψομαι; *aor.* προεῖδον -όμην, *perf.* προεώρακα. *Cf.* ὁράω.

προ-ορίζω determinar *o* fijar antes; predestinar.

προ-ορμάω -ῶ lanzar adelante, avanzar; lanzarse adelante || PAS. lanzarse adelante.

ποροορμίζω anclar delante *o* antes.

προ-οφείλω [*át.* **προὐφείλω**] deber hace tiempo (προοφειλόμενος φόρος impuesto debido anteriormente; εὐεργεσία προὐφειλομένη servicio prestado anteriormente; ἔχθρη προοφειλομένη odio que se siente hace tiempo con motivos).

πρό-οψις εως ἡ acción de prever *o* de proveer a (ἄνευ προόψεως de improviso).

πρό-παν *n. de* πρόπας.

πρό-παππος ου ὁ bisabuelo.

προ-παραβάλλομαι acumular antes cerca de uno.

προ-παρασκευάζω preparar, disponer de antemano.

προ-παρέχω ofrecer, suministrar de antemano.

προ-πάροιθε(ν) ADV. antes, delante, adelante || PREP. *de gen.* antes de, delante de, a lo largo de.
πρό-πας πρό-πασα πρό-παν todo entero || PL. todos sin excepción || ADV. **πρόπαν** enteramente.
προ-πάσχω sufrir antes *o* el primero; ser maltratado (ὑπό τινος por uno); experimentar antes *o* el primero.
προ-πάτωρ ορος ὁ abuelo; antepasado || PL. los antepasados.
πρό-πειρα ας ἡ primera prueba *o* ensayo (πρόπειραν ποιεῖσθαι hacer antes una prueba).
προ-πέμπω enviar antes *o* delante; enviar, hacer llegar (φήμας τινί rumores a los oídos de uno); causar (ἄχη dolores); acompañar, perseguir, escoltar || MED. enviar delante, hacer avanzar.
προ-πέρυσι(ν) ADV. dos años antes.
προ-πετάννυμι desplegar, extender (ἑαυτόν *y gen.*, colocarse ante uno para protegerle).
προπέτεια ας ἡ precipitación, temeridad, aturdimiento.
προ-πετής ές que cae *o* se inclina hacia adelante; inclinado [πρός, εἰς, ἐπί τι a algo]; caído; arrebatado, impetuoso; saliente; precipitado, audaz.
προ-πηδάω -ῶ saltar antes (τῶν ἄλλων que los demás).
προ-πηλακίζω insultar, ultrajar; reprochar grosera *o* violentamente.
προπηλάκισις εως ἡ *y*
προπηλακισμός οῦ ὁ ultraje, insulto.
προ-πίνω beber antes, beber a la salud [de uno, *dat.*]; entregar, regalar, sacrificar (προπέποται τῆς παραυτίκα χάριτος τὰ τῆς πόλεως πράγματα se han sacrificado los intereses de la ciudad al placer de un momento).
προ-πίπτω caer en tierra hacia adelante, de cabeza, postrarse de rodillas suplicando; prosternarse; inclinarse, encorvarse hacia adelante; avanzar, precipitarse; arrojarse a los pies de uno.
προ-πιστεύω creer.
προ-πίτνω = προπίπτω.
προ-πλέω navegar delante.
πρό-πλοος ον [**-ους ουν**] que navega delante, [nave] delantera.
προ-πλώω = προπλέω.
προ-ποδίζω ir adelante, avanzar; preceder, tomar la delantera.
προ-ποιέω -ῶ hacer antes; preparar antes; anticiparse, adelantarse.
προ-πολεμέω -ῶ combatir (ὑπέρ τινος en favor de uno).
πρό-πολος ου ὁ ἡ servidor *o* servidora de un templo.
προ-πομπή ῆς ἡ acompañamiento; procesión.
προ-πομπός οῦ ὁ ἡ acompañante, protector, conductor.
προ-πονέω -ῶ trabajar antes, esforzarse por [*gen.*]; trabajar por uno[*gen.*]; seguir sufriendo, sufrir mucho; obtener por medio de trabajos previos (τὰ προπεπονημένα los trabajos realizados); agotar, hacer sufrir, atormentar.
πρό-πονος ον muy doloroso.
Προ-ποντίς ίδος ἡ el mar de Mármara.
προ-πορεύομαι marchar adelante, avanzar; ir delante, preceder; correr, deslizarse [un río].
προ-πρηνής ές inclinado *o* que cae hacia adelante; tendido boca abajo; φασγάνῳ προπρηνέϊ con el filo de la espada || ADV. **προπρηνές** adelante.
προπρο-κυλίνδομαι arrastrarse, postrarse [ante uno, *gen.*].
προ-πύλαιον ου τό *y*
πρό-πυλον ου τό vestíbulo, atrio, patio.
προ-πυνθάνομαι informarse, averiguar antes.
προ-ρέω correr, fluir, derramarse.
προ-ρρηθῆναι *inf. aor. pas. de* προαγορεύω.
πρό-ρρησις εως ἡ predicción; instrucciones previas; proclamación, orden.
πρό-ρρητος ον prescrito, ordenado, aconsejado.
πρό-ρριζος ον arrancado con la raíz *o* de raíz.
πρός ADV. al lado, además || PREP. *de gen.* de [*origen, lugar de donde*]; del lado de, de la parte de; en favor de, con relación a, con respecto a; junto a, en presencia de; cerca de (πρὸς θαλάσσης cerca del mar); por, a causa de (οἱ πρὸς αἵματος los parientes por consanguinidad); a juicio de, en provecho de; conforme a (πρὸς τοῦ Κύρου τρόπου conforme al carácter de Ciro); por [*en jura-*

mentos o súplicas]: πρὸς τῶν θεῶν por los dioses || *de dat.* cerca de, junto a, en presencia de, hacia; en; además de (πρὸς τούτῳ además de esto) || *de ac.* a [*lugar a donde*], hacia, contra, para con, a [*tiempo*] (πρὸς ἡμέραν al rayar el día); en comparación de; con relación a; en vista de; para, por [*final*]: πρὸς ἡδονήν para ser agradable; πρὸς φίλων κτῆσιν para ganar amigos || EXPRESIONES πρὸς ἔχθραν por enemistad; πρὸς καιρόν en el momento oportuno; πρὸς πάντα absolutamente en todo; πρὸς βίαν a la fuerza; πρὸς χάριν en favor, por amor, por agradar.

προ-σάββατον ου τό día antes del sábado, viernes.

προσ-αγανακτέω -ῶ indignarse, irritarse; encolerizarse.

προσ-αγγέλλω traer una noticia; anunciar; τὰ προσηγγελμένα las noticias [*Dem. 285, 4*].

προσ-αγορευτέος α ον *adj. vbal. de* προσαγορεύω que debe ser denominado.

προσ-αγορεύω dirigir la palabra, hablar, decir (τινὰ χαίρειν saludar a uno); nombrar, designar, llamar; atribuir; mencionar.

F. *fut.* προσερῶ, *aor.* προσεῖπον, *ép.* προσέειπον; *aor. 1.º* προσεῖπα, *inf. tamb.* προσαγορεῦσαι; *aor. pas.* προσερρήθην *y* προσηγορεύθην. *Cf.* ἀγορεύω, εἴρω *y* εἶπον.

προσ-άγω conducir a *o* hacia (τῇ Ποτιδαίᾳ στρατόν contra Potidea un ejército); introducir, admitir; presentar, ofrecer; añadir; prestar (ὅρκον juramento); llevar, traer, procurarse, acercar, aplicar, emplear (φόβον la amenaza para amedrentar); avanzar (πρὸς πολεμίους contra los enemigos); acercarse || MED. acercar a sí, atraer hacia sí; abrazar; ganar a uno por dinero *o* engaño; anexionarse; someter al propio poder; determinar [a uno a hacer algo, τινά *con inf.*]; llevarse, recoger.

προσ-αγωγή ῆς ἡ introducción [a la presencia de uno]; acercamiento; acceso, entrada, audiencia; ceremonia procesión; acción de conducir; adquisición.

προσαγωγός όν cautivador, que atrae, persuasivo.

προσ-αδικέω -ῶ perjudicar además.

προσ-ᾴδω cantar además; estar de acuerdo con alguien, asentir a lo que uno dice.

προσ-αιρέομαι -οῦμαι elegir como asociado, asociar en interés propio; elegir además.

προσ-αΐσσω lanzarse hacia.

προσ-αιτέω -ῶ pedir además (μισθόν reclamar mayor estipendio *o* sueldo); suplicar, mendigar, pedir importunando, ser importuno.

προσαίτης ου ὁ mendigo.

προσ-ακούω oír además.

προσ-αλείφω untar, extender sobre.

προσ-άλλομαι saltar hacia, saltar.

προσ-αμύνω socorrer [a uno, *dat.*].

προσ-αναβαίνω subir hacia, subir más, engrosar.

προσ-αναγκάζω obligar además (τινά τι a uno a [hacer] algo); contener (τινά τινι a uno por medio de algo).

προσ-αναιρέομαι -οῦμαι emprender además, tomar además a cargo de uno.

προσ-αναισιμόω -ῶ = **προσαναλίσκω.**

προσ-αναλαμβάνω tomar además.

προσ-αναλίσκω gastar además.

προσ-αναπληρόω -ῶ completar, suplir la insuficiencia, remediar, colmar.

προσ-ανατίθημι atribuir || MED. encargarse además de [*ac.*]; contribuir; confiar en, pedir consejo [a uno, *dat.*].

προσ-άνειμι acercarse subiendo, subir.

προσ-ανειπεῖν *inf. aor. 2.º de* προσαναγορεύω declarar además, publicar ordenar.

προσ-ανερωτάω -ῶ preguntar además.

προσ-ανέχω acercarse.

προσ-άντης ες pendiente, escarpado abrupto; difícil, arduo; enemigo, hostil, contrario; fastidioso.

προσ-απαγγέλλω anunciar además.

προσ-απειλέω -ῶ amenazar además *o* aún.

προσ-αποβάλλω perder además.

προσ-απογράφω acusar, denunciar además [por escrito].

προσ-αποδείκνυμι demostrar además.

προσ-αποκτείνω matar además.

προσ-απόλλυμι [*y* **προσ-απολλύω**] destruir además, matar al mismo tiempo; perecer; perder además.

προσ-αποστέλλω enviar, despedir, alejar además.

προσ-άπτω juntar, unir; añadir; procurar, dar, tributar, imponer; confiar, encargar; unirse a [*dat.*] || MED. poner la mano en un asunto, tocar, coger [*gen*].

προσ-αραρίσκω TR. juntar, unir || PERF. INTR. προσάρηρα adaptarse.

προσ-αρκέω -ῶ socorrer [a uno, *dat.*]; asistir *o* ayudar [en algo, *ac.*].

προσ-αρμόζω [*o* **προσ-αρμόττω**] TR. ajustar, adaptar (τὶ περί τινι una cosa en derredor de otra) || INTR. ajustarse, concertarse [con uno, *dat.*].

προσ-αρτάω -ῶ unir, suspender (προσηρτημένον τῷ καλῷ τὸ ἀγαθόν lo bueno que va unido a lo bello) || PAS. reunirse, resultar, provenir.

προσ-άρχομαι procurar el primero, dedicar, enviar.

προ-σάττω procurar, proveer, suministrar antes suficientemente.
F. *Cf.* προεισάγω.

προσ-αυδάω -ῶ dirigirse a, hablar, decir; nombrar, designar.
F. *impf. 3.ª sing.* προσηύδα, *3.ª du. ép.* προσαυδήτην; *1.ª sing. pas.* προσηυδώμην.

προσ-αύω acercar.

προσ-αφικνέομαι -οῦμαι llegar cerca, llegar además.

προσ-αφίστημι tratar de sublevar *o* de sobornar.

προσ-αχθῆναι *inf. aor. pas. de* προσάγω.

προσ-βαίνω apoyar (πρός τι τῷ ποδὶ πρ. en algo el pie, pisarlo); andar, avanzar, acercarse a [*ac.*]; subir, llegar [hasta εἰς *con ac.*]: τίς σε προσέβη μανία; ¿qué locura ha llegado a ti, te ha atacado? [*Sóf. E. R. 1300*].
F. *v.* βαίνω. *Aor. 2.º* προσέβην, *3.ª pl. ép.* προσέβαν, *3.ª aor. mixto med. ép.* προσεβήσετο.

προσ-βάλλω lanzar hacia *o* contra, lanzar, dirigir; lanzarse contra, atacar; dirigirse; herir; llegar a; causar, procurar; adaptar, ajustar, aplicar; atender, comprender; obligar || MED. lanzarse (πρός τινα sobre uno); dirigirse, arribar [a..., *dat. o* ἐς *con ac.*].

πρόσβασις εως ἡ acceso, entrada, paso; subida.

προσβατός ἡ όν accesible a [*dat.*].

προσ-βιάζομαι ser violentado, ser obligado por la violencia.

προσ-βιβάζω llevar, conducir; inducir, persuadir; añadir (ἐπί τινί τι a una cosa otra); hacer tomar una resolución.

προσ-βλέπω mirar de frente; ver, considerar.

προσ-βοάομαι -ῶμαι llamar a sí.
F. *3.ª sing. aor. 1.º jón.* προσεβώσατο.

προσ-βοηθέω -ῶ acudir en socorro [de uno, *dat.*].

προσβολή ῆς ἡ lanzamiento hacia, llegada, acercamiento; choque [de naves]; irrupción, persecución, ataque (προσβολὴν ποιεῖσθαι τῷ τείχει dirigir un ataque contra el baluarte); desembarco; lugar de desembarco; medio de acercarse *o* penetrar; desembarcadero.

προσ-βωθέω -ῶ = **προσβοηθέω.**

πρόσ-γειος ον cercano a la tierra.

προσ-γελάω -ῶ sonreír a *o* reírse indulgentemente de [alguien, *ac.*].

προσ-γίγνομαι nacer, desarrollarse (σαρξὶ σάρκες sobre unas carnes otras); unirse, aliarse, seguir el partido de uno [*dat.*]; sobrevenir, llegar además *o* después; resultar, provenir; suceder, tocar, encontrar; conseguir, tener buen éxito.

προσ-γράφω inscribir además; τὰ προσγεγραμμένα las estipulaciones adicionales.

προσ-δανείζω prestar además || MED. tener en préstamo además.

προσ-δαπανάω -ῶ gastar además.

πρόσδεγμα ατος τό recepción, acogida.

προσ-δεῖ IMPERS. hay necesidad [de algo *gen.*, para alguien *dat.*]; οὗπερ ὑμῖν μάλιστα προσδεῖ que es de lo que tenéis más necesidad.
F. *impf.* προσέδει, *inf.* προσδεῖν; *fut.* προσδεήσει,, *aor.* προσεδέησε.

προσ-δέκομαι *jón.* = **προσ-δέχομαι**

προσ-δέομαι tener además necesidad [de algo, *gen. ac. u orac. de inf.*]; pedir [algo *ac. u orac. inf.*, de alguien *o* a alguien *gen.*; *tamb. doble gen.*].

F. *fut.* προσδεήσομαι; *aor.* προσεδεήθην.

προσ-δέρκομαι mirar hacia, considerar.

προσ-δέχομαι recibir, acoger; conceder el derecho de ciudadanía [a uno, *ac.*]; admitir, aceptar; tener relaciones con [*ac.*]; aguardar, esperar *o* temer [*con part.* τῷ Νικίᾳ προσδεχομένῳ ἦν sucedió de acuerdo con lo que Nicias esperaba]; ποτιδέγμενος esperando, aguardando [un don, una palabra, a una persona, etc.].
F. *jón.* προσδέκομαι; *part. aor. 2.º ép.* ποτιδέγμενος *v. supra.*

1 **προσ-δέω** atar, unir.

2 **προσ-δέω** *v.* **προσδεῖ** *y* **προσδέομαι.**

προσ-δηλέομαι -οῦμαι dañar, arruinar, estropear además *o* aún más.

προσ-διαλέγομαι hablar, conversar con [*dat.*].

προσ-διαπράττομαι obtener además (τὶ παρά τινος algo de uno).

προσ-διαφθείρω perder, arruinar además.

προσ-διδάσκω instruir *o* enseñar además.

προσ-δίδωμι dar más *o* además; comunicar, hacer participante [de algo, *ac.*]; dar un socorro.

προσ-δοκάω -ῶ aguardar, esperar, temer, sospechar, suponer.

προσ-δοκέω -ῶ parecer además (προσδοκεῖ μοι me parece además bien); = **προσδοκάω.**

προσδοκία ας ἡ espera, expectación, sospecha, temor (πρὸς προσδοκίαν según se esperaba).

προσδόκιμος ον esperado; sospechado; inminente.

προσ-εάω -ῶ permitir además.

προσ-εβώσατο *3.ª sing. aor. 1.º jón. de* προσβοάομαι.

προσ-εγγίζω acercarse.

προσ-εγγράφω grabar, inscribir además.

προσεδρεία ας ἡ sitio, asedio, bloqueo.

προσεδρεύω estar sentado junto a, estar cerca de, esperar junto a [*dat.*]; ocuparse asiduamente en [*dat.*]; sitiar.

πρόσ-εδρος ον sentado junto a; que rodea, que envuelve, que comprende; cercano, vecino.

προσ-έειπον *ép.* = **προσεῖπον.**

προσ-εθίζω acostumbrar (τινά τι a uno a algo).

προσ-έθου *2.ª sing. aor. 2.º med. de* προστίθημι.

προσ-ειδέναι *inf. de* πρόσοιδα.

προσ-εῖδον *aor. 2.º de* προσοράω.

προσ-εῖκα = **προσέοικα.**

προσ-εικάζω asemejar, asimilar; imitar, comparar.
F. *aor.* προσῄκασα.

προσ-είκελος η ον semejante, parecido a [*dat*].

προσ-εικέναι *inf. perf. de* προσέοικα.

προσ-ειλέω -ῶ empujar hacia.

1 **πρόσ-ειμι** [*inf.* προσεῖναι] estar junto a [*dat.*]; estar unido; pertenecer a, ser natural, ser propio de; τὰ προσόντα τινί lo que uno posee, su fortuna, sus cualidades, sus defectos; añadirse, exceder; unirse.

2 **πρόσ-ειμι** [*inf.* προσιέναι] = **προσέρχομαι.**

προσ-εῖπον *aor. 2.º de* προσαγορεύω.

προ-σείω agitar delante, sacudir, tener delante agitando; infundir (φόβον τινί a uno temor).

προσ-εκβάλλω expulsar, arrojar además.

προσ-εκπέμπω enviar además.

προσ-εκτέον *adj. vbal. n. de* προσέχω hay que atender.

προσεκτικός ή όν atento.

προσ-ελαύνω empujar hacia; avanzar a caballo, cabalgar, marchar; οἱ προσελαύνοντες la caballería.

προσ-έλεκτο *3.ª sing. aor. 2.º de* προσλέχομαι.

προσ-έλκομαι atraer hacia sí.

προσ-εμβαίνω pisotear además, insultar (θανόντι al muerto).

προσ-εμβάλλω echar además sobre [εἰς *con ac.*].

προσ-εμπικραίνομαι irritarse aún más contra [*dat.*].

προσ-εμφερής ές semejante a [*dat.*].

προσ-ε(ν)νέπω dirigir la palabra, saludar [a uno, *ac.*].

προσ-εννοέω -ῶ pensar además.

προσ-εντέλλομαι ordenar además.

προσ-εξαιρέομαι -οῦμαι elegir además para sí.
F. *3.ª sing. impf. jón.* προσεξαιρέετο *Hdt. 3, 150.*

προσ-έοικα *perf. con sign. de pres.* ser semejante a [*dat.*]; convenir a (τὰ μὴ προσεικότα lo que no es apropiado *o* conveniente).

προσ-επεξευρίσκω inventar además.

προσ-επιδίδωμι dar además.

προσ-επικτάομαι -ῶμαι adquirir además; añadir.

προσ-επιλαμβάνω tomar además ‖ MED. participar, coadyuvar, ayudar [en algo, *gen.*].

προσ-επίσταμαι saber además.

προσ-επιστέλλω encargar *u* ordenar además.

προσ-έπτην *aor. 2.º de* προσπέτομαι.

προσ-εργάζομαι hacer, realizar además; adquirir aún más.

προσ-ερέσθαι *inf. aor. med. sin pres.* pedir además.

προσ-ερεύγομαι romperse (πέτρην contra una roca [las olas]); *lit.* eructar, vomitar contra.

προσ-ερέω = **προσερῶ.**

προσ-ερπύζω *y*

προσ-έρπω deslizarse hacia, acercarse arrastrándose *o* subrepticiamente; acercarse, estar próximo.

προσ-έρχομαι ir hacia, avanzar, acercarse: oír, ser discípulo (Σωκράτει de Sócrates); subir; visitar; subir a la tribuna, hablar ante [*dat.*]; atacar; volverse hacia, adherirse a [*dat.*]; capitular; ocuparse en; cobrar (τὰ προσιόντα ingresos, rentas).

προσ-ερῶ *fut. de* προσαγορεύω.

προσ-ερωτάω -ῶ preguntar además.

προσ-έσχον *aor. 2.º de* προσέχω.

προσ-έστιχον *aor. 2.º de* προσστείχω.

προσ-εταιρίζομαι tomar por compañero; asociar.

προσεταιριστός ή όν asociado, ganado a la causa, enganchado.

προσ-έτι ADV. además; *a veces separado* πρὸς δ' ἔτι y además.

προσ-ευρίσκω encontrar, inventar además.

προσ-ευχή ῆς ἡ plegaria; lugar de oración, templo, oratorio, capilla.

προσ-εύχομαι rogar, suplicar, pedir; adorar.

προσεχής ές vecino, limítrofe, muy próximo; adyacente; situado hacia, expuesto a; οἱ προσεχεῖς los vecinos.

προσέχω acercar, aplicar; abordar, atracar; llevar a puerto (ναῦν la nave); volverse, tornarse [*frecte.* π. τὸν νοῦν, τὴν γνώμην, volver la mente, la atención a... *dat.*, πρὸς *y ac., etc.*]; guardar (σεαυτῷ π. guardarte a ti mismo; ἀπό τινος de alguien); consagrarse, dedicarse [a algo *dat.*]; fiarse de [*dat.*]; tener, poseer además ‖ MED. adherirse, pegarse ‖ PAS. estar complicado en [*dat.*].
F. *V.* ἔχω.

προσ-ζημιόω -ῶ castigar además (τινά τινι a uno con algo).

πρόσ-ηβος ον adolescente.

προσηγορέω -ῶ dirigir la palabra, saludar.

προσηγορία ας ἡ acción de dirigir la palabra, de saludar; denominación, nombre, título.

προσ-ήγορος ον que dirige la palabra, que saluda, que invoca [*gen.*]; que responde, accesible, tratable; interpelado, saludado; conocido, familiar, íntimo; concorde, conforme.

προσ-ῆκα *aor. de* προσίημι.

προσηκόντως ADV. convenientemente, debidamente.

προσ-ήκω venir hacia *o* hasta, venir a (εἴπερ ὡς φίλοι προσήκετε si venís a mí como amigos); llegar (ἐπὶ τὸν ποταμόν hasta el río); estar relacionado, emparentado (γένει προσήκων βασιλεῖ pariente del rey por su nacimiento; οἱ προσήκοντες los parientes; αἱ προσήκουσαι ἀρεταί las virtudes hereditarias *o* domésticas); pertenecer a, interesar, importar, referirse a [*dat.*] (τούτῳ προσήκει οὐδὲν τῆς Βοιωτίας a éste no le interesa nada de Beocia, no tiene nada de común con ella); convenir, estar bien, ser justo, decente, propio de (ἀπολοφυράμενοι ὃν προσήκει después de haber llorado a quien conviene *o* es justo [llorar]; τὰ προσήκοντα las cosas convenientes, los deberes; παρὰ τὸ προσῆκον contra lo que conviene; οὐδὲν προσῆκον sin que esto nos interese; οὐ προσῆκον [*ac. abs.*] contra derecho [*literal* no siendo justo]).

προσ-ήλιος ον soleado, expuesto al mediodía.

προσ-ηλόω -ῶ clavar en.

προσ-ήλυτος ου ὁ extranjero, prosélito, recién convertido.

πρόσ-ημαι estar sentado cerca de [*dat.*].

προ-σημαίνω anunciar de antemano

por señales *o* prodigios; declarar, ordenar, proclamar.

προσ-ηνής ές amistoso, bondadoso, agradable; favorable, conveniente.

προσήσω *fut. de* προσίημι.

προσθακέω -ῶ estar sentado cerca de *o* sobre [*ac.*].

πρόσθε(ν) ADV. delante (ὁ πρόσθεν el que va delante, el jefe de fila); adelante, enfrente; mejor, más bien (πρόσθεν ἀποθανεῖν ἤ antes morir que); antes (ὡς τὸ πρόσθεν como antes; οἱ πρόσθε πόνοι los sufrimientos pasados; τὸ πρόσθεν antiguamente; μὴ πρόσθε πρὶν ἄν *con subj.* no antes que) || PREP. *de gen.* delante de; a la cabeza de; antes de *o* que (πρόσθεν τῆς ἑσπέρας antes de la noche; πρόσθεν ἄλλων antes que los otros); en defensa de.
F. πρόσθε *en poesía y jón.* πρόσθεν *gral. en át.*

πρόσ-θεσις εως ἡ acción de poner delante, adición; aplicación, acción de arrimar [una escala a la muralla, *por ejemplo*].

προσ-θετέον *adj. vbal. de* προστίθημι debe añadirse; debe acostumbrarse (τινὶ ποιεῖν τι a alguien a que haga algo).

πρόσθετος ον aplicado, arrimado a, puesto sobre *o* junto a (πρ. κόμαι cabellos postizos, peluca).

προσ-θέω correr hacia [*dat.*].

προσθήκη ης ἡ *y*

πρόσθημα ατος τό añadidura, adición, apéndice; digresión; asistencia divina; ἐν προσθήκης μέρει como un accesorio.

προσ-θιγγάνω tocar [*gen.*].

πρόσθιος α ον delantero.

προσ-ιζάνω *y*

προσ-ίζω estar sentado *o* posado cerca de [alguno *o* algo, *dat.*, *ac.*, πρός *con ac.*].

προσ-ίημι enviar hacia, acercar, dejar llegar (τινὰ πρός τι a uno una cosa) || MED. acercar a sí, llevarse (σῖτον el alimento a la boca); dejar acercarse, admitir; someterse (ἧτταν a una derrota); atraer, agradar (οὐ προσίεσθαι desagradar); aceptar, creer; permitir, tolerar, aprobar.

προσ-ίκελος η ον = **προσείκελος.**

προσ-ιππεύω ir a caballo hacia [*dat.*].

προσ-ίστημι INTR. [*aor. 2.º* προσέστην, *perf.* προσέστηκα] *y* MED. ponerse, colocarse cerca de [*dat.*]; ocurrir, venir a la mente; oponerse, contener, detener.

προσ-ίσχω = **προσέχω.**

προσ-καθέζομαι *y*

προσ-κάθημαι *y*

προσ-καθίζω sentarse cerca de [*ac.*]; sitiar, acampar cerca de; ocuparse asiduamente [en algo, *dat.*]; estrechar, asediar; tratar mucho, vivir
F. *de* προσκαθέζομαι, *fut.* προσκαθεδοῦμαι.

προσ-καθοράω -ῶ ver además.

πρόσ-καιρος ον temporal, pasajero, momentáneo.

προσ-καλέω -ῶ llamar, hacer venir, convocar, invocar || MED. llamar a sí, llamar en auxilio; invitar; citar en justicia, acusar.

προσ-καρτερέω -ῶ perseverar en [*dat.*]; ocuparse incansablemente; ser fielmente adicto [a uno, *dat.*].

προσκαρτέρησις εως ἡ constancia, perseverancia, asiduidad.

προσ-καταλείπω dejar además; perder también.

προσ-κατηγορέω -ῶ acusar además [a uno, *gen.*]; πρ. ἐπίδειξίν τινα ἐπὶ χρήμασι acusar a uno de venalidad.

προσ-κάτημαι *jón.* = **προσκάθημαι.**

πρόσ-κειμαι estar echado junto a [*dat.*]; extenderse *o* estar situado cerca de [*dat.*]; añadirse a, estar unido a; ser esposa de; tener relaciones con; convenir, pertenecer, ser propio de, corresponder a; adherirse a, creer en (τῷ λεγομένῳ lo dicho); tener interés (τῷ δήμῳ por el pueblo); estar dedicado a, darse a (τῷ οἴνῳ al vino; ταῖς ναυσί a la navegación); perseguir, acosar (τὸ προσκείμενον el acoso enemigo); acampar contra [*dat.*]; ἐχθρὰ προσκείσει te harás odiosa; insistir cerca de [*dat.*]; insistir, no cansarse.
F. *V.* κεῖμαι *espte. para las formas jónicas.*

προ-σκέπτομαι = **προσκοπέω.**

προσ-κεφάλαιον ου τό almohada, cojín.

προσ-κηδής ές atento, diligente, afectuoso; pariente.

προσ-κηρυκεύομαι enviar un heraldo a uno.
προσ-κληρόομαι -οῦμαι tocar por suerte.
προσ-κλίνω inclinar hacia; apoyar (τί τινι una cosa en otra) || PAS. estar apoyado.
πρόσκλισις εως ἡ inclinación, parcialidad.
προσ-κλύζω bañar con olas, romper las olas [en algo, *dat.*, πρός *con ac.*].
προσ-κνάομαι -ῶμαι frotarse en [*dat.*].
προσ-κολλάω -ῶ pegar, encolar || PAS. estar fuertemente adherido, ser fiel a [*dat.*].
προσ-κομίζω llevar, traer, transportar || MED. transportar para sí, importar.
πρόσκομμα ατος τό obstáculo, tropiezo; impedimento, cortapisa; escándalo, seducción; desliz.
προ-σκοπέω -ῶ [*y med.*] examinar antes, cuidar de [*ac.*]; ponerse en guardia contra.
1 **προ-σκοπή ῆς ἡ** exploración, acecho.
2 **προσ-κοπή ῆς ἡ = πρόσκομμα.**
πρό-σκοπος ου ὁ explorador, soldado de reconocimiento.
προσ-κόπτω chocar, tropezar (πρὸς λίθον τὸν πόδα el pie contra una piedra, *N. T. Ev. S. Mat. 4, 6*).
προσ-κορής ές fastidioso, repugnante.
προσ-κρούω tropezar, chocar, pegar; fracasar; insultar; estar en desacuerdo [con uno, *dat.*]; enojarse.
προσ-κτάομαι -ῶμαι adquirir además, ganar para sí.
προσ-κυλίω arrimar haciendo rodar.
προσ-κυνέω -ῶ saludar prosternándose, adorar arrodillándose, rogar, conjurar arrodillándose [a *o* ante alguien, *ac. o dat.*].
F. *fut.* προσκυνήσω; *aor.* προσεκύνησα *y* προσέκυσα, *imp.* πρόσκυσον, *inf.* προσκύσαι, *etc.*; *perf.* προσκεκύνηκα. *Cf.* κυνέω.
προσκυνητής οῦ ὁ adorador.
προσ-κύπτω inclinarse [hacia, πρός *con ac.*].
προσ-κυρέω -ῶ [*o* **προσ-κύρω**] llegar hasta, encontrar [*dat.*].
προσκύσαι προσκύσας πρόσκυσον *inf. part. e imp. aor. resp. de* προσκυνέω.
πρόσ-κωπος ον inclinado sobre el remo, remero.
προσ-λαλέω -ῶ entretenerse, conversar con [*dat.*].
προσ-λαμβάνω [*y med.*] tomar, adquirir, recibir; atraerse (αἰσχύνην αἰσχίω una vergüenza mayor); llevar consigo (ἱππέας jinetes; τινὰ σύμμαχον a uno como aliado); someter, conquistar; ayudar, asistir a [*ac.*]; tomar parte [en una empresa, *gen.*].
προσ-λάμπω brillar, lucir.
προσ-λεύσσω mirar, considerar.
προσ-λέχομαι estar echado junto a.
πρόσ-λη(μ)ψις εως ἡ aceptación, recepción; la menor de un silogismo.
προσ-λογίζομαι contar, calcular además; προσλογιστέα [*adj. vbal. n. pl.*] hay que calcular además.
προσ-μάσσω adherir || PAS. adherirse a [*dat.*].
προσ-μάχομαι combatir contra, lanzarse al asalto, asaltar.
προσ-μείγνυμι mezclarse con, unirse a, tener trato con [*dat.*]; atacar [a uno, *dat.*, πρός *con ac.*]; llegar, desembarcar en; abordar a, acercarse a [*dat.*]; entablar combate.
προσ-μειδιάω -ῶ reír, sonreír (a... *dat.*).
πρόσμειξις εως ἡ ataque, asalto, combate; aproximación.
προσ-μένω quedar cerca de, morar; perseverar en; aguardar, esperar.
προσ-μεταπέμπομαι enviar a buscar además.
προσ-μίγνυμι = προσμείγνυμι.
πρόσμιξις εως ἡ = πρόσμειξις.
προσ-μίσγω = προσμείγνυμι.
προσ-μισθόομαι -οῦμαι tomar además a sueldo, alquilar.
προσ-μολεῖν *aor. de inf. del inusitado* προσβλώσκω venir hacia, llegar, acercarse.
προσ-ναυπηγέω -ῶ construir además [hablando de naves]
προσ-νέμω [*y med.*] repartir, asignar consagrar; otorgar, conceder (χάριν un favor).
προσ-νέω nadar hacia [*dat.*].
προσ-νίσσομαι ir, avanzar hacia *o* contra, acercarse.
προσ-νωμάω -ῶ avanzar [εἰς *con ac.*]
προσ-ξυνοικέω -ῶ = προσσυνοικέω.
πρόσ-οδος ου ἡ acceso [a un lugar, πρός *con ac.*]; procesión religiosa con cantos y música; avance, carga,

ataque; acción de inscribirse como orador en la asamblea; senda; llegada; venta, ingresos, ganancia.

πρόσ-οιδα *perf. con sentido de pres.* [*inf.* προσειδέναι] saber además; προσειδέναι χάριν estar agradecido además [*Plat. Apol. 20, a*].

προσ-οικέω -ῶ vivir junto a, ser vecino de [*ac.*].

προσ-οικοδομέω -ῶ edificar junto a *o* además.

πρόσ-οικος ον vecino de [*dat.*] || SUBST. *m.* vecino.

προσ-οιστέος α ον *adj. vbal. de* προσφέρω.

προσ-οίσω *fut. de* προσφέρω.

προσ-ολοφύρομαι lamentarse, desahogar sus quejas (τινί con alguien).

προσ-ομιλέω -ῶ tener relación con, conversar con [*dat.*]; estar versado en, ocuparse en [*dat.*]; τὰ ἴδια πρ. tener con alguien relaciones privadas.

προσ-όμνυμι jurar además.

προσ-όμοιος ον bastante parecido *o* semejante.

προσ-ομολογέω -ῶ conceder además, convenir además en, reconocer, confesar, aprobar, admitir además; prometerlo todo; capitular.

προσ-όμουρος ον colindante, limítrofe, adyacente.

προσ-ονομάζω dar a uno el nombre de.

προσ-οράω -ῶ [*y med.*] mirar, considerar.

προσ-ορέγομαι tender las manos hacia, instar vivamente [a uno, *dat.*].

προσ-ορμίζω abordar a [*dat.*] || MED. *y* PAS. anclar, fondear.

προσόρμισις εως ἡ desembarco.

πρόσ-ορος ον limítrofe, vecino de [*dat.*]; αὐτὸς ἦν πρόσουρος él era su único vecino, estaba solo.

προσ-ουδίζω tirar por tierra.

πρόσ-ουρος ον *jón.* = **πρόσορος.**

προσ-οφείλω *y*

προσ-οφλισκάνω ser además deudor de [*ac.*] (χάριτάς τινι deber además reconocimiento a uno); ganar además algo; ὁ προσοφειλόμενος μισθός el sueldo atrasado; ἡ ἔχθρη ἡ προσοφειλομένη el odio ancestral; προσοφλισκάνειν αἰσχύνην hacer recaer sobre sí además la vergüenza [*Dem. 58, 10*].

προσ-οχθίζω irritarse [contra uno, *dat.*].

προσόψιος ον bien visible.

πρόσ-οψις εως ἡ mirada; perspectiva; aspecto, rostro, aire; ἔχειν πρ. τινός poder ver a alguien.

προσ-παίζω bromear, divertirse, jugar con [*dat.*]; burlarse de [*ac.*]; acercarse sonriendo a [*dat.*]; honrar, celebrar, festejar.

προσ-παίω chocar, tropezar.

προσ-παλαίω luchar contra [*dat.*].

προσ-παρακαλέω -ῶ llamar, invitar además.

προσ-παρασκευάζω preparar además.

προσ-παρέχω procurar *o* suministrar además.

προσ-πασσαλεύω colgar de un clavo; clavar junto a, en [πρός *con ac.*].

προσ-πάσχω sentir, sufrir además.

πρόσ-πεινος ον muy hambriento.

προσ-πελάζω hacer acercarse a [*dat.*]; acercarse a [*dat.*] || PAS. tener comercio con un hombre [*gen.*].

προσ-πέμπω enviar a; enviar para que conduzca a [*dat.*]; *abs.* enviar recado *o* emisarios.

προσ-περιβάλλω construir además en derredor || MED. extender su territorio en derredor.

προσ-περονάω -ῶ sujetar además con un broche.

προσ-πετάννυμι extender más.

προσ-πέτομαι volar hacia, revolotear, volar alrededor; avanzar súbitamente.

F. *fut.* προσπτήσομαι; *aor.* προσεπτάμην, *3.ª* -έπτατο, *poét. tamb.* προσέπτην; *3.ª sing. subj.* πρόσπτηται. *V.* πέτομαι.

προσ-πεύθομαι = **προσπυνθάνομαι.**

προσ-πήγνυμι fijar en; crucificar.

προσ-πίλναμαι acercarse, avanzar hacia [*dat.*].

προσ-πίπτω *y*

προσ-πίτνω caer sobre *o* contra [*dat.*]; chocar; correr hacia [*dat.*]; lanzarse; echarse a los pies de, arrodillarse; asaltar, atacar [*dat.*]; adherirse al parecer *o* al partido de uno [*dat.*]; encontrar, tropezar con [*dat.*]; sobrevenir, ocurrir; llegar, esparcirse [un rumor]; recaer, corresponder.

προσ-πλάζω = **προσπελάζω.**

προσ-πλάσσω [*át.* **προσ-πλάττω**] for-

mar *o* plasmar junto a, fabricar adhiriendo a (πρός *y dat.*).
F. *part. perf.* προσπεπλασμένος.

προσ-πλέω navegar hacia [*dat.*].

προσ-πληρόω -ῶ [*y med.*] completar aumentar el número de [*ac.*].

προσ-πλωτός ή όν *adj. vbal. de* προσπλώω accesible a los barcos, navegable.

προσ-πλώω = **προσπλέω.**

προσ-ποιέω -ῶ hacer además, añadir; ganar, atraer (αὐτοῖς τὴν Κέρκυραν Corfú a su causa); fingir || MED. mandar hacer además; conciliarse, captarse; apropiarse, adaptarse, atarse; jactarse; fingir, simular (ψευδῶς τὴν τῶν γεφυρῶν διάλυσιν mentirosamente haber destruido los puentes; οὐ [*o* μὴ] πρ. fingir ignorar); disimular; alegar como un pretexto; pretender.

προσποίησις εως ἡ adquisición, ganancia; presunción, arrogancia; reclamación.

προσ-πολεμέω -ῶ hacer la guerra a [*dat.*].

προσπολεμόομαι -οῦμαι hacer además la guerra a [*ac.*].

προσπολέομαι -οῦμαι avanzar con una escolta.

πρόσ-πολος ον sirviente || SUBST. *m. y f.* servidor *o* servidora, ministro, sacerdote *o* sacerdotisa, acompañante.

προσ-πορεύομαι acercarse, ir a.

προσ-πορίζω procurar, proporcionar, suministrar además; poner la menor de un silogismo.

προσ-πταίω chocar, tropezar, pegar (τὸ γόνυ con la rodilla); fracasar, sufrir un descalabro; ser derrotado; naufragar.

προσ-πτῆναι *aor. inf. de* προσπέτομαι.

πρόσ-πτηται *3.ª sing. subj. aor. de* προσπέτομαι.

προσ-πτύσσω estrechar, abrazar || MED. pegarse; dirigirse, hablar a; encontrarse [con uno, *ac.*]; abrazar, tratar, recibir amistosamente; πρ. μύθῳ suplicar con muchas instancias, una y otra vez.
F. *ép. tamb.* ποτιπτύσσω, *más frec. med.: aor. ép.* προσπτυξάμην, *subj.* προσπτύξομαι.

προσ-πτύω (*fut.* προσ-πτύσομαι) escupir cara a cara.

προσ-πυνθάνομαι preguntar además.

προσ-ρέω afluir, correr hacia [*dat*].

προσ-ρήγνυμι romperse contra, descargar todo el golpe contra [*dat.*].

πρόσ-ρημα ατος τό *y*

πρόσ-ρησις εως ἡ salutación, saludo; denominación, nombre.

προσ-σάττω procurar abundantes provisiones.
F. *aor. med.* προσ-εσαξάμην.

πρόσσο-θεν ADV. = **πόρρωθεν.**

προσ-σταυρόω -ῶ rodear de empalizadas.

προσ-στείχω avanzar hacia [*ac.*].
F. *3.ª sing. aor. 2.º ép.* προσέστιχε *Od. 20, 73.*

προσ-στέλλω adaptar a [*dat.*] || PAS. adaptarse, ceñirse; *part. perf.* προσεσταλμένος sencillo, sin pretensiones, modesto.

προσ-συκοφαντέω -ῶ acusar, calumniar además.

προσ-συλλαμβάνομαι *y*

προσ-συμβάλλομαι contribuir además a [*gen.*].

προσ-συνοικέω -ῶ habitar además con [*dat.*]; establecerse en un sitio con.

πρόσσω ADV. = **πόρρω** (ἅμα πρόσσω καὶ ὀπίσσω atendiendo al pasado y al porvenir).

πρόσταγμα ατος τό = **πρόσταξις.**

προστακτός ή όν ordenado además, extraordinario.

προσ-ταλαιπωρέω -ῶ sufrir por (τῷ δόξαντι καλῷ lo que se ofrecía como honroso). *v. l.* προταλαιπωρεῖν *Tuc. 2, 53, 3.*

πρόσταξις εως ἡ orden, mandato.

προστασία ας ἡ dirección, gobierno, presidencia, ejercicio de un cargo público; jefatura de partido; protección, patrocinio, defensa [de un partidario].

προσ-τάσσω [*át.* **προσ-τάττω**] poner al frente de, confiar, encomendar; asignar, atribuir, designar (τινὰ ἄρχοντα a uno jefe); colocar; ordenar, prescribir (τὸ προστεταγμένον, τὸ προσταχθέν lo ordenado, la orden dada; προσταχθέν μοι aunque se me ha ordenado; τὰ προσταχθησόμενα las órdenes que se deben esperar; οἱ προστεταγμένοι los que han recibido órdenes); solicitar por medio de una orden (ἵππος προσετέτακτο se les había ordenado que facilitasen caballería).

F. *v*. τάσσω, *y nótese 3.ª pl. plpf. pas. jón.* προσετετάχατο *Hdt. 1, 192; 7, 65.*

προστατεία ας ἡ = **προστασία.**

προστατεύω *y*

προστατέω -ῶ ser presidente de, dirigir (*con* ὅπως dirigir las cosas de manera que); proteger; dominar, gobernar [*gen.*] (ὁ προστατῶν el jefe); ser inminente [el tiempo].

προστατήριος α ον protector, defensor.

προστάτης ου ὁ el que está el primero, jefe; protector, defensor, guía, jefe de partido, patrono; suplicante; πρ. τῆς εἰρήνης autor de la paz.

προσ-τάτις ιδος ἡ protectora, defensora.

προσ-τάττω *át.* = **προστάσσω.**

προ-σταυρόω -ῶ = **προσ-σταυρόω.**

προσ-τειχίζω rodear también de un muro.

προ-στείχω ir delante, preceder.

προσ-τελέω -ῶ pagar *o* gastar además *o* antes.

προ-στέλλω enviar delante; cubrir, proteger || PAS. avanzar, ir adelante; emprender.

προστερνίδιον ου τό petral, peto [de caballo].

προσ-τήκομαι [*con perf. act.*] adherirse, fijarse, pegarse fuertemente: προστακείς, adherido, pegado; προστετακώς *part. perf. dór.* con la adherencia de... *dat.*

προσ-τίθημι poner junto a, arrimar, aplicar (κλίμακας πύργοις escalas a las torres); cerrar (τὰς πύλας las puertas); atribuir, imputar; conceder; imponer, infligir; entregar (πόλιν una ciudad); causar, producir; añadir; dar además || MED. llevar, dar (ψῆφόν τινι el voto en favor de uno); atraer hacia sí, estrechar; conciliarse, granjearse; ganar; añadir; hacer de nuevo; asociar, asociarse, tomar partido (τινὶ ψήφῳ por uno dándole el voto); asentir, adherirse (τῇ γνώμῃ al parecer de uno); colocar sobre otros, imponerles (μῆνιν προσθέσθαι τινί desahogar la cólera con alguien).

προσ-τρέπω suplicar, pedir.

προσ-τρέχω correr [hacia uno, *dat. o* πρός *o* ἐπί *con ac.*]; hacer una salida [en guerra].

προστρόπαιος ον suplicante; culpable; λιταὶ προστρόπαιαι súplicas.

προστροπή ῆς ἡ súplica, ruego.

πρόστροπος ον = **προστρόπαιος.**

προσ-τυγχάνω llegar [casualmente], estar presente; encontrar; obtener [*gen.*]; ὁ προστυχών el primero que uno se encuentre, cualquiera.

προ-στῷον ου τό pórtico, galería con columnas.

προ-συγγίγνομαι = **προξυγγίγνομαι.**

προ-συμμίσγω mezclar, unir antes.

προ-συνοικέω -ῶ habitar además con [*dat.*]; estar casado antes con.

προσ-φάγημα ατος τό *y*

προσ-φάγιον ου τό comida que se come con pan, companaje, pescado.

προσ-φαίνομαι parecer además.

προσ-φάσθαι *aor. 2.º inf. med. de* πρόσφημι.

πρόσφατος ον recién muerto; fresco, nuevo, reciente, no alterado; recién venido.

προσφερής ές relacionado con, semejante a [*dat.*]; útil, conveniente para [*dat.*].

προσ-φέρω llevar a, hacia, junto a, aplicar; decir, hablar [acerca de algo, περί *con gen.*] (λόγους πρ. περί τινός τινι entrar en negociaciones con uno sobre algo); ofrecer, presentar, entregar, dar, pagar; emplear (τινὶ βίην la fuerza contra uno); añadir (μέθυ vino; τὶ πρός τι una cosa a otra); poner ante uno, servir || PAS. acercarse a, avanzar hacia, entrar (εἰς λιμένα en un puerto); atacar, asaltar, lanzarse [sobre algo *o* sobre uno, *dat. o* πρός *con ac.*]; presentarse, producirse (τὰ προσφερόμενα πράγματα los sucesos que se producen); tratar, conducirse, comportarse (ἀπὸ τοῦ ἴσου τινί con uno como un igual; ὡς φίλοι προσεφέροντο ἡμῖν nos trataban como amigos); hablar (πρὸς λόγον responder); parecerse [a uno, *dat.*] || MED. llevar a la boca (σῖτον καὶ ποτόν la comida y la bebida).

F. *V*. φέρω *y nótense aor. jón.* προσένεικα; *aor. pas. jón.* προσηνείχθην.

πρόσ-φημι [*y med.*] dirigir la palabra a [*ac.*].

προσ-φθέγγομαι hablar, saludar; nombrar.
προσφθεγκτός ή όν saludado, interpelado.
πρόσφθεγμα ατος τό acción de dirigir la palabra a uno; saludo.
προσ-φιλής ές amado, querido, agradable; amigo, lleno de afecto, de benevolencia.
προσφιλῶς ADV. amablemente; πρ. ἔχειν τινί *y* πρ. χρῆσθαί τινι experimentar sentimientos de amistad para con alguien.
προσ-φοιτάω -ῶ ir frecuentemente a.
προσφορά ᾶς ἡ aportación, presentación, ofrecimiento; añadidura, aumento; beneficio, lucro, ganancia, provecho; presente, regalo; ofrenda.
προσφορέω -ῶ aportar, llevar a.
πρόσφορος ον conveniente, útil, ventajoso para [*dat.*] || SUST. *n. pl.* las cosas necesarias.
προσφυής ές fijado en, unido a; dado a; apropiado, adecuado, nacido para.
πρόσ-φυξ υγος ὁ ἡ protegido, cliente.
προσ-φύω [*y med.*] nacer, crecer sobre; estar adherido, adherirse fuertemente a [*dat.*].
προσ-φωνέω -ῶ hablar, decir (τινά τινι *o* τινά τι algo a uno); saludar; llamar.
προσ-φωνήεις εσσα εν que dirige *o* puede dirigir la palabra; aquél a quien se dirige *o* puede dirigirse.
προσ-φώνημα ατος τό palabra, discurso *o* carta dirigida a uno; aquel a quien se dirige la palabra.
πρό-σχημα ατος τό adorno, atavío, magnificencia, pompa, aparato exterior, ornamento; pretexto, excusa, máscara; aspecto, apariencia; πρόσχημα ποιεῖσθαι *abs.* simular, enmascararse; *con ac.* μουσικὴν πρόσχημα ποιεῖσθαι simular el ejercicio de la música como pretexto.
προσ-χόω -ῶ = προσχώννυμι.
προσ-χράομαι -ῶμαι hacer uso además (τινί τι de uno para algo).
προσ-χρήζω *y*
προσ-χρηΐζω necesitar *o* desear además, pedir además [*gen.*].
πρόσχυσις εως ἡ aspersión.
προσ-χώννυμι formar de aluvión, dejar al descubierto; represar, cerrar con dique [ἀγκῶνα el brazo de un río]; acumular [tierra]; levantar [un terraplén].
προσ-χωρέω -ῶ acercarse a, avanzar hacia [*dat.*]; unirse a (τινὶ ἐς συμμαχίαν hacer la alianza con uno); asentir, acceder (λόγοις τινός a las súplicas de uno); *abs.* ceder, avenirse, venirse a buenas; tener relación con, acercarse a; tener confianza en.
F. *fut.* προσχωρήσω *y más frec.* προσχωρήσομαι *con el mismo valor.*
πρόσ-χωρος ον limítrofe, lindante || SUBST. *m.* vecino.
πρόσχωσις εως ἡ amontonamiento de tierra; terraplén, muralla; alfaque, tierra de aluvión.
προσ-ψαύω tocar [*dat.*].
πρόσω ADV. = **πόρρω**; τὸ πρ. *mismo sign.*
F. *V.* πόρρω.
πρόσω-θεν ADV. = **πόρρωθεν.**
προσ-ωνέομαι -οῦμαι comprar además.
προσ-ωπεῖον ου τό máscara, careta.
προσωπολη(μ)πτέω -ῶ favorecer a una persona parcialmente; ser aceptor de personas, respetarlas.
προσωπο-λή(μ)πτης ου ὁ aceptor *o* aceptador de personas, parcial; que respeta a las personas.
προσωπολη(μ)ψία ας ἡ acepción de personas, parcialidad, respeto.
πρόσ-ωπον ου τό rostro, faz, cara, frente; figura, forma, aspecto, aire; superficie; máscara, papel; persona, hombre; fachada; κατὰ πρ. de cara; προσώπῳ en persona, en carne y hueso; λαμβάνειν πρόσωπον hacer acepción de personas, ser parcial.
F. *pl. ép.* προσώπατα; *dat.* προσώπασι.
προσ-ωφελέω -ῶ ayudar, socorrer [a uno, *dat.*].
προσωφέλησις εως ἡ ayuda, asistencia; utilidad.
προ-τακτέον *adj. vbal. de* προτάσσω hay que colocar en primera línea.
προ-ταλαιπωρέω -ῶ ser desgraciado antes.
προ-ταμιεῖον ου τό almacén de provisiones; antecámara.
προ-τάμνω = προτέμνω.
προ-ταρβέω -ῶ temer de antemano; temer por [*gen.*].
προ-ταριχεύω salar antes.

προ-τάσσω [*át.* **προ-τάττω**] poner delante, en primera fila (τὸ προταχθέν la vanguardia); designar en su nombre; fijar de antemano || MED. ponerse delante, proteger; poner ante los ojos, poner como ejemplo; proponerse [un fin]; poner frente a [*gen.*].

προ-τείνω extender delante, alargar, tender (δεξιάν la diestra); exponer (ψυχήν la vida); proponer, ofrecer; alegar; avanzar (εἰς τὸ πέλαγος en el mar [un promontorio]) || MED. pedir, reclamar; pretender, pretextar, fingir.

προ-τείχισμα ατος τό muro exterior, fortificación avanzada.

προ-τελέω -ῶ pagar antes *o* por adelantado.

προ-τεμένισμα ατος τό vestíbulo || atrio de un templo.

προ-τέμνω cortar delante *o* antes || MED. abrir [un surco] ante sí.

προτεραῖος α ον de la víspera || SUST. *f.* víspera.

προτερέω -ῶ estar delante; venir delante, preceder; tener ventaja.

πρότερος α ον el primero de dos, el que va delante, el más viejo, anterior, superior, mejor; οἱ πρ. παῖδες hijos del primer matrimonio; τῇ προτέρῃ en la víspera; οἱ πρότεροι los antepasados || ADV. [τὸ] **πρότερον** antes (ὁ πρότερον βασιλεύς el rey anterior; πρότερον ἤ *o* πρότερον πρὶν ἤ antes que *o* de); **προτέρω** más adelante, más lejos.

προ-τεύχω hacer, fabricar antes; προτετύχθαι haber sucedido antes.

προτί = **πρός**.

προτιάπτω = **προσάπτω**.

προτι-βάλλω = **προσβάλλω**.

προτι-ειλέω -ῶ = **προσειλέω**.

προτι-είποι *3.ª sing. opt. aor. 2.º de* προσαγορεύω.

πρό-τιθεν *3.ª pl. impf. ép. de* προτίθημι.

προ-τίθημι poner delante (δεῖπνον ofrecer una comida); exponer, entregar; publicar, dar a conocer; ordenar, mandar; proponer; encargar, dar por misión; amenazar, fijar, imponer (θάνατον ζημίαν la muerte como castigo, la pena de muerte); alegar, pretextar; preferir || MED. poner delante de sí, exponer; proponer, proponerse; pretextar, fingir; exponer, declarar; prescribir, ordenar; convocar [una asamblea]; fijar un plazo; preferir; desplegar, mostrar, presentar, poner por delante [como excusa *o* compensación]. **F.** *v.* τίθημι. *3.ª sing. y pl. pres. jón.* προτιθεῖ προτιθεῖσι; *3.ª pl. pres. med. jón.* προτιθέαται; *3.ª pl. impf. ép.* πρότιθεν; *aor.* προὔθηκα, *3.ª pl. subj.* (?) *ép.* προθέουσι (*discutido, Il. 1, 291*) ; *aor. pas.* προὐτέθην.

προ-τιμάω -ῶ [*y med.*] honrar con preferencia, preferir; escoger; estimar; cuidarse de, preocuparse con [*ac.*]; desear vehementemente.

προτίμησις εως ἡ predilección, preferencia por [*gen.*].

πρότιμος ον más honrado, preferido.

προτι-μυθέομαι -οῦμαι dirigir la palabra a.

προ-τιμωρέω -ῶ ayudar antes [a... *dat.*] || MED. vengarse antes [de... *ac.*] *Tuc.*

προτι-όσσομαι mirar, fijar los ojos en [*ac.*]; prever, presentir.

προ-τίω preferir; juzgar digno (τάφου de los honores de la sepultura).

πρότμησις εως ἡ la región umbilical.

προ-τολμάω -ῶ atreverse, ejecutar el primero, arriesgar por primera vez.

πρό-τονος ου ὁ cable que sujeta el mástil a la proa, estay de trinquete.

προ-τοῦ ADV. *por* πρὸ τοῦ antes; antiguamente.

προτρεπτικός ή όν estimulante, persuasivo, exhortatorio.

προ-τρέπω empujar, impeler, mover, exhortar, persuadir [a alguien *ac.* a algo εἰς ἐπί *o* πρός *y ac.* a hacer algo *inf.*, ὥστε *e inf.*; τίς σ᾽ἀνάγκη τῇδε προτρέπει; ¿quién te reduce a esa esclavitud?] || MED. tornarse, volverse (ἐπὶ γαῖαν hacia la tierra); entregarse, dejarse dominar (ἄχει por la pena); impeler, exhortar, persuadir [= *act.*].
F. *v.* τρέπω. *Impf. med. ép.* προτρεπόμην; *aor. med.* προετρεψάμην *y* προὐτραπόμην.

προ-τρέχω correr delante; adelantarse corriendo.

πρό-τριτα ADV. tres días antes; durante tres días sucesivos.

προτροπάδην ADV. hacia adelante; en desorden.

προ-τύπτω precipitarse, abalanzarse; saltar, llegar.

πρού... = **προ-ε...** *y* **προ-ο...**

προὔβαλον, *med.* **προὐβαλόμην** *aor. 2.º de* προβάλλω.

προὐθυμούμην, *etc. v.* προθυμέομαι.

προὔκειτο, *etc. v.* πρόκειμαι.

προὐννέπω = **προεννέπω.**

προὐξεφίεμαι mandar antes.

προ-ϋπάρχω estar, encontrarse allá antes; preexistir; emprender el primero, comenzar [*gen.*]; dar el ejemplo; προϋπάρχειν τῷ ποιεῖν εὖ hacer el primero un beneficio; τὰ προϋπάρξαντα acontecimientos pasados; τὰ προϋπαργμένα los antecedentes.

προ-ϋπεξορμάω -ῶ lanzarse delante.

προ-ϋπισχνέομαι -οῦμαι prometer antes.

προὖπτος ον = **πρόοπτος.**

προὔργου ADV. últimamente, a propósito (τὰ προὔργου lo que es útil *o* ventajoso) || COMP. **προὐργιαίτερος α ον** más ventajoso; προὐργιαίτερον τὸ ἑαυτῶν ποιεῖσθαι considerar como más importante lo propio, anteponer a todo el propio interés.

προυσελέω -ῶ maltratar, ultrajar.

προὐστάλην *aor. pas. de* προστέλλω.

προὔστην προὔστησα *aors. de* προΐστημι.

προὐφείλω = **προοφείλω.**

προὔφερον *impf. de* προφέρω.

προὔχω = **προέχω.**

προὐχώρει *3.ª sing. impf. de* προχωρέω.

προ-φαίνω mostrar, enseñar, hacer ver, anunciar, predecir, indicar, declarar; proponer; mostrarse, aparecer, hacerse visible; brillar; hacerse oír || PAS. mostrarse, aparecer; οὐδὲ προὐφαίνετ' ἰδέσθαι no había bastante luz para ver; προὐφάνη κτύπος el ruido se oyó claramente; προὐφάνη λέγων habló de modo manifiesto [*Sóf. E. R. 790*].

προφανής ές visible, manifiesto, evidente; abierto, descubierto; ἀπὸ τοῦ προφανοῦς abiertamente.

πρόφανσις εως ἡ predicción; recomendación.

πρόφαντος ον predilecto || SUST. *n.* sentencia de un oráculo.

προφασίζομαι pretextar, alegar, excusarse, disculparse || PAS. ser alegado como pretexto.

1 **πρόφασις εως** (*jón.* **ιος**) **ἡ** motivo; pretexto, excusa; προφάσει, ἐπὶ προφάσει, ἀπὸ προφάσεως so pretexto de [*con gen.*]; πρόφασιν *y* προφάσει en apariencia || EXPRESIONES πρόφασιν διδόναι dar ocasión; ἕλκειν προφάσιας continuar dando pretextos; ἔχειν προφάσεις ser disculpable.

2 **πρόφασις εως ἡ** predicción, prescripción.

προφερέστερος α ον *comp. de* προφερής.

προφερής ές superior, mejor; más viejo.

προφέρτατος η ον *superl. de* προφερής.

προφέρτερος α ον *comp. de* προφερής.

προ-φέρω llevar delante (σφάγια llevar víctimas para el sacrificio); avanzar; hacer avanzar, ser provechoso [para algo, εἰς *con ac.*]; sacar, publicar; mostrar, presentar; proferir; mencionar; ordenar; objetar, alegar, reprochar, echar en cara; superar [a uno en algo, *gen. y dat.*]; desplegar, producir || MED. anunciar, proclamar, alegar, ofrecer, proponer (ξεινοδόκῳ ἔριδα un combate a un huésped).

F. *v.* φέρω. *3.ª sing. subj. pres. ép.* προφέρησι, *impf.* προέφερον *y* προὔφερον; *fut* προοίσω, *aor 1.º* προήνεγκα; *aor. 2.º* προήνεγκον.

προ-φεύγω huir, escapar antes, evitar.

F. *aor.* προὔφυγον, *2.ª sing. opt. ép.* προφύγοισθα.

προφητεία ας ἡ profecía, don profético.

προφητεύω ser intérprete de un oráculo; ser profeta; profetizar.

F. *impf. y aor. a veces* προεφήτευον προεφήτευσα *por* ἐπροφήτευον ἐπροφήτευσα.

προφήτης ου ὁ profeta; intérprete de un oráculo; vidente.

προφητικός ή όν profético.

προφῆτις ιδος ἡ profetisa, vidente.

προ-φθάνω adelantarse [a uno, *ac.*].

F. *v.* φθάνω. *Aor. 1.º* προὔφθασα; *aor. 2.º* προὔφθην.

προ-φοβέομαι -οῦμαι asustarse de antemano.

προ-φράζω predecir, anunciar de antemano.

πρό-φρασσα *f. de* πρόφρων.

προφρονέως [*o* **προφρόνως**] ADV. de buena gana, con benevolencia.

πρό-φρων benévolo, bondadoso; bien dispuesto, jubiloso; resuelto, decidido, abnegado.
F. *f.* πρόφρασσα; *adv. ép.* προφρονέως, *después* προφρόνως.

προ-φυλακή ῆς ἡ puesto avanzado, guardia, centinela; precaución; διὰ πρ. con guardias.

προφυλακίς ίδος ἡ buque de guardia, nave de vigilancia.

προφύλαξ ακος ὁ puesto avanzado; centinela.

προ-φυλάσσω [*át.* **προ-φυλάττω**] velar, vigilar, cuidar de, estar de guardia; ἡ προφυλάσσουσα = **προφυλακίς** || MED. precaverse, guardarse de [*ac.*].

προ-φύομαι [*aor. intr.* προὔφυν] existir antes.

προ-φυτεύω plantar antes; engendrar.

προ-φωνέω -ῶ hacer oír de antemano, hacer resonar, proferir; anunciar *o* declarar públicamente.

προ-χαίρω alegrarse de antemano.

προχειρίζομαι preparar para sí; determinar, elegir antes || PAS. estar determinado antes, estar al alcance de la mano, estar preparado *[en el perf.]*.

πρό-χειρος ον a la mano, que está al alcance, que se presenta por sí mismo, cercano; sencillo, natural, fácil; usual, corriente; servicial, atento; banal, vulgar; dispuesto [a hacer algo, *inf.*].

προ-χειροτονέω -ῶ elegir antes; votar previamente.

προ-χέω verter, derramar delante, esparcir || PAS. derramarse, esparcirse delante *o* fuera.
F. *v.* χέω, *y nótense inf. ép.* προχέειν, *3.ª pl. impf. pas. ép.* προχέοντο.

πρόχνυ ADV. de rodillas, sobre las rodillas; enteramente.

προχοή ῆς ἡ desembocadura de un río.

προχοΐς ΐδος ἡ vaso, bacín, orinal.

πρόχοος ου [**-ους ου**] **ἡ** aguamanil; vaso grande del que se vierte el vino a los de los comensales.

προ-χρίω ungir, untar antes.

πρόχυσις εως ἡ derramamiento, aluvión (πρόχυσιν ποιέομαι = προχέω).

προ-χωρέω -ῶ avanzar; transcurrir, pasar [el tiempo]; acercarse [a algo, πρός *con ac.*]; progresar; llegar; ser favorable, tener éxito, ir bien, ser posible (ἢν μὴ προχωρήσῃ ἑκάστῳ si no es posible a cada uno; τὰ προχωρήσαντα el éxito; προκεχωρηκότων τοῖς Λακεδαιμονίοις cuando los Lacedemonios habían obtenido un éxito); convenir.

προ-ωθέω -ῶ empujar hacia adelante, avanzar.

προ-ώλης ες enteramente aniquilado.

πρό-ωρος ον prematuro, precoz.

πρυλέες έων οἱ *ép.* infantes, soldados de a pie.
F. *dat. pl.* πρύλεσσι *y* πρυλέεσσι.

πρύμνα [*y* **πρύμνη**] **ης ἡ** popa || ADJ. *f.* posterior (ναῦς πρύμνη la parte posterior de la nave, la popa; κατὰ πρύμναν por detrás, en popa, con viento en popa).

πρύμνη-θεν ADV. del lado de popa, por detrás.

πρυμνήσια ων τά amarras de un buque.

πρυμνός ή όν extremo, último, superior, inferior, delantero, trasero (πρ. βραχίων el final del brazo [junto al hombro]; πρ. ὕλην ἐκτάμνειν cortar árboles de raíz).

πρυμν-ώρεια ας [*jón.* **πρυμν-ωρείη ης**] **ἡ** pie de una montaña.

πρυτανεία ας ἡ pritanía [cargo *o* dignidad de prítane en Atenas]; duración del mando de los prítanes; jefatura desempeñada cada día por una persona.

πρυτανεῖον ου τό casa de los prítanes, casa del Ayuntamiento, pritaneo; sede.

πρυτανεύω ser prítane; dirigir, presidir; proponer.

πρυτανηίη ης ἡ *jón.* = **πρυτανεία.**

πρυτανήιον ου τό *jón.* = **πρυτανεῖον.**

πρύτανις εως ὁ prítane, jefe, director, presidente, príncipe, soberano, maestro (οἱ πρυτάνεις los prítanes, los cincuenta miembros del pritaneo *o* casa consistorial).

πρῴ ADV. = **πρωί.**

πρῳαίτατος η ον *sup. de* πρώιος.

πρῳαίτερος α ον *comp. de* πρώιος.

πρῴην ADV. anteayer; muy recientemente.

πρωθ-ήβης ου ADJ. *m. y*

πρώθ-ηβος ου pubescente, jovencito.

πρωΐ ADV. temprano, al rayar el alba (τὸ πρωΐ la mañana; πρῴ τῆς ὥρας al comienzo de la estación); demasiado pronto, antes de tiempo.
 F. *comp.* πρωϊαίτερον *o* πρῳαίτερον; *superl.* πρωϊαίτατα *o* πρῳαίτατα; *menos frec.* πρωΐτερον *o* πρῴτερον; πρωΐτατα *o* πρῴτατα.

πρωΐα ας [*jón.* **πρωΐη ης**] ἡ prima mañana, hora del amanecer; πρωΐας por la mañana temprano; περὶ δείλην πρωΐην a prima tarde, poco después del mediodía.

πρωΐζ' *y*

πρωιζά ADV. = **πρῴην.**

πρώιμος ον temprano; πρώιμον fruto temprano *o* lluvia temprana *N. T.*

πρώιος α ον temprano, a prima mañana; *adv.* **πρώιον** = **πρωΐ**; a comienzos de año.
 F. *comp.* πρωϊαίτερος πρῳαίτερος πρωΐτερος; *superl.* πρωϊαίτατος πρῳαίτατος πρωΐτατος.

πρών ῶνος ὁ cabo, promontorio, montaña.
 F. *nom. pl. ép.* πρώονες.

πρῷος α ον = **πρώιος.**

πρω-περυσινός όν de dos años antes.

πρῴρα [*y* **πρῷρα**] **ας** [*jón.* **πρῴρη ης**] ἡ proa (ἐκ πρῴρας de proa).

πρῴρα-θεν ADV. de la proa, por delante (τὰ πρῴραθεν = πρῴρα).

πρῳρεύς έως ὁ jefe de proa, pilotín.

πρῴρη ης ἡ *jón.* = **πρῴρα.**

πρῴτατα *sup. de* πρωΐ.

πρωτεῖον ου τό primer premio, primer puesto, preeminencia.

πρωτεύω ser el primero, ocupar el primer puesto.

πρώτιστος η ον el primero de todo || ADV. **πρώτιστον** *y* **πρώτιστα** en primer lugar, primeramente.

πρωτό-γονος ον primogénito, recién nacido; noble.

πρωτο-καθεδρία ας ἡ *y*

πρωτο-κλισία ας ἡ primer puesto, puesto de honor, presidencia.

πρωτο-παγής ές recién construído.

πρωτό-πλοος ον [**-ους ουν**] que navega por primera vez; que navega el primero *o* delante.

πρῶτος η ον el primero; el principal, el mejor, el más noble, el más distinguido, el más excelente, el más alto (οἱ πρῶτοι στρατοῦ los jefes del ejército; τὸ πρῶτον, τὰ πρῶτα el comienzo; τὰ πρῶτα el primer premio, el punto culminante, el más alto grado, los más grandes hechos, el porvenir más próximo; ἐν τοῖς πρώτοις especialmente, sobre todo) || ADV. **πρῶτον** en primer lugar; **πρῶτα, τὸ πρῶτον, τὰ πρῶτα** *mismo sign.*; **τὴν πρώτην** por primera vez || EXPRESIONES ἐπεὶ πρῶτον, ἐπεὶ τὰ πρῶτα, ἐπειδὴ πρῶτα, ἐπὴν τὰ πρῶτα tan pronto como [*lat.* ut primum, ubi primum].

πρωτός ή όν destinado.

πρωτο-στάτης ου ὁ jefe de fila; guía; promotor, cabeza|| SUST. *m. pl.* soldados de primera fila.

πρωτοτόκια ων τά derecho de primogenitura.

πρωτο-τόκος ον que pare por primera vez, primeriza.

πρωτό-τοκος ον primogénito.

πρώων ονος ὁ *ép.* = **πρών.**

πταίρω estornudar.
 F. *aor.* ἔπταρον, *inf.* πταρεῖν.

πταῖσμα ατος τό tropiezo; desgracia, daño, derrota; fracaso.

πταίω chocar, tropezar; fracasar, sufrir una desgracia, una derrota (τὰ ἐπταισμένα los fracasos); faltar; delinquir, errar.
 F. *fut.* πταίσω; *aor.* ἔπταισα; *perf.* ἔπταικα; *aor. pas.* ἐπταίσθην.

πτάμενος η ον *part. aor. 2.º de* πέτομαι.

πτανός ή όν = **πτηνός.**

πταρμός οῦ ὁ estornudo.

πτάρνυμαι = **πταίρω.**

πτάσθαι *inf. aor. 2.º de* πέτομαι.

πτάτο *3.ª sing. aor. 2.º ép. de* πέτομαι.

πτελέα ας [*jón.* **πτελέη ης**] **ἡ** olmo.

πτέρνα [*jón.* **πτέρνη**] **ης ἡ** talón; jamón.

πτερόεις εσσα εν alado; volador; ligero como una pluma; con plumas.

πτερόν οῦ τό pluma, ala; penacho; augurio, auspicio; suerte, destino; fila de remos; hoja *o* rama de árbol; ala de un edificio.

πτερόω -ῶ proveer de alas; dar alas, animar, excitar; brotar, nacer [alas].

πτερύγιον ου τό alita; aleta; franja [de una tela]; pináculo [de un templo].
πτέρυξ υγος ἡ = πτερόν.
F. *dat. pl. ép.* πτερύγεσσι.
πτερύσσομαι agitar las alas.
πτερωτός ή όν = πτερόεις.
πτέσθαι *inf. aor. 2.º de* πέτομαι.
πτῆναι *inf. aor. de* πέτομαι.
πτηνός ή όν alado, volador, que vuela, volátil (τὰ πτηνά las aves); que tiene plumas; fugitivo, fugaz; rápido.
πτῆξα *aor. 1.º ép. de* πτήσσω.
πτήσομαι *fut. de* πέτομαι.
πτήσσω asustar, espantar; agazaparse para una emboscada; esconderse, asustarse, espantarse; huir de... *ac.*
F. *aor. ép.* πτῆξα, *part. perf. ép.* πεπτηώς ῶτος. *V. el compto.* καταπτήσσω.
πτῆται *3.ª sing. aor. 2.º subj. de* πέτομαι.
πτίλον ου τό ala, pluma.
πτίσσω [*at.* **πτίττω**] desgranar, descascarar; majar, machacar, triturar.
F. *aor.* ἔπτισα, *perf. pas.* ἔπτισμαι.
πτοέω -ῶ = πτοιέω.
πτόησις εως ἡ = πτοίησις.
πτοιάω -ῶ *y*
πτοιέω -ῶ *ép.* = **πτήσσω**; excitar, emocionar || PAS. asustarse, espantarse.
F. *aor.* ἐπτοίησα *y* ἐπτόησα; *perf.* ἐπτοίημαι *y* ἐπτόημαι; *aor. pas.* ἐπτοιήθην ἐπτοήθην, *3.ª pl. ép.* ἐπτοίηθεν.
πτοίησις εως ἡ espanto; pasión.
πτολεμίζω = πολεμίζω.
πτολεμιστής οῦ ὁ = πολεμιστής.
πτόλεμος ου ὁ = πόλεμος.
πτολίεθρον ου τό *ép. poét.* = **πόλις.**
πτολι-πόρθιος [*y* **πτολί-πορθος**] **ον** destructor, conquistador de ciudades.
πτόλις ιος ἡ = πόλις.
πτόμενος *part. aor. de* πέτομαι.
πτόρθος ου ὁ retoño, vástago, rama.
πτύγμα ατος τό pliegue.
πτυκτός ή όν plegado, doblado.
πτύξ υχός ἡ pliegue; cama; garganta, hoz, desfiladero; cuero *o* lámina metálica que recubre un escudo; cima; bahía, ensenada.
πτύον ου τὸ bieldo [palo largo con púas que sirve para aventar.]
πτυόφιν *gen. ép. de* πτύον.
πτύρω espantar, amedrentar.
πτύσμα ατος τό esputo.
πτύσσω plegar, replegar, enlazar (χεῖρας ἐπί τινι a uno en sus brazos, abrazarlo); cerrar (βιβλίον un libro) || PAS. entrelazarse, entrecruzarse (ἔγχεα los dardos).
F. *3.ª pl. impf. pas. ép.* πτύσσοντο; *fut.* πτύξω, *med.* πτύξομαι; *aor.* ἔπτυξα *med.* ἐπτυξάμην; *aor. pas.* ἐπτύχθην.
πτυχή ῆς ἡ = πτύξ.
πτύω escupir; despreciar.
F. *aor.* ἔπτυσα; *aor. pas.* ἐπτύσθην, *fut. pas.* πτυσθήσομαι (*N. T.*).
πτωκάς άδος ADJ. *f.* = **πτώξ.**
πτῶμα ατος τό caída; desgracia, error; cadáver.
πτώξ πτωκός ADJ. *m. y f.* tímido, miedoso; fugitivo || SUBST. *m. y f.* la liebre; *f. pl.* aves, pájaros, *s. o.* harpías *Sóf. Fil. 1093.*
πτῶσις εως ἡ = πτῶμα.
πτωσκάζω *y*
πτώσσω = πτήσσω.
F. *inf. ép.* πτωσκαζέμεν; *impf. ép.* πτῶσσον.
πτωχεία ας [*jón.* **πτωχηίη ης**] **ἡ** mendicidad, pobreza.
πτωχεύω mendigar, ser pobre; pedir.
F. *impf. iter. ép.* πτωχεύεσκον.
πτωχηίη ης ἡ *jón.* = **πτωχεία.**
πτωχός όν [*o* **-ός ή όν**] pobre, mendigo, mendicante.
F. *comp.* πτωχότερος *y* πτωχίστερος.
πυγαῖον ου τό rabadilla, ano.
πύγ-αργος ου ὁ especie de gacela que tiene blanca la región anal.
πυγή ῆς ἡ = πυγαῖον.
πυγμαῖος α ον pigmeo, enano.
πυγμαχέω = πυκτεύω.
πυγμαχίη ης ἡ = πυγμή.
πυγμάχος ου ὁ = πύκτης.
πυγμή ῆς ἡ puño; lucha a puñetazos, pugilato || ADV. **πυγμῇ** cuidadosamente, a menudo.
πυγούσιος α ον de un codo de largo.
πυγών όνος ἡ codo; medida de un codo.
πύελος ου ἡ gamella; bañera; ataúd.
πυθεῦ *imp. aor. 2.º jón. de* πυνθάνομαι.
πυθιο-νίκης ου ὁ vencedor en los juegos Píticos.
πυθμήν ένος ὁ suelo, fondo, pie, raíz, apoyo, fundamento (ἐκ πυθμένος de cuajo).

πυθοίατο *3.ª pl. opt. aor. poét. de* πυνθάνομαι.

πυθό-μαντις εως ADJ. *f.* propio de la pitonisa.

πυθόμην *aor. 2.º ép. poét. de* πυνθάνομαι.

πύθω pudrir || PAS. pudrirse.
F. *fut.* πύσω; *aor. ép.* πῦσα.

Πυθώ οῦς ἡ Pito, región de Delfos; la misma Delfos.

Πύθων ωνος ὁ la serpiente Pitón; *por ext.* πνεῦμα πύθωνα espíritu adivinador. *N. T.*

πύκα ADV. sólidamente; frecuentemente; prudente, cuerdamente; cuidadosamente.

πυκάζω espesar, cubrir [con una cosa dura, espesa, apretada]; envolver; cerrar; envolverse; ensombrecer; coronar.

πυκι-μήδης ες cuerdo, prudente.

πυκινός ή όν = **πυκνός.**

Πυκνί *dat.* de **Πνύξ** [*gen.* Πυκνός *y* Πνυκός] lugar de la asamblea popular en Atenas.

πυκνό-πτερος ον en bandas apretadas [aves].

πυκνός ή όν espeso, apretado, compacto, denso; sólido, bien cerrado; consistente, fuerte; prudente, sagaz, despierto; frecuente, no interrumpido, abundante, repetido.

πυκνό-στικτος ον manchado, moteado.

πυκνότης ητος ἡ espesor, densidad; muchedumbre apiñada.

πυκνόω -ῶ estrechar, condensar.

πυκταλίζω *y*

πυκτεύω luchar a puñetazos.

πύκτης ου ὁ púgil.

πυκτικός ή όν concerniente al pugilato || SUST. *f.* arte del pugilato.

πυλ-αγόρας ου ὁ pilágoro [diputado en la asamblea de los Anfictiones].

πυλαγορέω -ῶ ser pilágoro.

πυλ-αγόρος [*jón.* **πυλ-ηγόρος**] **ου ὁ** = **πυλαγόρας.**

Πυλαία ας [*jón.* **ιη ιης**] **ἡ** asamblea de los Anfictiones en Pilas [Termópilas] que se celebraba en otoño; lugar donde se celebraba la asamblea; derecho a participar en el Consejo Anfictiónico.

πυλ-άρτης ου ADJ. *m.* de puertas sólidamente cerradas; que mantiene las puertas cerradas.

πυλα-ωρός οῦ ὁ = **πυλωρός.**

πύλη ης ἡ puerta, hoja de una puerta, entrada, orificio; paso, istmo, estrecho, canal, esclusa; desfiladero || PL. «las Puertas», las Termópilas.

πυλ-ηγόρος ου ὁ *jón.* = **πυλαγόρας.**

Πύλιος α ον de Pilos.

πυλίς ίδος ἡ puertecilla, poterna.

Πυλό-θεν ADV. de Pilos.

Πυλοι-γενής ές nacido en Pilos.

πύλος ου ὁ = **πύλη.**

πυλ-ουρός οῦ ὁ = **πυλωρός.**

πυλόω -ῶ cerrar con puertas.

πυλών ῶνος ὁ puerta grande, portal; vestíbulo.

πυλωρέω -ῶ guardar la puerta, ser portero.

πυλ-ωρός οῦ ὁ ἡ guarda de la puerta, portero, portera; vigilante, protector, protectora.

πύματος η ον último, extremo || ADV. **πύματον, πύματα** por última vez (πύματόν τε καὶ ὕστατον por suprema y última vez); de la peor manera.

πυνθάνομαι inquirir, informarse, preguntar (πᾶσαν ἀλήθειαν περί τινος indagar toda la verdad acerca de algo); saber, averiguar, oír decir, advertir, darse cuenta de, observar, enterarse de.
F. *ép. poét.* πεύθομαι, *3.ª pl. opt. ép.* πευθοίατο πευθοίαθ'; *impf.* ἐπευθόμην, *ép. tamb.* πευθόμην, *3.ª sing.* πεύθετο. *De* πυνθάνομαι, *impf. ép.* πυνθανόμην; *fut.* πεύσομαι; *aor.* ἐπυθόμην, *ép. y poét. tamb.* πυθόμην; *imp.* πυθοῦ, *jón.* πυθεῦ; *3.ª sing. opt. redupl. ép.* πεπύθοιτο, *3.ª pl. poét.* πυθοίατο; *perf.* πέπυσμαι, *2.ª sing.* πέπυσαι, *ép.* πέπυσσαι, *inf.* πεπύσθαι, *part.* πεπυσμένος; *3.ª sing. plpf.* ἐπέπυστο, *ép. tamb.* πέπυστο, *3.ª du.* πεπύσθην.

πύξ ADV. a puñetazos (π. νικᾶν vencer en el pugilato).

πύξινος η ον de boj.

πῦρ πυρός τό fuego; fuego del cielo, rayo *o* relámpago; luz de las antorchas; brillo de los ojos; ardor, ímpetu, fuerza irresistible; pasión; = **πυρά**; ἐν πυρὶ γενέσθαι estar reducido a la nada; εἰς πῦρ ἅλλεσθαι no tener miedo a nada [lit. saltar al fuego].

πυρά ῶν τά (*dat.* πυροῖς) *pl. de* πῦρ fuegos, hogueras.

πυρά ᾶς [*jón.* **πυρή ῆς**] **ἡ** pira; altar; fuego que arde sobre el altar.
πυρ-άγρα [*jón.* **πυρ-άγρη**] **ης ἡ** tenazas.
πυρακτέω -ῶ poner incandescente, al rojo.
πυραμίς ίδος ἡ pirámide.
πυργηδόν ADV. en forma de torre, *es decir,* en masa compacta.
πυργο-μαχέω -ῶ atacar *o* defender una torre.
πύργος ου ὁ torre; fortaleza, ciudadela, baluarte, castillo, muralla con torres; apoyo, defensa; piso superior de una casa, gineceo; batallón, columna.
πυργόω -ῶ flanquear *o* proveer de torres || MED. levantar torres para sí.
πυργώδης ες de forma de torre.
πύργωμα ατος τό = **πύργος.**
πυρεῖα ων τά utensilios para encender el fuego, *espte.* enjutos.
πυρέσσω [*át.* **πυρέττω**] tener fiebre.
πυρετός οῦ ὁ ardor; fiebre.
πυρέττω *át.* = **πυρέσσω.**
πυρή ῆς ἡ *jón.* = **πυρά.**
πυρήια ων τά = **πυρεῖα.**
πυρήν ῆνος ὁ hueso, pepita.
πυρη-φόρος ον = **πυροφόρος.**
πυρία ας [*jón.* **πυρίη ης**] **ἡ** baño de vapor.
πυρι-ήκης ες de punta incandescente.
πυρί-καυ(σ)τος ον quemado por el fuego.
1 **πύρινος η ον** de trigo.
2 **πύρινος η ον** de fuego, ígneo, ardiente.
πυρι-φλεγής ές que arde con llama, inflamado.
πυρ-καϊά ᾶς [*jón.* **πυρ-καϊή ῆς**] **ἡ** pira; incendio.
πύρνον ου τό pan de trigo; pedazo de pan.
πυρός οῦ ὁ trigo || PL. granos de trigo.
πυρο-φόρος ον fértil en trigo.
πυρόω -ῶ incendiar, quemar, inflamar, abrasar, consumir.
πύρ-πνοος ον [**-ους ουν**] que despide fuego, que respira fuego.
πυρ-πολέω -ῶ estar junto al fuego; mantener el fuego || MED. [*y tamb.* ACT.] consumir por el fuego.
πυρράζω estar incandescente.
πυρρίχη ης ἡ pírrica [danza guerrera].
πυρριχίζω bailar la danza pírrica.
πυρρός ά όν de color de fuego, rojo vivo, rojo amarillento; pelirrojo.
πυρσεύω hacer señales por medio del fuego.
πυρσός οῦ ὁ tea *o* antorcha encendida para hacer señales; señal de fuego.
πυρσός ή όν = **πυρρός.**
πυρ-φόρος ον ignífero, que lleva *o* lanza fuego; pestífero, que produce la fiebre *o* la peste || SUBST. *m.* sacerdote que acompañaba a los ejércitos lacedemonios para los sacrificios (μηδὲ πυρφόρον περιγενέσθαι no salvarse ni el portador del fuego, morir todos).
πυρώδης ες ígneo, ardiente.
πύρωσις εως ἡ combustión, inflamación, calor, ardor.
πῦσα -ας -ε *aor. ép. de* πύθω.
πύστις εως ἡ investigación, indagación, interrogación, encuesta; noticia, rumor, fama; τὰς πύστεις ἐρωτᾶν εἰ hacer que los personajes pregunten si [*Tuc. 1, 5*].
πύσω *fut. de* πύθω.
πώ ADV. todavía, aún, de algún modo; alguna vez; *en oración interr. neg.* jamás.
πώγων ωνος ὁ barba [pelo]; barbilla.
πώεα τά *v.* **πῶυ.**
πωλέ' = πωλέεαι *2.ª sing. ind. pres. ép. de* πωλέομαι *Od. 4,811.*
πωλέεσκε *3.ª sing. impf. iter. jón. de* πωλέω.
πωλέομαι -οῦμαι ir *o* venir frecuentemente.
F. *2.ª sing. ind. pres. ép.* πωλέεαι πωλέ', *part. ép.* πωλεύμενος; *impf. ép.* πωλεύμην, *3.ª sing.* πωλεῖτο, *3.ª sing. iter. ép.* πωλέσκετο, *fut.* πωλήσομαι, *2.ª sing. ép.* πωλήσεαι.
πωλέσκετο πωλεῦμαι *v. supra* πωλέομαι.
πωλέω -ῶ vender, poner en venta; traicionar.
F. *3.ª sing. impf. iter. jón.* πωλέεσκε; *fut.* πωλήσω; *aor.* ἐπώλησα; *aor. pas.* ἐπωλήθην.
πωλητήριον ου τό mercado.
πωλικός ή όν de potro *o* caballo joven; πωλικὴ ἀπήνη carro tirado por potros.
πωλο-δαμνέω -ῶ domar potros; formar, adiestrar, educar.
πῶλος ου ὁ ἡ potro, potra; caballo.

1 **πῶμα ατος τό** cobertera, tapa.
2 **πῶμα ατος τό** bebida, poción.
πώ-ποτε ADV. alguna vez, a veces, de algún modo; οἱ π. los que alguna vez han existido.
πώρινος η ον de toba.
πῶρος ου ὁ toba [piedra caliza muy porosa].
πωρόω -ῶ endurecer, encallecer.
πώρωσις εως ἡ endurecimiento.
πῶς ADV. ¿cómo?; ¿por qué?; πῶς δυσκόλως ¡cuán difícilmente!; πῶς ἂν θάνοιμι; ¡ojalá me muera!
πώς ADV. *enclit.* de algún modo, casualmente; poco más *o* menos; quizá.
πωτάομαι -ῶμαι = **ποτάομαι.**
πωτήεις εσσα εν que vuela.
πώτημα ατος τό vuelo.
πῶυ πώεος τό rebaño de carneros *u* ovejas.
F. *pl. ép.* πώεα, *dat.* πώεσι.

P

Ρ ρ rho *o* ro [17.ª letra del alfabeto griego] ‖ *como signo numérico* ρ' 100; ,ρ 100 000.

ῥ' *y*

ῥά ADV. = **ἄρα.**

ῥαββ(ε)ί *y*

ῥαββο(υ)ν(ε)ί *pal. aram.* mi maestro; maestro, doctor, rabí.

ῥαβδίζω azotar con varas, apalear.

ῥαβδο-νομέω -ῶ ser juez de un combate, dirigir un certamen.

ῥάβδος ου ἡ vara, palo; varita mágica *o* de adivinación; caduceo de Hermes; bastón de mando, cetro; báculo caña de pescar; línea, raya, lista.

ῥαβδοῦχος ου ὁ portador de vara; juez *o* árbitro de juegos gímnicos; pertiguero *o* alguacil de ciertos magistrados; lictor.

ῥαβδωτός ή όν rayado, listado; estriado, acanalado.

ῥαγάς άδος ἡ hendidura, agujero, resquicio.

ῥαγείς -εῖσα -έν [*gen.* ῥαγέντος] *etc. part. aor. pas. de* ῥήγνυμι.

ῥαδαλός ή όν = **ῥαδινός.**

ῥαδινάκη ης ἡ aceite mineral, petróleo.

ῥαδινός ή όν sutil, delgado, flexible; rápido, ligero.

ῥᾴδιος α ον [*o* **-ος ον**] fácil, cómodo, hacedero (ῥ. ἔπος palabra fácil de entender y ejecutar, *Hom. Od. 11, 146*); accesible, complaciente, afable.
F. *comp.* ῥᾴων ῥᾷον, *superl.* ῥᾷστος *Ep. y jón.* ῥηίδιος ῥήδιος, *comp.* ῥηίτερος ῥηίων, *superl.* ῥήιστος ῥήιτατος. — *Adv.* ῥᾳδίως, (*comp.* ῥᾷον, *superl.* ῥᾷστα); *ép. y jón.* ῥηϊδίως ῥέα ῥεῖα, (*superl.* ῥηΐτατα).

ῥᾳδιουργέω -ῶ obrar con facilidad *o* soltura; proceder ligeramente *o* sin reflexión; llevar una vida fácil, vivir despreocupado.

ῥᾳδιούργημα ατος τό acción inconsiderada; fechoría, delito, crimen.

ῥᾳδιουργία ας ἡ facilidad para hacer algo, soltura en la acción; ligereza, despreocupación, indolencia; astucia, picardía, trapacería; placer, recreo, molicie.

ῥᾳδιουργός όν astuto.

ῥᾳδίως ADV. fácilmente, sin trabajo, cómodamente, de buen grado; con ligereza, irreflexivamente.

ῥαθάμιγξ ιγγος ἡ gota, pinta; granito, pizca.

ῥαθυμέω -ῶ estar despreocupado, ser negligente.

ῥαθυμία ας ἡ facilidad *o* soltura para la acción, expedición; espíritu certero, ánimo sereno; despreocupación, negligencia, indolencia, indiferencia; imprudencia, audacia, atrevimiento.

ῥᾴ-θυμος ον ligero, despreocupado, indiferente, negligente, perezoso; fácil, sencillo; cobarde.

ῥαΐζω ir mejor, aliviarse, restablecerse, reponerse; sanar; descansar.

ῥαίνω rociar, asperjar, salpicar; espolvorear, cubrir, llenar; regar.
F. *impf. pas. ép.* ῥαινόμην. *Nótense imp. aor. ép. 2.ª pl.* ῥάσσατε; *3.ª pl. perf. pas. ép.* ἐρράδαται, *idem plpf.* ἐρράδατο, *formas que supondrían más bien un pres.* * ῥάζω.

ῥαιστήρ ῆρος ὁ ἡ martillo.

ῥαίω quebrar, romper, destrozar; hacer zozobrar; destruir, arruinar, maltratar, ofender, agraviar ‖ PAS. estrellarse, naufragar, ser náufrago.
F. *3.ª sing. subj. ép.* ῥαίῃσι; *fut.* ῥαίσω (*inf. ép.* ῥαισέμεναι), *pas.* ῥαί-

σομαι; *aor.* ἔρραισα, *3.ª subj.* ῥαίσῃ; *aor. pas.* ἐρραίσθην.

ῥακά *voz despreciativa hebrea* ¡estúpido! ¡sin seso!

ῥάκιον ου τό *y*

ῥάκος εος [ους] τό trapo, trozo de tela, jirón, pingajo; andrajo, harapo.

ῥάμνος ου ἡ espino.

ῥάμφος εος [ους] τό pico [de ave].

ῥανίς ίδος ἡ gota.

ῥαντίζω = **ῥαίνω**; lavar, purificar *N. T.*
 F. *aor.* ἐρράντισα *o* ἐράντισα, *perf.* ἐρράντισμαι *o* ῥεράντισμαι (*N. T.*).

ῥαντισμός οῦ ὁ aspersión, rociada.

ῥαπίζω golpear con vara, apalear, dar latigazos, azotar; golpear el rostro, abofetear.
 F. *aor.* ἐράπισα; *perf. pas.* ῥεράπισμαι.

ῥάπισμα ατος τὸ bofetada.

ῥαπτός ἡ όν *adj. vbal. de* ῥάπτω cosido, zurcido; picado, punteado || SUST. *n. pl.* alfombras bordadas.

ῥάπτω coser, zurcir, ajustar; arreglar, componer, urdir, tramar [contra alguien, *dat. o* ἐπί *con dat.*] || MED. ajustar, componer *o* arreglar para sí.
 F. *impf. ép.* ῥάπτον; *fut.* ῥάψω; *aor.* ἔρραψα, *ép.* ῥάψα; *perf. pas.* ἔρραμμαι; *aor. pas.* ἐρράφην.

ῥάσσατε *2.ª pl. imp. aor. de* ῥαίνω.

ῥάσσω = **ῥήσσω.**
 F. *fut.* ῥάξω, *pas.* ῥάξομαι *etc.*

ῥᾷστος η ον *superl. de* ῥᾴδιος || ADV. **ῥᾷστα** muy fácilmente.

ῥᾳστώνη ης ἡ facilidad, soltura; condescendencia, benevolencia; amabilidad, gracia; holgura, comodidad, bienestar; indolencia, negligencia, desidia; holganza, molicie, recreo, deleite, descanso; acción de recobrarse, de ponerse mejor.

ῥαφή ῆς ἡ costura, cosido.

ῥαφίς ίδος ἡ aguja.

ῥαχά = **ῥακά.**

ῥαχία ας ἡ costa rocosa *o* escarpada, cantil; rompiente del mar, oleaje que se estrella contra las rocas.

ῥαχίζω romper la espina dorsal, matar.

ῥάχις ιος [*dát.* **εως**] **ἡ** espina dorsal, espinazo, lomo, raquis; cresta de una montaña.

ῥάψα -ας -ε *aor. 1.º ép. de* ῥάπτω.

ῥαψῳδέω -ῶ zurcir *o* ajustar cantos; recitar cantos épicos; recitar *o* declamar vesos; celebrar, cantar.

ῥαψῳδία ας ἡ recitación de un poema épico; canto *o* parte de una epopeya, rapsodia.

ῥαψ-ῳδός οῦ ὁ zurcidor *o* ajustador de cantos épicos; recitador de cantos épicos, cantor épico, rapsoda; *fig.* recitador de versos; ἡ ῥαψῳδὸς κύων la perra rapsoda [la Esfinge que proponía enigmas en verso, *Sóf. E. R.* 39].

ῥᾴων ον [*gen.* ονος] *comp. de* ῥᾴδιος.

ῥέα ADV. = **ῥᾳδίως.**

ῥέδη ης ἡ carruaje de cuatro ruedas, carro, coche.

ῥέεθρον ου τό = **ῥεῖθρον.**

ῥέεν *3.ª sing. impf. ép. de* ῥέω.

ῥέζω hacer, obrar, proceder; ejecutar, practicar, cumplir, llevar a cabo, causar, hacer [algo a alguien, *dos acs.*]; ofrecer en sacrificio, sacrificar; servir, aprovechar, valer.
 F. *impf.* ἔρεζον, *ép. tamb.* ῥέζον *e iter.* ῥέζεσκον; *fut.* ῥέξω; *aor.* ἔρρεξα, *ép. poét.* ἔρεξα ῥέξα, *part. aor. pas.* ῥεχθείς.

ῥέθος εος [ους] τό miembro; rostro, semblante, cara; continente, aire, aspecto.

ῥεῖα ADV. = **ῥᾳδίως.**

ῥεῖθρον ου τό corriente de un río: *pl.* aguas, ondas, olas; cauce *o* lecho de un río; brazo de río, riachuelo.

ῥέξ' = **ῥέξε** *3.ª sing. aor. 1.º ép. de* ῥέζω.

ῥεούμενος η ον *part. pres. med. de* ῥέω.

ῥέπω inclinarse, ir hacia abajo, bajar [*esp.* los platillos de la balanza]; decaer, empeorar; venir a dar *o* a parar en, terminar por, abocar (τοῦτο ταύτῃ esto de esta manera [*tamb. con* εἰς *o* ἐπί *con ac.*]); inclinarse, propender, tender, tomar una dirección, dirigirse; preponderar, prevalecer; recaer sobre, atañer, ser imputable.
 F. *impf. ép. 3.ª sing.* ῥέπε; *fut.* ῥέψω; *aor.* ἔρρεψα.

ῥεράντισμαι *perf. med. de* ῥαντίζω [*N. T.*].

ῥερυπωμένος η ον *part. perf. pas. de* ῥυπόω.

ῥεῦμα ατος τό corriente, flujo; agua corriente; corriente de un líquido;

oleaje, oleada; afluencia, concurrencia, concurso.

ῥεύσομαι *y* **ῥεύσω** *fut. de* ῥέω.

ῥεχθείς εῖσα έν *part. aor. pas. de* ῥέζω.

ῥέω [*y pas.*] correr, manar, emanar, fluir (ὕδατι agua; αἵματι sangre; ῥεούμενοι ἱδρῶτι sudando a mares; μέγας ῥεῖ viene crecido [el río]; ταῦτα ῥείτω κατ'οὖρον que esto siga su curso); dedicarse, estar entregado a; lanzar invectivas, atacar, acometer (πολύς desbordadamente, *Dem. 272, 20*); salir, brotar, escaparse; desgastarse, deteriorarse, corromperse, morir; extenderse; caer.
F. *3.ª sing. impf.* ἔρρει, *ép. tamb.* ἔρρεε *y* ῥέε; *fut.* ῥυήσομαι, ῥεύσομαι *y td.* ῥεύσω (*N. T.*); *aor.* ἔρρευσα *y con el mismo valor* ἐρρύην, *3.ª sing. ép.* ῥύη; *perf.* ἐρρύηκα.

ῥῆγμα ατος τό ruptura, rotura, fractura.

ῥηγμίν ῖνος ἡ = **ῥαχία.**

ῥήγνυμι romper, quebrar, partir, destrozar, rasgar, desgarrar, irrumpir a través de (φάλαγγα una tropa formada); abrir brecha en ; hacer estallar, hacer brotar, emitir (ῥῆξαι φωνήν romper a hablar; ῥ. δακρύων νάματα romper en un torrente de lágrimas) || INTR. PERF. ἔρρωγα *y* PAS. romperse, reventar; estrellarse; cuartearse, agrietarse, abrirse; desgarrarse; brotar, nacer; desgastarse, corromperse || MED. romper para sí, romper para pasar, abrirse paso; provocar en su favor.
F. *3.ª pl. pres. ép.* ῥηγνῦσι; *3.ª impf. iter. ép.* ῥήγνυσκε, *3.ª impf. pas. ép.* ῥήγνυτο; *fut.* ῥήξω, *med.* ῥήξομαι; *aor.* ἔρρηξα, *ép. poét.* ἔρηξα ῥῆξα; *med.* ἐρρηξάμην, *3.ª pl. ép.* ῥήξαντο; *1.ª pl. subj. ép.* ῥηξόμεθα; *perf.* ἔρρηχα, *intr.* ἔρρωγα, *pas.* ἔρρηγμαι; *aor. pas.* ἐρράγην, *part.* ῥαγείς -εῖσα, *gen.* ῥαγέντος.

ῥῆγος εος [ους] τό tapete; cobertor, manta; vestidura.

ῥηθείς εῖσα έν *part. aor. pas. de* εἴρω *1.*

ῥηθήσομαι *fut. pas. de* εἴρω *1.*

ῥηίδιος η ον = **ῥάδιος.**

ῥήιστος η ον *y*

ῥηίτατος η ον *superl. de* ῥάδιος.

ῥηίτερος α ον = **ῥάων.**

ῥηκτός ή όν *adj, vbal. de* ῥήγνυμι que puede romperse *o* desgarrarse.

ῥῆμα ατος τό dicho, palabra, vocablo, expresión; lenguaje, discurso, poema; tema de conversación, materia, discurso, controversia; doctrina, mandamiento, precepto; cosa, asunto, suceso, hecho.

ῥῆξα, *med.* ῥηξάμην *aor. 1.º ép. de* ῥήγνυμι.

ῥηξηνορίη ης ἡ valor para romper las filas enemigas.

ῥηξ-ήνωρ ορος ADJ. *m.* que rompe las filas enemigas.

ῥηξόμεθα *1.ª pl. subj. aor. 1.º med. ép. de* ῥήγνυμι.

ῥήξω *fut. de* ῥήγνυμι.

ῥῆσις εως [*jón.* **ιος**] **ἡ** locución, palabra, expresión, lenguaje, discurso; declaración, manifestación, resolución; pasaje citado, cita.

ῥήσσω [*át.* **ῥήττω**] = **ῥήγνυμι**; romper; desgarrar; tirar al suelo [*N. T.*].

ῥηστώνη ης ἡ *jón.* = **ῥαστώνη.**

ῥητέον *adj. vbal. de* εἴρω *1* hay que decir.

ῥητήρ ῆρος ὁ = **ῥήτωρ.**

ῥητορεύω ser orador, pronunciar discursos, practicar la oratoria.

ῥητορικῶς ADV. como orador, según el arte oratorio, oratoriamente.

ῥητός ή όν *adj. vbal. de* εἴρω *1* dicho, convenido, especificado, estipulado, determinado, fijado; decible, expresable || SUST. *n.* convenio, condición acordada (ἐπὶ ῥητοῖς con ciertas condiciones) || ADV. **ῥητῶς** perspicuamente.

ῥήτρα ας [*jón.* **ῥήτρη ης**] **ἡ** convenio, acuerdo verbal, pacto, tratado, contrato; ley, decreto; turno oratorio, derecho a la palabra.

ῥήττω *át.* = **ῥήσσω.**

ῥήτωρ ορος ὁ orador.

ῥητῶς ADV. expresamente, formalmente.

ῥηχίη ης ἡ *jón.* = **ῥαχία.**

ῥηχός οῦ ὁ maleza, zarzal, espinal, seto de zarzas *o* espinos.

ῥιγεδανός ή όν estremecedor, que hace temblar de miedo; horrible, horrendo, espantoso.

ῥιγέω -ῶ tiritar de frío; estremecerse de horror, temblar de miedo, horrorizarse, temer.

F. *fut.* ῥιγήσω; *aor.* ἐρρίγησα, *ép. poét.* ῥίγησα; *perf.* ἔρριγα, *3.ª sing. subj. ép.* ἐρρίγῃσι; *3.ª sing. plpf. ép.* ἐρρίγει.

ῥίγιον *comp. n. de* ῥῖγος cosa más terrible, más penosa, más dolorosa, más amarga, peor || ADV. más fríamente (ῥίγιον ἔσται hará más frío).

ῥίγιστος η ον *superl. de* ῥῖγος muy frío, frigidísimo; muy terrible, el más terrible || ADV. **ῥίγιστα** de la manera más terrible.

ῥῖγος εος [ους] τό frío.

ῥιγόω -ῶ tiritar de frío, tener frío; morir de frío.

F. *contr. en* ω ῳ *en vez de en* ου οι: *así, 3.ª sing. subj.* ῥιγῷ, *inf.* ῥιγῶν; *fut.* ῥιγώσω, *inf. ép.* ῥιγωσέμεν, *etc.*

ῥίζα ης ἡ raíz de una planta, *esp.* medicinal; raíz *o* base de un órgano [del ojo, etc.]; *fig.* principio, origen, fundamento; tronco de una familia; raza, descendencia, prole, vástago.

ῥιζο-τόμος ου ὁ cortador de raíces, herbolario.

ῥιζόω -ῶ hacer arraigar, plantar; asentar sólidamente, hincar; implantar, establecer en firme, consolidar || PAS. arraigar, echar raíces, enraizarse; estar plantado; estar asentado *o* fundado.

ῥίμφα ADV. rápidamente, vivamente.

ῥιμφ-άρματος ον propio de carro rápido.

ῥίνη ης ἡ lima.

ῥινόν οῦ τό *y*

ῥινός οῦ ἡ piel, cuero; escudo de cuero.

ῥινο-τόρος ον perforador de los escudos.

ῥίον ου τό cumbre *o* cúspide de una montaña; promontorio, punta, cabo.

ῥιπή ῆς ἡ fuerza impulsiva, impulso, empuje, ímpetu; violencia, energía! arrojo, brío; movimiento rápido (ῥ. ὀφθαλμοῦ golpe de vista); centelleo, irradiación.

ῥιπίζω agitar, revolver, alborotar.

ῥιπίς ίδος ἡ abanico, soplillo.

ῥῖπος εος [ους] τό tejido *o* trenzado de mimbres *o* de cañas, zarzo, cañizo, estera.

ῥιπτάζω traquetear, zarandear, maltratar; turbar, revolver, alborotar.

ῥιπτέω -ῶ = **ῥίπτω**.

ῥιπτός ή όν *adj. vbal. de* ῥίπτω lanzado, tirado, arrojado (μόρος muerte por lanzamiento [de una roca abajo], *Sóf. Tr. 357*).

ῥίπτω arrojar, tirar, lanzar; *fig.* dejar caer, echar; echar fuera, desterrar; quitarse de encima, echar de sí, tirar lejos; rechazar, dejar abandonado, abandonar, exponer || PAS. ser echado, ser abandonado (οἰωνοῖς a las aves de rapiña); estar tendido, postrado, echado en tierra.

F. *impf. iter. ép.* ῥίπτασκον; *fut.* ῥίψω; *aor.* ἔρριψα, *ép.* ῥῖψα, *td.* ἔριψα, (*N. T.*); *perf.* ἔρριφα, *pas.* ἔρριμμαι, *en el N. T.* ἔριμμαι *y* ῥέριμμαι, *3.ª sing. plpf.* ἔρριπτο; *aor. pas.* ἐρρίφθην *y* ἐρρίφην; *fut. pas.* ῥιφθήσομαι *y* ῥιφήσομαι.

ῥίς ῥινός ἡ nariz || PL. narices, fosas nasales.

ῥίψ ῥιπός ἡ = **ῥῖπος**.

ῥῖψα -ας -ε *aor. 1.º ép. de* ῥίπτω.

ῥιψο-κίνδυνος ον arriesgado, audaz, temerario.

ῥοδανός ή όν sutil, delgado, flexible.

ῥόδεος α ον *y*

ῥόδινος η ον = **ῥοδόεις**.

ῥοδο-δάκτυλος ον de dedos de rosa, de rosados dedos.

ῥοδόεις εσσα εν de rosa, róseo; rosado, rosáceo.

ῥόδον ου τό rosa.

ῥοδό-πηχυς υ [*gen.* εος] de rosados brazos.

Ῥόδος ου ἡ Rodas [isla en el S. O. de Asia Menor].

ῥοδό-χρους ουν de color de rosa.

ῥοή ῆς ἡ corriente, curso, *esp.* de un río; río, arroyo.

ῥοθέω -ῶ rugir, mugir; murmurar, sonar.

ῥόθιος α ον [*o* **-ος ον**] rugiente, mugidor, ruidoso, estrepitoso || SUST. *n. pl.* olas que se estrellan con estruendo; *n. sing.* rompiente, oleaje.

ῥοιά ᾶς [*jón.* **ῥοιή ῆς**] **ἡ** granado; granada [fruto del granado].

ῥοιβδέω -ῶ engullir *o* sorber silbando.

ῥοῖβδος ου ὁ = **ῥοῖζος**.

ῥοιζέω -ῶ silbar, dar un silbido.

ῥοιζηδόν ADV. silbando con estrépito, con fragoroso estruendo.

ῥοῖζος ου ὁ ἡ ruido estrepitoso *o* resonante; estruendo; silbido, zumbido [de las flechas *o* dardos]; silbido de la flauta.

ῥοιή ῆς ἡ *jón.* = **ῥοιά.**

ῥομφαία ας ἡ espada; *fig.* dolor agudo *o* profundo.

ῥόος ου [**ῥοῦς ῥοῦ**] **ὁ** corriente [del mar *o* de un río]; flujo, oleaje, curso (πρὸς ῥοῦν contra la corriente; κατὰ ῥοῦν con *o* según la corriente).

ῥόπαλον ου τό maza, porra; aldabón.

ῥοπή ῆς ἡ inclinación, propensión; causa *o* circunstancia determinante; ataque, choque, golpe, quebranto (σμικρὰ ῥ. παλαιὰ εὐνάζει σώματα un leve ataque rinde los cuerpos ancianos); influencia decisiva, importancia (ῥοπὴν ἔχειν importar); situación crítica, crisis, trance decisivo *o* apurado; momento preciso, oportunidad, ocasión singular (ἐπὶ μιᾶς ῥοπῆς εἶναι estar en situación única); momento supremo, término, resolución, fin.

ῥόπτρον ου τό aldabón, tirador [de puerta].

ῥοῦς ῥοῦ ὁ *át.* = **ῥόος.**

ῥοφέω -ῶ tragar, engullir, devorar, consumir, secar.

ῥοχθέω -ῶ rugir estrepitosamente, estrellarse con estrépito.

ῥοώδης ες de rápida corriente, que corre con ímpetu, de curso violento.

ῥύαξ ακος ὁ corriente impetuosa, torrente.

ῥύατ' *y*

ῥύατο *3.ª pl. impf. de* ῥύομαι.

ῥύγχος εος [**ους**] **τό** hocico, morro.

ῥυδόν ADV. en abundancia.

ῥύη *3.ª sing. aor. ép. de* ῥέω.

ῥυήσομαι *fut. de* ῥέω.

ῥυθμίζω regular, disponer ordenadamente, arreglar, ordenar; dirigir, educar, concretar, precisar, localizar.

ῥυθμός οῦ ὁ movimiento regulado por tiempos, medida, cadencia, ritmo, regularidad, compás (ἐν ῥυθμῷ, μετὰ ῥυθμοῦ a compás, con regularidad); número oratorio, armonía de un período; proporción regular, disposición simétrica, medida justa; figura, configuración, forma, carácter.

ῥῦμα ατος τό tiro, trecho *o* alcance de un tiro (ἐκ τόξου ῥύματος desde un tiro de flecha); defensa.

ῥύμη ης ἡ impulso, ímpetu, violencia, velocidad; calle, calleja.

ῥύμμα ατος τό detersorio, jabón.

ῥυμός οῦ ὁ timón, lanza de carro.

ῥύομαι retener, detener; salvar, sacar libre, librar [a alguien, *ac.*; de algo *o* de alguien, ἐκ, ὑπό *o* ἀπό *con gen.*]; amparar, proteger, defender, preservar, guardar; compensar, redimir; ocultar, cubrir, tapar; apartar, retirar, alejar.

F. *inf. pres. ép.* ῥῦσθαι; *3.ª sing. impf.* ἐρύετο, *ép. tamb.* ῥύετο, *3.ª pl.* ῥύατο, *2.ª sing. iter. ép.* ῥύσκευ; *fut.* ῥύσομαι; *aor.* ἐρρυσάμην, *ép.* ῥυσάμην, *en el N. T.* ἐρυσάμην, *3.ª sing. aor. 2.º ép. poét.* ἔρρυτο; *aor. pas.* ἐρρύσθην, *en el N. T.* ἐρύσθην. *V.* ἐρύομαι.

ῥύπα *pl. de* ῥύπος.

ῥυπαίνω *y*

ῥυπαρεύω manchar, ensuciar ‖ PAS. ensuciarse, mancharse [con las culpas].

ῥυπαρία ας ἡ = **ῥύπος.**

ῥυπαρός ά όν sucio, manchado, inmundo.

ῥυπάω -ῶ estar sucio, estar manchado.

ῥύπος ου ὁ suciedad, inmundicia, porquería, mancha.

ῥυπόω -ῶ = **ῥυπάω**; ensuciar, manchar ‖ PAS. estar sucio (ῥερυπωμένος manchado).

ῥῦσαι *imp. aor. de* ῥύομαι.

ῥῦσθαι *inf. pres. de* ῥύομαι.

ῥύσιον ου τό recompensa, compensación, botín; prenda de seguridad, garantía, rescate; represalia (φόνον φόνου ῥύσιον τίσω moriré en represalia de su muerte, *Sóf. Fil. 959*).

ῥῦσις εως ἡ fluxión, flujo, derrame.

ῥῦσκευ *2.ª sing. impf. iterat. de* ῥύομαι.

ῥυσμός οῦ ὁ *jón.* = **ῥυθμός.**

ῥυσός ή όν arrugado, rugoso.

ῥυστάζω arrastrar de un lado a otro, maltratar.

F. *3.ª sing. impf. iter. ép.* ῥυστάζεσκεν.

ῥυστακτύς ύος ἡ malos tratos, violencia.

1 **ῥυτήρ ῆρος ὁ** tirador del arco, arquero; cuerda, correa; látigo; rienda (ἀπὸ ῥ. a rienda suelta, a toda prisa).

2 **ῥυτήρ ῆρος ὁ** salvador, protector, defensor.

ῥυτίς ίδος ἡ pliegue de la piel, arruga; defecto, imperfección.

1 **ῥυτός ή όν** *adj. vbal. de* ῥύομαι tirado, arrastrado.

2 **ῥυτός ή όν** *adj. vbal. de* ῥέω fluido, líquido, corriente.

ῥωγαλέος α ον roto, rasgado, desgarrado.

'Ρωμαϊκός ή όν *y*

'Ρωμαῖος α ον tocante a Roma *o* a los Romanos; romano; latino || SUST. *m.* ciudadano romano.

'Ρωμαϊστί ADV. en latín, en lengua latina.

ῥωμαλέος α ον fuerte, robusto, sólido.

ῥώμη ης ἡ fuerza, vigor, robustez; potencia, poder, recursos; fuerza militar, tropas, ejército; confianza, ánimo.

'Ρώμη ης ἡ Roma [c. de Italia].

ῥώννυμι fortificar, dar fuerza, robustecer, vigorizar || PAS. ser robusto, tener fuerza, estar *o* ser fuerte (τὴν ψυχήν de espíritu); sentirse fuerte, estar animoso, impaciente *o* ansioso; aplicar su esfuerzo, poner empeño esforzarse; gozar de buena salud; [*esp. perf.* ἔρρωμαι *en fórmulas epistolares de saludo o despedida*] (ἔρρωσο que tengas buena salud, *e. e.* pásalo bien *o* adiós; Εὐηνῷ φράζε ἐρρῶσθαι di a Eveno que tenga salud, *e. e.* salúdale, *Pl. Fed. 616*).
F. *fut.* ῥώσω; *aor.* ἔρρωσα; *perf. pas.* ἔρρωμαι, *imp.* ἔρρωσο; *aor. pas.* ἐρρώσθην, *fut. pas.* ῥωσθήσομαι.

ῥώξ ῥωγός ἡ raja, grieta, hendidura, resquicio, abertura, ranura.

ῥώομαι agitarse, moverse; darse prisa, apresurarse, correr, danzar, acudir presuroso (ὑπό ῥώοντο ἄνακτι se apresuraron en ayuda de su señor).
F. *3.ª pl. impf.* ἐρρώοντο, *ép. tamb.* ῥώοντο; *3.ª pl. aor.* ἐρρώσαντο.

ῥωπάς άδος ἡ *y*

ῥωπήιον ου τό = **ῥώψ.**

ῥωχμός οῦ ὁ = **ῥώξ.**

ῥώψ ῥωπός ἡ broza, ramaje [*sólo pl.*].

Σ

Σ σ ς sigma [18.ª letra del alfabeto griego] || *como signo numérico* σ' 200; ͵σ 200.000.

σ' = **σέ;** *rara vez* = **σοί; τὰ σ'** = **τὰ σά.**

σᾶ *v.* **σῶς.**

σαβακτανί *o* **σαβαχθαν(ε)ί** *palabra hebr. aram.* me has abandonado.

σαβαώθ *palabra hebr.* de los ejércitos, sábaoth.

σαββατισμός οῦ ὁ fiesta del sábado, descanso.

σάββατον ου τό *y pl.* sábado; semana; μία σαββάτου [*o* σαββάτων] primer día de la semana, domingo; descanso.

σαβοῖ [*tamb.* εὐοῖ σαβοῖ] *grito báquico.*

σάγαρις εως [*jón.* **ιος**] **ἡ** ságaris, *esp.* de hacha usada por los escitas, persas, etc.
 F. *ac. pl. jón.* σαγάρις.

σαγηνεύω pescar, coger en la red, coger como con una red; σ. Σάμον limpiar de habitantes Samos mediante una redada.

σαγήνη ης ἡ red barredera.

Σαδδουκαῖος ου ὁ saduceo.

σαθρός ά όν averiado, deteriorado, podrido; malo, perjudicial; enfermo, caduco; tímido; σ. καθήμενος que amenaza ruina || SUST. τὰ σαθρά los flacos, los puntos débiles, *Dem. Fil. 1, 44.*

σαίνω colear *u* hopear [los perros] en señal de festejo *o* halago; *en gral.* halagar, lisonjear; alegrar; saludar; *en mal sentido* engañar; perturbar, *pas.* ser perturbado [*N. T. Ep. Tesal. 3, 3*].
 F. *impf. ép.* σαῖνον; *aor.* ἔσηνα.

σαίρω barrer, limpiar barriendo.
 F. *aor.* ἔσηρα, *part. pl.* σήραντες.

σακέσ-παλος ον que agita el escudo.

σακεσ-φόρος ον que lleva escudo.

σακίον ου τό saquito, bolsita.

σακκέω filtrar.

σακκίον [*o* **σάκκιον**] **ου τό** = **σακίον.**

σάκκος ου ὁ *y*

σάκος ου ὁ saco, bolsa; saco de penitente, cilicio; vestido de tela basta.

σάκος εος [**ους**] **τό** escudo grande.

Σάλαμις ῖνος ἡ Salamina, isla del golfo sarónico.

Σαλαμίνιος α ον salaminio, de Salamina.

Σαλέμ ἡ *voz. hebr.* Salem, Jerusalén.

σαλεύω agitar, sacudir, blandir, mover, conmover; llenar enteramente; pavonearse, contonearse; estar agitado, turbado, indeciso, vacilante || PAS. tambalearse, vacilar.

σάλος ου ὁ temblor, agitación, sacudimiento; turbación, inquietud; flujo de las olas.

σαλπιγκτής οῦ ὁ el trompeta.

σάλπιγξ ιγγος ἡ trompeta, señal de la trompeta (ὑπὸ *o* ἀπὸ σάλπιγγος al son de la trompeta).

σαλπίζω tocar la trompeta, dar la señal con ella; sonar, resonar; sonar [la trompeta]; hacer un ruido como el de la trompeta [el mosquito].
 F. *fut.* σαλπιῶ, σαλπίγξω, *td.* σαλπίσω *(N. T.)*; *aor.* ἐσάλπιγξα, *ép.* σάλπιγξα, *td.* ἐσάλπισα *(N. T.)*.

σαλπικτής οῦ ὁ *y*

σαλπιστής οῦ ὁ = **σαλπιγκτής.**

Σάμη ης ἡ Cefalenia, isla junto a Itaca.

Σάμιος α ον samio, de Samos.

Σάμος οῦ ἡ Samos, isla del mar Egeo, junto a las costas de Jonia || = **Σάμη** || Samotracia.

σάν τό = **σῖγμα.**

σανδάλιον [*o* **σάνδαλον**] **ου τό** sandalia.

σανδαράκινος η ον de color naranja.

σανίς ίδος ἡ madera, tabla; objeto hecho de madera, puerta *u* hoja de puerta; tarima; piso; suelo de madera, cubierta de barco; banco, asiento; tablillas para escribir en ellas; panel, pintura; palo, estaca; poste [de suplicio].

σάξας, *pl.* σάξαντες *part. aor. 1.º de* σάττω.

σαοῖ *3.ª sing. ind. pres. de* σαόω = **σῴζω.**

σάος ον = **σῶς σῶν.**

σάου *imp. de* σαόω = **σῴζω.**

σαοφροσύνη ης ἡ *ép. poét.* = **σωφροσύνη.**

σαό-φρων ον *ép. poét.* = **σώφρων.**

σαόω -ῶ = **σῴζω** *v. s. v.*

σαπήῃ *3.ª sing. aor. 2.º subj. de* σήπω.

σαπρός ά όν podrido, corrompido; ajado, marchito; viejo, deteriorado, apolillado; inservible, inútil.

σαπρότης ητος ἡ putrefacción, podredumbre.

σάπφειρος ου ἡ lapislázuli.

σαργάνη ης ἡ cesto, espuerta.

σαρδάνιος ον sardónico, amargo, despectivo [*dic.* de la risa] || ADV. **σαρδάνιον,** sardónicamente.

σάρδιον ου τό sardío *o* cornalina [piedra preciosa].

σαρδ-όνυξ υχος ὁ sardónice *o* sardónica [piedra preciosa].

Σαρδώ οῦς ἡ Cerdeña.

σάρισα ης ἡ lanza macedónica [de cinco metros de largo].

σαρκίζω arrancar a pedazos.

σαρκικός ή όν *y*

σάρκινος η ον de carne; carnal.

σαρκο-φάγος ον que come carne, carnívoro.

σαρκώδης ες = **σαρκικός.**

σάρξ σαρκός ἡ carne, trozo de carne; cuerpo, ser vivo, hombre.

F. *dat. pl. ép.* σάρκεσσι, *át.* σαρξί.

σαρόω -ῶ barrer, limpiar.

σατᾶν ὁ INDECL. *y*

σατανᾶς ᾶ ὁ enemigo, Satán, Satanás, el diablo.

σάτον ου τό medida hebrea equivalente a algo menos de un celemín.

σατραπεία ας [*jón.* **σατραπηίη ης**] **ἡ** satrapía [función *o* gobierno de un sátrapa].

σατραπεύω ser sátrapa, gobernar como sátrapa.

σατραπηίη ης ἡ *jón.* = **σατραπεία.**

σατράπης ου ὁ sátrapa [gobernador de una provincia, en Persia].

σάττω llenar, cargar; equipar, abastecer; fortificar [*tamb. med.*]: τὸ τεῖχος la muralla.

F. *aor.* ἔσαξα, *med.* ἐσαξάμην; *perf. pas.* σέσαγμαι, *3.ª pl. plpf. pas. jón.* ἐσεσάχατο.

σατυρικός ή όν semejante a un sátiro; satírico; concerniente al drama satírico.

σάτυρος ου ὁ sátiro.

σαύρα ας [*jón.* **σαύρη ης**] **ἡ** *y*

σαῦρος ου ὁ lagarto.

σαυρωτήρ ῆρος ὁ punta de hierro en la extremidad inferior de la lanza.

σαυτοῦ ῆς PRON. *contr. de* σεαυτοῦ.

σάφα *y*

σαφέως ADV. claramente; francamente; seguramente; verdaderamente.

σαφήνεια ας ἡ claridad; evidencia, certeza.

σαφηνής ές = **σαφής.**

σαφηνίζω mostrar, indicar claramente (τὴν βασιλείαν determinar el orden de sucesión al trono).

σαφής ές claro, evidente, manifiesto; verdadero, seguro, cierto, infalible, de confianza; τὰ σαφέστατα las tradiciones más ciertas.

σαφῶς ADV. clara, manifiesta, seguramente; sin duda.

1 **σάω -ῶ** cribar, tamizar.

F. *3.ª pl. ind. pres.* σῶσι.

2 **σάω** *imp. y 3.ª sing. impf. ép. de* *σάωμι = **σῴζω.**

σαῷς σαῷ σαῶσι [*v. l.* σάωσι] *2.ª y 3.ª sing. y 3.ª pl. resp. del subj. pres. ép. de* σαόω = **σῴζω.**

σάωσα *aor. 1.º ép. de* σαόω = **σῴζω.**

σαωσέμεν(αι) *inf. fut. ép. de* σαόω = **σῴζω.**

σαώσετον σαώσομεν *du. y 1.ª pl. resp. de subj. ép. de* σαόω = **σῴζω.**

σαώτερος α ον *comp. de* σάος sano y salvo.

σβέννυμι apagar; apaciguar, calmar || PAS. *e* INTR. amortiguarse, desaparecer, secarse, apagarse, apaciguarse, calmarse.

F. *fut.* σβέσω, *ép.* σβέσσω; *aor.* ἔσβεσα, *ép.* σβέσα, *3.ª sing. med.* σβέσατο, *inf. ép.* σβέσσαι; *intr. aor.* ἔσβην; *perf.* ἔσβηκα; *plpf.* ἐσβήκειν; *aor. pas.* ἐσβέσθην.

σβεστήριος α ον que sirve para apagar.

σε-αυτοῦ ῆς PRON. de ti mismo, misma; οἱ σαυτοῦ los tuyos, tus parientes.

σεβάζομαι = **σέβω.**

F. *3.ª sing. aor. ép.* σεβάσσατο; *aor. pas. con el mismo valor* ἐσεβάσθην *(N. T).*

σέβας τό INDECL. temor religioso, veneración, temor mezclado con respeto; asombro, estupefacción; majestad, poder, santidad; orgullo, gloria, honor; objeto de temor, de respeto *o* admiración.

F. *En sing. sólo nom. ac.voc.; pl.* σέβη.

σέβασμα ατος τό objeto de veneración, santidad || PL. culto.

σεβαστός ή όν respetable, venerable, augusto.

σεβίζω [*y med.*] = **σέβω.**

F. *part. aor.* σεβίσας, *part. aor. pas. con el mismo valor* σεβισθείς *(Sóf.).*

σέβω venerar, adorar, respetar; *abs.* honrar a los dioses, ser piadoso || MED. experimentar sentimientos de temor, temer a los dioses; maravillarse; temer, no atreverse a; adorar, venerar, respetar.

σέθεν = **σοῦ.**

σεῖ' = **σεῖο** [*v.* **σύ**].

σειρά ᾶς [*jón.* **σειρή ῆς**] **ἡ** cuerda; cadena; lazo.

σειραῖος α ον (ἵππος) [caballo] de tiro [*díc.* de los dos laterales exteriores de la cuadriga, que no van bajo el yugo. *Sóf. El. 722; por ext.* del camello].

σειρή ῆς ἡ *jón.* = **σειρά.**

Σειρήν ῆνος ἡ Sirena.

σειρη-φόρος ον *jón.* = **σειραῖος.**

σειρός οῦ ὁ = **σιρός.**

σεισ-άχθεια ας ἡ descarga de un fardo; reducción de deudas.

σεισμός οῦ ὁ terremoto, sacudida, conmoción.

σείω agitar, sacudir, conmover, hacer temblar || IMPERS. σείει hay un terremoto || MED. *y* PAS. temblar, vacilar, estremecerse, agitarse, moverse.

F. *impf. ép.* σεῖον, *med.* σειόμην *y* ἐσσειόμην; *fut.* σείσω; *aor.* ἔσεισα, *ép.* σεῖσα, *med.* ἐσεισάμην, *3.ª sing. ép.* σείσατο; *aor. pas.* ἐσείσθην, *part.* σεισθείς.

σέλας αος τό luz, brillo, esplendor; fuego, chispa; relámpago.

F. *dat. ép.* σέλαϊ *y* σέλᾳ.

σεληναῖος α ον iluminado por la luna.

σελήνη ης ἡ luna, luz de la luna; τὴν σ. καθαιρεῖν hacer descender la luna [un brujo].

σεληνιάζομαι ser lunático.

σέλινον ου τό apio.

σέλμα ατος τό cubierta de navío || banco de remeros.

σεμίδαλις εως ἡ flor de harina de trigo.

σεμνο-λόγος ον orador altisonante y enfático.

σεμνό-μαντις εως ὁ adivino venerable, augusto.

σεμνός ή όν respetable, venerable, augusto, divino; magnífico, precioso, suntuoso; grave, honroso, digno; orgulloso, altivo, ufano; pomposo, ostentoso; σεμναὶ θεαί las Furias; τὸ σ. ὄνομα el nombre de las Furias.

σεμνότης ητος ἡ respetabilidad, dignidad; magnificencia, suntuosidad; orgullo, altivez.

σεμνόω -ῶ *y*

σεμνύνω encomiar, celebrar; honrar, glorificar, exaltar, ensalzar, magnificar; adornar, embellecer; decir en tono de vanagloria || MED. vanagloriarse, enorgullecerse, darse importancia.

σέο *y*

σεῦ *jón.* = **σοῦ.**

σεῦα *aor. ép. de* σεύω.

σεύω echar, empujar; llevar, llevarse, lanzar hacia, perseguir, acosar; hacer salir || PAS. *y* MED. lanzarse, precipitarse, saltar de impaciencia, salir con fuerza *o* rápidamente (ἐσσύμενος πολέμοιο *y* πολεμίζειν impaciente por combatir [*Hom.*]); perseguir; apresurarse a (ὄφρα ὕλη σεύαιτο καήμεναι para que la leña ardiese rápidamente).

F. *impf.* ἔσσευον, *ép.* σεῦον; *aor.* ἔσσευα, *ép.* σεῦα || MED. *y* PAS. *3.ª sing. pres. poét.* σεῦται *o* σοῦται, *imp.* σοῦ σούσθω; *3.ª sing. aor. ép.* σεῦατο, *3.ª pl.* ἐσσεύαντο; *aor. 2.º* ἐσσύμην ἔσσυο ἔσσυτο, *ép.* σύτο; *perf. con valor pres.* ἔσσυμαι, *part.* ἐσσύμενος (*adv.* ἐσσυμένως), *aor. pas.* ἐσ(σ)ύθην, *part.* συθείς.

σεωυτοῦ *jón.* = **σεαυτοῦ.**

σηκάζω encerrar, acorralar, apriscar; copar.

σηκο-κόρος ου ὁ mozo de corral, barrendero de establos.

σηκός οῦ ὁ cuadra, establo, redil, aprisco; recinto sagrado, santuario; habitación cercada de muros; cercado de olivos *o* viña.

σῆμα ατος τό señal del cielo; portento; señal para hacer algo, consigna; señal de una sepultura, túmulo, tierra amontonada (ἐπὶ σῆμ' ἔχεεν vertió la tierra, alzó un túmulo); señal *o* marca para medir el alcance de un disparo; contraseña de reconocimiento *o* identidad; divisa del escudo; sello de cierre; *pl.* signos escritos, escritura.

σημαίνω señalar, indicar, apuntar; *intr. abs.* dar señal *o* señales; dar señal [a alguien de hacer algo *dat. e inf.*]; ordenar, mandar, *en gral.* tener mando sobre (πᾶσι todos; στρατοῦ el ejército, *tamb.* ἐπί *y dat.*); σημαίνων = σημάντωρ; *esp. en la guerra* dar señal de [*ac.* ἀναχώρησιν retirada, *o inf.*]; σημαίνει se da la señal; hacer señales; declarar, interpretar, explicar, referir; significar || MED. marcar con una señal, sellar; conjeturar, sospechar.

F. *fut.* σημανῶ, *ép. y jón.* σημανέω; *med.* σημανοῦμαι; *aor.* ἐσήμηνα *o* ἐσήμανα, *ép.* σήμηνα, *med.* ἐσημηνάμην; *perf. pas.* σεσήμασμαι, *3.ª sing. jón.* σεσήμανται; *aor. pas.* ἐσημάνθην.

σημαντρίς ίδος ἡ tierra arcillosa a propósito para recibir la marca de un sello.

σήμαντρον ου τό sello.

σημάντωρ ορος ὁ jefe, guía; señor; auriga; pastor; mensajero, nuncio; oficial.

σημεῖον ου τό = **σῆμα.**

σημειόω -ῶ [*y med.*] = **σημαίνω.**

σήμερον ADV. hoy.

σημήιον ου τό *jón.* = **σημεῖον.**

σήμηνα *aor. 1.º ép. de* σημαίνω.

σημικίνθιον ου τό = **σιμικίνθιον.**

σηπεδών όνος ἡ putrefacción, podredumbre.

σήπω podrir, descomponer, corromper; estropear, echar a perder || INTR. [*perf* σέσηπα *usado como pres*] *y* PAS. podrirse, corromperse, descomponerse.

F. *fut.* σήψω; *aor.* ἔσηψα; *perf.* σέσηπα; *aor. pas.* ἐσάπην, *3.ª sing. subj. ép.* σαπήῃ; *fut. pas.* σαπήσομαι.

σήραγξ αγγος ἡ concavidad, caverna [*Pl. Fed. 110 a*].

σήραντες *pl. part. aor. 1.º de* σαίρω.

σηρικός ἡ όν de seda || SUBST. *n.* seda.

σής σεός [*o* **σητός**] **ἡ** polilla.

F. *pl* σέες *y* σῆτες.

σησάμινος η ον preparado con sésamo.

σήσαμον ου τό sésamo [planta y fruto].

σητό-βρωτος ον comido de gusanos, apolillado

σθεναρός ά όν fuerte, poderoso.

σθένος εος [**ους**] **τό** fuerza física, vigor; ánimo, valor; poder; fortuna, abundancia; potencia militar, ejército; σθένει a la fuerza; παντὶ σθένει con todas sus fuerzas; σθένος 'Ιδομενῆος [*perífrasis épica*] Idomeneo.

σθενόω -ῶ fortificar.

σθένω ser fuerte; ser poderoso, ser señor, dominar; ser capaz, poder, estar en disposición de; οὐδὲν σθ. no tener fuerza ninguna.

σιαγών όνος ἡ mandíbula; mejilla.

σίαλον ου τό saliva, baba; moco.

σίαλος ον gordo || SUBST. *m.* cerdo.

σίβυλλα ης ἡ sibila, profetisa.

σῖγα ADV. en silencio, silenciosamente (σ. ἔχειν guardar silencio); en secreto, sin ruido, ocultamente.

σιγάζω hacer callar.

σιγαλόεις εσσα εν luciente, brillante, resplandeciente.

σιγάω -ῶ callar, estar silencioso; callarse [con respecto a algo, πρός *con ac.*]; callar, no hablar de [*ac.*].

F. *fut.* σιγήσομαι, *td.* σιγήσω; *aor.* ἐσίγησα, *perf.* σεσίγηκα *pas.* -ημαι; *aor. pas.* ἐσιγήθην.

σιγή ῆς ἡ silencio, reserva silenciosa, discreción; tranquilidad, calma; σιγῇ, διὰ σιγῆς silenciosa, secretamente; σιγῇ *con gen.* a espaldas de;

σιγῇ ¡silencio!; σιγῇ ἔχειν *con ac.* mantener en silencio.

σιγηλός ή όν silencioso, callado, taciturno.

σίγλος ου ὁ siclo [moneda persa de plata de 7 óbolos y medio].

σῖγμα ατος τό la letra sigma; adorno semicircular de los escudos sicionios.

σιγύν(ν)ης ου ὁ flecha de cazador; vendedor al por menor.

σίδαρος ου ὁ *dór.* = **σίδηρος.**

σιδήρεια ας ἡ extracción de hierro.

σιδήρειος α ον *y*

σιδήρεος α ον [- **οῦς ᾶ οῦν**] de hierro, férreo; duro, cruel, inflexible; firme, indomable.

σιδήριον ου τό arma, instrumento de hierro.

σιδηρο-βρώς βρῶτος ADJ. *m. y f.* que come *o* roe el hierro.

σιδηρό-δετος ον atado con ligaduras de hierro.

σιδηρο-κμής ῆτος ADJ. *m. y f.* muerto por el hierro, por la espada.

σίδηρος ου ὁ hierro, acero; instrumento *o* arma de hierro, espada, hacha, guadaña, hoz; almacén, depósito, mercado de hierro.

σιδηροῦς ᾶ οῦν = **σιδήρεος.**

σιδηρο-φορέω -ῶ [*y med.*] llevar armas de hierro, estar armado de hierro.

σιδηρόω -ῶ guarnecer de hierro.

σίζω silbar [*como* el hierro candente al meterlo en el agua].

F. *3.ª sing. impf. ép.* σίζ' *por* σίζε.

Σικανία ας ἡ = **Σικελία.**

σικάριος ου ὁ sicario, asesino.

Σικελία ας ἡ Sicilia.

Σικελικός ή όν *y*

Σικελιώτης ου ὁ *y*

Σικελός ή όν siciliano.

σίκερα τό INDECL. bebida fermentada [sidra, etc.]; vino.

σιλλικύπριον ου τό ricino [árbol].

σίλφιον ου τό laserpicio [planta umbelífera de África]; campo de laserpicios.

σιμικίνθιον ου τό delantal, mandil

σιμός ή όν chato, romo; encorvado hacia arriba, deprimido, hueco; pendiente, montuoso (τὸ σιμόν, τὰ σιμά la pendiente de una colina; πρὸς τὸ σιμόν cuesta arriba).

σιμότης ητος ἡ aplastamiento de la nariz, chatedad.

σιναμωρέω -ῶ estropear; saquear, devastar.

σινά-μωρος ον dañoso, funesto [para algo, *gen.*]; voraz.

σίναπι εως τό mostaza.

σινδών όνος ἡ tejido fino de lino; velo (βυσσίνη σινδών cárbaso).

σινέομαι *jón.* = **σίνομαι.**

σινέσκοντο *3.ª pers. pl. impf. iter. ép. de* σίνομαι.

σινιάζω cribar, zarandear.

σίνις ιδος [*ac.* **ιν**] **ὁ** devastador, saqueador, malhechor.

σίνομαι dañar, arruinar, estropear; asolar, devastar, saquear; herir.

F. *2.ª sing. subj. pres. ép.* σίνηαι; *3.ª pl. impf. iter.* σινέσκοντο; *3.ª pl. aor. 1.º jón.* ἐσίναντο (*v. l.* ἐσινέατο *¿impf. de* σινέομαι?).

σίνος εος [**ους**] **τό** ruina, daño, desgracia.

σίντης ου ὁ ladrón, rapiñador, rapaz.

σιός οῦ ὁ *lacón.* = **θεός.**

σιρικός ή όν = **σηρικός.**

σιρός οῦ ὁ silo, hoyo.

σισύρα ας ἡ *y*

σίσυρνα ης ἡ pelliza, vestido de piel.

σισυρνο-φόρος ον vestido con un abrigo de pieles.

σῖτα *pl. de* σῖτος.

σιτ-αγωγός όν que transporta trigo.

σιτευτός ή όν gordo, cebado.

σιτεύω engordar, cebar ‖ MED. alimentarse de [*ac.*], comer.

F. *impf. iter. jón.* σιτεύεσκον.

σιτέω [*y med.*] = **σιτεύω.**

F. *3.ª pl. impf. med. ép.* σιτέσκοντο.

σιτηγέω -ῶ transportar trigo *o* víveres.

σιτ-ηγός όν = **σιταγωγός.**

σιτηρέσιον ου τό asignación para alimentos.

σίτησις εως [*jón.* **ιος**, *dat.* **ι**] **ἡ** alimentación, manutención: ἐν Πρυτανείῳ en el Pritaneo *e. e.* a expensas del Estado.

σιτίζω = **σιτεύω.**

σιτίον ου τό = **σῖτος.**

σιτιστός ή όν = **σιτευτός.**

σιτο-δεία ας [*jón.* **σιτο-δηίη ης**] **ἡ** carestía, falta de víveres.

σιτο-δοτέω -ῶ distribuir víveres ‖ PAS. recibir víveres en el reparto.

σιτο-μέτριον ου τό ración *o* medida de trigo.

σιτο-νόμος ον distribuidor de trigo *o* comida; ἐλπὶς σ. esperanza de obtener alimentos [*Sóf. Filoct. 1091*].

σιτοποιέω -ῶ preparar la comida || MED. prepararse la comida; tomarla.

σιτοποιικός ή όν concerniente a la preparación del pan *o* de los alimentos.

σιτο-ποιός όν que hace pan || SUBST. *m.* panadero, amasador.

σιτο-πομπία ας ἡ transporte de trigo *o* víveres; suministro de trigo.

σιτο-πώλης ου ὁ comerciante en trigo.

σῖτος ου ὁ trigo, grano (σίτου ἀκμάζοντος crecido ya el trigo *e. e.* próxima la cosecha); harina, pan; alimento sólido en general, alimentación; medios de vida, provisiones; pensión *o* ración alimenticia.)
F. *pl. heterócl.* τὰ σῖτα.

σιτο-φάγος ον que come pan.

σιτο-φόρος ον que transporta trigo *o* víveres.

σιτο-φύλακες ων οἱ inspectores de la venta de trigo, harina, pan, etc.

σιτ-ώνης ου ὁ comisario encargado de las compras de trigo.

σιτωνία ας ἡ intendencia de las compras de trigo.

σιφλόω -ῶ mutilar, lisiar, tullir, baldar.

σιώ *dual de* σιός.

σιωπάω -ῶ mantener secreto, callar [algo, *ac.*] || MED. hacer callar.
F. *fut.* σιωπήσομαι, *td.* σιωπήσω.

σιωπή ῆς ἡ silencio; σιωπῇ en silencio, en secreto.

σκάζω cojear.

σκαιός ά [*jón.* ή] **όν** izquierdo, zurdo (σκαιῇ a la izquierda; con la izquierda); occidental (Σκαιαὶ [Πύλαι] las [Puertas] Esceas [en la parte occidental de Troya]); de mal agüero, infausto, funesto; parcial; inhábil, torpe; ignorante; grosero; oblicuo, tortuoso.

σκαιοσύνη ης ἡ *y*

σκαιότης ητος ἡ torpeza, inhabilidad, grosería, tontería, insensatez.

σκαίρω saltar, triscar; danzar.

σκαληνός ή όν cojo; impar [número].

σκάλλω cavar, excavar, escardar; revolver.

σκαλμός οῦ ὁ escálamo, tolete [clavija donde se sujeta el remo].

Σκαμάνδριος ον del Escamandro.

Σκάμανδρος ου ὁ Escamandro *o* Janto [río de Troya].

σκανδαλίζω escandalizar, ofenderse; llamarse a engaño; desconfiar.

σκάνδαλον ου τό trampa puesta al enemigo; piedra de tropiezo, ocasión de caída *o* pecado, escándalo.

σκαπτός ή όν cavado.

σκάπτω cavar, excavar, ahondar; remover.
F. *fut.* σκάψω; *aor.* ἔσκαψα; *perf.* ἔσκαφα, *pas.* ἔσκαμμαι; *aor. pas.* ἐσκάφην.

σκαρδαμύσσω [*át.* **σκαρδαμύττω**] pestañear, guiñar los ojos.

σκάφη ης ἡ pila, pilón, artesa.

σκαφίδιον ου τό *dim. de* σκαφίς botecillo, esquife pequeño.

σκαφίς ίδος *dim. de* σκάφη tina, tinaja, orza || *dim. de* σκάφος bote, esquife.

σκάφος εος [**ους**] **τό** casco de nave, nave.

σκεδάννυμι esparcir, dispersar [un ejército, *etc.*]; disipar [una nube, unos cuidados]; derramar en torno [sangre, *etc.*] || PAS. ser esparcido *o* dispersado; ser difundido [un rumor *etc.*].
F. *fut.* σκεδάσω, *át.* σκεδῶ; *aor.* ἐσκέδασα, *ép.* σκέδασα, *med.* ἐσκεδασάμην; *perf. pas.* ἐσκέδασμαι; *aor. pas.* ἐσκεδάσθην.

σκέδασις εως ἡ dispersión.

σκέλλω secar, desecar; hacer secar.
F. *aor. 1.º* ἔσκηλα, *3.ª sing. opt. ép.* σκήλειε σκήλει'. *V.* ἀποσκέλλω.

σκέλος εος [**ους**] **τό** pierna, pie, pata.

σκέμμα ατος τό = **σκέψις.**

σκεπάζω defender, proteger, cubrir, abrigar; defender *o* defenderse contra [*ac.*].

σκέπαρνον ου τό azuela, desbastador.

σκέπας αος τό *y*

σκέπασμα ατος τό = **σκέπη.**

σκεπάω -ῶ proteger contra, poner al abrigo de [*ac.*].
F. *3.ª pl. ind. pres. ép.* σκεπόωσι.

σκέπη ης ἡ cubierta, abrigo; protección, defensa; envoltura; vestido.

σκεπηνός ή όν abrigado, protegido.
σκεπτέον *adj. vbal. n. de* σκέπτομαι hay que considerar.
σκέπτομαι = σκοπέω.
σκέπω = σκεπάζω.
σκευαγωγέω -ῶ preparar el equipaje; partir, emigrar.
σκευ-αγωγός όν que sirve para llevar equipajes || SUBST. *m.* encargado de los bagajes.
σκευάζω preparar, disponer, aprestar, suministrar; aparejar, equipar; vestir, adornar, ataviar; revestir, disfrazar || MED. preparar para sí, tramar, maquinar.
F. *perf. pas.* ἐσκεύασμαι, *3.ª pl. jón.* ἐσκευάδαται; *3.ª pl. plpf. jón.* ἐσκευάδατο.
σκευασία ας ἡ preparación, apresto.
σκευή ῆς ἡ vestido, traje, equipo; arnés, aparejo; armamento; moda, aspecto, aire.
σκεῦος εος [ους] τό mueble, herramienta, instrumento, utensilio, arma, aparejo, arnés [y en general todo lo que sirve para equipar]; equipo, bagaje; cuerpo; *muy esp.* vaso; *fig.* σκ. ἐκλογῆς vaso de elección, instrumento escogido; *en gral.* cosa.
σκευοφορέω -ῶ llevar el bagaje.
σκευοφορικός ή όν concerniente al transporte de los bagajes; consistente en bagajes.
σκευο-φόρος ον que lleva bagajes || SUBST. *m.* bagajero, mozo de cordel; *n. pl.* bestias de carga, acémilas.
σκευ-ωρέομαι -οῦμαι intrigar, maquinar; examinar, explorar, espiar; andar en intrigas.
σκευωρία ας ἡ maquinación, intriga.
σκέψις εως ἡ vigilancia, observación, examen, reflexión, encuesta; consideración, especulación.
σκήλειε *3.ª sing. opt. aor. de* σκέλλω.
σκηνάω -ῶ *y*
σκηνέω -ῶ acampar, acuartelarse; residir, vivir; reunirse en la tienda de campaña para comer; banquetear.
σκηνή ῆς ἡ barraca, cabaña, choza; tienda de campaña || PL. campamento; tabernáculo; banquete; residencia, habitación, casa, templo; tienda [donde se vende], puesto de un mercado, escena, teatro; toldo, baldaquín, dosel, pabellón; οἱ ἀπὸ σκηνῆς los cómicos.
σκήνημα ατος τό = σκηνή.
σκηνίδιον ου τό tiendecita de campaña, cabañita.
σκηνο-πηγία ας ἡ escenopegia [fiesta judía de los tabernáculos].
σκηνο-ποιός οῦ ὁ constructor de tiendas de campaña.
σκῆνος εος [ους] τό tienda; cuerpo como morada del alma.
σκηνο-φύλαξ ακος ὁ vigilante *o* guardián de las tiendas de campaña.
σκηνόω -ῶ = σκηνάω.
σκήνωμα ατος τό habitación, casa; campamento, cuartel; cuerpo.
σκηπάνιον ου τό bastón, cetro.
σκηπτός οῦ ὁ huracán, tempestad; rayo.
σκηπτοῦχος ον que lleva cetro, rey, caudillo; portador del cetro, cetrero [oficial de la corte persa].
σκῆπτρον ου τό bastón de apoyo, apoyo, sostén; bastón de mando, cetro, soberanía, poder.
σκήπτω lanzar, dejar caer; *intr.* venir a caer, caer; apoyar; alegar || MED. *y* PAS. apoyarse [en algo *dat.*]; alegar como excusa *o* pretexto [algo *ac. u orac. inf. etc.*]; pretender, fingir.
F. *fut.* σκήψω, *med.* σκήψομαι; *aor.* ἔσκηψα, *med.* ἐσκηψάμην; *perf.* ἔσκηφα, *pas.* ἔσκημμαι; *aor. pas.* ἐσκήφθην.
σκηρίπτομαι apoyarse en [*dat.*].
σκῆψις εως ἡ pretexto, excusa, alegato.
σκιά ᾶς [*jón.* **σκιή ῆς**] **ἡ** sombra, oscuridad; silueta, contorno; alma de los muertos, fantasma; ὑπὸ σκιῇ a la sombra; μάχεσθαι περὶ σκιᾶς disputar por un motivo fútil; σκιὰ καπνοῦ algo inexistente *o* insignificante, nada; *lit.* la sombra del humo [*Sóf. Ant. 1170*].
σκια-γραφία ας ἡ pintura en claroscuro; pintura en perspectiva; mera apariencia, ilusión.
σκιάζω sombrear; oscurecer, ocultar; cubrir || PAS. estar oscuro.
F. *fut. át.* σκιῶ; *aor.* ἐσκίασα.
σκια-μαχέω -ῶ luchar contra una sombra, *es decir,* perder el tiempo.
σκια-τροφέω -ῶ educar a la sombra,

e. e. en casa || PAS. vivir cómodamente; vivir a la sombra.

σκιάω -ῶ = **σκιάζω.**

F. *3.ª pl. impf. pas. ép.* σκιόωντο.

σκίδνημι = **σκεδάννυμι.**

σκιερός ά όν = **σκιόεις.**

σκιή ῆς ἡ *jón.* = **σκιά.**

σκιη-τροφέω -ῶ = **σκιατροφέω.**

σκίμ-πους ποδος ὁ cama baja y sencilla, camastro, yacija.

σκιο-ειδής ές semejante a las sombras; = **σκιόεις.**

σκιόεις εσσα εν sombrío, oscuro; fresco; umbrío.

σκιόωντο *3.ª pl. impf. pas. ép. de* σκιάω.

σκίπων ωνος ὁ bastón.

Σκιρῖται ῶν οἱ Esquiritas [tropas de infantería ligera entre los lacedemonios].

σκιρτάω -ῶ saltar, brincar, danzar.

σκληρο-καρδία ας ἡ dureza de corazón.

σκληρός ά όν duro, seco; áspero, agrio; rígido, tieso; penoso, difícil; rudo, arisco; cruel; obstinado, tozudo.

σκληρότης ητος ἡ dureza, aspereza; terquedad; acidez.

σκληρο-τράχηλος ον de dura cerviz; terco, obstinado.

σκληρύνω endurecer, secar.

σκόλιον ου [*o* **σκολιόν οῦ**] **τό** canción de mesa, que cantaban sucesivamente los convidados.

σκολιός ά όν oblicuo, tortuoso; torcido; injusto, desleal, falso.

σκόλοψ οπος ὁ palo, estaca puntiaguda; empalizada; espina, aguijón, dolor punzante.

σκοπ-άρχης ου ὁ jefe de un grupo de reconocimiento armado.

σκόπελος ου ὁ roca elevada; escollo.

σκοπεύω observar de lejos, espiar.

σκοπέω -ῶ [*y med.*] observar, mirar, acechar, espiar; considerar, examinar, reconocer, reflexionar; indagar, averiguar, buscar; atender a, pensar en, cuidarse de, precaverse de; informarse de, preguntar; preparar.

F. *usado sólo en pres. e impf. Los otros tiempos se toman de* σκέπτομαι; *íd. fut.* σκοπήσω, *aor.* ἐσκόπησα, *med.* ἐσκοπησάμην, *etc.*

σκοπή ῆς ἡ *y*

σκοπιά ᾶς [*jón.* **σκοπιή ῆς**] **ἡ** observatorio, atalaya [torre, montaña de donde se observa]; observación; ἔχειν σκ. observar.

σκοπιάζω observar desde un lugar elevado, atalayar; buscar, espiar, acechar.

σκοπιή ῆς ἡ *jón.* = **σκοπιά.**

σκοπός οῦ ὁ ἡ atalaya, observador, espía; vigilante, guardián; mensajero; protector; fin, objeto, propósito, intento, blanco; ἀπὸ σκοποῦ lejos del blanco, inútil *o* inoportunamente.

σκορακίζω maltratar, enviar a paseo, injuriar.

σκόροδον ου τό ajo.

σκορπίζω desparramar, dispersar.

σκορπίος ου ὁ escorpión.

σκοταῖος α ον tenebroso, oscuro, nocturno (σκοταῖος παρῆλθεν llegó por la noche: σκ. *nom. predicat. adverbial).*

σκοτεινός ή όν oscuro, sombrío, tenebroso; ciego; secreto; ininteligible.

σκοτεινότης ητος ἡ oscuridad, tinieblas.

σκοτία ας ἡ = **σκότος.**

σκοτίζω = **σκοτόω.**

σκότιος ον [*o* **-ος α ον**] oscuro, tenebroso; sombrío; secreto; *empleado, como* σκοταῖος, *adverbialmente,* en secreto.

σκοτο-δινία ας ἡ aturdimiento, vértigo, mareo.

σκοτο-ειδής ές de aspecto sombrío.

σκοτο-μήνιος ον sin luna, no iluminado por la luna.

σκότος ου ὁ *y*

σκότος εος [**ους**] **τό** tinieblas, oscuridad; noche; ceguera; desvanecimiento, vértigo; sombra de muerte, infierno; escondrijo; deslumbramiento, ceguedad, error, decepción, ignorancia, incertidumbre; secreto; κατὰ σκότον, ὑπὸ σκότου a oscuras, en secreto.

σκοτόω -ῶ oscurecer, entenebrecer; eclipsar, cegar || PAS. entenebrecerse, sentir vértigo.

σκοτώδης ες = **σκοτεινός.**

σκρίνιον ου τό papeles, expediente; caja.

σκύβαλον ου τό restos, sobras, desperdicios, despojos; excremento.

σκυδμαίνω *y* **σκύζομαι** irritarse *o* estar irritado contra [*dat.*].
F. *imp. ép.* σκύζευ. *V. tamb.* ἐπισκύζομαι.

Σκύθης ου ὁ escita.

Σκυθιστί ADV. en [lengua] escita.

Σκυθο-τοξόται ῶν οἱ los arqueros escitas.

σκυθρωπάζω estar triste, malhumorado, tener aspecto sombrío; *aor.* ponerse *o* aparecer triste.

σκυθρ-ωπός όν sombrío, triste, turbado, malhumorado || ADV. **σκυθρωπῶς:** σκ. ἔχειν estar malhumorado.

σκυλακώδης ες parecido a un cachorro || SUBST. *n.* carácter afectuoso y juguetón.

σκυλακώδως ADV. a modo de cachorro.

σκύλαξ ακος ὁ cachorro, perrillo; perro; cría de otros animales.

σκύλευμα ατος τό despojo de un enemigo muerto; despojo.

σκυλεύω despojar a un enemigo muerto; despojar; saquear.

Σκύλλα [*y* **Σκύλλη**] **ης ἡ** Escila.

σκύλλω desollar, desgarrar, atormentar, vejar || PAS. atormentarse, molestarse.

σκῦλον ου τό = **σκύλευμα.**

σκύμνος ου ὁ cachorro, *espte.* de león, leonzuelo.

Σκῦρος ου ἡ la isla de Esciros.

σκυτάλη ης ἡ rama; palo, bastón, maza, clava; escítalo [palo largo negro, arrollados al cual enviaban mensajes los lacedemonios].

σκυταλίς ίδος ἡ bastoncito, pequeña σκυτάλη.

σκύταλον ου τό = **σκυτάλη.**

σκυτεύς έως ὁ zapatero, obrero que trabaja en cuero, talabartero.

σκυτεύω trabajar el cuero, ser zapatero.

σκύτηνος [*o* **σκύτινος**] **η ον** de cuero.

σκυτο-δεψός οῦ ὁ zurrador, curtidor.

σκῦτος εος [**ους**] **τό** piel, pellejo, cuero; azote, látigo, fusta.

σκυτοτομεῖον ου τό taller de zapatero, zapatería.

σκυτο-τόμος ου ὁ = **σκυτεύς.**

σκύφος ου ὁ taza [común para beber, con dos asas].

σκωληκό-βρωτος ον comido de gusanos.

σκώληξ ηκος ὁ gusano.

σκῶλος ου ὁ estaca, palo.

σκῶμμα ατος τό burla.

σκώπτω burlarse, mofarse; hablar en broma.
F. *fut.* σκώψομαι; *aor.* ἔσκωψα; *perf. pas.* ἔσκωμμαι, *imp.* ἐσκώφθω, *aor. pas.* ἐσκώφθην.

σκώψ ωπός ὁ buho, lechuza, mochuelo.

σμαράγδινος η ον verde esmeralda.

σμάραγδος ου ἡ esmeralda.

σμαραγέω -ῶ resonar, rebramar, retumbar.

σμαρίς ίδος ἡ picarel [pececillo].

σμάω -ῶ frotar, limpiar, lavar || MED. limpiarse, lavarse.
F. *3.ª sing. ind. pres.* σμῇ *o* σμᾷ; *pas.* σμῆται *o* σμᾶται; *inf.* σμῆν; *impf.* ἔσμων; *aor.* ἔσμησα, *part. med.* σμησάμενος.

σμερδαλέος α ον *y* **σμερδνός ή όν** espantoso, terrible || ADV. **σμερδαλέον** espantosamente, con un ruido terrible.

σμῆν *inf. pres. de* σμάω.

σμῆνος εος [**ους**] **τό** colmena, enjambre; multitud.

σμήχω = **σμάω.**

σμικρός ά όν = **μικρός.**

σμίλη ης ἡ cuchilla de zapatero, trinchete.

σμινύη ης ἡ azadón, bidente.

σμυγερός ά όν miserable.

σμύρνα [*jón.* **σμύρνη**] **ης ἡ** mirra.

σμυρνίζω preparar, mezclar con mirra.

σμύχω quemar, consumir a fuego lento.

σμῶδιξ ιγγος ἡ hinchazón, tolondro.

σοβαρός ά όν impetuoso; altanero.

σοβέω -ῶ levantar torbellinos de polvo; empujar ante sí, perseguir.

σοέομαι = **σεύομαι.**

σόῃ *3.ª sing. pres. subj. de* σόω.

σολοικίζω hablar incorrectamente.

σολοικισμός οῦ ὁ falta contra las reglas del bien hablar, incorrección, solecismo.

σόλοικος ον incorrecto en el hablar; grosero, mal educado.

σόλος ου ὁ disco de hierro.

σόομαι = **σεύομαι.**

σόος α ον = **σῶς.**

σορός οῦ ἡ urna cineraria, féretro, ataúd.

σός σή σόν tuyo, el tuyo (τὸ σόν lo que te concierne, tu interés; τὰ σά tus bienes, tus propiedades, tus intereses; οἱ σοί tu gente; *en sentido pas.* σὸς πόθος la pena que tú inspiras).
F. *ép.* τέος; *gen. sing.* σοῖο.

σουδάριον ου τό sudario.

σοῦμαι = **σεύομαι.**

σούσθω *3.ª sing. imp. pres. med. de* σεύω.

σοφία ας [*jón.* **σοφίη ης**] **ἡ** habilidad, destreza, experiencia; prudencia, ingenio, cordura; agudeza, sagacidad, perspicacia, astucia; sabiduría, ciencia, erudición, saber, instrucción, arte; filosofía.

σοφίζω instruir, enseñar, hacer sabio; imaginar con astucia || MED. obrar *o* hablar como sofista, emplear procedimientos hábiles *o* fraudulentos; imaginar hábilmente || PAS. estar instruido, ser sabio.

σοφίη ης ἡ *jón.* = **σοφία.**

σόφισμα ατος τό habilidad, destreza, astucia, trama; escapatoria; sofisma, invención; artificio, trampa.

σοφιστής οῦ ὁ excelente en un arte, diestro, hábil cantor, músico, poeta, adivino, artista, maestro; sabio, filósofo; sofista [maestro de filosofía y elocuencia]; orador, retórico; charlatán, impostor, seudo-filósofo.

σοφιστικός ή όν sofístico, capcioso; falaz.

σοφός ή όν hábil, diestro, experto; prudente, cuerdo; astuto, agudo, ingenioso; sabio, instruido; sutil, profundo; oscuro, abstruso, recóndito.

σόω = **σῴζω.**

σοῷς σοῷ σόωσι *vv. ll. de* σαῶς σαῷ σάωσι.

σπαδίζω arrancar.

σπαθάω -ῶ hablar a tontas y a locas.

σπάθη ης ἡ trozo de madera ancho y plano con el que el tejedor aprieta el tejido; espada larga y ancha; espátula; tallo de una hoja de palmera.

σπαίρω palpitar; saltar.

σπάκα [*palabra persa*] perra.

σπάλαξ ακος ὁ ἡ topo.

σπανίζω [*y pas.*] escasear, ser raro; estar falto de, carecer de.

σπάνιος α ον raro, escaso, insuficiente; σπάνιον ἑαυτὸν παρέχειν no dejarse ver; σπάνιος *usado adverbialmente* rara vez (σπ. ἰδεῖν que rara vez se ve, *Jen. Cirop 1, 3, 3*).

σπανιότης ητος ἡ *y*

σπάνις εως ἡ escasez, insuficiencia, falta, necesidad.

σπανιστός ή όν = **σπάνιος.**

σπανίως ADV. rara vez.

σπανο-σιτία ας ἡ escasez de víveres *o* forraje.

σπάραγμα ατος τό fragmento; cadáver despedazado.

σπαραγμός οῦ ὁ = **σπασμός.**

σπαράσσω [*át.* **σπαράττω**] desgarrar, despedazar, hacer pedazos, atormentar, denostar, insultar.

σπάργανον ου τό pañal.

σπαργανόω -ῶ envolver en pañales, fajar.

σπαργάω -ῶ estar lleno de [savia, leche, deseo, pasión, ira, etc.].

Σπάρτη ης ἡ Esparta, Lacedemonia.

σπάρτον ου τό cuerda, soga, maroma, bramante.

σπάρτος ου ὁ esparto; especie de retama.

σπαρτός ή όν sembrado; diseminado, disperso.

σπάσμα ατος τό *y*

σπασμός οῦ ὁ espasmo, convulsión, calambre; desgarramiento.

σπαταλάω -ῶ vivir disolutamente, muellemente.

σπάω- ῶ tirar, arrastrar, sacar fuera; atraer hacia sí; sorber, aspirar; devorar, tragar; dirigir seducir; arrancar (κόμην la cabellera); desgarrar, despedazar, dislocar || MED. desenvainar (τὰ ξίφη las espadas); tirarse (πέδονδε por tierra).
F. *fut.* σπάσω, *med.* -ομαι; *aor.* ἔσπασα, *ép.* σπάσα, *med.* ἐσπασάμην, *ép.* σπασάμην, *2.ª pl.* σπάσσασθε, *part.* σπασσάμενος; *perf.* ἔσπακα, *med. y pas.* ἔσπασμαι; *aor. pas.* ἐσπάσθην; *fut. pas.* σπασθήσομαι.

σπεῖν *inf. aor. 2.º de* ἕπομαι.

σπεῖο *2.ª sing. aor. imp. ép. de* ἕπομαι.

σπεῖος εος [**ους**] **τό** = **σπέος.**

σπεῖρα ας ἡ espiral, rosca de una serpiente; red, lazo, repliegue; cuerpo de tropas, manípulo, compañía, cohorte.

σπειρίον ου τό vestido ligero.

σπεῖρον ου τό tejido, vestido; envoltura, sudario; vela de navío || PL. harapos.

σπείρω sembrar; diseminar, esparcir; engendrar, producir; divulgar, comunicar || PAS. nacer; esparcirse.
F. *impf. iter. jón.* σπείρεσκον, *fut.* σπερῶ, *aor.* ἔσπειρα; *perf.* ἔσπαρκα, *pas.* ἔσπαρμαι; *aor. pas.* ἐσπάρην.

σπεῖσαι *inf. aor. de* σπένδω.

σπείσασκε *3.ª sing. aor. iterat. de* σπένδω.

σπείσω *fut. de* σπένδω.

σπεκουλάτωρ ορος [*y* **-ωρος**] **ὁ** guardia; verdugo.

σπένδεσκε *3.ª sing. impf. iterat. de* σπένδω.

σπένδω ACT. derramar, hacer una libación, ofrecer, ofrecer una libación [vino, etc.] || ACT. *y* MED. consagrar por una libación [un contrato, un tratado, etc.] || MED. pactar, concluir, arreglar, terminar, estipular || PAS. ofrecerse en sacrificio.
F. *2.ª sing. subj. pres. ép.* σπένδῃσθα; *impf. iter. ép.* σπένδεσκον; *fut.* σπείσω; *aor.* ἔσπεισα, *ép.* σπεῖσα (*3.ª sing. iter. ép.* σπείσασκε, *1.ª pl. subj. ép.* σπείσομεν), *med.* ἐσπεισάμην; *perf.* ἔσπεικα, *pas.* ἔσπεισμαι (*tamb. con valor med.*), *inf.* ἐσπεῖσθαι, *3.ª sing. plpf.* ἔσπειστο.

σπέος εος [**ους**] **τό** antro, caverna, gruta, cueva.
F. *ép. tamb.* σπεῖος; *gen.* σπείους *por* σπέεος; *dat.* σπῆϊ *por* σπέει; *gen. pl.* σπείων, *dat. pl.* σπέσσι σπέεσ(σ)ι σπήεσσι *por* σπεέεσσι. *Las formas originarias han sido restituidas en algunas ediciones.*

σπέρμα ατος τό semilla, simiente; grano, germen; principio, causa, origen, raíz; retoño, vástago, descendiente, hijo; matrimonio, procreación.

σπερμο-λόγος ον charlatán.

σπέρχω empujar, apresurar, impulsar; lanzarse, desencadenarse || PAS. apresurarse, precipitarse, lanzarse, irritarse; σπερχόμενος a toda prisa, rápido.
F. *3.ª pl. opt. pres. ép.* σπερχοίατο; *part. aor. pas.* σπερχθείς *Hdt. 1, 32.*

σπέσθαι *aor. inf. de* ἕπομαι.

σπέσσι *dat. pl. de* σπέος.

σπεύδω apremiar, apresurar; excitar, exhortar; buscar con apresuramiento, procurar con prisa, con ardor, con celo; apresurarse, lanzarse a, esforzarse por, trabajar por; atormentarse, inquietarse; *con part.* σπεῦσε πονησάμενος τὰ ἃ ἔργα había realizado rápidamente su trabajo.
F. *inf. ép.* σπευδέμεν; *fut.* σπεύσω, *med. ép.* σπεύσομαι; *aor.* ἔσπευσα, *ép.* σπεῦσα, *1.ª pl. subj. ép.* σπεύσομεν; *perf.* ἔσπευκα, *pas.* ἔσπευσμαι.

σπήλαιον ου τό *y*

σπῆος εος [**ους**] **τό** = **σπέος.**

σπιδής ές vasto, extenso.

σπίζα ης ἡ pinzón [pájaro].

σπιθαμή ῆς ἡ palmo [medida].

σπιλάς άδος ἡ roca, escollo; arcilla.

σπίλος ου ὁ mancha; impureza, vicio.

σπιλόω -ῶ manchar, ensuciar.

σπινθήρ ῆρος ὁ centella, chispa; centelleo, esplendor.

σπλαγχνίζομαι conmoverse, compadecerse.

σπλάγχνον ου τό entrañas, vísceras principales [corazón, pulmón, hígado]; alma, corazón [como asiento de los afectos]; ánimo, valor.

σπλήν σπληνός ὁ bazo.

σπογγίζω limpiar, lavar con esponja.

σπογγιστική ῆς ἡ arte de lavar con esponja.

σπόγγος ου ὁ esponja.

σποδιά ᾶς ἡ *y*

σποδός οῦ ἡ ceniza, ascua; polvo; lodo, barro, cieno, fango.

σπολάς άδος ἡ cuero trabajado; especie de coraza de cuero.

σπόμενος η ον *part. aor. 2.º de* ἕπομαι.

σπονδ-αρχία ας ἡ derecho de hacer el primero las libaciones sagradas.

σπονδή ῆς ἡ libación; tratado, alianza, pacto, convenio; armisticio, tregua; documento que contiene las cláususulas de un tratado, instrumento diplomático.

σπορά ᾶς ἡ = **σπόρος.**

σποράδην ADV. aquí y allá, separadamente.

σποράς άδος ADJ. *m. y f.* esparcido, disperso, separado, aislado.

σπορητός οῦ ὁ = **σπόρος.**

σπόριμος ον sembrado; apto para sembrar || SUBST. *f.* tierra preparada para la siembra; *n. pl.* sembrados.

σπόρος ου ὁ siembra; semilla; nacimiento origen; retoño, vástago, hijo, descendencia, producto; fruto, cosecha.

σποῦ *palabra escita* ojo.

σπουδάζω apresurarse, aplicarse a; ocuparse activamente (περί τι en algo); *con un part.:* σπουδάζω διδάσκων me esfuerzo por instruir; interesarse, tomar partido (περί *o* πρός τινα, ὑπέρ τινος por uno); atender debidamente, respetar; hablar con seriedad, tratar en serio un asunto; desear anhelar, aspirar a; preparar con cuidado, seleccionar, escoger.
F. *fut.* σπουδάσομαι, *td.* σπουδάσω *(N. T.)*; *aor.* ἐσπούδασα; *perf.* ἐσπούδακα, *pas.* ἐσπούδασμαι; *aor. pas.* ἐσπουδάσθην.

σπουδαιο-λογέομαι- οῦμαι ocuparse en cosas graves, hablar en serio.

σπουδαῖος α ον diligente, celoso; ágil, rápido; activo; serio, grave; bueno, virtuoso, honrado, digno; precioso, caro; importante, conveniente, útil.
F. *Comp.* σπουδαιότερος *y* σπουδαιέστερος, *superl.* σπουδαιότατος *y* σπουδαιέστατος.

σπουδή ῆς ἡ apresuramiento, prisa (ὅκως σπουδῆς ἔχει todo lo deprisa que puede); celo, diligencia; esfuerzo, empeño, trabajo; benevolencia, inclinación, cuidado; ardor, deseo, pretensión, rivalidad; seriedad, gravedad (ἀπὸ σπουδῆς en serio); dignidad, importancia || ADV. **σπουδῇ** presurosa, celosamente; difícilmente, apenas; en serio, en un asunto importante; atentamente.

σπυρίς ίδος ἡ cesta, canasta.

σταγών όνος ἡ gota.

στάδιοι *pl. de* στάδιον.

στάδιον ου τό estadio [medida de longitud equivalente a 600 pies griegos o 625 romanos]; estadio [lugar donde se verificaban las carreras]; carrera en el estadio.
F. *pl.* στάδια *y heterócl.* στάδιοι.

στάδιος α [*jón.* η] **ον** que se mantiene en pie, estable, firme (σταδία μάχη combate a pie firme); ἐν σταδίῃ cuerpo a cuerpo.

στάζω echar un líquido gota a gota, derramar; fluir, gotear.
F. *aor. ép.* στάξα -ας -ε.

στάθεν *3.ª pl. aor. pas. de* ἵστημι.

σταθερός ά όν estable, seguro, firme, sólido (σταθερὰ μεσημβρία pleno mediodía).

σταθμά *pl. de* σταθμός.

σταθμάω -ῶ [*y med.*] [*jón.* **σταθμέομαι**] medir, pesar; calcular, tener cuenta de, juzgar, apreciar; conjeturar, sospechar, deducir, concluir.

σταθμεύμενος η ον *part. jón. de* σταθμέομαι.

στάθμη ης ἡ regla, cordel, plomada.

σταθμητός ή όν que puede reglarse *o* medirse.

σταθμόν-δε ADV. al establo, al albergue.

σταθμόομαι -οῦμαι *jón.* = **σταθμάομαι.**

σταθμός οῦ ὁ establo, cuadra; alquería, cortijo; aprisco; residencia, vivienda, habitación; campamento, lugar donde uno se detiene para pasar la noche; etapa, jornada de marcha, trayecto de cinco parasangas [unos treinta kms.]; pilar que sostiene el techo; jamba de puerta; viga; peso para pesar, balanza; peso de un cuerpo: σταθμόν en peso.
F. *pl.* σταθμοί *y tamb. en sentido de* peso: σταθμά.

σταίην *3.ª pl. ép.* σταίησαν *opt. aor. 2.º de* ἵστημι.

σταίς [*o* **σταῖς**] **ιτός τό** masa de harina de trigo.

σταίτινος η ον preparado con pasta, hecho con masa de harina de trigo.

στακτός ή όν *adj. vbal. de* στάζω que fluye gota a gota.

στάλαγμα ατος τό gota.

σταλαγμός οῦ ὁ destilación, caída gota a gota, baba de un caballo; incienso; sudor; agua; estalactita.

στᾶμεν *y*

στάμεναι *inf. de aor. de* ἵστημι.

σταμίς [*o* **σταμίν**] **ῖνος ὁ** cuaderna [de un navío].
F. *dat. pl.ép.* σταμίνεσσι.

στάμνος ου ὁ cántaro, jarro.

στάν *3.ª pl. aor. 2.º ép. de* ἵστημι.

στάξ' *3.ª sing. aor. ép. de* στάζω.
στάς ᾶσα άν *part. aor. de* ἵστημι.
στασιάζω sublevarse, rebelarse [contra uno, *dat. o* πρός *con ac.*]; luchar, formar un partido [contra uno, *dat.*, ἐπί *o* πρός *con ac.*]; tener partidos *o* disensiones; pelearse, reñir, estar en desacuerdo.
στασιασμός οῦ ὁ = **στάσις.**
στασιαστής οῦ ὁ *y*
στασιαστικός ή όν = **στασιώδης.**
στασιαστικῶς ADV. en estado de sublevación; στ. ἔχειν estar sublevado.
στάσιμος ον = **στατός.**
στάσις εως ἡ acción de poner, puesta, colocación; estabilidad, fijeza; sitio, posición, puesto, postura; sublevación, sedición, revuelta; lucha de partidos; disensión, querella, disputa; partido, facción.
στασιώδης ου ὁ *y* **στασιώτης ου ὁ** *y*
στασιωτικός ή όν sedicioso, faccioso, afiliado a un partido político, partidario; conspirador, conjurado; pendenciero.
στάσκε *3.ª sing. aor. iterat. de* ἵστημι.
στατήρ ῆρος ὁ estater [moneda de plata equivalente a 3,75 ptas.; de oro, equivalente a unas 18,75 ptas.].
στατική ῆς ἡ el arte de pesar.
στατός ή όν estacionario, sedentario, parado (στ. ἵππος caballo que queda en la cuadra); estancado.
σταυρός οῦ ὁ estaca, estacada, empalizada; palo, cruz; crucifixión.
σταυρόω -ῶ levantar una empalizada; crucificar || PAS. tener una empalizada.
σταύρωμα ατος τό empalizada.
σταύρωσις εως ἡ acción de guarnecer con empalizada; = **σταύρωμα.**
σταφυλή ῆς ἡ racimo de uvas, gajo.
σταφύλη ης ἡ plomada; nivel.
στάχυς υος ὁ espiga.
στέαρ στέατος τό grasa, tocino, sebo, manteca.
στεάτινος η ον de sebo.
στεγάζω = **στέγω.**
στεγανός ή όν que cubre, que recubre herméticamente, que protege, impermeable, impenetrable; cubierto, techado; espeso, opaco; reservado, discreto || SUBST. *n.* discreción, reserva, prudencia.
στεγανῶς ADV. a través de un tubo cerrado.
στέγ-αρχος ου ὁ dueño de casa.
στέγασμα ατος τό = **στέγη.**
στεγαστέον *adj. vbal. n. de* στεγάζω.
στεγαστρίς ίδος ADJ. *f.* que cubre.
στέγη ης ἡ techo; todo edificio cubierto, casa (κατὰ στέγας en casa); cuarto, habitación; tienda de campaña; tumba; abrigo, refugio, cubierta.
στεγνός ή όν = **στεγανός** || SUST. *n.* = **στέγη.**
στέγος εος [ους] τό = **στέγη;** urna funeraria.
στέγω cubrir, recubrir; proteger, defender [contra, *ac.*]; ocultar, esconder; contener, encerrar; resistir a, soportar, sufrir, aguantar; impedir (νῆες οὐδὲν στέγουσαι naves que nada impiden, *es decir*, que hacen agua por todas partes); mantener secreto (παρ'ὑμῶν εὖ στεγοίμεθα que mi proyecto lo mantengáis secreto, *Sóf. Tr. 596*).
F. *aor.* ἔστεξα.
στείβω pisar, pisotear (στειβόμεναι ὁδοί caminos trillados, frecuentados).
F. *impf. ép.* στεῖβον; *aor.* ἔστειψα.
στεῖλα *aor. ép. de* στέλλω.
στειλειή ῆς ἡ *y*
στειλειόν οῦ τό *y*
στειλειός οῦ ὁ agujero donde entra el mango del hacha; mango.
στεινό-πορος ον = **στενόπορος.**
στεινός ή όν *jón.* = **στενός.**
στεῖνος εος [ους] τό *y*
στεινότης ητος ἡ *jón.* = **στενότης.**
στείνω = **στένω;** estrechar, apretar || PAS. estar apurado, apretado, angustiado, angustiarse; ser estrecho, hacerse estrecho; estar lleno, llenarse; estar cargado.
στειν-ωπός όν = **στενωπός.**
στείομεν *1.ª pl. aor. subj. ép. de* ἵστημι.
στειπτός ή όν *adj. vbal. de* στείβω pisado, pisoteado.
1 **στεῖρα** [*jón.* **στείρη**] **ης ἡ** estrave de la nave.
2 **στεῖρα ας** ADJ. *f.* estéril, que no ha tenido aún hijos.
στείρη ης ἡ *jón.* = **στεῖρα** *1.*
στείχω avanzar en fila, avanzar, ir, marchar; alejarse; acercarse a.
F. *impf. ép.* στεῖχον; *aor.* ἔστειξα (*v.* περιστείχω); *aor. 2.º* ἔστιχον.

στέλεχος εος [ους] τό base, tronco, tallo.
στελέω *fut. ép. de* στέλλω.
στέλλω preparar, disponer, colocar, ordenar, equipar, armar; vestir, adornar (οὗτοι οὕτω ἐστάλαται ellos así están vestidos); mandar llamar, hacer venir; llevar (τινὰ βίᾳ a uno a la fuerza); enviar, despachar, traer (εἰς 'Αχαιούς a Grecia); conducir, acompañar, escoltar; prepararse a salir; ir, partir || MED. prepararse, disponerse, ponerse en camino; equiparse, vestirse; ir, venir; traer hacia sí, mandar llamar, hacer venir; retroceder por temor de que, temer que; recoger.
F. *fut.* στελῶ, *ép.* στελέω; *aor.* ἔστειλα, *ép.* στεῖλα, *med.* ἐστειλάμην, στειλάμην; *perf.* ἔσταλκα, *pas.* ἔσταλμαι; *3.ª pl. plpf. jón.* ἐσταλάδατο *o* ἐστάλατο *Hdt. 7, 89; aor. pas.* ἐστάλην, *fut. pas.* σταλήσομαι.
στέμμα ατος τό corona, diadema; cinta, venda, ínfula.
στέναγμα ατος τό *y*
στεναγμός οῦ ὁ gemido, suspiro.
στενάζω = στένω.
F. *fut.* στενάξω; *aor.* ἐστέναξα.
στενακτός ή όν lamentable, lastimero; que gime.
στεναχίζω [*y med.*] *y*
στενάχω [*y med.*] = **στένω.**
στενή ῆς ἡ *v.* **στενός.**
στενοπορία ας ἡ = στενοχωρία.
στενό-πορος ον *y*
στενός ή όν estrecho, apretado; embarazado, apurado, reducido a la miseria, miserable; pequeño, poco importante; poco duradero; εἰς στενὸν καθίστασθαι verse en un apuro; ἀπειληθῆναι ἐς στεινόν ser llevado por fuerza a un rincón || SUBST. *f.* faja de terreno; *n. y n. pl.* desfiladero; estrecho de mar.
στενότης ητος ἡ estrechez, lugar *o* parte estrecha.
στενο-χωρέω -ῶ ser estrecho; estrechar, apretar, apurar || MED. estar angustiado, angustiarse.
στενο-χωρία ας ἡ espacio *o* paso estrecho; estrechez, apuro, angustia; falta de espacio; dificultad de paso.
στένω gemir, lamentarse; suspirar; llorar [a uno, *ac.*; por uno *o* por algo, ἀμφί *con dat.*], deplorar, lamentar; sonar, zumbar, retumbar.
F. *sólo pres. e impf. Impf. ép.* στένον (*y* ἔστενον).
στεν-ωπός όν estrecho, apretado || SUBST. *m. y f.* desfiladero, paso estrecho; estrecho de mar.
στέργημα ατος τό filtro amoroso, bebedizo.
στέργω amar, querer, tener placer en algo; contentarse con, aceptar, resignarse a, soportar; consentir; desear, anhelar, rogar.
F. *fut.* στέρξω; *aor.* ἔστερξα; *perf.* ἔστοργα, *med.* ἔστεργμαι, *aor. pas.* ἐστέρχθην.
στερεός ά όν sólido, duro, fuerte, macizo, robusto, vigoroso; firme, tieso, rígido; constante, tenaz, obstinado, terco; duro, cruel.
στερέο-φρων ον [*gen.* ονος] terco, testarudo; rígido, duro.
στερεόω -ῶ fortificar, endurecer.
στερέω -ῶ robar, despojar, privar || PAS. ser privado, perder.
F. *pres. pas.* στέρομαι (*part.* στερούμενος *o* στερόμενος); *fut.* στερήσω *y* στερῶ, *pas.* στερήσομαι; *aor.* ἐστέρησα, *inf. ép.* στερέσαι; *perf.* ἐστέρηκα *pas.* ἐστέρημαι; *3.ª sing. plpf.* ἐστέρητο; *aor. pas.* ἐστερήθην, *part. tamb.* στερείς.
στερέωμα ατος τό construcción sólida; firmamento; fuerza [de un ejército], robustez, firmeza.
στέρησις εως ἡ privación, despojo, robo, pérdida.
στερίσκω = στερέω.
στέριφος η ον = στερεός; estéril.
στερκτός ή όν *adj. vbal. de* στέργω digno de ser amado; amable.
στερνο-κοπέομαι -οῦμαι darse golpes de pecho.
στέρνον ου τό esternón; pecho, corazón.
στερνοῦχος ον extenso, espacioso.
στέρομαι estar privado *o* despojado de, carecer de; estar necesitado.
στεροπή ῆς [*dór.* **στεροπά ᾶς**] **ἡ** relámpago; esplendor, brillo deslumbrante.
στεροπ-ηγερέτα ADJ. *m.* amontonador de relámpagos.
στέροψ οπος ADJ. *m. y f.* brillante como un relámpago.

στερρός ά όν = **στερεός.**

στεῦμαι mostrarse, aparecer [por el gesto, los movimientos, etc.]; afirmar, asegurar, prometer; jactarse de, amenazar.

F. *3.ª sing. pres. ind.* στεῦται; *3.ª sing. impf. ép.* στεῦτο.

στεφάνη ης ἡ = **στέφανος.**

στεφανηφορέω -ῶ llevar corona.

στεφανη-φόρος ον = **στεφανίτης.**

στεφανίσκος ου ὁ coronita.

στεφανίτης ου ADJ. *m. y f.* que lleva corona, coronado (ἀγὼν στ. combate cuyo vencedor se lleva una corona).

στέφανος ου ὁ diadema, corona; yelmo; guirnalda; círculo, anillo; premio, recompensa; adorno; victoria, gloria.

στεφανόω -ῶ ceñir, rodear, circundar; coronar, recompensar; adornar || MED. coronarse || PAS. llevar corona; extenderse, desplegarse alrededor.

στεφάνωμα ατος τό = **στέφανος.**

στεφανωτρίς ίδος ADJ. *f.* propio para hacer coronas.

στέφος εος [ους] τό = **στέφανος.**

στέφω = **στεφανόω.**

F. *impf.* ἔστεφον; *fut.* στέψω; ; *aor.* ἔστεψα, *med.* ἐστεψάμην: ; *perf. pas.* ἔστεμμαι; *aor. pas.* ἐστέφθην.

στέωμεν *1.ª pl. subj. aor. ép. de* ἵστημι.

στήετον *du. subj. aor. 2.º ép. de* ἵστημι.

στήῃς στήῃ *2.ª y 3.ª sing. subj. aor. 2.º ép. de* ἵστημι.

στῆθι *imp. aor. 2.º de* ἵστημι.

στῆθος εος [ους] τό pecho; alma, sentimiento; inteligencia; corazón.

στήκω estar en pie; estar firme; obrar bien.

στήλη ης ἡ columna, pilar; hito, mojón, meta; columna funeraria, monumento; convenio, pacto.

στηλιτεύω proscribir; poner en la picota.

στηλίτης ου ADJ. *m.* inscrito en columna de infamia, públicamente infamado.

στήμεναι *inf. aor. 2.º ép. de* ἵστημι.

στήμων ονος ὁ urdimbre.

στῆναι *inf. aor. 2.º de* ἵστημι.

στηριγμός οῦ ὁ apoyo, sostén; firmeza, constancia.

στηρίζω apoyar, sostener, establecer, fijar sólidamente; fortalecer, fortificar, apoyarse, fijarse || MED. apoyarse, fijarse (κακὸν κακῷ ἐστήρικτο una desgracia se apoyaba en [se sucedía a] otra, *Hom. Il. 16, 111*); estar firme; quedarse, establecerse.

F. *fut.* στηρίξω, *td.* στηρίσω *(N.T.)* y στηριῶ; *aor.* ἐστήριξα, ἐστήρισα, *med.* ἐστηριξάμην; *perf. pas.* ἐστήριγμαι, *3.ª sing. plpf.* ἐστήρικτο; *aor. pas.* ἐστηρίχθην.

στῆσα στήσω *aor. 1.º ép. y fut. resp. de* ἵστημι.

στήωσι *3.ª pl. aor. subj. de* ἵστημι.

στιβαρός ά όν apretado, compacto, fuerte, robusto, firme.

στιβάς άδος ἡ cama de paja, yerba *o* follaje; piso, alfombra [de hojas, ramas etc.]; *en gral.* lecho, yacija; manojo *o* haz de ramas y follaje [*N. T.*].

στιβέω -ῶ seguir la pista, explorar, registrar.

στίβη ης ἡ escarcha.

στίβος ου ὁ camino, sendero, senda; pista; huella.

στίβω = **στείβω.**

στιγεύς έως ὁ el que marca con hierro candente, estigmatizador.

στίγμα ατος τό picadura; estigma, marca con hierro candente, mancha, deshonra; tatuaje; rastro, huella de sufrimientos.

στιγματίας ου ὁ el que está marcado con hierro candente; esclavo que intentó fugarse.

στιγμή ῆς ἡ = **στίγμα;** στιγμὴ χρόνου un instante.

στίζω picar, pinchar, punzar; estigmatizar, marcar con hierro candente, tatuar; infamar, deshonrar.

F. *fut.* στίξω; *aor.* ἔστιξα; *perf. pas.* ἔστιγμαι, *inf.* ἐστίχθαι.

στικτός ἡ όν *adj. vbal. del anterior* manchado de varios colores, moteado.

στίλβω brillar, resplandecer, irradiar.

στιλπνός ή όν brillante.

στίξ στιχός ἡ = **στίχος;** κατὰ στίχας en fila.

στιπτός ή όν = **στειπτός.**

στῖφος εος [ους] τό masa; tropa de combatientes en masa, columna de tropas.

στιχάομαι -ῶμαι avanzar en línea de combate; seguir, andar junto con otro.

F. *3.ª pl. impf. ép.* ἐστιχόωντο.

στίχος ου ὁ fila, línea, hilera, ringlera; línea de batalla; verso, línea.

στλεγγίς ίδος ἡ raspador, almohaza, cepillo.

στοά ᾶς ἡ pórtico *o* galería de columnas.

στοιβάς άδος ἡ = στιβάς.

στοιχεῖον ου τό letra; elemento, principio [físico, de ciencia, etc.]; τὰ στοιχεῖα τοῦ κόσμου cosas visibles; ley ceremonial, rito judaico [*N. T.*].

στοιχέω -ῶ = στιχάομαι; obedecer, conformarse.

στοῖχος ου ὁ = στίχος.

στολάς άδος ADJ. *f.* = **σπολάς** || SUBST. *f.* pieza de la armadura.

στολή ῆς ἡ vestido, traje, uniforme de gala.

στολιδωτός ή όν plisado, lleno de pliegues.

στολίζω = στέλλω.

στόλος ου ὁ viaje, trayecto, marcha, expedición; ejército; escuadra, flota; tropa, muchedumbre; séquito; objeto de un viaje, misión, diligencia.

στόμα ατος τό boca, rostro, faz; frente de un ejército, vanguardia (κατὰ στόμα de frente. ἐπὶ στόμα de cara); palabra, discurso (ἀπὸ στόματος εἰπεῖν decir de memoria; τὸ στόμα δάκνειν callarse); desembocadura de un río, entrada de un puerto, de una casa; fin (τοῦ βίου de la vida).

στόμ-αργος ον charlatán, descarado.

στόμαχος ου ὁ orificio, garganta, estómago.

στόμιον ου τό abertura, orificio; bocado, freno; brida, rienda; entrada.

στομόω -ῶ cerrar la boca a, poner bozal, amordazar; armar para un ataque.

στόμωσις εως ἡ expedición [de lengua: στόμα πολλὴν ἔχον στόμωσιν lengua que tiene mucha astucia, *Sóf. E. C. 795*].

στοναχέω -ῶ = στένω.

στοναχή ῆς ἡ = στόνος.

στοναχίζω = στένω.

στονόεις εσσα εν resonante; que gime, que llora; funesto.

στόνος ου ὁ gemido; suspiro; ruido.

στοργή ῆς ἡ ternura, afecto paternal *o* filial.

στορέννυμι *y*

στόρνυμι extender, recubrir, tapizar, pavimentar; λέχος στορέσαι hacer la cama; esparcir, desparramar, sembrar; allanar, abatir, humillar (τό φρόνημα la soberbia); calmar, apaciguar; extenderse, acostarse.

F. *Más. frec.* στρώννυμι. *Fut.* στορῶ *y* στρώσω; *aor.* ἐστόρησα, *ép. poét.* στόρεσα, *tamb.* ἔστρωσα; *perf.* ἔστρωκα, *pas.* ἔστρωμαι, *3.ª sing. plpf. ép. jón.* ἔστρωτο.

στοχάζομαι poner la mira en, apuntar a, tender a [*gen.*]; dar en el blanco, acertar; conjeturar, sospechar, calcular.

στοχαστικός ή όν que apunta bien; sagaz, listo.

στόχος ου ὁ fin [al cual se tiende].

στράπτω relampaguear, lanzar relámpagos.

στρατάομαι -ῶμαι acampar.

F. *3.ª pl. impf. ép.* ἐστρατόωντο.

στρατ-άρχης ου ὁ = στρατηγός.

στρατεία ας [*jón.* **στρατηίη ης**] **ἡ** expedición militar; servicio, disciplina militar; ejército.

στράτευμα ατος τό expedición, campaña; ejército *o* parte de él, armada; campamento; muchedumbre; pueblo; *pl.* servidumbre, séquito.

στρατεύσιμος ον apto para la guerra *o* el servicio militar.

στράτευσις εως ἡ = στρατεία.

στρατεύω [*y med.*] prestar servicio militar; ir a la guerra, a una expedición militar, a una campaña; conducir un ejército, marchar.

F. *fut. med.* στρατεύσομαι; *aor. med.* ἐστρατευσάμην, *con el mismo valor* ἐστρατεύθην *(poét.).*

στρατηγέω -ῶ mandar un ejército; ser estratego; guiar, conducir; realizar en la guerra *o* el mando.

στρατήγημα ατος τό estratagema, ardid.

στρατηγία ας [*jón.* **στρατηγίη ης**] **ἡ** mando de un ejército *o* armada; cargo *o* dignidad de jefe de un ejército; cargo de estratego; estrategia; campaña, período del mando de un estratego.

στρατηγιάω -ῶ desear el puesto de general *o* estratego.

στρατηγίη ης ἡ *jón.* = **στρατηγία.**

στρατηγικός ή όν que concierne a un general; hábil para mandar || SUBST. *f. y n. pl.* estrategia, maniobras de un general.

στρατήγιον ου τό tienda del general.

στρατηγίς ίδος ADJ. *f.* del general (ναῦς στρ. [*o como subst.* ἡ στρ.] buque almirante).

στρατ-ηγός οῦ ὁ general, generalísimo, estratego; almirante, jefe, caudillo; gobernador militar de una provincia; alcalde; capitán; gobernador, intendente.

στρατηίη ης ἡ *jón. y*

στρατηλασία ας [*ión.* **στρατηλασίη ης**] **ἡ** = **στρατεία.**

στρατηλατέω -ῶ mandar, dirigir una expedición.

στρατ-ηλάτης ου ὁ = **στρατηγός.**

στρατιά ᾶς ἡ ejército; expedición militar.

στράτιος α ον guerrero; que conduce el ejército.

στρατιώτης ου ὁ soldado, guerrero, combatiente; soldado mercenario; infante; hoplita.

στρατιωτικός ή όν perteneciente al soldado, a la guerra, al servicio militar; propio de un soldado, militar || SUST. *n.* ejército, soldadesca; paga del ejército; *n. pl.* ejercicios del soldado; asuntos militares.

στρατιῶτις ιδος ADJ. *f.* que sirve para soldados (ναῦς στρ. nave de transporte de tropas).

στρατο-λογέω -ῶ reunir un ejército.

στρατόομαι -οῦμαι = **στρατάομαι.**

στρατοπεδ-άρχης ου ὁ jefe de la guardia imperial.

στρατοπεδεία ας ἡ *y*

στρατοπέδευσις εως ἡ campamento [acción de acampar y lugar donde se acampa].

στρατο-πεδεύω [*y med.*] acampar; estar anclado.

στρατό-πεδον ου τό campamento; ejército, escuadra.

στρατός οῦ ὁ ejército, armada; campamento; muchedumbre, pueblo.

F. *gen. sing. ép.* στρατόφιν.

στραφείς εῖσα έν *part. aor. pas. de* στρέφω.

στρεβλός ή όν perverso.

στρεβλόω -ῶ torcer, retorcer, estirar, dislocar, descoyuntar, atormentar, dar tormento; tergiversar.

στρέμμα ατος τό dislocación, luxación.

στρεπτός ή όν *adj. vbal. de* στρέφω tejido, entrelazado, trenzado; flexible, voluble || SUBS. *m.* collar, gargantilla; rosquilla.

στρεπτο-φόρος ον que lleva collar.

στρεύγομαι consumirse, extenuarse, agotarse.

στρεφε-δινέομαι -οῦμαι girar, dar vueltas: στρεφεδίνηθεν δέ οἱ ὄσσε le dieron vuelta los ojos, se le nubló la vista.

στρέφω volver, hacer volver, dirigir hacia, doblar; revolver, trastornar; volverse (πρός τινα hacia uno); volver la espalda; devolver; retorcer, trenzar; dislocar; hacer cambiar de parecer || MED. ir y venir, volverse, alejarse; cesar, calmarse; asirse, detenerse, residir; preocuparse, cuidarse, agitarse.

F. *fut.* στρέψω, *med. y pas.* στρέψομαι; *aor.* ἔστρεψα, *ép.* στρέψα, *iter.* στρέψασκον, *med.* ἐστρεψάμην; *perf.* ἔστροφα, *pas.* ἔστραμμαι; *aor. pas.* ἐστρέφθην ἐστράφθην *y* ἐστράφην; *fut. pas.* στραφήσομαι,

στρηνιάω -ῶ ser orgulloso; vivir en la molicie.

στρῆνος εος [**ους**] **τό** orgullo, arrogancia; lujo.

στρογγύλος η ον redondo, esférico, redondeado (ναῦς *y* πλοῖον nave de transporte *o* mercante); preciso [estilo].

στρόμβος ου ὁ trompo, peonza; torbellino.

στρουθίον ου τό *y*

στρουθός οῦ ὁ ἡ *y*

στροῦθος ου ὁ ἡ gorrión; avestruz.

στροφάλιγξ ιγγος ἡ torbellino.

στροφαλίζω hacer girar; sacudir, agitar.

στροφάς άδος ADJ. *f.* que gira *o* se mueve dando vueltas; circular.

στροφο-δινέομαι -οῦμαι = **στρεφεδινέομαι.**

στρόφος ου ὁ cordón, cuerda, lazo, correa.

στρυφνός ή όν agrio, acre; austero.

στρῶμα ατος τό cama; gualdrapa; manta.

στρωματό-δεσμον ου τό funda *o* saco [para llevar ropa de cama].

στρωμνή ῆς ἡ lecho, yacija; ropa de cama, *esp.* manta, cobertor.

στρώννυμι *y*

στρωννύω = στορέννυμι, *v. s. v.*

στρωτός ή όν *adj. vbal. de* στρώννυμι extendido, cubierto.

στρωφάω -ῶ volver, voltear; hilar || PAS. volverse, girar, ir de aquí para allá; detenerse, hallarse habitualmente en [κατά *con ac.*].

στυγερός ά όν odioso, horrible, abominable.

στυγέω -ῶ odiar, aborrecer; temer; hacer temible (μένος mi cólera, *Odis. 11, 502*); *part. pas.* στυγούμενος; aborrecible, horrible.

F. *fut. med. con valor pas.* στυγήσομαι; *aor. 1.º* ἐστύγησα, *ép.* ἔστυξα; *opt. aor. 2.º* ἔστυγον; *perf.* ἐστύγηκα; *aor. pas.* ἐστυγήθην.

Στύγιος α ον estigio, infernal; odioso, nefasto.

στυγνάζω entristecerse [por algo, ἐπί *con dat.*]; tener aspecto sombrío.

στυγνός ή όν odioso, aborrecible; odiado; horrible, espantoso; temible, hostil a [*dat.*]; sombrío, triste, malhumorado; desdichado, miserable; lleno de odio.

στῦλος ου ὁ columna, pilar; sostén.

στύξαιμι *opt. aor. de* στυγέω.

στυπ(π)εῖον ου τό copo de estopa, estopa.

στυπτηρία ας ἡ alumbre.

στυράκιον ου τό contera de dardo.

1 **στύραξ ακος ὁ** cuento de la lanza.

2 **στύραξ ακος ὁ ἡ** estoraque.

στυφελίζω empujar, sacudir, pegar fuertemente; derribar; arrojar, echar, dispersar; maltratar, atormentar.

F. *fut.* στυφελίξω; *aor.* ἐστυφέλιξα, *ép.* στυφέλιξα; *aor. pas.* ἐστυφελίχθην.

στυφ(ε)λός ή όν [*o* **-ός όν**] firme, fuerte, duro; agrio, áspero; escarpado.

στῶ στῇς στῇ *subj. aor. de* ἵστημι.

στωμύλος ον facundo, ingenioso.

σύ tú.

F. *gen. ép. jón.* σέο σεῦ, *ép. tamb.* σεῖο σέθεν; *dat.* σοί, *ép. jón. poét.* τοί, *ac.* σέ. *La mayoría de estas formas se usan tamb. como enclíticas:* σεο σευ σοι *(raro)* τοι σε. *Du. v.* σφῶϊ; *pl. v.* ὑμεῖς.

συβόσειον ου τό *y*

συβόσιον ου τό piara.

συ-βώτης ου ὁ porquero, porquerizo.

συγγένεια ας ἡ parentesco; parientes, familia, descendencia.

συγγενεύς έως ὁ pariente.

συγ-γενής ές innato, natural; nacido con (συγγενεῖς μῆνες los meses en que comenzó mi vida); pariente, parienta; compatriota, paisano; afín, semejante, análogo; título honorífico de la corte persa || SUST. *n.* parentesco, conexión.

συγγενίς ίδος ἡ parienta.

συγ-γηράσκω envejecer con.

συγ-γίγνομαι nacer con; estar con, tener relación con, vivir con, entretenerse con; ayudar, socorrer; ser discípulo *o* compañero de (οἱ συγγιγνόμενοι camaradas).

συγ-γι(γ)νώσκω ser de la misma opinión [que uno, *dat.*; en algo, *ac.*]; convenir en, reconocer, confesar; asentir; tener conciencia de; perdonar, conformarse con (παθόντες ἂν ξυγγνοῖμεν ἡμαρτηκότες me conformaría con mis sufrimientos por haber pecado) || MED. estar de acuerdo, consentir; tener conciencia de; perdonar; reconocer.

σύγγνοια ας ἡ *y*

συγγνώμη ης ἡ *y*

συγγνωμοσύνη ης ἡ perdón, permiso, concesión, indulgencia; confesión; excusa.

συγγνώμων ον que perdona, indulgente, clemente; que consiente en; perdonable.

συγγνωστός όν perdonable, excusable.

σύγ-γονος ον = συγγενής.

σύγγραμμα ατος τό libro, obra, tratado, discurso escrito; libro de historia; reglamento; prescripción facultativa, receta.

συγγραφεύς έως ὁ escritor, autor, prosista, historiador; redactor de leyes y estatutos.

συγγραφή ῆς ἡ descripción, composición, exposición; obra escrita [especialmente en prosa]; obra de historia; contrato, acta, documento auténtico.

συγγραφικῶς ADV. en términos precisos como los de un contrato.
συγ-γράφω [*y med.*] escribir, componer, redactar; describir; tener escrito; compilar; recoger las opiniones en la asamblea del pueblo; obligarse por escrito, hacer un contrato, firmar un tratado.
συγ-γυμνάζομαι ejercitarse con.
συγγυμναστής οῦ ὁ compañero de ejercicio.
σύ-γε = **σύ.**
συγ-καθαιρέω -ῶ derribar con *o* al mismo tiempo; ayudar a vencer; realizar juntamente.
συγ-καθαρμόζω sepultar, enterrar con otro.
συγ-καθέζομαι sentarse *o* estar sentado con otro.
συγ-καθείργω encerrar con otros.
συγ-κάθημαι estar sentado con *o* junto a; celebrar asamblea; vivir con otro.
συγ-καθίζομαι sentarse juntamente *o* con otro; celebrar asamblea.
συγ-καθίημι dejar caer; bajar al mismo tiempo *o* juntamente; condescender [con uno, *dat.*].
συγ-καθίστημι poner, colocar al mismo tiempo *o* juntamente; afirmar, consolidar.
συγ-καίω quemar enteramente.
συγ-κακοπαθέω -ῶ *y*
συγ-κακουχέομαι -οῦμαι sufrir o ser maltratado con *o* lo mismo que.
συγ-καλέω -ῶ llamar o invitar al mismo tiempo, convocar || MED. llamar junto a sí, convocar.
συγ-καλύπτω envolver, ocultar, cubrir enteramente || MED. envolverse, cubrirse.
συγ-κάμνω socorrer, trabajar por [*dat.*]
συγ-κάμπτω doblar, plegar juntamente, encorvar.
συγ-καταβαίνω descender, bajar juntamente, ir con; condescender con.
συγ-καταγηράσκω envejecer juntamente *o* a la vez.
συγ-κατάγω volver a traer *o* llevar juntamente.
συγ-καταδιώκω perseguir al mismo tiempo *o* juntamente.
συγ-καταδουλόω -ῶ [*y med.*] subyugar juntamente.
συγ-καταζεύγνυμι unir, juntar.
συγ-καταθάπτω sepultar juntamente.
συγ-κατάθεσις εως ἡ asentimiento; concordia.
συγκαταθέω -ῶ hacer una incursión juntamente *o* al mismo tiempo.
συγ-καταίθω quemar juntamente.
συγ-καταινέω -ῶ asentir, aprobar; estar de acuerdo.
συγκάταινος ον que asiente, conforme.
συγ-καταιρέω -ῶ *jón.* = **συγκαθαιρέω.**
συγ-κατακαίω *y*
συγ-κατακάω quemar juntamente.
συγ-κατάκειμαι estar acostado con, estar sentado [reclinado] a la mesa con.
συγ-κατακλείω *y*
συγ-κατακληίω encerrar con [*dat.*].
συγ-κατακτάομαι -ῶμαι adquirir con, ayudar a conseguir.
συγ-κατακτείνω matar juntamente.
συγ-καταλαμβάνω tomar, conquistar al mismo tiempo.
συγ-καταλείπω dejar al mismo tiempo.
συγ-καταλύω ayudar a destruir *o* derribar.
συγ-κατανέμομαι repartirse.
συγ-καταπράττω [*y med.*] ayudar a hacer.
συγ-κατασκεδάννυμι verter, derramar, esparcir al mismo tiempo.
συγ-κατασκευάζω ayudar a preparar *o* establecer, preparar con otro.
συγ-κατασκηνόω -ῶ reunir en la misma tienda.
συγ-κατασπάω -ῶ arrastrar *o* tragar juntamente; *simplte.* arrancar, sustraer (para... εἰς *y ac.*).
συγ-καταστρέφομαι ayudar a someter; someter a la vez.
συγ-κατατίθεμαι asentir, ser del mismo parecer, votar lo mismo.
συγ-καταψηφίζω elegir juntamente.
συγ-κάτειμι [*aor.* συγκατῄεσα] bajar juntamente.
συγ-κατεργάζομαι ayudar [a uno, *dat.*; en algo, *ac.*]; cooperar, colaborar; ayudar a conseguir.
συγ-κατέρχομαι volver juntamente; bajar a la vez.
συγ-κατεσθίω comer a la vez.
συγ-κατεύχομαι rogar juntamente.
συγ-κατηγορέω -ῶ acusar juntamente.
συγ-κάτημαι *jón.* = **συγκάθημαι.**
συγ-κατοικέω -ῶ habitar con.

συγ-κατοικίζω fundar juntamente, colonizar con, ayudar a colonizar.

συγ-κατοικτίζομαι deplorar juntamente.

συγ-κατορύττω enterrar juntamente.

συγ-κάω = **συγκαίω.**

σύγ-κειμαι yacer juntamente, estar tendido con; estar formado, compuesto de; estar convenido (ὥσπερ συνέκειτο como se había convenido; σύγκειταί τινι he convenido con uno; τὸ συγκείμενον *y* τὰ συγκείμενα convenio, lo convenido).

συγ-κέκλημαι *perf. pas. de* συγκαλέω.

συγ-κέκλῃμαι *perf. pas. de* συγκλείω.

συγκεκραμένος η ον *part. perf. pas. de* συγκεράννυμι.

συγ-κελεύω ordenar juntamente.

συγ-κεντέω -ῶ derribar, matar [a flechazos] juntamente.

συγ-κεράννυμι *y*

συγ-κεραννύω mezclar con; juntar, unir; componer, disponer || MED. ligar íntimamente; unirse a, estar ligado a || PAS. estar íntimamente unido con (φιλίαι συνεκρήθησαν se entablaron amistades íntimas, *Hdt. 4, 152*); estar íntimamente afectado *o* penetrado *o* envuelto [por... *dat.*]. **F.** *perf. pas.* συγκέκραμαι; *aor. pas.* συνεκράθην, *jón.* συνεκρήθην; *tamb.* συνεκεράσθην.

συγ-κεφαλοιόω -ῶ [*y med.*] resumir, recapitular.

συγκεφαλαίωσις εως ἡ recapitulación.

συγ-κέχυμαι *perf. pas. de* συγχέω.

συγ-κινδυνεύω exponerse a un peligro juntamente; ser conmilitón [de otro, *dat.*].

συγ-κινέω -ῶ mover juntamente, agitar, sublevar.

σύγκλεισις εως ἡ cierre: línea *o* masa de tropas impenetrable.

συγ-κλείω *y*

συγ-κληίω cerrar juntamente; unir, juntar, enlazar estrechamente, apretar, apiñar; cerrar el paso; encerrar, cercar, rodear; cerrar (θύρας las puertas con llave).

συγ-κληρονόμος ον coheredero.

σύγ-κληρος ον designado por la suerte juntamente con otros.

συγκληρόω -ῶ designar *o* asignar por la misma suerte.

σύγκλησις εως ἡ = **σύγκλεισις.**

σύγκλητος ον convocado, reunido en asamblea.

συγ-κλῄω = **συγκλείω.**

συγ-κλίνομαι estar echado junto a.

συγ-κλονέω -ῶ turbar, sembrar la confusión entre; revolver, desconcertar.

σύγ-κλυς υδος ADJ. *m. y. f.* juntado en tropel || SUST. *pl.* chusma.

συγ-κοιμάομαι -ῶμαι acostarse con *o* al lado de.

συγκοίμησις εως ἡ acción de acostarse con [*gen.*].

συγ-κοινόομαι -οῦμαι comunicar, participar.

συγκοινωνέω -ῶ participar en [*gen.*]; convivir con, ser íntimo de [*dat.*]; hacer causa común con.

συγ-κοινωνός όν participante en [*gen.*].

συγκομιδή ῆς ἡ recolección, cosecha; transporte, *esp.* recogida, concentración.

συγ-κομίζω recoger, cosechar; juntar, ganar; almacenar; inhumar, enterrar juntamente || MED. llevar consigo, recoger para sí, llamar a sí, concentrar en sí.

συγ-κόπτω golpear, romper, destruir, enteramente.

συγ-κορυβαντιάω -ῶ delirar *o* ser presa de un frenesí juntamente.

συγ-κοσμέω -ῶ contribuir al decoro de, prestigiar a [*ac.*].

συγκραθείς εῖσα έν *part. aor. pas. de* συγκεράννυμι.

σύγ-κρασις εως ἡ mezcla; arreglo, compensación.

συγ-κρίνω juntar, combinar, componer; unir; comparar, parangonar; conjeturar, juzgar || MED. compararse.

συγ-κροτέω -ῶ entrechocar (τὼ χεῖρε aplaudir; *tamb.* batir las manos de dolor, *Luc. Sueño 14*); componer, combatir, disponer; ejercitar, disciplinar.

συγ-κρούω chocar, entrechocar; enemistar (τινά τινι a una persona con otra); enemistarse, venir a las manos, chocar.

συγ-κρύπτω ocultar, tapar, cubrir enteramente.

συγ-κτάομαι -ῶμαι adquirir juntamente; ayudar a conquistar.

συγ-κτίζω fundar, colonizar con.

συγκτίστης ου ὁ cofundador, colonizador con otro.
συγ-κυβεύω jugar a los dados con.
συγ-κύπτω inclinarse, encorvarse por cansancio; efectuar una maniobra convergente; concertarse; conspirar.
συγ-κυρέω -ῶ encontrarse casualmente, tropezar; encontrarse con; estar contiguo a [*dat.*]; suceder, acaecer.
F. *aor.* συνέκυρσα *y* συνεκύρησα, *part. perf. pas. jón.* συγκεκυρημένος (*v. l.* συγκεκρημένος, *de* συγκεράννυμι).
συγκυρία ας ἡ suceso, acaecimiento.
συγ-χαίρω alegrarse juntamente [de algo, ἐπί *con dat.*]; agradecer.
συγ-χέω -ῶ mezclar con, derramar juntamente, confundir, revolver, desordenar, enredar (ἡνία δέ σφιν σύγχυτο se le habían enredado las riendas); derribar, arrasar, destruir, trastornar; hacer fracasar, inutilizar, aniquilar, frustrar; violar.
F. *aor. ép.* συνέχευα, *2.ª pers. tamb.* σύγχεας, *inf.* συγχεῦαι; *aor. pas.* συνεχύθην; *con el mismo valor 3.ª sing. ép.* σύγχυτο. *V.* χέω.
συγχορευτής οῦ ὁ compañero de danza.
συγ-χορεύω danzar con.
συγ-χόω -ῶ = συγχώννυμι.
συγ-χράομαι -ῶμαι comunicar, tratar con [*dat.*]; usar de [*dat.*].
συγ-χύνω = συγχέω.
σύγχυσις εως ἡ mezcla, confusión; estupor; violación [de tratados, leyes, etc.]; aniquilamiento, ruina, destrucción.
συγ-χώννυμι cubrir de tierra, enterrar; rellenar, nivelar, destruir, arrasar, demoler; confundir; cegar.
συγ-χωρέω -ῶ ir, venir juntamente; acercarse, reunirse en el mismo lugar; ser del mismo parecer, concertarse para [*con inf.*]; retirarse, ceder el sitio, la presidencia, el mando en jefe; conceder, consentir en, dejar hacer; estar de acuerdo [con uno, πρός *con ac.*]; condescender, ceder, transigir, someterse, acomodarse; ser indulgente con uno; aceptar || IMPERS. συγχωρεῖ importa, conviene, es posible.
συγ-χωρητέα *adj. vbal. n. pl. de* συγχωρέω hay que ceder.
σύειος α ον porcuno, de cerdo.
συ-ζάω -ῶ vivir con; pasar la vida en [*dat.*].
συ-ζεύγνυμι uncir, enganchar juntamente, unir, aparear || MED. uncir para sí || PAS. estar íntimamente unido.
συ-ζῆν *inf. pres.* συζάω.
συ-ζητέω-ῶ buscar (τινὶ περί τινος hacer investigación con uno sobre algo); disputar.
συζήτησις εως ἡ busca en común; disputa.
συζητητής οῦ ὁ discutidor, retórico.
συζυγία ας ἡ par, pareja.
σύ-ζυγος ον uncido, enganchado con; unido por matrimonio, parentesco, amistad; compañero.
συ-ζῶ = συζάω.
συ-ζωποιέω -ῶ vivificar juntamente.
συθείς εῖσα έν *part. aor. pas. de* σεύω.
συκάμινος ου ὁ ἡ morera.
συκέα ας ἡ *y*
συκέη ης ἡ *y*
συκῆ ῆς ἡ higuera; higo.
σύκινος η ον de higos.
συκο-μορέα ας ἡ *y*
συκό-μορος ου ἡ sicómoro [higuera de Egipto].
σῦκον ου τό higo.
συκοφαντέω -ῶ ser sicofanta, calumniar, acusar falsamente; defraudar, cometer exacción.
συκο-φάντης ου ὁ sicofanta, calumniador, acusador falso, delator.
συκοφαντία ας ἡ calumnia, acusación falsa, delación; sofisma.
σύλα *3.ª sing. impf. ép. de* συλάω.
σῦλαι *pl. de* σῦλον.
συλ-αγωγέω -ῶ llevar como botín; saquear.
συλάω -ῶ quitar, arrebatar, despojar [a uno de algo *dos acs. o ac. y gen.: en pas. con ac. de cosa y gen. agente*]; *espte.* despojar de las armas; llevarse, *espte.* como presa o botín; saquear, devastar.
F. *3.ª sing. impf. ép.* σύλα, *3.ª du.* συλήτην.
συλεύω = συλάω.
σύλη ης ἡ = σῦλον.
συλλαβή ῆς ἡ sílaba.
συλ-λαλέω -ῶ hablar con.
συλ-λαμβάνω tomar juntamente, reunir, juntar; abarcar, resumir; cerrar;

llevar consigo (ἑαυτὸν ἐκ γῆς partir apresuradamente del país; κόμην χερί arrancarse los cabellos); coger, detener, arrestar; comprender (τὸν λόγον el discurso; τὴν γλῶσσαν la lengua); concebir; asistir, socorrer, ayudar, contribuir a || MED. asistir, ayudar, cooperar, tomar parte en algo (νόσου κάμνοντι en el dolor del que sufre; ξυνελάβοντο τοῦ τοιούτου οὐχ ἥκιστα ὥστε, etc., contribuyeron no poco a que, etc.).
F. v. λαμβάνω y *nótese la preposición restituida* a su forma συν ξυν- *ante vocal* συνέλαβον, συνείληφα, *etc.*

συλ-λέγω reunir, juntar, recoger, componer, compilar || PAS. resultar; llegar (εἰς ταὐτό τινι a la misma conclusión que uno); reunirse || MED. reunir *o* recoger para sí.
F. *fut. med.* συλλέξομαι; *aor.* συνέλεξα, *med.* συνελεξάμην, *3.ª ép.* συλλέξατο; *perf. med. y pas.* συνείλημαι, *part. tamb.* συλλελεγμένος; *aor. pas.* συνελέχθην *y* συνελέγην, *part.* συλλεγείς.

συλλήβδην ADV. en suma; en general.

συλλήπτρια ας ἡ auxiliar, protectora, ayudadora.

συλλήπτωρ ορος ὁ auxiliar, protector, ayudante.

σύλληψις εως ἡ acción de coger, de apresar (τὴν ξύλληψιν ἐποιοῦντο [los] apresaron, *Tuc. 1, 134*).

συλλογή ῆς ἡ reunión, colección; montón; leva de soldados, recluta; asamblea; concentración de tropa.

συλλογίζομαι sacar la cuenta de [*ac.*]; resumir, recapitular; reflexionar, pensar; deducir, concluir.

συλλογισμός οῦ ὁ razonamiento, silogismo.

σύλ-λογος ου ὁ = **συλλογή**.

συλ-λοχίτης ου ὁ soldado de la misma compañía.

συλ-λυπέομαι -οῦμαι compadecerse de [*dat.*].

συλ-λύω desligar, soltar, terminar; reconciliar.

σῦλον ου τό saqueo, despojo de un templo; embargo; corso.

σῦμα ατος τό *lacón.* sacrificio; ofrenda para el sacrificio.

συμ-βαίνω reunir, juntar; reunirse, juntarse con, acercarse a [*dat.*]; συμβῆναι ποδί combatir a pie firme; estar de acuerdo con [*dat.*]; reconciliarse, entenderse, convenir en (ἕως ἄν τι περὶ τοῦ πλέονος ξυμβαθῇ hasta que se haya convenido en lo esencial); armonizar; suceder, llegar, coincidir, corresponder con; resultar, sobrevenir (δαπανῶντες ἐς τοιαῦτα ἀφ'ὧν ἡ ἀσθένεια συμβαίνει gastando en placeres tales de los cuales se sigue la debilidad corporal; τὰ συμβαίνοντα, τὰ συμβάντα, τὸ συμβεβηκός sucesos, circunstancias imprevistas); salir bien, tener buen éxito, lograr, triunfar; realizarse; aprovechar, ser muy útil para [*seguido de* ὥστε]; ser, producirse.
F. *aor. 2.º* συνέβην; ; *inf. perf. jón.* συμβεβάναι; *inf. perf. pas.* συμβεβάσθαι; *3.º sing. subj. aor. pas.* ξυμβαθῇ. *Para lo demás, v.* βαίνω.

συμ-βακχεύω entusiasmarse a la vez; ser presa a la vez de frenesí.

συμ-βάλλω echar, llevar en abundancia; reunir, juntar; suministrar; cambiar [palabras], conversar con; adelantar dinero, prestar; trabar (πόλεμον combate); contratar; lanzar a uno contra otro; comparar; interpretar, explicar; evaluar; encontrarse con, unirse, llegar a; venir a las manos || MED. mezclar; reunir; contribuir, prestar (μέγα συμβάλλεται contribuye mucho); ponerse de acuerdo con, convenir en; evaluar, interpretar, explicar; conjeturar; encontrarse con, tener una entrevista con; poner junto a otra cosa (συμβάλλεσθαι γνώμας dar su opinión también); mezclarse, unirse, llegar a las manos.
F. *aor.* συνέβαλον, *etc. V.* βάλλω. *Aor. intr. ép. 2.ª du.* συμβλήτην; *inf.* συμβλήμεναι; *3.ª sing. y pl. med.* σύμβλητο σύμβληντο; *2.ª y 3.ª sing. subj. med.* συμβλήεαι (*corr. por.* συμβλήσεαι) σύμβληται.

συμ-βάς ᾶσα άν *part. aor. 2.º de* συμβαίνω.

συμβασείω desear entenderse con [*dat.*].

συμ-βασιλεύω reinar juntamente con.. [*dat.*].

σύμβασις εως ἡ convenio, tratado; arreglo, acuerdo; encuentro, suceso, acontecimiento.

συμβατήριος όν *y*

συμβατικός ή όν conciliador; referente a la conclusión de un convenio.
συμ-βεβάναι *inf. perf. jón. de* συμβαίνω.
συμ-βιάζω unir por la fuerza.
συμ-βιβάζω reunir; comparar; reconciliar; sospechar; convencer, instruir, reconocer; demostrar; aconsejar.
συμ-βιόω -ῶ vivir con [*dat.*].
συμ-βλήμην *aor. 2.º med. de* συμβάλλω.
συμ-βλήσεαι *2.ª sing. fut. ép. med. de* συμβάλλω *(Il. 20, 335), probablemente hay que leer* συμβλήεαι *2.ª sing. subj. aor. med.*
συμ-βοάω -ῶ gritar con [*dat.*]; llamar al mismo tiempo a grandes gritos.
συμβοήθεια ας ἡ socorro [militar].
συμ-βοηθέω -ῶ socorrer juntamente [a uno, *dat. o* εἰς *con ac.*].
συμβόλαιον ου τό síntoma; contrato, convenio; deuda, reconocimiento de una deuda; signo, marca, señal.
συμβόλαιος α ου referente a contrato.
συμβολή ῆς ἡ encuentro, reunión, tropiezo, choque; batalla, ataque; articulación, coyuntura, comisura; extremo del ceñidor; escote [parte del gasto de una comida]; confluencia [de ríos *o* caminos]; cálculo, cuenta, sospecha.
σύμβολον ου τό contrato, tratado de comercio; marca, distintivo, señal, signo, contraseña; emblema, símbolo, insignia; presagio, auspicio; convención, tratado.
συμ-βόσκομαι pacer juntamente.
συμβουλεύω aconsejar, recomendar || MED. deliberar [con uno, *dat.*; sobre algo, *ac.*]; aconsejarse, pedir consejo, consultar.
συμ-βουλή ῆς ἡ *y*
συμβουλία ας [*jón.* **συμβουλίη ης**] **ἡ** *y*
συμβούλιον ου τό consejo, deliberación; consulta; resolución; asamblea deliberativa.
συμ-βούλομαι querer también; consentir en; estar de acuerdo en.
σύμ-βουλος ου ὁ ἡ consejero, consejera.
σύμενος η ον *part. aor. 2.º med. de* σεύω.
συμ-μαθητής οῦ ὁ condiscípulo.
συμ-μανθάνω aprender, instruirse con; acostumbrarse a.
συμ-μάρπτω coger también; romper juntamente.
συμμαρτυρέω -ῶ testificar con, ser igualmente testigo, confirmar la declaración de [*dat.*].
συμ-μαρτύρομαι tomar también por testigo.
συμ-μάρτυς υρος ὁ ἡ testigo.
συμμαχέω -ῶ ser aliado de guerra; auxiliar, socorrer.
συμμαχία ας ἡ alianza de guerra; alianza, pacto de apoyo y fidelidad; territorio de los aliados; tropas aliadas; fuerza auxiliar.
συμμαχικός ή όν referente a la alianza, aliado || SUBST. *n.* alianza, confederación; ejército aliado, escuadra aliada; tesoro confederal; los aliados; tratado de alianza; *n. pl.* asuntos relativos a la alianza.
συμμαχίς ίδος ADJ. *f.* aliada || SUBST. Estado aliado, ciudad aliada; fuerzas aliadas.
συμμάχομαι = συμμαχέω.
σύμ-μαχος ον aliado *o* auxiliar en la guerra || SUBST. *m. y f.* auxiliar, aliado, conmilitón; auxilio; *n. pl.* recursos de guerra.
συμ-μείγνυμι *y*
συμ-μειγνύω = συμμίγνυμι.
σύμμεικτος ον = σύμμικτος.
σύμμειξις εως ἡ = σύμμιξις.
συμ-μένω quedar juntamente, quedar unido, compacto; quedar firme, en vigor.
συμ-μερίζομαι = συμ-μετέχω.
συμ-μετασχηματίζομαι acomodarse a, adaptarse a.
συμ-μετέχω [*fut.* συμμετασχήσω] *y*
συμ-μετίσχω tomar parte [en algo, *gen. o dat.*].
συμ-μέτοχος ον participante en [*gen.*].
συμμετρέω -ῶ medir, calcular por comparación con; ἔφθιτο μακρῷ συμμετρούμενος χρόνῳ murió después de haber vivido largos años ||MED. calcular para sí.
συμμέτρησις εως ἡ medida justa, cálculo justo.
συμμετρία ας ἡ simetría.
σύμ-μετρος ον simétrico, proporcionado, adecuado, a propósito, conveniente, favorable; de la misma edad; que armoniza con, oportuno; **σ.** ὡς κλύειν lo suficientemente cerca para oír *(Sóf. E. R. 84)*.

συμ-μητιάομαι -ῶμαι deliberar juntamente.

F. *inf. ép.* συμητιάασθαι *(Il. 10, 197)*.

συμ-μηχανάομαι -ῶμαι procurarse, agenciarse.

σύμμιγα ADV. al mismo tiempo que, revuelto con [*dat.*].

συμμιγής ές mezclado, revuelto, confundido.

συμ-μίγνυμι *y*

συμ-μιγνύω mezclar [una cosa *ac.* con otra *dat.*]; unir || INTR. mezclarse, unirse, juntarse [con... *dat.* πρός y *ac.*]; abocarse, conversar, tratar [con... *dat.*]; venir a las manos; trabarse en lucha [con... *dat.*]; || PAS. estar unido, junto, mezclado, fundido. *Tamb.* = *intr.*

σύμμικτος ον mezclado, confundido; unido a, común con [*dat.*]; de toda clase; σ. στρατός tropas irregulares.

συμ-μιμέομαι -οῦμαι imitar también.

συμμιμητής οῦ ὁ imitador con otros.

σύμμιξις εως ἡ mezcla, unión; relaciones mutuas.

συμ-μίσγω = **συμμίγνυμι.**

συμμορία ας ἡ agrupación de sesenta grandes contribuyentes de Atenas; división de la armada.

σύμ-μορος ον asociado, confederado; súbdito.

συμμορφίζω = **συμμορφόω.**

σύμ-μορφος ον igual, de la misma forma.

συμμορφόω -ῶ hacer semejante.

συμ-μύω cerrarse, tener los ojos cerrados; callar, cerrar la boca.

συμπαθέω -ῶ compadecerse; tener los mismos sentimientos que [*dat.*].

συμ-παθής ές compasivo; que excita la compasión, la simpatía.

συμ-παίζω bromear *o* jugar con otro.

συμπαίκτωρ ορος ὁ *y*

συμπαιστής οῦ ὁ compañero de juegos.

συμ-παίω chocar, tropezar con [*dat.*].

συμ-παραγίγνομαι presentarse, aparecer al mismo tiempo, estar junto a; ayudar a [*dat.*].

συμ-παραθέω -ῶ correr juntamente, seguir en la carrera (ἄνω κάτω arriba y abajo).

συμ-παρακαθέζομαι sentarse con otro junto a.

συμ-παρακαλέω -ῶ llamar, invocar, invitar al mismo tiempo; suplicar, pedir al mismo tiempo; fortificar, consolar a la vez.

συμ-παρακολουθέω -ῶ seguir paso a paso.

συμ-παρακομίζω llevar consigo a lo largo de la costa.

συμ-παραλαμβάνω tomar al mismo tiempo, tomar junto a uno.

συμ-παραμένω quedar con uno; quedar al mismo tiempo que [*dat.*]; quedarse, persistir.

συμ-παρασκευάζω preparar juntamente *o* al mismo tiempo, equipar, ordenar.

συμπαραστάτης ου ὁ defensor, protector.

συμ-παρατάσσομαι [*át.* **συμ-παρατάττομαι**] formarse en orden de batalla; trabar batalla.

συμ-παρατρέφω alimentar al mismo tiempo.

1 **συμ-πάρειμι** avanzar con.

2 **συμ-πάρειμι** estar con; ayudar.

συμ-παρέπομαι acompañar, escoltar.

συμ-παρέχω procurar, inspirar al mismo tiempo; ayudar a proporcionar.

συμ-παρίσταμαι estar al lado de, asistir, auxiliar.

συμ-παρομαρτέω -ῶ = **συμπαρέπομαι.**

σύμ-πας πασα παν todo junto, entero, total; σ. γνώμη el sentido general de un discurso || SUST. *n.* totalidad, conjunto || ADV. **τὸ σύμπαν** en suma; τὸ σ. εἰπεῖν en una palabra.

συμ-πάσχω compadecerse de, tener los mismos sentimientos que, simpatizar con [*dat.*].

συμ-πατέω -ῶ pisotear a todos.

συμ-πεδάω -ῶ atar, encadenar juntamente; entumecer, aterir.

συμ-πείθω persuadir, alentar, exhortar a, sugerir; ayudar a persuadir.

συμ-πέμπω enviar juntamente *o* al mismo tiempo [con... *dat.*].

συμ-πένομαι carecer juntamente.

συμ-περαίνω acabar enteramente; conseguir; lograr con otro que se produzca.

συμ-περιάγω llevar juntamente en torno *o* por todas partes || MED. llevar a todas partes consigo.

συμ-περιλαμβάνω abarcar, comprender, contener.

συμ-περιπατέω -ῶ pasear en derredor con otro.
συμ-περιτυγχάνω encontrarse, tropezar con.
συμ-πεφυτευμένος η ον *part. perf. med. de* συμφυτεύω.
συμ-πήγνυμι juntar, fijar, construir, solidificar || PAS. coagularse; cortarse [la leche].
σύμπηκτος unido, fijo; sólidamente construido.
συμ-πιέζω comprimir juntamente, agarrar, estrujar, exprimir.
συμ-πίνω beber juntamente, banquetear.
συμ-πίπτω [*y* **συμ-πίτνω**] caer, precipitarse juntamente; caer sobre, chocar contra; venir a las manos, combatir; desaguar, caer en (κακοῖς en la desgracia); encontrarse, reunirse; coincidir, sobrevenir al mismo tiempo, suceder; ponerse de acuerdo; derrumbarse (ὑπὸ σεισμοῦ por efecto de un terremoto).
συμ-πλάσσω [*át.* **συμ-πλάττω**] imaginar, combinar.
συμ-πλαταγέω -ῶ golpear, chocar; aplaudir.
συμ-πλάττω *át.* = **συμπλάσσω.**
συμ-πλέκω ligar, enlazar, trenzar, unir, entrelazar; entablar; encadenar, atar; encadenar a uno con otro || PAS. enlazarse, unirse a; entrecruzarse; venir a las manos, luchar.
συμ-πλέω navegar juntamente [con... *dat.*].
σύμ-πλεως ων enteramente lleno.
συμ-πληθύω *y*
συμ-πληρόω -ῶ llenar enteramente; estar completa la tripulación; ayudar a llenar.
συμ-πλοκή ῆς ἡ ligazón, trabazón; cópula; encuentro, combate.
σύμπλοος ον [**-ους ουν**] que navega juntamente || SUBST. *m.* compañero de travesía; compañero que se asocia a [*gen.*].
συμ-πλώω = **συμπλέω.**
συμ-πνέω estar de acuerdo con [*dat.*]; conspirar.
συμ-πνίγω ahogar, sofocar, asfixiar.
συμ-ποδίζω trabar los pies, encadenar, atar de pies y manos; coger en una trampa.
συμ-πολεμέω -ῶ luchar como aliado de otro *o* de acuerdo con él.
συμ-πολιορκέω -ῶ sitiar juntamente.
συμπολιτεύω [*y med.*] ser conciudadano *o* vivir en un mismo Estado.
συμ-πολίτης ου ὁ conciudadano.
σύμ-πολλοι αι α muchos juntos.
συμ-πονέω -ῶ sufrir juntamente; asociarse a las penas, a las fatigas, a los trabajos de otro.
συμ-πορεύομαι ir, viajar, llegar juntamente.
συμ-πορίζω suministrar, procurar juntamente.
συμποσί-αρχος ου ὁ presidente de un banquete.
συμ-πόσιον ου τὸ festín, banquete; los convidados; sala de festín: συμπόσια συμπόσια por grupos de comensales [*N. T. Marc. 6, 39*].
συμ-πότης ου ὁ convidado, comensal, huésped.
συμ-πράκτωρ ορος ὁ auxiliar, compañero, asociado.
συμ-πράσσω [*át.* **συμ-πράττω**] hacer *o* tratar de conseguir algo con otro, ayudar, cooperar, asistir, socorrer (τινὶ περί τινος a uno en algo); οἱ συμπράσσοντες los confederados || MED. ayudar a reclamar *o* a vengar.
συμπρεσβεύω ser embajador juntamente || MED. enviar a la vez como embajador.
σύμ-πρεσβυς εως ὁ colega de embajada.
συμ-πρεσβύτερος ου ὁ sacerdote con otro.
συμπρήκτωρ ορος ὁ *jón.* = **συμπράκτωρ.**
συμ-πρήσσω *jón.* = **συμπράσσω.**
συμ-πρίασθαι *aor. inf. de* **συνωνέομαι.**
συμ-πρίω apretar *o* rechinar (τοὺς ὀδόντας los dientes).
συμ-προθυμέομαι -οῦμαι *y pas.* esforzarse con *o* en favor [de uno, *dat.*]; esforzarse por [*inf.; ὅπως con subj.*]; contribuir con su esfuerzo a, apoyar, recomendar [algo *ac.*].
συμ-προπέμπω escoltar, acompañar juntamente.
συμ-πτύσσω cerrar, encerrar, plegar juntamente.
σύμπτωμα ατος τό caída; casualidad; desgracia.

συμ-φαγεῖν *aor. 2.º inf. de* συνεσθίω.

συμ-φάναι *inf. de* σύμφημι.

συμφερόντως ADV. provechosamente.

συμφερτός ή όν junto, común.

συμ-φέρω llevar, traer juntamente, reunir, recoger; sufrir, soportar, ayudar a soportar; coincidir; contribuir; ser útil, aprovechar, ayudar (συμφέρων útil, provechoso; τὸ συμφέρον [*subst.*] utilidad, provecho; συμφέρει conviene, ayuda, aprovecha; sucede); adaptarse, ser apropiado || PAS. encontrarse, suceder, sobrevenir, acaecer, producirse (θόρυβος ξυνηνέχθη se produjo un tumulto; συνηνείχθη οἱ τυφλὸν γενέσθαι le sucedió quedarse [que se quedó] ciego); venir a las manos, combatir; acordar (ξυνηνέχθησαν γνώμῃ ὥστε ἀπαλλάσσεσθαι τοῦ πολέμου resolvieron de común acuerdo poner fin a la guerra); reconciliarse; tratar, tener relaciones.

F. *fut.* συνοίσω, *etc. v.* φέρω.. *Y nótense 3.ª pl. opt. pas. jón.* συμφεροίατο; *aor. jón.* συνήνεικα, *aor. pas. jón.* συνηνείχθην.

συμ-φεύγω huir *o* estar desterrado con otro.

σύμ-φημι asentir a, estar de acuerdo con [*dat.*]; conceder, reconocer; prometer.

συμ-φιλέω -ῶ amar juntamente *o* amarse mutuamente.

συμ-φιλονικέω -ῶ tomar partido por [*dat.*].

συμ-φιλοσοφέω -ῶ filosofar juntamente [con... *dat.*].

συμ-φοβέω -ῶ espantar al mismo tiempo || PAS. tener miedo a la vez.

συμ-φοιτάω -ῶ frecuentar la compañía de uno; ir a la misma escuela; ir regularmente a un sitio con.

συμφοιτητής οῦ ὁ condiscípulo.

συμφορά ᾶς ἡ azar, caso, suceso, acaecimiento, casualidad, suerte, hado; dicha; desdicha, sufrimiento; derrota; éxito.

συμφορεύς έως ὁ lugarteniente de un polemarco.

συμφορέω -ῶ = **συμφέρω.**

συμφορή ῆς ἡ *jón.* = **συμφορά**

σύμφορος ον que acompaña, que conviene, útil, favorable, provechoso; apropiado || SUBST. *n. y n. pl.* lo conveniente; utilidad, ventaja.

συμφράδμων ον [*gen.* ονος] que delibera con, consejero.

συμ-φράζομαι deliberar (ἑῷ θυμῷ en su ánimo, consigo mismo); reflexionar, meditar.

F. *fut.* συμφράσσομαι; *aor. ép.* συμφρασσάμην; *perf. át.* ξυμπέφρασμαι.

συμ-φράσσω [*át.* **συμ-φράττω**] apretar fuertemente uno contra otro; cerrar, obstruir, bloquear; encerrar, cubrir.

σύμ-φρουρος ον que protege fielmente, protector, protectora.

σύμ-φρων [*gen.* **ονος**] benévolo.

συμ-φυγάς άδος ὁ ἡ compañero *o* compañera de destierro.

συμφύλαξ ακος ὁ compañero de guardia; que guarda [algo, *gen.*].

συμ-φυλάσσω [*át.* **συμ-φυλάττω**] vigilar, guardar juntamente.

συμ-φυλέτης ου ὁ de la misma tribu, compatriota.

συμ-φύρω mezclar, revolver, confundir.

συμ-φυτεύω plantar con; tramar con, ayudar a maquinar; implantar también.

σύμφυτος ον nacido con; innato, natural; unido.

συμ-φύω hacer nacer *o* crecer juntamente; combinar, unir || INTR. [*aor.* συνέφυν, *perf.* συμπέφυκα., *plpf.* συνεπεφύκειν] *y* PAS. nacer con, crecer juntamente; unirse, fundirse, combinarse.

συμφωνέω ῶ sonar juntamente; estar de acuerdo, ajustarse, hacer un convenio, un pacto.

συμφώνησις εως ἡ *y*

συμφωνία ας ἡ sinfonía, acorde; unión, acuerdo, ajuste, contrato, consentimiento, armonía.

σύμ-φωνος ον armónico, que suena juntamente, que resuena, que repite el sonido *o* hace eco; que es del mismo parecer *o* de los mismos sentimientos, conforme, unánime; amistoso || SUBST. *n.* acuerdo, convenio.

συμ-ψάω -ῶ tragar, hacer desaparecer arrastrando al agua.

συμψηφίζω contar juntamente || MED. estar de acuerdo con [*dat.*].

σύμ-ψηφος ον conforme con, de la misma opinión que [*dat.*].

σύμ-ψυχος ον unido en los mismos sentimientos.

σύν ADV. juntamente; a la vez || PREP. *de dat.* con; en favor de; de acuerdo con; con la ayuda de; según la voluntad de; bajo la dirección *o* a las órdenes de; por medio de; al mismo tiempo que; οἱ σύν τινι los compañeros de uno, los partidarios, los secuaces, el séquito.

F. *át. ant.* ξύν *general en Tuc., frec. en Plat. y los trágicos.*

συν-άγγελος ου ὁ enviado con otro; compañero de embajada.

συν-αγείρω reunir, juntar; *fig.* ἐμαυτόν συναγείρας reponiéndome || MED. juntar para sí || PAS. reunirse, juntarse; concentrarse.

F. *aor. ép.* ξυνάγειρα; *part. aor. 2.º med. ép.* συναγρόμενος. *v. s. v. V.* ἀγείρω.

συν-άγνυμι romper, hacer trizas, triturar.

συν-αγορεύω sostener [en una reunión *o* asamblea; algo *ac.*; que... *inf. o constr. con* ὡς; de acuerdo con *dat.*].

συν-αγρόμενοι *part. pl. aor. 2.º med. de* συναγείρω *con valor pas.*

συν-άγω llevar, traer, conducir juntamente, reunir, coger, juntar, convocar, reclutar; amontonar; estrechar, apretar, recoger, limitar, restringir; excitar; comenzar || PAS. reunirse.

F. *impf. ép.* σύναγον. *Para lo demás, v.* ἄγω.

συναγωγεύς έως ὁ el que reúne [algo, *gen.*], convocador, reclutador.

συναγωγή ῆς ἡ acción de reunir; asamblea, lugar donde se celebra; sinagoga; preparativos [de guerra], recluta; excitación; unión.

συναγωγός όν que junta, que une, que reúne; mediador; campeón.

συν-αγωνίζομαι combatir por, ayudar, socorrer; cooperar, coadyuvar, apoyar; combatir con, compartir la suerte de.

συναγωνιστής οῦ ὁ conmilitón, compañero de milicia; auxiliar.

συν-άδελφος ον que tiene hermanos *o* hermanas.

συν-αδικέω -ῶ cometer una injusticia *o* causar un daño juntamente con otro; perjudicar, dañar.

συν-ᾄδω cantar con; estar de acuerdo con; hallarse en situación parecida a.

συν-αείρω = συναίρω; enganchar juntamente.

συν-αθλέω -ῶ = συναγωνίζομαι.

συν-αθροίζω juntar, reunir.

συναθροισμός οῦ ὁ asamblea.

συν-αιθριάζω aclarar a la vez [el cielo].

σύν-αιμος ον de la misma sangre, consanguíneo, hermano, hermana, pariente; Ζεὺς σύναιμος Zeus protector de la familia [*Sóf. Ant. 659*]; que se desarrolla entre hermanos.

συν-αινέω -ῶ estar de acuerdo con [*dat.*]; conceder; consentir en; prometer.

συν-αίνυμαι coger juntamente, recoger.

συν-αιρέω -ω recoger (χλαῖναν la manta); llevarse (ἀμφοτέρας ὀφρῦς las dos cejas); arrebatar; dar muerte; aniquilar, destruir; ayudar a conquistar; subyugar juntamente con *o* en compañía de (σφίσι ellos); compendiar (ὡς ξυνελόντι εἰπεῖν *o simplemente* συνελόντι para abreviar, en una palabra; ξυνελὼν λέγω para abreviar digo).

F. *3.ª sing. aor. ép.* σύνελεν. *Para lo demás v.* αἱρέω.

συν-αίρω arreglar (λόγον μετά τινος cuentas con uno); tomar las armas en favor de, socorrer || MED. tomar parte en, participar de, dar ayuda a [*ac.*]; sostener *o* soportar juntamente, ayudar a sostener *o* soportar.

συν-αίτιος ον cómplice, coautor; que contribuye a [*gen.*]; que defiende a [*gen.*]; secundario.

συν-αιχμάλωτος ον compañero de cautiverio.

συν-αιωρέομαι -οῦμαι estar suspendido juntamente.

συν-ακολουθέω -ῶ seguir juntamente, acompañar.

συν-ακούω oír, escuchar juntamente o al mismo tiempo.

συν-ακροάομαι -ῶμαι escuchar con *o* a la vez.

συν-αλγέω -ῶ sufrir con otro; compartir con otro algo.

συν-αλίζω reunir || MED. reunirse; reunirse con otros; entrar en una reunión; asociarse.

F. *aor. jón.* συνάλισα (*y* συνήλισα).

συναλλαγή ῆς ἡ cambio; suerte, suceso; intervención, resultado; reconciliación, mediación; comercio, relaciones; conversación, diálogo; tratado de paz.

συν-αλλάσσω [*át.* **συν-αλλάττω**] unir; reconciliar; arreglar; tratar, tener relaciones con [*dat.*] || PAS. unirse, casarse; reconciliarse.

συν-αμφότερος α ον ambos, los dos juntos; que concierne a dos personas *o* cosas a la vez; unido *o* relacionado con [*dat.*] || SUBST. *n.* = συναμφότεροι.

συν-αναβαίνω subir, ir de la costa al interior de un país con [*dat.*].

συν-αναβοάω -ῶ gritar a la vez.

συν-αναγκάζω obligar juntamente.

συν-αναιρέω -ῶ destruir con *o* al mismo tiempo; destruir enteramente.

συν-ανάκειμαι estar a la mesa con.

συν-αναλίσκω gastar juntamente; pagar el gasto juntamente; perder juntamente.

συν-αναμείγνυμαι mezclarse, tratar con [*dat.*].

συν-αναπαύομαι ser consolado juntamente con.

συν-αναπείθω persuadir al mismo tiempo.

συν-αναπράσσω [*át.* **συν-αναπράττω**] ayudar a recobrar *o* cobrar.

συν-αναχωρέω -ῶ volver con.

συν-ανίστημι ayudar a levantar *o* restaurar al mismo tiempo || INTR. [*aor.* συνανέστην, *perf.* συνανέστηκα,, *plpf.* συνανειστήκειν] *y* MED. levantarse con *o* al mismo tiempo que [*dat.*].

συν-αντάω -ῶ [*y med.*] encontrarse con [*dat.*], reunirse; suceder, sobrevenir.

F. *3.ª du. impf. ép.* συναντήτην; *fut.* συναντήσω; *aor.* συνήντησα.

συνάντησις εως ἡ encuentro.

συν-αντιάζω = **συναντάω.**

συν-αντιλαμβάνομαι ayudar, socorrer [*dat.*].

συν-άντομαι = **συν-αντάω.**

συν-αξιόω -ῶ juzgar a varias personas dignas de; aprobar.

συναορέω -ῶ acompañar.

συν-άορος ον que acompaña, unido a || SUBST. *m. y f.* esposo, esposa.

συν-απάγω llevar *o* apartar juntamente || PAS. ser arrastrado, inducido; condescender con [*dat.*].

συν-άπας ἅπασα ἅπαν todo junto, entero.

συν-άπειμι marcharse con *o* a la vez.

συν-απίστημι *jón.* = **συναφίστημι.**

συν-αποβαίνω bajar, desembarcar con.

συν-αποθνῄσκω morir juntamente.

συν-απόκειμαι estar depositado juntamente.

συν-απολαμβάνω recibir juntamente *o* al mismo tiempo.

συν-απόλλυμι matar *o* destruir juntamente; perder con || MED. morir juntamente.

συν-απονεύω inclinarse *o* vacilar juntamente *o* al mismo tiempo.

συν-αποπέμπω *y*

συν-αποστέλλω enviar con *o* a la vez.

συν-άπτω anudar, atar juntamente (μὴ συνάψων, ἀλλὰ συλλύσων no para anudar sino para soltar, *e. e.* no para complicar la dificultad, sino para resolverla); reunir; atar; dar, tender [la mano]; trabar [combate], emprender [guerra], estrechar [amistad], excitar, promover [querella]; lindar con, tocar, confinar; unirse, juntarse, acercarse; sucederse; referirse; venir a las manos, combatir; entablar [conversación], conversar || MED. unirse; depender de; asistir, ayudar; συνάψασθαι κῆδος formar lazos de alianza, casar la hija [*Tuc. 2, 29*].

F. *v.* ἅπτω.

συν-ᾶραι *aor. inf. de* συναίρω.

συν-αράσσω [*át.* **συν-αράττω**] chocar; romper, destruir.

συν-αρέσκω agradar.

συν-αρμόζω [*át.* **συν-αρμόττω**] *y*

συν-αρμολογέω -ῶ ajustar, unir, adaptar, ordenar, ceñir, formar; convenir a, armonizar con [*dat.*]; trabar amistad con [*dat.*].

συν-αρμοστής οῦ ὁ ordenador, ensamblador.

συν-αρμόττω *át.* = **συναρμόζω.**

συν-αρπάζω coger, llevarse todo a la vez, barrer; comprender rápidamente.

συν-αρτάω -ῶ anudar, enlazar || MED. enlazarse, trabarse.

συν-άρχω gobernar, dirigir juntamente; ser colega en un cargo.

συν-ασπιδόω -ῶ marchar juntando los escudos; ser auxiliar de.
συνασπιστής οῦ ὁ compañero de armas.
συν-αυδάω -ῶ confesar, convenir en.
συναυλίζομαι vivir, comer con.
σύν-αυλος ον que vive juntamente, unido a.
συν-αυξάνω *y*
συν-αύξω acrecentar, aumentar con *o* al mismo tiempo || PAS. crecer a la vez.
συν-αφαιρέω -ῶ quitar a la vez || MED. ayudar a recobrar.
συν-αφίστημι apartar, hacer desertar al mismo tiempo || INTR. [*aor.* συναπέστην, *perf.* συναφέστηκα *y plpf.* συναφειστήκειν] *y* MED. desertar, hacer defección al mismo tiempo, agregarse a la defección.
F. *jón.* συναπίστημι,, *3.ª pl. opt. pres. med.* συναπισταίατο *Hdt. 5, 37.*
συν-άχθομαι afligirse con [*dat.*].
συν-δαΐζω degollar a la vez.
συν-δακρύω llorar juntamente.
συν-δειπνέω -ῶ comer con [*dat.*]; comer, banquetear.
σύν-δειπνον ου τό convite, comida con otros.
σύν-δειπνος ον convidado, comensal.
συν-δέομαι rogar a la vez.
σύν-δεσμος ου ὁ atadura, lazo, unión; conspiración; conjunción.
F. *pl.* σύνδεσμοι *y heterócl.* σύνδεσμα.
συνδεσμώτης ου ὁ compañero de prisión *o* cárcel.
σύνδετος ον atado de pies y manos; unido a [*dat.*].
συν-δέω atar juntamente; unir estrechamente, atar de pies y manos; enredar.
συν-διαβαίνω atravesar con *o* a la vez.
συν-διαβάλλω franquear al mismo tiempo; calumniar, acusar al mismo tiempo.
συν-διαβιβάζω hacer pasar al mismo tiempo.
συν-διαγιγνώσκω decidir [con alguno, *dat.*].
συν-διαιτάομαι -ῶμαι vivir con [*dat.*].
συν-διακινδυνεύω compartir el peligro con [*dat.*]; luchar juntamente.
συν-διαλλάττω ayudar a reconciliar.
συν-διαλύω ayudar a hacer cesar, a terminar, a reconciliar.
συν-διαμένω quedar hasta el fin con.
συν-διαπεραίνω ayudar a terminar.
συν-διαπολεμέω -ῶ luchar hasta el fin juntamente.
συν-διαπράσσω [*át.* **συν-διαπράττω**] llevar a cabo, realizar con || MED. negociar con.
συν-διασκέπτομαι *y*
συν-διασκοπέω -ῶ examinar juntamente.
συν-διασῴζω conservar, salvar con *o* al mismo tiempo, ayudar a salvar *o* a realizar.
συν-διαταλαιπωρέω -ῶ compartir la desgracia *o* la fatiga.
συν-διατελέω -ῶ perseverar con *o* a la vez.
συν-διατρίβω pasar el tiempo juntamente; vivir con, oír las lecciones de [*dat.*]; οἱ συνδιατρίβοντες los discípulos.
συν-διαφέρω llevar *o* sufrir al mismo tiempo || MED. ayudar a soportar; soportar *o* mantener hasta el fin juntamente con [*dat.*].
F. *aor. jón.* συνδιήνεικα. *Para lo demás, v.* φέρω.
συν-διαχειρίζω ayudar a realizar.
συν-διέξειμι exponer, narrar al mismo tiempo.
συν-διημερεύω pasar el día con [*dat.*].
συνδιήνεικαν *3.ª pl. aor. jón. de* συνδιαφέρω *Hdt. 1, 18.*
συν-δικάζω juzgar con.
συν-δικέω -ῶ defender a [*dat.*].
σύν-δικος ον que asiste en justicia || SUBST. *m.* abogado defensor, abogado fiscal; ayudante.
συν-διώκω perseguir con *o* juntamente.
συν-δοκέω -ῶ parecer bien igualmente (πᾶσι συνέδοξε ταῦτα a todos les pareció bien esto, todos fueron de este parecer; συνδοκοῦν [*ac. abs.*] puesto que se acuerda *o* decide) || IMPERS. συνδοκεῖ **μοι** me parece bien igualmente.
συν-δοκιμάζω examinar con *o* a la vez.
συν-δοξάζω aprobar juntamente; glorificar juntamente.
συν-δούλη ης ἡ compañera de esclavitud.
σύν-δουλος ου ὁ ἡ compañero, compañera de esclavitud.

συν-δράω -ῶ hacer juntamente, ayudar a hacer.

συν-δρομή ῆς ἡ reunión, concurso, tropel.

σύν-δρομος ον que corre juntamente *o* a la par.

σύν-δυο dos juntos, de dos en dos.

συνέβαλον συνέβην, *etc. v.* **συμβάλλω συμβαίνω,** *etc.*

σύν-εγγυς ADV. muy cerca || PREP. *de gen.* muy cerca de.

συν-εγείρω despertar *o* reavivar a la vez.

συνεγενόμην συνέγνων, *etc. v.* **συγγίγνομαι, συγγιγνώσκω,** *etc.*

συνεδρεύω formar parte del consejo (οἱ συνεδρεύοντες los consejeros); deliberar.

συνεδρία ας ἡ *y*

συνέδριον ου τό asamblea, reunión, junta, consejo, senado; sala de sesión, casa consistorial.

σύν-εδρος ον que se sienta juntamente; que delibera, que defiende || SUBST. *m. y f.* asesor, asesora, consejero, diputado.

συν-εείκοσι veinte juntos; de veinte en veinte.

συν-εέργαθον *aor. ép. de* συνεέργω.

συν-εέργω *ép.* = **συνείργω.**

συν-έζευξα *aor. de* συζεύγνυμι.

συν-εζήτουν *impf. de* συζητέω.

συν-έηκα *aor. de* συνίημι.

συν-εθέλω querer lo mismo, estar de acuerdo, consentir; ser favorable a [*dat.*].

συν-εθίζω acostumbrar a || PAS. acostumbrarse a, haberse acostumbrado a.

συν-ειδέναι *inf. de* **σύνοιδα.**

συνείδησις εως ἡ conciencia de los propios actos; conciencia de lo bueno y lo malo.

συν-ειδήσω *fut. de* σύνοιδα.

συν-εἶδον *aor. 2.º de* συνοράω.

συν-ειδώς υῖα ός *part. de* σύνοιδα.

συν-εῖεν *3.ª pl. aor. opt. de* συνίημι.

συν-ειθίσθην *aor. pas. de* συνεθίζω.

συν-είθισμαι *pf. pas. de* συνεθίζω.

συν-ειλέω -ῶ amontonar, hacinar apretando.

1 **σύν-ειμι** [*inf.* συνιέναι] = **συνέρχομαι** F. *3.ª du. impf. ép.* συνίτην, *3.ª pl.* σύνισαν. *Para lo demás, v.* εἶμι.

2 **σύν-ειμι** [*inf.* συνεῖναι] estar, vivir con; estar unido a; tratar con, tener relaciones con, oír lecciones de; darse a, ser del partido de, seguir a; ser víctima de; existir con (χὠ χρόνος ξυνὼν μακρός y el largo tiempo que existe conmigo *e. e.* y mi vejez); asistir con sus consejos.
F. *v.* εἰμί.

συν-ειπεῖν *aor. inf. de* συναγορεύω.

συν-ειπόμην *impf. de* συνέπομαι.

συν-εἶπον *aor. de* συναγορεύω.

συν-είργω reunir, juntar, unir, atar; reprimir, detener; encerrar.

συν-είρηκα *perf. de* συναγορεύω.

συν-είρω anudar, unir; repetir; marchar sin detenerse.

συν-είς *part. aor. de* συνίημι.

συν-εισάγω introducir en común.

συν-εισβάλλω caer al mismo tiempo sobre [εἰς *con ac.*].

συν-εισέρχομαι entrar juntamente.

συν-είσομαι *fut. de* σύνοιδα.

συν-εισπίπτω caer, precipitarse juntamente sobre, penetrar juntamente en.

συν-εισπλέω entrar juntamente en un puerto.

συν-εισφέρω aportar al mismo tiempo como contribución de guerra.

συν-εκάλεσα (**συνεκρότησα,** *etc.*) *v.* **συγκαλέω, συγκροτέω,** *etc.*

συν-εκβαίνω salir *o* subir juntamente, a la vez.

συν-εκβάλλω echar fuera juntamente, ayudar a echar fuera.

συν-εκβιβάζω hacer salir al mismo tiempo, ayudar a sacar.

συν-έκδημος ον compañero de viaje al extranjero.

συν-εκδίδωμι ayudar a dotar.

συν-εκδύομαι despojarse al mismo tiempo de [*ac.*].

συν-εκκαίδεκα dieciséis juntos, de dieciséis en dieciséis.

συν-εκκομίζω llevar juntamente *o* al mismo tiempo.

συν-εκκόπτω cortar a la vez.

συν-εκλεκτός ή όν *adj. vbal. de* συνεκλέγω elegido con.

συν-εκπέμπω enviar al mismo tiempo.

συν-εκπίνω beber juntamente hasta la última gota.

συν-εκπίπτω coincidir, estar de acuerdo, ser unánime; salir al mismo tiempo.

συν-εκπλέω *y*

συν-εκπλώω embarcarse con [*dat.*].

συν-εκπορίζω ayudar a procurar *o* suministrar algo.

συν-εκπρήσσομαι *jón.* ayudar a vengarse de [*ac.*].

συν-εκσῴζω ayudar a salvar.

συν-εκτάσσω [*át.* **συν-εκτάττω**] poner al mismo tiempo en orden de batalla.

συν-εκτέον *adj. vbal. n. de* συνέχω.

συν-εκτρέφω nutrir *o* educar a la vez.

συν-εκτρέχω irrumpir a la vez; salir a la vez.

συν-εκφέρω llevar al mismo tiempo a la pira; acompañar un duelo.

συνέλαβον (**συνέλεξα**, *etc.*) *v.* **συλλαμβάνω** (**συλλέγω**, *etc.*).

συν-ελαύνω recoger, juntar [el botín]; apretar, rechinar [los dientes]; forzar, constreñir, *espte.* lanzar a la lucha (ἔριδι *o abs.*).
F. *inf. ép.* συνελαυνέμεν; *aor. ép.* συνέλασσα, *1.ª pl. subj.* συνελάσσομεν, *Para lo demás, v.* ἐλαύνω.

σύν-ελεν *3.ª sing. aor. 2.º de* συναιρέω.

συν-ελευθερόω -ῶ ayudar a libertarse de; ayudar a libertar.

συν-ελίσσω [*át.* **συν-ελίττω**] envolver, enrollar, enredar || MED. enredarse.

συν-έλκω atraer, concentrar, reunir.

συν-εμβάλλω atacar al mismo tiempo, precipitarse juntamente.

συν-έμπορος ου ὁ ἡ compañero *o* compañera de viaje.

συν-εξάγω conducir fuera al mismo tiempo.

συν-εξαιρέω -ῶ quitar al mismo tiempo, ayudar a hacer desaparecer, a destruir, a conquistar.

συν-εξακούω oír al mismo tiempo.

συν-εξαμαρτάνω engañarse *o* pecar juntamente.

συν-εξανίστημι levantarse con [*dat.*].

συν-εξαπατάω -ῶ engañar juntamente.

συν-έξειμι *y*

συν-εξέρχομαι salir, partir, emigrar con [alguien *dat.*].

συν-εξετάζω examinar juntamente.

συν-εξευπορέω -ῶ = **συνεκπορίζω**.

συν-εξορμάω -ῶ lanzarse *o* partir con *o* al mismo tiempo.

συν-εξωθέω -ῶ expulsar juntamente.

συν-εοχμός οῦ ὁ juntura.

συν-επάγω conducir juntamente [contra... ἐπί *y ac.*]; incitar juntamente.

συνεπαινέω -ῶ alabar juntamente; aprobar unánimemente; ser del mismo parecer.

συν-έπαινος ον que está de acuerdo *o* que aprueba.

συν-επαιτιάομαι -ῶμαι acusar juntamente *o* al mismo tiempo de [*gen.*].

συν-επακολουθέω -ῶ seguir juntamente, acompañar.

συν-επαμύνω ayudar a rechazar, a expulsar.

συν-επανίσταμαι sublevarse juntamente.

συν-επανορθόω -ῶ ayudar a restaurar.

συν-επάπτομαι *jón.* = **συνεφάπτομαι**

συν-έπειμι atacar juntamente.

συν-επελαφρύνω ayudar a llevar *o* hacer.

συν-επέπομαι *jón.* = **συνεφέπομαι.**

συνεπέστη *3.ª sing. aor. 2.º de* συνεφίστημι, *N. T.*

συν-επεύχομαι = **συνεύχομαι.**

συν-επηχέω -ῶ cantar en coro; aprobar unánimemente con aplausos.

συν-επιβουλεύω poner al mismo tiempo *o* juntamente asechanzas.

συν-επικουρέω -ῶ acudir juntamente *o* al mismo tiempo en socorro de [*dat.*].

συν-επιλαμβάνω [*y med.*] ayudar a [*dat.*]; tomar *o* empuñar con los demás (τῆς κώπης el remo); emprender con otro [*gen.*]; formar parte de; contribuir a [*gen.*].

συν-επιμαρτυρέω -ῶ apoyar con su testimonio.

συν-επιμελέομαι -οῦμαι cuidar también [de uno, *dat.*; de que, ὅπως *con fut. ind.*].

συνεπιμελητής οῦ ὁ ayudante, colaborador.

συν-επισκέπτομαι *y*

συν-επισκοπέω -ῶ examinar con *o* al mismo tiempo.

συν-επισπάω -ῶ atraer juntamente || MED. atraer juntamente hacia sí; empujar al mismo tiempo hacia, arrastrar consigo a su ruina.

συν-επισπεύδω ayudar a apresurar.

συν-επισπόμενος η ον *part. aor. de* συνεφέπομαι.

συν-επίσταμαι saber con, estar en el secreto de [*ac.*].

συν-επιστρατεύω acompañar a uno en una expedición militar.

συν-επισχύω unir sus fuerzas a las de [*dat.*]; ayudar.
συν-επιτελέω -ῶ ayudar a acabar.
συν-επιτίθεμαι atacar juntamente, caer a la vez sobre [*dat.*]; dedicarse a la vez a.
συν-επιτρίβω destruir, arruinar juntamente *o* enteramente.
συν-έπομαι seguir paso a paso, acompañar; comprender; dejarse convencer, obedecer.
συν-επόμνυμι jurar al mismo tiempo [*inf.*].
συν-εργάζομαι trabajar juntamente; ayudar, asistir; servir, ser útil [para algo, πρός *con ac.*]; λίθοι ξυνειργασμένοι piedras trabajadas, sillares.
συν-εργάτης ου ὁ = **συνεργός**.
συνεργέω -ῶ trabajar con, ayudar, colaborar.
συν-εργός όν que ayuda, que coopera; auxiliar, colaborador, colega; cómplice.
συν-έργω = **συνείργω**.
συν-έρδω cooperar, ayudar.
συν-ερείδω apretar, ligar, sujetar.
συν-ερέω -ῶ *fut. de* συναγορεύω haber de defender *o* abogar juntamente.
συν-έριθος ου ὁ ἡ auxiliar, compañero, compañera de trabajo.
συν-έρξω *fut. de* συνέρδω.
συν-έρρηκται *3.ª sing. perf. pas. de* συρρήγνυμι.
συν-έρρωγα *perf. intr. de* συρρήγνυμι.
συν-έρχομαι ir junto *o* en compañía de [*dat.*]; ir *o* venir juntos, reunirse; *con sentido hostil* salir juntos [al campo contra los enemigos]; trabar [combate]: μάχη συνελθούσα lucha trabada; σ. ταύτην τὴν στρατείαν marchar juntos a esta expedición; σ. εἰς λόγους *o abs.* reunirse para hablar; conferenciar, concertarse; tener comercio carnal; *de cosas* unirse, juntarse (ἡ χάρις κείνου τε κἀμοῦ su agradecimiento y el mío).
F. *v.* ἔρχομαι..
συν-ερῶ *fut. de* συναγορεύω.
σύν-ες *aor. 2.º imp. de* συνίημι.
συν-εσθίω comer junto con *o* en compañía de [*dat.*, μετά *y gen.*] *N. T.*
σύνεσις εως ἡ encuentro, unión, confluencia; comprensión, inteligencia, sagacidad; conocimiento íntimo, conciencia.
συνεσκεύασμαι (συνεσπειράθην συνέσπων συνέσωσα, *etc.*) *v.* **συσκευάζω (συσπειράω συσπάω συσσῴζω,** etc.) *La -ν- perdida ante la -σ- en el pres. se conserva ante la -ε- del aumento o la reduplicación.*
συν-εστέον *adj. vbal. n. de* σύνειμι *2* se debe estar junto a.
συνεστιάομαι -ῶμαι banquetear juntamente.
συνεστίη ης ἡ convite, festín, banquete.
συν-έστιος ον que vive en la misma casa || SUBST. *m.* vecino, convecino, comensal.
συνεστώ οῦς ἡ = **συνεστίη**.
συν-έταιρος ου ὁ compañero.
σύν-ετε *2.ª pl. aor. 2.º imp. de* συνίημι.
συνετός ή όν inteligente, discreto, prudente, sagaz; inteligible || SUBST. *n.* inteligencia.
συν-ευδαιμονέω -ῶ vivir feliz juntamente.
συν-ευδοκέω -ῶ aprobar, consentir en, estar conforme con; simpatizar con.
συν-εύδω dormir con [*dat.*].
συνευνά(ζ)ομαι unirse a.
σύνευνος ου ὁ ἡ esposo, esposa, concubina; compañero, compañera.
συν-ευπάσχω recibir con *o* al mismo tiempo un beneficio.
συν-ευπορέω -ῶ ayudar con sus propios recursos.
συν-ευφραίνομαι regocijarse con [*dat.*].
συν-εύχομαι rogar juntamente; hacer un voto juntamente.
συν-ευωχέομαι -οῦμαι banquetear, regalarse con.
συν-εφάπτομαι emprender, atacar juntamente.
συν-εφέλκω llevar, arrastrar consigo.
συν-εφέπομαι seguir juntamente, acompañar.
συν-εφίστημι poner junto (συνεφεστῶτες puestos al frente como adjuntos; συνεπέστη se congregó).
συνέχεια ας ἡ continuidad, perseverancia.
συνέχευα (συνεχώρησα, *etc.*) *v.* **συγχέω (συγχωρέω,** *etc.*).
συνεχής ές continuo, ininterrumpido; contiguo; en serie; íntimamente unido a; constante, perseverante, firme; espeso, denso || ADV. **συνεχές** sin cesar.

συν-έχθω odiar igualmente.
συν-έχω tener unido, retener, sostener, mantener; conservar, guardar, dirigir, gobernar; reunirse; tener relación con; prolongarse; obligar, forzar; comprimir, apretar, oprimir || PAS. estar afligido, atormentado (δίψῃ por la sed; πόνῳ estar rendido de fatiga); reunirse, encontrarse, venir a las manos.
F. *impf. ép.* σύνεχον; *part. perf. du.* συνοχωκότε (*o* συνοκωχότε *v. l.*). *V.* ἔχω..
συνεχῶς ADV. sin interrupción.
συνηγορέω -ῶ ser defensor; asentir, reconocer.
συν-ήγορος ον que habla con *o* como, que se concierta con; que habla en favor, defensor, abogado.
συν-ῃδέατε *2.ª pl. plpf. jón. de* σύνοιδα.
συν-ήδομαι regocijarse [con uno, *dat.*; de que, ὅτι]; felicitar.
συνήθεια ας ἡ trato, comercio, cohabitación, relaciones íntimas; costumbre, práctica.
συν-ήθης ες unido íntimamente; habituado a [*dat.*]; de iguales costumbres; ordinario, acostumbrado || SUBST. *m.* amigo íntimo, confidente, familiar; *n.* costumbre.
συν-ήκω haber venido juntamente, estar reunido; reunirse.
συν-ηλικιώτης ου ADJ. *m.* de la misma edad || SUBST. *m.* compañero, camarada, amigo.
συν-ημερεύω pasar el día juntos, vivir con [*dat.*].
συνημοσύνη ης ἡ = **συνθεσία**.
συν-ήνεγκον *y jón.* **συνήνεικα** *aor. de* συμφέρω.
συν-ήορος ον *ép.* = **συνάορος**.
συν-ήργουν συν-ήργησα *impf. y aor. resp. de* συνεργέω.
συν-ηρεμέω -ῶ *y*
συν-ηρετέω -ῶ *y*
συν-ηρετμέω -ῶ remar con; estar de acuerdo con, ser amigo de [*dat.*]; estar en paz con [*dat.*].
συν-ηρεφής ές enteramente cubierto de.
συν-ῆτε *2.ª pl. impf. de* σύνειμι *2 o aor. 2.º subj. de* συνίημι.
συν-ηττάομαι -ῶμαι ser vencido juntamente.
σύν-θακος ον que está sentado con, colega, compañero.
συν-θάπτω sepultar con.
συν-θεάομαι -ῶμαι ver, mirar con otros; examinar juntamente *o* a la vez.
συνθεατής οῦ ὁ espectador.
συν-θέλω = **συνεθέλω**.
σύν-θεο *2.ª sing. aor. imp. med. de* συντίθημι.
συνθεσία ας [*jón.* **συνθεσίη ης**] **ἡ** convenio, compromiso, pacto; órdenes.
σύνθεσις εως ἡ combinación, arreglo, mezcla; reunión, composición, síntesis; invención.
σύνθετος ον junto, unido; compuesto, completo; inventado, imaginado; convenido (ἐκ συνθέτου conforme a lo pactado).
συν-θέω correr a la vez; acabar bien, salir bien.
F. *3.ª sing. fut. ép.* συνθεύσεται.
συνθήκη ης ἡ tratado, pacto, convenio, alianza, artículo de un tratado (κατὰ τάς συνθήκας conforme al tratado).
σύνθημα ατος τό señal convenida, signo convencional, consigna, cifra; convenio, pacto, tratado; señal de agradecimiento; escrito que contiene las últimas voluntades, testamento, codicilo.
συνθηρατής οῦ ὁ = **συνθηρευτής**.
συνθηράω -ῶ [*y med.*] = **συνθηρεύω**.
συνθηρευτής οῦ ὁ = **σύνθηρος**.
συνθηρεύω cazar con *o* juntamente; coger entre todos; atar una con otra [las manos].
σύν-θηρος ον que caza con otro; que busca juntamente || SUBST. *m.* compañero de caza.
συν-θλάω -ῶ romper, quebrar juntamente *o* del todo; destrozar, aplastar.
συν-θλίβω apretar, apretujar, oprimir, *N. T.*
συν-θνῄσκω morir con; acompañar en la muerte.
συν-θρύπτω romper, quebrar; enervar.
συν-θύω ofrecer *o* celebrar un sacrificio con.
συν-ιδεῖν *aor. 2.º inf. de* συνοράω.
συν-ιέναι *inf. de* σύνειμι *1 o de* συνίημι.
συν-ιέω = **συνίημι**.
συν-ίζω estar sentado con.

συν-ίημι dejar ir, lanzar; lanzar a uno contra otro (μάχεσθαι a pelear); fijar la atención en, observar, escuchar; darse cuenta de, comprender, advertir, entender || MED. ponerse de acuerdo, entenderse.

F. *v.* ἵημι, *y nótense: 2.ª sing. ind. pres.* ξυνίης, *3.ª* συνίει, *pl.* συνίετε συνιᾶσιν (συνίουσιν *N. T.*); *imp.* ξυνίει (*pl.* συνίετε *N. T.*); *3.ª sing. subj.* συνιῇ *(3.ª pl.* συνιῶσιν *N. T.) ; inf.* συνιέναι *(id.* συνίειν *v. l. N. T.) ; part.* συνιείς *(id.* συνιών *N. T.) ; impf.* συνίην, *3.ª sing.* ξυνίει *Jen. An. 7, 6, 9 ; 3.ª pl.* ξυνίεσαν, *ép.* ξύνιεν; *fut.* συνήσω; *aor. 1.º* συνῆκα, *ép.* ξυνέηκα, *poét.* ἐξύνηκα *Anacr. ; 3.ª sing. aor. 2.º med.* ξύνετο, *imp.* ξύνες *(pl.* σύνετε *N. T.), 1.ª pl. subj. med.* συνώμεθα; *part.* συνείς; *perf.* συνεῖκα. *Sobre el empleo de* συν- ξυν- *v.* σύν.

συν-ίμεν *inf. ép. de* σύνειμι *1.*

συν-ίππαρχος ου ὁ comandante de caballería juntamente con otro.

σύν-ισαν *3.ª pl. impf. de* σύνειμι *1 o 3.ª pl. plpf. de* σύνοιδα.

σύν-ισμεν σύν-ιστε συν-ίσασι *pl. de* σύνοιδα.

συν-ιστά(ν)ω *y*

συν-ίστημι colocar juntamente, unir (μαντικὴν ἑαυτῷ adquirir arte profético, *Hdt. 2, 49*); reunir, asociar, combinar, juntar, coligar (ἐς ξυνωμοσίαν para una conjuración); poner en relación (τινί τινα a uno con otro), presentar (συνεστάθη Κύρῳ fue presentado a Ciro); recomendar; componer, formar, organizar, constituir, crear, producir, causar; tramar (ἐπί τινι θάνατον la muerte de uno); espesar, dar consistencia; establecer, consolidar; probar, mostrar || INTR. [*aor.* συνέστην, *perf.* συνέστηκα, *y plpf.* συνειστήκειν] *y* MED. unirse, reunirse, juntarse, formarse, alinearse, venir a las manos (πολέμοιο συνεσταότος trabado el combate); disputar, discutir, reñir; mantenerse firme, soportar, luchar (λιμῷ contra el hambre); estar unido a, ser discípulo, amigo, partidario de, estar con; conspirar con [*dat.*], concertarse, aliarse, casarse, conjurarse con, estar implicado en, ser víctima de; formarse, organizarse, constituirse sólidamente; mantenerse, durar, continuar; contraerse, apretarse; cuajarse, coagularse.

F. *v.* ἵστημι *y obsérvese que ante* σ *inicial la prep. pierde la* ν: *así, fut.* συστήσω; *aor. 1.º* συνέστησα, *pero inf.* συστῆσαι, *part.* συστήσας *o* ξυστήσας; *aor. 2.º* συνέστην, *pero part.* συστάς ξυστάς *f.* ξυστᾶσα, *pl.* συστάντες,; *aor. pas.* συνεστάθην, *pero fut. pas.* συσταθήσομαι, *part.* συσταθησόμενος *etc.*

συνιστίη ης ἡ *jón.* = **συνεστίη.**

συν-ίστωρ ορος ὁ ἡ sabedor, consabidor, testigo.

συν-ισχυρίζω corroborar, confirmar; fortificar, fortalecer.

συν-ίσχω = **συνέχω.**

συν-ίω = **συνίημι.**

συν-ναίω vivir con.

συν-νάσσω apretar juntamente.

συν-ναυαγέω -ῶ naufragar juntamente.

συν-ναυβάτης ου ὁ compañero de travesía.

συν-ναυμαχέω -ῶ tomar parte en un combate naval con.

συν-ναυστολέω -ῶ navegar con otro.

συν-ναύτης ου ὁ = **συνναυβάτης.**

συν-νενέαται *3.ª pl. perf. pas. de* συννέω.

συν-νεύω consentir en, prometer, comprometerse a.

συν-νέφελος ον nuboso, cubierto de nubes.

συν-νέω *y*

συν-νηέω amontonar, hacinar.

συν-νικάω -ῶ vencer con.

συν-νοέω -ῶ pensar, reflexionar, meditar; comprender, concebir.

σύννοια ας [*jón.* **συννοίη ης**] **ἡ** reflexión, meditación; inquietud, preocupación, cuidado.

σύν-νομος ον que pace juntamente; que vive con, compañero, esposo, esposa.

σύν-νοος ον [-ους ουν] que reflexiona, pensativo; prudente; preocupado, triste.

συνοδεύω viajar con otro.

συνοδία ας ἡ viaje en compañía; caravana, grupo de viajeros, compañía, comitiva.

συνοδοιπορέω -ῶ = **συνοδεύω.**
συν-οδοιπόρος ου ὁ compañero de viaje.
σύν-οδος ου ἡ reunión, asamblea, consejo asociación política; partido; encuentro, combate; concilio, sínodo; ventas, ingresos.
συν-οδύρομαι lamentarse, deplorar con.
σύν-οιδα *perf. con valor de pres.* saber con otro, ser confidente *o* cómplice de, estar en el secreto de, ser testigo de (θνήσκοντι συνείσῃ tú serás testigo de mi muerte); tener conciencia de (ξύνοιδα ἐμαυτῷ οὐδ'ὁτιοῦν σοφὸς ὤν tengo conciencia de no ser sabio absolutamente en nada, *Plat. Apol. 21 b;* συνοίδαμεν ὑμῖν ἐοῦσι προθυμοτάτοισι sabemos por experiencia que estáis llenos de celo); ὁ συνειδώς confidente, cómplice; τὸ συνειδός el conocimiento, la conciencia. **F.** *v.* οἶδα. *Y nótese pl.* σύνισμεν *y* συνοίδαμεν σύνιστε συνίσασι *y* συνοίδασι, *inf.* συνειδέναι; *plpf. con valor de impf.* συνῄδειν *y* συνῄδη, *3.ª du.* συνῄστην, *pl.* συνῇσμεν συνῇστε (*jón.* συνηδέατε) συνῇσαν, *fut.* συνείσομαι, *raro* συνειδήσω.
συν-οικειόω -ῶ conciliar, unir.
συν-οικέω -ῶ vivir con, formar una comunidad con, ser convecino de [*dat.*]; cohabitar, estar casado con [*dat.*]; colonizar, poblar; estar sumido en, ser víctima de, verse afligido por; estar con uno, afectarle, afligirle, hacerle víctima *o* presa.
συνοίκημα ατος τό reunión de hombres que viven en común.
συνοίκησις εως ἡ *y*
συνοικία ας ἡ habitación en común, cohabitación, matrimonio, sociedad, comunidad; casa donde viven varias familias.
συνοίκια ων τά fiesta ateniense en memoria de Teseo.
συν-οικίζω hacer convivir *de donde* dar *o* unir en matrimonio; unir, asociar; concentrar; unificar políticamente; ayudar a fundar; fundar.
συνοίκισις εως ἡ concentración *y esp.* unificación política.
συνοικισμός οῦ ὁ cohabitación; matrimonio; concentración.
συν-οικοδομέω -ῶ edificar juntamente; edificar mezclando [unos materiales con otros].
σύν-οικος ον que vive con, en la misma casa *o* ciudad; inseparable de [*dat.*] || SUBST. *m.* vecino, convecino, conciudadano.
συν-οικτίζω compadecerse de [*ac.*].
συν-οίσομαι *fut. de* συμφέρω.
συν-ολκή ῆς ἡ estrechamiento, contracción, violencia, cierre.
συν-ολολύζω gritar juntamente.
σύν-ολος η ον [*o* **-ος ον**] todo junto, entero || SUBST. *n.* total, conjunto || ADV. **[τὸ] σύνολον** en general.
συν-ομιλέω -ῶ hablar con [*dat.*].
συν-όμνυμι jurar con; conspirar, conjurar; unirse en liga *o* confederación; prometer con juramento.
συν-ομολογέω -ῶ convenir en, estar de acuerdo en [*dat.*]; prometer; confesar, conceder, reconocer.
συν-ομορέω -ῶ estar unido, contiguo.
συν-οπαδός οῦ ὁ ἡ compañero, compañera.
συν-οράω -ῶ ver juntamente *o* a la vez; abarcar de una ojeada; observar, reconocer, comprender (συνιδεῖν ἦν ἡ ἀρχὴ ἰσχυρὰ οὖσα se podía comprender que el poder del rey era grande, *Jen. An. 1, 5, 9*); verse (συνεώρων ἀλλήλους se veían unos a otros).
F. *v.* ὁράω: *fut.* συνόψομαι; *aor.* συνεῖδον, *inf.* συνιδεῖν, *part.* συνιδών.
συν-οργίζομαι indignarse con, participar de la indignación de [*dat.*].
συν-ορίζομαι comprometerse, apostarse.
συν-ορίνω mover, excitar juntamente || MED. avanzar uno contra otro.
συν-ορμίζω hacer anclar juntamente.
σύν-ορος [*o* **σύν-ουρος**] **ον** limítrofe de, afín, análogo.
συνουσία ας [*jón.* **συνουσίη ης**] **ἡ** existencia, vida en común; trato, relación, conversación, comunicación, sociedad, entretenimiento, compañía; banquete.
συνουσιαστής οῦ ὁ compañero, amigo, discípulo.
συνουσίη ης ἡ *jón.* = **συνουσία.**
συνοφρυόομαι -οῦμαι arrugar el entrecejo.
σύνοφρυς υ [*gen.* υος] de entrecejo corrido.

συνοχή ῆς ἡ continuidad, unión; encuentro, estrechamiento; angustia, inquietud, aflicción.

συν-οχωκώς *part. pf. de* συνέχω doblado sobre sí mismo, contraído, encogido.

σύν-οψις εως ἡ ojeada general, examen de conjunto; aspecto.

σύνταγμα ατος τό cuerpo, contingente de tropas.

συν-ταλαιπωρέω -ῶ compadecer, tomar parte en la pena.

συν-τάμνω = **συντέμνω.**

σύνταξις εως ἡ ordenación, organización, constitución, disposición; orden de batalla, ejército en orden de batalla; contingente de guerra; asociación, confederación; convenio, pacto, tratado; contribución, tributo, impuesto, ingreso; salario, sueldo, pensión, paga; sintaxis, construcción gramatical.

συν-ταράσσω [*át.* **συν-ταράττω**] turbar, trastornar, confundir, enturbiar; agitar, provocar, intranquilizar, espantar; destruir; llenar de estupor, de temor, de ansiedad.

σύντασις εως ἡ tensión, esfuerzo intenso.

συν-τάσσω [*át.* **συν-τάττω**] ordenar, arreglar, disponer, juntar, unir, organizar, reunir; disponer en orden de batalla; ordenar, prescribir || MED. disponer, ordenar para sí; reunirse, ordenarse (ξυντεταγμένος bien ordenado); convenir en, concertarse; ser una persona firme, resuelta.

συν-ταχύνω dar prisa, apremiar con instancias, apresurar.

συν-τείνω tender juntamente, tener en tensión, estirar, extender, dirigir con fuerza; apresurarse, esforzarse por, dirigirse a, tender a.

συν-τειχίζω ayudar a fortificar; fortificar en común.

συν-τεκμαίρομαι deducir, conjeturar, apreciar, calcular.

συν-τεκνοποιέω -ῶ engendrar hijos con.

συν-τεκταίνομαι fabricar, combinar, ajustar, carpintear; ayudar a idear, a tramar, a inventar.

συντέλεια ας ἡ pago, contribución en común; asociación, corporación, reunión, asamblea; fin, acabamiento.

συντελέω -ῶ acabar, completar, ejecutar, construir con *o* juntamente; constituir, formar; concluir, celebrar, organizar; pagar, contribuir, ser tributario.

συν-τελής ές tributario; tributable.

συν-τέμνω cortar, reducir, abreviar; atajar, tomar el camino más corto; apremiar, urgir; suprimir, destruir; alcanzar pronto (συντέμνοντι [εἰπεῖν] [para decirlo] en una palabra).

συντεταγμένως ADV. ordenadamente.

συντεταμένως ADV. con esfuerzo, con celo.

συν-τετραίνω = **συντιτράω.**

συν-τέτριμμαι *pf. pas. de* συντρίβω.

συντεχνίτης ου ὁ artesano *o* artista compañero de otro.

σύν-τεχνος ον que ejerce la misma profesión.

συν-τήκω [*y pas.*] fundirse, disolverse, borrarse, consumirse, destruirse; confundirse, estar inseparablemente unido.

συν-τηρέω -ῶ conservar, preservar con cuidado; observar, vigilar.

συν-τίθημι juntar, añadir, sumar, reunir; resumir (ἐν βραχεῖ συνθείς resumiendo brevemente); adaptar, ajustar, construir; poner en orden, arreglar, disponer, componer, escribir; causar, provocar, maquinar, tramar, urdir (ὁ συνθεὶς τάδε el instigador de todo esto); ocuparse en, tener cuidado de, establecer, fijar; comparar, juzgar, conjeturar || MED. escuchar, observar, recoger en el espíritu, tener en cuenta; oír, percibir; convenir en, acordar, pactar, prometer, ser del mismo parecer, consentir en [*dat.*]; ordenar, organizar.

F. *v.* τίθημι *y nótese: part. aor.* συνθείς, *aor. med.* συνεθέμην, *jón.* συνεθηκάμην, *3.ª sing. ép.* σύνθετο, *imp. ép.* σύνθεο.

συν-τιμάω -ῶ honrar juntamente.

συν-τιτράω -ῶ agujerear, atravesar, perforar; poner en comunicación por medio de un orificio || PAS. estar en comunicación.

συν-τιτρώσκω cubrir de heridas.

συντομία ας ἡ concisión, brevedad.

σύντομος ον corto, breve, conciso||

SUBST. *f.* el camino más corto || SUPERL. **συντομώτατος;** ἡ συντομωτάτη, τὸ συντομώτατον, τὰ συντομώτατα = ἡ σύντομος.

συντόμως ADV. en pocas palabras; en breve tiempo, inmediatamente.

σύντονος ον tenso, rígido, tirante; intenso, sostenido, continuo, forzado, fuerte; impetuoso, vehemente; diligente, activo; serio, severo; acordado [sonido].

συν-τράπεζος ον comensal, compañero de mesa.

σύν-τρεις σύν-τρια [*gen.* ἱων] tres juntos; de tres en tres.

συν-τρέφω nutrir, educar juntamente || PAS. crecer con; formarse, constituirse, educarse.

F. *v.* τρέφω: *2.ª pl. perf. pas.* συντέτραφθε.

συν-τρέχω correr con, luchar en la carrera con, correr en pos de; reunirse, mezclarse; encontrar [*dat.*]; encontrarse, venir a las manos; estar de acuerdo con, concordar; concurrir, coincidir; replegarse sobre sí mismo, encogerse, arrugarse; fluir con, estar mezclado [un líquido] con.

σύν-τρια *v.* **σύντρεις.**

συν-τρίβω frotar con; moler, romper, cascar; rozar, chocar; quebrantar, descorazonar, desalentar; desfondar || PAS. romperse.

σύντριμμα ατος τό ruina, devastación.

σύντροφος ον criado con otro, hermano de leche, compañero de juventud; que vive con, familiar, pariente; natural, habitual (τὰ ξύντροφα los males *o* accidentes ordinarios); propio de un amigo; que ayuda a conservar [*gen.*].

συν-τροχάζω = **συντρέχω.**

συν-τυγχάνω encontrarse con, encontrar [*dat.*]; ὁ συντυχών, ὁ συντυγχάνων el primer venido; obtener; suceder, ocurrir, sobrevenir (τὸ συντυχόν *y* τὰ συντυχόντα los acontecimientos; συνέτυχε *con inf.* sucedió que).

συντυχία ας [*jón.* **συντυχίη ης**] **ἡ** encuentro, suceso, incidente, coyuntura, circunstancia, momento; suceso próspero *o* adverso (κατὰ συντυχίαν casualmente, providencialmente); buena *o* mala suerte; éxito, fracaso (θεῶν συντυχίαι los felices resultados obtenidos gracias a los dioses, *Sóf. Ant. 158*).

συν-υποκρίνομαι fingir *o* disimular al mismo tiempo.

συν-υπουργέω -ῶ ayudar también.

συν-υφαίνω tejer juntamente; tramar, urdir.

συν-ωδίνω sufrir juntamente.

συν-ῳδός όν = **σύμφωνος.**

συν-ωθέω -ῶ empujar *o* apretar juntamente.

συν-ώμεθα *1.ª pl. aor. 2.º subj. med. de* συνίημι.

συνωμοσία ας ἡ conjuración, conspiración; asociación política, confederación.

συνωμότης ου ὁ *y*

συνώμοτος ον conjurado, cómplice, confabulado, confederado || SUBST. *n.* alianza jurada, liga, confederación.

συν-ωνέομαι -οῦμαι comprar juntamente, acaparar, almacenar; asalariar.

F. *impf.* συνεωνούμην; *perf.* συνεώνημαι *tamb. con valor pas.*

συν-ωρίς ίδος ἡ pareja, tiro de dos animales enganchados; tronco, biga.

συν-ωφελέω -ῶ ayudar a la vez.

σύ-περ = **σύ.**

σῦριγξ ιγγος ἡ caña; siringa, caramillo, flauta pastoril; cubo de rueda, rueda; vena; estuche de la pica, vaina.

συρίζω tocar la zampoña; silbar.

F. *fut.* συρίξομαι, *íd.* συρίσω; *aor.* ἐσύριξα, *íd.* ἐσύρισα.

συρι-γενής ές originario de Siria.

Σύριος α ον de Siria, sirio (Σύριαι πύλαι las Puertas de Siria [desfiladero que conducía de Cilicia a Siria]).

Συριστί ADV. en lengua siríaca; Σ. ἐπίστασθαι saber hablar en sirio.

συρίττω = **συρίζω.**

συρμαία ας [*jón.* **συρμαίη ης**] **ἡ** planta purgante, *especialmente* rábano silvestre, rabanillos; aceite purgante; purga.

συρμαΐζω purgarse.

συρμαίη ης ἡ *jón.* = **συρμαία.**

συρ-ράπτω coser juntamente; urdir.

συρ-ράσσω [*át.* **συρ-ράττω**] chocar, venir a las manos con [*dat.*].

συρ-ρέω correr, fluir juntamente; desembocar, afluir a [εἰς *con ac.*]; acudir a.

συρ-ρήγνυμι romper, hacer pedazos, destrozar; hacer estallar || INTR. [*perf.* συνέρρωγα, *plpf.* συνερρώγειν] *y* PAS. estallar, romperse, destrozarse, desaguar.

F. *fut.* συρρήξω; *perf. intr.* συνέρρωγα, *pas.* συνέρρηγμαι; *aor. pas.* συνερράγην. *V.* ῥήγνυμι.

συρφετός οῦ ὁ estercolero, basura; chusma.

σύρω tirar, arrastrar; encarcelar.

σῦς συός ὁ ἡ cerdo, cerda; jabalí, jabalina.

συ-σκευάζω equipar, proveer, preparar el equipaje; maquinar || MED. preparar los bagajes, las provisiones, prepararse a partir, hacer preparativos para una expedición; preparar para sí, excitar contra uno; apoderarse de, proveerse de [*ac.*]; maquinar para sí, organizar, tramar; disponer a uno en su favor.

F. *ante* ε *de aum. o redupl.* συν *así, perf. med.* συνεσκεύασμαι.

συσκευασία ας ἡ preparación para la marcha.

συσκευωρέομαι -οῦμαι concertar, preparar de acuerdo (τἆλλα lo demás).

συσκηνέω -ῶ alojarse en la misma tienda; comer juntamente.

συσκηνία ας ἡ contubernio, habitación en común, comida en común.

σύ-σκηνος ον compañero de tienda, de mesa, camarada.

συσκηνόω -ῶ = **συσκηνέω.**

συσκιάζω sombrear enteramente, cubrir de sombra; ocultar, disimular.

σύ-σκιος ον sombroso, sombreado || SUBST. *n.* follaje sombra.

συ-σκοπέω -ῶ considerar juntamente *o* al mismo tiempo; examinar en común.

συ-σκοτάζω hacerse de noche, oscurecer.

συ-σκυθρωπάζω estar triste a la vez; συνεσκυθρωπάσαμεν nos pusimos *o* aparecimos todos tristes.

συ-σπαράσσω agitar *o* sacudir en convulsiones.

F. *aor.* συνεσπάραξα, *etc.*

σύσπαστος ον [*o* **-ός όν**] *adj. vbal. de* συσπάω cerrado.

συ-σπάω -ῶ contraer, apretar; replegar, cerrar; coser juntamente.

F. *impf.* συνέσπων, *etc.*

συ-σπειράω -ῶ apelotonar, recoger, disponer en columnas cerradas; marchar en columnas || MED. *y* PAS. apretarse, estrecharse; concentrarse.

F. *part. perf. med. pas.* συνεσπειραμένος, *aor. pas.* συνεσπειράθην.

συ-σπεύδω *y*

συ-σπουδάζω ayudar con prontitud (τινὶ γενέσθαι τι a uno para que suceda algo); esforzarse a la vez por.

συσσημαίνομαι imprimir igualmente *o* a la vez el sello, la marca.

σύσ-σημος ον marcado con una señal convenida || SUBST. *n.* señal convenida, contraseña.

συσσιτέω -ῶ comer con [*dat.*].

συσσίτιον ου τό comida en común.

σύσ-σιτος ου ὁ que come con otro; comensal.

συσ-σῴζω ayudar a salvar; salvar, proteger al mismo tiempo.

F. *aor.* συνέσωσα, *etc.*

σύσ-σωμος ον unido en un solo cuerpo.

συσταδόν ADV. de cerca (ἡ συσταδὸν μάχη combate a poca distancia *o* cuerpo a cuerpo).

συσταθήσομαι *fut. pas. de* συνίστημι.

συ-στάς συ-στᾶσα, *pl.* συστάντες *part. aor.* 2.º *de* συνίστημι.

συστασιάζω participar en una sublevación, ser del mismo partido que [*dat.*].

συστασιαστής οῦ ὁ = **συστασιώτης.**

σύσ-τασις εως ἡ reunión, organización, disposición, arreglo, ordenación, exposición ordenada; constitución, estructura, naturaleza, estado, esencia; reunión tumultuosa, tumulto, sedición; asociación, unión; conflicto, encuentro, combate; excitación de ánimo; grupo, partido, camarilla.

συστασιώτης ου ὁ cómplice, participante en una sedición, partidario.

συστατικός ή όν de recomendación.

συ-σταυρόω -ῶ crucificar con.

συ-στεγάζω cubrir enteramente.

συ-στέλλω colocar, ordenar juntamente; contraer, reducir, restringir (ἐς εὐτέλειαν disminuir los gastos todo lo posible [hasta una simplicidad conveniente], *Tuc. 8, 4*); deprimir, rebajar, desalentar, aminorar; envolver enteramente || MED. reducirse; desalentarse, acobardarse, achicarse.

συ-στενάζω gemir con.

σύστημα ατος τό reunión, conjunto, corporación.

συ-στῆσαι συ-στήσας *inf. y part. aor. 1.º de* συνίστημι.

συ-στήσω *fut. de* συνίστημι (*part.* συστήσων).

συ-στοιχέω -ῶ estar en la misma fila, corresponder a [*dat.*].

συ-στρατεία ας ἡ campaña en común, participación en una campaña.

συ-στρατεύω [*y med.*] tomar parte con otro en una campaña *o* expedición.

συ-στράτηγος ου ὁ compañero en el mando supremo del ejército.

συ-στρατιώτης ου ὁ conmilitón, compañero de armas.

συ-στρατοπεδεύομαι acampar con.

συ-στρέφω reunir en un haz, recoger, unir, agrupar, juntar; espesar, condensar || PAS. apiñarse; concentrarse (συστραφέντες en masa); conspirar.

συστροφή ῆς ἡ reunión, tropa, banda, enjambre; sedición, rebelión, conspiración.

συ-σχεθῆναι *inf. aor. pas. de* συνέχω.

συ-σχηματίζομαι amoldarse, conformarse, modelarse conforme a [*dat.*].

σύτο *3.ª sing. aor. 2.º med. de* σεύω.

συφειός οῦ ὁ pocilga.

συφεόν-δε ADV. hacia la pocilga.

συφεός οῦ ὁ = **συφειός**.

συ-φορβός οῦ ὁ porquerizo.

συχνός ή όν mucho, numeroso, abundante, frecuente, copioso, populoso, importante; continuo, ininterrumpido, largo (συχνῷ χρόνῳ ὕστερον mucho tiempo después); alejado, distante; *con un numeral* a la vez (πέντε συχνά cinco a la vez) || ADV. **συχνόν** lejos.

σφ' = **σφέ** *o* **σφί** [*v.* **σφεῖς**].

σφαγεύς έως ὁ matador, verdugo, asesino; espada, cuchillo para los sacrificios.

σφαγή ῆς ἡ degüello, inmolación, sacrificio; muerte, asesinato; herida, llaga; garganta.

σφαγήσομαι *fut. pas. de* σφάττω.

σφαγιάζω [*y med.*] = **σφάττω.**

σφάγιον ου τό víctima para un sacrificio, presagio [sacado de los movimientos de las víctimas] (σφάγια ἐγίνετο καλά los presagios eran favorables).

σφάγιος α ον que mata, mortal, fatal.

σφαδάζω agitarse convulsivamente, saltar violentamente, palpitar.

σφάζω = **σφάττω.**

σφαῖρα ας ἡ esfera, pelota.

σφαιρηδόν ADV. en forma de esfera *o* pelota; dando vueltas.

σφαιρίζω jugar a la pelota.

σφαιρο-ειδής ές semejante a una esfera || SUBST. *n.* forma esférica.

σφακελίζω gangrenarse, cariarse.

σφάκελος ου ὁ convulsión, calambre; gangrena; tempestad.

Σφακτηρία ας ἡ la isla de Esfacteria [hoy Esfagia].

σφαλερός ά όν vacilante, débil; resbaladizo, liso; inconstante, incierto; engañoso, seductor, peligroso.

σφάλλω hacer caer, derribar, precipitar; derrotar, vencer; hacer vacilar, hacer fracasar, frustrar; engañar, seducir, extraviar, inducir a error || MED. *y* PAS. caer, vacilar; fracasar, sufrir una desgracia (σφαλλόμενοι τὰ πλείω fracasando las más de las veces); extraviarse, engañarse (τοῦ αὐχήματος en su confianza exagerada); cometer un error.

F. *fut.* σφαλῶ; *aor. 1.º* ἔσφηλα, *ép.* σφῆλα; *perf.* ἔσφαλκα, *pas.* ἔσφαλμαι; *3.ª sing. plpf.* ἔσφαλτο; *aor. pas.* ἐσφάλην, *part.* σφαλείς; *fut. pas.* σφαλήσομαι (*tamb.* σφαλοῦμαι).

σφάλμα ατος τό caída; desgracia, revés, error, extravío, mal paso, falta, derrota.

σφαραγέομαι -οῦμαι borbollar, hervir, borbotar; chisporrotear, chirriar, crepitar; estar lleno.

F. *3.ª pl. impf. ép.* σφαραγεῦντο.

σφαραγίζω levantar con ruido.

σφᾶς *ac. de* σφεῖς.

σφάς *ac. pl. f. de* σφός *y ac. de* σφεῖς.

σφάττω matar, sacrificar, degollar.

F. *fut.* σφάξω; *aor.* ἔσφαξα; *perf.*

pas. ἔσφαγμαι; *aor. pas.* ἐσφάγην *y* ἐσφάχθην; *fut. pas.* σφαγήσομαι.

σφέ *y*

σφέας *ac. ép. y jón. de* σφεῖς.

σφεδανός ή όν violento, impetuoso || ADV. **σφεδανόν** vivamente.

σφεῖς σφεα ellos, ellas, ello, aquellas cosas: *el dat.* σφι(ν) *y el ac.* σφε *se usan tamb. para sing.*: a él, a ella, *etc.*: *por excepción como refl. de 2.ª pers.* μετὰ σφίσιν con vosotros, *Il. 10, 398. Frecte. acompañado del pron.* αὐτός *en los casos oblicuos.*

F. *gen.* σφῶν, *ép. y jón.* σφέων, *ép.* σφείων; *dat.* σφίσι(ν) *(tamb. enclít.)* σφι(ν) (σφ'); *ac.* σφᾶς, *ép. jón. poét.* σφέας *(tamb. enclít.)* σφε, *n.* σφεα.

σφέλας αος τό escabel, banco.

σφενδονάω -ῶ disparar, lanzar; tirar con honda.

σφενδόνη ης ἡ honda; disparo con honda; piedra lanzada con honda; vendaje, cabestrillo; hondero.

σφενδονήτης ου ὁ hondero.

σφενδονητική ῆς ἡ arte de disparar con honda.

σφετερίζομαι apropiarse, usurpar.

σφέτερος α ον suyo, suya [de él, de ella, de ellos, de ellas]; οἱ σφέτεροι los suyos, sus compañeros; τὰ σφέτερα sus bienes, su propiedad, sus intereses, sus cosas; τὸ σφέτερον sus propios sentimientos, sus propios asuntos; *a veces pron. pos. de 1.ª o de 2.ª pers. de sing. y pl.*

σφηκόω -ῶ sujetar, apretar, cerrar.

σφῆλα *aor. 1.º ép. de* σφάλλω.

σφῆλαι *inf. aor. de* σφάλλω.

σφήν ηνός ὁ cuña.

σφήξ ηκός ὁ avispa; zángano.

σφί *dat. de* σφεῖς.

σφίγγω cerrar, estrechar, apretar.

Σφίγξ ιγγός ἡ esfinge.

σφίν *y*

σφίσι *dat. de* σφεῖς.

σφοδρός ά όν violento, fuerte, vehemente, impetuoso; grave; robusto; excesivo || SUBST. *n.* = **σφοδρότης** || ADV. **σφόδρα** fuerte, duramente; precisamente; severamente; muy, enteramente (οὔπω σφ. en modo alguno; σφ. γε sin duda alguna).

σφοδρότης ητος ἡ violencia, impetuosidad, vehemencia.

σφοδρύνομαι hacerse violento.

σφονδύλιον ου τό vértebra.

σφός ή όν = **σφέτερος.**

σφραγίζω [*y med.*] sellar, marcar; fijar, determinar; consolidar, confirmar; encerrar, ocultar; asegurar.

σφραγίς ῖδος ἡ *y*

σφράγισμα ατος τό sello, anillo de sello, figura grabada en el sello; marca, signo, cicatriz; piedra preciosa que se grababa; autorización; signo de la cruz.

σφρηγίς ῖδος ἡ *jón.* = **σφραγίς.**

σφυδρόν οῦ τό = **σφυρόν.**

σφῦρα ας ἡ martillo.

σφυρ-ήλατος ον trabajado con el martillo.

σφυρίς ίδος ἡ = **σπυρίς.**

σφυρόν οῦ τό tobillo.

σφώ = **σφωέ** *y* **σφῶι.**

σφωέ los *o* las dos [*gen. y dat.* σφωίν de ellos *o* ellas dos, a *o* para ellos *o* ellas dos]. *Siempre enclíticas.*

σφῶι vosotros *o* vosotras dos [*gen. y dat.* σφῶιν *o* σφῷν].

σφωίν *v.* **σφωέ.**

σφῶιν *v.* **σφῶι.**

σφωίτερος α ον de vosotros *o* vosotras dos.

σφῷν *v.* **σφῶι.**

σχάζω cortar, partir; abrir, sangrar; dejar caer.

σχέδην ADV. lentamente.

σχεδία ας [*jón.* **σχεδίη ης**] **ἡ** balsa, almadía; puente de barcas.

σχεδίην *y*

σχεδό-θεν *y*

σχεδόν ADV. cerca [de... *gen. o dat.*]; de cerca; casi, poco más o menos; aproximadamente; un poco; quizás; en suma.

σχεθέειν *y*

σχεθεῖν *aor. 2.º inf. ép. de* ἔχω.

σχεῖν *y ép.* **σχέμεν** *inf. aor. de* ἔχω.

σχέο *2.ª sing. aor. 2.º imp. med. de* ἔχω.

σχές *aor. 2.º imp. de* ἔχω.

σχέσθαι *aor. 2.º inf. med. de* ἔχω.

σχέσις εως ἡ = **σχῆμα.**

σχετλιάζω lamentarse, irritarse, quejarse.

σχετλιασμός οῦ ὁ queja, descontento, indignación.

σχέτλιος α ον audaz, fuerte, temerario; insolente, criminal; cruel, perverso; funesto, terrible; desgraciado, infortunado; raro, sorprendente; horrible, abominable.

σχέτο *3.ª sing. aor. 2.º med. de* ἔχω.

σχῆμα ατος τό actitud, continente, aire, carácter, manera de conducirse; forma, figura, apariencia exterior, aspecto; forma de gobierno, constitución política; magnificencia, brillo; nobleza, dignidad; vestido, traje; modo y manera.

σχηματίζω formar, figurar, representar; adornar, arreglar ‖ MED. formar para sí; adoptar cierta actitud, fingir; gesticular.

σχημάτιον ου τό figura de danza.

σχηματισμός οῦ ὁ = **σχῆμα.**

σχήσω *fut. de* ἔχω.

σχίζα [*jón.* **σχίζη**] **ης ἡ** leño, tronco, astilla, viruta.

σχίζω partir, dividir, hender, romper, separar, desgarrar ‖ PAS. henderse, separarse, dividirse.

σχῖνος ου ἡ lentisco [arbusto]; su fruto.

σχίσις εως ἡ división, separación.

σχίσμα ατος τό división, disensión; cisma, división de opiniones; rasgadura, roto.

σχιστός ή όν *adj. vbal. de* σχίζω hendido, dividido, separado (σχ. ὁδός encrucijada).

σχοίατο *3.ª pl. opt. aor. 2.º med. de* ἔχω.

σχοίην *opt. aor. de* ἔχω.

σχοινίον ου τό cuerda, cable, cordel.

σχοῖνος ου ὁ ἡ junco; cuerda, cable; cuerda para medir; medida de sesenta estadios [de treinta según otros]; junquera.

σχοινο-τενής ές en línea recta; recto (σχοινοτενὲς ποιήσασθαι trazar una línea recta, *Hdt. 7, 23*).

σχολάζω estar ocioso, desocupado; tener tiempo para; estar libre [de algo, ἀπό *con gen.*]; descansar de una ocupación; dedicar, consagrar el tiempo [a algo, πρός *con ac.*]; ser discípulo de; tardar, estar indeciso, diferir, demorar.

σχολαῖος α ον ocioso; lento; tranquilo, pacífico.

F. *comp.* σχολαίτερος *y* σχολαιότερος; *superl.* σχολαίτατος *y* σχολαιότατος.

σχολαιότης ητος ἡ lentitud, pereza, desidia.

σχολή ῆς ἡ vagar, tiempo libre, descanso, vacación, ocio; paz, tranquilidad; estudio, escuela; tregua; lentitud, pereza, inactividad, dilación ‖ ADV. **σχολῇ** tardía, lentamente; holgadamente, con tiempo; difícilmente, a lo sumo, menos aún.

σχόμενος η ον *part. aor. med. de* ἔχω.

σχοῦ *aor. 2.º med. imp. de* ἔχω.

σχῶ *aor. 2.º subj. de* ἔχω.

σχών οῦσα όν *part. aor. 2.º de* ἔχω.

σῷ *dat. sing. m. y n. de* σός *y nom. pl. de* σῶς.

σώεσκον *impf. iterat. de* σώω.

σώζω *y*

σῴζω salvar, preservar del peligro, librar, rescatar; conservar *o* llevar sano y salvo; perdonar, proteger; reservar, guardar, aprovechar; volver sano y salvo; observar, cumplir; guardar para sí, callar ‖ MED. conservar para sí, conservar en el espíritu, recordar ‖ PAS. salvarse, escaparse, llegar felizmente a alguna parte; subsistir (τὸ ἄπραγμον οὐ σῴζεται el descanso no puede continuar).

F. *fut.* σώσω, *med.* σώσομαι; *aor.* ἔσωσα; *perf.* σέσωκα, *pas.* σέσωσμαι *y* σέσωμαι; *aor. pas.* ἐσώθην, *fut. pas.* σωθήσομαι. *Del pres.* σαόω: *fut.* σαώσω, *med.* σαώσομαι, *2.ª sing. med. ép.* σαώσεαι; *inf. act. ép.* σαωσέμεν σαωσέμεναι; *aor. 1.º ép.* σάωσα, *du. subj.* σαώσετον, *1.ª pl. subj.* σαώσομεν; *3.ª pl. aor. pas. ép.* ἐσάωθεν, *3.ª imp.* σαωθήτω, *inf.* σαωθῆναι. *Del atemát.* σάωμι: *imp.* σάω, *3.ª sing. impf.* σάω. *De* σώω, *part. pl.* σώοντες, *impf. iter. ép.* σώεσκον. *De* σόω *2.ª sing. subj.* σόῃς, *3.ª* σόῃ, *3.ª pl.* σόωσι, *pero estas personas ofrecen las variantes* σαῷς *y* σοῷς, σαῷ *y* σοῷ, σάωσι σαῶσι *y* σοῶσι *que hay que referir a otros presentes anteriormente mencionados.*

σωκέω -ῶ poder; ser capaz de.

σῶκος ον fuerte, poderoso.

Σωκράτης ους ὁ Sócrates, filósofo ateniense de la 2.ª mitad del s. V.

F. *ac.* Σωκράτην *y* Σωκράτη; *voc.* Σώκρατες.

σωλήν ῆνος ὁ tubo, canal, conducto.
σῶμα ατος τό cuerpo; cadáver; vida; persona, hombre, individuo; esclavo; materia, objeto tangible; punto capital, fundamento; conjunto; parte del cuerpo, órgano.
σωμασκέω -ῶ ejercitar el cuerpo, hacer gimnasia.
σωμ-ασκία ας ἡ ejercicio corporal, gimnasia.
σωματικός ή όν *y*
σωματο-ειδής ές corporal, material, corpóreo.
σωματο-φύλαξ ακος ὁ guardia de corps.
σῶος [*o* **σῷος**] **α ον** = **σῶς.**
σώρευμα ατος τό = **σωρός.**
σωρεύω amontonar, juntar, hacinar, acumular.
σωρός οῦ ὁ montón, cúmulo.
σῶς σῶν sano, sano y salvo; incólume, íntegro; seguro, cierto.
F. *nom. sing. f.* σᾶ *(raro)*, *ac. sing. m. y n.* σῶν, *nom. pl.* σῷ σᾶ. *Ep. y jón.* σάος ον *y* σόος η ον, *comp.* σαώτερος.
σῶσι *3.ª pl. ind. pres. de* σάω *1 Hdt.*
σῷστρον ου τό recompensa por traer un esclavo fugitivo; ofrenda *o* sacrificio a los dioses por una curación *o* intervención.
σώσω *fut. de* σῴζω.
σώτειρα ας ADJ. *f.* salvadora, libertadora.
σωτήρ ῆρος ADJ. *m. y f.* que libra *o* preserva, salvador; tutelar || SUBST. *m.* salvador, liberador; Jesucristo.
σωτηρία ας [*jón.* **σωτηρίη ης**] **ἡ** salvación, preservación, conservación, liberación; medio de salvación; vuelta feliz; seguridad, bienestar, felicidad.
σωτήριος ον = **σωτήρ;** provechoso; salvador || SUBST. *n. s. y pl.* medio de salvación, salvación, liberación; = **σῷστρα.**
σωφρονέστατος *y* **σωφρονέστερος** *superl. y comp. resp. de* σώφρων.
σωφρονέω -ῶ ser inteligente, sensato, prudente, discreto; ser sobrio, sencillo, modesto, casto, respetuoso; estar en estado normal.
σωφρόνημα ατος τό rasgo de moderación.
σωφρονητικός ή όν = **σώφρων.**
σωφρονίζω hacer a uno prudente, corregir, advertir; castigar; reprimir, reducir con prudencia (ἐς εὐτέλειαν a la frugalidad *Tuc. 8, 1*).
σωφρονικός ή όν = **σώφρων.**
σωφρονισμός οῦ ὁ aviso, instrucción; inteligencia, prudencia, cordura, moderación; = **σωφροσύνη.**
σωφρονιστής οῦ ὁ consejero, monitor; que refrena *o* sujeta (σωφρονισταὶ ὄντες τῆς γνώμης καὶ τῶν σωμάτων refrenando vuestros ánimos y vuestros cuerpos).
σωφρόνως ADV. con moderación, prudencia, cordura.
σωφροσύνη ης ἡ buen sentido, prudencia, cordura, sensatez, inteligencia; moderación, templanza; modestia, sencillez, decencia.
σώφρων ον [*gen.* ονος] cuerdo, prudente, inteligente, sensato; moderado, templado; casto, sobrio, frugal; modesto, sencillo, obediente.
σώω = **σῴζω.**

T

T tau [19.ª letra del alfabeto griego] || *como signo numérico* **τ'** 300; **͵τ** 300.000.

τ' = **τέ.**

τ' = **τοί** = **σοί.**

τ' = **τοί** ADV.

ταβέρνα ης ἡ posada.

ταγεία ας ἡ autoridad, mando; dignidad de jefe.

ταγεύω *y*

ταγέω -ῶ mandar, dirigir, guiar; ser jefe || PAS. tener un jefe.

τάγμα ατος τό manípulo, legión, compañía, cuerpo de tropas; clase; orden.

ταγός οῦ ὁ jefe, comandante.

τάδε *n. pl. de* ὅδε.

τᾷδε *dór.* = **τῇδε.**

ταθείς εῖσα έν *part. aor. pas. de* τείνω.

τάθην *aor. pas. ép. de* τείνω.

ταί *nom. pl. f. ép. del art. y del rel.*

ταινία ας [*jón.* **ταινίη ης**] **ἡ** cinta, banda; tenia *o* solitaria.

ταινιόω -ῶ adornar con cintas.

τακτικός ή όν táctico, referente a la organización y ordenación de una tropa (τακτικοὶ ἀριθμοί divisiones regulares de un ejército); hábil para ordenar un ejército || SUBST. *f. y n. pl.* táctica, arte de ordenar *o* de hacer maniobrar un ejército.

τακτός ή όν *adj. vbal. de* τάσσω fijado, determinado, ordenado, prescrito.

τάκω *dór.* = **τήκω,** *Sóf. El. 123.*

ταλα-εργός όν capaz de trabajar.

τάλαινα *f. de* τάλας.

ταλαιπωρέω -ῶ sufrir, padecer, fatigarse, soportar la fatiga || PAS. ser desgraciado, estar quebrantado, cansado, agotado, rendido.

ταλαιπωρία ας [*jón.* **ταλαιπωρίη ης**] **ἡ** fatiga, sufrimiento, miseria; desgracia, trabajo.

ταλαί-πωρος ον desgraciado, infeliz, miserable.

ταλαί-φρων ον [*gen.* ονος] desgraciado; sufrido; animoso, audaz, valiente, intrépido.

ταλα-κάρδιος ον sufrido; infortunado, miserable.

τάλαν *n. de* τάλας.

ταλανίζω compadecer.

ταλαντιαῖος α ον que pesa *o* vale un talento.

τάλαντον ου τό platillo de la balanza [*pl.* balanza, *especialmente* la balanza de la fortuna]; talento [peso indeterminado]; peso legal de 60 minas [unos 26 kgs. en Atenas]; talento [en Atenas el de 60 minas valía unas 5.800 ptas.; el talento de oro, unas 58.000 ptas.].

ταλα-πείριος ον que ha sufrido mucho.

ταλα-πενθής ές desgraciado; que sufre; paciente.

τάλαρος ου ὁ cesta, canastilla.

τάλας τάλαινα τάλαν sufrido, desgraciado, infortunado; penoso, triste; insolente.

ταλασία ας ἡ oficio de hilandera.

ταλασιουργέω -ῶ hilar la lana.

ταλασιουργία ας ἡ = **ταλασία.**

ταλασί-φρων ον [*gen.* ονος] = **ταλαίφρων.**

ταλάσσω *subj. aor. ép. de* τλῆναι.

ταλαύρινος ον que lleva escudo de cuero; invencible, indomable || ADV. **ταλαύρινον** valientemente.

ταλά-φρων ον [*gen.* ονος] = **ταλαίφρων.**

ταλιθά *pal. aramea* muchacha, niña.

τᾶλις ιδος ἡ muchacha casadera, doncella.

τἆλλα *y*

τἄλλα = **τὰ ἄλλα.**
τάμά = **τὰ ἐμά.**
τάμε *3.ª sing. aor. poét. de* τέμνω.
ταμέειν *aor. inf. ép. de* τέμνω.
ταμεῖον ου τό = **ταμιεῖον.**
ταμέσθαι *aor. 2.º inf. med. de* τέμνω.
ταμεσί-χρως οος ADJ. *m. y f.* que atraviesa la piel.
ταμία ας [*jón.* **ταμίη ης**] **ἡ** administradora; ama de gobierno.
ταμίας [*jón.* **ταμίης**] **ου ὁ** administrador, mayordomo, intendente; guardián; señor, árbitro, tesorero, dueño.
ταμιεῖον ου τό granero, almacén; depósito, tesoro público.
ταμιεύω ser administrador, tesorero; guardar, reservar, administrar, tener en depósito || MED. determinar, fijar uno mismo.

F. *impf. iter. poét. 3.ª sing.* ταμιεύεσκε *Sóf. Ant. 950.*

ταμίη ης ἡ *jón.* = **ταμία.**
ταμίης ου ὁ *jón.* = **ταμίας.**
τάμνω *ép. jón. dór.* = **τέμνω.**
τάν [*o* **τᾶν**] INDECL. *en la locución* ὦ τάν ¡mi querido amigo! ¡oh, querido!
τἄν = **τοὶ ἄν.**
τάν = **τὰ ἐν.**
τανα-ήκης ες de larga *o* aguda punta, afilado, cortante; alargado.
τάναντία = **τὰ ἐναντία.**
ταναός όν alargado, largo.
ταναύ-πους ουν [*gen.* ταναύποδος] de piernas largas y flacas.
τανα-ϋφής ές de tejido fino.
τἄνδιχ' = **τὰ ἔνδικα.**
τἄνδον [*y* **τἄνδον**] = **τὰ ἔνδον.**
τάνδρί = **τῷ ἀνδρί.**
τάνδρός = **τοῦ ἀνδρός.**
ταν-ηλεγής ές muy doloroso, muy triste, muy lamentable.
τανταλόω -ῶ lanzar.
τάντός = **τὰ ἐντός.**
τανύ-γλωσσος ον de lengua alargada.
τανυ-γλώχιν ινος ADJ. *m. y f.* de punta alargada.
τανυ-ήκης ες = **ταναήκης.**
τανύ-θριξ τανύ-τριχος ADJ. *m. y f.* de largos cabellos.
τα-νῦν = **τὰ νῦν.**
τανύ-πεπλος ον de largo *o* flotante peplo.
τανύ-πους τανύ-ποδος ADJ. *m. y f.* = **ταναύπους.**
τανυ-πτέρυξ υγος ADJ. *m. y f. y*
τανυσί-πτερος ον de alas largas; que despliega las alas.
τανυστύς ύος ἡ tensión, acción de tender [el arco].
τάνυται *3.ª sing. pres. ind. pas. ép. de* τανύω.
τανύ-φλοιος ον de corteza delgada.
τανύ-φυλλος ον de largas hojas.
τανύω extender, estirar; tender [un arco, una cuerda, *etc.*]; acelerar, arrear [los caballos, *etc.*]; arreciar en, redoblar [la lucha, *etc.*]; tender *o* poner a lo largo; derribar a lo largo || MED. *y* PAS. tenderse, estirarse, llenarse (γναθμοί las mejillas); tender para sí *o* algo propio; apretar el paso, correr, galopar; extenderse *o* estar extendido *o* tendido.

F. *3.ª sing. pres. ind. pas. ép.* τάνυται, *fut.* τανύω, *td.* τανύσω; *aor.* ἐτάνυσα, *ép.* ἐτάνυσσα *y* τάνυσσα; *3.ª sing. perf. pas. ép.* τετάνυσται; *3.ª id. plpf.* τετάνυστο; *aor. pas.* ἐτανύσθην, *3.ª pl. ép.* τάνυσθεν.

ταξιαρχέω -ῶ mandar una compañía *o* un batallón; ser taxiarca.
ταξι-άρχης ου ὁ *y*
ταξί-αρχος ου ὁ comandante de un cuerpo de ejército, de un cuerpo de caballería *o* de una división naval; taxiarca, lugarteniente, capitán.
τάξις εως ἡ orden, ordenación, disposición, arreglo, colocación, instalación; sucesión, serie; posición, dignidad, categoría, clase; cargo, deber; orden de batalla, frente de un ejército, fila, puesto; ejército en orden de batalla, cuerpo de ejército; batallón, compañía, destacamento.
ταπεινός ή όν bajo, poco elevado; pequeño, estrecho, insignificante, pobre, débil; humilde, sumiso, modesto; vil, abyecto, miserable; humillado, desalentado, abatido, pusilánime; común.
ταπεινότης ητος ἡ baja estatura; baja condición; abatimiento, debilidad; humillación, envilecimiento; humildad.
ταπεινοφροσύνη ης ἡ humildad.

ταπεινό-φρων ον [*gen.* ονος] humilde.
ταπεινόω -ῶ humillar; rebajar, allanar || PAS. humillarse, ponerse en condiciones de inferioridad.
ταπείνωσις εως ἡ humillación, abatimiento; bajeza, pequeñez.
τάπης ητος ὁ cubierta, tapete, colcha.
τἀπί = **τὰ ἐπί.**
τάπις ιδος ἡ = **τάπης.**
τἀπό = **τὰ ἀπό.**
τἄρ = **τοὶ ἄρ, τὲ ἄρ** *o* **τ'ἄρ.**
τἄρα [*o* **τᾶρα**] = **τοὶ ἄρα.**
ταρακτικός ἡ όν enredador, mequetrefe.
ταράσσω [*át.* **ταράττω**] remover, agitar, revolver, turbar, perturbar; desordenar, alborotar, confundir, embrollar; inquietar, espantar; excitar, promover, provocar || PERF. τέτρηχα estar inquieto, agitado || PAS. estar en la anarquía; agitarse, moverse.
F. *fut.* ταράξω, *med. con valor pas.* ταράξομαι; *aor.* ἐτάραξα; ; *perf.* τέτρηχα *v. supra: 3.ª sing. plpf. ép.* τετρήχει; *perf. pas.* τετάραγμαι; *aor. pas.* ἐταράχθην.
ταραχή ῆς ἡ turbación, perturbación, agitación, desorden, confusión, ruido, barullo; inquietud; tumulto, revolución.
ταραχο-ποιός όν perturbador.
τάραχος ου ὁ = **ταραχή.**
ταραχώδης ες turbado, embrollado, confuso, desordenado; inquieto, intranquilo; tumultuoso, turbulento; irritado; demoledor, destructor.
ταρβαλέος ον tímido, espantado.
ταρβέω -ῶ estar espantado, espantarse; temer, respetar, venerar.
τάρβος εος [**ους**] **τό** *y*
ταρβοσύνη ης ἡ temor; alarma, espanto; objeto de temor; respeto, veneración.
ταρίχευσις εως ἡ embalsamamiento; salazón.
ταριχευτής οῦ ὁ embalsamador.
ταριχεύω salar; conservar, hacer conservas; embalsamar || PAS. estar en conserva.
ταριχῆιαι ῶν αἱ saladero, lugar donde se sala el pescado.
τάριχος ου ὁ *y*
τάριχος εος [**ους**] **τό** salazón, conserva, carne *o* pescado curados; cuerpo embalsamado, momia.
ταρπήμεναι *y*
ταρπῆναι *aor. inf. pas. de* τέρπω.
ταρρός οῦ ὁ *y*
ταρσός οῦ ὁ zarzo para secar quesos; estera; planta del pie, pie; fila de remeros; remo; ala.
ταρταρόω -ῶ precipitar en el infierno.
τάρφθην *aor. pas. ép. de* τέρπω.
τάρφος εος [**ους**] **τό** profundidad, espesura; macizo.
ταρφύς εῖα ύ [*o* **-ύς ύ**] espeso, denso, apretado; frecuente; abundante || ADV. **ταρφέα** frecuentemente.
F. *pl.* ταρφέες ταρφειαί ταρφέα.
ταρχύω enterrar.
τάσσω [*át.* **τάττω**] ordenar, poner; colocar en orden de batalla, formar; asignar un puesto, nombrar, establecer, tomar por (ἄρχοντας jefes); fijar, determinar, encargar, ordenar, mandar; imponer (φόρον un tributo) || MED. colocarse, formarse; colocar sus tropas, barcos, etc.; comprometerse a, consentir en, decidir; convenir en; acceder a pagar; fijar || PAS. ser puesto, formado, colocado, encargado (τάσσομαι se me encarga, se me ordena); servir, prestar servicio.
F. *fut.* τάξω, *med. con valor pas.* τάξομαι; *aor.* ἔταξα, *med.* ἐταξάμην; *perf.* τέταχα, *pas.* τέταγμαι, *3.ª pl.* τετάχαται, *3.ª pl. plpf.* ἐτετάχατο; *fut. perf.* τετάξομαι; ; *aor. pas.* ἐτάχθην, *td.* ἐτάγην, *fut. pas.* ταχθήσομαι, *td.* ταγήσομαι.
ταύρειος α ον de toro, de piel de toro.
ταυρηδόν ADV. fija, fieramente.
ταυροκτονέω -ῶ inmolar uno *o* varios toros.
ταυρο-κτόνος ον matador de toros.
ταυρο-πόλα ας ADJ. *f.* adorada en Tauris.
ταῦρος ου ὁ toro.
ταυρο-σφάγος ον que mata toros; en que se inmola un toro.
ταὐτά = **τὰ αὐτά.**
ταῦτα *pl. n. de* οὗτος.
ταύτῃ *dat. f. sing. de* οὗτος || ADV. aquí, allí; así, de este modo; así pues, por tanto; en este respecto.
ταυτί *át.* = **ταῦτα.**

ταὐτό = **τὸ αὐτό.**
ταὐτόματον = **τό αὐτόματον** lo que se produce espontáneamente (ἀπὸ ταὐτομάτου espontáneamente, por casualidad).
ταφείς εῖσα έν *part. aor. pas. de* θάπτω.
ταφεύς έως ὁ sepulturero.
ταφή ῆς ἡ = **τάφος.**
ταφήιος α ον funerario; τ. φᾶρος mortaja.
τάφον *1.ª sing. aor. de* τέθηπα.
1 **τάφος ου ὁ** funerales, ceremonias fúnebres [juegos, comidas], entierro; sepultura, sepulcro, tumba; urna funeraria.
2 **τάφος εος [ους] τό** estupor, admiración, asombro.
ταφρεία ας ἡ apertura de una fosa *o* trinchera.
ταφρεύω abrir, cavar una fosa.
τάφρη ης ἡ *y*
τάφρος ου ἡ fosa, foso, trinchera.
ταφών οῦσα όν *part. aor. 2.º* τέθηπα.
τάχα ADV. pronto, al punto; dentro de poco; verosímilmente, quizá.
ταχεῖα *f. de* ταχύς.
ταχέως ADV. *de* ταχύς.
ταχθείς ταχθῆναι *part. e inf. resp. de aor. pas. de* τάσσω.
ταχινός ή όν = **ταχύς.**
τάχιστος η ον *superl. de* ταχύς.
ταχίων ον *comp. de* ταχύς.
τάχος εος [ους] τό rapidez, prontitud, velocidad; *como ac. advbial.* velozmente; ἐν *o* σὺν τάχει, ἀπό, διά *o* μετὰ τάχους, κατὰ τάχος, rápidamente, en seguida; ὡς τάχος lo más rápidamente posible; ὡς τάχεος εἶχε todo lo rápidamente que pudo.
ταχύ *n. de* ταχύς.
ταχυ-άλωτος ον fácil de ser conquistado *o* tomado.
ταχυ-δρόμος ον de rápida carrera.
ταχυ-εργία ας ἡ diligencia, rapidez en la ejecución.
ταχυ-ναυτέω -ῶ navegar rápidamente.
ταχύνω apresurar, acelerar, hacer con rapidez; apresurarse, ser rápido, obrar rápidamente.
ταχύ-πωλος ον de caballos rápidos.
ταχύ-ρρωστος ον de vuelo rápido.
ταχύς εῖα ύ veloz, rápido, ligero, ágil; pronto, súbito, apresurado, presuroso; precipitado; breve, corto (διὰ ταχέων por los caminos cortos, prontamente) || ADV. **ταχύ** pronto, enseguida; *comp.* **θᾶσσον** *y* **θᾶττον** más rápido, más pronto, antes, más bien, lo más pronto posible; *superl.* **τάχιστα** lo más pronto posible || EXPRESIONES τὴν ταχίστην lo más pronto posible; ἐπεί *o* ἐπειδή, ἐπειδάν, ὅταν, ὡς τάχιστα, ἐπειδὰν θᾶττον, ὡς θᾶττον tan pronto como.
F. *comp.* θάσσων θᾶσσον, *át.* θάττων θᾶττον; *tamb.* ταχύτερος α ον; *íd.* ταχίων ον; *superl.* τάχιστος *y* ταχύτατος.
ταχυτής ῆτος ἡ rapidez, celeridad, agilidad.
τάων *gen. pl. f. del artículo.*
ταών ῶνος ὁ *y*
ταῶν ῶνος ὁ *y*
ταώς ώ ὁ *y*
ταῶς ῶ ὁ pavo real, pavo.
1 **τέ** *dór. y poét.* = **σέ.**
2 **τε** *enclít.* y; τε... τε, τε... καί ya... ya, por una parte... por otra *o se traduce solamente la segunda,* y; οὔτε... τε por un lado... pero por otro, ἤ... τε o... o; *se une al relat., a partículas, conj. y adv.* [ὅς τε, γάρ τε, καί τε, ἀλλά τε, etc.].
τέ' = **τεά** *de* τεός.
τέγγω mojar, humedecer, empapar; teñir; dejar correr, derramar (δακρύων ἄχναν un torrente de lágrimas, *Sóf. Tr. 849*) || PAS. correr, derramarse; dejarse ablandar.
τέγεος ον situado en la parte superior de la casa, alto.
τέγος εος [ους] τό techo; alcoba, cuarto, habitación, estancia, sala.
τεεῖο = **σοῦ** *gen. de* σύ.
τεθαλυῖα *part. de perf. con sign. de pres. de* θάλλω.
τέθαμμαι *perf. pas. de* θάπτω.
τεθάψομαι *fut. perf. con valor pas. de* θάπτω.
τέθεικα τέθειμαι *perf. act. y pas. resp. de* τίθημι.
τέθηλα *perf. con sign. de pres. de* θάλλω.
τέθηπα *perf. con sign. de pres.* [*aor.* ἔταφον] asombrarse, admirarse, mirar con asombro, estar asombrado.
F. *plpf. ép. con valor de impf.* ἐτεθήπεα, *a más el part. de aor.* ταφών *en Hom.*

(*posteriormente aor. ind.* ἔταφον, *poét.* τάφον).

τέθναθι *imp. perf. de* θνῄσκω.

τεθναίην *opt. perf. de* θνῄσκω.

τεθνάμεν(αι) *inf. perf. de* θνῄσκω.

τεθνεώς ῶσα ός *part. perf. de* θνῄσκω.

τέθνηκα *perf. de* θνῄσκω.

τεθνήξω *y td.* **τεθνήξομαι** *fut. perf. de* θνῄσκω.

τεθνηώς *part. perf. ép. poét. de* θνῄσκω.

τεθορεῖν *aor. 2.º inf. de* θρῴσκω.

τεθορυβημένως ADV. tumultuosamente, desordenadamente.

τεθράφθαι *inf. perf. pas. de* τρέφω.

τεθριππο-βάτης ου ὁ el que monta en coche de cuatro caballos, en cuadriga.

τέθρ-ιππον ου τό cuadriga.

τεθριπποτροφέω -ῶ tener *o* mantener coche de cuatro caballos, cuadriga.

τεθριππο-τρόφος ον que tiene *o* que puede mantener una cuadriga.

τεΐν = **σοί** *dat. de* σύ.

τείνω tender, estirar; dirigir, apuntar; atar sólidamente; mantener tenso; extender, desplegar (νὺξ τέταται βροτοῖσιν la noche se extiende sobre los mortales; τείνειν ἶσον πολέμου τέλος extender un resultado igual del combate, *es decir,* dejar a los dos combatientes iguales, sin favorecer a ninguno de ellos [hablando de un dios]); prolongar, redoblar (ἵπποισι τάθη [*aor. pas.*] δρόμος se redobló la velocidad de los caballos; τέτατο κρατερὴ ὑσμίνη se redobló el encarnizamiento del combate); extenderse, dirigirse a, tender a; tener relación [con uno, ἐς *con ac.*]; acercarse [a uno, πρός *con ac.*]; obstinarse || MED. tender hacia *o* para sí || PAS. estar tendido *o* extendido (ἱστία τέτατο las velas estaban tendidas); extenderse, desplegarse, lanzarse a la carrera.

F. *fut.* τενῶ, *med.* τενοῦμαι; *aor.* ἔτεινα, *ép.* τεῖνα, *med.* ἐτεινάμην; *perf.* τέτακα, *pas.* τέταμαι; *plpf. 3.ª sing. y pl. pas. ép.* τέτατο τέταντο, *3.ª du.* τετάσθην; *aor. pas.* ἐτάθην, *ép.* τάθην.

τεῖος ADV. = **τέως**.

τεῖρος εος τό *en pl.* estrellas.

τείρω frotar; agotar, afligir, angustiar, atormentar; apremiar; sufrir.

F. *impf. ép. sin aum. 3.ª sing.* τεῖρε, *3.ª pl. pas.* τείροντο *etc.*

τεῖσαι *inf. aor. de* τίνω.

τείσω *fut. de* τίνω.

τειχεσι-πλήτης ου ADJ. *m.* destructor de murallas.

τειχέω -ῶ construir un muro; amurallar, fortificar.

τειχήρης ες encerrado dentro de los muros (τειχήρεις ποιήσας obligándolos a encerrarse en los muros).

τειχίζω [*y med.*] = **τειχέω;** τετείχιστο había un muro *o* fortificación || PAS. estar defendido por fortificaciones; τὰ τετειχισμένα los lugares fortificados.

F. *fut. át.* τειχιῶ *med.* τειχιοῦμαι; *aor.* ἐτείχισα, *3.ª pl. med. ép.* ἐτειχίσσαντο; *perf.* τετείχικα.

τειχιόεις εσσα εν amurallado.

τειχίον ου τό = **τεῖχος**.

τείχισις εως ἡ construcción de un muro, de una trinchera; obra de fortificación, muralla.

τείχισμα ατος τό = **τεῖχος**.

τειχισμός οῦ ὁ = **τείχισις**.

τειχομαχέω -ῶ atacar las fortificaciones, lanzarse al asalto, dirigir un asalto.

τειχομαχία ας [*jón.* **τειχομαχίη ης**] **ἡ** asalto a los muros.

τειχο-μάχος ον que asalta los muros.

τειχο-ποιός οῦ ὁ inspector *o* comisario de fortificaciones.

τεῖχος εος [**ους**] **τό** muro, muralla; baluarte, fortificación, bastión, fortaleza, plaza fuerte, castillo, fuerte.

F. *nom. pl. ép.* τείχεα *y* τείχη; *gen.* τειχέων *y* τειχῶν.

τειχο-σκοπία ας ἡ contemplación desde una muralla; inspección de las murallas.

τειχο-φύλαξ ακος ὁ guardia de las fortificaciones.

τειχύδριον ου τό pequeña fortificación *o* castillo.

τείως ADV. = **τέως**.

τέκε *3.ª sing. aor. 2.º de* τίκτω.

τεκεῖν *aor. inf. de* τίκτω.

τεκμαίρω mostrar, indicar || MED. fijar, decidir, asignar, decretar, ordenar, nombrar, reservar; indicar con precisión, anunciar como segura (ὄλεθρόν τινι la ruina a uno); reconocer por indicios, juzgar, determinar, conjeturar (τοῖς ἐμφανέσι τὰ μὴ γιγνωσκόμενα por lo conocido lo desconocido; τεκμαιρόμενοι προκατηγορίας τε ἡμῶν οὐ προγεγενημένης teniendo que juzgar así por el hecho de no haberse formulado una acusación previa contra nosotros, *Tuc. 3, 53*).

F. *fut. med.* τεκμαροῦμαι, *aor. med.* ἐτεκμηράμην, *ép.* τεκμηράμην.

τέκμαρ τό INDECL. término, fin, *de donde* remedio; límite, meta; garantía, prenda; signo, indicio, señal de reconocimiento.

τέκμαρσις εως ἡ conjetura, juicio; motivo fundado, deducción.

τεκμήριον ου τό señal; ejemplo, advertencia; testimonio, prueba, demostración (τεκμήριον δέ y la prueba es).

τεκμηριόω -ῶ probar, demostrar.

τέκμωρ τό INDECL. = **τέκμαρ.**

τεκνίον ου τό hijito, niñito.

τεκνογονέω -ῶ = **τεκνόω.**

τεκνο-γονία ας ἡ procreación, parto.

τεκνόεις εσσα εν que tiene hijos.

τεκν-ολέτειρα ας ADJ. *f.* que ha perdido sus hijos.

τέκνον ου τό niño [hijo, hija]; cría; vástago, descendiente.

τεκνοποιέω -ῶ [*y med.*] = **τεκνόω** procrear; parir.

τεκνοποιία ας ἡ = **τεκνογονία.**

τεκνο-ποιός όν que procrea; fecundo.

τεκνο-τροφέω -ῶ criar, educar hijos.

τεκνοῦς οῦσσα οῦν = **τεκνόεις.**

τεκνόω -ῶ [*y med.*] engendrar, procrear; dar a luz, parir || PAS. nacer.

τέκνωσις εως ἡ = **τεκνογονία** (τέκνωσιν ποιεῖσθαι engendrar, procrear).

τέκον *aor. 2.º de* τίκτω.

τέκος εος [ους] τό = **τέκνον.**

F. *dat. pl. ép.* τέκεσσι *y* τεκέεσσι.

τεκταίνομαι carpintear, ser carpintero *o* ebanista; construir, hacer; tramar.

F. *3.ª sing. aor. ép.* τεκτήνατο.

τεκτονικός ή όν referente a la construcción; hábil en construir || SUBST. *m.* arquitecto, carpintero; *f.* = **τεκτοσύνη.**

τεκτοσύνη ης ἡ arte de construir, carpintería, arquitectura.

τέκτων ονος ὁ carpintero, ebanista, constructor de buques, cantero, herrero, escultor, obrero *o* artesano en general; artista, maestro.

τεκών οῦσα όν *part. aor. 2.º de* τίκτω.

τελαμών ῶνος ὁ tahalí, talabarte, bandolera; venda, cinta.

τελέθω ser, estar, mostrarse, encontrarse, estar en la plenitud, tener resultado favorable.

τέλειος α ον [*o* **-ος ον**] terminado, acabado, realizado; completo, cumplido, irrevocable (ψῆφος decreto); perfecto, sin mancha, eminente; grave; maduro, crecido, hecho (οἱ τέλειοι los hombres hechos, en la fuerza de la edad); definitivo; último || SUST. *n.* banquete real.

τελειότης ητος ἡ realización, acabamiento, perfección, madurez.

τελειόω -ῶ acabar, realizar, completar, consumar, ejecutar || PAS. llegar a la perfección; llegar a madurez; llegar al término de los males.

τελείω = **τελέω.**

τελείως ADV. al fin; enteramente, en absoluto; perfectamente, completamente.

τελείωσις εως ἡ cumplimiento, realización.

τελειωτής οῦ ὁ el que acaba, consumador.

τελεό-μηνος ον cuyos meses han transcurrido enteramente.

τέλεος α ον = **τέλειος.**

τελεόω -ῶ = **τελειόω.**

τελέσθη *3.ª sing. aor. pas. ép. de* τελέω.

τελεσιουργός όν eficaz.

τελεστήριον ου τό lugar sagrado || PL. sacrificio de acción de gracias por el feliz éxito de una empresa.

τελεστικός ή όν propio para iniciar en los misterios [de Eleusis].

τελεσφορέω -ῶ dar madurez, llevar a término *o* perfección.

τελεσ-φόρος ον que acaba, que realiza, que lleva al fin; acabado, entero, completo; que se realiza *o* cumple; omnipotente; que castiga; χάρις τελεσφόρος recompensa efectiva.

τελετή ῆς ἡ celebración de los misterios, ceremonias religiosas, fiesta (αἱ τελεταί los misterios [de Eleusis, etc.]).

τελευταῖος α ον último, extremo, supremo, final, el más alto; τὰ τελευταῖα las terminaciones; τὸ τελευταῖον en último lugar; ὁ τελευταῖος βίος el fin de la vida; τ. φήμη la última palabra; ἡ τελευταία (ἡμέρα) el último día || ADV. **(τὸ) τελευταῖον** *y* **τὰ τελευταῖα** en fin, finalmente.

τελευτάω -ῶ *y*

τελευτέω -ῶ terminar, acabar, concluir; realizar, cumplir, conceder; morir; cesar || PART. τελευτῶν ὤσα ὦν al fin (κἂν ἐγίγνετο πλήγη τελευτῶσα y por fin se habría llegado a los golpes [a las manos]).

τελευτή ῆς ἡ término, acabamiento; fin, muerte; propósito, mira; desenlace, resultado; realización, cumplimiento; ἐς τ. por fin.

τελέω -ῶ ejecutar, realizar, cumplir; acabar, terminar; confirmar; aplacar, calmar [las pasiones]; hacer, obrar; conceder; presentar; prestar, pagar, gastar; enviar (κακά males); pertenecer a una clase (εἰς ἱππέας a la clase de los caballeros); iniciar en los misterios; designar, nombrar; llegar, realizarse, cumplirse || PAS. realizarse, cumplirse, llegar a ser realidad; pasar; ser un iniciado.

F. *impf. ép.* ἐτέλειον (*3.ª sing. pas.* ἐτελείετο) *y* τέλεον; *fut.* τελέσω, *ép.* τελέω, *át. tamb.* τελῶ, *pas. 3.ª sing.* τελεῖται, *inf. ép.* τελέεσθαι (*y* τελεῖσθαι); *part. jón.* τελεύμενος (*y* τελεόμενος); *aor.* ἐτέλεσα, *ép.* τέλεσα *y* (ἐ)τέλεσσα, *med.* -άμην; *perf.* τετέλεκα, *pas.* τετέλεσμαι, *plpf. 3.ª sing.* τετέλεστο; *aor. pas.* ἐτελέσθην, *ép.* τελέσθην.

τελέως ADV. = **τελείως.**

τελέωσις εως ἡ = **τελείωσις.**

τελήεις εσσα εν que termina (τ. ποταμός río que termina [*es decir,* que se acaba sin afluir a otro río o al mar]); completo, perfecto.

τέλλω cumplir, realizar; salir [el sol, etc.] || PAS. venir a la existencia, nacer.

F. *fut.* τελῶ, *med.* τελοῦμαι (= τελέω); *aor.* ἔτειλα.

τέλμα ατος τό marisma, lugar pantanoso; barro, mortero.

τέλος εος [ους] τό realización, cumplimiento, consumación; resultado, consecuencia; éxito, desenlace; decisión, determinación; salida, conclusión; fin, término; frontera, límite; punto culminante, cima, el más alto grado, perfección, ideal; formación completa, pleno desarrollo, madurez, vigor de la edad; pleno poder, jurisdicción soberana (τέλος ἔχω tengo pleno poder; πρὶν τέλος τι τούτων ἔχειν antes que una de estas condiciones tenga fuerza de ley); cargo, cargo público (οἱ ἐν τέλει ὄντες los que están en un alto puesto, las autoridades; τὰ τέλη ἔχοντες los que tienen las supremas magistraturas; τὰ τέλη los éforos [en Lacedemonia]); fin, propósito; pago de una deuda; derecho, impuesto, gasto (τοῖς ἰδίοις τέλεσι a propias expensas); ofrenda, fiesta sagrada, misterio, ceremonia (τὰ νυμφικὰ τέλη ceremonia nupcial); tropa, cuerpo, compañía || ADV. **(τὸ) τέλος** [*y las expresiones* ἐς τέλος, διὰ τέλους, τέλει] en fin, en el más alto grado, enteramente, hasta el fin, al fin.

τέλοσ-δε ADV. hasta el fin.

τέλσον ου τό límite, extremo; surco.

τελ-ώνης ου ὁ aduanero, publicano.

τελώνιον ου τό telonio [oficina pública donde se pagaban los tributos].

τεμάχιον ου τό *dim. del sig.*

τέμαχος εος [ους] τό pedazo de pescado salado.

τεμένιος α ον de bosque sagrado, del recinto del templo, que pertenece al templo *o* está en él.

τέμενος εος [ους] τό territorio de la corona; campo consagrado a una divinidad, bosque sagrado.

τέμνω cortar dividir; asolar, arrasar, devastar, destruir (τῆς γῆς una parte del país); mutilar; atravesar; degollar, inmolar (καπρὸν Διί un jabalí en honor de Zeus; ὅρκια τέμνειν degollar una víctima para concluir un tratado *o* confirmar un juramento, jurar, concluir un tratado; φιλότητα καὶ ὅρκια πιστὰ ταμόντες habiéndose hecho mutuamente promesas de amistad y fidelidad; τέμνειν τινί concluir un tratado con uno); trazar (τέλσον ἀρούρης un surco en un

campo); abrir [caminos] || MED. cortar para sí; matar, inmolar; abrir cortando; trabajar para sí [piedras, sillares]; τέμνεσθαι ὅρκια *como en act.*
F. *ép. jón. dór.* τάμνω; *impf. ép.* τάμνον; *fut.* τεμῶ, *med.* τεμοῦμαι; *aor. ép.* ἔταμον τάμον, *át.* ἔτεμον, *3.ª sing. subj. ép.* τάμησι, *inf. ép.* ταμέειν; *med. ép.* ἐταμόμην, *át.* ἐτεμόμην, *inf. ép.* ταμέσθαι; *perf.* τέτμηκα, *med.* τέτμημαι; *aor. pas.* ἐτμήθην.

τέμω alcanzar, encontrar, conseguir.
F. *aor.* ἔτετμον, *ép.* τέτμον.

τέναγος εος [ους] τό = **τέλμα.**

τενῶ, *med.* **τενοῦμαι,** *fut. de* τείνω.

τένων οντος ὁ tendón [músculo de detrás del cuello, del brazo, del pie].

τέξομαι *y* **τέξω** *fut. de* τίκτω.

τέο = **τίνος** [*de* τίς].

τεο *enclít.* = **τινός** [*de* τὶς].

τεοῖο = **σοῦ** [*de* σύ].

τέοισι = **τίσι** *y* **τισί** [*dat. pl. de* τίς *y* τὶς].

τεός ἡ όν = **σός.**

τεοῦ *gen. del anterior.*

τέρας ατος τό signo, presagio, portento, prodigio, señal espantosa enviada por los dioses; monstruo, animal monstruoso; cosa extraordinaria, prodigiosa, monstruosa.
F. *gen. jón.* τέρεος; *nom. pl. ép.* τέραα, *tamb.* τείρεα, *jón.* τέρεα, *gen. ép.* τεράων, *dat. ép.* τεράεσσι, *etc.*

τερα-σκόπος ον = **τερατοσκόπος.**

τεράστιος ον = **τερατώδης.**

τερατεύομαι fingir portentos *o* falsedades, fanfarronear.

τερατο-σκόπος ον que explica los prodigios, adivino.

τερατώδης ες extraordinario, prodigioso, portentoso.

τερεβίνθινος η ον de terebinto, de trementina.

τέρεινα *f. de* τέρην.

τέρεν *n. de* τέρην.

τέρετρον ου τό taladro, barrena, berbiquí.

τέρην τέρεινα τέρεν [*gen.* ενος είνης ενος] tierno, delicado, suave, blando; dulce, delicioso.

τέρμα ατος τό fin, límite, término; meta; propósito, designio; lo sumo, el poder supremo; cumplimiento (τῆς σωτηρίας de la salvación, salvación, *Sóf. E. C. 725*).

τερμίνθινος η ον = **τερεβίνθινος.**

τερμιόεις εσσα εν que baja hasta los pies, talar.

τέρμιος α ον último, extremo, final (τ. χώρα región en que uno ha de morir).

τέρμων ονος ὁ = **τέρμα.**

τερπι-κέραυνος ον que goza con el rayo, que vibra *o* lanza el rayo.

τερπνός ή όν alegre, regocijador, agradable, encantador || SUST. *n. pl.* los placeres.

τέρπω saciar, hartar; alegrar, regocijar, distraer, divertir; τὰ τέρποντα los placeres || MED. *y* PAS. hartarse, saciarse, gozar plenamente; deleitarse, alegrarse.
F. *3.ª sing. subj. pres. ép.* τέρπῃσι; *fut.* τέρψω; *med.* τέρψομαι; *aor.* ἔτερψα *med.* -άμην, *subj.* τέρψομαι *(Od. 16, 26)*; *aor. pas.* ἐτέρφθην, *ép.* τέρφθην, ἐτάρφθην, *ép.* τάρφθην, ἐτάρπην, *ép.* τάρπην, *1.ª pl. subj.* τραπείομεν, *inf.* ταρπῆναι; *ép.* ταρπήμεναι; *aor. 2.º med.* ἐταρπόμην, *1.ª pl. subj.* ταρπώμεθα, *redupl. 3.ª sing. ép.* τετάρπετο, *1.ª pl. subj.* τεταρπώμεσθα, *part.* τεταρπόμενος.

τερπωλή ῆς ἡ = **τέρψις.**

τερσαίνω secar, secarse.
F. *3.ª sing. aor. ép.* τέρσηνε.

τέρσομαι secarse.
F. *inf. aor. ép.* τερσῆναι *y* τερσήμεναι.

τερψί-μβροτος ον que alegra a los mortales.

τέρψις εως ἡ goce, placer, encanto, delicia; satisfacción, hartura.

τεσσαρά-βοιος ον que vale cuatro bueyes.

τεσσαράκοντα cuarenta.

τεσσαρακοντα-ετής ές de cuarenta años.

τεσσαρακοστός [*o* **τετταρακοστός**] **ή όν** cuadragésimo || SUBST. *f.* cuadragésima [moneda de la isla de Quíos].

τέσσαρες [*át.* **τέτταρες**] **α** cuatro.
F. *dat. pl.* τέσσαρσι, *poét. td.* τέτρασι; *jón. y td. (N. T.)* τέσσερες, *dat. jón.* τέσσερσι; *ép. (eól.)* πίσυρες, *ac.* πίσυρας.

τεσσαρεσ-καίδεκα catorce.

τεσσαρεσ-καιδέκατος η ον décimo cuarto.

τεσσεράκοντα = **τεσσαράκοντα.**

τεσσερακοντ-όργυιος ον de cuarenta brazas.
τέσσερες α = **τέσσαρες**.
τεσσερεσ- = **τεσσαρεσ-**.
τέταγμαι *3.ª* τέτακται, *inf.* τετάχθαι *perf. pas. de* τάσσω.
τεταγών όντος *part. aor. 2.º de un tema *tag.* [*lat.* ta-n-go] que coge, cogiendo *o* habiendo cogido (ποδός del pie).
τέτακα *perf. de* τείνω.
τέταλμαι *perf. pas. de* τέλλω.
τέταμαι *perf. pas. de* τείνω.
τετανό-θριξ τετανό-τριχος ADJ. *m. y f.* de largos cabellos.
τετάρπετο *3.ª sing. aor. 2.º med. ép. de* τέρπω.
τεταρταῖος α ον que se produce el cuarto día; τ. γενέσθαι llevar cuatro días muerto.
τεταρτη-μόριον ου τό un cuarto [la cuarta parte de un óbolo].
τέταρτος η ον cuarto || SUBST. *f.* cuarta parte, un cuarto, el cuarto día; un cuartillo [de un líquido] || ADV. **τὸ τέταρτον** por cuarta vez.
τετάσθην *3.ª dual plpf. pas. de* τείνω.
τέτατο *3.ª sing. plpf. pas. de* τείνω.
τέταφα *perf.* de θάπτω.
τέταχα *perf. de* τάσσω.
τετάχαται *3.ª pl. pf. pas. de* τάσσω.
τέτευχα *perf. ép. de* τεύχω *y* τυγχάνω.
τετευχῆσθαι estar armado [*inf. perf. pas.*].
τέτηκα *perf. de* τήκω.
τετίημαι *perf. pas. del inusit.* τιέω estar triste, afligido, abatido.
τετιηώς ότος *part. del mismo* triste, turbado.
τέτλαθι *imp. perf. de* τλῆναι.
τετλαίην *opt. perf. de* τλῆναι.
τετλάμεν(αι) *inf. perf. ép. de* τλῆναι.
τετληώς *part. perf. de* τλῆναι.
τετμεῖν *inf. de* τέτμον.
τέτμηκα *med.* **τέτμημαι** *perf. de* τέμνω.
τέτμον *aor. 2.º ép. de* τέμω.
τέτοκα *perf. de* τίκτω.
τέτορες α = **τέσσαρες**.
τετρά-γυος ον de cuatro fanegas || SUBST. *n.* campo de cuatro fanegas.
τετραγωνίζω cuadrar, hacer cuadrado.
τετραγωνο-πρόσωπος ον de cara cuadrada.
τετρά-γωνος ον cuadrangular, cuadrado; perfecto, fuerte, sólido || SUBST. *n.* tropa formada en cuadro.
τετράδιον ου τό cuaternidad; piquete de cuatro soldados.
τετρα-έτης ες [*o* **-ής ές**] de cuatro años.
τετρα-θέλυμνος ον de cuatro pieles [escudo].
τετραίνω atravesar, traspasar, perforar || PAS. tener agujeros.
F. *fut.* τετρανῶ, *jón.* τετρανέω; *aor. ép.* τέτρηνα.
τετράκις ADV. cuatro veces.
τετρακισ-μύριοι αι α cuarenta mil.
τετρακισ-χίλιοι αι α cuatro mil.
τετρακόσιοι αι α cuatrocientos; de cuatrocientos.
τετρά-κυκλος ον de cuatro ruedas.
τετρά-μετρος ον tetrámetro [de cuatro medidas].
τετράμηνον ου τό cuatrimestre.
τετρά-μηνος ον cuatrimestre, que dura cuatro meses.
τέτραμμαι *perf. pas. de* τρέπω.
τετρα-μοιρία ας ἡ cuádruplo, paga *o* estipendio cuádruple.
τετρ-άορος ον de cuatro caballos; de cuatro patas.
τετρα-πάλαιστος ον de cuatro palmos.
τετρά-πηχυς υ [*gen.* εως] de cuatro codos.
τετρα-πλάσιος α ον cuádruple.
τετραπλῇ ADV. de cuatro modos, de un modo cuatro veces mayor.
τετρα-πλοῦς ῆ οῦν cuádruple || SUBST. *n.* = **τετραμοιρία**.
τετρά-πολις εως ἡ tetrápolis [reunión de cuatro ciudades *o* Estados].
τετρά-πους ουν [*gen.* τετράποδος] de cuatro pies, cuadrúpedo.
τέτραπτο *3.ª sing. plpf. pas. de* τρέπω.
τετρά-ρρυμος ον de cuatro timones, de ocho caballos.
τετραρχέω -ῶ ser tetrarca.
τετρ-άρχης ου ὁ tetrarca.
τετραρχία ας ἡ tetrarquía.
τετράς άδος ἡ el número cuatro; el cuarto día de la década *o* de la semana.
τέτρατος η ον = **τέταρτος**.
τετρα-φάληρος ον de cuatro cimeras.
τετρά-φαλος ον de cuatro penachos.
τετράφαται *3.ª pl. perf. med. de* τρέπω.
τετράφατο *3.ª pl. plpf. med. de* τρέπω.
τετρά-φυλος ον dividido en cuatro tribus.
τέτραχα *y*

τετραχῆ *y*
τετραχθά ADV. en cuatro partes [*v.* τριχθά].
τέτρημαι *perf. pas. de* τετραίνω.
τέτρηνα *aor. ép. de* τετραίνω.
τέτρηχα *perf. de* ταράσσω.
τετρήχειν *plpf. de* ταράσσω.
τέτριγα *perf. de* τρίζω.
τετρίγει *plpf. ép. de* τρίζω.
τέτριμμαι *perf. pas. de* τρίβω; *3.ª pl. jón.* τετρίφαται.
τέτροφα *perf. de* τρέπω *y de* τρέφω.
τέτρωμαι *perf. pas. de* τιτρώσκω.
τετρ-ώροφος ον de cuatro pisos.
τέττα padrecito.
τετταρα- = **τεσσαρα-**.
τέτταρες α = **τέσσαρες**.
τέττιξ ιγος ὁ cigarra.
τέτυγμαι *perf. pas. de* τεύχω.
τετυκεῖν *aor. 2.º inf. de* τεύχω.
τέτυμμαι, *inf.* τετύφθαι *perf. pas. de* τύπτω.
τέτυξο *2.ª sing. plpf. pas. de* τεύχω.
τέτυχα *y*
τετύχηκα *perf. de* τυγχάνω.
τετύχθαι *inf. perf. pas. de* τεύχω.
τεῦ = **τοῦ**.
τεὺ = **τοὺ**.
τευχέω [*inusit.*] *v.* **τετευχῆσθαι**.
τεῦχος εος [ους] τό instrumento, utensilio, útil; arma, armamento, armadura; velas, jarcias, remos, etc. de una nave; ánfora, vaso, urna; urna funeraria; tonel, barril.
τεύχω preparar, disponer, hacer, edificar, construir; causar, producir, trabajar, obrar, crear; procurar, suministrar || PAS. suceder, producirse, ocurrir, llegar; ser (Ὠκεανὸς γένεσις πάντεσσι τέτυκται el Océano es el origen de todas las cosas); conducirse (γυναικὸς ἄρ' ἀντὶ τέτυξο te has conducido como una mujer); *part.* τετυγμένος bien hecho || MED. preparar para sí [la comida, *etc.*].

F. *impf. ép.* τεῦχον; *fut.* τεύξω, *med.* τεύξομαι; *aor.* ἔτευξα; *aor. 2.º redupl. inf.* τετυκεῖν, *3.ª pl. med.* τετύκοντο *etc.; perf.* τέτευχα *(part.* τετευχώς *con valor pas.); perf. pas.* τέτυγμαι, *3.ª* τέτυκται, *3.ª pl. ép.* τετεύχαται; *plpf.* ἐτετύγμην, *ép.* τετύγμην, *3.ª sing.* τέτυκτο, *3.ª pl.* (ἐ)-τετεύχατο; *fut. perf.* τετεύξομαι; *aor. pas.* ἐτύχθην *y* ἐτεύχθην.

τέφρα ας [*jón.* **τέφρη ης**] **ἡ** ceniza.
τεφρόω -ῶ reducir a cenizas.
τεφρώδης ες ceniciento.
τεχθῆναι *inf. aor. pas. de* τίκτω.
τεχνάζω [*y med.*] **τεχνάω**.
τέχνασμα ατος τό obra de arte; artificio, astucia.
τεχνάω -ῶ [*y med.*] practicar un arte; fabricar con arte *o* habilidad; emplear el arte *o* habilidad para; tramar, maquinar; emplear astucias.
τέχνη ης ἡ arte; arte bella, ciencia, saber; oficio, industria, profesión; habilidad, astucia, maquinación, intriga; medio, expediente, modo, manera; obra de arte.
τεχνήεις εσσα εν artístico, bien trabajado.

F. *nom. pl. f. ép.* τεχνῆσσαι *Od. 7, 110; adv.* τεχνηέντως.

τέχνημα ατος τό obra de arte (τ. πανουργίας obra maestra, modelo de perfidia); artificio, astucia, invención.
τεχνικός ή όν técnico, concerniente a un arte, artístico; hábil, inteligente; sistemático, regular.
τεχνίτης ου ὁ artesano; artista, hábil, conocedor, inteligente, maestro; comediante; charlatán, truhán.
τέῳ = **τίνι** [*de* τίς].
1 **τεῷ** = **τινὶ** [*de* τὶς].
2 **τεῷ** *dat. sing. de* τεός.
τεώ *dual de* τεός.
τέων = **τίνων** [*de* τίς].
τεῶν = **τινῶν** [*de* τὶς].
τέως ADV. *y* CONJ. hasta que, todo el tiempo que, entretanto, mientras; hasta este momento; τέως μέν... ἔπειτα hasta entonces... después; durante este tiempo; ἕως... τέως mientras... entretanto.

F. *ép. y jón.* τείως *o* τεῖος *por un auténtico* τῆος.

τῆ *antiguo imp. ép.* ¡toma! ¡ten! ¡ea! (τῆ, πίε οἶνον toma, bebe vino); *pl.* τῆτε tomad.
τῇ *dat. sing. f. del art.* || *dat. sing. f. poét. del rel.* || ADV. = **ταύτῃ** aquí, en este sitio, ahí, allí, así (τῇ μέν... τῇ δέ aquí... allí); en dónde, cómo; ἔστι τῇ en cierto modo.
τῇ-γε ADV. aquí precisamente.

τῇ-δε ADV. aquí; así; por tanto, por lo cual.
τήθη ης ἡ abuela.
τῆθος εος [ους] τό ostra.
τηκεδών όνος ἡ extenuación, consunción.
τηκτός ή όν *adj. vbal. de* τήκω fundido; soluble.
τήκω fundir, disolver, derretir; evaporar, vaporizar || INTR. [*perf.* τέτηκα, *plpf.* ἐτετήκειν] *y* PAS. fundirse, liquidarse, consumirse, ajarse, agotarse, evaporarse, corromperse.
F. *dór.* τάκω; *impf. ép.* τῆκον, *pas.* τηκόμην; *fut.* τήξω; *aor.* ἔτηξα; *perf.* τέτηκα *v. supra, dor.* τέτακα, *íd.* τέτηγμαι *con el mismo valor; aor. pas.* ἐτάκην (*y* ἐτήχθην); *fut. pas.* τακήσομαι.
τηλ-αυγής ές que brilla a lo lejos, que se ve de lejos; claro, distinto.
τῆλε ADV. = **τηλοῦ.**
τηλεδαπός ή όν lejano, extranjero, de país extranjero.
τηλεθάω -ῶ brotar con fuerza, florecer, prosperar.
F. *part. ép.* τηλεθάων *y* τηλεθόων *f.* τηλεθόωσα.
τηλε-κλειτός όν *y*
τηλεκλυτός όν célebre.
τηλέ πορος ον lejano.
τηλε-φανής ές que se ve *o* se oye de lejos.
τηλίκος η ον *y*
τηλικόσ-δε ή-δε όν-δε *y*
τηλικοῦτος τηλικαύτη τηλικοῦτο(ν) tan grande, tan importante, tan poderoso; tan viejo, de tal edad; tan joven.
F. τηλικοῦτος *para f. Sóf. Ed. Col. 751; El. 614.*
τηλό-θεν ADV. de lejos; = **τηλοῦ.**
τηλό-θι *y*
τηλό-σε ADV. = **τηλοῦ.**
τηλοτάτω ADV. muy lejos, lo más lejos.
τηλοῦ ADV. lejos; a lo lejos; lejos de [*con gen.*].
F. *comp.* τηλοτέρω, *superl.* τηλοτάτω.
τηλύγετος η ον nacido el último *o* de padres de edad, tiernamente querido, mimado; lejano.
τηλ-ωπός όν que se ve *o* se oye de lejos, lejano.
τημέλεια ας ἡ cuidado.
τημελέω -ῶ cuidar de.
τήμερον ADV. hoy.
τἠμῇ = **τῇ ἐμῇ.**
τῆμος ADV. entonces, en este *o* aquel momento.
την-άλλως [*o* **τὴν ἄλλως**] ADV. de otro modo; en vano.
τηνίκα = **τῆμος.**
τηνικά-δε ADV. entonces, en este *o* aquel momento; a esta hora (αὔριον τηνικάδε mañana a esta hora).
τηνικαῦτα ADV. = **τῆμος.**
τῆος ADV. = **τέως.**
τῇ-περ ADV. por donde, como.
τηρέω -ῶ observar, percibir, advertir, espiar, acechar; aguardar (νύκτα χειμέριον [la ocasión de] una noche tempestuosa; ἐτήρουν ἀνέμῳ καταφέρεσθαι aguardaban el momento favorable para ser llevados por el viento); cuidar, custodiar, vigilar, guardar; tener en prisión; cumplir, observar, guardar.
F. *fut.* τηρήσομαι *por ej. Tuc. 4, 30 fin, con valor pas.*
τήρησις εως ἡ observación, vigilancia, guardia; prisión.
τητάομαι -ῶμαι estar privado, carecer de.
τῆτε *v.* **τῇ.**
τηΰσιος α [*jón* η] ον inútil, vano.
τιάρα ας ἡ *y jón.*
τιάρης ου ὁ tiara, turbante.
τιαρο-ειδής ές de forma de tiara.
τίγρις ιος [*o* ιδος] ὁ ἡ tigre.
τίεσκον *3.ª pl. impf. iterat. de* τίω.
τιέω *v.* **τετίημαι.**
τίη [*át.* **τιή**] ADV. ¿por qué? ¿por qué pues?
τιήρης εω ὁ *jón.* = **τιάρα.**
τιθαιβώσσω fabricar panales.
τιθασ(σ)εύω domesticar, domar.
τιθασ(σ)ός όν domesticado.
τιθέω *y*
τίθημι poner, colocar; levantar, erigir, dedicar; depositar; deponer, quitarse [los vestidos]; asignar, atribuir; servir [la comida]; doblar [la rodilla]; enterrar; fijar, determinar, establecer [como premio]; instituir; dar [una ley]; trabar [combate], celebrar [juegos]; convocar [una asamblea]; ἐς μέσον θεῖναι poner a dis-

cusión un asunto; enterrar; pagar; *con dos acs.* poner a uno en tal estado, hacer de uno tal cosa, cambiarlo en (σῦς θεῖναι ἑταίρους cambiar a los compañeros [de Ulises] en cerdos); *con un adv.* arreglar, disponer (οὕτω νῦν Ζεὺς θείη ¡ojalá arregle esto Zeus de esta manera!); admitir, aceptar, suponer; considerar como [*con dos ac.* εὐεργέτημα τιθέναι τι considerar algo como un beneficio; *con* ὡς *el ac. predicat.* ἃ ἄν μοι δοκῇ τούτῳ τῷ λόγῳ ξυμφωνεῖν τίθημι ὡς ἀληθῆ ὄντα lo que me parece concordar con este principio lo tengo por verdadero]; contar (ἐν τοῖς φίλοις entre los amigos); representar; excitar, causar, producir (ὀρυμαγδόν un gran ruido); sugerir, inspirar [una idea] ‖ MED. *los mismos significados, pero indica que el sujeto ejecuta la acción para sí, por sus propios medios, sobre sí* (ὅπλα τίθεσθαι poner las armas sobre sí, tomarlas, armarse, combatir, *y también* deponerlas para sí, dejarlas, acampar, hacer alto, rendirse; εὖ θέσθαι τὰ ὅπλα tener bien dispuestas *o* cuidadas las armas); *forma muchas locuciones con un compl.* (φροντίδα τίθεσθαι = φροντίζειν pensar; φόνον τ. = φονεύειν matar; τάφον τ. = θάπτειν enterrar; τ. τὸν πόλεμον dirigir la guerra *o* terminarla: θέσθαι τὴν ψῆφον votar; τίθεσθαι τὴν γνώμην dar su opinión [*y* τίθεσθαι *sin compl.* votar]; τίθεσθαι χάριν obligar a estar agradecido; τίθεσθαι παῖδα adoptar como hijo; ποῦ χρὴ τίθεσθαι ταῦτα; ¿qué debemos opinar de esto? [*Sóf. Fil. 451*]; θέσθαι κέλευθον abrirse camino; θέσθαι μάχην entablar combate; εὖ θέσθαι arreglar, terminar, resolver).

F. *2.ª sing. pres.* τίθης, *poét.* τιθεῖς, *ép.* τίθησθα, *3.ª* τίθησι, *ép. jón.* τιθεῖ, *3.ª pl.* τιθέασι; *ép. jón.* τιθεῖσι; *imp.* τίθει, *inf.* τιθῆναι, *ép.* τιθήμεναι, *part.* τιθείς, *pl. jón.* τιθεῦντες *v. l.; pres. med.* τίθεμαι, *3.ª sing. opt.* τιθοῖτο *Jen. Mem. 3, 8, 10; impf.* ἐτίθην (*3.ª ép.* ἐτίθει τίθει, *3.ª pl.* τίθεσαν, *en comptos.* -τιθεν), *jón.* ἐτίθεα, *íd.* ἐτίθουν *N. T.; fut.* θήσω, *inf. ép.* θησέμεναι, *2.ª sing. med. ép.* θήσεαι; *aor.* ἔθηκα, *3.ª pl. ép.* θῆκαν; *med.* ἐθηκάμην, *3.ª sing. ép.* θήκατο; *en pl. más frec.* ἔθεμεν -τε -σαν, *3.ª pl. ép.* θέσαν; *imp.* θές θέτω; *subj.* θῶ θῇς θῇ, *jón.* θέω, *ép.* θείω, *2.ª y 3.ª* θήῃς θήῃ, *1.ª pl.* θέωμεν θείομεν (*por* θήομεν); *opt.* θείην, *pl.* θεῖμεν θεῖτε θεῖεν; *inf.* θεῖναι, *ép.* θέμεν(αι), *part.* θείς; *aor. 2.º med.* ἐθέμην, *3.ª sing. ép.* θέτο; *imp.* θοῦ, *ép.* θέο; *subj.* θῶμαι, *2.ª ép.* θῆαι, *opt.* θείμην, *3.ª* θεῖτο, *en comptos, tamb.* -θοῖτο (-θοίμεθα -θοῖντο); *perf.* τέθεικα τέθηκα, *pas.* τέθειμαι *(N. T. Marc. 15, 47) tamb. con valor med.; aor. pas.* ἐτέθην; *fut. pas.* τεθήσομαι.

τιθηνέομαι -οῦμαι guardar (σεμνὰ τέλη los misterios augustos, presidirlos); cuidar [una nodriza].

τιθήνη ης ἡ nodriza, aya.

τίθησθα *2.ª sing. pres. ép. de* τίθημι.

τίκτω [*y med.*] dar a luz, parir; engendrar; crear, producir, hacer; ser padre *o* madre [de uno, *ac.*]; οἱ τεκόντες los padres; ὁ τεκών el padre; ἡ τίκτουσα la madre.

F. *impf. ép.* τίκτον; *fut.* τέξομαι *y* τέξω *con el mismo valor; aor.* ἔτεκον, *ép.* τέκον, *med.* ἐτεκόμην, *ép.* τεκόμην; *perf.* τέτοκα.

τίλλω arrancar los pelos, depilar; desplumar ‖ MED. arrancarse los cabellos de dolor, lamentarse de *o* por la muerte de [*ac.*].

F. *3.ª du. impf. med. ép.* τιλλέσθην, *perf. pas.* τέτιλμαι.

τίλων ονος ὁ una especie de pez.

τιμά-ορος ον = τιμωρός.

τιμάω -ῶ tasar, evaluar; condenar (θανάτου a muerte); tener por digno de, estimar, honrar, reverenciar, venerar; tener en mucho; recompensar, gratificar ‖ PAS. estar tasado (πλοῖα τετιμημένα χρημάτων barcas cuyo valor había sido fijado); gozar de estima *u* honores (οἱ τιμώμενοι, οἱ τετιμημένοι los nobles, los altos cargos; τὸ τιμώμενον la honra, los honores; la preeminencia, la hegemonía) ‖ MED. proponer pena [de... *gen.* contra... *dat.*]; condenarse a sí mismo [a... *gen.*]; estimar, honrar; valorar, evaluar [en... *gen.*].

τιμή ῆς ἡ tasación, valuación; precio, valor; pago, producto de una venta, suma; indemnización, compensación, satisfacción; estima, veneración, culto (θεῶν de los dioses); honor, consideración, recompensa, regalo, distinción, prerrogativa; dignidad, puesto de honor, cargo, función; autoridad, magistratura; pena, castigo, venganza.

τιμήεις εσσα εν honrado, estimado; precioso, caro.

F. *contr. ép. nom.* τιμῆς, *ac.* τιμῆντα.

τίμημα ατος τό tasación de la fortuna, censo, impuesto proporcional a la renta, renta, fortuna; pena pecuniaria, multa.

τιμῆντα *ép.* = **τιμήεντα.**

τιμῆς *ép.* = **τιμήεις;** *gen. de* τιμή.

τιμητέον *adj. vbal. n. de* τιμάω hay que honrar *o* estimar.

τίμιος α ον costoso, precioso, caro; honroso; honrado, noble, que goza de honores.

τιμιότης ητος ἡ valor, precio; preciosidad; dignidad.

τιμωρέω -ῶ [*y med.*] defender, proteger, socorrer, asistir, ayudar; vengar, ayudar al que ha sido ofendido [*dat.*]; τιμωρεῖν τινι τοῦ παιδὸς τὸν φονέα vengar a uno por la muerte de su hijo castigando al asesino; τ. Πατρόκλῳ τὸν φόνον vengar la muerte de Patroclo; castigar; vengarse [por la muerte de, ἐς *con ac.*] || PAS. ser castigado, objeto de una venganza || IMPERS. τετιμώρηται τῷ Λεωνίδῃ Leónidas ha sido vengado.

τιμώρημα ατος τό = **τιμωρία.**

τιμωρητήρ ῆρος ὁ defensor, vengador.

τιμωρία ας [*jón.* **τιμωρίη ης**] **ἡ** socorro, castigo, venganza; corrección, pena, suplicio; satisfacción; ayuda, protección.

τιμωρός όν vengador; protector, defensor.

τινάκτωρ ορος ὁ que sacude (γαίας la tierra).

τινάσσω [*y med.*] sacudir, agitar, conmover; lanzar, blandir, hacer temblar (γαῖαν la tierra); hacer saltar || PAS. temblar.

F. *fut.* τινάξω; *aor.* ἐτίναξα; *inf. perf. pas.* τετινάχθαι; *aor. pas.* ἐτινάχθην, *3.ª pl. ép.* ἐτίναχθεν.

τίνυμαι castigar, vengar; vengarse.

τίνω pagar, expiar [algo *ac.* a alguien *dat.* con algo *dat.*]; recompensar || MED. vengar [algo *ac.*]; castigar, vengarse de [alguien *ac.* por... *gen. o* ὑπέρ *con gen.; o dos acs.*].

F. *fut.* τείσω, *med.* τείσομαι; *aor.* ἔτεισα, *2.ª pl. subj. ép.* τείσετε; *med. ép.* τεισάμην (*1.ª pl. subj.* τεισόμεθα, *3.ª pl. opt. jón.* τεισαίατο); *perf.* τέτεικα, *med.* τέτεισμαι; *aor. pas.* ἐτείσθην. *Las grafías con* ι: τίσω, ἔτισα, *etc. son viciosas y corresponden a formas de* τίω.

τίπτε ADV. ¿pero por qué?

τίς τί [*gen.* τίνος] PRON. INTERR. ¿quién? ¿cuál? ¿cuál de los dos? || ADJ. cuál, qué || ADV. **τί** cómo, por qué, para qué, cuánto.

F. *gen. ép. y jón.* τέο τεῦ, *át. tamb.* τοῦ; *dat.* τίνι, *jón.* τέῳ, *at.* τῷ; *ac.* τίνα *n.* τί; *pl. nom.* τίνες τίνα; *gen.* τίνων, *ép.* τέων; *dat.* τίσι τοῖσι, *jón.* τέοισι, *ac.* τίνας τίνα.

τὶς τὶ [*gen.* τινός] PRON. INDEF. alguno, alguna, algo; un tal, un fulano; *a veces no se traduce o se traduce por* uno, una especie de; uno cualquiera, uno y otro, éste y aquél; cada uno; *a veces se traduce por la pasiva con* se (οἱ στρατιῶται οὐκ ἔφασαν ἰέναι, ἐὰν μή τις αὐτοῖς χρήματα διδῷ los soldados dijeron que no irían si no se les daba dinero); nadie *después de un comp.* (ἄμεινον ἀγωνίζεσθαί τινος luchar mejor que nadie); ἕκαστός τις *o* τὶς ἕκαστος cada uno; πᾶς τις, ἅπας τις cada uno, todos; πᾶν τι cada cosa, todo; οὐδείς τις ni uno; ἐνιαυτός τις un año poco más o menos; ποῖός τις alguno; ὅσος τις en qué cantidad *o* número || ADV. **τὶ** de cierto modo, en cierta manera, algo, bastante, un poco. aproximadamente.

F. *gen. ép. jón.* τεο τευ, *át. tamb.* του; *dat.* τινι, *ép. jón.* τεῳ, *at.* τῳ; *ac.* τινα, *n.* τι; *du.* τινε; *pl. nom.* τινες, *n.* τινα, *tamb. ép.* ἄσσα, *át.* ἅττα; *gen.* τινων, *jón.* τεων; *dat.* τισι(ν), *jón.* τεοισι, *ac.* τινας *y el n. como el nom.*

τισέμεν *inf. fut. ép. de* τίω.

τίσις εως ἡ pago, castigo, venganza; recompensa, presente.

τίσω *fut. de* τίω; *frec. por* τείσω *de* τίνω.

τιταίνω tender [el arco], extender, alargar, estirar; tirar (ἅρμα de un carro) || MED. tender para sí, esforzarse, extenderse; correr con todas sus fuerzas.

F. *aor.* ἐτίτηνα, *part.* τιτήνας.

τίτανος ου ἡ cal; yeso.

τίτθη ης ἡ nodriza.

τίτλος ου ὁ letrero, rótulo, inscripción, título.

τιτός ἡ όν *adj. vbal. de* τίω vengado, que merece venganza.

τιτράω -ῶ *y*

τίτρημι = τετραίνω.

τιτρώσκω = τετραίνω; herir, dañar, lastimar; trastornar, seducir.

F. *ép. tamb.* τρώω; *fut.* τρώσω, *med. pas.* τρώσομαι; *aor.* ἔτρωσα; *perf.* τέτρωκα, *pas.* τέτρωμαι, *fut. perf.* τετρώσομαι; *aor. pas.* ἐτρώθην; *fut. pas.* τρωθήσομαι.

τιτύσκομαι preparar, ordenar, colocar; apuntar, tratar de herir; proponerse, esforzarse, procurar (φρεσί con la inteligencia).

τίφθ' ADV. = **τίπτε.**

τίω apreciar, honrar, venerar; apreciar, evaluar.

F. *inf. ép.* τιέμεν; *impf.* ἔτιον, *ép.* τῖον *y* τίεσκον, *3.ª sing. pas.* τιέσκετο; *fut.* τίσω, *inf. ép.* τισέμεν; *aor.* ἔτισα; *2.ª y 3.ª sing. subj. med. ép.* τίσεαι τίσεται; *perf. pas.* τέτιμαι.

τλάμων ον *dór. y*

τλήμων ον [*gen.* ονος] paciente, sufrido; valeroso; atrevido; infortunado; malo, insolente, arrogante.

τλῆναι *aor. inf. del inusit.* τλάω sufrir, aguantar, soportar, resignarse a, atreverse a, poder.

F. *fut.* τλήσομαι; *aor.* ἔτλην, *ép.* τλῆν, *3.ª pl.* ἔτλησαν, *dor.* ἔτλασαν, *ép.* ἔτλαν; *imp.* τλῆθι, *opt.* τλαίην, *3.ª pl. ép.* τλαῖεν, *part.* τλάς τλᾶσα; *aor. 1.º ép.* ἐτάλασσα, *subj.* ταλάσσω -ῃς -ῃ; *perf.* τέτληκα, *ép. con sign. pres. 1.ª pl.* τέτλαμεν, *imp.* τέτλαθι τετλάτω; *opt.* τετλαίην, *inf.* τετλάμεν(αι), *part.* τετληώς -υῖα, *pl.* τετληότες, *dat. sing.* τετληότι.

τλητός ἡ όν *adj. vbal. del anterior* paciente, valeroso; soportable, tolerable.

τμήγω = τέμνω || PAS. separarse, esparcirse.

F. *aor. 2.º* ἔτμαγον (*v.* διατμήγω); *3.ª pl. aor. pas. ép.* τμάγεν.

τμήδην ADV. cortando.

τμηθῆναι *inf. aor. pas. de* τέμνω.

τμῆμα ατος τό *y*

τμῆσις εως ἡ corte, separación, sección; parte, fragmento.

τμητός ἡ όν *adj. vbal. de* τέμνω bellamente recortado.

τό [*n. del art.*] ADV. por esto.

τό-γε ADV. por esto precisamente.

τόδε ADV. aquí; por esto.

τό-θι allí mismo, allí.

1 **τοί** *ép. poét.* = **οἱ** los, éstos; = **οἵ** los cuales.

2 **τοί** *ép. jón.* = **σοί** *dat. de* σύ.

3 **τοί** ADV. *enclít.* ciertamente, en verdad.

τοι-γάρ *y*

τοιγαρ-οῦν *y*

τοιγάρ-τοι PARTICULAS así pues, por tanto, por consiguiente; así por ejemplo.

τοιγαρ-ῶν *jón.* = **τοιγαροῦν.**

τοῖιν = τοῖν *gen. dual del artículo.*

τοί-νυν ADV. ciertamente, en efecto; pues, así pues, pues bien; además; por tanto.

τοῖο = τοῦ *gen. del artículo.*

τοῖος α [*jón.* η] **ον** *y*

τοιόσ-δε ά-δε [*jón.* ή-δε] **όν-δε** *y*

τοιοῦτος τοιαύτη τοιοῦτο(ν) *y*

τοιουτοσ-ί τοιαυτη-ί τοιουτο(ν)-ί PRON. CORRELATIVO tal, de tal clase, de tal valor (τοῖος ἐὼν οἷος οὔτις Ἀχαιῶν siendo tal cual ninguno de los Aqueos; τοῖος ἐὼν οἷόν κε ἴδησθε siendo tal cual lo visteis; τ. ἀμυνέμεν capaz de defenderse; ἀλλ' ὅδ' ἐγὼ τοιόσδε pues aquí estoy como me ves; οἱ τοιοίδε *o* τοιοῦτοι los que reunen tales condiciones; ἐν τῷ τοιῷδε *o* τοιούτῳ en tales circunstancias; ἔλεγε τοιάδε dijo lo que sigue; τοιαῦτα εἶπε así [como se acaba de repetir] dijo; τοιοῦτό τι algo por el estilo; ἄλλα τοιαῦτα otras cosas semejantes; τοιούτων ὄντων *o* ὑπαρχόντων en tal situación *o* circunstancia; κατὰ τοιόνδε de tal modo) || ADV. **τοῖον** *y* **τοιαῦτα** de tal manera, tan, de tal modo.

τοιουτό-τροπος ον de esta manera, de tal guisa.

τοίσ-δεσ(σ)ι = **τοῖσδε** *dat. pl. de* ὅδε.

τοῖχος ου ὁ pared, muro; bordo, costado de un buque.

τοιχωρυχέω -ῶ robar con fractura, penetrar rompiendo una pared.

τοιχ-ώρυχος ου ὁ horadador de paredes, ladrón.

τοκάς άδος ADJ. *f.* parida; madre.

τοκεύς έως ὁ genitor, padre; en *du. y pl.* los padres, el padre y la madre.

F. *ép. du.* τοκῆε, *pl.* τοκῆες τοκήων τοκεῦσι τοκῆας, *át. nom. pl.* τοκεῖς etc.

τοκιστής οῦ ὁ usurero.

τόκος ου ὁ parto, nacimiento; época del parto; hijo; descendencia; producto, ganancia, interés.

τόλμα ης ἡ ánimo, resolución, audacia, valor; desvergüenza, atrevimiento.

τολμάω -ῶ *y*

τολμέω -ῶ tener valor *o* paciencia; soportar, resignarse, tener audacia, osar, atreverse (πᾶν a todo; πόλεμον a trabar combate).

τολμήεις εσσα εν paciente, valeroso, sufrido; audaz, emprendedor.

F. *superl. voc.* τολμήστατε *Sóf. Fil. 984, v. l.*

τόλμημα ατος τό acción audaz, aventura, empresa.

τολμηρός ά όν = **τολμήεις.**

τολμήστατος η ον *superl. de* τολμήεις.

τολμητής οῦ ὁ audaz, emprendedor.

τολμητός ή όν [*o* **-ός όν**] *adj. vbal. de* τολμάω que puede uno osar (ἔστ' ἐκείνῳ πάντα τολμητά aquél es capaz de atreverse a todo).

τολυπεύω apelotonar; hacer penosamente; maquinar, tramar.

τομαῖος α ον cortado.

τομάω -ῶ tener necesidad de un corte *o* de una operación.

τομή ῆς ἡ corte, golpe; amputación, incisión; separación, escisión; herida; abertura, agujero; tronco [de un cuerpo *o* de un árbol cortado], tocón; extremo [de una viga].

τομός ή όν cortante, agudo, afilado.

τόμος ου ὁ trozo cortado, porción; parte.

τόνος ου ὁ cuerda, cable; cinturón; tensión; tono, modo [musical], ritmo, medida del verso, verso; acento tónico.

τοξάζομαι = **τοξεύω.**

τοξάριον ου τό [*dim. de* τόξον] arquito, arquillo.

τόξ-αρχος ου ὁ jefe de los arqueros.

τόξευμα ατος τό disparo de arco, dardo, flecha; alcance de una flecha; *colect.* los arqueros.

τοξευτής οῦ ὁ = **τοξότης.**

τοξευτός ή όν herido de flecha.

τοξεύω disparar el arco, lanzar flechas; alcanzar, herir con las flechas, atravesar; apuntar, pretender algo; acertar.

τοξικός ή όν propio para arco *o* flechas; hábil en su manejo || SUBST. *f.* arte de manejar el arco.

τόξον ου τό arco; flecha; disparo; arte de disparar el arco || PL. el arco y las flechas.

τοξοσύνη ης ἡ destreza en disparar el arco.

τοξότης ου ὁ arquero; policía.

τοξο-φόρος ον que lleva flechas || SUBST. *m.* = **τοξότης.**

τοπάζιον ου τό topacio, *o más prob.* crisolito.

τοπάζω sospechar, juzgar, conjeturar.

το-παράπαν ADV. = **τὸ παράπαν.**

τόπος ου ὁ lugar, sitio, puesto; país, territorio, localidad, distrito, región; pasaje de un libro *o* de un escrito; espacio; condición, categoría; ocasión, posibilidad, oportunidad.

το-πρίν ADV. = **τὸ πρίν.**

τορεύω cincelar, grabar.

τορέω -ῶ atravesar, agujerear, perforar.

F. *fut.* τορήσω:; *aor.* ἐτόρησα, *aor. 2.º ép.* ἔτορον.

τόρμος ου ὁ agujero.

τορνεύω tornear.

τορνόομαι -οῦμαι redondear, dar forma circular (σῆμα a la sepultura).

F. *3.ª pl. aor. ép.* τορνώσαντο, *3.ª sing. subj. id.* τορνώσεται.

τόρνος ου ὁ compás; torno; movimiento circular.

τορός ά όν penetrante, claro.

τοσαυτάκις ADV. tantas veces.

τόσος η ον *y* **τοσόσ-δε ἥ-δε όν-δε** *y* **τοσοῦτος τοσαύτη τοσοῦτο(ν)** *y* **τοσουτοσ-ί τοσαυτη-ί τοσουτο(ν)-ί** ADJ. CORRELATIVOS tal, tanto, tan grande, tan fuerte, tan pequeño, tan débil; *pl.* tantos, tan pocos (τρὶς τόσσα δῶρα tres veces tantos dones, un número tres veces mayor de dones; ὅσῳ... τόσῳ cuanto... tanto; ὅσῳ μᾶλλον... τόσῳ μᾶλλον cuanto más... tanto más; ἐς τοσούτους τεταγμένοι formados en filas tan poco nutridas; διὰ τοσούτου tan cerca; ἐκ τοσούτου de tan lejos; ἐν τοσούτῳ entre tanto; εἰς *o* ἐπὶ τοσοῦτο, κατὰ τοσοῦτον, μέχρι τοσούτου tan lejos; ἐς τοσοῦτον a tal punto; τοσοῦτον οἶδα sólo esto sé; παρὰ τοσοῦτον a tal distancia, tan cerca *o* tan lejos de; παρὰ τοσοῦτον γιγνώσκω tan diferentemente pienso).

τοσσάκι ADV. tan frecuentemente.

τόσσος η ον *y* **τοσσόσ-δε ἥ-δε όν-δε** *y* **τοσσοῦτος τοσσαύτη τοσσοῦτο(ν)** = **τόσος** etc.

τότε ADV. entonces, antes, en otro tiempo; en este caso, luego (οἱ τότε los que entonces vivían, los contemporáneos; ἐν τῷ τότε en el tiempo de entonces, en aquel tiempo).

τοτέ ADV. a veces (τοτὲ μέν... τοτὲ δέ unas veces... otras).

το-τηνίκα ADV. = **τὸ τηνίκα.**

τοτοτοῖ INTERJ. ¡ay!

1 **τοῦ** *gen. de* ὁ ἡ τό.

2 **τοῦ** = **τίνος** *de* τίς.

τοὺ = **τινός** *de* τὶς.

τοὔδαφος = **τὸ ἔδαφος.**

τοὐλάχιστον = **τὸ ἐλάχιστον.**

τοὔμπαλιν = **τὸ ἔμπαλιν.**

τοὔμπροσθεν = **τὸ ἔμπροσθεν.**

τοὐν = **τὸ ἐν.**

τοὐναντίον = **τὸ ἐναντίον.**

τοὔνεκα = **τοῦ ἕνεκα** por esto.

τοὔνομα = **τὸ ὄνομα.**

τοὐντεῦθεν = **τὸ ἐντεῦθεν.**

τοὔπισθεν = **τὸ ὄπισθεν.**

τοὐπίσω = **τὸ ὀπίσω.**

τοὔπος = **τὸ ἔπος.**

τοὔργον = **τὸ ἔργον.**

τοὔτερον = **τὸ ἕτερον.**

τουτ-έστι es decir.

τουτί *n. de* οὑτοσί.

τόφρα ADV. entretanto; mientras tanto; τόφρα... ὄφρα entre tanto... hasta que; ὄφρα... τόφρα hasta que... mientras tanto.

τραγεῖν *aor. 2.º inf. de* τρώγω.

τράγημα ατος τό postre || PL. golosinas.

τραγικός ἡ όν trágico; majestuoso, patético; enfático || SUBST. *m.* = **τραγῳδός.**

τράγος ου ὁ macho cabrío.

τραγο-σκελής ές de pies de macho cabrío.

τραγῳδέω -ῶ hablar en tono trágico.

τραγῳδία ας ἡ tragedia, canto *o* drama heroico.

τραγῳδός οῦ ὁ poeta trágico; actor trágico; que canta *o* baila en el coro trágico.

τρανής ές penetrante; claro, distinto, preciso.

τράπε *3.ª sing. aor. 2.º ép. de* τρέπω.

τράπεζα ης ἡ mesa; comida, alimentos; hospitalidad; banca.

τραπεζεύς έως ὁ doméstico; parásito, gorrón.

τραπεζίτης ου ὁ cambista, banquero.

τραπείομεν *1.ª pl. subj. aor. pas. de* τέρπω, *Od. 8, 292.*

τράπεσκε *3.ª sing. aor. iter. jón. de* τρέπω.

τραπέω -ῶ pisar la uva.

τραπῆναι *aor. 2.º inf. pas. de* τρέπω.

τραυλός ἡ όν tartamudo, balbuciente.

τραῦμα ατος τό herida; daño, desastre, derrota.

τραυματίας [*jón.* **τραυματίης**] **ου** ADJ. *m.* herido.

τραυματίζω herir.

τραυματίης ου ADJ. *m. jón.* = **τραυματίας.**

τραφέμεν *inf. aor. 2.º ép. de* τρέφω.

τράφεν *3.ª pl. aor. 2.º pas. ép. de* τρέφω.

τραφερός ά [*jón.* **ἡ**] **όν** firme, sólido || SUSBT. *f.* la tierra firme.

τράφη *3.ª sing. aor. 2.º pas. ép. de* τρέφω.

τράφον -ες -ε *aor. 2.º ép. intr. de* τρέφω.

τραχηλίζω descubrir, manifestar.

τράχηλος ου ὁ cuello, nuca.

τραχύνω poner áspero; agriar, irritar || PAS. irritarse, exasperarse.
F. *perf. pas.* τετράχυσμαι, *inf.* τετραχύνθαι.

τραχύς εῖα ύ áspero, escabroso; desigual, agitado; agrio, duro, cruel, salvaje.

τραχύτης ητος [*y* -ής ῆτος] ἡ aspereza, dureza; severidad, violencia, irritabilidad.

τρεῖς τρία ADJ. NUM. CARD. tres.

τρεισ-καίδεκα τρια-καίδεκα ADJ. NUM. CARD. trece.

τρέμω temblar, agitarse, tener miedo; temer.

τρέπω volver, dirigir (πρὸς ἠέλιον κεφαλήν hacia el cielo la cabeza; πρὸς ὄρος μῆλα llevar a pacer los rebaños a la montaña); hacer volverse, poner en fuga; apartar, alejar, preservar; cambiar, alterar; aplicar; volver la espalda (φυγάδε para huir) || MED. *y* PAS. volverse, dirigirse a; ponerse, darse, dedicarse (ἐφ' ἁρπαγήν al pillaje); inclinarse a, gustar (ἐπὶ πολλὰ λέγοντας de los que hablan mucho); cambiarse, volverse; huir; hacer volver las espaldas, derrotar, poner en fuga.

F. *impf. ép.* τρέπον; *fut.* τρέψω, *med.* τρέψομαι; *aor. 1.º* ἔτρεψα, *ép.* τρέψα; *aor. 2.º* ἔτραπον, *ép.* τράπον, *3.ª sing. iter. jón.* τράπεσκε, *med.* ἐτραπόμην *(tamb. pas.)*, *ép.* τραπόμην; *perf.* τέτροφα, *pas.* τέτραμμαι (*3.ª pl. ép.* τετράφαται; *imp. 3.ª sing.* τετράφθω, *part.* τετραμμένος, *3.ª sing. y pl. plpf. ép.* τέτραπτο τετράφατο); *aor. pas.* ἐτρέφθην (*inf. ép. jón.* τραφθῆναι) *y* ἐτράπην.

τρέσσα *aor. 1.º ép. de* τρέω.

τρέφω condensar, espesar, cuajar (γάλα leche); nutrir, alimentar, criar; formar, educar, instruir; tener, llevar (κόμην cabellera); mantener (τὸ ἥμισυ τοῦ στρατοῦ la mitad del ejército); hospedar; producir; espesarse, condensarse, cuajarse; considerar como (ἄφιλον odioso) || MED. nutrir, criar para sí || INTR. *y* PAS. ser alimentado, crecer, vivir, ser educado *o* criado; ser, existir.

F. *impf. ép.* τρέφον; *fut.* θρέψω, *med. con valor pas.* θρέψομαι; *aor.* ἔθρεψα, *med.* ἐθρεψάμην; *aor. 2.º intr.* ἔτραφον, *3.ª sing. ép.* τράφε, *inf. ép.* τραφέμεν; *perf.* τέτροφα *trans. e intr.*; *pas.* τέθραμμαι, *inf.* τεθράφθαι (*v. l.* τετράφθαι); *aor. pas.* ἐθρέφθην *y* ἐτράφην, *3.ª sing. ép.* τράφη, *3.ª pl.* τράφεν.

τρέχω correr, apresurarse; atravesar corriendo; πολλοὺς ἀγῶνας δραμεῖν correr muchos peligros; τρέχειν περὶ ἑωυτοῦ poner en riesgo su vida; παρ' ἓν πάλαισμα ἔδραμε νικᾶν por una sola lucha no fue vencedor [*Hdt. 9, 33*].

F. *fut.* δραμοῦμαι, *jón.* δραμέομαι, *menos frec.* θρέξομαι; *aor. 1.º* ἔθρεξα, *iter. ép.* θρέξασκον; *aor. 2.º* ἔδραμον, *ép.* δράμον; *perf.* δεδράμηκα, *poét.* δέδρομα, *3.ª pl. plpf.* ἐδεδραμήκεσαν.

τρέω temblar; temer; ser cobarde, huir (ὁ τρέσας cobarde).

F. *aor.* ἔτρεσα, *ép. tamb.* τρέσσα.

τρῆμα ατος τό abertura, orificio.

τρήρων ωνος ADJ. *m. y f.* tímido, miedoso.

τρῆσαι *inf. aor. de* τετραίνω.

τρήσω *fut. de* τετραίνω.

τρητός ή όν atravesado, traspasado, perforado.

τρηχύς εῖα ύ = τραχύς.

F. *jón. f.* τρηχέη.

τρίαινα ης ἡ tridente.

τριακάς άδος ἡ treintena; trigésima parte; reunión de treinta familias.

τριακονθ-ήμερος ον de treinta días.

τριάκοντα ADJ. NUM. CARD. treinta || SUBST. *m.* los treinta tiranos; el Consejo espartano.

τριακοντα-έτης ες de treinta años; que debe durar treinta años.

τριακονταέτις ιδος *f. del anterior.*

τριακονταρχία ας ἡ gobierno de los treinta.

τριακοντ-ήμερος ον = τριακονθήμερος.

τριακόντ-ορος ον de treinta filas de remeros || SUBST. *f.* nave de treinta filas de remeros.

τριακοντούτης ες = τριακονταέτης.

τριακοντοῦτις ιδος ADJ. *f.* **= τριακονταέτις.**

τριακόσιοι αι α ADJ. NUM. CARD. trescientos; que consta de trescientas unidades || SUBST. *m.* los contribuyentes más ricos de Atenas; los espartanos muertos en las Termópilas.

τριακοστός ἡ όν trigésimo.

τριάς άδος ἡ el número tres, grupos de tres, tríada.

τριβεύς έως ὁ frotador.

τριβή ῆς ἡ desgaste; ejercicio, rutina, práctica; costumbre, destreza; dilación, tardanza, retraso, prolongación; pasatiempo, entretenimiento.

τρί-βολος ον de tres puntas, erizado de púas || SUBST. *m.* cardo, abrojo.

τρίβος ου ὁ camino trillado; carretera, camino militar; = **τριβή**.

τρίβω frotar; trillar; apretar; triturar, majar; desgastar, agotar; debilitar, oprimir, maltratar; asolar; llevar, arrastrar; consumir, disipar; pasar; diferir, aplazar, prolongar || PAS. acostumbrarse a, ejercitarse en, esforzarse por; desgastarse; deshacerse, consumirse, agotarse.

F. *inf. ép.* τριβέμεναι; *fut.* τρίψω, *med. (y pas.)* τρίψομαι; *aor.* ἔτριψα, *inf.* τρῖψαι; *perf.* τέτριφα, *pas.* τέτριμμαι, *3.ª pl. jón.* τετρίφαται; *aor. pas.* ἐτρίφθην *y* ἐτρίβην.

τρίβων ωνος ADJ. *m. y f.* experimentado; práctico, experto en [*gen.*] || SUST. *m.* capa raída, capote viejo.

τριβώνιον ου τό [*dim. de* τρίβων] capita, capotillo.

τρί-γληνος ον de tres perlas.

τρι-γλώχιν ινος ADJ. *m. y f.* de tres puntas.

τρι-γονία ας ἡ tercera generación.

τρί-γωνον ου τό triángulo.

τρί-δουλος ου ὁ esclavo nacido de padres esclavos hace ya tres generaciones.

τρι-έλικτος ον que se repliega *o* se arrolla tres veces sobre sí mismo.

τρι-έσπερος ον de tres noches, que dura tres noches.

τριετηρίς ίδος ἡ fiesta trienal.

τρι-έτης ες [*o* **τρι-ετής ές**] de tres años; que dura tres años || ADV. **τρίετες** durante tres años, desde hace tres años.

τριετία ας ἡ tiempo de tres años.

τρίζω piar, gorjear; sonar, silbar; chillar; rechinar, chirriar; chascar; crujir.

F. *perf.* τέτριγα *con valor pres.*; *part. pl. ép.* τετριγῶτες; *3.ª sing. plpf. ép.* τετρίγει.

τριηκάς άδος ἡ = **τριακάς**.

τριήκοντα = **τριάκοντα**.

τριηκοντα-έτης ες = **τριακονταέτης**,

τριηκονταέτις ιδος ADJ. *f.* = **τριακονταέτις**.

τριηκόντ-ερος ον = **τριακόντορος**.

τριηκοντ-ήμερος ον = **τριακονθήμερος**.

τριηκοντοέτις ιδος ADJ. *f.* = **τριακονταέτις**.

τριηκόντ-ορος ον = **τριακόντορος**.

τριηκόσιοι αι α = **τριακόσιοι**.

τριηκοστός ή όν = **τριακοστός**.

τριηραρχέω -ῶ mandar una trirreme *o* un bajel; equipar una trirreme.

τριηραρχία ας ἡ mando de una trirreme.

τριηραρχικός ή όν relativo a las trierarquías [prestación extraordinaria al Estado].

τριήρ-αρχος ου ὁ comandante *o* armador de una trirreme.

τριηρ-αύλης ου ὁ flautista que marcaba el compás para regular el movimiento de los remos.

τρι-ήρης ες trirreme, de tres órdenes de remos || SUST. *f.* trirreme [nave].

F. *gen. sing.* τριήρεος -ους; *gen. pl. jón.* τριηρέων, *át.* τριήρων *gen. du.* τριήροιν.

τριηρίτης ου ὁ remero, soldado *o* pasajero de una trirreme; *pl.* tripulación de una trirreme.

τριθ-ημέρη ADV. anteayer.

τρι-κάρηνος ον *y*

τρί-κρανος ον de tres cabezas.

τρί-λλιστος ον tres veces deseado.

τρί-μετρος ον trímetro, de seis pies (τόνος verso).

τρί-μηνος ον trimestral, compuesto de tres meses || SUBST. *f. y n.* trimestre.

τριμμός οῦ ὁ = **τρίβος**.

τρι-μοιρία ας ἡ triple parte *o* sueldo.

Τρινακρία ας ἡ Sicilia.

τριξός ή όν = **τρισσός**.

τρί-οδος ου ἡ trivio, encrucijada.

τρι-πάλαιστος ον de tres palmos [de largo, ancho, etc.].

τρι-πέτηλος ον de tres hojas.

τρί-πηχυς υ [*gen.* εος] de tres codos.

τρίπλαξ ακος ADJ. *m. y f. y*

τρι-πλάσιος α ον = **τριπλοῦς**.

τρί-πλεθρος ον de tres fanegas.

τρι-πλοῦς ῆ οῦν triple; tres veces mayor; ἐν τριπλαῖς ἁμαξιτοῖς en la encrucijada || ADV. **τριπλῇ** de tres maneras.

τρι-πόλιστος ον *y*
τρί-πολος ον tres veces arado; renovado tres veces; muy fértil; muy célebre.
τρίπος ου ὁ = τρίπους.
τρί-πους τρί-πουν [*gen.* τρίποδος] de tres pies || SUBST. *m.* mesa de tres pies, velador; trípode; trébede.
τρί-πτυχος ον de triple piel.
τρίς ADV. tres veces (ἐς τρίς, ἐπὶ τρίς hasta tres veces, por tres veces).
τρισ-άθλιος α ον tres veces desgraciado.
τρισ-άσμενος η ον de muy buen grado.
τρισ-καίδεκα ADJ. NUM. CARD. trece.
τρισκαιδεκα-στάσιος ον trece veces mayor *o* más pesado; de valor trece veces mayor.
τρισκαιδέκατος η ον décimotercero.
τρίσ-μακαρ αρος ADJ. *m. y f.* tres veces dichoso.
τρισ-μύριοι αι α treinta mil.
τρί-σπονδος ον de tres libaciones (τρ. χοαί libaciones de triple mezcla [leche, miel y vino]).
τρισσός ή όν triple || PL. tres.
τρί-στεγος ον de tres pisos || SUBST. *n.* el tercer piso.
τριστοιχί ADV. en tres filas.
τρί-στοιχος ον de *o* en tres filas.
τρισ-χίλιοι αι α tres mil.
τριταγωνιστέω -ῶ hacer un papel de tercer orden.
τριτ-αγωνιστής οῦ ὁ el que hace un papel de tercer orden, actor mediocre.
τριταῖος α ον que llega *o* se hace el tercer día, realizado hace tres días; τρ. ἐγένοντο ἐν τῇ 'Αττικῇ al tercer día estuvieron en Atica; ἐσβεβληκὼς τριταῖος habiendo entrado tres días antes; τρ. γενόμενος llevando tres días muerto.
τρίτατος η ον = τρίτος.
τριτη-μόριος α ον que contiene *o* forma la tercera parte de una cosa || SUBST. *n.* el tercio, la tercera parte.
τριτημορίς ίδος ἡ el tercio *o* la tercera parte.
Τριτο-γένεια ας ἡ *y*
Τριτο-γενής οῦς ἡ Tritogenia [nacida junto al arroyo Tritón].
τρίτος η ον tercero; ἐκ τρίτων en tercer lugar; ἐπὶ τῷ τρίτῳ a la tercera señal || SUBST. *f.* el tercer día || ADV. **(τὸ) τρίτον** por tercera vez.
τριττός ή όν = τρισσός.
τριττύς [*o* **τριτύς**] **ύος ἡ** tercera parte de una tribu [φυλή] ática.
τρι-φάσιος α ον = τρισσός.
τρί-φυλλον ου τό trébol.
τρί-φυλος ον que se compone de tres tribus.
τρίχα ADV. en tres partes, en tres (τρίχα νυκτός en el último tercio de la noche).
τριχά-ικες ων ADJ. *m.* de las tres tribus.
τρίχες *pl. de* θρίξ.
τριχῇ *y*
τριχῇ *y*
τριχθά ADVS. = **τρίχα** (τριχθά τε καὶ τετραχθά en mil pedazos).
τρίχινος η ον hecho de crin *o* de pelo.
τρι-χοίνικος ον de tres litros.
τριχός *gen. de* θρίξ.
τριχοῦ ADV. en tres lugares.
τρίχωμα ατος τό cabellera espesa; pelo largo y espeso.
τρῖψαι *inf. aor. 1.º de* τρίβω.
τρῖψις εως ἡ frotamiento; tacto; flexibilidad; dureza.
τρι-ώβολον ου τό tres óbolos; sueldo de los soldados de marina.
τρι-ώροφος ον de tres pisos.
τρι-ώρυγος ον de tres brazas.
Τροίη-θεν ADV. de Troya.
Τροίην-δε ADV. a Troya.
τρομερός ά όν tembloroso.
τρομέω -ῶ [*y med.*] temblar (φρένα en su corazón); temer.

F. *2.ª sing. ép.* τρομέεις; *inf. med.* τρομέεσθαι; *3.ª pl. impf. med. ép.* τρομέοντο; *3.ª pl. opt. med. ép. y jón.* τρομεοίατο.

τρόμος ου ὁ temblor, estremecimiento; temor.
τροπαῖον [*y* **τρόπαιον**] **ου τό** trofeo.
τροπαῖος [*y* **τρόπαιος**] **α ον** que da la victoria; que aleja los males.
τροπέω -ῶ = τρέπω.

F. *impf. ép.* τρόπεον.

τροπή ῆς ἡ vuelta; punto en que se vuelve; revolución del sol, solsticio; acción de poner en fuga, *de donde* victoria (τροπαῖον τῆς τροπῆς trofeo *o* monumento de la victoria); fuga, derrota (τροπήν τινος ποιεῖν *o* ποιεῖσθαι derrotar a uno, ponerlo en fuga); cambio, revolución, alteración.

τρόπις εως [*o* **ιος**] **ἡ** quilla *o* carena de un bajel.

τροπόομαι -οῦμαι apartar de sí.

τρόπος ου ὁ dirección (πάντα τρόπον en todas direcciones); actitud; manera, modo, calidad, particularidad, modo de ser *o* estar (τῷ παρεόντι τρόπῳ χρῆσθαι seguir como uno está, *Hdt. 1, 97*); modo musical; modo de expresarse, estilo; modo de pensar y obrar, costumbre, carácter, sentimientos (διάφοροι ὄντες τὸν τρόπον siendo diferentes por el carácter; ὥσπερ δὴ τρόπος ἦν αὐτοῖς como era su costumbre); ποίῳ τρόπῳ, τῷ τρόπῳ, ὅτῳ τρόπῳ, ὃν τρόπον de qué manera; τρόπῳ τοιῷδε de tal modo; οὐδενὶ *o* μηδενὶ τρόπῳ, οὐδένα *o* μηδένα τρόπον de ningún modo; τοῦτον τὸν τρόπον de esta manera; πίτυος τρόπον a la manera del pino, como hace el pino; πάντας τρόπους de todos modos; οὐκ ἐν τῷ αὐτῶν τρόπῳ no según su costumbre; μετὰ ὁτουοῦν τρόπου de cualquier manera que; κατὰ τρόπον convenientemente; ἀπὸ τρόπου inconvenientemente; θαυμαστὸν οὐδὲν οὐδ᾽ἀπὸ τοῦ ἀνθρωπείου τρόπου nada sorprendente ni en contradicción con la naturaleza humana; πρὸς τρόπου conforme a la costumbre.

τροπός οῦ ὁ estrobo [correa para sujetar el remo].

τροπο-φορέω -ῶ soportar el carácter de uno.

τροπόω -ῶ [*y med.*] apartar, alejar, poner en fuga || poner el estrobo al remo [*v.* τροπός].

τροπωτήρ ῆρος ὁ = **τροπός.**

τροφά ᾶς ἡ *dór.* = **τροφή.**

τροφεῖα ων τά gastos de alimentación; = **τροφή.**

τροφεύς έως ὁ = **τροφός.**

τροφέω -ῶ = **τρέφω** || PAS. hincharse.

τροφή ῆς ἡ alimentación; educación, cuidado, cría; alimento, provisones; aprovisionamientos, recursos de un ejército; sostén de la vida; género de vida, vida; vástago, descendencia.

τρόφιμος ον alimentado || SUST. *m.* hijo, pupilo.

τρόφις ι [*gen.* ιος] *y*

τροφόεις εσσα εν bien nutrido; fuerte, robusto; grande.

τροφός όν que alimenta, que cuida, que educa, que cría || SUBST. *n.* alimento; *f.* nodriza.

τροφο-φορέω -ῶ llevar *o* cuidar como nodriza; alimentar.

τροχάζω *y*

τροχάω -ῶ = **τρέχω.**

F. *ac. part. m. ép.* τροχόωντα.

τροχ-ηλάτης ου ὁ conductor de un carro.

τροχ-ήλατος ον movido por ruedas, llevado por un carro.

τροχιά ᾶς ἡ rodada, carril; *fig.* paso, marcha.

τροχίλος ου ὁ reyezuelo [pájaro]; avefría.

τροχο-ειδής ές circular, redondo.

τροχός οῦ ὁ rueda [de carro, de alfarero, de tormento]; aro [de niño], disco; pan [de cera, de sebo, etc.].

τρόχος ου ὁ carrera, rotación.

τρύβλιον ου τό plato, fuente.

τρυγάω -ῶ recolectar, cosechar, segar, vendimiar.

τρύγητος ου ὁ vendimia; recolección, época de la siega.

τρυγών όνος ἡ tórtola.

τρύζω arrullar, gorjear, murmurar.

τρυμαλιά ᾶς ἡ agujero, ojo de una aguja.

τρύξ τρυγός ἡ mosto; hez, poso; vino de orujo.

τρύπανον ου τό taladro; trépano.

τρυπάω -ῶ agujerear, atravesar, perforar (τὰ ὦτα τετρυπημένος con pendientes en las orejas, *Jen. An. 3, 1, 31*).

F. *3.ª sing. opt. ép.* τρυπῷ *Od. 9, 384.*

τρύπημα ατος τό = **τρυμαλιά.**

τρυσ-άνωρ ορος ADJ. *m. y f.* doloroso, aflictivo.

τρυτάνη ης ἡ balanza.

τρυ-φάλεια ας ἡ casco, yelmo.

τρυφάω -ῶ ser afeminado, voluptuoso; vivir desordenadamente; ser desdeñoso, arrogante; ser difícil de contentar, darse importancia; negarse a seguir.

τρυφερός ά όν afeminado, voluptuoso; delicado || SUBST. *n.* vida muelle y afeminada.

τρυφή ῆς ἡ libertinaje, molicie, afeminamiento, lujo; vida regalada; orgullo, altivez, insolencia.

τρύφος εος [ους] τό trozo, fragmento; ruinas.

τρυχόω -ῶ *y*

τρύχω *y*

τρύω frotar, agotar, consumir, arruinar, afligir || PAS. ser consumido, atormentado (λιμῷ por el hambre).

F. *fut. resp.* τρύξω *y* τρύσω; *de* τρύω: *perf. pas.* τέτρυμαι, *inf.* τετρῦσθαι, *part.* τετρυμένος.

Τρῳάς άδος ἡ = Τρωιάς.

Τρωαί ῶν αἱ las troyanas.

τρωγλο-δύτης ου ὁ el que vive en las cavernas, troglodita.

τρώγω comer, roer, pacer; comer alimentos crudos [vegetales, fruta, frutas secas, etc.].

F. *fut.* τρώξομαι; *aor.* ἔτρωξα; *aor.* *2.º* ἔτραγον *(en comptos.)*; *perf. pas.* τέτρωγμαι.

Τρῶες ων οἱ los troyanos.

Τρωιάς άδος ADJ. *f.* troyana.

Τρωικός ή όν troyano.

τρώκτης ου ADJ. *m.* comilón, voraz, rapaz.

τρωκτός ή όν que se puede comer crudo || SUBST. *n. pl.* golosinas, frutas de postre.

τρῶμα ατος τό = τραῦμα.

τρωματίζω = τραυματίζω.

τρωματίης ου ὁ = τραυματίας.

τρωπάω -ῶ cambiar, variar || MED. tornarse, volverse.

F. *3.ª pl. impf. med. ép.* τρωπῶντο; *iter. ép. 3.ª sing.* τρωπάσκετο.

τρώσω *fut. de* τιτρώσκω.

τρωτός ή όν vulnerable.

τρωχάω -ῶ = τρέχω.

τρώω = τιτρώσκω.

τύ = σύ.

τυγχάνω alcanzar el propósito; alcanzar, herir; encontrar por casualidad (οὐδ'αὐτὸς τυχών no habiéndome encontrado él mismo: ὁ τυχών el primero con quien se tropieza, uno cualquiera); tener suerte, ser feliz, triunfar (τυγχάνων el que tiene éxito; τυχών que tuvo éxito; τυχεῖν τῆς γνώμης triunfar en, hacer prevalecer su opinión); procurar, alcanzar, comprender; obtener (δίκης justicia); recibir, sufrir (βίης violencia); encontrar (τὸ θανεῖν la muerte); encontrarse, estar casualmente (ἀνεπαύοντο ὅπου ἐτύγχανεν ἕκαστος descansaban donde se encontraba cada uno); tocar en suerte (οἶ'αὐτοῖς τύχοι ojalá les toque en suerte algo parecido); producirse, verificarse, ocurrir, suceder; *acompañado de un participio se traduce* precisa, casualmente, por ventura *y el part. en el tiempo en que esté* τυγχάνω (ἡγοῦνται ὀλίγα τυχεῖν πράξαντες creen precisamente haber hecho poco; τίς ὢν τυγχάνεις; ¿quién eres? *[aquí no hay necesidad de traducir el verbo* τ.]; *a veces falta el part. de* εἶναι: ὁ γὰρ μέγιστος τυγχάνει (ὢν) δορυξένων porque él es precisamente el mayor de sus amigos); *ac. abs.* τυχόν quizá, puede ser (τυχὸν μὲν ἀναισθητῶν acaso obrando insensatamente).

F. *impf. ép.* τύγχανον; *fut.* τεύξομαι; *aor. 1.º ép.* ἐτύχησα; *aor. 2.º* ἔτυχον, *ép.* τύχον, *subj. 1.ª sing.* τύχωμι, *3.ª* τύχησι; *perf.* τετύχηκα, *part.* τετυχηκώς *o* τετυχηώς *trans. e intr., después* τέτευχα, *íd.* τέτυχα *N. T.*; *3.ª sing. plpf. jón.* ἐτετεύχεε; *perf. med.* τέτευγμαι; *aor. pas.* ἐτεύχθην.

τυθήσομαι *fut. pas. de* θύω.

τύκος ου ὁ martillo; hacha de combate.

τυκτά *palabra persa* banquete completo y suntuoso.

τυκτός ή όν preparado, creado; trabajado con arte; perfecto; firme, sólido; hecho por manos de hombre.

τύλη ης ἡ *y*

τύλος ου ὁ joroba; callo, dureza; clavija, estaquilla.

τυλόω -ῶ guarnecer de clavos; endurecer, insensibilizar, encallecer.

τυλωτός ή όν guarnecido de clavos.

τύμβευμα ατος τό tumba.

τυμβεύω enterrar; derramar sobre una tumba (χοάς [*con dat.*] libaciones en honor de un muerto); estar sepultado.

τυμβ-ήρης ες sepulcral; funerario; enterrado.

τύμβος ου ὁ túmulo, tumba.

τυμβοχοέω -ῶ elevar un túmulo funerario; sepultar bajo un túmulo funerario.

τυμβοχόη ης ἡ construcción de una tumba, tumba.
τυμβόχωστος ον amontonado en forma de túmulo.
τυμπανίζω azotar, torturar; tocar el tambor.
τυμπανίστρια ας ἡ tocadora del tímpano *o* tamboril.
τύμπανον ου τό tímpano, atabal, timbal, tambor.
τύνη = σύ.
τυπείς *part. aor. 2.º pas. de* τύπτω.
τυπή ῆς ἡ golpe.
τυπικῶς ADV. como ejemplo *o* escarmiento.
τύπος ου ὁ golpe; marca del golpe, señal, cicatriz, hendidura (ἥλων de los clavos); huella [de los pasos]; cuño [de la moneda]; copia, imagen, escultura, estatua; figura, forma, sello; modo de ser, carácter; esbozo, esquicio; modelo, ejemplo, tipo; tenor [de un escrito], contenido.
τυπόω -ῶ formar, figurar, modelar, moldear.
τύπτω pegar, golpear, herir || MED. herirse, darse golpes de pecho en señal de duelo [*con ac.* por la muerte de alguien].

F. *impf. ép.* τύπτον; *fut.* τύψω, *át.* τυπτήσω, *med. con valor pas.* τυπτήσομαι; *aor. 1.º* ἔτυψα, *ép.* τύψα, *med.* ἐτυψάμην; *td.* ἐτύπτησα *Esop.*; *aor. 2.º* ἔτυπον; *perf.* τέτυφα, *med.* τέτυμμαι, *inf.* τετύφθαι; *td.* τετύπτημαι, *aor. pas.* ἐτύπην. *En. át. el fut. aor. y perf. son sustituidos en gral. por* πατάσσω, *por* παίω *o por* πλήσσω.

τύπωμα ατος τό forma; objeto modelado, vaso, urna, ánfora.
τυραννεύω *y*
τυραννέω -ῶ ser soberano absoluto, tirano; conducirse como un déspota; gobernar con despotismo || PAS. ser gobernado despóticamente.
τυραννικός ή όν de soberanos (κύκλος τ. asamblea de soberanos); despótico, tiránico; imperioso; real (κράτος poder); partidario del despotismo || SUBST. *n.* comportamiento propio de un tirano.
τυραννίς ίδος ἡ poder absoluto, soberanía, realeza; despotismo, tiranía; reina, princesa; tirano.
τύραννος ου ὁ señor absoluto, omnipotente; tirano, déspota; rey, soberano, príncipe, dueño || ἡ esposa *o* hija de un tirano, reina, princesa || ADJ. **τύραννος ον = τυραννικός.**
τυρβάζομαι acongojarse, preocuparse; agitarse desordenadamente
τύρβη ης ἡ alboroto, tumulto, confusión.
τυρός οῦ ὁ queso.
τύρσις εως [*e* **ιος**] **ἡ** torre, castillo; ciudad fortificada.
τυτθός όν pequeño, joven || ADV. **τυτθόν** un poco, apenas; **τυτθά** en pequeños pedazos.
τυφλός ή όν ciego; deslumbrado, alelado; insensible, estúpido; oculto, invisible; secreto; oscuro; τυφλὸς τά τ'ὦτα, τόν τε νοῦν, τά τ'ὄμματα que ni oye, ni entiende, ni ve [*Sóf. E. R. 371*]; τὰ τ. τοῦ σώματος la parte trasera del cuerpo.
τυφλότης ητος ἡ ceguera, ceguedad.
τυφλόω -ῶ cegar; deslumbrar, alelar || PAS. ser ciego.
τῦφος ου ὁ humo; vapor, soplo; oscuridad; vanidad, apariencia soberbia.
τυφόω -ῶ oscurecer, llenar de humo || PERF. PAS. τετύφωμαι estar cegado por la soberbia.
τύφω hacer humo; ahumar, llenar de humo; quemar || PAS. humear, arder lentamente.

F. *impf.* ἔτυφον (κἄτυφε = καὶ ἔτυφε), *poét.* τύφον; *perf. pas.* τέθυμμαι; *aor. pas.* ἐτύφην.

τυφῶν ῶνος ὁ = τυφῶς.
τυφωνικός ή όν de tifón, huracanado, tempestuoso.
τυφῶς ῶ ὁ ἡ *y*
τυφώς ῶ ὁ ἡ tifón, torbellino, tromba.
τύχη ης ἡ azar, acaso, suerte, fortuna buena *o* mala, dicha, desdicha, éxito, fracaso, prosperidad, adversidad (τὰ τῆς τύχης las vicisitudes de la fortuna; τύχῃ por casualidad, por suerte, sin reflexión, sin motivo; κατὰ τύχην por azar; ἀγαθὴ τύχη buena suerte; ἀγαθῇ τύχῃ ¡buena suerte! ¡Dios te guarde!; τύχη βαρεῖα desgracia, mala suerte; οὐκ ἂν ἐν τύχῃ γίγνεσθαί σφισι no es-

taría para ellos [el éxito] en manos de la suerte).

τυχήσας *part. aor. de* τυγχάνω.

τυχόν *part. n. aor. de* τυγχάνω.

τύχωμι *3.ª sing.* τύχῃσι *subj. aor. ép. de* τυγχάνω.

τύψε *3.ª sing. aor. 1.º ép. de* τύπτω.

τῳ [*enclít.*] = τινί *dat. del indefin.* τὶς.

τώ *dual de* ὁ ἡ τό.

τῶ [*v. l.* **τῷ**] ADV. así, pues; por tanto; he aquí pues.

τῷ *dat. de* ὁ ἡ τό || = τίνι *dat. del interrog.* τίς.

τὤγαλμα = **τὸ ἄγαλμα.**

τωθάζω burlarse de.

τὠληθές = **τὸ ἀληθές.**

τὤνδρες = **οἱ ἄνδρες.**

τὠπό = **τὸ ἀπό.**

τὠποβαῖνον = **τὸ ἀποβαῖνον.**

τὠρχαῖον = **τὸ ἀρχαῖον.**

τώς [*o* **τῶς**] ADV. así.

τωὐτ' *y* **τωὐτό** = **τὸ αὐτό.**

τωὐτέου *jón.* = **τοῦ αὐτοῦ.**

Y

Y υ upsilon [20.ª letra del alfabeto griego] || *como signo numérico* **υ'** 400; **͵υ** 400.000.

ὕαινα ης ἡ hiena.

ὑακινθινο-βαφής ές teñido de color de jacinto.

ὑακίνθινος η ον de color jacinto, azul, violeta.

ὑάκινθος ου ὁ ἡ jacinto [flor]; piedra preciosa de color azul [aguamarina *o* zafiro].

ὑάλινος η ον de vidrio, vítreo, hialino.

ὕαλος ου ὁ cristal, vidrio.

ὑβ-βάλλω = ὑποβάλλω.

ὑβρίζω ser soberbio, insolente, descarado; vivir disolutamente; maltratar, injuriar, afrentar, deshonrar, mofarse; desbordarse; comportarse de manera injusta *u* ofensiva || MED. ser soberbio, fastuoso.

F. fut. ὑβρίσω, *át.* ὑβριῶ, *med.* ὑβριοῦμαι; *aor.* ὕβρισα; ; *perf.* ὕβρικα, *pas.* ὕβρισμαι; *plpf.* ὑβρίκειν; *aor. pas.* ὑβρίσθην; *fut. pas.* ὑβρισθήσομαι.

ὕβρις εως ἡ *y*

ὕβρισμα ατος τό orgullo, altanería, insolencia, soberbia; impetuosidad, inquietud, arrebato; ultraje, injuria, insulto, violencia; desenfreno, licencia, testarudez; daño.

ὑβριστής οῦ ADJ. *m. y*

ὑβριστικός ή όν *y*

ὕβριστος η ον violento, orgulloso, insolente; exuberante; licencioso, lujurioso; burlón || SUBST. *n.* comportamiento insolente.

ὑγιαίνω estar sano, fuerte, tener buena salud; recobrar la salud, sanar, restablecerse; tener sano el espíritu (τὸ ὑγιαῖνον el buen estado de un país).

F. *fut.* ὑγιανῶ; *aor.* ὑγίανα, *jón.* ὑγίηνα; *aor. pas.* ὑγιάνθην *o* ὑγιάσθην.

ὑγίεια ας ἡ buena salud.

ὑγιεινός ή όν *y*

ὑγιηρός ά όν *y*

ὑγιής ές sano, en buena salud (ὑγιέα ποιεῖν τινα poner a uno en buena salud, curarlo); intacto, íntegro, sano y salvo; sano de espíritu, robusto, fuerte; inteligente, sensato; de buen carácter; razonable; verdadero, honroso, bueno, saludable, puro || SUBST. **τὸ ὑγιεινόν** la salud.

F. *de* ὑγιής, *ac. jón.* ὑγιέα, *át.* ὑγιᾶ *y* ὑγιῆ.

ὑγραίνω mojar, humedecer.

ὑγρός ά [*jón.* **ή**] **όν** húmedo, mojado, fluido, corriente, jugoso, líquido, blando, flojo; delicado, tierno; ebrio; ondulante, onduloso; flexible; debilitado, desfallecido, lánguido; afeminado, sensual || SUBST. *f. y n.* humedad, fluidez, ola, mar; aguas del mar.

ὑγρότης ητος ἡ humedad; flexibilidad; fluidez.

ὑδάτιον ου τό un poco de agua; arroyo.

ὕδατος -ι etc. *v.* **ὕδωρ.**

ὑδατο-τρεφής ές que crece en el agua.

ὑδατώδης ες acuoso; lleno de agua.

ὕδρα ας ἡ culebra de agua, hidra.

ὑδραίνω humedecer, mojar, regar, bañar || MED. bañarse, lavarse.

F. *aor.* ὕδρηνα *o* ὕδρανα, *part. med. f.* ὑδρηναμένη.

ὑδρεία ας ἡ acción de sacar agua.

ὑδρεῖον ου τό cubo, pozal.

ὑδρεύω sacar agua || MED. abastecerse de agua.

ὑδρήιον ου τό *jón.* = **ὑδρεῖον.**

ὑδρηλός ή όν húmedo, empapado en agua.

ὑδρία ας ἡ hidria, cubo, cántaro; urna para votar.
ὑδροποσία ας ἡ costumbre de beber sólo agua.
ὑδροποτέω -ῶ beber agua solamente.
ὑδρο-πότης ου ὁ bebedor de agua.
ὕδρος ου ὁ = **ὕδρα.**
ὑδροφορέω -ῶ llevar agua.
ὑδρο-φόρος ον que lleva agua || SUBST. *m. y f.* aguador, aguadora.
ὑδρωπικός ή όν *y*
ὕδρ-ωψ ὕδρ-ωπος ADJ. *m. y f.* hidrópico, hidrópica.
ὕδωρ ὕδατος τό agua; ola; lluvia; sudor; canal, canalizo; agua de la clepsidra *o* reloj de agua (ἐν τῷ ἐμῷ ὕδατι en el tiempo de que dispongo para hablar, *Dem.*).
ὕε *3.ª sing. impf. de* ὕω.
ὑέλινος η ον = **ὑάλινος.**
ὕελος ου ὁ = **ὕαλος.**
ὑέτιος α ον que trae la lluvia, lluvioso.
ὑετός οῦ ὁ lluvia.
ὕης [*o* **ὑῆς**] **οῦ ὁ** [sobrenombre de Baco de dudoso significado].
ὕθλος ου ὁ charla insubstancial, habladuría.
υἷα *ac. de* υἱός.
υἱάσι *dat. pl. de* υἱός.
ὑίδιον ου τό gorrino.
υἱδοῦς οῦ ὁ nieto.
υἱέος υἱεῖ *etc. v.* υἱός.
ὑικός ή όν de cerdo (ὑικόν τι πάσχειν pasarle lo que a los cerdos).
υἱο-θεσία ας ἡ adopción de uno como hijo.
υἱός οῦ ὁ hijo, niño; descendencia; nieto; yerno; alumno, discípulo; partidario.

F. *nom. ép. poét. tamb. át.* ὑός, *ant. át.* υἱύς; *gen.* υἱοῦ υἱέος, *ép.* υἷος; *dat.* υἱῷ υἱεῖ, *ép. tamb.* υἱέϊ υἷι; *ac.* υἱόν, *ép.* υἱέα υἷα; *voc.* υἱέ; *du.* υἱεῖ υἱέε, *gen. dat.* υἱέοιν; *pl.* υἱοί ὑεῖς, *ép.* υἱέες υἷες; *gen.* υἱέων, *ép.* υἱῶν; *dat.* υἱοῖς υἱέσι, *ép. poét.* υἱοῖσι υἱάσι *ac.* υἱούς, υἱεῖς, *ép.* υἱέας υἷας.

υἱωνός οῦ ὁ nieto.
ὑλαγμός οῦ ὁ ladrido, aullido.
ὑλάεις εσσα εν *dór.* = **ὑλήεις.**
ὑλακή ῆς ἡ ladrido.
ὑλακό-μωρος ον que ladra fuerte, incesantemente.
ὑλακτέω -ῶ ladrar; gritar, alborotar; insultar, maldecir; palpitar.
ὑλακτικός ή όν gruñón.
ὑλάω -ῶ [*y med.*] = **ὑλακτέω.**
ὕλη ης ἡ bosque, selva, soto; árbol; madera; leña; materiales de construcción; maleza, espesura, ramaje; lastre [de un buque], rica provisión; ocasión.
ὑλήεις εσσα εν = **ὑλώδης.**
ὑλο-τόμος ον que corta árboles || SUBST. *m.* leñador.
ὑλώδης ες cubierto de bosques, selvoso.
ὑμᾶς *ac. pl. de* σύ.
ὑμεῖς *pl. de* σύ.

F. *nom. ép. (eól.)* ὕμμες; *gen.* ὑμῶν, *ép. jón.* ὑμέων *y* ὑμείων; *dat.* ὑμῖν, *dor.* ὑμίν *o encl.* ὗμιν *(Sóf.)*, *ép. encl.* ὕμιν; *ép. (eól.)* ὕμμι(ν); *ac.* ὑμᾶς, *ép. jón.* ὑμέας, *ép. poét. (eól.)* ὕμμε.

ὑμέναιος ου ὁ himeneo [canto nupcial]; matrimonio.
ὑμέτερος α ον vuestro, vuestra (ὑ. ἐλπίδες [*objetivo*] las esperanzas puestas en vosotros) || SUBST. *n.* vuestra opinión; vuestro interés; vuestro carácter; *n. pl.* vuestros bienes.
ὑμετερόν-δε ADV. a vuestra casa.
ὕμμε *ac. pl. ép.* [*eól.*] *de* σύ.
ὕμμες *nom. pl. ép.* [*eól.*] *de* σύ.
ὕμμι[ν] *dat. pl. ép.* [*eól.*] *de* σύ.
ὑμνέω -ῶ cantar himnos; cantar, alabar, celebrar (ἃ τὴν πόλιν ὕμνησα las virtudes por las cuales he alabado a la ciudad); deplorar (κακά sus desgracias); ponderar, tener siempre en boca.

F. *3.ª pl. perf. pas. jón.* ὑμνέαται.

ὕμνος ου ὁ himno, canto; canto de alabanza, canto nupcial; melodía.
ὑμός ή όν = **ὑμέτερος.**
ὑμῶν *gen. pl. de* σύ.
ὑός οῦ ὁ = **υἱός.**
ὑπ-αγκάλισμα ατος τό abrazo.
ὑπ-αγορεύω ordenar, indicar.
ὑπ-άγω poner debajo (ἵππους ζυγόν a los caballos bajo el yugo, engancharlos); llevar ante los tribunales (ἐς δίκην demandar, entablar demanda); acusar (ὑπὸ τὸν δῆμον ante el pueblo); llevar por sorpresa, atraer (τοὺς πολεμίους ἐς δυσχωρίαν a los enemigos a un lugar peligroso); se-

ducir, extraviar, inducir, engañar; arrastrar, llevar aparte *o* fuera, sacar (ἐκ βελέων del alcance de las flechas); conducir (τὸ στράτευμα el ejército); *intr.* retirarse poco a poco, alejarse, sustraerse [*Hdt. Tuc.*]; avanzar poco a poco [*Jen. An.*]; *simplte.* ir; irse [*N. T.*] || MED. someter, llevar poco a poco consigo, atraer a sí, a su partido, a su causa; insinuar, aconsejar en su propio interés.

F. *impf. ép. poét.* ὕπαγον (= ὑπῆγον). *Para lo demás, v.* ἄγω.

ὑπαγωγή ῆς ἡ retirada; acción de llevar consigo poco a poco; hundimiento; engaño, seducción.

ὑπ-ᾄδω *y*

ὑπ-αείδω sonar al lado; cantar para acompañar.

ὑπαί = **ὑπό.**

ὑπ-αιδέομαι -οῦμαι respetar, venerar.

ὕπαι-θα ADV. debajo; bajándose; a un lado, aparte, apartándose de.

ὑπ-αίθρειος ον *y*

ὑπ-αίθριος ον *y*

ὕπ-αιθρος ον que está *o* se hace al aire libre, en campo raso || SUBST. **τὸ ὕπαιθρον** el campo raso.

ὑπ-αίθω encender por debajo, incendiar.

ὑπ-αινίττομαι aludir a.

ὑπ-αιρέω -ῶ *jón.* = **ὑφαιρέω.**

ὑπ-αΐσσω saltar fuera, lanzarse, huir.

ὑπ-αισχύνομαι avergonzarse un poco de [*ac.*].

ὑπ-αίτιος ον responsable, culpable [ante alguien, *dat.*]; que puede atraer un reproche (ὑπαίτιόν ἐστί μοί τι πρός τινος se me reprocha algo por parte de uno).

ὑπακοή ῆς ἡ obediencia, sumisión.

ὑπ-ακούω escuchar atentamente, responder cuando se llama [a la puerta: ὁ ὑπακούσας el portero]; atender como juez a una demanda *o* declaración en los tribunales; obedecer; comparecer ante un tribunal: someterse, servir (τῷ ξυμφόρῳ τινός al interés de uno); condescender (τοῦτο con esto); consentir en.

F. *aor. 1.º ép.* ὑπάκουσα, *át.* ὑπήκουσα. *V.* ἀκούω.

ὑπ-αλείφω untar, embadurnar || MED. untarse de [*ac.*].

ὑπ-αλεύομαι = **ὑπαλύσκω,**

F. *part. aor. 1.º ép.* ὑπαλευάμενος.

ὑπάλυξις εως ἡ escape, escapatoria, evitación.

ὑπ-αλύσκω evitar, escapar, huir de [*ac.*].

F. *ép. sólo aor.* ὑπάλυξα.

ὑπ-αναλίσκω gastar, consumirlo todo poco a poco.

ὑπ-ανατείνω extender por debajo.

ὑπ-αναχωρέω -ῶ retirarse poco a poco, irse retirando.

ὕπ-ανδρος ου ADJ. *f.* casada, sometida al marido.

ὑπ-ανίσταμαι levantarse [por respeto ante uno, *dat.*]; ser levantada [la caza].

F. *3.ª pl. jón.* ὑπανιστέαται. *Con el mismo sign. el aor. 2.º* ὑπανέστην *y el perf. act.* ὑπανέστηκα. *V.* ἵστημι.

ὑπ-αντάω -ῶ salir al encuentro de, encontrarse con [*dat.*]; encontrar, hallar [a... *gen.*].

ὑπάντησις εως ἡ encuentro.

ὑπ-αντιάζω = **ὑπαντάω.**

ὑπ-απειλέω -ῶ amenazar encubiertamente.

ὑπ-άπειμι alejarse secretamente, retirarse con disimulo.

ὑπ-άπτω = **ὑφάπτω.**

ὕπαρ τό INDECL. visión real [que se tiene estando despierto] (οὐκ ὄναρ, ἀλλ'ὕπαρ no sueño sino realidad) || ADV. en estado de vigilia; en realidad.

ὑπ-αραιρημένος η ον *part. pf. pas. jón. de* ὑφαιρέω.

ὑπαργμένος η ον *part. perf. pas. jón. de* ὑπάρχω iniciado, empezado [por parte de ἐκ *y gen.*].

ὕπαρξις εως ἡ existencia; fortuna, riquezas.

ὑπ-αρπάζω *jón.* = **ὑφαρπάζω.**

ὑπ-αρχή ῆς ἡ comienzo, principio.

ὕπ-αρχος ου ὁ lugarteniente, gobernador, sátrapa, funcionario, virrey.

1 **ὑπάρχω** empezar, tomar la iniciativa [de algo *gen. ac. part.* εὖ ποιῶν de hacer el bien]; τὰ ὑπαργμένα lo iniciado, las iniciativas, [de alguien ἐκ *y gen.*]; ὑπῆρκτο se había empezado, se había puesto mano en ello [*gen.*]; existir ya *o* de antemano: τὰ ὑπάρχοντα ἁμαρτήματα los errores anteriores; *simplte.* ser, darse, existir:

κλαύμαθ' ὑπάρξει habrá llantos [para alguien *dat.*, *e. e.* tendrá que llorar], *con part. cf.* τυγχάνω: τοιαῦτα ὑπῆρχε ἐόντα τῷ ἄρχοντι tales cosas tenía el jefe; tocarle a uno, caerle en suerte, ocurrirle [τὸ μισεῖσθαι el ser odiado]; *de pers.* estar con uno, estar a su lado, ser adicto; pertenecer, καὶ ᾧ (χωρίῳ) μὴ ὑπάρχομεν aún en el lugar que está fuera de nuestra influencia; τὰ ὑπάρχοντα circunstancias, posibilidades, ventajas preexistentes; *tamb.* bienes, recursos; *impers.* ὑπάρχει ocurre, el hecho es; es dado, es posible: αὐτῇ εὐδαίμονι εἶναι a ella ser feliz.

F. *fut.* ὑπάρξω; *aor.* ὑπῆρξα; *perf. pas.* ὑπῆργμαι, *jón.* ὕπαργμαι, *3.ª plpf.* ὑπῆρκτο.

2 **ὑπ-άρχω** mandar, dominar [*dat*].

ὑπ-ασπίδιος ον cubierto por un escudo (ὁ ὑπασπίδιος κόσμος la armadura y el escudo) || ADV. **ὑπασπίδια** con escudo.

ὑπασπιστής οῦ ὁ escudero, portador del escudo; guardia de escolta.

ὑπ-ᾴσσω *át.* = **ὑπαΐσσω.**

ὑπ-άτοπος ον descabellado, extraño.

ὕπατος η ον [*o* **-ος ον**] el más alto, extremo, último || SUBST. *m.* cónsul.

ὕπ-αυλος ον que está bajo el techo de una casa *o* una tienda.

ὑπ-άφρων ον [*gen.* ονος] ADJ. *m. y f.* sencillo, ingenuo, cándido.

ὕπεαρ ατος τό lezna.

ὑπ-έασι *3.ª pl. de* ὕπειμι *2.*

ὑπ-έγγυος ον responsable; ὑ. πλὴν θανάτου que puede sufrir todas las penas menos la última [*Hdt. 5, 71*].

ὑπ-έδ(δ)εισα *aor. de* ὑποδείδω.

ὑπ-έδεκτο *3.ª sing. aor. 2.º de* ὑποδέχομαι.

ὑπ-ειδόμην *aor. 2.º med. de* ὑφοράω.

ὑπ-εικάθω *y*

ὑπ-είκω retroceder, retirarse; ceder, obedecer; permitir, condescender con [*dat.*], conceder; ser blando.

F. *En Hom. la prep. conserva frecte. la o final: inf.* ὑποεικέμεν, *át.* ὑπείκειν; *impf. ép.* ὑπόεικον; *fut.* ὑπείξω *y* ὑπϝείξομαι, *ép.* ὑποείξομαι; *aor.* ὑπεῖξα, *ép.* ὑπόειξα, *1.ª pl. subj.* ὑποείξομεν.

1 **ὕπ-ειμι** estar bajo *o* debajo de, haber debajo (κρηπὶς δ'ὑπῆν λιθίνη había debajo un fundamento de piedra); estar oculto, estar en el fondo (διὰ τὸ ἑτοίμην ὑπεῖναι ἐλπίδα porque se tiene en el fondo la esperanza segura de que etc.); estar a disposición de; subsistir, quedar.

F. *v.* εἰμί *y nótese 3.ª pl. ind. pres. ép.* ὑπέασι.

2 **ὕπ-ειμι** ocurrir, venir el pensamiento; llegar ocultamente, sin ser visto; retirarse poco a poco.

F. *v.* εἶμι.

ὑπ-ειπεῖν *aor. inf. de* ὑπολέγω.

ὑπείρ = **ὑπέρ.**

ὑπειρ-έχω = **ὑπερέχω.**

ὑπ-είρηκα *perf. de* ὑπολέγω.

ὑπείροχος ον = **ὑπέροχος.**

ὑπ-είς εἶσα έν *part. aor. jón. de* ὑφίημι.

ὑπ-εῖσα *aor. jón. de* ὑφέζω poner en emboscada.

ὑπεισδύομαι [*y aor. intr. act.* ὑπεισέδυν] deslizarse, penetrar poco a poco, hundirse debajo de [*dat.*].

ὑπ-έκ PREP. *de gen.* de debajo de; fuera de, lejos de (τείχεος αἰὲν ὑπέκ cada vez más lejos [del pie] del muro); *simplte.* de.

ὑπ-εκδύομαι [*y aor. intr. act.* ὑπεξέδυν] deslizarse, escaparse en secreto.

ὑπέκκαυμα ατος τό combustible; alimento.

ὑπ-έκκειμαι ser puesto secretamente en lugar seguro.

ὑπ-εκκομίζω [*y med.*] llevarse secretamente.

ὑπ-εκπέμπω enviar secretamente fuera.

ὑπεκ-πλέω zarpar en secreto.

ὑπεκ-προθέω -ῶ lanzarse corriendo adelante; alcanzar *o* pasar a uno corriendo.

ὑπεκ-προλύω sacar de debajo de; desenganchar (ἀπήνης del carro).

ὑπεκ-προρέω fluir del suelo, afluir.

ὑπεκ-προφεύγω huir secretamente, escapar huyendo de [*ac.*].

ὑπ-εκρέω correr poco a poco.

ὑπεκ-σαόω -ῶ salvar, arrebatar secretamente.

ὑπ-εκτίθεμαι llevar secretamente a un lugar seguro, salvar || PAS. estar seguro.

ὑπ-εκτρέπω apartar suavemente || MED. apartarse de, evitar.

ὑπ-εκτρέχω escapar, huir, evitar corriendo.

ὑπ-εκφέρω llevar, sacar secretamente; llevar adelante; ir delante, adelantarse; levantar un poco.

F. *impf. ép.* ὑπέκφερον (*y* ὑπεξέφερον).

ὑπ-εκφεύγω huir, escapar; *tr.* escaparse de, rehuir, evitar (ὄλεθρον, κῆρα: la ruina, la muerte).

F. *aor. ép.* ὑπέκφυγον (ὑπεξέφυγον).

ὑπ-εκχωρέω -ῶ apartarse un poco *o* secretamente, retirarse, ceder el sitio (ὑπ. τῷ θανάτῳ escapar de la muerte).

ὑπ-ελαύνω avanzar a caballo hacia.

ὑπέλυντο *3.ª pl. aor. 2.º med. ép. de* ὑπολύω *con valor pas.*

ὑπελύσαο *2.ª sing. aor. 1.º med. ép. de* ὑπολύω.

ὑπ-εμνήμυκα *perf. de* ὑπημύω.

ὑπ-εναντίος ον que va al encuentro de; contrario, opuesto a [*dat.*] || SUBST. *n. y m. pl.* los enemigos.

ὑπ-ενδίδωμι ceder un poco.

ὑπ-ένερθε(ν) ADV. abajo, bajo tierra, en los infiernos || PREP. *de gen.* debajo de.

ὑπ-έξ = **ὑπέκ.**

ὑπ-εξάγω llevar fuera, salvar; retirar poco a poco *o* secretamente; sacar, privar de.

ὑπ-εξαιρέω -ῶ apartar, alejar; exceptuar; sacar poco a poco, agotar || MED. reservar para sí.

F. *perf. pas. jón.* ὑπεξαραίρημαι. *V.* αἱρέω.

***ὑπεξ-αλέομαι -οῦμαι** escaparse, huir de [*ac.*].

F. *sólo inf. aor. 1.º ép.* ὑπεξαλέασθαι.

ὑπ-εξανάγομαι zarpar secretamente.

ὑπεξ-αναδύομαι [*y aor. intr. act.* ὑπεξανέδυν] emerger, salir (ἁλός del seno del mar).

ὑπ-έξειμι = **ὑπεξέρχομαι.**

ὑπ-εξειρύω quitar secretamente.

ὑπ-εξελαύνω llevarse en secreto; alejarse poco a poco.

ὑπ-εξέρχομαι retirarse, alejarse secretamente; desaparecer poco a poco; emigrar; salir al encuentro.

ὑπ-εξεσάωσεν *3.ª sing. aor. de* ὑπεκσαόω.

ὑπ-εξέχω salir ocultamente.

ὑπ-εξίσταμαι retirarse [ante uno, *dat.*]; ceder, evitar; desistir de, renunciar (τῆς ἀρχῆς al poder).

F. *aor. 2.º* ὑπεξέστην *y perf. con el mismo valor. V.* ἵστημι.

ὑπ-εξούσιος ον subordinado, súbdito.

ὕπερ ADV. en mayor grado, más || = **ὑπέρ** *en anástrofe.*

ὑπέρ PREP. *de gen.* sobre, encima de, por encima de; del lado de allá, más lejos, más allá de; para defensa de, por, en socorro de, en favor de, en provecho de; en nombre de, en lugar de; a causa de, por, por causa de; acerca de, sobre; más que, mejor que || *de ac.* por encima de, del lado de allá de, más que, más de, de antes de (ὁ ὑπὲρ τὰ Μηδικὰ πόλεμος la guerra anterior a las guerras Médicas); contra (ὑπὲρ μοῖραν por encima de, *es decir.* contra la decisión del destino; ὑπὲρ θεόν contra la voluntad divina).

ὑπέρα ας ἡ cuerda, cabo, *espte.* braza.

ὑπερ-άγαμαι admirar extraordinariamente.

ὑπερ-άγαν ADV. mucho, demasiado.

ὑπερ-αγαπάω -ῶ amar extremadamente.

ὑπερ-αής ές que sopla con violencia.

ὑπερ-αίρω exceder, pasar, aventajar || MED. enorgullecerse; rebelarse (ἐπὶ θεόν contra Dios).

ὑπέρ-αισχρος ον extremadamente feo.

ὑπερ-αιωρέομαι -οῦμαι elevarse sobre; llegar [por mar] a la altura de [*gen.*].

ὑπέρ-ακμος ον que ha pasado de la juventud.

ὑπερ-άκριος ον que está *o* vive en las alturas || SUBST. *n. pl.* alturas, montañas; *m. pl.* los que viven en la montaña, montañeses.

ὑπεραλγέω -ῶ afligirse extremadamente por [*gen. o dat.*].

ὑπερ-αλγής ές muy penoso.

ὑπερ-άλλομαι franquear de un salto [algo, *gen. o ac.*].

F. *3.ª sing. aor. 2.º ép.* ὑπερᾶλτο, *part. id.* ὑπεράλμενος.

ὑπερ-ανατείνω extender desmesuradamente hacia arriba.

ὑπερ-άνω ADV. muy arriba, muy por encima de; excesivamente.

ὑπερ-άνωθεν ADV. enteramente encima de [*gen.*]; en lo alto de.
ὑπερ-αποθνήσκω morir por [*gen.*].
ὑπερ-απολογέομαι -οῦμαι defender [a alguien, *gen.*].
ὑπερ-αρρωδέω -ῶ temer mucho por uno.
ὑπερ-αυξάνω crecer, aumentar extraordinariamente.
ὑπεραυχέω -ῶ ufanarse excesivamente.
ὑπέρ-αυχος ον extremadamente vano, orgulloso.
ὑπερ-άχθομαι estar extraordinariamente descontento *o* triste.
ὑπερ-βαίνω pasar; franquear, escalar (τεῖχος un muro; οὐδόν el umbral de una casa); entrar, penetrar (εἰς τὴν τῶν Θηβαίων en el territorio de los Tebanos); desbordarse [un río] (ἐς χώρην por la región, inundarla); transgredir, violar, quebrantar, pecar, faltar; dejar a un lado, omitir, descuidar; exceder, aventajar; proteger, defender.

F. *v.* βαίνω, *3.ª pl. aor. 2.º ép.* ὑπέρβασαν.

ὑπερβαλλόντως ADV. extraordinaria, excesivamente.
ὑπερ-βάλλω lanzar por encima *o* más allá de, pasar (Ψυλῆα δουρί lanzar la lanza más allá que Files, aventajar a Files en el lanzamiento de la lanza); pasar por encima, adelantarse; salirse [un líquido que hierve]; franquear, doblar, pasar (Μαλέην el cabo Malea [hoy Malia]; τὴν ἄκραν el promontorio); *abs.* franquear o salvar los montes, tramontar; pujar; exceder, pasar de; pasar la medida; aventajar, superar; invadir; distinguirse (μεγέθει δώρων por la grandeza de los dones); *part.* ὑπερβάλλων ουσα ον excesivo, extraordinario || MED. exagerar; exceder, aventajar; pujar; vencer; diferir, aplazar.

F. *v.* βάλλω *y nótese fut. ép.* ὑπερβαλέω; *aor. 2.º ép.* ὑπέρβαλον *y* ὑπειρέβαλον.

ὑπέρ-βασαν *3.ª pl. aor. de* ὑπερβαίνω.
ὑπερβασία ας [*jón.* **ὑπερβασίη ης**] **ἡ** transgresión, quebrantamiento, delito, crimen, conducta criminal o arrogante, orgullo.

ὑπερβατός ή όν que se puede atravesar; traspuesto, invertido, en orden inverso.
ὑπέρ-βη *3.ª sing. aor. de* ὑπερβαίνω.
ὑπερ-βήῃ *3.ª sing. aor. 2.º subj. ép. de* ὑπερβαίνω.
ὑπερβιάζομαι ser muy poderoso; obligar por la violencia; esforzarse demasiado.
ὑπέρ-βιος ον soberbio; impetuoso || ADV. **ὑπέρβιον** soberbia, insolentemente.
ὑπερβολή ῆς ἡ paso [de una montaña, etc.], desfiladero, altura; exceso, superabundancia (εἰς *o* καθ'ὑπερβολήν en exceso; καθ'ὑπερβολὴν ἀρετῆς por [medio de] un exceso de virtud); superioridad, preponderancia; el más alto grado, el colmo, el caso extremo (οὐδεμίαν ὑπερβολὴν λείπειν no poder ser superado; εἴ τις ὑπερβολὴ τούτου si hay algo peor que esto; τοσαύτην ὑπερβολὴν ποιεῖσθαι ir tan lejos); hipérbole, exageración; dilación, demora, retraso, aplazamiento.
ὑπερ-βριθής ές excesivamente pesado.
ὑπέρ-γερως ων viejísimo; extraordinariamente anciano.
ὑπέρ-δασυς εια υ muy peludo. de aspecto salvaje.
ὑπερ-δεής ές intrépido, muy valiente.

F. *ac. sing. ép.* ὑπερδέα *Il. 17, 330, por* ὑπερδεέα.

ὑπερ-δείδω *y*
ὑπερ-δειμαίνω tener mucho miedo; temer por [*gen.*].
ὑπερ-δέξιος ον situado a la derecha y más alto, en posición dominante (ἐξ ὑπερδεξίου desde arriba) || SUBST. *n. pl.* posiciones dominantes, alturas.
ὑπερδικέω -ῶ defender.
ὑπέρ-δικος ον enteramente justo.
ὑπερδίκως ADV. muy justamente.
ὑπερ-εῖδον *aor. 2.º de* ὑπεροράω.
ὑπ-ερείδω poner como sostén, apoyar.
ὑπ-ερείπω desfallecer, derrumbarse.

F. *aor. 2.º ép.* ὑπήριπον.

ὑπερ-έκεινα ADV. del lado de allá || PREP. *de gen.* al otro lado de.
ὑπερ-εκπερισσοῦ *y*
ὑπερ-εκπερισσῶς ADVS. sobreabundantemente, muchísimo.
ὑπερ-εκπλήσσομαι [*át.* **ὑπερ-εκπλήτ-**

τομαι] quedar pasmado *o* suspenso [ante alguien *o* por causa de alguien *ac.* ἐπί *y dat*].
F. *v.* πλήσσω, *y nótese part. perf.* ὑπερεκπεπληγμένος, *3.ª sing. plpf.* ὑπερεξεπέπληκτο *Jen. Cir. 1, 4, 25.*

ὑπερ-εκτείνω extender, alargar sobremanera *o* excesivamente.

ὑπερ-εκτίνω pagar por [alguien, *gen*].

ὑπερ-εκχύν(ν)ομαι derramarse, desbordarse.

ὑπερ-εμπίπλημι llenar hasta desbordarse || PAS. estar lleno hasta los bordes.

ὑπερ-εντυγχάνω interceder.

ὑπερ-επαινέω -ῶ alabar excesivamente.

ὑπερ-επιθυμέω -ῶ desear con ansia.

ὑπερ-έπτα *dór. y*

ὑπερ-έπτη *3.ª sing. aor. de* ὑπερπέτομαι.

ὑπ-ερέπτω llevarse de debajo, quitar por debajo, socavar (κονίην ποδοῖιν la arena por bajo de los pies).
F. *3.ª sing. impf. ép.* ὑπέρεπτε.

ὑπερ-έρχομαι pasar por encima, atravesar.

ὑπερ-εσθίω comer con exceso.

ὑπερ-έσχεθον *aor. 2.º iterat. de* ὑπερέχω.

ὑπερ-ετίθεα *impf. jón. de* ὑπερτίθημι.

ὑπέρ-ευ ADV. enteramente bien.

ὑπερ-εχθαίρω odiar con pasión, más que nada.

ὑπερ-έχω tener encima de, elevado sobre; poner encima; levantar por encima de, elevarse sobre (τῆς θαλάσσης sobre el mar; τὰ ὑπερέχοντα las partes salientes, dominantes); levantarse, salir [un astro]; sobresalir, dominar, exceder, pasar, sobrepasar, vencer ser superior (τινί τινα a uno en algo); aventajar (λέγων en hablar); ser muy poderoso *o* demasiado fuerte.
F. *v.* ἔχω. *Impf. ép.* ὑπείρεχον, *aor.* ὑπερέσχον, *ép.* ὑπερέσχεθον, *subj.* ὑπέρσχω ῃς ῃ.

ὑπερ-ηδέως ADV. con gran placer.

ὑπερ-ήδιστα ADV. de modo sobremanera agradable.

ὑπερ-ήδομαι alegrarse *o* gozar extraordinariamente.

ὑπερ-ήμισυς υ más que a medias, más que la mitad

ὑπερ-ηνορέων οντος ADJ. *m.* muy orgulloso.

ὑπερ-ήσει *3.ª sing. fut. de* ὑπερίημι.

ὑπερηφανέω -ῶ ser muy orgulloso, arrogante *o* insolente.

ὑπερηφανία ας ἡ soberbia, orgullo, arrogancia.

ὑπερ-ήφανος ον magnífico, espléndido; orgulloso, soberbio; suntuoso.

ὑπερ-θαλασσίδιος ον situado en lo alto de la costa; situado al otro lado del mar.

ὑπερ-θαυμάζω admirarse mucho.

ὕπερ-θε(ν) ADV. de arriba, del cielo; arriba, en la parte superior; más aún.

ὑπερ-θέωμαι *subj. aor. med. jón. de* ὑπερτίθημι.

ὑπερ-θρῴσκω saltar por encima de, pasar de un salto [algo, *ac.*].
F. *v.* θρῴσκω. *Fut. ép.* ὑπερθορέομαι; *aor. ép.* ὑπέρθορον, *inf.* ὑπερθορέειν.

ὑπέρ-θυμος ον altivo; magnánimo; audaz.

ὑπερ-θύριον ου τό *y*

ὑπέρ-θυρον ου τό dintel.

ὑπερ-θωυμάζω = **ὑπερθαυμάζω.**

ὑπερ-ιδεῖν *aor. 2.º inf. de* ὑπεροράω.

ὑπερ-ίημι lanzar más allá del punto alcanzado por uno de los contrincantes.

ὑπερ-ικταίνομαι apresurarse.

ὑπερ-ίπταμαι = **ὑπερπέτομαι.**

ὑπερ-ίσταμαι [*aor. intr. act.* ὑπερέστην *perf.* ὑπερέστηκα] estar encima de; estar a la cabeza de, proteger.

ὑπερ-ίστωρ ορος ADJ. *m. y f.* que sabe perfectamente.

ὑπερ-ίσχυρος ον extremadamente fuerte *o* sólido.

ὑπερ-ίσχω = **ὑπερέχω.**

ὑπερ-κάθημαι acampar sobre; acechar, amenazar, seguir de cerca.

ὑπερ-καλλής ές extraordinariamente hermoso.

ὑπερ-καταβαίνω = **ὑπερθρῴσκω.**

ὑπέρ-κειμαι estar situado sobre; aventajar.

ὑπέρ-κοπος ον arrogante, presuntuoso.

ὑπερ-κτάομαι -ῶμαι acarrearse por su culpa (πολύ τι κακῶν muchos males, *Sóf. El. 217).*

ὑπερ-κύδας αντος ADJ. *m.* muy célebre, glorioso.

ὑπέρ-λαμπρος ον magnífico; muy brillante || ADV. **ὑπέρλαμπρον** en voz muy alta.

ὑπερ-λίαν ADV. sobre manera, incomparablemente.

ὑπερ-λυπέομαι -οῦμαι estar muy descontento, muy irritado.

ὑπερμαχέω -ῶ *y*

ὑπερ-μάχομαι combatir por, defender [a... *gen.*].

ὑπερ-μεγάθης [*o* **ὑπερ-μεγέθης**] **ες** muy grande, enorme; muy difícil.

ὑπερ-μεθύσκομαι [*inf. aor.* ὑπερμεθυσθῆναι] cargarse de vino, embriagarse.

ὑπερμενέων οντος ADJ. *m. y*

ὑπερ-μενής ές orgulloso, soberbio; muy poderoso.

ὑπερ-μήκης ες desmesuradamente grande, muy poderoso; que llega muy lejos.

ὑπερ-μισέω -ῶ odiar sobre manera.

ὑπέρ-μορα *y*

ὑπέρ-μορον ADVS. contra la suerte, a pesar del destino.

ὑπερ-νικάω -ῶ vencer enteramente, triunfar de [*ac.*].

ὑπερ-νοέω -ῶ reflexionar, meditar sobre.

ὑπερ-νότιος ον situado más allá del viento del sur.

ὑπέρ-ογκος ον desmesuradamente grande, deforme, desmesurado; excesivo, orgulloso.

ὑπεροικέω -ῶ habitar *o* residir encima de *o* más allá de.

ὑπέρ-οικος ον que habita encima *o* más allá de.

ὕπερον ου τό mano de almirez, palo.

ὑπέροπλα ADV. *v.* **ὑπέροπλος.**

ὑπεροπλία ας [*jón* **ὑπεροπλίη ης**] **ἡ** presunción, orgullo.

ὑπεροπλίζομαι vencer por la fuerza de las armas.

ὑπέρ-οπλος ον orgulloso, insolente || ADV. **ὑπέροπλον** *y* **ὑπέροπλα** orgullosamente.

ὑπέροπτα ADV. *v.* **ὑπέροπτος.**

ὑπερ-όπτης ου ADJ. *m. y*

ὑπεροπτικός ή όν *y*

ὑπέροπτος ον orgulloso, desdeñoso, despreciativo, soberbio || ADV. **ὑπέροπτα** orgullosamente.

ὑπερ-οράω mirar *o* ver desde lo alto *o* desde arriba; pasar por alto, hacer caso omiso de; mirar de arriba abajo, despreciar, desdeñar [*ac. o gen.*].

F. *fut.* ὑπερόψομαι; *aor.* ὑπερεῖδον, *inf.* ὑπεριδεῖν; *aor. pas.* ὑπερώφθην. *Cf.* ὁράω.

ὑπερ-όριος α ον [*y* **-ος ον**] exterior, fuera de las fronteras || SUST. *f.* el extranjero [territorio].

ὑπερ-όρνυμαι caer sobre [*dat.*].

ὑπεροχή ῆς ἡ superioridad, excelencia; preeminencia, primacía; supremacía; autoridad.

ὑπέροχος ον superior (ἄλλων a los otros).

ὑπεροψία ας ἡ desprecio, desdén; orgullo.

ὑπερ-όψομαι *fut. de* ὑπεροράω.

ὑπερ-παθῶς ADV. con gran dolor.

ὑπερ-περισσεύω [*y med.*] sobreabundar.

ὑπερ-περισσῶς ADV. sobreabundantemente.

ὑπερ-περιττεύω *át.* = **ὑπερπερισσεύω.**

ὑπερ-πέτομαι volar sobre [*ac.*]; sobrepasar.

F. *3.ª pers. aor. ép.* ὑπέρπτατο, *poét.* ὑπερέπτα, *aor. td.* ὑπερεπτάσθην. *Cf.* πέτομαι.

ὑπερ-πηδάω -ῶ saltar por encima de; sobrepujar; quebrantar.

ὑπερ-πίμπλημι llenar enteramente, hartar.

ὑπερ-πίνω beber excesivamente.

ὑπερ-πίπτω caer sobre; pasar.

ὑπερ-πλεονάζω ser superabundante, excesivo.

ὑπερ-πληρόω -ῶ llenar excesivamente; saciar.

ὑπέρ-πολυς ὑπερ-πόλλη ὑπέρ-πολυ muchísimo.

ὑπερ-πονέω -ῶ [*y med.*] fatigarse excesivamente, sufrir por uno.

ὑπερ-πόντιος ον que está *o* va por mar; que está al otro lado del mar.

ὑπέρ-πτατο *3.ª sing. aor. ép. de* ὑπερπέτομαι.

ὑπερ-σχεθεῖν *inf. aor. ép. de* ὑπερέχω.

ὑπέρ-σχῃ *3.ª sing. aor. 2.º subj. de* ὑπερέχω.

ὑπέρτατος η ον el más alto, el más poderoso, el mayor.

ὑπερ-τείνω extender, estirar por encima *o* delante de; sobresalir, extenderse más allá de; aventajar.

ὑπερ-τελής ές que se eleva por encima de; que alcanza el fin (ἄθλων de sus trabajos).

ὑπερ-τέλλω elevarse sobre, salir [el sol].

ὑπερτερίη ης ἡ *ép.* parte superior del carro, caja; *s. o.* tejadillo, baca.

ὑπέρτερος α ον más alto, superior (ὑπέρτερα κρέα carne de la parte exterior de las víctimas); más poderoso, más fuerte, mejor || ADV. **ὑπέρτερον** [*con gen.*] más *o* mejor que.

ὑπερ-τίθημι [*y med.*] poner encima; comunicar; confiar, someter; diferir, aplazar.

F. *impf. jón.* ὑπερετίθεα. *V.* τίθημι.

ὑπερ-τιμάω -ῶ honrar especialmente.

ὑπερ-τρέχω transgredir, violar; vencer, superar; adelantarse a uno, pasarle.

ὑπ-έρυθρος ον rojizo.

ὑπερ-ύψηλος ον extraordinariamente alto.

ὑπερ-υψόω -ῶ elevar inmensamente, exaltar.

ὑπερ-φαίνομαι mostrarse sobre.

ὑπερ-φαλαγγέω -ῶ desbordar las alas del ejército enemigo.

ὑπερ-φέρω llevar al otro lado (τὸν ἰσθμὸν τὰς ναῦς transportar las naves al otro lado del istmo); aventajar, superar || PAS. pasar al otro lado de; remontarse, subir.

ὑπερ-φίαλος ον excesivo; muy fuerte, muy poderoso; orgulloso, arrogante.

ὑπερ-φιλέω -ῶ amar extraordinariamente.

ὑπερ-φοβέομαι -οῦμαι temer mucho.

ὑπερφρονέω -ῶ ser altivo, soberbio, estar orgulloso; despreciar.

ὑπέρ-φρων ον [*gen.* ονος] magnánimo; orgulloso, arrogante|| SUBST. *n.* sentimiento de superioridad || ADV. **ὑπέρφρονα** orgullosamente.

ὑπερ-φυής ές excesivo, extraordinario, enorme, desmesurado; maravilloso, prodigioso, extraño.

ὑπερ-φύομαι aventajar, superar.

ὑπερφυῶς ADV. sobremanera, maravillosamente.

ὑπερ-χαίρω alegrarse extraordinariamente.

ὑπερ-χλιδάω -ῶ *y*

ὑπερ-χλίω ser orgulloso, arrogante.

ὑπ-έρχομαι deslizarse, penetrar (δῶμα en la casa; ὑπέρχεταί με φόβος penetra en [se apodera de] mí el temor; Τρῶας τρόμος ὑπήλυθε γυῖα ἕκαστον un escalofrío sacudió los miembros de todos los Troyanos); tratar de apoderarse de; adular, seducir, conseguir engañar; dañar con disimulo; avanzar lentamente; caer sobre, atacar, coger.

F. *aor.* ὑπῆλθον, *ép. tamb.* ὑπήλυθον *(único tema en Hom.)*. *Cf.* ἔρχομαι.

ὑπερῴα ας [*jón.* **ὑπερῴη ης**] **ἡ** paladar.

ὑπ-ερωέω -ῶ retroceder.

ὑπερωιό-θεν ADV. desde el piso superior.

ὑρερώιον [*y* **ὑπερῷον**] **ου τό** piso superior, azotea.

ὑπ-ερωτάω -ῶ interrumpir preguntando.

ὑπ-έστην *aor. 2.º de* ὑφίστημι.

ὑπέσχεθον *aor. 2.º poét. de* ὑπέχω.

ὑπέσχημαι *perf. de* ὑπισχνέομαι.

ὑπεσχόμην -εο ετο *aor. 2.º ép. de* ὑπισχνέομαι.

ὑπέσχον *aor. 2.º de* ὑπέχω.

ὑπ-εύθυνος ον responsable [ante alguien, *dat.*]; sometido a una rendición de cuentas (ὑπεύθυνον ποιεῖν τί τινι someter algo a una cosa); dependiente de; deudor.

ὑπ-έχω colocar debajo; presentar, tender, alargar (χεῖρα la mano; τὰ ὦτα prestar oídos); someter, dar (λόγον razón *o* cuenta); ofrecer, permitir; sufrir, incurrir en (τιμωρίαν un castigo); dar ocasión; sostener, mantener.

F. *fut.* ὑφέξω; *aor.* ὑπέσχον, *inf.* ὑποσχεῖν *etc. V.* ἔχω.

ὑπ-ήκοος ον obediente, atento, dócil, sumiso || SUBST. *m. pl.* los súbditos.

ὑπ-ήκουον *impf. de* ὑπακούω.

ὑπ-ημύω bajar la cabeza, estar abatido.

F. *sólo 3.ª sing. perf. ép.* ὑπεμνήμυκε *Il. 22, 491 con ν intercalada por razón métrica.*

ὑπ-ήνεικα *aor. de* ὑποφέρω.

ὑπ-ήνεμος ον defendido del viento.

ὑπ-ήνη ης ἡ barba, bigote.

ὑπηνήτης ου ADJ. *m.* barbudo, que tiene barba (πρῶτον ὑπηνήτης que empieza a tener barba).

ὑπ-ηοῖος η ον matinal

ὑπηργμένος η ον *part. perf. pas.* de ὑπάρχω.

ὑπηρεσία ας ἡ servicio de remero *o* de marino; los marineros; los remeros; los marineros y remeros; servicio, ayuda.

ὑπηρέσιον ου τό cojín de remero.

ὑπηρετέω -ῶ [*y med.*] servir como remero *o* marinero; servir, ayudar; prestar servicio; estar a las órdenes de [*dat.*]; obedecer, hacer, ejecutar.

ὑπηρέτημα ατος τό asistencia, servicio.

ὑπ-ηρέτης ου ὁ remero, marinero; servidor, ayudante, ordenanza, asistente, mozo de cuerda; ejecutor *y espte.* ejecutor de la sentencia de muerte, verdugo; ayudante de campo.

ὑπηρετικός ή όν de servicio; concerniente a las tropas mercenarias || SUBST. *f.* servicio; *n.* barco auxiliar.

ὑπ-ηρέτις ιδος ἡ *fem. de* ὑπηρέτης.

ὑπ-ήριπον *aor. 2.º de* ὑπερείπω.

ὑπῆρκτο *3.ª sing. plpf. pas. de* ὑπάρχω.

ὑπ-ήσω *fut. jón. de* ὑφίημι.

ὑπ-ηχέω -ῶ resonar, acompañar [musicalmente].

ὑπ-ίημι *jón.* = **ὑφίημι.**

ὑπ-ίλλω recoger (στόμα cerrar la boca).

ὑπ-ίστημι *jón.* = **ὑφίστημι.**

ὑπ-ισχνέομαι -οῦμαι *y*

ὑπ-ίσχομαι tomar sobre sí, emprender; prometer; hacer voto; desposar, casar; desposarse; declarar, asegurar. **F.** *En pres. e impf. ép. y jón. alternan las formas (por ej. 3.ª sing. impf.* ὑπίσχετο *Hom.,* ὑπισχνέετο *Hdt.); part. jón.* ὑπισχνεύμενος; *fut.* ὑποσχήσομαι; *aor.* ὑπεσχόμην, *inf.* ὑποσχέσθαι *etc.*; *perf.* ὑπέσχημαι; *3.ª sing. plpf.* ὑπέσχητο; *id. tamb.* ὑπισχνέω.

ὑπνο-μαχέω -ῶ luchar contra el sueño.

ὕπνος ου ὁ sueño; somnolencia.

ὑπνόω -ῶ dormir || PAS. dormirse.

ὑπνώδης ες dormilón.

ὑπνώω = **ὑπνόω.**

ὕπο ADV. debajo, abajo; hacia abajo; atrás.

ὑπό PREP. *de gen.* de debajo de (ἵππους λῦσαι ὑπὸ ζυγοῦ soltar los caballos de debajo del yugo, desengancharlos; νεκρὸν ὑπ' Αἴαντος ἐρύειν arrancar el cadáver de las manos de Ayante); debajo de (γῆς tierra; ὑπὸ βλεφάρων debajo de los párpados); al pie de (τῆς πλατάνου del plátano); por [*persona agente*], por obra de, por la acción (θνήσκειν ὑπό τινος morir por obra de uno, ser muerto por él; φεύγειν ὑπό τινος huir por obra de uno, ser puesto en fuga por él; ἀναστῆναι ὑπό τινος verse obligado por uno a emigrar; τὴν ἀρχὴν ἀπολέσαι ὑπό τινος perder el poder por la acción de uno, ser despojado del poder por él; αἰτίαν ἔχειν ὑπό τινος ser acusado por uno); por causa de (ὑπὸ λύπης de tristeza; ὑπὸ δέους de miedo); bajo la dirección de, con acompañamiento de, al son de, a la luz de, en medio de, entre, bajo, en (ὑπὸ σκότου en la obscuridad, en secreto) || *de dat.* bajo, debajo de; al pie de (ὑφ' ᾧ ἦν ἡ κώμη al pie del cual [monte] estaba el pueblo); bajo el poder *o* la autoridad de (ὑπό τινι εἶναι estar bajo la autoridad de uno, ser súbdito suyo; ὑπό τινι γίγνεσθαι caer bajo el dominio de uno, convertirse en súbdito suyo); a consecuencia de, a manos de (κτείνεσθαι ὑπὸ Πατρόκλῳ morir al filo de la espada de Patroclo; ὑπὸ χερσί τινος δαμῆναι morir a manos de uno) || *de ac.* bajo (ἰέναι ὑπὸ γαῖαν ir bajo tierra; ἐλθεῖν ὑπὸ ζόφον ir al reino de las sombras); al pie de (Ἴλιον los muros de Troya); ante (ὑπὸ τοὺς ἐφόρους ὑπάγειν citar ante [el tribunal de] los éforos); cerca de (ὑπὸ νύκτα al llegar la noche); durante, en la época de (ὑπὸ τὸν σεισμόν en la época del terremoto); con acompañamiento de; bajo el poder de, bajo la protección de.

F. *en anástrofe* ὕπο, *ép. y poét.* ὑπαί.

ὑπό-βαθρον ου τό sostén, soporte.

ὑπο-βαίνω bajar, descender (τεσσαράκοντα πόδας ὑποβὰς τῆς ἑτέρης πυραμίδος construyéndola de cuarenta pies de altura menos que la otra pirámide, *Hdt. 2, 127*); seguir leyendo.

ὑπό-βάλλω tender, poner *o* colocar debajo; poner como fundamento; propagar, divulgar (μύθους rumores); lanzar secretamente [echadizos etc.]; sugerir, deslizar palabras, interrumpir || MED. colocar *o* poner uno mismo, someter, *espte.* hacer pasar por suyo [un hijo ajeno].

F. *inf. ép.* ὑββάλλειν *Il. 19,80. V. por lo demás* βάλλω.

ὑπο-βλέπω [*y med.*] mirar con desconfianza, con desprecio, con ira, torvamente, de modo amenazador.

ὑποβλήδην ADV. interrumpiendo, replicando.

ὑπό-βλητος ον = **ὑποβολιμαῖος.**

ὑπόβολή ῆς ἡ advertencia, aviso; suposición, suplantación.

ὑποβολιμαῖος α ον falso, ilegítimo; supositicio, inventado.

ὑπό-βρυξ υχος ADJ. *m y f. y*

ὑπο-βρύχιος α ον sumergido, inundado; que está bajo las aguas, en el fondo del mar.

ὑπό-γαιος ον subterráneo (ὑ. ὄρυγμα mina).

ὑπο-γί(γ)νομαι nacer después; comenzar poco a poco.

ὑπογραμματεύω ser escribiente.

ὑπογραμμός οῦ ὁ modelo, ejemplo.

ὑπογραφή ῆς ἡ inscripción; esbozo, esquicio; pintura de los ojos.

ὑπο-γράφω escribir abajo, añadir, suscribir; escribir como modelo; esbozar; dibujar, pintar debajo.

ὑπό-γυ(ι)ος ον próximo, cercano; súbito (ἐξ ὑπογυίου súbitamente, de repente).

ὑπο-δαίω encender debajo.

ὑπο-δάμναμαι someterse.

ὑπο-δδείσας *part. aor. de* ὑποδείδω.

ὑπο-δέγμενος η ον *part. aor. de* ὑποδέχομαι.

ὑπο-δεής ές débil || COMP. **ὑποδεέστερος α ον** más débil, menor, inferior enteramente, más bajo, más necesitado.

ὑπόδειγμα ατος τό ejemplo, modelo; signo, marca, señal, indicio; esquema.

ὑπο-δείδω temer un poco, temer en secreto; espantarse súbitamente; avergonzarse.

F. *aor.* ὑπέδεισα, *ép.* ὑπέδδεισα, *part.* ὑποδδείσας, *perf. ép.* ὑποδείδια, *3.ª pl. plpf.* ὑπεδείδισαν.

ὑπο-δείκνυμι *y*

ὑπο-δεικνύω [*y med.*] mostrar secretamente, dejar ver; mostrar, presentar como modelo; indicar, marcar, enseñar; demostrar.

F. *aor.* ὑπέδειξα, *jón.* ὑπέδεξα (*part.* ὑποδέξας). *V.* δείκνυμι.

ὑπο-δειμαίνω = **ὑποδείδω.**

ὑπο-δέκομαι *jón.* = **ὑποδέχομαι.**

ὑπο-δέμω poner como cimiento.

ὑποδεξίη ης ἡ hospitalidad, buena acogida, recepción; *tamb.* facilidad de recepción, medios de agasajar [*Il. 9, 73*].

ὑποδέξιος α ον acogedor; espacioso, amplio.

ὑπόδεσις εως ἡ acción de atar abajo; sandalia, calzado.

ὑπο-δέχομαι recibir, acoger, hospedar; recoger; escuchar, dar oídos a; sostener [un ataque], sufrir; aceptar, admitir, conceder, declararse partidario de, acceder (οὐχ ὑπ. decir que no); seguir inmediatamente, suceder a, responder; tomar sobre sí, encargarse de, emprender; prometer; confinar; alcanzar, afligir.

F. *jón.* ὑποδέκομαι; *3.ª pl. impf.* ὑπεδεκέατο; *inf. atemát. ép.* ὑδοδέχθαι, *part.* ὑποδέγμενος, *3.ª sing. impf.* ὑπέδεκτο; *fut.* ὑποδέξομαι; *aor.* ὑπεδεξάμην. *Cf.* δέχομαι.

ὑπο-δέω atar abajo || MED. atarse (ὑποδήματα los zapatos; ὑποδεδεμένοι τὸν ἀριστερὸν πόδα teniendo ellos calzado el pie izquierdo; ὑποδεδεμένοι [estando] calzados).

ὑπόδημα ατος τό calzado, zapato, sandalia.

ὑπο-δίδωμι ceder, entregar.

ὑπό-δικος ον responsable, culpable; acusado (φόνου de homicidio).

ὑπο-δμώς ῶος ὁ criado.

ὑποδοχή ῆς ἡ recibimiento, acogida, hospitalidad; comida, banquete; resistencia [al ataque enemigo]; espera, expectativa (πραγμάτων de los sucesos); deseo, consentimiento; asilo, abrigo, refugio; suposición.

ὑπό-δρα ADV. mirando torvamente.
ὑπο-δράω -ῶ servir, ser criado de [*dat.*].
F. *3.ª pl. ind. pres. ép.* ὑποδρώωσιν.
ὑποδρηστήρ ῆρος ὁ criado, sirviente.
ὑπο-δρώωσι *3.ª pl. pres. ind. ép. de* ὑποδράω.
ὑπο-δύνω *y*
ὑπο-δύομαι ponerse *o* revestir debajo (κιθῶνας túnicas); calzarse; deslizarse bajo [algo *ac. o* ὑπό *y ac.*]; *con gen.* salir de (θάμνων el ramaje); ponerse bajo [el yugo etc. *ac.*]; someterse a, arrostrar [un peligro, un trabajo etc.]; revestir *o* aparentar [un carácter *o* manera de ser]; insinuarse [un sentimiento, unas palabras en... *ac. o dat.*], introducirse en (τὴν ἡγεμονίην, el mando, apoderarse de él); insinuarse en el favor de alguien [*ac.*].
F. *fut.* ὑποδύσομαι; *aor. 1.º* ὑπεδυσάμην; *aor. 2.º* ὑπέδυν; *3.ª sing. aor. mixto* ὑπεδύσετο; *perf.* ὑποδέδυκα.
ὑπο-είκω = ὑπείκω.
ὑπο-ζάκορος ου ὁ ἡ vigilante del templo.
ὑπο-ζεύγνυμι uncir, enganchar; someter || PAS. estar sometido a [*dat.*].
ὑποζύγιος ον uncido, enganchado || SUBST. *n.* animal de tiro *o* de carga, acémila, bagaje, asno.
ὑπο-ζώννυμι ceñir por debajo (ναῦν rodear la nave de una cinta [maderos que van por fuera del costado del buque desde proa a popa, y sirven de refuerzo a la tablazón]) || MED. ceñirse [*ac.*].
ὑποθερμαίνω calentar un poco || PAS. estar caliente.
ὑπό-θερμος ον algo caliente *o* apasionado.
ὑπόθεσις εως ἡ base, principio, fundamento; pensamiento fundamental, asunto, tema, objeto, punto capital, cuestión principal; suposición, hipótesis.
ὑπόθευ *imp. aor. 2.º med. ép. de* ὑποτίθημι.
ὑπο-θεωρέω -ῶ mirar desde debajo.
ὑποθήκη ης ἡ *y*
ὑποθημοσύνη ης ἡ consejo, advertencia, instrucción, enseñanza; prenda, hipoteca.
ὑπο-θορυβέω -ῶ empezar a hacer ruido.
ὑπο-θωπεύω halagar, lisonjear suavemente.
ὑπο-θωρήσσομαι armarse ocultamente.
ὑπο-κάθημαι *y*
ὑπο-καθίζομαι fijarse, residir; aguardar en una emboscada *o* en un lugar fortificado; esperar emboscado.
ὑπο-καίω quemar poniendo fuego debajo.
ὑπο-κάμπτω doblar debajo.
ὑπο-καταβαίνω bajar; bajar poco a poco *u* ocultamente.
ὑπο-κατακλίνομαι ceder, someterse.
ὑπο-κάτημαι *jón.* = **ὑποκάθημαι.**
ὑπο-κάτω ADV. abajo, debajo || PREP. *de gen.* debajo de.
ὑπο-κάω = ὑποκαίω.
ὑπό-κειμαι yacer, estar debajo, servir de base (οἱ θεμέλιοι παντοίων λίθων ὑπόκεινται los cimientos están formados de piedra de toda clase); estar situado cerca de; inclinarse ante uno, estar a los pies de, estar sometido, obedecer; estar a la vista, estar presente; estar resuelto, decidido, acordado (ἐμοὶ ὑπόκειται ὅτι estoy resuelto a); ser sugerido; quedar, subsistir; corresponder a.
ὑπο-κηρύσσομαι [*át.* **ὑπο-κηρύττομαι**] proclamar públicamente; elogiar.
ὑπο-κινέω -ῶ mover, agitar, menear suavemente; excitar, empujar; moverse, agitarse.
ὑπο-κλαίω llorar, repetir llorando (οἰμωγάς gemidos).
ὑπο-κλέπτω hurtar; ocultar, engañar; defraudar.
ὑπο-κλίνομαι echarse, tenderse debajo de *o* ante [*dat.*].
F. *aor. pas. ép.* ὑπεκλινθην.
ὑπο-κλονέομαι -οῦμαι ser perseguido por uno [*dat.*], huir desesperadamente ante él.
ὑπο-κλοπέομαι -οῦμαι estar escondido.
ὑπο-κνίζω excitar, picar ligeramente || PAS. sentir un deseo oculto.
ὑπο-κορίζομαι empequeñecer, infamar, denigrar; atenuar; hablar acariciando [a un niño].
ὑπο-κρητηρίδιον ου τό sostén de una cratera *o* vasija.

ὑπο-κρίνομαι responder, replicar, contestar; interpretar, representar [un papel en el teatro] (Ἀντιγόνην representar el papel de Antígona); fingir, disimular.

F. *fut.* ὑποκρινοῦμαι, *jón.* -κρινέομαι; *aor.* ὑπεκρινάμην, *perf.* ὑποκέκριμαι.

ὑπόκρισις εως ἡ respuesta; representación [de un papel en el teatro]; fingimiento, hipocresía.

ὑποκριτής οῦ ὁ adivino, profeta; intérprete, actor, comediante; hipócrita.

ὑπο-κρούω interrumpir, replicar interrumpiendo.

ὑπο-κρύπτω ocultar debajo de [*dat.*] || MED. ocultarse *u* ocultar sus bienes.

ὑπο-κρώζω piar.

ὑπό-κυκλος ον sostenido por ruedas *o* redondeado por abajo.

ὑπο-κύομαι estar embarazada.

ὑπο-κύπτω inclinarse; someterse.

ὑπό-κωφος ον algo sordo.

ὑπο-λαμβάνω coger por abajo; llevar a hombros; tomar, recibir, acoger, recoger; tratar como a un huésped; cuidar, sostener, proteger; aprobar (λόγον un discurso, una declaración); suceder, sobrevenir; suceder, seguir; responder, hablar después de otro (ὁ δὲ ὑπολαβών ἔφη y tomando él la palabra dijo); interrumpir (ἔτι λέγοντος αὐτοῦ ὑπολαβὼν εἶπε cuando aún estaba él hablando tomó la palabra y dijo); objetar; sorprender, atacar de improviso; detener, atajar; apoderarse de, tomar secretamente (τὰ ὅπλα las armas); creer, sospechar; entender, comprender; suponer; seducir, separar de la causa *o* partido a que pertenecen (μισθῷ μείζονι con la oferta de mayor sueldo).

ὑπο-λάμπω brillar debajo *o* a través de; comenzar a brillar.

ὑπο-λέγω indicar *o* decir previamente *o* de antemano, sugerir; añadir *o* agregar; sugerir una explicación, explicar.

F. *fut.* ὑπερῶ; *aor.* ὑπεῖπον; *perf.* ὑπείρηκα, *med.* ὑπείρημαι. *V.* λέγω εἶπον.

ὑπόλειμμα ατος τό resto, residuo.

ὑπο-λείπω dejar como residuo *o* remanente; dejar en pos de sí (τινὰ πολέμιον algún enemigo); faltar || MED. reservar para sí, dejar en pos de sí; dejar subsistir (αἰτίαν el reproche); || PAS. quedar (οὐδὲν ὑπολείπεται ἄλλ' ἢ ποιεῖν no queda sino hacer); quedar atrás, quedar rezagado, quedar solo; pasar (ὁπόταν νὺξ ὑπολειφθῇ cuando ha pasado ya la noche).

ὑπο-λευκαίνομαι blanquear por debajo.

ὑπο-λήνιον ου τό cocedero *o* cantina bajo el lagar.

ὑπόληψις εως ἡ respuesta, réplica; sospecha, opinión, creencia, pensamiento, impresión.

ὑπ-ολίζων ον [*gen.* ονος] algo menor.

ὑπο-λιμπάνω = **ὑπολείπω.**

ὑπολογίζομαι tener en cuenta, considerar.

ὑπό-λογος ου ὁ cuenta, consideración.

ὑπό-λογος ον tomado en consideración (ὑπόλογον τίθεσθαί τι imputar algo, hacer responsable de algo).

ὑπό-λοιπος ον restante (ὅσα ἦν ὑπόλοιπα todo lo que quedaba [sin fortificar]); superviviente.

ὑπο-λόχαγος ου ὁ subteniente de una compañía.

ὑπο-λύω soltar, libertar, rescatar; desatar, desenganchar, desuncir; quitar, paralizar || MED. descalzarse; debilitarse; librar (δεσμῶν de sus ataduras).

F. *3.ª pl. aor. 2.º med. ép. (con valor pas)* ὑπέλυντο.

ὑπο-μαλακίζομαι mostrarse algo tímido, comenzar a ceder.

ὑπό-μαργος ον algo furioso, algo loco; pendenciero.

ὑπο-μείγνυμι aproximarse secretamente.

ὑπο-μειδιάω -ῶ sonreir disimuladamente.

ὑπο-μείων ον [*gen.* ονος] algo inferior || SUBST. *m.* los ciudadanos de la última clase [en Esparta].

ὑπομενετέον *adj. vbal. de* ὑπομένω hay que resistir.

ὑπο-μένω quedarse atrás, quedarse; aguardar; vivir, morar; quedar con vida; aguardar a pie firme, sostener el ataque; soportar, sufrir, aguantar; aceptar; tomar sobre sí, encargarse de, emprender; osar; atreverse a, oponerse a, resistir.

ὑπο-μίγνυμι = **ὑπομείγνυμι.**

ὑπο-μιμνήσκω recordar, hacer acordarse, advertir; mencionar; sugerir ‖ PAS. acordarse de.

F. *fut.* ὑπομνήσω; *aor.* ὑπέμνησα.

ὑπο-μνάομαι -ῶμαι tratar de seducir, galantear.

F. *2.ª pl. impf. ép.* ὑπεμνάασθε *Od. 22, 38*

ὑπόμνημα ατος τό *y*

ὑπόμνησις εως ἡ recuerdo, pensamiento, mención; noticia, aviso; monumento ‖ PL. memorias [históricas, etc.].

ὑπ-όμνυμαι pedir prórroga de un plazo para comparecer ente un tribunal.

ὑπομονή ῆς ἡ rezago; duración, persistencia, paciencia, perseverancia; espera.

ὑπο-νείφω = **ὑπονίφω.**

ὑπο-νήιος ον situado al pie del monte.

ὑπο-νίφω nevar un poco ‖ PAS. νὺξ ὑπονιφομένη una noche de nieve *(Tuc. 3, 23).*

ὑπο-νοέω -ῶ sospechar, presumir; suponer, conjeturar; explicar, declarar, adivinar.

ὑπόνοια ας ἡ suposición, sospecha; ficción; pensamiento, sentido, significación.

ὑπονομηδόν ADV. por medio de un canal subterráneo.

ὑπό-νομος ου ὁ galería subterránea, mina; canal subterráneo.

ὑπο-νοστέω -ῶ volver; hundirse, perderse bajo tierra.

ὑπο-νυστάζω adormecerse un poco.

ὑπο-ξυρέω -ῶ afeitar, rasurar.

ὑπο-πάσσω esparcir por debajo.

ὑπο-πεινάω -ῶ tener un poco de hambre.

ὑπό-πεμπτος ον enviado secretamente, como espía.

ὑπο-πέμπω enviar secretamente, apostar como espía.

ὑπο-πεπτηῶτες *nom. pl. part. de perf. de* ὑποπτήσσω.

ὑπο-περκάζω empezar a ennegrecerse, *es decir,* a madurar.

ὑπο-πετάννυμι extender por debajo.

ὑπό-πετρος ον de suelo pedregoso.

ὑποπιάζω maltratar; = **ὑπωπιάζω.**

ὑπο-πίμπλημι llenar casi enteramente *o* poco a poco ‖ PAS. llenarse, tener abundancia de (πώγωνος ἤδη ὑποπιμπλάμενος empezando a tener ya bastante barba).

ὑπο-πίμπρημι encender por abajo; prender fuego a; quemar.

ὑπο-πίνω beber algo demasiado; embriagarse (ὑποπεπωκώς bastante beodo).

ὑπο-πίπτω caer abajo, caer en poder de; echarse a los pies de; meterse entre.

ὑπο-πλάκιος α ον situado al pie del monte Πλάκος.

ὑπό-πλεος ον bastante lleno.

ὑπο-πλέω navegar de costado, oblicuamente, pasar cerca de.

ὑπό-πλεως ων = **ὑπόπλεος.**

ὑπο-πνέω soplar suavemente.

ὑπο-πόδιον ου τό banquillo, escabel, taburete.

ὑπο-ποιέω -ῶ poner debajo; producir poco a poco *o* secretamente ‖ MED. seducir, atraer.

ὑπο-πόρφυρος ον purpúreo.

ὑπο-πρίω apretar (τοὺς ὀδόντας los dientes).

ὑπ-όπτας ου ADJ. *m.* = **ὑπόπτης.**

ὑπό-πτερος ον alado, con alas

ὑποπτεύω sospechar, desconfiar de [*ac.*]; temer; suponer ‖ PAS. ser visto con desconfianza; ὡς ὑπωπτεύετο como se sospechaba.

ὑπ-όπτης ου ADJ. *m.* desconfiado.

ὑπο-πτήσσω agazaparse, ocultarse de miedo debajo de, temblar [ante uno, *dat. o ac.*]; ser tímido *o* modesto.

F. *perf.* ὑπέπτηχα; *part. perf. ép. pl.* ὑποπεπτηῶτες. *V.* πτήσσω.

ὕπ-οπτος ον sospechoso, visto con desconfianza; receloso, desconfiado, suspicaz ‖ SUBST. *n.* desconfianza, recelo.

ὑπόπτως ADV. con desconfianza; ὑ. ἔχειν *o* διακεῖσθαι ser sospechoso.

ὑπ-όρνυμι excitar, conmover poco a poco ‖ INTR. [*perf.* ὑπόρωρα *plpf.* ὑπορώρειν] *y* PAS. nacer lenta *o* secretamente.

F. *aor. 1.º* ὑπῶρσα; *aor. 2.º* ὑπώρορον *(trans. e intr.)*; *perf. y plpf. v. supra.*

ὑπο-ρρήγνυμαι romperse por debajo, desgarrarse, abrirse.
ὑπό-ρρηνος ον que amamanta un cordero.
ὑπο-ρρίπτω lanzar, entregar.
ὑπ-ορύσσω [*át.* **ὑπ-ορύττω**] cavar, minar.
ὑπό-σαθρος ον medio podrido.
ὑπο-σείω = **ὑποσσείω.**
ὑπο-σημαίνω dar una señal; señalar, celebrar; indicar, ordenar, mandar.
ὑπο-σκελίζω echarle a uno una zancadilla, *es decir*, cruzar una pierna por detrás de la de otro, para derribarle.
ὑπο-σπανίζω descuidar, olvidar, omitir || MED. carecer, tener necesidad.
ὑπό-σπονδος ον mediante pacto *o* tregua.
ὑπο-σσείω sacudir, agitar por debajo.
ὑπο-στάθμη ης ἡ base, fundamento; poso, sedimento.
ὑπο-στάς ᾶσα άν *part. aor. 2.º de* ὑφίστημι.
ὑπό-στασις εως ἡ fundamento, base; sustancia, materia; poso, sedimento; campamento; firmeza, confianza; resolución, valor, seguridad; realidad.
ὑπο-σταχύομαι multiplicarse, prosperar.
ὑπό-στεγος ον que está bajo techado, que entra en una casa.
ὑπο-στέγω ocultar debajo, recubrir.
ὑπο-στέλλω retirarse; ocultar || MED. retirarse; no querer, reprimir, contener; retroceder; ocultar, disimular.
ὑπο-στενάζω *y*
ὑπο-στεναχίζω *y*
ὑπο-στένω gemir, suspirar; gruñir, murmuras.
ὑπο-στῆναι *inf. aor. 2.º y*
ὑπο-στῆσαι *inf. aor. 1.º de* ὑφίστημι.
ὑπο-στήσας ασα αν *part. aor. 1.º de* ὑφίστημι.
ὑποστολή ῆς ἡ pusilanimidad, abatimiento, miedo.
ὑπο-στορέννυμι *y*
ὑπο-στόρνυμι extender debajo || PAS. estar extendido debajo.
ὑποστρατηγέω -ῶ ser lugarteniente de [*dat.*].
ὑπο-στράτηγος ου ὁ lugarteniente.
ὑπο-στρέφω volver, hacer volver; devolver, traer; volverse (φύγαδε para huir); volver sobre sus pasos, regresar || PAS. volverse, regresar.

F. *part. aor. pas. ép. jón.* ὑποστρεφθείς, *át.* ὑποστραφείς. *V.* στρέφω.

ὑποστροφή ῆς ἡ retroceso, retirada, repliegue; huída.
ὑπο-στρώννυμι *y*
ὑπο-στρωννύω = **ὑποστόρνυμι.**
ὑπο-σχεθεῖν *y* **ὑπο-σχεῖν** *inf. aor. 2.º de* ὑπέχω.
ὑπό-σχεο *imp. aor. 2.º ép. de* ὑπισχνέομαι.
ὑπό-σχες ὑπο-σχέτω *imp. aor. de* ὑπέχω.
ὑπο-σχέσθαι *inf. aor. 2.º de* ὑπισχνέομαι.
ὑποσχεσίη ης ἡ *y*
ὑπόσχεσις εως ἡ promesa, compromiso.
ὑπο-σχήσομαι *fut. de* ὑπισχνέομαι.
ὑποταγή ῆς ἡ obediencia, sumisión.
ὑπο-ταγήσομαι *fut. pas de* ὑποτάσσω.
ὑπο-τάμνω *jón.* = **ὑποτέμνω.**
ὑπο-τανύω *ép.* = **ὑποτείνω.**
ὑπο-ταράσσω [*át.* **ὑπο-ταράττω**] turbar, asustar un poco.
ὑπο-ταρβέω -ῶ turbarse, asustarse un poco.
ὑπο-ταρτάριος ον que está en el Tártaro.
ὑπο-τάσσω [*át.* **ὑπο-τάττω**] poner debajo; subordinar, someter || MED. obedecer, someterse.
ὑπο-τείνω fijar, sujetar fuertemente (τὶ πρός τι una cosa a otra); ofrecer, prometer; proponer, sugerir; estirar fuertemente; causar (ὀδύνας vivo dolor), intensificar || MED. proponer, sugerir.
ὑπο-τειχίζω construir un contramuro.
ὑποτείχισις εως ἡ *y*
ὑποτείχισμα ατος τό contramuro.
ὑποτελέω -ῶ pagar; pagar un tributo.
ὑπο-τελής ές tributario.
ὑπο-τέμνω [*y med.*] cortar por debajo, por la base; cortar; interceptar, cortar la retirada.

F. *jón.* ὑποτάμνω; *aor. ép. jón.* ὑπέταμον, *át.* ὑπέτεμον.

ὑπο-τίθημι poner, colocar debajo de; poner, colocar abajo; poner como base (τὰ ὑποτεθέντα los principios, las bases); sugerir, hacer concebir (ἐλπίδα la esperanza); ofrecer (τὴν ψυχὴν ταῖς τῆς πατρίδος τύχαις su vida a los destinos de la patria); exponerse, arriesgar, aventurar; dar en prenda ‖ MED. poner como fundamento, como principio; suponer, admitir; proponerse; proponer, sugerir, inspirar, aconsejar; enseñar, instruir; tomar en prenda (οἱ ὑποτιθέμενοι los acreedores hipotecarios); poner a los pies de uno.

F. *imp. aor. med. ép.* ὑπόθευ *Od. 15, 310. V.* τίθημι.

ὑπο-τοπεύω *y*

ὑπο-τοπέω -ῶ [*y med.*] sospechar.

ὑπο-τρέμω = **ὑποτρέω.**

ὑπο-τρέφομαι mantener secretamente.

ὑπο-τρέχω correr a echarse a los pies (ὑπέδραμε καὶ λάβε γούνων corrió a echarse a sus pies y le cogió las rodillas); precipitarse debajo; deslizarse, penetrar en; correr en pos de; perseguir [*ac.*]; acometer, sorprender, interpretar.

ὑπο-τρέω *y*

ὑποτρομέω -ῶ temblar un poco; temer, retroceder de miedo ante [*ac.*].

F. *impf. iter. ép.* ὑποτρομέεσκον.

ὑπό-τρομος ον algo tembloroso, miedoso.

ὑπό-τροπος ον de vuelta, de regreso.

ὑπο-τυγχάνω responder, contestar, replicar.

ὑπο-τύπτω golpear (κόντῳ ἐς λίμνην con el remo el lago).

ὑποτύπωσις εως ἡ esbozo; modelo, ejemplo.

ὕπ-ουλος ον que supura por dentro; podrido, corrompido (ὕ. κακῶν lleno de males por dentro); pérfido, engañador (ὕ. αὐτονομία libertad ficticia).

ὑπ-ουράνιος ον que está bajo el cielo; que se eleva hasta el cielo.

ὑπουργέω -ῶ ayudar, socorrer, servir (τὰ ὑπουργημένα servicios prestados).

ὑπούργημα ατος τό *y*

ὑπουργία ας ἡ ayuda, asistencia, socorro; adulación, agasajo.

ὑπουργός όν provechoso, útil, que ayuda, que coopera.

ὑπο-φαίνω mostrar, sacar de debajo de (θρῆνυν τραπέζης un banquillo de debajo de la mesa); hacer ver ‖ PAS. mostrarse, aparecer; comenzar a aparecer.

ὑπό-φαυσις εως ἡ pequeña abertura, ventana; pequeño intervalo *o* espacio.

ὑπο-φείδομαι usar de miramientos.

ὑπο-φέρω librar, salvar; llevar hacia abajo, río abajo; llevar (ὅπλα armas); sufrir, soportar (τὰς τῆς τύχης μεταβολάς los cambios de la fortuna); pretextar, alegar; proponer, hacer concebir (ἐλπίδα esperanza) ‖ PAS. bajar navegando; dejarse llevar; retroceder.

F. *aor. ép.* ὑπήνεικα *etc. V.* φέρω.

ὑπο-φεύγω huir secretamente; escapar de un peligro; retirarse.

ὑπο-φήτης ου ὁ intérprete, adivino, sacerdote.

ὑπο-φθάνω [*y med.*] adelantarse a uno.

F. *part. aor. 2.º ép.* ὑποφθάς; *med.* ὑποφθάμενος.

ὑπο-φθέγγομαι hablar *o* sonar suavemente.

ὑποφθονέω -ῶ envidiar secretamente.

ὑπό-φθονος ον que tiene secreta envidia.

ὑποφθόνως ADV. con envidia (ὑ. ἔχειν tener cierta envidia).

ὑπο-φόνιος ον mortal.

ὑποφορά ᾶς ἡ pretexto; objeción, excusa.

ὑπόφορος ον tributario.

ὑπο-χάζομαι ceder.

ὑπό-χειρ χειρος ADJ. *m. y f. y*

ὑποχείριος ον que está a la mano; sometido a, súbdito (ὑποχείριον ποιεῖν τινά τινι hacer a uno súbdito de otro; ὑποχείριον ποιεῖσθαι someter a su poder; ἔχειν ὑποχείριόν τινα tener a uno en su poder).

ὑπο-χέω [*y med.*] extender por debajo, esparcir; deslizarse, insinuarse; causar, ocasionar.

F. *aor. ép.* ὑπέχευα; *perf. pas.* ὑποκέχυμαι *etc. V.* χέω.

ὑπ-οχλέω -ῶ arrollar, rodar.

ὕποχος ον sometido a, dependiente de.

ὑπο-χρίω untar por debajo; teñir, colorear ‖ MED. pintarse (ὀφθαλμούς los ojos).

ὑπο-χωρέω -ῶ retroceder, retirarse

(τοῦ πεδίου del llano; ὄχλον νεῶν ante una multitud de bajeles); ceder [ante alguien *dat.*].

ὑπό-ψαμμος ον de fondo arenoso.

ὑποψία ας [*jón.* **ὑποψίη ης**] **ἡ** sospecha (ὑποψίαν παρέχειν provocar sospecha); envidia; vigilancia envidiosa, acecho.

ὑπόψιος ον despreciado, odioso (ἄλλων para los otros).

ὑπτιάζω tirar boca arriba || PAS. estar tendido boca arriba.

ὕπτιος α ον de espaldas, boca arriba (ὑπτία χείρ mano vuelta haciá arriba para recibir algo; πέσεν ὕπτιος cayó de espaldas; τινὰ ὕπτιον ὠθεῖν empujar a uno para que caiga de espaldas); vuelto, volcado, invertido; llano; negligente; ἐξ ὑπτίας hacia atrás.

ὑπ-ωμοσία ας ἡ declaración jurada para excusar la comparecencia ante un tribunal *o* para suspender la aplicación de un decreto.

ὑπ-ώπια ων τά rostro, semblante.

ὑπωπιάζω lastimar, herir, mortificar; molestar.

ὑπώπτευον *impf. de* ὑποπτεύω.

ὑπ-ώρεα ας [*jón.* **ὑπ-ωρέη ης**] **ἡ** *y*

ὑπ-ώρεια ας [*jón.* **ὑπ-ωρείη ης**] **ἡ** pie de la montaña; región al pie de la montaña.

ὑπ-ώρορε *3.ª sing. aor. 2.º ép. de* ὑπόρνυμι.

ὑπ-ωρόφιος α ον [*o* **-ος ον**] que está bajo el mismo techo, huésped || SUST. *f.* piso superior.

ὗς ὑός ὁ ἡ cerdo, cerda, jabalí (οὐκ ἂν πᾶσα ὗς γνοίη esto no lo saben todos [*Plat. Laq. 196 d.*]).

F. *ac.* ὗν; *pl.* ὕες ὑῶν ὑσί (*ép.* ὕεσσι) ὗς (*ép.* ὗας).

ὗσα -ας -ε *aor. 1.º de* ὕω (*inf.* ὗσαι).

ὑσγινο-βαφής ές de color de púrpura *o* escarlata.

ὕσθησαν *3.ª pl. aor. pas. de* ὕω.

ὑσμίνη ης ἡ refriega, combate, batalla: ὑσμίνηνδε a la batalla.

F. *dat. heterócl. ép.* ὑσμῖνι.

ὑσμῖνι *dat. del inusit.* ὑσμίν = **ὑσμίνη.**

ὕσσωπος ου ὁ hisopo [planta aromática].

ὑστάτιος α ον *y*

ὕστατος η ον último || ADV. **ὕστατον** *y* **ὕστατα** en último lugar; por última vez, al final.

ὑστέρα ας [*jón.* **ὑστέρη ης**] **ἡ** matriz.

ὑστεραῖος α ον posterior, ulterior, siguiente, inmediato; del día siguiente (τῇ ὑστεραίᾳ al día siguiente).

ὑστερέω -ῶ llegar demasiado tarde, retrasarse; llegar después; carecer de, padecer necesidad de; ser inferior, menos importante; estar en la miseria; faltar || MED. carecer de, verse privado de.

ὑστέρημα ατος τό *y*

ὑστέρησις εως ἡ penuria, indigencia, necesidad; falta, carencia, pobreza.

ὑστερίζω = ὑστερέω.

ὕστερος α ον último, posterior, siguiente (ἐς ὕστερον, ἐν ὑστέρῳ después, detrás); que viene *o* sucede después (ὕστεροι ἡμῶν detrás de nosotros); que llega demasiado tarde, tardío; más joven; inferior, menos importante || ADV. **ὕστερον** detrás, después, más tarde; *con gen.* (πολλῷ ὕστερον τῶν Τρωικῶν mucho después de los sucesos de Troya).

ὑστερο-φθόρος ον que castiga después.

ὕσ-τριξ ὕσ-τριχος ὁ ἡ puerco espín, erizo.

ὑφαίνω [*y med.*] tejer; urdir, maquinar, tramar.

F. *impf. iter. ép.* ὑφαίνεσκον; *fut.* ὑφανῶ; *aor.* ὕφηνα, *med.* ὑφηνάμην, *aor. td.* ὕφανα; *perf.* ὕφαγκα, *pas.* ὕφασμαι; *aor. pas.* ὑφάνθην.

ὑφ-αιρέω -ῶ apoderarse de; quitar, sustraer, suprimir poco a poco (πρόσοδον una renta); separar (τῶν Ἀθηναίων τοὺς συμμάχους hábil *o* secretamente del partido de los Atenienses a sus aliados) || MED. sustraer, aprovechar la ocasión en provecho propio.

F. *jón.* ὑπαιρέω, *part. perf. pas.* ὑπαραιρημένος.

ὕφ-αλος ον que está bajo el mar.

ὑφάντης ου ὁ tejedor.

ὑφαντικός ή όν concerniente al arte de tejer *o* al tejedor; hábil en tejer || SUBST. *f.* arte de tejer.

ὑφαντός ή όν tejido; entretejido; recamado.

ὑφ-άπτω encender por debajo; incendiar; apasionar.

ὑφ-αρπάζω quitar de debajo, hurtar, arrebatar, robar secretamente (ὑ. λόγον dejar con la palabra en la boca [*Hdt. 5, 50*]).

ὕφασμα ατος τό tejido.

ὑφάω -ῶ = ὑφαίνω.

ὑφ-έζω *v.* **ὑπεῖσα.**

ὑφειμένος η ον *part. perf. pas. de* ὑφίημι.

ὑφειμένως *adv.* con tono sumiso, de manera humilde.

ὑφείμην *aor. med. de* ὑφίημι.

ὑφείς, *pl.* ὑφέντες *part. aor. act. de* ὑφίημι.

ὑφ-ελεῖν *aor. 2.º inf. de* ὑφαιρέω.

ὑφ-έλκω tirar por debajo; quitar, sacar.

ὑφ-έξω *fut. de* ὑπέχω.

ὑφ-έρπω deslizarse, meterse, penetrar.

ὑφ-ηγέομαι -οῦμαι ir delante; servir de guía; avanzar lentamente; guiar, aconsejar; indicar, enseñar.

ὑφήγησις εως ἡ dirección, aviso, consejo, guía.

ὑφηγητήρ ῆρος ὁ *y*

ὑφηγητής οῦ ὁ guía, consejero.

ὕφηνα *aor. 1.º de* ὑφαίνω.

ὑφηνιοχέω -ῶ llevar las riendas, conducir el carro.

ὑφ-ηνίοχος ου ὁ conductor de un carro a las órdenes de los guerreros que en él van.

ὑφ-ίημι echar abajo, arriar [velas etc.]; poner debajo; inducir, malmeter, sobornar; ceder, entregar: ὑφιέντας τὴν χώραν ἤδη ἡμετέραν εἶναι dejando ya el país en posesión nuestra; *intr. con gen.*: ceder: ὑπεὶς τῆς ὀργῆς cediendo en su cólera ‖ MED. PAS. arriar las propias velas, *e. e.* bajar la cabeza, someterse: ἐν κακοῖς μοι πλεῖν ὑφειμένῃ δοκεῖ en la desgracia prefiero navegar sumisa; ceder [en algo *o* de algo *gen.*], *abs.* aflojar, abatirse; conceder, admitir: οὐδενὶ ὑφείμην ἂν βέλτιον ἐμοῦ βεβιωκέναι no concedería a nadie que ha vivido mejor que yo.
F. *jón.* ὑπίημι. *V.* ἵημι *y* ὑφειμένος ὑφείμην ὑφείς.

ὑφ-ίστημι poner debajo [como soporte etc.]; poner en emboscada; detener, mandar hacer alto; proponer, dar (γνώμας σοφάς sabios consejos) ‖ INTR. [*fut.* ὑποστήσομαι, *aor. 2.º* ὑπέστην, *perf.* ὑφέστηκα, *plpf.* ὑφειστήκειν] *y* MED. estar debajo [como soporte *etc.*]: τὸ ὑπιστάμενον lo de abajo [la leche por oposición a la nata, *Hdt. 4, 2*]; someterse a promesa, prometer: ὥσπερ ὑπέστη como había prometido; someterse a, consentir en, conformarse con (τὸ ἐλάχιστον lo último, lo inferior); arrostrar, tomar sobre sí *o* a su cargo (τὸν πλοῦν la expedición naval; τὴν ἀρχήν el mando); resistir [a alguien *o* algo *dat. o ac.*]; *abs.* hacer frente al enemigo.
F. *jón.* ὑπίστημι. *V.* ἵστημι *y* ὑποστάς ὑποστῆναι ὑποστῆσαι *etc.*

ὑφ-οράω -ῶ [*y med.*] mirar con desconfianza.

ὑ-φορβός οῦ ὁ porquerizo.

ὑφ-ορμίζομαι entrar en el puerto; anclar.

ὑφόω = ὑφάω.

ὕφ-υδρος ον bajo el agua.

ὑψ-αγόρας [*jón.* **ὑψ-αγόρης**] **ου** ADJ. *m.* fanfarrón, charlatán.

ὑψ-αύχην ὑψ-αύχενος ADJ. *m. y f.* de cuello erguido; altivo, altanero.

ὑψ-ερεφής ές = ὑψηρεφής.

ὑψηλός ή όν alto, elevado; magnífico; altivo, orgulloso; escarpado ‖ SUBST. *n.* altura, elevación; cielo.

ὑψηλοφρονέω -ῶ ser orgulloso.

ὑψ-ηρεφής ές de techo elevado; alto, elevado.

ὑψ-ηχής ές que relincha fuerte; sonoro, resonante.

ὕψι ADV. arriba, en lo alto; a gran altura; en alta mar.

ὑψί-βατος ον que anda por las alturas; alto, elevado.

ὑψι-βρεμέτης ου ADJ. *m.* que resuena *o* truena en lo alto del cielo.

ὑψί-ζυγος ον que reina en la altura.

ὑψί-θρονος ον que está en alto trono.

ὑψι-κάρηνος ον de alta cima.

ὑψί-κερως ων [*gen.* ω] de altos cuernos.

ὑψί-κομος ον de copa *o* cima frondosa.

ὑψί-κομπος ον fanfarrón, orgulloso.

ὑψιπετήεις εσσα εν = ὑψιπέτης.

ὑψι-πέτηλος ον = **ὑψίκομος.**

ὑψι-πέτης ου [*o* **ὑψι-πετής οῦ**] ADJ. *m.* que vuela alto.

ὑψί-πολις ι [*gen.* ιος] que ocupa un alto cargo en el Estado, magistrado supremo.

ὑψί-πους ὑψί-πουν [*gen.* ὑψί-ποδος] sublime, elevado.

ὑψί-πυλος ον de altas puertas.

ὑψί-πυργος ον de altas torres; alto como una torre.

ὕψιστος η ον el más alto *o* supremo (ἐν τοῖς ὑψίστοις en lo más alto de los cielos).

ὑψό-θεν ADV. desde arriba, de lo alto; arriba.

ὑψό-θι ADV. arriba, allá arriba, en lo alto.

ὑψ-όροφος ον = **ὑψηρεφής.**

ὕψος εος [ους] τό altura, cima, dignidad (ὕψος *ac. de rel.* de altura).

ὑψό-σε ADV. hacia arriba; arriba (κίονες ὑψόσ' ἔχοντες elevadas columnas).

ὑψοῦ ADV. = **ὕψι.**

ὑψόω -ῶ elevar, exaltar, magnificar, alzar.

ὕψωμα ατος τό altura, elevación, exaltación, culminación; cielo; bastión, baluarte.

ὕω enviar lluvia (Ζεύς Júpiter, ὁ θεός la divinidad); *impers.* llover: ὕοντος πολλῷ lloviendo mucho; *con ac.* llover sobre: ἑπτὰ ἐτέων οὐκ ὗε τὴν Θήρην durante siete años no llovió en Tera ‖ PAS. recibir lluvia, ser regado por la lluvia: ὕσθησαν αἱ Θῆβαι llovió en Tebas.

F. *fut.* ὕσω, *med.* ὕσομαι *(con valor pas.)* ; *aor.* ὗσα *perf. pas.* ὗσμαι; *aor. pas.* ὕσθην.

Φ

Φ φ phi [fi] [21ª letra del alf. gr.]; *como signo numérico* φ' 500 ,φ 500.000.

φάανθεν *3.ª pl. aor. pas. ép. de* φαείνω.

φαάνθην *aor. pas. ép. de* φαείνω.

φαάντατος η ον *superl. ép. de* φαεινός.

φαάντερος α ον *comp. de* φαεινός.

φαγέειν [*contr.* **φαγεῖν**] *y*

φαγέμεν *inf. aor. 2.º ép. de* ἐσθίω.

φάγομαι φάγεσαι φάγεται *fut. de* ἐσθίω [*N. T.*].

φάγον *aor. ép. de* ἐσθίω.

F. *3.ª sing. subj.* φάγῃσι, *inf.* φαγέειν *y* φαγέμεν.

φάγος ου ὁ comilón, glotón.

φάε *3.ª sing. impf. o aor. 2.º ép. de* φάω *o* φαείνω.

φάεα *pl. de* φάος.

φαέθων ουσα ον *y*

φαεινός ή όν resplandeciente, espléndido, brillante, radiante || SUST. **τὰ φαέθοντα** el día.

φαείνω brillar, resplandecer, ser *o* estar radiante.

F. *aor. pas. ép.* ἐφαάνθην *o* φαάνθην, *3.ª pl.* φάανθεν (*con valor act.; probablte. sustituye a un ant.* *φαένθην).

φαεννός ά όν *dór.* = **φαεινός.**

φαεσί-μβροτος ον que brilla para los mortales, que ilumina a los hombres.

φάθι *imp. de* φημί.

Φαίακες ων οἱ los feacios [pueblo mítico de la isla Esqueria].

φαιδιμόεις εσσα εν *y*

φαίδιμος η ον [*o* **-ος ον**] = **φαεινός;** magnífico, hermoso; ilustre, glorioso, famoso.

φαιδρός ά όν = **φαεινός;** luminoso, claro; sereno, puro; gozoso, alegre, radiante || SUST. *n.* serenidad; alegría || ADV. **φαιδρά** alegremente.

φαιδρόω -ῶ *y*

φαιδρύνω hacer resplandecer de alegría, poner radiante, regocijar || PAS. estar gozoso, estar radiante de alegría, manifestar su alegría.

Φαίδων ωνος ὁ Fedón [amigo de Sócrates; título de un diálogo de Platón].

φαίην *opt. de* φημί.

φαιλόνης ου ὁ *y*

φαινόλης ου ὁ especie de manto *o* capa corta.

φαινομένη-φι(ν) = **φαινομένη** (ἅμ' ἠοῖ φαινομένηφι al aparecer la aurora).

φαίνω [*aor.* ἔφηνα *y* ἔφανον] dar luz, alumbrar; hacer brillar, encender; hacer ver, hacer visible; mostrar, indicar, señalar, designar, manifestar, demostrar; dar a conocer, declarar, explicar (τὸν ἐόντα λόγον el caso tal como era *o* la verdad del caso); anunciar, predecir, presagiar; revelar, descubrir, denunciar (γένος su nacimiento *o* linaje, *Sóf. E. R. 1059*); hacer oír *o* sonar, entonar; hacer aparecer, sacar, enviar adelante (φρουράν una leva *o* una expedición); aparecer, mostrarse || MED. *y* PAS. brillar, lucir, fulgir, resplandecer; mostrarse, hacerse visible, dejarse ver, aparecer (οἴῳ φαινομένη visible para él solo); dejarse oír, propagarse, cundir; levantarse, surgir; aparecer, demostrar ser, mostrarse como (ἀρίστη [δμωὴ] εἶναι que es la mejor criada; εὖ ποιεῦντες ser benéficos); aparentar ser; aparecer claramente, ser claro *o* manifiesto, ser evidente *o* evidentemente; parecer ser, parecerse, semejar; parecer, ser juzgado, considerado *o* reputado, ser tenido por (ὥς γ' ἐμοὶ φαίνεται al

menos según a mí me parece; τὰ φαινόμενα el parecer, la manera de ver) || MED. ostentar, exhibir como suyo, mostrar como propio.
F. *impf. iter. med. ép.* 3.ª *sing.* φαινέσκετο; *fut.* φανῶ, *jón.* φανέω, *opt.* φανοίην; *fut. med. jón.* φανέομαι, *inf. ép.* φανεῖσθαι; *aor.* ἔφηνα, *dór. y td.* ἔφανα, 3.ª *sing. iter. ép.* φάνεσκε; *aor. med.* ἐφηνάμην (*trans.*); *perf. trans.* πέφαγκα, *intr.* πέφηνα, *pas.* πέφασμαι, 3.ª *sing. ép. poét.* πέφανται, *part.* πεφασμένος; *aor. pas.* ἐφάνθην; *aor.* 2.º ἐφάνην, 3.ª *sing. subj. ép.* φανήῃ, *inf. ép.* φανήμεναι; 3.ª *sing. fut. perf.* πεφήσεται.

φαιός ά όν pardo, gris.

φάκελ(λ)ος ου ὁ haz, manojo.

φακιόλιον ου τό cinta para sujetar el pelo.

φακός οῦ ὁ lenteja.

φαλαγγηδόν ADV. en grupos formados, por batallones *o* por escuadrones.

φαλάγγιον ου τό tarántula [araña venenosa].

φαλαγγο-μαχέω -ῶ luchar en combate de infantería.

φάλαγξ αγγος ἡ cilindro grueso de madera, rodillo; formación en orden de batalla; tropa formada en línea de combate, batallón, escuadrón; flota de combate alineada; frente de tropa [de cuatro líneas de profundidad], línea de batalla (ἄγειν ἐπὶ φάλαγγος avanzar en línea de frente, formar el cuadro de combate; εἰς φάλαγγα καταστῆσαι formar una tropa en línea); *esp.* línea de batalla de la infantería tebana *o* de la macedónica, falange; ejército, centro de un ejército; ejército en marcha; ejército acampado, campamento; segador [arácnido patilargo].

φάλαινα ης ἡ ballena.

φαλακρόομαι -οῦμαι quedarse calvo, encalvecer.

φαλακρός ά όν calvo, pelado.

φαλακρότης ητος ἡ calvicie.

φάλαρα ων τά abolladuras en relieve del casco; testera del caballo.

φαληριάω blanquear *o* albear de espuma (κύματα las olas).
F. *part. ép.* φαληριόων.

Φαληρό-θεν ADV. de Falero.

Φάληρον ου τό Falero [puerto de Atenas].

Φαληρόν-δε ADV. a Falero.

φαλλός οῦ ὁ falo, emblema de la generación.

φάλος οῦ ὁ crestón *o* cima del casco [donde va fijo el penacho].

φάμα ας ἡ *dór.* = **φήμη.**

φάμεν *inf. pres. poét. de* φημί.

φάμενος η ον *part. med. de* φημί.

φάν *part. n. pres. y* 3.ª *pl. impf. ép. de* φημί.

φάναι *inf. aor. de* φημί.

φανείς εῖσα έν *part. aor. pas. de* φαίνω.

φάνεν 3.ª *pl. aor. pas. ép. de* φαίνω.

φανέομαι *fut. med. jón. de* φαίνω [*inf. ép.* φανεῖσθαι].

φανερός ά όν visible, que está *o* aparece a la vista, claro, patente, declarado, notorio, manifiesto, evidente (φανεροὶ ἐγένοντο ἐν τῇ Ἑλλάδι se hicieron notorios *o* se dieron a conocer en Grecia; φανεροί εἰσι ἀπικόμενοι es evidente que *o* evidentemente llegaron; ἐν τῷ φανερῷ, ἐκ τοῦ φανεροῦ *y* εἰς τὸ φανερόν a la luz del día, públicamente, abiertamente, a la vista; ἐς τὸ φανερὸν φέρειν poner de manifiesto *o* presentar a la vista); conspicuo, ilustre, distinguido, afamado, célebre; abierto, sin obstáculos.

φανερόω -ῶ hacer visible, poner de manifiesto, manifestar, dar a conocer, poner en claro || PAS. ponerse de manifiesto, echarse de ver, darse a conocer, manifestarse, aparecer; hacerse notorio, público, célebre.

φανέρωσις εως ἡ declaración, manifestación, esclarecimiento.

φάνεσκε 3.ª *sing. impf. iterat. de* φαίνω.

φάνη 3.ª *pers. sing. aor. pas. ép. de* φαίνω.

φανήῃς 2.ª *sing. subj. aor. pas. de* φαίνω.

φανήμεναι *inf. aor. pas. de* φαίνω.

φανός ή όν = **φαεινός φαίδιμος φαιδρός** *y* **φανερός** || SUBST. *n.* claridad, luz, resplandor.

φανός οῦ ὁ linterna, farol, fanal.

φαντάζομαι hacerse visible, dejarse ver, mostrarse, aparecer; alardear, hacer ostentación, jactarse; τὸ φανταζόμενον espectáculo, visión.

φαντασία ας ἡ muestra, ostentación, alarde, jactancia; aparato, fasto, pompa.

φάντασμα ατος τό aparición, visión, sueño, ensueño, ilusión; imagen de un objeto en el espíritu; apariencia, imagen inconsistente; espectro, fantasma.

φάντο *3.ª pl. impf. med. ép. de* φημί.

φάο φάσθω *etc. imp. pres. med. de* φημί.

φάος φάεος [ους] τό luz, *esp.* solar *o* del día (ἐν φάει *y* κατὰ φῶς de día; φῶς γίγνεται amanece); *fig.* luz de la vida (ὁρᾶν φάος ἠελίοιο ver la luz del sol, *e. e.* vivir; ἐν φάει εἶναι estar vivo; λείπειν φάος ἠελίοιο dejar la luz del sol, morir); πρὸς φῶς ἀνελθεῖν volver del infierno; εἰς φῶς ἰέναι presentarse en público; πρὸς φῶς ἄγειν presentar a la luz del día; luz de un astro; luz de lámpara *o* de antorcha; luz *o* brillo de los ojos, resplandor de la mirada (τὰ φάεα los ojos); *fig.* gozo, alegría; causa de felicidad, dicha, *esp. en apóstr.* (ἦλθες, Τηλέμαχε, γλυκερὸν φάος llegaste, oh Telémaco, dulce luz de mis ojos, alegría de mi vida); salvación, victoria (φάος ἐν νήεσσιν θεῖναι llevar la salvación a las naves); luz de la inteligencia, ilustración de la mente, verdad cristiana, doctrina evangélica; maestro de la verdad, alma ilustrada por la fe; luz sobrenatural, Dios. **F.** *En Hom. nom.* φάος *y* φόως (*ac. v. l.* φώως; *por lo demás. gen.* φάους, *dat.* φάει, *pl.* φάεα *etc.; pero en prosa más frecte. nom.* φῶς, *gen.* φωτός, *dat.* φωτί, *pl.* φῶτα *etc.*

φάοσ-δε ADV. a la luz.

φάραγξ αγγος ἡ escarpadura abrupta, roca cortada a pico, barranco, derrumbadero, precipicio; costa escarpada, cantil; abismo, sima.

Φαραώ ὁ Faraón.

φαρέτρα ας ἡ *y*

φαρετρεών ῶνος ὁ *y jón.*

φαρέτρη ης ἡ aljaba, carcaj.

Φαρισαῖος ου ὁ fariseo [miembro de una secta religiosa judaica).

φαρμακεία ας ἡ aplicación *o* uso de medicamentos; empleo de encantamientos; encantamiento, hechizo, arte mágica, magia; *fig.* corrupción intelectual *o* moral, seducción

φαρμακεύς έως ὁ preparador de medicamentos, drogas *o* venenos, droguero; envenenador; encantador, hechicero, mago.

φαρμακεύω dar *o* aplicar un medicamento, administrar una droga, propinar un brebaje; usar de encantamientos, hechizar; practicar la magia, hacer una operación mágica (ἐς τὸν ποταμόν para calmar el río, *Hdt. 7, 114*).

φάρμακον ου τό remedio, medicamento, droga medicinal [brebaje, polvos, ungüento]; droga venenosa, veneno; droga *o* brebaje mágico, bebedizo, filtro; operación mágica, encantamiento; *fig.* medio *o* recurso secreto; droga tintórea, tintura, afeite.

φαρμακο-ποσία, ας ἡ bebida de un brebaje *o* de un veneno,

φαρμακός οῦ ὁ = φαρμακεύς.

φαρμάσσω [*át.* **φαρμάττω**] templar *o* sumergir el hierro candente *u* otro metal en agua fría; embrujar, embelesar.

φᾶρος [*y* **φάρος**] **εος [ους] τό** pieza *o* trozo de tela; tela para velas; vela de navío; sobrecama, colcha, cobertor de cama; sábana, sudario; manteleta, chal, manto [de hombre *o* de mujer]; velo.

φάρσος εος [ους] τό trozo, porción; *esp.* barrio *o* sector de una ciudad.

φάρυγξ υγγος [*át.* **υγος**] **ὁ ἡ** garganta, tragadero, faringe.

φάς φᾶσα φάν *part. pres. de* φημί.

φάσγανον ου τό cuchillo, cuchilla; espada.

φάσθαι *inf. pres. med. de* φημί.

φασί *enclít. 3.ª pl. pres. de* φημί.

φάσις εως ἡ descubrimiento de un crimen; denuncia, delación; aviso, noticia.

φάσκω *iterat. de* φημί andar diciendo, decir, afirmar (φάσκοντες εἶναι σοφοί sedicentes sabios, *N. T. Ep. Rom. 1, 22*).

φάσμα ατος τό = φάντασμα.

φασσο-φόνος ον matador de palomas.

φάτ' *apóc. de* φάτο *3.ª sing. impf. med. de* φημί.

φατίζω decir, expresar, declarar || PAS. decirse, ser dicho (τὸ φατιζόμενον según suele decirse).

φάτις εως [*jón.* **ιος**] **ἡ** dicho, rumor [de algo, sobre alguien, *gen*] (ἔχει μιν φάτις ὑπὸ τῶν Ἀθηναίων se ocupa de él un rumor por obra de los atenienses; φάτις ὥρμηται, κεχώρηκε un rumor se ha difundido *o* propagado; ὡς, ὥσπερ φάτις según dicho *o* rumor); fama, reputación (ἀναβαίνει ἐσθλὴ φ. surge *o* se forma buena fama); objeto o materia de conversación; palabra, dicho *o* lenguaje, *esp*. de una divinidad; oráculo, augurio.

φάτνη ης ἡ pesebre, comedero de bestias; cuadra, establo.

φάτο *3.ª sing. impf. med. ép. de* φημί.

φαυλίζω tener por vil, menospreciar, despreciar.

φαῦλος η ον malo, de mala *o* baja calidad; maligno, malvado, perverso; defectuoso; inhábil, inepto, incapaz; mediano, vulgar, ordinario; bajo, vil, de clase inferior; insignificante, sin importancia, baladí; ligero, despreocupado, frívolo; descuidado, negligente, flojo, holgazán; cobarde; simple, sencillo, modesto (στρατιώτης φ. soldado raso *o* simple soldado) || SUST. **τό** vileza, bajeza; edad frívola *o* despreocupada, juventud.

φαυλότης ητος ἡ condición *o* calidad inferior, inferioridad, estado inferior *o* mediano; modestia, medianía, ignorancia (ἡ ἐμὴ φαυλότης mi pobre juicio, mi modesto parecer); llaneza, sencillez.

φαύλως ADV. sencillamente, al descuido, descuidadamente, negligentemente.

φάω = **φαίνω.**

φέβομαι asustarse, huir ante [*ac.*]; ser puesto en fuga *o* ahuyentado.

φέγγος εος [**ους**] **τό** luz, resplandor, *esp*. del sol *o* del día; claridad *o* luz de la noche [luna, astros].

φέγγω brillar, resplandecer.

φείδομαι tratar con miramiento *o* consideración; perdonar la vida *o* la existencia, dejar vivir *o* subsistir (ἀνδρός a un hombre); ahorrar, economizar, escatimar (βίου su vida); ser moderado, tener compasión *o* clemencia; usar moderadamente, ser parco en el uso, no desprenderse; rehuir, esquivar, evitar (τοῦ κινδύνου el riesgo); abstenerse, dejar, guardarse.

F. *3.ª pl. impf. ép. y poét.* φείδοντο; *fut.* φείσομαι, *redupl. ép.* πεφιδήσομαι, *aor.* ἐφεισάμην, *3.ª sing. ép.* φείσατο; *aor. 2.º redupl. ép.* πεφιδόμην, *opt.* πεφιδοίμην, *3.ª* πεφίδοιτο, *inf.* πεφιδέσθαι.

φειδομένως ADV. parcamente, con parsimonia, con tacañería.

φειδώ όος [**οῦς**] **ἡ** *y*

φειδωλή ῆς ἡ *y*

φειδωλία ας ἡ miramiento, consideración, distinción (νεκύων para con los cadáveres; μὴ προαναλωθῆναι de que no sucumbiesen antes); parsimonia, economía, tacañería (ἐπὶ φειδῷ con tacañería).

φειδωλός ή όν parco, económico, ahorrador, que escatima (χρημάτων las riquezas) || SUBST. *n.* codicia.

φειδωλῶς ADV. codiciosamente, con afán de lucro.

φείσατο *3.ª sing. aor. 1.º ép. de* φείδομαι.

φείσομαι *fut. de* φείδομαι.

φελόνης ου ὁ = **φαιλόνης.**

φενακίζω engañar.

φενακισμός οῦ ὁ engaño, fraude, trampa.

φέναξ ακος ὁ embustero, falso, tramposo.

***φένω** [*aor. 2.º* (ἔ)πεφνον] matar, asesinar. *V.* θείνω.

φέρβω apacentar, alimentar, criar || PAS. alimentarse, nutrirse, sustentarse, mantenerse [de *o* con algo, *dat.*, ὑπό *con gen.*].

φερ-έγγυος ον garantizador, que garantiza *o* da seguridades [de algo, *gen.*]; firme, seguro; capaz, suficiente, apto (διασῶσαι τὰς νέας para *o* de abrigar en seguro las naves [un puerto]).

φερέ-οικος ον que lleva consigo su casa *o* tienda, nómada.

φέρεσκε *3.ª sing. impf. iterat. de* φέρω.

φέριστος η ον = **φέρτατος.**

φερνή ῆς ἡ aportación al matrimonio, dote.

Φερσέφασσα ης ἡ = **Περσέφασσα.**

φέρτατος η ον *superl. de* ἀγαθός.

φέρτερος α ον *comp. de* ἀγαθός que aventaja *o* sobrepuja; más fuerte, más valiente; mejor.

φέρτρον ου τό ataúd, féretro.

φέρω llevar encima; transportar, llevar de un lado a otro; llevar consigo, llevar teniendo, ir llevando (τοὶ φάος luz delante de ti, *e. e.*, ir alumbrándote); llevar en sí; sobrellevar, soportar, tolerar, sufrir, aguantar (βαρέως φέρειν ἰδών sufrir con pena el ver; χαλεπῶς φέρειν τοῦ ἐνδεοῦς llevar a mal la falta); llevar por delante, impulsar, mover (ὁ Βορέας φέρει εἰς τὴν Ἑλλάδα el viento N. sopla hacia la Hélade); llevarse violentamente, arrastrar consigo; llevar hacia, conducir, ir a dar *o* a parar, llevar una dirección, dirigirse tender, extenderse (τὰ πρὸς νότον φέροντα el país que se extiende hacia el Sur); *fig.* conducir, tender (ἡ γνώμη φέρει συμβάλλειν la opinión tiende a combatir; τὰ πρὸς τὸ ὑγιαίνειν φέροντα lo conducente a conservar la salud); dirigir, referir; remitir, transmitir, enviar; aportar, ofrecer; aportar lo debido, satisfacer, pagar; otorgar, conceder; traer consigo, acarrear, producir, causar, procurar (ἀγὼν ὁ τὸ πᾶν φέρων el combate que todo lo trae consigo, *e. e.*, lo decide todo, *Hdt. 5, 100*); traer como consecuencia, exigir, demandar, requerir; apoderarse y llevarse, arrebatar; robar, saquear, devastar; reportar, alcanzar, obtener, conseguir, lograr; llevar por todas partes, propagar; producir, criar, dar (ἡ γῆ ἔφερε la tierra producía, era fértil) || PART. INTR. φέρων precipitado, lanzado violentamente (φέρουσα ἐνέβαλε νηί φίλῃ lanzándose con violencia embistió a una nave amiga); conducente al fin (ἄνεμος φέρων viento favorable); presuroso, solícito, obsequioso; procedente (τὸ καλῶς ἐκ θεοῦ φέρον lo que procede bien, *e.e.* redundante en bien, de parte de la divinidad) || IMP, φέρε INTJ. ea, vamos, adelante, veamos || MED. llevar para sí, llevarse; llevar sobre sí, llevar consigo; reportar, recabar, obtener, alcanzar, ganar, lograr para sí, recibir || PAS. ser llevado violentamente, arrojado, precipitado *o* arrastrado (ποταμόνδε ἧκε φέρεσθαι lo tiró al río para que fuese arrastrado); lanzarse, arrojarse, abalanzarse; precipitarse, caer (κατὰ τῶν πετρῶν de unas peñas abajo); ser llevado abajo *o* hecho bajar, decaer (ἀπὸ τῆς ἐλπίδος de la esperanza); ser traído y llevado en lenguas, ser objeto de conversación (εὖ φέρεσθαι tener buena fama); proceder, marchar, ir en un sentido (τὰ πράγματα κακῶς φέρεται los negocios van mal; καλῶς φέρεσθαι estar en buena situación).

F. *ép. 2.ª pl. imp.* φέρτε, *3.ª sing. subj.* φέρῃσι; *inf.* φερέμεν; *impf.* φέρον, *iter. 3.ª sing.* φέρεσκε, *3.ª pl.* φέρεσκον; *fut.* οἴσω, *med.* οἴσομαι *(tamb. pas.). Del mismo tema sin valor de fut. imp.* οἶσε οἰσέτω, *inf.* οἶσαι, *ép.* οἰσέμεν οἰσέμεναι; *aor. 2.º* ἤνεγκον *y 1.º* ἤνεγκα *(las demás pers. en gral. de este último)*; *imp.* ἔνεγκε ἐνεγκάτω; *subj.* ἐνέγκω; *opt.* ἐνέγκαιμι *y* ἐνέγκοιμι; *inf.* ἐνεγκεῖν, *td.* ἐνέγκαι *(N. T.)*, *part*, ἐνεγκών *y* ἐνέγκας; *med. aor. 1.º* ἠνεγκάμην, *aor. 2.º sólo imp.* ἐνεγκοῦ *(Sóf. Ed. Col. 470)*; *tamb. aor. 1.º* ἤνεικα, *2.º* ἤνεικον, *ep.* ἔνεικα; *imp.* ἔνεικε *y* ἔνεικον; *inf.* ἐνεῖκαι, *ép.* ἐνεικέμεν; *med. 3.ª sing. ép.* ἐνείκατο, *3.ª pl. ép. y jón.* ἠνείκαντο; *perf.* ἐνήνοχα, *med.* ἐνήνεγμαι, *3.ª sing.* ἐνήνεκται, *part. jón.* ἐνηνειγμένος; *3.ª sing. plpf.* ἐνήνεκτο; *aor. pas.* ἠνέχθην, *jón.* ἠνείχθην; *fut. pas.* ἐνεχθήσομαι (*tamb.* οἰσθήσομαι).

φεῦ INTJ. *de dolor o de compasión* ¡ay! ¡ah! ¡oh! (φεῦ τοῦ ἀνδρός ¡ay del hombre! ¡desdichado de hombre!; φεῦ τὸ λαβεῖν πρόσφθεγμα ¡ah, escuchar la palabra!).

φεύγω huir, darse a la fuga, emprender la huída, escapar, ponerse en salvo, librarse; ser expulsado; huir de la patria, expatriarse, ser desterrado; vivir en el destierro, estar desterrado (οἱ φεύγοντες los desterrados *o* expatriados) || TR. escapar a, sustraerse a, rehuir, esquivar, evitar (πόλεμον ἠδὲ θάλασσαν los riesgos de la guerra y del mar); *fig.* caerse, desprenderse (ἡνίοχον φύγον ἡνία las riendas se le escaparon *o* cayeron de las manos al auriga); rechazar, negarse a, rehusar; escaparse, salir huyendo [de, *ac.*]; andar huído, estar desterrado de (φεύγων πατρίδα estando desterrado de su patria); ser acusado *o* demandado (δίκην en un proceso; ἀσεβείας ὑπὸ Μελήτου de impiedad por Meleto; ὁ φεύγων el acusado *o* reo) || PART. PERF. PAS. πεφυγμένος huído, escapado, salvo, libre (μοῖραν, ὄλεθρον de la muerte, de la perdición; ἀέθλων de luchas).

F. *inf. ép.* φευγέμεν φευγέμεναι; *impf. ép. poét.* φεῦγον, *iter. ép. y jón.* φεύγεσκον; *fut.* φεύξομαι (*y* φευξοῦμαι), *íd.* φεύξω; *aor. 2.º* ἔφυγον, *iter. ép.* φύγεσκον, *ép.* φύγον (*3.ª sing. subj.* φύγῃσι, *2.ª sing. opt.* φύγοισθα, *inf.* φυγέειν); *perf.* πέφευγα, *part. pl.* πεφευγότες, *ép. tamb.* πεφυζότες, *part. perf. pas.* πεφυγμένος (*con valor act.*).

φευκτός ή [*dór.* ά] **όν** *adj. vbal. de* φεύγω de que se puede huir, evitable.

φεῦξις εως ἡ = **φυγή.**

φή [*o* **φῆ**] CONJ. como.

φῆ *3.ª sing. impf. ép. de* φημί.

φήγινος η ον de encina *o* de haya.

φηγός οῦ ἡ encina de fruto comestible; haya [*lat.* fagus]; bellota.

φήῃ *3.ª sing. subj. pres. ép. de* φημί.

φήμη ης ἡ voz, dicho, palabra, lenguaje; aviso, advertencia, anuncio, predicción, *esp.* de los dioses [oráculo, augurio, presagio, etc.]; ruido, sonido, tono de voz (βαιάν μοι πέμπε λόγων φάμαν díme las palabras en voz baja); voz corriente, lo que se dice [*lat.* fama], rumor (ὑποδεέστερα τῆς φήμης cosas inferiores a lo que se dice); noticia, mensaje, recado; fama, nombre, reputación, opinión [buena *o* mala].

φημί [*dór.* **φαμί**] dar a conocer *o* manifestar el pensamiento, expresarse, hablar, decir (ἔφη λέγων, ἔλεγεν φάς decía, dijo; φασί dicen, *e. e.* se dice, dícese); pensar, opinar, creer (τί φῄς; ¿qué opinas? [*Sóf. E. R. 655*]; φαίης κε se creería); prometer, amenazar, conminar, jactarse; decir que sí, afirmar, declarar; confesar, reconocer, admitir, convenir en; *preced. de neg.* decir que no, negar, denegar, prohibir (οὔ φησ' ἐάσειν dice que no permitiría *o* niega que haya de permitir; εἴτε μὴ σὺ φῄς, ἐγὼ θήσω ya tú lo prohibas, yo he de colocar) || MED. decir, pensar, crer, figurarse (ἴσον ἐμοί ser igual a mí).

F. *ind. pres. pl.* φαμέν φατέ φασί; *imp.* φάθι; *subj.* φῶ φῇς, *3.ª* φῇ, *ép.* φῇσιν *y* φήῃ; *opt.* φαίην, *pl.* φαῖμεν, *inf.* φάναι, *ép.* φάμεν, *part.* φάς φᾶσα φάν; *med. imp.* φάο φάσθω *etc.*; *inf.* φάσθαι, *part.* φάμενος; *impf.* (*frec. con valor de aor.*) ἔφην, *ép.* φῆν, *2.ª* φῆς φῆσθα, *3.ª* φῆ, *3.ª plural ép.* φάσαν, ἔφαν *y* φάν; *impf. med.* ἐφάμην, *3.ª ép.* φάτο, *2.ª pl.* φάσθε, *3.ª* ἔφαντο, *ép. tamb.* φάντο; *fut.* φήσω; *aor. 1.º* ἔφησα, *3.ª sing. opt. jón.* φήσειε, *part.* φήσας.

φημίζω hacer correr la voz, esparcir un rumor, divulgar una noticia || PAS. correr la voz, rumorearse, cundir, divulgarse.

φῆμις ιος ἡ coloquio, plática, charla, conversación; voluntad, deseo; fama, reputación [buena *o* mala].

φῆν *1.ª sing. impf. ép. de* φημί.

φῆναι *inf. aor. de* φαίνω.

φήνειε *3.ª sing. opt. aor. de* φαίνω.

φήνη ης ἡ quebrantahuesos, pigargo [ave rapaz].

φήρ φηρός ὁ Centauro.

φῇς *y*

φῆσθα *2.ª sing. impf. ép. de* φημί.

φθαίρω *dór.* = **φθείρω.**

φθάμενος η ον *part. aor. 2.º med. de* φθάνω.

φθάν *part. n. aor. act. de* φθάνω.

φθάνω llegar antes, llegar el primero; llegar, alcanzar (ἐφ' ἡμᾶς a nosotros); adelantarse, anteceder, preceder, anticiparse (μὶν βαλών a él acometiéndole, a herirle a él; οὐκ ἄλλος φθὰς ἐμεῦ κατήγορος ἔσται no se me adelantará otro en acusar; ἔφθη κατακωλυθείς fue estorbado de antemano; οὐκ ἂν φθάνοις λέγων no te precipitarías demasiado si hablaras, *e. e.* ya es hora de que hables, habla; οὐκ ἂν φθάνοιμι λέγων es hora de que yo hable; οὐ φθάνω βρέξας no alcanzo a humedecer); apresurarse, darse prisa (ἀκολουθοῦντες a seguir) || MED. adelantarse, anticiparse.

F. *fut.* φθήσομαι, *tamb.* φθάσω; *aor.* ἔφθασα, *3.ª pl. opt.* φθάσειαν, *aor. 2.º* ἔφθην, *3.ª pl.* ἔφθησαν, *ép.* φθάν; *subj.* φθῶ, *3.ª sing. ép.* φθήῃ φθῇσιν, *pl.* φθέωμεν, *3.ª* φθέωσι; *opt.* φθαίην, *3.ª sing. ép.* φθαίησι, *inf.* φθῆναι, *part.* φθάς, *part. med.* φθάμενος, *perf.* ἔφθακα.

φθαρῆναι *inf. aor. pas. de* φθείρω.

φθαρήσομαι *fut. pas.* de φθείρω.

φθαρτός ή όν *adj. vbal. de* φθείρω corruptible, caduco, perecedero.

φθέγγομαι emitir un sonido, *esp.* una voz, hablar (φωνῇ ἀνθρωπηίῃ con voz humana; φθεγξάμενος προσέειπε habiendo tomado la palabra dijo; τυτθὸν φθεγξαμένη habiendo hablado en voz baja); hablar alto, dar gritos; pronunciar, articular, decir (καίρια palabras oportunas); relinchar, chillar, graznar, cantar, piar, etc.; sonar, hacerse oír *o* producirse [un sonido *o* un ruido]; dar nombre, denominar, llamar.

F. *fut.* φθέγξομαι; *aor.* ἐφθεγξάμην, *ép.* φθεγξάμην, *subj. ép.* φθέγξομαι; *perf.* ἔφθεγμαι.

φθέγμα ατος τό sonido articulado, voz, palabra, dicho, lenguaje || PL. gritos; cantos de las aves.

φθείρ φθειρός ὁ piojo, ladilla.

φθειρο-τραγέω -ῶ comer piñas *o* piñones.

φθείρω hacer *o* dejar perecer, destruir, devastar, arruinar, matar; echar a perder, deteriorar; malear, corromper, seducir || PAS. perecer, morir, consumirse.

F. *impf. jón. 3.ª sing.* φθείρεσκε *(en compto.) ; fut.* φθερῶ, *med.* φθεροῦμαι *con valor pas. (en compto. fut. ép.* φθέρσω, *jón.* φθερέω, *med.* φθερέομαι) *aor.* ἔφθειρα; *perf.* ἔφθαρκα, *pas.* ἔφθαρμαι, *3.ª pl.* ἐφθάραται, *3.ª pl. plpf. jón.* ἐφθάρατο; *aor, pas.* ἐφθάρην; *fut. pas.* φθαρήσομαι.

φθέωμεν φθέωσι *1.ª y 3.ª pl. subj. aor. 2.º ép. de* φθάνω.

φθῇ φθήῃ *y* **φθῇσιν** *3.ª sing. subj. aor. 2.º de* φθάνω.

φθήσομαι *fut. de* φθάνω.

Φθία ας [*jón.* **Φθίη ης**] **ἡ** Ptía [ciudad de Tesalia, patria de Aquiles].

Φθίην-δε ADV. a *o* hacia Ptía.

φθίμενος η ον *part. aor. 2.º med. de* φθίνω.

φθινάς άδος ADJ. *f.* consuntiva, que hace perecer, mortífera, mortal.

φθινοπωρινός ή όν de fin de otoño, otoñal.

φθιν-όπωρον ου τό fin de otoño.

φθινύθω deteriorar, echar a perder; devastar, saquear, robar; consumir, gastar, dejar pasar; devorar, torturar, desgarrar; descaecer, consumirse, agotarse; extinguirse, perecer, morir (τούσδε δ' ἔα φθινύθειν y déjalos que se consuman *o* perezcan).

F. *3.ª sing. impf. iter. ép.* φθινύθεσκε *Il. 1, 491.*

φθίνω INTR. consumirse, debilitarse, descaecer, languidecer; agotarse, acabarse, pasar (νύκτες, ἤματα, μῆνες noches, días, meses); terminar, perecer, morir; menguar, disminuir, venir a menos, decrecer, desvanecerse, disiparse || TR. [*fut.* φθίσω *aor.* ἔφθισα] deteriorar, desgastar poco a poco, ir consumiendo, minar; destruir, arruinar, hacer perecer, matar (φθίσει σὲ τὸ σὸν μένος te perderá ese tu valor *o* arrojo; φθίνοντα μαντεύματα presagios negados, no obtenidos); || MED. *y* PAS. *como la act. intr.*; φθίμενος muerto, difunto.

F. *V.* φθίω; *fut.* φθίσω, *med.* φθίσομαι; *aor.* ἔφθισα, *ép.* φθῖσα (*por* φθείσω ἔφθεισα *etcétera, que aparecen como vv. ll.*); *aor. 2.º med.* ἐφθίμην ἔφθισο ἔφθιτο, *3.ª pl.* ἐφθίατο; *3.ª sing. imp.* φθίσθω; *subj. ép. 3.ª sing.* φθίεται, *1.ª pl.* φθιόμεσθα, *opt.* φθίμην, *3.ª sing.* φθῖτο; *inf.* φθίσθαι; *part.* φθίμενος; *perf. pas. 3.ª. sing.* ἔφθιται; *aor. pas.* ἐφθίθην, *3.ª pl. ép.* ἔφθιθεν.

φθισ-ήνωρ ορος ADJ. *m. y f. y*

φθισί-μβροτος ον destructor *o* matador de varones *o* guerreros, mortífero, funesto, homicida.

φθίσις εως ἡ mengua, decaimiento, agotamiento lento, consunción, tisis, extinción.

φθίσω *fut. tr. de* φθίνω.

φθῖτο *3.ª sing. opt. aor. 2.º med. de* φθίνω.

φθιτός ή όν destruído, aniquilado; muerto.

φθίω = φθίνω.

F. *3.ª sing. impf.* ἔφθιεν *Il. 18, 446, que bien pudiera ser en su origen aor. 2.º de* φθίνω.

φθογγή ῆς ή *y*

φθόγγος ου ὁ ruido, rumor, sonido; sonido articulado, voz humana, palabra; voz de los animales [chillido, graznido, canto, etc.].

φθονερός ά όν envidioso, celoso [de algo, *dat.*], [*esp.* la divinidad, los dioses].

φθονέω -ῶ ver con malos ojos, aborrecer, tener envidia *o* celos, envidiar (ἀλλοτρίων lo ajeno; τινῶν σοι algo a ti *o* a ti por algunas cosas; ἄνδρα ἕνα βασιλεῦσαι el que reine un solo hombre); rehusar por envidia, no conceder, denegar || PAS. ser envidiado, resultar odioso, ser aborrecido.

φθόνησις εως ή *y*

φθόνος ου ὁ malquerer, malevolencia, menosprecio, envidia, celos, *esp.* de parte de los dioses (τὸν φθόνον πρόσκυσον respeta la envidia [de los dioses]); negativa, repulsa; obstáculo, estorbo, impedimento (φθόνος οὐδείς λέγειν no hay impedimento alguno para decir, *o* nada impide decir).

φθορά ᾶς [*jón.* **φθορή ῆς**] **ή** *y*

φθόρος ου ὁ ruina, perdición; destrucción, disolución, corrupción; azote, ser funesto.

-φι(ν) *suf. nominal de gen. sing.* (θεόφιν de un dios) || *de dat. sing.* (βίηφι por fuerza) || *de dat. pl.* (ναῦφι en las naves).

φιάλη ης ή vasija para hervir líquidos; urna funeraria; *esp. de* taza muy llana y abierta, pátera.

φιλ-άγαθος ον amante del bien, amigo de hacer bien.

φιλαδελφία ας ή amor a los hermanos, caridad fraterna.

φιλ-άδελφος ον amante de sus hermanos; que tiene predilección por un hermano; fraterno, fraternal.

φῖλαι *imp. aor. med. de* φιλέω.

φιλαίτατος η ον *superl. de* φίλος.

φιλαίτερος α ον *comp. de* φίλος.

φιλ-αίτιος ον descontentadizo, quisquilloso, criticón; reprochable, censurable, reprensible; expuesto a censurar.

φίλαμα ατος τό *dór.* = **φίλημα**.

φιλ-αμαρτήμων ον [gen. ονος] amante del pecado.

φιλ-αναλωτής οῦ ADJ. *m.* amigo de gastar, gastador, derrochador, pródigo.

φίλ-ανδρος ον amante del esposo; amante de los hombres.

φιλανθρωπεύομαι ser humano || PAS. ser tratado con humanidad.

φιλανθρωπία ας ή amor a los hombres, sentimientos humanitarios, humanidad, amabilidad, cortesía; benignidad, benevolencia; *pl.* actos de humanidad *o* benevolencia; amor de Dios a los hombres.

φιλ-άνθρωπος ον amigo de los hombres, humano; benigno, bondadoso, afable, cortés, generoso.

φιλ-απόδημος ον aficionado a viajes, amigo de viajar.

φιλαργυρία ας ή avaricia, codicia.

φιλ-άργυρος ον aficionado, apegado al dinero, avaro, codicioso || SUST. *n.* amor *o* apego al dinero, codicia, avaricia.

φίλ-αρχος ον aficionado a mandar, ansioso del poder *o* la dominación, ambicioso.

φίλατο *3.ª sing. aor. med. de* φιλέω.

φίλ-αυλος ον aficionado a la flauta.

φίλ-αυτος ον amante de sí mismo, egoista.

φιλέεσκε *3.ª sing. impf. iterat. de* φιλέω.

φιλ-έλλην ηνος ADJ. *m. y f.* amigo de los Griegos, aficionado a lo griego [lengua, literatura, etc.].

φιλ-εραστής οῦ ὁ aficionado a amar.

φιλεραστία ας ή afición a amar.

φιλ-εργός όν amante del trabajo, trabajador, laborioso, hacendoso.

φιλ-έρημος ον amante de la soledad.

φιλ-έταιρος ον amigo de sus camaradas *o* amigos.

φίλ-ευνος ον amigo del placer.

φιλέω -ῶ amar con afecto de amistad, querer como amigo; amar, querer con amor puro (κῆρι, περὶ κῆρι, θυμῷ, ἐκ θυμοῦ de corazón, de veras, profundamente, entrañablemente; 'Αμφιάραον Ζεὺς φιλεῖ παντοίην φιλότητα Zeus quiere a Anfiarao con todo amor); tratar como amigo, atender, cuidar, asistir, obsequiar, agasajar, dar muestras de amor *o* afecto, *esp.* besar; amar sexualmente *o* con amor carnal; ver con gusto, acoger con placer, recibir bien; aceptar, aprobar (αἰσχροκέρδειαν una ganancia deshonrosa); buscar *o* procurar con afán, perseguir, apetecer, ansiar, anhelar, ambicionar (τὸ κερδαίνειν el lucro); complacerse *o* tener gusto en, gustar de, soler, acostumbrar (οἷα φιλεῖ [γίγνεσθαι] como suele acontecer *o* según costumbre). || IMPERS. φιλέει [*o* φιλεῖ] es costumbre, se suele, generalmente, de ordinario || MED. besarse mutuamente.

F. *3.ª sing. subj. pres. ép.* φιλέησι, *inf. ép.* φιλήμεναι; *impf. ép.* φίλεον *etc. 3.ª sing. iter.* φιλέεσκε; *fut.* φιλήσω (*2.ª sing. med. ép. con valor pas.* φιλήσεαι), *inf. ép.* φιλησέμεν; *aor. 1.°* ἐφίλησα, *med. ép.* ἐφιλάμην, *3.ª sing.* φίλατο, *imp.* φῖλαι *perf.* πεφίληκα, *pas.* πεφίλημαι; *aor. pas.* ἐφιλήθην, *3.ª pl. ép.* ἐφίληθεν.

φίλη ης ἡ amiga, querida, amante.

φιλ-ήδονος ον = **φίλευνος**.

φιλ-ήκοος ον que gusta de escuchar, ansioso de oír, que oye con placer, *esp.* la conversación; oyente atento.

φίλημα ατος τό beso, ósculo.

φιλήμεναι *inf. pres. ép. de* φιλέω.

φιλ-ήρετμος ον aficionado al remo, que gusta de remar.

φιλία ας [*jón.* **φιλίη ης**] **ἡ** amistad, benevolencia, afecto, amor [a *o* hacia alguien, *gen. dat. o* πρός *con ac.*]; ἡ ἐμή, ἡ σὴ φιλία la amistad a *o* hacia mí, a *o* hacia ti; φιλίαν λαβεῖν recibir pruebas de amistad *o* afecto [de alguien, παρά *con gen.*]; διὰ φιλίαν ἰέναι relacionarse amistosamente [con alguien, *dat.*]; ἐπείθοντο διὰ φιλίαν αὐτοῦ por la amistad con él le dieron crédito; afición, afán, deseo, ansia (τοῦ κέρδους de lucro).

φιλιάζω = **φιλιόομαι**.

φιλίη ης ἡ *jon.* = **φιλία**.

φιλικός ή όν concerniente a la amistad, tocante a los amigos, amigable, amistoso [actitud, carácter, actos, costumbres] || SUST. *n. pl.* muestras, pruebas *o* testimonios de amistad *o* de afecto (φιλικὰ παθεῖν experimentar *o* recibir pruebas de amistad).

φιλικῶς ADV. amistosamente (φ. ἔχειν estar en relaciones amistosas).

φιλιόομαι -οῦμαι hacerse amigo de [*dat.*].

φίλιος α ον [*o* **-ος ον**] amistoso, propio de amigo [palabras, acciones, sentimientos; amigo; benévolo, bien dispuesto [para *o* hacia alguien, *dat.*]; protector de la amistad [*epít. de Zeus:* πρὸς φιλίου por el dios de la amistad]; querido || SUST. *f.* tierra amiga *o* aliada.

φιλιππίζω estar adherido a Filipo.

φιλιππισμός οῦ ὁ actuación política en favor de Filipo.

φίλ-ιππος ον aficionado a los caballos.

Φίλιππος ου ὁ Filipo [rey de Macedonia]; Felipe [apóstol].

φίλιστος η ον *superl. de* φίλος.

φιλίτιον ου τό banquete en común *o* público.

φιλίων ον *comp. de* φίλος.

φιλό-γαμος ον amigo del matrimonio.

φιλό-γελως ωτος ADJ. *m. y f.* amigo de reír, propenso *o* aficionado a la risa.

φιλογυμναστέω -ῶ ser aficionado a la gimnasia, gustar de los ejercicios corporales.

φιλο-γυμναστής οῦ ὁ aficionado a la gimnasia *o* a los ejercicios corporales.

φιλογυμναστία ας ἡ afición a la gimnasia.

φιλογυμναστικός ή όν concerniente a la gimnasia *o* a los ejercicios corporales || SUST. *m.* gimnasta.

φιλο-γύνης ου ὁ [*pl.* φιλογύναικες] amante de las mujeres.

φιλο-δέσποτος ον amante de su dueño, adicto a su amo.

φιλο-δικέω -ῶ ser aficionado a procesos, gustar de litigar, ser pleitista.

φιλοδοξία ας ἡ amor a la gloria, la fama *o* los honores.

φιλό-δοξος ον amante de la opinión o renombre, ganoso de fama, que busca *o* pretende tener fama.

φιλό-δωρος ον aficionado a dar, generoso, liberal; que da con generosidad [algo, *gen.*].

φιλό-ζῳος ον que ama *o* gusta de los animales; amante de la vida.

φιλο-θεάμων ον [*gen.* ονος] aficionado

a los espectáculos, amigo de ver *o* contemplar [algo, *gen.*].

φιλό-θεος ον amante de Dios, que ama a Dios, religioso, piadoso.

φιλοθηρία ας ἡ afición a la caza, pasión por la caza.

φιλό-θηρος ον aficionado a la caza, apasionado por la caza.

φιλ-οίκτιστος ον fácil de enternecerse, que se compadece fácilmente, muy compasivo.

φιλοινίη ης ἡ afición al vino.

φίλ-οινος ον amigo de la bebida *o* del vino.

φιλοκαλέω -ῶ tener afición a lo bello, preocuparse de la belleza, gustar de las cosas bellas, atender a la elegancia.

φιλό-καλος ον amante de lo bello, aficionado a la elegancia; amigo de componerse o adornarse, pulcro (περὶ τὰ ὅπλα en cuanto a las armas).

φιλοκερδέω -ῶ ser aficionado al lucro, ser codicioso.

φιλο-κερδής ές ávido de ganancia, codicioso || SUST. *n.* pasión de lucro, avidez de ganancias, codicia.

φιλο-κέρτομος ον aficionado a injuriar.

φιλο-κίνδυνος ον amante del peligro, arriesgado, atrevido, temerario, aventurero || SUBST. **τό** amor a los peligros.

φιλο-κτέανος ον = **φιλοκερδής**.

Φιλο-κτήτης ου ὁ Filoctetes [compañero de Heracles; tít. de una tragedia de Sófocles].

φιλό-λογος ον amigo de hablar, que gusta de disertar; aficionado a la discusión, a la dialéctica.

φιλο-λοίδορος ον amigo de insultar *o* injuriar.

φιλο-μαθής ές que gusta de aprender, deseoso de saber [algo, *gen.*]; deseoso de instruirse, estudioso || SUST. *n.* deseo de aprender, amor a la ciencia.

φιλο-(μ)μειδής ές que gusta de sonreir, sonriente, risueño, alegre, amable.

φιλό-μουσος ον amigo de las Musas [letras, artes]; aficionado a la música.

φιλό-μωμος ον aficionado a reprochar, propenso a censurar, amigo de criticar *o* poner faltas.

φιλονεικέω -ῶ = **φιλονικέω**.

φιλονεικία ας ἡ = **φιλονικία**.

φιλό-νεικος ον = **φιλόνικος**.

φιλονικέω -ῶ ser aficionado a disputar, gustar de altercar, ser pendenciero; porfiar, disputar [por *o* de algo, *ac.*]; rivalizar, contender [con alguien, *dat.*; sobre *o* en algo, περί *con gen.* *o* πρός *con ac.*].

φιλονικία ας ἡ afición a disputas; emulación, envidia (φιλονικίαν ἐμβάλλειν infundir *o* despertar emulación [a alguien, *dat.*]); porfía, rivalidad, competencia [con alguien, πρός *con ac.*; sobre algo, περί *con gen.* *o* πρός *con ac.*]; deseo de vencer.

φιλό-νικος ον aficionado a disputas, pendenciero, amigo de altercar; émulo, que va a porfía *o* en competencia con otro, rival || SUST. *n.* = **φιλονικία**.

φιλονίκως ADV. con espíritu pendenciero, a porfía, con emulación; φ. ἔχειν emular, rivalizar.

φιλό-ξεινος ον = **φιλόξενος**.

φιλοξενία ας ἡ hospitalidad, agasajo al huésped.

φιλό-ξενος ον amigo de los extranjeros *o* forasteros; que gusta de hospedar, aficionado a dar hospitalidad, hospitalario, acogedor.

φιλο-παίγμων ον [*gen.* ονος] juguetón, retozón, jovial, alegre, alocado.

φιλό-παις παιδος ADJ. *m. y f.* amante de de los jóvenes, aficionado a los muchachos.

φιλο-παίσμων ον [*gen.* ονος] = **φιλοπαίγμων**.

φιλο-ποιητής οῦ ὁ amigo de los poetas.

φιλο-πόλεμος ον amigo de guerrear, deseoso de guerra, belicoso.

φιλό-πολις ι [*gen.* ιδος] amante de la ciudad *o* estado, amante de su patria, patriota. || SUST. *n.* patriotismo.

φιλοπονέω -ῶ amar el trabajo, ser trabajador *o* laborioso; trabajar con todo empeño [en algo, *ac.*].

φιλοπονία ας ἡ amor al trabajo, laboriosidad.

φιλό-πονος ον amante del trabajo, laborioso, trabajador, activo; que se toma el trabajo [de algo, περί *con ac.*]; que cuesta trabajo, trabajoso, penoso.

φιλοποσία ας ἡ afición a la bebida.

φιλο-πότης ου ὁ aficionado a la bebida, gran bebedor, borracho, beodo.

φιλο-πραγμοσύνη ης ἡ actividad; entremetimiento en asuntos ajenos.

φιλο-πρωτεύω desear ser el primero, ambicionar el primer puesto; gustar de dirigir *o* mandar (αὐτῶν en *o* entre ellos).

φιλο-πτόλεμος ον = **φιλοπόλεμος.**

φίλος η ον amado, querido, estimado [de *o* para alguien, *dat.*]; grato, acepto, agradable (φίλον γίγνεται *o* ἐστί es grato *o* agradable [a alguien, *dat.*]; τοὶ φίλον ἔπλετο θυμῷ es grato a tu corazón *o* te place); amigo, bienquisto (κλῦτε, φίλαι oíd, amigas mías); amante; aliado; propio de uno [mío, tuyo, suyo]; que gusta, aficionado, amante; benévolo, bondadoso (φίλα φρονεῖν, εἰδέναι tener benevolencia; ἐργάζεσθαι, ποιεῖσθαι dar gusto, demostrar benevolencia *o* amistad).

F. *comp. ép. poét.* φιλίων *y* φίλτερος, *en prosa* φιλαίτερος *y* φιλώτερος, *tamb.* μᾶλλον φίλος; *superl.* φίλτατος φιλαίτατος *y* μάλιστα φίλος.

φιλό-σιτος ον aficionado a comer, glotón.

φιλο-σκώμμων ον [*gen.* ονος] que gusta de burlarse, burlón, bromista.

φιλοσοφέω -ῶ desear saber, procurar instruirse, buscar la ciencia, aplicarse al estudio, estudiar; investigar metódicamente la verdad, filosofar; cultivar la filosofía, ser filósofo.

φιλοσοφία ας ἡ amor a la ciencia, afición a la sabiduría; estudio *o* ejercicio de una ciencia *o* arte; filosofía, investigación metódica y conocimiento científico de las cosas (διὰ τῆς φιλοσοφίας καὶ κενῆς ἀπάτης por la filosofía [teoría judaico-gentil] y vano engaño, *N. T. Ep. Col. 2, 8)*.

φιλό-σοφος ον amante de la sabiduría *o* de la ciencia, deseoso de saber; que estudia *o* ejerce una ciencia *o* arte; que gusta de las cosas del espíritu; que tiene carácter científico || SUBST. *m.* hombre que gusta de lo espiritual, culto, docto, instruído; filósofo, investigador de la verdad, que estudia la naturaleza (τὴν φῦσιν, φύσει filósofo por naturaleza); *n.* conocimientos de carácter científico, filosofía; manera de vivir de un filósofo.

φιλοστοργία ας ἡ afecto, cariño.

φιλό-στοργος ον amante, cariñoso.

φιλο-στρατιώτης ου ὁ amigo de los soldados.

φιλο-σώματος ον que cuida su cuerpo *o* su persona.

φιλοτάσιος α ον *dór.* = **φιλοτήσιος.**

φιλοτεκνία ας ἡ amor a los hijos.

φιλότεκνος ον amante de sus hijos.

φιλοτεχνέω -ῶ ejercitar el propio arte *o* las propias aficiones.

φιλό-τεχνος ον amante *o* cultivador de un arte, artista, industrioso.

φιλότης ητος ἡ amistad, amor, cariño, afecto, buen querer, benevolencia, afabilidad (φιλότητα τιθέναι trabar amistad; παρὰ σεῖο τυχὼν φιλότητος habiendo encontrado en ti favorable acogida; φιλότητα τέμνειν hacer pacto de amistad; φιλότητα παρέχειν demostrar afecto, benevolencia *o* amistad); amor sensual *o* carnal, relaciones íntimas.

φιλοτήσιος α ον [*o* **-ος ον**] amoroso, tocante al amor, concerniente a los goces del amor; amistoso, amigable, propio de la amistad (φιλοτασίῳ διαίτᾳ por un trato *o* relación amistosa) || SUST. *f.* brindis amistoso (φιλοτησίας προπίνειν beber a la salud de alguien).

φιλοτιμέομαι -οῦμαι desear *o* pretender honores, tener ambición; poner toda su ambición *o* su honra, trabajar con empeño, afanarse; tener a honor, aspirar al honor de (φίλῳ σοι χρῆσθαι tenerte por amigo *o* gozar de tu amistad); vanagloriarse; ufanarse; tomar a punto de honra, picarse de honor, resentirse.

φιλοτιμία ας [*jón.* **φιλοτιμίη ης**] **ἡ** amor a la honra, pundonor; deseo *o* pretensión de honores, ambición [de algo, *gen.*]; emulación, competencia, porfía, rivalidad [en *o* para algo, *gen.* *o* περί *con dat.*]; crédito, honra, distinción, honor; presunción, ostentación, alarde; prodigalidad, derroche; liberalidad, munificencia.

φιλό-τιμος ον amante de la gloria, la

honra *o* los honores; lleno de emulación; ambicioso; ávido [de algo, *gen.*] || SUST. *n.* amor de la gloria *o* la honra; ambición.

φιλοτίμως ADV. con afán de distinguirse *o* destacarse; con empeño, con emulación.

φιλο-φρονέομαι -οῦμαι *y pas.* sentir *o* mostrar benevolencia, amistad *o* cortesía [a alguien, *dat.* *o* *ac,*].

φιλοφρόνως ADV. amistosamente.

φιλοφροσύνη ης ἡ benevolencia, disposición amistosa, complacencia, bondad, amabilidad.

φιλό-φρων ον [*gen.* ονος] benévolamente dispuesto, amistoso, bondadoso, amable, afable, complaciente, cortés.

φιλοχρηματία ας ἡ afición *o* apego al dinero, codicia, avaricia.

φιλοχρηματιστής οῦ ὁ y

φιλο-χρήματος ον aficionado al dinero; amigo de atesorar, codicioso, interesado, avaro || SUST. *n.* codicia.

φιλό-χρηστος ον amante del bien; aficionado a la virtud, amigo de los buenos.

φιλο-χωρέω -ῶ gustar de la estancia *o* de permanecer en un sitio, ser aficionado a un lugar; detenerse con gusto en un lugar.

φιλο-ψευδής ές que gusta de mentir, mentiroso, embustero.

φιλό-ψογος ον aficionado a censurar *o* reprender.

φιλο-ψυχέω -ῶ amar la vida, tener apego excesivo a la vida; ser flojo, cobarde *o* pusilánime.

φιλοψυχητέον *adj. vbal. de* φιλοψυχέω hay que amar la vida.

φιλο-ψυχία ας [*jón.* **φιλο-ψυχίη ης**] **ἡ** amor a la vida, excesivo apego a la vida; cobardía, pusilanimidad, flojedad.

φίλτατος η ον *superl. de* φίλος.

φίλτερος α ον *comp. de* φίλος.

φίλτρον ου τό instrumento de amor, medio para hacerse amar; poción o bebida mágica, bebedizo; encantamiento, hechizo, seducción; amor, cariño, amistad, afecto.

φίλ-υμνος ον que gusta de cantar.

φιλύρη ης ἡ tilo [árbol].

φίλωμαι *subj. aor. med. ép. de* φιλέω.

φιμόω -ῶ abozalar, poner bozal; amordazar, poner mordaza, reducir al silencio, hacer enmudecer, acallar || PAS. enmudecer, callarse (πεφίμωσο cállate).

-φιν = **-φι.**

φιτρός οῦ ὁ leño, tronco, tarugo, palo.

φιτύω sembrar, plantar; engendrar, traer a la existencia.

φλαῦρος α ον malo; vano; inútil; frívolo; raquítico, mezquino, ruín, insignificante; feo, desagradable; grosero, sucio, desharrapado.

φλαυρουργός οῦ ὁ mal artesano, mal obrero.

φλεγέθω = **φλέγω.**

φλέγμα ατος τό inflamación, abrasamiento, combustión, fuego, llama; humor flemoso, flema *o* mucosidad del aparato respiratorio, moco, pituita; bilis.

φλεγμαίνω inflamarse, estar inflamado, estar hinchado de humores; estar enfermo.

φλεγματώδης ες que produce inflamación, inflamatorio.

φλεγμονή ῆς ἡ = **φλέγμα.**

φλέγω inflamar, encender; quemar, abrasar, consumir por el fuego; calentar, hacer hervir; inflamar en un sentimiento [cólera, dolor, ansiedad, etc.]; excitar, hacer surgir, levantar; arder, abrasarse, quemarse; alumbrar, brillar, resplandecer, irradiar luz, estar radiante.

F. *ép.* φλεγέθω. *Aor. pas.* ἐφλέχθην *y td.* ἐφλέγην.

φλέψ φλεβός ἡ vena, vaso sanguíneo.

φλήναφος ου ὁ palabrería, garrulería.

φλιά ᾶς ἡ [*grlte. pl.*] jambas de una puerta, umbral, vestíbulo.

φλίβομαι rozar, frotar.

φλόγεος α ον *y*

φλογερός ά όν inflamado, ardiente, resplandeciente.

φλογίζω = **φλέγω** || PAS. estar inflamado *o* encendido, ser consumido, arder.

φλογιστός ή όν consumido por el fuego; quemado.

φλόγωσις εως ἡ inflamación, hinchazón.

φλόϊνος η ον hecho de corteza *o* de junco.

φλοιός οῦ ὁ corteza, película, liber.
φλοῖσβος ου ὁ ruido sordo *y* confuso de masa en movimiento [gente, ejército, batalla, etc.]; *esp.* estruendo del oleaje del mar.
φλόξ φλογός ἡ llama, fuego; brillo, resplandor, fulgor; ardor, virulencia (πήματος de una plaga *o* azote).
φλόος ου [-οῦς οῦ] ὁ = φλοιός; caña, junco; estera de junco.
φλυαρέω -ῶ decir tonterías, hablar a tontas y a locas (πολλὴν φλυαρίαν φλυαρεῖν contar muchas tonterías); tildar, motejar, denigrar.
φλυαρία ας ἡ charlatanería, lenguaje frívolo; bagatela, vaciedad, fruslería, frivolidad, nonada.
φλύαρος ου charlatán, que habla a tontas y a locas, que dice tonterías.
φλυηρέω -ῶ *jón.* = **φλυαρέω.**
φλύκταινα ης ἡ pústula, vesícula, ampolla.
φλύω brotar, manar, fluir en abundancia.
φοβερός ά όν espantoso, horrendo, terrible, horrible (ὁρᾶν, ἰδεῖν de ver); temible, digno de temerse, que se ha *o* es de temer; tímido, miedoso; φοβερὸν ποιεῖν asustar, atemorizar, intimidar, turbar, desconcertar || SUST. *n.* miedo, terror.
φοβέω -ῶ hacer huir, poner en fuga, ahuyentar, espantar; arredrar, asustar, aterrar, amedrentar, atemorizar; infundir miedo *o* temor (μὴ φοβῶν πόνος empresa *o* tarea que no da miedo, sin peligro) || MED. *y* PAS. arredrarse, ser arredrado, espantado *o* puesto en fuga por miedo, huir amedrentado, huir (οὐ σ' ἔτι φοβήσομαι ya no huiré de ti); estar amedrentado, horrorizarse, atemorizarse; tener miedo, temer, recelar (περὶ ἡμῶν por nosotros; μὴ ἀποθάνωσι que mueran).
F. *2.ª sing. ind. pres. med. jón.* φοβέαι; *impf. med. jón.* φοβέο *o* φοβεῦ; *3.ª pl. impf. med. ép.* φοβέοντο; *fut. med.* φοβήσομαι; *aor. act.* ἐφόβησα, *med.* ἐφοβησάμην; *perf. med.* πεφόβημαι; *3.ª pl. plpf.* ἐπεφόβηντο, *ép.* πεφοβήατο; *aor. pas.* ἐφοβήθην, *3.ª pl. ép.* ἐφόβηθεν *o* φόβηθεν, *fut. pas.* φοβηθήσομαι.
φόβη ης ἡ guedeja, mata de pelo; copa de árbol, follaje.
φόβηθεν *3.ª pl. aor. pas. ép. de* φοβέω.
φόβημα ατος τό causa *o* motivo de espanto, objeto de temor.
φοβητέος α ον *adj. vbal. de* φοβέω que se ha de temer.
φοβητός ή όν *adj. vbal. de* φοβέω temible, que infunde miedo *o* es causa de temor.
φόβητρον ου τό espanto.
φόβον-δε ADV. a *o* hacia la fuga, para *o* en orden a la fuga,
φόβος ου ὁ huída, fuga; susto, espanto; terror, miedo, temor (ἐς φόβον φέρειν mover a miedo; εἰς φόβον καταστῆναι entrar en temor; φόβον φοβεῖν abrigar un temor; φόβος ἐστὶ μή hay temor de que; φόβοις, ἐκ φόβου, διὰ τὸν φόβον, ὑπὸ φόβου por miedo *o* por el temor; ξὺν φόβῳ, μετὰ φόβου con temor; φόβος τῶν βαρβάρων el miedo de, *e. e.* que tienen los bárbaros); temor reverencial, respeto, reverencia (Θεοῦ de Dios, *e. e.* que se tiene a Dios); objeto que inspira terror.
φοιβό-λαμπτος ον inspirado por Apolo.
Φοῖβος ου ὁ Febo [el brillante, el resplandeciente, *epít. de* Apolo].
φοινήεις εσσα εν = φοίνιος.
φοινίκεος α ον [-οῦς ῆ οῦν] = φοῖνιξ.
φοινικήιος η ον de palmera, de hojas de palma.
Φοινικήιος η ον = Φοῖνιξ.
φοινικός ή όν fenicio.
φοινίκιος α ον = φοῖνιξ.
φοινικίς ίδος ἡ tela de rojo púrpura.
φοινικιστής οῦ ὁ magnate persa purpurado *o* con derecho a vestir de púrpura.
φοινικόεις εσσα εν = φοῖνιξ.
φοινικο-πάρηος ον de costados *o* flancos de rojo escarlata.
φοινικοῦς ῆ οῦν = φοινίκεος.
φοῖνιξ ικος ADJ. *m.* de color rojo de púrpura || SUST. *m.* púrpura, tinte purpúreo *o* de color rojo de púrpura *o* escarlata.
φοῖνιξ ικος ὁ ἡ palmera datilífera [macho *o* hembra]; rama de palmera, palma; fruto de la palmera, dátil (οἶνος φοινίκων vino de dátiles); instrumen-

to musical de invención fenicia; fénix [ave fabulosa de Egipto].

Φοῖνιξ ικος ADJ. *m. y f.* fenicio; púnico, cartaginés.

φοίνιος α ον [**-ος ον**] de color rojo de sangre *u* obscuro; tinto en sangre, ensangrentado, sangrante; sangriento, sanguinario; que derrama sangre, matador, homicida.

Φοίνισσα ης ADJ. *f. de* **Φοῖνιξ**.

φοινίσσω teñir de rojo ‖ PAS. ponerse rojo, enrojecer (μάστιγι a latigazos, a azotes).

φοινός ή όν = **φοίνιος**.

φοιτάς άδος ADJ. *f.* extraviada, descarriada; loca, frenética (φ. νόσος frenesí, demencia, locura).

φοιτάω -ῶ [*jón.* **φοιτέω**] ir y venir con frecuencia *o* continuamente; andar de un lado a otro; ir frecuentemente *o* con asiduidad; ir y venir, marchar y volver (πολλάκις τὸ αὐτὸ ἐπύπνιον varias veces el mismo sueño); venir periódicamente; llegar con regularidad *o* a su tiempo [los ataques de una enfermedad, las rentas que vienen, las importaciones]; ir a la escuela.

F. *3.ª sing. impf. ép.* φοίτα, *3.ª du.* φοιτήτην, *3.ª pl.* φοίτων (*tamb. con aum.* ἐφοίτα *etc.*).

φοίτησις εως ή visita habitual *o* frecuente; costumbre de ir, frecuentación.

φοιτητής οῦ ὁ alumno, discípulo.

φολκός ή όν pernituerto, de piernas torcidas.

φονάω -ῶ gustar de la carnicería *o* matanza, ser matador *u* homicida.

φονεύς έως ὁ ή matador, autor de una muerte, homicida.

φονεύω matar, dar muerte; ser matador *u* homicida, ser autor de una muerte.

φονή ῆς ή matanza, muerte, homicidio (σπᾶν φοναῖς ἀλλήλους matarse desgarrándose mutuamente).

φονικός ή όν *y*

φόνιος α [*jón.* **η**] **ον** [*o* **-ος ον**] tocante al homicidio (χορδή φ. la cuerda de la lira que canta asesinatos y muertes); propenso al homicidio, aficionado a matar, sanguinario; homicida; sangriento.

φονο-κτονία ας ή *y*

φόνος ου ὁ muerte, homicidio, asesinato (φόνον φυτεύειν, φέρειν, τεύχειν causar la muerte, matar [a alguien, *dat.*]); matanza, mortandad, carnicería, *tamb. en pl.*; pena de muerte *o* capital; sangre derramada en homicidio (ἐννῆμαρ κέατ' ἐν φόνῳ permanecieron nueve días tendidos en su sangre); *fig.* instrumento homicida, medio *o* modo de matar (φόνος μαχαίρας muerte a filo de espada); causa de muerte.

φοξός ή όν agudo, puntiagudo, apuntado (τὴν κεφαλήν de cabeza puntiaguda *o* picuda).

φορά ᾶς ή porte, transporte, traslado, conducción, *esp.* de un cadáver al sepulcro; aportación, pago; contribución, tributo, impuesto; impulso, movimiento; marcha rápida, rapidez, velocidad; propensión, inclinación, tendencia; *fig.* producción, rendimiento, producto, cosecha; fertilidad, fecundidad, abundancia.

φοράδην ADV. en transporte rápido, arrebatadamente.

φορβά ᾶς ή *dór.* = **φορβή**.

φορβάς άδος ADJ. *f.* que da pasto, fecunda, fértil.

φορβή ῆς [*dór.* **φορβά ᾶς**] **ή** pasto, forraje; alimento, comida, provisiones de boca, víveres,

φορεῖον ου τό silla de manos, litera.

φορεύς έως [*jón.* **ῆος**] **ὁ** portador, porteador, acarreador.

φορέω -ῶ llevar de un lado a otro, transportar; tener costumbre *u* oficio de llevar (ἀγγελίας noticias); llevar sobre sí, usar, gastar (μίτρην mitra); llevar consigo, ostentar, mostrar, (ἀγλαΐας ufanías, presunción); llevarse, arrebatar, arrastrar ‖ PAS. ser llevado violentamente, ser arrebatado *o* arrastrado (πρὸς οὖδας por el suelo; κόνις ἄνω φορεῖτο se levantaban nubes de polvo).

F. *3.ª sing. subj. pres. ép.* φορέῃσι, *inf. ép.* φορέειν φορῆναι *y* φορήμεναι; *impf. ép.* φόρεον, *3.ª sing. iter.* φορέεσκε; *fut.* φορήσω, *td.* φορέσω *(N. T.)* *aor.* ἐφόρησα, *ép.* φόρησα, *td.* ἐφόρεσα *(N. T.)*.

φόρημα ατος τό lo que es llevado; carga, peso; vestido, atavío.

φορήμεναι *y*

φορῆναι *inf. ép. de* φορέω.

φορητός ή όν soportable.

φορμηδόν ADV. entrecruzadamente, atravesados unos con otros.

φόρμιγξ ιγγος ἡ forminge, especie de laúd y pequeña arpa [de tres, cuatro y hasta siete cuerdas]; lira.

φορμίζω tocar la forminge, pulsar la lira.

φορμός οῦ ὁ tejido de junco *o* de esparto; espuerta, cesta, canastillo; estera, tapiz; cobertor.

φόρον ου τό foro, plaza, mercado [*lat.* forum].

φόρος ου ὁ carga, tributo, impuesto, contribución, *esp.* de guerra (φόρου ὑποτελεῖς sujetos a pagar un tributo).

φορτηγέω -ῶ llevar *o* portear cargas, ser cargador *o* porteador.

φορτ-ηγικός ή όν apto para transportar mercancías.

φορτίζω cargar con un peso, gravar *o* imponer una carga, sobrecargar || PAS. *part. perf.* πεφορτισμένος gravado *o* sobrecargado.

φορτικός ή όν pesado, cargante, insoportable, molesto, fastidioso, importuno (φορτικὰ φάσκων diciendo cosas molestas; ἐρῶ φορτικά diré cosas fastidiosas); basto, grosero, bajo, vulgar, ordinario.

φορτίον ου τό *dim. de* φόρτος carga, fardo, equipaje, peso, *esp.* cargamento de un barco || PL. mercaderías mercancías.

φορτίς ίδος ἡ nave de transporte, barco de carga *o* mercante.

φόρτος ου ὁ = **φορτίον.**

φορύνω *y*

φορύσσω mezclar, revolver, echar a perder; ensuciar, manchar (αἵματι de sangre *Od. 18, 336*).

φόως τό = **φάος.**

φόωσ-δε ADV. = **φάοσδε.**

φραγέλλιον ου τό látigo, azote [*lat.* flagellum].

φραγελλόω -ῶ flagelar, dar latigazos, azotar.

φραγῇ *3.ª sing. subj. aor. pas. de* φράσσω (*N. T.*).

φραγήσομαι *fut. pas. de* φράσσω. (*N. T.*)

φράγμα ατος τό *y*

φραγμός οῦ ὁ cerramiento, cierre, cerca; empalizada, vallado, barrera, parapeto, atrincheramiento; reducto, fortificación, defensa, baluarte; baranda tabique, pared.

φραδής ές *y*

φράδμων ον [*gen.* ονος] sensato, prudente, cuerdo, discreto.

φράζεο φράζευ *imp. med. ép. de* φράζω.

φράζω dar a entender, dar a conocer, indicar, mostrar (τῇ χειρί por señas con la mano); anunciar, avisar, advertir, prevenir (σφὶ ἠγερέεσθαι a ellos que se reuniesen); aconsejar, instruir (δόλος ἦν ὁ φράσας el consejero fue la traición); mandar, ordenar, dar orden *o* encargo || MED. *y* PAS. pensar, reflexionar, considerar, deliberar, ponderar (φρεσίν, θυμῷ, ἐν φρεσί, μετὰ φρεσίν en su ánimo *o* para sí); meditar, discurrir, idear, trazar, proyectar; tramar, maquinar (ἠρίον [erigir] un sepulcro); pensar, juzgar, opinar (ἀμφίς de diferente modo); creer, imaginar, figurarse; percibir, percatarse, darse cuenta de, notar; reconocer; distinguir, alcanzar a ver *o* conocer; observar, vigilar, cuidar de, guardar, velar por (δῖον ὑφορβόν el divino porquerizo); guardarse, precaverse (κήρυκα ἐρυθρόν del rubio pregonero).

F. *imp. pres. med. ép.* φράζεο φράζευ; *3.ª sing. impf. med. ép.* φράζετο; *fut.* φράσω, *med. ép.* φράσ(σ)ομαι; *aor.* ἔφρασα, *med.* ἐφρασάμην, *ép.* φρασάμην, *3.ª sing. y pl.* ἐφράσσατο φράσσαντο; *imp.* φράσαι, *3.ª sing. subj.* φράσσεται; *aor. redupl. ép.* ἐπέφραδον πέφραδον, *inf.* πεφραδέειν πεφραδέμεν *etc.*; *perf.* πέφρακα, *med. y pas.* πέφρασμαι; *aor. pas.* ἐφράσθην.

φράξα *med.* **φραξάμην** *aor. 1.º ép. de* φράσσω.

φράσ(σ)α *med.* **φρασ(σ)άμην** *aor. 1.º ép. de* φράζω.

φράσ(σ)ω, *med.* **φράσ(σ)ομαι** *fut. de* φράζω (*tamb. subj. aor. ép.*).

φράσσω [*át.* **φράττω**] arrimar *o* apretar uno junto a otro (δόρυ δουρί lanza contra lanza); cubrir, proteger, defender, fortificar || MED. proteger, fortificar; cerrar; fortificarse, defenderse (ἄμεινον φραξαμένων αὐτῶν estando ellos mejor fortificados) || PAS. ser obstruído, estorbado, entorpecido, impedido; ser cerrado; ser amordazado *o* reducido al silencio; estar fortificado.

F. *fut.* φράξω, *aor.* ἔφραξα, *ép.* φράξα, *med.* (ἐ)φραξάμην; *perf.* πέφρακα, *pas.* πέφραγμαι, *plpf. pas.* ἐπεφράγμην, *3.ª sing.* ἐπέφρακτο; *aor. pas.* ἐφράχθην, *íd.* ἐφράγην; *fut. pas.* φραγήσομαι.

φραστήρ ῆρος ὁ indicador, guía, informador, ilustrador.

φράττω *át.* = **φράσσω.**

φραχθείς *pl.* **φραχθέντες** *part. aor. pas. de* φράσσω.

φρέαρ ατος τό *y*

φρεατία ας ἡ *y*

φρεῖαρ ατος τό pozo, cisterna, aljibe; sima; infierno.

φρεναπατάω -ῶ engañar el espíritu, engañar, seducir.

φρεν-απάτης ου ὁ embaucador, seductor.

φρεν-ήρης ες dueño de su inteligencia *o* razón, juicioso, razonable, cuerdo, sensato, prudente.

φρενο-βλαβής ές atacado a la razón, transtornado de juicio, demente, insensato, loco.

φρενό-θεν ADV. de corazón, de buen grado, voluntariamente, espontáneamente.

φρενο-μόρως ADV. fuera de sí, en delirio (φρ. νοσεῖν estar enfermo con delirio, perdida la razón).

φρενόω -ῶ llamar *o* traer a razón; dar conocimiento, hacer saber; informar, instruir, enseñar; amonestar, corregir; proceder con sensatez, dar muestras de prudencia.

φρήν φρενός ἡ diafragma, membrana envolvente; envoltura del corazón, pericardio; *pl.* vísceras torácicas [*lat.* praecordia], entrañas; *fig. sing. y pl.*, pecho, corazón, ánimo, alma, espíritu [como sede de sentimientos y afectos, de la inteligencia *o* del conocimiento, de la voluntad y del apetito, *e. e.* miedo, pesar, dolor, alegría, amor, valor]; mente, entendimiento, razón, pensamiento, memoria, atención; reflexión, meditación, deliberación; conciencia, sentido; voluntad (τῆς σῆς ἐκ φρενός a consecuencia de tu determinacón); intención, deseo, gana.

φρήτρη ης ἡ clan, tribu, casta, parentela; fratría [subdivisión de la tribu, comunidad político-religiosa formada por treinta familias, en Atenas].

φρικασμός οῦ ὁ *y*

φρίκη ης ἡ estremecimiento de terror; temblor de frío, escalofrío; terror religioso, temor sagrado, santo horror.

φριμάσσομαι [*át.* **φριμάττομαι**] resoplar ruidosamente, relinchar.

φρίξ φρικός ἡ rizadura *o* ligero estremecimiento de la superficie del mar; encrespamiento de las olas.

φρίσσω [*át.* **φρίττω**] erizarse: *con ac. de la parte* φρ. νῶτον, φρ. λοφιήν erizarse del espinazo, erizar las cerdas [*dic.* del jabalí]; φάλαγγες ἔγχεσι πεφρικυῖαι batallones erizados de lanzas; φρίσσουσιν ἄρουραι se erizan las campiñas [*sc.* de espigas]; erizarse, estremecerse de terror, temblar [ante... *ac.*]; ἔφριξ' ἔρωτι me estremecí de apasionado gozo.

F. *fut.* φρίξω; *aor.* ἔφριξα; *perf.* πέφρικα.

φροίμιον ου τό = **προοίμιον.**

φρονέω -ῶ tener entendimiento, pensar y sentir; tener buen sentido, ser sensato, cuerdo, prudente, tener razón; pensar, juzgar, opinar (φρονῶν πράσσειν obrar a sabiendas *o* con conocimiento de causa); sentir, tener sentimientos (εὖ φρονεῖν tener sentimientos de benevolencia; τὰ αὐτά, τὸ αὐτό, ἴσον, tener los mismos *o* iguales sentimientos [que alguien, *dat.*]; τὰ ἡμέτερα φρονεῖν ser de nuestro partido; ὁ φρονῶν τὴν ἡμέραν κυρίῳ φρονεῖ el que celebra religiosamente el día, en honra del Señor lo celebra; φρ. τὴν ἀληθείην ser sincero; μέγα, μεγάλα, μέγιστον φρ. pensar demasiado alto, ser engreido *u* orgulloso; μικρὸν φρ., ser humilde *o* modesto); pensar en, idear, proyectar, intentar, tener propósito de; vivir, tener sensibilidad.

F. *3.ª sing. subj. ép.* φρονέῃσι,, *impf. ép.* φρόνεον.

φρόνημα ατος τό *y*

φρόνησις εως ἡ espíritu, mente, inteligencia, sabiduría, *esp.* divina, pensamiento, manera de pensar, razón, sentimientos, *esp.* elevados [nobleza, magnanimidad, valor, etc.]; idea, propósito; sensatez, cordura, buen juicio, presencia de espíritu; temple, corazón, ánimo; confianza en sí mismo, orgullo.

φρονητέον *adj. vbal. n. de* φρονέω; *en la expr.* μέγα φρ. hay que estar orgulloso.

φρόνιμος ον sensato, prudente, razonable, cuerdo, juicioso, consciente; discreto, sagaz [en *o* para algo, ἐν *con dat.*, περί *con gen. o dat.*]; *fig. de los animales* inteligente, listo [aves de presagio, caballos, perros, etc.] || SUBST. *n.* = **φρόνημα.**

φρόνις ιος ἡ = **φρόνημα;** sagacidad, astucia, maña, experiencia.

φρονούντως ADV. con sensatez, prudentemente.

φροντίζω pensar, reflexionar, meditar, considerar, recapacitar; pensar en, preocuparse, inquietarse, ocuparse *o* cuidar de, interesarse *o* velar por, atender a [*gen.*]; tramar, maquinar, urdir.

F. *fut.* φροντιῶ -εῖς *etc.*

φροντίς ίδος ἡ cuidado, interés, inquietud, preocupación, desvelo (φροντίδα ἔχειν preocuparse; ἐν φροντίδι εἶναι, γίγνεσθαι servir de preocupación *o* cuidado); motivo de preocupación, objeto de meditación.

φροντιστέον *adj. vbal. de* φροντίζω hay que cuidarse.

φροντιστής οῦ ὁ que medita *o* piensa [en algo, *gen.*], que se ocupa [de algo, *ac.*].

φροῦδος η ον [*o* **-ος ον**] ido, marchado, partido; que va de camino, *esp.* navegando, que ha zarpado; desaparecido, difunto, muerto; *fig. de cosas* alejado, pasajero.

φρουρά ᾶς [*jón.* **φρουρή ῆς**] **ἡ** guarda, custodia, vigilancia; prisión, cárcel, presidio; puesto de guardia, guarnición, tropa de guardia; tropa equipada, destacam nto, tropa expedicionaria, expedición (φρουρὰν φαίνειν hacer leva para una expedición; φρουρὰν ἄγειν llevar tropas en expedición).

φρουραρχία ας ἡ jefatura de un cuerpo de guardia, mando *o* comandancia de una guarnición.

φρούρ-αρχος ου ὁ jefe de un puesto de guardia, comandante de guarnición.

φρουρέω -ῶ hacer guardia, estar de servicio de guardia, estar en observación (οἱ φρουροῦντες los que guardan fortalezas, la guarnición, la guardia); cuidar de, vigilar, velar por (ὅπως μή que no); guarnecer con fuerzas, proteger, defender.

φρουρή ἡ *jón.* = **φρουρά.**

φρούρημα ατος τό objeto de guarda *o* custodia, cosa custodiada [por, *gen.*].

φρούριον ου τό fortaleza, ciudadela, fuerte, castillo, plaza fuerte; guardia, guarnición.

φρουρίς ίδος ἡ barco de guardia de un convoy; barco de vigilancia, guardacostas.

φρουρός οῦ ὁ guardia, miembro de una guarnición || PL. guarnición.

φρύαγμα ατος τό relincho: φρυάγμαθ' ἱππικά relinchantes caballos *Sóf. El.* 717.

φρυάσσω [*át.* **φρυάττω**] [*y med.*] relinchar y encabritarse un caballo; *fig.* rebramar, alborotarse, revolverse; hacer alarde, jactarse.

φρυγανισμός οῦ ὁ recogida de madera seca, de leña menuda, de broza.

φρύγανον ου τό [*grlte. pl.*] leña o trozos de madera menuda; broza, maleza.

φρυγιστί ADV. a la manera frigia, en modo frigio [musical].

φρύγω asar; tostar, cocer; *en gral.* cocinar, guisar.

F. *fut.* φρύξω; *aor.* ἔφρυξα; *perf. pas.* πέφρυγμαι.

φρυκτός ἡ όν *adj. vbal. de* φρύγω asado, turrado || SUST. *m. sing. y pl.* luminaria, fuego *o* antorcha de señales de noche.

φρυκτωρέω -ῶ señalar por medio de fuegos.

φρυκτωρία ας ἡ fuego de señales.

φρυκτ-ωρός οῦ ὁ vigía *o* centinela, observador de los fuegos de señales; que enciende fuego de señales.

φῦ *3.ª sing. aor. 2.º ép. de* φύω.

φυγά ᾶς ἡ *dór.* = **φυγή.**

φύγα-δε ADV. en huída, en fuga; al a fuga.

φυγαδεύω expulsar, echar fuera, desterrar.

φυγαδικός ή όν concerniente al destierro, tocante a los desterrados.

φυγάς άδος ADJ. *m. y f.* huído, escapado, evadido || SUST. *m.* expulso, expatriado, proscrito, desterrado (φυγάδα ποιεῖν obligar a expatriarse); refugiado, tránsfuga, prófugo.

φυγγάνω = **φεύγω.**

φύγεσκον *aor. 2.º iter. ép. de* φεύγω.

φυγή ῆς [*dór.* **φυγά ᾶς**] fuga, huída; pánico; evasión, escape [de algo, *gen.*]; retirada en huída, derrota (ἰσχυρὰν φυγὴν ποιεῖν causar una gran derrota); expulsión, destierro (φυγὴν ἐπιβάλλειν imponer pena de destierro; φυγῆς τιμᾶσθαι ser condenado a destierro; φυγὴν φεύγειν ser desterrado); *colect.* ἡ φυγή los desterrados.

φύγον *aor. 2.º ép. de* φεύγω.

φυγο-πτόλεμος ον que rehuye la guerra, que esquiva el combate, cobarde.

φυείς, *n.* **φυέν** *part. aor. pas. de* φύω brotado, nacido [*N. T. Luc. 8, 6*].

φύεν *3.ª sing. impf. ép. de* φύω.

φύζα ης ἡ = **φυγή.**

φυζακινός ή όν fugitivo; cobarde.

φυή ῆς ἡ crecimiento *o* desarrollo normal, proporción natural, buena presencia, buena figura, hermosura corporal.

φύη φυίη *3.ª sing. opt. aor. de* φύω.

φυκιόεις εσσα εν algoso, lleno de algas.

φυκίον ου τό *grlte. pl. y*

φῦκος εος [**ους**] **τό** alga, planta marina; ovas.

φυκτός ή όν *adj. vbal. de* φεύγω que puede rehuirse, evitable.

φυλακή ῆς ἡ acción de guardar *o* custodiar, guarda, custodia, vigilancia (φυλακὰς ἔχειν estar de guardia; φυλακὴν φυλάττειν, ποιεῖν hacer guardia); vela, guardia, vigilia, hora nocturna; guardia, vigilante, custodio, centinela (φυλακαὶ περὶ τὸ σῶμα guardia personal *o* de corps); guarnición de una plaza de un lugar; *o* vigilancia de una nave; lugar *o* puesto de guardia; presidio, prisión, cárcel; vigilancia, protección, defensa; guarda de sí mismo; precaución, circunspección, cautela (ἐν φυλακῇσιν εἶναι estar en guardia; διὰ φυλακῆς ποιεῖσθαι, ἔχειν tomar sus precauciones; φυλακὴν ποιεῖσθαι precaverse, tener cautela; φυλακὴν ἔχειν poner cuidado, prestar atención).

φυλακίζω meter en prisión, encarcelar.

φυλακικός ή όν concerniente a la guarda *o* custodia, apto para guardar *o* custodiar; = **φύλαξ** || SUBST. *f.* arte de hacer buena guardia.

φυλακίς ίδος ADJ. *f.* guardiana (ναῦς φ. nave de guardia).

φύλακος ου [*o* **-ός οῦ**] **ὁ** = **φύλαξ.**

φυλακτέος α ον *adj. vbal. de* φυλάσσω que ha guardarse *o* custodiarse.

φυλακτήρ ῆρος ὁ = **φύλαξ.**

φυλακτήριον ου τό puesto *o* cuerpo de guardia, fuerte, castillo; salvaguardia, preservativo, talismán, amuleto || PL. filacterias [tiras de pergamino con versículos de la ley mosaica que llevan consigo los Judíos].

φυλακτικός ή όν apto para guardar *o* conservar, preservativo [de algo, *gen.*]; que está en guardia, vigilante, precavido, cauto, circunspecto.

φύλαξ ακος ὁ ἡ guardia, guarda, vigilante, centinela, guardián, custodio (τοῦ δεσμωτηρίου de la prisión, carcelero); guardia personal *o* de corps.

φύλ-αρχος ου ὁ jefe *o* presidente de una tribu [en Atenas]; filarco [comandante de los cuerpos de caballería de diez tribus].

φυλάσσω [*át.* **φυλάττω**] guardar, custodiar, estar de guardia *o* centinela, vigilar (νύκτα, πάννυχον de noche, toda la noche); guardarse, precaverse; estar en guardia *o* con cuidado, atender, poner atención a, observar; tener cuidado de, custodiar, proteger; aguardar, acechar, espiar; retener, reservar; conservar, mantener, abrigar (χόλον cólera); observar, cumplir, practicar (ὅρκια los juramentos; τὰ δικαιώματα los mandamientos) || MED. guardar, hacer guardia, estar de guardia; estar en guardia, estar prevenido, tener precaución; guardarse de [*ac.*], esquivar, rehuir, procurar evitar, procurar huir, abstenerse (ἀπὸ πλεονεξίας de la codicia); cuidarse, tener cuidado, tomar precauciones, estar alerta *o* con cautela; precaver (ταῦτα estas cosas).

F. *inf. ép.* φυλασσέμεναι; *fut.* φυλάξω, *med.* φυλάξομαι (*tamb. con valor pas.*); *aor.* ἐφύλαξα, *ép.* φύλαξα, *med.* ἐφυλαξάμην; *perf.* πεφύλαχα *v. l. y td.* πεφύλακα, *pas.* πεφύλαγμαι, *imp.* πεφύλαξο; *aor. pas.* ἐφυλάχθην.

φυλή ῆς ἡ tribu, grupo de familias de una raza, conjunto de individuos dentro de una comunidad *o* de ciudadanos dentro de un Estado, tribu política [de Atenas, de Esparta, de los Judíos, de los Persas, etc.]; cuerpo de tropas formado por las de una tribu; batallón, brigada.

φυλίη ης ἡ aladierna [arbusto].

φυλλάς άδος ἡ follaje; montón, alfombra *o* cama de hojas; árbol frondoso, rama con hojas || ADJ. que tiene hojas, cubierto de hojas, frondoso.

φύλλον ου τό hoja de árbol *o* de planta; pétalo de flor; planta, *esp.* medicinal.

φυλο-κρινέω -ῶ distinguir *o* hacer acepción de razas *o* tribus.

φῦλον ου τό raza, linaje, estirpe, tribu, pueblo (κατὰ φῦλα por tribus); género, especie || PL. conjunto numeroso de individuos *o* seres de la misma especie, muchedumbre.

φύλ-οπις ιδος ἡ grito de tribu, grito de guerra; batalla, combate, lucha, refriega; tropa combatiente, ejército; discordia, altercado.

φῦμα ατος τό excrecencia, tumor, absceso.

φῦναι *inf. aor. 2.º de* φύω.

φύξηλις ι(δ)ος ADJ. *m. y f.* fugitivo, prófugo; cobarde.

φύξιμος ον apto para refugio; que puede rehuir, capaz de evitar || SUBST. *n.* lugar de asilo.

φύξις εως ἡ = φυγή.

φύραμα ατος τό amasijo, pasta de harina amasada, masa de pan; pasta *o* barro de alfarero, arcilla.

φυράω -ῶ = φύρω; οἱ φυρῶντες los panaderos.

φύρδην ADV. en mescolanza *o* revoltijo, confusamente.

φύρω remojar, humedecer, empapar; revolver, envolver, desleír, mezclar, amasar (ἄλφιτα οἴνῳ καὶ ἐλαίῳ harina con vino y aceite); revolver, confundir, embrollar; *fig.* τινὰ τρόπον τῆς μεθόδου forjarse una especie de método || MED. *y* PAS. confundirse, embrollarse, estar confundido *o* embrollado.

F. *fut.* φύρσω; *aor.* ἔφυρσα (*subj.* φύρσω), *td.* ἔφυρα; *perf. pas.* πέφυρμαι; *aor. pas.* ἐφύρθην *y td.* ἐφύρην.

φύς φῦσα φύν *part. aor. 2.º de* φύω.

φῦσα ης ἡ fuelle; soplo, corriente de aire, viento; ventosidad, flatulencia.

φυσάω [*jón.* **φυσέω**] **-ῶ** soplar, exhalar, echar, arrojar; *fig.* respirar, estar ávido de, ansiar, anhelar (αἷμα sangre); inflar, hinchar, dilatar; enorgullecer, envanecer || PAS. estar inflado *o* hinchado; estar envanecido *o* engreído (ἐπὶ δυνάμει por su fuerza).

φυσητήρ ῆρος ὁ tubo para soplar a modo de flauta.

φυσιάω -ῶ soplar con fuerza, respirar ruidosamente, resoplar.

F. *part. ép.* φυσιόων.

φυσί-ζοος ον dador de vida, criador, fecundo, fértil.

φυσικός ή όν natural, innato (φυσικὸν πήδημα un salto de los que suele dar [una pulga]).

φυσιόω -ῶ hinchar, inflar; ensoberbecer || MED. y PAS. ensoberbecerse, gloriarse, jactarse (ὑπὲρ τοῦ ἑνὸς κατὰ τοῦ ἑτέρου por causa del uno contra el otro *N. T. 1 Cor. 4, 6*).

F. *2.ª sing. subj. pres. pas.* φυσιοῦσθε *N. T. l. c.*; *perf. pas.* πεφυσίωμαι; *aor. pas.* ἐφυσιώθην. *V. tamb.* φυσιάω.

φύσις εως ἡ naturaleza, modo natural de ser, esencia, condición natural, índole, constitución, clase; naturaleza corporal, figura, rasgos; estatura, porte, aire, actitud; naturaleza espiritual, carácter natural (οἱ ἄριστοι τὰς φύσεις los de natural excelente; πρὸς τὴν φύσιν según su natural; κατὰ φύσιν conforme a la naturaleza; παρὰ φύσιν contra la naturaleza; φύσιν ἔχειν ser natural); condiciones naturales [sangre *o* linaje, sexo, condición social, etc.] (φύσει νεώτερος de edad más jóven *o* de menos edad; ἡ γυναικῶν ὑπάρχουσα φύσις la natural condición de las mujeres, *e. e.* el sexo femenino [*Tuc. 2, 45*]; φύσει βασίλεια realeza nativa *o* de nacimiento); fuerza natural creadora *o* productora; constitución natural de las cosas, conjunto de los seres, universo, naturaleza; raza, clase, especie (εἰναλία φ. los seres marinos).

φυσίωσις εως ἡ orgullo.

φύσκη ης ἡ intestino, tripa.

φυταλιή ῆς ἡ plantío, plantel, vergel; viñedo.

φυτ-άλμιος ον natural, nativo (φ. δυσαίων desgraciado por naturaleza, infortunado de nacimiento).

φυτεία ας ἡ plantón, planta.

φύτευμα ατος τό = **φυτόν.**

φυτευτός ή όν *adj. vbal. de* φυτεύω plantado.

φυτεύω plantar, poner plantas, plantar árboles; *fig.* inculcar una doctrina, exponer, enseñar, adoctrinar, instruir; cubrir de plantaciones; *fig.* engendrar, procrear (οἱ φυτεύσαντες los padres); criar; causar, producir || MED. plantar para sí; cubrir de plantaciones || PAS. estar cubierto de plantas.

φυτόν οῦ τό vegetal, árbol, planta cultivada; planta, vástago, retoño, renuevo; *fig.* cría, hijo, criatura.

φυτο-σπόρος ου ὁ *y*

φυτουργός όν que planta *o* cultiva plantas; *fig.* procreador, generador, padre, productor, autor, constructor, fabricante.

φύω hacer nacer, criar, engendrar, procrear (ὁ φύσας el padre; ἥδ' ἡμέρα φύσει σε este día sacará a luz tu nacimiento); producir naturalmente, echar (φύλλα hojas; τρίχας pelo; *fig.* φρένας echar juicio, entrar en sensatez; δόξαν echar arrogancia, hacerse arrogante); *abs.*: procrear, dar prole: ἀνδρῶν γενεὴ ἡ μὲν φύει ἡ δ' ἀπολήγει una generación procrea, otra deja de hacerlo || INTR. [*aor.* ἔφυν, *perf.* πέφυκα] *y* MED. nacer, brotar, crecer; cogerse de: ἐν τ' ἄρα οἱ φῦ χειρί le cogió de la mano [*v.* ἐμφύω]; corresponder, tocar en suerte: πᾶσι μόρος la muerte a todos; ser naturalmente *o* por nacimiento [de tal *o* cual manera, *adj. o adv.*]; ser por naturaleza propenso *o* inclinado a [*inf.* ἐπί *y dat.*, πρός *y ac. etc.*].

F. *3.ª sing. impf. ép.* φύεν; *fut.* φύσω; *aor. 1.º* ἔφυσα; *aor. 2.º intr.* ἔφυν, *3.ª sing. ép.* φῦ, *3.ª pl.* ἔφυν, *inf.* φῦναι, *part.* φύς; *perf.* πέφυκα, *3.ª pl. ép.* πεφύασι, *part. f. ép.* πεφυυῖα, *ac. pl. m.* πεφυῶτας; *plpf.* ἐπεφύκειν, *ép.* πεφύκειν; *aor. pas. íd.* ἐφύην, *part.* φυείς *n.* φυέν (*N. T.*).

φώκη ης ἡ foca.

φωλεός οῦ ὁ madriguera, guarida de animales.

φων-ασκέω -ῶ ejercitar la voz, adiestrarse en el canto *o* en la lectura.

φωνασκία ας ἡ ejercicio de la voz, adiestramiento en el canto *o* en la lectura, declamación.

φωνέω -ῶ emitir una voz clara y fuerte, vocear, gritar, pronunciar, decir (ὄπα hacer resonar su voz; μέγα, μέγιστα levantar mucho *o* muchísimo la voz); dar gritos de alegría; hablar, hacer uso de la palabra; vocear, hablar a voces [a alguien, *dat.*]; mandar, ordenar; referir, hablar, tratar; llamar por su nombre, nombrar; llamar con un nombre, denominar; cantar.

φωνή ῆς ἡ sonido, *esp.* claro y fuerte; voz humana, sonido *o* tono de la voz (πάσας ἀφιέναι φωνάς emitir todos los tonos de la voz, apelar a todos los recursos); facultad de hablar, uso de la palabra (φωνὴν λαβεῖν tomar la palabra); voz alta, grito, *esp.* de guerra, canto [*pl.* notas de la voz]; voz de los animales [mugido, ladrido, rebuzno, canto, etc.]; son *o* sonido de instrumento musical; ruido, rumor [de la lluvia, de las hojas, del mar, etc.]; lenguaje, modo de expresarse, habla, lengua, idioma, dialecto; dicho, sentencia, máxima.

φωνήεις εσσα εν productor de sonido, sonoro, sonante, resonante; dotado de palabra, que habla, parlante.

φώνημα ατος τό sonido de voz; palabra, discurso.

φώρ φωρός ὁ ladrón, ratero.

φωρά ᾶς ἡ robo, hurto.

φωράω -ῶ hacer pesquisas [sobre un robo], indagar; descubrir || PAS. ser descubierto, revelarse (ἀδύνατος ὢν que era incapaz).

φωριαμός οῦ ἡ arca *o* cofre guardarropa, baúl.

φῶς φωτός τό = **φάος.**

φώς φωτός ὁ hombre, ser humano, mortal; hombre de alto rango [héroe, magnate, jefe]; guerrero.

φωστήρ ῆρος ὁ astro luminoso, lucero, luminar; luz, claridad, resplandor, brillo.

φωσ-φόρος ον luciente, refulgente, fúlgido || SUBST. *m.* el lucero de la mañana [*lat.* Lucifer], el planeta Venus.

φωτεινός ή όν luminoso, resplandeciente; bien iluminado, lúcido; claro, evidente.

φωτίζω fulgir, lucir, resplandecer; iluminar, alumbrar; *fig.* infundir conocimiento sobrenatural, ilustrar sobrenaturalmente; hacer visible, poner de manifiesto, sacar a luz || PAS. ser instruído *o* enseñado.

φωτισμός οῦ ὁ iluminación, luz; manifestación.

φώτων *gen. pl. de* φῶς.

φωτῶν *gen. pl. de* φώς.

X

Χ χ ji [22.ª letra del alfabeto griego] || *como signo numérico* χ' 600; ,χ 600.000.

χάδε *3.ª sing. aor. ép. de* χανδάνω.

χαδέειν *inf. aor. ép. de* χανδάνω.

χάζω retirar, apartar, privar de || MED. retirarse, apartarse, alejarse.

F. *Más usado en med.* χάζομαι, *imp. ép.* χάζεο χάζευ, *3.ª sing. impf. ép.* χάζετο; *fut.* χάσομαι, *ép.* χάσσομαι; *aor.* ἐχασάμην, *3.ª sing. ép.* χάσσατο, *inf.* χάσσασθαι *etc. A este vb. suele referirse el aor. redupl. ép. part. act.* κεκαδών, *3.ª pl. impf. med. ép.* κεκάδοντο, *3.ª sing. fut. act.* κεκαδήσει. *Cf.* κήδω.

χαίνω abrirse, entreabrirse; abrir la boca, las fauces *o* el pico; quedarse boquiabierto [de estupefacción, con ansiedad *o* avidez]; abrir la boca para hablar, decir, proferir.

F. *fut.* χανοῦμαι; *aor. 2.º* ἔχανον; *aor. 1.º* ἔχανα; *perf.* κέχηνα. *Para el pres. se usa* χάσκω.

χαῖρον οντος τό *part. n. substantivado de* χαίρω alegría, gozo.

χαίρω [*y med. pas.*] alegrarse, regocijarse, estar gozoso, contento *o* satisfecho (χαίρειν χαράν tener un gozo; χ. ἀκούσας alegrarse de haber oído; οὐ χαιρήσεις te saldrá mal, te arrepentirás); complacerse, gozarse en, gustar de; desear bien *o* salud *como saludo o despedida* (χαῖρε, χαίρετον, χαίρετε salud, pásalo, pasadlo bien, sé feliz, adiós [*lat.* salve, ave, etc.] πᾶσι χαίρω todos me dicen χαῖρε; Κῦρος Κυαξάρῃ χαίρειν Ciro saluda a Ciaxares; χαίρειν λέγειν saludar); *fig.* dar de mano, dejar a un lado (ἐᾶν χ. despedirse de, renunciar a, mandar a paseo; χαιρέτω vaya al cuerno) || PART. χαίρων contento, alegre, impune; *pero* ἑρπέτω χαίρουσα que se vaya con mi saludo.

F. *impf. ép.* χαῖρον, *iter.* χαίρεσκον; *fut.* χαιρήσω (*inf. redupl. ép.* κεχαρησέμεν); *td.* χαρῶ *N. T.*; *med. redupl. ép.* κεχαρήσομαι; *aor. 1.º med. ép. 3.ª sing.* χήρατο; *3.ª pl. aor. 2.º redupl. ép. med.* κεχάροντο, *3.ª sing. y pl. opt.* κεχάροιτο κεχαροίατο; *perf.* κεχάρηκα *part. act. ép.* κεχαρηότα *pl.* -ηότας; *perf. med.* κεχάρημαι; *aor. pas.* ἐχάρην, *3.ª sing. ép.* χάρη, *3.ª opt.* χαρείη, *part.* χαρείς; *fut. pas.* χαρήσομαι *N. T.*

χαίτη ης ἡ [*y en pl.*] cabellera flotante, melena, cabellos largos; crin *o* crines; airón *o* penacho del yelmo; *fig.* follaje, copa de un árbol.

χάλαζα ης ἡ granizo, grano de granizo; granizada; lluvia espesa.

χάλ-αργος ον [*o* **χαλ-αργός όν**] de rápidos cascos (χ. ἅμιλλα carrera de veloces caballos).

χαλαρός ά όν flojo, laxo, poco apretado (χαλαραῖς ταῖς ἁλύσεσι soltando las cadenas, *Tuc.*); muelle, afeminado.

χάλασις εως ἡ relajación, aflojamiento.

χαλάω -ῶ relajar, aflojar, soltar; echar a un lado, retirar, descorrer; dejar ir, echar, lanzar; dejar *o* hacer bajar, abajar, descolgar; aflojarse, relajarse, abrirse; calmarse, sosegarse, aquietarse; ceder || PAS. relajarse, aflojarse; estar relajado, enervado, flojo *o* debilitado.

χαλεπαίνω ser duro, rudo, áspero, violento, molesto; ser agrio, severo, rígido, reacio, hostil; estar mal dispuesto, enojado, irritado; estar descontento, disgustado || PAS. ser tratado con dureza *o* cólera, ser odiado; encolerizarse, irritarse.

F. *fut.* χαλεπανῶ; *aor. 1.º* ἐχαλέπηνα, *inf.* χαλεπῆναι; *aor. pas.* ἐχαλεπάνθην, *inf.* χαλεπανθῆναι.

χαλεπός ή όν arduo, difícil, áspero, incómodo, duro, pesado, molesto, penoso (χ. προσπολεμεῖν difícil de atacar); rígido, adusto, severo, intransigente, inaccesible, inabordable; amargo, acerbo; insano; contrario, adverso, enemigo, malévolo; cruel, fiero || SUBST. *n.* dureza, aspereza, violencia.

χαλεπότης ητος ἡ dificultad, aspereza, incomodidad; malevolencia, hostilidad; rigor, severidad.

χαλέπτω desazonar, incomodar, enfadar, disgustar; vejar, maltratar, oprimir.

χαλεπῶς ADV. difícilmente, penosamente, a duras penas, apenas (χ. ἔχειν ser difícil); de mala gana, a disgusto; χ. ἔχειν *o* διακεῖσθαι estar encolerizado *o* disgustado; χ. ἔχειν no encontrarse bien.

χαλεστραῖον ου τό especie de jabón *o* sosa.

χαλιν-αγωγέω -ῶ refrenar, sujetar, contener.

χαλινός οῦ ὁ [*y pl.*] freno, bocado.

χαλινόω -ῶ enfrenar, embridar, someter al freno.

χάλιξ ικος ὁ ἡ casquijo, grava; cal, mortero.

χαλιφρονέω -ῶ ser de espíritu *o* carácter ligero, irreflexible, atolondrado.

χαλιφροσύνη ης ἡ ligereza, atolondramiento, irreflexión juvenil.

χαλί-φρων ον [*gen.* ονος] de espíritu ligero, irreflexivo, atolondrado.

χάλκ-ασπις ιδος ADJ. *m.* de escudo de bronce.

χαλκεία ας ἡ arte de forjar, forja.

χαλκεῖον ου τό taller de forja, fragua, fundición; vasija, marmita.

χάλκειος α [*jón.* η] **ον = χάλκεος.**

χαλκεο-θώρηξ ηκος ADJ. *m. y f.* = **χαλκο-θώραξ.**

χάλκεος α [*jón.* η] **ον** broncíneo, de bronce; firme, sólido, robusto, fuerte; resistente; cubierto, armado *o* guarnecido de bronce; procedente del bronce.

χαλκεό-φωνος ον de voz resonante como el bronce.

χαλκεύς έως ὁ obrero metalúrgico del cobre *o* del bronce, *esp.* calderero; forjador *o* herrero; orfebre.

χαλκευτικός ή όν relativo al arte de la forja; hábil en forjar.

χαλκεύω trabajar el cobre, el bronce *o* el hierro, ser forjador *o* herrero; forjar *o* fabricar objetos de cobre, de bronce *o* de hierro; τὸ χαλκεύειν el arte del herrero.

χαλκεών ῶνος ὁ forja, fragua, fundición.

χαλκηδών όνος ὁ calcedonia antigua [piedra preciosa].

χαλκήιον ου τό = χαλκεῖον.

χαλκήιος α ον = χάλκεος.

χαλκ-ήρης ες guarnecido *o* fabricado de bronce.

χαλκί-οικος ον habitante de un santuario de bronce.

χαλκίον ου τό objeto de bronce; vasija de bronce *o* de cobre.

χαλκίς ίδος ἡ cernícalo nocturno [ave de plumaje cobrizo].

χαλκο-βάρεια ας ADJ. *f. y*

χαλκο-βαρής ές cargado *o* guarnecido de bronce, broncíneo.

F. *ép. f.* χαλκοβάρεια.

χαλκο-βατής ές de piso de bronce.

χαλκο-βόας ου ADJ. *m.* – **χαλκεόφωνος.**

χαλκο-γλώχιν ινος ADJ. *m. y f.* de punta *o* puntas de bronce.

χαλκό-δετος ον = χαλκοβαρής.

χαλκο-θώραξ ακος ADJ. *m. y f.* de coraza de bronce.

χαλκο-κνήμις ιδος ADJ. *m. y f. de* grebas de bronce.

χαλκο-κορυστής οῦ ADJ. *m.* armado de bronce.

χαλκο-λίβανον ου τό aleación desconocida, posiblemente de oro y plata.

χαλκό-νωτος ον de dorso de bronce.

χαλκο-πάρῃος ον de carrilleras de bronce.

χαλκό-πλακτος ον *dór.* **χαλκόπληκτος.**

χαλκό-πλευρος ον de costados *o* lados de bronce.

χαλκό-πληκτος ον fabricado de bronce.

χαλκό-πους ουν [*gen.* χαλκόποδος] de pies de bronce, infatigable; de herraduras de bronce; de suelo *o* piso de bronce, sólido.

χαλκό-πυλος ον de puertas de bronce.

χαλκός οῦ ὁ cobre, bronce; objeto de cobre *o* de bronce: espada, lanza, hacha, coraza, casco, anzuelo; *esp.* caldero, urna, vajilla de bronce.

χαλκό-στομος ον de boca *o* abertura de bronce.

χαλκο-τύπος ου ὁ = **χαλκεύς.**

χαλκό-τυπος ον producido por arma de bronce.

χαλκουργός οῦ ὁ = **χαλκεύς.**

χαλκοῦς ῆ οῦν = **χάλκεος.**

χαλκόφι (ν) = **χαλκοῦ** *gen. de* χαλκός.

χαλκο-χίτων ωνος ADJ. *m. y f.* = **χαλκοθώραξ.**

χάλκωμα ατος τό objeto de cobre *o* bronce, vasija de bronce.

χάλυψ υβος ὁ acero.

χᾶμα = **καὶ ἅμα.**

χαμά-δις *y*

χαμᾶ-ζε ADV. a tierra, en tierra, a la tierra.

χαμᾶ-θεν ADV. de la tierra.

χαμαί ADV. en tierra, por tierra, por el suelo; a tierra.

χαμαι-ευνάς άδος ADJ. *f. y*

χαμαι-εύνης ου ADJ. *m.* que duerme en el suelo.

χαμαί-ζηλος ον que busca la tierra, bajo, abyecto.

χαμαί-ζηλος ου ὁ taburete, banquillo, asiento bajo.

χαμαι-κοίτης ου ADJ. *m.* = **χαμαιεύνης**

χαμαι-πετής ές que duerme *o* se sienta en el suelo.

χαμαιτυπεῖον ου τό lupanar.

χαμ-εύνιον ου τό cama en el suelo, jergón.

χαμό-θεν ADV. = **χαμᾶθεν.**

χάμψαι ῶν οἱ *pal. egipcia* cocodrilos.

χᾶν = **καὶ ἃ ἄν.**

χανδάνω contener, tener cabida [de, *ac.*]; retener, reprimir, refrenar; ser capaz, poder, resistir.

F. *3.ª sing. impf. ép.* χάνδανε; *fut.* χείσομαι; *aor.* ἔχαδον, *ép.* χάδον *inf. ép. y jón.* χαδέειν; *perf. con valor pres.* κέχανδα, *3.ª plpf.* κεχάνδει, *v. l.* κεχόνδει.

χανδό-θεν *y*

χανδόν ADV. con la boca abierta, con avidez, a boca llena, a voz en cuello.

χανεῖν *inf. aor. de* χαίνω.

χάνοι *3.ª sing. opt. aor. de* χαίνω.

χάος εος [ους] τό caos, estado primitivo del universo.

χαρά ᾶς ἡ gozo, alegría, regocijo, contento, placer, gusto; causa *o* motivo de alegría.

χάραγμα ατος τό desgarro, rasguño, picadura, mordedura; cicatriz; señal, marca.

χαράδρα ας [*jón.* **χαράδρη ης**] **ἡ** torrente, torrentera, barranco; foso, reguera, canal; precipicio, desfiladero.

χαραδριός οῦ ὁ chorlito [ave voraz], (χαραδριοῦ βίος vida de glotón, *Plat. Gorg. 494* B.).

χαραδρόομαι -οῦμαι estar surcado por torrentes.

χαρακτήρ ῆρος ὁ huella grabada, impronta, marca *o* signo distintivo, carácter; trasunto, imagen *o* representación fiel.

χαράκωμα ατος τό empalizada, estacada, atrincheramiento; campo atrincherado.

χάραξ ακος ὁ ἡ estaca, pie derecho, puntal, rodrigón; empalizada.

χάραξε *3.ª sing. aor. ép. de* χαράσσω.

χαράσσω [*át.* **χαράττω**] aguzar, afilar; grabar; excitar, irritar || PAS. estar irritado.

χαρείη *3.ª sing. opt. aor. de* χαίρω.

χάρη *3.ª sing. aor. pas. ép. de* χαίρω.

χάρημα ατος τό = **χάρμα.**

χαρίεις εσσα εν gracioso, amable, grato, agradable (*irónico* χαρίεν γάρ, εἰ... estaría bien que...); bonito, de buen gusto, de buen tono, elegante || SUBST *m. pl.* gente elegante; *n. pl.* graciosos dones.

F. *comp.* χαριέστερος, *superl.* χαριέστατος.

χαριεντίζομαι hacer *o* decir gracias, bromear, chancear, ser chistoso.

χαριεντισμός οῦ ὁ dicho gracioso, conversación chistosa, chanza.

χαριέντως ADV. *de* χαρίεις.

χαρίζομαι ser agradable *o* querido, agradar, dar gusto, conceder una gracia, hacer un favor *o* servicio; hacerse grato, captar favor; hacer gracia de, otorgar graciosamente, dar libre *o* generosamente; conceder perdón, perdonar; condescender con, complacer *o* dar gusto, entregarse a, dejarse dominar por || PART. PERF.

κεχαρισμένος η ον grato, agradable, aceptable, bienvenido (κεχαρισμένα εἰδώς que demostraba afecto; κεχαρισμένα θεῖναι hacer cosas agradables); agradecido.

F. *fut.* χαριοῦμαι (*2.ª sing.* χαριῇ *o* -εῖ), *td.* χαρίσομαι *N. T.*; *aor.* ἐχαρισάμην *Hdt.* 1, 91, *etc.*, *3.ª sing. opt.* χαρίσαιτο; *perf.* κεχάρισμαι *con valor act. y pas. 3.ª plpf.* ἐκεχάριστο, *ép.* κεχάριστο (*pas.*); *aor. pas.* ἐχαρίσθην *N. T.* *y fut. pas.* χαρισθήσομαι *N. T.* (*ambos con valor pas.*).

χάριν ADV. *v.* **χάρις.**

χάρις ιτος ἡ [*ac.* ιν *o* ιτα] gracia, atractivo, encanto, belleza, hermosura, donaire, garbo, elegancia (μετὰ χαρίτων graciosamente); goce, placer, gusto, satisfacción, contento, deleite; benevolencia, bondad, liberalidad, generosidad, indulgencia; muestra de benevolencia, favor, merced, beneficio, utilidad, servicio (χάριν φέρειν, δοῦναι, νέμειν, θέσθαι, καταθέσθαι, προθέσθαι, παρασχεῖν, δρᾶν otorgar un favor, conceder una gracia; χ. αἰτεῖσθαι impetrar *o* recabar favor; χ. εὑρεῖν, ἔχειν, obtener un favor); agradecimiento, gratitud, reconocimiento (χ. ἔχειν, εἰδέναι estar agradecido; χ. ὀφείλειν deber gratitud; χ. δοῦναι, ἀποδιδόναι, manifestar agradecimiento, dar las gracias; χ. ἀμείβειν, ἀμείβεσθαι, ἀποδιδόναι, ἀντιδιδόναι responder a un favor con otro; χ. λαμβάνειν *o* κομίσασθαι recibir las gracias; χ. ἐξαιτεῖσθαι pedir un favor a cambio del que se ha prestado; χ. ἀποστερεῖν rehusar un favor a cambio del recibido); gracia, don supremo divino, bienaventuranza; mérito; amabilidad; influencia; condescendencia, aquiescencia (ἐς *o* πρὸς χάριν πράσσειν obrar para dar gusto, adular *o* halagar; χάριτος ἕνεκα de buen grado; κατὰ χάριν gratuitamente); salario, gratificación, remuneración, recompensa || ADV. **χάριν** [*con gen.*] en favor de, gracias a, a causa de [πρὸς χάριν *a veces mismo sign.*].

F. *ac.* χάριν *y* χάριτα; *dat. pl.* χάρισι, *ép.* χαρίτεσσι.

χάρισμα ατος τό gracia divina; don divino.

χαριστήριος ον demostrativo de agradecimiento || SUBST. *n. pl.* sacrificios de acción de gracias.

χαριστικός ή όν bienhechor, generoso.

χαριτία ας ἡ chanza, chiste, hecho gracioso, historieta, ocurrencia.

χαριτόω -ῶ colmar de gracia divina || PAS. estar lleno de gracia.

χάρμα ατος τό motivo de gozo, cosa que alegra; motivo de maligna alegría; regocijo, placer, contento.

χάρμη ης ἡ gozo, contento, gusto, *esp.* de combatir; ardor bélico; batalla, combate.

χαρμονή ῆς ἡ = χάρμα.

χαρμόσυνος η ον alegre, contento, regocijante || SUBST. *n. pl.* regocijos.

χαρ-οπός ή όν de mirada brillante, de ojos claros; *simplte.* claro.

χάρτης ου ὁ hoja de papiro *o* de papel, carta.

χαρτός ή όν de que hay que alegrarse, grato, regocijante.

χάσκω = χαίνω.

χάσμα ατος τό abertura, sima, abismo; espacio amplio, inmensidad.

χασμάομαι -ῶμαι quedarse boquiabierto, estupefacto *o* atontado.

χάσμη ης ἡ bostezo.

χάσσατο χάσσασθαι *etc. formas de aor. 1.º med. ép. de* χάζω.

χᾆτε = καὶ ἤ τε.

χᾄτερος = καὶ ἕτερος.

χατέω -ῶ *y*

χατίζω tener necesidad, carecer de; desear vivamente, ansiar.

χαυλι-όδων οντος ADJ. *m. y f.* saliente en forma de defensa || SUBST. *m.* colmillo *o* diente defensivo.

χέαι *inf. aor. de* χέω.

χέασθαι *inf. aor. med. de* χέω.

χέε *3.ª sing. impf. ép. de* χέω *Il.* 23, 220.

χειά ᾶς [*jón.* **χειή ῆς**] **ἡ** guarida, madriguera.

χεῖλος εος [**ους**] **τό** labio (χείλεσι γελᾶν sonreir); boca, lengua (τοῖς χείλεσι τιμᾶν honrar sólo de boca; ἐν χείλεσιν ἑτέρων λαλήσω hablaré en lengua extraña); borde, margen, orilla.

χεῖμα ατος τό = χειμών.

χειμάδιον ου τό cuartel de invierno.

χειμάζω *y*

χειμαίνω sacudir, agitar, traquetear, bambolear; atormentar; turbar, revolver, transtornar; ser borrascoso, producir tempestad (*impers.* χειμάζει hace muy mal tiempo, hay tempestad); invernar, retirarse a los cuarteles de invierno || PAS. ser víctima de una tempestad, estar expuesto a, *o* amenazado por ella; sufrir, verse agitado *o* amenazado.

χειμά-ρροος ον [**-ους ουν**] *y*

χειμά-ρρος ον formado *o* acrecentado por lluvias invernales *o* torrenciales || SUBST. *m.* torrente.

χειμασίη ης ἡ invernada.

χειμερίζω = **χειμάζω.**

χειμερινός ἡ όν *y*

χειμέριος α ον [*o* **-ος ον**] de invierno, invernal, invernizo; frío, helado; tempestuoso || SUBST. *f.* invierno.

χειμών ῶνος ὁ invierno, mal tiempo, tiempo lluvioso *o* tempestuoso (χειμῶνος, τοῦ χειμῶνος, ἐν χειμῶνι, ἐν τῷ χειμῶνι, διὰ τοῦ χειμῶνος, διὰ χειμῶνος, χειμῶνα, τὸν χειμῶνα en invierno, durante el invierno); *espte.* mala estación, mitad del año inhábil para las operaciones de guerra; tormenta, tempestad, borrasca (χειμῶνι χρῆσθαι ser sorprendido por la tempestad); frío; tumulto *o* barullo de un combate, furor de una batalla; agitación, turbación, pasión.

χείρ χειρός [*o* **χερός**] **ἡ** mano (διὰ χειρὸς ἔχειν tener en la mano; conservar firmemente en el propio poder; παρὰ χεροῖν a mano; ἐν χερσί cuerpo a cuerpo; ἐκ χειρός de cerca; πρὸ χειρῶν inmediatamente delante, poco antes; πρὸς ἐμὴν χεῖρα según los signos dados por mi mano, *Sóf. Fil 148*); pata anterior de algunos animales; puño; palma de la mano; brazo; lado, parte (ἐπ' ἀριστερὰ χειρός a mano izquierda); actividad, acción (διὰ χειρός por medio de; εἰς χεῖρας λαμβάνειν, ἄγεσθαί τι ἐς χεῖρας emprender, hacerse cargo de; χερσὶν ἀρήγειν socorrer con hechos; ἐν χερσὶν ἔχειν ocuparse en; χερσὶν πορεύεσθαι proceder con actos; μνῆμ' Ἑλένης χειρῶν recuerdo del arte de Helena; τῇ χειρὶ χρῆσθαι ser activo); fuerza, energía, violencia (προσφέρειν χεῖρας emplear la fuerza; χειρῶν γεύσασθαι probar la fuerza; ἀδίκων χειρῶν ἄρχειν ser el primero en atacar; ἐν νόμῳ χειρῶν por la fuerza bruta; χεῖρας ἐπιφέρειν, ἐφιέναι poner la mano encima; ἀπέχειν χεῖρας no tocar [a alguien, *gen.*]; εἰς χεῖρας ἐλθεῖν trabar combate [*pero también* conversar]; εἰς χεῖρας δέχεσθαι *o* ὑπομένειν soportar el ataque); poder, poderío, dominio (ἐς χεῖρας ἱκέσθαι caer en manos; οἱ ὑπὸ χεῖρα los súbditos; los que están a la mano *o* al alcance); riqueza, abundancia; protección, ayuda; puñado, grupo, tropa; garfio de abordaje, arpón.

F. *El tema* χειρ- *alterna con el tema* χερ- (χερός χερί χέρα χέρες *etc.*) *dat. pl.* χερσί, *ép.* χείρεσι *y* χείρεσσι.

χειραγωγέω -ῶ llevar *o* guiar de la mano.

χειρ-αγωγός όν conductor, guía.

χειρ-απτάζω tocar con la mano, tentar, palpar.

χειριδωτός όν con mangas.

χειρίζω manejar, gobernar, dirigir.

χείριος α ον que está en las manos, sometido, sumiso, cautivo.

χειρίς ίδος ἡ guante, mitón; manga ancha.

χείριστος η ον *superl. de* χέρης.

χειρο-βίωτος ον que vive por sus manos, menestral.

χειρό-γραφον ου τό escrito a mano, manuscrito; obligación que consta por escrito.

χειρο-δάϊκτος ον degollado con la mano.

χειρό-δεικτος ον señalado con la mano, visible.

χειρο-ήθης ες acostumbrado a la mano, amansado, civilizado, manso, domesticado; habituado, familiar.

χειρό-μακτρον ου τό servilleta, toalla.

χειρο-μύλη ης ἡ molino movido a brazo.

χειρο-νομέω -ῶ mover a compás las manos, los brazos *o* las piernas, gesticular acompasadamente.

χειρόομαι οῦμαι someter, conquistar, subyugar; prender, hacer prisionero; apoderarse, adueñarse de [*ac.*]; reducir a la impotencia || PAS. ser subyugado.

χειρο-πληθής ές capaz de llenar la mano.

χειρο-ποιέομαι -οῦμαι hacer con sus propias manos.

χειροποίητος ον hecho por mano de hombre, artificial.

χειρότερος α ον = **χείρων.**

χειρο-τέχνης ου ὁ obrero manual, artesano, artífice, artista (χ. ἰατορίας hábil cirujano).

χειροτεχνία ας ἡ profesión *o* arte manual.

χειροτεχνικός ή όν concerniente a las artes manuales.

χειρο-τονέω -ῶ levantar la mano para votar, votar; nombrar *o* elegir por votación; decidir *o* decretar por votación.

χειροτονία ας ἡ votación *o* voto a mano alzada.

χειρουργέω -ῶ trabajar con las manos, ejercer un oficio manual; maltratar, tratar con violencia; ejecutar actos de violencia.

χειρούργημα ατος τό *y*

χειρουργία ας ἡ trabajo *u* obra manual; ejercicio *o* práctica de un oficio.

χείρωμα ατος τό hecho violento perpetrado por propia mano (χ. θανάσιμον homicidio).

χείρων ον [*gen.* ονος] *comp. de* χέρης peor, más malo (ἐπὶ τὸ χεῖρον τρέπεσθαι *o* κλίνειν, ἐπὶ τὰ χείρω ἰέναι ir a peor, decaer, declinar); de raza *o* clase inferior, más débil; más duro, más severo; malo, malvado; menos hábil, menos capaz, inferior (ταῦτα ποιεῖν para hacer esto) || ADV. **χεῖρον** peor; menos.

χειρῶναξ ακτος ὁ = **χειροτέχνης.**

χειρωναξία ας [*jón.* **χειρωναξίη ης**] **ἡ** = **χειρουργία.**

χείσομαι *fut. de* χανδάνω.

χείω = **χέω.**

χελιδών όνος ἡ golondrina.

χελώνη ης ἡ tortuga; *fig.* cubierta *o* techo protector de máquinas de guerra.

χέραδος τό grava; arena mezclada con guijarros.

χερειότερος α ον *y*

χερείων ον [*gen.* ονος] *ép.* = **χείρων.**

χέρεσσι *dat. pl. de* χείρ.

χέρης ηος [*y* **ειος**] inferior, peor, de peor clase *o* condición. F. *dat. sing.* χέρηι, *ac.* χέρεια; *pl.* χέρηες, *ac. n.* χέρεια. *Cf.* χερείων.

χερμάδιον ου τό piedra arrojadiza, proyectil de piedra.

χερνῆτις ιδος ἡ obrera, menestrala, jornalera; *particularmente* hilandera que trabaja a jornal.

χέρνιβον ου τό palangana para lavarse las manos, aguamanil, lavabo.

χερνίπτομαι lavarse las manos, *especialmente* con agua lustral [para sacrificar].

χέρ-νιψ ιβος ἡ agua de lavamanos [antes de comer], agua lustral [para purificarse las manos antes de un sacrificio *o* ceremonia religiosa] || PL. abluciones, sacrificios (χέρνιβας νέμειν permitir participar en los sacrificios, *Sóf. E. R. 240*); libaciones en honor de los muertos.

χερό-πληκτος ον golpeado con la mano.

χερουβ(ε)ίμ τά *pal. hebrea* querubines.

χερρό-νησος ου ἡ = **χερσόνησος.**

χερσαῖος α ον de tierra firme, en tierra firme.

χερσόν-δε ADV. a tierra, hacia tierra.

χερσονησο-ειδής ές que parece una península.

χερσό-νησος ου ἡ península.

χέρσος ον seco, árido; duro, sólido, firme, *esp.* de tierra firme, continental; improductivo, inculto, baldío; *fig.* estéril, sin hijos || SUBST. *f.* tierra firme, continente (ἐπὶ χέρσου en tierra).

χεῦ' *3.ª sing. aor. ép. de* χέω.

χεῦαι χεύας *inf. y part. aor. ép. de* χέω.

χεῦμα ατος τό líquido que se derrama, libación; borde *o* franja de metal fundido; vasija *o* copa para libaciones.

χέω verter, derramar [agua, vino, lágrimas, libaciones]; χέει ὕδωρ Ζεύς Zeus hace caer la lluvia, *tamb.* Z. χέει Zeus hace caer la nieve *Il. 12, 281;* desparramar, esparcir [hojas, plumas, algas, *etc.*]; echar *o* amontonar tierra: χ. σῆμα, τύμβον levantar un túmulo lanzar en masa (δούρατα las picas); soltar, dejar caer (ἡνία las riendas); *tamb. de* los árboles: dejar colgar en abundancia (καρπόν el fruto); difundir, esparcir [la voz, la hermosura, la niebla, el sueño] || MED. *como la act.*

verter; disparar en masa; ἐχεύατο πήχεε extendió los brazos || PAS. derramarse, verterse, fluir; extenderse, difundirse [la oscuridad, la niebla (tamb. disiparse *Od. 7,143*), la enfermedad *o* la muerte por el cuerpo *etc.*]; acumularse, aglomerarse, salir en masa (ἐκ νηῶν de las naves); ἀμφ' αὐτῷ χυμένη echada en torno de él, abrazada a su cadáver; tenderse (δεσμοί las ataduras).

F. *impf. ép.* χέον, *med.* χεόμην; *fut.* χέω, *ép.* χεύω; *aor.* ἔχεα *y* ἔχευα, *1.ª pl. subj. ép.* χεύομεν, *aor. med.* ἐχεάμην, *ép.* ἐχευάμην χευάμην, *3.ª sing. subj.* χεύεται; *perf.* κέχυκα, *pas.* κέχυμαι, *3.ª sing. plpf. ép.* κέχυτο; *aor. pas.* (ἐ)-χύθην, *y con el mismo valor aor. 2.º med. ép. 3.ª sing.* χύτο, *3.ª pl.* ἔχυντο χύντο, *part.* χύμενος η ον.

χή = **καὶ ἡ.**

χηλευτός ή όν *adj. vbal. de* χηλεύω tejido en mallas.

χηλή ῆς ἡ garra, uña ganchuda; brazo curvo de un dique, malecón arqueado; rompeolas.

χηλός οῦ ἡ cofre, baúl, arca.

χἠμεῖς = **καὶ ἡμεῖς.**

χήν χηνός ὁ ἡ ganso, oca.

χην-αλώπηξ εκος ὁ ganso de Egipto.

χήνειος α ον *y*

χήνεος η ον *jón.* de oca *o* de ganso.

χήρα ας [*jón.* **χήρη ης**] **ἡ** viuda.

χηραμός οῦ ὁ agujero, hueco, cavidad, guarida.

χήρατο *3.ª sing. aor. med. ép. de* χαίρω.

χηρεία ας ἡ viudez.

χηρεύω estar vacío *o* desprovisto; estar aislado *o* apartado, vivir en la soledad.

χήρη ης ἡ *jón.* = **χήρα.**

χῆρος α ον despojado, vacío, privado.

χηρόω -ῶ dejar vacío *o* desierto, desolar; despojar, privar; dejar viuda || PAS. quedar privado.

χήρωσις εως ἡ privación.

χηρωστής οῦ ὁ pariente colateral y heredero a falta de descendientes.

χήσομαι *fut. de* χανδάνω.

χήτει *dat. del inusitado* χῆτος en defecto de, a falta de.

χθαμαλός ή όν que está en la tierra, que levanta poco, bajo.

χθές ADV. ayer; el día anterior; recientemente.

χθεσινός ή όν *y*

χθιζός ή όν de ayer (χθιζὸς ἔβη llegó ayer) || ADV. **χθιζόν** *y* **χθιζά** = **χθές.**

χθόνιος α ον [*o* **-ος ον**] que está bajo tierra, subterráneo (Ζεὺς χθόνιος Zeus de los infiernos; χθόνιαι θεαί diosas infernales [Deméter y Perséfona] *o* las Erinias); que penetra *o* va bajo tierra (χθόνιος Ἑρμῆς Hermes que conduce los muertos a los infiernos; χθονία φάμα renombre que llega a los infiernos; χάρις χθονία gracia de los dioses infernales); que es de la región *o* comarca, indígena, nativo.

χθονο-στιβής ές que pisa la tierra, terreno, terrestre.

χθών χθονός ἡ tierra, suelo (χθόνα δῦναι morir; οἱ ὑπὸ χθονός los muertos); terreno, tierra cultivable; territorio, región, comarca, país (χθ. Εὐρώπη Europa; χθ. Κορινθία de Corinto; χθ. ξένη país hospitalario; νόμοι χθονός leyes del Estado); orbe, mundo.

χιλιάρχης ου ὁ quiliarca, [capitán *o* comandante de mil hombres].

χιλιαρχία ας ἡ función de quiliarca, mando de mil hombres.

χιλί-αρχος ου ὁ = **χιλιάρχης.**

χιλιάς άδος ἡ el número mil, un millar.

χιλι-έτης ες [*o* **χιλι-ετής ές**] que dura mil años.

χίλιοι αι α ADJ. NUM. CARD. mil (ἵππος χιλίη [*colect. sing.*] un cuerpo de mil jinetes.).

χιλιοστός ή όν milésimo.

χιλιοστύς ύος ἡ cuerpo de mil hombres.

χιλός οῦ ὁ forraje verde, hierba, alimento de los caballos (προέρχεσθαι ἐπὶ χιλόν ir a forrajear [*Jen. Cir. 6, 3, 5*]; πρὸς χιλὸν διατελέσαι llegar a sitio donde hubiera forraje *Anáb. 1, 5, 7;* χιλὸς ξηρός heno, paja).

χιλόω -ῶ sacar al prado [a las bestias para pacer].

χίμαιρα ας ἡ cabrita, que se inmolaba antes de las batallas.

χιονίζω cubrir de nieve (εἰ ἐχιόνιζε τὴν χώρην si la región se cubriese de nieve [*el sujeto es* ὁ θεός *sobreentendido*] || IMPERS. χιονίζει nieva.

χιονό-κτυπος ον azotado *o* batido por la nieve.

χιτών ῶνος ὁ prenda interior de vestir, túnica [de hombre *o* de mujer]; vestidura, prenda de vestir (χ. χάλκεος coraza; χ. στρεπτός cota de malla); pieza de cuero que forma el empeine del calzado; envoltura, cubierta (λάϊνον χιτῶνα ἕννυσθαι vestir un manto de piedras, ser lapidado *o* apedreado); cerca, cercado (χ. τειχέων murallas).

χιτωνίσκος ου ὁ túnica corta.

χιών όνος ἡ nieve.

χλαῖνα ης [*jón.* **χλαίνη ης**] **ἡ** vestidura exterior, capa *o* manto de abrigo de lana gruesa; manta de cama; cobertor, colcha, cubrecama.

χλαμυδουργία ας ἡ confección *o* fabricación de clámides,

χλαμύς ύδος ἡ clámide [capa *o* manto sin mangas, *esp.* de guerreros de caballería].

χλανίδιον ου τό *dim. de* χλανίς.

χλανιδο-ποιία ας ἡ confección de mantos finos.

χλανίς ίδος ἡ manto delgado de fina lana [prenda elegante femenina].

χλευάζω ridiculizar, burlarse, mofarse [de alguien, *ac.*].

χλευασμός οῦ ὁ burla, mofa, ridículo (χλευασμὸν ἐμβῆναι ser víctima de burlas, ser burlado).

χλιαρός ά όν tibio, de calor suave; flojo, descuidado, negligente.

χλιδανό-σφυρος ον de delicados tobillos.

χλιδάω -ῶ ser muelle, afeminado; envanecerse, estar engreído.

χλιδή ῆς ἡ molicie, blandura, afeminamiento, delicadeza; lujo, adorno, galas, *esp.* cabellera; orgullo, engreimiento, arrogancia.

χλοερός ά όν = **χλωρός.**

χλόη ης ἡ verdura tierna, hierba naciente, césped.

χλούνης ου ADJ. *m.* [*epít. del jabalí de sentido no bien determinado*] *quizá* fuerte, robusto, poderoso.

χλωρηΐς ίδος ADJ. *f.* amarilla verdosa, aceitunada.

χλωρός ά όν de color verde claro *o* pálido, verde amarillento, amarillo; pálido, descolorido (χλωρὸν δέος el terror que hace palidecer); fresco, reciente, joven.

χνοάζω comenzar a echar bozo; χν. λευκανθὲς κάρα encanecer.

χνόη ης ἡ buje de rueda (ἄξονος μέσας χνόας el eje por medio).

χνόϊος α ον con suave vello *o* pelusa.

χνόος ου [**-οῦς οῦ**] **ὁ** espuma del mar.

χξσ' seiscientos sesenta y seis [número apocalíptico].

χόανος ου ὁ crisol de fundición.

χοή ῆς ἡ libación (χοὰς τυμβεύειν derramar libaciones sobre una tumba; χοαῖσι στέφειν νέκυν derramar libaciones en derredor de un cadáver).

χοί [*o* **χοἰ**] = **καὶ οἱ.**

χοϊκός ή όν de tierra, barro *o* polvo; terreno, terrestre.

χοῖνιξ ικος ἡ cuartillo, medida para áridos [1.094 mililitros]; vasija para trigo *o* cebada (ὅς κεν ἐμῆς γε χοίνικος ἅπτηται que viva a mi costa); grillete de esclavo.

χοιράς άδος ἡ escollo, peña, bajío.

χοίρειος α ον *y*

χοίρεος η ον de cerdo, porcino (χοίρεα carne de cerdo).

χοιρίδιον ου τό cerdito, lechón.

χοῖρος ου ὁ cerdo, puerco; cochinillo, lechón; pecador encenagado.

χολάδες ων αἱ intestinos, tripas, entrañas.

χολάω -ῶ estar rebosando bilis, indignarse, irritarse.

χολή ῆς ἡ *y*

χόλος ου ὁ bilis, hiel; vesícula biliar; cólera, aversión, odio, resentimiento, rencor (ὁ χ. λαμβάνει, αἱρεῖ la cólera invade *o* se apodera [de uno, *ac.*]; χόλος ἔδυ Μελέαγρον Meleagro se encolerizó; χόλον πέσσειν mantener rencor; χόλον σβέσσαι, παύειν calmar la cólera; χόλον ἐᾶν, μεθέμεν calmarse; χόλος τινός [*subjetivo*] cólera que experimenta alguien; [*objetivo*] cólera por causa de alguien *o* contra alguien).

χολόω -ῶ encolerizar, irritar || MED. *y* PAS. irritarse, estar irritado *o* encolerizado (Κύκλωπος κεχόλωται está irritado por causa del Cíclope).

F. *inf. fut. ép.* χολωσέμεν; *aor.* (ἐ)-

χόλωσα, *med. y pas.* (ἐ)χολωσάμην *(ép. sin aum.), 2.ª sing. subj.* χολώσεαι; *perf. med. pas.* κεχόλωμαι, *part.* κεχολωμένος; *plpf. 2.ª y 3.ª sing. ép.* κεχόλωσο κεχόλωτο, *3.ª pl.* κεχολώατο; *fut. perf.* κεχολώσομαι; *aor. pas. tamb. con valor med.* (ἐ)χολώθην *(ép. sin aum.)*.

χόνδρος ου ὁ partícula dura y redonda, grano.

χόος ου [χοῦς οῦ] ὁ ἡ tierra excavada *o* tierra amontonada; *simplte.* tierra, polvo.

F. *ac.* χοῦν; *gen. heterócl.* χοός.

χορ-αγός οῦ ὁ *dór.* = **χορηγός**.

χορδή ῆς ἡ cuerda de tripa *o* intestino, cuerda de un instrumento musical.

χορεία ας [*jón.* **χορείη ης**] **ἡ** baile, danza, *esp.* coral.

χορευτής οῦ ὁ danzante, corista (ἐπὶ δελφῖσι χορευταῖς sobre delfines saltarines).

χορεύω bailar en rueda *o* corro, danzar, formar parte de un coro; guiar un coro festivo; festejar con un coro ‖ PAS. ser celebrado con coros y danzas.

χορηγέω -ῶ dirigir (χορῷ un coro); ser corego, costear el equipo de un coro; suministrar, surtir.

χορηγία ας ἡ coregia, función de corego, cargo de equipar un coro *o* costearlo; *en gral.* gasto, desembolso.

χορ-ηγός οῦ ὁ guía *o* jefe de un coro de danza; corego, que costea el equipo de un coro; jefe de una tropa *o* cortejo; el que paga los gastos.

χορικός ή όν concerniente a los coros *o* danzas.

χοροι-τυπίη ης ἡ = **χορεία.**

χορόν-δε ADV. a la danza.

χορο-ποιός όν organizador de coros ‖ SUBST. *m.* guía *o* director de un coro.

χορός οῦ ὁ danza en rueda, coro de danza (χορὸν εἰσοιχνεῖν ir a un coro); coro, conjunto de danzantes (χορῷ χορηγεῖν dirigir un coro; χορὸν ἱστάναι *o* ἐξάγειν sacar a escena un coro; τοῦ χοροῦ ἡγεῖσθαι, προεστάναι, προστατεύειν dirigir un coro); *fig.* tropa, corro, grupo, turbamulta; lugar de danza.

χορτάζω atiborrar *o* henchir, cebar, engordar, alimentar; hartar, saciar, saturar ‖ PAS. hartarse, alimentarse.

χόρτασμα ατος τό alimento, comida.

χόρτος ου ὁ lugar cercado, recinto, patio; hierba, forraje (χ. κοῦφος heno); planta alimenticia *o* fructífera; pasto, alimento basto, pienso.

χοῦς χοῦ ὁ = **χόος.**

χόω -ῶ verter *o* amontonar tierra, alzar, elevar, levantar [un terraplén, una isla, un túmulo]; llenar con tierra, terraplenar; cubrir de tierra.

F. *ind. pres. 3.ª sing.* χοῖ, *3.ª pl.* χοῦσι: *inf.* χοῦν, *part.* χῶν; *impf.* ἔχουν; *fut.* χώσω; *aor.* ἔχωσα, *med.* ἐχωσάμην; *perf.* κέχωκα, *pas.* κέχωσμαι; *aor. pas.* ἐχώσθην; *fut. pas.* χωσθήσομαι.

χραίνω tocar ligeramente, rozar; manchar, ensuciar, *tamb. fig.* [por homicidio, adulterio, *etc.*] ‖ MED. mancharse.

F. *fut.* χρανῶ, *aor.* ἔχρανα.

χραισμέω -ῶ guardar, defender, proteger [a alguien *dat.* de algo *ac.*]; valer, aprovechar, ser de provecho, socorrer [a alguien, *dat.*].

F. *3.ª sing. fut.* χραισμήσει, *inf. ép.* χραισμησέμεν; *3.ª sing. aor. 1.º ép.* χραίσμησε, *inf.* χραισμῆσαι; *3.ª sing. aor. 2.º* ἔχραισμε, *ép. tamb.* χραῖσμε; *3.ª sing. subj.* χραίσμῃ χραίσμῃσι; *inf.* χραισμεῖν.

χρᾶν *inf. pres. jón. de* χράω *3.*

1 **χράομαι -ῶμαι** *v.* **χράω** *3.*

2 **χράομαι -ῶμαι** tener necesidad, echar de menos, necesitar, estar necesitado *o* falto *(perf.* κέχρημαι *con sentido de pres.* estar necesitado de [*gen.*], desear [algo, *gen.*]; κεχρημένος *part.* necesitado, indigente, pobre); utilizar, usar, hacer uso, servirse de, disponer de, hacer de [algo, *dat.*: τῷ σίτῳ ὄψῳ servirse del pan como de carne; τί βούλεται ἡμῖν χρῆσθαι qué quiere hacer de nosotros]; tratar, tener trato, relación (ἀλλήλοις entre sí; γυναικί con una mujer); considerar, reputar, tener por, tratar como (φίλῳ amigo; οἱ χρώμενοι los que tienen intimidad, los amigos; χ. τοῖς θεοῖς honrar a los dioses); valerse de, emplear; entregarse *o* abandonarse a, dejarse llevar por, ser juguete de (ταῖς ἐπιθυμίαις las pasiones); experimentar, sufrir, pasar (χειμῶνι una tempestad); poseer, disfrutar de, gozar (τῇ θαλάττῃ navegar); frecuentar, cultivar, dedicarse, ocuparse en || PAS. ser usado *o* utilizado.

F. *át. contr.* χρῶμαι, *3.ª sing.* χρῆται, *pl.* χρώμεθα χρῆσθε χρῶνται; *jón. 3.ª sing.* χρᾶται (*tamb.* χρέεται *v. l.*), *3.ª pl.* χρέονται *y* χρέωνται; *imp.* χρῶ, *jón.* χρέο, *3.ª pl.* χρήσθων; *inf.* χρῆσθαι, *jón. y td.* χρᾶσθαι (*jón. tamb.* χρέεσθαι *v. l.*); *part.* χρώμενος, *ép. y jón.* χρεώμενος; *3.ª sing. impf.* ἐχρῆτο, *jón.* ἐχρᾶτο; *3.ª pl. jón.* ἐχρέωντο; *fut.* χρήσομαι; *aor.* ἐχρησάμην; *perf.* κέχρημαι *(v. supra)*; *aor. pas.* ἐχρήσθην *(siempre con valor pas.)*.

χρᾶσθαι *inf. jón. de* χράομαι, *1 y 2.*

χραύσῃ *3.ª sing. subj. aor. 1.º de* χράω *2. Il. 5, 138*

1 **χράω** atacar, acometer; emprender [algo *inf.*]; *aor. 1.º* herir (?)

F. *impf. (o aor. 2.º ?)* ἔχραον; *aor. 1.º* ἔχραυσα, *cf. supra* χραύσῃ.

2 **χράω -ῶ** desear, querer.

F. *2.ª sing.* χρῇς, *3.ª* χρῇ.

3 **χράω -ῶ** prestar, dar en préstamo, dar prestado *o* a crédito; suministrar, procurar, proporcionar; conceder un oráculo, dar una respuesta divina, dictar *o* pronunciar un oráculo, vaticinar, profetizar; ordenar, disponer, mandar por un oráculo, proclamar || PAS. ser anunciado *o* manifestado por un oráculo (τὸ χρησθέν, τὰ χρησθέντα la respuesta *o* declaraciones del oráculo) || MED. tomar prestado, recibir un préstamo, hacerse prestar, proveerse, surtirse; obtener una respuesta divina *u* oráculo; interrogar a un dios; consultar un oráculo [*con dat.*; χρ. θεῷ consultar al dios]; consultar, tramitar.

F. *ind. pres. 3.ª sing.* χρῇ, *jón.* χρᾷ, *inf.* χρᾶν, *part. ép.* χρείων, *jón.* χρέων χρέωσα; *impf.* ἔχραον, *3.ª sing.* ἔχρη; *fut.* χρήσω; *aor.* ἔχρησα || PAS. *perf.* κέχρημαι *o* κέχρησμαι, *3.ª sing. plpf.* ἐκέχρη(σ)το, *aor.* ἐχρήσθην || MED. *pres.* χρῶμαι, *jón.* χρέομαι, *inf. jón.* χρέεσθαι *y* χρᾶσθαι, *part. jón.* χρεώμενος; *3.ª pl. impf. jón.* ἐχρέοντο *o* ἐχρέωντο; *fut.* χρήσομαι. *Cf.* κίχρημι.

χρέα *pl. de* χρέος.

χρεία ας [*jón.* **χρείη ης**] **ἡ** uso, empleo, utilización; encargo, empleo, cargo, servicio, función; trato, relaciones; provecho, ventaja, utilidad (χρείας παρέχεσθαι prestar servicios; πρὸς τί χρείας; ¿para qué fin?); necesidad, defecto, falta (ἵν' ἕσταμεν χρείας en la necesidad en que nos hallamos; ὅτου χρεία ἔχει σε; ¿qué necesitas?); indigencia, pobreza; petición, instancia, demanda, exigencia; asunto, negocio.

χρείη *optat. de* χρή.

χρεῖος ους τό *ép.* = **χρέος.**

χρείω *ép.* = **χράω** *3.*

χρειώ οῦς ἡ *ép.* = **χρεώ.**

χρείως *ép.* = **χρέος.**

χρεμετίζω relinchar.

χρέομαι *jón.* = **χράομαι.**

χρεόν *jón.* = **χρεών** [*v.* **χρή**].

χρέος εος [ους] τό necesidad, obligación, deber, requisito; deuda, débito (χρέος ὀφείλειν tener una deuda; χρ. ἀποστήσασθαι hacerse pagar la deuda, tomar el desquite *Il.*); indemnización, resarcimiento, satisfacción, restitución, pago, cumplimiento; utilidad, provecho, interés; negocio, asunto, materia, cosa; propósito, objeto; oficio, cargo, empleo.

F. *ép.* χρεῖος, *gen.* χρέους χρείους *y* χρέως; *pl. nom. ac.* χρέα, *gen.* χρεῶν *etc.*

χρεοῦς *gen. de* χρεώ.

χρε-οφειλέτης ου ὁ = **χρεωφειλέτης.**

χρέω = **χράω.**

χρεώ οῦς ἡ menester, necesidad (χρ. με ἵκει, ἱκάνεται, γίγνεται, ἐστί tengo necesidad; τί δέ σε χρεὼ ἐμεῖο para qué me necesitas; χρειὼ βουλῆς ἐμὲ καὶ σέ tú y yo necesitamos reflexionar; οὔτι με ταύτης χρεὼ τιμῆς no necesito este honor).

χρεώμενος η ον *part. de* χράομαι.

χρεών *part. de* χρή.

χρέως ως τό = **χρέος.**

χρε-ωφειλέτης ου ὁ deudor.

χρή IMPERS. es necesario, es menester, es conveniente, es preciso, se debe, hay que, hay obligación de (χρή μέ τινος necesito algo); estar determinado por el destino, ser fatal || PART. *n.* χρεών *usado absolutamente* siendo, cuando es, puesto que es necesario, preciso, obligado, fatal (οὐ χρεὼν ἄρχετε mandáis cuando no es debido, mandáis sin derecho) || SUBST. **τὸ χρεών** lo preciso, lo debido, el hado, el destino (τὸ χρεὼν ἦν ποιέειν lo que era preciso hacer; τὸ χρ. γενέσθαι lo que tiene que suceder); χρεών ἐστι *y* χρεών *solo* = **χρή.**

F. *subj.* χρῆ, *opt.* χρείη, *inf.* χρῆναι (*y* χρῆν); *impf.* χρῆν *y* ἐχρῆν: *fut.* χρῆσται *y* χρήσει. χρή *es en realidad un sust. al que se unen distintas formas del vb.* εἰμί *lo que explica la mayor parte de la conjugación.*

1 **χρῆ** *3.ª sing. de* χράω *2 y* χράω *3.*

2 **χρῇ** *subj. de* χρή.

χρῄζω *y*

χρηΐζω carecer, necesitar, tener falta *o* necesidad; echar de menos, desear, querer; pedir, solicitar; profetizar, vaticinar || PART. χρῄζων ουσα ον pobre, indigente, necesitado.

F. *En át. sólo pres. e impf. En jón. fut.* χρηΐσω, *aor. inf.* χρηΐσαι, *part.* χρηΐσας.

χρηΐσκομαι utilizar, hacer uso de, servirse de [*dat.*].

χρῆμα ατος τό objeto, cosa, artículo de necesidad; materia de ocupación *o* trabajo, quehacer, negocio, empresa, asunto; hecho, suceso, acontecimiento, caso, ocurrencia, incidente (τί χρῆμα; ¿qué es ello?); ejemplar, pieza, individuo; cantidad, cuantía, número, muchedumbre, abundancia (ἀγροῦ τὸ χρῆμα el importe de un campo) || PL. **χρήματα** haber, bienes, riqueza, propiedad, fortuna, hacienda; mercancías, géneros; fondos, erario, capital, tesoro; dinero (κρείσσων χρημάτων incorruptible; πολλῶν χρημάτων ποιεῖν hacer por mucho dinero); y *así* deuda, multa, dádiva, etc.; *tamb.* fuerza, medios, recursos.

χρηματίζω ocuparse de negocios, tratar asuntos de dinero; gestionar asuntos públicos, negociar oficialmente; consultar, deliberar; conceder audiencia [a uno, *dat.*]; responder después de deliberación; someter a debate, poner en el orden del día; ser llamado, llamarse, apellidarse || MED. negociar para sí, gestionar *o* tratar sus asuntos; hacer negocio, comerciar, traficar, lucrarse, enriquecerse || PAS. ser informado, recibir un aviso divino *o* revelación; ser anunciado, vaticinado.

χρηματισμός οῦ ὁ negociación, oficio *o* arte lucrativo, ganancia, lucro, fortuna; oráculo, revelación divina.

χρηματιστής οῦ ὁ hombre de negocios, tratante, comerciante.

χρηματιστικός ή όν crematístico, concerniente a los negocios (χρ. οἰωνός augurio que anuncia dinero [*Jen. An.* 6, 1, 23]; χρ. γένος raza apta para los negocios) || SUBST. *f.* arte de ganar dinero; *m. pl.* hombres de negocios *o* de dinero.

χρήμη ης ἡ deseo, petición.

χρῆν *impf. e inf. de* χρή.

χρῆναι *inf. de* χρή.

χρῆος τό *ép.* = **χρέος.**

χρῄς *2.ª sing. de* χράω *2 y* χράω *3.*

χρῆσαι *inf. aor. de* χράω *3 o imp. aor. de* χράομαι *2.*

χρήσασθαι *inf. aor. de* χράομαι *2 o med. de* χράω *3.*

χρήσει *fut. de* χρή *o 3.ª sing. fut. de* χράω *3.*

χρῆσθαι *inf. de* χράομαι *2.*

χρησθῆναι *inf. aor. pas. de* χράω *3 o de* χράομαι *2.*

χρησιμεύω ser útil, servir; hacer ganar.

χρήσιμος η ον [*o* **-ος ον**] útil, provechoso, ventajoso; idóneo, bueno, cabal, de buena calidad (χρ. πούς pie firme *o* seguro); utilizado, frecuentado || SUBST. *n.* utilidad, ventaja; *m. pl.* buenos ciudadanos.

χρησίμως ADV. (χρ. ἔχειν ser útil, aprovechable).

χρῆσις εως ἡ uso, empleo, utilización, práctica, ejercicio; utilidad || PL. relaciones.

χρησμο-λόγος ον que pronuncia oráculos || SUBST. *m.* intérprete de oráculos, vate, adivino; colector de oráculos.

χρησμός οῦ ὁ respuesta de un oráculo, oráculo (χρησμὸν ᾄδειν, φαίνειν comunicar un oráculo).

χρησμοσύνη ης ἡ deseo, exigencia.

χρησμῳδέω -ῶ cantar *o* recitar oráculos en verso; vaticinar, profetizar.

χρησμῳδία ας ἡ oráculo en verso, respuesta de un oráculo, profecía.

χρησμ-ῳδός όν que anuncia oráculos,

que predice || SUBST. *m.* adivino, vate, profeta.

χρήσομαι *fut. de* χράομαι *2 y fut. med. de* χράω *3.*

χρῆσον *imp. aor. 1.º de* χράω *3 (N. T. Luc. 11, 5).*

χρῆσται *fut. de* χρή.

χρηστέον *adj. vbal. de* χράομαι hay que usar de, hay que tratar a [*dat.*].

χρηστεύομαι comportarse como hombre de bien, vivir honradamente.

χρηστηριάζομαι consultar un oráculo; consultar [a alguien, *dat.*].

χρηστήριος α ον oracular, profético; autor de oráculos || SUBST. *n.* lugar de un oráculo, oráculo; respuesta de un oráculo; sacrificio, víctima.

χρηστο-λογία ας ἡ lenguaje aparentemente honrado, palabras engañosas.

χρηστός ή όν *adj. vbal. de* χράομαι utilizable, aprovechable, valedero; bueno, honrado, virtuoso, valiente (ὦ, χρηστέ ¡oh, buen hombre!); fiel; dichoso, feliz; servicial, pronto, diligente, útil; bienhechor, propicio, favorable, protector; benigno, benévolo, compasivo, misericordioso || SUBST. *n.* benignidad, clemencia; *n. pl.* buenos servicios, beneficios; *m. pl.* buenos ciudadanos, patriotas.

χρηστότης ητος ἡ bondad, honradez, probidad; benignidad, clemencia, misericordia.

χρήσω *fut. de* χράω *3.*

χρῆται *3.ª sing. pres. ind. át. de* χράομαι *2.*

χρίμπτω acercar algo hasta rozar *o* tocar || PAS. llegarse, acercarse (ἔνθα allí).

F. *fut.* χρίμψω; *aor.* ἔχριμψα; *aor. pas.* ἐχρίμφθην, *part.* χριμφθείς.

χρῖσμα [*o* **χρίσμα**] **ατος τό** ungüento, perfume; unción, acción de ungir.

Χριστιανός οῦ ὁ cristiano.

χριστός ή όν *adj. vbal. de* χρίω ungido || SUBST. *m.* el Mesías, Nuestro Señor Jesucristo.

χρίω tocar ligeramente, rozar; frotar, untar, embadurnar, ungir; bañar, teñir || MED. ungirse, engrasarse, untarse, teñirse; untar para sí.

F. *impf. ép.* χρῖον; *fut.* χρίσω, *med.* χρίσομαι; *aor.* ἔχρισα, *ép.*χρῖσα; *perf.* κέχρικα, *pas.* κέχριμαι, *td.* κέχρισμαι; *aor. pas.* ἐχρίσθην.

1 **χρόα** *ac. de* χρώς.

2 **χρόα ας ἡ** *y*

χροιά ᾶς ἡ *y jón.*

χροιή ῆς ἡ = **χρώς.**

χρόμαδος ου ὁ chasquido, rechinar.

χρονίζω gastar, perder *o* dejar pasar el tiempo; detenerse, pasar mucho tiempo, demorarse, tardar, ser lento (χρ. ἐλθεῖν tardar en venir).

χρόνιος α ον [*o* **-ος ον**] retrasado, tardío (χρ. ἐλθών habiendo llegado tarde); por mucho tiempo; largo, prolongado; tardo, lento, moroso.

χρόνος ου ὁ tiempo (ὁ πρίν, πάρος, πρόσθεν χρ. el pasado); época determinada, período (δεκέτης χρ. diez años; τρίμηνος χρ. tres meses; τοῖς χρ. ἀκριβῶς con cronología exacta; χρόνον durante un tiempo; πολὺν χρόνον durante largo tiempo; τοῦτον τὸν χρ. en este tiempo; παλαιὸς ἀφ'οὗ χρόνος hace tiempo que; χρόνου περιιόντος, ἐπιγιγνομένου, διεξελθόντος, προβαίνοντος andando el tiempo; ὀλίγου χρ. en poco tiempo; οὐ μακροῦ χρόνου poco tiempo después; τοῦ λοιποῦ χρ. durante el resto del tiempo, en adelante; ἀφ'οὗ χρόνου desde que; ἕνα χρόνον de una vez; χρόνῳ al cabo, por fin; ἀνὰ χρόνον en el transcurso del tiempo; διὰ χρόνου después de algún tiempo; χρόνος διὰ χρόνου día tras día; ἐκ πολλοῦ χρ. desde mucho tiempo; ἐντὸς χρόνου dentro de cierto tiempo; ἐπὶ χρόνον por algún tiempo, durante algún tiempo; ἐς χρόνον en lo sucesivo, en adelante); duración de la vida, edad; época del año; ocasión, oportunidad, sazón; demora, retraso.

χροΐ *dat. de* χρώς.

χρονο-τριβέω -ῶ = **χρονίζω.**

χροός *gen. de* χρώς.

χρυσ-άμπυξ υκος ADJ. *m. y f.* de frontal de oro.

χρυσ-άνιος ον *dór.* = **χρυσήνιος.**

χρυσ-ανταυγής ές = **χρυσαυγής.**

χρυσ-άορος ον de espada de oro.

χρυσ-αυγής ές de resplandores dorados.

χρύσειος α ον *y*

χρύσεος α ον [*o* **-οῦς ῆ οῦν**] áureo, hecho *o* fabricado de oro, dorado (χρ. μέταλλα minas de oro); adornado, incrustado *o* tejido de oro; brillante, resplandeciente, radiante; precioso, estimable, noble, rico, excelente ‖ SUST. *n. pl.* minas de oro.

F. *Las formas sin contraer se dan frecte. hasta época td.; ac. sing. fem. td.* χρυσᾶν *(N. T. Apoc. 1, 13).*

χρυσ-ηλάκατος ον de rueca de oro; de flechas de oro.

χρυσ-ήλατος ον de oro laminado, de placas de oro, trabajado en oro.

χρυσ-ήνιος ον de riendas de oro.

χρυσίον ου τό pedazo de oro, objeto de oro; dinero; bienes, riquezas.

χρυσίς ίδος ἡ vestido *o* calzado recamado de oro.

χρυσῖτις ιδος ADJ. *f.* que contiene oro.

χρυσο-δακτύλιος ον que lleva anillo de oro.

χρυσό-δετος ον atado con oro, sujeto con cadenas *o* cintas de oro (χρυσόδετον ἕρκος collar de oro).

χρυσο-ειδής ές semejante *o* parecido al oro.

χρυσό-ζυγος ον de yugo de oro.

χρυσό-θρονος ον de trono de oro.

χρυσό-κομος ον de plumas doradas.

χρυσό-λιθος ου ὁ crisólito [piedra preciosa].

χρυσο-μίτρας ου ADJ. *m.* de banda *o* mitra de oro.

χρυσό-νωτος ον que tiene el dorso recubierto *o* chapeado de oro.

χρυσό-παστος ον entretejido *o* bordado de oro.

χρυσο-πέδιλος ον de sandalias de oro.

χρυσό-πεπλος ον de ropa bordada en oro.

χρυσό-πρασος ου crisopraso [piedra preciosa]

χρυσό-πτερος ον de alas de oro.

χρυσό-ρραπις ιος ADJ. *m. y f.* de varilla de oro.

χρυσό-(ρ)ρυτος ον nacido de la lluvia de oro.

χρυσός οῦ ὁ oro; objeto fabricado de oro; vestidura *o* atavío bordado en oro; objeto brillante y precioso; riqueza, tesoro (λευκὸς χρ. aleación de oro y plata).

χρυσό-στροφος ον hecho de cuerda de oro trenzada.

χρυσο-τόκος ον que pone huevos de de oro.

χρυσοῦς ῆ οῦν = **χρύσεος.**

χρυσοφορέω -ῶ llevar vestiduras recamadas de oro, joyas *o* adornos de oro.

χρυσο-φόρος ον que lleva vestiduras *o* adornos de oro.

χρυσο-φύλαξ ακος ADJ. *m. y f.* guardián del oro, tesorero.

χρυσο-χαίτας ου ADJ. *m.* de cabellera dorada.

χρυσο-χάλινος ον de freno *o* bridas doradas.

χρυσο-χόος ου ὁ fundidor de oro, orfebre; el que dora los cuernos de las víctimas.

χρυσόω -ῶ dorar, recubrir de oro.

1 **χρῶ** *ac. de* χρώς.

2 **χρῶ** *imp. pres. de* χράομαι.

χρῷ *dat. de* χρώς.

χρῶμα ατος τό color de la piel; tinte, tintura, colorete, afeite; colorido, ornato del estilo; modulación musical.

χρῷο *2.ª sing. opt. de* χράομαι.

χρώς χρωτός ὁ superficie, *esp.* del cuerpo humano, piel, cutis, tez (ἐν χροΐ κείρεσθαι ser pelado al rape; ξυρεῖ ἐν χρῷ τοῦτο este peligro es inminente; ἐν χρῷ παραπλέειν pasar rozando); carne, cuerpo (χρὼς σήπεται la carne se pudre; χρ. φθινύθει la carne se consume); color del cuerpo (χρὼς τρέπεται se pone pálido [su color cambia]).

F. *gen.* χρωτός, *dat.* χρωτί, *ac.* χρῶτα; *ép. jón.* χροός, χροΐ *y* χρῷ, χρόα *y* χρῶ.

χύδην ADV. profusamente, en desorden, en revoltijo, en mescolanza.

χυθείη *3.ª sing. opt. aor. pas. de* χέω.

χὐμεῖς = **καὶ ὑμεῖς.**

χύμενος η ον *part. aor. 2.º med. de* χέω.

χὐμῖν = **καὶ ὑμῖν.**

χύντο *3.ª pl. aor. 2.º med. de* χέω.

χύσι *dat. de* χύσις.

χύσιος *gen. jón. de* χύσις.

χύσις εως ἡ efusión, derramamiento; acumulación, amontonamiento, montón, rimero; líquido.

χυτλόομαι -οῦμαι bañarse y ungirse *o* engrasarse con aceite.

χύτο *3.ª sing. aor. 2.º med. de* χέω.

χυτός ή όν *adj. vbal. de* χέω vertido, derramado, echado, amontonado (χυτὴ γαῖα montón de tierra, túmulo); fundido || SUBST. *m.* dique, presa.

χύτρα ας ἡ olla, marmita, cazuela, taza.

χυτρεύς έως ὁ alfarero.

χυτρίς ίδος ἡ = **χύτρα.**

χώεο *y* **χώετο** *imp. y 3.ª sing. impf. ép. resp. de* χώομαι.

χωλαίνω *y*

χωλεύω cojear, ser cojo, quedarse cojo, renquear.

χωλός ή όν cojo; claudicante, flojo, débil; defectuoso, imperfecto || SUBST. *n.* miembro cojo, vacilante, poco firme en la fe.

χῶμα ατος τό montón de tierra, terraplén, terraza; dique, escollera; montón, acervo; mole; montículo, túmulo, tumba.

χῶν *part. pres. de* χόω. *Hdt. 1, 162.*

χώνη ης ἡ embudo de fundidor, bocina.

χώννυμι *y*

χωννύω = **χόω.**

χώομαι estar enojado *o* irritado, enojarse, enfadarse, irritarse, encolerizarse.

F. *ép.: imp.* χώεο, *3.ª sing. impf.* χώετο, *3.ª sing. aor. 1.º* χώσατο, *3.ª sing. subj. ép.* χώσεται.

χὤπως = **καὶ ὅπως.**

χώρα ας [*jón.* **χώρη ης**] **ἡ** espacio intermedio de tierra, trecho, intervalo; emplazamiento, sitio, lugar (ἐνὶ χώρῃ *o* κατὰ χώραν τιθέναι poner en su sitio; χώραν λαμβάνειν ocupar su lugar; κατὰ χώραν εἶναι, ἔχειν, μένειν estar en su sitio, quedarse quieto; κατὰ χώραν ἐᾶν dejar en su sitio; ἕως ἂν χώραν λάβῃ τὰ πράγματα hasta que los asuntos estén en orden); lugar determinado, puesto (κατὰ χώραν ἀπιέναι ir a su puesto; ἐν χώρᾳ πίπτειν sucumbir en su puesto; χώραν λείπειν abandonar su puesto); posición, situación, categoría, consideración, cargo (ἐν οὐδεμιᾷ χώρᾳ en ninguna consideración); país, región, comarca (ἡ χώρα el Ática; οἱ κατὰ χώραν los habitantes del país); *esp.* país natal, patria; tierra, suelo, territorio; campo, campiña; propiedad, finca, fundo, posesión rural,

χωρέω -ῶ hacer sitio *o* lugar, ceder, retirarse; retroceder, regresar; alejar, separarse, apartarse; avanzar, ir hacia; correr, propagarse, extenderse, difundirse; marchar, prosperar, resultar, obtener éxito; cumplirse, realizarse; tener cabida *o* capacidad, ser capaz de, poder contener; ser capaz de comprender *o* practicar.

F. *fut.* χωρήσω, *át. más frec.* χωρήσομαι; *aor.* ἐχώρησα, *ép.* χώρησα; *perf.* κεχώρηκα; *aor. pas.* ἐχωρήθην.

χώρη ης ἡ *jón.* = **χώρα.**

χωρίζω separar, dividir, apartar, distinguir || PAS. estar separado *o* dividido; alejarse, separarse; ser diferente, diferenciarse, distinguirse.

F. *perf. pas.* κεχώρισμαι, *3.ª pl. jón.* κεχωρίδαται *Hdt. 1, 140 etc.*

χωρίον ου τό lugar, sitio; plaza fuerte; región, país; campo, fundo; pasaje de un autor; período de historia.

χωρίς ADV. separadamente, por separado, en particular, por su cuenta, aparte (χωρὶς μέν... χωρὶς δέ... de una parte... de la otra...; χωρὶς ἀπό τινος lejos de uno); además, excepto (χωρὶς ἢ ὅτι excepto que); diferentemente, de modo diferente (χωρὶς εἶναι ser diferente) || PREP. *de gen.* separadamente de, de modo diferente que.

χωρισμός οῦ ὁ separación.

χωρίτης ου ὁ campesino, aldeano, rústico, labrador.

χωριτικῶς ADV. rústicamente, al modo rural.

1 **χῶρος ου ὁ** = **χώρα.**

2 **χῶρος ου ὁ** viento del noroeste.

χώσας *part. aor. 1.º de* χόω.

χώσατο *3.ª sing. aor. 1.º ép. de* χώομαι.

χώσεται *3.ª sing. subj. aor. 1.º ép. de* χώομαι.

χωσθῆναι *inf. aor. pas. de* **χόω.**

χῶσις εως ἡ amontonamiento de tierra, acción de terraplenar, construcción de un dique, *de donde* cierre, obstrucción.

χώσω *fut. de* χόω.

χὤταν = **καὶ ὅταν.**

χὤτε = **καὶ ὅτε.**

χὤτι = **καὶ ὅτι.**

Ψ

Ψ ψ psi [23.ª letra del alfabeto griego] || *como signo numérico* ψ′ 700; ͵ψ 700.000.

ψακάς άδος ἡ partícula, migaja; gota; lluvia; lluvia fina.

ψαλίζω cortar con tijeras.

ψάλλω tirar por sacudidas; hacer vibrar, pulsar *o* hacer sonar [un instrumento de cuerda]; cantar, entonar un himno [a alguien *o* algo, *dat.*].

F. *fut.* ψαλῶ *(N. T.), aor.* ἔψηλα.

ψαλμός οῦ ὁ pulsación *o* tañido [de un instrumento de cuerda]; pieza musical para instrumento de cuerda; *esp.* salmo, canto en honor de Dios; himno cristiano.

ψάλτρια ας ἡ tañedora de arpa *o* de lira.

ψαλῶ *fut. de* ψάλλω.

ψάμαθος ου ἡ *y*

ψάμμη ης ἡ = ψάμμος.

ψάμμινος η ον de arena, arenoso.

ψάμμος ου ἡ arena, arenal, duna, desierto, *esp.* el de Libia; grano de arena (ψάμμου ἀριθμός el número de las arenas, *e. e.* algo incontable, innumerable).

ψαμμώδης ες lleno de arena, arenoso.

ψάρ ψαρός ὁ estornino.

ψαύω tentar, tantear, palpar, tocar, llegar (τοῦ οὐρανοῦ al cielo); coger de la mano para guiar; *fig.* tocar, llegar a (μερίμνας una pena *o* disgusto, *e. e.* renovarlo); alcanzar, atacar, herir.

F. *impf. ép.* ψαῦον; *fut.* ψαύσω *aor.* ἔψαυσα; *perf.* ἔψαυκα, *pas.* ἔψαυσμαι; *aor. pas.* ἐψαύσθην.

ψάω frotar, limpiar || INTR. disolverse, consumirse, desaparecer.

F. *contr. en* η: *3.ª sing. ind. pres.* ψῇ, *inf.* ψῆν *etc.*

ψέγω reprender, vituperar, censurar, reprobar, reprochar: ἡ ἐπιείκεια τοῦ διδάσκειν οὐ ψέγεται la honradez de la información no la reprobamos *Tuc. 5, 86.*

F. *fut.* ψέξω; *aor.* ἔψεξα.

ψεδνός ἡ όν ralo, diseminado, espaciado, disperso; de pelo ralo, medio calvo.

ψεδυρός ά όν = ψιθυρός.

ψεκάζω gotear, chorrear [algo, *gen.*].

ψεκάς άδος ἡ = ψακάς.

ψέκτης ου ὁ el que reprende *o* reprocha, censor, crítico.

ψέλιον ου τό anillo de adorno, brazalete, pulsera; ajorca.

ψελιο-φόρος ον que lleva brazaletes.

ψελλίζομαι pronunciar mal *o* torpemente.

ψέλλιον ου το = ψέλιον.

ψευδ-άγγελος ου ὁ portador de noticias falsas.

ψευδ-άδελφος ου ὁ falso hermano, cristiano ficticio.

ψευδ-απόστολος ου ὁ falso embajador *o* apóstol.

ψευδ-ενέδρα ας ἡ emboscada fingida.

ψεύδη *pl. de* ψεῦδος.

ψευδής ές embustero, mendaz, mentiroso; falsario, farsante; falso, fingido; erróneo, equivocado, inexacto || SUBST. *n. pl.* mentiras.

ψευδο-διδάσκαλος ου ὁ falso maestro, doctor no autorizado.

ψευδο-κῆρυξ υκος ὁ = φευδάγγελος.

ψευδο-λόγος ον *y*

ψευδο-λόγος ου ὁ = ψευδής.

ψευδό-μαντις εως ὁ ἡ falso adivino, profeta embustero.

ψευδομαρτυρέω -ῶ dar falso testimo-

nio, atestiguar en falso, ser falso testigo.
ψευδομαρτυρία ας ἡ falso testimonio, testimonio que contiene falsedad *o* mentira.
ψευδό-μαρτυς υρος ὁ testigo falso (τοῦ θεοῦ contra Dios).
ψευδο-πάρθενος ου ἡ falsa virgen, doncella que no lo es.
ψευδο-προφήτης ου ὁ falso profeta, profeta no enviado de Dios y que enseña falsedades *o* errores.
ψευδ-όρκιος ον que jura en falso, perjuro.
ψεῦδος εος [ους] τό mentira, falsedad, embuste, engaño, fraude; falsa idea, doctrina falsa, error; invención poética; ficción, acción engañosa *o* disimulada, trampa, añagaza, treta, ardid, *esp.* de guerra.
ψευδο-στομέω -ῶ = **ψεύδω** *y* **ψεύδομαι.**
ψευδό-φημος ον = **ψευδής.**
ψευδό-χριστος ου ὁ falso Cristo, Mesías fingido.
ψεύδω engañar, embaucar; defraudar, frustrar (τὰς ἐλπίδας τινά a alguien en sus esperanzas; ἐλπίδος en su previsión); convencer de error *o* de engaño, desmentir (ἡ ἐπίνοια τὴν γνώμην la opinión reflexiva la primera idea); falsificar || MED. engañar en interés propio, mentir; traicionar, ser infiel; no cumplir, quebrantar, violar faltar a [*ac.*] || PAS. engañarse, equivocarse, decepcionarse, desilusionarse, verse privado de [*gen.*]; estar equivocado, ser falso.
F. *act. fut.* ψεύσω; *aor.* ἔψευσα || MED. *imp. ép.* ψεύδεο, *fut.* ψεύσομαι, *aor.* ἐψευσάμην, *perf.* ἔψευσμαι; *fut. perf.* ἐψεύσομαι || PAS. *perf.* ἔψευσμαι *(tamb. med. v. supra)*; *aor.* ἐψεύσθην; *fut.* ψευσθήσομαι.
ψευδ-ώνυμος ον que lleva nombre falso *o* denominación indebida.
ψεῦσμα ατος τό = **ψεῦδος.**
ψευστέω -ῶ ser un embustero; = **ψεύδομαι.**
ψεύστης ου ὁ = **ψευδής.**
ψῇ *3.ª sing. pres. de* ψάω.
ψῆγμα ατος τό raedura, raspadura; polvo, pepita, grano, arena de oro.
ψῆλαι *inf. aor. de* ψάλλω.
ψηλαφάω -ῶ tantear en la oscuridad, buscar a tientas, andar a tientas; tocar || PAS. ser palpable.
F. *part. pres. ép.* ψηλαφόων.
ψήν ψηνός ὁ cínife [insecto].
ψῆν *inf. de* ψάω.
ψήρ ψηρός ὁ *jón.* = **ψάρ.**
ψήσας *part. aor. de* ψάω *(en compto.* καταψήσας *de* καταψάω).
ψῆττα ης ἡ platija, lenguado [pez].
ψηφιδο-φόρος ον votante.
ψηφίζω calcular, contar; votar, decidir por votación || MED. votar, depositar el voto, emitir el sufragio; decidir, declarar, decretar por votación || PAS. ser decidido por voto; ser votado.
F. *fut. át.* ψηφιῶ, *med.* ψηφιοῦμαι; *aor.* ἐψήφισα, *med.* ἐψηφισάμην; *perf.* ἐψήφικα, *med.* ἐψήφισμαι *(tamb. pas.)*; *aor. pas.* ἐψηφίσθην.
ψηφίς ῖδος ἡ guijarro, piedrecilla.
ψήφισμα ατος τό decisión tomada por votación, decreto.
ψηφο-ποιός όν que amaña los votos *o* los falsifica.
ψῆφος ου ἡ piedrecilla, canto rodado; piedrecilla para contar (ψήφους τιθέναι echar cuentas; καθαραὶ ψῆφοι cuentas claras); piedrecilla *o* ficha para jugar, peón; piedrecilla para votar, voto, sufragio (φανερὰ ψῆφος voto descubierto [a papeleta descubierta]); decisión, decreto acordado por votación (μιᾷ ψήφῳ por unanimidad); votación ((τὴν ψῆφον ἐπάγειν *o* προτιθέναι proponer votación); juicio.
ψιάς άδος ἡ gota.
ψιθυρίζω bisbisear, susurrar, murmurar levemente.
ψιθυρισμός οῦ ὁ susurro, murmuración, maledicencia en voz baja *o* secreta.
ψιθυριστής οῦ ὁ *y*
ψίθυρός ά όν [*o* **ψίθυρος α ον**] que susurra, murmurador, maldiciente.
ψιλός ή όν desprovisto de pelo *o* pluma, pelado, calvo, desplumado, desnudo, raso (ψιλὸς κεφαλήν sin plumas en la cabeza); desguarnecido, desprovisto, despojado, falto (ψιλὴ ἄροσις campo raso, sin árboles); descubierto, al aire; inerme, sin armas,

sin defensa (ψ. κεφαλή cabeza sin casco); armado a la ligera [*espte.* οἱ ψιλοί flecheros *u* honderos, infantería ligera]; solo, único; sin acompañamiento, sin ritmo (ψιλὸς λόγος prosa) || SUBST. *n.* tropa ligera, sin armadura.

ψιλόω -ῶ pelar, rapar; desguarnecer, despojar, privar; reducir a la impotencia *o* abandono || PAS. ser *o* estar desguarnecido, desprovisto *o* falto.

ψιττακός οῦ ὁ loro, cotorra.

ψιχίον ου τό migaja, migajita.

ψόγος ου ὁ reproche, vituperio, censura, reprensión; conducta censurable *Tuc. 2, 45.*

ψολόεις εσσα εν humoso, humeante, ardiente, encendido.

ψοφέω -ῶ hacer ruido, sonar.

ψόφος ου ὁ ruido, sonido inarticulado; garrulería, charlatanería.

ψυγήσεται *3.ª sing. fut. pas. td. de* ψύχω *(N. T. Mat. 24, 12).*

ψυκτήρ ῆρος ὁ recipiente en que se refrescaba el vino.

ψύλλα ης ἡ pulga.

ψυχ-αγωγέω -ῶ conducir las almas; cautivar, seducir, encantar, arrebatar el alma.

ψυχάριον ου τό *dim. de* ψυχή almita, alma.

ψυχεινός ἡ όν frío, fresco, refrescante.

ψυχή ῆς ἡ soplo, hálito, aliento vital; fuerza vital, alma [como principio de la vida; *lat.* anima], vida (ψυχῆς ὄλεθρος pérdida de la vida, muerte; περὶ τῆς ψυχῆς κινδυνεύων exponiéndose a peligro de la vida, arriesgando su vida; τῆς ψυχῆς πρίασθαι comprar al precio de su vida); ser viviente, persona; ser querido; alma [como contrap. al cuerpo], espíritu [como sede de sentimientos *y* afectos], corazón (ὅλῃ τῇ ψυχῇ con toda su alma); inteligencia, mente, espíritu, ingenio; voluntad, deseo, apetito, gusto (μέτρον οὐχ ἡ ψυχὴ ἀλλ' ὁ νόμος ἐστίν no es norma la voluntad, sino la ley); sombra de un cuerpo.

ψυχικός ή όν relativo al alma *o* a la vida, anímico, vital; tocante a la vida *o* los seres vivos (σῶμα ψυχικόν cuerpo vivo; ψυχικὸς ἄνθρωπος hombre de vida puramente natural; σοφία ψυχική sabiduría puramente humana).

ψῦχος εος [ους] τό soplo fresco, frescura, frío; invierno || PL. invierno.

ψυχρο-λογία ας ἡ charla fría *o* insulsa, cháchara.

ψυχρός ά όν frío; vano, estéril, inútil, malo, insignificante; indiferente, insensible; que deja frío, que hiela (θερμὴν ἐπὶ ψυχροῖσι καρδίαν ἔχεις muestras un orazón ardiente en cosas que hielan de espanto. *Sóf. Ant. 88).*

ψυχρότης ητος ἡ = **ψῦχος**; indiferencia, insensibilidad.

ψύχω soplar, respirar, alentar; enfriar, refrigerar, refrescar || PAS. enfriarse.

F. *fut.* ψύξω; *aor.* ἔψυξα; *perf. pas.* ἔψυγμαι; *aor. pas.* ἐψύχθην *y* ἐψύχην *td.* ἐψύγην; *aor. pas.* ψυχθήσομαι, *td.* ψυγήσομαι *(N. T. v. l.* ψυχήσομαι).

ψωμίζω partir en pedazos *o* tajadas, tomar en bocados; dar en bocados, nutrir, alimentar; dar como alimento, gastar para sustento.

ψωμίον ου τό trocito, pedacito, tajadilla.

ψωμός οῦ ὁ pedazo, tajada, bocado.

ψώρα ας [*jón.* **ψώρη ης**] **ἡ** sarna [enfermedad].

ψωραλέος α ον sarnoso.

ψωράω -ῶ tener sarna, estar sarnoso.

ψώρη ης ἡ *jón.* = **ψώρα.**

ψώχω desmenuzar, triturar, desgranar *(N. T.).*

Ω

Ω ω omega [24.ª y última letra del alfabeto griego] || *como signo numérico* ω' 800; ͵ω 800.000 || SUBST. *n.* fin, término.

ὤ INTJ. *de admiración o asombro* ¡oh! ¡ah!; *de dolor o compasión* ¡ay!

1 **ὦ** INTJ. *de invocación o llamada* ¡oh! ¡eh! ¡hola!

2 **ὦ** *1.ª sing. pres. subj. de* εἰμί.

ὥ *nom. y ac. dual de* ὅς.

ᾧ *dat. sing. de* ὅς [*relat. y poses*].

ᾠά *pl. de* ᾠόν.

ὠγαθέ = **ὦ ἀγαθέ.**

ὠγρευτής = **ὁ ἀγρευτής.**

ὠγύγιος ον muy viejo, venerable, antiquísimo (σὲ τόδ'ἐλήλυθεν πᾶν κράτος ὠγύγιον este poder que posees procede de tus antepasados).

ᾠδά ᾶς ἡ *dór.* = **ᾠδή.**

ᾠδάριον ου τό odita, poemita.

ὧδε ADV. *de modo* así, de esta manera (ὧ. ἔχει así es); *correlativo de* ὡς: ὧδε... ὡς así... como; ὧδε αὔτως así justamente; ὧδέ πως así poco más o menos, como sigue; tal como, según es *o* está, de tal modo, de esa manera (πρόμολ'ὧδε ven como estás, en seguida; ὧδε θέεις corres como corres, *e. e.* sin éxito); tan, tanto, de tal modo, hasta tal punto *o* extremo || ADV. *de lugar* aquí, en este lugar (τὰ ὧδε lo que se hace aquí); en este asunto, en esta situación (ὧδε ἡ σοφία ἐστίν en esto consiste la sabiduría).

ᾠδεε *3.ª sing. impf. de* οἰδέω.

ᾠδή ῆς ἡ canto, himno, oda.

ὡδί = **ὧδε.**

ὠδίν ῖνος ἡ = **ὠδίς.**

ὠδίνω sufrir los dolores del parto, parir con dolor; sufrir dolores violentos *o* fuertes; estar angustiado; soportar; trabajar penosamente.

ὠδίς ῖνος ἡ dolor de parto, parto; dolor fuerte, agudo *o* violento, sufrimiento cruel, angustia.

ὡδοιπόρεον -ουν *2.ª sing.* -εις *impf. de* ὁδοιπορέω.

ὡδοπεποιημένος *o* **ὡδοποιημένος** *part. perf. pas. de* ὁδοποιέω.

ὡδοποίουν *impf. de* ὁδοποιέω.

ᾠδός οῦ ὁ ἡ = **ἀοιδός.**

ὠδύσαο *2.ª sing. aor. de* ὀδύσσομαι.

ὦζε *3.ª sing. impf. de* ὄζω.

ᾠήθην *aor. de* οἴομαι, *v.* οἴω.

ὠθέω -ῶ empujar hacia adelante, impulsar; echar abajo, precipitar; rechazar, expulsar; rehusar, repudiar, excluir, privar; alejar [un barco de la orilla]; meter, introducir, hundir; dar prisa, apresurar, acelerar; echar hacia atrás, retirar, arrancar, sacar || MED. tropezar; chocar; precipitarse, lanzarse; echar, alejar de sí, rechazar; lanzarse hacia adelante, adentrarse.

F. *impf.* ἐώθουν, *3.ª sing. ép.* ὦθει, *iter. ép.* ὤθεσκε; *fut.* ὤσω, *poét. tamb.* ὠθήσω, *inf. ép.* ὠσέμεν *(en compto.)*; *aor.* ἔωσα, *ép. jón. y N. T. (en compto.)* ὦσα, *3.ª sing. iter. ép.* ὤσασκε; *perf.* ἔωκα || MED. *fut.* ὤσομαι; *aor.* ἐωσάμην, *ép. jón. y N. T. (en compto.)* ὠσάμην || PAS. *perf.* ἔωσμαι, *part. jón.* ὠσμένος *(en compto.)*; *aor. pas.* ἐώσθην, *td.* ὤσθην; *fut. pas.* ὠσθήσομαι.

ὠθίζομαι estar en desacuerdo, querellarse, pelearse.

ὠθισμός οῦ ὁ empujón, acometida, ataque, riña, altercado.

ὠίγνυντο *3.ª pl. impf. med. de* οἴγνυμι.

ὠίετο *3.ª sing. impf. de* ὀίομαι.

ὤιξα *aor ép. de* οἴγνυμι.

ὠίσθην *aor. ép. de* ὀίομαι.

ὦκα ADV. de prisa, rápidamente, velozmente, con agilidad; al punto, en seguida, inmediatamente.

ὠκέα *fem. de* ὠκύς.

ὠκεανός οῦ ὁ masa de agua que corre como un río alrededor de la tierra, corriente *o* río del mundo, Océano [Atlántico].

ᾤκεθεν *3.ª pl. aor. pas. ép. de* οἰκέω.

ᾤκει ᾤκεον *3.ª sing. y pl. resp. del impf. de* οἰκέω.

ὤκιστα ADV. *superl. de* ὦκα rapidísimamente.

ὤκιστος η ον *superl. de* ὠκύς velocísimo.

ὠκύ-αλος ον que navega rápidamente.

ὠκύ-δολος ον que ataca *o* hiere con rapidez, rápidamente certero.

ὠκύ-μορος ον que está destinado a morir pronto *o* de muerte rápida; que hiere de muerte con rapidez; que muere joven *o* rápidamente.

ὠκυ-πέτας [*y* **ὠκυ-πέτης**] **ου** ADJ. *m.* que vuela rápidamente, de raudo vuelo; que corre con rapidez; que se acerca veloz.

ὠκύ-πορος ον = ὠκύαλος.

ὠκύ-πους ουν [*gen.* ὠκύ-ποδος] de pies ágiles, de veloz carrera, corredor.

ὠκύ-πτερος ον de rápidas alas, de raudo vuelo.

ὠκύ-ροος ον que corre velozmente, de rápido curso.

ὠκύς εῖα ύ rápido, veloz, pronto, presuroso, ágil (πόδας ὠκύς ligero de pies, de pies veloces); agudo, penetrante; afilado, cortante.

F. *gen.* ὠκέος ὠκείας ὠκέος; *nom. f. ép.* ὠκέα, *gen. pl. f. ép.* ὠκειάων. *Comp.* ὠκύτερος, *superl.* ὠκύτατος *y* ὤκιστος.

ὠκύτης ητος ἡ rapidez, presteza, fuga.

ὠκυ-τόκος ον que fertiliza rápidamente || SUBST. *n.* parto rápido.

ὠλένη ης ἡ codo, brazo, antebrazo.

ὠλεσί-καρπος ον que pierde los frutos, improductivo, estéril.

ὤλετο *3.ª sing. aor. 2.º med. de* ὄλλυμι.

ὦλλος = ὁ ἄλλος.

ὦλξ ὠλκός ἡ surco.

ὠμ-ηστής οῦ ADJ. *m.* comedor de carne cruda, carnicero, sanguinario, feroz; cruel, inhumano.

ὠμο-βόειος α ον *y*
ὠμο-βόεος η ον *y*
ὠμο-βόϊνος η ον de piel de buey sin curtir || SUBST. **ἡ ὠμοβοέη** piel de buey sin curtir.

ὠμο-γέρων οντος ὁ ἡ viejo aún robusto y ágil.

ὠμο-θετέω -ῶ [*y med.*] poner sobre el altar del sacrificio los trozos crudos de la víctima [envueltos en grasa].

ὠμό-θυμος ον de corazón duro; cruel, fiero.

ὤμοι INTJ. *de dolor o de disgusto* ¡ay! ¡ah! ¡ay de mí!

ὠμο-κρατής ές robusto de hombros; forzudo.

ὦμος ου ὁ hombro; parte superior de las patas delanteras; brazo.

ὠμός ή όν crudo, no cocido, no asado; *fig.* no desarrollado, prematuro, precoz; duro, cruel, inhumano || ADV. **ὠμά** de manera salvaje.

ὠμότης ητος ἡ crudeza; dureza, crueldad, inhumanidad.

ὠμο-φάγος ον que come carne cruda, carnívoro.

ὠμό-φρων ον [*gen.* ονος] de corazón duro, cruel, inhumano.

ᾤμωξα *aor. de* οἰμώζω.

ὦν *jón. y dór.* = **οὖν.**

ὤν οὖσα ὄν *part. pres. de* εἰμί.

ὦνα = ὦ ἄνα.

ὠνάμην *aor. 2.º med. de* ὀνίνημι.

ὦναξ = ὦ ἄναξ.

ὤνατο *3.ª sing. aor. 2.º med. de* ὀνίνημι.

ὠνέομαι -οῦμαι comprar; negociar, comerciar, intentar comprar; corromper con dinero, sobornar; conseguir con dinero, evitar pagando dinero; ὁ ὠνούμενος el comprador.

F. *impf.* ἐωνούμην *y* ὠνούμην (*3.ª sing. jón.* ὠνέετο, *3.ª pl.* ὠνέοντο); *fut.* ὠνήσομαι; *aor. 1.º* ἐωνησάμην *y* ὠνησάμην *jón. y td.; en át. gralmte. sustituido por* ἐπριάμην; *perf.* ἐώνημαι *(con valor act. y pas.), 3.ª sing. plpf.* ἐώνητο; *aor. pas.* ἐωνήθην *(con valor pas.).*

ὠνή ῆς ἡ compra.

ὠνήθην *aor. pas. de* ὀνίνημι.

ὠνήμην *aor. 2.º med. de* ὀνίνημι.

ὠνήρ = ὁ ἀνήρ.

ὤνησα *aor. de* ὀνίνημι.

ὠνητής οῦ ὁ comprador.

ὠνητός ή όν *adj. vbal. de* ὠνέομαι comprado, adquirido por dinero; pagado, asalariado, mercenario; que puede comprarse, venal.

ὤνθρωπε = **ὦ ἄνθρωπε.**

ὤνθρωποι = **οἱ ἄνθρωποι.**

ὤνιος ον [*o* **-ος α ον**] que se compra *o* puede comprarse, venal || SUBST. *n. pl.* las mercancías, *esp.* los víveres, el sustento cotidiano.

ὦνος ου ὁ = **ὠνή**; precio

ὠνοσάμην *aor. de* ὄνομαι.

ᾦξα *aor. de* οἴγνυμι.

ᾠόν οὗ τό huevo (ᾠ. τίκτειν poner un huevo; ᾠ. ἐκλέπειν descascarar un huevo; ᾠ. ἐκ καθαρσίου huevo lustral); huevas de un pez.

ὦπται *3.ª sing. perf. pas. de* ὁράω.

ὤπωπα *perf. de* ὁράω.

ὦρ = **ὄαρ.**

ὥρα ας ἡ división, espacio *o* período natural de tiempo; época del año, estación (εἴαρος, ἔαρος *o* εἰαρινή primavera; θέρεος verano; χειμερίη invierno); juventud, flor de la edad); apogeo de la masculinidad y feminidad (ἐν *o* ἐπὶ ὥρᾳ en la flor de la edad; clima, temperatura; productos de una estación, frutos, cosecha; primavera; estación propia para operaciones militares, verano; período determinado de tiempo; año; parte *o* período del mes *o* del día, hora; tiempo oportuno, ocasión, oportunidad, momento favorable (εἰς ὥρας, τὴν ὥρην *o* ἐν ὥρῃ a tiempo; ὥ. καθεύδειν hora de dormir, *Jen. An. 1, 3, 11*).

ὤρα ας ἡ cuidado, inquietud, afán (ὤραν ποιεῖσθαι tomarse cuidado).

ὡραῖος α ον propio de la estación, en sazón, sazonado, maduro; que está en su punto, oportuno (ὡραία γάμου *o* ἀνδρός núbil); floreciente, lozano; bello, gracioso, encantador || SUBST. *n. pl.* los frutos de la estación; *f.* estación *o* época propia, tiempo propio *o* a propósito para algo (τὴν ὡραίαν οὐχ ὕει en la estación de las lluvias no llueve); estación de la cosecha, verano, estación propia para operaciones militares.

ὥρεσσι(ν) *dat. pl. ép. de* ὦρ (*v.* ὄαρ).

ὤρετο *3.ª sing. aor. 2.º med. de* ὄρνυμι.

ὥρη ης ἡ *jón,* = **ὥρα.**

ὤρη ης ἡ *jón.* = **ὤρα.**

ὠρίζεσκον *impf. iterat. ép. de* ὀαρίζω.

ὦρινα *aor. 1.º de* ὀρίνω.

ὥριος α ον = **ὡραῖος.**

ὤριστος [*y* **ὥριστος**] = **ὁ ἄριστος.**

ὡρμέαται *3.ª pl. perf. pas. de* ὁρμάω.

ὡρμέατο *3.ª pl. plpf. pas. de* ὁρμάω.

ὤρνυτο *3.ª sing. impf. pas. de* ὄρνυμι.

ὤροπε *3.ª sing. aor. redupl. de* ὄρνυμι.

ὦρσε *3.ª sing. aor. 1.º de* ὄρνυμι.

ὦρτο *3.ª sing. aor. 2.º med. de* ὄρνυμι.

ὠρύομαι aullar, dar alaridos de dolor *o* de alegría.

ὡρχαῖος = **ὁ ἀρχαῖος.**

ὥρχων = **ὁ ἄρχων.**

ὠρώρει *3.ª sing. plpf. de* ὄρνυμι.

ὠρωρέχαται *3.ª pl. pf. med. de* ὀρέγω.

ὠρώρυκτο *3.ª sing. plpf. med. de* ὀρύσσω.

ὥς ADV. así, de este modo (καὶ ὥς aun así, con todo, sin embargo; οὐδ' ὥς, μηδ' ὥς ni aun así; οὐδέ κεν ὥς ni aunque así fuera; ὥσπερ... ὥς δὲ καί como... así también); por consiguiente, a causa de esto (ὣς ἐμείναμεν Ἠῶ así, pues, esperamos a la Aurora); así por ejemplo.

1 **ὡς** ADV. *de modo y de comparación* como, así como, según, en cuanto, al modo que (ὡς φάτις ἀνδρῶν según dicen los hombres; ἤριπε δ' ὡς ὅτε πύργος cayó como cuando cae una torre; [*cuando sigue al nombre se escribe* ὥς: σύες ὥς como jabalíes]; ὡς γοῦν por lo menos según; ὡς εἰκάσαι según puede conjeturarse; ὡς δοκεῖν al parecer; ὡς ἐμοὶ δοκεῖ según creo); *con idea de limitación* (ὡς ἀπ' ὀμμάτων a juzgar por lo que se ve; ὡς ἐμοί en cuanto me parece; εἶ γενναῖος ὡς ἰδόντι eres noble a juzgar por tu aspecto; οὐδὲ ἀδύνατος, ὡς Λακεδαιμόνιος, εἰπεῖν no carecía de facilidad de palabra para ser un lacedemonio; πιστὸς ὡς νομεύς todo lo fiel que puede ser un pastor; μακρὰ ὡς γέροντι ὁδός un camino muy largo para un anciano; ὡς ἕκαστος según cada uno; ὡς ἐκ τῶν δυνατῶν en cuanto es posible); *con adv.* [*lat.* quam] (ὡς ἀληθῶς verdaderamente, en verdad; θαυμαστῶς ὡς de manera admirable); *con superl.* (ὡς μάλιστα todo lo posible; ὡς τάχιστα a toda velocidad; ὡς ἠδύναντο ἀδηλότατα de la manera más secreta que pudieron; ὡς ἐπὶ πλεῖστον lo más posible) || CONJ. *en oraciones completivas* [*lat.* quod] que (γνωτόν... ὡς ἤδη es sabido... que ya; μηκέτ' ἐκφοβοῦ ὡς no temas ya que); *en oraciones finales* para que [*ante subj.* ὡς ἄν, ὥς κεν] (τί μ' οὐκ ἔκτεινας, ὡς ἔδειξα μήποτε; ¿por qué no me mataste para que jamás hubiese mostrado?); *con infinit.* (ὡς ἀρύσασθαι para sacar agua; ὡς εἰπεῖν por decirlo así; ὡς συνελόντι εἰπεῖν resumiendo); *en oraciones consecutivas* de modo que, que, como para (εὖρος ὡς δύο τριήρεας πλέειν ὁμοῦ de anchura como para que navegasen dos trirremes a la vez *e. e.* de tal anchura que podían navegar etc.; ὀλίγοι ἐσμὲν ὡς somos pocos como para); *en oraciones causales* porque, puesto que, ya que; *en temporales* cuando, una vez que (ὡς δὲ ἀφίκετο τάχιστα en seguida que llegó); mientras que, todo el tiempo que (ὡς ἂν ᾖς οἱόσπερ εἶ mientras seas como eres); *en interrogativas indirectas* cómo, de qué modo (οὐκ ἔσθ' ὡς no hay modo de que; οἶσθ' ὡς ποίησον; ¿sabes qué debes hacer?; ὡς ἂν ποιήσῃς hagas lo que hagas); *empleado con participios indica finalidad, causa real o supuesta* (ὡς ἀμήσων τὸν σῖτον para segar el trigo; ὡς οἰόμενος εἰδέναι puesto que creía saber; ὡς οὕτως ἐχόντων [*gen. abs.*] puesto que las cosas están así; ὡς ἀδύνατον ὄν puesto que es imposible); *con substantivos* como, a guisa de, en calidad de (ὡς πολεμίοις αὐτοῖς χρῶνται les tratan como a enemigos); *en exclamaciones* qué, cuán, cuánto, de qué modo (ὡς ἀστεῖος ὁ ἄνθρωπος ¡qué ingenioso es el hombre!); *expresando un deseo* (ὡς ἀπόλοιτο ojalá muera); *con numerales* aproximadamente, poco más *o* menos (ὡς πέντε μάλιστα unos cinco; παῖς ὡς ἑπταετής niño de unos siete años).

F. ὥς *con acento en las comparaciones después del nombre:* θεὸς ὥς como un dios; ὄρνιθες ὥς como aves.

2 **ὡς** PREP. *de ac.* a, hacia, en dirección a, contra.

ὦσα *aor. de* ὠθέω.

ὡσαννά *pal. hebrea, exclamación de alegría y triunfo* hosanna, honor, gloria, alabanza.

ὤσασκον *aor. iterat. de* ὠθέω.

ὡσ-αύτως ADV. del mismo modo, lo mismo, así, igualmente, de igual manera.

ὡσ-εί CONJ. como si, como cuando; como, próximamente, poco más o menos, alrededor de.

ὠσί *dat. pl. de* οὖς.

ὥσ-περ ADV. como, lo mismo que, de igual modo que (τηλίκος ὥσπερ ἐγών de la misma edad que yo); como por ejemplo (χορὸς ὥσπερ ὁ εἰς Δῆλον πεμπόμενος un coro, como por ejemplo, el enviado a Delos); tal como, en el estado en que, según (αὐτοῦ ὥσπερ εἶχον allí mismo según estaban); como si (ὥσπερ ἐξόν como si nos fuera posible; ὥσπερ ἐγγελῶσα, como si se riera); *en Hom.* ὡς *y* πέρ *frecte. separados* (ἔπεσιν ὀνείδισον ὡς ἔσεταί περ échale en cara de palabra lo que va a sucederle; ὡς τὸ πάρος περ igual que antes).

ὡσπερ-αν-εί *y*

ὡσπερ-εί ADV. *y* CONJ. como si, tal como, lo mismo que si.

ὡσπερ-οῦν CONJ. como de hecho, como en realidad.

ὥσ-τε ADV. como, a manera de, en calidad de, en cuanto; *con participio* puesto que, en vista de que (ὥστε φυλασσομένων τῶν ὁδῶν puesto que los caminos estaban vigilados; ὥστε περὶ ψυχῆς en vista de que se trataba de la vida) || CONJ. de suerte que, de tal modo que, de modo que, en vista de lo cual (οὐκ ἧκεν, ὥστε ἐφρόντιζον no llegó, de modo que estaban intranquilos; *con inf.* ὥστε ἀποπλησθῆναι τὸν χρησμόν de modo que se cumplió el oráculo); hasta el punto de que, hasta el extremo de; *con inf. suele indicar un hecho no real* (οὐ τηλίκος εἰμὶ ὥστε σημάντορι πάντα πιθέσθαι no soy de tal edad como para obedecer en todo a un dueño) *sobre todo después de comparativo* (μεῖζον ἢ ὥστε φέρειν δύνασθαι κακόν una desgracia demasiado grande para poderla soportar); *a veces después de un adjetivo* *que no es comparativo* (ψυχρὸν ὥστε λούσασθαι demasiado fría para lavarse); a condición de que, con tal que (ὥστ' αὐτοὺς ὑπακούειν βασιλεῖ a condición de que se sometieran al rey, *Dem.*).

ὤσω *fut. de* ὠθέω.

ὦτα *nom. pl. de* οὖς.

ὠτ-ακουστέω -ῶ prestar oídos, escuchar, procurar oír, espiar, acechar.

ὦ τᾶν *V.* **τᾶν.**

ὠτάριον ου τό *dim. de* οὖς orejita, pabellón de la oreja.

ὠτειλή ῆς ἡ herida, herida fresca *o* reciente, abierta; herida cerrada *o* cicatriz.

ὠτίον ου τό = **ὠτάριον.**

ὠτίς ίδος ἡ avutarda [ave].

ὠτώεις εσσα εν provisto de asas.

ωὑτός [*y* **ωὐτός**] *jón.* = **ὁ αὐτός.**

ὠφέλεια ας ἡ socorro, auxilio, ayuda, asistencia; *esp.* socorro de guerra; asistencia médica; utilidad, provecho, ventaja; ganancia, lucro, interés (κοινὴ ὠφελία interés público; ἐπ' ὠφελείᾳ [*con gen.*] en interés *o* provecho de uno) || PL. ventajas, aprovechamientos, servicios prestados.

ὠφελέω -ῶ ayudar, socorrer, auxiliar, asistir (οὐδεὶς ἔρωτος τοῦδ' ἐφαίνετ' ὠφελῶν no aparecía nadie que me ayudase en este deseo); ser útil, prestar un servicio, servir, reportar utilidad || PAS. ser ayudado, socorrido; sacar provecho *o* utilidad (ὠφελεῖσθαι ἰδών sacar provecho de ver).

ὠφέλημα ατος τό cosa útil, que aprovecha; utilidad, provecho, ventaja.

ὠφελήσιμος ον = **ὠφέλιμος.**

ὠφέλησις εως ἡ = **ὠφέλεια.**

ὠφελητέος α ον *adj. vbal.* que debe ser ayudado (ὠφελητέον hay que ayudar).

ὠφελία ας [*jón.* **ὠφελίη ης**] **ἡ** = **ὠφέλεια.**

ὠφέλιμος ον [*o* **-ος η ον**] provechoso, útil, ventajoso, beneficioso, que ayuda *o* socorre.

ὤφελλον *impf. de* ὀφέλλω.

ὤφελον *aor. 2.º de* ὀφείλω.

ὤφθην *aor. pas. de* ὁράω.

ὦφλον *aor. 2.º de* ὀφλισκάνω.

ὠχράω -ῶ ponerse amarillo, palidecer.

ὠχρός ά όν pálido, amarillo.

ὦχρος ου ὁ *y*

ὠχρότης ητος ἡ color amarillo *o* pálido, palidez.

ᾤχωκα *perf. de* οἴχομαι.

ὤψ ὠπός ἡ vista, semblante, cara.

APÉNDICE GRAMATICAL

por

MANUEL FERNÁNDEZ-GALIANO
Catedrático de Filología Griega en la Universidad de Madrid

MORFOLOGÍA

DECLINACIÓN

DECLINACIÓN DEL ARTÍCULO

Caso	Núm.	M.	F.	N.	Núm.	M.	F.	N.	Núm.	M.	F.	N.
N.	*Sing.*	ὁ	ἡ	τό	*Pl.*	οἱ	αἱ	τά	*Dual*	τώ	τώ *o* τά	τώ
G.		τοῦ	τῆς	τοῦ		τῶν	τῶν	τῶν		τοῖν	τοῖν *o* ταῖν	τοῖν
D.		τῷ	τῇ	τῷ		τοῖς	ταῖς	τοῖς		τοῖν	τοῖν *o* ταῖν	τοῖν
A.		τόν	τήν	τό		τούς	τάς	τά		τώ	τώ *o* τά	τώ

OBSERVACIONES: *a)* El artículo suele usarse en los dialectos como demostrativo, con la traducción «él, éste, aquél», y como pronombre relativo. *b)* Existen las formas dialectales τοῖο para el gen. sing. m. y n., τοί, ταί para el nom. pl. m. y f. respectivamente; τάων para el gen. pl. fem., τοῖσι para el dat. pl. m. y n., τῇσι para el dat. pl. f. y τοῖιν para el dual gen. y dat. *c) Varios usos del artículo como adverbio se hallarán en su lugar correspondiente (p. ej.* τῇ).

1.ª DECLINACIÓN: TEMAS EN **-α**

Núm.	Caso	Femeninos			Masculinos	
		I tipo	II tipo	III tipo	IV tipo	V tipo
Sing.	N.	λύρα	γλῶσσα	τιμή	νεανίας	πολίτης
	G.	λύρας	γλώσσης	τιμῆς	νεανίου	πολίτου
	D.	λύρᾳ	γλώσσῃ	τιμῇ	νεανίᾳ	πολίτῃ
	A.	λύραν	γλῶσσαν	τιμήν	νεανίαν	πολίτην
	V.	λύρα	γλῶσσα	τιμή	νεανία	πολῖτα
Pl.	N.	λύραι	γλῶσσαι	τιμαί	νεανίαι	πολῖται
	G.	λυρῶν	γλωσσῶν	τιμῶν	νεανιῶν	πολιτῶν
	D.	λύραις	γλώσσαις	τιμαῖς	νεανίαις	πολίταις
	A.	λύρας	γλώσσας	τιμάς	νεανίας	πολίτας
	V.	λύραι	γλῶσσαι	τιμαί	νεανίαι	πολῖται
Dual	N. A. V.	λύρα	γλώσσα	τιμά	νεανία	πολίτα
	G. D.	λύραιν	γλώσσαιν	τιμαῖν	νεανίαιν	πολίταιν

OBSERVACIONES: *a)* El I tipo comprende aquellos nombres fem. a la α de cuyo tema precede ε, ι, ρ (p. ej. **λύρ-α**). El II t., los fem. en que precede σ, σσ, ττ, λλ, ξ, ζ, ψ, αιν, ειν, οιν (p. ej. **γλῶσσ-α**). El III t., todos los demás fem. (p. ej. **τιμ-ή**). El IV t., los masc. cuyo tema termina como en el I t. (p. ej. **νεανί-ας**). El V tipo, los demás nombres masc. (p. ej. **πολίτ-ης**). Los IV y V t. tienen -ς en el nom., y gen. -ου como en la 2.ª declinación. El pl. es idéntico en todos los tipos de esta flexión. *b)* Todos los casos llevan el acento en la misma sílaba que el nom., excepto el gen. pl. que tiene circunflejo en la última. *En esto se distingue este caso del gen. pl. de muchos nombres de la 2.ª decl.* (como **λόγος,** gen. pl. λόγων). *c)* El acento circunflejo en la penúltima se convierte en agudo en los casos en que la última vocal es larga. Viceversa, el agudo en la penúltima si es larga pasa a ser circunflejo cuando la última vocal es breve. Así, dado πολῖται, buscaremos en el diccionario el nom. **πολίτης,** y dado γλώσσῃ, el nom. será **γλῶσσα.** *d)* En Homero y el jónico encontramos -η en el sing. del I y IV tipos (**σοφίη**); en el gen. pl. las desinencias -άων, -έων; en el dat. pl. -ῃσι y -ῃς. En el V tipo, nominativos en -α (**ἱππότα),** y en el IV y V, gen. sing. en -αο, -εω, -ω. *e) Se prestan a confusiones el gen. sing. y ac. pl. del I tipo, que suelen distinguirse por el caso del artículo, si éste les antecede, y el gen. sing. del IV y V, idéntico al de la 2.ª declin. Dado* νεανίου *es preciso, pues, tener en cuenta que puede tratarse de un nombre de esta clase. f)* En el V tipo se encuentra a veces el voc. -η (Ἀτρείδη, de **Ἀτρείδης**). *g)* Algunos sustantivos, no obstante lo dicho en la observación *a*), mantienen α en toda la flexión (p. ej. **μνᾶ ᾶς, χρόα ας**); y otros conservan la η en todo el singular (por ejemplo **κόρη ης, δέρη ης,** ἕρση ης). **Τόλμα, ἔρευνα** y **δίαιτα** siguen el II tipo. *h)*. Esta declinación corresponde a la 1.ª y 5.ª latinas.

2.ª DECLINACIÓN: TEMAS EN **-ο**

Caso	Masculinos y Femeninos			Neutros		
	Singular	Plural	Dual	Singular	Plural	Dual
N.	βίος	βίοι	βίω	μέτρον	μέτρα	μέτρω
G.	βίου	βίων	βίοιν	μέτρου	μέτρων	μέτροιν
D.	βίῳ	βίοις	βίοιν	μέτρῳ	μέτροις	μέτροιν
A.	βίον	βίους	βίω	μέτρον	μέτρα	μέτρω
V.	βίε	βίοι	βίω	μέτρον	μέτρα	μέτρω

Observaciones: *a)* Esta declinación corresponde a la 2.ª y 4.ª latinas (*nótese el n. pl. en* -α). *b)* El acento es invariable en todos los casos, igual al del nom. Aplíquese la observación *c*) de la 1.ª declin. *c)* En Homero se halla el gen. sing. -οιο, -οο; el dual gen. y dat. -οιιν. En Homero y el jón., dat. pl. -οισι. *d)* Algunos nombres de esta declin. a la ο de cuyo tema precede ε, ο, contraen con las desinencias en la forma siguiente:

CONTRACTOS

Caso	Masculinos y Femeninos			Neutros		
	Singular	Plural	Dual	Singular	Plural	Dual
N.	νόος νοῦς	νόοι νοῖ	νόω νώ	ὀστέον ὀστοῦν	ὀστέα ὀστᾶ	ὀστέω ὀστώ
G.	νόου νοῦ	νόων νῶν	νόοιν νοῖν	ὀστέου ὀστοῦ	ὀστέων ὀστῶν	ὀστέοιν ὀστοῖν
D.	νόῳ νῷ	νόοις νοῖς	νόοιν νοῖν	ὀστέῳ ὀστῷ	ὀστέοις ὀστοῖς	ὀστέοιν ὀστοῖν
A.	νόον νοῦν	νόους νοῦς	νόω νώ	ὀστέον ὀστοῦν	ὀστέα ὀστᾶ	ὀστέω ὀστώ
V.	νόε νοῦ	νόοι νοῖ	νόω νώ	ὀστέον ὀστοῦν	ὀστέα ὀστᾶ	ὀστέω ὀστώ

La 1.ª forma es la no contracta (dialectal); la 2.ª, contracta, normal en ático. *e) Los contractos acentuados en la última sílaba, que son los más, se caracterizan por el acento circunflejo: en otros casos admiten confusión (p. ej.* **εὔνους,** *nom., puede tomarse por un ac. pl.). f)* Otros nombres adoptan las desinencias siguientes de la llamada

DECLINACIÓN ÁTICA

Masc. y Fem.	Sing. N. **νεώς**	G. νεώ	D. νεῴ	A. νεών	V. νεώς
	Pl. N. νεῴ	G. νεών	D. νεῴς	A. νεώς	V. νεῴ
	Dual N. A. y V. νεώ	G. y D. νεῴν			

Neutros	Sing. N. A. y V. **ἀνώγεων**	G. ἀνώγεω	D. ἀνώγεῳ
	Pl. N. A. y V. ἀνώγεω	G. ἀνώγεων	D. ἀνώγεῳς
	Dual N. A. y V. ἀνώγεω	G. y D. ἀνώγεῳν	

La ω hace estos temas inconfundibles, pero debe atenderse a la ι suscrita que figura en algunos de los casos. g) Véase, para otros sustantivos con flexión ática, la observación *a*) de los temas en -ω. *h)* **ἀδελφός** tiene el voc. ἄδελφε con retrotracción de acento.

3.ª DECLINACIÓN: TEMAS EN CONSONANTE

CON NOMINATIVO SIGMÁTICO (masc. y fem.)

Número	Caso	Temas en oclusiva			Temas en -ντ	Temas en líquida	Temas en nasal
		Gutural	Labial	Dental			
Sing.	N.	φύλαξ	φλέψ	λαμπάς	λυθείς	ἅλς	ῥίς
	G.	φύλακος	φλεβός	λαμπάδος	λυθέντος	ἁλός	ῥινός
	D.	φύλακι	φλεβί	λαμπάδι	λυθέντι	ἁλί	ῥινί
	A.	φύλακα	φλέβα	λαμπάδα	λυθέντα	ἅλα	ῥῖνα
	V.	φύλαξ	φλέψ	λαμπάς	λυθείς	ἅλς	ῥίς
Pl.	N.	φύλακες	φλέβες	λαμπάδες	λυθέντες	ἅλες	ῥῖνες
	G.	φυλάκων	φλεβῶν	λαμπάδων	λυθέντων	ἁλῶν	ῥινῶν
	D.	φύλαξι	φλεψί	λαμπάσι	λυθεῖσι	ἁλσί	ῥισί
	A.	φύλακας	φλέβας	λαμπάδας	λυθέντας	ἅλας	ῥῖνας
	V.	φύλακες	φλέβες	λαμπάδες	λυθέντες	ἅλες	ῥῖνες
Dual.	N. A. V.	φύλακε	φλέβε	λαμπάδε	λυθέντε	ἅλε	ῥῖνε
	G. D.	φυλάκοιν	φλεβοῖν	λαμπάδοιν	λυθέντοιν	ἁλοῖν	ῥινοῖν

OBSERVACIONES: *a)* En los temas en oclusiva ésta se combina con la -ς del nom. y voc. sing. y dat. pl., en esta forma: κ γ χ + ς = ξ
π β φ + ς = ψ
τ δ θ + ς = ς.

Así φυλακ-ς = **φύλαξ,** μαστιγ-ς = **μάστιξ,** βηχ-ς = **βήξ;** γυπ-ς = **γύψ,** φλεβ-ς = **φλέψ,** κατηλιφ-ς = **κατῆλιψ;** ἐσθητ-ς = **ἐσθής,** λαμπαδ-ς = **λαμπάς,** κορυθ-ς = **κόρυς.** *b)* Los temas en -ντ pierden la terminación ante la ς de nom. y voc. sing. y dat. pl., alargando por compensación la vocal precedente (λυθεντ-ς = **λυθείς,** διδοντ-ς = **διδούς,** ἱσταντ-ς = **ἱστάς,** δεικνυντ-ς = **δεικνύς**). *c)* Los temas en nasal la pierden ante ς (ῥιν-ς = **ῥίς**). Alarga la vocal por compensación **εἷς** (por ἑν-ς). *d)* En algunos temas en dental no aparece la ς en el voc. (**παῖς,** voc. παῖ). *e)* En los temas monosilábicos de esta declinación se acentúan en la última sílaba gen. y dat., y en la primera, el resto de los casos (p. ej. φλεβός gen., φλέβα ac.). En cambio **βάς** tiene el gen. βάντος; **ὤν,** ὄντος; **πᾶς,** el gen. pl. πάντων; **παῖς,** el gen. pl. παίδων. *f)* El tema en dental ποδ- presenta un nominativo anómalo **ποῦς** en dialecto ático. El dat. pl. homérico es πόδεσσι *o* ποσσί. *g)* Los temas en -κτ νυκτ- y ἀνακτ- no ofrecen la τ en el nominativo (νυκ-ς = **νύξ,** ἀνακ-ς = **ἄναξ**). El último tiene voc. ἄνα. *h)* El tema en -ρτ δαμαρτ- queda reducido a **δάμαρ** en el nom. *i)* Los neutros no toman ς en el nom. sing. y adoptan la desinencia -α en el nom., voc. y ac. pl. Así, **σῶμα ατος,** en pl. σώματα (en el nom. ha perdido la τ final); **λυθὲν ἐντος** (pl. λυθέντα); **γάλα ακτος** (pierde la -κτ final en el nom.); **ἕν ἑνός** (neutro de **εἷς,** que no tiene pl.); **πᾶν παντός** (pierde la τ en el nom.). **Φῶς φωτός** se declina como **σῶμα. Πέρας ατος, κέρας ατος,** etc. también lo hacen, cuando no siguen la flexión de los neutros en -ας. *j)* **ἔρις ιδος, χάρις ιτος, κόρυς υθος, ὄρνις ιθος** tienen ac. sing. en -ν (ἔριν, χάριν, κόρυν, ὄρνιν). *k)* Los adjetivos en -εντ no siguen la observación *b)* en el dat. pl. (χαρίεσι y no χαρίεισι, de **χαρίεις εντος**).

CON NOMINATIVO ASIGMÁTICO (masc. y fem.)

Número	Caso	Temas en líquida		Temas en nasal		Temas en -ντ
		Con vocal larga	Con alternación	Con vocal larga	Con alternación	
Sing.	N.	θήρ	ῥήτωρ	ἀγών	ἡγεμών	γέρων
	G.	θηρός	ῥήτορος	ἀγῶνος	ἡγεμόνος	γέροντος
	D.	θηρί	ῥήτορι	ἀγῶνι	ἡγεμόνι	γέροντι
	A.	θῆρα	ῥήτορα	ἀγῶνα	ἡγεμόνα	γέροντα
	V.	θήρ	ῥῆτορ	ἀγών	ἡγεμών	γέρον
Pl.	N.	θῆρες	ῥήτορες	ἀγῶνες	ἡγεμόνες	γέροντες
	G.	θηρῶν	ῥητόρων	ἀγώνων	ἡγεμόνων	γερόντων
	D.	θηρσί	ῥήτορσι	ἀγῶσι	ἡγεμόσι	γέρουσι
	A.	θῆρας	ῥήτορας	ἀγῶνας	ἡγεμόνας	γέροντας
	V.	θῆρες	ῥήτορες	ἀγῶνες	ἡγεμόνες	γέροντες
Dual.	N. A. V.	θῆρε	ῥήτορε	ἀγῶνε	ἡγεμόνε	γέροντε
	G. D.	θηροῖν	ῥητόροιν	ἀγώνοιν	ἡγεμόνοιν	γερόντοιν

OBSERVACIONES: *a)* En los temas con alternación aparece la vocal larga del tema en el nom. sing. (**ῥήτωρ, ἡγεμών**), y la breve en el resto de los casos (ῥήτορος, ἡγεμόνος). En los que tienen acento en la última sílaba (como **ἡγεμών**) y los participios (**λύων**), el voc. es igual al nom. *b)* Los temas en -ντ pierden la τ en el nom. y voc. sing. *c)* En el dat. pl. de los temas en -ντ, la vocal del tema se alarga por compensación al desaparecer el grupo citado (γεροντσι = γέρουσι). La ν desaparece en los temas en nasal (ἀγωνσι = ἀγῶσι). *d)* Aplíquese a estos temas la observación *e)* de los anteriores. *e)* Los temas neutros tienen vocal breve en el nom. y voc. sing., y α en el nom., ac. y voc. pl. (**εὔδαιμον ονος**, pl. ονα, **λύον οντος**, pl. οντα, **νέκταρ αρος**). *f)* **Σωτήρ**, tema con vocal larga, tiene por excepción un voc. σῶτερ.

OBSERVACIONES A LOS TEMAS EN CONSONANTE

a) Los siguientes temas se declinan de este modo:

ἀλώπηξ εκος, con vocal breve en todos los demás casos (por lo demás como **φύλαξ**).

θρίξ τριχός, con τ inicial en los demás casos, y dat. pl. θριξί.

γυνή γυναικός con tema γυναικ- (como **φύλαξ**) en los demás casos (nom. pl. γυναῖκες, voc. sing. γύναι, dat. pl. γυναιξί).

οὖς ὠτός *y* **οὔατος** en Homero (en los demás casos como **λαμπάς**).

κλείς ιδός tiene el ac. κλεῖν y nom. y ac. pl. κλεῖς; véase observ. *j)* de los temas con nom. sigmático.

φρέαρ ατος, neutro, se declina como **σῶμα** en el resto.

Igualmente

πεῖραρ ατος, ἦμαρ ατος, ὄναρ ὀνείρατος, ὕδωρ ὕδατος, εἶδαρ ατος (todos ellos neutros).

Los participios de perfecto (como **λελυκώς ότος**) se declinan como **λαμπάς**, y el neutro (**λελυκός ότος**), como **σῶμα** (pl. λελυκότα).

χείρ χειρός tiene dat. pl. χερσί (en Homero χείρεσσι) y gen. y dat. dual χεροῖν.

μάρτυς υρος (como **θήρ**) tiene el dat. pl. μάρτυσι.

πατήρ tiene el gen. πατρός (en Homero πατέρος), dat. πατρί, ac. πατέρα y voc. πάτερ. El pl. es como **ῥήτωρ**, excepto el dat. πατράσι, y lo mismo el dual.

μήτηρ, θυγάτηρ y **γαστήρ** siguen la misma declinación (en Homero θύγατρα). **Δημήτηρ**, además, tiene el ac. Δήμητρα; **ἀστήρ** es regular (como **ῥήτωρ**) salvo el dat. pl. ἀστράσι.

ἀνήρ tiene voc. ἄνερ y el resto de la flexión con δ intercalada (gen. ἀνδρός, ac. pl. ἄνδρας, dat. pl. ἀνδράσι). En Homero tenemos gen. ἀνέρος.

κύων κυνός se declina como **ἀγών** (dat. pl. κυσί, voc. κύον).

'Απόλλων ωνος tiene voc. ῎Απολλον, ac. 'Απόλλω.

Los comparativos en -ων (**μείζων ονος, βελτίων ονος, κακίων ονος**), que se declinan regularmente como **ἡγεμών**, tienen a veces ac. en ω (μείζω, βελτίω) y nom. y ac. pl. en ους (μείζους, βελτίους). *Pueden confundirse con los temas en* ο. El neutro correspondiente (**μεῖζον ονος**) tiene el nom. y ac. pl. μείζω.

TEMAS EN **-υ** y **-ευ**

Número	Caso	Masculinos y femeninos				Neutros	
		I tipo	II tipo	III tipo	IV tipo	I tipo	II tipo
Sing.	N.	σῦς	γλυκύς	βασιλεύς	πέλεκυς	γλυκύ	ἄστυ
	G.	συός	γλυκέος	βασιλέως	πελέκεως	γλυκέος	ἄστεως (8)
	D.	συί	γλυκεῖ (2)	βασιλεῖ (3)	πελέκει	γλυκεῖ (2)	ἄστει (9)
	A.	σῦν	γλυκύν	βασιλέα (4)	πέλεκυν	γλυκύ	ἄστυ
	V.	σῦς	γλυκύ	βασιλεῦ	πέλεκυ	γλυκύ	ἄστυ
Pl.	N.	σύες	γλυκεῖς	βασιλεῖς (5)	πελέκεις	γλυκέα	ἄστη (10)
	G.	συῶν	γλυκέων	βασιλέων	πελέκεων	γλυκέων	ἄστεων
	D.	συσί	γλυκέσι	βασιλεῦσι	πελέκεσι	γλυκέσι	ἄστεσι
	A.	σύας (1)	γλυκεῖς	βασιλέας (6)	πελέκεις (7)	γλυκέα	ἄστη (10)
	V.	σύες	γλυκεῖς	βασιλεῖς (5)	πελέκεις	γλυκέα	ἄστη (10)
Dual.	N. A. V.	σύε	γλυκέε	βασιλέε (4)	πελέκει	γλυκέε	ἄστει
	G. D.	συοῖν	γλυκέοιν	βασιλέοιν	πελεκέοιν	γλυκέοιν	ἀστέοιν

(1) *o* σῦς (2) *o* γλυκέϊ (3) *o* βασιλέϊ (4) *o* βασιλῆ (5) *o* βασιλῆς (6) *o* βασιλεῖς (7) *o* πελέκεας (8) *o* ἄστεος (9) *o* ἄστεϊ (10) *o* ἄστεα.

Observaciones: *a)* El I tipo no tiene ε en el tema en toda la flexión. La desinencia de ac. es paralela a la que hemos visto en χάρις, por ejemplo. *b)* En el resto de los tipos alternan los gen. -ος y -ως, más propio del dialecto ático. *c)* En el III tipo aparece la desinencia general de ac. sing. -α. *d)* El nom. pl. del II y IV tipo procede de contracción ε + ε (γλυκέες = γλυκεῖς). *e)* Los ac. pl. del II y IV tipo son iguales que el nom. *f)* Los neutros toman α en el pl. como es de regla. El II tipo contrae ε + α en η. *g)* En dialectos aparece η en el tema del III tipo (gen. βασιλῆος). *h)* **δόρυ,** de esta flexión, neutro, y **γόνυ,** siguen en el resto la de σῶμα (pl. δόρατα, δούρατα en jónico). *i)* **Ζεύς** tiene flexión especial (gen. Διός, dat. Διί, ac. Δία, voc. Ζεῦ). También se halla gen. Ζηνός, dat. Ζηνί, ac. Ζῆνα y Ζῆν.

TEMAS EN **-ι** y **-ει** (masc. y fem.)

Casos	Singular		Plural		Dual	
	I tipo	II tipo	I tipo	II tipo	I tipo	II tipo
N.	οἶς	πόλις	οἶες	πόλεις	οἶε	πόλεε
G.	οἰός	πόλεως	οἰῶν	πόλεων	οἰοῖν	πολέοιν
D.	οἰί	πόλει	οἰσί	πόλεσι	οἰοῖν	πολέοιν
A.	οἶν	πόλιν	οἶς	πόλεις	οἶε	πόλεε
V.	οἶ	πόλι	οἶες	πόλεις	οἶε	πόλεε

Observaciones: *a)* Existen algunos neutros del II tipo de esta flexión, como **σίναπι εως.** *b)* Los dialectos mantienen la ι sin ε del I tipo en el II (gen. πόλιος, dat. πόλι, nom. pl. πόλιες, gen. pl. πολίων, dat. pl. πόλισι, ac. pl. πόλιας) o generalizan la η en el tema (gen. πόληος, dat. πόληι, nom. pl. πόληες, ac. pl. πόληας); en este último caso la desinencia de ac. sing. es -α (πόληα). *c)* Aplíquense al II tipo las observaciones *a*), *d*), *e*) y *f*) de los temas en -υ y -ευ. Al I tipo, la *a*) de la misma flexión. *d)* Se halla en dialectos **ὄϊς** por **οἶς,** con gen. ὄϊος (dat. pl. ὀΐεσσι, ὄεσσι).

OTROS TEMAS EN DIPTONGO (masc. y fem.)

Casos	Singular		Plural		Dual	
	En -αυ	En -ου	En -αυ	En -ου	En -αυ	En -ου
N.	γραῦς	βοῦς	γρᾶες	βόες	γρᾶε	βόε
G.	γραός	βοός	γραῶν	βοῶν	γραοῖν	βοοῖν
D.	γραΐ	βοΐ	γραυσί	βουσί	γραοῖν	βοοῖν
A.	γραῦν	βοῦν	γραῦς	βοῦς	γρᾶε	βόε
V.	γραῦ	βοῦ	γρᾶες	βόες	γρᾶε	βόε

Observaciones: *a)* Los diptongos αυ y ου en final de tema dan lugar a esta flexión. *b)* En Homero se halla **γρηῦς** por **γραῦς,** declinándose lo mismo. *c)* Son homéricos también el ac. pl. βόας y el dat. pl. βόεσσι, de **βοῦς.** *d)* **Ναῦς** admite dos flexiones: gen. νεώς, dat. νηί, ac. ναῦν, voc. ναῦ, nom. y voc. pl. νῆες, gen. pl. νεῶν, dat. pl. ναυσί, ac. pl. ναῦς, o bien (en jónico y homérico) nom. **νηῦς,** gen. νηός, dat. νηί, ac. νῆα, nom. pl. νῆες *o* νέες, gen. pl. νηῶν, dat. pl. νηυσί, νέεσσι, νήεσσι, ac. pl. νῆας.

TEMAS EN **-ω** (femeninos)

Nom. **πειθώ.** Gen. πειθοῦς. Dat. πειθοῖ. Ac. πειθώ. Voc. πειθοῖ.

TEMAS EN **-ω** (masculinos)

Sing. Nom. **ἥρως.** Gen. ἥρωος (1). Dat. ἥρωι (2). Ac. ἥρωα (1). Voc. ἥρως.

Plur. Nom. ἥρωες (3). Gen. ἡρώων. Dat. ἥρωσι. Ac. ἥρωας (3). Voc. ἥρωες (3).

Dual. Nom. Ac. y Voc. ἥρωε. Gen. y Dat. ἡρώοιν (4).

(1) *o* ἥρω. (2) *o* ἥρῳ. (3) *o* ἥρως. (4) *o* ἥρῳν.

Observaciones: *a)* Como se ve, tiene formas también de la declinación ática. *b)* **εἰκών** *y* **ἀηδών,** temas en *ν*, tienen formas de esta flexión (gen. εἰκοῦς, ac. εἰκώ, gen. ἀηδοῦς, voc. ἀηδοῖ).

TEMAS EN -ς

Número	Casos	Masculinos y femeninos	Femeninos	Neutros		
				En ας	En ες	Con alternación
Sing.	N.	τριήρης	αἰδώς	κέρας	εὐγενές	γένος
	G.	τριήρους [εος]	αἰδοῦς	κέρως	εὐγενοῦς [έος]	γένους [εος]
	D.	τριήρει	αἰδοῖ	κέρᾳ	εὐγενεῖ	γένει
	A.	τριήρη [εα]	αἰδῶ	κέρας	εὐγενές	γένος
	V.	τριῆρες	αἰδώς	κέρας	εὐγενές	γένος
Pl.	N.	τριήρεις [εες]	no	κέρα	εὐγενῆ [έα]	γένη [εα]
	G.	τριήρων [εων]	tiene	κερῶν	εὐγενῶν [έων]	γενῶν [έων]
	D.	τριήρεσι		κέρασι	εὐγενέσι	γένεσι
	A.	τριήρεις		κέρα	εὐγενῆ [έα]	γένη [εα]
	V.	τριήρεις [εες]		κέρα	εὐγενῆ [έα]	γένη [εα]
Dual	N. A. V.	τριήρει [εε]	no	κέρα	εὐγενεῖ	γένει
	G. D.	τριήροιν [εοιν]	tiene	κερῷν	εὐγενοῖν [έοιν]	γενοῖν [έοιν]

Observaciones: *a)* En los dialectos suelen encontrarse las formas no contractas que están en el paradigma entre claves. *b)* La ς del tema, por caída intervocálica, aparece solamente en algunos casos. *c)* Los neutros tienen alternación, en el tema, de ε (γένεσι) y ο (**γένος**). *d)* Los neutros toman α en el nom. y voc. y ac. pl., que se contrae en η o ᾱ. *e)* El ac. pl. τριήρεις es influencia del nom. *f) Nótese la fácil confusión del gen.* γένους *con un ac. pl. de la 2.ª declinación. g)* **κέρας** sigue otras veces la flexión de **σῶμα** (gen. κέρατος, nom. pl. κέρατα). Otros neutros cambian la α del tema por ε y siguen la flexión de **γένος** (**οὖδας εος**). Otros conservan la α sin contraer (**γῆρας αος**). Dentro de los neutros con alternación se hallan en Homero genitivos en -ευς (contracción jónica de ε + ο) como θάρσευς, y dat. pl. en -εσσι (βέλεσσι). *h)* En los masc. y fem. el ac. sing. es, después de vocal en el tema, α (contracción de ε + α). Así de **ἐνδεής,** ac. ἐνδεᾶ; de **ὑγιής,** ὑγιᾶ. Asimismo, los neutros **χρέος** y **κλέος** tienen el nom. y ac. pl. χρέα y κλέα. *i)* Después de ε en el tema, sobre todo en nombres propios, se produce doble contracción. Así, del tema Περικλεεσ- tenemos:

N. **Περικλῆς.** G. Περικλέους. D. Περικλεῖ. A. Περικλέα. V. Περίκλεις.

j) Algunos nombres propios masc. toman desinencias de la 1.ª declinación (**Σωκράτης,** ac. Σωκράτην *o* Σωκράτη). *k)* En el dialecto épico se mantiene, en nombres propios, la η en toda la flexión (**Ἡρακλῆς,** gen. Ἡρακλῆος, etc.).

Observación general a los sustantivos. *Está cada uno en el lugar alfabético correspondiente del diccionario, expresando en negritas el nominativo y a continuación la desinencia del genitivo seguida del artículo, que indica su género* (p. ej. **φύλαξ ακος ὁ**). *En el caso de que haya distintas flexiones del mismo nombre se expresa el genitivo de las dos* (p. ej. **οὐρεύς έως** [*o* **ῆος**] **ὁ**). *En el caso de que dos sustantivos distintos adopten la misma forma en su nominativo y genitivo, se numeran* (p. ej. 1 **ὄζος,** 2 **ὄζος**). *Los* *contractos están en su forma no contracta primeramente y entre claves, en negritas, la contracta a continuación* (p. ej. **γένος εος [ους] τό**). *Cuando existen formas dialectales de toda la flexión, incluyendo el nominativo, aparecen entre claves, en negritas, a continuación de esta forma:* **ὁμηλικία ας** *[jón.* **ὁμηλικίη ης**] **ἡ**. *Aparte, en el lugar correspondiente, se encuentra también, en la generalidad de los casos, la forma dialectal* (p. ej. **οἰκίη ης ἡ** *jón.* = **οἰκία**).

ADJETIVOS

La declinación de los adjetivos es, en realidad, la misma que la de los sustantivos correspondientes a la forma empleada para cada uno de los géneros. Así, pues, para no dar demasiada extensión a este apéndice, enumeraremos las distintas clases de adjetivos *con referencia al sustantivo que en cada género sirve de modelo,* de entre los que se acaban de citar en la declinación de los sustantivos. *En el diccionario no se ha hecho, por innecesaria, la indicación de adjetivo, salvo en el caso de que pueda confundirse con un sustantivo.* Así, vemos **ὀρεστιάς άδος** ADJ. *f.*, pero en cambio **ἔνδοξος ον,** en que aparece la desinencia -ος de masc. y fem. junto a -ον del neutro, y **δίκαιος α ον,** en que aparecen claras las tres terminaciones.

Adjetivos de tres terminaciones (M. F. N.)

δίκαιος = **βίος** **δικαία** = **λύρα** **δίκαιον** = **μέτρον**

En el jónico, femenino **δικαίη** = **τιμή**.

Como el anterior, los comparativos en -τερος, los adj. verbales en -τέος.

δῆλος = **βίος** **δήλη** = **τιμή** **δῆλον** = **μέτρον**

Como el anterior, todos los participios medios (**λυόμενος η ον,** etc.) y el de fut. pas., los superlativos en -τατος y los adj. verbales en -τός.

σιδηροῦς = **νοῦς**	**σιδηρᾶ** = **λύρα** (1)	**σιδηροῦν** = **ὀστοῦν**
χρυσοῦς = **νοῦς**	**χρυσῆ** = **τιμή** (1)	**χρυσοῦν** = **ὀστοῦν**
πλέως = **νεώς**	**πλέα** = **λύρα**	**πλέων** = **ἀνώγεων** (2)
μέλας = **ῥίς**	**μέλαινα** = **γλῶσσα**	**μέλαν** = **ἕν**
τέρην = **ἡγεμών**	**τέρεινα** = **γλῶσσα**	**τέρεν** = **εὔδαιμον**
μάκαρ = **θήρ**	**μάκαιρα** = **λύρα**	**μάκαρ** = **νέκταρ**
ἱστάς = **λυθείς**	**ἱστᾶσα** = **γλῶσσα**	**ἱστάν** = **λυθέν**

Como el anterior, los participios de aoristo sigmático y de verbos en -μι como **ἵστημι.**

γραφείς = **λυθείς** **γραφεῖσα** = **γλῶσσα** **γραφέν** = **λυθέν**

Como el anterior, los participios de aoristo pasivo y los de verbos en -μι como **τίθημι.**

λύων = **γέρων** **λύουσα** = **γλῶσσα** **λύον** = **λύον**

Como el anterior, los participios de presente y futuro activo.

δεικνύς = **λυθείς** **δεικνῦσα** = **γλῶσσα** **δεικνύν** = **λυθέν**

Como el anterior, los participios de temas con sufijo νυ (como **δείκνυμι**).

(1) Pero con acento circunflejo en todos los casos.
(2) Pero con nom., voc. y ac. pl. en -α.

πᾶς	**= λυθείς**	**πᾶσα**	**= γλῶσσα**	**πᾶν**	**= λυθέν**
χαρίεις	**= λυθείς** (1)	**χαρίεσσα**	**= γλῶσσα**	**χαρίεν**	**= λυθέν**
ἡδύς	**= γλυκύς**	**ἡδεῖα**	**= λύρα**	**ἡδύ**	**= γλυκύ**
πεφυκώς	**= λελυκώς**	**πεφυκυῖα**	**= λύρα**	**πεφυκός**	**= λελυκός**

Como el anterior, los participios de perfecto activo.

Son irregulares **μέγας** y **πολύς** , que se declinan del siguiente modo:

Número	Caso	Masculino	Femenino	Neutro	Masculino	Femenino	Neutro
Sing.	N.	μέγας	μεγάλη	μέγα	πολύς	πολλή	πολύ
	G.	μεγάλου	μεγάλης	μεγάλου	πολλοῦ	πολλῆς	πολλοῦ
	D.	μεγάλῳ	μεγάλῃ	μεγάλῳ	πολλῷ	πολλῇ	πολλῷ
	A.	μέγαν	μεγάλην	μέγα	πολύν	πολλήν	πολύ

El plural es regular: μεγάλοι μεγάλαι μεγάλα, etc. y πολλοί πολλαί πολλά, etc. (como **βίος τιμή μέτρον).**

πρᾶος se declina del modo siguiente:

Sing. N.	πρᾶος	πραεῖα	πραΰ	*Pl.* N.	πρᾶοι *o* πραεῖς	πραεῖαι	πραέα
G.	πρᾴου	πραείας	πρᾴου	G.	πραέων	πραειῶν	πραέων
D.	πρᾴῳ	πραείᾳ	πρᾴῳ	D.	πρᾴοις *o* πραέσι	πραείαις	πρᾴοις o πραέσι
A.	πρᾶον	πραεῖαν	πρᾶον	A.	πρᾴους	πραείας	πραέα

De dos terminaciones (M. y F. N.)

ἔνδοξος	**= βίος**	**ἔνδοξον**	**= μέτρον**
εὔνους	**= νοῦς** (2)	**εὔνουν**	**= ὀστοῦν** (2)
ἀξιόχρεως	**= νεώς**	**ἀξιόχρεων**	**= ἀνώγεων** (3)
εὐδαίμων	**= ἡγεμών**	**εὔδαιμον**	**= εὔδαιμον**
σαφής	**= τριήρης** (4)	**σαφές**	**= εὐγενές**
ἴδρις	**= οἶς**	**ἴδρι**	**= σίναπι**
ἀπάτωρ	**= ῥήτωρ**	**ἄπατορ**	**= νέκταρ**

De una terminación (M. y F.)

ἄπαις gen. **ἄπαιδος** = **παῖς**
ἅρπαξ gen. **ἅρπαγος** = **φύλαξ**
ἀγνώς gen. **ἀγνῶτος** = **λαμπάς**

---

(1) Véase observación *k*) a temas en consonante con nominativo sigmático.

(2) Con acento en la primera sílaba.

(3) Pero a veces plural en -α.

(4) Con acento en la última.

De una terminación

πένης gen. **πένητος** = **λαμπάς** (M.) **μαινάς** gen. **μαινάδος** = **λαμπάς** (F.)

PRONOMBRES PERSONALES

Número	Caso	1.ª persona	2.ª persona	3.ª persona
Sing.	N.	ἐγώ (1)	σύ (7)	
	G.	ἐμοῦ, μου (2)	σοῦ, σου (8)	οὗ, οὑ (14)
	D.	ἐμοί, μοι	σοί, σοι (9)	οἷ, οἱ (15)
	A.	ἐμέ, με	σέ, σε	ἕ, ἑ (16)
Pl.	N.	ἡμεῖς (3)	ὑμεῖς (10)	σφεῖς
	G.	ἡμῶν (4)	ὑμῶν (11)	σφῶν (17)
	D.	ἡμῖν (5)	ὑμῖν (12)	σφίσι, σφισι (18)
	A.	ἡμᾶς (6)	ὑμᾶς (13)	σφᾶς (19)
Dual	N. A.	νώ (*o* νῶι)	σφώ (*o* σφῶι)	σφωέ
	G. D.	νῷν (*o* νῶιν)	σφῶν (*o* σφῶιν)	σφωίν

(1) En dialectos ἐγών. (2) En dialectos ἐμεῦ, μευ, ἐμεῖο, ἐμέθεν. (3) En dialectos ἄμμες, ἡμέες. (4) En dialectos ἡμέων, ἡμείων. (5) En dialectos ἄμμι. (6) En dialectos ἡμέας, ἄμμε. (7) En dialectos τύνη. (8) En dialectos σέο, σευ, σεῖο, σέθεν, τεοῖο. (9) En dialectos τοι, τεΐν. (10) En dialectos ὑμέες, ὔμμες. (11) En dialectos ὑμέων, ὑμείων. (12) En dialectos ὔμμι. (13) En dialectos ὑμέας, ὔμμε. (14) En dialectos ἕο, εὑ, εἷο, ἕθεν. (15) En dialectos ἑοῖ. (16) En dialectos ἑέ. (17) En dialectos σφέων, σφείων. (18) En dialectos σφι. (19) En dialectos σφέας, σφεῖας.

Observaciones: *a)* En el singular (y en el dat. pl. de 3.ª persona) nótese la diferencia entre formas tónicas enfáticas y átonas no enfáticas. *b)* La primera persona tiene también un reflexivo ἐμαυτοῦ, etc. (como **βίος τιμή** y, en plural, ἡμῶν αὐτῶν, etc., con formas de **αὐτός**). *c)* También la segunda ofrece un reflexivo σεαυτοῦ *o* σαυτοῦ, etc., que se declina como el de primera. *d)* El de tercera persona reseñado en el paradigma se usa en ático como reflexivo indirecto, esto es, referido al sujeto de la oración principal. En el uso no reflexivo tenemos, también en ático, **οὗτος** *o* **ἐκεῖνος** (cf. infra) para el nom. sing. y pl., y αὐτοῦ, etc. (íd.), para el resto. *e)* Hay también un reflexivo directo de tercera persona, ἑαυτοῦ, etc., *o* αὑτοῦ, etc., declinado en el singular como ἐμαυτοῦ, pero con el neutro ἑαυτό *o* αὑτό. En plural tenemos tres tipos de flexión: ἑαυτῶν, ἑαυτοῖς, etc.; αὑτῶν, αὑτοῖς, etc., σφῶν αὐτῶν, etc. *f)* Dialectalmente hay formas varias como el ac. sing. μιν, νιν, el ac. pl. σφε, etc.

OTROS PRONOMBRES

Como posesivos no reflexivos no enfáticos se utilizan los genitivos de los pronombres personales (y el de **αὐτός** para la 3.ª); como no reflexivos enfáticos, **ἐμός ή όν** y **σός σή σόν**, que se declinan como **δῆλος η ον**, para la 1.ª y 2.ª del sing., y **ἡμέτερος α ον** y **ὑμέτερος α ον**, como **δίκαιος α ον**, para los plurales correspondientes, mientras que para la 3.ª se utilizan los genitivos de **οὗτος** *o* **ἐκεῖνος**; como reflexivos no enfáticos, los mismos y, para la 3.ª, ἑαυτοῦ, etc. (sing.) y ἑαυτῶν, etc. *o* **σφέτερος α ον** (pl.); y como reflexivos enfáticos, ἐμαυτοῦ, etc., σεαυτοῦ, etc., ἑαυτοῦ, etc. (sing.) y ἡμῶν αὐτῶν *o* ἡμέτερος αὐτῶν (1.ª pl.), ὑμῶν αὐτῶν *o* ὑμέτερος αὐτῶν (2.ª pl.), ἑαυτῶν, σφῶν αὐτῶν *o* σφέτερος αὐτῶν (3.ª pl.).

El interrogativo **τίς τί** y el indefinido de la misma forma, pero enclítico, se declinan en el resto como **ῥίς ῥινός** el masc. y como **ἕν ἑνός** el neutro, pero el indefinido neutro nom. y ac. pl. puede ser **ἄττα.**

El demostrativo **ὅδε ἥδε τόδε** se declina como el artículo más -δε.

El demostrativo **οὗτος αὕτη τοῦτο** se declina de este modo:

Número	Caso	Masculino	Femenino	Neutro
Sing.	N.	οὗτος	αὕτη	τοῦτο
	G.	τούτου	ταύτης	τούτου
	D.	τούτῳ	ταύτῃ	τούτῳ
	A.	τοῦτον	ταύτην	τοῦτο
Pl.	N.	οὗτοι	αὗται	ταῦτα
	G.	τούτων	τούτων	τούτων
	D.	τούτοις	ταύταις	τούτοις
	A.	τούτους	ταύτας	ταῦτα
Dual	N. A.	τούτω	ταύτα	τούτω
	G. D.	τούτοιν	ταύταιν	τούτοιν

Igualmente **τοσοῦτος, τοιοῦτος,** etc.

El relativo **ὅς ἥ ὅ** se declina como las desinencias del adjetivo **δῆλος η ον** (gen. οὗ ἧς οὗ, etc.), siempre con espíritu áspero. El ac. n. sing. es ὅ.

Igual que el anterior se declinan **αὐτός ή ό, ἄλλος η ο, ἐκεῖνος η ο,** etc.

El recíproco **ἀλλήλων,** etc. se declina como el pl. de **δῆλος η ον.** El ac. pl. n. es ἄλληλα.

CONJUGACIÓN

TEMAS TEMPORALES

La conjugación griega se basa en la existencia de diversos temas llamados temporales (presente, futuro, aoristo, perfecto y pasivo) que se unen para formar un sistema verbal. Una de las características de este sistema es que el tema de presente difiere del resto de los temas por una serie de particularidades morfológicas. Como el tema de presente es el que encabeza el enunciado de cada verbo, y por tanto, la primera persona del singular del presente de indicativo es la que figura en el diccionario, conviene fijar las diferencias existentes entre este tema y los demás del verbo por medio de una clasificación que se inserta al final de la morfología de este apéndice y que puede ser manejada solamente por alumnos de cierta preparación. Baste saber para los principiantes que el tema de presente suele tener sufijos que hacen sus formas más largas que las del aoristo (pres. **γιγνώσκω,** aor. **ἔγνων**) o la vocal ε en contraposición con la ο del perfecto (pres. **λείπω,** *perf.* **λέλοιπα**) o la reduplicación (pres. **γίγνομαι,** *aor.* **ἐγενόμην**).

PRIMERA CONJUGACIÓN (*Verbos en* **-ω**)

Se llama de este modo a la del verbo **λύω,** modelo de la 1.ª clase. Su conjugación es la siguiente:

TEMA DE PRESENTE *(voz activa)*

	Indicativo		Subjuntivo	Optativo	Imperativo
	Presente	Imperfecto	Presente	Presente	Presente
Sing.	λύω	ἔλυον	λύω	λύοιμι	
	λύεις	ἔλυες	λύῃς	λύοις	λῦε
	λύει	ἔλυε	λύῃ	λύοι	λυέτω
Pl.	λύομεν	ἐλύομεν	λύωμεν	λύοιμεν	
	λύετε	ἐλύετε	λύητε	λύοιτε	λύετε
	λύουσι	ἔλυον	λύωσι	λύοιεν	λυόντων (¹)
Dual	λύετον	ἐλύετον	λύητον	λύοιτον	λύετον
	λύετον	ἐλυέτην	λύητον	λυοίτην	λυέτων

Infinitivo **λύειν.** Participio **λύων ουσα ον.**

(¹) *o* λυέτωσαν.

TEMA DE PRESENTE *(voz media)*

	Indicativo		Subjuntivo	Optativo	Imperativo
	Presente	Imperfecto	Presente	Presente	Presente
Sing.	λύομαι	ἐλυόμην	λύωμαι	λυοίμην	
	λύῃ (¹)	ἐλύου	λύῃ	λύοιο	λύου
	λύεται	ἐλύετο	λύηται	λύοιτο	λυέσθω
Pl.	λυόμεθα	ἐλυόμεθα	λυώμεθα	λυοίμεθα	
	λύεσθε	ἐλύεσθε	λύησθε	λύοισθε	λύεσθε
	λύονται	ἐλύοντο	λύωνται	λύοιντο	λυέσθων (²)
Dual	λύεσθον	ἐλύεσθον	λύησθον	λύοισθον	λύεσθον
	λύεσθον	ἐλυέσθην	λύησθον	λυοίσθην	λυέσθων

Infinitivo **λύεσθαι.** Participio **λυόμενος η ον.**

(¹) *o* λύει.

(²) *o* λυέσθωσαν.

TEMA DE AORISTO *(voz activa)*

	Indicativo	Subjuntivo	Optativo	Imperativo
Sing.	ἔλυσα	λύσω	λύσαιμι	
	ἔλυσας	λύσῃς	λύσαις (¹)	λῦσον
	ἔλυσε	λύσῃ	λύσαι (²)	λυσάτω
Pl.	ἐλύσαμεν	λύσωμεν	λύσαιμεν	
	ἐλύσατε	λύσητε	λύσαιτε	λύσατε
	ἔλυσαν	λύσωσι	λύσαιεν (³)	λυσάντων (⁴)
Dual	ἐλύσατον	λύσητον	λύσαιτον	λύσατον
	ἐλυσάτην	λύσητον	λυσαίτην	λυσάτων

Infinitivo **λῦσαι.** Participio **λύσας ασα αν.**

(¹) *o* λύσειας. (²) *o* λύσειε. (³) *o* λύσειαν. (⁴) *o* λυσάτωσαν.

TEMA DE AORISTO *(voz media)*

	Indicativo	Subjuntivo	Optativo	Imperativo
Sing.	ἐλυσάμην	λύσωμαι	λυσαίμην	
	ἐλύσω	λύσῃ	λύσαιο	λῦσαι
	ἐλύσατο	λύσηται	λύσαιτο	λυσάσθω
Pl.	ἐλυσάμεθα	λυσώμεθα	λυσαίμεθα	
	ἐλύσασθε	λύσησθε	λύσαισθε	λύσασθε
	ἐλύσαντο	λύσωνται	λύσαιντο	λυσάσθων (¹)
Dual	ἐλύσασθον	λύσησθον	λύσαισθον	λύσασθον
	ἐλυσάσθην	λύσησθον	λυσαίσθην	λυσάσθων

Infinitivo **λύσασθαι.** Participio **λυσάμενος η ον.**

(¹) *o* λυσάσθωσαν.

TEMA DE FUTURO

	Voz activa		Voz media	
	Indicativo	Optativo	Indicativo	Optativo
Sing.	λύσω λύσεις λύσει	λύσοιμι λύσοις λύσοι	λύσομαι λύσῃ (1) λύσεται	λυσοίμην λύσοιο λύσοιτο
Pl.	λύσομεν λύσετε λύσουσι	λύσοιμεν λύσοιτε λύσοιεν	λυσόμεθα λύσεσθε λύσονται	λυσοίμεθα λύσοισθε λύσοιντο
Dual	λύσετον λύσετον	λύσοιτον λυσοίτην	λύσεσθον λύσεσθον	λύσοισθον λυσοίσθην

Activa: Infinitivo **λύσειν.** Partic. **λύσων ουσα ον.**
Media: Infinitivo **λύσεσθαι.** Participio **λυσόμενος η ον.**

(1) *o* λύσει.

TEMA DE PERFECTO *(voz activa)*

	Indicativo		Subjuntivo	Optativo	Imperativo
	Perfecto	Pluscuamperf.	Perfecto	Perfecto	Perfecto
Sing.	λέλυκα λέλυκας λέλυκε	ἐλελύκειν ἐλελύκεις ἐλελύκει	λελύκω λελύκῃς λελύκῃ	λελύκοιμι (2) λελύκοις λελύκοι	 λέλυκε λελυκέτω
Pl.	λελύκαμεν λελύκατε λελύκασι	ἐλελύκειμεν ἐλελύκειτε ἐλελύκεισαν (1)	λελύκωμεν λελύκητε λελύκωσι	λελύκοιμεν λελύκοιτε λελύκοιεν	 λελύκετε λελυκόντων (3)
Dual	λελύκατον λελύκατον	ἐλελύκειτον ἐλελυκείτην	λελύκητον λελύκητον	λελύκοιτον λελυκοίτην	λελύκετον λελυκέτων

Infinitivo **λελυκέναι.** Participio **λελυκώς υῖα ός.**

(1) *o* ἐλελύκεσαν. (2) *o* λελυκοίην (3) *o* λελυκέτωσαν.

TEMA DE PERFECTO *(voz media)*

	Indicativo		Subjuntivo	Optativo	Imperativo
	Perfecto	Pluscuamperf.	Perfecto	Perfecto	Perfecto
Sing.	λέλυμαι	ἐλελύμην	λελυμένος η ον ὦ	λελυμένος etc. εἴην	
	λέλυσαι	ἐλέλυσο	ᾖς	εἴης	λέλυσο
	λέλυται	ἐλέλυτο	ᾖ	εἴη	λελύσθω
Pl.			λελυμένοι αι α	λελυμένοι etc.	
	λελύμεθα	ἐλελύμεθα	ὦμεν	εἶμεν	
	λέλυσθε	ἐλέλυσθε	ἦτε	εἶτε	λέλυσθε
	λέλυνται	ἐλέλυντο	ὦσι	εἶεν	λελύσθων (1)
Dual			λελυμένω α ω	λελυμένω etc.	
	λέλυσθον	ἐλέλυσθον	ἦτον	εἶτον	λέλυσθον
	λέλυσθον	ἐλελύσθην	ἦτον	εἴτην	λελύσθων

Infinitivo **λελύσθαι.** Participio **λελυμένος η ον.**
Futuro perfecto **λελύσομαι,** etc. (con desinencias de futuro medio).

(1) *o* λελύσθωσαν.

TEMA DE PASIVA

	Aoristo				Futuro	
	Indicativo	Subjuntivo	Optativo	Imperativo	Indicativo	Optativo
Sing.	ἐλύθην	λυθῶ	λυθείην		λυθήσομαι	λυθησοίμην
	ἐλύθης	λυθῇς	λυθείης	λύθητι	λυθήσῃ	λυθήσοιο
	ἐλύθη	λυθῇ	λυθείη	λυθήτω	λυθήσεται	λυθήσοιτο
Pl.	ἐλύθημεν	λυθῶμεν	λυθεῖμεν		λυθησόμεθα	λυθησοίμεθα
	ἐλύθητε	λυθῆτε	λυθεῖτε	λύθητε	λυθήσεσθε	λυθήσοισθε
	ἐλύθησαν	λυθῶσι	λυθεῖεν	λυθέντων (1)	λυθήσονται	λυθήσοιντο
Dual	ἐλύθητον	λυθῆτον	λυθεῖτον	λύθητον	λυθήσεσθον	λυθήσοισθον
	ἐλυθήτην	λυθῆτον	λυθείτην	λυθήτων	λυθήσεσθον	λυθησοίσθην

Infinitivo **λυθῆναι.** Participio **λυθείς εῖσα έν** Infinit. **λυθήσεσθαι.** Partic. **λυθησόμενος η ον**

(1) *o* λυθήτωσαν

OBSERVACIONES: *a)* Las mismas formas sirven para la voz media y pas., en pres. y perf.; el aor. y fut. tienen forma propia para la pas. *b)* Las desinencias llamadas primarias se encuentran en los tiempos principales (pres., fut, aor. de subj., perf. de indic. medio y de subj. activo, futuro perfecto), y las secundarias, en los históricos (imperf., aor. de indic. y pluscuamp.). Los opt. adoptan las secundarias (excepto **λύοιμι, λύσομι, λελύκοιμι** y **λύσαιμι**). El imperat. y perf. activo tienen desinencias propias. El aor. pasivo toma desinencias activas (secundarias en indicat. y optat., primarias en subj.) y el fut. pasivo, desinencias medias (secundarias en el optat.). El subj. y optat. perf. medio tienen formas perifrásticas. *c)* La desinencia primaria de voz media -σαι, de 2.ª pers., pierde la σ entre vocales, produciendo contracciones (λύῃ). Igualmente ocurre con -σο, secundaria (ἐλύσω, por ἐλυσασο) y de imperativo (λύου por λυεσο). *d)* El ático convierte λύῃ, λύσῃ (2.ª pers. de pres. y fut. de indic. media) en λύει y λύσει. *e)* El futuro carece de imperat. y subj. *f)* Las formas anotadas λύσειας, etc. de opt. aor. se llaman de «optativo eólico». *g)* El futuro perfecto o anterior se halla sólo en voz media, salvo en los verbos **ἵστημι** y **θνήσκω**, cuyas formas activas para dicho tiempo son ἑστήξω y τεθνήξω. *h)* La desinencia de imperat. -θι que debía aparecer en el de aor. pasivo se convierte en -τι por disimilación con la θ del tema de pasiva. *i)* Adviértanse las características modales: vocal larga en el subj. (λύ-ω-μεν frente a λύ-ο-μεν), ι en el optat. (λύ-ο-ι-μεν frente a λύ-ο-μεν).

EL AUMENTO

Es lo que, además de las desinencias secundarias, distingue los tiempos históricos, esto es, los que indican una acción pasada.

El aumento silábico consiste en la adición de una ε- inicial (**λύω,** impf. **ἔ-λυον**). Los verbos en ρ la duplican a continuación del aumento (**ῥίπτω,** impf. **ἔ-ρριπτον**). A veces el aumento es η- (**μέλλω,** impf. **ἤ-μελλον**).

En el *aumento temporal,* en los verbos que comienzan por vocal, ésta se transforma del siguiente modo:

α, ε = η (**ἄγω,** impf. **ἦγον; ἐλαύνω,** impf. **ἤλαυνον**)
αι = ῃ (**αἰσθάνομαι,** impf. **ᾐσθανόμην**)
αυ = ηυ (**αὐξάνω,** impf. **ηὔξανον**)
ο = ω (**ὀνειδίζω,** impf. **ὠνείδιζον**)
οι = ῳ (**οἰκτείρω,** impf. **ᾤκτειρον**)

η, ω, ι, υ, ει, ευ, ου, αυα, οια y otras iniciales no se alteran con el aumento (impf. **ἧκον, ὠφέλουν, ἶκον, ὕμνουν, εἴκαζον, εὕρισκον, οὔριζον, αὔαινον, οἰάκιζον**). Sin embargo, **εὑρίσκω** tiene aor. **ηὗρον; εἰκάζω,** impf. **ᾔκαζον; οἴομαι,** impf. **ᾠόμην.**

Algunos verbos que comenzaban por σ, ϝ *o y* tomaban el aumento silábico; al desaparecer estas consonantes, se producía contracción.

Impf. **εἶχον** (por ἐ-σεχον; de **ἔχω,** por σεχω)
Impf. **εἰργαζόμην** (por ἐ-ϝεργαζομην; de **ἐργάζομαι,** por ϝεργαζομαι)
Aor. **εἵμην** (por ἐ-γε-μην, aor. med. de **ἵημι,** por γι-γη-μι)
Impf. **εἱπόμην** (por ἐ-σεπομην, de **ἕπομαι,** por σεπομαι)

En otros casos, al desaparecer la ϝ no había contracción.

Aor. pas. **ἐάγην** (por ἐ-ϝαγην; de **ἄγνυμι,** por ϝαγνυμι)

En los verbos compuestos de preposición, el aumento se coloca entre ésta y el verbo simple.

Impf. **εἰσέφερον** (de εἰσ-φέρω)

Con ello desaparecen las modificaciones fonéticas originadas al encontrarse en el presente la preposición y el simple.

Impf. **ἐνεκάλυπτον** (de **ἐγ-καλύπτω,** por ἐν-καλύπτω)

Las preposiciones que terminan en vocal pierden ésta, excepto περί y πρό. Esta última suele contraer la ο final con la ε del aumento.

Impf. **ἀπέφερον** (de **ἀπο-φέρω)**
περιέβαλλον (de **περι-βάλλω)**
προύβαινον (de **προ-βαίνω)**

Así, pues, al encontrar formas verbales con aumento que comiencen según el cuadro siguiente, se acudirá a verbos que empiecen con el grupo de letras que sigue a cada una de ellas.

ἀμφε- = ἀμφι-	**διε- = δια-**
ἀνε- = ἀνα-	**εἰσε- = εἰσ-**
ἀντε- = ἀντι-	**ἐνε- = ἐγ-, ἐμ-, ἐν-**
ἀπε- = ἀπο-	**ἐξε- = ἐκ-**
ἐπε- = ἐπι-	**προσε- = προσ-**
κατε- = κατα-	**συνε- = συγ-, συλ-, συμ-, συν-, συρ-, συ-**
μετε- = μετα-	**ὑπε- = ὑπο-**
παρε- = παρα-	**ὑπερε- = ὑπερ-**
περιε- = περι-	
προε- = προ-	
πρου- = προ-	

En Homero suele faltar el aumento.

PARTICULARIDADES DE LOS DISTINTOS TEMAS

TEMA DE PRESENTE

Hemos visto la flexión de **λύω,** en que no se produce fenómeno fonético alguno, porque la υ no se modifica ni altera ante las desinencias, vocales temáticas o características.

Sin embargo, si el tema verbal termina en vocal α, ε, ο, éstas se contraen con la vocal de unión en el tema de presente.

Son los verbos llamados *contractos,* que se dividen en tres clases.

Verbo contracto de la 1.ª clase: en **-α** *(Voz activa)*

	Indicativo		Subjuntivo	Optativo	Imperativo
	Presente	Imperfecto			
Sing.	τιμῶ	ἐτίμων	τιμῶ	τιμῴην	
	τιμᾷς	ἐτίμας	τιμᾷς	τιμῴης	τίμα
	τιμᾷ	ἐτίμα	τιμᾷ	τιμῴη (1)	τιμάτω
Pl.	τιμῶμεν	ἐτιμῶμεν	τιμῶμεν	τιμῷμεν	
	τιμᾶτε	ἐτιμᾶτε	τιμᾶτε	τιμῷτε (2)	τιμᾶτε
	τιμῶσι	ἐτίμων	τιμῶσι	τιμῷεν	τιμώντων (4)
Dual	τιμᾶτον	ἐτιμᾶτον	τιμᾶτον	τιμῷτον	τιμᾶτον
	τιμᾶτον	ἐτιμάτην	τιμᾶτον	τιμῴτην (3)	τιμάτων

Infinitivo **τιμᾶν.** Participio **τιμῶν ῶσα ῶν.**

(1) *o* τιμῷμι, τιμῷς, τιμῷ. (2) *o* τιμῴημεν, τιμῴητε. (3) *o* τιμῴητον, τιμῳήτην. (4) *o* τιμάτωσαν.

Voz media

	Indicativo		Subjuntivo	Optativo	Imperativo
	Presente	Imperfecto			
Sing.	τιμῶμαι	ἐτιμώμην	τιμῶμαι	τιμῴμην	
	τιμᾷ	ἐτιμῶ	τιμᾷ	τιμῷο	τιμῶ
	τιμᾶται	ἐτιμᾶτο	τιμᾶται	τιμῷτο	τιμάσθω
Pl.	τιμώμεθα	ἐτιμώμεθα	τιμώμεθα	τιμῴμεθα	
	τιμᾶσθε	ἐτιμᾶσθε	τιμᾶσθε	τιμῷσθε	τιμᾶσθε
	τιμῶνται	ἐτιμῶντο	τιμῶνται	τιμῷντο	τιμάσθων (1)
Dual	τιμᾶσθον	ἐτιμᾶσθον	τιμᾶσθον	τιμῷσθον	τιμᾶσθον
	τιμᾶσθον	ἐτιμάσθην	τιμᾶσθον	τιμῴσθην	τιμάσθων

Infinitivo **τιμᾶσθαι.** Part. **τιμώμενος η ον.**

(1) *o* τιμάσθωσαν.

Observaciones: *a)* Las contracciones son αω = ω. αει = ᾳ, α. αε = α. αο = ω. αου = ω. αῃ = ᾳ. αη = α. αοι = ῳ. *b)* Frecuentemente en Homero estos verbos se contraen como los de la 3.ª clase (**ὁρόω** por **ὁράω**). En Heródoto, como los de la 2.ª (**ὁρέω** por **ὁράω**). *c)* Algunos verbos de esta clase contraen en **η** (**ζάω,** 1.ª pers. ζῶ, 2.ª ζῇς; **πεινάω,** infinit. πεινῆν).

2.ª clase: en **-ε** *(Voz activa)*

	Indicativo		Subjuntivo	Optativo	Imperativo
	Presente	Imperfecto			
Sing.	ποιῶ	ἐποίουν	ποιῶ	ποιοίην	
	ποιεῖς	ἐποίεις	ποιῇς	ποιοίης	ποίει
	ποιεῖ	ἐποίει	ποιῇ	ποιοίη (1)	ποιείτω
Pl.	ποιοῦμεν	ἐποιοῦμεν	ποιῶμεν	ποιοῖμεν	
	ποιεῖτε	ἐποιεῖτε	ποιῆτε	ποιοῖτε	ποιεῖτε
	ποιοῦσι	ἐποίουν	ποιῶσι	ποιοῖεν (2)	ποιούντων (4)
Dual	ποιεῖτον	ἐποιεῖτον	ποιῆτον	ποιοῖτον	ποιεῖτον
	ποιεῖτον	ἐποιείτην	ποιῆτον	ποιοίτην (3)	ποιείτων

Infinitivo **ποιεῖν.** Participio **ποιῶν οῦσα οῦν.**

(1) *o* ποιοῖμι, ποιοῖς, ποιοῖ. (2) *o* ποιοίημεν, ποιοίητε, ποιοίησαν. (3) *o* ποιοίητον, ποιοιήτην. (4) *o* ποιείτωσαν.

Voz media

	Indicativo		Subjuntivo	Optativo	Imperativo
	Presente	Imperfecto			
Sing.	ποιοῦμαι	ἐποιούμην	ποιῶμαι	ποιοίμην	
	ποιῇ (1)	ἐποιοῦ	ποιῇ	ποιοῖο	ποιοῦ
	ποιεῖται	ἐποιεῖτο	ποιῆται	ποιοῖτο	ποιείσθω
Plural	ποιούμεθα	ἐποιούμεθα	ποιώμεθα	ποιοίμεθα	
	ποιεῖσθε	ἐποιεῖσθε	ποιῆσθε	ποιοῖσθε	ποιεῖσθε
	ποιοῦνται	ἐποιοῦντο	ποιῶνται	ποιοῖντο	ποιείσθων (2)
Dual	ποιεῖσθον	ἐποιεῖσθον	ποιῆσθον	ποιοῖσθον	ποιεῖσθον
	ποιεῖσθον	ἐποιείσθην	ποιῆσθον	ποιοίσθην	ποιείσθων

Infinitivo **ποιεῖσθαι**. Participio **ποιούμενος η ον.**

(1) *o* ποιεῖ. (2) *o* ποιείσθωσαν.

Observaciones: *a)* Las contracciones son εω = ω. εε = ει. εο = ου. εου = ου. εῃ = ῃ. εη = η. εοι = οι. εει = ει. *b)* En Homero y el jónico εο contrae en ευ (ποιεύμενος por ποιούμενος); εου en ευ (νεικεῦσι por νεικοῦσι). *c)* Los radicales monosilábicos en -ε contraen sólo en ει, pero no en ου (πλέω; infinit. πλεῖν, 1.ª pl. pres. πλέομεν).

3.ª clase: en **-ο** *(Voz activa)*

	Indicativo		Subjuntivo	Optativo	Imperativo
	Presente	Imperfecto			
Sing.	δουλῶ	ἐδούλουν	δουλῶ	δουλοίην	
	δουλοῖς	ἐδούλους	δουλοῖς	δουλοίης	δούλου
	δουλοῖ	ἐδούλου	δουλοῖ	δουλοίη (1)	δουλούτω
Plural	δουλοῦμεν	ἐδουλοῦμεν	δουλῶμεν	δουλοῖμεν	
	δουλοῦτε	ἐδουλοῦτε	δουλῶτε	δουλοῖτε (2)	δουλοῦτε
	δουλοῦσι	ἐδούλουν	δουλῶσι	δουλοῖεν	δουλούντων (4)
Dual	δουλοῦτον	ἐδουλοῦτον	δουλῶτον	δουλοῖτον	δουλοῦτον
	δουλοῦτον	ἐδουλούτην	δουλῶτον	δουλοίτην (3)	δουλούτων

Infinitivo **δουλοῦν.** Participio **δουλῶν οῦσα οῦν.**

(1) *o* δουλοῖμι, δουλοῖς, δουλοῖ. (2) *o* δουλοίημεν, δουλοίητε. (3) *o* δουλοίητον, δουλοιήτην. (4) *o* δουλούτωσαν.

Voz media

	Indicativo		Subjuntivo	Optativo	Imperativo
	Presente	Imperfecto			
Sing.	δουλοῦμαι	ἐδουλούμην	δουλῶμαι	δουλοίμην	
	δουλοῖ	ἐδουλοῦ	δουλοῖ	δουλοῖο	δουλοῦ
	δουλοῦται	ἐδουλοῦτο	δουλῶται	δουλοῖτο	δουλούσθω
Plural	δουλούμεθα	ἐδουλούμεθα	δουλώμεθα	δουλοίμεθα	
	δουλοῦσθε	ἐδουλοῦσθε	δουλῶσθε	δουλοῖσθε	δουλοῦσθε
	δουλοῦνται	ἐδουλοῦντο	δουλῶνται	δουλοῖντο	δουλούσθων (¹)
Dual	δουλοῦσθον	ἐδουλοῦσθον	δουλῶσθον	δουλοῖσθον	δουλοῦσθον
	δουλοῦσθον	ἐδουλούσθην	δουλῶσθον	δουλοίσθην	δουλούσθων

Infinitivo **δουλοῦσθαι.** Participio **δουλούμενος η ον.**

(¹) *o* δουλούσθωσαν.

Observación. Las contracciones son οω = ω. οε = ου. οο = ου. οου = ου. οῃ = οι. οη = ω. οοι = οι. οει = οι, ου.

Observaciones comunes a los verbos contractos: *a) En el diccionario aparecen del siguiente modo:* **δουλόω -ῶ.** La primera forma es la no contracta, que se encuentra en los dialectos. La segunda **(δουλῶ),** la contracta, normal en ático. *b)* El resto de los temas son regulares, con el alargamiento del tema de presente de que más abajo se hace mención (aor. **ἐτίμησα, ἐποίησα, ἐδούλωσα;** fut. **τιμήσω, ποιήσω, δουλώσω;** perf. **τετίμηκα, πεποίηκα, δεδούλωκα;** aor. pas. **ἐτιμήθην, ἐποιήθην, ἐδουλώθην).**

TEMA DE AORISTO

Aplíquense las mismas reglas del aumento que se han enumerado con respecto al imperfecto, pero solamente en el indicativo. Igualmente pueden aplicarse al aoristo fuerte las reglas relativas a las desinencias del presente.

Como hemos visto, el aoristo *sigmático, débil o primero* se forma añadiendo la característica **σ** al tema verbal **(ἔ-λυ-σα,** de **λύω).** (¹)

No obstante, en algunos casos (verbos llamados *líquidos*) en que el radical termina en -μ, -ν, -λ, -ρ, los grupos -μσ-, -νσ-, -λσ-, -ρσ- no pueden conservarse; la σ desaparece y, en cambio, la vocal del tema se alarga por compensación (ᾰ en η *o* ᾱ; ε en ει; ῐ en ῑ; ῠ en ῡ). *Por lo demás, se conjugan como* **ἔλυσα.**

νέμω aor. **ἔνειμα** (por ἔ-νεμ-σα).
φαίνω (de φαν-y-ω, 4.ª clase); aor. **ἔφηνα** (por ἔ-φαν-σα).
περαίνω (de περαν-y-ω); aor. **ἐπέρᾱνα.**
τείνω (de τεν-y-ω); aor. **ἔτεινα.**

(¹) Sobre ἔπλευσα, de πλέω, etc. véase la 2.ª clase de temas de presente. Sobre ἔκαυσα, de καίω, etcétera, véase la 4.ª clase.

κρίνω (de κρῐν-y-ω); aor. **ἔκρῑνα.**
ἀμύνω (de ἀμυν-y-ω); aor. **ἤμῡνα.**
ἀγγέλλω (de ἀγγελ-y-ω); aor. **ἤγγειλα.**
ἅλλομαι (de ἁλ-y-ομαι); aor. **ἡλάμην.**
αἴρω (de ἀρ-y-ω); aor. **ἦρα.**
φθείρω (de φθερ-y-ω); aor. **ἔφθειρα.**

Igualmente en los demás modos:

Indic.	*Subj.*	*Opt.*	*Imp.*	*Inf.*	*Part.*
ἔνειμα	**νείμω**	**νείμαιμι**	**νεῖμον**	**νεῖμαι**	**νείμας**
ἔφηνα	φήνω	φήναιμι	φῆνον	φῆναι	φήνας
ἤγγειλα	ἀγγείλω	ἀγγείλαιμι	ἄγγειλον	ἀγγεῖλαι	ἀγγείλας
ἔφθειρα	φθείρω	φθείραιμι	φθεῖρον	φθεῖραι	φθείρας

y según éstos la voz media (**ἐνειμάμην, ἐφηνάμην,** etc.).

Εἶπα, ἤνεγκα y **ἔχεα** se conjugan lo mismo; corresponden a los verbos **λέγω, φέρω** y **χέω.**

En los verbos acabados en oclusiva *(verbos mudos)* ésta se combina con la σ característica; gutural + σ = ξ; labial + σ = ψ; dental desaparece ante σ.

φυλάσσω (de φυλακ-y-ω); aor. **ἐφύλαξα** (por ἐ-φυλακ-σα).
οἰμώζω (de οἰμωγ-y-ω); aor. **ᾤμωξα.**
ταράσσω (de ταραχ-y-ω); aor. **ἐτάραξα.**
κλέπτω (de κλεπ- y -ω); aor. **ἔκλεψα.**
λείβω aor. **ἔλειψα.**
γράφω aor. **ἔγραψα.**
ᾄδω aor. **ᾖσα.**
ἀνύτω aor. **ἤνυσα.**
πείθω aor. **ἔπεισα.**

Sobre **ἔθρεψα,** de **τρέφω,** véase el futuro **θρέψω.**

Observaciones al aoristo débil: *a)* La vocal del tema se alarga ante la σ (α se alarga en η; **τιμάω,** aor. **ἐτίμησα**). *b)* Hay múltiples excepciones a esta regla (**ἐκάλεσα,** de **καλέω**). *c)* En Homero suele duplicarse la σ (**ἐκάλεσσα**). *d)* Encontramos a veces respetado el grupo consonántico en los verbos líquidos (**ἔφθερσα**). *e)* No es rara en futuros y aoristos la confusión entre verbos en dental y gutural (aor. **ἥρπασα,** de **ἁρπάζω** [ἁρπαγ-y-ω]; fut. dór. **δικάξω,** de **δικάζω** [δικαδ-y-ω]).

El *aoristo fuerte o segundo* se encuentra solamente en verbos en que el tema de aoristo es distinto del de pres., pues en caso contrario se confundirían sus formas con las de éste. En efecto, *sus desinencias son las de presente. En el indicativo emplea las del imperfecto.* El radical suele estar en grado 0, pues casi todos corresponden a pres. de la clase 2.ª (¹).

λείπω; aor. ind. **ἔλιπον,** subj. **λίπω,** opt. **λίποιμι,** imp. **λίπε,** inf. **λιπεῖν,** part. **λιπών οῦσα όν.**

φεύγω; aor. ind. **ἔφυγον,** subj. **φύγω,** opt. **φύγοιμι,** imp. **φύγε,** inf. **φυγεῖν,** part. **φυγών οῦσα όν.**

Nótese el acento en la última sílaba del inf. y participio. Igualmente los imperativos **εἰπέ, εὑρέ, ἰδέ, ἐλθέ, λαβέ** (de **λέγω, εὑρίσκω, ὁράω, ἔρχομαι, λαμβάνω).**

(¹) No obstante, de la 3.ª, de τίκτω, ἔτεκον; de πίπτω, ἔπεσον. De la 4.ª, de βάλλω, ἔβαλον; de ὀφείλω, ὤφελον.

En la voz media, también las desinencias son las del presente, y las del imperfecto en el indic.

γίγνομαι; aor. ind. **ἐγενόμην,** subj. **γένωμαι,** opt. **γενοίμην,** imp. **γενοῦ,** inf. **γενέσθαι,** part. **γενόμενος η ον.**

Se encuentran aoristos fuertes con reduplicación; de los más importantes son **ἤγ-αγ-ον,** de **ἄγω,** y **ἤν-εγκ-ον,** de **φέρω.** En Homero son más frecuentes: **ἐ-λέ-λαχ-ον,** de **λαγχάνω; ἐ-πέ-πιθ-ον,** de **πείθω; εἱ-σπ-όμην** (por ἑ-σε-σπ-ομην), de **ἕπομαι.**

También hallamos aoristos iterativos con sufijo -σκ (que se halla otras veces en imperfectos) siempre sin aumento (**ἴδ-ε-σκ-ον,** de **ὁράω; ἔχ-ε-σκ-ον,** de **ἔχω**).

En algunos casos el radical toma el sufijo -εθ- (**ἔ-σχ-εθ-ον,** de **ἔχω**). Estas formas y las anteriores son, sobre todo, homéricas.

Una modalidad del aoristo fuerte es el llamado *atemático,* aquel en que las desinencias se unen al radical sin vocal de unión.

En su mayor parte pertenecen a verbos de la 2.ª conjugación (véase más abajo la conjugación de **ἵστημι,** aor. **ἔστην,** para la voz activa, y de **τίθεμαι,** aor. **ἐθέμην,** para la media).

No obstante, los siguientes corresponden a presentes de la 1.ª conj.

βαίνω (de βα-ν-y-ω; aor. ind. **ἔ-βη-ν,** subj. **βῶ,** opt. **βαίην,** imp. **βῆθι,** inf. **βῆναι,** part. **βάς -ᾶσα -άν**).
ἀπο-δι-δρά-σκω (aor. **ἀπ-έ-δρα-ν**).
φθά-ν-ω (aor. **ἔ-φθη-ν**).
ἁλ-ί-σκ-ομαι (aor. **ἑ-άλω-ν**).
γι-γνώ-σκω (aor. **ἔ-γνω-ν**).
φύ-ω (aor. **ἔ-φυ-ν**), **δύ-ω** (aor. **ἔ-δυ-ν**).

TEMA DE FUTURO

La vocal del tema se alarga ante la **σ** (**δουλόω,** fut. **δουλώσω**).

Hay excepciones (**ἀρκέσω,** de **ἀρκέω**).

En los *verbos líquidos* (terminado el tema verbal en -λ, -μ, -ν, -ρ), en lugar de σ se añade al tema verbal -εσ- cuya σ cae entre vocales. Así, φαν-εσ-ω da φανεω que se contrae en **φανῶ** (de **φαίνω**).

Así, **ἀγγελῶ** (de **ἀγγέλλω**), **νεμῶ** (de **νέμω**), **φθερῶ** (de **φθείρω**).

Su conjugación es la del presente contracto de la segunda clase (véase **ποιέω**).

Act.	Indic. **φανῶ**	Optat.	**φανοίην**	Infin.	**φανεῖν**	Partic.	**φανῶν οὖσα οὖν**
Med.	**φανοῦμαι**		**φανοίμην**		**φανεῖσθαι**		**φανούμενος η ον**

Sin embargo, **κέλλω** y **κύρω** (de la 4.ª y 1.ª clase) tienen futuros **κέλσω, κύρσω.**

Observaciones: *a)* En jónico aparecen formas no contractas (φανέω). *b)* Se encuentra también fut. contracto en temas en vocal que eliden la σ de fut. entre vocales (**τελέω,** fut. τελέσω, y de ahí **τελῶ**). Los llamados *futuros áticos,* por razones no enteramente claras, se conjugan también como contractos de la 2.ª clase (**κομιῶ,** de **κομίζω; νομιῶ,** de **νομίζω**); hay otros futuros que, en cambio, siguen la flexión de los contractos de la primera (**βιβῶ,** de **βιβάζω; ἐλῶ,** de **ἐλαύνω**). *c)* Naturalmente, en Homero se produce el mismo fenómeno de *distracción* que en los contractos (**ἐλόω,** por **ἐλῶ,** de **ἐλάω,** véase más arriba). *d)* Otras veces la característica de fut. en vez de -σ- es -σε- y se contrae la ε con la o de la vocal temática (**φεύγω,** fut. φευγ-σε-ομαι, de donde **φευξοῦμαι**). Es el *futuro dórico.* *e)* Aunque su tema verbal no termina en líquida ni en nasal, se conjuga como los futuros líquidos **μαχοῦμαι,** de **μάχομαι.**

En los *verbos mudos* se producen los mismos fenómenos que en los aoristos (fut. **φυλάξω, τάξω, ταράξω, κλέψω, λείψω, γράψω, ᾄσομαι, ἀνύσω, πείσω).**

Observaciones: *a)* Véase la observ. *e)* al aor. débil. *b)* **Τρέφω** forma el fut. **θρέψω; τρέχω, θρέξομαι; τύφω, θύψω,** por desaparecer la disimilación de aspiradas.

Observaciones al futuro en general: *a)* Sobre el fut. de **πλέω, πνέω,** etc. véase la 2.ª clase de temas de presente. Sobre el de **καίω** y **κλαίω,** véase la 4.ª clase. *b)* **χέω** forma el fut. **χέω.** Es irregular **πίομαι,** de **πίνω,** además de las formas de fut. de los verbos polirrizos. *c)* En Homero hallamos futuros con reduplicación, como los aoristos **(πεπιθήσω, κεχαρήσω,** de **πείθομαι, χαίρω).** *d)* Muchos futuros presentan la forma media **(γελάω,** fut. **γελάσομαι).**

TEMA DE PERFECTO

Aplíquense las reglas del aumento al pluscuamperfecto.

La característica del tema en toda la flexión es la *reduplicación,* en que precede al tema verbal su primera consonante, seguida de ε **(λύω,** pf. **λέ-λυ-κα).**

Las aspiradas se reduplican por medio de la sorda correspondiente **(τέ-θυ-κα,** de **θύω; κεχώρη-κα,** de **χωρέω; πε-φόνευ-κα,** de **φονεύω).** Los grupos de consonantes se reduplican por medio de la primera de ellas **(δέ-δρα-κα,** de **δράω)** si son de muda y líquida. En caso contrario, puede sustituirse la reduplic. por ε **(ἐ-ζήτη-κα,** de **ζητέω; ἐ-στεφάνω-κα,** de **στεφανόω).** Si comienza el tema verbal por ρ se antepone ερ **(ἔρ-ριφ-α,** de **ῥίπτω).** En algunos casos, muda y líquida toman también ε inicial **(ἐ-βλάστη-κα,** de **βλαστάνω).** Radicales que comenzaban por σ, ϝ sufren fenómenos fonéticos **(λαμβάνω,** de σλαμβανω, tiene **εἴληφα,** por σε-σληφ-α, en que el grupo ha desaparecido, con alargamiento compensatorio; igualmente **εἵμαρμαι,** por σε-σμαρ-μαι, de **μείρομαι,** por σμειρομαι). Compárese el pf. **ἑάλωκα,** por ἑϝαλωκα, de **ἁλίσκομαι,** por ϝαλισκομαι, con el aor. **ἑάγην** (véase el aumento).

Algunos verbos que empiezan por vocal forman el perfecto con reduplicación ática, que consiste en anteponer al radical su vocal inicial con la consonante siguiente y alargar la vocal inicial, que queda en la segunda sílaba.

ἀλείφω (pf. ἀλ-ήλιφ-α).
ἀκούω (pf. ἀκ-ήκο-α, de ἀκηκοϝα).
ὀρύσσω (pf. ὀρ-ώρυχ-α; **ὀρύσσω** procede de ὀρυχ-y-ω).

Las reglas de la reduplicación en verbos compuestos son las mismas que las del aumento (ἐκ-λέ-λυ-κα, de ἐκ-λύω).

El aumento en el pluscuamperfecto precede a la reduplicación.

En el *perfecto débil*, que es el de λύω, la vocal del tema se alarga ante la κ **(ποιέω,** perf. **πεποίηκα).** Las nasales ante κ se transforman en γ **(πέ-φαγ-κα** por πεφανκα, de **φαίνω,** por φαν-y-ω). Las dentales caen **(πέ-πει-κα,** por πεπειθκα, de **πείθω).**

Ciertos radicales aparecen con vocal larga y cambiada de lugar con la líquida que le sigue **(βάλλω,** perf. **βέ-βλη-κα; κάμνω,** perf. **κέ-κμη-κα).**

El *perfecto fuerte* no toma κ, solamente las desinencias de perfecto tras el radical: **σήπομαι** (perf. **σέσηπα); φεύγω** (perf. **πέφευγα).**

La vocal del tema se alarga **(πέ-φην-α,** de **φαίνω; εἴ-ληχ-α,** de **λαγχάνω)** o es **o (λέλοιπ-α,** de **λείπω; ἔ-στροφ-α,** de **στρέφω; ἔ-κτον-α,** de **κτείνω)** o la misma que en el presente, como en los casos citados.

En ciertos casos, la consonante de la raíz se aspira **(πέ-πομφ-α,** de **πέμπω; δε-δίωχ-α,** de **διώκω)** si es gutural o labial.

La conjugación del perfecto fuerte en activa es como la de **λέλυκα.**

Indic. **πέφηνα.** *Sub.* **πεφήνω.** *Opt.* **πεφήνοιμι.** *Imp.* **πέφηνε.** *Inf.* **πεφηνέναι.**

Part. **πεφηνώς υῖα ός.**

Como apéndice a la flexión del perf. activo se inserta la de **οἶδα,** que se usa con valor de presente.

	Indicativo			Imperativo	Subjuntivo	Optativo
	Perfecto	Pluscuamp.	Futuro			
Sing.	**οἶδα**	**ᾔδη**	**εἴσομαι**		**εἰδῶ**	**εἰδείην**
	οἶσθα	ᾔδησθα	εἴσει (4)	**ἴσθι**	εἰδῇς	εἰδείης
	οἶδε	ᾔδη (1)	εἴσεται	ἴστω	εἰδῇ	εἰδείη
Pl.	ἴσμεν	ᾖσμεν	εἰσόμεθα		εἰδῶμεν	εἰδεῖμεν
	ἴστε	ᾖστε	εἴσεσθε	ἴστε	εἰδῆτε	εἰδεῖτε
	ἴσασι	ᾖσαν (2)	εἴσονται	ἴστωσαν	εἰδῶσι	εἰδεῖεν
Dual	ἴστον	ᾖστον	εἴσεσθον	ἴστον	εἰδῆτον	εἰδεῖτον
	ἴστον	ᾔστην (3)	εἴσεσθον	ἴστων	εἰδῆτον	εἰδείτην

Inf. **εἰδέναι.** *Part.* **εἰδώς υῖα ός.**

(1) *o* ᾔδειν, ᾔδεισθα, ᾔδει. (2) *o* ᾔδειμεν, ᾔδειτε, ᾔδεσαν. (3) *o* ᾐδειτον, ᾐδείτην. (4) *o* εἴσῃ.

El *perfecto medio* no toma κ, uniéndose el tema verbal directamente a las desinencias. Con ello se producen las siguientes modificaciones en el caso de que éste termine en consonante.

gutural	+ μ	=	γμ	dental	+ μ	=	σμ	labial	+ μ	=	μμ
»	+ σ	=	ξ	»	+ σ	=	σ	»	+ σ	=	ψ
»	+ τ	=	κτ	»	+ τ	=	στ	»	+ τ	=	πτ
»	+ σθ	=	χθ	»	+ σθ	=	σθ	»	+ σθ	=	φθ

Se conjugan a continuación los perfectos medios de tres verbos en gutural **πράσσω,** por πρακ-y-ω), labial (**κόπτω,** *por* κοπ-y-ω) y dental (**ψεύδω).**

Gutural		Labial		Dental	
Perfecto	Pluscuamperf.	Perfecto	Pluscuamperf.	Perfecto	Pluscuamperf.
πέπραγμαι	**ἐπεπράγμην**	**κέκομμαι**	**ἐκεκόμμην**	**ἔψευσμαι**	**ἐψεύσμην**
πέπραξαι	ἐπέπραξο	κέκοψαι	ἐκέκοψο	ἔψευσαι	ἔψευσο
πέπρακται	ἐπέπρακτο	κέκοπται	ἐκέκοπτο	ἔψευσται	ἔψευστο
πεπράγμεθα	ἐπεπράγμεθα	κεκόμμεθα	ἐκεκόμμεθα	ἐψεύσμεθα	ἐψεύσμεθα
πέπραχθε	ἐπέπραχθε	κέκοφθε	ἐκέκοφθε	ἔψευσθε	ἔψευσθε
πεπραγμένοι εἰσί	πεπραγμένοι ἦσαν	κεκομμένοι εἰσί	κεκομμένοι ἦσαν	ἐψευσμένοι εἰσί	ἐψευσμένοι ἦσαν
πέπραχθον	ἐπέπραχθον	κέκοφθον	ἐκέκοφθον	ἔψευσθον	ἔψευσθον
πέπραχθον	ἐπεπράχθην	κέκοφθον	ἐκεκόφθην	ἔψευσθον	ἐψεύσθην

Imp. **πέπραξο,** πεπράχθω, etc. **κέκοψο,** κεκόφθω, etc. **ἔψευσο,** ἐψεύσθω, etc.

Inf. **πεπρᾶχθαι κεκόφθαι ἐψεῦσθαι.**

Part. **πεπραγμένος η ον κεκομμένος η ον ἐψευσμένος η ον.**

Observaciones: *a)* Las desinencias perifrásticas de 3.ª pl. se deben al hecho de que πεπρακνται, etc. resultan impronunciables (hemos dado la forma masculina, entendiéndose que deberá emplearse la femenina o neutra cuando el sujeto lo exija). En jónico, no obstante, se resuelve la ν en α (**τετεύχαται, τετεύχατο, κεκόπαται,** etc.). *b)* Frecuentemente se inserta una σ entre radical y desinencia (**τετέλεσμαι,** de **τελέω).** *c)* El vocalismo de la voz media suele ser cero (**ἔστραμμαι,** por ἐ-στραφ-μαι, de **στρέφω).**

TEMA DE PASIVA

De él se forman el aoristo y futuro. Aplíquense al aoristo las reglas del aumento.

El aoristo y futuro llamados *débiles* o *primeros* toman la característica -θη-, cuya η se abrevia en ocasiones, seguida de las desinencias sin vocal de unión.

Observaciones: *a)* Ante la θ todas las consonantes guturales y labiales — verbos mudos — se transforman en aspirada. Las dentales se mudan en **σ.**

πράσσω (de πρακ-y-ω); aor. pas. **ἐ-πράχ-θην.**

πέμπω; aor. pas. **ἐ-πέμφ-θην.**

ψεύδω; aor. pas. **ἐ-ψεύσ-θην.**

b) El vocalismo puede ser el mismo del presente; cf. supra. *c)* Otras veces el radical está en grado 0 (**τείνω,** de τεν-y-ω, aor. pas. **ἐ-τά-θην; χέω,** de χέϝω, aor. pas. **ἐ-χύ-θην);** o hay metátesis (**βάλλω,** de βαλ-y-ω, aor. pas. **ἐ-βλή-θην,** véase lo dicho sobre el perfecto **κέκμηκα).** *d)* Sobre **τρέφω,** aor. pasivo **ἐ-θρέφ-θην,** véase el fut. **θρέψω.** *e)* En ocasiones hay disimilación de aspiradas (**θύω,** aor. pas. **ἐ-τύ-θην,** por ἐθυθην). *f)* Suele intercalarse una σ entre el radical y la característica -θη- (**κελεύω,** aor. pas. **ἐ-κελεύ-σ-θην).** *g)* La vocal del tema se alarga ante la característica (**ποιέω,** aor. pas. **ἐ-ποιή-θην).**

Los aoristos y futuros *fuertes o segundos* tienen como característica solamente **-η-**, *conjugándose como los débiles* **ἐλύθην** *y* **λυθήσομαι.**

Aor. Ind. **ἐφάνην.** *Subj.* **φανῶ.** *Opt.* **φανείην.** *Imp.* **φάνηθι.** *Inf.* **φανῆναι.** *Part.* **φανείς εῖσα έν.**

F. Ind. **φανήσομαι.** *O.* **φανησοίμην.** *I.* **φανήσεσθαι.** *Part.* **φανησόμενος η ον.**

OBSERVACIONES: *a)* En Homero se encuentra la 3.ª pers. pl. en -εν **(τράφεν).**

SEGUNDA CONJUGACIÓN (VERBOS EN **-μι**)

El más usado y modelo de la primera clase es **εἰμί,** *que no hay que confundir con* **εἶμι.**

VERBO **εἰμί** (TEMA DE PRESENTE, 1.ª clase)

	Indicativo		Subjuntivo	Optativo	Imperativo
	Presente	Imperfecto			
Sing.	**εἰμί** εἶ ἐστί	**ἦν** *o* **ἦ** ἦσθα ἦν	**ὦ** ἦς ᾖ	**εἴην** εἴης εἴη	 **ἴσθι** ἔστω
Pl.	ἐσμέν ἐστέ εἰσί	ἦμεν ἦτε *o* ἦστε ἦσαν	ὦμεν ἦτε ὦσι	εἶμεν εἶτε εἶεν (¹)	 ἔστε ἔστωσαν (³)
Dual	ἐστόν ἐστόν	ἦτον o ἦστον ἤτην o ἤστην	ἦτον ἦτον	εἶτον εἴτην (²)	ἔστον ἔστον

Inf. **εἶναι.** *Part.* **ὤν οὖσα ὄν.**

(¹) *o* εἴημεν, εἴητε, εἴησαν. (²) *o* εἴητον, εἰήτην. (³) *o* ἔστων, ὄντων.

TEMA DE FUTURO

Indic. Sing. **ἔσομαι,** ἔσει *o* ἔσῃ, ἔσται. Pl. ἐσόμεθα, ἔσεσθε, ἔσονται. Dual ἔσεσθον, ἔσεσθον.

Optat. Sing. **ἐσοίμην,** ἔσοιο, ἔσοιτο. Pl. ἐσοίμεθα, ἔσοισθε, ἔσοιντο. Dual ἔσοισθον, ἐσοίσθην.

Infinit. **ἔσεσθαι.** *Partic.* **ἐσόμενος η ον.**

OBSERVACIONES: *a)* Las formas bisilábicas del pres. ind. son enclíticas. *b)* ἐστί, εἰσί y ὦσι admiten ν eufónica. *c)* Los dialectos emplean ἐσσί por εἶ, εἰμέν por ἐσμέν, ἔασι por εἰσί, en el subj. formas no contractas (ἔω, etc.), en el opt. ἔοις, ἔοι, en el inf. ἔμμεν y ἔμμεναι y ἐών para el participio. En el fut. suele duplicarse la σ. *d)* No tiene aor. ni perf.

VERBO **εἶμι** (TEMA DE PRESENTE)

	Indicativo		Subjuntivo	Optativo	Imperativo
Sing.	Presente	Imperfecto			
	εἶμι	**ᾖειν** *o* **ᾖα**	**ἴω**	**ἴοιμι** (¹)	
	εἶ	ᾔεις *o* ᾔεισθα	ἴῃς	ἴοις	**ἴθι**
	εἶσι	ᾔει *o* ᾔειν	ἴῃ	ἴοι	ἴτω
Pl.	ἴμεν	ᾔειμεν *o* ᾖμεν	ἴωμεν	ἴοιμεν	
	ἴτε	ᾔειτε *o* ᾖτε	ἴητε	ἴοιτε	ἴτε
	ἴασι	ᾔεσαν *o* ᾖσαν	ἴωσι	ἴοιεν	ἰόντων (²)
Dual	ἴτον	ᾔειτον *o* ᾖτον	ἴητον	ἴοιτον	ἴτον
	ἴτον	ᾐείτην *o* ᾔτην	ἴητον	ἰοίτην	ἴτων

Inf. **ἰέναι.** *Part.* **ἰών ἰοῦσα ἰόν.**

(¹) *o* ἰοίην. (²) *o* ἴτωσαν.

Observaciones: *a)* El presente **εἶμι** se usa para el fut., y **ἦλθον** y **ἐλήλυθα** para el aor. y perf. *b) No se confunda* **εἶ** *de* **εἶμι** con **εἶ** *de* **εἰμί.**

VERBO **φημί** (TEMA DE PRESENTE)

Indic. pres. Sing. **φημί,** φής (*o* φῄς), φησί. *Pl.* φαμέν φατέ φασί. *Dual* φατόν φατόν.

» *impf. Sing.* **ἔφην,** ἔφησθα (o ἔφης), ἔφη. *Pl.* ἔφαμεν, ἔφατε, ἔφασαν. *Dual* ἔφατον, ἐφάτην.

Subj. **φῶ,** φῇς etc. (como **ἵστημι).**

Opt. **φαίην,** φαίης, etc. (íd.).

Imp. **φάθι,** φάτω, etc. (íd.).

Inf. **φάναι.**

Part. **φάς ᾶσα άν.**

El resto de los temas se conjuga regularmente (fut. **φήσω,** aor. **ἔφησα).** No tiene perfecto. Son enclíticas las formas bisilábicas del pres. indic. El impf. y el inf. pres. se usan con valor de aoristo.

TEMA DE PRESENTE DE LOS VERBOS CON REDUPLICACIÓN (2.ª clase)

Con radical en **-α** *(voz activa)*

	Indicativo		Subjuntivo	Optativo	Imperativo
	Presente	Imperfecto			
Sing.	**ἵστημι**	**ἵστην**	**ἱστῶ**	**ἱσταίην**	
	ἵστης	ἵστης	ἱστῇς	ἱσταίης	**ἵστη**
	ἵστησι	ἵστη	ἱστῇ	ἱσταίη	ἱστάτω
Pl.	ἵσταμεν	ἵσταμεν	ἱστῶμεν	ἱσταῖμεν	
	ἵστατε	ἵστατε	ἱστῆτε	ἱσταῖτε	ἵστατε
	ἱστᾶσι	ἵστασαν	ἱστῶσι	ἱσταῖεν (1)	ἱστάντων (3)
Dual	ἵστατον	ἵστατον	ἱστῆτον	ἱσταῖτον	ἵστατον
	ἵστατον	ἱστάτην	ἱστῆτον	ἱσταίτην (2)	ἱστάτων

Inf. **ἱστάναι.** Part. **ἱστάς ᾶσα άν.**

(1) *o* ἱσταίημεν, ἱσταίητε, ἱσταίησαν.
(2) *o* ἱσταίητον, ἱσταιήτην.
(3) *o* ἱστάτωσαν.

Con radical en **-α** *(voz media)*

	Indicativo		Subjuntivo	Optativo	Imperativo
	Presente	Imperfecto			
Sing.	**ἵσταμαι**	**ἱστάμην**	**ἱστῶμαι**	**ἱσταίμην**	
	ἵστασαι	ἵστασο	ἱστῇ	ἱσταῖο	**ἵστασο**
	ἵσταται	ἵστατο	ἱστῆται	ἱσταῖτο	ἱστάσθω
Pl.	ἱστάμεθα	ἱστάμεθα	ἱστώμεθα	ἱσταίμεθα	
	ἵστασθε	ἵστασθε	ἱστῆσθε	ἱσταῖσθε	ἵστασθε
	ἵστανται	ἵσταντο	ἱστῶνται	ἱσταῖντο	ἱστάσθων (1)
Dual	ἵστασθον	ἵστασθον	ἱστῆσθον	ἱσταῖσθον	ἵστασθον
	ἵστασθον	ἱστάσθην	ἱστῆσθον	ἱσταίσθην	ἱστάσθων

Inf. **ἵστασθαι.** Part. **ἱστάμενος η ον.**

(1) *o* ἱστάσθωσαν.

Con radical en **-ε** *(voz activa)*

	Indicativo		Subjuntivo	Optativo	Imperativo
	Presente	Imperfecto			
Singular	**τίθημι**	**ἐτίθην**	**τιθῶ**	**τιθείην**	
	τίθης	ἐτίθεις	τιθῇς	τιθείης	**τίθει**
	τίθησι	ἐτίθει	τιθῇ	τιθείη	τιθέτω
Plural	τίθεμεν	ἐτίθεμεν	τιθῶμεν	τιθεῖμεν	
	τίθετε	ἐτίθετε	τιθῆτε	τιθεῖτε	τίθετε
	τιθέασι	ἐτίθεσαν	τιθῶσι	τιθεῖεν (1)	τιθέντων (3)
Dual	τίθετον	ἐτίθετον	τιθῆτον	τιθεῖτον	τίθετον
	τίθετον	ἐτιθέτην	τιθῆτον	τιθείτην (2)	τιθέτων

Inf. **τιθέναι.** Part. **τιθείς εῖσα έν.**

(1) *o* τιθείημεν, τιθείητε, τιθείησαν. (2) *o* τιθείητον, τιθειήτην. (3) *o* τιθέτωσαν.

Con radical en **-ε** *(voz media)*

	Indicativo		Subjuntivo	Optativo	Imperativo
	Presente	Imperfecto			
Singular	**τίθεμαι**	**ἐτιθέμην**	**τιθῶμαι**	**τιθείμην**	
	τίθεσαι	ἐτίθεσο	τιθῇ	τιθεῖο	**τίθεσο**
	τίθεται	ἐτίθετο	τιθῆται	τιθεῖτο	τιθέσθω
Plural	τιθέμεθα	ἐτιθέμεθα	τιθώμεθα	τιθείμεθα	
	τίθεσθε	ἐτίθεσθε	τιθῆσθε	τιθεῖσθε	τίθεσθε
	τίθενται	ἐτίθεντο	τιθῶνται	τιθεῖντο	τιθέσθων (1)
Dual	τίθεσθον	ἐτίθεσθον	τιθῆσθον	τιθεῖσθον	τίθεσθον
	τίθεσθον	ἐτιθέσθην	τιθῆσθον	τιθείσθην	τιθέσθων

Inf. **τίθεσθαι.** Part. **τιθέμενος η ον.**

(1) *o* τιθέσθωσαν.

Con radical en **-ο** *(voz activa)*

	Indicativo		Subjuntivo	Optativo	Imperativo
	Presente	Imperfecto			
Singular	**δίδωμι**	**ἐδίδουν**	**διδῶ**	**διδοίην**	
	δίδως	ἐδίδους	διδῷς	διδοίης	**δίδου**
	δίδωσι	ἐδίδου	διδῷ	διδοίη	διδότω
Plural	δίδομεν	ἐδίδομεν	διδῶμεν	διδοῖμεν	
	δίδοτε	ἐδίδοτε	διδῶτε	διδοῖτε	δίδοτε
	διδόασι	ἐδίδοσαν	διδῶσι	διδοῖεν (1)	διδόντων (3)
Dual	δίδοτον	ἐδίδοτον	διδῶτον	διδοῖτον	δίδοτον
	δίδοτον	ἐδιδότην	διδῶτον	διδοίτην (2)	διδότων

Inf. **διδόναι.** Part. **διδούς οὖσα όν.**

(1) *o* διδοίημεν, διδοίητε, διδοίησαν. (2) *o* διδοίητον, διδοιήτην. (3) *o* διδότωσαν.

Con radical en **-ο** *(voz media)*

	Indicativo		Subjuntivo	Optativo	Imperativo
	Presente	Imperfecto			
Singular	**δίδομαι**	**ἐδιδόμην**	**διδῶμαι**	**διδοίμην**	
	δίδοσαι	ἐδίδοσο	διδῷ	διδοῖο	**δίδοσο**
	δίδοται	ἐδίδοτο	διδῶται	διδοῖτο	διδόσθω
Plural	διδόμεθα	ἐδιδόμεθα	διδώμεθα	διδοίμεθα	
	δίδοσθε	ἐδίδοσθε	διδῶσθε	διδοῖσθε	δίδοσθε
	δίδονται	ἐδίδοντο	διδῶνται	διδοῖντο	διδόσθων (1)
Dual	δίδοσθον	ἐδίδοσθον	διδῶσθον	διδοῖσθον	δίδοσθον
	δίδοσθον	ἐδιδόσθην	διδῶσθον	διδοίσθην	διδόσθων

Inf. **δίδοσθαι.** *Part.* **διδόμενος η ον.**

(1) *o* διδόσθωσαν.

Observaciones: *a)* La vocal del tema es larga en las tres personas del sing. del pres. e imperfecto de la voz activa; el alargamiento de α es η. *b)* Las tres personas del sing. del impf. activo de **δίδωμι** y la 2.ª y 3.ª del de **τίθημι** tienen desinencias de verbo contracto.

TEMA DE AORISTO

Es de los llamados fuertes atemáticos (véase más arriba). Como es natural, en este tema no aparece ya la reduplicación. En los verbos **τίθημι, δίδωμι** y **ἵημι** hallamos -κ en el sing. del aor. ind. activo. Estos verbos tienen vocal larga en el singular activo, mientras **ἵστημι** la tiene en todo el indicativo.

Voz activa

	en -α		en -ε		en -ο	
	Indicativo	Imperativo	Indicativo	Imperativo	Indicativo	Imperativo
Sing.	**ἔστην**		**ἔθηκα**		**ἔδωκα**	
	ἔστης	**στῆθι**	ἔθηκας	**θές**	ἔδωκας	**δός**
	ἔστη	στήτω	ἔθηκε	θέτω	ἔδωκε	δότω
Pl.	ἔστημεν		ἔθεμεν		ἔδομεν	
	ἔστητε	στῆτε	ἔθετε	θέτε	ἔδοτε	δότε
	ἔστησαν	στάντων (1)	ἔθεσαν (2)	θέντων (3)	ἔδοσαν	δόντων (4)
Dual	ἔστητον	στῆτον	ἔθετον	θέτον	ἔδοτον	δότον
	ἐστήτην	στήτων	ἐθέτην	θέτων	ἐδότην	δότων

(1) *o* στήτωσαν. (2) *o* ἐθήκαμεν ἐθήκατε ἔθηκαν (en Homero). (3) *o* θέτωσαν. (4) *o* δότωσαν.

El resto de los modos tiene las mismas desinencias que el pres.:
Subj. **στῶ, θῶ, δῶ.** *Opt.* **σταίην, θείην, δοίην.** *Inf.* **στῆναι, θεῖναι, δοῦναι.** *Part.* **στάς ᾶσα άν, θείς θεῖσα θέν, δούς δοῦσα δόν.**

Voz media

	en -ε		en -ο	
	Indicativo	Imperativo	Indicativo	Imperativo
Sing.	**ἐθέμην**		**ἐδόμην**	
	ἔθου	**θοῦ**	ἔδου	**δοῦ**
	ἔθετο	θέσθω	ἔδοτο	δόσθω
Pl.	ἐθέμεθα		ἐδόμεθα	
	ἔθεσθε	θέσθε	ἔδοσθε	δόσθε
	ἔθεντο	θέσθων (1)	ἔδοντο	δόσθων (2)
Dual	ἔθεσθον	θέσθον	ἔδοσθον	δόσθον
	ἐθέσθην	θέσθων	ἐδόσθην	δόσθων

(1) *o* θέσθωσαν. (2) *o* δόσθωσαν.

El resto de los modos tiene las mismas desinencias que el presente: *Subj.* **θῶμαι, δῶμαι.** *Opt.* **θείμην, δοίμην.** *Inf.* **θέσθαι, δόσθαι.** *Part.* **θέμενος η ον, δόμενος η ον.**

Observación común a los verbos con reduplicación. Los demás temas, excepto el de presente y aoristo, son regulares (fut. **στήσω, θήσω, δώσω,** perf. **ἕστηκα, τέθεικα, δέδωκα,** aor. pas. **ἐστάθην, ἐτέθην, ἐδόθην).** Sobre la forma **ἐτέθην,** véase más arriba observac. *e*) al aor. pas. **Ἵστημι** tiene además un aor. regular, **ἔστησα,** con signif. transitiva frente a la intrans. de **ἔστην** y **ἕστηκα.**

VERBO **ἵημι**

Es un verbo con reduplic. en el pres. que reune varias características que hacen difícil su conjugación. Su radical es -ἑ- (véase clasificación de los temas de presente).

TEMA DE PRESENTE *(Voz activa)*

	Indicativo		Subjuntivo	Optativo	Imperativo
	Presente	Imperfecto			
Sing,	**ἵημι** ἵης ἵησι	**ἵην** ἵεις ἵει	**ἱῶ** ἱῇς ἱῇ	**ἱείην** ἱείης ἱείη	 **ἵει** ἱέτω
Pl.	ἵεμεν ἵετε ἱᾶσι	ἵεμεν ἵετε ἵεσαν	ἱῶμεν ἱῆτε ἱῶσι	ἱεῖμεν ἱεῖτε ἱεῖεν	 ἵετε ἱέντων (¹)
Dual	ἵετον ἵετον	ἵετον ἱέτην	ἱῆτον ἱῆτον	ἱεῖτον ἱείτην	ἵετον ἱέτων

Inf. **ἱέναι.** *Part.* **ἱείς ἱεῖσα ἱέν.**

(¹) *o* ἱέτωσαν.

TEMA DE PRESENTE *(Voz media)*

	Indicativo		Subjuntivo	Optativo	Imperativo
	Presente	Imperfecto			
Sing.	**ἵεμαι** ἵεσαι ἵεται	**ἱέμην** ἵεσο ἵετο	**ἱῶμαι** ἱῇ ἱῆται	**ἱείμην** ἱεῖο ἱεῖτο	 **ἵεσο** *o* **ἱοῦ** ἱέσθω
Pl.	ἱέμεθα ἵεσθε ἵενται	ἱέμεθα ἵεσθε ἵεντο	ἱώμεθα ἱῆσθε ἱῶνται	ἱείμεθα ἱεῖσθε ἱεῖντο	 ἵεσθε ἱέσθων (¹)
Dual	ἵεσθον ἵεσθον	ἵεσθον ἱέσθην	ἱῆσθον ἱῆσθον	ἱεῖσθον ἱείσθην	ἵεσθον ἱέσθων

Inf. **ἵεσθαι.** *Part.* **ἱέμενος η ον.**

(¹) *o* ἱέσθωσαν.

TEMA DE AORISTO (*Voz activa*)

	Indicativo	Subjuntivo	Optativo	Imperativo
Singular	**ἧκα**	**ὧ**	**εἵην**	
	ἧκας	ἧς	εἵης	**ἕς**
	ἧκε	ἧ	εἵη	ἕτω
Plural	εἷμεν	ὧμεν	εἷμεν	
	εἷτε	ἧτε	εἷτε	ἕτε
	εἷσαν	ὧσι	εἷεν	ἕντων (1)
Dual	εἷτον	ἧτον	εἷτον	ἕτον
	εἵτην	ἧτον	εἵτην	ἕτων

Inf. **εἷναι.** *Part.* **εἵς εἷσα ἕν.**

(1) *o* ἕτωσαν.

TEMA DE AORISTO (*Voz media*)

	Indicativo	Subjuntivo	Optativo	Imperativo
Singular	**εἵμην** (1)	**ὧμαι**	**εἵμην**	
	εἷσο	ἧ	εἷο	**οὗ**
	εἷτο	ἧται	εἷτο	ἕσθω
Plural	εἵμεθα	ὥμεθα	εἵμεθα	
	εἷτε	ἧσθε	εἷσθε	ἕσθε
	εἷντο	ὧνται	εἷντο	ἕσθων (2)
Dual	εἷσθον	ἧσθον	εἷσθον	ἕσθον
	εἵσθην	ἧσθον	εἵσθην	ἕσθων

Infinitivo **ἕσθαι.** Participio **ἕμενος η ον.**

(1) *o* ἡκάμην en Homero.
(2) *o* ἕσθωσαν.

El resto es regular (fut. **ἥσω,** perf. **εἷκα,** aor. pas. **εἵθην;** ει- procede del aumento y reduplicación γε-γε-κα y ἐ-γε-θην, por lo cual el resto de las formas de pas., excepto el aor. ind., tienen solamente ἑ- inicial, p. ej. inf. aor. pas. **ἑθῆναι).**

VERBOS CON SUFIJO NASAL (3.ª clase)

El sufijo -νυ- *o* -νη- aparece solamente en el tema de presente, con vocal larga (ῡ, η) en el sing. del pres. e impf. de la voz activa y breve (ῠ, ᾰ) en las demás formas.

TEMA DE PRESENTE *(voz activa)*

	Indicativo		Subjuntivo	Optativo	Imperativo
	Presente	Imperfecto			
Sing.	**δείκνυμι**	**ἐδείκνυν**	**δεικνύω**	**δεικνύοιμι**	
	δείκνυς	ἐδείκνυς	δεικνύῃς	δεικνύοις	**δείκνυ**
	δείκνυσι	ἐδείκνυ	δεικνύῃ	δεικνύοι	δεικνύτω
Plural	δείκνυμεν	ἐδείκνυμεν	δεικνύωμεν	δεικνύοιμεν	
	δείκνυτε	ἐδείκνυτε	δεοκνύητε	δεοκνύοιτε	δείκνυτε
	δεικνύασι	ἐδείκνυσαν	δεικνύωσι	δεικνύοιεν	δεικνύντων (1)
Dual	δείκνυτον	ἐδείκνυτον	δεικνύητον	δεικνύοιτον	δείκνυτον
	δείκνυτον	ἐδεικνύτην	δεικνύητον	δεικνυοίτην	δεικνύτων

Inf. **δεικνύναι.** Part. **δεικνύς ῦσα ύν.**

(1) *o* δεικνύτωσαν.

TEMA DE PRESENTE *(voz media)*

	Indicativo		Subjuntivo	Optativo	Imperativo
	Presente	Imperfecto			
Sing.	**δείκνυμαι**	**ἐδεικνύμην**	**δεικνύωμαι**	**δεικνυοίμην**	
	δείκνυσαι	ἐδείκνυσο	δεικνύῃ	δεικνύοιο	**δείκνυσο**
	δείκνυται	ἐδείκνυτο	δεικνύηται	δεικνύοιτο	δεικνύσθω
Plural	δεικνύμεθα	ἐθεικνύμεθα	δεικνυώμεθα	δεικνυοίμεθα	
	δείκνυσθε	ἐδείκνυσθε	δεικνύησθε	δεικνύοισθε	δείκνυσθε
	δείκνυνται	ἐδείκνυντο	δεικνύωνται	δεικνύοιντο	δεικνύσθων (1)
Dual	δείκνυσθον	ἐδείκνυσθον	δεικνύησθον	δεικνύοισθον	δείκνυσθον
	δείκνυσθον	ἐδεικνύσθην	δεικνύησθον	δεικνυοίσθην	δεικνύσθων

Inf. **δείκνυσθαι.** Part. **δεικνύμενος η ον.**

(1) *o* δεικνύσθωσαν.

El resto de la conjug. es regular (fut. **δείξω,** aor. **ἔδειξα,** perf. **δέδειχα,** aor. pas. **ἐδείχθην).**

De modo parecido a **δείκνυμι** se conjuga **δάμνημι** (pres. medio **δάμναμαι**).

TEMAS DE PRESENTE

Existen once clases de tema de presente en la conjugación griega (¹), entendiendo por tema de presente la formación de que se derivan los presentes e imperfectos (p. ej. λυ- en **λύω).**

De los verbos en -ω

1.ª clase: El tema de presente es igual al radical verbal.

λύ-ω (aor. ἔ-λυ-σα) **τί-ω** (aor. ἔ-τι-σα)
ἄρχ-ω (aor. ἦρξ-α, por ἦρχ-σα)

2.ª clase: El tema de pres. y el resto de los temas, sobre todo el aor. y perf., presentan alternaciones de las vocales ε, ο y la ausencia de vocal (llamada grado cero). La vocal del tema suele ser ε en el pres. y fut., 0 en el aor. y aor. pas y ο en el perf.

λείπ-ω (aor. ἔ-λιπ-ον, perf. λέ-λοιπ-α) **φεύγ-ω** (aor. ἔ-φυγ-ον)
πείθ-ω (aor. med. ἐ-πιθ-ό-μην, perf. intr. πέ-ποιθ-α) **πνέ-ω** (perf. πέ-πνυ-μαι).

Los verbos citados tienen en el tema una semivocal (ι, υ, v. πνεῦμα) que mantiene la sílaba al quedar el radical en grado 0 (²).

ἔχ-ω (aor. ἔ-σχ-ον). El tema era σεχ- que ha perdido la σ.

ἕπ-ομαι (aor. ἐ-σπ-όμην). El tema era σεπ-.

τρέπ-ω (aor. ἔ-τραπ-ον, perf. τέ-τροφ-α). En el grado 0 la ρ se resuelve en ρα.

τρέχ-ω (v. τρόχ-ος), **λέγ-ω** (v. λόγ-ος), **φέρ-ω** (v. φορ-ά), **ἔρχ-ομαι** (v. ὄρχ-ος) tienen los demás temas de otra raíz.

3.ª clase: El tema de presente reduplica la primera consonante del radical seguida de ι, con grado vocálico 0; los demás no reduplican. El aoristo puede tener ε en alternación con el pres. (lat. gi-gn-o).

πί-πτ-ω (aor. dialect. ἔ-πετ-ον) **γί-γν-ομαι** (aor. ἐ-γεν-όμην)

τί-κτ-ω (por τι-τκ-ω; aor. ἔ-τεκ-ον)

μί-μν-ω, ἴ-σχ-ω (por σι-σχ-ω) tienen sólo tema de presente.

4.ª clase: El tema de presente tiene *y*, sonido desaparecido en griego en época posterior a las formaciones verbales. Esta característica ocasiona las siguientes modificaciones fonéticas, al encuento con el radical.

a) Los radicales en vocal y semivocal pierden la *y* al encontrarse entre la vocal del tema y la de unión.

τιμά-ω (de τιμαy-ω; aor. ἐ-τίμη-σα).

ποιέ-ω (de ποιεy-ω; aor. ἐ-ποίη-σα).

δουλό-ω (de δουλoy-ω; aor. ἐδούλω-σα).

Son los verbos llamados contractos.

(¹). Seguimos la clasificación de nuestro maestro y amigo D. José Manuel Pabón, que es la adaptación de la tradicional de los temas de presente de Curtius a los resultados de la lingüística actual.
(²). La semivocal υ en cierta posición se expresa gráficamente por medio de ϝ, signo que más tarde desapareció, y que equivale a v y se pronunciaba como ella. Así πνέω procede de πνεϝ-ω

φύ-ω (de φυy-ω; aor. ἔ-φυ-σα).
βασιλεύ-ω (de βασιληϝy-ω; aor. ἐ-βασίλευ-σα).
(Véase nota sobre la ϝ más arriba.)

Estos radicales en vocal pueden considerarse sin gran inexactitud como pertenecientes a la 1.ª clase, y de hecho, en la conjugación, así ocurre, ya que no aparecen jamás huellas de *y*.

b) En los radicales en gutural, κy-,χy-, dan lugar a -σσ- (en ático -ττ-); y γy-, a -ζ-.

φυλάσσ-ω (de φυλακy-ω; aor. ἐ-φύλαξα de ἐ-φυλακ-σα).
τάσσ-ω (de τακy-ω; perf. pas. τέ-ταγ-μαι).
κράζ-ω (de κραγγ-ω; perf. κέ-κραγ-α).
σαλπίζ-ω (de σαλπιγγy-ω; aor. ἐ-σάλπιγξ-α).

c) En los radicales en dental δy-, τy-, θy- dan lugar a las mismas formas que los radicales en gutural.

βλίττ-ω (de βλιτy-ω; aor. ἔ-βλι-σα, de ἐ-βλιτ-σα).
πλάσσ-ω (de πλαθy-ω; aor. ἔ-πλα-σα, de ἐ-πλαθ-σα).
σχίζ-ω (de σχιδy-ω; aor. ἔ-σχι-σα, de ἐ-σχιδ-σα).

d) En los radicales en λ, -λy- se convierte en -λλ-.

βάλλ-ω (de βαλy-ω; aor ἔ-βαλ-ον).

e) En los radicales en -αν, -αρ, -νy- -ρy- se convierten, por metátesis, en -ιν-, -ιρ-.

φαίν-ω (de φανy-ω; fut. φαν-ῶ).
αἴρ-ω (de ἀρy-ω; fut. ἀρ-ῶ).

f) En los radicales en -εν, -ερ, -ιν, -υν, desaparece la *y* alargándose por compensación la vocal anterior (el alargamiento de ε es ει).

τείν-ω (de τενy-ω; fut. τεν-ῶ).
φθείρ-ω (de φθερy-ω; fut. φθερ-ῶ).
κρίν-ω (de κρινy-ω; fut. κριν-ῶ).
ἰθύν-ω (de ἰθυνy-ω; fut. ἰθυν-ῶ).

g) En los radicales en labial la *y* se convierte en τ y la labial anterior en sorda.

βλάπτω (de βλαβy-ω; aor. pas. ἐ-βλάβ-ην).
τύπτ-ω (de τυπy-ω; aor. pas. ἐ-τύπ-ην).
βάπτ-ω (de βαφy-ω; aor. pas. ἐ-βάφ-ην).

θάπτ-ω (de θαφy-ω; aor. pas. ἐ-τάφ-ην, por ἐ-θαφ-ην con disimilación de la primera aspirada).

h) En los radicales en σ la *y* se convierte en ι y la σ desaparece.

ναί-ω (de νασy-ω; aor. ἔ-νασ-σα).

i) En los radicales en ϝ ésta desaparece y la *y* se convierte en ι.

καί-ω (de καϝy-ω; aor. ἔ-καυ-σα, de ἐ-καϝ-σα).

5.ª clase: El tema de presente añade ν.

πίν-ω (aor. ἔ-πι-ον).
τέμν-ω (fut. τεμ-ῶ).

A veces el sufijo es -αν-.

αἰσθάν-ομαι (fut. αἰσθ-ήσομαι).

Este sufijo se combina con un infijo nasal (lat. ta-n-g-o)

θι-γ-γ-άνω (aor. ἔ-θιγ-ον).
τυ-γ-χ-άνω (aor. ἔ-τυχ-ον).

Sufijo -νε-.

ἱκ-νέ-ομαι (aor. ἱκ-όμην).

6.ª clase: El tema de presente adquiere el sufijo -σκ- (lat. no-sc-o).

ἱλά-σκ-ομαι (fut. ἱλά-σομαι).

Este sufijo se combina a veces con los de otras clases.

ι + σκ **εὑρ-ί-σκ-ω** (aor. εὗρ-ον).
θνῄ-σκ-ω (de θνη-ι-σκ-ω; perf. τέ-θνη-κα).
ι + σκ + αν **ὀφλ-ι-σκ-άν-ω** (aor. ὦφλ-ον).
reduplic. + σκ **γι-γνώ-σκ-ω** (aor. ἔ-γνω-ν).

A veces el sufijo produce modificaciones fonéticas al encuentro con el radical.

λά-σκ-ω (de λακ-σκ-ω; aor. ἔ-λακ-ον).

πά-σχ-ω (por παθ-σκ-ω; la dental ha desaparecido, pasando su aspiración a la gutural; aor. ἔ-παθ-ον).

7.ª clase: El tema de presente se forma por medio de ε.

δοκ-έ-ω (aor. ἔ-δοξα, por ἐ-δοκ-σα).

O bien los que toman ε (que suele alargarse en η) son los demás temas.

μέν-ω (perf. **με-μέν-η-κα).**
ἐθέλ-ω (fut. **ἐθελ-ή-σω).**
μάχ-ομαι (aor. **ἐ-μαχ-ε-σάμην).**

En algunos verbos, el elemento agregado frente al presente es ο/ω.

ὄμ-νυ-μι (aor. **ὤμ-ο-σα).**
ἀναλ-ί-σκ-ω (aor. **ἀνήλ-ω-σα).**
ἁλ-ί-σκ-ο-μαι (aor. **ἑάλ-ω-ν).**

8.ª clase: El presente se forma con raíces distintas **(αἱρέω, ἔρχομαι, ἐσθίω, ὁράω, τρέχω, φέρω, λέγω).** Cf. lat. fero.

De los verbos en -μι

1.ª clase: verbos radicales.

εἶ-μι (1.ª pl. ἴ-μεν) tiene los demás temas de otra raíz.
εἰ-μί (de ἐσ-μι) carece de formas para aoristo y perfecto (fut. ἔσομαι).
φη-μί (aor. ἔ-φη-σα), **κεῖ-μαι, ἧ-μαι, ἠ-μί, δύνα-μαι** (aor. ἐ-δυνή-θην).
κρέμα-μαι (aor. ἐ-κρεμά-σθην).

2.ª clase: verbos con reduplicación.

τί-θη-μι (aor. ἔ-θη-κα)
δί-δω-μι (aor. ἔ-δω-κα); **ἵ-στη-μι** (por σι-στη-μι; aor. ἔ-στη-ν)

πί-μ-πλη-μι (aor. ἔ-πλη-σα) *y* **πί-μ-πρη-μι** (aor. ἔ-πρη-σα) con μ epentética
ἵ-η-μι (por yι-yη-μι; aor. ἧ-κα).

3.ª clase: verbos con sufijo nasal.

Sufijo -νη-.

δάμ-νη-μι (aor. pas. ἐ-δάμ-ην).

Sufijo -νυ-.

δείκ-νυ-μι (aor. ἔ-δειξα, por ἐ-δεικ-σα).

A veces la consonante anterior se asimila a la ν.

σβέν-νυ-μι (por σβεσ-νυ-μι, aor. ἔ-σβεσ-σα).

O viceversa, la ν a la consonante.

ὄλ-λυ-μι (por ὀλ-νυ-μι, fut. ὀλ-ῶ).

Observación: *Al encontrar una forma verbal de dudoso significado, una vez despojada de desinencias y características temporales y modales, puede probarse con los anteriores sufijos, uno de los cuales añadido a ella dará el tema de presente, y por ende, su significación en el lugar correspondiente del diccionario. No obstante, debe recurrirse en primer término al propio diccionario, que da muchas de estas formas que difieren de manera apreciable del presente.*

SINTAXIS

LOS CASOS

Nominativo A. Sujeto; **ὁ παῖς** παίζει el niño juega.

B. Predicado; Κῦρος **βασιλεὺς** ἐγένετο Ciro fue rey.

C. Exclamativo; **νήπιος** ¡tonto!

D. En vez del vocativo; **ὁ παῖς** ἀκολούθει niño, sígueme.

Ζεῦ πάτερ, **Ἥλιός** τε ¡oh, padre Zeus y Helio!

ὦ φίλ' **Αἴας, φίλος** ὦ Μενέλαε ¡oh, querido Ayante, oh querido Menelao!

Vocativo Persona a quien se dirige la palabra; ὦ **ἄνδρες Ἀθηναῖοι** ¡oh, atenienses! (sin la interjección ὦ: ἀκούεις, **Αἰσχίνη;** ¿oyes, Esquines?)

Acusativo A. Sujeto de oración de infinitivo; λέγει **σε** ἐλθεῖν dice que tú has venido.

B. Complemento directo (objeto externo); τύπτω **τὸν δοῦλον** golpeo al esclavo.

[Se emplea con verbos que en español son intransitivos:

a) beneficiar o perjudicar; ὁ Σωκράτης **οὐδένα** ἠδίκησεν Sócrates no fue injusto con nadie.

b) huir, escapar, ocultarse; φεύγειν **τὸν πατέρα** huir de su padre.

c) tener un sentimiento (temor, vergüenza); εὐλαβοῦ **ψόγον** guárdate de los reproches.]

C. Complemento directo (objeto interno).

a) etimológico; **μάχην** ἐμάχοντο luchaban en una batalla.

b) con significado afín al del verbo; **πόλεμον** ἐστράτευσαν tomaron parte en una guerra.

c) determinación de un ac. interno sobreentendido; **γάμους** ἑστιᾶν organizar un banquete de bodas.

d) con determinación adverbial; **μέγα** ψεύδεται dice grandes mentiras.

e) efecto de la acción del verbo; **ἕλκος** οὐτάσαι inferir una herida.

(Se emplea acompañado de un objeto externo; ἐγράψατό με **γραφήν** incoó un proceso contra mí.)

D. Complemento directo (con dos acusativos); διδάσκω **τοὺς παῖδας τὴν γραμματικήν** enseño a los niños Gramática.

E. Complemento directo (con predicado); ἔλαβε **τοῦτο** δῶρον recibió esto como un regalo.

F. De relación; **κεφαλὴν** ἴκελος Διί parecido en la cabeza a Zeus. Ἕλληνές εἰσι **τὸ γένος** son griegos por su nacionalidad.

G. De extensión.

a) en el espacio πλεῖν **θάλασσαν** navegar por mar.

b) en el tiempo ἔμεινεν **ἡμέρας πέντε** se quedó cinco días.

H. Adverbial; **τὴν ταχίστην** por el camino más corto.
τέλος por fin.

I. De dirección; ἦλθες **Ἄργος** viniste a Argos.

J. Absoluto; **προσταχθὲν** ἀναχωρῆσαι habiendo sido ordenada la retirada.

Genitivo A. Con sustantivos.

a) De parentesco; Σωκράτης ὁ **Σωφρονίσκου** Sócrates el hijo de Sofronisco.

b) De propiedad; ἡ οἰκία **τοῦ πατρός** la casa del padre.

(con un sustantivo sobreentendido εἰς **διδασκάλου** a casa del maestro)

c) De materia; τεῖχος **λίθου** una pared de piedra.

d) De contenido; δέπας **οἴνου** una copa de vino.

e) De precio; δοῦλος **πέντε μνῶν** un esclavo que vale cinco minas.

f) De autor; **Δημοσθένους** λόγος un discurso de Demóstenes.

g) De causa; γραφὴ **κλοπῆς** acusación por hurto.

h) De cualidad; **πολίτου** ἀρετή valor de un ciudadano.

i) De denominación; **Ἰλίου** πτολίεθρον la ciudad de Troya.

B. Partitivo; πότερος **τῶν ἀδελφῶν;** ¿cuál de los hermanos?

(con superlativos; **πάντων** ἄριστος el mejor de todos.)

C. Subjetivo; ὁ φόβος **τῶν πολεμίων** el miedo que tienen los enemigos.

D. Objetivo; ὁ φόβος **τῶν πολεμίων** el miedo que se tiene a los enemigos.

E. Con adjetivos.

a) de pertenencia; νεὼς **τοῦ Ἀπόλλωνος** ἱερός templo consagrado a Apolo.

b) de participación; μέτοχος **τοῦ πόνου** partícipe del trabajo.

c) de potencia; ἐγκρατὴς **ἑαυτοῦ** dueño de sí mismo.

d) de plenitud; πλέος **εὐφροσύνης** lleno de alegría.

e) de conocimiento o memoria; ἔμπειρος **τῶν ὁδῶν** conocedor de los caminos.

f) de precio o valor; **πλείστου** ἄξιος de gran valor.

F. Con adverbios; πέραν **τοῦ ποταμοῦ** al otro lado del río.
πῶς ἔχεις **δόξης**; ¿qué opinas?

G. Con verbos.

a) de participación; μετεῖχον **τῆς ἑορτῆς** participaban de la fiesta.

πίνειν **τοῦ οἴνου** beber vino.

b) de provecho; ἀπολαύειν **τοῦ βίου** gozar de la vida.

c) de recuerdo o cuidado; ἐπιλανθάνεσθαι **τῶν φίλων** olvidarse de los amigos.

κήδεται **ἑαυτοῦ** se cuida de sí mismo.

d) de tacto o comienzo; λαμβάνειν **τῆς χειρός** coger de la mano.

ἄρχεσθαι **τῆς παιδείας** comenzar la educación.

e) de deseo u obtención; ἐρᾶν **τῶν ἀδυνάτων** querer cosas imposibles.

τυγχάνειν **τοῦ σκοποῦ** alcanzar el objetivo.

con predicado; ὡς φίλου τεύξεσθε **Κύρου** hallaréis a Ciro como amigo.

f) de gobierno o poder; ἐβασίλευε **τῶν Περσῶν** era rey de los Persas.

g) de abundancia; εὐπορεῖν **χρημάτων** tener mucho dinero.

h) de juicio o acusación; **ἀσεβείας** κρίνειν acusar de impiedad.

i) de compra o venta; πρίασθαι **ταλάντου** comprar por un talento.

j) de percepción; ἀκούω **τῶν λόγων** oigo las palabras.

k) compuestos con κατά; καταγελᾶν **τινος** reírse de alguien.

l) compuestos con otra preposición; ὑπεραλγῶ **τῆς πατρίδος** siento pena por la patria.

H. De separación; παύεσθαι **μάχης** cesar en la lucha.

I. De escasez; πόλις κενὴ **ἀνδρῶν** ciudad sin hombres.

J. De comparación; νεώτερος **σοῦ** más joven que tú.

K. De causa; θαυμάζω σε **τῆς σωφροσύνης** te admiro por tu moderación.

L. Exclamativo; φεῦ **τοῦ ἀνδρός** ¡ay del hombre!

M. De tiempo; **ἑκάστου ἔτους** todos los años.

N. De espacio; θέουσαι **πεδίοιο** corriendo por la llanura.

O. Agente; πρὸς **πάντων** ἐπονομαζόμενος llamado por todos.

P. Absoluto; **οὐδενὸς κωλύοντος** sin que nadie lo impidiese.

R. Libre; **τοῦ λοιποῦ** en adelante.

Dativo. A. Complemento indirecto; δώσω **σοι** τὰς πόλεις te daré las ciudades.

Se usa con verbos de *a)*: parecido o semejanza; ὁμοιοῦσθαί **σοι** parecerse a ti.

b) cercanía *o* proximidad; πλησιάζειν **αὐτῷ** acercarse a él.

c) ira, irritación, hostilidad; πολεμεῖν **τοῖς Ἀθηναίοις** luchar contra los atenienses.

d) acompañamiento, persecución; ἀκολουθεῖν **τῷ βασιλεῖ** seguir al rey.

e) ayuda, auxilio; βοηθεῖν **τοῖς φίλοις** ayudar a los amigos.

f) unión, mezcla, relación; ὁμιλεῖν **μοι** tratar conmigo.

g) con terciopersonales; πρέπει **μοι** οὐκ εἴκειν me conviene no ceder.

B. Con adjetivos.

a) de igualdad o similitud; τὰ αὐτὰ **Κύρῳ** ὅπλα las mismas armas que Ciro.

b) de benevolencia u hostilidad; ἐναντίος **τῇ γνώμῃ** contrario a la opinión.

c) de parentesco o comunidad; πράξεις κοιναὶ **πᾶσιν** hechos comunes a todos.

C. Con adverbios; ὁμοίως **ἐκείνῳ** igual que aquél.

D. Con compuestos de preposición; ἐπιβουλεύειν **τῷ δήμῳ** conspirar contra el pueblo.

E. Con sustantivos: ἡ **τοῖς φίλοις** βοήθεια la ayuda a los amigos.

F. De interés; πᾶς ἀνὴρ **αὑτῷ** πονεῖ todos trabajan para sí.

G. Posesivo; πολλοί **μοι** φίλοι εἰσίν tengo muchos amigos.

H. Ético; βέβηκεν **ἡμῖν** ὁ ξένος se nos ha ido el huésped.

I. Agente; πάνθ' **ἡμῖν** πεποίηται todo está hecho por nosotros.

J. De relación; τέθνηχ' **ἡμῖν** πάλαι para nosotros hace tiempo está muerto.

K. De instrumento; ὁρῶμεν **τοῖς ὀφθαλμοῖς** vemos con los ojos. χρῆσθαι **τῷ νόμῳ** emplear la ley.

Con predicado; **τισὶ** φύλαξιν ἐχρῆτο usaba de algunos como guardianes.

L. De causa; τελευτᾶν **νόσῳ** morir de enfermedad.

M. De motivo; ἁμαρτάνομεν **ἀγνοίᾳ** erramos por ignorancia.

N. De modo; **σιγῇ** en silencio.

O. De punto de vista; ὕστερος **τῇ τάξει** el último por su colocación.

P. De medida; **πολλῷ** ὕστερον mucho después.

R. De lugar en donde; **Μαραθῶνι** en Maratón.

S. De lugar adonde; **πεδίῳ** ἔπεσε cayó al suelo.

T. De tiempo; **τῇδε τῇ νυκτί** esta noche.

U. Con **ὁμοῦ** y **ἅμα; θεοῖς** ὁμοῦ con los dioses.

LAS VOCES DEL VERBO

Activa. A. Transitiva; **ἐπαινῶ** τὸν παῖδα alabo al niño.

B. Intransitiva; **ἠσθένει** Δαρεῖος Darío estaba enfermo.

C. Copulativa; οὐκ **εἰμι** κακός no soy malo.

D. Causativa; Κῦρος τὰ βασίλεια **κατέκαυσε** Ciro mandó quemar el palacio.

E. Con significado pasivo; **ἐκπίπτειν** ser expulsado.

Media. A. Transitiva; **πράττομαι** χρήματα gano dinero.
B. Intransitiva; **ἀπέχομαι** me abstengo.
C. Directa; **λούομαι** me lavo.
D. Indirecta; **λυώμεθα** ἵππους desatemos nuestros caballos.
E. Dinámica; **πολιτεύεσθαι** actuar como ciudadano.
F. Causativa; **δανείζεσθαι** χρήματα pedir dinero prestado.
G. Recíproca; **κυνεῖσθαι** besarse mutuamente.
H. En futuros; **ἀκούσομαι** oiré.
I. Deponentes; **δύναμαι** puedo.
J. Como pasiva; **ἄρξονται** serán mandados.

Pasiva. A. De verbo transitivo; ὁ βασιλεὺς **ἐλείφθη** el rey fue abandonado.
B. De verbo intransitivo; τὰ ἐμοὶ **βεβιωμένα** lo que yo he vivido.
C. Como media; **σωθῆναι** salvarse.
D. Impersonal; **κεκινδυνεύσεται** se habrá corrido peligro.

LOS MODOS EN ORACIONES PRINCIPALES

Indicativo. A. Hecho real; **ἐπισκευάζει** ναῦν prepara la nave.
B. Con restricciones; ὀλίγου δεῖν **ἀπέθανον** a poco más se mueren.
C. Hecho repetido (con **ἄν**); εἴ τις δοκοίη βλακεύειν, ὁ Κῦρος **ἔπαισεν** ἄν si alguien se mostraba negligente, Ciro en ese caso le pegaba.
D. Deseo irrealizable de presente; εἴθε χρήματα **εἶχον** ojalá tuviese riquezas.
ὤφελε Κῦρος ζῆν ojalá viviese Ciro.
E. Deseo irrealizable de pasado; εἰ μὴ **ἥμαρτες** ojalá no hubieses pecado.
F. Deber, conveniencia, necesidad; **ἔδει** βουλεύεσθαι sería necesario deliberar.
G. Potencial de pasado (con **ἄν**); ὑπό κεν ταλασίφρονα δέος **εἷλε** hasta a un valiente le habría acometido el temor.

Subjuntivo. A. Exhortación; **ἴωμεν** vayamos.
B. Prohibición; μὴ τοῦτο **ποιήσῃς** no hagas esto.
C. Deliberación; ποῖ **φύγω;** ¿adónde huiré?
D. Temor; μὴ οὐ **χραίσμῃ** σκῆπτρον no sea que no sirva de nada el cetro.
E. Como futuro; οὐ τοίους ἴδον ἀνέρας οὐδὲ **ἴδωμαι** no he visto tales hombres ni espero verlos.
F. Advertencia; μή σε **κιχείω** que no te encuentre.

Optativo. A. Potencial (con **ἄν**); τοῦτο **γένοιτ'** ἄν esto puede ocurrir (en Homero sin ἄν).

B. Afirmación modesta (con **ἄν**); τοῦτ' οὐκ ἂν **λέγοιμι** no diría yo eso.

C. Situación fingida irreal (con **ἄν**); ἦ κεν **γηθήσαι** Πρίαμος se regocijaría Príamo (si supiese...).

D. Orden cortés (con **ἄν**); **χωροῖς** ἂν εἴσω puedes entrar.

E. Deseo; **γένοιο** πατρὸς εὐτυχέστερος que seas más feliz que tu padre.

F. Deseo (con **ἄν**); **βουλοίμην** ἂν θανεῖν quisiera morir; πῶς ἂν **ὀλοίμην**; ¿cómo moriría yo? (*es decir,* quiero morirme).

G. Concesivo; **εἴη** νῶιν ἐδωδή aunque tuviésemos comida.

Imperativo. A. Mandato; **πείθου** τοῖς νόμοις obedece a las leyes.

B. Concesivo; οὕτως **ἐχέτω** sea así.

Infinitivo. A. Como sustantivo; τὸ **ἐξαμαρτάνειν** el hecho de errar.

B. Como sujeto; πρέπει **σωφρονεῖν** conviene ser sensato.

C. Como aposición; ταὐτὰ βουλευομένους, **ἀποστῆναι** que tramaban lo mismo, desertar.

D. Como complemento directo; ἀπειλοῦσι **ἐμβαλεῖν** amenazan con entrar.

E. Final con artículo; τοῦ μὴ **διαφυγεῖν** para que no huyan.

F. Final sin artículo; δὸς **ἄγειν** dáselo para que se lo lleve.

G. Consecutivo; τοιοῦτος **ἀμύνειν** tal como para defenderse.

H. Con sustantivos; ἀπορία **μένειν** imposibilidad de quedarse.

I. Como imperativo; μηδὲ **προσφέρειν** μέθυ y no añadas vino; τοὺς ὁπλίτας **ἀπιέναι** que se vayan los hoplitas.

J. Como optativo; τὸν Ἴωνα **χαίρειν** !salud, Ión!

K. Como potencial (con **ἄν**); δοκεῖτέ μοι βέλτιον ἂν **βουλεύεσθαι** me parece que deliberaríais mejor.

L. Como irreal (con **ἄν**); ἄριστος ἂν δοκεῖ ἄρχων **γενέσθαι** parece que hubiese sido un buen gobernante.

M. Con adjetivos; ἱκανοὶ **εἰπεῖν** capaces de hablar.

N. Pleonástico; βῆ **ἰέναι** se fue.

O. Exclamativo; **πίπτειν** τοιοῦτον ἄνδρα ¡que haya muerto tal varón!

P. Libre; ὡς **εἰπεῖν** por así decirlo.
ἑκὼν **εἶναι** voluntariamente.
ὀλίγου **δεῖν** casi, por poco.
τὸ νῦν **εἶναι** por ahora.

LOS TIEMPOS

Presente. A. Hecho actual; **ἱκετεύομέν** σε te rogamos.

B. Hecho que ocurre continuamente; οἱ νέοι ἐμὲ **μιμοῦνται** los jóvenes siempre me imitan.

C. Estado de cosas actual; **βασιλεύει** es rey.

D. Hecho que tiene valor siempre; **ἔστι** θεός existe un Dios.

E. Hecho pasado que ha llegado por tradición; Ἡσίοδός **φησι** Hesíodo dice.

F. Histórico; οὗτοι **ἐγκλίνουσι** éstos se retiraron.

G. Hecho futuro que se da como seguro; **ἔχεται** Σικελία Sicilia será tomada.

H. Hecho que viene repitiéndose hace tiempo; **ἀκούω** Θεμιστοκλέα ἄνδρα ἀγαθὸν γεγονότα he oído decir que T. fue un hombre ilustre.

I. Estado de cosas consecuencia de acción anterior; **νικᾶν** haber vencido, ser vencedor.

J. Conativo; **πείθουσι** intentan persuadirle.

Imperfecto. A. Hecho pasado que se repetía; **ἀπεστρατοπεδεύοντο** solían acampar.

B. Estado de cosas pasado; **ἐβασίλευε** era rey.

C. Circunstancia concomitante; ἐδάκρυσε καὶ οἱ ὁρῶντες **ἐθαύμαζον** lloró entre el asombro de los espectadores.

D. Conativo; **ἔπειθον** intentaban persuadirle.

E. Descriptivo; **σκιόωντο** πᾶσαι ἀγυιαί todas las calles se iban cubriendo de sombras.

F. Con valor de aoristo; **ἔφη** dijo.

G. Hecho que tiene valor siempre, referido al pasado; ἀφίκοντο ἐπὶ τὸν ποταμὸν ὃς **ὥριζε** llegaron al río que limitaba (y limita).

(Véanse usos C, D y F del indicativo.)

Aoristo. A. Hecho pasado; **ἔθανε** murió.

B. Acto de entrar en un estado de cosas pasado; **ἐβασίλευσε** comenzó a reinar.

C. Equivaliendo al pluscuamperfecto; ἀπὸ τῆς ἀρχῆς ἧς αὐτὸν σατράπην **ἐποίησεν** del gobierno de que le había hecho sátrapa.

D. Hecho que acaba de producrise; πῶς τοῦτ' **ἔλεξας;** ¿cómo dices esto?

E. Gnómico; τῷ χρόνῳ ἡ δίκη **ἦλθ'** ἀποτισαμένη con el tiempo viene la justicia vengadora.

F. En comparaciones épicas; ὥστε λέων **ἐχάρη** como se alegra un león.

(Véanse usos B, C, E y G del indicativo.)

Futuro. A. Voluntativo; τὴν ἐγὼ οὐ **λύσω** no la soltaré.

B. De obligación; **ποιήσομαι** tendré que hacer.

C. Hecho futuro; τὰ **ἐσόμενα** el futuro.

D. Acto de entrar en un estado de cosas; **βασιλεύσει** comenzará a reinar.

E. En refranes; οὐδεὶς οὐ τίσιν **ἀποτείσει** todos pagarán sus culpas.
F. Como imperativo; οὐ **περιμενεῖς;** ¡espera!
G. Contaminación con verbos de querer; **βουλήσομαι** εἰπεῖν quiero decir.
H. Dubitativo; τί **δράσομεν;** ¿qué hacemos?

Perfecto. A. Resultado de una acción terminada; **τέθνηκε** está muerto.
B. Con valor de aoristo (en lo postclásico); **ἐλήλυθα** vine.
C. Gnómico; ἀκέρδεια **λέλογχε** κακηγόρους los blasfemos obtienen su castigo.

Pluscuamperfecto. A. Resultado de una acción terminada (en el pasado); **ἐτεθνήκει** estaba muerto.
B. Acción anterior a otra acción (raro); **παρελέλειπτο** había sido dejado.

Futuro perfecto. A. Acción terminada en el futuro; **τεθνήξει** estará muerto.

LAS ORACIONES SUBORDINADAS

Completivas. — A. De verbos de decir, pensar, creer, etc. (conjunciones **ὅτι, ὡς, ὅπως, ὅ**). Conserva el modo que tendría si fuese principal; ἐπήγγειλαν **ὅτι** Κῦρος **τέθνηκε** anunciaron que Ciro estaba muerto.

A veces conserva la persona del estilo directo; εἶπε **ὅτι** οὐκ **εἰμί** dijo: No soy.

Si es tiempo pasado el de la principal, puede emplearse el optativo en la subordinada; ἔλεγον **ὅτι** Κῦρος **νικῴη** decían que Ciro había vencido.

Con verbos de percepción en la principal, puede cambiar el tiempo en la subordinada; ᾔδει **ὅτι** οὐκ **ἦν** sabía que no era.

B. De verbo de temor (conjunción **μή**). Modo subjuntivo; φοβοῦμαι **μὴ ἔλθῃ** temo que venga.

Si en la principal hay tiempo pasado, puede emplearse el optativo en la subordinada; ἐφοβοῦντο **μή** τι **πάθοι** temían que le pasara algo.

Si el temor es de la consecuencia de un hecho pasado, puede construirse en el modo que tendría si fuese principal; φοβούμεθα **μὴ ἡμαρτήκαμεν** tememos que nos hemos equivocado.

Se usan a veces con verbos que expresan, p. ej., duda y temor a la vez (φροντίζω).

C. Interrogativas indirectas (unidas a la principal por todo lo que introduce la pregunda directa). Pueden usarse con verbos que indican otro sentimiento además de la duda (θαυμάζω me pregunto con admiración).

a) propiamente interrogativas. El mismo modo que tendría si fuese principal; μάθε **οἵτινες εἰσί** entérate de quiénes son.

Con verbo pasado en la principal, optativo; ἤρετο **ὅ τι εἴη** τὸ σύνθημα preguntó cuál era la contraseña.

b) dubitativas (subjuntivo; subjuntivo u optativo con pasado en la principal); βουλεύομαι **πῶς** σε **ἀποδρῶ** pienso cómo huiré de ti; ἠπορεῖτο **ὅ τι ποιήσοι** no sabía qué hacer.

c) prospectivas; el mismo modo que a); ἐμάχοντο **εἴ** πως **ἕλοιντο** τὴν πόλιν luchaban por ver si podían apoderarse de la ciudad.

Causales. Conjunciones **ὅτι, διότι, ὡς, ὅτε, ἐπεί** etc. El mismo modo que si fuesen principales; οὐκ ἔρχεται **ὅτι ἀσθενεῖ** no viene porque está enfermo.

Si el verbo de la principal es pasado, puede emplearse el optativo cuando el autor rehuye la responsabilidad de lo manifestado; τὸν Περικλέα ἐκάκιζον **ὅτι** οὐκ **ἐπεξάγοι** censuraban a Pericles porque, a su juicio, no organizaba expediciones.

Consecutivas. Conjunciones **ὥστε, ὡς.**

A. La consecuencia es un hecho real. Modo igual que si fuese principal; οὕτως ἐμάχοντο **ὥστε** οἱ πολέμιοι **ἐτράποντο** luchaban de tal modo que los enemigos huyeron.

B. La consecuencia es un hecho posible. Modo infinitivo; ἔχω τριήρεις **ὥστε ἑλεῖν** τὸ πλοῖον tengo tales naves que puedo capturar el barco.

C. Con principal negativa. Modo infinitivo; οὐκ ἔχομεν ἀργύριον **ὥστε ἀγοράζειν** no tenemos dinero con el que poder comprar.

Finales. Conjunciones **ὡς, ὅπως, ἵνα, ὄφρα.** Modo subjuntivo; ἥκεις **ὅπως ἀκούσῃς** llegas para oír.

Si el verbo de la principal es pasado, puede emplearse el optativo; δῶκε μένος **ἵν'** ἔκδηλος **γένοιτο** le dio ánimos para que se distinguiese.

Con verbos de conato, cuidado, intento, empeño, esfuerzo, conjunción **ὅπως,** tiempo fut. indic.; ἐπιμελεῖσθαι δεῖ **ὅπως** σῷοί τε οἱ στρατιῶται **ἔσονται** hay que procurar que los soldados resulten sanos y salvos; con verbo pasado en la principal, es facultativo el uso del optativo; ἐπεμελεῖτο **ὅπως** μὴ ἄποτοι **ἔσοιντο** se cuidaba de que no se quedasen sin beber.

Condicionales y *Concesivas*. Conjunción **εἰ** A. Condición absoluta, que expresa solamente la estricta dependencia entre dos hechos sin prejuzgar acerca de su certeza. Modo indicativo, **εἰ ἔστι** θεός, σοφός ἐστι si existe Dios, es sabio.

B. Condición eventual. Modo subjuntivo (con **ἄν**); **ἐὰν** ταῦτα **λέγῃς,** ἁμαρτήσῃ si esto dijeres, errarás. (En la principal, futuro de indicativo.)

C. Condición repetida en tiempo indefinido. Modo subjuntivo (con **ἄν**); **ἢν ἔλθῃ** θάνατος, οὐδεὶς βούλεται θανεῖν cuando viene la muerte, nadie quiere morir.

D. Condición repetida en el pasado. Modo optativo; **εἴ** που **ἐξελαύνοι** Ἀστυάγης, περιῆγε τὸν Κῦρον cada vez que salía a caballo A. llevaba consigo a C.

E. Condición posible. Modo optativo; **εἰ** ταῦτα **λέγοις** ἁμαρτάνοις ἄν si dijeras esto por casualidad, errarías. (En la principal, optativo con **ἄν**).

F. Condición irreal de presente. Imperfecto de indicativo; **εἰ** μὴ **εἴχομεν** φῶς, ὅμοιοι τοῖς τυφλοῖς ἂν ἦμεν si no tuviéramos luz, seríamos como ciegos. (En la principal, imperfecto con **ἄν**).

G. Condición irreal de pasado. Aoristo de indicativo; **εἰ** μὴ ἡ ἀρχὴ **κατελύθη,** ἀπέθανον ἄν si no hubiera sido derribado el gobierno, yo habría muerto. (En la principal, aoristo con **ἄν**).

En estos dos últimos casos no existe un rigor absoluto en el uso del imperfecto y aoristo, pudiendo a veces verse usado uno y otro indistintamente.

Temporales. Conjunciones **ἐπεί, ἐπειδή, ὡς, ὅπως, ὅτε,** etc.

A. Hecho pasado o actual. Indicativo; ἐμάχοντο **ἕως** οἱ σύμμαχοι **ἀφίκοντο** lucharon hasta que llegaron los aliados.

B. Hecho futuro. Subjuntivo (con **ἄν**); **ἐπὰν** πάντα **ἀκούσητε,** κρίνατε cuando hayáis oído todo, juzgad.

C. Hecho repetido en tiempo indefinido. Subjuntivo (con **ἄν**); **ὁπόταν ὀργιζώμεθα** μαινόμεθα cuando nos enfurecemos enloquecemos.

D. Hecho repetido en el pasado. Optativo; **ἐπεὶ πλησιάζοιεν** ταὐτὸν ἐποίουν cada vez que se acercaban hacían lo mismo.

Con la conjunción **πρίν.**

A. Con principal negativa. Una de las construcciones anteriores; οὐ παύσονται **πρὶν** ἂν **ἄρξωσι** no cesarán hasta que gobiernen.

B. Con principal afirmativa. Modo infinitivo; ἀπέκτειναν αὐτοὺς **πρὶν ἀκοῦσαι** los mataron sin oírles.

C. Con **πρίν** = hasta que. Modo indicativo; ἠμφιγνόουν **πρὶν ἧκε** dudaban hasta que llegó.

De relativo.

A. Determinativas. Modo que se usaría si fuese principal; ἀνὴρ **ὃν εἶδον** el hombre a quien vi.

B. Causales. El mismo modo; θαυμαστὸν ποιεῖς **ὃς** ἡμῖν οὐδὲν **δίδως** obras de manera extraña, porque no nos das nada.

C. Finales. Futuro de indicativo; αἰτεῖν ἡγεμόνα **ὃς** ἡμᾶς **ἀπάξει** pedir un guía para que nos conduzca.

D. Consecutivas. a) reemplazando a una consecut. de tipo A). Modo que se usaría si fuese principal; τίς οὕτω μαίνεται, **ὅστις** οὐ **βούλεταί** σοι φίλος εἶναι; ¿quién está tan loco que no quiere ser tu amigo?

b) reemplazando a una condic. de tipo B). Futuro de indicativo; ἐκεῖ οὐ πλοῖά ἐστιν, **οἷς ἀποπλευσούμεθα** allí no hay barcos en qué navegar.

E. Condicionales. a) reemplazando a una condic. de tipo A). Modo que se usaría si fuese principal; οὐδεὶς φοβεῖται **ὅστις** μὴ ἄνανδρός **ἐστιν** nadie teme si no es un cobarde.

b) reemplazando a una condic. de tipo B). Subjuntivo con **ἄν;** τῷ ἀνδρὶ ᾧ ἂν **ἕλησθε** πείσομαι obedeceré al hombre que elijáis.

c) reemplazando a una condic. de tipo C). El mismo modo; **ὅντιν'** ἂν **φιλῇ** θεός, νέος ἀποθνῄσκει aquel a quien los dioses aman muere joven.

d) reemplazando a una condic. de tipo D). Optativo; **ᾧτινι ἐντυγχάνοιεν** ἔκτεινον a todo el que se encontraban lo mataban.

e) reemplazando a una condic. de tipo E). Optativo; ὀκνοίην ἂν εἰς τὰ πλοῖα ἐμβαίνειν **ἃ** ἡμῖν **δοίη** no me atrevería a embarcar en las naves que nos diese.

Completivas de infinitivo. A. Con verbos de entendimiento, lengua o sentido; ἄμμε οἴω **ἀπονοστήσειν** creo que tendremos que volver.

B. Con verbos de deseo o mandato; οὐκ ἂν ἐθέλοιμι **μάχεσθαι** no quisiera luchar.

C. Con verbos de potencia o capacidad; μεῖζόν τι ἔχει **εἰπεῖν** puede decir algo más importante.

D. Con expresiones terciopersonales; δεῖ ἡμᾶς **ἄρχεσθαι** es preciso que comencemos.

E. Con verbos de sentimiento; αἰσχύνομαι ταῦτα **λέγειν** me abstengo por vergüenza de decir esto.

Completivas con participio. A. Con verbos de entendimiento o percepción; γίγνωσκε θεοῦ γόνον **ἐόντα** se enteró de que era hijo de un dios.

B. Con verbos de mostrar, indicar, decir; ὡς **στρατηγήσοντα** ἐμὲ μηδεὶς λεγέτω nadie diga que yo he de ser general.

Otros usos del participio.

A. Apositivo. a) Como oración temporal; προσέχετε τούτοις **ἀναγιγνωσκομένοις** τὸν νοῦν atended a éstos mientras leen.

b) Como oración causal; **νομίζων** ἀμείνονας ὑμᾶς εἶναι porque creo que sois mejores.

c) Como oración final (participio futuro); ἦλθε **λυσόμενος** θύγατρα llegó para rescatar a su hija.

d) Como oración concesiva; οὐκ **εἰδὼς** οἴεται εἰδέναι aunque no sabe cree que sabe.

e) Como oración condicional; μὴ **καμών,** οὐκ ἂν δύναιο εὐδαιμονεῖν si no has sufrido, no puedes ser feliz.

B. Absoluto. a) Como oración temporal; **Περικλέους ἡγουμένου** πολλὰ ἔργα ἀπεδείξαντο οἱ Ἀθηναῖοι mientras gobernó Pericles los Atenienses realizaron muchas obras.

b) Como oración causal; **ὅλης τῆς πόλεως ἐπιτρεπομένης** τῷ στρατηγῷ ya que toda la ciudad ha sido confiada al general.

c) Como oración condicional; **κατορθοῦντος αὐτοῦ** καλῶς ἔχει si es afortunado todo está bien.

d) Como oración concesiva; **ἐμοῦ ἄκοντος** πόλεμον ἄγουσι aunque yo no lo quería están en guerra.

C. Como potencial (con **ἄν**); τἄλλα ἡδέως ἂν **λέγων,** ἐάσω aunque me gustaría decir el resto, me callaré.

D. Como irreal (con **ἄν**); **δυνηθεὶς** ἂν ἔχειν εἰ ἐβουλήθη, παρέδωκεν aunque habría podido conservarla si hubiese querido, la devolvió.